“十三五”国家重点出版物出版规划项目

◉ 杨立新 著

中国侵权责任法研究

第一卷

中国当代法学家文库

杨立新法学研究系列

Contemporary Chinese Jurists' Library

中国人民大学出版社

· 北京 ·

本书出版得到了天津大学法学院资助

作者经历

现任

天津大学法学院卓越教授

教育部人文社会科学重点研究基地中国人民大学民商事法律科学研究中心主任

中国人民大学法学院教授

龙图法律研究院名誉院长、首席研究员

北京中教慧通教育科技研究院院长

全国人大常委会法律工作委员会立法专家委员会立法专家顾问

最高人民检察院专家咨询委员会专家咨询委员

最高人民法院案例指导工作专家委员会委员

国家卫生和计划生育委员会公共政策专家咨询委员会专家委员

中央“五五”普法国家中高级干部学法讲师团成员

《中国大百科全书（第三版）》法学卷民法学分卷主编

中国民法学研究会副会长

中国婚姻法学研究会常务理事

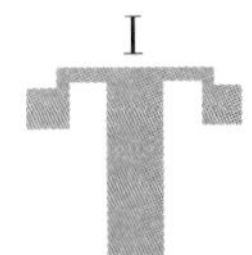

北京市消费者权益保护法学会名誉会长

世界侵权法学会主席

东亚侵权法学会理事长

曾任

最高人民检察院检察委员会委员、民事行政检察厅厅长

最高人民法院民事审判庭审判员、审判组长

吉林省通化市中级人民法院常务副院长

烟台大学法学院副教授

荣誉

国务院政府特殊津贴享受者

北京市师德标兵

吉林省劳动模范

吉林省振兴中华一等功荣立者

前　言

自从 1981 年在《法学研究》上发表了第一篇研究侵权法的论文，我就一直致力于侵权责任法的理论与实践的研究，至今已经 37 年了。在这么长的时间里，积累了很多研究成果，需要进行整理。经过半年的时间，我从以往的论文中整理出比较好的文稿，筛除不够成熟的内容，经过整理，形成了这部《中国侵权责任法研究》（四卷本）。

在刚刚开始研究侵权法的时候，是没有法律依据的。1986 年有了《民法通则》关于侵权法的规定，到 2009 年立法机关出台了《侵权责任法》，它成为世界上第一部成文的侵权法。可以说，在对侵权责任法的研究过程中，我见证了我国改革开放 40 年来侵权责任法立法、司法和理论研究的发展历程。我对侵权法的理论研究，是随着我国侵权责任法的发展而不断发展、成熟起来的。

从世界侵权法理论研究的全局来看，我国的侵权责任法理论研究并不落后，在很多方面是处于比较先进的地位的。这是全国民法理论工作者特别是对侵权责任法理论研究情有独钟的学者共同努力的结果。试想三十多年以前，我国侵权法理论研究的状况，再对照今天的侵权法理论研究成果，真的是天壤之别。随着民法典编纂进程的推进，我国侵权法理论研究将会有更大的进步。

三十多年来，我对侵权责任法理论中的每一个领域几乎都进行了研究，也都

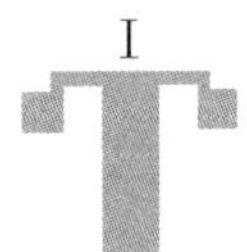

有自己的见解。很多研究成果，被《侵权责任法》和最高人民法院有关侵权法的司法解释所吸收；因此，我对自己的侵权责任法理论研究成果，真的是比较满意的。同时，我也期待在我国民法典的编纂中，在修订《侵权责任法》为民法典侵权责任编的过程中，不断丰富自己的理论研究成果，为我国侵权责任法的立法、司法和理论研究作出更多的贡献。

本书的内容，由于是对三十多年研究成果的整理，因而在对具体问题的研究与看法上，存在不断发展的问题。在编写中，我尽力对书稿进行整理，力图减少对同一问题表达意见中的差别，但是并没有达到书稿内容的完全一致。对此，给读者带来的不便，请读者谅解。

编写本书，得到了天津大学法学院领导和同事的支持，也得到了天津大学提供的科研经费资助。在本书出版之际，感谢天津大学以及天大法学院对我的研究工作的支持；同时，也感谢中国人民大学出版社领导和编辑的支持。

天津大学法学院卓越教授

杨立新

2018年6月8日

总目录

第一卷　侵权责任法总则研究

第二卷　侵权责任法分则研究（一）

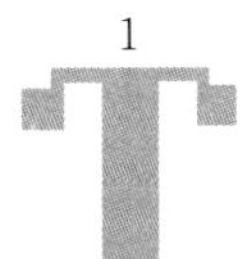

第三卷　侵权责任法分则研究（二）

第四卷　侵权责任法分则研究（三）

第一卷目录

第一编　侵权责任法基本理论

第二编 多数人侵权行为与责任

第三编 侵权损害赔偿

第一编
侵权责任法基本理论

第一章

中国侵权责任法在世界的地位及借鉴

第一节 中国侵权法的百年历史及其在新世纪的发展

20 世纪，在中国的历史上是一个大变动、大变革的伟大时期。在这 100 年中，中国的历史从封建社会走向半殖民地半封建的社会，继而又实现了走向社会主义的重大革命，建立了社会主义国家。在立法上，中国完成了从古代封建专制的中华法系到近代法时期再到现代法时期的两次巨大转变，正在向全面现代化发展。在人类已经告别 20 世纪进入 21 世纪的时刻，全面研究 20 世纪中国侵权法的百年历史，并对 21 世纪中国侵权法的发展进行展望，对于全面发展中国的侵权责任法及侵权法学，都有重要的意义。本书正是从清末的中国侵权法、中国近代侵权法，再到 20 世纪后 50 年的中国现代侵权法的发展历史研究出发，对中国侵权法的历史进行研究并展望其在 21 世纪的发展。

一、清末的中国侵权法——20 世纪前 10 年

（一）中国古代侵权法研究概要

清代末期，即 20 世纪最初的 10 年，中国的侵权法是中国古代侵权法积淀下之精华的延续。

中国古代留有丰富、灿烂的法学文化，其中，封建社会历朝历代留下的法律，是一个无穷无尽的宝藏，标志着我国古代封建社会法制建设的辉煌成就，在世界各国古代法制建设的历史上，占有令人瞩目的重要地位，形成了独具特色的中华法系，成为人类共有的宝贵的历史遗产。

在中华法系中，关于侵权法的重要内容，长期受到冷落，没有得到应有的重视，与中国古代刑事法律的热烈景象形成鲜明的对照。究竟是中国古代的侵权法确实十分落后，还是人们对中国古代侵权法的研究不深入，很长时期是一个悬而未决的问题。应当承认，中国的民法学者对中国古代的民法是进行了认真的研究的，但是相对于对古代刑法的研究，就显得还不十分详尽，尤其是对古代封建社会的侵权法的研究，更是远远落后。现在看起来，过去有些人对中国古代侵权法内容贫乏的结论，显然是轻率的。

中华人民共和国成立以来，在中国法制史这门学科中，人们对于中国古代侵权法的研究，往往是在研究古代民法的时候，对于侵权法作一般的介绍，并没有进行深入的研究和阐释。随着古代法律文献的进一步发掘，近年来，有的学者在文章中对中国古代的侵权法作了进一步的揭示和探索。通过学者的工作，已经使人们看到了中国古代侵权法建设的辉煌成就，使中华法系的侵权法律制度的主要情况展现在人们的面前。

通过对中国古代侵权法的进一步研究，可以得出这样一个结论，即中国古代侵权法与中国古代的刑法一样，也是一个极其丰富的宝藏。中国古代侵权法作为中华法系的重要组成部分，内容十分丰富，内涵极其深刻，与西方古代侵权法完全不同，具有自己独特的结构和内容。

（二）中国古代侵权法的发展轨迹和清代侵权法的历史地位

如果将中国古代的全部侵权法规范展现在我们的面前，就会发现，中国古代侵权法有一个固定的格局，是一个相当稳定的体系，这就是中华法系的侵权法体系。据现在掌握的资料，在自秦至清的中国古代封建制的这一时期当中，中华法系的侵权法体系是不断发展变化的，但只是具体内容的变化和细节的变化，其主干和体系没有明显的变化。

如果把唐代的侵权法制度作为一个坐标的中心，把它作为中国古代侵权法的基本制度，由此上溯至魏晋南北朝、两汉、秦代，尽管这些朝代法律典籍的绝大多数已经缺佚，但在残存的律文和专家的考证研究中，仍然能够看到这一基本制度的主要方面。沿着这一坐标向后推衍至宋、元、明、清，可以看到，这一制度经过这些朝代的不断修改加工，越来越丰富，越来越完善，至清代，已经达到了中国古代侵权法建设的最高峰。

根据以上分析，可以下这样的结论：中国古代侵权法的发展历史，可以概括地划分为三个阶段。第一阶段，是唐以前，以秦代的侵权法作为标志，中国古代侵权法体系在这一时期已经建立起来了。第二阶段，是唐代的侵权法律制度的确立。《唐律》是中国古代法律的典范，在当时的世界各国立法当中，独领风骚，成为当时最先进、最科学的法律。《唐律》中所包括的侵权法规范，也达到了这样的水平。第三阶段，自宋代至清代，这一阶段的侵权法建设向着日益完善的方向发展。清代的侵权法就是这一制度的顶峰。综合全部的中国古代侵权法规范，共有 17 项基本制度，清代侵权法就有其中的 15 项，概括了中国古代侵权法的全部精华；而删除的 2 项基本制度，恰恰是中国古代侵权法中不合理的，不符合近、现代侵权法赔偿原则的“减半赔偿”和“加倍赔偿”这两项制度。[①]

（三）中国清代侵权法的基本内容

中国清代侵权法包括 15 种制度，可以分为 4 个类别：

① 减半赔偿和加倍赔偿是中国古代侵权法的两种制度，或称为“偿减价之半”和“倍备”。唐代的律令规定，对与家畜之间的误伤，偿减价之半，即赔偿经过损益相抵之后的实际损失之一半。倍备适用于主观恶性较深的盗窃之类的犯罪，盗一匹绢，偿两匹，具有惩罚性赔偿的性质。

1.侵害财产的损害赔偿

(1)备偿。备偿是中国古代侵权法的主要赔偿制度。备偿之备，既有“赔”义，亦有“全、完全”之义；备偿，与今天的“全部赔偿原则”在字义上是相同的。在清代，备偿的提法不多，使用的是另外一些提法，如追偿、追赔等。如老少废疾犯罪征赃、私借官物损失、仓库被盗、仓库损坏、牧养畜产不如法和埋没官物。最典型的是清《户律·田宅》“弃毁器物稼穑条”：“凡弃毁器物及毁伐树木、稼穑者，一并验数追偿。”

(2)偿所减价。偿所减价，是指原物受损以后，以其实际减少的价值作为赔偿的标的，赔偿实际损失。按照常理，这样的原则应当适用于一切受损后仍有残存价值（或称为新生利益）的财产损害，但是律令规定，偿所减价只适用于牛、马等畜产遭受损害的场合，不适用于其他财产的损害。

(3)折赔偿。折赔偿是明代才出现的赔偿责任形式。《清律·杂犯》“放火故烧人房屋”条规定：“并计所烧之物，减价，尽犯人财产折赔偿，还官，给主。”赔偿的基本标准，是将犯人的全部财产折为银数，再按所烧毁的受害人损害数额（以家为单位）分为几份，其中不分官、民，“品搭均偿”。一主者全偿，即将犯人的财产全赔一主，可能赔多，也可能赔少；数主者分偿，赔多可能性极小，但犯人没有其他财产了，只能如此。

(4)追雇赁钱。这种赔偿制度，只适用于私借财物给他人使用，侵害物之所有人的使用权。赔偿的标准，就是按照使用的日期计算，“按日追雇赁钱入官”，如数赔偿，但不得超过本价。

(5)着落均赔还官。着落，即应收与实收之间的差额。着落均赔还官，就是因其掌管的工作，由于过失而造成官府在财产收入上的损失，均应由造成着落之人赔偿这种损失。这是一种财物损害赔偿，义务主体应是掌管一定的为官府收入进项之责的官员，其赔偿的是应收与实收之间的差额。

(6)还官、给主。这是中国古代侵权法最为常见、适用最为广泛的财产损害赔偿制度，大体上与现代的返还原物相同，即赃物见在者，还官、给主；赃物转卖后，持有赃款者，仍为见在，亦要依例追征，还官、给主；另外，原物的花利

等孳息，亦应还主，这就包括间接损失亦应返还。清代规定还官、给主的适用范围很广泛，有 14 种之多。

2.侵害人身的损害赔偿

（7）赎铜入杀伤之家。赎铜制是我国古代律令一项重要的刑罚制度，为赎刑。《清律》将赎刑分为三种，即纳赎、收赎、赎罪。在一般情况下，赎金收归国有，但也规定了若干条文将赎金给受害人及其家，以为赔偿，称为"收赎给主"，作为对人身伤害的赔偿，其适用的范围，主要有动物致人损害、因公驰骤车马致死和庸医杀伤人。这些规定是关于过失杀、伤人的，但具体情况不甚相同。

（8）断付财产养赡。这是一种人身损害赔偿制度，主要适用于残酷的恶性杀人、重伤等情况，将侵权人的财产责令给付被害人或被害人之家，用以赡养被害人或被害人的家属。断付财产养赡作为一种人身损害赔偿制度，其赔偿范围的确定，取决于两个条件，一是侵害客体，究竟是生命权，还是健康权；二是侵权人（罪犯）财产的多少。其中后一个是主要的标准。养赡共分三种：一是断付财产给付死者之家，二是断付财产一半，三是定额养赡。

（9）追烧埋银。追烧埋银是一种人身损害赔偿制度。其适用范围，绝大多数是过失杀人，只有杀死奴婢时不考虑是否为过失所为。其赔偿数额是固定的，清代为银 10 两。追烧埋银的适用范围包括：一是无故向城市及有人居止宅舍放弹、射箭、投掷砖石因而致死；二是无故于街市、镇店驰骤车马因而致死；三是打捕户于深山、旷野猛兽往来去处，穿作坑阱及安置窝弓因而致死和若干非深山、旷野致死者；四是因事威逼人致死者（自尽）和官吏、公使人等，非因公务而威逼平民致死者；五是官司决人不如法因而致死者。

（10）保辜。中国古代律典中的保辜制，是一种最具有特色的人身损害赔偿制度。保辜，从其本意上说，应当是一种刑事法律规范。《清律·刑律·斗殴》"保辜"条注云："保，养也；辜，罪也。保辜谓殴伤人未至死，当官立限以保之。保人之伤，正所以保己之罪也。"这就把保辜制的立法意图说得十分清楚。其意旨是：殴人致伤，区分不同情况，立一辜限，限内由侵害人即罪犯支付医疗

费用治疗，辜限内治好，可以减轻处罚，辜限内医治无效，致死、致残，各依律科断刑罚。由于是要加害人出钱医治伤害，因而保辜制又是一种财产责任，是一种特殊的人身损害赔偿责任。保辜制保人之伤正所以保己之罪，就可以调动加害人医治受害人伤害的积极性，因而对受害人有利，使受害人的伤害得到及时平复，是一种有效的侵权责任制度。

3.其他形式的侵权责任

(11) 复旧（复故）。复旧，或称复故，就是恢复原状，适用于侵占巷街阡陌。这是一种对类似于侵害相邻权行为的一种民事制裁手段。侵占巷街阡陌，占用了公用的通道，妨碍了他人的使用权，应当承担恢复原状的责任。这是一种非财产性质的民事责任形式。

(12) 修立。修立是一种特殊形式的恢复原状的民事责任形式，适用于毁坏建筑物之类的场合，是一种财产损害的恢复原状。“若毁损人房屋、墙垣之类者，计合用修造雇工钱，坐赃论，各令修立。官屋加二等。误毁者，但令修立，不坐罪。”《清律·户律·田宅》“凡拆毁申明亭房屋，及毁（亭中）板榜者，杖一百，流三千里。(仍各令修立。)”《清律·刑律·杂犯》修立这种形式，表面上看是恢复原状，好像不是损害赔偿形式，而是非财产责任形式，但由于修立的费用由侵权人承担，因而仍具有财产损害赔偿的功能。

(13) 责寻。责寻是一种纯粹的非财产性质的民事责任形式。“凡弃、毁制书及衙门印信者”“遗失制书、圣旨、印信者”“俱停俸，责寻。三十日得见者，免罪。”“若主守官物、遗失簿书，以至钱粮数目错乱者”“亦住俸，责寻。”《清律·吏律·公式》由于损失的这些物品无法用金钱计算其价值，只能采取这种民事责任形式。住俸是一种行政责任，即停薪；责寻则是民事责任。

4.其他侵权责任规定

(14) 免责。古代立法规定的免责制度，与今天的抗辩事由相似，都规定了一些具体的免除赔偿责任的事由。例如，正当防卫或紧急避险，畜产啮人，有人指使的被杀伤，为正当防卫，无人指使的为紧急避险。这些都是不应承担赔偿责任的，故免责。缺少主观要件的损失，如“请受军器经战阵而损失，不坐，不

偿”的规定，免责是因为行为人无过错。

（15）保障制度。不履行民事责任，规定以行政、刑事责任等制裁之。即以刑罚手段保证民事责任的履行。用这些刑事制裁措施，来保障损害赔偿的执行，这在刑民不分的中国古代立法中，既是可行的，也是可以理解的，保证了民事责任的强制性。

（四）清代侵权法的特点和最具先进性的制度

经过几千年的法律文化积淀，中国古代侵权法的精华为清代的侵权法所传承。作为中华法系的典型代表，清代的侵权法具有以下主要特点：

第一，虽诸法合体但自身体系完整。清代侵权法的具体规定虽然较为零散，但它有一个完整而相对独立的体系。中国古代法律民、刑不分、诸法合体，但纵观历朝历代的法律，各自都包含着自己的侵权法，而且这种侵权法的体系相当稳定。清代的法律也是这样。其侵权法规范的表现形式，一是以独立的法律条文出现，二是以“杂糅”的形式出现，即在一个条文中，一部分是刑事法律规范，一部分是侵权法规范，侵权法规范夹杂在刑法规范之中。

第二，各项责任制度周到而严密。在清代古代侵权法中，共有 15 种具体的基本责任制度，这些制度环环相扣，形成了一个较为严密的民事权利保护体系，发挥着侵权法的全部功能，无论是从其责任制度的自身体系看，还是从保护的民事权利看，都是相当严密而完备的。

第三，侵权损害赔偿的性质以补偿损失为主。侵权法的发展，在历史上经历了强调其惩罚性到强调其补偿性的演化过程。中国古代侵权法的发展，同样经历了这样一个演化过程。中国古代尤其是清代的侵权损害赔偿，其基本性质是填补损害，已经完全禁绝了同态复仇等单纯的报复主义，无论是对人身损害，还是对财产损害，都是以财产赔偿的方式承担民事责任（当然还包括一些刑事制裁方法），这体现了侵权损害赔偿的补偿损害的性质。

第四，侵权责任构成的要求比较严格。中国古代侵权法规范是“杂糅”在刑事法典的刑法规范之中的，因此，其民事责任构成的要求受刑事责任构成的影响，是比较严格的，在清代也是这样。

在中国古代侵权法的具体制度上，有一些规定极具现代侵权法的先进意义，它们是我国古代侵权行为法的精华之所在。下面列举这些最重要的规定。

第一，关于损益相抵的原则。损益相抵的原则是近现代侵权法和合同法的制度。尽管在有些学者的著述中称在罗马法中就有损益相抵的规定，但是并没有确实的证据。西方至德国普通法时期，才有损益相抵的规定。在我国古代的法律中，早就有损益相抵规定，且规定得更为明确。从《唐律》开始，就规定了“偿所减价”制度，清代继续坚持这种制度。“偿所减价”，是指原物受损之后，以其物的全价扣除所残存价值之差额，作为赔偿数额，适用的范围是牛马等畜产遭受损害的赔偿。这种制度所体现的，就是损益相抵的原则。由此可以相信，关于损益相抵的赔偿原则，中国的规定绝不比外国晚。中国古代侵权法的这一制度，具有世界领先的水平。

第二，关于相当因果关系。相当因果关系又称为适当条件说，是确定违法行为与损害事实之间是否有因果关系的一种理论，是奥地利刑法学家格拉塞（Glaser）于1858年创设的。该学说认为，造成损害的所有条件都具有同等价值，由于缺少任何一个条件，损害都不会发生，因而，各种条件都是法律上的原因。[①] 所谓适当条件，即为发生该结果所不可缺之条件，不独于特定情形偶然地引起损害，而且是一般发生同种结果之有利条件。如果某项事实仅于现实情形发生该项结果，还不足以判断有因果关系，必须在通常情形，依社会一般见解亦认为有发生该项结果之可能性，始得认为有因果关系。如因伤后受风以致死亡，则在通常情形，依一般社会经验，认为有此可能性，因此应认为其伤害与死亡之间有因果关系。[②]《清律·刑律·斗殴》“保辜”条规定：“凡保辜者，（先验伤之轻重，或手足，或他物，或金刃，各明白立限）责令犯人（保辜）医治。辜限内，皆须因（原殴之）伤死者，（如打人头伤，风从头疮而入，因风致死之类）以斗殴杀人论。”其中“打人头伤，风从头伤而入，因风致死”，即为有相当因果关系。“别因他故死者，打人头伤，不因头伤得风，别因他病而死者，”不认为有因

① 王利明：《侵权行为法归责原则研究》，中国政法大学出版社1992年版，第379页。

② 史尚宽：《债法总论》，台北荣泰印书馆1978年版，第161页。

果关系，只按殴伤治罪。这是典型的相当因果关系的应用。可见，中国古代侵权法对相当因果关系的应用，远比外国为早。

第三，立法确认对间接损失应予赔偿。中国古代侵权法对于财物损害事实区分直接损失和间接损失，并以明文规定间接损失应当赔偿。在清代律令条文中，多次出现“花利归官、主”和“苗子归官、主”等内容，这些都是物的孳息，都属于间接损失，体现了现代侵权法对损失赔偿的要求。

二、中国近代的侵权法——20 世纪中期的 40 年

中国近代的侵权法，主要是指清代末期的统治者变律为法和中华民国制定民法的这一时期，对民法包括侵权法所作的一系列立法活动。在这一时期，中国的历史上先后出现了三个不同的民法，就是《大清民律草案》《民国民律草案》和《中华民国民法》。前两个民法，都是草案，但是，经过清朝朝廷和民国政府的批准，这两个民法草案，均在一定程度上施行过。后一部民法，则是中国历史上的第一部民法典。

(一)《大清民律草案》(史称第一民草) 对侵权行为的规定

清光绪 33 年（1907 年），清廷委派沈家本等三人为修订法律大臣，参考各国立法，体察中国民情，修订《大清民律》。基于“一是注重世界最普通之法则，二是原本后出最精之法理，三是求最适于中国民情之法则，四是期于改进上最有利益之法则”的立法宗旨，民律的编纂者在现代西方法制与传统封建礼教之间小心翼翼地寻求一个均衡点，使民律既能顺利通过，也能适合中国的实际情况。《大清民律草案》全稿于宣统三年（1911 年）8 月完成，未及颁行，清朝已亡。这部法律虽然没有正式颁行，但是它的制定，却在中国民法的立法史上，具有开创性的功绩。这是因为，它一改中国古代立法刑民不分的立法体制，吸收了西方现行的民事立法的内容和技术，开创了中国近现代民法创制的先河，在侵权法的规定上，既借鉴了日本民法典、德国民法典和法国民法典等国民事立法的精华，又保留了一定的中国特色，开启了中国侵权法现代化的大门。

从内容上看，《大清民律草案》对于侵权行为的规定基本上是完备的。

在侵权法的第一部分，规定的是过错责任原则，即“因故意或过失侵他人之权利而不法者，于因侵害而生损害负赔偿之义务”。中国古代的侵权法从来没有规定过错责任原则。《大清民律草案》在中国历史上第一次确立了过错责任原则的法律地位，这是一个没有先例的创举。正因为如此，《大清民律草案》在历史上才具有如此重要的地位。在这一条文的第 2 款，对失火事件作了一个规定，以后没有再作这样的规定。在第 946 条和第 947 条，规定了因故意或者过失违背保护他人之法律的和以悖于善良风俗故意加损害于他人的，均应负损害赔偿的责任。

在侵权法的第二部分，立法者规定了 7 种特殊侵权行为：一是官吏、公吏以及其他依法令从事公务的职员致害他人的侵权责任；二是规定共同侵权行为，既规定了共同侵权行为的赔偿责任，又规定了共同危险行为即准共同侵权行为的赔偿责任，还规定了教唆人和帮助人的共同加害人的法律地位[①]；三是规定了法定监督人的赔偿责任；四是规定了雇用人的致害责任，规定适用过错推定责任；五是规定了定作人指示过失的致害责任；六是规定了动物占有人对动物致人损害的赔偿责任；七是规定了瑕疵工作物致人损害的赔偿责任。

在侵权法的第三部分，规定了主要的侵权损害赔偿的确定和具体方法。在这些内容中，值得重视的有以下几点：第一，确定对伤害身体者，受害人可以请求赔偿定期金。第二，确定对于侵害身体、自由或者名誉者，得请求赔偿精神损害的制度。第三，在侵害财产的侵权救济中，可以适用返还原物的责任形式；在毁损他人之物时，加害人得向受害人赔偿其物之减价额。后一个规定，源于中国古代侵权法中的“偿所减价”制度。这一制度，含有损益相抵这一损害赔偿原则的基本精神。第四，对于胎儿的保护，《大清民律草案》有明确的规定，就是侵害生命权的，受害人的父母、配偶及子，对不属于财产之损害可以请求损害赔偿，其子为胎儿的，亦同。第五，规定共同侵权行为的共同加害人承担连带赔偿

① 关于共同侵权行为的规定，放在特殊侵权行为之中是不适当的。在以后的《民国民律草案》和民国民法中，就改变了这种做法。

责任。

在侵权法的第四部分，规定了侵权损害赔偿请求权的诉讼时效。

(二)《民国民律草案》对侵权行为的规定

1911 年中华民国政府成立以后，大体沿用前清的律令。至 1914 年，法律编查会开始修订民律草案，至 1926 年《民国民律草案》编成，共 5 编，史称民律第二次草案。[①] 民律草案完成时，北京政变已经发生，解散了伪国会，因而该草案未予公布。[②]

《民国民律草案》仍将侵权法置于第二编债编，但在体例上有所变化，不是将侵权法作为一章单独编制，而是放在债编第一章“通则”第一节“债之发生”中设第二款“侵权行为”。内容上并没有大的变化，仍分为四个部分。

第一部分有三个条文，前两个条文规定了侵权法的过错责任原则。在这一部分中，删除了大清民律草案中的关于失火不适用侵权法的规定，增加了共同侵权行为的规定。[③] 在其他两个条文中，只是增加了“故意以有伤风化方法侵害他人之权利者，亦同”的内容。这一内容，改变了大清民律草案关于善良风俗的规定，改为有伤风化的条款。关于共同侵权行为的规定，内容没有变化，只是将其地位提前到侵权行为的一般规定之中。

第二部分规定了各种特殊侵权行为，包括：官吏及其他公务员的侵权责任，法定监督人的侵权责任，被使用人于执行事业不法侵害他人权利时其使用主的赔偿责任，定作人指示过失的侵权责任，动物加害他人的侵权责任，以及土地工作物设置或保存瑕疵的致害责任。

第三部分规定的是损害赔偿的原则和方法。主要内容是：侵害生命权的损害赔偿方法；侵权行为的与有过失的赔偿方法；对侵害生命、身体、自由时，对第

---

① 对此，有两种说法：有的以 1915 年所编的民律亲属编为第二次民律草案，1926 年的民律草案为第三次民律草案；有的认为 1915 年的亲属编并不是一个完整的民律草案，因此将 1926 年的民律草案作为第二次民律草案。我这里采用第二种主张。

② 张国福：《中华民国法制简史》，北京大学出版社 1986 年版，第 163 页。

③ 对此，也有不同的说法，认为民国民律草案是将共同侵权行为规定为特殊侵权行为的第一种，而不是将共同侵权行为规定在侵权行为的一般规定之中。这种意见可供参考。

三人应给付家事上或职业之劳务时的赔偿方法；关于对致残者的定期金赔偿；侵害他人生命、身体、名誉、自由者的精神损害赔偿方法，即慰抚金赔偿；对于财产的损害赔偿方法。其中值得注意的是，第 270 条规定的"赔偿其物因毁损所减少之价额"，与中国古代侵权法中的"偿所减价"的制度相同。

第四部分规定了侵权行为的诉讼时效制度。其一般时效为 3 年，最长时效为 20 年。

（三）《中华民国民法》对侵权行为的规定

国民政府成立以后，1928 年就由法制局拟定了民法的亲属和继承两编。12 月 5 日立法院成立以后，于 1929 年组织了民法起草委员会，在大清民律草案和民国民律草案的基础上，着手起草民法总则、债编、物权编、亲属编和继承编。起草完毕后，分别于 1929 年 5 月 23 日、10 月 22 日、11 月 30 日和 1930 年 12 月 26 日[①]由国民政府予以公布。随后，又分别颁布了各编的施行法，民国民法分别正式实施。

民国民法在侵权法的编制体例上沿用了民国民律草案的做法，但在具体编排上有所变化，这就是将有关侵权法的债编第一章第一节第二款的位置变为第五款。从第 184 条开始，至第 198 条，共 15 条。从内容上看，民国民法的内容与民国民律草案关于侵权行为的规定变化并不大，但在条文的设置上，采取了尽量缩减的做法，大量的条文被合并成为一条，文字也尽可能地精练、准确。民国民法的上述条文，共分四个部分。

第一部分，规定了侵权行为的一般规定。首先，规定了侵权行为的归责原则，即过错责任原则。这一条文的理论意义在于，一是确定了过错责任原则在侵权法中的主导地位；二是对于故意以悖于善良风俗之方法加损害于他人者，亦视为有过错；三是对于违反保护他人之法律者，推定其有过错，确定了过错推定责任原则；四是规定了侵权行为的直接责任，即在一般情况下，侵权行为人应当由自己承担侵权责任，并且规定了直接责任的构成要件。其次，规定了共同侵权行为，即第 185 条。这一条的规定，与前两次民律草案的规定没有变化，规定了共

① 民国民法前三编每次公布一编，最后一次公布了亲属编和继承编。

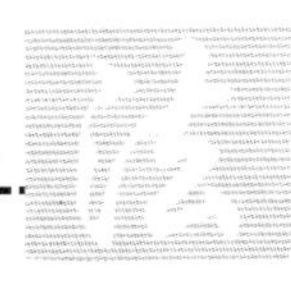

同侵权行为的连带责任、共同危险行为和共同加害人的种类。

第二部分，规定了特殊侵权行为，在理论上被称为间接侵权责任，即为他人的侵权行为和自己管领的物件所造成的损害所负的赔偿责任。主要包括公务员的侵权行为责任，法定代理人的侵权责任，雇用人的责任，定作人指示过失致人损害的责任，动物致害责任，工作物致人损害时其所有人的赔偿责任。这些特殊侵权行为规定的特点是，每一个条文只规定一种特殊侵权行为，对前两次民律草案的几个条文规定一种特殊侵权行为的做法作了改变，这样，每一个条文的内容都很复杂，规定得很具体。

第三部分，规定的是损害赔偿方法。一是规定对侵害生命权的损害赔偿方法，赔偿权利主体是为死者支出殡葬费之人；对于侵权行为的间接受害人的扶养损害，亦应予以赔偿。二是规定侵害身体权、健康权的损害赔偿方法，赔偿的是所造成的财产损失，经当事人的声请，法院可以判决给付定期金。三是规定了对于侵害生命权的被害人的亲属，虽非造成财产上的损害，但可以请求赔偿慰抚金。四是规定侵害身体权、健康权、名誉权、自由造成人格利益损害的慰抚金赔偿，对于侵害名誉权的，还可以请求恢复名誉的适当处分。五是规定财物损害的赔偿方法，其中关于赔偿所减价的规定，含有损益相抵的含义。

第四部分，规定了侵权行为的诉讼时效以及相关的问题。关于诉讼时效，规定的一般时效为 2 年，最长时效为 10 年。在超过诉讼时效后，对于加害人因侵权行为而受有利益、致受害人受有损失者，受害人仍有权依不当得利的规定，请求加害人返还其所受利益。对于因侵权行为而使加害人对受害人取得债权，例如，加害人因诈欺而对受害人使为债务约束的，受害人享有债权废止请求权，在该权利已过诉讼时效后，受害人仍得拒绝履行。

（四）20 世纪前 50 年侵权法建设的基本经验

应当指出，中国近代的侵权法建设，历时 40 年，完成了中国侵权法从封建性质的法律向近现代化发展的变革，是卓有成效的。其中最值得借鉴的经验，我认为有以下几点：

第一，有一个正确的立法宗旨作指导，保证立法既实现了法律体系的变革，

又能够结合中国的实际情况。其中的典型代表，就是清代制定民法典的立法宗旨，即注重世界最普通之法则，原本后出最精之法理，求最适于中国民情之法则，期于改进上最有利益之法则。首先，是这个立法宗旨本身的价值。不管实际上做得怎样，但是有了这样一个十分进步的立法宗旨，就是一个重大的成果。其次，三次立法草案的制订，基本上体现了这个立法宗旨，其中在侵权法的立法中，基本上使中国的侵权法完成了从中华法系的封建性质到资本主义性质的转变，使之趋于现代化。这种立法经验，对于过去和现在，都是有借鉴意义的。尤其是这种立法宗旨体现了借鉴国外先进立法经验与实际国情的结合，科学的法理与立法价值趋向的结合，更值得借鉴。

第二，立法者具有实现变革的勇气和气概，使立法实现了革命性的变化。应当看到，中国古代的侵权法立法已经延续了几千年，可以说是根深蒂固，深入人心的，有深厚的基础。在这样的基础上进行立法的革新，其难度之大，是可想而知的。正是在这种精神的指导下，无论是清末的法律编制者，还是民国的法律起草者，敢于借鉴国外的先进立法，吸收科学的民法法理，摒弃古代侵权法的旧有体系，实现革新和变革，创设具有时代气息的民法典以及其中的侵权法。试想一下，如果不是有这样的勇气和气概，怎么会一下子就把根深蒂固的古代的侵权法彻底抛弃，使中国的侵权法一下子就与世界各国的先进立法拉近距离，甚至在某些方面赶上或者超过了它们呢?

第三，敢于借鉴国外的立法经验，跟上立法发展的潮流。中国的法律史，本来是一部封闭的历史。中国的侵权法也是一部封闭的法律，几千年来一直按照自己的逻辑在发展，排斥外来的经验和影响。在这样的一种形势下，在侵权法的建设上要完全打破自己的体系，与国外的立法模式“接轨”，其难度是可想而知的。但是，就是在这种形势下，立法者终于打破了中国侵权法的封闭体系，借鉴日本、德国等国家立法的经验，形成了与世界立法潮流相一致的立法，融入了大陆法系的体系之中。

当然，中国在20世纪前50年的侵权法的立法中，还有很多缺陷，不是十全十美的。其一，就是立法抄袭的痕迹太重，在整个侵权法的立法中，所有的条文

几乎抄自日本和德国，缺少自己的特点。在前述法律和法律草案中，侵权法的变化，主要是在债法体系中的位置的变化，以及个别词语上的变化，在实质内容上没有根本的变化。在借鉴和抄袭的界限上，没有划得十分清楚。其二，在借鉴的内容上，借鉴的范围较为狭窄，借鉴日本和德国的立法过多，没有在世界各国的范围内作普遍的比较，择优借鉴，因而，中国近代以前的侵权法形成了"血统"较纯，但是对其他法系的成熟经验没有吸取，违背了两大法系相互融通的立法发展规律，这与早期参加立法的外国专家主要是日本人是有关系的。其三，立法缺少创造，打破了自己固有的立法封闭体系，接着走入了大陆法系的封闭体系，站在大陆法系的立场上"抱残守缺"，没有进行发挥和创新。

三、中国现代的侵权法——20世纪后50年

中国现代侵权法的立法，整整经历了20世纪的后半期。在20世纪的后50年中，中国侵权法的立法经历了风风雨雨，终于取得了今天的成果。将这50年的经历进行回顾，大体可分为以下几个时期。

（一）初创时期

中华人民共和国成立初期，即50年代，在彻底废除了国民党政府的伪法统之后，侵权法的建设是在立法的废墟上开始的。在那时候，只能借鉴苏联的侵权法的立法经验，并在实际的审判工作中实行。在理论上，主要是翻译苏联民法专家的作品，在侵权法方面，影响最大的就是约菲的《损害赔偿之债》。随后，中国专家结合实践，编写了中国的民法教科书，《中华人民共和国民法基本问题》[①]就是当时影响最大的一部教科书。在实践中，没有立法的条文作依据，只是借鉴教科书的内容，作为判案的依据。

50年代后期开始起草《中华人民共和国民法》（草案），在条文中制订了关于损害赔偿的内容。这些条文草案，主要是按照《苏俄民法典》损害赔偿一章的

① 中央政法干部学校民法教研室编，法律出版社1958年版。这部著作的主要作者是柴发邦教授，柴发邦教授亲自跟我说过这部著作的写作过程。

内容起草，较为简单。在司法实践中，最高人民法院曾经就民事审判法律适用问题作出过司法解释，但是很少有关系到侵权行为案件的解释，即便在60年代召开的全国民事审判工作会议上讨论的《关于贯彻执行民事政策几个问题的意见》，也没有关于侵权损害赔偿的规定。

按照《中华人民共和国民法基本问题》教科书的内容，我们可以看到这个时期中国侵权法的基本轮廓。首先，中国侵权法把侵权行为界定为"侵权行为民事责任"，同时确认侵权责任又是一种债的形式。例如，"行为人不法侵害他人的财产权利或人身权利，并造成财产上的损失时，根据法律规定，行为人和受害人之间发生债的关系，受害人有请求赔偿的权利，行为人负有赔偿的义务；行为人所负的义务是一种法律制裁，因而叫作侵权行为的民事责任"[①]，就是典型的界定。关于侵权行为的性质，一方面界定为违法行为，另一方面对侵权行为要区分人民内部矛盾和敌我矛盾，在反革命分子、地主分子和其他坏分子实施的违法行为，有的在违反民法的同时，还触犯刑法或治安管理处罚条例，性质属于敌我矛盾，从这个意义上讲，民事责任制度也是对敌人实行专政的有力武器之一；对于人民内部的侵权行为，在性质上与敌对分子的侵权行为有原则区别。[②] 在侵权责任构成上，强调具备行为的违法性，违法行为人要有过错，要有损害事实的存在，违法行为与损害之间要有因果关系四个要件。在侵权行为的形态上，以过错为标准，分为一般的过错形式、混合过错（即与有过失）、共同过错即共同侵权行为。在赔偿上，有三个赔偿原则，即对人身侵害赔偿财产损失的原则、对财产损失全部赔偿的原则和考虑当事人经济状况的原则。

（二）法律虚无时期

"文化大革命"，使中国脆弱的民法受到了毁灭性的打击。在这10年中，法院设在军管会或者保卫部，审理的案件主要是刑事案件，民事案件主要是离婚案件，侵权行为的概念在这个时期基本上绝迹了。在这样的时期不可能会有侵权法的建设问题。

---

① 中央政法干校民法教研室：《中华人民共和国民法基本问题》，法律出版社1958年版，第322页。

② 中央政法干校民法教研室：《中华人民共和国民法基本问题》，法律出版社1958年版，第322页。

（三）复兴时期

“文化大革命”结束以后，百废待兴，民法建设包括侵权法的建设同样如此。最高人民法院开始提出这个问题，试图通过法律解释的方法，创建中国民法的体系，包括侵权法的体系。

1979 年，最高人民法院制定了《关于贯彻执行民事政策法律的意见》，专门提到侵权赔偿问题。这个司法解释文件中规定：“赔偿纠纷，一般应由当事人所在单位或有关部门处理。需要法院处理时，人民法院应本着有利安定团结的精神，根据党和国家的政策法律，分清是非责任。对有错误的要进行严肃的批评教育，责令其检查，赔礼道歉。造成经济损失的，应负责赔偿。如需要治疗，要酌情让伤害者负担医疗费，其数额，一般以当地治疗所需医疗费为标准，凭单据给付。确实需要转院治疗的，应有医疗单位的证明。因养伤误工的损失，应与有关单位研究解决。无论医疗费和养伤误工补贴，都不能超出赔偿范围。”“对损坏财物的，应根据责任的大小，损坏的程度，酌情赔偿一部或全部。”“对未成年子女因损害造成他人经济上的损失，其父母应负责赔偿。”这一司法解释，内容虽然简短，语言也具有当时的特色，却包含了中国侵权法几乎全部的内容，既有人身损害赔偿，又有财产损害赔偿；既有一般侵权行为，又有特殊侵权行为；既有不同的责任方式，又有具体的赔偿标准。可以说，这一规定实际上奠定了新中国侵权法的基础。

1984 年 8 月 30 日最高人民法院审判委员会通过的《关于贯彻执行民事政策法律若干问题的意见》，对于上述规定进行了较大的修正，共设置了第 72 条至第 81 条共 10 个条文，规定了侵权法的基本内容。其主要内容是：其一，规定过错的形式，包括一般过错、混合过错、受害人过错和共同过错（即共同侵权行为），这一规定是很完整的。其二，规定特殊侵权行为，包括动物致害和物件致害。其三，财产损害的赔偿标准。其四，人身伤害的赔偿范围。这一规定更为条理化，内容也更丰富，因而为《民法通则》关于侵权行为民事责任条文的制定奠定了基础。

其后，以《中华人民共和国民法通则》为代表，中国建立了现代侵权法体

系。规定了现代侵权法的基本内容。

在内容设置上，大体上考虑了以下四个方面：首先，规定了侵权行为的归责原则，这就是过错责任原则、无过错责任原则和公平责任原则。其次，规定了侵权行为的形式及其赔偿原则，即侵害财产权的侵权行为及其责任、侵害知识产权的侵权行为及其责任、侵害身体健康权的侵权行为及其责任和侵害名誉权等其他人格权的侵权行为及其责任。再次，规定了特殊侵权行为及其责任，包括国家机关及其工作人员的侵权责任、产品侵权责任，高度危险责任、环境污染责任、地下工作物致害责任、地上工作物致害责任、动物致害责任和法定代理人致害责任。最后，规定了影响侵权民事责任的各种原因，诸如正当防卫、紧急避险、共同侵权、与有过失等。

中国《民法通则》对侵权行为法的规定，主要特色是：第一，完善了归责原则体系。在这方面，采取了侵权行为归责原则“三元论”的观点，将过错责任原则、无过错责任原则和公平责任原则全部作了规定，使中国侵权法的归责原则实现了在过错责任原则的统率下，三位一体的归责原则体系的完善。第二，规定了完善的侵权行为的形态。立法承认一般侵权行为、共同侵权行为和特殊侵权行为以及与有过失的侵权行为，作为侵权行为的基本形态。第三，吸收先进立法，完善特殊侵权行为的体系。在原最高人民法院的司法解释中，对于特殊侵权行为仅仅规定了未成年人的侵权责任、动物致害责任和危险物件致害责任，在《民法通则》中，肯定了动物致害责任，完善了法定代理人责任和物件致害责任，增加了国家公务员侵权责任、产品侵权责任、高度危险责任、环境污染责任、地下工作物致害责任。尤其是在产品侵权责任、高度危险作业责任和环境污染责任的规定中，都顺应了当代立法的先进潮流，是具有时代气息的规定。第四，规定基本的抗辩事由。主要规定了不可抗力、正当防卫和紧急避险，以及因防止、制止国家、集体的财产和个人财产、人身遭受侵害而使自己受到损害的，侵害人承担赔偿责任，受益人给与适当补偿的规定。第五，确定各项赔偿标准，特别是确立了精神损害赔偿。《民法通则》对财产损害、知识产权的侵害、生命健康权的损害以及名誉权等其他人格权的损害，都规定了具体的赔偿标准。尤其是在精神损害

赔偿上有了突破性的进展，确认这一制度，是前所未有的进步。第六，规定责任方式和诉讼时效。责任方式不仅承认赔偿方式，还确定了非财产的责任方式。可以说，《民法通则》关于侵权行为的规定，在当时的情况下，已经达到了相当的程度，使中国的侵权法有了较好的成文法基础，为今后更大的发展奠定了基础。

（四）发展时期

20 世纪 90 年代，是中国侵权法发展最快的时期，侵权法的立法和理论研究呈现繁荣的发展势头，在中国的历史上，侵权法受到了前所未有的重视和关注。

在这一时期，中国侵权法是在立法已经确定的形势下发展的，因而，主要是在司法实践上和侵权法理论上的进步最为明显。即便如此，在立法上，尤其在一些侵权特别法上，增加了一些非常重要的新内容。

1. 立法上的发展

（1）制定了《国家赔偿法》，对国家机关及其公务员侵权作了完善的规定。《国家赔偿法》是我国第一部侵权行为特别法，是关于国家赔偿的基本法。这部法律将国家赔偿分为行政赔偿和司法赔偿，确定了赔偿的义务主体，赔偿责任的构成，以及赔偿的具体标准。在这部法律中，最值得注意的是规定了：（1）关于侵害人身自由权的赔偿问题。在《民法通则》中，没有规定人身自由权是具体人格权，在第 120 条有关精神损害赔偿的规定中，没有规定侵害人身自由权可以适用精神损害赔偿。因此，在实践中，有人主张人身自由权不是具体人格权，而是政治权利，在出现侵害人身自由权的违法行为的时候，不以侵权行为处理。[①]《国家赔偿法》规定侵害人身自由权的，应当予以赔偿，确定人身自由权是民事权利，而且是具体人格权，澄清了在这个问题上的迷雾。（2）关于死亡赔偿金和残疾赔偿金的问题。在《民法通则》中，对于侵权行为造成死亡的赔偿标准太低，仅仅规定赔偿丧葬费。在实践中，法院发现这种规定不能很好地保护受害人的合法权益，也不利于制裁侵权行为。因此，在《道路交通事故处理办法》（现已废止）规定了死亡补偿费的基础上，该法规定了这两个项目的赔偿，在国家侵权的

① 杨立新：《自由权之侵害及其民法救济》，《法学研究》1995 年第 2 期。

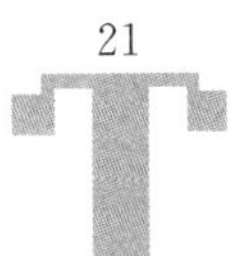

范围内适用。同时，对于其他领域的这类问题的解决，起到了良好的带头作用。

（2）在《产品质量法》的立法上，对产品侵权责任作了新的规定，丰富了《民法通则》第122条规定的内容。《民法通则》对产品侵权责任作了原则的规定。在《产品质量法》中，明确了产品侵权责任和违约责任的关系和界限；将“产品质量不合格”明确界定为“缺陷”；将产品侵权责任的诉讼时效明确规定为2年，最长时效为10年；对生产者和销售者之间的责任承担，作了明确的规定；对人身伤害和财产损害的赔偿标准作了新的规定，其中对死亡者赔偿抚恤费，是新增加的赔偿项目。

（3）在《消费者权益保护法》中，对侵权行为法的保护范围作了适当的扩大。在这部法律中，最重要的规定，是对一般人格权的保护和对人身自由权的保护。在《民法通则》中，将一般人格权的核心即人格尊严规定在名誉权的条文之中，使法律对一般人格权的规定淹没在具体人格权的条文中，没有凸显出来，以至于人们对人格尊严的重要地位没有必要的认识。在实践中，发生了严重的侵害人格尊严的行为，唤醒了人们对人格尊严保护的意识，对一般人格权的重要性重新予以认识，因而《消费者权益保护法》在制定的过程中，采纳了学者的主张，将一般人格权的保护纳入《消法》的保护范围，规定对人格尊严进行侵害的，要承担侵权民事责任。这是发展侵权行为法的一大举措，丰富了侵权行为法的适用范围，在保护民事主体的权利方面，是一个重要的进展。在人身自由权的保护上，《消法》也作出了新的规定。《消法》的另一个重要的贡献就是，将《国家赔偿法》的残疾赔偿金和死亡赔偿金的赔偿项目借鉴到《消法》中来，扩大了这两个赔偿项目的适用范围，为把这两个赔偿项目作为一般侵权行为的赔偿项目迈出了关键的一步。

（4）在《反不正当竞争法》中，对不正当竞争中的侵权行为，作了原则的规定，确定了制裁这种侵权行为的原则。在这里面，有一个重要的规定，就是对侵害商业信誉和商品声誉的侵权行为，规定了制裁措施。这一规定，等于确认了信用权为具体人格权，适用侵权行为法予以保护。

在其他的立法中，也都涉及侵权行为的问题，不再一一阐释。

在行政法规中，最值得重视的是《道路交通事故处理办法》的出台实施。这项于1991年出台的行政法规，是处理道路交通事故的特别法。它在《民法通则》关于侵权行为民事责任的规定原则指导下，结合道路交通事故的实践，很好地处理了道路交通事故的赔偿问题，在很多方面具有创建性的发展，尤其是对死亡补偿费的规定，之后被很多法律所借鉴。与此相区别的是，《医疗事故处理办法》（现已废止）关于赔偿的规定不利于保护医疗事故受害人的权益。例如，造成医疗事故，经过鉴定确认以后，规定仅进行一次性赔偿，并规定赔偿数额由省级人民政府确定，各省的规定最高为8 000元，最低为3 000元，远远不足以赔偿受害人的损失。这些落后的规定，引起了各界的反对。国务院有关部门接受大家的意见，正在修改这一行政法规。

2.司法上的发展

在司法上，审判机关在实践中作出探索，以更好地保护民事主体的权益。最主要的表现是：

（1）在人身损害赔偿的法律适用中，由注意对受害人赔偿请求的限制向注意保护受害人的权利转变。在《民法通则》以往的司法解释上，关于人身损害赔偿的规定，几乎都是怎样限制赔偿的请求权，规定什么样的赔偿请求不能支持，什么样的损害不能赔偿，等等。在最高人民法院召开的第五次民事审判工作会议以后，这一倾向正在转变，在审判中，法院更着重考虑的是怎样保护好受害人的权利。这是一个非常重要的转变。在《民法通则》公布之前的几十年中，中国实行低工资、高就业的政策，人们的收入普遍偏低，无力承担过重的赔偿，因而对赔偿进行适当限制是必要的。但是这样的做法不能保障受害人的权利得到完全的救济。现在的做法是正确的。

（2）对名誉权的保护作出司法解释。《民法通则》对名誉权的保护作出了规定，但是在实践中遇到的问题越来越多，急需最高司法机关作出司法解释。最高人民法院在总结实践经验的基础上，制定了关于保护名誉权的两个司法解释，解决了这些问题，受到各方面的肯定，当然其中也有值得斟酌的问题。

（3）在扩张侵权行为保护客体范围上进行探索。在侵权特别法规定了新的侵

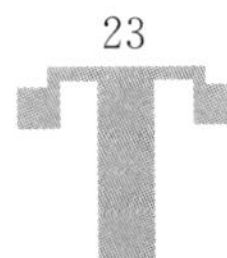

权行为侵害客体之后，司法实践也加强探索，以更好地保护民事主体的民事权利。在隐私权的保护上，司法机关作出了间接保护的司法解释，规定侵害隐私权，造成受害人的名誉损害的，可以按照关于名誉权的法律规定判决。在一般人格权的保护上，也在探索，对电话骚扰、门缝广告等侵害一般人格利益的案件，作出判决，受到各界的欢迎。

（4）积极适用侵权行为法的理论研究成果。最近十年的司法实践，特别注意对侵权行为法理论研究成果的应用，推动司法实践的进步，保护民事主体的民事权利。仅举一例。共同危险行为理论是20世纪80年代的研究成果。在《民法通则》关于共同侵权行为的规定中，没有作出规定。在实践中，对此原比照刑法的规定处理，不作为共同侵权行为认定。这是《民法通则》的一个漏洞。在理论上取得研究进展之后①，在实践中引起重视，法官积极适用，创造出了典型判例，被更多的法官所援引，在司法实践中适用这一理论判案，已经成为共识，使受到共同危险行为侵害的人得到了应有的赔偿。②

（5）扩大精神损害赔偿的适用范围。精神损害赔偿在制定《民法通则》的时候，本意是作试探性的规定，但是，此后人民群众的接受程度是普遍的，人们不觉得规定精神损害赔偿的范围太宽了，而是太窄了。尤其是对于人身伤害（包括造成死亡）没有规定精神损害赔偿普遍表示不满，要求作出规定。在有关法律规定了死亡赔偿金和残疾赔偿金的情况下，人们一方面还是嫌规定得太窄、适用范围要进一步扩大，另一方面在实践中，主张精神损害赔偿的日益增多。在实践中，审判机关在具体案件中适用这样的规定，作出的判决受到普遍欢迎。③

（6）提高人身伤害赔偿标准。近几年来，在人身伤害的赔偿标准上，有继续提高的趋势。在一些人身伤害造成残废的案件中，有的赔偿数额达到几百万元。

---

① 杨立新：《试论共同危险行为》，《法学研究》1987年第5期。

② 可以参见马敏诉刘伟等案件，《人民法院案例选》1996年第3期；姚善富诉罗文武等案件，《中国审判案例要览》1993年综合本，人民法院出版社、中国人民大学出版社1993年版，第593页；马金林等诉付敏吉等案件，《中国审判案例要览》1993年综合本，人民法院出版社、中国人民大学出版社1993年版。

③ 杨立新：《民法判解研究与适用·论人身伤害慰抚金制度》（第四辑），人民法院出版社1999年版，第383页以下。该文讨论了贾某宇赔偿案件适用残疾赔偿金的问题。

这与目前社会普遍收入仍然不高的情况相比，无疑赔偿的数额确属高额。例如，在北京市某法院判决的许诺的损害赔偿案件中，一审判决的赔偿数额达到207万元。黑龙江某法院判决的一个同类案件，达到180多万元。对人身伤害的赔偿案件给与实事求是的赔偿，数额是不应加以限制的，关键的问题是赔偿要符合赔偿的标准。在有的案件中，判决参照的标准不符合实际，没有经过论证，是造成赔偿数额过高的一个重要原因，这样，确定的赔偿数额是不合理的；与此同时，在这样的高额赔偿案件中，将将来的多次给付变为现在的一次性给付，没有适用“霍夫曼计算法”扣除先付部分的利息，不符合“损益相抵”规则，使当事人得到不当得利。[①]

3.理论上的发展

侵权行为法理论在90年代的发展是迅猛的。这和人们普遍关注侵权行为法、关注自己的民事权利的社会气候是相一致的，主要表现在以下三个方面。

第一，理论上的争鸣形成气候。在侵权行为法的研究中，各家各派都在参加讨论，提出自己的意见，形成了争鸣的局面。这些主要表现在对侵权行为法学的基本问题上的不同意见上。例如，在归责原则上，形成了不同的观点，有“一元论”观点、“二元论”观点、“三元论”观点等，就是在“三元论观点”中，还分为几种不同的意见。在侵权责任构成上，形成了“四要件”说和“三要件”说两种最主要的观点，形成尖锐的对立，各自阐释自己的主张。在侵权行为形态、侵权责任、抗辩事由、赔偿标准上，都有不同的意见在讨论。就是在对《民法通则》第125条规定的特殊侵权行为责任究竟称为“地面施工的侵权责任”还是“地下工作物致害责任”上，都有不同的争论。这些争鸣，有利于发展侵权行为法学，有利于推动审判实践，有利于保护民事主体的民事权利。

第二，侵权行为法学的理论研究日益丰富、深入。首先，在理论研究上，侵权行为法学首先注重自身体系的完善，借鉴国外的理论研究成果，构建具有中国特色的、完善的侵权行为法学理论体系。一批关于侵权行为法研究的理论专著和教科书的出版问世，在这方面作出了很好的探索。其次，在研究的层次上，注重

① 杨立新：《论损益相抵》，《中国法学》1994年第3期。

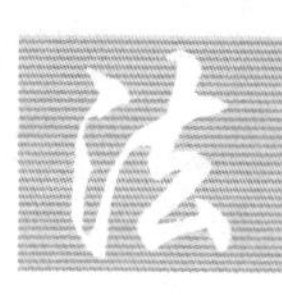

新问题和具体问题的研究深度。例如，对一般人格权的侵权法保护问题，对债权的侵权法保护问题，对双重买卖中的侵权行为的制裁问题，等等，都有深入的研究，并且提出了具体的司法对策。在侵权行为法学的应用研究上，10 年来的成果非常显著，大量关于侵权行为法应用的著作成套出版，既指导了法官的判案，又对群众的侵权法观念普及起到了重要的作用。可以说，在世纪之交，侵权行为法在中国百姓的心中，不再是一个陌生的法律概念，大多数的群众都可以说出侵权行为法的一些问题来。

四、21 世纪中国侵权法发展展望

作为一名民法的实务工作者和理论工作者，在回顾了 20 世纪的中国侵权法建设的历史以后，有理由相信，中国侵权法的建设方兴未艾，发展前景辉煌灿烂，在专家学者的共同努力下，中国的侵权行为法一定能够建设成为世界上最好的侵权行为法之一。

（一）借中国民法法典化的机遇，完善侵权行为法的立法

中国在 20 世纪后 50 年中，民法典的起草工作在艰难曲折的道路上前进。直至 20 世纪 80 年代中期，在开放改革的新形势下，民法典的起草工作正式提上议程。但是，一个十分令人遗憾的现实是，立法者决定将完整的民法典分割成若干个民法的部门法，由“批发”改为“零售”，分别制定、公布、实施。由此，中国民法就由一个完整的基本法，变成一个由《民法通则》统率的，由《合同法》《担保法》《婚姻法》《收养法》《继承法》等单行法集体构成的民事法律群。这种分散的现状，不符合民法立法的规律，不适应社会主义市场经济的发展需要，也不利于保护公民、法人的民事权利。国家立法机关已决定着手制定民法典，使中国民法立法由分散转为统一，诞生具有中国特色的民法典的期待，就要成为现实。可以说，21 世纪中国民法立法的最突出特点，就是民法立法的法典化。

中国民法法典化，为侵权行为法的完善提供了难得的机遇。中国侵权法的立法将借中国民法法典化的机遇，实现自己立法的完善和现代化。

在中国民法典建设中，对侵权行为法的规定将更加完善，会在以下几方面加以规定。

1.中国侵权法在中国民法典中的相对独立地位将得到确认

在大陆法系，侵权法总是在“债的发生根据”中加以规定，这使侵权法在民法典的地位显得不那么重要。在《民法通则》中，立法者专门设计了“民事责任”一章，被认为是中国民法制订的一个特色，但是经过实践证明，这种做法也不是非常科学，不符合民法立法的惯例，且遗留很多无法解决的难题。在这方面，英美法系的做法最值得借鉴，将侵权行为法作为民法相对独立的一部分，单独规定侵权行为法，作为民法典的一编。对于这一点，学者专家已经基本上取得了共识，现在的关键在于在编制中怎样处理好这一编与其他内容的关系。

在这一方面，最重要的是要解决侵权法与债法的关系。不可否认，侵权行为是债的发生根据之一，尽管侵权法有其独立的地位，但是在基本理论和基本规则上，侵权法确实要受债法的指导。在民法典的侵权责任编中应当明确规定，本编没有明确规定的，适用债法的一般规则。

在侵权法与人格权法的关系上，应当特别注意避免重复。在规定人格权时，只规定人格权的内容；在侵权行为法中，规定对侵害人格权的侵权行为的处置。

2.侵权法的立法体系更为清晰、完整

（1）明确规定侵权法的归责原则。应当肯定过错责任原则，然后规定无过错责任原则和公平责任原则，并对这三个归责原则的调整范围作出明确的规定，明确过错责任原则是基本的归责原则，无过错责任原则和公平责任原则是补充的、调整范围有限制的原则。

（2）对侵权行为的形态作出规定，肯定一般侵权行为、共同侵权行为、与有过失、受害人过错四种不同的侵权行为形态；规定共同侵权行为及共同危险行为的构成，以及连带责任的后果；对特殊侵权行为要先作出抽象的规定，其后对具体的特殊侵权行为作出较为详细的规定。

（3）规定侵权责任的抗辩事由，对不可抗力、正当防卫、紧急避险、受害人承诺、自助行为等都规定其构成和免责的后果。

(4) 规定侵权行为的赔偿原则，确认财产赔偿原则、全部赔偿原则、损益相抵原则、过失相抵原则和衡平原则，规定具体的适用条件和适用后果。

(5) 对侵害财产权、侵害知识产权、侵害生命健康权和侵害一般人格权、名誉权等其他具体人格权的侵权行为的构成和基本赔偿标准作出规定。

(6) 规定侵权责任的诉讼时效。

3.侵权法的具体内容将更加明确、具体

在制定民法典的时候，应当在制定侵权法的条文时，不再按照大陆法系的一般做法将侵权法规定得过于概括，更多靠理论上的解释指导实践的立法模式。应当将《民法通则》实施以来的审判实践经验加以整理，凡是成功的经验和做法，都应当吸收进民法典中。特别是在规定具体的侵权行为的时候，要坚持这样的观点，使规定的条文尽量具有可操作性。例如，在规定侵害名誉权的侵权行为时，就应当将现有的司法解释进行整理，剔除不适当的部分，凡是成功的做法都规定进来。侵害债权的侵权行为是侵权法中的一个难点，应当将理论上研究的成果和实践上积累的经验整理起来，制定明确的条文，使之条文化。

总之，中国民法典规定的侵权法，一定会是集中国法学理论研究和实践经验之大成，集世界各国侵权法先进立法和科学研究成果之大成，成为世界上最完善、最详细的一部侵权法。

(二) 在侵权法的司法实践上，以保护民事权利为中心，全面加强对侵权行为的制裁和对民事权利的保护

从总体上讲，民法赋予民事主体民事权利，并加以保护，同时，从规定权利的角度来规范交易秩序，调整民事关系的法律。在权利保护方面，侵权行为法全面发挥作用，起到最主要的职能。

1.通过对具体案件的审理，严格适用中国侵权法，保护当事人的民事权利

在民事权利的法律保护中，民事司法具有无可替代的作用。“徒法难以自行”，只有将立法的条文在实践中予以实现，法律的规范作用才能够最终得以实现，侵权法的规范职能才能够充分发挥作用。侵权法的司法行使国家的审判权，对侵权民事争议进行裁决，使侵权法立法的强制性和对民事权利的保护得以实

现。随着公民、法人法律意识的普遍增强，人们越来越认识到民事权利对于自己的生存和发展的极端重要性，在自己的权利受到侵害的时候，勇于拿起民法的武器，同民事违法行为进行斗争，保护自己的权利。21世纪的侵权法司法，将全面加大力度，全面保护民事主体的民事权利，从而规范民事活动的正常秩序，维护民事交易的一般规则，制裁民事违法，保护民事权利，推动社会主义市场经济健康发展。

新世纪的侵权法的司法，将在实践中严格按照民法典的规定审理案件，使立法的条文变为现实的行为规则，实现“有法可依、有法必依、执法必严、违法必究”的法治原则，使侵权法成为人们心中的强制法、“硬法”。同时，侵权法的司法将更加发挥主观能动作用和创造性，更加重视判例的重要作用，抓住典型案件，创造性地进行民事审判活动，将民法典规定的民法规范，通过审判活动，贯彻到现实生活之中；对于现实生活中纷繁复杂的民事生活现象，勇于发挥民法司法的补充作用，创造判例，补充立法的不足，推动侵权法立法的发展。

2.对新出现的侵权法的问题，民事司法实践不断创新，推动立法的发展

在社会发展中，任何法律都只是对社会现象作抽象的规范，不能穷尽一切社会现象，中国侵权法同样如此。尽管在民法典中会对侵权法作出详尽的规定，但是社会是不断发展的，新情况、新问题会不断出现。因此，为要更好地保护民事主体的民事权利，司法实践既要严格执行侵权法，又要不断对新情况和新问题进行研究，在中国侵权法的原则指导下，发扬创新精神，创造性地作出判决，解决新的侵权问题。如果不是这样，侵权法就不会发展，新问题和新情况就不会得到解决，对民事主体的权利的保护就不会全面和完善。

司法实践应当特别注意发挥判例的作用。新问题和新情况总是通过案件表现出来的。对于这些案件，民事法官应当具有特别的敏感，善于抓住它，运用法律规定的原则和法理的基本精神，作出判决。上级法院应当抓住这样的案例，及时总结推广，影响全国的民事审判实践，使典型案例成为全国法院共享的“资源”，推动司法进步。在这方面，已经有很好的经验，例如新疆乌鲁木齐市某法院判决的“刘某医疗事故损害赔偿案”，就打破了《医疗事故处理办法》关于医疗单位

对损害具有医疗差错不能适用损害赔偿的规定，认定具有差错的医疗行为，造成患者人身损害，就构成侵权行为，应当按照《民法通则》的规定进行赔偿，创造了很好的典型案例，对保护民事权利，推动《医疗事故处理办法》的修订，都起了重要的作用。[①] 在这方面，应当破除一些清规戒律，破除“法官不能造法”的戒条，敢于创造案例，敢于发布案例，无论是最高人民法院还是地方的上级法院，都要敢于用案例的方法指导审判实践。最高人民法院应当定期发布案例；地方的上级人民法院也应当及时发现典型案例，进行推广，以协调本辖区法院的审判工作。

在21世纪的中国侵权法的司法活动中，最高人民法院将会更好地发挥最高司法机关的作用，运用司法解释的方法，指导适用法律，补充立法不足，推动法制建设的发展。在21世纪中，最高人民法院在对侵权行为法的司法解释中，会有更杰出的贡献。首先，应当在民法典制定以后，对原有的关于侵权行为法的司法解释进行整理，废止与民法典规定相悖的内容，同时对民法典关于侵权行为法的规定在执行中的问题，进行司法解释。其次，在如何掌握人身损害赔偿、财产损害赔偿和精神损害赔偿的标准等方面，作出完整的解释，统一全国的赔偿标准。对于其他方面的问题，也应当及时进行解释。

（三）中国侵权法的理论发展，建立统一、完整的理论体系和精密、深邃的内容

理论是实践的前导。没有先进、正确的民法理论作指导，侵权行为法的立法和司法都不会有健康的发展。

21世纪的中国侵权法理论的任务，既要反映侵权行为法立法和司法的现实状况，为侵权行为法立法和司法的现实提供理论解释，全面发展侵权行为法的应用法学；又要为侵权行为法立法和司法的发展提供理论基础，全面发展侵权行为法的基础理论。侵权行为法理论研究将特别注意对现行立法和司法实践进行深入的研究，揭示中国侵权法规范的真实内涵，解释侵权行为法规范的实际应用，提供准确的学理解释，指导侵权行为法立法和司法实践。同时，理论研究更加重视

① 杨立新主编：《侵权行为法案例教程》，中国政法大学出版社1999年版，第356页。

对侵权行为法基础理论的研究，更加广泛地借鉴、引进国外侵权行为法的先进理论，创建具有中国特色的侵权行为法学科学体系，尤其是注重对法哲学方面的研究，发挥理论的先导作用，引导侵权行为法立法和司法的不断发展，使中国的侵权行为法走在世界民法发展的前列。

21世纪的中国侵权法理论发展方向，在体系上，实现统一、完整的要求，在大一统的民法理论体系，占有重要的地位。确认侵权行为法学是中国民法学的一门相对独立的分支学科，具有相对独立的地位。在教学和理论研究中，要特别注意这一点，不能将侵权行为法学只是作为一个简单的课题进行一般的讲授和阐释、研究，而应作为独立的学科进行研究和讲授。在侵权行为法学的理论体系上，要进行深入、广泛的研究，揭示侵权行为法发展的规律和本质特征，在各种不同学说的争鸣中，创建完整、系统、科学的理论体系。在这方面，既要借鉴大陆法系的经验，也要借鉴英美法系的经验，使之融会贯通，取各家之长，为我所用。在建立侵权行为法的理论体系上，应当特别注意英美法系的经验。

在理论内容上注重完整性和精密性，借鉴国外最先进的侵权行为法理论观点，进行精密、细致的研究，全面展现侵权行为法理论博大精深的理论内涵。在侵权行为的归责原则、责任构成、侵权行为形态、抗辩事由、赔偿规则、各种赔偿标准和诉讼时效等方面，都应当进行精细的研究。新世纪的侵权行为法学的研究，应当有一个重要的方向，就是加强对具体侵权行为的研究，将侵害财产权、侵害人身权、侵害知识产权等各种具体的侵权行为，例如侵害动产、侵害不动产，侵害身体权、健康权、生命权，侵害名誉权、隐私权、肖像权等，都在理论上进行细致的阐释，就像刑法学对每一个罪名都详细阐释一样，对具体侵权行为作出权威的、具有指导意义的科学说明，使侵权行为法学更科学、更实用、更有理论价值和实践价值。

第二节　世界侵权法的历史源流及融合与统一

当今世界，随着经济一体化的不断进展，法律的融合与统一成为世界性的潮

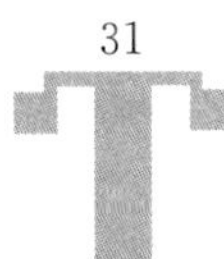

流，侵权法同样处于这个潮流之中。作为侵权法研究的一个大国[①]，以及这个侵权法研究大国中的一个侵权法研究专家，应当对世界侵权法融合与统一的历史源流与发展趋势作出准确的概括和评估，为推动世界侵权法的统一作出应有的贡献。这也是我与奥地利侵权法专家库齐奥教授、英国侵权法专家奥利芬特教授和美国侵权法专家格林教授组建世界侵权法学会[②]的心愿。以下从探讨世界侵权法的历史源流开始，进而考察其融合与统一的规律和发展前景。

一、世界侵权法的五大历史源流

初民社会没有法律，人们的生活自动地受习惯的统治。[③] 随着原始社会进化为阶级社会，法律开始出现，并且不断发展。同样，初民社会也不存在侵权法，作为保障社会成员的财产和人身的法律曾经是"法律程序的原始形态"[④]，最早的"侵权法"以受害人及其血亲对加害人实施同态复仇的方式进行"救济"，主要表现为私人复仇制度，借以解决部族成员之间的矛盾和冲突。[⑤]

随着国家和阶级的出现，侵权法出现于世界舞台，并且形成了世界侵权法主要的五大历史源流，这就是罗马法系侵权法、英吉利法系侵权法、中华法系侵权法、印度法系侵权法和伊斯兰法系侵权法。[⑥]

---

① 作出这个评估的依据是，据中国人民大学民商事法律科学研究中心统计，仅在全国141份CSSCI核心期刊发表的侵权法论文，2012年为150篇、2011年为158篇、2010年为188篇，3年合计为496篇，平均每年为165篇，在这3年全国发表的民法论文2 224篇中占22.3%。中国侵权法论文的产量在世界各国中应当是相当高的。

② 世界侵权法学会于2011年8月开始筹建，2013年9月在中国哈尔滨举行了成立大会暨第一届学术研讨会，专题研究产品责任。筹建过程参见杨立新：《世界侵权法统一运动的进程》，《法制日报》2013年9月4日，第12版。第二届学术研讨会2015年在奥地利召开，专题讨论机动车交通事故责任问题。第三届学术讨论会2017年11月在美国维克森林大学举行。

③ ［美］西格林：《法律探求》第2章，转引自［美］E. A. 霍贝尔：《初民的法律》，周勇译、罗致平校，中国社会科学出版社1993年版，第22页。

④ 转引自王利明等：《民法·侵权行为法》，中国人民大学出版社1993年版，第59页。

⑤ 杨立新：《侵权法论》，人民法院出版社2013年第5版，第85页。

⑥ 对于其他国家的侵权法历史源流，例如俄罗斯法，由于并不突出或者资料不够，本书不进行专门研究。

（一）罗马法系侵权法

罗马法是由东罗马皇帝优士丁尼于公元6世纪编纂的罗马法律和学说的概称，形式上，包括《学说汇纂》《法学阶梯》（法学总论）、《优士丁尼法典》和《新律》。从中世纪到文艺复兴时期，由于波伦亚学派法学家的活动以及大量历史原因和社会原因的影响，优士丁尼的罗马法逐渐变成了所有拉丁民族和日耳曼民族的共同法，直到18世纪中叶开始，它才让位于一些民法典，并且在这些民法典的制定中发挥了重要作用，并于《德国民法典》1896年颁布、1900年生效时退出了最后一块显要的领地。① 强大的罗马法在欧洲大陆统治了1 000多年，其中强大的私法特别是侵权法，成为《法国民法典》和《德国民法典》制定侵权之债的蓝本，发挥了重要作用，至今在解释新法典的方面仍具有重要意义，为研究法律沿革的历史规律提供了最佳基础和方法。

罗马法对世界侵权法的最大贡献，在于其规定了完整的私犯制度。罗马法将犯罪分为公犯和私犯。对于公犯，刑法具有公共特点，即由国家科处刑罚；而私犯，则是由个人而接受刑罚，这种刑罚导致以钱赎罪。② 私犯在罗马法的历史文献中，先后出现过三种不同的意义：一是在盖尤斯的《十二表法》中，私犯被定位为犯罪行为之一，并没有从债的发生原因的角度看这些不法行为；二是在《法学阶梯》中，把私犯作为债的发生原因之一，并将其纳入私法即债法的领域，构建了契约之债与私犯之债的两分法；三是在优士丁尼《法学阶梯》中提出了准私犯的概念，并且对以前的所有准私犯进行了选择与归纳。③

优士丁尼制定罗马法典时，把债的发生主要分为两种，一种是由双方当事人签订契约所生之债，一种是侵权所生之债，即契约之债和私犯之债，并将私犯按照各种具体侵权行为的性质分为私犯和准私犯，相应规定在法典的债法部分。所谓私犯，包括对身私犯、对物私犯、窃盗和强盗，是指对他人财产或人身造成损

---

① ［意］彼德罗·彭梵得：《罗马法教科书》（修订版），黄风译，中国政法大学出版社2005年版，第1-3页。

② ［意］彼德罗·彭梵得：《罗马法教科书》（修订版），黄风译，中国政法大学出版社2005年版，第307页。

③ 费安玲主编：《罗马私法学》，中国政法大学出版社2009年版，第373页。

害的行为，是与犯罪行为相对的概念。同时，罗马法还规定了赔偿金额和计算标准。虽然罗马法没有对侵权行为明确规定实行过错责任原则，但存在事实上的过错归责，对于私犯的概念和后果来说，过错越来越受到重视[①]，为《法国民法典》建立过错责任原则奠定了基础。所谓准私犯，是指类似私犯而未列入私犯的侵权行为，是与私犯并列的特殊侵权行为类型。《法学阶梯》概括的准私犯包括：（1）承审官加于人之损害（法官误判）；（2）自屋内向外投掷物体对他人之损害；（3）于大路旁堆放或在阳台、屋檐处悬挂物体对他人之损害；（4）船舶、旅店和马厩的服务人员对旅客的损害。[②]

私犯的法律后果，在阿奎利亚法原本为罚金之诉，也存在复仇制度。到最高裁判官法，确定对人身伤害一律实行金钱赔偿制度。最高裁判官法确认赔偿金额由法官依据被害人的身份、地位、伤害的部位及侵权行为发生的场所来计算并加以确定。

在世界的侵权法源流中，罗马法系侵权法出现最早，也最为完善，适应了自然经济条件下的简单商品经济发展的需要，确立了私权本位主义和较完备的私权保护体系，对侵权行为作了详细规定，尤其是罗马法在事实上实行过错归责，区分私犯和准私犯的界限等基本制度，对后世侵权法立法关于一般侵权行为与特殊侵权行为的分类、一般化的立法方法等，奠定了坚实的理论基础。同时，罗马法关于侵权法在法典中的编排位置，关于侵权损害赔偿责任规则等方面，对现代侵权法的理论和立法都有重大影响。

（二）英吉利法系侵权法

英吉利法系侵权法也是世界侵权法的一个重要源流。

英吉利法系与罗马法系不同。欧洲人的习惯由于偶然的原因，分为两次演化为理性的法律制度，并且至今仍在影响着世界大多数地区的法律。这两种制度的

---

① ［意］彼德罗·彭梵得：《罗马法教科书》（修订版），黄风译，中国政法大学出版社 2005 年版，第310页。

② ［英］巴里·尼古拉斯：《罗马法概论》，黄风译，法律出版社 2010 年版，第 207 页。

发展可能经历了类似的历史阶段。[①] 英格兰最早的法律是地方的各种非专门化的惯例和习惯。征服者威廉当时承认先前的人们所留下的各种法律，而这些法律最初来自更早的征服者。这些做法在基督教的影响下，为适应行政管理和处理偶发事件的需要，不断地进行着修改和完善。当公元 11 世纪诺曼人来到英伦岛的时候，这些就已经成为统治英格兰人的法律了。[②] 诺曼人通过国王委派的法官巡回审判，把原来的地方习惯法有选择地通过判例的形式加以提炼，成为通行于全国的普通法，随着商品经济的发展，于 14 世纪又形成了与普通法并列的衡平法，都采取判例的形式，实行遵循先例的原则。[③]

格兰威尔在 12 世纪后期，将诉讼分为民事诉讼和刑事诉讼两类，区分这两类诉讼的标准与今天不同。民事诉讼是指那些与土地有关的诉讼和古老的对人的诉讼，而所有有关过错行为的诉讼就都是刑事诉讼，这可能是因为过错行为对社会以及受害人都是一种犯罪，因此刑事制裁随之而来，当然，刑事诉讼并不排除对受害人的赔偿。如果受害人向过错行为人提出了指控，不仅过错行为人要受到惩罚，而且还可以收回自己被抢走的财产或者得到其他补偿。[④]

13 世纪英国主要采取令状制度，在根据国王的令状提起诉讼的过程中，出现了“直接侵害诉讼”的形式，在因暴力和直接侵害，对人身、动产和不动产的侵害予以刑罚的时候，对受害人给予附带的损害赔偿；13 世纪后期，产生了“间接侵害诉讼”，这是一种对非暴力的间接侵害的诉讼形式，是对直接侵害诉讼的一种补充。1285 年的一项法令规定，将侵害行为之诉扩大适用于令状中说明案情的诉讼，授权法院大法官的书记官在遇到类似案件时，根据现行的救济方法

---

① ［英］S. F. C 密尔松：《普通法的历史基础》，李显冬等译，中国大百科全书出版社 1999 年版，第 1 页。

② ［英］S. F. C 密尔松：《普通法的历史基础》，李显冬等译，中国大百科全书出版社 1999 年版，第 3 页。

③ 何勤华主编：《英国法律发达史》，法律出版社 1999 年版，第 41－42 页。

④ ［英］S. F. C 密尔松：《普通法的历史基础》，李显冬等译，中国大百科全书出版社 1999 年版，第 319 页。

起草新的令状。[①]不同的令状表现的就是不同类型案件的基本要求和规则。英格兰法的侵权法就是这些令状累积而成的判例法，而不是成文法。

1852年，英国颁布了《普通法诉讼程序条例》，废除了诉讼形式，在直接侵害和间接侵害的基础上，产生了一系列新的侵权行为形式，采取“无限多重原则”，使英国侵权法成为由各种具体侵权行为责任的规定和大量具体侵权诉讼的法院判例构成的法律汇编。普通的法律教科书把英国法中的侵权行为分为7种：(1)对人身安全和自由的侵权行为；(2)对于个人名誉的侵权行为；(3)对于财产的侵权行为；(4)干涉家庭关系、合同关系和商业关系的侵权行为；(5)欺骗行为；(6)过失行为；(7)法律程序的滥用。

英吉利法系侵权法是一项古老、分类精细、内容广泛的侵权法律制度，与大陆法系把侵权行为视为债的一种发生行为即侵权行为之债的做法完全不同，缺少对统贯全部侵权法的一般原则的理论归纳，有的只是对各种各样的特定侵权行为的规定，放弃了集各种侵权行为为一体的任务[②]，说到底，是一种类型化的侵权法，没有一般性的概括性规定。非成文化的判例法、没有一般性规则的类型化侵权法，就成了英吉利法系侵权法的基本特点。

（三）中华法系侵权法

中华法系也称为东亚法系或者律令法系。[③]依中国学者的见解，中华法系是指以中国法为母法发展起来的东亚法律体系，包括古代的中国法、朝鲜法、日本法、琉球法、安南法、暹罗法等。[④]中华法系侵权法主要是指中国古代的侵权法，日本和韩国的古代侵权法受到中华法系侵权法的影响，属于中华法系侵权法的主要组成部分。

---

① ［英］S.F.C密尔松：《普通法的历史基础》，李显冬等译，中国大百科全书出版社1999年版，第318页。

② 何勤华主编：《英国法律发达史》，法律出版社1999年版，第272页。

③ 张中秋编：《中华法系国际学术研讨会文集》，中国政法大学出版社2007年版，第118－119页。

④ 张友渔主编：《中国大百科全书·法学卷》“中华法系”条，中国大百科全书出版社1984年版，第764页。

1. 中国古代侵权法

中国古代侵权法源于先秦，延续至清末。中华法系侵权法不断发展变化，形成了丰富多彩的侵权法律制度，其主干和体系则十分稳定，没有特别明显的变化。

中国古代侵权法以唐代法作为中心，可以划分为三个时期。第一，由唐上溯至魏晋南北朝、两汉、秦代，这个时期的中国古代侵权法远没有唐代侵权法律制度那样完备，但秦代吸收了中国奴隶制社会侵权法立法的遗产和战国时期封建社会初期侵权法立法的思想和实践，创立了初步的中华法系侵权法体系。第二，唐代侵权法标志着中华法系侵权法的完善。《唐律》所包括的侵权法规范是相当先进的，某些规则达到了领先世界的水平。证据是，《唐律》（《永徽律》）颁布于公元 651 年，罗马法的《查士丁尼法典》和《国法大全》颁行于公元 534 年，《新律》于公元 565 年颁布实施，属于同一时期的法律。当时的罗马法"确认私犯是债发生的原因之一，但却从未专门规定过因这种违法行为而引起的损害赔偿责任的一般原则"[①]。而《唐律》中的财物损害"备偿"制度、畜产损害的"偿所减价"制度、过失杀伤人的"赎铜入伤杀人之家"制度和"保辜"制度，比罗马法的"私犯、准私犯"的有关具体侵权责任的规定，抽象性更强，更为先进。[②] 第三，宋、元、明、清的侵权制度经过不断修改，越来越丰富，越来越完善，向着日益完善的方向发展。清代《大清律例》删除不合理的惩罚性赔偿制度，确认损害赔偿的基本功能是填补损失，而不是以行为人的主观过错轻重来确定赔偿范围，概括了中国古代侵权法的全部精华，达到了中华法系侵权法的最高峰。

中国古代侵权法共有三大类 15 种基本责任制度。第一类是侵害人身的损害赔偿，包括赎铜入杀伤之家、断付财产养赡（将罪犯的财产按份分给受害人）、追埋葬银、保辜。其中保辜制度是最具有特色的人身损害赔偿制度，即殴人致伤，区分不同情况，立一辜限，限内由侵害人即罪犯支付医疗费用治疗，辜限内

---

① 周枏：《罗马法》，群众出版社 1983 年版，第 253 页。

② 杨立新：《侵权损害赔偿》，吉林人民出版社 1990 年版，第 59 - 60 页。

治好，可以减轻处罚，辜限内医治无效致死、致残，各依律科断刑罚。保辜制保人之伤正可以保己之罪，就可以调动加害人医治伤害的积极性，因而对受害人有利，使受害人的伤害得到及时平复，是一种有效的侵权责任制度。第二类是侵害财产的损害赔偿，包括备偿（全部赔偿）、偿所减价（赔偿实际损失）、偿减价之半（赔偿实际损失的一半）、倍备（双倍赔偿）、折剉赔偿（放火烧人财产，将放火人家的全部财产折份赔给受害人家）、追雇赁钱（赔偿使用费）、着落均赔还官（职务过失而造成官府损失的赔偿）、还官主（返还原物）。第三类是其他形式的侵权责任，如复旧（恢复原状）、修立（建筑物恢复原状）、责寻（丢失财物责令寻找）。[①]

中华法系侵权法仍然是成文法的类型化侵权法，与罗马法侵权法相似，但其类型化不仅包括侵权行为的类型化，而且包括责任方式的类型化，不同的责任方式适用于不同的侵权行为。这种侵权责任的类型化，既不像英吉利法系侵权法那样是侵权行为的类型化，也不像罗马法侵权法把侵权行为类型概括为私犯和准私犯。这样的侵权法独具特色，具有中华法系侵权法的特点。在侵权责任功能上，侵权损害赔偿的性质以补偿损失为主，但也有惩罚性赔偿责任，如唐、宋的“倍备”制度，汉律中的“加责”制度，明律中的“倍追”制度，具有明显的惩罚性赔偿性质，这样的规定与英美法系侵权法 18 世纪产生的惩罚性赔偿[②]相似，但产生的年代早于英美法系侵权法惩罚性赔偿一千多年。不过到了清代，这种惩罚性赔偿责任都被废止了。[③]

2. 日本侵权法

日本古代法律分为上世法、中世法和近世法。

上世时期，日本从中国继受了从近江令到养老律令的一系列法典，逐步作为基本法典而施行。律令中对相当于现代侵权行为的规定是从惩肃的立场出发，主要规定在“律”中，犯罪与侵权行为并没有明确的区分。与中国古代侵权法一

① 杨立新：《侵权法论》，人民法院出版社 2013 年第 5 版，第 65－76 页。

② ［奥］赫尔穆特·考茨欧、瓦内萨·威尔科克斯主编：《惩罚性赔偿金：普通法与大陆法的视角》，窦海洋译，中国法制出版社 2012 年版，第 1－2 页。

③ 杨立新：《侵权法论》，人民法院出版社 2013 年第 5 版，第 68 页。

样，将损害赔偿称为备偿、征偿或者偿。对过失伤人造成损害征收赎铜，并在某种条件具备时，归被害人家庭所有。[①] 同样，侵害财物，名例律规定了盗窃（窃盗、强盗）他人之物的人应当双倍赔偿，以水火造成他人之物损毁的，如果是故意则应赔偿，如果是过失则免于赔偿。对于家畜造成的损害，由畜主赔偿该损害，畜产牴人的截去双角，踏人的捆住，咬人的截去双耳，对狂犬任何人皆可杀之。犬类所有人非因故意造成他人畜产被杀伤时，由所有人赔偿所减价，其余畜产同样相互杀伤时，赔偿减价之半。[②]

中世时期，日本施行了律令系统的侵权法。镰仓、室町两幕府法中，关于不法行为的民事责任，例如提起更改旧境引发土地诉讼的人，如果毫无依据地提起诉讼，要从自己的领地中割出相当于希望通过该诉讼得到的土地面积交付给被告。[③] 口出恶言之人争夺的土地归其他当事人所有。[④] 盗窃案中有赃物价格在三百文以下的，盗窃者双倍赔偿。放牧的牛马造成他人农作物损害的负有赔偿义务，不予赔偿时被害人可以取得此牛马。[⑤]

近世时期，日本战国时代的分国法规定了土地所有人可以扣押加害其作物的家畜以请求损害赔偿[⑥]，江户时代在板仓氏新式目中可以看到同样的规定。御定书下卷第 71 条中有关于伤害的，第 77 条中有关于酒醉加害的赔偿责任。根据前者的规定，伤人的町人百姓不论伤口多少，应当交付被害人治疗费用一枚银元。根据后者的规定，酒醉伤人者应当支付平愈伤害的治疗费用，其金额不论伤口多少，町人百姓银元一枚，身份低于町人百姓的也以此为准。[⑦] 酒醉后打人又难以

---

① 此时的赎金可以看作损害赔偿，其金额不取决于伤害的程度，而取决于罪行的轻重，因而带有刑罚的性质。

② ［日］石井良助：《日本法制史概说》，东京创文社 1967 年第 2 版，第 174 页。

③ 即“打越土地”，御成敗式目第 36 条。

④ 口出恶言之人若无理由取得此争议土地的，没收此人的其他领地。

⑤ 这种制度相当于损害投役。［日］石井良助：《日本法制史概说》，东京创文社 1967 年第 2 版，第 330 页。

⑥ 尘芥集将这种损害赔偿称为“错钱”，如果被害人切割或者宰杀畜类的话，则反之应由其交纳“过钱”（畜类被宰杀时的价格）。元亲百条中规定畜类所有人应当向被害作物所有人（作主）交纳百文。

⑦ 御定书中过去最早在享保七年（1722 年）条文中规定了难以交纳治疗费的人将腰刀交付被害人，此条后来被删除，在幕末的御定书正本中看不到此规定。

承担治疗费的，取其各种用具交付被害人。[①] 酒醉损坏各种用具的，负有赔偿责任。[②]

从日本学者介绍的上述日本侵权法的情形观察，日本侵权法源于中国唐代侵权法，中世与近世时期增加了本国的基本内容，但仍然属于中华法系侵权法。

3. 韩国侵权法

历史上，韩国的法制以其固有习惯法为基础，深受中华法系影响，逐渐发展起来。古代时期接受了中国唐律、中世纪接受了宋代和元代的法律，朝鲜时代接受了明律。[③] 韩国将侵权行为称为不法行为。古朝鲜的《八条法》作为古朝鲜社会的基本法，又称“八条法禁”或“犯禁八条”，以杀人、伤害、窃盗为基础，现在记录仅存有三个条文。一是相杀，以当时偿杀（杀人者，即时处以死刑）；二是相伤，以谷偿（伤害他人身体者，以谷物补偿）；三是相盗，男没入为其家奴，女子为婢，欲自赎者人五十万。[④] “昔武王封箕子于朝鲜，箕子教以礼义田蚕，又制八条之教。其人终不相益，无门户之闭。妇人贞信。”[⑤] 高丽时代的《高丽律》，内容深受中国唐律的影响，朝鲜王朝的《经国大典》借鉴大明律的规定，侵权法的内容与中国唐代和明代的规定相似，只是在奴婢、身份等问题上，具有民族的固有性。[⑥]

（四）印度法系侵权法

在古代历史中，印度传统宗教包含着“法”（达摩）的观念和制度。以《摩奴法典》为代表的教法统一的典籍，早在公元前就被引证为社会诸律法的权威。

印度法系侵权法的传统集中在《摩奴法典》中。《摩奴法典》是古印度奴隶社会有关宗教、哲学和法律的汇编之一，全文十二卷[⑦]，侵权法主要规定在第七

---

① 没有交付应当交付的各种用具的人要被流放。酒醉毁坏各种用具，但无力赔偿的也一样。

② ［日］石井良助：《日本法制史概说》，东京创文社 1967 年第 2 版，第 564 页。

③ ［韩］李镐秀：《论中国古代法对韩国法制史之影响》，《法制与社会》2010 年 10 月上旬号。

④ 见韩国 naver 网站，“八条法”知识百科：http：//terms. naver. com/entry. nhn? cid＝200000000&docId＝1157373&mobile&categoryId＝200000259，2013 年 5 月 24 日访问。

⑤ ［韩］延正悦：《韩国法制史》（韩文版），首尔学文社 1996 年版，第 13 页。

⑥ ［韩］李镐秀：《论中国古代法对韩国法制史之影响》，《法制与社会》2010 年 10 月上旬号。

⑦ 陈盛清主编：《外国法制史》，北京大学出版社 1982 年版，第 19－20 页。

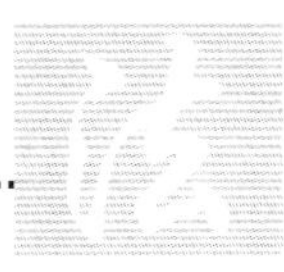

卷至第十卷中。根据我的整理，《摩奴法典》规定的印度法系侵权法的基本体系如下。

遵循的基本原则是正义。《摩奴法典》第七卷第 2 条规定："刹帝利按照规定接受入门式后，应致力于以正义来保护属于他能力范围内的一切。"[①] 第 51 条规定："要始终将打人、骂人和侵犯他人财产的行为视为愤怒所产生的恶德系列中最有危害的三事。"[②] 从这样的规定可以看出，《摩奴法典》奉正义为其基本原则，也是侵权法的基本原则，确认打人、骂人、侵犯他人财产的行为都是侵权行为，都是法典所极力谴责的恶行，应当受到法律责任的制裁。

具体侵权行为类型包括四种。（1）损坏财产的侵权行为。《摩奴法典》特别重视对财产权利的保护。第八卷第 144 条规定损坏抵押物，应当赔偿物主损失[③]；第 285 条、第 288 条和第 289 条都规定了损坏他人财产的赔偿责任。[④]（2）伤害他人侵权行为。法典对保护生命权和健康权的规定比较周到，主要适用刑罚手段进行保护，但也规定了若干民事手段的保护，例如第八卷第 287 条规定："打坏肢体造成创伤或出血时，肇事人应该交付治愈费用；或者，如果他拒不缴付，应处以缴付费用并罚金。"[⑤]（3）辱骂他人的侵权行为。法典对于精神性人格权的保护比较突出。其中关于辱骂他人的规定，于诸如第八卷第 267 条至第 271 条、第 274 条和第 275 条等。[⑥] 对于性权利和夫权等的保护也比较鲜明。第八卷第 352 以下多个条文规定了这样的规则。例如，第 367 条规定："男子由于傲慢不逊，一起手指接触、强污一青年女子时，可立即断其二指，另处二百钵那罚金。"（4）其他特殊侵权行为。《摩奴法典》规定了多种特殊侵权行为，包括动物损害责任、交通事故责任（车辆和船舶）、违反职责造成损害以及欺诈行为。例如，第九卷第 286 条规定："混淆劣质商品与优质商品，凿坏宝石、珍珠钻孔拙劣，

---

① 马香雪转译：《摩奴法典》，商务印书馆 1995 年版，第 144 页。

② 马香雪转译：《摩奴法典》，商务印书馆 1995 年版，第 150 页。

③ 马香雪转译：《摩奴法典》，商务印书馆 1995 年版，第 183 页。

④ 马香雪转译：《摩奴法典》，商务印书馆 1995 年版，第 197－198 页。

⑤ 马香雪转译：《摩奴法典》，商务印书馆 1995 年版，第 197 页。

⑥ 马香雪转译：《摩奴法典》，商务印书馆 1995 年版，第 195－196 页。

应处以一等罚金并赔偿损失。”[①]

法典规定了多种侵权责任方式以救济不同的损害：（1）赔偿损失。最为典型的是第287条：“打坏肢体造成创伤或出血时，肇事人应该交付治愈费用”。第八卷第288条：“损坏人家财产者，无论有意无意，应该赔偿，并向国王交付与损害相等的罚金。”[②]（2）返还财产。（3）恢复原状。（4）规定了一些具有惩罚性的赔偿责任。

印度《摩奴法典》规定的侵权行为法规范具有鲜明的印度法系的特点，与罗马法系和英吉利法系侵权法并不相同，与中华法系侵权法也不相同。但在基于权利损害而造成损失的赔偿责任，以及坚持过错责任、正当防卫和紧急避险予以免责方面，则都采取基本相同的立场。

（五）伊斯兰法系侵权法

伊斯兰教是世界三大宗教之一，作为伊斯兰教组成部分的伊斯兰法，是世界主要法律制度之一，不仅源远流长，而且至今仍然具有广泛影响。[③] 伊斯兰教法以教义学为基础，基本上是属于宗教伦理性质的，它以神的意志的形式，规定了一个教徒持身律己的根本行为准则，因此常常被称为“私法”[④]。《古兰经》是穆罕默德在二十三年的布道和社会活动过程中，以安拉之名陆续降示的一部宗教典籍[⑤]，是伊斯兰法的成文法。伊斯兰法中有关侵权行为的规定，就是伊斯兰法系的侵权法。

伊斯兰法系侵权法，在《古兰经》之前为习惯法，实行的是以报私仇为基本观念的私人司法制度。损失一个部落成员，要以犯罪者所在部落的相应损失作为报仇手段，该部落则要为其成员的行为集体承担责任。《古兰经》以“以命偿命，以眼还眼”的格言为正当报复的标准，从根本上改变了杀人的法律后果，从此以

① 马香雪转译：《摩奴法典》，商务印书馆1995年版，第139页。

② 马香雪转译：《摩奴法典》，商务印书馆1995年版，第197页。

③ 高鸿钧：《伊斯兰法：传统与现代化》，社会科学文献出版社1996年版，前言第1页。

④ ［英］诺·库尔森：《伊斯兰教法律史》，吴云贵译，中国社会科学出版社1986年版，序言第1、3页。

⑤ 吴云贵：《伊斯兰教法概略》，中国社会科学出版社1993年版，第9页。

后，需要为被害者偿命的，只是一条人命，即凶手本人的命，血亲复仇被正当报复所代替。杀人仍然属于民事伤害，被害者的亲属有权要求报仇，接受赔偿金或给予宽恕。它尽管仍然是私人司法，但是这项司法需要以公正和准确的赔偿所蒙受的损失的道德标准为尺度。“以眼偿眼”的箴言，源自在真主的眼里一切教徒皆平等这一更加广泛的宗教原则。而杀人罪被当作违反私法而不是违反公法的犯罪来对待。[①] 伊斯兰法侵权法认为过失造成他人死亡，也应当承担赔偿责任。例如三个孩子正在玩骑马游戏，孩子甲捏了扮演马的孩子乙，骑在孩子乙身上的丙被摔死了，判决认为，游戏的三个参加者各承担三分之一的赔偿金或血金。这样的早期判例已经成为沙里亚法的有机组成部分。[②]

二、世界侵权法融合与统一的三次浪潮

（一）融合与统一的序幕：世界侵权法两大法系的初步形成

世界侵权法的上述传统渊源是十分清晰的，界限十分清楚，具有鲜明的特点和规则。但随着经济的发展和文明的进步，世界侵权法初步形成了两大法系，即普通法系侵权法和大陆法系侵权法。

普通法系的侵权法是英吉利法系侵权法的发展。从 13 世纪到 16 世纪，普通法逐渐走向成熟，各种制度都是围绕着英国高等民事法院的裁判形成的。[③] 侵权法同样如此，将侵害行为之诉扩大适用于令状中说明案情的诉讼，法院的判例不断积累，形成了比较完备的侵权法体系。普通法系侵权法的基本特点就是侵权行为类型化，根据不同的侵权行为的类型，适用不同的规则确定侵权责任。

大陆法系侵权法的形成不像普通法系侵权法那样简单。在罗马法形成的过程中，日耳曼法兴盛起来，并且与罗马法系并存。由于罗马法和日耳曼法都是成文法，都以各种法典的制定为特点，经过文艺复兴运动的洗礼，逐渐融合，最终在

---

① ［英］诺·库尔森：《伊斯兰教法律史》，吴云贵译，中国社会科学出版社 1986 年版，第 9、101 页。

② ［英］诺·库尔森：《伊斯兰教法律史》，吴云贵译，中国社会科学出版社 1986 年版，第 107 页。

③ ［英］S. F. C. 密尔松：《普通法的历史基础》，李显冬等译，中国大百科全书出版社 1999 年版，第 33 页。

1804年《法国民法典》诞生之时，形成了强大的大陆法系。其中的侵权法借鉴罗马法的私犯和准私犯的规则，将其浓缩为一般侵权行为与准侵权行为（特殊侵权行为），构成了大陆法系侵权法的一般化立法的经典模式，形成了大陆法系侵权法的最基本特色。

在两大法系侵权法初步形成之后，世界侵权法融合与统一的步伐就开始了。

（二）融合与统一的第一次浪潮：两大法系侵权法征服世界主要地区

世界侵权法融合与统一的第一次浪潮，就是大陆法系侵权法和普通法系侵权法对其他国家和地区进行扩张和入侵，使这些国家和地区的侵权法被征服，分别放弃自己的传统，采纳了两大不同法系的侵权法。这一次世界侵权法融合与统一浪潮的最基本特点是强制输出，主题词是“征服”。

世界侵权法融合与统一的第一次浪潮的发展脉络是：

1.普通法系侵权法借助于殖民统治征服广大英国殖民地国家和地区

英国原始积累时期的殖民始于16世纪，在商业资本家的推动下，英国向世界扩张，进行殖民统治。按照现在的国名，曾经是英国殖民地的国家就有56个，同时包括两个地区。

随着英国殖民地的扩展，英国将其普通法延伸到这些殖民地国家和地区，成为这些殖民地国家和地区的法律。普通法系侵权法成为印度、澳大利亚、加拿大、新西兰、中国香港等国家和地区的侵权法，其特点都是类型化的判例法。在澳大利亚、新西兰、加拿大等国以及我国香港，实行的完全是英国式的侵权法，而印度在1950年《宪法》公布之时，第44条规定国家“将致力于对全印度领土范围内的所有公民实施统一民法”，半个多世纪之后，这一承诺并没有实现，仍然实行的主要是判例法。[①]

2.普通法系侵权法被移植到移民形成的美国并发扬光大

1607年以来，许多英国殖民者定居于北美沿岸地区，在18世纪中叶形成了13个英国殖民地。经过1754年开始的独立运动，1776年美国签订《独立宣言》，成为独立的国家，最终于1787年在费城举行联邦会议，实行立法、行政、司法

① 邱永辉：《印度宗教与统一民法问题》，《世界宗教研究》2005年第3期。

三权分立。经过第二次独立战争和南北战争，美国恢复统一。

美国在殖民地时期，北美各地被英、法、荷、西等国分割，法律并不统一。英国战胜其他殖民国家后，各地相继适用英国普通法。至18世纪中期，随着殖民地各地普遍设立法庭，学习英国法律风行一时，英国的普通法遂在北美殖民地占据优势。独立战争胜利初期，美国举国上下敌视英国，一度反对普通法，但是胜利了的美国资产阶级为了发展资本主义，维护统治，调整日益复杂的社会关系，基于历史上存在的法律渊源关系，统治者仍然以英国的法律为基础创制新法律，沿用英国的法律术语，条文法的实施仍然按照英国的标准解释，英国的衡平法被作为正规法律，适用于美国的一般法院。可见，以英国法为基础的美国法律，基本上是从英国移植过来的，两者共成一个法系，成为英美法系。①

美国的侵权法移植于英国侵权法，但因地制宜，通过判例法，使普通法侵权法适应美国社会经济发展的需要，具有明显的封建性的那些法律规则被排斥掉。同时，由于宪法规定联邦和州都有立法权，侵权法主要在各州普通法的调整范围内，不同的法域在侵权法的许多重要方面都有不同规定②，因而各州的侵权法并不统一，存在某些差异。美国侵权法认为，侵权法所调整的是造成他人人身伤害和财产损害而应当承担的责任，由于人们所进行的每一项活动都可能成为他人请求伤害赔偿或财产损害赔偿的依据，侵权行为囊括了人类的全部活动。因此，没有一项规则或一组规则能够调整如此广泛的领域。③

可以说，普通法系侵权法通过殖民扩张和美国的法律移植，形成了一个强大的侵权法的判例法体系，即英美法系侵权法，在世界上影响着大量国家和地区的社会生活，调整着这些国家和地区的侵权行为责任。

3. 大陆法系侵权法西法东渐完全替代了中华法系

以法国法系和德国法系为代表的大陆法系，成功征服了亚洲大陆以及其他地

---

① 陈盛清：《外国法制史》，北京大学出版社1982年版，第198页。

② ［美］文森特·R. 约翰逊：《美国侵权法》，赵秀文等译，中国人民大学出版社2004年版，第3页。

③ ［美］文森特·R. 约翰逊：《美国侵权法》，赵秀文等译，中国人民大学出版社2004年版，第2页。

区，成为征服世界众多国家的成文法体系。与此同时，大陆法系侵权法随着大陆法系的西法东渐，完全替代了东方的侵权法，成为绝大多数成文法国家侵权法的母本。

（1）日本通过明治维新采纳大陆法系侵权法体系

在东亚地区，最早接受大陆法系侵权法的是日本。日本在1868年开始明治维新，从封建社会进入资本主义社会。为了适应社会政治改革和发展资本主义的需要，同时也是为了能够修改与欧洲列强签订的不平等条约，不得已实现列强提出的在日本实行“泰西主义”为前提的立法条件，明治政府从19世纪60年代到70年代初，加紧法治建设，着手组织法律起草委员会，聘请西方法学家为顾问，按照欧陆国家法律的模式拟定各种法典，并予以颁布实施。1890年，日本公布了委托法国人保阿索纳特起草的民法典（史称旧民法），共计1 800余条，原定于1893年1月1日实施，但由于过于法国化而遭到各方反对，被宣布延期实施。1893年日本又成立民法典调查会，依据《德国民法典》兼采《法国民法典》的法理，重新制定民法，于1896年和1898年两次公布，于1899年7月16日实施。

《日本民法典》的侵权法完全抛弃原有传统，采纳《德国民法典》关于侵权法立法的体例，将其规定在第三编的债编中作为第五章，从第709条至第724条共16个条文，把侵权行为作为债的一个类型，对侵权法作了全面规定。受中华法系侵权法影响的日本固有侵权法完全退出了历史舞台，成为历史的遗迹，而大陆法系侵权法堂而皇之地成为日本的法律，已经使用了百余年。

（2）中国清末变律为法完全接受大陆法系侵权法“统治”

20世纪初的中国清政府同样遇到十多年之前日本政府遇到的同一个问题。这就是，曾经辉煌过的清朝统治走向衰落。特别是甲午战争战败后，中国陷入被帝国主义列强瓜分的绝境。继而英法联军侵略中国，八国联军攻占北京，清政府走向崩溃。1900年后，清廷决定实行新政改革，参酌外国法律，改订律例，开始了变律为法，哀婉告别中华法系民法传统，走上了继受欧陆民法的不归路。[①]其原因，一是中国传统民法制度不能适应新兴资产阶级变革社会的要求，而欧陆

① 杨立新：《百年中的中国民法华丽转身与曲折发展》，《河南省政法管理干部学院学报》2011年第3期。

民法是适应商品经济社会经济结构和市场经济发展需求的民法；二是清政府由于政治上的腐败，社会内部矛盾重重，资本主义列强加紧向东方扩张，中国成为它们侵略和掠夺的首要目标，清朝统治急速衰落，社会发生了巨大变化；三是创造撤销领事裁判权的条件，受列强压迫，不得不改变“天不变，道亦不变”的固有观念。[①]

清末民初制定《大清民律草案》《民国民律草案》和《中华民国民法》，受到日本民法典的影响，在日本学者参加下，全盘借鉴了大陆法系侵权法的基本规则，废除了中华法系侵权法体系，代表欧陆侵权法思想的现代侵权法规则落户于中国大地，成为继受外国侵权法的中国侵权法的新体制。

（3）韩国的法律改革

韩国放弃中华法系侵权法传统，也是在日本的经验指导下进行的。在日本殖民时期，朝鲜总督府于分别于1910年、1912年、1913年发行了针对朝鲜固有民间习惯的《惯习调查报告书》，当时除了《朝鲜民事令》[②]，主要是依用日本民法，只有在有关能力、亲族、继承的规定适用本土习惯法。[③] 直至1958年2月22日韩国制定统一民法典，建立了现代意义上的侵权行为法，欧陆侵权法在韩国落地生根。

（4）征服南美等其他国家和地区的侵权法

大陆法系国家中的资本主义列强在向世界扩张中，输出大陆法系成文法，使其殖民统治国家和地区接受大陆法系，同时接受了大陆法系侵权法。例如南美诸国、非洲诸国以及其他国家，甚至在英美法系国家的部分地区例如加拿大的魁北克省、美国的路易斯安那州等，都以大陆法系侵权法替代了传统的侵权法，成为大陆法系侵权法的组成部分。

4. 伊斯兰法侵权法

19世纪以来，伊斯兰教文明同欧洲文明之间出现了越来越密切的接触，从

---

① 张晋藩：《清代民法综论》，中国政法大学出版社1998年版，第241页。

② 1912年颁布的《朝鲜民事令》是日本殖民统治时期的民事基本法令。

③ 崔吉子译：《韩国最新民法典·韩国民法典的发展历程简介》，北京大学出版社2010年版，第1页。

此其法律的发展几乎完全取决于伊斯兰教所接受的新的影响。由于伊斯兰法在民事交易法中的先天缺陷，不能完全适应现代商业经济的发展需要，因而不少国家逐步接受欧洲的相关法律制度。这个过程是从奥斯曼帝国以及埃及等国家开始的，随之，源自欧洲的法律今天已经成为大多数中东国家法律制度的一个重要的有机组成部分。[①] 在中东地区以外，西方法律向伊斯兰世界的渗入是同殖民主义占领国的政策紧密相关的。由于不同国家的殖民占领国不同，例如英国、法国、荷兰等国家不同，殖民地国家所接受的欧洲国家法律传统也不相同。例如在印度次大陆，自 19 世纪下半叶，伊斯兰教法律仅限于家庭法领域，其他都适用英国法。不过，在很多伊斯兰国家，尽管有法国等殖民者的法律传统影响，但法律长时间还是伊斯兰性质的。[②] 在这种法律体制下的伊斯兰法侵权法，既有欧洲大陆法系和英美法系侵权法传统的影响，也保留了伊斯兰法侵权法的特点。因此，有人将受到欧洲传统民法影响的伊斯兰法律，称为“盎格鲁一穆罕默德法”[③]，似乎很有道理。

（三）融合与统一的第二次浪潮：两大法系侵权法的融合

从 20 世纪 60 年代开始，世界侵权法开始了以两大法系侵权法融合与统一的第二次浪潮。这一次浪潮始于《埃塞俄比亚民法典》编纂，至中国《侵权责任法》的制定完成。第二次浪潮的基本特点，是融合大陆法系侵权法和英美法系侵权法特点的成文法不断产生，主题词是“融合”。

1. 20 世纪 60 年代的《埃塞俄比亚民法典》中的侵权法

世界侵权法融合与统一的第二次浪潮，始于非洲国家埃塞俄比亚。在历史上，埃塞俄比亚并不是一个具有民法传统的国家。但它在 1960 年制定的《埃塞俄比亚民法典》却具有不同的风格和价值，被学者誉为“两股改革热情碰撞的结

---

① ［英］诺·库尔森：《伊斯兰教法律史》，吴云贵译，中国社会科学出版社 1986 年版，第 123、125 页。

② ［英］诺·库尔森：《伊斯兰教法律史》，吴云贵译，中国社会科学出版社 1986 年版，第 129 页。

③ ［英］诺·库尔森：《伊斯兰教法律史》，吴云贵译，中国社会科学出版社 1986 年版，第 135 页。

晶”[1]。促使《埃塞俄比亚民法典》诞生的这两股改革热情，一是1936年5月9日，意大利入侵埃塞俄比亚，年轻的海尔·塞拉西皇帝流亡国外。埃塞俄比亚光复之后，1941年5月5日，塞拉西皇帝回国，立意改革，特别是进行法律改革，成立法典编纂委员会，着手编纂民法典等六部法典。二是塞拉西皇帝委托法国著名的比较法学家勒内·达维德为埃塞俄比亚起草民法典。达维德将法国人对由于《法国民法典》无法进行全面大修而积攒的全部热情，集中在这部民法典起草中，将法国法、瑞士法、葡萄牙法、南斯拉夫法、英国法、甚至希腊和埃及民法典中的优良因素，都规定在《埃塞俄比亚民法典》之中[2]，代表了法国民法学家对民法典的全部期望。这两股改革的热情碰撞在一起的结果，就是完成了对全世界具有重要价值的一部优秀的民法典。

在侵权法部分，《埃塞俄比亚民法典》采用了不同于大陆法系国家侵权法一般化立法的方法，而是在大陆法系侵权法一般化立法的基础上，融合英美法系侵权法侵权行为类型化的立法模式，将二者紧密结合起来，既规定侵权行为一般条款，又规定复杂多样的侵权行为类型，成为独树一帜的立法模式。这个模式是：在侵权行为一般条款即第2027条的统率下，将侵权行为划分为三种基本类型，即因过犯所生的责任、过犯阙如的责任和为他人行为承担责任，再加上其他侵权行为，对具体的侵权行为法律适用规则作出详细规定，共用了135个条文规定了39种具体侵权行为，融合了大陆法系和英美法系侵权法的基本特点，实现了侵权法立法的一般化和类型化结合。[3]

《埃塞俄比亚民法典》将大陆法系侵权法的侵权行为一般化与英美法系侵权法侵权行为类型化的立法模式相互融合，成为最具有代表性的侵权法的成文法，是很成功的。这种侵权法的立法方式完全不同于大陆法系侵权法的立法方法，而是将一般化的立法方式与类型化的立法方式有机地结合在一起，最大限度地融合

---

① 徐国栋主编：《埃塞俄比亚民法典》，中国法制出版社、金桥文化出版（香港）有限公司2002年版，第4页。

② 上海社会科学院法学研究所编译室：《世界各国宪政制度和民商法要览·非洲分册》，法律出版社1987年版，第42-43页。

③ 杨立新：《侵权法论》上册，人民法院出版社2013年第5版，第395-400页。

大陆法系和英美法系侵权法的优势，成为当代侵权法融合的典范，激起了世界侵权法融合与统一第二次浪潮的最早浪花，在侵权法的历史上具有特别重要的意义。尽管其中还存在一些问题，例如侵权行为类型化的划分过于复杂，条理也不够清晰等，但其规定的侵权行为的基本类型以及侵权行为一般条款和类型化结合的立法方式，是特别值得肯定的，代表了世界侵权法融合与统一的方向。

2. 再法典化的《荷兰民法典》中的侵权法

荷兰第一部民法典颁布于1808年，与1804年《法国民法典》的内容大部分相同。该法典于1811年荷兰并入法国之后被《法国民法典》所替代。1813年荷兰重获独立之后，致力于制定自己的民法典，并于1838年完成并颁布实施。第二次世界大战结束后，从1947年开始，荷兰实行民法的再法典化，1970年完成了前两编即人法和家庭法，1976年完成了法人部分。而财产法总则、物权法和债法总则于1992年1月1日起正式实施。[①] 目前，《荷兰民法典》已经全部完成立法程序，形成了统一的新法典。

再法典化的《荷兰民法典》的侵权行为法规定在第六编第三章，章名是“侵权行为”。该章共分五节，第一节是一般规定，第二节至第五节都是对具体侵权行为的规定，包括对人和对物的责任、产品责任、误导和比较广告以及关于追索权的暂行规则。其中第二节“对人和对物的责任”的内容丰富，规定了监护人责任、雇主责任、转包人责任、代表人责任、特殊危险动产责任、建筑物或者构筑物的责任、危险经营的责任、垃圾场责任、采矿责任、动物和占有人责任等11种特殊侵权行为类型。对于具体侵权行为类型作出这样具体细致的规定，远远超出了大陆法系侵权法立法的传统，借鉴的是英美侵权法侵权行为类型化的做法，大大增加了侵权行为类型化的程度，体现了大陆法系侵权法和英美法系侵权法的融合。此外，荷兰侵权法也发生了大量有趣的变化，与国际趋势一致，严格责任的范围明显扩张，例如将未成年子女、雇员、转包人、代表人、瑕疵动产、建筑物、危险物质、垃圾场、采矿、动物、产品和机动车辆造成的损害都规定承担严

① 王卫国主译：《荷兰民法典》，中国政法大学出版社2006年版，译序第1-2页。

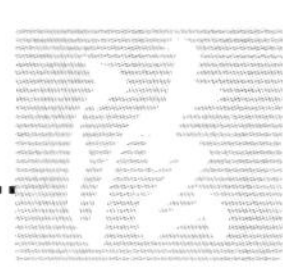

格责任[①]，也体现了世界侵权法融合的特点。不过，《荷兰民法典》中的侵权法对于大陆法系侵权法和英美体系侵权法的融合程度，显然不及埃塞俄比亚侵权法，仍然是以大陆法系侵权法的立法模式为主。

3.《魁北克民法典》侵权法

《魁北克民法典》是加拿大 10 个省之一的魁北克省的民法典，与其他 9 个省实行的判例法不同，独采成文法立法。其原因是英国殖民加拿大的时候，为怀柔曾经是法国殖民地并有法国法传统的魁北克省的法语居民，允许该省保留大陆法传统，并产生了 1866 年的《下加拿大民法典》。1994 年该省重新修订民法典，改称为《魁北克民法典》，也属于民法典的再法典化。

《魁北克民法典》反映的是一个混合的世界。罗马法通过法国法曾对魁北克的法律发挥了支配性的影响，其民法典具有浓厚的法国法传统。但由于地缘政治的关系以及国内和国际的统一法运动，魁北克的法律开始受到加拿大其他省的法律、美国的法律、国内统一法以及包括《国际商事合同通则》在内的国际统一立法成果的影响，埃塞俄比亚法、瑞士法、德国法、斯堪的纳维亚法的好的规定都被写进魁北克民法典。从 1970 年到 1990 年，法国法的影响衰落，变成第二位，而其他来源的影响开始占据第一位。[②] 外来法尤其是英美法系的法律影响，变得如此强大，使该法典形成了大陆法系与英美法系融合的立法。

《魁北克民法典》的侵权行为法，规定在第五编“债”第一题“债的一般规定”中的第三章“民事责任”中。从总体上观察，魁北克侵权法基本上还是遵循大陆法系特别是法国法系侵权法的传统，仍然坚守侵权行为一般化的立法模式，在第一目规定责任的条件，只有两个条文，作为侵权行为一般条款。其后，规定了为他人行为或过错负责的侵权行为类型，以及物件行为，对于具体侵权行为类型较少借鉴英美法系侵权法的规定。但特别值得重视的是其第三节的规定，即关于“责任分担”的规定，这是典型的英美法系侵权法的术语，其规定的内容为共同侵权的连带责任、受害人未避免损害的减轻责任、数人共同参与了导致损害的

① 王卫国主译：《荷兰民法典》，中国政法大学出版社 2006 年版，导论第 34－35 页。

② 徐国栋主编：《魁北克民法典》，中国人民大学出版社 2005 年版，导读第 35 页。

过错行为或分别犯有可以导致损害的过错的连带责任，以及损害是由数人引起其中一人根据法令免除责任的份额由其他责任人平均承担的规定，完全是美国侵权法和英国侵权法的基本内容。在这一部分，两大法系侵权法的融合是显而易见的。

4.2009 年制定的中国《侵权责任法》

在世界侵权法融合与统一的第二次浪潮中，中国《侵权责任法》的制定具有特别重要的意义。

在制定《侵权责任法》之初，我提出了一个鲜明的口号，就是把“以大陆法系为体、英美法系为用，广泛吸纳本土立法司法经验”[①] 作为立法的基本指导思想，保障中国的《侵权责任法》能够广泛吸收各国侵权法的立法经验，特别是将大陆法系侵权法与英美法系侵权法的优势结合在一起，加上中国的立法、司法实践经验，使中国《侵权责任法》在世界侵权法之中保持一种最为前卫的姿态，实现大陆法系侵权法与英美法系侵权法在中国侵权法上的融合。

中国《侵权责任法》的立法实践正是这样做的，主要表现在以下四个方面。

第一，在立法形式上，坚持大陆法系的成文法传统，借鉴英美法系侵权法独立的形式，单独制定《侵权责任法》，改变了大陆法系侵权法都规定在民法债编之中的传统做法，也改变了《民法通则》将民事责任统一规定的做法，实现了《侵权责任法》单独立法，在大陆法系侵权法中独树一帜，成为世界上第一部侵权法成文法。

第二，在立法模式上，融合大陆法系和英美法系侵权法立法方式的优势。坚持大陆法系侵权法一般化的立法传统，制定能够概括全部侵权行为的侵权行为一般条款，以及概括一般侵权行为的一般条款，即《侵权责任法》第 2 条第 1 款和第 6 条第 1 款[②]；在这两个一般条款的指导下，借鉴英美法系侵权法类型化的立法模式，在第四章至第十一章用了 60 个条文规定了 13 种基本侵权行为类型，并且对这些侵权行为作出细致的类型划分，实现了不完全的侵权行为类型化的规

① 杨立新：《侵权法论》，人民法院出版社 2005 年第 3 版，第 309 页。

② 杨立新：《中国侵权责任法大小搭配的侵权责任一般条款》，《法学杂志》2010 年第 3 期。

定。对比大陆法系侵权法只对特殊侵权行为作出简单规定的做法，中国《侵权责任法》的这种做法具有更为深长的意义。

第三，在立法结构上，建立以大陆法系侵权法基本内容为特点的侵权责任法总则性规定，改变了大陆法系侵权法没有总则、分则规定的做法，也区别于英美法系侵权法没有总则的传统。在总则的指导下，规定以英美法系侵权法类型化为特点的规定具体侵权行为规则的侵权责任法的分则性规定，形成别具一格的《侵权责任法》的总、分结构，既有大陆法系的特点，又有英美法系的优势。

第四，广泛借鉴大陆法系和英美法系侵权法立法的成功规则，使我国《侵权责任法》的具体规定更加鲜明、更具可操作性，例如，美国侵权法的责任分担规则、惩罚性赔偿金规则、各种侵权责任详细规定具体规则；埃塞俄比亚侵权法的做法、德国法和法国法的做法都在借鉴之列。由于广泛借鉴，又有中国自己的立法、司法实践经验，因而使中国《侵权责任法》规定的侵权责任规则具体、明确，更具可操作性。

由于大胆地融合大陆法系侵权法和英美法系侵权法的优势，再加上本国的立法、司法经验，中国《侵权责任法》成为融合大陆法系侵权法和英美法系侵权法的典范，是一个成功的立法之作。尽管中国《侵权责任法》的条文还不够多，远远没有达到《埃塞俄比亚民法典》侵权法的条文数量，对具体侵权行为类型的规定也没有实现完全的类型化，但是作为一部独立的立法而言，具有更为重要的意义。至目前为止，世界侵权法融合与统一的第二次浪潮仍在进行当中，相信在即将进行的各国民法典修法和再法典化中，以及在制定新的民法的国家，将会有更好地融合大陆法系侵权法与英美法系侵权法优势的立法的发生，将这个融合的趋势不断地进行下去。

（四）融合与统一的第三次浪潮：世界侵权法统一运动

在世界侵权法融合与统一的两次浪潮的基础上，世界侵权法融合与统一出现了更为令人振奋的潮流，这就是世界侵权法统一运动。可以说，美国侵权法重述的努力已经持续了90年，尤其是最近几十年的重述，对于统一美国的侵权法以及对世界侵权法的影响，都是巨大的。欧洲侵权法的统一，随着欧洲一体化的进程，已经完成了两部欧洲统一侵权法示范法。亚洲的侵权法统一工作也在进行，东亚侵权法学会经过四年的努力，东亚侵权法示范法已现雏形。目前，第三次浪潮与第二次浪潮并行发展，其主题词是“统一”。

1.美国侵权法重述

美国法律协会（也称为美国法律研究院、美国法学会）成立于1923年，由美国的一些杰出法官、法学教授和执业律师组成，近年来，也曾选举其他国家的杰出法律学者加入。① 该协会成立的目的在于统一各州的法律规则，“促进法律的明晰化和简明化以及——或许最重要的是——法律对社会的需求的适应及对争议系统的更佳管理的适应”②。该协会最著名的系列出版物为《法律重述》，还通过出版《法律原则》、组织“法典化项目”“专题研究”和“专题项目”等方式，推动法律进步。相比于成文立法和判例法，《法律重述》属于次级法源，法院裁判优先适用立法和判例法，但各类重述已经累计被美国联邦和各州法院引用10余万次，其中《侵权法重述》具有最大的影响力，累计被引用6万余次，这也是《侵权法重述》在美国和全世界范围内产生巨大影响的原因。

《美国侵权法重述（第一次）》开始于1923年，完成于1939年，目的是希望将已经被绝大多数法域认可的法律规则进行整理，实现侵权法律规则的统一化。《美国侵权法重述（第二次）》开始于1955年，于1979年完成，改变了第一次重述的模式，报告人更注重采纳了一些他们认为是更好的规则，甚至这些规则并未被大多数法域所采纳。《美国侵权法重述（第三次）》开始于1991年，采取分编式方法进行，目前正在进行中。1998年完成《产品责任编》，2000年完成《责任分担编》，2012年完成《物质和精神损害责任编》，《经济损害责任编》目前正在进行中，《对人身的故意侵权》从2012年开始，也仍在进行中。美国侵权法第三次重述的探索属性更强一些，更注重对更好的规则的使用，尤其是产品责任重述，其规则更为新颖，但大多数法域并未接受这些规则，而仍然适用《侵权

① 美国法律研究院：《美国侵权法重述第二版：条文部分》，许传玺等译，法律出版社2012年版，序言第1页。

② 美国法律研究院：《美国侵权法重述第二版：条文部分》，许传玺等译，法律出版社2012年版，序言第1页。

法重述（第二次）》第402A条关于侵权责任的规则。这恰恰说明，在《侵权法重述（第二次）》颁布时作为尚未被采纳的“更好的规则”，符合社会发展的需要。

2. 欧洲侵权法的统一

欧洲一体化之后，欧洲议会分别于1989年和1994年通过两个关于制定《欧洲民法典》的决议，这是欧洲一体化不断深入的结果之一。欧盟经济、政治一体化的进程也必然要求法制的一体化，而民法典是这一进程中的重要环节。尽管自20世纪以来，各种反民法典的声音此起彼伏，但民法典还是通过各种形式实现再法典化。欧盟议会的决定表明，在大陆法系国家，民法典的地位不仅没有动摇，反而凤凰涅槃，浴火重生。

欧洲议会的决定大大推动了欧洲民法的统一进程。早在1982年，丹麦兰多教授就创立了欧洲合同法委员会，起草了《欧洲合同法通则》。意大利帕维亚大学甘多芬教授主持起草了《欧洲合同法典》。欧洲侵权法的统一也不甘落后。1992年，奥地利学者库齐奥（供职于奥地利科学院欧洲侵权法研究所）成立了“欧洲侵权行为法小组”，成员主要来自欧盟各国，也邀请了美国和南非的侵权法专家。该小组自2001年起举办“欧洲侵权法年会”，每年出版年报，出版《欧洲侵权法的统一》丛书，特别是拟定了《欧洲侵权法原则》（以下简称《原则》），2005年正式出版。1998年，德国奥斯纳布吕克大学冯·巴尔教授成立“欧洲民法典研究小组”，下设“契约外债务工作小组”，2006年11月公布了《造成他人损害的契约外责任（草案）》（以下简称《草案》）。

海尔穆特·库齐奥和冯·巴尔的两个小组在对如何起草欧洲侵权法的最关键问题上采取一致立场，即欧洲未来的统一侵权法不是法律“重述”，因为欧洲不存在“重述”的坚实基础，而只能在国别比较的基础上，尽量提取各国法律的“公因式”，提交认为最好的方案。但在如何实现这一目的上，两个小组的做法却不同[①]：《原则》试图解决的是侵权法立法中的永恒矛盾，即抽象还是具体，采

① ［德］U. 马格努斯主编：《侵权法的统一·损害与损害赔偿》，谢鸿飞译，法律出版社2009年版，总译序第4页。

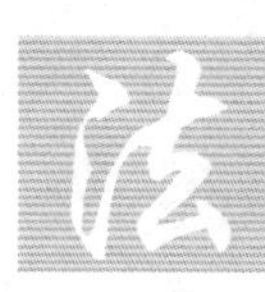

取了奥地利法学家瓦尔特·威尔伯格提出的弹性制度，对两种立法模式兴利除弊，要点是明确规则的价值基础，为欧洲侵权立法的协调提供一个共同的、基本的框架，所以条文的原则性较强，法官在个案中应考虑各种因素，在个案中可以权衡各个因素的不同影响。《草案》的目的是作为未来《欧洲民法典》的一部分，其条文具体、内容全面。

《原则》认为，欧洲侵权法的一体化只能是在各国差异基础上的一体化，法概念、法方法既要具有欧洲共同传统的特色，又不能以任何一国的制度为背景。在各国侵权制度基础上的融合与统一将产生两方面的效果。一是规定事项的一般性，越抽象的规定越容易获得共识。对特殊问题不仅难以达成共识，而且会增加协调成本，减缓一体化进程。所以，统一的只能是侵权法最一般的规则。二是规则必须富于弹性，既要照顾各国现行法规定的共同重要因素，又要避免解释空间过大。如因各国规定的严格责任种类差别较大，《原则》仅仅规定了一种严格责任：异常危险的活动，同时授权国内法规定严格责任的种类。对各国共同点较多的内容，《原则》作了具体规定，如有关多数人侵权的责任等。

3. 东亚侵权法示范法的制定

中国大陆、日本、韩国以及中国台湾地区、中国香港特区的侵权法学者于2010年7月2日在中国黑龙江省伊春市召开会议，宣布成立东亚侵权法学会，后来中国澳门特区的学者也参与其中。学会的宗旨是研究东亚侵权法的统一问题，开始选择了10个问题，进行法域的法律报告，并研究这些问题的法律规则的统一，最终目标是提出《东亚侵权法示范法》。[①] 几年来，该学会召开了三次工作会议，开展了以下工作：第一，对会议提出的东亚侵权责任法示范法要规定的10个问题，分别作出本法域的法律报告，进行比较分析，提出各法域解决10个问题的相同点和不同点，并据此进行下一步工作。第二，提出东亚侵权法示范法的编写大纲，经过讨论，确定以这10个问题为基本内容，作为东亚侵权法示范法的编写大纲。第三，提出了东亚侵权法示范法的试拟稿，于2013年4月在韩国首尔举行的第三届年会上进行逐条讨论，决定增加3个问题，将示范法的基本

① 杨立新：《东亚地区侵权法实现一体化的基础及研究任务》，《台湾法学》2011年第6期。

内容分为13个问题，并根据会议提出来的修改意见，全面起草东亚侵权法示范法的条文，并提交第四届年会进行深入讨论。

《东亚侵权法示范法》确定为13章，就13个问题进行编写，内容是：(1) 侵权法的保护范围；(2) 侵权责任的归责原因体系及调整范围；(3) 行为与违法性；(4) 损害；(5) 因果关系；(6) 故意与过失；(7) 共同侵权行为；(8) 侵权责任形态；(9) 损害赔偿；(10) 抗辩事由与消灭时效；(11) 产品责任；(12) 环境污染责任；(13) 网络侵权责任。

目前的东亚侵权法统一工作还在起步阶段，正在进一步进行之中。与欧洲统一侵权法的进程相比，东亚侵权法尽管起步时间较晚，但目标比较明确，就是要为东亚各国和地区的侵权法起草一部示范法，并且最终成为各法域立法和司法的参考法案。

4.世界侵权法学会的成立及研究

2011年8月，我在第二届国际民法论坛会议之余，邀请奥地利皇家科学院欧洲侵权法研究中心主任奥立芬特教授、美国法律协会《侵权法重述（第三次）》总协调人兼“物质和精神损害责任编”报告人之一、美国南方卫理公会大学（SMU）法学院普莱尔教授、英国牛津大学伍斯特学院诺兰教授、澳大利亚新英格兰大学法学院伦尼教授和中国人民大学法学院姚辉教授等聚谈，并提出建立一个世界性的侵权法研究团体的建议，以更好地推动世界侵权法的统一。这个提议得到了参加聚谈的所有同仁的赞同，共同推举《欧洲统一侵权法原则》的主持人库齐奥教授作为学会主席，并成立由奥立芬特教授、美国法律协会《侵权法重述（第三次）》“责任分担编”和“物质和精神损害责任编”报告人之一、美国维克森林大学法学院格林教授与笔者组成的执行委员会，领导世界侵权法学会的工作。[①]

世界侵权法学会每两年举行一次年会，选择一个主题，以案例研究为主，通过设定虚拟的典型案例，由各国和地区的专家根据本法域侵权法的规则，提出各

① 杨立新：《世界侵权法学会丛书总序》，载杨立新：《侵权法论》上册，人民法院出版社2013年第5版，序言第1页。

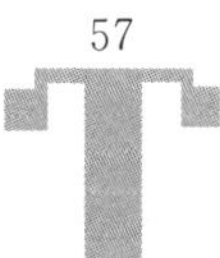

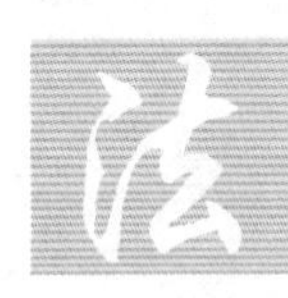

法域的专门报告，在会议上进行讨论，归纳各法域对同一问题的侵权法规则的相同点和差异，进行比较研究，协调各法域侵权法的立场，提出统一的法律适用意见，推动世界侵权法的统一。该学会的第一届会议于2013年9月在中国哈尔滨举行，讨论了有关产品责任的三个典型案例①，作出各国别的法律报告②，进行比较分析，寻找就同一个问题各国法律的异同点。会议取得圆满成功。世界侵权法学会执委会希望通过这样的工作方式，使该学会能够成为世界各国和地区侵权法研究专家的交流中心，使之成为世界范围内的侵权法统一研究的学术中心，推动世界侵权法的融合与统一的浪潮，为世界和平与发展贡献力量。

三、世界侵权法融合与统一的历史原因、基本规律与前景展望

（一）世界侵权法融合与统一的基本特点和历史原因

研究世界侵权法融合与统一浪潮的基本特点与历史原因，应当根据三次浪潮的不同情形分别考察。

1.世界侵权法融合与统一第一次浪潮的基本特点与历史原因

在以“征服”为特点，始于16世纪终结于20世纪50年代的世界侵权法融合与统一的第一次浪潮中，被大陆法系与英美法系侵权法征服的各国和地区并非没有改革的内部动力和需求，但外部的欧洲列强的强制扩张与压制是更主要的动因，通过殖民或者不平等条约，迫使对方不得不接受欧洲的法制包括侵权法。通过“征”而使其他国家和地区“服”，大陆法系侵权法和英美法系侵权法就堂而皇之地取代了殖民地半殖民地的固有侵权法，而使这些国家和地区的固有侵权法死亡或者被改造，在世界范围内形成了侵权法的两大体系即英美法系侵权法和大陆法系侵权法的统治地位。即使那些还能够保持自己侵权法体系的国家和地区，例如伊斯兰法系侵权法，也都不同程度地接受了英美法系侵权法或者大陆法系侵

① ［英］肯·奥利芬特：《三个产品责任案例》，《法制日报》2013年9月4日，第12版。

② 例如中国大陆的国别报告，见杨立新、杨震：《有关产品责任案例的中国法适用——世界侵权法学会成立大会暨第一届学术研讨会的中国法报告》，《北方法学》2013年第5期。

权法的内容；在这个期间制定的社会主义的《苏俄民法典》，其侵权法也无法脱离大陆法系侵权法的传统。可以说，经过融合与统一的第一次浪潮洗礼的世界侵权法，已经统治了世界的绝大部分地区，成为强大的两个侵权法体系，其他即使暂存的传统侵权法也不能主导侵权法的主流。

形成世界侵权法融合与统一第一次浪潮的历史原因主要有以下三点。

第一，欧洲两大法系侵权法的优势明显。欧洲侵权法经过不断发展，在罗马法、日耳曼法和英吉利法的传统上形成的两大法系，不论是成文法还是判例法，不论是抽象的一般化立法，还是具体的类型化立法，规则科学、体系合理、制度先进，形成了天然的法律优势。在成文法的大陆法系国家，法国和德国先后借鉴罗马法和日耳曼法的传统，制定了《法国民法典》和《德国民法典》，尽管两部法律的立法时间相差百年，在立法内容上也存在一定的差别，但采用债的类型的方式规定侵权行为，并且采取侵权行为一般条款的一般化立法方法规定侵权法，则是完全一致的。运用抽象的一般化立法方法，着重于规定侵权行为一般条款和一般性规则，因而使大陆法系侵权法立法简明、规则简化、普遍适用等优势极为明显。而英美法系侵权法基于英吉利法的立法传统，采取法官造法的形式，积累大量判例构成了判例法的侵权法，尽管表现复杂，但经过学者整理，特别是美国侵权法重述的努力，其侵权行为类型明了，具体规则明确，便于法官适用，也具有天然的优势，优势也非常明显。

第二，欧洲两大法系侵权法随着欧洲列强的殖民政策和殖民扩张而入侵到其殖民地、半殖民地国家和地区。具有天然优势的欧洲侵权法，随着欧洲殖民扩张而随之侵入被殖民统治的各国和地区。不管是英国人的殖民扩张，还是美国人独立地移植英国法律；不管是法、德、意、西等列强对东方的殖民扩张，还是通过治外法权对半殖民地国家的强制要挟，英美法系侵权法和大陆法系侵权法都不断地输入欧洲列强的殖民地或者半殖民地国家和地区。日本和中国的西法东渐、变律为法，实行大陆法系侵权法，都不是主动引进，而是被列强强制输出。因此，其他国家在世界侵权法融合与统一的第一次浪潮中，与其说是对英美法系侵权法和大陆法系侵权法的借鉴，毋宁说是大陆法系侵权法和英美法系侵权法对殖民

地、半殖民地国家和地区的法律入侵。没有这样的强制性的法律入侵，这些国家和地区的传统法律不会轻而易举地就被抛弃，成为已经死亡了的法律体系。

第三，社会制度的改变，为欧洲两大法系侵权法的扩张和落地生根提供了社会基础。在大多数国家和地区，两大法系侵权法直接取代了自己的侵权法传统，这些国家和地区的经济发展和社会制度的变革，是其必要的社会基础条件。无论是中国还是日本，不论是美国和加拿大，在接受大陆法系和英美法系侵权法制度的时候，都不是单一的外来力量的强制，其社会经济、文化以及社会制度的发展，使其不能固守其传统法制，而须采取与其变化了的社会现状相适应的法律制度包括侵权法制度。以中国为例，中华法系在日渐衰落的封建统治和日渐发展的资本主义经济的发展中，日渐不适应，而符合资本主义经济发展和资产阶级政治体制需求的大陆法系和英美法系的法制融入了中国社会，成为清末民初中国社会的法制体系。如果单纯地以侵权法而言，中华法系侵权法并非不能完全发挥作用，但侵权法在法制体系中并非独立存在，由于整个法制体系的不适应，因而才出现了侵权法制度的更替，消灭了中华法系侵权法，采纳了大陆法系侵权法制度。如果不是本国和地区的社会实际需要，外来的侵权法制度一定会出现水土不服而不能落地生根，侵权法的融合与统一也就不会出现汹涌的第一次浪潮。

2. 世界侵权法融合与统一第二次浪潮的基本特点与历史原因

以“融合”为基本特点，发生在 20 世纪 60 年代至今的世界侵权法的融合与统一的第二次浪潮，是一些大陆法系的国家或者地区在制定民法典或者再法典化过程中，在成文化侵权法中大量地借鉴英美法系侵权法的立法经验，从立法模式的类型化、到具体侵权行为类型和责任分担规则，甚至单独规定侵权责任法的立法方法，都有特别鲜明的体现。同样，在英美法系国家和地区中，也有大量借鉴大陆法系立法经验制定成文法的做法，例如魁北克民法典、美国加州民法典等，都在成文化的民法典中规定侵权法，而不使用判例法的立法方式。两大法系侵权法的这种融合，代表了世界侵权法立法的趋势，越来越多地影响了当代侵权法的立法。世界性的侵权法融合与统一，已经成为世界侵权法发展的主流。

世界侵权法融合与统一第二次浪潮的历史原因主要有以下几点。

第一，大陆法系侵权法的立法优势在于一般化的立法模式，但是，正是侵权法立法的一般化模式也形成了成文侵权法的弱点，这就是一般性规定是大陆法系侵权法立法的主体，缺陷在于规定具体侵权行为的类型化不够。最为典型的是《法国民法典》的侵权法规定，原来只有 5 个条文，其中第 1382 条和第 1383 条这两个条文是一般条款的规定，其他三个条文是具体侵权行为的规定，这样简单的立法，需要司法实践的补充，需要法官的智慧和才华。同样，即使《德国民法典》的侵权行为类型化有所加强，条文增加到 31 条，但其仍然存在只规定了有限的几种具体的侵权行为类型，立法的类型化不够，可操作性不强的弱点。这样的立法，需要完善、丰满的侵权法理论作为支撑，需要高水平的法官执法，否则难以完全按照侵权法的一般性规定，应对千姿百态、纷繁复杂的具体侵权行为的法律适用问题。这样的立法缺陷，传统的大陆法系侵权法自身难以克服。

第二，英美法系侵权法的立法是判例法，尽管存在表现形式复杂、需要专业化极强的律师队伍辅助当事人理解法律，代理当事人诉讼的弱点，但是，经过学者的整理，其类型化、具有可操作性的具体侵权行为类型的规定，对于不同类型的侵权行为适用不同的具体规则，类似于刑法分则的规定，可以对号入座，对于法律适用具有更大的便利性。这样的立法模式，对于以一般化立法为特点的大陆法系成文侵权法具有更大的诱惑力。尤其是美国侵权法在发展具体侵权行为类型方面，例如产品责任、隐私权保护、严格责任、责任分担等具体规则，具有鲜明的先进性和科学性，对于维护私权具有重要的意义。以《法国民法典》为例，其全部侵权责任的规定原来只有 5 个条文，但是，借鉴美国侵权法增补产品责任的规则，扩张规定了 18 个条文，将产品责任规则规定得非常具体和具可操作性。[①] 我相信，法国人如果在今天对民法典再法典化，其侵权法绝对不会仍然是 5 个条文，一定会借鉴英美法系侵权法的类型化做法，使其更具可操作性。可见，改进大陆法系侵权法，以适应社会的发展和实际生活的需要，没有实现具体化、类型

① 这一部分是《法国民法典》根据 1998 年 5 月 19 日第 98－389 号法律进行的修正，增加了第四编（二）"有缺陷的产品引起的损害"，第 1386－1 条至第 1386－18 条。罗结珍译：《法国民法典》下册，法律出版社 2005 年版，第 1116－1118 页。

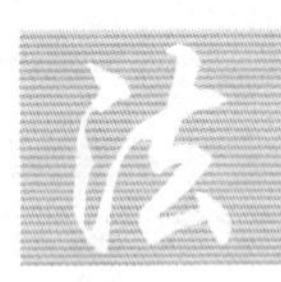

化的侵权法是没有生命力的，因此，借鉴和融合英美法系侵权法就成了客观的实际需要。

第三，正因为如此，由于大陆法系侵权法存在的缺点，在大陆法系侵权法的立法趋势上，正在形成侵权行为一般化和类型化相结合的立法方式，形成了立法的新潮流。这就是，在大陆法系侵权行为的一般化立法中，吸收英美法系侵权行为类型化的方法，将侵权行为一般条款规范的一般侵权行为，转变为概括全部侵权行为，然后再规定各种侵权行为的具体类型，作出详细的规定。这实际上改变了大陆法系侵权法的传统立法方法，转而向类型化的立法方式发展，但是并没有摒弃大陆法系侵权法的一般化立法方法，而是将一般化和类型化的方法紧密地结合起来，创造了一种新的侵权法的立法模式。《埃塞俄比亚民法典》侵权行为法和中国《侵权责任法》的制定，就是这种发展潮流的典型代表，形成了世界侵权法融合与统一第二次浪潮的主流。

3. 世界侵权法融合与统一第三次浪潮的基本特点与历史原因

世界侵权法融合与统一的第三次浪潮的基本特点是“统一”。美国侵权法重述的着眼点是对美国各州侵权法的不同规则，采取重述的方式进行统一。尽管美国侵权法重述仅仅解决的是美国侵权法的统一，但其观念和方法却具有重要的、世界性的借鉴意义。已经进行了20余年的欧洲侵权法的统一工作，是基于欧洲政治、经济一体化的需求而进行的侵权法统一，让统一的欧洲侵权法在欧盟中发挥更大的作用。而出于学者热情的东亚侵权法示范法的制定，更是着眼于东亚具有较大的文化、经济、历史相似之处的国家和地区侵权法的统一，让统一的东亚侵权法示范法，在协调东亚各国和地区侵权法规则方面，在保护私权上发挥更重要的作用。世界侵权法学会的工作刚刚开始，但其目标明确，就是促进世界侵权法的统一。

世界侵权法融合与统一第三次浪潮的历史原因，是真正的社会发展需要和学者的追求，因而与第一次和第二次浪潮都不相同。与其说第一次浪潮出于列强的强势、强制和强迫，第二次浪潮是政府立法主导，毋宁说第三次浪潮的历史原因是社会发展的需要和学者的热情追求。在第三次浪潮中的侵权法统一，除了欧洲

统一侵权法具有部分欧盟的背景之外，美国的侵权法重述、东亚侵权法的统一和世界侵权法学会的努力，无不出于学者的热情。随着世界经济一体化、交易全球化的进展，世界越来越成为一个统一体，保障私权利的侵权法如果过于分散、差异过大，特别是立法方式的不统一，必然影响这个进程，使全世界人民的权利受到损害。因此，侵权法存在统一的必然需求。在这种形势下，各国（地区）侵权法学家走到一起，研究和推动世界侵权法的统一，是必然的、必须的。不论是局部地区的侵权法的统一，还是世界范围内的侵权法统一，都将推进全球化、一体化的进展，造福于全世界人民。

（二）世界侵权法融合与统一的基本规律

就世界性的侵权法融合与统一的历史进行观察，可以看到，在世界侵权法融合与统一的第一次浪潮中，侵权法历史源流的各法系侵权法的融合与统一的基本方式是征服与被征服，结果是强大的侵权法源流对其他侵权法源流的取而代之。第二次浪潮的基础是融合与借鉴，体现的是立法者的理性选择。在第三次浪潮中，美国侵权法的统一是国内各州侵权法的统一，不具有国际性，但其做法却给世界侵权法的统一带来启示和希望，提供了借鉴作用。欧洲侵权法的统一具有深刻的历史、政治和经济的原因，最直接的原因就在于欧洲的统一，促使侵权法不得不统一，因而欧洲侵权法的统一尽管也是学者在进行，但具有强大的政府背景和政治背景，因而其两个小组的工作扎扎实实且卓有成效，具有重要的借鉴意义和价值。东亚侵权法的统一也有东亚各国和地区的政治和经济原因，但更重要的是学者的热情，不具政府的官方背景。至于在其他各洲，侵权法统一问题并未提上日程。纵观世界侵权法融合与统一的历史，可以发现世界侵权法融合与统一有以下几个基本规律。

1. 侵权法的普世价值与同质性：世界侵权法融合统一的基础

世界各国和地区的侵权法尽管存在较多的差异，不论是作为侵权法历史源流的五个法域的侵权法，还是今天仍然存在的英美法系和大陆法系的侵权法，都是如此，甚至差异悬殊。但是，不同法系侵权法有两个最重要的根本点是相同的，那就是通过赔偿的方法救济侵权行为造成的损害，使受到损害的私权利得到法律保护。其中，救济权利损害是侵权法的普世价值，用赔偿的方法进行救济是侵权法的同质性。侵权法在这两个根本点上所具有普世价值和同质性，是世界侵权法能够融合、并且可以统一的基础。世界侵权法融合与统一的三次浪潮的发生和发展，其基础都是如此。如果侵权法不具有这个赔偿方法的同质性和救济权利损害的普世价值，远在欧洲的侵权法何以就能够征服其他国家和地区的侵权法，得以在异域生根开花呢？况且中华法系侵权法根深蒂固，绝不会轻而易举地退出历史舞台，主动让位给大陆法系的侵权法独占中华大地。同理，《埃塞俄比亚民法典》的侵权法和中国《侵权责任法》之所以能够结合本国实践，把大陆法系侵权法和英美法系侵权法的优势集合在一起，成为代表当代侵权法立法的主流趋势，同样基于这样的基础。推而论之，作为世界侵权法融合与统一第三次浪潮的世界侵权法统一运动，代表了世界侵权法发展的基本方向，同样是基于侵权法的普世价值和同质性，从保护权利和救济权利的立场出发，保证世界侵权法的基本观念和基本原则的统一。

2.从“丛林法则”到择优借鉴：世界侵权法融合统一的路径

几千年来，世界侵权法从五大历史源流发展到两大侵权法法系，再到世界性的侵权法统一运动，走过的是一个艰难曲折的道路。在早期的侵权法融合中，强大的大陆法系侵权法征服了中华法系等法域的侵权法，英国的普通法系侵权法通过殖民政策征服了殖民地国家和地区，形成了大陆法系和英美法系两大侵权法体系，发展的路径类似于“丛林法则”，其方法近乎“弱肉强食”，中华法系侵权法等侵权法源流在大陆法系侵权法和英美法系侵权法的强大攻势面前自行消亡，不得不退出历史舞台，两大法系侵权法称霸于世界，形成了世界侵权法的基本格局。

继而，在两大法系侵权法的基础上再进一步融合与统一，体现“丛林法则”的侵权法征服不再是世界侵权法融合与统一的主要路径，而是择优借鉴，即在两大法系侵权法中择取精华，进行整合，形成侵权法的新格局。由于侵权法存在的普世价值与同质性，传统侵权法的固有性并不是侵权法的主流。不可否认，世界各国和地区的侵权法都有自己的特点和固有规则，即便都是继受大陆法系和英美

法系的各国侵权法，也都结合了自己国家和地区的具体情况，规定了切合自己实际的具体规则。但这些都不是侵权法的本质和主流。从大的方面说，大陆法系和英美法系侵权法的基本差异，是成文法和判例法的区别，是规则的抽象性和具体性的区别。但是，在过错责任原则为基本原则、无过错责任原则（即严格责任）为辅助性的归责原则上，在损害赔偿的基本方法上，以及其他主要的规则方面，则是完全一致的。特别是随着社会的进步，英美法系的具体化立法具有更大的吸引力，成文法国家对英美法系侵权法类型化立法方法的广泛借鉴，更说明了具体规则的借鉴具有更为重要的意义。21 世纪以来，无论是侵权法的立法还是修法，无不围绕着侵权责任的具体规则在进行择优借鉴，从而使侵权法更具统一性，使侵权法的统一更具现实性。同样，大陆法系侵权法的抽象性的一般化立法，在英美法系侵权法中也有借鉴，风行于美国等英美法系侵权法的责任分担理论和规则，是侵权法的抽象规则，具有一般性的意义，并非美国等英美法系侵权法的传统做法，但《美国侵权法重述（第三次）》最早列入计划并最先出版的"责任分担编"，受到广泛的重视，就说明侵权法一般化的成文法传统对于从来就感觉良好的英美法系侵权法所具有的重要影响。而《美国侵权法重述（第三次）》对责任分担规则的概括，也对《欧洲侵权法原则》等欧洲侵权法统一产生了影响。[①] 可以看到的是，侵权法的国家和地区的传统，或者说各国和地区侵权法的固有性，更容易被侵权法的同质性和普世价值所同化、所克服，择优借鉴的路径使世界侵权法的统一更具现实性。

在新的、正在进行中的世界侵权法融合与统一的第三次浪潮中，择优借鉴更是发展的唯一路径，这体现的正是世界侵权法融合与统一的坚定不移的理性。

3. 一般化立法与类型化立法的结合：世界侵权法统一的基本形式

在讨论世界侵权法统一的发展规律的时候，不得不总结世界侵权法统一的基本形式问题。这就是，统一的世界侵权法究竟是采取一般化的立法还是类型化的立法。

---

① 王竹：《侵权责任分担论——侵权损害赔偿责任数人分担的一般理论》，中国人民大学出版社 2009 年版，第 56 页。

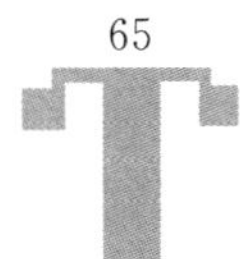

在历史上存在的世界侵权法五大历史源流中，除了英吉利法系侵权法是判例法之外，其他的都是成文法。在随后形成的大陆法系和英美法系两大侵权法体系中，成文法的大陆法系侵权法以德国法和法国法为代表，形成了鲜明的一般化立法方式，即在成文法中配置侵权行为一般条款，以此调整大部分侵权责任的归属。而英美法系侵权法作为判例法，没有成文的法律形式，也没有一般化立法的典型方法即侵权行为一般条款，而是采用类型化的立法方法构成自己的侵权法形式，按照不同的侵权行为类型分别适用不同的规则。在欧洲侵权法统一的过程中，曾经讨论过统一的欧洲侵权法究竟是英美侵权法的“重述”的类型化模式，还是大陆法系的“原则”的一般化模式。其基本结论是，既不能实行单一的英美法系的类型化，也不能完全实行大陆法系的一般化。

对此，《埃塞俄比亚民法典》和中国《侵权责任法》的立法对此作出了回答，世界侵权法的统一，必须以一般化立法与类型化立法相结合的形式进行，否则是没有出路的。原因在于，完全的一般化缺少个性，法官适用难度较大；完全的类型化缺少基本规则，难以应对不断出现的新的侵权行为类型，[①] 且新的侵权行为类型定将不断出现。因此，未来世界侵权法统一的立法方式，必定是一般化立法与类型化立法的有机结合，集中两大法系侵权法的智慧和方法，使两大法系侵权法的优势实现“强强联合”。

4. 从强制输出到规则统一的最大化：世界侵权法统一的目标

在早期的世界侵权法融合统一中，融合与统一的目标是强制输出。以中国为例，清廷实行变律为法，实行西法东渐，除了国家的政治、经济原因之外，帝国主义列强同意中国废除治外法权的条件，就是接受西法。民国以后，能够在短时间内完成《民国民律草案》和《中华民国民法》（包括其中的侵权法），“现在所缔结中比、中丹、中西、中意各商约，以十九年一月一日或是日以前颁布民商法为撤销其领事裁判权之条件”是其主要原因。[②] 这样的融合统一的目标，并非接

① 对此的分析，请参见杨立新：《论侵权行为一般化和类型化及其我国侵权行为法立法模式选择》，《河南省政法管理干部学院学报》2003 年第 1 期。

② 民国政府立法院第三次全国代表大会工作报告。杨立新：《百年中的中国民法华丽转身与曲折发展》，《河南省政法管理干部学院学报》2011 年第 3 期。

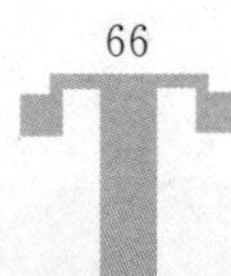

受国所自愿，而是强制输出的结果。

从第二次浪潮开始，世界侵权法的融合统一不再追求强制输出的目标，而是以规则统一的最大化为目标。库齐奥教授在领导《欧洲统一侵权法原则》制定中，特别强调“侵权法的一体化只能是在各国差异基础上的一体化，法概念、法方法既要具有欧洲共同传统的特色，又不能以任何一国的制度为背景。统一的只能是侵权法最一般的规则，而且规则必须富于弹性”的意见①，是完全正确的。世界侵权法的统一，可以从宏观、中观和微观的三个层次进行讨论。首先，在侵权法的宏观问题上，一定能够统一也是必须统一的。侵权法的宏观问题，主要是过错原则、严格责任和损害救济原则。在这样的问题上，侵权法的统一不存在问题。其次，在中观问题上，各国差异较大，其主要的问题在于，大陆法系侵权法规定的具体侵权行为类型通常比较简单，数量比较小，规则比较粗放；而英美法系侵权法规定的具体侵权行为类型比较全面，数量较多，规则更为细致。在法律适用上，成文法的侵权责任类型有规定的，与英美法系的规则并不存在基本原则的不同；但在成文法侵权责任类型没有规定的，在法律适用中只能依照一般条款的规定裁判，而不同的法官会对法律有不同的理解，因而形成不同的判决，缺少统一的法律适用标准。事实上，在侵权法的统一上，最为重要的恰恰是侵权法的中观性规则的统一，即在各种不同的侵权行为类型的法律适用规则上的统一。按照中国《侵权责任法》的立法经验，对于机动车交通事故责任、环境污染损害责任、医疗损害责任等具体侵权行为的规则上需要有统一的规则，而这些侵权责任类型在大陆法系侵权法中，通常是适用侵权行为一般规定，缺少具体规定。最后，至于侵权法规则的微观性问题，各国多有不同的规则，能够统一当然更好，不能统一的，应当允许存在一定差异，这并非主要问题。在 2013 年 9 月召开的世界侵权法学会成立大会暨第一届研讨会上，我们选择了是规则最为相近的产品责任进行讨论，但将各国的产品责任规则进

---

① ［德］U. 马格努斯主编：《侵权法的统一·损害与损害赔偿》，谢鸿飞译，法律出版社 2009 年版，总译序第 6 页。

行比较，其细节的分歧比比皆是[①]，难以取得完全一致的见解。据此就可以说明，世界侵权法统一的目标，更重要的是在宏观规则和中观规则上寻求一致，达至统一。对于微观的细节规则则不必强求统一。求同存异，实现规则统一的最大化，就是世界侵权法统一的基本目标。

5.从政府推动为主到学者主导为主：世界侵权法融合统一的基本动因

世界侵权法融合统一的历史一直在进行中，但其基本动因并不相同。世界侵权法融合统一的第一次浪潮的基本动因，在于政府为主导的推动，而不是以学者的热情为主导。不可否认的是，如果没有帝国主义列强的侵略和征服，中华法系侵权法绝不会自动退出历史舞台，而让大陆法系侵权法轻而易举地征服和取代，即使出现经济、政治以及法律上的改革和发展，也不会完全灭亡。风雨飘摇中的清廷在帝国主义的压力下，不得不放弃中华法系侵权法，从而走上变法的不归路。在这个变法的过程中，学者的作用必不可少，但它并非西法东渐的主要动因。自世界侵权法融合统一的第二次浪潮以来，基本动因不再是政府主导，而是由学者主导。从美国侵权法重述，到欧洲侵权法统一，以至于东亚侵权法示范法的制定，无一不是学者在起到主导作用。美国侵权法重述完全是美国学者所为。欧洲侵权法统一尽管有官方的背景，但基本力量在于海尔穆特·库齐奥教授和冯·巴尔教授领导的两个小组。即使在中国，立法机关制定了将大陆法系侵权法和英美法系侵权法比较完美结合的《侵权责任法》，也是在学者提出的“大陆法系为体，英美法系为用，广泛吸纳中国立法司法经验”[②] 的立法指导思想的影响下进行的。东亚侵权法学会和世界侵权法学会正在进行的世界侵权法统一运动，则完全是学者推动的学术运动。可以说，在世界侵权法融合统一的第一次浪潮中，征服与被征服的过程中充满“暴力”和被动性，但在第二次和第三次浪潮中，理性是主导，是全部的动因。正因为如此，世界侵权法统一运动必须是学者的运动、学术的运动，学者的理性是其基本动因，并且最终要使学者的理性推动

① 杨立新：《有关产品责任案例的亚洲和俄罗斯比较法报告》，《求是学刊》2014 年第 2 期。在这一篇文章中，我着重比较了亚洲和俄罗斯法域侵权法的产品责任规则的不同。

② 杨立新：《中华人民共和国侵权责任法草案建议稿及说明》，法律出版社 2007 年版，第 2－4 页。

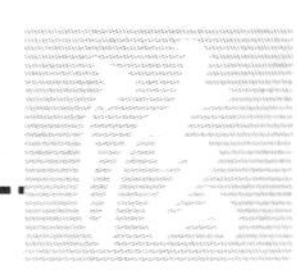

政府，实现世界侵权法的统一。

（三）世界侵权法融合统一的前景展望

根据世界侵权法融合统一的基本规律，结合当前世界侵权法统一运动的基本情况，可以推测，世界侵权法统一运动的发展前景如下。

1.世界侵权法统一是侵权法发展不可逆转的大趋势

世界侵权法发展的历史告诉我们，走向统一是世界侵权法发展的不可逆转的大趋势。之所以作出这样的预测，不仅是以世界侵权法融合统一的第一次和第二次浪潮的具体情形作为基础，更是从第三次浪潮的实际情况作出的预测。近一百年来，从美国侵权法的统一，到欧洲侵权法的统一和东亚侵权法示范法的制定，都是基于侵权法的普世价值和同质性的，不仅有统一的可能，更有统一的现实需要。同时，这也是基于全球经济一体化的迅猛发展，世界性的政治、经济等交往越来越广泛，亟须对民事主体的权利实行统一的保护制度的需要，而作出的历史选择。在几千年来的世界侵权法的融合发展中，一百年之前的融合与统一是不自觉的，是历史发展的推动。但在今天，由于人们已经认识到了世界侵权法统一的历史规律，因而完全是采取理性的态度，自觉引导世界侵权法的统一。因此，世界侵权法的统一是侵权法发展的大趋势，更是历史发展的必然。这样的预测并不是主观臆断，而是实事求是地根据历史发展规律作出的科学判断。

2.学者和学术研究在侵权法统一中发挥决定作用

以世界侵权法融合统一历史动因的发展规律为判断的基础，可以看出，在今后的世界侵权法统一运动中，学者的推动和学术研究的发展必定成为基本动因，发挥决定性的作用。不论是美国侵权法重述报告，还是欧洲侵权法的统一和东亚侵权法示范法的起草，无一不是在侵权法学者的努力下开展起来、不断取得进展的。世界侵权法学会的建立和努力，更是由近 30 个国家和地区的侵权法专家自发组织起来，并把世界侵权法的统一作为己任，为此而孜孜不倦地努力工作。不仅如此，由于在世界侵权法统一的过程中，在官方的国际组织和机构中，并没有一个类似于 WTO 之类的具有权威性的、由各国政府作为成员参加的机构进行推动，因而不可能出现以官方作为背景的更强大的发展动因。正像我在《世界侵权

法学会成立大会暨第一次学术研讨会的闭幕辞》中说的那样，“在世界侵权法融合与统一运动中，世界侵权法学会将是最重要的推动者和组织者”[①]。我相信，在今后世界侵权法统一运动中，侵权法学专家和侵权法学会等学术组织将会是绝对的主力，是推动世界侵权法统一的基本力量。世界侵权法学会应当团结更多的国家和地区的侵权法学专家学者，共同为这一目标而努力奋斗。

3.世界侵权法统一运动须更多寻求政府支持

在世界侵权法统一运动中，将欧洲侵权法统一的两个工作小组的工作和东亚侵权法学会的工作情况相比较，显然欧洲的两个工作小组的努力更有成效，效果更为明显。其基本原因在于，欧洲侵权法统一运动不仅有学者的热情，更重要的是有欧洲一体化的社会背景和欧盟的支持和资助，因而其成果显著。而东亚侵权法学会起草东亚侵权法示范法的努力，则没有官方的背景，更没有政府的资助，完全是学者的热情并自筹经费，尽管也有了基本的成果，但显然与欧洲侵权法统一的进展还有一定的差距。《埃塞俄比亚民法典》（包括其中具有重要价值的侵权法部分）的制定，就是埃塞俄比亚政府立法的改革热情和作为起草人——法国比较法专家达维德对制定一部完善的民法典的热情，这两股热情碰撞的结晶。[②] 这样的经验说明，侵权法学专家和学者的努力，固然是世界侵权法统一的基本动因，但缺少官方的支持和资助，会有更多的困难，前进的步伐也不会很快。只有将学者的积极性和官方的积极性结合起来，才能够推动世界侵权法统一运动健康、顺利、大踏步地前进。

4.世界侵权法统一的过程将是长期的

世界侵权法统一运动发展的大趋势必须肯定，但还须明确地看到，世界侵权法统一运动的前进步伐将是艰难的，过程是长期的。这主要不在于学者的热情、干劲和政府的官方支持，而在于侵权法规则细节的千差万别。从我组织世界侵权法学会第一届学术研讨会的经验观察，在设计之初，我就选择了侵权法规则中最

---

① 杨立新：《世界侵权法学会成立大会暨第一届学术研讨会闭幕致辞》，见“杨立新民商法律网”，http：//www.yanglx.com/dispnews.asp？id＝1083，2014年1月7日访问。

② 徐国栋：《埃塞俄比亚民法典：两个改革热情碰撞的结果》，载《埃塞俄比亚民法典》，中国法制出版社、金桥文化出版（香港）有限公司2002年版，前言第4页。

为接近的产品责任进行讨论，但是在执委会确定的三个虚拟的典型案例的讨论中，展现了不同法域对产品责任规定的千差万别的细节规则，不仅在将来的立法层面很难统一，即使在目前的理论研究中也很难找到统一的见解。因此可以预见，世界侵权法统一运动的过程将是长期的，需要通过几代人的努力才能够实现预期的目标。世界各国侵权法专家和学者应当坚定信心，长期坚持下去，为这个共同的目标不断努力下去。

四、中国侵权法在世界侵权法统一中的地位与经验

（一）中国侵权法在世界侵权法融合与统一中的地位

回顾数千多年的世界侵权法的发达史，可以看出，在古代历史中，中华法系侵权法作为世界侵权法的历史源流之一，曾经具有自己应有的地位。自16世纪以来500余年的历史中，世界侵权法发生了融合与统一的三次浪潮，直至今天仍在继续发展之中。中国侵权法在这样的历史潮流中的历史地位，特别值得研究和总结，借以激励中国侵权法的继续发展。

作为世界侵权法主要历史源流之一的中华法系侵权法，本来有着自己的规则体系和语言体系，并且在中国古代社会适用了几千年，成功地调整着古代中国社会中的权利保护法律关系，具有独立的地位和价值，成为与罗马法系侵权法、英吉利法系侵权法、印度法系侵权法和伊斯兰法系侵权法并行的几千年历史中世界侵权法的有机组成部分，具有重要地位，并对周边国家产生过重要的影响。

在世界侵权法融合与统一的第一次浪潮中，中华法系侵权法处于被征服、被消灭的地位。由于国力的衰微、没落，曾经强势的、被他国借鉴的中华法系包括其侵权法，随着西法东渐、变律为法的步伐，因《大清民律草案》《民国民律草案》和《中华民国民法》的问世而被取代，成为历史的遗迹。在世界侵权法第一次融合与统一的浪潮中，中国侵权法的这种历史地位与中国当时所处的殖民地半殖民地的社会地位相适应。

在近几十年中，尽管中国《民法通则》中规定的侵权法规则带有苏俄侵权法

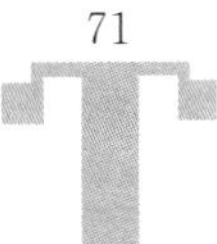

的影子，但其在司法实践中不断得到丰富和补充并逐渐丰满，直至2009年制定出独具特色的《侵权责任法》，成为融合大陆法系侵权法和英美法系侵权法优势，结合中国国情的新型侵权法，使之成为世界侵权法第二次融合与统一浪潮中的热点和亮点，为世界侵权法两大法系的融合增添了新的经验，因而中国《侵权责任法》在世界侵权法中取得了重要地位，其他国家侵权法开始重视中国侵权法的立法经验和实际作用，并使中国侵权法与中国的政治大国、人口大国的地位相一致，具有重要影响。美国宾夕法尼亚大学法学院戴杰教授（Jacque de Lisle）指出："我们常常误认为，中国侵权法主要来源于对域外侵权法的学习，但事实并非如此。大量中国侵权法律制度体现了中国自身的国家政策、国家调控和立法实证研究。"①

在世界侵权法第三次融合与统一的浪潮中，基于中国《侵权责任法》制定的成功经验和良好的国际影响，中国学者举起中国《侵权责任法》的大旗，积极参与世界侵权法统一行动中来。可以说，美国侵权法重述的努力虽是美国侵权法的统一运动，但也开启了世界侵权法统一的序幕。而欧洲统一侵权法《原则》和《草案》的完成，才是世界侵权法统一的主流、浪潮的高峰。中国侵权法奋起直追，迎头赶上，不仅创建了东亚侵权法学会，研究起草东亚侵权法示范法，还积极倡导和组织世界侵权法学会，在其中发挥主要作用，促进世界侵权法统一运动的发展，将世界侵权法统一运动从局部发展到全球。在世界侵权法融合与统一的第三次浪潮中，中国侵权法成为浪潮中的弄潮儿，发挥的作用更为显著。由此可见，中国侵权法以及中国民法正在走向世界的征途中，取得了重大的进展。

（二）中国侵权法在世界侵权法融合与统一中取得的重要经验

纵观一百年来中国侵权法在世界侵权法融合与统一三次浪潮中的表现，认真总结，有以下经验值得特别重视。

---

① Jacque de Lisle, "A Common Law-like Civil Law and a Public Face for Private Law: China's Tort Law in Comparative Perspective", in *Towards a Chinese Civil Code: Comparative and Historical Perspectives*, 353, 353 (Martinus Nijhoff 2012).

1. 只有勇于进行法律改革，才能够接受先进的法律制度

中国清末之所以变法图强，引进欧陆民法以代替中华法系民法，是因为封闭、保守的中华法系民法无法适应中国近代快速发展的社会政治、经济、文化需要。而欧陆民法恰好是适应商品经济社会结构和市场经济发展需求的民法，能够推动社会经济的发展。鸦片战争之后，清廷腐败，社会矛盾重重，西方资本主义列强加紧向东方扩张，使中国成为被侵略和掠夺的首要目标，使中国社会的经济基础、阶级结构和文化观念发生了巨大变化。事实上，中国在参与世界侵权法融合与统一的第一次浪潮、接受外来的侵权法律制度中，并非没有痛苦，是在伴随着丧失中华法系侵权法的痛苦中忍痛割爱，为的是适应社会发展的现实需求，并且在外部列强的压力之下，最终勇于接受欧陆民法包括侵权法，实现了“世有万古不变之常经，无一成罔变之治法”“法令不更，锢习不破，欲求振作，须议更张”的变律为法的目的。[①] 如果没有勇于改革的决心和信心，即使存在社会需求和列强扩张的现实，也不会在短时间内快速完成立法的改变，将欧陆侵权法引进成为自己的法律。社会发展、经济转型、政治进步，是推动法律改革的基本动力。即使在今天，世界侵权法的统一如果没有改革的勇气，亦绝非能够轻易实现。

2. 只有把本国侵权法做大做强才能跟上世界侵权法统一的浪潮

应当看到的是，在世界侵权法融合与统一的第一次浪潮中，大陆法系侵权法和英美法系侵权法之所以能够征服世界大多数国家和地区，其本身的法律优势是重要原因之一。同样，当代中国侵权法能够跟上世界侵权法融合与统一浪潮发展的基础，就是自己必须做大、做强。只有这样，中国侵权法才有能力、有资格顺势而为，跟上世界侵权法统一的历史潮流，变被征服、被消灭而为主动参与、积极发挥作用。清末民初中国参与世界侵权法融合与统一的第一次浪潮，被迫接受大陆法系侵权法，虽然有了实现大陆法系与英美法系侵权法统一的基础，但如果没有更强的实力，也不能主动参与世界侵权法融合与统一的第二次浪潮。1986年中国《民法通则》规定了侵权法，立法并非先进，理论未臻成熟，仍与世界侵

① 张晋藩:《清代民法综论》，中国政法大学出版社 1998 年版，第 241 页。

权法的发展有一定距离，不具备积极参与世界侵权法融合与统一的实力。直至《民法通则》规定了侵权法之后，中国的侵权法理论奋起直追，侵权法司法不断积累经验，终于在21世纪开始的时候，能够站在世界侵权法融合与统一的前列，进行大陆法系侵权法与英美法系侵权法融合的伟大尝试，推出了融合大陆法系与英美法系侵权法特点的中国《侵权责任法》，以至于目前正在进行侵权法修订的国家和地区，都不能不借鉴中国侵权法的立法经验和中国侵权法的理论精华。

3.只有站在世界侵权法融合与统一的浪潮之巅才能够引领世界侵权法的统一

一百多年以来，中国民法包括侵权法都是输入国的形象。在相当长的时间里，中国的侵权法立法和理论研究，都是以德、法为师，唯以德、法、日的侵权法为尊。1949年以来，仿效苏联的民法和侵权法，以苏联侵权法作为模板，以苏联为尊，以至于1986年《民法通则》中规定的侵权法，苏联法的影响仍然巨大，立法并不先进。在改革开放之后，中国侵权法的眼界不断扩展，勇于摒弃苏联侵权法的传统，根据中国国情，大胆吸收大陆法系侵权法和英美法系侵权法的精华，并且与中国的立法和司法实践相结合，融合两大法系侵权法的优势，制定出具有中国特色的《侵权责任法》，站在了世界侵权法融合与统一的浪潮之巅，使中国侵权法的立法和理论立于世界侵权法之林，成为其中的优秀者。正是在这个基础上，中国侵权责任法的立法成为世界侵权法融合的代表作。正因为有了这样的实力，中国侵权法以及中国侵权法学者才能在世界侵权法统一的第三次浪潮中传播中国侵权法的经验和成果，实现中国民法从输入国向输出国的转变，参与和引领世界侵权法的统一运动。如果没有中国侵权法立法的经验和理论研究的丰硕成果，中国侵权法何以能够在东亚侵权法统一和世界侵权法统一的潮流中取得更大的话语权呢？这就是中国侵权法引以为傲的资本。

五、小结

世界侵权法的融合与统一历经三次浪潮的发展而不衰，证明其符合历史发展的要求。当前，世界侵权法统一的着眼点，应当是实现大陆法系与英美法系的融

合，进而使世界各国侵权法实行共同性的规则，实现统一。这是一个长期的、复杂的、艰巨的任务，它就摆在各国人民面前，摆在各国和地区的侵权法学家面前。在无法于短时间内就能够实现世界侵权法统一的大目标面前，各国侵权法学家需要一代接一代地持续努力下去，每一个人都要作出自己的努力。我们愿意为实现这个目标而不懈努力。

第三节　东亚地区侵权法实现一体化的基础及研究任务

2010 年 7 月 2 日，也就是《中华人民共和国侵权责任法》正式生效实施的第二天，中国与日本、韩国、我国台湾地区、香港特区的 18 位研究侵权法的学者，在中国黑龙江省伊春市发起成立了“东亚侵权法学会”（“Academy for East-Asian Tort Law”，缩写为“AETL”），共同签署了“东亚侵权法学会伊春宣言”①。7 月 3 日，“东亚统一侵权法国际研讨会暨东亚侵权法学会第一届年会”在伊春市召开，就《东亚侵权法示范法》的制定达成了广泛的一致意见，决心共同推动《东亚侵权法示范法》的起草工作。② 这是我国民商法走出国门，参与东亚民商法律一体化建设的一个重要步骤，在东亚各国法律一体化建设中具有重要意义，也是东亚各国和地区呼应欧洲民法统一，顺应国际民法融合发展趋势，实现东亚法律一体化的重要举措。

一、研究和制定《东亚侵权法示范法》的必要性与实现目标

科学技术的不断进步和现代工业社会的迅猛发展，大大改变了侵权法存在的社会基础，也使东亚各国家和地区陆续进入风险社会时代，社会危险因素不断增

① 东亚侵权法学会网站：《东亚侵权法学会公告（2010）2 号：东亚侵权法学会伊春宣言》，http：//www.aetl.org/zh-Hans/Article/Article.aspx？Id=2025，2010 年 9 月 4 日访问。

② 东亚侵权法学会网站：《东亚统一侵权法国际研讨会暨东亚侵权法学会第一次年会简报》，http：//www.aetl.org/zh-Hans/Article/Article.aspx？Id=2012，2010 年 9 月 4 日访问。

加，社会成员可能蒙受损害的几率急速扩大。因此，各国和地区的人民对个人安全的要求以及由此产生的社会安全需求成为各法域侵权法不断发展的社会根源和直接动力。与此同时，全球化与区域化趋势，直接推动着各国、各地区在政治、经济、法律等多层次、多领域的相互联系、影响和制约，并且这一趋势不断加强。这一趋势在侵权法领域，则体现为各国和各地区在特定的区域内侵权责任基本规则的逐步协调与统一。在实现区域侵权法一体化的进程中，“示范法”以其特有的立足于对法的示范力而非强制力的特点，受到各国和各地区的特别关注，得到了广泛的运用并产生了巨大影响。

在区域侵权法统一的进程中，欧美已经走在了前列。

作为欧洲统一民法典的重要组成部分，欧洲统一侵权法的起草已经取得了两项重要成果。考茨欧（Koziol）教授主持的欧洲侵权法小组（EGTL）从1996年开始连续出版了10卷本《统一侵权法》系列丛书，实现了欧盟范围内侵权法的比较法研究和资料的全面英文化，并在2005年出版了《欧洲侵权法原则：文本与评注》。[①] 冯·巴尔（von Bar）教授主持的欧洲民法典研究小组（SGECC）在《欧洲比较侵权行为法》一书的基础上，于2006年公布了《致另一方损害引起的非合同责任》，并于2009年正式出版了官方评注。[②] 欧洲未来统一的侵权法将采取尽量提取各国侵权法“公因式”的模式，建立各国能够接受的共同框架。

美国的侵权法统一进程主要由美国法律协会（ALI）和美国统一州法委员会（NCCUSL）推动。美国法律协会采用“法律重述”的方式，自20世纪20年代开始，陆续颁布了《侵权法重述》（1923—1939）和《侵权法重述（第二次）》（1955—1979）[③]，正在进行的《侵权法重述（第三次）》已经完成了《产品责任编》（1998）、《责任分担编》（2000）和《财产和精神损害责任编》（2009）的起

① 欧洲侵权法小组编著：《欧洲侵权法原则：文本与评注》，于敏、谢鸿飞译，法律出版社2009年版。

② Christian von Bar，*Non-Contractual Liability Arising out of Damage Caused to Another*，Sellier，European Law Publishers，2009.

③ ALI，*Restatement of the Law of Torts*.

草[①]，对各州法院和联邦法院的侵权法判例进行了整合。美国统一州法委员会通过制定各种“统一法”或者“模范法”，在制定法层面倡导侵权法的统一，已经制定的《统一侵权责任分摊法案》（1939、1955）、《统一比较过错法案》（1979）、《惩罚性赔偿金示范法》（1996）和《统一侵权责任分担法案》（2003）等[②]，已经为大多数州的立法所采纳。

随着东亚各国各地区经济交往的不断深化，东亚侵权法融合发展的趋势已现端倪。

在日本，通过1898年7月16日《日本民法典》的制定和以后的陆续修订，侵权法作为债法的组成部分，已经法制化、体系化。韩国在1958年2月22日通过了《韩国民法典》，在债法编第五章“不法行为”中规定了比较完整的侵权行为法。在中国，1930年制定完成的《中华民国民法》，在债编中规定了侵权行为法，把侵权行为规定为债的发生原因，该法被我国台湾地区所继续应用。中国香港地区继受英国法的侵权法，融汇了香港地区法院形成的新的判例和规则，侵权法的内容也比较完备，体现的是英美侵权法的判例法传统。在澳门，继受葡萄牙民法传统，建立了具有葡萄牙和澳门特色的侵权法，在回归祖国之后制定了《澳门民法典》，规定了较为详细的侵权法规则，其也被置于债法编。1949年中华人民共和国成立后，前三十多年没有制定民法，也没有成文的侵权法，在1986年4月12日制定完成的《中华人民共和国民法通则》中，将侵权法规定在“民事责任”一章，将侵权行为的法律后果规定为民事责任，在实施了23年之后，于2009年12月26日通过了《中华人民共和国侵权责任法》，并于2010年7月1日正式实施。中国《侵权责任法》的制定，打破了成文法国家制定侵权法一以贯之地把侵权法作为债编内容的立法模式，使其脱离债编，而成为一部民法的民事权

① 王竹：《美国法学会〈侵权法重述·第三次·责任分担〉（中英文对照翻译）》，见中国民商法律网，http：//www.civillaw.com.cn/qqf/weizhang.asp？id=35459，2010年9月4日访问。

② 王竹、沈磊：《美国统一州法委员会〈统一侵权责任分摊法案〉（1939）》，见中国民商法律网，http：//www.civillaw.com.cn/qqf/weizhang.asp？id=41702，2010年9月4日访问。

利保护法[①]和民事权利损害救济法[②]，扩展调整领域，充分发挥其法律功能，在更为广泛的调整范围内发挥重要作用，具有更为重要的意义。此外，在蒙古、越南等东亚国家，侵权法的立法均已完成。东亚各法域的侵权法已经基本制定齐备，为《东亚侵权法示范法》的制定提供了必要的基础和条件。据此，东亚各法域的侵权法学者有条件也有责任追随欧洲统一侵权法的脚步，急起直追，完成《东亚侵权法示范法》的制定和研究任务。

东亚侵权法学会经过讨论认为，东亚侵权法学会的建设目标和《东亚侵权法示范法》的研究目的，是推进东亚经济一体化和私法共同化，实现亚洲侵权法的统一，并为未来与欧洲统一侵权法、美国侵权法重述的跨法系整合，制定《国际侵权法示范法》提供对话平台，最终提出《东亚侵权法示范法》，其中每个条文将包括示范条文、说明、各法域相关立法、范例和评论等内容，并以中文、日文、韩文和英文出版。[③]

我认为，这个建设目标和研究目的是非常明确的，也是能够实现的。《东亚侵权法示范法》的起草过程将整合东亚地区中国、日本、韩国和台湾地区、香港地区、澳门地区以及其他法域侵权法学者的学术资源，在以下方面进行深入研究，取得研究成果。第一，深入发掘东亚侵权法整合的东亚法律文化基础、东亚经济一体化的社会基础以及统一的侵权法伦理基础。第二，对东亚侵权法中的异同点进行多法域比较法研究，整合立法规则和学术观点的比较法研究结果，建立起具有东亚特色的侵权法比较研究理论体系，抽取“公因式”，探求东亚各法域在何种程度上存在侵权法共同原则和规则，发掘东亚侵权法整合的可能性和必要性，形成制定《东亚侵权法示范法》规则的预案，供立法选择。第三，选择和设计典型案例，分别由各法域专家根据本法域侵权法，作出“模拟判决”，并通过对“模拟判决”结果的分析，制定具有东亚特色的《东亚侵权法示范法》的法律

---

① 杨立新：《侵权责任法》，法律出版社2010年版，第8页。

② 王利明：《中国侵权责任法教程》，人民法院出版社2010年版，第48页。

③ 东亚侵权法学会网站：《东亚统一侵权法国际研讨会暨东亚侵权法学会第一次年会简报》，http://www.aetl.org/zh-Hans/Article/Article.aspx? Id=2012，2010年9月4日访问。

体系和具体规则，形成示范法，引导各法域侵权法采取统一的规则处理各法域的侵权纠纷。

二、《东亚侵权法示范法》实现一体化的基础和研究计划

（一）《东亚侵权法示范法》实现一体化的基础

实现《东亚侵权法示范法》一体化的基本思路，是从历史、社会和伦理基础的角度，探求东亚侵权法整合和统一的可能性和正当性。东亚各个法域尽管发展层次各异，但明显具有不同于欧美的历史进程和文化积淀，其侵权责任的伦理基础也是重要的共同点。通过对东亚各法域的侵权法立法、判例和理论，尤其是由各法域侵权法专家对典型案例的拟制判决研究的比较法分析，探求东亚侵权法的共同原则和规则体系，明确统一的目标。通过《东亚侵权法示范法》的起草过程，能够直接掌握各法域的侵权法最新发展动态，实现东亚侵权法比较法研究的国际化，让中国侵权法学理论走出国门，进入东亚，走向世界。

我认为，《东亚侵权法示范法》实现一体化的基础是：

第一，东亚地区在历史上大多属于中华法系的影响范围，现行各法域在社会伦理上都大量保留中华传统道德的因素，在法律文化中仍存留着中华法系的若干传统。随着东亚经济一体化的推进，各个法域有着相同或相似的侵权法发展的社会基础，并且在侵权法固有的“矫正正义—分配正义—公平”的伦理基础上，东亚侵权法具有统一的可能性和必要性。

第二，东亚各个法域的侵权法均具有法律移植的特征，在19世纪末和20世纪，各国陆续完成了民法的制定，建立了侵权法律制度，并且这些法律制度都借鉴了有影响的各大法系，包括大陆法系、英美法系和社会主义法系的侵权法制度。除了香港地区的侵权法具有英美法的判例法特点之外，其他法域的侵权法都属于成文法，都受到德国侵权法和法国侵权法的直接或者间接的影响，在基本概念和基本规则上具有较强的一致性。尽管有香港判例法的存在，东亚侵权法的一体化存在一定的困难，然而在欧洲统一侵权法的制定中也存在类似的问题，即欧洲大陆成文法与英国判例法的差异性，但这并未妨害欧洲统一侵权法采取成文法

的形式制定，并且能够取得成功。因此，《东亚侵权法示范法》寻求的并非单纯意义上的统一模式（当然要有统一的形式），而是综合吸收各法系的比较法精髓，形成具有“公因式”特点的示范法，代表东亚侵权法的统一和发展方向。

第三，《东亚侵权法示范法》的立法对象是现代风险社会下的损失分担，所强调的重点从过错承担转移到损失补偿，因而特别关注产品责任、环境污染责任、网络侵权责任和损害社会分担机制等当代侵权法的热点、难点问题。在目前，东亚各法域面对当代社会的发展与安全的突出矛盾，在侵权法的建设中都面临着类似的问题，具有研究的共同兴趣，在立法和司法上具有一体化的现实基础和强烈需求。

第四，我国《侵权责任法》经过近十年的立法过程，已经完成立法，其充分借鉴了各国侵权法的优势，并且完全是基于中国国情和特色制定的，不仅在条文和篇幅上都具有优势，而且在独立立法、体系结构、具体规则和采取一般化与类型化结合的立法模式上，都有较大的优势，具有比较法上的先进性。对此，已经引起东亚各法域的充分关注，并对之进行深入研究，并作为修法的借鉴。因此，我国《侵权责任法》的立法经验可以为《东亚侵权法示范法》借鉴，《侵权责任法》也可以作为《东亚侵权法示范法》的立法参考范本，具有较好的借鉴性。

我国台湾地区东吴大学潘维大教授、日本东京大学道垣内弘人教授、韩国东国大学严基荣教授都认为，迄今为止，东亚地区都是从欧洲引进法学概念，是法律的“赤字国家”，《东亚侵权法示范法》的制定能够实现东亚各法域实现法律输出国的梦想。因此，《东亚侵权法示范法》具有良好的发展前景，正在书写东亚法制一体化的新的历史篇章，参与这样的研究是非常光荣的。[①] 对这种认识，我非常赞同。

（二）《东亚侵权法示范法》的研究方法

研究、制定《东亚侵权法示范法》的基本方法是：

第一，东亚地区中国、日本、韩国、朝鲜、蒙古等国和我国台湾地区、香港

① 东亚侵权法学会网站：《东亚统一侵权法国际研讨会暨东亚侵权法学会第一次年会简报》，http://www.aetl.org/zh-Hans/Article/Article.aspx? Id=2012，2010 年 9 月 4 日访问。

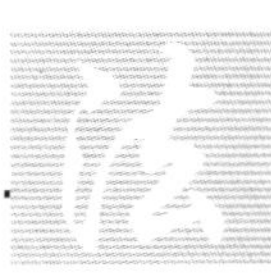

地区、澳门地区等法域的学者对东亚侵权法中的异同点进行多法域比较法研究，建立起具有东亚特色的侵权法比较研究理论体系。《东亚侵权法示范法》的比较研究，涉及东亚不同法域的侵权法制度，在比较法研究对象的数量和深度上都是前所未有的，在资料收集整理、语言驾驭能力、比较法方法方面都有极高的要求。在比较法资料的收集和整理上，课题组将采用原文和中文翻译同时进行的方式，以确保研究资料的准确性。目前，部分国家和地区的侵权法资料已经翻译成中文，还需要翻译成其他国家和地区的文字，特别是英文，以满足各国和地区学者进行比较研究的必要条件。

第二，通过对典型案例在不同法域中的“模拟判决”，探求东亚各法域在何种程度上存在侵权法的共同原则和规则，发掘东亚侵权法一体化的可能性和必要性。在对东亚各法域侵权法的比较法研究中，除了法律规则和法学理论的比较研究之外，更重视采用典型案例“模拟判决”的方法。对于典型案例的选择、“模拟判决”的方法、对各法域“模拟判决”的整理和分析方法，则借鉴欧洲统一侵权法的起草经验，对选择出来的典型案例，由各法域侵权法专家基于本法域的立法和司法惯例，进行“模拟判决”。在《东亚侵权法示范法》中，将典型案例“模拟判决”的研究方法与“示范法”条文相结合的立法模式，相互对照，相互说明，通过“示范法判例”指导各法域侵权法立法和司法实践的一体化。

第三，在东亚侵权法一体化的制度设计上，要兼采历史分析方法、伦理分析方法和法律经济分析方法。《东亚侵权法示范法》的起草方式和条文的决定方式，需要借鉴欧洲统一侵权法和美国侵权法重述的相关模式，制定《东亚侵权法示范法·起草手册》，明确起草原则、术语选择和决策方式等。最终提出《东亚侵权法示范法》，借以推进东亚经济一体化和私法共同化，并为未来与欧洲统一侵权法、美国侵权法重述的跨法系整合，制定《国际侵权法示范法》提供基础。同时，也将我国《侵权责任法》起草过程中建立起的先进侵权法制度和积累的丰富经验，通过《东亚侵权法示范法》的制定提升到国际平台，实现近100年来中国法律的对外输出梦想。

（三）《东亚侵权法示范法》的研究计划

东亚侵权法学会研究决定，《东亚侵权法示范法》起草计划初步定为五年，

具体计划如下。[①]

2010 年：各法域理事长根据第一次年会确定的《章程》，在各法域组织东亚侵权法学会分委员会，吸收更多有意参与《东亚侵权法示范法》的侵权法学者和司法实务工作者参加学会。根据第一次年会确定的 13 个研究议题，推荐所在法域的学者参与专题委员会的研究，完成 13 个研究议题的研究报告。秘书处负责建设“东亚侵权法学会官方网站”：www.aetl.org（已经完成），各法域理事长负责建设分委员会网站，实现资源共享。

2011 年：各法域理事长负责在 2011 年 3 月底之前，整理好相关研究议题的法域报告，提交秘书处：2011 年 7 月或者 8 月召开第二届年会，重点议题是各法域侵权法的共同点和各法域重要判例，确定《东亚侵权法示范法》的基本框架和供比较法进行“模拟判决”的典型判例。

2012 年：各法域理事长负责在 2012 年 3 月底之前，整理好各法域学者对判例的“模拟判决”，提交给学会秘书处。2012 年 7 月或者 8 月召开第三届年会，通过《东亚侵权法示范法立法原则》，并确定《东亚侵权法示范法》（草案）的起草分工。

2013 年：各法域理事长负责在 2013 年 3 月底之前，组织分委员会根据分工草拟《东亚侵权法示范法》（草案）的相应部分，并提交秘书处。2013 年 7 月或者 8 月召开第四届年会，审议《东亚侵权法示范法》（草案）。将初步审议通过的《东亚侵权法示范法》（草案）翻译为中文、日文、韩文和英文，在世界范围内征询学者意见。

2014 年：各法域理事长负责在 2014 年 3 月底之前，组织分委员会讨论《东亚侵权法示范法》（草案），并将修改建议提交学会秘书处。2014 年 7 月或者 8 月召开第五届年会，审议并通过《东亚侵权法示范法》，并通过“模拟判决”的方式确定《东亚侵权法示范法》的实际法律目的效果。该次会议后，“《东亚侵权法示范法》附示范法判例”将用中文、日文、韩文和英文出版，供各分委员会提交

① 东亚侵权法学会网站：《东亚统一侵权法国际研讨会暨东亚侵权法学会第一次年会简报》，http://www.aetl.org/zh-Hans/Article/Article.aspx? Id=2012，2010 年 9 月 4 日访问。

各自立法机关推荐采纳。

三、《东亚侵权法示范法》研究和起草的基本议题

由我提议并由东亚侵权法学会决定，《东亚侵权法示范法》的基本框架包括13个基本议题。《东亚侵权法示范法》的研究工作主要是围绕着这13个问题进行比较研究，起草草案，最后形成《东亚侵权法示范法》文本。在2010年7月至2011年7月的第一研究年度期间，各法域的分委员会围绕这13个议题，进行本法域的侵权法研究，提供详细的比较法资料，为下一步的比较研究奠定基础。第一研究年度对每个议题都应当围绕以下五个问题进行：（1）该问题的基本规则；（2）本法域对该规则的规定，包括基本法和特别法；（3）本法域对该规则的法理通说；（4）有关该规则的典型案例；（5）在《东亚侵权法示范法》中对该规则作出规定的基本意见。在此基础上，对各法域的侵权法具体规则进行比较研究，研究《东亚侵权法示范法》规则一体化的方案。

《东亚侵权法示范法》研究和起草的13个议题和研究重点以及最终研究目标如下。

（一）侵权法的保护范围

侵权法关于保护范围的规定，是侵权法界定自己调整范围大小的原则性规定。对此，《东亚侵权法示范法》应当首先作出规定。《法国民法典》第1382条、《德国民法典》第823条都是采取不同的方法确定自己的保护范围，方法各异，结果有所区别。《东亚侵权法示范法》究竟采取何种方式规定自己的保护范围，是必须解决的重要问题。对此，应当重点研究的问题是：本法域侵权法在规定侵权法所保护的范围上，规定的基本规则是什么。《日本民法典》第709条、《韩国民法典》第750条、我国台湾地区“民法”第184条、澳门地区《澳门民法典》第477条和中国《侵权责任法》第2条第2款以及其他法域相关规定的各自特色和缺陷是什么，本法域对此的司法实践与侵权法的条文规定有何不同，在不同规定中应当提取的“公因式”是什么等。《东亚侵权法示范法》进行比较研究的最终目标，是确定该示范法关于东亚各国和地区侵权法保护范围以及界定方法的基本规范。

（二）侵权责任的归责原则体系及调整范围

在《东亚侵权法示范法》的研究和制定中，首先要解决的基本规则是采取何种归责原则，并且确定各个归责原则所调整的侵权行为类型的范围。归责，是指行为人因其行为和物件致他人损害的事实发生以后，应依何种根据使其负责，此种根据体现了法律的价值判断，即法律应以行为人的过错还是应以发生的损害结果为价值判断标准，而使行为人承担侵权责任。[①] 归责原则，是确定侵权人承担侵权损害赔偿责任的一般准则，是在损害事实已经发生的情况下，为确定侵权人对自己的行为所造成的损害，以及对自己所管领下的人或者物所造成的损害，是否应当承担赔偿责任的原则。[②] 在制定《东亚侵权法示范法》中，比较各法域侵权法的归责原则体系及其调整范围，至关重要。因此，应当重点进行比较研究的问题是：本国或者地区侵权法在归责原则上采取何种归责原则体系，采用几种归责原则，过错责任原则、过错推定原则和无过错责任原则各自调整何种侵权行为类型，对于特殊侵权行为类型的规定，怎样体现适用何种归责原则等。《东亚侵权法示范法》进行比较研究的最终目标，是确定该示范法关于归责原则体系，以及各种不同的归责原则所调整的不同侵权行为类型范围的统一规范。

（三）行为与违法性

行为与违法性，是侵权责任构成的基本要件之一。[③] 在欧洲侵权法的比较法上，有德国法的肯定主义和法国法的否定主义。其中德国法所规定的“三个小的概括条款”侵权行为法架构，其特色在于以违法性对权利及利益作区别性的保护。[④] 在东亚地区各法域的侵权法中，立法肯定的基本上是德国法的肯定主义，对法国法的否定主义基本上持否定态度，但在学说上则不尽然。《东亚侵权法示范法》对此应当采取何种立场，似乎没有更多的选择余地，但亦应在比较法的基

① 王利明：《侵权行为法归责原则研究》，中国政法大学出版社 1992 年版，第 17－18 页。

② 杨立新：《侵权责任法》，法律出版社 2010 年版，第 54－55 页。

③ 杨立新：《侵权责任法》，法律出版社 2010 年版，第 68 页。

④ 王泽鉴：《侵权行为》，北京大学出版社 2009 年版，第 216 页。

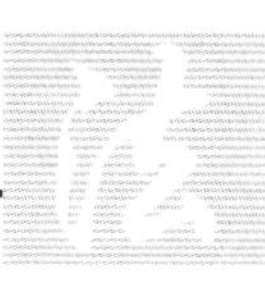

础上，做最终的选择。对此，应当重点研究的问题是：本国或者地区侵权法怎样对待法国法和德国法关于违法性的不同立场，例如日本法的法国法色彩较浓，为什么要采取德国法的违法性的肯定主义立场，对于肯定违法性和否定违法性的优势与缺陷应当怎样看待，《东亚侵权法示范法》应当坚持将违法性作为侵权责任构成要件吗？对于不作为构成侵权行为的行为要件，需要如何界定更为准确，经验是什么等。《东亚侵权法示范法》进行比较研究的最终目标，是确定该示范法关于如何规定加害行为要件，以及如何规定违法性要件的统一规范。

（四）损害

损害是侵权责任必备的构成要件，任何人只有在因他人的行为受到实际损害之时才能获得法律上的救济，而行为人也只有在因自己的行为及自己所控制的物件致他人损害时，才有可能承担损害赔偿责任。[①] 现代侵权法在本质上是损害救济法，着眼于对不幸的受害人提供补救而不是注重制裁加害人。[②] 在损害概念上界定的宽窄，对于划清侵权法与债法的界限，划清物权请求权和侵权请求权的界限，以及确定损害可救济性和损害赔偿范围，都具有重要意义。在《东亚侵权法示范法》的比较研究中应当重点研究的问题是：损害对于侵权责任构成的意义和价值，损害事实的范围的界定，损害事实对于界定赔偿范围的意义。直接损害和间接损害范围确定的不同方法，权利损害和利益损害的损失范围界定的不同方法，纯粹经济损失[③]对于损害确认的价值和运用等。《东亚侵权法示范法》的最终目标，是确定该示范法对损害的确认方法和保护范围、保护方法的统一规范。

（五）因果关系

因果关系是一般侵权责任尤其是承担赔偿损失、恢复原状的侵权责任必须具备的要件。[④] 因果关系要件，是指违法行为作为原因，损害事实作为结果，在它

① 王利明主编：《中国侵权责任法教程》，人民法院出版社 2010 年版，第 184 页。

② 王利明主编：《中国侵权责任法教程》，人民法院出版社 2010 年版，第 186 页。

③ 确定纯粹经济损失损害的方法更为特别，因此特别提出。王泽鉴：《侵权行为》，北京大学出版社 2009 年版，第 296 页。

④ 张新宝：《侵权责任法》，中国人民大学出版社 2010 年第 2 版，第 33 页。

们之间存在的前者引起后者，后者被前者所引起的客观联系。[①] 在侵权法的理论上，确定因果关系究竟应当采取何种学说作为依据和方法，是最具争议的问题。因果关系作为侵权责任的构成要件之一，在立法上，是否规定因果关系推定规则及如何规定其适用范围，是需要解决的重要问题之一。《东亚侵权法示范法》在学说上究竟采取直接因果关系、相当因果关系、推定因果关系、事实原因与法律原因、客观归属、间接反证等学说中的哪一种或者哪几种，必须明确。因此，在《东亚侵权法示范法》的比较研究中应当重点研究的问题是：各国对侵权法的因果关系采取何种立场作为判断标准，是否规定以及怎样规定因果关系推定原则及其调整范围，采取哪种学说作为理论指导等。《东亚侵权法示范法》通过比较研究的最终目标，是确定该示范法关于因果关系要件采取何种立场统一规范，以及如何规定因果关系推定的具体规则和适用范围。

（六）故意与过失

故意与过失是侵权责任构成的主观要件，是过错的两种表现形式。在过错责任原则和过错推定原则的调整范围，过错要件的存在是构成侵权责任的必备要件，没有过错则没有责任。[②] 在欧洲侵权法中，法国的过错客观说以及德国的过错主观说，各有特点，也各有不足。对此，《东亚侵权法示范法》究竟应当采取何种立场，是重要问题之一。在《东亚侵权法示范法》的比较研究中应当重点研究的问题是：各法域的侵权法在过错的要件上是如何规定的，在过错的认定标准上，采取主观过错说、客观过错说或者综合说的利弊何在，故意作为某些特别的侵权责任的构成要件应当怎样规定，在无过错责任原则调整的范围内，受害人能够证明加害人的过错的，其赔偿范围是否有所区别等。《东亚侵权法示范法》通过比较研究的最终目标，是确定该示范法关于故意和过失的基本概念，以及判断故意和过失的基本标准的统一规范。

---

① 杨立新：《侵权责任法》，法律出版社 2010 年版，第 76 页。

② 德国学者耶林指出："使人负损害赔偿的，不是因为有损害，而是因为有过失，其道理就如同化学上之原则，使蜡烛燃烧的，不是光，而是氧，一般的浅显明白。"转引自王泽鉴：《民法学说与判例研究》，第 2 册，中国政法大学出版社 1998 年版，第 144－145 页。

（七）共同侵权行为

共同侵权行为，是各国和地区侵权法都必须规定的侵权行为形态。在界定共同侵权行为的学说上有主观关联共同（意思关联共同）和客观关联共同（行为关联共同）之分[①]，因而形成主观说、客观说等不同立场。[②] 近年来，有些国家进一步扩大共同侵权责任的范围，把团伙成员侵权也列为共同侵权行为的类型，更具有时代感和必要性。[③] 在《东亚侵权法示范法》的比较研究中应当重点研究的问题是：各法域对此采取何种立场，主观说抑或客观说，其优势和缺陷何在，司法实践中有无适用团伙成员以及其他共同侵权行为新类型的典型案例，有无加以规定的必要性，《东亚侵权法示范法》应当采取何种立场规范共同侵权行为等。《东亚侵权法示范法》的最终目标，是确定该示范法关于共同侵权行为的定义、判断标准、基本类型以及承担连带责任的基本规范。

（八）侵权责任形态

侵权责任形态，是指侵权法律关系当事人承担侵权责任的不同表现形式，即侵权责任由侵权法律关系中的不同当事人按照侵权责任承担的基本规则承担责任的不同表现形式。[④] 在大陆法系侵权法中，对侵权责任形态有所规定，但在理论上重视不够，中国《侵权责任法》规定了替代责任、连带责任、不真正连带责任、补充责任等不同的侵权责任形态，中国的侵权法理论也对侵权责任形态问题给予特别的重视。[⑤] 在美国侵权法，关于责任分担的理论和规则已经形成完整的体系，具有重要的借鉴价值。在《东亚侵权法示范法》的比较研究中应当重点研究的问题是：各法域侵权法在立法上都规定了哪些侵权责任形态，各自的规则是什么，在理论上是否已经建立完整的侵权责任形态的体系，对于各种不同的侵权责任形态应当采取的规则和学说是什么等。《东亚侵权法示范法》的最终目标，

---

① 奚晓明主编：《〈中华人民共和国侵权责任法〉条文理解与适用》，人民法院出版社 2010 年版，第 67 页。

② 王泽鉴：《侵权行为》，北京大学出版社 2009 年版，第 352 页。

③ 《荷兰民法典》第 6：166 条规定："如果一个团伙成员不法造成损害，如果没有其集合行为则可以避免造成损害的危险之发生，如果该集合行为可以归责于这一团伙，则这些成员承担连带责任。"

④ 杨立新：《侵权责任法》，复旦大学出版社 2010 年版，第 164 页。

⑤ 王利明、姚辉：《人大民商法学：学说创建与立法贡献》，《法学家》2010 年第 4 期。

是通过比较研究，确定该示范法应当规定的侵权责任形态的种类以及基本规则。

（九）损害赔偿

侵权法救济权利损害的最基本方法是损害赔偿。在各国和地区的侵权法中，人身损害赔偿、财产损害赔偿以及精神损害赔偿都是侵权损害赔偿救济的基本方式，但在确定赔偿责任的范围上则各有不同。同时，近年来大陆法系部分国家的侵权法借鉴英美法系侵权法的惩罚性赔偿制度，也有较大发展。① 在《东亚侵权法示范法》的比较研究中应当重点研究的问题是：本法域确定的基本赔偿方式及适用范围是什么，各种不同的损害赔偿方式在赔偿项目和计算方法上有何特殊之处，其利弊何在，是否适用惩罚性赔偿责任以及取得的经验教训是什么等。《东亚侵权法示范法》的最终目标，是通过比较研究，确定该示范法关于救济损害的基本方式、具体方法、保护范围以及惩罚性赔偿责任是否需要规定等基本规范。

（十）抗辩事由与消灭时效

抗辩事由也叫作免责事由，是指被告针对原告提出的侵权诉讼请求而提出的证明原告的诉讼请求权不成立或者不完全成立的事实。在侵权法中，免责事由是针对承担侵权责任请求权而提出的，所以才叫作抗辩事由。② 由于抗辩事由是对抗侵权请求权的法定事由，具有抗衡侵权请求权，平衡侵权责任双方当事人的利益关系，体现公平正义，保护行为自由的重要作用，因而，侵权法必须对此作出明确规定。《东亚侵权法示范法》同样应当如此。在《东亚侵权法示范法》的比较研究中应当重点研究的问题是：各法域的侵权法都规定了哪些侵权责任的抗辩事由，实施效果如何，对于英美法系侵权法规定的抗辩事由诸如自甘风险等有哪些在本法域的司法实践中有所采纳，效果如何等。

消灭时效，是侵权请求权存续期间的规定。各国对此规定各不相同，差异很大。在《东亚侵权法示范法》的比较研究中应当重点研究的问题是：各法域规定的侵权责任消灭时效如何规定，与其他有关权利的消灭时效有何区别，《东亚侵

① 比较值得重视的是大陆和我国台湾地区关于惩罚性赔偿责任的规定。杨立新：《〈消费者权益保护法〉规定惩罚性赔偿责任的成功与不足及完善措施》，《清华法学》2010 年第 3 期。

② 杨立新：《侵权责任法》，法律出版社 2010 年版，第 175 页。

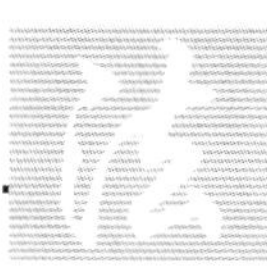

权法示范法》采纳何种期限规定为优等。

《东亚侵权法示范法》进行比较研究的最终目标，是确定该示范法应当规定哪些抗辩事由，怎样确定消灭时效制度的基本规范。

（十一）产品责任

在特殊侵权责任类型中，产品责任具有特别的价值，因为产品责任不仅在国内法具有保护产品消费者安全的重要价值，而且面对国际交往不断发展，产品（特别是药品）的国际流转越来越频繁的状况，跨国的产品责任纠纷诉讼不断发生，需要各法域在产品责任中平衡利益冲突，确定产品责任包括药害责任的统一的责任规则。在《东亚侵权法示范法》的比较研究中应当重点研究的问题是：本国确定的产品责任的基本规则是什么，如何界定产品责任中缺陷的种类和标准，在产品责任中能否适用惩罚性赔偿责任制度等。《东亚侵权法示范法》的最终目标，是通过比较研究，建立各国和地区都能够接受、能够协调不同法域产品责任包括药害责任纠纷案件的统一责任规范。

（十二）环境污染责任

在特殊侵权责任类型中，环境污染责任具有特别的价值。治理污染、保护环境，是东亚各国和地区的国策，也是世界各国的共识。除了本国和地区的环境保护之外，对于跨国环境污染问题的法律制裁，更需要统一的法律规则。在如何对待这个涉及人类代际利益保护的重大问题上，侵权法更应当以损害赔偿的方法，确定侵权责任，制裁环境污染行为，为保护受害人的民事权益，保护各国和地区的共同利益作出自己的贡献。在《东亚侵权法示范法》的比较研究中应当重点研究的问题是：各国和地区在侵权法领域对于保护环境、制裁环境污染行为采取何种对策，具体的侵权法规则是什么，取得何种经验和教训，对于跨国污染行为如何进行法律制裁，《东亚侵权法示范法》应当如何进行规范等。《东亚侵权法示范法》的最终目标，是通过比较研究，确定如何应对环境污染责任特别是跨国环境污染责任的统一规范。

（十三）网络侵权责任

在特殊侵权责任类型中，更值得东亚侵权法示范法注意的是网络侵权责任。

当代世界，互联网迅猛发展，在给人们的工作、学习和生活带来极大便利之余，也给实施网络侵权行为提供了极为便利的条件，因而互联网上的侵权行为普遍存在，对于民事主体民事权益的保护构成巨大的威胁。[①]《东亚侵权法示范法》特别关注网络侵权行为的法律规制，需要制定统一的制裁网络侵权行为的规则。在《东亚侵权法示范法》的比较研究中应当重点研究的问题是：提供各国和地区制裁网络侵权行为的基本法律规则，总结制裁网络侵权行为的基本经验和教训，提供典型的网络侵权行为案例，提出制定东亚统一的制裁网络侵权行为的基本规则。《东亚侵权法示范法》的最终目标，是通过比较研究，确定该示范法如何协调互联网的言论自由以及对网络侵权行为制裁关系的基本规范。

第四节　埃塞俄比亚侵权法对中国侵权法的借鉴意义

在各国的侵权法立法中，《埃塞俄比亚民法典》中规定的侵权法（以下称“埃塞俄比亚侵权法”）别具一格，具有鲜明特色。在我国，制定民法典的侵权责任编，应当很好地研究埃塞俄比亚侵权法的立法体例和具体规定，这对于我国民法典的侵权责任编究竟采用何种立法模式来制定，具有重要意义。

一、埃塞俄比亚侵权法实行一般化和类型化相结合立法模式的成功做法

现代侵权行为法的立法模式分为两种，一是大陆法系的一般化立法，以立法规定侵权行为一般条款为基本标志，对侵权行为采用概括的、抽象的规定，对一般侵权行为不作具体规定。二是英美法系的类型化立法，侵权行为法对侵权行为

① 杨立新：《〈侵权责任法〉规定的网络侵权责任的理解与解释》，《国家检察官学院学报》2010年第2期。

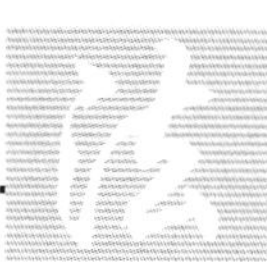

不作概括的、抽象的规定，而是按照侵权行为类型的不同进行具体规定。[①]

在当代，尽管大陆法系侵权行为法的立法模式采用的都是一般化的立法模式，但是，也分成了两种不同的一般化立法方法。一种一般化的方法是法国等国家，侵权行为法的立法采用的是部分一般化，即侵权行为法规定侵权行为一般条款，概括的不是全部侵权行为，而仅仅是一般侵权行为，法律还需另外规定准侵权行为或者特殊侵权行为，其模式是：

一般侵权行为＋特殊侵权行为＝全部侵权行为

而另一种一般化的方法是埃塞俄比亚侵权法，采用的是全部的、完全的一般化，即侵权行为法规定的侵权行为一般条款概括的是全部侵权行为，在侵权行为一般条款之下，分别规定不同的侵权行为类型，其模式是：

“侵权行为一般条款＝全部侵权行为＋类型化规定”

这种侵权法的模式打破了《法国民法典》所创立的、已经沿袭了150年的一般化立法模式，创造了新的侵权法一般化立法模式，具有新意。这种立法方法引起了各国侵权法学理论界的重视，也得到了各国立法机构的重视。目前正在起草的《欧洲统一侵权行为法》（草案）采用的就是这种立法模式，构建了统一的欧洲侵权法的基本框架。[②]

我认为，《欧洲统一侵权行为法》（草案）采纳埃塞俄比亚侵权法的立法模式绝不是偶然的，而是21世纪制定侵权法的必然选择。之所以这样说，就是因为埃塞俄比亚侵权法的立法模式实现了大陆法系侵权法和英美侵权法的融合，实现了“强强联合”，即两大法系侵权法的优势相互结合，形成了新的侵权法立法模式。

《埃塞俄比亚民法典》的起草始于1954年，埃国的海尔·塞拉西皇帝邀请了世界著名的比较法学家勒内·达维德为他的国家起草一部先进的民法典。达维德

① 杨立新：《试论侵权行为一般化和类型化立法及其我国侵权行为法的立法模式选择》，《河南省政法管理干部学院学报》2003年第1期。

② 张新宝主编：《侵权法评论》（第1辑），人民法院出版社2003年版，第198页。

辛勤工作，把对法国民法典的热情倾注在这部新的民法典中，充分发挥比较法学家的优势，博采法国法、瑞士法、以色列法、葡萄牙法、英美法以及埃及法等民法典的优良因素，完成了这部民法草案，于 1960 年 5 月 5 日塞拉西皇帝登基 30 周年的日子，公布了这部法律，其中就包括它的侵权行为法。①

埃塞俄比亚侵权法的具体内容是：

（一）首先规定概括全部侵权行为的侵权行为一般条款

该法典第十三题“非契约责任与不当得利”中的第一章为“非契约责任”，即侵权责任。该章首先设置的是侵权行为一般条款，即第 2027 条。这个侵权行为一般条款分为三部分，分别规定的是过错责任的侵权行为、无过错责任的侵权行为和替代责任的侵权行为。在这个侵权行为一般条款之下，分为五节，分别规定了侵权行为的不同类型以及损害赔偿责任。

该法第 2027 条的内容是：“（1）任何人应对因过犯给他人造成的损害承担责任，而不论他为自己设定的责任如何。（2）在法律有规定的情形，一个人应对因其从事的活动或所占有的物给他人造成的损害承担责任。（3）如果某人根据法律应对第三人负责，他应对该第三人因过犯或依法律规定发生的责任负责。”这个条文就是它的侵权行为一般条款，其概括的是全部侵权行为。

应当特别注意的是，埃塞俄比亚侵权法规定侵权行为一般条款与大陆法系侵权法规定侵权行为一般条款完全不同，具有以下特点。

第一，这个一般条款居于整个一章的最突出位置，不属于该章五节中的任何一节。这个条款占有这样突出、显要的地位，更突出地表现出立法者的思想，即这个一般条款的一般性是完全的、全面的，在整个侵权行为法中居于统治地位，所有的其他部分规定的条款都必须接受它的约束。

第二，这个一般条款概括的是全部侵权行为，既不是一般侵权行为，也不是部分侵权行为。这就打破了法国法创设的侵权行为一般条款概括的是一般侵权行为，不包括特殊侵权行为的惯例。这样的做法，就给侵权行为进行类型化的规

① 徐国栋：《埃塞俄比亚民法典：两股改革热情碰撞的结晶》，载《埃塞俄比亚民法典》，中国法制出版社、金桥文化出版（香港）有限公司 2002 年版，第 7 页。

定，打下了良好的基础，实现侵权行为法的全面类型化。

第三，这个一般条款所概括的侵权行为分为三种类型，即过错责任的侵权行为、无过错责任的侵权行为和替代责任的侵权行为，这三种侵权行为分别为该条的第一、第二和第三款所确认。同时，也为本章第一节、第二节和第四节规定这三种侵权行为基本类型做好了铺垫。

因此可以说，埃塞俄比亚侵权法创设了侵权行为一般条款的新的立法例，值得我们特别重视。

（二）之后规定三种侵权行为基本类型并实现侵权行为立法的具体化

埃塞俄比亚侵权法在其侵权行为一般条款的统率下，将侵权行为划分为三种基本类型，对具体的侵权行为作出详细的规定，实现了侵权法立法的一般化和类型化结合。

埃塞俄比亚侵权法具体规定的侵权行为类型及其具体侵权行为，分为以下三种。①

1. 因过犯所生的责任（过错责任的侵权行为）

这种侵权行为就是适用过错责任原则的侵权行为，可以由故意行为或者纯粹的疏忽构成，可以由行为或者不行为构成。因过犯所生的侵权行为，法典规定了一般情形和特殊情形。其一般情形是：（1）违反公共道德；（2）职业过失；（3）故意伤害；（4）滥用权利；（5）违反法律；（6）上级命令。其特别情形是：（1）人身攻击；（2）干涉他人自由；（3）诽谤；（4）对配偶权的侵辱；（5）非法侵入；（6）对财产的侵犯；（7）缔约过失②；（8）无视既有合同的责任，即侵害债权③；（9）不公平竞争；（10）虚假表示；（11）扣押财物；（12）执行法院命令。

---

① 该法典还规定了一些其他侵权行为，有以下几种：（1）未查明加害人，即共同危险行为；（2）共同责任；（3）人身攻击；（4）非法拘禁；（5）诽谤；（6）诱拐儿童；（7）猥亵；（8）对妻子的伤害，即间接妨害婚姻关系的侵权行为。这些侵权行为是在第五节“损害赔偿诉讼”中规定的，不属于上述侵权行为的类型。

② 缔约过失责任，在德国法系是合同责任性质，在法国则是侵权责任性质。

③ 即侵害债权的侵权行为。

2.过犯阙如的责任

这种侵权行为就是适用无过错责任原则归责的侵权行为。该法典规定了以下6种情形为无过错责任：（1）身体伤害；（2）危险活动；（3）因动物产生的责任；（4）建筑物责任；（5）机器和机动车辆；（6）制造物责任。

3.对他人行为承担责任

这种侵权行为是替代责任的侵权行为。该法典规定了以下种类：（1）父亲的责任，即法定代理人的责任；（2）国家赔偿责任；（3）社团的责任；（4）雇主的责任；（5）独立的工人[①]；（6）刊载、出版诽谤内容的报纸的执行编辑、小册子的印刷商或书籍的出版者的责任。

从上述埃塞俄比亚侵权法关于侵权行为类型的规定中，可以看出以下几个问题。

第一，它的侵权行为类型的划分，与法国、德国、日本、意大利等国关于一般侵权行为与特殊侵权行为的处理完全不同。从大陆法系的传统做法上看，对一般侵权行为不再作类型规定，就是依靠侵权行为一般条款作为法律适用的根据，只是对特殊侵权行为作具体规定。而埃塞俄比亚侵权法对所有的侵权行为都作了类型化的具体规定。

第二，它的侵权行为类型划分更为细致，在分为三个基本类型的基础上，进一步对侵权行为进行具体规定，分别规定了31种具体的侵权行为，并都规定了具体的规则。对侵权行为作这样的规定，就使侵权行为法的规则更为具体、更为明确。

第三，它的侵权行为具体规定更为细致，与大陆法系侵权法的传统规定相比，它对每一种侵权行为都规定了具体、详细的规则，更为详尽，具有可操作性，便于法官适用，因此，更接近于英美法系的判例法规则。

第四，它的关于三种侵权行为基本类型的规定，在法律适用上都必须接受其侵权行为一般条款的指导，是一般条款确定的侵权行为类型，同时，对于三种侵权行为类型具体规定中没有规定的侵权行为，直接归属于侵权行为一般条款的调

① 这就是定作人指示过失责任。

整范围，如果出现三种具体侵权行为类型没有规定的新的侵权行为，可以依照侵权行为一般条款作出判决。

由此我们可以看出：其一，上述埃塞俄比亚侵权法的内容，明确地表达了立法者融合大陆法系侵权行为一般化立法模式与英美法系侵权行为类型化立法模式的立法意图。它规定侵权行为一般条款，坚持的是大陆法系的传统，但是它继承大陆法系的传统而又不拘泥于传统，采用了创新的做法。其二，它关于侵权行为类型的规定则完全采纳的是英美法系侵权行为法的传统做法，对侵权行为作出类型化的划分，并且在基本类型的下面再规定各种不同的具体侵权行为。其三，由于它的侵权行为一般条款概括的是全部侵权行为，因而，又给社会发展和新类型侵权行为的法律适用预留出了合理的空间，使法律具有了前瞻性，具有与时俱进的功能。因此，我们可以说，埃塞俄比亚侵权法大胆地进行大陆法系侵权法和英美法系侵权法的融合，在大陆法系的基础上，广泛地借鉴英美法系的传统，创造了新的立法模式，是成功的做法。

二、埃塞俄比亚侵权法的意义以及对我国立法的有益启示

（一）传统大陆法系侵权行为一般条款的重要价值及其局限性

传统的大陆法系侵权法规定侵权行为一般条款，采用一般化立法的重要价值在于：

第一，简化立法、节俭立法空间。侵权行为法的一般化立法模式能够用最简单的条文概括，包含最丰富、最大量的侵权行为，而不在已经具有几千个条文的庞大民法典中再建立一个复杂的侵权行为法。这样就简化了立法，节省了民法典的立法空间，而不使民法典增加更大的负担，形成了一个容量最大而篇幅最小的侵权行为法。在 1804 年制定的《法国民法典》中，侵权行为法的规定只有 5 个条文，只占全部 2 281 个条文的万分之二点一九。如果它没有侵权行为一般条款来规定一般侵权行为，不采取一般化的立法模式，是绝对做不到这一点的。

第二，高度浓缩，实现与时俱进。侵权行为一般化立法将侵权行为一般条款

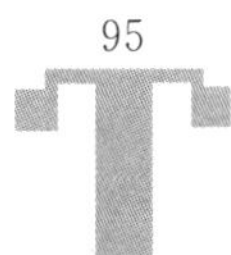

高度浓缩，使之成为一个弹性极大的法律，能够包容任何符合这一条款要求的一般侵权行为，对具体的一般侵权行为不再一一作出规定，因而就使这一条文成为一般侵权行为的高度概括，具有与时俱进的效果。

第三，赋予法官概括的裁判准则。这样就使法官在这一条文面前，享有高度的自由裁量权，发挥法律适用的创造性，依据这一侵权行为一般条款对所有的一般侵权行为作出准确的判决。

但是，传统的侵权行为一般化立法也存在较为明显的缺陷，存在自身的局限性。具体表现在：

第一，侵权行为一般化并不能穷尽一切侵权行为，需要立法进行补充。应当看到，对侵权行为的任何一般化的努力也都是不完备的，总是会有所遗漏。大陆法系关于特殊侵权行为的规定，就是对侵权行为一般条款规定一般侵权行为的补充，对侵权行为一般化的补充。因此，侵权行为的立法进行侵权行为类型化是不可避免的，只是类型化的范围不同而已。不仅一般侵权行为与特殊侵权行为是一种基本的类型化的划分方法，而且即便是在一般侵权行为的内部，也还是有类型化的需要，要区分不同类型的侵权行为，以确定不同类型的侵权行为的构成要件、举证责任、损害赔偿方法等具体规则。可供比较的是，《法国民法典》1804年规定的侵权行为法仅有5个条文，但是，仅新增加的“有缺陷的产品引起的责任”一种侵权行为，就补充规定了18个条文。这也说明，当代侵权行为法的内容仅仅依靠抽象的、概括的一般条款是不能完全解决问题的，需要增加具体规则的内容。

第二，抽象的立法需要系统、复杂的侵权行为法理论支撑。侵权行为一般化的立法方法在立法上确实保证了条文的简洁，但是，在理论上必须进行深刻的论述和阐释，否则，简洁的条文无法化为现实的法律适用，无法指导审判实践。因此，大陆法系产生了极为复杂、深刻的侵权行为法理论，只有用这样深刻、繁复的侵权行为法理论才能够指导侵权行为法的司法实践。

第三，适用这样简洁明快、概括性极强的侵权行为法，需要法官的高素质。简洁的立法条文，是立法的高度技术发展和对侵权行为的深刻研究的产物，表明

了大陆法系法学家对侵权行为研究的深刻程度，以及立法技术所达到的水平。适用这样的立法，对法官的素质提出了极高的要求，要求法官深刻领会概括性的一般化立法的基本含义，掌握法律适用中的基本技巧和要求，既要掌握适用侵权行为法的高度的创造性，又要忠实遵循侵权行为一般条款。但是法官的创造性来自于法官的高素质，取决于对这一条款的理解和遵循。如果法官群体对侵权行为一般条款达不到这样的理解程度，就会出现侵权行为一般条款适用不当或者不会适用的问题，达不到严格执法的要求。

（二）英美侵权法的类型化立法模式的吸引力

英美法系侵权法的基本特点，就是将侵权行为类型化。它虽然具有缺少对侵权行为的概括性规定、繁复的侵权行为类型缺少严密的体系、立法形式和方法虽然灵活但是作为对普通法接触不多的人掌握英美法的侵权行为法较为困难且侵权行为法的理论较为松散的不足，但是，英美法对侵权行为关于类型化的规定，使侵权行为法的适用具有极为方便的优势，且其理论的简化，恰恰反映了法官造法、便于司法适用的特点。相比较而言，英美侵权行为法类型化的做法具有以下优势。

第一，法律所肯定的侵权行为类型，一目了然。侵权行为类型化的最大好处，就在于侵权行为的类型清楚、直观、具体、明确。其作用就像刑法分则一样，各种侵权行为一目了然，各种规则非常清楚，具有直观、明确的特点，并且基本上穷尽了侵权行为的全部类型，无疑是最具吸引力的。可以说，这样的法律对于人民群众学习法律，掌握法律，运用法律，保护自己，是最为实用的。将这样的法律称为“亲民”法，是完全有道理的。人民群众对法律更容易直观地理解，就会避免当事人提出不当的诉讼请求，避免诉讼的弯路，防止出现无法保护自己合法权益的后果。

第二，具有极强的可操作性，便于法官适用。英美法系的侵权行为法是法官创造的法律，不是学者创造的法律，因此，对每一种类的侵权行为都尽可能地规定详尽，责任构成、责任形式、举证责任、法官应当注意的问题，以及如何处理各种各样的具体问题，都有极为详细的解释。可以说，英美法系的侵权行为法更

多的是实践经验的积累，是实践经验的升华，具有极为强烈的可操作性。这样的法律，对于法官来说，既便于掌握，又便于执行。特别是对于法官的整体水平不高的国家，以类型化的方法制定侵权行为法，更便于法官的执法的统一，避免出现对法律的理解不一致的问题，造成执法的混乱。

第三，法官造法的立法形式，随时保持侵权行为法的前卫作用。最重要的，是英美法系的法官造法的形式。英美法系的法律都是法官创造的判例的积累，侵权行为法同样如此。我国是成文法国家，不可能适用判例法的形式制定法律，但是，英美法判例形式立法的方法却能够给人以启示，就是在成文法的基础上，充分调动法官的创造性，对典型的案例作出具有创意的判决，赋予其参照的作用，保持侵权行为法的鲜活和发展，应当不是特别困难的问题。

（三）埃塞俄比亚侵权法的重要经验和有益启发

可以明显地看出，埃塞俄比亚侵权法立法的基本考虑，就是既保持大陆法系侵权行为一般化的立法基础，但又有所改进，同时借鉴英美法系侵权行为法的类型化立法模式，在侵权行为一般化立法的基础上，对侵权行为进行类型化的规定，使侵权行为法更为详细、更为具体、更具有可操作性。它的立法经验和有益启发有如下几点。

1. 就大陆法系侵权行为法而言要“扬其长，避其短”

埃塞俄比亚是大陆法系国家，实行的是成文法制度。塞拉西皇帝立意改革，在 1960 年前后，颁布了《民法典》《商法典》《海事法典》《刑法典》《民事诉讼法典》和《刑事诉讼法典》等一系列法典，坚持成文法的传统。在侵权行为法方面，埃塞俄比亚继受大陆法系侵权法一般化立法的优势，规定侵权行为一般条款，这是“扬其长”“避其短”。一是对侵权行为一般条款进行改革，使其概括全部的侵权行为，避免大陆法系侵权行为一般条款仅仅规范一般侵权行为造成的范围过窄的弱点；二是增强侵权行为法的可操作性，使侵权行为的规定具体化，避免大陆法系侵权行为规定过于抽象、不够具体的弱点。

2. 对英美法系侵权行为法的立场是“取其长，补己短”

面对大陆法系侵权行为法的弱点，英美法系侵权行为法的类型化立法模式，

就是最好的可借鉴的对象。如果将英美法系的类型化立法方法拿来为我所用，就可以补大陆法系侵权行为法不够具体，缺少可操作性的弱点。埃塞俄比亚侵权法正是这样做的。它们在规定侵权行为法的时候，在坚持一般化的传统立法方式基础上，采取类型化的方法规定侵权行为，详细规定各种不同的具体侵权行为及其规则，取得了很好的效果。

3. 融合大陆法系和英美法系的优势，实现“强强联合”

当代立法的趋势是两大法系不断融合和不断渗透，相互借鉴、取长补短。但是，如果简单地将大陆法系和英美法系的规定强硬地扭到一起，往往不能取得好的结果。在我国《合同法》的立法指导思想中，就有强行采纳英美法系合同法严格责任的倾向，其实并没有实现合同责任归责原则统一为严格责任的结果，处处露出大陆法系合同责任过错推定原则的尾巴，出现“夹生”的现象。那么，在侵权行为法中，如果将大陆法系侵权行为法的一般化立法和英美法系侵权行为法的类型化立法结合到一起，是不是也会出现这样的后果呢？埃塞俄比亚侵权法的立法实践告诉我们，在侵权行为法而言，两大法系的各自优势完全可以结合到一起，实现“强强联合”，优势互补，制定出最有特色的，既有高度概括性，又有具体可操作性的新型侵权行为法。而这正是我们梦寐以求的立法最高境界。

可以说，埃塞俄比亚侵权法的这些成功经验和有益启发，对于我国侵权行为法的制定，无疑具有极为重要的价值。

三、《民法通则》和民法（草案）规定侵权法的基本做法和存在的问题

（一）我国《民法通则》规定侵权法的基本做法和存在的问题

我国《民法通则》规定侵权行为法，采纳的是法国侵权行为法的立法模式，即在侵权行为法中首先规定侵权行为一般条款，概括一般侵权行为，这就是《民法通则》第 106 条第 2 款，内容是：“公民、法人由于过错侵害国家的、集体的财产，侵害他人财产、人身的，应当承担民事责任。”在这一个条款中，概括了

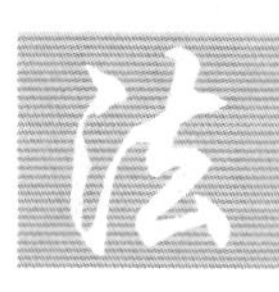

绝大部分的一般侵权行为。之后，在第121条至127条以及第133条分别规定了8种特殊侵权行为，分别是国家赔偿责任、产品侵权责任、高度危险作业致害责任、环境污染侵权责任、地下工作物致害责任、地上工作物致害责任、动物致害责任以及法定代理人的侵权责任。

这样规定侵权行为法，保持了大陆法系侵权行为法的立法优势，使其立法简洁、明快，法官可以发挥创造性。但是，它存在的问题是：第一，侵权行为一般条款规定的是一般侵权行为，没有概括特殊侵权行为，立法方法还是“侵权行为一般条款＋特殊侵权行为的特别规范＝全部侵权行为”模式。这样的立法模式相比较而言，不如埃塞俄比亚侵权法的一般条款的做法，不能概括全部侵权行为，因而使侵权行为法的概括性不完全。第二，对侵权行为的具体规定局限在特殊侵权行为，只是对特殊侵权行为规定了具体规则，可操作性也只局限在特殊侵权行为，可是特殊侵权行为在全部的侵权行为法中毕竟是少数，而不是全部，因此具体化不够就是这种立法的缺陷。第三，对于一般侵权行为的法律适用仍然是采用抽象规定的方式，不规定具体规则，因而，对于一般侵权行为缺少具有可操作性的规则，而现实生活中的一般侵权行为也并不都是适用一般规则就能够解决的。例如，侵害债权的侵权行为，就必须具有故意的要件，过失不构成侵权责任；侵害姓名权同样如此，过失不构成侵权。但是这些特别的规则，由于它们都是一般侵权行为，因而在《民法通则》关于侵权行为的规定中，没有规定具体规则，具体的操作，则只能依据学理进行。

（二）2002年《民法（草案）》“侵权责任法”的基本做法和存在的问题

1.侵权责任法草案的基本内容

2002年12月23日，第九届人大常委会第三十一次会议开始审议《中华人民共和国民法（草案）》，其中第八编是“侵权责任法”。侵权责任法共分十章，各章的基本内容是：第一章“一般规定”中规定的是侵权行为的一般规则，诸如归责原则、共同侵权行为、承担侵权责任的方式等；第二章规定“损害赔偿”；第三章“抗辩事由”规定了四种抗辩事由；第四章规定机动车肇事责任；第五章规定环境污染责任；第六章规定产品责任；第七章规定高度危险作业责任；第八章

规定动物致人损害责任；第九章规定物件致人损害责任；第十章是有关侵权责任主体的特殊规定。

2.侵权责任法草案的结构分析

侵权责任法编的结构实行三分制。按照侵权责任法草案的十章内容观察，尽管分了十章，但实际上是分为三个部分的。这就是侵权法总则、特殊侵权责任和替代责任。

第一部分规定的是侵权行为法的总则问题，包括第一章至第三章，规定一般规定，规定了一般侵权行为的一般条款；规定了共同侵权行为；规定了责任方式；规定了损害赔偿；规定了抗辩事由。这些规定都是侵权行为法的基本问题，是要在这一部分规定的。

第二部分规定的是特殊侵权责任，包括第四章至第九章，规定了6种特殊侵权行为的责任，一是机动车肇事责任，二是环境污染责任，三是产品责任，四是高度危险作业责任，五是动物致害责任，六是物件致害责任。

第三部分规定的是侵权责任的形式，实际上主要是规定替代责任，即第十章。规定了法定代理人的责任，法人工作人员的责任，网站的责任，违反安全保护义务的责任。但是随之规定的，还有共同侵权的三个条文，就是教唆人的责任、共同危险行为责任和无过错联系共同致害的责任。这一部分的规定是有必要的，主要是替代责任的规定。

3.侵权责任法草案的问题分析

对人大常委会的这部《民法典·侵权责任法草案》进行如下分析。

第一，关于侵权行为一般条款的规定，是概括的一般侵权行为，而不是概括全部侵权行为。在开始起草民法典草案的时候，关于如何制定侵权行为法，主要有两种意见。一种意见是采用德国和法国的做法，仍然坚持用侵权行为一般条款规定一般侵权行为，用特别条文规定特殊侵权行为。另一种意见是规定概括全部侵权行为的侵权行为一般条款，然后规定侵权行为的类型，即吸收美国侵权行为法的做法，制订详细的侵权行为类型，在类型化的规定中，对各种侵权行为作出具体的规定，便于理解和掌握，便于在实践中适用。这实际上就是借鉴埃塞俄比

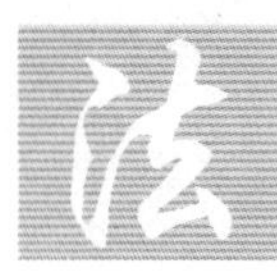

亚侵权法的模式。

但是，按照现在侵权责任法编的规定看，并没有采纳代表侵权行为法立法潮流的埃塞俄比亚立法模式，仍然是采用德国、法国的模式，还是在规定一般侵权行为和特殊侵权行为，在基本体例上没有大的变化，仍然是拘泥于原有的立法，没有跟上侵权行为法的立法新潮流，是令人遗憾的。

第二，现在规定的这六种特殊侵权责任，是在《民法通则》的基础上改进的，从种类上增加了机动车肇事责任，其他的则没有变化。在内容上，增加了新的规定，使这些具体的特殊侵权责任规定更为详细，可操作性增强了。这一部分规定，立法的意图是明显的，但是存在问题。主要的问题是，要增加规定的特殊侵权行为也不是就只有交通肇事责任一种，还有很多种，为什么不规定，而仅仅增加这一种呢？也就是说，还有更多的具体侵权行为类型需要加以规定，仅仅规定这样六种特殊侵权行为是远远不够的。

第三，关于一般侵权行为的规定，还是坚持一般化的规定，没有进行类型化的规定，缺少具体的、具有可操作性的规定。例如，侵害债权、侵害各种人格权、商业侵权、恶意诉讼等，虽然都是一般侵权行为，但都需要规定具体的规则，使其能够有统一的法律适用规则。但是现在的草案对此都没有规定。

4.分析结论

因此，可以作出一个结论，这就是，侵权责任法草案仍然拘泥于《民法通则》关于侵权行为法的规定模式，没有进行大的原则性的改进，没有采纳代表侵权行为法发展潮流的埃塞俄比亚侵权法的立法方法，尽管其内容规定了十章，条文规定了 68 条，大大超过了《民法通则》规定的篇幅和内容，但是，其基本立法方法和内容并没有变化，立法者的思路仍然局限在传统大陆法系侵权行为法的立法模式上，停留在制定《民法通则》当时的立法思想和立场之上，没有质的变化。对于埃塞俄比亚侵权法所代表的立法潮流没有给予应有的重视。因此说，这是一个比较落后的立法草案。

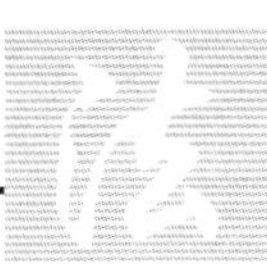

四、中国民法典规定侵权责任法应当采纳的立法模式

针对2002年《民法（草案）》侵权责任编存在的问题和《埃塞俄比亚民法典》规定侵权法的经验，笔者建议制定我国《侵权责任法》应当解决以下几个问题。

（一）立法目标实现两个“全面性”

我们主张，应当按照埃塞俄比亚侵权法的基本经验和方法，来制定我国民法典的侵权行为法，要走的就是侵权行为法一般化和类型化相结合的道路，即大陆法系和英美法系结合的道路。我国侵权行为法所走的这样的道路的标志，就是要在侵权行为法中既规定一般条款，又规定侵权行为的类型，实行侵权行为一般化和类型化的结合。具体做法是两个“全面性”：第一，在侵权行为法的总则中，采用埃塞俄比亚侵权法的方式，规定概括全部侵权行为的侵权行为一般条款，实现侵权行为一般条款的“全面性”。第二，分专章专门规定侵权行为的不同基本类型和具体类型，实现侵权行为类型化的“全面性”。

按照这样的方式规定侵权行为法，就综合了大陆法系侵权行为法的结构严谨、含量丰富、理论蕴藏量大的特点和英美法系侵权行为规定具体明确、可操作性强、便于法官适用的特点，应当说是十分理想的侵权行为法。相信如果采用这样的立法方式，无论对人民群众还是法律专业人士掌握法律，运用法律，都会产生重要的影响。

（二）实现这样的立法目标应当解决立法思想问题

制定我国侵权行为法，应当很好地借鉴埃塞俄比亚侵权法的经验，将两大法系侵权行为法的立法优点结合在一起，实现两个“全面性”，从而形成一种新型的立法体例。这是一个极好的设想，但是实行起来，存在特别的困难。针对这些困难，也可以提出具体的解决办法，使这个目标实现。

第一，一般化和类型化是两大法系对侵权行为理解和规范的产物，在一部法律中兼有两大法系的特点，极为困难。最为尖锐的表现，就是侵权行为一般化与

类型化的冲突。大陆法系之所以将侵权行为一般化，其基本的思路就是避免侵权行为法篇幅的极度扩张，因此，才采用侵权行为法一般化的方法，实现立法的概括化，简化立法，增加法律的弹性。因而在一般的理解上，侵权行为的一般化和类型化是对立的，是不能融合的。现在采用一般化和类型化的结合方式制定侵权行为法，无疑是一种挑战，既是对大陆法系的挑战，也是对英美法系的挑战。对此，在立法思想上要勇于尝试，借鉴埃塞俄比亚侵权法的立法经验，走出更好的路子。

第二，如何对待侵权行为一般条款所概括的侵权行为范围的问题。立法思想应当明确，《法国民法典》以来的侵权行为法包括我国的《民法通则》关于侵权行为一般条款的立法，是有局限性的，就是不能全面概括全部侵权行为，必须像《法国民法典》第1384条规定准侵权行为的一般条款，或者像《日本民法典》第712条至第718条那样分别规定特殊侵权行为。《民法通则》也是在规定了一般条款之后，还要对特殊侵权行为分别作出具体规定，否则，一般条款就无法囊括所有的侵权行为，出现规定侵权行为挂一漏万的问题。如果采用一般条款的“全面性”，就会一劳永逸地解决这个问题。而仍采用《民法通则》的立场，则无法避免这样的问题。

第三，如何对待侵权行为类型化的范围问题，是按照现在的类型化仅仅是将特殊侵权行为进行扩展还是规定全部的侵权行为类型，实现“全面性”类型化呢？我们认为，如果在侵权行为法中仅仅规定传统意义上的特殊侵权行为，那就不能叫作侵权行为类型化。因此，侵权行为类型化应当是对所有的侵权行为的类型化，不能只规定特殊侵权行为的类型，也不能仅仅是在特殊侵权行为之上加以扩充。因此，应当确立侵权行为法对侵权行为类型化的“全面性”思想，尽可能地穷尽侵权行为的类型。

第四，“全面性”类型化的侵权行为法是否还要实现侵权行为一般化的“全面性”？对侵权行为按照类型化的方法作出全面性规定，就应当尽可能地穷尽侵权行为。那么，既然已经实现了侵权行为类型化的“全面性”，那么还有必要实现侵权行为一般条款的“全面性”吗？我们认为，一方面，所谓的侵权行为类型

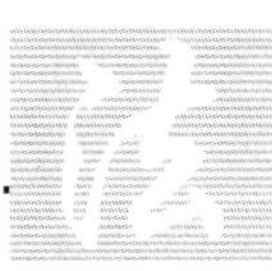

化的"全面性"是尽可能的全面性，并不是能够真正实现的；另一方面，全面性的侵权行为一般条款恰好就是要补充侵权行为类型化的"全面性"的不足，保证侵权行为法不会成为僵化的法律，以适应社会的发展和变迁。

（三）应当解决的具体问题

基于以上的分析和论证，我认为，中国侵权法也就是《中国民法典·侵权行为法编》的基本体例和内容应当包括以下这些方面。

1.关于侵权行为一般条款问题

侵权行为法应当设置侵权行为法的一般条款，采用埃塞俄比亚的一般条款模式。在《民法通则》第106条第2款，规定的是概括一般侵权行为的一般条款。"侵权责任法草案"，一般条款规定在第1条，是过错责任的一般条款。立法通过的侵权行为法规定的一般条款应当是概括全部侵权行为的一般条款。

在学者编撰的民法典专家建议稿草案中，采取的立场基本上是概括全部侵权行为的一般条款。中国人民大学民商事法律科学研究中心编撰的《中国民法典建议稿及说明》第1823条规定的是一般条款："民事主体因过错侵害他人人身、财产权利的，应当承担侵权责任。没有过错，但法律规定应当承担侵权责任的，应当承担侵权责任。""民事主体因故意或重大过失侵害他人合法利益的，应当承担侵权责任。"[①] 这一规定，显然规定的是全部侵权行为，而不是一般侵权行为。中国社会科学院法学研究所起草的《中国民法典草案建议稿》第1542条规定的是一般条款："民事主体的人身或财产受到损害的，有权依据本编的规定请求可归责的加害人或者对损害负有赔偿或其他义务的人承担民事责任。"[②] 这一规定，显然规定的也是全部侵权行为，而不是一般侵权行为。

我认为，我国侵权行为法规定侵权行为一般条款应当采纳《埃塞俄比亚民法典》第2027条的方式，对侵权行为全部请求权的基础进行规定，不再沿袭《民法通则》第106条第2款的规定方式，也不采用现在的侵权责任法草案的方式。可以考虑的内容是：第1款规定："自然人、法人和其他组织由于过错侵害他人

① 王利明主编：《中国民法典草案建议稿及说明》，中国法制出版社2004年版，第237页。

② 梁慧星主编：《中国民法典草案建议稿》，法律出版社2003年版，第305页。

的人身、财产的，应当承担侵权责任。”第2款规定：“违反保护他人的法律，侵害他人的人身、财产的，应当承担侵权责任。但能够证明其行为没有过错的，不在此限。”第3款规定：“故意以违背社会公共道德的方式侵害他人的民事权利或者合法利益的，应当承担侵权责任。”第4款规定：“法律有特别规定的，不问行为人是否有过错，对其违法行为造成的损害应当承担侵权责任。”

这个条文的位置，可以采取《埃塞俄比亚民法典》的方法，就放在本编开始的位置上，不放在各章中，而是一个独立的组成部分。

2.如何规定侵权行为类型

侵权行为法应当规定全面的侵权行为，即将侵权行为全面类型化。现在侵权责任法的做法不是全面的侵权行为类型化。

目前的专家起草的侵权行为法立法建议稿的做法，基本上都是采用全面类型化的意见。例如中国人民大学民商事法律科学研究中心编撰的《中国民法典草案》，对侵权行为类型的规定是：(1) 自己的责任；(2) 替代责任；(3) 危险责任和环境污染责任；(4) 物件致害责任；(5) 事故责任；(6) 商业侵权与证券侵权。[①] 中国社会科学院法学研究所起草的民法典专家建议稿草案，对侵权行为规定的类型是：(1) 自己的侵权行为；(2) 对他人侵权之责任；(3) 准侵权行为：无过错责任。[②] 徐国栋教授主编的《绿色民法典》关于侵权行为的类型，规定为两种类型，一是一般侵权行为，二是特殊侵权行为。虽然只是分为两种基本类型，但是其与民法典侵权责任法草案的一般侵权行为与特殊侵权行为的规定相比，一般侵权行为也规定了具体类型，而不是只作抽象的规定。[③]

我认为，对于侵权行为进行全面的类型化规定，是可取的，其意义和效果如上，不必赘述。其基本分类，可以依据侵权行为归责原则的不同，分为三个，即过错责任的侵权行为，过错推定的侵权行为，无过错责任的侵权行为。在其下，再分别规定具体的侵权行为类型：(1) 过错责任的侵权行为。分为故意或者过失

① 王利明主编：《中国民法典草案建议稿及说明》，中国法制出版社2004年版，第240页以下。

② 梁慧星主编：《中国民法典草案建议稿》，法律出版社2003年版，第310页以下。

③ 徐国栋主编：《绿色民法典》，社会科学文献出版社2004年版，第711页以下。

侵害人身，故意或者过失侵害人格，妨害家庭关系，故意或者过失侵害物权，侵害债权，侵害知识产权，媒体侵权，商业侵权，恶意诉讼与恶意告发。(2) 过错推定责任的侵权行为。分为国家赔偿的侵权行为，用人者责任的侵权行为，法定代理人的侵权行为，专家责任，违反安全保护义务的侵权行为，物件致害责任，事故责任。(3) 无过错责任的侵权行为。分为产品侵权责任，危险物和危险活动侵权行为，环境污染致害侵权行为，动物致害侵权行为，工伤事故责任，道路交通事故责任。

五、结论

上述对埃塞俄比亚侵权法立法优势的研究，对我国民法侵权责任法的制定产生了较大的影响。2009 年 12 月 26 日，全国人民代表大会常务委员会通过了《侵权责任法》。这部法律，以单行法的方式，制定了我国的侵权责任法，成为世界上第一部成文法的侵权责任法。

《侵权责任法》的结构，大体上分为总则和分则。总则部分规定为三章，一是一般规定，二是责任构成和责任方式，三是不承担责任和减轻责任的情形。分则部分分为七章，外加附则一章，规定了关于责任主体的特殊规定、产品责任、机动车交通事故责任、医疗损害责任、环境污染责任、高度危险责任、饲养动物损害责任和物件损害责任。从结构上看，实现了侵权责任一般化和类型化的结合，是一部具有大陆法系与英美法系侵权法相互融合的新型的侵权法。这一点，恰好是受到埃塞俄比亚侵权法的影响所致。在其他方面，例如大的侵权责任一般条款即《侵权责任法》第 2 条第 1 款等方面，也都对埃塞俄比亚侵权法的经验有较好的借鉴。

第二章

中国侵权责任法的基本理论问题

第一节　中国侵权法理论体系的重新构造

在起草民法典的庞大工程当中，侵权责任编是其中一项重要的工程。而构建一个合理的、科学的侵权法理论体系，就是最重要的基础工程。作者在本书中着重研究的，就是我国侵权责任法理论体系的重新构造。

一、重构侵权行为法理论体系的总体思路

在制定我国《民法典·侵权行为编》的过程中，研究侵权行为法的专家学者都重新对侵权行为法的理论体系进行了新的思考。我认为，侵权责任法理论体系最好的形式和结构，就是可以用五编的结构来表述，把完整的侵权行为法理论分为五个部分。

第一部分是“侵权行为与侵权行为法”，讲的侵权行为法概述，研究的是侵权行为和侵权行为法的概念性范畴；第二部分是“侵权责任构成”，研究责任归

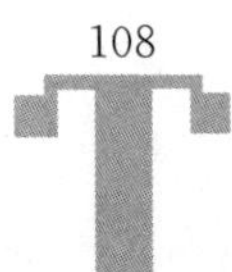

责原则和侵权责任构成要件问题；第三部分是“侵权行为类型”，研究的是不同类型的侵权行为的具体表现形式；第四部分研究“侵权责任形态”，研究的是侵权责任在不同侵权法律关系当事人间的分配和承担的具体形态；第五部分是“损害赔偿”，研究人身损害赔偿、财产损害赔偿和精神损害赔偿。①

我提出这个体系的思路，主要是将大陆法系侵权行为法立法的一般化立法模式和理论体系与英美法系侵权行为法的类型化立法模式和理论体系结合起来，构成一个类似于《埃塞俄比亚民法典》侵权行为法体系那种的侵权行为法的理论体系，主要是将英美法的侵权行为法体系融入我国的大陆法系侵权行为法的理论体系当中。这也与我国制定《民法典·侵权行为法编》的基本思路相一致。国内学者都认为在制定民法典的时候，应当吸收英美法系国家侵权行为法的优势，使我国的侵权行为法既有大陆法系侵权行为法一般传统，又有英美法系侵权行为类型化的具体规定。② 这是当今侵权行为法立法的潮流，例如《欧洲统一侵权行为法》(草案)③，就是采用这样的形式编制的。

绝大多数大陆法系国家的侵权行为法采用的一般化的立法方法，在侵权行为法中都有一个侵权行为一般条款。具体做法又分为两种方式：一种是德国法模式，侵权行为一般条款规定的是一般侵权行为，除此之外再规定特殊侵权行为，一般侵权行为加上特殊侵权行为，就构成了侵权行为法所调整的全部侵权行为；另一种是《埃塞俄比亚民法典》和《欧洲统一侵权行为法》(草案) 模式，侵权行为一般条款概括的就是全部侵权行为，然后再具体规定侵权行为的各种具体类型。

英美法系国家采用类型化方法规定侵权行为法。在英国和美国的侵权行为法中，都是对具体侵权行为类型的规定。例如，英国的侵权行为有七种类型［(1) 非

---

① 我所写的《侵权法论》第 3 版有对侵权行为法理论体系的完整表述，该书由人民法院出版社 2005 年出版。

② 我曾经把这个思路表述为“大陆法系为体，英美法系为用，广泛吸纳司法实践经验”。杨立新：《侵权司法对策》，第 2 辑，吉林人民出版社 2003 年版，第 24－25 页。

③ 《欧洲侵权行为法草案》，刘生亮译，载《侵权法评论》，第 1 辑，人民法院出版社 2003 年版，第 198 页。

法侵入；(2) 恶意告发；(3) 欺诈加害性欺骗和冒充；(4) 其他经济侵权；(5) 私人侵扰；(6) 公共侵扰；(7) 对名誉和各种人格权的保护]。[①] 美国的侵权行为有十三种类型 [(1) 故意对他人的身体、土地及动产的侵害；(2) 过失行为；(3) 严格责任；(4) 虚假陈述；(5) 诽谤；(6) 侵害的虚伪不实；(7) 侵害隐私权；(8) 无正当理由的诉讼；(9) 干扰家庭关系；(10) 对优越的经济关系的干扰；(11) 侵犯土地利益；(12) 干扰各种不同保护的利益；(13) 产品责任]。[②] 它们的侵权行为法对侵权行为都没有一般的规定，没有对侵权行为所下的一般定义。

这是两种最基本的侵权行为法的立法方法。大陆法系国家后面一种侵权行为法的立法方法，即埃塞俄比亚民法典和欧洲侵权行为法草案的做法，实际上是将侵权行为法一般化方法和类型化方法结合起来，把大陆法系和英美法系侵权行为法的立法方法结合起来。这种方法有很大的好处：第一个好处就是，一般条款具有全面的概括力，可以将全部的侵权行为都概括进去，而不是像原来的那样，只能概括一般侵权行为。如果出现了法律没有规定的新类型的侵权行为，立法还没有概括进去的，也可以适用侵权行为一般条款解决问题。第二个好处是，侵权行为类型化的立法方法可操作性极强，便于法官适用。所以学者提供的侵权行为法草案都采用这种方法。

在我所设计的这个侵权行为法理论体系中，五个部分都有自己所涉及的突出问题。第一部分突出侵权行为一般条款的概念，讲清侵权行为一般条款的基本含义和适用规则。第二部分的重点内容是归责原则和侵权责任构成要件，这部分是侵权行为法理论的核心部分，是最关键的部分，是心脏部分。第三部分是以三个不同的归责原则（过错责任原则、过错推定原则和无过错责任原则）为划分的根据，确立三种侵权行为的基本类型，进一步分为 20 种具体的侵权行为类型，从行为的形式上尽量全面表述各种类型的侵权行为。我认为，我国侵权行为法理论过去过于注重对侵权行为的一般表述，忽视了对具体侵权行为的类型研究，事实

① [德] 冯·巴尔：《欧洲比较侵权行为法》，张新宝译，法律出版社 2002 年版，第 337 页以下。

② 杨立新：《侵权法论》，人民法院出版社 2005 年第 3 版，第 286－295 页。

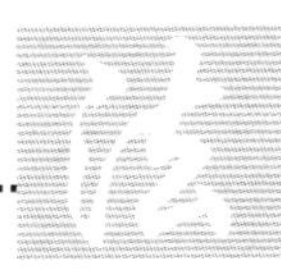

上，加强对侵权行为类型的研究还是有利于审判实践的。第四部分是对侵权责任具体形态的研究，包括直接责任、替代责任、连带责任、不真正连带责任和补充责任等不同形式的责任，把原来分散在侵权行为法理论各个不同部分讲述的这个问题，现在集中起来，进行统一的研究，形成一个完整的体系，也给法官适用不同的侵权责任时一个提示。这实际上是一个侵权责任形态的类型化，法官可以对号入座适用侵权责任形态的法律规定，可行性比较强。第五部分纯粹解决赔偿责任问题，主要涉及人身损害赔偿、财产损害赔偿、精神损害赔偿、刑事和行政附带的民事损害赔偿。

我对侵权行为法理论体系的重新研究，就是构造现在这样的一个体系，并认为这个侵权行为法的理论体系比较好一点，从形式和内容上看也比较整齐。以下逐个介绍这个理论体系的各个部分。

二、关于“侵权行为与侵权行为法”部分

在侵权行为法理论体系的第一部分中，主要是侵权行为法理论研究的基础部分，研究侵权行为和侵权行为法的一般概念、特征，最主要的是阐释侵权行为一般条款，使其能够被法官所理解和准确适用。最近几年，我在给法官上课时，就特别注意讲解侵权行为一般条款。侵权行为一般条款由张新宝教授作出了最早的研究，是一个重要的贡献。[①] 如果对侵权行为一般条款没有很好的理解，可能在司法实践中出现比较多的问题。

对侵权行为一般条款的理解，还必须对两种不同的立法模式的含义作出区分。大陆法系中德国法和法国法关于侵权行为一般条款的规定，也就是我国《民法通则》的表述。因此，要特别强调以下几点：第一点，我国的侵权行为一般条款概括的是一般侵权行为；第二点，这种侵权行为一般条款所概括的一般侵权行为，适用的是过错责任原则，是需要原告证明的过错责任原则，而不是过错推定

① 张新宝：《侵权行为法的一般条款》，中国人民大学民商事法律科学研究中心民商法前沿讲座第22讲，引自中国民商法律网，http：//www.civillaw.com.cn/article/default.asp？id＝8102。

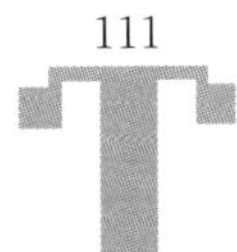

原则；第三点，侵权行为一般条款概括的一般侵权行为的侵权责任构成要件是四个要件，即违法行为、损害事实、因果关系和主观过错；第四点，侵权行为一般条款所概括的一般侵权行为的责任形式是直接责任，即为自己的行为负责的侵权责任。

侵权行为一般条款的最典型特征，就是对一般侵权行为仅作一般规定，不再作具体规定，不规定一般侵权行为的具体表现。所以，大陆法系国家中的侵权行为法因为有了一般规定，就按照侵权行为一般条款规定的侵权行为的要件，判断具体的造成损害的行为是不是构成侵权行为及其责任，而不要再去找法律对某种一般侵权行为的具体规定了，直接适用一般条款就可以作出判决了。

这个道理说起来都懂，但是很多法官不敢拿侵权行为一般条款审理侵权行为案件。遇到属于一般侵权行为的新型案件，很多法官不敢判案，不敢拿一般条款来判决。但是，侵权行为一般条款规定就是要求直接拿它来判案的。法官在审理侵权行为案件的时候，在接手一个具体案件选择法律适用时，要先找侵权行为法关于特殊侵权行为的具体规定，如果法律对这种侵权行为没有规定，那么就可以断定这种侵权行为不是特殊侵权行为，这样，就可以直接适用侵权行为一般条款，看看是不是符合这个条款规定的一般侵权行为的构成要件。符合要求的，就构成一般侵权行为，不符合要求的，就不认定为侵权行为。因此，侵权行为一般条款是一个有极大扩张力的条款，对此，必须有清醒的认识。

在研究侵权行为和侵权行为法的基础问题的时候，还需要讲述侵权行为法的历史发展。我们以前过于强调和注重国外侵权行为法的发展历史，而忽视我国侵权行为法的发展历史。我曾经花了将近十年的时间，对中国侵权法的历史进行了研究，可以完整地表述中国历史上侵权行为法的发展。① 但是有一个问题，这就是我国古代的侵权行为法是自成体系的，是中华法系的侵权行为法，具有自己独特的特点，与西方的侵权行为法的发展没有特别的关联，是不相容的。而到了清末，经过变法，这个体系完全解体，完全采用了西方的法律体系，又完全没有了

① 杨立新：《疑难民事纠纷司法对策》，吉林人民出版社 1991 年版，第 198 页。

自己的东西。因此，在研究中国古代侵权行为法的时候，就基本上成了知识的掌握，而没有特别的现实意义。在研究中国古代侵权行为法的借鉴方面，大概就有以下几点。第一，侵权构成的相当因果关系，在唐宋时期的法律的“保辜”制中，就包含了相当因果关系的内容。而欧洲侵权行为法在 19 世纪才提出相当因果关系的理论。第二，侵权损害赔偿的损益相抵原则，也是在唐宋时期的法律中就提出来了，例如在“杀马牛”的侵权行为中，杀死一头牛价值十匹绢，皮、肉、骨等新生利益价值八匹，则实际损失就是两匹，就赔偿两匹。而欧洲侵权行为法在 19 世纪才提出损益相抵的原则。第三，中国古代侵权行为法具有补偿性传统，不主张惩罚性赔偿金，这与欧洲大陆侵权行为法的传统一致，而与英美侵权行为法相异。例如，在唐律中曾经规定了惩罚性赔偿金，即“盗者倍备（赔）”，所谓的备，就是备偿，备偿就是全部赔偿，而倍备就是翻倍。宋代《宋刑统》最初继承了唐代的这一规定，但是不久就改变了这种规定，不再实行惩罚性的赔偿，事实上就是避免很多人希望被人偷而追求双倍赔偿的情况。前不久，我们讨论“偷一罚十”的问题，有人赞成，认为这应当属于商业惯例；有人认为可以实行，但是惩罚性赔偿不能太高。我只是说，中国历史上就不主张惩罚性赔偿，废止“盗者倍备”的规定，就是一个显例。[①]

三、关于“侵权责任构成”部分

我设计的侵权行为法理论体系的第二部分，就是侵权责任构成。在这一部分需要将侵权责任构成相关的理论问题都放到一起。

首先要讲的，就是侵权行为法的归责原则，这是侵权行为法及其理论的最核心问题。关于侵权责任的归责原则体系问题，也想有一个变化，将传统的通说即“三元论 A”观点，改变为“三元论 C”观点，即侵权责任归责原则体系由过错

① 杨立新：《疑难民事纠纷司法对策》，吉林人民出版社 1991 年版，第 211 页。

责任原则、过错推定原则和无过错责任原则构成。[①] 2003 年 7 月，在海南召开了一个小型的讨论会，写了一个讨论的纪要，将民法典中的主要问题讨论的结果记录整理出来，最后一篇文章就是我介绍这些主要的新观点。[②]

在侵权责任归责原则方面，以前通说是三个归责原则，我把它说成是“三个归责原则四个表现形式”（即“三元论 A”观点），即过错责任原则、无过错责任原则和公平责任原则。其中过错责任原则表现为两种方式，一是一般过错原则，二是推定过错原则。这个主张目前还是通说，而且在全国法院中一般采用这样的主张。其调整的范围是：一般过错原则调整一般侵权行为，推定过错原则调整部分特殊侵权行为，无过错责任原则也是调整部分特殊侵权行为。

对侵权责任归责原则，还有很多不同意见，最主要的就是，公平责任原则是不是能够成为一个归责原则。我去过日本几次，几乎每次讨论中国侵权法的时候，日本学者都会对公平责任原则提出质疑，认为它不是一个归责原则。事实上，公平责任原则所调整的范围也是有限的，因此，不应再把公平责任原则作为一个归责原则，有三点理由：第一，它在《民法通则》和《侵权责任法》中所处的法律地位，不是归责原则的地位。第二，公平归责原则调整的范围比较狭小，并且其调整的对象严格地讲并不是侵权行为，而是作为赔偿纠纷来处理。第三，在现实中也并不是所有的造成损害双方当事人都没有过错的，就一律公平分担责任。典型案例是：在中午下课时，学生踢球受伤，家长让学校赔偿，学校主张没有过错；家长让造成损害的同学予以赔偿，法院有两种意见：一种是要赔偿，依据公平责任原则；另一种认为不用赔偿，理由是运动是有风险的。我倾向于后者，因为体育运动就是一种强烈的竞技运动，有激烈的身体接触，是有风险的。美国法有自冒风险免责的规定，《埃塞俄比亚民法典》不仅规定了参加体育运动

① 关于侵权责任归责原则有五种观点：一是一元论，认为中国侵权责任归责原则就是过错责任原则；二是二元论，认为中国侵权责任归责原则有过错责任原则和无过错责任原则；三是三元论—A，认为中国侵权责任归责原则包括过错责任原则、无过错责任原则和公平责任原则；四是三元论—B，认为中国侵权责任归责原则包括过错责任原则、过错推定原则和公平责任原则；五是三元论—C，认为中国侵权责任归责原则包括过错责任原则、过错推定原则和无过错责任原则。

② 王利明主编：《中国民法典基本理论问题研究》，人民法院出版社 2004 年版，第 764 页。

的人，而且观看体育运动的人，都需要承担风险，造成损害不承担侵权责任。[①] 这些理由，可以说明公平责任原则不是一个归责原则，而仅仅是一种，公平分担损失的规则，《侵权责任法》采纳了这种意见。

还有一个问题是，过错推定原则是不是一个独立的归责原则。王利明教授认为过错推定是一个独立的归责原则[②]，这一点在《法国民法典》中就是这样规定的，其第1382条规定的就是过错责任原则，而第1384条规定的就是过错推定原则。我赞成这个观点，认为它是一个独立的归责原则。

关于侵权责任构成要件的部分，从1958年的中央政法干校《中华人民共和国民法基本问题》讲义中就提出了“四个要件”（即违法行为、损害事实、因果关系和主观过错）的主张，其后成为通说，并成为法院判案的主流思想。[③] 这个问题到现在也没有大的变化。曾经有一段时间有过“三要件”（即过错、损害和因果关系）说。[④]“三要件说”主要是法国法的思想，“四要件说”主要是德国法的思想，二者的根本区别，就是要不要侵权责任的违法性问题。最近我们主张“三要件说”的学者的主张有了变化，讲到了侵权行为的违法性问题，这还是又回到了德国法系的基本思路上来，大家的思想就基本一致了。

对侵权责任构成的四要件的研究，我们现在的问题是不够深入，还需要进行更深入、更系统的研究。最近有的学者研究因果关系很有成就，但是对中国的司法实践还是没有作出更深入的研究。

对这个问题，我认为需要分为四个层次：第一，侵权责任中的因果关系至为明显的，直接适用直接因果关系理论和规则认定；第二，因果关系较为复杂、多种行为引起一个结果、因果关系较难判断的，适用相当因果关系的理论和规则认定；第三，对于环境污染案件、高科技案件，适用盖然性因果关系理论和规则认定；第四，还有更为复杂的因果关系问题难以判断的，可以使用美国法上事实原

---

① 《埃塞俄比亚民法典》第2068条，薛军译，中国法制出版社2002年版，第378页。

② 王利明主编：《民法·侵权行为法》，中国人民大学出版社1993年版，第92页。

③ 中央政法干校民法教研室：《中华人民共和国民法基本问题》，法律出版社1958年版，第324页以下。

④ 王利明主编：《民法·侵权行为法》，中国人民大学出版社1993年版，第135页。

因和法律原因的理论和规则认定。这是确定因果关系的基本思路。

在这个部分中，需要研究的还有责任竞合、抗辩事由、诉讼时效等问题。

四、关于“侵权行为类型”部分

在归责原则体系的表述上，我提出应当分为过错责任原则、过错推定原则和无过错责任原则。在此基础上，划分三个侵权行为的基本类型，是分别适用上述三种归责原则的侵权行为，具体分为20种具体类型。[①]

适用过错责任原则的侵权行为包括9种：(1) 故意或者过失侵害人身；(2) 故意或者过失侵害人格（精神性人格权）；(3) 妨害家庭关系；(4) 侵害物权；(5) 侵害债权；(6) 侵害知识产权；(7) 商业侵权；(8) 媒体侵权；(9) 恶意诉讼。

适用过错推定原则的侵权行为是7种：(1) 国家赔偿责任；(2) 用人者责任（概括法人侵权、雇主责任、定作人指示过失责任）；(3) 法定代表人责任；(4) 专家责任（律师、注册会计师）；(5) 违反安全保障义务的侵权行为；(6) 物件致害责任；(7) 事故责任（道路交通事故、医疗事故、工伤事故、学生伤害事故）。

适用无过错责任原则的侵权行为主要是4种，包括：(1) 产品责任；(2) 高度危险责任；(3) 环境污染责任；(4) 饲养动物致害责任。在无过错责任原则调整的侵权行为中，有不同意见。有的学者认为物件致害是无过错的，有的国家也这样规定，但是《民法通则》和《侵权责任法》规定物件致害责任确实是过错推定原则。道路交通事故有人认为是无过错责任，但是《道路交通安全法》规定交通事故造成损害是过错推定原则。

以上20种具体侵权行为类型，差不多能够包括全部侵权行为类型。现在的问题是，这种侵权行为类型化的划分在逻辑上有部分交叉的问题。美国侵权行为类型化的划分也有这样的问题。这大概是侵权行为类型化划分中不可避免的问题。

研究侵权行为类型，就是要对各种不同的侵权行为进行详细的研究，各个不

---

① 杨立新：《简明类型侵权法讲座》，高等教育出版社1993年版，第132页。

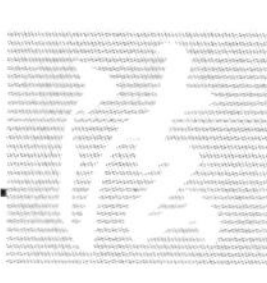

同的侵权行为在何种情况下构成，审理中究竟要适用哪些规则，都需要进行详细的描述。对此，应当借鉴美国侵权行为法重述的做法，给法官办案提供一个最为详细的侵权行为法教科书。

例如，关于违反安全保障义务的侵权行为的损害赔偿制度，这是在最近七八年中发展起来的。第一个案件是在上海发生的，一个人在宾馆中被杀，受害人家属起诉宾馆。法院判决宾馆根据《消费者权益保护法》的规定要承担侵权责任。我们在侵权行为法草案中研究了这种情况，提出意见。全国人大法工委的侵权责任法草案第 65 条也规定了在饭店、银行、列车三种情况下，经营者对消费者有安全保证义务，这样的规定概括的范围好像有所不当。最高人民法院关于人身损害赔偿的司法解释第 6 条作了一个较为全面的规定，范围比较宽泛，比较合适。违法安全保障义务的侵权行为我们将其分为四种：第一，设施设备未尽安全保障义务；第二，服务管理未尽安全保障义务；第三，防范制止侵权行为未尽安全保障义务；第四，对儿童未尽安全保障义务。[①]

这四种违反安全保障义务的形态都是实践中出现比较多的情况。第一种主要讲的是硬件的问题，经营者在提供服务的时候，设施或者设备造成消费者或者他人损害的，需要进行赔偿。第二种通常认为是经营软件存在缺陷，造成损害的应当承担侵权责任，如饭店地面没有清理干净，造成客人摔倒致伤。比较复杂的是第三种，要防止第三人在经营范围地点内对消费者实施侵权行为，以保障消费者的人身财产安全。如果经营者已经尽到安全保障义务，即使是侵权行为造成了受害人的损害，经营者也不赔偿；没有尽到安全保障义务的，就应当承担侵权责任。第四种主要是针对儿童特别保护的。一个经营场所或者社会活动，如果对儿童具有特别的吸引性，那么，经营者和活动的组织者就必须承担最高的注意义务，防止儿童受到损害。前几天在《检察日报》上有一个军队的干部写的文章，说军队在一个农村附近进行军事演习，演习完毕以后的打扫战场过程中，减少警戒哨兵，村里面的小孩进入演习地点捡弹壳，三个小孩同时发现一枚没有爆炸的 130 火箭炮弹，抢夺过程中爆炸造成死伤。作者认为军队没有过错，是小孩的家

① 杨立新主编：《人身损害赔偿司法解释释义》，人民出版社 2004 年版，第 102 页以下。

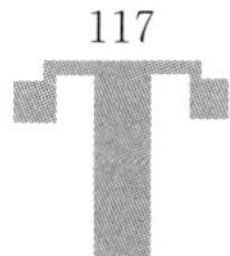

长监护的问题，监护人没有尽到监护人责任。军队出于道义可以补偿。我认为这个案件中军队是有责任的。[①] 美国侵权行为法关于土地利益占有人的侵权行为，就有专门针对儿童的特殊保护的规定，是值得借鉴的。如果有一种土地利益能够对儿童具有吸引性，占有人就必须特别注意，应当消除这种危险性，或者采取必要的措施避免对儿童造成损害。如果没有消除这种土地利益上的这种危险，或者没有采取必要的防免措施，就认定有过错，需要赔偿。美国有一个典型案例：一个工厂的院子里面有一个坑，下雨以后变成池塘，小孩子认为是可以游泳的，跳到里面游泳，结果受伤，美国判例法认为该土地利益占有人应当承担赔偿责任。

对侵权行为类型进行上述详细的描述和说明，应当是极为有价值的。

五、关于“侵权责任形态”部分

侵权责任形态并不是一个通常的侵权行为法概念，我提出这样一个概念，是想将此构成一个体系，来完整地表述侵权责任构成之后，其在侵权法律关系当事人之间分配和负担的情形。因此，侵权责任形态的概念是侵权责任构成以后，如何在当事人之间分配责任的问题。这部分比较复杂，所以用这个概念将侵权行为的各种责任形态集中起来，是合理的，只不过需要进行体系化和类型化。

侵权责任形态体系和类型化，总的是分为三个层次来考虑：第一个层次是直接责任和替代责任。这个责任的区分是在《法国民法典》中就规定了的，其第1382条规定的就是直接责任，第1384条规定的就是替代责任。任何一种侵权责任都必须面临这样的选择。第二个层次是单方责任与双方责任，表现的是侵权责任是由被告承担或者由原告承担，还是被告和原告共同承担。第三个层次是单独责任与共同责任，主要表现的是被告的责任，如果由被告一个人承担责任责任，就是单独责任，如果由被告多个人承担责任，就是共同责任。

下面我分别就三个层次的侵权责任形态进行说明。

---

① 对此，我写了一篇文章可以参考，杨立新：《儿童安全应特别保障》，《检察日报》2004年4月19日，第6版。

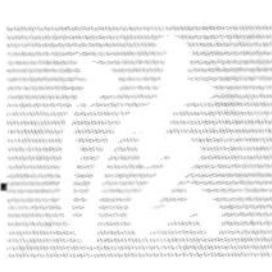

（一）直接责任和替代责任

第一个层次，直接责任和替代责任。直接责任，就是为自己的行为负责的侵权责任。自己实施的侵权行为造成了他人的损害，就要自己承担侵权责任，这就是自己责任，就是直接责任。替代责任，分为两种，即对人的替代责任和对物的替代责任，分别是对他人的行为负责和对物件造成的损害负责。对他人行为负责即对人的替代责任，包括国家赔偿责任、法人侵权责任、雇主责任、定作人指示过失责任以及无民事行为能力人及限制民事行为能力人的法定代理人责任等；对物的替代责任，就是物件致害责任、动物致害责任等。直接责任和替代责任的划分，是最为基础的责任形态划分。在罗马法中，有私犯和准私犯的划分，实际上私犯就是直接责任；在准私犯中，除了法官错案责任是直接责任外，其他的全都是替代责任。所以法国法才在罗马法的基础上创造了直接责任和替代责任，成为我们现在侵权行为法基本责任形态最基本的划分方法。

（二）单方责任和双方责任

第二个层次，单方责任和双方责任。单方责任，有两种形态，一种是被告责任，是最通常的侵权责任形态；另一种是原告责任，损害虽然是被告造成的，但是过错和原因完全是在原告，就由原告承担责任。在福建西部有一个风景区叫冠豸山，人工湖中有一个猴岛。有一个人深夜潜入公园上猴岛，被猴子抓伤，向法院起诉，要求公园赔偿。这个案件就是原告责任，造成损失的原因是受害人的故意，因此是原告的单方责任。双方责任，也有两种形态，第一种是过失相抵，前提是双方当事人均有过失，根据过错比较和原因力比较，确定双方当事人分担责任；另一种是公平责任，即造成损害双方当事人都没有过错的情形。公平责任虽然不作为归责原则对待，但是是一种责任形态，是一种双方当事人分担责任的形态。

（三）单独责任和共同责任

第三个层次，单独责任和共同责任。这个层次的责任形态，仅仅是被告承担责任的问题。单独责任，就是被告是一个人的时候承担的责任。共同责任，是最为复杂的责任形态，分为以下四种形态。

1.连带责任

连带责任的前提是共同侵权（包括共同危险行为），此外还包括最高人民法院在人身损害赔偿司法解释中规定的多种连带责任的情况，如雇主责任中雇工在执行雇用活动中造成他人损害的时候，是替代责任，但是最高人民法院的司法解释又有一种新的解释，如果雇工致人损害具有故意或者重大过失，雇主和雇工需要承担连带责任。连带责任对各个责任人内部存在潜在的责任份额，但是对外实行一个责任，不存在份额的问题。

2.按份责任

无过错联系的共同致害，其后果就是按份责任。几个人的行为偶然结合到一起，没有过错的联系，造成了一个共同的损害结果，这就需要将损害作为一个侵权责任结果来对待，几个人分别按照过错程度和原因力，按份承担赔偿责任，不发生连带责任的问题。连带责任与按份责任是相对应的。

3.不真正连带责任

不真正连带责任与补充责任相关联，实际上与连带责任没有太大关系。在产品侵权中，责任形态是受害人受到损害，面对的是制造商和销售商两个责任主体。受害人基于缺陷产品造成自身损害，产生了两个请求权，一个针对制造商、一个针对销售商，两个请求权是重合的，由受害人自己选择一个请求权行使，选择一个请求权以后，另一个请求权消灭。受害人一般会请求销售商承担责任，销售商承担责任以后，如果是制造商形成的产品缺陷，则销售商对制造商有追偿的权利。当然受害人也可以直接向制造商请求责任承担。这样，基于一个事实产生的两个请求权相重合，当事人可以请求一个，而另一个请求权消灭的情况，就是不真正连带责任。

4.补充责任

补充责任与不真正连带责任是相对应的，事实上，不真正连带责任是权利人有选择权的不真正连带责任，而补充责任是两个重合的请求权，权利人必须按照先后顺序行使的不真正连带责任。这就是，一个侵权行为造成的损害事实产生了两个相互重合的赔偿请求权，有请求权行使的先后顺序的侵权责任形态。在违反

安全保障义务中的防范制止侵权行为未尽安全保障义务的补充责任，就是这样的侵权责任形态。负有安全保障义务的人对受害人负有安全保护义务，在出现了侵权行为人的加害行为造成了受害人的损害以后，受害人也产生了两个请求权，一个是直接向侵害人请求赔偿的权利，一个是向违反安全保障义务的人请求赔偿的权利。在这一点上，补充责任与不真正连带责任是一样的，差别是：不真正连带责任的两个请求权是选择关系，而补充责任两个请求权的关系是有顺序要求的，对直接加害人的请求权是第一顺序，对违反安全保障义务的人的请求权是第二顺序。在权利人行使第一顺序请求权的时候，第二顺序请求权是“备用”状态。如果第一顺序的请求权已经实现，则第二顺序的请求权消灭；如果第一顺序的请求权没有实现或者没有完全实现，则权利人可以行使第二顺序的请求权来实现赔偿权利。与不真正连带责任比较，两种责任形态的区别仅仅是请求权的选择还是顺序的问题。

最高人民法院关于人身损害赔偿的司法解释中规定的补充责任有三种：经营者和其他社会活动的组织者承担的补充责任；学校承担的补充责任；被帮工人受到损害帮工人的补充责任。

六、关于“损害赔偿”部分

损害赔偿是侵权行为的最终后果。因此，在我设计的侵权行为法理论体系中，最后所要表现的就是损害赔偿。

损害赔偿主要分为四个部分：第一是人身损害赔偿，第二是财产损害赔偿，第三是精神损害赔偿，第四是刑事和行政附带的损害赔偿。

第二节　中国侵权责任法大小搭配的侵权责任一般条款

《侵权责任法》有很多独具特色的侵权责任制度都特别值得研究。《侵权责任

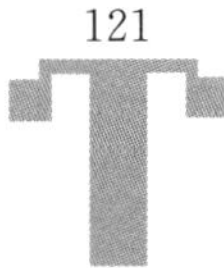

法》第2条规定："侵害民事权益，应当依照本法承担侵权责任。""本法所称民事权益，包括生命权、健康权、姓名权、名誉权、肖像权、隐私权、荣誉权、婚姻自主权、监护权、所有权、用益物权、担保物权、著作权、专利权、商标专用权、发现权、股权、继承权等人身、财产权益。"第6条第1款规定："行为人因过错侵害他人民事权益，应当承担侵权责任。"这两个条文就是本节所要研究的，《侵权责任法》独具特色的大小搭配、双重的侵权责任一般条款。

一、各国成文侵权法规定侵权责任一般条款的两种立法模式

世界各国侵权法的基本体例分为大陆法系和英美法系。大陆法系侵权法的最基本特点是一般化的立法模式，所有的侵权法都设置侵权责任一般条款。英美法系侵权法与此有重大差别，是完全按照侵权行为类型划分的典型的类型化侵权法。例如英国的侵权法是把侵权行为分成8种基本类型[①]，美国侵权法则把侵权行为分成13种基本类型。[②] 英美法系侵权法都没有一般性的规定，不存在侵权责任一般条款。

成文法国家的侵权法都设置侵权责任一般条款。对于侵权责任一般条款（也叫作侵权行为一般条款，本书对此不加区分），学者界定不同。有人认为，侵权行为一般条款就是在成文法中居于核心地位的，作为一切侵权请求之基础的法律规范。[③] 所有的基于侵权行为的请求权都要符合这一条文的要求，也就是说，侵权行为一般条款就是一个国家民法典调整的侵权行为的全部请求权的请求基础。在这个条文之外，不存在另外任何侵权行为请求权的基础，这个条文一统天下。[④] 而我认为，侵权行为一般条款是指概括一般侵权行为的特点和构成要件的

---

① ［德］冯·巴尔：《欧洲比较侵权行为法》上册，张新宝译，法律出版社2002年版，第337-355页。

② 刘兴善译：《美国法律整编·侵权行为法》，台北司法周刊杂志社1986年版。

③ 张新宝：《侵权行为法的一般条款》，《法学研究》2001年第4期，第42页。

④ 张新宝：《侵权行为法的一般条款》，中国人民大学民商事法律科学研究中心民商法前沿系列讲座的22讲。引自中国民商法律网，http：//www.civillaw.com.cn/article/default.asp?id=8102。

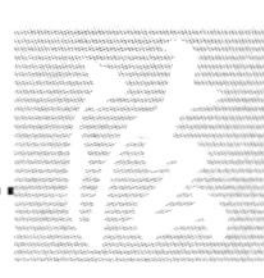

侵权行为法条款，它将一般侵权行为的基本构成要件和基本特征进行概括，是作为一般侵权行为请求权的基础的条款。[①] 事实上，前一种见解界定的是大的侵权责任一般条款，我的看法界定的是小的侵权责任一般条款。

大陆法系各国侵权法在规定侵权责任一般条款时，分别采取上述大小两种不同的立法模式。

法国侵权法规定的是小的侵权责任一般条款，即《法国民法典》第1382条。法国侵权法的侵权责任一般条款来源于罗马法的私犯，是在私犯的基础上概括而成的。这种小的侵权责任一般条款仅仅概括一般侵权行为，不包括特殊侵权行为。《法国民法典》在规定了侵权责任一般条款的第1382条之后，在第1384条及第1385条和第1386条规定准侵权行为。德国侵权法规定侵权责任一般条款的是第823条，调整范围也是一般侵权行为，不包括特殊侵权行为。这种立法模式的特点，是在侵权法中规定小的侵权责任一般条款，此外，再另外规定特殊侵权行为的特别条款，对准侵权行为或者特殊侵权责任作特别规定。我国《民法通则》采取的就是这种立法模式，其第106条第2款是侵权责任一般条款，其他特殊侵权责任则规定在第121条至第127条以及第133条，共规定了8种特殊侵权责任。这种立法模式的特点，实际上是把侵权责任分为两大基本类型，一种是一般侵权责任，一种是特殊侵权责任，一般侵权责任的法律适用由侵权责任一般条款调整，对于特殊侵权责任，则由特别规定的法律规范调整。

另一种侵权责任一般条款的立法模式是埃塞俄比亚模式。《埃塞俄比亚民法典》第2027条是大的侵权责任一般条款，这一条款规定：第一，任何人应对因过犯给他人造成的损害承担责任，而不论他为自己设定的责任如何。第二，在法律有规定的情形，一个人应对因其从事的活动或所占有的物给他人造成的损害承担责任。第三，如果某人根据法律应对第三人负责，他应对该第三人因过犯或依法律规定发生的责任负责。这个条文所概括的，是全部侵权责任，其基础在于借鉴英美侵权法的立法经验，在其立法中规定了全面的侵权行为类型化，用大的侵

① 杨立新：《杨立新民法讲义·侵权法总则》，人民法院出版社2009年版，第76-77页。

权责任一般条款覆盖全部的侵权责任类型。同样，《欧洲统一侵权法》第 1 条规定的就是基本规则（一般条款）：“(1) 任何人遭受具有法律相关性的损害，有权依据本法之规定请求故意造成损害的人、因违反义务而造成损害的人或者对损害依法负有责任的其他人赔偿。(2) 损害的发生处于紧急情势时，将遭受损害的人享有本法赋予的防止损害发生的权利。(3) 为了本法的目的：具有法律相关性的损害指的是本法第二章所规定的具有法律相关性的损害；故意和违反义务的判定以本法第三章第一节；以及第四章所规定的特殊情形下所造成的具有法律相关性的损害为依据。(4) 本条所指权利由本法其他条款予以规定。”这个条文也是概括全部侵权行为的侵权责任一般条款。

在前述侵权责任一般条款的概念界定上，大的一般条款所概括的，是埃塞俄比亚式的侵权责任一般条款；小的一般条款所概括的，是法德式的侵权责任一般条款，是小的侵权责任一般条款。

各国成文法侵权法在规定侵权责任一般条款上，要么采取法德式即小的侵权责任一般条款，要么采取埃塞俄比亚式即大的侵权责任一般条款，二者必居其一。

二、中国《侵权责任法》应当采纳哪种侵权责任一般条款

在制定《侵权责任法》的过程中，究竟应当采取哪一种侵权责任一般条款，有很大争论。最主要的表现是：在理论上，学者基本上主张采取大的侵权责任一般条款；在立法上，立法机关原来主张采取小的侵权责任一般条款。

学者的主张典型地表现在我主持起草的《侵权责任法草案建议稿》第 1 条：“行为人违反法定义务、违反保护他人的法律或者故意违背善良风俗，由于过错侵害他人人身、财产，造成损害的，应当承担侵权责任。”“依照法律规定，推定行为人有过错的，受害人不必证明行为人的过错；行为人能够证明自己没有过错的，不承担侵权责任。”“法律规定行为人应当承担无过错责任的，行为人即使无过错也应当承担侵权责任。但受害人能够证明行为人有过错的，应依照本条第 1

款规定承担侵权责任。”[①]这个条文显然借鉴了《埃塞俄比亚民法典》第2027条，并且加上了中国的特点。在王利明、梁慧星两位教授分别主持起草的《侵权行为法草案建议稿》中，也是采取这种做法。例如王利明的草案第1823条规定：“民事主体因过错侵害他人人身、财产权利的，应当承担侵权责任。没有过错，但法律规定应当承担侵权责任的，应当承担侵权责任。”“民事主体因故意或重大过失侵害他人合法利益的，应当承担侵权责任。”[②]

立法机关原来一直坚持采取小的侵权责任一般条款立法模式。例如，2002年12月《民法（草案）》“侵权责任法编”第1条第1款规定：“由于过错侵害他人人身、财产的，应当承担侵权责任。”2008年9月23日《侵权责任法（草案）》（修改稿）第2条规定：“因故意或者过失侵害他人生命、健康、人格尊严、人身自由、名誉、肖像、隐私、物权、知识产权以及其他权益的，应当承担侵权责任。”这个关于过错责任原则的规定，显然规定的是小的侵权责任一般条款，而不是大的侵权责任一般条款。这两个规定，显然还是延续《民法通则》第106条第2款的传统，没有采纳学者的建议。

《侵权责任法》规定侵权责任一般条款究竟采取哪一种模式，必须进行利益衡量。法德式的小的侵权责任一般条款只规定一般侵权行为，在法律适用上，一般侵权行为适用侵权责任一般条款，特殊侵权责任适用特别规定，优点在于立法简洁、精练，立法的篇幅不大；缺点在于法律适用的概括性，需要有高素质的法官队伍，且需要法官在法律适用上发挥创造性。而埃塞俄比亚式的侵权责任一般条款在概括全部侵权行为的情况下，对全部侵权行为进行类型化的规定，既有立法的概括性和弹性，又具有具体的可操作性，便于法官适用。相比较而言，大的侵权责任一般条款具有更大的优势。因此，无论是法官还是学者都认为大的侵权责任一般条款更便于操作，《侵权责任法》应当设定大的侵权责任一般条款，同时实行侵权行为的全面类型化。

在梁慧星教授主持起草的《侵权行为法草案建议稿》中，在侵权责任一般条

① 杨立新主编：《中华人民共和国侵权责任法草案建议稿及说明》，法律出版社2007年版，第3页。

② 王利明主编：《中国民法典草案建议稿及说明》，中国法制出版社2004年版，第237页。

款的指导下，将侵权责任分为三大类，即过错责任的侵权行为、无过错责任的侵权行为和替代责任的侵权责任，与埃塞俄比亚侵权法对侵权行为类型的划分基本一致。① 王利明教授主持起草的《侵权行为法草案建议稿》，则在侵权责任一般条款的指导下，将侵权行为的类型规定为特殊的自己责任、替代责任、危险责任与环境污染责任、物件致害责任、事故责任以及商业侵权与证券侵权。② 在这个规定中包括我的意见，当初的想法是用一个大的一般条款规定，再进行类型的详细划分，不过，这种类型划分的意见并不是我的意见。2007 年，我接受中国法学会的研究课题，主持起草《侵权责任法草案建议稿》，是在大的侵权责任一般条款的指导下，分别规定了过错责任的侵权行为、过错推定的侵权行为、无过错责任的侵权行为以及事故责任四个基本类型。③

对于立法机关在《侵权责任法（草案）》的初期不采纳大的侵权责任一般条款的立法建议，学者并不采取支持的态度。

三、大小搭配的双重侵权责任一般条款的形成

（一）《侵权责任法》设置的是大小搭配的双重侵权责任一般条款

变化发生在 2008 年 12 月 4 日的《侵权责任法（草案）》法律委员会审议稿。该草案对《侵权责任法》的结构作了调整，在第 2 条规定了一个新的条文，即“实施侵权行为，应当承担侵权责任”。2008 年 12 月全国人大常委会第二次审议稿，又将该条改为“侵害民事权益，应当承担侵权责任”。对此，专家予以赞同并建议该条应当增加谴责性的要素④，因此，第三次审议稿将该条改为“侵害民事权益，应当依照本法承担侵权责任”。同时增加第 2 款关于《侵权责任法》保护范围的规定。直至《侵权责任法》正式通过，确立了第 2 条为侵权责任一般

① 梁慧星主编：《中国民法典草案建议稿》，法律出版社 2003 年版，第 305 页以下。

② 王利明主编：《中国民法典草案建议稿及说明》，中国法制出版社 2004 年版，第 236 页。

③ 杨立新主编：《中华人民共和国侵权责任法草案建议稿及说明》，法律出版社 2007 年版，第 10 页以下。

④ 杨立新：《论侵权责任法草案第二次审议稿的侵权行为一般条款》，《法学论坛》2009 年第 3 期。

条款，尽管内容与《埃塞俄比亚民法典》第 2027 条以及《欧洲统一侵权法》（草案）第 1 条规定的侵权责任一般条款并不相同，但其性质确实是大的侵权责任一般条款。

但是，《侵权责任法》在规定了大的侵权责任一般条款之后，又在第 6 条第 1 款规定了过错责任原则的条文，这个条文，就是小的侵权责任一般条款，是对《民法通则》第 106 条第 2 款的继承和发展。

那么，中国《侵权责任法》岂不是有了两个侵权责任一般条款吗?

确实是这样。中国《侵权责任法》与众不同的特色之一，就在于设置了大小搭配的双重侵权责任一般条款。

（二）《侵权责任法》何以采纳大小搭配、双重的侵权责任一般条款立法模式

对此，应当对各国成文法侵权法规定不同模式的侵权责任一般条款的必要条件进行研究，因为一个成文法的侵权法究竟采取何种侵权责任一般条款，是与该国侵权法的这个必要条件相适应的。

德法式的侵权责任一般条款即小的侵权责任一般条款，其立法的必要条件是立法的抽象化和概括式，加之对特殊侵权责任的特别规定。这个传统来源于罗马法的侵权法传统。罗马法对侵权行为进行了初步整理，改变了侵权法对侵权行为都作具体规定的做法，将侵权行为分为私犯和准私犯两大类进行规定。法国侵权法在此基础上，把全部侵权行为分为侵权行为和准侵权行为，分别规定《法国民法典》第 1382 条和第 1384 条，对两种侵权行为作出概括性规定，抽象出了侵权行为和准侵权行为的一般性规则，并且在第 1385 条和第 1386 条对准侵权行为作出具体规定，从而开创了侵权法的新时代。小的侵权责任一般条款的立法条件，就是对一般侵权行为不作具体规定，而仅对特殊侵权行为作具体规定。因此，小的侵权责任一般条款就为不需作出具体规定的一般侵权行为提供请求权的法律基础；而对特殊侵权责任，这种小的侵权责任一般条款并不过问，由特殊规范提供请求权的法律基础。

《埃塞俄比亚民法典》规定的大的侵权责任一般条款概括的是全部侵权行为，它的必要立法条件，就必须是对侵权行为作出全面的类型化规定。可以说，没有

侵权行为的全面类型化，就没有大的侵权责任一般条款的存在，也没有必要规定大的侵权责任一般条款。只有全面实行了侵权行为的类型化，才有必要采取大的侵权责任一般条款。《埃塞俄比亚民法典》采取大的侵权责任一般条款的基础，正是借鉴了英美法系侵权法的类型化方法，全面规定了侵权行为的类型。因此，《埃塞俄比亚民法典》关于侵权行为的规定，是融汇了大陆法系侵权法和英美法系侵权法的优势，将一般化立法和类型化立法结合起来，大的侵权责任一般条款采纳的是大陆法系侵权法的传统，而全面侵权行为的类型化则是采纳英美法系侵权法的优势。因此可以说，全面的侵权行为类型化是大的侵权责任一般条款的必要立法条件。

我国《侵权责任法》既没有对侵权责任进行全面的类型化，又在侵权责任类型化规定中超出了特殊侵权责任的范围，既不符合德法式侵权法的立法惯例，也不符合埃塞俄比亚式侵权法的全面类型化的立法做法，是一种独特的、不全面的、不完善的侵权责任类型化。

依据这样一些情况观察，我国《侵权责任法》既然规定大的侵权责任一般条款，那么是不是实行了侵权责任的全面类型化呢？如果不是全面的类型化，又为什么规定大的侵权责任一般条款呢？既然规定了大的侵权责任一般条款，为什么又规定小的侵权责任一般条款呢？

我们分析一下《侵权责任法》的立法结构。《侵权责任法》大体上采取的是总则、分则的总分结构。从《侵权责任法》全部十二章的章名上研究，第一章到第四章规定的是总则的内容，是关于侵权责任的一般性规则规定；第五章到第十一章规定的是侵权责任类型，是对侵权责任类型化的规定。但从各章的具体内容上观察，则第一章至第三章规定的是侵权法总则的内容，从第四章开始规定了侵权责任类型。问题在于第四章的章名和内容不相符。第四章的章名是“关于责任主体的特殊规定”，这个表述好像说的是本章是关于侵权责任主体承担责任的特殊规则的规定。但实际上，这一章的具体内容规定的是监护人责任、暂时丧失心智损害责任、用人者责任、网络侵权责任、违反安全保障义务责任以及学生伤害事故责任，规定的是具体侵权责任类型及规则。章名是关于侵权责任的一般性规

定，而内容却是关于侵权责任类型化的具体规定。

因此，《侵权责任法》第四章至第十一章都是关于侵权责任的类型的规定，既不是对特殊侵权责任的一般规定，也不是对侵权责任全面类型化的规定，即中国《侵权责任法》所谓的"分则"是一个不完善的分则，是对侵权责任进行的不完善、不全面的类型化规定。因此出现了一个问题是，只规定小的侵权责任一般条款，则无法概括特殊侵权责任的具体规定；只规定大的侵权责任一般条款，又会使一般侵权责任缺乏侵权请求权的法律基础。立法者采纳学者设置大的侵权责任一般条款的立法建议，但又没有办法直接规定全面的侵权责任类型化；如果继续坚持《民法通则》第 106 条第 2 款的传统只规定小的侵权责任一般条款，在侵权责任类型化的规定上，又超出了特殊侵权责任所应当规定的范围。因此，大小搭配的双重的侵权责任一般条款立法模式应运而生，成为立法的现实。

正是在这种情况下，中国《侵权责任法》规定了第 2 条作为大的侵权责任一般条款，以确定侵权责任的范围和《侵权责任法》保护的民事权益范围，再规定第 6 条第 1 款，作为小的侵权责任一般条款，为《侵权责任法》分则没有具体规定的一般侵权责任设置法律适用规则，提供请求权的法律基础。因此，形成了大小搭配、双重的侵权责任一般条款。《侵权责任法》的这一特色就是如此产生的。

（三）对大小搭配的双重侵权责任一般条款的评价

特色通常是说特点，即与众不同之处，是指事务所表现的独特的色彩、风格等。[①] 当一部法律与他国法律确有与众不同之处，即可称之为法律特色。当然，特色并非都是优点或者优势，有时候特色也可能是不足。中国《侵权责任法》设置大小搭配的双重侵权责任一般条款确实独具特色，究竟是好的特色，还是不好的特色，须予以评价。

德国法学家萨维尼曾经说过，法律就像语言、风俗、政制一样，具有"民族特性"，是"民族的共同意识""随着民族的成长而成长、民族的壮大而壮大"，因此，"民族的共同意识乃是法律的特定居所"[②]。制定中国《侵权责任法》，既

① 中国社会科学院语言研究所词典编辑室编：《现代汉语词典》，商务印书馆 2005 年版，第 1335 页。

② ［德］冯·萨维尼：《论立法与法学的当代使命》，中国法制出版社 2001 年版，第 9 页。

要借鉴外国侵权法的立法经验和理论学说，又要坚持中国的特点，符合中国的具体国情，体现法律的民族性和本土性；既尊重法律传统，又要反对单纯的“拿来主义”。这应该是立法的最基本原则。回顾中国侵权法的发展历史，可以看到中国侵权法的发展以及中国特色的形成。

——中国古代的侵权法，是独具特色的中华法系侵权法。在唐前，可供查询的法律史籍不多，但并非不存在侵权法的传统[①]；自唐以来，中国侵权法留下的法律资料极为丰富，展现了中华法系侵权法的风采。这种以财产损害的备偿制度、人身损害的赔偿埋葬银制度为基本制度内容的中华法系的侵权法，独具中华特色，与罗马法以及后世的欧洲侵权法完全不同，尽管都是侵权赔偿责任，但基本理念和各项制度没有相似之处，形成了自己的完善体系和基本理念，是中华法系的宝贵历史遗产。[②] 在清朝末期改律为法，大规模引进欧陆和日本民法立法传统之时，并非没有人反对破坏中华法系博大精深的法律体系，只可惜西学东渐成为主流，中华法系自废武功，中国古代侵权法随之土崩瓦解，不复存在。直至今日，中国古代侵权法规定的十几种侵权责任制度，踪迹皆无。

——中国近代侵权法以及新中国改革开放之前的侵权法，基本上是对外国经验的借鉴，谈不上中国特色，更谈不上民族性。在这个期间的前期，废除《大清律例》，完全参照法德日立法制定《大清民律草案》《民国民律草案》以及民国民法，在债法中规定侵权法。在两部草案、一部民法中规定的侵权法，基本体例和具体内容都是移植欧陆侵权法，除了语言是中国的以外，其他几乎没有中国自己的传统和民族特点。在这个时期的后期，新中国废除国民政府的《六法全书》，也废除了该阶段前期制定民法时移植的侵权法，全面学习苏联民法，按照苏联侵权法的制度构建我国的侵权法，尽管在法律虚无主义和“人治”思想的指导下，并没有建立起来一部完整的侵权法，但在理论上和实践中，大体上按照苏联的侵

① 程树德：《九朝律考》，中华书局 2006 年版。该书详细考证了在唐前遗存的法律典籍，有些侵权法的史料考证。

② 杨立新：《侵权法论》，人民法院出版社 2005 年第 3 版，第 80－95 页。

权法构建了我国的侵权法的框架。[①] 事实上，苏联的侵权法理论和立法也借鉴于德国法，不过加进了很多的偏见和误解，而这些不足也一并移植到了我国的侵权法理论之中。可以说，前后两个时期的中国侵权法，都以借鉴为主，缺少中国特色和民族性。

——在改革开放之初，我国推出了《民法通则》，全面规定了新型的侵权责任制度，形成了有一定特点的侵权法。尽管在那个时候，我国的侵权法理论准备还不充分，立法实践经验也不足，但立法者力图体现中国特色。除了内容的特点之外，将侵权责任法脱离债法，独立规定于《民法通则》的最后部分，在成文法国家的侵权法中是独具特点的。更为重要的是，在《民法通则》实施后二十几年的司法实践中，各级人民法院和二十几万民事法官，在审理的将近 2 000 万件侵权案件中[②]，创造性地适用法律，取得了丰富的审判实践经验，推出了一大批以鲜活的本土审判经验作为依据的司法解释。毫不夸张地说，我国拥有最为丰富的司法案例，很多精彩的案例，如“荷花女”案[③]、“好一朵蔷薇花”案[④]、“燃气炉爆炸伤害”案[⑤]等，都创造性地发展了《民法通则》规定的侵权责任法，在一个不是判例法的国家中，发挥了接近于判例的效力。更为重要的是，最高人民法院总结侵权法的司法经验和相关案例，创造性地制定侵权法司法解释，创造的侵权责任制度在世界范围内都具有创新意义和领先地位，这些最具本土化特点的准侵权法规则，写进了《关于审理人身损害赔偿适用法律若干问题的解释》《关于确定民事侵权精神损害赔偿责任若干问题的解释》等一系列司法解释之中，形成了具有中国特色的侵权法的法官法。在制定《侵权责任法》过程中，本着“大陆法系为体，英美法系为用，广泛吸纳我国立法司法经验”的立法思想[⑥]，坚持我

---

① 这一体系和具体内容体现在中央政法干校民法教研室编著的《中华人民共和国民法基本问题》一书的第二十一章“侵权行为的民事责任”当中，法律出版社 1958 年版，第 322－340 页。

② 我只有 2003 年至 2007 年五年的数据统计，在这五年中，全国法院受理一审民事案件 2 223 万件，其中侵权纠纷案件 450 万件。按此数据推论，大约为 2 000 万件侵权案件。

③ 沈德咏主编：《最高人民法院公报案例大全》上卷，人民法院出版社 2009 年版，第 416 页以下。

④ 沈德咏主编：《最高人民法院公报案例大全》上卷，人民法院出版社 2009 年版，第 412 页以下。

⑤ 沈德咏主编：《最高人民法院公报案例大全》上卷，人民法院出版社 2009 年版，第 779 页以下。

⑥ 杨立新主编：《中华人民共和国侵权责任法草案建议稿及说明》，法律出版社 2007 年版，第 2 页。

国侵权法的本土化经验，广泛借鉴大陆法系和英美法系侵权法的立法经验和理论研究成果，将美国法、德国法、法国法以及日本法的侵权法立法经验化为中国《侵权责任法》的借鉴元素，服务于中国的侵权法立法实践，创造性地设计侵权责任基本制度和具体规则，形成了《侵权责任法》的现行规定。可以说，中国《侵权责任法》既是本土的，又是借鉴的，是外国立法经验与本国司法经验紧密结合的侵权法。

通过回顾中国侵权法三个阶段的立法发展，可以看出，中国侵权法的立法发展，就是一个“本土→借鉴→（本土+借鉴）”的过程。从这个历史的宏观角度观察中国《侵权责任法》“大小搭配的双重侵权责任一般条款”的立法模式，其在各国侵权法立法之林中确实是独一无二的。从《大清民律草案》第945条关于“以故意或过失侵害他人之权利而不法者，于加侵害而生之损害，负赔偿之义务”的规定，《民国民律草案》第246条关于“因故意或过失不法侵害他人之权利者，负损害赔偿责任”的规定，民国民法第184条关于“因故意或过失，不法侵害他人之权利者，负损害赔偿责任。故意以背于善良风俗之方法，加损害于他人者亦同”。“违反保护他人之法律，致生损害于他人者，负赔偿责任。但证明其行为无过失者，不在此限”的规定，到《民法通则》第106条第2款，以及《侵权责任法》第2条和第6条第1款，中国侵权法经历了否定之否定的发展过程，终于建立了这样一种独具特色、与众不同的侵权责任一般条款的立法例。

对此，我的评价如下。

第一，大小搭配的双重侵权责任一般条款的立法例，既有德、法、日等国小的侵权责任一般条款的立法经验，又有《埃塞俄比亚民法典》侵权法以及《欧洲统一侵权法》（草案）侵权责任一般条款的立法经验，结合了两种侵权责任一般条款的立法优势，合而为一，成为一个完整的体系，是各种侵权责任一般条款立法优势的结合。

第二，大小搭配的双重侵权责任一般条款立法例的创设，更是对英美法系侵权法特别是对美国侵权法立法经验的借鉴。我国《侵权责任法》中美国侵权法的元素比较丰富，特别是在第四章之后关于特殊侵权责任具体制度的规定上，很多

都是借鉴英美侵权法侵权责任类型化的经验制定的。《民法通则》规定特殊侵权责任只有9个条文，而《侵权责任法》规定特殊侵权责任有60个条文。正因为有了更高程度的侵权责任类型化的基础，《侵权责任法》就必须设置大的侵权责任一般条款。因此，《侵权责任法》规定第2条是完全必要的。

第三，根据我国的实际情况，《侵权责任法》还无法实现侵权责任的全面类型化，因此，仍然需要适应这种情况而规定小的侵权责任一般条款。正因为如此，大小搭配的双重侵权责任一般条款就应运而生。可见，这种做法完全适合于我国国情，是我国具体实际国情决定的。

第四，《侵权责任法》规定侵权责任一般条款实行大小搭配，各自调整不同的侵权行为，发挥不同的作用，不是叠床架屋，而是各有所长，各有所需，相互配合，构成完整的体系。

因此，我国《侵权责任法》设置大小搭配的双重侵权责任一般条款是必要的，也是必须的，完全适应现在的立法条件，是我国《侵权责任法》的立法优势。

四、两个侵权责任一般条款的不同功能

我国《侵权责任法》既然与众不同，设置了两个侵权责任一般条款，那么，它们各自的作用应当如何协调呢？

《侵权责任法》第2条作为大的侵权责任一般条款，它的基本作用在于：第一，确定侵权责任的范围，规定凡是侵害民事权益，依照本法应当承担侵权责任的违法行为，都是侵权行为，都应当承担侵权责任。第二，确定《侵权责任法》保护的范围，所有应当依法保护的民事权益，都在《侵权责任法》的保护之下。第三，提示符合过错责任原则、过错推定原则和无过错责任原则要求的侵权行为，都应当承担损害赔偿责任。第四，不具有过错要件，但符合《侵权责任法》第15条规定的承担其他民事责任方式的侵权行为，应当承担这些侵权责任方式。第五，对于造成一方损害双方当事人都没有过错适用公平责任分担损失的情形，

确定各自承担的责任。第六，对于将来发生、目前没有预料到的特殊侵权责任预留法律适用空间，当出现这种特殊侵权责任而具体规定没有规定、又不符合过错责任原则的一般侵权行为要求的新型侵权行为，可以适用大的侵权责任一般条款适用法律，确定侵权责任。

《侵权责任法》第 6 条第 1 款规定的小的侵权责任一般条款，其调整范围是确定一般侵权责任的范围和责任构成要件，规定对一般侵权责任适用侵权法的一般规则，确定一般侵权责任的界限，为一般侵权责任提供请求权法律基础。因此，在《侵权责任法》的适用上，应当遵照小的侵权责任一般条款（例如《德国民法典》第 823 条、《法国民法典》1382 条、《日本民法典》第 709 条等）的规定，确定具体规则。这些规则是：第一，小的侵权责任一般条款调整的范围是一般侵权责任，对于特殊侵权责任，特别是《侵权责任法》第四章至第十一章规定的适用过错推定原则和无过错责任原则的特殊侵权责任，不适用小的侵权责任一般条款。第二，一般侵权责任的归责原则是过错责任原则。第三，适用小的侵权责任一般条款，侵权责任构成要件是违法行为、损害事实、因果关系和主观过错。第四，适用小的侵权责任一般条款，举证责任由被侵权人承担，侵权人不承担举证责任。第五，适用小的侵权责任一般条款，侵权人承担侵权责任的责任形态，主要是自己责任，即对自己实施的侵权行为自己承担侵权责任，在法律有特别规定的情况下，方可承担替代责任。

第三节　如何判断《侵权责任法》保护的民事利益范围

《侵权责任法》第 2 条第 2 款规定了该法保护的范围，除了列举 18 种民事权利加上“等”之外，还包括民事利益。该条对该法保护的民事利益的范围如何界定，没有明确规定。对此，仁者见仁，智者见智。下文通过“黄某如诉广州市番禺区番泰商行等冒用商品条码侵害民事利益赔偿纠纷案”的分析，对此加以说明。

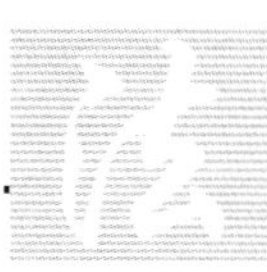

一、保护民事利益的典型案例

（一）简要案情

上诉人（原审原告）黄某如是中山市火炬开发区永利食品厂的个体经营者。2003年5月21日，黄某如与被上诉人（原审被告）广州市番禺区番泰商行签订《委托加工协议书》，约定：番泰商行委托黄某如生产加工"番泰行"牌系列猪油糕产品，加工产品使用的商标是"番泰行"牌商标，黄某如提供卫生许可证号、生产许可证号、企业标准、标签认可编号、条码给番泰商行印制包装，部分的包装材料如：猪油糕系列产品的外包装盒由番泰商行提供给黄某如进行食品生产及包装，质量要求由黄某如提供实际样板经番泰商行确定认可后，按照确认样板进行生产，但黄某如要保证其加工的产品卫生安全，符合国家食品卫生标准，产品的成分要足够，不能偷工减料，提供的标准、条码及标签要合法及标准等。合同签订后，黄某如按协议约定，提供卫生许可证号、生产许可证号、企业标准、标签认可编号、条码给番泰商行的产品进行印制包装，其中黄某如的厂商识别代码为69270330。2006年年底，番泰商行通过QS认证，而黄某如至今未能通过QS认证，番泰商行因此终止与黄某如的食品加工合作关系。2007年1月16日，番泰商行委托被上诉人（原审被告）中山市宝诚食品有限公司生产、加工花生芝麻糖、猪油糕等食品。番泰商行提供旧包装盒的样板给宝诚公司进行印刷，而旧包装盒上仍印有黄某如的商品条码69270330。2007年7月4日，中山市质量技术监督局根据黄某如的投诉到宝诚公司进行检查，发现印有黄某如商品条码的食品花生软糕有6盒，包装盒有150个。2007年7月23日，广州市番禺区质量技术监督局对番泰商行作出（穗番）质监责改字（2007）第1号责令改正决定书，责令番泰商行"2007年7月27日前，按以下要求予以改正：1.立即停止冒用他人商品条码的行为；2.使用合法取得且符合《广东省商品条码管理办法》要求的商品条码；3.在整改日期届满前将整改情况以书面形式报送我局"。2007年12月24日，黄某如以番泰商行、宝诚公司侵权为由向中山市人民法院提起诉讼。

（二）裁判结果

中山市人民法院一审认为：商品条码是由一组规则排列的条、空及其对应代码组成，是表示商品特定信息的标识。商品条码不属于民法调整的平等主体之间的财产关系的范畴，且宝诚公司、番泰商行使用黄某如的商品条码未造成黄某如名誉、荣誉上的损害，因此，黄某如诉求于法无据，判决驳回黄某如的诉讼请求。黄某如不服一审判决，向中山市中级人民法院提起上诉。

中山市中级人民法院经审理认为：《民法通则》第5条规定："公民、法人的合法的民事权益受法律保护，任何组织和个人不得侵犯。"民事权益是指自然人或者法人在民事活动中享有的权利和利益，民事权益即为民事权利与民事利益。除民事权利外，合法的民事利益也受法律保护。商品条码虽然包含有企业名称等信息，但一般公众不可能知晓其中包含的信息，故商品条码不属于企业名称权的范围。法律也没有规定商品条码是何种民事权利。商品条码有利于商品管理和流通，因此，商品条码是民事利益。《商品条码管理办法》第21条规定："任何单位和个人未经核准注册不得使用厂商识别代码和相应的条码。任何单位和个人不得在商品包装上使用其他条码冒充商品条码；不得伪造商品条码。"黄某如经注册取得的商品条码是合法的民事利益，应受法律保护。番泰商行未经黄某如允许，擅自使用其商品条码，应承担相应的民事责任。宝诚公司系受番泰商行的委托使用黄某如商品条码，黄某如无证据证明宝诚公司具有过错，其要求宝诚公司承担责任的诉讼请求不能成立。由于冒用商品条码的行为不会引起消费者对商品误解和商品销售，故冒用商品条码的行为不属于不正当竞争行为，黄某如主张番泰商行不正当竞争的上诉理由不能成立。因商品条码是财产利益，不是企业人格利益，对黄某如主张赔礼道歉的诉讼请求不予支持。再因中山市质量技术监督局已责令番泰商行停止侵权，且黄某如无证据证明番泰商行仍在使用其商品条码，黄某如要求番泰商行停止侵权的诉讼请求不能成立。黄某如因调查、制止侵害行为和诉讼所支出的费用属于损失，应由番泰商行赔偿，酌定损失为1万元。原审认定事实清楚，但适用法律不当。故判决撤销中山市人民法院一审民事判决，广州市番禺区番泰商行于本判决生效后三日内赔偿黄某如损失1万元；驳回黄某如

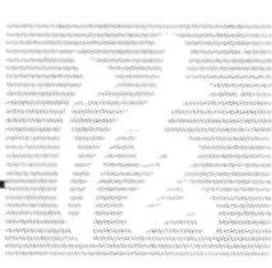

其他诉讼请求。

二、对侵权责任法保护的民事利益范围的基本理论分析

本案终审判决尽管不是适用《侵权责任法》作出的判决，但其适用法律的基本思路是符合《侵权责任法》第 2 条第 2 款规定精神的，因此，对于分析侵权责任法保护的民事利益范围具有借鉴意义。

（一）对侵权责任法保护的民事利益范围的不同看法

对于《侵权责任法》第 2 条规定的民事利益保护范围，学者有不同理解。

有的学者认为，除了《侵权责任法》第 2 条第 2 款列举的民事权利之外，还有其他民事权益也属于侵权责任法的保护对象，比如死者名誉、胎儿人格利益。考虑到民事权益多种多样，立法中难以穷尽，而且随着社会、经济的发展，还会不断地有新的民事权益纳入侵权责任法的保护范围，因此，《侵权责任法》没有将所有的民事权益都明确列举，但不代表这些民事权益就不属于侵权责任法的保护范围。[①] 这个解说比较含糊，也代表了立法者对这个问题的不明确态度。

有的学者认为，侵权法保护的利益应当是私法上的、具有绝对性的合法利益，其特点是，这种利益必须是私法上的利益，必须具有绝对性，具有合法性，必须具有侵权责任法上的可救济性。具体的范围是：一是一般人格利益，二是死者人格利益，三是财产利益，四是其他合法利益。[②] 这种说法从两个方面对民事利益进行界定，说的比较明确，不过在解释侵权责任法保护的民事利益时仍然包括“其他合法利益”这样的弹性表述，不够妥当。

有的学者认为，民事法益具有类似民事权利的某些属性但又有不同于民事权利的特征，部分民事法益可能上升为民事权利而另一部分则只能以受到法律保护的利益形态存在。死者的人身利益如姓名、肖像、名誉、隐私、遗体、遗骨等，属于受到保护的人身利益。债权在一定程度上也属于受到保护的财产利益，但侵

① 王胜明主编：《中华人民共和国侵权责任法释义》，法律出版社 2010 年版，第 25 - 26 页。

② 王利明：《侵权责任法研究》上卷，中国人民大学出版社 2010 年版，第 92 - 98 页。

权责任之构成往往以侵权人的故意为主观要件。[①] 这种说法的表述不够准确，特别是将债权也归入民事法益的范围内，有欠斟酌。

有的学者认为，民事利益是指虽然受到法律一定程度的保护但尚未形成为一种民事权利的利益。依内容之不同，侵权责任法保护的民事利益可分为：人身利益与财产利益，如死者之名誉、隐私、肖像，具有人格象征意义的特定纪念物品上的人格利益，商业秘密，占有等。至于哪些利益属于民事利益，进而能够受到私法的保护，则应具备合法性、私人性及可救济性这三项特征。[②] 这个主张对民事利益概念的界定比较可取，但对其外延的表述显然缺乏整理。

在上述分析中，有以下几点是共同的：第一，民事利益是尚未成为民事权利的私法上的利益；第二，民事利益范围相当宽泛，并非所有的民事利益都受侵权责任法的保护；第三，受到侵权责任法保护的民事利益应当具备一定的属性，例如合法性、绝对性、可救济性。这些意见，应当成为我们确定侵权责任法保护的民事利益范围的基础。

（二）《侵权责任法》保护民事利益的应然范围

《侵权责任法》对保护的民事权益范围，在第 2 条第 2 款作了规定，即“本法所称民事权益，包括生命权、健康权、姓名权、名誉权、荣誉权、肖像权、隐私权、婚姻自主权、监护权、所有权、用益物权、担保物权、著作权、专利权、商标专用权、发现权、股权、继承权等人身、财产权益”。这种写法除了存在列举的民事权利不够，很多重要的权利没有写进来，例如身体权、人身自由权、信用权、债权、配偶权等；所列举的 18 种民事权利并非属于同一个逻辑层次上的权利，多数是具体权利，有的是权利类型；已经写进来的权利有些较难得到侵权法的保护，例如继承权、股权等之外，最重要的是，对《侵权责任法》所保护的民事利益，只界定到人身、财产利益的程度，没有进一步明确界定，在司法实践中很难掌握。

根据这一规定，《侵权责任法》保护的民事范围既包括民事权利，也包括民

① 张新宝：《侵权责任法》，中国人民大学出版社 2010 年第 2 版，第 4－5 页。

② 程啸：《侵权责任法》，法律出版社 2011 年版，第 66－67 页。

事利益。但这一规定没有对《侵权责任法》保护的民事利益进行列举，也没有进行限制。

民事利益是指民事主体享有，能够给自己带来一定便利，尚未被法律认可为民事权利的私法上的利益。对民事利益应当采用三分法：(1) 被民事权利保护的民事利益，成为民事权利客体；(2) 法律规定应当予以保护的民事利益，就是法益，即法律虽然保护，但并非设置权利保护，而仅以法益予以保护；(3) 不受法律保护的民事利益。法益就是侵权责任法所保护的利益。法益的确定方法是：首先，凡是法律已经明文规定应当保护的合法利益，属于《侵权责任法》保护的范围，例如死者的人格利益；其次，故意违反善良风俗致人利益损害的行为，属《侵权责任法》调整的范围；再次，利益应当达到重大程度，轻微的民事利益不应当进入《侵权责任法》保护的范围，以更好地对民事主体的行为自由予以保护。

《侵权责任法》应当保护的民事利益（即法益）范围是以下五种。

1. 其他人格利益

其他人格利益，在学说上叫作一般人格利益，即具体人格权不能涵盖但应当依法予以保护的人格利益。任何人格利益，凡是没有明文规定，但确需依法进行保护的，都可以概括在这个概念里，作为《侵权责任法》保护的范围。对此，最高人民法院《关于确定民事侵权精神损害赔偿责任若干问题的解释》规定为其他人格利益，应当按照司法解释的规定确定这个概念。

《侵权责任法》保护其他人格利益具体分为：第一，有一些在立法上没有规定，但是在理论上认为已经具有具体人格权性质的人格权，可以概括在其他人格利益中。例如，性自主权在其他法律中已经规定为人格权并加以刑法和行政法的保护，《侵权责任法》保护性自主权，可以适用其他人格利益予以保护。第二，对于有可能成为新的具体人格权的人格利益，例如形象权、声音权等，应当概括在其他人格利益中予以保护。第三，对于具体人格权和上述人格利益无法包括的人格利益，概括在其他人格利益之中依法予以司法保护，例如浴池允许人狗同浴，侵害的就是受害人的其他人格利益。

2.死者人格利益

《民法通则》没有规定保护死者人格利益，而死者的某些人格利益确有保护必要。《民法通则》在实施中遇到了这个问题，在“荷花女”案件的审理中，最高人民法院作出司法解释，规定对死者的名誉应当进行法律保护。这种做法取得了很好的效果，发挥了重要作用，受到各界欢迎，在国外也有很好的影响。最高人民法院《关于确定民事侵权精神损害赔偿责任若干问题的解释》将死者名誉利益保护的经验予以扩展，对死者的姓名、肖像、名誉、荣誉、隐私以及遗体和遗骨等人格利益均予以保护，填补了立法缺陷，对于维护死者的人格利益，维护正常的人际关系与社会和谐稳定，都有重要意义。

借鉴我国司法实践20多年积累的审判经验，《侵权责任法》保护的民事利益应当包括死者人格利益。《侵权责任法》保护的死者人格利益范围，包括死者的姓名、肖像、名誉、荣誉、隐私以及遗体、遗骨。对于凡是侵害上述死者人格利益造成损害的，都应当认定为侵权行为，对死者的近亲属承担损害赔偿责任。

3.胎儿人格利益

关于胎儿人格利益的法律保护，现有的法律和司法解释均无明确规定。在实践中已经出现过这样的案例。成都市贾某怀有4个多月身孕，在乘坐出租汽车时发生交通事故，被撞伤，致右额粉碎性凹陷骨折及颅内血肿。贾某起诉认为，自己为治疗伤害而服药，会对胎儿健康发生影响，要求对胎儿人格利益的损失予以赔偿。法院组织数次鉴定，均无法确定现在即存在损害。法院判决认为胎儿伤害尚不能确定，无法予以支持，待其出生并伤害确定后可以起诉。本案尽管没有形成确定保护胎儿人格利益的判决，但体现了保护胎儿人格利益的思想。

胎儿人格利益应当确定为《侵权责任法》保护的范围。罗马法认为，胎儿从实际的角度上讲不是人，但由于他是一个潜在的人，人们为保存并维护其自出生之时即归其所有的那些权利，而且为对其有利，其权利能力自受孕之时起产生，而不是从其出生之时起计算。在近、现代的民事立法中，规定胎儿在其母体中受到侵权行为的侵害，自其出生时始，享有损害赔偿请求权。

《侵权责任法》保护胎儿人格利益的基本规则是：第一，胎儿在母体中受到

身体损害或者健康损害，法律确认其产生损害赔偿请求权。第二，胎儿的损害赔偿请求权，在胎儿还没有出生之前是一种潜在的权利，应待其出生后依法行使。第三，由于初生儿具有民事权利能力而不具备民事行为能力，因而行使侵权责任请求权应由其亲权人作为法定代理人代为行使，而不是由其母亲行使。第四，如果胎儿出生时为死体，胎儿不能产生损害赔偿请求权，而由受害人即怀孕的母亲享有损害赔偿请求权。

4.其他身份利益

其他身份利益，是亲属之间基于特定的亲属关系产生的，不能为身份权所概括的利益，属于人身利益的范畴。在实践中，将亲属之间的利益确定为身份利益，并且予以侵权责任法的保护，并非没有争议，甚至较少有人提出。但在事实上，除了配偶权、亲权和亲属权所保护的身份利益之外，其他身份利益大量存在，经常受到侵权行为的侵害，《侵权责任法》应当提供保护。例如贵阳市某对夫妻生活近 20 年，育有儿子 16 岁。双方感情破裂离婚，但对抚养子女发生争议，最后查明该子不是男方的婚生子女。男方起诉女方，追究女方侵害其生育权的责任。我们研究认为，女方对丈夫隐瞒与他人生育子女的客观事实，并非侵害生育权的客观依据，而是造成男方延误生育子女的身份利益，因此是侵害身份利益的侵权行为，构成侵权责任。

对上述利益损害界定为身份利益损害，是符合《侵权责任法》第 2 条规定和第 6 条第 1 款过错责任原则的规定的，根据这样的经验，《侵权责任法》所保护的民事利益应当包括身份利益。

5.其他财产利益

其他财产利益，是物权、债权、知识产权等财产权所保护的财产利益之外的其他财产利益。在社会生活中，有很多财产利益是不能概括在上述财产权利当中的，而仅仅是财产利益。例如《国家赔偿法》第 36 条规定的侵犯公民、法人和其他组织的财产权造成损害的，错误查封、扣押、冻结财产，在解除对财产的查封、扣押、冻结所造成的财产损坏或者灭失，侵害的是权利人的物权；但在错误吊销许可证和执照、责令停产停业的，该行为造成停产、停业期

间必要的经常性费用开支，侵害的就是财产利益，而不是物权，也不是债权或者知识产权。占有不是物权保护的对象，是作为民事利益进行保护的。同样，对于纯粹经济损失这种新型侵权行为损失类型，其所侵害的就是财产利益，而不是财产权利。

上述财产利益尽管都不是财产权利，但都应当得到《侵权责任法》的保护，应当概括在《侵权责任法》第 2 条第 2 款规定的其他人身、财产权益中，作为《侵权责任法》保护的民事利益。

（三）民事利益受到损害应予侵权责任法保护的必要程度

上述五种民事利益都受《侵权责任法》的保护。但是，并不是所有的上述五种民事利益都应当予以保护，而是需要损害达到一定程度，才能够予以保护。对此，我的意见是：

1. 民事利益具有必要的属性

侵权责任法保护的民事利益必须具备必要的属性。以下三个属性是侵权责任法保护的民事利益必须具备的属性：(1) 合法性，只有合法的民事利益才能受到法律的保护，在其受到损害时获得救济。违法获得的民事利益虽然也是民事利益，但侵权责任法在其受到损害时并不予以保护。例如，赌资不能认为不是民事利益，但在我国大陆就不具有合法性，而不予侵权责任法的保护。不过在澳门特区，则有些赌资是合法的权利，有些赌资是自然债务，有些赌资则是非法利益。(2) 绝对性，侵权责任法保护的民事利益，任何第三人都必须予以尊重，负有不可侵义务，即具有绝对性。正如《民法通则》第 5 条规定："公民、法人的合法的民事权益受法律保护，任何组织和个人不得侵犯。"绝对性的表现，一是民事利益具有公开性，不限于特定当事人之间，能够为第三人所知道和了解；二是这种民事利益能够对抗第三人，在受到侵害时，民事利益享有人能够对实施侵害行为的第三人提出主张和提起诉讼。(3) 可救济性，侵权责任法保护的民事利益在受到侵害时，能够通过侵权责任方式的适用而对受害人予以救济，如果侵权责任法对某种民事利益的损害无法予以救济，就不具有可救济性，当然也就不是侵权责任法所保护的民事利益。

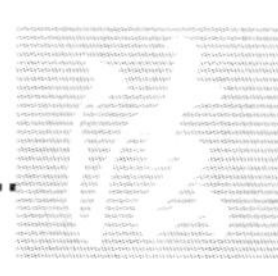

2. 民事利益须达到重大程度

侵权责任法保护的民事利益应当达到重大程度，对于较为轻微的民事利益不能作为侵权责任法保护的客体，因此，违反保护他人的法律，或者故意违背善良风俗，造成前述五种民事利益受到损害的，构成侵权行为，行为人应当承担侵权责任。具体方法是：

第一，《侵权责任法》保护的民事利益必须是前述五种民事利益中的一种。超出这五种民事利益之外的，不属于民事利益，不受《侵权责任法》的保护。

第二，民事利益受到损害，行为人的行为须具备违反保护他人的法律或者故意违背善良风俗的违法性。按照王泽鉴教授的解释，仿照《德国民法典》第 823 条和第 826 条规定制定的民国民法典即现行我国台湾地区“民法”第 184 条规定，继受德国法上传统不法性的理论，构建侵权行为体系，第 184 条第 1 项前段的不法侵害，受保护的权益是权利；第 184 条第 1 项后段的故意悖于善良风俗，受到保护的权益既包括权利也包括利益；第 184 条第 2 项规定的违反保护他人的法律，保护的权益既包括权利也包括利益。[①] 将违法性和保护范围结合起来，《侵权责任法》保护的民事利益，须具备违反保护他人的法律和故意违背善良风俗的违法性要件，即可做到比较准确地界定侵权法保护的民事利益范围，发挥《侵权责任法》的法律调整作用。

第三，民事利益受到损害应当达到较严重后果，而非轻微损害。例如，某女士乘坐出租车发生交通事故，造成了嘴唇撕裂的后果，医院缝合，但出院后回家跟自己的丈夫接吻时没有感觉了，亲吻自己的孩子时也没有感觉了，就向法院起诉，除了要肇事一方承担人身损害赔偿责任之外，还起诉亲吻权受到侵害的损害赔偿。亲吻以及亲吻所带来的愉悦也是一种人格利益，但这种利益并不是民法所保护的利益，因为嘴唇损伤就是侵害了健康权，人身损害赔偿已经起到了救济这种损害的作用了，没有可能对亲吻受到的损害还要进行赔偿。《侵权责任法》无法保护这样的利益。如果亲吻这种利益也受到侵权法保护，那么，侵权行为造成受害人手的损伤，不能挠痒痒了，难道说还有个挠痒痒权

① 王泽鉴：《侵权行为》，北京大学出版社 2009 年版，第 217 页。

应当进行保护吗？挠痒痒的利益是通过健康权保护的，不能直接受到侵权责任法的保护。

三、本案争议的商品条码属于侵权责任法保护的民事利益范围

本案争议的焦点问题是：冒用商品条码的性质及其法律责任。在司法实践中，注意区分以下易混淆的问题，有助于准确把握冒用商品条码的民事责任：一是商品条码的性质及法律特征；二是冒用商品条码行为与侵犯商标使用权的关系；三是冒用商品条码与不正当竞争行为的关系；四是商品条码的法律保护问题。

（一）正确认定商品条码的性质

商品条码是由一组按一定规则排列的条、空及对应字符（阿拉伯数字）所组成的，用于表示商店自动销售管理系统的信息标记或者对商品进行分类编码的标记。商品条码就是商品身份证的统一编号。商品条码虽然包含有企业名称等信息，但必须用仪器扫描才能获取，一般公众不可能知晓其中包含的信息，具有一定的隐蔽性和不易获取性，与企业名称的意义和作用并不一致，故商品条码不属于企业名称权的范围。但是，商品条码属于民事主体的民事利益，系统成员对其注册厂商识别代码和相应商品条码享有专用权，经注册取得的商品条码是合法的民事利益，应受法律保护。未经允许擅自使用他人商品条码，应承担相应的民事责任。本案的终审判决正确地认定商品条码的性质属于民事利益范畴，对于研究侵权责任法保护的民事利益范围具有借鉴意义。

不过，有一个问题需要研究，这就是既然商品条码属于民事利益中的财产利益，那么，为什么仅仅判决对商品条码被侵权的调查、制止侵害行为和诉讼所支出的费用损失进行赔偿，而对商品条码被侵害的本身损失不进行赔偿呢？我认为，这项判决值得斟酌，原因在于，既然商品条码是一种财产利益，受到侵害必然造成利益所有人的财产利益损失。当然，调查、制止侵权行为和诉讼所支出的费用属于损失，但商品条码被侵害本身，也必定存在财产的损失，只不过这个损

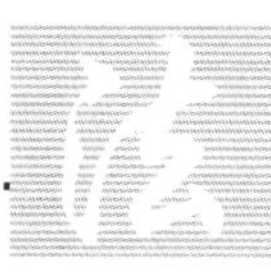

失与其他财产利益相比，具有更大的隐蔽性而已。对此，也应当进行估算，确定实际损失，并且予以赔偿。

（二）正确认定商品条码与商标权、名称权的不同

虽然商品条码在现代商品销售自动化管理上应用十分广泛，而且还常常与商标同时出现在商品的包装或附着物上，与商标有紧密联系，这些标志或标记很容易与商标相混淆。但两者之间的功能作用不同，不仅在表现形式和标记的内容不同，而且使用的目的不同，法律特性不同。由于法律没有规定商品条码为何种权利，商品条码虽然包含有企业名称、商标等信息，但必须是商品的管理者使用专用仪器进行扫描才能获取，该企业名称和商标具有一定的隐蔽性和不易获取性。为此，一般公众或消费者不可能知晓其中包含的信息。当商品条码被人冒用时，相对于公众和消费者而言，冒用者并未直接使用企业名称与商标，故冒用商品条码不构成侵犯企业名称权、商标权。对商品条码不能适用商标权和名称权的保护方法进行保护，更不能直接认定商品条码就是商标权和名称权的内容，以商标权或者名称权受到侵害确定侵权责任。

（三）正确认定冒用商品条码不构成不正当竞争

本案经审法院判决认为，冒用商品条码和不正当竞争行为所涉及的企业名称有质的区别。商品条码虽然包含有企业名称等信息，但与一般意义的企业名称存在差异，不属于企业名称权的范围，冒用他人商品条码不会导致他人产品销量减少，也不会增加冒用产品的销量。所以，冒用商品条码的行为不符合《反不正当竞争法》有关“擅自使用企业名称”侵权责任的构成要件，其行为不构成不正当竞争行为。

（四）正确确定商品条码的法律保护方法

商品条码是合法的、受法律保护的民事利益。商品条码经登记后使用，有利于商品管理和流通，能够给使用人带来一定的便利，因此，商品条码是民事利益，而不是权利。商品条码专用权并非法定权利，而具财产利益属性，《侵权责任法》应当予以保护。本案终审判决认为，番泰商行未经黄某如允许，擅自使用其商品条码，其主观上具有故意，行为具有违法性。因冒用商品条码造成商场、

超市企业对原告商品的识别困难或因冒用商品条码造成原告商品和企业信用降低而产生的财产损失，均可认定为侵害利益造成损失。黄某如因调查、制止侵害行为和诉讼所支出的费用与侵害行为具有因果关系，属于损失。因此，黄某如的请求符合利益损害赔偿责任的构成要件，终审法院酌定侵害人赔偿利益所有人调查、制止侵害行为和诉讼所支出的费用损失是正确的。我的评论是：第一，判决确定对调查、制止侵权行为和诉讼所支出的费用为侵权行为造成的损失，予以赔偿，是值得称道的。对于这种赔偿，很多法院不支持受害人的赔偿请求，是不对的。对此，予以特别的肯定。第二，既然判决确认"因冒用商品条码造成商场、超市企业对原告商品的识别困难或因冒用商品条码造成原告商品和企业信用降低而产生的财产损失，均可认定为侵害利益造成损失"，为什么对这样的损失不予赔偿呢？这种做法反映了法院审判侵权案件中的一个偏见，即对受害人也就是民事权利人关于赔偿范围的确定，总是格外谨慎，甚至过于谨慎，抠得很死。这种做法只能对侵权人有利而对受害人不利，难以实现侵权责任法矫正正义功能的实现。对此，建议民事法官应当对此有所警觉，以便更好地保护民事权利人的权利和利益，救济受害人受到的损害。

第四节　侵权请求权的优先权保障

《侵权责任法》第 4 条第 2 款规定了侵权请求权的优先权保障制度，即"因同一行为应当承担侵权责任和行政责任、刑事责任，侵权人的财产不足以支付的，先承担侵权责任"。这里规定的就是侵权请求权的优先权保障问题。这种优先权保障制度的规定需要进行探讨，本节作出以下说明，以期引起讨论，保证《侵权责任法》规定的这一制度的贯彻实施，更好地保护被侵权人的合法权益。《侵权责任法》的这一规定，被《民法总则》吸收，规定于第 187 条，即"民事主体因同一行为应当承担民事责任、行政责任和刑事责任的，承担行政责任或者刑事责任不影响承担民事责任；民事主体的财产不足以支付的，优先用于承担民

事责任”。因而使这一规则有了更为重要的价值。

一、侵权请求权优先权的产生基础和理由

（一）《侵权责任法》第 4 条第 2 款规定的内容应当怎样概括

《侵权责任法》第 4 条第 2 款规定的内容应当怎样概括，尚未见深入讨论，仅在有关《侵权责任法》的释义和解释的书中有所涉及，且说明亦不充分。

1. 优先原则说

这种意见认为，这里规定的是侵权请求权优先原则。认为民事责任优先原则就是解决责任竞合时的法律原则，即一责任主体的财产不足以同时满足民事责任、行政责任或者刑事责任时，优先承担民事责任。[①]

2. 优先性说

这种意见认为，这里规定的是侵权责任的优先性。认为对同一违法行为，当行为人同时要承担侵权责任与行政责任、刑事责任，并且这些责任都是财产性质的责任，当责任人的财产不足以支付时，责任人应当以其财产支付侵权赔偿，填补受害人所遭受的损害。[②]

3. 优先承担说

这种意见认为，当侵权人的责任财产不足以承担全部的侵权责任、行政责任和刑事责任时，应优先承担侵权责任，即民事责任。[③]

这些解释都有道理，但我认为，把第 4 条第 2 款规定的内容解释为优先原则、优先性或者优先承担，都存在缺陷。问题在于，优先原则是说赔偿的一个原则，针对性并不强。优先性，仅仅说明侵权请求权之于刑事责任或者行政责任，具有优先性而已。至于优先承担说，并没有作出理论性的概括。

将该条款规定的内容解释为侵权请求权的优先权，就会大大提高侵权责任请

---

① 王胜明主编：《中华人民共和国侵权责任法释义》，法律出版社 2010 年版，第 32 页。

② 奚晓明主编：《〈中华人民共和国侵权责任法〉条文理解与适用》，人民法院出版社 2010 年版，第 37 页。

③ 王利明主编：《中华人民共和国侵权责任法释义》，中国法制出版社 2010 年版，第 19 页。

求权的地位，使其成为一个具有担保物权性质的优先权予以保障，不仅确定侵权请求权的优先性、优先原则或者优先承担，而且使该请求权有了担保物权性质的保障，具有物权法上的意义。不仅如此，如果这样解释，就可以将《刑法》第36条第2款、《公司法》第215条、《证券法》第232条、《食品安全法》第97条、《合伙企业法》第106条、《产品质量法》第64条、《证券投资基金法》第99条以及《个人独资企业法》第43条中规定的这些内容，进行整合，统一解释为侵权请求权的优先权，以该优先权作为侵权请求权的保障，对抗侵权人应当承担的刑事责任或者行政责任，更好地保护被侵权人的利益，救济其损害，就有更为重要的意义。

（二）侵权请求权优先权的产生基础

法规竞合的发生，产生了民事主体侵权请求权的优先权保障。由于对侵权行为有可能由刑法、行政法、侵权法等不同部门法进行规范，因而形成了刑法、行政法、民法的法律规范竞合，即非冲突性法规竞合，侵权人可能由于同一个违法行为，同时要承担民事责任、刑事责任或者行政责任。由于不同部门法律规范的竞合属于非冲突性竞合，因而存在同时适用的可能。这样，侵权人因同一个违法行为，既要承担罚金、没收财产的刑事责任，或者罚款、没收违法所得的行政责任，又要承担损害赔偿等侵权责任，发生财产性的行政责任、刑事责任与侵权责任的竞合，并且应当同时承担。如果赋予被侵权人以侵权请求权的优先权，则该请求权的地位就优先于罚款、没收财产的刑事责任或者罚款、没收违法所得的行政责任，使民事主体的权利救济得到更有力的保障。这就是损害赔偿请求权优先于行政责任或者刑事责任的优先权保障赖以产生的法理基础。正因为如此，《侵权责任法》才作出上述规定。

（三）规定侵权请求权优先权的理由

侵权请求权应当得到优先权保障的理由如下。

第一，在我国，私人权利应当优先得到保障。我国《宪法》第33条规定："中华人民共和国公民在法律面前一律平等。""国家尊重和保障人权。""任何公民享有宪法和法律规定的权利，同时必须履行宪法和法律规定的义务。"受害人

作为被侵权人之一，是共和国公民，国家应当保障其基本的民事权利。民事权利是基本人权之一，被侵权人享有的生命权、健康权、身体权以及其他民事权利都是私人权利，都是人权的基本范畴。① 这些权利受到侵害而产生的侵权请求权，保护的是民事权利，它本身也是民事权利，国家应当依法提供保障。

第二，侵权请求权是对私人权利受到损害的救济权，担负着恢复私人权利、平复被侵权人损害的职责。同时，在侵权请求权中，大部分或者绝大部分都关涉被侵权人的生存权问题，特别是对生命权、健康权、身体权损害的救济更是关系到平复伤害、恢复健康的重要利益，必须予以优先保障。设立侵权请求权优先权，就能够保障被侵权人的合法权益不受侵害，受到侵害能够及时得到救济，使之尽早恢复。

第三，在关涉对被侵权人合法权益受到侵害的救济问题，国家利益应当退到第二位，实行私权优先，优先保障侵权请求权的实现。在我国，长期存在一个错误观念，即无论在何种情况下都要“先国家，后集体，再个人”，赔偿也同样如此。“舍小家为大家”“个人利益服从集体利益”“局部利益服从全局利益”仍然是调整公权与私权关系的金科玉律，因此，为公权而无条件牺牲私权是受到赞许和鼓励的，那些为了个人的私权实现而不依不饶的人通常受到鄙视。这些观念都是错误的。国家作为保护人民的政治实体，首要任务是保障人权，国家增加财政收入的目的也是如此。如果首先保证罚款和罚金责任的实现，当受害的被侵权人无法得到损害赔偿救济时，也还是需要由国家予以救济，既然如此，国家何必要与民争利呢？因此，设立侵权请求权优先权进行法律保障，确立私权优先的原则，也是实现国家宗旨，保护人民利益的必要措施。②

正因为如此，侵权请求权的优先权在保障被侵权人的合法权益及救济损害方面具有极为重要的意义，因此，设立这个优先权“就代表着人们在这方面的希望

① ［英］克莱尔·奥维、罗宾·怀特：《欧洲人权法原则与判例（第三版）》，何志鹏、孙璐译，北京大学出版社 2006 年版，第 57、137、297 页。

② 刘曙光：《二论私权优先原则》，见中国改革论坛，http：//www.chinareform.org.cn/cirdbbs/dispbbs.asp？boardid=2&id=50068。

和努力，从而使其成为一项极具社会使命和人道主义精神的法律制度”①。

二、优先权的一般概念和性质

在研究侵权请求权的优先权之前，先要对优先权的一般性问题作一个说明，并说明本书作者的观点。

（一）优先权的概念和沿革

优先权也称先取特权，是指特定的债权人依据法律的规定而享有的就债务人的总财产或特定财产优先于其他债权人而受清偿的权利。② 在优先权中，在债务人不特定的总财产上成立的优先权叫作一般优先权，而就债务人特定动产或不动产上成立的优先权叫作特别优先权。③

优先权起源于罗马法中的优先索取权，后期具有担保物权性质。④ 法国民法在继受罗马法优先权的基础上，逐渐出现了把财产划归清偿某些债权的概念，从而使优先权从原来的债权人之间的分类变成为物的担保制度⑤，优先权从此具有了担保物权的性质，并且将其与抵押权并列规定，明确规定优先权与抵押权为优先受偿的合法原因。⑥ 日本民法继受了法国民法的优先权制度，称之为先取特权，在《日本民法典》第二编第八章第 303 条至第 341 条作出专门规定。⑦

《德国民法典》不规定优先权，只是将优先作为特定债权所具有的一种特殊效力，即优先受偿效力，认为某些特种债权被赋予优先效力的实质，在于打破债权平等原则，赋予该等债权人以优先受偿的效力，但该特种债权不过是推行社会政策和基于社会公益的结果，并不改变其债权性质。因此，优先受偿的权利只是

---

① 崔建远主编：《我国物权法立法难点问题研究》，清华大学出版社 2005 年版，第 242 页。

② 谢怀栻：《外国民商法精要》，法律出版社 2002 年版，第 158 页。

③ 申卫星：《物权立法应设立优先权制度》，载王利明主编：《物权法专题研究》下册，吉林人民出版社 2001 年版，第 414 页。

④ 刘保玉：《物权体系论》，人民法院出版社 2004 年版，第 336－337 页。

⑤ 沈达明：《法国·德国担保法》，中国法制出版社 2000 年版，第 91 页。

⑥ 于海涌：《法国不动产担保物权研究》，法律出版社 2004 年版，第 2 页。

⑦ 渠涛译：《最新日本民法》，法律出版社 2006 年版，第 65－72 页。

特种债权的效力之一，并非一种独立的担保物权。《瑞士民法典》、我国台湾地区"民法"也都没有明确的将优先权作为担保物权的规定。[①]

（二）优先权的法律性质

我国民法理论对优先权的性质认识并不相同。主要观点如下。一是特种债权说，认为优先权并非一种独立的担保物权，它不过是立法政策对特种债权的特殊保护，而特种债权主要是指工资、生活费、司法费用、抚养费用等支付关系，它们是基于公法关系、劳动法关系、婚姻家庭法关系产生的，并非民法上的债权关系。[②] 这种观点显然来源于德国法。二是担保物权说，认为优先权是独立的法定担保物权，它既不是优先受偿效力或特殊债权的清偿顺序，同时也与抵押权等担保物权具有明显的区别。[③] 这种观点基本上来自于法国法的影响。在制定《物权法》过程中，多数学者持这种观点，主张在《物权法》中规定优先权为担保物权。[④] 当然反对的意见也存在，但并不是反对优先权具有担保物权性质，而是不一定在《物权法》中作出规定。[⑤]

我认为，优先权是独立的法定担保物权，理由是：第一，优先权基于社会生活实际需要而产生，其意义在于社会政策、公平观念等各种考虑，通过明确某些需要特殊保护的债权优先于其他债权而受清偿，而对债权平等原则加以突破。第二，我国现行法中也已经将某些优先权规定为法定担保物权。如《海商法》第22条、第25条第1款中规定的船舶优先权，《民用航空法》第19条、第22条规定的民用航空器优先权，《税收征收管理法》第45条第1款规定的税收优先权，《合同法》第286条规定的建筑工程承包人的建设工程价款优先权等。第三，优先权的性质、产生、内容以及消灭的原因等都决定了其为独立的法定担保物权，而非单纯的优先受偿效力或者债权清偿顺序。第四，我国法定担保物权只有留置

---

① 崔建远主编：《我国物权法立法难点问题研究》，清华大学出版社2005年版，第232页。

② 董开军：《担保物权的基本分类及我国的立法选择》，《法律科学》1992年第1期。

③ 王利明：《物权法论》（修订本），中国政法大学出版社2004年版，第720页。

④ 王利明主编：《中国民法典学者建议稿及立法理由·物权编》，法律出版社2005年版，第541页。

⑤ 刘保玉：《物权体系论》，人民法院出版社2004年版，第345-346页。

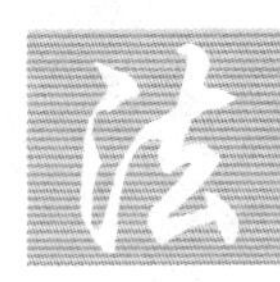

权一种，体系不完整，增加优先权作为法定担保物权可以完善法定担保物权体系。[①]

三、侵权请求权优先权的概念和类型

（一）侵权请求权优先权的概念

侵权请求权优先权是指被侵权人依法享有的，就造成其损害的侵权人的总财产承担侵权责任，优先于侵权人应当承担的财产性质的行政责任或者刑事责任而优先受清偿的担保物权。

《侵权责任法》第 4 条第 2 款规定的侵权请求权优先权，是我国现行法规定的职工工资债权和劳动保险费用优先权、建筑工程承包人的建设工程价款债权的优先权[②]、船舶优先权、民用航空器优先权、税收优先权之外的第六种优先权。

（二）侵权请求权优先权的特征

依我所见，侵权请求权优先权作为一种权利保障的权利，具有以下四个基本特征。

第一，侵权请求权优先权是他物权。优先权具有优先受偿性、支配性、排他性以及追及性，这些性质说明它是一种物权而不是债权。[③] 侵权请求权优先权同样如此，它存在的基础是侵权人的总财产，是被侵权人就侵权人的财产所设立的物权，具有优先受偿性、支配性、排他性以及追及性，因此，其性质是他物权，不是自物权。

第二，侵权请求权优先权是担保物权。用益物权和担保物权都是他物权，其最基本的区别在于，用益物权的基本属性在于它对他人财产的用益性，而担保物权的基本属性在于对他人财产的代位性和保证性。[④] 侵权请求权优先权作为一种

① 杨立新：《物权法》，高等教育出版社 2007 年版，第 318 页。

② 参见最高人民法院《关于建设工程价款优先受偿权问题的批复》第 1 条。

③ 王利明主编：《中国民法典学者建议稿及立法理由·物权编》，法律出版社 2005 年版，第 542 页。

④ 杨立新：《物权法》，高等教育出版社 2007 年版，第 152、157 页。

他物权，从属于其所担保的侵权请求权而存在，其目的就在于保证该侵权请求权的实现。因此，这种他物权的性质是担保物权，而不是用益物权。

第三，侵权请求权优先权是一种法定担保物权。优先权与留置权一样都是一种法定担保物权，但是优先权的法定性更为强烈：首先，优先权的产生要依据法律的明确规定，债权的权利人能够享有优先权必须依据法律的明确规定，否则当事人不得约定设立优先权；其次，优先权的效力要依据法律的明确规定，即优先权所担保的债权范围、优先权效力所及的标的物范围以及优先权之间、优先权与其他担保物权之间的顺位都必须依据法律的明确规定，当事人也不能自由约定。[①] 侵权请求权优先权也是要由法律明确规定的，所担保的侵权请求权范围、效力所及的标的物等，也都必须由法律规定，因此，它是法定担保物权。

第四，侵权请求权优先权是无须公示而产生的担保物权。与其他优先权一样，侵权请求权优先权属于无须公示仅因法律规定就能够产生的担保物权，无须交付，也无须登记。

（三）侵权请求权优先权的类型

在优先权的类型上，可以分为民法上的优先权与特别法上的优先权、一般优先权和特殊优先权、优先于所有债权的优先权与优先于特定权利的优先权。侵权请求权优先权的类型特点是：

第一，侵权请求权优先权是民法上的优先权。民法上的优先权是指由民法加以规定的优先权[②]，如《合同法》第 286 条规定的建设工程价款的优先权。侵权请求权优先权也是这种优先权，是通过《侵权责任法》规定的优先权，因为《侵权责任法》就是民法的组成部分，因而其属于民法优先权，而不是由民法之外的法律规定的特别法优先权。

第二，侵权请求权优先权是一般优先权。一般优先权是指就债务人的总财产

① 王利明主编：《中国民法典学者建议稿及立法理由·物权编》，法律出版社 2005 年版，第 542 页。
② 杨立新：《物权法》，高等教育出版社 2007 年版，第 318 页。

或者一般财产而优先受偿的优先权[①]，如受雇人的工资债权就债务人的总资产优先受偿。侵权请求权优先权是为了保护被侵权人合法权益而设立的优先权，其作为保证的资产不是侵权人的特定财产，而是全部总资产，包括侵权人所拥有的全部动产和不动产，因而是一般优先权。

第三，侵权请求权优先权是优先于特定权利的优先权。侵权请求权优先权并不是优先于所有权利的优先权，而是仅优先于行政责任及刑事责任中的财产责任，对于其他债权，侵权请求权优先权并不处于优先地位，应当受债权平等原则约束，更不能对抗有其他担保物权担保的债权。

四、侵权请求权优先权的成立要件和效力

（一）侵权请求权优先权的成立要件

侵权请求权优先权是法定担保物权，其成立应当具备法律规定的必备要件。其应当具备的要件如下。

1.承担侵权责任的人与罚款、罚金等责任的人须为同一侵权人

侵权请求权的权利人是被侵权人，相对应的责任人是造成其合法权益受到损害的侵权人。不论应当承担刑事责任还是行政责任，以及承担侵权责任，都必须是同一个侵权人应当承担的法律责任。只有在同一侵权人应当承担上述不同责任时，优先权才是有意义的，也是该优先权成立的要件，否则不发生优先权。

2.侵权人须同时承担侵权责任和刑事罚金、行政罚款等责任

同时承担，就是侵权人在对被侵权人承担侵权责任的同时，又要承担刑事罚金或者行政罚款等责任。因此，侵权人承担对被侵权人的侵权责任作为前提，同时又要承担罚金或者罚款的刑事责任或者行政责任时，才能构成侵权请求权优先权。前文所谓“等责任”，是说还包括其他财产性的行政、刑事责任，例如没收

---

① 刘保玉：《物权体系论》，人民法院出版社2004年版，第338页。

财产、收缴违反所得等也在其内。

3.侵权人须因同一行为而承担不同法律责任

构成侵权请求权优先权，必须是侵权人因同一个违法行为，既要承担对被侵权人的侵权责任，又要承担对国家的罚款或者罚金等责任。在这种情况下，侵权人对被侵权人承担的侵权责任就优先于罚款或罚金等责任。《侵权责任法》第4条第2款规定的“因同一行为”，特别强调的就是因同一个违法行为应当承担民事责任或者刑事责任。不具备这个要件，不构成侵权请求权优先权。

（二）侵权请求权优先权的效力

1.侵权请求权优先权的担保范围

在一般情况下，确定优先权所担保的债权范围，应当原则上适用《物权法》第173条规定的担保物权所担保的一般范围的规定，主要包括：主债权、利息、违约金、损害赔偿金以及优先权人因保全和实现优先权所支出的费用。[①] 不过，由于优先权是一种法定性非常强的担保物权，因而不同的优先权所担保的债权范围必须依据法律的明确规定。对于不同性质的优先权所担保的债权范围作不同的规定，是因为优先权是无须公示而产生的物权，如果不对其担保的债权范围予以限制，将会对交易安全造成很大威胁；同时，优先权的立法目的就在于基于社会政策以及公平考量而对某种利益予以优先保护，对利益保护的程度不同，决定了不同的优先权所担保的债权范围的不同。

侵权请求权优先权的担保范围如下。

（1）损害赔偿金

侵权请求权优先权担保的主要部分，是损害赔偿金请求权，即损害赔偿金之债，被侵权人的合法权益受到侵害造成损失，不论是财产损害赔偿金还是人身损害赔偿金，不论是救济性损害赔偿金还是惩罚性赔偿金，作为损害赔偿请求权都一律受到优先权的保护。即使确定的是精神损害赔偿金，其请求权也受到优先权的保护。

其他财产性侵权责任请求权，也在主要担保的部分之内。例如，判决恢复原

---

① 王利明主编：《中国民法典学者建议稿及立法理由·物权编》，法律出版社2005年版，第546页。

状、返还原物等侵权请求权，同样受到优先权的保障。

（2）损害赔偿金迟延给付的利息

在侵权请求权优先权中，利息之债也受到优先权保护。不过，在通常情况下，侵权责任在判决确定之前是不计算利息的，如果判决已经确定了损害赔偿金，并且规定了给付赔偿金的期限，那么，超出该期限而为给付者，应当承担利息之债，该利息之债才受优先权的保护，否则，不存在利息的赔偿问题。

（3）保全和实现优先权所支付的费用

被侵权人作为优先权人，为了保全和实现优先权所支出的费用，也应当在优先权担保的范围之内。在侵权人侵害了被侵权人的合法权益之后，被侵权人作为受害者，其为了救济权利而支出的费用，并不是保全和实现优先权所支出的费用，而是为了救济受到侵害的权利而支出的必要费用，这是在损害赔偿的范围之内的费用，为侵权责任的内容。仅仅是为了保全优先权、实现优先权而支出的费用，才是该笔费用。不过，由此可见，不论是救济损害而支出的费用，还是保全、实现优先权而支出的费用，其实都在优先权的担保范围之内，只不过是分别计算而已。

实现优先权、保全优先权的费用中，是否包括律师费，是很多人都在讨论的问题。我认为合理的律师费应当属于实现优先权和保全优先权的费用，按照法律规定的计算标准确定的律师代理费，属于侵权请求权优先权的担保范围。

2.侵权请求权优先权的标的

侵权请求权优先权的标的，应当以承担侵权责任的侵权人的所有物和财产权利为限。对于优先权的标的是否具有特定性，有不同看法，有的认为应当有特定性的限制，有的认为没有特定性的限制。[①] 依我所见，该标的的范围原则上不受特定性限制，而仅受善意取得的限制。侵权人的一般财产即物和财产权利都为优先权的标的，如果在优先权保障期间转让该财产且构成善意取得的时候，则优先权人不得主张权利，其他财产均在优先权标的之内。

① 王利明主编：《中国民法典学者建议稿及立法理由·物权编》，法律出版社2005年版，第545－546页。

3.侵权请求权优先权对抗的对象

侵权请求权优先权所对抗的对象，法律必须明确规定。侵权请求权优先权所对抗的，是同一侵权人同时承担的缴纳行政罚款和刑事罚金等财产性责任。不具备侵权请求权优先权的成立要件，不能对抗先前成立或者非因同一行为而成立的罚款和罚金等责任的承担。至于后来就同一侵权人成立的罚款或者罚金，则因为不处于同时发生的地位，侵权请求权也不存在优先承担的效力。不过，基于私权优先原则，后发生的罚款或者罚金等责任，如果并不存在其他同时存在的民事优先权的，应以侵权请求权有优先权保障为妥。

对于其他债权，侵权请求权优先权不发生效力，不产生对抗的效力。例如，对侵权人自己负担的其他债务，即侵权人的其他债权人所享有的债权，与侵权请求权具有同样的债权性质，依据债权平等原则，被侵权人不能主张优先权以排斥其他债权人主张债权的效力。

4.侵权请求权优先权的顺位

在同一动产或不动产上能够同时产生数个优先权，因此存在在数个优先权中的顺位问题。侵权请求权优先权与其他优先权之间的顺位有以下三种情形。

（1）侵权请求权优先权与税收优先权之间的顺位

侵权请求权优先权与税收优先权都是一般优先权，对于一般优先权之间的顺位，通常要由法律作出明确规定，因而不需要法官进行判断。[①] 通常认为，在一般优先权中，税收优先权优先于民法优先权，我国《税收征收管理法》第 45 条第 1 款规定，只要纳税人欠缴的税款发生在其他担保物权产生之前，税收权就优先于抵押权等担保物权。这种规定是不正确的，违背了国家不与人民争利的私权优先原则，公法性的债权并不必然优先于私法性的债权；纳税人是否在抵押权等担保物权设定或产生之前欠缴税款无法为担保物权人所知悉，这种规定对于交易安全也极为不利。就侵权请求权优先权而言，能否对抗税收优先权呢？对此，《税收征收管理法》第 45 条规定：“税务机关征收税款，税收优先于无担保债权，法律另有规定的除外。”侵权请求权属于无其他担保的债权，但有优先权的担保，

---

① 崔建远主编：《我国物权法立法难点问题研究》，清华大学出版社 2005 年版，第 252 页。

因此，应当认为侵权请求权是有担保的请求权，因此，应当优先于税收优先权。反对者的意见认为，如果要规定侵权请求权优先权优先于税收优先权，则必须明确规定，没有明确规定就是不能对抗税收优先权。我认为，国家不与民争利的私权优先是确定的原则，在税收和被侵权人权利损害救济发生冲突时，国家税收的权利应当让位于救济私权利的权利。因此，侵权请求权优先权应当优先于税收优先权。①

有人会以税收优先权属于公共利益范畴，因此，属于私权利救济的侵权请求权优先权应当置于第二位，不具有对抗效力。但是，实现公共利益的最终目的，仍然是保障和促进具体人的个人利益。假如在实现公共利益的过程中伤害个人利益，第一原则是避让，第二原则才是补偿。② 因此，这个理由其实并不成立。

（2）侵权请求权优先权与特殊优先权之间的顺位

侵权请求权优先权属于一般优先权。按照优先权的规则，一般优先权应当优先于特殊优先权而受偿，因为一般优先权所实现的价值大于特殊优先权所实现的价值，一般优先权通常维护的都是公共利益以及债权人的共同利益，或者债权人的生存权，或者是保护劳动者的合法权益这一社会政策，而特殊优先权主要维护的是债权人或债务人的个人利益，从价值衡量的角度上自然应当得出一般优先权优先于特殊优先权的结论。③ 侵权请求权优先权关涉被侵权人的生存权，意义重大，因此，在与其他特殊优先权发生冲突的时候，应当处于优先的顺位，应当优先得到赔偿。但是，法律有特别规定的，应当依照法律规定。④ 应当注意的是，侵权请求权优先权不具有对抗其他债权的效力，也不具有对抗其他担保物权以及保证的效力，而仅是一种对抗行政罚款、刑事罚金、没收财产、收缴违法所得以及税收等公权力性质的权利。

---

① 崔建远主编：《我国物权法立法难点问题研究》，清华大学出版社 2005 年版，第 252 页。

② 刘曙光：《什么样的公共利益才是合法的？——三论私权优先原则》，中国论文下载中心，http：//www.studa.net/zhengzhi/060110/15470822-3.html，2006 年 1 月 10 日访问。

③ 崔建远主编：《我国物权法立法难点问题研究》，清华大学出版社 2005 年版，第 254 页。

④ 刘保玉：《物权体系论》，人民法院出版社 2004 年版，第 341 页。

第五节　侵权特别法及其适用

《侵权责任法》第5条规定了侵权特别法的适用规则，即“其他法律对侵权责任另有特别规定的，依照其规定”。《民法总则》第11条借鉴了这一规定的原则，明确规定了民法特别法，即“其他法律对民事关系有特别规定的，依照其规定”。

立法机关在处理《侵权责任法》与侵权特别法之间的关系上主要考虑的是：第一，侵权特别法分别属于不同的部门法，在民商事法律中规定的侵权特别法，应当予以更高的效力，而在行政法、经济法中规定的侵权特别法，应当尽量收归到《侵权责任法》的内容当中。第二，在侵权特别法中，通常在民商事法律中规定的侵权法规范都比较丰满，而在行政法和经济法中规定的侵权法规范都比较原则，因此，行政法和经济法规定的侵权法规范更需要在《侵权责任法》中进行整合。第三，在《侵权责任法》的内容上，分为总则性规定和分则性规定，总则性规定更需要统一，更多地要适用《侵权责任法》的规定；而分则性规定，特别法的规定更具有优势。因此，第5条作出这样的规定，侵权特别法具有特别的效力，应当“依照其规定”。

一、侵权特别法的概念和特征

侵权特别法是侵权法特别法的简称，是指国家立法中侵权普通法以外的法律中有关侵权行为的特别法律规范的总称。

侵权法有广义与狭义之分。广义的侵权法包括侵权普通法和侵权特别法。狭义的侵权法专指侵权普通法。侵权普通法是国家关于侵权责任的集中的、专门的立法。综观各国情况，成文法国家多数将其规定在民法典的债法中；判例法国家则集中体现在国家司法机关的判例中。我国的侵权普通法是《侵权责任法》。

侵权特别法与侵权普通法相比较，有以下特征。

第一，在表现形式上，侵权特别法是由《侵权责任法》以外的法律规定的，包括行政法律、刑事法律等法律中设置的侵权法规范和修改、补充侵权法的专门法律。我国目前的侵权特别法主要表现为其他法律中的侵权法规范，《国家赔偿法》为单行的侵权特别法。

第二，在具体内容上与侵权普通法不同，这是侵权特别法与侵权普通法最根本的区别。例如，《海洋环境保护法》规定，违反该法，造成海洋环境污染的，要赔偿国家损失；受到污染损害的单位和个人，亦享有损害赔偿请求权。这种关于损害赔偿法律关系双重权利主体的规定，是我国侵权普通法所没有明文规定的。

第三，在法律效力上，侵权特别法具有特定的效力范围。侵权普通法对全国具有普遍的效力，而侵权特别法无论是空间效力、对人效力还是适用的范围都有特定性。如《邮政法》中的侵权特别法规范，仅适用于邮政企业范围内发生的邮政企业或者邮政工作人员因进行邮政业务而致邮政用户以损失的场合。超出这一场合，该侵权法规范即无效力。

第四，在适用程序上，侵权特别法不仅可以适用民事诉讼程序，而且还规定了特别侵权行为的行政处理程序、行政诉讼程序和行政执行程序，而侵权普通法一般只适用民事诉讼程序。

侵权特别法与侵权普通法之间的关系是特殊与一般的关系。所谓一般，即普遍性，是共同具有或者共同适用的，指的是基本法律；所谓特殊，即差别性，是相对于基本法而言，指的是与基本法具有差别的法律。上述侵权特别法的四个基本特征，正是体现了侵权特别法的特殊之处。

这种与侵权普通法具有差别的侵权特别法，是广义的侵权法的重要组成部分。它的作用是补充、修改、丰富侵权普通法。侵权普通法是规定什么是侵权行为，如何对侵权行为进行民事制裁的法律。面对极其复杂并且不断变化的社会生活，侵权普通法只能制定侵权行为的构成以及民事责任承担的一般原则，不可能概括所有的侵权行为。随着社会的发展，法律不会一成不变，也需要随着变化了

的社会生活而不断补充、完善。特别是由于我国正处于经济体制、政治体制改革时期，为适应不断变化的政治、经济、社会生活，更有必要不断修改、丰富我国的侵权普通法。

古今中外的立法者为了弥补基本法律的不足，主要采取三种方式：一是直接修改法律；二是颁布单行法规；三是在其他法律中设置特别法律规范。一般地说，直接修改基本法，有利于维护基本法的统一性，但频繁改动基本法又会破坏其相对稳定性。我国《民法通则》颁布实施之后，一直没有修改，为了解决现实需要与侵权普通法稳定间的矛盾，侵权特别法应运而生。它既可以规定新的侵权行为，又可以对侵权普通法的一些原则规定进行修改和补充，是一种重要的立法形式。即使《侵权责任法》已经制定，但在原来的以及将来的法律中都会存在侵权特别法。

由此可见，侵权特别法是侵权法体系中不可缺少的组成部分，对于弥补侵权普通法的局限性和维护其稳定性具有重要意义。它不仅是对侵权普通法的必要补充和修改，而且是完善侵权普通法的重要形式。随着改革的深入，我国的侵权特别法会越来越多。因此，研究侵权特别法及其适用，已成为民法学界和民事审判亟待解决的课题。

二、侵权特别法的基本内容

侵权特别法包括实体法和程序法的内容。在现有的 78 部侵权特别法规范中，既包括纯粹的实体法规范，也包括纯粹的程序法规范，还有将实体法与程序法规范编在一起的。

（一）侵权特别法的实体法内容

侵权特别法实体法的内容是规定特别侵权行为的构成及赔偿责任范围。特别侵权行为是侵权特别法所规定的相对于侵权普通法规定的侵权行为（包括一般侵权行为和特殊侵权行为），其标准是侵权行为所处法律环境的不同。特别侵权行为就是侵权特别法规定的侵权行为，它既包括某些一般侵权行为和特殊侵权行

为，也包括原来没有规定的某些新的侵权行为。侵权特别法实体法规定特别侵权行为及其赔偿责任的构成、范围和赔偿方法。

侵权特别法也包括为制裁特别侵权行为而规定的程序法。其理由是：第一，从形式上看，非民事法律中侵权法规范的实体内容与程序内容密切相关。在现行立法中，特别是在立法技术不断提高的近些年，凡是设有侵权损害赔偿条文的，大多设有对特别侵权行为如何处理的程序法条文。即使在实体法和程序法分立的刑事立法中，实体法规定了刑事附带民事制裁的内容，在程序法中亦相应规定了刑事附带民事诉讼的内容。这从形式上说明了侵权特别法的程序法与实体法密不可分。第二，从实质上看，在侵权特别法规范中，程序法仅仅是为实现其实体法内容服务的。非民事法律中的程序内容包括实现行政处罚、民事制裁和刑事制裁的程序规定。但是，就民事制裁而言，在规定了侵权特别法规范的非民事法律中，其关于民事制裁的程序规定，仅仅是为实现侵权民事责任特别是侵权损害赔偿服务的。在近期的立法中，一些法律的“法律责任”一章，将行政制裁程序与侵权损害赔偿程序分立，更清楚地表明了侵权特别法的实体法与程序法的实质联系。正因如此，侵权特别法的实体法和程序法是内容与形式的关系，它们不可分割地组合在一起，成为广义侵权特别法的一个重要组成部分。

侵权特别法实体法的内容主要包括五个方面。

1. 部分地修改了侵权普通法的内容

这种情况主要是指对侵权责任一般性原则加以修订，但只限于该法适用范围内的情况。

例如，2008 年修订的《水污染防治法》（2017 年修正）第 85 条第 2 款至第 4 款关于“由于不可抗力造成水污染损害的，排污方不承担赔偿责任；法律另有规定的除外”。“水污染损害是由受害人故意造成的，排污方不承担赔偿责任。水污染损害是由被受害人重大过失造成的，可以减轻排污方的赔偿责任。”“水污染损害是由第三人造成的，排污方承担赔偿责任后，有权向第三人追偿”的规定。

2000 年修订的《大气污染防治法》第 63 条关于“完全由于不可抗拒的自然灾害，并经及时采取合理措施，仍然不能避免造成大气污染损失的，免予承担责

任”的规定。不可抗力是指人力所无法抗拒的强制力，包括无法抗拒的自然现象（地震、台风等）和某些社会现象（如军事行动等）。上述两部法律的规定，限制了不可抗力中社会现象因素造成污染的免责条件的适用；并且在自然灾害造成不可抗力损失时，尚须以经及时采取合理措施仍不能避免为必要条件。这就在一定范围内有限度地修改了侵权普通法所确立的不可抗力免责原则。

《邮政法》第46条规定的平常邮件损失免责，故意、重大过失除外；第48条规定的保价的给据邮件因不可抗力所致损失仍不免责，分别修改了过错责任原则和不可抗力免责原则。

2007年修订的《道路交通安全法》（2011年修正），第76条规定：“机动车发生交通事故造成人身伤亡、财产损失的，由保险公司在机动车第三者责任强制保险责任限额范围内予以赔偿；不足的部分，按照下列规定承担赔偿责任：（一）机动车之间发生交通事故的，由有过错的一方承担赔偿责任；双方都有过错的，按照各自过错的比例分担责任。（二）机动车与非机动车驾驶人、行人之间发生交通事故，非机动车驾驶人、行人没有过错的，由机动车一方承担赔偿责任；有证据证明非机动车驾驶人、行人有过错的，根据过错程度适当减轻机动车一方的赔偿责任；机动车一方没有过错的，承担不超过百分之十的赔偿责任。”“交通事故的损失是由非机动车驾驶人、行人故意碰撞机动车造成的，机动车一方不承担赔偿责任。”这一条文规定了完整的道路交通事故责任的法律适用规则。

2.在侵权普通法的指导下增加新的原则性规定

在侵权普通法的原则指导下，增加新的原则性规定，亦只限于在该法适用范围内适用。其中有两部法律这样规定。

1999年修订的《海洋环境保护法》（2016年修正）第92条，在规定了战争行为、不可抗拒的自然灾害等不可抗力免责条件外，又增设“负责灯塔，或者其他助航设备的主管部门，在执行职责时的疏忽，或者其他过失行为”作为免责条件；它虽与“过错责任原则”的基本宗旨相一致，但又明文加以规定，等于又创设了新的免责事由条款。

2009年《邮政法》（2012年修正）第49条第3款规定的“用户在本条第一

款规定的查询期限内未向邮政企业查询又未提出赔偿要求的，邮政企业不再承担赔偿责任”的免责条款，是在《民法通则》诉讼时效原则指导下新创设的时效规定。与一般诉讼时效相比，这种时效的特别规定排除2年、20年时效的适用，而且时间非从已知或应知损害发生时始，而是自交寄、交汇时始；查询和赔偿损失请求的效力相同，均可引起赔偿；期限届满邮政企业免责，权利人实体权利也已丧失。因此，它与诉讼时效制度既有联系，又有区别。

3.创设新的原则性规定

突破侵权普通法的约束，又创造了新的原则性规定。这种情况共有3部法律9个条文。

《海洋环境保护法》第90条第2款规定，“对破坏海洋生态、海洋水产资源、海洋保护区，给国家造成重大损失的，由依照本法规定行使海洋环境监督管理权的部门代表国家对责任者提出损害赔偿要求”，这种国家作为赔偿权利主体的做法，在《民法通则》以及《侵权责任法》中并没有规定。

2009年《食品安全法》(2015年修正)第55条规定：“社会团体或者其他组织、个人在虚假广告中向消费者推荐食品，使消费者的合法权益受到损害的，与食品生产经营者承担连带责任。”这种规定也创设了新的原则性规定，具有新意。

2009年修订的《邮政法》第47条规定邮件丢失、损毁、内件短少的“规定赔偿”制、“限额赔偿”制、“比例赔偿”制等，都与侵权普通法的“全部赔偿”原则不同。

4.丰富了侵权普通法的具体内容

这是指某一侵权特别法规范并没有超出与其相对应的侵权普通法规范的内容，但在其“假设”“处理”和“制裁”中增加了具体内容，使该规范更易于在实践中执行和掌握的情形。最突出的表现是《商标法》和《专利法》中分别具体规定了商标侵权行为和专利侵权行为的构成、责任范围、赔偿数额计算等内容。

5.固定了侵权普通法的内容

这是指侵权特别法规范并没有规定新的内容，只是重新强调了在某一方面所出现的侵权行为，使之固定化，以适应该法律着重强调该种侵权行为的需要。包

括《环境保护法》第 41 条，《婚姻法》第 23 条等。

（二）侵权特别法的程序法内容

侵权特别法程序法的主要内容如下。

1. 管辖权问题

管辖权问题是指规定特别侵权行为在行政程序和诉讼程序上怎样分工、怎样衔接和怎样进行的。

（1）各种法律规定特别侵权行为适用何种程序并不相同

除没有程序规定的 7 部法律和《刑事诉讼法》以外的 16 部法律中，《商标法》《专利法》《草原法》规定了四种程序如下：一是行政处理程序，包括行政机关调解、裁决、仲裁的规定，以及行政复议程序；二是行政处理后的行政诉讼程序，即当事人不服行政裁决，在一定期限内可以向人民法院起诉；三是行政强制执行程序，即行政处理以后起诉期限届满当事人既不起诉又不履行的，由主管机关申请人民法院强制执行；四是民事诉讼程序，即当事人可以直接向人民法院提起民事诉讼。

《海洋环境保护法》《水污染防治法》《大气污染防治法》《土地管理法》《邮政法》《药品管理法》规定了行政处理、行政诉讼和民事诉讼三种程序。《海洋环境保护法》《矿产资源法》《渔业法》《水法》规定了行政处理、行政诉讼和行政强制执行三种程序。《治安管理处罚法》规定了行政处理和行政诉讼两种程序。《环境保护法》只规定了一种行政处理程序；《森林法》虽然规定了三种程序，但只限于罚款，对赔偿损失只有一种行政处理程序。

（2）行政管辖和民事诉讼管辖的分工

行政管辖和民事诉讼管辖的分工分三种情况。一是强制性的行政管辖，即只由行政机关处理，未规定民事诉讼程序，如《环境保护法》《矿产资源法》《渔业法》《水法》《海洋环境保护法》和《草原法》。需要说明的是，《环境保护法》确立的这一强制性行政管理原则已被各单行环保法的规定所动摇。二是选择性的行政管辖，即行政主管部门对于特别侵权行为的管辖权依当事人的申请、请求等意思表示而产生，即行政管辖和民事诉讼管辖由当事人选择。作这种规定的有《商

标法》《专利法》《水污染防治法》《大气污染防治法》《药品管理法》《邮政法》和《土地法》。三是选择性的行政调解管辖。《海上交通安全法》规定："因海上交通事故引起的民事纠纷，可以由主管机关调解处理，不愿意调解或者调解不成的，当事人可以向人民法院起诉。"这里行政主管机关依当事人选择产生的管辖权只是调解权，而非处理权。

(3) 行政程序与诉讼程序的衔接

行政程序与诉讼程序的衔接主要是指行政处理决定宣告后，当事人不服是否可以提起行政诉讼的问题。多数法律都作出了当事人不服可以提起行政诉讼的规定，只有《森林法》未如此规定。此外，《矿产资源法》《渔业法》《水法》《草原法》和《海洋环境保护法》还规定了行政处理程序执行与强制程序衔接的问题。

2.行政诉讼问题

《行政诉讼法》及其他10部法律对此规定如下。(1) 公民、法人或者其他组织的合法权益受到行政机关或者行政机关工作人员作出的行政行为侵犯造成损害的，有权请求赔偿。《行政诉讼法》虽未明文规定可以在行政诉讼中附带对该民事诉讼加以审理，但从条文逻辑上可以推出这一结论。(2) 公民、法人或者其他组织单独就行政损害提出请求的，应当先由行政机关解决；对行政机关的处理不服，可以向人民法院提起诉讼。对此种诉讼的性质，该法未明文确认，依法理当属民事诉讼。(3) 赔偿诉讼可以适用调解，排斥行政案件审理不适用调解的原则。(4) 赔偿费用从各级财政列支。(5) 行政诉讼的起诉时限问题，10部单行法与《行政诉讼法》规定并不一致，均应分别执行。

三、侵权特别法的适用原则

适用侵权特别法，应当坚持以下四项原则。

第一，特别法优于普通法原则。这是法律适用的基本原则。由于侵权特别法相对于普通法具有特殊的效力，因而在特定的范围内，排斥了侵权普通法的适用。适用这一原则，关键在于掌握侵权特别法的适用范围，以防止强调侵权普通

法的普遍适用而不执行侵权特别法以及无限制地扩大侵权特别法适用范围这两种倾向。

第二，区分总则和分则的原则。在特别法的适用上，应当区别有关总则的一般性规定和有关分则性的具体规定。属于《侵权责任法》总则性的一般规定，应当依照《侵权责任法》第一章至第三章的规定适用法律。属于侵权责任法分则的具体规定，应当更多地适用侵权特别法的特别规定，因为特别法规定特别侵权责任总是根据侵权责任的特殊情形规定的，具有特别的要求，应当优先适用。

第三，区分民法性规定和非民法性规定的原则。在规定侵权特别法的法律中，有的属于民法性质的法律，有的属于经济法、行政法性质的法律。在这些规定中，有关民法性质的法律规定侵权特别法，内容比较详细、具体，富有针对性，在司法实践中容易操作，因此，应当优先适用。在行政法、经济法中规定的侵权特别法，通常比较简单，且有些规定也不尽准确，如果与《侵权责任法》的规定有冲突，应当优先适用《侵权责任法》的规定。

第四，实事求是综合分析原则。由于侵权特别法规范具有分散性，缺乏体系化整理，特别是目前的侵权特别法规范几乎都是在《侵权责任法》制定之前出台的，因而，具体规范的内容是否正确，是否符合侵权责任法的基本原则和立法目的，并非千篇一律，不能简单化从事。因此，在司法实践中，应当对侵权特别法的规范与《侵权责任法》的基本原则和立法目的相比较，违反《侵权责任法》基本原则和立法目的的特别法规范，不能以特别法优先于普通法的原则而优先适用。即使是规定特殊侵权责任规则的特别法规范，如果与《侵权责任法》规定的同类特殊侵权责任的具体规定相冲突，也应当直接适用《侵权责任法》的规定，不能优先适用所谓的“特别法”。因此，应当依照《侵权责任法》的基本原则和立法目的，综合考察《侵权责任法》和特别法之间的差异，正确分析二者间的矛盾，准确理解立法的意图，确定适用特别法还是普通法。对此必须注意：(1) 准确掌握侵权特别法规范的立法意图，分清非民事法律中设立的条文是立法之必需，还是立法之疏漏。判断的标准，就是《侵权责任法》和我国民事立法的基本原则和立法目的。

第三章

侵权责任构成与责任承担

第一节　侵权行为原因力的因果关系理论基础及具体应用

原因力在条件说以降的因果关系理论中若隐若现，传统的侵权法因果关系理论总是将其一带而过，各国立法和司法也少有提及。2001 年以来，随着原因力被最高人民法院的《关于审理触电人身损害赔偿案件若干问题的解释》（已废止）《关于审理人身损害赔偿案件适用法律若干问题的解释》所采纳，我国的学理与实践开始关注原因力理论，有的学者已经作出了很有力度的理论阐释[①]，但仍有很多问题需要进行探讨。我们认为，通过对原因力理论的历史追溯和现实分析，可以发现原因力的确定与比较其实贯彻了整个侵权行为法归责、确定责任范围及分配责任的始终，在复合因果关系形态下，原因力对确定责任范围及分配责任的作用更加凸显。

① 张新宝、明俊：《侵权法上的原因力研究》，《中国法学》2005 年第 2 期。

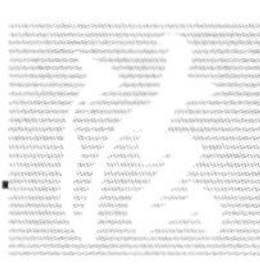

一、原因力理论的历史沿革

（一）对各种因果关系学说中所蕴含原因力理论的追溯

一直以来，原因力的概念几乎总是混杂在因果关系理论中被简略提及，要考察原因力的历史沿革就离不开对“侵权行为法上最困扰法院与学者的因果关系”[①] 的追溯，很少有人对其概念和规则进行专门的研究。对这一过程的考察，我们认为，侵权行为法中的原因力理论经历了对原因力不加甄别，到承认原因力的事实属性，再到认可原因力的事实和法律双重属性这样一个发展历程。

最早的侵权因果关系学说之一是条件说，又称等值说，由德国学者冯·布瑞（von Buri）于19世纪70年代创建，认为凡是引起损害结果发生的条件都是损害结果的法律上的原因，一切条件都是平等的、等价的。该说只注重对事实因果关系的判断，不区分原因与条件，认为各种可能造成损害的行为等在法律上是等值的，具有相同的原因力，也就更谈不上对事实原因力和法律原因力的区分。为矫正条件说的弊病，19世纪末德国学者库雷尔（Kohler）首创了原因说，也叫作原因条件区别说，主张对原因和条件严加区分，仅承认原因与结果之间存在因果关系。相对于条件说而言，原因说在原因力理论的探究上进了一步，一是区分了损害发生的原因和条件，以寻求法律上真正引起损害发生并且应当承担责任的原因；二是区分损害发生的各种原因的原因力，以确定赔偿范围和分担责任。但原因说主要是从事实上的因果关系来考虑，没有将法律上的价值判断纳入视野。在这种学说中，提到了原因力的概念。

为了更合理地判断因果关系，德国学者冯·克里斯（von Kries）在1888年提出了相当因果关系说，又称为充分原因说（adequacy theory）或者适当条件说，即“无此行为，虽不必生此害，有此行为，通常即足生此种损害者，是为有因果关系。无此行为，必不生此种损害，有此行为，通常亦不生此种损害者，即

---

① John G. Fleming, *The Law of Torts* (eighth edition), The Law Book Company Limited, 1992, pp. 192-193, “Causation has plagued courts and scholars more than any other topic in the law of torts”.

无因果关系"[①]。此说将因果关系分为条件关系和相当性两个层次，暗合了英美法上事实因果关系与法律因果关系的划分。正如"相当因果关系不仅是一个技术性的因果关系，更是一种法律政策的工具，乃侵权行为损害赔偿责任归属之法的价值判断"[②] 一样，相当因果关系学说之下的原因力不仅是一个纯技术性的客观概念，同时也涵括了侵权行为法上的价值评判和法官的主观评价，从而发展为一个具有事实性和法律性、客观性和主观性的二元统一的概念。[③] 至于由德国学者拉贝尔（Ernst Rabel）创立的法规目的说，实质上是在相当因果关系学说的价值判断上进一步的补充，主张在立法保护目的之外发生的损害，即使具有相当因果关系也不得给与赔偿。从原因力理论的角度来看，法规目的说依然将原因力作事实和法律的二元划分，只不过在法律上根据具体法规的目的，对原因力作了更为细致的限定而已。

（二）原因力理论在各国侵权损害赔偿领域的立法例

在各国立法例中，原因力的规定主要体现在与有过失赔偿范围的确定和数个侵权行为人之间责任分担两种情形中，并且同一国法律对与有过失赔偿范围的确定和数个侵权行为人之间的责任分担的标准往往类似。[④] 各国对于侵权责任范围的确定和责任的分担所采用的标准主要有三种：过错、原因力综合比较说，原因力比较说和过错比较说。

越来越多的国家和地区采用过错、原因力综合比较说，以日本、瑞士、意大利、荷兰、埃塞俄比亚、美国的大多数州为代表。日本在进行过失相抵时，要综合考虑受害人与加害人过失的大小、原因力的强弱以及其他事项而作出决定。[⑤] 瑞士司法实务中法院主要斟酌过失轻重及原因力的强弱来决定数人的责任范

① 王伯琦：《民法债编总论》，正中书局 1985 年版，第 77 页。

② Enneccerus and Lehmann § 15 III2：GERMANY：RG 3 March 1922，RGZ 104，141；RG 3 Nov. 1922，RGZ 106，14.

③ 王家福主编：《民法债权》，法律出版社 1991 年版，第 503 页。

④ ［德］冯·巴尔：《欧洲比较侵权行为法》下卷，焦美华译、张新宝审校，法律出版社 2001 年版，第 662 页，注 266。

⑤ ［日］於保不二雄：《日本债法总论》，庄胜荣校订，台北五南图书出版公司 1998 年版，第 141 页。

围。[①]《意大利民法典》第1227条规定："如果债权人的过失行为导致损害发生，将根据过失的程度及其引起后果的严重程度减少赔偿额。"该法典第2055条还规定："赔偿了损害之人得按照其他责任人各自的过错和造成损害后果的严重程度确定的价值，向其他每一位责任者行使追偿权。"[②]《荷兰民法典》第101条规定："减轻的比例，以其对造成损害所起作用之大小定之。依过错程度之不同或案件的其他情事，双方分担的损害份额可以不同；甚或按照衡平原则的要求，可以完全免除救济的义务或完全不由受害人分担损害。"[③]《埃塞俄比亚民法典》第2098条规定："在确定待赔偿的损害的范围时，应考虑案件的所有情况，特别是所犯过失对引起的损害的作用大小以及这些过失各自的严重程度。"[④]美国《统一比较过失法》采取的是综合考虑过错与原因力的做法[⑤]，同时，美国的大多数州（共有32个）也是综合过失、原因力、经济负担能力等来确定赔偿责任份额。[⑥]

以德国为代表的部分国家采用原因力比较说。比如，《德国民法典》第254条规定："根据损害在多大程度上是由加害人或受害人一方造成的来确定损害赔偿义务和赔偿范围。"[⑦]对于共同侵权行为人的内部求偿，德国未有明文规定，但自1910年以来，德国联邦法院多次在判决中表示应类推适用《德国民法典》第254条过失相抵的规定[⑧]，采用原因力比较的标准。

不少国家和地区采用过错比较说，以法国、俄罗斯、澳大利亚、加拿大（魁北克除外）、我国澳门特区、美国的少数州为代表。比如，法国的司法实践

---

① 王泽鉴：《民法学说与判例研究》，第1册（修订本），中国政法大学出版社2005年版，第63页。

② 《意大利民法典》，费安玲、丁玫译，中国政法大学出版社1997年版。

③ 《荷兰民法典》，张新宝译，载杨立新主编：《民商法前沿》2003年第1期。

④ 《埃塞俄比亚民法典》，薛军译，中国法制出版社2002年版。

⑤ 张新宝、明俊：《侵权法上的原因力研究》，《中国法学》2005年第2期。

⑥ 王利明：《侵权行为法研究》上卷，中国人民大学出版社2004年版，第735页。

⑦ 王利明：《侵权行为法研究》上卷，中国人民大学出版社2004年版，第735页。

⑧ 王泽鉴：《民法学说与判例研究》，第1册（修订本），中国政法大学出版社2005年版，第63－64页。

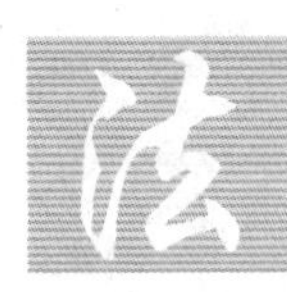

通常根据各方的过错程度分担损害。[①]《俄罗斯联邦民法典》第1080条规定："对共同致害人负担了赔偿责任的致害人，有权请求其他致害人依每人的过错程度给付其应向受害人给付的相应份额。"该法典第1083条还规定："如系受害人本人的重大过失促成损害的发生或使损害扩大，应根据受害人和致害人的过错程度减少赔偿金额。"[②]《澳门民法典》第564条规定："如受害人在有过错下作出之事实亦为产生或加重损害之原因，则由法院按双方当事人过错之严重性及其过错引致之后果，决定应否批准全部赔偿，减少或免除赔偿。"[③] 美国的加利福尼亚、佛罗里达、密歇根、纽约、华盛顿等少数几个州采用的是纯粹的过错比较。[④] 澳大利亚、加拿大（魁北克除外）也按各方当事人过错的程度进行责任的分配。[⑤]

（三）原因力理论在我国侵权行为法实践与学说上的发展历程

原因力理论在我国侵权行为法实践与学说上主要用于解决数种原因造成同一损害结果的责任分配[⑥]，经历了由过错比较占据绝对统治地位，到原因力与过错比较相互补充的两个发展阶段。

1.20世纪90年代以前，过错比较是分担损害的唯一标准

学理上，最早提到过错比较的是《中华人民共和国民法基本问题》，认为各个加害人的内部责任应按个人的过错程度分担。[⑦] 后来的学者也多认为应按过错大小确定责任范围和分担责任[⑧]，更有学者根据"直接责任者的责任一般轻于教唆者的责任"的例证，来主张"在多因一果的因果关系中，以原因的主次来划分

---

① 张民安：《现代法国侵权责任制度研究》，法律出版社2003年版，第109页；王利明：《侵权行为法研究》上卷，中国人民大学出版社2004年版，第590页。

② 《俄罗斯联邦民法典》，黄道秀、李永军、鄢一美译，中国大百科全书出版社1999年版。

③ 《澳门民法典》，中国政法大学澳门研究中心、澳门政法法律翻译办公室编，中国政法大学出版社1999年版。

④ 王利明：《侵权行为法研究》上卷，中国人民大学出版社2004年版，第735页。

⑤ 杨振山主编：《民商法实务研究·侵权行为卷》，山西经济出版社1993年版，第97页。

⑥ 王利明：《侵权行为法研究》上卷，中国人民大学出版社2004年版，第446页；张新宝：《中国侵权法》，中国社会科学出版社1998年第2版，第124-125页。

⑦ 中央政法干校民法教研室：《中华人民共和国民法基本问题》，法律出版社1958年版，第330页。

⑧ 潘同龙、程开源主编：《侵权行为法》，天津人民出版社1995年版，第43、45-46页。

责任的轻重是有偏颇的，不如以过错程度的轻重来决定责任的大小更可行”①。这种主张实际上是在否定原因力的作用。

在立法上，我国早期对责任的分配没有规定，正式将过错程度作为减轻侵权人赔偿责任的标准予以确立的是 1986 年的《民法通则》，该法第 131 条规定：“受害人对于损害的发生也有过错的，可以减轻侵害人的责任。”特别法中也有过错比较的规定，例如《海商法》第 169 条规定：“船舶发生碰撞，碰撞的船舶互有过失的，各船舶按照过失程度的比例负赔偿责任；过失程度相当或者过失程度的比例无法判定的，平均负赔偿责任。”

司法实践通常是依据过错的标准确定与有过失和共同侵权中各行为人的责任分配。② 20 世纪 50 年代的“火车与汽车路口相撞索赔”案是中华人民共和国成立以来较早出现的与有过失的判例，法院根据“双方互有过错”减轻了加害方火车一方的赔偿责任。③ 80 年代以后，司法解释中开始出现过错比较的规定。1984 年最高人民法院《关于贯彻执行民事政策法律若干问题的意见》第 72 条规定：“受害人也有过错的，可以相应地减轻致害人的赔偿责任。”该意见第 73 条还规定：“两个以上致害人共同造成损害的，应根据各个致害人的过错和责任的大小，分别承担各自相应的赔偿责任。”④

2. 90 年代以来，原因力的标准逐渐为侵权法理论和实践所倡导

20 世纪 90 年代初，就有学者将“原因力的比较”作为损失分担的标准进行介绍，并指出“在双方过错程度大体相当的情况下，责任分配主要取决于双方的过错行为对损害发生及扩大所起作用的大小”⑤。90 年代末以来，学界对原因力的探讨渐多，在数种原因致损的情况下，学者们或者主张以原因力为标准来划分

---

① 杨振山主编：《民商法实务研究·侵权行为卷》，山西经济出版社 1993 年版，第 31 页。

② 王利明：《民商法研究》(修订本)，第 2 辑，法律出版社 2001 年版，第 767 页；杨振山主编：《民商法实务研究·侵权行为卷》，山西经济出版社 1993 年版，第 100、405 页。

③ 中央政法干校民法教研室：《中华人民共和国民法基本问题》，法律出版社 1958 年版，第 329－330 页，转引自杨立新：《侵权法论》，人民法院出版社 2005 年第 3 版，第 570 页。

④ 不过，文中提到的“责任的大小”的说法中，其实也包括有原因力的含义，不过不够明显而已，因为在那个时候，是不提原因力的概念的。

⑤ 王家福主编：《民法债权》，法律出版社 1991 年版，第 503 页。

责任，或者主张综合考虑过错程度、原因力的因素。[①]

司法实践上，最高人民法院开始在一些案件中考虑各种致害因素的原因力来确定责任范围，比如，在 1991 年就庞启林与庞永红损害赔偿案所作的复函中，根据自然灾害造成受害人庞永红房屋部分损失的情况减轻了致害人庞启林的赔偿责任，但尚未明确使用原因力的概念。[②] 2001 年最高人民法院在《关于审理触电人身损害赔偿案件若干问题的解释》中应笔者和张新宝等专家强烈要求，首次引入了原因力的概念和原因力比较的具体方法，该解释第 2 条第 2 款规定："但对因高压电引起的人身损害是由多个原因造成的，按照致害人的行为与损害结果之间的原因力确定各自的责任。致害人的行为是损害后果发生的主要原因，应当承担主要责任；致害人的行为是损害后果发生的非主要原因，则承担相应的责任。"2003 年最高人民法院在《关于审理人身损害赔偿案件适用法律若干问题的解释》中又规定了原因力对于无意思联络的数人致害的责任承担的作用，该解释第 3 条第 2 款规定："二人以上没有共同故意或者共同过失，但其分别实施的数个行为间接结合发生同一损害后果的，应当根据过失大小或者原因力比例各自承担相应的赔偿责任。"

立法上对原因力的规定尚付阙如，但民法典建议稿中已出现了相关规定。中国人民大学民商事法律科学研究中心起草的《中国民法典草案建议稿》第 1844 条第 2 款规定，"帮助限制民事行为能力人或者无民事行为能力人实施侵权行为的人，应当根据帮助行为人的过错以及原因力的大小，确定其应当承担的责任"。第 1846 条第 1 款规定："二人以上虽无共同过错，但是分别导致他人同一损害的，应当依据各自过错以及原因力的大小分别承担相应的侵权责任。"[③] 中国社

---

① 原因力比较的各种主张，参见李仁玉：《比较侵权法》，北京大学出版社 1996 年版，第 119 页；刘士国：《现代侵权损害赔偿研究》，法律出版社 1998 年版，第 114－115 页；张新宝：《中国侵权法》，中国社会科学出版社 1998 年第 2 版，第 124－125 页；王利明：《侵权行为法研究》上卷，中国人民大学出版社 2004 年版，第 622、706、735 页；杨立新《侵权法论》，人民法院出版社 2005 年第 3 版，第 576－577、679－680 页。

② 杨立新：《侵权法论》，人民法院出版社 2005 年第 3 版，第 558 页。

③ 王利明主编：《中国民法典草案建议稿及说明》，中国法制出版社 2004 年版，第 239－240 页。

会科学院法学研究所起草的《中国民法典·侵权行为编》草案建议稿第9条规定，“在原因竞合且不构成共同侵权行为的情形，由各责任人按照原因力的大小承担民事责任”；第20条规定：“第三人的过错与加害人的行为竞合导致损害发生的，适用本法第九条的规定。”[①]

二、原因力的基本理论

（一）原因力的内涵

1.原因力概念的还原

一些成文法典中不乏原因力概念的近似表述，比如《埃塞俄比亚民法典》第2098条第2款规定的“所犯过失对引起的损害的作用”；《意大利民法典》第2055条规定的“造成损害后果的严重程度”。英美法系的法官与学者在损害分担时常要考虑原因力（causative potency，causative effect）的比较。[②] 我国台湾地区学者在“侵害行为对损害结果的作用力”的意义上，广泛使用原因力这一概念，但鲜有原因力的定义见诸立法和学说。[③]

我国有的学者对原因力的含义作了解释。王利明教授认为，原因力是指违法行为对损害结果的发生所起的作用力[④]，区分原因力实际上是区分因果关系的程度[⑤]，责任范围实际上就是要解决原因力的问题。[⑥] 杨立新教授认为，原因力是指在构成损害结果的共同原因中，每一个原因对于损害结果发生或扩大所发挥的

---

① 张新宝：《法路心语》，法律出版社2003年版，第157-158页。

② John F. Meadows，“George J. Markulis：Apportioning Fault in Collision Cases”，*University of San Fransico Maritime Law Journal*（Summer，1989），p. 26，28，35。

③ 史尚宽：《债法总论》，中国政法大学出版社2000年版，第309页，注1-2；曾世雄：《损害赔偿法原理》，中国政法大学出版社2001年版，第269页；王泽鉴：《民法学说与判例研究》，第1册（修订本），中国政法大学出版社2005年版，第60-63、345页；陈聪富：《因果关系与损害赔偿》，北京大学出版社2006年版，第40-41、66-68、156-157页；潘维大：《美国侵权行为法对因果关系之认定》，《东吴大学法律学报》第7卷第2期，第1页以下。

④ 王利明：《侵权行为法研究》上卷，中国人民大学出版社2004年版，第449页。

⑤ 王利明：《侵权行为法归责原则研究》，中国政法大学出版社1992年版，第382页，注2。

⑥ 王利明：《侵权行为法研究》上卷，中国人民大学出版社2004年版，第393页。

作用力。[①] 张新宝教授认为，原因力是指在引起同一损害结果的数种原因中，每个原因对于该损害结果发生或扩大所发挥的作用力。[②]

综合起来，我们认为，原因力是指违法行为或其他因素对于损害结果发生或扩大所发挥的作用力。

为了更好地理解原因力的含义，必须重新明确以下几个问题。

第一，原因力理论的适用范围。我国现今学理上主要是从数种原因致损的情况下责任分担的角度来定义原因力的。那么，原因力是否应当影响到责任分担阶段之前的归责问题呢？我们认为，不仅责任分担需要运用原因力理论，侵权行为责任的成立即归责也需要原因力理论的运用。因果关系是所有侵权行为责任成立的不可或缺的构成要件，原因力又是因果关系是否成立的一个重要判断因素，尽管原因力在不同的归责原则之下所起的作用有所区别，特别是在过错责任中还要受到过错等因素的影响，但在归责中完全排斥原因力理论有失妥当。国外的一些学者也认为，"原因力的判断应当影响到归责，因为只有区分原因力才能区分主要原因和次要原因，或者说能够区分原因和条件。条件是因果联系的'部分参与'、'松散的因果关系'，它们在因果关系中只是'小范围的参与'、是'次要的原因'，所以，条件不一定成为可归责的原因"[③]。

第二，原因力理论中的原因。原因力理论中的原因包括了违法行为、物件等人为因素和非人力因素。首先，人为因素既包含了积极的作为，也包含了消极的不作为（omission）。在穆勒（Mill）之前，人们通常将原因局限于积极的作为，至今一些学者仍持这种看法。[④] 实际上，原因力的发生并非在于原因具有积极的力，而在于原因使其所影响的对象发生了区别于其在自然状态下一般发展方向的变化，故不作为也可成为原因。其次，非人力因素既包括了不可抗力、意外事件等自然因素，也包括了受害人的特殊体质等静止的条件（static condition）。在不

① 杨立新：《侵权法论》，人民法院出版社2005年第3版，第525页。

② 张新宝：《侵权责任法原理》，中国人民大学出版社2005年版，第65页。

③ 王利明：《侵权行为法研究》上卷，中国人民大学出版社2004年版，第447页。

④ ［德］冯·巴尔：《欧洲比较侵权行为法》下卷，焦美华译、张新宝审校，法律出版社2001年版，第525页，注15。

同的案件中，非人力因素的原因力的存在，会导致损失承担上的不同后果，即或者由致害人负担或者由受害人承受。因此，原因力中的原因，基本上包括了引起损害结果发生的一切因素，并非只是违法行为或者人的行为一种。只有这样，才能够最终确定侵权行为人所应当承担的损害赔偿责任。

原因力理论中的原因可以是单个原因，也可以是数种原因。在单个原因致损的情况下，对原因力的考察主要停留于归责阶段，即通过对各种相关因素的原因力有无的甄别，筛选出某个具有事实原因力的原因，成立责任；此后的责任范围的确定阶段，由于该原因对损害结果具有百分之百的作用力，原因力所起作用并不显著。而在数种原因致损的情况下，对原因力的考察贯穿了归责与责任分担这两个阶段的始终，原因力的作用在第二阶段主要表现为原因力的比较，显得尤为重要和复杂。

2.原因力性质的辨析

原因力的性质究竟是事实性的抑或价值性的，客观性的抑或主观性的，就像关于因果关系性质的论争一样，存在两种截然对立的观点。一种观点认为，原因力完全是一个客观的事实判断。因果关系、原因力以及相近的概念都是客观的。[①] 美国学者 Leon Green 就力主这一观点，认为事实上因果关系考察是中立的、纯粹科学的事实考察，侵权法上因果关系问题就是事实问题。[②] 而另一种观点则坚持，原因力纯粹是含有主观色彩的价值判断。对原因力事件的探究是法律上的规范性步骤，而非“事实上的”或“自然科学上的”步骤。[③] 就如美国学者 Wex Malone 所言，“即使是简单的原因问题，政策和事实之间的神秘关系也可能是最显著的问题”[④]。

我们认为，这两种观点都有失偏颇，原因力既有客观事实性，又有法律价值性。从前述因果关系学说的历史沿革可以看出，因果关系经历了一个客观概念不

---

① 张新宝、明俊：《侵权法上的原因力理论研究》，《中国法学》2005 年第 2 期，第 93 页。

② Green，Rationale of Proximate Cause，(1927)，p. 132.

③ ［德］冯·巴尔：《欧洲比较侵权行为法》下卷，焦美华译、张新宝审校，法律出版社 2001 年版，第 551 页。

④ Malone，“Ruminations on Cause-In-Fact”，*Stan. L. Rev.* Vol. 9 (1956)，pp. 61 - 62。

断主观化的过程。而在广泛运用因果关系二分法的当今，就如两大法系公认的那样，侵权法上因果关系的认定先是对于事实上因果关系的认定，即发生的是什么，为什么发生，之后是依据法律政策上的考虑，确定事实上的原因是否在法律上成为应对该损失负责的原因。作为与因果律有着天然纽带关系的原因力，其判断贯穿了事实因果关系和法律因果关系认定的整个过程，事实上的认定与价值上的评判自然也随之而来。加之，"责任是侵权法上因果关系探究的唯一核心。这不仅是一个事实问题，更是一个价值问题"①。原因力一旦承载了确定责任的有无和明确责任范围的任务，也就无可避免地要兼有事实性与价值性，客观性与主观性的特质。因此，原因力的判断既成了一个自然科学问题，又成了一个法律政策问题。

（二）原因力判断的两个层次及其标准

原因力可分为事实原因力和法律原因力两个层次，事实原因力和法律原因力的判断分别影响到事实因果关系和法律因果关系的成立与否，而事实因果关系属于责任构成要件的因果关系，法律因果关系属于损害赔偿责任范围问题，因此，事实原因力通过对事实因果关系的影响决定侵权责任的成立与否，法律原因力通过对法律因果关系的影响明确责任范围和分担损害赔偿。

1. 事实原因力的判断及标准

对事实原因力的判断是为了区分原因与条件，将不具有实质原因力的条件剔除出去。我国传统的必然因果关系说区分原因与条件的做法仍值得借鉴，只是应当重新定义原因与条件。英美法系国家的法院也没有放弃原因与条件的判断，而是力求区分积极的致害原因与影响该原因的条件。②

那么，如何合理地界定原因（cause）与条件（mere condition）呢？我们认为，可以借助两个规则来界定原因与条件，即非正常条件与正常条件规则、自愿行为与非自愿行为规则，认定非正常条件与自愿行为是原因，具有事实原因力，

① 王旸：《侵权行为法上因果关系理论研究》，载梁慧星主编：《民商法论丛》，第11卷，法律出版社1999年版，第477页。

② *Prosser and Keeton on the Law of Torts*（by W. Page Keeton），West Publishing Co.，1984，p. 277.

而正常条件与非自愿行为是条件，不具有原因力。在非正常条件与正常条件规则下，正常条件是指作为所调查事物的正常状态或者运动方式的一部分而存在的那些条件，它们不但在灾难发生和正常的情况下同样存在，而且那些进行因果调查的人们一般也都知道其存在，这部分条件不能构成原因。非正常条件是指与正常发生的情况相区别的意外情况，是对既存事物状态的介入或者插入，这部分条件构成原因。[①] 例如，在甲纵火烧乙屋的案件中，甲的纵火行为是非正常条件，空气中的氧气，房屋的可燃性材料等是正常条件。在自愿行为与非自愿行为规则下，由于“故意的结果不可能过于间接”，人们把意图造成实际已出现后果的自愿故意的行动确定为事件的原因，而将根据日常生活标准不能认为它是自愿的或者并非完全自愿的行为归纳为条件。

对原因的事实原因力的判断主要是运用若无法则（But-For-Test）、实质因素法则（Material Element，Substantial Factor Rule）来实现的。若无法则亦称为必要条件法则，指若无行为人之行为，损害结果便不会发生，则行为与结果之间有着事实上的因果关系；若无行为人之行为，损害结果仍然发生，行为与结果之间没有事实上的因果关系。若无法则对于判断大多数案件事实原因力都能获得符合公平正义的结论，因而为各国法院普遍采用。在聚合因果关系、共同因果关系、择一因果关系、假设因果关系等复合因果关系的案件中，若无法则会推导出各个因素都不具有事实原因力的显失公正的结论。为弥补其不足，就需要运用实质因素法则。实践中，实质因素理论主要应用于聚合因果关系的情形之下，指当某一行为系某一结果发生的重要因素或实质性因素时，该行为具有事实原因力。

需要注意的是，随着公害案件越来越多，因果关系越发显得纷繁复杂，受害人对致损因素的事实原因力的证明日趋困难，以日本为代表的许多国家开始采用“盖然性说”“疫学因果说”等因果关系推定理论来判断公害案件中原因事实的原因力有无[②]，这说明原因与条件的区分是相对的，还要受法律政策等的影响。

---

① H. L. A. Hart and Tony Honoré, *Causation in the Law*, 2nd ed., 1985, Oxford University Press, pp. 33 - 35。

② 于敏：《日本侵权行为法》，法律出版社 1998 年版，第 183 - 193 页。

2. 法律原因力的判断及标准

在确定加害人的违法行为等因素存在事实原因力之后，就需要进一步判断事实原因的法律原因力，以确定加害人是否应当承担损害赔偿责任以及在多大范围内承担赔偿责任。对于法律原因力的判断，在不同时期、不同案件中出于不同法律政策上的考量，就会有不同的判断标准，以达到当事人之间损害的合理分配。长期以来，法官与学者们形成了对法律因果关系的不同判断标准，创立了许多不同的学说，其中最具影响力的有直接结果说（direct consequence theory）和可预见性说（ foreseeability theory），这些法律因果关系的认定学说同样适用于对法律原因力的判断。直接结果说（direct consequence theory）主要适用于故意侵权行为案件中法律原因力的认定，主张侵权人只对其侵害行为直接引发的损害结果承担法律责任，不论该结果对侵权人而言有否可预见性，该侵害行为均具有法律原因力。可预见性说（ foreseeability theory）主要适用于过失侵权案件中法律原因力的认定，指被告仅就可预见的损害结果，且就该损害结果可预期发生的原告负赔偿责任。

特别要指出的是，存在多个事实原因的情况下，需要对同时原因（concurring cause）、介入原因（intervening cause）等各种原因的法律原因力进行判断，以决定哪个或者哪几个事实原因能成为法律原因，并根据原因力的大小决定数个法律原因造成同一个损失情况下责任的分担。同时，原因（concurring cause）的存在意味着，数个同时发生的原因对损害结果的发生都具有法律原因力，需要共同承担责任。介入原因（intervening cause）的法律原因力的鉴别相对复杂，如果该介入原因具有百分之百的法律原因力，那么它就是中断事实因果关系的替代原因（superseding cause），先前的事实原因丧失了法律上的原因力而不被追究责任，如果该介入原因只具有部分的法律原因力，则该介入原因需与先前的事实原因共同承担损害赔偿责任。在判断介入原因是否为替代原因而造成因果关系中断时，法院通常以被告在行为时是否可预见该介入原因的发生作为标准，即被告在行为时可预见会发生该介入原因，则该介入原因不为替代原因，被告仍应对损害负责；或者以介入原因的产生是否为被告行为后的自然或正常（natural or normal）

结果作为判断标准。若介入原因的产生系因被告行为后自然或正常的结果时，被告即须对损害负责。[①] 如果存在多个法律原因，还必须对每个原因的原因力大小予以区分，综合过错、公平等因素进而确定各自的责任份额。至于法律原因力比较的内容，我们将在最后一部分论述中具体展开。

三、原因力理论在复合因果关系形态下的具体运用

如前所述，在单一因果关系的侵权形态下，原因力的判断主要在事实因果关系阶段，发挥的是其归责的功能；而在复合因果关系形态之下，原因力的判断则主要作用于法律因果关系阶段，发挥的是其另一个重要功能，即对责任范围的确定和赔偿责任的分担。在传统侵权法中，单一因果关系的侵权行为比较常见，其原因力的判断相对简单，但在现代社会中，侵权行为呈现出一因多果、多因一果，甚至多因多果的因果关系形态，受害人的损害常是掺杂了多人的行为甚至介入了各种外来因素造成的，原因力的判断变得扑朔迷离。在数种原因造成同一损害的复合因果关系形态中，原因力的判断与比较，主要涉及法律因果关系阶段侵权责任的分担，最为复杂，在此我们需要进行单独的探讨。

（一）法律原因力比较的方法

我国传统的必然因果关系说针对数种原因造成同一损害的情况要求区分直接原因和间接原因、主要原因与次要原因，认为间接原因与损害之间不存在因果关系，从而免除行为人的责任；而主要原因与次要原因都是损害事实发生的原因，根据主要原因和次要原因的不同来划定不同原因制造者的具体责任程度。尽管很多人都认为必然因果关系说已经式微，但是，一方面，必然因果关系毕竟还在很大的程度上和领域中需要应用，另一方面，其要求区分直接原因和间接原因、主要原因与次要原因的合理内核，是应当发扬的。

我们应当根据这样一些因素，判定共同原因中各个原因对于损害事实发生的

---

① 潘维大：《美国侵权行为法对因果关系之认定》，《东吴大学法律学报》第 7 卷第 2 期，第 22－23 页。

具体原因力的大小，即原因力的大小取决于各个共同原因的性质、原因事实与损害结果的距离以及原因事实的强度。直接原因的原因力优于间接原因；原因事实距损害结果近的原因力优于原因事实距损害结果远的原因力；原因事实强度大的原因优于原因事实强度小的原因。[①] 具体而言，可以按照以下标准比较各个原因的法律原因力大小：

1. 直接原因和间接原因

直接原因是指与损害后果之间自然连续，与结果之间没有任何中断因素存在的原因。间接原因是指与损害后果没有直接接续关系，而是通过第三介入因素对损害结果起有一定作用的原因。直接原因一般是直接作用于损害结果，其导致损害结果的发生符合事件发生顺序，它在损害的产生、发展过程中，表现出某种必然的、一定如此的趋向。直接原因之所以具有法律原因力，并非因为其与直接结果在时间上和空间上最为接近，而是因为两者之间的因果运动中不存在其他会对之产生影响的人的活动或自然因素的介入。而间接原因对损害的发生不起直接作用，往往是偶然地介入了第三人的行为、受害人的因素、某种非人力的因素，并与这些因素相结合，才产生了损害结果。在通常情况下，间接原因距离损害结果越远，其原因力越弱，而不是像传统理论那样彻底否认间接原因对损害结果的原因力。需要注意的是，间接原因不一定具有法律原因力，也就是说不一定都要行为人负责，即使在有法律原因力的情况下，也不能由行为人负全部责任。

在判断直接原因和间接原因的法律原因力时，可以综合时间和空间的距离、立法目的以及当事人的过错来考虑。以判断间接原因的原因力为例，当介入原因是第三人的故意或重大过失行为时，第三人的过错行为彻底解除了间接原因的原因力；而当介入原因是受害人的特殊体质或自然因素时，如果间接原因的行为人有过错，该间接原因仍具原因力。[②]

应当看到的是，研究间接原因并不仅仅指行为人的行为对损害发生的作用间

① 杨立新：《侵权法论》，人民法院出版社 2005 年第 3 版，第 193 页。

② 王旸：《侵权行为法上因果关系理论研究》，载梁慧星主编：《民商法论丛》，第 11 卷，法律出版社 1999 年版，第 551 页。

题，还要依此确定其他因素对于损害发生的原因力的问题。如果其他因素对损害的发生具有间接原因，对于损害事实的发生产生较弱的原因力，也应当在加害人应当承担的责任范围中予以扣除。因此，间接原因对于确定损害赔偿责任也具有重要的意义。

2. 主要原因和次要原因

在直接原因中造成损害结果的原因有时会有若干个，这些原因对共同损害结果的发生都起到了直接的作用，只是作用的程度有所不同。① 在这些共同的直接原因中，根据其发生作用的情况不同，可分为主要原因和次要原因，其中，对损害结果的发生或扩大起主要作用的是主要原因，法律原因力较大；对损害结果的发生或扩大起次要作用的是次要原因，法律原因力较小。最高人民法院《关于审理触电人身损害赔偿案件若干问题的解释》第 2 条第 2 款规定的“致害人的行为是损害后果发生的主要原因，应当承担主要责任；致害人的行为是损害后果发生的非主要原因，则承担相应的责任”，就是对主要原因和次要原因及其责任的区分。

3. 强势原因和弱势原因

弱势原因是造成同一损害结果的所有原因中既有相关性，也非多余的，在其他原因的共同作用下，导致损害结果发生的原因。强势原因则是这样一个原因总体中的，损害发生所必要的原因；如果缺少这个原因，这种损害就不会发生，或者很可能不发生，或者相当不可能发生，或者可能不会发生，这个原因都可被认为是强势的。可见，强势原因比弱势原因的法律原因力要强大。在一个特定案件中，一个强势原因具有多大强度的法律原因力，这是一个法律政策问题。在一个特定的背景下，不法行为是损害发生的强势原因还是弱势原因，这也是一个法律政策问题。②

（二）以过错程度比较为主、法律原因力比较为辅的综合方法

对于复合因果形态下侵权责任的确定和分担，我国学界基本上不再主张单一

① 王利明：《侵权行为法归责原则研究》，中国政法大学出版社 1992 年版，第 389 页。

② ［美］H. L. A. 哈特、托尼·奥诺尔：《法律中的因果关系（第二版）》，张绍谦、孙战国译，中国政法大学出版社 2005 年版，第 29 页，第二版前言。

的过错程度决定说或法律原因力决定说，改采综合说，但对于究竟是以过错程度比较为主还是以法律原因力比较为主，存在分歧。

一种观点认为，应当以法律原因力比较为主，以过错程度比较为辅。因为侵权行为法的主要功能在于填补损害，而非惩罚；原因力是客观的，而过错是主观心态，原因力理论更能客观地确定当事人的责任份额。① 我国台湾地区学者曾世雄也认为："决定损害大小的，乃损害原因力之强弱，非过失之轻重，因此，法院决定减免赔偿金额之标准，在于损害原因力之强弱，过失程度如何，仅为判断原因力强弱之参考。"②

另一种观点认为，应当以过错程度比较为主，法律原因力比较为辅。在数种原因造成损害结果的侵权行为中，确定各个主体的赔偿份额的主要因素，是过错程度的轻重；而原因力的大小尽管也影响各自的赔偿责任份额，但要受过错程度因素的约束和制约，原因力对于赔偿份额的确定具有相对性。③ 在过错责任中更多地根据过错程度来决定责任范围，在过错推定或者无过错责任这样无法进行过错比较的情况下，主要采用原因力的比较。④ 我国台湾地区学者史尚宽亦主张："第一应比较双方过失之重轻（危险大者所要求之注意力亦大，故衡量过失之重轻，应置于其所需注意之程度），是以故意重于过失，重大过失重于轻过失。其过失相同者，除有发生所谓因果关系中断之情事外，比较其原因力之强弱以定之。"⑤

我们赞成第二种观点，理由在于：第一，侵权行为法目的和功能是多重的。侵权行为法既有填补受害人损害的功能，又具抑制侵权行为发生的作用。⑥ 损害的预防胜于损害补偿⑦，而侵权行为法的预防抑制功能又是主要借助过错责任原

---

① ［美］H. L. A. 哈特、托尼·奥诺尔：《法律中的因果关系（第二版）》，张绍谦、孙战国译，中国政法大学出版社 2005 年版，第 29 页，第二版前言。

② 曾世雄：《损害赔偿法原理》，中国政法大学出版社 2001 年版，第 269 页。

③ 杨立新：《侵权法论》，人民法院出版社 2005 年第 3 版，第 193 页。

④ 王利明：《侵权行为法归责原则研究》，中国政法大学出版社 1992 年版，第 614 页。

⑤ 史尚宽：《债法总论》，中国政法大学出版社 2000 年版，第 680 页。

⑥ 于敏：《日本侵权行为法》，法律出版社 1998 年版，第 34 页。

⑦ 王泽鉴：《侵权行为法》第 1 册，中国政法大学出版社 2001 年版，第 10 页。

则实现的。作为决定责任的最终条件，过错在很大程度上决定了责任范围以及责任的分担。第二，过错的类型化和客观化使法官对过错的判断和比较更具可操作性。法律总是通过外在的行为来判断行为人的主观过错，并通过将过错划分为故意、重大过失、一般过失和轻微过失来明确行为人的责任范围。过错客观化的趋势，诸如合理人（reasonable man）的标准、事实本身证明（res ipsa loquitur）规则、违法视为过失等，使这种判断不再停留在纯粹主观的层面上，从而更便于操作。第三，在一些情况下，原因力的判断、比较极为模糊，过错程度比较明显，这时运用过错比较来确定责任范围非常必要。例如，在精神损害赔偿案件中，由于精神性人格权的损害事实无形性的特点，原因力的确认困难，这时应考虑过错程度来酌定行为人的责任范围。又如在共同侵权中，教唆者、组织者、帮助者的责任范围的确定，也是主要依据其过错程度。

（三）综合说在复合因果关系形态的侵权行为中的具体运用

在复合因果关系形态下，这些原因可以是当事人的行为，也可以是第三人的行为，还可以是其他原因甚至是自然的原因，它们共同造成了损害结果的发生。而以过错程度比较为主、法律原因力比较为辅的综合说在不同的复合因果关系形态下，其具体运用不尽相同。

1. 共同侵权行为

在共同侵权行为中，共同加害人所实施的行为，虽然在法律上被视为一个行为，但各个加害人的过错和行为的原因力都可能是不一样的，在承担连带责任的基础上，各加害人必须根据各自的过错和行为的法律原因力分担其内部责任份额。对于法律有规定的，应当依照法律来确定各行为人的责任份额，比如教唆、帮助限制民事行为能力人实施侵权行为的，教唆人、帮助人应当依法承担主要民事责任。行为人有约定的，应当依照约定来确定各行为人的责任份额。对于既无法律规定又无当事人约定的，可以分为四种情形来确定共同侵权人的内部责任份额。第一，各行为人过错与法律原因力都能确定的，应当按照综合说分配各行为人的责任，具体方法是：（1）确定整体责任是100%；（2）确定各行为人主观过错在整体过错中的百分比，按照故意重于重大过失，重大过失重于一般过失的标

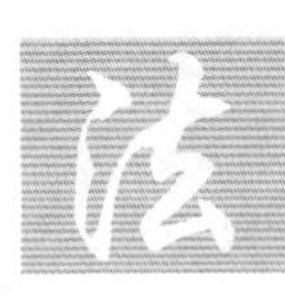

准，分别确定各行为人各自所占过错比例的百分比；（3）确定各行为人的行为对损害发生的原因力，亦用百分比表示，即全体行为人的行为总和为100%，各行为人的行为占一定百分比；（4）某一行为人的过错百分比与原因力百分比相加除以二，即为该行为人的责任份额。[①] 第二，全部或部分行为人的过错是推定或者难以确定的，但各行为人的法律原因力能确定的，根据法律原因力的大小分配各行为人的责任份额，例如，各个共同侵权行为人应分别适用过错责任和过错推定责任的情形。第三，全部或部分行为人的法律原因力是推定或者难以确定的，但各行为人的过错能确定的，根据过错的大小分配各行为人的责任份额，例如，教唆人、帮助人与共同行为人之间的内部责任分担。第四，各个共同侵权行为人的过错与法律原因力都难以确定的，由各行为人平均分担责任。需要注意的是，在确定共同侵权行为人的内部责任份额时，除主要考虑过错和法律原因力外，还应综合考虑加害人的非法获利、经济负担能力等情况。

在共同危险行为中，实质上只有一个或数个共同危险行为人的行为导致了损害结果的形成，并非每一个共同危险行为人对于损害结果的发生均具实际的原因力；但法律将共同危险行为视为共同行为，推定每一个共同危险行为人所实施的危险性行为与损害结果之间存在因果关系，都具有法律原因力。因而，在共同危险行为中，共同危险行为人在承担连带责任的基础上，也要根据所推定的法律原因力确定每一个共同危险行为人的赔偿份额。对于共同危险行为人的责任份额，由于共同危险行为人在实施共同危险行为时，致人损害的概率相等，过失相当，原则上应在连带责任的基础上平均负担。但在例外情况下，允许斟酌具体案情，参照危险行为的可能性的大小（如市场份额的大小、污物排放量的多少等）按比例分担，例如，在美国辛德尔诉阿伯特实验室一案中，法院判决11家工厂按市场份额对原告承担连带责任。

2.无过错联系的共同加害行为

无过错联系的共同加害行为，其行为人在行为之前并无共同的意思联络，该侵权行为不是共同侵权行为，各个加害人之间不承担连带责任，应就自己的过错

---

① 杨立新：《侵权法论》，人民法院出版社2005年第3版，第620页。

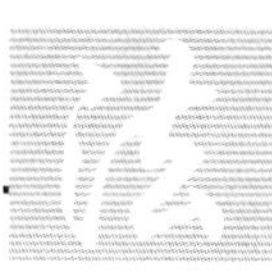

程度和行为的法律原因力，分别承担按份责任。确定无过错联系的共同加害行为人的责任，应按以下规则处理：第一，各行为人对各自的行为所造成的后果承担按份责任。无过错联系的共同致害属于单独侵权而非共同侵权，各行为人的行为只是单独的行为，只能对其行为所造成的损害后果负责。在损害结果可以单独确定的前提下，应当由各行为人对其行为法律原因力范围内的损害承担赔偿责任。第二，依照各行为人的过错程度和各自行为的法律原因力确定责任份额。各行为人在共同损害结果无法分割的情况下，按照各行为人的过错程度和所实施行为的法律原因力，按份额各自承担责任。第三，对于无法区分过错和法律原因力的，应按照公平原则，区分各行为人的责任份额。对此，一是按照等额分配份额，二是考虑各行为人的经济负担能力和非法获利，适当分割份额，仍按份额承担责任。[①]

3. 与有过失的侵权行为

在与有过失中，不论是单一行为人还是多个行为人，凡是构成与有过失，一般是加害人和受害人均具过错，对损害结果的发生均具原因力，其必然的结果是实行过失相抵，通过对双方过错和法律原因力的比较，由双方当事人分担赔偿责任。在确定与有过失的责任范围时，过错起着决定的作用，法律原因力具有相对性的影响，要受双方当事人过错程度的约束或制约。

过错的决定作用需要注意以下几点：第一，在过错责任中应当主要根据过错来决定责任范围。这既是过错责任的要求，也是因为过错责任中法律原因力的大小常常与过错程度成正比[②]，或者法律原因力往往很难判断。第二，根据过错等级来比较双方当事人的过错，双方的过错都可以分为故意、重大过失、一般过失和轻微过失，但对加害人与受害人的过失程度的要求是不一样的：(1) 加害人故意或重大过失，受害人为一般过失的，不减轻加害人的责任；(2) 加害人有重大过失，受害人为轻微过失的，不减轻加害人的责任；(3) 加害人故意，受害人为

---

① 杨立新：《侵权法论》，人民法院出版社 2005 年第 3 版，第 677、637 页。

② John F. Meadows, George J. Markulis, "Apportioning Fault in Collision Cases", *University of San Fransico Maritime Law Journal* (Summer, 1989), p. 35.

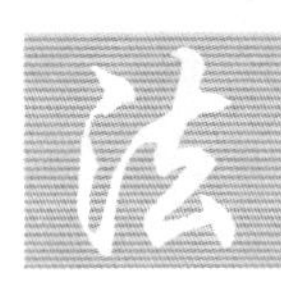

重大过失的，减轻加害人的责任。第三，在精神损害赔偿中，应根据受害人的过错程度减轻或者免除加害人的赔偿责任。

法律原因力的相对作用主要表现在：第一，如在适用无过错责任原则归责时，与有过失其实是受害人自己存在过失，加害人没有确定其过失，无法进行过失比较，因此，可依受害人行为的法律原因力大小，确定减轻加害人的赔偿责任。第二，当事人双方的过错无法确定时，应以各自行为的法律原因力大小，确定各自责任的比例。在这种情况下，无法进行严格的过错比较，只能依双方当事人行为的法律原因力大小比例，确定责任范围。第三，当事人双方的过错相等时，各自行为的法律原因力大小对于赔偿责任起“微调”作用。双方原因力相等或相差不悬殊的，双方仍承担同等责任；双方法律原因力相差悬殊的，应当适当调整责任范围，赔偿责任可以在同等的基础上适当增加或减少，成为不同等的责任，但幅度不应过大。第四，当加害人依其过错应承担主要责任或者次要责任时，双方当事人行为的法律原因力起“微调”作用：法律原因力相等的，依过错比例确定赔偿责任；法律原因力不等的，依法律原因力的大小相应调整主要责任或次要责任的责任比例，确定赔偿责任。

需要注意的是，当双方当事人的人数不等时，对损害赔偿责任范围的确定较为复杂。首先，对过错比例的确定不发生影响，仍与确定过错比例的比较过错方法相同，如双方同为故意或重大过失，仍为同等责任，余类推。其次，双方当事人人数不等，可以形成双方行为程度的不同，对法律原因力的大小产生影响，可以依其具体情况，确认法律原因力的比例，调整与有过失责任范围。再次，与受害人有密切关系的第三人因过错致受害人损害时，应视为受害人一方的过错，按照过错程度与法律原因力的比较规则适用过失相抵。

4.加害人和受害人以外的第三人行为的原因力问题

在侵权行为的发生过程中，第三人的行为也常加入其中，并构成损害结果发生的原因，该第三人也要承担自己应当承担的赔偿份额。

在第三人的行为不中断因果关系而构成独立的致害原因的前提下，其行为的法律原因力要么计入加害人一方，要么计入受害人一方，因而在确定其赔偿责任

份额时，根据具体情况的不同，分别适用共同侵权、无意思联系的共同加害行为和与有过失中的过错程度比较和法律原因力比较规则。

5.行为与非人力原因结合而造成损害结果的侵权行为

对于行为与非人力原因结合而造成损害结果的侵权行为责任范围的确定以及责任的分担，若只涉及加害人一方的过错问题，则只需要进行法律原因力的比较即可。非人力原因主要包括不可抗力、意外事件等自然原因和受害人特殊体质的原因，相应的，行为与非人力原因结合而造成损害结果的侵权行为也可以分为两类。

第一类是行为与不可抗力、意外事件等自然原因共同造成损害结果的侵权行为，对此，行为人只在自己的过错和行为的原因力范围内，对所造成的损害负责。例如，在前文所述的庞启林与庞永红损害赔偿案中，洪水的暴发与庞启林的挖井行为均具法律原因力。洪水造成的损失，是上帝的行为（acts of God）所致，“不幸事件只能落在被击中者头上”，应由受害人庞永红负担，庞启林只对自己行为造成的损失负责。

第二类是行为与受害人特殊体质结合而造成损害结果的侵权行为。在这类侵权行为中，加害人的行为和受害人特殊体质都构成损害发生的原因，均具法律原因力，按照各国法院通行的做法，行为人必须对被害人特殊体质造成的所有损害负赔偿责任[①]，因为身体或健康损害在因果关系法上的特殊地位在法学界以“加害人必须接受其受害人的现实”（一言以蔽之“蛋壳脑袋规则”）中得到了最佳体现，“伤害了健康状况本就不佳者的人不能要求他在假设受害者是健康时的法律处境”[②]。但是，我国实践上与国际上通行的做法不一样，认为加害人只对其行为的原因力所及的损害程度负责，受害人特殊体质造成的损害应由受害人承受，例如2002年的《医疗事故处理条例》第49条第2款的规定，医疗事故赔偿应当考虑“医疗事故损害后果与患者原有疾病状况之间的关系”确定具体赔偿数额。

① 陈聪富:《因果关系与损害赔偿》，北京大学出版社2006年版，第56-57页。

② ［德］冯·巴尔:《欧洲比较侵权行为法》下卷，焦美华译、张新宝审校，法律出版社2001年版，第580页。

有学者也持相同观点，认为“如果加害人的加害行为和受害人的特殊体质共同作用导致损害结果发生，则参照《医疗事故处理条例》第49条第1款所规定的‘损伤参与度’原理进行解决，即确定加害人的加害行为对损害后果的原因力大小，并以此作为最终承担赔偿责任的基础”[①]。这方面的规定主要关乎法政策上利益平衡的考量，从长远来看，我国法律应向人的健康和生命这一最高价值倾斜，改采国际上通行的规定。

第二节　客观与主观的变奏：原因力与过错

在侵权法的传统意义上，原因力是一个客观概念，而过错是一个主观概念，但随着社会变革带来的侵权法理论的演变，客观与主观之间不再泾渭分明，原因力由一个纯粹的客观概念走向主观化，过错也在主观过错与客观过错的论争中越来越掺杂了客观的色彩。在客观与主观截然分开的传统侵权法中，需要分别借助客观要素和主观要素来判断责任的成立及赔偿范围的大小，原因力与过错之间更多的是个性。然而，随着原因力的主观化与过错的客观化，无论是归责领域还是损害赔偿领域，二者之间的联系都表现得更为密切，其必然结果是过错、原因力比较综合说的采用。这就像是一部生动活泼的变奏曲，原因力和过错作为其变奏的旋律，不停地在变化着，最终合成了变奏的高潮，构成了客观和主观、原因力和过错比较的综合说，成为当今侵权法原因力和过错学说的主旋律。

一、单旋律变奏：走向主观化的原因力

侵权法中的原因力早先脱胎并依附于因果关系的相关理论，以至于原因力的

① 张新宝、明俊：《侵权法上的原因力理论研究》，《中国法学》2005年第2期，第98页。

大小一度被认为不过是因果关系的强弱问题[①]，但随着侵权法理论的成熟，原因力理论自成一体的需求呼之欲出。尽管如此，原因力的许多特质始终与因果关系保持一致，其中一个突出表现是，原因力与因果关系在本质上都是客观性的概念，却又都经历了逐渐主观化的发展，由单纯事实判断逐渐向兼采价值判断演进这样一个嬗变的过程。在各种先后出现的因果关系学说中，原因力的客观性不断地受到过错、政策等主观性的价值判断的影响。

（一）起点的回溯：结果责任中纯客观的原因力

原始社会简单地奉行血族复仇和“以眼还眼，以牙还牙”的同态复仇规则，以野蛮方式履行客观上的因果报应，完全不考虑过错问题。随着生产和交换的发展，各部落慢慢制定一些规则对复仇制度加以限制与缓和，其中最为有效的办法就是亲属代偿制度。但这种制度仍建立在有损害就有救济的客观责任基础上，责任的有无完全取决于侵权行为原因力的有无，对侵权人的主观心理状态的认识和证明依然很难企及，即使加害人对造成的损害没有过错，要减轻或者免除责任也不可能。当然，就当时的社会条件而言，奉行有损害就有赔偿的原则无疑是最直接和最有效的解决途径。后世将这一原则称为结果责任原则（亦称为加害责任原则或原因责任原则）。

进入奴隶社会以后，作为共同责任的亲属代偿制度不再流行，改行侵害人自己赔偿的个人责任制度，结果责任原则的成果得到进一步发展，损害赔偿责任凭借侵权行为原因力的客观指向，更为直接地归责于具体的侵害人个体。同时，由于民刑责任不分，损害赔偿更倾向于通过惩罚性的制裁安抚受害人一方。与个人责任相结合的结果责任下，过错依然罕有问津，所有的主观问题诸如侵害人是否希望造成违法后果，有否意识到自己的加害行为，都并不重要。古西亚法、古中国法、古印度法、伊斯兰法和希腊法都有这种结果责任的损害赔偿规定，许多成文法典对赔偿数额都实行法定主义，法定的赔偿数额无须与实际损失相当，有些甚至是实际损失的数倍，但它们都是根据不同侵害客体在法律保护上的不同价

---

① 现在也有人反对原因力的提法，认为原因力实际指的是法律因果关系，是侵权行为与损害结果的因果联系强度，详见刘信平：《侵权法因果关系理论之研究》，武汉大学 2007 年博士论文，第 186 页。

值，规定不同侵权行为类型的法定赔偿数额，侵权行为造成的损害结果严重的，赔偿责任相应也重，可以隐约见到后世根据原因力的大小决定损害赔偿范围的影子。

（二）主观化的历程：各种因果关系学说中的原因力

在古代法的进一步发展中，结果责任原则慢慢被放弃，罗马法逐渐发展出了过错侵权责任制度的萌芽，并最终被《法国民法典》所确认。在19世纪以后的大陆法系和英美法系，故意或者过失等主观上的因素越来越多地被纳入权衡责任的范围，过错侵权责任取代了“原因”责任。① 19世纪中后期，侵权法因果关系受到关注，哲学上的客观因果关系理论先是被直接移植到侵权法上，为了限定对侵权责任中因果联系的范围，人们对因果关系的把握又逐渐从其客观实在性转向主观判断性。由于原因力的有无宣告了因果关系的有无，客观因果关系主观化的进程，实际也是客观原因力主观化过程的写照。

1. 大陆法系因果关系学说中的原因力

在大陆法系，认定侵权因果关系的最古老学说之一是条件说，又称等值说（equavalence theory，equivalenztheorie）。在条件说中，侵权法上的原因力与哲学上的原因力的判断完全重合，与英美法中事实原因力的判断相同，原因力是一个纯粹的、平面的客观概念，一切对损害结果起重要作用的条件的原因力都被预定为整齐划一的，不管是否有受害人本人因素的影响，不管是否有第三人因素的加入，不管是否有自然因素的介入，所发生的事实结果的价值都不受影响，所有条件都具有同等的原因力。例如，甲杀乙，不仅甲的杀害行为，而且甲的父母养育甲的行为、杀人凶器的制造行为，均对乙的死亡具有同等原因力。正如冯·巴尔教授所称的，一个法律制度将构成特定损害“事实上”原因力的事件规定得越多，这种内在的责任潜能就越大，且无论该法律制度是认可了一切行为的还是仅不当行为的原因力。② 客观的条件说下，所有具有事实原因力的原因都被纳入法

① 张民安：《过错侵权责任制度研究》，法律出版社2002年版，第80页。

② ［德］冯·巴尔：《欧洲比较侵权行为法》下卷，焦美华译、张新宝审校，法律出版社2001年版，第548页。

律上的归责范围，责任难免会不当扩大。

为了合理缩限因果关系，德国学者冯·克里斯（von Kries）于1888年提出了相当因果关系说，又称“充分原因说”（adequacy theory），其主张某一事实仅于现实情形发生某种结果，尚不能认为有因果关系，必须在一般情形，依社会的一般观察，亦认为能发生同一结果的时候，才能认为有因果关系。例如，车夫酒醉误路，在超过正常时间抵达目的地的途中，乘客遭遇雷击死亡。醉酒车夫误路是乘客死亡必不可少的条件，但依普通一般之社会经验，尚不足以发生这样的损害，因而醉酒车夫误路与乘客死亡间不具有相当性，车夫醉酒行为没有法律上的原因力。相反，若车夫酒醉致车颠覆而伤害乘客，车夫醉酒行为则具有法律上的原因力。① 条件说中作为客观概念的原因力，在相当因果关系说中融入了价值判断的色彩，开始向主观化的特征靠近，它不仅要求判断条件的事实原因力，而且进一步要求根据相当性判断其法律原因力。

在相当因果关系说的基础上，20世纪30年代德国学者拉贝尔（Ernst Rabel）创立了法规目的说（Normzweck，Normschutzzweck），并于1958年为德国联邦法院所采纳。该说认为，在检讨因果关系时，应首先适用相当因果关系说，在特定情况下采用法规目的说，从而起到调整或纠正相当因果关系说的作用。从原因力的角度来看，法规目的说中的原因力主观化的趋势更为明显和细致，除了像相当因果关系说那样对原因力依然采取事实上和法律上的二元划分，还根据法律的保护目的，对法律上的原因力存在与否作进一步的规范性筛选，那些虽具有相当性却并不符合法律保护目的的原因的法律原因力被排除，因果关系的范围进一步被缩限。可见，法规目的说更强化了原因力的主观化程度。

2.英美法系因果关系理论中的原因力

英美法因果关系理论一直采用事实因果关系和法律因果关系的二分法。事实因果关系（causation in fact，factual causation）是从纯粹的事实角度观察加害人的行为与受害人所受损害之间的客观联系，以确定所有产生损害结果的原因。凡

① 周佳念：《因果关系的限制与扩张——一种检讨侵权归责体系的视角》，中国人民大学2003年博士论文，第52页。

对与损害结果发生具有原因力的事实，均被包括在产生损害结果的原因事实之内。法律因果关系（causation in law，proximate cause）是指在确定加害人的违法行为与受害人的损害结果之间存在事实因果关系的前提下，加害人是否应当承担损害赔偿责任以及承担多大范围的赔偿责任，这实质上是法律对加害行为与加害结果之间的因果关系所作的价值判断。由于英美法系法官肩负着造法和补充法律的重任，在具体的侵权案件中，法官可以结合公平正义的观念、相关法律政策、法规保护目的等因素来对因果关系进行判断，从而使得判断标准不可避免地带有更多的主观性。[①] 判断标准的主观性使原因力一开始就具有客观概念主观化的特性，虽然在事实因果关系阶段，原因力的客观性突出，大部分情况下只需要判断事实上的原因力即可，但当事实判断并不足以达到价值判断所需要获得的结果时，对原因力的事实判断就被价值判断所取代。在法律因果关系阶段，由于法政策价值判断的运用，原因力的主观性成分得以更多地彰显，特别是在采用可预见说的标准以及判断介入原因的原因力的情况下。

值得一提的还有20世纪后期出现的法律经济学，罗纳德·H.科斯（Ronald H. Coase）、理查德·A.波斯纳（Rchard A. Posner）等英美学者将经济学的概念工具和经验方法应用到了对法律包括侵权法的研究。法律经济学回避了因果关系问题，将其转化成了客观过失的问题，这种转化经由汉德（Learned Hand）法官提出的判断客观过失的汉德公式完成。在法律经济学领域，着眼于防止未来损害发生的成本分析成为侵权责任成立与否的唯一衡量标准，原本作为客观要件的因果关系被客观化的主观要件——过错取代，侵权人的行为对损害结果的原因力同样也被忽略不计，这是原因力主观化发展的极端例子。

二、单旋律变奏：走向客观化的过错

在近代社会以来，与原因力的主观化过程相反的是，作为主观概念出现的过错却是沿着客观化的方向发展。在过错理论领域，主观过错说式微，客观过错说

① 张新宝：《侵权责任构成要件研究》，法律出版社2007年版，第319-320页。

兴起，过错的判断基础由个人人格非难可能性转为依社会秩序一般客观需要而决定[①]；同样，在归责原则领域，过错责任原则不再一统江山，过错推定原则和无过错原则的运用促使了归责方式的客观化。

（一）过错理论的客观化：从主观过错说到客观过错说

在19世纪的大陆法系，主观过错说占据了主导地位，这与当时盛行的理性哲学尤其是以康德为代表的“自由意志理论”的哲学基础和自由资本主义迅速发展的社会经济状况密不可分。在主观过错说中，过错被界定为行为人主观上应受非难的一种心理状态，并不包括侵权行为人的外部行为，判断行为人是否有过失应当采取主观标准即考察行为人的心理状态。在实践中，1968年前的法国一直对《法国民法典》第1382条和第1383条采主观过错说的理解，德国、瑞士、意大利、日本和我国台湾地区等大多数大陆法系国家和地区的民法典也都采主观过错说。到了20世纪，由于大工业的迅速发展，各种危险事故频繁发生，保护受害人成为侵权法的重心，客观过错说渐占上风。在实践中，最为典型的是法国，它于1968年颁行法律，废除了侵权责任能力和主观过错制度，此后，无识别能力的精神病人和未成年人也要根据民法典第1382条承担过错责任。客观过错说的哲学理论基础先后在于实证主义哲学和社会学法哲学，认为过错是一个社会的概念而非道德评价，否定对行为人的主观过错作出评价的可能性和必要性，主张根据客观外在的行为判断行为人的过错。在大陆法系的客观过错说中，过错是一个客观的、社会的概念，其判断标准在罗马法提出的善良家父标准的基础上进一步发展，要么以一个合理人或者善良管理人应当尽到的义务或注意程度为标准，要么以行为人是否违反了法律确定的作为或不作为义务为标准等。对行为人的行为进行评价时，客观过错说依赖一个谨慎的人在特定的环境下应该遵循的行为标准加以确定，而不是依赖于一个人自身的主观能力确定。

在英美法系侵权法，不乏主张主观过错说的学者，如温菲尔德（Winfield）、

① 邱聪智：《民法研究（一）》（增订版），中国人民大学出版社2002年版，第59页。

萨姆德（Samond）、斯爵特（Street）等[1]，但由于英美法的过错概念在19世纪后期才成熟，时值危险活动事故频发之时，客观过错说的影响更为深远。[2] 在英美侵权行为法，过失一直都被界定为一种行为，一种民事义务的违反行为而不是一种主观心理状态。正如罗杰斯（Rogers）所说，过失是行为人对其所承担的法定注意义务的违反。[3] 在当代，美国社会法学最主要代表者庞德（R. Pound）认为，过错与个人主观能力并无密切关系，而是建立在客观标准即社会的一般认识和道德意识之上，属社会性过失。[4] 在英美法系，客观过错的判断主要有理性人的标准、危险性标准和成本与收益标准。理性人的标准是在1837年的Vaughan v. Menlove案中确立的，在该案中，原告的农舍与被告的土地相邻，被告在自己的土地上堆放草堆，草堆自燃漫及原告农舍。法官认为，被告没有采取一个有一般谨慎和普通预见能力的人会采取的预防措施防止火势的发生，具有过错，应当对原告的损害承担赔偿责任。而危险性标准是特瑞（Terry）教授在1915年提出的，他指出某种行为要成为一种过失行为，其涉及的危险必须是非常大的、极不合理的。这一标准得到美国司法的遵循，并被《美国侵权法重述（第二次）》第291条采纳。至于成本与收益理论，则是事故等案件中客观过错的判断标准，起源于汉德公式，波斯纳在此基础上进一步提出了成本与收益分析方法，对过错作了数字式的客观定义。

（二）归责方式的客观化：从过错责任原则到过错推定和无过错责任原则

19世纪以来，在个人主义思潮和自然法学派的影响下，以道德观念为基础的过错责任原则成为私法的三大原则之一。过错责任原则坚持无过错即无责任，要求依行为人的主观状态而不是客观行为来确定侵权责任，过错既是侵权责任必备的主观构成要件，也是侵权责任构成的最终要件。但过错责任原则垄断侵权责

① Winfield, The History of Negligence in the Law of Torts, *Law Quarterly Review*, Vol. 42, 1926, p. 193.

② 邱聪智：《从侵权行为归责原理之变动论危险责任之构成》，中国人民大学出版社2006年版，第57页。

③ W. V. H. Rogers, *Winfield and Jolowicz on Tort* (16th Edition), Sweet & Maxwell, London, 2002, p. 103.

④ R. Pound, *An Introduction to the Philosophy of Law*, Yale University Press, New Haven, 1955, pp. 170, 177–179.

任领域的局面并不长久，随后出现的过错推定和无过错责任原则很快就打破了这种垄断格局。

在大陆法系，《法国民法典》确立了过错责任原则和过错推定原则，但在19世纪上半叶，以主观过错为核心的过错责任原则一枝独秀，以客观过错为基础的过错推定原则在法国的司法实践中并没有被运用。19世纪后期以来，工业事故和交通事故频繁发生，过错责任原则使得危险活动事故的受害人举证加害方的过错极为不易，法国法院开始采用民法典第1384条规定的过错推定，根据客观损害事实推定加害人的过错。最为著名的案例是最高法院判决的1930年让德尔诉卡勒里·拜尔福戴斯交通事故案，卡勒里·拜尔福戴斯公司司机驾驶的货车颠覆，致使正在过马路的让德尔身受重伤，该公司因不能证明自己无过错而承担赔偿责任。《德国民法典》对雇用人责任、监督人责任和建筑物管理人责任等都采用了过错推定责任。日本民法则大量运用过错推定弥补传统过错责任的不足，将监督人责任、雇用人责任、动物占有人责任和工作物责任等规定为过错推定责任。我国《民法通则》也将物件致人损害等民事责任纳入过错推定的范畴。在英美法系，与大陆法系过错推定相对应的是20世纪初形成的事实自证（res ipsa loquitur）规则，该规则起源于1863年英国法官波洛克（Pollock）对Byrne v. Boadle一案的裁决。在该案中，被告的一桶面粉从其库房的二楼窗口滚落，致使一行人被砸伤。波洛克法官认为：虽原告无法直接证明被告如何因过失而导致这桶面粉滚落窗外，但该案事实足以表明被告必定存在某种过失，否则其面粉桶不会无故滚落窗外而砸伤行人。《美国侵权法重述（第二次）》对事实自证规则予以规定，在下列情形下，可以推论原告所受伤害是由被告的过失引起的：（1）该事件是在没有过失的情况下便通常不会发生的一种事件；（2）其他可能的原因，包括原告与第三人的行为，已被证据充分排除；并且（3）所表明的过失是处在被告对原告所负义务的范围之内。该表述代表了美国绝大多数法庭对事实自证规则的一致看法和美国法律界对该规则的主流意见。[①]

① 许传玺：《侵权法事实自证制度研究》，见中国民商法网，http：//www. civillaw. com. cn/article/default. asp? id=8076。

随着19世纪末工业化进程的加快，以客观过错为基础的过错推定责任也不敷适用，为了达到对不幸损害的合理分配，在事故责任等危险活动领域，无过错责任应运而生，只要加害人的行为与损害事实之间有因果关系，无论加害人是否有过错都须承担赔偿责任，这种归责方式被许多学者认为是古代客观归责的结果责任的复活。对于无过错责任的理论基础，主要有如下几种学说：一是风险说，主张一个为自己利益而自愿经营某项事业的人，应当承担该事业性质所生的或相关的致损风险；二是公平说，主张一个人应对从其支配下的某物或某项活动（无论是亲手或是假他人之手进行）所致的损害承担责任；三是遏制说，主张让事故原因的控制者承担责任，可以刺激其采取措施来防止事故的发生；四是利益均衡说，主张在发生损害的情况下，应当根据公共政策权衡冲突双方的利益，以达到合理的损失分配。在“机器和事故的时代”，无论采哪种学说，以主观或客观过错说为基础的过错责任原则在特别法中都已让位于向客观归责大步挺进的无过错责任，在交通事故、公害事件等领域，损害分担的考量甚于加害人道德上可责难性的探究，过错的客观化由此达到极致。

三、主旋律变奏：主观化原因力与客观化过错的联系

最初的侵权责任从客观责任状态萌芽，经历了几次主、客观责任之间的摇摆反复之后，自近代社会以来，大陆法系和英美法系都不约而同地走上了一条由单一主观责任模式，向主、客观责任并存模式转化的道路，而客观原因力的主观化与主观过错的客观化一直交织穿插在这一漫长的发展过程中，这种发展轨迹使得同为归责和损害赔偿要素的原因力与过错之间的联系更为紧密。

（一）原因力与过错的相互影响

学者对主观化的原因力与客观化的过错之间有这样的评价：“在所有的案件中，义务、因果关系和原因力的远近性这三个问题都相互交叉。在我看来，他们

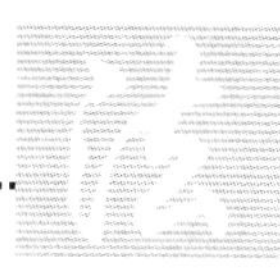

不过是从三个不同的角度看同一个问题的不同角度。”① 那么，原因力与过错之间到底是怎样的一种依存关系呢?

1. 原因力对过错的影响

原因力对过错的影响表现在以下两个方面。

第一，过错的认定建立在原因力的认定基础之上。在过错责任中，作为责任构成要件的过错的认定以另一要件因果关系的认定为前提，而因果关系存在与否又通过加害行为对损害结果有无原因力来认定，因而原因力通过因果关系来影响过错的认定和责任的成立。在我国，对于侵权责任的一般构成要件，无论是三要件说还是四要件说，各个要件被笼统地归类成客观要件和主观要件，被平行、静态和封闭地列举考察。在这种耦合式构成要件理论的框架下，各个要件对于责任成立的逻辑上的关系无法体现，也显现不出原因力对过错的影响，但如果置换到类似于德日刑法中的三阶段构成理论的体系结构中，原因力对过错的影响便一目了然。

三阶段构成理论呈现出递进式的、动态的位阶关系，可分为第一阶段构成要件该当性即对行为、结果和因果关系的客观判断，第二阶段违法性即是否有违法阻却事由的评价，最后是有责性即过错和责任能力的主观考察。三阶段的层次性要求后阶段的评价必须以前阶段的完成为前提，客观判断先于主观判断，事实判断先于法律判断。② 这一体例可提供较容易和精确的事实涵摄，在逻辑上有一定的次序的关联，判断过错责任的要件时应当按照这一次序进行。③ 由于因果关系属于第一阶段构成要件该当性的问题，原因力也在这一层次中予以判断，如果加害行为具有对损害结果的原因力，因果关系成立，才有可能在后续的第三阶段评判加害行为的有责性即有无故意或过失，因此，过错的认定是建立在加害行为原

---

① [德] 冯·巴尔：《欧洲比较侵权行为法》下卷，焦美华译、张新宝审校，法律出版社2001年版，第1页，注1。

② 陈兴良：《犯罪构成理论与改革》，《法学》2005年第4期；周光权：《犯罪构成理论：关系混乱及其克服》，《政法论坛》2003年第6期。

③ 杨佳元：《侵权行为损害赔偿责任研究——以过失责任为中心》，台北元照出版有限公司2007年版，第23页。

因力的认定基础之上的，原因力的判断是基础性和先决性的。

第二，过错的推定是建立在原因力的确定基础之上的。在过错推定的情形下，只有首先确定加害行为或物件具有对损害结果发生或扩大的原因力，成立因果关系，才能对行为人或者物件管理人、占有人、所有人的过错进行推定。这是因为，一方面，过错本身是确定责任的最终基础，而由原因力判断因果关系的有无是确定责任的第一步和先决条件，否则不能确定加害人是谁，过错推定也就失去了对象；另一方面，加害行为原因力的归属表明，如果没有介入因素原因力的影响，损害极有可能是由加害人的故意或过失造成的，因而适用过错推定的理由就比较充分。

一般而言，过错推定分为三个步骤：一是原告证明被告的行为对损害结果具有原因力，成立因果关系，二是法官根据法律规定或者案件需要，在被告的行为或所控制物件对损害的发生具有因果关系的基础上推定被告的过错，三是被告提出反证证明自己没有过错，或提出特殊抗辩事由证明自己可以免责。我国民法规定的过错推定就体现了这样的思路，如《民法通则》第126条规定的建筑物倒塌致人损害的侵权责任，按照该条的规定，受害人必须对建筑物与损害事实之间的因果关系举证，如果建筑物具有对损害的原因力，可以认定因果关系成立，法官将据此推定建筑物的管理人、占有人或所有人对建筑物的倒塌具有过错，须承担侵权责任，除非被告人能够证明自己没有过错。

2. 过错对原因力的影响

过错对原因力的影响表现在以下三个方面。

第一，过错是原因力认定的标准之一。在判断某一行为是否具有造成损害的原因力，特别是法律上的原因力时，需要考虑行为人对损害结果的认识、预见能力和态度，考虑一个正常人是否会实施此种行为，因此，麦肯辛尼斯（Markesinis）声称，由什么构成过错也是法律上因果关系的内在内容之一，不承认这一点就无法讨论因果关系。[①] 当事人的过错特别是故意或重大过失是认定加害行为及危险源对

① Simon Deakin, Angus Johnston, and Basil Markesinis, *Markesinis and Deakin's Tort Law* (5th Edition), Clarendon Press, 2003, London, p. 167.

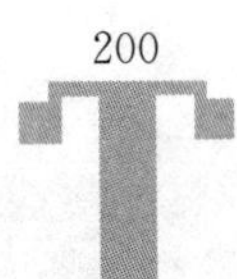

损害发生所具有的原因力的一个关键性因素，通常是过错越重大，原因力的归责倾向就越明显。

涉及被告方的过错时，这一点在参与者即共同行为人、教唆人和帮助者责任问题上尤为显著。例如，在抢劫犯们同时向受害人射击，一颗子弹击中受害人的情形下，其中一名抢劫犯甲即使能证明受害人不是被自己的子弹击中的，也不能被免责，抢劫的共同故意肯定了甲的行为对整个抢劫后果的原因力；但如果同样的射击行为发生在共同危险行为的情形下，行为人则可以通过证明受害人不是被自己的子弹击中，推翻法律对该行为人过错的推定而免责。又如，甲教唆乙打伤丙，甲的教唆行为对丙的伤害的原因力，则由于甲存在教唆的故意而成立。在心理上的因果关系（psychic causation）的侵权案件中，重大过错对判断原因力有无的影响也相当明显。例如奥地利于 1997 年所作的一个判例，甲与乙在舞厅跳舞时，被丙、丁、戊辱骂，争吵之中，丙、丁对甲大打出手，乙试图报警救甲被戊阻拦并打成重伤，乙向丙、丁提出的损害赔偿之诉获得了法院的支持。被告丙、丁的行为既引起了原告乙的行为又引起了第三人戊的行为，丙、丁行为的不法性因其特别的危险性和不合时宜性而延及在戊对乙的伤害行为上，丙、丁因此被判定具有重大过错进而被肯定了其行为对乙所受伤害的原因力。①

第二，过错的形态对原因力认定的影响。过错的不同形态体现了法律不同的否定评价程度，过错形态的不同对原因力的认定都会产生不同的影响。故意的存在通常可以直接推定原因力的存在，因为“故意行为产生的后果永远不会太遥远”②。而在过失侵权中，过失对原因力的影响相对间接，需要综合过失、相当性、可预见性等标准来确定原因力。例如，在自然力介入和动物致害的情况下，如果行为人利用自然力或者动物造成受害人的损害，由于行为人主观上的故意，其行为在法律上的原因力被肯定，行为人应对自然力和动物造成的损害负责；如果行为人只存在一般过失，则其行为通常不对自然力或者动物造成的损害具有法

---

① ［德］冯·巴尔：《欧洲比较侵权行为法》下卷，焦美华译、张新宝审校，法律出版社 2001 年版，第 571、532－533 页。

② Simon Deakin, Angus Johnston, and Basil Markesinis, *Markesinis and Deakin's Tort Law* (5th Edition), Clarendon Press, 2003, London, p. 42.

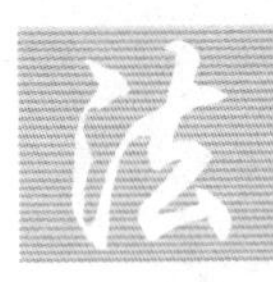

律原因力。又如，对于纯粹经济损失，如果是加害人故意导致的，加害人行为对纯粹经济损失的原因力通常也会被认定。

根据故意与过失的不同，法律原因力判断的标准也是不一样的。在大陆法系国家，如果是故意侵权，可以直接推定行为人的行为具有对损害发生的法律原因力，但对于过失侵权，则要根据行为与后果之间是否具有相当性等各种标准来确定。在英美法国家，对于故意加害行为采取直接结果说，加害行为对其行为直接造成的损害具有原因力，即使这些损害超出了加害人的预见范围；而对于过失加害行为则采取合理预见说，加害行为只是对行为人预见范围内的损害结果具有原因力。

第三，第三人过错、受害人过错对原因力认定的影响。在加害行为之外，还有可能有第三人行为或受害人行为的介入，如果介入行为是故意或重大过失行为，加害行为是轻微过失或无过失行为，则具有故意或重大过失的介入行为将被认定为损害发生的唯一原因，即只有该介入行为的原因力被肯定。在介入第三人行为的情况下，当第三人行为对最后损害的发生具有故意或重大过失，原有加害行为人只具有轻微过失甚至没有过失时，将导致原有因果关系的中断，原有加害行为的原因力被否定，第三人行为的原因力获得肯定。在介入受害人过错的情况下，若对损害后果的发生，受害人主观上存在故意或重大过失，加害行为人只具有轻微过失或没有过失时，原加害行为的原因力被否定，具有唯一的原因力的是受害人行为。正如冯·巴尔教授认为的，在原告的行为也影响判决结果的案件中，过错问题也对因果关系的认定具有重要意义。因为，对原告共同过错的认定不可避免地会转向对被告因果关系的认定上。例如，原告在热疗中心接受热疗法时被烫伤，法院否定了热疗法的原因力，而认定原因在于原告的糖尿病，因为糖尿病会使皮肤的热敏感度增强，原告未将这一情况告知无询问义务的康复中心，具有重大过失。①

---

① ［德］冯·巴尔：《欧洲比较侵权行为法》下卷，焦美华译、张新宝审校，法律出版社2001年版，第555页。

（二）原因力与过错的部分重叠

由于各种主观价值性的判断标准被不断地引入原因力的认定中，在过错特别是过失的判断中越来越多地采用客观标准，原因力与过错在侵权法上出现了一定程度的交汇[①]，这主要表现在某些判断标准的趋同，一些共同判断方法的采用，特定侵权案件中二者判断的一致等。

1. 可预见性（foreseeability）标准在法律原因力与过错判断中的适用

可预见性理论发端并成熟于英美法系，最初是认定侵权人过失的要素，20世纪初开始被用作对法律原因的判断[②]，成为过错和法律原因力考察的共同标准。侵权案件中过错的有无通过行为人注意义务或义务的有无来检验，最主要的检验注意义务的方法是可预见性，也就是取决于损害是否是行为人作为或不作为的可以预见的后果。同时，可预见性问题不限于现存的义务，它也与法律原因力有关，因为受害人损害的内容和种类都必须是可以预见的。

可预见性是大陆法系国家评判法律原因力的重要因素，因为“尽管没有将可预见性作为因果关系判断的名义上的标准，但显然法院都乐于将其在相当因果关系的考察中加以运用”[③]。可预见性标准在英美法国家的适用更是显而易见，法律原因力的判断主要依据故意侵权案件中的直接结果说和过失侵权案件中的可预见说，由于大多数侵权案件以过失侵权为主，因而可预见说的适用范围更广。依据可预见说，加害人仅就可合理预见的损害结果以及该损害结果可合理预期发生的受害人负赔偿责任。可预见性对于过错的判断同样有着重要作用，就行为人过错形态而言，故意和过失的认定都包含了可预见性的内容，故意建立在行为人已经预见并追求或放任损害结果发生的基础上，过失则不问行为人是否实际预见到损害结果的发生，只要求行为人能够或应当预见到损害的发生。对于过错的判断，我国学者多主张对故意的判断按照主观过错说的标准，对于过失的判断采用

① A. M. Honoré, *International Encyclopedia of Comparative Law*, Vol. 6, Torts, chapter 7, Causation and Remoteness of Damage, 1985, p. 122。

② 王旸：《侵权行为法上因果关系理论研究》，载梁慧星主编：《民商法论丛》，第11卷，法律出版社1999年版，第490页。

③ J. Spier, *Unification of Tort Law: Causation*, London, Kluwer Law International, 2000, p. 132。

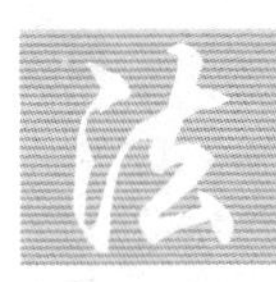

客观过错说，但无论是采用主观说还是客观说，判断过错都以合理预见为标准，只是以不同的预见人作为参照主体。

可预见性在法律原因力与过错的适用中有所差异。法律原因力可预见说需要判断的主要是对损害范围和受害人范围的预见，而认定过错的合理预见标准，需要判断的主要是行为人是否尽到了合理人的注意义务。这使得在过失侵权案件中，二者的可预见性内容有所不同，大量不能构成过失的风险对法律原因力的认定而言却被认为是可以预见的，因为此类风险的存在是以已经实施的过失行为所造成的初级损害的存在为先决条件的。例如，在澳大利亚的 Chapman v. Hearse 案中，被告过失造成交通事故，在现场救助伤者的医生被一辆违章行驶的机动车撞死，该医生的死亡不属于被告过失可预见性的范围，却属于被告行为法律原因力可预见性的范围，因为根据被告侵害行为完成时的情况来看，该损害并非绝无发生之可能性。[①] 并且，法律原因力的预见性标准也比过错的预见性标准宽松，比如法律原因力预见时点的后移，法律原因力指向的损害以行为最后阶段行为人的预见力为基点，过失则是以行为人在行为发生前的预见力为基准；又如，在法律原因力的判断中对人身侵害不要求预见具体的损害程度，就像“蛋壳脑袋规则”那样。

但是，由于二者的判断标准都在合理预见的基础上加以统一，因而在具体案件特别是过失侵权案件中，法律原因力与过错的确认具有一致性，如果证明了损害结果是加害人能够或应当预见而没有预见的，加害人的过错和行为的法律原因力同时都得到了证明，正如英国的斯姆德（Simond）大法官所言：“对损害的预见应该与对过错的预见一致。”[②]

2. 推定方法在事实原因力与过错判断中的采用

侵权法的推定方法是从证据法上借鉴而来的，指的是在事实的判定中，法官根据其他事实或一系列的事实而认定某种事实存在的一种假定。[③] 在特定的情况

① 王旸：《侵权行为法上因果关系理论研究》，载梁慧星主编：《民商法论丛》，第 11 卷，法律出版社 1999 年版，第 494 页。

② Walter Van Gerven, Jeremy Lever and Pierre Larouche, *Tort Law*, Oxford, Hart Publishing, Hart Publishing, 2000, p. 411.

③ Morgan, “Some Observations Concerning Presumptions”, 1933, 44 *Harv. L. Rev.* 906.

下，事实原因力的判断与过错的判断都需要运用推定的方法。

按照传统的侵权法理论，侵害行为对损害发生或扩大的事实原因力必须由受害人证明，因果关系的成立是民事责任归责的最低要件。但是由于现代社会危险活动对损害发生的事实原因力的证明极为困难，为了保护受害人，事实原因力推定的理论应运而生，只要受害人证明自己遭受了损害，损害是由被告行为引起，被告行为与原告损害后果之间的事实原因力达到盖然性的标准，即可推定因果关系，其适用范围主要限于高度危险活动或专业知识复杂的产品侵权案件、环境侵权案件、医疗事故案件和证券侵权案件。不同的案件类型中，事实原因力的推定采用不同的理论。在产品责任领域，美国发展出了泛行业责任理论（Theory of Industry Wide Liability）和市场份额责任（Theory of Market Share Liability）理论；在环境责任领域，日本发展出了疫学因果关系理论；在证券责任领域，美国发展出了对市场欺诈理论（Fraud on the Market Theory）。事实原因力的推定在一定程度上大大减轻了受害人的负担，但在客观上也加重了被告的责任，为平衡二者的利益，事实原因力的推定在原则上应当由法律明确规定，并且事实原因力推定的适用必须建立在已经排除损害纯属受害人或第三人行为所致，受害人或第三人对损害发生具有故意或重大过失的前提下。

同样也是为了保护工业事故频发社会中的受害人，19 世纪后期以来，过错推定渐为司法适用。过错推定根据抗辩事由的不同，分为一般过错推定和特殊过错推定。一般过错推定是指法律规定行为人侵害他人人身、财产并造成损害的，应负民事责任，但如果加害人能够证明损害不是由于自己的过错所致，可以免除责任，例如，我国《民法通则》第 126 条有关建筑物及其悬挂物、搁置物致损责任的规定。特殊过错推定是指在某些特殊的侵权责任中，法律规定行为人要推翻对其过错的推定，必须通过证明法定抗辩事由的存在表明自己没有过错，才能免除责任，例如，我国《民法通则》第 127 条有关动物致损责任的规定。在我国，过错推定一般在国家公务员侵权责任、用人者的责任、法定代理人责任、专家责任、违法安全保障义务责任、物件致害责任、事故责任中适用。适用过错推定的规则是，先由原告证明违法行为、损害事实和因果关系的存在，法官据此直接推

定被告过错的存在，若被告证明不足或不能证明自己没有过错，则责任成立。①

事实原因力的推定与过错的推定存在一定区别，前者比后者的适用范围窄，推定更为严格。由于事实原因力的确定是侵权责任确定最基本的要求和前提，过错推定一般要以事实原因力的确定为前提，这就使得事实原因力推定的适用范围较过错推定要窄。并且事实原因力的推定要以原因力的证明达到盖然性的程度才能进行推定，而过错的推定相对宽松，并不以原告对被告过错的证明达到一定程度为基础。除此之外，事实原因力推定和过错推定之间更多的是同质性，二者都是基于保护受害人的目的，在性质上都属于法律推定，适用的方法都是举证责任倒置，适用领域也存在一定的重合，例如在医疗事故责任领域，在共同危险行为中，事实原因力和过错都是被推定成立的。

3.在不作为侵权形态之下，义务的违反成为原因力和过错的共同判断标准

在不作为侵权责任中，既不使用相当性理论或可预见性标准判断原因力的有无，也不采用可预见性标准判断行为人存在过错与否，义务的违反成为原因力与过错共同的判断标准②，往往注意义务程度高就意味着过失重且原因力强。例如，一位老师负责在河边看管一女孩，因疏于看管致使女孩跌入河中淹死。由于违背了社会或者法律义务，该老师疏于看管构成过错。同样基于义务的违背，其疏于看管（假使其加以看管，女孩便不会淹死）也被认为构成损害发生的原因力。③ 可是，成年人之间的这种类似行为，却既不能认为一方有过错，也不能认定为有原因力。在判断不作为行为的原因力时，尽管不作为不具有物理上的作用力，但从社会或者法律的角度来看，由于法律的规定和先行行为的存在，不作为人负有作为义务，其对作为义务的违背致使其不作为具有引起结果的直接原因力，即假使不作为人履行了作为义务，损害结果就不会发生。在判断不作为行为人的过错时，由于不作为形态不像作为形态那样能够明显地表征行为人的主观状态，因而很难通过不作为人的行为形态来判定行为人主观上的故意或者过失，不

① 杨立新：《侵权法论》，人民法院出版社2005年第3版，第137-139页。

② 张新宝：《侵权责任构成要件研究》，法律出版社2007年版，第301页。

③ A. M. Honoré, *International Encyclopedia of Comparative Law*, Vol. 6, Torts, chapter 7, Causation and Remoteness of Damage, 1985, p. 5.

作为的过错判断相对于作为而言较为困难。为了解决这一困难，考虑到不作为人都负有针对特定人的法定的、职务上的或业务上的特定作为义务，可以借助对这些义务违反与否的客观判断，来认定不作为人是否存在过错。因而，在不作为侵权案件中，一旦认定了作为义务的违反，往往也就肯定了原因力和过错的存在。例如，在防范制止侵权行为未尽安全保障义务的侵权行为中，直接侵权人实施加害行为，造成了受害人的损害，其行为与损害之间具有直接的原因力，构成侵权责任；在负有安全保障义务的一方，其未尽安全保障义务的不作为行为，对于损害的发生仅仅具有间接的原因力，并没有直接的原因力，但由于其行为是不作为，可以认定违反安全保障义务的人的过错和行为的原因力，在直接加害人不能承担责任的时候，负补充责任。①

四、高潮：综合比较说是原因力主观化与过错客观化的必然结果

（一）原因力主观化与过错客观化的原因

在侵权法发展过程中出现的原因力主观化与过错客观化的原因，主要在于以下三个方面。

第一，存在与思维的对立统一，是原因力主观化与过错客观化的基本原因。辩证唯物主义关于存在与思维的对立统一规则，是解释原因力主观化与过错客观化原因的认识论基础。存在与思维是对立的，因为存在是客观的，不以人的意志为转移，而思维是主观的、能动的；与此同时，存在与思维又是统一的，即客观性与思想所首先具有的主观性有着直接而不可分离的联系②，思维是对客观存在的主观能动的反映，并且存在与思维的统一是一种动态的、呈现出过程性的统一，而不是静态的、一次完成的统一。在侵权法领域，客观存在与主观思维同样是对立统一的。例如侵权行为是客观的，但需要人们通过主观认识加以判断；侵权责任是主观的，但侵权责任所反映的侵权行为的后果则是客观存在的反映，并

① 杨立新：《侵权法论》，人民法院出版社 2005 年第 3 版，第 443 页。

② ［德］黑格尔：《小逻辑（第二版）》，商务印书馆 1980 年版，第 157 页。

且最终还是要还原于侵权行为人具体承担责任的客观存在，并且侵权责任也必须结合客观的构成要件才能够确定。作为确定侵权责任构成和范围的原因力和过错，不论是客观的还是主观的，都存在对立中的统一问题。原因力原本是客观的，过错本质上是主观的，但对原因力的判断是主观的，对过错的检验则须借助客观的标准。同时，原因力与过错随着侵权行为和侵权责任的复杂化和多样态，分别向着主观化与客观化的方向发展，正好反映了存在与思维之间呈现的动态的、过程性的对立和统一。

第二，矛盾的双方不断向各自的对立面转化，是原因力客观化和过错主观化的重要原因。根据辩证法的发展观，“事物发展的根本原因……在于事物内部的矛盾性”。而“矛盾存在于一切事物的发展过程中……每一事物的发展过程中存在着自始至终的矛盾运动”[①]。随着社会的变迁，原因力和过错的性质、内涵和标准等一直处于不断的发展过程中，这个发展并不是某一方面特质简单的减少、增加或者重复的过程，而是相互矛盾的事务在向着对立的方面转化。原因力与过错一个是客观的，一个是主观的，处于矛盾的双方。这对矛盾在对立的统一中不断转化，共同推动着原因力与过错的发展。孤立、静止和片面地将原因力局限于客观范畴或者将过错局限于主观范畴，都不能反映这个矛盾统一体的转化过程，因而都是形而上学的。尽管原因力的基本表征为客观属性，过错的基本表征为主观属性，但它们在运动中不断地相互转化，就使客观原因力在发展过程中逐渐向主观化方向发展，主观过错也同样向客观化的方向演进。诚如恩格斯所言：“某种对立的两极，例如正和负，既是彼此对立的，又是彼此不可分离的，而且不管它们如何对立，它们总是互相渗透的。”[②] 在侵权法领域，原因力的主观化与过错的客观化的发展变化，不过是客观与主观这对矛盾各自向其对立面的转化的一个具体表现形式而已。

第三，认识水平和判断标准的不断发展和相互促进，也是原因力主观化与过错客观化的重要原因。任何过程，不论是属于自然界的和属于社会的，由于内部的矛盾和斗争，都是向前推移向前发展的，人们的认识运动也应跟着推移和发

① 《毛泽东选集》，第1卷，人民出版社1991年第2版，第301、305页。

② 《马克思恩格斯选集》，第3卷，人民出版社2012年第3版，第397页。

展。客观现实世界的变化运动永远没有完结，人们在实践中对于真理的认识也就永远没有完结。实践、认识、再实践、再认识，这种形式，循环往复以至无穷，而实践和认识之每一循环的内容，都比较地进到了高一级的程度。[①] 人们在侵权法领域对原因力和过错的认识水平和判断标准也是随着客观现实世界的发展而不断提升的。同时，认识水平和判断标准也是在各自的发展中不断地相互促进的。一方面，认识水平的提高会推动判断标准的发展，例如，可预见标准最初只适用于过错的判断，后来随着人们认识水平的不断提高，被用于过失侵权行为原因力的认定；另一方面，判断标准的发展也会促进人们认识水平的提升，例如，当过错成为原因力的判断标准之一时，人们开始反思将原因力与过错截然分开的可能性与妥当性，并寻求新的解决途径。因此，人们对原因力与过错的认识水平和判断标准的不断发展和相互促进，使原因力主观化与过错客观化的进程不断加快，最终形成了今天的结果。

（二）适用过错、原因力综合比较说的必然性

正因为如此，在原因力主观化与过错客观化的趋势下，原因力与过错的联系更为紧密，割裂任何一方都不能公平地确定侵权责任。特别是在复合因果形态下侵权责任的确定和分担中，涉及的是与有过失、共同侵权、第三人参与、自然力或受害人特殊体质参与等复杂的侵权行为形态，侵权责任的确定和分担标准在学理和实践上主要有三种，即过错比较说、原因力比较说和过错、原因力综合比较说。各国侵权行为法尽管有的采过错比较说，有的采原因力比较说，但更多的是采过错、原因力综合比较说。无论是以主观责任为基础的单一过错比较说，还是以客观责任为基础的单一原因力比较说，都不能合理地确定责任的范围和分担损害，因此，原因力主观化与过错客观化这一趋势的必然结果是过错、原因力综合比较说的采用。在我国，曾盛行过过错比较说，也有原因力比较说的主张，但现在过错、原因力综合比较说已成通说。

1. 单一的过错比较说及其不足

16、17 世纪的古典自然法学派认为过失应与赔偿成比例，19 世纪以来，过

---

① 《毛泽东选集》，第 1 卷，人民出版社 1991 年第 2 版，第 294、296－297 页。

失与损害赔偿保持平衡的思想得到了广泛的讨论，耶林、波法福等学者都肯定了其合理性，这一思想在一些国家的民法典和海商法中得以采纳。[①] 过错比较说是过错责任的具体体现，以主观责任说为出发点，主张完全按照各个当事人过错程度的比较作为责任确定和分担的依据。特别是在人身权侵害领域，常常并不具有实际的财产损失，只能主要根据过错程度来确定加害人的责任范围。目前在立法或者司法上采此说的主要有法国、俄罗斯、澳大利亚、加拿大（魁北克除外）、澳门、美国的加利福尼亚等少数州等国家和地区。受苏联的影响，我国也曾长期以过错比较作为分配责任的唯一标准。

我国学理上最早提到过错比较的是1958年的《中华人民共和国民法基本问题》，认为应按过错程度分配加害人的内部责任。根据单一过错比较的理论，对于与有过失的情形，应当按照各自的过错程度来确定双方责任的大小，过错大的应负担的责任范围就大，过错小应负担的责任范围就小；对于共同侵权的情形，应当按照各个侵权行为人的过错程度按比例分担责任。[②] 我国法律和司法解释也受到这一理论的影响，如《民法通则》第131条规定："受害人对于损害的发生也有过错的，可以减轻侵害人的民事责任。"又如《海商法》第169条对碰撞船舶与有过失的规定。1984年最高人民法院《关于贯彻执行民事政策法律若干问题的意见》第72条规定，可依受害人过错减轻致害人赔偿责任。我国最早依过错比较来确定侵权责任的判例是20世纪50年代的"火车与汽车路口相撞索赔"案，在该案中，火车司机见路旁汽车慢行误以为该汽车已停，汽车司机因疏忽未听见火车鸣笛，双方对两车相撞都有过错，法院据此减轻了火车一方的赔偿责任，判决火车一方赔偿汽车一方损失的三分之一。[③]

在过错责任的多数情况下，过错程度与原因力的大小成正比，这种完全以过错比较来确定和分担责任的方式能够达到合理分配责任份额的目的。但是，由于

① 王利明：《侵权行为法研究》上卷，中国人民大学出版社2004年版，第233－235页。

② 王忠等：《民法概论》，黑龙江人民出版社1984年版，第493页；郑立等：《民法通则概论》，红旗出版社1986年版，第246页。

③ 中央政法干校民法教研室：《中华人民共和国民法基本问题》，法律出版社1958年版，第329－330页。

过错的客观化和原因力的主观化，过错与原因力相互依存的程度加深，单纯依赖比较过错来分担损害的困难日渐凸显。首先，在过错责任中，当事人的过错程度可能并不与其造成的损害大小相一致[①]，例如，故意侵害他人财产和人身只造成了轻微的损害，行为人主观过错严重，其行为对于损害结果的作用力小，又如一时疏忽却造成了重大人身伤亡或财产损失，行为人主观过错虽轻微，但其行为对于损害结果的作用力大。在这些情况下，如果仅仅按照过错程度来决定赔偿范围，无疑会有失公正。其次，随着侵权责任形态的多样化，在过错推定责任、无过错责任等客观责任的情况下，过错往往是由法律直接推定或无法确定过错程度，也就无从借助当事人过错的比较来分担损害。在过错推定的情形下，推定的是被告过错，具有一定的或然性，很难像一般的过错责任那样通过确定过错等级来判断过错的大小。即使是原告的过错大小能够确定，但由于很难确定被推定出来的被告的过错程度，从而无法比较双方的过错程度。对于无过错责任，只有在受害人一方具有重大过失时，才会对双方当事人的过错程度予以比较，如果受害人只具有一般过失或者轻微过失，法律并不允许以此减轻被告的赔偿责任，分担责任份额的依据应主要在于原因力的大小。

2. 单一的原因力比较说及其不足

由于过错比较说被批评为忽视了侵权责任的补偿受害人损失的目的，混淆了民事和刑事责任的界线，妄开法官恣意之端，故原因力比较说受到推崇，《德国民法典》因而采此说，完全否定了过失与赔偿成比例的观点[②]，该法第 254 条第 1 款规定“受害人对损害的发生负有共同过失的，应根据情况，特别是根据损害在多大程度上是由当事人一方或另一方造成的，来确定损害赔偿义务和赔偿范围”，对于共同侵权行为人的内部求偿，德国未有明文规定，但自 1910 年以来联邦法院多次在判决中表示应类推适用民法典第 254 条过失相抵的规定，采用原因力比较的标准。建立在客观责任说基础上的原因力比较说，主张纯粹以各当事人

① Marc A. Franklin, Robert L. Rabin and Michael D. Green, *Tort Law and Alternatives, Cases and Materials* (8th Edition), Foundation Press, 2006, p. 379。

② 王利明：《侵权行为法研究》上卷，中国人民大学出版社 2004 年版，第 235 页。

行为对损害所产生的作用力作为责任确定和分担的依据，在立法或者司法上采此说的还有匈牙利、捷克、斯洛伐克等国。

我国理论界也存在这样的观点，认为侵权责任是一种财产责任，其责任范围大小不取决于行为人的过错程度，而以行为人对其违法行为所造成的财产损害的大小为依据，承担全部赔偿责任。[①] 在民事审判实践中，损害赔偿责任的范围完全取决于受害人所受实际损害的大小，不因行为人的故意或过失而有所增减。[②] 20 世纪 90 年代初，司法解释改变了过错比较说的垄断地位，开始应用原因力比较规则。最高人民法院在 1991 年在对庞启林与庞永红损害赔偿案的复函中，根据自然灾害造成损害的原因力的情况，减轻了致害人庞启林的赔偿责任。尽管在复函中未明确使用原因力的概念，但已经实际运用了被告行为与自然力的原因力的比较规则。2001 年，最高人民法院《关于公安机关不履行法定行政职责是否承担行政赔偿责任问题的批复》有关“由于公安机关不履行法定行政职责，致使公民、法人和其他组织的合法权益遭受损害的，应当承担行政赔偿责任。在确定赔偿的数额时，应当考虑该不履行法定职责的行为在损害发生过程和结果中所起的作用等因素”的规定中，就有原因力比较的体现。同年，最高人民法院在《关于审理触电人身损害赔偿案件若干问题的解释》中首次引入了原因力的概念及其比较的具体方法，该解释第 2 条第 2 款规定：“但对因高压电引起的人身损害是由多个原因造成的，按照致害人的行为与损害结果之间的原因力确定各自的责任。致害人的行为是损害后果发生的主要原因，应当承担主要责任；致害人的行为是损害后果发生的非主要原因，则承担相应的责任。”

比较原因力更能客观地确定当事人的责任份额，但事实上，无论在过错责任还是无过错责任中，在很多情况下，原因力的判断很困难，单纯通过原因力的比较很难达到公平分配责任的效果，例如，数个行为紧密结合不可分割时，便难以判断各个行为的原因力。此外，对于适用因果关系推定的案件，由于不能准确确定事情发生经过，也难以判断原因力。所以“国外的一些学者和法典认为按照原

① 佟柔：《民法原理》（修订本），法律出版社 1987 年版，第 249 页。

② 王忠等：《民法概论》，黑龙江人民出版社 1984 年版，第 493 页；

因力分担责任是最公正的模式，但是这一观点受到了公开的质疑，尽管原因力在一定程度上与过错的程度存在重叠，但它必定需要过错、公平、正义的补充”[①]。

3. 过错、原因力综合比较说的兴起

我们认为，在侵权法上，违法行为、损害事实、因果关系和主观过错不仅在归责领域是责任的构成要件，在损害赔偿领域同样也是确定责任范围和分担损害赔偿的衡量标准，由于相对简单明晰的违法行为和损害事实在归责阶段已经做过充分的判断，加之原因力的主观化和过错的客观化使原因力与过错的功能得以扩张，违法行为和损害事实即使在损害赔偿阶段需要进一步分析，它们对于损害赔偿的作用也已消融在过错或者原因力的判断中，因而在确定责任范围和分担责任时最终需要比较的就是各方的过错和原因力。

越来越多的国家和地区倾向于将两种学说加以融合，采用过错、原因力综合比较说，将过错的比较与原因力的比较予以综合，并且引入法律政策上的考量。日本、瑞士、意大利、荷兰、埃塞俄比亚、美国的大多数州和我国（包括台湾地区）的立法和司法上都已经采取了过错、原因力综合比较说。这是因为单一过错比较说以过错为标准，不问行为，成了抽象的过错，而原因力比较说以原因力为标准，不问过错，与过错责任原则相悖[②]，就如英国学者所认为的，“一方将承担的损害赔偿责任主要考虑其对于损害结果的责任程度。对损害结果的责任需考虑原因力和双方当事人的过错程度，并且除非这些因素都被考虑进去，否则很难区分各自的责任程度”[③]。对于与有过失的情形，除过错外，原因力在比较双方的责任大小时也经常被引入[④]，冯·巴尔教授认为认定分担比例的主要考虑因素

① A. M. Honoré, *International Encyclopedia of Comparative Law*, Vol. 6, Torts, chapter 7, Causation and Remoteness of Damage, 1985, p. 122.

② 魏振瀛：《论构成民事责任条件的因果关系》，《北京大学学报（哲学社会科学版）》1987 年第 3 期。

③ Markesinis&Deakin, *Tort Law* (4th Edition), Clarendon Press, Oxford, 1999, pp. 788 - 789.

④ John G. Fleming, *The Law of Torts* (8th Edition), The Law Book Company Limited, 1992, p. 274.

就是各自过失的程度和过失对损害发生的作用力比例[①]，英国学者约翰·库克(John Cooke) 也认为可以通过因果关系和可归责性评估受害人应承担的损害份额。[②] 在Froom v. Butcher案中，被告驾车时因过失撞上原告的车，致使没有系安全带的原告受伤，上诉法院根据原告的过错和其行为的原因力，减少了被告20%的赔偿金。在该案中，除了认定原、被告均有过错外，丹宁（Denning）勋爵还进一步分析了双方行为的原因力，他认为，在此应当区分事故发生的原因和损害产生的原因，这两个原因并不是一回事，尽管被告驾驶不当是事故发生的唯一原因，但损害产生的原因却是两个，即被告驾驶不当和原告未系安全带，原告应当在其过错和原因力的范围内承担相应的损害。[③] 美国《侵权法第三次重述：责任分担》第8条也以过错和原因力作为责任分担的基础，认为分配责任应考虑的因素既包括任何对该行为所造成危险的认识或漠视及任何对该行为所致损害的意图，也包括该方造成危险的行为与该伤害之间因果关系的强度。该条附有一个相应的例证分析，甲与乙的汽车在一个有四向停车标志的交叉路口相撞，致甲受伤。事故发生时，甲正回头照看坐在后座的儿童，乙则在看到甲车接近时试图先于甲驶过路口。甲、乙的行为对甲的损害均具原因力，双方均有过错，但因乙的行为更实质地偏离了法律所要求的规则具有更大的原因力，且其主观过错更大，乙被判承担更多的责任份额。[④]

我国理论与实践上已由占主导地位的过错比较说逐步过渡到过错、原因力综合比较说。20世纪80年代后期，我国学理上尽管对于受害人与有过失的情形，依然仅根据其过错减轻或免除加害人的责任，但对于没有共同过错的数个侵害人造成同一损害后果情形，提出了应当根据侵害人各自过错的大小及各个原因对侵害后果所产生影响来确定各侵害人的民事责任，从而形成了过错、原因力综合比

① ［德］冯·巴尔：《欧洲比较侵权行为法》下卷，焦美华译、张新宝审校，法律出版社2001年版，第652页。

② John Cooke, *Law of Tort* (5th Edition), Law Press, 2003, p. 151.

③ John Cooke, *Law of Tort* (5th Edition), Law Press, 2003, pp. 147 - 148.

④ ［美］肯尼斯·S. 亚伯拉罕、阿尔伯特·C. 泰特选编：《侵权法重述——纲要》，许传玺、石宏等译，许传玺审校，法律出版社2006年版，第345-346页。

较说的雏形。[①] 魏振瀛教授则对过错、原因力综合比较说进行了较为系统的阐述，在原因力相同的情况下，责任的大小取决于错误的大小；在过错程度相同、原因力强弱不同的情况下，责任的大小取决于原因力强弱；在原因力、过错程度都相同的情况下，由当事人平均分担责任；受害人故意的行为造成的损害，行为人不承担责任。[②] 21 世纪以来，学者们对过错、原因力综合比较说进行了进一步的探讨，我们提出了数种原因造成同一损害结果的各种情形下，如何运用通过过错与原因力的比较来确定赔偿责任的具体方法。[③]

在司法上，最高人民法院 1986 年的《关于审理农村承包合同纠纷案件若干问题的意见》第 5 条规定，由于自然灾害等不可抗力的外因，致使合同不能履行或者不能完全履行的，须查明自然灾害所造成的损害程度和承包人对自然灾害的抗御情况，决定对承包人的责任是部分还是全部免除。这一规定被学者解读为司法实践已采用了过错、原因力综合比较说，即在不可抗力和被告的过失共同构成损害发生的情况下，应本着“部分原因应当引起部分责任”的精神，令被告按其行为的过错程度及原因力的大小承担部分责任[④]，但这一解读多少显得有些牵强。2003 年，最高人民法院《关于审理人身损害赔偿案件适用法律若干问题的解释》第一次明确采用了过错、原因力综合比较说，该解释第 3 条第 2 款规定：“二人以上没有共同故意或者共同过失，但其分别实施的数个行为间接结合发生同一损害后果的，应当根据过失大小或者原因力比例各自承担相应的赔偿责任。”

（三）过错、原因力综合比较说的运用规则

在过错、原因力综合比较说下，法院侧重考虑的因素主要是过错程度和原因力大小，那么，过错与原因力的地位是否有主从之分，考察的次序是否有先后之分呢？在具体的比较中，应该适用怎样的规则来确定过错程度和原因力大小，这都是需要进一步探讨的。

---

① 江平主编：《民法教程》，中国政法大学出版社 1988 年版，第 328 页。

② 魏振瀛：《论构成民事责任条件的因果关系》，载《北京大学学报（哲学社会科学版）》，1987 年第 3 期。

③ 详见杨立新：《侵权法论》，人民法院出版社 2005 年第 3 版，第 675－684 页。

④ 王家福主编：《民法债权》，法律出版社 1993 年版，第 501 页。

1. 过错、原因力的地位与次序

首先，在主从地位上应以过错比较为主，原因力比较为辅。对于过错与原因力主从地位的问题，国内学者观点不一，有的认为应以原因力大小为主，过错程度为辅，因为侵权法的主要功能在于填补损害而不在于惩罚行为人，原因力的比较更能客观地确定责任份额[①]；有的认为过错程度的比较是第一位的决定因素，第二位的决定因素是原因力。我们赞成后一种观点，在数种原因造成损害结果的侵权行为中，确定各个主体的赔偿份额的主要因素是过错程度的轻重；而原因力的大小尽管也影响各自的赔偿责任份额，但要受过错程度因素的约束和制约，原因力对于赔偿份额的确定具有相对性。[②] 较之因果关系，可归责性或者当事人的比较的可归责性似乎是更重要的考虑因素。[③] 这是因为，第一，从侵权法的目的和功能来看，损害的预防胜于损害补偿。补偿为满足受害人利益的最低目的，预防为维护社会整体利益的最高目标，而侵权行为法的预防功能又是主要借助过错责任原则实现的。第二，过错的客观化使过错的判断和比较更具可操作性。由于合理人标准、事实本身证明规则、违法视为过失等客观化的趋势，过错判断不再停留在纯粹主观的层面上，从而使过错比较更便于操作。

过错为主、原因力为辅规则的具体表现为：第一，在过错责任中更多地根据过错程度来决定责任范围，在过错推定或者无过错责任中，如果无法确定过错程度，则主要采用原因力的比较。第二，在特殊侵权类型案件中，原因力的判断与比较极为模糊，过错程度比较明显，主要运用过错比较来确定责任范围。例如，精神损害赔偿案件中，精神性人格权的损害事实具有无形性的特点，原因力的确认比较困难，因而应考虑过错程度来酌定行为人的责任范围。又如，在共同侵权中教唆者、组织者、帮助者的责任范围的确定，也应主要依据其过错程度。[④]

其次，在考察的步骤上应先比较原因力的大小，再比较过错的程度。尽管在确定和分担责任时，过错的比较相对于原因力的比较占据更为重要的位置，但这

① 张新宝：《侵权责任构成要件研究》，法律出版社 2007 年版，第 381－382 页。

② 杨立新：《侵权法论》，人民法院出版社 2005 年第 3 版，第 193 页。

③ Michael A. Jones, *Torts* (7th Edition), Blackstone Press Limited, 2000, p. 570.

④ 杨立新、梁清：《原因力的因果关系理论基础及其具体应用》，《法学家》2006 年第 6 期。

并不妨碍按照认识事物的逻辑顺序，先考察客观原因力，再考察主观过错。在大陆法系国家中，对行为的客观判断和主观判断是分层次进行的，即先考虑行为客观方面的特征，再对主观方面进行评价。因为“一方面，行为性质不是由故意、过失决定的，而是由行为本身决定。一个近距离向受害人胸部开枪的人，无论如何都会被认定为杀人行为；一个用手掌拍大腿的行为，无论如何不可能成为杀人行为。另一方面，主观要素是为了解决主观归责的问题，即在客观地决定了行为性质及其结果后，判断能否将行为及结果归咎于行为人，这便是故意、过失等主观要素所要解决的问题”①。

在损害赔偿中，不仅要像归责那样考虑过错和原因力，考察的逻辑次序也是像归责那样由客观追溯到主观，由外在事实推及主观心态，沿着动态的、递进式的轨迹先考察原因力再考察过错，以遵循思维的逻辑性。对于耦合式责任构成理论框架下的归责，我国有少数学者探讨过各要件之间的考察次序，江平、张佩霖两位教授曾指出，侵权责任四个构成要件之间存在一定的内在逻辑联系，排列次序应当是损害事实—违法行为—因果关系—主观过错②；王利明教授也提出，如果把责任的确定过程分为几个步骤，那么，因果关系的认定是第一步，而过错的认定是第二步③，但学者们并未对其依据予以进一步的阐述。前文提及的三阶段责任构成说则为这样的步骤划分提供了理论上的充分依托，2007 年在北京召开的中德侵权法研讨会上，德国学者布律哥麦耶（Brüggemeier）教授重申了这样一个考察顺序，即在归责时首先要考虑因果关系，接下来根据责任的不同类型，考虑故意责任中的故意，或是过失责任中的过失，或是危险责任中危险的实现。④ 不妨这样设想，由于归责和损害赔偿两个阶段所参照的标准类同，责任构成的三阶段理论也可以在归责之后的损害赔偿阶段予以借鉴，即先考察该当性范畴的原因力，再考察有责性范畴的过错。

---

① 张明楷：《犯罪构成理论的课题》，《环球法律评论》2003 年秋季号。

② 江平、张佩霖：《民法教程》，中国政法大学出版社 1986 年版，第 332 - 333 页。

③ 王利明：《侵权行为法研究》上卷，中国人民大学出版社 2004 年版，第 393 页。

④ 《第二届中德侵权法研讨会现场实录》，见中国民商法网，http：//www. civillaw. com. cn/Article/default. asp？ id＝34699。

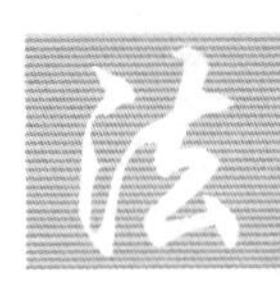

2. 比较过错程度、原因力大小的标准

首先，过错程度以严重程度作区分，从重到轻可依次分为恶意、一般故意、重大过失、一般过失和轻微过失。过错的基本形态可分为故意和过失，故意可分为恶意和一般故意，恶意是最为严重的故意，主要是恶意诉讼、恶意告发和权利滥用的侵权责任的构成要件。[①] 对于与有过失中赔偿责任的确定，双方当事人中只要有一方具有故意，无论是恶意还是一般故意，都必须承担全部的责任，此时恶意与一般故意区分的意义不大，但在共同侵权、不构成共同侵权的数人侵权情形中，恶意侵权人无疑要比一般故意侵权人承担更多的责任份额，因此，在综合说下，将故意进一步划分为恶意和一般故意仍有必要。

对于过失，可分为重大过失、一般过失和轻微过失。重大过失是指行为人欠缺一般人具有的起码的注意，表现为行为人极端疏忽或极端懈怠的心理状态，例如酒后驾车和闯红灯。在大陆法系和英美法系，重大过失通常等同于一般故意，在综合说中，对于数个侵权人之间的责任分担，可以适用这一规则，但对于与有过失的情形，受害人的重大过失不能简单地等同为一般故意，例如，受害人具有重大过失，加害人具有轻微过失时，可减轻或免除加害人的责任，但一般不免除其责任，而在受害人故意时，常常会免除加害人的责任。一般过失也称为抽象过失，作为最常见的一种过失形态，它是指行为人缺乏具有一般知识、智力和经验的人诚实处理事务所应有的注意，是一种中等程度的过失，可归责程度为中等。以过错为侵权责任构成要件的，如果法律没有特别规定，均指行为人具有一般过失；对于过错推定，如无特殊规定，所推定的过错为一般过失；与有过失中，加害人为故意或重大过失，受害人仅有一般过失或轻微过失，不减轻加害人赔偿责任，例如，衣着暴露的受害人遭被告强奸，被告并不能因受害人衣着不当的过失而减轻责任。轻微过失是指行为人缺少极其谨慎而细致的管理人的注意，例如进行肿瘤切除的医生因极其轻微的疏忽损伤了一个健康组织导致病人发生血栓。在一些案件中，加害人常因为过失轻微而被减轻或免除责任，但在保管人和承运人的责任中，行为人只要具备了轻微过失就要承担责任；受害人的轻微过失往往不

① 详见蔡颖雯：《过错论》，中国人民大学2005年博士论文，第48－53页。

能减轻或免除加害人的赔偿责任。[①]

其次是比较原因力大小的规则。在一般情形下，原因力大小取决于各个共同原因的性质、原因事实与损害结果的距离以及原因事实的强度，通常借助于对原因的划分来进行比较，如直接原因的原因力一般大于间接原因的原因力；在直接原因中，主要原因的原因力一般大于次要原因的原因力；强势原因的原因力一般大于弱势原因的原因力。[②] 需要注意的是，对于产品责任、环境侵权、医疗事故责任等推定原因力的情形，由于原因力的确定来自盖然性的推断，前述规则并不适用，原因力的大小转而取决于可能性的大小，不同责任类型中可能性的大小又需要借助一些特别的规则来判断。在产品责任中，一般依被告的市场份额多少来确定其行为原因力的大小，即根据一定时期内各个被告作为个别制造者投入市场的某种产品的数量与同种产品的市场总量之比例来确定，例如 Sindell v. Abbot Laboratorie 案；在环境侵权中，可以根据各个被告污染物质排放量的多少来确定其行为的原因力，排污量大的其原因力也大；在医疗事故责任中，可以借助治愈机会或存活机会丧失的比例来确定行为原因力的大小，例如，受害人因病患的存活几率为 35%，误诊后其存活几率降为 15%，误诊行为的原因力及于受害人所丧失的 20%的存活几率。此外，对于各个原因的原因力大小无法确定的情形，在一般情况下，应当推定原因力均等。

第三节 规定无过错责任应当着重解决限额赔偿问题

在《侵权责任法（草案）》二次审议稿中，从第五章至第十一章用了大量篇幅规定特殊侵权责任，其中多数规定的是无过错责任的特殊侵权责任，例如产品责任、环境污染责任、高度危险责任和动物致人损害责任等。在无过错责任的特殊侵权责任案件中，如何处理法律规定的限额赔偿问题，是我国侵权法并没有解

---

① 张新宝：《侵权责任构成要件研究》，法律出版社 2007 年版，第 450－451 页。

② 详见杨立新、梁清：《原因力的因果关系理论基础及其具体应用》，《法学家》2006 年第 6 期。

决好的一个问题，在《侵权责任法》中必须着重解决，否则，《侵权责任法》无法实现各方利益的公平配置，也不能体现民法矫正正义的职能，对此必须加以说明。

一、无过错责任中加害人有无过错对于确定赔偿责任范围关系重大

按照通说，适用无过错责任的特殊侵权责任，在侵权责任构成上不要求有过错的要件，也就是不问过错，无论行为人有无过错，只要具备了违法行为、损害事实和因果关系三个要件，就构成侵权责任。①

这样的要求无疑是正确的。但这只是针对侵权责任构成而言；在确定赔偿责任范围的时候，无过错责任的行为人究竟有过错还是无过错，是不是和侵权责任构成一样，也采取“无所谓”的态度，采用同样的赔偿标准呢？

对此，我国司法实践真的就是采取这种“无所谓”的态度，无论加害人对于损害的发生是否有过失，都因为实行无过错责任原则而承担同样的赔偿责任，都适用全部赔偿原则，损失多少，就赔偿多少。

这样的做法是不公平的！在无过错责任中，加害人究竟有无过错对于确定赔偿责任范围并不是“无所谓”，而是“有所谓”！理由是，在侵权法中，加害人的过错对确定赔偿责任范围是有重大影响的②，它表明的是法律对加害人行为的谴责程度。在无过错责任场合，无过错责任原则仅仅表明对某种危险性特别严重的侵权领域，要给予受害人更为妥善的保护，即使加害人没有过错也要承担侵权责任，也要对受害人承担赔偿责任，使受害人的损害得到赔偿。但是，即使在这样的场合，加害人究竟有过错还是没有过错，法律对其的谴责程度也是不同的。那就是，无过错的加害人在无过错责任的场合应当承担侵权责任，而有过错的加害人在这样的场合应当承担更重的赔偿责任，这种赔偿责任轻重的区别，体现的是法律对主观心理状态不同的加害人的不同谴责和制裁的程度要求。也只有这样，

---

① 王利明、杨立新等：《民法学》，法律出版社 2008 年版，第 726 页。

② 张新宝：《侵权责任构成要件研究》，法律出版社 2008 年版，第 438 页。

才能够体现侵权法的公平和正义。

这样的规则，就是基于不同归责原则的法律基础而产生的侵权请求权，应当具有不同的赔偿内容。基于加害人的过错产生的侵权损害赔偿请求权实行全部赔偿原则；而基于加害人无过错而产生的侵权损害赔偿请求权则应当实行限额赔偿原则，并不是全部赔偿的请求权。①

但是，对于这个问题，《民法通则》关于过错责任原则和无过错责任原则的规定，以及在《产品责任法》和《消费者权益保护法》等特别法中，都没有体现出来；《侵权责任法（草案）》中也没有对此作出明确规定。

在考察德国的侵权行为法时，德国学者介绍了这样的经验。在德国，基于无过错责任原则产生的侵权损害赔偿请求权的内容与基于过错责任原则产生的侵权损害赔偿请求权的内容是不同的。以产品侵权责任为例，基于过错责任原则和无过错责任原则的不同法律基础而产生不同的侵权损害赔偿请求权：第一种侵权请求权，是基于《德国民法典》第 823 条规定产生的过错责任请求权；第二种请求权，是基于《产品责任法》产生的无过错责任请求权。这两种损害赔偿请求权虽然都是侵权损害赔偿请求权，但是由于产生请求权的法律基础不同，因而其内容并不相同。依据《德国民法典》第 823 条产生的过错责任的损害赔偿请求权与依据《产品责任法》产生的无过错责任原则的损害赔偿请求权在赔偿范围上是不同的：按照第 823 条产生的过错责任请求权，赔偿范围按照受害人的实际损失予以赔偿，没有赔偿数额的上限；而按照《产品责任法》产生的无过错责任请求权的损害赔偿范围，被告企业的最高赔偿限额为 8 500 万欧元，即同一种缺陷产品全部的赔偿数额不超过这个限额，所有的受害人都在这个数额以内平均受偿。②

同样，按照德国《道路交通法》的规定，道路交通事故责任实行无过错责任原则，构成侵权责任不需要加害人对造成事故有过错。在这种责任下，机动车驾驶人即使没有任何过错，也要承担赔偿责任，单人责任限额为 60 万欧元，多人

---

① ［德］迪特尔·梅迪库斯：《德国债法分论》，法律出版社 2007 年版，第 718、723、726 页。

② 杨立新：《中华人民共和国侵权责任法草案建议稿及说明》，法律出版社 2007 年版，第 395、398 页。

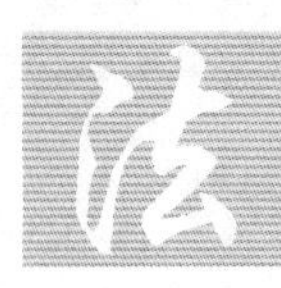

是 300 万欧元。但是，如果依据过错责任原则确认请求权，其基础是《德国民法典》第 823 条，则最高赔偿限额达到 500 万欧元，并且还要考虑民法典第 852 条规定的过失相抵规则，受害人有过错的，对加害人适当减轻责任，只有对不满 10 岁的未成年受害人除外。[①]

这样的规则是：在无过错责任原则的场合，侵权人没有过错的，采取限额赔偿制，赔偿数额不得超过法律规定的最高限额；而原告能够证明对于损害的发生或者扩大，侵权人在主观上具有过错的，那么，侵权人应当承担过错责任的赔偿责任，按照实际损失实行全部赔偿。

事实上，凡是法律规定的适用无过错责任原则的侵权行为，侵权人都存在有过错和无过错两种情况。既然如此，侵权人在有过错的情况下侵害他人的权利，或者在没有过错的情况下致害他人，其赔偿责任应当是不同的。如果侵权人在主观上没有过错，虽然法律规定应当承担侵权责任，但由于他在主观上没有过错，因而应当承担适当的赔偿责任。而如果侵权人在主观上有过错，那么，就应当承担过错责任的赔偿责任，对受害人的损失予以全部赔偿。德国法的上述做法体现的正是这样的规则。

采取这种规则的理论基础有两个方面。

第一，体现侵权责任法调整实体利益的公平要求。民法的公平，就是以利益的均衡作为价值判断标准，以调整民事主体之间的民事利益关系。公平是指一种公正、正直、不偏袒、公道的特质或品质，同时也是一种公平交易或正当行事的原则或理念。有过错的无过错责任人与无过错的无过错责任人在承担赔偿责任上必须有所差别，否则无法体现这样的原则和理念。因此，侵权责任法对此的态度必须明确，而有过错的无过错责任人应当承担全部赔偿责任，无过错的无过错责任人应当承担限额赔偿责任，就是侵权法对公平原则的最好诠释。

第二，体现侵权责任法的正当社会行为导向。侵权责任法不仅要调整侵权纠纷，还要引导市民社会的行为方向。如果无过错责任人有无过错都承担一样的责任，那么，行为人就可能放任自己，不会严加约束自己的行为，就会给社会造成

---

① 杨立新：《中华人民共和国侵权责任法草案建议稿及说明》，法律出版社 2007 年版，第 392 页。

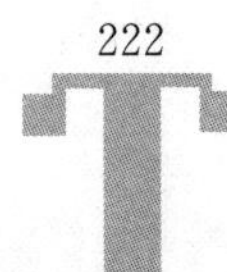

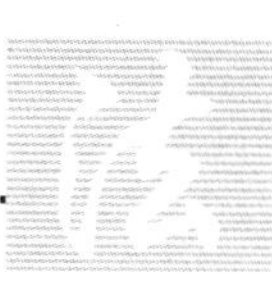

更多的危险。反之，坚持了无过错责任人的有无过错的赔偿责任的区别，就能够表现出侵权法的正确导向。

第三，依据不同的法律基础而产生的请求权是不同的。根据过错责任原则法律基础产生的请求权，应当受到过错责任原则的约束，因而是一个受全部赔偿原则约束的请求权。而根据无过错责任原则法律基础产生的请求权，则应当受到无过错责任原则的约束，侵权人应当承担适当的赔偿责任，例如法律可以规定赔偿数额的上限，确定侵权人的赔偿数额不得超过法定的最高赔偿限额。

第四，在原告的举证责任负担上，体现的是诉讼风险与诉讼利益相一致的原则。[①] 受害人按照无过错责任原则行使请求权，证明侵权责任构成，只要证明加害人的违法行为、损害事实和因果关系三个要件即可，其损害赔偿请求权就能够成立；而要证明过错责任的请求权，不仅要证明上述三个要件成立，而且还要证明侵权人具有过错要件的成立。两相比较，在受害人负担的诉讼风险上不同，表现在其举证责任的负担上也不相同。那么，从诉讼利益而言，受害人承担较轻的举证责任证明的无过错责任请求权，与承担较重的举证责任证明的过错责任请求权，在损害赔偿的内容上也应当不同。只有这样才能够体现程序上的公平和正义，使诉讼风险和诉讼利益相一致，才能取得合理的法律调整效果。

二、我国司法实践不区分无过错责任的限额赔偿与全部赔偿的例证与问题

在《民法通则》实施以来的30年中，我国的司法实践一直没有采取这样的规则，在无过错责任特殊侵权责任案件中并不区分加害人有无过错，统一实行全部赔偿原则，因而使无过错责任的特殊侵权责任案件在确定赔偿责任中存在较大的问题。下面举两个实例予以说明。

（一）在产品责任中的典型案例

产品责任是无过错责任的特殊侵权责任。在实务中，受害人能够证明产品的

① 沈冠伶：《民事证据法与武器平等原则》，台北元照出版公司2007年版，第92页。

生产者投放市场的产品有缺陷，并且因此而遭受损害，就构成产品责任，承担全部赔偿责任。但是，如果像三鹿奶粉事件那样，生产者在奶制品中添加三聚氰胺而使产品存在缺陷，就连企业自己的领导和员工都不吃自己生产的三鹿奶粉，却将其产品投放市场，造成广大消费者尤其是幼年消费者的人身损害，具有放任损害发生的间接故意，因此，大家都赞成对这种产品生产者苛以更加严重的责任。受害人不仅能够证明生产者构成无过错责任的产品责任，并且还能够证明其明知产品有缺陷却仍然将其投放市场具有放任损害发生的故意，当然应当承担较重的赔偿责任。因此，《侵权责任法（草案）》二次审议稿在第45条规定："明知产品存在缺陷仍然生产、销售，造成他人生命、健康损害的，受害人有权依法请求惩罚性赔偿。"这样的法律条文草案受到各界的欢迎，是可以想象的。

但是，这种规则解决的是无过错责任的加害人具有故意而造成受害人损害苛以惩罚性赔偿金的规则。在无过错责任中，对于没有过错的加害人和有过失而不具有故意的加害人，在确定责任上都一律适用全部赔偿责任的规则，仍然没有解决确定赔偿责任不公平的问题。加害人无论有无过错都要承担全部赔偿责任，显然既没有体现对加害人法律谴责的不同，同时对于受害人诉讼风险和诉讼利益的不同也没有予以特别的考虑。试想，作为受害人，举证证明加害人有过错和不证明加害人有过错，其负担的诉讼风险并不相同，但得到的诉讼利益却没有区别，既然如此，受害人还会有兴趣承担更多的诉讼成本去证明加害人的过错吗？同样，无过错责任人有过错也要承担全部赔偿责任，没有过错也要承担全部赔偿责任，那么他干吗一定要谨慎行事避免过失造成他人损害呢？可见，对无过错责任的加害人有无过错的制裁程度不同，对于社会的安全保障程度是有明显区别的。对此，立法机关和司法机关不能不加以重视。

（二）在高速运输工具危险责任中的典型案例

再来观察一件真实案例中存在的问题。

2004年9月29日11时许，地铁乘客吴某欲乘地铁，在北京地铁一号线南礼士路站，当其购票进入车站乘车时，见到列车已经开进站台，急忙奔跑赶车。由于其奔跑速度过快，身体控制不住，不慎掉入站台下，被1601次列车从其腿部

碾过，轧断左腿和右脚，被鉴定为三级伤残。吴某向法院提出219万元的索赔请求，法院判决地铁公司承担了80余万元的损害赔偿责任后[①]，又提出了伤残辅助器具费等赔偿请求178万元。[②] 后一个诉讼目前正在审理之中。

对于本案，可以确定，北京地铁一方对于损害的发生不存在过错，损害的发生是由于地铁乘客重大过失所致。

作者对本案受害人所遭受的损害深表同情。但确定侵权责任不能仅凭感情和同情，必须依据法律规定和法理。按照现行规定，无过错责任中的加害人无论有无过失，都承担全部赔偿责任。只有受害人具有重大过失的，才能够实行过失相抵，适当减轻加害人的侵权责任。[③] 本案的一审法院和二审法院正是基于这样的规定，判决被告承担80%的责任，减轻了20%的责任。[④]

可是，对于一个没有过错的加害人，仅仅因为实行无过错责任，就要承担如此严重的赔偿责任吗？这样的判决方法，跟其他实行过错责任原则的一般侵权责任的赔偿范围没有区别，显然无法体现有过错和无过错的加害人在法律谴责和制裁程度上的差别。这种法律规定的导向，对于加害人而言，自然不会引导其更加约束自己的行为，甚至会使其放纵行为，增加社会危险因素；对于受害人而言，也没有体现诉讼风险与诉讼利益相一致的原则，诉讼风险和诉讼利益的关系失衡，其自然不会选择更重的诉讼风险负担，去证明加害人的过错。[⑤] 反之，如果立法规则区分无过错责任加害人有过失或者无过失，分别承担不同的赔偿责任，就会得到相反的结果，无过错责任的加害人就会基于赔偿的差别而刻意约束自己的行为，避免过失甚至故意，以减轻自己的赔偿责任。而在受害人，承担证明过

---

① 《地铁轧断双腿 吴华林一审获赔80万》，见北青网，http：//bjyouth.ynet.com/article.jsp？oid=26890929&pageno=1。

② 《赔款不够治疗费 吴华林再告地铁公司索要170万》，见千龙网，http：//beijing.qianlong.com/3825/2008/12/09/4202@4780706.htm。

③ 对此，请参见最高人民法院《关于审理人身损害赔偿案件适用法律若干问题的解释》第2条。

④ 事实上，这个减轻责任的判决也是不适当的，由于是受害人的重大过失引起的损害，减轻责任的幅度应当更大一些，根据本案的实际情况，加害人承担30%左右的责任可能更为适当。

⑤ 当然，本案还存在无过错责任的免责事由的规定问题，对此，笔者在另外一篇文章中说明。杨立新：《三高危险责任：退两步还是退一步》，《方圆杂志》2009年第4期。

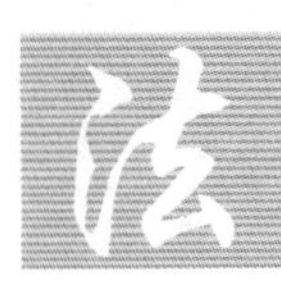

错的证明责任和不承担过错的证明责任在获得赔偿的数额上有明显差别，追求得到全部赔偿的，就应当证明加害人一方具有过错，而不想承担或者不能承担加害人过错的证明责任的受害人，自然就只能得到限额赔偿。这正是侵权法所追求的效果。例如本案，吴某是否证明地铁部门具有过错，得到的赔偿都是一样的，最终出现的难道不是上面所分析的结果吗？

三、我国现行法律法规中规定的限额赔偿及法律适用关系

在我国现行法律、法规中，也存在限额赔偿的规定。但是由于规定限额赔偿制度的法律、法规层次较低，因而往往不被法官所重视，并且经常将限额赔偿与全部赔偿对立起来。因此，限额赔偿并没有得到特别的研究和适用，无过错责任与限额赔偿责任的法律适用规则并没有正确地建立起来。

（一）我国法律法规对限额赔偿责任的规定

我国现行法律法规中有一些关于限额赔偿责任的规定，主要集中在以下四个法规和文件中。

1.核损害赔偿

国务院2007年6月30日发布的《关于核事故损害赔偿责任问题的批复》（国函〔2007〕64号）第7条规定："核电站的营运者和乏燃料贮存、运输、后处理的营运者，对一次核事故所造成的核事故损害的最高赔偿额为3亿元人民币；其他营运者对一次核事故所造成的核事故损害的最高赔偿额为1亿元人民币。核事故损害的应赔总额超过规定的最高赔偿额的，国家提供最高限额为8亿元人民币的财政补偿。""对非常核事故造成的核事故损害赔偿，需要国家增加财政补偿金额的由国务院评估后决定。"按照这一规定，核电站等营运者对一次核事故所造成的损害事故的最高赔偿额为3亿元人民币，加上国家提供的最高限额8亿元，一次核事故造成损害的最高赔偿额为11亿元人民币。因此，在核损害事故中，一次事故的损害赔偿限额，企业承担的最高限额为3亿元，不足部分，国家承担的仍然是限额赔偿，为8亿元。不论受害人有多少，只能在这个限额内

按照债权平等的原则，按比例受偿。

2.铁路交通事故赔偿

2007年7月11日公布、2007年9月1日实施的《铁路交通事故应急救援和调查处理条例》第33条规定："事故造成铁路旅客人身伤亡和自带行李损失的，铁路运输企业对每名铁路旅客人身伤亡的赔偿责任限额为人民币15万元，对每名铁路旅客自带行李损失的赔偿责任限额为人民币2 000元。"第34条规定："事故造成铁路运输企业承运的货物、包裹、行李损失的，铁路运输企业应当依照《中华人民共和国铁路法》的规定承担赔偿责任。"第35条规定："除本条例第三十三条、第三十四条的规定外，事故造成其他人身伤亡或者财产损失的，依照国家有关法律、行政法规的规定赔偿。"这里规定的是，对于铁路旅客的伤亡赔偿，实行限额赔偿，最高赔偿额为15万元，自带行李也实行限额赔偿，最高额为2 000元人民币。这种损害赔偿实际上是运输合同的损害赔偿责任，由于发生竞合，当然也可以侵权损害赔偿起诉。这种最高限额，也是无过错责任中的限额赔偿。对于路外人身伤亡和财产损失，则依照法律或者行政法规的规定承担赔偿责任，不在此列，没有赔偿限额的限制。

3.国内航空事故赔偿

2006年1月19日国务院批准、2006年2月28日国家民用航空局公布、2006年3月28日实施的《国内航空运输承运人赔偿责任限额规定》第3条规定："国内航空运输承运人（以下简称承运人）应当在下列规定的赔偿责任限额内按照实际损害承担赔偿责任，但是《民用航空法》另有规定的除外：（一）对每名旅客的赔偿责任限额为人民币40万元；（二）对每名旅客随身携带物品的赔偿责任限额为人民币3 000元；（三）对旅客托运的行李和对运输的货物的赔偿责任限额，为每公斤人民币100元。"第5条规定："旅客自行向保险公司投保航空旅客人身意外保险的，此项保险金额的给付，不免除或者减少承运人应当承担的赔偿责任。"按照这一规定，国内航空运输中发生的旅客人身、财产损害的赔偿，按照上述限额进行赔偿。超出以上限额的，不予赔偿。其赔偿性质与铁路交通事故相同，也不包括对航空旅客之外的其他人的损害赔偿问题。

4.海上运输损害赔偿

1993年11月20日国务院批准、1993年12月17日交通部发布、1994年1月1日实施的《中华人民共和国港口间海上旅客运输赔偿责任限额规定》第3条规定："承运人在每次海上旅客运输中的赔偿责任限额，按照下列规定执行：(一)旅客人身伤亡的，每名旅客不超过4万元人民币；(二)旅客自带行李灭失或者损坏的，每名旅客不超过800元人民币；(三)旅客车辆包括该车辆所载行李灭失或者损坏的，每一车辆不超过3 200元人民币；(四)本款第(二)项、第(三)项以外的旅客其他行李灭失或者损坏的，每千克不超过20元人民币。"第4条规定："海上旅客运输的旅客人身伤亡赔偿责任限制，按照4万元人民币乘以船舶证书规定的载客定额计算赔偿限额，但是最高不超过2 100万元人民币。"这个规定至今已经有20多年了，规定的赔偿限额显然过低，但它仍然是限于合同之中对旅客损害的限额赔偿，而不是全额赔偿。

(二)对限额赔偿规定的分析

1.限额赔偿适用的场合

在上述规定中，核损害的赔偿责任、铁路运输损害责任以及航空运输损害责任，都属于无过错责任范畴。在《民法通则》的规定中，都属于第123条规定的内容，即高度危险作业中的放射性和高速运输工具致人损害责任，适用无过错责任原则。而海上运输损害责任，《民法通则》没有作特别规定，应当认为这个规定是适用于海上运输合同的损害赔偿。按照《合同法》第122条规定，违约造成债权人固有利益损害的，受害人可依自己利益的考虑，选择违约责任还是侵权责任起诉。如果依照合同责任起诉，为过错推定原则，受害人不承担过错的举证责任，海上运输合同的债务人举证责任倒置，承担证明自己没有过错的举证责任；如果按照侵权责任起诉，则为过错责任原则，受害人应当承担过错的举证责任。

《侵权责任法(草案)》二次审议稿对于高度危险责任的规定分为两个层次，核损害和航空器损害，承担的是无过错责任原则，受害人故意引起损害的，免除责任；而铁路运输损害赔偿责任，同样实行无过错责任原则，但对受害人故意以及不可抗力造成的损害，免除责任。至于海上运输损害责任，与《民法通则》的

规定相比没有变化。

2. 限额赔偿的具体类型

上述法规、规章在规定限额赔偿的时候，使用了两种不同的方法，一种是规定企业应当承担损害赔偿责任的总额，如核事故损害赔偿责任的3亿元和8亿元人民币的限额；二是对受害人个体的赔偿限额，例如铁路运输损害赔偿责任和航空运输损害赔偿责任，最高限额为个人15万元人民币和40万元人民币。

3. 限额赔偿适用的对象

在上述规定中，限额赔偿规定适用的对象包括两种：第一种是合同当事人的损害，例如铁路运输、航空运输、海上运输损害赔偿的限额赔偿，都是规定对旅客的损害适用，并没有包括运输合同之外的其他人的损害。第二种是既包括企业内部的损害，也包括企业外部的损害，例如核事故损害赔偿责任。后者的适用对象更为广泛，前者实际上只约束合同当事人。

（三）无过错责任原则与限额赔偿的关系问题

在上述核损害赔偿责任、航空运输损害赔偿责任和铁路运输损害赔偿责任的规定中，都有限额赔偿，而这些限额赔偿的侵权责任的性质都是无过错责任的特殊侵权责任。那么，限额赔偿和无过错责任之间究竟是什么样的关系，在实践中应当如何适用呢？

1. 前三种限额赔偿的具体适用情况

迄今为止，我国没有发生核损害事故，因此，核损害赔偿的限额赔偿责任的规定并没有适用过。航空运输损害赔偿的限额赔偿，由于空难曾经发生而得到适用，对于空难事故的受害人及近亲属，航空公司承担了上述限额赔偿责任，并且得到保险赔偿之后，基本上没有向法院起诉索赔的，很少发生限额赔偿与全部赔偿责任的关系问题。在铁路运输损害责任中，由于有《铁路法》的规定，又有上述限额规定，法院在审理这样的案件中，多数是直接适用限额赔偿责任规定，当事人即使有意见也没有办法，只能如此。[①]

① 原来争议较多的是路外伤亡事故，1979年的规定只赔偿少量损失，至上述赔偿规定之后，已经按照《民法通则》第119条规定确定赔偿责任，对此已经没有争议了。

按照上述实际情况观察，事实是，法律、法规规定了限额赔偿的，法院在实际操作上基本上就是按照限额赔偿的，很少有其他做法，即使法官认为这样的规定不合理，但也仍然没有其他解决办法，只能按照规定限额赔偿。至于受害人一方主张全额赔偿的，则法官不予支持。

2.其他没有规定限额赔偿责任的赔偿问题

在除了上述限额赔偿规定之外，其他无过错责任特殊侵权责任的赔偿问题，则一律按照全部赔偿原则进行，无论加害人是否有过错，只要是法律规定为无过错责任特殊侵权责任，就都实行全部赔偿，无所谓限额赔偿一说。例如上述吴某诉北京地铁一案，如果不是由于受害人吴某自己的过失所致损害，地铁企业当然要承担全部赔偿责任。那么，地铁不是铁路运输企业，而是城市公交企业，由于其是高速轨道运输企业，在适用归责原则上参照铁路企业的规定，为无过错责任，这是有道理的；但是，在确定赔偿范围上，司法裁判却因没有限额规定而判决全部赔偿，不参照铁路企业的限额赔偿规则而予以全部赔偿，显然是不公平的。这里就有问题了。同样都是无过错责任，有的是限额赔偿，有的是全部赔偿；有限额赔偿的就一律限额赔偿，没有限额赔偿规定的就一律全部赔偿。这样的规定既不合理，也不公平。

3.运输合同之外的其他人的损害责任问题

运输合同之外的其他人因为铁路交通事故、航空事故以及海上交通事故受到损害的，除了铁路交通事故的行政规章明确规定“事故造成其他人身伤亡或者财产损失的，依照国家有关法律、行政法规的规定赔偿”之外，其他并没有规定。那么，应当对运输合同之外的其他人的损害责任，究竟是适用限额赔偿还是全部赔偿，似乎也很明显，当然也是全部赔偿。不过，既然是无过错责任，对于合同之外的其他人的损害赔偿都实行全部赔偿原则，似乎也不公平。

4.海上运输损害赔偿的限额赔偿与侵权赔偿

在海上运输损害赔偿中，限额赔偿的规定是违约损害赔偿责任，如果受害旅客起诉侵权责任，并且能够证明海上运输营运者对于损害的发生具有过错的，是不是应当有所区别呢？如果不加区别，一律实行限额赔偿，在诉讼风险和诉讼利

益的平衡上，是不是有失公允，而对于运营者无论能够证明自己没有过错或者不予证明都承担一样的责任，也不公平。因此，如果受害旅客能够证明运营者具有过失，并且依照侵权责任起诉的，应当适用全部赔偿责任的规则，而不适用限额赔偿责任的规则，似乎更为合理。至于造成合同之外的其他人的损害，由于实行过错责任原则，当然应当全部赔偿，而不是限额赔偿。

四、侵权责任法应当采取的基本规则

基于以上分析，我们认为，无过错责任与限额赔偿之间的关系必须协调。现行法律规定可部分限额赔偿规则，是有道理的，可惜并不是普遍性的规定；在司法实践中，法官将无过错责任与限额赔偿对立起来，有限额规定的就限额赔偿，没有限额规定的就全部赔偿，并没有第三条路好走，不准许受害人进行选择。这样的做法是僵化的，是不符合侵权法的公平理念的。

对于无过错责任原则与限额赔偿的法律适用规则，应当解决如下问题。

第一，无过错责任的特殊侵权责任，无论在其内部关系还是外部关系，造成自己的债权人损害还是造成合同之外的人的损害，都应当实行限额赔偿。在现行的限额赔偿规定中，几乎都是高度危险责任。对此，应当作为强制性法律规范对待，不能由法官自行决定适用还是不适用。应当明确，对于其他无过错责任的特殊侵权责任，例如产品责任、其他高度危险责任、环境污染责任、动物致人损害责任的特别规定中，也应当规定无过错责任请求权的赔偿范围上限，或者规定责任人应当承担的赔偿责任的上限，例如核损害损害赔偿责任的规定，或者规定对特定受害人承担的赔偿责任限额，例如航空运输损害责任和铁路运输损害责任。对于地铁运营损害责任的法律适用，应当比照适用铁路运输的赔偿规定，实行限额赔偿责任。即使对合同外部的其他人的损害，凡属于无过错责任者都应当实行限额赔偿。

第二，无过错责任特殊侵权责任的受害人能够证明加害人一方存在过失的，应当准许受害人一方请求全额赔偿。在诉讼中，对于受害人一方能够证明加害人

存在过失的，应当按照侵权行为一般条款规定，实行过错责任的全部赔偿原则，以保护受害人的合法权益。即使是在海上运输这样的场合，尽管不实行无过错责任原则，但受害人能够证明责任人一方具有过失，依照侵权法规定起诉的，也应当实行全部赔偿责任，准许受害人请求全部赔偿，并且予以支持。

第三，无过错责任特殊侵权责任的受害人能够证明加害人一方存在故意的，不论直接故意还是间接故意，应当准许在特定情况下请求惩罚性赔偿金。在无过错责任原则的场合，如果责任人对造成受害人的损害具有故意，不论是直接故意还是间接故意，在法律有特别规定的情况下，应当准许受害人一方请求惩罚性赔偿金，以制裁恶意侵权行为，减少社会危险因素，维护和谐社会关系。

第四，确立不同的法律基础产生的请求权的不同内容，准许当事人进行选择。类似于产品侵权责任、铁路交通事故责任、航空运输损害责任等，凡是法律规定不同的请求权法律基础的，当事人在起诉时都可以进行选择，按照不同的请求权基础的法律规定，承担举证责任，能够证明自己所选择的请求权构成的，法官就应当予以支持，按照当事人所选择的请求权确定赔偿责任。这一点，是法律适用的一般规则，法律本身就包含这样的规则。《合同法》第 122 条规定的侵权责任与违约责任竞合的权利人选择权，就包含了这样的规则。

第五，基于无过错责任与限额赔偿之间的特殊关系，以及侵权请求权的不同法律基础的不同要求，作出一个一般性规定，即："依照法律规定即使无过错也应当承担侵权责任的，其赔偿责任适用法律规定的损害赔偿范围；受害人能够证明侵权人有过错的，应当按照侵权责任法的一般规定确定赔偿责任。"只有这样，才能够从根本上解决上述问题，真正体现侵权责任法的公平和正义要求。

这些意见，《侵权责任法》尚未采纳，正在起草中的民法典分则《侵权责任编（草案）》也未予采纳。对此，还需要进一步研究，以推动立法和司法。

第二编

多数人侵权行为与责任

第四章

多数人侵权行为的基本理论

第一节　多数人侵权行为及责任理论的新发展

进入21世纪以来，侵权法的研究重点和热点向两个不同的方向发展。一个方向是重视受害人是多数人的侵权案件，形成了大规模侵权的理论与实践的研究热点[①]；另一个方向是重视侵权人是多数人的侵权案件，形成了多数人侵权行为及责任的理论和实践的研究热点。[②] 对这两个问题的研究越来越热，标志着当代侵权法的发展达到了一个新的高度和水平。其中，第一个热点问题中有关大规模侵权行为研究的目的，着重解决的是对受害人的救济；而对多数人侵权行为及责任的研究目的，则是关注侵权责任在多数侵权人之间的分担。前者重视的是救济的及时性和有效性，后者注重的是责任分担的科学性和公平性。本章期望通过对第二个热点问题即多数人侵权行为及责任理论的新发展的研究，建立起科学、合

① 张新宝、葛维宝主编：《大规模侵权法律对策研究》，法律出版社2011年版。

② 程啸：《我国〈侵权责任法〉中多数人侵权责任的规范目的与体系之建构》，载陈小君主编：《私法研究》2011年第9卷。

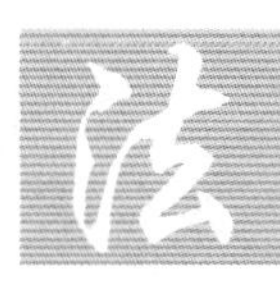

理、公平的侵权责任分担规则。

一、多数人侵权行为理论和规则的发展背景

美国侵权法继承英国侵权法的传统，并且不断发展，形成了今天的侵权责任分担理论和规则。在英国侵权法上，形成了受害人过错和数人侵权责任的制度，并于1978年制定了《民事责任（分摊）法令》。[①] 美国侵权法早期追随英国法，直到1975年才改为采纳按照过失比例分担责任的做法。1965年美国法学会编撰的《侵权法重述（第二次）》重点研究与有过失问题，即研究被告和原告均有过失的侵权责任分担问题[②]，同时也在共同侵权责任领域研究了共同侵权行为人之间的连带责任[③]，但对其他多数人侵权行为和责任则没有予以特别重视。

美国法学会于1993年开始编撰、2000年发表的《侵权法重述（第三次）》中的“责任分担编”全面阐释了侵权责任分担的核心问题，包括原告行为的种类（如故意自伤、原告过失和自甘风险）、连带责任、根据原因力分担责任以及分担和补偿请求权。2003年，美国统一州法委员会发表了《统一侵权责任分担法案》，在州法层面上全面统一侵权责任分担制度。[④]

美国《侵权法重述（第三次）》的“责任分担编”与《美国统一侵权责任分担法案》重点研究的是比较过失和多数人侵权，包括侵权责任在原告与被告之间的分担，以及侵权责任在多数人侵权行为中的数个侵权人之间的分担，而且制定了详细的责任分担规则，具有特别的借鉴意义。可以看到，美国侵权法进入21世纪以来的发展，表现为将侵权责任分担规则分为比较过失、连带责任（包括不

① 王竹：《侵权责任分担论——侵权损害赔偿责任数人分担的一般理论》，中国人民大学出版社2009年版，第10页。

② 《美国侵权法重述（第二次）》第17章“与有过失”，载刘兴善译：《美国法律整编·侵权行为法》，台北司法周刊杂志社1986年版，375页以下。

③ 《美国侵权法重述（第二次）》第44章“共同侵权行为人”，载刘兴善译：《美国法律整编·侵权行为法》，台北司法周刊杂志社1986年版，第709页以下。

④ 王竹：《侵权责任分担论——侵权损害赔偿责任数人分担的一般理论》，中国人民大学出版社2009年版，第28、29页。

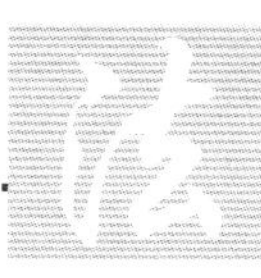

真正连带责任）以及按份责任。这种侵权责任分担规则的范围，比大陆法系多数人侵权行为及责任规则的范围要宽，既涵盖多数人侵权行为及责任规则，也涵盖受害人与侵权人之间的责任分担，即过失相抵规则。

大陆法系侵权法原本没有多数人侵权行为及责任的规则，而是适用多数人之债的规则，解决多数人侵权行为及责任分担问题。大陆法系多数人之债包括多数人债权和多数人债务。多数人侵权行为产生多数人债务，适用多数人债务的债法规则，包括连带之债、不真正连带之债和按份之债。① 大陆法系民法用多数人之债的方法解决多数人侵权行为及责任分担是顺理成章的，原因在于大陆法系认为侵权行为是债的发生原因之一，既然侵权行为发生的法律后果是债的关系，那么多数人侵权行为必然发生多数人之债，用多数人之债的规则调整多数人侵权行为的责任分担是完全没有问题的。因此，在大陆法系侵权法中，专门研究多数人侵权行为及责任的学说并不多见。而与美国侵权法的责任分担学说和规则相比较，用多数人之债的方法和规则解决多数人侵权行为及责任分担，其范围最为狭窄。用多数人之债的方法研究多数人侵权行为，尽管没有债法与侵权法理论和规则的对接问题，但是就侵权法本身的理论和实践而言，则不够完美。

事实上，侵权责任在侵权法律关系当事人之间的分配问题是一个非常复杂的问题，它不仅包括多数人侵权责任的分担问题，以及多数人侵权行为与过失相抵等侵权法律关系中当事人的责任分担问题，而且还包括更多的侵权责任形态。经过长期研究，笔者在2004年再版的《侵权法论》一书中提出了较为完整的侵权责任形态理论，认为侵权责任形态理论是最宽泛的研究侵权责任分担规则的理论，既包括大陆法系的多数人之债的理论、美国侵权法的责任分担理论；也包括我国侵权责任法理论中的公平分担损失、单独责任和共同责任等问题。同时，侵权行为形态与侵权责任形态构成完全对应的关系，将侵权行为形态与侵权责任形态完全对应起来，构成完美的侵权法理论体系，更便于指导法官在司法实务中的法律适用。②

---

① 史尚宽：《债法总论》，中国政法大学出版社2000年版，第636页以下。

② 杨立新：《侵权法论》，人民法院出版社2004年版，第477页。

无论是大陆法系多数人之债对于多数人侵权行为的适用，还是英美法系特别是美国侵权法关于责任分担的理论，以及笔者提出的侵权责任形态的理论和规则，其着眼点都是侵权责任在不同的当事人之间的分配，追求的是侵权责任承担和分配的公平性和科学性，它们的区别仅仅在于着眼点的宽窄不同。其中，侵权责任形态理论的视野最为开阔，着眼于所有的侵权责任分配的领域；责任分担理论着眼于中等的视野，看到的是多数人侵权行为和过失相抵等侵权责任法律关系中的当事人分担侵权责任；而大陆法系侵权法对于这些问题都有涉猎，但分别在债法的范围里进行研究，缺乏在侵权法的完整视野中对侵权责任形态问题进行宏观的、整体的和体系化的研究，因而多数人之债的理论和规则不是直接针对侵权责任形态提出的，而是直接适用于多数人侵权行为，范围比较狭小。将多数人之债的理论和规则引入侵权法理论和实践，就形成了多数人侵权行为及责任的理论和规则。

从上述分析可以看到，侵权责任形态的学说是一个庞大的体系，不仅涵盖多数人侵权行为及责任，而且包括英美侵权法中的责任分担。侵权责任形态、侵权责任分担和多数人侵权行为及责任是三个递进的概念，三个概念的相互关系是“侵权责任形态＞侵权责任分担＞多数人侵权行为及责任”。可以说，多数人侵权行为及责任既包括在侵权责任分担的规则之中，更包含在侵权责任形态的规则之中。研究多数人侵权行为及责任的理论定位，可以确定多数人侵权行为及责任是侵权责任形态的一种，是侵权责任分担的具体表现形式。按照侵权行为形态与侵权责任形态相对应的一般规则，多数人侵权行为的责任形态就是多数人侵权责任。

我国《侵权责任法》规定了丰富的多数人侵权行为及责任的法律规则，但分散在各个章节之中，需要进行科学的整理和理论的分析。

二、多数人侵权行为概念界定的新发展

多数人侵权行为及责任的概念来源于大陆法系的多数人之债。有学者认为：

"以同一给付为标的之债之关系，有多数债务人或多数债权人或双方均为多数者，谓之多数主体之债之关系。"[①] 将其应用到侵权法中，称之为多数人侵权或者数名加害人。如有数人以与侵权行为相关的方式出现在案情中时，由此会产生处于不同规则层面上的问题，如各有关人员是否确实要根据侵权行为法承担责任，如果是，其应该在什么范围内承担责任，如果存在一个应由多人承担的侵权责任，则这种责任与被害人构成什么关系，最后需要解决的是在加害人的内部关系中损害分担的问题。[②]

英美法系侵权法也有多数人侵权行为的概念。美国《侵权法重述（第三次）》规定多名侵权人对不可分伤害的责任，分别规定连带责任的效力、单独责任的效力等。其中连带责任的效力规定在其"责任分担编"第 10 节，即"当依据适用法律，有多人对一受害人承担连带责任时，该受害人可以起诉任何一名负连带责任者，并从中获得他可以获得的全部赔偿"。第 11 节规定："当依据适用法律，某人对一受害人的不可分伤害承担单独责任时，该受害人仅可以获得该负单独责任者在该受害人应得赔偿中所占的比较责任份额"[③]（这一部分译文如此，只能这样）。在美国侵权法中，连带责任包括不真正连带责任。因而多名侵权人对不可分伤害的责任，其实分为连带责任、单独责任以及不真正连带责任。因此，英美侵权法关于多名侵权人对不可分伤害的责任，与大陆法系多数人之债中的多数债务人之债有相通之处，多数债务人之债包含多名侵权人对不可分伤害的责任概念，多名侵权人对不可分伤害的责任与多数人侵权行为及责任是相同的概念。

对于多数人侵权行为及责任的概念，学者有不同界定。王利明教授在《侵权责任法研究》一书中使用了数人侵权的概念，但没有作出定义；同时其又使用了数人侵权中的责任概念，分别对数人侵权中的连带责任和按份责任进行了界

① 史尚宽：《债法总论》，台北荣泰印书馆 1978 年版，第 607 页。

② ［德］马克西米立安·福克斯：《侵权行为法》，齐晓琨译，法律出版社 2006 年版，第 232 页。

③ ［美］肯尼斯·S. 亚伯拉罕、阿尔伯特·C. 泰特选编：《侵权法重述——纲要》，许传玺、石宏等译，许传玺审校，法律出版社 2006 年版，第 346 页。

定。[①] 比较可惜的是，他没有对多数人侵权行为及责任作出具体界定。

张新宝教授使用多数人侵权行为的概念，认为多数人侵权行为是由数个行为人实施行为，对同一损害后果承担责任的侵权行为，其行为主体为二人或者二人以上，数人对同一损害后果承担侵权责任，数人承担侵权责任的方式即数个责任主体与被侵权人一方的请求权之间的联系具有多样性。[②]

王成教授认为，数人侵权行为是指二人以上实施的侵权行为。数人侵权行为与单独侵权行为对应，根据承担责任的方式，数人侵权行为可以分为承担连带责任的数人侵权行为和承担按份责任的数人侵权行为。承担连带责任的数人侵权行为也称为共同侵权行为。[③]

程啸教授在《侵权责任法》一书中使用多数人侵权责任的概念，认为多数人侵权责任指的就是二人以上实施侵权行为时产生的侵权责任。[④] 多数人侵权责任并非规范所有的加害人为多人的情形，而仅仅解决那些因果关系比较特殊的、多数加害人造成他人损害时的责任承担问题。[⑤]

日本潮见佳男教授使用复数行为者的不法行为的概念，在该概念下阐释共同不法行为和竞合的不法行为。[⑥] 遗憾的是，他没有对复数行为者的不法行为概念进行界定。不过，复数行为者的不法行为其实就是指多数人侵权行为。

德国学者使用数名加害人的概念表述多数人侵权行为，其含义是指侵权行为法意义上相关的人为数人，即《德国民法典》第830条中所称的“共同行为人和参与人”[⑦]。

综合上述学者的意见，多数人侵权行为及责任的概念应当包括的要素是：第一，行为人的数量为多人，即为两个人以上；第二，造成的损害后果为一个，因

① 王利明：《侵权责任法研究》，中国人民大学出版社2010年版，第507、581页。

② 张新宝：《侵权责任法》，中国人民大学出版社2010年版，第44页。

③ 王成：《侵权责任法》，北京大学出版社2011年版，第110页。

④ 程啸：《侵权责任法》，法律出版社2011年版，第238页。

⑤ 程啸：《侵权责任法》，法律出版社2011年版，第237页。

⑥ [日] 潮见佳男：《不法行为法》，日本信山社2011年第2版，第125、126、196页。

⑦ [德] 马克西米立安·福克斯：《侵权行为法》，齐晓琨译，法律出版社2006年版，第232、233页。

而是一个侵权行为，而不是数个损害后果以及数个侵权行为；第三，数人侵权行为包含共同侵权行为、分别侵权行为以及竞合侵权行为等；第四，数人侵权行为的责任多数是由数人分担，也存在不分担责任者。只要符合上述基本特征，就是数人侵权行为及责任。

上述对多数人侵权行为及责任概念的界定，有繁有简。而界定多数人侵权行为及责任的概念，应当能够完整地体现多数人侵权行为及责任的上述四个基本要素。事实上，多数人侵权行为及责任是两个概念，一是多数人侵权行为，二是多数人侵权责任，在概念界定时应当加以分别。笔者认为上述张新宝教授的意见比较稳妥，符合四个基本要素的要求。当然，对其概念的界定还可作进一步完善，即多数人侵权行为是由数个行为人实施，造成同一个损害后果，各侵权人对同一损害后果承担不同形态的责任的侵权行为。而多数人侵权责任则是指数个行为人实施的行为，造成了同一个损害后果，数人对该同一损害后果按照行为的不同类型所承担的不同形态的侵权责任。

三、多数人侵权行为类型的新发展

在以往的侵权法理论中，对多数人侵权行为的类型有不同见解。有的学者认为多数人侵权行为包括共同侵权行为和分别侵权行为，如王利明教授的前述看法①；有的学者认为多数人侵权行为包括共同侵权行为和竞合侵权行为，如潮见佳男教授的意见②；有的学者认为多数人侵权行为包括数人对同一损害后果承担连带的侵权责任、数人对同一损害后果承担按份的侵权责任，以及在数个责任主体中，部分责任主体承担全部赔偿责任而部分责任主体承担补充的侵权责任这三种类型。③

这些意见都从不同的立场理解多数人侵权行为的类型，都有自己的理由，但

① 王利明：《侵权责任法研究》，中国人民大学出版社 2010 年版，第 507、581 页。
② ［日］潮见佳男：《不法行为法》，日本信山社 2011 年第 2 版，第 125、126、196 页。
③ 张新宝：《侵权责任法》，中国人民大学出版社 2006 年版，第 52 页。

都是不完整的。这表明以往的侵权法理论对多数人侵权行为类型的理解和整理还是不完全、不完整的，并没有准确概括多数人侵权行为的类型，特别是在《侵权责任法》以及司法解释中出现的关于多数人侵权行为的不同规定，展现了多数人侵权行为的多样化。而仅仅局限于传统的侵权法理论对多数人侵权行为类型进行概括，是无法全面展示多数人侵权行为类型的，对此必须予以改进。笔者经过反复研究，重新构建了多数人侵权行为的类型，认为多数人侵权行为包括以下四种类型。(1) 共同侵权行为。共同侵权行为当然是多数人侵权行为，是多数人侵权行为中最为典型的类型，也是最为重要的类型。(2) 分别侵权行为。无过错联系的共同加害行为这个概念比较冗长，不够精练。笔者从《侵权责任法》第 12 条的规定中抽出“分别”的概念，就把它叫作分别侵权行为，表述的就是无过错联系的共同加害行为。这个概念比较简洁且非常贴切，与《侵权责任法》第 12 条相一致。(3) 竞合侵权行为。在传统的侵权法中，与不真正连带责任相对应的侵权行为形态没有被概括出来，曾经有人使用过原因竞合的概念[①]，概括的范围比较广泛，不仅仅指竞合侵权行为。笔者借鉴上述潮见佳男教授的意见，对此使用竞合侵权行为的概念，对应的责任后果是不真正连带责任。(4) 第三人侵权行为。第三人侵权行为是《侵权责任法》第 28 条规定的免责事由，但是这种具备免责事由的侵权行为的特点是，作为侵权行为人的一方存在两个以上的行为人，实际上也是数人侵权，仅仅是一方免责另一方承担责任而已，因此，笔者把它作为广义的多数人侵权行为。而这四种多数人侵权行为又可以概括为以下两种类型：第一种是狭义的多数人侵权行为，包括共同侵权行为、分别侵权行为和竞合侵权行为；第二种是广义的多数人侵权行为，即在三种狭义的多数人侵权行为之外，还包括第三人侵权行为。

此外，在侵权法中，侵权行为形态与侵权责任形态须相互对应。换言之，有什么样的侵权行为形态就有什么样的侵权责任形态；什么样的侵权责任形态，就必定由什么样的侵权行为形态所决定。因此，多数人侵权行为形态所对应的就是多数人侵权责任形态。在以往的侵权法中，这样的对应关系出现了残缺，即在多

① 侯国跃：《中国侵权法立法建议稿及理由》，法律出版社 2009 年版，第 50 页。

数人侵权行为与多数人侵权责任中，有的对应不起来。如共同侵权行为对应的是连带责任形态；分别侵权行为（无过错联系的共同加害行为）对应的是按份责任形态；第三人侵权行为对应的是第三人侵权责任形态；而在立法和司法中大量使用的不真正连带责任的侵权责任形态，没有一个能够直接对应的侵权行为形态，以致形成缺失，这说明以往的多数人侵权行为类型的理论概括是不完整的。按照侵权法的逻辑，必须有一个多数人侵权行为的类型对应不真正连带责任。笔者经过长期研究，认为竞合侵权行为的概念能够填补这一理论残缺，使竞合侵权行为对应不真正连带责任，因而构成了多数人侵权行为及其责任的完整体系。这样的侵权行为形态和侵权责任形态对接的体系，构成了完整的、完美的多数人侵权行为及责任的理论体系，是非常理想的，也是多数人侵权行为及责任理论的最新发展。

四、多数人侵权行为责任承担规则的新发展

在以往的侵权法理论中，多数人侵权行为的责任承担规则比较简单，主要就是连带责任、按份责任以及不真正连带责任，不存在比较复杂的责任形态规则。进入21世纪以来，随着多数人侵权行为及责任理论的不断发展，出现了较多的新型侵权责任形态及规则，我国《侵权责任法》也规定了更多的责任形态规则。可以看到，当代侵权法中多数人侵权行为及责任承担的规则正向着多样化、系统化的方向发展，在连带责任和不真正连带责任中出现了更多的责任形态。下面概括的就是多数人侵权行为责任承担规则的体系，其中包含着新发展出来的责任分担规则。

（一）共同侵权行为与连带责任

共同侵权行为是最为重要的多数人侵权行为，在司法实践中，共同侵权责任纠纷出现的频率特别高，是多数人侵权行为中的重点问题。共同侵权行为及责任在《民法通则》中就有规定，即第130条的规定，在最高人民法院的司法解释中也有较多的规定。《侵权责任法》面对司法实践的不同做法和理论上的不同认识，

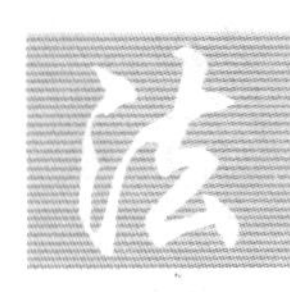

在第 8 条、第 9 条、第 10 条、第 11 条和第 13 条、第 14 条中进行了规范，构成了完整的共同侵权行为及责任的法律规范体系。

对共同侵权行为的类型尽管有多种不同的学说主张，但基本的意见是其应包括主观的共同侵权行为、客观的共同侵权行为、共同危险行为、叠加的共同侵权行为。[①] 在主观的共同侵权行为中，包括教唆人、帮助人责任以及团伙成员责任。[②] 除此之外，《侵权责任法》规定了大量的适用连带责任的侵权行为形态，其并不就是当然的共同侵权行为，笔者称之为准共同侵权行为，例如《侵权责任法》第 51 条规定的非法转让报废车、拼装车致人损害的侵权行为等并非就是共同侵权行为，但须承担连带责任，将其作为准共同侵权行为，即准用共同侵权行为规则的侵权行为形态是较为准确的。

共同侵权行为的责任分担规则是连带责任。对此，大陆法系和英美法系有共同的看法和规则。大陆法系的典型代表如《德国民法典》第 421 条规定："二人以上以其中每一人都有义务履行全部给付但债权人只有权请求给付一次的方式，负担一项给付的（连带债务人），债权人可以随意向其中任何一个债务人请求全部给付或部分给付。到全部给付被履行时为止，全体债务人仍负有义务。"美国《侵权法重述（第三次）》"责任分担编"第 10 节规定："当依据适用法律，有多人对一受害人承担连带责任时，该受害人可以起诉任何一名负连带责任者，并从中获得他可以获得的全部赔偿。"这样的规则，与我国《侵权责任法》第 13 条和第 14 条规定的连带责任规则是完全一致的。[③]

连带责任的新发展，是在连带责任中出现了单向连带责任。单向连带责任也叫混合责任，是指在连带责任中，有的责任人承担连带责任，有的责任人承担按份责任，是连带责任与按份责任混合在一起的连带责任形态。连带责任的规则分

---

① 杨立新：《侵权责任法》，法律出版社 2012 年第 2 版，第 112－113 页。

② 关于团伙成员的共同侵权责任，为 1992 年施行的《荷兰民法典》第 6：166 条所规定。

③ 对此，应当特别注意的是，最高人民法院《关于审理人身损害赔偿案件适用法律若干问题的解释》第 5 条规定的连带责任规则与《侵权责任法》第 13 条和第 14 条规定的规则相抵触，而且《侵权责任法》的上述规定就是为了纠正司法解释中的错误而规定的。杨立新：《侵权责任法条文背后的故事与难题》，法律出版社 2011 年版，第 61－62 页。

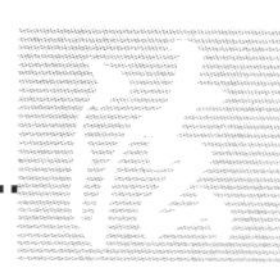

为以下两种不同形式。

1.典型的连带责任

典型的连带责任规则就是《侵权责任法》第13条和第14条规定的规则，其包括：（1）中间责任。如《侵权责任法》第13条规定："法律规定承担连带责任的，被侵权人有权请求部分或者全部连带责任人承担责任。"（2）最终责任。如《侵权责任法》第14条第1款规定："连带责任人根据各自责任大小确定相应的赔偿数额；难以确定责任大小的，平均承担赔偿责任。"（3）承担了中间责任的连带责任人向最终责任人的追偿权。如《侵权责任法》第14条第2款规定："支付超出自己赔偿数额的连带责任人，有权向其他连带责任人追偿。"

2.单向连带责任

《侵权责任法》规定了两个特殊的连带责任规则，即第9条第2款和第49条。这种责任实际上也是连带责任，其特殊性是在连带责任中，有的责任人承担连带责任，有的责任人承担按份责任，因此形成了连带责任的一个特殊类型即单向连带责任。在第9条第2款规定的教唆、帮助无民事行为能力人或者限制民事行为能力人实施侵权行为的侵权案件中，教唆人和帮助人承担的是"侵权责任"，有过错的监护人承担的是"相应的责任"，这就是在连带责任中，有的责任人承担连带责任，有的责任人承担按份责任，构成单向连带责任。《侵权责任法》第49条规定的租车、借车的损害责任，租车人或者借车人承担的侵权责任是连带责任，机动车所有人如果有过错，承担的"相应的责任"就是按份责任，构成单向连带责任。

单向连带责任形态，在大陆法系侵权法中没有提及。美国侵权法连带责任中的单独责任就是单向连带责任。美国《侵权法重述（第三次）》"责任分担编"第11节（单独责任的效力）规定："当依据适用法律，某人对一受害人的不可分伤害承担单独责任时，该受害人仅可以获得该负单独责任者在该受害人应得赔偿中所占的比较责任份额。"这种责任形态称为混合责任。[1] 这就是在数人侵权的

---

① ［美］肯尼斯·S.亚伯拉罕、阿尔伯特·C.泰特选编：《侵权法重述——纲要》，许传玺、石宏等译，许传玺审校，法律出版社2006年版，第346、355页。

连带责任中，有的责任人承担连带责任，有的责任人承担单独责任（按份责任），即单独责任人只承担受害人应得赔偿中的自己的份额，此为单向连带责任。[①]

单向连带责任的规则是：（1）单向连带责任人中的连带责任人承担中间责任。单向连带责任中的连带责任人就全部赔偿责任承担责任。如果被侵权人起诉其承担全部责任，连带责任人有义务承担全部赔偿责任，其中不属于他的份额的部分，为中间责任。（2）单向连带责任人中的按份责任人只承担最终责任。单向连带责任中的按份责任人只承担按照份额确定的最终责任，不承担中间责任。如果被侵权人起诉按份责任人承担中间责任，按份责任人可以《侵权责任法》第9条第2款和第49条规定其承担“相应的责任”而予以抗辩，法官应当予以支持。（3）承担了中间责任的连带责任人有权向按份责任人进行追偿。单向连带责任中的连带责任人承担了超出自己责任份额之外的中间责任的，有权向没有承担最终责任的责任人包括连带责任人和按份责任人进行追偿，实现最终责任的分担。

（二）分别侵权行为与按份责任

分别侵权行为就是无过错联系的共同加害行为。将《侵权责任法》第12条规定中的“分别实施”概念提炼出来，确定无过错联系的共同加害行为就是分别侵权行为，是非常贴切的。按照《侵权责任法》第12条的规定，分别侵权行为的后果是发生按份责任，每个行为人只对自己的行为后果承担侵权责任，不存在连带责任的问题。

（三）竞合侵权行为

1.竞合侵权行为的概念界定

竞合侵权行为是指两个以上的民事主体作为侵权人，有的实施直接侵权行为，与损害结果具有直接因果关系，有的实施间接侵权行为，与损害结果的发生具有间接因果关系，行为人承担不真正连带责任的侵权行为形态。竞合侵权行为是新创立的一种多数人侵权行为形态概念，在此之前的我国侵权法理论中没有这个概念，只有原因竞合和行为竞合的概念。其中原因竞合的概念，是指构成侵权损害的原因不止一个，而是数个，发生竞合而造成同一个损害。有人将分别侵权

① 杨立新：《侵权责任法》，法律出版社2012年版，第121页。

行为也叫作原因竞合[①]，这不是特别正确，因为行为与事实等结合也可以形成原因竞合。行为竞合的概念接近于竞合侵权行为的概念，但没有将其提高至多数人侵权行为类型的地位。这是多数人侵权行为类型的新发展。

2.竞合侵权行为的类型

我国《侵权责任法》以及司法解释规定了较多的竞合侵权行为的类型，规则各不相同。这既是竞合侵权行为类型的新发展，更是多数人侵权行为及责任承担规则的新发展。竞合侵权行为类型分为以下四种：（1）必要条件的竞合侵权行为。必要条件的竞合侵权行为，是指两个行为中的从行为（即间接侵权行为）与主行为（即直接侵权行为）竞合的方式，是从行为为主行为的实施提供了必要条件，没有从行为的实施，主行为不能造成损害后果的竞合侵权行为。换言之，间接侵权人的从行为是直接侵权人的主行为完成的必要条件，这种竞合侵权行为就是必要条件的竞合侵权行为。（2）"必要条件＋政策考量"的竞合侵权行为。其是指符合必要条件的竞合侵权行为的要求，但是基于政策考量，规定间接侵权人先承担中间责任，之后向直接侵权人追偿以实现最终责任的竞合侵权行为。（3）提供机会的竞合侵权行为。提供机会的竞合侵权行为是指两个竞合的行为，从行为为主行为的实施提供了机会，使主行为的实施能够顺利完成的竞合侵权行为。从发挥的作用上考察，提供机会的竞合侵权行为与必要条件的竞合侵权行为有所不同，即间接侵权人的从行为给直接侵权人的主行为造成损害结果提供了机会，但并不是必要条件。（4）提供平台的竞合侵权行为。平台提供者提供平台，利用平台的经营者在经营中造成消费者损害，经营者的行为与平台提供者的行为发生竞合，成立竞合侵权行为。

3.竞合侵权行为的责任承担

竞合侵权行为的后果是不真正连带责任。不真正连带债务的概念源自于德国普通法的连带债务二分论，由埃舍尔（Eisele，也译作阿依舍雷）于1891年在其论文《共同连带和单纯连带》中提出。他认为，宏观上区分共同连带和单纯连带

---

① 侯国跃：《中国侵权法立法建议稿及理由》，法律出版社2009年版，第118－119页。

的现实意义并不显著，唯连带债务和不真正连带债务的区分更为重要。由此，学界探究的重点由共同连带债务和单纯连带债务的区分转变为连带债务和不真正连带债务的区分。[①] 侵权法将侵权行为发生的不真正连带债务称为不真正连带责任。不真正连带责任根据竞合侵权行为的不同类型，其责任形态有所变化，形成不同的不真正连带责任类型和规则。四种不同的竞合侵权行为类型，分别对应不同的不真正连带责任类型。

一是必要条件的竞合侵权行为对应的是典型的不真正连带责任。在竞合的侵权行为的数个行为中，一个是主要的侵权行为，另一个是为主要的侵权行为的实施或者损害后果的发生提供必要条件。例如，缺陷产品是由生产者形成的，该产品经过销售者而转移到消费者手中，两个行为竞合发生同一个损害后果，生产者的行为是主要的侵权行为，销售者的行为就是侵权行为实施的必要条件。两个侵权人承担典型的不真正连带责任。

典型的不真正连带责任的规则是：(1) 中间责任，即在两个不同的不真正连带责任人之间，受害人可以选择其中一个提出损害赔偿请求，即可以向任何一个侵权人请求承担赔偿责任。任何一个不真正连带责任人都有义务承担全部赔偿责任，实现形式上的连带。(2) 最终责任，即不真正连带责任的最终责任，是不真正连带责任的最终后果，一定要由应当承担最终责任的人全部承担责任，而不是在不真正连带责任人之间实行实质的连带，即分担责任。不真正连带责任的最终责任只是一个责任，而不是份额的责任，即不分担。(3) 追偿权，即在不真正连带责任中，不真正连带责任人中的一人承担中间责任后，有权向最终责任人追偿，实现最终责任。中间责任人承担责任后，对最终责任人的追偿是全额追偿，包括必要的费用。

二是“必要条件+政策考量”的竞合侵权行为对应的是先付责任。“必要条件+政策考量”的竞合侵权行为同样是必要条件的竞合侵权行为，但侵权法根据政策考量改变了这种特定的竞合侵权行为的责任承担规则，将典型的不真正连带责任改为先付责任。这种竞合侵权行为中有一个是主要的侵权行为，另一个是为

① 陈郑权：《论不真正连带债务制度》，台北《人文学报》第35期，第25页。

主要的侵权行为的实施或者损害后果的发生提供必要条件，构成必要条件的竞合侵权行为。但立法者为了更好地保护受害人，使受害人的损害能够得到更为及时的救济，因而规定受害人直接向提供必要条件的侵权人请求损害赔偿，而不是直接向主要的侵权行为一方请求赔偿，因此形成了先付责任这种特殊的不真正连带责任的类型，其规则的承担也与典型的不真正连带责任不同，笔者将它命名为先付责任。例如《侵权责任法》第44条规定了产品责任中的第三人责任，第85条和第86条规定了建筑物、构筑物及其他设施脱落、坠落、倒塌损害责任，被侵权人可以直接向应当承担中间责任的生产者、销售者或者所有人、管理人、使用人以及第三人或者建设单位、施工单位请求赔偿；中间责任人在承担了赔偿责任之后，再向应当承担最终责任的其他责任人追偿。

先付责任是不真正连带责任的一种变形，是特殊的不真正连带责任，其规则是：(1) 承担中间责任的责任人先承担赔偿责任。第三人产品缺陷损害责任中的生产者、销售者不是产品缺陷的制造者，因而不是最终责任人，而是中间责任人。但法律规定在先付责任中，被侵权人应当直接向生产者或者销售者请求赔偿，而不是直接向产品缺陷的制造者即第三人请求赔偿。在建筑物等损害责任中，适用同样的规则。(2) 中间责任人承担了赔偿责任之后向最终责任人追偿。中间责任人在承担了赔偿责任之后，有权向最终责任人进行追偿，该追偿权的范围是全额追偿，即最终责任的范围是全部赔偿责任。(3) 索赔僵局及破解。由于《侵权责任法》对先付责任的规则没有规定被侵权人可以直接向最终责任人索赔，因而存在中间责任人无法承担赔偿责任后，被侵权人又不能向最终责任人索赔的僵局。对此，司法解释应当规定，当出现上述索赔僵局的时候，准许被侵权人直接向最终责任人起诉追究其赔偿责任。

三是提供机会的竞合侵权行为对应的是补充责任。提供机会的竞合侵权行为，是指两个竞合的行为，从行为为主行为的实施提供了机会，使主行为的实施能够顺利完成的竞合侵权行为。《侵权责任法》第34条第2款规定的劳务派遣的侵权行为，第37条第2款规定的违反安全保障义务的侵权行为，第40条规定的第三人造成学生伤害的侵权行为，均为适例。提供机会的竞合侵权行为的法律后果是承担相应的补充责任，即有限的补充责任。补充责任也是不真正连带责任的一种变形，是特殊的不真正连带责任。其规则是：(1) 直接侵权人即最终责任人首先承担责任。与先付责任不同，补充责任的最终责任人首先承担侵权责任，而不是中间责任人先承担责任。(2) 间接侵权人承担补充责任。如果直接侵权人出现赔偿不足或者赔偿不能的情形，则由承担中间责任的间接侵权人承担相应的补充责任。相应的补充责任的范围，是与其过错和原因力相适应的责任，而不是全额补充。(3) 间接侵权人不享有追偿权。由于在相应的补充责任中，间接侵权人承担的补充责任是有限补充责任，且以其过错为基础，因而，间接侵权人承担了补充责任之后，不享有追偿权。

四是提供平台的竞合侵权行为。《消费者权益保护法》第 43 条和第 44 条规定的侵权行为类型，就是提供平台的竞合侵权行为。第 44 条第 1 款规定："消费者通过网络交易平台购买商品或者接受服务，其合法权益受到损害的，可以向销售者或者服务者要求赔偿。网络交易平台提供者不能提供销售者或者服务者的真实名称、地址和有效联系方式的，消费者也可以向网络交易平台提供者要求赔偿；网络交易平台提供者作出更有利于消费者的承诺的，应当履行承诺。网络交易平台提供者赔偿后，有权向销售者或者服务者追偿。"网络交易平台提供者为网络交易双方当事人提供网络交易平台，销售者销售商品或者服务者提供服务，造成消费者损害的，本无交易平台提供者的责任，但是如果有约定条件或者符合法定条件的，就要承担附条件的不真正连带责任。这种提供平台所造成的侵权行为，也属于多数人侵权行为，即提供平台的竞合侵权行为。

(四) 第三人侵权行为

1. 第三人侵权行为的概念和性质

第三人侵权行为是指第三人由于过错，通过实际加害人的直接行为或者间接行为，造成被侵权人民事权利损害，应当由第三人承担侵权责任、实际加害人免除责任的多数人侵权行为。第三人侵权行为的基本性质，法律规定为免责事由(这个表述是对的)，但以加害行为的数量而言，存在两个以上的行为。从其本质上观察，也属于多数人侵权行为，是多数人侵权行为中的一个特殊类型，与其他

多数人侵权行为既有相同之处，也有不同之处。

2.第三人侵权行为的范围

(1) 适用过错责任原则和过错推定原则的第三人侵权行为。过错责任原则和过错推定原则同属于过错责任原则，都需要具有过错要件才能构成侵权责任，只是过错要件的证明方法不同，因而《侵权责任法》才把这两个归责原则一并在第6条中加以规范。

(2) 适用无过错责任原则的第三人侵权行为。在适用无过错责任原则的情形下，第三人侵权行为具有特别的要求。其原因是在适用无过错责任原则的侵权行为类型中，《侵权责任法》将有些第三人侵权规定为不真正连带责任，如环境污染责任适用第68条，饲养动物损害责任适用第83条，产品责任第三人适用第44条。在适用无过错责任原则的侵权领域中，法律没有明确规定第三人免责的，如果法律规定受害人故意造成损害可以免责，则第三人故意造成损害可以免除实际加害人的责任；如果法律规定因受害人重大过失或者过失造成损害的实行过失相抵，则因第三人重大过失或者过失造成损害的可以免除实际加害人的责任。

3.第三人侵权行为的后果

构成第三人侵权行为，其法律后果就是第三人侵权责任，免除实际加害人的赔偿责任。至于第三人侵权责任的承担，适用侵权损害赔偿的一般规则即可，并无特别之处。

第二节 侵权责任形态研究

在侵权责任法中，有一种极为重要的情形，就是侵权责任由侵权法律关系的何种主体承担。这是说，在侵权行为发生之后，侵权责任已经构成，那么侵权的具体责任究竟应当由谁承担——是由行为人承担，还是由责任人承担；如果责任人是数人，那么在多数责任人之间是连带承担，还是按份承担，或者补充承担；如果行为人和受害人对损害的发生都有责任，双方当事人应当怎样承担。侵权责任形态就是

要研究这样的问题。在20多年的侵权行为法研究中，我曾经被这个问题所长期困惑。在起草中国民法侵权责任法中，经过反复研究，终于解决了这个困惑。

一、侵权责任形态概述

（一）侵权责任形态的概念和意义

1.侵权责任形态概念与特征

侵权责任形态，是指侵权法律关系当事人承担侵权责任的不同表现形式，即侵权责任由侵权法律关系中的不同当事人按照侵权责任承担的基本规则承担责任的不同表现形式。

侵权责任形态具有以下法律特征。

（1）侵权责任形态所关注的不是行为的表现，而是行为的法律后果，即侵权行为发生符合侵权责任构成要件要求的，由应当承担责任的当事人承担行为的后果。它与侵权行为类型的不同就在于，侵权行为类型研究的是行为本身，而侵权责任形态研究的是侵权行为的后果，是侵权行为所引起的法律后果由谁承担。它也与侵权责任构成不同。侵权责任构成研究的是依据什么样的准则，符合什么样的条件才能构成侵权责任。侵权责任形态则是解决侵权责任构成之后确定责任由谁承担的问题。

（2）侵权责任形态表现的是侵权行为的后果由侵权法律关系当事人承担的不同形式。侵权责任方式研究的也是侵权行为的法律后果，但是它研究的不是侵权责任在不同的当事人之间由谁承担的形式，而是侵权行为后果的具体表现形式，即损害赔偿、停止侵害、赔礼道歉等责任本身的形式。侵权责任形态研究的不是这些责任的具体形式，而是什么人来承担这些责任形式。因此，侵权责任形态也就是侵权责任方式在不同的当事人之间的分配。

（3）这些责任形态是经过法律所确认的、合乎法律规定的侵权责任基本形式。侵权责任形态必须经过法律的确认，不是随意的、任意的形式。它也是承担侵权责任的基本形式，而不是具体的责任形式。它只规定当事人自己承担还是他

人承担，是连带承担还是按份承担，等等，至于由当事人具体承担什么样的责任，承担责任的程度是什么，侵权责任形态都不关心。

2.侵权责任形态的发展历史

（1）罗马法

在罗马法以前的侵权法中，无所谓侵权责任的形态问题。因为那时候的侵权法都是规定具体侵权行为，对侵权行为不作概括性、一般性的规定。至于侵权责任就是谁的行为就由谁来负责，谁的物件造成损害，就由谁负责。

但是罗马法意识到这个问题。罗马法在私犯和准私犯的划分中，极为关注的就是侵权责任形态。在罗马法所规定的四种私犯中，都是为自己的行为负责的侵权行为，这就是自己责任。而在六种准私犯中，除了审判员判错案件的责任之外，都是为他人的行为负责和为自己管领下的物件负责的替代责任。因而可以看出，罗马法关于私犯和准私犯的划分，表现了对侵权责任形态的表述，初步区别了私犯的为自己的行为负责的自己责任和准私犯的对人的，以及对物的替代责任。

（2）法国法

《法国民法典》除了实现了对侵权责任法的第一次一般化立法、确立过错责任原则为侵权责任法的归责原则之外[①]，还沿着罗马法开创的私犯和准私犯侵权责任形态划分的道路，第一次明确提出了侵权行为的两大责任形态，即为自己的行为负责的自己责任和为他人的行为负责以及为自己管领下的物件造成的损害负责的替代责任。该法第1382条和第1384条所规定的侵权行为的基本分野，就在于责任形态的不同。[②] 这既是对罗马法的继受，也是对罗马法的发展。

（3）德国法

德国法在规定了侵权行为的自己责任和替代责任的基础上，特别规定了侵权责任的单独责任和连带责任，在规定了过失相抵之后也出现了双方责任的形态。

---

① 杨立新：《论侵权行为的一般化和类型化及其我国侵权责任法立法模式选择》，《河南省政法管理干部学院学报》2003年第1期。

② 两个条文的内容说得很清楚：前者说“任何行为致他人受到损害时，因其过错致行为发生之人，应对该他人负赔偿之责任”。后者说“对应由其负责之人的行为或由其照管之物造成的损害负赔偿责任”。两者的区分实在是不能再清楚了。

在德国侵权法中，侵权责任形态的体系已经基本完备。

(4) 侵权责任形态的新发展

在现代，随着侵权责任法的发展，侵权责任的形态变得更为复杂。在分别侵权行为实行按份责任；在产品责任中实行不真正连带责任；负有保护他人安全法定义务或者约定义务的人未尽安全保障义务致人损害，要承担的是补充责任，并不是传统意义上的连带责任或者替代责任，而是新的侵权责任形态。除此之外，过失相抵责任、公平分担损失责任也都有新的发展，都在法律中作出了规定。在美国，《侵权法重述（第三次）》规定了完善的侵权责任分担规则，为建立侵权责任形态规则和理论体系提供了新的思路，具有重要意义。

3.侵权责任形态在侵权法中的意义

现代侵权法的理论构架由五个部分组成：一是侵权行为和侵权责任法概述，研究侵权行为的概念和特征，研究侵权责任法的基本问题；二是侵权责任构成，解决的是侵权责任归责原则和侵权责任构成要件；三是侵权行为类型，研究侵权行为的各种表现形式，是以侵权责任归责原则为基础，规制侵权行为的各种表现形式；四是侵权责任形态，研究侵权责任构成之后，侵权责任在各个不同的当事人之间的分配；五是侵权责任方式，研究侵权责任的具体形式，侵权损害赔偿责任的具体承担。

在侵权法的理论体系中，核心部分是侵权责任构成，包括侵权责任归责原则和构成要件。但是，侵权责任究竟由谁承担，也是非常重要的，因此，侵权责任形态是侵权法体系中的关键一环。它连接的，是行为、责任与具体责任方式和承担，如果没有侵权责任形态，即使侵权责任已经构成，但是由于没有具体落实到应当承担责任的当事人身上，具体的侵权责任方式和内容也无法实现，侵权法的救济、补偿功能也就无法实现。

因此，侵权责任形态的作用和意义是：第一，连接侵权责任的构成和方式，侵权责任构成、侵权责任形态和侵权责任方式，是侵权责任法的最基本的责任概念。第二，落实侵权责任的归属。构成侵权责任之后，将这个责任落到实处，需要落实到人。而侵权责任形态就是将侵权责任落实到具体的责任人身上，由具体

的行为人或者责任人承担侵权责任。第三，实现补偿和制裁的功能，如果没有侵权责任形态，侵权责任无法落实，侵权责任的补偿功能和制裁功能就无法实现。

（二）侵权责任形态的体系

侵权责任形态所研究的内容，是侵权责任在不同的当事人之间的分配。主要研究的方面，是侵权责任的一般表现形态，分为三个序列：自己责任形态和替代责任形态，单方责任形态和双方责任形态，单独责任形态和共同责任形态。

1.自己责任和替代责任

侵权责任的自己责任和替代责任所表现的是，侵权责任是由行为人承担，还是由与行为人有特定关系的责任人，以及与物件具有管领关系的人来承担。这就是《法国民法典》确定的自己责任和替代责任形态。这是对侵权责任形态的最一般表现形式，是侵权法规定的侵权责任的最基本的责任形式。如果是行为人自己对自己的行为负责，那就是自己责任。如果是责任人为行为人的行为负责，或者为自己管领下的物件致害负责，则为替代责任。

2.单方责任和双方责任

侵权责任的单方责任形态和双方责任形态，是说侵权责任究竟是由侵权法律关系中的一方负责还是双方负责。一方负责的侵权责任形态，例如加害人一方负责，或者受害人过错引起损害的受害人一方负责。双方负责的责任形态则是加害人和受害人都要承担责任。其中双方责任是重点。这种分担形态是指对于侵权行为所发生的后果，侵权人应当承担责任，受害人也要承担责任。在对于损害的发生双方都无过错的情况下产生的公平分担损失责任，就是双方责任的典型形态。过失相抵责任也是双方责任。

3.单独责任和共同责任

侵权责任如果由被告方承担，就存在一个是单独的加害人和多数的加害人的问题，那么，侵权责任的形态就会随着加害人的数量的不同而发生变化。单独的加害人，当然就是自己负责或者替代负责的单独责任。二人以上的加害人承担侵权责任，就是共同形态的侵权责任。侵权责任的共同形态，是在侵权行为的行为人是复数的情况下，侵权责任在数个行为人之间的分配或者负担。侵权人是复数，其侵权责任总是要在数个行为人之间进行分配的，分别由各个行为人负担。构成共同侵权行为，共同加害人要承担连带责任。构成分别侵权行为，数个行为人要承担按份责任。构成竞合侵权行为的，则要承担不真正连带责任。

二、自己责任和替代责任

（一）自己责任

1.与自己责任相对应的是一般侵权行为

承担自己责任的基础行为是一般侵权行为。一般侵权行为是相对于特殊侵权行为而言的，是指行为人因过错而实施的、适用过错责任原则和符合侵权责任的一般构成要件要求的侵权行为。

一般侵权行为和特殊侵权行为是相对应的一对侵权法的基本范畴。这一对范畴表明，一般侵权行为是侵权行为一般条款概括的、适用过错责任原则、适用侵权责任一般构成原理、责任形式是自己责任的侵权行为形态。

一般侵权行为的侵权责任构成要件与特殊侵权责任不同。对于一般侵权行为，法律通常只作概括规定而不作具体例举，原因是一般侵权行为的责任构成要件是统一的。只要是一般侵权行为责任，都要适用共同的责任构成要件。按照《侵权责任法》第6条第1款规定，一般侵权行为责任构成应由违法行为、损害事实、因果关系和过错四个要件组成。缺少上述任何一个构成要件，都不能构成一般侵权责任。

一般侵权行为的行为方式，是行为人对因自己的过错而实施的行为，在理论上称为直接行为。特殊侵权行为的行为方式是他人的行为或者物件造成损害，由于该他人或者该物件与责任人有某种特定关系，而将这种损害的行为认作是责任人的行为，因而称为间接行为。

2.自己责任的概念和责任形式

（1）自己责任的概念

一般侵权行为的责任形态是自己责任。

自己责任是指违法行为人对由于自己的过错造成的他人人身损害和财产损害由自己承担的侵权责任形态。

自己责任的特点是：一是违法行为人自己实施的行为；二是违法行为人自己实施的行为造成的损害；三是自己对自己实施的行为所造成的损害，由自己承担责任。这三个特点，都突出了一个概念，就是“自己”，故自己责任就是为自己的行为负责的侵权责任形态。

（2）自己责任的形式

在一般侵权行为中，行为人和责任人是同一人，行为人对自己实施的行为承担后果责任，即自己造成的损害，自己承担赔偿责任。即使在共同侵权行为中，如果这种共同侵权行为是一般侵权行为，它的责任形式也不会由于侵权人的数量为多数而有所变化，就是所有的共同加害人都为自己的侵权行为后果负责。

3.自己责任的归责原则

自己责任适用过错责任原则。在我国侵权责任法中，过错责任原则是一般的归责原则。这一归责原则要求，一般侵权行为必须具备过错要件，无过错就无责任。其特点是：一是自己责任不仅应以过错为责任的构成要件，而且应以过错为责任的最终构成要件。二是自己责任实行普通的举证责任，即采取“谁主张、谁举证”原则，受害人必须就加害人的过错问题举证，否则不能获得赔偿，对过错既不能采取推定形式来确定，也不能实行举证责任倒置。三是由于自己责任适用过错责任原则，因而，这种形态的侵权责任充分体现了民事责任的教育和预防作用，而不像特殊侵权行为的替代责任那样，注重对受害人损害的单纯补偿。

（二）替代责任

1.替代责任的基础行为通常是特殊侵权行为

（1）特殊侵权行为的发展历史

特殊侵权行为人承担的责任是替代责任。因而研究替代责任就要研究特殊侵权行为。

特殊侵权行为来源于古罗马法的准私犯和法国法的准侵权行为。在罗马法之前的古代立法中，也有关于特殊侵权行为的规定，只是在理论上和立法上没有加

以明确。具有近现代意义上的特殊侵权行为的明确规定，溯源于罗马法的准私犯制度。罗马法系统地规定了准私犯制度，使准私犯区别于私犯。私犯是一般侵权行为，而准私犯相对于私犯，就属于特殊侵权行为。

《法国民法典》制定了准侵权行为的一般性条款，即第 1384 条，概括了准侵权行为的本质含义。在此条文之下，还规定了具体的准侵权行为，迭经修改，现已具有相当丰富的内容。

《德国民法典》为适应社会生产力不断发展与社会的不断进步，新的损害不断发生，法律观念也发生了重大变化的情形，把侵权行为区分为一般侵权行为和特殊侵权行为，统一于侵权行为概念之下，有了一般侵权责任和特殊侵权责任之分。

准私犯、准侵权行为和特殊侵权行为三个概念，标志着侵权法对侵权行为性质认识的三次历史性飞跃。

（2）特殊侵权行为的性质、概念和特征

特殊侵权行为相对于一般侵权行为。其特殊的本质，就是责任形式为替代责任。《法国民法典》第 1384 条所说的行为人“对应由其负责的他人的行为或在其管理下的物体所造成的损害，均应负赔偿的责任”，就是对特殊侵权行为的经典定义。可以说，特殊侵权行为的责任形态就是替代责任。

除此以外，特殊侵权行为还具有以下特点：一是归责原则适用的特殊性，一般侵权行为适用过错责任原则，而特殊侵权行为通常适用过错推定责任和无过错责任，以保护受害人的合法权益。二是责任构成要件的特殊性，特殊侵权行为不能按一般侵权行为的责任构成要件确定，而且由法律特别规定。三是举证责任的特殊性，一般实行举证责任倒置，其倒置证明的范围并不是全部侵权责任要件，而只是在过错证明上举证责任倒置。四是其责任形态主要是替代责任。

（3）特殊侵权行为的类型

1）为他人的行为负责的特殊侵权行为。这是最典型的特殊侵权行为，其显著特征是行为人与责任人相分离，责任人为行为人所造成的损害承担赔偿责任。

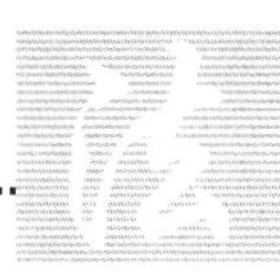

在这种特殊侵权责任上，学者没有分歧意见。在一般学说中所说的替代责任，就是指的这种特殊侵权责任。

2）为自己管领下的物件致人损害负责的特殊侵权行为。这是责任人为自己管领下的物件致损承担赔偿责任的特殊侵权责任。学者对此意见有所不同：有的学者认为这种特殊侵权责任不是替代责任，不具有行为人与责任人相分离的特征；有的学者认为在这些特殊侵权行为中，有的还不能说是为自己管领的物件的损害承担责任的责任，例如，高度危险作业致害责任和环境污染致害责任即是。

2.替代责任的概念和特征

（1）替代责任的概念

特殊侵权行为所承担的侵权责任是替代责任。替代责任是指责任人为他人的行为和为人的行为以外的自己管领下的物件所致损害承担的侵权赔偿责任形态。

（2）替代责任的法律特征

一是责任人与致害行为人或致害物相分离。替代责任的前提是责任人与加害人并非一人，与致害物并无直接联系，就责任人的本来意图，并无致害他人的直接致害意愿。致害的直接原因是责任人以外的加害人，或是人之行为以外的物件。这种责任人与加害人、致害物相分离的情形，是产生赔偿责任转由责任人替代承担的客观基础。

二是责任人为加害人或致害物承担责任须以他们之间的特定关系为前提。这种特定关系，在责任人与加害人之间，表现为隶属、雇佣、监护、代理等身份关系；在责任人与致害物间之间，表现为所有、占有、管理等物权关系。从致害的角度上看，这些关系并不表现为直接的因果关系，却是具有特定的间接联系。没有这种特定的间接联系，或者超出这种特定的间接联系，就失去了责任人承担替代责任的前提。

三是责任人为赔偿责任主体承担赔偿责任。在替代责任中，无论致害的是人还是物，权利人请求权的指向，都是未直接致害而与加害人或致害物具有特定的间接联系的责任人。在动物、工作物、建筑物致害时，其所有人、占有人或管理人为义务主体，自是理所当然；当与责任人具有特定身份关系的加害人致害时，

其责任人为义务主体，受害人请求权并不指向具体的加害人。在这里不适用连带责任规则，权利人不能向他人求偿，只能向责任人求偿。

3.替代责任的赔偿法律关系

构成替代责任赔偿法律关系必须具备以下要件。

(1) 替代责任人与加害人或致害物之间须有特定关系

构成替代责任赔偿法律关系，在责任人和加害人、致害物之间，必须具有特定的关系。这种特定关系，在责任人与加害人之间，表现为隶属、雇佣、监护、代理等身份关系。例如，在用人者责任中，用人单位和其工作人员之间的关系，就是劳务关系，属于隶属关系。在监护人责任中，加害人实际上是无民事行为能力人或者限制民事行为能力人，而由其监护人承担责任，就是因为他们之间具有亲权关系和监护关系。在责任人与致害物之间，则必须具有管领或者支配的关系，即致害物在责任人的支配之下。

(2) 替代责任人应处于特定的地位

在替代责任中，责任人须处于特定地位，具体表现为，替代责任人在其与加害人或致害物的特定关系中所处的带有支配性质的地位，它决定了替代责任人为加害人和致害物的损害后果负责的义务的产生。例如，在对人的替代责任中，责任人都对行为人具有支配的、管理的或者约束的权力，地位明显优越于行为人。用人单位的工作人员在执行工作任务中致人损害，用人单位承担责任，是因为用人单位是其工作人员的单位、组织或者团体，他们之间具有隶属的关系，一方是支配者，一方是被支配者，地位是不平等的。在监护人的侵权责任中，监护人对被监护人而言，处于管教、管束、教育的地位，双方也不是平等的地位。

考察为加害人损害后果负责的责任人的地位，主要是看：双方有无确定特定关系的事实或合同；加害人是否受有责任人的报酬或抚育；加害人的活动是否受责任人的指示、监督或监护等约束；加害人是否向责任人提供劳务或公务。如果责任人是组织，加害人是否为责任人事业或组织的组成部分，是确定责任人特定地位的一个简明的标准。当责任人处于这种特定地位时，责任人应当为加害人或

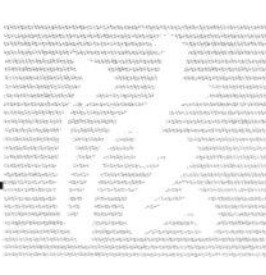

致害物的损害后果负责。

对于致害物而言，责任人应当处于所有人、占有人、管理人的地位，责任人对于致害物享有支配权，在事实上具有支配致害物的权利。在《侵权责任法》关于特殊侵权责任的条文表述中，对于致害物的责任人并没有使用统一的概念，事实上，只要确定是致害物的占有人，即明确了责任人对于致害物的地位。

（3）加害人应处于特定状态

在替代责任中，加害人和致害物还必须处于特定的状态。第一，当加害人属于责任人事业或组织的成员的时候，加害人的特定状态是执行职务，即执行工作任务或者因劳务。第二，当加害人完成定作人要求的加工时，加害人的特定状态是执行定作人的指示。第三，当加害人是被监护人时，其特定状态是被监护人在监护人的监护之下。

致害物的特定状态，应当是致害物在责任人的管领之下。如果虽然致害物是所有权人所有，但不在所有权人的管领之下，而是在使用人的支配之下，则所有权人不是致害行为的责任人，使用人才是致害行为的责任人。例如，动物致害，但是动物并不是在所有权人控制之下，而是出租给他人使用，该动物造成他人损害，正在占有使用的承租人是支配该动物的占有人，该承租人是赔偿责任人。

4.赔偿关系当事人和赔偿形式

（1）赔偿关系当事人

替代责任赔偿关系的当事人具有显著特点，即加害人与责任人相脱离，致害物未被责任人的意志支配，赔偿的义务主体是责任人而不是加害人。

为他人行为负责的特殊侵权责任，是最典型的替代责任，赔偿权利主体是受害人；赔偿责任主体体现了替代责任的特点，只能是替代责任人，而不能是加害人。

在加害人因自己的过错行为致害而由责任人承担替代责任时，责任人承担了赔偿责任之后，取得向有过错的加害人的追偿权，有过错的行为人应向替代责任人对因自己的过错行为所致损害所造成的损失承担赔偿义务。这种可追偿的替代责任，实际上是在替代责任人承担赔偿责任之后又产生的一个损害赔偿法律关系，权利主体是替代责任人，义务主体是过错行为人。

在为责任人管领下的物件造成损害的替代责任中，由于致害的是物件，没有替代责任的行为人，因而责任人就直接为损害负责，是赔偿法律关系的当事人，承担赔偿义务。受害人直接向责任人请求损害赔偿。

（2）赔偿形式

1）不可追偿的替代责任。这种替代责任是指责任人承担赔偿责任以后，并无追偿因赔偿损失而造成的损失的对象，即责任完全由责任人自己承担的替代责任。如为致害物损害负责，只能由自己承担赔偿损失的后果。监护人对于在自己的亲权和监护权支配之下的行为人所造成的损害承担赔偿责任，也是不能追偿的替代责任。

2）可追偿的替代责任。替代责任由于具备一定的条件而使责任人产生追偿权。享有这样的追偿权，责任人就可以行使自己的追偿权，向加害人要求其承担因为替加害人赔偿损失而造成的损失。追偿权的产生，就是行为人在实施致害行为的时候，在主观上具有过错。只要行为人在实施致害行为时有过错，责任人就可以依法向加害人请求赔偿。这种替代责任是指在行为人因自己的过错行为致害而由责任人承担替代责任的时候，责任人承担了替代责任之后，取得向过错的行为人的追偿权，过错行为人应向责任人对因自己的过错行为所致损害所造成的损失承担赔偿义务。

3）非典型替代责任。这是指用人单位等因自己的行为造成损害应负的赔偿责任。这种赔偿责任，实际上并不具有替代责任的性质，而是为自己的行为负责，即所谓的自己责任，只是因为法律将它们规定在特殊权责任之中，姑且将其称为替代责任。它的赔偿形式与普通侵权行为要求并无严格的区别。在《侵权责任法》第34条规定的用人单位责任中，如果仅仅是用人单位的行为造成受害人的损害，侵害了受害人的合法权利，就应当由用人单位自己承担责任，而不能让其他人承担责任。这种赔偿法律关系实际是自己责任而不是替代责任。

三、单方责任和双方责任

（一）单方责任

1.加害人责任

（1）加害人责任的适用范围

普通的加害人过错的侵权行为是加害人责任形态的基础行为之一。

普通的加害人过错的侵权行为，是指某个行为人因自己的过错而致受害人损害并应负责，是一般侵权行为的最典型形式，也是最常见的侵权行为形态。其特征是：一是加害人仅为一人，因而不同于共同侵权行为和分别侵权行为。二是受害人没有过错，对其损害的发生既无故意也无过失。三是加害人过错的侵权行为可能适用过错责任原则，也可能适用过错推定原则。

在无过错责任中，侵权人的行为构成侵权行为，而受害人一方并没有过错的侵权行为，仅由侵权人单方承担侵权责任，也属于加害人责任。

（2）加害人责任的规则

加害人责任就是完全由加害人自己承担责任的侵权责任形态。加害人为一人，又完全是由于自己的行为造成的损害，要由自己承担侵权责任。

2.受害人责任

（1）受害人责任的基础行为是受害人过错

受害人过错与与有过失不同，是一种单独的侵权行为形态。《侵权责任法》第 27 条规定："损害是因受害人故意造成的，行为人不承担责任。"不仅如此，受害人的过失是损害发生的全部原因的，行为人也同样不承担责任。

受害人过错，亦称非固有意义上的过失、非真正意义上的过失、对自己的过失，是指损害的发生，是由受害人的故意或过失所引起的，加害人没有过错的侵权行为形态。

任何人在社会生活中，均应负担注意自身的财产和人身安全的义务，受害人违反这种注意义务造成自身损害，为有过错。受害人过错与加害人过错相比较，其内

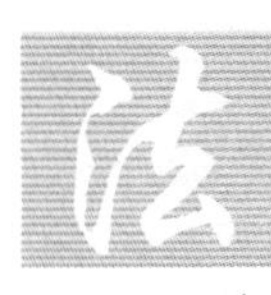

涵并不相同。加害人的过错意味着加害人违反了法定的不得侵害他人权利的义务，因而具有不法性。而受害人的过错只是对自身利益的不注意状态，不具有违法性。因而，加害人的过错行为具有一定的社会危害性，应受法律制裁，受害人过错只是导致加害人不承担赔偿责任，损害责任由自己负担，不具有法律制裁的意义。

（2）受害人责任的承担

受害人过错的法律后果，是受害人自己承担损失，加害人不承担任何责任。这种责任就叫作受害人责任，是一种独立的侵权责任形态。

受害人过错的特例是，《道路交通安全法》第 76 条规定了一种受害人过失的特殊情况，即机动车与非机动车驾驶人、行人之间发生交通事故，造成非机动车驾驶人或者行人损害，“机动车一方没有过错的，承担不超过百分之十的赔偿责任”。这是对非机动车驾驶人和行人的关怀，是道路交通事故处理规则中“优者危险负担”规则适用的后果，是受害人过错的一种特例。

（二）双方责任中的过失相抵

1.与有过失

与有过失既是侵权法的概念，也是合同法的概念。在侵权法，与有过失是一种侵权行为形态，其法律后果是过失相抵。我国《侵权责任法》第 26 条规定：“被侵权人对损害的发生也有过错的，可以减轻侵权人的责任。”

侵权法的与有过失，是指侵权行为所造成的损害结果的发生或扩大，受害人也有过错的，受害人的行为和行为人的行为对损害的发生均具有原因力的侵权行为形态。换言之，如果对于损害结果的发生或扩大，受害人也有过错，并且其行为也具有原因力，在这种情况下发生的侵权行为就是与有过失。

与有过失具有以下法律特征。

（1）受害人对于损害的发生和扩大也有过错。与有过失的基本特点在于受害人对于损害的发生或者扩大也具有过错。它不仅使加害人一方构成侵权责任，受害人一方也有过错。

（2）损害发生的原因事实相混合。在与有过失中，双方当事人的行为是损害结果发生的共同原因，都对损害事实的发生具有原因力。双方当事人实施的两种

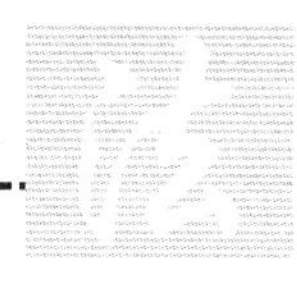

行为互相配合，混合在一起，造成了损害结果的发生或者扩大。

(3) 受害人一方受有损害。与有过失是双方当事人的过错的不法行为或者不当行为导致一方当事人遭受损害，而不是双方受有损害。

与有过失是过错责任原则的发展和延伸，体现了过错责任提出的应依据过错确定责任的要求。根据受害人的过错及其程度而相应减轻加害人的赔偿数额，意味着无论是加害人还是受害人，最终都应对自己的过错行为负责，对他人的过错不负责任，体现了公平正义的要求和责任自负的精神。我国侵权法确认与有过失制度，对于督促和教育当事人合理行为，特别是促使受害人采取合理措施注意自身的财产和人身安全，从而预防和减少损害的发生，具有重要作用。

2. 过失相抵

(1) 过失相抵的概念和特征

与有过失的法律后果是过失相抵。过失相抵是债法的概念，是在损害赔偿之债中，由于与有过失的成立，而减轻加害人的赔偿责任。侵权行为的与有过失同样适用过失相抵规则。侵权行为存在与有过失，则按照过错比较和原因力比较，将损害赔偿责任分担给双方当事人。

过失相抵具有以下法律特征。

第一，过失相抵是与有过失的法律后果。过失相抵通常被作为损害赔偿之债的原则，与损益相抵并列。在侵权法中，只要对损害的发生或者扩大，受害人也有过错，即发生过失相抵的法律后果。

第二，过失相抵的内容是减轻加害人的赔偿责任。依照过失相抵原则减轻加害人责任的依据，是受害人过错程度的轻重以及行为原因力的大小，其实质，是受害人因自己的过错所造成的那一部分损害由自己负责，而不应由加害人负责。

第三，过失相抵是一种侵权责任形态。减轻加害人的侵权责任，就是将受害人由于自己的过错的造成的那一部分损失自己承担起来，等于将损失赔偿责任由双方当事人分担。因而，过失相抵既是在当事人之间分配侵权责任的方式，也是一种侵权责任形态。

第四，过失相抵的实行依职权主义。在实务中，只要成立与有过失，并符合过失相抵的构成要件，法官可以不待当事人的主张，而依职权减轻加害人的赔偿责任。

（2）过失相抵的构成

过失相抵的构成，应从两个方面进行考虑。对于加害人的责任，应按照侵权损害赔偿责任构成要件的要求来确定。对于受害人应负的责任，其构成须具备以下三个要件。

第一，受害人的行为无损害发生或扩大的共同原因。《侵权责任法》第26条仅规定受害人对损害的发生也有过错的，适用过失相抵，没有对损害扩大也有过错的应如何处理作出规定。损害的发生与扩大都是过失相抵的事由。当受害人的行为是损害发生或扩大的共同原因时，就具备了过失相抵的第一个构成要件。对于损害结果的发生，受害人的行为必须是必不可少的共同原因之一，才能构成过失相抵；对于损害结果的扩大，受害人的行为实际上也是共同原因。

第二，受害人的行为须为不当。构成过失相抵，受害人的行为无须违法，只为不当即可。不当行为是指为自己的利益或在伦理的观念上为不当，所以阻却违法的行为如正当防卫、紧急避险等适法行为，不构成过失相抵。不当行为既可以是积极行为，也可以是消极行为。消极的不作为构成过失相抵分三种情况：一是重大损害未促其注意，二是怠于避免损害，三是怠于减少损失。前者如受害人患有心脏病与加害人摔跤游戏，未告知其注意而致其心脏病发作；中者是未造成损害时受害人已发现可能造成损害并可以采取措施避免却未加避免；后者为损害已经发生，可以采取措施减少损失但怠于采取措施减少其损失。

第三，受害人须有过错。受害人为自己的行为负责的基础，是自己有过错。如果受害人的行为虽然是损害发生或扩大的共同原因，但其主观上无过错，仍然不构成过失相抵。我国《侵权责任法》第26条规定过失相抵中受害人的过错，仍为一般的故意和过失的心理状态，在解释上应包括对自己的过失。判断受害人过错的标准，是受害人对于自己受害的危险，应当预见或可能预见，即就其行为可生权利侵害或发生损害扩大，必须有预见；或者以为自己的事务为同一的注意，应当预见。前者为故意，后者为过失。受害人的代理人对于损害的发生或扩大有过失时，可以视为受害人的过失。受害人如果是无责任能力人，虽无法确定

其有无过失，但仍可确定其法定代理人对此有无过失，法定代理人的过失亦构成过失相抵。

对于适用无过错责任原则的侵权行为，受害人有过错亦构成过失相抵，但须依照《侵权责任法》的特别规定，例如第70～73条等。没有特别规定可否适用过失相抵的，则应依照最高人民法院《关于人身损害赔偿司法解释》第2条第2款规定，受害人具有重大过失的可以过失相抵。

3.过失相抵的责任分担

过失相抵的责任分担，就是在过失相抵具备其要件时，法官可以不待当事人的主张，而依职权减轻加害人的赔偿责任。

过失相抵的实行包括两个步骤，一是比较过错，二是比较原因力。

（1）比较过错

比较过错亦称比较过失，是指在与有过失中，通过确定并比较加害人和受害人的过错程度，以决定责任的承担和责任的范围。

比较过错的方法是，将双方当事人的过错程度具体确定为一定的比例，从而确定出责任范围。对损害后果应负主要责任者，其过错比例为51％～95％；对损害后果应负同等责任者，其过错比例为50％；对损害后果应负次要责任者，其过错比例为5％～49％；过错比例5％以下的，免除其赔偿责任，不进行过失相抵。其中5％的考虑，就是对受害人的轻微过失不减轻侵权人的赔偿责任。

在与有过失中，判定双方的过错程度通常采用的标准是：根据注意义务的内容和注意标准决定过失的轻重。首先要确定双方当事人所负有的注意内容，如果一方当事人在损害发生时应负有特殊的注意义务，而该当事人不仅没有履行此种特殊的注意义务，连一般人所应尽的注意义务都没有达到，其过失就比一般过失严重。如果双方当事人并不应负有特殊的注意义务，就应按照“合理人”的标准衡量双方的行为，把双方的行为与一个合理的、谨慎的人的行为进行比较，以决定双方的过失和过失程度。如果行为与一个合理的、谨慎的人的标准相距较远，则过失较重；相距较近，则过失较轻。

通常掌握的过失轻重标准是：第一，受害人具有故意或重大过失，加害人只

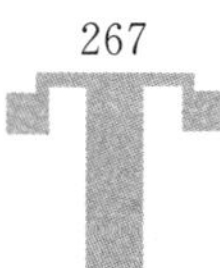

有轻微过失，加害人的过错比例为5%以下；第二，受害人具有故意或重大过失，加害人有一般过失，加害人的过错比例为5%～25%；第三，受害人具有故意，加害人有重大过失者，加害人的过错比例为25%以上不足50%；第四，受害人和加害人均具有故意或者重大过失，且程度相当者，过错比例各为50%；第五，受害人具有重大过失，加害人有故意者，加害人的过错比例为51%～75%；第六，受害人具有一般过失，加害人有故意或者重大过失者，加害人的过错比例为75%以上至95%；第七，受害人只有轻微过失，加害人有故意或重大过失者，加害人的过错比例为95%以上。

50%的过错比例，为同等责任；5%～49%的过错比例，加害人应承担次要责任；51%～95%的过错比例，加害人应承担主要责任；5%以下的过错比例或95%以上的过错比例，通常可以考虑免除加害人赔偿责任或者使其承担全部的赔偿责任，因为在这种情况下，可以不作为与有过失实行过失相抵。

（2）原因力比较

确定与有过失责任范围，过错程度起决定作用，但是，原因力的影响亦须重视，原因力比较是确定过失相抵责任范围的重要一环。

原因力，是指在构成损害结果的共同原因中，每一个原因行为对于损害结果发生或扩大所发挥的作用力。与有过失中的损害结果，是由加害人和受害人双方的行为造成的，这两种行为对于同一个损害结果来说，是共同原因，每一个作为共同原因的行为，都对损害事实的发生或扩大具有自己的原因力。

原因力对于责任范围的影响具有相对性。这是因为，虽然因果关系在侵权责任的构成中是必要要件，具有绝对的意义，不具备则不构成侵权责任；但与有过失责任分担的主要标准，是双方过错程度的轻重，因而双方当事人行为的原因力大小，尽管也影响与有过失责任范围的大小，但其受双方过错程度的约束或制约。

原因力对于与有过失责任范围的相对决定作用，主要表现在以下方面。

第一，当双方当事人的过错程度无法确定时，应以各自行为的原因力大小，确定各自责任的比例。如在适用无过错责任原则归责时，可依受害人行为的原因力大小，确定减轻加害人的赔偿责任。在双方当事人过错程度难以确定比例时，

也可依双方行为原因力大小的比例，确定责任范围。

第二，当双方当事人的过错程度相等时，各自行为的原因力大小对赔偿责任起“微调”作用。双方原因力相等或相差不很悬殊的，双方仍承担同等责任；双方原因力相差悬殊的，应当适当调整责任范围，赔偿责任可以在同等责任的基础上适当增加或减少，成为不同等的责任。

第三，当加害人依其过错应承担主要责任或次要责任时，双方当事人行为的原因力对过失相抵责任的确定起“微调”作用：原因力相等的，依过错比例确定赔偿责任；原因力不等的，依原因力的大小相应调整主要责任或次要责任的责任比例，确定赔偿责任。

（三）双方责任中的公平分担损失责任

1. 公平分担损失责任的概念

公平分担损失责任也叫衡平责任[①]，是指加害人和受害人都没有过错，在损害事实已经发生的情况下，以公平考虑作为标准，根据实际情况和可能，由双方当事人公平地分担损失的侵权责任形态。《侵权责任法》第 24 条规定：“受害人和行为人对损害的发生都没有过错的，可以根据实际情况，由双方分担损失。”

对于双方对损害的发生均无过错的情形，基于人与人之间的共同生活规则的需要，由法官根据公平的要求，斟酌双方的财产状况和其他情况，确定合情合理的责任分担。我国侵权法确认公平分担损失责任，符合社会利益和人民愿望，既能有效地保护当事人的合法利益，又能及时地解决侵权损害赔偿纠纷，防止事态扩大和矛盾激化，促进安定团结。

2. 公平分担损失责任的适用

（1）适用范围

公平分担损失责任的适用范围，应当限制在当事人双方均无过错，并且不属于过错责任原则、过错推定原则和无过错责任原则调整的那一部分侵权损害赔偿法律关系。超出这个范围的，不能适用《侵权责任法》第 24 条规定。

在公平分担损失责任的具体适用范围上，有的学者认为它是普遍适用的责

---

① 例如在《葡萄牙民法典》和我国《澳门民法典》中，公平分担损失责任就叫衡平责任。

任，凡是双方当事人对于损害的发生均无过错的，都可以适用；有的学者认为，这种责任形态主要适用于该法第 32 条规定的未成年人和精神病人致人损害，第 33 条规定的暂时丧失心智以及第 87 条建筑物抛掷物、坠落物损害责任等。我们认为第二种理解基本正确，除此之外，只有在特别需要适用该规则时方可适用。

（2）公平考虑的因素

适用公平分担损失责任中公平考虑的因素，《侵权责任法》规定为“根据实际情况”，应当包含以下主要内容：一是受害人的损害程度。损害程度直接决定着当事人分担损失的必要性。损害程度达到相当的程度，不分担损失则受害人将受到严重的损害，且有悖于民法的公平、正义观念，因而必须对受害人的损失采取分担的方法予以补救。二是当事人的经济状况。当事人的经济状况是指当事人双方的经济状况，即实际的经济负担能力。应当侧重考虑的是加害人的经济状况，加害人的经济负担能力强的可以多赔，负担能力弱的可以少赔。考虑受害人的经济状况是其对财产损失的承受能力，经济承受能力强的可以少赔，经济承受能力弱的则令加害人多赔。

（3）双方分担损失

适用公平分担损失责任的结果是分担损失，根据损害程度和双方当事人的经济状况，以及其他相关的因素，综合判断：双方当事人的经济状况相似或相近的，可以平均分担；一方情况好而另一方情况差的，可以一方负担大部分另一方负担小部分；如果双方的实际情况相差非常悬殊的，也可以由一方承担责任。在这样的基础上，再适当考虑社会舆论和同情等因素，作适当调整，使责任的分担更为公平、合理。

四、单独责任和共同责任

（一）单独责任

1.单独责任是一人实施的侵权行为的责任形态

侵权单独责任是指单独一个人作为加害人实施侵权行为，并对其承担损害赔

偿等责任方式的侵权责任形态。

单独侵权行为，是指一人单独实施的侵权行为，也就是指加害人一人因自己的过错行为致他人以损害。单独侵权行为是最常见、最普通的侵权行为。

单独侵权行为是相对于多数人侵权行为而言的。所谓的单独和多数人，说的是行为人的数量不同。这是这两种侵权行为的基本区别。一个人，包括一个自然人或者一个法人实施的侵权行为，就是单独侵权行为。而多数人侵权行为的主体是二人或者二人以上，二个或者二个以上的行为人实施的侵权行为。

2.单独责任的承担

构成单独侵权行为，就构成单独责任。单独责任由实施侵权行为的人自己承担，自负其责。

最典型的单独侵权行为是为自己的侵权行为负责，即自己为自己的侵权行为承担责任。这是一般侵权行为的单独责任。

在特殊侵权行为中，为他人实施的行为承担侵权责任的，或者是为自己管领的物件致人损害负责的，只要行为人是单独的个体，亦为单独侵权行为，由单独个体的行为人的责任人承担侵权责任，或者由物件的所有人、占有人等承担侵权责任。在替代责任中，两个以上的行为人的行为造成损害，但是责任人是一人的，仍为单独侵权行为，责任形态为单独责任。例如，未成年的兄弟二人致人以损害，其父母承担侵权替代责任，为单独责任，不构成多数人侵权责任。

（二）共同责任

1.连带责任

共同侵权行为的法律后果，是由共同行为人承担连带责任。侵权连带责任，是指受害人有权向共同侵权人或共同危险行为人中的任何一个人或数个人请求赔偿全部损失，而任何一个共同侵权人或共同危险行为人都有义务向受害人负全部的赔偿责任；共同加害人中的一人或数人已全部赔偿了受害人的损失的，则免除其他共同加害人向受害人应负的赔偿责任。《侵权责任法》第13条和第14条规定："法律规定承担连带责任的，被侵权人有权请求部分或者全部连带责任人承担责任。""连带责任人根据各自责任大小确定相应的赔偿数额；难以确定责任大

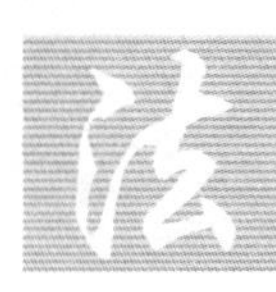

小的，平均承担赔偿责任。”“支付超出自己赔偿数额的连带责任人，有权向其他连带责任人追偿。”《民法总则》第 178 条作了相同的规定。

侵权责任法设置连带责任的目的，是加重行为人的责任，使受害人处于优越的地位，保障其赔偿权利的实现。例如，共同侵权人的数个行为形成为一个统一的、不可分割的整体，各个行为人的行为都构成损害发生的原因，因而，各行为人均应对损害结果负连带责任。确认这种连带责任，使受害人的损害赔偿请求权简便易行，举证负担较轻，请求权的实现有充分的保障，受害人不必由于共同侵权人中的一人或数人难以确定，或由于共同侵权人中的一人或数人没有足够的财产赔偿，而妨碍其应获得的全部赔偿数额。

关于连带责任的适用范围，《侵权责任法》共规定了以下 8 种连带责任。

（1）共同侵权行为的连带责任。《侵权责任法》第 8 条规定，二人以上共同实施侵权行为，造成他人损害的，应当承担连带责任。

（2）教唆、帮助人的连带责任。《侵权责任法》第 9 条规定，教唆、帮助他人实施侵权行为的，应当与行为人承担连带责任。

（3）共同危险行为的连带责任。《侵权责任法》第 10 条规定，二人以上实施危及他人人身、财产安全的行为，其中一人或者数人的行为造成他人损害，能够确定具体侵权人的，由侵权人承担侵权责任；不能确定具体侵权人的，行为人承担连带责任。

（4）网络服务提供者经通知而未采取必要措施的连带责任。《侵权责任法》第 36 条第 2 款规定，网络用户利用网络服务实施侵权行为的，被侵权人有权通知网络服务提供者采取删除、屏蔽、断开链接等必要措施。网络服务提供者接到通知后未及时采取必要措施的，对损害扩大部分与该网络用户承担连带责任。

（5）网络服务提供者明知侵权内容未采取必要措施的连带责任。《侵权责任法》第 36 条第 3 款规定，网络服务提供者知道网络用户利用其网络服务侵害他人民事权益，未采取必要措施的，与该网络用户承担连带责任。

（6）非法买卖拼装或者报废机动车的连带责任。《侵权责任法》第 51 条规定，以买卖等方式转让拼装或者已达到报废标准的机动车，发生交通事故造成损

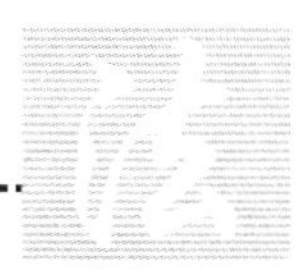

害的，由转让人和受让人承担连带责任。

(7) 遗失、抛弃高度危险物的连带责任。《侵权责任法》第 74 条规定，遗失、抛弃高度危险物造成他人损害的，由所有人承担侵权责任。所有人将高度危险物交由他人管理的，由管理人承担侵权责任；所有人有过错的，与管理人承担连带责任。

(8) 非法占有高度危险物的连带责任。《侵权责任法》第 75 条规定，非法占有高度危险物造成他人损害的，由非法占有人承担侵权责任。所有人、管理人不能证明对防止他人非法占有尽到高度注意义务的，与非法占有人承担连带责任。

2.按份责任

按份责任，是指典型的分别侵权行为承担的责任后果。无过错联系的数人实施的行为结合在一起，造成了一个共同的损害结果，每个人按照自己的过错和原因力，按份承担责任份额的侵权责任形态。典型的分别侵权行为，由数个行为人承担按份责任。《侵权责任法》第 12 条规定：“二人以上分别实施侵权行为造成同一损害，能够确定责任大小的，各自承担相应的责任；难以确定责任大小的，平均承担赔偿责任。”《民法总则》第 177 条规定：“二人以上依法承担按份责任，能够确定责任大小的，各自承担相应的责任；难以确定责任大小的，平均承担责任。”

3.不真正连带责任

侵权法上的不真正连带责任，是指多数行为人违反法定义务，对一个受害人实施加害行为，或者不同的行为人的基于不同的行为而致使受害人的权利受到损害，各个行为人产生的同一内容的侵权责任，各负全部赔偿责任，并因行为人之一的履行而使全体责任人的责任归于消灭的侵权责任形态。

不真正连带责任适用于竞合侵权行为。由于竞合侵权行为分为必要条件的竞合侵权行为、“提供条件＋政策考量”的竞合侵权行为、提供条件的竞合侵权行为和提供平台的竞合侵权行为四种类型，因而不真正连带责任也分为四种类型：一是典型的不真正连带责任，二是先付责任，三是相应的补充责任，四是附条件的不真正连带责任。

第三节　不真正连带责任类型体系及规则

不真正连带责任是一种比较常见的侵权责任形态，《侵权责任法》和其他法律以及司法解释中经常对此作出规定。在学理研究中，究竟什么是不真正连带责任，不真正连带责任究竟有哪些类型，见仁见智，众说纷纭，并无让人信服的学说。特别是《侵权责任法》第 34 条第 2 款、第 37 条第 2 款、第 40 条规定了补充责任以及第 44 条、第 85 条后段和第 86 条第 1 款后段规定了先付责任以后，不真正连带责任的类型出现了复杂局面；同时，最高人民法院《关于审理人身损害赔偿案件适用法律若干问题的解释》第 12 条规定的责任，也与不真正连带责任相关。我认为，将这些具有共同特征的不同侵权责任形态归纳在一起，确认为不真正连带责任的不同类型，构成不真正连带责任的完整体系，将对侵权责任形态理论是一个重大发展，便于准确理解和正确适用这些不同的侵权责任的规定。就此观点，我在本节做以下说明。

一、不真正连带责任概述

（一）适用不真正连带责任的侵权行为

在侵权责任法中，有一种特殊的侵权责任形态，是与竞合的侵权行为相对应的，由两个以上的主体对同一个民事主体负有法定义务，当他们实施的侵权行为侵害了这个法律所特殊保护的民事主体的民事权益时，该被侵权的民事主体就产生了两个以上的损害赔偿请求权，分别针对负有不同法律义务的侵权人。对于这种侵权行为，法律规定采用不真正连带责任的侵权责任形态予以保护。在侵权责任法中，凡是符合这样要求的侵权行为，都适用不真正连带责任形态，以更好地保护受害人的民事权利，救济损害造成的后果。例如《侵权责任法》第 41 条至第 43 条规定的产品责任中生产者和销售者的不真正连带责任、《物权法》第 20

条规定的不动产登记错误时，登记机构与错误登记人的不真正连带责任都是这种侵权责任形态。

竞合侵权行为，是指两个以上的民事主体作为侵权人，有的实施直接侵权行为，与损害结果具有直接因果关系，有的实施间接侵权行为，与损害结果的发生具有间接因果关系，行为人承担不真正连带责任的侵权行为形态。竞合侵权行为与不真正连带责任作为侵权行为形态和侵权责任形态的基本范畴，相互对接，形成完整、完美的逻辑结构。

（二）不真正连带责任的概念

不真正连带责任也称为不真正连带债务，是民法债法中的一种重要的债务形式①，在侵权责任法领域则叫作不真正连带责任。

不真正连带债务是指多数债务人就基于不同发生原因而偶然产生的同一内容的给付，各负全部履行之义务，并因债务人之一的履行而使全体债务人的债务均归于消灭的债务。② 不真正连带债务不履行的后果，就是不真正连带责任。例如在连带责任保证中，主债务人和保证人承担的债务形态，就是不真正连带债务，而非连带债务或者连带责任。

侵权法上的不真正连带责任，是指多数行为人违反法定义务，对同一个受害人实施加害行为，或者不同的行为人基于不同的行为致使同一个受害人的民事权益受到损害，各个行为人产生的同一内容的侵权责任，各负全部赔偿责任，并因行为人之一的责任履行而使全体责任人的责任归于消灭，或者依照特别规定，多数责任人均应当承担部分或者全部责任的侵权责任形态。

在上述对侵权连带责任概念的界定中，应特别重视后面这段话，即“或者依照特别规定多数责任人均应当承担部分或者全部责任”。原本界定不真正连带责任概念，只有前面的那些话就比较准确了，加上后面这段话，就是为了能够将其他类似不真正连带责任的责任形态概括在一起，扩大不真正连带责任的体系。

① ［日］我妻荣：《我妻荣民法讲义·新订债权总论》，中国法制出版社 2008 年版，第 393 页。

② 王利明主编：《中国民法案例与学理研究》（债权篇修订本），法律出版社 2003 年第 2 版，第 3 页。

（三）不真正连带责任的法律特征

按照这样的界定，不真正连带责任是一个比较庞大的体系，具有多种类型。但是概括起来，它们都具有相同的法律特征，这是将它们概括成为不真正连带责任形态体系的基础。

1.不真正连带责任的责任主体是违反对同一个民事主体负有法定义务的数个行为人

不真正连带责任是侵权责任形态中的共同责任[①]，因而必须由两个以上的民事主体作为责任人。其责任产生的基础，是该数个行为人对同一个民事主体的民事权益负有法定义务，该法定义务不履行，造成了受害人的损害，发生侵权责任。例如，产品生产者和销售者都对产品使用者负有义务，生产的或者销售的产品有缺陷，造成使用者损害，两个义务主体都违反了法定义务，都负有侵权责任。因此，两个以上的违法行为造成同一个人的民事权益损害，实际上构成了两个以上的侵权行为。而连带责任则不同，数个行为人基于关联共同实施侵权行为，构成一个侵权行为，而不是数个侵权行为。[②]

2.不真正连带责任是基于同一损害事实发生的侵权责任

不真正连带责任的责任人虽然为两个以上，构成两个以上侵权行为，但是两个以上的侵权行为造成的损害结果却是同一个共同损害。正是这一个共同损害结果才将两个行为人实施的侵权行为结合起来，构成共同责任，发生了不真正连带责任的法律后果。如果没有共同的损害结果，各个行为人实施的侵权行为都是单个的侵权行为，则不可能构成共同责任，无从发生不真正连带责任。所以，不真正连带责任的数人行为对于损害的发生都具有百分之百的原因力。而无过错联系的共同加害行为，行为人虽然是各自实施的侵权行为，但是每一个行为人实施的行为结合在一起才造成了一个损害，所有的行为各具不同的原因力，因此与不真正连带责任不同。共同侵权行为虽然是一个行为，但是每一个共同加害人的行为

① 共同责任概念是我创造的一种侵权责任形态类型，即两个以上的责任人对同一个侵权行为负有侵权责任。杨立新：《侵权行为法专论》，高等教育出版社2005年版，第282页。

② 《侵权责任法》第8条。

对于损害的发生各具原因力，而不是各具百分之百的原因。

3.不同的行为人就同一损害事实发生的侵权责任相互重合

正因为数个行为人实施的是各自独立的侵权行为，而造成的却是一个共同的、同一的损害结果，因而每个侵权人所发生的侵权责任内容是相同的，无论是责任性质、责任方式和责任范围都是重合的。因此，不真正连带责任与连带责任和按份责任都不相同。连带责任是一个责任，所有的共同加害人都只对这一个损害承担责任，而在内部却分为不同的责任份额。按份责任则也是一个责任，不同的行为人仅对自己的那一份额承担责任。

4.在相互重合的侵权责任中通常承担一个侵权责任即可保护受害人的权利

正因为不真正连带责任是数个相同的侵权责任的重合，所以，在通常情况下，只要数个重合的侵权责任履行了一个，受害人的损害就得到了救济，其受到损害的权利就得到了恢复。因此，不真正连带责任的受害人只能选择相互重合的请求权中的一个行使，该请求权行使之后，其他的请求权即行消灭。补充责任虽然具有上述不真正连带责任中的前三个特征，但是受害人在行使一个请求权的时候，其他请求权并不消灭，而是处于"备用"状态，在第一个请求权没有得到满足的情况下，还可以继续行使第二个请求权。

（四）不真正连带责任的类型

通常认为，不真正连带责任只有一种，即典型的不真正连带责任。这是通说。[①] 根据《侵权责任法》和最高人民法院的司法解释，不真正连带责任有四种类型：一是典型的不真正连带责任，也是狭义的不真正连带责任；二是《侵权责任法》第 44 条、第 85 条后段、第 86 条第 1 款后段规定的先付责任；三是《侵权责任法》第 32 条第 1 款后段、第 34 条第 2 款后段、第 37 条第 2 款和第 40 条规定的补充责任；四是《消费者权益保护法》第 43～44 条规定的附条件的不真正连带责任。

与此相对应，竞合侵权行为也有四种类型，即必要条件的竞合侵权行为、

① 通常所说的不真正连带责任，就是典型的不真正连带责任，在一般的著述中所说的不真正连带责任就是这种不真正连带责任。

“必要条件＋政策考量”的竞合侵权行为、提供机会的竞合侵权行为和提供平台的竞合侵权行为，分别与典型的不真正连带责任、先付责任、补充责任和附条件的不真正连带责任相对应，即必要条件的竞合侵权行为→典型的不真正连带责任、“必要条件＋政策考量”的竞合侵权行为→先付责任、提供机会的竞合侵权行为→补充责任、提供平台的竞合侵权行为→附条件的不真正连带责任。

除了典型的不真正连带责任类型之外，对其他三种不真正连带责任的特殊类型还需要做以下说明。

第一，先付责任以《侵权责任法》第44条为代表：“因运输者、仓储者等第三人的过错使产品存在缺陷，造成他人损害的，产品的生产者、销售者赔偿后，有权向第三人追偿。”生产者把产品生产出来，销售者将产品销售给产品使用人，由于第三人的过错使产品存在缺陷，造成产品使用人的损害的，生产者和销售者作为责任人一方应当承担中间责任，第三人作为责任人一方应当承担最终责任，都对受害人负有责任。这本来是典型的不真正连带责任，但法律不是规定由受害人选择谁先承担中间责任，而是直接规定生产者、销售者一方先承担中间责任，在承担了中间责任之后再向第三人追偿。由此可见，因第三人的过错造成产品缺陷，同样构成产品责任，法律基于公共政策考量，为了更好地保护受害人的赔偿权利，确定由中间责任人先承担责任，他们承担了赔偿责任之后再向最终责任人追偿。这样的责任形态其实就是不真正连带责任的特殊形式，只不过法律确定由中间责任人“先付”赔偿责任，而不是受害人根据自己的利益选择由谁先承担赔偿责任。因此，将这种责任形态称为“先付责任”，是有道理的；并且将其确定为不真正连带责任的特殊表现形式，也是有道理的。这是在不真正连带责任中，受害人享有的两个赔偿请求权有先后顺序，中间责任人先付，之后再向最终责任人追偿的特殊形态。

第二，补充责任实际上就是不真正连带责任。我在有关文章中，就曾经将其叫作不真正连带责任的特殊类型。[①] 以《侵权责任法》第37条第2款规定的补充责任为例说明。当第三人对受害人实施侵权行为时，负有安全保障义务的人未尽

① 杨立新：《论侵权责任的补充责任》，《法律适用》2003年第6期。

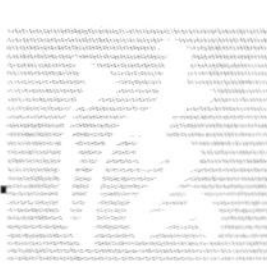

防范制止侵权行为的安全保障义务，造成受害人的损害，第三人是直接责任人，应当承担最终责任；违反安全保障义务的人为补充责任人，也都应当对受害人的损害负责。法律对此既不规定为由受害人根据自己的利益选择应当由谁作为中间责任人，也不规定谁应当首先承担中间责任，而是直接规定直接侵权人承担侵权责任，补充责任人在直接责任人赔偿不能或者赔偿不足时承担补充责任，使受害人的损害得到全部救济，也是基于公共政策考量，使受害人的合法权益损害能够得到尽可能全面的赔偿。这与不真正连带责任的发生是完全一样的，只是法律规定，最终责任人先承担责任，中间责任人承担补充责任。这是不真正连带责任中，两个赔偿请求权具有先后顺序，一个为主，一个补充而已。

第三，附条件的不真正连带责任，其实就是不真正连带责任，只是规定行为人承担不真正连带责任，须具备规定的条件。在具体责任承担规则上，与不正连带责任规则没有区别。

经过以上分析，可以说，不真正连带责任的四种类型，构成了全部不真正连带责任体系，是侵权责任形态中最为复杂的责任形态。其中一种是典型的不真正连带责任，三种是特殊的不真正连带责任。换言之，典型的不真正连带责任是狭义的不真正连带责任，四种类型的不真正连带责任为广义的不真正连带责任。

（五）不真正连带责任与连带责任的区别

不真正连带责任与连带责任都是侵权责任形态，有很多相似之处：一是行为人均为多数；二是每一个行为人都对整体责任负责，均负全部赔偿的责任；三是因一个行为人的给付而使全体责任归于消灭；四是多数行为人中有中间责任人和最终责任人之分。

但是，不真正连带责任与连带责任有以下显著区别。

1. 产生的原因不同

侵权连带责任基于共同侵权行为或者法律规定而产生，其损害后果的发生是基于一个侵权行为，数个共同侵权行为人的行为是一个行为。而不真正连带责任的产生必须具有损害后果的不同发生原因，即数个行为人与受害人造成损害的原因是不同的法律事实，并不是一个行为而是几个行为，他们之间的责任关系必须

基于不同的侵权行为而产生。

2.行为人的主观状态或行为形态不同

连带责任的产生，共同行为人必须具有关联共同，各行为人在主观上互相关联，或者有客观的关联性，因而将他们每一个人的行为连接在一起。而不真正连带责任的数个行为人没有这种关联共同性[①]，行为人各自具有单一的主观状态，没有任何意思上的联系，责任相同纯属于相关的法律关系发生重合，使责任竞合在一起。在实践中考察连带责任和不真正连带责任的区别，最重要的就是考察不同的行为人之间是否具有关联共同。只有数个行为人具有关联共同才能成为共同侵权行为人，承担连带责任。加害人具有主观上的联系，有关联共同的，不能成为不真正连带责任的行为人。产生不真正连带责任的损害结果的发生纯属偶然，各行为人侵权责任的产生相互并无关联共同，虽然发生责任竞合，但并不是不同的行为人之间具有主观上的联系。[②]

3.行为人之间的关系不同

连带责任的行为人尽管承担连带责任，但是共同加害人之间有当然的、潜在的内部责任份额关系，依据这种关系，共同加害人之间存在内部求偿权，因而是实质的连带责任。在一个或者数个共同加害人承担了全部责任之后，对其他没有承担侵权责任的共同加害人，有权请求其赔偿为承担全部责任而损失的不属于自己份额的那些损失。不真正连带责任的行为人之间不存在这种内部分担关系[③]，不同的请求权，要么是选择关系，要么是先付关系，要么是补充关系等，都不是责任份额的关系，也不是共同侵权人之间的内部求偿关系。

4.实质连带还是形式连带

连带责任的连带是实质性连带，即既有形式上的连带，也有实质性的连带。形式上的连带是在起诉中，原告可以起诉任何连带责任人，是程序上的连带；实质性的连带是将最终责任分配给每一个连带责任人，都须承担自己的责任份额。

---

① ［日］我妻荣：《我妻荣民法讲义·新订债权总论》，中国法制出版社2008年版，第394页。
② 郑玉波：《民法债编总论》，陈荣隆修订，中国政法大学出版社2004年修订2版，第425页。
③ 郑玉波：《民法债编总论》，陈荣隆修订，中国政法大学出版社2004年修订2版，第425页。

不真正连带责任只有形式的连带，没有实质性连带，即只有在程序上，受害人可以选择或者按照法律请求某一个责任人承担全部责任，但在实质上，在最终责任上，其实只有一个责任人，当然在补充责任和并合责任上有特殊性，那是法律的强制性规定而已。

二、典型的不真正连带责任

（一）典型的不真正连带责任的概念和效力

典型的不真正连带责任，是《侵权责任法》第 41 条至第 42 条规定的产品责任及其他类似的责任分担形态，是指多数行为人违反法定义务，对一个受害人实施加害行为，或者不同的行为人基于不同的行为致使受害人的权利受到损害，各个行为人产生的同一内容的侵权责任，各负全部赔偿责任，并因行为人之一的履行而使全体责任人的责任归于消灭的侵权共同责任形态。[①]

承担典型的不真正连带责任的侵权行为类型是必要条件的竞合侵权行为。必要条件的竞合侵权行为，是指两个行为中的从行为（即间接侵权行为）与主行为（即直接侵权行为）竞合的方式，是从行为为主行为的实施提供了必要条件，没有从行为的实施，主行为不能造成损害后果的竞合侵权行为。构成必要条件的竞合侵权行为的法律后果是典型的不真正连带责任。

不真正连带责任的效力分为对外效力和对内效力两个方面。不真正连带责任的对外效力是指对责任人之一发生的事项其效力是否及于其他行为人；对内效力是指承担了全部侵权责任的人可否以及怎样向最终责任人追偿。

1. 不真正连带责任的对外效力

由于不真正连带责任是各个独立的责任，各个责任基于不同的发生违法行为的原因而分别存在，因而，对于行为人之一发生的事项原则上对于其他行为人发生影响，即其效力及于其他行为人。

不真正连带责任的基本结构是：各个侵权人对于所造成的损害都应当承担责

① 郑玉波：《民法债编总论》，陈荣隆修订，中国政法大学出版社 2004 年修订 2 版，第 425 页。

任，而且每一个人承担的责任都是全部责任。他们之间对外的关系就是不真正连带责任的对外效力。在下述情况下所发生的对外效力，是不真正连带责任的基本效力。

第一，按照不真正连带责任的原理，发生不真正连带责任的侵权案件中的各个责任人对于受害人都发生承担全部责任以满足其权利请求的效力。受害人即赔偿权利人对于各个责任人都享有请求权，都可以单独向其行使请求权。任何人对于受害人的请求权都有义务承担全部的赔偿责任。这种责任是中间责任，不是最终责任。

第二，任何一个责任人承担了自己的责任之后，其他责任人的责任归于消灭。这是因为，不真正连带责任的损害赔偿数额是一个竞合的数额，救济的是同一个损害。当一个责任人承担了赔偿责任之后，受害人的损害就已经得到了完全救济，不能够再行使另外的请求权，因此，另外的请求权因为损害已经得到救济而予以消灭。

2.不真正连带责任的对内效力

不真正连带责任的对内效力，是指在一个责任人承担了赔偿责任之后，对其他责任人的求偿关系，即是否有权向没有承担责任的最终责任人请求赔偿。[①]

不真正连带责任的各个责任人之间是否可以求偿，各国立法和学说见解不一。一种主张认为求偿关系基于让与请求权，让与请求权指履行了债务的债务人可以请求债权人让与其对最终责任人的请求权。另一种主张认为求偿关系基于赔偿代位，赔偿代位则指法律直接规定履行了债务的债务人当然地取得债权人对最终责任人的请求权，不需经当事人的意思表示。德国及我国民国民法基本上采取让与请求权的立法例，如仿德国立法例的民国民法第 228 条规定："关于物或权利之丧失或损害，负赔偿责任之人，得向损害赔偿请求权人请求让与基于其物之所有权或基于其权利对于第三人之请求权。"日本等国家采取赔偿代位的立法例，如《日本民法典》第 422 条规定："债权人因损害赔偿而受领其债权标的之物或权利价额之全部时，债务人就该物或权利，当然代位债

① 郑玉波：《民法债编总论》，陈荣隆修订，中国政法大学出版社 2004 年修订 2 版，第 428 页。

权人。”

我国《侵权责任法》对此没有规定，笔者认为，应当采取请求权让与立场，以首先充分保护受害人的权利的实现。

采用让与请求权说，其让与请求权应当具有以下要件：第一，受让与权利者为对受害人履行了责任的不真正连带责任人，即成为中间责任人；第二，让与权利者为不真正连带责任的权利人，即受到损害的受害人；第三，让与请求权的客体为受害人对于发生不真正连带责任的最终责任人的请求权。符合以上条件，承担了中间责任的不真正连带责任人取得让与的请求权，有权请求最终责任人承担追偿责任。

最终责任人，是指对于数个责任的发生应最终负责的人。尽管各责任人的责任是基于不同的法律事实而独立产生的，但却是由于最终可归责于一人的事由而引起一系列责任的发生，这种可最终归责的责任人就是最终责任人。例如，在产品责任中的缺陷制造者就是最终责任人。如果生产者是最终责任人，在销售者承担了损害赔偿的中间责任之后，有权向最终责任人即生产者追偿。

（二）不真正连带责任的实行

不真正连带责任的具体实行规则如下。

第一，数个行为人基于不同的行为造成同一个受害人的同一个损害。例如，《关于审理人身损害赔偿案件适用法律若干问题的解释》第 11 条规定，雇佣关系以外的第三人造成雇员人身损害的，第三人的行为确实是造成受害人损害的原因，形成赔偿法律关系；但由于在雇主与雇员之间的雇佣关系中，雇主没有尽到应有的注意义务，对雇员造成的损害也负有赔偿责任，因而，雇员可以基于劳动关系请求工伤事故的损害赔偿，也可以基于侵权行为请求第三人承担侵权损害赔偿责任。

第二，数个行为人的行为产生各自独立的侵权责任，各个责任就救济受害人损害而言，具有同一救济目的。雇主的工伤事故赔偿责任和第三人的侵权赔偿责任，都是救济受害人的同一个损害赔偿，都是一个救济目的，尽管分别产生了不同的侵权责任，但责任的目的都是救济该同一损害，而不是救济各个不同的

损害。

第三，受害人享有的不同的损害赔偿请求权，只能"择一"行使。雇员即受害人或者向雇主请求承担赔偿责任，或者向第三人请求承担赔偿责任，而不是分别行使各个请求权。受害人选择的一个请求权实现之后，其他请求权消灭。这是不真正连带责任的"最近规则"，就是受害人可以选择距离自己最近的法律关系当事人作为被告，起诉其承担中间责任。

第四，损害赔偿责任最终归属于造成损害发生的最终责任人。如果受害人选择的侵权责任人就是最终责任人，则该责任人就应当最终地承担侵权责任。如果选择的责任人并不是最终责任人而是中间责任人，则承担了中间责任的责任人可以向最终责任人请求赔偿，最终责任人应当向中间责任人承担最终责任。

三、先付责任

（一）先付责任的概念

《侵权责任法》第44条规定的因运输者、仓储者等第三人的过错使产品存在缺陷造成他人损害的赔偿责任，第85条规定的建筑物、构筑物或者其他设施及其搁置物、悬挂物发生脱落、坠落造成他人损害的责任，以及第86条第1款规定的建筑物、构筑物或者其他设施倒塌造成他人损害的赔偿责任，也属于不真正连带责任，但与典型的不真正连带责任不同。在学说上，没有人对此提出相应的概念，我曾经将其叫作替代性不真正连带责任[①]，这种叫法没有揭示出这种责任形态的本质特征。这种侵权责任形态是不真正连带责任的一种特殊形式，典型特征是应当承担中间责任的不真正连带责任人先承担责任，随后再向最终责任人进行追偿。因此，把它界定为先付责任更为准确、鲜明，比较名副其实。

先付责任是指在不真正连带责任中，中间责任人首先承担直接责任，请求权人只能向中间责任人请求赔偿，中间责任人在承担了中间责任之后，有权向最终责任人追偿的不真正连带责任的特殊形态。

---

① 杨立新：《侵权责任法》，高等教育出版社2010年版，第229页。

承担先付责任的侵权行为形态是“必要条件＋政策考量”的竞合侵权行为，这种侵权行为类型是指符合必要条件的竞合侵权行为的要求，但是基于政策考量，规定间接侵权人先承担中间责任，之后向直接侵权人追偿以实现最终责任的竞合侵权行为。

这种规定其实在《民法通则》第122条就有规定：“因产品质量不合格造成他人财产、人身损害的，产品制造者、销售者应当依法承担民事责任。运输者、仓储者对此负有责任的，产品制造者、销售者有权要求赔偿损失。”不过这种特殊的不真正连带责任一直没有被重视。

在《侵权责任法》第44条规定的责任形态中，运输者、仓储者等第三人的过错使产品存在缺陷造成他人损害，第三人是最终责任人；而产品的生产者、销售者并没有责任，仅仅是中间责任人。但是，为了更好地保护受害人的民事权益，法律规定被侵权人直接向生产者、销售者请求赔偿，在生产者、销售者承担了赔偿责任之后，由他们向运输者、仓储者等第三人追偿，而不是由受害人直接向运输者、仓储者等第三人请求赔偿。由此可见，在这种不真正连带责任中，有一方承担直接责任，有一方承担间接责任，但承担直接责任的一方是中间责任人，承担间接责任的一方才是最终责任人。被侵权人只可以向直接责任人请求赔偿，不能向间接责任人主张赔偿责任。这种规则与典型的不真正连带责任的规则不同。同样，在建筑物、构筑物或者其他设施及其悬挂物、搁置物脱落、坠落致人损害，以及建筑物、构筑物或者其他设施因设置缺陷倒塌致人损害，也都是由所有人、管理人或者使用人以及建设单位、施工单位先承担中间责任，其后，再由承担了责任的人向最终责任人追偿。

（二）先付责任的规则

依照《侵权责任法》第44条、第85条后段和第86条第1款后段规定，实行先付责任的基本规则是：

第一，侵权行为符合不真正连带责任的基本要求。不真正连带责任的基本构成要求是两个以上的行为人的行为对损害的发生都应当承担责任，但一方承担的责任是中间责任，承担最终责任的最终责任人是另一方。例如，在第三人的过错致使产品存在缺陷造成损害的产品责任中，如果将生产者和销售者作为一方，第三人作为另一方，他们都有责任对受害人的损害负责，只要有一方承担了赔偿责任，被侵权人的赔偿权利就得到满足，其他请求权就归于消灭。这种情形符合不真正连带责任的基本要求。

第二，基于公共政策的考量，确定不真正连带责任的责任人有的承担直接责任（先付），有的承担间接责任（追偿）。既然生产者和销售者以及第三人都有责任对缺陷产品造成的损害承担赔偿责任，那么就应当适用《侵权责任法》第43条规定由受害人选择责任人，但是第44条却采取了特殊规则，其原因是基于公共政策考量，为了保障被侵权人的损害能够得到及时救济，赔偿权利能够及时实现，因而确定由更具有赔偿能力、对被侵权人来说距离更近、更容易行使权利的生产者、销售者承担直接责任。而应当承担最终责任的第三人却隐藏在中间责任人的背后，不承担直接的责任而承担间接责任。

第三，承担直接责任的不真正连带责任人（中间责任人），应当向被侵权人直接负责，被侵权人直接向他们行使赔偿请求权，而不是由被侵权人向距离较远、索赔不易的第三人（最终责任人）主张赔偿权利。只有在承担直接责任的责任人承担了赔偿责任之后，再由他们向间接责任人进行追偿，将中间责任转嫁给最终责任人，实现最终责任。

《侵权责任法》第85条后段和第86条第1款后段规定的责任形态，也都符合先付责任的基本特点，都适用上述规则。

（三）先付责任的索赔僵局及破解方法

法律规定运输者、仓储者等第三人的过错导致产品存在缺陷，造成他人人身、财产损失，生产者、销售者承担赔偿责任，之后由生产者、销售者向第三人追偿的先付责任规则，其目的在于保护受害人的合法权益，使其损失能够尽早得到救济。同样，规定建筑物等脱落坠落、倒塌的损害赔偿责任也都是先由中间责任人承担直接赔偿责任，而后对最终责任人追偿，其目的也是如此。立法的这个出发点无疑是好的。受害人直接向生产者、销售者请求赔偿，向所有人、管理人或者使用人请求赔偿，向建设单位、施工单位请求赔偿，而不是向第三人或者其

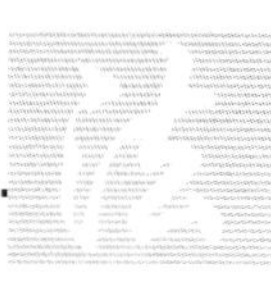

他责任人[①]请求赔偿，对于被侵权人赔偿请求权的实现更为方便和快捷。但是，这种规则存在一个不可解决的索赔僵局，即当生产者、销售者以及所有人、管理人或者使用人以及建设单位、施工单位不能承担赔偿责任的时候，它们就不能向第三人追偿，法律又没有规定受害人可以直接向第三人请求赔偿。这样，受害人的合法权益反而得不到有效保障，不能使其受到的损害得到及时救济。这个索赔僵局立法者是没有看到也是不愿意看到的。

解决这个索赔僵局的办法是：运输者、仓储者等第三人的过错导致产品存在缺陷，造成他人人身、财产损失，生产者、销售者不能承担赔偿责任，因而无法向第三人追偿的，被侵权人可以直接起诉第三人，要求第三人承担侵权赔偿责任。建筑物等脱落、坠落、倒塌的责任同样如此。[②] 用这个办法就可以解决这个索赔僵局。建议最高人民法院制定相应的司法解释，规定这个规则。在现实生活中，如果出现这样的问题，人民法院可以适用这个办法解决先付责任中的这个索赔僵局。

四、补充责任

（一）适用补充责任的侵权行为

1. 适用补充责任的侵权行为

补充责任的概念最早出现在《关于审理人身损害赔偿案件适用法律若干问题的解释》第6条第2款，在违反安全保障义务的防范、制止侵权行为的责任中适用。[③] 之后，学者对补充责任进行了充分的研究，最后《侵权责任法》采纳了补充责任的概念。《侵权责任法》规定了四种补充责任。一是第32条第2款规定：“有财

① 这两个条文规定的“其他责任人”的概念，其实就是第三人的概念。

② 杨立新等：《中华人民共和国侵权责任法司法解释草案建议稿》，《河北法学》2010年第11期。

③ 该条款的内容是：“因第三人侵权导致损害结果发生的，由实施侵权行为的第三人承担赔偿责任。安全保障义务人有过错的，应当在其能够防止或者制止损害的范围内承担相应的补充赔偿责任。安全保障义务人承担责任后，可以向第三人追偿。赔偿权利人起诉安全保障义务人的，应当将第三人作为共同被告，但第三人不能确定的除外。”

产的无民事行为能力人、限制民事行为能力人造成他人损害的，从本人财产中支付赔偿费用。不足部分，由监护人赔偿。”这是完全的补充责任。二是第 34 条第 2 款规定：“劳务派遣期间，被派遣的工作人员因执行工作任务造成他人损害的，由接受劳务派遣的用工单位承担侵权责任；劳务派遣单位有过错的，承担相应的补充责任。”三是第 37 条第 2 款规定：“因第三人的行为造成他人损害的，由第三人承担侵权责任；管理人或者组织者未尽到安全保障义务的，承担相应的补充责任。”四是第 40 条规定：“无民事行为能力人或者限制民事行为能力人在幼儿园、学校或者其他教育机构学习、生活期间，受到幼儿园、学校或者其他教育机构以外的人员人身损害的，由侵权人承担侵权责任；幼儿园、学校或者其他教育机构未尽到管理职责的，承担相应的补充责任。”可以将上述四种补充责任分为两种类型，一种是完全的补充责任，只有一种；另一种是有限的补充责任，为三种。概括起来，适用补充责任的侵权行为类型就是提供机会的竞合侵权行为。

2.适用补充责任侵权行为的特点

提供机会的竞合侵权行为是指两个竞合的行为，从行为为主行为的实施提供了机会，使主行为的实施能够顺利完成的竞合侵权行为。从发挥的作用上考察，提供机会的竞合侵权行为与必要条件的竞合侵权行为有所不同，这就是，间接侵权人的从行为给直接侵权人的主行为造成损害结果提供了机会，但并不是必要条件。这种侵权行为基本上具有不真正连带责任侵权行为的相同特点，就是两个以上的主体对同一个民事主体负有法定义务，当一个侵权行为侵害了这个法律所特殊保护的民事主体的民事权益时，该民事主体就产生了两个以上的损害赔偿请求权，分别针对负有不同法律义务的人。

既然适用补充责任的侵权行为与适用不真正连带责任的侵权行为是一样的，那么之所以在责任形态上要有区别，主要有两个理由：第一，在适用补充责任的场合，实施侵权行为的数个行为人的法定义务有轻有重，有主有从，因而应当承担的侵权责任也就有轻有重，有主有从。例如，防范、制止侵权行为未尽安全保障义务的侵权行为，直接侵权人违反的法定义务是对绝对权的不可侵义务，实施

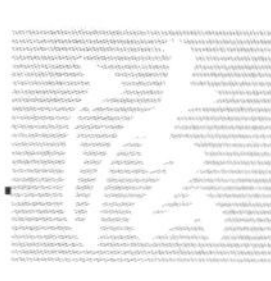

的侵权行为侵害了绝对权，因而是应当首先承担责任的人。而公共场所管理人或者群众性活动组织者违反的义务是安全保障义务，并不是直接侵权人，是未尽安全保障义务的行为给直接侵权人提供了条件而间接地侵害了受害人的权利。因此，在两个侵权责任中，直接侵权人的责任是最终责任，而公共场所管理人或者群众性活动组织者的责任是从属的责任，是第二位的责任。为了体现这种责任性质和关系的不同，立法者采取补充责任的形态加以区别。第二，立法者出于公共政策考量，认为受害人的权益需要更为周到的保护，因此，在顺序在先的请求权行使之后不能得到满足，再规定受害人可以行使第二顺序的请求权，以保护未完全得到救济的权利。因此可以说，补充责任是不真正连带责任的一种特殊形式，其基本性质仍然是不真正连带责任，只不过两个请求权的关系变为顺位关系而不是选择关系。

（二）补充责任概述

1.补充责任的概念

侵权法的补充责任，是指两个以上的行为人违反法定义务，对一个受害人实施加害行为，或者不同的行为人基于不同的行为致使受害人的权利受到同一损害，各个行为人产生同一内容的赔偿责任，受害人分别享有的数个请求权有顺序的区别，首先行使顺序在先的请求权，不能实现或者不能完全实现时，再行使另外的请求权予以补充的侵权责任形态。[1]

2.侵权补充责任与不真正连带责任的区别

补充责任与不真正连带责任相比较，补充责任的唯一区别是产生的数个请求权存在顺序的区别，权利人必须首先行使顺序在先的请求权，在顺序在先的请求权行使中，第一顺序的责任人不能赔偿、赔偿不足或者下落不明而使请求权不能满足时，再行使其他的请求权，以保障自己的损害赔偿请求权能够完满实现。例如，顾客住进宾馆遭受犯罪行为人杀害，犯罪行为人负有人身损害赔偿的侵权责任，宾馆负有违反安全保障义务的侵权责任。这两个责任发生竞合。犯罪行为人应当首先承担直接责任，宾馆的责任消灭；宾馆在犯罪

① 杨立新：《侵权法论》，人民法院出版社2005年第3版，第643页。

行为人无力赔偿或者赔偿不足或者逃逸、被判极刑无法赔偿时，应当承担补充责任。

（三）补充责任的类型及规则

1.完全的补充责任

完全的补充责任，是指直接责任人不能承担赔偿责任或者不能承担全部赔偿责任，由补充责任人承担全部的赔偿或者承担不足部分的赔偿责任的补充责任形态。

这种完全的补充责任在《侵权责任法》中只规定了一种，即第32条第2款："有财产的无民事行为能力人、限制民事行为能力人造成他人损害的，从本人财产中支付赔偿费用。不足部分，由监护人赔偿。"这个条文后段规定的就是完全的补充责任。

完全的补充责任的基本规则是：第一，责任人分为直接责任人和补充责任人，有顺序的区别，被侵权人只能按照顺序行使赔偿请求权。第二，直接责任人承担的赔偿责任不足部分，完全由补充责任人承担。[①] 第三，补充责任人承担了补充责任之后，不享有追偿权，不能向直接责任人进行追偿。

2.有限的补充责任

有限的补充责任，是指直接责任人不能承担赔偿责任或者完全不能承担赔偿责任，补充责任人按照其过错程度或者行为的原因力，承担相应责任的补充责任形态。这种补充责任不是全部补充而是有限补充。[②]《侵权责任法》把这种有限的补充责任叫作相应的补充责任。《侵权责任法》规定的三种相应的补充责任，都是有限的补充责任。

有限的补充责任的规则如下。

第一，在有限的补充责任中，构成直接责任与补充责任的竞合，受害人应当首先向直接责任人请求赔偿，直接责任人应当承担侵权责任。直接责任人承担了全部赔偿责任后，补充责任人的赔偿责任终局消灭，受害人不得向补充责任人请

① 王胜明主编：《中华人民共和国侵权责任法释义》，法律出版社2010年版，第162页。

② 王胜明主编：《中华人民共和国侵权责任法释义》，法律出版社2010年版，第174页。

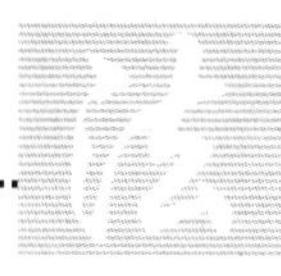

求赔偿，直接责任人也不得向补充责任人追偿。

第二，受害人在直接责任人不能赔偿、赔偿不足或者下落不明，无法行使第一顺序的赔偿请求权或者不能满足请求权的要求时，可以向补充责任人请求赔偿。补充责任人承担补充责任的范围是相应的，即在与其过错程度和行为的原因力相适应的范围内。因此，这就不是对直接责任人所有的不能赔偿的范围都予以补充赔偿，而仅仅是就其相应的部分进行补充赔偿。

第三，补充责任人承担的相应的补充责任大于未承担的赔偿责任的，只以未承担的赔偿责任为限；补充责任小于未承担的赔偿责任的，只以相应的责任为限，不得超出相应的责任的范围进行补充赔偿。例如，未承担的赔偿责任为 3 万元，相应的补充责任为 5 万元，补充责任人只赔偿 3 万元，因为总的赔偿范围不能超出损失范围；未承担的赔偿责任为 5 万元，相应的责任为 3 万元，补充责任人只赔偿 3 万元，因为补充责任人只承担相应的责任。

第四，补充责任人在承担了有限的补充赔偿责任之后，不产生对直接责任人的追偿权，因为既然补充责任人承担的责任是与其过错程度和行为的原因力相适应的责任，那么，就应当自己负责，不得追偿。《侵权责任法》的这个规则改变了《关于审理人身损害赔偿案件适用法律若干问题的解释》第 6 条第 2 款和第 7 条第 2 款规定的补充责任追偿权的规定，应当特别注意。

（四）补充责任的含义

补充责任的含义包括以下两个要点。第一，补充责任的顺序是第二位的责任。直接责任人承担的赔偿责任是第一顺序的责任，补充责任人承担的赔偿责任是第二顺序的责任。因此，补充责任是补充直接责任的侵权责任。第二，补充责任的赔偿范围是补充性的。完全的补充责任，是补充责任人对直接责任人赔偿不足的部分全部补充赔偿，其赔偿范围的大小取决于直接责任人承担的赔偿责任的大小，补充责任人承担的赔偿责任就是其不足部分；有限的补充责任，则不论直接责任人不能赔偿的部分是多少，补充责任人承担的赔偿责任范围是与自己的过错程度和行为原因力相应的部分，并且以直接责任人承担赔偿责任不足部分的范围为限，而非全部补充。

五、附条件的不真正连带责任

（一）竞合侵权行为与不真正连带责任

不真正连带责任的典型表述，是类似于《侵权责任法》第 68 条关于“因第三人的过错污染环境造成损害的，被侵权人可以向污染者请求赔偿，也可以向第三人请求赔偿。污染者赔偿后，有权向第三人追偿”的规定，以及《侵权责任法》第 83 条、《物权法》第 21 条的规定。这些法条的表述，都属于“一个损害是由两个行为人的行为造成的，但其中一个人的行为是直接原因，另一个人的行为是间接原因，受害人同时产生两个请求权，其中一个请求权满足后，另一个请求权予以消灭”[①] 这种不真正连带责任的基本特征。

在这里，造成同一个损害的两个行为是竞合侵权行为。竞合侵权行为是指两个以上的民事主体作为侵权人，有的实施直接侵权行为，与损害结果具有直接因果关系，有的实施间接侵权行为，与损害结果的发生具有间接因果关系，行为人承担不真正连带责任的侵权行为形态。在《消费者权益保护法》修订之前，我把竞合侵权行为分为三种类型：一是必要条件的竞合侵权行为，二是政策考量的竞合侵权行为，三是提供机会的竞合侵权行为，分别对应的是典型的不真正连带责任、先付责任和补充责任。[②] 这里没有包括修订后的《消费者权益保护法》第 44 条规定的这种不真正连带责任，也没有包括第 43 条规定的展销会、租赁柜台的责任。

（二）提供平台的竞合侵权行为与附条件不真正连带责任

事实上，《消费者权益保护法》第 43 条和第 44 条规定的责任形态的性质是相同的，都是在不真正连带责任的基础上，对竞合侵权行为中的间接行为人承担不真正连带责任附加了限定条件，只有这个条件满足后，才能构成竞合侵权行为，承担不真正连带责任。例如第 43 条，对于展销会的举办者、柜台出租者承

---

① 杨立新：《论不真正连带责任的类型体系及规则》，《当代法学》2012 年第 3 期。

② 上述概念的定义及种类的说明，请参见杨立新：《论竞合侵权行为》，《清华法学》2013 年第 1 期。

担赔偿责任的条件，规定为“展销会结束或者柜台租赁期满后”，不具备这个条件，展销会举办者或者柜台出租者就不承担赔偿责任。同样，第 44 条第 2 款对网络交易平台提供者承担赔偿责任，规定的条件是“网络交易平台提供者不能提供销售者或者服务者的真实名称、地址和有效联系方式”，或者“网络交易平台提供者作出更有利于消费者的承诺的”，只有在具备这样的条件时，网络交易平台提供者才承担不真正连带责任。这与前述竞合侵权行为中的任何一种类型都不相同，也与典型的不真正连带责任以及先付责任、补充责任的规则都不相同。

产生这种附条件不真正连带责任的行为，是竞合侵权行为的一种特殊类型，按照《消费者权益保护法》第 43 条和第 44 条规定，可以称为提供平台的竞合侵权行为。其特点是，在造成同一个损害的两个行为中，一个行为是直接行为，例如销售者或者服务者的违法销售、服务行为；另一个行为是间接行为，例如展销会举办者、柜台出租者以及网络交易平台提供者的行为，在为实施违法行为的网店销售者或者服务者实施违法行为提供平台服务中违反法定义务，使违法行为能够在这个平台上实施，造成了消费者的同一个损害构成的竞合侵权行为。因此，提供平台的竞合侵权行为是一种竞合侵权行为的特殊表现形式，其基本性质属于竞合侵权行为。

提供平台的竞合侵权行为的法律后果是附条件不真正连带责任。侵权的不真正连带责任，是指多数行为人违反法定义务，对同一个受害人实施加害行为，或者不同的行为人基于不同的行为而致使同一个受害人的民事权益受到损害，各个行为人产生的同一内容的侵权责任，各负全部赔偿责任，并因行为人之一的责任承担而使全体责任人的责任归于消灭，或者依照特别规定多数责任人均应当承担部分或者全部责任的侵权责任形态。① 附条件不真正连带责任属于这种责任形态，其基本特征，在于提供平台的一方，对于展销会举办者、柜台出租者以及网络交易平台提供者在该平台上与消费者进行交易，造成了消费者权益的损害，平台提供者一方承担不真正连带责任时，只有具备法律规定的必要条件的，才承担不真正连带责任，否则就只能由销售者或者服务者承担赔偿责任。即使平台提供

① 杨立新：《论不真正连带责任类型体系及规则》，《当代法学》2012 年第 3 期。

者的行为具备了法律规定的必要条件，但由于其并不是造成损害的直接原因，因而在其承担了赔偿责任之后，《消费者权益保护法》第43条和第44条都规定了其“有权向销售者或者服务者追偿”的追偿权。

附条件不真正连带责任的本质仍然是不真正连带责任，但与典型的不真正连带责任有所不同。在典型的不真正连带责任中，不论构成竞合侵权行为的主行为人还是从行为人，被侵权人都可以任意选择一方作为被告，行使索赔权实现权利；至于究竟由谁承担最终责任，被侵权人无须过问。但在附条件不真正连带责任，无论是法定的还是约定的，被侵权人主张从行为人承担赔偿责任须具备法定的或者约定的条件，不具备这样的条件，就只能向主行为人请求赔偿，不能向从行为人主张权利。因此，典型的不真正连带责任更有利于保护受害人，对从行为人不利；而附条件不真正连带责任有利于保护从行为人，限制其承担责任的几率，对受害人的保护有所限制。

（三）附条件不真正连带责任的适用规则

1.网店的销售者或者服务者应当承担赔偿责任

《消费者权益保护法》第44条第1款前段规定网店销售者或者服务者的责任，用了完整的一句话表述，即“消费者通过网络交易平台购买商品或者接受服务，其合法权益受到侵害的，可以向销售者或者服务者要求赔偿”。这里使用的“可以”有两层含义：一是选择销售者、服务者，或者选择网络交易平台提供者作为被告，在这种含义下，如果不具备网络交易平台提供者承担责任的条件，这个“可以”其实就是“应当”；二是既然这个权利属于受到损害的消费者，消费者是否行使赔偿请求权，当然是可以而不是应当；如果条文是从销售者或者服务者的角度规定，那就是应当而不是可以。这是因为，造成这种消费者权益损害的直接责任人就是网店销售者或者服务者，而不是网络交易平台提供者，因而网店销售者或者服务者承担直接责任是必须的。

2.具备必要条件的网络交易平台提供者承担附条件不真正连带责任

按照《消费者权益保护法》第44条第1款中段和后段规定，网络交易平台提供者承担不真正连带责任的条件有两个，一是法定条件，二是约定条件。因

此，网络交易平台提供者承担的附条件不真正连带责任，分别是法定的附条件不真正连带责任和约定的附条件不真正连带责任。

法定的附条件不真正连带责任，是网络交易平台的提供者在不能向消费者提供与其进行网络交易的网店销售者或者服务者的真实名称、地址和有效联系方式时，消费者可以选择网店销售者或者服务者作为被告，也可以选择网络交易平台提供者作为被告，令其承担赔偿责任。网店销售者或者服务者对消费者造成损害，在满足“不能提供”的条件时，受到损害的消费者产生两个请求权，分别针对这两个责任主体，可以选择其中一个请求权行使，这个请求权行使之后，另一个请求权即行消灭。[①] 网络交易平台提供者尽管履行了义务，但消费者却无法通过这些信息联系到网店销售者或服务者无法得到赔偿的，应当认定其提供的联系方式无效，具备承担附条件不真正连带责任的条件。这是因为《消费者权益保护法》第44条第1款的立法目的，在于协助消费者及时找到网店的销售者或服务者，使消费者能够向直接责任人请求赔偿，因此特别强调这个“有效联系方式”的条件。

约定的附条件不真正连带责任，是网络交易平台提供者事先作出更有利于消费者的承诺，消费者的合法权益因网络平台上进行的交易受到损害后，可向与之交易的销售者或者服务者请求赔偿，也可以向网络交易平台提供者要求赔偿。[②] 约定的不真正连带责任的所附条件，是网络交易平台的提供者作出了更有利于消费者权益保护的承诺，例如先行赔付的承诺等。

3.网络交易平台提供者承担了赔偿责任后享有追偿权

与典型的不真正连带责任一样，在附条件的不真正连带责任中，不承担最终责任的间接行为人，在承担了具有中间责任性质的赔偿责任之后，享有对最终责任人的追偿权。故“网络交易平台提供者赔偿后，有权向销售者或者服务者追偿”。追偿的范围，应当是已经承担的全部赔偿责任，也包括承担中间责任时所造成的损失。

---

① 杨立新、韩煦：《论网络交易平台提供者的法律地位及民事责任》，《江汉论坛》2014年第5期。

② 杨立新、韩煦：《论网络交易平台提供者的法律地位及民事责任》，《江汉论坛》2014年第5期。

第四节 关于监护人责任的再思考：被告与责任主体的确定

一、据以研究的典型案例

案例一①：未成年曹某与袁某（均为在校中学生）于2007年3月13日在进行篮球运动时，发生碰撞致曹某受伤。曹某被医院诊断为：左肱骨近端骨折，曹某支付医疗费、伙食费若干。2008年6月27日，曹某向上海市闸北区人民法院提起诉讼，要求被告袁某赔偿其医疗费、护理费、营养费、住院伙食补助费、交通费及精神损害赔偿金，随后又增加诉请要求保留后续治疗疤痕费用的诉权。

案例二②：原告星网咖公司系被告汉正物业公司所辖汉正商城的业主。2010年11月25日23时许，被告未成年人黄某携带断丝钳等工具至原告网吧楼顶，盗割原告空调室外机铜管和散热片。2011年7月，黄某被法院判处缓刑。同月16日，原告诉请被告汉正物业公司赔偿损失若干余元。在本案审理过程中，经法院释明后，原告申请追加黄某及其父母为本案被告，要求四被告共同赔偿。

案例三③：原告李某波与其子李某某为某村村民，与被告秦某玉、张某华之子秦某某、被告宋某祥之女宋某某、被告谢某库之子谢某及被告王某之女王某某系同一村村民（李某某、秦某某、宋某某、谢某及王某某均为未成年人）。2010年10月3日下午1时许，上述五未成年人在被告张某华院里玩耍，五人的父母均未在现场。玩闹中，李某某被他人踩翻的拖拉机车斗压住受伤，症状是鼻子出血、面部青肿、昏迷不醒，约半小时后被转院至北安市第一人民医院抢救，最终抢救无效死亡。李某波要求五被告赔偿死亡赔偿金、丧葬费、精神

① 案件来源：上海市闸北区人民法院（2008）闸民一（民）初字第2694号；沪检二分民抗（2009）1号；（2009）沪二中民一（民）再终字第7号；（2009）闸民（一）民重字第5号民事判决书。

② 案件来源：湖北省汉川市（县）人民法院（2011）川民初字第694号民事判决书。

③ 案件来源：黑龙江省齐齐哈尔市中级人民法院（2011）齐民二终字第85号民事判决书。

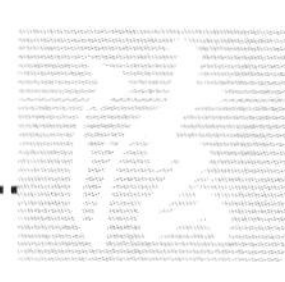

损失费等若干。

对于案例一，上海市闸北区人民法院经审理认为，袁某列为被告，袁某的父母袁某某、李某某应列为法定代理人。袁某抢夺篮球，将曹某撞伤，应承担主要责任；曹某在篮球架下休息，自身也有一定责任，遂判决袁某赔偿曹某若干元；鉴定费、案件受理费均由袁某承担。该案件在重审过程中，上海市闸北区人民法院依法追加袁某之父母袁某某、李某某为本案被告参加诉讼。重审查明案情并根据法律规定，未成年人造成他人损害的，由其监护人承担民事责任，遂判决被告袁某某、李某某共同支付曹某赔偿费用若干。对于案例二，湖北省汉川市人民法院经审理认为，黄某及其父母三被告应承担本案赔偿责任。本案中，对于可以确定的未成年侵权人致业主财产损害，应先由本人及其父母承担侵权责任；而被告汉正物业公司在完善安全保障系统的过程中，忽视了对楼顶平台业主财产的监控，留下了安全隐患导致案发，应承担安保义务不作为的补充赔偿责任。故法院判令被告黄某及其父母赔偿原告财产损失若干元，被告汉正物业公司在三被告不能赔偿时承担一定的补充赔偿责任。对于案例三，本案原告之子李某某在与本案五名被告之子女玩游戏时，因其他未成年人踩踏导致车斗倾翻致使其受伤并死亡，原告李某波要求车主及参与游戏四名儿童的法定监护人赔偿之诉求，依法应予以支持。最终判决：(1) 五名被告人各赔偿原告人民币若干元；(2) 被告人互为承担连带赔偿责任。

在因无民事行为能力人或限制民事行为能力人侵权所引起的诉讼中，对于原告的判定几无争议，其应由受害人来担任自属当然，即便遇有受害人同属非完全民事行为能力人之情势，则由其法定代理人代行诉讼也已成共识。但在被告的确认上，问题则略显复杂。透过以上案例不难发现，当前实践中通行的做法有三种：一是列致害的被监护人为被告，监护人为法定代理人；二是同时将被监护人和监护人列为被告（包含追加监护人为被告的情形）；三是只列监护人为被告。不仅如此，在最终赔偿责任主体的认定上，法院的相关裁判也表现出了一定程度的混乱与踌躇，甚至还出现了只列被监护人为被告，却判令监护人单独承担责任或与被监护人共同承担责任的情况。而在学说上，关于上述问题的争议和分歧则

更加明显，单独被告说[①]、法定代理人附加无独立请求权第三人之双重身份说[②]、共同被告说[③]以及依财产区分说[④]等都有提出，令人难衷一是。

以上争执虽以程序问题为表现形式，但究其实质，其所折射出的却是对于侵权责任法中监护人责任内涵理解的不同，尤其是在监护人责任的性质、适用的归责原则以及赔偿费用支付与责任承担的相互关系等基本问题上所持立场的差别。因此，在对争议解决之道的找寻中，程序法方面的关切固不可少，但作为基础之实体法层面的讨论则更具现实意义。而分歧自《侵权责任法》颁布前即已存在，却并未因法典的出台而终止。是以，解释论角度的探讨与立法论层面的反思都有其不可忽视的价值。

二、作为替代责任的监护人责任

关于监护人责任的性质，学说和立法上皆素有分歧。有观点认为，监护人责任是行使监护权的责任或行使监护行为之责，是监护人自己的责任而非替代责任。[⑤] 也有立法例，如《法国民法典》第 1384 条第 4 款规定："父与母，只要其

---

① 单独被告说又分为被监护人单独被告说和监护人单独被告说。被监护人单独被告说是指被监护人因其是致害行为的发出者而理应作为诉讼的被告，其监护人作为法定代理人代为实施诉讼行为。监护人单独被告说则认为，由于被监护人没有责任能力，故仅由其监护人作为被告。贾莉：《不应直接列监护人为被告》，《人民法院报》2005 年 12 月 18 日，第 5 版；孙明放：《未成年人侵权谁是被告》，《人民法院报》2005 年 8 月 14 日，第 5 版。

② 法定代理人附加无独立请求权第三人之双重身份说是指被监护人作为被告，监护人同时承担法定代理人与无独立请求权第三人双重身份。兰仁迅：《监护人诉讼地位法理分析》，《华侨大学学报（哲学社会科学版）》2005 年第 4 期。

③ 共同被告说建立于将《侵权责任法》第 32 条第 2 款理解为实际上确立了监护人和被监护人连带责任关系的解读之上，故将诉讼认定为必要的共同诉讼，监护人与被监护人列为共同被告。倘若原告只起诉一方的，法院应依职权追加另一方进入诉讼。奚晓明：《〈中华人民共和国侵权责任法〉条文理解与适用》，人民法院出版社 2010 年版，第 238 页。

④ 财产区分说基于被监护人有无财产确定是否将其列为被告，若被监护人无财产，则列监护人为单独被告；若被监护人有财产，则列监护人和被监护人为共同被告。赵剑锋：《论未成年人侵权民事诉讼中的适格被告》，http：//lnlhfy. chinacourt. org/public/detail. php？ id＝13，2014 年 5 月 23 日访问。

⑤ 刘士国等：《侵权责任法重大疑难问题研究》，中国法制出版社 2009 年版，第 194 页。

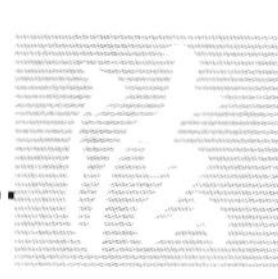

行使对子女的照管权，即应对与其一起居住的未成年子女造成的损害，承担连带责任。”在我国，上述观点和立场似乎都未能获得普遍的认可。检视当下学说，监护人承担替代责任的见解仍是主流的观点。[①] 据学者总结，我国在司法实践中一贯坚持实行监护人替代赔偿责任制度，认为无民事行为能力人和限制民事行为能力人因其不能或不完全能理解自己的行为性质和后果，缺乏审慎地处理自己事务的能力，不能对自己的行为及其后果负责或完全负责，故应由其父母或者监护人承担赔偿责任。[②] 而于立法上，《民法通则》等规范暂且不提，在雇佣者承担替代责任已普获肯认的情势下，仅以对《侵权责任法》第 32 条第 1 款和第 34 条第 1 款条文措辞进行比较，也便不难感受到立法者对于现时通说和既往经验所采取的肯定性立场。

（一）完整意义上的替代责任内涵

其实，若溯及历史，对监护人责任以“替代”为界定，自古罗马即已如是。早在《十二铜表法》中，便有“家属和奴隶因私犯造成损害，家长、家主负赔偿之责”的规定（第 12 条）。只是在确认性质的同时，与论者却似乎对于作为替代责任的监护人责任的内涵（或者说是对于替代责任这一责任形态的内涵）缺乏足够的关注和理解。从概念表述来看，替代责任又被称为“间接责任”“转承责任”“代负责任”或者“因他人的行为而承担的侵权责任”，对此域内外学者大多以传统侵权法中的“自己责任”理念为参照，强调替代是一种“责任人为他人的行为和为人之行为以外的自己管领下的对象所致损害负有的侵权赔偿责任形态”[③]，或者更具体一点说，是“在 A 因为与 B 存在着某种关系时，应对 B 所实施的侵权行为向 C 承担责任”[④]。其主要是从责任替代者的角度，描述一种责任主体与损害肇因相分离的状态，着意于对因“替代”而承担责任之人的要求，强调“代

① 王利明：《侵权责任法研究》下卷，中国人民大学出版社 2011 年版，第 35 页；张新宝：《侵权责任法原理》，中国人民大学出版社 2005 年版，第 306 页。

② 杨立新：《侵权法论》，人民法院出版社 2013 年第 5 版，第 610 页。

③ 杨立新：《侵权法论》，人民法院出版社 2013 年第 5 版，第 863 页。

④ ［荷］J. 施皮尔：《侵权法的统一：对他人造成的损害的责任》，梅夏英、高圣平译，法律出版社 2009 年版，第 385 页。

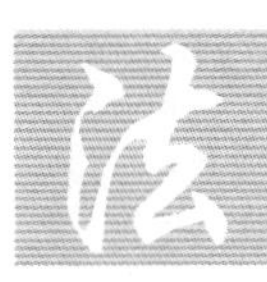

人受过”，而对于损害的直接造就者，即被替代的人在其责任被他人替代以后，在所涉法律关系中应处于何种状态却鲜有谈及，就概念界定的完整性上讲难免不足。

由语义出发，“替代”一词在日常用语中所涵摄的范围即不限于替代者本身。现实生活对“替代”内涵的完整演绎应该是“以乙换甲，并起原来由甲或应该由甲起的作用”①。其不仅关注替代者因“替代”所承受的效果，而且还涉及被替代者自“替代”后所处的状态，即退出替代行为所指向的事项。在古乐府《木兰诗》中即有“愿为市鞍马，从此替爷征”的辞句。而以此为据，作为完整意义上的替代责任的补充，直接加害人在损害赔偿关系中的“退出”自然也应属于替代责任的题中之意。由此来看，域外学者 Buckley 对于替代责任的界定似乎更为贴近其内涵。Buckley 认为，所谓替代责任是指，一个人取代另一个人的地位对他人承担侵权责任。② 既然是“取代”，则由加害行为所引发的不利法律后果应由“替代者”来承担，作为直接的致害者，被监护人或者受雇者可得借此回避责任的承担，便属自然。是以，无怪乎有学者指出，在替代责任中，无论致害的是人还是物，权利人请求权的指向都是未直接致害而与行为人或致害物具有特定的间接联系的责任人。③ 如果替代责任人承担的替代责任仅仅表现为就别人的侵权行为承担侵权责任，受害人只能要求替代责任人承担侵权责任，不得要求直接实施侵权行为的人承担侵权责任。④ 而所谓替代责任，从完整意义讲，也就应该是指由对直接加害人具有某种关系的人对因加害行为所造成的损害承担赔偿责任，而使直接加害人得以摆脱对受害者责任承担的侵权责任形态。

另辅以体系化的规范比较，在替代责任人已依对损害后果承担的损害赔偿责任的前提下，若仍要求追加直接加害人对此承担责任，则在责任形态的选择上不外乎连带责任、按份责任、补充责任等选项。但若以《侵权责任法》中现有规范

---

① 汉典网，http：//www.zdic.net/c/3/d9/211897.htm，2014 年 6 月 20 日访问。

② R. F. V. Heuston R. A. Buckley, *Salmond and Heuston on the Law of Torts*, twenty-first edition, Sweet & Maxwell Ltd, p. 430.

③ 杨立新：《侵权责任法》，法律出版社 2012 年版，第 106 页.

④ 王利明、杨立新：《侵权行为法》，法律出版社 1996 年版，第 232－233 页。

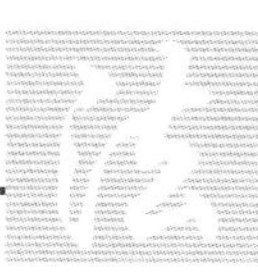

为检视对象，连带责任已有“连带”一语作标志，按份责任也以“能够确定责任大小的，各自承担相应的责任；难以确定责任大小的，平均承担赔偿责任”为表达，而补充责任则凭“相应的补充责任”作注明；即便是在以“不真正连带责任”为责任形态的产品责任中，立法者也采用“可以向产品的生产者请求赔偿，也可以向产品的销售者请求赔偿”之措辞为标注。但是，在关于替代责任的规范表述中，无论是用人单位责任还是监护人责任，皆未能寻找到上述表述的踪迹；非但如此，立法者还专门以“由用人单位承担侵权责任”以及“由监护人承担侵权责任”等言语对责任主体予以明确限定，其间区别自不待言；此时倘仍要求加害人承担赔偿责任，在规范和理论依据上似乎也难得充分。

有学者指出，在替代责任中存在“为他人责任中并非次要责任，而是对外主要责任，甚至唯一责任”，即“原则上全部由本人直接向受害人承担全部赔偿，只有在例外情况下，方可由受害人要求他人——直接侵害人承担一定范围内的责任份额或者连带责任”的特点。[①] 对此，从与作为替代责任“模范”的雇主责任的类比分析中可见一斑。早在《侵权责任法》颁布以前，最高人民法院便在其发布的《关于适用〈中华人民共和国民事诉讼法〉若干问题的意见》第45条明确规定：“个体工商户、农村承包经营户、合伙组织雇佣的人员在进行雇佣合同规定的生产经营活动中造成他人损害的，其雇主是当事人”，这首先从程序上肯定了替代责任人在替代责任诉讼中的被告一般性地位。而此后，《关于审理人身损害赔偿案件适用法律若干问题的解释》第9条第1款则又规定：“雇员在从事雇佣活动中致人损害的，雇主应当承担赔偿责任；雇员因故意或者重大过失致人损害的，应当与雇主承担连带赔偿责任。雇主承担连带赔偿责任的，可以向雇员追偿。”对于上述关于替代责任特点判断的回应，不可谓不明确。而与这一特点相呼应，有学者甚至认为，“雇主替代责任是侵权法中一项重要的法律制度，同时也是雇员所享有的一项重要的潜在权利”[②]。对此，在作为雇主替代责任主导性

① 朱岩：《侵权责任法通论·总论》，法律出版社2011年版，第433页。
② 曹艳春：《雇主替代责任研究》，法律出版社2008年版，第49、271页。

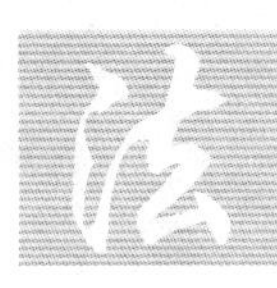

理论基础的“控制力说”中[①]，也可获得一定支持。按照“控制力说”的立场，在使用人关系中，个人意志自由不同程度地受到他人限制，不能完全按照自己的意愿从事活动，其因此作出的行为导致损害后果，应当由对行为人享有控制力的主体承担。[②] 而在被监护人侵权的案件中，由于年龄或智商等原因以及监护制度的存在，无行为能力人和限制行为能力人的行为无论从事实上抑或法律上，都难免要受到其监护人的控制。而且，基于其自身的特殊原因以及与监护人身份关系的亲密性，加害人行为时所受到的来自监护人的控制力要远强于雇主对雇员的控制。因此，如将上述雇主责任中由雇主就雇员加害行为承担赔偿责任视为雇员的一项潜在权利，则这项权利也当然应由同处替代责任语境中的被监护人所享有。

（二）责任能力对于责任构造的影响

除了对关于责任内涵存有分歧外，对责任构造理解上的不同，也是引发被监护人诉讼地位争议的重要原因所在。如有学者认为，真正意义上的替代责任是首先对被监护人归责，然后再转移到监护人身上。[③] 而与此相呼应，被监护人致人损害的诉讼通常是确认之诉和给付之诉的叠加，原告请求法院确认其与被监护人之间的侵权之债成立，此时，是确认之诉，此诉的被告应是被监护人，继而原告又基于侵权之债的债权请求法院判决被告承担侵权责任，此诉为给付之诉，其被告应是监护人。因此，应将监护人和被监护人同时列为被告。再循此思路，即便不能以替代责任作为追究被替代者赔偿责任的理由，亦并不意味着后者就可以逃脱责任的承担。毕竟“任何人，无论行为时是为了其本人利益还是为了他人的利益，也无论是基于自己的主观意愿还是基于他人的批准、命令或者授权，他都违反了他本人作为一般行为人所应承担的不侵害他人利益的注意义务”[④]。过错责任作为“一般侵权责任”，其所具有的强大概括力仍可以将直接加害人拖入责任的泥潭。

---

① 王竹、张恒：《论我国侵权法上使用人替代责任的谱系化建构——兼论对“雇佣关系”概念的改造》，《四川师范大学学报》2013 年第 5 期。

② 尹飞：《为他人行为侵权责任之归责基础》，《法学研究》2009 年第 5 期。

③ 李永军：《论监护人对被监护人侵权行为的“替代责任”》，《当代法学》2013 年第 3 期。

④ 张民安：《过错侵权责任制度研究》，中国政法大学出版社 2002 年版，第 418 页。

无须否认，上述解构式的逻辑较大程度上体现出了与替代责任本质之间的贴合性，尤其是对于雇主责任而言，推演起来似乎并无明显纰漏。但若将其适用至监护人责任，则作为基础而言，关于被监护人责任能力的讨论是一个难以回避的问题。有学者甚至指出，基于解释论，我国法律上是否采纳责任能力的概念和制度，不仅对监护人与被监护人的责任构成问题影响重大，对被监护人致害案件中的被告主体地位的确定，亦具有决定意义。[①] 不仅如此，在域外立法中，责任能力的有无对于未成年人侵权的责任形态也具有决定性的作用，若未成年人不具有侵权责任能力，侵权形态表现为（监护人）单独责任和公平责任；若未成年人具有责任能力，则表现为（未成年人和监护人）连带责任和补充责任。[②] 责任能力的有无成为判断被监护人责任状态与诉讼地位的重要标准。只是我国自《民法通则》颁行以来，民事立法对于"责任能力"的概念长期采取回避态度，既未明文承认责任能力制度的地位，也没有直言要求无行为能力人和限制行为能力人对其致害行为承担赔偿的责任。而在学理层次的讨论中，虽有不少学者提出了"《侵权责任法》第 32 条规定了未成年人侵权的责任承担问题，其实是对自然人民事责任能力的立法表述"[③] 或"借鉴域外立法经验，完善我国民事责任制度"[④] 等主张，但诸如"我国法不仅在立法上拒绝责任能力概念，在司法上对该概念也从未加以考虑"[⑤]，"认定责任能力为侵权责任构成的必备条件，没有确实的根据和必要"等观点亦不乏其见。[⑥] 立法、司法以及学说在责任能力制度问题认识上的不一致，客观上为替代责任解构式思路在监护人责任中的适用造成了阻碍，进而也给被监护人的诉讼地位和责任状态的判断带来了诸多的不确定或分歧。

其实，不论法律文本记载与否，基于年龄或智力等因素，未成年人、精神病人以及部分丧失民事行为能力的老年人在对其行为认识和控制能力上不足，却是

① 刘保玉：《监护人责任若干争议问题探讨》，《法学论坛》2012 年第 3 期。

② 蔡颖文：《论我国未成年监护人责任制度的完善》，《法学家》2008 年第 2 期。

③ 杨善长：《民事责任能力的基本理论及立法完善》，《天津法学》2011 年第 4 期。

④ 向金波：《自然人民事责任能力立法规制探究》，《黑龙江省政法管理干部学院学报》2002 年第 4 期。

⑤ 陈帮锋：《民事责任能力：本原与异化》，《中外法学》2012 年第 2 期。

⑥ 杨立新：《侵权法总则》，人民法院出版社 2009 年版，第 324 页。

不争之事实。而正如学者所言，由于未成年人、精神病人以及部分丧失民事行为能力的老年人没有能力来避免引起他人损害的致害行为，侵权法责令他们就其实施的致害行为所引起的损害对他人承担侵权责任，是没有根据的、不公平的，此种制度实际上是过去时代实施的严格责任观念在现代侵权责任制度中的封建遗留。[①] 强令被监护人对其无法辨识和控制的行为承担不利的法律后果，非但于侵权责任法所追求的预防和教育价值而言无实际意义；而且“剥夺要求儿童有辨别能力的这一保护性条件，无疑是给他们在开始自己的生活之前就加上了沉重的义务”[②]；更不用说，在当今中国，囿于监护制度以及家庭伦理，被监护人于被监护人之外拥有独立财产的情形仍未成常态，于监护人之外，单独苛求被监护人赔偿责任，对于强化对被害人救济而言，似乎也并无太大现实价值。因此，与其苦求逻辑形式的完整性和救济理论上的周延，莫不如更多地关切社会现实，给被监护人的智力、精神以及财产的实际状态以更充分的尊重，对责任能力阙如的被监护人在因其行为致害案件中的免责地位予以适当的正视和肯定。将责任的负担和对被害人的救济请求，交付给对损害发生具有监管过失、最有可能通过日常的教育和具体情形之作为来减少或避免此等损害发生以及更具支付能力的监护人身上，不但更贴近责任原理的道德性，而且还可令得对损害的预防和救济更符合效率要求，无疑是更好的选择。而这种思想，早在最高人民法院颁布的《关于贯彻执行〈中华人民共和国民法通则〉若干问题的意见（试行）》中初见端倪——该《意见》第159条规定：“被监护人造成他人损害的，有明确的监护人时，由监护人承担民事责任。”第161条规定：“侵权行为发生时行为人不满十八周岁，在诉讼时已满十八周岁，并有经济能力的，应当承担民事责任。”这些规范虽未采用责任能力的术语，以18岁为唯一标准的做法也略显粗糙，但二者相结合所折射出的责任能力思想却已颇为明显。

---

① ［美］约翰·威格莫尔：《对侵权行为的责任：其历史渊源》，载《哈佛法律评论》总第7卷，第315页以下。（John H. Wigmore, “Responsibity for Tortious Acts: Its History”, 7 *Harvard Law Review* 315 (1894).）

② ［德］冯·巴尔：《欧洲比较侵权行为法》上卷，张新宝译，法律出版社2001年版，第101-102页。

三、归责原则关照下的责任承担

在传统理论的视域中，作为对究责理由和根据的抽象，归责原则通常只与责任的构成相关涉。至于其与责任承担的关系，即便偶有提及，亦主要是与多元化的责任承担方式的具体适用问题相关[①]，而就归责原则对责任主体的影响却鲜有论述。此番忽略，虽于寻常责任承担而言，似乎未见有太多实际差别，但对于正“身处囹圄”的监护人责任承担而言，来自归责原则方面的“关照”，却独具启发意义。毕竟只有在明确缘何要承担侵权责任的前提下，才能对究竟应当由谁对损害承担责任作出更为清楚的判定。

（一）归责原则的应然与实然

关于监护人责任应适用何种归责原则，两大法系国家的侵权法作出的回答基本相同，认为未成年子女的父母就未成年人实施的侵权行为对他人承担的侵权责任是过错推定责任，以未成年子女的父母在监护未成年子女的行为存在过错作为构成要件。如果未成年子女的父母能够证明自己没有过错，则他们将不就其未成年子女的侵权行为对他人承担侵权责任。[②] 如《德国民法典》第 832 条第 1 款规定：“依法律规定有义务对因未成年或因精神上或肉体上的状态而需监督者实施监督的人，有义务赔偿需监督者所不法加给第三人的损害。监督义务人已满足其监督义务的要求，或即使在适当实施监督的情形下也会发生损害的，不发生赔偿义务。”[③] 而美国《侵权法重述》第 316 节也认为，“在下列情形下，父/母有义务行使合理关注，控制其未成年子女，以防止他/她故意伤害他人或采取如此行为以致造成他人遭受身体伤害的不合理风险：(a) 该父/母知道或有理由知道他/她有能力控制其子女，并且 (b) 该父/母知道或应当知道行使此类控制的必要性与

① 魏振瀛：《侵权责任方式与归责事由、归责原则的关系》，《中国法学》2011 年第 2 期。

② 张民安：《侵权法上的替代责任》，北京大学出版社 2010 年版，第 386 页。

③ 陈卫佐译注：《德国民法典》，法律出版社 2010 年第 3 版，第 306 页。

时机”[①]，否则应当对他人承担侵权责任。

在我国，《侵权责任法》出台以前，学者之间对此的争议却颇为激烈，过错责任说、过错推定责任说和无过错责任说等皆有主张。[②] 而《侵权责任法》问世以后，围绕着对第 32 条的理解，学者之间也形成诸多不同的解释和看法：有单一责任说，即以第 32 条为一个整体进行分析，得出监护人的归责原则是单一的这一结论，而关于这单一的归责原则究竟为何，则有过错推定说[③]、过错推定辅之以公平责任说[④]、无过错责任说[⑤]等诸多见解；另有混合责任（双重归责原则）说，即第 32 条的第 1 款与第 2 款采取不同的归责原则，第 32 条第 1 款确立的是监护人的严格责任[⑥]，第 2 款确立的是公平原则。[⑦] 而立法参与者在就该问题加以阐释时，也是采取了较为暧昧的态度，认为，根据《侵权责任法》第 32 条的规定，“监护人的责任不能简单地将其归为无过错责任或者过错推定责任。因为一方面，监护人如果能够证明其尽到监护责任的，只能减轻其侵权责任，而不能免除，这不同于一般的过错推定责任；另一方面，无民事行为能力人和限制民事行为能力人的行为构成了侵权，监护人才承担相应责任，监护人不是对被监护人的所有行为都承担责任”[⑧]。

对此，笔者认为，结合《侵权责任法》第 6 条第 2 款的规定，本着沿袭立法本意的原则，将监护人责任界定为过错推定原则，并辅之以公平分担损失责任这

① 美国法律研究院：《侵权法重述第二版：条文部分》，许传玺等译、许传玺审校，法律出版社 2012 年版，第 130－131 页。

② 王利明主编：《中国民法典学者建议稿及立法理由书·侵权行为法编》，法律出版社 2005 年版，第 165 页。

③ 张俊浩主编：《民法学原理》，中国政法大学出版社 2009 年版，第 918 页。

④ 杨立新：《侵权责任法》，法律出版社 2012 年版，第 299 页。

⑤ 奚晓明：《〈中华人民共和国侵权责任法〉条文理解与适用》，人民法院出版社 2010 年版，第 236 页。

⑥ 无过错（失）责任原则也被称为严格责任、危险责任或者风险责任。德国法称其为 Gefährdungshaftung（危险责任），英美法称其为严格责任（strict liability）。无过失责任即是指侵权行为的成立不以行为人的故意或过失为要件；而危险责任系以特定危险为归责理由。无过失责任的用语消极地指明“无过失亦应负责”的原则，危险责任的概念则是积极凸显无过失责任的归责原因，两者是可以互用的。王泽鉴：《侵权行为》，北京大学出版社 2009 年版，第 14－15 页。

⑦ 王利明：《侵权责任法研究》下卷，中国人民大学出版社 2011 年版，第 44 页。

⑧ 王胜明主编：《中华人民共和国侵权责任法解读》，中国法制出版社 2010 年版，第 150－151 页。

一看法似乎更为合理。首先，从用语演进的角度分析，《侵权责任法》第 32 条第 1 款在对监护人承担责任的性质进行界定时，明确采用了“侵权责任”的概念，而非原《民法通则》第 133 条第 1 款所规定的“民事责任”。依据学者的解释，此番改动其意义并非仅限于规范术语使用上完善，而应当有着更深的寓意，即“这是由监护人承担的侵权责任，侵权人是监护人，而不是造成他人损害的无行为能力人、限制行为能力人。监护人承担责任的基础是其监护职责的存在及违反”①。苟若如此，其责任归结中关于“过错”的考量自是不可或缺。而《侵权责任法》第 32 条第 1 款，虽然未有诸如“无过错即免责”的言语，但其中关于“监护人尽到监护责任的，可以减轻其侵权责任”的规定却已经明确表达了对监护人过错的关怀。而如此规定，似乎是受到法国、意大利和德国等大陆法系国家司法实践对监护人责任改造经验的影响。如意大利是在主流观点认为替代责任的归责原则是一个由过错责任与严格责任之间不同责任形式组成的侵权责任规则体系的理论基础上，通过法官的判决进行协调，实际上成为一种“半严格责任”。而在德国，学者更是直接承认：推定过错的适用，让我们有理由认为，监护人的替代责任处于过错责任与严格责任之间的“灰色地带”②。至于为何称其为“过错推定”，除了受到《侵权责任法》第 6 条第 2 款以及第 32 条第 1 款“监护人尽到监护责任的，可以减轻其侵权责任”的启发外，更重要的是来自司法实践和伦理传统的感召。“受害人在损害发生以前，一般对于被监护人和监护人了解甚少，所以，很难证明监护人的过失。”③ 而另如王泽鉴先生所言：“从严认定原则，旨在保护被害人，有相当依据，自不待言。惟所应注意的是，传统上向有‘子不教，父之过’之思想，从而不免更倾向于加重法定代理人之责任，致变为道德上之制裁。”④ 其次，之所还要在归责原则中介入“公平”因素的考量，从逻辑上

---

① 薛军：《〈侵权责任法〉对监护人责任制度的发展》，《苏州大学学报》2011 年第 6 期。

② ［荷］J. 施皮尔主编：《侵权法的统一：对他人造成的损害的责任》，梅夏英、高圣平译，法律出版社 2009 年版，第 142、208－209 页。

③ Jean-Pierre Le Gall, *International Encyclopedia of Comparative Law*, Vol. 4, Torts, Chapter 3, Liability for persons under supervision, J. C. B. Mohr (Paul Siebeck, Tübingen), 1975, p. 6.

④ 王泽鉴：《民法学说与判例研究》，第 3 册，北京大学出版社 2009 年版，第 110 页。

讲，主要是出于弥补严格责任与过错推定责任之间“灰色地带”的考虑：既然在归责中已将“过错”作为其主要考量因素，而监护人即便在无过错的情况仍需向被害人承担侵权责任，则此时可作为归责的理由，自然只能在被法律奉为圭臬的“公平”之中寻求。在笔者看来，《侵权责任法》第6条第2款一方面给予了监护人减轻责任的可能性，另一方面又能够恰当地避免完全由被侵权人承担全部损失的可能性，使得被监护人侵权行为造成的损害或由侵权人一方完全承担或由侵权人一方与被侵权人一方共同承受，如此更有利于双方利益之平衡。所以，于实务效果言，称其为以“过错推定原则为主，辅之以公平分担损失责任”更为贴切。

（二）归责原则对于责任主体判定的影响

以过错推定为主的归责思路构建，对于监护人责任中责任主体的确定究竟能够产生何种影响呢？借由与雇主责任的比较，或许可以获得一些有益的启发。通过比较，不难发现，同为替代责任下两种责任类型的雇主责任与监护人责任，立法却采取截然不同的归责思路：《侵权责任法》第34条在雇主责任的归责中摒弃了对其过错的考虑和需求，而《侵权责任法》第32条第1款却明确将监护人过错作为的责任归结中的重要考量因素。不唯如此，在域外的理论与实践中，替代责任一般以无过错责任为主，“替代责任是严格责任的另外一个例子，在一定意义上，雇主没有过错却致使其为雇员的过错行为承担责任”几已成共识的情况下①，诸国的立法实践仍坚持在监护人责任中秉承对“过错”的坚守。差别如此，或许唯有回归至二者责任本质与构造中方能找到合理的解释。学者认为，雇主替代责任的本质是代人受过，代人受过者本身没有过错。如果雇主自己有过错，他要为自己的过错行为承担责任，这符合自己责任原则，如果雇主本人在损害中无过错，而替人受过，则有悖于自己原则。雇主替代责任应该排除自己责任的情况，只存在于自己无过错却要为雇员的过错承担责任。② 而在监护人责任中，因加害行为人“无民事行为能力或其民事行为能力受限制，不能或不能完全

① Simon Deakin, Angus Jonston, basil Markesinis, *Torts Law*, Fifth Edition, New York: Oxford University Press, 2003, 571.

② 曹艳春：《雇主替代责任》，法律出版社2008年版，第49-50页。

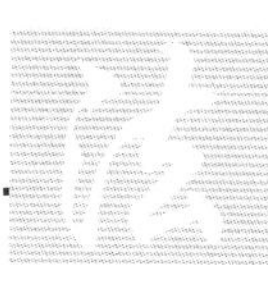

判断自己行为的后果，因而无法或者不能判断其主观状态是否有过失。监护人替代责任的过错表现在监护人身上，是监护人对未成年人或者精神病人没有尽到监护责任的过错，并由此作为这种侵权责任构成的过错要件”①。

以耶林为代表，古典侵权法理论将过错作为责任承担的基础。虽至现代随着风险社会理念的上位，这一思想主导地位已有所动摇。但对于行为侵权而言，出于对自由的保护，归责时对于过错坚守却仍属普遍。作为最纯粹的替代责任，在雇主责任中其责任组成分为两个层次：首先，雇员的过错行为因致人损害而需承担侵权责任；其次，雇主因雇佣关系的存在，而需依法对受害人承担本应由雇员承担的赔偿责任即代后者受过，其责任的承担需以雇员侵权责任的成立为前提。此时过错的评价主要适用于雇员的行为，因此，一方面出于确立责任的需要，关于替代责任的诉讼需以过错为前提，而另一方面基于过错责任的原理，于雇主之外，仍存有要求雇员对其过错行为承担责任的空间。而在监护人责任的情形下，因为监护人是以自己的过错为基础而承担，他承担的就不是替代他人的责任，而是自己对受害人承担的过错责任。其责任构成的基本思想是：监护人因特殊关系应控制被监护人的行为对第三人造成伤害，但监护人违反了对第三人的注意义务，未尽到必要控制义务，从而导致第三人损害。因此，监护人应因自己的过错对第三人承担责任。② 若诚依学者所说，“替代责任是用以描绘一人对另一人的损害行为承担责任的词汇，尽管前者没有过错。被认定承担替代责任的人承担的不是自己责任，否则就没有必要创设替代责任制度”③，雇主责任因责任主体与具体致害人的不一致，可囊括于替代责任之列。既然监护人是基于自己的过错而承担责任，则无论是最终责任主体的确定，还是诉讼中的被告身份归属，皆应以其为指向。被监护人作为责任的肇因之一，可因确立责任的需要而以第三人（或证人）的身份参至诉讼中来，却不应成为受害人请求权指向的对象以及最终责任的承担者。

---

① 杨立新：《侵权责任法》，法律出版社 2012 年第 2 版，第 228－229 页。

② 李永军：《论监护人对被监护人侵权行为的“替代责任”》，《当代法学》2013 年第 3 期。

③ Robert Flannigan, “Enterprise Control”, *University of Toronto Law Journal*, Vol. 37, 1987, p. 26.

四、“偿付”与“责任”的区隔

基于如前所述的广义替代责任理论及过错推定辅以公平分担损失的归责原则，实务中监护人与被监护人的责任应当如何分配呢？监护人是否能够在完全意义上替代被监护人而承担全部赔偿责任，在《侵权责任法》第 32 条本身存在逻辑漏洞①的境况下，应该选择何种解释方能使行为能力与财产状况两种不同的路径得以协调而避免相互抵牾值得研讨。

“法律是一种阐释性的概念”②，“当法律沉默不语、含混不清或模棱两可时，它又如何统摄一切呢？对此，人们的回答都诉诸法律解释”③。所以要解决这一问题，笔者认为应当首先正确解读法条规定。关于监护人责任承担的法条规定，集中于《侵权责任法》第 32 条第 1 款和第 2 款，对于两款之间的关系，学者提出两者是平行或者并列、一般规则与例外规则、一般与补充、主从或称之为内部和外部关系等多种学说。④ 持平行关系说的学者认为，据《侵权责任法》第 32 条的规定精神，当被监护人无财产时适用第 1 款的规定；在被监护人有财产时则适用第 2 款的规定。两款的规定是一种平行关系，相互独立、互不影响。⑤ 该学说最显著的优势在于以财产的有无作为适用法条的依据，在实践操作中简单易行。一般与例外关系说则认为，《侵权责任法》第 32 条第 1 款确定了监护人责任的一般原则，第 2 款是针对第 1 款的特殊的例外规定：被监护人造成他人损害之时由监护人承担损害赔偿责任，只有在监护人自身的过错显著轻微，承担责任对自己

---

① 魏盛礼：《民事权利能力与民事责任承担的逻辑应对关系——兼评〈侵权责任法〉关于被监护人侵权责任的规定》，《南昌大学学报（人文社会科学版）》2010 年第 3 期。

② ［美］德沃金：《法律帝国》，李长青译，中国大百科全书出版社 1996 年版，第 364 页。

③ 张志铭：《法律解释操作分析》，中国政法大学出版社 1999 年版，第 1 页。

④ 平行说由王利明在《侵权责任法教程》中提出；一般与例外说由薛军在《侵权责任对监护人责任的发展》中提出；一般与补充说由朱广新在《被监护人致人损害的侵权责任配置》中提出；主从说由陈帮锋在《论监护人责任——〈侵权责任法〉第 32 条的破解》中提出，有学者也将其称为内外部关系说。刘宝玉：《监护人责任若干争议问题探讨》，《法学论坛》2012 年第 3 期。

⑤ 王利明、周友军、高圣平：《中国侵权责任法教程》，人民法院出版社 2010 年版，第 466 页。

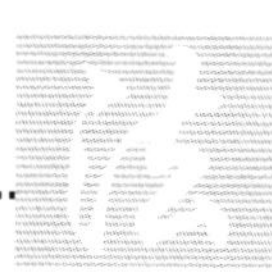

的生活将造成重大的不利，而且选择从被监护人的财产中支付赔偿费用对后者的生活和成长不会产生明显不利的情况下，才能够适用该款，但责任承担主体仍是监护人。① 该学说在承认监护人是赔偿责任的主体方面符合立法精神与意图，值得肯定。一般与补充关系说是指，《侵权责任法》第 32 条两款规定在逻辑上构成一般规定与补充规定的关系。第 1 款为监护人利益而特设的减责事由，造成了受害人可能得不到完全赔偿的救济漏洞。为济第 1 款之穷，第 2 款基于衡平思想，向被监护人与监护人强加了一种公平责任，即如果因监护人获得减责机会而得不到周全保护时，受害人可要求有财产的被监护人就监护人减轻的部分承担独立的责任，如果被监护人的财产仍不足以完全赔偿受害人的损失，监护人须无条件地第二次承担赔偿责任。② 该学说的意旨在于平衡两个关系——被监护人的行为自由与受害人权益保护以及监护人与受害人之间的利益冲突，在坚守原则的情形下以衡平思想加强结果责任。主从关系说（内外部关系说③）则认为，《侵权责任法》第 32 条两款规定之间是主从关系，后者是对前者的补充说明，只有适用了前者才有后者的适用余地；对受害人而言，所有的监护人责任案件均只适用第 1 款的规定，被监护人致害的全部责任由监护人承担，被监护人不承担任何责任；第 2 款仅处理赔偿费用的支付问题。④

基于我国家庭伦理及社会现状，被监护人的财产在实际生活中并不独立于监护人的，所以各学说在赔偿损害的实际效果上差异并不明显，但是选择合适的理论对于构建完整的监护人责任体系、深刻理解替代责任的分配方式，进而在实践中明晰赔偿义务人意义重大。笔者认为，平行关系说有明显不妥之处，如前所

① 薛军：《走出“监护人补充责任”的误区——论〈侵权责任法〉第三十二条的理解与适用》，《华东政法大学学报》2010 年第 3 期。

② 朱广新：《被监护人致人损害的侵权责任配置——〈侵权责任法〉第 32 条的体系解释》，《苏州大学学报（哲学与社会科学版）》2011 年第 6 期。

③ 刘保玉教授认为，“主从关系”的表述有所不妥，该条两款实际上是分别规定监护人对受害人承担责任的外部关系和监护人与有财产的被监护人之间就赔偿费用如何分担的内部关系，两款之间并不存在所谓的“主”与“从”的关系，以“外部、内部关系区分说”的提法来描述该条两款的体系构造，更为允当。刘保玉：《监护人责任若干争议问题探讨》，《法学论坛》2012 年第 3 期。

④ 陈帮锋：《论监护人责任——〈侵权责任法〉第 32 条的破解》，《中外法学》2011 年第 1 期。

述，我国无论是理论探讨还是实务操作，都没有承认“责任能力”这一概念，将被监护人有无财产作为其是否承担侵权责任的标准并无法理依据，也最易导致行为能力与财产状况的混同，所以，平行说难以起到其应有的作用，不应采纳。而一般与例外关系说较为明显的缺陷在于：对第 2 款被监护人支付费用作出限制性适用条件并不符合法条文义解释原则，这样的解释值得商榷；同时如上所述，监护人与被监护人财产在生活状态中几为同一主体时，作出十分细致的规定一无必要，二无操作可能——如何判断“重大不利”“明显不利”也有可能使实务运行不畅。一般与补充关系说的缺陷在于相对烦琐并且可能导致第 1 款对于监护人“减责”规定的实质无效。①

笔者倾向于认同主从说。法律解释学的一般理论告诉我们：“在解释时，主要应看立法者想使哪些人受益，以及什么样的解释结果最符合立法者的意图。”② 第 32 条第 2 款并非规制被监护人对受害人的责任，而是仅规制监护人依第 1 款对外承担责任时被监护人与监护人的内部分配与求偿问题，更为准确地说，第 32 条第 2 款是基于第 1 款这一确定责任的规则之上的履行责任之规则。因为我国并未承认“责任能力”，所以在被监护人侵权案件中，应当遵循的是这样的解释论：被监护人作出侵权行为，监护人承担广义的替代责任，即为自身监护义务的缺失承担责任。至于第 2 款的赔偿费用，解决的只是赔偿费用的支付问题，并不涉及责任承担的分配方式。立法之所以如此规定，意图有二。一是明确赔偿责任的承担主体是监护人。根据主从关系说，在确定责任时，首先适用第 1 款的规定后才有适用第 2 款的余地，同时《侵权责任法》对《民法通则》的修正——删去不足部分由监护人“适当”赔偿中的“适当”二字，意在明确无论何种情况，监护人都是赔偿责任的主体。二是意图效仿“责任能力”制度达成的实效，将责任

① 该说分为三种情形：一是监护人不减责，监护人为赔偿责任主体；二是监护人减责，监护人、被监护人均为赔偿责任主体，且被监护人对监护人减责部分具有赔偿能力；三是监护人减责，监护人、被监护人均为赔偿责任主体，且被监护人对监护人减责部分不具有赔偿能力。在第三种情况下，无论是监护人承担责任的部分还是减责部分最终均由监护人承担责任，从实效角度出发，这实质上使“减责”规定形同虚设，故该学说也难以被采纳。

② ［德］卡尔·拉伦茨：《德国民法通论》上册，王晓晔等译，法律出版社 2003 年版，第 101 页。

能力与赔偿主体相结合，加之我国的社会实际即监护人和被监护人的财产在相当大的部分是重合的，在实质上达成了沿用赔偿主体是有“责任能力”的立法模式所产生的效果。

所以，被监护人侵权案件中替代责任的承担方式在实践中应当表征为赔偿义务人仅是指监护人，而其因循的理论即是被监护人不承担责任，第 32 条第 2 款规定的是被监护人基于衡平意义而以自己的财产作出的一定补偿，被监护人有无财产不影响替代责任的承担方式，仅是在具体履行时规范了内部的支付方式。

五、结论

在被监护人侵权案件中，除因程序法上确认之诉与给付之诉的简单叠加而引致的将监护人与被监护人同时列为被告这一形式逻辑之影响，被告主体认定不一与赔偿义务主体的混乱列举多源自于对替代责任理论的模糊性认识。据此，应在保持法条稳定性的前提下，竭力运用解释学的张力弥补逻辑漏洞，使理论规范自洽、实务操作简明。所以，本书主张在责任能力于立法上隐身及理论上淡化的背景下，将监护人责任的归责原则选择为过错推定辅之以公平分担损失，通过解释的方式化解替代责任与过错推定的原有矛盾，使广义的替代责任理论予以上位并以此确认被告主体仅应列监护人；复于替代责任承担上，将对被监护人的立法规制解释为基于衡平理念的支付方式而非责任承担，从而明确实务中唯有监护人是赔偿义务主体。综上，本节文前三个案例以及司法实践中的被监护人侵权案件，均应仅列监护人为被告，同时以其作为赔偿义务主体承担责任；若被监护人有财产，并不影响诉讼主体的认定以及实体责任之承担，仅影响具体的履行。

第五节 侵权责任并合与营销参与者

我国《侵权责任法》及其特别法不仅规定了多数人侵权行为的多种责任形

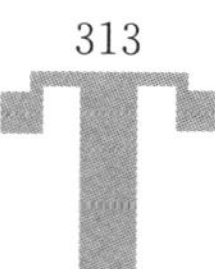

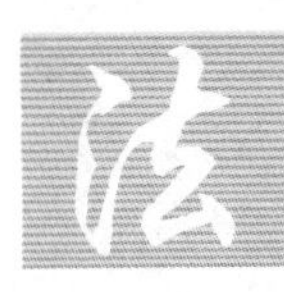

态，而且规定了较多的连带责任、不真正连带责任相互之间并合的侵权责任形态，呈现出丰富多彩的样态。多数人侵权行为及责任的理论对此现象应当如何解释，针对何种主体实施的侵权行为适用，怎样确定责任分担规则，尚未进行深入讨论，在理论上尚属空白，司法实践亦无定论。本节结合上述问题进行探讨。

一、我国侵权责任法规定侵权责任并合的具体表现

我国侵权法立法的发展有一个重要的动向，就是在不断增加多数人侵权责任形态的同时，不断扩大连带责任和不真正连带责任的适用范围，形成了侵权责任相互并合的情形。

前者的表现是，在多数人侵权行为应当承担的连带责任和不真正连带责任中，增加了很多特殊表现形式。关于连带责任的特殊表现形式，在《侵权责任法》第 13 条和第 14 条规定的典型连带责任基础上，规定了单向连带责任（《侵权责任法》第 9 条第 2 款、第 49 条）[①] 和部分连带责任（《侵权责任法》第 36 条第 2 款规定的就扩大的部分承担连带责任[②]，最高人民法院《关于审理环境侵权责任纠纷案件适用法律若干问题的解释》第 3 条规定的半叠加分别侵权行为与部分连带责任[③]）。关于不真正连带责任的特殊表现形式，尽管《侵权责任法》没有像该法第 13 条和第 14 条规定连带责任规则那样明文规定不真正连带责任的基本规则，但在第 43 条、第 68 条和第 83 条等都规定了典型不真正连带责任，规则比较明确。在上述规定的基础上，《侵权责任法》第 44 条、第 85 条和第 86 条第 1 款还规定了先付责任，第 34 条第 2 款、第 36 条第 2 款和第 40 条规定了补充责任，以及《消费者权益保护法》第 43 条和第 44 条、《食品安全法》第 131

---

① 关于单向连带责任，参见杨立新：《教唆人、帮助人责任与监护人责任》，《法学论坛》2012 年第 3 期。

② 杨立新：《多数人侵权行为及责任理论的新发展》，《法学》2012 年第 7 期。

③ 杨立新：《环境侵权司法解释对分别侵权行为规则的创造性发挥——〈最高人民法院关于审理环境侵权责任纠纷案件适用法律若干问题的解释〉第 3 条解读》，《法律适用》2015 年第 10 期。

条规定了附条件的不真正连带责任[①]，这些责任形态都是典型的不真正连带责任的特殊表现形式。因此，以上构成了我国复杂的多数人侵权责任形态体系，标志着我国侵权责任立法和理论的发达程度。

后者的表现形式更为复杂。最早出现连带责任和不真正连带责任并合的，是原《消费者权益保护法》第 38 条（修订后的第 43 条），表现为，在传统交易平台（展销会或者租赁柜台）销售商品致害消费者，《民法通则》第 122 条规定生产者、销售者承担不真正连带责任；该条规定，在展销会结束或者租赁柜台期满后，展销会的举办者、柜台出租者承担不真正连带责任，形成了不真正连带责任的并合。继之，原《食品安全法》第 55 条规定："社会团体或者其他组织、个人在虚假广告中向消费者推荐食品，使消费者的合法权益受到损害的，与食品生产经营者承担连带责任。"食品生产经营者包括食品的生产者和销售者，缺陷食品造成消费者损害，依照产品责任规则，应当承担不真正连带责任。在此基础上，社会团体或者其他组织、个人与食品生产经营者承担连带责任，就是在不真正连带责任的基础上，又增加了连带责任的规定，形成了连带责任与不真正连带责任的并合。

2013 年修订《消费者权益保护法》，新增加的第 44 条规定，网络交易平台销售的商品致害消费者，销售者应当承担赔偿责任，网络交易平台提供者承担约定的或者法定的不真正连带责任；网络交易平台提供者知道或者应当知道销售者利用网络交易平台侵害消费者合法权益，不采取必要措施，造成消费者损害的，与销售者共同承担连带责任。缺陷商品致害，本属于产品责任，依照《侵权责任法》第 43 条规定，由生产者、销售者承担不真正连带责任。《消费者权益保护法》上述条文规定销售者承担赔偿责任，实际上仍然要适用《侵权责任法》第 43 条规定，即销售者与生产者承担不真正连带责任。再加入网络交易平台提供者承担不真正连带责任或连带责任，就构成了不真正连带责任与不真正连带责任的并合，以及不真正连带责任与连带责任的并合。

---

① 杨立新：《多数人侵权行为及责任理论的新发展》，《法学》2012 年第 7 期。

随着2015年立法机关修订《广告法》和《食品安全法》，大量出现连带责任与不真正连带责任及其相互之间的并合情形。

首先，新修订的《广告法》第56条规定了4种责任并合的情形：（1）虚假广告欺骗、误导消费者，造成消费者的损害，必然是虚假广告所宣传的商品所致，产品有缺陷，本来就由生产者、销售者承担不真正连带责任，再加上广告主承担民事责任，加入到生产者、销售者的责任之中，与之共同承担责任，形成多数人侵权责任的并合。（2）广告经营者、广告发布者不能提供广告主的真实名称、地址和有效联系方式的，承担先行赔偿的责任，而先行赔偿责任就是不真正连带责任的中间责任，因而，广告经营者和广告发布者又加入了生产者、销售者（包括广告主）的责任主体范围之中，构成侵权责任并合。（3）关系消费者生命健康的商品或者服务的虚假广告，其商品造成消费者损害的，构成产品责任，生产者、销售者必然承担不真正连带责任，加上广告主的责任，再加上广告经营者、广告发布者、广告代言人应当与广告主承担连带责任，又构成了更加复杂的多数人侵权责任的并合。（4）其他商品或者服务的虚假广告，造成消费者损害的，除了生产者、销售者之外，广告主要承担责任，其广告经营者、广告发布者、广告代言人，明知或者应知广告虚假仍设计、制作、代理、发布或者作推荐、证明的，又应当与广告主承担连带责任，构成了更加复杂的侵权责任并合。

其次，新修订的《食品安全法》增加了7种侵权责任并合的情形：（1）第122条规定，明知食品经营者未取得食品生产经营许可从事食品生产经营活动，或者未取得食品添加剂生产许可而从事食品添加剂生产活动，仍为其提供生产经营场所或者其他条件，使消费者的合法权益受到损害的，应当与食品、食品添加剂生产经营者承担连带责任。（2）第123条规定，明知食品经营者用非食品原料生产食品、在食品中添加食品添加剂以外的化学物质和其他可能危害人体健康的物质，或者用回收食品作为原料生产食品，或者经营上述食品；生产经营营养成分不符合食品安全标准的专供婴幼儿和其他特定人群的主辅食品；经营病死、毒死或者死因不明的禽、畜、兽、水产动物肉类，或者生产经营其制品；经营未按规定进行检疫或者检疫不合格的肉类，或者生产经营未经检验或者检验不合格的

肉类制品；生产经营国家为防病等特殊需要明令禁止生产经营的食品；生产经营添加药品的食品等违法行为，仍为其提供生产经营场所或者其他条件，使消费者的合法权益受到损害的，应当与该食品生产经营者承担连带责任。（3）第130条规定，集中交易市场的开办者、柜台出租者、展销会的举办者允许未依法取得许可的食品经营者进入市场销售食品，或者未履行检查、报告等义务，使消费者的合法权益受到损害的，应当与食品经营者承担连带责任。（4）第131条规定，网络食品交易第三方平台提供者未对入网食品经营者进行实名登记、审查许可证，或者未履行报告、停止提供网络交易平台服务等义务，使消费者的合法权益受到损害的，应当与食品经营者承担连带责任。（5）第138条第3款规定，食品检验机构出具虚假检验报告，使消费者的合法权益受到损害的，应当与食品生产经营者承担连带责任。（6）第139条第2款规定，认证机构出具虚假认证结论，使消费者的合法权益受到损害的，应当与食品生产经营者承担连带责任。（7）第140条第2款和第3款规定，广告经营者、发布者设计、制作、发布虚假食品广告，使消费者的合法权益受到损害的，应当与食品生产经营者承担连带责任；社会团体或者其他组织、个人在虚假广告或者其他虚假宣传中向消费者推荐食品，使消费者的合法权益受到损害的，应当与食品生产经营者承担连带责任。[①]

侵权责任法增加多数人侵权责任的多种不同形态，是侵权责任法的多数人侵权行为与责任的形态多样性问题，类似于美国《侵权法重述（第三次）·责任分担》的规则及其阐释。对此，我在有关文章中进行了说明，形成了多数人侵权责任形态的理论体系。对于侵权责任法增加多数人侵权责任并合，从上述立法情形进行观察，并不仅仅是在这两部法律出现。随着侵权责任法在更多的社会生活领域中被广泛应用，特别是在维护人的生命、健康方面，立法者在予以更大的关注和重视中，会更多地采用连带责任、不真正连带责任的形式，保护消费者的权益，因而会出现越来越多的侵权责任并合的规定。这样就给侵权责任法理论提出一个重大问题，即在理论上解释侵权责任并合的概念及其适用范围，确定侵权责

① 在最高人民法院的有关司法解释中，也规定了部分侵权责任并合的情形。对此，本书不作具体涉及，仅在有关论述中会提到这方面的规定。

任并合的责任分担规则。这是一个重要的理论问题，也是重要的司法实践问题，必须予以重视。

二、侵权责任并合的概念及类型

（一）侵权责任并合的概念界定

对我国侵权责任法立法不断加强连带责任和不真正连带责任的扩大适用，形成了多数人侵权责任相互并合的情形，侵权责任法理论尚未提出探讨与见解。我想用“侵权责任并合”这个概念来概括这种立法现象，并依此构建理论支撑，丰富多数人侵权行为及责任的理论体系。

侵权责任并合，是指在多数人侵权行为中，法律原本规定了一种侵权责任形态，又增加规定了新的侵权人承担同一种侵权责任形态或者其他侵权责任形态，构成更多的侵权人对同一损害承担同一种或者不同种侵权责任，并相互重合的责任形态。例如，《侵权责任法》第 43 条规定产品生产者和销售者对缺陷产品造成的损害承担不真正连带责任，《消费者权益保护法》第 45 条又规定广告主、广告经营者、广告发布者以及广告代言人对同一损害承担连带责任，就是在法律规定的不真正连带责任的基础上，又增加规定了其他侵权人对同一损害承担连带责任，构成多数人侵权的不真正连带责任与连带责任的并合。

（二）侵权责任并合的基本特征

1. 原侵权人和新侵权人的行为造成的是同一个损害

侵权责任并合的本质特征，仍然是多数人侵权行为发生的侵权责任形态。

构成侵权责任并合，首先必须是多数人侵权行为，即侵权人为多数。至于侵权行为的形态，应当是共同侵权行为、竞合侵权行为或者分别侵权行为。不过也有一种情形，即尽管不构成多数人侵权行为，但法律规定应当承担连带责任的，也视为共同侵权行为。例如《侵权责任法》第 51 条规定的买卖拼装车或者报废车，发生交通事故致人损害的，规定由转让人和受让人承担连带责任。这种行为难说已经构成共同侵权行为，但法律规定承担连带责任，将其视为准共同侵权行

为未尝不可，故也属于发生在多数人侵权行为中多数人的侵权责任。

同样，侵权责任并合既然须符合多数人侵权行为的要求，因而不论原来的侵权人，还是新加入的侵权人，其行为造成的损害都是同一个损害，而不是新造成的损害。新加入的侵权人的行为，与原侵权人的行为结合在一起，共同造成了同一个损害结果，每一个行为人的行为都对同一个损害的发生有原因力。例如，生产者和销售者制造、销售缺陷食品造成消费者损害，其行为当然与损害的发生具有原因力，但该食品的认证机构出具虚假认证结论的行为，对损害的发生也具有原因力，依照《食品安全法》第139条第2款规定，应当与食品生产经营者承担连带责任，就在原来的不真正连带责任的基础上，又增加了实施虚假认证行为对损害的发生也具有原因力的行为人，加入该责任范围，承担连带责任。

2.法律原本规定了一种多数人侵权责任形态

在侵权责任并合中，原本法律就规定了一种多数人侵权责任形态，例如，法律原规定为承担连带责任的共同侵权行为，承担连带责任或者按份责任的分别侵权行为，承担不真正连带责任的竞合侵权行为。如果法律原本规定的侵权行为就不是多数人侵权行为，也不承担连带责任、按份责任或者不真正连带责任，而是单独责任，即使法律又规定了新的侵权人加入原来的侵权人所要承担的责任范围之中，也并非侵权责任并合，而是根据新的法律规定，发生了多数人侵权行为及责任。

3.法律又规定新增加的侵权人加入到多数人侵权责任之中

构成侵权责任并合，须法律在规定了多数人侵权责任之后，又规定了新的侵权人加入多数人侵权行为的行为人之中，成为多数人侵权责任的责任人，使该种多数人侵权的责任人数额增加，或者与其他责任形态发生并合。前者如规定新的侵权人加入原来规定的连带责任、按份责任或者不真正连带责任之中，成为连带责任人、按份责任人或者不真正连带责任人；后者如规定新的侵权人承担的责任与原来的责任形态不同，构成责任形态的并合，成为与原来规定的责任形态不同的新的责任形态的责任人，例如原来规定的是不真正连带责任，增加新的侵权人承担的是连带责任。

4. 原本规定的侵权责任形态与新增加的侵权人承担的责任形态相重合

构成侵权责任并合，还需原来规定的侵权责任形态与新增加的侵权人承担的责任形态相重合，并合在一起，成为一个侵权行为要承担的相同的多数人侵权责任形态，或者不同的多数人侵权责任形态。例如，《消费者权益保护法》第 44 条第 2 款规定网络交易平台提供者承担的连带责任，原本是缺陷商品销售者和生产者应当承担的不真正连带责任，网络交易平台提供者加入其中后，构成了不真正连带责任与连带责任的并合，等于是网络交易平台提供者加入到生产者与销售者承担的不真正连带责任之中，又与原来的不真正连带责任形态不同，要承担连带责任。这种侵权责任并合的情形，要比同种类的侵权责任并合的情形更为复杂。

（三）侵权责任并合与相关概念的区别

1. 侵权责任并合与侵权责任竞合

民事责任竞合，是指因某种法律事实的出现，而导致两种或两种以上的民事责任产生，各项民事责任相互发生冲突或者不冲突的民法现象。它来源于法律规范竞合理论，现代法律都作抽象规定，并且从各种不同角度对社会生活现象进行规范，所以经常发生同一个事实符合几个法律规范的要件，致使这几个法律规范竞合。[①] 民事责任竞合包括冲突性竞合和非冲突性竞合，前者须选择其中一个请求权行使，请求责任人承担一种民事责任；后者因为数个责任都有承担的必要，因而权利人可以同时请求责任人承担数种责任。侵权责任竞合是民事责任竞合的一种，规则相同。

侵权责任并合与此不同，虽然都是不同法律的规定竞合在一起，但是侵权责任并合并不发生请求权竞合的后果，而是扩大就同一损害事实承担责任的主体范围，让更多的责任人参加到这一个多数人侵权责任之中，让更多的人对受害人的同一个损害承担责任，使受害人的索赔权利更加有保障，更容易得到实现。因此，侵权责任并合并不存在冲突性和非冲突性的区别，都是责任人应当承担的责任。责任竞合研究的是法律规定的责任发生重合后，权利人怎样行使请求权，而侵权责任并合则是增加对同一损害承担责任的人数，以及怎样分担责任。

① 王泽鉴：《民法学说与判例研究》，第 1 册，中国政法大学出版社 1998 年版，第 371 页。

2.侵权责任并合与侵权责任聚合

侵权责任法理论中有责任聚合的概念，是指同一法律事实基于法律的规定，以及损害后果的多样性，而应当使责任人承担多种法律责任的形态。[①]侵权责任聚合分为两种，一是一般的侵权责任聚合，是指侵权人实施的一个行为造成他人损害，依照法律产生多项侵权请求权，行为人应当承担多项侵权责任的情形，例如侵害名誉权要承担精神损害赔偿责任，同时又要承担赔礼道歉、恢复名誉等几种民事责任。特殊的侵权责任聚合，是指侵权人实施的一个行为造成他人损害，依照法律不仅产生侵权请求权，而且产生了其他民事请求权，侵权人应当承担不同的民事责任的情形，即在类似于产品责任中，行为人承担了固有利益的损害赔偿责任，同时还要承担违约责任等几个不同的责任。[②]

侵权责任并合既不同于一般的侵权责任聚合，也不同于特殊的侵权责任聚合。侵权责任并合既不是一个侵权行为发生几个不同责任方式的请求权，承担几个不同的责任方式；也不是造成了几个不同的损害，分别由侵权责任和违约责任救济，而是数个不同的侵权人实施的加害行为，造成受害人的同一个损害，在原来的法律规定要承担多数人侵权责任的基础上，又增加侵权人，共同承担对同一个损害进行赔偿的责任形态，以增加受害人获得救济、实现请求权的保障。

3.侵权责任并合与债务加入

侵权责任并合与债法的债务加入有相似之处，都是在原有的债务人范围内，又增加新的债务人，与原债务人共同承担同一个债务。[③] 不过，债务加入是新债务人为原债务人承担债务，当新加入的债务人不能履行债务或者履行债务不符合债的本质要求时，原债务人还应当承担债务履行责任。

侵权责任并合并不是仅有新的债务人加入，为债务人承担债务，而是既有新的债务人加入债务人（侵权人）之中，又要与原债务人（侵权人）共同承担债务（侵权责任），同时法律还要规定新加入的债务人应当承担何种责任形态，而不是

① 王利明：《侵权行为法研究》上卷，中国人民大学出版社 2004 年版，第 654 页。

② 杨立新：《侵权法论》上卷，人民法院出版社 2013 年第 5 版，第 320 页。

③ 史尚宽：《债法总论》，中国政法大学出版社 2000 年版，第 750 页。

仅仅为原债务人承担债务而已。不仅如此，由于我国侵权责任法单独制定，已经脱离债法，因而，侵权责任并合与债务人加入的区别更加明显。

（四）侵权责任并合的类型

1.同质并合

同质并合，即同种类责任形态的侵权责任并合，是指原来的多数人侵权责任形态与后来增加的侵权人承担的责任形态属于同一性质，是相同的侵权责任形态的并合。例如原数个侵权人承担的是连带责任，又增加了新的侵权人承担连带责任。最高人民法院《关于审理道路交通事故损害赔偿案件适用法律若干问题的解释》第6条规定："拼装车、已达到报废标准的机动车或者依法禁止行驶的其他机动车被多次转让，并发生交通事故造成损害，当事人请求由所有的转让人和受让人承担连带责任的，人民法院应予支持。"《侵权责任法》第51条规定的这种侵权行为的连带责任主体只有转让人和受让人，该司法解释将责任主体范围扩大，多次转让的再转让人和再受让人等也都加入这个连带责任的责任主体范围，共同承担连带责任，使连带责任人的范围扩大，构成侵权责任的同质并合。

2.同质异形并合

同质异形并合，是相同的基本侵权责任形态中不同责任形态的并合，侵权人承担的尽管是连带责任或者不真正连带责任，但是并合的是非典型的连带责任、非典型的不真正连带责任形态，例如附条件的不真正连带责任、先付责任或者补充责任。[①] 例如，《消费者权益保护法》第44条第1款规定的是网络交易平台提供者承担的附条件不真正连带责任，与《侵权责任法》第43条规定的生产者、销售者承担的典型的不真正连带责任之间发生并合，属于侵权责任的同质异形并合。

3.异质并合

异质并合，即非同种类责任形态的侵权责任并合，是指原来的多数人侵权责任形态与后增加的侵权人承担的责任形态不属于同一性质，是不同的多数人侵权责任形态的并合。具体表现为典型形态的连带责任、不真正连带责任和按份责任

① 由于按份责任并没有典型和非典型之分，因而不存在这种责任的并合形态。

之间的并合。在目前法律规定的侵权责任并合中，多数是异质并合。例如，在《消费者权益保护法》第 44 条第 2 款规定的网络交易平台提供者承担的连带责任，就是加入到《侵权责任法》第 43 条规定的产品生产者与销售者承担的不真正连带责任之中，形成了不真正连带责任与连带责任的并合，为异质并合。《食品安全法》第 131 条规定，同样是网络食品交易第三方平台提供者加入到食品经营者和食品生产者的不真正连带责任之中，形成的连带责任与不真正连带责任的异质并合。

我国侵权责任法规定的侵权责任并合的情形如下表所列。

我国法律规定的侵权责任并合一览表

法律	条文	适用范围	原责任形态	原责任人	新责任形态	新责任人	责任并合种类
消费者权益保护法	第 43 条	传统交易平台销售商品	不真正连带责任	生产者、销售者	附条件不真正连带责任	柜台出租者、展销会举办者	同质异形并合
	第 44 条第 1 款	网络交易平台销售商品	不真正连带责任	生产者、销售者	附条件不真正连带责任	网络交易平台提供者	同质异形并合
	第 44 条第 2 款	网络交易平台销售商品	不真正连带责任	生产者、销售者	连带责任	销售者、网络交易平台提供者	异质并合
广告法	第 56 条第 1 款	虚假广告	不真正连带责任	生产者、销售者	附条件不真正连带责任	广告经营者、发布者	同质异形并合
	第 56 条第 2 款	涉及生命健康的虚假广告	不真正连带责任	生产者、销售者	连带责任	广告经营者、广告发布者、广告代言人	异质并合
	第 56 条第 2 款	其他商品虚假广告	不真正连带责任	生产者、销售者	连带责任	广告经营者、广告发布者、广告代言人	异质并合

续前表

法律	条文	适用范围	原责任形态	原责任人	新责任形态	新责任人	责任并合种类
食品安全法	第122条	没有许可证生产食品	不真正连带责任	食品、食品添加剂生产经营者	连带责任	为其提供生产经营场所或者其他条件的经营者	异质并合
	第123条	用非食品原料等物质制造食品	不真正连带责任	生产者、销售者（食品生产经营者）	连带责任	为其提供生产经营场所或者其他条件的经营者	异质并合
	第130条	允许销售未取得许可的食品经营者进入市场	不真正连带责任	食品经营者（生产者、销售者）	连带责任	传统交易平台开办者、柜台出租者、展销会举办者	异质并合
	第131条第1款	网络交易平台提供者未对入网食品经营者实名登记、审查许可证等	不真正连带责任	食品经营者（生产者、销售者）	连带责任	网络交易平台提供者	异质并合
	第131条第2款	网络交易平台销售食品致害消费者	不真正连带责任	食品经营者和生产者	附条件不真正连带责任	网络交易平台提供者	同质异形并合
	第138条第3款	出具虚假检验报告	不真正连带责任	食品生产经营者（生产者、销售者）	连带责任	食品检验机构	异质并合
	第139条	出具虚假认证结论	不真正连带责任	食品生产经营者	连带责任	认证机构	异质并合
	第140条第2款	虚假食品广告	不真正连带责任	食品生产经营者	连带责任	广告经营者、发布者	异质并合
	第140条第3款	虚假食品广告、虚假宣传	不真正连带责任	食品生产经营者	连带责任	社会团体、其他组织、个人（广告代言人）	异质并合

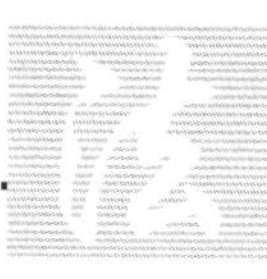

从上表可以看出：第一，侵权责任并合主要发生在涉及消费者权益保护领域，特别是对食品消费者的保护；第二，侵权责任并合的适用范围主要是产品责任，也包括服务致害责任领域；第三，发生侵权责任并合的责任形态，主要是连带责任与不真正连带责任之间，表现为不真正连带责任与连带责任并合，不真正连带责任与不真正连带责任其他特殊形态并合，以及连带责任与连带责任的并合，其他责任形态发生侵权责任并合的情形尚不多见。

三、营销参与者及对其适用侵权责任并合的目的

从上述法律规定的情形观察，法律规定侵权责任并合制度的适用范围，主要针对的是产品责任、服务责任，只有司法解释规定了报废车、拼装车交易的侵权责任并合。抛开机动车交易问题，就其他主要适用侵权责任并合的情形而言，集中在三个方面：一是规定侵权责任并合的法律都是调整交易的法律，例如《消费者权益保护法》《食品安全法》和《广告法》；二是规定适用侵权责任并合的都是涉及交易中的产品责任和服务致害责任；三是适用侵权责任并合的主体，都是与产品和服务的营销有关的经营者。概括起来，侵权责任并合主要发生在产品责任、服务责任领域，承担侵权责任并合的主体可以概括为营销参与者。

（一）营销参与者的概念界定及类型

营销参与者（marketing participant）的概念由美国侵权法学家戴维·G. 欧文（David G. Owen）提出并使用。他认为，营销参与者主要包含两类：第一类，零售商、非生产性销售者、原材料及零部件供应者、母公司、表见生产者、代理商、继受公司等，这些在产品分销链条上起重要作用的非生产性的产品供应者，是营销参与者的关键主体[①]；第二类，以次要方式（secondary way）促成社会中产品的买卖和分销的主体，包括产品认证者和保证人、安全检验者、贸易协会以及其他偶然性的市场参与者。[②] 无论是欧文教授还是美国《侵权法重述（第

① David G. Owen, *Products Liability Law*, Thomson West, 2008, pp. 1000 - 1040.

② David G. Owen, *Products Liability Law*, Thomson West, 2008, p. 1050.

三次）：产品责任》，都未提到柜台出租者这一主体。

我国学者也有使用营销参与者的概念。王竹教授在他的《论我国侵权法上的缺陷产品营销参与者责任》一文中，认为广义的市场营销活动，既包括常见的发布广告，也包括生产环节的检验、认证和其他质量担保方式，以及销售环节的交易市场和交易平台。这些市场营销行为的共同目的就是保障产品质量并促进产品的销售，这样就在产品市场上形成了产品分销链条和产品营销链条两个平行的市场链条，因而形成产品分销参与者的责任和产品营销参与者的责任。[①]

戴维·G. 欧文教授和王竹教授在他们的著述中，都没有对营销参与者给出一个抽象的定义，而是指出其具体类型。同时，两位教授在概括营销参与者的类型中也有不同看法。不过，这并不妨碍在我国侵权法特别是产品责任法中使用营销参与者的概念，并且据此解释侵权责任并合的主体。

我国法律规定的侵权责任并合的主体，主要是柜台出租者，展销会举办者，网络交易平台提供者，广告经营者、发布者、广告代言人，为没有许可证而生产食品的生产者提供生产经营场所或者其他条件的经营者，为用非食品原料等物质制造食品的经营者提供生产经营场所或者其他条件的经营者，食品检验机构，认证机构，等等。这些主体尽管在戴维·G. 欧文所概括的主体和王竹概括的主体中不尽相同，但都可以通过对营销参与者的概念进行界定，而将这些法律规定的责任主体概括在营销参与者的概念之中。

根据我国实际情况，营销参与者是指在商品和服务的交易领域中，为商品的生产、销售以及服务提供营销支持，促成商品、服务经营者与消费者达成交易的经营者和非经营者。其特征是：第一，多数营销参与者是交易领域的经营者，而不是非经营者，其目的与经营者相同，都具有营利目的，但是也包括为保障交易安全的非经营者，如食品检验机构、认证机构等；第二，营销参与者服务支持的交易活动包括商品生产、销售以及服务的营销，而不只是商品生产和销售；第三，营销参与者并不直接参加交易，而仅仅是对商品和服务的交易提供营销支

① 王竹：《论我国侵权法上的缺陷产品营销参与者责任——兼评最高人民法院〈食品药品纠纷司法解释〉相关规定》，载《人大法律评论》2014 年第 1 期，法律出版社 2014 年版，第 214 页。

持，促成交易进行，因而不是直接的商品、服务的经营者，是为商品、服务交易提供服务的经营者。

我国的营销参与者可以分为三种类型：一是为商品、服务进行广告宣传支持的营销参与者，如广告经营者、发布者、广告代言人；二是为商品生产、销售和提供服务而提供支持的营销参与者，例如为没有许可证而生产食品的生产者提供生产经营场所或者其他条件的经营者，为用非食品原料等物质制造食品的经营者提供生产经营场所或者其他条件的经营者，柜台出租者，展销会举办者，网络交易平台提供者；三是为商品、服务提供检验、认证服务支持的营销参与者，例如食品检验机构和认证机构。

不仅欧文教授对"营销参与者"范围的界定与我国学者的界定存有区别，而且这些主体承担责任的方式也存在区别。在美国，尽管《侵权法重述（第三次）：产品责任》并未提出"营销参与者"的概念，其用"seller"一词将从事产品销售或者分销者经营活动的主体都纳入此范畴，包括非生产性的销售者和分销者。依据《重述》第 20 节评注 e，"代理商、销售代表（非独家）、拍卖商、未参与被许可人产品的设计、制造以及销售的许可权人，都不承担严格责任"[①]。这些主体如仅仅为"产品设置安全标准的非营利性机构，可能在《侵权法重述（第二次）》第 324A 节下负过失之责任"[②]。该节规定："一个开始——无偿或有偿地——向他人提供他应当会意识到为保护第三人的人身或物品所必需的服务的人，在下列情形下，可能对该第三人因他未能在开始提供其服务时行使合理关注而受到的身体伤害承担责任：(a) 造成该伤害的风险因其未行使合理关注而得到增强；或 (b) 他已经开始履行由该他人对该第三人所负有的义务，或 (c) 该伤害之所以发生，是因为该他人或该第三人对其开始提供服务的依赖。"[③] 营销参

① 美国法律研究院：《侵权法重述第三版：产品责任》，肖永平等译，法律出版社 2006 年版，第 418 页。

② 如 Wissel v. Ohio High Sch. Athletic Ass'n [605 N. E. 2d 458 (Ohio Ct. App. 1992)] 案。该案确认，为运动器械设置安全标准（包括为橄榄球头盔设置最低碰撞要求）的非营利性机构，不是侵权中的严格责任目的上的"销售者"，但其受《侵权法重述（第二次）》第 324A 节的调整。

③ 美国法律研究院：《侵权法重述第二版：条文部分》，许传玺等译、许传玺审校，法律出版社 2012 年版，第 133 - 134 页。

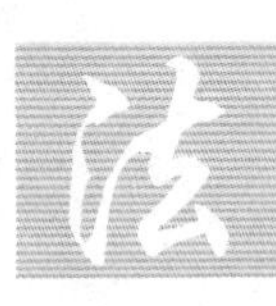

与者正是如此，它在交易中，对商品交易或者服务交易提供营销服务，因其过失，而违反了对消费者即第三人的注意义务，造成了消费者以及他人的损害。这正是营销参与者承担侵权责任的法理基础。而欧文教授提到的第一种营销参与者情况比较复杂，零售商、非生产性销售者、原材料及零部件供应者经常承担严格责任，只在极少数情况下不承担严格责任，其他主体在被排除实质性地参与产品设计、生产或销售时，不承担严格责任。无论是哪种营销参与者，在责任分担上，通常不承担连带责任，美国侵权法中也没有不真正连带责任的概念。这与我国侵权法及其特别法对营销参与者与其他主体的责任分担存在区别。

（二）对营销参与者适用侵权责任并合的条件

法律规定营销参与者承担侵权责任并合的法律后果，除了应当具备营销参与者的身份之外，还应当具备以下要件。

1.损害要件

营销参与者承担责任的受害主体，须为造成损害的经营者和营销参与者以外的第三人，通常是消费者，也包括受到损害的他人。损害的表现主要是人身伤害，且法律特别保护的是人身安全，造成死亡、伤害后果的均属之。

2.行为要件

营销参与者实施何种行为才应当对其提供服务的经营者承担并合的侵权责任，通常是由法律规定的具体行为。例如，为没有许可证而生产食品的生产者提供生产经营场所或者其他条件的经营者，为用非食品原料等物质制造食品的经营者提供生产经营场所或者其他条件的经营者，未提供销售者、服务者的真实名称、地址、有效联系方式，等等。这些行为概括起来，就是为商品或者服务交易提供服务支持的行为，该行为须具有违法性。

3.因果关系要件

营销参与者对营销提供服务支持的行为，与消费者以及他人受到的人身损害之间须有因果关系。这种因果关系，并非都具有直接的原因力，而是其行为对损害的发生，具有了一定的原因参与度。例如，对于造成消费者等人身伤害的风险，因营销参与者未履行合理注意义务而得到增强；或者营销参与者已经开始实

施对经营者提供服务支持的行为，并且知道其应当对消费者等第三人所负有的义务；或者消费者等人身伤害之所以发生，是因为经营者以及消费者及他人对营销参与者所提供服务的依赖。在这些行为与损害之间，有的是直接原因，有的是间接原因。在这些情况下，营销参与者对营销活动提供服务的支持行为与消费者等的人身损害之间，就具有因果关系。

4. 主观要件

营销参与者承担并合的侵权责任，对主观要件的要求有所不同，有的规定为有过失，有的规定为无过失。这与美国侵权法对提供服务而对第三人承担责任的要求[①]，以及营销参与者的要求不同。例如产品认证者或者保证人，美国侵权法认为认证者和保证人为虚假陈述负责任，但该种被告通常不为违反担保或侵权之严格责任负责任，因为认证者并不出售产品，也不控制产品安全[②]，因而须有过失才承担责任。我国《广告法》第 56 条第 2 款规定："关系消费者生命健康的商品或者服务的虚假广告，造成消费者损害的，其广告经营者、广告发布者、广告代言人应当与广告主承担连带责任。"这里规定的是无过错责任，而该条第 1 款后段关于"广告经营者、广告发布者不能提供广告主的真实名称、地址和有效联系方式的，消费者可以要求广告经营者、广告发布者先行赔偿"的规定，就是过错责任。《食品安全法》规定的侵权责任并合，由于涉及消费者生命健康问题，因而通常要求营销参与者承担无过错责任；除此之外的，适用过错责任原则。

符合上述侵权责任构成要件的要求，构成侵权责任并合，营销参与者就应当列入直接侵权行为人之中，依照法律规定承担并合的侵权责任。

（三）对营销参与者适用侵权责任并合的目的

对于我国大量出现的侵权责任并合制度，立法者究竟寄托何种立法目的，尚无人进行探讨和说明，立法说明中只简单提到"建立最严格的各方法律责任制

---

① 依照《美国侵权法重述（第二次）》第 324A 节规定，提供服务而对第三人造成的损害负责的基础，是其有过失。

② ［美］戴维·G. 欧文：《产品责任法》，董春华译，中国政法大学出版社 2012 年版，第 323 页。

度”“突出民事赔偿责任”[①]，“对食品安全违法行为加重法律责任，并采取多种法律手段予以严惩”[②]。我认为，应是通过以下调整功能实现其立法目的。

1.更好地保护被侵权人的损害赔偿请求权

检讨我国立法增加侵权责任并合制度的场合，主要集中在食品、药品交易，网络交易平台销售商品、提供服务，涉及生命健康安全的虚假广告，以及其他相关方面。这表明，我国几十年来，诚信交易秩序受到严重破坏，经营者诚信观念淡漠，市场秩序混乱，有关生命、健康的食品、药品销售和服务等，以及其他方面，形势越来越严峻，人民群众的生命健康安全受到严重威胁，甚至造成严重损害。为了更好地保护上述领域中的被侵权人，保障其损害赔偿请求权能够及时、完全地得到实现，以救济损害，恢复权利，立法者采取更多的连带责任、不真正连带责任的方式，使受害人行使索赔请求权的责任主体增加，能有更多的选择。无论是连带责任还是不真正连带责任，其责任人都对损害承担全部赔偿的中间责任，增加一个责任人，受害人的权利就多了一个责任主体，就增加了一份保障。因此，侵权责任并合制度就是通过这种功能，实现保障被侵权人损害赔偿的请求权，增加救济全部实现的可能性。

2.让与损害发生有关联的侵权人承担中间性责任并予以侵权责任制裁

侵权责任并合的另一个法律调整目的，就是用连带责任或者不真正连带责任制裁与损害发生有原因力的其他行为人。无论是连带责任还是不真正连带责任，救济的损害其实都是同一个，不论增加多少人作为责任人，损害赔偿数额也不会增加，不会因为连带责任人和不真正连带责任人的增加，而使受害人得到超出其实际损害的赔偿金。但是，增加了对同一个损害承担责任的责任人，承担连带责任或者不真正连带责任，在形式上都实行连带，每一个人都要对全部损害承担中间性的连带责任，因而都有可能对受害人的损害承担全部责任。因此，侵权责任

---

① 国家食品药品监督管理总局局长张勇：《关于〈中华人民共和国食品安全法（修订草案）〉的说明》，载信春鹰主编：《中华人民共和国食品安全法释义》，法律出版社2015年版，第440、444页。

② 《全国人民代表大会法律委员会关于〈中华人民共和国食品安全法（修订草案）〉修改情况的汇报》，载信春鹰主编：《中华人民共和国食品安全法释义》，法律出版社2015年版，第448页。

并合对新增加的侵权责任人具有足够的侵权责任制裁力度。例如，缺陷产品致人损害，早有产品责任规定的生产者和销售者承担不真正连带责任，生产者和销售者都承担赔偿全部损失的中间责任，以保障受害人索赔权利的实现。《消费者权益保护法》增加规定了网络交易平台提供者承担附条件不真正连带责任，《广告法》增加规定了广告人、广告经营者、广告发布者以及广告代言人对此承担连带责任，《食品安全法》增加规定了食品添加剂及为其提供经营场地条件的食品食品添加剂经营者，以非法食品原料化学物质回收食品加工食品的经营者，开办交易市场、出租柜台、展销会的经营者，出具虚假检验报告的机构以及出具虚假认证报告的机构等，都须对该食品造成的损害承担连带责任。对同一个损害，增加如此多的经营者和营销参与者承担连带责任，尽管没有增加赔偿数额，但他们都须对该损害承担全部赔偿的中间责任。这样的制裁力度，对每一个经营者和营销参与者都有足够的制裁威慑，足以惩罚其违法行为。

3.发挥阻吓作用，警示营销参与者防范侵权行为发生

阻吓功能也称为教育功能，是侵权责任法的主要功能之一[①]，也是侵权责任并合制度的法律调整目的。在多数人侵权行为中，规定连带责任或者不真正连带责任的本意，就具有阻吓相关人员的作用，将更多的与造成损害相关的营销参与者划入连带责任人或者不真正连带责任人的范围之中，不仅对相关行为人起到必要的制裁作用，同时对于营销参与者都具有强烈的阻吓、警示作用。在《食品安全法》刚刚制定之初，因为规定了广告代言人的责任，就引起了文体明星的高度警惕，认为增加了法律的压力。可见，侵权责任并合制度即使不必实际适用，也具有足够的阻吓、警示作用。更好地发挥侵权责任并合制度的阻吓、警示作用，对于完善我国的市场管理秩序、建设诚信道德和遵守诚信规则，保护好消费者的合法权益，都具有重要意义。

（四）对营销参与者适用侵权责任并合能否实现立法目的

在我国，大量出现的侵权责任并合法律现象，说明立法者正是要利用这一制度的上述法律调整功能，规范市场，制裁在交易行为中，尤其是在食品、药品以

---

① 我国《侵权责任法》第1条规定的“预防”“侵权行为”，实际上就包括阻吓作用和警示作用。

及网络交易中日益增多的侵害消费者合法权益的违法行为。

“文化大革命”破坏的是整个社会的诚信道德观念和诚信交易秩序。改革开放以来，随着市场经济的不断发展，不正当的利益关系侵入交易领域，市场交易形成假货泛滥、欺诈盛行的严峻形势，人民群众的生命健康安全无法得到保障，甚至受到严重侵害。1993 年以来，立法机关通过制定《消费者权益保护法》等法律，制定相应规则，明确侵权、违约责任，制裁非法经营着，保护消费者的合法权益，尽管已经取得了部分社会效果，但是，对于严重侵害消费者生命健康的食品、药品以及网络交易中提供商品和服务危害消费者合法权益的行为屡禁不止，甚至益发猖獗，并没有得到有效控制，含有“苏丹红”“塑化剂”等有毒有害的食品、药品仍在泛滥，营销参与者参与制假售假，欺诈性虚假广告盛行，有关的检验、认证机构出具虚假检验报告、认证报告的行为，比比皆是。面对这样的严峻形势，立法机关在最近十年中，制定和修订了一系列相关法律，其中采取的一个重要措施，就是增加侵权责任并合制度，借以实现侵权责任法的保护权益、制裁违法和警示社会的功能。目前，立法机关在立法中增加侵权责任并合制度的适用范围，已经形成了一个体系。

立法者对侵权责任并合制度似乎寄托更多的期待，希望通过这样的立法，增强和建设诚信道德观念和诚信秩序，维护市场交易规则，保护好消费者权益，发挥重要作用，并且对营销参与者有足够的阻吓作用，警示其自觉守法。从消极的方面观察，这种做法也可以看出，政府在救济缺陷食品、药品和服务致害消费者方面，更愿意将责任推给营销参与者，而自己不愿意承担更多的救助责任。这种无限增加侵权责任并合制度的适用，让更多的人加入连带责任或者不真正连带责任的责任主体之中的做法，是否就能够实现立法者的愿望，对受害人的保护究竟能够起到多大作用，究竟能给受害人带来多少好处，尚不得而知。美国侵权法的责任分担规则比较先进、科学，他们的学者很难理解我国这种侵权责任并合的立法现象。美国产品责任法对营销参与者不适用连带责任，甚至在美国法律数据库中，也没有查到直接探讨营销参与者与生产者、销售者之间承担连带责任或者不真正连带责任的判例或者论文。可以推断，美国法院通常不会让营销参与者与生

产者、销售者承担连带责任，而是依据相关工具厘清他们的责任和过错。这与美国几十年来对连带责任的限制和对比较过错的适用不无关联。[①] 不仅如此，我国的这种做法也与世界性的限制连带责任、无过错责任的潮流相反。对于我国对营销参与者苛以侵权责任并合的法律后果做法的实际效果，还应当在司法实践中进一步观察。

四、侵权责任并合的责任分担规则

在现行立法中，侵权责任并合主要表现为连带责任与连带责任并合、不真正连带责任与不真正连带责任并合，以及连带责任与不真正连带责任并合。在前述表格中列举的16种责任并合形式中，前者同质并合只有一种，占6.3%；中者同质异形并合有4种，占25%；后者有11种，占68.7%。其他形式的责任并合尚不多见。在研究上述责任并合的具体责任分担规则时，对其他尚未规定的责任并合形态的责任分担规则一并进行探讨。

（一）侵权责任同质并合的责任分担规则

1.典型连带责任与典型连带责任并合

典型连带责任与典型连带责任并合，相当于构成了一个增大的连带责任，新责任人与原责任人都是连带责任人。例如，《侵权责任法》第51条规定，交易的报废车和拼装车发生交通事故，出让人和买受人承担连带责任。最高人民法院司法解释规定，多次转让的再转让人和再受让人也应当承担连带责任，就在原来的两个连带责任人对一个损害负责的基础上，又增加了新的连带责任人，对同一个损害承担连带责任。

连带责任与连带责任并合之所以构成一个大的连带责任，原因是无论多少个连带责任人，其行为造成的都是同一个损害，各个连带责任人都要对此承担连带责任，因此仍是一个连带责任，每一个行为人就都是这个连带责任的责任人，对该损害连带承担赔偿责任。

---

① 上述意见，是华东政法大学董春华博士向我提供的主要看法。在此向其致谢！

同样，在上述诸多连带责任人中，都要依照《侵权责任法》第 13 条和第 14 条规定的连带责任规则承担连带责任。首先，每一个连带责任人都应当对全部损害承担赔偿责任，对于受害人对其提出的承担全部赔偿责任的请求不得拒绝，为中间责任；其次，每一个连带责任人都应当承担自己的最终责任份额，按照每一个责任人的过错程度和行为原因力，确定应当承担的责任份额；再次，每一个连带责任人承担的中间责任超出自己的最终责任份额的，有权向没有承担最终责任的连带责任人追偿，实现最终责任的分担。①

一个连带责任的责任人越多，受害人的赔偿请求权就越有保障。无论法律对一个具体的损害规定了多少连带责任人，只要是连带责任，就是一个连带责任。同时，对一个具体的连带责任，连带责任人越多，每一个连带责任人的最终责任份额就会越少，因为每一个连带责任人都在损害的范围内承担最终责任的份额。

2.典型不真正连带责任与典型不真正连带责任并合

典型的不真正连带责任相互发生并合，相当于一个不真正连带责任的责任人范围的扩大，有更多的不真正连带责任人加入对同一个损害承担的不真正连带责任的责任主体范围，因而对受害人的损害赔偿请求权给予更高的保障。这时，原来的和新增加的不真正连带责任人都对同一个损害事实承担不真正连带责任。

更多的责任人加入同一个不真正连带责任的责任主体范围，对责任性质不产生影响，仍然是不真正连带责任，每一个人对同一个损害都负有全部赔偿责任的中间责任，这是不变的；无论存在几个不同的不真正连带责任人，终将有一个人是最终责任人，将要承担最终的全部赔偿责任，因此，每一个承担了中间责任的人，只要自己不是最终责任人，就有权向最终责任人进行追偿，且为全额追偿。

新增加的不真正连带责任人的身份，首先通常是中间责任人，应当同其他不真正连带责任人一样，承担中间责任，即对损害全部承担赔偿责任。其次，至于是不是最终责任人，应当依照其行为在损害中具有何种原因力判断。由于承担不真正连带责任的多数人侵权行为的性质是竞合侵权行为，因而在承担不真正连带

---

① 对于这些责任规则的具体表述，请参见杨立新：《多数人侵权行为及责任理论的新发展》，《法学》2012 年第 7 期。

责任的竞合侵权行为人中，事实上只有一个人的行为具有全部的直接原因力，为100%，其他的都是间接原因力。因此，在新旧不真正连带责任人中，只有那个行为具有100%的直接原因力的人，才是最终责任人，应当承担最终责任，其他人只是承担中间责任。一般说来，最终责任人是存在于原来规定的不真正连带责任人之中，新增加的不真正连带责任人很少是最终责任人。

3.按份责任与按份责任并合的规则

在多数人侵权行为与责任中，典型的分别侵权行为承担的是按份责任[①]，一般不会发生并合。如果法律规定了有人加入分别侵权行为人之中，或者在司法实践中发现有新的分别侵权行为人，有可能发生按份责任的同质并合。按份责任的同质并合仅仅是多了按份责任的新份额，相应调整按份责任人的责任份额即可，没有较多的讨论价值。

（二）侵权责任同质异形并合的责任分担规则

1.典型的不真正连带责任与附条件不真正连带责任并合

典型的不真正连带责任与附条件不真正连带责任发生并合时，最典型的是《消费者权益保护法》第44条第1款后段、《食品安全法》第131条第2款与《侵权责任法》第43条并合的情形。这时，应当怎样确定责任分担规则，特别值得研究。

由于附条件不真正连带责任的成立条件是所附条件成就，因而在附条件不真正连带责任所附条件尚未成就之前，不发生不真正连带责任，更不发生与典型不真正连带责任并合的问题。例如，网络交易平台销售商品造成消费者损害，如果没有先行赔付的事先承诺，也没有不能提供真实名称、地址和有效联系方式的条件的，就不存在附条件不真正连带责任，因此不发生责任并合问题。只有在附条件不真正连带责任所附条件成就时，才发生不真正连带责任与附条件不真正连带责任的并合。

当附条件不真正连带责任所附条件成就，发生的就是不真正连带责任的后果；如果此时法律还规定了此种情形仍有他人与此附条件不真正连带责任的责任

---

① 这是《侵权责任法》第12条规定的情形。

人承担不真正连带责任的，就发生了实际上的不真正连带责任相互之间的并合，因而责任分担规则就与不真正连带责任并合的规则是完全一样的，为同质并合，即不真正连带责任人的范围扩大，责任性质仍然属于不真正连带责任，按照不真正连带责任的规则分担责任。

2.典型的不真正连带责任与先付责任并合

典型的不真正连带责任与先付责任并合时有发生。例如，《侵权责任法》第43条与第44条就会发生并合。不过，由于这种并合法律已经有了明确的责任分担规则，即该法第44条，因而，应优先适用第44条规则，即先适用先付责任规则，由不真正连带责任人先承担全部赔偿责任，之后再向后顺位的责任人进行追偿。如果其他法律又规定了不真正连带责任的责任主体，则该不真正连带责任人加入的是先顺序不真正连带责任人的主体范围，权利人可在他们之间选择任一责任人承担中间责任，然后由其向后顺位的最终责任人追偿。

3.典型的不真正连带责任与补充责任并合

典型的不真正连带责任与补充责任并合，尽管是不同的不真正连带责任，但由于补充责任的承担具有先后顺位的区别，因而会发生责任分担规则的改变。

典型的不真正连带责任与补充责任并合后，首先发生并合的，是不真正连带责任人与补充责任中的先顺位责任人的责任并合，后顺位责任人的责任并不与不真正连带责任人的责任发生并合。因此，首先，受害人应当选择请求不真正连带责任人和补充责任的先顺位责任人承担全部责任，选择哪一个责任人，该责任人都应当对全部损害承担赔偿责任，或者请求其全部责任人承担责任；其次，不真正连带责任人或者先顺位责任人承担了中间责任的，有权向最终责任人进行追偿，通常先顺位责任人是最终责任人；再次，所有的不真正连带责任人以及补充责任的先顺位责任人不能承担全部赔偿责任的，受害人再向后顺位责任人请求承担相应的补充责任，使其在自己的过错程度和行为原因力相对应的范围内，承担补充责任。

之所以这样考虑不真正连带责任与补充责任并合时的责任分担规则，原因是：第一，在补充责任中，先顺位责任人承担的责任性质是最终责任，因此，应

当他的责任与不真正连带责任发生并合，而不是与后顺位责任人承担的补充责任相并合。第二，在补充责任中，后顺位责任人承担的责任，是间接行为（通常是不作为行为）作为原因发生的，本来就具有非最终责任的性质，只是立法者考虑其具有的过失，才让其承担相应的补充责任，且不得追偿。第三，补充责任的性质仍然具有补充性，因此，确定由补充责任的后顺位责任人仍然承担补充性的责任，在不真正连带责任人和补充责任先顺位责任人都不能承担或者不能全部承担赔偿责任时，方可请求补充责任的后顺位责任人承担相应的补充责任。

4.附条件不真正连带责任与先付责任并合

附条件不真正连带责任也会与先付责任发生并合。例如，《消费者权益保护法》第44条第1款的附条件不真正连带责任可能会与《侵权责任法》第44条的先付责任发生并合。消费者通过网络交易平台购买商品受到损害，销售者是第一位责任主体，在符合约定条件或者法定条件时，方可请求网络交易平台提供者承担不真正连带责任。此时，第一，销售者与生产者同为不真正连带责任人；第二，如果仓储者或者运输者等第三人对于产品缺陷的发生具有过错，则该第三人也是责任主体，但却是顺位在后的责任人，而不是先顺位责任人；第三，网络交易平台提供者如果构成不真正连带责任人，也参与到该赔偿法律关系中，发生了附条件不真正连带责任与先付责任的并合。在此时，究竟应当怎样进行责任分配，没有明确的规定。

我的看法是，发生这种情形，应当考虑的是：第一，先付责任是立法者保障受害人赔偿请求权的措施，避免受到损害的消费者为证明第三人过错而承担过重的诉讼负担；第二，网络交易平台提供者有先行赔付承诺而构成附约定条件的不真正连带责任，因而更加有利于对受到损害的消费者的保护，有更为优先的地位；第三，网络交易平台提供者承担附法定条件的不真正连带责任的立法思路，是要保护网络交易平台提供者，避免其承担过重的赔偿责任。在这样的立法背景下，应当采取的责任分担规则是：首先，凡是具备附约定条件不真正连带责任的，例如网络交易平台提供者承诺先行赔付，该责任优先，受害人可以优先选择其承担赔偿责任；其次，网络交易中的销售者与生产者均为不真正连带责任人，

应当承担不真正连带责任的中间责任；再次，附法定条件的不真正连带责任构成后，该责任人应当与其他不真正连带责任人一并承担不真正连带责任，先承担中间责任；又次，所有的不真正连带责任人之一或者全部承担了中间责任之后，对第三人产生追偿权，请求其承担因赔偿受害人的损失而造成的损失；最后，如果全部不真正连带责任人都不能承担赔偿责任，因而无法对第三人进行追偿，受害人无法获得赔偿时，受害人可以依照《侵权责任法》第 6 条第 1 款规定，向法院起诉请求第三人承担赔偿责任。①

5. 典型的连带责任与单向连带责任并合

当典型的连带责任与单向连带责任（混合责任）② 并合时，发生并合的只是承担连带责任的责任人，与承担按份责任的责任人的责任不发生并合，但承担了超出自己的最终责任份额的责任人，对没有承担自己相应责任的按份责任人，有追偿权。

对于部分连带责任，只在应当承担连带责任的部分发生并合，并不与非连带责任部分发生连带责任的并合问题。

（三）侵权责任异质并合的责任分担规则

1. 典型连带责任与典型不真正连带责任并合及规则

连带责任与不真正连带责任之间容易发生并合，且发生并合之后，会对责任分担发生较大影响。例如，依照《消费者权益保护法》第 44 条第 2 款和《食品安全法》第 131 条第 1 款，除了本条规定的销售者和网络交易平台提供者之间要承担连带责任之外，还要加入造成损害的缺陷产品的生产者作为责任主体，因而形成典型连带责任与典型不真正连带责任并合。

发生连带责任与不真正连带责任并合的原因，是某些行为主体由法律规定应当承担连带责任，与这些连带责任人相关，又有人参与该法律关系，法律规定其应当承担不真正连带责任，或者相反，因而使责任主体的数量增加，两种责任形

① 最后这种情形，我称之为“索赔僵局”，破解的方法就是直接适用《侵权责任法》第 6 条第 1 款规定，依照一般侵权行为的规则，起诉有过错的第三人承担赔偿责任，保护受害人的权利。

② 关于单向连带责任概念，请参见杨立新：《侵权责任法》，法律出版社 2015 年修订版，第 148 页。

态发生并合，每一个责任人都应当承担责任，但责任形态不同。如前例，在消费者通过网络交易平台购买商品造成损害，网络交易平台提供者知道或者应当知道销售者利用该平台侵害消费者权益没有及时采取必要措施的，销售者与网络交易平台提供者依照《消费者权益保护法》第 44 条第 2 款规定，应当承担连带责任；同时，《侵权责任法》第 41～43 条也规定了产品责任的生产者与销售者应当承担不真正连带责任。这样，就以销售者为中介，将应当承担不真正连带责任的生产者和应当承担连带责任的网络交易平台提供者连接起来。在三个责任主体之间，生产者应当承担不真正连带责任，网络交易平台提供者应当承担连带责任，而销售者既应当与生产者承担不真正连带责任，又应当与网络交易平台提供者承担连带责任，因而使问题复杂起来。

连带责任与不真正连带责任的相同点是在形式上，即在中间责任上是一致的，即无论是连带责任还是不真正连带责任，在形式上或者在中间责任上，都是连带的。连带责任与不真正连带责任发生并合，受害人可以向任何一个连带责任人和不真正连带责任人主张承担全部赔偿责任，而无须考虑其究竟应当承担何种形式的最终责任。因而，这种责任并合形式更有利于保障受害人的赔偿请求权的实现。

连带责任与不真正连带责任的不同点，在于最终责任承担上的区别，即连带责任实质性的最终责任是要分配给全体连带责任人的，而不真正连带责任的实质性最终责任是归属于应当承担最终责任的那个责任人，该责任人承担全部赔偿责任。因此，在受害人对数个责任人行使了全部赔偿责任的请求权之后，追偿关系即实现最终责任的关系变得十分复杂：(1) 如果承担中间责任的责任主体是连带责任的最终责任人，在其承担了超过其最终责任的份额之后，有权向其他应当承担最终责任的责任人进行追偿；(2) 如果承担责任的责任主体是不真正连带责任的最终责任人的，在其承担了最终责任之后，不得向任何责任主体追偿；(3) 如果承担责任的责任主体是不真正连带责任的中间责任人的，在其承担了中间责任之后，可以向其他最终责任人，包括连带责任的最终责任人和不真正连带责任的最终责任人，进行追偿。

在确定连带责任与不真正连带责任并合的责任分担时，关键要是看法律规定

的是何人与何人承担连带责任，何人与何人承担不真正连带责任。如果与最终责任人承担连带责任，那么最终责任就是连带责任，按照连带责任规则分担责任；如果与中间责任人承担连带责任，那么在其承担了连带责任后，可以向最终责任人进行全额追偿。

在前例，《消费者权益保护法》第44条第2款规定的连带责任与《侵权责任法》第43条规定的不真正连带责任发生并合，生产者与网络交易平台提供者之间的责任并不并合，并合的是销售者责任，既要与网络交易平台提供者承担连带责任，又要与生产者承担不真正连带责任。对于受害人而言，对于三个责任主体都可以直接请求其中之一承担全部责任；在追偿关系上的规则是：(1) 网络交易平台提供者承担了连带责任的，如果销售者是最终责任人，除了自己应当承担的最终责任份额之外的中间责任，可以向销售者追偿；如果生产者是缺陷产品的制造者，则承担了中间责任之后可以向生产者进行全额追偿。(2) 销售者是最终责任人的，在承担了全部赔偿责任后，就其最终责任份额之外的中间责任，可以向网络交易平台提供者进行追偿；如果是中间责任人的，可以向生产者全额追偿，但不能向网络交易平台提供者进行追偿。(3) 生产者承担了全部赔偿责任的，如果自己就是最终责任人，则不得向任何人追偿；如果不是最终责任人的，有权向销售者进行追偿。

2.典型的连带责任与按份责任并合

连带责任与按份责任会发生并合，其后果是发生单向连带责任，即混合责任。对此，我在有关著作和文章中已经作了比较充分的论述。[①] 规则是：受害人可以向承担连带责任的人请求承担连带责任，连带责任人承担了全部赔偿责任之后，就其中间责任部分，可以向按份责任人进行追偿；受害人向中间责任人请求赔偿，只能请求其承担按份责任，不能请求其承担连带责任，不得要求按份责任人就全部损害承担全部赔偿责任。

典型的不真正连带责任与按份责任并合，目前还没有发现，对此不再作论述。

① 杨立新：《侵权责任法》，法律出版社2015年修订版，第148页。

第五章

共同侵权行为

第一节　共同侵权行为及其责任的侵权责任法立法抉择

最高人民法院《关于审理人身损害赔偿案件适用法律若干问题的解释》对共同侵权行为及其连带责任作出了具体的司法解释，曾经在司法实践中对这个问题上引起了混乱，直至制定《侵权责任法》方予以澄清。本节对此作以介绍，以期对正确理解《侵权责任法》第 8～10 条，以及第 13 条和第 14 条提供帮助。

一、提出和研究共同侵权行为及其连带责任问题的缘由

《侵权责任法》制定之前，我国民法关于共同侵权行为及其连带责任的规定，是规定在《民法通则》第 130 条。这个条文的内容是："二人以上共同侵权造成损害的，应当承担连带责任。"这一规定简明、准确，几乎是无可挑剔的。如果要找毛病的话，就是规定得太简单了，没有规定具体的规则，也没有规定共同危险行为。

经过了十几年的司法实践，在2003年12月26日公布、2004年5月1日实施的最高人民法院《关于审理人身损害赔偿案件适用法律若干问题的解释》对这个问题作出了较为详细的解释，这就是该司法解释中的第3条至第5条。[①]

正是由于这三个条文的规定，使本来简单明了的《民法通则》关于共同侵权行为及其连带责任的问题极大地复杂化了。其主要引起的问题如下。

第一，共同侵权行为的本质属性的界定应当选择哪种立场，究竟选择主观主义还是客观主义的立场，如果选择客观主义的立场，应当用什么标准确定。

对此，《民法通则》第130条中没有作出具体规定；我国的司法实践和理论研究中一直坚持的是主观主义立场，即数人共同致人损害，只有具备共同过错的要件，才能构成共同侵权行为。[②] 但是，最高人民法院上述司法解释离开了这个立场，确认二人以上具有共同故意或者共同过失的构成共同侵权行为；二人以上“虽无共同故意、共同过失，但其侵害行为直接结合发生同一损害后果的”，也“构成共同侵权”，后者立场显然采取的是客观主义立场。存在的问题是：首先，这样的选择是不是正确；其次，如果这样的选择是正确的，那么应当采用什么作为标准来确定客观的共同侵权行为的认定标准呢?

第二，对于共同侵权行为的类型，应当怎样界定，在共同侵权行为与无过错联系的共同加害行为之间，是不是还有必要规定第三种侵权行为的形态，如果需要规定这样的侵权责任形态，应当怎样确定它的构成要件和责任形态。

---

① 为了便于讨论，我把这三个条文的内容罗列如下：第3条规定：“二人以上共同故意或者共同过失致人损害，或者虽无共同故意、共同过失，但其侵害行为直接结合发生同一损害后果的，构成共同侵权，应当依照民法通则第一百三十条规定承担连带责任。”“二人以上没有共同故意或者共同过失，但其分别实施的数个行为间接结合发生同一损害后果的，应当根据过失大小或者原因力比例各自承担相应的赔偿责任。”第4条规定：“二人以上共同实施危及他人人身安全的行为并造成损害后果，不能确定实际侵害行为人的，应当依照民法通则第一百三十条规定承担连带责任。共同危险行为人能够证明损害后果不是由其行为造成的，不承担赔偿责任。”第5条规定：“赔偿权利人起诉部分共同侵权人的，人民法院应当追加其他共同侵权人作为共同被告。赔偿权利人在诉讼中放弃对部分共同侵权人的诉讼请求的，其他共同侵权人对被放弃诉讼请求的被告应当承担的赔偿份额不承担连带责任。责任范围难以确定的，推定各共同侵权人承担同等责任。”“人民法院应当将放弃诉讼请求的法律后果告知赔偿权利人，并将放弃诉讼请求的情况在法律文书中叙明。”

② 中央政法干校民法教研室：《中华人民共和国民法基本问题》，法律出版社1958年版，第330页。

事实上，最高人民法院上述司法解释在共同侵权行为与无过错联系的共同加害行为之间，增加了一个视为共同侵权行为[①]，或者叫作准共同侵权行为。这种做法是不是妥当，对于共同侵权行为的类型究竟应当作出怎样的规定才更为合理呢?

第三，共同危险行为及其责任的规定是必要的，但是对于免除共同危险行为人之一责任的条件应当怎样规定，现在的司法解释规定是否可行。

对于这个问题，最高人民法院上述司法解释采取的立场是“共同危险行为人能够证明损害后果不是由其行为造成的，不承担赔偿责任”。在一般的立场上，认为共同危险行为本来就不是共同侵权行为，在所有的共同危险行为人之间，其实只有一个人是真正的加害人，责令全体共同危险行为人承担连带责任，本来就是因为无法证明真正的加害人，同时真正加害人又确实存在于他们之间，只是由于为了保障受害人赔偿权利的实现，才不得已作了连带责任的推定。如果共同危险行为人之一能够证明损害后果不是自己的行为造成的就可以免责，那么由于民事诉讼证据的证明标准本来就是法律真实，如果所有的共同危险行为人都能够证明自己的行为没有造成损害，那么不是还要回到由所有的共同危险行为人承担连带责任的老路上去，要共同承担连带责任吗?或者如果每一个共同加害人都能够证明自己的行为与损害的发生没有因果关系而免责，那么受害人的损失就无法得到赔偿。

第四，连带责任的规则应当怎样确定，上述司法解释第5条规定的规则是否可行呢?

最高人民法院上述司法解释关于连带责任的规定，最大的问题就在于改变了连带责任的基本规则，受害人对于共同加害人必须同时起诉，否则就视为原告对不起诉的共同加害人赔偿权利的放弃，因而不得主张对他们所应承担的责任份额。这样的规则是对连带责任规则的根本性背叛，在侵权责任法中是不能继续采纳的。

对于上述四个问题，关涉到侵权责任法的基本责任制度问题，必须予以重

① 杨立新:《侵权法论》，人民法院出版社2005年第3版，第600页。

视。下文将对这四个问题进行深入研究，并且提出侵权责任法应当采纳的正确立场。

二、共同侵权行为本质特征的基本立场选择

共同侵权行为的本质特征是什么，各国都有自己的不同立场。在我国的侵权责任法中，对共同侵权行为的本质特征应当如何规定，应当进行很好的比较分析研究，以作出选择。

（一）各国侵权行为法关于共同侵权行为及其责任的一般规定

1. 大陆法系

在罗马法的私犯制度中，存在对共同侵权行为的简略规定，甚至对一些教唆、帮助行为也有规定。查士丁尼《法学总论——法学阶梯》规定："不仅可以对实施侵害的人，例如殴打者提起侵害之诉，而且可对恶意怂恿或唆使打人嘴巴的人提起侵害之诉。"[①] 在一些特殊场合，例如由家畜造成的损害，如果由数个家畜致害，则数个家畜的所有主负连带责任。[②] 这些规定虽然不是共同侵权行为的自觉的概念，但是它们所包含的内容是共同侵权行为。

《法国民法典》对于共同侵权行为没有作具体规定。在实践中，法国法院采用共同责任人或者共同债务人的概念，确定共同侵权行为的整体债务，并规定共同债务人之间的求偿权。[③]

《德国民法典》在第830条规定了共同侵权行为以及共同危险行为，第840条规定了共同侵权行为的连带责任。德国法的这种立法对于后世的侵权法立法具有极大的影响。

2. 英美法系

在英美法国家，侵权行为法认为，各自独立的行为结合在一起而造成他人损

① ［古罗马］查士丁尼：《法学总论——法学阶梯》，商务印书馆1989年版，第203页。

② ［意］彼德罗·彭梵得：《罗马法教科书》，黄风译，中国政法大学出版社1993年版，第407页。

③ 罗结珍译：《法国民法典》（下），法律出版社2005年版，第1091页。

害，从而对受害人负有连带责任的人，是共同侵权人。共同侵权人中的每一个人都有义务向被害人支付赔偿金；已支付赔偿金的共同侵权人有权向其他未支付赔偿金的共同侵权人索取补偿。① 美国《侵权行为法重述（第二次）》第875条规定："两人或多人之每一人的侵权行为系受侵害人之单一且不可分之法律原因者，每一人均须对受害人就全部伤害负责任。"② 此外，对于"就他人之侵权行为致第三人受伤害，如符合下列规定情形之一者，行为人亦应负责任：（1）行为人与该他人共同作侵权行为或与该他人为达成共同计划而作侵权行为；或（2）行为人知悉该他人之行为构成责任之违反，而给予重大之协助或鼓励该他人之作如此行为；或（3）行为人于该他人之达成侵权行为结果，给予重大协助，且行为人之行为单独考虑时，构成对第三人责任之违反"，均为共同行为之人。③ 在上述共同侵权行为中，原告得选择侵权行为人中之一人或全体对其提起损害赔偿之诉，亦得分别起诉。④ 不仅如此，英美法也承认共同危险行为，美国加利福尼亚州上诉法院1980年审理的辛德尔诉阿伯特制药厂案（Sindell V. Abbort Laboratories），由于不能确认当时生产乙烯雌粉的5家主要制药厂是谁制造的该药致辛德尔患乳腺癌，故判决该5家制药厂共同承担连带赔偿责任。⑤

（二）关于共同侵权行为本质特征的确定

1.关于共同侵权行为本质特征的不同学说

关于共同侵权行为的本质特征究竟是什么，大陆法系各国的学说历来有不同的主张。（1）意思联络说，认为共同加害人之间必须有意思联络始能构成。如无主体间的意思联络，则各人的行为就无法在实质上统一起来，因而也不构成共同侵权行为。⑥（2）共同过错说，认为共同侵权行为的本质特征在于数个行为人对

① 《牛津法律大辞典》（中文版），光明日报出版社1988年版，第481页。

② 刘兴善译：《美国法律整编·侵权行为法》，台北司法周刊杂志社1986年版，第709页。

③ 刘兴善译：《美国法律整编·侵权行为法》，台北司法周刊杂志社1986年版，第709页。

④ 耿云卿：《侵权行为之研究》，台北"商务印书馆"1972年版，第40页。

⑤ 该案参见潘维大《英美侵权行为法案例解析》（上），台北瑞兴图书股份有限公司2002年版，第270页。

⑥ 伍再阳：《意思联络是共同侵权行为人的必备要件》，《法学季刊》1984年第2期。

损害结果具有共同过错，既包括共同故意，也包括共同过失。[①] (3) 共同行为说，认为使共同加害人承担连带责任的基础是共同行为，共同加害结果的发生总是同共同加害行为紧密联系，不可分割。[②] (4) 关联共同说，认为共同侵权行为以各个侵权行为所引起的结果，有客观的关联共同为已足，各行为人间不必有意思的联络。数人为侵权行为的时间或地点，虽无须为统一，但损害则必须不可分离，始成立关联共同。[③] (5) 共同结果说，认为共同造成损害的概念要求损害是数人行为的共同结果，不一定要求几个参加人有共同的目的和统一的行为。[④] 上述各种主张，可分为两种基本观点。前两种认为共同侵权行为的本质在于主观方面，后两种认为共同侵权行为的本质为客观方面。

在英美侵权行为法关于共同侵权行为规定的上述规则中，虽然没有规定共同侵权行为的本质特征是什么，但是在“每一人的侵权行为系受侵害人之单一且不可分之法律原因者”[⑤] 的规定中，可以看出，确定共同侵权行为的标准是“法律原因”，因此可以看出，其基本立场与大陆法系的“关联共同”立场相似或者相同。

2. 大陆学者学说的立场

在大陆学者的著作中，对于共同侵权行为本质特征的表述，始终坚持的是共同过错的立场。最早的民法教科书即 1958 年《中华人民共和国民法基本问题》对此就采取共同过错的立场，认为共同侵权行为的“特征是几个行为人之间在主观上有共同致人损害的意思联络”[⑥]。“两个或两个以上的人共同造成他人损害”“几个行为人之间在主观上有共同致害的意思联系，或者有共同过失，即具有共同过错”[⑦]。“两个以上的行为人主观上有共同故意或者共同过失，即有共同过

① 王利明、杨立新等：《民法·侵权行为法》，中国人民大学出版社 1993 年版，第 354 页。

② 邓大榜：《共同侵权行为人的民事责任初探》，《法学季刊》1982 第 3 期。

③ 欧阳宇经：《民法债编通则实用》，台北汉林出版社 1978 年版，第 78 页。

④ [苏] 坚金·布拉图斯：《苏维埃民法》，法律出版社 1957 年版，第 199 页。

⑤ 刘兴善译：《美国法律整编·侵权行为法》，台北司法周刊杂志 1986 年版，第 709 页。

⑥ 中央政法干校民法教研室：《中华人民共和国民法基本问题》，法律出版社 1958 年版，330 页。

⑦ 佟柔主编：《民法原理》，法律出版社 1983 年版，第 227 页。

错。”“共同过错，就是二人以上共同侵权造成他人损害。”[①] 一般认为，决定共同侵权行为的最本质特征是主观原因。把共同侵权行为的本质特征归结为客观行为或因果关系或结果，注重的是共同侵权行为的外在形式，而没有抓住其内在的实质。共同行为说强调行为上的联系，忽视了共同加害人主观上的联系；关联共同说强调的是各个加害人的行为与损害结果之间的因果关系的联系，强调结果的共同，等等，都不能准确反映共同侵权行为的本质。将各个共同加害人联结在一起，使各个加害人的行为构成一个整体的，只能是各加害人的主观因素。只有抓住这一点，才能准确揭示共同侵权行为的本质。[②]

改革开放之后，大陆最早的民法教科书《民法原理》确认共同侵权行为的本质特征是共同过错。[③] 近年来，有的学者对此采取扩大连带责任适用范围的立场，把共同侵权行为分为意思联络的共同侵权行为和非意思联络的共同侵权行为，构成共同侵权，数个加害人均需要有过错，或者为故意或者为过失，但是无须共同的故意或者意思上的联络；各个加害人的过错的具体内容是相同的或者相似的即可。[④]

我们认为，确定共同侵权行为的本质特征的目的，就在于确定连带责任的范围。立法者认为应当将连带责任限制在什么样的范围，就决定采用什么样的共同侵权行为本质的表述。事实上，共同侵权行为的最本质特征，就是意思联络，只有在主观上的共同故意，才能够将数个不同行为人的行为结构成一个行为，所以，数个不同的行为人才应当对外承担一个完整的责任，就是连带责任。可是，意思联络说确定的连带责任范围毕竟太窄，不能使更多的受害人得到连带责任的保护，因而在后来才确定共同过错是共同侵权行为的本质。而从完全的客观立场界定共同侵权行为的本质，例如以共同行为或者共同结果作为共同侵权行为的本质，则又使连带责任过于宽泛，因此不能采用。

---

① 马原主编：《中国民法教程》，人民法院出版社 1989 年版，第 311 页。
② 杨立新：《侵权法论》，人民法院出版社 2005 年第 3 版，第 596 页。
③ 佟柔主编：《民法原理》，法律出版社 1983 年版，第 227 页。
④ 张新宝：《侵权责任法原理》，中国人民大学出版社 2005 年版，第 81 页。

3.值得借鉴的我国台湾地区司法实践和学说的立场

在界定共同侵权行为的本质特征的时候，最值得借鉴的，就是我国台湾地区的司法和学说的主张。

在民国民法第185条规定共同侵权行为的立法理由中认为："查民律草案第950条理由谓数人共同为侵害行为，致加损害于他人时（即意思及结果均共同），各有赔偿其损害全部之责任。至造意人及帮助人，应视为共同加害人，始足以保护被害人之利益。其因数人之侵权行为，生共同之损害时（即结果共同）亦然。"其立法采纳的立场主要是意思联络说；但是作为特殊情况，共同关联共同者，也认为是共同侵权行为。可见，立法是采取两个标准，在实务上也是如此，前者为意思联络，即主观上的关联共同；后者为客观上的关联共同，各行为既无意思联络，又无关联共同者，非共同侵权行为。①

我国台湾地区"司法院"1977年6月1日（66）"院台参字"第0578号令认为，民法上之共同侵权行为，与刑事上之共同正犯，其构成要件并不完全相同，共同侵权行为人间不以有意思联络为必要，数人因过失不法侵害他人之权利，苟各行为人之过失行为均为其所生损害之共同原因，即所谓行为关联共同，亦足成立共同侵权行为。"最高法院"1978年台上字第1737号判决书重申了这一立场。②

在学说上，有主张"共同侵权行为须有共同故意或者共同过失者，例如共同侵权行为人须有故意或过失。有故意或过失之人（包括有免责错误之人）共同者，惟于有故意或过失者之间成立共同侵权行为③"。近来学者认为，数人共同不法侵害他人之权利者，对于被害人所受损害，所以应负连带责任，系因数人的侵权行为具有共同关联性。所谓共同关联性即数人的行为共同构成违法行为的原因或条件，因而发生同一损害，分为主观的共同关联性与客观的共同关联性。主观的共同关联性是指数人对于违法行为有通谋或共同认识，对于各行为所致损

① 刘清景主编：《民法实务全览》（上），台北学知出版事业公司2000年版，第370页。

② 刘清景主编：《民法实务全览》（上），台北学知出版事业公司2000年版，第370页。

③ 史尚宽：《债法总论》，台北荣泰印书馆1978年版，第166页。

害，均应负连带责任。客观的共同关联性，为数人所为违法行为致生同一损害者，纵然行为人相互间无意思联络，仍应构成共同侵权行为。这种类型的共同加害行为，其共同关联性乃在于数人所为不法侵害他人权利之行为，在客观上为被害人因此所生损害的共同原因。[①]

4. 大陆司法解释立场的改变

1949 年以来，大陆虽然没有共同侵权行为的立法，但司法实务承认共同侵权行为及其连带责任。在 1984 年最高人民法院制定的《关于贯彻执行民事政策法律若干问题的意见》中，第 73 条规定了共同侵权行为的审判原则："两个以上致害人共同造成损害的，应根据各个致害人的过错和责任的大小，分别承担各自相应的赔偿责任。教唆或者帮助造成损害的人，应以共同致害人对待，由其承担相应的赔偿责任。部分共同致害人无力赔偿的，由其他共同致害人负连带责任。"这一司法解释，除了未规定共同危险行为之外，其他规定基本上符合共同侵权行为的原理。[②] 1986 年制定《民法通则》规定了第 130 条，确定了共同侵权行为的一般原则和责任方式，内容较为简略。最高人民法院在《关于贯彻执行〈中华人民共和国民法通则〉若干问题的意见（试行）》第 148 条，适当补充了教唆人、帮助人的责任。尽管这些规定都没有规定共同侵权行为的本质特征，但在司法实践中的基本立场，都采用共同过错说，力图寻求一个适中的侵权连带责任的范围。

最高人民法院 2003 年 12 月 26 日公布的人身损害赔偿司法解释对共同侵权行为本质特征的界定有了根本性的改变，这就是除了坚持共同侵权行为共同过错的本质之外，还有条件地承认共同侵权行为的客观标准，认为数人虽无共同故意、共同过失，但其侵害行为直接结合发生同一损害后果的，构成共同侵权，应当依照《民法通则》第 130 条规定承担连带责任。学者认为，这种立场就是共同侵权行为的"折中说"[③]。

---

① 孙森焱：《新版民法债编总论》（上），台北三民书局 2004 年版，第 276、277、278 页。

② 在这一司法解释中，对连带责任的规定有所不足。即规定在部分共同加害人无力赔偿时，才承担连带责任，而不是直接规定共同侵权行为人承担连带责任。这两种表述显然是不同的。

③ 张新宝：《侵权责任法原理》，中国人民大学出版社 2005 年版，第 81 页。

(三)侵权责任法对于共同侵权行为本质特征的选择

我曾经表达过这样的意见,确定共同侵权行为本质的目的在于确定连带责任范围的宽窄,立法者认为应当将侵权连带责任限制在什么样的范围,就决定采用什么样的表述。① 学者认为,主观说害怕扩大共同侵权及连带责任之适用而加重加害人的负担,客观说则试图寻求对受害人更有力的保护与救济。②

在很长的时间里,我是反对采用客观标准认定共同侵权行为的。因为从逻辑上说,共同侵权行为的最本质特征就是意思联络,数人之间,如果没有主观上的共同故意,就不能将数人的行为结构成一个行为。可是,按照意思联络说界定共同侵权行为,所确定的连带责任的范围毕竟太窄了,不能够使更多的受害人得到侵权连带责任的保护。③ 如果立法者认为需要更好地保护受害人的利益,进一步扩大连带责任保护受害人的范围,那么,采用折中说界定共同侵权行为的本质特征,也不是不可接受的。事实上,也确实如学者所说,在较晚近的各国判例中,法官们开始确认即使多数加害人没有意思上的联络,其共同行为造成损害的,也为共同侵权行为,应当承担连带责任。④ 因此,我赞成适当扩大共同侵权行为的范围,采用折中说界定共同侵权行为的本质特征,使连带责任的范围适当扩大,以更好地保护受害人的赔偿权利。

现在的问题是,应当采用什么样的标准界定共同侵权行为的性质才最为稳妥。现在的最高人民法院司法解释采用数人的行为是直接结合还是间接结合为标准,确定共同侵权行为与无过错联系的共同加害行为,这个标准并不好。

所谓的"侵害行为直接结合",最大的问题在于这个概念的抽象性,在理论上,专家、学者都说不清楚,在司法实践上当然就更无法操作。按照有些人的解释,判断侵害行为的直接结合,就是数人的加害行为具有"时空一致性"。但是时空的一致性实际上并不能判断加害行为的直接结合或者间接结合。例如,2004年8月19日凌晨5点左右,广州一辆本田轿车撞破立交桥护栏跌落,驾驶室悬

① 杨立新:《侵权法论》,人民法院出版社2005年第3版,第597页。

② 张新宝:《侵权责任法原理》,中国人民大学出版社2005年版,第81页。

③ 杨立新:《侵权法论》,人民法院出版社2005年第3版,第597页。

④ 张新宝:《侵权责任法原理》,中国人民大学出版社2005年版,第81页。

空架在下方绿化带的铁栏杆上，车尾后备箱包裹里的 60 万元现金滚落路面，一对中年夫妇和一名拾荒汉上前抢救受伤的驾驶员，另外七八名围观者看到一捆一捆的钱滚落路上，置伤者于不顾，抢走这些钞票。警方追回 50 万元，尚有 10 万元没有追回。这是典型的侵权行为，是数人共同实施的，尽管没有共同故意，也没有共同过失，但是行为的发生具有时空的一致性，是同一时间、同一地点发生的，损害后果也是一个共同的结果，但是能够作为共同侵权行为处理，让他们承担连带责任吗？显然不能，他们只能够承担自己应当承担的份额。

关键的问题是，司法解释的功能在于对抽象的法律规定的具体化，以便于实践操作。司法解释将具体的法律规定抽象为行为的“直接结合”与“间接结合”，却是将具体规定解释为抽象的概念；在解释不清的时候，再对“直接结合”进行解释，就用更为抽象的“数人行为的时空一致性”来解释，结果更为抽象！这不是司法解释应当有的立场。

（四）侵权责任法的立法选择

应当看到的是，关于共同侵权行为的本质特征问题，以及共同侵权行为主要要解决的侵权连带责任的范围问题，尽管在一般的侵权行为法立法中并不一定要加以明确规定，但是，在我国制定侵权责任法过程中，已经面临着这样的问题，在立法时一并解决，倒是更好的一个选择。当然，这个问题的解决，更重要的是学理和实践的难题。如果在立法上能够解决它，将会对司法具有更为现实的意义。按道理说，对于共同侵权行为的本质特征应当在立法理由中说明，但是，我国法律并不采用立法理由的体例，因此，可以在侵权责任法中直接规定共同侵权行为的本质特征。

因此，我们可以采纳我国台湾地区的立法、司法实务以及学理的主要主张，即采用关联共同说作为共同侵权行为的本质特征，规定：数人共同实施侵害行为，基于共同的意思联络的，应当承担连带责任；教唆人及帮助人为共同加害人，亦应承担连带责任；虽没有共同的意思联络，但其行为均为损害结果发生的共同原因并生共同损害结果的，亦应承担连带责任。

按照这样的思路，认定共同侵权行为，应当放弃所谓的“直接结合”和“间

接结合”的标准，采用数人实施行为致损害于他人，具有主观的关联共同和客观的关联共同，即数人的行为对于同一个损害结果具有共同原因者，构成共同侵权行为。不具有主观或者客观的关联共同的，不构成共同侵权行为，不承担连带责任，而应当承担按份责任。

侵权责任法采用这样的立场和标准，具有以下好处。

第一，统一立法和司法的见解，避免在理论上进行争论，影响司法实践的统一性。在2004年5月1日人身损害赔偿司法解释实施之后，对于如何界定共同侵权行为，已经发生了严重的分歧，无法统一法官的认识和操作。立法统一规定共同侵权行为的本质特征，就能够在理论上和实践中“定分止争”，统一司法实践中的法律适用，避免出现司法行为的混乱。那种认为立法不应规定学理争论问题的见解，并不一定合适。

第二，采用大多数国家和地区的普遍立场界定共同侵权行为的本质特征，扩大连带责任的范围，有利于保障受害人赔偿权利的实现。关联共同主张是大多数国家和地区侵权行为法界定共同侵权行为的选择，采用这样的立场，与大多数国家和地区侵权行为法的立场相一致，能够扩大侵权连带责任的范围，更好地保护受害人的权利。

第三，采用关联共同说的主张确定共同侵权行为的本质特征，我国侵权行为法具有较好的基础。尽管我国侵权行为法一直奉行共同过错说，但是在早期引进的苏联侵权行为法理论中，早有关联共同说的主张。例如，认为具有以下两个条件的损害就看作是共同使他人遭受损害：一是两人或数人的过错行为与所发生的损害结果之间必须有因果关系；二是两人或数人的共同行为所造成的损害必须是不可分割的，必须是一个统一的整体。① 这种主张，是典型的关联共同学说。况且，采用关联共同主张与最高人民法院人身损害赔偿司法解释的主张基本相合，只是表述上有所差别而已。

在《侵权责任法》立法中，基本上采纳了这样的意见，在第8条关于“二人以上共同实施侵权行为，造成他人损害的，应当承担连带责任”的规定中，并没

① ［苏］约菲：《损害赔偿的债》，法律出版社1956年版，第65、66页。

有强调是主观立场还是客观立场，而是采用综合说的立场，在我国的共同侵权行为中，既包括主观的共同侵权行为，也包括客观的共同侵权行为。

三、共同侵权行为的类型化划分

（一）划分共同侵权行为类型的不同主张

对于共同侵权行为应当进行类型化的划分，这样会使共同侵权行为的判断和法律适用更有针对性和可操作性。在以往对共同侵权行为的研究中，学者主要集中在对狭义的共同侵权行为的研究，但是狭义的共同侵权行为只是广义的共同侵权行为的一种，并不能涵盖全部的共同侵权行为。

在理论上，对广义的共同侵权行为有几种类型，学者有不同见解。

第一种主张是，共同侵权行为分为：（1）典型的共同侵权行为（也称为共同加害行为）；（2）教唆行为和帮助行为；（3）共同危险行为；（4）合伙致人损害；（5）无意思联络的共同侵权。[①] 其中合伙致人损害是指合伙人在合伙事务执行中致人损害，由于全体合伙人共同承担无限连带责任，因而具有共同侵权行为的特征。[②]

第二种主张是，共同侵权行为分为：（1）典型的共同侵权行为；（2）共同危险行为；（3）无意思联络的共同侵权。对于教唆行为和帮助行为，纳入典型的共同侵权行为之中。[③]

第三种主张是，将共同侵权行为分为：（1）典型的共同侵权行为；（2）共同危险行为和教唆帮助行为。这种主张的依据，是大陆法系民法典的立法模式。[④]

第四种主张认为，共同侵权行为包括：（1）"共同正犯"；（2）教唆者和帮助者；（3）团伙成员；（4）共同危险行为。[⑤]

---

① 王利明：《侵权行为法归责原则研究》，中国政法大学出版社 1992 年版，第 296 页。

② 杨立新：《侵权法论》，吉林人民出版社 1998 年版，第 317 页。

③ 王利明、杨立新：《侵权行为法》，法律出版社 1996 年版，第 186 页。

④ 孔祥俊：《民商法新问题与判解研究》，人民法院出版社 1999 年版，第 245 页。

⑤ 张新宝：《侵权责任法原理》，中国人民大学出版社 2005 年版，第 81 页。

（二）对共同侵权行为类型的应然划分

我认为，对共同侵权行为类型的划分，应当着重解决以下几个问题。第一，教唆者与帮助者行为不宜作为单独的一个共同侵权行为类型。共同侵权行为的行为主体是共同加害人。共同加害人按其行为的特点，可以分为实行行为人、教唆行为人和帮助行为人。因而，教唆行为和帮助行为都是共同侵权行为人实施的行为，都是典型的共同侵权行为，概括在意思联络的共同侵权行为中即可，不必再将其作为一种单独的共同侵权行为类型。第二，合伙致人损害不是一种具体的共同侵权行为，仅仅是某一种共同侵权行为中的不同表现，因此应当归并在客观关联共同的共同侵权行为当中。第三，无过错联系的共同加害行为不是共同侵权行为，而是应当承担按份责任的侵权行为。

在解决了这些问题之后，我们可以将共同侵权行为分为以下四种类型。

1. 意思联络的共同侵权行为

意思联络的共同侵权行为就是典型的共同侵权行为，即数人基于主观上的关联共同而侵害他人造成损害的侵权行为。这种共同侵权行为的共同加害人包括实行行为人、教唆行为人和帮助行为人。按照通说，只有实行行为人的共同侵权行为，是简单的共同侵权行为；而包括教唆行为人和帮助行为人的共同侵权行为，是复杂的共同侵权行为。①

应当看到的是，共同加害人中的教唆行为人和帮助行为人只能存在于以共同故意作为意思联络的共同侵权行为之中，其在主观上必须与实行行为人有共同故意。在教唆行为中，造意人与实行行为人的主观故意容易判断，双方有一致的意思表示即可确认；其表示形式，明示、默示均可。在帮助行为中，实行行为人与帮助行为人的共同故意应需证明。对此，应当参考美国《侵权行为法重述（第二次）》第876条第2、3项的规定："行为人知悉该他人之行为构成责任之违反，而给予重大之协助或鼓励该他人之作如此行为；或行为人于该他人之达成侵权行为结果，给予重大协助，且行为人之行为单独考虑时，构成对第三人责任之违

① 杨立新：《侵权损害赔偿》，吉林人民出版社1990年版，第137页。

反。”[①] 应当强调的是，教唆行为人与帮助行为人均须未直接参与实施具体的侵害行为，只是由于他们与实行行为人之间的意思联络，才使他们之间的行为形成了共同的、不可分割的整体。教唆人与帮助人若直接参与实施侵权行为，则为实行行为人。

2.客观关联共同的共同侵权行为

对于客观关联共同的共同侵权行为，我曾经称为视为共同侵权行为，是指数人既没有共同故意又没有共同过失，实施的行为直接结合，造成同一个损害结果的侵权行为。[②] 这里所谓的行为直接结合，实际上就是客观的关联共同。这种侵权行为虽然不具有典型的共同侵权行为的本质特征，但是最高人民法院的司法解释已经将它视为共同侵权行为，行为人之间承担连带责任。在侵权责任法中，应当对此进行规范，直接界定为客观关联共同的共同侵权行为。

客观的关联共同，实际上就是指数个共同加害人之间的行为具有共同的因果关系。在以客观标准界定共同侵权行为的共同行为说、共同结果说和关联共同说三种主张中，共同行为实际上很难把握，缺少界定其界限的标准；共同结果的标准则会使连带责任的范围失之过宽，不能采用。因此，只有客观的关联共同，也就是把共同因果关系作为客观的共同侵权行为的界定标准，才最为可行。

具体把握共同侵权行为的客观关联共同，标准应当是：（1）行为人的共同性，即加害人应为二人以上；（2）过失的共同性，即数人均具有过失，至于是否成立共同过失，则不论，构成共同过失者，为客观关联共同，各自具有过失者，亦可能构成客观关联共同；（3）结果的共同性，即数人的行为已经造成了同一个损害结果，其损害结果为“不可分”[③]；（4）原因的共同性，即数人的行为对于损害的发生均为不可缺的原因，并且须这些行为结合为一体，才能够造成同一的损害结果，缺少任何一个行为，都不能造成这种结果；如果缺少这个行为仍然会

---

① 刘兴善译：《美国法律整编·侵权行为法》，台北司法周刊杂志社 1986 年版，第 710 页。

② 王利明、公丕祥主编：《人身损害赔偿司法解释若干问题释评》，人民法院出版社 2005 年版，第 11 页。

③ 刘兴善译：《美国法律整编·侵权行为法》，台北司法周刊杂志社 1986 年版，第 710 页。

造成这个损害，则不符合“必要条件规则”，不构成共同侵权行为。[①]

因此，客观关联共同的共同侵权行为，既包括共同过失的共同侵权行为，也包括各个共同加害人各具过失的共同侵权行为，还包括无过错责任原则情况下行为人的行为具有共同因果关系的共同侵权行为。

在很多著作中都论及合伙致人损害的侵权行为是共同侵权行为，但是，这种侵权行为实际上并不是共同侵权，只是由于致害原因是由于合伙人执行合伙事务，在行为和损害结果发生的因果关系上具有客观的关联共同，且又须承担连带责任，故作为客观关联共同的共同侵权行为。

3. 共同危险行为

共同危险行为就是二人或二人以上共同实施有侵害他人权利危险的行为，并且已造成损害结果，但不能判明其中谁是加害人。对此，本书将专门设立一个题目进行讨论。

4. 团伙成员集合行为

团伙组织的成员的集合行为，是指实施侵权行为造成他人损害，如果没有团伙的集合行为则可以避免造成损害的结果发生，如果该集合行为可以归责于该团伙，则该团伙的成员应当承担连带责任的侵权行为。这是一种特殊的共同侵权行为。对此，《荷兰民法典》第 6·166 条规定：“如果一个团伙成员不法造成损害，如果没有其集合行为则可以避免造成损害的危险之发生，如果该集合行为可以归责于这一团伙，则这些成员承担连带责任。”在当前，确认团伙成员的行为为共同侵权行为并且使每一成员为团伙的侵权后果承担连带责任，具有更为重要的现实意义。例如，西班牙法院判决一个埃塔恐怖组织成员制造爆炸事件造成他人损害案，警方未能抓获肇事者，受害人及其家属无法对加害人提起民事诉讼，但对并未参与这次爆炸行为的埃塔恐怖组织另一个成员提出赔偿诉讼，法院判决原告胜诉。[②] 这种侵权行为法的司法实践，我们应当借鉴，可以更好地保护受害人的利益，更好地对团伙（包括恐怖组织、黑社会、犯罪

① 张新宝：《侵权责任法原理》，中国人民大学出版社 2005 年版，第 82 页。

② 张新宝：《侵权责任法原理》，中国人民大学出版社 2005 年版，第 83 页。

团伙等）不法行为进行制裁和控制。

确定团伙成员连带责任，最关键之处就是确定团伙的集合行为。理由是构成团体的集合行为，该团伙的成员就要为之承担连带责任，反之，则不承担责任。团伙的集合行为，是指这些组织的集体行为或者惯常行为，不论其行为是整个团伙实施，还是团伙组织成员个人、数个人实施，不论其他成员是否知晓的行为。符合这个要求的，都可以认定为团伙的集合行为，该团伙的其他成员都有责任为该集合行为承担连带责任。对此，绝不能适用人身损害赔偿司法解释第5条规定的连带责任规则，必须按照侵权连带责任的基本规则处理。

（三）《侵权责任法》对共同侵权行为的最终规定

《侵权责任法》在共同侵权行为的具体规定中，规定了主观的共同侵权行为、客观的共同侵权行为以及共同危险行为，没有规定团伙成员集合行为的类型。

有人认为，《侵权责任法》第9条规定的教唆、帮助侵权行为，也是共同侵权行为的一种类型。[①] 这种说法并不可靠。教唆行为和帮助行为，是主观的共同侵权行为中的具体行为类型，而不是一种典型的共同侵权行为类型。在有意思联络的共同侵权行为中，其中一种类型，就是共同加害人中存在实行人、教唆人和帮助人的区别。

四、共同危险行为及其免责条件在侵权责任法中应当如何界定

共同危险行为又称为准共同侵权行为，是《德国民法典》第一次规定的准共同侵权行为。在1987年，我第一次结合司法实践，写出了我国应当如何借鉴这一法律规则，解决我国的这类侵权行为纠纷的文章。[②] 之后，在司法实践中就出现了借鉴这一法理作出判决的案例。例如，上海市静安区人民法院审理的马某林等诉付某吉、曹某、吴某人身损害赔偿纠纷案。三被告均系无民事行为能力人，1992年2月22日在15层楼的居民住宅上共同向下投掷废酒瓶，其中一只酒瓶砸

---

① 王利明：《侵权责任法研究》上卷，中国人民大学出版社2010年版，第531页以下。

② 杨立新：《试论共同危险行为》，《法学研究》1987第5期。

中地面上正在行走的父亲怀中抱着的二岁男童马超头部，造成死亡后果，不能判明是三名无行为能力人中谁的行为所致，故判决三被告的法定代理人连带赔偿原告的损失。[①] 这一判决正是应用了共同危险行为的基本原理，三名被告的行为完全符合共同危险行为的特征，判决是完全正确的。

最高人民法院总结理论研究和司法实践经验，在《关于审理人身损害赔偿案件适用法律若干问题的解释》第 4 条规定："二人以上共同实施危及他人人身安全的行为并造成损害后果，不能确定实际侵害行为人的，应当依照民法通则第一百三十条规定承担连带责任。共同危险行为人能够证明损害后果不是由其行为造成的，不承担赔偿责任。"这是我国法律文件第一次正式确认共同危险行为的侵权行为及其连带责任的规则。

上述司法解释规定共同危险行为的基本规则是正确的。问题是上述规定的后段，即"共同危险行为人能够证明损害后果不是由其行为造成的，不承担赔偿责任"的规则是否可行。这就是，如果共同危险行为人之一能够证明自己的行为与损害结果没有因果关系是否可以免责的问题。

对此，有两种价值选择，要看采用哪一种。第一种价值选择，就是现在这样的规定，共同危险行为人之一能够证明自己的行为与损害后果之间没有因果关系的，不承担赔偿责任。这种价值选择是以对共同危险行为人的公平为基准。第二种价值选择则相反，共同危险行为人之一能够证明自己的行为与损害后果没有因果关系的，也不能免除责任。这种价值选择是以对受害人损害赔偿权利的保护为基准。

为什么会采用第二种规则呢？理由是，在民事诉讼当中，证明标准是法律真实，而不是客观真实。如果共同危险行为人之一有足够的证据证明自己的行为与损害结果之间没有因果关系，使法官建立确信，也就是说法官能够形成心证，原告的证明就完成了，就能够认定这样的事实。既然它是这样的证明标准，那么就有可能所有参加实施共同危险行为的人都能证明自己的行为和损害结果没有因果关系；如果每一个共同危险行为人都能证明自己的行为与损害结果没有因果关

① 《中国审判案例要览（1993 年综合本）》，中国人民公安大学出版社 1994 年版，第 607 页。

系，按照这样的规则，每个人都可以免除责任。那么，就会出现一个结果：损害是客观存在的，也确确实实是共同危险行为人中间的某一个人造成的，由于共同危险行为人都证明了自己不是真正的加害人，并且都免除了侵权责任，因而受害人就没有办法得到赔偿了。但真实的情况是，加害人确实是在已经免除了责任的共同危险行为人之中。所以，司法实践才采用共同危险行为人之一能够证明自己的行为与损害结果之间没有因果关系的不能免除责任，只有证明了谁是真正的加害人的才可以免除责任的规则。[①]

赞成第一种规则是有道理的：一是在现有的文献上，并没有发现所有的共同危险行为人都证明了自己的行为没有造成损害后果，因而受害人的损害没有得到赔偿的文献记载；二是在司法实践中，也确实没有发现这样的案例。

但是，从严格的意义上说，还是采用第二种规则更为稳妥。同时，采取这样的规则，还可以区分高空抛物致人损害侵权责任的法律后果的不同。1960 年颁布实施的《埃塞俄比亚民法典》第 2142 条规定“未查明加害人”：“（1）如果损害是由数人中的某个人造成的，并且不能查明所涉及的哪个人是加害人，法院在衡平需要时，可命令可能造成损害，并且在其中确定可找到加害人的那一群人共同赔偿损害。（2）在此等情形，法院可命令依法无疑要对损害的不确定加害人承担责任的人赔偿损害。”曾经有人认为这就是规定的共同危险行为，但是，这一规定并不是严格的共同危险行为规则，而是未能查明加害人的规则，其中既包括都实施了共同危险行为造成损害而不能查明谁是真正加害人的共同危险行为，也包括类似于高空抛物的在一群人中只有一个人实施加害行为但未能查明加害人的侵权行为。我曾经主张，对于共同危险行为，应当采取第一种立法例，不能免除能够证明自己的行为没有造成损害的人的责任；对于单纯的未能查明加害人的高空抛物，则采用第二种立法例，能够证明自己的行为与损害发生没有因果关系的，可以免除自己的责任。如果这样规定，可能更为妥当。

因此，在侵权责任法中，对共同危险行为的规定，应当采用能够证明自己的

---

① 杨立新：《侵权法论》，人民法院出版社 2005 年第 3 版，第 607 页。

行为与损害结果发生没有因果关系的，不能免除自己的责任；只有能够证明造成损害的真正加害人的，才能够免除其他共同危险行为人的责任。

五、侵权责任法对侵权连带责任应当如何规定

（一）侵权连带责任概念以及司法解释对其规则进行的改变

我国侵权行为法关于侵权连带责任及其规则，规定在《民法通则》第130条。该条规定了侵权连带责任，但是没有规定连带责任的具体规则，理论上和实务上一致认为应当按照连带债务的原理和规则确定侵权连带责任的规则。对此，并没有出现理论上的重大争议和实践上的严重分歧。

最高人民法院《关于审理人身损害赔偿案件适用法律若干问题的解释》第5条规定了新的侵权连带责任的规则："赔偿权利人起诉部分共同侵权人的，人民法院应当追加其他共同侵权人作为共同被告。赔偿权利人在诉讼中放弃对部分共同侵权人的诉讼请求的，其他共同侵权人对被放弃诉讼请求的被告应当承担的赔偿份额不承担连带责任。责任范围难以确定的，推定各共同侵权人承担同等责任。""人民法院应当将放弃诉讼请求的法律后果告知赔偿权利人，并将放弃诉讼请求的情况在法律文书中叙明。"这个司法解释规定的侵权连带责任规则，远远地离开了《民法通则》第130条规定的规则。

在这个司法解释草案的征求意见稿中，对这个问题的规定似乎走得更远："受害人仅起诉共同侵权行为人中的部分侵权人，明确放弃对其他侵权人的诉讼请求的，人民法院应当将被诉侵权人列为被告，并将受害人放弃诉讼请求的情况在法律文书中叙明。被放弃诉讼请求的侵权人应当承担的赔偿份额，其他侵权人不承担连带责任，人民法院判决时应当从赔偿总额中，扣除被放弃诉讼请求的侵权人应当承担的责任份额。"这样的做法混淆了连带责任和按份责任之间的界限。经过反复修改，生效的司法解释改成现在这种说法。但是即使是作了这样的改变，也仍然不符合侵权连带责任的原理。

人身损害赔偿司法解释确定的侵权连带责任的新规则，就是受害人对共同加

害人不起诉的，就追加；不同意追加的，就是受害人放弃；既然受害人放弃对部分共同侵权人的诉讼请求的，受害人对放弃的部分就不能够请求赔偿，其他共同侵权加害人也不再对放弃的责任份额承担连带赔偿责任。

我认为，侵权连带责任是一个完整的责任，采用这样的方法实行侵权连带责任，其实它就已经不再是连带责任了。

人身损害赔偿司法解释作出这样规定的理由究竟是什么呢？对此，司法解释主要起草人认为理由可以分为三点：第一，实体法关于连带责任以及连带债务规则与《民事诉讼法》的必要的共同诉讼规则之间的矛盾，为了适应民事诉讼法的规则，应当改变民法实体法的规则；第二，未经法院审理的共同侵权行为不能确认是否构成侵权连带责任；第三，对于原告的选择权后置于执行阶段，受害人对共同加害人的选择只能在执行阶段进行，并且这样并不违反实体法的规则。①

这些说法和规则是不是正确，我们要先研究连带责任的基本规则，在此基础上再进行分析和评论，最后提出侵权责任法规定侵权连带责任的规则应当怎样规定。

（二）上述司法解释对侵权连带责任规则变更存在的问题

人身损害赔偿司法解释规定的侵权连带责任规则存在的问题主要有以下几点。

第一，规定赔偿权利人原告只起诉部分共同侵权人的，法院应当追加其他共同侵权行为人作为共同被告的做法，否定侵权连带责任以及连带债务的权利人的请求选择权。连带责任以及连带债务的基本宗旨，就是保障债权人的权利实现，这个保障就是赋予权利人对数个连带责任人或者连带债务人履行债务的选择权。赔偿权利人选择哪一个、哪一些或者全体连带债务人承担全部责任，都是可以的。没有选择权的连带责任，就不再是连带责任了！否定了连带责任的权利人的选择权，也就没有连带责任的存在了。

第二，规定原告不同意追加某个或者某些共同侵权行为人为被告，就是放弃

① 陈现杰：《最高人民法院人身损害赔偿司法解释精髓诠释》（下），载《判解研究》2004 年第 3 期，人民法院出版社 2004 年版，第 19 页。

对该共同侵权行为人的诉讼请求，等于剥夺了共同侵权行为受害人的连带责任请求权。侵权连带责任是整体责任，它意味着每一个共同侵权行为人都应当为全部责任负责。如果按照现在这样规定，是必须将全部共同侵权行为人作为被告起诉，才能够支持其对共同侵权连带责任的诉讼请求，不是等于剥夺了共同侵权行为受害人的连带责任请求权吗？起码是剥夺了共同侵权行为受害人的部分连带责任的请求权。

第三，其他共同侵权人对被放弃诉讼请求的被告应当承担的赔偿责任份额不承担连带责任，否定了连带责任的基本原理。当事人当然可以放弃追究共同加害人之一责任的权利。但是，如果认为在诉讼中没有对某一个共同加害人起诉，甚至是没有同意追加其为共同被告，就是放弃对这些共同加害人的诉讼请求，就不得再对这一部分放弃的请求权进行请求，同时也不能让其他共同加害人来承担这一部分连带责任的份额则是不能接受的，因为这样的规定违背连带责任的基本规则。

（三）针对变更侵权连带责任规则的理由提出反对意见

针对上述改变侵权连带责任规则的理由，我要说明以下三点意见。

第一，在实体法的规则与程序法的规则发生矛盾的时候，不能让实体法服从于程序法。实体法规则与程序法规则的关系，是内容与形式的关系。实体法规则是内容，程序法规则是表现形式。形式应当反映实体内容，实体内容应当被程序内容所反映。如果实体法的规则与程序法的规则之间出现矛盾，程序法应当寻找更能够反映实体法规则的新规则，而不是“削足适履”，改变实体法规则，以适应于程序法的规则。如果为了适应程序法关于必要共同诉讼的规则，而改变实体法关于共同侵权行为连带责任的规则，是本末倒置，是现代版的“削足适履”。

第二，不起诉全体共同加害人，法院也能够确定共同侵权责任。诚然，在共同侵权行为案件中，原告起诉最好将所有的共同侵权行为人一并起诉，便于审理，也减少讼累。但是，这个权利在于原告，而不在于法院。那种认为如果原告不对全体共同侵权行为人一并提起诉讼，连带责任与否及选择权都无从确定的论断，并不成立。共同侵权行为连带责任的诉讼，原告如果通过对部分共同侵权行

为人的诉讼已经实现了自己的诉讼请求，其对整个共同侵权行为的诉讼请求已经实现，则该请求权已经消灭，接下来的是不同的共同侵权行为人之间的追偿关系，与原告已经没有任何关系了。认为不将全体共同加害人追加到案，受害人对不同侵权人分别起诉就会获得不当利益的说法，也是没有根据的。

第三，赔偿权利人对于连带债务的选择权不能用执行程序解决。认为权利人对连带责任人的选择权可在执行阶段行使，将其选择权的实现后置到连带债务经诉讼确定后的执行阶段而已，对债权人有益无害的意见更无道理。判决、裁定的执行实际上并不是诉讼程序，而是一种行政程序或者司法行政程序。将共同侵权行为赔偿权利人的连带责任选择权后置到执行程序中解决，等于将需要在诉讼程序中解决的实体法适用问题，改到了在执行的行政程序中解决。这样的说法是不严肃的，也是不负责任的，是徒然给诉讼当事人增加讼累。

（四）侵权责任法应当确定的侵权连带责任基本规则

侵权连带责任的规则渊源，是连带债务规则。按照大陆法系民法的传统，侵权行为的法律后果也是债，共同侵权行为的连带责任，就是连带债务，适用连带债务的规则。

关于连带债务的规则，《民法通则》第 87 条后段规定："负有连带义务的每个债务人，都负有清偿全部债务的义务，履行了义务的人，有权要求其他负有连带义务的人偿付他应当承担的份额。"《民法通则》第 130 条规定的共同侵权行为的连带责任，就应当适用这一条文规定的规则。

关于连带债务的经典论述，可以列举以下主要的观点。史尚宽认为，数人负同一债务，对于债权人各负全部给付之责任者为连带债务。连带债务之债权人，得对于债务人中之一人或数人或全体，同时或先后请求全部或一部之给付①；在连带债务，不问其给付可分与否，构成连带债务之各债务，均以全部之给付为其本来之内容，从而债权人在未受现实履行前，得依其选择对于债务人之一或数人或其全体，同时或先后请求全部或一部之给付。②《中国大百科全书·法学》认

① 史尚宽：《债法总论》，台北荣泰印书馆 1978 年版，第 614 页。
② 史尚宽：《债法总论》，台北荣泰印书馆 1978 年版，第 615 页。

为，连带责任只存在于债权人和债务人之间的关系中，而与多数债权人或多数债务人之间的内部关系无关。不论几个连带债务人之间内部是否分担份额多少，但对债权人来说，每个连带债务人都对整个债务负责，任何一个债务人无力清偿他们所承担的债务时，他的清偿责任就落到其他债务人身上。[①] 我国高等学校文科教材《民法学》认为，连带债务的主要特点在于：债权人得向债务人中的一人或者数人同时或者先后请求其履行全部或部分债务，每个债务人都负有清偿全部债务的义务，即承担连带的清偿责任。[②] 21 世纪法学教材《民法》认为，连带债务人的每个债务人都负有清偿全部债务的义务，任一个债务人在全部债务清偿前都不能免除清偿的责任。这也就是说，连带债务的各债务人的全部财产担保着债权人的债权，因此，连带债务具有确保债权实现的目的和作用。[③]

我们还可以比较外国侵权行为法的规定。美国《侵权法重述》第 878 条规定："如二人或多人有共同责任，而怠于履行该责任，且构成侵权行为者，就因怠于履行责任而致之全部伤害，每一人均须负责。"[④] 即使是二人或多人之每一个人之侵权行为均为不可分之伤害之法律原因者，不论该二人或多人之行为系同时发生或连续发生，第 879 条也规定："每一个人均须就全部伤害负责任。"[⑤] 同样，如果二人或多人之每一人就其侵权行为而致单一伤害应负全部赔偿责任者，第 882 条规定："受害人得以一诉讼向一人、数人或所有人请求赔偿。"[⑥] 这就叫作连带责任。

侵权连带责任的基本规则必须遵守这些连带债务的规则，因此，侵权连带责任是指受害人有权向共同侵权人或共同危险行为人中的任何一个人或数个人请求赔偿全部损失，而任何一个共同侵权人或共同危险行为人都有义务向受害人负全部的赔偿责任；共同加害人中的一人或数人已全部赔偿了受害人的损失，则免除

① 《中国大百科全书·法学》，中国大百科全书出版社 1985 年版，第 73 页。

② 郑立、王作堂：《民法学》，北京大学出版社 1995 年第 2 版，第 274 页。

③ 王利明：《民法》，中国人民大学出版社 2000 年版，第 260 页。

④ 刘兴善译：《美国法律整编·侵权行为法》，台北司法周刊杂志社 1986 年版，第 711 页。

⑤ 刘兴善译：《美国法律整编·侵权行为法》，台北司法周刊杂志社 1986 年版，第 712 页。

⑥ 刘兴善译：《美国法律整编·侵权行为法》，台北司法周刊杂志社 1986 年版，第 713 页。

其他共同加害人向受害人应负的赔偿责任。共同侵权的连带责任是对受害人的整体责任；受害人有权请求共同侵权行为人或共同危险行为人中的任何一个人承担连带责任；共同侵权连带责任的各行为人内部分有责任份额；已经承担了超出自己的份额的责任的加害人，有权向没有承担侵权责任的加害人追偿。

实行侵权连带责任，首先是整体责任的确定。共同侵权行为或者共同危险行为发生以后，第一，必须确定整体责任。无论受害人请求一人、数人或全体侵权行为人承担侵权责任，都必须确定整体责任。第二，是对各行为人责任份额的确定，在共同侵权行为整体责任确定之后，应当在共同侵权行为人内部确定各自的责任份额。共同危险行为人的内部责任份额，原则上平均分配。这是因为，共同危险行为人在实施共同危险行为中，致人损害的概率相等、过失相当，各人以相等份额对损害结果负责，是公正合理的。第三，所有的共同侵权行为人对外连带负责。第四，共同侵权行为人之间的追偿关系，适用《民法通则》第87条规定："负有连带义务的每个债务人，都负有清偿全部债务的义务，履行了义务的人，有权要求其他负有连带义务的人偿付他应当承担的份额。"共同侵权连带责任的追偿关系，也适用这一规定。

应当注意的是，共同侵权行为连带责任的确定有一个特点，这就是损害赔偿的范围不是基于共同加害人的数量决定的，而是由于侵权行为所造成的损害结果的大小决定的，其举证责任在于原告，而不是在于被告。因此，共同侵权行为人作为共同被告，是不是都追加作为共同被告，并不是确定连带责任范围的必要条件。哪怕只有一个共同加害人被诉，只要确定了损害结果的范围，让他承担全部责任都是没有错误的，只是让他自己承担全部责任他会觉得冤屈，他自然会提出向其他共同侵权行为人追偿的请求。因此，共同侵权行为连带责任诉讼，并不一定非得把所有的共同侵权行为人都诉到诉讼中来，不必一定要适应必要共同诉讼规则。

（五）应当区分连带责任与不真正连带责任

连带责任与不真正连带责任是不同的责任形式，其中最基本的区别在于：连带责任是数人对一个整体的责任负责，最终的责任为各个责任人按照自己的过错

和行为的原因力而分摊。美国《侵权法重述》第886A条和第886B条都是规定这种分摊的规则，其实就是大陆法系所说的共同加害人之间的追偿权。[①] 而不真正连带责任是一个整体的责任，不论谁承担这个责任，都是一个责任，而不能把这个责任分割给各个不同的责任人。例如，保证中存在的连带保证债务，并不是连带责任，而是不真正连带责任，连带保证人与主债务人之间的关系为不真正连带债务关系。[②]

在最高人民法院前述司法解释关于连带责任的规定中，还存在的一个问题，就是连带责任与不真正连带责任之间的界限区分不清，将应当承担不真正连带责任的侵权行为责任规定为连带责任。

人身损害赔偿司法解释规定了两种没有先例的侵权连带责任，这就是：

第一，人身损害赔偿司法解释第11条规定的雇主工伤事故中，雇员在从事雇佣活动中因安全生产事故遭受人身损害，发包人、分包人知道或者应当知道接受发包或者分包业务的雇主没有相应资质或者安全生产条件的，发包人、分包人与雇主承担连带责任。这种责任应当采用不真正连带责任，由受害人选择究竟让谁承担第一位的责任，如果是为了更好地保护受害人的利益，也可以选择补充责任的责任形态解决，没有必要采用侵权连带责任的方式。

第二，人身损害赔偿司法解释第16条第2款规定的人工构筑致害责任，因设置缺陷造成损害的，所有人、管理人与设计人、施工人承担连带责任。这种责任其实是不真正连带责任，应当采用《民法通则》第122条规定产品责任的责任形态和规则解决，是最准确的。现在规定为侵权连带责任，也是不准确的。

（六）《侵权责任法》第13、14条对侵权连带责任规则的规定

共同侵权行为的法律后果，是由共同行为人承担连带责任。侵权连带责任，是指受害人有权向共同侵权人或共同危险行为人中的任何一个人或数个人请求赔偿全部损失，而任何一个共同侵权人或共同危险行为人都有义务向受害人负全部

① 刘兴善译：《美国法律整编·侵权行为法》，台北司法周刊杂志社1986年版，第716－718页。

② 张铭晃：《连带保证制度于台湾法制之现状与发展》，载中国人民大学法学院、台湾财产法及经济法研究协会与中国人民大学民商事法律科学研究中心主办：《两岸私法自治与管制研讨会》论文汇编，2006年，第178页。

的赔偿责任；共同加害人中的一人或数人已全部赔偿了受害人的损失，则免除其他共同加害人向受害人应负的赔偿责任。《侵权责任法》第13条和第14条规定："法律规定承担连带责任的，被侵权人有权请求部分或者全部连带责任人承担责任。""连带责任人根据各自责任大小确定相应的赔偿数额；难以确定责任大小的，平均承担赔偿责任。""支付超出自己赔偿数额的连带责任人，有权向其他连带责任人追偿。"《民法总则》第178条作了相同的规定。

侵权责任法设置连带责任的目的，是加重行为人的责任，使受害人处于优越的地位，保障其赔偿权利的实现。例如，共同侵权人的数个行为形成一个统一的，不可分割的整体，各个行为人的行为都构成损害发生的原因，因而，各行为人均应对损害结果负连带责任。确认这种连带责任，使受害人的损害赔偿请求权简便易行，举证负担较轻，请求权的实现有充分的保障，受害人不必由于共同侵权人中的一人或数人难以确定，或由于共同侵权人中的一人或数人没有足够的财产赔偿，而妨碍其应获得的全部赔偿数额。

第二节　教唆人、帮助人责任与监护人责任

《侵权责任法》第9条在第1款规定了教唆人和帮助人的责任之后，又在第2款特别规定了教唆、帮助无民事行为能力人或者限制民事行为能力人实施侵权行为造成他人损害的责任，分别规定教唆人、帮助人承担侵权责任，监护人承担相应的责任（以下简称教唆人、帮助人责任与监护人责任）。对此究竟应当如何理解，学者有不同认识。

一、《侵权责任法》第9条第2款规定的法律背景

《侵权责任法》在第9条第2款规定教唆人、帮助人与监护人的责任并非凭空而来，而是针对最高人民法院《关于贯彻执行〈中华人民共和国民法通则〉若

干问题的意见（试行）》第 148 条规定，目的在于纠正该条司法解释存在的误差。该条司法解释分为三款，内容分别是："教唆、帮助他人实施侵权行为的人，为共同侵权人，应当承担连带民事责任。""教唆、帮助无民事行为能力人实施侵权行为的人，为侵权人，应当承担民事责任。""教唆、帮助限制民事行为能力人实施侵权行为的人，为共同侵权人，应当承担主要民事责任。"

这一条司法解释第 1 款规定的规则当然没有问题，现在已经被《侵权责任法》第 9 条第 1 款所吸收，成为法律。第 2 款和第 3 款存在一些误差。

该条司法解释的第 2 款和第 3 款分别规定了教唆、帮助无民事行为能力人实施侵权行为的人，为侵权人，应当承担侵权责任；教唆、帮助限制民事行为能力人实施侵权行为，为共同侵权人中的主要侵权人，应当承担主要的侵权责任。这个解释，乍看起来好像没有什么问题，学者在论述这个问题的时候，都是一带而过，并没有指出其中存在的问题。[①] 后来有的学者对此有所发现，说明的也不够明确。[②] 这个司法解释存在的误差，表现在对教唆人和帮助人与监护人之间的利益关系分析得不够清楚，责任确定不够准确。具体表现如下。

第一，教唆、帮助无民事行为能力人实施侵权行为的人都作为侵权人，都一定要承担全部侵权责任吗？不是这样的。例如，一个人想要砸碎宾馆的玻璃，不想自己动手，让站在旁边的一个七八岁未成年人去干，就说："小朋友，你用石头砸碎这块玻璃，声音非常好听。"小朋友听信，捡起石头就把玻璃给砸碎了。这是教唆无民事行为能力人实施侵权行为，教唆人当然要承担全部责任。可是，一个小朋友正在砸宾馆的玻璃，但用的石头太小，砸不碎，成年人看到了，递上一块大石头，说："你用这个吧。"未成年人一砸就把玻璃给砸碎了。这是帮助行为，可是，这个帮助人要承担全部责任吗？如果令其承担全部赔偿责任，显然是不合理的，因为无民事行为能力人在实施损坏他人财产的行为，其监护人未尽监护责任，是有责任的，完全让帮助人承担全部赔偿责任，既不合理，也不公平。

① 张新宝：《侵权责任法》，中国人民大学出版社 2006 年版，第 59 页；王渊智：《侵权责任法学》，法律出版社 2008 年版，第 157 页。

② 张新宝、唐青林：《共同侵权责任十论——以责任承担为中心重塑共同侵权理论》，载最高人民法院民一庭编：《民事审判指导与参考》2004 年第 4 期。

可见，教唆无民事行为能力人实施侵权行为，由于被教唆人无识别能力亦无责任能力，只是作为教唆人实施侵权行为的加害工具[①]，教唆人当然要承担全部赔偿责任，原因在于监护人无过错。帮助无民事行为能力人实施侵权行为，无民事行为能力人的监护人的监护过失在先，帮助人的帮助行为在后，且不是造成损害的全部原因，因此帮助人不能承担全部赔偿责任，监护人应当承担未尽监护责任的赔偿责任。

第二，教唆、帮助限制民事行为能力人实施侵权行为，一律都作为共同侵权的主要侵权人，承担主要的侵权责任，也是不适当的。限制民事行为能力人是已经具备了一定的识别能力和责任能力的人，与无民事行为能力人不同。教唆限制民事行为能力人实施侵权行为，教唆人是共同侵权人中的主要侵权人，监护人也有监护过失，但若教唆人的过错是故意，监护人的过错是过失，责任轻重自然分明，教唆人承担主要的赔偿责任是毫无问题的。但是，帮助限制民事行为能力人实施侵权行为，造成他人损害，是限制民事行为能力人本来就在实施侵权行为，监护人具有重大过失，是没有尽到管教义务的重大过失。帮助人尽管帮助限制民事行为能力人实施侵权行为，具有造成损害的故意，但其帮助行为的原因力较弱，与监护人的重大过失相比较，基本相等或者略低，因此，令帮助限制民事行为能力人实施侵权行为的帮助人承担主要的侵权责任，是不公平的，监护人的责任过轻，帮助人的责任过重。可见，认定教唆限制民事行为能力人实施侵权行为的人为共同侵权人中的主要侵权人，应当承担主要的侵权责任，是正确的；但认定帮助限制民事行为能力人实施侵权行为的人为共同侵权人中的主要侵权人，应当承担主要的侵权责任，显然不当，不符合侵权责任法矫正正义的要求。

我历来主张，教唆行为人和帮助行为人在确定内部责任份额时，不以其身份的不同确定责任份额的轻重，应同样以过错和行为的原因力确定之。[②] 上述司法解释存在的这些问题，在侵权责任分配的利益关系上失当的基本原因，在于教唆人和帮助人的地位、作用及责任分担的基本观念出现问题，是以教唆人、帮助人

---

① 张铁薇：《共同侵权制度研究》，法律出版社 2007 年版，第 196 页。

② 杨立新：《侵权法论》，吉林人民出版社 1998 年版，第 312－313 页。

的身份定责任，以教唆、帮助的对象的身份确定责任，而不是以过错的程度和行为的原因力确定责任。在侵权法理论中，对于教唆人和帮助人的地位、作用及责任分担问题有不同看法，有的认为教唆人和帮助人的基本地位和作用相同，应当承担同等责任，有的认为教唆人和帮助人的基本地位和作用应当根据具体情况判断，不能一概而论。该司法解释在 1988 年制定时，显然是依据的前者。应当看到的是，在 1988 年前后，我国的侵权法理论还不成熟，司法实践经验也不够丰富，存在这样的问题是难免的。

无民事行为能力人和限制民事行为能力人没有识别能力和判断能力，或者识别能力和判断能力不足，教唆人、帮助人教唆、帮助他们去实施侵权行为，具有恶意，是必须承担侵权责任的，以惩戒恶意利用无民事行为能力人和限制民事行为能力人实施侵权行为的教唆人、帮助人，但是，确定教唆人、帮助人的地位、作用及责任分担必须科学、合理。如果确定教唆人、帮助人的侵权责任不科学、不合理，法律适用结果就会适得其反。最高人民法院这一司法解释在这一点上有所欠缺。认为“为充分保护受害人，规定（教唆人、帮助人——作者注）承担连带责任是很有必要的，没有必要区别对待。至于内部的追偿，主要是根据各方的过错程度分担责任的，而与具体的教唆、帮助的形态关系不大”[①]，并不妥当。

二、《侵权责任法》第 9 条第 2 款解决这一问题的基本思路

立法者在制定《侵权责任法》第 9 条第 2 款关于教唆人、帮助人与监护人责任关系规范时的基本思路，学者有不同看法。

有的认为，教唆、帮助无民事行为能力人或者限制民事行为能力人实施侵权行为的责任，法院在认定时，可以先认定教唆人、帮助人承担全部责任，在有证据证明监护人“未尽到监护责任”时，再认定监护人承担一定的责任。[②] 这种说

---

① 王利明：《侵权责任法研究》下卷，中国人民大学出版社 2011 年版，第 533 页。

② 奚晓明主编：《〈中华人民共和国侵权责任法〉条文理解与适用》，人民法院出版社 2010 年版，第 80 页。

法显然与《侵权责任法》第 9 条第 2 款规定的意思不同。

有的认为，《侵权责任法》的规定有所变化，即教唆、帮助无民事行为能力人和限制民事行为能力人实施侵权行为的，由教唆、帮助者承担侵权责任，如果被教唆、帮助的无民事行为能力人和限制民事行为能力人的监护人未尽到监护责任的，应当承担相应的责任。这种相应的责任取代教唆、帮助者的责任，但可减轻其责任。[①] 这个意见基本合理，但取代教唆、帮助者的责任与减轻监护人的责任的说法，有些矛盾。

有的认为，教唆、帮助无民事行为能力人和限制民事行为能力人实施侵权行为，应当承担侵权责任，监护人未尽监护责任，承担相应责任，理由是在存在教唆人和帮助人的情形下，监护人也要承担连带责任，过于严厉。[②] 这种意见我比较赞成，但是说的不够清楚。

有的认为，教唆、帮助无民事行为能力人和限制民事行为能力人实施侵权行为，教唆人和帮助人是第一位的责任人，只有监护人没有尽到监护责任的，其才承担相应的责任。在这一范围内，监护人要与教唆人承担连带责任，如果监护人平时对被监护人严加管教，但仍然出现被监护人因他人之教唆、帮助而损害他人的情形，监护人就只需要承担部分的赔偿责任。[③] 这种意见有一定道理，但对连带责任的意见，我持不同看法。

有的认为，在监护人承担相应责任的范围内，其与教唆人和帮助人应向受害人共同负责。但教唆人和帮助人是终局责任人，监护人承担了相应责任后，有权就其相应的责任向教唆人和帮助人行使求偿权。[④] 这个意见说的比较糊涂，一是终局责任人并非一种，在连带责任和不真正连带责任中都有，不知这里所说的是连带责任还是不真正连带责任；二是监护人向教唆人和帮助人行使追偿权，要追偿多少，全部追偿还是部分追偿，全部追偿就是不真正连带责任，部分追偿就是连带责任。而事实是，监护人承担了相应责任之后，对教唆人或者帮助人恰恰没

---

① 张新宝：《侵权责任法》，中国人民大学出版社 2010 年版，第 51 页。

② 王胜明主编：《中华人民共和国侵权责任法释义》，法律出版社 2010 年版，第 62 页。

③ 程啸：《侵权责任法》，法律出版社 2011 年版，第 267 页。

④ 王利明：《侵权责任法研究》下卷，中国人民大学出版社 2011 年版，第 537 页。

有追偿权。

上述各种意见尽管有所区别，但有一点可以确定，即《侵权责任法》第9条第2款不再采取对教唆、帮助无民事行为能力人或者限制民事行为能力人实施侵权行为的人分别规定固定化责任的方法，而是根据实际情况，实事求是地确定教唆人、帮助人与监护人的责任。这种态度是特别值得赞赏的，也是保障公平确定教唆人、帮助人和监护人责任的好方法，表达了立法专家和法学专家确定这一规范的基本思路。

根据我在参加起草《侵权责任法》的亲身体会，《侵权责任法》第9条第2款规定的教唆人、帮助人和监护人责任规范的基本思路是：

第一，不再直接根据被教唆、帮助的无民事行为能力人或者限制民事行为能力人的不同身份确定不同的侵权责任。《关于贯彻执行〈中华人民共和国民法通则〉若干问题的意见（试行）》第148条确定教唆人、帮助人和监护人责任规则的基本思路，是根据被教唆、帮助的无民事行为能力人和限制民事行为能力人的身份不同，确定不同的责任。教唆、帮助无民事行为能力人实施侵权行为，无论是教唆人还是帮助人，都是侵权行为人，都要承担全部的侵权责任。而教唆、帮助限制民事行为能力人实施侵权行为，都一律作为共同侵权的主要侵权人，承担主要的侵权责任。问题正是发生在这里。教唆、帮助行为在共同侵权行为中起到的作用并非完全相同，须在连带责任的基础上，根据教唆人、帮助人的不同行为，所起的不同作用，确定不同的责任。司法解释采取统一、划一的方法，确定教唆、帮助无民事行为能力人和限制民事行为能力人实施侵权行为的人的固定化责任，没有体现实事求是的原则，缺少具体问题具体分析的态度，因而难免存在问题。

第二，采取实事求是的方法，强调根据实际情况确定教唆人、帮助人和监护人的责任。《侵权责任法》第9条第2款并没有说教唆人、帮助人教唆、帮助不同的被监护人的不同责任，而是采取教唆人、帮助人承担侵权责任，监护人在未尽监护责任的情况下，承担相应的责任。这样的规定具有很大的灵活性，完全体现了实事求是的要求，应当根据监护人有无监护过失而确定教唆人、帮助人承担

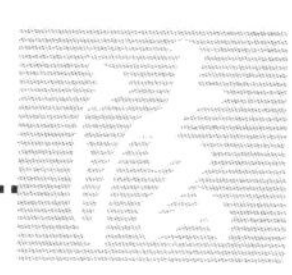

全部责任还是部分责任；根据监护人的过失程度承担相应的责任而确定教唆人或者帮助人应当承担责任份额的大小。这样，就可以实事求是地确定教唆人、帮助人以及监护人的责任，合理分配赔偿责任，实现侵权责任法的矫正正义的目的，避免出现责任区分不准确、利益关系处理失衡的问题，纠正了司法解释存在的误差。

三、《侵权责任法》第9条第2款规定的侵权责任形态

（一）连带责任还是按份责任

《侵权责任法》第9条第2款规定的教唆人、帮助人与监护人之间的责任形态，究竟是连带责任，还是按份责任，或者是其他责任形态，看法并不相同。

1. 连带责任说

这种主张认为，教唆、帮助无民事行为能力人和限制民事行为能力人实施侵权行为，教唆人和帮助人是第一位的责任人，监护人没有尽到监护责任的才承担相应的责任。在这一范围内，监护人要与教唆人承担连带责任。[①] 这种说法是将教唆人、帮助人与监护人的责任分担形式认定为连带责任。

2. 按份责任说

这种主张认为，教唆、帮助无民事行为能力人和限制民事行为能力人实施侵权行为，应当承担侵权责任，监护人未尽监护责任，承担相应责任，理由是在存在教唆人和帮助人的情形下，监护人也要承担连带责任，过于严厉。[②] 既然认为监护人承担连带责任过于严厉，那就是认为应当承担按份责任了。

3. 减轻责任说

这种主张认为，被教唆、帮助的无民事行为能力人和限制民事行为能力人的监护人未尽到监护责任的，应当承担相应的责任。这种相应的责任取代教唆、帮

① 程啸：《侵权责任法》，法律出版社2011年版，第267页。

② 王胜明主编：《中华人民共和国侵权责任法释义》，法律出版社2010年版，第62页。

助者的责任，但可减轻其责任。[①] 有疑问的是，减轻责任在侵权责任分担的形态上，属于何种责任形态不得而知。

4.求偿责任说

这种主张认为，教唆人和帮助人是终局责任人，监护人承担了相应责任之后，有权就其相应的责任向教唆人和帮助人行使求偿权。[②] 这种说法似乎认为监护人责任属于补充责任，但《侵权责任法》第9条第2款显然没有规定这个求偿权，这个解释超出了法律本身规定的内容。

我的看法是，当教唆人教唆无民事行为能力人实施侵权行为时，教唆人应当承担的侵权责任就是全部责任，不存在连带责任或者按份责任的争论，是单独责任，即由教唆人自己承担责任。在其他任何场合，例如教唆限制民事行为能力人实施侵权行为，帮助无民事行为能力人实施侵权行为，或者帮助限制民事行为能力人实施侵权行为，都不是单独责任，都会存在监护人承担责任的情形。在这些情形下，教唆人、帮助人与监护人都应当承担责任，因而存在确定连带责任还是按份责任或者不真正连带责任的性质问题。将这种责任界定为减轻责任，尽管说的是实际情况，监护人未尽监护责任，当然减轻教唆人或者帮助人的侵权责任，但没有说清楚教唆人或者帮助人与监护人之间承担的责任究竟是何种形态。认为教唆人或者帮助人与监护人分担责任的形态是按份责任，根据“相应的责任”的表述，似乎是成立的，但是，相应的责任是监护人一方承担的责任，教唆人或者帮助人承担的责任并不因为监护人的责任为“相应的责任”而使自己的责任也成为“相应的责任”，教唆人或者帮助人的责任不是相应的责任，也不是按份责任。

教唆人、帮助人与监护人承担的责任具有连带责任的性质，在总体上仍然是连带责任。有人认为，第9条第2款没有特别写明是连带责任，是有确定的含义的，就是否定这种责任形态是连带责任，理由是，《侵权责任法》第9条第2款虽然没有明确规定，但从体系解释的角度来看，显然是排斥了连带责任。[③] 这种

---

① 张新宝：《侵权责任法》，中国人民大学出版社2010年版，第51页。

② 王利明：《侵权责任法研究》下卷，中国人民大学出版社2011年版，第537页。

③ 王利明：《侵权责任法研究》下卷，中国人民大学出版社2011年版，第536页。

意见并不正确。主张教唆人、帮助人与监护人之间承担的责任为连带责任的根据如下。

第一，共同侵权人承担的责任是连带责任，这是《侵权责任法》第 8 条确定的规则。这个规则是一般性规则，是不能改变的。教唆人、帮助人参加的侵权行为一定是共同侵权行为，共同侵权行为的法律后果一定是连带责任。不能想象，在教唆、帮助完全民事行为能力人实施侵权行为的性质是共同侵权行为，须承担连带责任，而教唆、帮助无民事行为能力人或者限制民事行为能力人实施侵权行为，其性质仍属于共同侵权行为，却不适用连带责任。

第二，《侵权责任法》第 9 条第 1 款本身是明确规定了教唆、帮助人的责任是连带责任，第 2 款尽管没有规定教唆、帮助无民事行为能力人或者限制民事行为能力人实施侵权行为的侵权责任的性质，但应当顺理成章地推论为连带责任。

第三，如果认为这种侵权行为的法律后果不是连带责任，而令教唆人、帮助人与监护人承担按份责任，对保护受害人特别不利，不符合共同侵权责任制度的旨趣，有违侵权责任法立法设置共同侵权行为和连带责任的基本精神。

（二）是典型连带责任还是单向连带责任

应当看到，《侵权责任法》第 9 条第 2 款规定的责任形态，不同于典型连带责任的一般规则。我在《侵权责任法》刚刚通过不久，就提出了单向连带责任的概念[①]，教唆人、帮助人与监护人的责任就是单向连带责任。具体表现是：

首先，在教唆人或者帮助人一方，应当承担的责任叫作“侵权责任”，应当包括承担全部责任和部分责任，如果承担的是部分责任，则是连带责任。如果教唆人教唆无民事行为能力人实施侵权行为，他就是侵权人，构成单独侵权行为，教唆人应当承担全部责任。在教唆限制民事行为能力人实施侵权行为、帮助无民事行为能力人实施侵权行为、帮助限制民事行为能力人实施侵权行为的场合，监护人都有监护过失，教唆人或者帮助人都不会承担全部的赔偿责任，应当由教唆人或者帮助人与监护人共同承担责任，因此形成共同责任。

① 杨立新：《〈中华人民共和国侵权责任法〉条文释解与司法适用》，人民法院出版社 2010 年版，第 57 页。

其次，教唆人和帮助人无论是教唆、帮助完全民事行为能力人，还是教唆、帮助无民事行为能力人或者限制民事行为能力人，都是共同侵权人，都应当承担连带责任（教唆无民事行为能力人除外）。因此，在教唆、帮助无民事行为能力人和限制民事行为能力人实施侵权行为的教唆人、帮助人，即使在监护人承担相应的责任的情况下，也应当承担连带责任。如果受害人向教唆人或者帮助人请求承担连带责任，对损害予以全部赔偿，教唆人或者帮助人不得以自己不是共同侵权人而主张抗辩，不得主张自己只承担按份责任。

再次，对无民事行为能力人和限制民事行为能力人的监护人未尽监护责任承担“相应的责任”，应当如何理解，特别值得研究。相应的责任，应当是与行为人的过错程度和行为的原因力相适应，其实就是有份额的责任。[①] 事实上，教唆、帮助无民事行为能力人和限制民事行为能力人实施侵权行为，监护人有过错的，同样也是共同侵权行为，只不过特点比较突出，与教唆、帮助完全民事行为能力人实施侵权行为有所区别。这样就会出现一个问题，当教唆人和帮助人要承担侵权责任，监护人要承担相应的责任，且为连带责任的时候，按照连带责任原理，被侵权人请求教唆人、帮助人承担全部责任，教唆人、帮助人承担了全部责任后，就监护人的“相应的责任”份额向其追偿，当然没有问题。但是，监护人承担的是“相应的责任”，如果被侵权人向监护人请求承担全部赔偿责任，可以准许吗？好像不行，且责任“过于严厉”[②]。被侵权人请求监护人承担全部赔偿的连带责任，如果监护人以法律规定自己的责任是“相应的责任”进行抗辩，主张自己不承担连带责任，法院一定会采纳监护人的抗辩意见，因为监护人的请求符合法律规定。因此，监护人的“相应的责任”一定是按份责任，而不是连带责任。

最后，在多数人侵权行为中，一方当事人承担连带责任，另一方当事人承担按份责任，是我国以前的侵权责任法律规范没有规定的责任形态，是一种新型的

① 在这一点上，《侵权责任法》在使用“相应的责任”用语上，含义基本上是一致的，只有第 35 条后段个人劳务责任中的工伤事故责任除外。

② 王胜明主编：《中华人民共和国侵权责任法释义》，法律出版社 2010 年版，第 62 页。

侵权责任形态，我把它称为单向连带责任是比较妥当的。因此，本书将这种侵权责任形态仍然称为单向连带责任。

四、教唆人、帮助人与监护人的单向连带责任及规则

《侵权责任法》第 9 条第 2 款规定的连带责任是单向连带责任。同样，该法第 49 条规定的责任形态与第 9 条第 2 款规定的规则相同，也是单向连带责任。

单向连带责任是连带责任中的一种特殊类型，是以前的侵权法理论较少研究的一种侵权责任形态。对此应当深入研究，掌握其法律适用规则。

（一）单向连带责任的概念

单向连带责任，是指在连带责任中，被侵权人有权向承担侵权责任的责任人主张承担全部赔偿责任并由其向其他责任人追偿，不能向只承担相应的责任的责任人主张承担全部责任并向其他连带责任人追偿的特殊连带责任形态。简言之，单向连带责任就是在连带责任人中，有的责任人承担连带责任，有的责任人只承担按份责任的特殊连带责任形式。

单向连带责任形态，在大陆法系侵权法中没有提及。美国侵权法连带责任中的单独责任就是单向连带责任。美国《侵权法重述（第三次）·责任的分担》第 10 节（连带责任的效力）规定："当依据适用法律，有多人对一受害人承担连带责任时，该受害人可以起诉任何一名负连带责任者，并从中获得它可以获得的全部赔偿。"第 11 节（单独责任的效力）规定："当依据适用法律，某人对一受害人的不可分伤害承担单独责任时，该受害人仅可以获得该负单独责任者在该受害人应得赔偿中所占的比较责任份额。"① 这就是在数人侵权的连带责任中，有的责任人承担连带责任，有的责任人应当承担单独责任（按份责任），承担单独责任的单独责任人只承担受害人应得赔偿中的自己的份额，就是按份责任。这就是单向连带责任。

---

① ［美］肯尼斯·S. 亚伯拉罕、阿尔伯特·C. 泰特选编：《侵权法重述——纲要》，许传玺、石宏等译，法律出版社 2006 年版，第 346 页。

在单向连带责任中，两个以上的责任人都对同一个侵权行为造成的损害负赔偿责任，不过其中有的责任人承担侵权责任，有的责任人承担相应的赔偿责任，承担侵权责任一方对全部责任负责，承担相应责任一方只对自己承担的相应份额负责。因而，被侵权人可以向承担侵权责任的责任人主张连带责任，使其承担全部赔偿责任，在其承担了全部赔偿责任之后，可以向承担相应的赔偿责任的责任人主张追偿；被侵权人不能向承担相应的责任的责任人主张承担全部连带责任，并由其向应当承担侵权责任的责任人进行追偿，即该责任人只承担按份责任（单独责任)。《侵权责任法》第 9 条第 2 款规定符合这样的要求，这种侵权责任形态就是单向连带责任。

（二）单向连带责任的特征及与连带责任的区别

单向连带责任的特征是：

第一，单向连带责任仍然是连带责任，但是在这种连带责任中，有的责任人承担侵权责任即对全部侵权责任承担连带责任；有的责任人只承担相应的责任即仅对自己应当承担的责任份额承担赔偿责任，对超出自己的责任份额的部分不承担连带责任。

第二，这种连带责任的各个责任人也都有最终责任的赔偿份额，按照《侵权责任法》第 14 条第 1 款的规定，按照各自的责任大小承担最终责任。

第三，实行单向连带，被侵权人有权主张承担侵权责任的一方承担全部赔偿责任，但不能主张承担相应的赔偿责任的责任人对全部赔偿责任连带负责，承担相应责任的责任人不论怎样，都只对自己应当承担的赔偿份额承担责任，不对全部责任负责。

第四，承担了全部赔偿责任或者承担了超出自己应当承担的赔偿份额的连带责任的人，有权向承担相应的赔偿责任的按份责任人主张追偿，也有权向其他没有承担赔偿责任的连带责任人主张追偿。

教唆人、帮助人与监护人的责任，完全具备上述单向连带责任的法律特征。同样，《侵权责任法》第 49 条规定的租用、借用机动车的机动车使用人驾驶机动车发生交通事故造成他人损害，应当承担侵权责任；机动车所有人对于损害的发

生也有过错的，应当承担相应的赔偿责任。这也构成单向连带责任。被侵权人可以向机动车使用人主张其承担全部赔偿责任，机动车使用人不能以机动车所有人也有过错而进行抗辩，应当承担全部责任。在其承担了赔偿责任之后，可以向有过错的机动车所有人追偿。被侵权人也可以同时起诉机动车使用人和机动车所有人，主张他们各自承担自己的赔偿责任份额。被侵权人如果主张机动车所有人承担连带责任时，则机动车所有人可以法律规定其承担相应的责任为由进行抗辩，只对自己的过错所应当承担的相应的责任承担按份责任，不承担连带责任。如果机动车使用人和机动车所有人具有共同故意或者构成客观的共同侵权行为的，则构成连带责任，不再是单向连带责任。

基于以上分析，教唆人、帮助人与监护人的责任是单向连带责任，属于连带责任中有的责任人承担连带责任，有的责任人不承担连带责任而只对相应的责任份额按份负责的连带责任形态。

（三）单向连带责任的规则

《侵权责任法》规定了单向连带责任的规则是：

第一，构成单向连带责任，须具备承担侵权责任的一方和承担相应责任的一方对损害的发生都有过错，都具有原因力；如果一方具有过错和原因力，另一方的行为不具有过错或者原因力，则不构成单向连带责任。教唆人、帮助人与监护人对于损害的发生均具有过错和原因力，具备了构成单向连带责任的基本要求。

第二，在单向连带责任中，有的责任人应当承担侵权责任即连带责任，有的应当承担相应的责任即按份责任。承担连带责任的一方是教唆人或者帮助人，如果对损害的发生具有全部的过错和原因力的，就应当自己单独承担赔偿责任，不存在连带责任；如果承担侵权责任的教唆人或者帮助人对于损害的发生具有部分过错和原因力，在单向连带责任中也应当对全部损害负责，为连带责任人。承担相应的责任的一方为监护人，对损害的发生不具有全部的过错和原因力，承担的相应的责任是按份责任，并且只对自己的责任份额承担责任，不论是自己承担，还是承担全部赔偿责任的人通过向其追偿而承担，都是如此。这就是美国侵权法

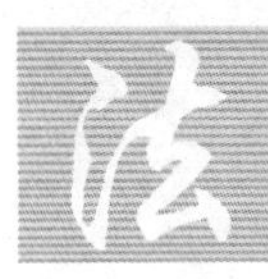

连带责任中的单独责任。[①]

第三，被侵权人在单向连带责任中，只能向承担连带责任的责任人主张承担全部赔偿责任，而不能向承担按份责任的责任人主张承担全部赔偿责任，如果向承担按份责任的责任人主张承担责任，只能是按份责任，按份责任人仅对自己的份额负责。受害人主张向教唆人、帮助人请求承担连带责任的，应当予以支持；主张向监护人承担连带责任的，应当不予支持。

第四，承担了连带责任的侵权责任人即教唆人或者帮助人，对于超出了自己的责任份额的部分，就该部分有权向相应责任人即监护人进行追偿。在教唆人、帮助人与监护人责任之中，绝对不会出现监护人承担了责任“向教唆人、帮助人行使求偿权”[②] 的情形。

五、《侵权责任法》第9条第2款与第32条之间的协调

（一）第9条第2款与第32条之间的相互关系

研究教唆人、帮助人责任与监护人的责任问题，必须研究《侵权责任法》第9条第2款与第32条之间的关系问题。我认为，《侵权责任法》第32条是关于监护人责任的一般性规定，而第9条第2款是监护人责任在共同侵权责任中的特别规定。两个条款的基本精神是一致的。

值得研究的是，第9条第2款规定承担责任的要件是“教唆、帮助无民事行为能力人、限制民事行为能力人实施侵权行为”，第32条第1款规定的是“无民事行为能力人、限制民事行为能力人造成他人损害”，两种情形是否存在区别呢？我认为，这一用语的差别，并非强调两个条文规定的要件不同，而是强调在第32条第1款的情形下，无民事行为能力人或者限制民事行为能力人即使造成他人损害，也不能认为无民事行为能力人或者限制民事行为能力人实施的行为就是

① ［美］肯尼斯·S. 亚伯拉罕、阿尔伯特·C. 泰特选编：《侵权法重述——纲要》，许传玺、石宏等译，法律出版社2006年版，第346页。

② 王利明：《侵权责任法研究》下卷，中国人民大学出版社2011年版，第537页。

侵权行为，对于监护人而言才是侵权行为。相反，教唆人、帮助人教唆、帮助无民事行为能力人或者限制民事行为能力人实施的侵权行为，本身就已经是侵权行为了，因此才使用这个表述。两个用语的不同并不是说两种责任的构成要件不同，并不是否认两个条文的一致性。

《侵权责任法》第32条规定的监护人责任，是无民事行为能力人或者限制民事行为能力人造成他人损害，监护人承担责任的一般规则，可以明确的是，确定监护人的责任，包括过错推定原则、替代责任和公平分担损失的规则。首先，监护人责任实行过错推定原则，无民事行为能力人或者限制民事行为能力人造成他人损害，推定监护人具有未尽监护责任的过失，应当承担侵权责任。监护人承担的责任是替代责任，是监护人替代造成损害的无民事行为能力人或者限制民事行为能力人承担责任。如果监护人已经尽到监护责任的，即为无过失，不是免除责任，而是减轻侵权责任，是在适用《侵权责任法》第24条的公平分担损失规则，在双方当事人之间分担损失。在具体承担责任上，如果无民事行为能力人或者限制民事行为能力人是有财产的，则实行完全的补充责任，由本人的财产支付赔偿费用，不足的部分，由监护人补充赔偿，不足部分有多少，就要补充赔偿多少。

《侵权责任法》第9条第2款规定的是无民事行为能力人或者限制民事行为能力人在造成他人损害的情况下，其前提与第32条规定的前提是一样的，如果有教唆人或者帮助人教唆、帮助无民事行为能力人或者限制民事行为能力人教唆、帮助实施侵权行为的，则成为共同侵权行为，应当适用《侵权责任法》第9条的规定，由于存在有监护人的特殊性，因而才规定了第2款的规则。

从另一个角度看，第9条第2款规定属于总则性规定，而第32条规定属于分则性规定，总则性规定属于原则性规定，分则性规定属于具体规定。分则性规定与总则性规定不发生冲突的，应当优先适用分则性规定，分则性规定违反总则性规定的，应当适用总则性规定。在这个意义上观察，第9条第2款规定与第32条规定的关系并不发生冲突，分则性规定没有涉及共同侵权的问题，因此，在无民事行为能力人或者限制民事行为能力人造成他人损害的，如果有教唆人或者帮助人的，构成共同侵权行为，应当适用总则性的规定。

按照这两个条文的关系，在法律适用上是一致的；如果两个条文一旦发生冲突，应当优先适用第9条第2款的规定。

（二）监护人承担责任的“由”与“应当”的区别

《侵权责任法》第9条第2款规定监护人的责任，是“应当承担相应的责任”；第32条规定监护人的责任，是“由监护人承担侵权责任”。这里的“应当承担”和“由……承担”的表述，是否有区别呢？依我所见，这两种不同的表述的区别如下。

第一，“应当承担”所强调的是“相应的责任”，是必须承担相应的责任，而不是全部责任。

第二，“由……承担”的表述，是强调替代责任，即无民事行为能力人和限制民事行为能力人实施的侵权行为造成损害，由监护人承担替代责任，而不是由被监护人承担侵权责任。

按照这样的分析，两个条文的上述不同表述并没有冲突，“由监护人承担”的责任是替代责任，在第32条和第9条第2款的情形下，都没有变化，都是替代责任。所不同的是，第9条第2款限定监护人的责任是有限的相应的责任，为按份责任，监护人不承担超出相应的责任的按份责任，不承担连带责任。而由于第32条就是监护人自己承担责任，并不存在按份责任的相应的责任的问题，而是全部责任。

（三）监护人尽到监护责任的应当减轻还是免除责任

第32条和第9条第2款规定中，在下面这个问题上有一定的冲突。这就是，如果监护人没有违反监护责任的，第32条第1款后段规定的是“可以减轻其侵权责任”；而按照第9条第2款规定，尽管没有明确规定监护人不承担侵权责任，但是从条文的上下文观察，监护人是不承担侵权责任的，连相应的责任也不承担。这样的理解是否正确，分析如下。

第32条第1款后段规定的减轻责任，是适用公平分担损失规则，其前提是，无民事行为能力人或者限制民事行为能力人造成他人损害，如果监护人没有未尽监护责任，即为无过错。监护人无过错，而受害人对于损害的发生更无过错，如

果监护人不承担赔偿责任，则损失将由受害人全部承担。无过错的受害人承担全部损失，而损害又是无民事行为能力人或者限制民事行为能力人造成的，公平吗？肯定是不公平的。因此，按照第 24 条规定公平分担损失，减轻监护人的责任，就是分担损失。这样，就符合了第 24 条规定的条件，有了实行公平分担损失规则的必要性。

第 9 条第 2 款规定教唆、帮助无民事行为能力人或者限制民事行为能力人实施侵权行为的，已经有了承担责任的一方主体，即教唆人或者帮助人。在这样的情况下，即使监护人由于没有未尽监护责任的过失，不承担侵权责任，也不会出现损害后果由受害人自己负担的可能性，因而不再存在适用第 24 条关于公平分担损失规则的必要性。监护人无过失，就由教唆人或者帮助人承担全部赔偿责任（事实上只是在教唆人教唆无民事行为能力人实施侵权行为的时候，才会出现这样的情形，在其他情形不会出现这样的结果）。认为监护人如果证明自己尽了监护责任，则在最终份额决定时，进一步减轻其最终责任份额，减轻部分由教唆人、帮助人承担，也是"承担主要民事责任"的应有之意[①]，似乎不够妥当。

所以，在第 9 条第 2 款规定的情形下，如果监护人不存在未尽监护责任的过失，则与第 32 条第 1 款规定的减轻监护人的责任的规定有冲突，应当适用第 9 条第 2 款规定，不适用第 32 条第 1 款后段的规定。

（四）被监护人有财产的，相应的责任应当如何承担

《侵权责任法》第 32 条第 2 款规定的是造成他人损害的无民事行为能力人或者限制民事行为能力人有财产的，则首先由本人的财产支付赔偿费用，不足部分，由监护人补充赔偿。在第 9 条第 2 款规定的情形下，是否也适用这样的规则呢？

应当看到的是，《侵权责任法》第 32 条第 2 款规定是关于履行责任的规则，不是确定责任的规则。意思是，确定监护人责任，适用第 32 条第 1 款规定，但是在履行监护人的赔偿责任时，如果无民事行为能力人或者限制民事行为能力人

① 王竹：《侵权责任分担论——侵权损害赔偿责任数人分担的一般理论》，中国人民大学出版社 2009 年版，第 158－159 页。

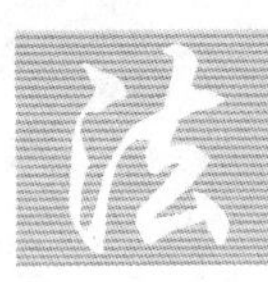

自己有财产的，按照这样的规则进行。第 9 条第 2 款没有规定这样的内容，没有说监护人承担相应的责任的，如果无民事行为能力人或者限制民事行为能力人自己有财产的，应当适用何种规则。对此，应当顺理成章地适用第 32 条第 2 款规定，如果教唆人或者帮助人应当承担侵权责任，监护人也应当承担相应的责任的，包括直接承担相应责任或者教唆人或者帮助人在承担了全部赔偿责任的中间责任后向监护人追偿的，当然应当由监护人承担赔偿责任；如果无民事行为能力人或者限制民事行为能力人自己有财产，同样应当由造成损害的无民事行为能力人或者限制民事行为能力人的财产支付赔偿费用，不足部分，由监护人补充赔偿。

应当注意的是，这个相应的责任是已经确定的责任，在此份额内，监护人承担的是完全的补充责任，因而与《侵权责任法》第 34 条第 2 款、第 37 条第 2 款和第 40 条规定的相应的补充责任不同，不能在相应的赔偿责任之内再承担“相应的”补充责任。

（五）教唆人、帮助人无资力的如何处理

教唆人、帮助人承担侵权责任包括连带责任，如果出现无资力的情形，应当如何处理侵权责任分担问题，《侵权责任法》第 9 条第 2 款没有规定，有人曾经提出这个问题，认为教唆限制民事行为能力人实施侵权行为的，由教唆人承担主要民事责任。但教唆者无资力承担主要责任的除外。① 这个说法语焉不详，不知道这个除外究竟何指，是否说教唆者如果无资力承担主要责任就不承担主要责任，改为次要责任，不得而知。

我认为，按照上述确定教唆人、帮助人责任的规则确定了责任，如果教唆人或者帮助人无赔偿资力，并非要重新设立一个规则重新确定责任，而是赔偿责任人无资力就是赔偿风险，并非所有的损失都能够得到赔偿，不能赔偿的，应当由受害人承担这个风险，或者以其他救济方式进行救济。

---

① 张新宝、唐青林：《共同侵权责任十论——以责任承担为中心重塑共同侵权理论》，载最高人民法院民一庭编：《民事审判指导与参考》2004 年第 4 期。

第三节　共同危险行为

一、共同危险行为的概念和特征

（一）共同危险行为的概念

共同危险行为又称为准共同侵权行为，是指二人或二人以上共同实施有侵害他人权利危险的行为，并且已造成损害结果，但不能判明其中谁是加害人的多数人侵权行为。《侵权责任法》第10条规定："二人以上实施危及他人人身、财产安全的行为，其中一人或者数人的行为造成他人损害，能够确定具体侵权人的，由侵权人承担责任；不能确定具体侵权人的，行为人承担连带责任。"这一规定确定了共同危险行为的侵权行为类型和基本规则。

数人均有加害行为而致损害，如果这一损害的发生是由于全体行为人的行为所致，这是共同侵权行为；如果这一损害的发生是由其中一人或一部分人的行为所致，而且已经判明谁是加害人，这是一般的侵权行为或者共同侵权行为，已经判明与损害没有因果关系的行为人不负侵权责任；如果损害事实已经发生，并可判明损害确系数人的危险行为所致，但不能判明确为何人所致，这就是共同危险行为。

（二）共同危险行为的法律特征

1.行为为数人实施

共同危险行为的行为主体必须是二人或二人以上，这是共同危险行为成立的基本条件之一。一个人实施的行为即使造成他人损害，也只是一般侵权行为，不是共同危险行为。

2.行为的性质具有危险性

共同危险行为的危险性，指的是侵害他人人身权利、财产权利的可能性，从主观上，行为人没有致人损害的故意，既没有共同故意，也没有单独故意，只存在疏于注意义务的共同过失；从客观上，数人实施的行为有致人损害的现实可能

性，这种致害他人的可能性可以从行为本身、周围环境以及行为人对致害可能性的控制条件上加以判断；此外，这一行为没有人为的侵害方向，共同危险行为不针对任何特定的人。

3.具有危险性的共同行为是致人损害的原因

在共同危险行为中，共同危险行为的危险性虽然是一种可能性，但就行为造成的损害而言，这种危险性已经转化为现实的、客观的损害结果，具有危险性的共同行为与损害事实之间具有客观的因果关系。共同危险行为与损害结果没有因果关系的，不构成共同危险行为。

4.损害结果不是共同危险行为人全体所致但不能确定具体加害人

在共同危险行为中，损害结果的发生不是全体共同危险行为人的行为所致，但在全体共同危险行为人之中又不能判明究竟谁是真正的加害人。只有损害结果不是全体共同危险行为人所致，但又不能判明具体侵权人，才能构成共同危险行为。

二、共同危险行为的历史发展

共同危险行为理论与共同侵权行为理论有着基本相同的历史，它们都是在一般侵权行为民事责任的基础上发展起来的。在古代早期的成文法中，有关的侵权行为法规范大都是对具体侵权行为的规定，归结起来，都属于一般的侵权行为。在古罗马法中，关于私犯和准私犯的规定也缺乏原则性的抽象概括。1804 年公布的具有划时代意义的《法国民法典》创造了侵权行为法的过错责任原则，但仍没有共同侵权行为和共同危险行为的规定。经过近百年的演化，经过一些资产阶级法学家的不断探索，创造出了共同侵权行为与共同危险行为的理论。1900 年颁布的《德国民法典》中，第一次规定了共同侵权行为和共同危险行为的条文。该法第 850 条规定："数人因共同侵权行为加害于他人时，各自对损害负赔偿责任。在数人中不知谁为加害者亦同。"《德国民法典》的这一规定，开创了侵权行为法的一个新的时期，给以后的资本主义民事立法奠定了基础。国民政府制定的

《中华民国民法》第 185 条规定："数人共同不法侵害他人之权利者，负连带赔偿责任。不能知其中孰为加害人时，亦同。"这些规定中的前一句话是共同侵权行为，后一句话就是共同危险行为。这种立法例，是大陆法系国家民事立法的常见模式。

普通法国家虽无成文法对共同危险行为作出规定，但在它们的判例中可以看出它们对共同危险行为学说的确认。仅举一个美国的著名判例即可见一斑。1982 年加利福尼亚州上诉法院改判了辛德尔诉阿伯特化学厂一案。辛德尔是个乳腺癌患者。在她出生前，其母亲服用了当时广为采用的防止流产的乙烯雌粉。后来研究证明，服用乙烯雌粉与患乳腺癌有很大关系，辛德尔就是此药的受害者。当时，生产此药的共有 11 家化学工厂，她没有办法证明她的母亲究竟服用了哪家化学厂生产的药品。辛德尔提出损害赔偿之诉后，初审法院不予受理，上诉法院则判决当时生产此种药品的 11 家化学工厂的制造商对原告的损害负连带赔偿责任。这虽然是一个产品责任的判例，但它确定赔偿责任的理论依据之一，就是共同危险行为学说。这是一个很有说服力的判例。

公有制国家的民事立法一般对共同危险行为没有明确的表示。1949 年以来，在民事审判实践中，对于共同危险行为学说基本上持否定态度。1986 年颁布的《民法通则》也只对共同侵权行为作了规定而没有规定共同危险行为。在理论上，有人认为，既然损害不是共同危险行为人全体所致，却让全体共同危险行为人承担连带责任，这不仅有悖于过错责任原则，而且有悖于公平原则，因而不应确立共同危险行为学说。这种看法值得商榷。

诚然，损害非全体共同危险行为人所致，对于未致害他人的行为人来说，确定他负赔偿责任确有有失公平之处。但是，如果不让全体共同危险行为人承担赔偿责任，又因为不能查明谁是加害人而不能确定具体的赔偿义务主体，那么，受害人的损害就不可能得到补偿。从这个道理上说，如果对共同危险行为要求"公平"地确定责任，就会对受害人显失公平。公平责任原则的适用，正是为了保护受害人的权利，使他的损失得到合理的、适当的补偿。另外，共同危险行为人在实施共同危险行为时，在主观上均有疏于注意的共同过失，据此而确定其连带赔

偿义务，也正是贯彻了过错责任原则。因此，确立共同危险行为学说并在审判实践中应用，完全符合侵权损害赔偿归责原则的要求，与确立侵权损害赔偿制度的宗旨相一致。

我国司法实务界对于共同危险行为理论已经普遍采用。《中国审判案例要览》(1993年综合本）中就选用了两个典型的共同危险行为案例：一是姚某富诉鲁某君、李某、刘小某侵权损害赔偿案。三名被告均系未成年人，1992年12月21日下午去医院楼顶平台用砖头搭屋玩，随手将砖头往楼下扔，其中一块击中姚某富之妻赵某枝头部致死，不能确认是谁扔砖头所致。二是马某林诉傅某吉、曹某、吴某侵权损害赔偿案。三名被告亦为未成年人，在15层楼电梯走道内向楼下投酒瓶，其中一个瓶子击中马某林怀抱的2岁男孩马某头上致死，亦不能确认是谁投的瓶子所致。审理这两个案子的法院均依据共同危险行为理论，判决由被告的法定代理人共同承担连带赔偿责任，效果是令人满意的。①

三、共同危险行为人

共同危险行为人是共同危险行为的行为主体，是实施共同危险行为并造成他人损害的数个行为人。

共同危险行为人一般由自然人构成。数个自然人实施共同危险行为，该数个自然人构成共同危险行为主体。在某些情况下，共同危险行为人也可以由法人构成。

共同危险行为人是一个整体，不可分离。这是共同危险行为人与共同加害人之间的明显区别之一。共同加害人可以分为实行人、教唆人和帮助人，即使是实行人，也可以有不同的分工。共同危险行为人没有实行人、教唆人和帮助人的区别，在实施共同危险行为时，一般也没有行为轻重的区别。共同危险行为人的不可分离性，产生于共同危险行为人的共同过失。在共同危险行为中，把行为人联

① 有关这两个案件的详细情况，参见《中国审判案例要览》(1993年综合本)，中国人民公安大学出版社1994年版，第599页以下和第608页以下。

结在一起的是共同过失。共同危险行为的共同过失，表现为数个行为人共同地疏于对他人权利保护的注意义务。它表现为，共同危险行为人共同实施具有危险性的行为时，应当注意避免致人损害，却由于疏忽或懈怠而违反了这种注意义务。这种过失存在于每一个共同危险行为人的观念之中，成为造成损害的主观因素。共同危险行为人参与这种具有危险性行为本身，就证明他们具有这种疏于注意的共同过失。这种共同过失把共同危险行为人联结成为一个共同的、不可分割的整体，成为一个共同的行为主体。正是由于共同危险行为人的整体性，才对确定共同危险行为责任具有决定性的意义。

四、共同危险行为的责任承担

依照《侵权责任法》第10条规定，实施共同危险行为致人损害，共同危险行为人应当承担连带赔偿责任。不过，这种连带赔偿责任与共同侵权行为的连带赔偿责任有不同之处。

第一，共同危险行为的责任基础，是共同过错；确定赔偿责任的归责原则，是过错责任原则。这与共同侵权行为是一致的。在确定共同侵权行为责任时，各家学说不一，诸如“意思联络说”“共同行为说”“关联共同说”“共同过错说”，等等，我们采取最为普通的“共同过错说”。有人认为，共同危险行为人在实施共同危险行为时，不存在意思联络，也不存在共同过失。这种观点值得商榷。

可以确定，共同危险行为人在实施共同危险行为时，主观上确实没有故意的意思联络，假如存在共同故意，情节严重的构成共同犯罪，情节较轻的构成共同侵权行为。在共同危险行为中，行为人不仅不存在共同故意，也不存在单独的故意；假如存在单独的故意，就可以追究单独故意行为人的责任而不构成共同危险行为。共同危险行为人的主观过错只能表现为共同过失的形式，即共同地疏于注意义务。它表现为，共同危险行为人共同实施具有危险性的行为时，应当注意避免致人损害，但由于疏忽大意，或者由于过于自信，致使违反了这种注意义务，这种过失存在于每一个共同危险行为人的思想中。他们参与这种具有危险性行为

本身，就证明他们具有这种疏于注意的共同过失。因此，共同危险行为适用过错责任原则。

但是，共同危险行为不能适用严格的过错责任原则，而是适用推定的过错责任原则，这是其与共同侵权行为的显著差别之一。推定过错原则是过错责任原则的一种特殊表现形式，它是在适用过错责任原则的前提下，在特殊的情形，可以由损害事实本身推定加害人的过错，而无须受害人加以证明的归责原则。在共同危险行为致人损害的情形下，受害人连谁是加害人都不能搞清，怎么能去证明加害人的过错呢？实行推定过错原则，就可以实行举证责任倒置，即从受害人的损害事实中推定共同危险行为人的共同过失。如果共同危险行为人认为他们没有共同过失，可以举证证明，否则不能免责。

第二，共同危险行为的责任与共同侵权行为一样，是一个完整的整体，但它的表现形式更为紧密，不可分割。共同侵权行为的责任对一个损害结果来说，只有一个整体的责任。“但是必须明确，我们这里所说的一个责任，指的是一个总责任，它一定要由若干份责任组成。”① 共同危险行为责任也只有一个责任，但却不是由若干份责任组成，而是不可分割的完整责任。这个完整的责任表现为：(1) 对于损害结果来说，这个责任只有一个；(2) 责任的主体是一个，即对于共同危险行为人来说，他们是一个整体，分开这个整体，这个责任就不复存在；(3) 这个责任的内容不能分离。因此，共同危险行为人中的一个人或一部分人只能证明自己没有过错，那还不能免除这个人或这些人的赔偿责任；只有证明谁是加害人时，才能免除非加害人的赔偿责任，不过这已经不是共同危险行为了。

第三，共同危险行为与共同侵权行为一样，均须承担连带责任，但是，在责任份额的确定上，却有所不同。共同侵权行为人的个人责任，可以按照各自过错的程度确定，因而共同加害人所实际分担的责任份额可能并不平均。但是，由于共同危险行为人在实施共同危险行为中，致人损害的概率相等，过失相当，而且由于共同危险行为的责任的不可分割性，所以在共同危险行为人的责任划分上，一般是平均分担的，各人以相等的份额对损害结果负责，在等额的基础上实行连带责任。

① 邓大榜：《共同侵权行为的民事责任初探》，《法学季刊》1982 年第 3 期。

第六章

分别侵权行为与竞合侵权行为

第一节　分别侵权行为及其责任承担

我国侵权责任法理论和实践通常将分别侵权行为称作无过错联系的共同加害行为或者无意思联络的数人侵权行为。我们依照《侵权责任法》第11条和第12条规定，主张将其改称为分别侵权行为，并与共同侵权行为、竞合侵权行为及第三人侵权行为一道，构成多数人侵权行为体系。本节对此概念的命名和界定提出以下新看法。

一、我国侵权责任法分别侵权行为概念的发展沿革

1949年以来，我国侵权责任法关于分别侵权行为概念的发展，归纳起来，可以分为以下四个阶段。

（一）“无名”侵权行为阶段

1949年以来至1980年代，在我国的侵权责任法理论中，没有分别侵权行为

的概念。由于这个概念与共同侵权行为概念紧密相关，因而在研究共同侵权行为的理论中涉及分别侵权行为的概念。

在中央政法干部学校民法教研室编著的《中华人民共和国民法基本问题》一书中，有过对于分别侵权行为的描述，即“那些不具备共同致人损害的特征的几个违法行为，它们之间虽有联系，但也不能作为共同致人损害案件处理，不能让行为人负连带赔偿责任。例如，某企业因会计员擅离职守，被小偷偷去现款二百多元。会计员的擅离职守，固然是给小偷造成了便利条件，与损害事实的发生有连系（应为联系——作者注），但会计员与小偷之间并无共同偷窃现款的意思联络，因此令会计员和小偷对企业负连带赔偿责任，显然是不合理的。会计员的擅离职守与小偷的偷窃行为应根据具体情节分别处理”[①]。这里所述的侵权行为，显然是分别侵权行为，与共同侵权行为相异。此外，1989 年出版的《债权法》一书中也有类似的表述。[②]

20 世纪 80 年代初，学者在讨论共同侵权的构成要件时，有的否定意思联络为共同侵权行为的本质要件，承认客观的“共同行为”为共同侵权行为，大大缩小了分别侵权行为的范围。[③] 另一些学者则坚持意思联络说，认为，“如无主体间的意思联络，则各人的行为就无法在实质上统一起来，因而也不构成共同侵权行为，行为人之间虽有联系，但不应视作共同致人损害行为处理。例如某干部出差携带差旅费 300 元，在所住旅社洗澡时，麻痹大意，将 300 元现金压于枕头下，门不闭，锁不上就出门了。结果所带 300 元全部被小偷偷走。在这里，某干部的麻痹大意，固然是给小偷造成了便利条件，与损害事实的发生有联系，但某干部与小偷之间并没有共同偷窃现款的意思联络。因此，某干部应对自己行为的过错负一定责任，赔偿一定的损失，但是，如令其和小偷对单位负连带赔偿责任，即全部由某干部赔偿损失，显然是不合理的”[④]。这个案件的性质不是共同

① 中央政法干部学校民法教研室：《中华人民共和国民法基本问题》，法律出版社 1958 年版，第 331 页。

② 覃有土、王亘：《债权法》，光明日报出版社 1989 年版，第 591－593 页。

③ 邓大榜：《共同侵权行为的民事责任初探》，《法学季刊》1982 年第 3 期。

④ 伍再阳：《意思联络是共同侵权行为的必要要件》，《法学季刊》1984 年第 2 期。

侵权行为，也不是分别侵权行为，而是与有过失。[①] 这个评论显然不当。不过，否定共同过失是共同侵权行为的本质要件，使分别侵权行为的范围大大扩大，这个意见倒是对的。

1986 年《民法通则》颁布之后，通说认为共同过错是共同侵权行为的本质要件，共同故意构成共同侵权行为，共同过失也构成共同侵权行为，《民法原理》一书对“共同致人损害”的分析[②]，《民法教程》[③]、《中国民法教程》[④] 等书都对共同侵权行为（共同过错）有深入的讨论，但对分别侵权行为则基本没有论及。这样的做法，与大陆法系通行的做法相同，即从逻辑上推论，不符合共同侵权行为本质要件的数人侵权就是分别侵权行为。不过，在这一时期，没有人这样去论述。

（二）提出“无意思联络的数人侵权”阶段

90 年代初，学界开始提出了“无意思联络的数人侵权”这一概念[⑤]，认为“无意思联络的数人侵权，是指数人行为事先并无共同的意思联络，而致同一受害人共同损害”[⑥]，对于共同侵权行为与无意思联络的数人侵权之间的区别已经开始形成初步认识。学者认为，由于数人在主观上无意思联络，只是因为偶然因素使无意识联络人的各行为偶然结合而造成同一损害结果。使各行为人的行为结合在一起的因素，不是主观因素，而是行为人所不能预见和认识的客观的、外来的、偶然的情况[⑦]，个别行为偶然聚合而成为损害的原因，每个人的行为只不过是损害产生的一个条件。对于无意思联络的数人侵权，依过错程度确定责任，意味着根据案件的具体情况确定各行为人在损害发生时所具有的不同程度的过错，使过错程度重的行为人承担较重的责任，过错程度轻的行为人承担较轻的责任，

① 这个意见错误的根源在于，将干部出差所带的费用的所有权人确定为单位。须知，货币是动产，干部借公款出差，该公款的所有权已经转移为干部所有，单位对干部的权利是债权，而不是物权。

② 佟柔主编：《民法原理》，法律出版社 1986 年版。

③ 江平主编：《民法教程》，中国政法大学出版社 1988 年版。

④ 马原主编：《中国民法教程》，人民法院出版社 1989 年版。

⑤ 王利明：《侵权行为法归责原则研究》，中国政法大学出版社 1992 年版，第 293 页。

⑥ 王利明、杨立新：《侵权行为法》，法律出版社 1996 年版，第 199 页。

⑦ 王利明：《民法侵权行为法》，中国人民大学出版社 1993 年版，第 366 页。

而没有过错的人则应被免除责任。[①]

(三) 使用“无过错联系的共同致害”或者“无过错联系的共同加害行为”阶段

进入21世纪后，学者开始普遍使用“无过错联系的共同致害”或者“无过错联系的共同加害行为”等概念，认为无过错联系的共同致害，是指数个行为人事先既没有共同的意思联络，也没有共同过失，只是由于行为的客观上的联系，而共同造成同一个损害结果。[②] 这样，就避免了将共同侵权行为界定为意思联络的狭窄的领域，限缩了无过错联系的共同加害行为概念的外延。

2003年，最高人民法院《关于审理人身损害赔偿案件适用法律若干问题的解释》第3条第2款规定了既无共同故意又无共同过失的共同加害行为，是我国在司法解释中第一次肯定这个概念，其中使用了“分别”一词，等于承认了分别侵权行为的概念。该条款的内容是：“二人以上没有共同故意或者共同过失，但其分别实施的数个行为间接结合发生同一损害后果的，应当根据过失大小或者原因力比例各自承担相应的赔偿责任。”这是当时最为权威的无过错联系的共同加害行为的规定。2009年，《侵权责任法》第11条和第12条使用“分别实施”的侵权行为这一概念，对此作出肯定的规定。在学说上，就将这种侵权行为称为无过错联系的共同侵权行为[③]，或者无意思联络的共同侵权行为中的原因力可分的侵权行为。[④] 这些概念都比较冗长，使用起来不够方便，也不够简洁。

(四) 提出“分别侵权行为”概念的阶段

《侵权责任法》公布实施之后，对无过错联系的共同加害行为的研究开始了新阶段。2011年，就有学者使用“分别侵权”的概念。[⑤] 2012年，我们使用了

---

① 王利明、杨立新：《侵权行为法》，法律出版社1996年版，第201页。

② 杨立新：《侵权法论》上册，吉林人民出版社2000年版，第325-328页。

③ 杨立新：《〈中华人民共和国侵权责任法〉条文释解与司法适用》，人民法院出版社2010年版，第66页。

④ 张新宝：《侵权责任法立法研究》，中国人民大学出版社2009年版，第245-246页。

⑤ 竺效：《论无过错联系之数人环境侵权行为的类型——兼论致害人不明数人环境侵权责任承担的司法审理》，《中国法学》2011年第5期。

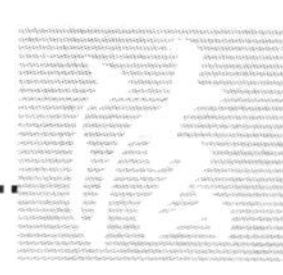

分别侵权行为的概念，认为："分别侵权行为就是无过错联系的共同加害行为。将《侵权责任法》第12条规定中的'分别实施'概念提炼出来，确定无过错联系的共同加害行为就是分别侵权行为，是非常贴切的。按照《侵权责任法》第12条的规定，分别侵权行为的后果是发生按份责任，每个行为人只对自己的行为后果承担侵权责任，不存在连带责任的问题。"[①] 2013年，我们再次使用了这个概念，认为分别侵权行为在表现形式上，行为人在主观上不关联，在客观上也不关联，仅仅是损害后果相关联，其后果是按份责任。[②] 在此基础上，建立多数人侵权行为与多数人侵权责任之间的对应关系，即共同侵权行为对应连带责任，分别侵权行为对应按份责任，竞合侵权行为对应不真正连带责任，第三人侵权行为对应第三人责任，由此形成了严密的逻辑关系体系。[③] 至此，分别侵权行为概念被推到侵权责任法理论的前台，接受理论和实践的检验。

二、分别侵权行为概念的比较法研究

为了进一步准确揭示分别侵权行为概念的内涵和外延，我们对这个概念进行比较法的研究，为确立这一概念的论证提供更为准确的法理基础。

（一）德国法

传统的德国侵权法对数人侵权行为以连带责任为基础。1887年公布的《德国民法典》第一草案第714条规定，数个行为人通过共同行为，如教唆人、实行行为人、辅助人，造成一项损害的，他们作为连带债务人负责。当数个行为人造成了损害，虽然他们没有实施共同行为，但是各自损害的份额无法查明的，亦同。[④] 反之，以逻辑推论，数个行为人既不是共同行为人，各自的损害份额能够

---

① 杨立新：《多数人侵权行为及责任理论的新发展》，《法学》2012年第7期。

② 杨立新：《论竞合侵权行为》，《清华法学》2013年第1期。

③ 杨立新：《多数人侵权行为及责任理论的新发展》，《法学》2012年第7期。

④ Haben mehrere durch gemeinsames Handeln, sei es als Anstifter, Thäter oder Gehülfen, eien Schaden verschuldet, so haften sie als Gesammtschuldner. Das Gleiche gilt, wenn im Falle eines von mehreren verschuldeten Schadens von den mehreren nicht gemeinsam gehandelt, der Antheit des Einzelnen an dem Schaden aber nicht zu ermitteln ist.

查明，就不认为是共同侵权行为，当然就不必承担连带责任。这种侵权行为其实就是分别侵权行为。

1900年实施的《德国民法典》第830条规定了共同侵权行为。德国的学说和判例通常认为该条中的“共同”，系指主观的共同，即有共同意思联络①，因而共同侵权行为的范围较窄，不利于救济受害人。近几十年来，德国法从扩大责任范围、及时填补受害人的损失出发，也认为数人虽无意思联络，但若各人对损害所产生的部分无法确定者，应负共同侵权的连带赔偿责任。但是值得重视的是，近年来出现了对于多家企业的经营活动造成的大规模损害案件中适用按份责任的讨论。这类产品责任、环境污染责任案件之所以不同于《德国民法典》第830条第1项第2句规定的对“关系人”课以连带责任的情形，是因为大规模侵权案件中的被告企业往往只是造成损害的部分侵权行为主体，出于公平原则的考虑，由其承担全部责任不利于企业成长和经济的发展。此外，《德国民法典》第830条第1项第2句规定的情形主要是规范复数“关系人”与单个被害人之间的关系，在大规模侵权案件中，由于侵权人和受害人均规模庞大，具有较明显的特殊性，参考美国1980年代出现的“市场份额原则”，德国理论界也出现了较多针对连带责任的反思。在医疗过失领域中适用按份责任的主张也引发了关注，讨论基于医生的过失责任与患者的个人体质等差异性以及医学发展水平的限制之间的关系，按照因果关系及原因力理论进行责任的划分。对于事先没有意思联络的多人同时或先后利用某一机会从事侵权行为，而各个侵权行为并不能导致全部后果的，例如哄抢、打砸行为，虽无法查明每个参与侵权人所造成的具体损害份额，但能够确定每个侵权人都只是造成最后损害后果的一部分，适用《德国民事诉讼法》第287条的规定②，即法官通过自由裁量可以确定参与共同侵权人具体承担损害赔偿的份额。③ 这显然与分别侵权行为有关。

共同侵权行为范围的扩大，后果是分别侵权行为范围的缩小。尽管德国侵权

① 王泽鉴：《民法学说与判例研究》，第1册，北京大学出版社2009年版，第50页。

② 《德国新民事诉讼法》第287条第1款第1句规定：“当事人对于是否有损害、损害的数额以及应赔偿的利益额有争论时，法院应考虑全部情况，经过自由心证，对此点作出判断。”

③ 朱岩：《当代德国侵权法上因果关系理论和实务中的主要问题》，《法学家》2004年第6期。

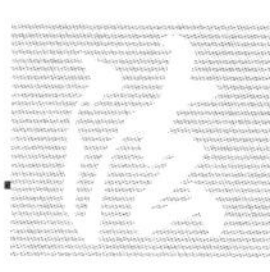

法并无分别侵权行为的概念，但实际情况必然如此。

（二）法国法

《法国民法典》在关于侵权行为和准侵权行为的规定中，没有规定共同侵权行为和不构成共同侵权行为的数人侵权。但在法院的司法实践中，认可共同责任人的整体（in solidum）债务。1970 年 4 月 29 日，最高法院第二民事庭认为，同一损害的每一个责任人均应被判处赔偿全部损害，而没有必要考虑本案法官在不同的责任人之间进行的责任分割。这种责任分割仅涉及不同责任人之间的相互关系，而不涉及他们对受害当事人的债务的范围。[①] 可见，法国的共同侵权行为的范围比较宽泛。同样，《法国民法典》也没有对分别侵权行为作出规定，依据逻辑推理，不符合共同侵权行为的数人侵权，应当就是分别侵权行为。

法国法系的其他各国民法差不多都采取法国法的这种做法，但源自法国法系的《魁北克民法典》第 1478 条却规定："数人引起的损害，依他们各自过错的严重程度的比例分担责任。"同样，第 1480 条规定："数人共同参与了导致损害的过错行为或分别犯有可以导致损害的过错的，在这两种情形，如不能确定损害实际上由他们中的何人或诸过错中的何过错引起，则他们就赔偿此等损害负连带责任。"按照这样的规定，在多数人侵权行为中，原则上是分别侵权行为，由行为人分担责任，在共同参与的共同侵权行为和共同危险行为中，才承担连带责任。从立法逻辑上观察，这样的做法与通常规定共同侵权行为，将分别侵权行为作为例外的做法相反，不仅与法国法系的做法有所区别，与德国法系的做法也不相同，值得认真研究。

（三）日本法

《日本民法典》对于共同侵权行为的规定基本与《德国民法典》一致，而学界的解释论却深受法国因果关系理论的影响。《日本民法典》第 719 条[②]只规定了

---

① 罗结珍译：《法国民法典》，法律出版社 2005 年版，第 1091 页。

② 第七百十九条数人が共同の不法行為によって他人に損害を加えたときは、各自が連帯してその損害を賠償する責任を負う。共同行為者のうちいずれの者がその損害を加えたかを知ることができないときも、同様とする。行為者を教唆した者及び幇助した者は、共同行為者とみなして、前項の規定を適用する。

复数原因行为人引发损害中的三种情况，即第一项前段的狭义共同侵权行为，第二项的教唆、帮助行为，以及第三项的加害人不明的情形，并没有像《德国民法典》第830条或日本旧民法第378条那样，设立一般性的复数原因行为人引发损害的规定。《日本民法典》虽然通过第719条规定共同侵权行为应当承担连带赔偿责任，但是对于共同侵权行为的定义并不明确。对于该条第1项前段的共同侵权行为的成立要件，立法者认为有必要存在共同的意思，但判例采纳了存在客观的关联共同性的认定标准，如山王川诉讼（最高裁判所判决昭和43年4月23日判例时报519·17）、四日市诉讼（津地四日市支判昭和47年7月24日判例时报672·30）等判决结果，认为不需要侵权行为人之间存在意思联络或共同的认识，只需要客观上共同侵害了他人权利即可。但认为山王川诉讼是单独的侵权行为的观点也不在少数，近年来学说中主张只有客观性要素并不充分，还应当存在某些主观性要素的观点，认为客观性要素和主观性要素应当并用的观点，以及应当重视共同行为人的实质性关系的观点都是较为有力的主张。① 可见，日本侵权法尽管没有直接规定和特别研究分别侵权行为，但不符合共同侵权行为要求的数人侵权就是分别侵权行为的见解，则是一致结论。

（四）英国法

普通法国家没有共同侵权行为或分别侵权行为的概念，但通过大量的判例形成了一系列裁判规则。英国学者约翰·萨尔曼德认为，英国侵权法对此问题的观点是，“数人若没有共同实施不法行为，但造成共同的损害结果，应对此结果在法律上和事实上负责”，但只应“分别对同一损害负责，而不是共同对同一损害负责”②。这一意见特别鲜明地表明了分别侵权行为的存在和地位。英国法学家帕特里克·阿蒂亚则总结了英国法中两种连带责任的情形，即“协同行动的数侵权人对全部损害负责，即使可以确定每个人对最终损害的贡献，协助或鼓励他人请求的也是如此”，以及“对于数人虽非协同行动，但因过错行为相结合导致损

① 塩崎勤編著:『判例にみる共同不法行為責任』、新日本法規出版、2007年3月19日，pp.436－439。

② 王利明:《侵权行为法归责原则研究》，中国政法大学出版社2004年版，第357页。

害的，全体须对全部损害负责，只要无法区分个人的贡献”。这一主张区分了协同行动致害与偶然结合致害，认为前者承担连带责任，而后者在可以区分出不同行为人导致之损害时，不承担连带责任。[①] 帕特里克·阿蒂亚的这个论述，区分了共同侵权行为与分别侵权行为的基本界限。

（五）美国法

美国侵权法上的连带责任适用范围经历了近代扩张和现代萎缩的起伏历史，近30年来，美国各州的侵权法呈现了倾向对连带责任的废除与限制的趋势。2000年美国法学会《侵权法重述（第三次）·责任分担编》第11条规定了单独责任的效力[②]，第17条规定了独立侵权行为人的连带责任或单独责任[③]，第18条则是关于数个侵权行为人对不可分伤害的责任的规定。[④] 由于损害的不可分性是适用连带责任的关键，而除了数个被告单独造成的损害，如下情况也被认为是可分损害：（1）一被告造成了全部损害，而另一被告只造成了部分损害；（2）被告造成了部分损害，而合法行为造成了其他损害；（3）数个相继造成的损害；（4）受害人自己行为造成的可分损害。[⑤] 如果属于可分损害，则先不考虑其侵权责任分担的问题，而是将可分损害分割为数个不可分损害后再讨论责任的分担，这在一定程度上限制了连带责任的广泛应用。单独责任的概念，就是按份责任的概念。美国侵权法关于数人侵权的单独责任的规定，就是分别侵权行为承担按份责任的规则。

值得重视的是美国侵权法提出的市场份额规则。美国加利福尼亚州上诉法院

---

① Patrick Atiyah, Peter Cane, *Atiyah's Accidents, Compensation and the Law*, Weidenfeld and Nicholson, London, 1980, 4th. pp. 140－141. 转引自叶金强：《共同侵权的类型要素及法律效果》，载《中国法学》2010年第1期。

② 第11条规定：“当依据适用的法律，某人对受害人的不可分损害承担单独责任时，该受害人仅可以获得该负单独责任者在该受害人应得赔偿额中的比较责任份额。”

③ 第17条规定：“如有两人或多人的独立侵权行为构成某一不可分损害的法律原因，将由该案司法管辖区的法律确定这些侵权人应否承担连带责任、单独责任或连带责任与单独责任的某种混合责任形态。”

④ 第18条规定：“如果两个或两个以上人的独立侵权行为均构成一不可分损害的法律原因，每个人均对事实调查人分配给该人的原告损害赔偿的比较责任份额承担单独责任，适用本重述第12条例外规定的除外。”

⑤ 王竹：《侵权责任分担论——侵权损害赔偿责任数人分担的一般理论》，中国人民大学出版社2009年版，第17－23页。

1980年审理的辛德尔诉阿伯特制药厂案（Sindell v. Abbort Laboratories），被告为制造安胎药之药商，该药物名为diethylstilbestrol，简称DES，行销多年后发现其中含有致癌物质，服用该药之孕妇日后产出之女婴，易罹患癌症。原告辛德尔的母亲曾于怀孕期间经由医师处方服用该种药物，致使原告成年后患有癌症。原告以生产该药而市场占有率共计九成以上之五家药商为共同被告（实际生产厂商约有二百家），起诉请求损害赔偿。一审事实审法院驳回原告之诉。上诉审法院判决原告胜诉，认定五家药商均有过失，每家药商须为损害之发生负全部之赔偿责任（连带责任）。阿伯特化工厂（Abbott Laboratories）上诉至加州最高法院，判决原判决废弃，各个被告公司不须负全部之赔偿责任，仅须依其产品之市场占有率比例分担之（按份责任）。[①] 加州最高法院确定五家药商对同一损害须负责任，但以按份责任确定，独具新意，引发了我国《侵权责任法》第67条规定的确立。

（六）我国台湾地区的规定

我国台湾地区"民法"第185条第1款规定："数人共同不法侵害他人之权利者，连带负损害赔偿责任。不能知其中孰为加害人者，亦同。"这一规定采自德国立法例，至为明显。在解释上，认为共同侵权行为者，数人共同不法侵害他人权利或利益之行为也。[②] 具体包括主观（意思联络）共同加害行为和客观行为关联共同的共同加害行为，其后果都是由各行为人承担连带责任。[③] 在实务中认为，各行为人既无意思联络，其行为又无关联共同者，非共同侵权行为，例如他人所有物而为数人个别所侵害，若各加害人并无意思上之联络，只能由各加害人各就其所加害之部分，分别负赔偿责任。[④] 所谓的非共同侵权行为，自然就是分别侵权行为；分别负赔偿责任，当然是按份责任。这个结论自属当然。

① 该案参见潘维大：《英美侵权行为法案例解析》（上），台北瑞兴图书股份有限公司2002年版，第270页。

② 郑玉波：《债法总论》，陈荣隆修订，中国政法大学出版社2004年版，第140页。

③ 王泽鉴：《侵权行为》，北京大学出版社2012年版，第356、360页。

④ "台上字"第1960号判决书，载刘清景主编：《民法实务全览》上册，台北学知出版事业股份有限公司2000年版，第370页。

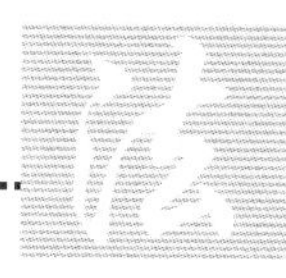

（七）比较结论

1. 立法例

通过上述比较法的研究可以看到，各国规范分别侵权行为，主要采取以下方式进行。

一是间接承认分别侵权行为。这种做法是通过立法规定共同侵权行为，确定不符合共同侵权行为要件的数人侵权行为的数个行为人各自承担侵权责任的方式，间接承认分别侵权行为，即非共同侵权行为。我国台湾地区司法实务关于各行为人既无意思联络，其行为又无关联共同者，确定为非共同侵权行为，分别负赔偿责任的观点，特别具有典型性。

二是直接确认分别侵权行为。这种立法例是直接承认分别侵权行为，并将共同侵权行为的连带责任作为特例规定。对此，《魁北克民法典》第 1478 条和第 1480 条规定是最具有特色的。第 1478 条直接规定分别承担侵权责任的数人侵权即分别侵权行为，其中符合连带责任条件的，方承担连带责任。

三是判例法普遍承认单独责任的分别侵权行为。在英美法系侵权法中，对于承担单独责任的数人侵权行为，尽管没有界定其称谓，但明确认为数人若没有共同实施不法行为，但造成共同的损害结果，应对此结果在法律上和事实上负责，分别对同一损害负责，而不是共同对同一损害负责，是极为明确的。英美法上的单独责任，其实就是大陆法系侵权法的按份责任，承担按份责任的侵权行为当然就是分别侵权行为。

2. 立法发展趋向

经过比较法的分析可以看到，在立法上，英美侵权法是确认承担单独责任的数人侵权的。在大陆法系，一方面，在更多的领域采用按份责任的方法，限制共同侵权行为的连带责任范围，例如市场份额规则的做法；另一方面，出现单独规定承担按份责任的多数人侵权的直接的立法例，对分别侵权行为的间接立法例似乎也在变化中。我国《侵权责任法》不仅规定共同侵权行为及其连带责任，而且特别规定分别侵权行为及其责任，将两者并立于多数人侵权行为的概念体系之中，完全符合世界侵权法的发展趋势，应当继续坚持和发展，并且提出完善的理

论，使之汇入世界侵权法发展的潮流中，并发挥引导作用。

三、分别侵权行为概念的内涵界定

（一）称谓的选择

对于《侵权责任法》第 11 条和第 12 条规定的、带有“分别”二字的多数人侵权行为类型，究竟应当如何称谓，我国学界有无意思联络的数人侵权责任①、无意思联络的数人侵权行为②、数人承担按份的侵权责任③、无过错联系的共同加害行为④以及分别侵权行为⑤等概念的不同主张。究竟应当用何种概念称谓这种侵权行为形态为妥，分析如下。

第一，凡是用“无意思联络”字样的概念，都不能界定这种侵权行为的特征，也不能以其与共同侵权行为相区别。所谓无意思联络，就是指数行为人之间不具有共同故意。问题是，我国《侵权责任法》第 8 条规定的共同侵权行为并非以共同故意为界限，而是包括客观的共同侵权行为。其中“共同”的含义，一是共同故意，二是共同过失，三是故意行为与过失行为相结合，而并非只包括共同故意。⑥ 既然如此，将这种侵权行为形态称为“无意思联络”，就会与第 8 条规定中的共同过失、故意行为与过失行为相结合的形态相混淆，无法区分其界限，因此不宜使用。

第二，“数人承担按份的侵权责任”这个概念也有不当。一是这个概念过于冗长，不适宜使用；二是“按份的”侵权责任不能包含第 11 条规定的情形，将承担连带责任的分别侵权行为排斥在外，只能包含第 12 条规定的情形。

---

① 王利明：《侵权责任法研究》上卷，中国人民大学出版社 2010 年版，第 569 页；程啸：《侵权责任法》，法律出版社 2011 年版，第 270 页。

② 王成：《侵权责任法》，北京大学出版社 2011 年版，第 117 页。

③ 张新宝：《侵权责任法》，中国人民大学出版社 2010 年版，第 47 页。

④ 杨立新：《侵权责任法》，法律出版社 2012 年第 2 版，第 123 页。

⑤ 杨立新：《多数人侵权行为及责任理论的新发展》，《法学》2012 年第 7 期。

⑥ 王胜明主编：《〈中华人民共和国侵权责任法〉条文理解与立法背景》，人民法院出版社 2010 年版，第 47 页。

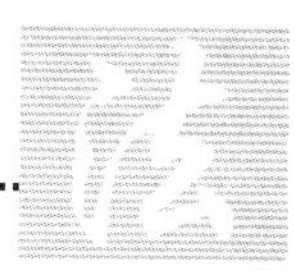

第三，无过错联系的共同加害行为或者无过错联系的数人侵权这两个概念都是比较准确的，与分别侵权行为概念的内涵基本相等，但其缺陷是概念称谓过于冗长，不如分别侵权行为这个概念更为简洁、准确。

基于以上分析，对于《侵权责任法》第 11 条和第 12 条使用“分别实施”一词规定的侵权行为形态，直接称其为分别侵权行为，既符合这两个条文的内容，又直接使用的是条文的“分别”概念，应当是一个最好的选择。

（二）分别侵权行为概念内涵的界定

对分别侵权行为概念的界定，学者的意见各不相同。有的认为，所谓无意思联络的数人侵权，指数个行为人并无共同的过错而因为行为偶然结合致受害人遭受同一损害。[①] 有的认为，数人承担按份的侵权责任，是指数个责任主体承担共同侵权责任之情形，每一个责任主体只对其应当承担的责任份额负清偿义务，不与其他责任主体发生连带关系的侵权责任。[②] 有的认为，无过错联系的共同加害行为是指数个行为人事先既没有共同的意思联络，也没有共同过失，只是由于行为在客观上的联系而共同造成同一个损害结果。[③] 有的认为，无意思联络的数人侵权是指数个行为人并无共同的过错，但由于数个行为的结合而导致同一损害后果的侵权行为。[④]

上述这些概念界定，在基本问题上是一致的，都有道理，但应注意的是，界定分别侵权行为不能特别强调按份责任，因为《侵权责任法》第 11 条承担的责任不是按份责任而是连带责任，强调按份责任就将其排斥在分别侵权行为之外。

我们主张采用下述定义：分别侵权行为是指数个行为人分别实施侵权行为，既没有共同故意，也没有共同过失，只是由于各自行为在客观上的联系，造成同一个损害结果的多数人侵权行为。

分别侵权行为具有以下法律特征。

---

① 王利明：《侵权责任法研究》上卷，中国人民大学出版社 2010 年版，第 569 页。

② 张新宝：《侵权责任法》，中国人民大学出版社 2010 年版，第 47 页。

③ 杨立新：《侵权责任法》，法律出版社 2012 年第 2 版，第 123 页。

④ 王成：《侵权责任法》，北京大学出版社 2011 年版，第 117 页。

1.两个以上的行为人分别实施侵权行为

分别侵权行为最基本的特征，是行为人为两人以上，因而符合多数人侵权行为的要求，属于多数人侵权行为的范畴。

两个以上的行为人实施的行为是分别进行的。所谓“分别”，与《侵权责任法》第8条的“共同”相对应，含义是：第一，数个行为人各自进行，自己实施自己的侵权行为，客观上没有关联共同；第二，各个行为人在各自实施侵权行为时，没有主观上的联系，既没有共同故意，也没有共同过失。分别侵权行为人实际上对于其他各自实施造成他人损害的行为不知情，如果数个行为人有主观上的联系，就不构成分别侵权行为。

2.数个行为人实施的行为在客观上针对同一个侵害目标

分别侵权行为的数个行为人在实施侵权行为时，尽管没有主观上的联系，但在客观上，每一个行为人实施的侵权行为实际上都针对同一个侵害目标。

所谓同一个侵害目标，一是指受害人是同一主体，二是指受到损害的是同一主体的民事权利，通常是同一个权利，当然也有特例。在数个行为人分别实施侵权行为时，受到侵害的是同一主体的同一个权利，当然是同一个侵害目标；受到侵害的是同一主体的不同权利，例如有的行为人侵害的是同一主体的人身权利，有的行为侵害的是同一主体的财产权利，由于受到侵害的权利的性质不同，不能构成分别侵权行为，而是不同的侵权行为；但在数个行为人实施的侵权行为侵害的是同一主体且性质相同的不同权利时，例如数个行为侵害了同一受害人的姓名权、名誉权，则构成分别侵权行为。

所谓的实际上，是说数个行为人实施的行为在客观现实上目标一致。数个行为人在实施行为时，针对的同一个侵害目标并非出自行为人的本意，而是每一个行为人自己的主观选择，或者客观地针对着这个侵害目标。主观选择，是行为人故意实施的侵权行为，或者过失实施的侵权行为（懈怠），对于侵害目标是有选择的，有明确的目的，或者存在侵害该目标的意向。客观地针对着该侵害目标，是实施过失行为（疏忽）或者在无过错责任原则情形下，侵权行为针对着该侵害目标。不论故意或者过失，数个行为人之间对于同一个侵害目标不是共同选择，

而是分别针对，在主观上没有关联。

3.每一个人的行为都是损害发生的共同原因或者各自原因

分别侵权行为的数个行为人的行为都作用于同一侵害目标，是损害发生的共同原因，或者是损害发生的各自原因。共同原因，是数个行为人的行为结合在一起，共同作用于受害人的权利，集中地造成了受害人的同一个损害。各自原因，是数个行为人的行为分别作用于受害人的权利，造成了受害人同一权利的损害后果。前者例如，有缺陷的淋浴热水器与有缺陷的漏电保护器两件产品结合在一起，共同造成洗浴的人的死亡后果。[①] 后者例如，数个行为人中有的进行诽谤，有的进行侮辱，使同一个受害人受到名誉损害。

在分别侵权行为中，就数个侵权行为对于损害发生的原因力而言，有两种情形：一是数个行为人行为的原因力相加，等于百分之百；二是数个行为人行为的原因力相加，超过百分之百。前者如淋浴器与漏电保护器的结合。后者如两个行为人先后向他人食物中投毒，均有百分之百的原因力，相加为百分之二百。在分别侵权行为中，前者的原因力比例对于分担责任具有决定性作用，原因力决定责任份额；后者的原因力将导致责任的连带承担，内部份额的确定应当按照原因力相加并除以行为人数的比例确定。

4.造成了同一个损害结果且该结果可以分割

分别侵权行为的一个本质特点，是虽然造成了一个损害结果，但该结果可以分割。在对物的损害中，这种情形尤为明显。例如，甲用汽车运送的现金因肇事撒落，数人涌上争抢，每个人对受害人造成的损害就是可分的。如果受害人所受到的损害不能分割，就有可能属于客观关联共同的共同侵权行为，不构成分别侵权行为。

上述关于对分别侵权行为概念的法律特征的分析，都比较抽象。如果从司法实践的角度进行研究，实际上在数人实施的侵权行为中，排除了竞合侵权行为和第三人侵权行为之后，分为四个等级：（1）主观的共同侵权行为；（2）客观的共同侵权行为；（3）分别侵权行为；（4）各行为人的单独侵权行为。对于那些不符

① 王利明：《侵权责任法研究》上卷，中国人民大学出版社2010年版，第569－570页。

合客观的共同侵权行为要求的二人以上的行为人实施的侵权行为，又不是各个行为人单独实施的侵权行为的，就是分别侵权行为。

（三）与其他多数人侵权行为的联系与区别

1. 分别侵权行为与共同侵权行为

分别侵权行为与共同侵权行为都是多数人侵权行为，其行为主体都是复数即二人以上，都是造成同一个损害结果。分别侵权行为与共同侵权行为的主要区别是：第一，行为人实施侵权行为的性质不同，一为分别实施，二为共同实施。分别者，为各自实施，行为人之间在主观上没有相互联系。共同者，为共同实施，数个行为人或者在主观上相联系，具有主观的意思联络，或者在客观上有联系，数个行为结合在一起，造成同一个损害结果。第二，造成的同一个损害后果是否可分。损害后果可分的，一般是分别侵权行为；损害后果不可分的，一般是共同侵权行为，通常是客观的共同侵权行为。主观的共同侵权行为不作此区分，因为主观方面已经能够将分别侵权行为和共同侵权行为相区别。

2. 分别侵权行为与竞合侵权行为

竞合侵权行为是指两个以上的民事主体作为侵权人，有的实施直接侵权行为，与损害结果具有直接因果关系，有的实施间接侵权行为，与损害结果的发生具有间接因果关系，行为人承担不真正连带责任的多数人侵权行为形态。[①] 分别侵权行为与竞合侵权行为尽管都是多数人侵权行为，行为人都是二人以上，也都是造成同一个损害结果，但二者的主要区别是：首先，分别侵权行为的数个行为人实施的行为都是直接侵害被侵权人的权利的行为，不存在具有间接因果关系的间接行为人；而在竞合侵权行为的数个行为人中，有的行为人实施的行为是直接行为，有的实施的行为是间接行为。其次，在竞合侵权行为中，有的行为是损害发生的全部原因，具有百分之百的原因力，有的行为仅是损害发生的间接原因，属于提供必要条件或者提供机会的性质；而分别侵权行为的数个行为人的行为都是损害发生的直接原因，都具有直接的原因力。再次，竞合侵权行为造成的损害结果就是直接行为引发的，直接行为是损害发生的全部原因，造成的损害结果不

① 杨立新：《论竞合侵权行为》，《清华法学》2013 年第 1 期。

存在可分不可分的问题，与分别侵权行为的同一损害结果须为可分的情形完全不同。

3.分别侵权行为与第三人侵权行为

第三人侵权行为是指第三人由于过错，通过实际加害人的直接行为或者间接行为，造成被侵权人民事权利损害，应当由第三人承担侵权责任、实际加害人免除责任的多数人侵权行为。第三人侵权行为的最主要特点是实际加害人造成损害，第三人的过错是全部原因，造成损害的行为只有这一个，只有第三人承担责任，实际加害人不承担责任；实际加害人的行为尽管是造成损害的原因，但其对损害的发生毫无过错。而分别侵权行为中的每一个行为人都是造成实际损失的加害人，每一个行为人对于损害的发生都有过错，每一个行为人都是责任人。因此，第三人侵权行为与分别侵权行为尽管都是多数人侵权行为，但在性质上有原则区别。

四、分别侵权行为概念的外延界定

（一）分别侵权行为概念的外延

《侵权责任法》规定的分别侵权行为究竟包括哪些内容，学者的意见并不相同。

一种意见认为，分别侵权行为只包括第 12 条规定的内容，即只有承担按份责任的分别侵权行为，第 11 条规定的情形属于叠加的共同侵权行为，不属于共同侵权行为。[①] 这种意见的基础，是认为凡是分别侵权行为都承担按份责任，将承担连带责任的第 11 条规定的情形放在共同侵权行为概念之中，使多数人侵权行为的类型以责任形态作为标准，划分比较整齐，逻辑更加清晰。

另一种意见认为，将《侵权责任法》第 11 条和第 12 条都作为一种类型的侵权行为形态划分，都是无意思联络的数人侵权，分别称为“累积因果关系的无意

① 杨立新：《侵权责任法》，法律出版社 2012 年第 2 版，第 124、113 页。

思联络数人侵权”和“聚合因果关系的无意思联络数人侵权”[①]，也有学者称之为“多数人无过错联系但承担连带责任的分别侵权”与“多数人无过错联系但承担按份责任的分别侵权”[②]。

这两种不同意见的焦点，在于将《侵权责任法》第 11 条规定的侵权行为认定为共同侵权行为还是分别侵权行为。依据第 11 条内容观察，对侵权行为的表述是“分别实施侵权行为”，对后果责任的表述是“连带责任”。如果依据责任后果的规定将其界定为共同侵权行为，没有特别的错误；依据对侵权行为的表述将其界定为分别侵权行为，则更为准确。将其界定为共同侵权行为的好处是，责任后果与共同侵权行为同属于一个类型，都承担连带责任，且与规定共同侵权行为、教唆帮助行为和共同危险行为相衔接，似乎顺理成章；同时，共同侵权行为增加一个类型，分别侵权行为减少一个类型。如果将其界定为分别侵权行为，则分别侵权行为的外延比较复杂，将有两种不同的分别侵权行为，分别承担按份责任或者连带责任；同样，共同侵权行为减少一个类型，分别侵权行为增加一个类型。

经过比较分析研究，将《侵权责任法》第 11 条规定的侵权行为界定为共同侵权行为还是分别侵权行为的利弊相差无几。不过，有一个重要的问题促使我们下决心，那就是，既然《侵权责任法》第 11 条对侵权行为的表述是“分别实施侵权行为”，第 12 条对侵权行为的表述也是“分别实施侵权行为”，因而从行为形态的角度进行界定，应当认定第 11 条和第 12 条规定的侵权行为类型是同一种侵权行为形态，即分别侵权行为。因此，我们告别原来的主张，采用现在的这种主张。

《侵权责任法》第 11 条规定的分别侵权行为究竟应当怎样称谓，有的称之为“累积的”[③]，有的称之为“叠加的”[④]，有的称之为“承担连带责任的”[⑤]。我们认

---

① 王利明：《侵权责任法研究》上卷，中国人民大学出版社 2011 年版，第 572 页。

② 竺效：《论无过错联系之数人环境侵权行为的类型——兼论致害人不明数人环境侵权责任承担的司法审理》，《中国法学》，2011 年第 5 期。

③ 王利明：《侵权责任研究》上卷，中国人民大学出版社 2011 年版，第 572 页。

④ 张新宝：《侵权责任法》，中国人民大学出版社 2010 年第 2 版，第 45 页。

⑤ 王成：《侵权责任法》，北京大学出版社 2011 年版，第 117 页。

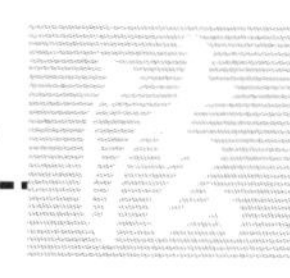

为，“累积的”表述只表达了行为原因重合的形式，属于定性表述，而不是定量表述。“承担连带责任”的表述则过于直白，没有将这种侵权行为固定称谓。“叠加的”表述，既有定性表述，又有定量表述，因此，称之为“叠加的”分别侵权行为，更为明确、准确。

《侵权责任法》第12条规定的分别侵权行为，由于过去我们将分别侵权行为只界定为这一种，因而不存在命名的问题。[①] 将叠加的分别侵权行为归并为分别侵权行为之后，对此必须命名，以与叠加的分别侵权行为相区别。对此，有的将其称为“数人承担按份的”[②]，有的称之为“承担按份责任的”[③]，有的称之为“聚合的”或者“以部分因果关系表现的”[④]。这些表述都对，但是，我们的意见是，称作典型的分别侵权行为可能会更好，因为在通常情况下，凡是分别侵权行为就应当承担按份责任，而叠加的分别侵权行为是分别侵权行为的非典型形态。不过，“典型的”表述与“聚合的”“承担按份责任的”或者“以部分因果关系表现的”表述并没有实质的区别。

据此，分别侵权行为概念的外延包括典型的分别侵权行为和叠加的分别侵权行为。在分别实施侵权行为的数人中，一人的侵权行为足以导致全部损害的发生，而另一人的侵权行为却仅能造成部分损害的情形[⑤]，究竟属于叠加的分别侵权行为，还是属于典型的分别侵权行为，有的归之于典型的分别侵权行为[⑥]，有的归之于叠加的分别侵权行为。[⑦] 我们认为，这种情形尽管《侵权责任法》没有明确规定，应当属于两种分别侵权行为类型的中间状态，更侧重于原因力的叠加，应当属于部分叠加或者半叠加的分别侵权行为。

故分别侵权行为的外延可以界定为：分别侵权行为分为典型的分别侵权行为和叠加的分别侵权行为两种；叠加的分别侵权行为分为全部叠加的分别侵权行为

---

① 杨立新：《多数人侵权行为与责任理论的新发展》，载《法学》2013年第7期。

② 张新宝：《侵权责任法》，中国人民大学出版社2010年第2版，第47页。

③ 王成：《侵权责任法》，北京大学出版社2011年版，第117页。

④ 王利明：《侵权责任法研究》上卷，中国人民大学出版社2010年版，第572、576页。

⑤ 程啸：《侵权责任法》，法律出版社2011年版，第274页。

⑥ 程啸：《侵权责任法》，法律出版社2011年版，第274页。

⑦ 杨立新：《侵权责任法》，法律出版社2012年第2版，第113页。

与半叠加的分别侵权行为。

（二）典型的分别侵权行为

1.典型的分别侵权行为的概念和特点

典型的分别侵权行为，是指数个行为人分别实施侵权行为，既没有共同故意，也没有共同过失，只是由于行为人各自行为在客观上的联系而造成同一个损害结果，应当承担按份责任的分别侵权行为。

典型的分别侵权行为与共同侵权行为相比较，显著区别有以下四点。

第一，在主观上，分别侵权行为人没有共同过错，既不存在主观上的意思联络，也不可能对自己的行为会与他人的行为发生结合造成被侵权人的同一损害有事先的预见，既没有共同故意也没有共同过失。而共同侵权行为在主观方面有的是具有共同的意思联络，或者具有共同过失。

第二，在客观上，分别侵权行为的数个行为人的行为是分别实施的，尽管造成了同一个损害结果，但该损害结果是可以分割的，而不是不可分割。而客观的共同侵权行为中的数个行为人虽然也既没有共同故意或者共同过失，但是他们的行为紧密关联，构成了一个侵权行为，造成了同一个损害，而且该损害结果是不可以分割的。

第三，在行为的表现形式上，分别侵权行为的每一个行为人实施的行为，都是一个个的单独的行为，是行为人分别实施的数个侵权行为，只是由于行为在客观上造成了同一个损害结果。而共同侵权行为是一个侵权行为，即使数人实施，但该数个行为在主观上关联共同，或者在客观上关联共同，构成完整的、单独的、独立的侵权行为，在行为的数量上只是一个侵权行为。

第四，在后果上，分别侵权行为承担的法律后果是按份责任，每一个行为人只对自己的行为引起的损害后果承担按份责任，而不是对整体的行为后果承担连带责任。而共同侵权行为承担的法律后果是连带责任，每一个共同侵权人都对整体的损害后果承担全部的赔偿责任，实行对外连带对内也连带。

综合起来，认定典型的分别侵权行为的构成要件是：第一，行为人为二人以上；第二，数个行为人都分别实施了侵权行为；第三，数个行为人的行为不构成

引起损害发生的同一原因，而是各个行为对损害后果的发生分别产生作用，具有原因力[①]；第四，数人的行为造成同一个损害结果，损害结果具有同一性。符合这些要件要求的，构成典型的分别侵权行为。可以得出一个结论，即数人侵权，行为人有共同故意的，对于损害后果不存在可分不可分的问题，都属于共同侵权行为；对于客观的共同侵权行为与典型的分别侵权行为，因无主观上的关联，因此，通常认为，同一损害后果不可分的，为客观共同侵权行为，同一损害后果可分的[②]，为典型的分别侵权行为。

2.典型的分别侵权行为的按份责任

对于分别侵权行为的赔偿责任应当如何承担，历史上曾经有过不同主张。例如认为："数人主观上无意思联络，仅因行为偶合导致损害后果发生，若各人的加害部分无法单独确定，则应以共同侵权论，各人对损害应承担连带赔偿责任。"[③] 这是说，对无过错联系的数人致害，能确定各人的损害部分的，就单独承担责任；如果各人的加害部分无法单独确定，则承担连带责任。也有的认为，各人的损害部分能够单独确定行为人的，只对自己行为的后果负责；如果各行为人的加害部分无法单独确定，则应按公平原则，由法院根据案件的具体情况，令行为人分担适当的责任。[④] 这些不同意见，经过讨论和实践，后来都统一了，都认为既然构成分别侵权行为，就应当各自承担按份责任，并不实行连带责任。理由是，无过错联系的各行为人没有共同过错，不具备共同侵权行为的本质特征，因而也就不应当承担共同侵权行为的民事责任，而共同侵权行为的责任以连带责任为特点。如果令无过错联系的共同加害行为人承担连带责任，则是将其作为共同侵权行为处理了。反之，依照按份责任处理，则既考虑了这种行为与共同侵权行为的区别，也体现了这种行为本身对其责任形态的要求。《侵权责任法》第12条采纳了这种意见，确定典型的分别侵权行为承担按份责任。

因而，确定典型的分别侵权行为的责任，应当依照以下规则处理。第一，各

① 张新宝：《侵权责任法原理》，中国人民大学出版社2005年版，第82页。

② 美国侵权法关于单独责任的规则，实际上就是采用这样的标准。

③ 蓝承烈：《连带侵权责任及其内部求偿权》，《法学实践》1991年第1期。

④ 王利明：《侵权行为法归责原则研究》，中国政法大学出版社1992年版，第296页。

个分别侵权行为人对各自的行为所造成的后果承担责任。典型的分别侵权行为属于单独侵权而非共同侵权，各行为人的行为只是单独行为，只能对其行为所造成的损害后果负责。在损害结果单独确定的前提下，应当责令各行为人就其行为所造成的损害承担赔偿责任。这是按份责任的体现。第二，依照分别侵权行为人各自行为的原因力确定责任份额。各行为人在共同损害结果无法确定自己的行为所造成的后果时，按照各行为人所实施行为的原因力，按份额各自承担责任。分别侵权行为的多数情况是有一个共同的损害结果。因此，应当将赔偿责任确定为一个整体责任，依据各行为人的行为对损害后果的原因力划分责任份额，由各行为人按照自己的份额承担责任。第三，无法区分原因力的应当平均承担责任，确定各自应当承担的责任份额。第四，不实行连带责任，各个行为人只对自己的份额承担责任，不对他人的行为后果负责赔偿。

（三）叠加的分别侵权行为

1.叠加的分别侵权行为的概念和特点

叠加的分别侵权行为是指数个行为人分别实施侵权行为，既没有共同故意，也没有共同过失，每一个行为都足以引起损害结果，或者部分行为足以引起损害结果、部分行为具有部分原因力，因行为叠加而造成同一个损害结果，应当承担连带责任的分别侵权行为。

叠加的分别侵权行为与共同侵权行为相比较，最突出的特点是行为人实施的侵权行为是分别实施的，是数个侵权行为的结合，而不是一个侵权行为。而共同侵权行为不论是主观的共同侵权行为，还是客观的共同侵权行为，都是由于行为人的主观意思联络，或者因共同过失，或者因客观的关联共同，而使数人实施的行为成为一个侵权行为，因而是一个完整的连带责任。例如，前一个肇事司机将行人撞成致命伤后逃逸，后一个肇事司机将被侵权人轧死，两个行为人的行为都足以造成被侵权人死亡的后果。又如，一个人已将他人的内脏刺伤，另一个又刺伤其内脏，两处刺伤均为致命伤，造成死亡结果。这两种情形都构成叠加的分别侵权行为，都与共同侵权行为不同。

《侵权责任法》第11条规定的叠加的分别侵权行为，与典型的分别侵权行为

的主要区别在于，典型的分别侵权行为是每一个行为人实施的侵权行为的原因力相加，刚好等于百分之百的原因力。而叠加的分别侵权行为的每一个行为人实施的侵权行为的原因力相加，高于百分之百的原因力，或者百分之二百，甚至更多。叠加的分别侵权行为，每一个行为人实施的行为对于损害的发生都具有百分之百的原因力，都足以造成全部损害。即使是半叠加的分别侵权行为，部分人的行为具有百分之百的原因力，部分人的行为不具有百分之百的原因力，但是原因力相加，仍然高于百分之百，因而与典型的分别侵权行为完全不同。

2.叠加的分别侵权行为承担连带责任

叠加的分别侵权行为中的数人承担连带责任。其基本规则是：

（1）对外的中间责任

连带责任的对外效力，是一个侵权责任。被侵权人可以向数个行为人中的任何一个行为人请求承担全部赔偿责任，每一个分别侵权行为人都应当就全部损害承担赔偿责任。对此，应当依照《侵权责任法》第13条规定的规则承担中间责任。

（2）对内的最终责任

连带责任的内部效力，是对数个连带责任人确定最终责任，应当按照份额确定。对此，应当按照《侵权责任法》第14条规定的规则进行。一是连带责任人根据各自责任大小确定相应的赔偿数额，难以确定责任大小的，平均承担赔偿责任。二是承担中间责任超过自己赔偿数额的连带责任人，有权向其他连带责任人追偿，实现最终责任。

在确定份额上，叠加的分别侵权行为的连带责任与共同侵权行为的连带责任的责任份额确定有所不同。构成共同侵权行为，其确定责任份额的基本方法是按照每一个共同侵权人的过错程度和行为原因力大小比例。事实上，每一个共同侵权人的过错比例和原因力比例是多少，就承担多大的份额责任。由于叠加的分别侵权行为的每一个侵权人的行为原因力相加超过百分之百，因而不能依照过错比例和行为的原因力比例确定责任份额，只能按照每一个人的行为的原因力相加，再按照行为人的数量相除，按照原因力的平均比例，确定每一个行为人的责任份额。

全叠加的分别侵权行为，两个以上的行为人分别实施的行为，每一个行为人对于损害的发生都具有全部的即100％的原因力，每个人都应当承担全部赔偿责任。而每一个加害人的行为都构成侵权行为，都对被侵权人承担全部赔偿责任，被侵权人的损害只有一个，每一个侵权人都承担全部责任，将会使受害人得到超出损害的不当赔偿，这不符合大陆法系侵权法填补损害的基本规则，因此，只要承担一个全部赔偿责任，就能够保证被侵权人的损害赔偿请求权得到满足。只有按照连带责任确定数个侵权人的责任最为适当。每个行为人的行为的原因力均为100％，但责任份额不能都是100％，每个人的责任份额应当为50％，在此基础上实行连带责任。

半叠加的分别侵权行为，是在分别实施侵权行为的数人中，一个人的行为具有100％的原因力，另外的人只具有50％的原因力。对此，也应当看作叠加的分别侵权行为，不过叠加的原因力为半叠加而不是全叠加。其后果仍然应当承担连带责任，不过连带责任的内部份额应当随之改变。例如，一个行为的原因力是50％，另一个行为的原因力是100％，将两个原因力相加，除以行为人的人数，得到的责任份额即为33.3％和66.7％，即为各自应当承担的责任份额。

第二节　竞合侵权行为及其类型

在多数人侵权行为中，竞合侵权行为是我国侵权法学研究中还没有更多涉及的一个概念，但在立法上有较多的法律规范，在司法实践中虽有大量的侵权责任纠纷案件存在，但缺少必要的法理研究和概括。本节从理论上对此进行研究，提出竞合侵权行为的概念，研究其法律适用规则，并说明其在多数人侵权行为形态体系中的地位以及与侵权责任形态体系的关系。

一、竞合侵权行为概念的提出及意义

（一）我国侵权法理论侵权行为形态与侵权责任形态对接中的空白

多数人侵权行为发生共同责任。共同责任所表述的，就是在侵权人是多人的情况下，侵权责任在不同的当事人之间进行分担的不同形态。这个概念，与大陆法系侵权法中的多数人之债的概念[①]，以及英美侵权法特别是美国侵权法的责任分担概念[②]，是基本相同的。

共同责任分为按份责任、连带责任、不真正连带责任和第三人责任。按照现行的侵权法理论构造，多数人侵权行为与共同责任的对应关系是：分别侵权行为（即无过错联系的共同加害行为）对应按份责任，共同侵权行为对应连带责任；第三人侵权行为对应第三人责任；而不真正连带责任所对应的侵权行为形态类型没有理论上的概括。这就形成了侵权行为形态与侵权责任形态对接中的一个空白。一个不能否认的事实是，如果一种侵权责任形态类型没有一种可以对接的侵权行为形态类型，是不符合逻辑要求的，一定是在侵权法理论的构造上存在错误。

研究结果表明，不真正连带责任是一个相当复杂的体系，我国《侵权责任法》规定了大量的以前没有规定的责任形态，实际上都属于不真正连带责任的特殊表现形式。例如，在第 34 条第 2 款、第 37 条第 2 款和第 40 条规定的补充责任，在第 44 条和第 85 条、第 86 条第 2 款规定的先付责任，与第 41 条至第 43 条和第 68 条、第 83 条规定的典型的不真正连带责任的规则均不相同[③]，但又在本质上基本相同，这些属于不真正连带责任的特殊类型。因此我提出，不真正连带责任表现为四种类型，即典型的不真正连带责任、先付责任、补充责任和并合责任，由此构成一个完整的不真正连带责任体系。[④]

---

① 邱聪智：《新订民法债编通则》（下），中国人民大学出版社 2004 年版，第 389 页以下。

② ［美］肯尼斯・S. 亚伯拉罕、阿尔伯特・C. 泰特选编：《侵权法重述——纲要》，许传玺、石宏等译，法律出版社 2006 年版，第 321 页。

③ 《物权法》第 21 条规定的不动产物权登记错误的损害赔偿责任形态属于典型的不真正连带责任。

④ 杨立新：《侵权责任法》，法律出版社 2011 年版，第 158－159 页。

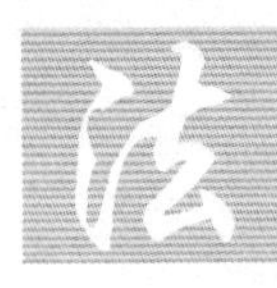

依照侵权法的逻辑要求，不同的侵权责任形态应当与不同的侵权行为形态相对应。具有四种不同类型的不真正连带责任，它究竟与何种侵权行为形态相对应呢？我国目前的侵权法理论还没有很好地回答这个问题。这表明我国目前侵权法理论对侵权行为形态类型的概括是不完善的，还不能对应所有的侵权责任形态类型，存在新的侵权行为形态类型没有被传统侵权法理论所发现，或者说还缺少必要的理论概括。

多数人侵权行为形态与侵权责任形态对接的逻辑空白，可见下表：

	侵权行为形态	侵权责任形态
多数人侵权	共同侵权行为	连带责任
	分别侵权行为	按份责任
	竞合侵权行为	不真正连带责任
	第三人侵权行为	第三人责任

对此，必须进行深入研究，提出新的多数人侵权行为形态的类型，以填补侵权法理论上的这个逻辑空白。

（二）知识产权间接侵权行为概念指引的思路

间接侵权行为是知识产权法中经常使用的概念，有专门研究知识产权间接侵权行为的专著。[①] 这个概念分别用于专利权间接侵权、商标权间接侵权和著作权间接侵权。学者认为，为了加强对知识产权的保护，许多国家的立法或判例确立了知识产权间接侵权规则：第三人即使没有直接实施受知识产权专有权利控制的行为，但只要其引诱、教唆或有意帮助他人进行直接侵权，其行为也被认为构成间接侵权，应当与直接侵权者承担连带责任。这就使权利人能够通过起诉更具经济实力和在法院管辖范围内的间接侵权者及时获得救济。这对于保护权利人的合法利益十分有利。[②] 在立法上，《著作权法》《商标法》和《专利法》都没有规定间接侵权，只规定了直接侵权，追究直接侵权人的侵权责

① 王迁等：《知识产权间接侵权研究》，中国人民大学出版社 2009 年版。

② 王迁：《商标间接侵权研究》，《知识产权年刊》2006 年号。

任。近年来，随着知识产权侵权责任理论的发展，我国的知识产权立法规定了版权的间接侵权规则，这是出于应对网络著作权侵权的挑战而最先得到确认的间接侵权。在著作权法领域，最高人民法院《关于审理涉及计算机网络著作权纠纷案件适用法律若干问题的解释》第3条和第4条关于“网络服务提供者通过网络参与他人侵犯著作权行为，或者通过网络教唆、帮助他人实施侵犯著作权行为的，人民法院应当根据民法通则第一百三十条的规定，追究其与其他行为人或者直接实施侵权人的共同侵权责任。”“提供内容服务的网络服务提供者，明知网络用户通过网络实施侵犯他人著作权的行为，或者经著作权人提出确有证据的警告，但仍不采取移除侵权内容等措施以消除侵权后果的，人民法院应当根据民法通则第一百三十条的规定，追究其与该网络用户的共同侵权责任”的规定，就是对著作权间接侵权的规定。《信息网络传播权保护条例》有关网络服务提供者的避风港原则的规定，也是针对著作权间接侵权行为的规则。在专利法领域，专利间接侵权的内容也已被列入下一次修订《专利法》的计划中。在商标权法领域，《商标法实施条例》有关“故意为侵犯他人注册商标专用权行为提供仓储、运输、邮寄、隐匿等便利条件”的规定，也认为是对间接侵权的规定。

知识产权间接侵权行为为研究侵权行为形态与侵权责任形态对接中存在的逻辑空白指引了一个有益的思路。与不真正连带责任对接的侵权行为形态肯定与间接侵权行为有关。

（三）侵权法广泛使用的“间接”概念与间接侵权行为的关系

与知识产权法领域相反，在传统侵权法的立法、司法以及理论研究中，并不使用间接侵权行为的概念。侵权法理论使用“间接”概念主要有以下几种情况。

1. 直接受害人和间接受害人

直接受害人是侵权行为损害后果的直接承受者，是因侵权行为而使民事权利受到侵害的人。[①] 侵权人实施的侵权行为直接作用在受害人身上，造成了受害人的权利损害和利益损失，这就是直接受害人。

① 杨立新：《侵权法论》，人民法院出版社2011年第4版，第230页。

侵权行为由于造成直接受害人的损害，进而影响到与直接受害人有密切关系的人的权利受到损害、利益受到损失，尽管侵权人的侵权行为没有直接造成该人的损害，但使其间接地受到损害，因而是间接受害人。[①] 例如，侵权行为造成直接受害人死亡或者丧失劳动能力，其被扶养人的扶养来源受到损害的人，就是间接受害人。侵权行为造成夫妻一方的性功能损害，配偶方的配偶利益受到侵害的，构成间接侵害夫妻关系，没有直接受到损害的配偶一方是间接受害人。[②] 对此，有学者专门著述阐释间接受害人，对间接受害人的广义概念和狭义概念都作出界定。[③]

2.直接损失和间接损失

在财产损失的场合，财产损失的类型分为直接损失和间接损失。直接损失是现有财产的减少，间接损失是可得利益的丧失。[④]

3.直接行为和间接行为

我在侵权法的著述中使用直接行为和间接行为的概念[⑤]，其他学者的著述则不常使用。直接行为是行为人自己实施的损害他人民事权益的行为，构成侵权责任的，应当承担自己责任。间接行为是为他人的行为负责或者为物的损害没有尽到监督、管领的义务的行为，例如被监护人实施的行为造成他人损害、监护人未尽监护义务的行为；对自己管领下的物没有尽到管领义务致使该物造成他人损害的行为，都是间接行为。间接行为发生的侵权责任形态是替代责任。自己责任与替代责任相对应。

4.直接因果关系和间接因果关系

在侵权责任构成要件的因果关系理论中，曾经区分必然因果关系和偶然因果

① 杨立新：《侵权法论》，人民法院出版社2011年第4版，第231页。

② 刘兴善译：《美国法律整编・侵权行为法》，台北司法周刊杂志社1986年版，第588-589页［美国侵权法重述（第二次）第693条］。

③ 姚宝华：《间接受害人研究》，法律出版社2011年版，第15页。

④ 张新宝：《侵权责任法》，中国人民大学出版社2010年第2版，第105页。

⑤ 杨立新：《侵权责任法》，法律出版社2011年版，第111-112页。

关系[①]，使用直接因果关系和间接因果关系概念。这种说法受到批评[②]，代之而起的是，相当因果关系理论和规则成为我国侵权法因果关系判断的核心规则。[③]不过，直接因果关系和间接因果关系的区分在某些侵权行为中仍然具有意义，例如在违反安全保障义务的侵权责任中，第三人的侵权行为是损害发生的直接原因，而违反安全保障义务人的不作为行为则是损害发生的间接原因。[④] 在产品责任等适用不真正连带责任的侵权行为形态类型中，最终责任人的行为与损害之间的因果关系是直接因果关系，中间责任人的行为与损害之间的因果关系则为间接因果关系。

在侵权法理论这些使用间接概念的场合，多数不涉及间接侵权问题。例如，间接受害人说的是受到损害的人的类型，并不是说侵权行为是间接侵权行为。间接损失说的是财产损害的类型，也不是说间接侵权行为。我在著述中使用的间接行为概念，也不是间接侵权行为所要研究的问题，与间接侵权行为无关，而与替代责任相对应。[⑤]

在间接因果关系的概念中包含间接侵权行为，因为间接侵权行为就是一个具有直接因果关系的侵权行为在实施中，另有一个具有间接因果关系的侵权行为加入其中，对具有直接因果关系的侵权行为的实施和造成损害起到了一种间接的作用。在这种情形下，具有间接因果关系的那个侵权行为，其实就是间接侵权行为。

传统侵权法没有重视对间接侵权行为概念的研究，均视间接侵权行为是知识产权侵权行为的概念，因而轻视乃至于排斥对间接侵权行为的研究和借鉴。

（四）承担不真正连带责任的侵权行为中包含间接侵权行为

侵权法理论在研究侵权责任形态时，分有自己责任和替代责任、单方责任和

---

① 刘信平：《侵权法因果关系理论之研究》，法律出版社2008年版，第123－124页。

② 梁慧星：《雇主承包厂房拆除工程违章施工致雇工受伤感染死亡案评释》，《法学研究》1989年第4期。

③ 朱岩：《侵权责任法通论·总论》，法律出版社2011年版，第202页。

④ 杨立新：《侵权责任法》，法律出版社2011年版，第251页。

⑤ 杨立新：《侵权责任法》，法律出版社2011年版，第111－112页。

双方责任、单独责任和共同责任。[1] 自己责任和替代责任的划分，自罗马法起至《法国民法典》颁布实施是一脉相承的，与间接侵权行为基本上无关。单方责任和双方责任是说在分配侵权责任时，分为一方当事人承担责任还是双方当事人承担责任，主要是研究过失相抵和公平分担损失规则的适用，这些也与间接侵权行为无关。

研究侵权行为形态与侵权责任形态对应关系中存在的逻辑空白，当应用知识产权间接侵权行为概念和理论来观察时，就会发现，对应不真正连带责任的侵权行为类型中，一定会存在一个间接侵权行为。在这种侵权行为中，行为人都是两个以上，但既不构成共同侵权行为，也不构成分别侵权行为。在两个以上的行为人中，一个行为人实施的是直接侵权行为，与其他侵权人没有任何区别，完全是自己独立实施侵权行为造成了受害人的损害。但在直接侵权人实施侵权行为时，另外一个侵权人的行为对直接侵权人实施侵权行为起到了间接的作用，如果没有间接侵权人的这个作用，直接侵权人实施侵权行为就不具备条件，或者不会那么容易实现。例如，在产品责任中，生产者制造出了缺陷产品，销售者将其出售给使用者，造成了使用人的损害，生产者是直接侵权人，承担最终责任，而销售者仅仅是一个中间的商品流转的媒介，但如果没有销售者的行为，生产者的行为就不会造成使用人的损害结果，因而销售者的行为与损害之间具有间接因果关系，是造成损害的间接侵权行为。可见，间接侵权人所实施的侵权行为就是间接侵权行为，与专利权、商标权、著作权的间接侵权行为原理大致相同。

（五）竞合侵权行为对解决侵权行为形态与侵权责任形态对接空白的重要意义

但是应当看到，间接侵权行为这个概念界定的只是适用不真正连带责任的侵权行为形态中的一个行为，也就是间接侵权人所实施的侵权行为，如果只有这样一个侵权行为，并不能造成受害人的损害，必须将这个间接侵权行为与直接侵权人实施的直接侵权行为结合在一起，造成同一个损害结果，才能够成为与不真正

---

① 杨立新：《侵权法论》，法律出版社 2011 年第 4 版，第 640 页。

连带责任相对接的侵权行为形态。对这个直接侵权行为与间接侵权行为结合在一起，并与不真正连带责任对接的这种侵权行为形态的概念究竟应当怎样确定，是我国传统侵权法理论没有解决的问题。解决这个问题仅仅靠间接侵权行为的概念是不够的，必须还要建立一个侵权行为形态类型的概念，这个概念就是竞合侵权行为。使用竞合侵权行为这个概念，能够弥补多数人侵权行为中，共同侵权行为、分别侵权行为以及第三人侵权行为这三种侵权行为形态划分的不足，形成共同侵权行为对接连带责任、分别侵权行为对接按份责任、竞合侵权行为对接不真正连带责任以及第三人侵权行为对接第三人责任，使侵权行为形态在对接侵权责任形态上，构成完整、完美的体系。因此，我主张，将竞合侵权行为作为侵权行为形态的类型之一，成为侵权法的基本概念，与共同侵权行为、分别侵权行为和第三人侵权行为概念一起，构成完整的多数人侵权行为形态体系，并实现与侵权责任形态体系的完美对接。

二、竞合侵权行为的概念界定与类型

（一）知识产权法界定间接侵权行为概念的启发

知识产权法对间接侵权行为概念的界定，对界定竞合侵权行为概念有一定的借鉴意义。

无论英美法系抑或大陆法系国家，知识产权领域的间接侵权行为的概念及规则均主要来源于一般侵权行为法上的一项基本原则：在明知某种行为构成侵权，而仍然教唆、引诱他人去实施这种行为，或者对他人的这种侵权行为提供实质性帮助的，应当对侵权后果承担责任。显然，在明知特定行为构成侵权的情况下对这种行为实施教唆、引诱或予以帮助，行为人主观上的过错是明显的，而且其行为与损害结果之间存在因果关系，要求行为人承担责任是合理的。[①]

知识产权法学界对间接侵权行为的界定，间接侵权行为是第三者未经专利权人同意向无权利用该项专利的人提供或供应其中关键部分的中间产品而故意怂恿

① 王迁：《商标间接侵权研究》，《知识产权年刊》2006 年号。

和唆使其实施该项专利。[①]

按照知识产权法对间接侵权行为的界定，知识产权间接侵权行为中的绝大部分都不是间接侵权行为，而是共同侵权行为。例如，其中故意教唆、帮助他人实施侵权行为，完全符合《侵权责任法》第9条第1款规定的教唆、帮助行为的共同侵权行为，应当适用连带责任规则确定赔偿责任。而引诱他人实施侵权行为不构成共同侵权行为，具有间接侵权行为的特点。应当看到的是，教唆、帮助实施侵权行为的人，在知识产权法领域被叫作间接侵权行为。在传统侵权法理论中，教唆或者帮助行为并不是间接侵权行为，而是共同侵权行为。原因在于，教唆人和帮助人实施的行为，是与实行人的行为结合在一起的，共同引起了损害结果的发生，因此，教唆人和帮助人实施的行为是共同行为，认其为直接行为而不是间接行为。在研究间接侵权行为和竞合侵权行为中，不应当将教唆行为和帮助行为作为间接侵权行为，而是仍然作为共同侵权行为，教唆、帮助行为与间接侵权行为无关。

（二）侵权法理论对竞合侵权行为概念的界定

在侵权法中，究竟是采用知识产权间接侵权行为的概念，还是对传统侵权法的侵权行为类型进行整合，创立新的竞合侵权行为的概念，颇值得认真研究。

如上所述，依靠知识产权法界定间接侵权行为概念的方法，创立竞合侵权行为概念是做不到的，因为知识产权法认可的间接侵权行为的绝大部分都由侵权责任法的共同侵权行为规则调整，要承担的责任也不是由间接侵权人直接承担，而是发生连带责任。解决侵权行为形态与侵权责任形态对接之间的逻辑空白只有一条途径，就是创立侵权法的竞合侵权行为概念。

日本侵权法将这种侵权行为称为竞合的不法行为即竞合侵权行为。潮见佳男教授认为，竞合侵权行为是指产生同一损害的数个侵权行为出现竞合时，不作共同侵权行为处理的情况。竞合侵权行为分为两种情形，分别是要件相同的数个侵权行为的竞合以及要件不同的数个侵权行为的竞合。《日本民法典》第709条意

① 吴观乐：《浅议间接侵权》，载《专利的理论研究与实践探索》，专利文献出版社1996年版，第45页。

义上的侵权行为[①]出现竞合的属于前种情形，而第709条的侵权行为与第717条规定的建筑物责任的竞合则属于后种情形。日本侵权法认为，对竞合侵权行为可以进行以下几种判断：一是根据对每个行为人责任要件充足与否的判断，对谁成立什么样的损害赔偿请求权（对个别行为的归责）；二是如何判断被认定成立的数个损害赔偿请求权之间是否存在竞合关系；三是在竞合关系得到确认的情况下，应当如何看待对各行为人的损害赔偿请求权的关系；四是是否应当承认关于侵权行为的个别的成立要件的请求、举证责任的转换。学者指出，竞合侵权行为的特征是：（1）被指向相同的权利、法益的侵害的存在；（2）对于个别行为的侵权责任的成立要件的补充；（3）与贡献度相应的责任（即分割责任"比例性责任"）。[②]

日本学者对竞合侵权行为的界定值得借鉴。在这样的基础上，我认为，竞合侵权行为，是指两个以上的民事主体作为侵权人，有的实施直接侵权行为，与损害结果具有直接因果关系，有的实施间接侵权行为，与损害结果的发生具有间接因果关系，行为人承担不真正连带责任的侵权行为形态。

竞合侵权行为的主要法律特征有以下四点。

1.行为的主体为二人以上

竞合侵权行为的行为主体必须是二人以上，既可以是两个以上的自然人，也可以是两个以上的法人，还可能是两个以上的自然人和法人。在通常情况下，竞合侵权行为的主体是两人。在这一点上，竞合侵权行为与分别侵权行为和共同侵权行为是一样的，其行为主体均为复数，即多数人侵权，而非单独一人侵权，以此与单独侵权行为相区别。

2.行为人实施的侵权行为的性质不同

竞合侵权行为与共同侵权行为、分别侵权行为均不同，两个以上的行为主体对受害人实施的侵权行为的性质并不相同，换言之，竞合侵权行为的两个以上的

① 即一般侵权行为，在日本也叫作"基本型侵权行为"。

② ［日］潮见佳男：《不法行为法Ⅱ》，信山社出版株式会社2011年日文第二版，第196－197页。贡献度的概念与我国侵权法的原因力概念相同。

行为人，有的对受害人实施直接侵权行为（也叫作主行为），有的是对直接侵权行为的实施提供了条件或者方便，但并不构成教唆、帮助行为的间接侵权行为（也叫作从行为）。而共同侵权行为的每一个行为人都是共同加害人，都是直接侵权人，即使教唆、帮助行为，也是对损害的发生起到了直接作用，具有直接的原因力。至于分别侵权行为，每一个行为人的行为均为损害发生的直接原因，不存在提供条件和创造机会的问题，不存在间接侵权行为。

3. 发生竞合的两个以上的行为通常视为一个行为

在竞合侵权行为中，尽管是两个以上的行为人实施的行为竞合在一起，但通常的观念认可其为一个行为，而不是像共同侵权行为那样就是一个行为，也不像分别侵权行为那样就是两个行为。因此，竞合侵权行为介于共同侵权行为和分别侵权行为之间，是一种两个以上的侵权行为竞合在一起的侵权行为形态。竞合侵权行为不是单指间接侵权行为，而是指直接侵权行为和间接侵权行为的竞合，因而才属于多数人侵权行为，才发生共同责任。这是竞合侵权行为与知识产权间接侵权行为概念的根本区别。

4. 不同的行为人对受害人承担不真正连带责任

竞合侵权行为的行为人对受害人承担共同责任而不是单独责任。与共同侵权行为和分别侵权行为不同的是，竞合侵权行为的行为人承担的是不真正连带责任，而不是连带责任或者按份责任。在竞合的侵权人之间，承担侵权责任应当根据行为人对受害人实施的侵权行为的性质不同，对受害人实施直接侵权行为的行为人承担的责任是最终责任，而对受害人实施间接侵权行为的行为人承担的责任是中间责任，双方责任的联系是形式上连带而实质上不连带，即在形式上，受害人可以直接起诉其中的任何一个行为人承担侵权责任，是具有连带性质的责任；在实质上，最终责任是落在直接侵权人的身上，由直接侵权人承担全部的最终责任，间接侵权人不承担或者只承担较少的最终责任。

（三）竞合侵权行为的性质和地位

竞合侵权行为的性质是侵权行为形态的一种类型。侵权行为形态分为单独侵权行为和多数人侵权行为，多数人侵权行为分为共同侵权行为、分别侵权行为、

竞合侵权行为和第三人侵权行为。竞合侵权行为是多数人侵权行为中的一种类型。

在侵权行为形态中，单独侵权行为与多数人侵权行为相对应。单独侵权行为，是侵权行为的行为人为一人的侵权行为，该人应当承担侵权责任，即单独责任。多数人侵权行为是由数个行为人实施行为，对同一损害后果承担责任的侵权行为，其行为主体为二人或者二人以上，数人对同一损害后果承担侵权责任，数人承担侵权责任的方式即数个责任主体与被侵权人一方的请求权之间的联系具有多样性。[①]

在多数人侵权行为中，竞合侵权行为占有重要地位。

在多数人侵权行为中，根据行为人之间的主观关联、客观关联和后果关联等情形，分为以下情形。

1.共同侵权行为

行为人的主观关联或者客观关联，造成同一损害后果形成后果关联，是构成共同侵权行为的基础。行为人在主观上有关联，或者在客观上有关联，符合共同侵权行为要件的，构成共同侵权行为。某些不构成共同侵权行为，但法律也视为共同侵权行为的，为准共同侵权行为，包括共同危险行为（《侵权责任法》第10条规定）、叠加的共同侵权行为（《侵权责任法》第11条规定）和规定为连带责任但并不具有共同侵权行为特征的侵权行为（例如《侵权责任法》第51条、第74条、第75条规定等）。

行为人在主观上有关联，在客观上没有关联的，构成交叉的共同侵权行为，发生的后果是单向连带责任。在单向连带责任中，由于存在一个侵权人承担连带责任、另一个侵权人承担按份责任的区别，尽管仍然将其叫作连带责任，但其实是从一个角度上观察是共同侵权行为，从另一个角度观察时不过是按份责任。这种情况的典型形式是《侵权责任法》第9条第2款规定的教唆、帮助无民事行为能力人或者限制民事行为能力人实施侵权行为，教唆人或者帮助人应当承担连带责任，但无民事行为能力人或者限制民事行为能力人的监护人未尽监护职责，应

① 张新宝：《侵权责任法》，中国人民大学出版社2010年版，第44页。

当承担相应责任即按份责任。从行为的结合上构成共同侵权行为，仍然是连带责任。这种行为不是竞合侵权行为，而是共同侵权行为和分别侵权行为的结合，其主要特征是共同侵权行为，应当将其归于共同侵权行为当中。

可以看到的是，《侵权责任法》第 49 条规定的租车、借车的损害责任，当事人在主观上并没有关联，在客观上具有一定关联，因而将这种侵权行为规定为单向连带责任，有一定问题，确定为补充责任反倒是比较切合实际。

2.分别侵权行为

分别侵权行为也叫作无过错联系的共同加害行为。在表现形式上，行为人在主观上不关联，在客观上也不关联，仅仅是损害后果相关联，其后果是按份责任。

3.第三人侵权行为

第三人侵权行为是指《侵权责任法》第 28 条规定的第三人过错，是指除受害人和加害人之外的第三人，对受害人损害的发生具有过错的情形。第三人过错的主要特征是主体上的特殊性，即第三人的过错原因致使加害人造成了受害人的损害。其中造成损害的一方也是数人，属于多数人侵权行为，基本特点是承担责任的是第三人而不是加害人。

4.竞合侵权行为

竞合侵权行为的数个行为人在主观上没有关联，在客观的行为和损害后果有关联，发生不真正连带责任的侵权责任形态，与上述三种侵权行为形态类型均不相同。

可见，竞合侵权行为不属于单独侵权行为，而属于多数人侵权行为。在多数人侵权行为中，是共同侵权行为、分别侵权行为以及第三人侵权行为之外的另一种侵权行为形态类型。其构成的特点是：直接侵权人对于所造成的他人损害构成侵权责任，但间接侵权人实施的行为对于直接侵权人实施的行为在客观上起到了间接作用，使直接侵权人便于实施侵权行为，或者为直接侵权人实施侵权行为提供了方便，等等，使直接侵权行为造成了受害人的损害。这两种行为即直接侵权行为和间接侵权行为竞合到一起，作为侵权行为类型的一种，就

是竞合侵权行为。例如，饭店对住店客人负有安全保障义务，未尽该安全保障义务，给实施侵权行为的行为人实施侵权行为提供了方便，侵害了受害人的合法权益。该侵权行为对损害的发生具有百分之百的原因力，承担全部责任理所当然。但是，饭店未尽安全保障义务也构成侵权责任，对于侵权后果的发生具有间接因果关系。在这种情况下，《侵权责任法》第 37 条第 2 款规定，实施侵权行为的人为侵权人，应当承担侵权责任；未尽安全保障义务的行为由于与该损害结果具有间接因果关系，因而行为人应当承担相应的补充责任。这就是典型的竞合侵权行为。

这样，就能够为《侵权责任法》规定的不真正连带责任形态类型找到所对应的侵权行为形态类型，就是竞合侵权行为。将多数人侵权行为分为共同侵权行为、分别侵权行为、竞合侵权行为以及第三人侵权行为这样四种类型，实现了对侵权行为类型的完全划分。四种侵权行为形态类型对应的是连带责任、按份责任、不真正连带责任和第三人责任，构成了侵权行为形态体系和侵权责任形态体系的完美的逻辑关系。

（四）竞合侵权行为的类型

1. 法律规定的竞合侵权行为

《侵权责任法》《物权法》和最高人民法院有关司法解释等对竞合侵权行为作出以下规定。

（1）承担典型的不真正连带责任的侵权行为

《侵权责任法》第 41 条至第 43 条规定的产品责任，第 59 条规定的医疗产品损害责任，第 68 条规定的第三人过错的环境污染责任，第 83 条规定的第三人过错致使动物损害责任，都是竞合侵权行为，间接侵权人实施的侵权行为是直接侵权行为造成损害的必要条件。《物权法》第 21 条规定的物权错误登记的赔偿责任是典型的不真正连带责任。这些承担典型不真正连带责任的侵权行为类型，都是竞合侵权行为。

（2）承担先付责任的侵权行为

《侵权责任法》第 44 条规定的产品责任中的第三人责任，第 85 条规定的其他责任人的建筑物等损害责任，第 86 条第 1 款规定的建筑物倒塌中其他责任人

的侵权责任，都是承担先付责任的竞合侵权行为。

(3) 承担相应的补充责任的侵权行为

《侵权责任法》第34条第2款规定的劳务派遣的侵权责任，第37条第2款规定违反安全保障义务的侵权行为，第40条规定的第三人造成学生伤害的学校责任，都是承担相应的补充责任的竞合侵权行为。[①]

2. 竞合侵权行为的类型划分

潮见佳男教授把竞合侵权行为分为要件相同的数个侵权行为的竞合和要件不同的数个侵权行为的竞合这两种类型[②]，有一定道理，但不符合我国《侵权责任法》对这种侵权行为的规定，无法借鉴这种方法划分我国竞合侵权行为的类型。

《侵权责任法》和其他法律以及最高人民法院有关司法解释中规定的上述承担各种不同的不真正连带责任的侵权行为，针对的都是竞合侵权行为。既然都是竞合侵权行为，为什么还要规定如此繁多的不真正连带责任的各种形态，原因在于这些不同的竞合侵权行为的行为竞合方式各不相同，政策考量因素也不相同。我认为，可以用发生竞合的不同原因为标准，将这些不同的竞合侵权行为作以下分类。

(1) 必要条件的竞合侵权行为

必要条件的竞合侵权行为，是指两个行为中的从行为（即间接侵权行为）与主行为（即直接侵权行为）竞合的方式，是从行为为主行为的实施提供了必要条件，没有从行为的实施，主行为不能造成损害后果的竞合侵权行为。换言之，间接侵权人的从行为是直接侵权人的主行为完成的必要条件，这种竞合侵权行为就是必要条件的竞合侵权行为。

《侵权责任法》第41条至第43条规定的产品责任，第68条规定的第三人过错的环境污染责任，第83条规定的第三人过错致使动物损害责任，以及《物权法》第21条规定的物权错误登记的赔偿责任等，都是必要条件的竞合侵权行为。在这些竞合侵权行为中，主行为是生产者的生产行为、第三人的过错行为或者有

① 《侵权责任法》第32条第2款还规定了一种完全的补充责任，即有财产的无民事行为能力人、限制民事行为能力人造成他人损害的，从本人财产中支付赔偿费用；不足部分，由监护人赔偿。监护人赔偿的部分，就是完全的补充责任。不过这种责任形态只此一例，且不典型，故本书不作论述。

② ［日］潮见佳男：《不法行为法Ⅱ》，信山社出版株式会社2011年日文第二版，第196页。

过错的登记申请人的行为，他们的行为是造成损害的直接原因；而销售者的行为、污染者的行为、动物饲养人管理人的行为以及物权登记机构的登记行为，都是为直接侵权行为的实施提供了必要条件，符合"but for test"规则的要求。

（2）"必要条件＋政策考量"的竞合侵权行为

"必要条件＋政策考量"的竞合侵权行为，是指符合必要条件的竞合侵权行为的要求，但是基于政策考量，规定间接侵权人先承担中间责任，之后向直接侵权人追偿以实现最终责任的竞合侵权行为。《侵权责任法》第44条规定的第三人过错造成产品缺陷致人损害的，由本无最终责任的生产者、销售者先承担侵权责任，之后向有过错的第三人追偿，第85条和第86条第1款规定的建筑物等所有人、管理人或者使用人先承担赔偿责任，建设单位、施工单位先承担赔偿责任，承担了赔偿责任之后，再向其他责任人请求追偿，都是间接侵权人先承担责任，之后再向直接侵权人追偿的竞合侵权行为。这些侵权行为的竞合，原本与必要条件的竞合侵权行为并无两样，但是立法者基于保护受害人的需要，规定应当承担中间责任的间接侵权人先承担责任，以保障受害人的权利尽早得到实现。间接侵权人的从行为是直接侵权人的主行为造成损害后果的必要条件，但出于政策考量，法律规定令间接侵权人承担先付责任，而直接侵权人作为受追偿的最终责任人，并不直接对受害人承担赔偿责任。

（3）提供机会的竞合侵权行为

提供机会的竞合侵权行为，是指两个竞合的行为，从行为为主行为的实施提供了机会，使主行为的实施能够顺利完成的竞合侵权行为。从发挥的作用上考察，提供机会的竞合侵权行为与必要条件的竞合侵权行为有所不同，这就是，间接侵权人的从行为给直接侵权人的主行为造成损害结果提供了机会，但并不是必要条件。《侵权责任法》第34条第2款规定的劳务派遣的侵权行为，第37条第2款规定的违反安全保障义务的侵权行为，第40条规定的第三人造成学生伤害的侵权行为，都是这种竞合侵权行为。

（4）提供平台的竞合侵权行为

提供平台的竞合侵权行为，是指平台提供者向经营者提供传统交易平台或者

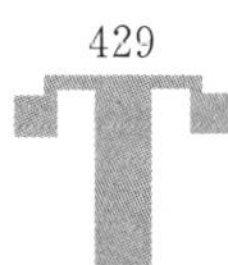

网络交易平台，使其在交易平台上进行交易行为，经营者销售商品或者提供服务有缺陷，造成消费者损害的侵权行为。其中经营者的行为是主行为，平台提供者提供平台的行为是辅助行为。《消费者权益保护法》第43条和第44条规定的就是这种竞合侵权行为。

三、竞合侵权行为的法律规则

（一）两个行为竞合

竞合侵权行为的基本特点，是两个以上的行为发生竞合。在传统侵权法理论中，竞合的概念通常用在责任上即责任竞合，而不是用在行为上。而竞合侵权行为是两个以上的行为发生竞合，造成同一个损害结果，竞合的两个以上的行为对损害的发生都有因果关系。

在竞合侵权行为中，两个竞合的行为的地位是否一致呢？我的看法是，两个竞合的行为必然存在一主一从的关系。主行为是直接侵权行为，从行为是间接侵权行为。如果两个行为都起主要作用，那就不是竞合侵权行为，而是共同侵权行为或者分别侵权行为，有关联共同的是共同侵权行为，不存在关联共同的是分别侵权行为。例如，二人以上既没有共同故意，也没有共同过失，行为间接结合造成同一个损害结果的，两个行为是结合而不是竞合，没有主从关系，因此是分别侵权行为。二人以上共同实施侵权行为，即使教唆人教唆、帮助人帮助行为人实行侵权行为，也因为具有共同故意，两个行为结合成为一个行为而构成共同侵权行为。竞合侵权行为则是两个没有主观关联，也不构成客观关联共同的行为发生竞合，是从行为竞合于主行为。

竞合侵权行为的主从关系主要表现在行为与损害结果之间的因果关系上。竞合侵权行为中的主行为是对损害发生具有完全原因力的侵权行为；从行为也构成侵权行为，但其对损害的发生所起的作用仅仅是提供条件、创造机会，而不是提供直接原因。因此可以说，从行为对于损害发生的直接原因力几乎等于零。在潮见佳男教授看来，在竞合侵权行为中，存在行为的参与度的问题，并且依据行为

的参与度而确定责任的比例。[①] 我对此有不同看法。略举数例：在产品责任中，生产者生产缺陷产品造成他人损害，销售者所起的作用仅仅是将缺陷产品转让给使用人，生产行为与销售行为发生竞合，但缺陷产品造成使用人损害具有百分之百的原因力，销售者的销售行为仅仅是提供了损害发生的条件，不具有直接的原因力。在这种情况下，从行为对于损害发生的直接原因力几乎不存在，因而才存在中间责任和最终责任的区别，销售者承担了赔偿责任之后，对生产者可以请求全额追偿，而不是部分追偿。同样，《侵权责任法》第 86 条第 1 款规定的建筑物等倒塌损害责任，建设单位和施工单位承担连带责任，如果损害的原因不是建设单位和施工单位的责任，而是另有设计单位、勘测单位、监理单位、有关机关等其他责任人，是他们的过错造成的损害结果，规则是先由建设单位和施工单位承担赔偿责任（即中间责任人先付），然后再向其他责任人追偿。这种情形更为明显，即其他责任人是直接责任人，行为的原因力是百分之百，而建设单位和施工单位并没有责任，原因力几乎是零。对于上述情形，法律认可他们的行为发生竞合，构成竞合侵权行为。即使在违反安全保障义务的补充责任场合，违反安全保障义务的人未尽安全保护义务的不作为行为，并未直接作用到受害人身上，而是第三人的行为造成了受害人的全部损害，尽管违反安全保障义务的人应当承担相应的补充责任，其行为对损害的发生也不具有直接的原因力，因而仍然是竞合关系而不是结合关系。

（二）归责原则

竞合侵权行为本身并不决定适用何种归责原则。这是因为竞合侵权行为仅仅是从多数人作为侵权责任主体的不同情形作为标准划分的侵权行为类型，而不是依据归责原则确定的侵权行为类型。在竞合侵权行为中，适用何种归责原则取决于法律对不同侵权责任的规定，既有适用过错责任原则的竞合侵权行为，也有适用过错推定原则或者无过错责任原则的侵权行为类型。例如，违反安全保障义务的侵权行为适用过错责任原则，产品责任适用无过错责任原则，建筑物构筑物以及其他设施脱落坠落倒塌致人损害责任适用过错推定原则。甚

① ［日］潮见佳男：《不法行为法Ⅱ》，信山社出版株式会社 2011 年日文版，第 212 页。

至对同一种竞合侵权行为的不同行为人确定责任的归责原则都不相同，例如，产品责任中的生产者承担最终责任的归责原则是无过错责任原则，销售者承担最终责任的归责原则是过错责任原则，只有在特别情形下才适用无过错责任原则。

尽管如此，对于适用不同的归责原则的竞合侵权行为，归责原则对竞合侵权行为的后果具有决定性的影响。例如，在环境污染责任和饲养动物损害责任中，第三人过错引起的损害，本应是第三人侵权行为，应当适用《侵权责任法》第28条规定免除污染者和饲养人的赔偿责任，但由于这两种侵权行为类型适用无过错责任原则，因而使其成为竞合侵权行为，适用不真正连带责任。

（三）构成要件

1. 最主要的是因果关系要件的确定

竞合侵权行为的因果关系要件的表现特殊，主要是竞合的行为与损害结果之间具有两个因果关系，一个是直接因果关系，一个是间接因果关系。直接侵权人实施的主行为与损害结果之间具有直接因果关系，间接侵权人实施的从行为与损害结果之间具有间接因果关系。

对于直接因果关系的认定适用相当因果关系规则。具有直接因果关系的行为是直接侵权人实施的侵权行为即主行为。该行为引起损害的发生，只要存在相当因果关系，即成立直接侵权人的因果关系要件。

对于间接因果关系的认定适用“条件说”[①]，竞合侵权行为构成损害发生的条件，即认为存在构成竞合侵权行为的因果关系要件。英美侵权法中的“but for test”规则即“若无法则”，以及《欧洲侵权法原则》第3：101条规定的“若无此行为或活动，损失就不会发生，则该行为（作为或者不作为）被认为是造成损失的原因”规则，都可以作为认定间接因果关系的规则。在竞合侵权行为中，从行为与损害之间的关系是，从行为是主行为造成损害的条件，应用but for test规则测试：若无产品销售者的行为，就不会使缺陷产品造成受害人的损害，既然缺陷产品通过销售者的行为造成了受害人的损害，那么，销售者的行为就构成行

① 朱岩：《侵权责任法通论·总论》，法律出版社2011年版，第343页。

为竞合。同样，如果没有违反安全保障义务人的不作为行为，第三人造成的受害人损害就不会发生。不过，作为损害发生条件的从行为可能对损害的发生要求不会这样高，只要若无此行为，损害就可能不会发生，就可以认定具有间接因果关系。

应当区分行为结合的因果关系和行为竞合的因果关系。行为结合的因果关系，公式是“甲行为＋乙行为＝全部原因力”。行为竞合的因果关系，公式为“甲行为＝全部原因力→乙行为”。换言之，在行为结合的因果关系中，每一个行为结合在一起，构成一个损害结果，各个行为具有不同的原因力，加在一起等于百分之百的原因力。在行为竞合的因果关系中，主行为对损害的发生具有百分之百的原因力，从行为从直接因果关系上观察并不具有原因力，但从间接因果关系上观察却也具有百分之百的原因力，因为违反安全保障义务人如果尽到了安全保障义务，损害就不会发生，起码不会在安全保障义务人保障的范围内发生。如果从行为对损害的发生具有直接原因力，那就肯定不是竞合侵权行为，而是共同侵权行为或者分别侵权行为了。

2. 其他侵权责任构成要件

竞合侵权行为的违法行为要件已经提到过了，是两个违法行为而不是一个行为，两个违法行为发生竞合，造成了同一个损害。两个违法行为必然存在一主一辅的关系，而不是两个并列的行为。

竞合侵权行为的损害事实是同一个损害事实，而不是两个损害事实。也就是两个竞合侵权行为只造成了一个侵权损害后果。如果两个侵权行为造成了两个损害结果，那就不构成侵权行为的竞合，而是两个独立的侵权行为。

竞合侵权行为的过错要件，必须是两个侵权人各自具有过错。首先是直接侵权人具有过错，或者是故意或者是过失，或者是依照无过错责任原则不问过错。对此的判断应当依照法律规定，确定过错要件的存在，或者构成无过错责任。其次是间接侵权人的过错必须依照《侵权责任法》以及其他法律或者司法解释的特别规定要求，具备特别的主观要件。所谓“特别规定的要求”如，在第三人的过错造成产品缺陷致人损害责任中，生产者、销售者作为间接侵权人承担先付责

任，须第三人具有过错且是造成损害的直接原因。在提供条件的竞合侵权行为中，间接侵权人承担补充责任的条件是自己存在过失。

（四）抗辩事由

由于竞合侵权行为是一种侵权行为的竞合，因而其抗辩事由分为共同的抗辩事由和各自的抗辩事由。

共同的抗辩事由是竞合侵权行为所有的行为人都可以主张的抗辩事由。这个抗辩事由是对抗所有的侵权责任请求权的抗辩。如产品责任中的产品不存在缺陷或者发展风险的抗辩成立，则各个行为人均不承担侵权责任。

直接侵权人的抗辩事由应当依照法律规定确定，凡是法律规定的抗辩事由均可以对抗当事人的侵权诉讼请求。例如第三人故意、不可抗力等，但法律有特别规定的则不得以《侵权责任法》第 28 条规定的第三人责任作为抗辩，而应当以法律对第三人责任的特别规定确定侵权责任。

间接侵权人的抗辩事由主要针对直接侵权人的责任进行。最主要的抗辩是行为人的行为不构成竞合。如果间接侵权人的行为不构成侵权行为竞合，则间接侵权人的行为与直接侵权人的行为没有关联，因而不能依照法律规定承担不真正连带责任。在补充责任场合，间接侵权人以检索抗辩权对抗直接侵权人、或者受害人要求其承担责任时，如果直接侵权人并不具有不能赔偿或者不能全部赔偿的情形，则可以主张抗辩，由直接侵权人承担侵权责任。但是，在下列情形下，间接侵权人不得对直接侵权人进行抗辩：(1) 按照《侵权责任法》第 44 条、第 85 条和第 86 条第 2 款规定承担先付责任的间接侵权人，不得主张作为最终责任人的直接侵权人应当先承担侵权责任。(2) 在并合责任情形下，无论是直接侵权人还是间接侵权人，都不得以相对人先承担侵权责任为由进行抗辩。(3) 在典型的不真正连带责任情形下，中间责任人不得主张由最终责任人承担侵权责任而拒绝履行赔偿责任。

（五）竞合侵权行为向共同侵权行为的转化

竞合侵权行为有可能向共同侵权行为转化。转化的条件是，数个行为人所实施的行为不再是主从关系，且数个行为人在主观上均具有过错，构成主观的

关联共同或者客观的关联共同，就转化成了共同侵权行为。例如，在产品责任中，生产者生产的产品有缺陷，销售者对该产品缺陷的形成也有过错，双方对造成使用人的损害构成共同侵权行为；医疗产品的生产者生产的医疗产品有缺陷，医疗机构在使用中有过错，造成患者损害的，也由竞合侵权行为转化为共同侵权行为。

竞合侵权行为转化为共同侵权行为，其法律后果就由不真正连带责任转化为连带责任，数个行为人承担的责任不仅在形式上连带，而且在实质上也须连带。

四、多数人侵权行为形态与侵权责任形态的对接

在讨论了竞合侵权行为之后，对侵权行为形态与侵权责任形态的对应关系进行整理，就构成了完整的对应关系。可以说，确立了竞合侵权行为的形态之后，单独侵权和多数人侵权的侵权行为形态体系就与侵权责任形态体系构成了严密的对接。这就是：

单独侵权行为对应的是单独责任，这是最为简单的对应关系。

多数人侵权行为对应的共同责任分别是：

1.共同侵权行为对应的是连带责任形态。由于共同侵权行为体系比较庞杂，并非仅仅是《侵权责任法》第 8 条规定的一种，还应当包括：（1）共同危险行为；（2）法律没有规定为共同侵权行为但规定承担连带责任的侵权行为，可以叫作准共同侵权行为；（3）第 11 条规定的叠加的共同侵权行为；（4）第 9 条第 2 款和第 49 条规定的交叉的共同侵权行为。共同侵权行为相对应的侵权责任形态是连带责任，但区分为典型的连带责任和单向连带责任，交叉的共同侵权行为适用单向连带责任。

2.分别侵权行为的责任形态是按份责任，亦简单明了。

3.竞合侵权行为对应不真正连带责任。四种不同的竞合侵权行为类型，分别对应不同的不真正连带责任类型：（1）必要条件的竞合侵权行为→典型的不真正连带责任；（2）“必要条件＋政策考量”的竞合侵权行为→先付责任；（3）提供

机会的竞合侵权行为→补充责任；（4）提供平台的竞合侵权行为→附条件的不真正连带责任。

4.第三人侵权行为对应第三人责任，加害人不承担责任。

侵权行为形态与侵权责任形态的对应关系如下图所示。

<table>
<tr><td colspan="2">侵权行为形态</td><td colspan="3">侵权责任形态</td></tr>
<tr><td colspan="2">单独侵权行为</td><td colspan="3">单独责任</td></tr>
<tr><td rowspan="11">多数人侵权行为</td><td rowspan="5">共同侵权行为</td><td rowspan="5">连带责任</td><td>共同侵权行为</td><td rowspan="4">典型的连带责任</td></tr>
<tr><td>共同危险行为</td></tr>
<tr><td>准共同侵权行为</td></tr>
<tr><td>叠加的共同侵权行为</td></tr>
<tr><td>交叉的共同侵权行为</td><td>单向连带责任</td></tr>
<tr><td>分别侵权行为</td><td colspan="3">按份责任</td></tr>
<tr><td rowspan="4">竞合侵权行为</td><td rowspan="4">不真正连带责任</td><td>必要条件的竞合侵权行为</td><td>典型的不真正连带责任</td></tr>
<tr><td>“必要条件＋政策考量”的竞合侵权行为</td><td>先付责任</td></tr>
<tr><td>提供机会的竞合侵权行为</td><td>补充责任</td></tr>
<tr><td>提供平台的竞合侵权行为</td><td>附条件的不真正连带责任</td></tr>
<tr><td>第三人侵权行为</td><td colspan="3">第三人责任（加害人不承担责任）</td></tr>
</table>

第三节 我国《侵权责任法》中的第三人侵权行为

我国《侵权责任法》在很多条文中使用了第三人的概念，还有数处使用“其他责任人”的概念，实际上也是指第三人。这些概念究竟是一种侵权行为形态，还是不同的侵权行为形态，立法没有明确说法，司法没有确定的解释，学理也没有进行深入讨论，颇值得研究。本节就此进行探讨。

一、《侵权责任法》有关第三人的规定

（一）《侵权责任法》有关第三人侵权行为的一般性规定

我国《侵权责任法》有关第三人侵权的一般规定是第 28 条，内容是："损害是因第三人造成的，第三人应当承担侵权责任。"

学者对该条规定的基本内容是什么，有不同认识。全国人大法工委王胜明副主任在解释这一条文时，认为这是规定第三人过错，是指原告（受害人）起诉被告以后，被告提出的该损害完全或者部分由于第三人的过错造成，从而提出免除或者减轻自己责任的抗辩事由。① 王利明教授认为这是规定第三人原因，是指除原告和被告之外的第三人，对原告损害的发生或扩大具有过错，此种过错包括故意和过失。因第三人的原因造成损害的发生和扩大，既可能导致因果关系中断，使行为人被免除责任，也可能因为第三人的原因导致损害的发生或扩大，而使行为人被减轻责任。② 张新宝教授认为这是第三人原因，且只有损害完全是由于第三人的过错行为造成的，第三人承担全部侵权责任，行为人不承担侵权责任。③ 程啸教授同样采纳第三人原因的观点。④ 最高人民法院法官编著的侵权责任法释义认为这是第三人造成损害。⑤ 这些观点尽管有所区别，但有一点是肯定的，这一条文是对第三人侵权行为的一般性规定。

（二）《侵权责任法》有关第三人的其他规定

《侵权责任法》在第 28 条之外，还在第 37 条第 2 款、第 44 条、第 68 条、第 83 条分别使用了"第三人"的概念，在第 85 条、第 86 条第 1 款使用了"其他责任人"的概念，这个"其他责任人"的概念与第三人的概念相同，但第 86 条第 2 款规定的"其他责任人"与第 1 款规定的同一概念含义不同，不

① 王胜明主编：《中华人民共和国侵权责任法释义》，法律出版社 2010 年版，第 143 页。

② 王利明：《侵权责任法研究》，中国人民大学出版社 2011 年版，第 433 页。

③ 张新宝：《侵权责任法》，中国人民大学出版社 2010 年版，第 78 页。

④ 程啸：《侵权责任法》，法律出版社 2011 年版，第 229 页。

⑤ 奚晓明主编：《〈中华人民共和国侵权责任法〉条文理解与适用》，人民法院出版社 2010 年版，第 213 页。

是指第三人，而是另有所指。[①] 第40条规定的"以外的人员"也与第三人的概念相同。

《侵权责任法》第37条第2款规定的是第三人在公共场所或者群众性活动中实施侵权行为造成他人损害，管理人或者组织者未尽安全保障义务的，承担相应的补充责任。这里规定的第三人是直接侵权人，是他的行为造成被侵权人损害，管理人或者组织者未尽安全保障义务的不作为行为为直接侵权行为的实施提供了机会。这种第三人与《侵权责任法》第28条规定的第三人概念有所区别，不是一个概念。

《侵权责任法》第44条规定的是产品责任的第三人责任。运输者、仓储者等第三人由于过错使产品存在缺陷造成他人损害的，产品的生产者、销售者在承担了赔偿责任后，向第三人追偿。这里的第三人与第28条规定的第三人概念比较接近，但承担责任的规则有重大差别。

《侵权责任法》第68条和第83条规定，因第三人过错污染环境造成损害、因第三人过错致使动物造成他人损害的，被侵权人可以向污染者或者动物饲养人、管理人请求赔偿，也可以向第三人请求赔偿。污染者或者动物饲养人、管理人赔偿后，有权向第三人追偿。这两个条文规定的第三人原本与第28条规定的第三人概念是一样的，但因为政策的考量和无过错责任原则的适用，改为适用不真正连带责任规则，是法律对这种第三人另外规定了不同的规则。

《侵权责任法》在以下条文中使用的"其他责任人"或者"以外的人员"的概念，也属于第三人。这样的规定有三处。

一是第40条规定，无民事行为能力人或者限制民事行为能力人在幼儿园、学校或者其他教育机构学习、生活期间，受到幼儿园、学校或者其他教育机构"以外的人员"人身损害的，由侵权人承担侵权责任；幼儿园、学校或者其他教育机构未尽到管理职责的，承担相应的补充责任。"以外的人员"被直接称为"侵权人"，与第37条第2款规定的第三人概念完全一致，承担的责任形态也完

① 《侵权责任法》第86条第2款规定的"其他责任人"的概念是指建筑物、构筑物以及其他设施的所有人、管理人或者使用人。杨立新：《侵权责任法》，法律出版社2011年版，第357页。

全一致。

二是第 85 条规定，建筑物、构筑物或者其他设施及搁置物、悬挂物发生脱落、坠落造成他人损害，所有人、管理人或者使用人不能证明自己没有过错的，应当承担侵权责任。所有人、管理人或者使用人赔偿后，有“其他责任人”的，有权向“其他责任人”追偿。这个其他责任人的概念，与第 44 条规定的第三人的含义完全相同。

三是第 86 条第 1 款规定，建筑物、构筑物或者其他设施倒塌造成他人损害的，由建设单位与施工单位承担连带责任。建设单位、施工单位赔偿后，有“其他责任人”的，有权向“其他责任人”追偿。这个概念与第 44 条规定的第三人的含义也完全相同。有的学者将第 86 条第 1 款规定的其他责任人的规则理解为免责事由的第三人原因[①]，其中解释为第三人是对的，而解释为免除第三人的责任则不正确，因为这个条文规定的其他责任人不是免责，而是被建设单位和施工单位追偿权追偿的对象，是要承担侵权责任的。

（三）《侵权责任法》关于第三人侵权行为规定的基本规律

《侵权责任法》为什么在第 28 条规定了第三人侵权行为的一般规则之外，还规定了大量的第三人特殊责任的规则，这是由于侵权行为形态中多数人侵权行为的复杂性决定的。

在侵权行为中，除了单独侵权行为（即一个侵权人对被侵权人实施的侵权行为）之外，还存在多种形式的多数人侵权行为形态。相对于单独侵权行为，凡是在侵权人一方存在两个以上的主体，或者作为侵权人，或者作为对该侵权行为有特定关系的人，应当对被侵权人承担不同责任形态的侵权行为，都叫作多数人侵权行为。例如，共同侵权行为和分别侵权行为[②]都是多数人侵权行为，多数行为人不论是连带责任人还是按份责任人，都是侵权人，因此，不把这些侵权人中的一部分人叫作第三人或者其他责任人，而是叫作共同侵权人或者分别侵权人。在这两种多数人侵权行为中，不存在使用第三人概念的可能。

---

① 程啸：《侵权责任法》，法律出版社 2011 年版，第 231 页。

② 即无过错联系的共同加害行为，我将其称为分别侵权行为。

但是，在多数人侵权行为中的竞合侵权行为中，除存在主要的侵权人即直接侵权人之外，还存在起到辅助作用的间接侵权人，其中起到主要作用的直接侵权人的地位和作用与第三人的概念极为相似，因此，《侵权责任法》也将这两种侵权人中的一种叫作第三人或者其他责任人。

相对而言，第三人侵权行为也是多数人侵权行为中的一种，由于第三人侵权行为中的第三人所起的作用是直接的、主要的作用，而实际造成损害的没有过错的实际加害人所起到的作用却是间接的、辅助的作用，因而，《侵权责任法》才作出了对第三人侵权行为中的实际加害人免责的规定。不过，第三人侵权行为中第三人的行为与竞合侵权行为中直接侵权人的行为并非截然不同，不存在根本的界限，因此，立法有时会通过政策考量而确定实际加害人应当免责的第三人侵权行为的双方当事人承担不真正连带责任，将其认定为竞合侵权行为。这也是《侵权责任法》在使用第三人和其他责任人概念上不够严谨的原因。

即便如此，《侵权责任法》在使用第三人概念上仍然有较为明确的规律可循。

第一，当实际加害人的行为是间接原因，对损害结果的发生仅起到辅助作用，且没有过错，而第三人的行为是直接原因，对损害结果的发生起到直接作用时，法律认为是第三人侵权行为，适用第三人侵权行为的一般规则，免除实际加害人的侵权责任。

第二，当实际加害人的行为是间接原因，对损害结果的发生或者扩大尽管起到辅助作用，但具有过错，而第三人的行为是直接原因，对损害的发生所起到的作用是直接作用的时候，法律规定适用特别规则，认定为竞合侵权行为，使行为人承担不真正连带责任，不适用第三人侵权行为的一般规则。

第三，在第一种情形下，有些本应当认定为第三人侵权行为，但有特别原因，例如实际加害人没有过错，但因适用无过错责任原则以及基于政策考量，法律将其规定为竞合侵权行为，由不同的侵权人承担不真正连带责任，不适用第三人侵权行为的一般规则而适用特别规则。

二、第三人侵权行为的历史发展

（一）国外侵权法对第三人侵权行为的规定

1. 两种不同时期的第三人侵权行为立法

检索了近20部外国民法典关于侵权法的规定，较多的民法典没有对第三人侵权行为作出特别规定。经过整理，发现各国侵权法（包括草案和欧洲侵权法基本原则）规定第三人侵权行为的基本情况如下。

（1）早期民法规定第三人侵权行为的三种立法例

在早期的民法典关于侵权行为的规定中，有三种第三人侵权行为的立法例。

第一种立法例是《法国民法典》，对第三人侵权行为没有明确规定，在具体的司法实践中，对于第三人侵权行为，实际加害人可以主张自己没有过错而免除责任。

第二种立法例是《德国民法典》，该法第840条第2款规定："第三人与依照第833条至第838条负有损害赔偿义务的人一起，就损害负责任的，在他们的相互关系中，该第三人单独负有义务。"第833条至第838条分别规定的是动物饲养人的责任、动物看管人的责任、土地占有人的责任、建筑物占有人的责任和建筑物维护义务人的责任。在上述这些情形下，第三人负有责任，免除行为人的责任。这是典型的第三人侵权行为，但有特定的适用范围，而不是一般性规定。

第三种立法例是规定第三人侵权行为，但其法律后果不是免除实际加害人的侵权责任，而是实行不真正连带责任，实际加害人承担侵权责任之后，向第三人进行追偿。《日本民法典》第717条第3款规定："于前两款情形，就损害发生另有责任者时，占有人或所有人可以对其行使求偿权。"前两款规定的是土地工作物损害责任。这种规定显然是针对第三人的行为，但不是免除实际加害人的责任，而是使其承担不真正连带责任。《韩国民法典》第758条第3款关于"前两款规定的情形，占有人或所有人可向对发生损害有责任的人行使求偿权"的规定，与《日本民法典》的上述规定相同。

(2) 新兴民法典多数规定第三人侵权行为的免责条款

与早期民法典规定第三人侵权行为的做法不同，新兴民法典基本上都规定第三人侵权行为为免责条款。这种做法是随着民法典规定侵权行为的类型化、系统化而逐渐改变的。在这些新兴民法典中，基本上都规定了侵权责任的抗辩事由或免责事由，在其中规定第三人侵权行为。例如，1994 年 1 月 1 日实施的加拿大《魁北克民法典》第 1481 条规定："如损害由数人引起，他们中的一人根据特别法令的明示规定免除所有责任，该人应承担的责任份额由其他损害责任人平均分担。"这个条文包含第三人侵权行为的适用。1995 年 10 月 28 日通过的《越南社会主义共和国民法典》第 629 条第 2 款规定："若完全由于第三人的过错引起牲畜造成他人损害，则第三人必须赔偿损害；若第三人与牲畜的所有人都有过错，则双方必须承担连带赔偿责任。"这一条文的前段规定的是动物损害责任中的第三人侵权行为，免除实际加害人的侵权责任；后段规定的是第三人和动物所有人的共同侵权行为。

2002 年 4 月 15 日生效的《荷兰民法典》第 6：178 条 e 款规定："损害完全是由于第三人故意致害之作为或不作为造成的，而且不影响第 170 条和第 171 条之规定的适用"，不依第 175 条、第 176 条和第 177 条承担责任。第 170 条和第 171 条是雇主责任中造成第三人损害的责任，第 175 是危险物责任，第 176 条是废弃物污染责任，第 177 条是采矿致使矿物质外泄造成损害责任，这些都是第三人应当承担责任的情形，因此，第三人造成损害，除了上述情形之外，免除实际加害人的责任。

规定最为明确的是以下两部法律：《阿尔及利亚民法典》第 127 条："除非法律另有规定，行为人如能证明损害系由受害人或者第三人的过错以及意外事件或不可抗力等不可归咎于自己的原因造成的，不承担损害赔偿责任。"其中第三人过错造成损害，行为人不承担侵权责任，规定十分明确，而且是一般性规定。《欧洲侵权法基本原则》第 7：102 条第 1 款："如损害是由以下不可预见和不可抗拒的原因引起的，则可减免严格责任：(a) 自然力（不可抗力）；或 (b) 第三者的责任。"这一规定明确了第三人侵权行为的后果是减免责任。

值得注意的是欧洲国家的侵权法改革法草案的一些规定，对第三人侵权行为的规定更为明确。《瑞士债法典》改革草案第47a条第2款规定："因不可归责于某人的事实，即不可抗力、第三人或者受害人本人的行为或者应归责于第三人或受害人本人的典型风险，以明显高度可能的方式导致损害出现或者扩大的，其不承担各种责任义务。"[①]《法国民法典2005年Avant债法改革草案》第1349条第2款规定："外界原因可能来源于偶然事件、受害人或第三人的行为，而被告无须承担责任。"[②] 这样的建议，表达了侵权法普遍规定第三人侵权行为的趋势。

2.第三人侵权行为立法的发展

归纳起来，各国侵权法规定第三人侵权行为的历史可以分为三个阶段。

（1）不作具体规定时期

这个时期以《法国民法典》为代表，以不规定第三人侵权行为为基本特点。在这个时期，由于侵权法采取抽象性、一般性规定的立法特点，内容比较简洁，通常没有规定免责事由或者抗辩事由。1857年1月1日生效的《智利民法典》也采纳这种立法例，没有规定第三人侵权行为。其原因，主要是大陆法系侵权法一般不规定免责事由或者抗辩事由。

（2）规定为特定的免责事由时期

这个时期以《德国民法典》为代表，对第三人侵权行为规定在特殊侵权责任中，而不是规定为一般的免责事由，如《日本民法典》《韩国民法典》以及《越南社会主义共和国民法典》等。在原来没有规定第三人侵权行为条款的某些民法典中，通过修订法律，也增加了部分特殊侵权责任适用第三人侵权行为免责的条款。在这个时期，民法规定第三人侵权行为条款的责任形态分为两种：一是免除责任，二是承担不真正连带责任。

（3）普遍规定为一般免责事由时期

在20世纪后期至21世纪初，新兴民法典开始重视对侵权责任抗辩事由的规

---

① ［德］布吕格迈耶尔、朱岩：《中国侵权责任法学者建议稿及其立法理由》，北京大学出版社2009年版，第302页。

② ［德］布吕格迈耶尔、朱岩：《中国侵权责任法学者建议稿及其立法理由》，北京大学出版社2009年版，第311页。

定，普遍规定了第三人侵权行为条款。例如《魁北克民法典》《荷兰民法典》《阿尔及利亚民法典》以及《欧洲侵权法基本原则》。

3. 各国侵权法规定第三人侵权行为的基本规律

各国第三人侵权行为立法发展的基本规律是，随着社会的不断发展，侵权法现代化的程度越来越高，对侵权责任免责事由或者抗辩事由的规定越来越重视，第三人侵权行为作为侵权责任的基本抗辩事由越来越受到高度关注，因此，在20世纪转向21世纪的前后，侵权法规定第三人侵权行为条款已经成为通例。这有利于坚持过错责任原则，准确确定侵权责任，体现公平、科学的侵权责任确定原则，体现侵权法的矫正正义，保障行为人的行为自由。因此，规定第三人侵权行为免责条款标志着侵权法的现代化，代表了人类社会的文明和进步。

（二）我国近现代侵权法对第三人侵权行为的规定

在近现代中国民事立法（包括《大清民律草案》《民国民律草案》《中华民国民法》和“伪满洲国民法”）中，侵权法使用的“第三人”概念包括两种含义：一是行为人中的第三人，与本节研究的第三人侵权行为的概念相同；二是受害人中的第三人，多数是指替代责任中的责任人与行为人之外的受害人、承揽人与定作人之外的受害人或者扶养损害赔偿中的间接受害人。

《大清民律草案》使用的“第三人”和“别有任责人”两个概念，都是第三人的概念。第973条第2款规定：“依第954条至第956条之规定负损害赔偿之义务者，于第三人亦负损害赔偿之义务时，其相互间之关系，仅第三人负义务。”这种立法对第三人侵权行为采用免责规则。

《民国民律草案》侵权法使用“第三人”的是第258条：“以前三条之规定，应负损害赔偿责任之人，于第三人亦应负其责任时，其相互间之关系，仅第三人负其责任。”前三条分别是动物加损害于他人、土地工作物损害责任、土地工作物损害责任的前后相续者的责任，当有第三人应负损害赔偿责任时，第三人承担责任，行为人免除责任。这是典型的第三人侵权行为免责条款。

《中华民国民法》规定第三人责任的条文有两个。一是第190条第2款：“动物系由第三人或他动物之挑动，致加损害于他人者，其占有人对于该第三人或该

他动物之占有人，有求偿权”；二是第 191 条第 2 款：“前项损害之发生，如别有应负责任之人时，赔偿损害之所有人，对于该应负责者，有求偿权”。这两个条文都用求偿权的规定，而不是免责的规定，借鉴的是《日本民法典》的做法。

“伪满洲国民法”只有一个条文与第三人侵权行为有关，即第 738 条第 3 款：“与前两项之情形而就损害之原因另有应任其责之人者，占有人或所有人得对之行使求偿权。”这里说的是土地工作物损害责任，另有任其责之人就是第三人。这种做法也是借鉴《日本民法典》的做法。

归纳起来，上述四部民法或者草案规定第三人的概念，集中在动物损害责任和工作物损害责任中。《大清民律草案》和《民国民律草案》采第三人侵权行为为免责事由的做法，而《中华民国民法》和“伪满洲国民法”则采不真正连带责任规则。

（三）中国当代侵权法对第三人侵权行为的规定

1. 不规范时期

自 1949 年至 1985 年期间，我国只有《婚姻法》而无其他民法规范，立法上当然没有第三人侵权行为的规定。司法解释在这个时期也没有关于第三人侵权行为的规定。

2. 初步规范时期

1986 年 4 月 12 日通过的《民法通则》没有规定第三人侵权行为的一般规则，但是在两个条文中提到了相关概念：一是第 122 条：产品责任的“运输者、仓储者对此负有责任的，产品制造者、销售者有权要求赔偿损失。”其中运输者、仓储者的概念类似于第三人的概念，在《侵权责任法》中将其规定为第三人。二是第 127 条：“由于第三人的过错造成损害的，第三人应当承担民事责任。”这是对第三人责任的明确规定，限于饲养动物损害责任中的第三人，动物饲养人或者管理人免责。

以下法律中也都规定了第三人侵权行为条款。1984 年制定、2009 年修订的《水污染防治法》第 55 条第 3 款：“水污染损失由第三者故意或者过失所引起的，第三者应当承担责任。”1999 年《海洋环境保护法》第 90 条第 1 款：“完全由于第三者的故意或者过失，造成海洋环境污染损害的，由第三者排除危害，并承担赔偿责任。”1995 年《电力法》第 60 条第 3 款：“因用户或者第三人的过错给电力企业或者其他用户造成损害的，该用户或者第三人应当依法承担赔偿责任。”

这些关于第三人侵权行为的规定都是针对具体的特殊侵权责任作出的，集中在产品责任、动物损害责任、水污染责任、海洋环境污染责任和电力损害责任。后果主要是免除实际加害人的责任，由第三人承担责任，也有少数适用不真正连带责任的规定。

在这个时期，最高人民法院的司法解释涉及了较多的第三人规范，但多数规定为不真正连带责任。最高人民法院《关于审理人身损害赔偿案件适用法律若干问题的解释》多处使用了第三人的概念。第 6 条第 2 款规定：“因第三人侵权导致损害结果发生的，由实施侵权行为的第三人承担赔偿责任。安全保障义务人有过错的，应当在其能够防止或制止损害的范围内承担相应的补充赔偿责任。安全保障义务人承担责任后，可以向第三人追偿。”这个规定的前段好像是一般性规则，但其实是对违反安全保障义务的第三人责任的规定。第 7 条第 2 款规定的第三人也是相应的补充责任。在第 11 条和第 12 条分别规定了工伤事故责任中的第三人适用不真正连带责任和并合责任。第 14 条规定帮工人因第三人侵权遭受人身损害的，由第三人承担赔偿责任。

3. 完善时期

在制定《侵权责任法》过程中，专家建议稿基本上都提出了第三人行为的立法建议。王利明教授的建议稿第 1853 条规定：“因第三人的过错造成损害的，应当由该第三人承担民事责任。但法律另有规定的除外。”[①] 杨立新教授的建议稿第 31 条规定：“因第三人的过错和原因造成损害的，应当由该第三人承担责任，但法律另有规定的除外。”[②] 梁慧星和张新宝教授的建议稿第 1562 条规定：“损害是由于第三人的过错行为造成的，由该第三人承担民事责任。第三人的过错行为

---

① 王利明主编：《中国民法典学者建议稿及立法理由·侵权行为编》，法律出版社 2005 年版，第 56－57 页。

② 杨立新主编：《中华人民共和国侵权责任法草案建议稿及说明》，法律出版社 2007 年版，第 10 页。

与加害人的行为竞合导致损害发生的，适用本法第1550条规定。”[①] 第1550条是关于按份责任的规定。被称为“西南立场”的侯国跃教授的建议稿第21条规定：“损害是由于第三人的原因造成的，由第三人承担民事责任，法律另有规定的除外。”“第三人的行为与加害人的行为都是损害发生的原因的，适用本法关于原因竞合的规定。”[②]

《侵权责任法》的第一次审议稿和第二次审议稿都没有规定第三人侵权行为的条文，从第三次审议稿开始加进了第28条，直至最后通过成为法律，成为我国对第三人侵权行为的法律规范，自此我国第三人侵权行为立法进入完善时期。

三、第三人侵权行为的概念、性质和地位

（一）第三人的概念

1.第三人用法的不同含义

各国法律和我国侵权法对第三人的概念通常在四个方面使用。（1）本节使用的范围，是指侵权人与被侵权人之外的第三人，如我国《侵权责任法》第28条规定的第三人。（2）替代责任中行为人和责任人之外的受害人即被侵权人。如《大清民律草案》第951条“因未成年或因精神、身体之状况需人监督者，加损害于第三人时，其法定监督人负赔偿之义务”中的第三人，就是被侵权人。（3）侵权行为的间接受害人。如侵害生命权中直接受害人生前所扶养的人，因扶养丧失而造成的损害。《大清民律草案》第968条第1款规定：“被害人于其生命被害时，于法律规定，对第三人负扶养义务，或有应负扶养义务之关系并因其被害，致第三人失扶养请求权者。”（4）本人与非法侵害人之外的第三人。“伪满洲国民法”第741条规定：“对于他人之不法行为，为防卫自己或第三人之权利不得已而为加害行为之人，不任损害赔偿之责，但不妨被害人对于为不法行为之

① 梁慧星主编：《中国民法典草案建议稿附理由：侵权行为编·继承编》，法律出版社2004年版，第30页。

② 侯国跃：《中国侵权法立法建议稿及理由》，法律出版社2009年版，第52页。

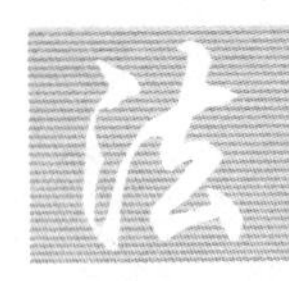

人请求损害赔偿。”

在第三人的各种不同含义中，本节使用的是第一种含义，即侵权人和被侵权人之外的人。在具体称谓上使用与第三人相似的概念有其他责任人、别有任责人、另有责任者、别有应负责任之人，都属于第三人的概念。

2. 对第三人概念的界定

根据以上分析可以看到，第三人的概念泛指两个当事人之外的其他人。在侵权法立法和理论中，第三人概念有多重含义，在多种场合中使用。界定第三人概念，应当分清以下三种不同含义。

（1）最宽泛的第三人概念

最宽泛的第三人概念，是侵权法广泛使用的，泛指侵权双方当事人之外的其他人，包括：1）侵权人与被侵权人之外的第三人；2）有的是指替代责任中行为人和责任人之外的受害人；3）正当防卫中本人与非法侵害人之外的第三人即受益人；4）间接受害人。

（2）广义的第三人概念

广义的第三人的概念，是指侵权人与被侵权人之外的，作为与侵权人一方有关联的其他人，包括：1）竞合侵权行为的第三人；2）第三人侵权行为的第三人。

（3）狭义的第三人概念

狭义的第三人概念就是本节所要研究的第三人，是指在侵权法律关系中，在实际加害人和被侵权人之外的，因自己的过错，通过实际加害人造成被侵权人权利损害，应当由该人承担侵权责任的侵权人。

（二）第三人侵权行为的概念和法律特征

第三人侵权行为是指第三人由于过错，通过实际加害人的直接行为或者间接行为，造成被侵权人民事权利损害，应当由第三人承担侵权责任、实际加害人免除责任的多数人侵权行为。

第三人侵权行为具有以下法律特征。

1. 造成损害的是实际加害人的行为，但造成损害的过错在第三人

在第三人侵权行为中，实际加害人和第三人既有区别也有关联。区别在于，

第三人与实际加害人不存在主观上的意思联络，也没有共同过失，双方在主观上没有任何关联。关联在于，第三人的行为通过实际加害人而造成被侵权人的权利损害。例如，甲驾车缓慢通过行人较多的路口，乙驾车高速驶来，刹车不及，撞上甲的车辆，导致甲车辆突然向前冲出，撞伤前面正常穿越马路的行人丙。虽然丙的伤害是甲的车辆直接造成的，但在整个事件中，甲只是乙侵权行为的媒介，丙所受损害的真正原因是乙实施的过错侵权行为。[①] 在这里使用媒介这一概念比较形象，完全说明了第三人行为与实际加害人行为之间的关系。只有实际加害人的行为是损害发生的媒介，实际加害人才对自己造成的损害不承担赔偿责任。

2.造成被侵权人损害的全部原因是第三人的过错

构成第三人侵权行为，第三人的过错必须是造成损害的全部原因，而不是部分原因。有的学者主张，《侵权责任法》第28条规定的“第三人造成的”，既包括损害完全是由第三人造成的，也包括第三人行为是造成损害的部分原因。[②] 这种看法是不正确的，原因在于：首先，第三人侵权行为的后果是免除实际加害人的侵权责任，由第三人承担侵权责任；其次，如果第三人和实际加害人对于损害的发生或者扩大都有过错，就形成了不同于第三人侵权行为的共同侵权行为或者分别侵权行为，也可能构成竞合侵权行为，都不会是第三人侵权责任。只有第三人的行为是损害发生的全部原因（或者为“唯一原因”）[③]，或者“只有损害完全是由于第三人的过错行为造成的”[④]，才能成立第三人侵权行为。

3.第三人承担侵权责任而实际加害人免责

在多数人侵权行为中，共同侵权行为承担连带责任，分别侵权行为承担按份责任，竞合侵权行为承担不真正连带责任，数个行为人都须直接或者间接地承担责任。但在第三人侵权行为中，第三人是侵权人，自己承担侵权责任；造成损害的实际加害人并不是侵权人，后果是免除侵权责任。这是第三人侵权行为与多数

① 奚晓明主编：《〈中华人民共和国侵权责任法〉条文理解与适用》，人民法院出版社2010年版，第213页。

② 王利明：《侵权责任法研究》上卷，中国人民大学出版社2010年版，第438、439页。

③ 王胜明主编：《中华人民共和国侵权责任法释义》，法律出版社2010年版，第143页。

④ 张新宝：《侵权责任法》，中国人民大学出版社2010年版，第78页。

人侵权行为的其他三种类型都不相同的特点。

4.被侵权人的侵权请求权直接针对第三人

在第三人侵权行为中，被侵权人的请求权只针对第三人，第三人是侵权法律关系的责任主体，被侵权人应当直接向第三人请求赔偿。在通常情况下，被侵权人可能会向实际加害人请求赔偿，实际加害人以第三人侵权行为进行抗辩并成立的，法院判决免除实际加害人的侵权责任，驳回被侵权人的诉讼请求，另诉第三人；或者直接追加第三人为被告，判决免除实际加害人的侵权责任，直接判决第三人承担侵权责任。

（三）第三人侵权行为的法律地位

第三人侵权行为属于侵权行为形态的范畴，其性质是多数人侵权行为。

多数人侵权行为与单独侵权行为相对应。单独侵权行为是单独一个人实施的侵权行为，包括单独一个自然人、法人或者非法人团体。两个以上的行为人实施的侵权行为是多数人侵权行为，即“数个独立的责任主体对同一损害后果承担不同类型的共同责任”[①] 的侵权行为形态。

多数人侵权行为分为两种基本类型。一是多数行为人都应当承担共同责任的多数人侵权行为，包括多数人应当承担连带责任、按份责任或者不真正连带责任，这样的多数人侵权行为分别是共同侵权行为、分别侵权行为和竞合侵权行为三种类型。二是多数行为人有的承担侵权责任，有的不承担侵权责任，这种多数人侵权行为只有一种，就是第三人侵权行为。

（四）第三人侵权行为的范围

第三人侵权行为的范围包括以下两个方面。

1.适用过错责任原则和过错推定原则的第三人侵权行为

在适用过错责任原则和过错推定原则的侵权行为类型中，第三人侵权行为具有重要意义。原因是，适用过错责任原则和过错推定原则的侵权行为类型，构成侵权责任须具备过错要件，换言之，在过错责任原则和过错推定原则适用的场合，谁有过错，谁就要承担侵权责任。实际加害人对损害的发生没有过错，而第

① 张新宝：《侵权责任法》，中国人民大学出版社2010年第2版，第44页。

三人对损害的发生具有全部过错，当然就要由第三人承担侵权责任，实际加害人没有责任。同样，在过错推定原则适用的场合，尽管首先推定实际加害人具有过错，但加害人能够证明损害是由第三人的过错造成的，自己没有过错，就构成第三人侵权行为，免除实际加害人的责任。

这种类型的第三人侵权行为的基本要求是，损害是由第三人的过错引起的，并且是损害发生的全部原因，实际加害人对损害的发生没有过错。

2.适用无过错责任原则的第三人侵权行为

在适用无过错责任原则的情形下，第三人侵权行为具有特别的要求。原因是，在适用无过错责任原则的侵权行为类型中，法律将有些第三人侵权规定为不真正连带责任：(1) 环境污染责任中的第三人侵权适用不真正连带责任（《侵权责任法》第68条）；(2) 饲养动物损害责任中的第三人侵权适用不真正连带责任（《侵权责任法》第83条）；(3) 工伤事故责任中的第三人侵权也实行不真正连带责任，法律依据是最高人民法院《关于审理人身损害赔偿案件适用法律若干问题的解释》第11条。

在适用无过错责任原则的其他场合，对于《侵权责任法》没有明确规定第三人侵权行为是否适用免责条款，应当进行探讨。

在产品责任中，第三人的过错引起产品缺陷造成损害的，不适用《侵权责任法》第28条，而适用第44条，责任形态为先付责任。[①] 有的学者将第44条归纳为免责事由的第三人原因[②]，理解明显错误。这种情形不属于第三人侵权行为。在高度危险责任中，《侵权责任法》对第三人侵权行为没有规定，在第三人故意引起高度危险责任损害的，或者对于一般危险活动的行为人，如果其能够证明受害人所遭受的损害完全是由第三人的过错行为造成的[③]，有可能存在第三人侵权行为。有的学者提出，“根据危险程度的不同，对于一些超常危险的活动，即使受害人的损害完全是由第三人的过错行为造成的，法律规定必须首先由危险活动

① 杨立新：《论不真正连带责任的体系与规则》，《现代法学》2012年第3期。
② 程啸：《侵权责任法》，法律出版社2011年版，第231页。
③ 王胜明主编：《中华人民共和国侵权责任法释义》，法律出版社2010年版，第144页。

的行为人或者高度危险物的持有人承担责任”[①]。我们认为，对高度危险责任中的第三人侵权行为适用类似于《侵权责任法》第68条和第83条的规则，缺少法律依据，因为《侵权责任法》第九章并没有作出这样的规定。

我们认为，以下三种情形应当是无过错责任原则下的第三人侵权行为。

(1) 没有缺陷的产品致害因第三人过错所引起

受害人使用没有缺陷的产品，第三人因过错致使产品造成受害人损害的，属于产品责任的第三人侵权行为，应当适用《侵权责任法》第28条规定，免除产品生产者、销售者的赔偿责任。例如产品存在合理危险，已经充分警示说明，但第三人错误指令使用人不按照产品警示说明的要求，使用错误方法造成受害人损害的，构成第三人侵权行为，主张生产者、销售者承担侵权责任的，应当判令被告无责任，由第三人承担赔偿责任。

(2) 第三人故意或者过失引起损害的高度危险责任

在环境污染责任和饲养动物损害责任中，第三人无论是故意还是过失，都应当认定为竞合侵权行为，后果是不真正连带责任。推而论之，《侵权责任法》第九章没有规定高度危险责任的第三人侵权行为，可以参照适用第68条和第83条规定吗？如果可以，为何《侵权责任法》不作此规定呢？我们认为，根据《侵权责任法》第九章的规定精神，对此应当区别具体情况确定。

1) 凡是规定受害人故意可以免除责任，高度危险活动和高度危险物造成他人损害是由第三人故意造成的，高度危险活动和高度危险物的占有人不承担赔偿责任。理由是，如果第三人故意利用高度危险物和高度危险活动造成他人损害，其实高度危险活动和高度危险物就成了第三人的侵权工具，在这种情况下，让从事高度危险活动人或者高度危险物的占有人承担责任是不公平的。

2) 凡是规定被侵权人对损害的发生具有重大过失或者过失可以减轻责任的，第三人因重大过失或者过失行为造成被侵权人损害的，认定为第三人侵权行为，免除行为人侵权责任。例如，《侵权责任法》第72条规定的占有、使用易燃、易

---

① 王胜明主编：《中华人民共和国侵权责任法释义》，法律出版社2010年版，第144页。

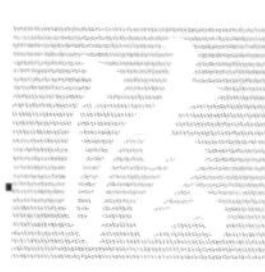

爆、剧毒、放射性等高度危险物造成被侵权人损害，第三人具有重大过失的，或者第73条规定的高空、高压、地下挖掘活动和使用高速轨道运输工具造成被侵权人损害，第三人具有过失的，如果第三人的行为是损害发生的全部原因的，免除加害人的侵权责任。

（3）法律有特别规定的

《电力法》第60条第3款规定："因用户或者第三人的过错给电力企业或者其他用户造成损害的，该用户或者第三人应当依法承担赔偿责任。"《侵权责任法》第九章没有对第三人的责任作出特别规定，《电力法》与《侵权责任法》第九章关于高度危险责任的规定没有冲突，与第28条规定相合，被告可以以"第三人过错"造成损害为由，对原告（受害人）进行抗辩。[①] 这样的解释与前文的主张相一致。

（五）第三人侵权行为的类型

第三人侵权行为究竟应当如何区分类型，提出意见者不多。目前看到的是王利明教授的分法，根据第三人的过错程度分为三种不同类型：（1）第三人具有故意的第三人侵权；（2）第三人具有重大过失而被告没有过错的第三人侵权；（3）第三人引起险情的第三人侵权。[②] 从另一个角度上，他又将第三人侵权分为第三人造成全部损害的第三人侵权和第三人的行为是造成损害的部分原因的第三人侵权。[③]

后一种分类方法是不正确的，因为第三人的行为如果是损害发生的部分原因的，一定不是《侵权责任法》第28条规定的第三人侵权行为，而可能是共同侵权行为、分别侵权行为或者竞合侵权行为，其法律后果分别是连带责任、按份责任或者不真正连带责任，不会是免除实际加害人责任的后果。

在前一种分类方法中，第三种类型其实不是第三人侵权行为，因为"若第三人引起某种危险，被告为避免危险可能引起的损害而实行紧急避险，造成了对原

① 王胜明主编：《中华人民共和国侵权责任法释义》，法律出版社2010年版，第145页。

② 王利明：《侵权责任法研究》上卷，中国人民大学出版社2010年版，第437页。

③ 王利明：《侵权责任法研究》上卷，中国人民大学出版社2010年版，第435、438页。

告的损害，则应根据《侵权责任法》第31条规定”[①] 处理，已经构成紧急避险，法律有专门的紧急避险规则进行处置，当然不是第三人侵权行为，何必将其作为第三人侵权的类型呢？将第三人侵权行为分为第三人故意或者第三人重大过失两个类型，不是没有道理，而是没有意义，原因在于，确定是否构成第三人侵权行为的关键是第三人的过错是否为损害发生的全部原因。至于第三人故意、重大过失抑或一般过失，都不重要，只要第三人的过错是造成损害的全部原因，就构成第三人侵权行为；不属于全部原因的，不构成第三人侵权行为。

依我们所见，根据实际加害人和第三人的行为之间关系的不同，第三人侵权行为可分为介入型第三人侵权行为和借用型第三人侵权行为，这种区分对适用法律具有价值。

1.介入型第三人侵权行为

介入型第三人侵权行为是指在实际加害人的行为的实施过程中，加入了第三人的行为，造成被侵权人损害的第三人侵权行为。例如，被告违法在路上挖掘了一个洞，第三人故意将原告推入该洞中而遭受人身损害。[②] 被告在路上挖掘属于违法，但未直接造成损害。第三人故意伤害被侵权人，是损害发生的全部原因。在这种第三人侵权行为类型中，实际加害人的行为虽然违法，但仅仅是为第三人实施侵权行为提供了条件，实际加害人的行为并不构成侵权，第三人的行为构成侵权行为。

行为人实施侵权行为使受害人致伤，医院在受害人住院期间失火，受害人被烧死。这种情形是否属于介入型第三人侵权行为呢？我们认为，行为人致伤他人，构成侵权行为；医院失火，亦构成侵权行为。这是两个侵权行为，而不是一个侵权行为，更不是第三人侵权行为。其中因果关系中断至为明显，受害人的近亲属起诉造成伤害的行为人，只能请求承担造成伤害的赔偿责任，请求赔偿死亡的损害赔偿只能起诉医院。这是两个侵权行为，不属于多数人侵权行为。

---

① 王利明：《侵权责任法研究》上卷，中国人民大学出版社2010年版，第437页。

② 朱岩：《侵权责任法通论·总论》，法律出版社2011年版，第225页。

2. 借用型第三人侵权行为

借用型第三人侵权行为是指第三人借用实际加害人的物件实施侵权行为，造成被侵权人权利损害的第三人侵权行为。例如，被告在菜园中的灌水井已经关闭，第三人未经同意擅自打开该水井，不仅将被告的菜园淹没，而且将相邻原告的菜园淹没，造成财产损失。这种情形，实际加害人不具有违法性，第三人借用实际加害人的物件实施侵权行为，造成受害人的权利损害，故第三人应当承担侵权责任，尽管实际加害人的物件造成受害人损害，但实际加害人对于损害的发生没有任何过错，因此应当免责。

四、第三人侵权行为的法律适用规则

（一）对当事人的称谓

目前对第三人侵权行为当事人的称谓并不一致，在学说、立法及司法上需要统一起来。

对第三人的称谓是明确的，就叫作第三人。应当注意的是，这个第三人是狭义第三人。

对受害人的称谓不一致，统一称为被侵权人比较合适，与《侵权责任法》的称谓相一致，也不会有争议。

对实际加害人，《侵权责任法》第 28 条没有明确规定。将其叫作被告[①]不准确，因为被告并不是实体法的概念，而是程序法的概念；将其称为加害人[②]有一定道理，但容易与一般情形下的加害人相混淆，因为一般的加害人就是指侵权人；使用行为人的概念[③]也有一定道理，但由于在有些第三人侵权行为中加害人并没有实施侵权行为，称行为人有可能不周延。比较起来，使用实际加害人的概

① 王胜明主编：《中华人民共和国侵权责任法释义》，法律出版社 2010 年版，第 143 页；奚晓明主编：《〈中华人民共和国侵权责任法〉条文理解与适用》，人民法院出版社 2010 年版，第 213 页。

② 高圣平主编：《中华人民共和国侵权责任法立法争点、立法例及经典案例》，北京大学出版社 2010 年版，第 355 页；程啸：《侵权责任法》，法律出版社 2011 年版，第 229 页。

③ 张新宝：《侵权责任法》，中国人民大学出版社 2010 年第 2 版，第 78 页。

念比较稳妥。在加害人之前加上“实际”的修饰语，能够明确不是侵权人的加害人与作为侵权人的加害人的界限。

（二）第三人侵权行为的归责原则

在第三人侵权行为中考虑归责原则的适用分为两个方面：一是确定第三人侵权行为类型的不同；二是确定第三人侵权行为是否构成。

1.确定第三人侵权行为类型考虑归责原则

如前所述，第三人侵权行为的范围可以根据适用不同归责原则的侵权责任类型确定。凡是在适用过错责任原则和过错推定原则的侵权责任类型中，第三人过错是损害发生的全部原因的，都构成第三人侵权行为；在适用无过错责任原则的侵权责任类型中，《侵权责任法》第44条、第68条和第83条除外，只有少数第三人的过错是损害发生的全部原因的，才构成第三人侵权行为。

2.确定第三人侵权行为构成适用过错归责原则

确定第三人侵权行为的构成适用过错责任原则，既不适用过错推定原则，也不适用无过错责任原则。是否存在第三人实施适用无过错责任原则的侵权行为，致使实际加害人的行为造成被侵权人损害呢？例如，饲养动物的所有人或管理人、污染环境的污染者、高度危险责任的占有人等作为第三人，致使他人的行为造成被侵权人损害。在这种情形下，通常会形成紧急避险或者正当防卫，并不存在无过错责任的第三人侵权行为。

确定第三人侵权行为应当采取以下规则。

第一，对于造成的损害，如果第三人没有过错，第三人就不承担责任。这是因为，第三人有过错是实际加害人主张抗辩的基础，如果不能证明第三人对于损害的发生具有过错，则不能主张这一抗辩事由。① 这种意见为通说，几乎没有反对的意见。

第二，第三人过错的证明责任，并非由第三人证明，而应由实际加害人或者被侵权人证明。在通常情况下，被侵权人主张实际加害人承担侵权责任，实际加

① 高圣平主编：《中华人民共和国侵权责任法立法争点、立法例及经典案例》，北京大学出版社2010年版，第353页。

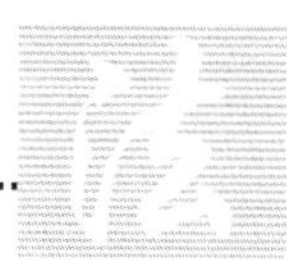

害人主张损害是由第三人的过错引起的，实际加害人不仅要证明自己不具有过错，有时还要证明第三人的过错和因果关系，能够证明的，免除实际加害人的赔偿责任，由第三人承担赔偿责任；实际加害人不能证明或者证明不足的，不能免除实际加害人的赔偿责任。如果实际加害人只能证明自己没有过错而不承担责任，并不能证明第三人有过错，被侵权人主张第三人承担侵权责任的，则应当由被侵权人证明第三人的过错和因果关系，采用侵权责任的一般证明方法予以证明。

（三）第三人侵权行为的构成要件

1.违法行为

在第三人侵权行为中，违法行为要件的特殊性是，在造成损害的行为中，既有第三人的行为，也有实际加害人的行为。

实际加害人的行为是直接造成被侵权人损害的行为，第三人的行为对造成损害具有过错，两个行为相互结合，或者是前后相续，或者是第三人的行为作用于实际加害人的行为之上，造成被侵权人的损害。在两个行为中，第三人的行为应当具有违法性，实际加害人的行为可以是有违法性的行为，也可以是不具有违法性的行为。在前面的两个案例中，前一个案例的实际加害人的行为具有违法性，后一个案例的实际加害人的行为没有违法性。判断实际加害人的行为是否具有违法性，对于确定第三人侵权行为并无特别重要的意义，关键在于实际加害人能够证明自己的行为没有违法性，就可以免除自己的责任。如果只能证明第三人的行为具有违法性，不能证明自己的行为不具有违法性，也不能证明自己的行为存在因果关系中断的事由，而被侵权人能够证明实际加害人的行为具有违法性，则可能不会成立第三人侵权责任，而构成共同侵权行为、分别侵权行为或者竞合侵权行为。

2.损害事实

第三人侵权行为的损害事实要件没有特别要求，符合侵权责任构成的损害事实要件的基本要求即可。唯一的要求是损害事实只有一个，即被侵权人的民事权益受到损害，符合《侵权责任法》第2条第2款规定的范围。如果造成了两个以

上的损害，则需要研究是一个侵权行为还是两个侵权行为。

一个损害事实的要求是侵权行为所造成的直接后果，也可能是单独的人身损害、财产损害或者精神损害，也可能是一个包括人身损害、财产损害和精神损害的损害事实。

3.因果关系

判断构成第三人侵权行为的关键要件是因果关系要件。确定第三人侵权行为的因果关系要件，应当明确两个问题。

（1）第三人行为与损害事实之间的因果关系性质

确定第三人行为与损害结果之间因果关系的标准是相当因果关系。第三人的行为是损害发生的适当条件的，即可认定有因果关系。如果第三人的行为是损害发生的原因，即高于相当因果关系的适当条件标准的，当然更符合因果关系要件的要求。故判断因果关系的标准为，第三人的行为按照一般社会智识经验，能够引起该损害结果的发生，而事实上该行为确实引起了该损害结果的发生。

（2）第三人的行为是否构成因果关系中断

诚然，在第三人侵权行为中，实际加害人的行为与损害后果之间必然存在因果关系。问题在于，构成第三人侵权行为必须有第三人的行为介入实际加害人与被侵权人之间的因果关系链条，构成因果关系中断。只有符合这个要求，才能构成第三人侵权行为。

因果关系中断，是指在特定原因将会引发特定结果的正常锁链中，因其他因素的介入而改变了此种因果关系的正常锁链，改变了原本应当出现的结果。[①] 如果被告实施某种侵权行为以后，第三人的行为独立造成了损害结果的发生，从而切断了被告的行为与原告的损害之间的因果联系，使被告的行为不能发挥原因力，则应由第三人对损害结果负责。[②] 符合这样的要求的，就构成第三人侵权行为的因果关系要件。

但是，这只是介入型第三人侵权行为的因果关系的要求，即实际加害人的行

① 朱岩：《侵权责任法通论·总论》，法律出版社2011年版，第224页。

② 王利明：《侵权责任法研究》上卷，中国人民大学出版社2010年第2版，第435－436页。

为加入了第三人的行为，造成受害人损害的第三人侵权行为。如果第三人借用实际加害人的物件而加损害于被侵权人（即借用型第三人侵权行为）的，则通常不是因果关系中断，而是实际加害人的物件在形式上是损害发生的全部原因，第三人的行为是实质上的损害发生的全部原因，如前述第三人放水浇园的行为。在这种情况下，实际加害人的第三人侵权行为作为抗辩事由，更重要的是证明自己无过错、自己的行为与损害没有因果关系，以及第三人的行为是损害发生的实质性原因。

4.过错

第三人侵权行为构成要件中的过错要件应当符合两个要求，一是实际加害人自己无过错，二是过错在于第三人。实际加害人主张自己无过错而无责任的，证明应当符合前一个要求；实际加害人主张第三人承担责任的，证明应当符合后一个要求。

实际加害人无过错，事实上并不要求实际加害人证明。但是，如果被侵权人在起诉中已经证明实际加害人有过错，或者适用过错推定原则推定实际加害人有过错，实际加害人在主张第三人侵权行为为抗辩事由时，应当证明自己没有过错，能够证明自己没有过错的，就能够免除自己的责任。

实际加害人可以证明第三人有过错。第三人的过错可以是故意，也可以是过失。有的学者主张第三人故意或者重大过失才构成第三人侵权行为并予以免责[①]，并不准确。如果第三人虽然具有过失但不具有故意或者重大过失，而该过失行为是损害发生的全部原因的，仍构成第三人侵权行为，实际加害人免除责任。

（四）实际加害人不得主张免责的情形

在以下情形，实际加害人属于第三人侵权行为以外的行为人的，不得主张构成第三人侵权行为而免除自己的责任。这种情形在一些学者的著述中都有说明，因而简要说明如下。

实际加害人是共同侵权人的，不得以第三人侵权行为作为抗辩而主张免除责

① 王利明：《侵权责任法研究》上卷，中国人民大学出版社2010年第2版，第437页。

任。只要实际加害人是共同侵权行为人、共同危险行为人或者教唆人、帮助人，就不得主张第三人侵权行为而免除自己的责任。

实际加害人是分别侵权行为人即无过错联系的共同加害行为的行为人的，应当依照《侵权责任法》第12条规定承担按份责任，不得主张第三人侵权行为而免责。

竞合侵权行为，是指两个以上的民事主体作为侵权人，有的实施直接侵权行为，与损害结果具有直接因果关系，有的实施间接侵权行为，与损害结果的发生具有间接因果关系，行为人承担不真正连带责任的侵权行为形态。在竞合侵权行为中，立法和司法解释直接使用“第三人”的概念，例如第37条第2款、第44条、第68条、第83条等。事实上，竞合侵权行为与第三人侵权行为之间的界限很难界分，原因在于立法在政策考量上，经常把第三人侵权行为认定为竞合侵权行为而使当事人承担不真正连带责任。对此，有一个最简洁的方法就是，凡是立法或者司法解释规定使用“第三人”概念，且规定了与《侵权责任法》第28条规定不同规则的，就是竞合侵权行为；凡是《侵权责任法》对第三人没有特别规定责任形态的，就直接适用《侵权责任法》第28条认定为第三人侵权行为。就实际加害人而言，如果《侵权责任法》或者其他法律或者司法解释对此没有作出特别规定的，就可以主张第三人侵权行为而免责；如果对于第三人侵权行为及责任有特别规定的，则不得以第三人侵权行为予以抗辩。

实际加害人是替代责任中的行为人的，不能以责任人是第三人而主张第三人侵权行为免除自己的责任，而应当追加责任人承担替代责任。在替代责任（即为他人的行为负责的侵权行为）中，造成实际损害的是行为人，承担责任的是责任人，被侵权人起诉行为人为被告，被告不能主张第三人侵权行为免责，而应当主张替代责任由责任人承担侵权责任。

（五）第三人侵权行为的责任承担

构成第三人侵权行为，其法律后果就是第三人侵权责任，免除实际加害人的赔偿责任。至于第三人承担侵权责任的规则，适用侵权损害赔偿的一般规则即可，并无特别之处。

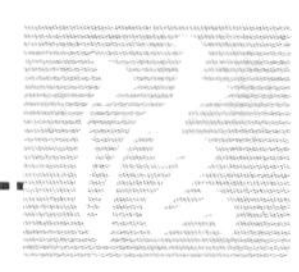

在一些学者的论述中，将第三人侵权责任的承担规则搞得比较复杂，原因是将第三人侵权行为与竞合侵权行为混在一起，或者与共同侵权行为甚至与分别侵权行为混在一起。这样的做法是不妥的。必须分清第三人侵权行为与共同侵权行为、分别侵权行为和竞合侵权行为的界限，分清第三人侵权责任与连带责任、按份责任和不真正连带责任的界限。凡是第三人的行为不是损害发生的全部原因的，就不是第三人侵权行为，就不适用第三人承担侵权责任、实际加害人免责的规则，而应当分别按照不同的责任形态承担不同的责任。其规则是：

共同侵权行为→连带责任；

分别侵权行为→按份责任；

竞合侵权行为→不真正连带责任；

第三人侵权行为→第三人责任。

第四节　侵权责任法的不确定并列责任主体

《侵权责任法》第四章至第十一章规定了较多的并列侵权责任主体（以下简称并列责任主体），但对并列责任主体的定义，以及并列责任主体实施的侵权行为性质，如何承担侵权责任等，并未作出明确规定。国外侵权法也有类似情形。本节对此进行分析，研究并列责任主体及其实施的侵权行为性质以及责任承担规则。

一、《侵权责任法》规定并列责任主体的内容及国外立法比较

（一）《侵权责任法》规定并列责任主体的内容

《侵权责任法》第四章至第十一章在规定特殊侵权责任时，大量规定了并列责任主体。对此，究竟应当怎样理解和适用，学者各说各话，没有进行专门的讨论，缺少科学的解释。

《侵权责任法》共有12条规定了并列责任主体，占全部条文的13%，在60个规定特殊侵权责任的条文中占20%，数量很多，所占比例很大。这12个条文的内容是：

第44条规定产品责任的第三人责任，其侵权责任形态为先付责任，生产者、销售者先承担赔偿责任，承担了赔偿责任后向第三人追偿。[①] 其中规定先承担赔偿责任的主体即生产者、销售者之间究竟应当怎样承担责任，不能确定是不真正连带责任还是单独承担责任。

第75条后段规定："所有人、管理人不能证明对防止他人非法占有尽到高度注意义务的，与非法占有人承担连带责任。"其中关于所有人、管理人的表述，无法确定究竟是共同与非法占有人承担连带责任，还是分别或者其中一人与非法占有人承担连带责任；且该连带责任中是否还包括不真正连带责任，也不确定。

第78、79、80、82、83条这5个条文，都规定饲养动物损害责任的责任主体为动物饲养人（其中第82条规定的是"原动物饲养人"）或者管理人。这些条文都没有明确规定动物饲养人或者管理人应当怎样承担赔偿责任：连带责任、不真正连带责任抑或个人责任，并不确定。

第85条规定的建筑物、构筑物或者其他设施损害责任的责任主体为"所有人、管理人或者使用人"。三个并列责任主体之间用"或者"连接，含义似乎明确，或者为所有人，或者为管理人，或者为使用人。但在被侵权人索赔时，究竟起诉所有人还是管理人抑或使用人，法院怎样确定责任主体，也不确定。

第86条第1款规定建筑物、构筑物或者其他设施倒塌损害责任的责任主体为建设单位、施工单位，承担的责任形态为连带责任。如果建设单位和施工单位对于损害的发生都有过错，当然是连带责任；但如果建设单位或者施工单位只有一方有过错，有可能承担的是不真正连带责任，而不是连带责任。

第89条规定的妨害通行物损害责任的责任主体为"有关单位或者个人"。这个概念很复杂，既包括公共道路管理人，也包括堆放人、倾倒人或者遗撒人，前

① 杨立新：《多数人侵权行为与责任理论的新发展》，《法学》2013年第7期。

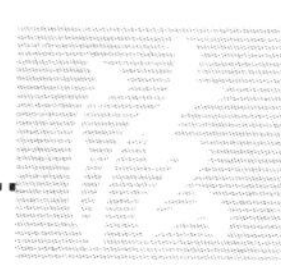

者为直接责任人，后者为间接责任人。他们之间怎样承担责任，法律规定不明确。①

第 90 条规定的林木损害责任的责任主体是“林木的所有人或者管理人”。林木所有人和管理人之间怎样承担侵权责任，其含义似乎明确，或者为林木所有人，或者为管理人。② 这一规定与第 85 条相同，即在被侵权人索赔时，究竟起诉所有人还是管理人，法院怎样确定责任主体呢？

第 91 条第 2 款规定的窨井等地下设施损害责任的责任主体为管理人，没有并列规定数个责任主体，但存在多个责任主体的可能，例如管理人可包括授权管理国家资产的人，以及实际担任管理维护职责的人。

在《侵权责任法》第四章至第十一章中，还有其他并列规定数个责任主体的情形，例如第 37 条规定违反安全保障义务损害责任的责任主体为管理人或者组织者，是确定的直接责任主体，管理人是对公共场所而言，是公共场所的管理人；组织者是对群众性活动而言，是群众性活动的组织者，是并列规定的非并列责任主体，因而不是本节研究的问题。③

（二）国外侵权法规定并列责任主体的情形

在其他成文法国家中，由于侵权法局限在债法中，通常篇幅较小，内容不够丰满，因而规定并列责任主体的情形不多。下列三个国家的侵权法分别以两种形式，规定了并列责任主体。

1. 间接规定并列责任主体

《日本民法典》第 715 条第 1 项规定为某事业使用他人的，使用人为责任主体，第 2 项代使用人监督事业执行的人亦负前项责任；第 718 条第 1 项规定动物

---

① 杨立新：《侵权责任法》，法律出版社 2015 年修订版，第 364 页。

② 杨立新：《侵权责任法》，法律出版社 2015 年修订版，第 366 页。

③ 还有类似规定，例如第 38、39、40 条规定的是教育机构损害责任，责任主体为幼儿园、学校或者其他教育机构；第 44 条规定的第三人产品责任的责任主体是运输者、仓储者等第三人；第 59 条规定医疗产品损害责任的责任主体为生产者或者血液提供机构；第 51 条规定的非法转让拼装车或者报废车损害责任的责任主体为转让人和受让人承担连带责任，均能根据具体行为确定具体的责任主体，因而都不是本书研究的并列责任主体，而是并列规定的非并列责任主体。

占有人责任，第2项规定代替占有人管理动物的人亦负前项责任。这两个条文用第2项规定的责任主体“亦负前项责任”的表述，实际上规定了两个并列责任主体，即使用人与代使用人监督事业执行人、动物占有人与动物管理人，且双方如何承担责任也不明确。

《韩国民法典》第759条第1项规定动物占有人的责任，第2款规定代替占有人看管动物者，亦负前款责任。这一规定与《日本民法典》第718条的规定相同，存在同样的问题。

2.直接规定并列责任主体

《越南社会主义共和国民法典》第631条的规定，与我国《侵权责任法》第85条基本相同：“房屋、其他建筑物因发生倒塌、损坏或陷落造成他人损害的，房屋、其他建筑物的所有人、管理人或使用人必须赔偿损害。”其中所有人、管理人或使用人与我国《侵权责任法》第85条存在同样的问题。

其他国家和地区的民法典基本上没有规定并列责任主体，凡是并列规定了责任主体的，都明确规定数个责任主体如何承担责任。例如《德国民法典》规定动物损害责任，并列规定动物饲养人的责任（第833条）和动物看管人的责任（第834条）；规定建筑物损害责任，就分别规定建筑物占有人的责任（第837条）和建筑物维护义务人的责任（第838条）。①

比较上述立法可以发现，在侵权法立法中，凡是规定并列责任主体的，都是实施的侵权行为性质不明确、承担责任的规则亦不明确。目前能够看到并列责任主体的规定，仅有三个国家四个条文，而我国一部侵权责任法就有12个条文规定了并列责任主体。大量规定并列责任主体的立法状况，可以证明立法技术的不成熟，应当尽量予以避免，出现时应当作出科学的解释。

---

① 其他可以列举的是：《埃塞俄比亚民法典》侵权法规定，建筑物的所有人（第2078条）与建筑物的占据人（第2080条）、机器和机动车所有人（第2081条）与机器和机动车的保管人或代理人；《魁北克民法典》侵权法第1468条第1款和第2款分别规定了动产制造商和经销商或供应商；新《荷兰民法典》的侵权法第6：175条规定危险物品责任，按照款的顺序，分别规定从事营业的人、保管人、管道管理人等不同责任主体。

二、学说对并列责任主体实施的侵权行为及责任的解释

由于法律对并列责任主体实施的侵权行为性质以及承担的侵权责任形态没有明确规定，因而必须对其进行解释，以便对不确定的立法予以确定。下面列举的，是全国人大常委会法工委立法官员对我国《侵权责任法》规定的并列责任主体的解释，以及我国学者和日本学者、韩国学者对并列责任主体的学理解释。

（一）我国立法官员对并列责任主体的解释

对于我国《侵权责任法》规定的并列责任主体，全国人大常委会法工委的立法官员在对法律条文进行释义时，曾经提出一些解释。主要内容如下。

对于《侵权责任法》第 44 条规定的并列责任主体，认为“属于运输、储存等原因造成产品缺陷的，运输者、仓储者等应当承担赔偿责任，首先承担产品责任的产品生产者、销售者，有权向负有赔偿责任的运输者、仓储者等追偿”①，没有解释生产者、销售者的责任关系。

对于第 75 条规定的非法占有高度危险物损害责任，责任主体规定为所有人、管理人，与非法占有人承担连带责任，认为“所有人、管理人与非法占有人承担连带责任”②，但所有人、管理人是否共同与非法占有人承担连带责任，以及一方有过错他方没有过错的，应当如何承担责任，没有解释。

对于第 78、78、80、82、83 条规定的饲养动物损害责任，责任主体为动物饲养人（原动物饲养人）或者管理人，认为“当动物的饲养人与管理人为不同人时，管束动物的义务由饲养人转移给管理人，这时的赔偿主体应为管理人”③；可是，如果被侵权人直接起诉动物饲养人，动物饲养人是否应当承担责任呢？

对于第 85 条规定的建筑物、构筑物以及其他设施损害责任规定的所有人、管理人或者使用人作为并列责任主体，认为所有人应当承担责任，管理人是具有

① 王胜明主编：《中华人民共和国侵权责任法释义》，法律出版社 2010 年版，第 236－237 页。
② 王胜明主编：《中华人民共和国侵权责任法释义》，法律出版社 2010 年版，第 376 页。
③ 王胜明主编：《中华人民共和国侵权责任法释义》，法律出版社 2010 年版，第 392 页。

管理维护义务的人，包括国有资产管理；使用人承担责任的情形，一是有管理维护义务，二是管理维护不当[①]，但没有确定的解释。

对于第86条规定的建筑物、构筑物以及其他设施倒塌损害责任，责任主体为建设单位与施工单位，认为“建设单位和施工单位应当承担连带责任”[②]。不过，这种情形有存在不真正连带责任的可能。

对于第89条规定的障碍通行物损害责任，责任主体为“有关单位或者个人”，存在管理人与堆放人、倾倒人或者遗撒人的责任关系，《释义》没有解释。

对于第90条规定的林木损害责任，责任主体为林木所有人或者管理人，《释义》也没有解释。

对于第91条第2款规定的窨井等地下设施损害责任，责任主体为管理者，存在广义解释的可能，认为“由相关的管理人承担赔偿责任”[③]，对可能出现的并列责任主体没有解释。

（二）我国学者对并列责任主体的解释

我国学者对并列责任主体的解释多不相同。下面列举的是部分学者的主要观点。

对于《侵权责任法》第85条规定的“所有人、管理人或者使用人”，王利明认为，就受害人来说，其可以选择上述三个责任人中的一人或者数人承担责任。在实践中，所有人、管理人或者使用人并非总是同时承担责任，他们承担责任的前提是对于建筑物等负有管理义务，在特殊情况下，所有人、管理人或使用人也可能存在两人或两人以上的同时负责，此时，数人之间究竟是连带责任，还是按份责任，原则上应当属于按份责任。[④] 对于第89条规定的“有关单位和个人”，认为“堆放人、倾倒人、遗撒人承担完全赔偿责任”“公共道路的所有人或管理人承担补充责任”[⑤]。

① 王胜明主编：《中华人民共和国侵权责任法释义》，法律出版社2010年版，第415-416页。

② 王胜明主编：《中华人民共和国侵权责任法释义》，法律出版社2010年版，第419页。

③ 王胜明主编：《中华人民共和国侵权责任法释义》，法律出版社2010年版，第439页。

④ 王利明：《侵权责任法研究》下卷，中国人民大学出版社2011年版，第689、690页。

⑤ 王利明：《侵权责任法研究》下卷，中国人民大学出版社2011年版，第748页。

对于《侵权责任法》第89条规定的“有关单位和个人”，张新宝认为：“此时，行为人与管理人之间属于不真正的连带责任，管理人承担责任后，有权向行为人追偿。”①

程啸认为，《侵权责任法》第85条规定的所有人、管理人或者使用人，“如果建筑物、构筑物或者其他设施上有使用人或者管理人的，则应由使用人或管理人承担侵权责任。没有使用人或管理人的，应由所有人承担侵权责任。他们之间并不发生连带责任的问题”。第89条规定的道路障碍物损害责任的责任主体即“有关单位或者个人”，认为“如果是堆放在公共道路上的物品导致他人损害，责任人通常就是堆放人，包括该物品的所有人和管理人。但如果对公共道路负有管理和维护义务的民事主体没有尽到管理维护职责的，就会发生多数人侵权的问题，即依据《侵权责任法》第12条，堆放人与道路的管理者分别向受害人承担侵权赔偿责任”②。

对于《侵权责任法》第85条规定的并列责任主体，周友军认为：“所有人和管理人是不可能并存的。问题是，如果所有人与使用人并存，或者管理人与使用人并存时，应当通过前述建造义务和维护义务的分配来认定责任主体。因为使用人只可能在工作物建造完毕以后才开始使用，所以，他只负有维护义务。如果工作物的倒塌或者脱落是因为维护义务的违反而造成的，应当由使用人负责。③

通过以上列举，可以看出，我国学界对并列责任主体的解释“百花齐放”，各有见解，意见分歧，无法确定通说指导审判实践。

（三）日本和韩国民法学者对并列责任主体的解释

由于大多数国家民法典没有规定并列责任主体，因而不存在对这些国家学说考察的问题。仅就日本和韩国的学说进行考察。

对于《日本民法典》第715条规定的事业使用人和代使用人监督事业执行的人，日本学者认为被用人的责任和使用人的责任的并存，是不真正连带责任。所

① 张新宝：《侵权责任法》，中国人民大学出版社2010年版，第343页。

② 程啸：《侵权责任法》，法律出版社2011年版，第516、527页。

③ 周友军：《侵权法学》，中国人民大学出版社2011年版，第237页。

谓的“代理监督者”是客观来看代替使用人现实地处于监督事业地位的人，只是公司的代表人。代理监督人的责任，是现实地监督被用人的人（进行具体的选任和监督的人），法定的监督义务者的责任和代理监督者的责任并不相互排斥，两者可并存成立（当代理监督人的选任存在过错的时候）。[①] 中国研究日本法的学者认为：“被用人独立地负担一半的侵权行为责任。这种被用人的责任与使用人、代理监督者的责任是不真正连带债务。”[②]

对于《日本民法典》第718条并列规定动物之占有人和代占有人看管动物人，日本学者认为，直接占有者（保管者）是根据民法第718条第2项，间接占有者（占有者）是根据第718条第1项负有责任，两者的责任可以认为是并存的（不真正连带责任）。尤其是第1项的占有者（间接占有者）在能够举证已经根据动物的种类、性质具备相当的注意对保管者进行选任和监督时，可以免除责任。当动物的占有人和管理人并存时，两者的责任是可能重复地发生的，占有人选任代替自己保管动物的人，让其保管时，占有人如果能举证“依动物之种类与性质，已为相当注意之保管”，则不承担责任。[③] 中国研究日本法的学者持上述相似观点。[④]

对于《韩国民法典》第759条“动物占有人责任”规定的动物占有人以及代替动物占有人看管动物的人，学者认为：“占有人和看管人间的责任关系：属于直接占有人和间接占有人的关系，第759条的责任竞合，两者间成立不真正连带债务关系。”[⑤] 不同意见认为，“指正在占有或看管中的动物对他人造成的损害（包括身体或财产）。与动物的种类无关，包括家畜在内。占有人或保管人应理解为事实上支配动物的人。对于间接占有人或帮助占有人是否与直接占有人同样需要承担责任这一点上，通说认为是不承担。但是，在判例和部分学说中有赞同间

---

① ［日］潮见佳男：《不法行为法Ⅱ》，信山社出版株式会社2011年日文第2版，第65-67頁。

② 于敏：《日本侵权行为法》，法律出版社2006年第2版，第244页。

③ 引自「民法718条の立法過程と判例」小野健太郎『国際関係学部研究年報』第35集，平成2014年2月。

④ 于敏：《日本侵权行为法》，法律出版社2006年第2版，第244-300页。

⑤ 장재현:『註釋民法』(2010년), 정림사, 제779면. 张在贤：《注释民法》（2010年），正林社，第779页。

接占有人承担责任的观点。如果与通说一致地认为只有直接占有人才承担责任的话，那么直接占有人与间接占有人或占有帮助人间的责任是无法发生竞合的”①。

由于文献的缺乏，对于越南民法典规定的并列责任主体的解释不得而知。

（四）研究并列责任主体的意义和主要问题

我国《侵权责任法》和日本、韩国和越南民法典规定并列责任主体，都没有明确规定其实施的侵权行为的性质和应当承担的责任形态，因而在司法实践中，当出现法律规定的情形时，无法确定究竟由哪个或者哪些个责任主体承担责任，如何承担责任。这意味着规定并列责任主体的侵权法对于这些情形尚未最终确定、或者尚未发现应当怎样确定责任承担的规则，因而采取简单方法作出规定。立法上的简单，在司法实践中就会出现问题。研究并列责任主体的意义，正是在于确定并列责任主体的具体责任承担，依照侵权法的法理确定并列责任主体实施的侵权行为的性质以及相互之间怎样承担侵权责任。

因此，研究并列责任主体应当研究的主要问题是：第一，并列责任主体究竟是何种概念，应当怎样理解；第二，并列责任主体实施的侵权行为是何种性质；第三，并列责任主体承担的侵权责任应当是何种形态：连带责任、按份责任、不真正连带责任抑或单独责任。只有将上述三个问题界定清楚，有关并列责任主体的法律规定才能够在实践中具体适用。

三、侵权责任法规定并列责任主体的法律含义

（一）解释并列责任主体法律含义的基本方法

法律经常由不完全的法条所构成，它们与其他条文结合才构成一个完全的法条，或相互结合成一个规整。只有视其为规整的部分，方能获悉个别法条的意义，这种“促成个别法律规定间事理上的一致性”的解释方式自然具有其正当性。②

① 김형배:『민법학강의-이론・판례・』(제 11판),신조，제 1680 면.金亨培、金圭完、金明淑共著:《民法学讲义——理论・判例・事例》(第 11 版)，韩国新潮出版社，第 1680 页。

② 蔡琳:《不确定法律概念的法律解释》,《华东政法大学学报》2014 年第 6 期。

（二）关于并列责任主体概念的定义

在本书之前，我国侵权法理论无人使用过并列责任主体的概念。我第一次使用这个概念，有义务对其定义。我认为，并列责任主体是指法律对特定的特殊侵权责任法律关系并列规定了两个以上应当承担责任的人，但并未确定其实施的侵权行为的性质，亦未规定责任分担方法的侵权责任主体。

研究并列责任主体这个概念，应当特别注意以下几个基本问题。

第一，并列责任主体须为法律对侵权法律关系规定的两个以上的责任人。在并列责任主体出现的侵权法律关系中，都规定了两个以上应当承担侵权责任的责任人。如果是侵权责任请求权人一方为两个以上的主体的，是多数侵权请求权人，不是并列责任主体，例如请求承担死亡赔偿金的数个受害人的近亲属。

第二，并列责任主体只能出现在特定的特殊侵权法律关系中。并列责任主体是特殊侵权法律关系中承担侵权责任的主体，而非其他法律关系的责任主体，亦非一般侵权行为的侵权责任主体。如果是一般侵权法律关系，其责任主体就是行为人，或者替代行为人承担责任的替代责任人；如果是特殊侵权法律关系，但责任主体只规定了一人，也不存在并列责任主体问题。并列责任主体存在于某种特定的特殊侵权法律关系中，而不是在所有的特殊侵权法律关系都存在。

第三，并列责任主体实施的侵权行为，有的是多数人侵权行为，有的并不是多数人侵权行为。尽管法律在某一特殊侵权法律关系中规定了并列责任主体，但并非所有的并列责任主体都是侵权人，只有符合多数人侵权行为法律特征的，才属于多数人侵权行为；而有的并列责任主体并不符合多数人侵权行为的法律特征，因而属于单独侵权行为。

第四，并列责任主体承担的侵权责任并非都是共同责任，存在单独责任的情形。侵权责任有单独责任和共同责任之分，前者与单独侵权行为相对，后者与多数人侵权行为相衔接。尽管并列责任主体法律规定为侵权法律关系责任人，但这并不意味着并列责任主体承担的责任都是共同责任。特定的法律条文在规定侵权法律关系时规定了并列责任主体，但其是不是共同责任主体并不确定，应当根据并列责任主体实施的侵权行为的性质予以确定。有的并列责任主体就是共同责任

主体，但有的并列责任主体根据其实施的侵权行为性质则构成单独责任主体。

（三）并列责任主体的不同类型

我国《侵权责任法》规定的并类责任主体数量较多，因而需要进行类型化整理。根据并列责任主体的不同特点，并列责任主体可分为以下三种主要类型。

1. 典型的并列责任主体和非典型的并列责任主体

以并列责任主体的典型性为标准，可以分为典型的并列责任主体和非典型的并列责任主体。其意义在于，识别非典型的并列责任主体，对其正确适用法律。

典型的并列责任主体是符合上述并列责任主体的法律特征，需要界定其相互之间应当承担何种责任形态的并列责任主体。例如，《侵权责任法》第 85 条规定的责任主体包括所有人、管理人或者使用人。该条文在规定这三种责任主体的时候，并没有规定其相互之间的责任形态，符合并列责任主体的法律特征，因而属于典型的并列责任主体类型。

非典型的并列责任主体是指尽管法律规定了数个责任主体的责任形态，但法律规定的责任形态还存在其他可能性的并列责任主体。例如，《侵权责任法》第 86 条第 1 款规定的“建筑物、构筑物或者其他设施倒塌造成他人损害的，由建设单位与施工单位承担连带责任”，从形式上看，法律已经规定了建设单位与施工单位之间的责任形态为连带责任，因而并不具有责任形态不明确的特征，但该种特殊侵权责任并非只有连带责任一种形态，还存在不真正连带责任形态的可能性，因而属于非典型的并列责任主体。原因是，如果建设单位与施工单位对于损害的发生，都有过失，都应当承担最终责任，那就是连带责任；如果造成损害的过失只存在于建设单位或者施工单位一方，另一方根本没有过失，尽管在承担中间责任时可以是连带承担，但在最终责任承担上，必定是由有过错的一方当事人（建设单位或者施工单位）承担最终责任，因而是不真正连带责任，构成非典型的并列责任主体。

2. 表见并列责任主体与潜在并列责任主体

根据并列责任主体在法律中公开或者隐蔽规定的形式，并列责任主体可以分为表见并列责任主体和潜在并列责任主体。这种划分的意义在于，识别潜在的并列责任主体，对其正确适用法律。

表见并列责任主体是《侵权责任法》的条文已经将该种侵权责任的责任主体规定为两个以上的，明确规定为并列责任主体。例如第 85 条规定的“所有人、管理人或者使用人”为责任主体。

在《侵权责任法》关于责任主体的规定中，有些条文尽管列举的是单一责任主体，但是该单一责任主体的实质含义可以进一步解读为并列责任主体。符合这种要求的是潜在并列责任主体。例如，《侵权责任法》第四章至第十一章在特殊侵权责任的规定中多次使用“管理人”的概念，含义有所不同：一是单独规定管理人是责任主体，如第 37 条违反安全保障义务责任中的管理人，第 91 条第 2 款规定的窨井等地下设施管理人；二是规定管理人与其他责任主体并列，例如第 85 条关于建筑物、构筑物损害责任规定的是所有人、管理人或者使用人等。将管理人与其他责任主体并列的方式，体现的是一个侵权法律关系中的数个责任主体都可以承担侵权责任，是明示并列责任主体。单独规定管理人为责任主体的，原本应当是管理人单独承担侵权责任，但《侵权责任法》在使用管理人概念时，有时特指单一的管理人，有时却含义广泛，例如第 91 条第 2 款规定窨井等地下设施的管理人，就有可能是窨井等地下设施的所有人、使用人或者单纯的管理人，是指实际管理的人，而不问其究竟是所有人、使用人或者单一的管理人，这时就形成潜在并列责任主体。

3.承担共同责任的并列责任主体与承担单独责任的并列责任主体

尽管法律对一个特定的特殊侵权责任规定了并列责任主体，但该种特殊侵权行为并非都是多数人侵权行为，也有可能属于单独侵权行为。根据并列责任主体实施的侵权行为的性质以及应当承担的责任形态，并列责任主体可以分为承担共同责任的并列责任主体与承担单独责任的并列责任主体。并列责任主体实施的侵权行为属于多数人侵权行为，其承担责任的方式必定是共同责任；而并列责任主体实施的是单独侵权行为，则承担的责任只能由并列责任主体中的一人承担单独责任。

对并列责任主体的这种分类方法，对于法律适用具有最为重要的意义。

（四）并列责任主体形成的原因

侵权法规定并列责任主体，并非科学的立法方法，而属于不确定法律概念，

需要进行解释方可适用。既然如此，立法为什么要规定如此之多的并列责任主体呢？我认为主要有以下原因。

第一，并列责任主体为侵权法律关系的复杂性所决定。在成文侵权法为侵权行为一般条款所一统天下时，并不需要对特殊侵权法律关系作出更多的规定，因而侵权责任主体在立法中并不体现为复杂的状况，承担责任的主体的复杂性，存在于司法实践之中，依靠法官的智慧解决。随着英美法系类型化侵权法对成文法的影响，成文法侵权法开始大量增加特殊侵权法律关系的规定，因而特殊法律关系的复杂性不断反映到侵权法的立法中。我国《侵权责任法》尽管坚持了侵权责任一般化立法的大陆法系传统，但是大量借鉴了英美法系侵权法的立法方法，规定了大量的特殊侵权责任法律关系，而且每一种特殊侵权责任法律关系都规定了不同的情形，责任主体的复杂性因而体现在立法中，形成了大量的需要并列规定的责任主体，能够确定其责任形态的，就成为并列规定的非并列责任主体，不能确定其责任形态的，就成为并列责任主体。如果没有特殊侵权责任法律关系的复杂性，并列责任主体不会大量出现。

第二，保障被侵权人对承担责任的人有更多选择余地。我国《侵权责任法》的立法意图之一，是让被侵权人有更多的救济途径，使其索赔的请求权尽可能地得到满足。这样的立法意图无可指责。在特殊侵权法律关系中，多一个责任主体，被侵权人就会多一条选择的出路，就会对赔偿请求权多一份保障。立法者力图将某一特殊侵权法律关系的尽可能多的责任主体在法律中明确列出来，以保障被侵权人有更多的选择余地，因而出现了较多的并列责任主体的规定。

第三，立法时对并列责任主体怎样承担侵权责任尚不清晰。应当承认，对于立法中规定的并列责任主体，由于立法理论准备的原因，在立法时对其实施的侵权行为的性质，以及如何承担侵权责任，并没有清晰的认识。以全国人大常委会法工委立法官员以及参加立法的主要学者的论述为例，“百花齐放”的解释，不仅足以证明立法者认识的不一致和不统一，也说明立法当时对并列责任主体实施的侵权行为性质以及承担何种责任形态并没有清晰的看法。这样的说明，作为一个立法的亲历者，我有亲身的体会，否则不必在今天专门提出并研究这个问题。

第四，立法技术的限制。我国《侵权责任法》存在大量的并列责任主体的规定，还有一个重要的原因是立法技术的限制。尽管我国走向正常的立法轨道已经有 30 多年的时间，但是立法技术并未达到至臻完美的程度，仅以我国现有法律修订后重新排列条文序号的做法，在国外立法中极为罕见，足以证明立法技术的落后。该法第 89 条规定的责任人为“有关单位或者个人”这样的概念，极为通俗，且不确定，不属于严格的法律概念，却成为障碍通行物损害责任的责任主体，足以表明我国《侵权责任法》的立法技术程度之不足。

四、并列责任主体实施的侵权行为的性质与责任形态

（一）确定不同的并列责任主体实施的侵权行为的性质

根据法律规定并列责任主体的不同情形，采用不同的方法对其实施的侵权行为性质进行认定。

1. 利用法律在并列责任主体之间使用的连接方式确定侵权行为性质

《侵权责任法》在规定 12 种并列责任主体时，在并列责任主体之间分别使用了三种方法连接，即顿号、“或者”和“与”。可以利用三种不同的并列责任主体之间的连接方法，确定部分并列责任主体实施的侵权行为性质。

使用顿号连接并列责任主体的有：第 44 条的生产者、销售者，第 75 条的所有人、管理人。使用“或者”连接并列责任主体的有：第 78 至 80、82 和 83 条的动物饲养人或者管理人，第 85 条的所有人、管理人或者使用人，第 89 条规定的有关单位或者个人，第 90 条规定的林木所有人或者管理人。使用“与”字连接并列责任主体的，是第 86 条第 1 款规定的“建设单位与施工单位”，在后段又使用了顿号相连接。

使用“或者”连接的并列责任主体，在一般情况下，含义明确，应当是选择关系，并列责任主体实施的侵权行为大多属于单独侵权行为。但也不尽然，例如第 89 条规定的有关单位或者个人，将其解释为公共道路的管理人与堆放人、倾倒人、遗撒人后，堆放人、倾倒人、遗撒人与公共道路管理人之间，就能够形成多数人侵权行为，而堆放人、倾倒人、遗撒人之间不会形成多数人侵权行为，除

非三人之间有两人以上同时堆放、倾倒或者遗撒，且形成损害的共同原因。

使用顿号连接的并列责任主体，相互之间通常是选择关系，第 44 条的生产者、销售者，第 75 条规定的所有人、管理人，这两个条文规定的是产品责任和高度危险责任，都是无过错责任。按照无过错责任的要求，并列责任主体实施的侵权行为应当属于竞合侵权行为，承担的是不真正连带责任，因而与“或者”连接的并列责任主体的情形有所不同。

使用“与”连接的并列责任主体，只有第 85 条第 1 款，由于规定的连带责任，行为属于多数人侵权行为，因而使用这种连接方法；即使应当承担不真正连带责任，也属于多数人侵权行为。

根据法律在并列责任主体之间所使用的不同连接方法观察，可以看到，使用顿号或者“与”字连接的并列责任主体，基本上是多数人侵权行为；使用“或者”连接的并列责任主体则不确定，有可能是单独侵权行为，也有可能是多数人侵权行为，需要进一步研究确定。

2. 利用归责原则的不同确定并列责任主体实施的侵权行为性质

借鉴《侵权责任法》在规定无过错责任原则的侵权行为中，对数个责任主体通常界定为多数人侵权行为的做法，可以利用归责原则的不同，进而确定使用“或者”连接的并列责任主体实施的侵权行为的性质。

在适用无过错责任原则的动物损害责任中，应当认定动物饲养人或者管理人实施的是多数人侵权行为，受害人可以向饲养人主张权利，也可以向管理人主张权利。这样的意见借鉴的就是《侵权责任法》第 68 条和第 83 条的立法经验。在污染环境责任中因第三人的过错造成他人污染损害，以及在饲养动物损害责任中第三人的过错造成他人损害，原本应当按照该法第 28 条规定免除污染者和动物所有人、管理人的责任，由第三人承担侵权责任。但是，由于这两种侵权责任适用无过错责任原则，因而认定这种侵权行为为多数人侵权行为，承担不真正连带责任。借鉴这样的做法，令动物饲养人与管理人承担不真正连带责任，比较顺理成章，具有责任承担的正当性。

而第 85 条规定的所有人、管理人或者使用人，第 90 条规定的林木所有人

或者管理人，如果采用不真正连带责任的责任形态，会存在不公平的后果。形成的后果是，被侵权人任意选择所有人、管理人或者使用人，以及林木所有人或者管理人承担侵权责任，如果其能够证明自己没有过错，在其承担了赔偿责任之后，向有过错的行为人进行追偿，就有可能使没有过错的人承担了侵权责任，无法转嫁不应当由他承担的最终责任，结果形成了无过错责任原则的后果。这不仅使无过错的人承担责任不具有正当性原因，而且违背了《侵权责任法》第 7 条规定适用无过错责任原则须有“法律规定”的要求。因此，这两个条文规定的并列责任主体应当属于单独侵权行为，由有过错的行为人承担单独责任。

3. 利用并列责任主体实施的行为的特点确定侵权行为的性质

《侵权责任法》第 89 条规定的“有关单位或者个人”，情形比较特殊，不能根据并列责任主体之间的连接词以及归责原则的不同，确定其实施的侵权行为的性质，须根据其实施的侵权行为的特点予以确定。当堆放人、倾倒人或者遗撒人的行为造成他人损害，公共道路管理人亦存在管理过失时，形成双方的行为竞合，符合造成损害后果的是两个行为，对于损害的发生一个行为为主，一个行为为辅的竞合侵权行为的特征[①]，构成竞合侵权行为，应当承担的是典型的不真正连带责任，而不是学者所主张的补充责任。[②]

（二）对并列责任主体实施的侵权行为性质的具体认定

1. 认定并列责任主体实施的行为为单独侵权行为

根据立法的意图，《侵权责任法》第 85 条规定的所有人、管理人或者使用人，第 90 条规定的林木所有人或者管理人，其实施的侵权行为性质，是单独侵权行为。对此，立法机关的官员作出的解释可以佐证。[③] 既然并列责任主体实施的是单独侵权行为，其责任形态就一定是具体的一个行为人承担的单独责任。

---

① 杨立新：《论竞合侵权行为》，《清华法学》2013 年第 1 期。

② 张新宝：《侵权责任法》，中国人民大学出版社 2010 年版，第 343 页。

③ 王胜明主编：《中华人民共和国侵权责任法释义》，法律出版社 2010 年版，第 415 - 416 页。

2.并列责任主体实施的侵权行为为多数人侵权行为中的竞合侵权行为

（1）并列责任主体实施的侵权行为不存在分别侵权行为

有的学者认为在并列责任主体实施的侵权行为中，有的应当依照《侵权责任法》第12条规定承担按份责任。[①] 我认为，目前规定的并列责任主体实施的侵权行为，不存在分别侵权行为的可能性。即使因建筑物等脱落、坠落造成损害，所有人、管理人或者使用人都有过错的，成立的也是客观关联共同的共同侵权行为，承担的责任形态是连带责任，不会构成分别侵权行为而按份承担责任。至于在第89条规定的情形下，并列责任主体实施的是竞合侵权行为，责任形态是不真正连带责任，也不会是第11条规定的叠加的分别侵权行为而承担连带责任。

（2）并列责任主体实施的侵权行为一般不会存在共同侵权行为

在并列责任主体实施的侵权行为中，一般不会存在共同侵权行为。原因在于，构成共同侵权行为须具备主观的关联共同或者客观的关联共同，在通常情况下，不会存在这样的情形。只有在第85条和第90条以及第91条第2款规定的并列责任主体中，出现了各方均有过失，符合客观的关联共同的法律特征时，才能构成共同侵权行为，承担连带责任。

（3）并列责任主体实施的侵权行为只能是竞合侵权行为

可以确定，在并列责任主体实施的侵权行为中，构成多数人侵权行为的，基本性质属于竞合侵权行为。

在竞合侵权行为中，两个行为人对受害人实施的侵权行为，总是一个为主，一个为辅，前者是发生损害的直接原因，后者是发生损害的间接原因，尽管在中间责任上可以连带承担，但最终责任必定由其行为与损害结果之间具有直接因果关系的行为人承担。我借鉴日本学者潮见佳男教授的见解[②]，将这种侵权行为称为竞合侵权行为。竞合侵权行为概念的含义，是指两个以上的民事主体作为侵权人，有的实施直接侵权行为，与损害结果有直接因果关系，有的实施间接侵权行

① 王利明：《侵权责任法研究》下卷，中国人民大学出版社2011年版，第689、690页；程啸：《侵权责任法》，法律出版社2011年版，第527页。

② ［日］潮见佳男：《不法行为法Ⅱ》，信山社出版株式会社2011年日文第二版，第196－197页。贡献度的概念与我国侵权法的原因力概念相同。

为，与损害结果的发生具有间接因果关系，行为人承担不真正连带责任的侵权行为。[①] 并列责任主体实施的侵权行为，行为人为二人以上，行为人实施的行为与损害发生的因果关系性质不同，对被侵权人承担的责任是不真正连带责任，符合竞合侵权行为的法律特征，因而属于竞合侵权行为。

属于竞合侵权行为的并列责任主体实施的侵权行为，包括《侵权责任法》第44条规定的产品责任中第三人责任的生产者、销售者的先付责任；第75条规定的所有人、管理人与非法占有人之间，一方存在过错而他方没有过错的动物饲养人与管理人之间的侵权责任；第86条第1款规定的建设单位与施工单位一方有过错他方没有过错的；公共道路管理人与堆放人、倾倒人、遗撒人实施的侵权行为，都是竞合侵权行为，其承担的责任形态都是不真正连带责任。

（三）并列责任主体应当承担的侵权责任形态

1.并列责任主体承担单独责任

《侵权责任法》第85条和第90条规定的建筑物等脱落、坠落损害责任的所有人、管理人或者使用人，以及林木损害责任的林木所有人或者管理人，承担的是单独责任。单独责任，是指侵权责任人是由一个行为人承担的侵权责任形态。建筑物等的所有人、管理人或者使用人对于损害发生有过错的人，林木所有人或者管理人对于损害发生有过错的人，就是单独责任人，承担单独责任。

在诉讼中存在的问题是，被侵权人在选择并列责任主体之一起诉时，由于这两种侵权责任都适用过错推定原则，原告起诉并列责任主体中的一人，如果该被告能够证明自己对于损害的发生没有过错的，就不承担责任，因而应当驳回原告的诉讼请求；被侵权人要再选择另外一人起诉，直至找到应当承担责任的过错行为人。这样的诉讼方法，似乎对保护被侵权人的利益不当，但这符合立法的本意。如果被侵权人将所有的并列责任主体都作为被告起诉，则凡是能够证明自己没有过错，或者能够证明真正的过错行为人的，当然也能够确定应当承担责任的单独侵权行为人。

---

① 杨立新、陶盈：《论竞合侵权行为》，《晋阳学刊》2014年第1期。

2.并列责任主体承担不真正连带责任

《侵权责任法》第44条规定产品责任中的生产者、销售者的先付责任；第75条规定的所有人、管理人与非法占有人之间如果一方存在过错而他方没有过错的；第78条至第83条（不含第81条）规定的动物饲养人与管理人之间的侵权责任；第86条第1款规定的建设单位与施工单位一方有过错他方没有过错的；这些并列责任主体实施的侵权行为都是竞合侵权行为，承担不真正连带责任。

不真正连带责任源于不真正连带债务，本来是债法的概念，为多数人债务的一种形态[①]，王利明教授为其下过定义。[②] 不真正连带债务的具体形态表现为各种以法定或者推定而发生的请求转移案型，其共同特点在于多数债务人中存在某个债务人须承担终局责任，其他债务人承担的责任最终都可以向他追偿。[③]

侵权责任法中的不真正连带责任源于不真正连带债务。不真正连带责任是指多数行为人违反法定义务，对同一个受害人实施加害行为，或者不同的行为基于不同的行为而致使同一个受害人的民事权益受到损害，各个行为产生的同一内容的侵权责任，各负全部赔偿责任，并因行为人之一的责任履行而使全体责任人的责任归于消灭，或者依照特别规定多数责任人均应当承担部分或者全部责任的侵权责任形态。[④]

对于不真正连带责任，有很多人主张予以废除，例如认为“不真正连带责任是德国法系特有的概念，并形成了不同的界定理论，但也存在难以克服的理论困境；在侵权法领域，不真正连带责任的理论基础是主观共同说，随着关联共同说的发展，该理论基础受到极大挑战；且其制度本身也存在明显的缺陷，难以承载其所该有的目的价值”[⑤]；但在《侵权责任法》中却大量地规定了不真正连带责

---

① ［日］我妻荣：《我妻荣民法讲义·新订债法总论》，王燚译，中国法制出版社2008年版，第393页。

② 王利明主编：《中国民法案例与学理研究》（债权篇修订本），法律出版社2003年版，第3页。

③ 李中原：《不真正连带债务的反思与更新》，《法学研究》2011年第5期。

④ 杨立新：《侵权法论》下卷，人民法院出版社2013年第5版，第988页。

⑤ 程金洪：《一个尚未解决的问题——不真正连带责任的存与废》，《广西政法管理干部学院学报》2011年第4期。

任。该法规定的补充责任、先付责任[①]等非典型的不真正连带责任，还有很多。这说明，不真正连带责任在我国具有旺盛的生命力和广泛的适用性，并非“假手于台湾，只是对我国台湾不同版本理论的介绍，狭隘的知识来源更加剧了研究的‘盲从’倾向”[②]，而是结合我国的国情及司法实践的具体情形，作出的科学的选择。

无论如何，《侵权责任法》规定了诸多并列责任主体的客观现实，并且基本上适用不真正连带责任。因而，不仅我国《侵权责任法》规定了较多的不真正连带责任的适用，而且根据实际情况分析，规定诸多的并列责任主体实施的侵权行为的责任形态，也须承担不真正连带责任。

并列责任主体承担不真正连带责任的规则是：

（1）并列责任主体是不真正连带责任的中间责任人。在并列责任主体中，不论是何种类型的并列责任主体，只要承担不真正连带责任，就都是中间责任人。所谓的中间责任，就是承担了责任之后可以向最终责任人进行全部追偿的责任。例如《侵权责任法》第44条规定的生产者与销售者，在没有确定最终责任之前，或者虽确定了最终责任人而被侵权人愿意选择生产者或销售者先承担责任，都是中间责任人。

（2）并列责任主体中的直接行为人为最终责任人。由于竞合侵权行为以及近似于竞合侵权行为的并列责任主体实施的侵权行为的特性，即多个并列责任主体中的一人为直接责任人，其他人为间接责任人，因而，只有并列责任主体中的直接责任人，才是应当最终承担赔偿责任的最终责任人，即各个并列责任主体之间没有内部分担关系，即使发生求偿也非基于分担关系，而是基于终局责任的承担。[③]

（3）被侵权人主张赔偿权利可以向任何一个并列责任主体请求。对于都是中

① 关于补充责任与先付责任的概念和规则，请参见杨立新：《多数人侵权行为及责任理论的新发展》，《法学》2012年第7期。

② 李中原：《不真正连带债务的反思与更新》，《法学研究》2011年第5期。

③ 李中原：《不真正连带债务的反思与更新》，《法学研究》2011年第5期。

间责任人身份的多个并列责任主体，被侵权人的侵权请求权针对每一个人，即每一个并列责任主体都有义务满足被侵权人的赔偿权利实现的请求。被侵权人向其中任何一个并列责任主体请求，任何一个并列责任主体都须承担赔偿责任，除非其不具有赔偿能力。动物饲养人或者管理人都是并列责任主体，也都具有中间责任人的身份，如果管理人是最终责任人，但被侵权人向动物饲养人主张赔偿权利，动物饲养人不得以自己不是最终责任人或者不是直接责任人而拒绝赔偿。

（4）中间责任人承担了赔偿责任后有权向最终责任人追偿。无论是并列责任主体中的任何一个人，在承担了中间责任之后，只要自己不是最终责任人，都可以向最终责任人主张追偿权，请求最终责任人承担最终的赔偿责任，将最终责任转嫁给最终责任人，完成不真正连带责任的最后形式。

五、结论

我国《侵权责任法》规定大量的并列责任主体，存在的最大问题，是并列责任主体实施的侵权行为的性质与承担的责任形态具有不确定性，因而出现不同的解释，影响法律的严格实施。这表明立法技术的不成熟，是侵权法立法中应当避免的问题。

在我国《侵权责任法》中规定并列责任主体的 12 个条文中，分为三个类型：一是并列责任主体实施的侵权行为性质是竞合侵权行为，承担的责任是不真正连带责任，包括第 44 条、第 78 条、第 79 条、第 80 条、第 82 条、第 83 条和第 89 条；二是法律规定并列责任主体承担的责任为连带责任，但其中存在竞合侵权行为的可能，一旦并列责任主体之间出现一个主体实施的为主的行为造成全部损害，另一个主体实施的行为仅仅是为为主的行为造成损害提供必要条件，就构成竞合侵权行为，承担的是不真正连带责任，包括第 75 条和第 86 条第 1 款；三是并列责任主体实施的侵权行为是单独侵权行为，由单独实施侵权行为的个人承担单独责任，包括第 85 条、第 90 条和第 91 条第 1 款。三种具体并列责任主体的情形见下表。

并列责任主体实施的侵权行为类型及责任形态

类型	条文	内　容	归责原则	行为形态	责任方式
竞合侵权行为适用不真正连带责任	第44条	产品责任的运输者、仓储者等第三人责任，其中规定先承担赔偿责任的主体为生产者、销售者。	无过错责任原则	竞合侵权行为，生产者和销售者承担的是中间责任。	责任形态为不真正连带责任，由被侵权人选择。
	第78、79、80、82、83条	饲养动物损害责任，责任主体为动物饲养人（原动物饲养人）或者管理人。	无过错责任原则	使用的是“或者”，但不是单独或者共同侵权行为，而是竞合侵权行为。	责任形态是不真正连带责任，由被侵权人选择。
	第89条	交通障碍物损害责任，责任主体为有关单位或者个人，存在管理人和堆放人、倾倒人或者遗撒人的责任关系。	过错推定原则	堆放人、倾倒人、遗撒人为单独侵权行为；与管理人之间为竞合侵权行为。	堆放人、倾倒人、遗撒人为个人责任；与管理人之间为不真正连带责任。
连带责任中存在不真正连带责任	第75条	非法占有高度危险物损害责任，责任主体为所有人、管理人，与非法占有人承担连带责任。	无过错责任原则	视为共同侵权行为，一方有过错的为竞合侵权行为。	双方过错是连带责任，一方过错的为不真正连带责任。
	第86条第1款	建筑物、构筑物或者其他设施倒塌损害责任，责任主体为建设单位、施工单位。	过错推定责任	视为共同侵权行为，但一方有过错的为竞合侵权行为。	连带责任，或者不真正连带责任。

续前表

类型	条文	内　容	归责原则	行为形态	责任方式
单独侵权行为适用单独责任	第85条	建筑物、构筑物或者其他设施及其悬挂物、搁置物损害责任，责任主体为所有人、管理人或者使用人。	过错推定原则	并列责任主体之间的连接词鲜明，为单独侵权行为。	单独责任，由有过错的人承担责任。
	第90条	林木损害责任，责任主体为林木所有人或者管理人。	过错推定原则	单独侵权行为	单独责任，由有过错的人承担责任。
	第91条第2款	窨井等地下设施损害责任，责任主体为管理人，且为广义管理人。	过错推定原则	单独侵权行为	单独责任，由有过错的人承担责任。

第三编

侵权损害赔偿

第七章

侵权损害赔偿责任的确定和计算

第一节 《侵权责任法》应对大规模侵权的举措

《侵权责任法》颁布实施之后，对于大规模侵权应当如何适用该法，有各种不同意见，基于这一点而对《侵权责任法》赞美者有之①，批评者亦有之。② 我作为立法的亲历者，不赞成后者的批评意见，而认为《侵权责任法》应对大规模侵权其实早已运筹帷幄，成竹在胸，制定了全面应对大规模侵权的必要举措。在制定《侵权责任法》的过程中，国内相继出现了影响巨大，损害后果极为广泛的“三鹿奶粉”事件、“大头娃娃毒奶粉”事件、“齐二药”事件等，这些都是典型的大规模侵权。立法机关在当代工业社会所带来的大规模侵权风险的社会背景之

① 认为大规模侵权案件的发生“为侵权法的功能和对大规模侵权事故进行法律规范提供了检讨机会，为《侵权责任法》相关条文的起草制定提供了社会基础”。王成：《大规模侵权事故综合救济体系的构建》，《社会科学战线》2010 年第 9 期。

② 例如认为“我国目前关于大规模侵权的法律规范并不健全”。柯劲衡：《惩罚性赔偿制度在大规模侵权中的适用分析》，《商业时代》2010 年第 31 期。

下，在为划定行为自由范围和增进社会福祉，降低社会危险程度而制定一部现代化的《侵权责任法》时，当然不会抛开大规模侵权而不顾，而是积极努力，确定全面应对大规模侵权的法律举措。在我国，在《侵权责任法》规定的范围内，对于可能出现的大规模侵权行为足以提供实体法的法律适用依据。本节对此进行分析，并借此厘清大规模侵权的有关理论问题。至于救济大规模侵权的程序问题，不是《侵权责任法》应解决的问题，不在本节的讨论范围之内。

一、《侵权责任法》第 2 条第 1 款规定的侵权责任范围包含大规模侵权

（一）大规模侵权包括在《侵权责任法》大的侵权责任一般条款之中

依照我的理解，《侵权责任法》第 2 条第 1 款规定的是我国大的侵权责任一般条款。[①] 它概括的是我国《侵权责任法》所调整的侵权行为的范围，这就是“侵害民事权益，应当依照本法承担侵权责任”的规定，其中包括大规模侵权。

近几年来，我国学者对于大规模侵权进行了深入研究。关于大规模侵权概念的界定，一般认为大规模侵权在美国侵权法中被表述为“MassTorts”，是指基于一个不法行为或者多个具有同质性的产品服务，给大量的受害者造成人身、财产损害或者同时造成上述两种损害。如美国的“石棉案件”[②]。因此，大规模侵权通常发生在恶意产品侵权领域，具有受害人数众多、赔偿数额巨大的特征，对大规模侵权的定义需要从侵权案件的数量、受害人多数性、损害赔偿的惩罚性等来考虑。

对大规模侵权概念的具体界定则有不同说法。有的认为，大规模侵权是指造成多人损害的民事不法行为，如工厂排放毒气、商业客机相撞以及工业废物处理造成的污染等。[③] 这种行为可以是单个行为，如大楼坍塌，也可以由一段时间内

---

① 关于“大的侵权责任一般条款”的说法，请参见杨立新：《侵权责任法》，法律出版社 2010 年版，第 14－15 页。

② 朱岩：《大规模侵权的实体法问题初探》，《法律适用》2006 年第 10 期。

③ 陈年冰：《大规模侵权与惩罚性赔偿——以风险社会为背景》，《西北大学学报》2010 年第 6 期。

的一系列相关行为所组成。有的认为，大规模侵权是加害人实施了一个侵权行为而同时造成多人人身或财产损害，强调的是受害主体具有多数性。三鹿奶粉事件属于典型的大规模侵权事件。[①] 有的认为，大规模侵权作为一种特殊侵权行为，其重要特征应当同时包括侵权案件的数量、损害赔偿的累积性、各单个侵权行为之间的"同质性"等。但是构成大规模侵权并不要求这些特征同时存在。据此，应当将大规模侵权定义为基于一个或多个相同性质的法律行为，使得大量的法益受到侵害并产生相应的损害。[②]

上述对大规模侵权概念的界定都是有道理的，但均需要进行斟酌。界定大规模侵权，还需要回到美国法对大规模侵权的概念界定的基础上考虑，应当突出四个基本特征：第一，基于一个不法行为或者多个具有同质性的产品或者服务致人损害的侵权行为，而不是仅仅指恶意产品侵权；第二，这种侵权行为给大量的、为数众多的受害者造成损害；第三，造成的损害包括人身损害和财产损害，或者同时造成上述两种损害，需要进行批量的赔偿救济；第四，在大规模侵权的救济损害中，必须注意对大规模侵权进行预防和惩罚。基于这样的考虑，我认为，大规模侵权是指基于同一个侵权行为或者多个具有同质性的侵权行为，给为数众多的受害者造成人身、财产损害或者同时造成上述两种损害，须提供数额巨大的损害赔偿救济，以及更好地进行预防和惩罚，以保障社会安全的特殊侵权行为。

对于这种特殊侵权行为类型，《侵权责任法》确实没有明文规定。不过，在《侵权责任法》第 2 条第 1 款的规定中就包含了这种特殊侵权行为类型，"侵害民事权益，应当依照本法承担侵权责任"的表述，直接表达的是《侵权责任法》所调整的侵权责任的范围；如果从另一个角度上看，它也是对侵权行为的界定，可以理解为"凡是侵害民事权益"，依照侵权责任法的规定应当"承担侵权责任"的行为，就是侵权行为。

在这样一个侵权行为概念的界定中，当然包括大规模侵权行为。首先，大规模侵权就是规模大的侵权行为，不论规模大小，凡是侵权行为，当然都在侵权行

① 赵庆鸣、孟妍：《从三鹿奶粉事件看大规模侵权案之救济》，《曲靖师范学院学报》2010 年第 5 期。

② 郭璐璐：《大规模侵权行为及其归责原则初探》，《科技情报开发与经济》2009 年第 10 期。

为的一般概念之中，换言之，规模大的侵权行为是侵权行为，规模小的侵权行为也是侵权行为，都包含在这个概念之中。其次，所谓大规模侵权，并不是侵权行为的质的规定性发生了变化，而是在侵权行为的质的规定性不变的情况下，主要是侵权行为造成损害的量的变化，即“大规模”化，是为数众多的受害人受到损害，且受到损害的原因是同一个侵权行为或者同质性的若干个侵权行为。这样的损害与通常的侵权行为相比，仅仅是损害数量的变化、损害规模的变化以及需要进行大面积的救济，并且需要进行有效的预防和惩罚。既然大规模侵权的特殊性不是侵权行为的质的改变，而仅仅是侵权行为造成后果的量的变化，那就是说，大规模侵权仍然是侵权，仍然在侵权行为的一般定义之中。因此，凡是“侵害民事权益”“依照本法应当承担侵权责任”的大规模侵权行为，都是侵权行为，因而大规模侵权当然就包括在《侵权责任法》第2条第1款的规定之中。在《侵权责任法》调整侵权行为的法律适用范围中，仍然认为“我国目前关于大规模侵权的法律规范并不健全”[①]，显然并不正确。

（二）大规模侵权的性质界定

大规模侵权在侵权责任法中的性质是什么，也是一个值得讨论的问题。有很多人提出，应当将大规模侵权界定为一种特殊侵权行为类型或者侵权责任类型，规定具体的侵权对策。[②] 也有的学者反对这种意见，认为将一类侵权责任形态（应当是类型——作者注）划归为一种特殊侵权责任，则其归责原则必须是一以贯之的，大规模侵权无非是一类单独的侵权责任形态，无法将其归类于某项特殊侵权行为。[③] 对于后一种意见，其结论我是赞同的，但其论据我并不赞同，因为同一种特殊侵权行为并非都适用同一个归责原则，例如机动车交通事故责任、产品责任、医疗损害责任、饲养动物损害责任等，都不适用同一个归责原则，机动车交通事故责任根据不同情况适用过错推定原则和过错责任原则；产品责任在基本适用无过错责任原则的情况下，销售者承担最终责任适用过错责任原则；医疗

① 柯劲衡：《惩罚性赔偿制度在大规模侵权中的适用分析》，《商业时代》2010年第31期。

② 朱岩：《大规模侵权的实体法问题初探》，《法律适用》2006年第10期。

③ 张红：《大规模侵权救济问题研究》，《大规模侵权法律对策国际研讨会会议资料》，2011年4月，第32页。

损害责任的技术损害责任适用过错责任原则，医疗产品损害责任则适用无过错责任原则；饲养动物损害责任基本上适用无过错责任原则，但动物园动物损害责任适用过错推定原则。本书对此不作深入讨论。

大规模侵权确实不属于《侵权责任法》规定的特殊侵权责任类型中的任何一类，而是在《侵权责任法》规定的各种侵权责任类型中都有可能存在。在《侵权责任法》第四章至第十一章规定的特殊侵权责任类型中，都有可能存在大规模侵权的可能性；即使在第6条第1款规定的一般侵权责任中，也有可能存在大规模侵权。因此，大规模侵权不能在特殊侵权责任和一般侵权责任的分类中找到自己的位置。

在很多学者的论述中，都将大规模侵权与单一侵权相对应，认为它们是对应的概念，其实这也是不正确的。一是单一侵权这个概念并不是侵权法常用的概念，二是单一侵权容易理解为侵权责任主体是单一的，是一个主体实施的侵权行为，对应的概念应当是共同侵权行为，但非大规模侵权中也有主体为二人以上的共同侵权行为、共同危险行为、无过错联系的共同加害行为等，并非主体单一。因此，单一侵权无法与大规模侵权相对应。

如果从逻辑上说，大规模侵权概念最准确对应的概念应当是“小规模侵权”，但这不是法律概念，也不具有法律上的意义。

界定大规模侵权的性质，应当抛开这些不同的侵权行为类型的分类方法，采取另外的标准进行划分。因此，我建议，以侵权规模的大小为标准，将侵权行为分为普通侵权行为和大规模侵权行为，普通侵权行为是适用《侵权责任法》的通常规则确定责任的侵权行为，大规模侵权行为则是基于同一个侵权行为或者多个具有同质性的侵权行为，给为数众多的受害者造成人身、财产损害或者同时造成上述两种损害，须提供数额巨大的损害赔偿救济，以及更好地进行预防和惩罚，以保障社会安全的侵权行为。这样的分类，对于适用法律具有积极意义。任何试图将大规模侵权作为《侵权责任法》第四章至第十一章规定的特殊侵权行为类型之外，并与这些特殊侵权行为类型相并列的特殊侵权行为的主张，都难以成立。

二、《侵权责任法》规定侵权责任的归责原则考虑了大规模侵权对归责基础的要求

侵权责任归责原则是侵权法的统帅和灵魂，是侵权法理论的核心。[①] 正因为如此，研究大规模侵权问题也必须首先解决其归责原则问题。

在研究大规模侵权的问题上，一般认为，既然社会基础结构已经发生了变化，侵权法的体系也必须随之变化。这就是，工业化社会的来临直接改变了整个民法的市民社会基础，就侵权法而言，社会共同生活的危险来源由单个人之间的个人侵权，逐步过渡到以企业活动为中心的危险活动，过错责任对此无能为力，因此，现代企业危险责任仍然是大规模侵权的最主要责任形态。[②] 在我看来，所谓的危险责任不过是对无过错责任原则的另外一种表述，即德国法的表述而已[③]，即企业经营活动、具有特殊危险性的装置、物品、设备的所有人或持有人，在一定条件下，不问其有无过失，对于因企业经营活动、物品、设备本身的风险而引发的损害，承担侵权责任。[④] 这一概念界定，与我们对无过错责任原则关于“无过错责任原则是指在法律有特别规定的情况下，以已经发生的损害结果为价值判断标准，由与该损害结果有因果关系的行为人，不问其有无过错，都要承担侵权赔偿责任的归责原则”的界定[⑤]，没有实质差别，与《侵权责任法》第 7 条关于“行为人损害他人民事权益，不论行为人有无过错，法律规定应当承担侵权责任的，依照其规定”的无过错责任原则的规定完全一致。可以说，大规模侵权的归责基础完全在《侵权责任法》的视野之中，其归责原则早已在立法者规范的范围之中。

无过错责任原则产生于 19 世纪，被称为“机器和事故的年代”。对于工业事故责任，在工业社会初期也实行过错责任原则，在工业事故造成的损害面

---

① 杨立新：《侵权法论》，人民法院出版社 2005 年第 3 版，第 115 页。

② 朱岩：《从大规模侵权看侵权责任法的体系变迁》，《中国人民大学学报》2009 年第 3 期。

③ 王泽鉴：《侵权行为法》，第 1 册，台北三民书局 1999 年版，第 17 页。

④ 朱岩：《从大规模侵权看侵权责任法的体系变迁》，《中国人民大学学报》2009 年第 3 期。

⑤ 杨立新：《侵权法论》，人民法院出版社 2005 年第 3 版，第 143 页。

前，受害人必须证明事故的责任者即工厂主在主观上有过错后才能获得赔偿。工业事故为数众多的受害人因无法证明工厂主的过错而无法得到侵权法的保护。当时的侵权法拘泥于过错责任原则的后果是在事实上剥夺了工人的一切保护，不仅受害人无法证明工厂主造成工业事故的"过错"，而且工厂主也会利用过错责任原则，借口"无过失"而拒绝赔偿受害人的损失，使工厂主几乎不可能败诉。为了更好地保护工业事故的为数众多的受害人，侵权法一方面坚持实行过错责任原则，另一方面例外地就特殊损害事故承认无过错责任，在立法上出现了无过错责任的规定，即在特定的情况下，即使致人损害的一方没有过错也应承担赔偿责任。可见，无过错责任的产生其实就是为了救济工业事故的大规模侵权损害。

我国民事立法确立无过错责任原则的根本目的，在于切实保护民事主体的人身、财产安全，更好地保护民事主体的民事权益，促使从事高度危险活动和持有高度危险物的人、产品生产者和销售者、环境污染者以及动物的饲养人、管理人等经营者，对自己的工作予以高度负责，谨慎小心从事，不断改进技术安全措施，提高工作质量，尽力保障周围人员、环境的安全；一旦造成损害，能迅速、及时地查清事实，尽快赔偿受害人的人身损害和财产损失。适用这一原则的基本思想，在于使无辜的损害由行为人合理负担，切实保护受害人的利益。这就是《侵权责任法》第7条规定无过错责任原则的立法宗旨，这里显然包括大规模侵权的归责基础。因此，按照《侵权责任法》的规定，产品责任适用无过错责任原则，只有在确定销售者承担最终责任、运输者、仓储者等第三人使产品存在缺陷应当承担最终责任的适用过错责任原则之外，都适用无过错责任原则；环境污染责任适用无过错责任原则；高度危险责任适用无过错责任原则；除动物园动物损害责任之外的大多数动物损害责任都适用无过错责任原则。多数大规模侵权都是发生在这个范围之中，《侵权责任法》明确规定适用无过错责任原则，对于这种特殊类型的侵权行为对众多受害人的权益损害的救济，都发生重要作用，都能够给受害人给予最好的保护，不会存在法律调整不够的问题。

大规模侵权并不仅仅适用无过错责任原则，而且还要在很大的范围内适用过

错推定原则，以保护好众多受害人的合法权益。尽管《侵权责任法》第6条第2款规定的究竟是不是过错推定原则未有定论，但其适用于特殊侵权责任，过错要件实行推定却是一致的理解。在大规模侵权领域，除了有的要适用无过错责任原则之外，还有较多的大规模侵权须适用过错推定原则。例如依照《侵权责任法》第48条和《道路交通安全法》第76条规定，机动车与非机动车驾驶人或者行为之间造成的机动车交通事故损害责任适用过错推定原则；依照《侵权责任法》第81条规定，动物园的动物损害责任的归责基础是过错推定原则；依照《侵权责任法》第十一章的规定，绝大多数物件损害责任适用过错推定原则。这些领域中发生的大规模侵权，其归责基础是过错推定原则。

甚至在有些大规模侵权场合还要适用过错责任原则。例如，网络侵权中的大规模侵权依照《侵权责任法》第36条规定应当适用过错责任原则；证券侵权的大规模侵权应当依照《侵权责任法》第6条第1款规定适用过错责任原则；违反安全保障义务的大规模侵权应当依照《侵权责任法》第37条规定适用过错责任原则；机动车与机动车之间造成损害的，依照《侵权责任法》第48条和《道路交通安全法》第76条规定适用过错责任原则；在医疗机构因医疗过失造成大规模侵权的，除了医疗产品损害责任适用无过错责任原则之外，按照《侵权责任法》第54条规定，都适用过错责任原则。这些大规模侵权都以过错责任原则为归责基础，直言过错责任原则对大规模侵权无能为力的说法也有不周到之处。

因此，可以说，《侵权责任法》第6条和第7条关于侵权责任归责原则的规定，已经对大规模侵权烂熟于胸，早已有了确定的归责基础的对策。至于随着各种新型风险的层出不穷，很多学者认为，侵权法不能完全通过单纯列举的方法规定危险责任，规定危险责任的一般条款是现代侵权法的一个重要使命的说法[①]，尽管有其道理，但《侵权责任法》现行的规定是没有问题的，特别是《侵权责任法》第2条第1款关于“侵害民事权益，应当依照本法承担侵权责任”的规定，其职责之一，就是为《侵权责任法》的具体规定中无法预料的将来出现的需要适

---

① 朱岩：《风险社会下的危险责任地位及其立法模式》，《法学杂志》2009年第1期。

用过错推定原则或者无过错责任原则的特殊侵权责任类型，提供请求权基础，已经预留了调整空间[①]，完全可以概括大规模侵权的特殊侵权行为类型，完全有把握应对大规模侵权。

三、《侵权责任法》规定侵权责任构成包含了大规模侵权构成要件的要求

（一）大规模侵权对责任主体的特殊要求

诚然，大规模侵权的责任构成在主体上的要求，主要是加害人的单一性或有限多数性。[②] 加害人的所谓单一性，即只有一个加害人，如某个生产商生产的产品导致大量消费者人身损害或财产损失。有限多数性是指加害人多数，他们往往具有某种类似的地位，表现在产品侵权中，多个厂家采用同样的有毒物质、同样的生产流程生产同样的缺陷产品，多个销售商对此类产品进行销售，侵权者为生产或销售侵权产品的多个企业。[③] 这样的理解没有错误。

但是，大规模侵权责任构成在责任主体的要求上，更重要的不是量的问题，而是质的问题，即大规模侵权的责任构成最主要的特点，大多数在于以企业作为责任主体。大规模侵权产生的社会基础在于现代工业社会，生产、销售与消费都体现出大规模的重复性，人类对科学技术的依赖性以及科学的不确定性，企业对高额利润的单纯追求，都是这个社会基础的特点，因此，研究大规模侵权，就是要特别重视研究企业侵权；确定大规模侵权责任，就是要特别注意确定企业侵权责任；预防大规模侵权，就是重点预防企业在社会安全中未尽责任发生大规模侵权。这就是传统侵权法都是以单一的侵权模式作为侵权责任制度设计基础，要向当代侵权法改革的必要性和迫切性。

我国《侵权责任法》在这方面是有足够的认识的，已经实现了这种改革。我国《侵权责任法》并不是仅仅规定了普通侵权的侵权行为，也完全考虑了大规模

① 杨立新：《侵权责任法：条文背后的故事与难题》，法律出版社 2010 年版，第 29 页。

② 朱岩：《大规模侵权的实体法问题初探》，《法律适用》2006 年第 10 期。

③ 赵庆鸣、孟妍：《从三鹿奶粉事件看大规模侵权案之救济》，《曲靖师范学院学报》2010 年第 5 期。

侵权责任主体特殊性的特别需要，在设计侵权责任主体中，既包括普通侵权的侵权责任主体，也包括了大规模侵权的责任主体。这表现在三个方面。

第一，特别规定了企业作为侵权责任主体的多种情形。在立法目的上，《侵权责任法》就特别强调企业加强管理，提高科学技术水平，理由是我国已经进入比较发达的工业社会，侵权行为大量发生在企业生产经营中，如产品责任、环境污染、工业事故等生产安全事故等。《侵权责任法》通过损害赔偿等方式，促使企业提高产品安全性能，保护人民群众生命财产安全，减少环境污染，加强安全生产管理，减少安全生产事故。[①] 在具体规定上，《侵权责任法》在主体上除了规定了产品责任中的生产者、销售者以及运输者、仓储者等第三人（这些责任主体都是企业）之外；还在其他部分规定了用人单位（第 34 条第 1 款），劳务派遣单位、接受劳务派遣的单位（第 34 条第 2 款），网络服务提供者（第 36 条），公共场所的管理人或者群众性活动组织者（第 37 条），机动车的所有人或者使用人（第六章），医疗产品的生产者（第 59 条），污染者（第八章），经营者（第 70 条、第 71 条、第 73 条），高度危险物的占有人、使用人（第 72 条），高度危险物或者高度危险区域的所有人、管理人（第 74 条、第 75 条），动物饲养人、管理人（第十章）、建筑物的所有人、管理人或者使用人（第 85 条），建设单位和施工单位（第 86 条），有关单位（第 88 条），地下工作物的施工人或者管理人（第 91 条），等等。这些企业作为侵权责任主体的规定，无一不体现了作为复杂组织形式的企业的经营活动已成为现代社会重要危险来源的社会基础[②]，因而侧重围绕企业责任展开侵权责任主体的规定。这些规定都是为了应对大规模侵权的责任主体而确定，或者说都能够适应大规模侵权的责任主体主要是企业这个特点的需要的。

第二，特别规定作为复数主体的责任主体制度。《侵权责任法》规定责任主体，除了规定单一责任主体的情形之外，还规定了复数责任主体制度，以应对大规模侵权中的“多个具有同质性的侵权行为”的责任主体的需要。这些规定是：

---

① 王胜明主编：《中华人民共和国侵权责任法释义》，法律出版社 2010 年版，第 20 页。

② 朱岩：《从大规模侵权看侵权责任法的体系变迁》，《中国人民大学学报》2009 年第 3 期。

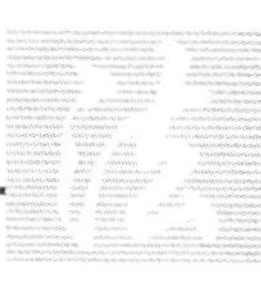

第 8 条规定的共同侵权责任制度，以应对构成共同侵权行为的大规模侵权。第 10 条规定的共同危险行为制度，本身就是产生于侵权责任主体不明的药品致害无法确定真正的侵权人而使所有生产该种药品的企业共同承担连带责任的大规模侵权行为，完全可以应对更大范围的这类大规模侵权。第 11 条规定的无过错联系的共同加害行为制度和第 12 条规定的叠加的共同侵权责任制度，也都能够应对大规模侵权对复数责任主体特殊性的要求。这些制度虽然都没有说这就是为大规模侵权所备，但其实质都包括了大规模侵权的内容。除了共同侵权责任、无过错联系的共同加害行为之外，共同危险行为制度也为大规模侵权的市场份额规则的适用[①]，确定这种大规模侵权的责任分担提供了法律依据。

第三，特别规定了复杂多样的侵权责任形态。大规模侵权不仅需要在责任主体上有特别的法律规定，而且还需要在侵权责任形态上规定更为多样的侵权责任形态规则，以应对大规模侵权对责任形态的特殊需求，更好地保护为数众多的受害人的合法权益。最为重要的责任形态规则是：《侵权责任法》规定了替代责任形态，为应对企业对其企业行为以及企业员工职务行为造成他人损害的大规模侵权承担替代责任提供规则。对于共同侵权责任、共同危险行为等多数责任主体的大规模侵权，《侵权责任法》第 13 条和第 14 条规定了连带责任规则。为了应对不构成共同侵权责任但属于两个以上的企业构成无过错联系的共同加害行为造成为数众多的受害人损害的，规定了按份责任规则。《侵权责任法》在产品责任、第三人造成环境污染损害责任、第三人造成饲养动物损害责任等领域，规定了不真正连带责任规则，以便及时地救济被侵权人的损害。在第三人未尽安全保障义务造成他人损害、第三人实施侵权行为造成未成年学生损害而教育机构未尽保护义务有过错等情形，规定了补充责任规则。在运输者、仓储者等第三人因过错致使产品存在缺陷造成他人损害、建筑物等及悬挂物、搁置物损害责任、建筑物等倒塌损害责任中的其他责任人承担责任，《侵权责任法》规定了

---

① 王竹：《试论市场份额责任在多因大规模网络侵权中的运用》，《政治与法律》2008 年第 4 期。

先付责任规则。[①] 这些责任形态规则的规定，足以应对大规模侵权对侵权责任形态的多样性需求。

因此，应对大规模侵权，无论是在大规模侵权的加害人单一性还是在加害人有限多数性，大规模侵权的责任主体主要是企业的特点上，以及复杂多样的侵权责任形态的需求上，《侵权责任法》都有足够的准备，足以应对确定大规模侵权法律适用在责任主体上的特殊需求。

（二）大规模侵权对损害事实要件的特殊要求

大规模侵权责任构成的损害事实要件，主要表现在受害人的多数性和复杂性，是区别于普通侵权的主要特征之一，也是识别大规模侵权的主要标志。受害人的多数性可能涉及几百人、上万人甚至成百上千万人。[②] 受害人的复杂性表现为直接受害人、间接受害人和潜在受害人等多层次上。不过，前者主要体现在救济的诉讼程序的复杂性，涉及的是诉讼法问题，不是实体法问题；后者则给对受害人的救济等带来重要影响，需要界定受害人的范围以及诉权问题。其实这样的问题也不难办，直接受害人当然是赔偿的请求权人；间接受害人如果能够确认为间接受害人，符合侵权责任构成要件要求的，也应当是赔偿请求权人；潜在受害人如果能够确定，或者在将来损害发生时予以救济，或者现在予以适当补偿，《侵权责任法》也都规定了适当的法律调整办法。

（三）大规模侵权对因果关系要件的要求

大规模侵权的因果关系的主要特点是：第一，复杂性。较之于普通侵权，大规模侵权案件的因果关系大多涉及技术性问题，因而使企业产品、企业行为与损害后果之间的因果关系较难确定，以及多数原因加之于损害成为共同原因等情

---

① 关于上述侵权责任形态规则的说明，在本书中无法展开介绍，可以参见杨立新：《侵权责任法》，法律出版社第2版。其中先付责任是我提出的概念，以《侵权责任法》第44条关于“因运输者、仓储者等第三人的过错使产品存在缺陷，造成他人损害的，产品的生产者、销售者赔偿后，有权向第三人追偿”的规定为代表，先付责任是指在不真正连带责任中，中间责任人首先承担直接责任，请求权人只能向中间责任人请求赔偿，中间责任人在承担了中间责任之后，有权向承担最终责任人追偿的不真正连带责任的特殊形态。

② 赵庆鸣、孟妍：《从三鹿奶粉事件看大规模侵权案之救济》，《曲靖师范学院学报》2010年第5期。

形。对此，《侵权责任法》确实没有规定具体办法，但是，这不是立法问题，而是司法和学理问题。事实上，早在1960年代前后，德国、日本等国家的侵权司法实务就提出了因果关系举证责任缓和的规则，适当降低原告的证明标准，在原告举证证明因果关系要件达到盖然性标准时，推定存在因果关系，而不是完全实行举证责任倒置。[①] 此外还有疫学因果关系说[②]、表见证据规则、优势证据规则[③]等。第二，同质性。大规模侵权不仅是加害行为的同质性，还有损害事实的同质性，因而在认定大规模侵权的因果关系上，只要确定了一个加害行为与造成一种损害事实之间具有因果关系，就可以根据两个同质性的特点，其他同质性的加害行为与同质性的损害事实之间的因果关系就不必再作证明，直接认定有因果关系即可。因此，在大规模侵权责任中认定因果关系，除存在较大的困难之外，又存在较为方便之处，不可将大规模侵权的因果关系认定视为艰难之至、难以认定，其实也有有利之处。例如，确定一罐三鹿奶粉与儿童损害之间有因果关系，其他三鹿奶粉造成损害还需要证明吗？

（四）大规模侵权的过错要件问题

诚然，多数大规模侵权的责任构成由于适用无过错责任原则，都不必确定侵权人的过错要件。但是，在过错推定原则和过错责任原则的适用场合，还必须有过错要件。主要的问题是以下几点。

1.在无过错责任原则的场合原告证明被告有过错的责任

在无过错责任原则的适用场合，原告不必证明被告的过错。但是，如果原告能够证明被告在损害中有过错，责任确定的后果是否有变化呢？《侵权责任法》对此没有规定，这是有一定问题的。在大规模侵权中，适用无过错责任原则确定责任的侵权行为，多数设有限额赔偿规则，我国《侵权责任法》第77条也作了规定。在国外，在这样的情形下，如果原告能够证明被告的过错要件，则可以不

① 夏芸：《医疗事故赔偿法》，法律出版社2007年版，第181页。

② 夏芸：《医疗事故赔偿法》，法律出版社2007年版，第203－204页。

③ ［日］加藤一郎：《公害法的生成与发展》，岩波书店1968年版，第29页。

适用限额赔偿的规则，而适用全部赔偿原则。[①] 对此，我们应当借鉴。

2.在过错推定原则的场合的过错推定规则

适用过错推定原则确定大规模侵权责任，原告不必证明被告的过错，直接根据损害事实、违法行为和因果关系要件推定被告有过错。如果被告认为自己没有过错，则应当自己举证证明自己没有过错。能够证明自己对损害的发生没有过错的，免除责任。不能证明者，过错推定成立。适用过错推定原则的范围，必须根据《侵权责任法》第四章至第十一章中的规定进行，这就是《侵权责任法》第6条第2款规定的“法律规定”的含义。

3.适用过错责任原则时的过错证明

在网络侵权、违反安全保障义务侵权、证券侵权以及其他有关的大规模侵权中，适用过错责任原则确定侵权责任。对此，必须依照《侵权责任法》第6条第1款规定确定侵权责任，应当由原告证明被告的过错要件。同时，该条款是这种大规模侵权的请求权基础。

四、《侵权责任法》规定的侵权责任类型包含了大规模侵权的类型要求

《侵权责任法》应对大规模侵权，规定了复杂的特殊侵权责任，这就是第四章至第十一章规定的13种侵权责任类型。在这些特殊侵权责任类型中，大部分都可以适用于大规模侵权。例如，用人单位责任包括劳务派遣责任、网络侵权责任、违反安全保障义务的侵权责任、产品责任、机动车交通事故责任、医疗产品损害责任、环境污染责任、高度危险责任、饲养动物损害责任和物件损害责任。

对于上述特殊侵权责任类型之外发生的大规模侵权，如何适用法律，我认为有以下两个办法，《侵权责任法》都有应对措施。

第一，属于适用过错责任原则的大规模侵权，适用《侵权责任法》第6条第

① 杨立新：《德国和荷兰侵权行为法考察工作日记》，载杨立新主编：《中华人民共和国侵权责任法草案建议稿及说明》，法律出版社2007年版，第398页。

1款规定确定侵权责任。例如，由于大众传播的受众的广泛性，虚假广告、虚假新闻、低俗内容和有线广播电视低劣的传播画面和声音以及对媒体资源的滥用，都侵害了受众的合法权益[①]，形成媒体的大规模侵权。又如，随着最高人民法院2003年出台“虚假陈述”的司法解释，在证券领域引入集团诉讼的建议和争论更趋热烈，也形成了证券侵权的大规模侵权问题。[②] 这些大规模侵权尽管没有在上述侵权责任类型中作出明确规定，但属于适用过错责任原则的侵权行为，因此，应当适用《侵权责任法》第6条第1款规定确定侵权责任和侵权请求权。

第二，适用《侵权责任法》第2条第1款大的侵权责任一般条款确定责任。诚然，各种新型风险的层出不穷，《侵权责任法》不能完全通过单纯列举的方法规定危险责任，规定危险责任的一般条款是现代侵权法的一个重要使命。[③] 因而有人曾经解释，《侵权责任法》第69条不是高度危险责任的一般条款，而是危险责任的一般条款。[④] 这种解释比较牵强。我认为，如果确实“随着各种新型风险的层出不穷”，而在《侵权责任法》第四章至第十一章规定的侵权责任类型中无法涵盖的某种新型“风险责任”的大规模侵权行为出现，则如前文所述，完全可以适用《侵权责任法》第2条第1款规定即大的侵权责任一般条款，确认其适用过错推定原则或者无过错责任原则确定侵权责任，以应对新型大规模侵权损害救济的需要。[⑤]

五、《侵权责任法》的立法目的和具体责任体现了对大规模侵权的救济、预防和惩罚要求

研究大规模侵权的学者通常指出，由于大规模侵权造成损害的广泛性、突发

---

① 王生智：《论群体性媒体侵权案件的诉讼模式》，《西华师范大学学报（哲学社会科学版）》2009年第2期。

② 郭雳：《美国证券集团诉讼的制度反思》，《北大法律评论》第十卷（2009）第二辑，第426－446页。

③ 朱岩：《从大规模侵权看侵权责任法的体系变迁》，《中国人民大学学报》2009年第3期。

④ 这是尹飞教授的观点。民商法前沿论坛讲座：《〈侵权责任法〉一般条款和具体规则的适用》，见中国民商法律网，http://www.civillaw.com.cn/article/default.asp?id=48483，2011年5月14日访问。

⑤ 这种理解，请参见杨立新：《侵权责任法：条文背后的故事与难题》，法律出版社2010年版，第29页。

性和严重性，应当对大规模侵权的救济、预防和惩罚予以特别规定，以救济广泛发生的严重损害，惩戒大规模侵权的行为人，防范大规模侵权的发生，以保障社会安全。同时也指出，大规模侵权造成的损害，除人身、财产外，还造成众多受害人精神损害，甚至对社会也造成极大的负面影响，为突出侵权法的威慑功能，需要借助惩罚性赔偿制度。[①] 对此，《侵权责任法》都有专门的应对措施。

（一）《侵权责任法》特别强调其救济功能、惩罚功能和预防功能

《侵权责任法》在立法目的的规定中，特别强调《侵权责任法》具有保护民事主体合法权益，预防和制裁侵权行为的功能。《侵权责任法》第 1 条规定："为保护民事主体的合法权益，明确侵权责任，预防并制裁侵权行为，促进社会和谐稳定，制定本法。"这一规定明确了《侵权责任法》的三大基本功能，即救济功能、制裁功能和预防功能。在大规模侵权中，法律除了对其损害救济的重视之外，特别注意对大规模侵权的惩罚和预防功能的发挥，这些都在《侵权责任法》的立法目的之中。这一条文中规定的"制裁"，主要是强调对侵权行为的惩罚，所谓制裁侵权行为实际是惩罚侵权行为的含义。《侵权责任法》通过对可归责的当事人科以责任，惩罚其过错和不法行为，对社会公众产生教育和威慑作用，从而可以预防侵权行为的发生，抑制侵权行为的蔓延。[②]

（二）《侵权责任法》规定的损害赔偿一般规则中都包含了对大规模侵权的损害赔偿救济

《侵权责任法》第 16 条、第 17 条、第 19 条和第 22 条都考虑了大规模侵权的损害赔偿救济措施。《侵权责任法》规定损害赔偿的一般性规则的这四个条文，分别规定了人身损害赔偿、财产损害赔偿和精神损害赔偿责任。在这四个条文中，只有第 17 条在规定死亡赔偿金时使用了"同一侵权行为造成多人死亡的"用语，表述的就是大规模侵权。不过，尽管其他三个条文没有这样的表述，并不表明它们不适用于大规模侵权，而是大规模侵权必须适用这些条文。在大规模侵权中，对于广泛性、严重性的损害进行救济，最主要的特点是要求及时、普遍、

---

① 赵庆鸣、孟妍：《从三鹿奶粉事件看大规模侵权案之救济》，《曲靖师范学院学报》，2010 年第 5 期。

② 王胜明：《中华人民共和国侵权责任法释义》，法律出版社 2010 年版，第 20 页。

赔偿程序简洁，使受害人能够及时获得赔偿、恢复权利。当然，在救济中还要特别注意对为数众多的受害人给予足额的、充分的赔偿，以及予以精神损害赔偿。对于这些，在这四个条文中规定的我国损害赔偿的一般性规则都已经包含，只是要求法官在运用中充分理解立法精神，准确适用而已，并不需要再对大规模侵权的损害赔偿作出特别规定。

应当特别强调的是，《侵权责任法》第4条第2款规定的"私权优先"规则的适用，对于大规模侵权的救济特别有意义。该条款规定："因同一行为应当承担侵权责任和行政责任、刑事责任，侵权人的财产不足以支付的，先承担侵权责任。"这一规定被学者称为私权优先规则，是指刑事责任、行政责任与侵权责任发生非冲突性法规竞合，侵权责任请求权具有优先权，可以对抗同一违法行为产生的刑事责任、行政责任中的财产性责任。这种规定对大规模侵权的救济特别有价值。在企业作为责任主体而发生的大规模侵权中，非常可能企业基于同一行为而发生刑事责任、行政责任和侵权责任的竞合，而侵权企业的资产有限，无法同时承担这些责任。适用私权优先原则，就可以使为数众多的受害人的损害赔偿请求权能够对抗政府作为主体的行政责任或者刑事责任的财产要求，优先实现自己的损害赔偿请求权。

（三）《侵权责任法》强调对恶意产品侵权的惩罚性赔偿

《侵权责任法》第47条特别规定了对产品责任的大规模侵权的惩罚性赔偿责任。美国《侵权行为法重述》第908条规定：惩罚性赔偿为损害赔偿及名义上之赔偿以外之赔偿，系为惩罚极端无理行为之人而作之赔偿，且亦为阻遏该人及其他人于未来从事类似之行为而作之赔偿。[①] 惩罚性赔偿制度最主要的两大功能为威慑与惩罚。学者认为，法律在处理大规模侵权时的根本作用应当在于预防。惩罚性赔偿制度的威慑功能则能够很好地满足这一需求。因此，惩罚性赔偿制度是能够适用于大规模侵权的，而且能够发挥遏制大规模侵权的发生以及充分赔偿受害者的作用。[②] 这些意见无疑是正确的。在制定《侵权责任法》中，立法者的注

---

① 刘兴善译：《美国法律整编·侵权行为法》，台北司法周刊杂志社1986年版，第755页。

② 柯劲衡：《惩罚性赔偿制度在大规模侵权中的适用分析》，《商业时代》2010年第31期。

意力集中在恶意产品侵权的惩罚性赔偿上，规定了第47条关于恶意产品侵权造成人身损害的惩罚性赔偿责任规则。实事求是地说，这一规定的适用范围确实过窄，学者对此提出的“惩罚性（赔偿）适用范围过窄，只能适用产品责任，而对恶意排污导致的严重环境侵权、证券市场恶意散布虚假信息造成广大投资人受损等案件类型无法适用”① 的批评，以及对没有规定惩罚性赔偿责任的具体适用办法的批评②，都是有道理的。不过，作为大陆法系立法传统的我国《侵权责任法》，其实是很难接受惩罚性赔偿责任制度的，在目前情况下，先规定恶意产品侵权造成人身损害的惩罚性赔偿责任，与《食品安全法》的相似规定相呼应，实行起来后再总结经验，还可以继续扩大适用范围，进一步改进惩罚性赔偿责任制度，以适应在其他领域中发生的大规模侵权的需要。

（四）《侵权责任法》在带有预防性的侵权责任方式规定中包含大规模侵权

《侵权责任法》对侵权行为的预防体现在两个方面，这些都对大规模侵权适用。

第一，通过对侵权行为科以损害赔偿责任以及惩罚性赔偿责任，发挥侵权责任法的威慑作用，阻吓其他社会成员，使其畏惧实施侵权行为的法律后果，达到预防侵权行为的目的。对此，立法机关的官员在解释《侵权责任法》第1条时反复强调这一功能。这一点不言而喻，当然适用于大规模侵权。

第二，在具体的侵权责任方式适用上也体现了《侵权责任法》对大规模侵权的预防措施。在《侵权责任法》第15条规定的8种侵权责任方式中，停止侵害、排除妨碍、消除危险等都具有预防损害后果发生或者扩大的功能。除此之外，《侵权责任法》第21条和第45条规定也包含了对大规模侵权的预防措施。第21条规定：“侵权行为危及他人人身、财产安全的，被侵权人可以请求侵权人承担停止侵害、排除妨碍、消除危险等侵权责任。”第45条针对缺陷产品致人损害的侵权责任又特别规定：“因产品缺陷危及他人人身、财产安全的，被侵权人有权请求生产者、销售者承担排除妨碍、消除危险等侵权责任。”据此，大规模侵权

① 朱岩：《从大规模侵权看侵权责任法的体系变迁》，《中国人民大学学报》2009年第3期。

② 杨立新：《侵权责任法：条文背后的故事与难题》，法律出版社2010年版，第175页。

如果发生在产品责任领域，可以依据第 47 条主张采取这些救济措施，预防侵权损害结果的发生或者扩大。大规模侵权如果发生在其他领域，则可以根据第 21 条或者第 15 条的规定，请求采取这些救济措施。

第二节　数种原因造成损害结果的赔偿数额计算

一、引论

在侵权损害赔偿中，对于单一原因造成损害结果的赔偿数额计算，无论是人身伤害赔偿、精神损害赔偿还是财产损害赔偿，无论是直接损失还是间接损失，都有较为准确的赔偿数额的计算方法。对此，我在一些文章和著作中，陆续地提出了一些量化的计算方法，有的还提出了一些具体的计算公式。实践证明，这些计算方法和计算公式对于准确地算定侵权行为人的赔偿数额，合理、妥善地救济侵权行为受害人的权利损害，是有重要的实践价值的，由此也可以看出，尽管侵权行为法学属于社会科学的范畴，司法救济侵权行为受害人也不是一个严格的数学问题，但是，由于侵权行为的主要责任形式是金钱赔偿，赔偿的标准又是受害人财产损失的大小，因而就不能不涉及数学计算问题。曾经有人说过，最精确的科学就是能够量化计算的科学。那么，侵权行为法学尤其是它的损害赔偿计算，不仅有能够量化计算的基础，而且极具量化计算的必要性。加强这方面的研究，提出切实可行的、科学合理的损害赔偿计算方法，对于侵权行为法的研究尤其是对侵权行为法的具体实践，具有重要的意义。

对于数种原因造成损害结果的赔偿数额计算问题，相对于单一原因造成损害结果的赔偿数额而言，是更为复杂、多变的。对于这种赔偿数额如何在各个不同原因的主体间进行分配，确定量化的计算方法，更为困难和复杂。例如，在混合过错中，依照过失相抵原则，如何减轻加害人的赔偿责任，换言之，受害人怎样承担由自己的原因所造成的损害的那一部分损失数额，就是一个复杂的问题。这

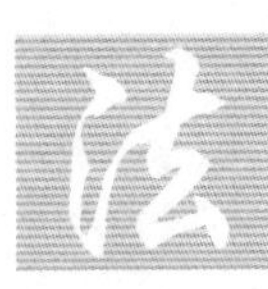

种赔偿数额计算得不准确，就不能更好地发挥制裁民事违法，救济受害人权利损害的侵权行为法的职能作用。例如，尹某惠因疏忽，将两桶开水放于路边，幼童赵某脱离亲权人的监护在路边玩耍，跌入开水桶中，造成严重烫伤。[①] 尹某惠与赵某的法定代理人对于损害的发生，无疑均具过失和原因力，如何确定双方的责任份额，争论较大。有些人主张加害人应当承担60%的责任份额，有些人主张加害人承担80%的责任份额，也有人主张既然是加害人一方承担主要责任，则不必过于“较真”，将赔偿数额弄得十分准确。我认为，在确定侵权损害赔偿数额的时候，确定主要责任、次要责任还是同等责任必须准确，就是确定具体的赔偿份额，也应该准确；赔偿数额过高或者过低，虽然都在赔偿的“幅度”以内，但因缺乏可行的量化计算，因而难以使当事人心服口服，真正平息纠纷。

对于这个问题，我作了较长时间的研究，其中对于共同侵权行为的各行为人责任份额和混合过错双方当事人责任份额计算问题，提出了具体的计算方法。[②] 在这样的基础上，有必要将问题进一步抽象，进而提出包括混合过错和共同侵权行为在内的所有数种原因造成损害结果的侵权行为的赔偿数额计算方法，显然更有实践价值，从而与单一原因造成损害结果的侵权行为的数额计算方法相配合，构成较为完善的损害赔偿数额计算的方法和理论，应用于实践，指导实践。

二、数种原因造成损害结果的概念和类型

数种原因造成损害结果这一概念，并不是一个严格的法律意义上的概念。我在本节中使用这一概念，是相对于单一原因造成损害结果这样的概念而言的。它是指这样一种情形，就是在侵权行为中，造成一个和数个损害结果，不是由于一个原因所致，而是由于两个或者两个以上的原因所致，这种原因，可以是当事人的行为，也可以是第三人的行为，还可以是其他原因甚至是自然的原因；这些原因相互结合、相互作用，共同造成了损害结果的发生。在这种情形下，损害赔偿

① 该案参见杨立新：《民法判解研究与适用》，中国检察出版社1994年版，第23页。

② 王利明、杨立新：《侵权行为法》，法律出版社1996年版，第197页、第214页以下。

责任不能由单一的行为人或者其他人承担，而应当由对损害结果的发生有过错或者具有原因力的主体承担。

数种原因造成损害结果包括以下几种类型。

一是共同侵权行为。在共同侵权行为中，共同加害人所实施的行为，虽然被作为一个行为来看待，但是，共同加害人毕竟不是一个人，而是多个人，每一个人在共同侵权时，其过错和行为的原因力都可能是不一样的，每一个人的行为对于损害结果的发生均具其固有的作用力。尽管他们要承担连带责任，但是在承担连带责任的基础上，各个共同加害人还是要有自己的相对的责任份额，而不是绝对地由其中一个加害人永远承担。所谓一个和数个共同加害人在承担了连带责任以后，对其他没有承担赔偿责任的共同加害人享有追偿权，实际上就是按照赔偿责任份额令其承担自己所应承担的那一份赔偿份额。

二是共同危险行为。共同危险行为是准共同侵权行为。在共同危险行为中，对于损害结果的形成，本来只有一个共同危险行为人的行为所致，并不是每一个共同危险行为人对于损害结果的发生均具实际的原因力；但是，在法律上，对共同危险行为是作为共同行为看待的，每一个共同危险行为人所实施的具有危险性的行为对于损害结果的发生，都视为有因果关系，都具有法律上的原因力。因而，在共同危险行为中，共同危险行为人在承担连带责任的基础上，也要确定每一个共同危险行为人的赔偿责任份额，也存在对每一个共同危险行为人的赔偿责任份额进行计算的问题。例如，3 名未成年人在 7 层楼上向下扔酒瓶，其中一个酒瓶击中楼下马某怀抱的 2 岁幼童，造成死亡的后果。3 名未成年人的法定代理人承担连带赔偿责任，但同时确定每人承担 33.3%的责任份额。

三是无意思联络的数人侵权。无意思联络的数人侵权，指数人在行为之先并无共同的意思联络，而致同一受害人共同损害。① 无意思联络的数人侵权，不是共同侵权行为，各个加害人之间不承担连带责任，而是各个就自己的行为所发生的原因力，各个承担按份的赔偿责任。

四是混合过错。在混合过错中，不论是单一行为人还是多个行为人，凡是构

① 王利明、杨立新：《侵权行为法》，法律出版社 1996 年版，第 199 页。

成混合过错，总是加害人和受害人均具过错，对损害结果的发生均具原因力，其必然的结果，是实行过失相抵，双方当事人公正地分担赔偿责任。这是数种原因造成损害结果的最为典型的类型。

五是加害人和受害人以外的第三人的行为对于损害结果的发生亦具原因力。在侵权行为的发生过程中，第三人的行为也加入其中，并构成损害结果发生的原因，该第三人也要承担自己应当承担的赔偿份额，这也是数种原因造成损害结果的一种类型。

六是行为与自然原因相结合而造成损害结果。例如，庞甲在庞乙房屋后墙约一米处挖井，在洪水期间，庞乙房屋前的河水暴涨，河水的压力将地下的砂石通过庞甲的井口涌出，将庞乙房屋的地基掏空，房屋下陷损坏，造成严重损失，庞乙房屋损害结果的形成，有两个原因：一是庞甲的挖井行为，二是洪水的自然原因。对此，庞甲只能对自己的行为承担责任，对于洪水的自然原因，则不能由庞甲承担。按照罗马法关于“不幸事件只能落在被击中者头上”的法谚，洪水这种自然原因所造成的损害，应当由受害人庞乙负担。[①] 这种情况也是数种原因造成损害结果的一种类型。

在以上六种类型的侵权行为中，都存在几个原因对损害结果的发生具有作用力，因而，也都涉及赔偿数额在不同的主体之间具体分配的问题。将这些类型的侵权行为抽象起来，可以看出数种原因造成共同损害结果的侵权行为的法律特征是：

第一，它是侵权行为中的一种类型，而不是某一种特定的侵权行为。在侵权行为中，可以依据不同的标准作不同的划分。在这里，为了在计算赔偿数额上的方便，就以造成损害结果的原因数量这一标准，将侵权行为分为两大类：一是单一原因造成损害结果的侵权行为，二是数种原因造成损害结果的侵权行为。这种划分，不是着眼于侵权行为的具体形态，而是着眼于侵权行为发生的原因。其意义在于以此作为标准，确定不同的损害赔偿数额的计算方法。

第二，这种侵权行为所造成损害结果的原因，必须是两个或者两个以上。否则，就难以与单一原因造成损害结果的侵权行为相区别。两个或者两个以上的原

① 本案参见杨立新：《民法判解研究与适用》，中国检察出版社 1994 年版，第 23 页。

因，可以是行为，也可以是其他原因；在行为的原因中，既可以是数个加害人的各个行为，也可以是加害人和受害人的行为，还可以是第三人的行为。这些原因结合在一起，共同形成了损害结果。

第三，这种侵权行为所造成的损害结果是共同的。在这类侵权行为中，虽然造成损害结果的原因有数种，但是，损害结果必须是共同的。共同损害结果可能是一个（这种损害结果不可能分开），也可能是数个；数个损害结果也必须相互关联，不可分割。只有共同的损害结果才能构成一个侵权行为；如果损害结果是两个或者两个以上，则构成两个或者两个以上的侵权行为，也就不存在分割损害赔偿责任数额计算的问题了。

第四，这种侵权行为的赔偿数额是应当而且可能分割的。在混合过错中，赔偿责任应由双方当事人共同承担，当然就有一个责任的分割问题。在共同侵权行为中，共同加害人虽然承担连带赔偿责任，但是真正承担起来，最后仍然要分割份额。在混合过错中，加害人承担的赔偿责任和受害人自己负担的损失数额，其实就是分割的赔偿责任份额。就是在行为人的行为与自然原因相结合，造成共同损害结果时，行为人也只能承担自己的行为所造成的那一份损害赔偿责任，赔偿数额也是要分割成为各自的赔偿责任份额的。因而，这种侵权行为赔偿数额计算问题的实质，就是对一个总体的赔偿责任分割成为不同的赔偿责任份额，所不同的是，有的赔偿责任份额是绝对性的，例如混合过错中加害人和受害人的赔偿责任份额；有的赔偿责任份额是相对性的，例如共同侵权行为各个共同加害人的赔偿责任份额。说到底，多种原因造成损害结果的赔偿数额计算问题，就是依照一定的因素和标准分割不同的赔偿责任份额。

三、决定数种原因造成损害结果分割赔偿责任份额的各种因素

在数种原因造成损害结果的侵权行为中，确定各个主体的赔偿责任，就是在各个主体之间按照构成侵权赔偿的各种因素分割赔偿份额，将一个整体的赔偿数额，公平地分配给该侵权行为法律关系的每一个主体来承担。在确定每一个数种

原因造成损害结果的行为的时候，必须考虑的因素就是两个，一是主观过错，二是原因力。依据这两个因素，就可以准确地计算出每一个侵权法律关系主体所应当承担的赔偿数额。

（一）过错比较

过错比较源于比较过错或者比较过失，但是，这不是同一个概念。比较过错或者比较过失，是指在混合过错中，通过确定并比较加害人和受害人的过错程度，以决定责任的承担和责任的范围。① 过错比较的内涵比比较过错要宽，不仅适用于混合过错的场合，而且适用于一切数种原因造成损害结果的侵权行为。因而，过错比较是指数种原因造成损害结果的侵权行为在确定赔偿数额时，先应当考虑的因素，是决定这种侵权行为的不同主体间赔偿责任分割的第一的决定因素，更准确地说，过错比较是在受害人、加害人以及第三人之间在对造成的损害都存在过错的时候，按照各自的过错程度，确定各方的赔偿份额。

在历史上，如何进行过错比较，有以下三种不同的办法。

一是，在当事人中，一方的过错在程度上重于另一方的过错，则不论那一方是否有故意或者重大过失，都可以使受害人获得完全的赔偿或者使加害人被完全免责。若受害人的过错等于或者大于加害人的过失，则受害人无权得到赔偿。说得更简洁一些，就是在混合过错中，受害人有 49%的过失，可以得到完全的赔偿；如果有 50%的过失，就无权得到赔偿。这种过错比较，是落后的方法，已经被历史所淘汰。

二是，在当事人中，如果加害人有故意或者重大过失，则应负完全的赔偿责任；如果受害人具有故意或者重大过失，则可使加害人被免除或者减轻责任。这种做法并不是将双方当事人的过错具体以百分比加以比较，而是将当事人的过错具体确定为故意、重大过失和一般过失三个等级，加害人具有故意而受害人具有重大过失者，加害人承担主要责任；加害人具有重大过失而受害人具有一般过失者，加害人亦应承担主要赔偿责任；受害人具有故意，则加害人完全免责；受害人具有重大过失而加害人有一般过失，应当承担次要责任，在推定过错时，则应

① 王利明、杨立新：《侵权行为法》，法律出版社 1996 年版，第 213 页。

根据具体情况使加害人负责。这种办法虽不够准确，但在有些国家还在使用。

三是，将当事人的过错程度具体确定一定的比例，从而确定出责任范围。例如在混合过错的情况下，如果是同等责任，按照比例，在当事人之间平均分割赔偿责任份额。如果一方当事人应当承担主要责任，则其应当承担51%以上的民事责任。如果一方当事人应当承担次要责任，则其应当承担49%以下的赔偿份额。在其他责任主体有过错的时候，参照以上的办法，确定各方的赔偿份额。

在我国的司法实践中，就是采用上述第三种办法进行过错比较。

（二）原因力比较

在多种原因造成损害结果的侵权行为中，确定各方赔偿责任时，过错程度的比较是第一位的决定因素。第二位的决定因素，就是原因力。

原因力，是指在构成损害结果的共同原因中，每一个原因对损害结果的发生或者扩大所发生的作用力。[①] 数种原因造成损害结果，是由数个行为或者因素所造成的，这数种原因对于该共同损害结果来说，都是共同原因，每一个作为共同原因的行为或者因素，都对损害结果的发生或者扩大具有原因力。

原因力之所以在多种原因造成损害结果的侵权行为的责任份额确定上是第二位的因素，是因为原因力对于赔偿份额的确定具有相对性。虽然因果关系在侵权责任的构成中是必要要件，具有绝对的意义，不具备之，就不能构成侵权责任。但是在多种原因造成损害结果的侵权行为中，确定各个主体的赔偿份额的主要因素，是过错程度的轻重；而原因力的大小尽管也影响各自的赔偿责任份额，但要受过错程度因素的约束和制约。

多种原因造成损害结果的侵权行为在确定赔偿责任份额时，原因力的相对作用主要表现在以下几个方面。

第一，当各方当事人的过错程度无法确定，或者在适用无过错责任原则归责时，应以各自行为或者因素的原因力大小，确定各自的赔偿份额。各方当事人的过错程度无法确定，只能在原因力上进行比较，根据原因力的大小，确定各自的赔偿责任份额。在一方的行为与其他自然原因相结合而造成损害结果的时候，也

① 王利明、杨立新：《侵权行为法》，法律出版社1996年版，第215页。

无法进行过错比较，只能依原因力比较，确定行为人的赔偿责任份额。在适用无过错责任原则的情况下，并不要求行为人一方有过错，因而在多数情况下无法进行过错比较，只能按照原因力的比较来确定赔偿份额。有的学者认为在无过错责任原则的场合，无法实行过失相抵，是不准确的，理由是，过失相抵并不是只能进行过错比较，原因力的比较尤其在无过错责任原则的场合，更是经常运用的。

第二，在各方当事人的过错程度相等时，原因力对赔偿责任份额的确定，起“微调”作用。例如，在混合过错的场合，如果双方当事人的过错程度相等，而各自行为的原因力有差别的时候，应当根据原因力的比较进行赔偿责任份额的调整；在共同侵权行为中，如果各个共同加害人的过错程度相等，原因力的大小，对各自的赔偿责任份额就具有决定的作用。在这样的情况下，如果各自的原因力的大小没有差别，则应当承担同等的赔偿责任份额；如果各自的原因力有差别，则应当根据原因力的比较，确定各自的赔偿责任份额。

第三，在加害人依其过错程度应当承担主要责任和次要责任时，各自行为或因素的原因力亦起“微调”作用。各自原因力相等的，依过错程度的比例确定赔偿责任份额；原因力不等的，依原因力的大小相应调整主要责任和次要责任的份额比例，确定具体的赔偿份额。

四、具体的赔偿数额计算

（一）过错程度的确定

确定过错程度的标准，有三种不同的方法。

第一种，根据行为危险性的大小及危险回避能力的优劣决定过错轻重。优越者的行为的危险性更大，危险回避能力更强，因而过错更重；反之，过错较轻。这种方法较为抽象，使用起来较为困难，因此不宜采用。

第二种，采用不同的标准衡量各方的行为决定过错的轻重。为使受害人能有更多的机会获得赔偿，对受害人的过错确定采用低标准或主观标准衡量其轻重；对加害人的过错确定则采用高标准或者客观标准衡量其轻重。这种方法虽然对保

护受害人一方较为有利，但是对各方当事人不是用一个标准来衡量过错轻重，不符合民法的公平原则，也不宜采用。

第三种，根据各方当事人注意义务的内容和注意标准来决定过失的轻重，除了故意以外，根据这一标准，首先要确定双方当事人所负有的注意内容，如果一方当事人在损害发生时负有特殊的注意义务，而该当事人不仅没有履行此种特殊的注意义务，而且连一般人所应尽的注意义务都没有达到，其过失就比一般过失严重。如果各方当事人并不负有特殊的注意义务，就应按照“合理人”的标准衡量双方的行为，把双方的行为与一个合理的、谨慎的人的行为进行比较，以决定双方的过失和过失程度。如果行为与一个合理的、谨慎的人的标准相距较远，则过失较重；相距较近，则过失较轻。因而，过错的等级及其轻重的关系是：

故意＞重大过失＞一般过失＞轻微过失

在我国司法实践中，采用这种方法来衡量当事人的过错轻重，因为只有根据注意义务的内容和标准来决定过失的轻重，才客观、公正，可以适用于一切案件，成为通用的标准。

由于过错程度是多种原因造成损害结果的侵权行为赔偿责任份额确定的最主要因素，也由于在一般的这种案件中，过错程度是普遍存在的因素，因而，在确定多种原因造成损害结果的侵权行为的赔偿数额的时候，进行过错比较是最重要、最基础的一环。

（二）赔偿责任份额的具体计算

1.过失相抵赔偿责任份额的计算

在过失相抵（亦称为混合过错）的场合，确定赔偿责任份额首先应当确定过错程度在双方当事人之间的比例。受害人有故意或者重大过失，加害人只有轻微过失者，过错份额为9％以下；受害人具有故意或者重大过失，加害人有一般过失者，过错份额为10％～25％，受害人具有故意，加害人有重大过失者，过错份额为25％～49％；受害人和加害人都具有故意或者重大过失，且程度相当者，过错份额为50％；受害人具有重大过失，加害人具有故意者，过错份额为50％～75％；受害人具有一般过失，加害人有故意或者重大过失者，过错份额为75％～

90%；受害人只有轻微过失，加害人具有故意或者重大过失者，过错份额为91%以上。

其次，按照原因力比较的要求，进行“微调”。在双方当事人的过错程度相等时，如果行为的原因力亦相当，则应确定双方当事人承担同等责任。原因力不相等，则应根据原因力的大小，对双方当事人的责任份额进行调整，依原因力的比例确定责任份额。其计算公式是：

过失相抵赔偿责任份额=(加害人过错程度+加害人行为原因力)/2

例如，双方当事人的过错程度相等，但加害人行为的原因力为80%，受害人的行为的原因力为20%，则（50%+80%）/2，责任份额为65%，如果加害人行为的原因力为40%，受害人的行为的原因力为60%，则加害人的责任份额为45%。在加害人已经依过错程度确定承担主要责任或者次要责任，原因力仍有不同者，则依原因力的大小，再进行“微调”，对赔偿责任份额进行适当的调整。例如，加害人按照过错程度，应当承担80%的主要责任，但是依照原因力的比较，仍然感到责任份额偏轻，则可以在80%以上调整，令加害人承担81%以上的赔偿责任份额；如果依照原因力的比较感到偏重，则可在80%以下调整，令加害人承担79%以下的赔偿责任份额。

前述尹某惠致害赵某侵权案，尹某惠的过错为重大过失，赵某的亲权人的过错为一般过失，按照过错比较，尹某惠应当承担70%的赔偿份额；按照原因力比较，尹某惠应当承担90%的份额，两者相加除以2，则尹某惠承担80%的赔偿责任份额较为适当。

2.共同侵权行为的赔偿责任份额计算

确定共同侵权行为的赔偿责任份额，首先，也应当依照各个共同加害人的过错程度，确定其连带责任中的赔偿责任份额。将赔偿责任确定为100%，然后，按照共同加害人的人数和各自的过错程度，确定其应当承担的适当份额。如果各个共同加害人的过错程度相等，则平均分配份额；如果各个共同加害人的过错程度不相等，则按比例确定之。其次，按照各个共同加害人的行为的原因力，对各自的责任份额进行调整。如果各个共同加害人行为的原因力与其过错程度相当，

则依此确定赔偿责任份额即可；如果各个共同加害人的行为的原因力与其各自的过错程度不相当，则依原因力的比例进行适当调整。其计算公式是：

共同加害人赔偿责任份额=(该加害人的过错程度+该加害人行为原因力)/2

例如，四个共同加害人过错程度相当，依过错程度，每人应当承担25%的责任份额，但是为首的一个共同加害人的原因力占整个原因的50%，则其应当承担37%～40%的份额，其他3名共同加害人共同承担其余的60%～63%的份额，每人的份额是20%～21%。当然，这是在连带责任的基础上的份额，而不是按份责任的份额。

在共同危险行为中，各个共同危险行为人的过错程度相当，致害的概率相等，因此，他们的赔偿责任份额是均等的，不应当在份额上有差别。

在无意思联络的数人侵权中，由于是按份责任，因而应当按照各个行为人的过错程度和行为的原因力来确定各自的赔偿责任份额。这种赔偿责任份额，是绝对的份额，不得由于某些加害人无支付能力而责令其他加害人为其承担他所应当承担的份额。这种赔偿责任份额的计算，先比照共同侵权行为的赔偿责任份额计算中确定过错程度的方法计算，确定过错程度所决定的份额；然后，再依原因力的比较，进行赔偿份额的调整，最后决定每一个加害人的赔偿责任份额。

3.其他多种原因造成损害结果的侵权行为的赔偿责任份额计算

一是在加害人和受害人以外的第三人的行为亦为损害原因的赔偿责任份额的计算问题。在加害人和受害人以外，第三人的行为对于损害结果的发生亦有过错、亦具原因力，第三人应当承担相应的责任。在这种情况下，如果损害结果的发生完全是由于第三人的行为所致，则应由第三人承担全部的赔偿责任。如果当事人的一方有过错，第三人亦有过错，应当由第三人和一方当事人共同承担赔偿责任，责任份额的计算，参照共同侵权行为的共同加害人赔偿责任份额的计算方法计算，确定有过错的一方当事人和第三人各自所应承担的赔偿责任份额。在混合过错的情况下，如果第三人对损害结果的发生亦有过错、具有原因力，则应依据实际情况处理。其一，如果有过错的第三人与受害人有密切关系时，如受害人在被伤害以后，受害人之配偶怠于治疗，致受害人死亡，这时，第三人的过错与受害人损害结果的扩大具有原因力，由于其与受害人之间有密切的关系，因而，第三人的过错可以视为受害人的过错，仍按照混合过错的处理原则办理，实行过失相抵，只是将第三人的过错和受害人的过错加到一起，计算赔偿责任份额；其二，如果有过错的第三人与加害人一方有密切关系，构成共同侵权行为的，则按照共同侵权行为的混合过错处理原则处理（对此，后文还要进行讨论）；其三，如果有过错的第三人对损害结果的发生具有过错和原因力，加害人和受害人亦有过错和原因力，这时，应当将赔偿责任份额分成相应的三份，计算方法与其他的赔偿责任份额的计算方法相同。

二是当事人的行为与自然原因结合造成损害结果的赔偿责任份额的计算问题。在这种情况下，应当按照当事人的行为和自然原因对损害结果发生所具有的原因力，来计算当事人各自应当承担的赔偿责任份额。原因力相等的，当事人承担50%的赔偿责任份额；当事人行为的原因力大于自然原因的原因力的，当事人一方应当承担主要的赔偿责任；当事人行为的原因力小于自然原因的原因力的，当事人一方则承担次要的赔偿责任。在承担主要责任或者次要责任时，究竟应当承担多大的赔偿责任份额，应当根据案件的实际情况，由法官确定。自然原因造成的损失，由受害人自己承担。例如，前述加害人打井致害受害人房屋塌陷案，挖井行为的原因力显然大于洪水的自然原因，应当由加害人承担主要的赔偿责任；在受害人对加害人的行为提出质疑并要求其停止侵权行为的时候，加害人并没有停止侵害行为，过错较为严重，应当加重加害人的赔偿责任份额。因而，本案加害人以承担80%以上的赔偿责任份额为妥。

（三）几个具体的赔偿数额的计算

一是，在过失相抵的情况下，双方当事人的人数不等的，如何确认过错比例和原因力的大小。双方当事人人数不等，对过错比例的确定不发生影响，仍与确定过错比例的过错比较的方法相同；但在原因力上，则应当有所区别，应根据原因力的大小，适当对按照过错程度确定的赔偿责任份额进行调整。在加害人一方为多数人，先计算出混合过错中加害人一方和受害人一方各自所应当承担的赔偿责任份额，然后，再按照共同侵权行为的计算方法，计算共同加害人各自所应当

承担的相对的赔偿责任份额。在受害人一方为多数人，先计算双方当事人各自应当承担的过错比例，然后再按照各自一方当事人行为的原因力进行调整，确定各自的赔偿责任份额。

二是，无责任能力的受害人的过错确定问题。在加害人的行为与无责任能力人的受害人的行为共同构成损害结果发生的原因时，无责任能力的受害人的行为对于赔偿责任的确定，是有影响的。依照《侵权责任法》第32条规定，当事人的责任能力对赔偿责任的构成，并没有影响，这时其责任不是由他自己承担，而是由他的监护人承担，况且受害人的行为的原因力，往往是由于监护人的过失行为引起的，当然构成过失相抵的赔偿责任份额。计算时，应当与其他过失相抵的计算方法相同。

第三节　人身伤害的抚慰金赔偿

一、抚慰金赔偿的立法发展和理论认识

（一）中国民法理论对人身伤害抚慰金赔偿的认识

精神损害赔偿制度，是《民法通则》建立的制度。在理论上，一般认为人身伤害[①]的抚慰金赔偿就是精神损害赔偿，没有必要再划分一般的精神损害赔偿和抚慰金赔偿的区别。少数学者认为应当作这种区分[②]，认为精神损害赔偿救济的是精神利益的损害和精神痛苦的损害，抚慰金赔偿则是救济人身伤害的精神痛苦和创伤。[③] 精神损害赔偿责任的最终确认，是《侵权责任法》第22条规定。

学者认为，有确立人身伤害的抚慰金赔偿制度的必要性。其一，既然法律规

① 这里所说的人身伤害，是指侵权行为所造成的人的身体伤害以及死亡结果，即侵害身体权、健康权和生命权的后果。

② 杨立新：《民法判解研究与适用》，第1辑，中国检察出版社1994年版，第241页以下。

③ 杨立新：《民事审判实务》，中国经济出版社1993年版，第187页。

定侵害姓名权等造成精神损害可以进行物质补偿，人身伤害是较为严重的侵权行为，造成精神损害理应得到赔偿；其二，法律既然肯定对侵害人身权行为造成的精神损害予以物质赔偿，又否认人身伤害的精神损害赔偿，是立法上的自相矛盾；其三，如果因人身伤害而造成名誉权等损害，只允许对名誉权的损害进行精神损害赔偿，不准许对人身伤害进行精神赔偿，岂非法律对侵害名誉权等引起的精神损害赔偿实际无法执行。

这种意见是有道理的。不过，论证确立人身伤害抚慰金赔偿制度的必要性，仅作如上的阐述还远远不够。

第一，确立人身伤害抚慰金赔偿制度是人类社会发展的必然要求。人类社会自有法律文化以来，发生了巨大的变化，与整个社会的进步相一致。在人格权的问题上，人格权体系随着社会的进步呈不断扩张的趋势，具体表现在：一是人格权愈来愈受立法者的重视，二是人格权的范围不断扩大，三是法律对人格权的保护愈来愈周密。[①] 人，作为民事主体存在于社会之中，必然存在物质利益和人身的非物质利益，而在人格权方面，尤其是在物质性人格权方面，这两种利益都必然存在，并且形成密切的联系。随着社会的发展和文明的进步，人们的价值观念逐渐地发生变化，并且从量的积累发展到质的飞跃，终于使那种把人的存在归结为财产权益的拜物教观念过时，人们越来越重视精神权利的价值，重视个人感情和感受对于人存在的价值，重视精神创伤和精神痛苦对人格利益的损害。在这样的观念指导下，人们要求法律对人的精神利益予以更高的重视和更严密的保护，而立法者也正是顺应了历史发展的必然要求，才创设并且最终完善了人身伤害的抚慰金赔偿制度。

第二，确立人身伤害抚慰金赔偿制度是保护公民人格利益的必要手段。公民的身体权、健康权、生命权遭受侵害，必然会造成财产上的损失，但同时也必然会造成精神上的创伤。在尊重人的精神价值的现代社会，平复这种精神利益的损害，必然要求民法动用它的独特的救济方法即财产赔偿的方法。这种方法的表现形式，就是人身伤害抚慰金。在现代社会的经济、人文环境下，抚慰金的法律功能，体现了

① 梁慧星：《中国民法经济法诸问题》，法律出版社 1989 年版，第 55－58 页。

它是保护公民人格利益的必要手段。给予受害人金钱赔偿，使受害人在经济生活上获得利益，自有助于受害人克服其精神上的损害。既然抚慰金具有如上功能，如果对于人身伤害只对财产利益损失给予赔偿，对于同时造成的精神创伤等损害不给予抚慰金赔偿的话，对于人的生命健康权的保障就是不完整的、残缺不全的。

第三，确立人身伤害抚慰金赔偿是精神损害赔偿制度的必要组成部分。精神损害赔偿制度是由精神利益损害赔偿和抚慰金赔偿两个内在的部分构成的，这两个内在部分是缺一不可、必不可少的。如果对于人身伤害的抚慰金赔偿制度不予确立，这一制度就是残缺不全的制度。

（二）人身伤害抚慰金赔偿制度的立法发展

1. 初期的进展

在中华人民共和国成立以来，前几十年并没有涉及人身伤害抚慰金赔偿的问题。1986 年，《民法通则》第 120 条规定了我国的精神损害赔偿制度。

但是，《民法通则》第 120 条规定的精神损害赔偿制度是不完善的。这表现在两个方面：一是没有确立侵权行为造成受害人精神上、心理上的痛苦或恐惧的抚慰金赔偿制度，尤其是没有建立人身伤害抚慰金赔偿制度，因而不能发挥精神损害赔偿制度的全部功能；二是确定的侵权客体范围过窄，没有将侵权行为的客体包括隐私权、人身自由权、贞操权等其他人格权列入保护范围。[①]

立法者注意到了这样的问题，近几年来，在立法中采取了一些办法解决这个问题。

(1) 国务院颁发《道路交通事故处理办法》，采取措施加以解决，第 37 条第 8 项规定，对交通事故致死者，赔偿 10 年基本生活费的死亡补偿费。这实际上是对死者近亲属抚慰金赔偿的变化形式，是值得肯定的。但这一补偿是否可以援用于全部的侵害生命权的场合，最高司法机关没有作出解释。

(2)《国家赔偿法》作出了残疾赔偿金和死亡赔偿金的规定，在立法上一定程度地解决了对侵害生命权和健康权造成人身伤害和死亡的抚慰金赔偿问题。但是由于该法适用范围的限制，在原则上只能适用于国家赔偿的场合，而不能适用

① 马原主编：《民事审判实务》，中国经济出版社 1993 年版，第 187 页。

于其他人身伤害的侵权行为场合。

(3)《消费者权益保护法》对《国家赔偿法》的上述规定作了进一步的引申，将这种抚慰金赔偿的适用范围作了进一步的扩大，规定了残疾赔偿金和死亡赔偿金。死亡赔偿金就是规定了侵害生命权的抚慰金赔偿制度。造成消费者或者其他受害人人身伤害，只有造成残疾的，才可以给予残疾赔偿金的赔偿，因而对于一般的侵害健康权和身体权而没有造成残疾的，则无法请求赔偿抚慰金。由于本法性质的限制，这里规定的残疾赔偿金和死亡赔偿金的适用范围，应当是在消费领域，在其他一般的人身伤害的场合是否能够适用这样的规定，予以残疾赔偿金和死亡赔偿金赔偿，也还没有定论。

2.问题和不足

对于中国人身伤害抚慰金赔偿制度在立法上的这些进步，一方面应当给予充分的肯定，另一方面还要看到它的不足。

一是，人身伤害抚慰金赔偿的内容，仅仅是侵权行为造成残疾和死亡的才可予以适用，对于没有造成残疾或者死亡的一般人身伤害和侵害身体权并没有造成人身伤害的，尚没有办法给予抚慰金赔偿。

二是，《道路交通事故处理办法》以及《国家赔偿法》和《消费者权益保护法》在规定这种抚慰金赔偿制度时，并没有将其扩大适用到一般人身伤害的侵权行为的场合，虽然《消费者权益保护法》适用范围是很广泛的，但它并不能包容一切人身伤害，因而在抚慰金赔偿制度的适用上，还有很多的问题没有解决。面对我国实际情况，立法者没有对人身伤害抚慰金赔偿制度的全面适用作出立法解释或者补充规定。

3.制度的建立

最高司法机关对上述规定能否扩大适用，经过长期的研究和总结实践经验，在《关于确定民事侵权精神损害赔偿责任若干问题的解释》的司法解释中，肯定了理论上的研究成果和实践中的审判经验，对人身伤害抚慰金赔偿制度作出了肯定的解释，确认对于人身伤害造成死亡的，应当赔偿死亡赔偿金；造成残疾的，赔偿残疾赔偿金；造成其他伤害的，以及造成身体权损害的，赔偿精神抚慰金。

这样，就全面地建立了中国的人身伤害抚慰金赔偿制度。2009 年 12 月 26 日通过的《侵权责任法》，在第 22 条最终确立了具有中国特色的精神损害赔偿责任制度，其中包括造成人身损害的抚慰金赔偿制度。

二、人身伤害抚慰金赔偿的地位和性质

（一）人身伤害抚慰金赔偿在精神损害赔偿中的地位

将《道路交通事故处理办法》以及《国家赔偿法》和《消费者权益保护法》规定的人身伤害抚慰金赔偿制度，扩大适用到一切人身伤害领域，并且延伸到对身体权侵害的领域，建立完整的人身伤害抚慰金赔偿制度，是最高司法机关关于精神损害赔偿司法解释的贡献。建立这一制度，是以现行立法作为基本的依据，以现有的司法实践和判例作为参考，将这一制度的结构完整化、固定化。《侵权责任法》对此加以确认。

在一般的理解上，抚慰金与精神损害赔偿是同一或者近似的概念，系指对财产权以外之非财产上的损害，即精神上的损害，给付相当金额，以赔偿损害之谓。[①] 从严格的意义上说，精神损害赔偿与抚慰金赔偿并不是完全同一的概念。从精神损害赔偿的结构上分析，它是由精神利益的损害赔偿和抚慰金赔偿这两个部分构成的。从精神损害赔偿制度的发展演变历史观察，从它产生的萌芽阶段，就可以发现其分成这两个部分的倾向；随着社会文明的进步和法律文化的发展，终至构成了今日精神损害赔偿的内在结构。

精神利益的损害赔偿，主要是对精神性人格权损害的民事救济手段，保护的对象是名誉权、人身自由权、肖像权、姓名权、隐私权、贞操权以及一般人格权等人格权。

对人身伤害所造成的精神痛苦的抚慰金赔偿，是对物质性人格权损害造成精神痛苦的民事救济手段，保护的对象是民事主体不受精神创伤的权利。因而它只能对自然人适用，不能对法人适用。当自然人的身体、健康、生命权受到损害，

① 曾隆兴：《现代损害赔偿法论》，台北泽华印刷公司 1988 年版，第 28 页。

除应当赔偿其财产上的损害以外，对其本人或亲属造成的精神痛苦和精神创伤，应以一定数额的金钱予以抚慰。就人身伤害而言，抚慰金适用于三种场合：一是对身体权侵害造成精神痛苦的；二是对健康权损害造成精神痛苦的；三是侵害生命权对其近亲属的救济。

精神损害赔偿制度之所以出现这样的内在结构，原因是这一制度保护的客体——人格权的复杂性和可划分性所决定的。民法发展到今天，对民事主体确定的人格权达十几种，构成了庞大的人格权体系。但尽管它们是那样的复杂、繁多，却可以用最简单的方法划分为两大类，即依人格权的存在方式为标准，分为物质性人格权和精神性人格权。前者依托于自然人的物质实体，是自然人对于物质性人格要素的不转让性支配权。① 后者以观念的形态存在，是自然人、法人对其精神性人格要素的不转让性支配权的总称。② 对这两种不同的人格权进行民法上的保护，依据它们的不同特点，采取的方法当然也不会相同。对物质性人格权侵害，会造成财产上的损害和精神上的痛苦，因而要赔偿财产损失和抚慰金。对于精神性人格权的侵害，也会造成一定程度的财产损害，同时造成精神利益的损害，对财产损害当然要进行赔偿，对于精神利益损害可以用精神损害赔偿的方法，予以保护。正因为如此，精神损害赔偿制度必然形成以上两种结构。

（二）人身伤害抚慰金赔偿的性质

对于人身伤害抚慰金赔偿的性质，有两种不同的看法。一种认为它是民法制裁方式，一种认为它是民法上的损害赔偿请求权。③

人身伤害抚慰金赔偿是两种性质兼而有之。从抚慰金的基本性质上看，它是民法赋予人身伤害的受害人对造成精神痛苦的一项保护性民事权利，属于损害赔偿的请求权；相对应的，就是加害人的赔偿精神损害的义务。因而称其为民法上损害赔偿请求权，自是毫无疑问。从另一个角度讲，这种赔偿义务以国家强制力为后盾，以承担民事责任为保障，认其为民事制裁当然也无问题。

---

① 张俊浩主编：《民法学原理》，中国政法大学出版社 1991 年版，第 142 页、第 146 页。

② 张俊浩主编：《民法学原理》，中国政法大学出版社 1991 年版，第 142 页、第 146 页。

③ 曾隆兴：《现代损害赔偿法论》，台北泽华印刷公司 1988 年版，第 28 页。

总之，人身伤害抚慰金赔偿是侵权行为法规定的侵权民事责任的组成部分，是一种具体的侵权责任方式。

三、人身伤害抚慰金赔偿责任的构成和适用

（一）抚慰金赔偿责任构成

人身伤害抚慰金赔偿责任既然为民法上的损害赔偿请求权性质，就是债的关系，当债务人不履行抚慰金赔偿义务者，应承担民事责任。

构成人身伤害抚慰金赔偿责任的基础，是首先构成侵害身体权、健康权、生命权的赔偿责任。在这个基础上，再需有受害人受有精神上的痛苦，并且该种精神痛苦与加害人的侵权行为有因果关系时，人身伤害抚慰金赔偿责任即为构成。

贾某宇因卡式炉爆炸而烧伤一案判决书在论述这种侵权责任的构成理由时认为，“根据我国有关法律规定的原则和司法实践掌握的标准，实际损失除物质方面外，也包括精神损失，即实际存在的无形的精神压力与痛苦，其通常表现为人格形象与人体特征形象的毁损所带来的不应有的内心卑屈与羞惭。本案原告贾某宇在事故发生时尚未成年，身心发育正常，烧伤造成的片状疤痕对其容貌产生了明显影响，并使其劳动能力部分受限，严重地妨碍了她的学习、生活和健康，除肉体痛苦外，无可置疑地给其精神造成了伴随终生的悔憾和残痛，甚至可能导致该少女心理情感、思想、行为的变异，其精神受到的损害是显而易见的，必须给予抚慰与赔偿。赔偿额度则要考虑当前社会普遍生活水准、侵害人过错程度及其偿付能力和受害人的损失状况等因素。”这些论述，虽然文字有些晦涩，但所提出的依据是符合法律的要求的。

受害人受有精神痛苦，诸如精神上、肉体上苦痛，因丧失肢体而搅乱生活之苦痛，因容貌损伤以致将来婚姻、就业困难之精神上苦痛，由于失业、废业或不得不转业之苦痛，因后遗症而对将来所生精神上苦痛[①]，以及致人死亡的近亲为丧失亲人而遭受的精神上的苦痛者，均是。精神痛苦的受害人，应当包括两种，一种是侵

① 曾隆兴：《现代损害赔偿法论》，台北泽华印刷公司1988年版，第28页。

害身体、健康权的直接受害人，即受人身侵害、人身伤害的受害人；另一种是侵害生命权死亡人的近亲，一般认为包括直接受害人的父母、子女和配偶。这两种人在精神上因侵权行为而受有痛苦时，享有人身伤害抚慰金赔偿的请求权。在贾某宇案，受害人是贾某宇本人，其精神痛苦是容貌毁损所带来的伴随终生的痛苦，学业上的影响，以及对今后工作机会、工作能力等方面的影响。在这种情况下，只考虑直接受害人的抚慰，而不像侵害生命权的救济那样考虑其近亲属的抚慰。

该种精神上的痛苦，应为侵害身体权、健康权、生命权行为产生的结果，即二者为因果关系。该种侵权行为，应符合法定构成要件，当这种侵权行为与受害人上述精神痛苦的损害具有因果关系时，该种抚慰金赔偿责任构成要件就完全具备。在贾某宇案的判决中，法院正确地认定了两名被告的过失行为与贾某宇人身伤害所造成的精神痛苦之间的因果关系，并将其作为确定人身伤害抚慰金赔偿的客观基础。

（二）人身伤害抚慰金赔偿的适用范围

人身伤害抚慰金赔偿的适用范围，包括以下三个方面。

1. 侵害身体权

对于身体权的侵害究竟以何种方法救济，《民法通则》没有明文规定，最高人民法院关于精神损害赔偿的司法解释作了规定，这就是赔偿精神抚慰金。侵害身体权，往往不会造成人身伤害的后果，因而不会有或很少有造成财产损失的可能。对此，以赔偿抚慰金作为救济的主要方法，辅之以财产损失应予赔偿的方法，是最好的选择。

2. 侵害健康权

在中国现行立法中，将侵害健康权造成残疾的抚慰金赔偿称为残疾赔偿金。这并不是侵害健康权抚慰金赔偿的全部。凡是侵害健康权造成精神痛苦和精神创伤的，无论是否造成残疾，都应当予以抚慰金赔偿。对此，最高人民法院关于精神损害赔偿的司法解释已经作出了肯定的解释。

3. 侵害生命权

侵害生命权的抚慰金赔偿，我国现行立法称之为死亡赔偿金或者死亡补偿费。

侵害生命权的后果，在于直接受害人死亡和其近亲属亲人的丧失。因此，不法侵害他人致死者，受害人之父母、子女及配偶所受精神上之痛苦，实较普通权利被侵害时为甚，自不可不给与相当金额，以资慰抚。[①] 请求权人的范围，以死者死亡时为限，包括胎儿在内。即便请求权人为年幼或精神病人，一般也包括在内。[②]

上述三种情况，抚慰金赔偿请求权由权利人专有享有，均为专属权利。前两种的直接受害人为权利人，明文规定不得让与或继承；后一种侵害生命权的抚慰金请求权人，本身就是直接受害人的第一顺序的继承人，因而没有必要加以规定。上述三种抚慰金请求权均为专属其请求权人自身所享有，都不得让与或继承，侵害生命权者同样如此。只是在抚慰金的赔偿金额已经由当事人双方有约定，或者权利人已经起诉的，可以不受上述限制，对约定的赔偿金额或者经判决确定的金额，可由权利人转让他人，权利人已经死亡的，可由其继承人继承。

四、抚慰金的具体赔偿办法

（一）基本原则和应当注意的问题

1. 基本原则

确定人身伤害抚慰金赔偿数额的基本原则，一种认为“由法院依痛苦之程度而自由酌定”[③]，一种意见认为“由法院斟酌各种情形定其数额”[④]。笔者曾经提出精神损害赔偿的“基本方法是由人民法院斟酌案件的全部情况，确定赔偿金额”[⑤]。这一方法，对于确定人身伤害抚慰金的赔偿数额，也是适用的。

具体应当斟酌的情况，最高人民法院曾经提出应当包括“侵权人的过错程

① 何孝元：《损害赔偿之研究》，台北“商务印书馆”1982年版，第133页。

② 应当注意的是，该项抚慰金请求权人的范围与侵害生命权间接受害人扶养损害赔偿请求权人的范围并不相同，二者不是同一概念，适用时必须加以区别。

③ 龙显铭：《私法上人格权之保护》，中华书局1948年版，第64页。

④ 曾隆兴：《现代损害赔偿法论》，台北泽华印刷公司1988年版，第28页。

⑤ 杨立新：《论人格损害赔偿》，《河北法学》1987年第6期，载杨立新：《疑难民事纠纷司法对策》，吉林人民出版社1991年版，第148页。

度、侵权行为的具体情节、给受害人造成精神损害的后果等"①。最高人民法院在关于精神损害赔偿的司法解释中，关于斟酌的情节又规定为："（一）侵权人的过错程度，法律另有规定的除外；（二）侵害的手段、场合、行为方式等具体情节；（三）侵权行为所造成的后果；（四）侵权人的获利情况；（五）侵权人承担责任的经济能力；（六）受诉法院所在地平均生活水平。"后一个司法解释的规定更为全面。

在决定人身伤害抚慰金赔偿的数额的时候，应当根据这些情况，酌定抚慰金数额。

2.应当注意的问题

按照最高人民法院关于精神损害赔偿司法解释的规定，法律、行政法规对残疾赔偿金、死亡赔偿金等有明确规定的，适用法律、行政法规的规定。这一解释是不是针对抚慰金赔偿的计算问题而为，文字表述还不十分明确。但是从解释的逻辑而言，是明确的。这样，在处理交通事故的残疾赔偿金和死亡赔偿金的问题上，就有赔偿的标准不一致的问题。按照现在的规定，应当是各用各的规定。这里就有一个不同的人身伤害抚慰金，由于执行的法律法规确定的标准不同，数额也有不同的问题。对于这种不公平的结果，不知该如何解决。

我的意见，应当根据实际情况，考虑最高人民法院司法解释的不同规定，适当地有所区别，但是，不应当有很大的差别。总的原则，应当向最高额的赔偿标准靠近，逐渐改变这种状况，使案件的处理更加合理。

（二）侵害身体权的抚慰金赔偿

确定侵害身体权的抚慰金赔偿，现在还没有很多经验，需要在实践中积累。

现在可以考虑的办法，就是按照一般的精神损害赔偿的办法，决定侵害身体权抚慰金的赔偿数额。

确定这种抚慰金，主要应考虑：一是受害人所受的精神痛苦程度，应考虑侵害身体的地点、场合，受害人的自身感受，等等；二是加害人的过错程度；三是

① 最高人民法院《关于审理名誉权案件若干问题的解答》第10条。

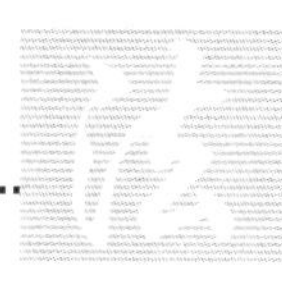

具体的侵害情节；四是受害人的身份资历。根据以上具体情况，综合算定。

侵害身体权的抚慰金确定的总的原则，可以考虑赔偿的数额相当于侵害健康权的抚慰金数额，但应考虑侵害身体权一般较难获得其他财产补偿的情况，因而不可过低，与侵害健康权的抚慰金赔偿数额大抵相当即可。

对侵害身体权造成经济利益的损失的，可以考虑：

1.坚持财产损失全部赔偿的原则，侵权行为造成受害人身体权的损害，受害人损失了医药费、误工费以及其他损失的，应当全部赔偿。对于这样的赔偿，应当与侵害健康权的赔偿是一样的。

2.对于侵害身体权，造成难以计算的价值损失的，应当参照相当的标准计算。例如，侵害身体、非法抽血等形式的侵权行为，应当按照所收取的血的数量和价格作标准，适当高于这个标准确定赔偿数额。没有办法计算的，则可以估价，以估价作为赔偿计算的标准。在侵害身体权所造成的受害人的间接利益的损失的场合，还要考虑对其所损失的间接利益，给予赔偿。例如，对手模特（即以手来展示首饰的模特）的手指甲等造成损害，并不造成健康权损害的，是侵害身体权，在赔偿的时候，应当计算受到侵害以后损失的间接利益，予以赔偿。

（三）侵害健康权的抚慰金赔偿

侵害健康权的抚慰金赔偿，实际上是有两个标准的：一是侵害健康权造成残疾的，赔偿残疾赔偿金；二是没有造成残疾的，赔偿精神抚慰金。

对于前一种精神损害抚慰金的赔偿，有一个参照的标准，这就是《国家赔偿法》的规定。按照《国家赔偿法》的规定，残疾赔偿金的计算标准，部分丧失劳动能力的，最高额为国家上年度年平均工资的10倍，全部丧失劳动能力的，最高额为国家上年度年平均工资的20倍。《消费者权益保护法》对此没有规定具体标准。具体的计算办法，应当考虑的，一是精神损害程度，二是加害人的过错程度，三是具体的侵权情节，四是其他情节，综合确定赔偿金的数额。在实践中，应当适当地按照高的赔偿标准确定为好，尽可能地按照《国家赔偿法》的规定计算抚慰金赔偿数额。

在贾某宇侵害健康权抚慰金赔偿案件中，确定的赔偿数额是10万元人民币。这个数额基本上是合适的。也有些学者和专家认为，赔偿数额还可以再高一些，例如到15万元或者20万元，也是可以的。

对于后一种精神抚慰金的赔偿，可以参照前述侵害身体权的抚慰金赔偿的计算办法，计算赔偿的数额。所应考虑的，主要是受害人所受到的痛苦程度，再考虑其他计算侵害健康权抚慰金赔偿的因素，酌定赔偿数额。具体的数额，应当不超过残疾赔偿金的数额。

（四）侵害生命权的抚慰金赔偿

确定侵害生命权的抚慰金赔偿，也缺少具体的计算办法。现在可以参照的是两个标准。

一是《道路交通事故处理办法》规定的死亡补偿费。其算定办法是："按照交通事故发生地平均生活费计算，补偿10年。对不满16岁的，年龄每小一岁减少1年；对70周岁以上的，年龄每增加1岁减少1年，最低均不少于5年。"

二是《国家赔偿法》对于死亡赔偿金的计算标准，这一标准比前述标准为高，规定"死亡赔偿金和丧葬费的总额为上年度职工年平均工资的20倍"。《消费者权益保护法》对死亡赔偿金没有规定具体的标准。

这两个标准，差别很大。在实践中，应当尽量地考虑适用统一的标准，以做到公平、合理。具体的意见如下。

首先，侵害生命权的抚慰金定名为死亡赔偿金。这是最高人民法院关于精神损害赔偿司法解释的意见。这种意见是不是十分稳妥，还要研究。事实上，还不如就叫作死亡抚慰金，这是最准确的。现在的做法是沿袭《国家赔偿法》的称谓，这实际是在没有抚慰金制度之前的临时做法，本身就不十分好。现在可以先采用这样的称谓，等到制定民法典的时候，再考虑更好的办法。

其次，可以参考《国家赔偿法》规定的办法，计算侵害生命权的抚慰金赔偿数额。按照这样的计算方法，死亡赔偿金的数额大体上是在20万元左右。这个数额与贾某宇案件残疾赔偿金的数额相比较，大体上是合适的。

第四节 侵害财产权中的精神损害赔偿

最高人民法院2001年3月8日公布了《关于确定民事侵权精神损害赔偿责任若干问题的解释》，其中第4条规定："具有人格象征意义的特定纪念物品，因侵权行为而永久性灭失或者毁损，物品所有人以侵权为由，向人民法院起诉请求赔偿精神损害的，人民法院应当依法予以受理。"这一司法解释表明，我国司法机关确立了侵害财产权的精神损害赔偿制度。这一制度的性质是什么，其基本内涵是什么，应当在实践中怎样实行，都不是十分明确的，需要进行认真的探讨。本节试图对这些问题提出初步的看法。

一、确立侵害财产权精神损害赔偿制度的必要性

（一）精神损害赔偿制度的原本适用范围

精神损害赔偿制度，是救济人格权和身份权受到损害的民事制度，简言之，就是对人身权利的法律保护制度。这一制度从其产生之时起，就具有这种性质。

在侵权行为法的发展历史上，精神损害赔偿原本上是不具有救济财产损害的功能的。在绝大多数国家的侵权行为法中，对侵害财产权的侵权行为，不适用精神损害赔偿方式救济受害人财产的损害。在所有权、用益物权、担保物权、占有等权利受到侵权行为的损害时，受害人可以就财产的损失请求金钱赔偿，不得请求财产损失以外的无形损害的金钱赔偿。就是侵害债权、知识产权的侵权行为，受害人也仅能就其财产的损失请求赔偿，不得超出财产损失的范围请求精神损害赔偿。

形成这样局面的原因，就是因为精神损害赔偿制度的基本功能，是救济人身权利损害。在最早的侵权行为法中，救济权利的损害，只能是请求财产上的损失赔偿，不能请求财产损失之外的非财产的损害赔偿。即使是受害人的人身权利受

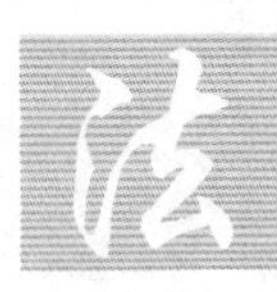

到损害、造成伤害的结果，也只能请求赔偿其人身伤害所引起的财产损失，超出财产利益以外的损失，受害人不能谋求损害赔偿。这实际上就是拘泥于损害赔偿的补偿性原则而产生的结果。

侵害人身权利不得请求精神损害赔偿，具有补偿不充分的弊病。这就是，侵权行为对人身权利的侵害，不仅给受害人造成财产上的损失，还要给受害人及其近亲属造成严重的精神创伤和损害，使其受到极大的精神打击和痛苦。加害人仅仅赔偿受害人在财产上的损失，并不能完全使受害人受到的精神创伤和伤害得到抚慰和慰籍，精神痛苦不能抚平。因此，侵害人身权利并造成精神痛苦和精神创伤的受害人，准许其在请求所造成的财产损失的基础上，同时准许其请求精神损害赔偿，才能够完全补偿受害人的全部损害，同时，在侵害精神性人格权的场合，在大多数的场合，受害人并没有财产利益的损失，而只是造成了精神利益的损失。如果不准许精神性人格权受到侵害的受害人请求精神损害赔偿，那么，受害人的损害就无法得到救济。

正因为如此，精神损害赔偿制度应运而生，成为当今通行世界的侵权行为法的制度，担负着重要的、其他法律制度无法替代的作用。

（二）侵害财产权适用精神损害赔偿的产生及其必要性

在侵害财产的场合不适用精神损害赔偿制度，曾经是一个通行的惯例，各国法律不约而同地作出规定，都是不准许财产权利的受害人请求精神损害赔偿。

不过，还是出现了例外，有了新的突破。日本战后修订民法，更注重对人的权利的保护，尤其是对人格权利的保护，因此，在更广泛的领域中，准许受害人请求精神损害赔偿。在《日本民法典》中，第一次打破了大陆法系民法典在规定侵权行为法关于精神损害赔偿适用范围时的一般做法，即例举请求精神损害赔偿（无形损害的赔偿）的具体适用范围，对精神损害赔偿的适用予以限制的做法，明确规定适用精神损害赔偿的范围是“权利”，而不是传统民法典规定的“身体权、健康权、生命权、自由权”等人身权利的范围。这就是《日本民法典》第709条和第710条的规定。

该法第709条规定：“因故意或过失侵害他人权利时，负因此而产生损害的

赔偿责任。”第710条规定：“不问是侵害他人身体、自由或名誉情形，还是侵害他人财产权情形，依前条规定应负赔偿责任者，对财产以外的损害，亦应赔偿。”在第710条中，还特别强调规定了“还是侵害他人财产权情形”可以请求精神损害赔偿。依照这样的规定，在日本，财产权受到损害的时候，就可以请求精神损害赔偿。这是《日本民法典》在民法制度上的一项创举。尽管这项制度在实际的应用上还有很多的限制，对财产权受到损害场合认定抚慰金赔偿请求的判例并不多[①]，但是，这说明对财产权损害的场合完全排斥精神损害赔偿的适用，是不适当的。这个历史的突破，开辟了精神损害赔偿适用的新领域。

最高人民法院《关于确定民事侵权精神损害赔偿责任若干问题的解释》确定了中国关于侵害财产权精神损害赔偿的制度。确立这样的制度，是完全必要的。

第一，对侵害财产权的侵权行为完全排斥精神损害赔偿制度的适用，是不适当的。

从原则上说，对于侵害财产权的侵权行为，是不必采用精神损害赔偿制度进行救济的。这是因为侵害财产的侵权行为侵害的就是财产本身，其造成的损害就是财产利益的损失。适用财产损害赔偿制度进行救济，完全可以解决受害人所遭受的实际损失，使其受到损害的权利恢复到原来的状况。但是，任何事物都不是绝对的，对侵害财产权的侵权行为完全排斥精神损害赔偿制度的适用，不能完全概括侵害财产权的全部情况。因此，适当地在侵害财产权的场合扩大精神损害赔偿制度的适用，就具有一定程度的灵活性，可以适应纷繁复杂的社会生活现象，更好地发挥精神损害赔偿制度的作用，对侵害财产权的侵权行为法律关系进行更全面的调整。

第二，对某些侵害财产权的侵权行为进行适当的精神损害赔偿，可以更好地保护受害人的合法权益。

侵害财产权，虽然原则上仅仅对受害人的财产利益造成损失，但是，由于受侵害的财产本身的性质不同，有些财产对于财产所有人而言，有着超出财产本身价值的更为重要的精神价值。如果对这些财产的侵害造成了受害人的精神痛苦，

① 于敏：《日本侵权行为法》，法律出版社1998年版，第355页。

那么，仅仅按照财产损失的赔偿原则，赔偿受害人所减少的财产，对受害人的救济就是不全面的。全面保护受害人的合法权益，就要对这样的损害不仅要赔偿财产的损失，而且还要采用精神损害赔偿的方法救济受害人的精神损害，对受害人的精神损害进行抚慰，使受害人的合法权益得到全面保护。

第三，对某些财产权的损害采用精神损害赔偿方式进行救济，实际上还是保护受害人的人格利益。

在一般情况下，精神损害赔偿所赔偿的，是受害人人格利益的损害，而不是财产利益的损失。在某些侵害财产权的场合适用精神损害赔偿制度，其实是因为这些财产中凝聚着人格利益。正是因为这些财产中凝聚着人格利益的因素，因此，受害人所有的这样的财产受到侵害以后，才会造成受害人的精神损害，造成一般的财产损害赔偿所不能起到的精神损害抚慰的精神补偿的作用。在这种情况下，只有对受害人采用精神损害赔偿方式进行救济，才能够对受到侵害的人格利益进行抚慰，对受害人的权利损害进行完全的救济。正因为对这些财产的损害进行精神损害赔偿救济是补偿受害人的人格利益的损害，所以，在这种情况下的精神损害赔偿并没有脱离精神损害赔偿制度的基本宗旨，发挥其应当发挥的作用，这就是对人格利益的保护。

下面的这个案例，就可以完整地说明上述对侵害财产权的侵权行为予以精神损害赔偿的必要性。

在1976年的唐山大地震中，有一个孩子是幸存者。她的父母都在地震中丧生，唯一留存下来可以给她作为对父母怀念的物品，就是父母的一张照片。她长大以后，思念父母，就只有端详这张珍贵的照片，以寄托对父母的哀思。最近几年，电脑技术在照相领域中的应用，可以对陈旧的照片翻新放大。这位幸存者就决定到照相馆对父母遗留下来的这张照片翻新放大，遂与照相馆达成协议，并将这张照片交给了照相馆。但是照相馆将这张珍贵的照片丢失，给受害人造成了不可弥补的严重精神损害。受害人向法院提出起诉，请求判令加害人给予精神损害赔偿。法院受理了这个案件。

在这个案件中，当事人之间的法律关系本来是合同关系，但是由于加害人对

受害人的财产保管不善，造成损失，构成违约责任和侵权责任的竞合，受害人依照侵权的诉因起诉，是有理由的，但是，该侵权行为所侵害的权利，就是财产所有权的损害，而受害人所遭受的财产损害几乎是微不足道的。按照财产损害赔偿的原则，本案的受害人不会得到较大数额的赔偿。相反，这一侵权行为对受害人造成的精神损害却是十分巨大，是不可弥补的。对此，仅仅赔偿财产利益的损害，无法补偿受害人的损失。因此，精神损害赔偿在这里就发挥了重要的精神抚慰作用，能够使受害人的合法权益得到较为完善的保护。

由此可见，对某些侵害财产权的侵权行为予以精神损害赔偿，是十分必要的。

二、侵害财产权精神损害赔偿责任的构成

（一）确定侵害财产权精神损害赔偿责任的一般原则

在确定侵害财产权精神损害赔偿责任一般原则的时候，有一个相当矛盾的东西，这就是，既要肯定侵害财产权精神损害赔偿责任的必要性，又要坚持侵害财产权精神损害赔偿不得滥用的原则。这是一个极为矛盾的问题。

但是，这个相互矛盾的东西，在确定侵害财产权精神损害赔偿责任的时候都是必须坚持的。如果仅仅强调一个方面而否定另一个方面，那么，在确定这种精神损害赔偿责任的时候，就不能正确领会侵害财产权精神损害赔偿制度的基本立意，在执行最高人民法院这一司法解释所确定的制度时，就会出现偏差。因此，在实践上和理论上，既要坚持这种精神损害赔偿责任的必要性，又要严格把握、坚持原则，不使这个精神损害赔偿制度在执行中出现问题。

确定侵害财产权的精神损害赔偿责任，应当把握好以下原则。

1. 必要原则

在确定侵害财产权的精神损害赔偿责任时，一定要把握好必要原则。这一原则有两层含义。第一，就是坚持这种精神损害赔偿责任，认清其必要性，不能否认其存在的必要性。第二，就是在审理这类案件的时候，要对确有必要的才给予

赔偿。不是必须给予精神损害赔偿的侵害财产权的案件，不能决定给予精神损害赔偿，只要按照一般的财产损害赔偿规则予以赔偿，就是救济了财产权的损害。

2. 严格原则

严格原则的含义，就是要在确认侵害财产权精神损害赔偿责任的时候，要严格坚持这种责任构成的要件，不能轻易、随意地认定这种赔偿责任；同时，在决定精神损害赔偿数额的时候，也要严格掌握，不能判决过高的赔偿数额。总之，对侵害财产权的精神损害赔偿不能放之过宽，避免造成受害人滥用诉权，盲目追求高额赔偿的偏向，使这种精神损害赔偿背离损害赔偿的宗旨。

按照这样的原则，对侵害财产权的精神损害赔偿，首先，要严格限制在侵害财产所有权的场合，财产所有权以外的财产权，如用益物权、担保物权，以及债权、知识产权等财产权受到侵害，都不得请求精神损害赔偿。其次，对财产权受到侵害的，也不能全部都请求精神损害赔偿，只有法律和司法解释所确定的范围内的财产所有权受到侵害，才能够请求精神损害赔偿。再次，法官在确定侵害财产权的精神损害赔偿责任的时候，在责任构成和赔偿数额上都要严格把握，不能任意加以扩大。

（二）侵害财产权精神损害赔偿责任的构成

1. 构成侵害财产权精神损害赔偿责任的前提

构成侵害财产权精神损害赔偿责任的前提条件，就是某一违法行为构成侵害财产权的侵权责任。

侵害财产权责任的构成，应当按照侵权行为法关于侵害财产权侵权行为的责任构成要件把握。这就是，在适用过错责任原则归责的情况下，应当具备损害事实、违法行为、因果关系和主观过错四个要件；在适用无过错责任原则归责的情况下，应当具备损害事实、违法行为和因果关系三个要件。对于这些要件的掌握，应当按照侵权行为法对侵权责任构成要件的基本要求处理。

2. 侵害财产权精神损害赔偿责任构成的特别条件

在认定侵害财产权精神损害赔偿责任构成的时候，除了要具备侵害财产权的基本的责任构成要件以外，还必须具备特别要件。这个特别要件就是：该侵权行

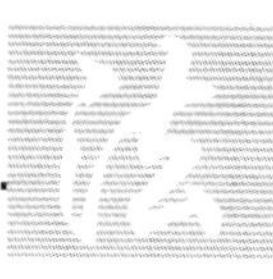

为所侵害的财产是具有人格利益因素的特定纪念物品。这个要件的具体要求是：

第一，侵权行为所侵害的财产不是普通的财产，须是一种特定的具有纪念意义的物品。

侵害一般的财产不会产生精神损害赔偿责任。只有侵害特定的纪念物品，才有可能构成精神损害赔偿责任。

所谓特定的纪念物品，首先应当是特定的物品。该物品特定的缘由，是就所有人而言不仅仅是特定物，而且还是对所有人而言具有特定的意义。其次，这种特定物品还应当是纪念物品，对所有人而言，具有相当的纪念意义。只有这样的特殊的具有纪念意义的物品，才有可能成为需要承担侵害财产权精神损害赔偿责任的侵权行为的侵害对象。

第二，在受到侵害的特定纪念物品中，须具有人格利益因素。

在一般的财产中，财产就是财产，不具有人格利益因素。因此，侵害这样的财产，不产生精神损害赔偿责任。但是，在特定的具有纪念意义的物品中，有的会具有人格利益的因素。侵害这样的财产，就会产生侵害财产权的精神损害赔偿责任。这就是说，一般的具有纪念意义的物品不一定就具有人格利益因素。侵害具有纪念意义的物品，不一定都产生侵害财产权的精神损害赔偿责任。只有侵害具有人格利益因素的特定的纪念物品，才会产生侵害财产权的精神损害赔偿责任。

这种人格利益因素，就是在一个特定的物品中渗进了人的精神利益和人格价值，使这个特定的物具有了不同寻常的人的意志或者人的品格，成为人的精神寄托、人格的寄托，或者人格的化身。只有这样的财物受到损害后，才能够给该物品的所有人造成精神损害，必须用精神损害赔偿的方式进行救济。

第三，财产所具有的这种人格利益因素来源于与其相对应的人的特定关系，双方当事人在这一特定关系中赋予了特定的物的人格利益因素。

物品中的人格利益不会凭空产生，必须依据一定的人与人的关系才会产生。当人与人之间具有这种特定的关系，并且将这种关系寄托于某一种具体的纪念物品之上时，这种具体的纪念物品就具有了人格利益因素。例如，初恋时情人赠送的定情物，虽然价值不大，但是在当事人之间具有不同凡响的意义，可以成为某种象征。这样的物品就具有了人格利益的因素。在某一个案件中，一位在延安鲁艺学院毕业的老先生珍藏了14枚当时的女朋友赠送的红豆，这14枚红豆，就是双方当事人在特定的关系中，赋予了它极为珍贵的人格利益因素。

如果仅仅是所有人对自己所钟爱的物品的深情，不会使这种物产生人格利益。例如，一个人珍藏一枚珍贵邮票，价值很高，极其珍视，视为镇家之宝。被侵权行为侵害之后，所有人极为痛苦，请求精神损害赔偿。但是，所有人对自己所有的任何物品都可以珍爱，如果仅仅自己珍爱，就可以视为具有人格利益因素，那么任何侵害财产权的行为人，都可以被要求承担精神损害赔偿责任，人人都可以以这种理由请求对任何财产权的侵害要求精神损害赔偿。这不仅对当事人而言无法判断，就是对于法官来说，也提出了极为艰难的课题。这显然不是创立侵害财产权精神损害赔偿制度的本意。

我曾经提出过人格与"狗格"的问题，中心的议题是说，侵权行为造成所有人的爱犬死亡，使所有人遭受巨大的精神痛苦。对于这样的精神痛苦，我认为不是侵害财产权精神损害赔偿适用的对象。诚然，在日本，法院曾经判过伤害爱猫造成精神损害的精神损害赔偿案件[①]，但是，即使是这种精神损害赔偿是日本侵权行为法所准许的，在中国目前的该种制度中，是不承认这样的做法的。其中主要的依据，就是这种侵权行为所侵害的对象，不具有人格利益因素，而且不是在特定的人与人的关系中赋予了这种人格利益因素。假如，爱猫或者爱犬是在双方当事人之间产生了人格利益因素，是一种特定的纪念物品，侵权行为对其造成了侵害，是不是就可以请求精神损害赔偿，倒是值得研究的，因为尽管"狗格"不是人格，但是如果在"狗格"中赋予了人格的因素，成为特定的纪念物品，对其进行伤害，是会造成精神损害的，给予精神损害赔偿似乎是应当准许的。

---

① 于敏：《日本侵权行为法》，法律出版社1998年版，第355页。

三、侵害财产权精神损害赔偿责任的实行

（一）精神损害赔偿请求权的提出

1.请求权的性质

侵害财产权的精神损害赔偿还是一种债权债务关系，受害人在财产所有权受到侵害之后，产生了精神损害赔偿的请求权，加害人承担精神损害赔偿的义务。

正因为侵害财产权的精神损害赔偿是这样一种关系，因此，这种损害赔偿就与任何损害赔偿案件一样，精神损害赔偿的请求必须由受害人提出，而不能由法院在诉讼中由职权决定。之所以在这里这样强调这个问题，就是因为侵害财产权的损害赔偿诉讼本身就是一种独立的民事诉讼，如果对侵害财产权精神损害赔偿请求权的性质不是特别清楚，有的法官有可能就会考虑由职权决定，对某种侵害财产权的行为人责令承担精神损害赔偿的责任。这种情况是必须避免的。

2.举证和抗辩

受害人在向法院提出侵害财产权的损害赔偿诉讼请求时，应当按照民事诉讼的举证原则提供证据。在举证中，要特别证明侵权行为所侵害的物品是具有人格利益因素的特定纪念物品。对此，受害人应当按照前述关于侵害财产权精神损害赔偿责任所具备的特别的构成要件的表述，提供证据证明。

当然，加害人对于受害人要求承担侵害财产权精神损害赔偿的请求和举证，可以提出事实、证据和理由进行抗辩。最好的抗辩理由就是证明所侵害的物品不是具有人格利益因素的特定纪念物品，能够证明这一点，就可以免除其侵害财产权的精神损害赔偿责任，而仅仅承担财产损害赔偿责任。

（二）赔偿数额的计算

在确定加害人要承担侵害财产权的精神损害赔偿责任之后，应当研究这种精神损害赔偿的具体数额应当如何确定。

侵害财产权精神损害赔偿责任的具体数额确定，应当遵循一般的侵害精神性人格权精神利益损害赔偿数额确定的方法进行，这就是由法官斟酌案件的具体情

况，确定具体的赔偿数额。对此，最高人民法院《关于确定民事侵权精神损害赔偿责任若干问题的解释》第10条作了原则的规定，可以按照这个规定，由法官决定具体的赔偿数额。

我仍然认为，即使是对侵害财产权的精神损害赔偿数额的确定，也要贯彻确定精神损害赔偿数额的三条原则，这就是：第一，能够对受害人的精神损害起到抚慰作用，第二，能够对加害人的违法行为起到制裁作用，第三，能够对社会起到一般的警示作用。符合这三项原则的赔偿数额，就是一个适当的赔偿数额，而不在于具体赔偿数额的大小。

（三）其他责任形式

在侵害财产权的精神损害赔偿中，还应当注意其他侵权民事责任方式的应用。除了对财产损害应当给予财产的补偿和精神损害赔偿外，还可以考虑适用赔礼道歉、停止侵害等非财产性质的责任方式。如果侵权行为轻微，或者对精神利益的损害不大，在赔偿了财产损失之后，可以考虑单独适用上述非财产形式的民事责任方式，达到救济损害、平复受害人精神创伤的目的。

第五节　混合过错与过失相抵[①]

最高人民法院（1990）民他字第25号复函指出："你院晋法民报字（1990）第2号《关于刘玉兰诉工商银行榆次市支行赔偿存款纠纷》一案的请示报告收悉。经研究认为：由于工商银行榆次市支行根店街储蓄所违反《中国人民银行储蓄存款章程》和《中国工商银行储蓄会计出纳核算制度》中关于印鉴挂失和提前支取的有关规定，致使刘玉兰的一万余元存款（包含利息）被冒领，依照《民法通则》第106条和第131条的规定，根店街储蓄所对刘玉兰存款的损失应承担主要赔偿责任。刘玉兰对户口本、存单保管不善，丢失后，未及时发现、挂失，对

① 这个题目中使用混合过错的概念，是在此批复出台时使用的概念，准确的概念应当是与有过失。对此，书中有说明。

造成存款损失有过失，亦应承担一定责任。”本复函涉及的民法理论，主要是损害赔偿之债的混合过错与过失相抵问题，同时也涉及民事制裁的问题。

一、混合过错与与有过失、共同过失

混合过错，不仅是侵权行为法的概念，也包括违约损害赔偿的混合过错。它是指对侵权或者违约所造成的损害结果的发生或者扩大，不仅义务人有过错，而且权利人也有过错，在我国民事立法中，规定混合过错的条文共有三个。一是《民法通则》第131条：“受害人对于损害的发生也有过错的，可以减轻侵害人的民事责任。”二是《民法通则》第113条：“当事人双方都违反合同的，应当分别承担各自应负的民事责任。”三是《合同法》第120条：“当事人双方都违反合同的，应当各自承担相应的责任。”其中第一个条文是侵权损害赔偿的混合过错，第二、三个条文是违约损害赔偿的混合过错。

混合过错的概念直接来源于苏联民法理论。苏联民法理论把混合过错也叫作混合责任。侵权的混合过错条文规定在《苏俄民法典》第458条：“如果受害人自己的重大过失促成了损害的发生或扩大，在苏联立法没有其他规定的情况下，应当根据受害人过错的程度（在造成损害的人有过错时，也应当根据他的过错程度），减少赔偿的数额或者免除赔偿损害的责任。”

《苏俄民法典》对于违约损害赔偿的混合过错规定在第224条：“如果不履行债或不适当履行债是由于双方的过错所致，法院、仲裁署或公断法庭应当适当减轻债务人的责任。如果债权人故意或者由于过失促使了不履行或不适当履行债所致损失的增大，或者没有采取措施减轻损失，则法院、仲裁署或公断法庭也有权减轻债务人的责任。”

苏联民法理论认为，受害人的过错是民事法律过错的一种。受害人的过错和致害人的过错一样，只有当受害人的行为具备违法性时，才能成立。这种过错，可以表现为故意或过失。但应当考虑的只是故意和重大过失，受害人的普通过失不影响对他的损失的赔偿数额。受害人的过错的法律后果，或者全部免除致害人

的责任，或者减少对受害人损害的赔偿数额。苏联最高法院的司法解释认为，在任何情况下，受害人在造成损害时的故意，都免除致害人赔偿损害的义务。受害人的促使损害发生或扩大的重大过失，可以成为减少损害赔偿数额和全部拒绝赔偿损害的根据。致害人的过错程度和受害人的过错程度都应当予以考虑。如果损害是由高度危险来源物的所有人所造成，则只考虑受害人的过错程度。由于无行为能力人的行为不视为是有过错的行为，所以也就谈不上考虑作为受害人的无行为能力人的过错；限制行为能力人的过错是减少赔偿数额或免除责任的根据。受害组织的任何一个工作人员在执行公务时促使损害发生或扩大损害数额的故意或重大过失，都是受害组织的过错。①

大陆法系民法将混合过错称为与有过失。在立法例上，大陆法系民法采两种形式：一为合一制，一为分立制。《德国民法典》第 254 条规定："损害的发生，被害人如与有过失，赔偿义务和赔偿范围，应根据情况，特别是根据损害主要是由当事人的一方还是他方造成的，来确定。"《瑞士债法典》第 44 条规定："被害人对于发生损害之行为已予同意或因可归责于被害人之事由对于损害之成立或扩大予以助力，或因而增加赔偿义务人地位之困难者，审判官得减缩赔偿义务或免除之。"这是合一制，侵权、违约均可适用。我国台湾地区民法制度亦采合一制。分立制如日本，《日本民法典》第 418 条规定了违约的与有过失："债权人就债务不履行有过失时，则由法院斟酌其情事，确定损害赔偿的责任及金额。"第 722 条第 2 款规定了侵权的与有过失："受害人有过失时，法院可以斟酌其情事，确定损害赔偿额。"

大陆法系民法理论一般认为，与有过失适用范围比较广泛，既包括侵权行为和债务不履行，也及于其他法律规定所生之损害赔偿，义务人纵应负无过失责任的赔偿责任，亦非例外。② 与有过失的构成要件，应包括：（1）须被害人之行为与赔偿义务人之行为为损害之共同原因；（2）须被害人于其行为亦有过失。③ 与

---

① ［苏］格里巴诺夫等主编：《苏联民法》下册，法律出版社 1986 年版，第 413－415 页。

② 史尚宽：《债法总论》，台北荣泰印书馆 1978 年版，第 293 页。

③ 胡长清：《中国民法债编总论》上册，商务印书馆 1948 年版，第 261 页。

有过失的效力，是过失相抵，法院得不待当事人之主张，以职权减轻赔偿额或免除之。[①]

英美法系民法称混合过错为共同过失，是英国《1945年法律改革（共同过失）法》确立的法律制度。这种共同过失并不是我国民法理论上的共同过错。虽然过失意味着负有防止损害发生的法定义务，但共同过失并非如此，共同过失是指对自己有疏忽，或对自己缺乏应该的注意，这种情况构成了原告所受伤害或损害的促发因素或部分原因。共同过失的法律后果，是减少损害赔偿数额。普通法原先规定并不是这样，而是只要能证明原告本人由于某种过失而助成了其所受的伤害，则不问过失程度如何，被告即可全部免责。共同过失责任确立之后，如果原告有部分过错，则不再驳回其全部请求，而是由法院或陪审团参照原告本人对损害应负的责任，按照其认为公平合理的标准，减少损害赔偿的数额。[②]

总之，不管是混合过错，还是与有过失、共同过失，也不管是合一制，还是分立制，它们都是表明这样的一种情况，即侵权或违约损害事实的发生或扩大，不仅赔偿义务人有过错，赔偿的权利人也有过错。它的法律后果，或者叫作它的效力，是过失相抵。

二、过失相抵及其构成和效力

（一）过失相抵的构成

过失相抵是混合过错（即与有过失、共同过失）的情况下，减轻赔偿金额或免除赔偿责任。“所谓过失相抵，不过为形容之语。其实为就义务者之过失与权利者之过失，两相较量，以定责任之有无及其范围，并非两者互相抵销，是以有仅称为被害人之自己过失者。”[③]

确立过失相抵，是基于赔偿制度的公平分担，以及支配债权债务关系的诚信

① 史尚宽：《债法总论》，台北荣泰印书馆1978年版，第297页。

② 《牛津法律大辞典》（中文版），光明日报出版社1988年版，第207页。

③ 史尚宽：《债法总论》，台北荣泰印书馆1978年版，第292页。

原则的一个具体表现，也就是不得将因自己的过失所产生的损害，转嫁于他人，这也正是过错责任原则的体现。

混合过错不仅存在于侵权行为和违约行为之中，而且存在于其他法律所规定的损害赔偿之债之中。例如，侵害相邻权造成损害的赔偿，当受害一方有过错的时候，亦为混合过错。同样，过失相抵不仅适用于侵权行为和违约行为产生的损害赔偿，同样也适用于其他法律所规定的损害赔偿。义务人即使应负无过失的责任，如法律有明确规定，其损害赔偿也适用过失相抵，只要受害人有过错，也应当减轻加害人的赔偿责任。

过失相抵的构成，应分两个方面考察之。对于赔偿义务人的责任，应按照构成损害赔偿之债的要件来确定，对此，无须赘言。对于赔偿权利人的责任，其构成须具备以下三项要件。

1.赔偿权利人的行为系损害发生或扩大的共同原因

我国《民法通则》第131条仅规定了赔偿权利人对损害的发生也有过错的情况，没有对损害的扩大作出规定。其第113条在规定违约的混合过错时，则涵盖了损害的发生或扩大的完整内容。《侵权责任法》第26条规定过失相抵，虽然仅仅说了发生，但是对于损害后果扩大的，也应当适用过失相抵规则。理论和实践则认为损害的发生与扩大，均为过失相抵的事由。当赔偿权利人的行为是损害发生或扩大的共同原因的时候，就具备了适用过失相抵的第一个要件。

所谓共同原因，是指赔偿权利人的行为与赔偿义务人的行为共同作用，促成了一个损害结果的发生或扩大，或者是赔偿权利人的行为作用于已经发生的损害结果上使之继续扩大。对于损害结果的发生，权利人的行为必须是必不可少的共同原因之一；对于损害结果的扩大，权利人的行为可以是共同原因，也可以是单独原因。当我们把损害扩大后的结果作为一个整体来研究的时候，权利人单独对损害结果扩大的行为，仍然也是共同原因之一。因此，作为共同原因之一的权利人的行为与义务人的行为相较，孰先孰后，抑或同时存在，都在所不问。

当权利人的行为是损害结果事实的发生原因之一时，是否构成过失相抵的要件呢？回答也是肯定的。损害发生的原因，不单包括损害本身发生的原因，也应

包括损害原因事实的成立或发生的助成在内。对此，理论上是承认的。

2.赔偿权利人的行为须不当

构成过失相抵，赔偿权利人的行为无须违法，而得为不当。所谓不当行为，就是为自己利益或在伦理的观点上为不当，所以阻却违法的行为如正当防卫、紧急避险等行为，不得适用过失相抵的规定。这种不当行为，既可以是积极的作为，也可以是消极的不作为。我国台湾地区“民法”第217条第2款关于“重大之损害为债务人所不及知，而被害人不预促其注意或怠于避免或减少损害者，为与有过失”的规定，即就赔偿权利人消极的不作为而言。这里分三种情况，一是重大损害未促其注意，二是怠于避免损害，三是怠于减少损失，这些都构成过失相抵的要件。

3.赔偿权利人须有过错

赔偿权利人的行为虽然是损害发生或扩大的共同原因，但权利人如果主观上无过错，仍然不构成过失相抵。这里的过错，在理论上有的认为并非固有意义上的过失，而是赔偿权利人对于自己的过失。我国民法通则并未作这样的区分，仍为一般的故意或过失的主观心理状态。判断的标准，是权利人对于危险，应有预见或可得预见，即就其行为可发生权利侵害或债务不履行或可发生损害的扩大，必须有预见；或者以善良管理人的注意，应当预见。前者为故意，后者为过失。如果权利人的行为对损害的发生或扩大为共同原因之一，但非出于故意或者过失，则不构成过失相抵。

赔偿权利人的代理人对于损害的发生或扩大有过失时，可视为赔偿权利人的过失。赔偿权利人如果是无责任能力人，虽无法确定其有无过失，但仍可确定其监护人对此有无过失，监护人的过失，亦可构成过失相抵。

（二）过失相抵的效力

过失相抵的效力，在于过失相抵具备其要件时，法院可以不待当事人的主张，而依职权减轻赔偿义务人的赔偿责任。对此，我国《民法通则》第113条和第131条的规定与国外民法的有关规定不同，即不得因赔偿权利人的故意或重大过失而免除赔偿义务人的赔偿责任。这主要是考虑双方既然都有过错，以分担责

任为好，而让赔偿权利人承担全部赔偿责任，而赔偿义务人亦有过错却免除其责任，既违背公平原则，也难以让赔偿权利人服判。

关于确定减轻赔偿责任的标准，有过错程度说，原因力程度说和综合说三种学说。我国民事审判实务上一般采过错程度说，大致以双方过错程度的不同确定减轻的幅度，对于原因力的轻重考虑不多，或者说尚未加以自觉地考虑。此盖源于苏联民法理论的影响。所谓原因力，就是在构成损害结果的共同原因中，每一个原因对于损害结果发生或扩大所发挥的作用力。原因事实对于损害事实发挥的作用力不同，其行为人所应承担的责任也就不同。在确定混合过错的赔偿责任时，先应当考察双方当事人过错的轻重，故意重于过失，重大过失重于一般过失，当双方当事人过错相当时，应考察双方当事人行为的原因力，确定赔偿责任；原因力亦相同者，其损害各半负担。

三、对最高人民法院复函的理论研讨

最高人民法院复函所依据的案件事实是：刘玉兰在榆次市根店街储蓄所四次定期存款八千余元，存单由刘保管，其中两张存款单预留印鉴，凭印鉴支取。1985 年 8 月 22 日，有人持该四张存单及刘的户口簿到根店街储蓄所提前全部支取。储蓄所因该人未带刘的印鉴，只核对刘的户口簿而未验代领人的身份证件，支付两张未留印鉴的存单存款，另两张未办支付。该人第二天持刘的图章来取款，因与预留印鉴不符而未予支付。第三天，该人持一经过涂改的证明公文来取款，储蓄所予以支付。前后共支付本息一万余元。1985 年 11 月 15 日，刘发现存单丢失，即到储蓄所挂失，方知存款已被冒领。刘报案未破，向法院起诉。

对此，本复函依据混合过错和过失相抵的法理，较好地解决了过失相抵制度适用中的一些实际问题。

第一，赔偿权利人的行为对原因事实的助成，亦为损害发生的共同原因。刘玉兰存款被冒领的损害事实的发生，基于两个原因，一是储蓄所的过错行为，二是刘玉兰的保管不当行为。刘的行为为储蓄所的行为提供了条件，储蓄所的行为

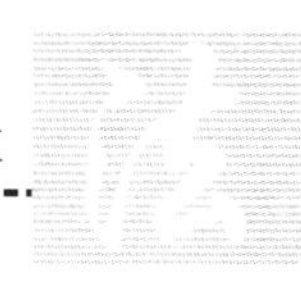

才直接导致刘存款被冒领的损害后果。刘的行为恰恰是对原因事实的助成。在审判实践中，对这一问题并没有统一的理解和执行，有的法院不自觉地予以执行，有的法院则拒绝予以适用。本复函确认："刘玉兰对户口本、存单保管不善，丢失后，未及时发现、挂失，对造成存款损失有过失。"这就通过司法解释，确认对原因事实的助成的过失行为，也是过失相抵构成的共同原因，为审判实践确定了一个准则，统一了理解和执行的标准。

第二，赔偿权利人的行为并非只由违法行为构成，不当行为亦可构成。在理论和实践上，有人主张对混合过错的权利人一方的行为也要达到违法的程度，方可适用混合过错，在执法上造成一些不一致。在本案中，刘玉兰的行为只是对自己的户口本、存单保管不善，该行为无违法性可言，只是在伦理观点上看，显属不当。最高人民法院通过本复函，确认其行为构成混合过错，适用过失相抵，统一了认识上的分歧，确立了判断的标准。

第三，正确适用原因力对赔偿责任作用的原理。就本案来说，储蓄所对他人支取未到期的定期存款，未查对代领人的身份证件，未判明有显迹的伪造证明文件，违反了《中国人民银行储蓄存款章程》和《中国工商银行储蓄会计出纳核算制度》关于印鉴挂失和提前支取的规定，致使刘的存款被冒领，显系有重大过失。而刘玉兰在8月至10月近3个月的时间里，未发现自己的存款单被盗，并让冒领人能连续三天持她的户口本和图章去冒领存款，亦显系有重大过失。双方当事人对损害结果的发生均有重大过失，过失相当。对此，按照实务界的通常做法，一般应各半负担损失。但是，从双方行为对于损害发生所发挥的原因力来看，则不相同。刘的行为只是为储蓄所的行为提供了条件，而储蓄所的工作人员违反国家银行的规定，直接实施了错支存款的行为，造成了存款被冒领的损害后果。储蓄所的行为对于损害结果的发生，是主要原因，刘的不当行为只是次要原因。在这种情况下，最高人民法院在本复函中确认储蓄所承担主要赔偿责任，刘玉兰承担一定责任，显然是考虑了原因力对赔偿责任的作用。对此值得理论界尤其是实务界的重视。

本复函由于案情所限，并没有解决混合过错与过失相抵的所有问题，例如，

损害扩大的行为应否适用过失相抵。对此，我国《侵权责任法》没有明文规定，《合同法》第119条作了明确规定。在理论上，学者认为在侵权行为中，对损害扩大的行为也应当适用过失相抵；实务认识尚不统一，有的适用过失相抵，有的则拒绝适用。对于这一立法缺陷，最高审判机关应当运用司法解释手段，予以补充。

第六节　损益相抵规则及适用

一、问题的提出

损益相抵原则在民法中居于何种地位，含义如何，以及在实务中如何适用，这些问题，不无疑问。在下述案例中，将涉及这个问题。

受害人赵某，系3岁男孩。加害人尹某惠，女，云南省某县职员，现年40岁。赵、尹两家居于同一宿舍区，相距不远。1989年11月26日下午，尹到开水房提开水回家准备给她的孩子洗澡，当提到赵家门口通道与公共通道交叉路口时，因提不动，将两只装满开水的水桶放在该处路上，另去借扁担。这时，赵某外出玩耍后回家，倒退着走到水桶旁，被水桶的耳子剐着毛线裤，跌入开水桶内，致赵某左背部、臀部及双下肢烫伤，面积为28%，深度为Ⅱ—Ⅲ度。赵某经转院治疗，创面瘢痕愈合出院，用去医疗费、护理费等费用共5 693.40元。赵某烫伤之前，在该县托儿所统一办理了幼儿托育意外伤害保险，受益人为赵之父赵某华，烫伤后接受全额保险费1 000元；赵某之母在该县茶厂工作，依据劳动保险条例，该厂补助报销赵某医疗费的35%为438元；而赵某已付的医疗费为1 411.42元。一审法院判决认为，原告已付医疗费已由保险费和工厂核销的医疗费数额全部冲销，已无实际损失，被告不应再赔偿；其他损失及继续治疗费用，按过失相抵原则，尹承担60%。双方当事人上诉以后，二审法院在上述损益可

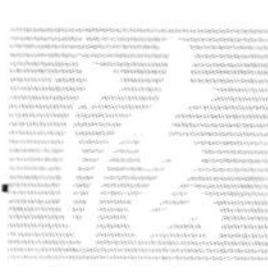

否抵销问题上意见不一致，逐级向上级人民法院请示。最高人民法院 1991 年 8 月 9 日（1991）民他字第 1 号复函认为："尹某惠因疏忽大意行为致使幼童赵某被烫伤，应当承担侵权民事责任；赵某的父母对赵某监护不周，亦有过失，应适当减轻尹某惠的民事责任。尹某惠应赔偿赵某医治烫伤所需的医疗费、护理费、生活补助费等费用的主要部分。保险公司依照合同付给赵某的医疗赔偿金可以冲抵尹某惠应付的赔偿数额。保险公司由此获得向尹某惠的追偿权。赵某母亲所在单位的补助是对职工的照顾，因此，不能抵销尹某惠应承担的赔偿金额。"二审法院逐依以上复函判决此案。

该案涉及债法理论中的两个问题，即过失相抵和损益相抵。上述最高人民法院复函的前一部分解释的是过失相抵原则，后一部分解释的是损益相抵原则。本节就损益相抵原则，结合本案具体情况，从理论和实践的结合上进行研究，并对高法复函就此问题的司法解释进行评价、研讨。

二、损益相抵的概念及理论依据

损益相抵这一概念的称谓，曾有两种不同的主张。一种主张称之为损益相抵，另一种主张认为此种情景非债权间之相互抵销，并不依当事人之意思表示而发生效力，因而称之为损益相抵不甚恰当，而应称之为损益同销。[①] 尽管如此，损益相抵与损益同销为同一概念，并无疑义。

关于损益相抵的界定，学者表述不甚一致。诸如："赔偿权利人基于与受损害之间一赔偿原因，受有利益者由其损害扣除利益，以为实际之赔偿金额，此损害利益之销除，谓之损益同销。"[②] "损害事故发生后，赔偿权利人受有损害，但亦可能基于与发生损害之同一原因而受有利益""赔偿义务人赔偿损害时，应得于赔偿额中扣除赔偿权利人所得利益，谓之损益相抵。"[③] "加害行为损害被害人

---

① 史尚宽：《债法总论》，台北荣泰印书馆 1978 年版，第 298 页。

② 史尚宽：《债法总论》，台北荣泰印书馆 1978 年版，第 298 页。

③ 曾世雄：《损害赔偿法原理》，台北三民书局 1986 年版，第 188 页。

同时亦给与利益者，于计算损害赔偿额时，应自损害额扣除利益额，谓之损益相抵。”[①] “被害人基于发生损害之同一原因受有利益者，应由损害额内扣除利益，而由赔偿义务人就其差额赔偿，学者称之为损益相抵。”[②] 以上四种定义，以第四种龙显铭先生的定义最为准确、精练，但应稍加一点改动，即损益相抵是指赔偿权利人基于发生损害的同一原因受有利益者，应由损害额内扣除利益，而由赔偿义务人就差额赔偿的债法制度。

从这一定义中，可以看出损益相抵的法律特征。一是，损益相抵是债法的制度，适用于损害赔偿责任确定的场合，既包括侵权损害赔偿，也包括违约损害赔偿。从原则上说，举凡确定损害赔偿责任的场合，都可以适用这一制度。二是，赔偿权利人即受害人所受损害和受有利益，须出于同一原因，即同一致害原因既给受害人造成损害，又使受害人受有利益。三是，赔偿的标的应是损害额内扣除利益额之差额，而非全部损害额。例如，房屋因爆炸而震塌而遗留无数建筑材料，对于房屋所有权人而言，为损害，房屋所有权人固得请求赔偿，因倒塌而呈现之建筑材料，对于房屋所有权人而言，将是一种利益。[③] 损益相抵就是要求受害人在请求损害赔偿时，须从房屋损害数额中扣除因此所得建筑材料之利益额，仅就该差额行使赔偿权利。

通说认为，损益相抵原则在罗马法上即已存在，但并未提供相应的证据。在查士丁尼《法学总论》中，关于“一切善意诉权的诉讼，审判员享有全权根据公平原则决定返还原告之数”的规定[④]，含有损益相抵的内容。德国普通法时代，也承认此原则。我认为，在我国古代法律中，损益相抵的适用更为明确。在《唐律》《宋刑统》《明会典》和《清律》中，都规定了“偿所减价”制度，是指原物受损之后，以其物的全价扣除所残存价值之差额，作为赔偿数额，适用的范围是牛马等畜产遭受损害的赔偿。如《唐律·厩库》“故杀官私马牛”条规定：“诸故

① 曾隆兴：《现代损害赔偿法论》，台北泽华彩色印刷工业公司1984年版，第585页。

② 龙显铭：《私法上人格权之保护》，中华书局1948年版，第116页。

③ 曾世雄：《损害赔偿法原理》，台北三民书局1986年版，第188页。

④ ［古罗马］查士丁尼：《法学总论》，商务印书馆1978年版，第213页。

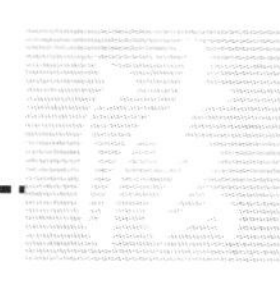

杀官私马牛者，徒一年半。赃重及杀余畜产，若伤者，计减价，准盗论，各偿所减价；价不减者，笞三十。其误杀伤者，不坐，但偿其减价。”其疏议曰：“减价”，谓畜产值绢10匹，杀讫，唯值两匹，即减8匹价；或伤止值9匹，是减1匹价。杀减8匹偿8匹，伤减一匹偿1匹之类。“价不减者”，谓原值绢10匹，虽有杀伤，评价不减，仍值10匹，止得笞30罪，无所赔偿。畜产原价为10，杀害损失为10；但畜产杀之所得皮、肉、骨在所有人而言，为所得利益，偿所减价，就是赔偿损失额扣除所受利益后的差额，此正符合损益相抵的基本原理。畜产杀伤之价不减者，如猪育肥而杀之，价不减，损失与利益等同，则“无所赔偿”。

现代民事立法，一般对损益相抵均不作明文规定。《德国民法典》立法理由中明白指示将该相抵问题委由学说与判例研讨解决之，故德国判例学说一再予以确认。法国亦采判例学说确认的方法。[①]《日本民法典》也没有此明文规定，但认损害赔偿请求权人由于发生损害的同一原因也受到利益时，从损害中扣除其利益，在损害赔偿的性质上也可以说是当然的。[②]我国台湾地区“民法”对此也无明文规定，但有两个条文与此相关。一是第267条：“当事人之一方，因可归责于他方之事由，致不能给付者，得请求对待给付。但其因免给付义务所得之利益，或应得之利益，均应由其所得请求之对待给付中扣除之。”二是第487条：“雇用人受领劳务迟延者，受雇人无补服劳务之义务，仍得请求报酬。但受雇人因不服劳务所节省之费用，或转向他处服务所取得或故意怠于取得之利益，雇用人得自报酬额内扣除之。”有关司法解释认为：“同一事实，一方使债权人受有损害，一方又使债权人受有利益者，应于所受之损害内，扣抵所受之利害，必其损害相抵之结果尚有损害，始应由债务人负赔偿责任。”[③]我国民法通则对此也未设明文，但最高人民法院前述（1991）民他字第1号复函所作司法解释，正式确认损益相抵原则在司法实务中的适用，自无疑义。

① 曾世雄：《损害赔偿法原理》，台北三民书局1986年版，第189页。

② ［日］《新版新法律学辞典》，中国政法大学出版社1991年版，第611页。

③ 曾隆兴：《现代损害赔偿法论》，台北泽华彩色印刷工业公司1984年版，第585页。

损益相抵位于民法何种地位，并无异议，即为债法的损害赔偿原则，也就是侵权损害赔偿之债和违约损害赔偿之债的原则。在传统的理论上，损益相抵与过失相抵为同一法律地位上的两个相关的赔偿原则，但我国民法受苏联民法理论影响日久，已接受了混合过错的概念，只将过失相抵作为混合过错的后果对待。对损益相抵不甚重视。我认为过失相抵与损益相抵是同一位置、同等重要的两个损害赔偿原则，不可偏废其一。

损益相抵原则的适用范围，原则上是损害赔偿之债，包括侵权损害赔偿和违约损害赔偿，但有两点值得注意。一是对其他损害赔偿，如相邻关系引起的赔偿，无因管理和不当得利中形成的损害赔偿，均可适用这一原则，因而损害赔偿之债是广义的。二是损害赔偿也是广义的，因而，损益相抵原则“不独适用于金钱赔偿之金钱利益，对于原状恢复，亦有适用。惟其方法不如金钱之易扣除”[①]。因而在适用时，更应加以注意，防止出现不公平的问题。

确立损益相抵原则依何种理论为依据，大抵分为两种情况。

德国立法采利益说，基于利益说而确认损益相抵原则。这种学说认为，损害即被害人对于损害事故所感受之利害关系，亦即其对于损害事故之利益，而利益之计算，则以被害人二财产状况之差额为准。所谓二财产状况，一则指损害事故如未发生，被害人财产应有之状况；二则指损害事故发生后，被害人财产实有之状况，损害事故发生后，被害人财产究剩多少，其计算应将被害人所受损害与所得利益全部计列相抵始可求得。果如此，则如被害人因同一损害原因而受有利益者，该利益亦应列入。

法国法和英国法接受的学说与上述利益说不同，基于禁止得利的思想而确认损益相抵原则。他们认为，损害赔偿旨在填补损害，故赔偿应与损害大小相一致，不可少亦不可多，基于此原则，赔偿损害之结果，被害人不得较无损害事故发生时更为优越，准此，凡因一损害原因受损害，并受利益者，则所谓损害，仅存于损害与利益二者间之差额。利益大于或等于损害时，即无损害可言，利益小

① 曾隆兴：《现代损害赔偿法论》，台北泽华彩色印刷工业公司1984年版，第585页。

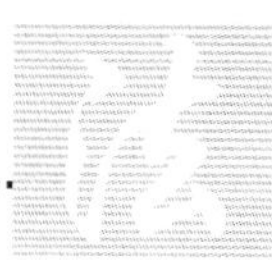

于损害时，计算损害应扣除利益额。[①]

上述两种学说，主要的区别在于确认损益相抵的理论着眼点不同，前者主要着眼于损害致利益的实际减损，后者主要着眼于禁止受害人额外得利。两者相较，第二种理论更符合于公平原则，所以为多数国家所接受。

我国对于损益相抵原则采何理论依据，大体可以认为，古代侵权法的“偿所减价”相当于利益说，是以被害人二财产状况之差额作为利益丧失的范围，得请求赔偿；国民政府民法及我国台湾地区现民法实务，基本上主张第二种理论。至于大陆民法理论和实务界，尚未见明确的主张，但在学者的著述中，两种主张都有踪迹；最高人民法院关于这一原则的司法解释，未阐述其确认的理论依据。依我所见，应以采用禁止得利思想的理论作为损益相抵的依据。这是因为，该理论不仅为大多数国家所接受，符合民法的公平、正义原则，而且完整地体现了侵权法补偿基本功能的要求，符合侵权法设立的基本宗旨，道理显而易见，易于被人们所接受，同时在实务中也便于理解、掌握和操作。

三、损益相抵的构成及其计算

（一）损益相抵的构成

在传统的理论上，对于损益相抵不研究其构成，而研究其适用的条件和范围。我认为，从损益相抵的构成角度去研究、揭示其规律，更易于理解和操作，更易于发挥理论对于实务的指导作用。

损益相抵的构成须具备以下要件。

1.须有损害赔偿之债成立

构成损益相抵，必须以损害赔偿之债的成立为必要条件。其成立的要件，各依其性质而定，均具备者，始成立此要件，无有损害赔偿之债的成立，亦即缺乏损害赔偿之债的要件，尚未构成损害赔偿之债的，均不具备此要件。

---

① 以上两种理论的论述，请参见曾世雄：《损害赔偿法原理》，台北三民书局1986年版，第190页。

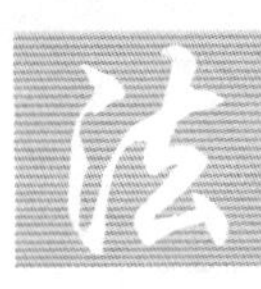

对于此要件中的损害赔偿和损害赔偿之债的广义理解，前文在阐述损益相抵原则适用范围时已作了说明，不再赘述。所应注意的是，不构成损害赔偿之债的一些所得利益，自不构成损益相抵。诸如：

一是契约履行中受有利益。权威学说认为债权人请求履行契约时，因为损益相抵乃专属于损害赔偿问题，因而无适用之余地。如买卖合同订立后，因买卖的标的物的货物价格上涨，买受人因而受有利益，当买受人请求履行契约时，虽然该项所得利益系因买卖合同的缔结使然，然而出卖人不得请求扣除买受人所得利益。又如工人受雇清洁水沟，在工作中寻获一枚金戒指，受雇人请求雇用人依契约之约定给付报酬时，雇用人不得主张扣减金戒指的利益。[①] 上述情况，均未有构成损害赔偿之债，只是在正常的履行合同之中，不具备损益相抵的必备要件，不得适用损益相抵。

二是特殊的请求返还行为。一般的返还原物，可以适用损益相抵。如无因管理，其返还原物并给付管理费用，就是损益相抵，此乃就本人而言。特殊的返还原物，如盗窃耕牛使用之，盗窃汽车使用之，虽然盗者于使用时花费了草料喂养之费，或者花费了汽车维护、保养甚至修理费，当失主请求返还时，盗者于返还原物时，不得就失主节省草料喂养或维护、保养甚至修理费等主张为失主所得利益而损益相抵。同样，某人发掘得一珍贵文物，国家作为所有者，自得请求返还，发掘者不得就发掘的花费主张为国家所得利益而损益相抵，国家只依法给予奖金鼓励。这些返还原物行为，与一般的返还原物如侵权、契约无效的返还原物不同，国家另有法律规定，与损害赔偿之债无相同之处，自不得适用损益相抵。

三是请求减少价金行为，如甲售乙一批货物，品质与约定相比较劣，乙请求减少价金，但将此物售给丙时，价格并未受影响。对此，甲在酌定减少价金时，不得主张乙因转卖得利而损益相抵。[②] 其原因，也是不具备损害赔偿之债成立的要件。

---

① 曾世雄：《损害赔偿法原理》，台北三民书局 1986 年版，第 191、192 页。

② 曾世雄：《损害赔偿法原理》，台北三民书局 1986 年版，第 194 页。

2.须受害人受有利益

此乃损益相抵的必备条件，如受害人未因受损害而受有利益，则无适用损益相抵的余地。此种利益，包括积极利益和消极利益。前者为受害人现有财产的增加，如财产保险后遭损害的索赔金额，房屋被毁所遗建筑材料的价值等。后者为应减少的财产未损失，如旧车使用的修理费，耕牛使用的饲养费等。在实务中，对于积极利益中的诸如房屋被毁所遗建筑材料价值，往往认为是尚未损失的利益，因而不计算在损失之中，这只是观念上的问题。如果将房屋的损害计算一个完整的损失额，再计算所遗建筑材料的利益额，二者实行损益相抵，不仅使损失价值更为准确，从道理说服上也更为有利。

一般认为，应当扣减的利益，应当是：（1）物之毁损而发生的新生利益；（2）实物赔偿新旧相抵的利益；（3）原应支出因损害事实之发生而免支出的费用；（4）原无法获得因损害的发生而获得的利益①；（5）将来的赔偿给付改为现在的一次性给付的中间利息。其中第一种利益，如我国古代律法中的“偿所减价”制度，杀死一牛，牛死为损失的数额，剩之牛肉、牛骨、牛皮等即为新生的利益，此种利益应予扣除。第二种利益，是适用于实物赔偿的场合，如损毁或灭失某物，该物为五成新，义务人以同种类物（全新）予以赔偿，新旧相折，即权利人多得之价款一半，应予返还给义务人，盖因新旧之间的差额为超过实际损害的部分，自应予以扣除。第三种利益，为消极利益，如致伤后住院治疗，住院的伙食费已计入赔偿费用者，其原日常在家的伙食费则应扣除。关于此点，台湾地区如是计算，大陆并非如此，不考虑住院伙食费及日常伙食费的差额的赔偿，而是考虑住院治疗予以适当的伙食补助。这两种不同的做法意旨相同。前述偷牛饲料费、盗车修理费虽系消极利益，但属不应扣除的利益。应扣除的此种利益如因迟延交付买卖标的之牛，虽应赔偿迟延交付的损失，但迟延期间牛的饲料之开支，应为消极利益，应予扣除之。第四种利益，如日本判例认为，因杀害他人使其妻子或子女丧失扶养，然因此同时使其得有法律上的寡妇或孤儿救济金，为所

① 曾世雄：《损害赔偿法原理》，台北三民书局1986年版，第210－212页。

得利益，应予扣除[①]；另如德国判例认为赛马时，骑手为求赢得奖金，违反惯例鞭马致死，马匹所有人因马死而受有损害，然因而获得奖金，该项奖金为所得利益，如无损失则不能获得，固应扣除。[②] 第五种利益，如伤害致人死亡或丧失劳动能力的，因受害人死亡、致残前扶养人因而丧失抚养的损害赔偿，当将将来的多年给付改为现在一次性给付的时候，其将来给付的逐年中间利息，应按法定利率予以扣除。

3.须有构成损害赔偿之债的损害事实与所得利益间的因果关系

对于此点，学说上曾经经历了三种不同的变迁。最先提出损益相抵根据的，谓之损益必须同源，认为损害与利益之间应相折算，以该二者系同一事故而发生为必要，否则，不得为此折算。次之出现的依据为相当因果关系，认为以损益相抵的观念过窄，但有利益的发生由外界现象而观之虽似由独立事实而引发，损益虽非同源，然而似以其相抵为宜者，不无有之，因而损益相抵的标准有扩充的必要。当时相当因果关系理论正值兴旺时期，据此认为，何种利益足以影响应填补损害并予以扣除，以损害事故与利益间有无相当因果关系为准，有之则构成，无之则不应予扣减，因为不构成损益相抵。在此之后，由于相当因果关系的判断标准相差甚大，相当因果关系说在决定损害赔偿范围问题上所保持的权威地位开始动摇，损益相抵的标准渐由相当因果关系为法规意旨所取代。[③] 但是，尽管损益相抵不以相当因果关系为绝对标准，然而因果关系作为构成损益相抵构成的必要要件之一，却为判例学说所公认，即须利益与损害系于同一之发生与损害发生之原因间，有相当因果关系而后可，即须利益与损害于同一之相当原因而发生。[④]

在具体判断因果关系的构成时，基于同一赔偿原因所生直接结果之损益，成为不可分离或合一关系者；基于同一赔偿原因所生间接结果，彼此之间或与直接结果为不可分离或合一关系者，均为有相当因果关系。前者如公职人员因铁路意

---

① 史尚宽：《债法总论》，台北荣泰印书馆1978年版，第300页。

② 曾世雄：《损害赔偿法原理》，台北三民书局1986年版，第212页。

③ 曾世雄：《损害赔偿法原理》，台北三民书局1986年版，第195－197页。

④ 何孝元：《损害赔偿之研究》，台北“商务印书馆”1982年版，第45页。

外事故成为劳动不能，但因此而取得劳保退休金，即同一损害原因所生直接结果为不可分离的关系。后者无论基于赔偿权利人之行为，还是基于赔偿义务人之行为，为有相当因果关系，因其彼此之间为不可分离或合一关系。例如，违约为海上运送，因途中船舶沉没而受损害，他方为海运而节省的费用，即为利益与直接结果不可分离。[①]

通常认为不具有相当因果关系者，为损害与利益无适当关系，因此不得适用损益相抵。主要情况是：

（1）第三人对于受害人赠与的财产，或受慈善机关救治，或国家、单位予以补助。这种受害人所受利益，并非与损实事实之间无直接结果，而是以第三人的意思所决定，与损害无适当关系，不应相抵。

（2）因继承而得的利益。例如，甲被害，其妻和子丧失扶养凭借，自得向加害人请求扶养损害赔偿，但该妻与子因甲的死亡而继承甲的遗产，即因损害事故的发生而得利益。但遗产的继承系因被继承人所有权的延伸关系而发生，而与损害无适当关系，亦不得相抵。[②]

（3）退休金、抚恤金获得的利益。此系国家给予公务人员、公职人员或其家属的福利，其目的并非在于填补被害人所受损害，因而也不存在适当关系，不能予以扣抵。

（4）慰问金。对受害人的慰问金，一般认为应分清慰问金是由谁所送。非加害人所送，当然不得抵销，但如果是加害人所送，又非一般数额的日常用品的，应予扣抵。

具备以上三个要件，即构成损益相抵，应在损害额中扣除所得利益额。

（二）损益相抵的计算方法

损益相抵的计算及折抵方法，主要有以下五种。

1.损害造成的损失与利益均可以金钱计算时，直接相减，扣除利益，直接赔偿差额。对此，我曾列一公式如下：

---

① 史尚宽：《债法总论》，台北荣泰印书馆1978年版，第300－301页。

② 曾世雄：《损害赔偿法原理》，台北三民书局1986年版，第204页。

损失价值=原有价值-已用时间-残存价值①

这一公式用于财产损害的损益相抵，其中“原有价值－原有价值/可用时间×已用时间”即为被损害之物的损失价值；残存价值即为新生之利益，应予扣减；损失价值即为已扣除利益的差额，即赔偿数额。

至于人身损害的损益相抵，直接相减得出损害与利益的差额，即已实行了损益相抵。

2.对于损害造成的损失已经予以金额赔偿者，应当由赔偿权利人将新生之利益退还给赔偿义务人，实行损益相抵。例如，致毁他人汽车或房屋，但汽车损毁，所余汽车零件为新生利益；房屋被损，所遗建筑材料为新生的利益。如果对该汽车、房屋的损失予以金额赔偿，则所余残存零件或材料应归赔偿义务人所有。否则，则违背公平原则。

3.实物赔偿，新旧物之差价，应由赔偿权利人退还赔偿义务人，否则权利人对差价为不当得利。如甲损害乙一辆五成新自行车，按现价折算为150元，甲赔偿其一辆新的自行车，价格为300元，为此，它应返还给甲150元，反之，乙将得其双重利益，是不公平的。

4.返还原物，对所得消极利益，应退还返还义务人。如买卖菜牛合同，双方已交付标的物，后发现合同无效，买牛方负有返还原物的义务。卖方因未饲养而受有消极利益，返还原物时，卖牛方应退还该消极利益。

5.在人身伤害致残、致死的场合，赔偿义务人对丧失劳动能力的人或其他间接受害人应定期给付生活补助费的，如果要把将来的多次给付变成现在一次性给付的，应当扣除中间利息。具体计算，可依霍夫曼计算法或莱布尼茨计算法，扣除中间利息。此一方法，我在《侵权损害赔偿》（吉林人民出版社1990年版）已作详细说明，可参见。

① 杨立新：《侵权损害赔偿》，吉林人民出版社1990年版，第80页。

四、对最高人民法院（1991）民他字第1号复函的研讨

最高人民法院（1991）民他字第1号就赵某与尹某惠人身损害赔偿案如何适用法律政策的复函，在肯定损益相抵原则这一问题上，是有重要意义的。对本复函所涉及的两种具体利益，即人身保险金和职工单位对职工子女就医补助费，是否可以相抵，应进行详细研讨。

首先，最高人民法院就损益相抵原则的适用问题作出公开的司法解释，本复函还是第一次。它的重要意义：第一，是肯定这一原则适用的价值。在我国长期的司法实践中，并不强调这一原则，而只强调确定损失数额时要准确。实际上的情况，就是实践中去实行损益相抵原则，却没有在理论上和观念上自觉接受损益相抵要求的指导。这一复函有助于对损益相抵原则的正确理解和适用，因而是十分重要的。第二，推动损害赔偿之债的理论研究。目前理论研究上，对于侵权法和合同法的研究，比较突出研究其个性，“分”的趋向越来越明显，这是不可避免的，也是必要的。但是，对合同法和侵权法共性的问题的研究，没有给以必要的注意。这是不正常的。诸如损害赔偿之债，现在越来越注意对侵权赔偿的研究，对合同中的赔偿，注意不够，而对损害赔偿之债的共性问题的研究，则更显得不够。通过这一复函，可以引起对损害赔偿之债的共性问题更大的兴趣和研究的注意力，推动整个债法的不断进步。

其次，关于人身保险金可否作为扣减之利益的问题。通说认为，人身保险金，是保险人对投保人的人寿、健康或伤害进行保险，受益人所得保险金是给付保险费的对价，且保险公司支付保险金之目的，并非在于填补可归责于加害人的损害，自与加害人的侵权行为全无关系，保险人无代位权，自不得损益相抵。① 财产保险金，则立法例不同，有的主张可抵销，保险公司取得对加害人的代位追偿权，有的主张不得抵销，因其系一定保险费之支付而取得者，故不是所得利益。

① 曾隆兴：《现代损害赔偿法论》，台北泽华彩色印刷工业公司1984年版，第589－590页。

在我国，对于财产保险金，是主张可以抵销的。我国财产保险的一个原则，就是权益转让原则。该原则的含义就是："被保险人因财产受损而取得保险人的赔偿后，将其原应享有的向他方（责任方）索赔的权益转让给保险人。保险人取得该项权益，即可把自己处在被保险人的地位，向责任方追偿。"[①] 基于该原则，如果被保险人投保的财产因侵权行为而毁损灭失，获得保险人的赔偿后，即构成因同一侵权行为而获得利益，自不得请求加害人赔偿，而应将求偿权转让给保险人，由保险人代被保险人（即受害人）之位，向加害人行使追偿权。可见，我国不采用财产保险金系因保险费支付而取得保险费之对价关系的理论，因而财产保险金可适用损益相抵。

对于人身保险金，人寿保险通说认为基于保险合同所给付的保险金，与被害人生前给付保险费，有对价关系，被保险人在保险期间届满时所领取的保险金额和在保险期内因不幸事故死亡，其受益人所领取的保险金额和被保险人伤残时所领取的保险金额，不仅有原来所交付的保险费，还有这些保险费所带来的利息，因而带有储蓄的性质[②]，自不得抵销之。对于人身意外伤害保险和健康保险，国外通说认为亦不得抵销。在我国，采取分别情况处理的办法。

基本保险金，承认其与保险费的对价关系，不应予以损益相抵；

医疗保险金，属于同一损害事实所生之利益，适用权益转让原则，赔偿之后，受害人应将追偿权转让给保险人，由保险人向加害人请求追偿。最高人民法院（1991）民他字第1号复函所称"保险公司依照合同付给赵某的医疗赔偿金可冲抵尹某惠的追偿权，保险公司由此获得向尹某惠的追偿权"，正是依据这一原则作出的司法解释。

这样解释是否正确，仍不无疑问。一是，此种原则与国际通说相悖；二是，基本保险金与医疗赔偿保险金很难区分；以赵某案为例，该保险合同规定保险赔偿最高金额为1 000元，但何者为基本保险金，何者为医疗赔偿保险金，二者占何种比例，并不明确，保险人理赔时也弄不清楚，因而很难确定可抵销的部分。

---

① 林增余：《财产保险》，中央广播电视大学教材，第51页。

② 乌通元等：《人身保险》，电大保险专业试用教材，第210－211页。

这种情况，应当继续研究探讨，尤其是应在《保险法》中明确规定。在实务中确能证明为医疗保证险赔偿金的，可予相抵扣减之；不能证明为医疗保险赔偿金的，应视为基本保险金，不得视为可得利益而扣减之。

再次，关于职工单位补助问题。

一是，应当弄清该种补助的性质。该司法解释对此称作："赵某母亲所在单位的补助是对职工的照顾。"这种说法不准确。该"补助"，是职工家属依照《劳动保险条例》所得利益。政务院 1953 年 1 月 2 日修正发布的该《条例》第 13 条"戊"规定："工人与职员供养的直系亲属患病时，得在该企业医疗所、医院、特约医院或特约中西医师处免费诊治，手术费及普通药费，由企业行政方面或资方负担二分之一。"该条例尽管在适用中内容有所变通，但在实践中仍有效力。依此规定，该补助的性质是劳动保险，而非所谓"照顾"。

二是，劳动保险，也称劳工保险，职工因伤亡致死致残给付保险金，通说认为不得适用损益相抵，其理由是，雇主为劳工缴纳保险费，原意是在于填补损害，但雇主以外的第三人侵权行为以致伤残死亡者，因劳工保险无代位行使赔偿请求权的规定，故不得由损害赔偿额中扣抵。我国目前劳动保险，关于职工伤病，医药费等金额或按比例由行政报销，职工直接供养的直系亲属患病，按比例由单位行政核销部分。这些措施，并非给付保险金，而是按照公费医疗保险办法处理。尽管如此，由于法规没有规定给付公费医疗的单位在核销医疗费等以后对加害人的代位追偿权，因而不宜采用损益相抵的办法。正如该复函所指出的那样：该种公费医疗核销的医疗费，"不能抵销尹某惠应承担的赔偿金额"。态度是明确的。

此司法解释的上述解释是基本正确的，对指导司法实践有重要指导意义。其最大的缺陷是，就事论事，没有从原则的高度，在理论上有精练的说明。这其实是我国最高审判机关制定民事司法解释的通病。如果在这一复函中确定损益相抵的基本原则，并说明其理论依据和适用的基本要求，其意义将重要得多。

应当注意的是，对于损益相抵规则，在《侵权责任法（草案）》中曾经有过规定。2002 年《民法（草案）》就是《侵权责任法（草案）》的第一次审议稿，

其中第19条规定："因同一侵权行为在造成损失的同时，受害人受有利益的，应当依照有关法律规定从损害额中扣除应当扣除的利益。"[①] 这一条文准确地规定了损益相抵规则的内容。在后来的讨论中，认为损益相抵规则还是交由司法解决，故而后来的草案就删除了这一规定。因此，在本节讨论最高人民法院的这一批复性司法解释的含义，还是具有特别的意义的。

第七节　不动产错误登记损害赔偿责任的性质

《物权法》第21条规定："当事人提供虚假材料申请登记，给他人造成损害的，应当承担赔偿责任。""因登记错误，给他人造成损害的，登记机构应当承担赔偿责任。登记机构赔偿后，可以向造成登记错误的人追偿。"该条规定的不动产错误登记损害赔偿责任究竟是何种性质的法律责任，众说纷纭、意见不一。对此，本节表达作者的看法。

一、对不动产错误登记损害赔偿责任性质的不同见解

对于不动产错误登记损害赔偿责任性质的不同认识，主要集中在三个问题上。

（一）是国家赔偿责任还是民事责任

对不动产错误登记损害赔偿责任的性质认定，首先遇到的问题，究竟是属国家赔偿责任还是民事责任，换言之，不动产错误登记损害赔偿责任所适用的法律，究竟是行政法，还是民法。对此，主要的观点是：

第一，国家赔偿责任。这种主张认为，把登记机构确定为国家机关，那么登记机关因登记错误应承担的责任就应该是国家赔偿责任。[②] 梁慧星教授在其主编

---

① 王胜明主编：《中华人民共和国侵权责任法释义》，法律出版社2013年第2版，第508页。

② 江平审定：《中国物权法释解与应用》，人民法院出版社2007年版，第75页。

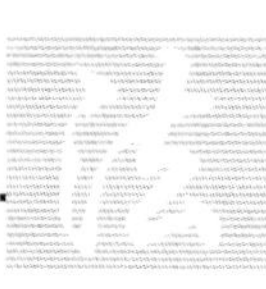

的《物权法草案建议稿》中，是将其作为国家赔偿责任确定的。① 登记行为被视为行政机构的行政行为，登记错误就是行政行为发生的错误，由此造成他人损害的，行政机关要承担的就是行政赔偿责任，适用《国家赔偿法》，赔偿费用由国家统一支出。②

第二，民事责任。这种主张认为，登记机构承担的责任在性质上是一种民事责任，而不是行政责任。登记机构的登记行为属于执行国家公务行为，因而因登记错误而给当事人造成损害的，登记机关应当向当事人承担民事赔偿责任。③ 不动产登记尽管是行政机关在进行，但不动产物权登记属于民事权利变动行为，属于私法行为，基于这种行为产生的不动产登记错误的赔偿责任，宜定位为民事责任。④

第三，双重性质。这种主张认为，不动产登记行为包括两个行为，一个是权利人的权利申请登记行为，一个是国家机关对申请登记的审查登记行为。申请登记人的损害赔偿责任属于民事责任，而登记机构承担的责任属于国家赔偿责任。⑤

第四，责任性质不明。这种主张认为，对于不动产登记机构应当具有什么性质还有不同意见，有待于随着行政管理体制改革进一步明确，目前不宜规定登记机构的国家赔偿责任。⑥

（二）是连带责任、补充责任、单独责任还是不真正连带责任

对于不动产错误登记损害赔偿责任的具体性质，或者说其具体民事责任形态，意见众多。我认为，很多学者对《物权法》第 21 条规定的不动产错误登记损害赔偿责任中关于“登记机构赔偿后，可以向造成登记错误的人追偿”的表

---

① 梁慧星主编：《中国物权法草案建议稿：条文、说明、立法理由及参考立法例》，社会科学文献出版社 2000 年版，第 179 页。

② 梁蕾：《不动产登记中的损害赔偿责任研究》，《行政法学研究》2008 年第 3 期。

③ 王利明：《物权法研究》，中国人民大学出版社 2007 年第 2 版，第 367 页。

④ 王崇敏：《我国不动产登记机关赔偿责任问题探讨》，《河南省政法管理干部学院学报》2007 年第 5 期。

⑤ 原永红：《论不动产登记机构错误登记责任》，《山东社会科学》2009 年第 7 期。

⑥ 全国人大常委会法制工作委员会民法室：《中华人民共和国物权法条文说明、立法理由及相关规定》，北京大学出版社 2007 年版，第 22 页。

述，没有引起重视，因而有些意见不够稳妥。

有的学者认为，登记机构的赔偿责任不是补充责任而是单独责任，因为对受害人而言，其索赔没有先后顺序的要求，即其可以直接起诉登记机构，表明登记机关的责任，不是在提供虚假材料的申请人赔偿损失之后承担补充责任，而是要依据受害人的请求承担单独赔偿责任。①

有的认为登记机构和申请人应当承担的责任是连带责任，原因在于造成错误登记的双方（申请登记的当事人和登记机构）尽管没有主观故意，但他们的行为具有关联性，而且是造成损害的共同原因，属于客观行为关联共同加害行为，仍然是共同侵权行为，应当承担连带责任。②

（三）是过错责任、过错推定责任还是无过错责任

对于不动产错误登记损害赔偿责任的性质是民事责任中的侵权责任，意见基本统一，即属于侵权损害赔偿责任。但这种侵权损害赔偿责任究竟是过错责任、过错推定责任还是无过错责任，在认识上不统一。主要的观点是：

第一，过错责任说。这种观点认为，在不动产错误登记损害赔偿责任中造成登记错误的原因，既包括登记机构工作人员故意以及疏忽大意等过错，也包括当事人提供虚假材料欺骗登记机构等情形。③ 这样的表述，显然是认为不动产错误登记损害赔偿责任的性质是过错责任。④ 也有人认为，无过错责任主要针对的是特殊侵权责任，不动产登记错误的赔偿责任属于一般侵权行为，因此，应当是过错责任。⑤

第二，无过错责任说。这种观点认为，登记机构承担赔偿责任的条件有二：一是登记错误，二是因为登记错误给他人造成损害。可见，我国物权法所规定的

---

① 王利明：《物权法研究》，中国人民大学出版社 2007 年第 2 版，第 368 页。

② 林永康等：《不动产登记错误的损害赔偿责任探讨》，《福建法学》2007 年第 4 期。

③ 全国人大常委会法制工作委员会民法室：《中华人民共和国物权法条文说明、立法理由及相关规定》，北京大学出版社 2007 年版，第 22 页。

④ 林永康等：《不动产登记错误的损害赔偿责任探讨》，《福建法学》2007 年第 4 期；柴振国等：《论不动产登记机关错误登记的赔偿责任》，《安徽大学法律评论》2007 年第 1 辑。

⑤ 王崇敏：《我国不动产登记机关赔偿责任问题探讨》，《河南省政法管理干部学院学报》2007 年第 5 期。

登记机构因登记错误而承担的责任是无过错责任。[①] 这种表述表明，只要登记错误，就应当承担赔偿责任，因此，是无过错责任。[②]

第三，过错推定责任说。这种主张认为，只要有登记机关违反登记制度的行为，就推定其有过错，如果主张没有过错，登记机构应当自己举证证明，能够证明的，才能免除责任，否则就应当承担责任。[③]

第四，双重责任说。这种主张认为，登记机构的责任既可能是过错责任，也可能是严格责任。登记机构因各种原因造成登记错误，给当事人造成重大损失的，登记机构应当依法承担赔偿责任，分为两类，一类是第 21 条第 1 款所规定的过错责任，即当事人提供虚假申请材料，如果发生登记错误，申请人首先应当承担责任，属于过错责任；严格责任出现在第 21 条第 2 款，即登记机构因登记错误，都要负责，属于严格责任，而不是过错责任。[④]

二、不动产错误登记损害赔偿责任的基本性质是民事责任

（一）认定不动产错误登记损害赔偿责任的性质为国家赔偿责任或者行政责任的依据不足

认为不动产错误登记损害赔偿责任的性质是国家赔偿责任，或者是行政责任，其基本依据是登记机构的性质是行政机关，既然如此，当然应当认为其承担的责任是行政责任，或者就是国家赔偿责任。这样的说法依据不充分。理由是：

首先，并不是国家机关承担的责任就都是国家赔偿责任。在目前，我国的不动产登记机构当然是国家机关，因为登记机构都是设立在政府的各个行政部门之中。但这并不是已经完全确定的设置。一方面，我国统一的不动产登记制度尚未建立起来，目前关于登记机构的设置还不是定论；另一方面，即使是国家机关造

① 江平审定：《中国物权法释解与应用》，人民法院出版社 2007 年版，第 75 页。

② 原永红：《论不动产登记机构错误登记责任》，《山东社会科学》2009 年第 7 期。

③ 许明月等：《财产权登记法律制度研究》，中国社会科学出版社 2002 年版，第 314 页。

④ 王利明：《物权法研究》，中国人民大学出版社 2007 年第 2 版，第 368 页。

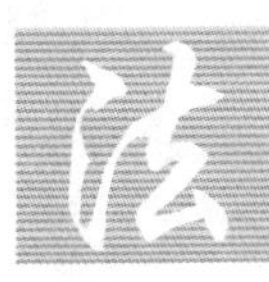

成的损害，也不宜一律定为国家赔偿责任，况且确定为国家赔偿责任，须由《国家赔偿法》确定，而《国家赔偿法》仅仅规定了行政违法行为的赔偿和司法违法赔偿，还没有规定不动产错误登记损害赔偿责任为国家赔偿责任。

其次，我国不动产登记机构的性质并没有最后确定下来。在国外，关于不动产登记机构的性质，一般是司法机构或者准司法机构而不是行政机构，不论在何种机构登记，因不动产物权登记均具有决定公民与法人的财产权利的司法意义，故各国法律一般均把不动产登记机构当作司法机构之一。① 在我国，也有主张将不动产登记机构作为准司法机构对待的主张，应当设立在人民法院主管之下，由不动产所在地的县级人民法院统一管辖。② 在没有确定不动产物权登记机构的性质的情况下，更不能就将不动产登记机构的性质界定为行政机关，因而确定其承担的责任就是国家赔偿责任，或者行政责任。

再次，确定不动产错误登记损害赔偿责任的性质应当将《物权法》第 21 条规定作整体的考察。《物权法》第 21 条规定的不动产错误登记损害赔偿责任尽管由两个条款构成，但它是一个整体，而不是对立的两个责任。不管第 1 款确定的“当事人提供虚假材料申请登记，给他人造成损害的，应当承担赔偿责任”，还是“因登记错误，给他人造成损害的，登记机构应当承担赔偿责任”，都是不动产错误登记损害赔偿责任，其性质应当是一个性质。如果将不动产错误登记损害赔偿责任的性质界定为国家赔偿责任，那么第 1 款规定的当事人的赔偿责任难道也是国家赔偿责任吗？显然不是。

（二）不动产错误登记损害赔偿责任是民法规定的民事责任

不动产错误登记损害赔偿责任的性质是民事责任。理由是：

第一，损害赔偿责任的基本性质是民事责任。损害赔偿是救济民事权利损害的基本责任方式，其性质是民事责任。对此，《民法通则》的规定是清清楚楚的，对此并无疑问。即使在刑法或者行政法中规定的损害赔偿责任，以及确定由罪犯

① 孙宪忠：《论物权法》，法律出版社 2008 年修订版，第 418 页。

② 梁慧星主编：《中国物权法草案建议稿：条文、说明、立法理由及参考立法例》，社会科学文献出版社 2000 年版，第 142 页。

承担的损害赔偿责任或者由行政机关承担的损害赔偿责任，并不因为规定它们的法律和承担民事责任主体的不同，而被认为是刑事责任或者行政责任。例如，刑事附带民事损害赔偿是刑法规定的民事权利损害的救济措施，尽管是要由刑事犯罪人等责任人承担，但并不是刑罚方式，而是民事救济手段。同样，行政附带的民事损害赔偿责任，以及行政机关由于行政违法行为所承担的损害赔偿责任，也是民事责任，也不会因是行政法规定并由行政机关承担而变成行政责任。①

第二，不动产错误登记损害赔偿责任解决的是民事赔偿问题，是对民事权利损害的救济，当然是民事责任。不动产错误登记给真正权利人的损害，是民事权利的损害，对真正权利人给予损害赔偿，是对民事权利的保护，是对民事权利损害的救济。侵害民事权利，造成权利人的损害，承担民事责任，应当是侵权责任，而侵权责任必然是民事责任。即使承担责任的主体是登记机构，其性质也不会变。正如学者所言，不动产登记属于民事权利变动行为，属于私法行为，基于这种行为产生的不动产登记错误的赔偿责任，宜定位为民事责任。②

第三，《物权法》是民法，在民法中的损害赔偿责任当然是民事责任。不动产错误登记损害赔偿责任规定在《物权法》中，而《物权法》就是民法的组成部分，将来要成为民法典的物权法编，是民法的有机组成部分，是调整物权法律关系的民法基本法。《物权法》第2条规定："因物的归属和利用而产生的民事关系，适用本法。"既然《物权法》调整的法律关系是民事法律关系，那么，《物权法》规定的不动产错误登记损害赔偿责任当然也是民事法律关系，其责任当然是民事责任。

三、不动产错误登记损害赔偿责任是不真正连带责任

（一）不动产错误登记损害赔偿责任不是连带责任

1. 连带责任与不真正连带责任的区别

将不动产错误登记损害赔偿责任的性质确定为连带责任，代表了一些学者的

① 对于这一点的详细理由，请参见杨立新：《侵权法论》，人民法院出版社2005年版，第822页以下。

② 王崇敏：《我国不动产登记机关赔偿责任问题探讨》，《河南省政法管理干部学院学报》2007年第5期。

意见，但并不妥当。问题的根源在于将不真正连带责任混同于连带责任。

混同连带责任和不真正连带责任界限的根源，在于对保证责任中的连带责任保证性质的误解。关于连带责任保证，《担保法》第18条规定："当事人在保证合同中约定保证人与债务人对债务承担连带责任的，为连带责任保证。""连带责任保证的债务人在主合同规定的债务履行期届满没有履行债务的，债权人可以要求债务人履行债务，也可以要求保证人在其保证范围内承担保证责任。"既然如此，连带责任似乎就是这种连带责任保证的规则。《担保法》第31条又规定："保证人承担保证责任后，有权向债务人追偿。"这似乎与连带责任的规定又很相似。事实上，连带责任保证根本就不是连带责任，而是不真正连带责任的保证。问题在于上述两个法律条文没有把连带保证责任的基本规则规定清楚。

连带责任和不真正连带责任的区别在于：第一，不真正连带责任的产生原因只有一个直接原因，这个直接原因来源于造成损害的行为人的行为，而承担中间责任的责任人的行为仅仅是损害产生的间接原因。第二，承担不真正连带责任的两个责任人的行为，不是损害发生的共同原因，只有那个直接原因才是损害发生的原因，且不须承担中间责任的责任人的行为共同配合。第三，正因为如此，不真正连带责任不分份额，不由两个不真正连带责任人共同承担，而是先后承担，并且最终责任人承担责任必须是全部承担责任，中间责任人的追偿权为赔偿责任的全部责任。而连带责任不是这样：第一，造成损害的原因是全体行为人的共同行为，每一个行为人的行为对损害的发生都具有原因力；第二，连带责任人承担责任，对内须有份额的区分，没有份额的连带责任不是连带责任；第三，连带责任对外是一个责任，尽管权利人对每一个连带责任人都有权请求其承担全部赔偿责任，但在最终责任的承担上必定是有份额的，并且每一个连带责任人仅对自己的责任份额最终负责。而连带责任与不真正连带责任的根本区别，就在于连带责任的最终责任是有份额的，不真正连带责任的最终责任是一个责任，不分份额。

按照上述连带责任和不真正连带责任的区别，连带责任保证显然不是连带责任，而是不真正连带责任的保证。在连带责任保证人承担了清偿责任之后，他向主债务人追偿的时候，难道只能请求部分而不是全部吗？如果是连带责任，那就

当然只能请求追偿不属于自己承担的那一部分清偿责任了，而必须有自己应当承担的份额，这一部分是不能追偿的。这个“不负责任”的“连带责任保证”表述，已经造成了概念上比较大的混乱。

同样，不动产错误登记损害赔偿责任如果登记机构承担了赔偿责任之后，在向错误登记的当事人行使追偿权的时候，要有份额的区分吗？显然没有。那么，不动产错误登记损害赔偿责任就与连带责任保证的性质是一样的，肯定不是连带责任。

2.发生不动产错误登记损害赔偿责任的行为不是共同侵权行为

尽管承担不动产错误登记损害赔偿责任有两个责任人，分别是错误登记的当事人和登记机构，但按照《物权法》第 21 条规定，在他们之间既没有主观的关联共同，也没有客观的关联共同，因而不构成共同侵权行为。如前所述，造成损害的直接原因，是错误登记的当事人，登记机构只是没有审查清楚而给予登记，这是一个间接原因。这是一般情况。如果当事人与登记机构恶意串通进行错误登记，意在侵害真正权利人的权利，那自当别论，当然构成共同侵权，应当承担连带责任，但那已经超出了《物权法》第 21 条规定的范围，应当适用《民法通则》第 130 条的规定了。

3.承担连带责任必须有法律明文规定

确定侵权连带责任，除了共同侵权行为的法律后果是当然如此之外，其他凡须承担连带责任者，必须由法律明文规定。法律没有规定的，不能任意提出连带责任的主张和意见。对此，《侵权责任法》明确规定，承担连带责任的前提是“法律规定承担连带责任”①，否则不能承担连带责任。

（二）不动产错误登记损害赔偿责任不是补充责任

补充责任与不真正连带责任相似，都是基于同一个损害事实产生两个以上的赔偿请求权，数个请求权的救济目的相同。但是，补充责任的赔偿权利人对请求权的行使有顺序的规定，受害人应当先向直接加害人请求赔偿，不足部分再向补充责任人请求赔偿。而不真正连带责任中的两个请求权不存在顺位的关系，赔偿

① 《中华人民共和国侵权责任法》第 13 条。

权利人可以自由选择行使其中之一。不动产错误登记损害赔偿责任的两个请求权不存在顺位的规定，由赔偿权利人自由选择，当然不是补充责任。对此，已经有学者论述[①]，不再赘述。

（三）不动产错误登记损害赔偿责任的基本特征属于不真正连带责任

在前述八种不同的侵权责任形态中，与不动产错误登记损害赔偿责任最贴近的，就是不真正连带责任，与其他侵权责任形态完全不符。

不真正连带责任源于不真正连带债务。不真正连带债务是指多数债务人就基于不同发生原因而偶然产生的同一内容的给付，各负全部履行之义务，并因债务人之一的履行而使全体债务人的债务均归于消灭的债务。[②] 而不真正连带责任，是指基于同一个损害事实产生两个以上的赔偿请求权，数个请求权的救济目的相同的，受害人只能根据自己的利益选择其中一个请求权行使，请求承担侵权责任。受害人选择了一个请求权行使之后，其他请求权消灭。如果受害人请求承担责任的行为人不是最终责任承担者的，其在承担了侵权责任之后，有权向最终责任承担者追偿。

不真正连带责任的特征是：第一，不真正连带责任的责任主体是违反对同一个民事主体负有法定义务的数人；第二，不真正连带责任是基于同一损害事实发生的侵权责任；第三，不同的侵权行为人对同一损害事实发生的侵权责任相互重合；第四，在相互重合的侵权责任中只需承担一个侵权责任即可保护受害人的权利[③]；第五，不真正连带责任分为中间责任和最终责任，在向两个责任人请求承担责任的时候，任何一个都应当承担的责任，是中间责任；而一方应当向对方追偿的责任，是最终责任。

在不动产错误登记损害赔偿责任中，完全符合不真正连带责任的特征。第一，《物权法》第21条规定的责任主体是两个，既有当事人，也有登记机构，都是违反对同一个民事主体负有法定义务的人。第二，不动产错误登记损害赔偿责

① 王利明：《物权法研究》，中国人民大学出版社2007年第2版，第368页。

② 王利明主编：《中国民法案例与学理研究》（债权篇修订本），法律出版社2003年第2版，第3页。

③ 杨立新：《侵权责任法原理与案例教程》，中国人民大学出版社2008年版，第327－328页。

任，是基于不动产登记错误这同一事实而发生的，符合前述第二个特征。第三，不管是当事人承担赔偿责任，还是登记机构承担赔偿责任，这两个责任主体对同一损害事实发生的侵权责任是完全重合的，是一样的。第四，在两个相重合的侵权责任中，不论是当事人承担，还是登记机构承担，只要承担了一个责任，就满足了受到损害的真正权利人的权利保护的请求。第五，在不动产错误登记损害赔偿责任中，也分为中间责任和最终责任，在受到损害的权利人对于两个不同的请求的选择发生的责任，就是中间责任；在追偿关系中解决的，是最终责任。因此，可以断定，不动产错误登记损害赔偿责任就是侵权责任形态中的不真正连带责任，既不是连带责任，也不是补充责任。对此，不应当有疑问。

四、不动产错误登记损害赔偿责任是过错责任

对于不动产错误登记损害赔偿责任的性质确认为侵权损害赔偿责任，是多数人的意见。那么，确定不动产错误登记损害赔偿责任的性质究竟是过错责任、过错推定责任还是无过错责任等，仍须进行辨析，不能简单行事。

（一）不动产错误登记损害赔偿责任的性质不是无过错责任

我认为，不动产错误登记损害赔偿责任不是无过错责任，如果将其作为无过错责任对待，在侵权法理论上是不成立的。按照侵权责任法的一般规则，损害赔偿责任应当是过错责任。这一点，现行《民法通则》第 106 条第 1 款已经规定得很清楚。如果把某一种特殊侵权责任确定为无过错责任，必须经法律特别规定。没有法律特别规定，任何人都不能将某一种特殊侵权责任认定为无过错责任。《民法通则》第 106 条第 3 款规定："没有过错，但法律规定应当承担民事责任的，应当承担民事责任。"《侵权责任法（草案）》第 8 条规定："行为人侵害他人人身、财产造成损害的，法律规定不论行为人有无过错都要承担侵权责任的，依照其规定。"都是说的这个意思。

在《物权法》第 21 条条文中确实没有规定"过错"的字样，是否一个法律条文在规定侵权责任时，只要没有写明过错的字样，就可以认为法律规定的是无

过错责任呢？不能这样认为。在侵权责任法领域中，能够认定为无过错责任的侵权责任，只有产品责任、高度危险作业致害责任、环境污染致害责任、动物致害责任以及工伤事故责任，除此之外，都不能认定为无过错责任。在《物权法》第21条规定的不动产错误登记损害赔偿责任，尽管条文没有明文规定为过错责任，但在第1款规定了“当事人提供虚假材料申请登记”，第2款规定了登记机构“因登记错误”，这都是在讲过错，前者讲的是故意，提供虚假材料当然是故意所为；后者讲的是过失，登记错误的“错误”，就是过失。因此，我认为，《物权法》第21条规定的不动产错误登记损害赔偿责任的性质就是过错责任，不可能也不应当是无过错责任。

（二）不动产错误登记损害赔偿责任也不是过错推定责任

不动产错误登记损害赔偿责任不是过错推定责任。过错推定责任起源于《法国民法典》第1384条，主要适用于对他人的行为承担的侵权责任或者对自己管领下的物件致害承担的侵权责任。在通常情况下，适用过错推定责任也应当有法律明文规定，任何人不能任意地确定一个侵权责任是过错推定责任。在《民法通则》中，没有专门规定过错推定责任的一般条款，只是在规定特殊侵权责任的条文中规定某种特殊侵权行为为过错推定责任。在司法实践中，对需实行过错推定责任的，通常在司法解释中作出规定，例如最高人民法院《关于民事诉讼证据的规定》第4条的规定。《侵权责任法（草案）》第7条第2款规定过错推定责任的表述方法是：“根据法律规定推定行为人有过错，行为人不能证明自己没有过错的，应当承担侵权责任。”可见，确定某种特殊侵权责任是过错推定责任，须法律明文规定，并不是随便一说就是过错推定责任。

因此，不能认定不动产错误登记损害赔偿责任的性质是过错推定责任，也不是所谓的严格责任。

（三）不动产错误登记损害赔偿责任也不存在两种不同性质的责任

在一种侵权责任中，是不是可以同时存在两种不同性质的责任呢？很少有人议论到这个问题，只有少数学者这样提出问题。①

① 王利明：《物权法研究》，中国人民大学出版社2007年第2版，第368页。

在这个问题上，可以借鉴的是《产品质量法》关于产品责任的性质的规定。《产品质量法》第41条规定的是产品生产者的最终责任，为无过错责任："因产品存在缺陷造成人身、缺陷产品以外的其他财产（以下简称他人财产）损害的，生产者应当承担赔偿责任。"第42条规定的是销售者的最终责任，为过错责任："由于销售者的过错使产品存在缺陷，造成人身、他人财产损害的，销售者应当承担赔偿责任。""销售者不能指明缺陷产品的生产者也不能指明缺陷产品的供货者的，销售者应当承担赔偿责任。"第43条规定的是中间责任，是无过错责任："因产品存在缺陷造成人身、他人财产损害的，受害人可以向产品的生产者要求赔偿，也可以向产品的销售者要求赔偿。属于产品的生产者的责任，产品的销售者赔偿的，产品的销售者有权向产品的生产者追偿。属于产品的销售者的责任，产品的生产者赔偿的，产品的生产者有权向产品的销售者追偿。"这种可以根据权利人的意志进行选择的，既可以向产品生产者请求赔偿又可以向产品销售者请求赔偿的责任形式，与不动产错误登记损害赔偿责任的性质相同，都是不真正连带责任，其中存在中间责任和最终责任。其中中间责任，在产品责任中为无过错责任，而最终责任，存在两种不同的责任性质，即生产者的最终责任为无过错责任，销售者的最终责任为过错责任。因此，尽管在最终责任上两个责任主体承担的责任有所区别，但在中间责任上仍然实行的是无过错责任。

在不动产错误登记损害赔偿责任，同样是不真正连带责任，存在并存的两个责任人，即错误登记的当事人和错误登记的登记机构，即使法律规定当事人承担的是过错责任，登记机构承担的是严格责任和过错推定责任，那么在中间责任上，也不应当存在两种不同性质的责任。况且《物权法》第21条规定登记机构承担责任的，须具备"登记错误"的要件，因而是过错责任，而不是严格责任和过错推定责任。

（四）不动产错误登记损害赔偿责任的性质应当是过错责任

因此，我的结论是，《物权法》第21条规定的不动产错误登记损害赔偿责任的性质是过错责任，既不是无过错责任，也不是过错推定责任，更不是具有两种不同性质的责任。这一点，有第1款明文规定的"当事人提供虚假材料申请登记”和第2款明文规定的“因登记错误”为凭，不会存在错误。对此作其他性质责任的理解，恐怕都值得斟酌。

第八节　债权侵权行为及其损害赔偿

随着我国侵权行为法理论研究的不断深入发展，对债权侵权行为及其损害赔偿责任的研究，已经受到学者一定程度的重视，陆续发表了数篇论文，在侵权法著作中也有专题研究。[①] 就现有学者著述而论，对债权侵权行为均持肯定意见，尚未发现有反对者。不过，在《侵权责任法》的立法中，对是否规定债权侵权行为及其责任，立法者由于担心造成合同法与侵权责任法的混淆，因而没有将债权写在该法第2条规定的侵权责任保护范围之中，因而侵害债权是否构成侵权责任，又有不同意见出现。对此，应当持肯定态度，在该法第2条第2款的“等人身财产权益”中，就包含债权。[②] 本节不再就建立债权侵权行为的制度展开讨论，而就债权侵权行为及其损害赔偿责任的具体问题，在分析、研究、比较的基础上，提出个人看法。

一、债权侵权行为的概念及其立法根据

（一）关于债权侵权行为的概念

在大陆民法学者中，较早提出债权侵权行为概念的，是赵勇山在《论干涉合同履行行为及其法律责任》中提出的。他把债权侵权行为称为干涉合同履行行为，并定义为：“是指合同当事人以外的第三人违反法律规定，故意阻止、妨碍

① 这些论文是：王建源：《论债权侵害制度》，《法律科学》1993年第4期；赵勇山：《论干涉合同履行行为及其法律责任》，《法学研究》1991年第5期；著作主要是王利明等：《民法·侵权行为法》，中国人民大学出版社1993年版。另外，欧锦雄：《损害债权罪的立法研究》，《中南政法学院学报》1993年第1期，亦颇值得参考。

② 王胜明主编：《中华人民共和国侵权责任法释义》，法律出版社2013年第2版，第30页。

合同履行的行为。”王建源将债权侵权行为称为侵害债权，认为“侵害债权是指债的关系以外的第三人故意实施妨碍债权的存续、实现的，债权人因此遭受损害的行为。”[①] 蒋贤争将债权侵权行为称为债权损害，认为“所言债权损害，是指债务人以外的第三人故意妨碍了债权人债权的实现，债权人因此遭受的损害。”[②] 欧锦雄在损害债权罪的研究中，提出了一个一般正常损害债权行为的概念，并认为这种行为“是债务人在合法经营过程中，无意损害债权人的利益，只是由于经营不善造成无法偿还债权的后果的行为”[③]。

应当说明，“一般正常损害债权的行为”并不是指的债权侵权行为，因为根据上述定义分析，它完全不具有债权侵权行为的特征；同时，它也不是一个准确的民法概念，因为它既不能概括违约行为，又不包含债权侵权行为。

如何确定债权侵权行为的称谓，颇值斟酌。在上述三种称谓中，“干涉合同履行行为”十分通俗，但缺少侵权行为的特点，且未包括侵害其他债权的内容，似不足取。“损害债权”从外延考察自无问题，但以“损害”命名，终嫌没有突出其侵权行为的特点。“侵害债权”的提法是比较准确的，且日本学说通说采此称谓，似可采用，但未突出“行为”，尚觉遗憾。综合比较分析，以称其为“债权侵权行为”，更觉妥当。

关于如何界定债权侵权行为的概念，上述学者的定义均有可取之处。值得研究的有以下几点。

1. 行为的方式为阻止，还是为妨碍，抑或妨害

比较而言，应以“妨害”为妥。理由是，阻止、妨碍均可被妨害所概括，且阻止没有单列的必要，妨碍虽与妨害意义相近，但不如妨害的外延宽。

2. 妨害债权的结果，应为妨害债权的存续、实现，还是单提实现

实际上，债权的不存续，其后果同样是债权的不能实现，且称不存续者，往往不是指债权，而是指债权债务关系。故以仅提“妨害债权实现”作为结果，更

① 王建源：《论债权侵害制度》，《法律科学》1993 年第 4 期。

② 蒋贤争：《民事损害赔偿问题研究》，北京大学法学院 1993 年硕士研究生论文。

③ 欧锦雄：《损害债权罪的立法研究》，《法学研究》1991 年第 5 期。

为妥当。

3. 所致损害是否应限于财产利益范围

上述定义对此均未限制。事实上，侵害债权主要是造成财产利益的损害；尽管在侵害以给付扶养费用的债权，“第三人侵害扶养义务人之生命、身体、自由时，对于扶养权利人负赔偿义务”，对扶养义务人负人身侵权责任，均“另有其他救济方法”[①]，不应包括在债权侵权行为之内。因此，界定债权侵权行为应将所致损害限定在财产利益范围之内。

4. 应否强调债权侵权行为是依法应负损害赔偿等责任的行为

对此，上述定义均未提及。凡侵权行为，必与损害赔偿等民事责任相联系，并以其作为法律后果。定义对此未予明确，似为不妥。

综上，对债权侵权行为应当作如下的界定，即债权侵权行为是指债的关系当事人以外的第三人故意实施妨害债权实现，造成债权人因此遭受财产利益损害，应当承担损害赔偿等民事责任的行为。

（二）关于债权侵权行为的范围

确定债权侵权行为的范围，有以下三种标准。一是以合同之债为限；仅承认侵害合同之债的行为为债权侵权行为。对此，赵勇山持此种意见；英国确立、被美国沿用的债权侵害制度，实际上就是侵害合同债权。二是以典型债权即合同之债、侵权之债、无因管理之债、不当得利之债的债权作为债权侵权行为的侵害对象，确定其范围。三是除上述四种典型债权之外，还应包括侵害其他非典型债权的行为。

笔者认为，债权侵权行为的范围，应包括所有的债权，前文已经提到的法律另有保护规定的债权，可以除外。如果仅以合同之债确定债权侵权行为，范围显系过窄，对于侵害其他债权的行为，则无法予以法律制裁；如果仅保护四种典型债权，将侵害这四种债权的行为作为债权侵权行为，尽管已经保护了绝大部分的债权，但仍有少数的其他非典型债权遭受损害时，得不到侵权责任法的救济。因而，债权侵权行为的外延是：（1）侵害合同债权的侵权行为；（2）侵害侵权债权

① 史尚宽：《债法总论》，台北荣泰印书馆1978年版，第136页。

的侵权行为；（3）侵害无因管理债权的侵权行为；（4）侵害不当得利债权的侵权行为；（5）侵害其他债权的侵权行为。

（三）债权侵权行为的立法根据

在我国，确立债权侵权行为制度的立法根据究竟是什么，学者意见不一致。

一种观点认为，《民法通则》第 116 条及其他合同法律、法规的相应规定，对上级机关干涉合同债权的行为作了规定，除此之外，并无调整债权侵权关系的法律规范。[①]

另一种观点认为，确立债权侵权行为的法律根据，是《民法通则》第 5 条关于“公民、法人的合法权益受法律保护，任何组织和个人不得侵犯”的规定，而前述《民法通则》第 116 条等规定，不能作为确立债权侵权行为的法律根据。至于具体的立法根据，尚不明确。[②]

第三种观点认为，《民法通则》第 61 条第 2 款关于“双方恶意串通，实施民事行为损害国家的、集体的或者第三人的利益的，应当追缴双方取得的财产，收归国家、集体所有或者返还第三人”的规定，为确立债权侵权行为提供了部分法律根据。[③]

从比较法的角度分析，作为债权侵权行为的法律根据，有三种立法例。一是英美法直接以判例法确认债权侵权行为制度，赋予其受害人以损害赔偿请求权。二是德国法和我国台湾地区原则上适用关于侵权行为的一般规定，再创设保护债权的具体规定，在《德国民法典》为第 281 条，在我国台湾地区“民法”为第 225 条。三是日本法直接依侵权行为的一般规定即《日本民法典》第 709 条，确立债权侵权制度。

在我国，确立债权侵权制度有足够的立法根据。其内容是：

1.《民法通则》第 4 条关于诚实信用原则的规定。诚信原则不仅是一个对民事活动参加者不进行任何诈欺行为，恪守信用的要求，而且是补充立法不足的补

① 赵勇山：《论干涉合同履行行为及其法律责任》，《法学研究》1991 年第 5 期。

② 王建源：《论债权侵害制度》，《法律科学》1993 年第 4 期。

③ 蒋贤争：《民事损害赔偿问题研究》，北京大学法学院 1993 年硕士研究生论文。

充性、不确定性、衡平性的一般条款①，不仅是道德规范，还是法律规范。② 据此原则，可以扩大解释现行法的规定，补充立法的不足。

2.《民法通则》第 106 条第 2 款规定。其内容规定了侵权行为的一般原则，可以借鉴日本立法例，将债权侵权行为概括在该条文之中。该条款的内容是"公民、法人由于过错侵害国家的、集体的财产，侵害他人财产、人身的，应当承担民事责任"。其中过错侵害国家、集体、他人财产中的"财产"二字，是一个相当宽泛的概念，包括一切积极的、消极的财产。债权基本上属于预期的财产利益，是消极财产，应当包括在上述"财产"的概念之内。侵害债权，造成债权人预期的财产利益即消极财产的损失，完全涵括在该条文之中，应当将此条文作为债权侵权行为的最基本的立法依据。有人对此有异议，认为上述条文中的财产仅指财产权，而债权在立法上是与财产权分别确立的，因而不能将债权侵权行为概括在上述条文之中。应当注意的是，该条文中提到的两个"财产"概念，都只讲财产，而未限定为财产权。这一立法方法为其涵括债权侵权行为创造了良好基础。

3. 同此理，《民法通则》第 117 条规定中的第 3 款，自然也应成为债权侵权行为损害赔偿责任的直接立法根据。

更重要的是，《侵权责任法》第 2 条第 2 款规定的"等人身、财产权益"中，就包含债权，第三人侵害债权，构成侵权责任，《侵权责任法》予以保护。

因此，建立我国的债权侵权制度，立法已经提供了充足的法律根据，并非没有立法根据或者立法根据不足。依据上述立法条文，借鉴日本等国立法例，完全可以建立我国的债权侵权行为制度。

二、作为侵权行为客体的债权

在理论上一般认为，侵权行为以绝对权作为侵害客体，"侵权行为的责任系

---

① 杨立新：《论债的保全》，《法学与实践》1990 年第 2 期。

② 吴金利：《试论我国民法的诚实信用原则》，《东岳论丛》，1987 年第 4 期。

由违反法律事先规定的义务引起，此种义务针对一般公民而言，违反此种义务的补救办法，就是对未清偿的损害赔偿的诉讼。”[①] 换言之，侵权行为是违反了法律规定的、针对一般人的义务，而不是违反了由当事人自行协议所规定的、针对一特定人的合同义务。[②] 既然如此，债权不是绝对权，而是相对权，除特定的债权债务人以外，其他第三人没有法定的义务，因而，债权何以成为侵权行为的客体，第三人何以能因对债权的损害而构成侵权行为呢？

（一）债权作为侵权客体不是源于债的对内效力

债权，是指债的关系中享有权利的一方当事人对另一方当事人享有的请求特定给付行为的权利。债的概念最早见于罗马法，查士丁尼《法学总论——法学阶梯》认为：“债是法律关系，基于这种关系，我们受到约束而必须依照我们国家法律给付某物的义务。”[③]《德国民法典》第 241 条规定：“债权人因债的关系得向债务人请求给付。给付也可以是不作为。”我国《民法通则》第 84 条对债权的界定是：“债是按照合同的约定或者依照法律的规定，在当事人之间产生的特定的权利和义务关系。”《民法总则》第 118 条第 2 款则进一步界定为：“债权是因合同、侵权行为、无因管理、不当得利以及法律的其他规定，权利人请求特定义务人为或者不为一定行为的权利。”

债的效力，原则上是指“使实现给付或填补其给付利益之作用，包括债之履行及债务不履行之效果而言”[④]。依《法国民法典》，依法订立的契约，对于缔约当事人双方具有相当于法律的效力。这种效力仅在缔约当事人之间发生，且不得损害第三人。[⑤] 债的这种效力，学说上称之为债的对内效力。它只对于债的关系中双方当事人发生作用，对双方当事人发生法律上的拘束力。债的关系成立之后，债权人有权请求债务人履行债务，债务人依法负有履行债务的义务。如果债务人不履行债务，因其违背特定义务，因而依法应当承担相应的责任，在合同之

① ［英］温菲尔德、约瑟威茨：《侵权法》，伦敦史威特和马克斯威尔出版公司 1971 年版，第 77 页。

② 王利明主编：《民法·侵权行为法》，吉林人民出版社 1993 年版，第 12 页。

③ ［古罗马］查士丁尼：《法学总论》，商务印书馆 1989 年版，第 158 页。

④ 史尚宽：《债法总论》，台北荣泰印书馆 1978 年版，第 315 页。

⑤ 《法国民法典》第 1134 条第 1 款和第 116 条。

债，应承担违约责任，在其他之债，则依民事责任制度，应予以强制执行。

从某种意义上说，债务人不履行债务，也是对债权人享有的债权的侵害。但是，这种对债权的侵害，是发生在债的关系的内部，是受债的对内效力所约束的内容，对此，债法设有完备的规定加以规范，无须也不能用侵权责任法来调整，不能将违约行为或其他债务的不履行行为认作侵权行为。因而债的对内效力产生的是对债务人不履行债务的强制性拘束，不产生侵权行为的法律后果。债权作为侵权客体，显然不产生于债的对内效力。

（二）债权作为侵权客体亦非源于债的对外效力

债的对外效力，也称作债的保全，是指法律为防止债务人财产的不当减少给债权人的债权带来损害而设置的债的一般担保形式。“债务人之一般财产为债权人之一般担保，民法为防止其财产之不当的减少，而认有债权人代位权及债权人撤销权。此两种手段，前者在于债务人听任其一般财产之减少时，债权人代债务人请求防止其减少之处置。后者在于债务人积极地为减少其一般财产之行为时，夺去该行为效力而防止其减少。两者皆系债权人基于债之效力对于债务人以外之人所及之一种法律的效力，故称为债之对外效力。”①

债的对外效力是否为债权成为侵权客体的来源，有的学者对此持肯定态度，认为债的对外效力是债的效力不断向外扩张的表现，因而债的对外效力是债权侵权客体的来源之一。这种观点值得商榷。债的对外效力是指债的保全制度，而非指债权的对抗其他人的一般效力。严格地说，债的对外效力产生的根源，仍在于债的关系内部，是债务人积极或消极地处分其财产而降低对债权的一般担保力时，债权人基于此种处分而产生对该处分的受益人的权利，并非指对一般第三人的效力。从债的对外效力制度的产生看，债权人撤销权（亦称为保留期之诉）产生于罗马法中期，与债的制度同产生于罗马法；即使债权人代位权，很多学者也认为其产生于罗马法的后期。因而，认为债的对外效力就是使债权成为债权客体的根源，就等于说基于债权人撤销权制度和债权人代位权才使债权成为侵权客体，这显然是不正确的。同时，将产生于罗马法时期的债权制度和债的保全制度

① 史尚宽：《债法总论》，台北荣泰印书馆1978年版，第444页。

说成是后者或前者效力不断向外扩张的表现，也难说正确。

（三）债权作为侵权客体的真正来源是债权的不可侵性

债权作为一种基本的民事权利，其本身就具有不可侵性。《民法通则》第5条明确规定："公民、法人的合法的民事权益受法律保护，任何组织和个人不得侵犯。"《民法总则》第3条规定："民事主体的人身权利、财产权利以及其他合法权益受法律保护，任何组织或者个人不得侵犯。"可见，债权作为民事权利，这种不可侵性是法律赋予的，而不是人们所臆造的；而法律的规定恰恰反映了客观生活的规律。

债权的不可侵性，既不是指债的对内效力，也不是指债的对外效力，而是指债权对抗债的关系当事人以外的其他第三人的效力。众所周知，债权不是绝对权，而是相对权，债权人只能向与其相对的债务人请求履行债务，而不能向其他第三人提出这种请求。但是，债权人作为权利主体，既然享有这种债权，就可以基于债权的不可侵性，对抗其他第三人侵害其债权的行为。法律在一方面赋予所有的民事权利包括债权在内具有不可侵犯性，又强调对其予以法律保护，实际上就赋予了债权关系以外的第三人都负有不得侵犯债权的义务。《民法通则》第5条和《民法总则》第3条关于"任何组织或者个人不得侵犯"的强制性规定，难道不是规定第三人不得侵犯债权的法定义务吗？因而，不能说债权是相对权就使债权关系当事人以外的其他任何第三人对债权不负有任何义务，恰恰相反，对于债权这种相对权，任何人也都负有不得侵犯的义务，侵害债权，就违背了这种法定的不作为义务，构成侵权行为。

现代各国民事立法的一个显著特点，就是物权和债权有相互借鉴各自的保护手段以保障自身权利实现的趋势，因而形成物权债权化和债权物权化的趋向。债权物权化的趋向不断发展，就使债权的不可侵性更加强化，使债权对抗第三人侵害其债权行为的效力更接近于物权的对世权、绝对权的性质，几乎具有相同的内容。[①] 在这样的情形下，债权成为侵权客体，是必然的。因此，债权的不可侵性，即债权对抗债的关系当事人以外的任何第三人的效力，是债权成为侵权客体

① 佟强：《侵害债权制度法律性质考察》，《当代法学》2005年第2期。

的真正来源。

（四）作为侵权客体的债权的特点

债权作为侵权行为客体，有两个最重要的特点：一是它的财产性质，二是债权关系以外的其他第三人所负不可侵义务的不作为性质。

债权反映的社会关系与所有权反映的社会关系既有相同之处，又有不同之处。前者反映的是动态的财产关系，即财产的流转关系，后者反映的是静态的财产关系，即财产归谁所有的关系、财产的归属关系。从反映财产的社会关系这一点来看，二者是一致的。从债权所反映的动态财产关系来看，其最终结果，还是要确定财产及财产利益的归属关系。这种动态的财产流转关系，一方面最终要确定财产归谁所有；另一方面，则要决定财产利益，即财产的使用、占有所产生的收益归谁所有。因此，债权的基本性质仍是有关财产和财产利益的权利。侵害债权仍然会造成财产的损失或者造成财产利益的损失。

按照《民法通则》第 5 条和《民法总则》第 3 条规定，债权关系以外的其他第三人都负有不得侵害这种民事权利的义务。尽管这种义务与财产所有权的义务人所负的绝对义务有所不同，但它的义务仍然是不得侵犯债权的不作为义务。这种不作为义务就其特点而言，与财产所有权的义务人所负的不作为义务并没有原则的区别。因此，侵害债权行为的特点，原则上应以作为的方式为其表现形式。

三、债权侵权损害赔偿责任的构成

债权侵权行为的法律后果，是侵权人应当承担赔偿损失、返还原物、恢复原状、停止侵害等民事责任，其中以赔偿损失为其最基本、最主要的民事责任形式。研究债权侵权行为民事责任，主要是研究它的侵权损害赔偿责任。

关于债权侵权损害赔偿责任的构成，学者持有不同的意见。一种意见是三要件说，认为构成债权侵权责任须具备：(1) 侵权行为人仅限于第三人；(2) 第三人主观上出于故意；(3) 第三人的行为造成对债权人债权的损害。另一种意见是四要件说，包括两种观点。一种观点认为应具备的条件是：(1) 有合法的合同存

在；（2）侵权行为人须为第三人；（3）行为须违法或者没有合法根据；（4）行为人须出于故意。[①] 还有一种观点认为其要件有三个与上述（1）、（2）、（4）相同，另一个要件是侵害行为与损害结果具有因果关系。[②]

上述学者提出的债权侵权损害赔偿要件，都是必要的。笔者认为，为了更准确地揭示债权侵权损害赔偿责任的构成，更便于司法工作者在实务中操作，应当确定债权侵权损害赔偿责任必须具备五个要件。

（一）被侵害的债权必须是合法债权

这一要件的含义是：第一，合法债权的存在是构成债权侵权责任的基础。如果债权关系是违法的，不能成为债权侵权行为的客体，蒋贤争认为，违法的债权自始无法律效力，因而也就根本不能成为侵权客体。这是正确的。第二，合法债权的范围，应当包括所有的合同债权、侵权债权、不当得利债权、无因管理债权，以及其他债权。在这些债权中，以合同债权最容易遭受侵害，因而债权侵权行为的客体以合同债权为中心，但其他债权同样是侵权行为的客体，应予以同等的法律保护。

如果行为人侵害的是不合法的债权，或者不是对合法债权侵害而是对债权人在债权以外的利益进行侵害，或者是对债权人的人身进行侵害，均不能构成债权侵权损害赔偿责任。

（二）行为人必须是债的关系以外的第三人

侵害债权的行为人仅限于第三人。这里所说的第三人，是指债权债务关系当事人以外的其他第三人。首先，他不是指合同关系中的第三人。在为第三人利益而订立的合同中，如为第三人利益而订立的保险合同，其第三人是指合同关系中的受益人，是合同关系当事人之一，如果该第三人侵害债权人的债权，仍是合同关系内部的行为，债权人仍可基于合同关系提出请求并获得救济。其次，他也不是指民事诉讼中的有独立请求权的第三人或无独立请求权的第三人，而是指实体

---

① 赵勇山：《论干涉合同履行行为教具法律责任》，《法学研究》，1991 年第 5 期；蒋贤争：《民事损害赔偿问题研究》，北京大学法学院 1993 年硕士研究生论文。

② 王建源：《论债权侵害制度》，《法律科学》1993 年第 4 期。

法上的债的关系以外的任何其他第三人。

债务人本人不能成为侵害债权的行为人。如果债权不能实现是由债务人的行为所引起的，即使债务人本身也具有侵害债权的故意，也只能视债务人的行为是一种违约行为。[①] 这是指债务人侵害债权本身的行为。如果债务人故意造成债权人的人身伤害或者精神损害，致使债权受到侵害，学者认为，应按违约责任或侵权责任的竞合处理，允许债权人就请求权问题作出选择。[②] 这种情况实际上是产生了两个法律关系。一是侵害人身权的侵权损害赔偿关系，二是违约损害赔偿关系，两个损害赔偿请求权可以分别行使。

至于债权人的代理人、债务人的代理人和债务履行辅助人是否可以成为侵权行为人，应区分具体情况，其基本标准，是代理人的行为是否体现被代理人的意志。代理人的行为体现被代理人的意志，或者说代理人在代理权限范围以内实施的行为，侵害了债权人的债权，在债权人一方，相当于自己的行为造成自己的损害，在债务人一方，相当于债务人自己侵害债权，因而均不构成债权侵权责任。代理人的行为不体现被代理人的意志，与被代理人的委托无关，则无论债权人的代理人还是债务人的代理人，都属于自己实施的债权侵权行为，符合侵害债权责任的主体要件。

（三）行为须违反法律

侵害债权的行为，必须是违反法律的行为。行为不具有违法性，不构成债权侵权责任。

侵害债权行为的违法性，主要表现在行为人的行为违反了《民法通则》第 5 条和《民法总则》第 3 条关于任何组织或者个人不得侵犯他人民事权利的强行法规定。这一规定赋予任何自然人、法人对他人民事权利的不作为义务，属强制性法律规范，必须严格履行。违反该规定而侵害他人合法债权，则构成行为的违法性。

在合同债权中，第三人明知该合同的有效存在，又与该合同的一方当事人订

---

① 王建源：《论债权侵害制度》，《法律科学》1993 年第 4 期。

② 王利明主编：《民法·侵权行为法》，吉林人民出版社 1993 年版，第 258 页。

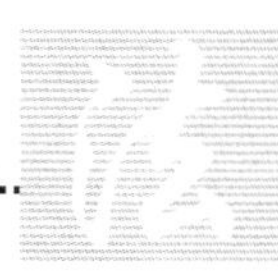

立会导致该合同不能履行的新合同，如双重买卖，究竟是否属于违法，有两种对立的意见。一种意见认为，第三人明知后一合同的履行会使前一合同债权受损害，尽管形式上披着合法的外衣，但难逃侵权责任，仍为违法。另一种意见认为，第三人的行为虽妨害第一买受人债权的实现，但第二买受人（即第三人）基于订立合同的自由权，有权缔结买卖合同，因此，对此种行为不能视为侵害他人债权的行为，为合法行为。[①] 对于这两种意见，笔者同意后一种意见。

第三人因行使其对债务人的有效的债权，导致债务人不能履行其对债权人的债务，因该第三人亦是债务人的债权人，有权要求债务人履行债务，因而不具有违法性，是正当的、合法的行为。

关于侵害债权的行为，学说上将其分为直接侵害和间接侵害。前者是指第三人的侵害行为是通过直接作用于债权人的债权而实现的，即第三人的行为直接导致债权人的债权丧失；后者是指第三人的侵害行为是通过作用于债务人，使债务不能履行而间接地妨害债权的实现。

就具体的侵害债权行为而言，其表现形式主要有以下几种。

1.不是债权人的人作为债权准占有人接受债务人的清偿，使债权消灭。债权准占有人接受清偿，如果清偿的债务人为善意无过失，则发生清偿效力，债权准占有人接受清偿的行为，为债权侵权行为，构成侵权损害赔偿责任，债权准占有人应承担诈欺的侵权责任，赔偿债权人的财产损失；如果债务人清偿时有过失，则不发生清偿的效力，不构成债权侵权行为，是债权准占有人侵害债务人的财产权。例如，甲拾得乙的储蓄存折并去银行支取存款，银行审查存单无误而予以支付，甲为侵害乙的债权。[②]

2.代理人超越代理权限免除被代理人的债务人对被代理人的债务。代理人的这种行为未经其被代理人追认属无效行为，因此造成债权人的损失，为债权侵权行为。[③]

---

① 王利明主编：《民法·侵权行为法》吉林人民出版社1993年版，第258页。

② 杨立新：《对债权准占有人清偿的效力》，《法学研究》1991年第3期。

③ 王建源：《论债权侵害制度》，《法律科学》1993年第4期。

3.第三人与债务人通谋妨害债权实现。如第三人与债务人恶意串通隐匿财产、设置财产担保，使债权不能实现。此种行为为第三人与债务人共同侵权。如甲负担乙侵权债务，遂与甲之妻丙共同合谋，将全部财产藏于丙娘家，使债务无法履行。

4.债务人决定向债权人交付的标的物，第三人故意毁损或消灭，致使债权无法实现。

5.第三人将作为债务人的演出者予以监禁，致使演出合同的债权人遭受损失。

6.通过劝说、利诱、欺骗等手段，诱使债务人违背债权债务关系，即英美法上的引诱违约。正如民国判例所指出的那样，债权之行使，通常虽应对特定之人为之。但第三人如教唆债务人，合谋使债之全部或一部，陷于不能履行时，则债权人因此所受之损害，得依侵权行为之法则，向该第三人请求赔偿。

（四）第三人须出于主观上的故意

按照一般侵权行为法则，侵权损害赔偿责任构成中的主观要件，包括故意和过失。侵害债权损害赔偿责任的主观要件，只能由故意构成。这是由于债权的相对性决定的，只有明知债权的存在而侵害之，才成立侵权行为，过失不可能构成债权侵权责任。

侵害债权的故意，是指第三人明知其行为会发生侵害他人的债权的后果而希望或放任这种损害结果的发生。这里的明知，既要明知他人债权的存在，又要明知侵害结果发生的可能性。

换言之，第三人实施不法行为的目的，就是要妨害债权人债权的实现，而不在于其不法行为本身，例如，第三人限制债务人的人身自由，致使债权人的债权不能实现，如果第三人追求的目的是妨害债权人债权的实现，则构成侵害债权的侵权行为责任；如果第三人不以妨害债权为目的，而是追求对债务人人身的侵害目的，则只构成侵害债务人自由权的行为，不构成债权侵权责任。

过失不构成债权侵权责任的主观要件。第三人不知道债权的存在，或者对侵害债权的后果不能预见，即使过失造成了债权人债权的不能实现，也不构成债权

侵权责任。例如，汽车司机驾车送某歌手去剧院演出，途中不慎肇事，致该歌手伤害，使演唱会不能如期举行。汽车司机没有侵害债权的故意，只有驾车中的过失，因而不构成侵害债权的民事责任。

侵害债权的故意产生于侵权行为的哪一阶段呢？原则上应产生于行为之初，即第三人在实施行为之初，就有希望或放任债权损害发生的心态。但是，第三人在行为之初不知债权的存在和行为的后果，但在实施行为的过程中已经知道债权的存在和行为可能造成的损害债权后果，第三人仍继续实施该行为，则具有放任的间接故意，仍可构成债权侵权责任。如果行为结束之后，第三人才产生侵权的故意，则不构成债权侵权责任。

（五）第三人的行为须造成债权人债权的损害

债权损害的事实，就是债权人的债权不能实现的客观事实。其主要表现是：债务人不能履行债务使债权不能实现，债务人因有效的履行而使债权人的债权归于消灭，债权人应该获得的利益丧失，债权人的债权不能执行，等等。

债权损害的事实仅指财产及财产利益的损失。有人认为债权损害事实还包括人身伤害和精神损害，这是不正确的。第三人如果侵害债务人或债权人的人身权，造成人身伤害和精神损害，尽管也造成了债权损害的后果，但不能说侵害债权也造成了人身伤害和精神损害的后果，而是产生了两个侵权损害赔偿法律关系，即一是侵害债权的财产损害赔偿，二是侵害人身权的人身损害赔偿或精神损害赔偿。至于第三人侵害债权，债权人因债权不能实现而自杀、精神痛苦，则不是侵害债权的直接后果。

侵害债权的财产损失，主要的是债权预期利益的损失，但决不可忽视侵害债权的财产直接损失。因而，侵害债权的损害事实，仍然包括财产的直接损失和间接损失两种样态。在一个侵害债权行为中，最主要的是造成预期财产利益的间接损失，如不当得利之债权、无因管理之债权、侵权行为之债权以及大多数合同债权，都只表现为期待的财产权利，是可得利益。但也可能造成单纯的直接损失，如借用、保管、寄存等合同债权，其内容就是期满收回所有的财产。如果第三人损坏该财产，就造成了债权人的直接的财产损失。还可能既造成直接损失，也造成间接损失。如租赁合同之中，第三人故意毁损租赁物，既造成了债权人财产的直接损失，又造成了预期的租赁收益的损失。

四、债权侵权的损害赔偿内容

（一）债权侵权的损害赔偿关系

侵害债权的损害赔偿关系，主要有以下四种。

1. 在直接侵害债权的场合，损害赔偿关系的主体是债权人和第三人，债权人为赔偿权利人，第三人为赔偿义务人，第三人直接向债权人承担侵权损害赔偿等民事责任。

2. 在间接侵害债权的场合，如第三人基于侵害债权的故意而伤害债务人、毁损债的标的物，以诈欺、强制等方法阻止债务人履行债务，债务人本身无过错的，损害赔偿关系的主体仍然是债权人和第三人，债权人为权利人，第三人为义务人，第三人直接向债权人承担侵权损害赔偿等民事责任。

3. 在间接侵害债权的场合，第三人引诱债务人不履行债务，债务人知道或者应当知道第三人为违约引诱，有抵制的余地而不加以抵制，致使债权人债权无法实现的，显然对债务不履行有过错，应承担相应的民事责任，与第三人共同负责。但这种共同责任不是真正的连带责任，而为不真正连带债务，第三人和债务人各自向债权人承担各自的责任。如果债务人对违约引诱不能识别而违约，则应由第三人自己向债权人承担赔偿责任。[①]

4. 第三人与债务人恶意串通，侵害债权人债权的，构成共同侵权责任，债权人为赔偿权利人，第三人和债务人为赔偿义务人，向债权人承担连带的赔偿责任。对于第三人以劝说、教唆债务人不履行债务，而债务人明知侵害债权的意图而同意的，视为恶意串通。因为第三人与债务人之间有共同故意，应共同承担连带赔偿责任。

---

① 蒋贤争：《民事损害赔偿问题研究》，北京大学法学院 1993 年硕士研究生论文。

（二）侵权赔偿关系与违约赔偿关系的处理

在实务中，第三人侵害债权与债务人的违约交织在一起，不能只简单地处理侵权损害赔偿而不考虑违约赔偿的因素。如果在某些场合因第三人侵害债权承担了赔偿责任之后，免除债务人的违约责任，会使债务人得到不当利益；如果债务人在债权人接受第三人赔偿后继续履行债务，又会使债权人得到不当利益。因此，对于上述侵害债权的赔偿关系与违约关系必须妥善处理。

1.债权侵权行为致使债务人丧失继续履行能力，或者债务人的履行发生清偿效力而使债权消灭的，第三人应当全部赔偿债务人不履行的损失和给债权人造成的其他损失。对此，债务人不再承担任何责任。例如，第三人毁损债务人履行标的物，或者强制债务人的人身而使债务人丧失履行债务机会的，均应如此处理。债务人对债权准占有人善意清偿，应由债权准占有人即债权侵权人予以赔偿，债务人不再承担清偿责任。

2.债权侵权行为妨害了债权的实现，但债务人应当而且能够继续履行债务的，应继续履行债务，第三人就自己的侵权行为给债权人造成的迟延履行等损失，以及因时间延误债务人不能履行的部分承担赔偿责任。例如，第三人以债权人代理人的身份故意免除债务人的金钱债务，确定侵权责任之后，债务人仍应继续履行，第三人应赔偿迟延履行等损失的责任。又如，租赁、保管、寄存等合同之债，第三人以强制、诈欺、引诱等手段使债务人不履行债务，确定侵害债权责任之后，债务人仍须且能够履行债务，故应继续履行，对于迟延履行等其他损失，应由侵害债权的第三人赔偿。

3.第三人与债务人承担连带赔偿责任的，应当确定各自的份额，在份额确定的基础上，实行连带责任。确定份额，应依各自的故意程度、原因力以及债务人应履行的债务数额，综合确定。承担连带赔偿责任应赔偿债权的全部损失，故原债务不再继续履行。

4.第三人与债务人承担不真正连带债务的，原则上应由债务人继续履行债务，对其他损失，由第三人赔偿；债务不能继续履行的，对于全部损失，依各自的过错程度及原因力，确定各自的责任份额，自己承担责任。

（三）赔偿范围

债权侵权的损害赔偿范围，应以财产损失为标准。对于财产的直接损失，应予全部赔偿。对于财产利益的损失，应包括债权预期的全部数额，以及迟延履行的违约金损失、造成的其他财产利益损失，等等，均应全部赔偿。

“十三五”国家重点出版物出版规划项目

◉ 杨立新 著

中国侵权责任法研究

第二卷

中国当代法学家文库

杨立新法学研究系列

Contemporary Chinese Jurists' Library

中国人民大学出版社
·北京·

总目录

第一卷　侵权责任法总则研究

第二卷　侵权责任法分则研究（一）

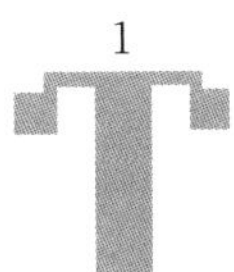

第二卷目录

第四编　人身权侵权损害责任

第五编　媒体侵权损害责任

第四编

人身权侵权损害责任

第八章

侵害人身权的侵权责任

第一节 “艳照门”事件的人格权法和侵权法思考

纷纷扬扬的“艳照门”事件，受到方方面面的关注，涉及诸多的法律问题。从人格权法和侵权行为法的角度进行观察，确有很多问题值得研究和思考。

一、研究“艳照门”事件的人格权法和侵权法问题意义重大

陈冠希与众多女友的隐私照片被发到网络上，毫无疑问，始作俑者齐拿的行为是构成侵权行为的。一个人的行为构成侵权，其受到侵害的对方就享有侵权的损害赔偿请求权，有权利向侵权人请求其承担侵权责任，以补偿自己的损失，救济权利的损害。

同时，我们还可以看到，这个侵权行为有以下三个显著特点。第一，受到侵害的受害人众多，不仅仅是陈冠希，还有那些其他的受害人；第二，由于这些隐私照片涉及两性的私生活问题，特别是涉及明星的非正常私生活，因而其

侵权的性质和程度更为严重；第三，由于是在网络上传播，速度快、接受面广、涉及范围大、影响极为广大。这样大规模的侵权行为，应当认为是史无前例的，在各国的传播史上，以及在侵权行为法的发展史上，几乎没有见过。

因此，从人格权法和侵权法的角度研究这个事件，不论是对于中国、香港特区以及世界各国，都具有重要意义。一方面，本案侵权行为涉侵害的是受害人的哪些人格权，这些人格权受到侵害的特点是什么，这些人格权应当如何进行保护。另一方面，本案的侵权行为具有哪些特点，其在侵权法上具有哪些重要意义，这些问题都是值得深入探讨的。尽管本案的受害人没有或者没有全部向法院提起诉讼，但从人格权法和侵权法上进行学理研究，无论是对于可能形成的诉讼，以及将来如何预防和界定这类侵权行为，是非常有价值的。当然，这个事件的真实情况还没有完全暴露出来，更重要的，是侵权行为人的身份还没有确定，还无法对其进行追究侵权责任。将来的调查结果即使确定了齐拿的刑事责任，其侵权责任也无法逃避，受害人可以刑事附带民事的形式追究其侵权责任。

应当看到的是，“艳照门”的侵权问题并不是只有齐拿的行为，还有其他构成侵权的可能。以下我还要进行说明。

二、“艳照门”侵权行为的侵害客体是哪些人格权

“艳照门”事件作为侵权行为，其侵害的客体是什么，应当怎样界定，是一个最值得研究的问题。我想有以下几个人格权及相关问题应当提出来进行讨论。

（一）隐私权

在“艳照门”事件中，受到侵害的最重要的人格权肯定是隐私权。不论陈冠希和“艳照门”其他当事人的私生活是怎样进行的，由于没有涉及公共利益的问题，因而，还都在隐私权保护的范围之内，仍然是隐私的范畴。隐私，就是个人的与公共利益无关的私人信息、私人活动和私人空间[①]，就是隐秘而不准公开的

① 王利明：《人格权法新论》，吉林人民出版社1994年版，第482页。

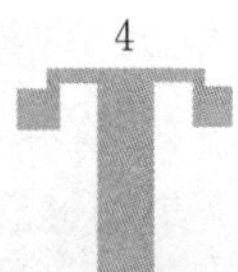

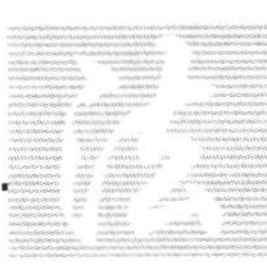

意思①，隐私权保护私人的这些隐私不受他人的干扰和侵害。在毕竟还是一个私人领域、没有涉及公共利益的领域中的私生活问题，未经本人同意，将其公布于众，都是对民事主体隐私权的侵害，构成侵权责任。对此，“艳照门”的当事人都有权向齐拿主张侵权请求权，追究其侵权责任。

但是也应当看到，我们在认为齐拿的行为构成侵权责任的同时，也不能就认为“艳照门”的当事人们就绝对的理直气壮，甚至很多人力挺“艳照门”当事人，认为他们没错，可以理直气壮地进行。我认为，隐私权应当依法保护是一回事，但个人的私生活是否超过了公众认可的道德底线，则是另一回事。超出了社会道德底线的私生活，法律不予干预，但舆论可以谴责。尤其是陈冠希本人的私生活之放任，不能不说达到了相当的程度。说到底，“艳照门”当事人的私生活不是大众所能够接受的生活方式，因此，对“艳照门”当事人们的私生活持有赞许的态度，是不正确的，理由是，如果一个民族在私生活上过于放荡的话，可能对这个民族的形象、气质、精神和发展都会带来不可低估的严重损害。

（二）肖像权和形象权

“艳照门”事件的侵权行为还侵害了当事人的肖像权。肖像权是自然人的重要人格权，包括制作专有权、使用专有权和部分转让权。② 未经本人同意，擅自使用他人肖像，构成侵害肖像权。在“艳照门”事件中，齐拿非法使用“艳照门”当事人的肖像，符合侵害肖像权的构成要求，构成侵害肖像权，是没有疑问的。

可是还有值得研究的问题。在公布的“艳照门”当事人的照片中，有些是没有当事人的面部形象的，不是以权利人的面部形象作为主体的照片，就不是肖像。那么，非法使用这些不是肖像的照片，由于不构成侵害肖像权，是不是就不能主张侵权责任呢？我认为，非法使用甚至是大量地非法使用这类照片，如果不给权利人的权利（益）予以保护，对这样的侵权行为予以制裁，会造成社会秩序

① 吕光：《大众传播与法律》，台北“商务印书馆”1981年版，第63页。

② 杨立新：《人身权法论》，人民法院出版社2006年第3版，第507－509页。

的破坏，对权利人保护不周的结果。因此，我曾经提出主张，应当确立形象权是一种独立的人格权[①]，对非法使用没有面部形象的身体其他部位的形象，应当确认侵害形象权，将权利人的人格权保护得更为完善一些。在齐拿非法使用当事人的很多照片中，当事人的身体其他部位的形象很全面，其中包括阴私部位的形象，对当事人的损害亦非常严重。因此，应当确认非法使用他人形象的行为为侵权行为，依法予以民法制裁。

（三）名誉权

有人认为，齐拿的行为还侵害了当事人的名誉权，可以追究其侵害名誉权的侵权责任。对此，我有不同看法。第一，齐拿公布的当事人的照相，是真实的，并不是虚构的，因此，并不涉及使当事人的客观评价因而降低的问题，即使是降低，也不是由于虚假事实而构成。第二，如果说，齐拿由于公开宣扬当事人的隐私而按照侵害名誉权处理，则这样的司法解释早已经在 2001 年 1 月 10 日最高人民法院《关于确定民事侵权精神损害赔偿责任若干问题的解释》中就已经予以修正，隐私保护已经采取直接方式进行保护[②]，并且还有《妇女权益保障法》对隐私权的明确规定[③]，不必采用间接保护方式保护隐私权。第三，即使是齐拿的行为在客观上造成了当事人的名誉损害，也是一个违法行为引起了不同的损害后果，可以吸收在侵害隐私权的损害后果之中，不必另行确认侵害名誉权责任。

（四）人格利益准共有问题

人格利益准共有是我提出的一个关于人格权保护的问题。例如，当一个隐私事件涉及几个权利人的时候，各个权利人对此都享有隐私权，都可以对其进行支配，当一个权利人对其擅自公布，造成了相关隐私的其他权利人的隐私权损害，同样构成侵权责任，其他如共同荣誉、集体照相、家庭名誉、合伙信用等。[④]“艳照门”事件进一步印证了我的这个观点。陈冠希不管与谁的“艳照”，都是一

① 杨立新：《人身权法论》，人民法院出版社 2006 年第 3 版，第 253 页。

② 最高人民法院《关于确定民事侵权精神损害赔偿责任若干问题的解释》第 1 条第 2 款。

③ 该法第 42 条规定：“妇女的名誉权、荣誉权、隐私权、肖像权等人格权受法律保护。”

④ 杨立新：《人身权法论》，人民法院出版社 2006 年第 3 版，第 251－257 页。

对一进行的，那就是说，特定的这个隐私，是陈冠希与相对人之间的相关隐私，两个人对此都享有隐私权，都有权支配这个隐私，但都负有义务保护相对人的隐私权。如果一方由于自己的故意或者过失将该隐私泄露出去，造成对方当事人的隐私权损害，应当构成侵权责任。

（五）公众人物的保护问题

"艳照门"事件还涉及一个重要问题，就是公众人物的权利保护问题。在我国，自从范志毅案件以后，公众人物的概念已为司法所接受，即对公众人物的隐私权等权利要给予适当限制。但是，限制公众人物的人格权必须有一个底线，如果是在一个适当范围内报道公众人物的隐私或者进行批评，不构成侵权，但是超出适当范围，就应当认为构成侵权。例如，报道克林顿与莱温斯基的隐私，是正当行为，而报道克林顿与希拉里的私生活，就可以认为是侵权。"艳照门"事件的当事人都是公众人物，在适当范围内报道他们的隐私，并不认为是侵害隐私权，而认为是满足公众知情权。但齐拿的行为则完全超出了必要的范围，超过了限制的底线，侵害了公众人物的隐私权。

三、应当如何确定"艳照门"事件的侵权责任主体

把"艳照门"事件作为侵权案件讨论，其侵权责任主体非常复杂。

（一）齐拿

齐拿作为"艳照门"事件的始作俑者，其为侵权责任主体是毫无疑问的，如果查清他的身份，有人起诉，他应当承担侵权责任。

（二）网络媒体

在"艳照门"事件中，网络媒体受到很多指责，很多人认为网络媒体也构成侵权。对此，我认为不能一概而论，而应当区别对待。网络媒体公布"艳照"，并不是网络媒体自己采编的内容，而是齐拿发帖公布的。因此，在"艳照门"事件中，网络媒体的行为并不一样。网络媒体公布消息有四种形式：一是自发，二是首发，三是转发，四是报道。四种不同的形式，确定侵权责任的方法并不相

同。不加区别而一律谴责网络媒体，甚至要封杀、惩罚网络媒体，是不公平的。网络媒体对于自发消息，应当承担审查义务，发布的内容有侵权内容，其发布行为本身就构成侵权行为。首发他人提供的内容，网络媒体应当跟踪审查，发现有侵权内容便及时删帖的，不应当认为是侵权。转发，其责任更轻，没有重大过失，不应当认为是侵权。至于网络媒体进行一般报道，没有涉及暴露隐私等内容的，不应当认为是侵权。如果网络媒体为了追求点击率，扩大网站的影响而恶意传播，尽管是首发或者转发甚至是报道，也都构成侵权。反之，首发或者转发后及时进行处理，以及进行新闻报道，不能认为网络媒体是缺乏社会责任感的行为。网络媒体对于言论自由和新闻传播起到了极大作用，我们的社会不能太封闭，更不应该倒退。对网络媒体过于苛求甚至进行封杀，损害的只能是来之不易的网络言论自由。

（三）陈冠希

陈冠希是否构成侵权责任主体呢？如果从相关隐私保护的角度观察，陈冠希的行为构成侵害其他当事人的隐私权，他应当是侵权责任主体。

（四）其他网民

现在有将矛头指向网民的现象，认为网民点击“艳照”就构成侵权，甚至构成行政违法行为或者犯罪行为。对此，应当慎重确认。网民是一个庞大的群体，法律和社会都不能以公众为矛盾的对立面。除了对那些恶意传播淫秽“艳照”的人可以追究法律责任之外，一般不应当追究广大网民的法律责任。

四、“艳照门”事件的侵权行为类型和方式

“艳照门”事件涉及的侵权行为类型和方式问题比较复杂，下面是主要内容。

（一）恶意暴露隐私

恶意暴露他人隐私，是严重的侵权行为。齐拿作为“艳照门”事件的始作俑者，其侵权行为方式就是恶意暴露他人隐私。网络媒体恶意进行转发、传播，也是恶意暴露隐私的侵权行为。

（二）擅自使用他人肖像

擅自使用他人肖像，是侵害肖像权的侵权行为。肖像权的制作专有权、使用专有权是权利人的基本权利。没有经过本人同意，擅自使用他人肖像，没有阻却违法的法定事由，就构成侵权。由此判断，齐拿的行为和恶意传播、使用“艳照”的网站，都是擅自使用他人肖像的侵权行为，构成侵害肖像权。

（三）泄露相关隐私

陈冠希由于疏忽，将其与他人私生活的照片泄露给他人，过失暴露了相关隐私的权利人的隐私权，属于侵权行为，如果相关隐私的权利人追究陈冠希的侵权责任，应当认定为侵权行为。

（四）未尽审查、更正义务

网络媒体在自发、首发、转发和转载中，未尽事前审查或者事后的跟踪审查义务，未尽事后的删帖、更正和道歉义务，都构成侵权责任。[①]

（五）传播

故意对具有淫秽内容的“艳照”进行传播，不仅违反行政法和刑法，同时也具有侵权性质，可以采取公益诉讼的规则，追究故意传播淫秽“艳照”者的民事责任。

（六）间接妨害父母子女关系

在讨论“艳照门”事件的责任中，有一个值得思考的问题，就是青少年受到“艳照”的侵害如何去主张保护权利。在美国侵权行为法，有一种侵权行为叫作间接妨害父母子女关系，即侵权人向未成年子女提供毒品，或者引诱未成年子女参加危险性工作，是对父母子女关系的侵害，构成侵权责任。[②] 借鉴这个侵权责任规则，对恶意公布、传播淫秽“艳照”，造成未成年子女损害的，其父母可以依照这种间接侵权行为规则，追究侵权人的侵权责任。

① 可以参照最高人民法院《关于审理名誉权案件若干问题的解答》第 8 条和第 9 条规定的内容。

② 刘兴善译：《美国法律整编·侵权行为法》，台北司法周刊杂志社 1986 年版，第 597－598 页。

第二节 侵害公民个人电子信息的侵权行为及责任

2012年12月28日，第十一届全国人大常委会第三十次会议通过了《关于加强网络信息保护的决定》（以下简称《决定》），于当天公布，立即生效施行。《决定》关于加强保护网络信息，特别是关于制裁侵害公民个人电子信息的侵权行为的规定，具有重要意义，需要进行解读和深入研究，以便更好地制裁侵权行为，保护好个人信息和隐私权。

一、确定加强网络信息保护制裁侵权行为的原则

《决定》第1条开宗明义，规定了保护网络信息安全、制裁侵害公民个人电子信息侵权行为的一般原则，即“国家保护能够识别公民个人身份和涉及公民个人隐私的电子信息”。《决定》确立这一原则是十分重要的。随着互联网事业的不断发展，有关公民个人身份和个人隐私的电子信息面临严重威胁，这些个人信息被窃取、被盗用、被公开、被成批盗卖者，比比皆是，随处可见。孕妇刚刚进了妇产医院尚未生产，奶粉、尿布等广告信息就通过电话、短信、邮件等方式“蜂拥而至”；即使不想买房，各种售房和租房广告的骚扰却不胜其烦。更有甚者，在网络上对公民个人信息公然进行“人肉搜索”，严重侵害隐私权，形成网络暴力，造成严重后果。北京市朝阳区人民法院审理的“人肉搜索”第一案，就是通过网络人肉搜索造成严重后果的一个重大案件。姜岩因丈夫王菲发生婚外情，写下“死亡博客”后跳楼身亡。该“死亡博客”引发网民愤怒，在网站上进行“人肉搜索”，对王菲有关身份和隐私的信息在网上大量公开，并进行严重的人身攻击。王菲起诉，引出第一次进入司法程序的“人肉搜索”案。北京市朝阳区人民

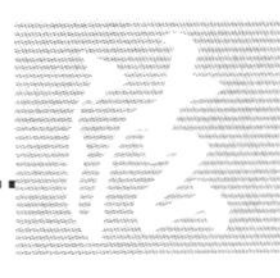

法院判决两家网站的网络服务提供者侵权，赔偿原告精神抚慰金①；同时向工业和信息化部发出司法建议，建议该部对“人肉搜索”等网络行为进行规制。

确保网络信息安全，就必须制裁侵害公民个人电子信息侵权行为，依法保护公民个人身份和个人隐私的电子信息。在实践中落实这一原则，保护公民个人电子信息，制裁侵权行为，应当着重把握以下几个要点。

第一，《决定》的立法宗旨是保护公民个人身份信息和个人隐私信息，同时也要强调保护公民的表达自由，不能因为强调保护个人信息和隐私权而对公民的表达自由进行非法限制。对此，最明确的界限是《宪法》第 51 条规定，即公民在行使自由和权利的时候，不得侵犯他人的自由和权利。凡是没有侵害他人自由和权利的行为，就是合法的行为，就在保护之列。违反这一规定的行为，才是应当制裁的违法行为。例如，在网络上揭露“表哥”“表叔”等腐败分子的罪行，并且最后通过司法程序将其绳之以法，不属于侵害个人信息的侵权行为，而属于表达自由、促进廉政建设的正当行为，应当予以鼓励。为了社会公共利益的目的，在网络以及任何场合对违法犯罪行为进行揭露，或者以其他方法表达自己的意见，都不属于侵权行为，都应当受到法律的鼓励。

第二，应当加强对侵害公民个人电子信息行为制裁的力度。近年来，社会生活中之所以侵害公民个人电子信息的行为十分猖獗，其主要原因就是对这些侵权行为制裁不力。虽说在刑法、民法、行政法等方面都有针对侵害公民个人信息行为的制裁规定，但规定都不是特别明确和具体。同时，对于侵害个人信息刑事犯罪的起刑点过高，很难运用刑罚手段对这种行为进行制裁。在民法方面，尽管《侵权责任法》第 2 条第 2 款规定了保护隐私权、第 6 条第 1 款规定了过错责任原则，司法机关可以依照这些规定制裁这类侵权行为，但普通群众无法看出这些规定与制裁个人信息侵权行为的关联，况且法院处理这类案件确定侵权责任要件的要求过高，仍然是制裁不力。贯彻执行《决定》规定的上述原则，应当依照《决定》的规定，特别重视制裁侵害公民个人电子信息的侵权行为，责令侵权人

---

① 百度名片：《人肉搜索第一案》，见百度网，http://baike.baidu.com/view/3107502.htm，2013 年 1 月 3 日访问。

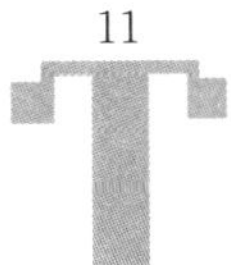

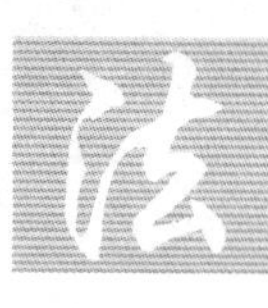

承担损害赔偿责任，以更好地保护公民个人电子信息。将侵权责任与刑事责任、行政责任配合起来，三种法律责任三管齐下，就能够遏制侵害公民个人电子信息的严重势头，保护好网络安全，保护好公民个人电子信息。

第三，要特别制裁那些有权收集公民个人电子信息而侵权的网络服务提供者、其他企业事业单位，那些无权收集公民个人电子信息而侵权的任何组织或个人，以及那些在履行职责中知悉公民个人电子信息而侵权的国家机关及其工作人员。《决定》规定，任何组织和个人不得窃取或者以其他非法方式获取公民个人电子信息，不得出售或者非法向他人提供公民个人电子信息。对于有权收集公民个人电子信息的网络服务提供者、其他企业事业单位，如果对依法获得的公民个人电子信息非法使用、非法出售、非法提供，以及泄露、毁损、丢失，都构成侵权责任。即使国家机关及其工作人员在履行职责中知悉的公民个人电子信息，未尽保密职责，非法泄露、篡改、毁损或者出售以及向他人非法提供的行为，也属于侵权行为，应当予以制裁。对于这些机构及其工作人员必须加强管束，防止他们利用职权侵害公民个人电子信息。网络服务提供者、其他企业事业单位以及有关国家机关及其工作人员，包括网站、银行、电信、医院、邮政等，都是重点单位，都应当加强防范，防止侵害公民个人电子信息。

二、侵害公民个人电子信息侵权责任的归责原则与构成要件

（一）侵害公民个人电子信息侵权责任的归责原则

侵害公民个人电子信息侵权责任的归责原则，应当适用《侵权责任法》第6条第1款规定的过错责任原则。有疑问的是，严厉制裁侵害公民个人电子信息的侵权行为，是否就要提高确定这种侵权责任的归责原则，对其改变过错责任原则而适用过错推定原则呢？

我认为，侵害公民个人电子信息侵权行为仍然应当适用过错责任原则，理由是：

第一，按照《侵权责任法》第6条第2款的规定，任何侵权责任类型适用过

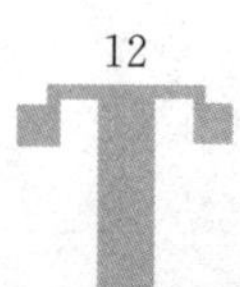

错推定原则，须具备“法律规定”的要件，即“根据法律规定推定行为人有过错的，行为人不能证明自己没有过错的，应当承担侵权责任”的中“法律规定”，其含义是，必须有法律的特别规定，方可适用过错推定原则。例如，该法第 88 条规定：“堆放物倒塌造成他人损害，堆放人不能证明自己没有过错的，应当承担侵权责任。”这就是适用过错推定原则的“法律规定”。

第二，侵害公民个人电子信息的侵权行为多数属于网络服务提供者的侵权行为，以及在网络或者通过网络发生的侵权行为，多数情形与《侵权责任法》第 36 条第 1 款规定的网络侵权行为类似，有的就属于网络侵权行为。该条规定对网络侵权行为适用过错责任原则，不适用过错推定原则。①

第三，侵害公民个人电子信息侵权行为属于一般侵权行为，并不属于应当适用过错推定原则的特殊侵权行为。尽管侵害公民个人电子信息侵权责任是《决定》规定的，但并非法律作出特别规定的侵权行为都是特殊侵权行为。侵害公民个人电子信息侵权行为的基本性质是侵害隐私权，与侵害名誉权、肖像权等侵权行为一样都属于一般侵权行为，必然适用过错责任原则。

（二）构成侵害公民个人电子信息侵权责任的一般要件

依照《侵权责任法》第 6 条第 1 款规定，侵害公民个人电子信息侵权行为的构成要件是：

1. 加害行为及违法性

侵害公民个人电子信息的加害行为的主要表现形式是作为，例如非法出售、非法获取等；也包括不作为的行为方式，例如负有保密义务的组织和个人将公民个人电子信息丢失；网络服务提供者对于网络上发现的泄露公民个人身份、散布个人隐私等侵害其合法权益的网络信息，以及受到商业性电子信息侵扰，没有尽到及时删除有关信息或者采取必要措施予以制止的行为，都是不作为的行为方式。

行为的违法性，是上述行为既违反《决定》的规定，同时也违反了隐私权义

① 王利明：《侵权责任法研究》下册，中国人民大学出版社 2011 年版，第 124 页；张新宝：《侵权责任法》，中国人民大学出版社 2010 年版，第 169 页；杨立新：《侵权责任法》法律出版社 2011 年版，第 243 页。

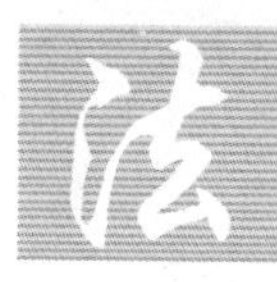

务人的不可侵义务，属于形式违法。

2.损害后果

侵害公民个人电子信息侵权行为的损害后果，是自然人的电子信息被非法处分，主要表现是被非法搜集或者被非法使用，造成隐私权的损害。违法发送垃圾信息的侵权行为造成的损害后果，是被侵权人生活安宁的损害，也属于隐私权损害的后果，即个人为了自由发展其人格而要求必需的安宁与平静的权利①受到侵害，也是侵害了隐私权。故侵害公民个人电子信息的侵害客体是隐私权。

值得研究的问题是，构成侵权责任，公民个人电子信息被侵害是否必须达到严重损害的程度。目前我国侵害公民个人电子信息的侵权行为猖獗的原因之一，就是认为侵权责任构成需要达到相当的“门槛”，否则不认为侵权。很多人认为，《侵权责任法》第22条规定，构成承担精神损害赔偿责任须造成严重精神损害，不达到严重精神损害的就不能承担精神损害赔偿责任。我认为：第一，存在对严重精神损害应当正确理解的问题，即达到何种程度方为严重精神损害。应当看到的是，精神损害赔偿责任并不是非常严重的责任方式，如果要求精神损害赔偿100元或者1 000元，这样的损害应当是多严重呢？很多法官审判这类案件，通常是按照刑事案件的标准在掌握，未达到一定程度就不认为构成侵权责任。这种思路是不正确的，放纵侵害公民个人电子信息的侵权行为正是由于这种思路酿成的。第二，即使没有达到严重精神损害的后果，尽管可以不承担精神损害赔偿的责任，但还可以承担其他侵权责任。

因此，掌握侵害公民个人电子信息的损害事实的标准是，公民个人电子信息被侵害，达到一定的程度，就构成损害事实的要件。

3.因果关系

侵害公民个人电子信息侵权行为的因果关系有两种类型。一是行为与损害结果之间具有相当因果关系，即行为是损害结果发生的原因或者适当条件，而不是必然的条件。二是行为与损害结果之间属于助成的共同因果关系，即他人的行为已经造成了损害结果的发生，行为人的行为对于损害结果的扩大发生了助成的作

① 王利明：《人格权法研究》，中国人民大学出版社2005年版，第599页。

用，扩大了损害结果，同样也构成因果关系。例如，网络服务提供者没有及时采取必要措施，造成泄露个人身份、散布个人隐私的网络信息侵害被侵权人合法权益的后果继续存在，或者受到商业性电子信息侵扰没有及时采取必要措施，都是该行为与直接侵权人的行为结合起来，造成损害后果的扩大。这样的行为也构成因果关系要件。

4. 行为人的过错

侵害公民个人电子信息的主观要件主要是故意，是明知自己负有对他人的个人信息不可侵义务而故意为之。当然也有过失的行为。不论故意或者过失，凡是由于过错侵害公民个人电子信息造成民事权益损害的，就构成侵权责任。

（三）构成侵害公民个人电子信息侵权责任的特别要件

1. 侵权行为主体

按照《决定》的规定，侵害公民个人电子信息侵权行为的主体如下。

（1）网络服务提供者

《决定》规定的侵权行为主体，首当其冲的是网络服务提供者。这是因为，受到侵害的公民个人电子信息主要是网络信息，或者是个人信息在网络上被侵权等。对网络服务提供者的界定，应当按照《侵权责任法》第 36 条规定，是指网络技术服务提供者和网络内容服务提供者。① 网络服务提供者对于自己收集的，或者对于他人在网络上传播的，以及自己发布的公民个人电子信息，都应当遵守《决定》的规定，保护好公民的个人电子信息。违反规定，造成公民个人电子信息损害的，应当承担侵权责任。

（2）其他企业事业单位

《决定》规定其他企业事业单位作为侵害公民个人电子信息侵权行为主体，主要是指有权获取或者非法获取公民个人电子信息的其他企业事业单位。这个行为主体是除了网络服务提供者之外，凡是有权收集公民个人电子信息的企业事业单位，或者非法获取公民个人电子信息的企事业单位，都可以成为这种行为主体，其中前者主要是指电信、医院、邮政、银行以及类似的企业事业单位。

① 王胜明主编：《中华人民共和国侵权责任法释义》，法律出版社 2010 年版，第 189 页。

（3）国家机关及工作人员

《决定》规定国家机关及工作人员作为侵害公民个人电子信息的行为主体，是国家机关及其工作人员在履行职责中知悉公民个人电子信息，应当善尽保密义务和谨慎注意义务，没有尽到这种义务，实施了泄露、篡改、毁损以及出售或者非法向他人提供的行为，国家机关及其工作人员就构成侵权行为主体。

（4）任何组织或者个人

《决定》规定任何组织或者个人作为侵害公民个人电子信息侵权行为的主体，是指凡是非法获取以及非法使用公民个人电子信息的任何法人和自然人。既然侵害公民个人电子信息侵权行为是一般侵权行为，其实所有的民事主体都可能是侵权行为主体。

2.侵害公民个人电子信息侵权行为的侵害客体

《决定》第1条规定，侵害公民个人电子信息侵权行为的客体是“能够识别公民个人身份和涉及公民个人隐私的电子信息”，这也是《决定》对公民个人电子信息概念的界定。

依照这一界定，公民个人电子信息作为侵权行为的侵害客体，特点是：

第一，公民个人电子信息的内容有两种，一是能够识别公民个人身份的信息，二是涉及公民个人隐私的信息。能够识别公民个人身份的信息，是基于自然人的人身属性、人格要素发生的个人信息，例如姓名、性别、年龄、住所、通信、电话号码、电子邮箱等皆是。凡是基于某个具体信息能够识别公民个人的身份，就是个人身份信息。涉及公民个人隐私的信息，是有关自然人隐私的信息。按照隐私权保护的内容区别，凡属于私人资信的信息，就是个人身份信息；除此之外的隐私内容，例如私人活动和私人空间的信息，都是涉及公民个人隐私的信息。

第二，公民个人电子信息的属性是电子化的个人信息。按照《决定》规定，受到特别保护的是公民个人的电子信息。这里突出的是“电子”信息。如何理解，应当认为是上述两种自然人的个人信息被电子化，成为电子化的个人信息。存在疑问的是，是不是只有电子化的公民个人信息法律才予以保护，非电子化的

公民个人信息法律就不予保护呢？其实不是，之所以特别强调公民的电子信息，是因为电子化的个人信息更容易被侵害，且在网络中被侵害的可能性更大。

第三，公民个人电子信息包含在隐私权之内。隐私权保护的内容包括与公共利益无关的个人信息、个人活动与个人空间。无论是能够识别公民个人身份的信息，还是涉及公民隐私的个人信息，都在隐私权的保护之中。因此，侵害公民个人电子信息的侵权行为，就是侵害隐私权的侵权行为。

（四）侵害公民个人电子信息侵权行为的举证责任

由于侵害公民个人电子信息的侵权行为是一般侵权行为，因而其举证责任均由原告负担。这种规则对被侵权人当然不利，但这是《民事诉讼法》规定的举证责任一般规则，必须遵守。法院应当注意的是：第一，适当运用举证责任缓和规则，适当放宽原告证明的标准，在原告已经提出相当的证据证明其主张事实具有较大可能性，因客观条件限制无法继续举证时，应当转换举证责任，让被告举证证明；被告不能证明自己的否定主张的，认定原告的主张成立。第二，适当主动运用法官职权调查，在原告无法举证、但符合法院调查的情形，应当主动调查证明。

三、侵害公民个人电子信息侵权行为的基本类型

《决定》与众不同的是，采用一项一项逐一规定侵害公民个人电子信息侵权行为的类型，以便于司法机关依照《决定》的规定，确认侵权行为，正确适用法律，保护好公民个人电子信息。我仔细归纳，认为《决定》规定了九种侵害公民个人电子信息的侵权行为，再加上其他行为方式，共有十种。

（一）非法获取公民个人电子信息

《决定》规定，非法获取公民个人电子信息的行为构成侵权行为。非法获取包括窃取和以其他非法方式获取。这种侵权行为的主体，是那些没有权利收集公民个人电子信息的任何组织和个人，行为方式是采取窃取和其他非法方式获取有关公民个人电子信息的违法行为。任何组织和个人没有经过法律的授权，非法获

取公民个人电子信息，无论采取何种方式，无论数量大还是数量小，都构成这种侵权行为，应当承担侵权责任。在实践中，这种侵权行为通常是非法获取的信息数量巨大，但作为侵权行为，由于受到侵害的是个人而不是集体，而每一人作为被侵权人的起诉，可能都不是大量的被侵害。为了更好地保护公民个人电子信息，凡是侵害了公民个人电子信息，被侵权人起诉的，就应当认为构成侵权责任。

（二）非法出售公民个人电子信息

《决定》规定，非法出售公民个人电子信息的行为构成侵权行为。出售是有偿行为，行为人在出售行为中获取非法利益，情节更为恶劣。非法出售公民个人电子信息的行为人，是网络服务提供者、其他企业事业单位、国家机关工作人员以及其他任何组织和个人。在司法实践中，通常是有权获取公民个人电子信息的单位在获得公民个人电子信息后，这些单位的工作人员个人私自非法出售，获取私利。当然也有单位非法出售公民个人电子信息的，也构成侵权责任。不论是非法获取的公民个人电子信息，还是合法获取的公民个人电子信息，不论是单位还是个人，凡是将公民个人电子信息非法出售给他人者，就构成这种侵权行为。

（三）非法向他人提供公民个人电子信息

《决定》规定，除了非法出售以外，非法向他人提供公民个人电子信息的，尽管没有获取非法利益，也构成侵权行为。非法向他人提供，是指违反法律规定，故意采取除了出售以外的任何行为方式，将公民个人电子信息提供给他人的行为，不论有偿还是无偿，均属之。任何组织和个人，无论采取何种方式获得的公民个人电子信息，都不得向他人非法提供。凡是非法向他人提供公民个人电子信息的，受害人都有权追究其侵权责任。

（四）非法泄露公民个人电子信息

《决定》规定，网络服务提供者、其他企业事业单位以及国家机关及其工作人员，都对公民个人电子信息负有保密义务。未尽保密义务，非法泄露公民个人电子信息，可以是故意所为，也可以是过失所致，都构成侵权责任。例如公安交警部门电子执法获取的驾驶员违章同时涉及隐私的不雅照，将其公布，就构成非

法泄露公民个人电子信息的侵权行为。[①]

（五）非法篡改公民个人电子信息

《决定》规定，网络服务提供者、其他企业事业单位以及国家机关及其工作人员，违反法律规定，非法对自己掌握的公民个人电子信息进行篡改的，构成侵权行为。非法篡改公民个人电子信息行为须故意而为，而不是无意中弄错。这种侵权行为，应当造成相当的后果，即由于公民个人电子信息被非法篡改而使公民民事权益受到损害。对于未尽谨慎义务，并非故意，而是无意中弄错公民个人电子信息，如果造成了严重损害后果，也构成侵权行为而承担侵权责任。

（六）非法毁损公民个人电子信息

《决定》规定，网络服务提供者、其他企业事业单位以及国家机关及其工作人员，违反法律规定，未尽谨慎注意义务，非法毁损公民个人电子信息的，构成侵权责任。非法毁损包括故意和过失，是明知公民个人电子信息而故意毁损，或因过失而毁损，造成受害人的民事权益损害，应当承担侵权责任。

（七）丢失公民个人电子信息

《决定》规定，网络服务提供者、其他企业事业单位对于合法获得的公民个人电子信息，必须妥善保管，善尽保管责任，如果不慎造成个人信息丢失，也构成侵权责任。丢失，应当是过失所为，并非故意，造成了受害人权益损害的，也应当承担侵权责任。

（八）违法发送电子信息侵扰生活安宁

《决定》第 7 条特别规定了发送垃圾电子信息的侵权行为。《决定》规定，任何组织和个人发送电子信息，都必须经过电子信息接收者的同意，或者经过请求，接收者表示愿意接收。未经同意或者请求，或者明确表示拒绝的，仍然向接收者的固定电话、移动电话或者个人电子邮箱发送商业性电子信息，构成侵权行为，应当承担侵权责任。

（九）对泄露公民个人电子信息或侵扰他人的电子信息未及时采取补救措施

《决定》规定，如果公民发现泄露自己的个人信息、散布个人隐私等侵害其

---

① 杨立新：《“速度与激情”事件引发的民法思考》，《河北法学》2012 年第 2 期。

合法权益的网络信息，或者受到电子信息侵扰的，都有权要求网络服务提供者删除有关信息或者采取其他必要措施予以制止。网络服务提供者如果没有及时采取必要措施，网络服务提供者与侵权人构成共同侵权行为，应当依照《侵权责任法》第 36 条规定承担连带侵权责任。

（十）其他侵害公民个人电子信息的侵权行为

除此之外，尽管侵权人实施的侵权行为不是《决定》规定的上述侵权行为类型，但也侵害了公民个人电子信息，在《决定》第 1 条第 1 款规定的“国家保护的能够识别公民个人身份和涉及公民隐私的电子信息”范围之内的侵权行为，也应当依照《决定》的规定认定为侵权行为，承担侵权责任。

四、侵害公民个人电子信息的侵权责任承担

对于侵害公民个人电子信息侵权行为的责任承担，《决定》只在第 11 条笼统规定了一个规则，即“侵害他人民事权益的，依法承担民事责任”。这个规定尽管简单，但确定了制裁侵害公民个人电子信息侵权行为的法律依据，据此即可确定这类侵权行为的侵权人承担侵权责任。除此之外，《决定》还在其他条文规定了采取补救措施、立即停止传输该信息、采取消除等处置措施、删除以及采取其他必要措施等民事制裁手段。

侵害公民个人电子信息侵权责任形态，涉及自己责任还是替代责任问题。依照《侵权责任法》第 34 条第 1 款规定，符合用人单位损害责任的，应当由单位网络服务提供者、其他企业事业单位以及国家机关承担替代责任。如果工作人员实施的侵权行为完全与行使职权没有关系，不构成用人单位责任的，应当由侵权人承担自己责任。不过，在目前侵害公民个人电子信息非常严重的情况下，凡是这些单位的工作人员侵害公民个人电子信息与职务有关的，尽量确定用人单位的替代责任，在用人单位承担责任之后，强调用人单位对具体行为人的追偿权。这样，既能够制裁违法行为人，又能够更有力地保护公民个人电子信息和隐私权。

确定侵害公民个人电子信息侵权行为的责任承担，应当根据侵权案件的实际

情况决定。构成单独侵权行为的，应当由侵权人自己承担侵权责任。构成共同侵权行为的，应当承担连带责任，例如《决定》第 8 条规定网络服务提供者没有及时删除侵权信息或者采取必要措施制止侵权行为的，应当按照《侵权责任法》第 36 条第 2 款或者第 3 款规定，与具体实施侵权行为的侵权人共同承担连带责任。[①]

立即停止传输该信息的方式，属于停止侵害的侵权责任方式。按照《侵权责任法》第 15 条规定，侵权行为正在进行的，被侵权人有权请求停止侵害，制止正在实施的侵权行为。对于被侵权人的这种请求，法院应当支持，判决侵权人立即停止传输该侵权信息，防止侵权后果扩大。

采取补救措施、采取消除等措施，都是消除侵害公民个人电子信息的侵权后果，与《侵权责任法》第 15 条规定的消除危险、排除妨碍相似。在司法实践中，应当参照上述规定，确定适用这些侵权责任方式。

应当研究的是，在司法实践中处理侵害公民个人电子信息侵权行为纠纷案件，确定侵权责任，判决书是否应当援引《决定》的规定。全国人大常委会所作的决定，其性质属于法律，在司法实践中，确定侵害公民个人电子信息侵权行为的法律适用，应当援引《决定》的相关条文，同时应当援引《侵权责任法》第 6 条第 1 款规定，作为请求权的法律基础。

五、侵害公民个人电子信息侵权行为与一般侵权行为的关系

我一直在考虑一个问题，即研究侵权行为，是否要像研究刑事犯罪通过揭示该罪的罪状一样，进行具体研究呢？

回答这个问题的最好答案是，《刑法》规定犯罪的原则是罪刑法定，即法无明文不为罪，并且禁止类推适用法律。而民法规定特别是《侵权责任法》的规定并不是这样，而是规定侵权行为一般条款，凡是符合侵权行为一般条款要求的违法行为，就认为是侵权行为，就应当承担侵权责任。因此，除非特别有必要，侵

① 杨立新：《侵权责任法》，法律出版社 2011 年版，第 243 页。

权责任法并不描绘一般侵权行为的“罪状”，而是规定侵权行为构成要件，用侵权行为一般构成要件判断是否构成侵权行为。[①]

既然如此，还有必要研究和描述属于一般侵权行为的侵害公民个人电子信息侵权行为的“罪状”吗？对此，我的看法是：第一，我国《侵权责任法》规定一般侵权行为打破了法律对于一般侵权行为不作具体列举，在规定侵权行为一般条款之后，只对特殊侵权行为作出具体规定的做法，在第四章至第十一章对一般侵权行为类型也特别规定了属于一般侵权行为的特别类型，例如暂时丧失心智的损害责任（第32条）、网络侵权责任（第36条）、违反安全保障义务的侵权责任（第37条）、医疗损害责任（第七章）等，都属于一般侵权行为，立法都作了特别规定。因此，尽管侵害公民个人电子信息侵权行为是一般侵权行为，《决定》作出特别规定，也是有先例的，并不奇怪。第二，既然法律已经对某种一般侵权行为的特殊情形作出了具体规定，就是为了特别强调对这种侵权行为类型的制裁，应当作为制裁该种特殊侵权行为的法律依据，据此确定侵权责任。可见，法律对侵害公民个人电子信息的侵权行为进行具体列举，学说对这种侵权行为类型进行具体行为的研究，对于掌握侵权行为的表现和确定侵权责任都是有益的。

应当看到的是，在依据《决定》制裁侵害公民个人电子信息侵权行为的同时，也必须认识到，对于任何单位和个人侵害自然人的其他个人信息的行为，也都应当认定为侵权行为并承担侵权责任。在法律适用上，不必参照《决定》的规定制裁其他侵害自然人个人信息的侵权行为，而应直接适用《侵权责任法》第6条第1款规定，依照过错责任原则确定侵权责任。原因是，自然人个人信息包含在《侵权责任法》第2条第2款规定的隐私权概念之中，自然人个人信息在《侵权责任法》的保护范围之内，任何侵害自然人个人信息的行为，都应当按照《侵权责任法》第6条第1款规定确定侵权责任。对此，没有任何疑问。要解决的问题有二。一是自然人作为民事主体，应当理解《侵权责任法》上述规定在制裁侵害自然人个人信息的重要作用，受到侵害后，应当理直气壮地向法院起诉。二是

① 张新宝：《侵权责任法》，中国人民大学出版社2010年版，第27页。

各级人民法院的民事法官应当明确制裁侵害自然人个人信息行为对于保护隐私权的重要意义，改变观念，不要认为侵害个人信息必须达到严重后果才能予以制裁，凡是侵害自然人个人信息的违法行为，都构成侵权责任，都应当予以民法制裁。只有这样，才能更好地保护自然人的个人信息，改变目前侵害个人信息猖獗的局面，维护好市民社会的正常秩序。

第三节　构建以私权利保护为中心的性骚扰法律规制体系

性骚扰以及规制性骚扰，尽管全国法院直至目前也不过审理了十余起这类案件，其中判决胜诉的也不过几件，却能够引起全国公众的重视和关注。这说明，它已经成了当前的一个热点话题，既是一个社会问题，也是一个法律问题。我们从法律上研究性骚扰和规制性骚扰，一个方面是要研究性骚扰行为的性质和构成以及法律制裁，另一方面，更为重要的是要研究规制性骚扰制度的构建。后者的意义和价值更为重大。而世界各国的规制性骚扰制度的历史，从一开始就是沿着两个方向发展的，一个是以职场的劳动者保护为中心，一个是以人的私权利保护为中心。我国构建规制性骚扰制度究竟应当采用哪种立场，构建一个什么样的规制性骚扰的法律制度，是一个亟待解决的问题。我们主张，具有中国特色的规制性骚扰法律制度，应当以人的私权利的保护为中心，保护人的性自主权不受非法侵害。本节围绕这个题目，进行深入的研究，对我国构建全面、有效和符合当代人权发展要求的性骚扰法律规制结构，提出我们的意见。

一、规制性骚扰法律制度的历史始终沿着两个不同的方向发展

（一）规制性骚扰法律制度历史发展的简要线索

性骚扰作为事实行为和客观现象，自是古已有之。但是性骚扰成为深受关注的社会问题和法律问题，乃是人们的性权利意识被现代文明所唤醒的结果，至今

只有几十年的历史。然而，人的这一觉醒的力度之大，却是法律的理论研究者们和制度设计者们所始料未及的。当性骚扰已经成为社会热点问题甚至每每成为新闻头条的时候，当性骚扰案件蜂拥至法院门口时，人们发现，法律竟然无力面对。理论的苍白和脆弱，规范的疏漏甚至缺失，使得法律无法承担起消解因性骚扰引起的争议和纠纷的应有职能。

法律不应是无所作为的，面对性骚扰，也同样如此。对性骚扰进行法律规制，始于美国，渐及于世界各国。尽管目前各国尚未出现规制性骚扰的专门立法，但是大多数国家和地区尤其是政治经济较为发达的国家和地区，均通过两性平等法、劳动就业法、反歧视法、妇女保护法以及民法、刑法和判例等不同的法律形式，实现对性骚扰的法律规制。

规制性骚扰行为的法律制度的发展，从一开始就是按照两个方向发展的，一个方向是职场主义，即以职场劳动者的保护为中心，认定规制性骚扰行为的法律制度为劳动法制度，保护的是劳动者的权利，因此，责任应以雇主承担为主；另一个方向是权利主义，即以人的私权利的保护为中心，认定规制性骚扰行为的法律制度是私法制度，保护的是人的私权利，是人格权，因此，责任人应当是侵权人，对其进行法律制裁。

（二）各国规制性骚扰制度的法律比较

1. 美国

作为最早对性骚扰实行法律规制的国家，美国的有关法律和司法程序在世界各国中处于领先地位，制度最为完备。性骚扰概念也是最早由美国著名的女权主义者、法学教授麦金农提出，并通过提起有关诉讼进入了法律领域。

一般认为，美国最基本和最重要的规制性骚扰法律文件是两个法案，其一是1964年的《民权法案》第七章（Title Ⅶ of the Civil Rights Act），该法案明确规定雇主不得因种族、肤色、宗教、性别或原来国籍，而对受雇者为差别待遇，包括：(1) 因此而不愿或拒绝雇用，或解雇，抑或是在报酬、受雇期间、工作条件及优先权上予以歧视待遇；以及，(2) 因此而对该受雇者和求职者为限制、隔离

或分类，进而剥夺或意图剥夺其受雇机会，做出不利该受雇人地位之行为。[①] 其二是 1972 年的《教育修正法案第九章》（Title Ⅸ of the Education American Act of 1972），该章明文禁止对于联邦补助之教育课程或教育活动为性别歧视。[②]

但是这两个法案尚没有具体规定性骚扰的问题，当初，法院对于性骚扰案件的审理，也拒绝适用这两个法案。[③] 1980 年，美国联邦政府平等就业机会委员会在《就业机会均等法》第一次作为法律文件对性骚扰作出规定："在下列三种情况下，向对方做出的不受欢迎的与性有关的行为或提出性要求，及其他语言举动，是对《民权法案》第七章的违反，均会构成性骚扰：1. 迫使对方接受有关行为，作为受雇或就学的明示或暗示的条件；2. 对方接受有关行为与否，将成为影响个人升迁或学业成绩的先决条件；3. 有关行为具有以下目的或导致以下后果：不合理地干扰个人工作或学业或制造一个令人不安、不友善或令人反感的工作或学习环境。"[④] 这一文件所界定的性骚扰概念，后来广为法院的判例所认可和接受。

从上述的美国立法可看出，美国法律主要是对职业场所和教育场所所发生的性骚扰行为予以规制。其中对于职业场所的性骚扰的规制最为重视，也最具特色，规定了两种不同形态的性骚扰。其一是交换型性骚扰或对价型性骚扰（Quid Pro Quo），即 1980 年的《就业机会均等法》规定性骚扰的第一种和第二种情形；其二是敌视环境型性骚扰（Hostile Environment），亦即《就业机会均等法》所规定的第三种情形。[⑤]

作为一个判例法国家，其实美国的性骚扰法律规制的完善和进步也主要体现在一系列的判例中。1976 年，美国联邦地区法院对 Williams v. Saxbe 案的判决，第一次确认在工作场所的交换型性骚扰是违反了《民权法案》第七章规定的性别歧视行

① Keller，Consensual Amorous Relationships Between Faculty and Students，In Edmund Wall (Eds.)，*Confrontations and Decisions*：*Sexual Harassment* (p. 23)，Prometheus Books，2000.

② Keller，Consensual Amorous Relationships Between Faculty and Students. In Edmund Wall (Eds.)，*Confrontations and Decisions*：*Sexual Harassment* (p. 24)，Prometheus Books，2000.

③ Corne v. Bausch and Lomb Inc. 1975.

④ Stein，*Sexual Harassment in America* (p. 33). Greenwood Press，1999.

⑤ 易菲：《职场梦魇·性骚扰法律制度与判例研究》，中国法制出版社 2008 年版，第 155－156 页。

为。1981年，联邦法院哥伦比亚地区上诉法庭就Bundy v. Jackson案形成的判决，首次确立了敌视环境型性骚扰行为的规制规则。1986年的Meritor Saving Bank v. Vinson案，是美国联邦最高法院审理的第一起性骚扰案件，就该案判决形成的判例，更具有划时代的意义。该案确立了三项规则，一是性骚扰的构成以行为是否受欢迎为要件，而不以原告是否同意为要件；二是在性骚扰案件中适用雇主责任规则，雇主要对下属遭受性骚扰承担严格赔偿责任；三是对于如何判断是否构成敌视型性骚扰，确立了"理智女人"的客观性评判标准（The "Reasonable Women" standard)。[①] 1998年，联邦最高法院对Oncale v. Sundowner Offshore Service案的判决，将性骚扰的法律规制扩及同性性骚扰行为（而且被告不必一定是同性恋或双性恋)。[②] 此外，近年来，为适应社会和经济的发展，应对日趋严重的性骚扰社会难题，美国对性骚扰规制力度明显加大，惩罚性赔偿金制度被引入性骚扰案件的处理。1998年，美国三菱发动机公司因其300余名女工经常遭受上司和同事的性骚扰，在联邦政府平等就业机会委员会的介入下，向受害员工支付赔偿金3 400万美元；2002年，美国劳尔连锁店因其前任经理经常肆意对员工施以性骚扰，被法院判决支付3 000万美元的惩罚性赔偿金。[③]

上面所描述的，是美国规制性骚扰制度的主要的、基本的方面，而这些规制只是针对于职业场所和教育场所发生的性骚扰。对于其他场合的性骚扰行为，在美国的法律中，却并未纳入"性骚扰"的法律概念中，而且对于其他场合的性骚扰的法律规制，适用的是另外的一种法律制度，即普通的侵权行为法的法律规制手段。根据具体案件不同的骚扰事实和情节，骚扰者分别可能承担的是对人身的不法侵害的责任、私人侵扰的责任、名誉损害的责任或侵害隐私权的责任，并未成为一个独成体系的专门的侵权责任类型，而且在责任形态和责任方式上也与前述的职场性骚扰明显不同。规制的力度也大不如前者。可见，在美国，这种规制性骚扰行为的内容和手段均较为薄弱。

---

① Stein, *Sexual Harassment in America* (pp. 42－87), Greenwood Press, 1999.

② Mary Welek Atwel, *Equal Protection of the Law* (p. 86). Peter Lang. 2001.

③ 张绍明：《反击性骚扰》，中国检察出版社2003年版，第14－15页。

一个国家规制性骚扰行为有两种不同的法律制度，就是美国法律特点。而性骚扰行为的受害人请求对性骚扰行为的法律制裁，就要选择究竟是按照哪种法律制度进行诉讼。这无疑是一件很麻烦的事情。但是，也正是美国法律的这一特点，才发生了构建规制性骚扰行为的法律制度，存在一个选择的问题。

2. 欧洲

欧盟 2002 年 4 月 17 日通过一项针对发生在工作场所的性骚扰的法律，参照美国的有关规定，对“性骚扰”提出了具体定义和惩罚方法，并规定雇主有责任对公司内受到性骚扰的雇员进行经济赔偿。[①] 各成员国在此之前，就分别制定了相关的法律，对性骚扰进行规制。意大利的劳动保护法规定雇主对雇员的身体和道德完整负责；在葡萄牙和芬兰的劳动保护法中，则要求保证雇员在身体上和精神上有良好的工作条件；瑞典通过了《平等机会法》，要求雇主对工作场所的性骚扰采取防治措施。英国于 1975 年颁布《性别歧视法》，1986 年特拉斯克莱德地区的一个案件首创在特定情况下，把性骚扰视为性别歧视。法国于 1992 年 7 月 22 日发布法令，规定对“滥用职权，以命令、威胁或强制手段骚扰他人，以期获得性惠益”的性骚扰行为，要给予法律制裁。1992 年 11 月 2 日在劳工法典中纳入针对“在工作场所，在性方面滥用职权”条款。德国于 1994 年制定《第二平等权利法》，规定关于工作中隐蔽和公开的性骚扰的处理规则。挪威《工作环境法案》明令禁止性骚扰。欧洲大多数国家均有反性骚扰的法律规定。[②]

由于欧洲国家大多为民法法系国家，具有深厚的民法传统，因而，除了仿照美国制定相关的反性骚扰特别法律和法令外，主要还以私法方法作为重要的性骚扰规制手段，其中，以德国最为典型。被认为是世界上最为系统和科学的《德国民法典》，为性骚扰的法律规制提供了传统的民法手段。一是确立劳动关系中的禁止性别歧视原则，该法典第 611a 条规定，“雇主于达成协议或者采取措施时，特别是在建立劳动关系时，在提职时，在发布指示或者发布预告解约通知时，不得因雇员的性格而歧视雇员。”“雇主违反本条禁止歧视规定时，受到歧视的求职

① Townshend，Smith，*Discrimination Law*（pp. 227－228），Cavendish Publishing Limited，2002.

② 郭慧敏：《职业场所性骚扰及防范》，《西北工业大学学报（社会科学版）》2003 年第 3 期。

者可以要求以金钱作为适当补偿”。二是规定了在性别歧视诉讼中实行举证责任倒置的原则。《德国民法典》第611a条第1款规定，在雇员提起性别歧视诉讼时，由雇主承担举证责任，“证明因与性别无关的事实理由而区别对待是正确的，或者性别是从事该项职业不可取消的条件”。三是规定了诱使同居和违背善良风俗行为的损害赔偿责任。《德国民法典》第825条规定：“以欺诈、威胁或者滥用从属关系，诱使妇女允诺婚姻以外的同居的人，对该妇女因此而产生的损害负有赔偿义务。”第826条规定：“以违背善良风俗的方式故意对他人施加损害的人，对他人负有损害赔偿义务。”四是规定了性骚扰的精神损害赔偿责任。第847条第2款规定，对妇女犯有违反道德的犯罪行为或者不法行为，或者以欺诈、威胁或者滥用从属关系，诱使妇女允诺婚姻以外的同居的，受害人所受损害即使不是财产上的损失，该妇女也可以因损害而要求合理的金钱赔偿。此外，在侵权责任的一般条款也为保护性骚扰的受害人提供了依据。

在欧洲的规制性骚扰行为的法律制度中，也明显地看到对性骚扰行为的规制，既有对职场劳动者的权利保护的内容，也有对人的私权利保护的内容。特别是在德国的法律中，更侧重于对人的私权利的保护，几乎接近于以人的私权利保护为中心的规制性骚扰行为的法律制度。

3. 日本

日本于1985年颁布施行的《男女雇佣机会均等法》对性骚扰问题并未加以规范。该法于1997年修订后在1999年开始施行。修订后的法律第21条第2项规定：“雇主应于雇佣管理上为必要之照扶，使遭受职场性的语言动作之女性劳动者不至于因对应情形而受劳动条件之不利益，或使该当女性劳动者的就业环境不至于因该性的语言动作而受害。”第2项规定：“劳动大臣基于前项规定制定雇主应注意之事项。”1998年，日本政府就公营事业国家公务员之公务职场发布以防止性骚扰为目的的人事规则。① 后来由劳动大臣颁布的《劳动基准法》也增加了性骚扰的预防和保护妇女的暂时性措施。以上规则基本构筑了日本的反性骚扰法制。

① 刘志鹏：《两性工作平等法草案所定职场性骚扰之研究》，《月旦法学杂志》2001年第4期。

但是，作为大陆法系国家，日本也以侵权行为法作为必要的反性骚扰的手段，在民法典中规定了相关行为应负的侵权赔偿责任。可见，日本规制性骚扰行为的法律制度，也是采用双重体制。

4. 我国台湾、香港地区

我国台湾地区主要受日本法制的影响，在反性骚扰的法制方面又对美国法多有参照。2003 年 3 月 8 日实施的“两性工作平等法”，于第三章专门规定性骚扰之防治。其中，第 12 条规定性骚扰的具体定义，为两种情形。一是“受雇者于执行职务时，任何人以性要求、具有性意味或性别歧视之言词或行为，对其造成敌意性、胁迫性或冒犯性之工作环境，致侵犯或干扰其人格尊严、人身自由或影响其工作表现”。二是“雇主对受雇者或求职者为明示或暗示之性要求、具有性意味或性别歧视之言词或行为，作为劳务契约成立、存续、变更或分发、配置、报酬、考绩、升迁、降调、奖惩等之交换条件”。第 13 条规定了雇主责任和防治措施。第 27、28、29 条分别规定了雇主和行为人的赔偿责任。此外，台湾地区“民法”第 18 条有关人权之保护规定、第 148 条有关权利行使之界限、第 184 条有关一般侵权行为之责任、第 188 条有关雇主之责任、第 193 条有关侵害身体健康之财产上损害赔偿，以及第 195 条有关侵害身体、健康、名誉或自由之非财产上的损害赔偿等规定，都赋予性骚扰事件之被害人请求民事救济的权利。

我国香港地区则继受英国的法制，把性骚扰规定于《性别歧视条例》。该条例旨在消除男女之间的任何歧视，举凡工作、婚姻或怀孕等公领域与私领域的性别问题尽纳其中，企图借此臻至实质的两性平等。另根据其既有判例，受性骚扰者可请求以下多种赔偿：精神痛苦赔偿金、健康损害赔偿金、经济利益损失赔偿金、名誉损害赔偿金、加重损害赔偿金和惩罚性赔偿金；还可请求衡平法或其他形式的救济，如请求法院颁布禁令等。[①] 可以说，香港地区的性骚扰法律规制，体现的是对人的私权利的保护。

---

① Srivastava and Scarlet Tsao, “Remedies for Sexual Harassment”, *Asia Pacific Law Review*, Ⅵ 10 No. 1, 141 - 154.

（三）简要的评价和我国的现行做法

1. 简要的评价

纵观各国法律，美国确实为性骚扰法律规制之先端。无论是普通法系还是大陆法系，都深受美国法律的影响，大多数的法治国家和地区都制定了带有美国痕迹的反性骚扰的相关法律，这就是以职场的劳动者保护为中心的职场主义。而采取权利主义的以人的私权利保护为中心的规制性骚扰行为制度，或者淹没在职场性骚扰法律规制当中，或者虽然建立了以人的私权利保护为中心的规制性骚扰法律制度，但是一方面是这样的国家还很少，另一方面也还是不断受到职场主义的冲击。我们可以看到，德国、日本在引进和移植美国的反性骚扰法律的同时，也在探索美国做法与固有民法手段的结合。而这种融合由于未能围绕一个核心进行，似乎未达和谐之境地。我国台湾地区的“两性工作平等法”，应是目前最为新近的规制性骚扰的立法，该法较好地体现了美国经验和自有民法传统的融合，在权利保护方面的规定颇有新意，值得关注和借鉴。

以美国的反性骚扰法制为例，就可以看出职场主义的反性骚扰制度并不是那么完美，还是存在较为明显的缺陷。一是在宗旨和目的上深受女权主义思想的影响，把性骚扰完全等同于性别歧视，把反性骚扰作为反对男权统治的斗争手段，以颠覆不合理的社会结构为取向，强调“政治正确性，”带有较为浓厚的政治意味。尽管这并不是职场主义所必然的结果，但是确有一定的联系。二是在方法和程序上颇得美国实用主义哲学的真谛，极具实用性和现实功利性，从而为性骚扰的规制创立了一个非常独特的法律制度体系。这一体系直接针对社会的突出矛盾，解决现实问题，体现了一定程度的先进性和操作实效性。从另一个角度审视，这一体系也有其明显的缺失。这就是有可能导致在过分的保护一些人的权利的同时，会忽略另一些人的权利甚至损伤一些人的权利。把这一制度的保护范围过于限定于职业场所和教育领域，而对其他场合和领域的性骚扰却视而不见。有学者批评说，一个建筑公司的职员在工地上对下属或同事的性挑逗是性骚扰，在同样的地点和时间对一个路过的女性施以同样的性挑逗却不是性骚扰。[①] 这何以

① Stein，*Sexual Harassment in America*（p. XXI），Greenwood Press，1999.

体现一个社会的公平和平等呢？三是对于在职业场所的带有性意味的行为和语言的过分规制，可能损害言论自由。美国人担忧，这样的约束，将可能危及到美国宪法第一修正案所保护的言论自由。① 我们认为，美国性骚扰的法律规制从根本上说，所忽视的不是某些人，而是遭受相同或相似损害的人所共同拥有的某种权利，一种潜伏在就业平等权等被严实地保护着的权利之下的更根本、更重要、更普遍的权利。

2. 我国的现行做法

我国对于性骚扰的法律规制的缺陷更为直接和外露。制度的疏漏和残缺暂且不论，受泛道德化和义务本位的思想的影响，我国法律对于与性有关的违法行为，只关注对行为人的谴责和惩罚，而对于受害人的权利则态度漠然。因此，对于性骚扰规制，我们过于倚重以义务和惩罚为本位的公法，对于相涉权利的保护，尚留有太多的空白，缺乏有效的手段。在民法上，我国目前尚未对性骚扰作出明确规制。与此问题相关的法律规定主要有：《宪法》规定公民的人格尊严不受侵犯，禁止用任何方法对公民进行侮辱、诽谤。《民法通则》第 101 条规定："公民、法人享有名誉权，公民的人格尊严受法律保护，禁止用侮辱、诽谤等方式损害公民、法人的名誉。"《刑法》中也有规定强奸罪，猥亵、侮辱妇女罪，侮辱、诽谤罪。《治安管理处罚法》规定侮辱妇女为扰乱公共秩序行为，要进行行政处罚。此外，最高人民法院的司法解释对侵害他人的人格尊严权、人格自由权以及其他人格利益的赔偿责任也作出了规定。

我们曾经试图在民法典草案中写进性骚扰的法律规制，在起草的《中国民法典·人格权法编专家建议稿》的第 60 条，规定了"禁止以任何方式对自然人实行性骚扰"的内容②，但是在全国人大常委会法工委起草的民法典草案中，根本没有采纳这个意见，没有规定性骚扰的内容。

在实践中，法院审理性骚扰案件没有限于考察职场主义和权利主义的区别，但是从已有的生效判决观察，突出的是对人的私权利的保护，实际上实行的是权

---

① Stein, *Sexual Harassment in America* (p. 98), Greenwood Press, 1999.

② 杨立新主编：《民商法前沿》第 1、2 辑，吉林人民出版社 2002 年版，第 7 页。

利主义立场。北京市朝阳区人民法院酒仙桥法庭2004年判决了一起发短信进行性骚扰的侵权案件。原告闫女士的丈夫与被告齐某为同一公司的同事，关系较为密切。2003年12月22日，闫女士接到齐某的短信，邀请其与齐某夫妇一起逛商场。闫女士到达齐某家后，发现只有齐某一人在家，便挣脱回家。嗣后，齐某不断给闫女士发短信，开始是道歉，接着就发内容淫秽的短信进行骚扰。原告向法庭出示了8条带有淫秽性和威胁性内容的短信，这些短信的内容都是被告专门针对原告编写的。齐某承认这8条短信都是自己发的，但是认为闫女士是自己的"嫂子"，双方很熟，发短信都是在开玩笑，只不过是言词过火一点，并无恶意，也没有侵权，因此，只同意道歉，不同意赔偿。法庭经审理认为，被告对原告出于性意识的故意，在违背原告主观意愿的情况下，以发送淫秽性和威胁性手机短信的方式，引起原告的心理反感，侵扰了原告保持自己与性有关的精神状态愉悦的性权利，其行为已经构成性骚扰，应当停止侵害并道歉，由于被告的性骚扰行为已经对原告及其家庭造成了相当程度的损害后果，理应进行赔偿。故判决被告齐某停止性骚扰的侵害，赔礼道歉，赔偿原告精神损害抚慰金1 000元。本案判决明确认定，性骚扰的行为侵害的是"保持自己与性有关的精神状态愉悦的性权利"，这是在法院的裁判文书中第一次明确认定性骚扰行为侵害的客体是性权利。

对于理论上的职场主义和权利主义之争，本案判决似乎是一个最好的回答，这就是认定性骚扰行为侵害的就是性权利，而且本案根本就不是职场发生的性骚扰。将这样的性骚扰行为认定为侵权行为，这个判决在理论上和实践中不是更具有重要的意义和价值吗?

这个案件引发人们更为深入和深刻的思考，这就是，我国构建一个规制性骚扰行为的法律制度，究竟应当采用职场主义，还是权利主义呢?看来倾向的大概是后者。

二、规制性骚扰的理论依据基点在于对人的保护

为了作出立法上的抉择，我们应当对规制性骚扰的理论基础进行深入的考

察，以寻求最为准确的答案。

（一）性问题的重要性和性骚扰行为的普遍性

福柯说，在当代社会生活中，生存问题的重要性下降，而“快乐问题”的重要性却随之上升了。[①] 福柯所说的“快乐问题”主要就是指性的问题。虽然世人对性总有一种抹不去的羞怯意识，但性的重要性是不言而喻的。人的存在也是性的存在，性是人的快乐的重要源泉，人由于性而诞生，由于性而繁衍。然而性的问题并不总是带来快乐，也可能带了不尽的痛苦和烦恼。

性骚扰就是这种痛苦和烦恼的主要源头之一。到20世纪末，性骚扰不再只是一个普通女性的私人烦恼，而且还可能成为一个总统的政治噩梦。[②] 美国前总统克林顿的性骚扰案，以及被提名为美国联邦最高法院大法官候选人的托马斯的性骚扰案，使得性骚扰问题一度成为世人关注的中心话题。人们骤然发现，性骚扰竟然像幽灵一般无处不在。1997年，美国妇女同盟对各地数以万计的职业妇女进行的调查显示，70%的妇女受到过性骚扰。[③] 美国大学妇女联合会在2001年6月发布的调查报告透露，在对2 064名学生进行的抽样调查中，83%的女生和79%男生报告说遭受过性骚扰。据欧盟的有关统计数据显示，性骚扰的问题在欧洲也是非常严重。西班牙有84%的职业女性声称经历过性骚扰；德国有68%的工作女性表示遭受过性骚扰；希腊、荷兰、英国的数据分别为60%、58%和51%。而据日本的媒体报道，日本有2/3的女公务员都受到过某种形式的性骚扰。[④] 我国台湾地区“保护妇女活动委员会”在1984年对台北市的800名妇女进行的问卷调查显示，超过七成的妇女表明受到过性骚扰。[⑤] 1993年，中国社会科学院社会学所研究人员唐灿用随机抽样的办法，在北京和上海对她所接触到的169名女性进行调查，发现有84%的人表示曾经遭受过不同形式的性骚扰，其中

---

① 李银河：《性的问题·福柯与性》，文化艺术出版社2003年版，第3页。

② Sanda Schwartz Tangri, Stephanie M. Hayes, Theories of Sexual Harassment. In William O'Donohue (Eds.), *Sexual Harassment: Theory, Research, and Treatment* (p. 112), Allyn and Bacon, 1997.

③ 谈大正：《性文化与法》，上海人民出版社1998年版，第323页。

④ 张绍明：《反击性骚扰》，中国检察出版社2003年版，第4页。

⑤ 邓思：《从郑州首例同性性骚扰案引起的法律思考》，《广西政法管理干部学院学报》2003年总第18卷。

107 人（占调查人数的 63%）遭受过两次以上的性骚扰，有 152 人（占调查人数的 90%）表示她们知道周围其他女性也受过性骚扰。①

（二）规制性骚扰的理论基础在于对人的保护

各种数据显示，性骚扰已经成为一个全球性的严峻问题。人类有史以来，性的关系本来就是人与人的诸多错综复杂的社会关系中最不确定的一类关系，而且在以文化、价值和目的等冲突广泛存在为特质的多元化的当代社会中，性骚扰问题更掺杂着政治、经济、道德伦理、文化传统、医学、生理以及社会等多种因素，使得性骚扰问题不仅成了当前世界的一大社会难题和道德难题，还是十分棘手的政治难题和法律难题。各国学者用社会学、心理学、医学、经济学、哲学和法学等多种方法对性骚扰进行了多向度的深入研究，对于性骚扰现象的产生、表现和危害等一般性问题形成了一系列的理论观点，同时也为性骚扰的法律规制提供了理论依据。

1. 自然生理说（The Natural/Biological Model）

这种观点认为，性骚扰产生于人们之间的一种天然的、生理上的性的吸引。因此，这种理论又分支为荷尔蒙模式说（The Hormonal Model）或进化适应模式说（The Evolutionary Adaptation Model）。② 自然生理说的特点是从生理学和医学的角度解读性骚扰。其主要的观点是建构于一系列的生理学和医学的假设上。第一个假设是，男性的性需求强于女性，受荷尔蒙的驱使，男性持续地处于一种性渴求和性焦虑的状态，所以需要不停地寻觅、追求和占取异性。第二个假设是，由于天然的异性相吸，女性和男性在工作等不同的场所都会不同程度地主动参与到性的活动中。第三个假设是，有少数的男性或女性在生理上存在一种异质的、近乎病态的性倾向，使得这些人产生了超乎常态的性需求。③ 这些不同的

① 唐灿：《性骚扰在中国的存在》，《妇女研究论丛》1995 年第 2 期。

② Sanda Schwartz Tangri, Stephanie M. Hayes, Theories of Sexual Harassment, In William O'Donohue (Eds.), *Sexual Harassment: Theory, Research, and Treatment* (pp. 113 - 114), Allyn and Bacon, 1997.

③ Tangri, Burt, Johnson, Sexual Harassment at Work: Three Explanatory Models, In Edmund Wall (Eds.), *Confrontations and Decisions: Sexual Harassment* (pp. 116 - 117), Prometheus Books. 2000.

假说，都拒绝认为性骚扰是一种制度性和结构性的不法和歧视，而认为所谓的性骚扰一般而言只是正常的、无害的、最多是异质化的行为和表达方式，近乎一种对异性的追求行为。这种理论主张法律在一般情况下不应该对此进行干预，因为这是人之天性和本性的反应，法律的干预往往是徒劳的。这种理论对司法活动也产生了一定的影响。美国的法院在 20 世纪 80 年代前，对性骚扰案件的态度便反映出这种理论的影响。当时，法官们一般认为，性骚扰只是私人的私生活问题，法律不便插手。[①] 这种理论后来极为女权主义者所诟病，认为这是大男子主义和企图强化男权统治不平等社会结构的自我辩护，是对性骚扰的保护和纵容。

2. 组织结构说（The Organizational Model）

这种主张认为，是人们所处在的企业、校园等社会组织的制度、结构和程序为性骚扰提供了便利发生的机会。这一理论后来区分为两支，即性别角色溢出说（Sex-role Spillover Theory）和组织权力说（Organizational Power）。[②] 其主要的观点是，在以垂直的分层化管理为特征的组织机构中，由于各人所处的权力位置和地位的不同，个人可能利用其权力和地位优势，从其下属身上强行索取性利益，以满足其性需求。组织机构内部的权力结构、职业准则、委屈控申处理程序、组织文化气候和性别比率等因素相互结合，导致性别之间的明显的不对称性和不平等性，这为性骚扰的发生和存在提供了温床和机会。[③] 在现实生活中的各种社会组织机构中，往往是女性处于权力结构较低的层次，所以往往成为典型的性骚扰的受害者。当然，少数的男性处于组织的权力结构底层时，也可能例外地成为受害者，此时，处于权力结构比较优势的骚扰者既可能是女性也可能是男性。这一理论的产生是 20 世纪中期兴起的女权主义运动的结果。当时的女权主义者为取得性别的平等和女性的尊严，把争取平等的工作、教育机会和平等待遇

---

① 持这种观点的美国法院的判例主要有，Bundy v. Jackson 1981，Dothard V. Rawlinson 1997，Miller v. Bank of America 1979，Corne v. Bausch and Lomb Inc. 1975。

② Sanda Schwartz Tangri，Stephanie M. Hayes，Theories of Sexual Harassment，In William O'Donohue (Eds.)，*Sexual Harassment：Theory，Research，and Treatment* (pp. 116－118)，Allyn and Bacon. 1997.

③ Tangri，Burt，Johnson，Sexual Harassment at Work：Three Explanatory Models，In Edmund Wall (Eds.)，*Confrontations and Decisions：Sexual Harassment* (pp. 118－119)，Prometheus Books. 2000.

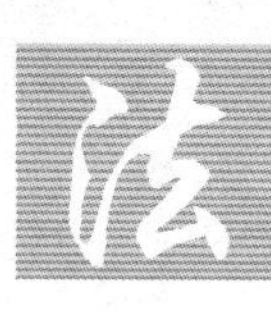

作为最为重要的斗争途径，无情地揭露和批判了企业和校园等社会组织机构中广泛存在的歧视现象。而性骚扰被视为歧视女性的最集中、最丑恶的体现。这一理论的根本特征和最大贡献在于创立了这样一个公式，即性骚扰就等于性歧视。组织结构说后来成为西方国家中关于性骚扰的主流观点，并由此催生了一系列的保护两性平等权利的专门法律和反对性别歧视的特别法律。性骚扰也从此上升为受人关注的法律问题，反性骚扰法律制度的建构得到重视并得到较大的发展。

3. 社会文化结构说（The Sociocultural Model）

社会文化结构说与前述的组织结构说，就其哲学背景来说，都属于社会结构主义的范畴，而且两者都是女权主义运动的产物。不同的是，社会文化结构说是把性骚扰放在整个社会文化的背景中来考察，其观点更为激进，明显带有激进女权主义的特征和色彩。这一理论认为，性骚扰是两性之间在社会中更大的权力配置不平等和地位不平等的集中映象，是在工作场所和总体的经济中实现和维持男性对女性的统治地位的一种功能性机制。由于女性在整个社会中处于服从和下属的劣势地位，性别本身就是划分骚扰者和受害者的唯一标准，因此，性骚扰就是对女性的歧视，而且不只是对骚扰对象个体的歧视，或某个女性团体的歧视，更是对整个女性的歧视。性骚扰是男性对女性实施政治暴力的工具。女性以劣势的地位和身份进入曾为男性独享的公共领域和各种组织机构，在其中通过性骚扰，女性被训练为更具挫折感、更顺从、更脆弱的低下阶层，最终迫使女性退出这些领域。[①] 社会文化结构说反映了以麦金农和德沃金为代表的激进女权主义的观点。他们的观点甚至把两性之间的性关系本身作为攻击的目标，认为异性性交本身就是对女性的奴役、贬低、玷污和压迫，人类要实现普遍的和平，首先就是要结束异性的性交，彻底改变现存的社会文化结构。性骚扰是男性对女性进行统治的一种不合法的实践形式。[②] 这些观点行使了女权政治的话语权，具有强烈的较为浓厚的政治色彩，从女权主义的角度强调政治正确，对于法律领域来说，虽然

① Tangri, Burt, Johnson, Sexual Harassment at Work: Three Explanatory Models, In Edmund Wall (Eds.), *Confrontations and Decisions: Sexual Harassment* (p. 121), Prometheus Books, 2000.

② 李银河：《性文化研究报告》，江苏人民出版社 2003 年版，第 278－283 页。

在实践上与司法性质具有某种不相容性，但从观念上和理论上进一步解构了性骚扰，也在司法活动中留下了不浅的烙印。

4.道德沦丧说

道德沦丧说是笔者对于我国学者和司法实践对性骚扰问题所持的基本观点和态度的归纳。由于深受儒家思想和道学传统的浸淫和影响，性的问题在我国一直是一个十分敏感的话题，在思考和评判这类问题时，往往有一种泛道德化的思维惯性，首先关注行为人的主观态度和内心动机，把是否具备道德上的可谴责性作为最基本的评价标准，将行为分别贴上道德或不道德的标签，并以此作为定性考量的终点。我国对于性骚扰的一般性理论问题的研究十分薄弱，目前尚处于较低的层次和程度，而其中较具有代表性的观点认为，性骚扰是性的泛滥和道德日渐沦丧的结果，是少数人受性饥渴和淫乱思想的驱使而从事的不道德和违法的行为。并且认为，性骚扰根据其不同表现可以分为心理变态型、心理障碍型、依仗权势型和乘弱欺凌型四种情形。[①] 此类泛道德化的观点对法律活动也产生了明显的影响，使得法律研究、立法和司法各个环节，均偏重于对性骚扰者的谴责和惩戒，而失察于对受害者的权利保护。

5.经济分析说

严格说来，无论国内国外，都并无具体和实际表现为理论形态的关于性骚扰的经济分析理论存在。经济分析法学派的代表人物波斯纳运用经济分析方法研究性的问题的理论巨著《性与理性》，并没有涉及性骚扰问题。但是，波斯纳研究性的问题中所运用的方法，无疑也为我们研究性骚扰问题提供了一种独到的工具性的手段。波斯纳指出，就实证这一面而言，经济学分析认为，理性选择在人类的意志选择行为中至高无上，性行为就是意志选择中的一种。就规范这一面来说，这一理论是自由至上的性规制理论。[②] 在波斯纳实证经济学理论下所展示的性行为理性选择模型中，性行为目的、性搜寻成本以及婚姻性质是关键因素，此外，城市化和妇女的职业和财政状况，也是起作用的因素。其中，性行为目的体

---

① 纪康保：《对性骚扰说不》，中国盲文出版社2002版，第31－35页。

② ［美］波斯纳：《性与理性》，苏力译，中国政法大学出版社2002版，第4页。

现了性的收益，主要有生育、享受和联谊三个方面；性搜寻成本是这一模型的核心。[①] 这一理论还主张，在性的规制方面，应依照把性视为与道德无涉的问题的进路来处理，只有在为经济的或其他效用的考虑因素所必要的程度内才考虑限制性的自由。[②] 如果把性骚扰置于这个模式中来考量，剥去性骚扰问题的道德外衣，将之作为一个“与道德无涉的问题”，以理性化的视角来判读性骚扰，将会在我们面前呈现一个独特而清晰的研究视野。我们可以看到，性骚扰一般而言，是以性的享受为收益，而在某些社会条件下，在特定环境和场合中，如男女共同相处的工作场所和校园，由于实行权力的分层化管理的不可避免性，性的搜寻成本极低，此时，性骚扰发生的概率极高。因此，增加性的搜寻成本，即可抑制性骚扰的发生。而增加性搜寻成本的有效办法就是对其施以外在性的社会干预，在法治社会其基本手段就是实行合理的性规制。而实行性骚扰的法律规制，应当以可能增加社会财富为目标，在合理和必要的限度内进行，注重规制的效率。

（三）职场秩序、道德维护还是权利保护

在以上的比较分析中我们应当看到，上述五种学说都是研究解决性骚扰问题的理论基础。不论它们的基础立足在哪里，其实都突出了一个基点，这就是对人的保护。

现代社会中性骚扰作为法律问题出现，并呈普遍化的趋势，这是社会文明和进步的体现。在古罗马时期没有性骚扰的问题，因为严格的等级制度的存在，古罗马公民强奸和猥亵奴隶和其他无公民权的人，都不会受到追究，因为奴隶是自己的财产，是可以任意作为性的工具和客体来使用的。[③] 在封建社会时代，也没有性骚扰的法律问题，因为妇女和农奴在人格上和身份上都是依附于封建主而存在的。在现代文明的发展的前期，性骚扰也没有成为突出的法律问题，因为妇女很少有进入公共领域与男性相处共事的机会。随着社会不断地走向文明和进步，人们权利意识的觉醒，妇女大量地进入公共领域，成为男性的共事者，性骚扰的

---

① ［美］波斯纳：《性与理性》，苏力译，中国政法大学出版社 2002 版，第 146－157 页。

② ［美］波斯纳：《性与理性》，苏力译，中国政法大学出版社 2002 版，第 240 页。

③ ［美］波斯纳：《性与理性》，苏力译，中国政法大学出版社 2002 版，第 54 页。

法律问题从而凸显出来。因此有人指出，性骚扰存在的前提是人格权平等、男女平等。[①] 事实上确实如此。如果没有人的平等，没有人格权的平等，根本就不会出现性骚扰的问题，不过，那不是没有性骚扰，而是性骚扰根本就不是一个问题。所以，规制性骚扰的基础，就是强调对人的保护，对人的权利的保护。

在现存的社会发展水平下，这种平等还无法得到完全的和所有人的尊重。人既是社会的存在，又是生物的存在，具体而言是动物的存在。种种原因的交错，性骚扰成为一个无法忽视的社会问题。而在前述的几种关于性骚扰的一般理论中，都其实只是从不同的角度对这个问题进行了研究，没有一个理论能够独立而全面无遗地解释清楚性骚扰的成因、构造和危害等问题。但是，如果把这些理论结合起来考虑，问题就大多可以得到答案。所以美国学者很形象地把性骚扰比喻为一个“洋葱”，关于性骚扰一般理论的不同观点从不同的层次构成了“洋葱”的整体。处于内核的是自然生理说，解说了性骚扰的生物学的物质性基础；在此层次之外的是社会文化结构说，探明了性骚扰发生和存在的深层次的社会、经济和文化原因；再其外就是组织结构说，从现实社会的具体组织机构的制度结构上解析了性骚扰问题，并为问题的解决提供了可用的策略；而道德沦丧说则是处在“洋葱”的表皮层面，标示了个体道德差异在性骚扰中的作用和影响，显示了具体性骚扰个案的不同个性。[②] 经济分析说在这个结构中最具特殊性，它主要为问题的研究提供了经济学的工具手段，而不是结果本身。

说到这里，我们应当明白了，客观的性骚扰的发生，是人的性本能问题；而法律上的性骚扰的发生，则是人的地位平等和权利平等所带来的产物，是社会进步的产物；至于对性骚扰行为的法律规制，则是法律全力维护人的私权利的平等和尊严以及不可侵性。这就是，性的问题之所以一直就是人类生活中的最敏感的问题之一，是因为问题本身就有其独特的结构和性质。性的关系确实是人类生活关系中重要成分之一，但是由于进化和道德的需要，从某一阶段开始，它就从其

---

① 张绍明：《反击性骚扰》，中国检察出版社 2003 年版，第 5 页。

② Sanda Schwartz Tangri，Stephanie M. Hayes，“Theories of Sexual Harassment”，In William O'Donohue (Eds.)，*Sexual Harassment*：*Theory*，*Research*，*and Treatment* (p. 113)，Allyn and Bacon，1997.

他的社会关系中非对称地分离出来了。性的关系的此岸是个人空间和个人生活，而建立在语言和权力基础上的公共世界，乃是性的关系的彼岸。[①] 文明的进化把女性护送进入公共世界，但是拒绝把性的行为和性爱也带进公共世界。性骚扰的危害是不言而喻的，人的精神和肉体、人与人之间的信赖、企业的经济效率、社会的正常秩序等都可能因此遭受损害。关于性骚扰的一般理论的价值不在于为我们演示了性骚扰的成因，而在于为对性骚扰进行法律规制提供了依据。我们由此得知，性骚扰的法律规制是必要的，规制的中心应该置于保护处于社会结构中的弱势和不利阶层的人们的权利，规制应发挥制度和各责任机构、组织的功能和作用，规制应当有所限度，这一限度就是权利保护以及经济效率和社会其他效用的共同必要范围。

因此，认为规制性骚扰行为的法律制度的中心在于职场秩序，或者道德维护等，难道还是重要的或者正确的吗？都不是！规制性骚扰行为的法律制度的中心理所当然的在于人，在于对人的私权利的保护。确立中国特色的规制性骚扰行为的法律制度应当采取的立场，应当说是十分清楚和确定的了。

三、规制性骚扰的核心是保护自然人的性自主权

人类历史发展到今天，已经进入了一个权利弘扬的时代。法律先哲们“为权利而斗争”“认真地看待权利”的呼吁和努力，正在不断成为现实的成果。在这样的时代，权利已经成为思考、评价一切问题的最重要的标尺。出发于对人的私权利的保护，正是研究性骚扰法律规制的基点。性骚扰之所以需加以规制，从根本上来说，正是因为它侵害了人的私权利。

（一）性骚扰行为的本质是侵害人的性自主权

性骚扰侵害了人的权利，对此并无争议。但是，侵害的究竟是什么权利，学界存在分歧。由于性骚扰的行为形式的多样性以及其成因、后果的复杂性，人们从不同的角度认识受侵害权利的性质，可以得出不同的结论。主要的观点如下。

① ［日］桥爪大三郎：《性爱论》，马黎明译，百花文艺出版社 2000 年版，第 136 页。

一是人身自由权说。有学者认为，骚扰包括一般骚扰和性骚扰，无端制造麻烦骚扰他人，造成受害人精神痛苦，系侵害他人人身自由权中之精神自由的行为。[①]二是隐私权说。美国学者 Edmund Wall 认为性事乃人之私事，性骚扰是用不受欢迎的含有性意味的语言或动作，侵扰他人的私事和私生活。[②] 三是人格尊严权说。认为性骚扰行为表现多样，致人伤害不一，但是均是从主观上无视受骚扰者的尊严的存在，侵犯的是他人的人格尊严权。[③] 四是身体权说。在一个案件中，原告起诉认为性骚扰侵害的是身体权。原告是武汉市某商业学校中外语言教研室老师，因不堪原教研室副主任盛某的性骚扰行为，于 2002 年 7 月向法院提起诉讼，称自 2000 年下半年始，被告利用工作之便对原告进行性诱惑，被拒绝后仍不死心，在同事面前大肆张扬喜欢原告，2001 年，学校组织教师外出春游，被告于当晚 11 时许尾随至原告房间，对原告隐私部位抚摸、强行亲吻。原告认为，被告的行为侵犯了她的身体权、人格尊严权和名誉权。[④]

这些观点都很有道理，因为这些观点事实上都把性骚扰侵害的权利纳入了人格权的范围，确认了这种行为所侵害的权利是一种人格权。由于这种人格权在我国尚未在法律上给予明确的规定，只能纳入最高人民法院的司法解释所创设的一般人格权即人格尊严权，或者纳入范围较为宽泛的人格自由权中。而隐私权说之所以正确，因为这是美国学者的观点，要考虑到美国法律中的隐私权的范围是非常宽泛的。据《美国侵权法重述（第二次）》第 652A 条，隐私权包括不合理地侵入他人隐秘、对他人的肖像或姓名的不法使用、不合理地公开他人的私生活和使他人有不实形象的公开四种情形。[⑤] 这一范围远远宽于我国法律所认可的隐私权概念的外延。而 Edmund Wall 正是把性骚扰视为不合理侵入他人的隐秘的行为。而且在西方的学者看来，性的自主性代表着隐私领域中交流沟通权利的一种

---

① 张新宝：《中国侵权行为法》，中国社会科学出版社 1998 年第 2 版，第 408 页。

② Edmund Wall, The Definition of Sexual Harassment, In Edmund Wall (Eds.), *Confrontations and Decisions: Sexual Harassment* (p. 63), Prometheus Books, 2000.

③ 张绍明：《反击性骚扰》，中国检察出版社 2003 年版，第 73 页。

④ 《武汉女教师诉上司性骚扰案胜诉》，《检察日报》2002 年 10 月 30 日。

⑤ 中国人民大学民商事法律科学研究中心给全国人大法工委的报告：《中国民法典·人格权法编和侵权行为法编》专家建议稿，2002 年 3 月，第 214 页以下。

极为重要的情形，对于不是在公开场合发生的性行为的规制，至少构成了对隐私权的干预。[①] 至于身体权说所解释的，性骚扰确实在很多情况下，都是对身体的非法接触，称这种行为侵害了身体权，也不是没有道理。

但是，上述各种观点都有一个共同的缺点，就是没有揭示性骚扰行为所侵害的最直接的客体，不承认性骚扰所侵害的权利是以人的性利益为内容的一项独立的人格权——性自主权。

性自主权在刑法中已经得到普遍承认，如我国台湾地区的"刑法"，有"妨害性自主罪"章，规定强制性交罪、强制猥亵罪等。在理论上，美国学者 Edmund Wall 也承认性骚扰所侵害的是性的自主选择权利，这种权利相对于隐私权来说，是一项更为基础的权利。[②] 美国芝加哥大学教授 Stephen J. Schulhofer 对于性自主权的论述，更是掷地有声，不乏真知灼见。他认为"性自主权的失落"（The Missing Entitlement：Sexual Autonomy）是美国法律的一个重大失败。他指出，对性骚扰和性犯罪予以法律规制的中心价值就是保护性自主权的权利本身。性自主权乃是普世之下人皆拥有的，决定何时及是否与人产生性的关系的自由。一切以暴力、胁迫、语言、动作、欺诈和诱导等方式施加以人不受欢迎的性的关系（Unwanted Sex）的行为都是侵害性自主权。他认为，法律之所以保护一些最基本的权利，如工作权、选举权、接受专业的诚实的服务的权利、隐私权以及我们的知情权，是因为对于这些利益，我们有自主和自我决定的权利，即保有或处分它们的自由。法律应当禁止以任何不当方式干预我们对于这些利益的自主决定权。对于任何一个人，除了生存权本身以外，几乎没有其他的个人权利和自由比性自主权更重要。鉴于在性的交往中，人所固有的感情脆弱性和潜在的身体危险的可能性，性自主权至少比财产权更需要保护。但是，在法律赋予我们赖以自由和独立存在的基本个人权利的权利名单中，性自主权明显地被遗漏了。他还提出，性自主权不应该附属于其他利益而作为权利的副产品存在，它是一项独

---

① ［奥］曼弗雷德. 诺瓦克：《民权公约评注》，毕小青等译，三联书店 2003 年版，第 279 页。

② Edmund Wall，The Definition of Sexual Harassment，In Edmund Wall（Eds.），*Confrontations and Decisions*：*Sexual Harassment*（p. 109），Prometheus Books，2000.

立的利益和权利，而且是任何自由的人的最为重要的核心利益和权利。任何一个承诺保护个人基本权利的受尊重的法律体系，应当以性自主权自己本身的名义，将其置于保护和关爱的中心位置，直接地加以保护。他更一针见血地指出，正因为性自主权的失落，美国的性骚扰法律规制的范围只限于校园和工作场所，其功能和作用大为受限。他呼吁，性自主权乃天赋之人权，是生而有之的自然权利（birthright），是值得尊重的一项真正的权利，法律要“认真地对待性自主权”，对之加以明确、培育和保护。①

（二）作为人权的性自主权

人权入宪，表明我国将更加重视人权的建设和保护。性骚扰所侵害的性自主权，是人权的重要组成部分。性自主权的保护，也是当代人权保护制度的重要内容。

所有人都属于一种生物性的存在，也就是性的存在。性与人从来就不是分离的，而是人所固有的。它决定了人类的延续，产生了人的快乐。生物性的存在和性的存在，就是性自主权利的人性基础。而近现代法律所确认的人的自由权、平等权和追求幸福的权利这三大权利，构成了性自主权利的法理基础。现代的道德伦理，关注人的尊严、人格和价值，不再把“性”机械地与羞耻、罪恶等负面价值相连接，赋予了性自主权的道德基础。因此，性自主权是人作为性的存在的人的权利。这种权利不可割舍，是人之为人的基本构成部分。

人权乃人之所以为人所具有的权利。走向人权是性自主权利的进步方向和必然归宿。性权利从基于身份的配偶权向基于人格的人权的转化，其重要表现就是婚前性行为的出罪化和婚外性行为的逐步去罪化。在身份和地位不平等的情况下，很多人被剥夺了性权利，只有具有某种身份和地位，才享有性权利。随着人类历史的发展，要求在观念和法律制度上消除身份等级差别，实现人人平等。在这一历史条件下，性自主权才成为人人都具有的人权。

性骚扰问题的严峻性，显现了在倡导人人平等的历史和社会条件下，作为人

---

① Stephen J. Schulhofer, *Unwanted Sex: The Culture of Intimidation and the Failure of Law* (pp. 99－133), Harvard University Press, 1998.

权的性自主权所面临的令人遗憾的局面。权利与权力、暴力和旧传统的张力在艰难而尴尬地对峙着。性自主权在此时尤其需要法律的保护。1999 年，世界性学会会议在香港通过《性权宣言》，宣称："性权乃普世人权，以全人类固有之自由、尊严与平等为基础。"并列举了性自由、性自治、性完整和性身体安全权等 11 项具体的性权利。如果不能从性自主权保护的角度，对性骚扰进行有效的法律规制，不能不说不是人权保护法律制度的一大缺憾。[①]

（三）作为独立人格权的性自主权

目前，除了刑法的保护外，在民法手段上，我国通过最高法院司法解释确立的一般人格权即人格尊严权，在理论来说，也可以基本实现对性自主权的保护。但是，由于一般人格权所固有的弹性和不确定性，不得不倚重于法官的自由裁量，又由于在司法实践中不同法官的理解不同，标准把握不一，以一般人格权实现对性自主权保护的功能往往被虚置。到目前为止我国法院所审理的几起性骚扰案件，便不同程度地出现了这个问题，受害人的权利很难得到保护。[②] 而我们之所以对短信性骚扰案的判决津津乐道，就是这些判决所确定的性骚扰行为所侵害的是性自主权。[③]

基于前述的该权利本身的极端重要性，性自主权完全有必要、有理由、有价值成为一项独立的、具体人格权。我们认为，性自主权是自然人自主决定是否实施性行为和何时、以何种方式实施性行为，以实现自己的性意愿和性利益而不受他人非法干预的权利。[④] 其法律特征是：

---

① 赵合俊：《作为人权的性权利：一种人类自由的视角》，中国社会科学院研究生院 2002 年博士论文。

② 据不完全统计，我国法院已审理性骚扰案件 7 件。其中，原告胜诉 2 件，其余均是原告败诉。其中 1 件胜诉的案件，法院没有支持原告赔偿精神损害的诉讼请求，而仅仅确认了性骚扰的事实，判决被告向原告赔礼道歉。另一件判决向原告赔礼道歉，并赔偿相应的精神损害抚慰金。

③ 《北京受理短信性骚扰案宣判》，《检察日报》2004 年 3 月 12 日。

④ 笔者在《人身权法论》一书中，将这种权利称为贞操权，参见杨立新：《人身权法论》，人民法院出版社 2002 年修订版，第 714 页。在起草民法典草案人格权法编的专家建议稿中，我将之改称为性自主权，参见王利明主编：《民法学》，复旦大学出版社 2003 年版，第 207 页。

1. 性自主权是一种以性为特定内容的独立的人格权

现代法上的人格权，是以人作为民事主体构成其资格的特定内容，即以确认主体资格在法律上的抽象反映为标志。确认该种内容能否成为独立的法定权利，关键在于观察它所抽象的特定内容能否完全由他种权利所替代。对于性自主权而言，侵害性自主权可能会造成受害人身体、健康、自由、名誉等方面的损害，并且可以通过救济身体权、健康权、自由权、名誉权损害的方法进行救济；但是它们毕竟不能概括性自主权所抽象的性利益的特定内容。性自主权的核心内容——性，不可能简单地由身体利益、健康利益、自由利益、名誉利益所涵盖，因而，性自主权以此与其他所有的人格权相区别，为一种独立的以人的性利益为特定内容的人格权，自是毫无疑义的。

2. 性自主权以性所体现的非财产性利益为具体内容

性的利益应作广义理解，不仅仅局限于性交的内容。它包括身体上的利益和精神上的利益。身体上的利益体现为保持自己性载体器官的完整性和安全性。精神上的利益则表现为人的自主的性行为带来的精神满足感，以及社会和他人对权利人性纯洁的评价。因此，性自主权与名誉权的不同之处就在于，性自主权的内容以身体利益和精神利益的复合形式构成，以身体利益为主导，以性意愿的独立和权利人内心感受为基本方面，而名誉权主要是精神利益，体现于社会对特定自然人的评价。

3. 性自主权具有可克减性

性自主权是人的关于性的权利，而这种权利体现了一种互动的社会关系。在行使权利时必须取得互动对方的同意。也就是说在行使自己的性自主权时，还必须以尊重对方的性自主权为前提。此外，权利的行使还必须是在法律和善良风俗允许的范围内，性自主权是一种适当自由，而不是性自由主义者所认为的与道德无涉的纯粹的、普遍的和不受限的自由。性自主权要受法律和道德的约束，不得违反公共利益和善良风俗，我国法律还规定在已婚男女之间，要互负贞操义务。因此，性自主权是可克减的权利。

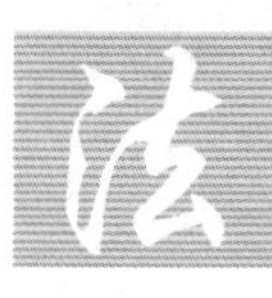

4.性自主权具有专属性和平等性

性自主权是一种独立的人格权，是权利主体具有独立、完整的人格所必须具备的权利。性自主权的主体必须是特定的自然人，而不能是不特定主体或团体性的主体。性自主权与权利主体不能分割，也不可转让。另外。男性和女性作为平等的民事主体，在法律上都应当平等地享有性自主权。只不过依社会一般观念，男子的性自主权往往被人忽略，致使性自主权只和女性相联系。从司法实践来看，男子的性权利，尤其是未成年男子的性权利同样需要法律的保护，已经为许多国家法律所证明。性自主权作为自然人的具体人格权，为所有的自然人平等享有。

（四）性自主权的内在结构

性自主权作为独立的人格权，有其内在的体系结构。权利本身是一个复杂的体系。美国法学家霍菲尔德（Wesley N. Hohfeld）在《法律的基本概念》中对权利作如下分类。（1）权利（right），即请求权或主张权，与之相关联的是义务（duty）。（2）特权（privilege）或自由（liberty），即个人对于属于自己或关于自己的东西有自由行事的权利，他人无权干涉。（3）权能（power），即根据自己的意愿建立或改变某种法律关系的权力，与之相关联的是责任（liability）。（4）豁免（immunity），即不因他人的意愿而改变特定的法律关系的自由。参照霍菲尔德的这一分类，根据性自主权的自有特质，可将性自主权的内在结构作如下的分解。

1.请求权。即性自主权作为人格权的请求权。人格权有其独立的请求权，主要内容包括排除妨碍请求权、停止妨碍请求权和人身损害赔偿请求权。[①]

2.选择权。即霍菲尔德分类中的权能。性自主权之权利主体有自主选择是否、何时、与何人以及以何种方式发生性的关系的权力，同时就其选择承担其相应的责任。

3.拒绝权。即霍菲尔德分类中的豁免，也可称为反抗权，即权利主体以自己意愿自主地拒绝与他人发生某种性的关系的权利。

① 杨立新、袁雪石：《论人格权请求权》，《法学研究》2003年第3期。

4. 保持权。对应于霍菲尔德分类的特权和自由，表现在两个方面。一是物质性的完整保持权，即权利主体对于属于自己的性生理载体完整的免于他人非法接触、非法侵入和非法破坏的保持权。这是一项身体性的权利，但又不同于一般的身体权，保护的是指身体中承载性利益、性功能、性愿望和性隐秘的生理器官完整和自由，即性表达的物质载体的完整。① 二是性感知或性意识在精神上和心理上的安宁和平静保持权。前者抵御行动或动作的侵扰，后者抵御语言和其他非身体接触上的侵扰。

四、规制性骚扰、保护性自主权的基本手段是确定性骚扰的侵权责任

防治性骚扰是当前的一大社会难题，也是困扰我们的法律难题。国外的经验和教训表明，靠一个部门或一个法律文件是无法解决问题的。必须建立一个完备的法律体系，以达规制之效果。而这个体系的建构，应该以权利的保护为基点，以侵权责任法的手段为中心，形成一个有层次、能互动的和谐结构。这个结构的第一个层次是根本法。人权入宪，这是重要的一步，但这只是第一步。也许我们应当还需要一个如《权利法案》一样的人权法案，使人权具体化、体系化和世俗化，而不是永远让其“神圣”下去以至于不可触及。人的性权利应当在其中找到自己的位置。第二个层次是基本法。主要是要在民法和刑法中完善反性骚扰的基本法律手段。民法方面，应当在人格权法中，把性自主权规定为独立的具体人格权，保证性自主权的保护有法可依。在侵权行为法中，可以考虑将性骚扰作为一个独立的侵权行为类型，确立性骚扰侵权的雇主责任制度和惩罚赔偿金制度。第三个层次是特别法。可以引进国际间通行的做法，对性骚扰问题比较严重的领域如职业场所和学校等，制定特别的反性骚扰法。

侵权行为法从权利维度而言，就是权利保护法。完善的侵权行为法可以为各项具体的人格权和人格尊严和自由提供最有效、最严密的保护。性骚扰侵害了受

---

① Stephen J. Schulhofer, *Unwanted Sex: The Culture of Intimidation and the Failure of Law* (p. 111), Harvard University Press, 1998.

害人的性自主权，而性自主权作为重要的人格权的一种，也必然主要由侵权行为法来予以保护和救济。

但是，建立以人的私权利保护为中心的反性骚扰法律制度，如何协调规制性骚扰的权利主义和职场主义呢？诚然，我们主张采纳权利主义的立场规制性骚扰行为，确立以人的权利保护为中心的反性骚扰法律制度。然而，职场的性骚扰毕竟是性骚扰行为发生的重要的甚至可以说是主要的场所。我们主张反性骚扰的权利主义立场，实际上并不反对加强对职场性骚扰行为的特别规制，通过对职场性骚扰行为的民法制裁，维护工作场所和教育场所的正常秩序，保障人的权利不在这样的场所中受到不应有的损害。这样的制度的表现就是，对于性骚扰行为的法律规制，确立为一种侵权行为类型，通过对性骚扰行为人的侵权责任制裁，保护权利人的性自主权不受侵害。在这种侵权行为类型中，包括职场中的侵权行为，对职场中的侵权行为予以特别的规定，在确认性骚扰行为人的侵权责任的同时，也确认职场的雇主的侵权责任，但是这种保护并不特别着眼于对劳动者的保护，即使是对劳动者的权利的保护，也是将其作为一个民事主体，对其的性自主权进行保护。

（一）性骚扰的侵权责任构成

性骚扰侵权责任在一般情形下，属于普通的侵权责任。其责任构成，应当按照一般侵权行为的责任构成要件来要求。应当具备四个要件。第一，行为人实施了性骚扰行为，即违背受害人意志，实施的超出正常人际交往界限的侵害他人性自主权的行为，既可以是男人对女人的性骚扰，也可以是女人对男人的性骚扰，还可能是同性对同性的骚扰。第二，受害人的性自主权受到侵害。表现为受害人的性尊严和性利益受损，造成精神痛苦，有时还可能导致其他人身利益、财产和经济利益的损害。对于只造成了精神痛苦，未产生其他人身和财产、经济上的损害时，对于损害的认定，可采取便于操作的客观标准，即国外法院广为采用的“正常的理智的第三人”的标准。在一个正常的理智的第三人面临同样的侵害时，其精神会遭受痛苦，则可认定损害结果发生。第三，性骚扰行为与该损害结果之间具有因果关系。第四，行为人实施行为的主观方面是故意，即故意实施冒犯对

方性尊严和性利益的行为，过失不构成性骚扰的侵权行为。值得注意的是，对职场（包括学校）的性骚扰行为，国外还有我国台湾、香港地区均予以特别的规制，即由用人者承担雇主责任。这种做法，是世界性的趋势，似乎已经成为国际通例，我国法律应该借鉴。而由雇主承担责任时，属于特殊的侵权责任，适用过错推定原则。雇主如果不能证明其已经尽到法定的照顾、管理和扶助保障义务，则推定其有过失，从而承担责任。此时，其责任构成当然有所区别。

（二）性骚扰的侵权责任形态

侵权责任形态，是指侵权法律关系当事人承担侵权责任的不同表现形式。即侵权责任由侵权法律关系中的不同当事人按照侵权责任承担的基本规则承担责任的基本形式。[①]

如前述，在通常的情况下，性骚扰的侵权责任属于一般侵权行为，适用过错责任原则。而发生在工作场所的性骚扰行为，依当前各国立法通例，发生雇主责任，属特殊侵权行为，应当适用过错推定原则。惩治性骚扰行为侵权责任形态，就包括以下几种。

1. 直接责任

在过错责任的场合，是为自己的行为负责的直接责任形态。行为人实施对他人的性骚扰，应当由自己承担侵权责任，这就是侵权责任的直接责任。

2. 连带责任

在职场性骚扰的侵权责任中，应当规定为连带责任，即行为人和雇主连带承担侵权责任。对职场性骚扰确定的是雇主和行为人承担连带赔偿责任，而不是替代责任，最主要的是考虑性骚扰行为人是故意侵权的直接行为人，造成损害，也是他的行为直接所致。

（三）性骚扰侵权责任的承担方式

性骚扰行为的侵权责任方式是停止侵害、赔礼道歉和赔偿损失。涉及名誉受损的，还应采取合理措施恢复名誉。在赔偿损失方面，主要有以下内容。

---

① 杨立新：《侵权法论》，人民法院出版社 2004 年第 2 版，第 474 页。

1. 侵害性自主权所造成的财产损失，应予赔偿。这种损失包括：侵害性自主权对受害人造成身体和健康上的损害，因治疗花费的费用，如治疗费、护理费等；受害人怀孕，其流产、生育的费用及营养费。

2. 因侵害性自主权造成其他经济损失的，均应予以赔偿。如果性自主权受侵害而失去某种职业或减少就业的机会，等等。对于这类经济上的损失，原则上应按照《民法通则》和最高人民法院颁布的司法解释规定的赔偿范围赔偿。

3. 侵害性自主权所造成的精神损害，应予赔偿。就精神损害而言，应包括两部分，即精神利益的损失赔偿和精神创伤的抚慰金赔偿。[①] 在侵害性自主权的精神损害中，其赔偿范围应包括上述两部分，即精神利益或称人格利益的损害，以及精神痛苦和精神创伤。对这两部分损害应当以损害赔偿的方式，对受害人精神利益的损害和精神创伤、精神痛苦的损害，一并予以民事救济。

4. 对于严重的性骚扰行为，特别是发生在工作场所的性骚扰行为，有必要建立惩罚赔偿金制度。这也是当前世界各国各地区反性骚扰立法的通行做法。为避免像美国一样出现“天文数字”的判罚，可以参考我国台湾地区的制度，为惩罚赔偿金设定一个与经济状况适应的、较合理的且能起到吓阻作用的赔偿金下限和上限。有人认为，精神损害赔偿已经起到了惩罚行为人的作用，没有必要再判处惩罚性赔偿金。这种认识是错误的。精神损害赔偿在性质上是一种损失的补偿，而不是惩罚。有学者说，判以精神损害赔偿，是因为原告对行为人的侵害行为感到震惊而遭受精神痛苦和损害的补偿；而判以惩罚性赔偿金则是因为法官对侵害行为之恶劣感到震惊，以至于仅仅判令其补偿原告的损失，还不足以使被告承担起其行为应承担的责任，也不足以使行为人吸取教训，必须用惩罚金来达到谴责的效果。[②] 在性骚扰案件中，确实有一些骚扰行为非常之恶劣，但还不足以受到刑事处罚，因而很有必要施以惩罚性赔偿以示制裁。

---

① 马原主编：《民事审判实务》，中国经济出版社1993年版，第184页。

② Srivastava and Scarlet Tsao，“Remedies for Sexual Harassment”，*Asia Pacific Law Review*，Ⅵ 10 No. 1，p. 148.

第四节　性骚扰行为的侵权责任形态

性骚扰行为的社会危害性正在引起社会的重视，一些法律在修改过程中也准备增加制裁性骚扰行为的相关条文。我们认为，性骚扰行为是一种侵害性自主权的侵权行为，依照侵权行为法的规定，构成侵权责任的，行为人应当承担侵权责任。那么，性骚扰行为的行为人究竟应当承担何种形式的侵权责任形态，必须确定下来，以便司法适用、落实侵权责任。在本节中，我们就性骚扰行为的侵权责任形态进行分析，说明我们的观点。

一、制裁性骚扰侵权行为的两种不同法律立场

各国立法规制性骚扰，一般采取两种立场，即以私权利保护为中心的立场和职场安全保护为中心的立场。前者多为欧洲国家立法所采用，后者为美国等国家和地区所采用。[①] 我国台湾地区于 2001 年 12 月 21 日制定“两性工作平等法”，将性骚扰的特别禁止以专章的方式予以订定，又有其他章的规定相配合，对于交换式性骚扰和敌意工作环境的性骚扰分别作出界定，同时规定法律制裁措施。我国台湾地区的这一立法采取的是第二种立场，以保护职场安全为中心。[②]

事实上，这两种立场仅仅是立法的着眼点存在的差别，即主要是着眼于私权利保护，还是劳动场所安全。而在实际上，在任何一个国家，这样两种性骚扰行为都是存在的。

在一般场合，行为人实施性骚扰行为，侵害的都是自然人的性自主权，法律规定对自然人的人格权包括性自主权予以法律保护，对实施性骚扰的行为人进行

① 杨立新、张国宏：《论构建以权利保护为中心的性骚扰法律规制体系》，载《福建师范大学学报（社哲版）》2005 年第 1 期。

② 焦兴铠：《性骚扰争议新论》，台北元照出版公司 2003 年版，第 316－317 页。

法律制裁，就是对自然人的私权利的保护。例如，在北京市朝阳区人民法院判决的一起性骚扰案件，行为人利用手机短信对原告进行性骚扰，被起诉到该法院，法院认定被告的行为侵害了原告的性权利，构成性骚扰侵权责任，应对受害人赔偿精神损害抚慰金。[①]

但是在职场，即职业工作场所，行为人实施性骚扰行为，既侵害了自然人的性自主权，也侵害了职场的劳动安全，破坏了劳动秩序，对劳动者的权利也构成了侵害。因此，在职场发生的性骚扰行为，在损害后果方面构成了对两个方面的侵害：一方面，受害人作为民事主体的自然人，他（她）的性自主权受到侵害；另一方面，受害人作为劳动者，他（她）的劳动者的权利受到侵害，在职场劳动中没有得到安全保护，性的利益受到不安全的职场秩序的侵害，因此，构成了对劳动者权利的侵害。正因为如此，承担侵权责任的主体，既有性骚扰行为的行为人，又有未保障职场安全的职场雇主。[②] 这种性骚扰行为的责任者关系较为复杂，应当是研究的重点问题。

可见，在性骚扰侵权行为中，如果以发生的场合不同作为标准，那么就可以分为两种不同的性骚扰行为形态。各国立法或者着重于对私权利的保护，或者着重于对职场安全的保护，因而对性骚扰行为的这两种不同形态的强调有所不同，最终形成了立法的两种立场：强调对私权利保护者，采用了以私权利保护为中心的立场；而强调职场安全保护者，则采取以职场安全保护为中心的立场，坚决反对前一种立场。[③] 我国究竟应当采取何种立场呢？我们主张，按照我国立法的习惯和司法实践经验，我国对性骚扰行为进行法律规制，应当采取以保护自然人的性自主权为基本立场，同时吸收职场保护主义的精神，将职场性骚扰行为规定为性骚扰行为的一种特殊形态。[④] 这就是说，在我国制裁性骚扰行为，是以侵权行

---

① 《北京受理短信性骚扰案宣判》，《检察日报》2004 年 3 月 12 日。

② 这里的职场和雇主的概念，采用广义的界定，即职场包括一切职业工作场所，雇主包括一切职场的负责人，如国家机关的首长、法人的代表、私企的雇主以及个体企业的老板等。

③ 易菲：《职场梦魇·性骚扰法律制度与判例研究》，中国法制出版社 2008 年版，第 278 页。

④ 杨立新、张国宏：《论构建以权利保护为中心的性骚扰法律规制体系》，《福建师范大学学报（社哲版）》2005 年第 1 期。

为法为基本法律依据，保护的是受害人的性自主权。对于在职场发生的性骚扰，根据其特殊性和保护劳动者安全的需要，增加职场的雇主责任，作为特殊的性骚扰行为责任形态。这种做法，既兼顾了我国立法的一贯立场和司法实践经验，同时也能够全面保护自然人的权利和劳动者的权利，应当是一个两全其美的选择。

二、性骚扰侵权行为责任形态的选择

即使是我们采取以私权利保护为中心的制裁性骚扰行为的立场，那么也不能否认性骚扰行为存在的两种不同形态。那么，在性骚扰行为侵权责任的承担上，也必然存在不同的侵权责任形态。接下来我们要研究的，就是性骚扰行为的不同责任形态。

（一）侵权责任形态与侵权行为形态的关系

侵权责任形态，是指侵权法律关系当事人承担侵权责任的不同表现形式，即侵权责任由侵权法律关系中的不同当事人按照侵权责任承担的基本规则承担责任的不同表现形式。[①] 按照我们创设这种侵权责任形态体系的设想，其可分为三个不同层次的责任形态。第一，直接责任（自己的责任）和替代责任；第二，单方责任和双方责任；第三，单独责任和共同责任，其中共同责任最为复杂，包括连带责任、按份责任、不真正连带责任和补充责任四种不同形态。[②]

性骚扰行为构成侵权责任，基于其不同的行为形态，其责任形态也会根据当事人情况的不同而存在不同。

（二）作为一般侵权行为的性骚扰行为的侵权责任形态

行为人实施性骚扰行为，造成了受害人性自主权的损害，构成侵权责任，这种侵权行为的侵权责任形态就是直接责任，即为自己的行为负责的责任，也叫作自己的责任。做这样的结论，基础在于性骚扰行为的性质是一般侵权行为。在我国《民法通则》关于侵权责任的规定中，第 106 条第 2 款规定的就是侵权行为一

---

① 杨立新：《侵权行为法专论》，高等教育出版社 2005 年版，第 242 页。

② 杨立新：《侵权行为法专论》，高等教育出版社 2005 年版，第 246 页。

般条款，它所概括的是一般侵权行为。① 一般侵权行为的归责原则是过错责任原则，其侵权责任的构成要件应当是违法行为、损害事实、因果关系和主观过错。性骚扰行为构成侵权行为，其行为人就应当自己承担侵权责任。因此，在性骚扰行为的一般形态，其责任形态就是直接责任，没有其他任何不同形式。

（三）作为特殊侵权行为的职场性骚扰行为的侵权责任形态

对于在职场发生的性骚扰行为，由于既要保护权利人的性自主权，又要保护权利人的劳动权利，因而，其赔偿义务人就具有双重性，既有实施性骚扰行为的直接行为人，又有应当对职场秩序和职场安全承担责任的雇主，应当承担侵权责任的主体就有两个以上，形成了第三层次的侵权责任形态中的共同责任的基础行为。既然如此，那么就必须确定在行为人和雇主之间应当根据何种侵权责任形态的规则确定侵权责任的承担。这是我们研究这个问题的关键之处，需要进行深入的比较分析。

首先应当考虑的，是行为人和雇主之间是否可以适用替代责任。与直接责任相对应的侵权责任形态，是替代责任。替代责任承担的基础，一是行为人与责任人之间具有特定关系，其表现是双方的雇佣关系或者劳动关系，在这一点上，在其他受雇人（包括从属于雇主、管理监督者和其他受害人的同事）作为性骚扰的行为人与雇主之间，是存在这种特定关系的，但在第三人作为性骚扰行为人的场合，则不存在；二是行为人在造成损害时应当处于特定状态，即执行职务，这一点，在其他受雇人实施的性骚扰行为中，尽管不会是典型的执行职务行为所致，但是，在职场中实施性骚扰，难说与执行职务没有关系，如果从严格的意义上说，其他受雇者实施性骚扰，造成受雇者的性自主权损害，雇主没有尽到法定义务的，会构成替代责任。这一点，在美国的性骚扰判例法中是确认的，这就是，在代理原则（就是替代责任）之下，雇主必须对其雇员在职务范围内的行为负责，因雇员的职务行为导致侵权事实的发生时，雇主因代理原则而使侵权结果最

① 杨立新：《民法判解研究与适用》，第 8 集，人民法院出版社 2004 年版，第 91 页。

终归于自己，从而承担侵权责任。[①]

其次可以考虑的，是行为人与雇主之间是否可以承担侵权补充责任。在我国的侵权行为法中，以往并没有规定补充责任，在2003年最高人民法院公布实施的《关于审理人身损害赔偿案件适用法律若干问题的解释》第6条和第7条等规范中，首次规定了侵权补充责任。例如，如果经营者或者其他社会活动组织者在经营活动和社会活动中，对消费者、参与者未尽安全保障义务，致使第三人即侵权行为人对消费者或者参与者实施侵权行为，造成了损害，受害人先应当向直接侵权人请求赔偿，而不能直接就向违反安全保障义务的经营者或者社会活动的组织者请求赔偿，只有直接侵权行为人不能赔偿、不能全部赔偿或者下落不明时，受害人才可以向经营者、社会活动组织者请求赔偿。[②] 事实上，职场发生的性骚扰行为，在行为人与雇主之间的关系上，正是这样的情形。这就是，直接加害人并不是雇主的其他受雇人，而是非雇员的第三人，如果受害人的雇主对职场未尽适当保护义务，且是造成损害的原因，也应当承担侵权责任。这两个民事责任主体的责任形态，最好的选择就是补充责任形态，即受害人应当先向直接加害人请求赔偿，雇主先不承担责任，享有类似于"检索抗辩权"的抗辩权，只有在行使这个抗辩权的事由消灭后，受害人才有权向补充责任人即雇主请求承担赔偿责任。对此，我国台湾地区"两性工作平等法"也有相应的规定，即如果依据事实证明，雇主已遵行法律所定的各项防治性骚扰的规定，且对该情事的发生已尽力防止仍不免发生者，受害人不能受到赔偿的时候，法院可以基于其申请，斟酌雇主对受害人之经济状况，令雇主负全部或者一部分损害赔偿责任。[③] 尽管这种补充责任的适用对象与我们所说的并不相同，但是这种做法是值得参考的。

再次可以考虑的，是行为人与雇主之间是否可以适用连带责任。在职场主义的制裁性骚扰行为体制中，对于雇主的责任，有的就是采用连带责任。例如在我

---

① 易菲：《职场性骚扰法律制度研究及中国立法建议》，中国人民大学2005年博士研究生论文，第94页。

② 陈现杰：《最高人民法院人身损害赔偿司法解释精髓诠释》(下)，《判解研究》2004年第3辑，人民法院出版社2004年版，第21页。

③ 焦兴铠：《性骚扰争议新论》，台北元照出版公司2003年版，第317页。

国台湾地区，“两性工作平等法”规定，受雇者于执行职务时，对他受雇者为性骚扰者，应由雇主及受雇者连带负损害赔偿责任，但雇主能够证明自己已遵行法律所定的各种防止性骚扰的规定，且对该情事的发生已尽力防止仍不免发生者，不在此限。① 我们认为，对于确定两个以上的主体承担侵权连带责任，应当构成共同侵权行为，或者法律另有明确规定，否则不能认定为连带责任。在职场实施性骚扰者，肯定雇主和实施性骚扰的其他受雇者之间不会存在共同故意，也不会存在共同过失，因而不会构成共同侵权行为，不应承担连带责任。同时，法律也没有明确规定这种情形应当承担连带责任，故没有适用连带责任的余地。因此，我们认为，职场性骚扰行为的雇主和行为人之间不存在连带责任的基础，不应当承担连带责任。

最后可以考虑的，是雇主应当对其他受雇者的性骚扰行为承担直接责任。在美国，对于雇主在交换式性骚扰行为和敌意工作环境性骚扰行为所应负担的责任，有的判例认为应当承担绝对责任，有的判例则认为应当承担代理责任。学者认为，为了避免滥权或者失职的情事发生，应对雇主科以绝对法律责任，更为妥当。② 在交换式性骚扰中，直接侵害人如果是监督管理者，且受害人蒙受实质的工作损失时，法院会要求雇主承担绝对责任，即直接责任。③ 我们认为，对雇主科以绝对责任（即直接责任）不符合大陆法系侵权行为法直接责任的承担规则。既然雇主不是直接侵权人，而仅仅是雇主管理下的监督管理者实施性骚扰行为，那么也就不存在雇主承担直接责任的基础。只有在雇主自己对下属实施性骚扰行为，造成受害人损害时，才可以由雇主承担直接责任，但那时候雇主已经是直接侵权人，而不是职场责任中的雇主的含义了。只要雇主并不是实施性骚扰行为的直接行为人，而性骚扰行为的实施另有其行为人，就不存在适用绝对责任（直接责任）的理由。

---

① 焦兴铠：《性骚扰争议新论》，台北元照出版公司 2003 年版，第 316 - 317 页。

② 焦兴铠：《性骚扰争议新论》，台北元照出版公司 2003 年版，第 224 - 225 页。

③ 易菲：《职场性骚扰法律制度研究及中国立法建议》，中国人民大学 2005 年博士研究生论文，第 94 页。

（四）结论

通过以上分析，我们认为，性骚扰行为的侵权责任形态应当有三种。其中，作为一般侵权行为的性骚扰的责任形态为一种；在雇主应当承担责任的性骚扰行为中，其侵权责任形态为两种。

1. 直接责任

对于一般场合实施性骚扰行为构成侵权责任的，应当是为自己的行为负责的直接责任。在职场中，如果雇主自己对雇员实施性骚扰行为，也应当是直接责任，这种性骚扰行为尽管发生在职场，但是应当按照一般侵权行为的规则，由雇主承担直接责任。

2. 替代责任

在雇主所属的其他受雇人，包括雇主所属的管理监督阶层和其他雇员，在执行职务中对雇员进行性骚扰的，雇主应当承担替代责任；雇主承担侵权责任之后，可以向有过错的性骚扰行为人追偿。

3. 补充责任

在雇主未尽职场安全保障义务，致使非雇员的第三人对雇员在职场范围内实施性骚扰行为，造成受害人损害的，雇主承担补充责任，适用侵权补充责任的基本规则。

三、性骚扰侵权行为责任形态的具体规则

（一）性骚扰行为的直接责任规则

直接责任，就是违法行为人对由于自己的过错造成的他人人身损害和财产损害，由自己承担的侵权责任形态。其特点是：第一，是违法行为人自己实施的行为，第二，是违法行为人自己实施的行为造成的损害，第三，是自己对自己实施的行为所造成的损害，由自己承担责任。这三个特点，都突出了一个概念，就是“自己”，因此，直接责任就是自己的责任，是为自己的行为负责的侵权责任形态。[①]

① 杨立新：《侵权行为法专论》，高等教育出版社2005年版，第251-252页。

在作为一般侵权行为形态的性骚扰行为中，无论是一般人作为行为人还是雇主自己作为行为人，其行为人和责任人都是同一人，行为人对自己实施的行为承担后果，即由于自己的行为造成他人性自主权的损害，应当由自己承担赔偿责任，不能由不是侵权行为人的人承担赔偿责任。

（二）性骚扰行为的替代责任规则

责任人为他人的行为和为人的行为以外的自己管领下的物件所致损害承担的侵权赔偿责任形态，是侵权替代责任。它包括对人的替代责任和对物的替代责任。[①] 在性骚扰行为中的替代责任，都是对人的替代责任。

替代责任的侵权赔偿关系的当事人具有其显著特点，即行为人与责任人相脱离，赔偿的义务主体是责任人，而不是行为人。在替代责任的性骚扰损害赔偿法律关系中，赔偿权利主体是受害人；赔偿义务主体体现了替代责任的特点，只能是替代责任人即雇主，而不能是行为人。在最高人民法院《关于审理人身损害赔偿案件适用法律若干问题的解释》第8条和第9条关于法人侵权和雇主责任所作的司法解释中，明确规定赔偿权利人行使赔偿请求权只能向责任人提出，责任人才是合格的当事人，而不能直接向行为人提出赔偿请求。性骚扰的受害人在替代责任的形态下，也只能向雇主请求赔偿，而不能向实施性骚扰行为的行为人请求赔偿。

在性骚扰行为人因自己的性骚扰行为造成受害人的损害而由雇主承担替代责任时，雇主承担了赔偿责任之后，取得向有过错的行为人的追偿权，有过错的行为人应向雇主赔偿因自己的过错行为所致损害造成的损失承担赔偿义务。这种可追偿的替代责任，实际上是在雇主承担了赔偿责任之后，又产生的一个损害赔偿法律关系，权利主体是雇主，义务主体是有过错的性骚扰行为人。在这种可追偿的替代责任赔偿法律关系的诉讼中，前一个诉讼法律关系的原、被告为受害人和雇主，行为人不列为当事人。第二个损害赔偿法律关系如发生争议，可诉讼于法院，原、被告分别为雇主和性骚扰的行为人。

① 杨立新：《侵权行为法专论》，高等教育出版社2005年版，第258页。

（三）性骚扰行为的补充责任规则

侵权法上的补充责任，是指两个以上的行为人违反法定义务，对一个受害人实施加害行为，或者不同的行为人基于不同的行为而致使受害人的权利受到同一损害，各个行为人产生同一内容的侵权责任，受害人享有的数个请求权，且有顺序的区别，应当先行使顺序在先的请求权，该请求权不能实现或者不能完全实现时，再行使另外的请求权的侵权责任形态。[①] 性骚扰行为是由非雇员的第三人实施的，第三人和雇主要承担的就是这样的责任形态。

侵权补充责任的基本规则是：

第一，受害人应当先向直接责任人即非雇员的第三人请求赔偿，第三人应当承担侵权责任。直接责任人承担了全部赔偿责任后，补充责任人即雇主的赔偿责任终局消灭，受害人不得向其请求赔偿，第三人也不得向其追偿。

第二，受害人在第三人不能赔偿、赔偿不足或者下落不明，无法行使第一顺序的赔偿请求权时，可以向补充责任人即雇主请求赔偿。雇主应当满足受害人的请求。雇主的赔偿责任范围，就是第三人不能赔偿的部分，即第三人不能全部赔偿的，则承担全部赔偿责任；第三人赔偿不足的，只承担赔偿不足部分的赔偿责任。

第三，雇主在承担了补充的赔偿责任之后，产生对第三人的追偿权，有权向第三人请求承担其赔偿责任。第三人有义务赔偿雇主因承担补充责任而造成的全部损失。

因此，侵权补充责任包括以下两个要点。

第一，补充责任的顺序是第二位的。作为性骚扰的直接责任人的第三人承担的赔偿责任是第一顺序的责任，补充责任人即雇主承担的赔偿责任是第二顺序的责任。因此，雇主的补充责任是补充直接责任的侵权责任形态。

第二，补充责任的赔偿范围是补充性的。其赔偿范围的大小，取决于第三人承担的赔偿责任的大小。第三人赔偿不足，雇主承担的赔偿责任就是其不足部分；直接责任人不能赔偿，雇主承担的赔偿责任就是不能赔偿的全部责任。

---

① 杨立新：《侵权行为法专论》，高等教育出版社 2005 年版，第 310 页。

第五节　死者人格利益的民法保护及商业化利用问题

有一段时间，关于鲁迅姓名和肖像保护问题的讨论引起了广泛的关注。这涉及死者人格利益的民法保护及其商业化利用的问题。在本节中，我就此做以下探讨。

一、关于使用鲁迅肖像和姓名纠纷案件的媒体报道

2000 年，某地鲁迅美术学院使用鲁迅姓名申请注册“鲁迅”商标；某公司使用鲁迅肖像用于商业活动。这些事件引起广泛的关注，媒体做了深入的报道。现在选择主要媒体的报道如下。

《浙江青年报》报道，得知“鲁迅”商标被申请注册的消息之后，住在北京的鲁迅之子周海婴立即到国家商标局查询，在 42 个大类的商标中只发现教育系列的“鲁迅”商标被鲁迅美术学院申请注册。目前，周海婴已经委托律师向国家商标局提出申请，以鲁迅的姓名权被侵犯为由，要求国家商标局撤销鲁迅美术学院的商标注册申请，同时向国家商标局递交了“鲁迅”商标图案，申请注册“鲁迅”教育类商标及酒类商标。

《辽沈晚报》报道，鲁迅家人认为，鲁迅美术学院侵权不是说鲁迅美术学院不能叫这个名，而是指鲁迅美术学院在未与鲁迅家人联系的情况下，去年把“鲁迅”作为商标申请注册。鲁迅的商标只能由其家属来申请注册，不应由鲁迅美术学院来申请注册。据称，目前全国有近十家学校用“鲁迅”的名字，这些学校的冠名均应征得周家的同意，而此番要求撤销鲁迅美术学院的商标注册申请，讨回鲁迅的注册商标是要讨回鲁迅的姓名权不被侵犯。

《文汇报》报道，经与鲁迅家人多次协商，鲁迅外国语学校将以 50 万元买下鲁迅的三年冠名权，成为全国第一所被授权冠名的“鲁迅”学校。鲁迅外国语学

校是一家投资1.2亿元的民办学校，去年开始正式招生。今年年初，鲁迅家人曾两次委托律师，对学校使用鲁迅姓名进行交涉，认为任何未经鲁迅先生直系亲属许可，以营利为目的擅自使用鲁迅姓名的行为均属侵权行为，要求停止以鲁迅姓名作为校名的行为。据了解，校方在接到律师函后，与鲁迅家人进行了协商。经双方初步协商，“鲁外”以50万元的价格买下三年冠名权，校方聘请周海婴为名誉校长，周海婴之子周令飞为教育总监，参加学校的重大活动，负责监督学校的教育质量，使冠名学校不辱伟人的形象。鲁迅家人表示，用冠名权的形式是对无形资产的尊重，也是市场经济条件下品牌意识的觉醒。至于冠名费，他们将以鲁迅家人的身份捐赠给学校。①

《江南时报》报道，鲁迅先生的故乡浙江绍兴的古越龙山绍兴酒股份有限公司，经鲁迅先生之子周海婴先生授权同意，将在先生120周年诞辰之际推出“鲁迅酒”。然而，国家工商总局正式告知媒体，周海婴向其申请注册“鲁迅酒”商标一案，经初审予以驳回，正式文案将随后送达相关人士。据国家工商总局商标局审查处具体经办“鲁迅酒”商标的人士表示，“鲁迅酒”商标注册申请目前已经被驳回。据称，名人商标是一种特殊的商标，要考虑社会影响。根据我国《商标法》第8条第1款第9项规定，商标容易引起社会不良影响的不予以核准通过。就本案来说，鲁迅先生是名人，是一代大家，把他的名字作为商标用在商业活动中，是不合适的。②

《检察日报》报道，我国伟大的文学家、思想家、革命家鲁迅先生之子周海婴状告绍兴市越王珠宝金行，认为该金行未经原告同意制售圆形和方形鲁迅肖像金卡礼座，并于1996年开始销售。金卡正面除中间有鲁迅肖像外，其右侧书有“绍兴近代贤人图”和落款为鲁迅的对联“横眉冷对千夫指，俯首甘为孺子牛”，鲁迅肖像左侧写着“绍兴市越王珠宝金行承制”和“9999纯金”字样。金卡背面是鲁迅先生的生平简介。原告认为，被告未经原告同意，制售鲁迅肖像圆形和方形金卡礼座，显然侵犯了鲁迅的肖像权，也侵犯了原告的合法权益。原告在诉

---

① 《文汇报》2001年6月23日报道。

② 《江南时报》2001年8月11日报道。

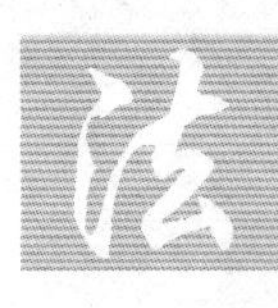

状中请求法院判令被告立即停止侵权，并向原告赔礼道歉，诉讼费由被告承担。法庭主持调解，没有成功。有关人士认为，公民的肖像权受法律保护已很明确，而死亡者的公民权自然消灭，对其肖像权是否应当延伸保护，目前法律尚无明确规定。①

这些案件引发一系列的法律问题，诸如：

鲁迅学校、鲁迅纪念馆等未经鲁迅后代许可使用鲁迅姓名、肖像，是否构成侵权，纪念鲁迅先生的邮票、邮折等纪念品是否必须经过鲁迅后代的同意才能发行。

著名人物的姓名权、肖像权、名誉权在其死亡后，能否理解为姓名、肖像等人格权益转化为财产权益，由其后代继承。

死者后代能否以申请商标注册的形式排他地独占死者人格因素的使用权。

如死者人格因素归入公共领域，则对其如何保护，对其使用（包括商业化利用及非商业化利用）又适用何种规则。

把这些问题集中起来，都涉及死者人格利益的民法保护和商业化利用的问题。

二、死者的人格利益应当得到民法保护是确定的

死者的人格利益应当得到民法的保护，这个结论在今天已经是不争的结论。这个结论的得出，却经历了长期的实践和理论探索的过程。

（一）死者人格利益民法保护的发展过程

在《民法通则》制定的时候，关于死者的人格利益的民法保护问题，没有在考虑之中。这表现在《民法通则》的条文中，没有一个条文对这个问题进行规定，甚至无法引申出对死者人格利益进行民法保护的意思。这和当时民法理论和实践的实际水平是相当的。因为在这个时候，我国民法的理论和实践还都没有提出这个问题。

---

① 《检察日报》国际网站 2000 年 9 月 1 日报道。

但是，在《民法通则》确定了对自然人的人格权进行民法保护的原则之后，对人格权民法保护的一系列问题就在实践中不断产生。对死者名誉利益的保护问题，就是《民法通则》实施后最早遇到的重大问题之一。

天津市某法院曾审理过一个被称作“荷花女案”的民事案件，引发了这一民法问题。1987 年 4 月 18 日，作家魏锡林创作的小说《荷花女》在天津《今晚报》上连载。小说的内容是描写 20 世纪 40 年代艺名为“荷花女”的艺人吉文贞（1944 年病故）的艺术和生活经历。在小说的内容中，虚构了吉文贞的恋爱经过，以及被恶霸奸污等情节，损害了死者的名誉。死者的母亲向法院起诉，请求法院确认作者和《今晚报》的行为侵害了死者的名誉，应当承担侵权责任。①

在这个案件审理的过程中，学术界和司法界对死者的名誉权②法律保护问题进行了极为深入的讨论。在这次讨论中，各种观点进行了激烈的交锋，最终，虽然在对死者名誉利益民法保护的理论依据上仍然有不同的意见，但是，对于死者名誉利益必须进行民法保护的结论，却是一致的。③ 最高人民法院集中了学术界和司法界的讨论意见，作出司法解释，规定对侵害死者名誉权的，受害人的近亲属可以向法院提起诉讼，请求民法保护。④ 这个司法解释起到了一锤定音的作用，对激烈的讨论作出了结论性的意见。⑤

随着司法实践的不断深入，对死者其他人格利益的民法保护问题不断地展现出来。例如，对死者肖像的保护问题，对死者隐私利益的保护问题，对死者身体利益的保护问题，在司法实践中渐次出现，成为民法理论探讨的热点问题，推动了人格权民法保护研究的不断深入。例如，哈尔滨市某法院受理的一个案件，就涉及死者肖像利益的保护问题。两个老太太原来是邻居，分别搬进新居后很长时间没有见面，某日在一个小区的路上见了面。一个问另一个：“你搬到哪里住了

---

① 案情引自《人民法院案例选》1992 年第 1 辑，人民法院出版社 1992 年版，第 97－98 页。

② 应当是死者的名誉利益，但是当时确实讨论的是死者的名誉权保护问题。随着讨论的不断深入，才确认对死者的名誉保护，保护的是名誉利益，而不是名誉权。

③ 对于这些讨论的主要观点和意见，可以参见杨立新：《人身权法论》，中国检察出版社 1996 年版，第 278 页以下。

④ 最高人民法院 1989 年 4 月 12 日（1988）民他字第 52 号《关于死亡人的名誉权应受法律保护的函》。

⑤ 但是，对于死者名誉保护的理论基础，却仍然是众说纷纭，各种观点仍然在探讨中。

呀?”另一个就指着身后的高楼说:“我家就在那座楼!”这一个就用手遮着眼前,往那座楼上看。有一位摄影家这时恰好在旁边,把这个画面拍了下来,作品反映了人民住上新居的幸福之感,参加了摄影展并获奖。后来,某广告商进行司机防晕眩眼镜的广告设计,找到了这位摄影家,请他提供画面,他就将这幅照片拿出来。广告商将用手遮在眼前的老太太的那一半照片,作为广告的主体部分,加上“司机朋友,慈母盼你平安归”的广告词,介绍了防晕眩眼镜对于安全驾驶的作用。这时,该肖像被做了广告的那位老太太已经去世。报上刊登了这幅广告以后,这位老太太的家属诉至法院,请求侵权损害赔偿。① 又如,吴姓公民因偷开汽车被公安机关收容审查,因病取保候审住院治疗,4 天后死亡,为鉴定死因,委派某医学院进行尸检,该学院利用尸检机会,组织教学,摘取器官作为标本。死者家属提起诉讼,追究行为人侵害尸体的民事责任。② 该案涉及对死者身体利益的民法保护问题。

这些案例和问题都说明,对死者人格利益的保护问题,绝不是仅仅对死者的名誉利益的保护,而是涉及一系列死者人格利益的保护问题。对此,学术界和司法界经过十几年深入研究,取得了重要的成果。这些成果集中体现在最高人民法院 2001 年 3 月 8 日发布的《关于确定民事侵权精神损害赔偿责任若干问题的解释》中。这个司法解释规定:“自然人死亡后,其近亲属因下列侵权行为遭受精神痛苦,向人民法院起诉请求赔偿精神损害的,人民法院应当依法予以受理:(一)以侮辱、诽谤、丑化或者违反社会公共利益、社会公德的其他方式,侵害死者姓名、肖像、名誉、荣誉;(二)非法披露、利用死者隐私,或者以违反社会公共利益、社会公德的其他方式侵害死者隐私;(三)非法利用、损害遗体、遗骨,或者以违反社会公共利益、社会公德的其他方式侵害遗体、遗骨。”根据这一规定,死者的姓名、肖像、名誉、荣誉、隐私以及身体利益,都受到民法保护。这些死者人格利益受到侵害,死者的近亲属都有权请求人民法院予以民法上的保护。

---

① 杨立新主编:《民商法评论》,第 1 辑,吉林人民出版社 2001 年版,第 59 页。

② 杨立新:《民法判解研究与适用》,中国检察出版社 1994 年版,第 167 页以下。

（二）死者人格利益民法保护的理论基础

在对死者的人格利益应当进行民法保护的结论得到统一以后，对死者人格利益民法保护的理论研究任务并没有结束，还必须进行更为深入的讨论和研究，在理论上对这种民法现象进行总结和说明，探讨对死者人格利益进行民法保护的深层次的理论问题。

在这方面，康德对“一位好名声的人死后继续存在的权利”的学说①，以及罗马法关于法律对人的胎儿时期的人格利益和死后的人格利益受到侵害其继承人可以提起罚金诉讼和混合诉讼的规定②，具有极为重要的启示。

中国的民法学家对死者人格利益的民法保护的理论基础进行了深入的探讨，提出了诸多观点。一是“权利保护说”。该说认为死者仍然是民事主体，仍然享有权利。这种理论的直接依据是有的国家的法律没有规定人的民事权利能力终止于死亡，还有的学者提出了“形式主体”的概念，认为死者和胎儿这两类“人”可以作为形式主体存在，享有权利。③ 二是“近亲属利益保护说”④。认为法律保护死者的利益实际上是保护其近亲属的利益，死者不能作为主体，也不能享有权利。三是“家庭利益保护说”。认为死者名誉和遗属名誉可以用家庭利益为中介连接，法律保护的是家庭的人格利益。⑤ 四是“法益保护说”。该说把应当保护的死者的人格利益称为法益，这种法益保护，实际上保护的是社会利益而不是私人利益。⑥

综合上述各种学说的特点，我提出了人身权延伸法律保护的理论，指出了前三种学说的不完善之处，对“法益保护说”进行了完善。

我认为，现代人权思想是人身权延伸保护的立论依据，以维护民事主体统一、完整的人身利益为基本目的，追求创造、保护社会利益与个人利益的和谐、

---

① ［德］康德：《法的形而上学原理》，沈叔平译，商务印书馆 1997 年版，第 119－121 页。

② ［意］彼德罗·彭梵得：《罗马法教科书》，黄风译，中国政法大学出版社 1992 年版，第 30－31、109 页。

③ 郭林等：《试论我国民法对死者名誉权的保护》，《上海法学研究》1991 年第 6 期。

④ 魏振瀛：《侵害名誉权的认定》，《中外法学》1990 年第 1 期。

⑤ 陈爽：《浅论死者名誉与家庭名誉》，《法学研究生》1991 年第 9 期。

⑥ 王利明主编：《人格权法新论》，吉林人民出版社 1994 年版，第 444－445 页。

统一。基本理论要点是：第一，民事主体在其诞生前和死亡后，存在着与人身权利相区别的先期法益和延续法益；第二，先期的人身法益与延续的人身法益与人身权利相互衔接，统一构成民事主体完整的人身利益；第三，民事主体人身利益的完整性和人身法益与人身权利的系统性，决定了法律对民事主体人身保护必须以人身权利的保护为基础，向前延伸和向后延伸。向前延伸，保护的是人在胎儿时的人身法益，向后延伸保护的是人死亡后的人身法益。运用人身权利延伸保护的学说，不仅可以解释对死者人格利益的保护理论问题，而且还可以解决对人出生前作为胎儿存在时期的人格利益保护问题。①

人身权延伸保护的理论较好地解决了对死者人格利益进行民法保护的理论依据，能够较为妥善地解释对死者人格利益保护的原因，说明死者人格利益法律保护的基本问题，因而可以作为死者人格利益保护的理论基础。依据最高人民法院关于精神损害赔偿司法解释起草者的说明，这一司法解释关于死者人格利益保护的规定中，借鉴了人身权延伸法律保护的理论。② 因此，关于人身权延伸法律保护的理论，可以作为死者人格利益民法保护制度的理论支撑。

基于以上说明和分析，我认为，我国民法对死者人格利益的法律保护问题，在制度上和理论上已经基本成熟、完备。

三、死者人格利益商业化利用的基础

死者的肖像和姓名，以及死者的隐私、名誉、荣誉、身（尸体），具有人格利益因素，应当予以保护。之所以要给予法律上的保护，尤其是给予民法的保护，就在于死者的人格利益具有利用的价值。

---

① 关于这一理论的完整内容，可以参见杨立新：《人身权的延伸法律保护》，《法学研究》1995 年第 2 期。这个理论最早提出是在我的另一篇文章，杨立新：《论公民身体权及其民法保护》，《法律科学》1994 年第 6 期。

② 陈现杰：《人格权司法保护的重大进步和发展》，《人民法院报》2001 年 3 月 28 日。该文将关于死者人格利益的保护，列为第四题即“人格利益的延伸保护”，指出以往的司法解释仅就名誉权的延伸保护有过规定，《解释》（指关于精神损害赔偿的司法解释）则将其扩大到自然人的其他人格要素，包括姓名、肖像、荣誉、隐私以及死者的遗体、遗骨。

这种价值，首先表现为精神利益的价值。这是人格权的基础，也是人格利益的基础。按照现代人权观念，人的尊严，是人的基本价值，是人之所以为人的价值。一个现实社会的人，必须具有自己的存在价值，即作为“人”的基本人格。这不仅是指人之所以为人而受到应有的尊重，而且是人之所以为人而从事任何活动包括民事活动的基本条件。一个人只有具有人格，并且这种人格受到法律的承认，才能够享有全部的权利，承担全部的义务。法律维护死者的人格利益，就在于“一个一生无可指责的人，死后也应该受到尊重，那就要承认，这样的一个人可以（消极地）获得一个好名声，并构成属于他自己所有的东西，纵然他在人间已不能再作为一个有形的人存在了。”“他的后代和后继者——不管是他的亲属或不相识的人——都有资格去维护他的好名声，好像维护自己的权利一样。理由是，这些没有证实地谴责威胁到所有人，他们死后也会遭到同样地对待的危险。”① 这就是死者人格利益的价值之一。仅从这一点上，就可以看出死者人格利益保护的社会意义，以及死者人格利益的精神价值的一部分。此外，对死者人格利益的保护，还涉及社会利益、死者近亲属的利益等。这些都是死者人格利益的精神价值。

我们现在在这里研究的侧重点，不是死者人格利益的精神价值，而是死者人格利益的财产价值或者称为经济价值。这就是死者人格利益商业利用的基础问题。就像本节开始所讨论的鲁迅肖像、姓名的商业利用问题一样，对死者肖像、姓名、隐私等人格利益的商业利用，不在于利用死者人格利益中的精神利益因素，而在于利用死者人格利益因素中的财产利益或者经济利益。假如死者人格利益中不具有这种财产的或者经济的利益因素，商家就不会在商业领域中对死者的姓名、肖像或者隐私利益等发生兴趣。

现在，我们要研究死者人格利益中的财产利益或者经济利益因素的产生机制问题。这是研究死者人格利益商业化利用的基本问题，不解决这个基础问题，涉及这个领域的任何问题都无法解决。

从本源上说，人的人格只具有精神利益，并不具有财产的或者经济的利益因

① ［德］康德：《法的形而上学原理》，沈叔平译，商务印书馆1997年版，第120页。

素。因为人格问题，说到底就是解决人的做人资格问题，人格并没有依此取得财产的意思。[①] 但是，一方面，人格是取得财产的基础，民法的财产法，就是规定人对世界上的财富支配的规则，是谁享有哪项财产，怎样享有该项财产；另一方面，人格也是解决人格利益中的财产利益因素的最重要的方面，就是人格中的精神利益在一定的条件下，转化为财产利益因素，并且依此可以获得财产利益。

对此，我曾在一篇文章中论证了肖像权的精神利益如何转化为财产利益的道理。从原则上说，人格权不是财产权，一般不具有财产的内容，但是，肖像权由于具有物的某些因素，因而，与其他人格权相比，具有明显的物质利益。这种物质利益产生的机理就是，公民的肖像是一种视觉艺术品，具有美学的价值，在商品经济条件下，具有美学价值的肖像在商业领域中使用，这种美学价值能够转化为财产上的利益，享有肖像权，就可以获得财产上的利益。当然，这种物质利益不是肖像权的主要内容，而是由肖像权的精神利益所派生、所转化的利益。[②]

事实上，任何人格利益中的精神利益向财产利益的转化，都具有这样的过程。所不同的是，肖像权客体即肖像的某些物质属性和美学价值更为具体、更为明显，转化的过程更为直观而已。在其他的一些人格权中，也具有这样直观的转化。例如名称权，其本身就含有较为明显的财产利益因素，使用一个成功企业的名称，就可以得到较大的财产利益，这种财产利益的产生，不像肖像权那样是由美学价值转化而来，而是名称本身所含有的财产利益因素，这种财产利益因素直接由于使用而产生了财产上的利益。

在死者的人格利益中，肖像利益、姓名利益、隐私利益、名誉利益、荣誉利益以及身体利益的客体，都有转化为财产利益的可能。换言之，死者人格利益的财产利益转化，是这种人格利益的客体在使用中的转化。

在肖像的美学价值转化为财产利益的分析中，实际上只是对自然人肖像权精神利益转化为经济利益的说明，而且是对活着的人的肖像利益转化的描述。事实

① 这里所说的财产，不是指财产所有权的问题，而是从人格利益中取得财产的利益。

② 杨立新：《侵害肖像权及其民事责任》，《法学研究》1994 年第 4 期。这一论述，较为准确地描述了肖像权精神利益向物质利益转化的机理。

上，在全部的精神性人格权当中，无论是生者还是死者，都存在着这种利益转化的问题。可以有一个简单的判断，那就是，如果人格权的客体没有这种利益转化的可能，那就不会出现对生者或者死者人格权客体的商业化利用问题的发生。

以下仅就死者人格利益的客体发生利益转化问题进行分析。

死者人格利益客体的利益进行转化，必须存在转化的前提和因素。这些因素是：

一是，人格利益客体的美学价值。这一点如同前文所分析的那样，就是肖像利益的客体即肖像所具有的美学价值。这种价值在市场经济中，经过利用，转化为财产的利益，为利用者创造财产利益。这种利益转化，决定于肖像的美学价值的高低。美学价值越高，转化为财产利益的可能性和利益的量就越大；反之，则较小。事实上，在死者人格利益的保护中，肖像的美学价值对于转化为财产利益，所起的作用已经大为降低，转而起更为重要作用的，则是人物的知名度和影响力。

二是，存在于人格利益中的主体的知名度和影响力。在死者人格利益的客体中，利益转化的决定性因素，在于其主体的知名度。主体的知名度和影响力越高，转化为财产利益的可能性和利益的量就越大。例如，在商品广告上，决定性的因素之一是广告的公知度。广告的覆盖程度，实际就是要扩大其所宣传的商品的公知度。主体的知名度和影响力越高，就越能扩大广告的公知度，从而扩大商品的公知度。利用已故公众人物的人格利益客体，能够达到这样的目的，主体的知名度和影响力就转化成为财产上的利益。

三是，人格利益的主体在历史上的作用。一个人在历史上发挥过重大作用，这个人就是历史上的重要人物。历史人物的这种重大历史作用就会被公众所关注，具有重要的社会价值。将这种作用使用到商品经济当中，使用到商业领域，这种社会价值也会转化为财产利益，产生经济上的价值。

四是，人格利益的具体内容对公众知情权的满足感。一个人生前的复杂经历和丰富阅历，也具有重要的社会价值。当其死后，其经历和阅历也能够创造财产利益，使这种社会价值转化为财产利益。例如，一个人的隐私就具有这样

的因素，利用死者的隐私创作作品，满足公众的知情权，也会转化为财产上的利益。

五是，其他方面。例如，人的器官，人体的特异体质等，在主体死亡后，都有极为重要的利用价值，就是一般的尸体，也具有解剖的教学等价值。经过利用，都可以产生财产利益。

死者人格利益因素转化为财产利益的机理，就在于上述各方面的因素对于社会或者公众的价值。这些因素一旦应用到商业领域，或者社会的有关领域，就可以产生号召力，应用这些因素的商品或者事业就会引起公众的兴趣，使其关注这些商品和事业，投入热情，发生商业上的作用，转化为财产利益。

可以说，死者人格利益商业化利用的基础，就是死者人格利益具有财产利益转化的可能。没有这样的转化可能，任何商人都不会对死者的人格利益产生兴趣。这就说明，在死者人格利益上，隐藏着巨大的商业价值，在商品经济社会，对这种商业价值进行开发，可以创造巨大的商业利益。由此而言，对死者人格利益的民法保护，既是对死者人格利益中的精神利益的保护，也是对死者人格利益中的财产利益的保护。在现实的商品经济社会中，后一种保护，具有更为重要的意义。

四、死者人格利益保护与商业化利用的平衡

民法保护死者人格利益，除了要保护其中的精神利益之外，还要注重保护其中的财产利益。这就涉及死者人格利益所包含的财产利益在不同主体之间的平衡问题，也就是死者人格利益保护与商业化利用的平衡问题。

（一）获得死者人格利益中的财产利益的主体

在死者的人格利益产生财产利益时，可能获得这种利益的主体，有以下几种。

1.死者近亲属

死者人格利益中的财产利益，最主要的承受者就是死者的近亲属。自然人死

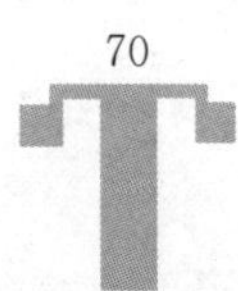

亡后，其遗产由其近亲属继承，其人格利益由其近亲属保护；同样，死者人格利益中的财产利益也当然由其近亲属承受。这种承受关系类似于继承关系，但是有质的不同，因为这不是财产关系，而是人身关系的内容。然而，这并不妨碍按照继承关系的要求，处理死者人格利益中的财产利益的归属。因为按照这样的关系处理这个问题，可以推定为最符合死者的意志。

死者的近亲属是一个较大的范围，死者人格利益究竟由哪些近亲属保护，其中的财产利益究竟由哪个近亲属承受，还必须解决一个顺序的问题。在国外，一般是按照继承顺序解决的。我国在很长时间里没有解决这个问题。最高人民法院在《关于确定民事侵权精神损害赔偿责任若干问题的解释》中，解决了这个问题。该司法解释规定："自然人因侵权行为致死，或者自然人死亡后其人格或者遗体遭受侵害，死者的配偶、父母和子女向人民法院起诉请求赔偿精神损害的，列其配偶、父母和子女为原告；没有配偶、父母和子女的，可以由其他近亲属提起诉讼，列其他近亲属为原告。"这种规定，虽然规定的是程序问题，但是解决了实体上的问题，其参考的还是继承顺序。这是符合现实情况的。因此，在保护死者人格利益，承受死者人格利益中的财产利益上，先要由配偶、父母和子女保护和承受，没有这个顺序上的近亲属的，才可以由其他近亲属保护和承受。

2.公众和国家

在有些时候，死者人格利益的归属，是要归属于公众的，公众是这种利益的承受者。例如，在鲁迅姓名的使用上，如果使用在公共利益之上，作为学校命名，这种人格利益就是归属于公众。对于公众人物，民法上对其死后的人格利益不再予以保护，其人格利益中的财产利益就归属于公众承受。

对于某些死者的人格利益，要归属于国家享有。例如，国家领袖、历史人物等，对他们死后的人格利益，由国家进行保护，其中的财产利益，也由国家承受。

这种人格利益如果受到侵害需要进行保护的，公共利益或者国家的代表人，如检察院，就可以行使自己的职权，提出诉讼请求，要求依法予以保护。

3.开发者

在死者的人格利益不为死者近亲属保护和承受的时候，这种财富就成为公共资源，对于其中的财产利益因素进行开发的开发者，可以享有其依靠这种公共资源开发所创造的价值。

（二）平衡死者人格利益产生的财产利益的原则

对死者人格利益的商业利用，最重要的就是在上述不同的死者人格利益的承受者之间，如何进行平衡，这也是民法所要解决的一个重要问题。

在平衡死者人格利益中产生的财产利益时，所要遵循的原则如下。

第一，死者人格利益中的财产利益归属，由对死者人格利益进行保护的权利人所承受。

对死者人格利益享有保护权利的人，就是其财产利益的承受人。保护死者人格利益和承受死者人格利益中的财产利益相一致，是处理这类问题的最好办法。例如，保护死者人格利益的人，一般就是死者的近亲属，由其承受其中的财产利益，最符合死者的意志，也符合社会的民事传统。

第二，公众人物死亡后的人格利益归属于国家和公众，国家和公众使用这种人格利益，应当予以保障。

公众人物的人格权受到某些限制，其根本原因，就在于其活动的广泛性和公开性。在其死亡后，其人格利益在很大程度上归属于公众和国家，应当首先满足公众和国家的使用。因为这种使用对国家和社会有益，可以满足更多的人的需要。例如，使用公众人物包括领袖、著名人物、历史人物等的姓名命名学校、命名图书馆、命名某种机构的名称，这就是公众使用。对此，死者的近亲属不应当予以干预。最典型的实例如延安时期的鲁迅艺术学校的命名，就是对著名人物姓名的使用；白求恩医科大学的命名，使用的也是著名人物的姓名，也是公众使用。这些都是应当保障的。死者近亲属对这种使用予以干预，则是不顾公共利益和过于自私的表现。

第三，对于超过保护期限的死者人格利益中的财产利益，他人可以进行开发，以满足社会的需要，创造社会价值。

在死者的人格利益保护超过一定期限的时候，这种人格利益实际就转化为公共资源。对这种人格利益中的财产利益进行开发利用，是对社会有益、对公众有益的。因此，应当准许这种开发，进行商业化利用，以创造价值，服务社会和公众。但是，这种开发必须遵守公序良俗，不得违背公共道德。

（三）民法保护死者人格利益和准许对其进行商业化利用的规则

在明确了以上原则以后，在民法上对死者人格利益的保护和商业化利用，就可以制定出必要的规则了。

可以考虑的规则如下。

首先，民法将对死者人格利益的保护以及商业化利用的权利确认为死者的近亲属享有。死者的近亲属是死者生前最亲近的人，由他们对死者的人格利益进行保护，是最恰当的。同样，对死者人格利益中的财产利益的商业化利用权利，也应当归属于死者的近亲属。死者近亲属可以对死者的人格利益进行支配，对其中的财产利益可以进行开发。任何人使用死者的人格利益客体，都要经过死者近亲属的同意或者准许，否则为侵权行为。当死者的人格利益受到侵害，死者近亲属有权向法院提起诉讼，请求并获得精神损害赔偿。对于未经死者近亲属准许而进行的商业化利用，死者近亲属有权予以制止，并且有权起诉，请求赔偿。

其次，对死者人格利益的民法保护，需要规定期限。在我国，对死者人格利益的保护虽然没有规定期限，但是实际上是有期限的。这就是采用确定对死者人格利益保护的主体范围的做法，明确保护的期限。死者在有近亲属存在的期限内，其人格利益就受到保护，在没有近亲属存在的时候，就超出了保护的期限。这种期限有其不足之处，这就是对死者人格利益保护的期限各不相同，而不是像《著作权法》所确定的版权保护作者的期限为死亡后的50年那样具体、明确。但是，在没有制定出更好的办法之前，这还是一个较好的办法。但是，有一个重要的问题就是，对于死者的肖像利益的保护期限，必须明确，期限要缩短，因为肖像保护还有一个对肖像作者的著作权的保护问题，期限过长，损害著作权人的利益。按照德国的规定，死者肖像利益的保护期限是10年，超过这个期限，死者的肖像利益不再予以保护。① 但是在超过这个期限后，他人对死者肖像进行商业化利用的，必须经过死者近亲属的同意（假如死者存在近亲属），并给予适当的费用。其他的死者人格利益的保护，也是如此，其近亲属不存在以后，不再加以保护，其利益归属于国家或者公众，使之成为公共资源，他人可以进行开发利用。

再次，为公共利益和国家利益使用死者人格利益者优先。对于死者人格利益客体的使用，应当保证为国家利益和公众利益的优先使用。如果国家使用和公众使用与死者近亲属的利益发生冲突，应当首先满足国家和公众利益。例如，在使用公众人物的姓名命名学校、单位的名称时，使用公众人物的肖像进行公益展览、建筑的时候，死者近亲属不得以自己是死者人格利益的保护人为由予以阻止和干涉，或者索要报酬。

最后，他人对死者人格利益进行商业化利用，在死者近亲属存在的时候，应当征得死者近亲属的同意，采用合同的方式确定使用的方式、范围、期限等一系列问题，不得违背死者近亲属的意志而为使用。违反者为侵权行为。在死者没有近亲属的情况下，他人对死者人格利益的商业化利用，必须遵守社会公德和公序良俗，不得有损于死者的人格利益，不得对社会造成负面影响。

五、结论

现在，我们可以对节前讨论的鲁迅姓名、肖像使用问题，提出一个结论性的意见了。

第一，鲁迅是公众人物，是我国著名的文学家、思想家、革命家，他的一切都是国家的财富，是民族的财富，同时也是世界的财富。因此，鲁迅不属于任何人。从民法上说，鲁迅死后的人格利益，也是国家的、公众的“遗产”，应当归属于国家和公众所有。任何人贬损、侵害他的人格利益，都是对国家和公众利益的侵害，国家有权指定专门的机关起诉，追究侵权者的侵权责任。为了国家的利益和公众的利益，例如学校、展览馆、公共设施等，可以使用鲁迅的肖像或者姓

① ［德］迪特尔·梅迪库斯：《德国民法总论》，邵建东译，法律出版社2000年版，第801页。

名等人格利益的客体，其近亲属不得主张侵权责任。因为这些使用不是商业利用，而是为了国家利益、公众利益和民族利益，体现的是民族的精神。这种使用，推定符合死者的本意。

第二，对鲁迅死后人格利益的商业化利用，必须经过鲁迅的近亲属同意，未经其同意，构成对死者人格利益的侵害，可以追究民事侵权责任。这是因为，在死者人格利益中的财产利益，应当归属于死者的近亲属承受，任何对鲁迅人格利益中的财产利益的开发，都是对其人格利益的商业化利用，所产生的财产利益，其支配权属于死者的近亲属。在商业化使用之前，应当与鲁迅的近亲属进行协商，签订死者人格利益客体使用的协议书，规定双方的权利义务条款，按照协议的规定处理双方的关系。未经同意而使用，或者虽经同意而使用但是在使用中超出了使用范围的，都构成侵权，应当承担侵权民事责任。确定这一点的依据，就是鲁迅虽然是公众人物，但是其人格利益中的私权方面的利益支配权，还是应当归属于其近亲属为妥，不应归属于直接开发的人。他人对鲁迅人格利益的这种商业性开发，其近亲属有权决定是否准许。

第三，当以后鲁迅的近亲属不存在的时候，对鲁迅人格利益的商业利用，可以直接进行，因为这时的这种人格利益已经成为公共资源，任何人都可以使用。这种使用，对国家、对民族、对社会都是有好处的，应当准许，不应当加以限制。但是，这种使用必须遵守一个规则，那就是不得违背公共秩序和善良风俗，不得有损于鲁迅的形象和声誉。例如，将鲁迅的肖像注册为酒类商标，极为不妥，有损于鲁迅在公众心中的形象。因此，国家商标注册机关对这个商标不予注册，是应当支持的，这是维护鲁迅的形象，同时也是在维护中国人的形象。任何有损于鲁迅形象的商业化利用，不论是他人还是鲁迅的近亲属所实施，都应当予以禁止。他人这样利用的，应当追究侵权民事责任。

第四，基于以上的结论，本节前边提到的几个具体问题也就清楚了，这就是：(1) 鲁迅学校、鲁迅纪念馆等未经鲁迅后代许可使用鲁迅姓名、肖像，不构成侵权。纪念鲁迅先生的邮票、邮折等纪念品，因为属于为公共利益而使用，因而没有必要经过鲁迅后代的同意才能发行。(2) 著名人物的姓名权、肖像权、名

誉权在其死亡后，由其姓名、肖像等人格权益转化的财产权益，由其后代承受，任何人进行私人（指民法上的私的意义）的商业化利用，应当征得其在世的近亲属的同意。(3) 在一般情况下，著名人物死后的人格利益客体不宜申请注册商标，死者的近亲属或者他人都不宜采用这种以申请商标注册的形式排他地独占死者人格利益客体的使用权。(4) 在死者人格因素归入公共领域以后，则成为公共资源，法律应当准许一般的商业化开发使用，但是不得违背公序良俗，不得有损于死者的形象。

第六节　为同性恋者治疗的人格尊严侵权责任

一、富有争议的为同性恋者进行治疗的侵害人格权案

（一）当事人双方的诉辩主张

2014 年 7 月 31 日，北京海淀区人民法院开庭审理了我国首例“同性恋矫正治疗”的侵害人格尊严案。原告某先生作为同性恋者，长期受到来自社会与家庭各方面的压力，2013 年 8 月在被告百度公司的搜索引擎网站（以下简称“被告百度”）上输入关键字“同性恋”“同性恋治疗”和“同性恋矫正”，均在第一条搜索结果里出现被告心理咨询中心（以下简称“被告咨询中心”）。2013 年 9 月，原告致电该被告心理中心，证实其确实进行“同性恋矫正”业务。2014 年 2 月 8 日，原告到被告心理中心咨询并接受了首次付费“同性恋矫正治疗”，被告心理中心承诺可以“矫正同性恋”，并对原告进行了治疗。

原告的诉讼主张是：第一，同性恋不是疾病，被告侵犯了其人格尊严。早在 1990 年世界卫生组织已正式把同性恋由当时的疾病名册中移去，意味着不再视同性恋为任何疾病，同时代表世界卫生组织认为同性恋是人类性向中一种正常类别，不需要任何治疗。世界卫生组织透过声明呼吁各地政府，强烈反对各地诊所和医院提供性向治疗，并应立法惩处或制裁提供性向治疗的医疗机构。2001 年

《中国精神障碍分类与诊断标准》（CCMD—3）将“同性恋”也从精神疾病名单中剔除，实现了中国同性恋非病理化。因此，单纯的性取向问题不能被视为一种障碍，同性恋不是病，不能被治疗，更不需要被矫正。第二，“矫正治疗同性恋”系非法医疗行为，在广告中宣传能对同性恋进行矫正是虚假宣传：心理咨询中心将同性恋者作为患者对待进行治疗，百度公司作为广告发布者为其通过商业推广发布该虚假广告，两被告违反《广告法》和《消费者权益保护法》，百度公司与心理咨询中心两被告应当共同承担侵权的连带责任。

被告百度的答辩意见是：(1) 百度引擎搜索和心理咨询行为无相关性，没有证据表明通过百度搜索相关信息及通过相关机构进行咨询时对原告有损害；(2) 百度推广服务并非广告而是搜索引擎服务，搜索引擎服务商对第三方的服务或者产品无相应法律责任。

被告心理咨询中心答辩意见是：其并未承诺原告一次性缴费可以治疗好同性恋，以及原告接受的是心理咨询与心理疏导，并非医疗矫正。

（二）社会各界对本案的不同意见

本案的信息公开之后，引起了社会各界对“同性恋矫正”的关注，网络和媒体的主要态度如下。

支持本案原告的意见是主流，认为同性恋不是疾病，对其进行矫正治疗是侵犯其人格尊严的。很多人认为，同性恋是不能通过诸如本案中的所谓“治疗法”进行“矫正”的，同性恋者相互爱恋，像异性恋一样结合，并没有损害社会和他人的利益。目前，还没有哪一种医学或心理学的方法，能够有效地改变同性的性取向，也没有什么医学或心理学的办法，能随意改变异性性取向。随着社会文明的进步，我国大众对同性恋者的看法也在不断进步，对同性恋的态度更加理解和包容。①

反对的意见认为，同性恋属于性心理障碍，不符合自然规律，需要进行治疗，尤其是我国医学界对此一直存在分歧，甚至有的医院和心理诊所公开宣传“同性恋矫正方法”或较为避讳地称为“同性恋心理辅导”“同性恋心理咨询”

① 张淑玲：《首起扭转治疗案开庭审理，揭同性恋者生存困扰》，《京华时报》2014年8月11日；周辰：《法院判决同性恋并非精神疾病》，《东方早报》2014年12月20日。

等，利用法律打“擦边球”，从同性恋者亲人朋友的紧张和其自身的恐慌中牟利。①

同性恋是否属于有悖于自然的病态现象，对同性恋多种多样的“矫正治疗”是否侵害了同性恋者的人格权，我国法律对同性恋者的权益保护是否有所缺失并存在真空地带，同性恋者应该如何对自身权利进行保护，以及搜索引擎对同性恋者治疗进行宣传究竟应当承担何种法律责任等问题，都是本案中值得深思的问题。本节对这些问题进行剖析，以求对我国同性恋者合法权益的保护发挥促进作用。

二、同性恋者的人格尊严必须得到法律的特别保障

（一）国际社会对同性恋的认识过程

同性恋并不是随着社会文明发展而后来产生的，而是一个自古以来就存在的客观事实。在古希腊文明中，就有相关记载描述成年男子与 12 岁到 16 岁间的男少年的热恋。在古希腊神话中，也经常提及男神阿波罗与少年男童间的诸多凄美爱恋故事。但后来由于基督教教会的兴起，教会将同性恋列为“违反天性”的行为，对其残酷打压。受到教会法的深刻影响，很多西方国家立法反对同性恋以及同性性行为。

现在所用的同性恋英文“homosexual”一词，最早出现在匈牙利作家也是著名的人权主义者卡尔·玛丽亚·科尔特贝利（Karl-Maria Kertbeny）1868 年出版的一篇文章中。卡尔·玛丽亚·科尔特贝利为抨击德意志帝国新宪法中对男同性恋歧视的法令，首次创造出了不带歧视的英文单词“homosexual”，以取代极具贬义色彩的“sodomite”和“pederast”（鸡奸者）②。这个单词后来被德国精神

① 陈福新：《同性恋的心理矫正》，《大众卫生报》2005 年 5 月 17 日；陈铮：《同性性取向可以通过医学手段进行治疗》，《首都医药》2006 年第 21 期，第 48－51 页。

② 维基百科：“During 1869，in the course of these writings，Kertbeny published the term（in German）‘homosexual’（which，along with heterosexual，he first used in private correspondence on May 8，1868），as part of his system for the classification of sexual types，as a replacement for the pejorative terms ‘sodomite’ and ‘pederast’ that were used in the German-and French-speaking world of his time. In addition，he called the attraction between men and women ‘heterosexualism’，masturbators ‘monosexualists’，and practitioners of anal intercourse ‘pygists’.”（http：//en. wikipedia. org/wiki/Karl-Maria _ Kertbeny，2014 年 10 月 3 日访问）。

病学家、《性精神病态》[1]（Psychopathia Sexualis）作者理查德·克拉夫特·埃宾（Richard von Krafft-Ebing）所用，其将临床病理学的诊断方法用于分析同性恋心理和行为等。相应地，精神病学专家又创造出了一系列针对同性恋的"矫正"方法。[2]

后来，因同性恋组织与精神病学界的抗争不断发生，20 世纪 60 年代爆发了西方同性恋解放运动（GLF：Gay Liberation Front）[3]，使得人们逐渐开始关注同性恋群体，其法律地位也不断得到提高。直到 1994 年，世界卫生组织（WHO：World Health Organization）才终于将"同性恋"从"ICD－10 精神与行为障碍"[4] 这一名单中剔除。

在 1999 年世界性学会第 14 次世界性学会议上发表的《性权宣言》（Declaration of Sexual Rights）认为，性为人之基本权利，是构成人格的一部分。作为人的基本权利中的一部分，亦应得到社会的承认、促进与尊重，不分性别、性倾向、宗教和社会地位等，应免于各种形式的歧视。[5] 从大陆法系国家来看，当"同性恋不再是罪，同性恋不再是病"的观念在欧洲被广为接受后，法律对同性恋者追求幸福的人权予以保护的序幕也就拉开了。[6]

1989 年 6 月，通过了《登记同居伴侣法》的丹麦，成为第一个认可同性伴

---

① 也有译为"性心理疾病"。

② 主要包括催眠诱导下电击性厌刺激、阉割、大脑手术、激素注射等方法。

③ 维基百科："Gay Liberation Front（GLF）was the name of a number of gay liberation groups，the first of which was formed in New York City in 1969，immediately after the Stonewall riots，in which police clashed with gay demonstrators. Members of the GLF were a pro-gay organization."（http：//en. wikipedia. org/wiki/Gay _ Liberation _ Front，2014 年 10 月 3 日访问）。

④ 该名单为世界卫生组织发布，规定的是已发现的各类精神和行为障碍，是精神医学和心理学等学科研究、临床治疗、教学服务等工作的常用工具。

⑤ 《Declaration of Sexual Rights》："Sexuality is an integral part of the personality of every human being. ... 1. The right to sexual freedom. Sexual freedom encompasses the possibility for individuals to express their full sexual potential. However，this excludes all forms of sexual coercion，exploitation and abuse at any time and situations in life. ... 4. The right to sexual equity. This refers to freedom from all forms of discrimination regardless of sex，gender，sexual orientation，age，race，social class，religion，or physical and emotional disability..."

⑥ 李霞：《论同性婚姻的合法化》，《河北法学》2008 年第 3 期。

侣法律地位的国家。[①] 之后，挪威、瑞典、德国、荷兰、匈牙利、比利时、法国、芬兰等也通过了类似法律。美国前总统比尔·克林顿于1996年签署《婚姻保护法案》（DOMA：Defense of Marriage Act），界定婚姻为一男一女，否认同性恋伴侣具有异性恋夫妻同等的权利，但2013年该法案经最高法院审核后，推翻了这一剥夺同性恋者权利的法案。

目前，对同性恋者的尊重和权利保护，已经成为潮流，得到广泛的重视。

（二）我国社会对同性恋的认识发展及存在的问题

观察我国社会，自古便有同性相恋之好，尤其盛行男风之好。商代时就有关于"比顽童""美男破产（老）、美女破居"之类的说法，更有脍炙人口的"余桃"（春秋）"断袖"（汉代）龙阳君（战国）安陵君（战国）等历史故事和人物的记载。史载龙阳君为魏王"拂枕席"，弥子瑕与卫灵公"分桃而食"。于是后人便以"龙阳""安陵""余桃""断袖"等语暗指同性恋现象。[②] 可见，不仅在古希腊西方文明中存在同性之恋，我国也早就有这种社会现象。可见，在中国封建社会中，同性恋的地位远比基督教盛行的西方社会为高，未被视为淫乱之举，反倒是一种附庸风雅的行为。

清朝灭亡之后，五四运动效仿西方之路的各种运动不断兴起，从20世纪30年代开始，中国大众不断接受西方思想和基督教的影响，开始认为同性恋作为非主流性文化，是一种精神疾病，视同性恋者为"病态"和"不正常"。1940年之后近50年间，中国大陆从未有过关于同性恋者的学术研究文章。

直到2001年，我国卫生部科学研究基金资助完成的第三版《中国精神障碍分类与诊断标准》，终于将"同性恋"从中剔除，为同性恋正名。至此，同性恋者终于摆脱了"精神病患者"阴霾的压迫，也说明随着社会文明的不断发展，人们对性文化的认识不断完善，对同性恋者的看法发生了巨大转变。

（三）同性恋者具有完整独立的人格，不存在人格缺陷

同性恋不是一种疾病，而是从人类诞生以来就存在的一种社会现象，是人对

① 陈则恒：《从国际法角度审视中国同性恋立法》，《中国商界》2009年第2期。

② 李银河：《李银河文集：同性恋亚文化》，中国友谊出版公司2002年4月版，第16页。

生活和性倾向的自身选择。同性恋者的人格尊严和人格权利，应当与异性恋者一样，得到社会的承认与尊重。同性恋只是同性恋者对其自身性倾向的一种选择，与社会中大部分人选择异性恋的本质并无二致。在法律面前，人人都是平等的，都具有平等、独立的人格，其人格权和人格利益必须得到法律的尊重与保护。同性恋者与其他人一样，不因同性恋的性取向而存在任何人格缺陷。同性恋者作为与异性恋者并无二致的完全理性、自治的人，均应是法律所保障基本权利的完整主体，应该享有与异性恋者完全平等的民事权利。同性恋者的诸如人格自由、人格尊严和性自主权等人格权益，均应受到法律保障，任何人不得进行侵害。

尽管如此，目前社会对同性恋者的歧视与不平等待遇仍然常见。一些人利用同性恋者本身的不安与恐慌，或者其家长对同性恋子女的不解与担忧，借机牟利，导致诸如本节前述案件中“同性恋矫正”或“同性恋治疗”等类似产业的诞生。如若社会大众平等地看待同性恋者，尊重其人格尊严以及对自身性倾向的选择自由，并视其为与异性恋同样的一种生活方式，当然也就不会存在矫正同性恋者性倾向的必要了。

对此，韩国的经验值得参考。同为大陆法系的韩国，无论是法律框架构建还是社会传统观念，都与我国类似。韩国司法审判在对同性恋者人格权益保护方面发挥了积极的促进作用。2013 年 11 月，韩国大法院关于同性恋争议案的裁判，引起了社会的高度关注。在该案中，电影《朋友之间》由于主体内容涉及同性恋题材，被韩国影片委员会认定为有歧视色彩的影片。[①] 韩国电影等级委员会的做法明显是认为相对于异性恋，同性恋属于青少年不宜观看内容，歧视同性恋并将其视为一种非常态现象。该案经首尔中级法院一审以及韩国大法院终审，均支持了原告电影公司的主张。

在韩国大法院的终审判决中，以下几点尤其值得我国相关判例和立法所参考：一是判决书将同性恋者尊重地称为“性的少数者”，肯定了同性恋者只是性

① 根据韩国《电影广播振兴法》，韩国电影由韩国影片等级委员会根据情色暴力和恐怖程度等因素，分类为“可观看”“12 岁以上观看”“15 岁以上观看”“青少年不可观看”以及“上映受限”五个类别。本片被韩国影片等级委员会分类至“青少年不可观看”这一等级，而实际上应被分类至“15 岁以上观看”。

倾向不同于大部分人的少数人，是正常的人，具有完整的人格，不存在人格缺陷，“社会对同性恋者的理解与关心有待提高”；二是“同性恋者不存在任何对社会的危害性，其与异性恋者一样，只是一种对性倾向的自我选择”；三是“对同性恋者的包括人格权、幸福追求权、性的自我决定权、知情权、性自由表达权以及平等权等基本权利”，应当予以充分地尊重与保护，不得歧视或任意践踏同性恋者的人格尊严。[①] 在司法实践中，对于这部分少数群体应该给予法律上的支持，帮助他们能够与其他人一样拥有正常的生活，是十分必要的。

（四）对同性恋者的人格尊严必须予以充分保护

人拥有与生俱来的包括人格尊严在内的各项人格权益。而人格尊严作为人的最基本的一项神圣而不受侵犯的权利，是全部人格权的根基。人格尊严是人基于自己所处的社会环境、工作环境、地位、声望、家庭关系等各种客观要素，对自己人格价值和社会价值的认识和尊重，是人的社会地位的组成部分。[②]《世界人权宣言》确认，“人人生而自由，在尊严和权利上一律平等”“人人有资格享有本宣言所载的一切权利和自由，不分种族、肤色、性别、语言、宗教、政治或其他见解、国籍或社会出身、财产、出生或其他身份等任何区别”。在“法律之前人人平等，并有权享受法律的平等保护，不受任何歧视。人人有权享受平等保护”“每个人，作为社会的一员，有权享受社会保障，并有权享受他的个人尊严和人格的自由发展所必需的经济、社会和文化方面各种权利的实现。”[③]

既然同性恋只是一种生活方式的选择而已，同性恋者具有完整独立的人格，不存在人格的任何缺陷。那么，同性恋者作为社会的一员，理应享有社会和法律对其人格尊严和人格权的平等保障，任何对同性恋者的歧视行为都应受到法律的禁止。即使是在社会逐渐开放与发展的今天，世界各国对同性恋者的平等权利运动蓬勃发展之时，同性恋者依旧是社会的弱势群体，仍然长期处于法律保护的真空地带；来自社会和家庭等方方面面的压力，使其不断压抑着对自身权利的诉求。司法作为社

① 韩国大法院判决书，编号：2011두11266。

② 王利明：《人格权法中的人格尊严价值及其实现》，《清华法学》2013年第5期。

③ 联合国大会于1948年12月10日通过的《世界人权宣言》第1条、第2条、第7条和第22条。

会公平、正义的裁判者，面对来自同性恋者的种种诉求，蒙上双眼的司法女神究竟应当怎样切实保障这一群体的合法权益，保障其在法律面前的平等与公正呢？民法以人为本，尤其是民法的人格权法所体现的都是如何保障、维护人之为人的尊严。凡是违反人格尊严的一切行为都是违法行为。[①] 平等、公正地对待同性恋者，保护其合法权益不受侵犯与人格尊严不受践踏，是民法的必然选择。

三、把同性恋当作疾病治疗需要承担侵害同性恋者人格尊严的侵权责任

（一）把同性恋作为疾病治疗是侵害同性恋者人格尊严的侵权行为

1. 为同性恋者进行治疗侵害的客体为具体人格权无法概括

人格权的主体包括每一个人，近代“天赋人权”的理念将人格权公平地赋予了每一个人，使人没有差别地享有平等的人格权。同性恋者也是市民社会中的人，拥有和其他人一样的民事权利能力，其人格权利应当受到法律的平等保护，人格尊严和人格自由不得被随意侵犯。同性恋不是病，矫正同性恋的治疗是对同性恋者人格的严重歧视，侵害了同性恋者的人格权。同性恋者与社会中的其他人一样，拥有完整的人格，具有完全平等的民事权利能力，享有平等的自我决定权、健康权、隐私权、性自主权等人格权，均应受到法律的保护。

为同性恋者进行矫正治疗行为所侵害的客体，为民法中的具体人格权所无法涵盖。这是因为，根据我国民法关于人格权的相关规定，尤其是《民法通则》采用的是列举模式规定具体人格权，例如生命权、健康权、身体权、姓名权、名称权、肖像权、荣誉权、人身自由权与婚姻自主权等，这些具体人格权无一是对同性恋矫正治疗行为所侵害的客体。但是，把同性恋当作一种精神障碍进行矫正治疗，确实是对同性恋者人格权的侵害，由于该行为所侵害的客体的特殊性，不能为任何一种具体人格权所涵盖，因而对矫正治疗同性恋者的行为不能界定为侵害具体人格权的侵权行为。

① 杨立新：《民法总则》，法律出版社2013年版，第113页。

2. 为同性恋者的治疗行为侵害的是同性恋者的一般人格利益

为同性恋者进行矫正治疗所侵害的客体不能被任何一种具体人格权所能概括，其所侵害的客体应当被认为是一般人格利益。

一般人格利益是指法律采用高度概括方式赋予的一种抽象的人格利益。[①] 人格尊严是这一高度概括的概念中最重要、也是最基本的内容。其较之于具体人格利益，具有高度的概括性与抽象性，是一般人格权所保护的客体。而一般人格权保护的是高度概括的人格利益，包括人格平等、人格自由和人格尊严。[②] 20 世纪 90 年代，我国民法通过继受德国法的一般人格权理论，构建了我国自己的一般人格权学说和实践做法，并为我国司法解释所确认。[③] 在德国《基本法》中，人格尊严与人格自由都具有极其重要的意义，特别是司法审判和学术界从《基本法》第 1 条（人的尊严）和第 2 条（发展人格）中推导出了一般人格权，并将其作为现行法，具有了民法上的法律效力。我国《民法通则》除了对具体人格权进行明确规定之外，在第 101 条对人格尊严作了规定，具有对一般人格权进行法律保护的重要意义。[④] 一般人格权所保护的人格利益内容丰富，是人格权一般价值的集中体现，所以其不具备具体人格权的明确指向性，更多的是作为一种补充具体人格权中出现的空白的兜底条款。侵害人格独立、人格自由、人格平等和人格尊严，同样构成侵权行为，行为人应当承担侵权责任。

同性恋者具有和其他人一样的人格，不存在任何人格缺陷，各项具体人格利益和一般人格利益都应得到法律的保护。对同性恋进行矫正治疗，是对拥有独立、完整人格的同性恋者的一般人格利益的严重侵害。为同性恋者治疗这一行为所侵害的客体，不具备任何一种明确的具体人格权属性，因而属于一般人格权的范畴，侵害的是同性恋者的一般人格利益。

---

① 杨立新：《人格权法专论》，高等教育出版社 2005 年版，第 123 页。

② 马特、袁雪石：《人格权法教程》，中国人民大学出版社 2007 年版，第 192 页。

③ 最高人民法院《关于确定民事侵权精神损害赔偿责任若干问题的解释》第 1 条第 1 款规定的侵害“人格尊严”和第 2 款规定的侵害他人“其他人格利益”的规定，就是对一般人格权的确认。

④ 杨立新：《人格权法》，法律出版社 2011 年版，第 254 页。

3. 对人格尊严的侵害构成对一般人格利益的侵害

人格尊严是人之所以为人的尊严。而一般人格利益表现为以人格尊严这一概念为基础的整体高度概括的人格利益体系。换言之，如若某行为侵害了人格尊严之时，便侵犯了人的以人格尊严为核心的人格利益，进而侵犯了人的一般人格权。为同性恋者矫正治疗这一行为所侵害的客体，是为具体人格利益所无法涵盖的一般人格利益，其实质侵害的就是同性恋者的人格尊严。所以说，对同性恋者人格尊严的侵害，便构成了对其一般人格权的侵害。

对一般人格权益的保护表现为“人格尊严神圣而不可侵犯”。面对随着时代发展而层出不穷的新型权利，人格权也会出现同样的难题。将人格尊严这一一般人格权明确列为保护的对象，可以对具体人格权所无法涵盖的权利予以兜底式地救济。同性恋矫正治疗所侵犯同性恋者的客体无法被任何具体人格权所包括，认定是对同性恋者的人格尊严的侵害，就是对其一般人格利益的保护，确保了自然人的合法人格权利受到法律的完整保障。

人格利益为人格权的客体。人格权分为具体人格权与一般人格权，后者作为前者的补充，在面对类似于同性恋矫正案等层出不穷的新型侵权案，又无法通过具体人格权进行保护的情况下，作为兜底性权利，可以为司法实践中保护各种新的人格利益提供司法审判的法律依据。而人格尊严作为一般人格权中最重要的内容，对其侵害就必然构成对一般人格权的侵害，可以直接按照侵权行为的法律适用规则处理，解决对一般人格权侵权纠纷的法律适用问题。

4. 认定对同性恋者进行治疗侵害人格尊严的法律依据

针对人格尊严的保护价值，在很多国家很早便受到了高度重视。我国由于特殊的发展历程，从奴隶社会到封建社会都没有人格尊严不受侵犯的理论，相关的法律跟不上我国社会的变迁。当代社会随着经济的不断繁荣与发展，势必也会不断促进对自然人的人格权保护机制的不断完善。需要强调的是，保护人格尊严这一由宪法所高度重视的要求，必须朝着可诉之路发展。在我国，宪法没有在民事裁判中的适用力，如果不将对人格尊严保护的相关规定落实到民法人格权体系中，我国法律也便没有对公民人格的基本尊重，而使相关立法变成一纸空文。

我国《民法通则》没有直接规定一般人格权的条文，但是关于人格尊严的条款是对一般人格权确认的法律依据。《民法通则》第 101 条规定的是以公民的人格尊严为基础的名誉权的保护，但从民法解释学的角度，学者一般认为其是一般人格权的保护条款，并结合《民法通则》第 106 条规定作为一般人格权的请求权基础。[①] 在目前我国法律体系中，关于人格尊严的规定分为三种形式：一是《宪法》的原则规定，《宪法》第 38 条规定“中华人民共和国公民的人格尊严不受侵犯。禁止用任何方法对公民进行侮辱、诽谤和诬告陷害”；二是《民法通则》的原则规定，即《民法通则》第 101 条关于“公民、法人享有名誉权，公民的人格尊严受法律保护，禁止用侮辱、诽谤等方式损害公民、法人的名誉”的规定；三是《残疾人保障法》《未成年人保护法》《消费者权益保护法》等单行法的相关具体规定，如 1993 年《消费者权益保护法》第 43 条规定：“经营者违反本法第二十五条规定，侵害消费者的人格尊严或者侵犯消费者人身自由的，应当停止侵害、恢复名誉、消除影响、赔礼道歉，并赔偿损失”等内容。[②]

后两种形式其实都具有将人格尊严这一宪法所赋予的基本权利不断地具体化并通过民法予以认可与救济的意义，是一般人格权的立法依据。最高人民法院《关于确定民事侵权精神损害赔偿责任若干问题的解释》第 1 条规定：“自然人因下列人格权利遭受非法侵害，向人民法院起诉请求赔偿精神损害的，人民法院应当依法予以受理：……（三）人格尊严权、人身自由权。违反社会公共利益、社会公德侵害他人隐私或者其他人格利益，受害人以侵权为由向人民法院起诉请求赔偿精神损害的，人民法院应当依法予以受理。”该司法解释也为我国在司法审判实践中对一般人格权的保护提供了法律依据。

（二）侵害同性恋者人格尊严的侵权责任承担

1. 适用的法律

认定为同性恋者治疗的行为为侵权行为，应当适用《侵权责任法》第 54 条

---

① 郑立军：《一般人格权受侵害的认定方法探讨》，《四川师范大学学报（社会科学版）》，第 38 卷第 6 期。

② 杨立新：《人格权法》，法律出版社 2011 年版，第 282 页。

关于“患者在诊疗活动中受到损害，医疗机构及其医务人员有过错的，由医疗机构承担赔偿责任”的规定。这一规定是医疗损害责任的一般条款，它既包含医疗伦理损害责任（第55条）、医疗技术损害责任（第57条）和医疗产品损害责任（第59条），也包括医疗管理损害责任（第54条本身）。[①] 为同性恋者治疗行为，从行为的性质上观察，应当属于医疗伦理损害责任，但是该行为与《侵权责任法》第55条规定的医疗伦理损害责任的表述有所不同，即应当说明而未说明的医疗损害责任，因此，应当将其概括在第54条医疗损害责任一般条款的范围之内。因此，认定为同性恋者治疗行为为侵权行为，为《侵权责任法》第55条、第57条和第59条的具体规定所不容纳，因而应当适用第54条法律规定确定侵权责任。

2.侵权责任构成

按照《侵权责任法》第54条规定，医疗损害责任的归责原则为过错责任原则，为同性恋者治疗的行为也应当适用过错责任原则，其构成要件为违法行为、损害事实、因果关系与过错四个要件。

为同性恋者治疗的行为，是发生在医疗领域中的医疗行为，该行为的主要表现，是将同性恋者作为患者对待，进行心理的或者生理的医疗行为。这种行为的违法性表现在，将并非疾病状态的同性恋行为认定为疾病，并且对其进行治疗，违反医疗机构的职责，违反对同性恋者人格尊严的不可侵义务，具有违法性。

对同性恋者治疗的行为造成的损害，主要是同性恋者的精神损害，是对同性恋者的精神利益的损害，这就是将同性恋作为疾病对待，并对同性恋者进行治疗，使同性恋者的人格尊严降低，致使其精神利益受到损害。当然，也存在健康利益受到损害的情形，如果对同性恋者进行治疗中，使用电击等治疗方法，致使被治疗者造成人身损害，同样构成损害事实的要件。

对同性恋者治疗的因果关系要件，表现在医疗机构对同性恋者进行治疗的行为与同性恋者的精神损害或者人身损害的后果之间，具有的引起与被引起的关系。其中，为同性恋者进行治疗的违法行为是原因，与被治疗的同性恋者的精神

① 杨立新：《侵权法论》上册，人民法院出版社2013年第5版，第573-585页。

损害或者人身损害的后果之间，具有引起与被引起的因果联系。符合这一要求，即构成侵权责任中的因果关系要件。

为同性恋者治疗侵权责任的主观要件，主要是故意，即明知同性恋不是疾病，为营利目的而执意为其治疗。当然也存在过失的情形，即因疏忽或者懈怠而不知同性恋为疾病。无论故意或者过失，都构成这种侵权责任。

3. 为同性恋者治疗的侵权损害赔偿责任

为同性恋者进行治疗，符合上述侵权责任构成要件的，医疗机构应当承担侵权责任。

医疗机构为同性恋者进行治疗的主要责任方式，是损害赔偿，包括精神损害赔偿和人身损害赔偿。对此，精神损害赔偿是常态，因为为同性恋者进行治疗造成的主要损害后果，是同性恋者的精神损害，应当依照《侵权责任法》第 22 条规定确定赔偿责任。同时造成了同性恋者的人身损害的，还应当依照《侵权责任法》第 16 条规定承担人身损害赔偿责任。

医疗机构应当承担停止侵害、赔礼道歉、消除影响、恢复名誉的，应当依照《侵权责任法》第 15 条规定，确定应当承担的责任方式。

四、搜索引擎推广对同性恋者治疗是否适用《消费者权益保护法》

（一）搜索引擎推广对同性恋者治疗的宣传属于虚假广告

虚假广告有狭义和广义两者之分，狭义的虚假广告仅指存在商业性的、虚假的欺诈性广告；广义的虚假广告除了商业性方面外还包括公益广告、中介性广告及科普知识广告等非商业性的广告。随着互联网事业的蓬勃发展，很多与传统形式不同的新型广告层出不穷，以网络为载体的广告受众面极广，但相对价格却很低廉，网络虚假广告的侵权事件也频频发生。但无论是何种类型的虚假广告，都有一个共同点，即该广告可以对消费者产生误导，并使该消费者因信任该广告而受到欺骗。

结合本案件来看，原告是通过百度搜索引擎的“百度推广”服务查找到被告

心理咨询中心的。类似“百度推广”的服务是否属于商业广告呢？百度公司在其网站上对“百度推广”的定义为：“企业在购买百度推广服务后，通过注册提交一定数量的关键词，其推广信息就会率先出现在网民相应的搜索结果中。简单来说就是当用户利用某一关键词进行检索，在检索结果页面会出现与该关键词相关的广告内容。由于关键词广告是在检索特定关键词时，才出现在搜索结果页面，会出现与该关键词相关的广告内容。百度按照实际点击量收费。”在百度百科中，百度公司对百度推广的介绍是：“百度的搜索推广的模式是许可式的广告，……百度推广是一种投资回报率最高的广告模式。”[①] 依此可以清楚看到，“百度推广”是商品经营者或者服务提供者承担一定费用，通过百度搜索引擎这个媒介，介绍自己的商品或者服务的一种商业广告。

既然“百度推广”的属性为商业广告，那么为同性恋者进行矫正治疗的商业广告是否可定性为虚假广告呢？本案原告通过“同性恋治疗”等关键字搜索，百度推广优先推荐了被告心理咨询中心，并且该被告心理咨询中心明确表示其可进行同性恋矫正治疗，并对原告使用电击方法进行了治疗。既然同性恋不是病，早就从世界卫生组织以及我国卫生部的相关文件中删除，那么就不需要被做任何形式的矫正治疗，因而该矫正治疗的实质是对同性恋者的歧视以及对其人格尊严的侵害。虚假广告的共同点是对消费者的欺骗性和误导性。同性恋本不是病，并且目前尚无任何科学证明这一自古便存在的现象是可以被医学所矫正的，对相关矫正治疗的宣传明显具有对同性恋者以及其家属等的欺骗与误导。因此，可以认为为该矫正治疗所做的宣传，是一种借助于网络载体的虚假广告。

（二）对虚假医疗侵权行为的宣传是否适用《消费者权益保护法》

涉及本案另外的争议焦点，是为该心理咨询中心的虚假医疗侵权行为的宣传是否适用《消费者权益保护法》，矫正治疗是否为事实合同行为以及原告是否为消费者。根据《消保法》第 2 条的规定，所谓消费者，指为个人生活消费需要购买、使用商品和接受服务的自然人。这是因为分散的、单个的自然人，在市场中

① 百度百科：“百度推广”，http：//baike. baidu. com/view/129601. htm？ fr=aladdin，2014 年 10 月 3 日访问。

处于弱势地位，需要法律的特殊保护。认定是否为消费者的要件是“自然人”和“为个人生活消费而购买、使用商品或者接受服务”。

那么，本案中的原告是否属于消费者呢？首先，该心理咨询中心是一家以营利为目的的机构，与非营利性医疗机构为患者恢复健康所进行的医疗服务在本质上是完全不同的，其所从事的营业范围符合“为个人生活消费而接受的服务”这一内容。并且同性恋者长期受到来自社会家庭等多方面的压力，希望摆脱掉“同性恋”的心理压力。被告心理咨询中心通过“百度推广”虚假宣传，无科学根据地宣传对同性恋的矫正治疗技术并夸大其效果，误导同性恋者并使其为了摆脱长期的精神压力从而选择了接受矫正治疗。该法律关系为服务合同关系，原告的行为属于个人消费行为，双方之间属于消费服务关系，受到《消保法》相关规定的调整。被告心理咨询中心将不是疾病的同性恋当作精神障碍治疗，并在治疗过程中使用了电击疗法等，构成了对原告的侵害。所以该虚假医疗行为构成了对原告的侵权，百度公司对虚假医疗侵权行为的宣传也应当受到《消保法》的调整。

综上所述，原告应当认定为消费者，其与被告心理咨询中心之间构成服务合同关系。服务提供者被告心理咨询中心与广告发布者百度公司对同性恋矫正治疗这一虚假广告的宣传行为应当适用《消保法》相关规定的调整，并且按照《消保法》第 45 条规定承担侵权责任。

（三）对于涉及生命健康的虚假广告责任适用无过错责任原则

《消保法》第 45 条规定：“社会团体或者其他组织、个人在关系消费者生命健康商品或者服务的虚假广告或者其他虚假宣传中向消费者推荐商品或者服务，造成消费者损害的，应当与提供该商品或者服务的经营者承担连带责任。”这一规定确认在涉及生命健康的虚假广告中广告发布者的无过错责任。对于广告发布者发布涉及生命健康的虚假广告行为适用无过错原则，可以减轻消费者一方的举证负担，即消费者不需要对广告发布者的过错进行举证和证明，以更好地保护消费者的权益。

同性恋本身不是疾病，同性恋者是与其他人一样的正常人。本案中同性恋矫正治疗这一行为是非法医疗行为，其侵害了作为消费者的同性恋者的人格尊严和

健康权、身体权。被告心理咨询中心对同性恋的矫正治疗宣传，涉及同性恋者的生命健康的虚假广告。根据《消保法》的上述规定，对于涉及生命健康的虚假广告，广告发布者应承担无过错责任，与服务提供者一同承担连带责任。所以，本案中被告百度公司以“百度推广”这一商业广告形式为被告心理咨询中心的同性恋矫正治疗服务进行宣传的行为，已经构成了对关系到消费者生命健康的服务的虚假广告的推荐服务，并对消费者造成了一定的损害。作为以“百度推广”发布广告的百度公司应当对原告承担无过错责任，与该被告心理咨询中心一同承担连带责任。这是对消费者权益依法全面保护的体现。

（四）在一个连带责任中有的适用过错责任，有的适用无过错责任应当如何处理

在一个应当承担连带责任的侵权行为中，有的行为主体确定侵权责任适用过错责任，有的行为主体适用无过错责任，究竟应当怎样处理，未见明确的意见。在本案中，就存在这样的问题，即为同性恋者进行治疗，医疗机构应当承担过错责任，虚假广告应当承担无过错责任，究竟是应当“就低不就高”或者“就高不就低”，还是各自按照各自的归责原则确定责任，特别值得研究。

对此，有三种方案供选择。一是就高不就低，统一按照无过错责任原则确定医疗机构和广告商的侵权责任，这样的做法最有利于保护作为消费者的同性恋者，不利之处在于对医疗机构要求过高。二是就低不就高，既然对医疗机构都适用过错责任原则，对广告商也适用过错责任原则，这样的做法对保护消费者不利。三是各自按照各自的归责原则确定责任，最后实行连带责任。

我们认可第三种方案。这是因为，对同性恋者进行治疗的行为和广告商的虚假广告行为并非一个行为，不构成共同侵权行为，但是依照法律规定，两个行为人应当承担连带责任。既然如此，对于两个侵权行为应当按照各自的法律规定确定侵权责任，而不适用一个归责原则确定侵权责任。在确定侵权责任的时候，对医疗机构应当依照《侵权责任法》第 54 条规定适用过错责任原则，对广告商适用《消费者权益保护法》第 45 条规定适用无过错责任原则。对两个侵权行为各自确定构成侵权责任之后，实行连带责任，受到侵害的同性恋者可以依照《侵权责任法》第 13 条和第 14 条规定，请求医疗机构和广告商承担连带责任。

第七节　企业法人名誉权侵权责任的界限判定

一、企业法人名誉权侵权的典型案例

（一）典型案例的案情

原告：北京奇虎科技有限公司（简称奇虎公司）、奇智软件（北京）有限公司（简称奇智公司）。

被告：成都每日经济新闻报社有限公司（简称每经公司）、上海经闻文化传播有限公司（简称经闻公司）。

原告奇虎公司与奇智公司于2013年5月6日向上海市第一中级人民法院起诉称，每经公司于2013年2月26日在其经营的《每日经济新闻》第1996期第1—5版发布《360黑匣子之谜——奇虎360“癌”性基因大揭秘》系列专题报道，用大量篇幅污蔑原告产品的安全性，甚至认为360是网络社会的毒瘤。涉案报道于同时发布在经闻公司主办、每经公司享有版权的每经网首页。涉案报道极大损害了原告的良好商业信誉和企业形象以及产品的美誉度，给原告造成极大损失。请求判令：(1)每经公司、经闻公司立即停止侵权；(2)公开赔礼道歉，予以消除影响；(3)赔偿经济损失5 000万元。

被告每经公司辩称，其发布涉案报道主观上没有过错，客观上没有虚构，并无不当。涉案报道中评论不构成侵权，属于媒体正当行使监督批评权。

被告经闻公司辩称，涉案报道是每经公司依法履行媒体监督职能而采编的质疑、批评性报道，未超出媒体监督的合理限度，不具有侵权的主观意图。涉案报道涉及的主要事实属实，非虚构或者捏造事实，不构成侵权。

一审法院经审理查明：2013年2月26日，《每日经济新闻》第1996期第1—5版发布以《360黑匣子之谜——奇虎360“癌”性基因大揭秘》为主题的涉

案报道，该报道分为技术篇与商业篇，其中技术篇包括《360：互联网的癌细胞》《360产品内藏黑匣子：工蜂般盗取个人隐私信息》《360后门秘道："上帝之手"，抑或"恶魔之手"?》3篇专题报道，商业篇包括《360：互联网的"一枝黄花"》《360生意经：圈地运动与癌性扩张》《360制胜"秘籍"：神秘的V3升级机制》《360产品频遭卸载令背后：个人隐私自卫意识在觉醒》4篇专题报道。涉案报道称"360表现出两个粗暴：粗暴侵犯网民的合法权益（隐私权、知情权、同意权）、粗暴侵犯同行的基本权益，肆无忌惮地破坏行业规则，从而实现其'一枝黄花'式的疯狂成长。""360现象，不仅对行业有巨大的破坏性，对互联网秩序产生严重的破坏力，更是对整个社会产生'癌性浸润'。"涉案报道头版以"调查员独白"的形式，将360比作为小区提供免费服务的K保安公司，称"保安不仅在夫妇行房事时可以进行'免费欣赏'，他们在任何时候都可以自由进出业主的房间；他们不仅在小区的任何公共空间安装了监控系统，同时在业主室内的任何一个视角，都秘密安装了监控器。"在有争议的上述报道中，被告使用了"癌性基因""互联网的癌细胞""工蜂般盗取用户信息""肆无忌惮地破坏""癌性浸润""网络社会的毒瘤""此瘤不除，不仅中国互联网社会永无安宁之日，整个中国都永无安宁之日""'间谍'式地监控""反人类""通过偷梁换柱的方式掩盖其罪恶""一对并蒂的'恶之花'""癌式扩张""泄污管""强奸、强行插入、并且排射污物"以及"流氓"等十余处用语。

（二）法院的裁判理由

一审法院经审理认为：法人名誉权的核心是商业信誉，外在表现为企业的名称、品牌、产品和服务所获得的社会评价。本案证据表明，奇虎公司、奇智公司分别系涉案"360安全卫士"软件和"360安全浏览器"软件的著作权人，同时奇虎公司亦是360安全中心网的主办单位，是所有360软件的实际经营者，故奇虎公司、奇智公司对涉案软件享有共同的权利。综观涉案报道，大标题《360黑匣子之谜——奇虎360"癌"性基因大揭秘》、小标题使用"互联网的癌细胞""工蜂般盗取用户信息"等语句均揭示了整篇报道的强烈批判性立场，报道中还使用了"癌性基因""肆无忌惮地破坏""'一枝黄花'式地疯狂成长""癌性浸

润”“网络社会的毒瘤”“此瘤不除，不仅中国互联网社会永无安宁之日，整个中国都永无安宁之日”“‘间谍’式地监控”“反人类”“通过偷梁换柱的方式掩盖其恶行”“一对并蒂的‘恶之花’”“癌式扩张”等带有明显贬义的词汇、语句，并将360比作“监控业主夫妇房事”的“K保安公司”，还引用神秘人物的对话：“你知道你的电脑里有一根来自360的泄污管吗？V3通道！”“什么叫强奸？违背意志，强行插入，并且排射污物！这就是360的一贯行为。”“心想反正他们流氓推广不是一两桩。”文中的上述语言带有强烈的主观感情色彩和尖锐的攻击性，已经明显超出了新闻媒体在从事正常的批判性报道时应把握的限度。每经公司、经闻公司抗辩主张奇虎公司、奇智公司系在安全软件领域和互联网服务领域具备市场支配地位、个别领域具备垄断地位的企业，故其软件产品的性能及安全隐患等问题应当纳入公共领域，交由公众监督批评，奇虎公司、奇智公司应对此给予最大限度的容忍。一审法院认为，首先，每经公司、经闻公司仅以奇虎公司、奇智公司在互联网相关领域具有较高知名度、部分产品所占的市场份额较高即认定奇虎公司、奇智公司具备市场支配地位缺乏依据；其次，即使奇虎公司、奇智公司产品的安全性涉及公共利益，每经公司、经闻公司作为媒体有代表公众行使舆论监督的权利，但法律保护的是媒体正当的舆论监督，即媒体所持的立场应是客观中立的、所作的评论应是诚实善意的。而从前述列举的涉案报道的表述来看，显然已经超出了善意的公正评论的范畴，俨然是站在奇虎公司、奇智公司竞争者的角度对奇虎公司、奇智公司作出贬损描绘。特别是在指出相关360软件存在盗取用户隐私、暗留“后门”等重大问题时，涉案报道多处引用匿名网络人士及360竞争对手的观点、评论，却对于奇虎公司曾就这些问题作出的澄清及说明、已生效判决的相关认定只字不提，并在此基础上发布带有明显倾向性、定论性的评述。即使不考虑上述评论所依据的内容是否真实，这些评论也有违新闻媒体在从事舆论监督时应有的客观中立立场，存在明显的主观恶意，且必然对奇虎公司、奇智公司的商业信誉和产品声誉造成不良影响，构成对奇虎公司、奇智公司名誉权的侵犯。

根据《2012年〈每日经济新闻〉系列媒体平台版权声明》，《每日经济新闻》

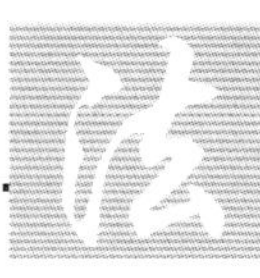

系列媒体包括每日经济新闻报、每经网、每经智库、移动客户端等平台，各平台享有的版权内容均仅限在每经网作为第一网络平台发布。未经每经公司书面授权许可，任何其他网站都无权使用每经网发布的享有版权的内容。从该声明可以看出，虽然每经公司、经闻公司系独立的经济主体，但每经公司出版的《每日经济新闻》和经闻公司经营的每经网实际上属于同一媒体的不同发布平台，涉案报道亦是在《每日经济新闻》纸质报纸和每经网同时发布，且网络平台的发布扩大了涉案报道的传播面，给奇虎公司、奇智公司造成了更加广泛的影响。故每经公司、经闻公司关于其只是涉案报道的网络转载者的辩称意见与实际情况不符，不予采纳。每经公司作为《每日经济新闻》的主办单位及每经网发布文章的版权所有人，经闻公司作为每经网的主办单位，同时发布涉案报道的行为应认定为共同侵权行为。一审法院判决每经公司、经闻公司应于判决生效之日起 10 日内停止销售 2013 年 2 月 26 日《每日经济新闻》第 1996 期报纸，删除每经网上的涉案报道及授权转载链接；每经公司、经闻公司应于判决生效之日起 10 日内连带赔偿奇虎公司、奇智公司经济损失及合理维权费用合计 150 万元；每经公司、经闻公司应于判决生效之日起 10 日内连续 10 日在《每日经济新闻》报纸第一版显著位置、每经网首页显著位置，连续 7 日在新浪网的财经和科技板块、搜狐网的新闻版块、中青在线网的法治新闻版块首页显著位置就其侵犯名誉权行为向奇虎公司、奇智公司赔礼道歉，消除影响。

每经公司、经闻公司不服原审判决，共同提出上诉称，原审法院在认定事实、适用法律方面均存在错误，故请求依法撤销原审判决。

奇虎公司、奇智公司共同答辩称，150 万元赔偿金额尚不足以弥补奇虎公司、奇智公司的实际经济损失。每经公司、经闻公司的不实报道已经构成侵权，其上诉事由缺乏事实与法律依据，原审判决认定事实清楚，适用法律正确，故请求驳回上诉，维持原判。

二审法院经审理查明，一审法院查明的本案法律事实基本属实，本院予以确认。本案二审争议焦点在于每经公司、经闻公司刊发并登载的涉案报道对于奇虎公司、奇智公司的名誉权是否构成侵害以及基于该侵权行为应当承担的民事责

任。综观数篇报道文章的内容，可以确定上述报道文字引用普遍存在尖锐苛刻、个别存在使用侮辱性语言的现象，已经超出了新闻媒体正常行使批评监督的界限，依法已经构成对奇虎公司、奇智公司名誉权的侵害。至于上述报道的内容实质是否亦构成严重失实，因涉及的相关技术问题尚无明确结果，同时亦非本案审理的范畴，故本院不作定论。每经公司、经闻公司因侵权而产生的民事责任，可依据《侵权责任法》第15条规定的方式予以承担。关于赔偿损失的金额确定，依据相关司法解释的规定，因名誉权受到侵害使生产、经营、销售遭受损失予以赔偿的范围和数额，可以按照确因侵权而造成客户退货、解除合同等损失程度来适当确定。每经公司、经闻公司的上诉事由，因缺乏必要的事实与法律依据，本院不予采信。原审判决认定事实清楚，适用法律正确，应予维持。故终审判决驳回上诉，维持原判。

（三）对本案的法理评析

对于本案，一审判决和二审判决在认定侵害法人名誉权的侵权责任界限上，做出了很大的努力，分清了媒体侵害法人名誉权的报道与公正评论抗辩事由的界限，具有重要的借鉴价值。在这方面，中国人民大学民商事法律科学研究中心与北京市海淀区人民法院和北京市朝阳区人民法院共同努力，经过三年的研究和实践，制定了《中国媒体侵权责任案件法律适用指引》（以下简称“指引”）这一具有软法性质的经验总结，对于判断媒体侵权案件，包括媒体侵害企业法人名誉权的案件，都具有较好的指导意义。[①] 在对本案的评论中，我会通过“指引”提出的一些认定媒体侵权责任的规则，讨论本案一审判决和二审判决在理论上和实践中的价值。

二、企业法人享有名誉权，禁止他人以任何形式予以侵害

企业法人是否享有名誉权，似乎并不是一个疑难问题，但学界否认法人享有

① 杨立新：《媒体侵权和媒体权利保护的司法界限研究：由〈媒体侵权责任案件法律适用指引〉的制定探讨私域软规范的概念和司法实践功能》，《法律适用》2014年第9期。

名誉权的主张并不少见，认为法人属于拟制人格，不享有实体的人格权[①]，通过否认对法人的精神损害赔偿责任而进一步否认法人的名誉权，特别是企业法人的名誉权。不过，这个问题并不复杂，因为《民法通则》第101条明确规定法人享有名誉权。本案一审判决书和二审判决书依据《民法通则》的上述规定，确认被告作为企业法人享有名誉权，并依法予以保护，并没有采纳这种学术主张。对此，在学者的民法典建议稿[②]以及2002年立法机关的民法草案中[③]，都予以肯定。奇虎公司与奇智公司都是依法成立的公司法人，由工商管理部门对其颁发营业执照，符合《民法通则》第37条规定的法人应当具备的必要条件，是我国适格的民事主体，因而都依照《民法通则》第101条规定享有名誉权。

"指引"第17条认为："名誉是指人们对自然人、法人或者其他组织的品德、才能及其他素质的社会综合评价。""名誉权是指自然人、法人或者其他组织就其自身属性和价值所获得的社会评价，享有的保有和维护的人格权。"[④] 奇虎公司和奇智公司对于上述关于自己的综合社会评价及名誉，享有保有、支配和维护的权利，这就是其享有的名誉权。

名誉权的性质是绝对权，是除了权利人之外其他任何人都负有不可侵义务的人格权。一审判决书确认："法人名誉权的核心是商业信誉，外在表现为企业的名称、品牌、产品和服务所获得的社会评价。"这个认定十分重要，也十分正确。企业法人尤其是互联网企业法人的名誉权，包括了商业信誉、产品声誉等诸多关乎企业法人发展命脉的重要人格因素，受到侵害，将会给权利人造成极为严重的人格损害，进而导致财产利益的损害。因此，所有的名誉权主体的义务人，即名誉权主体之外的任何自然人、法人，都负有不侵害权利人名誉权的义务。本案被告是媒体，尽管揭露违法、抨击不良社会现象是其职责，但同样必须遵守这样的

---

① 黄文熙：《浅论自然人人格权及法人人格权的本质》，《中国政法大学学报》2012年第5期。

② 第67条规定："法人享有名誉权。禁止以任何非法手段贬低、侮辱、毁损法人的名誉。"梁慧星主编：《中国民法典草案建议稿》，法律出版社2003年版，第13页。

③ 2002年《中华人民共和国民法草案》第4：1条第3款规定："法人的人格权包括名称、名誉、荣誉、信用等权利。"

④ 杨立新主编：《中国媒体侵权责任案件法律适用指引》，人民法院出版社2013年版，第11页。

义务，违反者即为违法，即应承担侵权责任。

应当看到的是，在我国互联网领域，由于科技发展迅猛，缺少必要的法律规范的引领，在同业竞争中存在较多的不规范问题。换言之，互联网企业之间的竞争比较激烈，是非、恩怨比较多，相互之间经常发生利益上的冲突，是非曲直较难判断。但是，这并不能否认互联网企业法人享有人格权，对互联网企业法人的名誉权同样需要依法保护。对于侵害互联网企业法人名誉权的行为，应当依法判断，构成侵权的，必须予以法律制裁，承担侵权责任。对无序竞争中的互联网企业法人之间的纷争，通过侵权责任法的适用，划清其中合法与非法的界限，支持正当行使权利的互联网企业法人的行为，保护其合法权利，确认不正当竞争的违法行为以及其他侵权行为，并责令行为人承担相应的侵权责任，才能够维护互联网企业法人之间的正当竞争和良性发展，规范社会秩序，促进互联网不断发展，推动社会经济文化不断进步。

正因为如此，法人包括企业法人特别是互联网企业法人，依照《民法通则》第120条和《侵权责任法》第2条、第3条规定，在其名誉权受到他人侵害时，有权向法院要求“停止侵害，恢复名誉，消除影响，赔礼道歉，并可以要求赔偿损失”“有权请求侵权人承担侵权责任”，并根据《侵权责任法》第6条第1款规定，正确认定侵权责任构成。奇虎公司和奇智公司在其享有的名誉权受到侵害时，依照上述法律规定，有权起诉侵权人，维护自己的名誉权，救济造成的财产损害，法律应当予以支持。

对于奇虎公司和奇智公司作为共同原告起诉的合法性，一审判决书认定：“两原告分别系涉案‘360安全卫士’软件和‘360安全浏览器’软件的著作权人，同时奇虎公司亦是360安全中心网的主办单位，是所有360软件的实际经营者，故两原告对涉案软件享有共同的权利。此外，两原告系共享‘奇虎360’这一品牌的关联公司，对‘奇虎360’品牌商誉、商品信誉的损害会同时造成两原告社会评价的降低，且该实际损害具有不可分割性。”“故两原告在本案中作为共同原告提起诉讼并无不当。”奇虎公司和奇智公司是两个权利和利益密切相关的关联公司，在其社会评价降低、名誉受损的事件中，造成的损害也密切关联，因

而具有诉讼上的密切联系，作为共同原告起诉，维护其企业名誉权，符合法律规定。

三、认定侵害法人名誉权侵权责任的基本行为方式是侮辱诽谤

（一）判断媒体侵害名誉权的一般规则

媒体侵权属于一般侵权行为，适用过错责任原则。判定媒体的报道或者评论是否构成侵权责任，应当适用《侵权责任法》第 6 条第 1 款关于“行为人因过错侵害他人民事权益，应当承担侵权责任”的规定，媒体有过错则有责任，无过错则无责任。“指引”第 24 条认为：“媒体侵权属于一般侵权行为，适用过错责任原则，依照侵权责任法第 6 条第 1 款规定确定侵权责任。媒体有过错则有责任，无过错则无责任。”这样的意见是正确的。

曾经有人抱怨，《侵权责任法》没有规定媒体侵权责任的认定规则，仅仅是在第 36 条规定了网络侵权责任规则。这种意见其实是对我国《侵权责任法》的不了解。我国《侵权责任法》第 6 条第 1 款规定了侵权责任一般条款，凡是适用过错责任原则的一般侵权行为，都不再作具体规定，直接适用该款关于过错责任的原则规定，即可认定媒体侵权责任，因为这一条款与《法国民法典》第 1382 条的性质是一样的，包含所有适用过错责任原则侵权责任的请求权。凡是适用过错责任原则的一般侵权行为，被侵权人应当依据该条规定提出诉讼请求，法院也应当直接适用该条规定确定侵权责任。对此，本案一审判决书适用《民法通则》第 120 条规定确定侵权责任，有值得商榷之处，因为《侵权责任法》对此规定了更为直接的侵权请求权的法律基础。正确的做法是直接引用《侵权责任法》的这一规定，或者在引用《民法通则》第 120 条的同时，还应当引用《侵权责任法》第 6 条第 1 款，据此确定被告是否具有侵害企业法人名誉权的故意或者过失，确定是否承担侵权责任。

在法律适用上，本案还应当适用《民法通则》第 101 条规定，确认被告侵权行为的基本行为方式。该条规定侵害名誉权的主要方式，一是诽谤，二是侮辱。

媒体侵害企业法人的名誉权同样如此。“指引”第34条对于诽谤行为，第35条对于侮辱行为，都作出了比较准确的定义。这些意见都是经过司法实践检验的经验，应当借鉴。如果媒体发表的报道或者评论具有侮辱或者诽谤行为，就违反了作为名誉权义务人的不可侵义务，构成侵害企业法人名誉权的侵权行为。

（二）认定每经公司实施侮辱行为的依据

《每日经济新闻》在其2013年2月26日集中发表的涉案报道中，对原告使用的有关侮辱言辞主要是：

1.宣称本案原告企业罹患癌症，对原告的人格尊严进行贬损

本案涉案报道使用的言辞是：“癌性基因”“互联网的癌细胞”“癌性浸润”“癌式扩张”，并宣称原告是“网络社会的毒瘤”“此瘤不除，不仅中国互联网社会永无安宁之日，整个中国都永无安宁之日”。众所周知，作为自然人，如果罹患癌症可能就是不治之症，很难经医治取得疗效。对于一个企业法人，特别是正常发展的互联网企业法人，宣称其罹患癌症，将其称为网络社会的毒瘤，此瘤不除，中国互联网社会以及整个中国都将永无安宁之日，无疑严重贬损了原告的人格尊严，致使其社会评价降低。

2.对原告的企业行为贬损为盗取、破坏、疯狂，损害了原告的企业形象

涉案报道使用诸如“工蜂般盗取用户信息”“肆无忌惮地破坏”“‘一枝黄花’式地疯狂成长”的言辞形容原告的企业行为，是无中生有地对原告的企业形象和商业信誉进行诋毁，降低其社会评价。

3.对原告的人格进行恶意诋毁

对于一个依法注册、合法经营的企业法人，冠以“反人类”“通过偷梁换柱的方式掩盖其罪恶”“一对并蒂的‘恶之花’”等言辞，直接针对的是企业法人的人格尊严，将原告称为反人类、罪恶、恶之花，其恶意程度之深，非法律人士均可判断。

4.使用下流语言贬低原告的企业品格，丑化企业法人的人格

涉案报道使用的贬损言辞是：“‘间谍’式地监控”“监控业主夫妇房事”的“K保安公司”“泄污管”“强奸、强行插入、并且排射污物”“流氓”等。这些言

辞绝非正常人所使用的评价语言，非出于恶意，不可能使用这样具有强烈的贬损、丑化原告人格的下流、低贱语言，去评价一个正当的企业法人。

综上所述，本案被告在涉案报道中使用上述言辞的恶意攻击性质，远远超出了媒体新闻报道和新闻批评的应有尺度。可以说，在一个具体的对企业法人进行侮辱的案件中，集中地、大量地使用如此之多的丑化人格、贬损尊严、刻意损害企业法人的社会评价的案例，是很少见的。

“指引”第35条对侮辱的定义是：“媒体用语言或者行为损害、丑化他人人格，应认定为侮辱，构成侵权。侮辱一般不包括具体的事实，一旦涉及事实，也应当是并非虚构或捏造的事实。”这是经过实践检验的认定侮辱行为的司法经验。在上述这些语言中，具备了损害、丑化企业法人人格的性质，并且达到了严重的程度。具有这种人格贬损程度的词语，有一句即可构成侮辱，在一个专题报道中集中使用十几句这样的侮辱语言，足以证明侮辱行为的严重程度。一审判决书认定被告“发布带有明显倾向性、定论性的评述，即使不考虑上述评论所依据的内容是否真实，这些评论也有违新闻媒体在从事舆论监督时应有的客观中立立场，存在明显的主观恶意，且必然对两原告的商业信誉和产品声誉造成不良影响，构成对两原告名誉权的侵害”。这样的认定是完全正确的。

应当进一步指出的是，本案被告的行为实际上还侵害了原告的信用权。“指引”第18条指出：“信用是指民事主体对其具有的经济能力在社会上所获得的相应的信赖与评价。”“信用权是指自然人、法人或者其他组织就其所具有的经济能力在社会上获得的相应信赖与评价，所享有的保有和维护的人格权。”2002年《民法（草案）》也规定了信用权，特别规定了法人的信用权。在市场经济社会，企业法人的信用权具有更为重要的经济意义，侵害其信用权，会造成被侵权人的严重经济损失。对此，本案原告的损害后果中也确有实际表现。[①]“指引”第36条认为：“信用利益的损害包括两个方面，一是社会经济评价的降低，二是公众经济信赖的毁损。这两种损害多是结合在一起的，但有时经济信赖的毁损能够单独存在。”“与名誉利益损害事实相比较，信用利益的损害也表现为社会评价降

① 杨立新主编：《中国媒体侵权责任案件法律适用指引》，人民法院出版社2013年版，第11页。

低，但这种社会评价降低专指经济能力的社会评价和公众信赖的降低。因此，即使报道真实事实但造成民事主体的社会经济评价降低、公众经济信赖毁损后果的，也构成侵害信用权，并不受关于事实基本真实抗辩规定的限制。”① 这样的意见值得重视。

（三）关于认定每经公司报道事实失实构成诽谤的依据

对于本案每经公司涉案报道的事实失实问题，一审判决书认定：“在相关技术问题尚无定论的情况下，虽难以认定涉案报道的内容存在严重失实，但涉案报道夸大事实、引导读者对尚无定论的问题产生确定性结论的做法，已构成对两原告名誉权的侵犯。”

关于事实失实构成诽谤的法律适用规则是，媒体故意歪曲事实进行不实报道，或者因过失未尽合理审查义务导致不实报道的，都构成媒体侵权责任。判断报道是否失实的标准，是事实基本真实，报道内容是属于依一般人的认识能力判断，有可以合理相信为事实的消息来源作依据，即为真实报道。在涉及社会公共利益的事件报道中，即使存在些许错误，判断是否构成侵权，也应以媒体及记者、通讯员等在主观上存在恶意为要件。报道或言论确有失实的，应当区分主体失实和细节失实。细节失实一般不会影响受众对人或事本身是非善恶的判断评价。细节构成媒体报道重要组成部分，且存在诽谤、侮辱他人内容的，应认定构成媒体侵权。因此，“指引”第 34 条对于诽谤下了一个比较符合实际情况的定义，即“媒体捏造事实，散布虚假的、足以使他人社会综合评价降低的言论，应认定为诽谤，构成媒体侵权。”“诽谤的判断标准是，事实虚假、已经公布及行为人具有故意或者过失。”② 根据以上司法经验，判断本案被告是否构成诽谤，应当依据本案涉案报道涉及的下述主要事实，即一是关于 360 软件的技术问题，二是关于 360 公司存在不正当竞争问题。

第一，对于涉案报道涉及 360 软件的技术问题，原告主张的事实是，360 软件经过中国人民解放军信息安全测评认证中心、公安部计算机病毒防治产品检验

① 杨立新主编：《中国媒体侵权责任案件法律适用指引》，人民法院出版社 2013 年版，第 18 页。

② 杨立新主编：《中国媒体侵权责任案件法律适用指引》，人民法院出版社 2013 年版，第 18 页。

中心、公安部计算机信息系统安全产品质量监督检验中心、中国信息安全测评中心以及中国软件测评中心等专业机构的技术认证，确认360软件具有科学性和安全性。在我国，这些认证机构的认证具有权威性、正式性和肯定性。如果推翻上述认证，认定360软件有技术问题，须有更加权威的机构的技术认证，或者上述认证机构推翻自己的认证结论，方可确认，否则，在上述认证机构的认证基础上，不能认为360软件存在技术问题。在本案中，被告仅以网络化名人士、且身份不明的所谓“独立调查员”的现场演示，以及属于民间组织、并无从事软件检测法定资质的IDF实验室的检测报告作为证据，否定360软件的科学性、安全性等，明显不能对抗前述权威认证机构的认证结论。在此基础上，涉案报道宣称360软件存在严重的技术问题，恶意夸大或者强化某些技术现象，引导原告的消费者群体误信涉案报道的内容，臆想出造成侵害消费者隐私的严重后果，不能对抗上述权威认证机构的认证结论，属于报道严重失实，损害了原告的商业信誉、商品声誉和社会评价，构成诽谤。

第二，关于被告主张360公司存在不正当竞争的事实问题。360公司确实存在过不正当竞争行为，并经法院生效判决确定，但是，涉案报道对此的报道内容尽管有一定的事实依据而非凭空捏造，但报道360公司进行不正当竞争的相关技术手段的分析认证，以及得出的结论缺乏权威性，进行恶意夸大，都是不公正的，且在选取之前媒体报道只选择对原告不利的负面报道，予以特别的夸张和强调，在主观上存在明显的倾向性，并以确定性、批判性的结论陈述相关结论，也存在事实失实的问题，且具有损害原告社会评价的主观恶意，具有诽谤性。特别是结合本案被告的恶意侮辱行为以及构成侵权的其他行为，可以判定，对此的夸大性报道，绝不是单纯的独立行为，而是构成侵害原告名誉权的整体行为。一审判决书对此认定，“虽难以认定涉案报道的内容存在严重失实，但涉案报道夸大事实，引导读者对尚无定论的问题产生确定性结论的做法，已构成对两原告名誉权的侵犯”，客观公正，有说服力，本书予以赞同，应当确认被告涉案报道中有关不正当竞争问题的相关事实也构成报道事实失实。

如前所述，诽谤的构成须具备三个要件，一是虚假事实，二是予以公布，三是具有故意或者过失。本案被告的涉案报道关于360技术问题的内容，一审判决已经确认其严重失实，关于不正当竞争问题，尽管有一定的事实基础，但仍然构成严重失实，因而具备诽谤的第一个要件；第二，涉案报道已经公开发表，具备公布的要件；第三，对涉案报道的整体事实和语言，被告具有侵害原告名誉权的主观恶意，其中当然包括诽谤的恶意。因而，认定本案被告的涉案报道构成诽谤，不存在任何问题。

对于上述问题，二审判决书认为，“至于上述报道的内容实质是否亦构成严重失实，因涉及的相关技术问题尚无明确结果，同时亦非本案审理的范畴，故本院不作定论”，尚嫌保守，态度过于谨慎。但是，由于被告行为已经构成侮辱，证据充分，足以认定构成侵害企业法人名誉权的侵权责任，当然不必在不够稳妥的问题上冒险，因而忽略不计，是完全可以理解的。

四、不符合构成公正评论抗辩事由要件要求的应当认定为侵权

本案被告在诉讼中的主要抗辩事由，是涉案报道属于公正评论，而原告系在安全软件领域和互联网服务领域具备市场支配地位、个别领域具备垄断地位的企业，故其软件产品的性能及安全隐患等问题应当纳入公共领域，交由公众监督批评，原告应对此给予最大限度的容忍。

在媒体侵权责任纠纷诉讼中，给媒体以适当的“喘息”空间，便于其行使舆论监督的权利，批评社会不良现象，张扬公共道德，促进社会文明发展，是完全正确的。[①] 据此，应当给予媒体主张符合法律规定的抗辩事由的权利，以对抗不当的侵权诉讼请求。“指引”专设媒体抗辩事由一章，强调审理媒体侵权责任案件，法官应当特别注意审查媒体一方提出的抗辩事由是否能够认定。这是保障媒体的权利，保护《宪法》第35条规定的言论出版自由的重要内容。确认某种抗辩事由是否成立，应当依照该种抗辩事由的构成要件的要求进行判断。法官确认抗辩事由成立的，应当根据抗辩事由对抗原告侵权请求权的作用，免除或减轻媒

① 杨立新：《名誉权的“膨胀”与“瘦身”》，《方圆法治》2005年2月15日。

体的侵权责任。媒体故意以违反公共利益或者违背善良风俗的方式传播信息，不得主张相关的抗辩事由对抗被侵权人的媒体侵权责任诉讼请求。①

在本案中，每经公司和经闻公司以公正评论作为自己的抗辩事由，对抗原告的侵权诉讼请求。对此的规则是，媒体侵权责任的抗辩事由须由媒体在诉讼中提出主张，并且承担举证责任，证明自己提出的抗辩事实成立；抗辩事由为非事实主张的，则由法官依职权直接进行判断，无须当事人举证证明。我的看法如下。

第一，公正评论确实是媒体侵权的正当抗辩事由。对于如何判断公正评论，我们的意见是，评论是媒体结合重要的新闻事实，针对普遍关注的实际问题发表的论说性意见。评论不是事实，是意见、看法。公正评论是对抗媒体侵权诉讼请求的正当抗辩事由，媒体不承担侵权责任。公正评论的构成要件，一是评论的基础事实须为公开传播的事实，即已揭露的事实，而不能是由评论者自己凭空编造的事实；二是评论的内容没有侮辱、诽谤等有损人格尊严的言辞；三是评论须出于公共利益目的，没有侵权的故意。本案被告涉案报道完全不符合公正评论抗辩事由构成要件的要求。首先，本案涉案报道的基础事实并非为已经公开传播的事实，亦非已揭露的事实，而是被告根据自己的推测揭载的事实，尤其是依据匿名记者根据匿名评论人的意见作为依据，已经超出了评论基础事实须为公开传播的事实的范围，包括了自己公布的事实。其次，报道和评论的内容具有大量的侮辱、诽谤等有损人格尊严的言辞，完全不符合上述第二项构成要件的要求。再次，不符合评论须出于公共利益目的，没有侵权的故意的第三项构成要件的要求，被告的评论并非出于公共利益目的，而具有侵权的恶意。因此，涉案报道的内容不构成公正评论，不能据此免除其侵权责任。一审判决书认定涉案报道“显然超出了善意的公正评论的范畴”，是完全正确的。

第二，涉案报道在媒体侵权中，实际上涉及的是新闻批评是否构成侵权的问题。我们认为，判断新闻批评是否构成媒体侵权的基本依据，是事实是否真实和是否存在侮辱他人人格的内容。其一，批评所依据的事实基本真实，没有侮辱他人人格的内容的，不构成媒体侵权。其二，批评所依据的事实基本属实，但有侮

① 杨立新主编：《中国媒体侵权责任案件法律适用指引》，人民法院出版社 2013 年版，第 21 页。

辱他人人格的内容，使他人名誉受到损害的，构成媒体侵权。其三，批评所依据的事实失实且批评者负有责任，使他人名誉受到损害的，构成媒体侵权。本案的涉案报道属于新闻批评，但是涉案报道中既有侮辱原告人格的内容，又有失实的事实，且有主观恶意，使原告的名誉权受到侵害，当然构成侵权责任。依此认定本案被告构成媒体侵权责任，也是没有问题的。

在司法实践中判断正当评论失当的依据，“指引”第38条和第40条分别规定了“新闻批评失当”和“媒体评论依据缺失或不当”的侵权责任构成。对于前者，判断新闻批评是否构成媒体侵权，判断的基本依据是事实是否真实和是否存在侮辱他人人格的内容。批评所依据的事实基本真实，没有侮辱他人人格的内容的，不构成媒体侵权。批评所依据的事实基本属实，但有侮辱他人人格的内容，使他人名誉受到损害的，构成媒体侵权。批评所依据的事实失实且批评者负有责任，使他人名誉受到损害的，构成媒体侵权。[①] 对于后者，媒体的评论缺乏事实依据或严重不当，并有恶意借机侮辱、诽谤的，构成侵权责任。评论的对象在一般情况下应限定于特定的制度、事件或作品本身，以及人的行为，不应任意扩大其评价范围。评论依据的事实虽然基本真实，但故意断章取义、逻辑缺省，恶意得出不公正结论或基于明显的利益关系进行不当推测的，构成侵权。这些意见可供司法实践中参考。

五、经闻公司与每经公司的行为具有共同恶意，构成共同侵权行为

我认为，原告主张经闻公司与每经公司承担共同侵权行为的连带责任，最主要的依据有两点。第一，《每日经济新闻报》与每经网等同属于每日经济新闻系列媒体，该系列媒体中的任何媒体享有的版权内容均仅限于在每经网作为第一网络平台发布，二者具有密切的利益关联。第二，即使《每日经济新闻报》发表的报道，每经网属于转载，每经网在转载中具有恶意，也构成共同侵权行为。一审判决书对于前一理由已经认定，确认“被告经闻公司关于其只是涉案报道的网络

① 杨立新主编：《中国媒体侵权责任案件法律适用指引》，人民法院出版社2013年版，第19、20页。

转载者的辩称意见与实际情况不符，本院不予采纳”，也是正确的。

对于转载者的抗辩也应当进行分析。关于转载作为媒体侵权责任的抗辩事由，确实能够部分对抗侵权责任请求，是减轻侵权责任的抗辩。但是，转载的构成要件，一是须有合理的转载来源，作品须转载于其他媒体或者出版单位，而非媒体自己采制或者自己的通讯员撰写；二是转载的作品须与原作内容一致，无转载者添加、删减、篡改、伪造的内容或者标题；三是转载作品中没有作为媒体职业要求明显可以判断的虚假事实或者侮辱、诽谤语言。当媒体转载的他人报道不仅有明显可以判断的虚假事实、诽谤侮辱语言，且与被转载媒体具有密切关联性，能够明显判断其具有侵权恶意时，可以确认转载者与被转载者具有侵权的共同故意。基于每经网与《每日经济新闻报》之间的密切关系，特别是《2012 年〈每日经济新闻〉系列媒体平台版权声明》，每经公司和经闻公司之间在实施侵害本案原告名誉权的侵权行为中，具有共同故意。

本案一审判决书“对原告所述涉案报道系被告有预谋的整体侵权行为，本院不予认定”，否定了二被告的侵权共同故意。对此，我认为：第一，以涉案报道在被告的主观上具有恶意，认定原告的这一主张，并无特别的障碍。第二，从涉案报道的制作、发布、体例、篇章结构、标题、语言特点等方面观察，涉案报道系有意策划、积极主动地实施针对原告的名誉侵权行为，这样的主张有事实依据，因而成立共同故意。

《侵权责任法》第 8 条规定：“二人以上共同实施侵权行为，造成他人损害的，应当承担连带责任。”按照最高人民法院的司法解释，二人以上具有共同故意或者共同过失的，构成共同侵权行为；二人以上既没有共同故意也没有共同过失，但其行为直接结合，造成同一个损害结果的，也构成共同侵权行为。一审判决书对此比较谨慎，没有认定二被告构成具有共同故意的共同侵权行为，但并不否认二被告的行为构成共同侵权行为，也是完全可以理解的。一审判决书和二审判决书确认，每经公司作为《每日经济新闻》的主办单位即每经网发布文章的版权所有人，经闻公司作为每经网的主办单位，同时发布涉案报道的行为构成共同侵权行为，须承担连带责任，是完全正确的。

第八节　侵害配偶权的精神损害赔偿

一、侵害配偶权精神损害赔偿的演变

破坏婚姻关系，按照习惯上的说法，叫做“第三者插足”。在历史上，对于破坏婚姻关系的行为人予以法律制裁，有一个长期的演进过程。

在群婚时代，乃至对偶婚时代，婚姻关系当事人相对不确定，一般不存在破坏婚姻关系行为。

在一夫多妻和一夫一妻时代的早期，婚姻关系主体是固定的，对于破坏婚姻关系行为，法律和习惯都予以制裁。这种制裁，确认女子通奸为不贞，应对通奸女子予以严厉的制裁，包括肉刑乃至于生命刑，甚至可以由丈夫将通奸之妻交由男性朋友轮奸，以示惩罚。对于男子通奸，一般不认为是严重的违法行为，在习惯上和观念上大部分不予以追究，但对于卑奸尊、与皇亲贵族女性通奸者，则须予以刑罚制裁。

随着社会的发展，这种男女不平等的做法逐渐改变，立法对通奸者予以刑罚制裁的方法被调整，以保护合法的婚姻关系，但多数以亲告罪方式规范，不告不理。在我国，1979 年以前，即采此种方法，对破坏婚姻关系的行为人，以“妨害婚姻家庭罪”罪名，追究刑事责任。

以刑罚方法追究破坏婚姻关系行为人刑事责任的做法，近现代先进立法均不采，而是以民事责任对破坏婚姻行为人予以制裁。

对于破坏婚姻关系行为追究民事责任，经历了三个不同的演变阶段。

（一）以侵害夫权保护阶段

在古代，一般将破坏婚姻关系行为确认为侵害夫权的行为。在近代，也有这种做法。早期的夫妻身份关系，为夫权关系，夫享有夫权，妻是夫权的客体，受

夫权的支配。妻负有与夫同居的义务，夫享有与妻同居的权利。妻与他人通奸，就妻及通奸者而言，是对夫权的蔑视和破坏，因此是侵害夫权行为。侵害夫权，一般要由行为人向受害人支付赎金，相当于赔偿金。由于妻是夫权的客体，夫与他人通奸，对妻而言，则无所谓对婚姻关系的破坏。

以侵害夫权追究破坏婚姻关系行为人的民事责任，是男女不平等制度的产物。

（二）以侵害名誉权保护阶段

第二个过程，是对破坏婚姻关系的行为认定为侵害名誉权责任，依照侵害名誉权的法律规定处理。例如，大陆法认为，婚姻关系是一男一女终生共同生活体，它含有人格的因素，应当适用有关人格权的法律规范。所以，妨害婚姻关系情节严重的，可以认为侵害了受害配偶的人格权，从而可以依照法律的规定请求损害赔偿。我国台湾地区学者认为："配偶与第三人通奸，受害配偶感到悲愤、羞辱、沮丧，其情形严重者，可谓为名誉权受到侵害，虽非财产上之损害，亦得请求相当之慰抚金。"[①] 在实践中，大陆法多数国家也以名誉损害责令这种行为人承担损害赔偿责任。德国在审判实践中，不仅对妨害婚姻关系的第三人追究名誉损害赔偿责任，而且在该婚姻关系依法解除后，还可以对有过错的配偶追究名誉损害赔偿责任。

认定破坏婚姻关系行为为侵害名誉权，从侵权责任构成要件上分析，也是成立的，这主要表现在：

一是损害事实。妨害婚姻关系行为侵害的双重客体，既侵害了社会主义的婚姻关系，也侵害了该合法婚姻关系中无过错配偶的名誉权。对于前者，没有人持不同意见，但侵害社会主义婚姻关系并不是构成侵权行为的要件。对于后者，很多人持反对意见，在理论上又没有作更多的研究，没有引起重视。例如有人认为，妨害婚姻关系行为所侵害的，主要的是社会主义婚姻关系，无过错一方所受的名誉损害，或者是次要的，或者是没有受到损害。其实，这种损害客体是并列的，没有谁主谁从的问题。无过错配偶的名誉损害是客观存在的，不可否认。在

① 王泽鉴：《民法学说与判例研究》，第2册，中国政法大学出版社1997年版，第376页。

北方民间，如果丈夫的妻子与他人通奸，丈夫通常被称作“王八”“鳖头”“绿帽子”等，这足以证明他的名誉所受到的损害，虽然妻子的丈夫与他人通奸而对妻子没有什么贬称，但这只能说明民间对妇女名誉权的不重视，而绝不是说明她的名誉没有受到损害。妨害婚姻关系的名誉损害赔偿，其损害事实，就是配偶的一方与第三人通奸，而使配偶的另一方的名誉所遭到的损害。这种损害事实，可以在实践中采取推定方式，即通奸的事实存在，即可从中推定配偶另一方的名誉遭到损害。

二是违法行为。妨害婚姻关系的违法行为，就是以通奸的方式致使他人合法婚姻关系受到破坏的行为。这种违法行为具备 4 个特征：一是行为违反了国家的婚姻家庭法规；二是行为的方式只能由作为构成；三是行为的内容是通奸的事实；四是婚姻关系受到了破坏。不具备这 4 个特征，不构成妨害婚姻关系的违法行为。

三是因果关系。无过错配偶的名誉损害是由“第三者”与有过错配偶的妨害婚姻关系违法行为即通奸关系造成的。不是因此而造成的名誉损害，不构成这种侵权损害赔偿。

四是主观过错。妨害婚姻关系的违法行为人在主观上有意图违反现行婚姻法规，妨害合法婚姻关系的过错。这种过错是故意的，即明知国家保护合法的婚姻家庭关系，对方（或自己）的婚姻关系是受到国家法律保护的，却故意去实施妨害婚姻关系的行为；此外，在主观上放任受害人名誉损害结果的发生。过失则不构成该种行为的要件。

对破坏婚姻关系的行为认定为侵害名誉权，也有一定的民间基础。

在我国民间，也有通奸事实发生后受害配偶向“第三者”索取金钱赔偿的情形，这就是通常所说的“私了”形式。由于国家立法和司法解释都没有明文规定，司法机关又习惯上认为这种情况不适用损害赔偿方式解决，因而，民间的这种“私了”方式通常是暗中秘密地进行，民间的这种情况，可以说是实行妨害婚姻关系名誉损害赔偿的群众基础。

（三）以侵害配偶权保护阶段

第三个过程，是将破坏婚姻关系认定为侵害配偶权的民事责任。破坏婚姻关

系的行为，从客观上会造成侵害配偶一方的名誉权的损害，但是，这种损害结果是一种间接的结果，行为所直接侵害的客体，是配偶权，造成的直接损害结果，是配偶身份利益的损害。因此，依破坏婚姻关系行为的实质，认其为侵害配偶权的侵权行为，是最准确的。

我国台湾地区的司法实践经过一段曲折，最终采用了侵害配偶权的方法。1952年，台湾“最高法院”台上字第278号判例否认夫权概念，认为与有配偶者通奸，不构成侵害他方配偶的夫权，但依社会通念，如明知为有夫之妇而与之通奸，系以悖于善良风俗的方法加损害于他人，应依“民法”第184条第1项后段就非财产上损害负赔偿责任。1971年台上字第86号判例否认与有配偶者通奸系构成侵害他方配偶的名誉，但肯定其系侵害他人家室不受干扰的自由，亦构成侵权行为。随后，台湾“最高法院”判例肯定通奸系侵害他方配偶之权利（夫妻共同生活圆满安全及幸福之权利），但仍以“民法”第184条第1项后段作为请求非财产损害金钱赔偿的依据。[①]

以侵害配偶权保护婚姻关系，制裁破坏婚姻关系行为，是最符合婚姻关系的本质要求的，既体现了男女平等的权利，也实现了依法保护合法婚姻关系的实质要求，对行为人以精神损害赔偿方法予以制裁，抚慰受害人所受权利的损害和精神的创伤，能够达到救济受害人的目的。因而，多数国家采此方法，保护合法的婚姻关系。在我国，这种主张还处于理论研究阶段，尚未被立法及司法实务所采用。因此，理论工作者还有很多工作要做，还有很远的路要走。

二、配偶权及其内容

（一）从夫权到配偶权的演变

在配偶权的历史发展中，经历了从夫权到配偶权的历史演变。

在国外，这种历史演变的过程十分清楚。

在早期罗马法中，已出嫁的妇女通常属于丈夫家庭的成员，服从丈夫的权

① 王泽鉴：《人格权、慰抚金与法院造法》，台湾《法令月刊》第44卷第12期。

利，解除同原属家庭一切关系。这就是早期罗马法的“归顺夫权”。妻子通过归顺夫权，变成“家女”，服从新的家父。如果家父是自己的丈夫，妻则处于准女儿的地位；如果家父是自己丈夫的家父，则处于准孙女地位。在归顺夫权制度下，妻的地位的取得，须经过祭祀婚或买卖婚，甚至在没有举行上述祭祀时，在丈夫家居住超过1年后，丈夫取得夫权，此时适用1年的取得时效，当妇女远离夫家3夜，时效中断。这是纯粹将妇女视为物的制度。因这种制度中，夫权不仅包括丈夫对妻的人身支配权，而且包括丈夫的家父的对妻的统治权。[①] 妻归顺夫权，发生人格小减等，由自权人变为他权人。妻对他人造成侵害时，由丈夫负责；丈夫不愿负责时，可将妻交与受害人，妻因而人格大减等，处于奴婢地位。妻子品行不端，丈夫有权处罚之。[②]

罗马法中后期，已废除夫权制度，实际上废除的是家父权，妻仍然处于夫的某些支配之下，并没有成为完全的自权人，但在某些方面，出现配偶相互之间的权利。如丈夫根据纯粹的婚姻关系而取得对妻子的约束权，妻子因违反配偶间的忠诚义务应受到处罚。丈夫负责保护妻子，并有权为她所遭受的侵辱提起“侵辱之诉”。对于任何非法拘禁妻子的第三人，丈夫有权要求颁发“出示和返还妻子令状”。除此之外，配偶相互享受“能力限度照顾”，根据这一制度，债务人有权被判决只按照自己的能力清偿债务。[③] 此时罗马法虽然废除了归顺夫权的夫权，但只是不再服从家父的统治，夫权仍然是丈夫对妻子的支配权，但是人身支配的程度已经有所变化。

在近代资产阶级民事立法中，强调天赋人权、权利平等，在民事立法中废除了夫权制度，只是废除的程度还不彻底。例如《法国民法典》一方面规定夫妻负相互忠实、帮助、救援的义务，另一方面又规定夫应保护其妻，妻应顺从其夫，妻负与夫同居的义务并应相随至夫认为适宜居住的地点，夫负责接纳其妻，并负有按照其资力与身份供给其妻生活上需要的义务，即使妻经营商业，或不在共有

① ［意］彼德罗·彭梵得：《罗马法教科书》，中国政法大学出版社1992年版，第120－121页。

② 江平等：《罗马法基础》，中国政法大学出版社1991年修订版，第112页。

③ ［意］彼德罗·彭梵得：《罗马法教科书》，中国政法大学出版社1992版，第146、164、320页。

制下，或采用分别财产制，未经夫的许可，亦不得进行诉讼，等等。这些配偶之间权利不平等的规定，仍然带有封建夫权制的遗迹，尚不是现代配偶权的全部内容。这种情况，在欧洲各国资产阶级早期的民事立法，是常见的现象。

在现代，各资本主义国家纷纷修改民事立法，删除配偶之间不平等权利的规定，增设新的平等配偶权的规定。法国立法机关于1942年9月22日通过法律修正案，对民法典"夫妻相互的权利与义务"一章进行了全面的修订，以后迭经修订，终于建立了现代意义上的配偶权，规定夫妻各方享有完全的法律权利，对家庭的共同管理权，相互负共同生活的义务，共享住所选定权，等等。在社会主义国家，婚姻家庭立法根据马克思主义法学原理，确认新型的配偶权。例如，1969年11月1日生效的《苏俄婚姻和家庭法典》把消除妇女在生活中的不平等地位的残余，建立能够充分满足人们最深刻的个人感情的共产主义家庭作为自己的使命。该法规定，夫妻共同享有决定家庭生活问题、自由选择工作、选择职业、选择居住地点的权利，可以选择一方的姓为他们共同的姓，也可以双方各自保留自己婚前的姓，相互负扶养的义务，等等。

在中国，从夫权到配偶权的历史演变更为缓慢，直到中华人民共和国的成立，才彻底废除封建夫权，建立现代意义的配偶权。

中国奴隶社会和封建社会，从观念上受儒家礼教统治，视女子与小人为难养也，特别强调夫权统治，夫为妻纲，在婚姻家庭关系中，妻处于无权地位，完全受夫权的支配。在理论上认为，妻受命于夫，其尊皆天地，虽谓受命于夫亦可，妻不奉夫之命，财绝，夫不言及是也。[①] 是谓夫为妻天。在夫权的统治下，妻必须顺从夫的支配，妻不顺父母、无子、多言，都成为休妻的法定理由，而夫有恶行，妻不得去，因无地去天之义也。

清末民初，清政府和北洋政府制定两部民法草案，对夫妻之间的权利义务进行了某些改革，但仍保留夫权制度，并未建立现代意义上的配偶权，在婚姻关系中，丈夫仍享有支配权，保留大量的封建专制性支配权的规定。国民政府1930年制定民法典的亲属编，虽强调两性之平等，但也保留了若干夫妻不平等的内

① 《春秋繁露·顺命》。

容，如规定妻以其本姓冠以夫姓，妻以夫之住所为住所，等等，虽有准许另行约定的规定，但此种规定本身，即含有轻视妻的权利之意。

中华人民共和国成立以后，1950年4月13日中央人民政府委员会制定婚姻法，确定男女权利平等为婚姻法的基本原则，确立了平等的配偶权。1980年婚姻法进一步确认男女平等为婚姻法的基本原则，同时规定夫妻在家庭中地位平等，双方都有各用自己姓名的权利，双方都有参加生产、工作、学习和社会活动的自由，都有实行计划生育的义务，有互相扶养的义务，构成了社会主义新型配偶权的基本内容。

（二）配偶权的概念及法律特征

究竟何为配偶权，学说上有不同解释。一种主张认为："配偶权是夫对妻以及妻对夫的身份权。"① 另一种主张引证美国学者关于"这一权利对于表达婚姻结合的法律意义和象征意义有着极大的重要性，因为它能够将构成婚姻实体的各种心理要素概念化，诸如家庭责任、夫妻交往、彼此爱慕、夫妻性生活等因素都被概括其内并为法律的承认"② 的论述，认为配偶权"是指配偶之间要求对方陪伴、钟爱和帮助的权利"③。

上述对配偶权的定义，并不十分准确。我认为，配偶权是指夫妻之间互为配偶的基本身份权，表明夫妻之间互为配偶的身份利益，由权利人专属支配，其他任何人均负不得侵犯的义务。

配偶权的法律特征是：

1. 配偶权的权利主体是配偶双方

配偶权是配偶双方的共同权利。因此，配偶双方均为配偶权的权利主体。这种共同的权利包含两重含义：一是对于配偶利益由配偶双方支配，任何一方不能就配偶的共同利益为单独决定；二是配偶双方互享权利、互负义务，权利义务完全一致，任何一方均不享有高于或低于对方的权利。

---

① 张俊浩主编：《民法学原理》，中国政法大学出版社1991年版，第161页。

② ［美］威廉·杰欧·唐奈等：《美国婚姻与婚姻法》，顾培东等译，重庆出版社1986年版，第73页。

③ 韩松：《婚姻权及其侵权责任初探》，《中南政法学院学报》1993年第3期。

2.配偶权的客体是配偶利益

配偶权的客体不包括法律明定的财产权利，如财产共有权、相互继承权，这些权利，是由财产权法和继承法调整的范围，不属于人身权法的内容。此外，配偶权也不包括离婚自由权，因为离婚自由权是婚姻自主权的内容，属于人格权性质，而配偶权则为基本身份权，其基本利益，是确定夫妻配偶关系所体现的身份利益。

3.配偶权的性质是绝对权

配偶权虽然权利主体为夫妻二人，但它的性质不是夫妻之间的相对权，而是配偶共同享有的对世权、绝对权，是表明该配偶之所以为配偶，其他任何人均不能与其成为配偶。因而，配偶权的权利之体虽为配偶二人，但该对配偶特定化，其他任何人均负有不得侵害该配偶权的义务。这种义务是不作为的义务，违反不作为义务而作为，构成侵害配偶权的侵权行为。

4.配偶权具有支配权的属性

配偶权是一种支配权，但其支配的是配偶之间的身份利益，而不是配偶对方的人身。在古代法律中，配偶之间的权利是人身支配性质的专制权，表现为夫对妻的人身支配。现代法上的配偶权不具有封建的人身支配性质，而是一种新型的支配权，是夫妻共同对配偶身份利益的支配，是平等的、非人身的支配权。

（三）配偶权的基本内容

配偶权包括以下内容。

1.夫妻姓氏权

配偶各自有无独立的姓氏权，是关系到配偶有无独立人格的一种标志。学者有谓，本问题欲求男女完全平等，殊无圆满办法，而男女平等似应注意实际，如经济平等、政治平等、私权平等，不必徒鹜虚名。若关于姓氏必使铢两悉称，殊属难能，唯当于可能范围内，企求合于平等之职而已。[①] 这种主张难说其完全正确。形式的平等应与实质的平等相统一，没有形式的平等，实质的平等亦难保障。为保障配偶各自的人格独立，尤其是保障妻的独立人格，夫妻应有独立的姓

① 史尚宽：《亲属法论》，台北荣泰印书馆1980年版，第262页。

氏权，不能将妻从夫姓或妻冠夫姓而称夫妻一体主义，避免妻对夫的人身依附关系。因此，我国《婚姻法》第10条规定："夫妻双方都有各用自己姓名的权利。"这种规定，完全体现了我国配偶之间的独立人格权。夫妻各用自己的姓氏，既不一方随另一方姓，也不一方须冠另一方之姓。当然，这样的规定并不妨碍配偶双方在平等自愿的基础上，就姓名问题作出约定，并通过约定，女方可改姓男方的姓，男方也可以改姓女方的姓。

2. 住所决定权

住所决定权是指配偶选定婚后住所的权利。这里的住所，指婚姻住所或家庭住所，是配偶常住的处所。住所决定权虽然仅仅关系到配偶的居住场所问题，但由于历史上长期延续的妇从夫居的传统，实际上体现了男女是否平权的问题。在长期的奴隶社会、封建社会以及资本主义社会早期，夫的住所决定权是立法通例，剥夺了妻的权利。

婚姻或家庭住所是配偶共同生活的依托，关系到共同生活基础，应由配偶双方共同决定。因而，协商一致主义是最适当、最合理的立法例。纯粹的自由主义虽强调配偶的平等权利，但各方都有选择住所的自由，极易出现争论而造成纠纷，不宜采用。丈夫权利主义仍保留夫权残余。丈夫义务主义虽强调妇女平权，但丈夫只有义务而妻只有权利，实际上是不平等的。

我国婚姻法对于住所决定权没有明文规定。学者认为，我国婚姻法规定男女双方登记结婚后，根据双方的约定，女方可以成为男方家庭成员，男方也可以成为女方家庭成员，这就表明在我国，男女双方都有平等决定夫妻住所的权利。[①] 这种看法有一定道理。我认为，对于住所决定权，法律应当有明文规定。目前在现实中存在分房只分给男方不分给女方的现象，不能不说是立法无明文的影响。立法规定婚姻住所决定权，应采协商一致主义，由双方共同决定。在实际生活中，也应当坚持这种办法，既不能由一方专权决定，又不能强行规定为一方的义务，只有协商一致、共同决定，才符合男女平等的婚姻法基本原则。

① 韩松：《婚姻权及其侵权责任初探》，《中南政法学院学报》1993年第3期。

3. 同居义务

同居是指异性男女共同生活，包括男女共同寝食、相互扶助和进行性生活。配偶之间的同居，是指合法婚姻关系的双方当事人共同生活。

与同居相对应的概念是别居和分居。有些人认为分居与别居是一样的概念。是不正确的。分居，是有正当理由而暂时中止同居，或者因夫妻感情不好而停止共同生活。别居，则为某些国家的具体婚姻制度，即经法定程序不解除合法婚姻关系的停止共同生活。我国婚姻法没有规定分居和别居，最高人民法院的司法解释规定夫妻分居一定期间，是确定夫妻感情确已破裂的标准，可以依法判决离婚。可见，我国承认分居制度，而不采用别居制度。

配偶同居义务，是指男女双方以配偶身份共同生活的义务。这种义务，是夫妻间的本质性义务，是婚姻关系得以维持的基本要件。同居义务是配偶双方共同的义务，平等的义务，双方互负与对方同居的义务。在近代民事立法上，曾经基于妻对于夫的人身依赖性和依附性，而认同同居是妻的单方义务，而不是夫的义务。如日本旧民法规定：妻负有与夫同居之义务，夫须许妻与之同居。在现代民事立法中实行男女平等，规定同居是配偶双方的平等义务。

同居义务的发生，以婚姻关系的有效成立为标志。当男女双方正式办理结婚登记手续之后，无论其是否举行结婚仪式，其婚姻关系均为有效成立，配偶双方即承担同居义务。在婚姻关系存续期间，同居义务始终存在，至婚姻关系因一方死亡或离婚而解除时，同居义务终止。

同居义务的内容，首先是性生活的义务。夫妻的性生活，是配偶共同生活的基础，任何一方均有义务与对方性交。无正当理由而拒绝与对方性交，为违反法定义务。其次，是共同寝食的义务。婚姻关系维系的是异性共同生活实体，共同寝食，就是夫妻共同生活的基本内容，因而也是同居义务的基本内容。再次，同居义务是夫妻双方相互协力的义务。夫妻共同生活，必须相互协力，共同进行，不能单由一方进行，同时，一方对另一方不得以暴力或威胁手段强迫要求同居。

具有正当理由，可以分居。诸如处理公私事务、生理方面的原因、被依法限制人身自由而不能履行同居义务时，不为违反法定义务。国外民法还规定，配偶

一方在其健康、名誉或者经济状况因夫妻共同生活而受到严重威胁时，在威胁存续期间有权停止共同生活；提起离婚诉讼后，配偶双方在诉讼期间均有停止共同生活的权利。夫妻感情破裂是不是分居的正当理由，无明文规定。从我国司法解释的精神分析，分居是夫妻感情破裂的标准，可以确认感情破裂是分居的正当理由。

无正当理由违反同居义务，有些国家规定了相应的法律后果。例如，英国法律规定，配偶一方违反同居义务，他方享有恢复同居的诉讼请求权；关于恢复同居的判决虽不得强制执行，但不服从这种判决可视为遗弃行为，是构成司法别居的法定理由之一。在法国，违反同居义务，主要是申请扣押收入或精神损害赔偿。对此，我国立法没有规定，应当借鉴国外立法，可以采取训诫促使其履行同居义务，并采用扣押收入、赔偿等方法予以制裁。对于如何才能构成违反同居义务，一是以故意遗弃对方为目的；二是无正当理由；三是不履行同居义务达到一定期间。

4.贞操义务

贞操义务也称忠实义务，通常是指配偶的专一性生活义务，也称不为婚外性生活的义务。对贞操义务或忠实义务的广义解释，还包括不得恶意遗弃配偶他方以及不得为第三人的利益而牺牲、损害配偶他方的利益。①

早期的贞操义务为强加给妻的单方义务，这是出于维护男系血统的需要，也是男女不平等的表现。因此，法律对妻的贞操要求极其严苛，对失贞妇女的处罚十分严厉，反之，对夫的通奸却十分宽容。即使在早期资本主义民事立法，对于贞操义务的规定，虽然规定夫妻互负贞操义务，但仍是严于妻而宽于夫。对于这种男女双方不平等的义务规定，学理解释上仍然认为是基于亲属血统观念，认为丈夫的通奸充其量是影响夫妻关系和家庭秩序，而妻子的通奸则关系到夫可能不是子女真正的生父。事实上，丈夫通奸虽然不影响自己子女的血统纯正，但却影响与其通奸对方子女的血统纯正。这种立法是不平等、不科学的。至当代，各国立法普遍规定夫妻互负贞操义务。例如，《法国民法典》第212条规定："夫妻负

---

① 李志敏主编：《比较家庭法》，北京大学出版社1988年版，第105页。

相互忠实、帮助、救援的义务。”《瑞士民法典》第159条第3项规定：“配偶双方互负诚实及扶助的义务。”这样的立法，体现了男女平等的原则。

贞操义务要求配偶之间相互负不为婚外性交的不作为义务，因而贞操义务与贞操权是截然不同的两个概念。贞操权是公民的具体人格权，是公民保持性生活贞洁操守的权利。而贞操义务是配偶权的内容，是为保持爱情专一、爱情忠诚而负担的义务，履行义务的目的是忠实于配偶对方。

贞操义务不仅约束配偶双方当事人，而且约束配偶权的义务人。配偶权的权利主体以外的其他任何人，负有对配偶权的不得侵害义务，与配偶一方通奸，破坏一方配偶的贞操义务，构成对配偶权的侵害。此点，将在后文详细论述。

贞操义务的基础是婚姻法婚姻自由、一夫一妻、男女平等的制度。这种婚姻制度要求配偶相互忠贞、彼此忠实、互守贞操。它也是社会文明、高尚道德的要求，不仅是对封建主义贞操观的否定，也是对“性自由”“性解放”思潮的否定。贞操义务是对一切违背贞操、卖淫、通奸等社会丑恶现象的否定和谴责。

贞操义务既然是法定义务，法律必然规定对违反该义务的制裁措施和责任。国外立法一般规定配偶一方通奸是构成他方配偶提起离婚之诉的最重要的法定理由，但无过错方对与人通奸一方的行为表示“宥恕”的，此项理由便不再成立。有的国家立法认为，与有配偶者通奸是对配偶他方的侵权行为，一方面允许无过错方向与另方通奸的第三人提起中止妨害之诉，另一方面还可以向侵权人请求精神损害赔偿。也有的国家规定，有过错的配偶一方负有向无过错的配偶一方损害赔偿的责任。①

在我国，婚姻法尚没有规定配偶的贞操义务。对于配偶之间的这一重要义务未加规定，是立法的一个严重疏漏，不利于巩固、维护健康的婚姻关系。最高人民法院《关于人民法院审理离婚案件如何认定夫妻感情确已破裂的若干具体意见》第9条前段规定：“一方与他人通奸、非法同居，经教育仍无悔改表现，无过错一方起诉离婚”，视为夫妻感情确已破裂，经调解无效，可以依法判决准予离婚。这一司

① 李志敏：《比较家庭法》，北京大学出版社1988年版，第105页。

法解释，包含了对违背贞操义务的制裁。对于违反贞操义务的侵权责任，基本上还处于理论研究阶段，在实务上尚未认可。对此，应当借鉴国外立法，作出切实可行的规定，以维护社会主义婚姻家庭关系，稳定社会秩序和生活秩序。

5.职业、学习和社会活动自由权

职业、学习和社会活动自由权，是指已婚者以独立身份，按本人意愿决定社会职业、参加学习和参加社会活动，不受对方约束的权利。在国外，对此多称为平等从业权。我国《婚姻法》第15条规定："夫妻双方都有参加生产、工作、学习和社会活动的自由，一方不得对他方加以限制或干涉。"明文确认此权利，并且适当扩大了从业权的范围，将学习和社会活动的参加权也包括在内。

各国关于从业权的立法，大致有4种体例。一是明文规定配偶双方享有平等的从业权，如德国、俄罗斯等国；二是一般地规定夫妻各自相对独立的平等权利而不作具体例示，如法国；三是完全不设定有关条文，如日本；四是赋予夫对妻就业的同意权，如瑞士。

平等的从业权，既是配偶法律地位平等的标志，又是配偶平等行使权利和承担义务的法律保障。只有配偶享有平等的从业权，才能把社会、家庭和夫妻双方的个人利益有机地结合起来。平等的从业权是配偶双方共同享有的权利，但更重要的是指妻的从业权，保障已婚妇女参加工作、学习和社会活动的自由权利。社会实践表明，已婚妇女如无平等的从业权，不能自由进行工作、学习和社会活动，就不能享有政治、经济和地位上的平等。国外传统民法中"锁钥权"，就是从业权的对立物，即夫享有从业权，妻享有主持家务权。这种立法与我国古代"男不言内，女不言外"的封建礼教是一致的。在这种制度下，妻的权利和地位都不能平等。

婚姻法规定配偶的平等从业权，一方不得对他方加以限制或干涉。这种规定是正确的。立法对于限制或干涉对方该权利行使者，却没有规定相应的责任，因而缺乏强制性保障。对此，应当予以改进。

6.日常事务代理权

日常事务代理权亦称家事代理权，是指配偶一方在与第三人就家庭日常事务

为一定法律行为时，享有代理对方权利行使的权利。其法律后果是，配偶一方代表家庭所为的行为，配偶对方须承担后果责任，配偶双方对其行为承担共同的连带责任。

这种家事代理权与表见代理相似，适用表见代理的原理，其目的在于保护无过失第三人的利益，有利于保障交易的动态安全。在英美法国家，规定妻以夫的信用与商人交易，只要夫未表示反对者，法律即认为妻有代理权。《瑞士民法典》第 163 条第 2 款规定，妻超越代理范围的行为，在不能为第三人所辨识时，夫应承担责任。

家事代理权的前身是罗马法的妻之理家权。在罗马法，妻在家的地位是家子，本无治理家务之权。依学说上的家事委任说，妻的理家权系由夫的委托而生。近现代民事立法，夫妻权利日渐平等，妻之理家权渐由家事代理权所代替，夫妻相互享有家事代理权的主张逐渐得到认可并且在立法上得到承认。在英国，1970 年的婚姻程序及财产法废除了原法律中对家务契约单独负责的规定，改为夫妻互有家事代理权，承认了双方的对等地位。在此之前的民事立法对此规定得最为科学、严谨的，是民国民法第 1003 条。该条规定："夫妻于日常家务，互为代理人。""夫妻之一方滥用前项之代理权时，他方得限制之，但不得对抗善意第三人。"

家事代理权的性质，有委任说、默示委任说、法定代理说、婚姻效力说等不同主张。通说采法定代理说，认为该权利为法定代表权之一种，非有法定的原因不得加以限制，妻因其身份当然有此项代理权。日常家务的范围，包括夫妻、家庭共同生活中的一切必要事项。诸如购物、保健、衣食、娱乐、医疗、雇工、接受馈赠，等等，皆包括在内。一般认为，家庭对外经营活动不包括在内。

家事代理权的行使，应以配偶双方的名义为之。但配偶一方以自己的名义为之者，仍为有效。行为的后果及于配偶二人。如为夫妻共同财产制，夫妻共同承担行为的后果，取得权利或承担义务；夫妻有其他约定的，从其约定。对于配偶一方超越日常事务代理权的范围，或者滥用该代理权，另一方得因违背其意思表示而撤销之，但是，行为的相对人如为善意无过失，则不得撤销，因为法律保护

善意第三人的合法权益。

日常家务代理权依一定的事实而消灭。这种消灭分为一时的消灭和永久的消灭。日常家务代理权的一时消灭：诸如无正当理由拒绝同居而分居者，分居期间无代理权，恢复共同生活即恢复代理权；因一方滥用代理权而被对方予以限制的期间，该代理权亦一时消灭。日常家务代理权的永久消灭：离婚、婚姻因无效而被撤销、配偶一方死亡，均永久消灭家事代理权。

我国婚姻法未规定配偶的家事代理权。有人认为，该法第17条第2款关于“夫妻对共同所有的财产，有平等的处理权”的规定，包含有配偶家事代理权的内容。这种看法是不正确的。共同财产的平等处理权是共同财产权的具体内容，而不包含家事代理权。家事代理权是配偶权中的一项重要内容，不仅关系到夫妻平等权利问题，而且关系到善意第三人的合法利益问题。因而立法必须明确。在法律无明文规定之前，司法机关应当以司法解释明确此权利，以解急需，其内容，应遵以上原理。

7.相互扶养、扶助权

配偶之间享有相互扶养、扶助的权利，相对的一方负有此种义务。我国《婚姻法》第20条规定：“夫妻有互相扶养的义务。”“一方不履行扶养义务时，需要扶养的一方，有要求对方付给扶养费的权利。”这里只规定了相互扶养权，而没有规定相互扶助权。完整的相互扶养、扶助权，不仅包括扶养权，还应包括夫妻间的彼此协作、互相救助的权利和义务。

夫妻之间的扶养，是指夫妻在物质上和生活上互相扶助、互相供养。这种权利和义务完全平等，有扶养能力的一方必须自觉地承担这一义务，尤其是在一方丧失劳动能力的时候，更应当履行这一义务。一方违反这一义务，另一方有权要求其履行，可以请求有关组织调解，也可以向人民法院提起请求给付之诉。

配偶之间的彼此协作义务，要求夫妻相互支持对方的意愿和活动，对家事共同努力、相互协力。当配偶一方遭遇危急，配偶对方负有救助、援助的义务。违反这种彼此协作、互相救助义务，法律一般将其作为离婚的法定理由。也有的国家规定配偶一方有权限制或禁止他方从事有害于自己的行为。最高人民法院《关

于人民法院审理离婚案件如何认定夫妻感情确已破裂的若干具体意见》第 10 条有关于“不履行家庭义务”和第 13 条有关于“受对方虐待、遗弃”可以确认夫妻感情确已破裂，可以依法判决离婚的规定，包含有违背相互协作、相互救助的义务，得为合法离婚理由之意。至于限制、禁止配偶一方有害于自己的行为的权利，我国立法无明文规定，依正当防卫的原则，如配偶一方实施有害于另一方的行为构成不法侵害时，配偶对方有权正当防卫。

三、侵害配偶权的民事责任

（一）作为侵权行为客体的配偶权

配偶权作为侵权行为的客体，具有自己的特点。这主要表现在配偶权内容的复杂性，而其大部分内容不能作为侵权行为的客体。例如，夫妻姓氏权，在我国夫妻各自使用自己姓氏的法律制度下，不存在侵害一方姓氏权的问题。关于住所决定权，我国实务采用共同协商的办法，且受户籍制度的约束，因而对于住所决定权发生的争议，一般也不以侵权行为法调整。关于平等从业权，在我国目前情况下，配偶双方基本上都参加工作，产生争议的可能性不大，一般也不以侵权行为法调整。

配偶权中的相互扶养、扶助权和同居义务，具有相对权的性质，作为侵权客体，其特点是，侵权行为的主体有双重性，一是负有义务的一方当事人，即配偶的一方；二是配偶以外的第三人对负有义务的配偶一方进行侵害，造成该方配偶不能对自己的配偶履行义务，使配偶的权利遭受损害。从纯粹的侵权法角度上说，这种侵害配偶权行为是指后者，例如，侵害配偶一方身体造成残废或死亡，使受扶养一方配偶扶养权丧失，构成侵权行为。此种侵权行为，《民法通则》第 119 条已有明文规定，最高人民法院关于贯彻执行民法通则的司法解释也有明确规定。配偶一方与第三人串通，或者第三人强制配偶一方，不尽扶养义务，亦构成侵权行为，有共同意思联络的，还构成共同侵权行为。第三人侵害配偶一方权利，致使其不能向配偶对方履行扶助义务或同居义务的，难认其为侵权行为，应依其他法律调整。对于配偶一方不尽扶养义务、扶助义务和同居义务的，应当依照婚姻家庭法律进行调整，追究违反法定义务一方的责任，如构成虐待、遗弃罪的，应依法追究其刑事责任，以保护权利人一方。

在现代民法理论中，侵害配偶权的侵权行为，主要是指对配偶权中的贞操义务的侵害，即第三人与配偶一方通奸，而使配偶对方的身份利益受到侵害的行为。

不仅如此，破坏婚姻关系行为还是对配偶权权利整体的侵害，对配偶利益的侵害。正如我国台湾地区判例所称，是对夫妻共同生活圆满安全及幸福之权的侵害。可见，破坏婚姻关系行为既侵害了配偶权的具体权利，也侵害了配偶权的整体权利。

目前社会中，破坏婚姻关系的行为发生较多，使社会主义婚姻家庭关系受到很大的威胁，给社会造成了一定程度的不安定，对社会治安也有较大的影响。据粗略的统计，在人民法院判处的离婚案件中，以这类妨害婚姻关系为原因的占20%～30%。更为严重的是，因奸情而引起的凶杀案件屡屡发生，占某一地区的全部凶杀案件的32%。这些情况必须引起高度重视。

这种情况的发生，一个重要的原因是对此类违法行为制裁不力。

刑法颁布以前，对于这类违法行为中的情节严重者，司法机关可以“妨害婚姻家庭”论罪处刑。刑法颁布以后，取消了这一罪名，有关人士曾著文立说，提倡增设“通奸”罪名，但立法机关并未采纳。在实践中，审判机关对于在妨害婚姻关系中具有虐待、伤害等情节构成犯罪的，依法论罪处罚。但是，或者有的妨害婚姻关系行为中没有上列情节，或者有的审判机关对此认识不同，因而使多数这类行为并没有或不能受到刑事制裁。在行政制裁方面虽有多种形式却宽严不等，但处理较轻时行为人不以为然，处理较重的又没有法律根据。

实际上，在对妨害婚姻关系的行为人施以法律制裁上，恰恰忽略了民事法律制裁手段。法律制裁方法是一个完整的体系，包括刑事、民事、行政三种法律制裁方式。对于违反社会主义法律的行为，三种制裁方式都应当发挥其应当发挥的作用，不能偏废其中一个。保护社会主义婚姻关系，三种法律制裁方法都可以发

挥作用。由于这种违法行为都发生在人民内部，因而民事制裁方法似更应发挥它的职能。研究妨害婚姻关系的名誉损害赔偿责任，就是要用民事法律制裁手段与破坏婚姻关系的违法行为进行斗争，以保护社会主义的婚姻关系，促进社会的安定团结。

确认侵害配偶权的侵权责任，必须具备以下构成要件。

1.违法行为

侵害配偶权的违法行为，就是以通奸的方式致使配偶一方享有的配偶身份利益受到损害而违反配偶权保护法律的行为。首先，这种行为须违反保护配偶的法律。关于配偶权的立法，既是人身权的内容，也是婚姻家庭法的内容。就目前立法现状而言，应以婚姻法的规定为依据。具体的内容，是违反贞操利益的法律规定。我国台湾地区司法实务判断侵害配偶权的立法依据，是故意以悖于善良风俗之方法而加害于他人。目前我国婚姻法对贞操义务没有明文规定，应以一夫一妻、男女平等的原则和《民法通则》第5条关于保护民事主体合法权益的规定作为依据。违反之，即为违法行为。其次，违法行为的方式须以作为方式为之，应以与有配偶之男女通奸为其内容。不具有通奸内容，不为侵害配偶权的违法行为，有通奸行为，但系未婚之男女的性行为，因为双方均无配偶，不具有配偶的身份，因而也不能构成侵害配偶权。

2.损害事实。侵害配偶权的损害事实，是使配偶身份利益遭受损害的事实。这一损害事实包括以下层次。一是合法的婚姻关系受到破坏，二是配偶身份利益遭受损害，三是造成配偶对方精神痛苦和精神创伤，四是为恢复损害而损失的财产利益。其中配偶身份利益的损害，是对贞操利益的侵害。配偶的贞操利益表现为配偶之间互负贞操义务，其他第三人不得与有合法配偶身份关系的男女发生性关系，从而保持配偶身份的纯正和感情的专一。第三人与配偶之一方通奸，破坏了配偶身份的纯正和感情的专一。配偶身份利益的损害，必然导致配偶对方的精神痛苦和创伤，同时也可能导致损失一定的财产。这些，都构成侵害配偶权的损害事实。

侵害配偶权会造成配偶对方的名誉权的损害，这是侵害配偶权行为所引起的间接后果。在侵害配偶权的损害事实中，应当包含名誉损害在内，不必另行认定又侵害其名誉权。

3.因果关系

侵害配偶权违法行为与配偶身份利益损害事实之间的因果关系，较易判断，即通奸行为必然引起配偶身份利益的损害。对此，只要确认行为人与配偶一方通奸的事实，即可确认构成因果关系要件。

4.主观过错

侵害配偶权的主观过错，应为故意形式。违法行为人在主观上有意违反婚姻法规，明知合法婚姻关系受法律保护，合法的配偶身份利益不容侵犯，却实施此种行为，其故意的主观意图必为确定。过失能否构成侵害配偶权，一般均否认。值得研究的是，如不知通奸之对方有配偶而为之，其主观上是故意抑或过失，这种情况，亦应视为故意，因其行为本身，即有违法的故意。

具备以上 4 个要件，即构成侵害配偶权民事责任。

（二）侵害配偶权的精神损害赔偿

侵害配偶权民事责任构成以后，即在当事人之间产生侵权损害赔偿法律关系。这种损害赔偿法律关系具有特殊性。

这种法律关系的主体至少有三方，甚至有四方，这是该种侵权关系复杂性的表现。确认侵害配偶权损害赔偿的权利义务主体，原则上应有利于维护现存的合法婚姻关系，有利于制裁民事违法行为。它的含义是，受害人在愿意保持现存的婚姻关系而不追究其配偶的民事责任的情况下，可以不将他（或她）的配偶作为加害人，而只将“第三者”作为加害人予以追究。这样既可以制裁违法行为，又可以保护现存的合法婚姻关系不致破裂，有利于社会的安定和婚姻家庭关系的稳定。

对权利主体的确定有两种情况。一是通奸双方中一方有配偶而另一方无配偶的，权利主体只有一人，即受害之配偶。例如，甲乙为夫妻，丙未婚，乙丙通奸，甲为权利主体。二是通奸双方均有配偶，权利主体有二人，两个受害人均为权利主体，均有请求权。至于是否依法行使这一请求权，则应依受害人的意思表

示为准。

对义务主体的确定，有三种情况。

一是通奸双方一方有配偶另一方无配偶，受害之配偶又不追究其配偶的责任，义务主体为“第三者”一人。在此，有过错的配偶不享有权利，也不承担义务，不是这一民事法律关系的主体，只以与这一民事法律关系有关联的关系人的身份出现。大陆法系国家多采此种见解，我国台湾地区的判例认为有过错的配偶与通奸的第三者构成共同侵权行为。我们认为，还是不把未被追究的配偶作为义务主体为好，这样可以稳定现存的婚姻关系。

二是通奸双方一方有配偶另一方无配偶，受害之配偶同时追究通奸双方责任的，义务主体为二人。在这种情况下，通奸双方是共同加害人，共同承担连带的赔偿责任。

三是通奸双方都有配偶而受害人又互诉的，通奸双方均为义务主体。在这种情况下，通奸之双方是受害双方的共同加害人。在处理时，如果双方受害人均不要求离婚、不追究自己配偶的责任的，可以互相抵销权利义务。如果受害双方均要求离婚，同时要求追究自己配偶责任，可以责令通奸双方共同承担双方的赔偿责任。如果一方受害人要求追究自己配偶的责任而另一方受害人不要求追究自己的配偶的责任，通奸双方应赔偿要求追究自己配偶责任的受害人的损失；不要求追究自己配偶责任的受害人则只能请求与其配偶通奸的第三人予以损害赔偿。

侵害配偶权的损害赔偿，主要是精神损害赔偿。侵害配偶权的精神损害赔偿的基本内容，是赔偿精神创伤和精神痛苦的损害，因而具有慰抚金赔偿的性质。确定损害赔偿的数额，应当依照一般精神损害赔偿的计算方法算定。当确定侵害配偶权的民事责任构成以后，应当按照上述办法，计算精神损害赔偿数额，责令侵权人承担精神损害赔偿责任。

对于配偶权遭受侵害造成财产损失的，侵权人对财产损失也应当承担赔偿责任。这种财产损失，主要是为恢复权利所支出的费用。对于这种财产损失的赔偿，应当从严掌握，不应当扩大赔偿范围。

对于侵害配偶权，还应当根据实际情况，确定其非财产民事责任。可以责令

侵权人停止侵害、恢复名誉、消除影响、赔礼道歉。

值得研究的是，对于侵害配偶权的行为人是否可以适用《民法通则》第134条第3款规定的民事制裁。侵害配偶权行为，是一种民事违法行为，对其进行训诫、责令具结悔过、收缴非法所得、罚款或拘留，是可行的。

第五编
媒体侵权损害责任

第九章

媒体侵权责任的理论与实践

第一节　我国的媒体侵权责任与媒体权利保护

在起草《中华人民共和国侵权责任法》的过程中，发生了该法是否应当规定新闻（媒体）侵权责任的学术争论。王利明教授和我都主张在《侵权责任法》中规定媒体侵权责任，张新宝教授不同意这个意见，专门写了一篇文章《“新闻（媒体）侵权”否认说》，发表在《中国法学》2008 年第 6 期上。有的学者撰文对此进行反驳，维护新闻（媒体）侵权学说。[①]《侵权责任法》已经通过并且实施，这场争论似乎已经尘埃落定，“新闻（媒体）侵权”否认说是胜者无疑。不过，尽管《侵权责任法》没有直接规定新闻侵权或者媒体侵权[②]，但毕竟还规定了网络侵权责任，因而“新闻（媒体）侵权”肯定说也不能算完全失败。更为重

① 陈清：《新闻侵权肯定说——兼与“新闻（媒体）侵权否认说”商榷》，《武汉科技大学学报（社会科学版）》2010 年第 5 期。

② 笔者对新闻侵权和媒体侵权概念交替使用，区别在于媒体侵权是正式的概念，而新闻侵权带有历史性，在严格的意义上是有区别的，但在宽泛的意义上则基本一致。

要的是，媒体侵权责任法的研究并没有因此而告结束，而是在继续发展。

一、富有想象力的用媒体侵权责任法保护媒体权利、制裁媒体侵权行为的创举

诚然，确如《“新闻（媒体）侵权”否认说》一文所言，在比较法上，任何一个老的民法典和新的民法典都没有在其侵权法中规定新闻侵权或者媒体侵权，就是否承认“新闻侵权”或者“媒体侵权”这一问题而言，在大陆法范围内，无论是老法典还是新法典，却没有分歧：不予承认。同样，在英美法系，侵害他人名誉权和侵害他人隐私权的加害人往往是媒体或者侵权作品发表在媒体上，但是美国法官和法学家们并没有发明新闻侵权或媒体侵权。[①] 这是一个客观事实。但是，这些国家都是因为它们对大众传播有特别的法律规制，多数国家都规定了新闻法或者大众传播法，不具备像中国这样的需要媒体侵权责任法调整大众传播行为的特定国情和条件。这也是一个客观事实。

众所周知，一个国家对于大众传播行为必须建立新闻传播法律制度进行规制，规定媒体的权利及其保护，规定媒体行为违法造成他人权利损害的侵权责任制度。这是因为新闻传播活动涉及社会的政治、经济、文化等各个领域，需要调整的社会关系错综复杂。[②] 如果没有大众传播法，媒体的权利就难以得到妥善保护，媒体的违法行为也难以依法追究。无论是前者还是后者，都会使公众的权利受到损害。

从改革开放之时起，一些有识之士在总结新闻工作正反两方面经验教训的基础上，提出了重视新闻法制建设的要求，在 1980 年第五届全国人大第三次会议和第五届政协三次会议上，一些代表和委员就制定新闻出版法和保障表达自由等问题提出了意见。[③] 1987 年 10 月，中共十三大报告提出：“必须抓紧制定新闻出版……等法律，使宪法规定的公民权利和自由得到保障”，中国新闻界和立法机

① 张新宝：《“新闻（媒体）侵权”否认说》，《中国法学》2008 年第 6 期。

② 魏永征：《新闻传播法教程》，中国人民大学出版社 2002 年版，第 7 页。

③ 魏永征：《中国新闻传播法纲要》，上海社会科学出版社 1999 年版，第 2－3 页。

关提出了制定《中华人民共和国新闻法》的建议，并且组织新闻法起草小组进行起草工作。中国的客观现实是，长期没有专门的法律来规制大众传播行为，划清媒体正当行使权利和媒体侵权的界限，因而使新闻媒体的主体地位和权利保护及侵权责任认定等方面都存在立法缺陷。

1987 年《民法通则》实施之后，我国民法理论和实务创造了一个新的办法，即应用侵权法来弥补新闻法制不健全的不足，协调媒体权利保护和民事主体权利保护之间的冲突。新闻侵权是侵权行为法的重要组成部分①，通过适用侵权法，认定具有违法性的侵害他人人格权益的大众传播行为为侵权行为，进而划清没有违法性、不构成侵权责任的大众传播行为是合法的新闻行为，予以法律保护。因此，媒体侵权责任法通过界定媒体行为构成侵权责任的法律界限，进而确定媒体传播行为合法与违法的界限，取得新闻法所要达到的法律调整目标。

这样的创举是通过司法实践完成的。《民法通则》实施之后，中国公民的民事权利意识复苏并且迅速成长，很多人向法院起诉主张媒体的行为侵害了自己的名誉权等人格权，形成了一个"告记者热"。这不仅是民众权利意识觉醒的标志，同时也是民众敢于向官办的媒体叫板，呼吁媒体不能不顾民众的民事权益而违法实施传播行为。面对受理的这类案件，法官不得不进行审理，而审理就必须有法律依据，理论和实践就这样结合起来，创造了"媒体侵权责任法"的概念，提出了比较系统的理论体系，形成了中国保护媒体权利、制裁媒体侵权行为的学说，并付诸司法实践，发挥了重大作用，促进了我国新闻法制的发展。

应当特别指出的是，在中国，不仅研究民法特别是研究侵权法的专业人士研究媒体侵权责任法，而且媒体的从业人员特别是新闻法学者更热衷于研究媒体侵权责任法，并且积极鼓吹在《侵权责任法》中规定媒体侵权条款，还起草有媒体侵权责任认定的司法解释草案建议稿。② 欧阳修诗云："醉翁之意不在酒，在乎山水之间也。"这句话用在当代中国媒体侵权责任法的研究上也很恰当，媒体侵

---

① 郝振省主编：《新闻侵权及其预防》，民主与建设出版社 2008 年版，第 17 页。

② 《新闻侵害名誉权、隐私权新的司法解释建议稿》，载徐迅：《新闻（媒体）侵权研究新论》，法律出版社 2009 年版，第 331 页以下。

权责任法的“醉翁之意不在酒”，在乎媒体权利保护也！我作为媒体侵权责任法这个创举的主要参与者之一，深深地为中国法学、新闻学专家、学者和法官的想象力和创造力之丰富而自豪。

中国的法学、新闻学研究人员和民事法官研究媒体侵权，更多的不是注重立法技术问题，而是一个大众传播法律调整的替代问题，即用媒体侵权责任法弥补新闻法制不健全的问题。尽管《侵权责任法》没有直接规定媒体侵权，但确定其他媒体侵权适用《侵权责任法》第 6 条第 1 款规定的侵权责任一般条款，第 36 条又专门规定了媒体侵权责任中的网络侵权责任，因而媒体侵权责任法是完全有法律依据的，不能认为《侵权责任法》已经否认了媒体侵权。

二、我国媒体侵权责任法在保护媒体权利和侵权责任认定方面所做的努力

媒体侵权是随着大众传播走进社会生活之后就经常发生的侵权纠纷。据说中国历史上的第一件新闻侵权纠纷发生在 1878 年，《申报》因报道清廷驻英大使郭嵩焘画像而引起纠纷，但没有引发诉讼。民国年间，新闻侵权之事也多有发生。[①]《民法通则》实施以来，随着媒体侵权纠纷的不断增加，中国媒体侵权责任法不断发展，记录了中国在保护媒体权利和制裁侵权行为方面所做的努力。

（一）各级法院在司法实践中审理了大量的媒体侵权案件

1949 年以来发生的第一起媒体侵权案件，是 1985 年发生的“疯女案”，涉讼的文章是《民主与法制》1983 年第 1 期的《二十年疯女之谜》，文章中所写迫害狄某的杜某于 1985 年 1 月向上海长宁区法院起诉刑事自诉。[②] 1987 年《民法通则》实施之后至 1988 年的两年之间，出现了新闻侵权的第一个高峰，被称为“告记者热”，全国发生的新闻侵权案件已经达到 300 多件。[③] 即使在管理比较规

① 孙旭培主编：《新闻侵权与诉讼》，人民日报出版社 1994 年版，第 2－3 页。

② 魏永征：《被告席上的记者》，上海人民出版社 1994 年版，第 3 页。

③ 郭卫华主编：《新闻侵权热点问题研究》，人民法院出版社 2000 年版，第 5 页。

范的新华社，1987 年至 1996 年也发生新闻侵权案 9 件。[①] 据记者描述，1988 年是我国媒体侵权的第一个高潮，以原告多是一些不知名的普通人为特点，中心在上海；第二个高潮是 1992 年，原告大多数是文化名人，中心在北京；第三个新闻侵权高潮是以法人为原告的居多[②]；第四次高潮在 2000 年之后，以官方机构及公务人员起诉新闻媒体为特点。[③] 按此推论，当前的媒体侵权诉讼高潮应当是“第五次浪潮”，主要特点是互联网等新媒体侵权纠纷案件越来越多。

我们对北京的两个区法院进行了调查。自 1991 年至 2010 年，北京市朝阳区人民法院 20 年间审结媒体侵权诉讼 393 件，其中侵害名誉权案 324 件、侵害肖像权案 49 件、侵害姓名权案 8 件、侵害荣誉权案 6 件、侵害名称权案 6 件。[④] 北京市海淀区人民法院的媒体侵权案件的受案数据区分为三个时间段进行统计：1998 年至 2000 年共受理媒体侵害人格权案件 29 件，2001 年至 2005 年间案件数量大幅增长，为 168 件，2006 年至 2010 年的五年间又翻一番，达到 286 件，13 年共受理媒体侵权案件 483 件；媒体侵权案件占该院同期侵害人格权案件总数的比重分别为 35.8％、38.6％和 51.4％。[⑤]

各级法院的法官通过对这些媒体侵权案件的法律适用，划清了表达自由和媒体侵权责任之间的界限，对于合法的大众传播行为予以保护，对违法的大众传播行为认定为侵权，责令赔偿受害人损失，既保证了公众知情权，也保护了民事主体的民事权益。

（二）最高人民法院不断积累审判经验形成媒体侵权的司法解释体系

最高人民法院全面总结各级人民法院审理媒体侵权案件的审判经验，不断进行整理，使之不断升华，制定司法解释，使感性的审判经验变为规范性的司法解

---

① 郝振省：《新闻侵权及其预防》，民主与建设出版社 2008 年版，第 3 页。

② 徐迅：《新闻官司的第三次浪潮》，《中国青年报》1993 年 8 月 5 日。

③ 徐迅：《中国新闻侵权纠纷的第四次浪潮》，中国海关出版社 2002 年版，第 19 页。

④ 北京市朝阳区人民法院：《新闻侵权诉讼研究报告》，载《回顾与展望：媒体侵权责任法律适用研讨会论文集》，中国人民大学民商事法律科学研究中心 2011 年，第 9 页。

⑤ 宋鱼水、李颖、吴晶晶：《海淀区人民法院关于媒体侵权案件的调研报告》，载《回顾与展望：媒体侵权责任法律适用研讨会论文集》，中国人民大学民商事法律科学研究中心 2011 年，第 40－41 页。

释，成为法官法，指导司法实践，规范媒体侵权的法律适用。最高人民法院的这项工作通过两个部分进行。

首先是抓住具体案件的法律适用问题作出有针对性的批复或者复函。例如，1988年1月5日作出的《关于侵害名誉权案件有关报刊杂志社应否列为被告和如何适用管辖问题的批复》，就是根据人民法院受理以报纸杂志登载文章损害原告名誉权的媒体侵权案件应当如何列被告和如何管辖的规定，完全是针对媒体侵权案件作出的程序法司法解释。1992年8月14日作出的《关于刊登侵害他人名誉权小说的出版单位在作者已被判刑后还应否承担民事责任的复函》，根据杂志社刊登侵权作品后未及时采取必要措施，作出杂志社的不作为行为构成媒体侵权责任的规定。这类批复性司法解释积累了10余件，例如1989年4月12日《关于死亡人的名誉权应受法律保护的函》、1990年10月27日《关于范应莲诉敬永祥等侵害海灯法师名誉权案有关诉讼程序问题的复函》、1991年1月26日《关于上海科技报社和陈贯一与朱虹侵害肖像权上诉案的函》、1991年5月13日《关于胡骥超、周孔昭、石述成诉刘守忠、遵义晚报社侵害名誉权一案的函》、1999年11月27日《关于刘兰祖诉陕西日报社、山西省委支部建设杂志社侵害名誉权一案的复函》和2000年7月31日《关于广西高院请示黄仕冠、黄德信与广西法制报社、范宝忠名誉侵权一案请示的复函》等。

其次是经过长期积累，制定调整媒体侵权责任认定的规范性司法解释。例如《关于审理名誉权案件若干问题的解答》《关于审理名誉权案件若干问题的解释》两部规范性司法解释中的主要内容，就是针对媒体侵权责任适用实体法和程序法的解释，成为调整媒体侵权责任认定的规范性法律文件。

最高人民法院上述无论是对具体案件的有针对性的批复、复函，还是规范性的司法解释，都集中在一点，就是以媒体作为侵权行为主体的侵害名誉权、姓名权、肖像权等人格权的侵权行为为对象，确定媒体侵权的实体法和程序法的法律适用规则。对这类独具特点的侵权行为进行法律规范，就是在规范媒体侵权责任案件的法律适用。这些司法解释构成了媒体侵权责任法的实体法和程序法的主要渊源。

（三）法学理论不断探索形成了媒体侵权责任法的理论体系

应当看到的是，研究媒体侵权责任法理论的特点是，由人民法院提出问题，民法学者进行民法法理研究，新闻法学者从新闻法制角度进行更为深入的探讨，使研究程度不断深化。对于人民法院在司法实践中大量受理媒体侵权案件提出的具体法律适用问题，民法学者和法官从侵权法角度进行深入研究，研究媒体侵权责任的归责原则、构成要件和责任承担以及程序法适用等问题，提出解决办法。新闻法学者更为重视对媒体侵权责任法的研究，对媒体侵权责任研究的积极性和重视程度远比民法学者为高。中国新闻法制研究中心于 1991 年、1993 年和 1996 年分别召开了三次全国学术研讨会，集中研究媒体侵权问题，发表论文 76 篇。在会议论文的作者中，新闻工作者 52 人，占全部作者的 58.4%；法学工作者 15 人，占 19.7%；法官 9 人，占 11.8%。[①] 可见，新闻法学者和新闻工作者是研究媒体侵权的主力军。

不可否认，在开始的研究中，新闻法学者更多的是研究如何规避新闻传播行为的侵权责任，研究的是新闻工作者的自我保护[②]，但经过不断总结，新闻法学者更为重视通过媒体侵权责任的研究来规范媒体传播行为，划清合法的传播行为与违法的传播行为的界限，以更好地保护媒体权利，保护好民事主体的民事权利。新闻法学者经过深入研究，向最高人民法院提出的进行新闻侵权司法解释的建议和司法解释建议稿，集中表达了新闻法学者对新闻法制的期盼。

经过理论研究的长期积累，目前已经形成了媒体侵权责任法的完整学说。这个学说并非只有我和王利明教授主编的《人格权与新闻侵权》[③] 在研究，其他更为重要的著作还有《被告席上的记者》[④]、《新闻侵权与法律责任》[⑤]、《新闻侵权

① 上述统计是根据每篇文章的主要作者计算的，提供多篇论文的重复计算。

② 秦亚萍：《浅谈新闻工作者的自我保护》，载《新闻法制全国学术研讨会论文集》，中国民主法制出版社 1999 年版，第 611 页以下。

③ 王利明、杨立新主编：《人格权与新闻侵权》，中国方正出版社 1995 年版。该书已经出版第三版。

④ 魏永征：《被告席上的记者》，上海人民出版社 1994 年版。

⑤ 顾理平：《新闻侵权与法律责任》，中国广播电视出版社 2001 年版。

与诉讼》[①]、《新闻侵权：从传统媒介到网络》[②]、《中国新闻侵权判例》[③]、《新闻官司防范与应对》[④]、《中国新闻侵权纠纷的第四次浪潮》[⑤]、《新闻侵权及其预防》[⑥]、《新闻（媒体）侵权研究新论》[⑦] 以及《中国新闻（媒体）侵权案件精选与评析50例》[⑧] 等，这些著作的作者大多数是新闻法学者。媒体侵权责任法学说的主要学者在制定《侵权责任法》过程中有一个热情的爆发，集中体现在对《侵权责任法》应当规定媒体侵权责任的诉求上。

正因为如此，媒体侵权责任法在中国的民法学说和新闻法学说以及社会生活中是一道亮丽的风景，独具特色，是东亚各国侵权法以及任何外国侵权法研究中都没有过的现象。事实证明，社会需要一部新闻传播法来调整大众传播法律关系和责任。在新闻传播立法不足的情况下，就会产生另外一种法律形式对媒体权利保护和媒体侵权责任认定进行调整。我国的媒体侵权责任法就是这样发挥作用的。结论是，中国的媒体侵权责任法是社会造就的，是人民创造的。

三、媒体侵权责任法理论的形成和发展

媒体侵权责任法理论的形成和发展，在中国特色的社会环境中经历了一个不断发展的过程。

（一）新闻（媒体）侵权概念的提出

新闻侵权的概念是在 1987 年 1 月 1 日《民法通则》实施之后开始出现的。

---

① 孙旭培主编：《新闻侵权与诉讼》，人民日报出版社 1994 年版。

② 张西明、康长庆：《新闻侵权：从传统媒介到网络——避免与化解纠纷的实践指南》，新华出版社 2000 年版。

③ 高秀峰等主编：《中国新闻侵权判例》，法律出版社 2000 年版。

④ 李连成：《新闻官司防范与应对》，新华出版社 2002 年版。

⑤ 徐迅：《中国新闻侵权纠纷的第四次浪潮——一名记者眼中的新闻法治与道德》，中国海关出版社 2002 年版。

⑥ 郝振省主编：《新闻侵权及其预防》，民主与建设出版社 2008 年版。

⑦ 徐迅主编：《新闻（媒体）侵权研究新论》，法律出版社 2009 年版。

⑧ 中国新闻侵权案例精选与评析课题组：《中国新闻（媒体）侵权案件精选与评析 50 例》，法律出版社 2009 年版。

《民法通则》第一次规定了人格权及法律保护，第一次规定了可以适用精神损害赔偿的方法救济姓名权、肖像权、名誉权和荣誉权的损害，法律实施后，很快形成了一个“告记者热”的新闻侵权“第一次浪潮”[①]。在这个浪潮中，我正在法院工作，审理了有关媒体侵权的案件。当时，新闻界将这种纠纷案件叫作“新闻纠纷”或者“新闻官司”，继而明确提出了“新闻侵权”的概念。1991 年 5 月 6 日至 8 日，由中国新闻法制研究中心、上海社会科学院新闻研究所、上海市新闻出版局和南通日报社联合发起召开的第一次全国新闻法制学术研讨会，6 个省市以及全国人大法工委、国务院法制局、中宣部和新闻出版署等 50 余位专家学者出席，集中讨论新闻侵权与法律责任。在会议提交的 23 篇论文中，有 5 篇文章直接使用了“新闻侵权”概念作为文章的标题。其他 4 篇文章使用了“新闻纠纷”的概念，4 篇文章使用了“新闻官司”的概念，还有 1 篇文章使用了“新闻诉讼”的概念。这类文章有 18 篇，占论文总数的 78.3%。即使那些没有使用这些概念的文章，大多数也是研究新闻侵权问题。法官认可这种说法，因而法院形成了一类侵权责任类型，在习惯上一直使用新闻侵权或者媒体侵权的概念。

由上述叙述可以看出，“新闻侵权”概念是由新闻机构和新闻工作者提出来的，而不是由法律工作者创造的概念，新闻法学者是新闻侵权概念的始作俑者。

这个时期的新闻侵权研究中，更多的是研究新闻侵权实务尤其是新闻机构如何应对“告记者热”的诉讼。司法实务部门不断积累新闻侵权的审判经验，最高人民法院适时作出批复、复函以指导法院的法律适用。学者认为，这标志着我国新闻活动和新闻管理工作已经开始由政策调整进入了法律调整的法制轨道，是我国法制生活中的一件大事。[②] 这样的认识是完全正确的。

这个时期的媒体侵权责任法研究还是初步的，是萌芽和形成时期，对很多问题的研究还不成熟，还没有完善的理论体系和全面总结。

（二）媒体侵权研究突出对人格权保护的重点

此后，法学界和新闻界的学者专家以及司法实务工作者开始重视研究新闻侵

① 徐迅：《新闻官司的第三次浪潮》，《中国青年报》1993 年 8 月 5 日。

② 张双龙：《新闻侵权的分类、构成和法律责任》，《新闻记者》1991 年 8 月号。

权理论问题。1994年，我在《中南政法学院学报》上发表了第一篇文章即《新闻侵权问题的再思考》。[①] 1995年，我和王利明教授主编了《人格权与新闻侵权》一书[②]，系统阐释了我们对新闻侵权的看法。我在研究中始终坚持这种意见，因此说我是对新闻侵权“持肯定意见的学者中的代表人物和立场最坚定者”[③]，并不夸张。至此，媒体侵权责任法探讨进入了深入研究时期。新的学说不断推出，影响了并且仍在影响着司法机关对案件的法律适用。

在这个时期中，我国媒体侵权责任法研究的重点放在对受害人的人格权保护上。在学者的研究著述中，突出的是对人格权的保护，更多的不是研究对媒体权利的保护。应当说，这种研究方向是适当的，因为《民法通则》刚刚实施，很多问题都在摸索之中，特别是《民法通则》对于人格权保护的规定是一个破天荒的事情，司法工作者和法学工作者更多的是要唤醒民众的权利意识，让人民认识自己的权利，并且为保护自己的权利而斗争。这是建设法治社会、建设新闻法制的一个必经过程。在这个过程中，媒体侵权责任法的研究起了重要作用。

在这一个时期中，学者不断总结媒体侵权的法理问题，阐明媒体侵权的理论基础和体系，媒体侵权责任法的研究向着深入、完善的方向继续发展。

（三）媒体侵权研究突出抗辩事由的重点

进入21世纪之后，媒体侵权责任法研究的主要进展表现在以下两个方面。

1.主张在《中华人民共和国侵权责任法草案》中增加媒体侵权责任

2001年，王利明教授奉命主持起草《中华人民共和国民法》的人格权法编和侵权责任法编。我刚好从最高人民检察院调到中国人民大学工作，担任中国人民大学民商事法律科学研究中心常务副主任，着手起草人格权法建议稿和侵权责任法建议稿。当时，我和王利明有一个特别一致的想法，就是要把我国司法实践中具有特色的人格权法制度和侵权责任法制度都写进法律草案建议稿，争取在立法中能够写出中国特色。其中新闻侵权就是要着重写好的内容之一。在2002年

① 杨立新：《新闻侵权问题的再思考》，《中南政法学院学报》1994年第1期。

② 王利明、杨立新主编：《人格权与新闻侵权》，中国方正出版社1995年版。

③ 张新宝：《“新闻（媒体）侵权”否认说》，《中国法学》2008年第6期。

初提交给全国人大法工委的《中华人民共和国民法·人格权法编和侵权责任法编》草案建议稿中，集中写了新闻侵权的条文。2002 年 4 月在北京召开的“侵权责任法和人格权法草案建议稿研讨会”上，有的学者提出意见，认为中国不制定新闻法而先制定新闻侵权法是不合适的。① 其他学者也提出了不同意见。对此，我和王利明反复斟酌，坚持这个意见，在以后修订的王利明主编的侵权行为法草案建议稿②和我主持编写的侵权责任法草案建议稿③中，都分别规定了媒体侵权一节，集中阐释了我们的看法，提出了立法建议。

特别值得重视的是，在《侵权责任法》立法的重要关头，也就是《“新闻（媒体）侵权”否定说》写作和发表的时期，媒体对《侵权责任法》规定媒体侵权表现了高昂的热情。新闻法学者及媒体从业人员多次组织座谈会、研讨会，讨论《侵权责任法》规定媒体侵权的必要性和迫切性，中国记者协会也亲自出面召开大规模的新闻侵权研讨会，提请立法机关在《侵权责任法》中规定新闻侵权。其中一个缘由，是新闻法学者曾经提出的新闻侵权司法解释建议稿被最高人民法院以“没有上位法”为由予以拒绝。因此，新闻法专家、学者强烈建议，哪怕是在《侵权责任法》中规定一个新闻（媒体）侵权的条文，也会为新闻（媒体）侵权司法解释提供上位法依据。可惜的是这个设想没有实现，最后只是在《侵权责任法》第四章中规定了网络侵权责任一个条文。当然，网络侵权责任也是媒体侵权责任的一种。

2.研究媒体侵权责任抗辩事由

进入 21 世纪之后，媒体侵权责任法理论研究的一个重要变化，是重视对媒

---

① 这是王家福教授在该次会议上发言的观点。

② 王利明主编：《中国民法典学者建议稿及立法理由·侵权行为编》，法律出版社 2005 年版，第 79 页以下。该建议稿第二章专设一节“新闻侵权”。

③ 杨立新主编：《中华人民共和国侵权责任法草案建议稿及说明》，法律出版社 2007 年版，第 17 页以下。该建议稿在过错的侵权行为中专设“媒体侵权一节”，规定了媒体侵权的形式、抗辩事由、公众人物、责任主体、侵害人格权的补救、网络侵权责任、文学作品侵权准用等内容。本书于 2010 年获得北京市人文社会科学研究优秀成果二等奖。

体侵权责任抗辩事由的研究。[①] 很多学者都在研究媒体侵权责任抗辩事由，提出具备抗辩事由的媒体报道，就是正当行使媒体权利[②]，法院也出现了引用公众人物、连续报道等理由免除媒体侵权责任的判决。[③] 有学者专门进行调查，在 20 件我国法院判决的媒体侵权案件中，判决书事实部分提到被告以公众人物权利限制为抗辩理由的有 17 件，其中有 13 件不同程度认可公众人物权利应受限制或以原告不是公众人物为由不采纳被告抗辩，有 4 件是判决主动提到公众人物概念的。[④] 出现这一变化的原因是，我国现有法律对大众传播或媒体作者的保护存在不足，媒体侵权抗辩事由制度的设立正是为了平衡表达自由与人格权之间的冲突，使媒体和新闻作者在法律的轨道内作出正确的选择，进行正当的新闻报道而不被无谓追究，进而保障有利于维护社会公共利益的新闻自由。[⑤] 学界认识到，研究媒体侵权责任，不仅要研究确定媒体侵权责任的构成要件，依法追究媒体的侵权责任，更重要的是要注重研究怎样通过界定媒体侵权责任而保护媒体的合法权益，以更好地发挥媒体的舆论监督作用和新闻批评功能，在推动社会进步中发挥更大的作用。[⑥] 因此，不仅要对媒体的侵害人格权的侵权行为依法予以制裁，同时也要对媒体具有合法抗辩事由的传播行为给予有力的支持和保护。2003 年，中国人民大学民商事法律科学研究中心会同美国耶鲁大学中国法研究中心共同召开研讨会，提出了名誉权应当“瘦身”，给媒体以更大的“喘息”空间，保护媒体合

---

① 对此，我进行了深入研究，作出了全面分析。杨立新：《论新闻侵权抗辩及体系与具体规则》，《河南省政法管理干部学院学报》2008 年第 5 期。

② 郭卫华、常鹏翱：《论新闻侵权的抗辩事由》，《法学》2002 年第 5 期；王松苗：《“有事实依据”不等于“有客观事实”》，马军：《网络隐私权的抗辩权分析》，这两篇文章都载于徐迅主编：《新闻（媒体）侵权研究新论》，法律出版社 2009 年版，第 250 页以下和 288 页以下。

③ 上海市静安区人民法院判决的“范志毅诉上海文汇新闻联合报业集团案”，载“中国新闻侵权案例精选与评析”课题组编著：《中国新闻（媒体）侵权案件精选与评析 50 例》，法律出版社 2009 年版，第 225 页以下。

④ 魏永征、张鸿霞：《考察“公众人物”概念在中国大众媒介诽谤案件中的应用》，载徐迅主编：《新闻（媒体）侵权研究新论》，法律出版社 2009 年版，第 232－234 页。

⑤ 王芳：《新闻侵权抗辩事由研究》，河北大学 2010 年法学硕士论文，第 8 页。

⑥ 杨立新：《论新闻侵权抗辩及体系与具体规则》，《河南省政法管理干部学院学报》，2008 年第 5 期。

法权益的意见[①]，受到各界的重视。因此，法律重视对媒体侵权责任的抗辩事由，其实就是为媒体的表达自由保驾护航，保护媒体的合法权益。

在这个时期，媒体侵权责任法研究步入成熟阶段，不断深入发展，尤其是在兼顾人格权保护和保护表达自由的平衡上，展现了高水平的研究成果。

四、如何认识《侵权责任法》没有直接规定媒体侵权责任的现状

《侵权责任法》确实没有直接规定媒体侵权，只明确规定了网络侵权责任。如何看待这种立法状况，我想说明以下三个问题。

（一）媒体（新闻）侵权是不是一个科学的概念

无论是在法律界还是在新闻界，使用新闻侵权或者媒体侵权的概念有一个变化过程。在最初，学者经常使用新闻侵权[②]的概念，也使用新闻官司[③]、新闻纠纷[④]、新闻诉讼[⑤]等。后来，学者认识到新闻侵权概念的外延比较狭窄，难以概括网络媒体等新媒体的侵权行为，因此改用媒体侵权的概念。

对于媒体侵权概念进行文义分析无疑是重要的，但从概念本身进行法律界定无疑更为重要。提出这个概念，正如学者所言，严格地说，新闻侵权并不是一个法律术语，而只是对于新闻媒介的侵权行为的一种笼统的、通俗化的描述。人们意识到现行法律在新闻媒介的侵权行为上尚存在空白点，正是在这样一种背景下，新闻侵权这一概念便出现了，并且逐步为人们所接受。[⑥] 这个说法比较真实

① 杨立新：《中国名誉权的“膨胀”与“瘦身”》，载《从契约到身份的回归》，法律出版社 2007 年版，第 111 页以下。

② 张双龙：《新闻侵权的分类、构成和法律责任》，《新闻记者》1991 年 8 月号。

③ 魏永征：《“新闻官司”中的一些特殊性法律问题》，载《新闻法制全国学术研讨会论文集》，中国民主法制出版社 1999 年版，第 31 页以下；贾安坤：《新闻官司的举证责任》，载《新闻法制全国学术研讨会论文集》，中国民主法制出版社 1999 年版，第 183 页以下。

④ 曹三明：《新闻纠纷的法律思考》，《新闻记者》1991 年 7 月号。

⑤ 魏永征：《新闻官司与新闻诉讼条例》，载《新闻法制全国学术研讨会论文集》，中国民主法制出版社 1999 年版，第 228 页以下。

⑥ 陆萍：《新闻侵权的构成》，《政治与法律》1991 年第 6 期。

地反映了媒体（新闻）侵权概念的发生情况。

在较早学者对新闻侵权概念的界定中，主要认为新闻侵权“一般是指受我国法律保护的公民、法人、非法人单位依法享有的合法权益，遭到新闻媒介某种违法行为的损害”①。也有的认为，“新闻侵权实际上就是以新闻媒介为侵权主体的对于公民人格权的侵害”②。或者认为“新闻侵权行为是指新闻单位或者个人利用一定的大众传播媒介，以故意捏造事实或者过失报道等形式向大众传播内容不当或法律禁止的内容，从而侵害公民和法人人格权的行为”③。这些都是较早研究媒体（新闻）侵权时对这个概念的界定。

晚近学者对媒体（新闻）侵权概念的界定，诸如“新闻侵权应该解决的是新闻机构及其关系人利用新闻作品，损害他人人格权益的行为”④；“新闻侵权，是新闻机构或者个人利用新闻作品，损害他人人格权的行为”⑤；“新闻侵权是指新闻主体通过新闻报道对公民或者法人的名誉权、姓名权、肖像权、隐私权或者荣誉权以及其他民事权益造成不法侵害的行为”⑥；“新闻侵权就是新闻侵权行为人利用报纸、杂志、广播、电视等新闻传播工具，以故意捏造事实或过失报道的形式刊载或播发有损公民、法人或者其他组织的不当内容，从而侵害了他人的财产权和人格权的违法行为”⑦。

这些对媒体（新闻）侵权概念的界定多有不同，但基本点是一致的，都揭示出了媒体侵权的以下基本特点：（1）媒体侵权的行为主体和责任主体是大众传媒，或者其他利用大众传媒实施侵权行为的人；（2）媒体侵权的具体行为是利用大众传播媒介进行的传播行为，而不是所谓的新闻采访车在行驶途中撞伤了

① 张双龙：《新闻侵权的分类、构成和法律责任》，《新闻记者》1991年8月号。

② 陆萍：《新闻侵权的构成》，《政治与法律》1991年第6期。

③ 王利明主编：《新闻侵权法辞典》，吉林人民出版社1994年版，第257页。

④ 陈清：《新闻侵权肯定说——兼与“新闻（媒体）侵权否认说”商榷》，《武汉科技大学学报（社会科学版）》2010年第5期。

⑤ 王利明主编：《中国民法典草案建议稿及说明》，中国法制出版社2004年版，第241－242页。

⑥ 穆超君：《试论新闻侵权》，《新闻侵权》2010年第9期。

⑦ 郝振省主编：《新闻侵权及其预防》，民主与建设出版社2008年版，第15页。

人[①]；(3) 媒体侵权的传播行为具有违法性，表现为违反了法定义务或者保护他人的法律；(4) 媒体侵权所侵害的是自然人或者法人的姓名权、肖像权、名誉权、隐私权、荣誉权等人格权；(5) 侵权责任由侵权的媒体承担替代责任，在特殊情形下，也会出现连带责任等特殊责任形态。将媒体侵权概念的这些特点集中起来，可以作出一个准确的定义，即媒体侵权是指报纸、杂志、电视、广播、互联网、微信等传统媒体和新媒体或者他人，在利用大众传媒进行传播行为中，故意或者过失非法侵害自然人或者法人的名誉权、隐私权、肖像权、姓名权及其他人格权益的侵权行为。

这个概念能够回答以下三个问题。

1. 如何解决媒体侵权与侵害名誉权等人格权的一般侵权行为之间的关系问题

媒体侵权虽然也是侵害名誉权等人格权，但与其他侵害这些人格权的一般侵权行为是特殊与一般的关系。应当看到的是，侵权责任类型并非仅仅是用被侵权行为所侵害的客体这一个标准进行划分的。例如，同样是侵害生命权、健康权的行为，《侵权责任法》在将侵害生命权、健康权的一般侵权行为概括在第 6 条第 1 款的侵权行为一般条款之外，还对侵害他人生命权、健康权的产品责任、机动车交通事故责任、医疗损害责任、环境污染责任、高度危险责任、饲养动物损害责任以及物件损害责任等作出特别规定，其实这些特殊侵权责任与侵害生命权或者健康权的一般侵权行为都是一样的侵权行为，只不过具有一定的特殊性而已。而侵权责任类型恰恰就是根据这些不同的侵权行为的特殊性进行的划分，进而作出特别规定。事实上，对于侵权行为或者侵权责任类型的划分，从来就不是根据同一个标准进行划分的，这是侵权法理论和立法的常识，并非疑难问题。

2. 媒体侵权确实存在与其他侵权责任类型不同的特殊性

媒体侵权确实存在需要特别规定的特殊性，确认这些特殊性的标准也已如前

① 张新宝：《“新闻（媒体）侵权”否认说》，《中国法学》2008 年第 6 期。拿这种事例作为反驳新闻侵权概念不科学的论据，说服力不够。

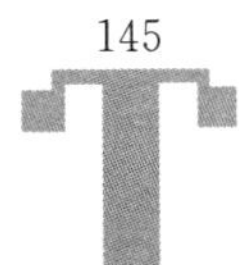

述。例如，新闻媒体中的新闻工作者的特殊性，就有其特点。[①] 最为典型的是网络媒体侵权，除了网络用户或者网络服务提供者利用网站实施侵权行为应当由自己承担侵权责任之外，网络服务提供者在“避风港原则”和“红旗原则”[②] 之下，还要与网络用户实施的侵权行为承担连带责任。正因为存在这样的特殊性，《侵权责任法》才在第36条规定了网络侵权责任，它也是媒体侵权，也是我们主张在《侵权责任法》中应当规定的媒体侵权类型。[③] 相比之下，报纸、杂志、电视、广播以及其他媒体的侵权行为特殊性也比较明确，但立法者认为这些特点在《侵权责任法》的侵权责任一般条款中都可以解决，因而才没有予以特别规定。事实上，网络侵权按照侵权责任法规定的一般规则也是可以处理的，只不过由于其特点更加突出才作出特别规定的。

3.媒体侵权的范围并非不可界定

媒体侵权概念的范围并非不可界定。媒体的范围是能够确定的，例如把媒体分为传统媒体和新媒体，报纸、杂志、电视、广播属于传统媒体，互联网、微信等属于新媒体。既然如此，这些媒体实施的侵权行为就都属于媒体侵权行为。这和界定其他特殊侵权责任是一样的，例如，产品责任就是以缺陷产品致人损害为基本特点，不论生产者、销售者、运输者、仓储者或者其他第三人，凡是以缺陷产品造成他人损害的，就构成产品责任。既然媒体的范围是能够确定的，那么，以媒体或者利用媒体实施的侵权行为作为标准，当然媒体侵权的范围就是可以界定的。因此，研究媒体侵权责任法的学者在适用媒体侵权概念上并非举棋不定，也不存在不可克服的困难。

（二）怎样对待各国侵权法比较法经验的统一性

可以确定的是，各国侵权法在比较法上观察，不论是东亚各国还是世界各国，确实没有一部侵权法明确规定过媒体侵权责任。但是，就此提出“就是否承

---

① 秦亚萍：《浅谈新闻诉讼中被告方（新闻工作者）的特殊性》，《新闻记者》1991年7月号。

② 杨立新：《侵权责任法》（21世纪法学规划教材），法律出版社2011年版，第243页。

③ 我在《中华人民共和国侵权责任法草案建议稿》第70条至第72条专门设计了网络侵权责任的条文建议稿，参见杨立新主编：《中华人民共和国侵权责任法草案建议稿及说明》，法律出版社2007年版，第18-19页。

认新闻侵权或者媒体侵权这一问题而言，在大陆法系范围内，无论是老法典还是新法典，却没有分歧：不予承认”的观点[①]，似乎并不能成为否定媒体侵权的重要理由。应当看到的是，尽管大陆法系国家或者地区的侵权法都没有规定媒体侵权，但在它们的司法实践中都普遍存在媒体侵权及其法律适用问题。英美法系国家的诽谤法更多的是规定媒体侵权责任，隐私权法也包括了大量的媒体侵权责任。按照美国学者爱泼斯坦的看法，美国诽谤法在近几十年的发展主要有赖于大众传媒的发展以及对言论自由的特别保护，从而在侵权的责任构成要件、抗辩事由等方面都改变了传统的规则。[②] 只是由于其他各国的新闻法制比较完善，而不像我国具有利用媒体侵权责任法规制新闻活动的必要性。

（三）怎样看待立法部门和最高司法机关的态度

“我国法律从未规定过‘新闻侵权’或‘媒体侵权’”，这似乎是客观事实，但也有两个客观事实说明立法机关并非“这一观点是一贯的和明确的”。[③] 第一，2008 年 5 月 16 日，全国人大法工委在人民大会堂宾馆专门召开研讨会，研讨会的题目就是“新闻侵权责任”问题。这次会议共有 9 个专家参加，除了我之外，其他都是新闻法专家或者新闻机构官员。在会上，除了一位官员反对在《侵权责任法》中规定新闻侵权之外，其他都支持在《侵权责任法》中规定媒体侵权。第二，《侵权责任法》专门规定了网络侵权责任即第 36 条。网络侵权也是媒体侵权责任，是媒体侵权中的一种特殊类型。既然网络侵权就是媒体侵权的一种，且没有理由认为网络侵权不是媒体侵权，那么，说我国法律从未规定过新闻侵权或者媒体侵权，并且这个观点是“一贯的和明确的”，显然就不是事实了。

最高人民法院也不是“在这一问题上与立法部门保持了相同的立场”[④]。1990 年至 1993 年年初，我在最高人民法院民事审判庭工作，我所在的第三审判庭就是负责审理侵权责任案件指导的专门机构。我们那时非常关注新闻侵权和小说侵权的侵权责任类型，不仅在前述几个批复、复函中特别表达了媒体侵权纠纷

---

① 张新宝：《“新闻（媒体）侵权”否认说》，《中国法学》2008 年第 6 期。

② 转引自王利明：《人格权法研究》，中国人民大学出版社 2005 年版，第 290 页。

③ 以上引文引自张新宝：《“新闻（媒体）侵权”否认说》，《中国法学》2008 年第 6 期。

④ 张新宝：《“新闻（媒体）侵权”否认说》，《中国法学》2008 年第 6 期。

案件的法律适用规则，并且专门制定了关于审理名誉权纠纷案件的解答和解释这两个规范性的司法解释①，其主要内容就是提出媒体侵权责任纠纷案件的法律适用指导意见。可以说，尽管最高人民法院在规范文件中确实没有使用过新闻侵权或者媒体侵权的概念，但是在司法解释中反复提出这样的规则。例如，在《关于审理名誉权案件若干问题的解答》第6条关于新闻报道或者其他作品引起名誉权纠纷如何确定被告的问题，第7条关于因新闻报道严重失实的侵权责任认定问题，第8条关于撰写、发表批评文章的责任问题，都是关于媒体侵权的法律适用规则。在《关于审理名誉权案件若干问题的解释》第3条关于新闻媒介和出版机构转载作品引起名誉权纠纷的责任，第6条关于新闻单位报道国家机关公开的文书和职权行为引起的名誉权纠纷问题，第7条关于提供新闻材料引起的名誉权纠纷问题，第9条关于新闻单位对生产者、经营者、销售者的产品质量或者服务质量进行批评、评论的责任，都是媒体侵权责任的法律适用规范。这些规则都是最高人民法院在媒体侵权审判实践中总结出来的基本经验，经过抽象整理上升为司法解释。在这些司法解释面前，认为最高人民法院从来不承认新闻侵权或者媒体侵权的概念，显然也是不正确的。

（四）简单的评论

应当指出的是，研究媒体侵权并非仅仅是侵权法的问题，更多的还是一个新闻传播法的问题；并非仅仅是民法学者研究的任务和职责，更多的还是新闻法学者研究的重要任务和职责。轻易否定媒体侵权概念，否定的并非只是民法学者的努力，更多的是否定了众多新闻法学者及大众传播工作者对于媒体法制研究的积极性。

五、中国媒体侵权责任法理论和实践将如何发展

媒体侵权责任法的理论研究和司法实践已经有20多年的历史了。20多年来，民法学者、民事法官和媒体法制工作者共同研究，使其已经成为一个新闻传

① 我在最高人民法院民事审判庭工作的时候，这两个司法解释就已经开始起草，是在其后公布实施的。

播法与侵权责任法交叉的学科，有着良好的发展前景，在社会生活中发挥了重要作用，不会因为《侵权责任法》没有直接规定媒体侵权就认为找不到媒体侵权的立法生存空间，因而使媒体侵权责任法理论研究和司法实践的成果成为“一种法学文化遗产”①。这个学说正在发展，司法实践经验也在不断丰富。正像学者所言：“按照增加特殊侵权行为种类和完善特殊侵权行为体系的精神，新闻侵权在侵权责任法中作为特殊侵权行为出现是顺理成章的事情。”②

我认为，“媒体侵权否认说”和“媒体侵权肯定说”之间的争论并非存在根本的认识分歧，而只是看问题的方法和角度不同。“媒体侵权否认说”更多的是站在立法技术的立场上观察问题，而“媒体侵权肯定说”则更多的是站在立法全局和法的社会调整立场上观察问题。当一个社会问题需要法律进行调整，而这个方面的法律规范尚不健全时，就会从另外一个角度进行法律规范。正像在《国家赔偿法》没有制定之前，《行政诉讼法》在第九章率先规定了行政机关的“侵权赔偿责任”，以应急需。当《国家赔偿法》公布实施之后，《行政诉讼法》的这些规定就完成了历史任务，成为“遗产”。同样，在新闻传播法没有制定完成之前，媒体侵权责任法已经起到了调整新闻传播行为的社会作用。因此，媒体侵权这类纠纷就被赋予独立的学术意义或研究价值。③

正是基于这样的观察问题的角度和立场，我对媒体侵权责任法的发展趋势预测如下。

第一，充分利用《侵权责任法》为媒体侵权提供的空间，深入研究媒体侵权责任法的理论和实践，进一步推进新闻传播法治化进程。学者认为，新闻侵权的特征决定了其在侵权责任法应有一席之地④，侵权法应当规定独立的新闻侵权制度。⑤《侵权责任法》已经为媒体侵权责任提供了足够的空间，这表现在两个方面。一是，对于普通的媒体侵权，已经概括在第 6 条第 1 款规定的过错责任原则

① 张新宝：《“新闻（媒体）侵权”否认说》，《中国法学》2008 年第 6 期。
② 陈清：《“新闻侵权”肯定说》，《武汉科技大学学报（社会科学版）》2005 年第 5 期。
③ 姚辉：《人格权法论》，中国人民大学出版社 2011 年版，第 442 页。
④ 陈清：《“新闻侵权”肯定说》，《武汉科技大学学报（社会科学版）》2005 年第 5 期。
⑤ 王利明：《人格权法研究》，中国人民大学出版社 2005 年版，第 290 页。

之中，作为一般侵权行为的一种，媒体侵权责任适用过错责任原则，按照一般侵权责任构成要件确定其责任。[①] 二是，对于媒体侵权中的网络侵权责任，应当按照第36条规定确定责任。应当看到的是，中国在短时间里完成新闻传播法立法的可能性不大，因而媒体侵权责任法仍然会在媒体法治中发挥重要作用。依据《侵权责任法》为媒体侵权提供的法律依据，应当进一步深入研究，不断吸收各国侵权法、新闻传播法和表达自由保护的最新研究成果和司法经验，完善我国媒体侵权责任法的理论研究和法律适用。

第二，在媒体侵权责任法的理论研究和司法实践中，应当特别重视研究媒体侵权的抗辩事由。媒体侵权责任法的功能，既要对民事主体的人格权加强保护，也要重视对媒体表达自由的法律保护。在当前，应当特别注意依法保护媒体表达自由，支持媒体提出的合法抗辩事由，发挥媒体干预社会生活的功能。媒体提出的正当抗辩事由能够对抗媒体侵权责任的诉求，阻却传播行为的违法性。媒体侵权责任法近年来特别重视这个问题，坚持下去，就能够更好地为媒体表达自由提供法律保障。这正是媒体侵权区别于一般的侵害人格权侵权责任的显著特点，最优的处理方案就是将其作为一种特殊侵权行为进行单独规制。[②] 在《侵权责任法》没有单独规定媒体侵权的情形下，应当总结司法机关已经颁布的司法解释和发布的典型案例，制定一部完善的媒体侵权司法解释。我们正在努力做好这样的促进工作。[③]

第三，全力推动制定《中华人民共和国民法典人格权编》。在中国民法典编纂中，我们积极主张制定专门的人格权编，在其中重点规定易受媒体侵害的名誉权、隐私权、姓名权、肖像权等人格权的内容和保护方法，划清正当行使表达自由进行新闻批评的权利与侵权行为的界限，使司法经验和理论研究成果上升为法律，变成法律制度。

第四，中国最终一定要制定一部《新闻传播法》。通过《侵权责任法》以及

---

① 杨立新：《侵权责任法》（21世纪法学规划教材），法律出版社2011年版，第400-402页。

② 陈清：《“新闻侵权”肯定说》，《武汉科技大学学报（社会科学版）》2005年第5期。

③ 我们正在进行的欧盟“媒体权利保护项目”的研究成果之一，就是起草一部媒体侵权司法解释建议稿。杨立新：《〈媒体侵权责任案件法律适用司法手册〉编写大纲》，《法治新闻传播》2011年第2辑，中国检察出版社2011年版，第64-66页。

媒体侵权责任法的积极作用来弥补我国新闻传播法立法的欠缺，尽管能够发挥较好作用，但并非具有永久性，只是权宜之计。为了全面保护媒体权利，发挥媒体促进社会进步的作用，必须有一部新闻传播法。当新闻传播法诞生之时，也就是媒体侵权责任法的作用受到限缩之日，二者最后终将各司其职。不过，即使如此，媒体侵权责任法的理论研究成果和司法实践经验也不会变成“法律文化遗产”，只是媒体侵权责任法将会与新闻传播法紧密配合，侧重于解决媒体侵权责任认定和赔偿问题，仅发挥其侵权责任法的功能而已。

第二节　媒体侵权问题的再思考

媒体侵权（也称“新闻侵权”），即报纸杂志故意或者过失地刊登诽谤他人的新闻，造成受害人名誉权等人格权损害的行为。媒体侵权构成侵权法律关系，因而，媒体侵权既包括媒体侵权行为，也包括媒体侵权责任。随着 1987 年以来的“告记者热”的降温，媒体侵权问题已经不是民法学争论的热点问题，然而，对于理论问题在冷静下来后的再思考，往往更有利于深层次的探讨。笔者就媒体侵权问题，采用比较法的方法，结合我国具体实践，阐释以下几个意见和看法。

一、媒体自由与人格权的保护

刊登诽谤他人的新闻能够构成侵害名誉权的责任，法学界与新闻界已有共识。但是，以新闻自由作为立论根据，主张新闻不能构成侵权责任的，也不乏其例，尤以在个案的争辩中为甚。对于新闻自由与人格权保护之间的关系，仍有深入探讨的必要。

（一）新闻自由

各国宪法规定新闻自由，大体采取两种方式。一是将新闻自由概括在言论出版自由之中，有的另立新闻法明确规定。在美国，新闻自由就是以美国宪法第一

修正案作为依据的，该法案的内容是，国会不得制定剥夺人民言论或出版自由的法律。在法国，法学家认为1789年《人权宣言》第11条是规定新闻自由的依据，即“思想与意见的自由交换，为人类最宝贵的权利。因此，每一个公民享有言论、著作和出版自由”。二是明确规定新闻自由。1946年11月《日本国宪法》第21条规定：“报纸除有害于公共利益和法律禁止的场合外，享有报道、评论的完全自由。”我国关于新闻自由的立法，属于前者。《宪法》第35条关于“中华人民共和国公民有言论、出版、集会、结社、游行、示威的自由”的规定中，言论、出版自由即为新闻自由的宪法依据。

关于新闻自由的界定，并没有一个统一的定义。在日本，日本新闻协会对新闻自由有一个权威性的定义，即“具体地讲，第一，任何势力也强制不了的符合事实的报道和评论的自由；第二，为此目的而接近新闻出处、采访新闻的自由”①。在美国，新闻自由包括采访自由、通讯自由、批评自由、出版自由和贩卖自由。②《埃及新闻法》第1条至第3条规定了新闻自由权利，包括“解释舆论的倾向，运用各种表达方式形成和指导舆论，自由地行使自己为社会服务的使命”，以及新闻工作者“在工作中不受非法的权力的约束”。在我国，新闻自由是新闻业为实现其为社会服务的目的，依法进行采访、写作、发表、出版新闻作品，不受非法控制、约束的权利，它包括两个层面，对记者，通讯员等新闻作者来说，其采访、写作、发表新闻作品不受非法控制、约束，属于言论自由的权利；对于报社、杂志社、新闻社等新闻单位来说，是组织新闻、出版新闻作品不受非法控制、约束，属于出版自由的权利。在我国，对新闻业的理解，应适当扩大，因为每一个公民都可以通过撰写新闻作品向新闻单位投稿而成为新闻单位的业余通讯员，因此，新闻自由也是公民的一项权利。

（二）舆论监督

舆论监督是新闻界以及其他舆论界通过新闻媒介发表新闻、评论，对社会的政治生活、经济生活、文化生活等方面进行批评、实行监督的权利和功能。舆论

---

① 《各国新闻出版法选辑》，人民日报出版社1981年版，第264页。

② 《各国新闻出版法选辑》，人民日报出版社1981年版，第178页。

监督并非一个准确的法律概念。原本意义上的舆论监督，涵括在权力监督体系之中。舆论监督被进一步扩展，其含义已经超出了对权力监督的职能，几乎成了无所不能的权利和功能。从严格的意义上讲，舆论监督属于新闻自由的范畴，就是新闻批评的自由权利，新闻业通过行使新闻批评的自由权利，实现对社会生活的监督功能。新闻批评自由是新闻自由的一个组成部分。德国北莱茵——威斯特伐利亚洲新闻法第 3 条明确规定："新闻界履行一种特殊的公共职能，即采集并传播新闻，公开观点，提出批评，以及以其他形式制造舆论。"提出批评即为新闻界公共职能之一。新闻批评自由是一种权利，新闻的采写、出版者有权通过新闻媒体对不正当的社会生活现象提出批评，形成舆论，督促其改进，推动社会文明的进步。就这样的意义上说，舆论监督与新闻批评自由是同一的概念，因而使用新闻批评自由比使用舆论监督更准确、更科学。

（三）新闻自由与人格权的保护

自由是一种权利，它意味着"只要不违反任何法律禁令，或者侵犯其他人的合法权利，那么，任何人可以说想说的任何话、做所想做的任何事"[①]。任何自由都不是绝对的，法律在赋予权利主体以自由权的时候，都规定行使自由权的必要限制，以防止其滥用。新闻自由同样如此，并不是一种绝对的权利。行使新闻自由权的最大限制，就是不得以新闻自由为借口，侵害他人的私权。在美国，新闻自由受到普遍的尊重，宣称"新闻自由是人类的重大权利，应当受到保护"，同时，也宣称"报纸不应侵犯私人权利和感情"[②]。美国报纸编辑协会制定的《新闻工作准则》明文作了上述规定。《埃及新闻法》第 6 条规定："新闻工作者对所发表的东西，要遵守宪法所明文规定的社会基本准则。"《德国基本法》第 5 条在规定新闻出版自由的同时，规定："上述权利仅受到普通法、保护青少年法和保护个人名誉权利法的限制。"世界各国立法在规定新闻自由的同时又加以上述限制，就在于实行新闻自由的最大危险，就是侵害他人的人格权。

从原则上说，新闻自由与公民、法人的人格权保护，是并行不悖的。但是，

---

① 《牛津法律大辞典》，光明日报出版社 1988 年版，第 554 页。

② 《各国新闻出版法选辑》，人民日报出版社 1981 年版，第 191、192 页。

实行新闻自由，尤其是新闻批评自由，就是对被批评者的指责。如果把这种批评限制在适当的范围之内，尽管也是对被批评者的指责，总不会造成侵权的后果。如果这种指责超越了适当的范围，造成了被批评者人格的损害，就侵害了被批评者的人格权。

人格权是民事主体所固有的权利，是公民、法人作为法律上的人所必须享有的基本的民事权利。民事主体如果不享有人格权，他就不能成为一个民事主体；民事主体的人格权受到侵害，就会对该民事主体造成严重的后果。因而人格权历来被认为是绝对权、对世权，任何人都负有维护他人人格权的义务，禁止非法侵害。当行使新闻自由的权利与保护人格权发生冲突的时候，法律毫不犹豫地选择后者，禁止新闻自由权利的滥用，并以国家的强制力保障民事主体的人格权。在国外，诽谤法就是力求维持个人名誉和新闻自由这两者之间平衡的法律准则。

上述原理，得到我国宪法和各基本法的确认。《宪法》第 38 条规定："中华人民共和国公民的人格尊严不受侵犯。禁止用任何方法对公民进行侮辱、诽谤和诬告陷害。"第 51 条规定："中华人民共和国公民在行使自由和权利的时候，不得损害国家的、社会的、集体的利益和其他公民的合法的自由和权利。"这两条重要的宪法原则，科学地规范了新闻自由与保护人格权之间的关系，任何人在行使新闻自由权的时候，侵害他人人格权，都是对权利的滥用，是对他人人格尊严的侵犯，都违反宪法的原则。我国还通过《刑法》《民法通则》的具体条文，规定了侵害他人人格权的刑事责任和民事责任，用刑罚和损害赔偿等刑事的和民事的制裁手段，制裁这种违法、犯罪行为，使受到侵害的权利得到恢复。因此，可以说，在我国，新闻自由与保护人格权之间的法律平衡，是非常明确的，是有法可依的，尽管我国还没有制定《新闻法》，对此还缺少具体的条文规定，但现行法律规定的内容还是基本完备的。

二、新闻侵权行为的构成

（一）新闻侵权的主体

新闻侵权的权利主体，一般是指新闻侵权的直接受害者。除此之外，《日本

新闻纸法》第 17 条还规定包括与该事项有关的直接关系者。《哥伦比亚新闻法》第 20 条规定："如受害当事人因不在，或无法行使上述刊登更正声明的权利，则应将其扩大到当事人上下两代直系亲属或同代姻亲的范围。"《塞尔维亚共和国公共宣传法》第 105 条对死者受侵害的规定是："如果新闻涉及的人已死亡，有权要求发表纠正的人是：子女、配偶、父母、兄弟姐妹。可利用这种权利的还有联合劳动组织、其他自治组织和其他法人或国家机关，而其条件是：新闻涉及的死者的活动同这些组织、联合劳动组织或其他法人有关。"因而，新闻侵权的权利主体除受害人之外，还有其他直接关系人、死者的上下两代近亲属。在我国，受害人是当然的权利主体；此外，也包括受侵害的死者的近亲属。后一种权利主体，为最高人民法院的两个司法解释所确认：一是 1989 年 4 月 12 日（1988）民他字第 52 号《关于死亡人的名誉权应受法律保护的函》，确认"吉文贞（艺名荷花女）死亡后，其名誉权应依法保护，其母陈秀琴亦有权向人民法院提起诉讼"。二是 1990 年 10 月 27 日（1990）民他字第 30 号复函，确认"海灯死亡后，其名誉权应依法保护，作为海灯的养子，范应莲有权向人民法院提起诉讼"。这两个司法解释的意义，不仅在于确认死者名誉权应受法律保护，还在于明确了死者的父母、子女作为权利主体，有权提出起诉。至于死者名誉保护期限和死者受侵害其权利主体的范围，尚不十分明确，最高人民法院在关于审理名誉权案件的司法解释草案中，提出过侵害死者名誉的，死者的近亲属有权起诉的司法解释意向。其用意，就是用"近亲属"来限制权利主体的范围，同时也以其限制保护的期限。可以确定，我国新闻侵权的权利主体，为受害人及已死亡的受害人的近亲属。相比之下，近亲属的提法与国外立法基本相同，其他有直接关系者，我国目前没有规定。

新闻侵权的义务主体，各国规定的范围不尽一致。在美国，"凡与刊登引起诉讼的材料有关的当事人都有责任""从发行人、出版商到一些有影响的编辑部成员，如总编辑、收入丰厚的专栏作家、评论员或其他记者"[①]。我国清末的

---

① ［美］约翰·豪亨伯格：《美国新闻界与法律》，载《外国新闻出版法选辑》，人民日报出版社 1981 年版，第 203 页。

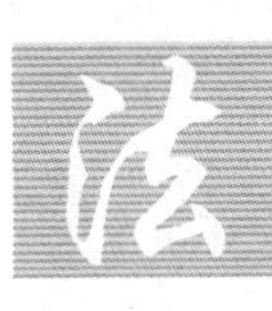

《大清印刷物专律》第 4 章第 6 条规定："作毁谤之人，印刷毁谤之人、谤件出版所之主人、谤件出版所之经理人、谤件之发卖人贩卖人或分送人，均为义务主体。"法国亦规定销售者为义务主体。规定稍窄范围的义务主体，包括作者、编者、业主、出版者，如瑞典。再窄的，包括编辑和作者，如《丹麦新闻法》第 6 条规定："只能对编辑和作者罚以赔款。"最窄的如原捷克和斯洛伐克《定期刊物和其他宣传工具法》第 16 条第 3 款，规定："决定出版者有赔偿因定期刊物或其他宣传工具发表的内容给组织和公民造成的损失的义务。"其义务主体仅为决定出版者。

我国关于新闻侵权义务主体的规定，来自于最高人民法院 1988 年 1 月 15 日法（民）复（1988）11 号《关于侵害名誉权案件有关报刊社应否列为被告和如何适用管辖问题的批复》，内容是："报刊社对要发表的稿件，应负责审查核实。发表后侵害了公民的名誉权，作者和报刊社都有责任，可将报刊社与作者列为共同被告。"对比起来，我国只将新闻单位和作者列为新闻侵权的义务主体，属于较窄的一类。根据我国的具体情况，新闻单位不得由私人开办，管理结构相对单一，这样规定比较适合国情。

实践中，新闻单位作为新闻侵权义务主体，有三个具体问题。

一是怎样处理编辑、记者与新闻单位的关系，编辑对稿件进行编辑加工，记者为自己的新闻单位采写稿件，均为职务行为，是新闻单位的组成部分，而不采国外对编辑、记者进行起诉的做法，只以新闻单位作为被告。

二是新闻总社与分社的关系，原则上以总社作为侵权义务主体。我认为，可以参照将银行在各地分行作为其他组织的办法，将新闻分社作为独立的诉讼主体，更有利于体现两便原则。

三是作者和新闻单位是否列为共同被告，实践中的做法是：只诉作者的，列作者为被告；只诉新闻单位或对作者和新闻单位都起诉的，一般列为共同被告，这种做法并不科学，也不合理。应当说，在新闻侵权中，主要的义务主体应是新闻单位，应承担主要的责任。实践中的这种做法，似将作者作为主要的义务主体。最高人民法院《关于审理名誉权案件若干问题的解答》第 6 条规定："因新

闻报道或其他作品发生的名誉权纠纷，应根据原告的起诉确定被告。只诉作者的，列作者为被告；只诉新闻出版单位的，列新闻出版单位为被告；对作者和新闻出版单位都提起诉讼的，将作者和新闻出版单位均列为被告，但作者与新闻出版单位为隶属关系，作品系作者履行职务所形成的，只列单位为被告。”这种办法是科学的、合理的。

（二）新闻侵权的客体

新闻侵权所侵害的具体人格权，各国立法在规定新闻侵权客体的时候，不尽相同，最常见的是只规定名誉权。美英两国采用诽谤法制裁新闻侵权行为，而诽谤法保护的就是个人名誉。哥伦比亚大学新闻学院给诽谤下的定义就是：“诽谤是以文字、印刷品或其他可见的方式损害他人名誉的行为。”[①] 英国学者认为：“诽谤法保护个人名誉不受无理攻击。”[②]《坦桑尼亚出版法》第 38 条至第 40 条明文规定新闻侵权的客体为“他人名誉”。规定新闻侵权客体范围较宽的，通常包括名誉权、荣誉权、隐私权、尊严、威信及利益。例如，《塞尔维亚共和国公共宣传法》第 104 条规定的是“新闻损害了其人格、名誉、权利和利益”，这样的规定，是相当宽泛的。

在我国，确定新闻侵权客体原则上适用《民法通则》第 120 条，姓名权（名称权）、肖像权、名誉权、荣誉权都能构成新闻侵权的客体。然而在实践中，原告起诉基本上都是以侵害名誉权起诉，最高人民法院的法（民）复（1988）11 号批复也是这样进行司法解释的。这种做法，类似于英、美的做法，只将名誉权作为新闻侵权的客体，而将名誉权作广义的扩张解释，几乎成为一个“包罗万象”的概念。

我认为，并非只有名誉权可以作为新闻侵权的客体，《民法通则》规定的姓名权（名称权）、肖像权、荣誉权都可以成为新闻侵权的客体。

除此之外，隐私权是最容易受到滥用新闻自由行为侵害的权利，理应成为新闻侵权的客体；信用、尊严可以概括在一般人格权之中，将一般人格权列为新闻

① 《外国新闻出版法选辑》，人民日报出版社 1981 年版，第 200、220 页。
② 《外国新闻出版法选辑》，人民日报出版社 1981 年版，第 200、220 页。

侵权的客体范围。这样，受害人可以依据新闻侵权所侵害客体的不同，选择不同的诉因起诉。

我并不否认现行以侵害名誉权确定新闻侵权案由做法的益处，它既可以使新闻侵权案件归一化，又可以使法律适用适应我国现行立法的现状。但从长远的观察出发，详细区分新闻侵权的不同客体，更有利于完善社会主义法制，完备地保护公民、法人的民事权利。

（三）新闻侵权的行为

在大多数国家，都把新闻侵权的行为概括为诽谤。在美国，除了前文引述的哥伦比亚大学新闻学院给诽谤下的定义以外，纽约州刑法第1340条规定的诽谤定义是全美国引用最多的诽谤定义之一。内容是："怀有恶意出版文字、印刷品、图片、画像、标记或其他非口头形式的物品，使活着的人或对去世的人的追忆，受到憎恨、蔑视、嘲笑或指责，使他人受到孤立或有受到孤立的倾向，或使他人或任何公司、社团在经营或职业上的声誉受到损害的倾向，皆为诽谤。"在英国，诽谤分为一般的诽谤和口头诽谤，新闻侵权的诽谤为前者。这种诽谤分为两种："影响个人私人名誉以及影响个人在公务或职业上声望的言论。"[①] 有些国家把新闻侵权的行为分为诽谤、侮辱、中伤等不同种类。如法国，一是诽谤，在于援引某个事实或将某个事实归罪某人或某个团体，从而损害了他的名声或荣誉；二是侮辱，指侮辱人的言语、蔑视或谩骂的词句，这些言词并不包含对任何事实的指控。[②] 日本新闻协会认为：个人秘密是指不愿让他人知道的、私生活领域里的无形秘密，泄露个人秘密，也可能被指控为一种侵犯。[③]

我认为，研究新闻侵权的行为，至少要从以下四个角度去揭示它的特点。

第一，新闻侵权的行为，具体的形式包括写作与发表、编辑与出版。对于作者来说，写作侵权新闻，已经是在侵害他人的权利，但写出来的新闻如若没有发表，未产生侵权的后果，尚不构成侵权责任。侵权新闻一经发表，即构成侵权。

① 《外国新闻出版法选辑》，人民日报出版社1981年版，第224页。

② 《外国新闻出版法选辑》，人民日报出版社1981年版，第257页、第267页。

③ 《外国新闻出版法选辑》，人民日报出版社1981年版，第257页、第267页。

就新闻侵权而言，发表是作者与新闻单位两者行为的结合，只有一方的行为，尚难成立新闻侵权。写作与发表两个行为结合在一起，作者的侵权行为即已完备。就新闻单位而言，侵权行为的构成，也包括两个部分，一是编辑，二是出版，这两个行为结合在一起，即为新闻单位的行为构成，但这两个行为均以作者的写作与谋求发表侵权新闻的行为为前提。新闻单位的记者采写新闻，同样也有写作与发表的行为构成问题，但由于记者采写新闻本身是新闻单位委派执行职务，因而记者的行为应为新闻单位的行为，这时，写作、编辑、发表、出版，均为新闻单位行为的构成。

第二，新闻侵权的行为方式，应以作为的方式构成，不作为不构成侵权。写作与发表，编辑与出版，均为作为的方式。从新闻单位对新闻稿件负有的审查核实义务来分析，负有法定义务而未履行，似可以不作为构成新闻单位的行为，但编辑与出版的结合一致才构成侵权的行为，而出版违反的是不作为的义务，且为行为的主要成分，因而新闻单位的行为只能由作为构成。

第三，新闻侵权的行为，可以划分为以下种类：（1）侮辱，指用恶毒语言或举动损害他人人格，一般不包括具体的事实，一旦涉及事实，也并非虚构或捏造的事实；（2）诽谤，能捏造事实，散布虚假的足以损害他人人格的言论；（3）公然丑化他人人格；（4）宣扬他人隐私。这 4 种具体行为种类，是最高人民法院司法解释规定的[①]，大体上概括了新闻侵害名誉权行为的种类。

第四，确定新闻侵权的行为，在实践中应掌握以下标准：（1）利用新闻报道的方式，故意写作、编辑、发表、出版侵权新闻；（2）作者、编辑选材、写作、审查核实不严，造成新闻失实，侵害他人名誉权等人格权；（3）擅自公布、揭载他人隐私；（4）写作、编辑、发表的新闻事实基本真实，但文中有侮辱、诽谤人格的言词，足以造成人格损害的。这四个具体标准，在审判实践中作为辨别的尺度，具有现实的价值，可以参照使用。

应当指出的是，上述关于行为的阐释，主要是就新闻侵害名誉权所论。从广义上而论，新闻侵害肖像权、名称权、姓名权、荣誉权等，其行为各有其特点，

---

① 最高人民法院《关于贯彻执行〈中华人民共和国民法通则〉若干问题的意见（试行）》第 140 条。

不再一一赘述。

（四）新闻侵权的主观心态

新闻侵权责任构成的主观要件，与一般侵权行为相比，没有不同的要求，故意、过失均可构成。各国新闻出版法对此大体规定为，侵权新闻一经发表，即构成侵权，无须区分故意与过失的不同。例如坦桑尼亚《报刊法》第38条规定："任何人通过印刷、书写、绘画、模拟、肖像或者其他不仅是动作、言词或其他音响手段，非法发表任何有关他人的毁誉性文字，旨在败坏他人名誉，就是犯了文字诽谤罪。"

在我国，确定新闻侵权主观要件的故意与过失的不同是有意义的。一是故意或过失对确定赔偿数额有重大影响；二是确定故意或过失使用的标准并不一样。

确定新闻侵权的作者、新闻单位的主观故意，适用主观标准，应当证明作者或新闻单位追求或放任侵权后果发生的主观心态。新闻侵权作者的故意，往往是直接故意，而新闻单位的故意，往往是间接故意，但并不排斥特殊情况。另外，作者为故意并非新闻单位一定为故意，可能为过失。当新闻单位的记者故意侵权而新闻单位的编辑出版者并非故意时，应认定为故意；编辑的故意亦应认定为新闻单位的故意。确认为故意侵权的，确定赔偿责任时，应加重责任。

确定新闻侵权的作者、新闻单位的过失，应适用客观标准，即以其承担的法定义务为标准，确定其是否违背其注意义务。作者的注意义务为真实报道和不得侵害他人人格权，新闻单位的注意义务为对新闻审查核实的义务。违背上述注意义务，撰写不真实的报道，撰写侮辱、诽谤他人的报道，以及审查核实不周而致侵权新闻报道发表，均为过失。过失致人侵权，确定赔偿责任应当低于故意所为。

新闻侵权责任的构成，亦须具备损害事实和因果关系的要件。不过，这两个要件在新闻侵权构成中无特别研究的必要，不再赘述。

三、新闻侵权的义务与责任研究

侵权行为是债的发生根据之一。同样，新闻侵权行为在侵权人和受害人间产

生债权债务关系，侵权人为侵权法律关系的义务主体，受害人为权利主体，当义务主体不履行义务，该种义务就转化为民事责任，可以依法强制执行。

由于我国民法通则将侵权法规定在“民事责任”一章，《侵权责任法》又称为“责任法”，因而尽管现在在理论上人们对侵权义务与侵权责任之间的关系已经没有争议，但是一说到具体的侵权问题，人们还往往只研究其责任，而忽视其首先为义务的事实。说到新闻侵权，就想到新闻侵权责任，就想到打官司来解决问题，而忽略了履行义务的不同方法。这是一种偏见。《民法总则》又将侵权责任关系界定为债的关系，可以纠正这种偏见了。

新闻侵权行为在当事人之间产生侵权赔偿等权利义务关系，在侵权义务没有转化为侵权责任之前，当事人之间可采取义务履行的不同方法，使权利人的权利得到满足，使该权利义务关系消灭，避免发生诉讼，减少损失；如果不能通过履行义务的办法解决矛盾，则在诉讼中，责令侵权人承担民事责任，保障受害人的民事权利。对于新闻单位来说[①]，用履行义务的办法解决争议，具有重要的作用，它不仅可以尽早解决纠纷，避免被卷入更大的麻烦之中，而且还可以保住自己的面子，避免自己的名誉、信誉因此而受到更大的损害。故笔者建议新闻单位在新闻侵权纠纷中，可以更多地采用上述的这种办法。

（一）损害赔偿的义务

新闻侵权作为特定的权利义务关系，最主要的，是损害赔偿的权利义务关系，这一点，已为《民法通则》第120条所确认。新闻侵权发生的损害赔偿之债，一般称为精神损害赔偿，补偿的是受害人人格权遭受损害所造成的精神损害。对此，当代各国立法是普遍承认的。

在我国，新闻侵权行为发生损害赔偿的权利义务关系，尚不是新闻侵权之债的全部内容，还包括其他非财产的权利义务关系，诸如停止侵害、恢复名誉、消除影响、赔礼道歉。在理论上，一般认为非财产的权利义务关系是新闻侵权之债的主导方面、主要内容，损害赔偿的权利义务关系是新闻侵权的辅助方面、次要内容。这种分析不无道理，但是，在商品经济社会中，带有经济内容的义务，不

① 对此也包括作者，不过对新闻单位来说更有意义。

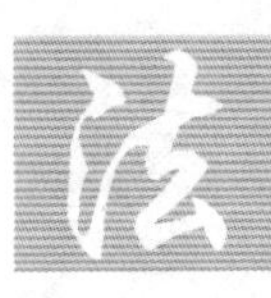

仅对于侵权的受害人是更有价值的抚慰，而且对于侵权人来说，也更有制裁的价值。在理论上，应当引导人们在解决新闻侵权争议中，侧重采取非财产性质的义务履行方法解决纠纷，但是，作为侵权义务主体的新闻单位则应当看到，必要的财产赔偿，可能会收到更满意的效果。

我在这里论述新闻侵权的权利义务关系，更重要的意图是提供解决争议的途径。既然新闻单位与受害人之间已经发生了侵权的权利义务关系，新闻单位应当主动寻求避免诉讼解决的办法。

因而，新闻单位自动与受害人达成谅解，向受害人履行义务，就是最主动的办法。在美国，新闻媒介多数都明白这一道理，认为任何新闻机构都无法完全避免类似的事情发生，发生了，为求主动，保全报纸、电台、电视台的面子，多数与受害人协商，达成协议，给予赔偿了事。例如，一位退伍军人在街头逮住了一个抢人钱包并企图逃走的扒手。记者在报道这条消息时，误将退伍军人写成扒手。记者所在报社与退伍军人自行协商，给付退伍军人 1 万美元，将此事了结。这种办法，各国的新闻界都普遍采用。

在我国，在新闻侵权中采用这种办法，不无非议，其反对的理由，一是私下解决侵权之争丧失原则，二是私下解决的赔偿费用无法核销。关于前者，既然已经发生了侵权的事实，当事人之间已经存在权利义务关系，义务主体自动履行义务，怎么会是丧失原则呢？须知，作为权利人，他可以处分自己的权利，双方处理得好，权利人放弃权利，义务人就消灭义务；作为义务人，则只有履行义务才能消灭义务，舍此还有什么办法呢？关于后者，确实是一个问题，但是并非没有办法解决，一是可以更多地采用非财产的方法满足权利人的要求；二是可以从社长、台长基金中解决。只要确认自己发表的新闻侵害了他人的权利，又想减少麻烦，尽早解决纠纷，又不损失面子，就可以想出自动履行义务的办法。1989 年，某妇女抱着女儿在京城的马路边冒着风雨哭诉，其婆母因其生女孩而不准其回家，其状凄惨。某摄影爱好者见状拍成新闻照片，送至某大报作为新闻照片发表，配以其婆母虐待的说明文字。事实上，该妇女精神状态不佳，星期天偷跑离家，很快就被亲属找回，其所述情节不存在。该大报发现此事之后，及时找到受

害人赔礼道歉，妥善解决了纠纷。这一成功的实例，当引为新闻单位的借鉴。

（二）更正或答辩的义务

近世新闻立法，普遍规定新闻机构的更正的义务，准许不实新闻受害人答辩或辩驳的义务。更正或答辩的义务，就是指定期或不定期的新闻出版物，在发表、出版不当的新闻，应当在邻近的下期或近期的出版物上刊载更正或受害人答辩、辩驳的文字，以澄清事实、说明真相，承担向相关人及读者致歉的义务。在《国际新闻自由公约草案》中，专设了第二公约，即《国际新闻错误更正权公约草案》。《日本新闻纸法》第 17 条规定："新闻纸揭载事项有错误时，倘与该事项有关之本人或直接关系者请求更正或揭载正误书、辩驳书，须在接收请求后次回或第三回发行之时实行更正，或揭载正误书、辩驳书之全文。"哥伦比亚《新闻法》第 19 条规定："任何报刊如登载侮辱性消息、文章等，其领导人必须免费刊登被侮辱的个人、官员、公司、单位的更正声明。"

更正权的权利主体，一般为与该事项有关的本人或直接关系者，如果新闻涉及的人已死亡，死亡人的子女、配偶、父母、兄弟姐妹等亲属也可以作为权利主体；更正的义务主体，即为发表错误新闻侵权的新闻机构。关于更正的具体方法，外国法律一般规定，更正声明应刊登在造成过失的文字的同一部位，采用同样型号的字体，作同样的版面处理，包括使用同类标题。更正期间，各国规定略有不同，一般规定日报为三日以内，期刊为下一期，均为接到受害人请求后计算。各国在规定上述更正的权利义务的同时，还规定了拒绝更正的诉讼程序，当事人对更正发生争议，可以向法院起诉由法院依法裁判。

在我国，更正错误新闻的做法并非没有先例可援，但适用在新闻侵权中，尚不多见。换言之，由于尚未制定新闻法，对于新闻侵权在新闻单位和受害人之间产生的更正的权利义务关系，尚未被新闻界和新闻侵权的受害人所接受，没有将其作为一种解决新闻侵权纠纷的办法来适用。

确认侵权新闻发表后，新闻单位与受害人之间更正的权利义务关系，对于发展新闻事业、保障新闻自由、保护他人人格权具有重要意义。它有利于捍卫新闻真实性原则，维护新闻机构的尊严，调整新闻自由与保护他人人格尊严之间的平

衡，保护他人人格权不受侵犯；同时，也有助于在新闻侵权中引导受害人追求精神权利损害以精神救济方法解决，防止对财产赔偿的过分追求。因此，在新闻立法和实践中，都应当借鉴这方面的国外经验。

一是，应当确认或承认更正是新闻侵权产生的权利义务关系。新闻单位发表侵权新闻以后，应当承认自己负有更正的义务，侵权新闻的受害人也应当了解自己享有请求更正的权利。在制定《新闻法》时，应当明确规定更正权利义务的条文，将这种权利义务关系法律化、条文化，使之成为一种确定的法律制度。

二是，应当明确更正义务的具体内容。参照最高人民法院的司法解释精神，更正的权利主体，限于受害人，死亡的受害人的近亲属，亦为权利主体。更正的义务主体为发表侵权新闻的新闻单位。更正的期限、形式，均可参照国外的一般做法。更正的内容，可以参照《民法通则》第120条规定的非财产性的责任方式，但须注意不得重述侵权事实，防止造成新的侵害。

三是应当确立拒绝更正的诉讼程序。这种程序，不必是特别程序，而是可以与侵权诉讼一并进行，也可以单独以侵权诉讼起诉。这样既简化程序，又能够使拒绝更正的纠纷有一个最终的解决办法。

在没有确立这样的法律制度之前，新闻单位和受害人应当充分认识这一制度在解决新闻侵权纠纷中的意义和作用，自觉地行使这一权利，履行这样的义务，使新闻侵权纠纷尽早解决。

（三）新闻侵权民事责任确定

新闻侵权行为产生的民事义务不履行，即转化为侵权民事责任。各国民法和新闻法一般都准许新闻侵权的受害人向法院提起民事诉讼，由法院根据事实和法律，判决侵权的新闻单位承担精神损害赔偿责任。1987年以来，我国人民法院已经处理了很多的这类案例，取得了一些实际的经验。

在确定新闻侵权民事责任的时候，人民法院应当着重注意以下几点。

1. 对于新闻侵权的非财产责任形式和财产责任形式应当两者相济，共同发挥作用，防止偏废其中一种。在近几年中，在理论上，过于强调非财产责任形式的适用，忽视财产责任的适用；在实务方面，则有过于强调财产责任形式的适用，

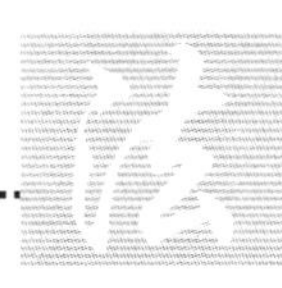

忽视非财产责任形式适用的情况。从总体上说，这两种责任形式各有不同作用，并无主要次要之分。然而，精神损害赔偿制度毕竟是一种财产赔偿的制度，财产责任形式是其主要特点。在一般情况下，构成新闻侵权，权利人提出赔偿损失请求的，原则上应予以赔偿。需要注意的是，不得忽视非财产责任形式的适用，因为这种责任形式，对于恢复受害人的权利，具有重要的作用。在实务中，仅仅强调财产责任，不注意适用其他责任形式，是不正确的。反之，只强调非财产责任形式而对权利人的赔偿请求置之不理，则更是错误的。

2.对于作者和新闻单位的责任应当怎样确定，原则上应视为共同侵权行为，由双方连带负赔偿责任。但是在实务中，往往确定双方各自的责任，并非确定一个总的责任，然后再按份额承担。这样做，是有道理的，因新闻侵权中作者与新闻单位的行为，是各自独立的，并非如典型的共同侵权行为那样具有共同的意思联络。在确定各自的责任后，如果一方不能履行，另一方应否连带负责，目前在理论上和实务上还均未发现成例，尚须进一步研究。至于原告对作者和新闻单位只起诉一方而不起诉另一方，人民法院应当准许，不必另外追加当事人，在审判中可只就起诉的被告确定其应承担的民事责任，不可因此而确定总的责任而要单独起诉的被告连带承担责任。

3.确定赔偿责任，既不能过高，也不能过低。国外新闻侵权案件的赔偿数额，最高的达到几百万美元。我国的新闻单位和作者绝没有这样的负担能力。但是，也不能赔偿数额太低。有两起案件，人民法院判决精神损害赔偿，数额为人民币5元，有失法律制度的严肃性。过去，我在一些文章中提出赔偿数额大体应在100元至1 000元，仍可参考，不过这几年当中经济形势发展变化很大，根据侵权的事实和当事人的负担能力，赔偿数额可以再高一些。一个概略的标准，就是能够救济损害，同时又能够制裁侵权人。从这个标准出发，可以确定适当的数额。

4.关于非财产责任形式的适用。对于赔礼道歉、消除影响、恢复名誉的责任，可以口头方式，也可以书面方式进行，其内容不得违反法律规定和社会公德，书面材料需要公布的，必须经人民法院审核同意。消除影响、恢复名誉的范

围，应当与侵权造成的不良影响相同，但应防止借此扩大侵权影响。停止侵害的责任形式，在新闻侵权中一般是禁止刊有侵权新闻的报纸、杂志继续发行。对此，应采慎重态度。在判决时采用，需确有必要；在诉讼中原告申请按先予执行方式停止侵害的，应当提供担保。

原告起诉新闻单位承担更正责任的，人民法院应当确认是否构成侵权。如果与赔偿等一并起诉，可以一并审理，更正责任可与其他非财产责任结合适用。单独起诉更正的，判令新闻单位予以更正，内容须经人民法院审查同意。

四、如何把握法律范围内的新闻真实

真实是新闻的生命。是不是每一件真实的事情都需要报道或有报道的必要呢？过于残忍的图片，与社会追求人文关怀的环境不和谐；热衷于名人生活细节的报道往往引发隐私权纷争；详细披露公安机关侦破案件的过程和手段，会直接损害国家利益。随着人们对新闻要求的几近苛刻、新闻采访范围的日益拓展、媒体间新闻竞争的加剧，新闻在追求真实的同时，又如何避免与法律法规乃至社会道德的不断冲撞呢？

第一，新闻的真实只是相对的真实。“与司法程序中要求的案件真实不一样，新闻真实只是一个相对的真实。”在司法实践中，法官认为真实的东西，必须要以法律能够认定的证据为基础，是更接近于事实本质的真实，而新闻要求的真实，很可能只是事件表象的真实。比如，记者在新闻事件现场发回的报道、记者根据目击者所说采写的报道等，这种真实往往是凭记者的人格担保、职业道德要求而达到的真实，以后随着采访的不断深入，最后事件的真相也许与最初的报道并不相符合，但这并不影响新闻的真实，因为对新闻真实的要求与对司法真实的要求是不一样的。无论是法律还是社会，对新闻真实的要求都是相对的，新闻真实不可能像司法真实那样更接近于事实本质，除非让新闻单位像司法机关那样也拥有调查的权力、手段和相关的司法程序。即便是这样，也不可能达到绝对的真实。所以，在许多新闻官司中涉及事件报道是否客观、真实的标准时，法院只要

认定新闻报道“基本属实”，就应当认定是真实的报道，就不应当构成侵权。与真实报道相反的是失实报道，主要有两个方面，一是对事件本身的报道就涉及侵权问题，二是在新闻报道中加入了记者和媒体主观的看法。当然，出现失实报道，有的是记者的片面倾向甚至是恶意歪曲；有的是新闻源本身就不真实；有的是记者自身的素质和判断力问题等。

第二，新闻报道真实必须考虑社会的妥当性。真实是新闻的生命，新闻记者应当以自己的人格和全部力量使自己的报道忠实于事实，尽管这种真实只能是相对的真实，只不过记者要尽最大的努力使这种真实的相对性达到最大的程度。问题是，是不是每一件相对真实的新闻事件都可以、都有必要进行报道呢？从民法的意义上讲，新闻的报道真实必须考虑到社会的妥当性问题。所谓社会的妥当性，就是报道出来是否符合社会公众利益的要求，是否有利于像青少年这类特殊社会群体的健康成长，是否适应现代社会对尊重人性、人文关怀和保护弱势群体的良好氛围等，报道出来的负面效应越大，新闻对社会妥当性所应承担的责任就越不够。比如，对暴力、凶杀、色情场景的过于渲染和描述，在报纸上刊登血淋淋的、极其残忍的图片，在电视上播放过于暴露的色情镜头，其实都是不合适的，毕竟媒体面对的受众，不仅仅是成年人，还包括那些未成年人。事实上，从现阶段看，某些出版物、影视片在忽视社会妥当性方面走的要比新闻媒体更远。在对真实程度要求更高的司法中，尚且还对未成年人案件采取不公开审理等特别保护的措施，新闻媒体就更应当对有违社会不妥当性的那些新闻事件，在报道前做一些取舍，在报道时进行适当的虚化处理。对在媒体上刊登的广告，新闻机构也应当在内容上进行严格把关，在程序上要求广告商提供必要的、完备的审批证明，以免虚假广告借新闻媒体欺骗消费者。这些都是新闻媒体所应承担的社会责任，同时，在客观上也可以为新闻媒体减少一些不必要的麻烦。至于对案件侦破过程报道过细、披露公安机关侦查手段等，更是国家法律所明令禁止的。因为它在客观上可能起到教唆犯罪的效果，同时也泄露了国家秘密，直接威胁到国家的利益和安全。

第三，新闻侵权已成为民法关注和研究的重要课题。近年来，因新闻报道引起纠纷，越来越多的新闻媒体和当事记者被告上法庭。新闻侵权问题已经引起社会各界和法学专家的广泛关注。据了解，我国立法机关正在进行《中国民法典》的起草工作，法学专家认为，专家起草的法律草案的专家建议稿已经基本成形。专家一致认为，《中国民法典》对民事侵权行为应当进行更加完备、系统的规范，新闻侵权作为一种民事侵权行为，已经成为民法关注和研究的重要课题之一。法律之所以特别关注新闻侵权，一方面是对民事主体权利的保护，另一方面也是对新闻机构新闻权利的保护，划清新闻侵权的界限，不仅是对媒体报道所涉及的人的权利的保护，也是对新闻机构正常行使新闻监督权，不受恶意诉讼行为干扰的保护。民法中的新闻侵权，更多的是涉及个人隐私权和名誉权的保护。到底在什么样的情况下，新闻报道会构成对个人隐私权和名誉权的侵害，在这里，报道对象是普通公民还是公众人物，区别很大，法律保护的程度不一样。比如领袖、演艺明星、科学家、知名人士等，对他们的隐私权保护就会受到一定的限制，一方面，作为普通人，他们有自己的隐私权，另一方面，作为社会公众人物，人们对他们也有一定的知情权。在国外，大家之所以如此关注总统、议员等领袖人物的私生活问题，就是认为领袖人物的私生活会涉及国家利益和社会公众利益。同样，作为演艺明星，人们渴望了解他们的行踪、生活细节等，依据知情权提出这样的要求也并不过分，新闻媒体关于他们这方面的报道不应当被视为新闻侵权，法律对他们的隐私权、肖像权也就不会给予像普通人一样的特别保护。处在新闻事件中的社会公众人物，无权要求新闻媒体因报道自己而承担肖像侵权的责任，除非新闻媒体是用于商业目的。对普通人的要求就不一样了。记者虽然有正当的采访权，但采访对象也有被采访权，愿不愿意接受采访，接受采访后愿不愿意在媒体中出现自己的名字、形象等，都取决于采访对象，法律保护他们的隐私权和肖像权的范围显然要宽于社会公众人物的，否则，媒体就会构成新闻侵权。

第四，新闻机构与从业人员应按“谨慎人”标准要求自己。在媒体间新闻竞争日益激烈的今天，读者、观众、听众对某些新闻的要求并不满足于简单的新闻事实，而是突出细节描写、不同角度报道、深度采访挖掘、抖搂幕后新闻等，一方面使新闻媒体、记者之间的拼抢和较量加剧，另一方面，会产生负面社会效

果，惹来官司、甚至触犯法律的机会也在不断增加。现有的法律法规在条文上虽然有需要完善和补充的地方，但规范新闻报道的法律原则早已有之。从目前新闻报道所引起的司法案例看，新闻报道不仅涉及民法中的侵权行为法，还涉及刑法、未成年人保护法等其他相关法律。即使有些没有明确的法律原则规定，也可以依据法理来判断，这在司法实践中并不是不能操作。在新闻法立法暂时还没有提上立法议程的时候，通过其他相关法律进行规范，如在民法典里设立专门的新闻侵权一节进行规范和过渡，也不失为解决新闻报道与法律冲撞的一种办法。目前关于新闻报道的问题，法律本身的规范并不存在太大的问题，倒是对新闻从业者的规范、自律以及如何提高新闻从业人员的素质，显得更为紧迫。在新闻立法方面，许多国家对媒体和记者的素质要求及做法值得借鉴。在英国，许多媒体要求，记者、编辑在从事新闻职业之前的第一堂课必须接受相关法律知识培训。德国新闻工作原则中规定，记者必须在工作中意识到他们对公众所负的责任以及他们对新闻业形象所担的义务。新闻尊重个人生活和隐私，发表无理由的断言和指责，特别是损害名誉类型的，违反新闻业的行规。《汉堡新闻法》规定了新闻的谨慎义务。“新闻业在传播消息前，应当根据情况细心地就其真实性、内容和来源进行检查。”作为新闻从业人员，记者应当履行勤勉和谨慎的义务，勤勉是指工作兢兢业业，谨慎要求尊重事实和遵守法律。在民法学上有一个“谨慎人”标准，比如在某一方面负有职责的人，法律要求他应当达到一个相当的标准，这个标准就是所谓的“谨慎人”标准。这个谨慎人标准就是判断某种从业人员在工作中是否有过失的客观标准，达不到这样的标准，就应当承担相应的过错责任。新闻报道也是一样，新闻机构、记者其实就在扮演“谨慎人”的角色。对这个“谨慎人”的要求是，要正确把握法律范围内的新闻真实，并做到两点：一是尊重新闻的真实原则，二是注意保护被报道者的权利。

第三节　中国新闻侵权抗辩及体系与具体规则

新闻侵权抗辩，是确定新闻侵权责任的重要问题。尽管主张权利保护的人能

够证明其人格权受到侵害，具备新闻侵权责任的构成要件，但如果新闻媒体能够提出正当的抗辩，仍然可以免除新闻媒体的侵权责任。最近几年，我反复思考这个问题，认为确定新闻侵权责任，既要保护好民事主体的人格权，同时也要很好地保护新闻媒体新闻批评自由的权利，给新闻媒体以更大的"喘息空间"，以期更好地发挥新闻媒体的舆论监督作用，反映民声和民意，推动社会不断进步。

一、新闻侵权抗辩和研究新闻侵权抗辩的意义

（一）中国新闻法不发达而新闻侵权法发达的原因

众所周知，我国目前还没有制定《新闻法》或者《新闻出版法》。但是，有一个特别的现象经常引起国外或者境外学者的疑问，这就是，中国为什么新闻法不发达，而新闻侵权法却十分发达呢？提出这一疑问的具体根据是，中国热心于研究《新闻法》的人并不是很多，而热心于研究新闻侵权法的，不仅民法学者中大有人在，新闻学者也都对此十分热心并且专注；不仅法学专家在起草《中国民法典·侵权责任法建议稿》中专门规定新闻侵权的内容①，而且新闻学者还专门研究《新闻侵害名誉权隐私权新的司法解释建议稿》。② 在法学和新闻的学术界，研究新闻侵权的著作和论文也相当丰富。

中国出现这种状况的原因是，在一个社会中，对新闻出版行为必须有法律进行规制，正确划清新闻自由以及滥用权利之间的界限，划清新闻自由与人格权保护之间的界限，划清新闻媒体正当行使新闻监督权利和新闻侵权之间的界限。这样，即使没有新闻出版法进行规制，通过新闻侵权法也能够给新闻媒体行使新闻自由权利确定具体规则，通过确定新闻侵权行为的范围而界定新闻媒体的行为规范，以及对新闻行为进行法律规制的方法和规则。我国社会的这个特别的法律现象，实际上是对没有《新闻法》或者《新闻出版法》而采取的一个变通和替代的

---

① 王利明主编：《中国民法典草案建议稿及说明》，中国法制出版社 2004 年版，第 241－242 页。

② 徐迅等：《新闻侵害名誉权、隐私权新的司法解释建议稿》，载中国人民大学民商事法律科学研究中心、INTERNEWS 国际记者培训机构编：《"新闻侵权与法律适用"主题研讨》，2008 年内部论文集，第 30 页以下。

办法，具有非常积极的重要意义。

（二）研究新闻侵权责任，特别是研究新闻侵权抗辩的原因和意义

存在的另一个问题是，中国民法特别注重研究新闻侵权法，为什么又要特别研究新闻侵权抗辩问题呢？我的认识是，在 1987 年实施《民法通则》之后，我国民事主体的权利意识迅速提高，维权活动深入人心。这是非常值得赞赏的社会现象。但是，从另一个方面观察，过分地强调保护名誉权等权利，致使有些人的权利观念过于“膨胀”[①]，出现了权利泛化以及权利滥用等较为普遍的现象。而过度、过分的权利主张，必然挤压甚至限制新闻媒体新闻自由的“喘息空间”，使新闻媒体无法承担批评社会、促进社会进步的职能，其结果，必然会损害全体人民的整体利益。研究新闻侵权，制裁新闻侵权行为，当然并不是为了打压新闻媒体的新闻自由，而是要给新闻媒体行使新闻自由权利确立具体规则，不属于新闻侵权的新闻行为，就是合法的新闻行为，可以正当进行。而特别研究新闻侵权抗辩，则是从正面确立新闻媒体正当行使新闻自由的规则，使新闻媒体能够依法提出事实根据，以对抗不当的新闻侵权诉求，保障新闻媒体依法行使新闻权利。研究新闻侵权法，通常更多地去研究新闻侵权责任构成和新闻侵权行为的类型，即在什么情况下、什么样的情形能构成新闻侵权责任，以更好地保护民事主体的人格权。同样，研究新闻侵权法，应当在坚定不移地保护民事主体人格权的同时，还应当注重从另外一个角度研究，即在什么情况下新闻媒体可以抗辩新闻侵权责任的诉求，对抗侵权责任构成，以确保新闻媒体依法行使的新闻自由受到法律保护，不受不当诉讼行为甚至是恶意诉讼行为的干预和打击。这样，就能够从两个不同的方面来考虑新闻侵权责任问题，划清前述“三个界限”，确定新闻侵权责任就会更客观、更全面，特别是在权利过于膨胀、权利泛化和权利滥用面前，给新闻行为确立法律规范，保障新闻媒体的新闻自由，给新闻媒体以更大的“喘息空间”，更好地发挥新闻媒体的舆论监督职能作用，促进我国的政治体制改革和经济体制改革不断深化，建设和谐、稳定的社会。

---

① 我在《中国名誉权的‘膨胀’与‘瘦身’》一文中，提出了名誉权膨胀的问题，参见杨立新：《从契约到身份的回归》，法律出版社 2007 年版，第 111 - 120 页。

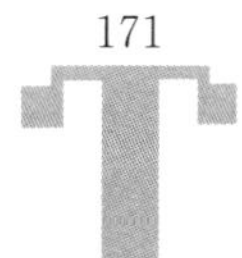

正因为如此，研究新闻侵权抗辩所具有的重要意义，可以从三个方面进行观察。

第一，新闻侵权抗辩与新闻侵权请求权相对应，其价值在于对抗以至于否认新闻侵权请求权的正当性，否定侵权责任。请求权是裁判权的基础。[①] 原告享有新闻侵权请求权，就可以向法院起诉，只要证明自己的请求权成立，被告就应当承担新闻侵权责任。但是，无造不成讼，一个原告在向法院起诉主张自己的请求权时，作为这个请求权的义务人也就是新闻媒体，如果存在法定的不承担侵权责任的正当理由时，则进行抗辩，就能够否认原告的请求权，阻却自己的新闻侵权责任。

第二，形成诉讼上的诉辩对抗，使法官做到兼听则明，准确适用法律。原告提出新闻侵权诉讼请求，被告依法进行抗辩，就能够使原告的请求与被告的抗辩形成诉辩双方的对抗，形成诉辩交锋，能给法官对案件进行全面审查、准确认定案情提供基础，以便对案件作出正确裁判。否则，原告说什么，法官就信什么，请求什么就判什么，就无法保证法律的正确适用，对当事人是不公平的。

第三，补充新闻立法不足，更好地保护新闻媒体的新闻权利。由于我国没有制定《新闻法》，因而不易确认新闻媒体的行为准则。通过研究新闻侵权以及新闻侵权抗辩，从中能够确定新闻媒体的行为准则，可以更好地保护媒体的新闻报道自由和新闻批评自由。

（三）新闻侵权抗辩理论体系的构建

1. 新闻侵权抗辩和新闻侵权抗辩事由的概念

抗辩事由，是指被告针对原告的侵权诉讼请求而提出的证明原告的诉讼请求不成立或不完全成立的事实。[②] 新闻侵权抗辩，是指新闻媒体作为被告对原告的新闻侵权诉讼请求提出的证明原告的诉讼请求不成立或者不完全成立的主张。而新闻侵权抗辩事由，则是新闻侵权抗辩的特定的具体事实。在侵权行为法中，抗

---

① 杨立新：《民事裁判方法的现状及其改进》，载《民事审判指导与参考》第 29 集，法律出版社 2007 年版，第 123 页。

② 王利明、杨立新：《侵权行为法》，法律出版社 1997 年版，第 76 页。

辩是对请求的对抗，而抗辩事由是针对承担侵权责任的请求而提出来的具体事实，所以，新闻侵权抗辩总是表现为具体的事由，即新闻侵权抗辩事由。认为“新闻侵权抗辩事由，就是指媒体的新闻活动虽然给他人造成了损害，但该行为依法不构成侵权行为的情形”[①] 的观点，似乎还需要进一步严密界定。

侵权行为法的抗辩事由是由侵权行为的归责原则和侵权责任构成要件派生出来的。适用不同的归责原则，就有不同的责任构成要件，因而也就总是要求与归责原则和责任构成要件相适应的特定抗辩事由。新闻侵权同样如此，由于新闻侵权在归责和构成上的特殊性，新闻侵权责任的抗辩事由也就更加丰富，更为多样化，需要专门进行研究。

2.新闻侵权抗辩的性质

新闻侵权抗辩的性质，既不是抗辩权，也不是反驳，而是抗辩中的事实抗辩和法律抗辩。

抗辩和抗辩权，是民法的重要概念，但二者具有严格的界限。抗辩，是针对请求权的防御方法，是针对请求权的构成而提出的对抗性意见，是指被告通过主张与原告的诉讼主张不同的事实或法律关系，以破坏对方所主张的请求权，使其不能成立的行为。抗辩权，则是指被告对于原告的诉讼请求，有拒绝给付的权利，是针对请求权的行使而享有的对抗权利，是一个具体的实体权利。请求权已经构成并且可以依法行使，但抗辩权的行使即可抗拒和阻却请求权，抗辩权人不承担侵权责任。例如，诉讼时效的完成就使被告产生抗辩权，被告行使之，即可阻却请求权，可以依法拒绝履行义务。

抗辩与反驳，也有严格区别。反驳，是指一方当事人提出于己有利的事实和理由，为反对当事人的主张所进行的辩论。在实体反驳，是指被告以实体法律为根据，说明原告的实体权利请求的事实依据或者法律依据不存在。如被告用事实证明原告的权利根本就不存在或已经实现，或者证明原告提出的作为诉的理由的事实根本就没有发生过或与事实真相不符等。而抗辩，则是被告根据原告的诉讼请求，主张自己存在客观事实或者法律根据以对抗原告的请求。

---

① 郭卫华、常鹏翱:《论新闻侵权的抗辩事由》,《法学》2002 年第 5 期。

新闻侵权的抗辩，既不是已经产生的实体抗辩权，可以之直接对抗原告的新闻侵权请求权，阻却该请求权的行使，也不是为否认原告诉讼请求而提出的事实根据或者法律根据的反驳，而是主张自己存在客观上的事实和法律依据，证明自己具有适当的理由，破坏原告的新闻侵权请求权的构成，使其新闻侵权请求权不能成立，从根本上否认原告的新闻侵权请求权，使自己免于承担新闻侵权责任。因此，新闻侵权抗辩的性质，是抗辩，既不是抗辩权，也不是反驳。

3.新闻侵权抗辩事由的构成

概括起来，构成新闻侵权抗辩事由必须具备三个条件。

（1）对抗性要件。新闻侵权抗辩事由必须是对抗新闻侵权责任构成的具体要件，破坏新闻侵权责任构成的内在结构，使原告诉请的新闻侵权请求权归于不能成立。新闻侵权请求权是新生的请求权，必须具备构成要件才能够发生。原告提出新闻侵权请求权，要证明自己的请求具备新闻侵权构成所必须具备的要件。不论其证明是否成立，新闻侵权抗辩事由尽管从整体上看是对抗原告的侵权诉讼请求，但它具体对抗的则必定是侵权责任构成及其要件，破坏原告新闻侵权请求权的构成，导致原告的新闻侵权诉讼请求在法律上不成立。如果新闻侵权纠纷的被告提出的主张不具有对抗性，而仅仅能证明自己的行为可以谅解但不足以破坏新闻侵权请求权的构成，不能对抗新闻侵权请求权的事实和理由，则不能成为新闻侵权抗辩事由。①

（2）客观性要件。新闻侵权抗辩事由必须是客观事实，须具有客观性的属性。它要求新闻侵权抗辩事由必须是客观存在的、已经发生的事实，不能是主观臆想的或者尚未发生的情形。例如，不论事实基本真实，还是权威消息来源等，作为新闻侵权抗辩事由，都是已经发生的客观事实，既不是假想和猜测，也不是将来能够发生的事实。仅仅表明某种损害没有发生，或单纯否认对方请求权不存在，不能成为新闻侵权的抗辩事由，因为它不是客观事实。

（3）正当性要件。新闻侵权抗辩必须具备的内在价值判断，须具有正当性要件。这一要件意味着，尽管新闻媒体的新闻行为造成了受害人的损害，但媒体的

① 佟柔主编：《中国民法》，法律出版社 1995 年版，第 571 页。

新闻行为于社会而言是正当的，对社会有重要的进步价值，能够推进社会的公平正义，社会对这种造成损害的行为予以正面肯定，在法律上确认其具有阻却新闻行为违法的功能，不具有违法性。正因为如此，一切抗辩事由包括新闻侵权抗辩事由才能够成其为抗辩事由，才能够对抗侵权的诉讼请求，免除自己的侵权责任。一个新闻侵权抗辩如果不具备正当性要件，即使存在对抗性和客观性要件，也不能发生对抗新闻侵权请求的法律后果。

（四）新闻侵权抗辩的具体事由体系

新闻侵权抗辩事由应当定型化、具体化，才能起到指引和告知作用，使新闻媒体和其他当事人以及法官知道应当怎样为和不为，从而在事前建立预测和筛选机制，防止诉讼的发生和进一步发展[①]，规范新闻行为、保护新闻自由和当事人的合法权益。本节论述的新闻侵权抗辩事由共有二十二种，用完全抗辩和不完全抗辩的分类作为标准，构建成一个完整的新闻侵权抗辩事由的体系。这个体系如下。

1. 完全抗辩

新闻侵权的完全抗辩，是指能够完全对抗原告的新闻侵权请求权，免除自己的新闻侵权责任的新闻侵权抗辩事由。

新闻侵权抗辩事由中的完全抗辩事由包括以下十五种：（1）事实基本真实；（2）权威消息来源；（3）连续报道；（4）报道特许发言；（5）公正评论；（6）满足公众知情权；（7）公众人物；（8）批评公权力机关；（9）公共利益目的；（10）新闻性；（11）受害人承诺；（12）为本人利益或者第三人利益；（13）“对号入座”；（14）报道、批评对象不特定；（15）配图与内容无关和配图与内容有关。

2. 不完全抗辩

新闻侵权的不完全抗辩，是指须具备特别理由或者具体条件才能成立并能够完全对抗新闻侵权请求权，或者仅能对抗部分新闻侵权请求权以减轻被告侵权责任的新闻侵权抗辩事由。

不完全抗辩事由包括以下七种：（16）已尽审查义务；（17）已经更正、道

① 郭卫华、常鹏翱：《论新闻侵权的抗辩事由》，《法学》2002年第5期。

歉；(18) 如实报道；(19) 转载；(20) 推测事实和传闻；(21) 读者来信、来电和直播；(22) 文责自负。①

当然，新闻侵权抗辩事由还可以其他条件为标准进行不同的分类。例如，根据新闻侵权抗辩事由的构成要素为标准，可以分为事实抗辩和法律抗辩。在新闻侵权抗辩事由中，以事实作为抗辩事由的，是事实抗辩；以法律为抗辩事由的，是法律抗辩。例如，事实基本真实、连续报道等，抗辩的根据都是事实，因而都是事实抗辩；而公众知情权、公众人物、公共利益、新闻性等，抗辩的根据不是事实，而是法律规定，因而都是法律抗辩。

二、新闻侵权抗辩的具体事由及规则

(一) 事实基本真实

事实基本真实，是最高人民法院司法解释确立的新闻侵权抗辩事由。如果媒体报道的事实是基本真实的，那么，新闻媒体的报道就不存在侵权问题，不应当承担侵权责任。② 可以参考的是《美国侵权法重述》第 581A 条规定："就事实而作具有诽谤性之陈述公布者，如该陈述为真实者，行为人无须就诽谤而负责任。"③ 在英国诽谤法，如果被告能够证明其言论是真实的，则其可成功地抗辩原告关于诽谤的指控。④ 王利明主编的《中国民法典草案专家建议稿》第 1867 条专门规定了这个新闻侵权抗辩事由："新闻作品的内容真实、合法。"⑤

确定事实基本真实，涉及新闻真实、法律真实和客观真实三个概念的关系问题。首先，何谓新闻真实？在最高人民法院参加起草《关于审理名誉权案件若干

---

① 请原谅我采用这样的顺序号编排这些抗辩事由，这主要是为了下文继续阐释具体抗辩事由的方便而已。

② 最高人民法院《关于审理名誉权案件若干问题的解答》第 8 条规定："文章反映的问题基本真实，没有侮辱他人人格的内容的，不应认定为侵害他人名誉权。"

③ 刘兴善译：《美国法律整编·侵权行为法》，台北司法周刊杂志社 1986 年版，第 466 页。

④ 王军、王轩：《英国法上的名誉权保护》，《法学杂志》2008 年第 2 期。

⑤ 王利明主编：《中国民法典草案建议稿及说明》，中国法制出版社 2004 年版，第 242 页。

问题的解答》时，我们就反复强调，新闻媒体在报道消息的时候，应当承担事实真实的审查义务。其审查义务应当达到的程度，就是事实基本真实，新闻报道如果达到了事实基本真实的程度，应当认为新闻媒体已经尽到了审查义务，就不存在侵权问题。因此，事实基本真实就是新闻真实。其次，事实基本真实不是基本事实属实。基本事实属实是"严打"时确定"严打"案件事实的标准，案件的基本事实没错就不算错案。但事实基本真实是对新闻事实真实性提出的标准，对媒体报道的事实，审查义务不能要求得太高、太苛。我曾经在《北京日报》上写过一篇文章①说明这个观点：司法机关对一个刑事案件从公安开始侦查到检察院起诉，到法院最后判决，有严格的程序和国家的强制力量保障，仍然不能保证调查的事实是客观真实，不能保证绝对不出错案。那可是用国家的侦查、检察、审判的特权作为保障的啊！而新闻记者完全凭借自己的头脑和自己的眼睛进行采访、调查、判断，很难保证调查的事实具有高度真实性，更不用说客观真实了。再次，法律真实和客观真实是证据法所使用的概念。法律真实是证据所能够证明的程度，它是对案件事实的高度盖然性的证明，并不能保证证据所证明的事实能够完全还原于客观真实，那是永远也不能做到的。因此，法官对案件事实的认定，只能是法律真实，而不是客观真实。而客观真实则是事实的本来状态，存在于已经流逝的历史之中，不会再复原了的事实。因此，客观真实不是在法律上追求的真实，不是证据所能够证明的真实，更不是新闻真实所应当达到的标准。最后，事实基本真实就是法律真实，是对新闻事实认定的标准，不过它比一般认定侵权责任的事实认定标准还要低一些，报道的事实基本真实就可以了，就不构成新闻侵权。因此，事实基本真实是新闻侵权抗辩中的完全抗辩。

因此，新闻真实、法律真实和客观真实这三个概念并不是一个层次上的问题。客观真实和法律真实是证据法的概念，在过去的极"左"年代，曾经要求案件事实的证明标准是客观真实，这样才符合马克思主义的要求，在事实上是做不到的。因此，在证据的证明标准上要讲法律真实，法律真实就是当事人的证明达

① 这篇文章是《如何把握法律范围内的新闻真实》，后来编入杨立新：《闲话民法》，人民法院出版社2005年版，第516－520页。

到了法官的内心确信。能够使法官达到内心确信，这个案件的事实就可以认定。心证实际上也是这样要求的。而新闻真实就是事实基本真实，当然也就是法律真实，不可能是客观真实。

事实基本真实的标准是合理相信。一个记者经过采访、调查或者亲身经历，能够使自己确立合理相信，就达到了事实基本真实的标准。建立起合理相信事实基本真实，应当具备的条件是：(1) 新闻媒体揭示的事实的主要经过、主要内容和客观后果基本属实，不是虚构、传言或者谣言等，在主要问题上不存在虚伪不实；(2) 新闻媒体确有证据证明，可以合理相信这个事实是真实的；(3) 新闻媒体进行的报道和批评具有善良目的，不具有侵害他人人格权的恶意和重大过失。例如，《北京晚报》曾经报道"苍蝇聚车间，污水遍地流，某酱菜厂卫生不合格受处罚"，该酱菜厂起诉报社构成新闻侵权责任，理由之一是记者在一同检查卫生时在现场仅仅捉到五只苍蝇，就批评为"苍蝇聚车间"，显然与事实不符。报社答辩，三者即为聚，因此批评"苍蝇聚车间"的事实基本真实。法院支持了报社的合法抗辩。

在特定情况下，事实基本真实不能作为正当抗辩。新闻批评涉及信用权时，事实基本真实不是免除责任的抗辩。信用权具有特殊性，在涉及他人信用权的新闻报道中，即使事实是真实的，也可能构成侵害信用权。例如，报道一个腊肠店铺门口经常停运马肉的车，如果该店铺主张侵害其信用权，应当构成侵权，即使媒体报道的这个事实是真实的，照样可以认定侵害信用权，应当承担侵权责任。因为任何人看了这个报道都会联想到这个店铺是"挂羊头卖狗肉"，肯定会对其信用权造成损害。① 同样，侵害隐私权也不能以事实基本真实作为抗辩事由②，就他人的私生活做不合理之详尽报告而侵害隐私权的诉讼③，构成新闻侵害隐

① 史尚宽：《债法总论》，台北荣泰印书馆 1978 年版，第 148 页。史先生称："流言某腊肠商店之前，屡停有屠马者之货车，而对其货车之未卸下何物，默而不言，则可使人想象该店有混用马肉之事，以毁损其信用。"

② 杨敦和：《论妨害名誉的民事责任》，《辅仁法学》第 3 期，第 142－143 页，转引自王利明主编：《人格权与新闻侵权》，中国方正出版社 2000 年第 2 版，第 645 页。

③ 刘兴善译：《美国法律整编·侵权行为法》，台北司法周刊杂志社 1986 年版，第 481 页。

私权。

（二）权威消息来源

权威消息来源，是抗辩事实不真实的新闻侵权抗辩事由。英美侵权法对诽谤诉讼有特许报道的辩护事由，对官方文书和官方人员在某些场合下的言论的正确报道免负损害名誉的责任。① 我国的权威消息来源作为新闻侵权抗辩事由，仅指消息来源具有权威性，新闻媒体报道的事实即使是不真实的，如果具有权威消息来源，也不构成新闻侵权责任。最高人民法院《关于审理名誉权案件若干问题的解释》第6条规定："新闻单位根据国家机关依职权制作的公开的文书和实施的公开的职权行为所作的报道，其报道客观准确的，不应当认定为侵害他人名誉权。"这是我国认定权威消息来源为新闻侵权抗辩事由的法律根据。权威消息来源是完全抗辩，可以全面对抗新闻侵权请求权。在专家起草的侵权行为法草案建议稿中，差不多都规定了这个抗辩事由。②

构成权威消息来源，应当具备的条件如下。(1) 发布消息的机关是权威的。所谓权威，就是指消息来源的权威性。只要发布消息的机关是权威的，就应当认为权威消息来源提供的事实材料达到可以确信的程度。因此，只要审查提供消息的机关的权威度，就可以确认是否构成这个要件。(2) 消息的真实性由发布消息的权威机关负责，媒体不必进行调查核实，不必进行审查，可以直接进行报道，即使出现事实不真实的情况，新闻媒体也不负新闻侵权责任。例如，政府机关、司法部门、政党团体公布的事实，新闻媒体对此进行报道，不必进行调查、审查，即使存在事实错误，也不是新闻媒体的责任。(3) 媒体报道时未添加其他不实事实或者诽谤、侮辱性文字，或者没有删减事实，如果在事实上进行删改、增减，致使发生侵权后果的，则构成侵权。具备以上三个要件，可以对抗新闻侵权责任。例如，对一个犯罪行为的报道，媒体报道了一审法院判决被告人有罪的消息，又报道了二审法院判为无罪的消息。有人认为这种情况可以适用连续报道作

---

① 王利明等主编：《人格权与新闻侵权》，中国方正出版社2000年第2版，第647页。

② 王利明主编：《中国民法典草案建议稿及说明》，中国法制出版社2004年版，第242页；杨立新主编：《中华人民共和国侵权责任法草案建议稿及说明》，法律出版社2007年版，第17页。

为抗辩事由，但这是发布消息的权威机关的责任，不是媒体的责任，不必适用连续报道的抗辩事由抗辩，以权威消息来源抗辩即足以对抗新闻侵权请求权。

有人认为，社会团体、企事业单位就其职责范围内的情况向新闻媒体发表的材料，公民、法人关于自身活动供新闻单位发表的材料，以及主动的消息来源提供的事件现场目击者第一手材料等，也属于权威消息来源。① 对此，应当慎重。我认为，这些单位和个人尚不具有足够的权威性，新闻媒体有调查、核实的可能和余地，对此不能简单地以权威消息来源而抗辩新闻侵权责任。另外，新闻媒体依据权威消息来源进行的报道，“前述文书和职权行为已公开纠正而拒绝更正报道，致使他人名誉权受到损害的，应当认定为侵害名誉权”②。

（三）连续报道

连续报道，是新闻侵权的抗辩事由，被多数学者所接受。也有人反对连续报道为新闻侵权抗辩事由。对此，我持肯定态度。在我主编的《中华人民共和国侵权责任法草案专家建议稿》第 66 条中，专门规定了连续报道的抗辩事由：“连续报道，最终报道内容真实、合法。”③

连续报道是新闻侵权抗辩事由中的完全抗辩，符合连续报道要求的新闻报道，可以完全对抗新闻侵权请求权，不构成新闻侵权责任。对此，我国法院判决的范志毅涉嫌赌球的新闻侵权案，已经作出了肯定结论，认为这“是根据新闻传闻做的求证式报道，且被告经过一系列的报道后，最终又及时地以《真相大白：范志毅没有涉嫌赌球》为题为原告澄清了传闻，给社会公众以真相，端正了视听。被告的系列报道是有机的、连续的，它客观地反映了事件的全部情况，是一组完整的连续报道”“被告的报道没有造成原告社会评价的降低”，因此不构成侵权。④ 这个判决是完全有道理的，具有创新性。

构成连续报道，应当具备以下条件。(1) 前导报道的消息来源不是一个肯定的事实，而是一个推测或者传闻的事实，报道时应当明确其报道的事实是不具有

① 王晋敏：《新闻侵权的责任分担》，《新闻记者》1991 年第 7 期。

② 最高人民法院：《关于审理名誉权案件若干问题的解释》第 6 条后段。

③ 杨立新主编：《中华人民共和国侵权责任法草案建议稿及说明》，法律出版社 2007 年版，第 18 页。

④ 上海市静安区人民法院（2002）静民一（民）初字第 1776 号民事判决书。

肯定性的事实。如果前导报道时即采取肯定性的态度进行报道，如果该报道构成侵权，则即使今后进行了新的报道，也不能构成连续报道，而仅仅是事实的更正。（2）后续报道是及时的，应当保证与新闻事件的进展保持基本上的同步，不能有过长时间的拖延。（3）连续报道的最终结论是肯定性的、真实的，不涉及侵害被报道人的人格权问题。（4）媒体报道时应具有善良目的，态度实事求是，为事件真实而进行公正报道，不具有侵权的故意，包括直接故意和间接故意。（5）连续报道的各次报道在版面上处理适当，即版面语言使用适当，不得将否定性的报道使用突出的版面，肯定性的报道使用不突出的版面。

在一个连续性的报道中，媒体如果故意利用这种形式，先对被报道对象进行恶意报道和评论，然后再用后续报道慢慢地补回来，恶意追求的是前导报道所造成的损害后果，这样的“连续”报道不构成连续报道，不能抗辩新闻侵权责任，构成新闻侵权责任。

（四）报道特许发言

报道特许发言，是新闻侵权的抗辩事由。报道特许发言，是指新闻媒体在报道具有特许权的新闻人物的发言时，由于该新闻人物具有特许权，即使其发言有侵权的内容，新闻报道也不因为报道该新闻人物的言论而被追究侵权责任。

有的学者认为，这个新闻侵权抗辩应当叫作特许权[①]，而不是报道特许发言。我的看法不同。这种特许权并不是给新闻媒体的特许，而是新闻人物享有的特殊权利，他的发言享有特许权，即使其内容涉及侵害他人人格权的内容，也不追究其侵权责任。因此，特许权相当于豁免权。按照英国诽谤法，享有特许权的，是上议院的议员对于其出席议会时的发言及辩论中的言论享有绝对的特权，在司法程序中相关人员所发表的言论享有绝对的特权，行政官员在履行职务过程中对其他行政官员所发表的言论也享有绝对的特权，都可以对抗诽谤之诉中原告的主张。[②] 可见，新闻媒体能够作为抗辩的，不是自己享有特许权，而是由于新

① 徐迅等：《新闻侵害名誉权、隐私权新的司法解释建议稿》，载中国人民大学民商事法律科学研究中心、INTERNEWS国际记者培训机构编：《“新闻侵权与法律适用”主题研讨》，2008年内部论文集，第39页。

② 王军、王轩：《英国法上的名誉权保护》，《法学杂志》2008年第3期。

闻人物对其言论享有特许权，不被追究侵权责任，因而也就使新闻媒体对该新闻人物的发言所作的报道免除了侵权责任。因此，报道特许发言是新闻侵权抗辩事由，而不是新闻媒体享有可以抗辩新闻侵权的特许权。

报道特许发言的范围是特定的，只有具有这些身份的人，在特定的场合内进行的发言，才具有特许权，对其报道才可以作为免除新闻侵权责任的抗辩事由。在美国，具有特许权的是司法人员、律师、司法程序之当事人、司法程序之证人、陪审员、立法者、立法程序之证人、高级行政人员、夫妻，以及依法律规定应作的公布。[①] 我国报道特许发言的范围是：（1）各级人民代表大会代表在人民代表大会上的发言；（2）各级政治协商会议委员在政治协商会议上的发言；（3）法官、陪审员、检察官、律师在法庭上的发言；（4）司法程序中的当事人、证人的发言。对于这些发言，媒体进行报道，因为发言者享有特许权，新闻媒体因此对其报道也有了一个侵权责任的"豁免权"，任何人不得追究其侵权责任。在美国法，夫妻在其相互之间所做的有关第三人的诽谤事项予以公布者，是一个抗辩事由[②]，但不是新闻侵权的抗辩。如果夫妻相互之间做有关第三人诽谤事项的公布，媒体进行报道的，不能因此而主张新闻侵权抗辩。

（五）公正评论

新闻评论是新闻媒体结合重要的新闻事实，针对普遍性关注的实际问题发表的论说性的意见，诸如社论、评论员文章、短评、编者按语、专栏评论、述评等。评论不是事实，仅仅是一种意见、看法的表述。[③] 公正评论是对抗新闻侵权的正当抗辩事由，能够完全阻却新闻侵权请求权，媒体不承担侵权责任。我们在起草侵权责任法草案专家建议稿中，都规定了这个抗辩事由。[④]

---

① 刘兴善译：《美国法律整编·侵权行为法》，台北司法周刊杂志社 1986 年版，第 483－490 页。

② 《美国侵权法重述（第二次）》第 592 条，载刘兴善译：《美国法律整编·侵权行为法》，台北司法周刊杂志社 1986 年版，第 489 页。

③ 王利明主编：《人格权与新闻侵权》，中国方正出版社 2000 年版，第 650 页。

④ 王利明主编：《中国民法典草案建议稿及说明》，中国法制出版社 2004 年版，第 242 页；杨立新主编：《中华人民共和国侵权责任法草案建议稿及说明》，法律出版社 2007 年版，第 17 页。

在美国，公正评论也叫作免责之批评，开始为专门的抗辩事由，后来改为适用“意见之表达”的抗辩。《美国侵权法重述》第566条规定：“诽谤性之传递消息可能为意见表达方式之陈述；但此种本质之陈述，谨于其隐含该意见之根据有未揭露之诽谤性事实之疑时，方得做诉讼上之请求。”换言之，如果其隐含该意见之根据没有未揭露之诽谤性事实之疑时，或者其隐含该意见之根据有已揭露之诽谤性事实之疑时，都不构成诽谤。①

公正评论应当具备何种要件呢？英国法认为，第一，被告要证明其评论涉及的是有关公共利益的事项；第二，被告必须证明其评论具有事实上的根据；第三，被告还要证明其评论不是恶意的。② 根据我国的实际情况，构成公正评论应当具备以下要件。(1) 评论的基础事实须为公开传播的事实，即已揭露的事实，而不能是由评论者自己凭空编造的事实，也不能是具有明显不真实的事实。对于符合上述要求的已揭露的事实进行评论，即使该事实具有诽谤性，或者不真实，媒体发表评论都不负侵权责任。以故意编造或者明显虚假的新闻事实作为评论的依据，本身就构成侵权责任。如果评论隐含该意见的根据有未揭露的诽谤性事实可能的，也不具备本要件。(2) 评论须公正。评论的内容应当没有侮辱、诽谤等有损人格尊严的言辞。对此，应当特别区分评论的言词尖刻与诽谤之间的界限。在评论中，即使批评的言辞非常尖刻，只要不是诽谤，不是故意贬损他人人格，就不是侵权。如果评论中有贬损人格尊严的侮辱、诽谤性言辞，则为侵权。其标准，应以人格是否受到侵害为标准。有学者提出，在以上范围内，即使是片面的、偏激的甚至具有诽谤性的评论，也不应追究法律上的责任。③ 这种看法不够妥当。片面、偏激并不会涉及侵权问题，但具有诽谤性的评论则必然会涉及被评论人的人格尊严，应当构成侵权。(3) 评论须出于社会和公共利益目的，没有侵权的故意。社会和公共利益目的包含两种情况。一是社会公众对于评论中所涉及的事项享有法律上的利益；二是评论中所涉及的事项受到公众的质疑或是公众的

---

① 刘兴善译：《美国法律整编·侵权行为法》，台北司法周刊杂志社1986年版，第469、503页。

② 王军、王轩：《英国法上的名誉权保护》，《法学杂志》2008年第3期。

③ 魏永征：《中国大陆新闻侵权法与台港诽谤法之比较》，《新闻大学》1999年第4期。

广泛关注。[①] 如果媒体发表的评论出于作者的恶意，借评论而故意贬损被评论人的人格，构成新闻侵权。在宣科起诉的关于纳西古乐侵害名誉权案件中，被告在评论文章中虽然语言尖刻，但属于基于学术研究而进行的评论，因此，不应当认为是侵害名誉权。法院认定该评论文章构成侵权，显系不妥。[②]

有人认为，对特定人的评论所涉及的事实如果虚假，这种评论就没有依据，自然不会公正。[③] 那么，评论所依据的事实不真实或者虚假，被评论人提出新闻侵权诉讼，是否都能构成侵权责任呢？对此不能一概而论。评论事实虽然不真实，但符合公开传播事实的要求，不是评论者故意编造的事实，或者虽然是明显不真实的事实但评论者依据新闻从业要求不能发现，评论人又没有侵权故意，没有贬损他人人格的言辞，当然不构成新闻侵权。认为凡是评论的事实虚假则评论就自然不会公正，有绝对化的嫌疑。

（六）满足公众知情权

满足公众知情权，是一个完全的新闻侵权抗辩事由。知情权又称为知的权利、知悉权、了解权，是由美国的一位新闻编辑肯特·库珀在 1945 年 1 月的一次演讲中首先提出来的。其基本含义是公民有权知道他应该知道的事情，国家应最大限度地确认和保障公民知悉、获取信息的权利，尤其是政务信息的权利。至 20 世纪 50 年代和 60 年代，美国兴起“知情权运动”，知情权被广泛地援用并成为一个具有国际影响的权利概念，成为与新闻自由、创作自由、言论自由、出版自由诸概念密切相关的一个权利概念。知情权给新闻业、出版界等舆论单位及时报道新闻事件提供了新的法律依据和事实依据，为了满足公民知情权的需要，通过报纸、杂志、广播、电视、广告等大众传媒去接收世界上形形色色的事件、信息，新闻自由、言论自由被扩展到极大的限度。对于这些，都可以知情权的需要而予以充分披露，因而知情权与隐私权之间不可避免地产生重大冲突。

---

① 王军、王轩：《英国法上的名誉权保护》，《法学杂志》2008 年第 3 期。

② 关于对本案的评论，请参见杨立新：《亲近民法》，中国法制出版社 2007 年版，第 3－5 页；杨立新：《从契约到身份的回归》，法律出版社 2007 年版，第 121－129 页。

③ 王利明主编：《人格权与新闻侵权》，中国方正出版社 2000 年版，第 652 页。

满足公众知情权这个新闻抗辩事由的最早适用，是美国的詹姆斯·希尔诉《生活》杂志发行人时代公司侵犯隐私权案。1952年，希尔及其家属在费城郊区的家中，被三名逃犯软禁达19小时。事后，希尔告诉记者，那三名逃犯很有礼貌。1955年，剧作家海斯将希尔一家的类似痛苦经验改编为剧本《绝望的时刻》，对希尔用希利尔德一名代替，剧中逃犯有殴打希利尔德，并口头猥亵、凌辱其女儿的情节。该剧在费城上演时，《生活》杂志事先未经希尔家人同意，在原住屋中拍摄若干现场镜头，并以《真正的罪案，激起紧张的戏剧表演》为题，报道该剧的演出，并毫不保留地描述该剧为希尔一家悲惨经验的重演，致使希尔一家遭受精神痛苦。希尔一家向纽约州法院起诉时代公司侵害其隐私权。《生活》杂志的作者指证，他诚恳地相信"希利尔德"是反映了希尔事件的内心和灵魂，否认其侵权。纽约州法院审判此案时，陪审团认为，《生活》杂志在审查能显示希尔家人未受虐待的新闻报道时，至少有所忽略，甚至轻率或故意的不细心，因而判决希尔胜诉。时代公司向联邦最高法院上诉。联邦最高法院最后以6票对3票，改变纽约州法院判决，以《生活》杂志文章的内容，牵连着一个戏剧和一件真实事情，是一件合乎公众兴趣的事件为由，判决《生活》杂志胜诉。[①]

公众知情权，是指公民享有的对社会发生的感兴趣的情事及其发生、发展、变化予以了解和知悉的权利。[②] 该权利属于公权利，其相对的义务人就是公共媒体。对此，公共媒体负有予以满足的义务。因此，公众知情权是新闻侵权的最好抗辩。理由是"公众人物、新闻事件等具有公共利益或正当的公众兴趣的领域，视为自然人私生活领域的例外"[③]。我国媒体目前更多的是满足"喉舌"的职能，其实更重要的应当是满足公众知情权的职能，那才能够叫做真正的公共媒体。当然，我们的新闻媒体具有公共媒体的职能，可以适用公众知情权作为新闻侵权的正当抗辩。

构成满足公众知情权需要具备以下三个要件。(1) 报道的须是一个正在发

① 此案为 Time，Ine. v. Hill 385U. S374.（1967），案情引自吕光：《大众传播与法律》，台北"商务印书馆"1987年版，第68－69页。

② 杨立新：《人身权法论》，人民法院出版社2006年第3版，第694页。

③ 王利明主编：《中国民法典草案建议稿及说明》，中国法制出版社2004年版，第52页。

生、发展、结果的新闻事件或者与新闻事件有关的背景。(2) 报道的事项须为不特定的多数人对此抱有兴趣，想知道事件的发生、发展、结果以及与该新闻事件有关的背景。不特定的多数人，就是公众的含义。(3) 媒体进行报道须符合媒体的职责要求，不违反公共利益和善良风俗，不具有侵权的恶意。构成公众知情权，不要求存在不侵害他人权利尤其是隐私权的内容，正是为了满足公众知情权可能会影响到某些人的个人权利，因而才要求不违反公序良俗即可。

我国法院在范志毅案件的判决中，已经援引了这个抗辩事由，即公众关注。判决书说："本案争议的报道是被告处在'世界杯'的特定背景下，遵循新闻规律，从新闻媒体的社会责任与义务出发，为了满足社会大众对公众人物的知情权而采写的监督性报道"，并以此作为免除文汇新民联合报业集团新闻侵权责任的理由。这个理由是成立的，可以对抗新闻侵权请求权。

(七) 公众人物

公众人物，是美国联邦最高法院通过沙利文诉《纽约时报》案确立的概念，后来成为诽谤法的一个重要规则。1960 年 2 月，美国黑人民权运动高涨，同年 3 月 29 日，《纽约时报》刊登了名为《关注他们高亢的呼声》的整版政治广告，广告上有 64 位知名人士签名。沙利文时任蒙哥马利市公共事务委员会委员，负责监管该市的警察局。他认为广告中的若干虚假陈述构成诽谤，为此他曾请求《纽约时报》更正，但遭到拒绝。据此，沙利文向法院起诉。初审法院认定《纽约时报》侵权，亚拉巴马州最高法院维持初审裁定。《纽约时报》向联邦最高法院上诉。联邦最高法院判决认为，在政府官员就指向他的公务行为的批评而提出的民事诽谤之诉中，亚拉巴马州法院适用于本案的法律规则不足以从宪法上保障第一和第十四章修正案所要求的言论自由和新闻自由。在此类诉讼中，州法院不能判决政府官员获得赔偿，除非该官员证明被告实有恶意（明知虚假陈述而故意为之）或玩忽放任（根本不在乎所述事实真实与否），从而判决案件发回原审法院，以进一步审理与本法律意见不符的部分。

我们历来主张公众人物是新闻侵权抗辩事由，在我主持起草的侵权责任法草案建议稿中，专门规定了这个抗辩事由："为社会公共利益进行宣传或者舆论监

督，公开披露公众人物与公共利益相关的以及涉及相关人格利益的隐私，不构成侵权。超过必要范围的，应当承担侵权责任。”① 在范志毅案件中，我国法院的判决书第一次使用了公众人物的概念。该判决书认为：“中国国家队的表现是社会各界关注的焦点，本案原告系中国著名球星，自然是社会公众人物，在此期间，关于中国国家队和原告的任何消息，都将引起社会公众和传媒的广泛兴趣和普遍关注”②，因此，判决书将此作为被告文汇新民联合报业集团新闻侵权抗辩的免责事由之一，具有开创性的意义。

公众人物是指因其特殊地位或者表现而为公众所瞩目的人物，如各级政府官员、主动寻求公众评价的各种公开的候选人、体育艺术明星、因重大不凡表现而影响社会的发明家和企业家等。他们的表现或与公共利益有重大关系，或为大众关心的焦点，因而成为公众人物而自愿暴露在公众面前，当然应对公众的评论有所容忍。③

应当明确的是，公众人物总还是人，是民法规定的民事主体中的自然人。公众人物的人格没有缺陷，具有完全的民事主体资格，应当享有一般的民事主体所享有的全部民事权利。但是，公众人物区别于其他一般的自然人的不同之处在于，他们的知名度超过常人，或者承担的职责涉及公共利益或者国家利益，人们对他们的关注和观察就远远地超出对一般的自然人所关注的程度。因此，公众人物涉及两个问题：一是社会公共利益，二是公众知情权。前者表明，如果公众人物的行为关系到了国家利益或者公共利益，那么这种行为无论是多么隐私，也是一定要让公众知道的，一定要让人民能够监督，否则就会损害社会公共利益。后者则是为了满足公众知情权，因而牺牲公众人物的部分权利内容。不论前者还是后者，都是为了满足或者实现更大的利益，而牺牲作为极少数的公众人物的某些权利中的利益。这是法律在利益冲突面前不得不作出的一种权衡和选择，不得已决定由公众人物作出一些牺牲，让他们对自己的一些权利内容遭受的损害予以适

① 杨立新主编：《中华人民共和国侵权责任法草案建议稿及说明》，法律出版社 2007 年版，第 18 页。

② 上海市静安区人民法院（2002）静民一（民）初字第 1776 号民事判决书。

③ 王利明主编：《人格权与新闻侵权》，中国方正出版社 2000 年版，第 651 页。

当容忍。

界定公众人物作为新闻侵权抗辩事由，应当具备以下要件。(1) 被报道的人物须是公众人物。关于公众人物的界定，我们曾经说是“领导人、艺术家、影视明星、体育明星、社会活动家等”①。徐迅在其新闻侵权新的司法解释建议稿中界定为：“依《中华人民共和国公务员法》管理的人士；在事关公共利益的企业或者组织中担任重要职务的人士；文化、体育界名人及其他众所周知的人士；在特定时间、地点、某一公众广泛关注或者涉及公共利益的事件中，被证明确有关联的人士。”② 这一界定似乎过宽。我认为，公众人物应当包括：一是国家机关领导人及其他国家公务人员；二是被社会广泛关注的艺术家、社会活动家以及影视体育明星。(2) 报道或者评论不具有恶意或者明显的放任或者重大疏忽。(3) 不超过保护人格尊严的必要限度。并不是对公众人物所有问题进行报道和评论都是免责的，应当有必要的界限，超出必要界限就构成新闻侵权，即使是公众人物也是如此。

批评官员，由于官员是公众人物，当然构成新闻侵权抗辩事由。我国已经有若干官员提出过侵害名誉权的诉讼，多数被驳回，但确有少数案件法院的判决不正确。广东省有一个法院的院长，在洗头房进行不当行为后，让当事人为其付费，被当事人拒绝。该当事人向广州某媒体请求援助，该媒体进行报道批评，该院长起诉后，法院竟然判决媒体败诉。这是典型的错案，不过这已经是十几年以前的案件了。事实上，官员已经有国家的公权力在保护自己，即使媒体对其批评不正当，也应当有容忍的义务，除非批评具有明显的恶意。有人主张官员也是人，应当同等保护，是没有道理的。

（八）批评公权力机关

批评公权力机关，也是新闻侵权的抗辩事由。对于法人的诽谤，必须具有必

① 王利明主编：《中国民法典·人格权法编与侵权行为法编》，中国人民大学民商事法律科学研究中心报全国人大法工委稿，2002年，第41页。

② 徐迅等：《新闻侵害名誉权、隐私权新的司法解释建议稿》，载中国人民大学民商事法律科学研究中心、INTERNEWS国际记者培训机构编：《“新闻侵权与法律适用”主体研讨》，2008年内部论文集，第37页。

要的条件。按照美国的经验，发布有关法人的诽谤性事项，符合下列规定之一者，应对该法人负责任：(a) 法人如为以营利为目的，其所发布的事项欲使其营业受到侵害或阻碍他人与其交往；或者 (b) 法人虽非以营利为目的，但依赖社会大众的财政上援助，而其发布的事项欲借社会大众对其评估的侵害而干预其活动。[①] 公权力机关当然是法人，但是，按照我国宪法规定，我国的公权力机关应当接受人民群众的监督，新闻媒体进行监督，开展新闻批评，是依法行使新闻监督的权利，即使存在过失，造成批评的事实失实，新闻媒体也不应承担侵权责任。国家机关、司法机关尽管都是法人，都享有《民法通则》规定的名誉权，但是，这些机关不是以营利为目的，也不是依赖于社会大众的财政支持，不能利用名誉权而拒绝人民群众和新闻媒体的监督。如果公权力机关动辄以侵害名誉权而追究民众的责任，追究新闻媒体的责任，则是拒绝监督的表现。对此，我国法院判决的某些案件是不正确的。典型案例是深圳市××区人民法院诉《民主与法制》杂志社侵害名誉权案，认为《民主与法制》杂志社对其报道造成了该法院的名誉权损害，要求对其承担损害赔偿责任。而结果是，法院真的就判决《民主与法制》杂志社败诉，责令对该法院承担新闻侵权责任。这是一个毫无道理的判决。[②] 对此，学者指出：自 1994 年至 2001 年，发生了 14 起法院或者法官状告媒体的案件，“法官处于居中裁判的地位，就像是一场足球赛中的裁判。现在，‘裁判’下场‘踢球’了，这正是笔者所说的‘最奇特’之处”[③]。确立批评公权力机关为新闻侵权抗辩事由，就是为了制止“裁判”下场“踢球”现象，给媒体以免责的特权。

因此，可以确定，批评公权力机关，是新闻侵权抗辩事由中的完全抗辩，以此阻却公权力机关拒绝批评的新闻侵权请求权，给媒体和公众以“更大的喘息空间”。

（九）公共利益目的

公众利益目的，是新闻侵权抗辩的一个重要事由，能够全面对抗新闻侵权请

---

① 刘兴善译：《美国法律整编·侵权行为法》，台北司法周刊杂志社 1986 年版，第 466 页。

② 《人民法院报》1997 年 8 月 26 日。

③ 徐迅：《中国新闻侵权纠纷的第四次浪潮》，中国海关出版社 2002 年版，第 22 页，

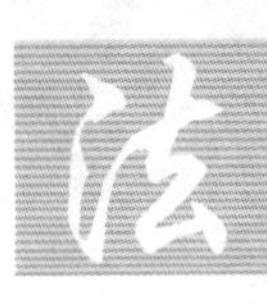

求权，是完全抗辩。特别是在批评性的新闻报道中，公共利益目的完全可以对抗新闻侵权请求权，免除新闻媒体的侵权责任。在《民法通则》实施之初，北京某报纸曾经刊载一幅批评照片，是一个人在北京动物园前翻身跳跃马路中间护栏的形象。被批评者向法院起诉，认为侵害了其肖像权，追究媒体的侵权责任。法院认为这个批评报道具有公共利益目的，判决不构成新闻侵权。我们在起草侵权责任法草案建议稿中，提出的“正当行使舆论监督权”或者“正当行使新闻舆论监督权”①，就是指为了公共利益目的。

公共利益目的，就是关系到不特定的多数人利益的目的。以此作为新闻侵权的抗辩事由，应当具备如下要件。(1) 须具有公共利益目的。媒体发布一个新闻报道，进行一个新闻批评，或者使用一幅新闻照片，须出于公共利益的目的，而不是其他不正当目的，更不得具有侮辱、诽谤或者侵害他人人格权的非法目的。(2) 须没有有损于他人人格的语言和言辞，不得借公共利益目的之机而侮辱、诽谤他人。

在关于偷拍、偷录的新闻报道是否构成新闻侵权的问题上，公共利益目的是一个可以成立的抗辩事由。有人反对公共利益目的是偷拍、偷录的合法抗辩理由，认为即使是为了公共利益目的，进行偷拍、偷录也构成新闻侵权。我反对这样的意见。如果是真正出于公众利益目的而进行善意批评，在适当的范围内，进行偷拍、偷录，用于揭露社会阴暗面，批评社会的负面行为，不能认为是新闻侵权。对此，我曾经专门研究过偷拍、偷录的合法性问题，可以参考。②

（十）新闻性

新闻性，是对于图片新闻构成新闻侵权的抗辩事由。有的学者认为具有新闻价值是最一般的抗辩事由③，其实，这种主张更多的是指满足公众知情权。在确认满足公众知情权为新闻侵权抗辩事由的基础上，将新闻性主要作为对抗图片新闻的抗辩事由，更为准确，也更容易把握。对于图片新闻报道，如果利害关系人

---

① 杨立新主编：《中华人民共和国侵权责任法草案建议稿及说明》，法律出版社2007年版，第18页；王利明主编：《中国民法典草案建议稿及说明》，中国法制出版社2004年版，第242页。

② 杨立新：《人身权法论》，人民法院出版社2002年修订版，第331－336页。

③ 郭卫华、常鹏翱：《论新闻侵权的抗辩事由》，《法学》2002年第5期。

主张侵害肖像权的新闻侵权责任，新闻性是最好的抗辩，是完全抗辩。在我们起草的人格权法草案建议稿中，我们提出“公众人物、新闻事件等具有公共利益或正当的公众兴趣的领域，视为自然人私生活领域的例外”，其中的“新闻事件”就是指新闻性。[①] 其规则是，如果一个人物的形象处于一个具有新闻性的事件中，即使媒体使用该新闻照片没有经过肖像权人的同意，也不得主张侵害肖像权或者隐私权。

对于新闻图片的侵权诉求，确定是否构成新闻性的抗辩，应当具备如下条件。(1) 人物须出现在具有新闻价值的公众视野之中。公众视野就是公众都能够自然看到的范围。新闻记者可以拍摄处于公众视野内具有新闻价值的人和物体，而无须顾忌侵犯肖像权等权利。(2) 媒体采制和使用图片的目的须为进行新闻报道或者新闻批评，而不是以营利为目的。凡是以营利为目的而使用他人的图片，即使具有新闻性，也不得对抗新闻侵权诉求。(3) 通过图片报道的新闻须事实基本真实，虚假的事实即使具有新闻性，也不得对抗新闻侵权诉讼请求。(4) 使用的新闻图片及配发的文字须没有侮辱、诽谤的内容。不具备上述要件，不构成新闻性，不能免除新闻媒体的侵权责任。例如，1989 年冬季，某大报刊载一幅新闻照片，一个妇女抱着一个女婴，在大雪纷飞的清晨在北京车站乞讨，配图说明是“狠心婆婆就因儿媳生的是女婴，就将儿媳赶出家门，致母女在风雪中流离失所”。照片引起轰动效应，很多人打电话到报社和街道，谴责该婆婆的行为。但街道干部给报社打电话，指出这个儿媳弱智，婆婆对其很好，根本没有虐待她，她是由于家人没看管住而使其抱着孩子出走，报道完全失实。这个报道尽管具有新闻性，但内容严重失实，构成侵权。报社领导在确信新闻图片报道失实后，亲自到该婆婆家检讨，得到谅解，没有被追究侵权责任。

新闻性作为抗辩事由，主要在于两个方面。第一，在公众视野中具有新闻性的人物，例如首脑、政治家等，凡具有新闻兴趣的人皆不得主张肖像权和姓名权。[②] 第二，具有新闻性的事件，例如在公众视野中参加集会、游行、仪式、

---

① 王利明主编：《中国民法典草案建议稿及说明》，中国法制出版社 2004 年版，第 52 页。

② 史尚宽：《债法总论》，台北荣泰印书馆 1978 年版，第 150 页。

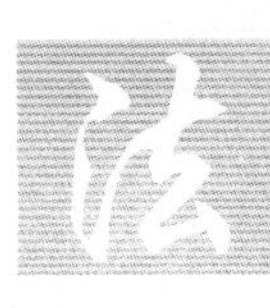

庆典或者其他活动的人，由于这类活动具有新闻报道价值，任何人在参加这些社会活动时，都应允许将其肖像和姓名、名称用于宣传报道①，不得主张肖像权和姓名权、名称权。20 世纪 90 年代初，刘晓庆回自贡老家参加灯会，被新闻记者拍照后，曾经著文说她的人格权受到侵害。这种说法其实是不成立的，理由是她既处于新闻事件之中，又是新闻人物，且在公众视野之中。人物参与集会、游行、庆典或类似事件，其肖像不构成肖像制品的主题时，可以被合理使用。②

（十一）受害人承诺

受害人承诺，也叫作受害人同意或者受害人允诺，是指受害人容许他人侵害其权利，自己自愿承担损害结果，且不违背法律和公共道德的一方意思表示。这种承诺，是侵权行为的一般抗辩事由③，当然也是新闻侵权的抗辩事由。在作为一般抗辩事由时，受害人承诺仅仅受到《合同法》第 53 条规定的限制，即人身损害事先免责条款无效。侵害健康权、生命权的侵权行为，不得因受害人承诺而免除其侵权责任。在侵害名誉权的诉讼中，美国侵权法认为，对有关诽谤的事项公布予以同意时，就该人主张受诽谤而提起的诉讼，有完全的抗辩。④ 我们赞成这种意见，受害人承诺是新闻侵权的完全抗辩，可以全面对抗新闻侵权请求权。⑤

成立受害人承诺须具备以下要件。(1) 须权利人有处分该项人格权的能力与权限。无行为能力人或者限制行为能力人处分自己的权利，须经监护人同意，非经同意，其本人的允诺无效。(2) 须遵守一般的意思表示规则，即须具备一般意

① 王利明主编：《人格权与新闻侵权》，中国方正出版社 2000 年版，第 680 页。

② 王利明主编：《中国民法典草案建议稿及说明》，中国法制出版社 2004 年版，第 49 页。

③ 杨立新：《侵权法论》，人民法院出版社 2005 年第 3 版，第 260 页。

④ 刘兴善译：《美国法律整编·侵权行为法》，台北司法周刊杂志社 1986 年版，第 483 页（第 583 条）。

⑤ 我和王利明教授在起草侵权责任法草案建议稿的时候，都规定了“当事人同意公布相关内容”作为新闻侵权抗辩事由的条文。杨立新主编：《中华人民共和国侵权责任法草案建议稿及说明》，法律出版社 2007 年版，第 18 页；王利明主编：《中国民法典草案建议稿及说明》，中国法制出版社 2004 年版，第 242 页。

思表示的生效要件。在一般情况下，承诺侵害自己的财产权利，应当为有效；承诺侵害自己的人身权利，则应区分具体情况，如承诺他人将自己身体致轻微伤害，属正当的意思表示，允诺媒体使用自己的肖像、姓名、名称、隐私，亦属正当意思表示；如果嘱托他人帮助自杀，或者承诺他人将自己杀死或重伤，受人身损害事先免责条款无效的约束，为无效行为。(3) 受害人须有明确承诺。承诺应当采用明示方式，或是发表单方面声明，或是制订免责条款。权利人没有明示准许侵害自己权利的承诺，不得推定其承诺。如果受害人明知或预见到其权利可能受到损害，但并未向加害人承诺，不构成抗辩事由。例如，电台记者采访未经同意而录音，如果没有告知并经被采访人明示同意，不得推定接受采访即推定其同意录音。[①] (4) 受害人事前放弃损害赔偿请求权。放弃损害赔偿请求权不必采取明示方法，只要有允许侵害自己权利的承诺，即可推定其放弃损害赔偿请求权。

在新闻侵权中，对于新闻媒体涉及肖像权、姓名权、名称权或隐私权的使用，如果事先得到权利人的允诺，在新闻报道中使用其肖像、姓名、名称和隐私，就不构成侵权。这是完全抗辩，是事实抗辩。

（十二）为本人或者第三人利益

为本人或者第三人利益，是新闻侵权的一个抗辩事由，但其适用的范围较窄，不是一个普遍的抗辩事由。美国侵权法认为，为本人或者第三人利益，是诽谤的附条件免责事由。具体条件是：“(1) 本人或者第三人利益的保护，公布者为情势诱使正确或者合理相信，有影响本人或者第三人的充分重要利益的消息，并且本人为公布者依法有对之公布诽谤性事项之责的人或本人为公布者与其他方面就一般适当行为标准可以对之公布消息的人。(2) 数人就一特定标的有共同利

---

① 这个意见有一个典型案例作为支持。简要的案情是：某市一些声讯台挂靠该市某区民政局违法经营，用不正当手段欺骗儿童拨打声讯电话，造成儿童家庭财产的大量支出。该市电台女记者进行调查。在采访该区民政局女局长时，没有经过同意即进行录音。下午四点，采访结束，女记者收回录音机，女局长予以制止，并指出，没有经过其同意而录音，是非法的，要求女记者洗掉录音。女记者不同意，女局长就不准其离开。双方争执，直到晚上十点，仍没有结果。电台新闻部主任来现场调解和协商，在女局长的坚持下，洗掉了录音，女记者方离开。女记者向法院起诉，认为女局长侵害其采访权和人身自由权，请求赔偿其精神损害 1 分钱，法院判决驳回其诉讼请求。杨立新：《侵权法论》，人民法院出版社 2005 年第 3 版，第 263－264 页。

益，如事件致其中任何一人正确地或者合理地相信，享有共同利益者有知悉该消息的权利者，免除公布者的侵权责任。(3) 有影响本人的亲属成员或者第三人利益的消息，并且本人知悉诽谤性事项，将因而提供亲属成员利益合法保护的服务，并且本人请求为诽谤性事项的公布或者本人为公布者于其他方面就一般适当行为为标准，可以对之公布消息的人。"①

为本人或者第三人利益作为新闻侵权抗辩事由，所抗辩的新闻侵权责任主要是媒体使用他人肖像和姓名、名称等行为。其构成要件是：(1) 媒体确系为了本人利益或者第三人利益而使用他人的肖像、姓名或者名称，不得存在侵权的目的。(2) 涉及本人和第三人的利益须为重大利益，而非一般利益或者微不足道的利益。(3) 本人和第三人的利益应为正当，不得是非法利益，特别是涉及第三人利益的保护，第三人范围的确定应当准确，一般应为亲属成员利益。(4) 使用不超得出合理范围，媒体使用他人肖像、姓名、名称的范围须适当，超出适当范围，则构成侵权。最典型的为本人或者第三人利益是刊登寻人启事之类，不构成新闻侵权责任。

对于侵害名誉权、隐私权的侵权行为，如果存在为本人或者第三人利益的情形，也可以作为抗辩事由，不过应当特别慎重。

(十三)"对号入座"

"对号入座"，历来是对他人主张作品所描写的人物主张侵权的一个抗辩事由，不仅是新闻作品，其他文字作品都有对号入座的现象。新闻作品同样有对号入座的问题，因此，"对号入座"是新闻侵权的抗辩事由，可以对抗新闻侵权请求权，免除新闻媒体的侵权责任。

"对号入座"，是指作品中所报道或者描写的人物本不是原告，而原告强硬地根据自己的特点和特征与作品中人物的特点和特征"挂钩"(即"对号")，主张文中揭载的人物就是本人(即"入座")，诉求新闻媒体承担新闻侵权责任。典型案例如：某报社记者贾某调查某镇广开个体治疗性病医院，骗取钱财的不道德

① 刘兴善译：《美国法律整编·侵权行为法》，台北司法周刊杂志社 1986 年版，第 494－497 页，分别是第 595、596、597 条。

事件，在报纸上载文予以揭露，进行舆论监督。文章中对一个被骗钱财的性病患者甲使用化名进行报道。恰好在临近一百多公里的另一个镇里，也有一个患同种性病的人乙就叫这个化名。于是乙向法院起诉，请求报社和记者以侵害其名誉权为由承担精神损害赔偿。一审法院判决报社和记者贾某构成侵权，承担赔偿责任。报社和贾某上诉，二审法院判决驳回乙的诉讼请求，理由为原告是“对号入座”①。

构成“对号入座”应当具备以下要件。(1) 新闻作品中的人物为特指，不论是使用真实姓名，还是使用非真实姓名，人物都须确有其人。即使对人物使用化名，也应当确有其人。(2) 新闻作品中的人物并非确指原告。确定新闻作品中的人物确指原告，必须具备三个条件。一是新闻作品中的人物与现实人物的基本特征必须相同。基本特征，是能够将一人与他人区别开来的主要标志，如职业、经历、外貌等特征。二是新闻作品中的人物与现实人物所处的特定环境必须相同，即生活、工作环境以及人物之间的关系应当一致。三是熟悉现实人物的人读后公认新闻作品中的人物是现实人物。原告不能证明上述三个条件，就不是确指原告。如果具备三个条件，则可能发生作品人物与原告的混同，不能构成抗辩。(3) 新闻媒体没有侵害原告的故意或者重大过失。如果媒体明知报道的人物可能与原告混同而发生侵权的后果，却故意为之，或者由于重大过失而轻信能够避免，都不构成“对号入座”的抗辩，可能构成新闻侵权责任。

（十四）报道、批评对象不特定

报道、批评对象不特定，是指媒体所报道的、所批评的对象不是特定的人，无法确定侵权行为的受害人。没有特定的受害人，无法构成侵权责任，因此，报道、批评对象不特定是新闻侵权的抗辩事由。其实，这也是侵权责任的一般抗辩事由。

最典型的案例，是辽宁省阜新蒙古族自治县人民法院的判决。郭宝昌的电视剧《大宅门》以及中国国际广播出版社出版的《四字语分类写作词典》中，都使

① 杨立新：《侵权法论》，人民法院出版社 2006 年第 3 版，第 25 页。

用了“蒙古大夫”的用语或解释，引起该县189名蒙古医生的不满，向法院起诉。[①] 一审法院判决郭宝昌和该出版社败诉。对此，舆论议论纷纷，认为不构成侵权。据说在鲁迅的作品中也曾使用过“蒙古大夫”，不知道诸位原告是不是也应当追究鲁迅的侵权责任呢？

新闻媒体以及出版单位被指控的新闻行为，仅仅是对一个不特定的人群或者现象进行报道或者提出批评，不能认为是侵权行为。不仅仅如此，就是指控的其他一般的侵权行为，如果没有特定的指向，没有特定的受害人，也不能认为构成侵权。因此，构成报道、批评对象不特定，应当具备的要件如下。(1) 报道、批评的对象是一群人或者一类人，不是特定的人。(2) 一群人或者一类人不能合理地理解为指其中的一个人或者特定的几个人，不能合理地推论特别提及了一个人或者特定的几个人。(3) 报道或者批评没有侵害特定人合法权益的故意或者重大过失。以上述“蒙古大夫”案为例，该词是一个熟语，在民间以及作品中常用，尽管这个词对一群人或者一类人具有一定的贬损性，但不能够认为凡是使用这个词的，就构成侵权。因此，郭宝昌和该出版社不构成侵权，鲁迅当然也不构成侵权。

例外的情况是，对一群人或者一类人发布有关诽谤性事项，该群人或者该类人的人数如此之少，以至该诽谤性事项可以合理地理解为指其中一位特定的个人，或者发布的客观情况可以合理地推论为该公布特别提及了该个人的，可以认为构成新闻侵权责任，不能成为合法的新闻侵权抗辩。[②]

(十五) 配图与内容无关和配图与内容有关

配图，是指为配合文字新闻及其他作品而使用的新闻或者其他照片。在实践中经常因作品配图而发生新闻侵权争议，因此，研究作品配图的侵权责任抗辩具有重要意义。

配图涉及新闻侵权抗辩问题，有两个正当事由。

---

① 辽宁省阜新蒙古族自治县人民法院（2002）阜县民初字第1095号民事判决书。

② 《美国侵权法重述》第564条，载美国法律研究院：《美国侵权法重述——纲要》，许传玺、石宏等译，法律出版社2006年版，第191页。

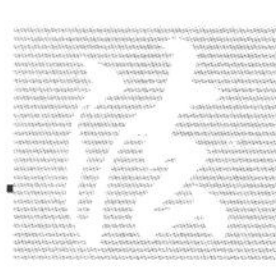

1.配图与内容无关

配图与内容无关作为新闻侵权的抗辩事由，应当严格把握。应当具备的要件是：（1）配图与新闻报道的内容须完全没有关联，无论从其性质、内容，还是其关涉的其他方面，都与新闻报道的内容无关。（2）在配图时须加“配图与内容无关”的明确说明。（3）配图不能引发涉及侵权的其他联想。（4）新闻媒体须无侵权的故意或者过失。具备以上要件，构成新闻侵权的抗辩，免除新闻媒体的侵权责任。例如，新闻报道法院审理一个案件的情况，用了一个法庭开庭，审判长敲法槌的新闻图片，报纸声明配图与文字报道内容无关。如果审判长和其他审判员提出侵权诉讼，追究新闻媒体的侵权责任，则不构成侵权。如果媒体报道某地抓“三陪”小姐的新闻，配发一个美女的照片，如果这个美女起诉新闻侵权，则为有理由，应当构成新闻侵权。

2.配图与内容有关

配图与内容有关，也是一个新闻侵权的抗辩事由。典型案件是北京市某法院判决的刘翔诉《精品购物指南》侵害肖像权案。本案的案情是，杂志的封面是刘翔的跨栏照片，封面大标题是“影响2004”，封面底部有一个广告式的文字。在杂志中报道的影响2004十大人物中，就有刘翔的报道，排在第一位。刘翔向法院起诉，认为该杂志侵害其肖像权。一审法院判决认为不构成侵权，二审法院认为报社在使用刘翔肖像过程中，因过错造成刘翔人格受商业化侵害，构成侵犯肖像权。[①] 我认为，这个案件不构成侵权，理由就是配图与内容有关。在杂志的封面上使用刘翔的肖像，并且写明了影响2004的十大人物，刘翔恰恰是影响2004的人物，杂志中还有关于刘翔影响2004的突出事迹，因此，即使杂志的封面上载有部分广告内容，也不能影响本案报道的新闻性。图片与内容有关，不能认为该图片的使用构成新闻侵权。

构成配图与内容有关，应当具备的要件是：（1）须为配图而使用了载有他人肖像的新闻照片。（2）该图片与媒体报道的新闻具有内在的联系，图片是新闻报

① 中国法院网：《刘翔肖像权终审改判》，http：//www.chinacourt.org/public/detail.php？id＝189240。

道不可分离的组成部分，所起的作用是形象地表达新闻内容。(3) 尽管未经本人同意但所报道的新闻具有新闻性。具备上述要件，可以抗辩新闻侵权的诉讼请求，媒体不构成新闻侵权。

（十六）已尽审查义务

新闻媒体对于自己发表的新闻报道，对事实真实性负有审查义务。没有尽到该审查义务，致使报道的事实失实，构成新闻侵权。对此，1988 年 1 月 15 日最高人民法院法（民）复（1988）11 号《关于侵害名誉权案件有关报刊社应否列为被告和如何适用管辖问题的批复》予以确认："报刊社对要发表的稿件，应负责审查核实。发表后侵害了公民的名誉权，作者和报刊社都有责任。"如果新闻媒体的报道虽然失实，但已尽审查义务，可以对抗新闻侵权责任请求权。

已尽审查义务，是指媒体对报道的事实已经尽到了审查核实义务，根据实际情况无法发现报道的事实失实。学者认为，新闻媒介和出版机构已经尽到合理的审查核实责任，但因受访人、受害人自身过错或其他无法预料的原因，致使报道失实的，新闻媒介和出版机构不承担侵权责任。[①] 这个标准是基本可行的。其构成要件是：(1) 新闻媒体及其工作人员已经对报道进行过审查、核实；(2) 由于新闻媒体意志以外的原因无法核实报道事实的真实性，或者没有办法得到更多的事实证明确认报道失实；(3) 新闻报道的事实确实失实，造成损害后果。

具备上述要件，构成新闻侵权抗辩事由，免除新闻媒体的侵权责任。

（十七）已经更正、道歉

更正、道歉是世界各国新闻法确定新闻媒体的一个义务。[②] 在我主编的《中华人民共和国侵权责任法草案建议稿》中规定了第 69 条："媒体机构在作品已经被认定为侵权后，或者有证据表明显属于侵权的，应当及时刊登声明，消除影响，或者采取其他补救措施。""媒体机构拒不刊登声明、采取其他补救措施，或

---

① 徐迅等：《新闻侵害名誉权、隐私权新的司法解释建议稿》，载中国人民大学民商事法律科学研究中心、INTERNEWS 国际记者培训机构编：《"新闻侵权与法律适用"主题研讨》，2008 年内部论文集，第 37 页。

② 仅举《哥伦比亚新闻法》为例，其第 19 条规定："任何报刊如登载侮辱性消息、文章等，其领导人必须免费刊登被侮辱的个人、官员、公司、单位的更正声明。"

者继续刊登、出版侵权作品的，应当承担侵权责任。”①

在我国，更正、道歉分为两种。第一种是对报道的事实未尽审查义务，造成新闻侵权的后果，新闻媒体应当承担的更正、道歉义务。第二种是新闻媒体或者其他出版单位报道或者出版的著作物，发表或者出版的行为没有构成侵权行为，但由于发表或者出版的行为造成侵权后果而产生更正、道歉的义务。这两种更正、道歉的义务不同，产生的法律责任也不同。

已经更正、道歉，是新闻侵权的正当抗辩事由。但由于更正、道歉义务的性质不同，因而已经更正、道歉作为抗辩事由的效果不同。

1. 完全抗辩的更正、道歉

作为第二种更正、道歉义务，新闻媒体已经更正、道歉，属于正当抗辩事由，是完全抗辩，可以对抗全部新闻侵权请求权，全部免除新闻媒体的侵权责任。这个规则来源于最高人民法院 1992 年 8 月 14 日（1992）民他字第 1 号《关于朱秀琴、朱良发、沈珍珠诉〈青春〉编辑部名誉权纠纷案的复函》。该复函认为，《青春》编辑部发表侵权小说之后，“仍不采取措施，为原告消除影响，致使该小说继续流传于社会，扩大了不良影响，侵害了原告的名誉权”。既然编辑部发表侵权小说的行为不构成侵权，但造成了侵权的后果，编辑部如果进行更正或者道歉，就可以免除侵权责任。

2. 不完全抗辩的更正道歉

作为第一种更正、道歉义务，新闻媒体已经更正、道歉，则属于不完全抗辩，不能对抗全部侵权请求权，而是减轻责任的抗辩，可以视侵权行为情节以及更正、道歉的程度，酌情减轻新闻媒体的侵权责任。例如，文章的转载者，转载的作品构成侵权责任，转载者更正、道歉以后，就不再承担侵权责任。如果新闻媒体是直接报道的一个消息，没有尽到审查义务，在这种情况下，仅仅更正、道歉还不足以构成免责事由，再加上受害人谅解的条件，才能构成抗辩，没有受害人的谅解，仅仅更正、道歉只是减轻责任的理由。

① 杨立新主编：《中华人民共和国侵权责任法草案建议稿及说明》，法律出版社 2007 年版，第 18 页。

（十八）如实报道

如实报道，也称为事实如此，是指新闻所报道的事实是真实的事实，新闻媒体在报道时并没有进行加工、篡改，也没有进行增删。例如，媒体报道某人在某政府门口打出一个牌子，上面说某某县长是一个贪官。这个事实是一个真实的事实，新闻媒体如实进行报道，至于该县长是不是贪官，则未可知。这就是如实报道。

如实报道能够作为新闻侵权的抗辩事由，但须具备严格的要件。构成如实报道应当具备的要件是：（1）媒体报道的事实须为真实，已经客观发生，正在进行，或者已经结束。（2）媒体对报道的事实不能进行夸大或者缩小，不能进行歪曲或者篡改，也不得进行加工或者改造。（3）新闻媒体须无侵权的故意或者过失。故意者，为故意利用客观发生的事实进行报道，意图损害他人人格权；过失者，则能够判断出发生的事实为虚假或者不真实，却没有发现而进行报道。

构成如实报道，新闻媒体不承担侵权责任。但发现如实报道侵害受害人的人格权后，新闻媒体应当及时进行更正、道歉。如果拒不更正、道歉的，则尽管发表如实报道不能构成侵害人格权的新闻侵权责任，但拒不更正和道歉的行为，则构成不作为的侵权责任。

（十九）转载

转载，作为一个新闻侵权的抗辩事由，是不完全抗辩，不能完全对抗新闻侵权请求权，但是能够部分对抗新闻侵权请求权，是减轻新闻侵权责任的抗辩。转载也称为重复公布或者传递。

转载可以免除新闻侵权责任，但须附条件。按照美国侵权行为法的经验，有三个理由可以将转载作为免除新闻侵权责任的条件。第一，转载者具有重复公布、传递文字诽谤或者非文字诽谤之免责特殊报道，例如报道特许发言。第二，转载者的重复公布、传递文字诽谤或者非文字诽谤系经原诽谤行为人的授权或依其所授意者，既然是原诽谤行为人授权或者授意，那么第三人的行为就具有“代理”性质，当然由原诽谤行为人承担侵权责任，而不是重复公布或者传递人承担侵权责任。第三，转载者的重复公布、传递文字诽谤或者非文字诽谤，系可以被

合理预见。[①] 在《中华人民共和国侵权责任法草案建议稿》中，我们主张："媒体转载作品侵权的，受害人可以要求转载者承担相应的侵权责任，但媒体无重大过失或法律另有规定的除外。"[②]

按照我国的经验，构成转载应当具备以下条件。（1）须有合理的转载来源。作品须转载于其他新闻媒体或者出版单位，而非媒体自己采制或者自己的通讯员撰写。（2）转载的作品须与原作内容一致，无转载者添加、删减、篡改、伪造的内容。（3）转载作品中没有作为新闻媒体职业要求明显可以判断的虚假事实或者侮辱、诽谤语言。如果转载者按照新闻媒体的职业要求不能审查被转载作品的上述内容的，则不承担侵权责任。

对于转载的法律后果，学者认为，新闻媒介和出版机构转载的作品由于内容失实侵害他人名誉权时，主要承担及时更正和道歉的法律责任，人民法院可以根据扩大损害后果的程度适当确定赔偿责任。[③] 这种观点不够准确。我认为，构成以上转载的要件，转载者的责任是减轻责任，不能仅仅是更正、道歉的责任。至于责任应当减轻多少，则可以幅度较大，只要承担与转载者的行为相适应的责任就可以了，不必负担较重的责任。如果转载者已经承担了更正、道歉的义务，则可以免除侵权责任。

（二十）推测事实和传闻

推测事实和传闻，也是新闻侵权的抗辩事由。不过，推测事实和传闻作为抗辩事由，须具备更为严格的要件。其要件是：（1）刊出或者播出的消息是推测的事实或者是传闻，没有经过核实。（2）媒体在发布这样的新闻时，应当作出特别声明，确认自己没有进行审查和核实。（3）没有审查或者核实的原因是时间紧迫无法进行，或者由于其他客观原因。（4）媒体对推测事实或者传闻没有进行审查

---

① 刘兴善译：《美国法律整编·侵权行为法》，台北司法周刊杂志社 1986 年版，第 474－475 页。

② 杨立新主编：《中华人民共和国侵权责任法草案建议稿及说明》，法律出版社 2007 年版，第 18 页。

③ 徐迅等：《新闻侵害名誉权、隐私权新的司法解释建议稿》第 10 条，载中国人民大学民商事法律科学研究中心、INTERNEWS 国际记者培训机构编：《"新闻侵权与法律适用"主题研讨》，2008 年内部论文集，第 50 页。

或者核实不存在故意或者重大过失。

由于媒体对于推测和传闻的性质本身是明知的，明知是推测事实或者传闻，而仍然进行报道，应当说本身就存在某种过失。因而，对于媒体刊载推测事实或者传闻具有一般过失或者轻微过失的，不应当承担侵权责任。

（二十一）读者来信、来电和直播

读者来信、来电和直播，在新闻报道中具有特殊性，具体表现在如实反映、现场进行和即时报道等方面，因此，媒体在刊登、播出时无法进行审查核实。如果读者来信、来电和直播发生新闻侵权纠纷，媒体可以此作为新闻侵权的抗辩事由。

对此，学者认为："新闻媒介和出版机构发表读者来信、来电时或在直播节目中，以适当的方式声明相关的内容尚未得到证实，并且在利害关系人提出异议后，及时发表其答辩意见或者及时进行更正道歉的，不应认定新闻媒介和出版机构构成侵权。"① 这种意见是正确的。

构成读者来信、来电和直播，其要件是：(1) 作品的性质须是读者来信、来电，或者是进行现场直播；(2) 媒体以适当方式声明上述内容尚未经过证实，对其真实性没有进行审查。(3) 在相关利害关系人提出异议后，及时发表其答辩意见或者媒体及时进行更正或者道歉。

应当注意的是，对于读者来信构成新闻侵权抗辩，条件应当更严，因为对读者来信毕竟还有一个审查的过程和可能，要有一定的审查义务，如果明显看到来信反映的事实是虚假的还要照登，媒体就有重大过失，不能作为合法抗辩。而来电和现场直播则无法进行控制，因此，不要求媒体已尽审查义务。

（二十二）文责自负

有人提出，文责自负应当是新闻侵权的抗辩事由，因为文责自负正是马克思和恩格斯所主张的"撰稿人应当对他们所报道的事实的准确性负责"的体现，不

---

① 徐迅等：《新闻侵害名誉权、隐私权新的司法解释建议稿》第 4 条，载中国人民大学民商事法律科学研究中心、INTERNEWS 国际记者培训机构编：《"新闻侵权与法律适用"主题研讨》，2007 年内部论文集，第 35 页。

仅符合我国新闻媒体的性质以及实现宪法赋予公民的言论、出版自由及批评、建议等权利的需要，也是符合我国《民法通则》确认的过错责任原则的。[①]

我认为，对文责自负应当进行区分。媒体上发表的文章，有两种情况。第一种是记者采访撰写的文章，记者的行为是职务行为，属于媒体行为的延伸，文责自负是对媒体内部追究责任时的要求，对外不发生效力。第二种是通讯员写的文章，给媒体投稿，媒体采用，这里说文责自负，有一定的道理，但媒体要承担事实真实性的审查义务，应尽的审查义务没有尽到，该稿件的事实失实，构成侵权时，报社应该承担责任。对此，应当适用最高人民法院《关于审理名誉权案件若干问题的解答》第6条规定："因新闻报道或其他作品引起的名誉权纠纷，应根据原告的起诉确定被告。只诉作者的，列作者为被告；只诉新闻出版单位的，列新闻出版单位为被告；对作者和新闻出版单位都提起诉讼的，将作者和新闻出版单位均列为被告，但作者与新闻出版单位为隶属关系，作品系作者履行职务所形成的，只列单位为被告。"这个司法解释主要是讲从程序上怎样列被告，但实际上是在讲侵权责任关系。作者的行为不是职务行为的，作者和新闻媒体都应当承担责任，受害人起诉对哪个被告行使请求权，哪个被告就应当承担侵权责任。因此，文责自负并不是一个完全抗辩，而是不完全抗辩，可以减轻新闻媒体的侵权责任。如果文责自负与已尽审查义务相结合，则可以成为一个完全抗辩，可以对抗新闻侵权请求权。

三、新闻侵权抗辩滥用及其责任

新闻侵权抗辩滥用，就是权利滥用。禁止权利滥用是民法的基本原则，其历史起因，在于个体权利与社会利益、个体权利与他人权利的矛盾激化，客观上需要对权利的行使进行必要限制。该原则是为了权利而限制权利，其最终目标是保护和实现权利。因此，滥用权利为侵权行为，新闻侵权抗辩的滥用也是权利滥用，受禁止权利滥用原则的约束。

① 周泽：《新闻官司，媒体为何多喊冤?》，《法制日报》2001年9月29日。

（一）确定新闻侵权抗辩滥用的要件

确定新闻侵权抗辩滥用，应当具备以下要件。

1.新闻媒体实施了具有新闻侵权抗辩事由的新闻行为

构成新闻侵权抗辩滥用的首要条件，是在新闻媒体实施的新闻行为中，确实具有新闻侵权抗辩的具体事由。没有这个前提条件，就不存在新闻侵权抗辩滥用的问题。因此，凡是新闻媒体在实施新闻行为中，具备上述新闻侵权抗辩事由之一者，才能具备新闻侵权抗辩滥用的构成要件。不具备上述新闻侵权抗辩事由的新闻行为，不能成立新闻侵权抗辩滥用。

2.新闻媒体在实施主张新闻侵权抗辩的新闻行为时超过了法律规定的必要界限

新闻媒体在实施新闻行为时，没有按照法律规定实施新闻行为，超出了新闻侵权抗辩所允许的必要界限，侵害了受害人的民事权利或合法利益，造成了受害人的人格利益损害。在新闻侵权抗辩事由中，任何一个抗辩事由都是有界限的，并不是完全没有边界。例如，即使是事实基本真实这样的完全抗辩，也必须依照法律规定的范围行使新闻权利，进行报道和批评，新闻自由也不是毫无限制的自由。如果故意利用基本真实的事实加害于他人，同样构成新闻侵权责任。况且即使事实基本真实，而报道和批评涉及个人隐私或者信用的事实，也都可能构成新闻侵权抗辩的滥用。这就是新闻媒体的行为超越了法律规定的新闻侵权抗辩的必要界限。界定新闻侵权抗辩事由的具体界限，应当根据各种具体抗辩事由的具体情况判断，无法规定抽象规则。

3.新闻媒体在实施主张新闻侵权抗辩的新闻行为时具有侵权的故意或者重大过失

新闻媒体在实施所主张的新闻侵权抗辩的新闻行为时，应当具备故意或者重大过失，才能构成新闻侵权抗辩滥用。在一般情况下，新闻侵权抗辩滥用应当是故意所为，即新闻媒体明知其实施的新闻行为能够造成受害人的人格损害，却借用某种抗辩事由而追求这种结果的产生，或者放任这种结果的产生。美国侵权法

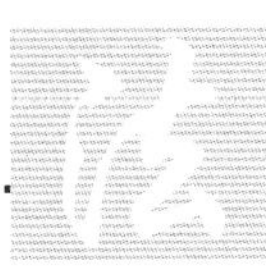

中的鲁莽弃置真实于不顾的诽谤结果发生[①]，其实就是放任诽谤结果的发生，应当是间接故意的主观心理状态。除此之外，新闻媒体未尽新闻从业人员的必要注意义务，明知而轻信自己的新闻行为能够避免新闻侵权抗辩滥用的后果，而结果却发生了新闻侵权抗辩滥用的后果，同样成立新闻侵权抗辩滥用。

（二）新闻侵权抗辩滥用的具体事由

以上论述的是新闻侵权抗辩滥用的一般规则。在现实中，新闻行为具有以下具体事由，可以明确认定为新闻侵权抗辩滥用。

1.明知事实虚假或者对事实是否真实予以放任

新闻媒体公布具有诽谤性的消息或者实施的新闻行为具有违法性，具有新闻侵权抗辩事由，但媒体明知公布的事实为虚假，或者媒体对公布的事实是否真实予以放任而最终该事实为虚假，或者欠缺合理相信其为真实的正当理由而事实确为虚假的，构成新闻侵权抗辩的滥用，应当承担新闻侵权责任。例如，合理相信是确认事实基本真实的标准，媒体在对事实进行真实性审查时，以合理相信为由确信为真实，但在实际上欠缺合理相信的正当理由，因而鲁莽地进行新闻行为，造成了侵权后果，构成新闻侵权抗辩的滥用。

2.诽谤性谣言的公布

媒体虽然具有新闻侵权抗辩事由，却公然公布对他人具有诽谤性的谣言，或者公布对他人具有诽谤性谣言嫌疑为虚伪不实的，为新闻侵权抗辩的滥用。但是，公布的媒体公开声明诽谤性事项为谣言或者嫌疑而不是事实，或者就当事人之间的关系、受影响利益的重要性及公布可能导致的损害等的考虑，认为公布为合理的，不认为是新闻侵权抗辩的滥用，仍然是合法的新闻侵权抗辩。

3.不具有新闻侵权抗辩目的或者违反新闻侵权抗辩目的

媒体实施的新闻行为，在形式上具有新闻侵权抗辩事由，但在实施新闻行为时，并不具有新闻侵权抗辩的目的，或者违反新闻侵权抗辩的目的的，而是追求其他的非法目的，虽借口新闻侵权抗辩，但为新闻侵权抗辩滥用，应当承担新闻

---

① 《美国侵权法重述（第二次）》第600条，载刘兴善译：《美国法律整编·侵权行为法》，台北司法周刊杂志社1986年版，第499页。

侵权责任。

4.超过新闻侵权抗辩的必要界限

按照新闻侵权抗辩的要求，新闻媒体实施新闻行为应当限制在必要范围之内，不能超出必要界限，方构成新闻侵权抗辩。新闻媒体实施新闻行为超出了该必要界限，造成受害人人格利益损害的，构成新闻侵权滥用，应当承担新闻侵权责任。

5.同时公布不具有新闻侵权抗辩事由的相关诽谤等事项

新闻媒体在实施新闻行为具有诽谤等侵权内容时，部分具有新闻侵权抗辩事由，部分不具有新闻侵权抗辩事由，对于不具有新闻侵权抗辩事由的诽谤等事项，为新闻侵权抗辩滥用，造成受害人人格权损害的，应当承担新闻侵权责任。

（三）新闻侵权抗辩滥用的后果

新闻媒体滥用新闻侵权抗辩，就是借新闻侵权抗辩事由而行新闻侵权之实。因此，新闻侵权抗辩的滥用，就是新闻侵权行为，应当承担新闻侵权责任。

新闻侵权抗辩滥用所承担的侵权责任，与新闻侵权责任相当，仍应当依照过错责任原则的要求，确认其新闻侵权责任。对此，我在很多著作中予以阐释，不再赘述。[①]

因新闻侵权抗辩滥用构成的新闻侵权，新闻媒体应当对受害人承担精神损害赔偿责任。至于因其毕竟存在新闻侵权的抗辩事由，是否考虑原因力的影响而适当减轻侵权责任问题，我认为，由于明知超出新闻侵权抗辩的范围却滥用该抗辩事由，实际追求的仍然是新闻侵权的后果，具有故意或者重大过失，因而不应当减轻新闻媒体的责任。如此要求，对于净化新闻道德、规范新闻秩序、保护民事主体的人格权，均有裨益。

第四节　不具名媒体报道侵权责任认定的几个问题

最近的媒体侵权案件最引人关注的是陆某案。陆某案的二审判决结果已经公

① 杨立新：《人身权法论》，人民法院出版社2002年修订版，第311－330页。

布，终审以陆某败诉为结局。媒体以及各界对此予以高度关注，原因在于本案原告的起诉本来是应当得到支持的，原告有足够的理由认为被告的行为已经构成侵权责任，但是法院终审却恰恰相反，作出了驳回原告诉讼请求的判决。正因为如此，才使舆论界、法学界议论纷纷。[①] 终审判决发布之后，我曾经发表过一些言论评价本案，但没有作深入的探讨。本节试图就本案提出的不具名媒体报道侵权责任的认定问题，提出自己的一些看法。

一、不具名媒体报道中的报道人物与现实人物的关系是认定这种侵权责任的关键

（一）不具名报道中的报道人物与现实人物关系认定的重要性

媒体报道涉及对某现实人物的侮辱、诽谤以及侵害人格尊严或者其他人格权的侵权责任问题，应当追究媒体以及作者的侵权责任，否则，放任侵权行为发生，将会造成侵权人理直气壮，被侵权人憋气窝火，正义得不到伸张，和谐稳定的社会秩序受到破坏的后果。

在一般的媒体报道中，因为媒体报道须以真人真事作为客观事实基础，报道人物必须确有其人，确用其名，解决侵权责任问题是判断媒体报道中的事实是否真实，是否具有诽谤和侮辱等事实依据，并非要把重点放在人物关系的认定上。

由于两个原因，在媒体中出现了隐姓埋名的报道。这种报道的侵权行为事实可以认定，但由于对报道人物采取隐蔽方式，因而确认侵权的难度很大。原因之一，是互联网迅猛发展，使这种形式的新媒体迅速普及，众多网友在网络上自由发言，而网络媒体报道并非依照传统媒体的严格管理规范进行，且网络信息海量，网络服务提供者无法进行事先审查，对不具名报道人物进行侮辱、诽谤等内容的媒体报道迅速增加。原因之二，是在传统媒体的新闻报道中，利用媒体编造假名或者不具名发表侮辱诽谤的语言，或者揭人隐私，发生侵权争议之后，媒体

① 《陆某诉黄健翔再起波澜 法学专家集体声援受害人》报道称，2011年1月20日上午，十余名中国法学界的专家齐聚中国政法大学，研讨这起已经终审的案件，陆某本人也亲自参与此次研讨会，见搜狐体育，http://sports.sohu.com/20110120/n278997136.shtml，2011年2月22日访问。

或者作者以报道非具体人物而予以抗辩，往往能够欺骗法官的眼睛，使之逃避法律责任。同样，对这种侵权行为不追究侵权责任，也是放纵媒体侵权行为。

因此，在媒体报道侵权的情况下，不能以媒体报道人物不具名而放纵侵权行为，使侵权媒体及作者逃避侵权责任。

要解决这个问题的关键，就是确定不具名媒体报道中报道人物与现实人物的一致性。解决了这个问题，侵权责任就无法逃避，受害人的合法民事权益就能够得到有效的保护。

（二）以真人真事作为描写对象的小说中描写人物与现实人物关系的认定经验

在 20 世纪 90 年代中，在“告作家热”的民事审判活动中，我特别总结了小说等文学作品描写人物与现实人物一致性的审判经验。这就是小说的描写人物确指现实生活中的特定人（即案件中的受害人、原告），排除描写其他人的一切可能性，进而确定侵权责任，制裁利用文学作品实施侵权行为的违法行为人。

我当时提出的意见是，可以将小说划分为以真人真事作为描写对象的小说和非以真人真事作为描写对象的小说这样两大类。非以真人真事作为描写对象的小说是小说的主流；以真人真事作为描写对象的小说是新的小说体裁，例如纪实文学等，它以描写真人真事、基本事实不得虚构为特点。非以真人真事为描写对象的小说没有被描写的真实人物，认定小说的描写人物就是现实人物，对确认侵权责任没有意义。重要的是以真人真事为描写对象的作品，存在利用小说描写人物实施侵权行为的问题。认定这种侵权行为，除掉侮辱诽谤等事实的认定之外，最为重要的，就是确定作品的描写人物与现实人物具有一致性，否则，认定文学作品侵权无从谈起。

以真人真事作为描写对象的小说中的描写人物，与生活中的现实人物具有一致性，有两种情况。一种是作品人物具名的，并且是真实姓名，认定一致性没有特别的困难，直接认定小说描写人物就是现实人物。对这种小说的描写人物与现实人物的一致性是容易确定的。另一种是描写人物不具名，或者采用姓名谐音、化名等方式，这种人物的一致性认定比较困难。我对此分为以下四种情况分析。

第一，对真实姓名作了谐音或者其他的处理，但仍以该人物的真实经历来描

写的。这种小说多数是以历史的真实事件作为小说的主体事件或主要线索，使用真实人物进行创作，只是在创作过程中无意暴露了该人物的生活隐私，或者虚构的情节、细节造成了真实人物的人格权损害，尽管没有使用真实人物的真实姓名，但能够确定小说的描写人物具有排他性，与现实人物具有一致性。

第二，不用真实姓名，地点也是虚构的小说，确定小说中的人物确指原告，必须具备三个条件。一是小说人物与现实人物的基本特征必须相同。二是小说人物与现实人物所处的特定环境必须相同，即生活、工作环境以及人物之间的关系应当相一致。三是熟悉现实人物的人读后公认小说人物是指现实人物。这三个条件都具备的，就可以确认小说中的描写人物具有排他性，确系现实人物。

第三，在历史小说中影射现实人物确定其排他性，在采用以上条件进行分析时，必须紧密结合作者的侵权故意来认定。作者没有侵权故意而只有过失，不能认定其侵害名誉权。

第四，使用素材不当。如果作者采用数人的经历、事件创作成一个人物，但在使用某一个人的特定事件时足以与其他人区别开，并且又泄露其生活隐私或进行侮辱、诽谤的，也应认定小说的人物具有排他性。[①]

这些经验值得在认定不具名报道中的报道人物与现实人物一致性的时候借鉴。

（三）确定不具名的媒体报道人物与现实人物一致性的方法

不具名报道中的报道人物分为两种，一种是完全不具名，另一种是利用姓名谐音、化名等方式不具真实姓名。在司法实践中，应当根据不具名报道的不同情况确定报道人物与现实人物的一致性。

1. 姓名谐音或者化名等不具真实姓名的报道人物的认定

对真实人物的姓名作了谐音或者化名的处理，其实质也是不具名报道，只不过是不具真实姓名而已。认定这种报道人物与现实人物的一致性，必须确认所报道人物的基本事实、经历、事件等具有排他性，只有排除报道人物是描写、记叙他人的可能性的，才能够认定谐音的姓名或者化名是确指现实人物，具有报道人

① 杨立新：《给法官讲侵权法》，人民法院出版社 2008 年版，第 301－303 页。

物与现实人物的一致性。典型的案例是，《衡阳日报》记者甘建华去三塘镇采访，采写了该镇治疗性病的黑医生欺诈骗钱的批评文章，在《三湘都市报》发表。报道中提到了一个人患有某种性病被骗钱财的事例。作者在报道中将其化名为“徐亮”，加上括号说明这是化名。恰好距离该镇约一百公里的另一个镇有一个叫徐亮的人，恰好也得了这种性病，因此被别人嬉笑。真徐亮向法院起诉，追究报社和记者侵害隐私权和名誉权的侵权责任。一审法院判决构成侵权责任，二审法院认为原告是“对号入座”，撤销一审判决，驳回原告的诉讼请求。这个案件的报道人物肯定不是现实人物徐亮，尽管名字相同，但“徐亮”另有其人，仅仅是化名为“徐亮”而已。徐亮主张该报道人物就是自己，其实只要被告证明所报道的人物究竟是谁，就可以确认报道人物与现实人物不具有一致性，假徐亮并非真徐亮。由于不能认定报道人物与现实人物具有一致性，徐亮的起诉自然不能成立。因而，在认定使用谐音姓名或者化名方式不具真实姓名的媒体报道人物与现实人物之间的一致性时，不仅要看姓名是否具有一致性，更重要的是看事实、看经历、看事件、看人物的基本特征等是否相符。主张谐音姓名或者化名与自己的姓名具有一致性，但报道人物与现实人物不具有一致性而另有其人，就不能认定报道人物与现实人物具有一致性，不能认定为侵权。

2.不具名报道的报道人物与现实人物一致性的认定

无论是在传统媒体还是在新媒体中，都存在不具名的报道。这样的报道通常是批评性报道，就像机关领导在批评下属的时候不点名，但批评的人物、事件，被批评者知道，该机关的其他人也都知道，对被批评人和其他人同样发生警示作用。在媒体报道中不具名，但是报道中已经将被批评的人物的特征和事件都说出来了，这些人物和事件的特征集中起来，足以确认报道中的人物是指哪一个具体的现实人物。如果一个不具名的批评报道不指明被批评者的人物特征、事件特征等要素，使被批评者本人和其他人都蒙在鼓里，不知道批评的是何人，这个批评就是没有意义、没有价值的。因此，对于不具名媒体报道侵权问题上，确认报道人物与现实人物的一致性，必须把报道给出的报道人物特征、事件特征等集中在一起，判断是否具有一致性。

借鉴小说侵权责任认定中描写人物与现实人物一致性经验，应当从四个方面确认。(1) 报道人物与现实人物的基本特征相同。基本特征，就是能够将一人与他人区别开来的主要标志，如职业、经历、外貌、生活习惯、行为特点等特征。报道人物的职业、经历、外貌、生活习惯、行为特点等特征与现实人物相一致，就具有人物的排他性。(2) 报道人物与现实人物所处的特定环境相同，即报道人物的生活环境、工作环境以及人物之间的相互关系应当与现实人物相一致。(3) 报道人物经历的事件特征与现实人物经历的事件特征基本一致。批评人物的报道不能没有事件（否则就是谩骂了），既然要报道事件，事件的特征也是判断报道人物与现实人物一致性的重要依据。如果报道人物经历事件的基本特征与现实人物经历事件的基本特征相一致，也能够认定具有一致性。(4) 熟悉现实人物的人阅读该报道后，公认报道人物是指现实人物，能够佐证报道人物与现实人物的一致性。

依据以上分析，我们来分析陆某案的报道人物与现实人物是否具有排他的一致性。在陆某案中，涉及的媒体报道内容是："说真的，你比前任差远了。人家起码把'零距离'安排了一个好结果，不仅当时共享荣华富贵，直到现在，还让她代理自己在中国的一切商业合作，可谓仁至义尽够男人够成功。可是你呢？把人家搞成了宫外孕，回到单位里弄成丑闻，你却缩头乌龟了。人家也被撤了国家队首席跟队记者的身份了，落得个鸡飞蛋打。搞得很多粉丝还十分纳闷十分想念，因为很久在国家队的报道里看不见她的倩影了。单说这一点，你就比前任差多了。对吧？"[①] 应当说，博客作者说的这些内容主要是在"谴责"杜伊，当然也是不具名，但完全能够确认报道所说的人物就是杜伊。报道中关于"宫外孕"的不具名报道人物，并非是其文字攻击的对象，是捎带提到的，是作为论证杜伊不地道事实的证据说的。原告认为这个"宫外孕"记者指的就是自己，提供证据证明，报道人物的基本人格特征有以下几点都与自己一致：第一，是国家队首席跟队记者，虽然没说哪个国家队，但都知道这是国家足球队；第二，尽管没有明

---

① 《黄健翔丑话说在前边原文再爆丑闻》，见女友网站，http：//www.ny1988.com/knowledge/news/200806/21091.html，2011 年 2 月 22 日访问。

确说明，但这个记者是电视台记者，而不是其他媒体记者；第三，是首席跟队记者，而不是一般记者；第四，这个记者一定是体育记者，而不是其他方面的记者；第五，这个记者是中国国家足球队的跟队记者，是与中国国家足球队有密切关系的记者，而不是与中国足球队没有密切关系的记者；第六，是女记者而不是男记者；第七，这个记者是宫外孕的女记者，不是没有宫外孕的记者。将这七个方面的基本人物特征集中起来，已经能够直接指向原告。其实，这篇媒体报道中报道人物的主要人物特征，一个是国家足球队跟队记者，一个是宫外孕的女记者。在特定的时间段里，如果在中国国家足球队的跟队记者，只要符合这两个基本的人物特征，就可以确认报道人物与现实人物具有一致性。在那个期间，如果中国国家足球队中只有一个跟队女记者有宫外孕，那么，这个报道人物就铁定是她。如果那个时期中国国家足球队的跟队记者除了陆某之外还有他人，即有两个以上的跟队女记者宫外孕，那就不能认定这个报道人物就是陆某，可能另有他人。在本案中，当时中国国家足球队的跟队记者只有陆某宫外孕，没有第二个跟队女记者有宫外孕，因而报道人物与现实人物的关系其实已经锁定了，具有较强的排他性，报道人物与现实人物的一致性可以确定，该博客所报道的人物就是原告。被告博客中的报道人物尽管没有具名，也没有化名，但所谓的“宫外孕”实际所指就是原告。当然还有一个标准，那就是熟悉双方当事人的人，一看便知所描写的“宫外孕”就是指原告。就像报道中所说的“零距离”我们一看便知说的是谁是完全一样的。

二、对不具名媒体报道中的报道人物与现实人物一致性的证明

（一）证明责任和证明标准的规则

前面说的是在不具名媒体报道侵权责任认定中，确定报道人物与现实人物一致性的事实标准。这个问题表现在诉讼证据规则上，要研究的是原被告之间在诉讼中究竟由谁证明以及证明标准和证明程度问题。而该案终审判决驳回原告诉讼请求的根据就是证据不足。下面我就这些问题提出五个方面的意见。

第一，毫无疑问，确定报道人物与现实人物的一致性，理应先由原告负担举证责任①，即实行民事诉讼证据制度的常规举证责任，即谁主张谁举证。本案的原告是陆某，她主张被告的报道人物与自己具有一致性，那她必须举证证明自己这一主张的事实依据。现在，她在诉讼中已经证明，被告报道人物的基本特征原告都具有，能够锁定报道人物与现实人物的一致性。可以说，她已经完成了举证责任。

第二，证明标准是说负有举证责任的当事人举证证明应当达到什么程度。②在通常情况下，原告举证证明自己的主张，应当达到的证明标准是高度盖然性，而不是客观真实或者绝对真实。尽管《民事诉讼法》规定民事诉讼证据应当客观真实，但实际上是做不到的，应当依照法律真实的要求确定证明标准。法律真实的证明标准，就是高度盖然性的标准。③ 如果负有举证责任的当事人一方能够证明达到高度盖然性的标准，就应当认定他的证明已经达到了证明标准的要求，完成了举证责任，可以认定该方当事人主张的事实。从更为严格的意义上说，由于被告在博客报道中对人物没有交代具体姓名，因而在判断报道人物与现实人物的一致性时，似乎可以认为原告的举证尚未达到高度盖然性的证明标准，稍微还有一点点距离。可以确定的是，在不具名媒体报道中，报道人物与现实人物之间的一致性的证明其实也很难达到高度盖然性的证明标准。

第三，在证据规则中有一个规则叫做举证责任缓和。所谓的举证责任缓和，是在证明规则规定由原告承担举证责任，在原告客观上举证困难或者举证不能的情况下，为了保护弱势一方当事人的合法权益，缓和举证责任由原告承担的严峻形势，而确定由原告承担一定的举证责任，证明达到一定程度时，实行有条件的事实推定，转由被告承担举证责任，能够证明的，推翻其推定；不能证明的，推定的事实成立。④ 这里提到的证明达到一定程度，就是盖然性标准，即有较大的可能性。换言之，在负有举证责任的当事人已经竭尽全力举证，也无法举出证据

① 戴泽军：《证据规则》，中国人民公安大学出版社 2007 年版，第 235 页。

② 罗玉珍等主编：《民事证明制度与理论》，法律出版社 2003 年版，第 198 页。

③ 毕玉谦：《证据法要义》，法律出版社 2003 年版，第 479 页。

④ 杨立新：《医疗损害责任研究》，法律出版社 2009 年版，第 90 页。

证明达到高度盖然性标准的，可以适当降低标准，改为盖然性标准；证明达到盖然性标准的，就认为完成了举证责任，可以转由对方当事人承担举证责任，推翻推定。本案原告证明到现在的程度，已经尽其所能，在客观上无法证明高度盖然性的报道人物与现实人物的一致性，但已经达到了很高盖然性的标准，超过了盖然性标准。即使如此严格要求，也应当视为原告已经完成了举证责任，应当实行举证责任缓和，由被告承担举证责任，证明自己所报道的人物不是原告，而是其他人。被告要证明的，首先，最好的证明方法是指明符合这些人物特征的报道人物在现实中确实是哪一个人物而不是原告。如果能够证明，那就是对原告诉讼主张的最好反驳，原告将彻底败诉。次一等的证明方法，要证明这些人物特征不符合原告的特征。如果能够推翻原告证明的内容，也应当判决原告败诉、被告胜诉。

第四，原告证明已经达到很高的盖然性，实行举证责任缓和，如果被告也能够提出证据证明自己的主张，但也没有达到高度盖然性的标准。这时应当适用“优势证据”规则。最高人民法院《关于民事诉讼证据的若干规定》第 73 条前段规定：“双方当事人对同一事实分别举出相反的证据，但都没有足够的依据否定对方证据的，人民法院应当结合案件情况，判断一方提供证据的证明力是否明显大于对方提供证据的证明力，并对证明力较大的证据予以确认。”这就是优势证据规则。在本案中可以看到，原告的证明已经达到较高的盖然性，而被告在诉讼中没有举证证明其报道的人物另有其人，也没有证明原告的基本特征与报道人物的基本特征不符，而仅仅是否认。否认不具有证明力。相对比，原告提供的证据的证明力显然远远高于被告证据的证明力。按照优势证据规则，应当认定原告诉讼主张所依据的事实已经得到证明，其诉讼主张应当予以支持。

第五，在这类诉讼中，还应当适用举证责任分配的规则确认事实。《关于民事诉讼证据的若干规定》第 73 条后段还规定了举证责任分配规则：“因证据的证明力无法判断导致争议事实难以认定的，人民法院应当依据举证责任分配的规则作出裁判。”这个规定的要求是，无法按照证据的证明力判断哪一方提供的证据具有优势，不能依照优势证据规则认定案件事实的，应当按照举证责任分配规则

的要求，作出认定。哪一方承担举证责任，哪一方就承担举证责任不足的败诉后果，不负举证责任的另一方胜诉。在陆某案件中，陆某是原告，她负有举证责任，应当举证证明自己所主张的事实的真实性。现在，陆某已经提供了证据证明自己主张的事实是基本真实的，如果认为还没有达到高度盖然性的标准，但也基本上可以建立法官内心确信，其举证责任已经完成。被告否认自己的报道人物是原告，那么，不论是按照举证责任缓和的规则，还是举证责任转换的规则，都应当轮到被告承担举证责任了，他应当举证证明推翻原告的证明，或者证明自己报道的人物另有他人。但是被告没有举证证明自己的否认，没有完成举证责任，因而应当承担败诉后果。

（二）一个结论

从本案终审判决书的内容看，判决原告败诉的主要原因是原告提供的证据不足。法院这样的判决理由不充分。

现在的问题是，法官认为原告所举证据基本上可以排他地认定为原告，但还有一定的余地。法官这样谨慎地认定案件证据无可厚非。但是，在这样的情况下，不是就必须认定原告的诉讼主张不成立，因而驳回原告的诉讼请求。举证责任缓和规则、优势证据规则、举证责任分配规则都是证据规则，这些规则都是解决这种情形下的证明责任的规则。如果法官采取了这些证明规则中的一个规则处理本案的证据问题，也就不会得出现在这样的结论。对此，要么是法官不懂，要么是另有原因，总而言之是不应当出现这样认定证据的情况。

三、认定不具名媒体报道侵权责任构成要件的特点

认定不具名媒体报道的报道人物与现实人物一致性的目的，在于认定这种侵权责任的构成。不具名媒体报道中的报道人物与现实人物的一致性仅仅是这种侵权责任构成中的一个关键环节，并不是全部。在侵权责任构成上，不具名媒体报道侵权责任构成要件有以下特点。

（一）侵权人过错形式的特点

不具名媒体报道侵权，侵权人在主观上的心态必定是故意。在一般的侵害人

格权的案件中，故意、过失均可构成侵权责任；但不具名媒体报道侵权不是这样，如果不具名媒体报道的行为人没有侵害他人权利的故意，就不能认定其构成侵权责任。

故意以媒体报道形式侵害他人的人格权，行为人应当有确定的动机、目的。故意侵害他人人格权，行为人必然有其确定的内心起因和追求的损害他人人格权的目的。媒体报道的故意，可以是直接故意，也可以是间接故意。直接故意者，就是恶意地诽谤、侮辱他人，恶意地揭人隐私等。但是故意中也包括间接故意。很多人对侵权法上的间接故意并不注重研究，其实，在很多情况下，侵权法中的故意是以间接故意形式表现出来的。间接故意的特点就是放任损害后果的发生。我研究过《丑话说在前边》这篇博文。根据该文的内容判断，作者的主观意图并不是对陆某进行诽谤，也就是不具有侵害陆某名誉权的直接故意，作者是在谴责杜伊的时候，不惜拿出“宫外孕”和“零距离”来进行比较，以说明杜伊与米卢之间的差别。这种做法，尽管没有侵害陆某权利的直接故意，但表现的是间接故意，即对陆某的名誉权损害采取放任态度，这就具有侵权责任构成中的过错要件。

（二）不具名媒体报道侵权的损害事实

一般媒体侵权的侵害客体基本上是名誉权、隐私权、姓名权、肖像权以及人格尊严，比较广泛。但是，在不具名媒体报道侵权案件中，侵权客体主要是名誉权和隐私权，也可能有人格尊严的问题。在通常情况下，不具名媒体报道所侵害的是名誉权，即在不具名报道中对他人进行侮辱诽谤；也有的是泄露他人隐私等。如何区分不具名报道侵害的是名誉权还是隐私权，标准是报道中报道人物所揭载的究竟是客观事实，还是虚假事实或者侮辱诽谤性言论。如果说的都是客观事实，但这个事实属于隐私，那就是侵害隐私权。如果揭载的不是客观事实而是虚假事实，具有侮辱诽谤内容，那就是侵害名誉权。如果不具名报道中既有隐私事实问题，也有侮辱诽谤问题，那就要看其主要特征是什么，依照侵权行为所侵害的客体的主要特征确定，有明确的主要特征的，应当认定为一个侵权行为，如果确实两个特征都比较明显的，则可以认定为侵害两个人格权。在陆某案，我和

律师曾经讨论过这个问题：宫外孕是一个事实，但如果宫外孕与杜伊有关系，这是个人隐私，揭露之为侵害隐私权；如果宫外孕与杜伊没有关系，报道说与杜伊有关系，属于虚伪不实，则为诽谤，侵害名誉权。

（三）不具名媒体报道内容具有违法性

不具名媒体报道侵权，其行为的特征必定是媒体报道侮辱、诽谤或者揭人隐私等。诽谤，指的是报道在描写和叙述中把某些事实归罪于特定人物的谩骂，编造足以丑化人格的事实对他人进行人格攻击。侮辱是将现有的缺陷或其他有损于人的社会评价的事实扩散、传播出去，以诋毁他人的名誉，让其蒙受耻辱，是谴责某种缺陷和一般的侮辱性言词。隐私是指公民不愿公开的个人信息和生活秘密。从审判实践来看，媒体暴露隐私，多指男女私情之类不宜公开的生活私密被公开，也有的是个人不愿意公开的、有损于个人名誉和人格的私人秘密。这些是不具名媒体侵权的行为特点。

认定行为违法性的标准，一是违反法定义务，二是违反保护他人的法律，三是故意违背善良风俗致人以损害。不具名媒体报道侵权行为的违法性，应当是违反法定义务。每一个自然人都享有人格权，当一个人享有人格权的时候，其他任何人都是这个特定的权利人的义务人，都负有不可侵的义务。一个权利人行使自己的权利，义务人不侵害他的权利就履行了他的义务。义务人违反不可侵义务侵害了他人的人格权，就具有违法性。实施不具名媒体报道行为，在报道中对他人进行侮辱诽谤或者泄露他人隐私，就违反了对他人权利的不可侵义务，就具有违法性，构成侵权责任。

媒体报道作者侵权，就是通过报道中的人物与现实人物的一致性，对该人物进行侮辱、诽谤或宣扬隐私，使现实人物的人格因此而受到损害。这就违反了法定的不可侵义务，具有这种违法内容的不具名媒体报道，可以认定其侵害了现实人物的名誉权或者隐私权。

最后还要附带说明一个问题，即网络侵权责任问题。本案的被告是一个网络用户，他在网络上实施侵权行为，按照《侵权责任法》第 36 条第 1 款规定，应当由自己承担侵权责任。按照第 2 款和第 3 款规定，原告也可以起诉网络服务提供者，由其承担连带责任，网络服务提供者对网络用户的侵权行为承担连带责任。这是网络侵权行为的特点，博客的博主也是网络用户，他与网络服务提供者的责任关系就是这种关系。

第五节　媒体侵权和媒体权利保护的司法界限研究

2014 年 5 月 24 日，中国人民大学民商事法律科学研究中心与北京市海淀区人民法院和朝阳区人民法院在北京市宽沟招待所，举行“媒体侵权与媒体权利保护的司法界限研究”国家社科基金项目的结项总结研讨会，来自国内外的 40 余位专家学者、法官、律师参加了会议，对课题组完成的《中国媒体侵权责任案件法律适用指引》(以下在正文中简称为“指引”)① 给予高度评价，认为“指引”不仅在中国国内，而且在欧洲等国家也有良好的反响，“指引”研究的问题特别具有前沿性，对司法和理论研究都具有重要的理论参考价值和司法适用的借鉴意义。我作为课题组的负责人，就本课题的研究以及一些想法在本节作以下介绍。

一、课题研究成果《中国媒体侵权责任案件法律适用指引》的形成

(一) 本课题的核心成果是编写《中国媒体侵权责任案件法律适用指引》

本课题既是中国国家社会科学基金项目（12BFX082)，也是欧盟“中欧完善媒体法律保护项目”（EIDHR2010/227 - 111）和英国大使馆资助项目。课题研究的核心内容，是要完成一部条文式的“指引”。

“指引”已于 2013 年完成编写工作，2013 年 11 月在人民法院出版社出版中英文双语版本，面向中国和欧洲公开发行；并在最高人民法院民事审判第一庭编写的《民事审判指导与参考》总第 55、56 辑连载。课题组对“指引”的条文进

① 《中国媒体侵权责任案件法律适用指引》的中文和英文全文见人民法院出版社 2013 年版，中文全文连载见奚晓明主编：《民事审判指导与参考》总第 55、56 期，人民法院出版社 2014 年 1 月和 3 月版。

行全面阐释，形成的《媒体侵权与媒体权利保护的司法界限研究——中国媒体侵权责任案件法律适用指引及释义》已经出版。[①]

（二）《中国媒体侵权责任案件法律适用指引》的形成过程

课题组编写“指引”是通过以下工作完成的。

1.在北京市的两个试点法院调研和编写指引的初稿

在本课题第一阶段的研究工作中，课题组先以北京市海淀区人民法院和朝阳区人民法院为试点，开展媒体侵权和媒体权利保护的调查，对近20年来审理的媒体侵权责任案件进行回顾和总结，研究确定媒体侵权责任和进行权利保护的司法界限，总结相关司法实践经验，分别完成了两院的总结报告。中国人民大学民商事法律科学研究中心的研究人员对媒体侵权责任的理论研究进一步深化，提供最新的理论研究成果。在此基础上，课题组于2011年2月26日召开了“媒体侵权责任研究与展望研讨会”，两院进行了审判实践经验总结，与会的媒体法和民法专家发表相关研究报告，为“指引”的起草奠定了基础。随后，课题组邀请国内和国外的专家对该项目的可行性进行了论证和评估，充分肯定了课题组的准备工作与项目的研究价值。

“指引”的起草工作由课题组的成员分工进行。期间，部分课题组成员到牛津大学召开研讨会，就媒体权利保护的问题，与欧盟的媒体法专家共同讨论，广泛听取欧洲媒体监管的有益经验。欧盟和英中协会还为课题组翻译了国际以及其他国家媒体权利保护的法律文件，为“指引”的起草提供了丰富的基础资料。

在“指引”的草稿完成之后，课题组召开“中欧媒体侵权法律适用研讨会”，与会的媒体法专家、侵权法专家和民事法官对“指引”草稿进行审查，提出修改意见。课题组成员进一步修改，至2012年年底，“指引”草案基本成熟。

2.“指引”的法官培训和试点工作

在“指引”草案基本成熟后，在两院的民事审判庭和有关法庭进行法官培训和试点工作。

---

① 杨立新主编：《媒体侵权与媒体权利保护的司法界限研究——〈中国媒体侵权责任案件法律适用指引〉及释义》，人民法院出版社2015年版。

2012年年初，课题组进行法官培训的准备工作。课题组将“指引”按章分解，分配给有关专家进行准备，同时设计典型案例，配备各种角色，为模拟法庭演练进行准备。2012年2月25日至26日，课题组召开“媒体侵权案件法律适用法官培训研讨会”，首先按照“指引”规定的规则，对典型案例进行模拟法庭审判，两院的30多名民事法官进行观摩。其次结合“指引”的内容，专家分工进行讲解，共同进行深入研讨，使“指引”的规则被法官理解和接受。

2012年3月18日，课题组负责人与两院领导签署《试点实施备忘录》，约定从2012年7月1日起，两院在受理媒体侵权责任案件的民事审判庭和各个法庭，对受理的媒体侵权责任案件，参照“指引”的规则进行司法实践试点。在试点期间，课题组成员和两院部分法官访问比利时、荷兰和德国10余家媒体监管机构和媒体单位，参访欧盟总部、欧盟议会、欧盟媒体监管机构等，听取欧洲媒体监管和媒体权利保护的经验，进行学术交流；课题组部分成员还赴印度考察媒体权利保护的模拟法庭竞赛。2012年12月31日，试点工作结束，两院在半年的时间里，共审理了65件媒体侵权案件（其中海淀法院36件，朝阳法院29件），都参照“指引”规定的规则进行审理，取得了良好效果。

两院的试点工作结束后，分别进行试点工作总结，完成了总结报告，总结了“指引”在司法实践中具体运用的经验，对“指引”草案提出了具体的修改意见。2013年2月22日和23日，课题组举行“媒体侵权责任案件法庭竞赛暨试点总结会”，两院推荐了四个典型案例，播放庭审视频，由中方和欧方9位专家组成评审组，对典型案例进行评审，评选出了两个优秀案例，颁发奖杯。两院的代表分别对试点工作作了总结报告，与会的欧方专家和中方专家进行点评和总结，肯定了试点工作的成绩，提出了“指引”需要改进的问题。与会专家一致认为，试点工作是成功的，“指引”对于指导媒体侵权责任案件审判工作具有重要价值。

3.“指引”的完善和推广工作

课题组结合试点工作反映出来的问题，召开“媒体侵权责任案件司法手册完善与推广研讨会”，对“指引”进行全面检讨，提出修改意见，要求在修改定稿后进行全面推广工作。根据提出的意见和建议，课题组对“指引”的条文进行了

全面修改，完成了定稿。

课题组对“指引”进行了推广工作：一是在学术刊物《河南财经政法大学学报》发表“指引”全文。二是把“指引”推荐给国家法官学院博士研究生班作为参考教材。三是部分中级人民法院将“指引”印发给辖区基层法院作为办案的参考。四是“指引”为最高人民法院关于网络侵权责任司法解释起草工作提供了经验。五是媒体法律专家重视“指引”，向媒体单位进行广泛的传播。六是新浪网的法律部门以“指引”为蓝本，制定了处理网络侵权纠纷的规范性参考文件。七是将“指引”赠阅给全国 3 500 多个法院作为办案的参考。

此外，课题组还与中国人民大学新闻与社会发展研究中心（国家重点研究基地）配合，组织 30 余名媒体高管进行培训。与会媒体高管普遍反映良好，认为“指引”是保护媒体权利的武器，切合防范媒体侵权行为的实际要求，能够解决媒体的急需。

（三）体会

通过三年多的研究工作，课题组深深体会到，民法理论研究和司法实践最重要的研究方法，就是理论与实践相结合。民法的理论研究离不开司法实践，民法的司法实践也离不开理论的指导。“指引”的完成，正是参加课题组的民事法官与民法、媒体法的专家紧密结合，从理论研究到实践操作，从条文写作到实际试点，“指引”条文的产生正是在实践和理论结合的基础上生发出来的。正是由于“指引”源于实践、高于实践，它才受到了民事法官和媒体从业者以及律师等的真诚欢迎。

二、《中国媒体侵权责任案件法律适用指引》的基本内容

本研究课题的基本表现形式即“指引”，是以正确处理表达自由与民事主体私权利的冲突为基础，通过媒体侵权责任法的适用，制裁媒体侵权行为，保护媒体权利和民事主体的合法权益。其表现形式，是以条文式的规范性表述方法，将媒体侵权责任案件法律适用的操作规定为详细、具体的条文，指导民事法官正确

适用媒体侵权责任法，实现上述要求。这种方式与《美国侵权法重述》相似，课题组将其称为中国侵权责任法重述之媒体侵权责任篇。[①]

“指引”共分九章，主要内容分为以下四个部分。

（一）关于媒体侵权责任的一般性规定

法官审理媒体侵权责任案件必须依照《侵权责任法》的规定认定媒体侵权责任，其法律依据是《侵权责任法》第6条第1款。据此，“指引”首先确定媒体侵权责任的主体，将媒体分为传统媒体和新媒体，并对转载媒体、编辑和记者、新闻材料提供者、通讯员、其他作者以及网络服务提供者、网络用户等，根据法律、司法解释和其他规范性文件，分别作出界定，对不同媒体承担的侵权责任案件的法律适用的实际操作方法，作出了详细规定，使法官能够正确认定媒体侵权责任案件责任主体资格，正确确定媒体侵权责任的当事人。

其次，媒体侵权责任的客体是媒体侵权行为所直接侵害的民事权益。依照《侵权责任法》第2条第2款的规定，媒体侵权责任法保护的客体，是媒体侵权行为人所侵害的被侵权人的名誉权、隐私权、姓名权、名称权、肖像权、信用权、著作权等民事权利和利益。“指引”在条文中对这些媒体侵权责任法保护的客体进行了界定，使民事法官在法律适用中，能够正确认定媒体侵权责任案件所侵害的具体客体。

媒体侵权责任案件的最重要的认定，是对媒体侵权责任构成的认定。媒体侵权责任属于过错责任原则调整的侵权责任，其责任构成要件应当依据《侵权责任法》第6条第1款规定确定，即认定媒体的行为构成侵权责任应当具备过错要件、违法性要件、损害事实要件以及因果关系要件。凡是具备这四个要件的媒体行为，就构成媒体侵权责任；不具有四个要件之一的，都不构成媒体侵权责任。“指引”对媒体侵权责任构成的四个要件的掌握，提出了具体的方法。

认定媒体侵权责任案件的重要环节，是确定媒体侵权行为的类型。依照司法实践经验，“指引”将媒体侵权行为类型分为报道失实、标题失实、违反审查义

① 杨立新等：《中国媒体侵权责任案件法律适用指引》，《河南财经政法大学学报》2012年第1期，题注。

务、不履行更正道歉义务、诽谤、侮辱、毁损信用、新闻批评失当、文艺批评失当、媒体评论依据缺失或不当、侵害隐私以及非法使用等，分别说明各类媒体侵权行为的认定依据，法官可以用“对号入座”的方法，对上述不同类型的媒体侵权责任案件准确适用法律。

（二）关于媒体侵权责任抗辩事由的规定

媒体保护自己的权利，必须依据合法的抗辩事由依法进行抗辩，寻求免除或者减轻自己的侵权责任，因而媒体侵权责任抗辩事由是保护媒体权利的法律工具。民事法官正确应用媒体侵权责任抗辩事由，就能够正确判断合法的媒体行为，保护好媒体权利，使社会和公众受到裨益。

“指引”对媒体侵权责任抗辩事由进行了详细规定，按照四个类型进行了全面规定。第一类是公共目的的抗辩事由，包括符合公共利益目的的负责任的发表、公众人物、批评公权力机关、公正评论、满足公众知情权；第二类是新闻真实性的抗辩事由，包括事实基本真实、连续报道、如实报道、报道批评对象不特定、配图与内容无关和配图与内容有关；第三类是因媒体或者作者原因的抗辩事由，包括已尽合理审查义务、推测事实和传闻、报道具有新闻性、转载、读者来信来电和直播、权威消息来源、报道特许发言、文责自负、已经更正道歉；第四类是受害人一方的抗辩事由，包括受害人承诺、“对号入座”、为本人或者第三人利益。

“指引”将上述抗辩事由分为免责的抗辩事由和减责的抗辩事由。凡是媒体具有免责的抗辩事由的，媒体提出抗辩主张，法官查实后，就可以免除媒体的侵权责任，保护媒体的合法权益；凡是媒体具有减责的抗辩事由的，媒体提出抗辩主张，法官查实后，应当依据实际情形，减轻媒体的侵权责任。

（三）媒体侵权责任案件中的几种特别的类型

“指引”在规定了媒体侵权责任的一般性规定和抗辩事由之后，就网络侵权责任、侵害个人电子信息、侵害著作权责任这三种特别的媒体侵权责任类型，作出了具体的规定。

对于网络侵权行为，依照《侵权责任法》第 36 条规定，首先对该条第 1 款

规定的网络服务提供者、网络用户的侵权责任承担的一般规则进行了规定。其次，根据该条第2款规定，对于“通知规则”的具体实施和法律后果，特别是对“反通知规则”的具体实施和法律后果，作了详细规定。再次，根据该条第3款的规定，对“知道规则”的具体适用和法律后果也作了具体规定。最后，对网络侵权责任的连带责任承担也规定了具体的规则。

对于侵害个人电子信息责任，“指引”根据全国人大常委会《关于加强网络信息安全的决定》对公民个人电子信息保护的规定，以及《消费者权益保护法》对消费者个人信息保护的规定，落实到媒体侵害公民个人电子信息侵权责任的法律适用范围中。首先，界定侵害个人电子信息的行为构成侵害隐私权，应当依照《侵权责任法》第6条第1款、《关于加强网络信息安全的决定》第29条和《消费者权益保护法》第50条的规定，确定侵权责任。其次，在具体侵害公民个人电子信息侵权行为类型方面，规定了非法获取公民个人电子信息、非法出售公民个人电子信息、非法向他人提供公民个人电子信息、非法泄露公民个人电子信息、非法篡改公民个人电子信息、非法毁损公民个人电子信息、丢失公民个人电子信息和违法发送电子信息侵扰公民生活安宁共8种侵权行为类型。最后，规定了侵害公民个人电子信息特殊性问题的处理规则。

关于媒体侵害著作权责任，“指引”规定，应当适用《侵权责任法》第36条和《著作权法》第48条的规定确定侵权责任及其承担。在具体问题上，“指引”规定了以下内容：构成网络侵害著作权的，应当承担赔偿责任；对于已尽到合理注意义务，具有侵权事实，媒体不知道其出版、传播行为涉及侵害著作权，但获得利益的，该利益应当返还；规定网络转载他人作品，应当付酬而不付酬的构成侵权；对于不替代市场规则、分工合作与共同侵权、教唆帮助侵权、不主动审查原则、过错判断、如何确定网络服务提供者对网络用户实施的侵害著作权行为的知道、直接获取经济利益与注意义务、设链转发与著作权侵权、搜索引擎与著作权侵权，以及网络服务提供者的信息披露义务等，都作了详细规定。

（四）规定媒体侵权责任案件的侵权责任方式

媒体侵权责任的责任方式承担与一般侵权行为相比，有一定的特点。对此，

“指引”第九章全面规定了责任主体承担侵权责任方式的具体规则。在规定了媒体承担侵权责任方式的一般原则之后，规定了停止侵害、赔礼道歉、消除影响、恢复名誉等的承担规则。对于媒体承担损害赔偿责任，规定了一般规则、确定精神损害赔偿责任的方法、确定财产损害赔偿责任的方法和人身损害赔偿责任的方法。

三、研究媒体侵权与媒体权利保护司法界限的核心问题

（一）媒体侵权与媒体权利保护的焦点是表达自由与私权利保护的平衡

研究本课题的最重要问题，就是平衡好媒体侵权与媒体权利保护所体现的表达自由与私权利保护之间的利益关系。为此，课题组特别着重研究了以下问题。

1. 媒体侵权责任司法实践的基本问题是民事权益与表达自由的冲突

研究近30年来的媒体侵权责任法的发展，可以得出一个结论，即媒体侵权责任司法实践的基本问题是民事主体的民事权益诉求与媒体的表达自由权利保护之间的冲突。

言论、出版、新闻自由，统称为表达自由，是国际公认的基本人权。《公民权利和政治权利国际公约》第19条规定：“一、人人享有保持意见不受干预之权利。二、人人有表达自由之权利；此种权利包括以语言、文字或出版物、艺术或自己选择的其他方式，不分国界，寻求、接受及传播各种消息及思想之自由。三、本条第二项所载权利之行使，负有特别责任及义务，故得予以某种限制，但此种限制以经法律规定，且为下列各项所必要者为限：a. 尊重他人权利或名誉；b. 保障国家安全或公共秩序，或公共卫生或风化。”这个条文是对表达自由的完整表述，明确规定了表达自由的权利主体、内容和行使方式，同时也规定了行使表达自由权利所应承担的责任与义务，以及必须限制的范围及方法。[①] 我国《宪法》第35条关于“中华人民共和国公民有言论、出版、集会、结社、游行、示威的自由”的规定中，对言论、出版自由的规定即为表达自由的宪法依据。

---

① 魏永征：《新闻传播法教程》，中国人民大学出版社2010年版，第22-23页。

在我国，媒体的表达自由是媒体为实现服务社会的目的，依法进行采访、写作、发表、出版新闻作品，不受非法控制、约束的权利。表达自由对于媒体而言，包括两个层面：一是对记者、通讯员等新闻作者来说，其采访、写作、发表新闻作品不受非法控制、约束，属于表达自由的权利；二是对于报社、杂志社、新闻社等大众传媒而言，组织新闻、出版新闻作品不受非法控制、约束，属于出版自由的权利。即使在新媒体领域，人人都是新闻发布者，互联网网站、移动通信公司等都是媒介交易平台的提供者，也都属于表达自由的享有者。在上述范围内，每一个公民和法人都可以通过撰写新闻作品向传统媒体投稿或者通过在新媒体发布新闻而成为媒体人，同时也都有权寻求、接受各种消息及思想，因而每一个公民和法人都享有表达自由的权利。

无论是传统媒体还是新媒体，由于都享有表达自由的权利，因而不仅可以传播信息，表达对社会的各种看法，更重要的是可以利用媒体进行社会监督，即通常所说的舆论监督。舆论监督是传统媒体或者新媒体通过媒介发表新闻、评论，对社会的政治生活、经济生活、文化生活等方面进行批评，实行监督的权利和功能。不仅传统媒体具有这个功能，新媒体也具有这个功能。网民作为自媒体的信息发布者，监督腐败官员，揭发了大大小小的“表哥”等腐败官员，就是通过新媒体成功进行监督的成果。不过，舆论监督并非一个准确的法律概念，原本涵括在权力监督体系之中，被进一步扩展后，其含义已经超出了对权力监督的职能，几乎成了无所不能的权利和功能。从严格的意义上讲，舆论监督属于表达自由的范畴，即新闻批评的自由权利，媒体通过行使新闻批评的自由权利，实现对社会生活的监督功能。

2.准确界定表达自由与私权利保护之间利益平衡的界限

自由是一种权利，它意味着“只要不违反任何法律禁令，或者侵犯其他人的合法权利，那么，任何人可以说想说的任何话、做所想做的任何事”[①]。表达自由也是这样的自由。不过，任何自由都不是绝对的，法律在赋予权利主体以自由权的时候，都规定行使自由权的必要限制，以防止其滥用。表达自由同样也不是

① 《牛津法律大辞典》，光明日报出版社 1988 年版，第 554 页。

一种绝对的权利。对表达自由的最大限制，就是不得以表达自由为借口，侵害他人的民事权益。即使在美国，新闻自由受到普遍的尊重，宣称“新闻自由是人类的重大权利，应当受到保护”，但同时也宣称“报纸不应侵犯私人权利和感情”①。在《公民权利和政治权利国际公约》第19条关于表达自由的规定中，第3款也同样规定了对表达自由的适当限制。国际公约以及各国立法之所以在规定表达自由的同时又加以上述限制，就在于实行表达自由的最大危险是侵害他人的人格权以及其他私权利。

从原则上说，表达自由与公民、法人的私权利保护是并行不悖的。但是，实行表达自由，就是允许对被批评者的指责。如果把这种批评限制在适当的范围之内，尽管也是对被批评者的指责，但不会造成侵权的后果。如果这种指责超越了适当的范围，造成了被批评者人格的损害，就侵害了被批评者的人格权。

人格权是民事主体的固有权利，是公民、法人作为法律上的人所必须享有的基本民事权利。民事主体如果不享有人格权，他就不能成为一个民事主体；民事主体的人格权受到侵害，就会对该民事主体造成严重的权利损害。因而人格权历来被认为是绝对权、对世权，任何人都负有维护他人人格权的义务，禁止非法侵害。当行使表达自由的权利与保护人格权及其他私权发生冲突的时候，法律禁止滥用表达自由，并以国家强制力保障民事主体的人格权。

3.平衡表达自由与私权利保护的我国立法基本完备

上述关于表达自由与私权利保护的原理，得到我国《宪法》和各基本法的确认。《宪法》第38条规定：“中华人民共和国公民的人格尊严不受侵犯。禁止用任何方法对公民进行侮辱、诽谤和诬告陷害。”第51条规定：“中华人民共和国公民在行使自由和权利的时候，不得损害国家的、社会的、集体的利益和其他公民的合法的自由和权利。”这两条重要的宪法原则，科学地规范了表达自由与保护人格权等私权利之间的关系，任何人在行使表达自由时侵害他人人格权，都是对权利的滥用，是对他人人格尊严的侵犯，都违反宪法的原则。我国还通过《刑

① 北京新闻学会主编：《各国新闻出版法选辑》，人民日报出版社1981年版，第191－192页。

法》《民法通则》《侵权责任法》等法律的具体条文，规定了侵害他人人格权的刑事责任和民事责任，用刑罚和损害赔偿等刑事的和民事的制裁手段，制裁这种违法、犯罪行为，使受到侵害的权利得到恢复。因此可以说，在我国，表达自由与保护私权利之间的法律平衡，是明确的，是有法可依的，尽管还没有制定《新闻传媒法》，对媒体权利和行为的规范还缺少具体的条文规定，但依据现行法律规定的内容进行判断，是基本完备的。

（二）媒体侵权责任的概念及媒体侵权责任法的功能

研究本课题，在明确了媒体表达自由与私权利保护之间的利益平衡关系之后，还必须明确媒体侵权责任的概念以及媒体侵权责任法的功能。对此，本课题研究取得了以下成果。

1.媒体侵权责任的概念

严格地说，新闻侵权并不是一个法律术语，只是对于新闻媒介的侵权行为的一种描述。但是，由于现行法律在新闻媒介侵权行为的调整方面存在空白需要进行补充，因而新闻侵权（即媒体侵权）这一概念便出现了，并且逐渐为人们所接受。[①] 后来逐渐认识到新闻侵权概念的外延比较狭窄，特别是难以概括网络等新媒体的侵权行为，因此，更多的学者采用媒体侵权的概念。

课题组认为，媒体侵权是指报纸、杂志、广播、电视、互联网、移动通信等传统媒体和新媒体或者他人，在利用大众传媒进行的传播行为中，故意或者过失非法侵害自然人或者法人的名誉权、隐私权、肖像权、姓名权、著作权及其他民事权益的侵权行为。

上述对媒体侵权概念的定义较好地概括了这个概念的基本特点。第一，媒体侵权的行为主体和责任主体是大众传媒，以及其他利用大众传媒实施侵权行为的人，在当代，随着大数据时代的来临，媒体侵权的行为主体和责任主体有日益扩大的趋势。第二，媒体侵权的具体行为是利用大众传媒进行的传播行为，是传播行为造成了被侵权人的私权利损害，而不是媒体的非传播行为，例如新闻采访车

① 陆萍：《新闻侵权的构成》，《政治与法律》1991 年第 6 期。

在行驶途中撞伤了他人之类的行为[①]，后者是一般侵权而不是媒体侵权。第三，媒体侵权的传播行为具有违法性，具体的表现是，媒体的传播行为违反了法定义务，或者违反了保护他人的法律。第四，媒体侵权侵害的客体，是自然人或者法人的姓名权、肖像权、名誉权、隐私权等人格权以及著作权等民事权益，特别是著作权在新媒体领域受到的侵害更为突出。第五，侵权责任形态基本上是替代责任，即实施行为的人是媒体从业者，承担责任的是媒体；或者实施行为的是信息发布者，信息平台的提供者在必要条件下承担的连带责任；当然也存在其他的特殊责任形态。第六，随着媒体范畴的扩大，特别是互联网和移动通信等新媒体的出现，对媒体侵权的概念发生了更大的影响，界定媒体侵权概念必须将其概括在其中。

课题组在研究媒体侵权概念的时候，特别注意揭示媒体侵权相较其他侵权责任的特殊之处，这也是对媒体侵权责任需要特别进行研究的必要性所在。

第一，媒体侵权与侵害名誉权等一般侵权行为，既有相同之处，也有不同之处。媒体侵权虽然也是侵害名誉权、隐私权等民事权益，但与其他侵害这些民事权益的一般侵权行为之间的关系，仍然是特殊与一般的关系。尽管《侵权责任法》并没有把媒体侵权责任规定在特殊侵权责任类型部分之中，而是概括在第 6 条第 1 款中作为一般侵权行为对待，但其特殊性也是比较明显的。例如，侵害隐私权的行为是一般侵权行为，但在媒体上侵害隐私权就具有媒体侵权的特点，与一般的侵害隐私权行为有所不同。对媒体侵权责任进行特别的研究，揭示其法律适用中的特殊规则，对于准确适用法律，界定媒体侵权与媒体权利保护，具有重要意义。

第二，媒体侵权与其他侵权责任类型相比，同样具有相同之处和其特殊性。媒体侵权确实存在需要特别研究的特殊性，这不仅表现在媒体作为责任主体以及媒体工作者的特殊性，而且媒体侵权的行为类型、抗辩事由等，都与一般侵权行为不同。而这些不同之处法律并没有规定，必须通过学理研究，总结实践经验，

---

① 张新宝：《"新闻（媒体）侵权"否认说》，《中国法学》2008 年第 6 期。拿这种事例作为反驳新闻侵权概念不科学的论据，说服力不够。

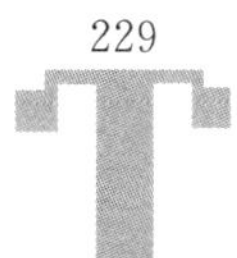

才能够将其揭示出来，为法官所借鉴。特别是网络媒体侵权，除了网络用户或者网络服务提供者利用网站实施侵权行为应当由自己承担侵权责任之外，网络服务提供者在“通知规则”和“知道规则”[①]之下，还要与实施侵权行为的网络用户承担连带责任。正因为存在这样的特殊性，《侵权责任法》才在第36条规定了网络侵权责任，其性质也是媒体侵权，却是媒体侵权责任的特别类型。

2.媒体侵权责任法的功能

媒体侵权责任法是调整媒体侵权行为及侵权责任承担的法律规范。它不是一部具有法律规范形式的法律，而是一个理论意义上的、具有法律规范依据的侵权责任法的具体侵权责任类型，是侵权责任法的组成部分，具有侵权责任法的全部功能。

媒体侵权责任法的调整功能如下。

第一，保护受害人的民事权益和媒体以及媒体从业人员的合法权益。媒体侵权责任法的最主要功能，在于保护受害人的民事权益。当媒体侵权行为侵害了公民、法人的名誉权、隐私权等民事权益，其权利或者利益受到了损害，依法予以救济，使其恢复权利，得到媒体侵权责任法的保护。同样，如果媒体以及媒体从业人员正当行使权利，对不正当的社会现象予以批评，进行舆论监督，那就是正当的媒体传播行为，同样受到媒体侵权责任法的保护。

第二，确定媒体侵权责任。媒体侵权责任法是通过制裁媒体侵权行为来实现保护民事主体民事权益的目的的。媒体侵权责任法既然是侵权责任法的组成部分，它的基本功能之一就是确定媒体侵权责任。当一个民事主体受到损害，主张是媒体的行为所致并且要求媒体承担侵权责任时，媒体侵权责任法提供媒体侵权责任的构成标准，确定是否构成媒体侵权责任。对于构成侵权责任的媒体，就应当科以侵权责任，对其行为依法予以制裁。对于不构成侵权责任的媒体，则不承担侵权责任，对其依法进行保护。

第三，预防媒体侵权行为。媒体侵权责任法预防媒体侵权行为发生的基本功能对媒体特别重要。媒体具有干预社会生活、批评不良社会现象、推动社会进步

① 杨立新：《侵权责任法》，法律出版社2011年版，第243页。

的重要作用，在其行使权利的时候，不能不以牺牲民事主体的民事权益为代价。如果媒体是正当行使舆论监督权利，尽管涉及民事主体的民事权益，但并不构成侵权。正因为如此，媒体在暴露社会阴暗面，进行新闻批评时，必须依法进行，使其行为具有正当性，避免侵权责任发生，预防媒体侵权行为。

第四，维护正常的媒体秩序，促进社会和谐。《侵权责任法》在“促进社会和谐稳定”[①] 方面具有重要的功能，媒体侵权责任法同样如此。制裁媒体侵权行为，保护民事主体和媒体的合法权益，就能够保障媒体依法行使权利，促使媒体依法行使表达自由的权利，完成媒体职责，发挥媒体的社会作用，避免受到不法非难。

（三）媒体侵权责任法注重通过媒体侵权抗辩来保护媒体权利

1987 年以来，我国媒体侵权的司法和理论研究，都比较侧重对私权利的保护，认为当表达自由与私权利保护发生冲突的时候，毫无疑问要保护好私权利。这个做法，在《民法通则》施行初期张扬民事权利的时候，是有道理的。但是，随着对媒体侵权责任研究的不断深入，对法律保护媒体的表达自由权利，推进社会文明和进步具有重要意义的认识不断加深，因而媒体侵权责任法特别注重对媒体侵权责任抗辩的研究。这是因为，实施《民法通则》之后，我国民事主体的权利意识迅速提高，维权活动深入人心。这是非常值得赞赏的社会现象。但是，从另一个方面观察，过分地强调保护名誉权等私权利，致使有些人的权利观念过于“膨胀”[②]，出现了权利泛化以及权利滥用等较为普遍的现象。而过度、过分的权利主张，必然挤压甚至限制媒体表达自由的“喘息空间”，使媒体无法承担批评社会、促进社会进步的职能，其结果必然会损害全体人民的整体利益。

媒体侵权责任法制裁媒体侵权行为，并不是为了打压媒体的表达自由权利，而是为了规范媒体行为，同时也是要给媒体确定行使表达自由权利建立具体规则，划定表达自由的界限，凡是不属于媒体侵权的媒体行为，就是合法的传播行

① 《侵权责任法》第 1 条。

② 杨立新在《中国名誉权的“膨胀”与“瘦身”》一文中，提出了名誉权膨胀的问题，参见杨立新：《从契约到身份的回归》，法律出版社 2007 年版，第 111－120 页。

为，可以依法正当进行。特别注重研究媒体侵权责任抗辩制度，就是从正面确立媒体正当行使表达自由的规则，使媒体能够在媒体侵权纠纷的诉讼中，依法提出事实和权利根据，对抗不当的媒体侵权诉求，保障媒体依法行使权利，使媒体的社会功能得到实现。研究媒体侵权责任法，通常是要去研究媒体侵权责任构成和媒体侵权行为的类型，即在什么情况下、什么样的情形构成媒体侵权责任，以更好地保护民事主体的人格权。同样，研究媒体侵权责任法，应当在保护民事主体人格权的同时，更注重从另外一个角度上，研究在什么情况下媒体可以根据事实，抗辩媒体侵权责任的诉求，对抗侵权责任构成，以确保媒体依法行使表达自由权利的行为受到法律保护，不受不当诉讼行为甚至恶意诉讼行为的干扰和侵害。这样，媒体侵权责任法就从两个不同的方面来考虑媒体侵权责任问题，划清界限，确定媒体侵权责任就会更加客观、更加全面、更加准确，特别是在权利观念过于膨胀、权利泛化和权利滥用等不正确的社会现象面前，给媒体传播行为确立法律规范，保障媒体的表达自由，给媒体以更大的喘息空间，更好地发挥媒体的舆论监督作用，促进我国的政治体制改革和经济体制改革不断深化，建设和谐、稳定的社会。

正因为如此，研究媒体侵权抗辩责任所具有的重要意义，可以从三个方面进行概括。

第一，媒体侵权责任抗辩与媒体侵权请求权相对应，其价值在于对抗以至于否认媒体侵权诉求的正当性，破坏媒体侵权的请求权构成，否定媒体侵权责任。请求权是裁判权的基础。[①] 原告享有媒体侵权请求权，就可以向法院起诉，只要证明自己的请求权成立，被告就应当承担媒体侵权责任。当一个原告在向法院起诉主张自己享有媒体侵权请求权时，被诉媒体如果存在法定的不承担侵权责任的正当理由时，则依法进行抗辩，就能够破坏媒体侵权请求权的构成，否认原告的请求权，阻却自己的媒体侵权责任，在法律上确认自己的传播行为的正当性，不仅不受法律追究，反而受到法律的保护。

① 杨立新：《民事裁判方法的现状及其改进》，载《民事审判指导与参考》，第29集，法律出版社2007年版，第123页。

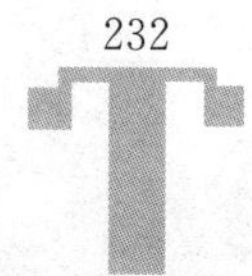

第二，形成媒体侵权诉讼上的诉辩对抗，使法官作到兼听则明，准确适用法律。原告提出媒体侵权的诉讼请求，被告依法进行媒体侵权责任的抗辩，就能够使原告的请求与被告的抗辩形成诉辩双方的对抗，形成诉辩交锋，给法官对案件进行全面审查、准确认定案情提供客观的基础，正确适用法律，对案件作出正确的裁判。如果媒体不能依法伸张自己的正当理由进行抗辩，原告说什么，法官就信什么，请求什么就判什么，就无法保证法律的正确适用，因而侵害媒体的正当权利。

第三，补充新闻媒体立法的不足，更好地保护媒体的正当权利。由于我国还没有制定《媒体传播法》，因而不易确认媒体传播行为的正当性、合法性准则。通过研究媒体侵权以及媒体侵权责任抗辩，从中确定媒体传播行为的合法性、正当性准则，就能够更好地保护媒体的表达自由和权利。

正因为如此，在研究媒体侵权与媒体权利保护的司法界限过程中，深入研究媒体侵权责任抗辩并形成媒体抗辩理论体系和事由体系，是确认媒体侵权责任法基本成熟的标志。这种考量方法是完全有道理的。媒体侵权责任与媒体权利保护的司法界限的关键就在于此。这也是本课题研究特别注重于研究媒体侵权责任抗辩的客观依据。

四、对于私域软法概念及私域软法对司法实践影响的初步看法

在“指引”完成之后，很多人向我提出一些问题，即“指引”的性质是什么，有什么样的效力，等等。为了避免嫌疑，我在“指引”序言的最后一段，专门写了“本指引是研究媒体侵权责任法的理论工作者和实务工作者的研究成果，借以指引民事法官审理媒体侵权责任案件的法律适用，属于学理解释范畴，而非严格意义上的有效解释”这样的内容，借以区分与相应的法律规范和司法解释的界限。但是，“指引”的性质到底应当怎样界定，是否具有强制效力，仍然是必须回答的问题。在该科研课题结项总结会议上，我提出了私域软法（或者称为软规范）的概念，能够回答这个问题。

（一）私域软法概念的提出及意义

最近10年来，我国法学界研究软法取得了相当的成果。在中国知网上以“软法”作为关键词进行检索，查有关软法的文章有620条结果。在百度上搜索“软法”词条，竟然有385万个结果。这能够说明我国软法研究的繁荣程度。

但是有一个问题，即对于软法的研究基本上局限于公域而非私域，通常的观点是认为软法是国际法和公法领域的概念。在罗豪才教授等撰写的《认真对待软法》的软法研究的奠基性文章中，副标题就直接标明“公域软法的一般理论及其中国实践”[①]，鲜明地标明了软法的公域界限。在数百篇研究软法的文章中，基本上没有提到私域软法的。

私域软法是否存在，是否软法只是在公域中存在，回答应当是否定的。在我国现实的法律环境中，必定包括私域软法。仅举一例最为典型的私域软法，就是最高人民法院应用法学研究所2008年3月发布的《涉及家庭暴力婚姻案件审理指南》，举凡8章81条，洋洋洒洒，比司法解释还要规范、还要具体，但它不是司法解释，不具有司法解释的硬法效力，而仅仅是供审判实践参考的软法。正像其序言所说的那样，本指南集法律研究、实践经验、域外借鉴、法律精神于一体，是人民法院司法智慧的结晶，为法官提供的是“指南式”的研究成果，直接服务于审判工作，不属于司法解释。[②] 具有这样效力的规范性文件，体现的正是私域软法的基本属性。

私域软法的表现形式并不仅仅局限于这样的审判指南，其他方面的形式有：(1) 研究机构、学者撰写的法律草案建议稿，例如梁慧星教授、王利明教授分别主编起草的《中华人民共和国民法典草案建议稿》；(2) 我主持起草的《中国侵

① 罗豪才、宋功德：《认真对待软法——公域软法的一般理论及其中国实践》，《中国法学》2006年第2期。

② 最高人民法院应用法学研究所：《涉及家庭暴力婚姻案件审理指南》，见中国应用法学研究网，http：//www.court.gov.cn/yyfx/yyfxyj/ztllyj/xbpdysfgz/201205/t20120525_177209.html，2014年6月13日访问。

权责任法司法解释草案建议稿》《中国侵权行为形态与责任形态法律适用指引》[①]；（3）大陆与台湾地区，香港、澳门特区民法专家正在起草的《两岸四地合同法示范法》[②]；（4）行业协会的自律规范，例如中国银行间市场交易商协会于 2012 年 6 月 18 日正式发布，于 2012 年 10 月 1 日起实施的《非金融企业债务融资工具市场自律处分规则》[③]，经交易商协会第三届常务理事会第一次会议审议通过，并经人民银行备案；（5）民事主体个人行为规范，例如普遍存在的公司章程，等等。在国外，美国法学会起草的《美国侵权法重述》《美国合同法重述》，冯·巴尔主持起草的《欧洲统一侵权法纲要》、库齐奥教授主持起草的《欧洲统一侵权法指导原则》等，也都属于私域软法，具有私域软法的属性。

可见，软法并不仅仅存在公域里，也存在私域之中。相对于私法而言，私域软法是对私法的补充，二者构成私域中的硬法和软法，构成“软硬兼施”的私法结构。我国法学研究之所以在私域中不重视对软法的研究，是对软法概念的陌生和缺乏研究，具有相当的距离感。对于私域中广泛存在的软法现象，应当借鉴公域软法研究的成果，确立私域软法的概念，建立私域软法的体系，进一步发展私域软法的规模，补充私法中硬法立法不足的缺陷，用软法规范和引导民事主体的行为，并为私法中的硬法的适用提供借鉴，进而促进市民社会的和谐与发展。

（二）私域软法的概念及发达原因

公法学者认为，软法作为一个法学的概念，诞生已久，并且越来越多地出现在法学学术文献之中，最初产生于国际法语境，而后逐渐扩展使用至国内法。[④]为了有效地规范公共关系、解决公共问题，各国总要运用各种公共制度资源，存在于政法惯例、公共政策、自律规范、合作规范、专业标准、弹性法条等载体形态之中的软法规范。中国自改革开放之后的 30 多年中，中国公域之治事实上一

---

① 前文载《河南财经政法大学学报》2010 年第 4 期，后文载该刊 2012 年第 1 期。

② 杨立新：《两岸四地合同法示范法研究项目启动仪式暨两岸四地合同法第一届理论研讨会会议综述》，载《企业与法》2014 年第 3 期。

③ 《非金融企业债务融资工具市场自律处分规则》，见中证网，http://www.cs.com.cn/zq/zqxw/201206/t20120619_3376003.html，2014 年 6 月 14 日访问。

④ 沈岿：《软法概念之正当性新辨》，《法商研究》2014 年第 1 期。

直实践着软硬兼施的混合法模式。[①] 软硬兼施的混合法模式中的软法，就是公域软法。其定义可以是非典型意义的法，非严格的法，它不一定要由国家立法机关制定，不一定要由国家强制力保障实施，不一定要由法院裁决其实施中的纠纷。[②]

借鉴公域软法的概念，私域软法是指在私法领域中，与强制性的私法硬法相对应，非由立法机关制定，非由国家强制力保障实施，没有法律约束力但有实际效力的私法领域的行为规范。结合"指引"的实际，可以看到"指引"完全符合私域软法的基本特点。

第一，私域软法存在于私法领域中，因而与公域软法相区别。私法领域就是以自然人、法人作为民事主体的市民社会，以私权利的行使和保护为基本特点，而不是在公共领域中发挥作用。"指引"所规范的不是公共领域的关系，而是媒体的权利与其他民事主体权利的冲突中的行为规范和裁判规范。它完全局限于他们作为民事主体的表达自由与私权利冲突中的范围内，保护的是私权利。

第二，私域软法非由立法机关制定，创制方式与制度安排富有弹性。软法因此而与硬法立法的严格遵循法定程序的刚性立法方法相异，推崇柔性治理，不同类型的软法的创制方式并非同出一辙。[③] "指引"完全符合立法主体多样性的特点，是学者和法官总结实践经验，理论联系实际创设的媒体责任和媒体权利保护司法界限的规范，因而与立法机关刚性立法的硬法完全不同。

第三，私域软法非由国家强制力保障实施，没有法律约束力但有实际应用的效力。软法不具有国家强制力，不由国家强制力保障其实施，而是由人们的承诺、诚信、舆论或者纪律保障实施，因而与道德、习惯、潜规则、法理、政策和行政命令相区别。[④] 同样，之所以说"指引"具有私域软法的性质，也是说其没有强制力保障，不存在法律上的拘束力，并非法官在审理媒体侵权责任案件时必

① 罗豪才、宋功德：《认真对待软法——公域软法的一般理论及其中国实践》，《中国法学》2006年第2期。

② 姜明安：《软法的兴起与软法之治》，《中国法学》2006年第2期。

③ 罗豪才、宋功德：《认真对待软法——公域软法的一般理论及其中国实践》，《中国法学》2006年第2期。

④ 姜明安：《软法的兴起与软法之治》，《中国法学》2006年第2期。

须遵守。但由于“指引”确定的规则既有理论基础、又有实践经验的支持，反映了媒体侵权责任案件适用法律的客观要求，因而具有自己的权威性，被法官、律师以及媒体和社会公众所信任，具有实际上的权威性，法官在裁判时愿意遵守和借鉴，媒体愿意信守和遵从。“指引”的这些表现，恰恰是私域软法的基本特点。

第四，私域软法所规范的是私法领域民事主体的行为。与公域软法不同，私域软法调整的是民事主体之间的民事权利、义务关系，不涉及公共领域的规则，因而是私法领域中民事主体的行为规则。“指引”虽然是从裁判规范的角度创设的，并以裁判规范为其表现形式，但是其对于民事主体的作用，无疑具有行为规范的价值，特别是对媒体侵权责任抗辩事由的规定，更具有划清媒体行为违法与否的界限的作用，兼具行为规范和裁判规范的性质。

私域软法的存在是不可避免的。产生私域软法的主要原因是：(1) 私法领域中民事主体的行为不能仅仅依靠硬法的规范，必须有软法的补充，因此，公司章程、行业自律规则应运而生。(2) 硬法规范的立法空白，或者硬法的规定过于概括和原则，须创设软法规范予以补充，因而审判指南、法律适用指引等软规范不得不总结出来，对硬法的空白和漏洞进行填补。(3) 由于硬法的制定程序过于烦琐，无法及时调整社会生活中出现的新情况、新问题，而软法具有立法的多样性和灵活性，因此应运而生。(4) 不同的私法部门、规范之间出现的不协调之处，需要软法进行协调。(5) 国际私法冲突、国内区际私法冲突，不同法域的法律规定不同，需要软法进行协调，因而有《欧洲统一侵权法纲要》和《东亚侵权法示范法》的产生。“指引”的出台源于第二种原因，即我国没有制定《新闻媒体法》，调整媒体侵权责任的《侵权责任法》第 6 条第 1 款和第 36 条规定过于原则，操作性不够强，因而需要借助于私域软法的规范，协调媒体侵权责任纠纷案件的法律适用中的问题。

（三）私域软法的调整功能

人类社会的经济发展和文明进步，导致对法律需求的急剧增长，形成了硬法因立法和实施成本过高导致法的供给严重不足[①]，因而使软法不断出现，并且成

① 姜明安：《软法的兴起与软法之治》，《中国法学》2006 年第 2 期。

为与硬法相对应的法的概念。在私法领域，同样需要硬法和软法“软硬兼施”的混合法模式，构建民事主体的行为规范以及裁判规范的体系，通过弥补硬法不足与引领硬法变革等方式，来推动私法的结构变革，以维护私法领域社会秩序的稳定与和谐，推动私法之治和法治目标的全面实现。[①] 故私域软法的社会调整功能是：

第一，及时反映市民社会需求，用不同于硬法的方式调整民事主体的权利义务关系。现代市民社会的发展迅猛，新情况和新问题层出不穷。在这样的形势下，私域软法以其灵活、多样、及时、高效的特点，能够迅速反应社会需求，并以其影响力干预社会生活，引领社会发展，为硬法的制定做好准备。这是私域软法最重要的功能之一。在我国媒体法治的环境下，学术团体和部分司法机关自发进行研究，创设“指引”，规范媒体侵权和媒体权利保护司法界限的法律适用，不仅对司法实践具有借鉴作用，而且为将来的新闻媒体法的立法积累了丰富的经验。

第二，创设新的私法规范，弥补硬法的立法不足，推进私法的全面建设。在我国，尽管立法机关已经宣布建成了社会主义法律体系，但是民法典的制定任务并未完成，全面的私法建设尚在征途之中。在私法领域中，硬法的立法存在较大的缺口，最起码的缺口就是《债法总则》以及《人格权法》并未完成立法。在这样的形势下，无论是对民事主体的行为调整，还是司法机关对民事争议的裁决，硬法都有较大的立法不足，必须采取切实可行的办法予以填补。私域软法领先于硬法的发展，率先创设私法规范，补充立法不足，因而能够推动私法的全面建设。“指引”在侵权责任法领域，结合媒体侵权和媒体权利保护的实践，丰富和补充的正是《侵权责任法》对此的立法不足。

第三，调动各方积极性参与软法建设，降低法治成本，提高法律实效。私域软法并非由立法机关所制定，依靠的是社会各界的积极性和创造力。在国外，不论是《美国侵权法重述》，还是《欧洲统一侵权法纲要》的起草，都是学者自觉、

① 罗豪才、宋功德：《认真对待软法——公域软法的一般理论及其中国实践》，《中国法学》2006 年第 2 期。

自愿行为的成果。正是由于有关学者、团体及社会各界的积极参与，以自己的精力和能力创设软法规范，因而能够降低法治成本，提高法律的实效。以“指引”的研究为例，其创设完成依靠的是学者的积极性，是国家社科基金以及国外经费的资助，立法机关并未参与其中。

第四，推动私法行为的规范化水平，实现市民社会的法治目标。我国的民法传统比较薄弱，经过一百年的引进和发展，具有了初步完善的规范建设，但距离完善的市民法治社会仍有较大距离。通过私域软法的建设和发展，能够丰富我国的私法领域规范的建设，创设完善的私法领域的行为规范和裁判规范体系，实现我国从民法输入国向输出国的转变，实现市民社会的法治目标。“指引”的创设目的也正是如此。

第十章

网络侵权行为及其连带责任

第一节　对侵权责任法规定的网络侵权责任的理解与解释

《侵权责任法》通过之后，各界对该法第 36 条规定的网络侵权责任特别是网络服务提供者的连带责任的规定有不同的看法。对此，我与其他学者进行过讨论，也在部分网站进行过调查，认为理解、解释第 36 条规定的最主要问题是，既要依法确定网络服务提供者的侵权责任，又要保护好互联网事业的健康发展。

一、《侵权责任法》规定的网络侵权责任的基本规则

《侵权责任法》第 36 条规定了两部分内容，第一部分是网络用户或者网络服务提供者利用网络实施侵权行为的责任，第二部分是网络用户利用网络实施侵权行为、网站承担连带责任的两种情况。

（一）网络用户或者网络服务提供者的侵权责任

《侵权责任法》第 36 条第 1 款规定："网络用户、网络服务提供者利用网络

侵害他人民事权益的，应当承担侵权责任。”这是规定网络侵权责任的一般规则：网络用户或者网络服务提供者利用网络侵害他人民事权益，都构成侵权责任，都应当由自己承担赔偿责任。

网络用户利用网络，在网络上实施侵权行为，符合《侵权责任法》第 6 条第 1 款规定要求的，构成侵权责任，应当对被侵权人的损害承担赔偿责任。这是一般侵权责任，适用过错责任原则。[①]

网络服务提供者自己利用网络，侵害他人民事权益，例如自己发布信息，抄袭、剽窃他人著作，未经著作权人同意而在网站上发表他人作品等，按照《侵权责任法》第 6 条第 1 款的规定，构成侵权责任，应当承担赔偿责任。

这两种侵权责任都是过错责任，也都是自己责任，与第 36 条第 2 款和第 3 款规定的网络服务提供者的连带责任都不相同。

（二）网络服务提供者的连带责任

网络服务提供者的连带责任，是指网络用户利用网络实施侵权行为后，网络服务提供者在法定情况下与网络用户承担连带责任的网络侵权责任形式，《侵权责任法》第 36 条规定了两种规则。

1. 提示规则

提示规则，是《侵权责任法》第 36 条第 2 款规定的网络服务提供者的连带责任：“网络用户利用网络服务实施侵权行为的，被侵权人有权通知网络服务提供者采取删除、屏蔽、断开链接等必要措施。网络服务提供者接到通知后未及时采取必要措施的，对损害的扩大部分与该网络用户承担连带责任。”对此，也有人将其叫做“通知与取下”规则。[②]

提示规则的要点是：网络服务提供者不知道网络用户利用其网络实施侵权行为，被侵权人知道自己在该网站上被侵权，有权向网络服务提供者提示，通知其网站上的内容构成侵权，应当采取删除、屏蔽、断开链接等必要措施。网络服务提供者在接到该提示之后，应当按照其提示，及时采取上述必要措施。

---

① 王利明主编：《中华人民共和国侵权责任法释义》，中国法制出版社 2010 年版，第 158 页。

② 王胜明主编：《中华人民共和国侵权责任法释义》，法律出版社 2010 年版，第 193 页。

如果网络服务提供者未及时采取必要措施，构成对网络用户实施的侵权行为的放任，具有间接故意，视为与侵权人构成共同侵权行为，因此，就损害的扩大部分，与侵权的网络用户承担连带责任。如果网络服务提供者未经提示、或者经过提示之后即采取必要措施，网络服务提供者就不承担责任，即为“避风港”规则。[①]

2. 明知规则

明知规则，是《侵权责任法》第 36 条第 3 款规定的网络服务提供者的连带责任。“网络服务提供者知道网络用户利用其网络服务侵害他人民事权益，未采取必要措施的，与该网络用户承担连带责任。”

网络服务提供者的明知规则，就是网络服务提供者明知网络用户利用其网络实施侵权行为，而未采取删除、屏蔽或者断开链接必要措施，任凭网络用户利用其提供的网络平台实施侵权行为，对被侵权人造成损害，对于该网络用户实施的侵权行为就具有放任的间接故意。网络服务提供者的这种放任侵权行为的行为，在侵权行为造成的后果中，就有网络服务提供者的责任份额，其应当承担连带责任。

二、理解和解释《侵权责任法》第 36 条应当把握的基点

《侵权责任法》第 36 条规定的上述网络侵权责任规则是正确的，但是也存在较多需要进一步明确或者解释的问题。对此，如何理解和解释网络侵权责任的规则，必须确立一个正确的基点，否则将会对互联网的发展和公众利益造成严重影响。

理解和解释《侵权责任法》第 36 条的基点如下。第一，实行依法原则。确定网络服务提供者自己承担的责任，尤其是确定网络服务提供者的连带责任，都必须严格依照《侵权责任法》第 36 条规定进行。应当看到的是，第 36 条规定的

① 陈现杰主编：《中华人民共和国侵权责任法条文精义与案例解析》，中国法制出版社 2010 年版，第 124 页。

网络服务提供者的连带责任规则本身就比较严格，是为了保护被侵权人的合法权益，确定网络服务提供者承担较重的责任。任何将该条进行不利于网络服务提供者的理解和解释，都是不正确的。第二，实行慎重原则。网络服务提供者对网络用户实施的侵权行为承担连带责任，本身就不是网络服务提供者自己的责任，仅仅是因为自己没有采取必要措施而将其视为与网络用户的行为构成连带责任，是为网络用户承担侵权责任的间接侵权行为，因此，确定该连带责任应当慎重。第三，实行保护原则。保护原则首先是保护好网络服务提供者的合法权益，维护互联网事业的正常发展。其次是保护好网络的言论自由阵地，保护好网络用户的言论自由。这两个保护是相辅相成、互相促进的。如果过于限制网络服务提供者的行为自由，对其施以苛刻的侵权责任，既损害了互联网事业的发展，同时也会严重限制网络言论自由，阻碍互联网职能作用的发挥，最终限制的是人民的权利。对此，应当有清醒的认识。

三、《侵权责任法》第 36 条规定的网络侵权责任应当理解和解释的主要问题

依我所见，《侵权责任法》第 36 条规定的网络侵权责任，尤其是网络服务提供者的连带责任规则，在下述 10 个问题上需要进行正确理解和解释。

（一）网络服务提供者承担连带责任的范围

按照《侵权责任法》第 2 条的规定，确定侵权责任范围的做法是确定侵权行为所侵害的客体即民事权益的范围。在第 36 条规定网络侵权责任的规定中，也使用了“民事权益”的概念，即“利用其网络服务侵害他人民事权益”。对于这个“民事权益”的理解，在起草《侵权责任法》过程中进行过讨论，明确为凡是在网络上实施侵权行为所能够侵害的一切民事权益。其中特别提到的是，包括人格权益以及知识产权特别是著作权。在美国，网络侵权中的侵害著作权和侵害其他民事权益所采取的规则并不相同，对于网络侵害著作权采取严格的规则；对于网络侵害其他民事权益则采取宽松的规则，原则上不追究网络服务提供者的责任。对此，第 36 条根据我国网络侵权行为比较“肆意”的实际情况，将两类民

事权益的保护“拉齐”，采用同一标准，侵害著作权和侵害其他民事权益都实行提示规则和明知规则，不进行区别。[①] 这样做的好处是，有助于网络服务提供者增强保护民事主体民事权益的责任感和自觉性，更好地保护民事主体的民事权益不受侵害。

（二）网络服务提供者对网络用户发布的信息有无审查义务

在实施《侵权责任法》中，有人认为，第 36 条规定网络服务提供者的连带责任，就是要确定网络服务提供者对其网站上发布的信息负有事先审查义务，但是绝大多数学者对此表示反对。

对此，我认为第 36 条明确规定了网络服务提供者对网络上发表的信息不负有事先审查义务，除非是自己发布的信息。我的根据有两点。

第一，网络服务提供者对于网络用户在网络上发表言论没有事先审查义务，是与传统媒体的根本区别。《民法通则》规定了侵害名誉权等侵权责任之后，最高人民法院在司法解释中确定，报刊社等媒体对其发表的稿件负有审查义务，未尽审查义务，造成侵权结果，报刊社等媒体和作者都应当承担侵权责任。[②] 最高人民法院确定传统媒体负有这样的义务是有客观依据的，理由在于传统媒体都有编辑部，对发表的作品要进行审查和编辑。如果传统媒体发表的文章构成侵权，编辑出版者应当承担侵权责任，因为其未尽必要注意义务。网络服务提供者提供的类似于 BBS 等平台，是开放的，是自由发言的空间，况且在网络平台上发布的信息是海量的，网络服务提供者无法进行全面审查。网络用户都可以在网络上传信息，而网络服务提供者仅仅是提供网络平台予以支持而已。如果让网络服务提供者承担与新闻媒体的编辑出版者同样的责任，对信息进行事先审查，是不客观、不公平的，也是不合理的。因此，法律不能科以网络服务提供者负有事先审查义务。即使要求网络服务提供者承担这样的事先审查义务，在客观上也做不到，是不能实现的。

---

① 王胜明主编：《中华人民共和国侵权责任法释义》，法律出版社 2010 年版，第 191 页。

② 参见最高人民法院 1988 年 1 月 5 日《关于侵害名誉权案件有关报刊社应否列为被告和如何适用管辖问题的批复》。

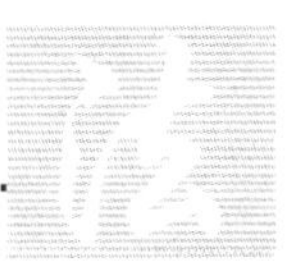

第二，第36条对网络服务提供者事先审查义务的规定是明确的。第36条规定的内容是："网络用户利用网络服务实施侵权行为的，被侵权人有权通知网络服务提供者采取删除、屏蔽、断开链接等必要措施。网络服务提供者接到通知后未及时采取必要措施的，对损害的扩大部分与该网络用户承担连带责任。"这一条文首先是说网络用户利用网络服务实施侵权行为，被侵权人有权通知网络服务提供者，这说明，网络服务提供者对此侵权行为并不知情，如果有事先审查义务就不会这样规定；其次是网络服务提供者接到通知后须采取必要措施，这说明，法律规定网络服务提供者的义务是提示之后的义务，而不是事先审查义务。即使是第36条第3款规定的明知规则，也是考虑网络服务提供者如果已经知道网络用户利用网络实施侵权行为，那就从明知开始产生义务，也不是明知之前负有义务。

这些都说明，网络服务提供者对网络用户利用网络发布信息，法律没有规定网络服务提供者负有事先审查义务。如果强令网络服务提供者负有事先审查义务，就会违反互联网运行的客观规律性，不符合客观实际情况，也不符合《侵权责任法》第36条规定，是违反法律的。对此，学界和专家有共识。[①]

（三）网络服务提供者采取必要措施的条件

第36条第2款规定，被侵权人有权通知网络服务提供者采取删除、屏蔽、断开链接等必要措施，网络服务提供者接到通知后应当及时采取必要措施。按照这一规定，网络服务提供者及时采取必要措施的条件是什么，在调查研究中有人提出，条文中提出的是被侵权人，那么，被侵权人就一定是确定的，即网络用户利用网络实施侵权行为的侵权责任是已经确定的。既然是已经确定的，那么，就应当是经过法院判决确认了侵权责任，依据侵权责任的判决书，网络服务提供者才能够采取必要措施。如果没有确定侵权责任的判决书，网络服务提供者就没有采取必要措施的义务。

在起草《侵权责任法》草案时，在条文中使用"侵权行为"和"被侵权人"，并没有赋予其已经确定构成侵权责任的含义，而是被侵权人认为自己被侵权，就

① 王胜明主编：《中华人民共和国侵权责任法释义》，法律出版社2010年版，第196页。

可以向网络服务提供者提出通知。第36条第2款的内容是："被侵权人有权通知网络服务提供者采取删除、屏蔽、断开链接等必要措施。网络服务提供者接到通知后"应"及时采取必要措施"。这里明确规定，网络服务提供者"接到通知后"，而不是接到判决书后。这说明，网络服务提供者接到的是被侵权人的通知而不是确定侵权责任的判决书后，就要做一个判断，该网络用户利用网络实施"侵权行为"是否构成侵权责任，是否应当采取必要措施。及时采取必要措施的，就不构成侵权，不承担连带责任。反之，网络服务提供者如果认为不构成侵权，也可以不采取必要措施，不过一旦网络用户的行为构成侵权责任，网络服务提供者就必须承担连带责任。因此，我认为，网络服务提供者采取必要措施的条件是被侵权人通知，而不是经过法院确认侵权。①

（四）网络服务提供者采取必要措施的时间要求

第36条规定网络服务提供者采取必要措施的时间要求是"及时"。有人提出必须给"及时"作出一个界定，以方便操作和确定责任。法律规定的时间概念，有的需要明确规定，有的不能明确规定。在期限上，总要规定明确界限，例如诉讼时效期间等。但是，在有些场合无法规定具体的时间界限。被侵权人提示之后，网络服务提供者应当及时采取必要措施，就无法规定为1天、3天或者5天。有人说最高人民法院应当规定几天才是及时，我认为也做不到。这里的所谓及时，是网络服务提供者在接到被侵权人通知后的适当时间内，或者是网络服务提供者接到侵权通知后的合理时间内。具体是否构成及时，需要法官根据案件的具体情形，例如技术上的可能性与难度具体分析确定。② 这是法官的自由裁量范围，但这个"及时"一定不会很长，应当给予网络服务提供者一个能够作出判断的适当时间。

（五）对采取的必要措施的选择问题

《侵权责任法》第36条规定的必要措施是"删除、屏蔽、断开链接等"，对此应当怎样理解，均有不同意见。法律规定的必要措施说了三个，即删除、屏

---

① 王胜明主编：《中华人民共和国侵权责任法释义》，法律出版社2010年版，第193页.

② 王利明主编：《中华人民共和国侵权责任法释义》，中国法制出版社2010年版，第160页。

蔽、断开链接，当然还有一个“等”字，例如停止服务的措施。在这些必要措施中，删除的影响最小，屏蔽和断开链接的影响非常大。有的一个屏蔽或者断开链接就会影响到几十万、上百万件信息，不仅严重影响互联网事业的发展，而且剥夺了其他网络用户的言论自由权利。对此，必须慎重对待，不能率性而为。

第 36 条规定的必要措施，并没有指定一定是哪一个，也没有说三个都采用才是必要。依我的看法，凡是能够避免侵权后果的措施，就是必要措施。如果采取删除就能够避免侵权后果，那就是删除；如果删除不足以避免侵权后果，那就屏蔽或者断开链接。不论怎样，采取必要措施是对侵权行为采取的措施，不得以牺牲他人的言论自由和民事权益为代价。因此，所谓必要，就是能够避免侵权后果，且不限制他人的行为自由。这就是“必要”的界限。超出这个界限的，构成新的侵权行为。

“必要”的界限是由谁来确定，也是一个重要问题。有的认为，必要措施的界限应当由被侵权人提出，并且最终由被侵权人确定，即被侵权人主张采取何种必要措施，就应当采取何种必要措施，网络服务提供者应当根据被侵权人的要求确定采取何种必要措施。有的认为，应当由网络服务提供者确定何种措施为必要，认为已经能够避免侵权后果的措施就是必要措施，就采取这种必要措施。我认为，必要措施的必要性，首先是被侵权人提出，但网络服务提供者也应当有自己的判断。被侵权人他所注意的是避免侵权后果，而网络服务提供者所应当注意的，不仅是避免侵权后果，还应当包括是否限制他人行为自由。网络服务提供者应当自己决定应当采取何种必要措施。如果对必要措施是否必要发生争议，则由法院在确定网络服务提供者是否承担连带责任的诉讼中作出裁决，由法官判断。

（六）被侵权人通知网络服务提供者采取必要措施应否设置必要的门槛

按照《侵权责任法》第 36 条规定，被侵权人提出通知，网络服务提供者就应当及时采取必要措施。在调查研究和讨论中，有的认为不应当设置门槛，有的认为应当设置一定的门槛。应当设置一定门槛的理由是，凡是被侵权人认为侵权的，就有权通知网络服务提供者采取必要措施，会发生三个问题。第一，被侵权人认为侵权的内容并不构成侵权，网络服务提供者采取必要措施后，就会构成对

所谓的“侵权用户”的侵权责任；第二，采取更为严重的必要措施，如果针对的侵权用户的行为确实是侵权的，却侵害了其他网络用户的民事权益构成侵权责任；第三，还会侵害所有网络用户的知情权。如果不设置必要的门槛，就无法避免这些问题。同时，网络服务提供者还将面临着自己要对新的侵权行为承担侵权责任问题。

我主张在被侵权人提出通知要求采取必要措施的时候，应当设置必要的门槛。[①] 被侵权人如果认为侵权要求网络服务提供者对该侵权行为采取必要措施，可以考虑的门槛是：(1) 被侵权人的确切身份证明；(2) 被侵权人与侵权用户的相互关系；(3) 认为构成侵权的侵权行为的事实和网络地址；(4) 被侵权人主张构成侵权的基本证据；(5) 必要时，被侵权人应当提供信誉或者财产的担保。不提供上述“门槛”要求的，网络服务提供者有权不予采取必要措施。

采取这样的门槛，一个方面会限制无端主张网络服务提供者采取必要措施的人的滥用权利，妨害互联网的发展；另一方面，可以增强被侵权人的责任感，如果主张采取必要措施构成新的侵权行为，需要承担侵权责任的，能够找到主张提示的“被侵权人”，并且能够由他来承担侵权责任。非如此，不能保护网络服务提供者以及其他网络用户的合法权益。

（七）被采取必要措施的网络用户提出侵权责任请求的反提示规则

《侵权责任法》第 36 条第 2 款中留下一个空间，那就是，被侵权人认为他是受害人，通知网络服务提供者要采取必要措施，网站按照其通知对所谓的侵权内容采取了必要措施，但结果是这个网络用户的行为并不构成侵权，反而是主张采取了必要措施的“被侵权人”和网络服务提供者侵害了该网络用户的权利。这同样构成侵权责任。对此，尽管《侵权责任法》在该条中没有规定，但依照《侵权责任法》第 6 条第 1 款关于过错责任原则的规定，同样构成侵权责任。这就是反提示规则，或者叫做反通知规则。[②]

反提示规则是网络服务提供者根据被侵权人的提示而采取必要措施之后，发

① 杨立新：《中华人民共和国侵权责任法精解》，知识产权出版社 2010 年版，

② 王胜明主编：《中华人民共和国侵权责任法释义》，法律出版社 2010 年版，第 193 页。

布信息的网络用户认为其发布的信息不构成侵权，而要求网络服务提供者予以恢复的规则。如果确认该网络用户发布的信息不构成侵权，没有侵犯提示的人的人格权、著作权等权益，给反提示人造成损害的，提出提示的“被侵权人”应当承担侵权责任。

同样，采取屏蔽、断开链接等措施，不仅侵害了该网络用户的民事权益，而且还侵害了其他网络用户的民事权益的，其他网络用户主张被侵权人和网络服务提供者承担侵权责任，同样应当依照《侵权责任法》第 6 条第 1 款规定确定侵权责任。

有人认为，上述两种侵权责任，《侵权责任法》并没有明确规定，因而不能追究这样的侵权责任。这种看法是不正确的。原因在于，上述提到的两种侵权行为都是一般侵权行为，法律不必作具体规定，直接适用《侵权责任法》第 6 条第 1 款规定确定侵权责任。

（八）网络服务提供者就“扩大部分”承担连带责任应当如何界定

按照《侵权责任法》第 36 条第 2 款规定，网络服务提供者违反提示规则，是“对损害的扩大部分与该网络用户承担连带责任”。这个规则是正确的，网络服务提供者仅仅是对网络用户的侵权行为经过提示而没有采取必要措施，是对损害的扩大有因果关系，因而就损害的扩大部分承担连带责任。

扩大部分如何界定，有人认为很难。我认为并非如此。第 36 条第 2 款与第 3 款的区别是，第 3 款是就全部损害承担连带责任，网络服务提供者对网络用户利用网络实施侵权行为是明知，因此，对造成的所有损害都应该负责。而第 2 款有区别，网络服务提供者是经过了被侵权人的提示，提示而不删除才构成连带责任的。因此，对扩大部分的界定就应当从被侵权人提示的那个时间开始。例如侵权行为延续 100 天，提示之前已经发生了 50 天，提示后又延续了 50 天才起诉，这后 50 天的损害就是扩大的部分。对前面的 50 天网络服务提供者并无责任，后面的 50 天，应该由网络服务提供者和网络用户承担连带责任。网络服务提供者被提示之后，凡是被提示之后造成的损害，就是损害的扩大部分。如果在网络用户实施侵权行为之时或者在被侵权人提示之前网络服务提供者就明知的，则网络服

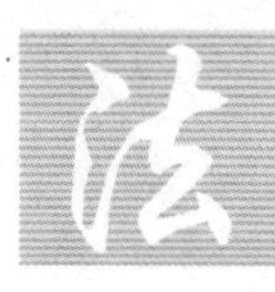

务提供者应当就全部损害承担连带责任。不过，这已经不是“扩大的部分”了。

（九）第3款中规定的“知道”是否包括应当知道

如何解释第36条第3款规定的“知道”概念，存在较大的分歧。有人认为，“知道”应当包括“已知”和“应知”[①]。因此，确定本款规定的网络服务提供者的连带责任时，包括应当知道在内。这个理解并不正确。

该条文在《侵权责任法》起草过程中，长期使用的是“明知”，直至第二次审议稿还是“明知”，第三次审议稿才改为“知道”。在对《侵权责任法》的解释中，绝大多数学者将该“知道”解释为明知。[②] 也有的学者将这个“知道”解释为“推定知道”，以区别于“明知”[③]。

我认为，第一，将知道强制解释为明知，确有牵强之处，如果将知道就解释为明知，为什么法律最终要把明知改为知道呢？以我为例，将知道解释为明知，其实就是为了强调这个知道中不包括应当知道。第二，将知道解释为包括“应知”，特别是解释为应知，是非常不正确的。因为认为网络服务提供者对利用网络实施侵权行为负有应知的义务，就会要求其负担对网络行为负有事先审查义务。这是不正确的，也是做不到的。第三，将知道解释为推定知道，也不正确，因为推定是不需要充分证据的，而是根据一些条件而推定。尽管推定知道会比应当知道宽容一些，但仍然会对网络服务提供者苛以较为严格的责任。第四，由于“应知”是较为严格的责任条件，因而，法律在规定包括应知的时候，通常须明确规定。例如《民法通则》第137条规定：“诉讼时效期间从知道或者应当知道权利被侵害时起计算。但是，从权利被侵害之日起超过二十年的，人民法院不予保护。有特殊情况的，人民法院可以延长诉讼时效期间。”在法律条文没有规定包括应知的时候，知道不应当包括应知。

---

① 王胜明主编：《中华人民共和国侵权责任法解读》，中国法制出版社2010年版，第185页。

② 王利明主编：《中华人民共和国侵权责任法释义》，中国法制出版社2010年版，第159页；杨立新：《中华人民共和国侵权责任法条文释解与司法适用》，人民法院出版社2010年版，第220页。

③ 奚晓明主编：《〈中华人民共和国侵权责任法〉条文理解与适用》，人民法院出版社2010年版，第265页；陈现杰主编：《中华人民共和国侵权责任法条文精义与案例解析》，中国法制出版社2010年版，第125页。

依我所见，本款规定的“知道”应当是已知。已知与明知是有区别的，明知应当是能够证明行为人明确知道，故意而为；已知是证明行为人只是已经知道了而已，并非执意而为，基本属于放任的主观心理状态。因此，知道是有证据证明的行为人对侵权行为已经知道的主观心理状态，而并非执意追求侵权后果。因此，《侵权责任法》第36条第3款的措辞是非常有分寸的。知道一词的表述内容更接近于明知的概念，距离推定知道的概念距离稍远，但不包括应知在内。因此，学者将第3款解释为“明知规则”，并非曲解法律规定，而是出于善意的解释，是基本准确的。当然，解释为已知更为准确。

有一个问题是，网络服务提供者承认自己对网络用户在自己的网络上实施侵权行为为已知的，当然没有问题；问题在于，当有证据证明网络服务提供者对实施的侵权行为为已知，但并不承认自己为已知的，是证明其已经知道还是推定其已经知道。我认为，对于有证据证明网络服务提供者为已知的，就应当直接认定其已知，不必认定为其应当知道。下述五种情形应当认定为已知。一是在网站首页上进行推荐的；二是在论坛中置顶的；三是作为网刊发布的；四是网络用户在网站专门主办的活动中实施侵权行为的；五是对其他网站发表的侵权作品转载的。

（十）网络服务提供者承担的连带责任的性质

《侵权责任法》第36条第2款和第3款都是规定的连带责任。对此应当如何理解，也有不同意见。应当解决的问题有以下几个。

第一，网络服务提供者应当与谁承担连带责任，这个问题是明确的，就是与利用网络实施侵权行为的网络用户。对此没有歧义，但应当明确，网络服务提供者是与网络用户这个侵权行为主体承担连带责任，并非自己承担责任。由此出现的问题是，本条只规定了网络服务提供者承担连带责任，实际上利用网络实施侵权行为的网络用户也是连带责任人。如果被侵权人起诉两个被告，即网络服务提供者和网络用户，当然没有问题，法院应当一并确定各自的赔偿责任份额。但由于网络侵权行为的特点，被侵权人一般只知道侵权的网站，很难确切知道侵权的网络用户是谁，在实践中，被侵权人通常只起诉网络服务提供者，而不起诉或者

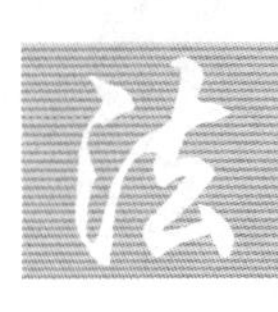

无法起诉直接侵权人。这并不违反《侵权责任法》第13条和第14条规定的连带责任规则。

第二，网络服务提供者为何与实施侵权行为的网络用户承担连带责任呢？对此，有的学者解释网络服务提供者因为实施了间接侵权行为。[①] 这样界定网络服务提供者承担连带责任的侵权行为的性质是正确的，网络服务提供者对侵权行为没有采取必要措施的行为确实是一个间接行为，并非直接侵权。这个行为类似于《侵权责任法》第37条第2款规定的第三人侵权违反安全保障义务的人的行为性质，都属于间接行为而非直接侵权。

第三，一方的侵权行为为直接行为，另一方的侵权行为是间接行为，是否构成共同侵权，换言之，网络服务提供者承担连带责任，是基于共同侵权吗？依我所见，这并非共同侵权行为，而是基于公共政策考量而规定的连带责任。如前所述，按照《侵权责任法》第37条第2款和第40条规定的第三人侵权违反安全保障义务的侵权责任和第三人对未成年学生实施侵权行为教育机构有过失的侵权责任，都属于类似的侵权责任类型，《侵权责任法》对这两类侵权责任都规定为相应的补充责任。而网络服务提供者的责任，则由于实施侵权行为的网络用户的隐匿性，被侵权人不易确定直接侵权人身份的特点，才规定为连带责任，使被侵权人可以直接起诉网络服务提供者以保护自己的合法权益。这是给网络服务提供者苛加的一个较为严重的责任。对此，必须认识到。

第四，既然是连带责任，那么就一定要有赔偿责任份额的问题。对此，应当依照《侵权责任法》第14条第1款规定，根据责任大小确定。网络服务提供者的行为由于只是间接行为，因而其承担责任的份额必然是次要责任，而不是主要责任，应当根据网络服务提供者的行为的原因力和过错程度，确定适当的赔偿份额。

第五，网络服务提供者在承担了连带责任之后，有权向利用网络实施侵权行为的网络用户追偿。对此，《侵权责任法》第36条第2款和第3款没有明确规定，但根据第14条第2款规定，是不言而喻的，网络服务提供者必然享有这种

---

① 奚晓明主编：《〈中华人民共和国侵权责任法〉条文理解与适用》，人民法院出版社2010年版，第265页。

追偿权。

值得研究的是网络服务提供者承担的这种连带责任的真实性质。对此，我更倾向于认为是非典型的连带责任，更接近于不真正连带责任，因为造成被侵权人损害的，全部原因在于利用网络实施侵权行为的网络用户，其行为对损害结果发生的原因力为百分之百，其过错程度亦为百分之百。网络服务提供者尽管有一定的过错，甚至也有一定的原因力，但其没有及时采取必要措施的过错和原因力是间接的，不是直接的，并不影响侵权的网络用户的责任。因此，网络服务提供者在承担了全部赔偿责任之后，有权向实施侵权行为的网络用户全部追偿。在现行法律中，确有把不真正连带责任直接表述成连带责任的。例如《担保法》第 18 条规定："当事人在保证合同中约定保证人与债务人对债务承担连带责任的，为连带责任保证。""连带责任保证的债务人在主合同规定的债务履行期届满没有履行债务的，债权人可以要求债务人履行债务，也可以要求保证人在其保证范围内承担保证责任。"这里规定的连带责任保证，其性质就是不真正连带责任保证。将《侵权责任法》第 36 条规定的连带责任解释成不真正连带责任，并非没有法律根据。因此，第 36 条规定的这两个连带责任似乎并不是真正连带责任，更像是不真正连带责任。对此应当进行深入探讨，以便最终确定这种责任的性质。

第二节 网络侵权责任中的通知及效果

《侵权责任法》出台以后，学界对其第 36 条规定的网络侵权责任的讨论十分广泛，我们写了文章阐释了自己的看法，同时也在编写的《〈中华人民共和国侵权责任法〉司法解释建议稿》（以下简称《建议稿》）中，对网络侵权责任应当明确的问题进行了说明。[①] 该《建议稿》共 173 条，设专章对《侵权责任法》第

① 中国人民大学民商事法律科学研究中心"侵权责任法司法解释研究"课题组：《中华人民共和国侵权责任法司法解释建议稿》，《河北法学》2010 年第 11 期。课题组负责人：杨立新；课题组成员：杨立新、张秋婷、岳业鹏、王丽莎、谢远扬、宋正殷、陈怡、朱巍。

36 条规定的网络侵权责任进行了较为系统的解释，从第 72 条到第 86 条共 15 条，占全部条文的 8.67%，可见，网络侵权责任还有诸多空白需要进行研究和补充。本节就《侵权责任法》第 36 条第 2 款规定的被侵权人的通知与后果作以下阐释。

一、网络侵权责任中被侵权人的通知

《建议稿》第 76 条规定的是关于被侵权人的通知网络服务提供者采取必要措施的规则："被侵权人通知网络服务提供者采取必要措施，应当采用书面通知方式。通知应当包含下列内容：（一）被侵权人的姓名（名称）、联系方式和地址；（二）要求采取必要措施的侵权内容的网络地址或者足以准确定位侵权内容的相关信息；（三）构成侵权的初步证明材料；（四）被侵权人对通知书的真实性负责的承诺。被侵权人发送的通知不能满足上述要求的，视为未发出有效通知，不发生通知的后果。"[①] 这个解释包含的内容是：

（一）通知所涉三方主体

《侵权责任法》第 36 条第 2 款规定的通知规则[②]，涉及三方法律主体，分别是网络服务提供者、侵权人和被侵权人。通知是因侵权人在网络上实施侵权行为，由被侵权人向网络服务提供者通知侵权行为的。其中被侵权人作为通知的发送人，是明确的；在网络上实施侵权行为的侵权人，可能是明确的，也可能是不明确的；至于网络服务提供者，当然是明确的。实施侵权行为的侵权人之所以可能是不明确的，是因为网络服务提供者作为媒介，并且网络行为并非完全实名制。也是因为网络服务提供者这种网络媒介的存在，使得网络侵权行为与其他侵权行为具有明显区别，即网络服务提供者要为侵权人实施的侵权行为承担连带责任。

1. 网络服务提供者

网络服务提供者（Internet Service Provider，简称 ISP），是指依照其提供的

---

① 杨立新主编：《中华人民共和国侵权责任法司法解释草案建议稿》，《河北法学》2010 年第 11 期。

② 也称作提示规则或者说明规则。

服务形式有能力采取必要措施的信息存储空间或者提供搜索、链接服务等网络服务提供商，也包括在自己的网站上发表作品的网络内容提供者。应当注意的是，《侵权责任法》第36条第1款规定的网络服务提供者包括网络服务提供商和网络内容提供商，第2款和第3款规定的网络服务提供者纯粹是网络服务提供商，不包括网络内容提供商。

网络服务提供者是一个较宽泛的概念，有学者将其分为五类，其中包括：第一，网络接入服务提供者（Internet Access Provider），是用户提供网络接入服务的主体，包括提供光缆、路由器和网络接口等设备的经营者，如电信、铁通等。第二，网络平台服务提供者（Internet Platform Provider），经营与互联网连接的服务器提供大量的存储空间给服务对象，如为用户提供邮箱、博客和论坛等网络空间的经营者。第三，网络内容提供者（Internet Content Provider，简称ICP），组织选择信息并通过网络向公众发布的主体，包括向网络发布信息的个人主页的所有者，各种网站的设立者，以及提供信息服务的网络服务管理者等。第四，网络技术提供者，是指为网络用户提供软件方面技术的主体，如工具软件、网络搜索引擎和连接服务的提供者。第五，综合性网络服务提供者，这类主体兼具提供内容服务、网络信息存储空间、搜索引擎等网络综合服务，如新浪、搜狐、腾讯等。① 也有学者根据网络服务提供者在提供服务过程中所起的作用的不同，将其分为三类：一是接入服务提供商，是指网络基础设施的经营者，主要提供投资建立网络中转站、租用信道和电话线路等中介服务，包括联机服务、IP地址分配等。在技术上，接入服务者无法编辑信息，也不能对特定信息进行控制。如我国电信公司、长城公司等属于这类的接入服务提供商；二是网络平台服务提供商，指的是为各类网络交易提供网络空间及技术和交易服务的计算机网络系统，包括提供网络空间，供用户上传各种信息，阅读他人上传的信息或自己发送的信息，甚至进行实时信息交流等，例如淘宝网、易趣网、天涯社区等；三是在线服务提供者，主要是指提供使用搜索引擎、索引、名录或超文本链接等方式为用户搜索

① 喻磊、谢绍浬：《网络服务提供者侵权归责原则新论》，《江西科技师范学院学报》，2010年第4期。

各类网上信息等服务的主体，如百度、谷歌等。①

从以上对网络服务提供者的两种分类可以看出，不同类型的网络服务提供者由于权限不同，控制范围不同，能否对被侵权人的通知进行审查和采取必要措施，怎样对被侵权人的通知进行审查和采取必要措施，都不能一概而论。但有一点是相同的，即对被侵权人提出的通知应当进行审查，确认通知所称的侵权行为是否构成侵权责任，是否应当采取必要措施。如果确认构成侵权，则网络服务提供者进而采取必要措施防止侵权损害结果的进一步扩大，就不承担侵权责任，反之，则应当承担侵权责任。

2.侵权人

网络侵权责任的侵权人与其他侵权人不同，网络侵权人的成立以利用网络实施侵权行为为必要条件，而网络侵权行为的特点是侵权人不明确，在很多情况下，被侵权人和公众无法知晓谁是侵权人，并且网络侵权行为是一种非物质性的侵权行为，侵害的民事利益也是非物质性的。在网络世界，大量的信息高速而廉价地被复制，侵权行为的损害后果是不可估计的，举证也十分困难，因此，网络服务提供者是被侵权人确定侵权人的一个有效途径。

侵权人在网络侵权行为中本来就是加害人，是应当自己承担侵权责任的人，由于其具有不明确性，被侵权人可能找不到谁是真正的侵权人，因而起诉网络服务提供者承担连带责任。当网络服务提供者承担了赔偿责任之后，能够确认侵权人的，有权向其追偿，侵权人应当赔偿网络服务提供者因承担侵权责任所造成的损失。

3.被侵权人

被侵权人就是有权发出通知，要求网络服务提供者采取必要措施的人。被侵权人可以是自然人、法人或非法人组织。

被侵权人在确认自己受到网络侵权行为侵害，其民事权益受到损害时，享有通知的权利，有权通知网络服务提供者对侵权行为采取必要措施，同时也应当负

① 李丽婷：《网络服务商在商标侵权中的法律责任》，《中华商标》，2010年2月。

有行使通知权利时所必须履行的相关义务，同时，在按照通知的要求，网络服务提供者采取了必要措施之后，应当承担相应的后果责任。

（二）通知的形式为书面通知

1. 书面形式的界定

被侵权人通知网络服务提供者采取必要措施，应当采用书面形式。书面形式是《合同法》使用的概念，《合同法》第10条规定：“当事人订立合同，有书面形式、口头形式和其他形式。”对书面形式的理解，不能拘泥于传统的白纸黑字和签字盖章式的书面形式，还有数据电文，包括电报、电传、电子数据交换和电子邮件等，都属于书面形式，只不过因为数据电文没有所谓的原件，因而证明力弱于白纸黑色的签名盖章类型的书面形式。①

2. 采取书面形式的原因和意义

我们坚持认为被侵权人向网络服务提供者发出采取必要措施的通知要采书面形式，有如下三方面原因。第一，采取书面形式有利于明确被侵权人对网络服务提供者提出的请求，具有提示甚至警示的作用；第二，采取书面形式可以起到证据的作用；第三，采取书面形式通知，对于被侵权人也有必要的提示，即发出通知是审慎的、慎重的，不能轻易为之，应当负有责任。

采取书面形式的法理意义体现在两方面。第一，采书面形式是对被侵权人与网络服务提供者之间意思自治的一种限制，也进一步反映了《侵权责任法》是具有强制性的法律，书面通知带有记录在案的意思，让被侵权人通过书面形式，为错误的通知备案，以便在所谓的侵权人主张反通知的时候，追究被侵权人的侵权责任，能够有书面证据作为证明。第二，被侵权人的通知是否采书面形式，有可能影响到通知的效力，此处是出于网络安全和网络管理秩序的考虑，更是为了保护公众的利益不轻易受损，非书面形式的通知会影响通知的效力。

（三）通知的内容

被侵权人通知的内容有如下四个方面。

第一，被侵权人的姓名（名称）、联系方式和地址。被侵权人是自然人的，

① 王利明、杨立新等：《民法学》，法律出版社2005年9月第1版，第569页。

需要提交姓名；被侵权人是法人或非法人组织的，需要提交名称。上述信息应当真实可靠，以便采取必要措施之后，一旦出现错误，网络服务提供者能够找到承担责任的人。因此，网络服务提供者需要对被侵权人的姓名（名称）、联系方式和地址进行审查。自然人作为被侵权人，应当提供身份证号等个人基本信息，法人应当提供法人资格证明。网络服务提供者要对被侵权人的个人隐私和商业秘密保密，不得实施侵犯被侵权人隐私权和商业秘密的行为，否则应当承担相应的法律责任。

第二，涉及侵权的网址，要求采取必要措施的侵权内容的网络地址或者足以准确定位侵权内容的相关信息。网络服务提供者对此不能仅仅进行形式审查，应当进行足以准确定位的网络地址应为 URL 地址，网络服务提供者应确保被侵权人提供的网络地址为 URL 地址或者能准确定位 URL 地址的信息。① 如果地址出现明显错误，网络服务提供者应及时告知被侵权人纠正，确保准确定位侵权网址。

第三，构成侵权的初步证明材料。被侵权人提供的初步证明材料至少要包括被侵犯的权利归属的证明文件，构成侵权责任要件的事实证据。有人认为“初步”二字十分弹性，容易使人误解。我们认为，网络服务提供者主要是从事技术活动的，他们对如何认定一个行为是侵权行为的专业知识背景参差不齐，法律并不苛求他们拥有统一的法律专业知识背景，而是依据一般人对侵权行为的认知即可。不过，网络服务提供者都应当配备法律顾问或者法律部门，他们应当对此进行审查，按照侵权责任构成要件的通说，确认通知的事项是否包括违法行为、损害事实、因果关系和过错要件。

第四，被侵权人对通知书的真实性负责的承诺及必要时的担保措施。学界一直对被侵权人通知是否有必要设置门槛有争议。国人素有“一诺千金”的传统美德，可如今“诚实信用”已经成为“帝王条款”被反复强调，仍不见国人对自己的承诺“一诺千金”，因而必须加以必要的提示。如若被侵权人要求采取必要措

① 袁伟：《著作权人发出要求删除链接的通知时应提供明确的网络地址——从技术角度浅谈〈信息网络传播权保护条例〉第 14 条第 1 款第 2 项》，《电子知识产权》，2009 年第 7 期。

施的“侵权行为”涉及比较大的财产利益，而此时侵权与否没有定论，如果经过进一步证明得出了不构成侵权责任的结果，将会带来“侵权人”财产利益受损的问题。如果“被侵权人”恶意通知，仅仅“承诺”略显单薄。涉及较大财产利益的网络侵权，应当要求被侵权人提供相应数额的担保。“较大”的标准应该由网络服务提供者进行衡量。

（四）通知的效力

通知必须在同时满足上述四个方面要求的条件下，才能发生通知的效力，即上述四方面内容缺一不可，并且应采取书面形式。网络服务提供者自收到满足条件的通知之日起通知生效。其效力是网络服务提供者对侵权人在自己的网络上实施的侵权行为采取必要措施，进行删除、屏蔽或者断开链接。

如果“被侵权人发送的通知不能满足上述要求的，视为未发出有效通知，不发生通知的后果”[①]，即网络服务提供者不承担采取必要措施的义务。这个意见是正确的。

如果被侵权人的通知有明显的缺失、提供的侵权内容的网络地址或者足以准确定位侵权内容的相关信息明显有误，该通知就会被视为未通知，被侵权人就不会马上获得救济，而且他也不会得知自己得不到救济的结果。这显然会对被侵权人造成进一步的损失。按照一般的理解，被侵权人理应为自己的错误通知承担不能实现通知效果的不利后果，然而，《侵权责任法》本来就是以解决侵权纠纷为职责，为了避免被侵权人的损失，网络服务提供者对此应当履行适当注意义务，在发现被侵权人提供的信息有明显错误时，应当及时回复被侵权人，省去因被视为未通知而再次通知的烦琐过程，既节省资源又提高了效率。

如果被侵权人通知要求采取措施的网址不在该网络服务提供者采取措施的权限内，例如收到通知的网络服务者是网络接入服务提供者而不是网络内容服务者，网络接入服务提供者也应及时告知被侵权人。若该权限为网络服务提供者相关联的网络内容提供者所有，则网络服务提供者应在被侵权人无法通知的情况下

① 中国人民大学民商事法律科学研究中心“侵权责任法司法解释研究”课题组：《中华人民共和国侵权责任法司法解释建议稿》，《河北法学》2010年第5期。

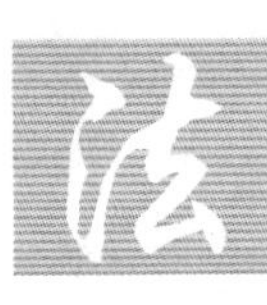

提供网络内容提供者的联系方式或负责转发。在通知错误的情况下，通知生效的时间应为补正通知到达之日或者通知到达真正有权采取措施者之日。

对于有效通知的效力能否及于重复的侵权行为也值得研究。如果重复的网络侵权行为在通知生效时已经存在，有效的通知的效力可以及于这些既有重复的侵权行为，网络服务提供者须对这些侵权行为采取必要措施。如果将来发生的重复侵权行为也要由网络服务提供者主动采取必要措施，网络服务提供者将在一定程度上承担权利人的保有自己权利圆满而不被侵犯的义务，却享受不到作为权利人对权利的支配和利益的享受，这对网络服务提供者显然是不公平的。我们认为，应对将来有可能遭受重复侵权侵害，被侵权人可以利用公告来代替通知，这样在面对大量信息时，既可以缓解网络服务提供者主动排除重复侵权的压力，也可以节省被侵权人多次通知的成本。

二、网络服务提供者对通知的审查

（一）审查须为必要范围

《侵权责任法》第 36 条第 2 款没有规定网络服务提供者对被侵权人的通知进行审查。但是，如果没有必要的审查，凡是被侵权人提出通知的，网络服务提供者就一律采取必要措施，有可能会侵害所谓的侵权人的合法权益，侵权人转而追究网络服务提供者的侵权责任，网络服务提供者就要吃官司，承担侵权责任。因此，必要的审查对网络服务提供者而言，是必要的，也是必需的。即使没有法律规定，这样的审查也只有益处，没有害处。

在《侵权责任法》第 36 条第 2 款项下，网络服务提供者没有接到被侵权人的通知，不必主动进行审查。网络服务提供者采取删除、屏蔽、断开链接等必要措施的前提，是接到被侵权人的通知，否则“不告不理”。网络服务提供者作为媒介，不应干涉网络用户的言论自由，也没有限制网络用户言论自由的权利，作为技术的提供者，不具有实质审查用户发表言论内容的权利，也无权依据自己的立场主动采取必要措施。只有在基于《侵权责任法》第 36 条第 3 款关于“网络

服务提供者知道网络用户利用其网络服务侵害他人民事权益，未采取必要措施的，与该网络用户承担连带责任”的规定，在网络服务提供者已经明知网络用户在自己的网站上实施侵权行为，才负有采取必要措施的义务。对此，应当对网络服务提供者的审查义务适当限缩，因为给予网络服务提供者更高的审查义务，将会促使其乐于运用过滤系统来遏制包含特定语句的有可能造成侵权行为的信息的传播，进而使网络服务提供者的权力扩大，滥用权利，甚至交予技术的机械手段限制网络信息传播，造成对网络用户言论自由的不法拘束，最终导致网络用户的权利受到损害。

对于网络服务提供者收到通知之后到采取必要措施的期限，法律没有明确规定，明确规定的是“及时”。所谓“及时”，其实就是网络服务提供者进行审查的期间，不可以过短，也不可以过长，适当而已。在目前情况下，不宜规定具体的时间，而应当根据具体案件，网络服务提供者要审查的内容的不同，在发生争议之后，由法官根据事实作出判断，认为是及时还是不及时，并据此确定网络服务提供者应当承担还是不承担侵权责任。我们提出的意见是：“《侵权责任法》第37条规定的‘及时’，是合理、适当的时间，一般应当在7天之内。”①

（二）审查须高于形式审查

对于被侵权人发来的通知，网络服务提供者一般不会进行也不可能进行像政府机关或者司法机关的那种实质审查。行政机关和司法机关确认侵权行为必须采用实质审查，网络服务提供者作为私权利的一方，不是实质审查的主体，不享有实质审查的权力。即使网络服务提供者对通知进行形式审查，虽然不属于严格的实质审查，但在审查中如果没有尽到适当的注意义务，对于明显的不构成侵权责任的所谓侵权行为采取必要措施，侵权人提出反通知，网络服务提供者同样要吃官司，要承担侵权责任。因此，要求网络服务提供者适当提高审查标准，审慎对待审查对象，采取类似于英美法系的“合理人”的标准进行审查。“合理人”是“司法概念的拟人化”，是指“有平均心智水平的普通人”。合理人不是完美的人，而只是具体社会环境中一个达到中等心智水平的人，他会有各种各样的缺点，会

① 杨立新主编：《中国媒体侵权责任案件法律适用指引》，《河南财经政法大学学报》2012年第1期。

犯生活中的错误，但在特定情形下，他应该保持必要的谨慎和细致，能充分运用自己的知识、经验、注意等能力来判断危险的存在，并采取有效的“防免措施”[①]。同时，网络服务提供者也要秉承大陆法系“善良家父”的标准来要求自己，像家父一样循循善诱、谆谆教诲。[②] 审查的形式应当高于一般的形式审查，低于实质审查。

（三）审查须为被动审查

网络服务提供者的审查行为是由被侵权人的通知生效到达而启动的，因此，网络服务提供者不具有审查的主动性。

应当特别注意的是，通知规则是借鉴“避风港规则”，并不是《侵权责任法》第36条第3款规定的已知规则。已知规则借鉴的是美国法的“红旗原则”。所谓红旗原则（Red Flag）可以这样理解，因为红色是十分醒目的颜色，红旗是具有醒目特征的旗帜，红旗是用来形容十分明显的侵权行为的。“当有关他人实施侵权行为的事实和情况已经像一面色彩鲜艳的红旗在网络服务提供者面前公然地飘扬，以至于网络服务提供者能够明显地发现他人侵权行为的存在。”“此时侵权事实已经非常明显，网络服务提供者不能采取‘鸵鸟政策’，对显而易见的侵权行为视而不见。”[③] 红旗标准的含义就是对待明显的侵权行为，网络服务提供者要主动采取必要措施。红旗标准的概念最早出现在美国，一定程度上是对避风港规则的限制，是给予网络服务提供者一定免责条款下的义务。红旗条款实际上是对避风港规则中的一项要件——没有明知侵权信息或侵权活动的存在，也不知道明显体现侵权信息或侵权活动的事实——所进行的解释和描述。[④]

避风港规则是美国佛罗里达州地方法院和州立法院在1993年和1995年分别对两个相似案件作出相反判决下而产生的，1993年的Playboy Enterprises Inc. V. Frena案中，网络用户未经原告许可将其依法受保护的图片上传到被告的BBS上，被告发现后便立即删除。但原告仍要求被告承担侵权责任，其理由是被

① 转引自王利明：《侵权行为法研究》，中国人民大学出版社2004年版，第494页。

② 周枏：《罗马法原论》下册，商务印书馆2001年版，第496页。

③ 王迁：《论“信息定位服务”提供者“间接侵权”行为的认定》，《知识产权》，2006年第1期。

④ 17U.S.C.，§512（c）（1）（A）（ⅰ）－（ⅱ）.

告在BBS上公开展示和传播了该作品，侵犯了版权人的展示权与传播权。最终法院认为被告管理网络系统的行为存在过失，应对该网络上发生的侵权行为承担责任。[①] 1995年联邦法院在Religious Technology Center V. Netcom案中作出了相反的判决，1997年被《千禧年数字网络版权法》（即“DMCA”）规范为避风港规则。[②] 避免网络服务提供者无条件地承担严格责任，只有在其明知或应知，或者“红旗标准”的情况下才承担连带侵权责任，否则，只有在被侵权人提示的情况下，才应当采取必要措施。借鉴避风港规则，我国《侵权责任法》第36条第2款明确规定，网络服务提供者不知网络服务提供者在自己的网络上实施侵权行为，经过被侵权人通知，并且经过审查确认侵权人实施的行为有可能构成侵权责任，就要承担采取必要措施的义务。当该义务不予履行或者履行不当，致使侵权行为的损害后果进一步扩大，网络服务提供者就要对扩大的损害部分，与网络用户承担连带侵权责任。

因此，应当区别网络服务提供者对网络用户实施侵权行为的审查义务，在红旗原则之下，网络服务提供者在已知的情况下，应当主动采取必要措施。而在避风港原则下，对于被侵权人通知的侵权行为，并非承担事先审查义务，而是被动审查，“不告不理”。

三、被侵权人通知的后果

《侵权责任法》第36条第2款规定，网络服务提供者接到被侵权人的通知，应当及时采取删除、屏蔽或者断开链接等必要措施。这就是被侵权人通知的法律后果。但是，仅仅这样规定仍然不够，还需要进行必要的补充。我们在《中国媒体侵

---

① Playboy Enterprises Inc. v. Frena, Dec. 9, 1993, 839F. Supp. 1552. 转引自胡开忠：《“避风港规则”在视频分享网站版权侵权认定中的适用》，《法学》2009年第12期。

② Religious Technology Center v. Netcom on-line Communication Service. Inc., 907F. Supp. 1372 (N. D. Cal. 1995). 转引自胡开忠：《“避风港规则”在视频分享网站版权侵权认定中的适用》，《法学》2009年第12期。

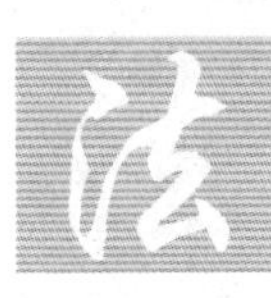

权责任案件法律适用指引》第 77 条、第 78 条和第 83 条规定了相应的规则。①

（一）网络服务提供者及时采取必要措施

网络服务提供者接到被侵权人的符合前述规定的书面通知后，经过审查，确认网络用户即所谓的侵权人实施的行为有可能构成侵权责任的，应当及时删除涉嫌侵权的内容，或者予以屏蔽，或者断开与涉嫌侵权的内容的链接。上述三种必要措施，究竟应当采取哪一种，首先被侵权人应当提出，网络服务提供者应当进行斟酌，确定采取适当的必要措施。如果被侵权人没有提出采取何种必要措施主张的，网络服务提供者应当采取可能造成损害最小的必要措施。

被侵权人如果主张采取屏蔽或者断开链接为必要措施的，因为其造成损害的后果较为严重，特别是可能造成其他网络用户的权益损害，应当责令被侵权人提供相应的担保。被侵权人不提供担保的，网络服务提供者可以不采取屏蔽或者断开链接的必要措施，只采取删除的必要措施。

在网络服务提供者采取必要措施的同时，应当将通知书转送提供内容的网络用户，即所谓的侵权人。如果网络用户的网络地址不明而无法转送，网络服务提供者应当将通知的内容在网络上公告。

除了《侵权责任法》第 36 条规定的三种必要措施之外，也可以采取其他必要措施，例如网络服务提供者可以根据被侵权人的通知，或者自行对经多次警告但仍然在网络上实施侵权行为的网络用户，采取停止服务的必要措施。

（二）被侵权人通知错误的赔偿责任

通知发送人发出通知不当，网络服务提供者据此采取删除、屏蔽或断开链接等必要措施，给网络服务提供者或网络用户以及其他网络用户造成损失的，也构成侵权责任。

被侵权人通知错误，侵害的是网络用户即所谓的侵权人的民事权益，以及其他网络用户的民事权益。如果采取的是删除的必要措施，造成损害的，可能就只有网络用户一人。其他相关人提出侵权诉求的，由于其不是直接受害人，无权提

① 杨立新主编：《中国媒体侵权责任案件法律适用指引》，《河南财经政法大学学报》2012 年第 1 期。

出侵权请求。如果采取的是屏蔽或者断开链接等必要措施，则可能会损害其他网络用户的民事权益。例如，对实施侵权行为的网络用户张伟进行屏蔽，则在全国有 290 607 个叫张伟的人[①]会因此而使自己的民事权益受到损害（因为张伟为全国重名之首），他们都有权主张网络服务提供者和被侵权人承担侵权责任。

作为侵权人的网络用户以及其他网络用户由于被侵权人的通知错误而造成自己的民事权益损害，《侵权责任法》第 36 条没有规定救济办法。对此，应当依照《侵权责任法》第 6 条第 1 款关于过错责任的规定，确定被侵权人的侵权责任，造成损失的，应当承担赔偿责任。

应当研究的是，如果因通知错误而造成损害的网络用户包括其他网络用户主张通知错误的侵权责任，那么，应当向网络服务提供者主张，还是向被侵权人即通知人主张。按照侵权责任的责任自负规则，谁通知错误就应当由谁承担侵权责任。所谓的被侵权人通知错误，当然应当由被侵权人承担赔偿责任。不过，在网络服务提供者为网络用户作为侵权人承担连带责任的规定中，似乎确定了一方主张另外两方承担连带责任的先例，照此办理，侵权人主张反通知权利，可以主张网络服务提供者和被侵权人承担连带责任。问题在于，《侵权责任法》第 36 条第 2 款规定网络服务提供者承担连带责任，是由于侵权人的网络用户往往难以查找，为保护被侵权人计，确定网络服务提供者承担连带责任。在受到错误通知损害的网络用户以及其他网络用户主张反通知权利，追究侵权责任时，被侵权人是明确的，同时，法律没有规定连带责任的，原则上是不能承担连带责任的。因此，应当确定的规则是：第一，在网络服务提供者已尽适当审查义务，按照被侵权人的通知要求采取必要措施的，如果网络服务提供者没有过错，则网络用户和其他网络用户只能主张被侵权人即通知错误人承担侵权责任，不能主张网络服务提供者承担连带责任。第二，网络服务提供者对于错误通知没有尽到审慎审查义务，有过错的，网络用户和其他网络用户可以主张网络服务提供者和通知错误人承担连带责任，网络服务提供者承担了赔偿责任之后，可以向通知错误人进行追

---

① 百度网百度文库：《全国姓名重名查询前 50 排行》，http：//wenku.baidu.com/view/7e92f1bd960590c69ec376ba.html，2011 年 4 月 2 日访问。

偿。这样的规则完全符合《侵权责任法》的法理。

第三节　网络侵权责任中的反通知及效果

关于《侵权责任法》第36条规定的网络侵权责任，其中还隐藏着受到“通知—取下”措施损害的“侵权”网络用户以及其他网络用户的反通知权利及“反通知—恢复”规则，对此也应当进行详细阐释和说明。由于法律对反通知及其效果没有明确规定，更需要全面研究，揭示其具体规则，以全面平衡以网络服务提供者为中心，由侵权网络用户、被侵权人和其他网络用户三方[①]利益主体构成的“一个中心三个基本点”的复杂利益关系。本节对此进行探讨。

一、《侵权责任法》第36条是否包含反通知规则

《侵权责任法》第36条规定了网络侵权责任的基本规则，有的学者认为该条规定对被侵权人的权利保护的价值关怀较多，对公众言论自由的制度安排略少。[②] 这种意见只看到了该条文表面规定的“通知—取下”规则，没有看到条文背后存在的“反通知—恢复”规则。《侵权责任法》第36条第2款表面规定的是通知及其效果，在法条背后却包含着反通知规则及其效果。我们在起草的《〈中华人民共和国侵权责任法〉司法解释草案建议稿》（以下简称《建议稿》）对此作了具体阐释，对此的理解集中体现在《建议稿》第80条至第82条当中。[③]

对《侵权责任法》第36条第2款的背后究竟是否包含反通知规则问题，有

① 由于《侵权责任法》第36条第2款使用的是被侵权人和侵权网络用户的概念，为了方便，本节一律使用这个概念，而不论在实际上是否构成被侵权人和侵权网络用户。

② 周强：《网络服务提供者的侵权责任》，《北京政法职业学院学报》2011年第1期。

③ 该课题由中国人民大学民商事法律科学研究中心“侵权责任法司法解释研究”课题组研究完成，课题组负责人杨立新；建议稿发表在《河北法学》2010年第11期。

不同的意见。一种观点认为，设置反通知规则的做法不值得借鉴和效仿。① 另一种观点认为，为网络用户设置反通知权利是十分必要的，发布信息的网络用户认为其发布的信息没有侵犯他人合法权益，则可以进行反通知，要求网络服务提供者取消删除等必要措施，事后经证明确未侵权，通知人应当就删除造成的不利后果承担责任。② 如果法律不设置反通知规则，则仅凭借法条本身过于简单的规则会造成对合法行使权利的网络用户十分不公平，对未侵权网络用户不利，也为司法机关增加了负担。③

我们认为，在网络侵权责任的法律规定中设置了“通知—取下”规则，就必须配置“反通知—恢复”规则，否则就会造成网络关系中各方当事人的利益不平衡。《侵权责任法》第 36 条第 2 款明确规定了前一个规则，并且也表明了网络服务提供者在避风港原则下对涉及侵权的信息不必主动审查，要求网络服务提供者在收到被侵权人的有效通知后，应该及时采取删除、屏蔽、断开链接等必要措施，从而避免对被侵权人造成的损失进一步扩大。然而，仅凭被侵权人一面之词就将侵权网络用户发布的信息删去或阻止访问，也不能使网络服务提供者内心安稳踏实，网络服务提供者虽然在其权限范围内将涉及侵权的信息采取了必要措施，尽到了善良管理人的注意义务，对被侵权人的损失可以免责，但是被侵权人如果通知不实，极有可能损害“侵权”网络用户以及其他网络用户的合法权益，而网络服务提供者则要承担无端删除自己用户的不侵权信息的责任。“通知—取下”规则不能为网络服务提供者的违约责任提供免责依据，这使得网络服务提供者在采取“取下”的必要措施时持有一种“前怕狼，后怕虎”的两难境地。没有“反通知—恢复”规则，就难以克服上述网络侵权责任确认中的困境。

可以借鉴的是，美国《千禧年数字网络版权法》（DMCA）在第 512（c）条第 3 款赋予侵权网络用户以反通知的权利，即侵权网络用户或其他网络用户在网络服务提供者根据被侵权人的通知对其用户发布的信息删除、屏蔽或断开链接时，认为

---

① 荀红、梁奇烽：《论规制网络侵权的另一种途径——间接网络实名制》，《新闻传播》2010 年第 11 期。

② 王胜明主编：《中华人民共和国侵权责任法解读》，中国法制出版社 2010 年版，第 183 页。

③ 李强：《网络侵权法规应进一步完善》，《光明日报》2010 年 2 月 21 日，第五版。

自己没有侵权的“侵权”网络用户和其他相关网络用户可以向网络服务提供者发送证明自己没有侵权的反通知，将举证和抗辩分配给了这些网络用户，网络服务提供者只在侵权与不侵权之间居间评判。另外，出于减少损害和减少滥用通知的考虑，《千禧年数字网络版权法》在第512（g）条第2款中规定网络服务提供者在收到反通知后，应及时通知被侵权人（即通知发送人）或其代理人，除非法院认定侵权网络用户的行为确为侵权行为，否则涉及侵权的信息将在10个工作日内被恢复。[①] 我国的《信息网络传播权保护条例》中也有类似反通知恢复措施的规定。这也是学者认为《侵权责任法》第36条第2款的背后包含反通知规则的有力根据。

我国《侵权责任法》第36条第2款对反通知规则虽然没有明确规定，但在逻辑上是存在的。原因在于，在《侵权责任法》第36条第2款规定的网络侵权责任的关系中，形成了以网络服务提供者为中心，以被侵权人、侵权网络用户和其他相关网络用户构成的“一个中心三个基本点”的复杂的网络侵权法律关系网。[②] 如果被侵权人提出通知，网络服务提供者对涉及侵权的信息予以删除，侵权网络用户默认，其他网络用户无异议，各方当事人当然平安无事。但是，“侵权”网络用户认为自己的信息并未侵权，反而取下其信息却构成侵权，他当然要向网络服务提供者主张权利，网络服务提供者不能只接受通知而不接受反通知。同样，如果被侵权人主张采取的措施是屏蔽或者断开链接，无论侵权网络用户的行为是否构成侵权，都会造成对其他网络用户的权利损害，难道他们就没有权利向网络服务提供者主张权利吗？这也是必须通过反通知规则解决的问题。以网络服务提供者为中心，侵权网络用户、其他网络用户和被侵权人三方当事人围绕周围，就构成了这种复杂的利益关系。在网络侵权责任规则中，只有通知权利和反通知权利相互结合，“通知—取下”规则和“反通知—恢复”规则相互配置，才能构成一个平衡的制度体系，平衡好四方当事人的利益关系。

有人可能会认为，设置通知规则和反通知规则，并且相互制约，网络服务提供者可能要经历一会要“取下”、一会就“恢复”的机械行为。有这个可能，但

---

① 李强：《网络侵权法规应进一步完善》，《光明日报》2010年2月21日，第五版。

② 杨立新：《侵权责任法》，法律出版社2011年版，第245页。

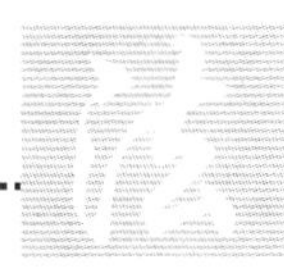

这并非毫无意义，而是防止损失扩大的保护行为[①]，特别是对于保护网络用户的言论自由更有必要。如果没有反通知规则，仅仅按照第 36 条第 2 款规定的通知规则进行，将会有无数仅因所谓的被侵权人的通知就受到侵害的所谓侵权网络用户以及其他网络用户受到侵害而无处申冤，造成法律规则的利益失衡，使更多的人的权利无法保障，导致网络服务提供者仅凭借通知内容的一面之词认定网络用户的侵权行为而损害了公民的言论自由。

“通知—取下”和“反通知—恢复”规则的设置在于保护网络当事人的合法权益不受侵害，同时保护公众的言论自由，促进网络服务产业的健康发展。在权衡被侵权人权益的保护和公众言论自由的同时，也应考虑到人们日常生活对网络的依赖以及网络对社会发展的积极作用，如果苛以网络服务提供者沉重的枷锁，使其时刻有蒙受诉讼及承担侵权责任的危险，将严重影响网络服务提供者所经营的网络平台的运营情况，可能导致整个网络服务行业的萎缩，这也与法律的最终追求相违。“通知—取下”和“反通知—恢复”规则充分考虑了被侵权人、侵权网络用户、其他网络用户与网络服务提供者在遏制侵权和维护公众言论自由方面各自的便利条件和优势。首先，该规则将主动发现和监督侵权行为的责任分配给被侵权人；其次，网络服务提供者能够有效利用互联网技术手段制止侵权行为；再次，侵权网络用户对证明自己的行为不构成侵权最为合理和便利，其他网络用户证明自己的民事权益受到侵害也最为方便；最后，网络服务提供者作为三方利益冲突的中心，作为中立的主体，最适合对侵权网络用户和被侵权人之间的争议初步判断。因而这种设计契合法律的效率原则。[②]

二、网络侵权责任中反通知的概念和特点

（一）反通知的概念

网络的自身特性决定了在该空间内实施的侵权行为具有隐蔽性，在确切的侵

---

① 杨明：《〈侵权责任法〉第 36 条释义及其展开》，《华东政法大学学报》，2010 年第 3 期。

② 梅夏英、刘明：《网络服务提供者侵权中的提示规则》，《法学杂志》2010 年第 6 期。转引自史学清、汪勇：《避风港还是风暴角——解读〈信息网络传播权保护条例〉第 23 条》，《知识产权》2009 年第 2 期。

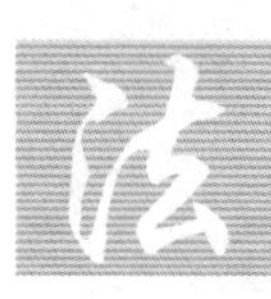

权人难以认定的情况下，问题只能诉诸为网络侵权提供技术条件的网络服务提供者，其有责任在管理自己的网络系统的同时谨慎地注意侵权行为的发生，并及时采取相应的必要措施。[①] 正因为如此，既要配置通知权利，也要配置反通知权利。

网络侵权责任中的通知，是指被侵权人要求网络服务提供者对侵犯其合法民事权益的网络信息及时采取必要措施的权利。而反通知则是指网络服务提供者根据被侵权人的通知采取了必要措施后，侵权网络用户认为其涉及侵权的信息未侵犯被侵权人的权利，或者其他网络用户认为采取的必要措施侵害了自己的合法权益，向网络服务提供者提出要求恢复删除、取消屏蔽或者恢复链接等恢复措施的权利。

（二）反通知的特点

1. 反通知的性质是权利

民事权利的本质有多种理论争议，其中德国梅克尔主张的法力说得到更多的肯定，该学说认为权利是由内容上特定的利益和形式上法律之力两方面构成的。[②] 反通知一方面是对被指控侵权内容的抗辩，是反通知人对自身利益的维护；另一方面是受法律保护的，因此，反通知正是利益与法律之力的结合。《侵权责任法》第 36 条第 2 款规定通知规则时使用了“有权”二字，承认通知是一种权利。既然通知是被侵权人的权利，那么反通知当然也是权利，是被采取必要措施而受其害的侵权网络用户和其他网络用户的权利。由于被侵权人发出的通知导致网络服务提供者采取删除、屏蔽、断开链接等必要措施造成侵权网络用户和其他网络用户民事权益损害的，侵权网络用户和其他相关网络用户行使反通知的权利，以保护自己的实体民事权利。特别重要的是，被侵权人发出通知要求对某侵犯其权益的信息采取屏蔽措施，网络服务提供者决定屏蔽某些关键字，这就会影响其他网络用户的权益，尤其关键字为姓名时，其他重名用户或者公众就会因此而利益受损，他们都可以为自己主张权利，成为反通知的权利主体。

---

① 秦珂：《“通知——反通知”机制下网络服务提供者版权责任的法律比较》，《河南图书馆学刊》2005 年第 3 期。

② 杨立新：《民法总论》，高等教育出版社 2009 年版，第 163 页。

反通知的权利主体是侵权网络用户和其他网络用户。我们在《建议稿》第80条第1款提出：网络用户接到网络服务提供者转送的通知书后，认为其提供的内容未侵犯被侵权人权利的，可以向网络服务提供者提交书面反通知，要求恢复被删除的内容，或者取消屏蔽，或者恢复被断开链接的内容。这里虽然没有像《侵权责任法》第36条第2款那样使用“有权”的字眼明确赋予权利主体以权利，但可以肯定这里表达的是网络侵权用户面对“通知—取下”时享有的救济手段即反通知权利。《建议稿》第82条前段规定，因被侵权人主张采取屏蔽等措施，造成其他网络用户民事权益损害的，其他网络用户有权提出反通知，则明确肯定反通知的权利性质。法谚云“有权利必有救济”，救济是由权利衍生的，是权利实现的方式，是权利实现的充分且必要条件，有救济必有权利，从救济的存在当然可以推导出权利的存在，其权利主体就是所谓的侵权网络用户和受到损害的其他网络用户。

2. 反通知权利的义务人是网络服务提供者

反通知的权利人是通知指向的侵权网络用户和受到必要措施侵害的其他网络用户，反通知的义务人就当然是网络服务提供者。有的学者指出，反通知使网络用户参与到“通知—取下”程序中来，为其提供了一个抗辩的机会，同时它也可以避免网络服务提供者听取一面之词单方面删除信息，妨碍到公众的言论自由。① 这种意见是正确的。反通知是相对于通知而言的。被侵权人作为通知的权利主体，他的义务主体当然是作为媒介的提供网络技术平台的网络服务提供者，网络服务提供者应当对通知权利行使作出必要的行为，即及时采取必要措施。相应的，反通知权利人行使权利，当然也必须针对网络服务提供者提出，对自己的被通知和采取必要措施的网络行为进行辩解、否认。反通知权利的义务主体当然也是网服务提供者，而不是所谓的被侵权人。这是由于网络侵权行为与其他一般侵权行为的不同，就在于其以网络服务提供者为中介，侵权人实施侵权行为必须要通过网络媒介传播，侵权人的身份往往不明确，须透过网络服务提供者这个中间桥梁才能建立被侵权人和侵权网络用户之间的沟通和联系。因此，无论是通知

① 周强：《网络服务提供者的侵权责任》，《北京政法职业学院学报》2011年第1期。

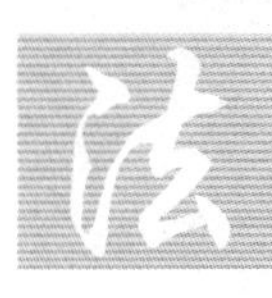

权利还是反通知权利，其义务人都是网络服务提供者。

应当看到的是，通知权利和反通知权利的性质是一种程序性的权利，即针对网络侵权行为而对网络服务提供者提出采取取下措施或者恢复措施的权利，并不是民事实体权利，不是侵权请求权，也不是侵权请求权的一个内容。如果当通知权利人和反通知权利人不是向网络服务提供者提出通知或者反通知，而是直接向人民法院起诉，那就不是通知权利和反通知权利的问题了，而是直接行使侵权请求权。

3.反通知权利的目的是使通知失效并采取恢复措施

尽管反通知的义务人是网络服务提供者，但反通知权利行使的目的却是针对被侵权人的通知，是使通知失效，并且使通知的后果予以恢复。通知的目的是要对侵权网络用户实施的网络侵权行为在网络上采取必要措施，消除侵权后果；相反，反通知的内容是要说明侵权网络用户没有实施侵权行为的事实和依据，或者其他网络用户因通知权的行使而遭受其害，因而对抗通知权的行使及其效果。反通知权利的行使效果的“恢复”，对抗的就是通知权利及其效果即“取下”，使通知失效，并将因此采取的必要措施予以撤销，使侵权网络用户实施的网络行为恢复原状。

三、行使反通知权利的条件和内容

（一）反通知权利行使的条件

行使反通知权利，主张网络服务提供者撤销必要措施，对侵权网络用户实施的网络行为予以恢复，应当具备以下条件。

1.反通知以通知行为的有效存在为前提

侵权网络用户行使反通知权利，或者其他网络用户行使反通知权利，应当以被侵权人行使通知权利为前提。反通知的基础是通知。“大凡物不得其平则鸣”[①]，如果没有被侵权人的通知权利的行使，反通知无由存在。不仅如此，通知权利行使

① 韩愈：《送孟东野序》。

之后且须有效存在，反通知的权利才能够行使。如果通知的权利行使之后随即予以撤销，则反通知的权利也不得行使。

2.网络服务提供者已经对网络侵权行为采取必要措施

仅仅有被侵权人的通知权利行使还不够，行使反通知权利还必须在被侵权人行使通知权利之后，网络服务提供者已经采取必要措施，对相关网络信息采取删除、屏蔽、断开链接等取下措施，只有如此，侵权网络用户或者其他网络用户的民事权益才有可能受到侵害，也才有行使反通知权利的条件。通知的权利行使之后，网络服务提供者并没有对网络侵权行为采取取下措施，反通知权利也不得行使。

3.反通知的权利人认为自己的民事权益受到了侵害

反通知的权利主体可以是侵权网络用户，也可以是民事权益受损的其他网络用户。当被侵权人行使通知权利，网络服务提供者对侵权网络用户实施的侵权行为采取必要措施后，侵权网络用户和民事权益受到侵害的其他网络用户认为自己的民事权益受到了侵害，才有必要行使反通知权利。因此，反通知权利是反制通知权利行使不利于侵权网络用户或其他网络用户的必要措施。当反通知的主体是通知所包含的侵权行为所指向的侵权网络用户时，反通知的主体是特定的；当反通知的主体是因通知引起的民事权益受损的其他网络用户时，反通知的主体则是一定范围内的不特定的公众。之所以将反通知的主体扩大，是因为要保护公众的言论自由。这种损害是反通知权利人民事权益的损害，包括所有的民事权益。这种损害只要反通知权利人认为构成了损害即可，而不一定是已经构成了实际损害。不过，反通知权利人认为已经构成侵害但实际并没有造成损害，在其后发生的诉讼中，法院可能依据事实确认反通知权利人行使权利不当，因而得到败诉的后果。

4.侵权网络用户和其他网络用户的损害与网络服务提供者采取取下措施之间具有因果关系

侵权网络用户和其他网络用户的损害须与网络服务提供者采取取下措施之间具有引起与被引起的因果关系。有因果关系，则其反通知权利的行使为正当；没有因果关系，则反通知权利的行使为不正当。

（二）行使反通知权利的要求

侵权网络用户和其他网络用户行使反通知权利，应当遵守以下两个要求。

第一，应当将反通知直接发给网络服务提供者。网络服务提供者是反通知的义务人，反通知与通知相同，都要求发给包含侵权信息或需要恢复的不涉侵权信息的网络平台的运营商即网络服务提供者，进而由网络服务提供者依据自己的审查结果采取恢复措施，同时，应当将反通知转发通知权利人。反通知不能由反通知权利人直接发给通知权利人即被侵权人，因为被侵权人不是反通知权利的义务主体。

第二，反通知应当采取书面形式。反通知要求采取书面形式的理由和作用与通知相同，都是要体现在网络安全、网络管理秩序与意思自治的博弈中，慎重的书面通知和反通知不但可以起到警示作用也可以起到证据作用，从而排除了通知人和反通知人与网络服务提供者对通知和反通知形式的约定。之所以强调反通知必须采取书面形式，与通知必须是书面形式的理由一致。相比之下，反通知的书面形式更为必要。

（三）反通知的内容

权利人行使反通知权利，反通知的内容应该明确、具体。反通知的内容越明确、越具体，其证明力越强，对抗通知的效力就越强。侵权网络用户通过将反通知内容的明确化和具体化，以达到对自己权益更完备的保护。反通知的内容是：

第一，网络用户的姓名（名称）、联系方式和地址。网络用户应提供真实的姓名、身份证号等个人基本信息，企业单位用户则应提供名称、营业执照、单位编码及住所和居所，以便在要求恢复的网络地址或者其他信息出现错误时网络服务提供者与其联络，保证恢复行为顺利及时进行。之所以这样要求，是因为网络用户反通知造成网络侵权损失的扩大，应由网络用户自己承担责任时，能够找到责任人。

第二，要求恢复的内容的名称和网络地址。要求恢复的内容和网络地址是反通知的必要内容之一，也是反通知不可缺少的条件。反通知指向的地址如果不在

网络服务提供者的权限范围之内，则网络服务提供者应及时告知网络用户，并告知反通知正确的接收者。如果反通知指向的地址属于网络服务提供者的权限范围，但是地址连接明显有误，则网络服务提供者应及时与网络用户取得联系，要求其及时纠正或补正要求恢复的网络地址。侵权网络用户因为自己原因没有及时补正和纠正要恢复的网络地址，造成反通知无效的，由侵权网络用户自己承担不利后果。

第三，不构成侵权的初步证明材料。反通知中不构成侵权的初步证明材料应足以与通知中构成侵权的初步证明材料相对抗，网络侵权用户可以证明自己的行为不是《侵权责任法》所规范的违法行为，或者通知所指的损害事实并不存在，或者违法行为和损害事实不存在因果关系，或者自己不存在过错。可以考虑的证明标准，应当是盖然性标准而不是高度盖然性标准，证明达到可能性或者较大可能性的时候，即可以确认。

第四，反通知发送人须承诺对反通知的真实性负责。这种自我保证程序是必要的，可以在一定程度上减少恶意反通知的行为，以维护被侵权人的合法权益。我们在《中国媒体侵权责任案件法律适用指引》第 83 条建议：网络服务提供者因通知发送人发出侵权通知而采取删除、屏蔽或断开链接等必要措施给网络服务提供者或网络用户造成损失的，可以提出反通知要求通知发送人应当依照《侵权责任法》第 6 条第 1 款规定承担赔偿责任。[①] 如果通知发生错误使网络侵权用户蒙受损失，则通知发送人要承担相应责任。

第五，如果反通知要求的恢复可能涉及较大财产利益，并且被侵权人在通知时已经提供了相应数额的担保，侵权网络用户在提出反通知的同时也应当提供相应数额的反担保。日本的《特定电气通信提供者损害赔偿责任之限制及发信者信息揭示法》也考虑到了网络服务提供者对被侵权人发来的反通知的真实性和合法性难以辨别时，应首先询问侵权网络用户是否同意采取防止散布的必要措施，如果侵权网络用户收到通知和询问之后 7 天内没有表示反对，则网络服务提供者方可采取相应的必要措施。该规定与《物权法》规定的异议登记制度相似，这种规

① 杨立新等：《〈中华人民共和国侵权责任法〉司法解释草案建议稿》，《河北法学》2010 年第 11 期。

则可以运用于侵权网络用户提出反通知，通知方一定期限内不起诉，则通知即告作废，这充分体现了法律从不保护权利上的睡眠者。[1] 应当提供担保而没有提供担保者，视为反通知无效，网络服务提供者不予采取恢复措施。

四、网络服务提供者对反通知的审查

网络服务提供者对反通知的审查，与对通知的审查相同。网络服务提供者并不是对网络上发生的所有信息都进行审查，而仅仅是对通知规则范围内的、被侵权人通知主张的网络用户实施的网络侵权行为进行审查。这是因为，网络服务提供者缺乏承担广泛审查义务的能力，作为网络技术平台的管理者，其负责网络信息发布和汇总也应对所有经其发布的信息进行管理和监控，但由于网络服务提供者面对的海量信息难以履行如同传统新闻出版者一般的审查义务，通过主动出击的方式寻找其权限范围内的侵权行为，无论在成本和效率上都是其不可承受之重。[2]

同样，网络服务提供者并不是法官，其不具备判断反通知中“不构成侵权的初步证明材料”是非的能力，尤其是在一些侵害名誉权和隐私权的案件中，被侵权人和侵权网络用户各执一词，孰是孰非连法官都难以判断，况网络服务提供者乎？也有观点认为互联网上侵犯专利权、侵犯商业秘密的判断对网络服务提供者的要求也太高，通知—删除规则不适宜在民事权益中普遍适用。[3] 我们认为，对于那些显而易见的侵权应当适用红旗标准，红旗标准在美国被首次提出，智力和心智处于一般水平的人就可以判断这些明显的侵权行为，网络服务提供者自然也可以。在我国，《互联网信息服务管理办法》第 15 条列举的都属于“红旗”，其中包括：(1) 反对宪法所确定的基本原则的；(2) 危害国家安全，泄露国家秘密，颠覆国家政权，破坏国家统一的；(3) 损害国家荣誉和利益的；(4) 煽动民

① 王竹、舒星旭：《从网络侵权案例看“提示规则”及其完善》，《信息网络安全》2011 年第 5 期。

② 梅夏英、刘明：《网络服务提供者侵权中的提示规则》，《法学杂志》2010 年第 6 期。

③ 吴汉东：《论网络服务提供者的著作权侵权责任》，《中国法学》2011 年第 2 期。

族仇恨、民族歧视，破坏民族团结的；(5) 破坏国家宗教政策，宣扬邪教和封建迷信的；(6) 散布谣言，扰乱社会秩序，破坏社会稳定的；(7) 散布淫秽、色情、赌博、暴力、凶杀、恐怖或者教唆犯罪的；(8) 侮辱或者诽谤他人，侵害他人合法权益的；(9) 含有法律、行政法规禁止的其他内容的。对于专业技术水平较高的一般人不好轻易判断的侵权行为，对于网络服务提供者来说也不是不可能的。网络服务提供者作为互联网技术的运营商，其团队中应当有处理日常法律事务的具备法律专业素质或其他专业素质的工作人员，因此，要求网络服务提供者对上述几种侵权行为的判断并非强人所难，而且对网络服务提供者就侵权材料的认定标准的要求不必如同法院那么高，只要不是十分明显的判断失误就不必承担不利后果。

网络服务提供者对反通知的审查主要就是审核反通知的内容是否满足上述要求，是否符合行使反通知权利的四个要件，以及反通知是否采取书面形式。符合上述要件的反通知，自网络服务提供者收到之日起，网络服务提供者即应采取措施，撤销原来采取的删除、屏蔽或者断开链接等必要措施。

五、反通知的效果

反通知的权利行使之后，发生两个方面的法律效果。

(一) 对网络服务提供者的效果

反通知的义务主体就是网络服务提供者，反通知的基本效力，就是网络服务提供者依照反通知的要求，对已经采取必要措施的网络信息撤销删除、屏蔽或者断开链接等恢复措施，使侵权网络用户在网络上的行为得以恢复，使其他网络用户受到损害的后果得到恢复。

因此，网络服务提供者在接到网络用户的书面反通知后，应当及时恢复被删除的内容，或者取消屏蔽，或者恢复与被断开的内容的链接，同时将网络用户的反通知转送通知的发送人。反通知的目的就是使通知的效果被打回原形，使通知失效。反通知一旦生效，对通知的打击将是毁灭性的，但是被侵权人主张自己合

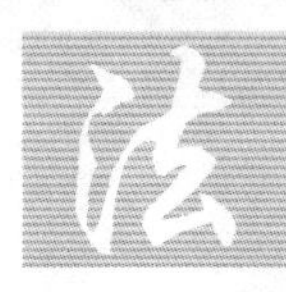

法民事权益不受侵害的权利并没有受到限制，只是不享有再通知的权利。

网络服务提供者究竟应当在多长时间里采取恢复措施，跟通知后采取取下措施一样，没有明确规定。一般解释都是“合理”①、“适当”② 的时间。在司法实践中，法官希望能够规定一个确定的时间，比较容易操作。有的主张 10 天，有的主张 7 天，我们倾向于 7 天，时间比较适中。③

（二）对通知权利人以及其他人的效果

对于反通知，发动通知的被侵权人不享有再通知的权利。这是因为一个制度的设计，不可以循环往复，且网络服务提供者也不具有如此的能力。被侵权人不得重复通知，在非诉讼层面的救济到此结束。我们在《建议稿》第 81 条第 2 款建议：发送通知的“被侵权人”不得再通知网络服务提供者删除该内容、屏蔽该内容或者断开与该内容的链接。无论何方，对此有异议的，可以向人民法院起诉。④

事实上，在被侵权人通知、侵权网络用户或者其他网络用户反通知的情形下，无论哪一方当事人（包括网络服务提供者），都有可能出现是否构成侵权的争议。但主要的争议可能出现在被侵权人和网络服务提供者。如果网络服务提供者接受反通知，撤销必要措施，被侵权人有可能主张权利，可能起诉反通知权利人以及网络服务提供者，追究他们的侵权责任；如果侵权网络用户或者其他网络用户反通知后，网络服务提供者不接受反通知，没有撤销必要措施，反通知权利人可能起诉网络服务提供者以及被侵权人，追究他们的侵权责任。因此，在这些情形下，不论网络服务提供者是否采取撤销必要措施，在其周围的三种权利主体都有可能起诉，追究他方的侵权责任，同时都有可能将网络服务提供者作为责任人，诉至法院，追究其侵权责任。

因此，涉及反通知权利行使的各种争议，实际上都是侵权争议，诉至法院，法院都要依照《侵权责任法》第 6 条第 1 款和第 36 条的规定，确定侵权的是非，

① 王利明主编：《中华人民共和国侵权责任法释义》，中国法制出版社 2010 年版，第 160 页。

② 杨立新：《侵权责任法：条文背后的故事与难题》，法律出版社 2010 年版，第 140 页。

③ 杨立新主编：《中国媒体侵权责任案件法律适用指引》，《河南财经政法大学学报》2012 年第 1 期。

④ 杨立新等：《〈中华人民共和国侵权责任法〉司法解释草案建议稿》，《河北法学》2010 年第 11 期。

定分止争。人民法院应当依照《侵权责任法》的上述规定，依据网络侵权行为的构成要求，确定究竟应当由哪一方承担侵权责任。

具体的侵权责任承担，可能有以下几种情形。

1.被侵权人起诉网络服务提供者或者侵权网络用户

被侵权人因反通知后网络服务提供者采取恢复措施，而起诉网络服务提供者为侵权的，应当审查侵权网络用户实施的网络行为是否构成侵权责任。

如果侵权网络用户的行为构成侵权责任，行使反通知权利即为滥用权利，行使“反通知—恢复”规则就构成侵权责任。被侵权人只起诉网络服务提供者的，应当确定网络服务提供者在接受反通知采取恢复措施时是否尽到必要注意义务。尽到必要注意义务，对反通知已经进行了应尽的审查义务的，尽管侵权网络用户的行为已经构成侵权，但由于网络服务提供者不具有过错，因而不承担侵权责任。这时，侵权责任应当由侵权网络用户承担。被侵权人可以另行起诉，或者追加侵权网络用户为被告，并直接确定该侵权网络用户承担侵权责任。网络服务提供者没有尽到必要注意义务，在接受反通知、采取恢复措施中存在过错，则应当与侵权网络用户承担连带责任，可以责令网络服务提供者承担侵权责任，也可以责令侵权网络用户承担侵权责任，还可以责令网络服务提供者和侵权网络用户共同承担连带责任。

如果侵权网络用户的行为不构成侵权责任，网络服务提供者采取恢复措施就是正当的，应当驳回被侵权人对侵权网络用户的诉讼请求，一并起诉网络服务提供者的，也应当驳回其诉讼请求。

在被侵权人就其他网络用户行使反通知权利、网络服务提供者采取恢复措施而提出起诉的，无论侵权网络用户实施的网络行为是否构成侵权，都要看网络服务提供者采取的取下措施是否侵害了其他网络用户的民事权益。侵害了其他网络用户民事权益的，被侵权人起诉就为无理由，没有侵害其他网络用户民事权益的，则起诉为正当，其他网络用户应当承担滥用反通知权利的后果。

2.侵权网络用户起诉网络服务提供者或者被侵权人

侵权网络用户作为反通知权利人提出反通知，网络服务提供者没有接受反通

知，没有及时采取恢复措施的，侵权网络用户有权向法院起诉网络服务提供者，也可以同时起诉被侵权人。在这种情形下，法院也应当着重审查侵权网络用户在网络上实施的行为是否构成侵权责任。

如果侵权网络用户的行为构成侵权责任，则侵权网络用户属于滥用反通知权利，不仅对其原来实施的侵权行为应当承担责任，而且对情节较重的滥用反通知权利的侵权行为承担侵权责任。此时，应当驳回侵权网络用户的诉讼请求，对方（包括被侵权人和网络服务提供者）也可以反诉，追究其侵权责任，当然也可以另案起诉。网络服务提供者的诉因是侵权网络用户的反通知行为侵害了网络服务提供者的合法权益，应当受到追究。

如果侵权网络用户的行为不构成侵权责任，作为“通知—取下”的受害者其行使反通知权利就是正当的，而网络服务提供者没有及时采取恢复措施的行为构成侵权，网络服务提供者应当对侵权网络用户承担侵权责任。网络服务提供者主张被侵权人应当共同承担侵权责任的，可以追加被侵权人为共同被告，承担连带责任，或者责令网络服务提供者承担全部责任，之后再起诉被侵权人行使追偿权。

如果侵权网络用户的行为不构成侵权，网络服务提供者已经采取恢复措施的，侵权网络用户就不能起诉网络服务提供者，而应当起诉被侵权人，被侵权人的行为构成侵权责任，应当承担侵权责任。

3.其他网络用户起诉网络服务提供者

作为“通知—取下”措施的受害人，其他网络用户有权起诉网络服务提供者和被侵权人。这时，处理的规则与侵权网络用户起诉的方法不同。

首先，其他网络用户起诉，不受侵权网络用户实施的行为是否构成侵权的约束，不论是否构成侵权行为，只要其他网络用户的民事权益受到“通知—取下”措施的侵害，他的起诉就成立，就应当有人承担侵权责任。

其次，如果侵权网络用户的行为不构成侵权，被侵权人通知、网络服务提供者取下已经构成侵权，那么，其他网络用户起诉侵权就应当成立，可以追究网络服务提供者以及被侵权人的侵权责任，他们应当承担连带责任。

再次，如果侵权网络用户的行为构成侵权，“通知—取下”采取的必要措施不当，侵害了其他网络用户的民事权益的，其他网络用户有权起诉，先应当由侵权网络用户承担侵权责任，网络服务提供者有过错的，则应当承担连带责任；网络服务提供者没有过错的，则不承担侵权责任，只由侵权网络用户承担责任。

最后，如果侵权网络用户的行为不构成侵权，“通知—取下”措施符合法律规定，对其他网络用户没有造成损害的，则其他网络用户的起诉为无理由，应当予以驳回。

第四节 《东亚侵权法示范法》规定的网络侵权责任规则

东亚侵权法学会经过六年的努力，完成了《东亚侵权法示范法（暂定稿）》[①]，其中第十一章规定了“网络侵权责任”，第 101～112 条分别规定的是网络侵权承担责任的一般规则，避风港原则的适用，通知及要件与形式，合理期间的确定，损害扩大部分的起算，采取必要措施的通知转达或公告义务，反通知及要件与形式，网络服务提供者对反通知的责任，对通知、反通知不服的诉讼，错误通知发送人的赔偿责任，红旗原则的适用和知道的判断方法。上述规定主要分为两部分：第一部分，规定网络用户与网络服务提供者自己利用网络实施侵权行为，侵害他人私法权益，应当承担侵权责任的规则；第二部分，规定网络用户利用网络服务提供者的网络媒介平台实施侵权行为，网络服务提供者未尽必要注意义务侵权责任的规则，具体分为避风港原则和红旗原则。《东亚侵权法示范法》[②]对网络侵权责任的上述规定，是集中了韩国、日本、中国和我国台湾地区的立法和司法经验，经过整合而成的，比较全面，也比较具体，既有体系的完整性，又有实践的可操作性，可以作为我国司法实践的参考，也可以作为将来修改立法的借鉴。故本节对这一部分的内容进行介绍。

---

① 杨立新主编：《东亚侵权法示范法》，北京大学出版社 2016 年版。

② 下文将《东亚侵权法示范法》简称为“示范法”。

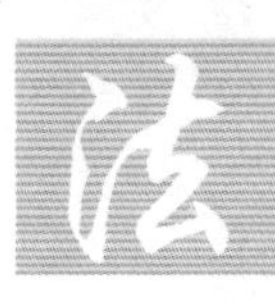

一、网络侵权责任的一般规则

《示范法》第 101 条规定的内容是“网络侵权承担责任的一般规则”，内容是：“网络用户、网络服务提供者利用网络侵害他人私法权益，造成损害的，应当承担侵权责任。”“网络服务提供者，包括网络平台服务提供者与网络内容服务提供者。”

（一）示范法规定网络侵权责任的背景

示范法之所以规定“网络侵权责任”这种特殊侵权责任类型，主要考虑了以下几个问题。

第一，网络侵权责任是当代最新型的侵权责任类型。互联网发达之后，全世界都处于互联网的范围之中，互联互通，成为一个网络的整体。在以互联网为媒介的网络平台上发布信息，就有最为广泛、最为便捷、最为自由的传播效果，成为最具有影响力的自媒体，网络媒介平台就成为利用最广泛、最自由的媒体平台，任何人都可以自由利用其发布信息，沟通世界。正因为如此，人们也可以自由地利用网络媒介平台对他人进行诽谤等，侵害他人的私法权益。这种新型的侵权行为，随着互联网技术的广泛应用，而在世界范围内兴起，成为世界范围内最新型的侵权责任类型。

第二，网络侵权责任的最主要特点，是不受国界、边境的限制，随着互联网的应用而跨越时空界限，而使其成为不受地域限制的侵权行为。在一个国家或者法域内实施的侵权行为，能够迅速地传播到他国、他法域，造成他国、他法域的民事主体的民事权益损害。因此，网络侵权成为最具有国际性的、跨地域性的侵权责任，需要各国、各法域的法律进行协调政策立场，规范法律规则。东亚侵权法示范法作为跨地域、跨法域的侵权法示范法，应当对此进行规范，协调各法域的责任承担规则。

第三，网络侵权责任具有规则的统一性。正是由于互联网技术在世界范围内的最新技术应用，网络侵权责任是随之而生的新型侵权行为，因而在规范其责任

承担规则时，就具有新颖性和可统一性的特点。随着互联网技术的不断发展，互联网上发生的侵权行为也不断变化，全世界的法学家面对的都是同样的侵权行为，面临着同样的法律适用问题，因而出现了适用法律的可统一性，且具有统一的基础。美国为保护网络著作权的需求制定的《千禧年网络版权法》，正是符合这种要求的法律规则，因而能够被其他法域所接受，作为解决本法域处理网络侵权责任的法律规则的基础。示范法对此作出统一的规范，也正是出于这样的原因。

据此，东亚侵权法学会在2010年的第一届年会上，就决定了示范法要单独规定网络侵权责任这一特殊侵权责任类型，并且在示范法第十一章规定了这种特殊侵权责任。

（二）网络侵权行为的类型

网络侵权行为并非单一种类的侵权行为，示范法将网络侵权行为分为两种类型。

第一种类型，是网络用户和网络服务提供者自己利用网络媒介平台对他人实施的侵权行为。这种网络侵权行为的行为主体有两种，一是网络用户利用网络服务提供者提供的网络媒介平台实施侵害他人私法权益的侵权行为；二是网络服务提供者利用自己的网络媒介平台实施侵害他人私法权益的侵权行为。这两种网络侵权行为都是为自己的侵权行为负责的侵权行为，与《法国民法典》第1382条的要求是一样的侵权行为①，是为自己的行为负责的单独侵权行为。

第二种类型，网络用户利用网络媒介平台实施侵权行为，网络服务提供者存在故意或者过失，没有对该侵权行为采取必要措施，造成他人私法权益损害或者或扩大，因而应当与网络用户共同承担连带责任的侵权行为。这种网络侵权行为的行为主体为网络用户和网络服务提供者，而非只有单方主体，是多数人侵权行为，应当承担多数人侵权责任。

① 《法国民法典》第1382条规定："任何行为致他人受到损害时，因其过错致行为发生之人，应对该他人负赔偿之责任。"

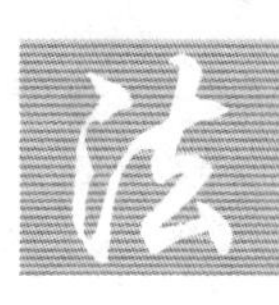

（三）网络服务提供者承担侵权责任的归责事由

通说认为网络服务提供者承担侵权责任应当适用过错责任原则。示范法采纳通说，认为网络侵权行为是一般侵权行为，适用过错责任原则确定网络用户和网络服务提供者是否构成侵权责任。

《示范法》第101条从文字上未使用"故意或者过失"的字样，但是使用了"利用"的表述，即"网络用户、网络服务提供者利用网络侵害他人私法权益"。这样的表述，说明行为主体在主观上须有故意或者过失的要件。如果网络媒介平台上的信息有损害他人私法权益的可能，但是网络用户和网络服务提供者对此并无故意或者过失，就不构成侵权责任。尤其是在互联网的海量信息面前，网络服务提供者无法对这些信息一一进行审查，因而即使网络用户在网络媒介平台上发布了损害他人私法权益的信息，网络服务提供者只要尽到了必要注意，也不承担侵权责任，因为没有过失就没有责任。

确定网络侵权行为的过错责任不适用过错推定规则，而须由网络侵权的受害人提供证据证明。能够证明网络用户和网络服务提供者"利用"网络媒介平台实施侵害他人私法权益的行为的，就应当确定网络用户或者网络服务提供者的行为构成侵权责任。

（四）网络侵权行为所侵害的客体是私法权益

《示范法》第101条在确定网络侵权行为的侵害客体时，使用了"私法权益"的概念。尽管这里使用的是一个全称概念，但是网络侵权责任不可能侵害所有的私法权益，而只是部分私法权益。

首先，网络侵权行为不可能侵害民事主体的生命权、健康权、身体权以及物权、债权等私法权益。即使网络侵权行为实施之后，被侵权人受到刺激而发生自杀等情形，那也不是网络侵权行为所直接导致的损害后果，不应作为网络侵权行为的直接损害后果。对于物权等财产权益同样如此。

其次，网络侵权行为所侵害的最直接的客体，是名誉权、隐私权、姓名权、肖像权、个人信息权等精神性人格权。在美国侵权法中，对于网络侵权行为的认定，仅仅认可网络用户利用网络实施侵权行为的责任，而不认为网络服务提供者

对此也应当承担侵权责任。根据东亚各法域的实际情况，网络用户利用网络侵害他人这些精神性人格权益，如果网络服务提供者未尽必要注意义务，没有采取必要措施的，也构成侵权责任。

再次，网络侵权行为所侵害的其他私法权益客体，是著作权等知识产权。著作权是网络侵权中最容易受到侵害的客体，因为著作特别是网络上的著作，最容易在网络上被非法使用，因而是网络侵权责任最应当保护的客体。正因为如此，美国《千禧年网络版权法》最为关注的，就是对著作权的保护。示范法特别借鉴美国的这个经验，对网络著作权的保护予以特别关注，凡是侵害著作权等知识产权的网络违法行为，也构成网络侵权责任。

（五）网络服务提供者的范围

《示范法》第101条第2款规定的是作为网络侵权责任主体的网络服务提供者的范围，包括网络平台服务提供者和网络内容服务提供者。

根据东亚各法域规范网络侵权责任的经验，对于在网络侵权行为中应当承担侵权责任的网络服务提供者，应当界定为网络平台服务提供者和网络内容服务提供者两种责任主体。

网络平台服务提供者，是指经营网络媒介平台，将其提供给网络用户用于发表信息的网络经营者。这种网络平台的性质，是网络媒介平台，而非网络交易平台，二者属性不同。网络媒介平台是开放的自媒体，任何网络用户都可以利用该平台发布信息，进行交流。其特点是自由发表言论，行为人对自己的行为负责。网络服务提供者作为网络媒介平台的经营者，仅仅提供媒介平台服务，保障网络用户在媒介平台上自由发表意见。

网络内容服务提供者，是指经营网络媒介平台在自己的网络媒介平台上，自己提供信息、发布新闻等的网络经营者。网络媒介平台提供者自己作为新闻发布者，在自己的平台上发布信息，予以传播。当网络服务提供者的身份是网络内容服务提供者时，网络服务提供者应当对自己发布的信息内容的真实性负责，当其发布的信息违反真实性原则，侵害他人私法权益时，自己构成侵权责任。

网络服务提供者的上述两种身份可以单独存在，也可能同时存在。在通常情况下，网络服务提供者的身份是网络平台服务提供者。当其具有网络内容服务提供者的身份时，兼有两种身份。

网络服务提供者具有不同的身份，其承担的侵权责任的性质是不同的，这也正是本条第 2 款规定两种不同身份的网络服务提供者的目的。这就是：第一，网络内容服务提供者在自己的网络媒介平台上发布信息，造成他人私法权益损害的，构成侵权责任，应当自己承担侵权责任，是自己实施的单独侵权行为，自己为自己的行为负责。第二，网络平台服务提供者仅提供网络媒介平台服务，而不提供内容信息的，一般不承担网络信息内容不真实的侵权责任，对于网络用户在其网络媒介平台上发布的信息，也不承担真实性审查义务，而仅仅在其获知网络用户发布的信息侵害了他人私法权益时，未尽及时采取必要措施的法定义务，才承担侵权责任，且须与网络用户一起，共同承担连带责任。

二、媒体侵权责任中的避风港原则及其适用

（一）避风港原则及适用规则

1. 避风港原则的含义

避风港条款最早来自美国 1998 年制定的《千禧年网络版权法》，最早适用于著作权的网络保护领域，后来由于网络服务提供者没有能力对海量的信息进行事先的内容审查，因而不要求其承担事先审查义务，并对未经审查的信息内容承担侵权责任。因此，原本的避风港原则，是指在网络上发生著作权侵权案件时，当网络服务提供者只提供网络平台服务，并不提供信息内容时，如果网络服务提供者被告知侵权，仅负有移除义务，未及时移除的，就被视为侵权。如果侵权内容既不在网络服务提供者的服务器上存储，又没有被告知哪些内容应该移除，则网络服务提供者不承担侵权责任。避风港原则也被应用在搜索引擎、网络存储、在线图书馆等方面。

避风港原则的基本内容包括两部分，即“通知＋移除”。其基本含义是，网络服务提供者使用信息定位工具，包括目录、索引、超文本链接、在线存储网络

的媒介平台，如果由于其链接、存储的相关内容涉嫌侵权，在其能够证明自己并无恶意，并且及时移除侵权链接或者内容的情况下，网络服务提供者不承担赔偿责任。

其他法域的法律在规制网络侵权责任时，尽管大多借鉴美国法的避风港原则，但都在不同程度上扩展避风港原则的适用范围，将其应用于对某些精神性人格权的保护上。例如中国的《侵权责任法》就规定了第36条第2款，明确规定避风港原则适用于对其他民事权益的保护。东亚其他法域也有类似情形。

2.避风港原则的适用方法

《示范法》第102条规定的是避风港原则的适用方法，即“网络用户利用网络服务实施加害行为，造成他人私法权益损害的，权利人有权通知网络服务提供者采取移除、屏蔽、断开链接等技术上可能的必要措施，消除损害后果。网络服务提供者接到通知后，未在合理期限内采取必要措施的，对损害的扩大部分，与该网络用户承担连带责任。”

这个条文规定的避风港原则的适用方法包括以下几点。

（1）网络服务提供者对网络用户在自己的媒介平台上发布的信息不负事先审查义务

网络媒介平台的性质是自媒体，与传统媒体如报纸、杂志、电视台、电台等不同，是网络用户自行向网络媒介平台上传信息，网络服务提供者对其提供的媒介平台上发布的信息，无法也不可能进行事先审查，信息的真实性应由信息发布者自己负责，网络服务提供者对此不负责任，故《示范法》第101条规定的是网络用户自己承担侵权责任。既然如此，网络服务提供者对于网络用户发布的侵权信息的真实性，在一般情况下并不负责，仅仅在符合避风港原则规定的要件时，才承担必要注意义务。

（2）权利人对于网络用户发布的侵权信息有权向网络服务提供者发出通知

网络用户在网络服务提供者提供的网络媒介平台发布侵权信息后，受到侵害的权利人认为自己的私法权益受到侵害的，享有通知权。该通知权的内容是向网络服务提供者发布通知，特定的网络用户发布的信息构成侵权，要求网络服务提供者对该侵权信息采取移除措施。

权利人享有的通知权的性质是请求权。通知权的义务人是网络服务提供者，义务的内容是依照通知权人的通知要求，移除侵权信息。具体的移除方法，是移除、屏蔽或者断开链接等。

（3）网络服务提供者接到通知后负有采取必要措施“移除”侵权信息的义务

在网络侵权责任中，作为通知权的义务人，网络服务提供者接到权利人的通知后，立即产生对通知权人负有的义务，即“移除”侵权信息。对此，网络服务提供者对于权利人行使通知权要求移除的信息，究竟是否构成侵权，是否负有审查义务，学说存在不同意见，有的认为应当进行初步审查，有的认为不应进行审查。示范法采取否定说，确认网络服务提供者对通知移除的信息无须审查，接此通知后，即可采取移除措施。其理由是，网络用户发布的信息是否构成侵权，并非网络服务提供者可以断定，如果审查认为不构成侵权，而事后法院认定为侵权，网络服务提供者将承担责任。故为保护网络服务提供者而采否定说，不负有判断是否构成侵权的审查义务，即使初步审查义务也不承担。

对争议信息的具体移除方法，有不同看法。示范法认为，移除主要是指删除，但如果权利人主张采取屏蔽或者断开连接等技术措施，且采取这样的措施对其他人的私法权益没有损害的，也可以采用。删除，多针对信息内容的发布行为，将已经发布的信息在互联网上删掉即可。屏蔽，是就匹配关键词的所有信息进行移除或断开，使得其不能出现。[①]断开链接，多针对搜索和链接行为，将其链接断开。移除和断开链接是针对特定内容，有特定的指向性，即使移除和断开链接不当，通常受到损害的也只是侵权网络用户；而屏蔽则针对网络空间中所有包含关键词的不特定信息。网络中含有关键词的信息，既可能是非法的，也可能是合法的，甚至可能与通知权利人完全无关。因此，当采取屏蔽措施时，就极有可能损害其他网络用户的权益。屏蔽多针对短时间内集中爆发的、大量的、且有较大社会危害性的信息适用，在通常情况下，网络服务提供者要谨慎选择适用“屏蔽”措施，无论在知识产权领域还是在其他私法权益中，围绕关键词合法和

① 司晓、范露琼：《评我国〈侵权责任法〉互联网专条》，《知识产权》2011年第1期。

非法的信息同样同时存在，难以通过技术手段进行精确区别和处理，网络服务提供者应尽量多地将移除和断开链接作为首选的必要措施，限制屏蔽措施的适用范围，以防止对合法信息的传播造成不必要的阻碍，侵害无关人的私法权益。

网络服务提供者在接到通知后，及时采取移除措施的，该争议信息即使构成侵权，也是发布该信息的网络用户对权利人承担侵权责任，网络服务提供者对此不承担侵权责任。

(4）网络服务提供者未及时采取必要措施移除侵权信息对扩大的损害承担连带责任

网络服务提供者未按照避风港原则的要求，及时对争议信息采取移除措施，因而使侵权后果继续扩大的，构成侵权责任，应当对受害人承担侵权责任。其构成侵权责任的要件是：第一，网络服务提供者已经接到通知，对此须有证明，证明责任在通知权人；第二，网络服务提供者在接到通知后，未采取移除等必要措施，消除侵权后果；第三，未采取移除等必要措施的时间要求是不及时，超过及时标准的是合理时间，只要在合理时间内采取移除措施的，就没有责任，否则即构成侵权责任。

网络服务提供者承担责任的范围，是就损害的扩大部分，与实施侵权行为的网络用户共同承担连带责任，损害扩大之前的那部分损害，网络服务提供者不承担责任，由侵权的网络用户自己承担。

（二）通知权的行使及后果

1.通知权的含义及意义

网络侵权责任中的通知权，是指被侵权人要求网络服务提供者对侵犯其私法权益的网络信息，及时采取必要措施的权利。①

行使通知权的意义，一是权利人维护自己的私法权益不受侵害，而行使该法定权利；二是使网络服务提供者知道他人在网络媒介平台上实施侵权行为，造成了自己的损害；三是要求网络服务提供者将侵害自己私法权益的信息予以移除，

① 关于我国的通知权问题，参见杨立新等：《论网络侵权责任中的通知及效果》，《法律适用》2011年第6期。

消除侵权后果。

2.行使通知权的形式与内容

《示范法》第103条规定的是行使通知权的通知形式与通知的内容，即“除紧急情况外，通知应当以书面形式作出。书面形式是指纸质信件和数据电文等可以有形表现所载内容的形式。”“通知应当具备下列内容：（一）通知人的姓名（名称）、联系方式和地址；（二）要求采取必要措施的侵权内容的网络地址，或者足以准确定位侵权内容的相关信息；（三）构成侵权的初步证明材料；（四）通知人对通知书的真实性负责的承诺。”“发送的通知不具备上述内容的，视为未发出有效通知，不发生通知的后果。”

（1）通知的形式

权利人行使通知权，原则上应当采用要式形式，即书面形式。对于书面形式的要求，是纸质信件和数据电文等可以有形表现所载内容的形式。事实上，电子邮件形式是最为常见的书面形式。

如果属于紧急情况，权利人行使通知权可以采用口头方式。通常的口头方式是电话、微信语音、视频聊天等方式。所谓紧急情况，应当是来不及通过书面形式行使通知权，且不及时采取移除必要措施，侵权损害后果将极为严重。未达到这样的程度，应当采取书面形式行使通知权。

（2）通知的内容

权利人行使通知权，向网络服务提供者发出的通知，应当具备以下四项内容。

第一，通知权人的姓名（名称）、联系方式和地址。这是要求通知人应当是真名实姓（不能适用网络昵称），并将联系方式和地址全部告知网络服务提供者，以便确定权利人，保证沟通的渠道。权利人包括自然人和法人。

第二，要求采取必要措施的侵权内容的网络地址，或者足以准确定位侵权内容的相关信息。这个要求是使网络服务提供者能够锁定侵权信息，使其固定化，确定移除的目标。

第三，构成侵权的初步证明材料。这是要求，权利人请求对网络用户发布的

信息采取移除措施的理由和依据，确定的标准是权利人认为网络用户发布的信息构成侵权的初步证明材料，能够使人看到存在侵权的可能。如果要求网络服务提供者移除某信息，又不提供可能构成侵权的初步证明，网络服务提供者不能移除该信息，因为对不具备侵权可能的信息采取移除手段，就是限制表达自由。

第四，通知人对通知书的真实性负责的承诺。不能承诺前述通知内容为真实的，行使通知权在实体上就可能存在问题，网络服务提供者可以不采取移除措施，并且不负侵权责任。

（3）通知欠缺要件的法律后果

对于权利人行使通知权，其通知书不符合上述要求的，示范法规定的后果是，“发送的通知不具备上述内容的，视为未发出有效通知，不发生通知的后果”。对于已经发出的通知视为未发出有效通知，对网络服务提供者就不具有拘束力，就不产生移除的义务，因而不发生通知的后果，也就不存在未在合理期限内采取移除措施的须承担侵权责任的可能。

3.合理期间的确定

在对网络服务提供者确定承担避风港原则项下的侵权责任时，界定准确其接到通知后采取移除措施的时间要素，是特别重要的问题。为此，《示范法》第104条规定：“确定本法第102条规定的合理期间，应当考虑下列因素：（一）被侵害私法权益的重大性；（二）采取必要措施的技术可能性；（三）采取必要措施的紧迫性；（四）权利人要求的合理期间。”“在通常情况下，合理期间为24小时。”[①]

确定合理期间的主要因素是：第一，被侵害私法权益的重大性，对于重大的私法权益受到侵害的，需要在更短的时间内采取移除的措施；第二，采取必要措施的技术可能性，只要需采取的移除措施的技术性要求不复杂，时间应当更短；第三，采取必要措施的紧迫性，移除的紧迫性越高，时间应当越短；第四，权利人要求的合理期间，这个因素是参考要素。

---

① 在这个时间的确定上，示范法主要参考的是韩国的做法，韩国对此的要求是立刻、马上，最长不能超过24小时。中国的主要意见是48小时，必要时24小时，参见杨立新主编：《中国媒体侵权责任案件法律适用指引》第75条第3款，人民法院出版社2013年版，第35页。

综合考虑上述要素，网络服务提供者采取移除必要措施的时间期限为 24 小时。这个时间是最长时间，即最长也不能超过 24 小时。在此期间内采取移除必要措施的，不构成侵权；超出这个时间界限才移除的，网络服务提供者构成侵权，应当承担侵权责任。

4. 损害扩大部分的计算

网络服务提供者为网络用户发布的侵权信息造成损害承担连带赔偿责任的范围，是对损害扩大的部分。如何计算损害扩大部分，《示范法》第 105 条规定："损害的扩大部分，应当从通知到达网络服务提供者时开始，至采取必要措施消除损害影响为止的期间内，发生的私法权益损害。"

对于计算网络侵权的损失扩大部分，采用的方法以侵权信息在网络上停留的时间的长短作为计算标准，最为简捷、方便。计算的方法是：首先，确定侵权信息发布的时间，是网络用户承担侵权责任的时间起点，开始计算网络用户应当单独承担责任的起点。其次，网络服务提供者承担侵权责任的时间起点，是接到通知后的 24 小时终止之时，从该时点开始起算，为损失扩大部分的起点，而不是通知发布或者到达网络服务提供者之时，因为从那时开始，还要加上合理期间的 24 小时，才更为合理。再次，扩大部分的止期，是侵权信息在网络服务提供者的网络媒介平台上移除之时止，这是全部侵权行为的终止期，之后不再发生侵权后果。

按照上述计算方法，如果将全部损害结果作为一个整体的话，网络服务提供者承担的连带责任，就是部分连带责任，即在整个的损害结果上，网络服务提供者只就损害的扩大部分，与网络用户承担连带责任，而就非扩大部分的损害，则只由网络用户承担侵权责任，网络服务提供者不承担责任。即自侵权信息发布之时起，至通知后合理期间终结之时止的期间内的损害，由网络用户承担侵权责任（单独责任）；自通知后合理期间终结之时起，至侵权信息在网络媒介平台上移除之时止的损害，由网络服务提供者和网络用户承担连带责任。单独责任和连带责任的分割采用百分比计算为妥。

5.采取必要措施的转达和公告

网络服务提供者在接受通知权人的通知，并且作出对通知提出的侵权信息采取移除必要措施决定的，必须对发布该信息的网络用户（即通知所指出的侵权人）尽到告知义务，否则即为侵害发布该信息的网络用户的表达自由。故《示范法》第106条规定："网络服务提供者采取必要措施后，应当立即将通知转送被指控侵权的网络用户，无法转送的，应当将通知内容在同一网络上进行公告。"

任何人都有权在网络媒介平台上发表言论，享有表达自由，不得非法限制。当权利人行使通知权，请求网络服务提供者履行移除必要措施的义务时，凡是符合《示范法》第103条规定要求的，网络服务提供者必须履行该义务。但是，网络服务提供者自采取移除必要措施后，必须立即告知被移除信息的发布者，即该网络用户，以便该网络用户采取相应的保护自己表达自由的措施，防止因权利人行使通知权，而侵害该网络用户的表达自由。

示范法采取的告知办法是，将权利人的通知转达给网络用户，而不是采取告知其已经采取移除必要措施。这是因为，移除必要措施的采取，是网络服务提供者履行对权利人通知权的必要义务，而不是主动依照自己的意志所为的行为。具体方法，通常是将权利人行使通知权的"通知"转达给被移除信息的网络用户，使其知悉对其发布的信息采取移除必要措施的原因，是应权利人行使通知权而为。如果无法直接向网络用户转达该通知的，则应当将权利人的通知内容，在同一网络媒介平台上进行公告，即公告送达。公告送达后，即视为已经告知网络用户。

网络服务提供者在完成上述转达或者公告的义务后，就完成了对权利人行使通知权所应承担的义务，完成了避风港原则下的全部义务。

（三）反通知权利及其行使后果

1.反通知权及其权利人

（1）为什么要规定网络用户享有反通知权

在网络媒介平台上，任何网络用户都享有平等的表达自由的权利。当规定权利人对认为侵害了自己私法权益的网络用户发布的信息享有通知权，可以请求网络服务提供者履行“通知—移除”的义务时，如果不给通知权的对方网络用户以对等的反通知权，将无法实现权利的平衡配置，也无法保障网络用户的表达自由。同时，网络的自身特性决定了在该空间内实施的侵权行为具有隐蔽性，在确切的侵权人难以认定的情况下，问题只能诉诸为网络侵权提供技术服务的网络服务提供者，其有责任在管理自己的网络媒介平台的同时，谨慎地注意侵权行为的发生，并且在发生侵权行为时，及时采取相应的必要措施。一旦对通知权行使的相对人的信息采取了移除的必要措施，应当对等地给予相对人即所谓的侵权人以对应性的权利，以救济通知权行使错误的后果。正因为如此，在网络侵权责任中，既要配置通知权利，也要配置反通知权利。

在中国，《侵权责任法》第36条规定的网络侵权责任，只规定了被侵权人的通知权，没有规定对方当事人即网络用户的反通知权，最高人民法院《关于审理侵害信息网络传播权民事纠纷案件适用法律若干问题的规定》也没有规定网络用户的反通知权。这种做法，没有对通知权设置相应的制约的权利，会形成在网络媒介平台上当事人之间的权利配置的不平等，因而会限制一方当事人的言论自由。示范法汲取了这样的经验教训，明文规定了反通知权，均衡地配置了双方当事人之间的权利和义务。①

(2) 反通知权的概念界定和特点

网络侵权责任中的反通知，是指网络服务提供者根据通知权人的通知采取了必要措施后，侵权网络用户认为其涉及侵权的信息未侵犯通知权人的权利，或者其他网络用户认为网络服务提供者对其发布的信息采取的必要措施侵害了自己的私法权益，向网络服务提供者提出要求采取恢复移除等恢复性措施的权利。

网络侵权责任中的反通知，一方面是对被指控侵权内容的抗辩，是反通知权人对自身私法权益的维护；另一方面是受法律保护的利益与法律之力的结合，即权利。既然通知是通知权人的权利，那么反通知当然也是权利，是被采取必要措施而受其害的所谓的“侵权”网络用户和其他网络用户的权利。由于通知权人发

① 关于中国网络侵权的反通知权的问题，可以参见杨立新、李佳伦：《论网络侵权责任中的反通知及效果》，《法律科学》2012年第2期。

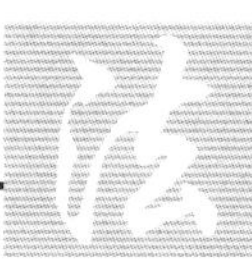

出的通知导致网络服务提供者采取删除、屏蔽、断开链接等必要措施，造成所谓的“侵权”网络用户和其他网络用户民事权益损害的，该网络用户或者其他相关网络用户行使反通知的权利，以保护自己的私法权益。特别重要的是，通知权人发出通知要求对某侵犯其权益的信息采取屏蔽措施，网络服务提供者决定屏蔽某些关键字，就会影响其他网络用户的权益，尤其关键字为姓名时，其他重名的网络用户就可能因而私法权益受损，他们都可以为自己主张权利，成为反通知的权利主体。

(3) 反通知权的权利人

反通知权的权利人是所谓的“侵权”网络用户和其他网络用户。首先，网络用户接到网络服务提供者转送的通知书后，认为其发布信息的内容并未侵犯通知权人的权利的，可以向网络服务提供者提交书面反通知，要求恢复被移除的内容，或者取消屏蔽，或者恢复被断开链接的内容。其次，其他网络用户因通知权人行使通知权而使其私法权益受到损害的，也是反通知权的权利人。例如，通知权人要求采取屏蔽的必要措施，且网络服务提供者已经采用屏蔽措施的，受到屏蔽影响而使其表达自由受到侵害的其他网络用户也享有反通知权，有权行使这一权利，救济自己私法权益的损害。

(4) 反通知权利的义务人是网络服务提供者

反通知权的权利人是通知指向的“侵权”网络用户和受到必要措施侵害的其他网络用户，反通知权的义务人就是网络服务提供者。有的学者指出，反通知使网络用户参与到“通知一移除”程序中来，为其提供了一个抗辩的机会，同时它也可以避免网络服务提供者听取一面之词单方面移除信息，妨碍到公众的言论自由。[①] 这种意见是正确的。反通知是相对于通知而言的。被侵权人作为通知的权利主体，他的义务主体当然是作为媒介的提供网络服务平台的网络服务提供者，网络服务提供者应当对通知权利的行使作出必要的行为，即及时采取必要措施。相应地，反通知权利人行使权利，当然也必须针对网络服务提供者提出，对自己的被通知和采取必要措施的网络行为进行辩解、否认。反通知权利的义务主体当

① 周强：《网络服务提供者的侵权责任》，《北京政法职业学院学报》2011 年第 1 期。

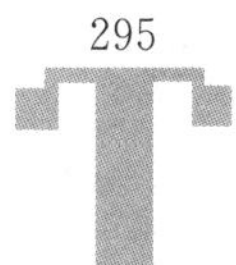

然也是网服务提供者，而不是所谓的通知权人。这是因为网络侵权行为与其他一般侵权行为的不同，就在于其以网络服务提供者为中介，侵权人实施侵权行为必须要通过网络媒介传播，侵权人的身份往往不明确，须透过网络服务提供者这个中间桥梁，才能建立被侵权人和侵权网络用户之间的沟通和联系。因此，无论是通知权利还是反通知权利，其义务人都是网络服务提供者。

2.反通知权的性质和目的

通知权利和反通知权利的性质一样，都是一种程序性的权利，即针对网络侵权行为而对网络服务提供者提出采取移除措施或者恢复措施的权利，并不是民事实体权利，不是侵权请求权，也不是侵权请求权的具体内容。如果当通知权利人和反通知权利人不是向网络服务提供者提出通知或者反通知，而是直接向法院起诉时，就不是通知权利和反通知权利的问题了，而是直接行使侵权请求权。

反通知权利行使的目的，是使通知权人行使权利发出的通知失效，并且使依据通知权的行使而对被移除的信息予以恢复。通知的目的是要对侵权网络用户实施的网络侵权行为在网络上采取必要措施，消除侵权后果；而反通知的内容是要说明所谓的侵权网络用户没有实施侵权行为的事实和依据，或者其他网络用户因通知权的行使而使其私法权益遭受侵害，因而对抗通知权的行使及其效果。反通知权利的行使效果是对移除信息的“恢复”，对抗的就是通知权利及其效果即“移除”，使通知失效，并将因此采取的移除措施予以撤销，使“侵权”网络用户实施的网络行为恢复原状。

3.反通知的条件与内容

（1）行使反通知权的条件

《示范法》第107条第1款规定的行使反通知权的条件是：“网络用户接到通知或者知悉公告后，认为其提供的内容未侵害他人私法权益的，可以向网络服务提供者提交书面反通知，要求恢复其发布内容的初始状态。”按照上述要求，网络用户行使反通知权的实质条件是自己发布的信息没有侵害通知权人的私法权益，形式条件是向网络服务提供者提交书面反通知。

行使反通知权的实质条件，反通知权人应当有初步证明，证明的事实是自己

发布的信息的内容符合法律规定，属于表达自由的范畴，自己没有实施侵害他人私法权益的行为，通知权人也没有因此而受到私法权益的损害，或者即使受到损害也与自己的信息发布行为无关，不存在因果关系。

行使反通知权的形式条件，就是提出《反通知书》，并且将《反通知书》送达网络服务提供者，自该《反通知书》为网络服务提供者收到时，发生反通知权的行使效力。

(2) 反通知的内容

《示范法》第 107 条第 2 款规定的是反通知的内容，即“反通知应当具备下列内容：(一) 反通知人的姓名（名称）、联系方式和地址；(二) 要求撤销已经采取必要措施的内容、名称和网络地址；(三) 被采取必要措施的行为不构成侵权的初步证明材料；(四) 反通知人对反通知书的真实性负责的承诺。”具体内容是：第一，反通知人的姓名、名称、联系方式和地址，要求的是反通知人的身份和联系方法和地点；第二，要求撤销已经采取移除措施的内容、名称和网络地址，即应当撤销已经移除的信息的具体内容、名称和网络地址，以便予以回复；第三，要求提供自己发布的信息不构成侵权的初步证据，是要证明其并非无端行使反通知权，而有行使权利的依据；第四，要有对反通知书的内容真实性负责的承诺，声明对其内容虚假即应依法承担责任。

4. 网络服务提供者对反通知的处理规则

《示范法》第 108 条规定：“网络服务提供者接到网络用户的书面反通知后，应当及时恢复其发布内容的初始状态，同时将网络用户的反通知转送通知人，但认为发布内容明显侵权的除外。”这里规定的是网络服务提供者对网络用户提出反通知的处理规则。这些规则是：

第一，网络服务提供者在接到网络用户的反通知后，原则上无须审查，直接可以依照反通知的要求，将已经采取必要措施的信息予以恢复，使该信息的发布内容恢复到原始状态。这是因为，网络服务提供者并不是法官，不具备判断反通知中被移除的信息是否构成侵权的初步证明材料的是非的能力，尤其是在一些侵害名誉权和隐私权的案件中，被侵权人和侵权网络用户往往各执一词，孰是孰非连法官判断都有一定困难，网络服务提供者更没有能力作出简单判断。

第二，在采取必要措施的信息被恢复后，应当同时将网络用户的反通知转送给通知人，向其告知，对因其通知要求已经采取移除必要措施的所谓侵权信息予以恢复的依据，是网络用户的反通知，并且告知其对根据反通知采取的后果不服的具体办法。

第三，如果争议的网络信息的侵权性质至为明显，网络服务提供者能够确认反通知要求恢复的信息具有侵权性质，也可以不采取恢复的措施，告知反通知人，其反通知的要求不予采纳。例如对那些显而易见的侵权信息，智力和心智处于一般水平的人就可以判断这些明显的侵权行为，网络服务提供者自然也可以判断。况且网络服务提供者作为互联网技术的运营商，其团队中应当有处理日常法律事务的具备法律专业素质或其他专业素质的工作人员，因此，要求网络服务提供者对明显的侵权信息作出判断，并非强人所难。

5.对网络服务提供者履行对反通知义务不服的诉讼

《示范法》第109条规定："网络服务提供者依照反通知人的要求，恢复其发布内容的初始状态后，通知人不得再通知网络服务提供者采取移除、屏蔽、断开链接等措施，但可以向法院起诉。"这里规定的是对网络服务提供者履行对反通知义务不服的处理办法，即采取诉讼方式解决，不得继续进行通知、反通知的活动。

反通知的基本效力，就是网络服务提供者依照反通知的要求，对已经采取移除必要措施的网络信息撤销移除、屏蔽或者断开链接等恢复性措施，使所谓的侵权网络用户在网络上的行为得以恢复，使其他网络用户受到损害的后果得到恢复。反通知的目的，就是把通知权行使的效果打回原形，使通知失效。反通知一旦生效，对通知的打击将是毁灭性的。但是，被侵权人主张自己合法民事权益不受侵害的权利并没有因此而受到限制，只是不享有再通知的权利。这是因为，一个制度的设计不可以循环往复，且网络服务提供者也不具有如此的能力。被侵权人不得重复通知，在非诉讼层面的救济到此结束。

在被侵权人通知、侵权网络用户或者其他网络用户反通知的情形下，无论哪

一方当事人，包括网络服务提供者，都有可能出现构成侵权的争议。但主要的争议可能出现在被侵权人和网络服务提供者。如果网络服务提供者接受反通知，撤销移除的必要措施，被侵权人有可能主张权利，可能起诉反通知权利人以及网络服务提供者，追究他们的侵权责任；如果侵权网络用户或者其他网络用户行使反通知权利后，网络服务提供者不接受反通知，没有撤销必要措施，反通知权利人可能起诉网络服务提供者以及被侵权人，追究他们的侵权责任。因此，在这些情形下，不论网络服务提供者是否采取撤销必要措施，在其周围的三种权利主体都有可能起诉，追究他方的侵权责任，同时都有可能将网络服务提供者作为责任人，诉至法院，追究其侵权责任。

因此，涉及反通知权利行使的各种争议，实际上都是侵权争议，诉至法院，法院都要依照本法域的法律，确定是否构成侵权，定分止争。法院应当依照本法域的法律规定，依据网络侵权行为的构成要求，确定究竟应当由哪一方当事人承担侵权责任。

（四）错误通知的赔偿责任

《示范法》第 110 条规定："通知人发送的通知错误，网络服务提供者据此采取必要措施，造成被通知人损失的，通知人应当承担赔偿责任。"这一规定解决的是错误通知的赔偿责任规则。对于其中的"错误通知"，应当理解为既包括错误的通知，也包括错误的反通知。

在避风港原则的适用中，不论是通知权人，还是反通知权人，发送的通知或者反通知出现错误，网络服务提供者根据通知或者反通知而采取了必要措施，对于争议的信息予以移除或者予以恢复，都会造成被通知人或者通知人的损失。依照侵权责任一般条款的要求，构成侵权责任的，发出错误通知或者反通知的人，应当对受到损害的人承担赔偿责任。

通知权人发出的通知错误，对争议的信息采取必要措施予以移除的，限制了发布信息的网络用户的表达自由，构成侵权责任，对于造成的损失，当然应当承担赔偿责任。

如果是反通知权人发出的反通知错误，对已经采取必要措施移除的侵权信息

予以恢复，其造成的侵权后果更为复杂，是对被侵权人的侵权救济措施的解除，使网络用户实施的侵权行为又予以恢复，继续造成侵权后果，实际上是造成了两次侵权的后果，诉讼中，可以分别起诉，也可以一次起诉合并处理。

如果是其他网络用户发出的反通知错误，造成了通知权人的私法权益损害，应当对此损害承担赔偿责任。

事实上，还存在一种可能性，就是网络服务提供者对通知或者反通知履行义务不当，造成当事人损害的，也有承担侵权责任的可能，但是通常网络服务提供者都比较谨慎，构成这种损害赔偿责任的情形不多。可以断定，只要是网络服务提供者依照通知权人的通知，或者是依照反通知权人的反通知，而采取移除的必要措施，或者采取恢复的必要措施，网络服务提供者的行为就不构成侵权责任。超出该范围的，可能构成侵权责任。

三、网络侵权责任中的红旗原则及其适用

（一）红旗原则的含义及意义

在网络侵权责任的规则中，红旗原则是避风港原则的例外适用。

所谓的“红旗”，意思是指很“打眼”、很容易识别的事物。网络服务提供者对于发生在自己网络媒介平台上的侵权行为，就像看到鲜艳的红旗一样，就不能视而不见，而应该负起监测、移除、排除的义务。这就是红旗原则的由来。因此，网络侵权责任中的红旗原则，是指如果网络媒介平台上的侵权信息是显而易见的，就像红旗一样飘扬，网络服务提供者就不能装做看不见，或者以不知道该信息侵权为由而推脱自己的侵权责任的责任认定规则。在此情况下，网络服务提供者对此不采取移除的必要措施，即使受害的权利人没有发出通知，也认定该网络服务提供者知道第三方的侵权行为，应当与侵权人承担连带责任。

红旗原则最早规定在1998年美国版权法修正案中，在《千禧年数字网络版权法》中进一步予以肯定。美国法上的红旗原则，主要针对的是著作权的保护，特别是对网络中的著作权的保护，对于其他民事权益的保护并不适用。中国在

《信息网络传播权保护条例》中借鉴了这个原则，后来在《侵权责任法》第 36 条第 3 款中予以规定，上升为法律规则，适用于对所有的民事权益的保护。示范法借鉴了这一经验，在第 111 条和第 112 条规定了红旗原则的适用规则。

事实上，避风港原则和红旗原则是一个问题的两个方面，避风港原则是一般规则，红旗原则是特例。在一般情况下，网络服务提供者并不对网络媒介平台上发布的信息进行审查，只有对通知权人行使通知权而不及时采取必要措施的，才承担侵权责任。只有在网络发布的信息的侵权行为性质非常明显，而网络服务提供者仍然默认或者纵容该侵权行为时，才应该依照红旗原则承担侵权责任。

（二）红旗原则的适用

《示范法》第 111 条规定的就是网络侵权责任红旗原则的规则，内容是："网络服务提供者知道网络用户利用其网络服务侵害他人私法权益，未采取必要措施的，与该网络用户承担连带责任。"

由于网络侵权的特殊性，并非网络上发表的所有内容构成侵权时，网络服务提供者都必须承担侵权责任。这与传统媒体侵权责任是完全不同的。传统媒体发表新闻和文章，都需要进行审查、编辑，因此，如果发表的新闻、文章等构成侵权，媒体的编辑出版者就应当承担侵权责任，因为其未尽必要审查的注意义务。网络媒介平台属于自媒体，因而在网络平台上发表作品、发布信息，都没有编辑或者审查的过程，网络用户都可以任意上传文章、信息，而网络服务提供者仅仅是提供网络媒介平台的支持，为网络用户发布信息提供服务而已。如果让网络服务提供者承担与传统媒体的编辑出版者同样的义务，对作品进行事先审查，显然是不公平的，也是不合理的，网络服务提供者无法履行这样的义务。

红旗原则的要求是，网络服务提供者明知网络用户利用其网络实施侵权行为，而未采取必要措施，任凭侵权行为在自己的网络媒介平台上泛滥，对被侵权人造成损害，因而对于该网络用户实施的侵权行为就具有放任损害后果发生、扩大的间接故意。故对网络服务提供者的这种明知而放任侵权行为发生的不作为行为，示范法将其视为共同侵权行为，网络服务提供者和实施侵权的网络用户就是共同侵权行为人，对于侵权行为造成的后果，就有网络服务提供者的责任份额。

故示范法本条规定，网络服务提供者与实施侵权行为的网络用户应当共同承担侵权连带责任。

如何理解“网络用户利用其网络服务侵害他人私法权益”，即在网络媒介平台上发布的信息达到何种程度，才能够认定为构成“红旗”的标准，也值得研究。示范法对此没有给出判断标准。我们认为，这个标准应当是一个经营者的谨慎义务的水平，即以善良管理人的注意程度判断，某个网络信息已经构成侵权，就可以认定为是“红旗”，而不是适用与处理自己的事务为同一注意，更不是普通人的注意。如果以善良管理人的注意程度，能够判断某个网络信息构成侵权，网络服务提供者没有及时采取移除的必要措施，就认为构成侵权责任，应当承担连带责任。

（三）知道的判断方法

《示范法》第112条规定的是依照红旗原则的要求，对“知道”的判断方法，内容是：“知道，是指网络服务提供者明知或者能够证明其已经知道网络用户实施了侵权行为。”

在网络侵权责任的认定中，对于网络服务提供者在主观上达到何种程度才应当适用红旗原则，构成侵权责任，及如何解释“知道”，有不同的看法。有的认为网络服务提供者应当对网络媒介平台上的侵权行为发生为“明知”[①]，有的认为包括“明知”和“应知”[②]，有的认为还包括“推定知道”。示范法采取中间路线，规定为知道，包括明知和已知。

示范法作这样的解释的原因是：第一，将网络服务提供者的知道强制解释为明知，有牵强之处。如果将知道就解释为明知，可能有些网络服务提供者的侵权行为就不能认定为侵权行为，因而放纵其侵权行为，因为明知须有确切的证明，达不到证明明知的程度，就不能认定为构成侵权。第二，如果将知道解释为既包括明知，也包括应知，特别是解释为推定知道，也是不正确的。因为认为网络服

① 陈现杰主编：《中华人民共和国侵权责任法条文精义与案例解析》，中国法制出版社2010年版，第125页。

② 刘家瑞：《论版权间接侵权中帮助侵权》，《知识产权》2008年第6期。

务提供者对利用网络实施侵权行为负有应知的义务，就有可能会要求其对所有网络用户发布的信息负有事先审查义务。这样的要求脱离了现实，给网络服务提供者增加了极大的负担，甚至与传统媒体采取同样的标准，那就会限制网络服务提供者的行为自由，而且网络服务提供者在网络媒介平台的管理上也是做不到的。第三，将知道解释为推定知道也不正确，因为推定是不需要充分证据的，而是根据一些条件而推定。尽管推定知道会比应知宽松一些，但仍然会对网络服务提供者苛以较为严格的义务，也不符合实际情况。

示范法规定，网络服务提供者对于其管理的网络媒介平台上发生的侵权行为，其主观标准是知道，而且对于知道的解释，是明知和已知。已知与明知有一定区别，明知应当是能够证明行为人明确知道，故意而为；已知是能够证明行为人只是已经知道了而已，并非执意而为，基本属于放任的主观心理状态。已知是有证据证明的行为人对侵权行为已经知道的状态，而并非执意追求侵权后果。已知的表述内容更接近于明知的概念，距离推定知道的概念距离稍远，且不包括应知在内。

网络服务提供者承认自己对网络用户在自己的网络媒介平台上实施侵权行为为已知的，当然没有问题。如果有证据证明网络服务提供者对网络用户实施的侵权行为为已知，但网络服务提供者并不承认自己为已知的，应当直接认定其已知，不必认定为其应当知道。根据经验，下述五种情形应当认定为已知。一是在网络媒介平台首页上进行推荐的；二是在论坛中置顶的；三是作为网刊发布的；四是网络用户在网络媒介平台专门主办的活动中实施侵权行为的；五是对其他网络媒介平台发表的侵权作品转载的。

上述这些行为，都是网络服务提供者对被诉的侵权内容主动进行选择、整理、分类，或者被诉的侵权行为的内容明显违法，并置于首页或其他可为网络服务提供者明显所见的位置。凡是符合上述明知或者有证据证明其已知网络用户在自己的网络媒介平台上实施侵权行为，不采取必要措施的，网络服务提供者就构成侵权责任，与实施侵权行为的网络用户共同承担连带责任。

承担连带责任的规则，仍然是受害人可以向网服务提供者以及侵权的网络用户请求承担全部赔偿责任，可以一并起诉，也可以单独起诉其中一人，任何被起诉的人都要承担全部赔偿责任；各个连带责任人之间应当按照过错程度和行为的原因力，确定各自的最终责任份额；承担超过了自己的最终责任份额的，有权向其他连带责任人进行追偿。

第十一章

侵权小说作者及出版者的责任

第一节 小说侵害名誉权的民事责任

一、利用小说侵害名誉权的表现

《民法通则》实施以来，因作者撰写小说而引起的侵害名誉权纠纷时有发生，诉讼到法院来的也有一定的数量。小说究竟能否侵害人格权，曾经在一段时间里争议颇大。很多人主张小说不能侵害他人人格权，尤其是一些文学界人士态度更为激烈，以小说是文学作品，是虚构的艺术等文学理论观点，甚至以党的文学创作自由的政策，作为立论的根据，反对审判机关认定作家以小说侵害他人人格权并责令承担侵权民事责任的做法。

诚然，小说是一种文学样式，是以虚构为其主要创作特点。它可以直接来源于生活中的素材，进行艺术加工，使其源于生活、高于生活，创造出具有社会意义的典型形象，发挥文学作品应有的社会作用。同时，国家也坚持创作自由的政

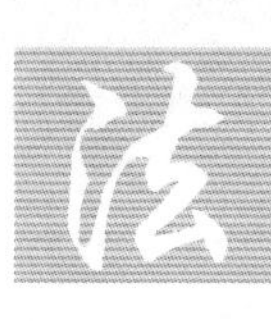

策，鼓励作家深入生活，体验生活，创作出更多更好的文学作品，为社会主义事业服务。但是，公民、法人的人格权是国家法律赋予的，是一种绝对权、对世权。国家依法保护公民、法人的人格权，决不允许任何人借口某种自由权而侵害它。创作自由与保护人格权，都是公民或法人依法享有的权利，因而从根本目的上说，它们是一致的。在具体行使这些权利的时候，可能会发生矛盾，这就必须做到，创作自由不能离开法律允许的范围，保护名誉权也必须依法进行。法律既不允许作家借创作自由而恶意侮辱诽谤他人，侵害他人的人格权；也不允许任意对号入座，对作家合法的创作活动横加指责。

在明确了这个前提之后，可以肯定地说，由于具体行使创作自由权和保护人格权可能会发生矛盾，小说侵害他人人格权就是可能的。侵害人格权，主要指的是侮辱、诽谤和揭人隐私的行为，而这些行为的主要方式由语言形式构成。小说恰恰是以书面语言形式作为它的基本特征之一，因而，作者完全可以借用小说这种书面语言的文学形式，来侮辱、诽谤他人，揭露他人的隐私，以达到侵害他人人格权的目的；甚至有时对素材处理不当，也会过失地侵害他人的人格权。对此，近几年的审判实践已经作了最好的证明。《最高人民法院公报》刊登的"《荷花女》案"，"《好一朵蔷薇花》案"等案例，不仅为司法实务界所肯定，而且得到了各界的认可。

"《荷花女》案"，是陈秀琴诉魏锡林、《今晚报》社侵害原告已故女儿吉文贞名誉纠纷案。该案的案情如下。

原告陈秀琴系天津市解放前已故艺人吉文贞（艺名荷花女）之母。1940 年，吉文贞以"荷花女"的艺名参加天津"庆云"戏院成立的"兄弟剧团"演出，从此便以"荷花女"的艺名在天津红极一时，1944 年病故，年仅 19 岁。被告魏锡林自 1986 年开始，以"荷花女"为主人公写小说，同年 2 月至 6 月间，曾先后三次到原告陈秀琴家了解"荷花女"的生平以及从艺情况，并向"荷花女"之弟吉文利了解情况并索要了照片，随后创作完成小说《荷花女》。该小说约 11 万字。该小说使用了吉文贞的真实姓名和艺名，陈秀琴在小说中被称为陈氏。小说虚构了吉文贞从 17 岁到 19 岁病逝的两年间，先后同许扬、小麒麟、于人杰 3 人

恋爱、商谈婚姻，并3次接受对方聘礼之事。其中说于人杰已婚，吉文贞“百分之百地愿意”做于人杰的妾。小说还虚构了古文贞先后被当时天津帮会头头、大恶霸袁文会和刘广奸污而忍气吞声、不予抗争的情节。小说在最后影射吉文贞系患性病打错针致死。同时，该小说虚构了原告陈秀琴同意女儿做于人杰的妾和接受于家聘礼的情节。该小说完稿后，作者未征求原告等人的意见，即投稿于《今晚报》社。《今晚报》自1987年4月18日开始在副刊上连载该小说，并加插图。小说连载过程中，原告陈秀琴及其亲属以小说插图及虚构的情节有损吉文贞的名誉为理由，先后两次到《今晚报》社要求停载。《今晚报》社对此表示，若吉文贞的亲属写批驳小说的文章，可予刊登；同时以报纸要对读者负责为理由，将小说题图修改后，继续连载。[①] 经审理，天津市中级人民法院确认被告魏锡林、《今晚报》社构成侵害名誉权，判决刊登道歉声明，赔偿精神损害共800元，该小说不得再以任何形式复印、出版发行。被告不服上诉后，当事人双方达成调解协议，妥善处理了此案。这一案件不仅确认小说可以侵权，而且还提出了对死者名誉保护的重要问题，并作了肯定的判决，因而本案作为判例，是深有影响的。

“《好一朵蔷薇花》案”，是王发英诉刘真、《女子文学》《法制文学选刊》《江河文学》《文汇月刊》侵害名誉权案。该案的案情如下。

1985年1月18日，河北省《秦皇岛日报》发表了长篇通讯《蔷薇怨》(该文《人民日报》于1985年3月2日予以转载)，对原抚宁县农机公司统计员王发英与不正之风做斗争的事作了报道。之后，作家刘真根据一些人的反映，认为该文失实。刘真自称“为正视听，挽回《蔷薇怨》给抚宁带来的严重影响”，于1985年9月撰写了“及时纪实小说”——《特号产品王发英》。文章声称“要展览一下王发英”，并使用“小妖精”“大妖怪”“流氓”“疯狗”“政治骗子”“扒手”“造反派”“江西出产的特号产品”“一贯的恶霸”“小辣椒”“专门的营私者”“南方怪味鸡”“打斗演员”等语言，侮辱王发英的人格，并一稿多投，扩大不良影响，使王发英在精神上遭受极大痛苦，在经济上受到损失。

刘真将她的作品，投送几家杂志编辑部。《女子文学》以《好一朵蔷薇花——

---

① 以上案情引自《人民法院案例选》1992年第1辑，人民法院出版社1992年版，第97-96页。

“特号产品王发英”》为题，发表在该刊1985年第12期上，发行50 835册，付给刘真稿酬220元。《法制文学选刊》以《好一朵蔷薇花》为题，全文转载了上述作品，发行478 000册，付给《女子文学》编辑部编辑费80元，付给刘真稿酬159元。《江河文学》编辑部将刘真作品原稿内容作了某些删节后，以《特号产品王发英》为题，发表在该刊1986年第1期上，发行1 000册，付给刘真稿酬130元。《文汇月刊》编辑部将刘真原稿中王发英的姓名和地名作了更改，对部分侮辱性语言作了删节，以《黄桂英浮沉记》为题，发表在该刊1986年第1期上，发行12万余册，付给刘真稿酬192元。为此，原告王发英向石家庄市中级人民法院提出诉讼，认为刘真和发表、转载刘真作品的《女子文学》等四家杂志编辑部，侮辱了她的人格，侵害了其名誉权，并造成了严重后果，要求刘真及四家杂志编辑部承担法律责任，停止侵害、赔礼道歉、消除影响、赔偿损失。[①]

对于此案，石家庄市中级人民法院经审理，认为刘真利用自己的文学作品侮辱原告人格，侵害其名誉权，其他被告刊载、发表这一作品，均构成侵权责任，除刊登道歉公告以外，共赔偿原告精神损害3 300元。被告上诉以后，河北省高级人民法院予以驳回。

这两个案件处理公开以后，在各界获得好评。

二、小说侵权责任的认定

小说创作是一种复杂的思维活动，小说的表现手法又千姿百态，作品的主题不像科学研究论文主题那样直接表露，而是埋藏很深，因而确定小说侵权比较困难。但是，只要抓住小说侵权的基本特点，准确掌握侵权责任构成的要件，就能够准确认定小说是否构成侵权。

小说侵权构成有四个基本特点，在认定小说侵权责任时，必须认真把握好。

（一）侵权的主观过错须有确定性

侵害人格权，故意、过失均可构成；小说侵权，同样如此，这种故意、过失

① 本案案情引自《中华人民共和国最高人民法院公报》1989年第2期。

需要有确定的内容。

故意以小说侵害人格权的，作者应当有确定的动机、目的。故意侵害他人人格权，行为人必然有其确定的内心起因和追求的损害他人人格权的目的。小说创作是高尚的艺术创作活动，如果在小说创作中有败坏他人人格的动机和目的，就背离了小说创作的艺术宗旨，就是以小说作为工具去侵害他人的合法权利，这就具有侵权的故意。例如，作家在作品中公然声称要“展览”某人，有的作家公开声明要暴露某人的“内心丑陋”，这种侵权的动机、目的就十分明确，侵害的故意十分确定。

有的作家对自己的主观创作意图归结于高尚的艺术创作，但实际上隐藏着自己侵害他人人格权的秘密意图，这需要认真审查。要通过举证；查证过程和审查小说的具体内容去发现，证明他的真实意图，能够证明其真实动机与目的的，应当确认该作者的侵权故意。动机、目的查不清的怎么办呢?

这种情况可以就事实来定。小说在客观上造成了侵权的后果，就按后果定。这样做，有两点根据，一是侵权行为与犯罪行为不同，可以就客观结果确定民事责任；二是过失同样可以构成侵权，可以从损害后果来证明作者的过失。

小说侵权中过失的确定性，主要表现在作者对他人人格权保护义务的违反。人格权是绝对权，任何人都负有不得侵害的义务。违反这一义务，无意中侵害了他人人格权，就是对这种注意义务的违反，就构成了侵权的过失。这种情况，大部分是作者掌握、熟悉原告的生活，在创作时以原告作为创作的原型或模特，以原告的经历作为创作的素材，在创作过程中暴露了原告的生活隐私，或者在原告生活经历的描绘中加进了侮辱、诽谤的情节描写或言词，无意中造成了侵权的后果。这种情况，是对创作素材处理不当的过失。例如，甲购一奖券获奖，家中因此发生了一些纠纷。乙是甲的邻居，便以此为素材，创作一小说《奖券》，用了甲的谐音姓名和相同的人物关系构造故事，极力渲染纠纷的剧烈程度，并加进了大量丑化人物性格的文字和细节。严重败坏了甲的声誉。甲起诉，乙承认是使用素材不当，但无侵害名誉权的故意。法院遂以过失认定了乙的侵权责任。

小说创作中既无侵害故意，又无过失，不能构成侵权。对此，读者硬要“对

号入座”，应当予以驳斥。要旗帜鲜明地保护作者的合法权益，不能认定为侵害名誉权。正如最高人民法院《关于审理名誉权案件若干问题的解答》指出的那样：“撰写、发表文学作品，不是以生活中特定的人为描写对象，仅是作品的情节与生活中某人的情况相似，不应认定为侵害名誉权。”对号入座，是读者认为作品中的人物、事件与自己相同或相似，找出相同或相似点，认为侵害了自己的人格权。确有所指，是指作者在创作中有意描写特定的人物，并在作品中对特定的人有侮辱、诽谤行为或揭其隐私，至于其对侵权后果所持主观心理状态是故意或是过失，一般不问。

关于具体的审查，应当从小说中人物的经历、性格、环境、人物关系以及事件的主要情节、基本过程等方面进行分析判断，不能仅凭只言片语和主观臆断而擅下结论。

（二）小说塑造的人物须有排他性

这就是指小说塑造的人物确指现实生活中的特定的人（即案件中的受害人、原告），排除描写其他人的一切可能性，这是确定小说侵权的基本事实问题，必须判断准确。

当前，对于小说，依据不同的标准可以划分不同的种类。从审判工作实际需要出发，小说可以划分为以真人真事作为描写对象的小说和非以真人真事作为描写对象的小说这样两大类。有人将前一种小说称为纪实小说，后一种称作纯小说。非以真人真事作为描写对象的小说是小说的主流；以真人真事作为描写对象的小说，是近年来流行起来的一种新的小说体裁，一般通称为纪实文学，它以描写真人真事、基本事实不得虚构为特点。

以真人真事作为描写对象的小说所描写的人物，就是生活中特定的人物。对这种小说的人物排他性，是容易确定的，如“《好一朵蔷薇花》案”，作家在纪实小说《好一朵蔷薇花》中，用原告的真实姓名、真实的经历、真实环境来创作作品，并对原告作了丑化性的描写，进行诽谤。这种情况可以肯定地说，小说中的人物就是原告，能够排除其他一切可能性，结论只有这一个。

对于非以真人真事作为描写对象的小说，如何确定小说中的人物确指现实人

物，应当分别以下四种情况来分析。

1.用了现实人物的真实姓名，或者对真实姓名作了一些艺术上的处理，但仍以该人物的真实经历来描写的。这种小说，多数是以历史的真实事件作为小说的主体事件或主要线索，使用真实人物进行创作，只是在创作过程中无意地暴露了该人物的生活隐私，或者虚构的情节、细节造成了真实人物的人格权损害，过失地侵害了他人的人格权。对此，应当认定小说中的人物具有排他性，确与现实中的原告具有一致性。有一篇小说，作者深入某少数民族部落生活了相当长的时间，了解到了生动、丰富的创作素材，即以真实人物的经历作小说的主线展开描写，人物的名字稍作了一点加工。小说发表以后，原告起诉，认为小说侵害了原告的名誉权。法院经审查认为，作者在小说中写了这一家庭的许多生活隐私，并且作了合理的虚构，使原告成为狡猾、奸诈的部落首领，与现实中原告作为少数民族干部、人民政府领导干部的形象大相径庭。小说创作上的“合理”，却在法律上不合法。法院确认了作者的侵权责任。

2.不用真实姓名，地点也是虚构的小说，确定小说中的人物确指原告，必须具备三个条件。一是小说人物与现实人物的基本特征必须相同。基本特征，就是能够将一人与他人区别开来的主要标志，如职业、经历、外貌等特征。二是小说人物与现实人物所处的特定环境必须相同，即生活、工作环境以及人物之间的关系应当相一致。三是熟悉现实人物的人读后公认小说人物是指现实人物。这三个条件都具备的，就可以确认小说中的人物具有排他性，确系描写现实人物。

法院在具体审理案件中，确定这类小说中的人物排他性，采取“纵横比较法”，值得借鉴。纵向比较，即将小说人物与现实人物的纵向经历划分为几个主要的阶段，每一个阶段都以一个典型的事件作为标志，分析对照；横向比较，则将小说人物与现实人物在横的方面划分出几个部分，如婚恋、婚变史、特殊的历史事件、外形特征、人际关系、生活环境等几个部分，分析对照。纵向、横向的分析比较，在主要方面都相同或相似的，再加上读者公认，就可以认定小说中的人物具有排他性。

3.在历史小说中影射现实人物，确定其排他性，在采用以上条件进行分析

时，必须紧密结合作者的侵权故意来认定。作者没有侵权的故意，只有过失，不能认定其侵害名誉权。对此，必须慎重对待。对于历史小说侵权，后文还要专题研究。

4. 使用素材不当。如果作者采用数人的经历、事件创作成一个人物，但在使用某一个人的特定事件时足以与其他人区别开，并且又泄露其生活隐私或进行侮辱、诽谤的，也应认定小说的人物具有排他性。

（三）小说内容须有违法性

这是指作者创作的小说中确有侮辱、诽谤原告或宣扬原告生活隐私的违法内容。国家法律保护公民、法人的人格权，公民的人格尊严不受侵犯。作者侵权，就是通过小说中的人物，对该人物进行侮辱、诽谤或宣扬隐私，使现实中人物的人格因此而受到损害。这违背法律的规定。具有这种违法内容的小说，可以认定其侵害了人格权。

在小说中侮辱，指的是小说在描写中谴责特定人物的某种缺陷和具有对特定人物一般性的侮辱性言词。它既包括对某种缺陷的暴露、谴责，也包括一般性的侮辱语言。例如，在《好一朵蔷薇花》中。作者用了“特号产品”“南方怪味鸡”“打斗演员”“大妖怪”“小妖精”等 14 句带有辱骂性质的语言，侮辱原告。这就是一般性的侮辱言辞。在另一篇小说中，其作者用“老白毛”“鸡爪子”等来描写原告的满头白发和干瘦的手指，这就是谴责缺陷。

小说中的诽谤，指的是小说在描写和叙述中把某些事实归罪于特定人物的谩骂。这就是编造足以丑化人格的事实对他人进行人格攻击。例如，某作家在小说中虚构无中生有的荒唐事件，如与人通奸被捉，在女人的乳房和腰肢面前战栗不止等情节，加在以原告作为描写对象的小说人物身上，使原告的名誉受到严重损害。

隐私是指公民不愿公开的个人和生活秘密。从审判实践来看，小说暴露隐私，多指男女私情之类不宜公开的事情被在小说中予以公开，也有的是个人不愿意公开的、有损于个人名誉和人格的私人秘密。揭人隐私而使他人的隐私权受到了损害，或者在社会上造成了恶劣的影响。

小说中具有上述性质的描写或言语，又是针对现实中的特定人的，应当认定小说的内容具有违法性。

（四）损害事实的无形性

小说侵权，其侵害的是原告的精神性人格权。因此，这种损害事实具有无形性的特点。

侵害精神性人格权所造成的实际损害，不像侵害生命权、健康权那样表现为生命的丧失、健康的损害，也不像侵害财产权那样表现为财产的毁损或灭失，而是在人的精神上、心理上或社会影响上的无形损害。小说侵权，损害事实首先表现为特定人的社会评价的降低、隐私被揭露等损害，其次表现为特定人的精神上、心灵上的创伤及痛苦、愤恨、冤屈的情绪。这些损害，必须准确认定。有人不理解这种损害事实的无形性特点，在调查小说侵权的损害事实时，着意去调查受害人是否生病，是否想自杀，等等。这些是精神利益损害的重要表现，但精神利益损害事实主要还不是表现在这方面。要先抓住对某人的社会评价是否有损害这一标准，才是抓住了小说侵权损害事实的主要点。

此外，还要注意准确掌握小说侵权中行为与损害事实之间的因果关系。没有因果关系的，不构成侵权责任。

查明了以上情况，就可以确定该小说侵害了他人的人格权，应当承担侵权民事责任。

三、历史小说侵害人格权的认定

（一）历史小说侵权的典型案例

撰写历史小说能否侵害他人人格权，一些学者曾经表示怀疑。胡骥超、周孔昭、石述成诉刘守忠、《遵义晚报》社侵害名誉权一案，对此作出了肯定的回答。该案的案情如下。

原告胡骥超、周孔昭、石述成与被告刘守忠原同在赤水县文化馆工作。原、被告间因故产生了矛盾。1988 年 11 月，赤水县文化系统出现了一份油印匿名传

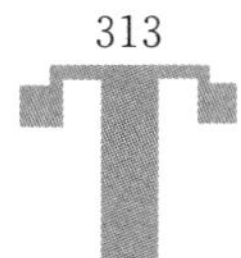

单，该文列数了刘守忠若干不好的表现，并指责其作品格调低下，不应评定中级职称。刘守忠怀疑该文为三原告所写，故极为不满，曾扬言："他们搞了我油印的，我是要还情的，要搞个铅印的。"同年，刘守忠借调到遵义地区文化局从事创作活动，并从同年11月起在《遵义晚报》上连载其长篇历史纪实小说《周西成演义》。1989年4月初，刘守忠告知他人，要注意看4月中旬的《遵义晚报》。4月19日和20日，《遵义晚报》上连载的《周西成演义》中，集中出现了胡翼昭、周孔超、石述成3个反面人物。在这3个人物出场时，刘守忠对他们的形象、身世、专业特征等进行了细致的描绘，以胡骥超、周孔昭、石述成的外貌形象、身世、专业特征进行摹写，使熟悉的人一看便知写的是胡骥超等3人。在小说中，作者对该三个形象极尽丑化描写，称胡翼昭为两面猴，生性刁钻，工于心计，为人狠毒，当面是人，背后是鬼，是一个险恶的毒品贩子。石述成绰号皮条客，是狗头军师般人物，在人前装出一个马大哈样子，其实比狐狸还狡猾。周孔超被称为周二乌龟，嫖妓与鸨母相识，后娶了鸨母，成了妓院的老板。这一段小说发表以后，在原告所在县引起强烈反响，三名原告联名致信《遵义晚报》社领导，强烈要求报社停止刊载该文，不经删除侵权内容不得继续连载。小说的插图作者和当地文联领导也都向报社负责人及编辑要求删改后再连载；该报社对此不予理睬，不但在4月25日、4月29日的小说连载中，继续存在丑化描写，而且直至三原告已向法院起诉的一个多月后，还在连载的小说中仍描写周二乌龟倒阴不阳，称呼其为"狗男女"。

对于此案，最高人民法院（1990）民他字第48号复函指出："经研究认为：本案被告刘守忠与原告胡骥超、周孔昭、石述成有矛盾，在历史小说创作中故意以影射手法对原告进行丑化和侮辱，使其名誉受到了损害。被告遵义晚报社在已知所发表的历史小说对他人的名誉权造成损害的情况下，仍继续连载，放任侵权后果的扩大。依照《中华人民共和国民法通则》第101条和第120条的规定，上述二被告的行为已构成侵害原告的名誉权，应当承担侵权民事责任。"这一批复，给历史小说能否侵害人格权问题，作了一个肯定的答复。

（二）认定历史小说构成侵权的依据

我认为，这一司法解释所作的结论是正确的，其依据是：

首先，《民法通则》并没有限制侵害人格权的行为方式，没有说历史小说不能侵权。以名誉权为例，民法通则关于保护公民、法人名誉权的条文有两条。一是第101条："公民、法人享有名誉权，公民的人格尊严受法律保护，禁止用侮辱、诽谤等方式损害公民、法人的名誉。"二是第120条，即公民、法人的名誉权"受到侵害的，有权要求停止侵害，恢复名誉，消除影响，赔礼道歉，并可以要求赔偿损失"。在这两个条文中，只规定了禁止用侮辱、诽谤等方式损害公民、法人的名誉。有人认为，这是对侵害名誉权行为方式的限制性规定。但是，即便如此，这里所描述的，只是对行为方式的内容的限制，而不是对行为方式的外在形态的限制。因此，从《民法通则》上述条文中可以推导出这样的结论，无论采取何种行为方式，只要这种行为方式具有侮辱、诽谤等内容的，就违反了民法关于保护公民、法人名誉权的禁止性规范，造成了侵权结果的，构成侵害名誉权。因此，可以认为，《民法通则》对侵害名誉权行为的外在表现形态，没有作出限制性规定。审判实践经验也证明了这一点。这几年审判的侵害名誉权案件，既有口头语言形态，又有书面语言形态，既有新闻报道，又有文学作品，甚至还有广告等其他形式的书面语言形态。那么，历史小说也是一种书面语言形态，其中完全可以包含侮辱、诽谤等内容，以致被人作为侮辱、诽谤他人的手段，用来达到侵权的目的。

其次，历史小说侵权，主要手法是影射。历史小说，是描写历史人物或历史事件的小说。历史小说中的人物，无论是真实人物还是虚构人物，都生活于作者在小说中所创作的历史环境之中，与现实生活环境截然不同，因而从一般的意义上讲，历史小说中的人物与现实生活中的人物是截然不同的，不能混为一谈。正是由于历史小说的这一特点，决定了历史小说侵害他人名誉权的主要手法，就是影射。影射，"借甲指乙；暗指某人某事"①。历史小说的影射，通常表现为，利用同音或谐音姓名编造历史人物，将现实人物的主要身世、爱好、外貌特点写在历史人物身上，使熟悉情况的人一看便知小说中的历史人物是暗指现实生活中的某一特定的人（当然也可能是现实中的人），同时，对用来影射的历史人物进行

---

① 《现代汉语词典》，商务印书馆1979年版，第1374页。

具有侮辱、诽谤等内容的描写，使现实生活中的特定人物的名誉受到损害。当然，其他方法也有侵害他人人格权的可能。

再次，国外立法例的参考。在国外立法当中，当然没有明确规定历史小说可否构成侵害人格权的条文，一般是通过对出版物的限制性规定，达到保护他人人格权的目的。《瑞典出版自由法》第4条规定："依第一章阐述的一般出版自由的意义，凡属下列情况的任何一种依法可受惩罚的叙述，均应认为是印刷品中的非法陈述：……12.威吓或侮辱那些具有特殊种族、肤色或民族或种族血统的人，或那些持有特殊宗教信仰的人；……15.诽谤无官职的国民。"《南斯拉夫新闻法》第52条规定："禁止发行如下出版物：……7.损害我国人民及其最高代表机关和共和国主席的荣誉和名誉"。我国澳门地区新通过的《出版法》也规定："在出版物中以引喻、暗示或隐晦语句对他人构成侮辱和诽谤者，均为违反出版法。"出版物是一个统称，历史小说应当包括其中。上述这些规定的共同之点，就在于不得借出版物侮辱、诽谤他人。历史小说是出版物的一种，历史小说当然也不得借机侮辱、诽谤他人。这些立法例值得借鉴。

（三）历史小说构成侵权责任的要件

利用历史小说侵害他人人格权责任的构成，需要具备四个要件。

1.侵害他人人格权的故意

在一般的小说侵权责任构成中，行为人的故意或过失，都可以构成侵权责任，例如使用素材不当暴露了写作模特的隐私，是可以构成侵害人格权的。历史小说则不然，过失不构成侵害人格权。这是因为，历史小说是以历史人物或者历史事件作为描写对象，其中的人物与现实生活中的人物是有时间界限的。在一般情况下，人们不会把历史小说中的人物去和现实生活中的人物对号。即便历史小说中的人物与现实中的人物很相似，只要作者不是故意借古讽今，就不能认定他写的人物就是现实生活中的人物。如果故意将历史小说中的人物与现实人物挂起钩来，并且意图用历史小说中的人物来侮辱、丑化现实生活中的特定人，就构成侵害人格权。

2. 确有影射的事实

影射的事实，是通过历史小说中的人物来暗指现实生活中特定的人。影射的方式，主要是通过姓名、外貌、身世、爱好等方面的描写，使历史小说中的人物酷似现实生活中特定的人。其判断标准，应是熟悉情况的读者一看便知，一致公认。从小说内容的审查和知情人的印象，可以确认该小说是否有影射的事实。

3. 确有侮辱、诽谤等丑化人格的言辞

侮辱、诽谤等是侵害人格权的主要行为方式，历史小说侵权也同样如此。在历史小说中，要构成侵权责任，除用小说中的人物去影射现实中的特定人外，还必须在小说中对利用来影射他人的人物进行侮辱、诽谤，进行人格的丑化。例如，公开的詈骂，丑化性的刻画，作反面人物塑造，编造庸俗、低级的丑化人格的情节，等等。如果仅仅将现实生活中的人物写进历史小说，且虽众所公认，但没有丑化性的描写，也不能构成侵害人格权的责任。

4. 确有损害他人名誉、隐私等人格利益的后果

人格权的损害，是精神利益的损害。它的表现形式，不是像人身损害和财产损害那样表现为有形的损害，而是一种无形的损害，表现为受害人社会评价的降低。因而，人格权损害事实的证明，要通过小说的影响范围、小说人格丑化的程度、读者的反应等一系列相关的因素，去作综合判断，而不能像财产损害、人身损害那样靠鉴定、靠诊断来判断。这是需要认真注意的。

具备以上四个要件的历史小说创作，可以确认其作者构成侵害他人人格权。刘守忠故意以历史小说创作的方法影射三名原告，进行侮辱、丑化，损害了三名原告的名誉，构成了侵害名誉权的民事责任。

四、小说侵权的赔偿责任

确定小说侵权的赔偿责任现在比较通行的办法是依照精神损害赔偿的一般计算方法确定，即人民法院斟酌案件的具体情况确定。具体情况，包括加害人的过错程度，受害人名誉损害的轻重，双方当事人的经济状态，双方当事人的资力

等。根据这些情况确定一个适当的数额。

我主张小说侵权赔偿数额的确定，可以参考侵权小说获报酬的情况，适当高于报酬的数额，这样既起到了制裁的作用，也不必再收缴作者的侵权所得即稿酬了。

将作者创作小说的稿酬作为违法所得予以收缴，上缴国库，这是以前处理小说侵权的一个惯例。这是根据《民法通则》第134条的规定采取的。这种做法值得斟酌。小说侵权，毕竟是一种民事违法行为，民事违法所获得的利益，特别是侵权所获得的利益，一般应归属于受害人，采取收缴国库的办法，似太强硬了一些，不可取。以高于稿酬的数额确定赔偿金，既考虑了侵权获利的一般做法，又考虑了对作者的经济制裁，比较合理。既让作者赔偿，又让作者上缴稿酬，似乎对作者的制裁过重。

第二节　侵权小说编辑出版者的民事责任问题

笔者曾分别在《关于小说侵害名誉权的几个问题》[①] 和《谈撰写发表历史小说侵害名誉权的民事责任承担》[②] 这两篇文章中，概要地涉及侵权小说编辑出版者的民事责任问题。经过仔细的斟酌，感觉对此还有深入探讨、研究的必要，提出比较全面、准确的意见来。遂撰此节，试图从最高人民法院的有关司法解释出发，用比较法的方法进行研究，提出我们的看法。

一、对最高人民法院三个司法解释文件的评析

小说侵害名誉权问题，是1987年《民法通则》施行之后开始出现的。随着《民法通则》设置了民事主体的人格权保护制度以及民事审判实践的不断深入发

① 《中央政法管理干部学院学报》1992年创刊号。

② 杨立新主编：《民事审判诸问题释疑》，吉林人民出版社1990年版，第486-494页。

展，名誉权受到侵害的公民、法人开始寻求民事法律的保护，向人民法院提起诉讼。各地人民法院将实践中遇到的问题，报告最高人民法院，请求作出司法解释。在最高人民法院的这些司法解释中，有三件批复性的司法解释涉及侵权小说编辑出版者的民事责任问题。

（一）《关于侵害名誉权案件有关报刊社应否列为被告和如何适用管辖问题的批复》[1988年1月15日法民复（1988）11号]

这一批复是最高人民法院就上海市高级人民法院的请示报告作出的。其主要内容是："报刊社对要发表的稿件，应负责审查核实。发表后侵害了公民的名誉权，作者和报刊社都有责任，可将报刊社与作者列为共同被告。"

这一重要批复，为在审判实践中正确确定侵害名誉权案件有关报刊社的民事责任问题，发挥了重要的作用。从该批复的基本精神来看，确定侵害名誉权案件有关报刊社的民事责任，适用的是客观标准，即报刊社所发表的稿件，只要侵害了公民的名誉权，就应与作者共同承担侵权的民事责任。该批复确认"报刊社对所要发表的稿件，应负责审查核实"的义务，从这一点出发，报刊社只要发表了侵权稿件，就是未尽审查核实的义务，都有不注意的过失心理状态，或者具有希望或放任的故意。确认这样的义务的结果，就是报刊社一经发表侵权稿件，就难逃侵权责任。

这一批复的上述基本精神也适用于侵权小说编辑出版者的民事责任确定的场合，从批复的文义上分析，"稿件"一词，原则上应当包括一切文字形式甚至图案、绘画等其他形式的各类作品，其中应当包括小说；"报刊社"一词，"报"系指报纸，"刊"者，实乃期刊、书刊之统称，"社"则包括杂志社、报社和出版社等所有的编辑出版单位。侵权小说无论在报纸、期刊、书刊发表，都须经过编辑部的编辑、印刷、发行，因而这些编辑出版小说的报社、杂志社和出版社同样负有对稿件即小说的审查核实义务，违背这一义务，就构成侵权的责任，与作者共同承担责任。在实务上，前几年人民法院审判小说侵权案件一般都以该批复作为依据，将发表小说的刊物编辑部、出版社列为共同被告，判处其承担民事责任。例如，青海省某人民法院审理的"《战火从这里绕开》侵权案"，就将作者和发表

该小说的《白唇鹿》文学杂志社、《人民文学》杂志社列为共同被告，而《人民文学》杂志社根本没有应诉，被缺席判决承担民事责任。

在几年的审判实践中，证明这一批复确定的上述原则，总体上是正确的，发挥了重要的作用，但是，也存在某些不周延、不完善的问题，这就是没有正确解决小说及其他非以真人真事为描写对象的文学作品的编辑出版者民事责任的确定标准。将“报刊社对所要发表的稿件，应负责审查核实”的原则适用于以现实生活中的真人真事作为描写对象的文字作品的时候，它是正确的，诸如新闻报道、报告文学、特写、纪实小说等。当把这一原则适用于非以现实生活中的真人真事作为描写对象的文字作品时，诸如虚构的小说、诗歌、散文、剧本等，它就是不正确的了。这是因为，新闻报道、报告文学、特写、纪实小说等文字作品，真实性是其生命，编辑出版者应当对其真实性负责审查核实。但是，对于以虚构为其基本特征的小说、诗歌、散文、剧本等作品，编辑出版者无法也无须审查核实其事实是否真实，只应审查作品的政治倾向是否正确、艺术水平是否符合要求；将事实真实性的审查核实义务强加给编辑出版者，过于苛刻，不利于文学创作的繁荣，不利于贯彻百花齐放、百家争鸣的方针。

（二）《关于胡骥超等诉刘守忠、遵义晚报社侵害名誉权一案的复函》（1991年5月13日（1990）民他字第48号）

该复函是最高人民法院针对贵州省高级人民法院请示的胡骥超、周孔昭、石述成诉刘守忠、遵义晚报社侵害名誉权案作出的。

本复函指出：“本案被告刘守忠因与原告胡骥超、周孔昭、石述成有矛盾，在历史小说创作中故意以影射手法对原告进行丑化和侮辱，使其名誉受到了损害。被告遵义晚报社在已知所发表的历史小说对他人的名誉造成损害的情况下，仍继续连载，放任侵权后果的扩大。依照《中华人民共和国民法通则》第101条和第120条的规定，上述二被告的行为已构成侵害原告的名誉权，应承担侵权民事责任。”该批复关于遵义晚报社侵权责任确定的意见，与前述1988年1月15日的批复相比较，有了重大的变化，即前一批复确定报刊社的侵权责任，适用客观标准，而该复函确定发表历史小说的报社侵权责任，适用的是主观标准，即该

报社之所以构成侵权，是其主观上具有放任侵权后果扩大的间接故意。这一变化，给侵权小说编辑出版者侵权责任的确定，提供了一个新的思路，创造了一个新的标准。可以说，这一意见，是针对 1988 年 1 月 15 日批复不周延、不完善的内容提出的，将非以现实生活中的真实人物作为描写对象的文学作品从“稿件”中分离出来，对其编辑出版者只赋予适当的注意义务，当其对损害名誉权的后果具有故意和重大过失的时候，才承担侵权责任。分别采用主观标准和客观标准，体现了一般稿件和虚构文学作品的区别，是符合客观规律要求的。

（三）《关于朱秀琴、朱良发、沈珍珠诉《青春》编辑部名誉权纠纷案的复函》(1992 年 8 月 14 日（1992）民他字第 1 号)

本复函是对江苏省高级人民法院对该案进行请示作出的答复。主要内容是：“经研究认为：1986 年，《青春》杂志社刊登唐敏撰写的侮辱、诽谤死者王练忠及原告的《太姥山妖氛》一文，编辑部未尽到审查、核实之责；同年 6 月，原告及其所在乡、区政府及县委多次向编辑部反映：《太姥山妖氛》系以真实姓名、地点和虚构的事实侮辱、诽谤王练忠及原告，要求澄清事实、消除影响；1990 年 1 月，作者唐敏为此以诽谤罪被判处有期徒刑后，《青春》编辑部仍不采取措施，为原告消除影响，致使该小说继续流传于社会，扩大了不良影响，侵害了原告的名誉权，故同意你院审判委员会的意见，《青春》编辑部应承担民事责任。”

该复函确认《青春》编辑部侵权责任，依据以下三点根据。一是未尽审查、核实之责；二是原告及有关组织要求澄清事实；三是作者已被判刑，编辑部仍不采取措施。应当指出，《太姥山妖氛》确系以真实姓名和地点撰写的小说，但小说的故事基本上是虚构的，与完全写真实人物的纪实小说并不相同。对此，强行要求编辑部负有事实真实的审查核实之责，尚值得斟酌。然而，本复函关于侵权小说的编辑出版者承担不作为侵权责任的思想，却具有重要的意义。当编辑出版单位发表或出版侵权作品之后，负有更正、消除影响的法定义务，违反这一义务拒不采取措施，即为不作为的侵权行为，应当承担相应的责任。对于这一点，其意义不仅仅局限于小说侵害名誉权的场合，而且影响到整个编辑出版界乃至侵害名誉权的整个理论与实务。

二、侵权小说编辑出版者民事责任的具体问题

（一）小说的编辑出版者应否承担审查核实的义务

近世各国在新闻出版法中，都规定新闻自由和出版自由的权利，同时明确规定不得以行使这种自由权利而侵害他人的名誉权。在德国，《基本法》第5条规定："（1）人人享有以语言、文字或影像形式发表或传播其意见的自由权利，并且享有通过一般消息来源不受阻挠地使自己了解情况的自由。新闻出版自由以及通过广播和电影进行报道的自由是得到保证的，将不会发生审查。（2）上述权利仅受到普通法、保护青少年法和保护个人名誉权法的限制。"《国际新闻自由公约草案》的第三公约《新闻自由公约草案》中，在规定保护新闻自由权的同时，强调"意图毁损他人之名誉，或有害他人而无益于公众者，无论其毁损者为自然人或法人皆然"，均在限制之列。违反保护他人名誉权法律规定的行为，各国法律均规定应受民法上乃至刑法上的制裁。

接受制裁的违法者，包括著作人、出版者、印刷者、编辑等。瑞典《出版自由法》第11章第2条规定："一项可以向一个期刊的编者或其副手提出的索取损害赔偿金的要求，也可以向期刊的业主提出。至于其他印刷品，可向作者或编者提出的索取损害赔偿金的要求，也可以向出版者提出。"在我国清末，《大清印刷物专律》第4章第6条规定："左开诸色人等，均于毁谤中有关法案者：甲、作毁谤之人；乙、印刷毁谤之人；丙、谤件出版所之主人；丁、谤件出版所之经理人；戊、谤件之发卖人贩卖人或分送人，但本条所列之三种人，均须知情者。"通例认为，著作物的出版者一经出版发行侵权作品，即应承担侵权责任。法国"立法者在宣布原则上承认新闻自由的同时，还规定了出版的责任制。""至于责任，刊物编辑、文章作者、印刷者乃至销售者皆应承担"①。

在我国，对于著作物的编辑出版者的侵权责任是否应当一律如此确定，如前

---

① ［法］《拉鲁斯大百科全书》，转引自《各国新闻出版法选辑》，人民日报出版社1981年版，第262页。

节所述，应当有所区别。我们认为，责任的承担，在于义务的不履行。因而，编辑出版者对稿件应负何种义务，是问题的关键。首先，新闻类作品与小说类作品不同。“诚实、真实、准确——忠诚于读者是一切新闻工作的名副其实的基础。”“要使报纸得到信任，就必须做到真实。”[①] 为了做到这一点，编辑出版者必须负审查核实的义务。而小说等文学作品是艺术形式，可以取材于生活中的素材，进行艺术加工，创造典型形象，给人们以艺术的享受，不要求事实的真实，不需要编辑出版者审查事实的真伪。其次，在小说类文学作品中，亦不能一概而论。当前国内大量出现的“纪实小说”，以真人真事作为描写对象，以小说作为表达方式，其实并不是严格意义上的小说。对这种文学作品，编辑出版者亦应承担审查核实的义务，自属当然。因此，1991 年 5 月 13 日最高人民法院的复函确定对侵权小说编辑出版者民事责任适用主观标准，以区别于 1988 年 1 月 15 日批复的一般客观标准，是完全正确的；但需指出，前一标准只适用于非以真实人物为描写对象的小说。

（二）小说的编辑出版者应否负担更正的义务

定期或不定期出版的出版物，在发表、刊载不当的作品后，应当在邻近的下期或近期的出版物刊载更正的文字说明，以澄清事实、说明真相、向读者及相关人员致歉。这种义务，称为出版物的更正义务。近世各国的新闻、出版法多有此硬性的规定。《日本新闻纸法》第 17 条规定：“新闻纸揭载事项有错误时，倘与该事项有关之本人或直接关系者请求更正或揭载正误书、辩驳书，须在接收请求后次回或第三回发行之时实行更正，或揭载正误书，辩驳书之全文。”哥伦比亚《新闻法》第 19 条规定：“任何报刊如登载侮辱性消息、文章等，其领导人必须免费刊登被侮辱的个人、官员、公司、单位的更正声明。”

更正的权利主体，为与“该事项有关的本人或直接关系者”（《日本新闻纸法》第 17 条），“被侮辱的个人、官员、公司或单位”（哥伦比亚《新闻法》第 19 条），“劳动群众和公民、社会——政治共同体及其机关、社会——政治和其他组织、联合劳动组织及法人”（塞尔维亚共和国《公共宣传法》第 104 条）。此外，

① 美国报纸编辑协会《新闻工作准则》第 4 条。

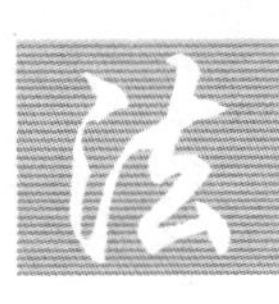

一般还将这种请求更正的权利赋予相关的其他人。如塞尔维亚共和国《公共宣传法》第105条规定："如果新闻涉及的人已死亡，有权要求发表纠正的人是：子女、配偶、父母、兄弟姐妹。可利用这种权利的还有联合劳动组织、其他自治组织和其他法人或者国家机关，而其条件是：新闻涉及的死者的活动同这些组织、联合劳动组织或其他法人有关。"哥伦比亚《新闻法》第20条规定："如受害当事人因不在，或无法行使上述刊登更正声明的权利，则应将其扩大到当事人上下两代直系亲属，或同代姻亲的范围。"法国规定的答辩权的主体还包括报纸虽未点名只要公众都明白地知道文章中指的是谁，此人就可以运用这一答辩权。

关于更正或答辩的具体方法，一般规定，更正声明应刊登在造成过失的文字的同一部位，采用同样型号的字体，作同样的版面处理，包括使用同类标题。关于期间的规定，哥伦比亚规定日报应限于3日之内，期刊应在下一期作出，法国同上述规定，日本则规定为接到请求后的第二期或第三期发行之时。

各国在规定上述权利义务的同时，还规定了拒绝更正的诉讼程序，当事人可以向法院起诉，由法院依法裁判。

应当指出，上述更正的权利义务，各国一般规定适用的范围为新闻，也有的扩展到报纸期刊发表的文章。我们认为，报纸、期刊发表侵权小说，可以借鉴这样的经验，赋予侵权小说的受害人以要求类似于更正的要求道歉权利，侵权小说的编辑出版者应承担道歉的义务。这样做的好处是：

第一，便于以不同作品的性质区分不同的义务。依据我国现实情况，以文字为表现形式的各种作品，可以大略地划分为两大类，一类是以真实人物作为描写对象的文字作品，一类是非以真实人物作为描写对象的文字作品。如前所述，对这两种不同的文字作品，其编辑出版者的审查处理并不相同，前者注重于事实的真实性，后者注重于艺术性，内容并不相同。对于编辑出版不同的作品形式赋予不同的法律义务，符合创作的客观规律。

第二，有利于更好地保护人格权。能够利用小说侵害他人的人格权，已为实践和理论所证明。小说侵害了他人的人格权，法律规定小说的编辑出版者应当承担道歉的义务，就使公民的人格权的保护制度更加完善，公民的人格尊严受到更

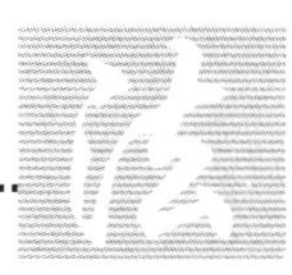

严密的法律保护。

第三，有利于区分义务与责任的不同，避免制裁过宽。非以真人真事作为描写对象的小说，编辑出版者难以发现其侵权的迹象，如果报纸、期刊一经发表这类小说，其编辑出版者即构成侵权，难免制裁过宽，影响编辑出版者的积极性，有碍于文学艺术创作的繁荣。确定对此负有道歉的义务，只要编辑出版者履行了这种义务，即无任何责任可言，对于保护创作积极性和保护人格权都已兼顾。

上述论点，已被最高人民法院（1992）民他字第1号复函所证明。该复函尽管有对编辑出版者应当审查、核实之责的过高要求，但对《青春》编辑部发表侵权小说之后，"仍不采取措施，为原告消除影响，致使该小说继续流传于社会，扩大了不良影响，侵害了原告的名誉权"的结论，恰恰体现了侵权小说编辑出版者负有道歉法律义务的原则。

依据上述批复解释的精神，参照国外的立法及实践，我国确立了侵权小说编辑出版者道歉义务的制度，其基本内容是：(1) 该义务为法定义务，包括澄清事实、消除影响、赔礼道歉等；(2) 该权利为侵权小说的受害人所享有，受害人难以以至不能行使该权利，可以由其上下两代近亲属行使；(3) 编辑出版者可以依受害人的请求，或者自行为之，在刊载侵权小说的报纸、期刊上刊登声明；(4) 刊载声明的期限，可以比国外规定稍长一些，似以自受害人请求后3个月内，或者出版编辑者发现所发表的小说侵害他人人格权后的一个月内或期刊的下一期为宜；(5) 编辑出版者拒绝上述受害人道歉的请求，受害人可以向人民法院提起侵权之诉，人民法院在审理中，应当审查编辑出版者拒绝履行道歉义务的真实原因，确认其拒绝履行道歉义务的理由是否合法、正当，理由不正当、不合法者，即构成不作为的侵权行为。

（三）侵权小说编辑出版者构成侵权责任的过错形态

最高人民法院在涉及侵权小说编辑出版者侵权责任的后两个批复性司法解释中，都使用了"放任"这样的概念。依据该两个案件，遵义晚报社和《青春》编辑部侵权的过错形态，均为间接故意形式。侵权小说编辑出版者构成侵权责任，是否都须具备间接故意的形式呢？回答是并不尽然。

从原则上说，小说的编辑出版者编辑出版小说，依据纪实小说或虚构小说的不同，承担审查核实的义务或道歉的义务，不履行这种义务，其主观心态，或者是重大过失，或者是间接故意。审查、核实的义务不履行，重大过失或间接故意均可构成；道歉义务不履行，就其侵权后果及影响来说，主观心态为间接故意，而非过失。

重大过失的要求适用于编辑出版纪实小说的场合。编辑出版纪实小说，编辑出版者应负审查核实义务，明知纪实小说，未经审查核实事实而予以发表，造成侵权后果，即为有重大过失。确认的标准，应依客观标准，即发表的小说已知为纪实小说，客观上又造成了侵权的后果，即为重大过失。编辑出版者的注意义务，为善良管理人的注意程度，要求高一些，有利于保护民事主体的人格权。问题是，纪实小说的性质应由作者说明还是由编辑判断呢？例如，唐敏著《太姥山妖氛》，内有荒诞的虚构内容，但其中使用的是真实人物的姓名和部分真实的事件，类似于纪实小说。这样的小说，编辑很难判断其性质。我们认为，对此，小说作者负有说明的义务，作者在投稿时，应当说明其作品为纪实的性质。编辑负有适当的义务，如发现小说有纪实的可能时，应当向作者核实，但严格地说，确定是否为纪实小说，责任不在编辑。是纪实小说，作者未加说明，编辑未能确认而以虚构小说发表，为一般过失，编辑出版者不构成侵权责任。

间接故意的要求适用于小说侵权的一般场合。明知纪实小说在发表后会造成侵权后果，却放任这种后果的发生，是编辑出版纪实小说的间接故意；已知发表虚构的小说侵害了他人的名誉权，却不予以道歉、消除影响，放任侵权后果的继续扩大，是编辑出版虚构小说的间接故意。确定上述间接故意，一般应当适用主观标准，必须证明“明知”和“已知”的内容，否则不构成侵权。

直接故意，对于侵权小说的编辑出版者并不完全排除。如果小说的编辑出版者明知小说有侵权事实，发表后会造成侵权后果，却希望这种结果的发生，即为直接故意。这种情况，多数存在于作者和编辑共同串通侵权的场合，在一般情况下，不会有这种情况。

（四）侵权小说编辑出版者的行为方式

既然纪实小说的编辑出版者负有审查核实的法定义务，虚构小说的编辑出版

者负有道歉的法定义务，那么，是否这些小说的编辑出版者都以不作为的行为方式构成侵权责任呢？我们认为，对此不能一概而论。

不作为行为的前提是行为人承担法定作为义务。但是，作为的法定义务应当是就具体的侵权后果而言的。如果法律对行为有明确的不作为义务的要求，在这一不作为义务之前又规定某种作为的义务，如果行为人违背不作为的义务而作为，即构成侵权，则前一个作为的义务则为未尽职责的行为，未尽职责而采取了法律禁止的行为，乃为作为的行为。只有法定的作为义务不履行即可成立侵权，方为不作为的侵权行为。

编辑出版纪实小说，审查核实义务是一种法定义务，但只是未尽审查核实义务，并无发表侵权小说的行为，并不构成侵权；而发表侵权小说，才是构成侵权的行为要件。审查核实的义务，不是侵权行为本身，是构成故意或过失的外在表现。因而，编辑出版纪实小说的行为方式，仍是作为的方式。

编辑出版虚构小说，构成侵权为不作为的行为方式，因为其法定义务，是在发表了侵权小说之后，应向受害者赔礼道歉、消除影响、恢复名誉。这种法定义务不履行，即直接构成侵权，因而是不作为的侵权行为。确定《青春》编辑部侵权，不在于其未尽审查核实义务而发表《太姥山妖氛》，而在于原告及有关政府、县委多次向编辑部要求澄清事实、消除影响，作者亦因该小说的发表而犯诽谤罪后，编辑部“仍不采取措施，为原告消除影响，致使该小说继续流传于社会，扩大了不良影响，侵害了原告的名誉权”。这样确定小说编辑出版者的不作为行为，是完全正确的。

第六编

产品责任

第十二章

产品经营者与代言人的民事责任

第一节　避风港规则及法律适用规则

2009 年 2 月 28 日，第十一届全国人民代表大会常务委员会第七次会议通过《中华人民共和国食品安全法》（2015 年修正），已经于 2009 年 6 月 1 日正式施行。该法第 55 条规定："社会团体或者其他组织、个人在虚假广告中向消费者推荐食品，使消费者的合法权益受到损害的，与食品生产经营者承担连带责任。"[①] 对于这个规定，社会各界反映比较热烈，形成尖锐的对立意见。依我所见，这个规定实际上不能仅仅局限于食品代言连带责任，而是应当举一反三，适用于所有的避风港规则，因而具有更为广泛的意义。本节从食品代言连带责任说起，全面论述避风港规则的有关法律问题。

① 2015 年修订《食品安全法》，将这一内容规定在第 140 条第 3 款："社会团体或者其他组织、个人在虚假广告或者其他虚假宣传中向消费者推荐食品，使消费者的合法权益受到损害的，应当与食品生产经营者承担连带责任。"

一、对《食品安全法》第55条规定食品代言连带责任的不同意见

对《食品安全法》第55条规定食品代言连带责任的对立意见，分为正方和反方两种意见。

反方：坚决反对食品代言连带责任规定的，以著名导演冯小刚为代表。他在全国政协会议上“开炮”说：关于食品安全明星代言连带责任，很多演艺明星对此都有意见。如果明星要承担连带责任，那电视台是否负责，新闻媒体是否负责，国家质检等部门是否能负连带责任，为什么单单明星来负连带责任呢？这个规定是片面的、不公正的。如果要明星负责，那所有的质检部门应该负连带责任。法律也开始欺负明星了，有点欺负人，而且欺负的没有道理。①

正方：坚决拥护这一规定的集中在网友的意见中。很多网友在网上发表意见，认为食品代言连带责任的规定不错，甚至还以“决不饶恕”的说法表示自己的态度。他们认为，消费者就是因为崇拜、信任某个明星，而间接对其所代言的产品产生信任，而去购买商品。既然艺人的形象促使消费者实施了购买行为，那么艺人就没有理由说自己和产品质量没关系。名人偶像对大众的影响力是非常巨大的，追随者和“粉丝”们相信他们的偶像，对比同类商品，他们更信赖名人代言的产品。这也是为什么名人代言的广告方式受到企业的青睐，名人们也由此赚得巨大的收入，甚至远远超过他们演艺事业的所得。每一个公民，包括名人在内，权利与义务必须对等，名人明星代言产品在获取巨额代言费的同时，也必须为可能出现的虚假宣传、产品质量问题等误导消费者的行为承担责任。②

法学专家对此保持冷静，提出的意见比较稳妥。姚辉教授认为，食品代言连带责任的承担，要看制造商与明星代言人之间是否存在共同故意。具体来说有两种情况。其一，制造商与明星代言人相互串通。在这种情况下，制造商与明星代

① 《冯小刚不满食品代言法规：明星承担连带责任不公正》，见中国新闻网，http：//www.chinanews.com.cn/yl/zyxw/news/2009/03-05/1588579.shtml，2009年3月5日访问。

② 《名人张嘴法律把门》，见中国食品质量报网，http：//www.cfqn.com.cn/Article/aqfz/20090409004.htm，2009年4月9日访问。

言人实则形成了明确的分工，二者的主观状态均属于直接故意。其二，制造商与明星代言人虽然没有相互串通，但明星代言人明知制造商生产了质量存在缺陷的产品，而仍然为该产品进行代言。在这种情况下，制造商的主观状态属直接故意，明星代言人的主观状态属间接故意。毫无疑问，上述两种情况都可认定他们的行为构成共同侵权，承担连带责任。[①]

食品代言连带责任，法律已经规定并且开始实施了，这是客观现实，对其进行讨论发表不同意见是可以的，但质疑其权威性，甚至反对、阻止其施行，则是不可能的。我承认，《食品安全法》对这一责任规定确实过严，但是，法律规定的责任过严也有过严的好处。尽管很多学者也主张最好规定为“承担相应责任”，似乎更为缓和、更为稳妥[②]，但是法律已经明确规定的就是连带责任，在没有修改法律之前没有改变的余地。对此，我的看法是：第一，规定为“相应责任”反而不好，因为不知道与什么相应，如何相应，在法律适用上更不好解释，也无法准确掌握，会出现各有各的理解的弊病；第二，明确规定食品代言连带责任，是很严格的责任，但依照连带责任的严格要求，食品代言连带责任必须符合侵权连带责任的构成要件，因而并不会伤害没有构成连带责任的食品代言人，只有构成共同侵权的食品代言行为的代言人才应当承担连带责任。这样，更有利于划清侵权与非侵权的界限，保护正当的产品代言行为，制裁非法的产品代言行为。因此，我积极评价《食品安全法》第55条规定，并建议将此推而广之，扩展为避风港规则。

二、避风港规则的法理基础

食品代言乃至于产品代言，代言人实际上就是给食品或者产品做广告。那么，做广告的人对于推荐的食品或者产品有缺陷并造成消费者合法权益的损害，

① 《法学专家提醒代言明星：承担连带责任源于共同侵权》，《检察日报》2009年3月30日，第6版。

② 李连颖：《食品广告代言连带责任是否过重》，见新浪博客，http://blog.sina.com.cn/s/blog_4c9d230f0100cu3u.html，2009年4月26日访问。

究竟应否承担民事责任，长期以来并不是一个明确的问题。存在的问题确实如网友所言，产品代言人只管代言，只管收钱，对于代言的产品质量如何、是否存在缺陷、能否造成损害，一概不管，不用承担任何责任。这样的后果是，代言人只享有权利，不承担义务，不承担责任，成为市场经济中不受法律约束的特殊主体。这是不正确的，也是不正常的。《食品安全法》率先规定食品代言连带责任，解决了这个问题。

那么，避风港规则究竟是依据何种法律基础承担呢？

（一）避风港规则并非基于合同责任而发生

产品代言行为确实产生于合同，但并非基于产品代言合同而发生避风港规则。

诚然，产品代言是一种合同关系，是产品代言人与广告商以及生产者或者销售者之间订立的广告代言合同。该合同对上述当事人的代言行为进行法律约束，确定当事人的权利义务关系，但其并不能约束合同当事人与其他人之间的关系。这是合同的债权相对性原则的效力使然，即使债权相对性原则有所突破[①]，但也无法突破到这样的程度。当代言的缺陷产品造成消费者合法权益损害时，该合同关系无法解决这样的赔偿要求。

当然，也可以考虑另一个合同关系，即产品代言人依附于买卖合同关系的产品经营者，依据产品经营者与消费者的合同关系，解决消费者权益受到损害的索赔问题。制造或者销售具有不合理危险的产品，造成合同债权人人身伤害或者财产损害的，债权人主张违约责任，可以依据加害给付责任规则请求赔偿。加害给付亦称积极侵害债权，是德国学者创造的概念，指债务人履行给付不合债务本质，除发生债务不履行的损害之外，更发生履行利益之外的损害，债务人应当承担履行利益之外固有利益损害赔偿的违约责任制度。[②] 在合同责任中，加害给付与实际违约是一种特殊关系，构成责任竞合，其基本区别，在于履行合同所交付的标的物的质量不符合约定，即瑕疵履行，并且因此而给债权人造成合同利益以

① 关于合同相对性原则，请参见杨立新：《债法总论》，高等教育出版社 2009 年版，第 24－25 页。

② 杨立新：《合同法专论》，高等教育出版社 2006 年版，第 344 页。

外的固有利益损失，而不是一般的实际违约。因此，加害给付责任就是实际违约责任中的特殊责任，只不过由于加害给付责任所具有的涉及固有利益损失的特殊性，因而才作为单独的一个合同责任进行研究。产品代言人代言缺陷产品，如果明知产品有缺陷，仍然为产品生产者或者产品销售者进行宣传，造成损害，依据加害给付责任规则承担违约责任，似乎有道理。但问题在于：一方面，产品代言人本身并不是产品买卖合同的当事人，无法依据该合同关系承担合同责任；另一方面，加害给付责任无法保护产品买卖合同当事人之外的产品使用人受到损害的权利。因此，以加害给付责任作为避风港规则的法理基础也并不充分。

可见，避风港规则并不是基于合同而发生的民事责任。

（二）避风港规则的法律基础是产品侵权责任

避风港规则应当以产品侵权责任规则作为承担民事责任的法律基础。

产品侵权责任，是指由于存在缺陷的产品造成他人人身、财产的损害，而应由缺陷产品的生产者或者销售者承担损害赔偿责任的侵权责任。[①] 按照《产品质量法》第 41 条、第 42 条和第 43 条规定，缺陷产品的生产者或者销售者对于造成损害的产品使用人负有损害赔偿责任，受害人可以请求生产者承担责任，也可以请求销售者承担责任；承担责任的销售者如果对于产品缺陷的产生没有过错，并且能够指明缺陷产品的来源或者生产者的，销售者在承担了赔偿责任之后，可以向缺陷产品生产者追偿；产品生产者承担了赔偿责任之后，如果能够证明销售者对于产品缺陷的产生有过错的，则可以向其追偿。可是，按照产品侵权责任的规则要求，承担责任的主体应当是缺陷产品的生产者或者销售者，产品代言人既不是产品生产者，也不是产品销售者，完全按照产品侵权责任规则确定避风港规则，理由好像也不充分。

学者在解释避风港规则适用产品侵权责任规则的理由时提出，对于产品缺陷而导致的损害，代言行为相对于产品生产者的行为而言，具有间接性，属于间接侵害行为。学者引用德国学者拉伦茨的观点，所谓间接侵害行为，是指行为自身引起高度抽象的危险，加上隔着远距离的其他情事之介入，导致他人权利受侵；

① 杨立新：《侵权行为法专论》，高等教育出版社 2005 年版，第 226 页。

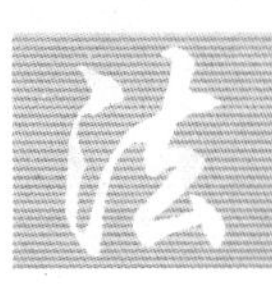

而直接侵害行为是指依照社会的见解，在一个行为外部历程中，于时空上直接地引发的侵害。直接侵害行为与间接侵害行为的区隔在于，后者只是引起了某种抽象的损害发生的危险，前者在损害的发生上具有直接的促成原因力。①

我并非完全赞同产品代言行为的间接侵害行为性质的说法，但产品代言行为须与产品生产者、销售者的行为相结合，才能够发生致人损害的后果，却是一个客观事实。在缺陷产品造成他人损害的事实中，产品代言行为依附于缺陷产品的生产经营行为，最起码是致他人损害的助成原因，并非没有直接的原因力。因此，适用产品侵权责任法律规则，才能够建立避风港规则的法律基础，是确定其承担连带责任的法律依据。正因为产品代言行为对于缺陷产品造成损害的行为发生具有助成原因，所以，确定产品代言人承担产品侵权责任，就是有道理的，只是必须确定产品代言人究竟是依附于产品生产者，还是依附于产品销售者。这正是《食品安全法》第55条规定的“与食品生产经营者承担”责任的含义所在，即产品代言行为必须与产品生产者或者销售者的侵害行为相结合，才能够成立产品侵权责任，不存在单独的避风港规则。

除此之外，确定避风港规则并没有其他法律根据。因此，我赞同产品代言人连带责任采用产品侵权责任规则作为其法律基础，探究其归责原则、责任构成和责任形态等问题，以保证在司法实践中正确适用法律，保护人民健康。

三、法律规定产品代言的侵权责任形态为连带责任的正确性

（一）对避风港规则性质的不同主张

产品代言人承担侵权责任，究竟应当是何种侵权责任形态，对此，立法已经明确为连带责任，但在学理讨论上尚有不同见解。

1. 相应责任说

学者认为，代言明星若明知或应知食品广告虚假仍然为之代言，其实与广告

① 黄芬：《产品代言人的侵权责任思考》，载《中国法学会民法学研究会09年年会论文集》下册，中国法学会民法学研究会会议文集2009年，第224页。

主形成了共同侵权中的共同加害行为之帮助行为。共同加害行为要求必须具备三个构成要件：主体须为两人或两人以上；行为须具有共同性即具备意思联络或者行为关联；损害结果须具有同一性。因此，要求代言虚假食品广告的明星承担相应的法律责任是有一定的理论依据的。[①] 在全国人大法律委员会讨论《食品安全法》的过程中，有些法律专家也认为应当规定为弹性的“相应责任”，而不是连带责任。但是，立法者没有采纳这些意见。

相应责任并不是一个准确的概念，相应责任应当有多种责任形态可供选择。没有选择的相应责任，不是一种法律明确的责任形态。因此，规定为相应责任反而不利于在司法实践中适用。而在事实上，既然承认产品代言责任的基础是共同侵权行为，那就应当是连带责任，而不是相应责任，这是不言自明的规则。

2.按份责任说

有学者认为，产品代言应当承担按份责任。理由是，共同侵权的成立应该以主观上的共同过错为要件，没有主观关联的行为人之间不成立共同侵权，各自承担份额责任。根据该草案的立法精神，代言人责任与生产经营者责任之间宜为按份责任关系。[②]

这种意见也不准确。在侵权责任法领域，数个当事人承担按份责任的基础，在于数个行为人的行为对于同一个损害的发生，都构成原因，都具有原因力，但没有共同故意或者共同过失，也不具有客观的关联共同，因而成立无过错联系的共同加害行为。简言之，承担按份责任，须不构成共同侵权，且须数人的行为造成同一个损害结果。在避风港规则中，既然构成共同侵权，也就不存在承担按份责任的法律基础，承担按份责任也没有可靠的事实依据。

3.补充责任说

产品代言是否存在承担补充责任的可能呢？对此，应当先考虑承担补充责任的事实依据和法律基础。承担补充责任的客观基础，是不同的行为造成同一个损

---

① 李连颖：《食品广告代言连带责任是否过重》，见新浪博客，http：//blog.sina.com.cn/s/blog_4c9d230f0100cu3u.html，2009年4月26日访问。

② 黄芬：《产品代言人的侵权责任思考》，载《中国法学会民法学研究会09年年会论文集》下册，中国法学会民法学研究会会议文集2009年，第224页。

害事实，受害人同时产生两个损害赔偿请求权，依据公共政策的考量，准许受害人先行使顺位在先的请求权，在其请求权不能实现或者不能完全实现时，再行使顺位在后的请求权，以补充直接加害人的赔偿不足。[①] 在产品代言责任中，存在前一个客观事实，即损害是由产品生产者或者产品销售者的行为，以及产品代言行为造成，且系同一个损害，受害人对于前者和后者都享有请求权。但是，法律并没有规定这种责任为补充责任，而是明定为连带责任。因此，确定产品代言责任为补充责任，则缺少法律基础。

4. 不真正连带责任说

在避风港规则中，如果笼统规定产品代言人与产品生产经营者承担责任，则有可能形成不真正连带责任。在产品侵权责任，产品生产者和销售者承担的侵权责任就是不真正连带责任，尽管在承担风险责任的层面，只要产品存在缺陷，就可以请求生产者或者销售者承担侵权责任；但在最终责任层面，产品生产者承担最终责任须产品存在缺陷；而产品销售者承担最终责任则须有过错。如果产品代言人参与其中承担不真正连带责任，将与产品生产者、产品销售者一起构成三个主体的不真正连带责任。这样选择，有违产品代言行为助成产品生产者或者助成产品销售者的客观事实，有违产品代言行为只能依附于生产者或者销售者一方造成损害的客观事实，因而不存在不真正连带责任的客观基础。因此，产品代言人不存在承担不真正连带责任的可能性。

（二）避风港规则是共同侵权连带责任

我赞同姚辉教授的主张。[②] 依我所见，当一个侵权行为人应当承担连带责任的时候，必须首先具备前提条件。这些前提条件包括：第一，必须存在两个以上的侵权行为人，该人是其中之一；第二，每一个侵权行为人实施的行为对于损害的发生都必须具有原因力；第三，各个共同加害人应当具有主观上或者客观上的关联共同。产品代言责任符合这样的要求。

首先，应当解决的是产品代言人与谁承担连带责任。或者与产品生产者，或

① 杨立新：《侵权责任法原理与案例教程》，中国人民大学出版社 2008 年版，第 333 页。

② 《法学专家提醒代言明星：承担连带责任源于共同侵权》，《检察日报》2009 年 3 月 30 日，第 6 版。

者与产品销售者，因而符合两个以上侵权行为人的要求。《食品安全法》第55条规定为食品生产经营者，是对的，但产品代言人不能与产品生产者和销售者一起构成数人而由三个主体承担连带责任。

其次，产品代言行为对于损害的发生具有原因力。尽管产品代言行为不具有直接造成损害的可能性，却是造成损害的助成原因，具有相当的原因力，与产品生产者或者销售者的行为构成损害的共同原因，因而承担连带责任顺理成章。产品代言人承担连带责任，或者是与产品生产者承担连带责任，或者是与产品销售者承担连带责任，因为他们的行为对于损害的发生才具有共同原因力。

再次，避风港规则存在承担连带责任的关联共同。在事实上，广告代言行为作为主观关联共同的共同侵权，较为少见，但确实存在，即产品代言人明知代言的产品存在致人损害的缺陷，却故意为其进行代言，希望或者放任损害结果发生的，构成主观关联共同，承担连带责任毫无问题。如果产品代言人并不明知而是应知，由于存在疏忽或者懈怠，可能构成客观关联共同，也可以成立共同侵权，当然也存在连带责任的基础。

（三）对避风港规则的概念界定

综合上述论述，《食品安全法》将产品代言责任规定为连带责任确有道理，产品代言人承担的责任性质为产品侵权责任。产品代言行为应当依附于缺陷产品的生产者或者销售者行为，产品代言人应当与缺陷产品的生产者或者销售者承担连带责任。据此，避风港规则，是指在虚假广告中向消费者推荐缺陷产品，对消费者或者他人的合法权益造成损害的社会团体或者其他组织、个人，依据产品侵权责任规则，应当与产品生产者或者产品销售者共同承担的侵权连带责任。

四、避风港规则的归责原则与责任构成

（一）产品代言人承担侵权责任的归责原则

确定避风港规则适用何种归责原则，也有不同意见。有人认为，既然产品侵权责任适用无过错责任原则，而产品代言责任是附属于产品侵权责任的连带责

任，因而也应当适用无过错责任原则。但是，也有学者认为，适用无过错责任原则对于从事代言的名人来说不符合法律正义，而且会限制行为选择的自由，因此，采取过错责任原则似乎更为适宜。①

诚然，产品侵权责任适用无过错责任原则，但也并不是一律适用无过错责任原则。例如，在产品侵权责任中确定销售者的最终责任，并不适用无过错责任原则，而是适用过错责任原则。《产品质量法》第 42 条规定："由于销售者的过错使产品存在缺陷，造成人身、他人财产损害的，销售者应当承担赔偿责任。""销售者不能指明缺陷产品的生产者也不能指明缺陷产品的供货者的，销售者应当承担赔偿责任。"在产品代言中，由于产品代言行为并非直接造成损害，因而，具有过错的产品代言行为才应当承担侵权责任。基于公平、正义的民法基本理念，确定避风港规则必须适用过错责任原则，即代言人有过错的，才能够与产品生产者或者产品销售者构成共同侵权，才承担连带责任。

产品代言人具有故意，包括直接故意和间接故意，当然应当承担连带责任。

产品代言人只具有过失，且不是共同过失，是否应当承担连带责任呢？我们认为，客观关联共同并不排斥产品代言人的过失，并非要求其须与生产者或者销售者具有共同故意。民国民法第 185 条规定共同侵权行为的立法理由认为："查民律草案第 950 条理由谓数人共同为侵害行为，致加损害于他人时（即意思及结果均共同），各有赔偿其损害全部之责任。至造意人及帮助人，应视为共同加害人，始足以保护被害人之利益。其因数人之侵权行为，生共同之损害时（即结果共同）亦然。"这里采纳的立场主要是意思联络说，但作为特殊情况，行为关联共同者也被认为构成共同侵权行为。前者为意思联络即主观上的关联共同，后者为客观上的关联共同，各行为既无意思联络，又无关联共同者，非共同侵权行为。② 我国台湾地区"司法院"1977 年 6 月 1 日（66）院台参字第 578 号令例变字第 1 号认为，民法上之共同侵权行为，与刑事上之共同正犯，其构成要件并不

① 黄芬：《产品代言人的侵权责任思考》，载《中国法学会民法学研究会 09 年年会论文集》下册，中国法学会民法学研究会会议文集 2009 年，第 226 页。

② 刘清景主编：《民法实务全览》（上），台北学知出版事业公司 2000 年版，第 370 页。

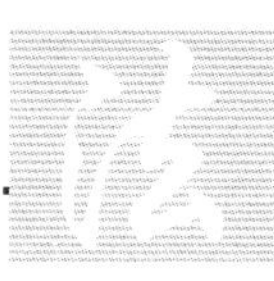

完全相同，共同侵权行为人间不以有意思联络为必要，数人因过失不法侵害他人之权利，苟各行为人之过失行为均为其所生损害之共同原因，即所谓行为关联共同，亦足成立共同侵权行为。“最高法院”1978 年台上字第 1737 号判决书重申了这一立场。[①] 因此，构成客观上的关联共同，各个行为人具有各自的过错，造成同一个损害结果，均具有共同原因的，也认为构成共同侵权行为。产品代言人具有过失，其行为与生产者或者销售者的行为具有共同原因，造成同一个损害结果，就成立客观关联共同。

因此，在产品代言侵权责任中，尽管产品侵权责任应当实行无过错责任原则，但对于产品代言人的责任确定，应当适用过错责任原则。产品代言人没有故意或者过失的，不承担连带责任。

（二）避风港规则的构成要件

构成避风港规则，其基本构成要件应当符合产品侵权责任的要求，同时应当具备下述各项要件。不具备这些要件的，就不构成避风港规则。

1. 行为主体为社会团体或者其他组织、个人

按照《食品安全法》第 55 条规定要求，避风港规则的主体是“社会团体或者其他组织、个人”。其中包括三种主体，一是社会团体，二是其他组织，三是个人。很多学者在文章中断言该条规定的是“名人代言”，是不正确的。避风港规则的主体并非只有名人，凡是在虚假广告中向消费者推荐产品的上述三种主体，都能够成为避风港规则主体。例如，前几年推荐假冒伪劣牙膏的所谓“牙防组”，就是其他组织作为侵权主体。对此，冯小刚等提出关于“电视台是否负责？新闻媒体是否负责？国家质检等部门是否能负连带责任？为什么单单明星来负连带责任”[②] 的指责，是不成立的。社会团体、其他组织或者个人就包括这些主体，并非没有电视台、质检部门等。对此没有疑问。代言人只是其中之一，为产品代言服务的其他社会团体、其他组织以及个人，也都是避风港规则主体。在本

---

① 刘清景主编：《民法实务全览》（上），台北学知出版事业公司 2000 年版，第 372 页。

② 《冯小刚不满食品代言法规：明星承担连带责任不公正》，见中国新闻网，http：//www.chinanews.com.cn/yl/zyxw/news/2009/03－05/1588579.shtml，2009 年 3 月 5 日访问。

节中使用“产品代言人”的概念，就是指在虚假广告中向消费者推荐产品的社会团体或者其他组织、个人。

2. 在虚假广告中向消费者推荐缺陷产品

按照《食品安全法》第 55 条规定，构成避风港规则，须具备“在虚假广告中向消费者推荐食品”的要件。这是对违法行为要件的要求。具体掌握上，应当符合以下要求。

第一，代言的广告为虚假广告。一般认为，虚假广告就是对商品或者服务作虚假宣传的广告，它的虚假性主要表现是消息虚假、品质虚假、功能虚假、价格虚假、证明材料虚假。[①] 这样的界定过于宽泛，不符合避风港规则构成要件的要求。结合第 55 条的全部内容，特别是关于“使消费者的合法权益受到损害”的要求，所谓虚假广告，必须是产品宣传的虚假，并且该产品的虚假足以造成消费者合法权益受到损害，其他消息虚假、功能虚假以及价格虚假，都不能构成避风港规则的虚假广告，只有产品品质的虚假才能构成。同时，虚假广告中推荐的须为产品，推荐服务的广告不在避风港规则的构成范围之内。

第二，在代言的产品中，须具备缺陷的要件。《食品安全法》第 55 条没有明确规定缺陷要件。那么，是不是推荐的食品或者其他产品就无须具备缺陷的要件呢？依我所见，对于虚假广告所推荐的产品，尽管在条文中没有规定须具备缺陷要件，但在“虚假广告”的表述中，已经有了谴责性的要求，即广告本身为虚假，虚假就是产品质量有问题。按照产品侵权责任的要求，构成产品侵权责任须具备“缺陷”的要件。对此，《产品质量法》第 41 条、第 42 条和第 43 条在规定产品侵权责任的要件中，都规定了“产品存在缺陷”的要求，并且《产品质量法》第 46 条规定：“本法所称缺陷，是指产品存在危及人身、他人财产安全的不合理的危险；产品有保障人体健康和人身、财产安全的国家标准、行业标准的，是指不符合该标准。”据此可以确定，在避风港规则构成中的产品，须具备缺陷要件，即“产品存在缺陷”。广告推荐的产品如果不具备缺陷，也就不构成虚假广告，因而也就不存在避风港规则。对于缺陷的掌握，应当按照设计缺陷、制造

---

① 百度百科：“虚假广告”，http：//baike. baidu. com/view/907353. htm。

缺陷、警示说明缺陷[①]及跟踪观察缺陷[②]的要求掌握。

3.使消费者的合法权益受到损害

在产品侵权责任中，损害是指使用缺陷产品所导致的死亡、人身伤害和财产损失以及其他重大损失。[③] 在通常理解中，避风港规则中的损害，主要是指人身损害，例如三鹿奶粉事件造成的就是人身损害事实。但是，在《食品安全法》第55条规定中，并没有特别规定损害限于人身损害，而是表述为“使消费者的合法权益受到损害”，因而消费者的合法权益受到损害应当包括人身损害和财产损害，不能仅仅理解为人身损害。这样的规定，刚好与产品侵权责任对于损害事实的前述要求相合，因而这样的理解是正确的。

应当如何理解消费者的概念呢？首先，消费者并非缺陷产品的购买者即买卖关系的债权人。如果仅仅将消费者理解为产品的购买人，那么，将会使债权人之外的其他产品使用人的损害无法得到赔偿。其次，也不能理解为购买产品消费的人，这种理解也不准确，因为消费是一个不够严格的概念，无法准确界定。再次，也不单指产品的使用人，因为不是产品使用人造成损害，也应当承担产品侵权责任。依照侵权法的规则，凡是由于缺陷产品造成损害的人都是受害人。《食品安全法》第55条之所以规定为“使消费者的合法权益受到损害”，是因为缺陷食品造成损害的一般限于食品食用人，没有食用食品的人很难造成损害。但是，在其他产品损害的场合，就有可能造成没有消费、使用该产品的人的损害，例如产品爆炸伤及他人。

在这一要件中，还包括因果关系的要件。即产品代言行为与损害之间具有因果关系。学者认为，如果人们对名人代言产生很大程度的信赖，他的代言行为实际就对人们购买产品发挥着重要的影响。在没有他们代言时，人们可能会选择其他产品，这样产品的销售会萎缩，由此造成的消费者的损害也会被限缩在一个很

---

① 美国法律研究院：《侵权法重述——纲要》，许传玺、石宏等译，法律出版社2006年版，第283页。

② 杨立新主编：《中华人民共和国侵权责任法草案建议稿及说明》，法律出版社2007年版，第397页。

③ 张新宝：《侵权责任法》，中国人民大学出版社2006年版，第292页。

小的范围内。从此意义上说，代言行为是损害发生的原因之一。[①] 这样的分析是有道理的。在避风港规则的构成中，因果关系表现在两个方面：一方面，是产品生产者或者产品销售者生产或者销售缺陷产品的行为与损害之间的因果关系，这个因果关系应当适用相当因果关系学说和规则确定；另一方面，产品代言行为与损害之间的因果关系，具有一定的间接性，即由于代言行为导致消费者对该缺陷产品的信赖并且由此造成损害，是代言行为与缺陷产品的生产行为或者销售行为相结合，构成了一个组合起来的原因行为，对损害事实的发生产生了引起与被引起的因果联系。因此，看起来好像代言行为与损害之间不具有实质的原因力，而在实际上，确实存在一定的原因力，产品代言行为相当于共同侵权行为的帮助行为。

4.产品代言的社会团体、其他组织或者个人须有过错

在避风港规则中，故意或者过失应当表现为以下三种形式。

第一，代言人与缺陷产品生产者或者销售者具有意思联络。所谓意思联络，是指数人对于违法行为有通谋或共同认识。[②] 产品代言人与缺陷产品的生产者、销售者通谋，或者对于造成损害有共同认识，代言人为普通的共同加害人，当然应当承担连带责任。尽管在现实生活中这种情况比较罕见，但是有可能。这种故意是最为严重的避风港规则的过错。

第二，明知代言的产品有缺陷有可能造成损害，行为人仍然予以代言，放任损害后果的发生。这样的主观心理状态尽管与前一种故意有所不同，但仍然是对明知的损害后果予以放任，属于间接故意。在现实生活中，这样的情形可能比前一种多见，但仍然不会很多。

第三，应当知道代言的产品有缺陷有可能会造成损害，基于疏忽或者懈怠而仍然予以代言。这是对于损害发生的过失心理状态。对于代言的缺陷产品造成损害具有过失的代言行为，也具有过错，符合过错责任原则的要求。

① 黄芬：《产品代言人的侵权责任思考》，载《中国法学会民法学研究会09年年会论文集》下册，中国法学会民法学研究会会议文集2009年，第226页。

② 孙森焱：《新版民法债编总论》上册，台北三民书局2004年版，第277页。

5.代言人的过错与缺陷产品生产者或者销售者之间须有共同关联性

构成避风港规则，产品代言人仅仅具有过错要件尚不足以确定成立连带责任，还须其过错与缺陷产品造成损害具有共同关联性。所谓共同关联性，即数人的行为共同构成违法行为的原因或条件，因而发生同一损害。共同关联性分为主观的共同关联性与客观的共同关联性。主观的共同关联性是指数人对于违法行为有通谋或共同认识，对于各行为所致损害，均应负连带责任。客观的共同关联性，为数人所为违法行为致生同一损害者，纵然行为人相互间无意思联络，仍应构成共同侵权行为。这种类型的共同加害行为，其共同关联性乃在于数人所为不法侵害他人权利之行为，在客观上为被害人因此所生损害的共同原因。[①] 在前述产品代言人具备第一种和第二种过错形式即直接故意或者间接故意时，构成主观的共同关联性，成立主观的共同侵权责任；在第三种过错形式即过失时，构成客观的共同关联性，成立客观的共同侵权责任。

五、避风港规则的具体承担

连带责任的基本规则，应当适用《民法通则》第 87 条规定的连带债务规则，即“债权人或者债务人一方人数为二人以上的，依照法律的规定或者当事人的约定，享有连带权利的每个债权人，都有权要求债务人履行义务；负有连带义务的每个债务人，都负有清偿全部债务的义务，履行了义务的人，有权要求其他负有连带义务的人偿付他应当承担的份额”。为了进一步明确侵权连带责任的基本规则，并且纠正最高人民法院《关于审理人身损害赔偿案件适用法律若干问题的解释》第 5 条关于连带责任规则的误解，《侵权责任法》（二次审议稿）第 13 条和第 14 条规定：“法律规定承担连带责任的，被侵权人有权请求部分或者全部连带责任人承担责任。”“连带责任人根据各自责任大小确定相应的赔偿数额；难以确定责任大小的，平均承担赔偿责任。”“支付超出自己赔偿数额的连带责任人，有权向其他连带责任人追偿。”这两个条文规定的内容是完全正确的。

---

① 孙森焱：《新版民法债编总论》上册，台北三民书局 2004 年版，第 276－278 页。

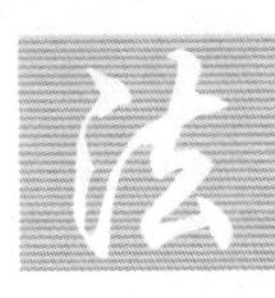

避风港规则同样如此。应当区别的是，任何连带责任，基于主观关联共同和客观关联共同的不同，在承担连带责任的规则上也有所不同。故避风港规则的具体规则是：

（一）主观关联共同构成的连带责任规则

产品代言人具有故意，构成主观关联共同的共同侵权责任的，其承担连带责任的规则如下。

首先，产品代言人应当承担风险责任，即作为连带责任人之一，受害人有权请求其产品代言人自己或者与其他连带责任人一道承担全部赔偿责任，即使受害人起诉产品代言人一人承担连带责任，其也必须承担全部赔偿责任。

其次，产品代言人承担连带责任的最终责任，是按照份额分担的责任，即在全体连带责任应当承担的全部责任中，须确定产品代言人应当承担的责任份额究竟是多少，最终承担的就是这个份额。对此，应当按照产品代言人的过错程度和代言行为对于损害发生的原因力，进行比较，确定产品代言人应当承担的最终责任份额。产品代言人依照该份额对受害人最终负责。在美国侵权法上，这个责任份额叫作比较责任。[①]

再次，如果产品代言人承担的风险责任超过了其应当承担的最终责任份额，对其超出的部分，有权对没有承担最终责任或者承担最终责任不足的连带责任人请求追偿。

（二）客观关联共同构成的连带责任规则

产品代言人对于损害的发生仅存在过失，并不存在故意的，不构成主观关联共同，而构成客观关联共同。尽管客观关联共同也成立产品侵权责任的共同侵权，但在承担连带责任时，在规则上应当有所区别。

美国侵权法认为，这种共同侵权连带责任是单向连带责任，即在连带责任人中，一部分连带责任人对全部损失应当连带负责，另一部分连带责任人只对自己的责任份额单独负责的连带责任。其规则是："如果两个或者两个以上的共同侵权行为构成一不可分损害的法律原因，每个被分配等于或者超过法律规定界限比

① 美国法律研究院：《侵权法重述——纲要》，许传玺、石宏等译，法律出版社2006年版，第323页。

例比较责任的被告负连带责任，每个被分配少于法律规定界限比例比较责任的被告负单独责任。”① 其含义是，如果连带责任人之一应当承担的比较责任份额较高，超出了法律规定的比例界限，则有理由对全部损害承担风险责任，对全部损失负责；但连带责任人之一应当承担的比较责任份额较低，少于法律规定的界限比例，则仅对自己的责任份额负责，不承担对全部损失的连带责任。

在德国，新近提出“整理衡量与单独衡量相结合”做法，所谓单独衡量即单个致害人最多应须给付的数量就是通过其份额与被害人的份额进行比较所得出的数量。这种新的计算方式使用整体衡量决定被害人总共能够请求多少利益，单独衡量决定了单个致害人最多必须给付多少利益。②

借鉴这样的做法，确定客观关联共同的避风港规则，应当是单向连带责任，即产品代言人只具有过失，其代言行为在缺陷产品致人损害的原因中只起次要的助成原因，最终责任份额不应当超过 25%。在这种情况下，如果在承担风险责任层面，受害人向产品代言人主张承担全部赔偿责任则有失公平，那么，客观关联共同的避风港规则规则应当有所改变。

首先，在受害人主张风险责任承担时，对于主要的产品侵权责任的连带责任人可以主张承担全部责任，对此不应当有所限制，即缺陷产品的生产者或者销售者作为主要的侵权人，应当对全部损害承担连带责任。

其次，在受害人主张风险责任承担时，请求产品代言人承担连带责任，则应限于其应当承担的最终责任份额，超出自己责任份额部分的风险责任，法院不应支持，即美国侵权法所称“每个被分配少于法律规定界限比例比较责任的被告负单独责任”。

再次，主要的连带责任人承担了超出其最终责任份额的，对于没有承担责任的产品代言人有权进行追偿。追偿的限额是产品代言人应当承担的责任份额，即比较责任份额。

---

① 美国法学会：《侵权法重述（第三次）·责任分担编》，王竹译，载中国人民大学民商事法律科学研究中心：《各国侵权行为法资料汇编》，内部参阅文集 2008 年版，第 185 页。

② 王竹：《侵权责任分担论》，中国人民大学法学院 2009 年博士论文，第 218 页。

第二节　缺陷食品营销参与者的侵权责任并合

2015年10月1日实施的修订后的《中华人民共和国食品安全法》，建立了历史上最严格的食品安全监管制度，在建立完善、统一、权威的食品安全监管机构，加强食品的生产经营过程监控，强化企业主体责任，突出对特殊食品的严格监管，加大对违法行为的惩处力度等方面，对原法作了修改完善，对于解决当前食品安全领域存在的突出问题，更好地保障人民群众的食品安全，具有重要意义。其中对于缺陷食品营销参与者也规定了严格的责任，实行侵权责任并合，与《侵权责任法》的有关规定并不相同。对此，在理论上应当怎样解读，在实践中应当怎样适用，本节提出以下见解。

一、《食品安全法》对缺陷食品营销参与者侵权责任并合的规定

（一）《食品安全法》规定缺陷食品营销参与者侵权责任并合的条文

新修订的《食品安全法》有关缺陷食品营销参与者，规定了10种侵权责任并合的情形。

1.该法第122条规定，明知食品经营者未取得食品生产经营许可而从事食品生产经营活动，或者未取得食品添加剂生产许可从事食品添加剂生产活动，仍为其提供生产经营场所或者其他条件，使消费者的合法权益受到损害的，应当与食品、食品添加剂生产经营者承担连带责任。

2.该法第123条规定，明知食品经营者用非食品原料生产食品、在食品中添加食品添加剂以外的化学物质和其他可能危害人体健康的物质，或者用回收食品作为原料生产食品，或者经营上述食品；生产经营营养成分不符合食品安全标准的专供婴幼儿和其他特定人群的主辅食品；经营病死、毒死或者死因不明的禽、畜、兽、水产动物肉类，或者生产经营其制品；经营未按规定进行检疫或者检疫

不合格的肉类，或者生产经营未经检验或者检验不合格的肉类制品；生产经营国家为防病等特殊需要明令禁止生产经营的食品；生产经营添加药品的食品等违法行为，仍为其提供生产经营场所或者其他条件，使消费者的合法权益受到损害的，应当与该食品生产经营者承担连带责任。

3.该法第130条第1款规定，集中交易市场的开办者、柜台出租者、展销会的举办者允许未依法取得许可的食品经营者进入市场销售食品，或者未履行检查、报告等义务，使消费者的合法权益受到损害的，应当与食品经营者承担连带责任。

4.该法第130条第2款规定，食用农产品批发市场违反该法第64条关于“应当配备检验设备和检验人员或者委托符合本法规定的食品检验机构，对进入该批发市场销售的食用农产品进行抽样检验；发现不符合食品安全标准的，应当要求销售者立即停止销售，并向食品药品监督管理部门报告”的规定，致使消费者受到损害的，依照第130条第2款规定承担连带责任。

5.该法第131条第1款规定，网络食品交易第三方平台提供者未对入网食品经营者进行实名登记、审查许可证，或者未履行报告、停止提供网络交易平台服务等义务，使消费者的合法权益受到损害的，应当与食品经营者承担连带责任。

6.该法第131条第2款规定，消费者通过网络食品交易第三方平台购买食品，其合法权益受到损害的，可以向入网食品经营者或者食品生产者要求赔偿。网络食品交易第三方平台提供者不能提供入网食品经营者的真实名称、地址和有效联系方式的，由网络食品交易第三方平台提供者赔偿。网络食品交易第三方平台提供者赔偿后，有权向入网食品经营者或者食品生产者追偿。网络食品交易第三方平台提供者作出更有利于消费者承诺的，应当履行其承诺。

7.该法第138条第3款规定，食品检验机构出具虚假检验报告，使消费者的合法权益受到损害的，应当与食品生产经营者承担连带责任。

8.该法第139条第2款规定，食品认证机构出具虚假认证结论，使消费者的合法权益受到损害的，应当与食品生产经营者承担连带责任。

9.该法第140条第2款规定，广告经营者、发布者设计、制作、发布虚假食

品广告，使消费者的合法权益受到损害的，应当与食品生产经营者承担连带责任。

10. 该法第140条第3款规定，社会团体或者其他组织、个人在虚假广告或者其他虚假宣传中向消费者推荐食品，使消费者的合法权益受到损害的，应当与食品生产经营者承担连带责任。

(二)《食品安全法》上述规定与《侵权责任法》相关规定的比较

《食品安全法》上述10个方面的规定，都是规定在缺陷食品的产品责任中生产者、销售者之外的第三人对缺陷食品造成损害有过错，而应当承担侵权连带责任的规则。对于类似情形，《侵权责任法》第44条明确规定："因运输者、仓储者等第三人的过错使产品存在缺陷，造成他人损害的，产品的生产者、销售者赔偿后，有权向第三人追偿。"《食品安全法》上述规定与《侵权责任法》的规定相比，二者既有相同之处，也存在明显区别。

1. 相同之处

首先，《食品安全法》上述规定的责任主体分别是为缺陷食品生产经营者的非法生产活动提供生产经营场所或者其他条件的经营者，传统交易平台提供者，网络食品交易第三方平台提供者，食品检验机构，食品认证机构，广告经营者、发布者，广告代言人等。这些主体的基本法律特征，都是在缺陷食品致害的产品责任中生产者和销售者以外的第三人。这些主体与《侵权责任法》第44条规定的责任主体的本质相同。

其次，上述8种责任主体在实施侵权行为时，都具有明显的故意或者重大过失，因而都是属于有过错的缺陷食品致人损害的第三人，与《侵权责任法》第44条规定的第三人应当具有过错的要求是完全一致的。

2. 主要区别

认真比较《食品安全法》上述规定和《侵权责任法》第44条规定的内容，可以发现有如下明显区别。

第一，上述8种责任主体在上述过错行为中，虽然都属于《侵权责任法》第44条规定的因第三人过错使产品存在缺陷造成他人损害的情形，但是，《侵权责

任法》第 44 条规定的缺陷产品的生产者、销售者不承担不真正连带责任中的最终责任，而只是承担中间性责任，即生产者不属于《侵权责任法》第 41 条规定的缺陷的制造者，销售者不具备该法第 42 条规定的因过错造成缺陷，或者不能提供缺陷产品的上家的情形；而缺陷的发生是由于第三人的过错所致。《食品安全法》规定的上述营销参与的责任主体，虽然也对缺陷食品致害存在过错，但是缺陷食品的生产经营者才是致害的主要责任人，是应当承担主要责任的责任主体。

第二，《食品安全法》规定的缺陷食品致害的责任主体承担责任的形态，是与缺陷食品的生产经营者承担连带责任。而《侵权责任法》第 44 条规定的产品责任形态是先付责任，即在不真正连带责任中，不按照不真正连带责任的典型规则承担责任，而是由应当承担中间责任的责任人先承担赔偿责任，且损害赔偿权利人不能向应当承担最终责任的责任人直接主张权利，而是由中间责任人承担的赔偿责任以后，再向最终责任人主张追偿权利的多数人侵权责任形态。[①]《侵权责任法》第 85 条、第 86 条第 1 款规定的不动产致害责任，都是采用的这种规则。

《食品安全法》上述规定虽然与《侵权责任法》第 44 条的规定内容相似，但却存在较大的不同。正是由于存在法律适用要件的不同，因而《食品安全法》的上述规定就更加值得研究。这是在多数人侵权行为与责任中，出现的一种新的责任方式。我将这种多数人侵权的责任承担方式称为侵权责任并合，并且提出了侵权责任并合的理论基础和具体规则。[②] 本节所研究的，正是在缺陷食品致害的产品责任中，如何确定责任主体，以及上述责任主体如何进行侵权责任并合的规则。

二、缺陷食品营销参与者与侵权责任并合的概念

（一）缺陷食品营销参与者的概念和类型

营销参与者，是由美国侵权法学家戴维·G. 欧文提出并使用的概念。我对

① 杨立新：《多数人侵权行为与责任理论的新发展》，《法学》2013 年第 7 期。

② 杨立新：《论侵权责任并合》，《法商研究》2017 年第 1 期。

这一概念作了整合，定义为：营销参与者是指在商品或服务的交易领域中，为商品的生产、销售以及服务活动提供营销支持，促成商品、服务经营者与消费者达成交易的经营者和非经营者。[①]《食品安全法》规定的上述八种责任主体，都是在食品的生产经营中，为食品的生产经营提供营销支持，促成食品生产经营者与消费者达成交易的经营者或者非经营者。因而缺陷食品营销者是指在缺陷食品的生产经营中，为缺陷食品的生产经营提供营销支持，促成食品生产经营者与消费者达成交易的经营者或者非经营者。

缺陷食品营销参与者这一概念具有以下特点。第一，主体参与营销的交易是缺陷食品的生产经营活动；第二，多数缺陷食品营销参与者是食品交易领域的经营者，而不是非经营者，其目的与缺陷食品经营者相同，都具有营利目的，但是也包括保障交易安全的非经营者，例如食品检验机构、认证机构等；第三，缺陷食品营销参与者所支持的食品交易活动，包括食品生产、销售以及服务活动的营销，而不只是食品生产和销售；第四，食品营销参与者并不直接参与缺陷食品的交易活动，而仅仅是对缺陷食品的交易活动提供营销支持，促成交易进行，因而不是直接的食品生产经营者，而是为食品交易提供营销服务支持的经营者或者非经营者。

在界定缺陷食品营销参与者的概念时，应当注意的是，《食品安全法》提到缺陷食品致害责任主体时，使用的是“食品生产经营者”，而不是像《侵权责任法》那样称之为生产者、销售者，因此，这个概念外延较宽，包括所有缺陷食品的生产、经营者，其中特别包括提供食品服务的经营者。提供食品服务的合同属于物型服务合同，即以向消费者提供食品标的物为特点的服务合同，如饭店、食堂等服务合同，服务者提供的标的物即食品存在缺陷，造成消费者损害的，同样适用产品责任的无过错责任规则。[②]

缺陷食品营销参与者有三种基本类型。一是为食品生产、销售、服务的经营者提供支持的营销参与者，例如，为没有许可证而生产食品的生产者提供生产经

① 杨立新：《论侵权责任并合》，《法商研究》2017年第1期。

② 杨立新等：《消费者保护中的服务及其损害赔偿责任》，《法律适用》2016年第5期。

营场所或者其他条件的经营者，或者为用非食品原料等物质制造食品的经营者提供生产经营场所或者其他条件的经营者，以及为销售食品提供网络交易平台的平台提供者；二是为商品交易进行广告宣传支持的营销参与者，例如食品广告的经营者、发布者，食品广告代言人等；三是为食品检验、认证服务提供支持的营销参与者，例如食品的检验机构或者认证机构。

（二）侵权责任并合的概念和特点

侵权责任法理论原本没有侵权责任并合的概念，这是我在研究中提出的一个对多数人侵权行为与责任的新概念，即侵权责任并合是指在多数人侵权行为中，法律原本规定了一种侵权责任形态的情形，又增加规定了新的侵权人，承担同一种侵权责任形态或者其他侵权责任形态，构成更多的侵权人对同一损害承担同一种或者不同种侵权责任，并相互重合的责任形态。[①] 例如生产者和销售者制造、销售缺陷食品，造成消费者损害，其行为当然对损害的发生具有原因力，应当依照《侵权责任法》第 41 条至第 43 条规定承担赔偿责任；但是，该缺陷食品的认证机构出具虚假认证结论的行为，对造成消费者损害后果的发生也具有原因力，因此，依照《食品安全法》第 139 条第 2 款的规定，也应当与食品生产经营者承担连带责任。这就是在产品责任原本的不真正连带责任的基础上，又将实施虚假认证行为，且对损害的发生也具有原因力的缺陷食品认证机构，加入到了该多数人侵权责任的范围中，规定其承担连带责任。故缺陷食品营销参与者的侵权责任并合，是指在多数人侵权行为中的缺陷食品致害责任中，在法律原本规定承担一种侵权责任形态的基础上，又增加规定了营销参与者承担其他侵权责任形态或者同一种侵权责任形态，构成更多的侵权人对同一缺陷食品造成的损害承担不同种或者同一种侵权责任，并相互重合的责任形态。

缺陷食品侵权责任并合的特点如下。

第一，缺陷食品侵权责任并合是原责任人与新责任人实施的行为造成了同一个损害。构成缺陷食品侵权责任并合，首先必须有缺陷食品的存在，因该缺陷食品造成损害的行为人，一是生产者，二是销售者，三是提供食品的服务者，他们

---

① 杨立新：《论侵权责任竞合》，《法商研究》2017 年第 1 期。

生产、销售或者提供的缺陷食品，是造成消费者人身损害的原因。故缺陷食品的生产经营者是缺陷食品致害的责任主体，为多数人侵权行为的行为人。但是，《食品安全法》第122条又规定，明知食品经营者未取得食品生产经营许可从事食品生产经营活动，或者未取得食品添加剂生产许可从事食品添加剂生产活动，仍为其提供生产经营场所或者其他条件，使消费者的合法权益受到损害的，应当与食品、食品添加剂的生产经营者承担连带责任。在这里，为未取得食品生产经营许可从事食品生产经营活动的经营者，或者为未取得食品添加剂生产许可从事食品添加剂生产活动的经营者，提供生产经营场所或者其他条件的人，就是营销参与者。他们实施的行为所造成的损害，与缺陷食品的生产者、销售者和服务者所造成的消费者损害，就是同一个损害，而不是另外又造成了损害。

第二，缺陷食品侵权责任并合是在原本法律规定的一种多数人侵权责任的基础上，又新增加了侵权人到该多数人侵权责任之中。缺陷食品侵权责任原本就是多数人侵权行为，其侵权责任主体就包括缺陷食品的生产者、销售者或者服务者，法律规定他们承担不真正连带责任。但是，《食品安全法》又规定缺陷食品的营销参与者参加到生产者、销售者或者服务者承担的不真正连带责任之中，并且与其他的责任主体承担连带责任，因而形成了缺陷食品的侵权责任并合。因此，侵权责任并合是多数人侵权责任的责任主体人数的增加，而不是出现了一个新的多数人侵权责任。

第三，缺陷食品侵权责任并合是原来规定的侵权责任形态与新增加的侵权责任主体承担的侵权责任形态重合。构成缺陷食品侵权责任并合，一定是原来的缺陷食品侵权的产品责任这种多数人侵权责任的形态，与新增加的侵权责任人及营销参与者承担的侵权责任形态相重合，可能是不真正连带责任与连带责任的重合，也可能是不真正连带责任与不真正连带责任的重合。无论如何，缺陷食品侵权责任并合是不同的法律规定的多数人侵权责任形态的重合，形成了一个复合的新的多数人侵权责任形态。

符合上述法律特征的要求，就构成缺陷食品致害的侵权责任并合，应当按照侵权责任并合的规则，确定损害赔偿责任的承担。

（三）《食品安全法》规定缺陷食品侵权责任并合的目的

为什么要在修订《食品安全法》时规定如此多的缺陷食品侵权责任并合的规则，在修订该法的立法说明中，只是简单地提到了“建立最严格的各方法律责任制度”“突出民事赔偿责任”① “对食品安全违法行为加重法律责任，并采取多种法律手段予以严惩”②。我认为，《食品安全法》特别强调缺陷食品侵权责任并合的规则，主要有以下原因。

第一，《食品安全法》增加规定缺陷食品侵权责任并合规则最重要的目的，是警示营销参与者遵守法律，加强食品安全。我国当前的食品安全环境处于非常恶劣的状态，各类食品经营者进行违法经营，使我国民众几乎对食品安全丧失了信心。我在日本访问时看到，他们在食品安全管理中秉持的理念是：“安心、安全、好吃”，因而日本民众无论在任何食品经营场所进行消费，都不存在对安心、安全的担忧。我国的食品领域做不到这一点，黑心经营者都以赚钱为目的，将消费者的食品安全置之度外。在法律规定缺陷食品生产经营者承担侵权责任之外，通过缺陷食品侵权责任并合的法律手段，强化对缺陷食品营销参与者的侵权赔偿责任，能够进一步提高我国的食品安全水平，保障消费者的食品安全。

第二，要求对缺陷食品造成损害有过错的营销参与者通过侵权责任并合承担侵权责任，对其进行制裁。侵权责任并合的适用目的，就在于用连带责任或者不真正连带责任的方式，制裁对损害发生有原因力的其他行为人。在多数人侵权责任形态中，不论是连带责任还是不真正连带责任，其救济的目的都是一个，就是使受害人得到更多责任人承担责任的保障。事实上，因缺陷食品遭受损害的是同一个消费者，而对于这一个受害的消费者而言，对其进行侵权责任救济，无论增加多少责任人，其得到的赔偿金都是相同的，并不会因增加了责任主体而使其得到超出其实际损失的赔偿金。因此，侵权责任并合使营销参与者参加到缺陷食品造成消费者损害的多数人侵权责任中，不是为了使受害消费者得到更多的赔偿，

① 国家食品药品监督管理总局局长张勇：《关于〈中华人民共和国食品安全（法修订草案）〉的说明》，载信春鹰主编：《中华人民共和国食品安全法释义》，法律出版社2015年版，第440、444页。

② 《全国人民代表大会法律委员会〈关于中华人民共和国食品安全法（修订草案）〉修改情况的汇报》，载信春鹰主编：《中华人民共和国食品安全法释义》，法律出版社2015年版，第448页。

而是要制裁缺陷食品致害的营销参与者，加重他们的侵权责任，警示他们不要参与缺陷食品的生产营销活动，以避免承担连带责任。

第三，《食品安全法》规定对营销参与者适用侵权责任竞合的规则，最重要的目的还是要保护受到缺陷食品损害的消费者。近几十年来，我国的诚信交易秩序受到严重破坏，很多食品生产经营者的诚信观念淡薄，市场交易秩序混乱，危害生命、健康的食品及服务比比皆是，受到缺陷食品损害的消费者越来越多。《食品安全法》为了更好地保护食品安全领域中的被侵权人，保障其损害赔偿请求权能够及时地得到完全实现，因而让与缺陷食品生产者经营者有关的营销参与者加入到缺陷产品的侵权责任主体中，承担连带责任或者不真正连带责任，就使缺陷食品的受害人能够面对更多的赔偿责任主体。从而一方面，在请求赔偿主体承担赔偿责任时有更多的选择，另一方面，在更多的赔偿责任主体中，一旦有的赔偿责任主体因破产等原因而丧失赔偿能力，其他赔偿责任主体就能够弥补这样的缺陷，使被侵权人的赔偿权利得到保障。因此，侵权责任并合的后果不是使受害人得到更多的赔偿，而是使赔偿权利因增加了责任主体而更加有保障。

当然，立法者在《食品安全法》中规定缺陷食品侵权责任并合的规则，以制裁缺陷食品生产经营中的营销参与者的侵权行为的立法目是良好的，但是在具体操作过程中能否收到良好效果，还需要在司法实践中进一步观察。

三、缺陷食品侵权责任并合的类型和具体规则

（一）缺陷食品侵权责任并合的类型

我在研究侵权责任并合的类型时，把侵权责任并合的类型分为同质并合、同质异形并合和异质并合。

同质并合即同种类责任形态的侵权责任并合，是指原来的多数人侵权责任形态与后来增加的侵权人承担的责任形态属于同一性质，是相同的侵权责任形态的并合。《食品安全法》没有规定同质并合的类型。

同质异形并合是相同的基本侵权责任形态中的不同特殊形态的并合，侵权人

承担的尽管是连带责任或者不真正连带责任，但是并合的是非典型的连带责任、典型的不真正连带责任形态，如附条件的不真正连带责任、先付责任或者补充责任。[①]《食品安全法》第131条第2款规定的是网络食品交易第三方平台提供者承担的附条件不真正连带责任，与《侵权责任法》第43条规定的生产者、销售者承担的典型的不真正连带责任之间发生并合，属于侵权责任的同质异形并合。

异质并合即多数人侵权中非同种类责任形态的侵权责任并合，是指原来的多数人侵权责任形态与后增加的侵权人承担的责任形态不属于同一性质，是不同的多数人侵权责任形态的并合。具体表现为典型形态的连带责任、不真正连带责任的并合。《食品安全法》规定的侵权责任并合多数是异质并合。例如第131条第1款规定，网络食品交易第三方平台提供者加入到食品经营者和食品生产者的不真正连带责任之中，承担连带责任，形成了连带责任与不真正连带责任的异质并合。

《食品安全法》规定的侵权责任并合一览表

法律	条文	适用范围	原责任形态	原责任人	新责任形态	新责任人	责任并合种类
《食品安全法》	第122条	没有许可证生产食品	不真正连带责任	食品、食品添加剂生产经营者	连带责任	为其提供生产经营场所或者其他条件的经营者	异质并合
	第123条	用非食品原料等物质制造食品	不真正连带责任	生产者、销售者（食品生产经营者）	连带责任	为其提供生产经营场所或者其他条件的经营者	异质并合
	第130条第1款	允许未依法取得许可的食品经营者进入市场	不真正连带责任	食品经营者（生产者、销售者）	连带责任	传统交易平台开办者、柜台出租者、展销会举办者	异质并合

① 由于按份责任并没有典型和非典型之分，因而不存在这种责任并合形态。

续前表

法律	条文	适用范围	原责任形态	原责任人	新责任形态	新责任人	责任并合种类
《食品安全法》	第130条第2款	食用农产品批发市场违反法律规定	不真正连带责任	食用农产品的生产者、销售者	连带责任	食用农产品批发市场经营者	异质并合
	第131条第1款	网络交易平台提供者未对入网食品经营者实名登记、审查许可证等	不真正连带责任	食品经营者（生产者、销售者）	连带责任	网络交易平台提供者	异质并合
	第131条第2款	网络交易平台销售食品致害消费者	不真正连带责任	食品经营者和生产者	附条件不真正连带责任	网络交易平台提供者	同质异形并合
	第138条第3款	出具虚假检验报告	不真正连带责任	食品生产经营者（生产者、销售者）	连带责任	食品检验机构	异质并合
	第139条第2款	出具虚假认证结论	不真正连带责任	食品生产经营者	连带责任	认证机构	异质并合
	第140条第2款	虚假食品广告	不真正连带责任	食品生产经营者	连带责任	广告经营者、发布者	异质并合
	第140条第3款	虚假食品广告、虚假宣传	不真正连带责任	食品生产经营者	连带责任	社会团体、其他组织、个人（广告代言人）	异质并合

（二）缺陷食品侵权责任并合的具体规则

在《食品安全法》规定的缺陷食品侵权责任并合中，不存在同质并合的类型，主要是异质并合，还包括个别同质异形并合。这两种缺陷食品侵权责任并合的具体规则如下。

1.缺陷食品侵权责任并合中的异质并合的具体情形

《食品安全法》对缺陷食品侵权责任并合的异质并合，主要规定是：

（1）依照该法第 122 条规定，营销参与者明知食品生产经营者未取得食品生产经营许可证从事食品生产经营活动，或者未取得食品添加剂生产许可从事食品添加剂生产活动，仍为其提供生产经营场所或者其他条件的，要在原缺陷食品生产经营者承担不真正连带责任的基础上，与缺陷食品生产经营者承担连带责任。其侵权责任并合的类型是异质并合。

（2）依照该法第 123 条规定，营销参与者明知食品生产经营者用非食品原料生产食品在食品中添加食品添加剂以外的化学物质和其他可能危害人体健康的物质，或者用回收食品作为原料生产食品，或者经营上述食品；生产经营营养成分不符合食品安全标准的专供婴幼儿和其他特定人群的主辅食品；经营病死、毒死或者死因不明的禽、畜、兽、水产、动物肉类，或者生产经营其制品；经营未按规定进行检疫或者检疫不合格的肉类，或者生产经营未经检验或者检验不合格的肉类制品；生产经营添加药品的食品等违法行为，仍为其提供生产经营场所或者其他条件的，在上述缺陷食品生产经营者承担不真正连带责任的基础上，与这些食品生产经营者承担连带责任。其侵权责任并合的类型是异质并合。

（3）依照该法第 130 条第 1 款规定，交易市场、柜台、展销会等传统交易平台提供者允许未依法取得许可的食品经营者进入市场销售食品，或者未履行检查报告等义务，造成消费者损害的，在食品的生产者、销售者承担不真正连带责任的基础上，与食品生产经营者承担连带责任，构成侵权责任并合中的异质并合。

（4）依照该法第 130 条第 2 款规定，食用农产品批发市场违反该法第 64 条关于“应当配备检验设备和检验人员或者委托符合本法规定的食品检验机构，对进入该批发市场销售的食用农产品进行抽样检验；发现不符合食品安全标准的，应当要求销售者立即停止销售，并向食品药品监督管理部门报告”的规定，致使消费者受到损害的，依照第 130 条第 1 款规定承担连带责任，与食品生产经营者一起承担连带责任，为异质并合。

（5）依照该法第 131 条第 1 款规定，网络食品交易第三方平台提供者，未对

入网食品经营者进行实名登记，审查许可证或者未履行报告，停止提供网络交易平台服务等义务，使消费者的合法权益受到损害的，在缺陷食品生产者、销售者承担不真正连带责任的基础上，与食品生产经营者承担连带责任。这是侵权责任并合的异质并合。

(6) 依照该法第 138 条第 3 款规定，食品检验机构出具虚假检验报告，使消费者的合法权益受到损害的，属于非经营性的营销参与者，在缺陷食品生产者、销售者承担不真正连带责任的基础上，与食品生产经营者承担连带责任，属于异质并合。

(7) 依照该法第 139 条第 2 款规定，食品认证机构出具虚假认证结论，使消费者的合法权益受到损害的，也属于非经营性的营销参与者，在缺陷食品生产经营者承担不真正连带责任的基础上，与食品生产经营者承担连带责任，属于异质并合。

(8) 依照该法第 140 条第 2 款规定，广告经营者、发布者设计、制作、发布虚假食品广告，使消费者的合法权益受到损害的，在缺陷食品的生产经营者承担不真正连带责任的基础上，与缺陷食品生产经营者承担连带责任，属于异质并合。

(9) 依照该法第 140 条第 3 款规定，广告代言人在虚假广告或者其他虚假宣传中，向消费者推荐食品，使消费者的合法权益受到损害的，在缺陷食品的生产经营者承担不真正连带责任的基础上，与食品生产经营者承担连带责任，属于异质并合。

2.缺陷食品侵权责任并合中的异质并合的具体规则

连带责任与不真正连带责任之间发生并合后，对多数人侵权责任分担会产生很大影响。例如，依照《食品安全法》第 131 条第 1 款，除了规定的销售者和网络交易平台提供者要承担连带责任之外，还要加入造成损害的缺陷产品的生产者作为责任主体，因而形成典型连带责任与典型不真正连带责任的并合。

发生连带责任与不真正连带责任并合的原因，是法律规定某些行为主体应当承担不真正连带责任的，同时，又规定新的责任主体参与该法律关系承担连带责

任，或者相反，因而使得责任主体的数量增加，两种责任形态发生并合，每一个责任人都应当承担责任，但责任形态不同。如前例，在消费者通过网络食品交易第三方平台购买食品造成损害时，网络食品交易第三方平台提供者应当与食品生产经营者承担连带责任。这样，缺陷食品生产者、销售者要承担不真正连带责任，网络食品交易第三方平台提供者又要与他们承担连带责任。因而形成了在三方责任主体都应当承担形式上连带的中间责任，同时，网络食品交易第三方平台提供者还要与缺陷食品生产者或者销售者中承担最终责任的主体承担连带责任。

连带责任与不真正连带责任的相同点是在形式上即在中间责任上，实行连带。因此，在缺陷食品致害责任中，三方责任主体的连带责任与不真正连带责任发生并合，受害消费者可以向任何一个连带责任人和不真正连带责任人主张承担全部赔偿责任，而无须考虑其是否应当承担最终责任。因而，这种责任并合形式更有利于保障受害消费者的赔偿请求权的实现。

连带责任与不真正连带责任的不同点，在于最终责任承担上，即连带责任实质性的最终责任是要分配给全体连带责任人的，而不真正连带责任实质性的最终责任归属于应当承担最终责任的那个责任人的，该责任人承担全部赔偿责任。因此，在缺陷食品的受害消费者对责任主体之一行使了全部赔偿责任的请求权之后，通过追偿关系实现最终责任的规则是：

（1）如果承担中间责任的责任主体是连带责任的最终责任人，例如是网络食品交易第三方平台提供者，在其承担了超过其最终责任的份额之后，有权向其他应当承担最终责任的责任人（生产者或者销售者）追偿；（2）如果承担责任的主体是不真正连带责任的最终责任人，例如是缺陷食品的生产者，须与承担连带责任的网络食品交易第三方平台提供者共同承担连带责任，超出其最终责任份额的，有权向后者追偿；（3）如果承担责任的责任主体是不真正连带责任的中间责任人，例如无过错的缺陷食品销售者，在其承担了中间责任之后，可以向其他最终责任人，包括连带责任的最终责任人即网络食品交易第三方平台提供者和不真正连带责任的最终责任人即缺陷食品生产者，行使追偿权。

3.缺陷食品侵权责任并合中的同质异形并合的具体情形及规则

《食品安全法》规定的缺陷食品责任并合的同质异形并合，只有一种，即第131条第2款规定。

消费者通过网络食品交易第三方平台购买食品，其合法权益受到损害的，可以向入网食品经营者或者食品生产者要求赔偿。网络食品交易第三方平台提供者不能提供入网食品经营者的真实名称、地址和有效联系方式的，由网络食品交易第三方平台提供者赔偿。网络食品交易第三方平台提供者赔偿后，有权向入网食品经营者或者食品生产者追偿。网络食品交易第三方平台提供者作出更有利于消费者承诺的，应当履行其承诺。这一规定，与《消费者权益保护法》第44条的规定基本相似。所不同的是，《消费者权益保护法》第44条只规定了消费者在受到网络销售的产品损害以后，可以向销售者请求赔偿，没有规定可以向产品的生产者要求赔偿。《食品安全法》第131条第2款对此作了补充规定。

按照《食品安全法》第131条第2款的规定，在侵权责任并合的类型上，与《消费者权益保护法》第44条的规定是一样的，因为缺陷食品生产者、销售者应当对其为消费者造成的损害承担典型的不真正连带责任。《食品安全法》第131条第2款规定的是附条件不真正连带责任，一是附法定条件，即网络食品交易第三方平台提供者不能提供入网食品经营者的真实名称、地址和有效联系方式，二是附约定条件，即事先承诺先行赔付。不过，由于附条件不真正连带责任除了附条件之外，其他规则都适用不真正连带责任的规则，因而，只要具备了所附条件，这种侵权责任的同质异形并合，其实就是不真正连带责任的同质并合。

典型的不真正连带责任与附条件不真正连带责任发生并合时，是《食品安全法》第131条第2款与《侵权责任法》第43条的竞合。这时，由于使附条件不真正连带责任成立的条件是所附条件成就，因而在附条件不真正连带责任所附条件尚未成就之前，不发生不真正连带责任，更不发生与典型不真正连带责任并合的问题。例如，网络食品交易第三方平台销售商品造成消费者损害，如果没有先行赔付的事先承诺，也不具备不能提供缺陷食品销售者的真实名称、地址和有效联系方式的条件的，就不存在附条件不真正连带责任，因而不发生责任并合问

题。只有在附条件不真正连带责任所附条件成就时，才发生不真正连带责任与附条件不真正连带责任的并合。

当附条件不真正连带责任所附条件成就，就发生不真正连带责任的后果；如果法律还规定了此种情形仍有他人与此附条件不真正连带责任的责任人承担不真正连带责任的，就发生了实际上的不真正连带责任之间的并合，因而责任分担规则就与不真正连带责任并合的规则完全一样，为同质并合，只不过是承担不真正连带责任的责任主体范围扩大而已，责任性质仍然属于不真正连带责任，应当按照不真正连带责任的规则分担责任。

第三节　山寨名人代言广告是否构成侵权

一、山寨名人代言广告的典型案例与现行法律规定

酷似周杰伦的“山寨”版周董，在一家地方职业技术学校的广告中进行代言。几个女孩子问貌似周杰伦的周展翅：“周哥哥，学技术找哪所学校好?”周展翅则回答到：“学数控到××技工学校，学厨师到××技工学校……”在这段长达2分15秒的广告中，长相酷似周杰伦的周展翅用同样的句式介绍了某技工学校的所有专业。观众们“被雷得外焦里嫩”，短短几天，视频的点击量就超过了500万。据悉，连周杰伦本人见到他，都惊叹“真的太像了!”① 需要注意的是，该产品并没有写明代言人是谁。在周展翅为该公司所做的平面广告上，其签字除了一个“周”字可以辨识之外，其余两个字基本无法辨识。该技校方面表示：学校请周展翅代言，展现的是周展翅个人的肖像和声音，并没有任何侵权行为，是一个合法的代言广告。② 对于周展翅的行为是否构成侵权，目前仁者见仁，智者

① 《山寨手机赶超巨头趋主流 山寨明星雷人辈出》，《北京晚报》2008年11月4日。

② 《揭秘山寨明星出炉真相专家称法律难以制约》，《成都商报》2008年9月16日。

见智。如果退一步讲，假如周展翅在这个广告中只使用了肢体语言，是否构成侵权，甚至周展翅使用自己的名字，用酷似周杰伦的形象进行代言是否构成侵权呢?

“山寨”一词亦作“山砦”，源于广东话，是“小型、小规模”甚至有点“地下工厂”的意思，在山寨中可以逃避政府管理，代表那些占山为王的地盘，不被官方管辖。其主要特点为仿造性、快速化、平民化。但目前的“山寨”又是个模糊概念，主要有三种含义。其一是指有嫌疑仿冒或伪造第三方商品的生产厂家；其二是指盗版、克隆、仿制等，一种由民间 IT 力量发起的产业现象[①]；其三，是指“DIY”，即自己做的意思。总的来讲，山寨一般都具有“模仿、创新、快速、廉价”的特点。因此，与山寨的筑有栅栏等防守工事的山庄、山村、绿林好汉占据的营寨等义相距较远。

至于“山寨”是否就是侵权，有人主张山寨是否构成侵权不能一概而论[②]，有的认为最好忘掉山寨这个概念，就里面的法律问题进行具体分析[③]，有的认为就目前谈到的这些山寨法律问题，没有什么新问题，应该说现行的法律都能够解决。[④] 这些意见大体上是正确的。就山寨名人代言广告的现象而言，依照现行法律进行分析，我们也可以得出相同的结论。

二、从侵权责任构成分析山寨名人代言广告是否构成侵权

从过错侵权责任构成四个要件的要求分析，山寨名人代言商业广告可以构成共同侵权行为，代言人应该与其他侵权人共同承担侵权责任。

---

① 百度百科：“山寨”，http：//baike. baidu. com/view/268947. htm。

② 中国版权保护中心副主任索来军：《知识产权法学专家辨析“山寨现象”》，《法制日报周末》2009 年 1 月 15 日，08 版。

③ 中国社会科学院法学研究所教授李明德：《知识产权法学专家辨析“山寨现象”》，《法制日报周末》2009 年 1 月 15 日，08 版。

④ 中国人民大学法学院教授郭禾：《知识产权法学专家辨析“山寨现象”》，《法制日报周末》2009 年 1 月 15 日，08 版。

（一）山寨名人代言广告具有违法性

《广告法》（2015 年已修正）第 38 条规定："违反本法规定，发布虚假广告，欺骗和误导消费者，使购买商品或者接受服务的消费者的合法权益受到损害的，由广告主依法承担民事责任；广告经营者、广告发布者明知或者应知广告虚假仍设计、制作、发布的，应当依法承担连带责任。广告经营者、广告发布者不能提供广告主的真实名称、地址的，应当承担全部民事责任。社会团体或者其他组织，在虚假广告中向消费者推荐商品或者服务，使消费者的合法权益受到损害的，应当依法承担连带责任。"在这里，《广告法》仅仅规定了广告主、广告经营者、广告发布者、社会团体或者其他组织的侵权责任①，并没有直接规定广告代言人的侵权责任。据此，似乎山寨名人代言广告就不具有违法性。对此，甚至有的律师也认为："明星有肖像权，普通人也有肖像权，普通人也可以把自己的肖像权卖给企业使用，那些长得像明星的人毕竟不是明星，从这个层面讲，那些企业这样营销没有违法性质。""商家也没有欺诈消费者，因为他们钻了法律的空子，在包装上并没印出'周杰伦代言'或'周华健代言'这些侵权话语，用明星脸就是制造一个商业噱头。"因此，那些上当而误买"山寨产品"的网友要吃一堑长一智，能够理性消费，不要盲目相信明星代言的就一定是好产品。② 但结论并不是这样的。

认定山寨名人代言广告行为具有违法性有三点依据。

第一，违反现行法律规定。目前，我国有许多法律都明确了虚假宣传构成不法行为。《广告法》第 4 条规定："广告不得含有虚假的内容，不得欺骗和误导消费者。"《消费者权益保护法》规定，经营者"不得作引人误解的虚假宣传"。《欺诈消费者行为处罚办法》规定，经营者在提供商品或者服务中，不得采取虚假或

① 根据广告法，广告主，是指为推销商品或者提供服务，自行或者委托他人设计、制作、代理服务的法人、其他经济组织或者个人。广告发布者，是指为广告主或者广告主委托的广告经营者发布广告的法人或者其他经济组织。广告经营者，是指受委托提供广告设计、制作、代理服务的法人、其他经济组织或者个人。

② 杨媚、陈燕芬：《"山寨明星"代言"山寨机"打"擦边球"法律难解?》，《深圳特区报》2008 年 8 月 4 日。

者其他不正当手段欺骗、误导消费者，使消费者的合法权益受到损害。《反不正当竞争法》第9条也规定，经营者不得利用广告或者其他方法，对商品的质量、制作成分、性能、用途、生产者、有效期限、产地等作引人误解的虚假宣传。广告的经营者不得在明知或者应知的情况下，代理、设计、制作、发布虚假广告，这一义务当然及于广告代言人，包括山寨名人代言人，代言人作引人误解的虚假宣传，也具有违法性。

第二，山寨名人的行为具有人格混同的性质。我国《民法通则》第100条规定："公民享有肖像权，未经本人同意，不得以营利为目的使用公民的肖像。"《民通意见》第139条规定："以营利为目的，未经公民同意利用其肖像做广告、商标、装饰橱窗等，应当认定为侵犯公民肖像权的行为。"按照这样的规定，好像山寨名人代言广告的行为并没有违法，但其违法性的表现是没有直接使用他人的肖像，而是通过近似、模仿他人形象而构成人格混同。依照法律规定，由于与某名人非常相似，山寨名人在做广告时就有必要从服装、发型、动作、背景等方面采取"去山寨化措施"，广告应该醒目标明"我是周展翅，不是周杰伦"，其最终效果就是要避免广告引人误解。在此前提下，如果山寨名人大模大样地用自己的名义做广告，当然不构成侵权。不过，那样也就不必"山寨"了。但是，即使山寨名人在包装上并没印出"周杰伦代言"或"周华健代言"这些明显侵权话语，而选择"在山寨明星头像上做修饰，让他和真正的明星更加相像，或者在对山寨明星进行标注时，写成'山寨版某某某'，但'山寨版'三个字写得很小，某某明星的名字又写得很大，引起消费者的误会，那就构成了侵权"①。这种行为就是通过人格混同而达到侵害他人肖像、形象或者姓名因而获得商业利益的目的，构成了在广告中未经同意使用他人肖像、形象、姓名或者其他侵犯他人合法民事权益的违法性，李鬼在广告中已经不是李鬼，而是李逵。因此，山寨名人代言广告，要想避免侵权，就必须使自己与名人泾渭分明，不能仿冒，不能使人产生混淆的后果。

第三，其行为违反法定义务。名人或者非名人，都享有自己的人格权，如姓

① 裘净婧：《杭州企业谨慎对待山寨明星广告代言》，《每日商报》2008年12月9日。

名权、肖像权以及形象权。未经本人同意，通过人格混同的方式，侵害他人的上述权利，就违反了不得侵害他人人格权的不可侵义务，当然构成违法性。

（二）山寨名人代言广告损害了其所模仿的名人和消费者的合法权益

首先，山寨名人代言广告侵害了名人的肖像权、姓名权、声音权、名誉权等人格权。

有的律师说："明星有肖像权，但只要产品没有使用明星本人的肖像，就不构成侵权。那些长得像周杰伦、周华健等明星的普通人去代言产品，没有什么法律问题。"[①] 这种观点值得商榷。

如前所述，山寨名人代言广告的行为构成仿冒。山寨名人代言广告也会有收入，这个收入与其所模仿的名人的市场价值有密切关系。就像"假美猴王"的威慑力一定比"假猪八戒"的威慑力高一样，当红明星的价值一定比过气明星价值高，而且商业价值的时间跨度也很可能更长。用一个像周杰伦、刘翔的人去做广告宣传，并没有做出标注自己不是周杰伦、刘翔，实际上就是通过人格混同的手段而利用周杰伦、刘翔的商业价值，去进行商业性的营利活动，获取商业价值。据悉，《中国演艺名人商业价值报告》以演艺名人公众美誉度、公众信任度、公众期待值为标准，将 2008 年吸金 1.5 亿元的"新天王"周杰伦以 91.19 分排名第二。[②] 而且，周杰伦的演艺生涯辉煌虽然已经差不多达到了 10 年，但仍然未见衰退。也正因为如此，山寨"周杰伦"的市场最多，前文所述的周展翅也只是众多山寨周杰伦中的一个。为什么周展翅只模仿周杰伦而不模仿一个普通的农民或者工人，道理就在这里。

山寨名人代言广告最常见的是侵犯名人的肖像权、形象权以及姓名权，当然也有侵犯声音权的案例。在美国的 Midler v. Ford Motor Co. 案中，原告 Bette Midler 是美国著名歌手。被告福特汽车公司的一家广告代理商在请原告演唱"Do You Want to Dance"（原告为此歌的原唱者）为福特公司做广告时，遭到拒绝，广告代理商便找到 Ula Hedwig，让她去模仿原告的声音演唱了此歌。该广告播

① 《揭秘山寨明星出炉真相专家称法律难以制约》，《成都商报》2008 年 9 月 16 日。

② 《艺人商业价值报告刘德华力压周杰伦"最值钱"》，《东方早报》2008 年 12 月 23 日。

出后，熟悉原告歌声的人都以为是原告在演唱。美国第九巡回上诉法院认为，“声音如同面孔一样，具有可区别性与个性”，原告主张的是被告不适当地盗用了她的声音的价值，是对原告的“对其身份所享有的财产性利益”的侵犯，即侵犯了原告的公开权，因此，第九巡回上诉法院推翻了原审法院的判决，认定被告行为构成侵权。① 这样的判例是完全可以借鉴的。

其次，山寨名人代言广告侵害了消费者的利益。消费者误以为山寨名人代言广告的行为是名人的行为，因此往往会基于对名人的崇拜而购买产品或者接受服务。而且由于这类产品或者服务的提供者经济实力较低，往往请不起真正的名人来做广告，因而其产品也不能达到真正的名人代言产品的质量。这样，消费者购买产品或者接受服务的初衷和结果并不一致。

最后，山寨名人代言广告对于所模仿的名人以及消费者所造成的损害，实际表现为期待利益或者现实利益的损失。对于所模仿的名人，山寨名人代言广告侵占了所模仿的名人的市场价值，山寨名人所获得的价值，其实就是山寨名人以及其所代理的商家从所模仿的名人应得的价值中的部分。而山寨名人代言的虚假广告的产品或者服务引起消费者的人身、精神或者财产损害，则是其行为的直接结果，损失的现实利益，当然构成损害事实的要件。

（三）山寨名人代言广告行为与所模仿的名人或消费者的损害事实之间具有因果关系

在确定山寨名人代言广告行为与所模仿的名人或消费者的损害事实之间的因果关系，应用不同的因果关系规则。

在侵害所模仿的名人的人格权时，确认所模仿的名人市场价值减损与山寨名人代言广告行为之间有因果关系，应当适用直接因果关系规则，即行为与结果之间具有直接因果关系，无须再适用其他因果关系规则判断，直接确认其具有因果关系。据此规则可以确认，山寨名人与所代言的商家从其代言广告的行为中所获

① 董炳和：《论形象权》，《法律科学》1998年第4期。《美国第三次不公平竞争法重述》（Restatement of the Law，Third，Unfair Competition）第46条第4条评论指出，原告在本案中已经通过先前演唱歌曲的行为开发了其声音的财产利益。在这种情况下，原告的声音就不仅仅是作为身份属性的富有特色的声音了。

得的利益，与所模仿的名人的市场价值的损失，具有直接因果关系，并无其他原因所致。

在判断侵害消费者权益损害与山寨名人代言广告行为之间的因果关系时，属于多因一果侵权情况，适用相当因果关系规则。确定行为与结果之间有无因果关系，要依行为时的一般社会经验和智识水平作为判断标准，认为该行为有引起该损害结果的可能性，而在实际上该行为又确实引起了该损害结果，则该行为与该结果之间为有因果关系。[①]

（四）山寨名人代言广告的过错表现为故意或者重大过失

就被模仿的名人起诉的侵权责任，山寨名人代言广告的主要过错形式是故意。试想，山寨名人代言广告，无论是厂商、广告商或者山寨名人，都存在明知，即明知自己的行为是“山寨”，模仿的就是被模仿的名人。而他们对于山寨行为能够造成所模仿的名人的权益损害后果，要么是直接希望其发生，要么是放任其发生。就实际情况分析，直接希望的并不多见，放任的则比较普遍。因此，认定该行为的行为人具有放任的故意，是有把握的。山寨名人代言广告行为的过错表现形式也可能是重大过失。确定山寨名人代言广告时的注意义务，应为善良管理人的注意。这种注意义务，与罗马法上的“善良家父之注意”和德国法上的“交易上必要之注意”相当，都是要以交易上的一般观念，认为具有相当知识经验的人，对于一定事件的所用注意作为标准，客观地加以认定。行为人有无尽此注意的知识和经验，以及他向来对于事务所用的注意程度，均不过问，只有依其职业斟酌，所用的注意程度，应比普通人的注意和处理自己事务为同一注意，要求更高。

就侵害消费者合法权益造成损害的，山寨名人代言广告的过错应当是过失。山寨名人代言广告应当承担最高的注意义务，即善良管理人的注意义务。[②] 确定其是否违反该注意义务，应该主要考虑如下因素。

---

① 史尚宽：《债法总论》，台北荣泰印书馆 1978 年版，第 163 页。

② 类似的标准，对于广告的经营者而言，已经确立。《反不正当竞争法》第 9 条规定，广告的经营者不得在明知或者应知的情况下，代理、设计、制作、发布虚假广告。

第一，危险或者侵害的严重性。一般来讲，行为的危险性越高，所生侵害越重时，其注意程度应当相对提高。由于广告通常面向不特定的消费者投放，产品或者服务覆盖的范围较大，因而，一旦所推荐的产品或者服务出现了问题，一定会有大量的权利人受到侵害，三鹿奶粉案件受害婴儿近30万，正是在这种意义上，虚假广告可能产生的危险或者侵害的严重性非常强，应该严格管制。[①]

第二，代言人的获利情况。目前，在中国的广告界，代言人代言广告的收益和其所承担的义务并不成比例，往往是三五天拍摄完广告后，就可以拿到一笔普通人不敢奢望的巨额收益。这样，代言人的劳动和收益并不匹配。而虚假代言的背后也往往是代言人根本不尽审核义务，对所代言的产品或者服务睁一只眼、闭一只眼，如此一来，明星代言虚假广告屡见不鲜。

第三，防范避免损害发生的负担情况，即为除去或者减少危险而采取预防措施或替代行为所需支付的费用或不便。[②] 对于代言人来讲，首先，他可以请产品生产者或者服务提供者自己介绍有关情况。其次，他可以自己先使用自己代言的产品或者接受代言的服务，就像我们普通人购买一种新的产品，或者接受一种新的服务一定会试用一段时间，或者打听一下产品或者服务的市场信誉度，如果实践证明该产品或者服务是物美价廉的，那么我们才会选用。这对于任何代言人来讲，都很容易做到。欧美国家的广告法中就明确规定："无论是明星、名人还是专家权威人士，都必须是产品的真实使用者，否则便是虚假广告；同时，如果证词广告暗示证人比一般人更有权威，也应有理有据，否则视为违法。"美国的形象代言人广告必须"证言广告"和"明示担保"，意思就是明星们必须是其所代言产品的直接受益者和使用者，否则就会被重罚。歌星帕特布恩就曾因在一则粉刺药霜广告中作了假证，被美国联邦贸易委员会抓获并承担了法律责任。法国一位电视主持人吉尔贝就曾经因为做虚假广告而锒铛入狱，罪名是夸大产品的功效。[③] 再次，他可以自己或者委托有关机构对代言产品或者接受代言的服务的市

① 王泽鉴：《侵权行为法》，第1册，台北三民书局1999年版，第297-298页。

② 王泽鉴：《侵权行为法》，第1册，台北三民书局1999年版，第297-298页。

③ 王亦君：《从国外"明星代言"反思中国明星代言三大问题》，《北京晚报》2007年7月1日。当然，我们也可以考虑将名人代言虚假广告纳入个人征信系统中，以保证形成全方位的规制。

场满意度、质量等问题进行调查研究，他应该查看广告主的生产许可证、商标注册证、专利证书等相关证书和资质，他应该绕开广告主直接到相应的消费群体中进行调查研究，以防范广告主对其可能的欺诈行为。[①] 最后，他可以到消费者协会、国家机关了解相关情况。这些途径并不复杂，费用也并不昂贵。

第四，代言人在广告中的主观意思表示。有时候，代言人明明知道产品或者服务有危害，但仍然同意代言，此时注意义务标准应为“明知”；有时候，代言人不知道产品或者服务有危害，也没亲自试验过，却在广告中表达“我信赖”“我看行”之类肯定或者夸大的意思，此时注意义务标准应为“应知”；有时候，代言人不知道产品或者服务有危害，亲自试验过后，发现没问题，于是在广告中表达“我信赖”“我看行”之类肯定或者夸大的意思，在这种情形下，会产生立法选择的问题，如果立法倾向于消费者，则应该适用“应知”标准；如果立法倾向于代言人，则应该免除此种情况下的注意义务。

结论是，如果山寨名人明知或者应知自己所代言的广告是“山寨式”的、“李鬼式”的，仍然参与设计、制作、发布广告，那么其就具有主观过错。

三、山寨名人代言广告侵权的损害赔偿责任

（一）山寨名人代言广告侵权损害赔偿责任通常是共同侵权责任

山寨名人代言广告构成共同侵权。无论是从共同过失的立场观察，还是从关联共同的立场观察，均可成立共同侵权：依据前者，代言人与广告主、广告经营者和广告发布者都具有放任的故意或者共同的重大过失；依据后者，有的是具有主观的关联共同，有的具有客观的关联共同，在行为和因果关系以及损害上，都具有共同性。因此，代言人应当与广告主、广告经营者、广告发布者连带承担侵权损害赔偿责任。至于受害人是对何方起诉，完全依据自己的选择，或者直接起诉相关的各个连带责任人为共同被告。

---

① 袁雪石：《何庆魁代言费，是否该退?》，《新京报》2009 年 1 月 7 日。

（二）赔偿责任计算

在被模仿的名人受到侵害，受害人请求赔偿，可以加害人在实施侵权行为中所获得的利益为准，也可以受害人在受害期间所受到的损失为准，还有一个办法是以聘请被模仿的名人所需费用为准。

在消费者受到损害，无论是人身损害还是财产损害，受害人请求的，应当以实际损害为准，损失多少赔偿多少。

（三）可否适用损益相抵规则

有一种论断认为，“山寨明星”代言产品，是模仿了明星的容貌，利用了明星的声望，但另一方面也间接为他们做了更广的免费宣传。① 如此说来，似应实行损益相抵规则了。我们认为这种看法是站不住脚的。损益相抵是指赔偿权利人基于发生损害的同一原因受有利益者，应由损害额内扣除利益，而由赔偿义务人就差额赔偿的债法制度。要适用这种制度必须有新的利益产生，虽然目前广告界具有浓厚的注意力经济色彩，但是否产生“扩大名声”这种新的利益很难判断。一般来讲，由于山寨名人代言的产品或者服务层次相对低于名人的真正身价，因而，这种名声恐怕难以为名人及其“粉丝”所真正认同，在产品或者服务出现质量问题时，甚至有可能出现大量的负面新闻，最终导致名人的商业价值锐减。对此如果承认适用损益相抵规则，岂不等于鼓励山寨名人从这种不法行为中获益吗？

第四节　我国虚假广告责任的演进及责任承担

自1994年10月27日第八届全国人民代表大会常务委员会第十次会议通过《中华人民共和国广告法》，规定了虚假广告责任以来，立法机关又陆续通过制定和修订《食品安全法》、修订《消费者权益保护法》，对虚假广告责任进行了多次修正。特别是于2015年4月24日，第十二届全国人民代表大会常务委员会第十

① 《“山寨明星”代言广告》，http：//i. cn. yahoo. com/zoe86873/blog/p _ 107/。

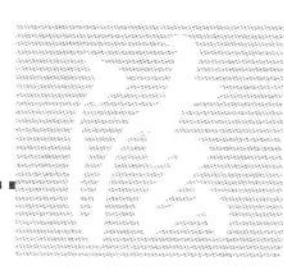

四次会议修订《广告法》，再次对虚假广告责任进行修正和补充。至此，我国法律对虚假广告及其责任的规定基本完善。由于我国法律对虚假广告责任的规定几经演进，不易掌握其发展变化的脉络，较难准确理解虚假广告责任规则，故本节对我国虚假广告责任的演进过程及责任承担规则进行研究和梳理。

一、我国虚假广告责任制度的演进过程

自 1980 年代以来，我国法律、行政法规对虚假广告责任的规定一直在发展中，经历了以下几个演进过程。

（一）1994 年《广告法》施行前虚假广告及责任的规定

20 世纪 80 年代中后期，广告作为一种对商品和服务进行宣传的手段，开始在我国迅速流行。为规范广告行为，1987 年 10 月 26 日国务院颁发《广告管理条例》，第 3 条规定了“广告内容必须真实、健康、清晰、明白，不得以任何形式欺骗用户和消费者”的内容，对广告内容的真实性提出了最初的要求，首次出现了禁止虚假广告的规定。第 20 条第 1 款规定：“广告客户和广告经营者违反本条例规定，使用户和消费者蒙受损失，或者有其他侵权行为的，应当承担赔偿责任。”这是最早的广告责任规则，明显包含虚假广告责任在内。

虚假广告概念在 1993 年国家工商行政管理总局《关于认定处理虚假广告问题的批复》中被首次提及。该《批复》认为：“关于虚假广告，一般应从以下两个方面认定：一是广告所宣传的产品和服务本身是否客观、真实；二是广告所宣传的产品和服务的主要内容（包括产品和服务所能达到的标准、效用、所使用的注册商标，获奖情况，以及产品生产企业和服务提供单位等）是否真实。凡利用广告捏造事实，以并不存在的产品和服务进行欺诈宣传，或广告所宣传的产品和服务的主要内容与事实不符的，均应认定为虚假广告。”该批复明确了认定虚假广告的标准，一是广告本身是否客观、真实，二是主要内容是否真实。

1994 年《消费者权益保护法》首先明确规定了虚假广告责任。该法第 39 条规定：“消费者因经营者利用虚假广告提供商品或者服务，其合法权益受到损害

的，可以向经营者要求赔偿。”“广告的经营者不能提供经营者的真实名称、地址的，应当承担赔偿责任。”这标志着我国虚假广告责任制度的建立。其规则是：第一，经营者①利用虚假广告提供商品或者服务，使消费者权益受到损害的，应当承担过错责任；第二，广告的经营者发布虚假广告，不能提供经营者的真实名称和地址的，应当承担赔偿责任。其中对于经营者与广告经营者之间怎样承担虚假广告责任，规则不清晰。

（二）1994 年《广告法》对虚假广告责任的规定

1994 年《广告法》作为我国第一部广告法，比较规范地规定了虚假广告责任。该法第 38 条：“违反本法规定，发布虚假广告，欺骗和误导消费者，使购买商品或者接受服务的消费者的合法权益受到损害，由广告主依法承担民事责任；广告经营者、广告发布者明知或者应知广告虚假仍设计、制作、发布的，应当依法承担连带责任。广告经营者、广告发布者不能提供广告主的真实名称、地址，应当承担全部民事责任。社会团体或者其他组织，在虚假广告中向消费者推荐商品或者服务，使消费者的合法权益受到损害的，应当依法承担连带责任。”这一规定的特点是：第一，确定虚假广告的特点是欺骗和误导消费者；第二，虚假广告的后果是使购买商品或者接受服务的消费者的合法权益受到损害，第三，责任主体是广告主、广告经营者、广告发布者以及广告代言的社会团体或者其他组织；第四，承担虚假广告责任的方式，一是直接责任人为广告主，二是广告经营者、广告发布者明知或者应知广告虚假仍然设计、制作、发布的，承担连带责任，三是广告经营者、广告发布者不能提供广告主的真实名称、地址的，应当承担全部责任，四是广告代言的社会团体或者其他组织恶意推荐的，承担连带责任。

（三）《广告法》实施之后有关法律对虚假广告责任的重申和补充

《广告法》公布实施之后，2000 年修订《产品质量法》，在第 59 条规定：“在广告中对产品质量作虚假宣传，欺骗和误导消费者的，依照《中华人民共和国广告法》的规定追究法律责任。”这是首次规定产品虚假宣传依照虚假广告责任处理的规定。2001 年《药品管理法》第 61 条规定：“药品广告的内容必须真

① 这一经营者的概念，应当是商品或者服务的经营者，即广告主。

实、合法，以国务院药品监督管理部门批准的说明书为准，不得含有虚假的内容。”该条没有规定具体责任。

2009 年制定《食品安全法》，对虚假广告及其责任规定了两个条文。第 54 条第 1 款规定：“食品广告的内容应当真实合法，不得含有虚假、夸大的内容，不得涉及疾病预防、治疗功能。”第 55 条规定：“社会团体或者其他组织、个人在虚假广告中向消费者推荐食品，使消费者的合法权益受到损害的，与食品生产经营者承担连带责任。”后一个条文首次增加了个人作为广告代言人，并规定恶意代言虚假广告造成损害的，与食品经营者承担连带责任。①

（四）修订《消费者权益保护法》《食品安全法》和《广告法》对虚假广告责任的修改和完善

2013 年以来，立法机关相继对《消费者权益保护法》《食品安全法》和《广告法》进行了修订②，对虚假广告责任作出了更为严厉的民事责任的规定，完善了我国虚假广告责任制度。

1.《消费者权益保护法》的规定

2013 年修订《消费者权益保护法》，在 1995 年《广告法》第 38 条规定的基础上，第 45 条明确规定：“消费者因经营者利用虚假广告或者其他虚假宣传方式提供商品或者服务，其合法权益受到损害的，可以向经营者要求赔偿。广告经营者、发布者发布虚假广告的，消费者可以请求行政主管部门予以惩处。广告经营者、发布者不能提供经营者的真实名称、地址和有效联系方式的，应当承担赔偿责任。”“广告经营者、发布者设计、制作、发布关系消费者生命健康商品或者服务的虚假广告，造成消费者损害的，应当与提供该商品或者服务的经营者承担连带责任。”“社会团体或者其他组织、个人在关系消费者生命健康商品或者服务的虚假广告或者其他虚假宣传中向消费者推荐商品或者服务，造成消费者损害的，应当与提供该商品或者服务的经营者承担连带责任。”这一规定的特点是：第一，

---

① 杨立新：《论避风港规则及法律适用规则——以〈食品安全法〉第 55 条为中心》，《政治与法律》2009 年第 5 期。

② 下文称“三部法律”者，即指修订后的《消费者权益保护法》、《食品安全法》和《广告法》。

正式确认“虚假宣传方式”为准虚假广告，承担虚假广告责任。第二，增加不能提供“有效联系方式”作为广告经营者、广告发布者承担虚假广告责任的条件，降低了承担赔偿责任的条件。第三，确定广告经营者、发布者设计、制作、发布关系消费者生命健康商品或者服务的虚假广告，造成损害的，适用无过错责任原则，与经营者承担连带责任。第四，社会团体、其他组织、个人作为广告代言人，在关系消费者生命健康商品或者服务的虚假广告和虚假宣传中恶意推荐商品或者服务的，也承担无过错责任，与经营者承担连带责任。

2.2015年《食品安全法》对食品虚假广告责任的规定

2015年修订《食品安全法》，第140条第2款和第3款规定：“广告经营者、发布者设计、制作、发布虚假食品广告，使消费者的合法权益受到损害的，应当与食品生产经营者承担连带责任。”“社会团体或者其他组织、个人在虚假广告或者其他虚假宣传中向消费者推荐食品，使消费者的合法权益受到损害的，应当与食品生产经营者承担连带责任。”这一规定突出了加强食品安全的特色，特别强调的是：第一，广告经营者、发布者对虚假食品广告造成的损害，适用无过错责任原则，与食品生产经营者承担连带责任；第二，单独规定广告代言人在虚假广告和虚假宣传中推荐食品造成消费者损害的责任为无过错责任，广告代言人与食品生产经营者承担连带责任。

3.2015年《广告法》关于虚假广告责任的规定

2015年《广告法》修订后，第28条对虚假广告概念作了精准的规定，确定“广告以虚假或者引人误解的内容欺骗、误导消费者的，构成虚假广告”，同时对虚假广告的具体表现作出了细化的规定①：（1）广告中宣传的商品或服务不存在；（2）广告中与商品或服务有关的允诺信息与实际情况不符，并对购买行为产生了实质性影响；（3）广告中使用虚构、伪造、或者无法验证的证明材料，欺骗、误导消费者；（4）虚构使用商品或接受服务效果；（5）其他以虚构或引人误解的内容欺骗、误导消费者的情形。

该法第56条规定的是虚假广告责任：“违反本法规定，发布虚假广告，欺

① 王清主编：《中华人民共和国广告法解读》，法律出版社2015年版，第63页。

骗、误导消费者，使购买商品或者接受服务的消费者的合法权益受到损害的，由广告主依法承担民事责任。广告经营者、广告发布者不能提供广告主的真实名称、地址和有效联系方式的，消费者可以要求广告经营者、广告发布者先行赔偿。”“关系消费者生命健康的商品或者服务的虚假广告，造成消费者损害的，其广告经营者、广告发布者、广告代言人应当与广告主承担连带责任。”“前款规定以外的商品或者服务的虚假广告，造成消费者损害的，其广告经营者、广告发布者、广告代言人，明知或者应知广告虚假仍设计、制作、代理、发布或者作推荐、证明的，应当与广告主承担连带责任。”该条与 2013 年《消费者权益保护法》第 45 条规定的虚假广告责任相比较，有以下区别：第一，没有规定虚假宣传的责任；第二，广告经营者、广告发布者对虚假广告不能提供广告主的真实名称、地址和有效联系方式的，由“应当承担赔偿责任”改为“广告经营者、广告发布者先行赔偿”；第三，对于关系消费者生命健康的商品或者服务的虚假广告，造成消费者损害的，实行无过错责任原则，广告经营者、广告发布者、广告代言人应当与广告主承担连带责任；第四，非关系生命健康的其他商品或者服务的虚假广告责任实行过错责任，广告经营者、广告发布者、广告代言人，明知或者应知广告虚假仍设计、制作、代理、发布或者作推荐、证明的，应当与广告主承担连带责任；第五，对于广告代言人的责任，不再单独规定，直接规定在上述第三、四项虚假广告的连带责任中。

经过 2013 年修订《消费者权益保护法》，2015 年修订《食品安全法》和《广告法》，现行虚假广告责任规则已经完善。但是，由于这些规则分散在三部不同的法律中，且表述有所差异，因而对于现行虚假广告责任规则，需要进行整理、说明。

二、虚假广告和虚假广告责任的概念界定

（一）关于虚假广告概念的定义及范围

1. 虚假广告的概念和范围

《消费者权益保护法》和《食品安全法》都没有对虚假广告概念作出界定，

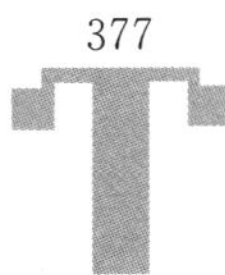

只有《广告法》第 28 条规定了虚假广告的概念，即“广告以虚假或者引人误解的内容欺骗、误导消费者的，构成虚假广告”。

特别值得研究的是，《消费者权益保护法》第 45 条规定了经营者利用虚假宣传方式提供商品或者服务，与虚假广告一样承担赔偿责任。《食品安全法》第 140 条规定，广告代言人进行虚假宣传，亦应与食品生产经营者承担连带责任。对此，应当如何理解和适用呢？首先，应当确定虚假宣传不是虚假广告，而是准虚假广告，因而《广告法》并不规定虚假宣传；其次，在现实生活中，广告之外的宣传方式层出不穷，在宣传商品和服务中起着日益重要的作用，如经营者面对面地向消费者讲解商品质量、性能、用途或产地等，应当进行规制①；再次，虚假宣传的主体须确定，只有经营者以及代言人进行虚假宣传，才承担虚假宣传责任；最后，广告主、广告经营者、广告发布者和广告代言人以虚假宣传方式宣传商品或者服务，其本身就是广告，而不是虚假宣传。

因此，应当确定，虚假广告是指以虚假或者引人误解的内容欺骗、误导消费者的广告。其本质在于广告是虚假的、不真实的、具有欺骗性或者误导性，广告宣传的内容与商品的客观情况不符，有意夸大或者予以模糊，使人产生误解。②虚假宣传是经营者未通过广告方式，而是通过对群众作讲解说明的活动宣传商品或者服务的宣传方式③，经营者进行虚假宣传，代言人为该虚假宣传代言，都应当认定为准虚假广告，承担虚假广告责任。尽管《消费者权益保护法》对虚假宣传规定依照《广告法》的规定追究法律责任，条文表述不够清晰，且《广告法》对此未作规定，但是经过解释，上述理解应当是正确的。

2. 虚假广告的具体表现形式

《广告法》第 28 条第 2 款规定了虚假广告的具体表现形式，包括以下 5 种。

（1）广告宣传的商品或服务不存在。无论是广告主还是广告经营者、广告发布者以及广告代言人，其设计、制作、发布或者代言的广告中宣传的商品或者服

---

① 李适时主编：《中华人民共和国消费者权益保护法释义》，法律出版社 2013 年版，第 200 页。

② 姚辉、王毓莹：《论虚假广告的侵权责任承担》，《法律适用》2015 年第 5 期。

③ 于林洋、孙学华：《关于“虚假广告”与“虚假宣传”关系的法律思考》，《山西高等学校社会科学学报》2004 年第 6 期，第 62 页。

务，在客观现实中根本就不存在，这样的广告就是虚假广告。

（2）广告允诺的信息与实际情况不符。广告主体在广告中，就商品或服务有关的允诺信息与实际情况不符，并对购买行为产生了实质性影响的，也是虚假广告。其要求是：第一，允诺的信息与实际情况不符；第二，该不实允诺对消费者的购买行为产生了实质性的影响，该实质性的影响，应当是不实允诺使消费者发生了决定性的交易冲动，即相信了该广告的不实允诺而进行消费。只具有上述其中一项要件的，不构成虚假广告。

（3）广告对消费者进行欺骗、误导。广告主体在广告中使用虚构、伪造或者无法验证的证明材料，欺骗、误导消费者的，也是虚假广告。其中，欺骗、误导既是广告主体实施虚假广告行为的目的①，也是广告主体实施虚假广告行为的结果；广告主体使用虚构、伪造或者无法验证的证明材料，是其实施虚假广告行为的客观手段。因而，广告主体以欺骗、误导消费者为目的，使用虚构、伪造或者无法验证的证明材料的方法，达到欺骗、误导消费者目的的广告，是虚假广告。②

（4）虚构使用商品或接受服务的效果。广告主体在广告中宣传商品或者服务，虚构使用商品或接受服务的虚假、没有客观事实根据的效果的，也构成虚假广告。

（5）其他虚假广告。在广告中，其他以虚构或引人误解的内容欺骗、误导消费者的虚假广告，是兜底条款。符合该兜底条款的虚假广告要件，须方法为虚构或者引人误解的内容，后果为欺骗、误导消费者。凡是符合这两个要件要求的，就是其他情形的虚假广告。③

在确定经营者的虚假宣传行为时，应当依照上述规定确认，具有其中之一的，认定为虚假宣传行为。

---

① 有学者认为，引人误解才是虚假广告的真实意图，也是虚假广告的本质。赵虎：《整治虚假广告是新〈广告法〉的重头戏》，《青年记者》2015年第16期。

② 美国学者巴茨认为："如果广告传达给了受众，并且广告内容与实际情况不符，广告影响到消费者的购买行为并损害了其利益时，我们就认为这是欺骗行为。"这个意见值得借鉴。转引自刘婉露：《论新广告法实施后明星虚假广告代言的法律责任》，《西部广播电视》2015年第22期。

③ 赵虎：《整治虚假广告是新〈广告法〉的重头戏》，《青年记者》2015年第16期。

（二）虚假广告责任的概念界定

对于虚假广告责任概念，法律没有规定，应当由学理解决。我们认为，虚假广告责任是指广告主体实施虚假广告行为或者进行虚假宣传，致使消费者权益受到损害，应当承担的侵权损害赔偿责任。

界定虚假广告责任概念，应当特别强调的是：

第一，虚假广告责任主体是广告主体，包括广告主、广告经营者、广告发布者以及广告代言人。在利用虚假宣传方式提供商品或者服务，造成消费者合法权益损害的，经营者即虚假宣传行为人和代言人也是虚假广告责任的主体。

第二，承担虚假广告责任的违法行为是虚假广告行为。对此，应当依照《广告法》第28条规定认定，上文对此已经进行了说明。经营者未做广告，但是利用虚假宣传方式宣传自己的产品或者服务，以及代言人对商品或者服务进行虚假宣传，也应当承担虚假广告责任。

第三，构成虚假广告责任的客观后果是造成消费者合法权益损害。仅仅是广告主体实施虚假广告行为，并非民事法律所调整的范围，而是行政法的调整范围，应当予以行政处罚。只有虚假广告行为造成了消费者合法权益的损害后果，才发生民事责任，才构成虚假广告责任。

第四，虚假广告责任方式主要是损害赔偿，性质是侵权责任。有学者认为，虚假广告责任的性质属于不正当竞争行为，理由是，商业广告作为经营者目前普遍使用的、提高企业知名度与所售商品销量的竞争手段，经营者如通过捏造、发布虚假事实等不正当手段发布虚假广告，不但会侵害消费者的合法权益，同时也会对同业经营者的商业信誉、商品声誉产生恶劣影响，不正当地挤占其市场份额，从而消弱了竞争对手的竞争能力。[①] 应当看到，虚假广告责任虽然制裁的是虚假广告行为人，且确实存在不正当竞争的因素，但是，该责任补救的不是其他经营者合法权益的损害，而是消费者合法权益的损害，因而是侵权责任，符合

① 黎燕燕、杨妮、柴进：《论虚假广告对消费者权益的侵害》，《法学杂志》2003年第11期，第16页；文永辉：《关于不正当竞争行为的界定——我国〈反不正当竞争法〉第二条的修改建议》，《太原师范学院学报（社会科学版）》2010年第3期，第48页。

《侵权责任法》第6条和第7条规定的要求，性质是侵权责任，不属于不正当竞争行为应当承担的责任。对于虚假广告，同行业者主张侵权的，应当符合不正当竞争行为的要求。

三、虚假广告责任的归责原则与构成要件

（一）虚假广告责任的归责原则

在1994年《消费者权益保护法》和1994《广告法》中规定的虚假广告责任，是过错责任。其中对经营者、广告主“利用”虚假广告的表述，显然是要求适用过错责任；广告的经营者（包括广告经营者和广告发布者）不能提供虚假广告经营者（广告主）的真实名称、地址的，也是要求适用过错责任；广告的经营者明知或者应知广告虚假，仍设计、制作、发布而承担的责任，当然也是过错责任。

2009年《食品安全法》没有专门规定虚假广告责任，但在第55条规定的广告代言人责任中，广告代言人在虚假广告中向消费者推荐食品，使消费者合法权益受到损害的，采用“与食品生产经营者承担连带责任”的方式，规定其承担赔偿责任，没有明确说明适用何种归责原则。由于食品致害责任属于产品责任，产品责任是无过错责任，那么广告代言人承担的责任，究竟适用过错责任还是无过错责任，就连立法机关官员写的释义的书中，也对此语焉不详。[①]依我们所见，推荐食品的广告代言人责任的性质更倾向于为无过错责任。

对此，我们曾经主张虚假广告责任不适宜适用无过错责任原则，适用过错推定原则更为妥当[②]，但是立法机关没有采纳这个意见。修订后的三部法律在虚假广告责任的归责原则上采取一致立场，即《广告法》第56条规定的内容：第一，“关系消费者生命健康的商品或者服务的虚假广告，造成消费者损害的，其广告经营者、广告发布者、广告代言人应当与广告主承担连带责任”。这是适用无过错责任原则的虚假广告责任。第二，“前款规定以外的商品或者服务的虚假广告，

---

① 信春鹰主编：《中华人民共和国食品安全法释义》，法律出版社2009年版，第136－137页。

② 杨立新：《广告责任不应当实行无过错责任原则》，《甘肃理论学刊》2013年第5期。

造成消费者损害的，其广告经营者、广告发布者、广告代言人，明知或者应知广告虚假仍设计、制作、代理、发布或者作推荐、证明的，应当与广告主承担连带责任”。这是适用过错责任原则的虚假广告责任。同样，《消费者权益保护法》第45条第2款规定的虚假广告责任是无过错责任，其他虚假广告责任是过错责任。至于《食品安全法》规定的虚假食品广告责任，因为都是涉及关系消费者生命健康的虚假广告，因而都适用无过错责任原则。

可以确定，我国现行虚假广告责任，适用的归责原则实行二元体制，凡是涉及生命健康的商品或者服务的虚假广告责任，一律适用无过错责任原则；涉及生命健康以外的商品或者服务的虚假广告责任，适用过错责任原则。在这个问题上，尽管《消费者权益保护法》和《食品安全法》在表述上文字有所不同，但是都与《广告法》的上述规定相一致，没有实质的区别。

（二）虚假广告责任的构成要件

1.须有欺诈、误导消费者的虚假广告违法行为

构成虚假广告责任，首先须有欺诈或者误导消费者的虚假广告行为。关于虚假广告及其行为，前文已经说明，在此不再赘述。应当掌握的是：

第一，广告主体为多数人，且有所区别。按照《广告法》第2条规定，广告主体包括：（1）广告主是指为推销商品或者服务，自行或者委托他人设计、制作、发布广告的自然人、法人或者其他组织；（2）广告经营者，是指接受委托提供广告设计、制作、代理服务的自然人、法人或者其他组织；（3）广告发布者，是指为广告主或者广告主委托的广告经营者发布广告的自然人、法人或者其他组织，一是新闻媒介单位，二是有广告发布资格的企业、其他法人或经济组织[①]；（4）广告代言人，是指广告主以外的，在广告中以自己的名义或者形象对商品、服务作推荐、证明的自然人、法人或者其他组织；广告代言也称推荐广告、荐证广告、代言广告、证言广告。[②] 虚假广告行为主体包括所有的广告主体，但虚假宣传行为的主体为经营者及其代言人，因为广告主、广告经营者、广告发布者设

① 姚辉、王毓莹：《论虚假广告的侵权责任承担》，《法律适用》2015年第5期。

② 于林洋：《虚假荐证广告民事责任两岸观》，《中国公证》2008年第9期，第48页。

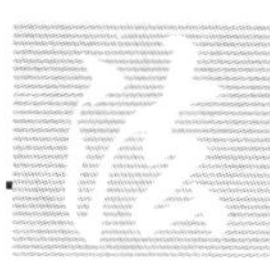

计、制作和发布的虚假宣传也属于广告。单一广告主体实施的虚假广告行为，为单独侵权行为；多数广告主体实施的虚假广告行为，为多数人侵权行为。

第二，虚假广告和虚假宣传行为的违法性，表现在对法定义务的违反上。《广告法》第 3 条和第 4 条从正反两方面规定了广告主体的法定义务：正面义务是广告应当真实、合法，以健康的表现形式表达广告内容，符合社会主义精神文明建设和弘扬中华民族优秀传统文化的要求；反面义务是广告不得含有虚假或者引人误解的内容，不得欺骗、误导消费者；广告主应当对广告内容的真实性负责。虚假广告行为违反前项正面法定义务，且违反后项法律禁止，就具有违法性。

2. 须有造成消费者合法权益损害的客观结果

构成虚假广告责任须具备损害后果的要件，三部法律都规定为造成消费者损害，或者消费者合法权益损害。这两种说法虽然文字有所区别，但内容没有区别。这种损害应当是消费者的人身损害和财产损害，同时也包括因此造成的精神损害。其中造成人身损害，不论是死亡还是伤害，当然都包括所受到的精神痛苦的损害；如果是财产受到损害，该财产包含人格利益因素的，也发生精神损害。

有疑问的是，虚假广告是否会造成名誉权、肖像权或者隐私权等精神性人格权的损害，即消费者的合法权益中是否包括精神性人格权呢？我们认为不应包括，如果广告本身侵害了隐私权、名誉权等精神性人格权，那不是因为虚假广告行为，而是因为广告本身的内容，例如广告使用他人肖像、广告揭载他人隐私或者数据，这是广告侵权行为，而不是虚假广告侵权行为。

3. 须有虚假广告行为与损害后果之间的因果关系

确定虚假广告责任的因果关系要件，须采用相当因果关系规则确定[①]，即虚假广告行为是造成消费者人身或者财产损害的适当条件的[②]，即构成该要件。

不过，虚假广告责任的因果关系要件，并非认为虚假广告行为是造成损害发生的全部原因，而是对消费者损害具有一定的原因力而已。虚假广告责任的因果

---

① 姚辉、王毓莹：《论虚假广告的侵权责任承担》，《法律适用》2015 年第 5 期。

② 具体规则参见杨立新：《侵权责任法》，法律出版社 2015 年修订版，第 113 页。

关系，主要是广告主用虚假广告宣传的商品或者服务的行为所致，即商品有缺陷而致害，或者因缺陷服务行为直接致害。虚假广告行为对于损害发生的作用，仅仅是消费者被虚假广告欺骗或者误导，购买或者接受了该商品或者服务，因而造成损害。因此，虚假广告行为对于因虚假广告欺骗或者误导而致消费者损害后果之间的因果关系，实际上是一种前因性的、引发造成损害的原因力，处于因果关系链条的前端，而非直接引起与被引起的直接因果关系。如果不是用这样的标准确定虚假广告的因果关系，而是硬要确定虚假广告对于损害发生具有直接原因力，是不现实、不客观的。虚假广告责任因果关系要件的链条是："消费者→听信虚假广告的欺骗、误导→接受商品或者服务→缺陷商品或者服务作用于消费者→造成人身、财产损害。"虚假广告的因果关系在该链条的前半部分，而不是后半部分。符合这个要求的，就具备虚假广告责任的因果关系要件。学者认为，消费者只需要证明其看过、听过广告经营者、广告发布者、广告代言人设计、制作、发布、代言的广告，或者该虚假广告在消费者所在区域播出过，即可以推定有一定的因果关系。①这种意见可以参酌。

4.须有明知或者应知等的故意或者过失

虚假广告责任的过错要件，不适用于无过错责任的虚假广告责任。关系消费者生命健康的商品或者服务的虚假广告造成消费者损害的虚假广告责任，只需具备前述三个要件即可，不必具备过错要件。

非关系生命健康的商品或者服务的虚假广告，构成虚假广告责任，除了具备上述三个要件之外，还须具备过错要件。首先，对于广告主，"发布虚假广告，欺骗、误导消费者，使购买商品或者接受服务的消费者的合法权益受到损害的"，具有欺骗或者误导消费者的故意；其次，对于关系生命健康"以外的商品或者服务的虚假广告，造成消费者损害的，其广告经营者、广告发布者、广告代言人，明知或者应知广告虚假仍设计、制作、代理、发布或者作推荐、证明的"，应当对广告虚假具有"明知或者应知"的故意或者过失。上述两种情形，都具备过错要件，成立虚假广告侵权责任。

① 姚辉、王毓莹：《论虚假广告的侵权责任承担》，《法律适用》2015年第5期。

如何理解《广告法》第56条第1款后段关于“广告经营者、广告发布者不能提供广告主的真实名称、地址和有效联系方式的，消费者可以要求广告经营者、广告发布者先行赔偿”中的过错要件，需要认真研究。这里规定的是广告经营者、广告发布者与广告主承担附条件不真正连带责任的要件，其中没有说必须具备过错要件，但是，从其“不能提供广告主的真实名称、地址和有效联系方式”的表述中，可以判断，广告经营者、广告发布者是因其过失造成不能提供上述信息的结果的，这本来是应当依照法律规定掌握这些信息的，不能提供即为过失。符合这种情形的，也认为广告经营者、广告发布者具有过失。

前述广告经营者、广告发布者和广告代言人的过错，构成的责任并不相同，“明知或者应知广告虚假”的故意或者过失，与广告主承担连带责任；而“不能提供广告主的真实名称、地址和有效联系方式的”过失，应当“先行赔偿”，即承担附条件不真正连带责任。

学者认为，为了维护消费者的权益，对于广告经营者、广告发布者是否存在过错，应当实行举证责任倒置。①这个意见值得斟酌。原因是，《侵权责任法》第6条第2款规定适用过错推定原则，需要有“法律规定”，三部法律对此都没有明文规定，因而不能适用过错推定原则，不能实行举证责任倒置，而应由原告举证证明过错要件。

具备上述四个要件的，构成虚假广告责任，受害的消费者有权要求广告主体（包括虚假宣传的经营者和代言人）依照法律规定，承担侵权责任。

四、虚假广告责任的责任分担

依据修订后的三部法律的规定，构成虚假广告责任，应当根据不同情形承担不同的侵权责任。虚假广告行为大多是多数人侵权行为，承担的责任是多数人侵权责任，因而需要在不同的虚假广告责任人中分担责任。具体的责任承担方式有以下形式。

---

① 姚辉、王毓莹：《论虚假广告的侵权责任承担》，《法律适用》2015年第5期。

（一）虚假广告责任分担的一般规则

三部法律对于承担虚假广告责任的规定比较复杂，经过整理，比较清晰的规则是：

第一，广告主无论是因虚假广告造成消费者的损害，还是提供的商品或者服务造成消费者的损害，其实都是一个损害，都是自己的违法行为造成的损害，因此应当自己承担侵权赔偿责任。虚假宣传的经营者亦应如此。这种责任承担规则是自己责任。①

第二，对于虚假广告致害，广告经营者、广告发布者没有过错的，原则上不承担赔偿责任。②但其不能提供广告主的真实名称、地址和有效联系方式的，为有过失，承担的侵权责任形态为附条件的不真正连带责任，即“先行赔偿”。

第三，关系生命健康的商品或者服务的虚假广告责任，广告经营者、广告发布者、广告代言人承担的责任是无过错责任，无论其有无过错，责任形态都是与广告主承担连带责任。

第四，非关系生命健康的其他商品或者服务的虚假广告责任，广告经营者、广告发布者以及广告代言人承担的是过错责任，具有明知或者应知广告虚假仍设计、制作、发布或者做推荐、证明的故意或者过失的，承担的责任形态也是与广告主承担连带责任。

（二）虚假广告责任的责任分担规则

1. 广告主的自己责任

《广告法》第 56 条第 1 款规定的“发布虚假广告，欺骗、误导消费者，使购买商品或者接受服务的消费者的合法权益受到损害的，由广告主依法承担民事责任”，与《消费者权益保护法》第 45 条规定的“消费者因经营者利用虚假广告或者其他虚假宣传方式提供商品或者服务，其合法权益受到损害的，可以向经营者要求赔偿”的规定，内容都是一致的，就是广告主（商品或者服务的经营者）对

① 自己责任就是类似于《法国民法典》第 1382 条规定的任何人对于自己的过错行为所造成的损害，应当自己承担赔偿责任的责任形态。杨立新：《侵权责任法》，法律出版社 2015 年修订版，第 131 页。

② 之所以称“原则上”，是因为下文第三项就是适用无过错责任原则的情形。

虚假广告（虚假宣传）造成的损害，自己承担责任。这是典型的自己责任形态。

应当特别强调以下两个问题。

第一，广告主与经营者的关系。《广告法》使用的主体概念是广告主，《消费者权益保护法》使用的是经营者。这两个概念是一致的，《广告法》规范的是广告行为，因而称其为“广告主”；《消费者权益保护法》规范的是消费者和经营者的关系，因而使用“经营者”的概念。根据两部法律调整范围的区别，在虚假广告责任中，直接称为广告主即可；由于《广告法》不规范虚假宣传责任，因而在虚假宣传责任中，责任主体称为经营者，在商品领域是生产者和销售者，在服务领域是服务提供者。

第二，虚假广告责任与产品责任和服务致害责任的关系。事实上，广告主（经营者）承担的虚假广告（虚假宣传）责任，与其承担的产品责任和服务致害责任也是一致的，并非两种责任。虚假广告责任的损害事实，是虚假广告宣传的商品或者服务致消费者损害，而不是虚假广告本身造成的消费者损害，因此，该责任性质，就是产品责任或者服务致害责任。[①]当广告主（包括商品生产者、销售者以及服务提供者）提供的商品或者服务致消费者损害，同时又构成虚假广告责任的，其承担的责任就只有一个，不会有两个。因此，广告主承担的虚假广告责任，就是产品责任或者服务致害责任，不存在产品责任或者服务致害责任之外的虚假广告责任。

2.广告经营者和广告发布者的不真正连带责任

广告经营者和广告发布者承担的“广告经营者、发布者不能提供经营者的真实名称、地址和有效联系方式的，消费者可以要求广告经营者、发布者先行赔偿”或者“应当承担赔偿责任”的责任，在侵权责任形态上，称为附条件不真正连带责任。[②]

首先应当确定，广告经营者和广告发布者承担责任的前提，是广告主应当承

---

① 关于服务损害赔偿责任的具体规则，请参见杨立新等：《消费者保护中的服务及其损害赔偿责任》，《法律适用》2016年第5期。

② 关于附条件不真正连带责任概念及规则，请参见杨立新：《多数人侵权行为及责任理论的新发展》，《法学》2012年第7期。

担责任，这个规则，可以从《广告法》第56条第1款规定的顺序看出来，也可以从“先行赔偿”的用语体现出来。当虚假广告责任构成后，广告主应当承担赔偿责任，广告经营者、广告发布者可以先行赔偿，表达的就是广告主与广告经营者、广告发布者之间的责任分担关系。在这样的表述中，既没有使用不真正连带责任的概念，也没有使用连带责任的概念，但其实质是不真正连带责任，而不是连带责任。这说明，广告主是最终责任人，而广告经营者、广告发布者是中间责任人，由于其也参与了虚假广告的设计、制作和发布行为，因而也应当承担责任，但不是最终责任。在这里，虚假广告的广告经营者、广告发布者具有“不能提供”的过失，并且其行为给广告主的侵权行为实施提供了条件，因此构成竞合侵权行为，当具备法定条件即“不能提供广告主的真实名称、地址和有效联系方式”时，就应当承担不真正连带责任，可以先行赔偿。在这里，《广告法》和《消费者权益保护法》都没有规定广告经营者、广告发布者的追偿权，但在“先行赔偿”的表述中就包含了追偿权的含义，在其先行承担了赔偿责任之后，有权向广告主进行追偿。

竞合侵权行为是指两个以上的民事主体作为侵权人，有的实施直接侵权行为，与损害结果具有直接因果关系，有的实施间接侵权行为，与损害结果的发生具有间接因果关系，行为人承担不真正连带责任的侵权行为形态。[①] 在虚假广告的竞合侵权行为中，广告主实施的是直接侵权行为，与损害结果具有直接因果关系；广告经营者和广告发布者实施的是间接侵权行为，与损害结果的发生具有间接因果关系。故前者承担不真正连带责任的最终责任，后者承担中间责任；承担了中间责任的责任人，有权向最终责任人全额追偿。

3.广告经营者、广告发布者和广告代言人的连带责任

在关系生命健康的商品或者服务的虚假广告责任中，广告经营者、广告发布者、广告代言人无论其有无过错，都要与广告主承担连带责任；在非关系生命健康的其他商品或者服务的虚假广告责任中，广告经营者、广告发布者以及广告代言人具有明知或者应知广告虚假仍设计、制作、发布或者做推荐、证明的，也应

① 杨立新：《论竞合侵权行为》，《清华法学》2013年第1期。

当与广告主承担连带责任。这是广告经营者、广告发布者和广告代言人承担连带责任的责任分担规则，承担连带责任的主体是虚假广告的广告主（经营者），广告经营者、广告发布者和广告代言人与其承担连带责任。

应当区别的是，在无过错责任的连带责任中，广告经营者、广告发布者和广告代言人无论有无过错，都与广告主承担连带责任，因此，每一个广告主体都是连带责任人。在过错责任的虚假广告连带责任中，只有有过错的广告经营者、广告发布者或者广告代言人，才与广告主承担连带责任。确定连带责任的最终责任份额，适用过错责任原则的，应以责任人各自的实际过错程度为依据①，同时参考行为的原因力大小；适用无过错责任原则的，则以责任人各自行为的原因力大小为依据。

应当看到的是，在商品致害的虚假广告责任中，广告主包括产品的生产者或者销售者；在服务致害的虚假广告责任中，广告主只是服务提供者。广告经营者、广告发布者以及广告代言人承担连带责任，就是与上述广告主共同承担连带责任。

（三）虚假广告责任的侵权责任并合规则及适用

在虚假广告责任中，当广告经营者、广告发布者和广告代言人应当承担连带责任或者附条件不真正连带责任时，如果与其承担连带责任或者不真正连带责任的广告主是两个以上的主体时，将会形成复杂的侵权责任分担关系。例如，广告主是缺陷产品的生产者和销售者，依照《侵权责任法》第43条规定应当承担不真正连带责任，那么，在广告经营者、广告发布者和广告代言人又要与其承担连带责任或者不真正连带责任时，应当怎样分担侵权责任，目前，法律对此只有一般性规定，具体规则不明，又无侵权法理论进行解释和说明。

我们提出的学理解释是，这种情形构成侵权责任并合，应当按照侵权责任并合的类型确定责任分担规则。

侵权责任并合是指在多数人侵权行为中，法律原本规定了一种侵权责任形态，又增加规定了新的侵权人承担同一种侵权责任形态或者其他侵权责任形态，

① 刘婉露：《论新广告法实施后明星虚假广告代言的法律责任》，《西部广播电视》2015年第22期。

构成更多的侵权人对同一损害承担同一种或者不同种侵权责任，并相互重合的侵权责任形态。例如，《侵权责任法》第43条规定产品生产者和销售者对缺陷产品造成的损害承担不真正连带责任，《广告法》第56条和《消费者权益保护法》第45条又规定广告主（经营者）、广告经营者、广告发布者以及广告代言人对同一损害承担连带责任，就在法律规定的不真正连带责任的基础上，又增加规定了其他侵权人对同一损害承担连带责任，构成多数人侵权的不真正连带责任与连带责任的并合。

在三部法律中规定的虚假广告责任的侵权责任并合，包括两种类型：(1) 同质并合，为同种类责任形态的侵权责任并合，即原来的多数人侵权责任形态与后来增加的侵权人承担的责任形态属于同一性质，是相同的侵权责任形态的并合。例如，在生产者、销售者作为虚假广告责任（产品责任）的广告主，承担不真正连带责任，在广告经营者、广告发布者以及广告代言人不能提供广告主的真实名称、地址和有效联系方式时，又规定其应当与广告主承担不真正连带责任。这就是不真正连带责任与不真正连带责任的并合。(2) 异质并合，即非同种类责任形态的侵权责任并合，是指原来的多数人侵权责任形态与后增加的侵权人承担的责任形态不属于同一性质，是不同的多数人侵权责任形态的并合。具体表现为连带责任、不真正连带责任和按份责任之间的并合。作为虚假广告责任广告主的缺陷产品生产者、销售者承担不真正连带责任，广告经营者、广告发布者和广告代言人与广告主承担连带责任时，形成了不真正连带责任与连带责任的异质并合。

1. 不真正连带责任同质并合的责任分担规则

《广告法》第56条第1款和《消费者权益保护法》第45条第1款规定的是不真正连带责任的同质并合。不真正连带责任发生并合，相当于一个不真正连带责任的责任人范围的扩大，有更多的不真正连带责任人加入对同一个损害承担不真正连带责任的责任人范围，因而对受害人的损害赔偿请求权给予了更高的保障。这时，原来的和新增加的不真正连带责任人都对同一个损害事实承担不真正连带责任。当虚假广告宣传的商品有缺陷，造成消费者的损害，商品的生产者、销售者（即广告主）承担不真正连带责任。依照《广告法》第56条第1款关于

“先行赔偿”的规定，广告经营者、广告发布者承担的责任也是不真正连带责任。这就意味着，广告经营者、广告发布者加入到生产者、销售者（即广告主）的责任主体之中，共同成为不真正连带责任的责任主体，承担不真正连带责任。依照《广告法》第56条第1款第一句规定，生产者、销售者作为广告主，要承担赔偿责任，依照《侵权责任法》第43条规定，作为广告主的生产者、销售者，与《广告法》第5条第1款第二句规定的广告经营者、广告发布者一起，成为不真正连带责任的责任主体，对受害的消费者承担责任。

按照侵权责任法的不真正连带责任规则，更多的责任人加入同一个不真正连带责任的责任人范围，对责任性质不发生影响，仍然是不真正连带责任，每一个主体都对同一个损害负有全部赔偿责任的中间责任（先行赔偿），这是不变的；无论在几个不同的不真正连带责任人中，终将有一个人是最终责任人，将要承担最终的全部赔偿责任；因此，每一个承担了中间责任的人，只要自己不是最终责任人，就有权向最终责任人进行追偿，且为全额追偿。在虚假广告（虚假宣传）宣传的商品致害时，生产者、销售者、广告经营者、广告发布者都是不真正连带责任人，都负有中间责任，都有义务先承担全部赔偿责任，“先行赔偿”的含义就是中间责任的规则；在上述四个责任主体中，终究有一个责任主体是最终责任人，即制造了产品缺陷的人，他应当承担最终的全部赔偿责任。因此，尽管《广告法》第56条第1款和《消费者权益保护法》第45条第1款没有明确规定广告经营者、广告发布者在承担了赔偿责任之后，有权向广告主进行追偿的内容，但“先行赔偿”就意味着该主体享有追偿权。

2. 不真正连带责任与连带责任异质并合的责任分担规则

不真正连带责任与连带责任发生并合后，会对责任分担产生更大影响。例如，依照《广告法》第56条第2、3款的规定，广告经营者、广告发布者和广告代言人要与广告主承担连带责任。如果是虚假广告宣传的商品有缺陷而致害消费者，广告主就包括缺陷商品的生产者和销售者，他们之间要承担不真正连带责任；而广告经营者、广告发布者和广告代言人要承担连带责任，因而构成了不真正连带责任与连带责任的并合。

发生连带责任与不真正连带责任并合的原因，是对某些行为主体法律规定应当承担连带责任，与这些连带责任人相关，又有人参与该法律关系，法律规定应当承担不真正连带责任，或者相反，因而责任主体的数量增加，两种责任形态发生并合，每一个责任人都应当承担责任，但责任形态不同。

连带责任与不真正连带责任发生并合，受害人可以向任何一个连带责任人和不真正连带责任人主张承担全部赔偿责任（中间责任或者称为先行赔偿），而无须考虑其究竟应当承担何种最终责任。

在受害人对某个责任人行使了全部赔偿责任请求权之后，追偿关系是：(1) 如果承担中间责任的责任人是连带责任的最终责任人，在其承担了超过其最终责任的份额之后，有权向其他应当承担连带责任的最终责任人进行追偿；(2) 如果承担责任的责任人是不真正连带责任的最终责任人的，在其承担了最终责任之后，不得向任何责任主体追偿；(3) 如果承担责任的责任人是不真正连带责任的中间责任人的，在其承担了中间责任之后，可以向其他最终责任人，包括连带责任的最终责任人和不真正连带责任的最终责任人，进行追偿。

在确定连带责任与不真正连带责任并合的责任分担时，关键要看法律规定的是何人与何人承担连带责任，何人与何人承担不真正连带责任。如果与最终责任人承担连带责任，那就是连带责任，按照连带责任规则分担责任；如果与中间责任人承担连带责任，在其承担了连带责任（中间责任）后，可以向最终责任人进行全额追偿。

在前例，《广告法》第 56 条第 2、3 款规定的连带责任，与《侵权责任法》第 43 条规定的生产者、销售者不真正连带责任发生并合，生产者、销售者、广告经营者、广告发布者和广告代言人都要承担连带责任，但生产者和销售者承担的却是不真正连带责任。对于受害人而言，对于五个责任主体，都可以直接请求其中之一承担全部赔偿责任，每一个责任主体都有义务满足受害人的赔偿要求。在其中一个责任主体承担了赔偿责任之后，在追偿关系上的规则是：(1) 广告经营者、广告发布者和广告代言人承担了连带责任中间责任的，如果销售者或者生产者是最终责任人，除了自己应当承担的最终责任份额之外的中间责任，可以向

销售者或者生产者追偿；（2）如果广告主即缺陷产品的生产者或者销售者承担了中间责任的，对于超出自己最终责任份额的部分，对广告经营者、广告发布者、广告代言人有权进行追偿。

五、结论

自 1987 年国务院颁布《广告管理条例》以来，我国虚假广告责任制度从无到有、逐步发展，至 2013 年和 2015 年修订《消费者权益保护法》《食品安全法》《广告法》，历经近 30 年时间，基本完成了责任体系的完善化。这就是随着我国经济体制改革以及市场经济不断发展而发展起来的虚假广告责任制度。在市场经济中，举凡有商品的存在，就有广告的存在；有广告的存在，就有虚假广告的存在，就有对虚假广告责任进行法律规制的必要性。目前，我国市场经济体制正在成长，商品流转和服务日渐繁荣，需要健康的广告活动，促进社会的进一步发展。由于我国诚信观念和诚信秩序建设存在较大问题，虚假广告仍然大量存在，需要用虚假广告责任加强对虚假广告行为进行规制，制裁虚假广告行为，保护消费者合法权益。我国《消费者权益保护法》《食品安全法》和《广告法》关于虚假广告责任的规定，构成完整的虚假广告责任制度，在我国市场经济体制下的商品和服务领域中，特别是在食品和药品流转领域中，必须发挥更大的作用，以保障食品安全、药品安全以及商品安全和服务安全，保护消费者合法权益不受侵害，保障国家建设顺利发展。

第十三章

产品责任中的其他法律规则

第一节　药品召回义务的性质及其在药品责任体系中的地位

现实中，药品致害事件屡屡发生，人们呼吁建立药品召回制。[①] 国际上，美国、韩国、日本、加拿大、澳大利亚、欧盟均已建立药品召回制度。在国内，2003年1月1日《上海市消费者权益保护条例》首次规定了缺陷产品召回；2006年5月1日正式执行的武汉市食品药品监督管理局《关于限期召回违法药品的暂行规定》是我国针对药品召回的第一个地方法律规定；但全国性的药品召回制度尚未建立。

① 例如2000年PPA风波，2003年龙胆泄肝丸致尿毒症损害案，2006年“齐二药”假药案、克林霉素磷酸酯葡萄糖注射液“欣弗”致人损害案、鱼腥草类注射液致儿童死亡案。《中国消费者报》与中国社会调查所合作开展了一次全国药品售后服务质量问卷调查，先后共有8 200人接受调查，65.7%的人认为建立合理的药品召回制度非常必要。左右、胡宗利：《千呼万唤中国版药品召回制》，《医药产业资讯》2005年第1期。

药品召回义务是指投放市场的药品存在缺陷，可能或已经对消费者的生命、健康造成严重损害，制药商依特定程序收回、退换缺陷药品并承担与此相关费用的义务。药品召回义务的特点，主要有以下几个方面。第一，已投放市场的药品存在缺陷、可能导致人身重大损害是召回义务成立要件；第二，制药商是召回义务主体，中间经销商是召回义务的履行辅助人；第三，义务履行程序包括指令召回和自主召回，有严格的法定步骤和效果评估机制；第四，义务履行方式包括缺陷药品的回收、更换、退货和损害赔偿。①

召回义务乃整个药品召回制度之核心，药品召回制度围绕召回义务而展开，正确把握该义务的性质，对于建立和完善药品召回制度具有重要意义。

一、药品召回义务为法定义务

药品召回的方式包括自主召回和指令召回，那么，召回义务是一种道德义务，抑或法定义务？我们认为，应当将药品召回义务确定为法律义务，由专门立法对药品召回进行规制，主要依据是：第一，经营者无视患者安全的行为现实存在。正如学者指出，商品的危害性（当然也包括药品的危害性）来自以下三个方面：经营者疏忽，未加“合理注意”，使产品本身存在带有危害性的缺陷；科技发展水平的局限，其潜在危害以后才显现；经营者利令智昏，故意制造和销售有危害性的伪劣产品。② 前两种情形，经营者还可能实施自主召回，但是最后一种情况，未可期望经营者自愿召回，因此，将召回确定为法定义务，实属必要。③第二，在消费者与经营者的力量对比关系中，消费者处于弱势地位，消费者个体情况，例如知识水平、社会经历等亦存在差别，召回义务由法律设定，可有效防

---

① 限于对患者因配合召回所支出费用（如交通费）的赔偿。

② 许思奇：《中日消费者保护制度比较研究》，辽宁大学出版社 1992 年版，第 309 页。

③ 《缺陷汽车产品召回管理规定（草案）》说明。国外经济学理论研究认为，产品缺陷所造成的危害是市场经济体制内在产生的“内部性”问题，具有所谓“交易中未加考虑而由交易一方承受的成本或利益”的性质。这一性质，使产品缺陷中内含的风险和风险分担问题，不可能由交易双方按照市场经济一般规则的要求自行加以约束和得到解决，必须有交易双方之外第三方的介入才能得到补救和解决。

止交易歧视，使消费者得到普遍的基本保护。[①] 第三，药品造成损害，具有广泛性和长期性。缺陷药品的召回，关乎社会公共安全，对此重大社会问题立法应当有所反应。第四，从其他国家和地区的实践来看，一般产品的召回并未固定为法律上义务[②]，但是药品召回以法律明确规定者为多。例如，美国《食品、药品及化妆品法》[③]、澳大利亚《医药产品统一召回程序》，欧盟《欧盟部长理事会令75/319/EEC》、德国药物法[④]、加拿大《产品召回程序》、欧美药品召回信息交换的联合程序以及我国台湾地区“药物药商管理法”[⑤] 均有相关规定。借鉴这些立法经验，宜将药品召回义务确定为一种法定义务。

---

① 李昌麒、许明月编著：《消费者保护法》，法律出版社1997年第1版，第101页。

② 郭丽珍：《论制造人之产品召回与警告责任》，载《民法七十年之回顾与展望纪念论文集（一）总则·债编》，台北元照出版公司2000年10月初版，导读。“关于产品于流通进入市场后，制造人基于其对产品之后续观察责任而发现产品有瑕疵时，是否有义务将该产品召回更换或维修或退还价款，或买受人是否有此种请求权，目前实务上仍将之作为售后维修服务之范畴，制造人或经销商通常基于信誉之考量出于自愿地将产品召回，至于召回及其法律上义务之概念，则尚未稳。”

③ 《美国侵权法重述（第三次）：产品责任》第11节专门规定了不履行召回义务致损的侵权责任。违反指令召回义务致人或财产损害的，应承担疏忽的损害赔偿责任。另外，经销商也可自主召回，但必须尽合理注意义务，也还要遵守相关的法律，否则也要对造成的损害负责。*Restatement of the Law Third, Torts—Products Liability*, pp. 201－205, American Law Institute Publishers, 1998.

④ 《德国药物法》第69条规定，主管机关在一定要件下得命令将药物召回。参见郭丽珍：《论制造人之产品召回与警告责任》，载《民法七十年之回顾与展望纪念论文集（一）总则·债编》，台北元照出版公司2000年10月初版，223页。

⑤ 我国台湾地区“药物药商管理法”第76条规定：“经许可制造、输入之药物，经发现有重大危害时，‘中央’卫生主管机关除应随时公告禁止其制造、输入外，并撤销其药物许可证；其已制造或输入者，应限期禁止其输出、调剂、贩卖、供应、运送、寄藏、牙保、转让或意图贩卖而陈列，必要时并得没入销毁之。”第80条规定：“药物有左列情形之一者，其制造或输入之业者，应即通知医疗机构、药局及药商，并依规定期限收回市售品，连同库存品一并依本法有关规定处理：原领有许可证，经公告禁止制造或输入者；经依法认定为伪药、劣药或禁药者；经依法认定为不良医疗器材或未经核准而制造、输入之医疗器材者；制造、输入药物许可证未申请展延或不准展延者；包装、标签、仿单经核准变更登记者；其他经‘中央’卫生主管机关公告应收回者。制造、输入业者收回前项各款药物时，医疗机构及药商应予配合。”参见林益山：《消费者保护法》，五南图书出版公司1999年版，第69－71页。现行规定设有销毁与收回之明文者，有“食品卫生管理法”、修订后的“药物药商管理法”。参见王泽鉴：《商品制造人责任与消费者保护》，正中书局1979年版，第90－91页。

二、药品召回义务具有公法义务和私法义务的双重属性

药品召回义务既是公法上的义务，亦为私法上的义务，应受双重法律的调整，只承认其公法性质或私法性质，都有失偏颇。

必须承认，无论是在消费者保护基本法中概括规定的召回制度，还是针对药品专门设置的召回法规，其调整原则和方法有别于传统私法，其本质上体现为公权力对私的关系的一种特别介入。药品监督管理部门依法对药品进行监督管理，药品存在致人损害的严重缺陷时，若实施指令召回，药商必须依照规定的条件、方式和程序履行召回义务，一旦违背，需承担行政法律责任；若药商实施自主召回，药品监管部门也要对其召回行动进行监督。可见，召回义务的产生、履行与消灭都与行政权力有密切联系。

同时，必须看到，药品召回所建立的消费者行政与典型的经济管理法规目的不同，前者不是出于宏观调控的需要，国家行政权力的行使是为了协调商品交易市场中经营者与消费者之间的相互关系，是以消费者在交易关系中的自由意志不能得到充分保护以至需要社会力量予以补充为前提，最终是为了满足消费者的意思自治①，药品召回义务亦是私法上的义务。第一，药品召回义务产生的基础是药商与患者之间存在的药品买卖关系，这是平等主体之间的商品流通关系。第二，各国多是在专门的药品管理法中规定药品召回义务，这些法律法规本身亦具有双重属性。一方面它们是行政管理法，另一方面，从消费者保护的角度来看，它们属于消费者安全法，属于保护性法律。② 第三，确立召回义务的宗旨是避免缺陷药品导致损害发生或防止损害进一步扩大，属于停止侵害、消除危险的民事责任表现形式之一。第四，药品召回是为了保护患者的人身安全，召回义务与患者的生命健康权相对应，生命健康权不仅是公法保护的权利，亦是私法保护的权

① 张严方：《消费者保护法研究》，法律出版社2003年版，第561页。

② 我国台湾地区学者王泽鉴教授即认为“药物药商管理法”等法规属于台湾地区“民法”第184条第2项所称之“保护他人之法律”。王泽鉴：《商品制造人责任与消费者保护》，正中书局1979年版，第89-90页。

利。当违反履行召回义务产生损害时，应由私法直接对患者利益提供救济，要求召回义务主体承担损害赔偿民事责任。

承认药品召回义务的公法、私法二元属性并不矛盾。并无必要以其公法性来否认其私法性，也无须以其私法性来抹杀其公法性。事物的多元属性，要求我们从多个层面、多个角度对其进行调整和规范，以实现对患者利益的全面保护。包括制定相关行政管理法规，对药品召回的主体、程序、措施、行政责任等进行规定，同时通过相应民事立法，对违反召回义务致人损害的行为进行规制。

三、药品召回义务是侵权法上的义务

社会生活的复杂性，导致法律调整对象和方法的交叉与重合，法律要素不断融合和相互渗透，有时要在此法与彼法之间划出一道泾渭分明的界限、作出一个非此即彼、非彼即此的选择绝非易事。学者指出，“产品召回问题所牵涉之难题乃契约法与侵权行为法竞合时之评价。”“肯定制造人之侵权行为法上之召回义务，则会产生产品瑕疵排除之附带效果——此乃属契约法上结算保护之固有范畴，将与立法者排除买卖法中瑕疵担保责任之修缮请求权之基本决定产生冲突。”①

药品召回义务设置的目的是保障患者的生命健康安全，安全价值是侵权法和契约法共同的价值追求，对安全权的保障是侵权法和契约法的共同任务，解决危险带来的问题是侵权法和契约法的共同使命。虽然契约上的危险与侵权上的危险在来源上、注意标准上、责任的严格程度上、免责及危险的传递性上有所不同，两者归责原则也不同，但当契约上的一种危险构成社会公害而危及一系列不特定人时，两者的界线变得模糊，如产品责任。此类责任既有契约安全信赖理念，又有危险分配理念。②

---

① 郭丽珍：《论制造人之产品召回与警告责任》，载《民法七十年之回顾与展望纪念论文集（一）总则·债编》，台北元照出版公司 2000 年 10 月初版，第 184 页。

② 刘海奕：《加害给付研究》，载梁慧星主编：《民商法论丛》，第 4 卷，法律出版社 1996 年版，第 390－392 页。

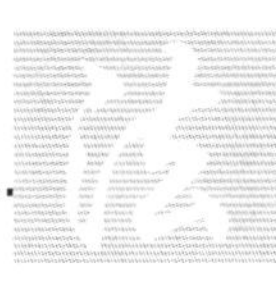

主张药品召回为契约法上义务者，论证方式有二。其一，药品召回乃合同中的后契约义务、合同中的附随义务。药品经营者的注意义务并不随着药品交付、买卖契约履行完毕而结束，对于药品交付后发现存在缺陷可致人损害的，应当依据诚实信用原则善尽通知、协力、照顾、保护义务。其二，药品召回义务是履行契约法上瑕疵担保责任的要求。

上述思路有其合理性，但药品召回义务仍宜作为侵权法上的义务，理由如下。第一，合同义务主要是约定义务，而就药品召回，患者难以与制药商进行约定。药品召回义务的主体是制药商，药品销售环节的多层化和国际化，个体购药者直接与制造商交易的情形并不多见，中间可能牵涉药品进口商、批发商、零售商；另外，药品的服用者亦可能不是购药人，更不可能与制药商有药品召回之约定。何况经营者与消费者之间交易能力相差悬殊的现实，亦难以实现双方平等协商约定制药商的召回义务。合同法上的附随义务是法定义务，但毕竟依附于合同，具有相对性，约束的主体范围限于合同关系当事人，与侵权法上的义务相比较，后者更能给广泛的受害者提供保护。第二，药品召回义务与瑕疵担保责任在诸多方面存在差异，例如义务或责任产生的实质要件、保护的利益、义务或责任承担的要件、权利义务主体范围、义务或责任的履行程序、义务或责任的免除和救济的功能等都有所不同，不宜将药品召回义务纳入瑕疵担保责任中进行调整。[①] 第三，考察各国药品召回制度，多视其为侵权法义务。《美国侵权法重述(第三次)：产品责任》专列一节论述违反产品召回义务的侵权责任。德国学说上，“有认为应将召回义务视为德国民法第823条第1项所确立之交易安全注意

① 义务或责任产生的实质要件不同：履行召回义务要求药品存在致人重大损害的缺陷，瑕疵担保责任要求产品存在瑕疵，瑕疵的外延广于缺陷。保护的利益不同：履行召回义务保护的是人身完整性利益，瑕疵担保责任保护的是买受人的相当性利益。义务或责任承担的要件不同：追究瑕疵担保责任，买受人应当在法律规定或者合同约定的期限内通知卖方，否则视为质量合格，丧失请求权。履行召回义务，无此要求。权利义务主体范围不同：瑕疵担保责任主体为契约当事人中出卖人，请求权主体为买受人。召回义务主体为制造商，相应请求权主体是缺陷药品的购买人或使用人，并不限于直接契约关系人。义务或责任的履行程序不同：履行召回义务有严格法定程序，瑕疵担保责任的承担未有此规制。义务或责任的免除不同：瑕疵担保责任可因当事人事先约定而免除，例如销售质量不合格产品而事先申明的，不负瑕疵担保责任。召回义务不因当事人的约定免除。救济功能不同：瑕疵担保责任提供的救济具有个别性、分散性、事后性。履行召回义务，对消费者的救济具有普遍性、集中性和预防性。

义务之一种……亦有认为系侵权行为法上之反应义务……有部分文献乃承续联邦法院之见解，认为召回义务乃源自德国民法第823条第1项之危险防免义务”①，但都是将其作为侵权法上的义务看待。我国台湾地区也有主张将召回义务作为侵权行为法（“民法”第184条第1项前段）之交易安全义务加以确立，以便处理制造人未将产品即时召回且因此造成损害时在何种范围内应使制造人负损害赔偿责任的问题。② 第四，其他产品召回，例如汽车召回，乃是按照侵权法的一般原则对制造商设定召回义务③，此亦可为药品召回之借鉴。第五，药品存在缺陷，可能致人损害时，实施召回，此为消除危险责任的承担；若缺陷药品已造成现实损害，实施召回，乃是承担停止侵害民事责任。二者均为侵权责任形式。④

四、药品召回义务是药品责任制度中的重要内容

比较法上，美国侵权法将召回义务纳入产品责任进行调整，《美国侵权法重述（第三次）：产品责任》第11节专门规定了违反召回义务致人损害时的赔偿责任，未履行或未适当履行召回义务致害责任是产品责任的一个部分。大陆法系欧洲国家则是将召回义务放在产品责任法之外的产品安全法中进行调整。欧盟各国在依据1985年《欧共体产品责任指令》制定产品责任法、确立严格产品责任制度后，又依据1992年《欧洲产品安全指令》制定产品安全法，建立产品召回制度。而产品安全法可谓实质意义的产品责任法，构成产品责任的法律渊源，故召

① 郭丽珍：《产品瑕疵与制造人行为之研究——客观典型之产品瑕疵概念与产品安全注意义务》，神州图书出版有限公司2001年版，第178页。

② 郭丽珍：《产品瑕疵与制造人行为之研究——客观典型之产品瑕疵概念与产品安全注意义务》，神州图书出版有限公司2001年版，第184页。

③ 在欧洲，许多欧盟成员国实施了专门的法律，要求制造商在知晓其产品存在缺陷后采取措施进行召回，并规定制造商有义务按照侵权法的一般原则召回缺陷汽车产品，参见《缺陷汽车产品召回管理规定（草案）》说明。

④ 此认识亦是对侵权责任形式研究深化的结果。传统观念认为，侵权责任就是损害赔偿责任，侵权责任构成要件中必须要有损害事实的存在。但后来认识到，侵权责任形式具有多样性，并不局限于损害赔偿，还包括停止侵害、消除危险、赔礼道歉等其他诸多责任形式，损害事实也并非承担所有侵权责任的必要要件。

回制度亦为产品责任法的组成部分。

探讨药品召回义务在药品责任体系中的地位，把握药品召回义务与该具体侵权行为制度的关系，其意义在于深化对药品召回义务性质的认识。

药品责任含义宽泛，言面上理解，与药品相关的各种责任均属之，例如药品知识产权侵权、药品使用不当所致医疗事故责任等。本节所论药品责任者，乃视药品为特殊产品之一种，其存在缺陷致人损害或有损害之虞时经营者所负损害赔偿等侵权责任。传统上将药品责任解释为药品销售时存在缺陷造成实际损害，经营者所承担的赔偿责任。此一理解并不全面，药品责任含义丰富，广义上还包括旨在解决药品销售后可能发现的缺陷问题所设立的后续观察义务以及违反该义务致人损害的赔偿责任。药品召回义务与药品责任制度各环节均存在紧密联系，药品召回义务应纳入药品责任制度中进行调整。

（一）召回义务与药品缺陷致害的损害赔偿

药品召回义务与药品缺陷损害赔偿责任存在紧密联系。

1. 召回义务的生成是因药品缺陷，而损害赔偿责任承担亦以缺陷存在为必要要件。药品召回之实施，往往伴随损害赔偿责任的承担。

2. 召回义务之履行对药品缺陷损害赔偿责任具有重要影响。

召回义务目的在于避免缺陷药品致人损害或防止损害进一步扩大，该义务之履行具有消除危险责任性质，对此，学者有论在先，“制造人为避免因召回义务之违反所生之损害赔偿责任，若符合召回之要件，不仅须进行召回行动，其更负有将因产品所生之危险加以排除之责任。”[①] “本文乃从行动面而称之为召回，而召回之内涵有可能是针对产品瑕疵之（免费）检验，或（免费的）排除瑕疵或更换无瑕疵之产品、或甚至要求退还价金等，即包括产品回收或其他足以除去危害之必要措施。”[②]

及时有效实施召回，可以最大程度地消除数量庞大的药品存在的安全隐患，

---

① 郭丽珍：《论制造人之产品召回与警告责任》，载《民法七十年之回顾与展望纪念论文集（一）总则·债编》，台北元照出版公司 2000 年版，第 204 页。

② 郭丽珍：《论制造人之产品召回与警告责任》，载《民法七十年之回顾与展望纪念论文集（一）总则·债编》，台北元照出版公司 2000 年版，第 183 页，注释 2。

直接避免药品缺陷的发生和带来人身损害，使损害赔偿产品责任无发生可能[1]；还可以将已发生的损害控制在最小范围和程度内，帮助制造商最大程度地减少药品责任赔偿费用，从而直接有利于药品制造企业发展，更保护了患者生命健康安全；在此基础上，直接减少全社会解决药品缺陷危害问题的管理成本，避免和减少为数众多、复杂持久的司法诉讼、保险赔偿费用等经济发展的社会成本；有利于维护产品生产、销售、使用等所必备的正常市场环境，有利于维护社会经济发展的稳定和秩序等。对比销售当时所致损害的赔偿责任，召回措施具有更为强大的社会效应。

3.药品缺陷赔偿责任对召回制度具有补充作用。

（1）因发展风险所致损害，发展风险不可为抗辩的[2]，或者产品在销售当时即存在缺陷，应当召回而未召回导致损害实际发生或损害进一步扩大，这时基于缺陷要求承担损害赔偿责任所救济的损害范围大于（未召回致使损害进一步扩大的情形下）或等于（未召回致使损害实际发生的情形下）基于未召回致人损害要求承担损害赔偿责任所救济的损害范围，以药品缺陷赔偿责任为诉因对受害人有利。[3]

---

① 《美国侵权法重述（第三次）：产品责任》指出，若产品在销售当时即具有缺陷的，不因履行了召回义务而免除产品责任。See *Restatement of the Law Third*，*Torts—Products Liability*，p. 203，American Law Institute Publishers，1998. 又有学者指出，法国新立法草案规定制造者可以通过警告消费者注意危险或建立回收程序得以免责是违背《欧共体产品责任指令》的。参见张严方：《消费者保护法研究》，法律出版社2003年版，第467页；刘静、李爱国：《简论产品责任法》，《中外法学》1998年第5期。笔者认为，不能因合理履行召回义务而免除产品责任的主张，是未将损害赔偿产品责任和消除危险的产品责任作区分，认为产品责任就是指损害赔偿的责任。既然损害已经实际发生，当然不能通过召回来免除损害赔偿责任。

② 对于药品，有国家明确规定不可以科技发展风险作为免除产品责任的抗辩事由，例如德国、西班牙、芬兰、挪威、俄罗斯、卢森堡。西班牙立法方式：就药事产品及人类饮食用生活必需品仍须就发展上之危险负其责任，其他范畴之产品可就发展上之危险举证免责。或法国立法模式：若制造人就流入市场后十年期间内所产生之瑕疵未采取为阻止损害作用之适当措施，制造人不得主张科技抗辩。参见郭丽珍：《产品瑕疵与制造人行为之研究——客观典型之产品瑕疵概念与产品安全注意义务》，神州图书出版有限公司2001年版，第193-195页。

③ 《美国侵权法重述（第三次）：产品责任》中认为，此种情形下，可同时提起产品缺陷的诉讼和违反召回义务致人损害的诉讼。Comment 2nd，Illustration 7，*Restatement of the Law Third*，*Torts—Products Liability*，p. 203，American Law Institute Publishers，1998。

（2）制药商适当履行了召回义务，但由于患者自身原因致使损害发生，例如未按照召回通知停止服用，不能以违反召回义务为诉因请求赔偿，但可以药品有缺陷为诉因。

（3）药品存在缺陷致人损害，尚未实施召回的，可要求制药商承担缺陷药品损害赔偿责任。

（二）召回义务与发展风险抗辩下的后续观察义务

发展风险是指依照药品流入市场当时最新的科学技术水平，适用了所有可能的检查测试程序，仍无法发现药品客观存在的瑕疵；进入市场一段时间后，由于新的研究方法发明，方查出药品隐含有害特质。发展风险的规制，有不同立法例。德国、我国台湾地区视其为与设计缺陷、制造缺陷和警示缺陷并列的一种缺陷类型，称为发展缺陷。我国产品责任法、美国侵权法视其为产品责任的一种免责事由，称为科技发展水平的抗辩、工艺水平的抗辩等。

发展风险的存在，使得对药品经营者设定后续观察义务成为必要。

后续观察义务是指经营者在产品流入市场后负有义务继续观察其市场上的全部产品，“其用途为发现产品于交付前不知之弱点与瑕疵，以及获得关于该产品之可靠性、生命周期、操作风险等资料”[①]。后续观察义务，分为积极的后续观察义务和消极的后续观察义务，前者是指制造人有义务去观察其产品在实务上的影响、竞争者的发展以及科学技术的进步；后者是指就与产品相关的指责等负面资讯加以掌握并评价。一旦观察到该产品经常发生危险，对于尚未进入生产或进入市场的产品须为改善之必要措施；对已进入市场之产品则事后须采取相关危险预防措施。[②] 就一般产品，若无任何负面信息的反馈，经销商无义务对产品持续检测。但是对处方药品有特殊要求，制药商应履行积极的、持续的、合理的注意义务，应不断地对药品进行测试和监控，以发现与药品相关危险，不仅要注意医疗实务中副作用信息的搜集，也要关注药学的发展。制药

① 黄立：《论产品责任》，《政大法学评论》第 43 期，第 253 页。

② 郭丽珍：《产品瑕疵与制造人行为之研究——客观典型之产品瑕疵概念与产品安全注意义务》，神州图书出版有限公司 2001 年版，第 112 页。

商应知的资讯，不限于其从自身研究和不良反应报告中获得的实际知识，还包括依据科学文献和其他可得传媒媒介上获知的信息。[①] 药品后续观察义务始于药品进入市场之时，并不以有损害事件发生为断。至于观察期须多长并无定论。长期观察的结果可能会使某些隐含的危险性几近于零，而有正当理由采取较不密集的观察，但是最终仍只能为观察义务程度上减弱。后续观察义务不因产品转给第三人而结束。[②] 有改良药品进入市场，也并不免除制药商对旧产品的后续观察义务。[③]

药品召回是产品后续观察义务的一个组成部分，二者存在直接关联。冯·巴尔教授指出，产品制造者的注意义务并不随着产品交付流通而终结。欧洲经济共同体委员会 1992 年 6 月 29 日 92/59 号关于一般产品安全的指令，通过“产品观察义务”这一表述将该义务提到了欧洲共同法的高度，并同时进行了具体化：“在适当的范围内，措施可能包括使产品和产品之批量具有可识别性，对已经进入流通的产品进行抽样检查，对提出的投诉进行调查及将监督措施告知销售者。”并在同一条款中规定了最彻底的措施：“从市场上撤回被涉及的产品。”[④] 郭丽珍女士认为：“以体系上来看，产品召回之难题乃［产品后续注意］之部分，即制造人于产品流入市场后所负之义务范畴，其乃基于制造人之产品后续观察义务所衍生之义务之一种。”[⑤]

总之，药品责任可以科技发展水平为抗辩的，此缺口应透过制造人等主体对

① *Restatement of the Law Third*，*Torts—Products Liability*，pp. 193，200，American Law Institute Publishers，1998。

② 郭丽珍：《产品瑕疵与制造人行为之研究——客观典型之产品瑕疵概念与产品安全注意义务》，神州图书出版有限公司 2001 年版，第 113 页。

③ 郭丽珍：《产品瑕疵与制造人行为之研究——客观典型之产品瑕疵概念与产品安全注意义务》，神州图书出版有限公司 2001 年版，第 154 页。

④ ［德］冯·巴尔：《欧洲比较侵权行为法》下卷，焦美华译，法律出版社 2001 年版，第 364 页。

⑤ 郭丽珍：《论制造人之产品召回与警告责任》，载《民法七十年之回顾与展望纪念论文集（一）总则·债编》，台北元照出版公司 2000 年版，第 184 页。

产品进行后续观察，必要时应采取召回，使药品责任体系完整建构。[①]

（三）药品召回义务与售后警告义务

药品的售后警告义务是指在药品出售后，若发现药品存在致人损害的危险时，药品经营者所负有的以合理的方式发出警示、避免损害的责任。售后警告义务的成立要求具备以下四要件，即经营者知道或应当知道该产品会对人身或财产造成损害危险；可以识别应予以警告者，并可合理地推断其不知晓该损害危险；警告能够有效到达应予以警告者且其能采取有效行动减低风险；损害危险巨大而必须予以警告，此种必要性的衡量标准是该危险所致损害大大超过实施售后警告所费成本。[②]

药品召回义务与售后警告义务的联系主要表现在：第一，两者都是后续交易安全注意义务的组成部分。[③] 黄立教授指出，危险商品或服务的处理应更正为产品观察义务，此一义务亦包括产品召回义务。产品观察义务履行了警告或召回行动之前的基本功能，在产品观察义务架构内，制造人负有义务，就其产品应追随材料之继续发展与科学，并将此用于其产品，由于市场观察，知悉某一产品系列，有较高之产品瑕疵比例，依生产与品质控制之科技现状，系属不可避免，对于使用人或第三人之安全，有具体危险之虞，其结果为就其产品必须有一定之行

① 鉴于1985年的《欧共体产品责任指令》规定的科技风险可为严格产品责任制度的抗辩事由，存在对消费者不利的缺陷，欧共体一些成员国在消费者强大压力下制定了本国的产品安全法，并于1992年6月29日欧盟理事会上通过了《欧洲产品安全指令》，依据该指令第6条第1项F款之规定，就危险产品基于主管机关之命令，应予召回。曹建明、陈治东主编：《国际经济法专论》，法律出版社2000年第1版，第590页；郭丽珍：《产品瑕疵与制造人行为之研究——客观典型之产品瑕疵概念与产品安全注意义务》，神州图书出版有限公司2001年版，第193页。

② Section10 (b) A reasonable person in the seller's position would provide a warning after the time of sale if：(1) the seller knows or reasonably should know that the product poses a substantial risk of harm to persons or property; and (2) those to whom a warning might be provided can be identified and can reasonably be assumed to be unaware of the risk of harm; and (3) a warning can be effectively communicated to and acted on by those to whom a warning might be provided; and (4) the risk of harm is sufficiently great to justify the burden of providing a warning. Restatement of tort law (third): product liability. See Restatement of the Law Third, Torts—Products Liability, p. 191, American Law Institute Publishers, 1998.

③ 郭丽珍：《论制造人之产品召回与警告责任》，载《民法七十年之回顾与展望纪念论文集（一）总则·债编》，台北元照出版公司2000年版，第197页。

为，以排除一定之危险。此一行为可能是对尚未流入市场的产品更改其使用须知与警告标示、变更设计，对已交付产品则应予以警告或采取召回行动。[①] 第二，由于实施召回的代价远远超过提出售后警告，进行召回至少应当满足售后警告义务所需要的条件。第三，义务主体都包括药品制造商。第四，售后警告义务和召回义务的履行要贯彻合理人标准，违反则构成可诉的过错。

药品召回义务与售后警告义务的区别有以下几个方面。第一，适用的危险严重性不同。疑有缺陷的药品，对人身安全之危险愈难透过警告可能被防免的，则愈有召回义务实施之必要。[②] 第二，对消费者的保护力度不同。纯粹的警告最终仍是将危险控制交给他人自行负责，属安全确保上较弱的方式。[③] 为完全尽到制造人的危险防免义务，在可能危及生命、身体或健康的特别情况下，召回义务的履行对于消费者安全权的保障更有力，召回是更为彻底的补救措施。第三，召回义务的履行有严格的程序，需依照相关法律规定进行。对于售后警告义务，国家行政权力并没有进行特别的干预。第四，义务主体的范围有所不同。召回义务的主体为制药商，而售后警告义务的主体还包括中间经销商。[④] 此外，获得前手公司或其他经营实体资产的后手公司或其他经营实体，对于其前手制造或销售的药品存在致人损害的危险时，一定条件下，也应承担售后警告义务。第五，违反义务的责任性质有所不同。违反售后警告义务的，主要承担民事上的损害赔偿责任，而违反召回义务的，尤其是违反指令召回的，还要承担行政责任。

因为二者联系、差异所在，为完善消费者利益保护，平衡产业经济的发展，在药品责任体系中除应确立药品召回义务之外，还应设立药品售后警告义务。

（四）召回义务与违反召回义务致害的损害赔偿责任

召回义务包括义务的成立与义务的履行，违反召回义务致害的赔偿责任是召

① 黄立：《论产品责任》，《政大法学评论》第 43 期，第 247、253 页。

② 郭丽珍：《论制造人之产品召回与警告责任》，载《民法七十年之回顾与展望纪念论文集（一）总则·债编》，台北元照出版公司 2000 年 10 月版，第 197 页。

③ 郭丽珍：《论制造人之产品召回与警告责任》，载《民法七十年之回顾与展望纪念论文集（一）总则·债编》，台北元照出版公司 2000 年 10 月版，第 230 页。

④ Comment b, *Restatement of the Law Third*, *Torts—Products Liability*, p. 192, American Law Institute Publishers, 1998.

回义务履行的重要内容。

违反召回义务导致损害发生，可以为诉因请求赔偿。此乃敦促制药商依法履行召回义务，维护用药者人身安全的有力措施。

总之，药品召回制度兼具损害预防、填补损害和制裁不法功能，在药品责任制度中确立药品召回义务，有利于药品侵权责任法价值的充分实现。

第二节　消费者保护中的服务及其损害赔偿责任

在消费者保护领域，人们一直对商品销售及其损害责任极为重视，理论研究相当深入，法律规定的责任规则清晰、明确。相对而言，对于服务以及服务损害的救济都比较忽视，以至于对服务的概念界定，服务致害行为的责任承担，理论研究不够深入，法律适用规则不够明确。在服务种类不断发展，“互联网＋服务”日益普及的形势下，亟须对此加强理论和实践的研究，提出新见解，更好地保护接受服务的消费者。本节就此提出我们的看法。

一、我国当前在消费者保护中忽视服务的主要表现

自 1936 年成立美国消费者联盟而兴起的世界范围内的消费者保护运动开始以来，在消费者保护中就包含了商品和服务这两个概念。我国 1994 年《消费者权益保护法》第 2 条规定：“消费者为生活消费需要购买、使用商品或者接受服务，其权益受本法保护；本法未作规定的，受其他有关法律、法规保护。”2013 年修订该法，这一规定没有改变。其中对于消费概念的界定，就包括购买、使用商品和接受服务。同样，我国台湾地区“消费者保护法”第 2 条第 3 项关于“消费关系”的解释，明确规定是“指消费者与企业经营者间就商品或服务所发生之法律关系”，第四项关于“消费争议”的解释，明确规定是“指消费者与企业经营者间因商品或服务所生之争议”。这种规定，不仅是大陆和台湾地区的中国人

对消费者保护范围的理解，而且是世界各国消费者保护法的共同理解。

但是，我国在消费者保护领域，无论是立法还是司法以及理论研究中，都重视对购买、使用商品的消费者保护，而对接受服务的消费者保护，存在较大的欠缺。

在立法方面，《消费者权益保护法》除了对服务欺诈规定了与商品欺诈相同的惩罚性赔偿责任之外，对于服务损害赔偿责任的规则方面虽然有所规定，但是存在不具体、不细致、操作性不强的问题。2013 年修订后的《消费者权益保护法》在很多方面都规定了新的规则，加强了对消费者保护，但在服务损害赔偿责任方面仍然存在较大的缺陷。诸如：(1) 在 1994 年《消费者权益保护法》第 40 条规定的经营者提供商品或者服务应当承担责任所列举的 9 项内容中，有关商品责任的规定就有 6 项，而明确规定服务责任的只有“服务的内容和费用违反约定的”这 1 项，另有一项关于退还服务费用的规定。在该条修订为第 48 条后，所列举的经营者提供商品或者服务应当承担民事责任的情形，除了在第 1 项增加了“服务存在缺陷”的规定之外，其他没有规定，而对于服务缺陷究竟应当如何界定，与产品缺陷如何区分，均语焉不详。不仅如此，商品损害赔偿责任还有《民法通则》《产品质量法》《侵权责任法》的相关规定，而这些法律对服务损害赔偿责任几乎没有规定。(2) 对于消费者受到缺陷商品侵害致损，《民法通则》《产品质量法》《侵权责任法》都规定适用无过错责任原则，实现对消费者的倾斜保护，但对于服务致害消费者究竟应当如何保护，虽然在《消费者权益保护法》中规定几乎相同，但在最为基本的归责原则适用方面究竟如何确定，不得而知。(3) 在交易平台方面，第 38 条规定的展销会、租赁柜台致人损害责任规则中，包括了接受服务致害的救济，但是服务致害责任的特点并不明显。在新增加的第 44 条关于网络交易平台商品和服务致害责任规则中，尽管将消费者购买商品和接受服务受到损害的责任都概括在内，但是其规则主要适用于商品致害责任，对于多数通过网络提供服务致害消费者的情形并不适用，因为在网络交易中，存在线上购买商品和线上+线下接受服务的明显区别，规定适用相同的规则存在欠缺。[①]

① 杨立新：《网络交易平台提供服务的损害赔偿责任规则》，《法学论坛》2016 年第 1 期。

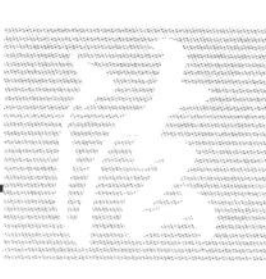

在司法领域同样面临这样的问题。在《消费者权益保护法》《民法通则》《侵权责任法》的司法实践中，对于产品责任的认定和裁断，均有明确的、丰富的审判经验和具体的裁判规则，能够很好地保护消费者权益，但在消费者保护的服务领域，尽管也有《消费者权益保护法》的规定，但是由于《民法通则》《侵权责任法》对服务损害赔偿责任没有具体规定，因而究竟适用何种归责原则，如何认定其责任构成，如何承担赔偿责任，都没有确定的解释和司法经验，也没有统一的指导性意见。因而在司法实践中，对于服务损害赔偿责任的认定和法律适用方面，存在明显的不统一、不一致的情形，缺少可以遵循的清晰尺度。

在理论研究方面也存在忽略服务及其损害赔偿责任的问题。例如学者认为："消费者保护，是指经营者应注意产品的质量、价格、适当的包装与广告，如果产品缺陷导致消费者受损害时，应当及时有效地赔偿与救济。"①这个对消费者保护概念的界定完全忽略了服务这一内容。《中国消费者保护的立法缺陷及其完善》一文列举了我国消费者保护的立法缺陷，诸如：产品责任保护水平低下、消费信用法律制度付诸阙如、消费者交易法律制度流于形式、消费诉讼制度有待建立、农村消费者权益保护力度亟待加强和中国消费环境急需完善等六大方面，也都没有提到我国消费者在服务中的保护问题。②

在人类历史发展的长河中，有形的货物和商品一直在经济交往和日常生活中占据主导地位，由此诸多的法律设计也围绕着有形的物和商品展开。因此，消费者保护重视对商品致害责任的研究、立法和司法，是有其历史根源和现实基础的，并没有错误。但是，随着经济的不断发展，第三产业快速发展，服务业异军突起，日益成为经济交换和日常生活中的重要组成部分。特别是在网络交易中，通过网络提供服务的形式越来越多，好厨师、洗车、洗衣、代驾、代步等遍及各地，网上拍卖平台也开始在全球范围内推广。③ 仅仅代步服务，就有专车（如滴滴专车、优步专车、易到专车）、拼车（如嘀嗒拼车、滴滴顺风车）等不同形式

① 张严方：《消费者保护法研究》，法律出版社 2002 年版，第 32 页。

② 刘益灯：《中国消费者保护的立法缺陷及其完善》，《湖南大学学报（社会科学版）》2002 年第 6 期。

③ 关于网上拍卖平台及其消费者权益保护问题的新近专题研究，可见 Christine Riefa，*Consumer Protection and Onlione Auction Platforms*，Ashgate 2015。

的网络约租车。[①] 日益繁荣的服务行业，更是提出了服务领域中消费者保护的强烈要求。而现有的法律制度设计相较于服务的现实发展已然有较大差距，在世界范围内的消费者保护中，都缺少统一且连贯的框架性制度规范服务，而我国的这种情况更为明显，长期存在着产品责任与服务责任的一条腿长、一条腿短的问题，两种最重要的消费者保护的民事责任规则发展不均衡，存在较大的缺陷。这样的情形，不能再继续存在下去，必须予以改进。

二、服务概念的内涵界定及其类型化

（一）服务概念的内涵界定

1. 有关服务概念界定的代表性观点及评论

目前多数学者对于服务概念的界定，主要是从以下两种不同的角度进行表述。

（1）从经济学产业划分的角度界定“服务”概念。依产业划分，将第三产业中的各种服务行业的形态总称为“服务”[②]。这种对服务概念的界定主要有两个问题：一是第三产业的范围本身就是一个语焉不详的概念，依托经济上模糊的产业用语，无法满足法学概念的严格要求；二是无法涵盖广泛的服务模式，显而易见的事例就是属于第二产业的建筑行业提供服务的性质，就无法解释。

（2）从交易标的的性质角度出发，与商品交易进行剥离和区分。这种对服务定义的模式，得到多数国家和地区的认可。美国《布莱克法律词典》将服务界定为一般有偿的为他人利益或受他人指示的一系列行为或劳动，是一种由人力，包括人的劳动、技能或者建议构成的无形产品（intangible commodity）。[③]欧共体委员会于1990年11月向欧洲议会呈交了《服务责任指令草案》，该草案将“服务”定义

---

① 关于网络约租车平台所涉及各方民事主体的民事法律关系的分析，可见熊丙万：《专车拼车管制新探》，《清华法学》2016年第2期。

② 王家福、谢怀栻等编著：《合同法》，中国社会科学出版社1986年版，第342页。

③ *Black's Law Dictionary*（10th ed. 2014），available at Westlaw BLACKS.

为“在营利活动或者公众服务领域以独立方式提供的有偿或无偿的给付行为”。排除在“服务”之外的是产品制造、国际运输以及健康服务。①近几年，欧洲法院在众多判例中发展和总结出若干个服务的概念特征②，包括：（1）与商品流通自由相区分，该给付必须是无形的③；（2）该给付必须是独立进行的④；（3）与人员流通自由相区分，该给付必须是暂时性的。⑤我国全国人大常委会法工委民法室编著的《中华人民共和国合同法及其重要草稿介绍》，将服务合同定义为：“服务人提供技术、文化、生活服务，消费者接受服务并给付服务费的合同。”⑥我国学者将服务合同定位为全部或者部分以劳务为债务内容的合同，又称为提供劳务的合同。⑦台湾地区学者则认为，“称服务者，系指不以物之提供为目的，由特定人对特定人所直接或间接加以给付具有自然科学危险性之作为或不作为”⑧。这些对服务概念的界定，都遵循着“商品—服务”相对应的交易标的的性质区分。

韩国法的“服务”概念，延承日本法用语（ようえき），称为“用役（용역）”，指的是生产物质形态产品（物品）以外的生产、消费活动所必需的劳务⑨，因而服务合同称为用役提供契约（service provide contract），是当事人间签订的与用役业务相关的明示文书⑩，用役一词更倾向于对劳务（役）的提供行为（用）的

---

① 欧共体官方公报1991/C/12/8，由于缺乏在欧共体理事会和欧洲议会获得足够支持的可能性，欧共体委员会在1994年6月决定放弃该草案。

② 王剑一：《欧洲服务合同立法的考察》，《北航法律评论》2012年第1辑。

③ 欧洲法院“Sacchi案”的判决。EuGH，Rs. 155/73，Slg. 1974，S. 409，Rn. 6ff.

④ 欧洲法院“ITC案”的判决。EuGH，Rs. C-208/05，Slg. 2007，S. I-181，Rn. 19FF.，Rn. 54ff.

⑤ 欧洲法院“Schnitzer案”的判决。EuGH，Rs. C-215/01，Slg. 2003，S. I-14847，Rn. 30.

⑥ 全国人大常委会法制工作委员会民法室编著：《中华人民共和国合同法及其重要草稿介绍》，法律出版社2000年版，第150页以下。

⑦ 周江洪：《服务合同的类型化及服务瑕疵研究》，《中外法学》2008年第5期。

⑧ 朱柏松：《消费者保护法论》，2004年自版增订版，第196页。

⑨ Doosan百科辞典（두산백화사전）：http：//terms.naver.com/entry.nhn? docId=1130120&cid=40942&categoryId=31819，2016年2月17日访问。

⑩ Naver百科辞典（네이버백화사전）：http：//terms.naver.com/entry.nhn? docId=2049301&cid=42279&categoryId=42279，2016年2月17日访问。

含义。韩国消费者保护中的服务，独立于现金、有价证券和物品而被单列为交易标的一类①，故服务合同的交易标的是“服务提供行为”，这是一种无体的、需依靠于他人行为而完成的，因而属于狭义解释，单指“行为”本身，不包括有体的物品，如果出现服务提供行为与物品交付两者叠加交易标的结构，则可视为是一种服务合同与商品合同的混合结构，而不被整体归为服务合同大类中。韩国《分包法》② 第 2 条规定的“服务行为”，是除制造、修理、建筑以外的劳务行为，而“服务”是指知识、信息成果的制作或劳务（役務）的提供行为。③

上述对服务概念的界定，经济学立场和法学立场显然不同。在消费者保护中研究服务概念，不能采用经济学的方法进行，而应采用法学方法进行研究。

上述从法学角度界定服务概念，关注的是服务的交易标的性质。这对于区分服务与产品所具有的重要意义，是不言而喻的。总结以上意见，对于服务标的的独特性大致可以概括为：其一，服务的标的是一种行为的给付，具有无形性；其二，服务具有有偿性或无偿性。这样的界定维度是否能够真正将服务的本质界定清楚，以及能否真正将服务交易与产品交易相区分，值得进一步研究。

第一，服务行为的无形性不能概括复杂的服务类型，无法从根本上区分服务交易与产品交易。服务的本质是一种人力或者劳务的提供，对此本书表示赞同，但是服务的无形性是一种抽象意义上指代给付的无形，并不能指代服务行为的无形，单纯依靠给付的无形性无法清晰区分服务交易和产品交易。在实践中，至少

---

① 和我国消保法延伸规制范围较为广泛这一特点所不同的是，韩国消费者保护相关法律体系，除了《消费者保护法》外，还有各细分领域内的《金融消费者保护法》《电子商务消费者保护法》等法律。

② 《分包法（하도급법）》是韩国独具特色的一部法律，全世界除韩国、日本两国以外均无此法。《分包法》主要是规制大企业生产、经营等活动中的各种分包行为的一项法律，主要为防止占据市场垄断的大企业利用自身的行业优势对中小企业（或个人）进行不公平交易的行为。

③ 韩国《分包法（하도급법）》第 2 条内容：“제 2 조（정의）①이법에서‘하도급거래’란원사업자가수급사업자에게제조위탁·수리위탁·건설위탁또는용역위탁을하거나원사업자가다른사업자로부터제조위탁·수리위탁·건설위탁또는용역위탁을받은것을수급사업자에게다시위탁한경우，그위탁을받은수급사업자가위탁받은것을제조·수리·시공하거나용역수행하여원사업자에게납품·인도또는제공하고그대가를받는행위를말한다…⑪이법에서‘용역위탁’이란지식·정보성과물의작성또는역무（役務）의공급（이하 “용역” 이라한다）을업으로하는사업자가그업에따른용역수행행위의전부또는일부를다른용역업자에게위탁하는것을말한다.”

存在两种情形是这一界定无法解释的：一是，大量的服务行为最终是以一种明确的、有形的结果进行给付，这样的服务交易与产品交易从有形和无形的角度无法进行区分；二是，产品本身被涵盖在服务过程中，成为服务提供的手段或条件，这样的服务行为是否适用调整产品的法律规则，不能仅靠无形性进行区别。

第二，有偿性和无偿性不应成为服务的界定基准。尽管大多数国家在界定服务的概念时都倾向于强调服务的有偿，但在实践中也出现了大量的无偿服务，如志愿服务行为，有偿性并不是服务的独特性所在，强调有偿、无偿，至少在服务致害的法律救济领域内没有意义。

2.对服务概念的准确界定

根据以上分析，可以将消费者保护的服务概念界定为：是指在消费者保护中，服务者向消费者提供以特定的劳务为内容的作为或者不作为，消费者向服务者支付对价或者不支付对价的债权债务关系。

学者认为，服务具有以下特殊属性：(1) 信息具有不对称性，服务者与消费者对于特定的服务，信息完全不对称，因此才存在接受服务的需求；(2) 不具有库存性，服务的提供和消费同时进行，难以像商品那样进行贮藏和保存；(3) 具有无形性，服务行为不能物型化，而是以劳务或者行为的方式提供，不具有空间的有形性；(4) 复原、返还的不可能性，正因为服务是劳务或者行为，一旦给付被对方受领后，就不可能复原或者返还；(5) 服务者特质的制约性，亲自履行是服务合同的基本特征；(6) 受领人的协作性，服务者提供服务时，消费者必须予以协作，受领服务行为的履行，否则无法实现服务义务的履行。[①] 这些对服务概念特殊属性的说明，大体上是正确的，但是关于服务行为不能物型化的意见，值得斟酌。

(二) 服务的类型化及其意义

在消费者保护中对于交易的产品和服务二分法，是通常的思考路径。其中生产、销售的产品尽管种类繁多，但到了消费者手中的都是物化的商品，只要其存在缺陷，造成了损害，就应当依照产品责任规则承担损害赔偿责任。但是对于内

① 周江洪：《服务合同研究》，法律出版社2010年版，第16页以下。

容纷繁复杂、形式灵活多样、范围广泛繁杂的服务造成消费者的损害，无法统一法律适用的尺度，如果不进行类型化，就无法确定服务损害赔偿责任的准确规则。可见，对于产品损害赔偿责任无须对产品进行类型化；但对于服务损害赔偿责任则必须对服务进行类型化，才能够根据不同类型的服务，确定不同的致害责任规则。

1.现有的服务类型化方式及其评价

国内外对于服务类型化的理论和实践，大致有如下两种方式。

（1）以服务的具体内容为标准整合不同的服务类型。我国基本上使用这一分类体系，在将服务合同与转让财产、使用财产的合同等合同类型并列的同时，将保管、仓储、委托、信托、居间、演出、培训、出版、旅游、邮政等合同纳入了提供服务合同的范畴。①《欧洲服务合同法原则》与《欧洲私法共同参考框架草案》把服务细化为在实际生活中最常见的建造、加工、保管、设计、信息以及医疗六种类型，同时将雇佣、委托、运输、保险、担保以及提供金融服务的合同排除在适用范围之外。②

（2）以行为与物的关系为中心界定服务的类型。这种理论在日本得到广泛发展。山本敬三教授以《日本民法典》第632条的规定为前提，立足于劳务、劳务的结果和价款（报酬）之间的相互关系，依据工作的不同性质，将承揽分为“以物为中心的承揽”和“以劳务为中心的承揽”③。河上正二教授根据服务提供过程中服务与物之间的关系，将服务细分为与物的交易相伴随的服务，服务提供过程中物作为手段、设施或材料被使用的服务，以及纯粹的服务几种类型。④

以服务内容为划分的标准虽然具有较强的直观性，但是这种横向的分类，一

---

① 王家福主编：《中国民法学·民法债权》，法律出版社1991年版，第712页以下。

② Communication from the Commission to the European Parliament And the Council on 12.2.2003, A More Coherent European Contract Law-An Anction Plan, COM (2003) 68 *final*. *OJC* 63/1.

③ 周江洪：《服务合同的类型化及服务瑕疵研究》，《中外法学》2008年第5期。转引自［日］山本敬三：《契约法の改正と典型契约の役割》《债権法改正の课题と方向》别冊 NBL NO.51（1998年）页14，以下同《民法讲义Ⅳ－1契约》（有斐阁2005年），643、710页以下。

④ ［日］河上正二：《商品的服务化与服务的缺陷、瑕疵（上）》，商务印书馆2005年版，第76页。

是只能较为被动地对不断出现的服务类型进行归纳，具有滞后性；二是不同内容的服务之间其特性存在诸多交叉之处，且缺乏服务交易与产品交易的对比，对适用法律缺少明确的指引。以行为与物的关系为中心界定服务类型，能够较为清晰地界定不同服务之间的相互关系，以及服务与产品之间的相互关系，具有合理性和科学性。山本敬三教授的理论主要立足于劳务与物的相互作用这一维度，劳务直接作用于物的类型，称为“以物为中心的承揽”，劳务不一定与物结合、或者是劳务本身与劳务的结果之间无法清晰区别的情形，则属于“以劳务为中心的承揽”。河上正二教授的理论关注了实践中物与行为叠加的广泛情形，将物作为服务过程中的手段、材料的类型单独划分，具有实践意义。

2.立足行为与物的关系与结果特定性构建服务类型化模型

在总结域外学说的基础上，本节立足于服务过程中行为与物的关系，以及服务结果是否具备特定性这两个维度，将服务区分为物型服务、行为型服务以及叠加型服务三种类型。

（1）物型服务

物型服务，是指服务者将其劳务行为凝聚在特定的物中，使劳务予以物化，并将该物交付给消费者，消费者予以受领的服务，例如修理、加工、定作某种物的服务。物型服务究其本质，仍然是一种给付行为，其特点表现在两个方面。第一，从劳务行为与物的关系来看，物型服务的劳务行为与物往往具有直接作用关系，劳务行为附着于、凝结于物，或者最终的劳务行为的结果指向于物。第二，从给付结果的确定性维度观察，物型服务通过安排特定行为或者作出特定努力义务，构成服务条款的关于特定结果的承诺[①]，并且以该结果的交付为行为的结束。单从结果上着眼，这类服务与物与金钱的交换基本相似。在实践中，物型服务主要包括制作新物和对定作人的物进行特定加工、修理、改良等工作，例如定做衣物，给宠物做绝育手术。这种服务类型是一种客观化的服务结果的给付。

（2）行为型服务

行为型服务，是指服务者依照消费者的要求，对消费者提供单纯的给付行

① Schrammel，Gewährleistung für schlechte Dienste? Festschrift Welser (2004) 985 f，987 ff.

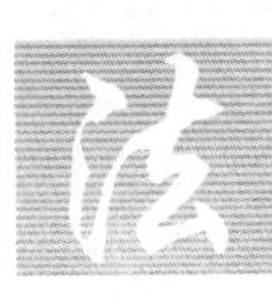

为，消费者予以受领，满足其需要的服务。例如咨询服务，给付的就是咨询的行为，属于主观化的服务者给付行为。行为型服务以单纯的劳务行为为给付对象，不存在物化的形式，类似于韩国的服务概念那样。其特点是：第一，从劳务与物的维度观察，劳务行为在过程中并不附着于物，其结果也不指向于物。第二，从给付结果的特定性来看，通常不针对某项能够具体量化评估的结果，而只是包含某种作为义务，所以行为型服务很难根据某种特定结果是否达成来评估客观缺陷。例如，购买门票观看演出，演出是一种即时的表演行为的提供，没有确定的客观结果。第三，行为型服务涉及消费者的协作问题，消费者自身的特性与服务的效果之间密切关联，服务的效果往往会因消费者协作程度的不同、消费者本身属性（如适应性、能力、努力程度、情绪、健康状况等）的不同而有所不同，因而对于服务的效果应当如何评价，是一大难点。例如，在外语教学服务中学到的各元音的不准确发音，可能会伴随学习者一生，但学习者接受并且转化知识的能力可能因人而异。在实践中，行为型服务主要包括与学术、艺术、娱乐、设计、信息相关的工作和对定作人身体所为的工作，如演出、产品开发、美容、理发、教育等。

（3）叠加型服务

叠加型服务即行为与物叠加型服务，是指在服务过程中，劳务行为依赖特定的产品或物，将其作为行为的材料、设备或手段，完成特定给付行为的服务。例如利用他人生产的材料装饰、装修消费者的房屋。叠加型服务的特点是：第一，从劳务行为与物的关系来看，劳务行为与特定的产品紧密相连，劳务依赖特定的产品才能完成。例如，理发店用化学试剂给顾客烫染头发。[①]第二，特定的产品由服务者提供或携带，服务者为了完成服务给付行为予以使用；如果产品由消费者提供，服务行为就是纯粹的给付行为，与行为型服务相同。例如，专业杀虫人员用自行准备的杀虫剂为农户提供杀虫服务时[②]，杀虫人员通过运用杀虫化学产

① Newmark v. Gimbel's, Inc., 102 N. J. Super. 279, 246 A. 2d 11 (1968), aff'd, 54 N. J. 585, 258 A. 2d 697 (1969).

② Villari v. Terminix Intern., Inc., 677 F. Supp. 330 (E. D. Pa. 1987), published at663 F. Supp. 727 (applying Pennsylvania law).

品结合自己的专业技能提供服务，当杀虫剂造成损害时，因其作为一种服务提供中的必要部分，杀虫人员可能面临承担无过错责任的可能；但是，如果杀虫剂由农户自己提供，杀虫人员则仅就自己的杀虫行为和技能负责，而对杀虫剂造成的损害不承担责任。第三，从结果的特定性维度观察，叠加型服务的结果的特定性并不确定，其服务行为可能包含对于特定成果的承诺，也可能仅以特定义务和职责的履行为结束，结果是否特定，需要根据服务的内容进行判断。叠加型服务根据服务之物的来源，也分为服务者携带和消费者自备两种类型。

服务类型的划分，见下表：

服务类型		服务内容
物型服务		服务者以自己的给付行为加工新物
		服务者的给付行为凝结于特定物品之中
行为型服务		服务者对消费者提供单纯的服务给付行为
叠加型服务	服务者携带	服务者携带服务之物＋服务者给付行为
	消费者自备	消费者自备服务之物＋服务者给付行为

三、确定服务损害赔偿责任适用的归责原则

研究服务损害赔偿责任的归责原则适用问题，应当先解决服务损害赔偿责任的性质问题。对此，可以肯定，服务损害赔偿责任发生在合同领域，是服务者与消费者在履行服务合同过程中，服务行为造成消费者损害，因而这种民事责任的基本属性当然是违约责任，即违约责任中的加害给付责任。[①]不过，依照《合同法》第 122 条规定，这种损害赔偿责任兼具侵权责任性质，属于违约责任与侵权责任竞合，受害消费者有权选择违约责任或者侵权责任起诉。就消费者保护而言，选择侵权责任更为有利。在此基础上，讨论确定服务损害赔偿责任的归责原则，是从侵权责任角度进行研究。

① 关于加害给付责任，参见杨立新：《合同法》，北京大学出版社 2013 年版，第 383 页以下。

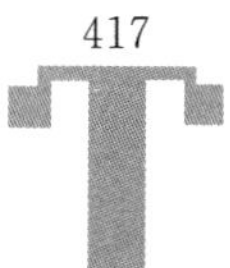

（一）我国法律对服务损害赔偿责任适用何种归责原则语焉不详

在我国现行服务损害赔偿责任的法律规定中，对于服务损害赔偿责任究竟适用何种归责原则，并不明确。《侵权责任法》和《消费者权益保护法》只将无过错责任原则适用于有形动产的产品责任，并不像台湾地区“消费者保护法”那样将服务损害赔偿纳入无过错责任之中。修订后的《消费者权益保护法》第 48 条将原第 40 条第 1 项关于“商品存在缺陷”改为“商品或者服务存在缺陷”，是否就意味着产品责任与服务损害赔偿责任采用同样的归责原则，全国人大法律委员会对全国人大常委会的三次报告都没有说明，因而不得而知。《中华人民共和国消费者权益保护法释义》一书对此也未作说明。[①]

此外，现行法律还有两处规定与此有关。一是，在《侵权责任法》第 86 条第 2 款关于“因其他责任人的原因，建筑物、构筑物或者其他设施倒塌造成他人损害的，由其他责任人承担侵权责任”规定的“其他责任人”中，就包括设计师的责任，这种责任的性质是服务责任[②]，但通说认为这种责任适用过错推定原则，而不是无过错责任。[③]二是，《消费者权益保护法》第 44 条将在网络交易平台销售商品和提供服务并列规定在一起，但是这一规定规范的是责任承担方式，是否适用相同的归责原则，不得而知。

（二）比较法考察

域外对于服务损害赔偿责任的归责原则有如下不同选择。

1. 适用无过错责任的立法例

采取服务与产品在归责原则上同等对待的国家或地区较为少见，以我国台湾地区和南非为典型代表。我国台湾地区的“消费者保护法”第 7 条规定了服务责任，提供服务的企业经营者，于提供服务时，应当确保该服务符合当时科技或专业水准可合理期待之安全性，若违反，致生损害于消费者或第三人时，应负连带

① 李适时主编：《中华人民共和国消费者权益保护法释义》，法律出版社 2013 年版，第 227－228 页。

② 王胜明主编：《中华人民共和国侵权责任法释义》，法律出版社 2013 年第 2 版，第 468 页。

③ 王利明：《侵权责任法研究》下卷，中国人民大学出版社 2011 年版，第 696 页。

赔偿责任，不区分服务种类，一律适用无过失责任，只有医疗服务不适用。[①] 2008年《南非消费者保护法》第61条“商品致害责任”规定了产品的严格责任，第53条“本部分的适用的定义”将商品和服务并举，将消费领域内的服务致害也同样纳入了严格责任的归责体系，即“在本部分，当涉及任何商品、商品的部件或服务时，缺陷意味着商品或部件在生产中或服务在履行中的重大瑕疵，这种瑕疵致使商品或服务与人们在该情形下的合理期待相比缺乏可接受性”[②]。

2.适用过错责任的立法例

以欧盟、日本为代表，将服务排除在无过错责任的适用范围之外，对于服务致害与普通的损害赔偿一样适用传统的过错责任。欧盟《产品责任指令》规定：无过错责任仅适用于工业化生产的动产。[③]日本有关提供服务造成损害的侵权行为以《日本民法典》第709条规定的一般构成要件为基础进行处理。[④]由此可见，对于服务致害，日本采取的是过错责任原则。

3.适用过错推定责任的立法例

荷兰对于产品致害实行无过错责任，对于服务致害实行过错推定责任，服务存在瑕疵，由服务者负服务符合一般水平的举证责任，同时在消费领域，实行保护消费者的基本原则，在瑕疵标准的认定上采严格标准，即服务者对于注意义务的违反适用客观合理标准，对不符合大众一般合理预期的服务提供行为，即认定为违反注意义务，应当承担损害赔偿责任。[⑤]

4.区分服务类型分别适用严格责任或过错责任的立法例

美国根据服务行为的不同类型，将服务区分为单纯服务及买卖与服务结合两

---

① 陈荣隆等：《中国台湾法域报告》，载杨立新主编：《世界侵权法学会报告（1）：产品责任》，人民法院出版社2015年版，第120页。

② ［智利］恩里克·巴罗斯等：《产品责任世界其他地区法域报告》，载杨立新主编：《世界侵权法学会报告（1）：产品责任》，人民法院出版社2015年版，第320页。

③ 《欧盟产品责任指令》85/374/EEC。

④ 杨立新主编：《世界侵权法学会报告（1）产品责任》，人民法院出版社2015年版，第149页。

⑤ Ivo Giesen and Marco Loos，Liability for Defective Products and Services：The Netherlands，vol 6.4 *Electronic Journal of Comparative Law*，(December 2002)，〈http：//www.ejcl.org/64/art64－6.html〉.

类。第一类为单纯的服务行为，服务者不负严格责任[①]，例如棒球比赛的观众被界外球打伤，受害人不能向俱乐部主张无过错责任的损害赔偿，因为销售棒球比赛的门票和进行球赛表演是一项单纯的服务行为，不适用产品的严格责任。[②] 第二类就结合买卖与服务交易而言，若产品与服务可分，则当损害是因产品瑕疵所致，适用严格责任；反之，若产品与服务无法区分，当产品部分在服务提供过程中被消费，构成产品买卖；若未被消费或只是短暂地转移于消费者，则不构成产品买卖，不负严格责任。[③]

（三）服务损害赔偿责任的归责原则适用

借鉴域外关于服务损害赔偿责任归责原则适用的经验，我国服务损害赔偿责任适用归责原则的规则如下。

1. 原则上排除过错责任原则的适用

在服务损害赔偿责任中，究竟是否适用过错责任原则，应当特别加以研究。我们认为，服务损害赔偿原则上不适用过错责任原则。原因是，过错责任原则是确定一般侵权责任的归责原则，而侵害消费者权益的侵权行为，是加害给付责任与侵权责任竞合：一方面，违约损害赔偿责任本身就适用过错推定原则，而非过错责任原则[④]；另一方面，对于消费者的保护，法律规定适用倾斜保护政策，适用过错责任不能体现倾斜保护的要求。此外，服务是合同关系，一方违约造成对方损害是否有过错，最后的违约是否只因过错所致，债权人均难以证明。不实行过错推定，债权人又证明不了债务人对其违约有过错，就不能追究债务人的违约责任。而实行过错推定就会使局面改观，能够周到地保护无过错的当事人的合法权益，便于及时解决纠纷。[⑤]因而在消费者保护中，服务损害赔偿责任应当排除

---

① 《美国侵权行为法汇编（三）》第 19 条（b）项规定，服务，即是商业提供。服务提供人不负严格责任。

② See Romeo v. Pittsburgh Associates，2001 PA Super 343，787 A. 2d 1027 (2001).

③ William C. Powers，Jr，“Distinguishing Between Products and Services in Strict Liability，” 62 *N. C. L. Rev.* 415，(March，1984).

④ 崔建远：《合同法》，法律出版社 2015 年版，第 257 - 258 页。

⑤ 崔建远：《合同法》，法律出版社 2015 年版，第 258 页。

过错责任原则的适用。

对此，可以作为例证的是，在欧盟，尽管对于服务损害赔偿责任不适用严格责任，但是，1991 年 10 月欧共体委员会曾提出专门规范服务供应人责任的指令草案，虽然对服务供应人采过错责任，但采用以下两种方式平衡保护消费者。第一，举证责任倒置，服务提供人就无过错举证。第二，对服务提供人过失的认定，考量消费者对该服务安全性的合理期待。消费者就损害及服务供应之间的因果关系，只需证明因果关系的可能性即可。①所谓过错的举证责任倒置，实际上就是过错推定责任。

同样，《消费者权益保护法》第 48 条关于“服务缺陷”的规定，说明服务造成消费者损害，只要存在缺陷，就可以推定服务者存在过错。《侵权责任法》第 86 条第 2 款规定的其他责任人中的服务责任，也是适用过错推定原则。即使在《消费者权益保护法》第 44 条规定的网络交易平台提供者责任规则中，将服务损害赔偿责任与产品责任并列规定，最起码也说明排除了对前者适用过错责任原则的可能性。

只有一种情形属于特例，即《消费者权益保护法》第 55 条第 2 款规定的恶意服务损害的惩罚性赔偿责任，应当适用过错责任原则。

2.根据不同服务类型确定适用不同的归责原则

民法准则只是以法律形式表现了社会的经济生活条件。法不仅必须适应于总的经济状况，不仅必须是它的表现，而且还必须是不因内在矛盾而自己推翻自己的内部和谐一致的表现。②在现代社会，为了保护行为人的行为自由而适用过错责任原则，同时为了使受害一方的损害得到更为合理的救济，因而适用过错推定原则，并且又要对不幸损害适用无过错责任原则进行合理分配，因而民事责任的归责原则在相互衔接中体现着交互作用③，形成内部的和谐一致，能够更好地平衡各方的利益关系。在消费者保护中同样如此。由于产品责任的形式统一，内容

① 但此草案在 1994 年欧体委员会的草案计划中被删除。

② 德国学者卡尔·拉伦茨语，转引自王泽鉴：《德国法上损害赔偿之归责原则》，载王泽鉴《民法学说与判例研究》，第 5 册，中国政法大学出版社 1998 年版，第 258、260 页。

③ 崔建远：《合同法》，法律出版社 2015 年版，第 250 页。

相同，因而一律适用无过错责任原则，以便保护好消费者。而在服务损害赔偿责任中，应当根据服务类型的不同，选择适用过错推定原则或者无过错责任原则，使其在归责原则上实现和谐一致，使服务者与消费者的利益关系保持平衡。

(1) 物型服务损害赔偿责任适用无过错责任原则

对缺陷产品致害普遍适用无过错责任的合理性和确立基础，包括不法行为的责任、产品危险性、工业生产内部风险、企业责任、消费者保护、风险分担等。①无过错责任不论过错，在产品领域内不依赖于生产或检验环节的任何过错的发生，生产者仅能在极为狭窄的范围内主张免责（特别是在符合法律规定或政府指令的情况下，以及在现有的科学技术手段不能发现缺陷的情况下）。无过错责任的形成，更多的是时代的特殊产物，是一种学术上的创造，是公平分担现代技术生产内部风险的措施。②这种基于消费者保护、遏制工业生产的风险、公平分担损失的政策设计，并没有将服务完全排除在产品责任之外的合适理由和合理逻辑，因为在消费者保护中，产品与服务都是为了满足消费者的日常生活需求，缺陷服务能够带来的危险性与缺陷产品几乎没有差别，服务致害也同样面临着消费者保护的政策选择，企业责任、风险分担的理论作为社会成本的转移和分摊，实质上属于一种制度设计达成的经济效果，也不能成为将消费者保护中的服务致害排除在无过错责任适用范围之外的合理理由。

传统观点认为，缺陷服务致害不能与缺陷产品致害同样看待的理由，主要是基于对缺陷的认定。在产品买卖中，债务人承诺提供一个特定结果，即交付或者生产带有特定表征的物。如果交付结果与双方的明确约定或者购买者的合理期待（特别是安全期待）不符，那么履行即存在客观缺陷。而服务通常不针对某项结果，而只是包含某种作为义务，所以不可能根据某种特定结果是否达成来评估客观缺陷。

上述意见应用于行为型服务造成损害的救济，是准确的。但是，物型服务的缺陷是可以客观化的，因为物型服务的劳务行为最终须以一种特定的物为给付，

① Helmut Koziol, *Product Liability*: *Comparative Conclusions*, not published yet.

② Helmut Koziol, *Product Liability*: *Comparative Conclusions*, not published yet.

其对于特定劳务行为的规定和安排，在事实上构成一种对于特定结果的承诺。从结果上看，物型服务的给付结果与产品买卖并没有实质的差异，结果都是特定的且能够进行量化评价的，因而服务缺陷可以进行客观评价。从这一点上说，物型服务与产品交易有同等适用无过错责任的条件和理由。

目前，在世界范围内出现了对无过错责任扩张化适用的反思。美国的无过错责任只适用于调整工业化产品，“许多法院，根据侵权责任法第三次重述，针对设计缺陷时，坚持产品责任的标准不是严格责任而是过失责任，这被定义为一种选择过失，即在可预见的利益与风险内，没有选择一种更加安全的设计”[①]。也就是说，对美国建筑师关于草拟规划的合同，从结果上看，肯定具备对结果的特定化承诺，但是建筑师并不承担无过错责任，因为结果的失败必须精确地源于工业技术大规模生产的风险，在此种情形中，缺陷来源于个人认知的建筑工作成果，不能认定是不可避免的风险（runaway）的结果。欧盟指令也将无过错责任限定于工业化生产的动产，仅限于由于工业技术生产所表现出来的典型的、不可控的特殊风险导致缺陷造成损害的情形。[②] 尽管只有工业技术生产风险被视为采纳无过错责任的物质基础，但这也不能够完全排除服务对于严格责任的适用，工业技术风险不限于商品领域，个别类型的服务也同样面临工业化的不可控风险。

综上，物型服务因其结果的特定性和客观化与产品买卖无异，具备适用无过错责任的合理性基础。不过，无过错责任在物型服务中的适用，要同时遵循工业化大规模生产风险的限制，即物型服务的缺陷虽然是客观的、确定的，但该缺陷的风险必须与工业大规模生产风险等同，在实践意义上，工业化风险的限制为物型服务适用无过错责任设置了较大的门槛。

（2）行为型服务损害赔偿责任适用过错推定原则

行为型服务是纯粹行为的给付，其过程并不附着于物，其结果也不指向物，不具有特定化的结果，具有鲜明的服务者主观化的服务行为，难以评估客观缺陷，因此，行为型服务与产品责任的归责具有较大的差异性，主要表现在：

---

① North America report 11 f.

② Helmut Koziol, *Product Liability*: *Comparative Conclusions*, not published yet.

第一，行为型服务不存在与产品责任等同的举证难度。现代大规模生产的产品具有专业性，受害人难以证明产品责任人主观上存在过错，进而可能导致求偿的困难，因此适用无过错责任，而因提供服务受到损害的消费者对服务者过错的证明相对容易。例如，在美国 Lemley v. J&B Tire Co.[①] 一案中，法庭认定提供维修服务的服务者不承担无过错责任，因为产品需要承担无过错责任是因为产品致害案件中原告有极大的举证难度，产品缺陷产生在生产阶段，与损害的发生具有较大的时空距离，受害人对于生产者在生产中的过错几乎难以举证。而在维修服务中，服务者的不当行为与事故的发生直接相连，受害人对于服务者不当行为的举证与其他损害责任没有差别，因而不适用产品责任的无过错责任。

第二，相对性要求带来的求偿困难。如果仅由产品生产者承担产品责任，则可能导致高昂的求偿费用和诉讼成本，因此，立法者从方便诉讼和求偿的角度，将销售者纳入产品责任的责任人范畴，并由其承担向供货商和生产者的求偿不能风险，能够更加切实地保护消费者；而在提供服务的情形中，不存在这种求偿困难的问题。

在排除过错责任原则和无过错责任适用的前提之下，尽管我国《侵权责任法》和《消费者保护法》没有对服务致害作出具体规定，但完全能够推断出，行为型服务损害赔偿责任应当适用过错推定原则。在消费者保护中，对于行为型服务造成消费者损害的，先推定服务者的服务行为有过失，如果服务者能够举证证明自己没有过失，则推翻该推定，否则即可认定服务者有过失，而成立损害赔偿责任。

（3）叠加型服务损害赔偿责任适用不同的归责原则

从比较法角度看，行为与物叠加型服务损害赔偿责任如何适用归责原则，是长期困扰美国法院的难题，主要面临四个问题。第一，产品和服务怎么区分，例如水管工错误安装水管，是按照产品责任处理还是按照服务责任处理。第二，怎么认定叠加型服务中的产品是否构成“买卖”，例如理发店用染发剂给顾客染发造成伤害，染发剂在服务中的使用是否构成产品的买卖。第三，是否应当区分被

---

① Lemley v. J & B Tire Co., 426 F. Supp. 1378 (W. D. Pa. 1977).

告的专业程度进行归责的区别对待。第四，叠加型服务是否适用美国《统一商法典》的质量默示保证条款。[①]

在我国的法律实践中解决这个问题，应当进行以下三个对比。第一，在叠加型服务中，既有客观化的物的使用，也有主观化的服务行为给付；第二，客观化的物的使用可以比照产品责任的归责原则处理，主观化的给付行为应当适用过错推定原则；第三，表现为客观化的物的使用，服务者提供和消费者提供，存在原则的区别，服务者提供服务之物的使用相当于提供商品，而消费者自备服务之物的使用，消费者自己就是消费者，与服务者的责任无关。如此一来，叠加型服务致人损害，须区别造成损害的原因，究竟是主观化的服务行为所致，还是客观化的物的使用所致；如果是客观化的物的使用所致，则应根据物的不同来源，形成下述损害赔偿责任的归责原则适用情形。

第一，损害由服务者主观化的服务行为所致的，适用过错推定原则。叠加型服务中的损害与特定产品的缺陷无关，仅与服务者运用产品的专业性和技术性有关时，构成服务缺陷，服务者就其服务行为所致损害承担责任，适用过错推定原则，与行为型服务损害赔偿责任相同。

第二，损害由特定客观化的缺陷产品所致的，服务者为提供服务之物一方的，适用无过错责任；为非提供服务之物一方的，承担过错推定责任。这是因为，服务者提供服务之物，并将其应用于对消费者的服务给付行为之中，则相当于服务者是该物的销售者，该物的缺陷虽然与服务者无关，但适用产品责任规则，服务者承担无过错责任，尚有对缺陷产品的生产者作为追偿对象，行使追偿权以补偿自己的损失。适用的规则如下。

一是，服务者提供服务之物致消费者损害，适用无过错责任原则，确定其承担中间责任。在这里，实际上有两种选择：或者因服务者的专业性地位，就材料或设备的选择存在过失承担相应的过错责任，由产品生产者承担无过错责任；或者将特定产品作用于服务视为服务的整体效果，产品在服务中的使用视为产品消

---

① William C. Powers, Jr, "Distinguishing Between Products and Services in Strict Liability", 62 *N.C.L.Rev.* 415, (March, 1984).

费者的买卖，服务提供者的地位等同于销售者，由服务者向消费者承担无过错责任。美国的判例采纳第二种观点，我们亦认为第二种观点更为合理，理由是：其一，特定产品的使用基于服务者专业性的选择，其作为服务过程中的材料或设备，产品通过服务行为产生的作用和结果与行为作为一个整体，由服务者向领受人交付，从这个意义上来说特定产品即是服务的组成部分，服务者应就产品的效果负责；其二，消费者支付的价金包含材料和设备的使用购买以及服务者专业技能的购买，而且产品在服务过程中为消费者的利益使用，可以将消费者对于特定产品使用的购买视为产品的购买，因而美国判例中将服务提供人视为产品的销售人的观点有合理性；其三，从消费者保护的立场来看，服务者承担产品责任更加有利于消费者保护。不过，无过错责任的适用须限制在一定的范围之内，包括：一方面，特定产品经由服务提供人的专业选择；另一方面，特定产品必须为服务过程中的材料或设备，其使用的目的及结果均指向消费者的利益，产品的使用必须是服务过程中不可缺少的一部分，与服务为一个整体。对于任何在服务过程中因特定产品短暂的、临时性的占有转移而生的损害，服务者不就产品承担严格责任。

二是，消费者自备服务之物，单纯因该缺陷之物造成消费者损害，服务者给付服务行为没有过失的，服务者不承担赔偿责任，而应由受害消费者向该产品的生产者或者销售者依照产品责任行使请求权，保护自己。

应当同时讨论的另一个问题是，在叠加型服务中，消费者提供服务之物有缺陷，服务者在使用该物为给付行为时造成服务者自己损害的，能否向消费者请求赔偿。对此，服务者不能向消费者求偿，而应当向该缺陷产品的销售者或者生产者请求赔偿，理由是，该服务者和消费者都是该缺陷产品的使用者，消费者并不是缺陷产品的销售者。

3.恶意服务损害惩罚性赔偿责任适用过错责任原则

《消费者权益保护法》第 55 条第 2 款规定："经营者明知商品或者服务存在缺陷，仍然向消费者提供，造成消费者或者其他受害人死亡或者健康严重损害的，受害人要求经营者依照本法第 49 条、第 51 条等法律规定赔偿损失，并有权

要求所受损失二倍以下的惩罚性赔偿。”这种恶意服务损害惩罚性赔偿责任是特例，不仅应当适用过错责任原则，且须具备故意要件，过失不能构成这种服务损害赔偿责任。

不同的服务损害赔偿责任适用的归责原则见下表：

服务类型		适用归责原则
物型服务致人损害	加工新物	无过错责任原则
	行为凝结物中	无过错责任原则
行为型服务致人损害		过错推定原则
叠加型服务致人损害	服务行为致害	过错推定原则
	服务者携带物	无过错责任原则
	消费者自备物	过错推定原则
恶意服务损害惩罚性赔偿责任		过错责任原则

四、服务损害赔偿责任的构成与承担

（一）服务损害赔偿责任的构成要件

1. 服务行为及其缺陷

依照《消费者权益保护法》第48条第1款第1项的规定，构成服务损害赔偿责任的首要要件，是服务行为有缺陷，或者称为具有缺陷的服务行为。这个要件包含两个要素，一是服务行为，二是缺陷。

服务行为前文已有界定，即在消费者保护中，服务者向消费者提供以特定的劳务为内容的作为或者不作为。同样如前文所述，服务行为分为物型服务、行为型服务和叠加型服务。对此，不再赘述。

特别需要研究的是服务缺陷。这个概念远比产品缺陷复杂，原因就在于服务行为的无形性、主观化，同时又具有物型服务的客观化和服务行为主观化的区分。

何谓服务缺陷，有学者认为，服务缺陷即服务具有安全上或卫生上之危险性。[①]这与我国《产品质量法》第46条关于“缺陷，是指产品存在危及人身、他人财产安全的不合理的危险；产品有保障人体健康和人身、财产安全的国家标准、行业标准的，是指不符合该标准”的规定大体一致，因而认为缺陷“是指经营者生产、销售的商品或者提供的服务不符合保障人体健康，人员、财产安全的国家标准、行业标准，没有国家标准、行业标准的，存在危及人身、他人财产安全的不合理的危险”[②]，是权威学说。不过，仅仅这样界定服务缺陷，仍然过于抽象，不能解决实际问题，且不完全符合服务类型的实际情况。

首先，客观化的物型服务中的物，以及叠加型服务中的服务之物，其缺陷与产品缺陷概念基本一致，即在产品中存在危及人身、财产安全的不合理危险，包括设计缺陷、制造缺陷、警示说明缺陷和跟踪观察缺陷。所不同的是，物型服务之物的缺陷，应当不是原生产者或者销售者所致的原发型缺陷，而是服务者在加工、修理中形成的继发型缺陷；而服务者因消费者定作而制作的新物，则为原发型缺陷。因此，该物型服务的缺陷是因服务者的行为而发生。服务之物的缺陷，是通常的产品缺陷，为原发型缺陷，其缺陷的发生是基于生产者和销售者的行为所致，与服务者的行为无关。

其次，主观化的服务行为的缺陷，是指服务的给付行为所具有的安全上或卫生上的不合理危险。判断这种不合理危险，表现为服务于其提供时，不具有通常可合理期待的安全性。所谓通常，是指符合当时的科技或者专业水准。参照我国台湾地区的经验，对服务缺陷的判断标准有三：服务的标示说明、服务可期待之合理接受以及服务提供之时期。[③]对上述标准详细解说如下。第一，对于已依科学、专业水准的合理期待可得认识的危险，却因科技、专业的水准而无法予以克服、回避时，服务者自有必要以科学、专业水准的要求予以标示、说明，使消费者知其危险性的存在，而以其他方法以求减轻损害，甚至因而有所回避。服务者

① 朱柏松：《消费者保护法论》，2004年自版增订版，第206页。

② 李适时主编：《中华人民共和国消费者权益保护法释义》，法律出版社2013年版，第277页。

③ 我国台湾地区“消费者保护法施行细则”第5条规定。

违反此项标示警告义务，自应因此成立损害赔偿责任。第二，服务属于非可期待的合理接受，只要消费者系以服务者提供服务的方法接受服务并因而受有损害，对于消费者而言，因为皆可属于可期待的合理接受服务，服务者自应有被论断成立责任的可能。第三，服务提供的时期，是指服务符合提供服务当时的科技或者专业水准的要求，即使其后有较佳之服务，亦不得认为该服务具有不合理危险，反之，即有缺陷。[①]《中华人民共和国消费者权益保护法释义》一书例举的一个案例符合这样的要求：消费者甲在经营者乙的整形医疗美容诊所进行美容护理时，听信乙的“绝对安全，从无副作用”的宣传推荐，进行了6项美容整形服务，但手术后不久，甲的面部发生凹陷，查明该6项服务中，有4项是已被业内证明将带来面骨塌陷、肌肉萎缩等不合理危险而不再采用的，另两项虽然还可采用，但须在术后遵循严格的注意事项，才能避免出现面部变形的严重副作用，但乙对此完全未作提示。[②]这种服务，未作标示说明、不符合可期待之合理接受的要求，且为服务提供时即存在危险性，完全符合服务缺陷的要求。因此，按照上述三项标准认定行为型服务的缺陷，是比较实用的。

2.消费者遭受的损害事实

服务损害赔偿责任的损害事实要件，主要是消费者所受的人身损害结果，当然也包括消费者的财产损害和精神损害结果。这些事实的认定，依照法律和司法实践均有把握认定，不必详述。

需要强调的是，在恶意服务损害惩罚性赔偿责任中，造成的损害后果有特别要求，即“造成消费者或者其他受害人死亡或者健康严重损害”。何谓健康严重损害，立法没有解释，一般理解应当是重伤害，或者丧失或者部分丧失劳动能力。

3.因果关系

服务者的缺陷服务行为与消费者的损害事实之间具有引起与被引起的因果关系者，为具备本要件。对此，应当适用相当因果关系规则判断，原告的证明因果

---

① 朱柏松：《消费者保护法论》，2004年自版增订版，第209-210页。

② 李适时主编：《中华人民共和国消费者权益保护法释义》，法律出版社2013年版，第228页。

关系要求，须达到高度盖然性标准。

4. 过错

在适用过错推定原则的行为型服务和消费者提供服务之物的叠加型服务所致损害中，消费者起诉不必证明过错要件的存在，法官根据前三个要件的证明成立而直接推定服务者有过失；实行举证责任倒置，服务者认为自己没有过失的，应当举证证明，成立者，不构成侵权责任，不能证明者，构成服务损害赔偿责任。

适用无过错责任的服务损害赔偿责任，无须具备过错要件。

恶意服务损害惩罚性赔偿责任的主观要件是恶意，即经营者明知服务存在缺陷，却仍然向消费者提供该服务。这种恶意是故意，应为放任损害发生的间接故意，而不是直接故意。

（二）承担服务损害赔偿责任的形态

1. 单独责任

在服务损害赔偿责任中，主要的责任形态是单独责任，即服务者自己承担赔偿责任。这是因为，服务损害赔偿责任的发生，通常是行为型服务的给付行为所致，这种情形不存在其他责任人，服务者不论是个人还是法人、非法人组织或者个体工商户，都须由服务者自己承担损害赔偿责任。即使物型服务损害赔偿责任，由于致害物是由服务者加工、修理、制作而成，其缺陷是继发型或者原发型缺陷，因而也应当由服务者自己承担单独责任。

2. 不真正连带责任

在服务损害赔偿责任中，适用不真正连带责任的情形是：

（1）服务者携带服务之物有缺陷，造成消费者或者其他受害人损害，服务者的地位与销售者类似，因而应当参照《侵权责任法》第 43 条规定，与生产者、销售者承担不真正连带责任。受害人可以直接起诉生产者、销售者；也可以起诉服务者承担责任，服务者在承担了赔偿责任之后，向生产者或者销售者追偿。

（2）物型服务之物有缺陷，该物是服务者委托他人加工，在加工中形成的缺陷的，受委托加工之人是缺陷的责任人，因而服务者与受委托加工之人发生不真正连带责任。受害人可以请求服务者承担责任，也可以请求加工人承担责任；服

务者承担赔偿责任之后，有权向加工人请求追偿。

（3）无论何种服务，如果是通过传统交易平台（展销会或者出租柜台）提供服务，或者通过网络交易平台提供服务，符合《消费者权益保护法》第 43 条或者第 44 条规定的法定条件或者约定条件的，可以主张交易平台提供者承担附条件的不真正连带责任。[①]

3. 连带责任

在服务损害赔偿责任中，适用连带责任的情形是：

（1）服务者通过网络交易平台向消费者提供服务，网络交易平台提供者明知或者应知服务者利用其平台侵害消费者合法权益，未采取必要措施的，与该服务者承担连带责任。

（2）网络用户利用网络媒介平台向他人提供服务，造成消费者损害的，由于网络媒介平台不具有网络交易平台的功能，因而网络媒介平台不承担责任，服务者自己承担责任，但网络媒介平台提供者有过失的，应当在其过失范围内承担单向连带责任[②]；网络媒介平台提供者明知网络用户利用其平台通过服务侵害消费者合法权益，未采取必要措施的，与该服务者承担连带责任。

（三）服务损害赔偿责任的赔偿数额确定

1. 人身损害赔偿责任，应当依照《消费者权益保护法》第 49 条规定，服务者应当赔偿医疗费、护理费、交通费等为治疗和康复支出的合理费用，以及因误工减少的收入。造成残疾的，还应当赔偿残疾生活辅助具费和残疾赔偿金。造成死亡的，还应当赔偿丧葬费和死亡赔偿金。

2. 依照《消费者权益保护法》第 51 条规定，服务者在服务中有侮辱诽谤、搜查身体、侵犯人身自由等侵害消费者或者其他受害人人身权益的行为，造成严重精神损害的，应当承担精神损害赔偿责任。

3. 服务行为造成财产损害，应当依照《消费者权益保护法》第 52 条规定或

① 具体承担责任的规则不赘述，请参见杨立新：《网络平台提供者的附条件不真正连带责任与部分连带责任》，《法律科学》2015 年第 1 期。

② 具体承担责任规则不赘述，请参见杨立新：《利用网络非交易平台进行交易活动的损害赔偿责任》，《江汉论坛》2016 年第 1 期。

者当事人约定，承担修理、重作、更换、退货、退还服务费用或者赔偿损失等责任。

4.服务者明知服务存在缺陷，仍然向消费者提供，造成消费者或者其他受害人死亡或者健康严重损害的，应当承担惩罚性赔偿责任。关于惩罚性赔偿，《侵权责任法》第47条没有规定具体计算方法，《消费者权益保护法》第55条第2款作了具体规定，即除了赔偿人身损害和精神损害的实际损失之外，再承担的惩罚性赔偿的数额，是人身损害和精神损害的总和的两倍以下，法官可以根据实际情况，决定惩罚性赔偿的具体数额。

第十四章

产品侵权中的惩罚性赔偿责任

第一节 对侵权责任法规定惩罚性赔偿金制裁恶意产品侵权的探讨

在我国《侵权责任法》中，究竟要不要规定惩罚性赔偿金，一直存在较大争论。除了是与否的争论之外，在肯定性意见中的争论焦点是，在《侵权责任法》的总则性规定中规定惩罚性赔偿金，还是在分则性规定即在特殊侵权行为的类型中具体规定惩罚性赔偿金。我们建议在恶意产品侵权行为中应当规定惩罚性赔偿金。[①]《侵权责任法》第 47 条对此已经提供了明确的意见。[②] 笔者支持这样的做法，但也须对反对的意见进行反驳，并就此提出具体意见，对有关反对这一规定的疑问进行说明。

---

① 杨立新主编：《中华人民共和国侵权责任法草案建议稿及说明》，法律出版社 2007 年版，第 231－232 页。

② 《侵权责任法》第 47 条规定："明知产品存在缺陷仍然生产、销售，造成他人死亡或者健康严重损害的，受害人有权请求相应的惩罚性赔偿。"

一、在起草民法典草案中，学者一直坚持在侵权责任法中适当规定惩罚性赔偿金

在制定《侵权责任法》中，究竟要不要规定惩罚性赔偿金，学者的多数意见是应当规定。但是，在《侵权责任法》的哪一部分内容中规定这一制度，存在不同的意见。

一种意见是，在《侵权责任法》的总则性规定中，规定惩罚性赔偿金。例如在中国社会科学院法学研究所起草的《民法典·侵权行为法草案》中，在第 91 条规定原则性的惩罚性赔偿制度："故意侵害他人生命、身体、健康或具有感情意义财产的，法院得在赔偿损害之外判决加害人支付不超过赔偿金 3 倍的惩罚性赔偿金。"[①] 这个规定是在总则性规定中出现的，因此，是一个一般性的规定。张新宝教授对此的解释是：草案试图写上惩罚性赔偿金制度，达成的一个妥协性意见认为，要么不写，不一般地规定惩罚性赔偿；要么写，但作出严格的限制，有三个条件，一是行为人的主观恶性比较大，故意或者是重大过失；二是侵害的权利是最基本的民事权利，也就是生命、身体、健康这样的基本权利，三是赔偿的数额不能太高，不能够超过实际损失的三倍。[②]

另一种意见是，不在《侵权责任法》的总则性规定中规定惩罚性赔偿金的适用，而是在分则性规定中适当规定某些侵权行为类型可以适用惩罚性赔偿金，即在产品责任中，对于恶意产品侵权行为也就是明知缺陷产品会造成使用人的人身损害仍将其推向市场造成损害的恶意致害行为，应当规定惩罚性赔偿金，以制裁违法行为，保护广大人民群众的生命权和健康权。例如，王利明教授主持起草的《中国民法典草案建议稿》第 1954 条规定："因生产者、销售者故意或者重大过失使产品存在缺陷，造成他人人身、财产损害的，受害人可以请求生产者、销售

① 中国民法典立法研究课题组：《中国民法典·侵权行为法编草案建议稿》，见中国民商法律网，http：//www.civillaw.com.cn/qqf/weizhang.asp? id=10897。

② 张新宝：《中国侵权责任法立法进行时》，见中国民商法律网，http：//www.civillaw.com.cn/Article/default.asp? id=42251。

者给予双倍价金的赔偿。”[①] 在我主持起草的《中华人民共和国侵权责任法草案建议稿》中，第108条规定：“生产者、销售者因故意或者重大过失使产品存在缺陷，或者明知制造或者销售的产品存在缺陷可能造成他人人身、财产损害却仍然将其销售，造成他人人身、财产损害的，受害人可以请求生产者、销售者在赔偿实际损失之外另行支付不超过实际损失两倍的赔偿金。”

我们对本条提出的立法理由是：惩罚性赔偿最初起源于1763年英国法官Lord Camden在Huckle v. Money一案中的判决。在美国则是在1784年的Genay v. Norris一案中最早确认了这一制度。在我国，侵权行为法始终坚持侵权损害赔偿的补偿原则，坚持损害赔偿的补偿性，反对在侵权行为责任中适用惩罚性赔偿金。但是在《消费者权益保护法》第49条，规定了产品欺诈和服务欺诈的双倍赔偿的惩罚性赔偿金之后，惩罚性赔偿发挥了较好的作用。后来，《合同法》第113条进一步确认了这种惩罚性赔偿。上述两部法律都对惩罚性赔偿的适用条件和赔偿范围作了较为严格的限制，这就使我国的惩罚性赔偿不同于英美法中的惩罚性赔偿制度。惩罚性赔偿的主要目的不在于弥补受害人的损失，而在于惩罚有严重过错的行为，并遏制这种行为的发生。从赔偿的功能上来讲，其主要作用在于威慑或者阻遏，而不在于补偿。虽然从个案上看，受害人得到了高于实际的损害赔偿数额，但是从加害人角度看，这种赔偿能够提高其注意义务，从而避免类似恶劣行为的再次发生。从赔偿范围上看，如果双倍赔偿能够起到威慑的作用，那么就应该继续沿用双倍赔偿的方法，至于将来是否需要加大赔偿力度，还需要逐渐摸索。因此，在产品侵权责任中应该规定惩罚性赔偿金制度来保护消费者的合法权益，制裁故意或者重大过失将有可能造成他人损害的缺陷产品投放市场并且已经造成了使用人人身损害的行为。[②]

惩罚性赔偿金是英美法系侵权法的制度，大陆法系侵权法不采纳这个制度。张新宝教授指出，这是两个针锋相对的立法例，美国法比较广泛地适用惩罚性赔

---

① 王利明主编：《中国民法典草案建议稿及说明》，中国法制出版社2004年版，第253页。

② 杨立新主编：《中华人民共和国侵权责任法草案建议稿及说明》，法律出版社2007年版，第231-232页。

偿，而德国法在一般情况下会被拒绝，因为民法是平等主体之间的法律，一方不能够惩罚另外一方。因此，美国和德国曾经因为一个案件出现过纠纷，有一个德国人到美国去旅行的时候闯了祸，美国法院就对这个德国人进行了惩罚性赔偿。但是，这个德国人的财产是在德国，这个案件的执行有赖于德国法院的协助，结果美国最高法院就请求德国最高法院对这个案件进行执行。德国法院对这个案件进行审查后，认为违反了德国的公共秩序而拒绝执行。最后，这个惩罚性赔偿没有能够实现。① 这个案例很形象地说明了两大法系国家侵权法对此的对立态度。正因为如此，在我国《侵权责任法》中，如果规定一个比较全面适用的惩罚性赔偿金制度，凡是“故意侵害他人生命、身体、健康或具有感情意义财产的，法院得在赔偿损害之外判决加害人支付不超过赔偿金 3 倍的惩罚性赔偿金”的话，对于大陆法系侵权法将会具有颠覆性的作用，立法者是很难接受的。反之，如果在一个特殊场合，在极为必要的侵权行为类型中规定惩罚性赔偿金，则对于大陆法系侵权法的基本理念就不会有太大的影响，会使恶意产品侵权行为人受到制裁，人民群众的生命权和健康权得到更好的保障，因此而具有重大、积极的意义。

二、在侵权责任法关于产品责任的规定中确立惩罚性赔偿金的必要性和可行性

在《侵权责任法》关于产品责任的规定中规定惩罚性赔偿金是否必要和可行，立法作出上述规定是否正确，可以从以下几个方面进行研究。

（一）我国民事立法已经部分采纳了惩罚性赔偿金制度

不言而喻，我国民法是大陆法系的立法体例，因而在基本理念上拒绝惩罚性赔偿金制度。但是，应当看到的是，尽管当时存在极大争论，但在 1993 年制定《消费者权益保护法》的时候，还是规定了第 49 条，即“经营者提供商品或者服务有欺诈行为的，应当按照消费者的要求增加赔偿其受到的损失，增加赔偿的金

---

① 张新宝：《中国侵权责任法立法进行时》，见中国民商法律网，http：//www.civillaw.com.cn/Article/default.asp? id=42251。

额为消费者购买商品的价款或者接受服务的费用的一倍”。

在《消保法》生效后，对于该条规定的产品欺诈、服务欺诈可以适用两倍的惩罚性赔偿金制度是否正确，是否适合我国国情，一直存在不同意见。多数人主张这样的规定是正确的，但也有少数人认为这样规定的本身就是错误的。由于在这个规定生效之后，出现了大量的知假买假的“王海现象”，因而，反对者更加理直气壮。对此，我曾经写了文章，坚持认为这个规定是正确的。随后，出现了丘建东分别向北京市东城区人民法院和西城区人民法院起诉的两起长途电话收费欺诈的索赔案件，两个受诉法院作出了两种截然不同的判决结果的情形，更加说明了对惩罚性赔偿金的对立态度。

正因为如此，立法机关为了进一步明确部分承认惩罚性赔偿金制度的立场，在起草《合同法》中，专门规定了第 113 条第 2 款，即“经营者对消费者提供商品或者服务有欺诈行为的，依照《中华人民共和国消费者权益保护法》的规定承担损害赔偿责任”。

除此之外，最高人民法院在《关于审理商品房买卖合同纠纷案件适用法律若干问题的解释》第 8 条和第 9 条又规定了新的惩罚性赔偿金的适用范围：“具有下列情形之一，导致商品房买卖合同目的不能实现的，无法取得房屋的买受人可以请求解除合同、返还已付购房款及利息、赔偿损失，并可以请求出卖人承担不超过已付购房款一倍的赔偿责任：（一）商品房买卖合同订立后，出卖人未告知买受人又将该房屋抵押给第三人；（二）商品房买卖合同订立后，出卖人又将该房屋出卖给第三人。”“出卖人订立商品房买卖合同时，具有下列情形之一，导致合同无效或者被撤销、解除的，买受人可以请求返还已付购房款及利息、赔偿损失，并可以请求出卖人承担不超过已付购房款一倍的赔偿责任：（一）故意隐瞒没有取得商品房预售许可证明的事实或者提供虚假商品房预售许可证明；（二）故意隐瞒所售房屋已经抵押的事实；（三）故意隐瞒所售房屋已经出卖给第三人或者为拆迁补偿安置房屋的事实。”

由此可见，尽管对我国现行法律制度中规定惩罚性赔偿金存在不同意见，但这已经是一个事实。对此，我们既不能否认，也不能置现行法律规定于不顾，而执意反对这一制度。

（二）在合同法领域规定惩罚性赔偿金的同时在侵权法领域不承认惩罚性赔偿金的不合理性

应当看到，我国现行法律和司法解释中这些关于惩罚性赔偿金的规定，都是在合同法领域中适用的制度，到目前为止，在侵权法领域还没有规定惩罚性赔偿金制度，在实践中也没有法院判决过惩罚性赔偿金。

这种现象是不是正确呢?

认真分析产品欺诈和服务欺诈与恶意产品侵权行为的性质、主观恶性以及损害后果，我们就会发现，这种现象是不正确的。

首先，产品欺诈和服务欺诈是一种合同欺诈行为，其主要表现是通过假冒伪劣商品的销售欺骗消费者，或者通过低劣的服务冒充高标准的服务获得不当利益。这种合同欺诈行为的性质是恶劣的，法律应当谴责，对其处以双倍赔偿是应当的。恶意产品侵权行为的性质是侵权行为，不仅在交付产品中就存在欺诈，同时还要造成侵害消费者或者该产品使用人的生命权和健康权，构成侵权行为。欺诈的违约行为与恶意产品侵权行为相比，尽管二者都具有恶意，但性质还是有所不同，后者比前者的性质更为严重。

其次，产品欺诈与服务欺诈是恶意违约行为，意图以不符合质量约定的商品和服务骗取高额的收费，意图获得超出其商品或者服务的价值回报，均是以图财为目的。但是，恶意产品侵权行为尽管也是恶意，其直接追求的也是超出其产品实际价值以外的价值回报，具有图财的目的，然而，恶意产品侵权行为在追求图财目的之外，还存在放任缺陷产品损害使用人的生命健康的间接故意。因此，从主观恶性上分析，恶意产品侵权行为人的主观恶性显然重于产品欺诈和服务欺诈，应当科以更重的民事责任。

最后，对产品欺诈与服务欺诈科以惩罚性赔偿金所着眼的，是其欺诈的恶意，后果是合同预期利益的损失，并不包含造成合同债权人的固有利益损失，因此，仍然是实际违约责任的损害赔偿，而不是加害给付责任的损害赔偿，更不是侵权责任的损害赔偿。而恶意产品侵权行为所造成的后果，不仅存在合同预期利

益的损害，同时还须存在债权人或者第三人作为缺陷产品使用人的人身损害，即生命权的损害和健康权的损害，因此是固有利益受到损害。相比较而言，预期利益的损害仅仅是合同的可得利益的不能实现，局限在合同利益中的财产利益；而固有利益必然包括人身利益，损害的是人的生命权和健康权，是死亡、丧失劳动能力以及其他伤害的严重后果。显然，恶意产品侵权行为的损害后果要远远重于产品欺诈和服务欺诈的。

正因为如此，在我国的民法体系中，在合同领域已经确立了惩罚性赔偿金的情况下，如果不建立侵权法领域的恶意产品侵权行为的惩罚性赔偿金制度，不仅会使这个制度不能相互衔接，出现漏洞和残缺，同时，也存在法律制度上的不公平，对民事权利和利益保护不均衡的问题，对于保护消费者的生命权、健康权的制度也是不完善、不合理的，应当纠正和补充。因此，制定恶意产品侵权行为的惩罚性赔偿金制度是完全必要的。

（三）我国侵权责任法不应当拒绝惩罚性赔偿金制度

诚然，大陆法系侵权行为法的基本理念是填补损害原则，受害人不可以就侵权行为造成的损害获得超出其实际损失的赔偿，以避免双方当事人利益关系的失衡，引导受害人故意造成损害而追求高额赔偿。

但是，适当地限制惩罚性赔偿金制度的适用范围，可以避免出现上述问题。

第一，严格限制在恶意产品侵权行为范围内适用。在制定《侵权责任法》过程中，一些专家提出的建立全面的惩罚性赔偿金制度的意见，已经被通说所否认，立法机关也没有采纳。很多人包括我本人在内也提出过在故意排放污染物放任损害后果发生造成严重后果的污染环境的行为应当规定惩罚性赔偿金，立法机关对此也没有采纳。立法机关在惩罚性赔偿金制度上的慎重态度是有道理的。在《侵权责任法》中，把惩罚性赔偿金严格限制在恶意产品侵权行为的范围内适用，不再扩大适用范围，就是为了避免惩罚性赔偿金的副作用的发生。对此，应当严格按照这个规定适用惩罚性赔偿金。

第二，严格限制在人身损害的范围内适用。即使在恶意产品侵权行为中，惩罚性赔偿金也要严格限制在缺陷产品侵害使用人的生命权、健康权，造成死亡、

残疾或者其他伤害的场合。对于造成财产损害的，即使构成恶意产品侵权行为也不应当适用惩罚性赔偿金制度，只能承担填补损害的赔偿责任。我们在专家建议稿中曾经提出过在财产损害领域也可以适用惩罚性赔偿金，而在立法机关制定的《侵权责任法》，仍然规定只有造成人身损害的恶意产品侵权行为才可以适用，显然更为合理，也更具有实际应用价值。

第三，严格限制惩罚性赔偿金的赔偿数额。我国在恶意产品侵权行为中适用惩罚性赔偿金，究竟应当如何确定赔偿数额，《侵权责任法》只规定了“受害人有权依法请求惩罚性赔偿”，并没有规定惩罚性赔偿的标准。一般认为可以是人身损害造成损失赔偿损失之后增加一倍的赔偿，即通常所说的两倍赔偿[①]，也有的认为可以达到三倍。[②] 在2008年9月召开的“《侵权责任法草案》研讨会”上，专家的普遍意见是前者。我赞同两倍的意见，理由是，尽管是惩罚性赔偿，但也应当有适当的限度，如果赔偿额度过高确实有不利后果。以死亡赔偿金为50万元为例，增加一倍，就是赔偿100万元人民币，大体是可行的。如果是三倍就是150万元，显然过高。也有人在讨论中认为应当赔偿缺陷产品价金的两倍，此外再赔偿造成的实际损失。这个方法是没有道理的。因为惩罚性赔偿针对的是侵权行为，赔偿的应当是损失，因而应当在应当赔偿的基础上增加一个倍数，而不是以价金作为计算标准，那是违约损害赔偿责任的计算方法。

第四，精神损害抚慰金的赔偿是否计入惩罚性赔偿金。生命权、健康权、身体权受到侵害，应当赔偿精神损害抚慰金。这些精神损害抚慰金是否需要计入惩罚性赔偿金的范围呢？一般认为精神损害抚慰金不应当计入惩罚性赔偿金，理由有二：一是对于惩罚性赔偿金，在我国目前情况下不宜过高，应当有所限制，精神损害抚慰金不计入惩罚性赔偿金，就是限制的一种办法；二是精神损害抚慰金的性质，本身就具有抚慰性，惩罚性赔偿金在性质上也具有一定的抚慰性，把具有抚慰性的抚慰金再计入具有抚慰性的惩罚性赔偿金之中，显然不具有合理性。

---

① 例如我在《侵权责任法立法建议稿》中提出的意见。

② 中国民法典立法研究课题组：《中国民法典·侵权行为法编草案建议稿》，见中国民商法律网，http：//www.civillaw.com.cn/qqf/weizhang.asp？id=10897。

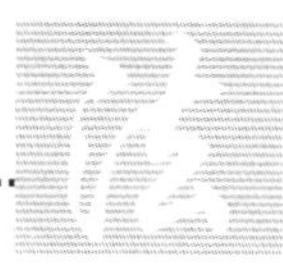

但应当明确的是，恶意产品侵权行为的行为人承担了惩罚性赔偿金之后，并不妨碍受害人请求其承担精神损害抚慰金赔偿。不过，在修订《消费者权益保护法》中，肯定了惩罚性赔偿金中应当包括精神损害赔偿金的意见。第55条第2款规定惩罚性赔偿金计算时，表述为“受害人有权要求经营者依照本法第四十九条、第五十一条等法律规定赔偿损失，并有权要求所受损失二倍以下的惩罚性赔偿”。其中第49条规定的是人身损害赔偿，第51条规定的是精神损害赔偿，显然精神损害赔偿是计算在内的。

三、对在产品责任中规定惩罚性赔偿金若干疑问的回应

在我国侵权责任法的产品侵权责任规则中规定惩罚性赔偿金制度，其目的在于，惩罚性赔偿是在补偿性赔偿或名义上的赔偿之外，为惩罚该赔偿交付方的恶劣行为并阻遏它与相似者在将来实施类似行为而给予的赔偿，因此，可以针对因被告的邪恶动机或它莽撞地无视他人的权利而具有恶劣性质的行为而作出。[①] 例如，在三鹿奶粉、大头娃娃等大规模恶意产品侵权行为案件中，产品生产者就是具有这样的邪恶动机和恶劣行为，对它们进行惩罚性赔偿金制裁，就是为了惩罚它们的邪恶动机、恶劣行为，并且阻遏与它相似者将来实施类似行为，保护人民安全和健康。

应当看到的是，在罗马法中，就有惩罚性赔偿金的适用，例如“如果某人已提起暴力抢夺财物之诉，他不能也提起盗窃之诉。但如果他选择并提起了双倍罚金之诉，只要（他的诉求总额）不超过四倍，他也可以提起以暴力抢夺财物之诉”[②]。在我国古代，也有“加责”“倍备”“倍追”等惩罚性赔偿制度[③]，其中倍备制，出现在《唐律》和《宋刑统》中，规定“盗者，倍备”，疏云：“谓盗者以其贪利既重，故令倍备。”可见，我国古代并不一概反对惩罚性赔偿金。有些人

① 美国法律研究院：《侵权法重述——纲要》，许传玺、石宏等译，法律出版社2006年版，第27-271页。

② 转引自张新宝：《侵权责任法原理》，中国人民大学出版社2005年版，第470页注释一。

③ 杨立新：《侵权损害赔偿》，法律出版社2008年第4版，第52-53页。

对规定恶意产品侵权行为的惩罚性赔偿金制度提出一些疑问，怀疑这样的制度究竟会不会影响我国侵权责任法的填补损害功能，出现类似于《消保法》第49条规定之后出现的问题。对于这些疑问，我们作出以下回应。

（一）实施恶意产品侵权行为惩罚性赔偿金制度会不会出现新的“王海现象”

有人担心，在《侵权责任法》中规定恶意产品侵权行为的受害人有权请求惩罚性赔偿金，会不会像《消费者权益保护法》第49条规定产品欺诈、服务欺诈双倍赔偿制度实施之后，出现王海那样知假买假，甚至成立打假公司知假买假双倍索赔的现象。我的看法是，首先，并不能认为知假买假、双倍索赔就是违法行为，就是追求非法的不当利益。鼓励与产品欺诈和服务欺诈做斗争，是《消保法》的基本立场，这是对全体人民有利的事情。即使知假买假进行索赔，其实打假者的最终目的也仍然符合这样的要求，是在《消保法》允许的范围之内。因此，双倍赔偿中超出价金的那一部分惩罚性赔偿金，其实就是让欺诈的商家出钱，给打假者支付“奖金”。这没有什么不好，只能对保护消费者有利。其次，知假买假、双倍索赔的前提是给打假者造成“损害”的只是价金的支付，并没有造成人身伤害，就一般情况而言，人们通常不会为了双倍索赔而故意让缺陷产品造成自己伤害，以自己的人身伤害为代价而追求超出实际损失之外的惩罚性赔偿金。因此，实施恶意产品侵权行为惩罚性赔偿金制度，一般不会出现“王海现象”，起码不会出现较多的这种现象。对此，应当放心。

（二）实施恶意产品侵权行为惩罚性赔偿金制度会不会助长受害人故意造成损害

有人担心，实施恶意产品侵权行为惩罚性赔偿金制度，会不会有人故意造成人身损害而借机索取惩罚性赔偿金呢？我认为，惩罚性赔偿金制度确实有可能引发这样的后果。例如，我在讲课时，经常会提到美国新墨西哥州麦当劳惩罚性赔偿金案件。美国新墨西哥州一家麦当劳餐厅，一位79岁的老太太Stela Liebeck买了一杯热咖啡，当打开杯盖饮用时，不慎将一些咖啡泼在了腿上，后确诊为三度烫伤。据调查，咖啡的饮用标准温度应当是华氏140度（60摄氏度）左右，超过华氏155度（68摄氏度）就有烫伤的危险。当时，麦当劳提供的咖啡温度在华氏180度（82摄氏度）至190度（88摄氏度）之间。在被麦当劳的热咖啡

烫伤后，Stela Liebeck 将麦当劳告上法庭，称麦当劳没有提示热咖啡的温度，造成自己的伤害。法院认为，承担服务职责的大公司应当善待每一个顾客，不能因为自己的过失使顾客受到损害，因此判决麦当劳公司承担 270 万美元的惩罚性赔偿金。自此，麦当劳在公司的所有热饮杯上都加印了"小心烫口"的标志。[①] 介绍这个案件时，很多人都说，如果咬咬牙挺过去，能够得到高额的惩罚性赔偿金，这个烫伤就是值得的，我们也愿意接受。不过，《侵权责任法草案》规定的惩罚性赔偿一是没有这样高的数额，二是限制在恶意产品侵权行为，三是造成一般伤害双倍赔偿数额并不高、造成严重伤害并不合算，因此，在一般情况下不会出现这样的情况。同时，如果能够确认损害是由受害人故意所引起，法律自有对策，那就是"损害是因受害人的故意引起的，行为人不承担赔偿责任"[②]。《侵权责任法》有这样的规定，可以避免受害人故意引起损害而追求惩罚性赔偿金。

（三）实施恶意产品侵权行为惩罚性赔偿金制度是否会造成受害人的不当得利

有人担心，实施恶意产品侵权行为惩罚性赔偿金制度，受害人获得超过其实际损失部分的赔偿金，这个赔偿金对于受害人而言，是否构成不当得利呢？诚然，适用惩罚性赔偿金制度，受害人会得到超出其实际损失的那一部分惩罚性赔偿金。如果按照大陆法系侵权损害赔偿填补损害的本旨而言，似乎能够得出这样的结论。但是，第一，惩罚性赔偿制度的着重点，是对加害人恶意侵权行为的教育和惩戒[③]，并且具有社会警示作用，因而，法律为了实现这个目的而允许受害人得到超出其实际损失的赔偿金。第二，受害人基于恶意产品侵权行为造成人身损害，或者丧失生命，或者造成残疾，或者造成一般伤害，多数都会造成终身痛苦，法律规定准许他们得到超出其实际损失的赔偿金，与其所遭受的痛苦而言，利益关系并非严重失衡，也是应该的，法律不去计较他们的那部分"不当得利"。第三，惩罚性赔偿金既然是法律规定的制度，那就是合法的，就不构成不当得利，对此无可指责。

---

① 李响：《美国侵权法原理及案例研究》，中国政法大学出版社 2004 年版，第 3 页。对这个案件，终审判决并没有判这样高，赔偿金额是 48 万美元。

② 这是 2008 年 12 月全国人大法律委员会审议的《侵权责任法草案》第 27 条的内容。

③ 张新宝：《侵权责任法原理》，中国人民大学出版社 2005 年版，第 470 页。

（四）实施恶意产品侵权行为惩罚性赔偿金制度超出实际损失的部分是否应当收归国有

有人认为，实施恶意产品侵权行为的惩罚性赔偿金制度，无论如何，都会由受害人获得超出其实际损失的部分的赔偿金，为了避免不良社会后果，又要达到制裁恶意侵权行为警示社会的积极作用，因而可以在赔偿受害人损失之外，将惩罚性赔偿金的部分确定为罚金，交由国家，作为国库收入。这个观点我是不能赞成的。恶意产品侵权行为侵害的是受害人的民事权利，惩罚性赔偿金是对私权利受到损害的保护制度，这种制度调整的是私的关系，是个人与个人之间、民事主体与民事主体之间的民事利益关系，何以要由国家获得本不应由国家获得的利益呢？如果国家要得到惩罚性赔偿金，那倒是国家取得了不当得利，理由是国家没有任何理由得到这样的赔偿金。

（五）实施恶意产品侵权行为惩罚性赔偿金制度会不会大量导致企业破产

反对设立惩罚性赔偿金的另一个主要理由，是实施恶意产品侵权行为惩罚性赔偿金制度，会搞垮企业，使更多的企业因此而破产，不利于经济发展。这个担忧与讨论是否准许王海打假时出现的担忧是一样的。对于不法企业，是不是要给予严厉制裁，就像三鹿奶粉事件，那么多的奶制品企业明知三聚氰胺作为奶制品的添加剂，会造成使用人的人身损害，特别是对幼儿而言损害更重。但它们为了获得巨额利益，不顾人民的生命安全，造成了严重的社会后果，损害了我国商品在世界各地以及港澳台地区的声誉，造成了极为恶劣的影响。如果法律规定了惩罚性赔偿金，那么就可以对这些不法商家施以惩罚性赔偿金的制裁，就会严肃法纪，警示社会，保护人民健康。反之，对其不予以严厉制裁，则会放纵它们，危害人民健康，危害社会。与其让其承担一般的赔偿责任而放纵它们危害人民和社会，毋宁对其进行严厉制裁，即使是使它们因此而破产也在所不惜。

（六）侵权企业负担不起巨额惩罚性赔偿金使受害人赔偿权利无法实现岂不是更糟

恶意产品侵权行为通常都是大规模侵权行为，受害人的人数众多，赔偿数额巨大。因此，有人怀疑，实施恶意产品侵权行为惩罚性赔偿金制度，责令侵权厂

家承担巨额惩罚性赔偿金，实际上可能是无法全部予以赔偿，所有的受害人的赔偿权利无法得到全部满足。那么，这样的惩罚性赔偿金制度岂不是形同虚设，反而会造成受害人之间的争执。事实上，只要是出现这样的问题，就涉及侵权企业的破产问题，如果出现破产，则所有的债权人的债权都是要同等受偿的。既然如此，受害人的赔偿权利无法得到全部实现，也是没有办法的事情，当然只能按照债权比例受偿。值得注意的是，受害人赔偿金的基数大，就可以得到更多的赔偿；如果确定的仅仅是实际损失的赔偿，受偿的比例当然就会更小。这更说明了惩罚性赔偿金的必要性，而不是说更不必要。

第二节　我国消费者权益保护法惩罚性赔偿的新发展

在修订后的《消费者权益保护法》（以下简称《消保法》）中，最值得重视的有关经营者民事责任方式的规定，是规定惩罚性赔偿责任的第55条，其内容是："经营者提供商品或者服务有欺诈行为的，应当按照消费者的要求增加赔偿其受到的损失，增加赔偿的金额为消费者购买商品的价款或者接受服务的费用的三倍；增加赔偿的金额不足五百元的，为五百元。法律另有规定的，依照其规定。""经营者明知商品或者服务存在缺陷，仍然向消费者提供，造成消费者或者其他受害人死亡或者健康严重损害的，受害人有权要求经营者依照本法第四十九条、第五十一条等法律规定赔偿损失，并有权要求所受损失二倍以下的惩罚性赔偿。"这一规定与《消保法》原第49条规定的惩罚性赔偿责任相比较，发生了重大变化，也标志着我国惩罚性赔偿责任有了新发展。本节对此进行说明。

一、《消保法》原第49条规定惩罚性赔偿责任的积极意义和存在的问题

（一）《消保法》原第49条规定惩罚性赔偿责任的背景

惩罚性赔偿责任并不是大陆法系民法制度。即使在几百年之前，英美法系的

民法中也没有惩罚性赔偿责任制度。

最早的惩罚性赔偿在18世纪60年代的英格兰首次出现，最初起源于1763年英国法官Lord Camden法官在Huckle v. Money一案的判决。在一系列案件中，政府一直试图查禁一份叫《北不列颠》的报纸，该报纸与一个臭名昭著的政客即约翰·维尔克斯有关。个人的自由遭到了政府官员的不当干涉，在不存在任何法律的情况下，英国普通法院的法官授予了非补偿性赔偿金，理由是倘若被告的行为看上去非常恶劣，以至于可以不费周章地将这些赔偿金置于任何特殊名称之下。此后，英国法院在不同的背景下作出了类似的判决，适用惩罚性赔偿金。此后，澳大利亚、加拿大以及其他英美法系国家接受了惩罚性赔偿金。[①] 在美国，则是在1784年的Genay v. Norris一案确认了这一制度。在该案中，被告是一名医生，在原告的酒杯中放入了大剂量的毒药，因为该人与被告之间有世仇[②]，使原告受到了极其痛苦的折磨，因而法官判决给予原告惩罚性赔偿。

与英美法系国家的立场不同，大陆法系反对惩罚性赔偿责任，不过在基本态度大体上有三种：（1）最坚定不移地反对惩罚性赔偿责任的，不仅如此，而且法院拒绝国外的特别是美国的判决德国被告赔付惩罚性赔偿金的判决。意大利法院也同样如此，认为这样的外国判决违背了意大利的公共秩序，与国家法律的基本原则是冲突的。[③]（2）立法上不承认惩罚性赔偿责任，但在理论和立法探讨上倾向于惩罚性赔偿金。例如法国，惩罚性赔偿金不存在于民法典以及法国的一般立法之中，这些立法既没有明确的规定，但也没有禁止这类赔偿金，当然，法国法院从不允许给予惩罚性赔偿金。不过在学者起草的民法典草案建议稿中，关于赔偿金，在庄严地确认赔偿金的补偿性之后，引入一个例外，即在特殊情况下允许给予惩罚性赔偿金。即在持明显故意的人，且具有明

① ［奥］赫尔穆特·考茨欧、瓦内萨·威尔科克斯主编：《惩罚性赔偿金：普通法与大陆法的视角》，窦海洋译，中国法制出版社2012年版，第1-2页。

② ［奥］赫尔穆特·考茨欧、瓦内萨·威尔科克斯主编：《惩罚性赔偿金：普通法与大陆法的视角》，窦海洋译，中国法制出版社2012年版，第198页。

③ ［奥］赫尔穆特·考茨欧、瓦内萨·威尔科克斯主编：《惩罚性赔偿金：普通法与大陆法的视角》，窦海洋译，中国法制出版社2012年版，第87、128、129页。

显的营利动机，除了损害赔偿金之外，还应当被判处惩罚性赔偿金，并责令将这种赔偿金的一部分归入国库。[①]（3）有些成文法国家或者地区的侵权法确认惩罚性赔偿责任，例如《魁北克民法典》第1621条明确规定："如法律规定要判处惩罚性赔偿，此等赔偿金的数目不得超过足以实现此等措施的预防目的之数目。""惩罚性赔偿应根据所有加权情节进行评估，尤其是债务人过错的严重程度、其财产状况、已对债权人承担的赔偿责任的范围，以及在可适用的情形，损害赔偿金已全部或部分地由第三人承担的事实。"魁北克是加拿大的一个省，尽管其是成文法的地区，但毕竟属于普通法国家的省，受普通法侵权法的影响作出这样的规定是完全可以理解的。

与上述成文法国家的立场不同，大陆和台湾地区同时在1993年制定了保护消费者的法律，并且同时采纳了惩罚性赔偿金制度。大陆的《消费者权益保护法》规定了第49条，确认商品欺诈和服务欺诈，违法经营者应当对消费者承担实际损失之外的一倍价金或者费用的惩罚性赔偿（退一赔一）。台湾地区"消费者保护法"第51条规定："依本法所提之诉讼，因企业经营者之故意所致之损害，消费者得请求损害额三倍以下之惩罚性赔偿金；但因过失所致之损害，得请求损害额一倍以下之惩罚性赔偿金。"尽管大陆和台湾地区两部消保制度规定的惩罚性赔偿在适用范围和惩罚力度上有区别，但作为大陆法系民法传统的两个法域同时采用惩罚性赔偿，却是异乎寻常的，为大陆法系民法所瞩目。

（二）《消保法》原第49条规定后我国惩罚性赔偿金的发展

1994年1月1日《消保法》生效后，对于该法第49条规定的商品欺诈、服务欺诈适用惩罚性赔偿制度是否正确，是否适合我国国情，一直存在不同意见。多数人主张这样的规定是正确的，但也有少数人认为这样规定的本身就是错误的。立法机关为了进一步明确部分承认惩罚性赔偿金制度的立场，在1999年制定《合同法》时，专门规定了第113条第2款，进一步强调"经营者对消费者提供商品或者服务有欺诈行为的，依照《中华人民共和国消费者权益保护法》的规

① ［奥］赫尔穆特·考茨欧、瓦内萨·威尔科克斯主编：《惩罚性赔偿金：普通法与大陆法的视角》，窦海洋译，中国法制出版社2012年版，第63、81页。

定承担损害赔偿责任”。

2003 年 6 月 1 日实施的最高人民法院《关于审理商品房买卖合同纠纷案件适用法律若干问题的解释》第 8 条和第 9 条，规定了新的惩罚性赔偿金的适用范围：一是出卖人在商品房买卖合同订立之后，擅自将该房屋抵押给第三人，或者将该房屋出卖给第三人的，可以请求承担不超过已付购房款一倍的惩罚性赔偿金；二是出卖人订立商品房买卖合同时，出卖人故意隐瞒没有取得商品房预售许可证明的事实或提供虚假商品房预售许可证明，或者故意隐瞒所售房屋已经抵押的事实，或者故意隐瞒所售房屋已经出卖给第三人或为拆迁补偿安置房屋的事实，导致合同无效或者被撤销、解除的，买受人可以请求出卖人承担不超过已付购房款一倍的惩罚性赔偿金。这里规定的这些可以适用惩罚性赔偿金的行为，都可以认定为《消保法》原第 49 条规定的商品欺诈的违法行为，因而不属于新的规范，是对《消保法》原第 49 条适用的具体解释。

2009 年 2 月 28 日通过的《食品安全法》第 96 条第 2 款规定：“生产不符合食品安全标准的食品或者销售明知是不符合食品安全标准的食品，消费者除要求赔偿损失外，还可以向生产者或者销售者要求支付价款十倍的赔偿金。”对此，一种理解这是违约惩罚性赔偿，因为该款并未规定消费者损失的具体性质，因而包括食品欺诈行为；一种理解为侵权惩罚性赔偿，因为该条第 1 款规定的是“违反本法规定，造成人身、财产或者其他损害的，依法承担赔偿责任”，以此推论，应当是侵权行为造成的损害。[①] 该法在 2009 年 6 月 1 日生效后，6 月下旬，温州市鹿城区消费者保护委员会西山分会处理一起投诉，伍女士在某商厦一楼虫草燕窝专卖店购买一份燕窝套餐，发现其中一份素菜已经变质，向店家要求赔偿协商不成。该分会主持调解，店家向消费者赔偿素菜价款 10 倍的赔偿金 150 元。[②] 该分会在这个案件中对《食品安全法》第 96 条第 2 款的理解，显然是第一种理解。

在制定《侵权责任法》过程中，究竟要不要规定惩罚性赔偿金，学者的多数

---

① 杨立新：《〈消费者权益保护法〉规定惩罚性赔偿责任的成功与不足及完善措施》，《清华法学》2010 年第 3 期。

② 中国食品产业网：《西山分会贯彻〈食品安全法〉消费者获得十倍赔偿》，见 http：//www.foodqs.cn/news/gnspzs01/200962911564878.htm，2013 年 11 月 8 日访问。

意见认为应当规定。对于《侵权责任法》怎样规定惩罚性赔偿金，一种意见认为应当在《侵权责任法》的总则性规定中，规定惩罚性赔偿金。[①] 另一种意见是不能在《侵权责任法》的总则性规定中规定惩罚性赔偿金的一般适用，而应当在分则性规定中适当规定某些侵权行为类型可以适用惩罚性赔偿金，例如在产品责任中，对于恶意产品侵权行为也就是明知缺陷产品会造成使用人的人身损害仍将其推向市场造成损害的恶意致害行为，规定惩罚性赔偿金，以制裁恶意违法行为，保护广大人民群众的生命权和健康权。[②]《侵权责任法》最终采纳了后一种意见，在第 47 条规定，将惩罚性赔偿金适用于恶意产品侵权造成他人死亡或者健康严重损害的场合，但遗憾的是没有规定具体的计算方法。

（三）我国规定惩罚性赔偿责任制度的重要意义

回顾 20 年来我国惩罚性赔偿制度的适用及发展情况，从总体上说，并没有出现大量的惩罚性赔偿的索赔案件，故意造成损害索取超出损害范围的惩罚性赔偿的情形也不多见，总体运行形势很好。20 年来，惩罚性赔偿制度的运行具有以下重要意义。

第一，通过惩罚性赔偿的惩戒，制裁违法经营者的欺诈行为。惩罚性赔偿最基本的功能，就是对违法经营者的惩罚。违法经营者实施商品欺诈行为或者服务欺诈行为，破坏了市场交易秩序，既是对国家公共权力的藐视，也是对消费者个人私权利的侵害，造成的后果是使市场交易秩序失范，消费者权利得不到保障。对这些违法经营者的违法经营行为处以惩罚性赔偿，令其不仅承担消费者的实际损失，而且还要承担实际损失之外的惩罚性赔偿，其违法经营行为的实际成本是赔偿实际损失的一倍甚至更多，使其承受对自己经济上的不利后果，支出更多的赔偿当然是在财产上的惩罚。通常认为，财产性惩罚的威慑力只低于人身性的自由刑和生命刑，具有重要的惩罚性。20 年来，《消保法》规定的惩罚性赔偿制度在这方面发挥了重要的阻吓作用，使违法经营者产生惧怕心理。这恰好是惩罚性

① 中国民法典立法研究课题组：《中国民法典・侵权行为法编草案建议稿》，见中国民商法律网，http：//www.civillaw.com.cn/qqf/weizhang.asp? id=10897。

② 王利明主编：《中国民法典草案建议稿及说明》，中国法制出版社 2004 年版，第 253 页。

赔偿立法之初立法者所期待的。

第二，通过惩罚性赔偿调动消费者维权的积极性，鼓励消费者保护自己的合法权益。惩罚性赔偿仍然是赔偿制度，只不过是在赔偿实际损失之后，再承担超出实际损失的那一部分“赔偿”，因而它仍然是对受害人的救济，是对受害人私权的保护。当然，赔偿实际损失的那一部分赔偿是补偿性的，即使那些超出实际损失的赔偿部分，在理论上也可以认为属于“具有正当理由的原告的意外所得”，因为这种损害通常与无形损害有关联，且被告只有在具有故意或者轻率的情况下，才有惩罚性赔偿的适用，因而具有令人信服的合理性。① 正因为如此，超出实际损失的赔偿对于受到侵害的消费者而言，就具有了显著的激发作用，能够调动消费者维权的积极性，使在只赔偿实际损失的情况下不愿意进行维权的消费者，能够鼓起勇气保护自己的合法权益。惩罚性赔偿具有正当理由的意外所得的这个积极作用，是显而易见、人人都认可的。20 年来惩罚性赔偿金的适用情形，足以证明它的这个重要意义。事实上，只要能够将受到损害的消费者通过惩罚性赔偿获得的利益不看作不当得利，而看作具有正当理由的意外所得，惩罚性赔偿就不难被接受。

第三，通过惩罚性赔偿的威慑和警示作用，预防违法经营行为。惩罚性赔偿更侧重于其一般预防作用，这就是通过惩罚性赔偿的威慑力，警示所有参加交易活动的经营者，必须遵纪守法，尊重消费者的权利，履行经营者的义务，不从事商品欺诈行为或者服务欺诈行为，以避免惩罚性赔偿落在自己头上，承担不利于自己的法律后果。正像美国人所说，惩罚性赔偿金的授予，是因某人令人不可容忍的行为而对他进行惩罚，并预防他以及其他人在将来实施类似的行为。② 20 年来，假冒伪劣产品横行的局面已经基本上被制止住了，惩罚性赔偿的适用虽然不能说是全部原因，但起码是重要原因之一。

第四，通过惩罚性赔偿的调整，维护正常的市场交易秩序。20 年来，随着

① ［奥］赫尔穆特·考茨欧、瓦内萨·威尔科克斯主编：《惩罚性赔偿金：普通法与大陆法的视角》，窦海洋译，中国法制出版社 2012 年版，第 374、375 页。

② ［奥］赫尔穆特·考茨欧、瓦内萨·威尔科克斯主编：《惩罚性赔偿金：普通法与大陆法的视角》，窦海洋译，中国法制出版社 2012 年版，第 191 页。

惩罚性赔偿制度的适用，充分发挥其调整作用，惩治了违法经营者，保护了消费者的合法权益，预防和减少了交易中的欺诈行为发生，因而使市场经济秩序有了良好的发展。可见，惩罚刑赔偿"可以用于维护整个社会的良好状态"[①]。这是因为被告对原告的加害行为具有严重的暴力、压制、恶意或者欺诈性质，或者属于任意的、轻率的、恶劣的行为，法院可以判决给原告超过实际财产损失的赔偿金。[②] 中国的立法和司法实践恰好说明，这样的判断是完全正确的。即使那些知假买假者主张索赔的案件，被反对惩罚性赔偿的意见人士所鄙视，但其起到的社会作用，却无疑是促进了市场交易秩序的正常化，使市场上出现的假货和欺诈性服务明显减少，市场经济秩序越来越好。这也是惩罚性赔偿责任的重要意义之一。

（四）《消保法》修订前我国惩罚性赔偿责任制度的主要缺点

《消保法》修订前我国惩罚性赔偿制度并非完美无缺，存在一些缺陷。最主要的缺陷是：

第一，适用范围不一。在《消保法》修订前，所有规定的惩罚性赔偿责任都有各自的适用范围的规定。《消保法》原第49条和《合同法》第113条第2款规定的是商品欺诈和服务欺诈的惩罚性赔偿，适用于消费领域中的欺诈经营行为。最高人民法院司法解释规定的是对商品房买卖中的欺诈行为适用惩罚性赔偿。《食品安全法》第96条规定的是对恶意食品侵权行为适用惩罚性赔偿。《侵权责任法》第47条规定的是恶意产品侵权造成严重人身损害的产品责任。这些不同的法律和司法解释的规定，范围不一致，各有所针对的违法行为，缺少统一的适用规则。

第二，计算方法不明确。除了《消保法》原第49条规定的商品欺诈和服务欺诈统一增加一倍的惩罚性赔偿责任之外，其他的惩罚性赔偿责任规定都不十分明确。例如，《食品安全法》第96条规定的10倍赔偿，如果是针对食品欺诈的

① ［奥］赫尔穆特·考茨欧、瓦内萨·威尔科克斯主编：《惩罚性赔偿金：普通法与大陆法的视角》，窦海洋译，中国法制出版社2012年版，第219页。

② 《布莱克法律词典》（英文版），第513页。

违约责任，10倍赔偿数额明显过高，而针对恶意食品侵权行为，价金10倍的惩罚性赔偿又属于杯水车薪，惩罚力度不够。《侵权责任法》第47条规定的适用范围明确，比《食品安全法》的规定更为宽泛，但没有规定具体计算方法，究竟是完全放手法官自由裁量，还是不宜作出具体规定，语焉不详。

第三，法律适用尺度不一致。在惩罚性赔偿法律适用上的尺度不一致，主要表现在两个方面。一是对于消费者的两倍赔偿请求，多数法院都认为应当支持，但少数法院以赔偿应当以填平为原则否定消费者的诉讼请求。二是对知假买假者的双倍索赔主张是否支持，法院态度迥异。例如对王海打假，一部分法院予以支持，一部分法院拒绝支持，形成鲜明的对立。这种情形并不是个别情况，具有一定的普遍性，应当引起重视。

第四，消费者的反应不一。尽管惩罚性赔偿具有重要作用，但自1994年《消保法》实施以来，实际上向法院起诉请求惩罚性赔偿的案件并不多见。在起草《侵权责任法》过程中，曾经预料规定惩罚性赔偿责任的第47条会引起社会的巨大反应，会有大量案件诉讼到法院，但实际上并没有出现这样的情形。截至目前，在网上搜索不到典型的惩罚性赔偿金的案例。除此之外，在生活中也有惩罚性赔偿被不良消费者利用的问题，例如消费者购买商品后，故意让商家开具数额较大、规格较高的发票，随后据此向法院主张双倍索赔。这种案件我将其称为消费欺诈，是不良消费者的恶意交易行为，当然不能予以支持。

二、修订《消保法》惩罚性赔偿责任制度的意见分歧与统一

在修订《消保法》过程中，对于是否规定以及怎样规定惩罚性赔偿的意见有较大的分歧，主要有以下情形。

（一）是否应当继续规定惩罚性赔偿

在修订《消保法》过程中，反对规定惩罚性赔偿的意见并不多，起码在参与修订《消保法》的专家中几乎没有反对的声音，都支持在《消保法》中继续规定惩罚性赔偿。

有的学者提出，一些传统的民法学家曾固守“等价赔偿”与“填平式赔偿”立场，并由此坚持侵权人的赔偿额应与受害人的受损程度“持平”，是不正确的。消费者受商家欺诈所导致的损失，多为间接损失和精神损失，诸如为维权所付出的时间成本、人力成本与机会成本，以及因受欺诈所带来的心灵伤害等。这些难道就不是“实质”的损失吗？设若法律只支持受欺诈的消费者可获得“等价赔偿”，这将无异于赤裸裸地鼓励商家作恶。因为在维权成本高企的现状之下，愿意并敢于维权的消费者毕竟只是少数。“等价赔偿”的背后，是沉默的大多数。遏制商家为恶，不光要实现真正的“等价赔偿”，更应实现“惩罚性赔偿”。“惩罚”的目的就在于让为恶的经营者感到实实在在的疼痛。也只有当违法成本远远高于违法收益，违法预防才能在实践中真正落地。① 这种意见尽管尖锐，但确实是有道理的。

有的学者认为，惩罚性赔偿不宜纳入我国民法典。第一，惩罚性赔偿的目的、性质和功能与民法典的目的、性质和功能不符。第二，比较法上没有将惩罚性赔偿纳入民法典的先例。大陆法系国家至今不承认此项制度，英美法虽然承认惩罚性赔偿制度，但争议很大。第三，我国有关惩罚性赔偿的理论研究还很不充分，将其纳入民法典缺少坚实的理论基础。② 这种意见对本次修正《消保法》并未发生影响。

（二）惩罚性赔偿的适用范围是否应当扩大

在《消保法》中完善惩罚性赔偿制度的意见确定之后，最主要的问题就是惩罚性赔偿责任的适用范围是否应当扩大。

在修订《消保法》的过程中，绝大多数的意见认为，目前我国惩罚性赔偿责任的适用范围还是过窄，《消保法》原第 49 条只规定了商品欺诈和服务欺诈的增加一倍的赔偿，就已经发挥了明显的社会效果，在《食品安全法》和《侵权责任法》补充规定惩罚性赔偿责任之后，已经有了较大的扩展，但是还不够，还要有更宽范围的适用，才能更好地发挥惩罚性赔偿的社会调整作用。也有意见认为，

---

① 王琳：《消法修正要坐实“惩罚性赔偿”》，《广州日报》，2013 年 10 月 23 日。

② 金福海：《惩罚性赔偿不宜纳入我国民法典》，《烟台大学学报（哲学社会科学版）》2003 年第 2 期。

在目前情况下，惩罚性赔偿不应当扩展得更宽，现有的适用范围已经比较适当了，将惩罚性赔偿的适用范围不适当地扩大，将会加剧惩罚性赔偿的副作用，社会效果并不好。

在审议《消保法》修订草案中，全国人大常委会的委员们支持扩大惩罚性赔偿责任适用范围的意见。最终的修订意见是，我国目前已经建立起来的惩罚性赔偿责任，既有违约惩罚性赔偿（例如《消保法》原第49条规定的商品欺诈和服务欺诈的退一赔一），也有侵权惩罚性赔偿（例如《侵权责任法》第47条规定的恶意产品侵权责任的惩罚性赔偿），目前在《消保法》领域缺少的是恶意服务致害的惩罚性赔偿。在补充恶意服务致害的惩罚性赔偿的基础上，应当建立起完善的保护消费者合法权益的惩罚性赔偿责任体系，包括违约的惩罚性赔偿和侵权的惩罚性赔偿两个部分。

（三）商品欺诈与服务欺诈的惩罚性赔偿的力度是否应当加大

在修订《消保法》过程中，应当如何规定惩罚性赔偿责任的另一个较大的争论，是商品欺诈和服务欺诈的惩罚性赔偿究竟应当赔偿几倍。有人认为，这种惩罚性赔偿责任不宜过高，在“退一赔一”的制度下，就有王海等专门成立打假公司进行专业打假，如果赔偿的倍数过高，将会引起更多的类似后果。多数专家认为，商品欺诈和服务欺诈的惩罚性赔偿仅仅退一赔一是不够的，对违法经营者的惩罚力度不够，应当较大幅度地增加惩罚性赔偿的力度。

全国人大常委会在审议《消保法》修正案的时候，委员们纷纷支持加大商品欺诈和服务欺诈行为惩罚性赔偿力度的修正意见，甚至认为对商家欺诈行为的惩罚性赔偿增加两倍仍然较低，不足以制裁和遏制商品欺诈和服务欺诈等侵害消费者合法权益的违法行为，建议提高为10倍，因为“消费者权益保护法对赔偿的支持力度不应弱于《食品安全法》的规定”[①]。有的委员甚至提出，惩罚性赔偿不应该设上限，而应该设下限，这样更能够体现生命至上、安全至上和以人为本

① 中国新闻网：《人大常委会委员议消法：惩罚性赔偿数额应再提高》，2013年4月25日报道，见http：//www.chinanews.com/gn/2013/04-25/4762134.shtml，2013年11月11日访问。

的理念。①

对于这个问题，最后统一的意见是，《消保法》原第49条规定的退一赔一的惩罚力度确实不够，应当适当提高，但是惩罚性赔偿数额过高，甚至不应当设置上限，显然也是不适当的，与国家的实际情况不相符合。因此，“退一赔三”是一个比较理想的惩罚性赔偿标准。

（四）最低额赔偿标准究竟适用于惩罚性赔偿还是一般性赔偿

在《消保法》中规定最低赔偿额的性质，究竟是一般的微额损害赔偿问题，还是惩罚性赔偿问题，在修订《消保法》过程中争论较大。

小额损害是指加害行为造成权利人的损害已经实际发生，但给权利人造成的损失从数额上看明显较小的损害事实。② 美国为了鼓励消费者维权的积极性，创造了小额商品侵权的最低赔偿额制度。法律规定，消费者遭受小额商品侵权或者违约，其造成的损失难以精确计算或者损失过小，实际赔偿不足以弥补消费者的权益时，经营者应当给予消费者以法律规定的最低额度以上的赔偿。至于最低赔偿金额的具体规定，美国联邦政府和各州不同。联邦贸易委员会法设定的最低赔偿金是200美元，各州根据实际情况确定最低赔偿数额，马萨诸塞州为25美元，夏威夷州为1 000美元。此外，还有复合的最低赔偿额规定，如《接待诚实法》规定的最低赔偿额为“财务费用的两倍但不能少于100美元”③。

与美国的做法相反，欧洲在产品责任法上规定损害赔偿的起点限额，主要是针对财产损害作出的，它要求因缺陷产品所致财产损失（不包括缺陷产品本身）必须达到一定数额以上，受害人方可依产品责任法获得赔偿。这一规定的制度价值在于防止出现过多、过滥的产品责任诉讼案件，优化法律资源配置，节约社会成本。④ 与此相同，在一些专家起草的法律草案建议稿中，也提出了“微小损害

① 北青网：《委员：损害健康惩罚性赔偿应不设上限》，2013年8月28日报道，见 http://bjyouth.ynet.com/3.1/1308/28/8237625.html，2013年11月11日访问。

② 杨立新：《论消费者权益小额损害的最低赔偿责任制度》，《甘肃政法学院学报》2010年第4期。

③ 张继红、吴海卫：《从最低赔偿制度谈小额商品消费者权益保护》，《消费经济》2007年第23卷第3期。

④ 段仁元：《欧美产品侵权责任比较及启示》，《云南法学》2000年第4期。

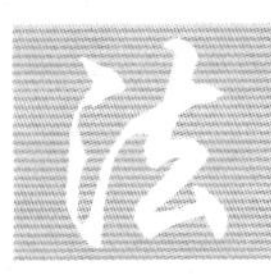

可以不予赔偿"的意见。①

对此，我曾经撰文建议，消费者因经营者的违法行为遭受小额损害，按照大陆法系填补损害的一般原则进行赔偿，受到损害的消费者对于索赔普遍缺少积极性，后果是放任经营者的违法行为。对此，可以借鉴美国法的消费者小额损害最低赔偿责任制度，在《消保法》规定小额损害最低赔偿责任制度，确定最低赔偿责任标准为500元人民币，将会激发消费者的索赔积极性，防止违法经营者逃避损害赔偿责任。②

立法机关接受了这个立法建议，但不是将小额损害最低赔偿规定为一般性赔偿，而是规定为违约惩罚性赔偿的最低额赔偿标准。这样的变化究竟好不好，值得研究。依我所见，将小额损害最低赔偿责任作为一般性的赔偿责任，具有更大的优势，那就是，在法律适用时，不仅仅在商品欺诈、服务欺诈的侵害消费者权益承担惩罚性赔偿责任时可以适用，而且在所有的小额损害赔偿，特别是那些不属于商品欺诈和服务欺诈的领域，也可以适用，能够更好地发挥其激发消费者维权热情、惩治违法经营者的作用。例如，依照修订后的《消保法》第50条关于侵害个人信息造成小额损害或者无法计算损害数额时（例如只向消费者发送一条垃圾短信、垃圾邮件），如果规定的是普遍适用的小额损害最低赔偿为500元，更多的受害人就会积极维权。但是由于这里规定的是商品或者服务欺诈的惩罚性赔偿，须以欺诈为要件，就不能适用最低赔偿责任的规定。在立法中，我多次提出这个意见，最终也没有得到支持，形成的是现在的第55条第1款中的规定，即惩罚性赔偿的最低额赔偿。当然，这个规定也是好的，并且将其纳入消费者权益保护的惩罚性赔偿责任的统一体系中，尽管存在一些不足，但仍然会产生巨大的社会作用。

（五）恶意产品致害和恶意服务致害的惩罚性赔偿数额计算问题

关于恶意产品致害和恶意服务致害的惩罚性赔偿应当怎样计算具体数额，讨

① 这种观点见［德］布吕格迈耶尔、朱岩编写的《中国侵权责任法学者建议稿》第6：107条"微小损害规则"，参见［德］布吕格迈耶尔、朱岩：《中国侵权责任法学者建议稿及其立法理由》，北京大学出版社2009年版，第14页。

② 杨立新：《论消费者权益小额损害的最低赔偿责任制度》，《甘肃政法学院学报》2010年第4期。

论的主要问题有二。一是以何种标准计算。在《消保法》原第 49 条、最高人民法院的司法解释以及《食品安全法》第 96 条规定的惩罚性赔偿，都是采用价金或者费用的标准计算。在立法讨论中，有的认为应当继续坚持这个标准，有的认为应当以实际损失为标准。主要的意见是，以价金或者费用为标准，确定商品欺诈和服务欺诈行为的违约惩罚性赔偿比较合适，但是对恶意产品致害和恶意服务致害行为惩罚性赔偿的计算就不合适，不能真正体现救济损害、惩治违法的目的，因而以实际损失作为标准更为合适。二是惩罚性赔偿应当以几倍计算更为妥当。立法机关给出的意见是应当为损失的 2 倍以下，不能过高。在修订中，多数意见为 3 倍以下，我也坚持 3 倍的主张，认为这样的惩罚性赔偿才使对违法侵权经营者的惩罚具有威慑力和较强的阻吓作用。立法机关没有接受这个意见。

三、《消保法》第 55 条规定的惩罚性赔偿责任的正确解读

（一）《消保法》第 55 条规定惩罚性赔偿责任的基本内容

《消保法》第 55 条来源于原《消保法》第 49 条，即对商品欺诈和服务欺诈可以在赔偿实际损失之后，再请求增加赔偿商品价款或者服务费用的一倍的基础上进行的修改。

《消保法》第 55 条对惩罚性赔偿规定了两款。学者对这两款内容性质的认识有不同看法。我的看法是，第 1 款规定的是违约的惩罚性赔偿，即商品欺诈和服务欺诈造成价金或者费用损失的违约惩罚性赔偿，以及消费欺诈或者服务欺诈造成小额损害适用违约惩罚性赔最低赔偿数额标准；第 2 款规定的是侵权惩罚性赔偿，即恶意商品致害和恶意服务致害的侵权惩罚性赔偿。

1. 商品欺诈和服务欺诈的惩罚性赔偿

《消保法》第 55 条第 1 款规定的惩罚性赔偿的性质，究竟是违约惩罚性赔偿还是侵权惩罚性赔偿，在立法讨论中，主张为侵权惩罚性赔偿的根据是，这一条文明确写的是“损失”，并没有说明商品欺诈和服务欺诈行为是违约行为，欺诈行为造成损失，应当是侵权行为，承担的责任就应当是侵权责任。我认为这个惩

罚性赔偿是违约惩罚性赔偿，而不是侵权惩罚性赔偿，根据是，商品欺诈行为和服务欺诈行为的后果，尽管在原《消保法》第 49 条还是在修订后的第 55 条，写的都是"损失"，但是这个损失并不是固有利益的损害，而是价金和费用的损失，也可能包括预期利益的损失，但不包括固有利益的损失，因此，必须限定在违约责任范围之内，所以它的惩罚性赔偿计算基准是"消费者购买商品的价款或者接受服务的费用"，而不是实际造成的损失。只有对消费者固有利益造成的损失，才应当是侵权责任的问题。

《消保法》第 55 条第 1 款规定的惩罚性赔偿，适用的对象仍然是商品欺诈和服务欺诈行为。究竟应当如何界定欺诈行为，包括商品欺诈和服务欺诈，一般认为是"经营者在提供商品或者服务中，采取虚假或其他不正当手段欺骗、误导消费者，使消费者合法权益受到损害的行为"①。也有人采用最高人民法院司法解释关于欺诈行为的界定，解释商品欺诈和服务欺诈行为，即"一方当事人故意告知对方虚假情况，或者隐瞒真实情况，诱使对方当事人作出错误意思表示的，可以认定为欺诈行为"②。两相比较，后者比前者对欺诈行为的界定要严格，因为后者特别强调了欺诈行为的故意要件。对于商品欺诈行为和服务欺诈行为，我曾经作出过界定③，这个意见是正确的，应当继续坚持。在消费者权益保护领域，对于商品欺诈和服务欺诈行为是否一定要坚持故意的要件，值得研究。我的意见是，商品欺诈和服务欺诈行为的认定标准应当适当放宽，在商品交易领域或者服务领域，经营者只要提供的商品或者服务与其宣称的不一致，低于其声称的标准，是显而易见的，就应当认定其存在告知虚假情况、隐瞒真实情况，欺骗或者误导消费者的欺诈行为。在司法实践中，可以不必刻意要求受到侵害的消费者必须证明"经营者明知自己的行为的虚伪性且知其有可能使消费者陷入错误并因此做出购买商品或接受服务的承诺而为之"的"欺诈的故意"④。我的意见是，商

① 国家工商行政管理局《欺诈消费者欣慰处罚办法》第 2 条。

② 最高人民法院《关于贯彻执行〈中华人民共和国民法通则〉若干问题的意见（试行）》第 68 条。

③ 杨立新：《〈消费者权益保护法〉规定惩罚性赔偿责任的成功与不足及完善措施》，《清华法学》2010 年第 3 期。

④ 张岩方：《消费者保护法研究》，法律出版社 2002 年版，第 511 页。

品欺诈行为和服务欺诈行为，是指经营者在提供商品或者服务中，采取虚假或者其他不正当方法，告知虚假情况，隐瞒真实情况，诱使消费者接受商品或者服务，且其提供的商品或者服务与其声称的标准显而易见的不相一致的经营行为。这样界定商品欺诈行为和服务欺诈行为比较稳妥，能够更好地保护消费者的权益。

商品欺诈或者服务欺诈惩罚性赔偿是增加的赔偿，即在赔偿了实际损失之后，增加赔偿的部分才是惩罚性赔偿。之所以将原来的增加1倍的赔偿改为增加3倍的赔偿，就是为了加重对商品欺诈和服务欺诈的惩罚力度。1倍和3倍相比较，当然3倍的惩罚性赔偿对消费者维权具有更大的吸引力和号召力，对违法经营者的惩治力度也更大。因此，最后确定的是，商品欺诈和服务欺诈的违约惩罚性赔偿，在承担了原来的损失之后，再增加赔偿价款和费用的3倍。

2.商品欺诈和服务欺诈微额损害的最低赔偿标准

把小额损害最低赔偿标准规定为商品欺诈和服务欺诈惩罚性赔偿的最低赔偿标准后，争论的问题就是这个最低赔偿标准应当确定为多少。立法机关提出的意见是500元。不同的意见有两种。一是认为500元太低，应当增加到1 000元。有的委员也持这种意见，认为最低赔偿标准规定为500元太低了，不利于调动消费者维权的积极性。[①] 二是认为法律不应当规定一个具体数字作为最低赔偿标准，因为存在通货膨胀因素，物价上涨是必然的，过10年以后，500元可能就是一个微小的数字，不具有惩罚性了，因此应当规定一个比例，而不是一个固定的数字。但是，立法机关最终并没有采纳这些意见，仍然坚持商品欺诈和服务欺诈惩罚性赔偿的最低标准为500元。

最低赔偿标准的适用范围，应当限制在商品欺诈和服务欺诈的范围之内。构成商品欺诈或者服务欺诈，按照退一赔三的标准计算，仍然不能达到500元的，消费者可以按照500元请求赔偿。同时，法律规定的是“为伍佰元”，而不是五百元以上，对于超过500元的请求，也不能支持。对此，法院没有自由裁量权。

① 中国新闻网：《人大常委会委员议消法：惩罚性赔偿数额应再提高》，见 http：//www.chinanews.com/gn/2013/04－25/4762134.shtml，2013年11月11日访问。

3.恶意商品致害和恶意服务致害的惩罚性赔偿

《消保法》第55条第2款规定的是恶意商品致害和恶意服务致害的惩罚性赔偿。这一惩罚性赔偿规定，是对《侵权责任法》第47条规定的发展和补充。

所谓对《侵权责任法》第47条的补充，是说《侵权责任法》第47条规定的惩罚性赔偿，是恶意产品致害责任，即缺陷产品的恶意致害行为，恶意产品生产者或者销售者除了承担赔偿责任之外，还应当承担“相应的惩罚性赔偿”。但是，究竟应当怎样承担惩罚性赔偿，如何计算，第47条并没有具体规定。《消保法》第55条第2款明确规定，经营者承担了实际损害的赔偿之后，还要承担消费者所受损失2倍以下的惩罚性赔偿，明确规定这种惩罚性赔偿的计算标准是实际损失的2倍以下，补充了《侵权责任法》第47条规定的具体计算方法。

所谓对《侵权责任法》第47条规定的发展，是说第47条规定的只是恶意产品致害，并没有规定其他场合可以适用惩罚性赔偿。《消保法》第55条第2款规定，恶意服务致害行为也应当适用惩罚性赔偿，因而扩大了惩罚性赔偿的适用范围，是对《侵权责任法》第47条的发展。

怎样界定恶意产品致害行为和恶意服务致害行为，目前尚未有明确的理论界定。在对《侵权责任法》第47条的研究中，主要的侵权法学者也没有对这个概念作出界定，只是强调其构成要件，应当具备缺陷产品、故意、死亡或者健康严重损害和因果关系的要件。① 对恶意产品致害和恶意服务致害行为作一个定义，应当是经营者在提供商品或者服务中，明知产品或者服务有缺陷仍然向消费者提供，造成消费者或者其他受害人死亡或者健康严重损害，应当承担惩罚性赔偿责任的侵权行为。

确定恶意产品致害与恶意服务致害行为的侵权责任究竟适用何种归责原则，特别值得研究。按照推论，产品责任的归责原则是无过错责任原则，推而论之，恶意产品致害责任的归责原则也应当适用无过错责任原则，进而恶意服务致害行为似乎也应当适用同样的归责原则。但是，不论是《侵权责任法》第47条，还

① 王利明：《侵权责任法研究》下卷，中国人民大学出版社2011年版，第296-298页；王胜明主编：《中华人民共和国侵权责任法释义》，法律出版社2010年版，第244-245页。

是《消保法》第55条第2款，都明文要求经营者“明知”。“明知”的含义就是故意，意味着构成恶意产品致害责任与恶意服务致害责任必须具备故意要件，当然就是过错责任原则。因此，不论是恶意产品致害责任还是恶意服务致害责任，其归责原则都是过错责任原则，即有故意者，方承担惩罚性赔偿责任，没有故意，可以依照相应规定，承担人身损害赔偿责任或者财产损害赔偿责任以及精神损害赔偿责任，但不得承担惩罚性赔偿责任。

恶意产品致害行为和恶意服务致害行为的构成，须具备四个要件：第一，经营者明知自己提供的商品或者服务存在缺陷。这是故意的要件，经营者故意的内容包括希望损害的发生或者放任损害的发生，其中多数是放任的心理状态，真正希望损害后果发生的恶意较少。对缺陷的解释，应当按照《产品质量法》第46条规定进行解释，即商品或者服务中“存在危及人身、他人财产安全的不合理的危险”。第二，经营者仍然实施向消费者提供商品或者服务的经营行为。将商品或者服务提供给消费者的行为一定是经营行为，符合经营行为的特点，其中通常是有对价的，而不是赠与行为。特殊的情况是，试吃、试用、试服务的行为尽管没有对价，但其性质属于经营行为，同样可以构成恶意产品致害和恶意服务致害的行为要件。第三，消费者或者其他受害人死亡或者健康严重损害的损害事实。这个要件要求的是人身损害的后果，并且只能是受害人死亡或者健康严重损害的后果。损害事实的受害主体，既可以是消费者，又可以是其他受害人，后者是不属于该项经营行为的消费者的其他受到损害的人。第四，经营者的经营行为与消费者或者其他受害人的死亡或者健康严重损害之间具有引起与被引起的因果关系。具备以上四个要件，构成这种侵权责任。

（二）《消保法》第55条的具体适用

1. 商品欺诈和服务欺诈的违约惩罚性赔偿增加为3倍

商品欺诈和服务欺诈的性质属于违约。尽管规定这一规则的表述是“损失”，但这个损失实际上就是商品价款的损失和服务费用的损失，而不是侵权行为造成的固有利益的损害，是违约行为造成的损失。这个意见的最好证明，是《合同法》第113条规定这种惩罚性赔偿就是放在违约责任的条文之中的。

究竟应当怎样计算这种违约惩罚性赔偿，原来在习惯上所谓的“双倍赔偿”，说的是退回价金或者费用再加上1倍的赔偿。如果按照这个习惯说法，现在的规定就是“4倍赔偿”，即退回价金或者费用再加上3倍的赔偿。增加3倍的这个惩罚性赔偿，没有“以下”的要求，就是一律3倍，加上原价就是4倍赔偿。法官对此没有自由裁量权。如果消费者自己要求1倍或者2倍赔偿而不主张3倍赔偿的，法官应当支持，但这种情况一般不会出现。

2.商品欺诈行为中的商品是否包括商品房和机动车

在认定商品欺诈行为中的商品时，是否包括商品房和机动车，在司法实践中争论较大，说法不一。我认为，《消保法》规定商品，并未特别排除商品房和机动车，因此，商品房买卖中的欺诈行为可以构成商品欺诈行为，且有最高人民法院关于商品房买卖合同法律适用的司法解释为证，当属之，有继续适用的效力。机动车属于动产，当然包括在商品之中。对此，应当不存在问题。

问题在于，对于商品房和机动车在交易中的局部瑕疵的掩饰行为，是否构成欺诈行为而适用增加3倍的惩罚性赔偿。例如，商品房局部墙体有裂缝，开发商进行粉刷掩饰；机动车漆皮脱落，销售商进行喷涂遮盖。对于这种类似行为认定为欺诈行为，意见比较一致，但应当怎样适用惩罚性赔偿，意见不一。一种观点认为，经营者仅仅是在产品的局部存在欺诈，判令其对整个产品进行双倍赔偿，不能体现民事责任的公平性，应当“罚其当罚”，民事责任的轻重与违法行为的程度相适应，因而对局部欺诈不能就整体的产品价格进行双倍赔偿。[①] 另一种观点认为，经营者虽仅是局部欺诈，但仍应对整个产品进行双倍赔偿，这主要是从法律的功能来考虑，法不仅创造了和平与安全，也创造了和平与安全赖以生存的价值本身，是为了维护最大多数人的利益。[②] 某汽车销售商将一辆轿车的车门擦伤（损失约600元），喷漆后销售给消费者，被发现后，该消费者主张退车并双倍赔偿。一审法院判决全车双倍赔偿，二审法院改判40%双倍赔偿。[③] 我的看法

① 杨立新：《产品局部欺诈：双倍赔偿有讲究》，《检察日报》2004年9月30日。

② 张蜀俊：《局部欺诈亦应适用整体双倍赔偿》，《中国消费者报》2007年1月19日。

③ 顾远、闵长岭：《隐瞒小伤卖新车局部欺诈导致双倍赔偿》，《中国审判》2008年第4期。

是，对于大件商品例如商品房、机动车等，进行局部欺诈，不足以构成根本违约情形的，就局部欺诈部分进行惩罚性赔偿；如果构成对商品的整体欺诈，则应当依照整个商品价格进行惩罚性赔偿。

3.对知假买假是否适用3倍的惩罚性赔偿

对知假买假者是否适用惩罚性赔偿的讨论，集中在知假买假者是否为消费者的争论上。对此，学者各有不同意见，各地法院也有不同做法。最为典型的案例，是1995年福建省龙岩地区丘某东在北京市东城区和西城区两个法院分别起诉的长途电话费半价的服务欺诈行为，东城区法院仅判决支持返还欺诈部分的0.55元，而西城区法院判决双倍赔偿1.10元。[①] 历经20多年的时间，这种状况并未改变，类似于王海打假的案件，法院判决有截然不同的执法态度。以至于最高人民法院不得不对此进行调查研究，并且有可能对此作出司法解释。

反对对知假买假的“消费者”适用惩罚性赔偿的主要观点，是知假买假者不是消费者，不是出于生活消费需要，对知假买假予以惩罚性赔偿，违反大陆法系赔偿责任的填补损害原则，能够引导民事主体恶意造成损害索取高于实际损失的惩罚性赔偿。特别是在《消保法》大大提高惩罚性赔偿力度，将商品欺诈和服务欺诈的惩罚性赔偿增加了2倍的情况下，这样的后果将会更加严重。赞成对知假买假者适用惩罚性赔偿的基本根据，就是无论知假买假者的行为是否具有谋利的因素，对知假买假者的惩罚性赔偿主张予以支持，都会起到惩治实施商品欺诈或者服务欺诈的违法经营者的积极作用，都会维护市场经济的交易秩序。将知假买假者获得的损失之外的利益作为对其打假行为的“奖励”，亦无不可。我对后一种意见一贯予以支持，因为承认和支持知假买假者的惩罚性赔偿责任请求权，对于消费者的合法权益的维护只有好处而没有坏处，惩治的是违法的经营者，对于维护消费秩序、保护消费者权益有利。[②]

---

① 这两个案件的案情，请参见杨立新：《〈消费者权益保护法〉规定的惩罚性赔偿的成功与不足及完善措施》，《清华法学》2010年第3期。

② 杨立新：《“王海现象”的再思考》，《中国律师》1997年第7期。

4. 违约惩罚性赔偿的最低赔偿数额为500元

对商品欺诈和服务欺诈的违约行为增加3倍的赔偿，如果欺诈商品的价款和欺诈服务的费用数额较低，3倍也达不到500元的，应当依照《消保法》第55条第1款规定，确定违约惩罚性赔偿的最低赔偿数额为500元。例如购买商品的价款为5元，3倍赔偿为15元，远未达到最低赔偿数额的500元标准，消费者就可以直接主张赔偿500元。

5.《消保法》第55条第1款与《食品安全法》第96条第2款的关系

《消保法》第55条第1款在3倍价金的违约损害惩罚性赔偿的规定中，规定了“法律另有规定的，依照其规定”的内容。“另有规定”是指《食品安全法》第96条第2款关于“生产不符合食品安全标准的食品或者销售明知是不符合食品安全标准的食品，消费者除要求赔偿损失外，还可以向生产者或者销售者要求支付价款十倍的赔偿金”。由于该条第1款规定的前提是“造成人身、财产或者其他损害”，因而该款规定的赔偿损失包括对人身、财产或者其他损害的赔偿，这里规定的“损失”包括侵权损害，也包括《消保法》第55条第1款规定的商品欺诈行为和服务欺诈行为的“损失”。因而，《食品安全法》第96条第2款规定的10倍价金的赔偿，既有违约的惩罚性赔偿（第55条第1款），也有侵权的惩罚性赔偿（第55条第2款）。故可以理解为：在对恶意食品致害行为适用侵权惩罚性赔偿符合《消保法》第55条第2款规定的情形，应当直接适用第55条第2款规定的损失2倍以下的惩罚性赔偿；对于属于恶意食品欺诈行为违约惩罚性赔偿的，应当直接适用《食品安全法》第96条第2款关于价金10倍的赔偿，而不适用《消保法》第55条第1款有关价金3倍的惩罚性赔偿。简言之，如果是“生产不符合食品安全标准的食品或者销售明知是不符合食品安全标准的食品”，造成价金损失的，可以请求赔偿《食品安全法》规定的10倍价金的惩罚性赔偿；同时造成消费者死亡或者健康严重损害的，可以请求修订后的《消保法》第55条第2款规定的在赔偿实际损失之后，再请求赔偿所受损失2倍以下的惩罚性赔偿。

6. 恶意致人死亡或者健康严重损害的侵权惩罚性赔偿

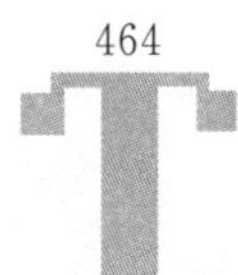

构成恶意商品致害或者恶意服务致害行为的，在承担实际损失的赔偿之外，还应当承担超过实际损失以外的惩罚性赔偿。

恶意商品致害责任属于产品责任，包含在《侵权责任法》第 47 条规定的内容之中。恶意服务致害责任超出了《侵权责任法》第 47 条规定的范围，其他法律也没有类似的规定，属于新的法律规范，是新的请求权的法律基础。

这两种惩罚性赔偿责任适用的具体规则是：

（1）赔偿实际损失。在适用惩罚性赔偿责任时，首先应当计算受害人人身损害的实际损失，并且按照实际损失，依照《消保法》第 49 条以及第 51 条以及《侵权责任法》第 16 条、第 17 条和第 22 条规定，确定侵权损害赔偿责任的实际赔偿数额，应当赔偿人身损害造成的损失以及精神损害赔偿数额。

（2）侵权惩罚性赔偿责任数额的确定方法。该条规定的侵权惩罚性赔偿责任的数额确定，是实际损失的“2 倍以下”。这个规定对《侵权责任法》第 47 条的适用具有约束力，理由是第 47 条规定的惩罚性赔偿没有规定具体计算方法，《消保法》规定为 2 倍以下，是法定的计算方法，《侵权责任法》应当遵守这样的规定。具体计算方法是：

第一，计算倍数的基准，是《消保法》第 49 条规定的人身损害赔偿数额、第 51 条规定的精神损害赔偿数额。讨论中有人认为，惩罚性赔偿的基准应当是人身损害赔偿的数额，不应当计算精神损害赔偿数额，因为精神损害赔偿本身就具有一定的惩罚性。该条明确规定，人身损害赔偿数额、精神损害赔偿数额都是惩罚性赔偿数额计算的基准。应当看到的是，在本条关于第 49 条和第 51 条关系的表述中，两个条文之间用的是顿号，并没有表述为“和”或者“或”，好像两者之间的关系并不确定，可以理解为分别为人身损害赔偿的 2 倍以下，或者精神损害赔偿的 2 倍以下，如果受害人既有人身损害赔偿又有精神损害赔偿，不应当是人身损害赔偿和精神损害赔偿各自两倍的总和。但是，如果这样理解，出现的问题是，适用惩罚性赔偿的侵权行为是恶意商品欺诈和恶意服务欺诈行为，造成的损害只能是死亡或者健康严重损害，并不包括精神型人格权受到损害等的精神利益损害，这样的规定就没有意义，因此，这里规定的精神损害赔偿应当是造成死亡或者健康严重损害的精神痛苦的损害。对于上述表述，应当理解为既包括人身损害赔偿，也包括精神损害赔偿，是将人身损害和财产损害加起来的2倍以下。这样的理解是正确的，具有合理性。

第二，具体的惩罚性赔偿数额是2倍以下，其含义是最高为2倍，在2倍以下确定；法官对此具有自由裁量权，可以根据实际情况，在2倍以下确定具体的惩罚性赔偿数额，可以是2倍，可以是1倍半，也是可以1倍，还可以是半倍。

第三，法官对具体赔偿数额的自由裁量权的考量因素包括三种：一是经营者的故意程度，是间接故意还是直接故意；二是受害人或者受害人的近亲属所受伤害、所受痛苦或者精神损害的程度，区分为特别严重、很严重和严重等；三是实际赔偿数额的大小。根据以上三个要素，法官根据情况自由裁量具体赔偿数额，而不拘泥于受害人关于惩罚性赔偿数额主张的限制。

7.《消保法》第55条第1款规定和第2款规定是否可以合并适用

在经营者的恶意商品致害或者恶意服务致害中，这种行为本身还构成商品欺诈行为和服务欺诈行为。在这种情况下，是否可以同时适用《消保法》第55条的第1款和第2款，既赔偿第1款规定的3倍价金或费用的惩罚性赔偿，同时又赔偿第2款规定的2倍以下的侵权惩罚性赔偿呢？这个问题实际上是第1款和第2款是否兼容的问题。

目前，学界对此尚未见到讨论，在修改《消保法》过程中讨论过这个问题。我的主张是不可以“兼容”，因为这是两个不同的惩罚性赔偿责任，一个是违约责任，一个是侵权责任，适用的条件不同，惩罚的目的相同。经营者的商品欺诈行为或者服务欺诈行为，又构成恶意商品致害行为或者恶意服务致害行为，惩罚一次就够了，没有必要两个惩罚性赔偿同时适用，即应择其重而适用即可，不必合并适用。不过也有人认为，这两款的惩罚性赔偿责任的目的并不相同，可以合并适用。

第三节　消费欺诈行为及侵权责任承担

在网络交易中，有一股与网络交易信用欺诈行为相似的逆流在迅速蔓延，其

破坏网络交易的正常秩序，严重危害网络交易的健康发展。这股逆流就是消费欺诈行为。[①]究竟应当怎样认定包括网络消费欺诈在内的消费欺诈行为的性质，如何对其适用法律并予以民法制裁，保护被欺诈的合法经营者，目前并无明确见解，致使消费欺诈行为肆意泛滥，被欺诈者忍气吞声，而无妥善治理办法。对此，侵权责任法应当负起责任来。本节就此进行研究，提出对消费欺诈尤其是网络消费欺诈适用法律的意见及理论依据。

一、消费欺诈与网络消费欺诈的兴起与发展

（一）传统交易中消费欺诈行为的肇兴

在传统交易中最早兴起的消费欺诈，是随着《消费者权益保护法》规定的惩罚性赔偿责任的实施而带来的一个副产品。1994 年 1 月 1 日开始实施该法，陆续出现了王海、丘建东等对经营者实施的商品欺诈、服务欺诈进行知假买假的打假活动，对于净化交易市场、打击经营欺诈行为起到了一定的作用，尽管争议较大，但社会还是认可的，我也写过文章予以支持。[②]

随着知假买假打假活动的持续进行，另有一些人借机在消费领域故意制造商品欺诈或者服务欺诈的假象，索取惩罚性赔偿金以获利，形成了消费欺诈之风。我最早接触的消费欺诈行为，是在中央电视台“今日说法”栏目中点评的两个案件。一是，一名“消费者”在商场购买中国加工的法国品牌西服，要求售货员在购物发票上注明为“法国原产”，随后向法院起诉该商场售假，主张双倍赔偿。二是，一名“消费者”购买一个超大的欧洲品牌、中国加工的浴盆，亦要求售货员开具欧洲原产的购物发票，随后也向法院起诉主张双倍赔偿。这两个案件均被法院判决驳回诉讼请求。

---

① 本书使用网络消费欺诈概念，是消费欺诈概念的下属概念。但由于两个概念仅在于发生环境的不同，因而在指称消费欺诈的论述中，原则上也适用于一般的消费欺诈。

② 杨立新：《“王海现象”的民法思考——论消费者权益保护中的惩罚性赔偿金》，《河北法学》1997 年第 5 期；杨立新：《关于服务欺诈行为惩罚性赔偿金适用中的几个问题——兼评丘建东起诉的两起电话费赔偿案》，《河南省政法管理干部学院学报》1998 年第 2 期。

在《消费者权益保护法》未修订之前，“退一赔一”的惩罚性赔偿就已经对非法牟利者具有极大诱惑力。该法修订后，大幅度提高惩罚性赔偿的倍数，对违法者的诱惑力明显增大。正像欧洲侵权法禁止惩罚性赔偿的意见那样：尽管惩罚性赔偿“可以用于维护整个社会的良好状态”[①]，这是因为被告对原告的加害行为具有严重的暴力、压制、恶意或者欺诈性质，或者属于任意的、轻率的、恶劣的行为，法院可以判决给原告超过实际财产损失的赔偿金[②]；但是，侵权损害赔偿的原则是“等价赔偿”或“填平式赔偿”，侵权人的赔偿额应与受害人的受损程度“持平”，而赔偿超出损失的范围，就会引导人们故意造成损害而追求超出损失的赔偿。因而在立法上，坚定不移地反对惩罚性赔偿责任，有些欧洲国家的法院甚至拒绝执行国外的特别是美国的责令本国被告赔付惩罚性赔偿金的判决。[③]在我国的交易中出现消费欺诈行为，刚好佐证了这种意见的预见性。

（二）网络消费欺诈行为的发展

在网络交易兴起之时，消费欺诈行为人“转战”到网络交易平台，大规模的网络消费欺诈行为兴起，对网络交易秩序和网络交易安全造成严重威胁。

在网络交易中，消费欺诈行为与原来的故意“制”假，逐渐转变为通过抠字眼，钻法律漏洞，进而成百上千地起诉同一类案件，获取高额的惩罚性赔偿金。被称为“职业打假人”的消费欺诈行为人主要就重要的食品、化妆品等产品，抠出涉及“假”的因素，起诉索赔惩罚性赔偿金。例如，借在食品中添加金线莲、荷叶、西洋参、灵芝等中药材，而在食药同源目录或保健食品原料目录中未列明该原料，就认为依据《食品安全法》第 38 条而构成不安全食品，要求按照该法第 148 条承担 10 倍的惩罚性赔偿责任[④]；抓住商品宣传中的绝对化字眼，如“顶级”“最佳”等，认为属于夸大、虚假宣传，依据《侵害消费者权益行为处罚办

---

① ［奥］赫尔穆特·考茨欧、瓦内萨·威尔科克斯主编：《惩罚性赔偿金：普通法与大陆法的视角》，窦海洋译，中国法制出版社 2012 年版，第 219 页。

② Bryan A. Garner，*Black's Law Dictionary*，West Group Publishers，2009，p. 513.

③ ［奥］赫尔穆特·考茨欧、瓦内萨·威尔科克斯主编：《惩罚性赔偿金：普通法与大陆法的视角》，窦海洋译，中国法制出版社 2012 年版，第 87、128、129 页。

④ 见王某某向杭州市余杭区法院提出的起诉状，主张商品为“冬瓜茶”，认为其中违法添加了中药材冬瓜皮，为不安全食品，起诉网络销售者和网络交易平台提供者承担价款十倍的惩罚性赔偿。

法》第5、6、16条规定构成欺诈，按照《消费者权益保护法》第55条索取3倍的惩罚性赔偿[①]；抓住商品的标识、标注、执行标准等错误，如普通红枣错误使用免洗红枣的标准，认为是不安全食品；部分商品未标注、少标注限用人群/限用量，认为是不安全食品，索赔10倍的惩罚性赔偿[②]；抓住低单价的手机壳、文具、杯具等小商品，以产品不标注厂名、厂址和合格标准等，构成三无产品，一次起诉百余起，要求最低赔偿500元，并以此对经营者进行恐吓，大多经营者会因赔偿金额不高而妥协。

以职业打假为名的消费欺诈行为越来越多，近年来，提起诉讼案件的上升趋势十分明显。2005年至2013年，这类起诉案件相对平稳，自2014年以来，案件数处于十余倍的猛增态势。

（三）消费欺诈行为的特点

近年来的消费欺诈行为特别是网络消费欺诈行为的主要特点如下。

第一，专业人员集中借机实施消费欺诈行为。低投入高产出的回报和操作的便利性，使得愈来愈多的专业人员“跨界”打假，获取高额的惩罚性赔偿。

第二，普通群众受打假高额索赔获利的影响，亦通过类似方式获取高额利益。目前全国共有职业“维权”的QQ群2 000余个，每个群的人数多则上千，少则数百，相互保持信息的高度互联、互通，一旦发现某个网络店铺的交易有可乘之机，便群起而攻之。在“打假群”“京东淘宝打假群”“食品药品打假群”等，铺天盖地的都是“我后天干一次试试，如果可以，准备在全国找联盟者，钱途无量”“本来能赢实体的，但被一些人搞砸了，只能打个程序，要求确认答复的形式违法”“号外号外，刚才收到我一哥们消息，大家可以多去一号店打假，打假不成功也可以威胁一号店退货”的蛊惑性言辞。所谓的“打假”竟然成了消费欺诈行为人的狂欢，而合法经营者在此攻击之下，竟无还手之力，亦无还手之策。

---

① 见关某某向广州市越秀区法院提出的起诉状，主张商品标注“极品”，是《广告法》规定禁用词汇，属于对商品的歪曲描述，构成欺诈，对销售者索要三倍的惩罚性赔偿金。

② 见邱某向杭州市余杭区法院提出的起诉状，主张销售者出售的人参红枣茶，未标识限用人群，认定构成不安全食品，要求网络销售者和网络交易平台提供者承担十倍的惩罚性赔偿责任。

第三，被打假的商家转型职业打假，进行消费欺诈。有一些被职业打假者打怕了的商家，无力或者无法继续正当经营，竟然受到诱惑，“转型”专职进行消费欺诈。更有甚者，在目前的所谓打假团体中，竟然有法律工作人员组成的团队，刻意指导规避法律，进行消费欺诈。消费欺诈的恶性循环，进一步加剧了网络交易秩序的混乱，侵害合法经营者的权益，对国家实体经济造成严重影响。

第四，借助国家机关实现消费欺诈目的。消费欺诈行为人的基本步骤，是“购买—联系商家赔偿—举报—行政复议—诉讼”，多方面对网络销售者、服务者施压，将国家机关诸如工商管理机构、食药管理机构、法院等变为自己获利的工具，威胁经营者，进而索取赔偿获利。如果处理结果不符合其期待，还会发起行政复议、行政诉讼等，致使国家机关耗费大量资源，而真正需要帮助的消费者则维权成本极高。

第五，行为人向网络交易平台提供者索赔，阻碍网络交易发展。有的行为人在起诉销售者、服务者时，在并不存在人身、财产损害的情况下，却将网络交易平台提供者作为被告，通过向网络交易平台提供者施压，逼迫经营者妥协并予以赔偿；甚至直接向网络交易平台提供者索赔，令其承担惩罚性赔偿责任。消费欺诈行为人大面积、巨额的索赔诉讼案件，不仅增加了网络交易平台的服务成本，使消费者难以得到更优质的服务，同时也使网络交易平台提供者陷入诉讼之中，承担被欺诈的后果。

（四）消费欺诈迅猛发展的主要原因和危害

我国目前在网络交易中的消费欺诈行为迅速发展，主要有以下原因。

第一，行为人钻法律规定高额惩罚性赔偿金的空子。《消费者权益保护法》《食品安全法》等法律修订之后，都加大了对商品欺诈和服务欺诈的惩罚性赔偿力度，普通商品的欺诈由退一赔一改为退一赔三，食品欺诈高达退一赔十，几元或者几十元的商品欺诈，就可以得到 500 元甚至 1 000 元的赔偿。[①]这样的巨额“经营”回报的诱惑力巨大。从《消费者权益保护法》修订后实施的这一年中，

① 浙江省杭州市余杭市人民法院（2015）杭余民初字第 1054 号民事判决书，打假者索赔的商品单价为 78 元，判决赔偿 500 元，赔偿金额为单价的 6.4 倍。

"打假"索赔案件狂升10倍之多的事实，可以看出修订法律与消费欺诈之间的微妙关系。

第二，投机取巧获取暴利的社会因素。经过几十年的发展，我国经济在有巨大发展的基础上，诚信道德和交易秩序却受到了严重破坏，诚实守信的交易传统被抛弃，投机钻营、非法牟利的投机心理愈演愈烈。很多人精心布局，采取多种方式实施消费欺诈行为谋取非法利益，败坏社会道德，甚至愈演愈烈。

第三，不当的执法行为和法律适用给消费欺诈提供了机会。当前，很多行为人购买有经营欠缺的商品，然后向某个法院起诉，蒙骗法官，获得胜诉判决后，成百上千地购买该商品，在很多法院同时起诉，并以先例判决为依据，请求法院判决销售者承担惩罚性赔偿责任，获取更大的不法利益。而这些不当的司法行为为消费欺诈大开绿灯，为其提供了可乘之机。

消费欺诈行为越来越多，造成的主要危害是：

1.侵害销售者、服务者的合法权益。消费欺诈的主要危害，是通过虚构商品欺诈或者服务欺诈的事实，借用法律规定的惩罚性赔偿责任制度，获取经营者不应承担的惩罚性赔偿金，使之造成财产利益损失。毫无疑问，经营者实施商品欺诈或者服务欺诈，令其承担惩罚性赔偿责任是完全合法的，这一立法目的就是要借惩罚性赔偿之法打击实施经营欺诈的违法经营者，维护消费者权益。行为人冒充消费者或者借用消费者的名义，虚构事实进行消费欺诈，完全是为了实现非法获利的目的，坑害经营者。这与惩罚性赔偿责任的立法初衷完全相悖，是违法行为。

2.损害网络交易平台提供者的信誉和财产利益。网络交易平台提供者本来不是交易当事人，法律规定其只有在法定或者约定的条件成就后，才对商品致害和服务致害的后果承担不真正连带责任。[①]《消费者权益保护法》第44条规定的网络交易平台提供者的赔偿责任，只适用于网络交易中提供商品或者服务造成消费者实际损害特别是人身损害的侵权行为，不适用该法第55条第1款规定的商品欺诈和服务欺诈的违约责任。但是，消费欺诈行为人为了使获得非法利益更有保

① 杨立新、韩煦：《网络交易平台提供者的法律地位与民事责任》，《江汉论坛》2014年第5期。

障，硬将网络交易平台提供者拉进诉讼作为被告，使其承担惩罚性赔偿责任。其恶意就在于，使网络交易平台提供者陷入消费欺诈的圈套，侵害网络交易平台提供者的合法权益。

3.破坏交易秩序、恶化社会道德水准。任何交易都需要正常的、符合法律规范的秩序，社会需要有健康的、符合社会发展要求的道德水准保障，否则交易无法正常进行，经济不能发展，社会不能进步。而消费欺诈行为破坏的正是正常的交易秩序，损害的是和谐的交易环境，威胁淳朴的诚信道德，阻碍社会的进步和发展。而且消费欺诈行为与社会道德水平下降互为因果，恶性循环，阻碍社会进步和发展。这种情况，更加呼唤健全征信机构，倡导诚信交易和诚信道德，提高对消费欺诈的法律制裁力度，阻止消费欺诈行为人铤而走险。

二、消费欺诈行为的概念界定与类型

（一）消费欺诈行为的概念界定

目前在民法领域中研究消费欺诈或者网络消费欺诈行为，与本节所指代的同名事物并不相同。例如，有的学者认为，网络消费欺诈是指在网络交易中，部分经营者实施的利用虚假交易信息或者其他不正当手段骗取消费者财物的行为[①]；有的认为，网络消费欺诈是指经营者利用互联网编造、隐匿关键信息，或者采取不正当的方式诱导消费者，使消费者在违背真实意思的情况下做出不恰当的选择并实施消费的行为[②]；有的认为国内学界提及消费欺诈，立刻且只能指向我国《消费者权益保护法》第 49 条有关经营者欺诈消费者应当承担惩罚性赔偿的条款。[③]

上述关于消费欺诈或者网络消费欺诈概念的使用，实际上概括的是商品欺诈和服务欺诈的欺诈性违约行为及其责任。其含义是，在传统交易领域或者网络交易领域，经营者以商品欺诈或者服务欺诈为手段，损害消费者合法权益的行为。

---

① 钱玉文、刘永宝：《消费欺诈行为的法律规制》，《法学研究》2014 年第 8 期。

② 苏号朋、鞠晔：《论消费欺诈的法律规制》，《法律适用》2012 年第 1 期。

③ 苏号朋、凌学东：《法国消费欺诈行为的法律规制及借鉴》，《法学杂志》2013 年第 4 期。其中提到《消费者权益保护法》第 49 条为该法修订后的第 55 条。

这是因为，《消费者权益保护法》第 55 条（原第 49 条）规定的承担惩罚性赔偿的行为，局限在违约行为之中，并不涉及侵权责任，因而将其称为欺诈性违约，或者直接称为经营欺诈，都是准确的概念。

本节使用的消费欺诈以及网络消费欺诈与上述学者使用的概念不同，而是行为人借用消费者的名义，通过欺诈行为侵害经营者或者网络交易的销售者、服务者以及网络交易平台提供者，使其财产权益受损的行为。而这种违法行为在目前并未被我国立法所规制。因此，应当申明，本节所说的消费欺诈以及网络消费欺诈，并不是其他学者界定的消费欺诈以及网络消费欺诈，而是与消费领域存在的欺诈性违约即商品欺诈、服务欺诈以及信用欺诈相对应的另一种欺诈行为。笔者进一步认为，这四种欺诈行为构成目前消费者保护领域的欺诈行为体系。

因此，消费欺诈是指行为人以消费者的身份，在购买商品或者接受服务中，虚构事实，谎称经营者销售的商品或者提供的服务构成欺诈性违约，利用惩罚性赔偿责任制度获取非法利益，侵害经营者合法权益，损害市场交易秩序的欺诈行为。这种欺诈行为发生在网络交易中，就构成网络消费欺诈，不仅侵害了合法经营者的权益，而且侵害了网络交易平台提供者的合法权益，破坏了网络交易和管理秩序。可见，本书所说的消费欺诈与前述学者使用的消费欺诈概念完全不同。(1) 行为主体不同。本节所称消费欺诈的行为主体，是所谓的“消费者”或者以消费者的名义实施欺诈行为的人；而前文所称消费欺诈的行为主体是经营者，在网络交易中是网络交易销售者、服务者。(2) 所侵害的受害人不同。本节所称的消费欺诈行为所侵害的受害人是经营者，在网络交易中是销售者、服务者以及网络交易平台提供者，而非消费者；而前文所称消费欺诈的受害人是消费者，而不是经营者。(3) 所保护的客体不同。制裁本节所称的消费欺诈行为，保护的是经营者的合法权益；而制裁前文所称消费欺诈行为，保护的是消费者的合法权益。(4) 欺诈行为的内容不同。本节所称消费欺诈行为虚构的事实，是经营者实施欺诈性违约行为，是借助商品欺诈与服务欺诈，且利用惩罚性赔偿责任制度获取非法利益；前文所称消费欺诈行为，是经营者实施的欺诈性违约行为本身，即商品

欺诈或者服务欺诈行为。

从以上四个方面进行比较，完全可以确定这是两种不同的欺诈行为，尽管都发生在消费领域以及网络消费领域。简言之，本节所称的消费欺诈是所谓的"消费者"欺诈经营者，前文所说的消费欺诈是经营者欺诈消费者。可见，仅仅因商品欺诈和服务欺诈发生在消费者保护领域而将其称为消费欺诈，是不正确的，原因是：第一，商品欺诈和服务欺诈的主体是经营者而不是消费者或者与消费者身份有关；第二，进行欺诈的行为不是消费行为，而是经营行为；第三，受到商品欺诈或者服务欺诈的受害人是消费者，是消费者受欺诈的行为；第四，消费领域的欺诈行为远不止商品欺诈和服务欺诈，还存在信用欺诈和以消费者身份进行的欺诈。因此，将商品欺诈和服务欺诈界定为经营欺诈，不仅符合欺诈行为的基本特征，而且为建立完整的消费者保护领域的欺诈行为体系，留出必要的空间。因此，笔者反对将商品欺诈和服务欺诈界定为消费欺诈，而应将其界定为经营欺诈。

按照这样的意见，我认为：

首先，消费者购买商品或者接受服务，销售者、服务者确实存在欺诈，符合《消费者权益保护法》《合同法》《食品安全法》规定的商品欺诈或服务欺诈的要求的，消费者提出惩罚性赔偿责任的诉讼请求，具有正当理由，法院应当依法支持其请求，保护消费者的合法权益。

其次，对于知假买假者索赔应当怎样对待，特别值得研究。一是，知假买假索赔的人不是消费者，是职业打假人，不具有消费者的身份。二是，知假买假者如果购买的确实是假货，符合商品欺诈的要求，其知假买假索赔惩罚性赔偿金，并非没有社会意义，也是应当支持的。最高人民法院《关于审理食品药品纠纷案件适用法律若干问题的规定》第 3 条关于"因食品、药品质量问题发生纠纷，购买者向生产者、销售者主张权利，生产者、销售者以购买者明知食品、药品存在质量问题而仍然购买为由进行抗辩的，人民法院不予支持"的规定，确认了这个意见。三是，问题的关键在于，知假买假的商品是否确实构成商品欺诈。只要构成商品欺诈，就不成立消费欺诈行为。

再次，如果所谓打假的商品并不构成商品欺诈，接受的服务不构成服务欺诈，或者根本就没有欺诈行为，对该商品或者服务找到某些经营欠缺就主张为经营欺诈，则构成消费欺诈行为，对其应当追究消费欺诈的侵权责任。

（二）消费欺诈在消费者保护领域欺诈行为体系中的地位

在消费者保护领域中存在四种欺诈行为，即商品欺诈、服务欺诈、信用欺诈和消费欺诈，都是在消费领域故意以虚构事实、隐瞒真相的方式，使被欺诈者陷入错误认识，因而与其进行交易，进而获取非法利益，致使对方合法权益受损的违法行为。但同时也必须看到，这四种欺诈行为各有不同。

商品欺诈和服务欺诈都是经营者欺诈消费者的行为，性质为违约行为，应当承担惩罚性赔偿的违约责任。《消费者权益保护法》第 55 条第 1 款对此作了明确规定，《合同法》第 113 条第 2 款也作了明确规定。对此，应当概括为经营欺诈。

信用欺诈的行为人主要是经营者，但也有其他行为人参与，当前网络信用欺诈甚多，行为人通过不正当手段，利用虚构交易、提高账户信用积分、提高商品销售量以及删除不利评价等虚假信用炒作方法，获得高于其实际享有的信用度、信誉度等非法利益，对消费者、同业经营者以及网络交易平台提供者的合法权益造成损害。[①]行为人既包括网络交易中的销售者、服务者，也包括帮助经营者炒信的其他行为人。这种欺诈行为，没有利用惩罚性赔偿责任制度，其性质属于侵权行为而非违约行为。

消费欺诈与上述三种欺诈行为都不同，其行为人是所谓的“消费者”或者利用消费者名义的人，假借消费者的身份，对经营者进行欺诈，行为的性质是侵权行为。

在消费领域的四种欺诈行为中，依照行为主体划分，商品欺诈、服务欺诈和信用欺诈的行为主体都是经营者或与经营者有关，而消费欺诈的行为主体是“消费者”或者假冒消费者身份的人。按照行为的性质划分，商品欺诈与服务欺诈属于违约行为，承担违约责任；而信用欺诈和消费欺诈属于侵权行为，应当承担侵

① 杨立新、吴烨、杜泽夏：《网络交易信用欺诈行为及法律规制方法》，《河南财经政法大学学报》2016 年第 1 期。

权责任。从获取非法利益的来源划分，商品欺诈、服务欺诈和消费欺诈都是利用法律规定的惩罚性赔偿责任制度而获取超出损失部分的惩罚性赔偿金，而信用欺诈获取的非法利益是一般的财产利益，没有利用惩罚性赔偿责任制度谋取非法利益。

（三）消费欺诈的侵权行为类型化界定

认定消费欺诈是侵权行为，似乎并没有争论，但是究竟属于何种侵权行为类型，却没有明确见解，因而也使受害经营者不知道该如何保护自己，绝大多数民事法官也不明确，因而对该种侵权行为在法律适用上无所适从。对此，学说必须给出肯定的意见。

大陆法系侵权法适用一般条款的规定认定侵权行为，无法用来论证消费欺诈的侵权类型问题。借鉴英美法系侵权法的侵权行为类型化的理论和实践，消费欺诈行为类型可以界定为两种，即欺诈和恶意诉讼。

1. 对未经诉讼程序的消费欺诈行为类型定性为欺诈

在消费欺诈中，有的未经过诉讼程序，行为人直接向销售者、服务者主张商品欺诈或者服务欺诈，施加舆论或者将来举报、起诉等压力，迫使其接受索赔要求。从表面上看，这种消费欺诈行为是经营者同意予以惩罚性赔偿，但实际上是在行为人的压力下而为。这种欺诈行为构成侵权行为。

关于欺诈和胁迫的同意，《美国侵权法重述（第二次）》第252A条规定："通过欺诈或胁迫获得的对占有动产的同意，不具有阻止他人因侵权行为或非法占有请求赔偿的效力，除非该请求系针对该动产的善意购买人。"[①]这里要求的是，如果是通过欺诈或者胁迫而获得了对受害人享有权利的动产进行非法占有或者侵害，受害人的同意并不能阻止其提出侵权行为或者非法占有而请求赔偿的权利，只有善意购买人因构成善意取得而对其不得提出侵权损害赔偿请求。

英国侵权法也有欺诈的侵权行为类型，认为欺诈系指故意采取口头、书面或者其他方式对他人作虚假或不实的陈述，而该他人由于信赖该陈述而造成了损失

① ［美］肯尼斯·S.亚伯拉罕、阿尔伯特·C.泰特选编：《侵权法重述第二版：条文部分》，许传玺等译，法律出版社2012年版，第103－104页。

的行为。其构成要件，一是存在以言辞或行为表示的不实陈述，二是该不实陈述须是基于如下意图而作出：原告或含原告在内的某类人会根据该陈述而为行为，三是原告已经依据该不实陈述而行为，四是原告已经由此遭受了损失，五是被告不实陈述时知道该陈述是虚假的或可能是虚假的。①

借鉴英美侵权法对欺诈行为的上述要求，对未经诉讼程序的消费欺诈行为履行，应当界定为欺诈。

（1）构成消费欺诈的本质特征是行为人的不实陈述

不实陈述是与客观事实不符的语言表述。虚构事实与隐瞒真相，都是与客观事实不符，这样的陈述就是不实陈述。行为人抓住销售者销售的商品或者服务者提供的服务中存在的某些不足，谎称构成商品欺诈或者服务欺诈，就是不实陈述。

在实际交易中，存在确有与客观事实不符的表述，但还达不到经营欺诈程度的经营欠缺。对经营欠缺究竟应当怎样界定，尚未见有成熟的意见表述。我认为，经营欠缺是相对于商品欺诈和服务欺诈而言的概念，含义是，商品或者服务的经营欠缺确实属于不实陈述，但程度较轻，尚未达到构成商品欺诈或者服务欺诈的虚构事实或者隐瞒真相的程度。其界限是，只有达到错误或者有误导性的不实陈述，才构成欺诈，须达到考虑所用沟通方式局限及周围情势，如果商业行为遗漏、掩盖，或以难以理解、模糊、有障碍的方式提供实质信息，或未指出真实商业意图，从环境中也无从得出结论，即为欺诈。②这是法国法确认欺诈的三个标准。在商品或者服务中确实存在不实陈述，但并未达到造成误导结果的，就不能认定为欺诈。

借鉴这一方法，在考虑所用沟通方式局限及周围情势，有下列情形之一的，应认定为经营欠缺，不能认为构成经营欺诈。

一是有较轻的商业行为遗漏、掩盖，但未达到误导结果的商业行为。例如，在冬瓜茶中包含冬瓜皮，而冬瓜皮属于中药，尽管该冬瓜茶经营的行为中有所遗漏，

① 胡雪梅：《英国侵权法》，中国政法大学出版社2008年版，第302页。
② 苏号朋、凌学东：《法国消费欺诈行为的法律规制及借鉴》，《法学杂志》2013年第4期。

但是并没有达到误导消费者的结果，因而属于经营欠缺，而不属于经营欺诈。

二是有较轻的难以理解、模糊、有障碍的方式提供实质信息，未达到误导结果的商业行为。例如，对于使用了某些绝对化用语，如“顶级”“最佳”等溢美之词用于商品宣传，属于有障碍的方式提供实质信息，但尚未达到不实陈述以至于误导消费者的程度。这样的商品宣传是不正确的，如果商品或者服务不存在其他质量问题，应当属于经营欠缺。

三是存在未指出真实商业意图的行为，从环境中也无从得出结论，但未达到误导结果的商业行为。例如，浙江省余杭市人民法院（2015）杭余民初字第1054号民事判决书认为，“laypoo旗舰店”销售“女式减肥运动鞋夏季轻便跑步瘦身鞋透气网面单鞋增高健身女鞋”，宣传其具有减肥、瘦身、塑形等特殊功能，为虚假宣传，有所不妥，原因是，虽然宣传商品作用有所夸大，但是商品并未有其他质量问题，且从市场环境和科技环境而言，实际上无从得出这样的结论，因而并未达到误导结果，因而属于经营欠缺，不构成经营欺诈。将其认定为经营欺诈，并责令销售者承担惩罚性赔偿金，于法不合。

对商品或者服务存在的经营欠缺夸大为商品欺诈或者服务欺诈，构成不实陈述，具备消费欺诈的这一构成要件。

(2) 行为人实施不实陈述行为的主观状态是故意

《美国侵权法重述（第二次）》第8A条规定：“故意一词被用来指称行为人欲求其行为导致某种后果，或者相信其行为极有可能导致该后果。”[①]这一定义准确地概括了行为人在实施侵权行为时希望或者放任行为后果的主观心态。消费欺诈行为人进行不实陈述的目的，就是误导销售者、服务者接受该不实陈述，进而获得对方财产利益。消费欺诈行为人将销售者、服务者在经营中的经营欠缺谎称为商品欺诈或者服务欺诈，希望对方主动依照法律的规定，承担退一赔三、退一赔十或者小额商品的最低赔偿数额，使其获利。这是直接故意，没有间接故意，更没有过失。

---

① ［美］肯尼斯·S.亚伯拉罕、阿尔伯特·C.泰特选编：《侵权法重述第二版：条文部分》，许传玺等译，法律出版社2012年版，第5页。

（3）受害人依据行为人的不实陈述而为行为

欺诈的受害人须在行为人的欺诈行为面前，依据行为人的不实陈述而实施相应行为，只有如此，才能实现欺诈目的。如果行为人实施不实陈述，对方当事人并未按照其不实陈述实施相应的行为，就不构成欺诈。行为人对销售者、服务者实施了不实陈述，销售者、服务者担心自己的经营受到不利影响，因而花钱免灾，自愿按照行为人的要求给付惩罚性赔偿金，或者经过讨价还价，适当减少惩罚性赔偿的数额，就是依照该不实陈述而为行为。在这里，受害一方的同意，或者经过讨价还价后的同意，都不是其真实意思，而属于《美国侵权法重述（第二次）》所说的"通过欺诈或胁迫获得的对占有动产的同意，不具有阻止他人因侵权行为或非法占有请求赔偿的效力"的意思表示。即使受害人自愿实施行为人不实陈述所要求的行为，也不能成为阻止受害人主张行为人承担侵权损害赔偿权利的理由。

应当区别同意与信赖的界限。在消费欺诈中，绝大多数经营者依据不实陈述而实施的行为，并非存在信赖，而仅仅是同意而已。如果强调"不实陈述确实为受害人所信赖"为构成欺诈的要件①，则不符合消费欺诈的大多数情形。事实上，消费欺诈的多数受害人是基于无奈，尽管有些尚未达到胁迫的程度。基于信赖而为行为，主观心态是自愿的；而基于同意而为行为，既有自愿的心态，也有非自愿的心态。因此，对于受害人实施行为的主观心态的表述，采用"同意"而不采用"信赖"的概念，显然更为准确。

（4）受害人已经基于不实陈述而遭受了财产损失

该要件容易确定，即行为人实施了不实陈述之后，受害人基于同意而为行为，后果是其财产利益受到损失。消费欺诈的最典型财产损失，是向行为人支付本不应支付而实际支付了的惩罚性赔偿金。其含义是，受害人本不构成商品欺诈或者服务欺诈，却基于行为人的不实陈述，而向其给付惩罚性赔偿金的行为，因而造成了财产利益的损失。这一要件，既包括财产损失的后果要件，也包括因果关系的行为与后果之间的关联性要件。其计算方法是，只要退回商

① 胡雪梅：《英国侵权法》，中国政法大学出版社 2008 年版，第 302 页。

品，返还价款之外的所有支出，都是受害人的财产损失。在未退回商品以及服务欺诈的消费欺诈中，所返还的价金以及承担惩罚性赔偿责任的数额，都是受害人的财产损失。

有一个重要的问题是，既然被欺诈的经营者已经同意给付惩罚性赔偿金，根据“禁反言”规则，再提出侵权主张似乎存在法律障碍，法官也似乎难以支持其自愿给付的所谓损失。我认为，这正是欺诈行为的特点。既然受欺诈订立的合同都可以主张其意思表示不真实而提出撤销，对受到诈骗的犯罪行为人主张国家追究其刑事责任并予以退赃，那么在受消费欺诈而遭受财产损失后，为何不能主张消费欺诈而进行索赔诉讼呢？确认了这个原则，就不会存在对消费欺诈追究其侵权责任的法律障碍。

2.对经过诉讼程序的消费欺诈行为类型定性为恶意诉讼

行为人通过起诉，将其主张惩罚性赔偿责任的诉讼请求经过诉讼程序，通过法院判决支持的消费欺诈，尽管其与前述消费欺诈侵权行为相似，但是由于其欺诈行为经过法院审理，因而性质不同。该种侵权行为类型属于恶意诉讼。

在美国侵权法，“无正当理由的诉讼”是一种侵权行为类型，包括三种：一是恶意检控，即恶意提起刑事程序，引发或者促成使受害人被控针对未犯所控罪行的刑事程序的检控；二是非法利用民事诉讼程序；三是滥用诉权。消费欺诈侵权行为涉及的是后两种侵权类型，我国侵权法习惯上称之为广义的恶意诉讼。消费欺诈与恶意检控无关。

非法利用民事诉讼程序（狭义恶意诉讼），是指对民事诉讼程序的恶意提起，而意图使被告在诉讼中由于司法机关的判决而受其害。①《美国侵权法重述（第二次）》第674条规定：“就以他人为被告之民事诉讼程序之倡议、进行，积极参与或促使其倡议或进行，如符合下列条件，应对该他人负非法利用民事诉讼程序之责：（1）无可能原因而行为，其目的为民事诉讼之请求适当审理以外之其他目的；并且（2）除仅有一方当事人之诉讼外，诉讼程序有利于被告而终结。”②

① 杨立新：《侵权法论》上卷，人民法院出版社2013年第5版，第330页。

② 刘兴善译：《美国法律整编·侵权行为法》，台北司法周刊杂志社1986年版，第569页。

滥用诉权，是指行为人有诉权，但是其提起刑事诉讼或民事诉讼，所追求的诉讼目的不是正当诉权的诉讼目的，而是正当诉讼目的以外的非法目的，造成受害人损害的行为。[①]《美国侵权法重述（第二次）》第682条规定："利用刑事或民事诉讼程序控诉他人，如其主要目的系为达成该诉讼程序之目的以外之其他目的，行为人应就滥用诉讼程序所致之损害负责。"[②]英国侵权法承认滥用法律程序的恶意控告，但是对于恶意诉讼态度相对谨慎。英国侵权法认为，某人错误地启动民事诉讼程序要求他人承担民事责任的，即使出于恶意，启动程序之事也无任何合理或可能的根据，作为相对人的另一方也不能起诉该人要求其承担责任。即不存在一般性的恶意引发民事程序这样的侵权类型，但在特殊情况下，如捏造事实、通过申请相关法律程序使他人遭逮捕、搜查或财产受强制执行的，受害人也可能会以滥用法律程序为诉因获得救济。[③]

综合起来，构成非法利用民事诉讼程序应当具备的要件：一是倡议、进行以他人为被告的民事诉讼程序，或者积极参与或促使该诉讼程序倡议或进行；二是无可能原因，其目的为民事诉讼的适当审理以外的其他目的；三是诉讼程序有利于被告而终结。符合这样的要求者，构成非法利用民事诉讼程序的侵权行为。滥用诉权则须具备有诉权而起诉但追求的是正当诉讼目的之外的非法目的，其他要件相同。

行为人通过提起民事诉讼程序，主张网络交易的销售者、服务者承担惩罚性赔偿责任，意图通过法院判决，获得高额损害赔偿的行为，符合恶意诉讼的法律特征。我国侵权法理论确认恶意诉讼（包括非法利用民事诉讼程序和滥用诉权，即广义恶意诉讼）是侵权行为类型之一，认定其为恶意诉讼侵权行为类型是有根据的。

消费欺诈行为构成恶意诉讼，应当具备以下要件。

（1）行为人本无民事诉权而提起民事诉讼

构成恶意诉讼的首要条件，是消费欺诈行为人本无民事诉权，却向法院对销

---

① 杨立新：《侵权法论》上卷，人民法院出版社2013年版，第331页。

② 刘兴善译：《美国法律整编·侵权行为法》，台北司法周刊杂志社1986年版，第579页。

③ 胡雪梅：《英国侵权法》，中国政法大学出版社2008年第5版，第337、338页。

售者、服务者提起民事诉讼。消费欺诈行为人对销售者、服务者进行商品欺诈或者服务欺诈的不实陈述，但是销售者、服务者并不认可或者不屈服其施加的压力，不同意对其支付惩罚性赔偿金的要求。行为人在此情况下，向法院起诉销售者、服务者，请求法院判决支持其诉讼请求，责令销售者、服务者承担惩罚性赔偿金，因而销售者、服务者成为民事诉讼被告，接受法院的审判。符合这样的要求，就具备本要件。

对于不具有民事诉权的判断是事后判断，而不是在诉讼之初就能够确定。当在民事诉讼进行中，销售者、服务者作为被告，对行为人诉请的商品欺诈或者服务欺诈进而索取惩罚性赔偿金的主张进行抗辩，且该抗辩无论是在一审、二审或者再审，最终获得支持，法庭认为其行为不构成商品欺诈或者服务欺诈，这时即可确认行为人不具有正当的民事诉权。

滥用诉权在消费欺诈中也可能出现，即行为人利用其他诉权起诉，追求的却是受害人承担惩罚性赔偿金的非法目的。这也构成消费欺诈的恶意诉讼。

(2) 行为人意图通过民事诉讼获得本不应获得的惩罚性赔偿金的非法目的

意图通过民事诉讼获得正当审理之外的非法目的，是所有恶意诉讼行为人的追求。在消费欺诈中，行为人通过提起民事诉讼的目的，就是明知销售者、服务者的守法经营，并不存在其所主张的商品欺诈或者服务欺诈，并无承担惩罚性赔偿的可能，却追求通过法院的判决，确认销售者、服务者构成商品欺诈或者服务欺诈，进而对其承担惩罚性赔偿责任，获得本不应当获得的数倍于价款的非法利益。前文所述打假者有关“后天干一个试试，如果可以，准备在全国找联盟者，钱途无量”的宣称，完全可以看出消费欺诈行为人的恶意心态，符合这一主观要件的要求。

恶意诉讼的主观要件就是恶意。恶意，为故意中之严重者。[①]英美侵权法认为，恶意有两层含义，一是明知自己的行为违法，或会对他人的利益造成损害，但是由于对法律或他人的合法权利的漠视，仍实施该行为的心理状态；二是以损害他人的利益为目的，无合法或正当理由故意违法，或者法律在特定情况下推定

① 张新宝：《侵权责任构成要件研究》，法律出版社2007年版，第43页。

行为人具有恶意的心理状态。①恶意诉讼的恶意正是如此。行为人明知销售者、服务者的经营行为并未构成欺诈，却以欺诈相威胁并予以起诉，目的就是获得其被迫支付的惩罚性赔偿金。证明该事实属实者，行为人具有恶意。

恶意诉讼与错告有原则区别。恶意诉讼须有恶意，其程度超过一般的故意，最起码要高于放任的故意，真实意图是追求受害人的损害而自己获利。错告行为人的主观要件是重大过失或者过失，即原告对销售者、服务者的经营行为是否有欺诈认识不准确，误认为已经构成欺诈而起诉。普通人都能够认识到被告的交易行为不构成欺诈，而原告竟然不能判断其不构成欺诈而起诉，为重大过失。应当注意而没有尽到善良管理人的注意，认为构成经营欺诈而判断失误者，为过失。可见，明知不构成经营欺诈而为诉讼，与误以为构成经营欺诈而为诉讼，就是恶意诉讼与错告的分水岭。错告的原告应当承担败诉结果，并以原告败诉的结果保护被告，而不适用侵权责任救济。恶意诉讼具有非法目的，构成侵权责任，并应承担赔偿责任，救济受害人的损失。这两种法律后果完全不同。

（3）提起的民事诉讼程序最终有利于被诉的销售者或服务者而终结

诉讼程序必须以有利于被告的方式终结，是构成恶意诉讼的要件。否则，被告在诉讼终结时被判决承担的民事责任，是发生法律效力、具有强制执行力的法律后果，即使是错误判决，在没有纠正之前也不能认定行为人提起的该诉讼行为是恶意诉讼。

民事诉讼最终有利于被告而终结包括以下情形：一是，一审判决即确定原告起诉的请求不成立，原告被驳回诉讼请求；二是，一审判决确认被告构成经营欺诈，承担惩罚性赔偿责任，但经过二审诉讼，二审判决撤销原判，发回重审并被重审法院驳回诉讼请求，或者二审法院直接判决驳回原告的诉讼请求；三是，经过一审、二审均确认被告构成经营欺诈，但经过当事人申请再审，或者检察院提出抗诉，或者本级法院院长或上级法院发现原判错误，对案件提起再审，并在再审中被告胜诉，原告败诉，即认为被告不构成经营欺诈，驳回原告诉讼请求。上

① 《元照英美法词典》，法律出版社 2003 年版，第 887 页。

诉三种情况，都属于诉讼程序有利于被诉的销售者、服务者而终结。

原告在诉讼中自觉撤诉，是否为有利于被告而终结，值得研究。原告因证据不足或者良心发现以及认为起诉不适宜，因而将对被告以经营欺诈为由的起诉予以撤回的，都消除了或者证明了其追求非法诉讼目的的认定依据，因而不能对其主张恶意诉讼。即使被告在前期的诉讼中遭受了一定损失，鉴于原告已经悔悟，不应当再认定其提起诉讼的行为为恶意诉讼。

（4）被诉的销售者或服务者在该诉讼中遭受财产损失

在恶意诉讼的消费欺诈中，受害人的财产损失不是被索赔的惩罚性赔偿金，因为由于在此诉讼中，行为人获取惩罚性赔偿金的非法意图由于民事诉讼程序最终有利于被告而终结，因而没有实现，故受害人并未造成这种损失。

恶意诉讼的消费欺诈所造成的财产损失，是被告本不应当参加该诉讼因被迫参加而造成的财产损失，或言之，是在消费欺诈行为提起的诉讼中，受害人因维权避免损失而造成的损失，其中包括调查费、取证费、律师费以及在恶意诉讼中的误工费，以及对经营活动造成的损害等。这些损失是恶意诉讼造成的直接损失，都在赔偿责任范围之中。

上述财产损失，须应当与恶意诉讼行为具有引起与被引起的因果关系，损害数额应当与该因果关系相对应。

（四）对网络交易平台提供者进行消费欺诈的特殊类型

行为人对网络交易平台提供者进行消费欺诈，尽管也存在未经诉讼程序的欺诈和经过诉讼程序的恶意诉讼两种类型，但认定行为人消费欺诈行为的法律依据不同。

消费欺诈行为所针对的，是《消费者权益保护法》以及《食品安全法》等法律规定的惩罚性赔偿责任制度，即寻找销售者、服务者的经营欠缺，虚构为经营欺诈，索取惩罚性赔偿金。而我国目前所有的法律都将经营欺诈主体锁定在销售者或服务者，并不包括网络交易平台提供者。因此，网络交易平台提供者不存在经营欺诈的法律环境。同时，网络交易平台提供者的职责是为销售者、服务者以及消费者进行网络交易活动提供平台服务，服务内容是建设好网络交易平台，更

好地为网络交易服务，既不出卖商品，也不提供网络平台服务之外的其他服务，因而不存在进行消费欺诈的市场基础和客观可能。沈阳市和平区人民法院(2015)沈河民三初字第02051号民事判决书认为："网络交易平台服务提供商，为商家及消费者提供虚拟卖场，其本身并不参与交易，不涉及具体商品的服务"，因而不承担商品欺诈的责任，是正确的。故凡是主张或者起诉网络交易平台提供者因商品欺诈或者服务欺诈而索赔惩罚性赔偿金的，一律是侵权行为，应当承担侵权责任。

原告主张网络交易平台提供者依照《消费者权益保护法》第44条第2款规定，因网络交易平台提供者明知或者应知销售者、服务者利用网络平台侵害消费者权益，不采取必要措施，而主张承担惩罚性赔偿的连带责任的，理由也不成立。须知，《消费者权益保护法》第44条规定的责任，须商品或者服务造成消费者或者他人的人身损害或者财产损害，方应当承担侵权责任；而该法第55条第1款规定的惩罚性赔偿责任适用的场合是违约责任，不是侵权责任。对此，在《合同法》第113条第2款专门规定经营欺诈的惩罚性赔偿责任，就可以证明。经营欺诈无须具备致害消费者的要件，仅仅以欺诈为必要条件。由于《消费者权益保护法》第44条规定不存在经营欺诈的惩罚性赔偿责任适用的可能性，因而依照该条法律规定，不论主张销售者、服务者还是网络交易平台提供者承担经营欺诈的惩罚性赔偿责任，都不符合法律要求，因而断定这种行为是侵权行为，具有侵权故意，是有把握的。

因此，无论是行为人直接向网络交易平台提供者主张惩罚性赔偿责任，还是向法院起诉主张其承担惩罚性赔偿责任，都具有侵权故意，分别构成欺诈侵权和恶意诉讼侵权，都应当承担侵权赔偿责任。

目前，对网络交易平台提供者实施消费欺诈行为，都属于恶意诉讼的侵权类型。在消费欺诈行为人起诉的诉讼中，对网络交易平台提供者与销售者、服务者一并起诉的，确认销售者、服务者不构成经营欺诈，网络交易平台提供者也不构成欺诈，都构成恶意诉讼侵权责任。问题是，如果诉讼结果是对销售者、服务者的行为认定为经营欺诈，而网络交易平台提供者不构成欺诈的，网络交易平台提

供者是否可以主张行为人承担消费欺诈责任呢？如前所述，在《消费者权益保护法》第44条规定的范围内，网络交易平台提供者不存在经营欺诈的可能性，打假者明知而故意主张网络交易平台提供者承担经营欺诈责任的，为恶意诉讼；否则为错告。因此，在一个确认销售者、服务者构成经营欺诈，而网络交易平台提供者不承担经营欺诈责任的判决中，网络交易平台提供者如果主张行为人的行为构成消费欺诈，应当证明行为人的恶意。能够证明者，应当支持其恶意诉讼责任的请求，否则不予支持。

三、消费欺诈的侵权责任认定及责任承担

（一）认定消费欺诈行为为侵权行为的法律依据

我国《侵权责任法》并未直接规定欺诈行为和恶意诉讼行为是特殊侵权行为，不能直接依照法定的侵权责任类型确定其侵权责任，而应当依照《侵权责任法》第6条第1款关于一般侵权行为适用过错责任原则的规定，确认其是否构成侵权责任，是否应当承担侵权责任。

《侵权责任法》第6条第1款规定的是过错责任原则，也称为侵权行为一般条款[①]，其作用是，将凡是具备这一条文规定的侵权责任构成要件的民事违法行为认定为侵权行为，对行为人予以侵权损害赔偿的制裁，对受害人受到损害的权利和利益进行救济。[②]

依照该条款规定，认定消费欺诈侵权责任，其归责原则为过错责任原则，且须故意方构成侵权责任，既不适用第6条第2款规定的过错推定原则，也不适用第7条规定的无过错责任。

（二）消费欺诈侵权责任的一般构成要件

构成消费欺诈责任须具备的一般侵权责任构成要件。

① 张新宝：《侵权行为法的一般条款》，《法学研究》2001年第4期。

② 杨立新：《侵权法论》上册，人民法院出版社2013年第5版，第127页。

1. 实施了消费欺诈行为并须具有违法性

构成消费欺诈责任，须在客观上实施了消费欺诈行为。该行为的主要表现，是虚构或者借机虚构销售者、服务者及网络交易平台提供者实施经营欺诈行为，并向其索赔惩罚性赔偿金。其索赔方式，一是直接索赔，二是通过诉讼索赔。

判断消费欺诈行为的违法性，表现为违反作为经营者财产所有权的义务人所应承担的不可侵义务。《民法通则》第 5 条规定："公民、法人的合法的民事权益受法律保护，任何组织和个人不得侵犯。"《民法总则》第 3 条也规定了这个原则，即"民事主体的人身权利、财产权利以及其他合法权益受法律保护，任何组织或者个人不得侵犯"。既然任何组织和个人都负有这样的不可侵义务，则实施了侵害他人财产所有权的行为，就具有违法性。

确定消费欺诈行为及其违法性，应当特别区分经营欺诈、知假买假和消费欺诈之间的界限。控告经营者经营欺诈，不具有违法性；知假买假索赔惩罚性赔偿金，也不具有违法性；只有对具有经营欠缺甚至没有经营欠缺的经营者恶意追究经营欺诈的惩罚性赔偿责任，才具有违法性。

2. 受害人遭受了惩罚性赔偿金等财产损失

由于消费欺诈行为人的主观意图是获利，因而该行为所侵害的是受害人的财产权利，主要是所有权。受害人所受到的财产损失包括三个方面。

一是被索取的惩罚性赔偿金。受害人没有实施经营欺诈行为，或者有经营欠缺尚不构成经营欺诈，行为人以此为要挟，使受害人本不应当支付竟然被逼支付了高达三倍或者十倍，以及小额商品索赔 500 元或者 1 000 元的惩罚性赔偿金，这是造成的所有权的损失：在单位是企业所有权的损失，在个人是私人所有权的损失。

二是为证明自己没有实施经营欺诈行为，维护自己权利所支出的费用损失。行为人提起诉讼索赔，受害人支付的应诉、提供证据证明自己清白、进行调查、聘请律师以及其他应当支付的诉讼费用，都是维权所必需，也是受害人的财产损失。

三是其他损失。行为人实施消费欺诈行为，不仅造成了上述财产损失，而且还造成了其他损失，例如经营信誉的损失、经营利益的损失等，也属于损害事实的范围。

3.消费欺诈行为与经营者所受财产损失之间具有因果关系

作为侵权责任构成要件的因果关系，是确认行为人的行为与受害人的损害后果之间，须具有的引起与被引起的逻辑关系。消费欺诈行为与受害人所受财产损失之间须具有这样的关系，否则不构成侵权责任。行为人已经获得了惩罚性赔偿金的，受害人的该财产损失就是消费欺诈行为所致，为有因果关系。在诉讼中，受害人为了维权而支出的费用，也是行为人为了获利而实施的滥诉行为所致，因此也具有因果关系。

消费欺诈行为的因果关系一般表现为直接因果关系，判断时，适用直接因果关系规则即可。不过，如果须用相当因果关系规则确定者，亦无不可。

4.行为人须有追求经营者的财产损失并使自己获利的故意

消费欺诈行为人须具备故意的要件，不仅如此，且须为直接故意的恶意。

行为人的恶意，一方面，表现在对受害人实施经营欺诈行为进行诬陷的恶意，即原本知道受害人并未实施经营欺诈行为，却故意虚构或者夸张为经营欺诈行为，并予不实陈述。另一方面，表现在行为人对实施欺诈行为的后果即造成受害人财产损失的恶意，在主观上刻意追求受害人在自己实施了这种行为之后，能够直接造成这样的财产损害的后果。在这两个方面，都包含了行为人的恶意，使自己获得非法利益。不能达到这样故意程度的，不能认定为侵权责任，过失也不构成这种侵权责任。

行为人实施了消费欺诈行为，但是情节轻微，或者没有造成受害人的财产损害后果的，或者并未达到上述构成要件要求的，不认为是侵权责任，但由于行为人有主观恶意，仍须予以批评教育或者予以行政训诫等制裁。

（三）认定消费欺诈的关键是判断经营者是否构成经营欺诈

消费欺诈的侵权责任诉讼存在一个特别的现象，就是对欺诈行为的指控与反指控。具体表现为，行为人指控经营者实施经营欺诈行为；经营者反指控行为人

实施消费欺诈行为。故消费欺诈侵权责任的主张，是对经营欺诈行为指控的反指控。行为人指控的是经营者实施经营欺诈，经营者反指控的是行为人实施消费欺诈。由于这个特点，对于消费欺诈侵权责任的判断，关键在于认定被指控经营欺诈的经营者是否实施了经营欺诈行为。

1.经营欺诈行为的定义和定性

前文列举了两个对消费欺诈概念的定义[①]，实际是对经营欺诈概念的界定。不过，这些对经营欺诈概念界定的意见也不够准确。

消费欺诈与经营欺诈不同。认定消费领域的欺诈行为类型，以行为主体的身份界定为最佳。商品欺诈和服务欺诈都是经营者的欺诈行为，因此应当称为经营欺诈，而不应称为消费欺诈。而恶意职业打假者是以消费者的身份出现，借用对消费者保护的法律规定而实施欺诈行为，这才是真正的消费欺诈。

我曾经在两篇文章中分别谈到商品欺诈和服务欺诈问题[②]，但没有对这两个概念作出定义，更没有对其上位概念即经营欺诈作出过界定。我认为，经营欺诈包括商品欺诈和服务欺诈，是指销售者或者服务者故意告知消费者以商品或者服务的虚假情况，或者故意隐瞒商品或者服务的真实情况，诱使消费者作出错误意思表示，购买该商品或者接受该服务，致使其财产利益受到损害的违法经营行为。

经营欺诈行为的主体是销售者或者服务者，受到欺诈的主体是消费者，其行为方式是故意告知消费者以商品或者服务的虚假情况，或者故意隐瞒商品或者服务的真实情况，行为的后果是诱使消费者作出错误意思表示，购买该商品或者接受该服务，致使其财产利益受到损害。符合这些要求的行为，就是经营欺诈行为。

---

① 即认为“消费欺诈是指在网络交易中，部分经营者实施的利用虚假交易信息或者其他不正当手段骗取消费者财物的行为”，或者认为“消费欺诈是指经营者利用互联网编造、隐匿关键信息，或者采取不正当的方式诱导消费者，使消费者在违背真实意思的情况下做出不恰当的选择并实施消费的行为”的意见。

② 杨立新：《“王海现象”的民法思考——论消费者权益保护中的惩罚性赔偿金》，《河北法学》1997年第5期；《关于服务欺诈行为惩罚性赔偿金适用中的几个问题——兼评丘建东起诉的两起电话费赔偿案》，《河南省政法管理干部学院学报》1998年第2期。

2.经营欺诈行为的判断标准

究竟何种经营行为属于经营欺诈行为，只界定了该概念的内涵和外延尚不具体，还须对具体的经营欺诈行为作出描述，才便于在实践中确认。《消费者权益保护法》只规定了欺诈行为的后果，并没有规定何种经营行为为经营欺诈。1996年3月15日施行、2015年3月15日废止的《国家工商管理总局欺诈消费者行为处罚办法》曾经规定经营者向消费者提供商品的13种行为属于欺诈消费者行为；经营者向消费者提供商品有5种情形，不能证明自己确非欺骗、误导消费者而实施此种行为的，应当承担欺诈消费者行为的法律责任。可以参考适用该标准认定经营欺诈行为。

2015年1月5日颁布、2015年3月15日施行的《国家工商行政管理总局侵害消费者权益行为处罚办法》第5条和第6条，规定了经营欺诈行为的具体情形。至目前为止，这是认定经营欺诈的权威行政规章规定。在主体上，工商行政管理总局是国务院组成部分，是主管全国工商行政管理的行政机构，对工商企业进行监管，负责全国的消费者权益保护，因而其发布的规章具有权威性。在实体上，这些规定基本上符合实际。因此，认定经营欺诈行为，应当以此为标准予以确定。

该办法共规定了19种经营欺诈行为，分为实质性经营欺诈和宣传性经营欺诈两种类型。

实质性经营欺诈行为，是行为人即经营者向消费者提供的商品或者服务，虚构有关商品或者服务实体方面的虚假内容，欺骗消费者的违法行为。可以认定为实质性经营欺诈的行为有10种：（1）销售的商品或者提供的服务不符合保障人身、财产安全要求；（2）销售失效、变质的商品；（3）销售伪造产地、伪造或者冒用他人的厂名、厂址、篡改生产日期的商品；（4）销售伪造或者冒用认证标志等质量标志的商品；（5）销售的商品或者提供的服务侵犯他人注册商标专用权；（6）销售伪造或者冒用知名商品特有的名称、包装、装潢的商品；（7）在销售的商品中掺杂、掺假，以假充真，以次充好，以不合格商品冒充合格商品；（8）销售国家明令淘汰并停止销售的商品；（9）提供商品或者服务中故意使用不合格的

计量器具或者破坏计量器具准确度；（10）骗取消费者价款或者费用而不提供或者不按照约定提供商品或者服务。

宣传性经营欺诈行为，是行为人即经营者向消费者提供有关商品或者服务的信息违反真实、全面、准确的原则，具有虚假或者引人误解的宣传内容的提供商品或者服务的违法行为。可以认定为宣传性经营欺诈行为有9种：（1）不以真实名称和标记提供商品或者服务；（2）以虚假或者引人误解的商品说明、商品标准、实物样品等方式销售商品或者服务；（3）作虚假或者引人误解的现场说明和演示；（4）采用虚构交易、虚标成交量、虚假评论或者雇佣他人等方式进行欺骗性销售诱导；（5）以虚假的“清仓价”“甩卖价”“最低价”“优惠价”或者其他欺骗性价格表示销售商品或者服务；（6）以虚假的“有奖销售”“还本销售”“体验销售”等方式销售商品或者服务；（7）谎称正品销售“处理品”“残次品”“等外品”等商品；（8）夸大或隐瞒所提供的商品或者服务的数量、质量、性能等与消费者有重大利害关系的信息误导消费者；（9）以其他虚假或者引人误解的宣传方式误导消费者。

凡是具有上述实质性经营欺诈和宣传性经营欺诈行为之一的，销售者、服务者均构成经营欺诈，或者为商品欺诈，或者为服务欺诈。

不过，在认定经营欺诈行为时，应当特别注意最高人民法院《关于审理食品药品纠纷案件适用法律若干问题的规定》第3条的规定，其中确定可以支持的知假买假是“因食品、药品质量问题”的索赔，而不是一般的宣传性经营欺诈行为。这一规定特别重要，对于承担惩罚性赔偿责任的经营欺诈的认定，显然高于国家工商行政管理总局认为可以予以行政处罚的经营欺诈行为的认定标准。对此，民事法官应当特别注意。就此而言，宣称“顶级”“最佳”的产品或者服务，即使构成欺诈性宣传，充其量也是行政处罚的问题，而不存在予以惩罚性赔偿的问题。

3.指控经营欺诈行为不成立即构成反指控的消费欺诈

在消费欺诈诉讼中，认定是否构成侵权责任，实际上有一个最为简单的方法，就是：

首先，确认消费欺诈的受害人即经营者的经营行为是否构成经营欺诈。其标准，一是按照经营欺诈行为的概念衡量，二是依照《国家工商行政管理总局侵害消费者权益行为处罚办法》第 5 条和第 6 条规定的 19 种经营欺诈行为，三是最高人民法院的上述司法解释的规定，进行具体对照。如果经营者的经营行为符合上述界定和规定情形之一的，经营者的行为即构成经营欺诈，行为人对其的指控就是正确的，无论其身份是消费者还是其他打假者，其主张经营者承担惩罚性赔偿责任就是符合法律要求的，应当得到支持。

其次，如果行为人指控经营者的经营行为不符合经营欺诈行为的概念界定，也不具有《国家工商行政管理总局侵害消费者权益行为处罚办法》第 5 条和第 6 条规定的经营欺诈行为具体情形之一，且符合最高人民法院上述司法解释的，不能认定经营者构成商品欺诈或者服务欺诈行为，不应当承担惩罚性赔偿责任。

再次，行为人指控经营者实施经营欺诈行为不实，并且据此主张经营者承担惩罚性赔偿金的，构成消费欺诈，经营者反指控其构成消费欺诈的理由成立，应当承担侵权责任，赔偿经营者因此造成的财产损失。

（四）对消费欺诈责任的抗辩

对于消费欺诈侵权责任的诉讼请求，行为人一般不具有相应的抗辩事由。如果认为自己的行为不构成侵权责任，提出否定侵权指控的事实和理由即可，但这不是抗辩事由的概念，而是对指控事实的抗辩，例如否定自己行为的违法性，否定损害事实的存在，否定因果关系，否定自己的故意。这些都是抗辩，都须行为人举证证明自己的主张成立，不能证明或者证明不足者，应当承担侵权责任。

（五）损害赔偿责任的计算

确定消费欺诈行为的赔偿责任范围，应当依照因果关系的另一个作用，即消费欺诈行为与所造成的损失之间具有引起与被引起关系的损失，才是行为人应当承担的赔偿责任范围。

关于惩罚性赔偿金的损失，自然是索赔多少就是多少损失，应予赔偿。有一个问题是，商品或者服务的本价是否为损失。对此，应当看索赔的商品是否退回。如果已经退回，支付的“退一”费用，就不是财产损失，但该商品已经损坏

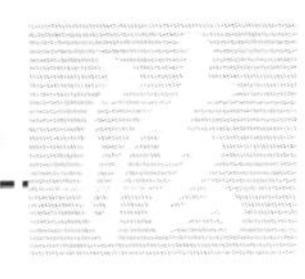

或者不退的，应当认定为损失的赔偿范围。服务具有复原、返还的不可能性，一旦给付被对方受领后，就不可能复原或者返还[①]，因而只要不是服务欺诈，所退的价金构成侵权造成的损失，应当予以赔偿。

对于维权费用的损失，应当确定确为维护权益所必需。在此原则下，凡是为恢复权利所支出的费用，都应当认定为损失数额，应予赔偿。例如调查费、取证费、公证费、聘请律师费等，都属于这种损失，都应当予以赔偿。律师费的赔偿应当依照国家规定计算，而非实际支出多少就是损失多少。

其他费用的计算，应当客观、合理，有法律依据。

四、结论

在本节结束时，笔者特别强调，在目前的交易特别是网络交易中，之所以出现比较普遍的消费欺诈行为，对该欺诈行为的法律制裁不力是一个重要原因。这表现在，无论是在法学界还是在司法界，对于消费欺诈行为，至今既没有探讨对其进行法律制裁的理论主张，也没有在司法实践中对其苛以法律责任的实际措施，不能有效地阻吓其他违法者，最多是认定其请求经营者承担经营欺诈的惩罚性赔偿责任不实，驳回其诉讼请求了事。这样的消极方法，不能或者不足以使消费欺诈行为人受到法律上的谴责，最多只有道德的谴责而已。这样发展下去，将会造成更多的违法者"呼朋唤友地"进入消费欺诈的行列，利用国家法律提供的机会，敲诈合法经营者，破坏市场经营秩序，特别是破坏网络交易秩序。如果按照本书的思路，对消费欺诈行为认定为侵权行为，分别为欺诈侵权类型或者恶意诉讼侵权类型，应当依照《侵权责任法》第6条第1款的规定，对行为人苛以侵权责任，并且有更多的被欺诈的经营者提起诉讼，追究欺诈行为人的侵权责任，维护自己的合法权益，将会有效地遏止消费欺诈行为，对维护诚信交易秩序，保护好诚信交易的经营者的合法权益，发挥重要的作用。

---

① 周江洪：《服务合同研究》，法律出版社2010年版，第16页。

第十五章

产品责任的比较法研究

第一节　有关产品责任案例的中国法适用

案例Ⅰ：刹车片故障产品责任案

一、虚拟的简要案情

X有限责任公司生产自行车。在2011年，X有限责任公司开始使用其经过测试后发现比传统材料更便宜、更耐用且总体而言更有效的新材料来生产刹车片。X有限责任公司知道在特别情况（温度、地面湿度、油污等）同时具备时，新刹车片材料可能存在突然失灵的微小风险，但是经过深思熟虑，考虑到此种风险很有可能最终发生仅仅是非常罕见的，而且比起新材料的优点此种风险并不重要，于是在该公司所有采用了新材料刹车片的自行车的产品使用说明书中，都用小字体对失灵的可能性做了说明。A购买了一辆采用新刹车片的自行车，成为新刹车片故障发生的事故中受伤的少数人之一。A的自行车也在事故中损坏了。B

是一位行人，也因为同一事故受伤。

二、中国法对本案受害人的救济方法

X 有限责任公司对 A 和 B 承担何种责任，与 A 和 B 得基于何种请求权基础对自己受到的损害加以救济，需先明晰案涉当事人之间的法律关系。为了逻辑上的周延，上述案例中应存在一个销售者，我们称其为 Z。至此，作为生产者的 X 与作为销售者的 Z 之间存在一个供应关系，可能是买卖亦可能是委托关系。Z 与作为消费者的 A 之间存在买卖合同关系；A 与作为不特定第三人的 B 之间存在侵权关系。

（一）消费者 A 的中国法救济方法

1. 救济路径一：

作为与 Z 之间存在买卖合同关系的 A 来说，可以基于中国《合同法》的规定予以救济。中国《合同法》第 112 条规定："当事人一方不履行合同义务或者履行合同义务不符合约定的，在履行义务或者采取补救措施后，对方还有其他损失的，应当赔偿损失。"第 113 条规定："当事人一方不履行合同义务或者履行合同义务不符合约定，给对方造成损失的，损失赔偿额应当相当于因违约所造成的损失，包括合同履行后可以获得的利益，但不得超过违反合同一方订立合同时预见到或者应当预见到的因违反合同可能造成的损失。""经营者对消费者提供商品或者服务有欺诈行为的，依照《消费者权益保护法》的规定承担损害赔偿责任。"A 可以依据上述规定，向法院起诉，请求 Z 依照加害给付责任请求承担违约损害赔偿责任。

《合同法》第 122 条规定："因当事人一方的违约行为，侵害对方人身、财产权益的，受损害方有权选择依照本法要求其承担违约责任或者依照其他法律要求其承担侵权责任。"由于 A 的损害是人身损害，为固有利益损害，因而依照本条规定，A 既可以行使违约损害赔偿请求权，也可以行使侵权损害赔偿请求权，由 A 根据自己的利益进行选择。

此种救济模式的请求权基础是合同关系。由于A与X之间不存在合同关系，不能依照违约损害赔偿请求X承担违约赔偿责任。

2.救济路径二：

作为消费者的A来说，可以基于《侵权责任法》请求销售者Z或生产者X承担损害赔偿责任。请求权针对销售者Z时，法律依据是《侵权责任法》第42条和第43条。请求权针对生产者X时，法律依据是《侵权责任法》第41条和第43条。这些条文的内容是，第41条："因产品存在缺陷造成他人损害的，生产者应当承担侵权责任。"第42条："因销售者的过错使产品存在缺陷，造成他人损害的，销售者应当承担侵权责任。""销售者不能指明缺陷产品的生产者也不能指明缺陷产品的供货者的，销售者应当承担侵权责任。"第43条："因产品存在缺陷造成损害的，被侵权人可以向产品的生产者请求赔偿，也可以向产品的销售者请求赔偿。""产品缺陷由生产者造成的，销售者赔偿后，有权向生产者追偿。""因销售者的过错使产品存在缺陷的，生产者赔偿后，有权向销售者追偿。"

A行使侵权损害赔偿请求权，其请求赔偿范围包括在事故中其受到的人身损害造成的损失。对于在事故中受到损害的自行车，依照《侵权责任法》第41条规定的解释，也包括在产品责任的损害赔偿范围之内。[①]

（二）不特定第三人B的中国法救济方法

按照《侵权责任法》的规定，B可以直接向X提起产品责任之诉进行索赔。当然还有另一个办法，即B向A提起侵权损害赔偿之诉。此时，A可以自己无过错为由进行免责抗辩。此时，法院可以行使释明权，追加X为被告。法院可直接判决X作为最终责任人承担产品责任。或基于过错侵权的判断标准，驳回B对A的诉讼请求，B可另行起诉X。

不过，仍然是第一种方法救济B的损害更为方便和稳妥。依照《侵权责任法》第41条规定，产品责任的请求权人并非单指缺陷产品使用者，而是"他人"。B作为缺陷产品的受害人，属于该条文规定的"他人"范围，可以直接起

① 王胜明主编：《中华人民共和国侵权责任法释义》，法律出版社2010年版，第226页。具体规则见下文。

诉产品生产者或者销售者，请求其承担产品责任。

三、中国法适用中的若干具体问题

（一）中国法规定产品责任适用双重归责原则

中国《侵权责任法》规定产品责任的归责原则，是在第41条至第43条。对于这三个条文的理解，学界的意见基本上是一致的，但有不同看法。

通说认为，《侵权责任法》规定的产品责任归责原则，为非统一说，即生产者承担最终责任，为无过错责任原则；销售者承担最终责任，为过错责任原则；生产者和销售者承担中间责任，皆为无过错责任原则。[①]

但也有不同看法即统一说，如认为产品生产者的归责原则是危险责任（无过错责任），销售者责任也应解释为不以过错为要件。[②] 这种看法为非主流看法，采纳者不多。

1.生产者承担产品责任的归责原则

依照中国《侵权责任法》第41条规定，对于生产者X承担缺陷产品造成损害的责任，为无过错责任，只要产品有缺陷，造成他人损害，具备因果关系要件，就构成产品责任的最终责任。

2.销售者承担产品责任的归责原则

《侵权责任法》第42条规定，销售者Z承担最终责任一般适用过错责任原则，即对于缺陷的发生，销售者Z有过错的，才承担最终的赔偿责任。但在特别情形下，即《侵权责任法》第42条第2款规定的“销售者不能指明缺陷产品的生产者也不能指明缺陷产品的供货者的，销售者应当承担侵权责任”的情形下，销售者Z承担产品责任的最终责任为无过错责任原则。本案中的Z不存在上述情形，不承担最终责任。

---

① 王利明：《侵权责任法研究》下卷，中国人民大学出版社2011年版，第238－239页；张新宝：《侵权责任法》，中国人民大学出版社2010年第2版，第254页；程啸：《侵权责任法》，法律出版社2011年版，第372－373页。

② 周友军：《侵权法学》，中国人民大学出版社2011年版，第318页。

（二）中国法产品责任的不真正连带责任规则

按照中国《侵权责任法》第41条至第43条规定，生产者、销售者承担的是不真正连带责任，分为对外承担方式、对内追偿方式，同时还包括第三人过错的产品责任的先付责任方式。

1.不真正连带责任的对外承担方式

依照《侵权责任法》第43条第1款提供的请求权基础，被侵权人可以依据该条款，要求生产者或者销售者承担损害赔偿责任。无论是生产者还是销售者，都有责任向提出请求的被侵权人承担全部的赔偿责任。这种规则，我们称之为“中间责任”。

2.不真正连带责任的对内追偿方式

如果被侵权人选择起诉的是销售者，销售者应该依据第43条第1款的规定承担无过错责任，不能依据《侵权责任法》第42条第1款规定以自己无过错对抗受害人的请求。销售者承担责任后，可以向生产者进行追偿。该追偿权行使的前提是第43条第2款前段规定的“产品缺陷由生产者造成的”，而该段条文所指，就是第41条前段规定的生产者对缺陷产品承担的无过错责任。

如果被侵权人选择起诉的是生产者，生产者应当依据第43条第1款的规定承担无过错责任。生产者承担赔偿责任之后，如果产品缺陷是由于销售者的过错造成的，则可以向销售者进行追偿。可见，销售者承担最终责任的基础，就是《侵权责任法》第42条规定的过错责任。

承担了中间责任的生产者或者销售者对对方的追偿，其实就是实现最终责任的承担，将产品责任最终归咎于应当承担赔偿责任的那一方当事人。

3.产品生产者、销售者对有责任第三人的追偿

中国《侵权责任法》第44条规定：“因运输者、仓储者等第三人的过错使产品存在缺陷，造成他人损害的，产品的生产者、销售者赔偿后，有权向第三人追偿。”按照这一规定，因运输者、仓储者等第三人的过错使产品存在缺陷的，原则上被侵权人不能直接起诉运输者、仓储者等第三人，而应该起诉产品的生产者和销售者。产品的生产者、销售者赔偿后，再向有过错的第三人追偿。这种法定

的由生产者、销售者先承担责任再进行追偿的规则，学说上称其为“先付责任”[①]。这种规则有利于简化诉讼关系，但在特定情形下，会出现所谓的“索赔僵局”，即生产者、销售者无力承担全部或者部分赔偿责任时，由于“先付责任”规则的存在，被侵权人不能绕过生产者、销售者起诉有过错的第三人，导致无法获得必要的救济。就此问题，我们建议在先付责任人无力全部或者部分承担赔偿责任时，应该允许被侵权人直接依据《侵权责任法》第6条第1款规定适用过错责任原则，起诉有过错的第三人，请求其承担应该承担的最终责任。

（三）中国法关于缺陷的认定规则

1. 中国法对缺陷的基本分类

中国学者对中国法规定的缺陷的理解有不同意见，主要是四缺陷说和三缺陷说。四缺陷说认为，产品缺陷包括设计缺陷、制造缺陷、警示说明缺陷和跟踪观察缺陷（即《侵权责任法》第46条规定的未及时采取警示、召回等补救措施或者补救措施不力的缺陷）。[②] 三缺陷说认为，产品缺陷只包括设计缺陷、制造缺陷和警示说明缺陷。[③] 四缺陷说是通说，三缺陷说是少数人意见。

2. 本案的这种缺陷中国法视为设计缺陷

关于案情提示的“X有限责任公司知道在特别情况（温度、地面湿度、油污等）同时具备时，新刹车片材料可能存在突然失灵的微小风险，但是经过深思熟虑此种风险很有可能最终发生仅仅是非常罕见的，而且比起新材料的优点此种风险并不重要”这种情形，中国法认为属于设计缺陷。学者提出的认定设计缺陷的标准是：（1）其设计存在危及人身、财产安全的不合理危险；或（2）其设计不符合保障人体健康、人身和财产安全的国家或者行业标准。[④] 本案的情形完全符合上述标准。

---

① 杨立新：《论不真正连带责任类型体系及规则》，《当代法学》2012年第3期。

② 王利明：《侵权责任法研究》下卷，中国人民大学出版社2011年版，第248页以下；张新宝：《侵权责任法》，中国人民大学出版社2010年第2版，第250-252页；杨立新：《侵权责任法》，法律出版社2012年版，第303-305页。

③ 程啸：《侵权责任法》，法律出版社2011年版，第390-391页。

④ 张新宝：《侵权责任法》，中国人民大学出版社2010年第2版，第250页。

既然是X公司生产的该款产品存在设计缺陷，就是存在固有缺陷，因此不能适用关于警示说明缺陷的认定标准。认定警示说明缺陷的标准是，产品存在合理危险，但产品在销售时没有充分的警示和说明。[①] 既然该案的刹车片存在的缺陷是固有缺陷，而不是经过警示说明就能够避免损害发生的合理危险，那么，上述A与B的救济途径，不会因X在产品使用说明中的警示而有所影响。按照《产品质量法》第46条关于“本法所称缺陷，是指产品存在危及人身、他人财产安全的不合理的危险；产品有保障人体健康和人身、财产安全的国家标准、行业标准的，是指不符合该标准”的规定，即使该产品满足了国家标准或行业的强制性要求，X仍将消费者置于不合理的危险下，尽管发生几率极低，但仍旧属于缺陷产品。

（四）关于生产者免责情形

产品责任虽为无过错责任，但不是绝对责任，生产者仍存在具有法定事由而减轻或者免除责任的情形。中国《侵权责任法》对生产者不承担责任或者减轻责任的情形未作具体规定，在实践中，是否免除或者减轻生产者的产品责任，应当依据《产品质量法》的具体规定。X能否免责的法律标准也正是依据这个条文。《产品质量法》第41条第2款规定：“生产者能够证明有下列情形之一的，不承担赔偿责任：(1) 未将产品投入流通的；(2) 产品投入流通时，引起损害的缺陷尚不存在的；(3) 将产品投入流通时的科学技术水平尚不能发现缺陷存在的。”最高人民法院《关于民事诉讼证据的若干规定》第4条第1款第6项规定，因缺陷产品致人损害的侵权诉讼，由产品的生产者就法律规定的免责事由承担举证责任。即使产品缺陷是在产品投入流通后发现的，根据《侵权责任法》第46条的规定，生产者、销售者应当及时采取警示、召回等补救措施；未及时采取补救措施或者补救措施不力造成损害的，应当承担侵权责任。

第一，本案的自行车刹车片缺陷，并不属于发展风险的免责事由，即《产品质量法》第41条第2款第3项规定的免责事由。认定发展风险免责事由的基本依据，是“将产品投入流通时的科学技术水平尚不能发现缺陷存在”。按照案例

---

① 杨立新：《侵权责任法》，法律出版社2012年版，第263页。

提示，X公司在将该自行车投放市场之时，是明知“在特别情况（温度、地面湿度、油污等）同时具备时，新刹车片材料可能存在突然失灵的微小风险”的，只是认为“此种风险很有可能最终发生仅仅是非常罕见的，而且比起新材料的优点此种风险并不重要”，因而将该刹车片用于该款自行车，并且投放市场。可见，X公司对此缺陷是明知的，在主观上对于损害的发生具有放任的间接故意。因此，对于X公司的行为不能适用发展风险的抗辩，不能免除责任。

第二，当产品存在合理危险的时候，生产者的充分警示说明可以免除责任。在本案中，X在生产自行车时，已经知道新刹车片材料可能存在突然失灵的微小风险，并在采用了新材料刹车片的自行车的产品使用说明书中用小字体对失灵的可能性做了说明。中国法认为，由于该缺陷属于设计缺陷，是固有缺陷，因而不适用对于产品中存在合理危险应当充分警示说明的范围。即使有警示，也无免责可能。同时，即使认为这种危险是合理危险须做充分的警示说明，但X采取的警示措施也不符合中国《消费者权益保护法》关于产品警示说明作出的规定。该法第18条规定：“对可能危及人身、财产安全的商品和服务，应当向消费者作出真实的说明和明确的警示，并说明和标明正确使用商品或者接受服务的方法以及防止危害发生的方法。”因此，X没有尽到警示说明义务，应承担侵权责任。

（五）关于产品自损的赔偿责任

产品责任的赔偿范围是否包括产品自损，各国立法基本持否定态度，中国《侵权责任法》却对此作出了肯定性的规定。这一规定源于《侵权责任法》第41条与《产品质量法》第41条关于损害的不同的内容。

中国《侵权责任法》第41条规定产品责任构成要件中的“损害”要件，与《产品质量法》第41条规定的内容不同，区别在于：前者为“造成他人损害的”，后者为“造成人身、缺陷产品以外的其他财产（以下简称他人财产）损害的”。这个区别十分明显，《侵权责任法》的立法意图显然是有意而为。本条的财产损害，既包括缺陷产品以外的其他财产的损害，也包括缺陷产品本身的损害，这样，有利于及时、便捷地保护用户、消费者的合法权益。[①] 多数学者赞成产品责

① 王胜明主编：《中华人民共和国侵权责任法释义》，法律出版社2010年版，第226页。

任的损害范围包括产品自损的解释，即产品责任的损害是指缺陷产品造成的产品本身的损害，以及产品以外的人身和财产损害。①

对此，有不同见解，认为缺陷产品的价金损失，应当依据《产品质量法》第4条规定以及《合同法》的有关规定处理，不属于产品责任的损害范围②，损害是指缺陷产品所导致的死亡、人身伤害和财产损失以及其他损失，不包括缺陷产品本身的价值损失，对此，《产品质量法》的规定是科学的。③

笔者赞同法工委立法专家以及多数学者的意见，这也是在制定《侵权责任法》想要解决的一个问题。在产品责任中，如果发生缺陷产品的损害即购买产品的合同预期利益损害，最好能够将违约损害赔偿责任的诉讼与产品责任的侵权损害赔偿责任的诉讼合并一起向法院起诉。这样的好处是方便对受害人的保护，避免基于同时发生的侵权损害赔偿争议与违约损害赔偿争议分别起诉，增加受害人的讼累。这种思路，在原来的诉讼思想中是不可以的，因此，《产品质量法》才分别规定了第40条和第41条加以区别。究竟是拘泥于传统理论和规则而使受害人必须进行两次诉讼，才能够保护好自己的权利，还是打破常规，更加有利于方便诉讼，保护受害人的民事权益，立法者选择了后者。正是基于这个原因，才出现了《侵权责任法》第41条对“损害”概念的重新界定。只有这样对这个“损害”进行理解，才能够准确确定该条的含义。

可以确定，《侵权责任法》第41条规定的“损害”，既包括缺陷产品造成受害人的人身、财产损害，也包括缺陷产品本身的损害。还应当指出的是，产品责任中的损害首先是指固有利益的损害，即人身损害和缺陷产品损害之外的财产损害，其次才是缺陷产品的自身损害。前者是侵权责任，后者是违约责任，性质不同。对这个损害的上述解释，不仅约束第41条，而且包括《侵权责任法》第五章规定的所有的产品责任。对此，不应当再适用《产品质量法》的相关规定。

受害人在起诉缺陷产品造成自己人身、财产损害的同时，一并起诉缺陷产品

① 王利明：《侵权责任法研究》，中国人民大学出版社2011年版，第252页。

② 张新宝：《侵权责任法》，中国人民大学出版社2010年第，第253页。

③ 张新宝：《侵权责任法》，中国人民大学出版社2010年版，第252、253页。

本身损害的违约损害赔偿责任的，人民法院应当予以支持，不得强制被侵权人必须分别提起两个诉讼。但是应当明确，这是两个诉的合并，而不是一个诉。在这两个诉的管辖不同的时候，按照《侵权责任法》第 41 条规定，可以合并在一个法院管辖，而不是依据不同的管辖由不同的法院审理。当然，如果受害人愿意在两个法院起诉的，法律也不禁止。

（六）关于惩罚性赔偿责任

大陆法系的产品责任一般没有关于惩罚性赔偿责任的内容。值得重视的是，大陆和台湾地区的消费者保护法都规定了惩罚性赔偿责任，应用于消费者保护领域。20 年来的司法实践，证明惩罚性赔偿责任在保护消费者以及产品责任的受害者的问题上，起到了重要的作用。

中国的惩罚性赔偿责任源于 1993 年的《消费者权益保护法》第 49 条，规定了产品欺诈和服务欺诈的违约惩罚性赔偿责任。随后，中国继续扩展惩罚性赔偿责任的适用范围，在 2009 年制定的《食品安全法》第 96 条第 2 款规定了恶意食品侵权责任的惩罚性赔偿责任："生产不符合食品安全标准的食品或者销售明知是不符合食品安全标准的食品，消费者除要求赔偿损失外，还可以向生产者或者销售者要求支付价款十倍的赔偿金。"同年通过的《侵权责任法》第 47 条规定："明知产品存在缺陷仍然生产、销售，造成他人死亡或者健康严重损害的，被侵权人有权请求相应的惩罚性赔偿。"

因此，在中国，A 与 B 还可基于《侵权责任法》第 47 条规定，以 X 明知产品存在缺陷仍然生产、销售而请求惩罚性赔偿。理由是 X 公司对于产品存在的设计缺陷可能造成的损害采取放任的间接故意态度，构成恶意产品侵权责任。

恶意产品侵权的惩罚性赔偿责任，《侵权责任法》第 47 条没有规定具体的计算方法，《消费者权益保护法》已经规定了具体的计算方法，即"经营者明知商品或者服务存在缺陷，仍然向消费者提供，造成消费者或者其他受害人死亡或者健康受到严重损害的，受害人有权要求经营者依照本法第四十九条、第五十一条等法律规定赔偿损失，并有权要求所受损失二倍以下的惩罚性赔偿"。该修正案通过之后，本案的 A 和 B 就可以依据这样的规定，请求 X 承担惩罚性赔偿责任。

案例Ⅱ：血液感染损害责任案

一、虚拟的简要案情

A于2005年在X医院由于输血感染了N型肝炎。感染的来源是Y有限责任公司提供给X医院的，而血液是从不知道自己是N型肝炎病毒携带者的捐赠者Z采集的。当时，在献血中存在N型肝炎的风险已经被发表在一本科学杂志的一篇论文所表明，但世界上只有少量的研究室有能力检测其在特定数量的血液当中的存在，多数的科学团体并不相信此种情况（N型肝炎）真正存在。直到后来此种情况的存在才被普遍接受，能够使医院和血液提供者筛选出被感染群体的检测方法也被开发出来。

二、中国法对本案受害人的救济方法

应当确定的是，中国《侵权责任法》2009年12月通过，2010年7月1日生效。此前的血液感染责任规则与《侵权责任法》第59条规定并不相同。本书不作此区别，以《侵权责任法》第59条规定作为讨论背景。

另外，在中国只有“血站”这一种血液提供者。血站是由政府运作的采血和血液提供机构。因此，在中国没有类似Y公司这样的营利性公司。尽管如此，血站仍然是承担血液提供者责任。

（一）中国法规定的X医院对A的责任

1.合同责任

由于中国当前的医疗体制以及血液收集和供应体系，在法律实践中，无论是医患关系还是输血关系，通常不作为合同关系看待，故X医院对A不承担合同责任。如果患者特别主张以违约确定医疗机构的责任，未尝不可，但较为少见，且赔偿数额不足。

2. 侵权责任

（1）过错责任

《献血法》第 13 条规定："医疗机构对临床用血必须进行核查，不得将不符合国家规定标准的血液用于临床。"第 12 条规定："临床用血的包装、储存、运输，必须符合国家规定的卫生标准和要求。"根据中国法的上述规定，医疗机构未对用血进行核查导致所使用血液不符合国家规定标准，或者在血液包装、储存、运输中不符合国家规定标准的，即为有过错。同法第 22 条规定："医疗机构的医务人员违反本法规定，将不符合国家规定标准的血液用于患者的，由县级以上地方人民政府卫生行政部门责令改正；给患者健康造成损害的，应当依法赔偿，……"X 作为医疗机构，如果在输血中因其过错行为造成患者 A 的损害，应当承担过错责任。

本案中，由于造成 A 损害的缺陷本身存在于血液之中，根据上述法律规定，A 如向 X 主张过错责任，应当证明 X 未按照国家规定标准对血液进行检验。由于输血时 N 型肝炎的存在尚不为医学界普遍认可，也没有广泛采用的检验方法，相关国家标准未将其规定为检验项目，X 没有过错。故 A 无法向 X 主张过错责任。

不过，在《侵权责任法》第 59 条规定情形下，基本上没有人将按照过错责任的请求权作为请求赔偿的基础。上述说明只是强调，如果受害患者刻意主张过错责任追究医疗机构的责任，并非没有法律依据。

（2）无过错责任

《侵权责任法》第 59 条规定："因药品、消毒药剂、医疗器械的缺陷，或者输入不合格的血液造成患者损害的，患者可以向生产者或者血液提供机构请求赔偿，也可以向医疗机构请求赔偿。患者向医疗机构请求赔偿的，医疗机构赔偿后，有权向负有责任的生产者或者血液提供机构追偿。"根据该条规定，因输入不合格的血液受到损害的患者，可向医疗机构或者血液提供者请求承担责任，而无须考虑医疗机构有无过错。故 A 可以向 X 主张无过错责任。

本案中，由于 A 在 X 医院治疗期间由 X 为其输入了含有 N 型肝炎病毒的血液，该血液含有对患者的生命健康具有危险的缺陷，即为“不合格血液”。A输入该血液后，自身罹患N型肝炎，其健康权受到损害，可以依据上述法律条文向医疗机构X请求赔偿。由于输血时对N型肝炎的存在尚有争议，且X医院根据当时的检验规范并未对血液是否含有N型肝炎病毒进行检验，因而，X无法证明其所输血液中是否含有N型肝炎病毒。因此，A只需证明其在X医院进行了输血，并初步证明其没有感染N型肝炎的其他渠道（如之后未进行其他输血）即可，而由X反证A有因其他原因感染N型肝炎的可能性。

根据《侵权责任法》第59条规定，A可以向医疗机构X主张无过错责任，也可以向血液提供者Y主张无过错责任。A选择向X主张责任时，不论造成血液不合格的原因是什么，X都应向A承担全部责任。X承担责任后，如血液不合格是由于血液提供者的原因造成的，X可以向Y追偿。

（二）Y有限责任公司对A的责任

1.合同责任

根据中国当前的血液供应体系，血液提供者将血液提供给医疗机构后，由医疗机构向患者供血。血液提供者与输血患者之间没有直接的合同关系。因此，Y有限责任公司与A之间不存在合同关系，故其对A的损害不承担合同责任。

2.侵权责任

根据《侵权责任法》第59条的规定，患者可以向血液提供机构请求赔偿。据此，Y作为血液提供者，应对A因输入不合格血液造成的损害承担无过错责任。此时，Y与医疗机构X对A承担不真正连带责任，A可以向X或Y主张责任。

（三）献血者Z对A的责任

1.合同责任

Z作为献血者，与血液输入者A之间无合同关系，故无合同责任。

2.侵权责任

《侵权责任法》第6条第1款规定了过错责任原则为侵权责任的一般归责原则。本案中，Z献血时不知自己为N型肝炎病毒的携带者，不具有通过献血传播

病毒侵害他人的故意。Z 作为献血者，亦不负有对血液进行检测的义务，对 A 的损害也未有过失。故 Z 对 A 不承担过错责任。

如果 Z 明知自己为 N 型肝炎病毒携带者而故意献血，则为有过错，应当依照《侵权责任法》第 6 条第 1 款规定承担过错责任。

（四）时间因素对责任承担的影响

根据《民法通则》第 136 条的规定，身体受到伤害要求赔偿的，诉讼时效为 1 年。该法第 137 条规定，诉讼时效自知道或者应当知道权利受到侵害时起算。A 虽然 2005 年即输入不合格血液，但其损害后果 2012 年方显现，故其在 2012 年方知道其健康权受到侵害，自此时起算诉讼时效。

三、中国法适用中的若干具体问题

（一）血液是否属于产品

《侵权责任法》第 59 条是产品责任在医疗领域内的应用。对此问题，最具有争议的就是血液是否属于产品。对于血液这种人体组织可否定性为产品，中国学者有三种不同意见。一种意见认为，血液是产品，血站是产品的生产者，医院是产品的销售者，理由是，血液在使用之前经过加工，存在加工、制作的过程，血站按照一定的价格将血液交付医院，是一个等价交换的行为。① 第二种意见认为，血液不应当属于产品的范畴，因为对血液的加工、制作并不是为了销售，亦非营利，不符合产品质量法规定的产品属性，不是产品。② 第三种意见是，血液是准产品，类似于产品，可以适用关于产品的规定。③

这种争议的实质，在于血液致人损害是否应当适用产品责任所规定的无过错责任。笔者认为，《侵权责任法》第 59 条将不合格血液与缺陷医疗产品并列，适用无过错责任，使这一争论不再有特别的意义。无论从血液本身的性质角度是否

① 王利明等：《中国侵权责任法教程》，人民法院出版社 2010 年版，第 524 页。

② 梁慧星：《消费者法及其完善》，《工商行政管理》2000 年第 21 期。

③ 杨立新：《医疗产品责任三论》，《河北法学》2012 年第 6 期。

将血液作为产品看待，输血致害适用产品责任已无争论。①

（二）输血致害责任的构成要件

根据《侵权责任法》第59条的规定，输血致害责任的构成要件为：

1.输入的血液不合格

所谓血液不合格，是指血液具有无法治疗患者疾病，甚至危害患者生命健康的缺陷，包括：第一，采集的血液本身不符合医学用血的各项指标，不能为患者起到输血所应当达到的治疗效果。第二，所采集、提供和使用的血液本身有害，如血液中包含致病细菌或病毒。第三，血液本身不存在上述问题，但血液提供者或医疗机构在加工、保管、运输、分装、储存等过程和环节中使血液受到污染。②

对于《侵权责任法》第59条规定的“缺陷产品”与“不合格血液”之间有何种关系，中国学者有不同认识。

一种观点认为，“不合格”与“缺陷”不同。对于血液而言，血液提供者和医疗机构在血液采集、检验、加工、保管、运输、分装、储存过程中，应该按照卫生部发布的《血站基本标准》（卫医发〔2000〕448号）、《单采血浆站基本标准》（卫医发〔2000〕424号）等行政规章和技术性规范进行。医疗机构、血液提供者遵循上述规范的，血液即为“合格”。但是“合格”并不意味着血液一定没有“缺陷”。只有血液“不合格”时，血液提供者与医疗机构才承担责任。此处的“不合格”，实际上是指血液提供者及医疗机构对血液有缺陷具有过错，也就是说，此处的“合格”表面上指向的是血液，实则根据血液提供者及医疗机构的行为进行判断。《侵权责任法》第59条对于血液损害责任，实际上采取了过错责任原则的立场，但从举证难易及方便受害人救济的角度，是否“合格”的举证责任，应当由血液提供者及医疗机构承担。③

另一种观点认为，立法使用“不合格血液”与“缺陷产品”只是基于语言习

① 杨立新：《医疗产品责任三论》，《河北法学》2012年第6期。

② 王利明：《侵权责任法研究》下卷，中国人民大学出版社2011年版，第388－389页。

③ 杨立新、岳业鹏：《医疗产品损害责任的法律适用规则及缺陷克服——“齐二药”案的再思考及〈侵权责任法〉第59条的解释论》，《政治与法律》2012年第9期。

惯上的差异。根据第59条将不合格血液与缺陷产品并列的立法本意，只要是输血造成患者的损害，医疗机构或血液提供机构即应当承担无过错责任，而不应区分血液缺陷形成的原因。[①]

笔者认为，此一争论的本质，在于医疗机构和血液提供机构是否应承担现有科技的发展风险。此种发展风险包括两种可能的情形。(1) 知道某种病毒或者细菌的存在，但限于现有的技术条件限制，如漏检率和窗口期的存在，虽严格按照技术规范检验仍无法检出。(2) 某种病毒或者细菌的存在为当时的医学科技所不知悉，如本案例的情形。

根据《侵权责任法》第59条的规定，在血液不合格的情况下，只要造成患者损害，医疗机构就应当承担责任，而不能以发展风险（即依据现有科学技术不能发现和避免的缺陷）作为抗辩事由。立法者作出此种规定，其目的在于强化对患者的保护，督促医疗机构和血液提供机构采取措施预防损害的发生。[②]

2. 患者遭受损害

基于血液不合格的不同原因，患者所遭受的损害包括因所输入血液不具备应有的治疗效果而延误治疗，因所输入血液含有病毒和细菌而受到感染，或者因血液污染遭受的生命健康损害。其损害范围，包括患者的人身损害和精神损害。

3. 血液不合格与患者损害之间存在因果关系

在因果关系的判断上，应采纳相当因果关系规则。

（三）医疗机构与血液提供者之间的责任承担关系

1. 参照《侵权责任法》第43条规定确定责任承担

根据《侵权责任法》第59条的规定，在输血致害责任中，医疗机构与血液提供者均应承担无过错责任。同时，对于两者之间的责任承担关系，该条规定，“患者可以向生产者或者血液提供机构请求赔偿，也可以向医疗机构请求赔偿”。同时，“患者向医疗机构请求赔偿的，医疗机构赔偿后，有权向负有责任的生产者或者血液提供机构追偿”。因而，医疗机构与血液提供者之间为不真正连带责

① 王利明：《侵权责任法研究》下卷，中国人民大学出版社2011年版，第388页。
② 王利明：《侵权责任法研究》下卷，中国人民大学出版社2011年版，第417页。

任，即患者可以向两者之中的任何一人主张承担中间责任，而在医疗机构与血液提供者之间，将由一人承担最终责任。此与连带责任的最终责任由各责任人分担不同。[①] 其责任承担关系，与《侵权责任法》第 43 条规定的产品生产者与产品销售者之间的不真正连带责任相同。但是，第 59 条仅规定了医疗机构承担责任后向"负有责任的"血液提供者的追偿权，而未规定血液提供者在承担责任后，向有过错的医疗机构的追偿。对此，应当准用第 43 条的规定，允许追偿。

2. 医疗机构和血液提供者均无过错

按照《侵权责任法》第 59 条第 2 句的规定，医疗机构承担了不合格血液造成损害的赔偿责任之后，如果血液提供机构不"负有责任"即无过错，将应当如何处理，法律并未规定。在这种情况下，医疗机构和血液提供者均无过错，只让医疗机构承担赔偿责任，显系不公，笔者认为应当由双方承担按份责任，医疗机构承担赔偿责任之后，有百分之五十的求偿权。

3. 医疗机构与血液提供者均有责任

在医疗机构与血液提供者之间也有可能存在连带责任的情形。例如，血液提供者提供的血液不合格，同时医疗机构在输血过程中也存在过错，两个原因造成同一个损害，根据《侵权责任法》第 8 条规定，构成客观关联共同的共同侵权责任，应当由医疗机构与血液提供者承担连带责任。对此，根据《侵权责任法》第 13 条的规定，患者可以向两者或者其一主张全部责任。医疗机构与血液提供者之间，则根据其过错程度及其行为与损害之间的原因力大小确定各自的责任份额。难以确定责任份额的，平均承担赔偿责任。一方承担了超出自己应承担的责任份额的，可向另一方追偿。

（四）在血液致害责任中引入无过错责任的正当性

《侵权责任法》在医疗损害责任中坚持医疗机构承担过错责任，但在医疗产品责任和输血致人损害责任则引入了无过错责任，正是考虑到过错责任在医疗产品责任领域对于患者权利保护不足之弊。一方面，患者对于所输入血液是否合格

---

① 杨立新：《〈侵权责任法〉改革医疗损害责任制度的成功与不足》，《中国人民大学学报》2010 年第 4 期。

完全没有辨别、控制和预防的能力，其接受输血，是基于对血液提供者和医疗机构专业技术能力的信赖。而医疗机构和血液提供者作为具有专业能力者，具有远较患者为强的风险控制能力。要求其对患者的损害承担无过错责任，可以更好地督促其严格履行职责，将输血的风险最小化。另一方面，在输血致害案件中，特别是在输血感染的情况下，患者的损害极大，由患者承担损害会影响其生存的基本权利，不符合社会公平与正义原则的要求。

在《侵权责任法》前，2002 年生效的《医疗事故处理条例》第 33 条规定："有下列情形之一的，不属于医疗事故：……（四）无过错输血感染造成不良后果的；……"第 49 条规定："不属于医疗事故的，医疗机构不承担赔偿责任。"因此，医疗机构对无过错输血不承担侵权责任。但法学理论界和实务界普遍认为，这种做法使患者的权利无法得到应有的保护，有违法律的公平性。因此，法院往往通过适用《民法通则》第 132 条规定，即"当事人对造成损害都没有过错的，可以根据实际情况，由当事人分担民事责任"，判决由医疗机构给予患者适当补偿。《侵权责任法》生效之后，由于医疗机构在无过错的情况下仍将承担无过错责任，故已无继续适用《民法通则》第 132 条补偿责任的必要。

是否应当在输血致害案件中引入产品责任，其争议的焦点是是否应将血液作为产品来看待。立法者最终决定将输血致害责任与医疗产品责任合并规定，从而使血液取得了准产品的地位，将输血的风险由患者转移至医疗机构和血液提供者，解决了患者证明血液提供者、医疗机构过错的困难，也避免了患者承担医学发展风险，保障了患者的合法权利，有利于体现公平正义的法律精神。当然，在输血致害案件中引入无过错责任，在起到保护患者权利作用的同时，也可能会过分加重医疗机构和血液提供者的负担，特别是承担因发展风险引发的损害的负担。为此，可通过责任保险和赔偿基金制度予以解决。

（五）血液损害不适用医疗损害的抗辩事由

《侵权责任法》第 60 条规定："患者有损害，因下列情形之一的，医疗机构不承担赔偿责任：（一）患者或者其近亲属不配合医疗机构进行符合诊疗规范的诊疗；（二）医务人员在抢救生命垂危的患者等紧急情况下已经尽到合理诊疗义务；（三）限于当时的医疗水平难以诊疗。前款第一项情形中，医疗机构及其医务人员也有过错的，应当承担相应的赔偿责任。”此为医疗侵权责任的抗辩事由。其中，第1项是受害人（及其家属）的过错为造成损害的原因；第2、3项是医疗机构已经达到该法第57条所规定的“当时的医疗水平”而没有过错。由于血液损害责任适用的是无过错责任原则，为无过错责任，即使医疗机构没有过错也不能免除其责任，因此无法适用上述第2、3项抗辩事由。由于血液损害责任的基础是血液不合格，而血液不合格不可能是由患者或者其家属不配合治疗的过错行为造成的，因而也无法适用该条第1项所规定的抗辩事由。

案例Ⅲ：桥梁垮塌损害责任案

一、虚拟的简要案情

A是正在行使公共通行权的行人，由于Y委托X有限责任公司在Y所有的土地上建造的桥梁垮塌而受伤，桥梁基于Y直接委托的Z建筑师所起草的设计图建造。后来发现Z的设计图是有缺陷的，并且导致了垮塌。Y承担了指示另一位建筑师重新设计桥梁的费用，并且根据最初的约定，X有限责任公司有义务无附加报酬地建造一座新的桥梁。

二、中国法对本案受害人的救济方法

为了方便讨论，笔者先对当事人在中国法上的法律地位进行定性：Y是土地所有人、桥梁所有人、建设人，X有限责任公司是施工人，Z是设计人。

（一）X有限责任公司、Y和Z对A承担的责任

《侵权责任法》的起草程序从2007年《物权法》颁布之后重启，2008年4月正式开始起草。2008年5月12日中国四川省发生里氏8.0级大地震，大量房屋倒塌造成巨大损害，其中部分建筑物涉及质量问题，引起立法机关的高度重视，

并就建筑物设置缺陷致害责任单独制定了该法第 86 条。[①]

《侵权责任法》第 86 条第 1 款规定："建筑物、构筑物或者其他设施倒塌造成他人损害的，由建设单位与施工单位承担连带责任。建设单位、施工单位赔偿后，有其他责任人的，有权向其他责任人追偿。"该规定的特点是：第一，直接责任人是建设单位与施工单位。建设单位是指建筑工程的投资方，根据《物权法》第 30 条的规定，对合法建造的建筑工程享有所有权。第二，设计人不是直接责任人，概括在"其他责任人"之中。第三，建设单位、施工单位承担侵权责任适用过错推定责任原则，与缺陷产品责任存在区别。第四，对于不动产"设计缺陷"的性质没有明确，而适用于全部的因设置缺陷导致的倒塌致害。

根据该款规定，Y 作为建设单位，X 有限责任公司作为施工单位，对 A 承担连带责任。Z 作为设计人，不对 A 承担直接的责任。Y、X 有限责任公司承担责任后，可以向有过错的 Z 追偿。

需要说明的是，学说对于该款"连带责任"的规定存在争议。很多学者认为，不动产设置缺陷倒塌致害的"连带责任"应该解释为不真正连带责任。主要理由在于，尽管中国法的不动产作为整体不属于产品，但不动产设置缺陷致害的责任承担规则与产品责任是类似的，应该采用与《侵权责任法》第 41 条类似的表述方式，即"因建筑物、构筑物或者其他设施存在设置缺陷而倒塌造成损害的，被侵权人可以向建设单位请求赔偿，也可以向施工单位请求赔偿"[②]。进而，不动产设置缺陷不真正连带责任也具有类似缺陷产品不真正连带责任的"先付责任"和"索赔僵局"问题。[③] 笔者同意这种意见。

（二）中国法的建筑设计图不是产品而是服务

在中国法，建筑设计图本身不被视为"产品"，而是作为一种服务的成果。《合同法》第 269 条第 1 款规定："建设工程合同是承包人进行工程建设，发包人支付价款的合同。"第 2 款规定："建设工程合同包括工程勘察、设计、施工合

① "全国人民代表大会法律委员会关于《中华人民共和国侵权责任法（草案）》审议结果的报告"，在 2009 年 12 月 22 日第十一届全国人大常委会第十二次会议上。

② 王竹：《〈侵权责任法〉第 86 条第 1 款的理解与适用》，《月旦民商法》第 31 期。

③ 杨立新：《论不真正连带责任类型体系及规则》，《当代法学》2012 年第 3 期。

同。”可见，建设工程设计合同系设计人向建设单位提供的一项服务，适用合同法的责任制度。

（三）Z对X有限责任公司和Y承担的责任及其性质

1.对X有限责任公司与Y之间的责任分担分析

最高人民法院《关于审理建设工程施工合同纠纷案件适用法律问题的解释》第12条规定：“发包人具有下列情形之一，造成建设工程质量缺陷，应当承担过错责任：（一）提供的设计有缺陷；（二）提供或者指定购买的建筑材料、建筑构配件、设备不符合强制性标准；（三）直接指定分包人分包专业工程。”“承包人有过错的，也应当承担相应的过错责任。”

根据该条司法解释的规定，Y作为建设单位，为作为施工单位的X有限责任公司提供的设计有缺陷，导致了建设工程质量缺陷，应当承担过错责任。因此，参照《侵权责任法》第43条规定，如果A向X有限责任公司请求赔偿，X有限责任公司承担赔偿责任后，可以向Y追偿。A也可以向Y直接请求赔偿。即在X有限责任公司和Y之间，就A的伤害，由Y承担最终责任。承担最终责任的，是有过错的一方。

不过，也存在承担连带责任的可能。如果Y要求建设的工程存在设计缺陷，X有限责任公司在施工中也有过错，则构成客观关联共同的共同侵权行为，双方应当承担连带责任，按照份额承担最终责任。

2.Z对Y的责任

Z作为设计人，提供的设计存在缺陷，违反了工程设计合同。《合同法》第280条规定：“勘察、设计的质量不符合要求或者未按照期限提交勘察、设计文件拖延工期，造成发包人损失的，勘察人、设计人应当继续完善勘察、设计，减收或者免收勘察、设计费并赔偿损失。”按照该条规定：第一，Y另行委托了设计人，因此Z无须继续完善设计；第二，Z应当减收或者免收设计费；第三，Z应该对Y造成的损失承担赔偿责任。

Z对Y造成的损失赔偿，如果设计合同中有约定的，按照约定执行。如果没有约定，赔偿包括：第一，Y对A承担的赔偿责任（参见前文“1.对X有限责

任公司与Y之间的责任分担的分析”），这是追索的诉讼。第二，Y由于另行委托设计人的设计费，这是追索的诉讼。第三，Y所有的土地和桥梁因为桥梁垮塌造成的其他损失，应当按照该桥梁不垮塌而获得的受益计算，即按照履行利益计算，这是直接的诉讼。而根据合同，X有限责任公司有义务无附加报酬地建造一座新的桥梁，因此无须负担新桥建设费用。

3.Z对X有限责任公司的责任

《民法通则》第92条规定："没有合法根据，取得不当利益，造成他人损失的，应当将取得的不当利益返还受损失的人。"Z与X有限责任公司之间无合同关系，但因X有限责任公司有义务无附加报酬地建造一座新的桥梁，Z构成不当得利。因此，Z负有返还建设新桥梁成本的义务，这是追索的诉讼。

三、中国法适用中的若干具体问题

中国法在《产品质量法》中强调产品不包括不动产，《侵权责任法》第86条规定建筑物、构筑物以及其他设施倒塌损害责任，其宗旨在于将产品责任和不动产责任区分开，分别适用不同的法律规则。其主要的问题是：

（一）不动产设计缺陷致害的设计人责任法律适用

中国法上对于不动产设计缺陷致害的设计人责任，在《侵权责任法》生效之前，适用《人身损害赔偿司法解释》第16条，与现行《侵权责任法》有所不同。原规定如下："下列情形，适用民法通则第一百二十六条的规定，由所有人或者管理人承担赔偿责任，但能够证明自己没有过错的除外：（一）道路、桥梁、隧道等人工建造的构筑物因维护、管理瑕疵致人损害的；（二）堆放物品滚落、滑落或者堆放物倒塌致人损害的；（三）树木倾倒、折断或者果实坠落致人损害的。""前款第（一）项情形，因设计、施工缺陷造成损害的，由所有人、管理人与设计、施工者承担连带责任。"该规则的主要特点是：第一，责任人包括所有人、管理人、设计人和施工者。第二，在归责原则上适用过错推定责任。第三，明确了不动产"设计缺陷"。如果按照该规定，案例中作为桥梁所有人的Y与施

工者X有限责任公司、设计人Z对A承担连带赔偿责任。需要指出的是，与对《侵权责任法》第86条第1款规定的“连带责任”的批评类似，这种责任形态实际上也是不真正连带责任。[①]

笔者认为，《侵权责任法》第86条第1款的规定改变了《人身损害赔偿司法解释》第16条的规定，设计人不再作为直接责任人，是正确的选择，其理由是：《侵权责任法》第86条第1款对于不动产因设置缺陷致害主要关注受害人的求偿问题，由建设单位与施工单位承担责任更为合理，便于查明受害人，并与动产产品责任由生产者和销售者承担责任的模式保持了一致。

（二）中国法不动产责任与动产责任的差异及其正当性

1. 中国法建设工程作为整体不是产品

中国法在整体法律规则设计上，严格区分动产和不动产规则，在立法上体现为《建筑法》（1997年通过，2011年修订）与《产品质量法》（1993年通过，2000年修订）并行，《合同法》单独设立第十六章“建设工程合同”。

在具体规则上，《产品质量法》第2条第2款规定：“本法所称产品是指经过加工、制作，用于销售的产品。”第3款规定：“建设工程不适用本法规定；但是，建设工程使用的建筑材料、建筑构配件和设备，属于前款规定的产品范围的，适用本法规定。”按照该规定，建设工程作为整体不是产品，也不适用产品责任。

2. 中国法动产责任与不动产责任在责任规则方面的差异

中国法动产责任与不动产责任在责任规则方面的差异主要体现在如下方面。

第一，侵权责任归责原则上的差异。在不动产设置缺陷责任起草过程中，较为主流的意见是认为不动产设置缺陷适用过错推定责任，而不同于动产缺陷产品的无过错责任。

第二，“自损”纳入损害赔偿范围的方式存在差异。就缺陷动产本身的损害，即“自损”，尽管存在争议，但较为主流的学说一方面认为“自损”在法理上应

① 杨立新：《应当维护侵权连带责任的纯洁性——〈关于审理人身损害赔偿案件适用法律若干问题的解释〉规定的侵权连带责任研究》，《判解研究》2004年第6辑。

该通过合同责任解决，另一方面也认为《侵权责任法》改变了《产品质量法》的规定，其目的就是在一个诉讼中合并处理“自损”和其他损害。《侵权责任法》第86条第1款的规定没有规定缺陷建筑物本身的损害，也不能适用《侵权责任法》第41条关于“损害”的解释，因此，应当依照《合同法》等相关规定，由施工单位等对建设单位或者建筑物所有人承担责任。

第三，是否存在维护缺陷责任方面的差异。不动产责任除了存在设置缺陷责任之外，还存在维护缺陷责任，但动产责任基本上不存在这一特殊责任类型。《侵权责任法》第86条第2款规定：“因其他责任人的原因，建筑物、构筑物或者其他设施倒塌造成他人损害的，由其他责任人承担侵权责任。”该条规定较为模糊，结合《民法通则》第126条和《侵权责任法》第85条进行体系解释可知，《侵权责任法》第86条第2款的规定应该被理解为不动产维护缺陷责任，即建筑物、构筑物或者其他设施发生倒塌造成他人损害，所有人、管理人或者使用人不能证明自己没有过错的，应当承担侵权责任。① 在动产责任中，一般不涉及维护缺陷责任。

3. 中国法不动产责任与动产责任差异的正当性

笔者认为，中国法不动产责任与动产责任存在上述差异具有正当性，体现在如下三个方面。

首先是责任理论上的差别。不动产责任与动产责任在理论上的差别体现在：第一，缺陷类型不同。不动产缺陷主要体现为设置缺陷（与动产产品的生产缺陷对应），也存在设计缺陷和维护缺陷，但一般不存在动产缺陷中的警示说明缺陷和跟踪观察缺陷。不动产缺陷还包括勘察缺陷和监理缺陷。第二，预防成本不同。产品生产缺陷的预防在成本上是不经济的，但建筑物因为其本身价值较大，对于每一处建筑物缺陷的预防都是经济的。第三，自损的价值大小不同。缺陷建筑物的自损价值很大，有时甚至超过对第三人的损害，应该分别处理，在程序上分别处理也是经济的。

其次是责任制度上的差别。不动产责任与动产责任在制度上的差别体现在：第一，抗辩事由不同。建设单位与施工单位对于不动产设置缺陷的损害几乎没有

① 王竹：《〈侵权责任法〉第86条第1款的理解与适用》，《月旦民商法》第31期。

特别抗辩事由，而动产产品缺陷的生产者和销售者则有特别的抗辩事由。第二，对内责任承担的基础不同。建设单位和施工单位对内都是过错责任，但在产品责任中，产品生产者是无过错责任。

最后，中国法不动产责任与动产责任的这种区分，与行政管理体制是相对应的。中国行政机构设置中，不动产质量和动产质量由不同的部门分别监督和管理。动产产品的质量管理与市场监督主要由工商管理部门和质量监督检验检疫部门进行，工业与信息化部门对特种动产产品进行质量管理和监督。不动产质量的监督和管理主要由住房和城乡建设部门对建筑物和城市轨道交通等不动产质量进行监督和管理，交通运输部门对公路、水运、铁路等不动产质量进行监督和管理，水利部门对水利工程质量进行监督和管理。

（三）中国法提供服务责任和提供产品责任的差异及其正当性

1.提供服务的责任和提供产品的责任的差异

中国法提供服务的责任和提供产品的责任的差异主要体现在如下三点。第一，相对性要求的差异。就提供服务责任而言，如造成损害的对象为服务合同的相对人，可以根据《合同法》第122条选择违约责任和侵权责任的竞合。就产品责任而言，则没有这种相对性的要求。第二，归责原则的差异。提供服务导致合同当事人之外的人损害的，一般适用过错责任原则承担侵权责任。但缺陷产品责任适用无过错责任。第三，责任主体的差异。提供服务的责任人是服务提供者，而中国法将产品生产者和销售者共同作为责任人。

2.提供服务的责任和提供产品的责任存在差异的正当性

中国法上提供服务的责任和提供产品的责任存在差异具有一定的正当性，主要体现在：第一，流通性的差异。产品存在流通性，从生产者到最终的使用人，可能经过多重的流通。而服务具有直接性，一般不存在服务的流通问题。第二，发现和证明产品责任人过错的困难性。现代大规模生产的产品具有专业性，受害人难以证明产品责任人主观上存在过错，进而可能导致求偿的困难，因此适用缺陷产品严格责任。提供服务的责任人其过错的证明则相对容易。第三，相对性要求带来的求偿困难。中国疆域广大，如果仅由产品生产者承担产品责任，则可能

导致高昂的求偿费用和诉讼成本，因此立法者从方便诉讼和求偿的角度，将销售者纳入责任人范畴，并由其承担向供货商和生产者的求偿不能风险，能够更加切实地保护产品的消费者。而在提供服务的情形中，不存在这种求偿困难的问题。

第二节　有关产品责任案例的亚洲和俄罗斯比较法报告

本节进行有关产品责任案例的亚洲和俄罗斯的比较法报告[①]，依据的是参加世界侵权法学会第一次学术研讨会的亚洲和俄罗斯代表就会议讨论的产品责任三个案例的8个法域报告，报告人是日本京都大学法学研究科潮见佳男教授，韩国庆熙大学法学院苏在先教授和宋正殷，印度国立大学法学院奥姆帕拉喀什·V.南迪马斯（OmprakashVNandimath）教授，马来西亚国民大学法学院艾妮莎·吉·娜（Anisah Che Ngah）副教授，中国人民大学法学院杨立新和黑龙江大学法学院杨震教授，辅仁大学副校长陈荣隆教授，澳门大学法学院唐晓晴教授和梁静姮，俄罗斯符拉迪沃斯托克大学基里尔·特洛费莫夫（Kirill Trofimov）教授。笔者在此基础上进行比较分析，形成本节报告。[②] 由于比较的亚洲各国和地区的样本不够多，并且有俄罗斯的样本，因而不能算作全亚洲地区的产品责任法的比较法报告。

一、有关产品责任法的亚洲和俄罗斯比较法的一般性问题

在产品责任立法方面，亚洲和俄罗斯8个法域的基本情形是：

① 世界侵权法学会将世界分为四个地区：一是亚洲和俄罗斯地区；二是欧洲地区；三是北美地区；四是其他地区，包括澳洲、非洲和南美。

② 上述8个法域报告，刊载在中国人民大学民商事法律科学研究中心编辑的《世界侵权法学会成立大会暨第一届学术研讨会会议论文集》中。本书关于各法域法律适用情况的引用，均采自该论文集刊载的上述报告，文内不再一一作引文注释。就此向上述法域报告的报告人致以谢意！

（一）产品责任法在形式上表现为成文法和判例法

在进行比较的8个产品责任案例法律适用的法域样本中，有6个样本是成文法立法，即日本、韩国和中国、俄罗斯以及我国台湾、澳门地区；有两个是判例法立法，即印度和马来西亚。在这两个不同的立法传统的法域中，体现了鲜明的大陆法系和英美法系侵权法有关产品责任立法的传统和特点。

不过，即使在英美法系的亚洲法域，目前也有成文法的产品责任法。例如马来西亚1999年《消费者保护法》规定了比较全面的产品责任法规则。在大陆法系法域的侵权法中，也逐渐出现判例法的影响，法院通过典型案例，指导和协调产品责任法的具体适用，统一法律适用规则。在俄罗斯，联邦最高法院和联邦最高仲裁庭的判决对下级法院和仲裁庭不具有法律拘束力，下级法院或仲裁庭不负有法律义务遵循先例，也不必去探寻不遵循先例的理由；但在近20年来，最高法院的判决或其他决定在司法实践中正在发挥越来越重要的法律渊源的作用；联邦最高法院和最高仲裁庭都定期发布公告，最高法院对司法实践的观察和命令可以被认为是俄罗斯侵权法和其他法律的渊源之一，因为它们意在统一对制定法的司法解释。

（二）在规制产品责任的成文法中有多种不同做法

亚洲和俄罗斯的大陆法系法域制定产品责任法，在立法上也有不同的做法。在日本，《制造物责任法》是专门的产品责任基本立法。在中国大陆，有关产品责任的规定，主要由《侵权责任法》《产品质量法》以及《消费者权益保护法》等立法作出规定，产品责任的一般规则规定在《侵权责任法》第五章，但产品的概念、免责事由等，规定在《产品质量法》中，警示说明缺陷（经营缺陷）规定在《消费者权益保护法》第18条中。在中国台湾地区，规制产品责任的立法有“民法”的有关规定，还有“消费者保护法”，特别是后者在规制产品责任中具有更为重要的价值。在中国澳门地区，有关产品责任的规定，生产者的一般民事责任规定在《澳门民法典》中，对生产者适用风险责任即无过失责任原则的产品责任，则规定在《澳门商法典》中。韩国的《产品责任法》于2001年1月12日制定，2002年7月1日起施行，该法规定了生产者的无过失责任即危险责任原则。

在此法之前，因产品瑕疵导致的损害是通过一般侵权行为法或者合同法来救济的，但这并不能完全保护受害人，为了弥补这一缺陷，特制定了《产品责任法》。俄罗斯在《民法典》之外，也规定了《消费者保护法》，规制产品责任。

在采用英美法系的两个亚洲国家中有关产品责任的法律，马来西亚有英国普通法、本国司法判例和已经法典化的制定法，例如《合同法》《消费者合同法》《货物买卖法》以及《消费者保护法》等。印度实行普通法，除了有大量的判例法之外，还有成文法如《消费者保护法》和《竞争法》等法律，但对产品责任制度还缺少具体的制度规定。

（三）对产品概念范围的限定不同导致产品责任法调整的范围不同

尽管产品责任法已经被全世界各国和地区普遍接受，但8个亚洲和俄罗斯法域产品责任法的内容并不完全相同，其中特别重要的问题是，各国产品责任法对产品概念范围的限定不同，导致各法域产品责任法的调整范围不同。正因为如此，对于本次会议讨论的三个典型案例，也出现了适用法律各有不同的情形。这是一个比较有趣的现象。各亚洲法域和俄罗斯对产品概念界定的主要区别是：

1.产品包括动产和不动产

8个法域的产品责任法在对产品概念的界定中，确定产品包括动产和不动产的立法例较少，只有中国台湾地区采此立法例。其“消费者保护法”没有对产品的概念作出界定，但“消费者保护法施行细则”第4条规定，“消费者保护法”第7条所称之商品，系指交易客体之不动产或动产，包括最终产品、半成品、原料或零组件。按照这一规定，该法域的产品责任不分动产或不动产，均适用“消费者保护法”第7条关于无过失责任的规定。因此，对于会议讨论的桥梁垮塌案中的桥梁虽为不动产，但适用其“消费者保护法”第7条关于产品责任的无过失责任规定，属于产品责任法的调整范围。

2.产品只包括动产不包括不动产

在8个法域的产品责任法中，多数不认可产品中包含不动产。日本《制造物责任法》规定产品范围只包括动产，不包括不动产。如果是建筑物的缺陷是由其构成部件、材料的缺陷引起的，受害人可以向构成部件、材料的制造者追究产品

责任，但建筑物本身造成的损害应当适用民法关于土地工作物损害责任的规定，或者《国家赔偿法》关于公共营造物的规定，确定侵权责任。中国的《侵权责任法》以及《产品质量法》都认为产品是经过一定加工的动产，不包含不动产；在制定《侵权责任法》时，专门制定了第 86 条，将建筑物、构筑物以及其他设施的倒塌造成他人损害的侵权责任，规定为设置缺陷责任和管理缺陷责任，类似于日本法的土地工作物损害责任或者公共营造物责任的规则，不适用产品责任的规定。马来西亚《消费者保护法》关于产品范围的规定也不包括建筑物、构筑物等不动产。中国澳门地区《商法典》第 86 条第 1 款将产品界定为“任何动产”，包括“与其他动产或不动产组装的动产”，将不动产排除在产品范围以外，至于何为动产，何为不动产，则由作为一般法的民法典规范。① 在澳门，《商法典》第 86 条第 2 款与修改前的葡国第 383/89 号法令相同，规定“来自土地、畜牧、捕鱼及狩猎之产品，如未加工不视为产品”。为了更好地保障消费者的利益，修改商法典的咨询文本建议废止第 86 条第 2 款规定，以扩大产品的范围。韩国《产品责任法》规定产品的范围仅限于动产，不动产不能成为产品责任的客体；但构成不动产的一部分则可属于产品，如电梯或冷却设施等，是构成不动产一部分的动产。

3.关于血液和血液制品是否为产品

多数亚洲法域不把血液包括在产品责任法的产品概念范围之内，不适用产品责任法的规定。不认可血液为产品的法域，一般都区分血液与血液制品的界限，血液制品造成的损害适用产品责任法。但有的法域认为，如果血液经过一定的加工，可以认定为产品，例如韩国《产品责任法》认为，血液或身体器官不属于产品责任的调整对象，但如果并不是血液本身，而是从血液中提取某种成分后进行加工的血液制品，即使用于输血，例如血液中添加保管液或抗凝固剂等进行人工加工处理的，则属于产品。《血液管理法》第 2 条第 6 款规定，血液制品是指“以血液为原料进行生产的医药品”②。中国澳门地区认为，血液不是产品，但是

① 《澳门民法典》第 195 条和第 196 条。

② Lee Sangjung:《制造物责任法制定的意义和未来课题》，载《制造物法的难题》，2002 年版，第 12 页。

经过一定加工的血液以及血液制品属于产品范畴。

关于血液制品，多数法域认可其为产品。日本在制定《制造物责任法》时，有一部分意见认为，考虑到血液制品对社会具有的有用性，在血液制品缺陷的认定时应进行特别处理，如果把血液制品作为制造物归入制造物责任的对象之中，会给从事血液供给的事业者带来极大负担，会导致医疗机构所需血液制品的稳定供给十分困难，故除经高度加工处理的之外，不应作为制造物责任的对象。但日本政府与国会却都表明了“既然血液制品和疫苗都是加工而成的动产，当然属于制造物”的立场，《制造物责任法》采纳了这一立场。

中国的《药品管理法》认为血液制品是药品，适用产品责任法调整。对于血液，《侵权责任法》第59条规定在缺陷医疗产品概念之中，在理论上有不同看法，但认定供医疗使用的血液为准产品，是比较贴切的①，与欧洲的非标准产品的概念相似。

（四）关于产品缺陷的界定

对于产品缺陷，8个法域的产品责任法都认可的产品责任的缺陷主要包括：(1) 设计缺陷。(2) 制造缺陷。(3) 警示说明缺陷。这种缺陷也叫做经营缺陷、标识缺陷或者市场缺陷，对于存在合理危险的产品应当进行必要、充分的警示说明，防止危险发生，未进行必要、充分的说明警示的，即为经营缺陷或者警示说明缺陷。在8个法域的报告中，讨论产品缺陷的直接论述不多。以中国的规定为例，《消费者权益保护法》第18条规定：“对可能危及人身、财产安全的商品和服务，应当向消费者作出真实的说明和明确的警示，并说明和标明正确使用商品或者接受服务的方法以及防止危害发生的方法。”经营者违反这一法定义务，即构成警示说明缺陷。某化工厂生产喷雾杀虫剂，说明中没有警示说明不正常使用的损害后果，造成喷洒过量引发爆炸，法院认定构成警示说明缺陷。②

中国还认可跟踪观察缺陷，对于在产品推向市场时的科学技术发展水平无法

① 王利明：《侵权责任法研究》下卷，中国人民大学出版社2011年版，第413页；杨立新：《侵权责任法》，法律出版社2012年版，第355页。

② 该案例请参见杨立新：《侵权责任法》，法律出版社2012年版，第261页。

确定产品有无缺陷的，应当确定生产者的跟踪观察义务，并确立召回制度，违反者，为跟踪观察缺陷。[①] 中国《侵权责任法》第46条规定："产品投入流通后发现存在缺陷的，生产者、销售者应当及时采取警示、召回等补救措施。未及时采取补救措施或者补救措施不力造成损害的，应当承担侵权责任。"

中国澳门地区规定产品缺陷比较严格，《澳门商法典》第87条规定："一、考虑到包括外表、特性及可作之合理使用在内之各种具体情况，一项产品于开始流通时未能提供合理预期之安全者，则视为有瑕疵。二、产品并不因后来有另一更完善之产品在市场上流通而视为有瑕疵。"在考虑了所有情况后，若产品未给人们提供有权期待的安全程度，该产品就是有缺陷的。《产品安全的一般制度》这个新法规对于产品瑕疵的定义进行了根本性的变革，赋予了消费者更加给力的保护。[②] 其第3条规定的安全产品的定义几乎接近极限：安全产品的定义是指"产品未显现出任何危险"，或者"仅显现出轻微危险，只要该等轻微危险与产品的使用兼容且根据保护消费者的健康与安全的严格标准判断其为可接受者"。"安全产品"意味着要么不存在任何危险，要么它最低程度的危险是在消费者的把握之中的。对于产品生产者和销售者来说，似乎显得有点苛刻，因为其中认定产品安全的标准相当高，即便轻微的危险也可能被认定为缺陷产品。

对于案例中讨论的自行车刹车片存在的问题，8个法域都认为属于设计缺陷，对于造成的损害，应当承担赔偿责任。

（五）对不同物件造成的损害的不同救济方法

在会议讨论的案例中，由于各法域对于产品概念的界定不同，因而对于造成损害的不同物件，法律规定了不同的救济方法。下面归纳的是主要情形。

1.不认可为产品的物件损害责任

对于产品责任法不认可的物件损害责任，各法域侵权法都有救济的办法。例如，日本《制造物责任法》认为不动产不是产品，对于不动产所造成的损害，因

① 杨立新：《侵权法论》，人民法院出版社2013年第5版，第717－718页。

② 《澳门商法典》第87条规定："一、考虑到包括外表、特性及可作之合理使用在内之各种具体情况，一项产品于开始流通时未能提供合理预期之安全者，则视为有瑕疵。二、产品并不因后来有另一更完善之产品在市场上流通而视为有瑕疵。"

土地工作物（建筑物等，包含其他和土地在功能上成为一体的设备，比如铁道道口设备、轨道设备；以及在对土地加工时所作成的、与土地成为一体的设备构成的“土地工作物”，例如高尔夫球场、采石场等）的设置或者保存中存在瑕疵而造成的损害，第一，依照《民法》第 717 条第 1 项第一句规定，由该工作物的占有人对受害人承担损害赔偿责任。占有人能证明自己在土地工作物的设置或者管理上没有过失的，则依照该条第 1 项第二句规定，免予承担损害赔偿责任，由土地工作物的所有人对被侵权人承担损害赔偿责任。该所有人的损害赔偿责任为无过失责任。依照判例，土地工作物的瑕疵是指对于通常预计到的危险，该土地工作物处于一种缺乏通常所应具备的性质的状态。第二，对于因国家或者公共团体所管理的“公共营造物”（不仅限于不动产，也包括国家或者公共团体所管理的动产、动物）的设置或者管理上的瑕疵所造成的损害，依照《国家赔偿法》第 2 条规定，由管理它的国家或者公共团体承担损害赔偿责任。这种侵权责任营造物责任为无过失责任。依照判例，营造物的瑕疵是指，对于通常预计到的危险，该营造物处于一种缺乏通常所应具备的性质的状态。国家或者公共团体即使证明自己在“营造物”的设置或者管理上没有过失的，也无法免除责任。我国台湾地区和韩国的情形与日本的规定大体相似。

中国《侵权责任法》认可动产和血液为产品和准产品，但不认可不动产为产品。对于不动产设置缺陷和管理缺陷造成的损害，适用该法第 85 条和第 86 条规定，前者是不动产脱落、坠落造成的损害赔偿责任，后者是不动产倒塌造成的损害赔偿责任。如果是不动产存在瑕疵，例如存在的其他危险，所有人未尽安全保障义务造成他人损害的，依照《侵权责任法》第 37 条第 1 款规定，确定为违反安全保障义务的侵权责任。

对血液不认可为产品的法域，对不合格的血液造成的损害，不适用产品责任法进行救济，但可以根据一般侵权行为或者合同法的规定确认民事责任，应当遵守过错责任原则的规定。韩国、马来西亚以及中国台湾地区和澳门地区的法律都是如此。

2. 对认定为产品责任的产品损害的不同救济方法

在亚洲和俄罗斯 8 个法域，即使产品造成了损害，除了产品责任法的救济方法之外，也都有其他救济方法。对于产品造成损害的通常救济方法如下。

（1）产品责任的方法

对于产品责任，各法域的立法都认可适用无过失责任（亦称为风险责任、危险责任、严格责任）确定侵权责任，侵权责任构成要件不需具备过错要件。例如，中国澳门地区法律认为，随着工业化的发展以及专业化分工的深化，生产者与消费者之间的关系日益复杂，生产者的合同责任及过错责任并不足以保障消费者的利益，而无过失责任则提供了一个偏向于对消费者保护的解决方法。

（2）一般侵权行为的方法

对于即使认可某种物件属于产品的法域，对于产品造成的损害，多数准许受害人通过一般侵权行为的救济方法予以救济。在马来西亚、韩国、日本以及中国台湾地区和澳门地区，构成产品责任，可以依据一般侵权行为或者疏忽侵权而提出诉讼请求，证明对方在造成自己的损害中存在过失，因此得到损害赔偿救济。只有在中国大陆，产品责任与一般侵权行为的救济方法相同，不论受害人提供产品责任的证明还是一般侵权行为的证明（不证明过错或者证明过错），在损害赔偿的后果上并无二致，因此，受害人不会不顾自己的证明负担以及诉讼成本而刻意证明产品责任符合一般侵权行为的要件。这样的规则是比较僵化的，不具有法律适用的适当弹性，不符合客观实际情况。

在尚未建立产品责任制度的法域，例如印度，没有专门的详细规定产品责任全貌的成文法。在近期的一个高等法院的判决中，法官称，印度目前没有认可严格产品责任的法理，但是在 Bhopal 燃气案中，最高法院称有必要进行合适的立法，当不同的国民在印度的土壤上开启其活动时，他们应受到各自不同条件的约束。有见解积极倡导采纳严格责任（或无过失责任）的立法，鉴于印度大众民智未开和司法救济的水平，考虑以下策略，即制定规范市场准入产品的立法，而不是赋予消费者依产品责任主张救济的权利。具有里程碑意义的 Donoghue v. Stevenson 案的判决及其蕴含的原则（即邻人原则）被引入法律领域，此后，生产者对缺陷产品

的责任一直在增长中。毫无疑问，生产者对产品的终端使用者负有注意义务。终端使用者或者是产品的消费者（即以支付价金购买产品或货物的人），或者是免费的使用者（未支付对价的人）。购买产品的人可能会向特定的“消费者争议救济机构”提出诉求，1986 年《消费者保护法》在这方面创造了一个有效的机制。

（3）合同责任的方法

对于产品造成的损害，如果主张依据合同进行救济，可以根据加害给付规则确定赔偿责任。例如，中国澳门地区认为，与产品瑕疵责任不同，如果依据合同进行救济，则基于合同的相对性原则，其权利主体只包括消费者，即与产品的提供者有直接合同关系的相对人，不包括因产品缺陷受害的第三人，这也是侵权责任与违约责任在权利主体上的区别。中国大陆法律认可产品责任的受害人如果是合同当事人，可以基于《合同法》第 112 条关于“当事人一方不履行合同义务或者履行合同义务不符合约定的，在履行义务或者采取补救措施后，对方还有其他损失的，应当赔偿损失”的规定，依照该法第 113 条关于“当事人一方不履行合同义务或者履行合同义务不符合约定，给对方造成损失的，损失赔偿额应当相当于因违约所造成的损失，包括合同履行后可以获得的利益，但不得超过违反合同一方订立合同时预见到或者应当预见到的因违反合同可能造成的损失”的规定，承担违约损害赔偿责任。对于经营者对消费者提供商品或者服务有欺诈行为的，依照《消费者权益保护法》的规定承担惩罚性赔偿责任。

普遍的规则是，按照合同责任进行救济的模式，受害人的请求权基础是合同关系。对于不属于合同关系当事人的受到损害的第三人，依据合同法不能获得必要的救济，必须依照侵权法的规定，才能够获得损害赔偿责任的保护。

3. 产品责任的严格责任与过错责任的不同赔偿责任

在亚洲和俄罗斯法域中，有的法域明确规定，产品责任的损害赔偿实行无过失责任，不证明或者不能证明生产者、销售者对于损害的发生有过错的，可以进行索赔，但生产者、销售者承担的赔偿责任是限额赔偿；受害人能够证明生产者、销售者对于损害的发生存在过错的，可以依照过错责任原则的侵权行为一般条款实行全额赔偿。这样的规定是特别有道理的，原因在于，受害人能够证明过错和不能证明过错，其支付的诉讼成本不同，而且生产者、销售者的可受谴责程度也完全不同。

中国的产品责任法并未实行这样的规则，无论受害人是否证明生产者、销售者有过错，都予以全额赔偿。只有在高度危险责任的场合，才规定可以依照法律的规定实行限额赔偿，且只要有限额赔偿的规定，也不许在证明了行为人有过错时可以全额赔偿。这些做法存在较大的缺陷，应当借鉴其他法域的科学做法予以改进。

（六）在产品责任中引进惩罚性赔偿责任制度

在本次会议讨论的典型案例中，没有涉及产品责任的惩罚赔偿责任问题。尽管这个问题在大陆法系侵权法以及产品责任法中并不是主流的问题，但中国大陆和台湾地区采用了惩罚性赔偿责任制度，对于遏制产品和服务欺诈违法行为，取得了很好的效果，可以提供给世界各国的侵权法予以借鉴。

中国《侵权责任法》第47条规定："明知产品存在缺陷仍然生产、销售，造成他人死亡或者健康严重损害的，被侵权人有权请求相应的惩罚性赔偿。"在这个规定中，没有规定究竟应当怎样确定惩罚性赔偿的数额。《消费者权益保护法》第55条对此作出了规定。内容是：经营者明知商品或者服务存在缺陷的，仍然向消费者提供，造成消费者或者其他受害人死亡或者健康严重损害的，受害人有权要求所受损失二倍以下的民事赔偿。学者普遍认为这个赔偿标准过低，建议规定三倍以下为好。

中国台湾地区"消费者保护法"第51条规定，因企业经营者之故意所致之损害，消费者得请求损害额三倍以下之惩罚性赔偿金；但因过失所致之损害，得请求损害额一倍以下之惩罚性赔偿金。这个规定，比大陆《消费者权益保护法修正案（草案）》的规定更重。

二、关于刹车片故障案的法律适用

对于刹车片故障案，亚洲和俄罗斯8个法域的认识完全一致，几乎没有例

外，都认为自行车属于产品，由于其存在缺陷而造成使用人和他人的人身损害，应当依照产品责任规则确定侵权责任。但在法律适用的细节上，存在较多的不同。具体问题是：

（一）关于确定责任的归责原则

关于产品责任的归责原则，7 个法域采无过失责任原则（严格责任），只有印度尚未建立完善的产品责任制度，不适用无过失责任原则。

中国《侵权责任法》第五章专门规定产品责任，其中第 41 条至第 43 条规定，产品生产者承担产品责任，无论是中间责任还是最终责任，都适用无过失责任原则，只要产品有缺陷，造成了受害人的损害，都应当承担侵权责任；产品销售者承担产品责任的中间责任适用无过失责任原则，承担最终责任为过错责任原则，但在不能指明缺陷产品生产者或者供货者的，仍然适用无过失责任原则。[①] 日本原来由制造物引发的责任适用《民法》第 709 条规定的过失责任，1995 年 7 月 1 日正式实施《制造物责任法》，采纳无过失责任原则。马来西亚对于产品责任，可以根据疏忽责任法认定责任，但依照《消费者保护法》的规定，消费者不必证明生产者一方的过错，这正是将严格产品责任引入该法的原因，即减轻消费者的证明责任。中国台湾地区“消费者保护法”第 7 条规定，产品设计、生产、制造的企业提供商品投入流通，须确保其安全性，商品或者服务具有危害可能性时须为必要的警示说明，该条第 3 项还特别规定：“企业经营者违反前二项规定，致生损害于消费者或第三人时，应负连带赔偿责任。但企业经营者能证明其无过失者，法院得减轻其赔偿责任。”这一规定确认，产品责任一般采无过失责任，其特殊的“企业经营者能证明其无过失者，法院得减轻其赔偿责任”的但书规范，被认为是“具有台湾特色之无过失衡平责任”[②] “轻度、相对无过失责任”[③]。这一规定特别具有特色。中国澳门地区《商法典》第 85 条第 1 款规定：“作为生产商之商业企业主不论有否过错，均须对因其投入流通之产品之瑕疵而对第三人

① 杨立新：《侵权责任法》，法律出版社 2011 年第 2 版，第 308－309 页。

② 王泽鉴：《商品制造人与纯粹经济上损失》，载王泽鉴：《民法学说与判例研究》，第 8 册，第 257 页。

③ 邱聪智：《商品责任释意——以消费者保护法为中心》，载《当代法学名家论文集》，第 202 页。

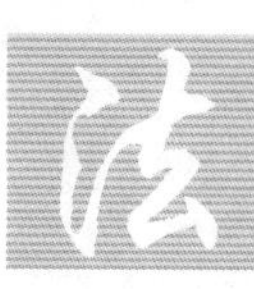

所造成之损害负责。”在澳门法律制度中，无过失责任为例外性规定[①]，产品责任适用这一归责原则。俄罗斯的产品责任法从“买者责任”转变到“卖者责任”，即卖者对缺陷产品所造成的人身损害承担严格责任，除非生产者或销售者能够证明损害或伤害是由不可抗力或消费者未遵守使用或存储产品的规则造成的，否则责任将会被推定。

印度的产品责任由普通法原则调整，没有专门的详细规定产品责任全貌的成文法。在学说上有积极倡导采纳严格责任立法的建议，但意见是制定规范市场准入产品的立法，而不是赋予消费者依产品责任主张救济的权利。从总体趋势观察，产品责任法必然是从过失责任向严格责任发展，但目前印度法院或消费者救济机构适用严格责任规则裁判案件还有待时日。

（二）使用有缺陷的零部件构成产品设计缺陷还是构成发展风险抗辩

在产品责任领域，生产者将更便宜、更有效但在特别情形下存在突然失灵微小风险的新材料做成的零部件应用于产品中，造成使用人和他人损害，究竟属于产品设计缺陷还是属于发展风险（开发风险）抗辩，8 个法域产品责任法的意见基本一致，这不属于发展风险抗辩，而是产品设计缺陷。

日本法认为，即使生产者对此提出了开发风险的抗辩，但因在一定条件下自行车的制动器垫不发挥其功能的风险已被认识到，故开发风险的抗辩不会被认可。这是因为，将自行车投放流通，具有对相关人的生命、身体造成损害的危险性，具有已创造危险源的责任，属于缺陷。在中国发展风险被《产品质量法》第 41 条第 2 款所确认，即“将产品投入流通时的科学技术水平尚不能发现缺陷的存在”，产品的零部件在特殊情形下可能失灵是已经被发现了的缺陷，生产者不能以发展风险进行抗辩，属于产品设计缺陷。

韩国法认为，刹车片故障案例中的产品缺陷是设计缺陷，而非标识缺陷（警示说明缺陷）；同时，也不认为存在发展风险的抗辩。澳门法认为，自行车刹车片在特殊情况下失灵属于产品缺陷，因为该危险与产品相结合，并在可预见的情

① 《澳门民法典》第 477 条第 2 款规定：“不取决于有无过失之损害赔偿义务，仅在法律规定的情况下方存在。”

况下会发生失灵，且在说明书中只用了小字提醒未能达到让消费者明确知悉的效果，其危险并不能说是在消费者的把握之中，构成缺陷，对受害人A和B都需要承担过错侵权责任。

马来西亚法也认为产品存在缺陷，生产者由于提供了带有缺陷刹车片的自行车，可以根据《消费者保护法》第32条规定，以违反默示担保规则责令生产者、销售者承担责任，也可以认为该自行车的安全性不符合通常有权期待的安全性，能够证明《消费者保护法》第68条（1）所规定的要件，即可确认该产品存在设计缺陷，应当承担赔偿责任。

（三）产品责任的损害赔偿请求权人包括使用人和受到损害的第三人

关于产品责任的损害赔偿请求权人，8个法域多数认为既包括产品使用人，也包括并非使用该产品的其他第三人，但也有少数法域认为受到损害的其他第三人不属于产品责任法保护范围，不享有产品责任的损害赔偿请求权。

日本《制造物责任法》第3条规定，缺陷产品的生产者、销售者不仅向使用人承担损害赔偿责任，而且要向造成损害的第三人承担损害赔偿责任，理由是产品的安全性不仅关乎使用人的生命、身体安全，亦涉及其他人的人身安全；且一般理性人对于产品的安全性期待中，既含有使用人的期待，也含有其他第三人的期待。中国《侵权责任法》第41条规定的产品责任的损害赔偿请求权人为“他人”，在解释上认为既包括缺陷产品的使用人，也包括受到缺陷产品损害的第三人，并未将请求权人局限于合同当事人。[①] 中国台湾地区“消费者保护法”第7条第2款规定：“经营者违反前两项规定，致生损害于消费者或第三人时，应负连带赔偿责任。”只要消费者和第三人因商品欠缺安全性导致损害的，均可以请求赔偿。韩国法认为，产品责任的受害人不仅限于购买人，也包括第三人。购买人免除对造成损害的第三人的责任，生产者对第三人的损害承担责任。中国澳门地区《商法典》第85条第1款规定：“作为生产商之商业企业主不论有否过错，均须对因其投入流通之产品之瑕疵而对第三人所造成之损害负责。”这与《欧共体产品责任指令》一样，法例并没有指定索偿人的范围，只说因缺陷产品导致他

① 张新宝：《侵权责任法》，中国人民大学出版社2010年版，第247页。

人损害，生产商要对第三人所造成之损害负责。俄罗斯《消费者保护法》第 14 条规定，因结构、制造、配方或其他货物（工作、服务）的缺陷给消费者生命、健康或财产造成的损害，应予充分救济，任何受害人均有权请求上述赔偿，无论其是否与卖方（实施人）存在合同关系。

在印度，认为路人在同一场事故中受到伤害主张赔偿，起诉直接造成其损害的自行车主最为容易，因为很容易证明其所遭受的损害是自行车主的行为的直接后果。但自行车主的经济能力有限，较难获得充分赔偿。如果路人选择起诉生产者，唯一的路径就是到普通的民事法院依据普通法进行诉讼，需要承担举证责任，以使法庭采信刹车片使用了缺陷材料等情况，这是几乎不可能做到的，而且印度也不存在这一类型的明确先例。学者认为，印度缺乏产品责任法，会阻碍因缺陷产品受到损害的第三人的索赔。这种意见是有道理的，同时也说明了产品责任法对于救济受害人损害的必要性。

马来西亚法规定，对于缺陷产品致第三人受到损害，可以根据疏忽侵权要求赔偿，因为第三人是这同一事故中被卷入的行人。如果第三人根据《消费者保护法》规定的产品责任进行索赔，将十分困难，因为该法仅确认消费者的求偿权，而消费者被界定为产品的购买人或使用人，路人不是该产品的购买人或使用人，因而不能根据该法对缺陷产品的生产者索赔。

在俄罗斯，买受人可以选择依合同责任或侵权责任起诉，第三人只能依侵权起诉。不过，无论是侵权法的实体法还是程序法，作为第三人的受害人和作为买受人的受害人不存在差别，受到同等保护。

（四）产品责任的损害赔偿是否包括产品自损

在产品责任的法律适用中，还有一个特别有趣的现象是，缺陷产品在造成他人损害的同时造成的产品自身损害即产品自损（也叫产品自伤），是否包括在产品责任的损害之中，能否依照产品责任法进行救济。对此，亚洲和俄罗斯各法域有肯定主义和否定主义两种立场。

中国《侵权责任法》采明确的肯定态度。该法第 41 条规定产品责任构成要件中的损害要件，与《产品质量法》第 41 条规定的内容不同，区别在于：前者

为“造成他人损害的”，后者为“造成人身、缺陷产品以外的其他财产（以下简称他人财产）损害的”，差别十分明显。《侵权责任法》改变损害表述的立法意图是，这一损害既包括缺陷产品以外的其他财产的损害，也包括缺陷产品本身的损害，这样有利于及时、便捷地保护消费者的合法权益。① 多数学者赞成产品责任的损害范围包括产品自损的解释，即产品责任的损害是指缺陷产品造成的产品本身的损害，以及产品以外的人身和财产损害。② 不过，这是两种不同的损害，一是侵权法救济的损害，一是合同法救济的损害，这种界限还是应当严格区分的。

马来西亚法对此的态度比较折中。法院的判例原则不允许赔偿产品自损的损害，因为这被认定为纯粹经济损失。不过，对于瑕疵建筑物可以要求赔偿纯粹经济损失，如果该损失是可预见的。有学者提议，如果法院准备像在瑕疵建筑物那样适用同一原则，对缺陷产品索赔就是可以的。

中国台湾地区学说对产品责任的损害赔偿范围是否包括自损有争议，但通说采否定见解。理由是，消费者对于商品享有的经济利益，属物之瑕疵担保责任或不完全给付责任等契约责任法保护的法益范围，不宜由本质属于侵权责任的产品责任法予以规范。这是更多的法域采纳的立场，例如日本《制造物责任法》第3条后段规定：“但损害仅发生于该制造物时，不在此限。”

（五）产品提供的小字体提示可否作为免责事由

产品生产者在制造产品时，知道其材料或零部件有造成损害的一般性危险或者合理性危险，采取在产品上提供风险警示及避免风险的说明，否则为警示说明缺陷，这是亚洲各法域的基本立场。对于产品中存在的危险构成设计缺陷，不能以已经作出了小字体的警示而免除责任或者减轻责任；不过，也有的认为这种微小缺陷属于合理危险，通过充分警示说明可以免除责任。

中国大陆与台湾地区以及日本的产品责任法都认为，既然已经明知产品的零部件存在缺陷有可能造成他人损害，即构成设计缺陷，则不论其是否进行警示，都不存在警示缺陷的责任，而应当承担设计缺陷的责任。因此，对于产品设计缺

① 王胜明主编：《中华人民共和国侵权责任法释义》，法律出版社2010年版，第226页。

② 王利明：《侵权责任法研究》，中国人民大学出版社2011年版，第252页。

陷作出小字体的警示说明，并不对缺陷产品生产者承担侵权责任发生影响。中国澳门地区法律认为，在本案中，即使生产者在自行车的说明书中明确标明了刹车片可能存在的危险，也不可免除其责任。

马来西亚法认为，警告是关于产品中已知危险进行警示的信息，对于保护消费者有非常重要的作用，能够帮助消费者避免产品中的风险。使用者未遵从警示而发生损害时，警示能够使生产者免担责任。但用小字进行产品危险的警告，不符合警示说明充分的要求，公众会期望这一重要警示是以消费者容易看到的大小作出，根据该警示的尺寸，将认定该警示有缺陷，造成损害应当承担赔偿责任。

产品责任法对此的一般原则是，设计缺陷和警示说明缺陷的区别，在于产品中包含的危险性的大小。如果产品中的危险已经构成不合理危险，即为缺陷，警示说明不能免除生产者的责任。如果产品中包含的危险没有达到这样的程度，而是合理危险，通过充分的警示和避免危险的使用方法的说明，就可以避免危险发生，则是构成警示说明缺陷的事实依据。产品的零部件存在危险，并且无法通过使用正确方法就能够避免，就不存在通过警示说明免除责任的可能性，不能适用警示说明缺陷的规定。[①]

（六）产品责任的承担规则

缺陷产品造成他人损害构成产品责任，究竟由谁承担赔偿责任，涉及缺陷产品生产者和销售者的责任问题。至于生产者和销售者究竟应当怎样承担责任，8 个法域的规定有所不同。

中国台湾地区“消费者保护法”第 7 条第 3 款和第 8 条明确规定，企业经营者包括设计、生产、制造商品的企业经营者，应当承担连带赔偿责任，从事经销的企业经营者，就商品或者服务所生损害，与设计、生产、制造的企业经营者连带负赔偿责任，但其对于损害的防免已尽相当注意的，或者纵加以相当注意而仍不免发生损害的，不承担连带责任。这是承担连带责任的明确规定。

中国《侵权责任法》规定生产者、销售者承担的是不真正连带责任。在损害

① 杨立新：《侵权法论》，人民法院出版社 2013 年第 5 版，第 717 页。

发生之后，受害人可以请求生产者承担赔偿责任，也可以请求销售者承担连带责任，这属于中间责任；承担了中间责任的责任人如果不属于应当承担最终责任的责任人，可以向最终责任人请求追偿，实现最终责任由应当最终承担责任的生产者或者销售者负担。

韩国依据《产品责任法》第3条第1款，生产者应对受害人的人身、财产的损害承担赔偿责任。马来西亚《消费者保护法》既规定货物销售者对消费者负责，也规定生产者对消费者负责。消费者依据该法第3条规定，有权根据该法第五和第六部分向产品销售者索赔，或者根据该法的第七部分向产品生产者索赔。

在俄罗斯，《消费者保护法》序言中定义的生产者、出售者或执行者（《民法典》第1095条和第1096条），按照《民法典》第54章“商业特许经营权”第1034条规定，如果产品质量不符合标准，特许权人可能要为针对被特许人提起的诉讼承担替代责任。对缺陷产品所造成的损害，原告可以选择向出售者或者生产者主张救济。

按照法理，即使立法规定生产者与销售者承担连带责任的，这种连带责任的性质也应当属于不真正连带责任，因为在生产者和销售者承担最终责任的时候，必须是一个人独自承担全部赔偿责任，而不是由生产者和销售者承担各自的赔偿责任的份额。

（七）设计人属于生产者的雇佣人的责任

本案在讨论中提出一个假设，即如果设计人受雇在生产者的实验室工作，或者设计人独立承揽了该研究，却隐瞒了新材料存在的危险，在产品责任法的适用中会出现何种不同的情形。亚洲和俄罗斯各法域的情形如下。

按照中国《侵权责任法》规定，设计人属于生产者的组成部分，生产者和销售者应当按照产品责任的一般规则确定赔偿责任承担。如果设计人独立承揽该研究，且隐瞒缺陷，致使造成损害，应当适用该法第44条规定，先由生产者和销售者承担责任，生产者或销售者承担了责任之后，可以向设计人等第三人进行追偿。这样的规定可以更好地保障被侵权人的权利实现，但存在一个缺陷，即在生产者和销售者都丧失赔偿能力的时候，会出现索赔僵局，对此，应当准许受害人

依照《侵权责任法》第 6 条第 1 款规定对设计人进行索赔。①

中国台湾地区“消费者保护法”第 7 条规定，无论设计人是生产者的研究人员，还是独立承揽人，缺陷产品的受害人都有权向商品制造人请求赔偿；不同的是，如果设计人是生产者的研究员，为替代责任；如果设计人为独立承揽人，则商品制造人在承担了赔偿责任之后，有权向设计人追偿。

中国澳门地区认为，如果设计人是受雇于生产者实验室的研究人员，其隐瞒了新的刹车材料可能失灵的风险，该案件的损害赔偿责任依然由生产者承担。如果设计人是独立承揽了该研究，隐瞒了新的刹车材料可能失灵的风险，则该损害赔偿责任就由设计人承担。

在日本，设计人属于生产者的成员时，在适用《制造物责任法》的时候，因为产品责任是无过失责任，即使生产者提出无过失抗辩，其责任也得不到免除。如果设计人是独立经营者时，其对于明知却隐瞒新材料的缺陷存在过失，受害人可依据《民法》第 709 条请求设计人承担损害赔偿责任。只有在极其例外的情况，即生产者针对新材料的研究与开发向设计人做出了具体指示，并且将设计人置于自己的控制下时，受害人才能追究生产者的责任。

对于设计人的责任，韩国区分雇主责任和承揽人责任。如果设计人是公司的雇员，原则上由雇主承担侵权责任，如果雇主能够证明对工作人员完全履行了选任、监督上的注意义务时，可不承担雇主责任。如果设计人独立承揽了该研究，隐瞒了新刹车材料可能发生失灵危险的情形下，定作人单独或者与承揽人共同对给第三人造成的损害承担赔偿责任。此外，定作人若对承揽人的作业进行实质性的指挥、监督时，成立雇用关系，由定作人承担雇主责任。②

马来西亚的规定是，既然设计人是生产者的雇员，生产者就须对设计人的不法行为负责，雇主甚至要对未获授权的雇员行为负责，因为这是一个雇佣合同，生产者因而要对设计人的过错行为承担替代责任。如果设计人是一个独立的签约研究者，则生产者不必对设计人的过错行为负责。

---

① 杨立新：《多数人侵权行为及责任理论的新发展》，《法学》2012 年第 7 期。

② 韩国大法院判决 1991.3.8，90 da 18432。

按照俄罗斯法律，作为侵权人的公司不能将其责任转嫁给雇员或次级合同当事人。公司是生产者，是唯一的侵权行为人。如果合同允许，公司可以为因刹车故障所导致的损失（如产品召回、消费者诉求）起诉次级合同当事人。不过依据俄罗斯法律，支持公司向雇员追偿的人如果有，也很少。

三、关于输血感染案的法律适用

输血感染案的简要案情是：A 于 2005 年在 X 医院由于输血感染了 N 型肝炎。血液提供者是 Y 公司，是从捐赠者 Z 采集的。当时在献血中存在 N 型肝炎的风险有一篇公开发表的论文所表明，只有少量的研究室有能力检测其存在，多数的科学团体并不相信 N 型肝炎病毒的存在。[①] 对于此案的法律适用，8 个法域的差别较大。

（一）血液感染是否适用产品责任法的规定

在认定血液的性质属于准产品的中国，输血感染案件的法律适用被纳入产品责任领域。中国《侵权责任法》将输血感染纳入医疗损害责任中，规定在第七章医疗损害责任的第 59 条，规定为医疗产品损害责任，是产品责任在医疗领域内的具体应用。[②] 即便如此，在确定血液感染案件的法律适用时，尽管适用《侵权责任法》第 59 条，但医疗产品损害责任属于产品责任的特别法，原则上应当以《侵权责任法》第 41 条至第 43 条规定的产品责任一般规则作为指导。[③]

韩国关于血液是否属于产品的问题有过较大争议，用于临床输血的血液，如果添加了保管液或抗凝固剂等进行人工加工处理的，属于产品。不过在实务中，《产品责任法》施行以来，血液及血液制品相关的案件都适用因过错引起的侵权行为的法律规定来解决，适用产品责任法无过失责任规定处理与此相关的案例至今还没有出现。

① 详细案情请参见［英］肯·奥利芬特：《三个产品责任案例》，《法制日报》2013 年 9 月 4 日，第 9 版。

② 杨立新：《侵权责任法》，法律出版社 2011 年第 2 版，第 437 页。

③ 杨立新：《医疗损害责任法》，法律出版社 2012 年版，第 326－327 页。

多数法域并不将血液纳入产品概念的范畴，因此，对于输血感染案不适用产品责任法。中国台湾地区认为血液不属于产品，不适用“消费者保护法”关于产品责任的规定，而是定性为医疗服务纠纷，适用“医疗法”第82条关于“医疗业务之施行，应善尽医疗上必要之注意。医疗机构及其医事人员因执行业务致损害于病人，以故意过失为限，负损害赔偿责任”的规定，以故意、过失为归责标准。[①] 中国澳门地区《商法典》第86条认为血液不属于产品，不适用产品责任的规定。马来西亚对此立场相同，认为医院对患者提供的服务由服务合同调整，医生和医院所提供的服务由疏忽责任法和医疗方面的制定法调整，不涉及《消费者保护法》规定的严格产品责任问题，因为该法第十部分并未对血液供应者规定责任。印度也是这样，由于医院没有过错，因而不承担责任。

（二）临床用血液中含有N型肝炎病毒是否为缺陷

在采用产品责任法调整输血感染案件的亚洲法域，中国法律将血液中存在的问题不称为缺陷，而是称为不合格。只有血液不合格时，血液提供者与医疗机构才承担侵权责任。根据《侵权责任法》第59条将不合格血液与缺陷产品并列的立法本意，只要输血造成患者的损害，医疗机构或血液提供机构即应承担无过失责任，而不区分血液缺陷形成的原因。在血液不合格的情况下，只要造成患者损害，血液提供者和医疗机构就应当承担责任，而不能以发展风险（即依据现有科学技术不能发现和避免的缺陷）作为抗辩事由。立法者作此规定的目的在于强化对患者的保护，督促医疗机构和血液提供机构采取措施预防损害的发生。[②]

韩国判断经过加工的血液有无缺陷，是根据当时的科学技术水平，如果根本不能发现N型肝炎的存在，患者因输入该血液制品而感染N型肝炎病毒的，生产者的产品责任并不成立，依此可予免责。这里所指科学技术水平，是指对判断感染产生的科学技术知识，在提供血液制品的当时已是社会上客观存在的知识水平，包括最顶尖的知识水平，并不考虑生产者主观上是否已经认识到的问题。[③]

---

① 朱柏松：《消费者保护法论》，2004年自版增订版，第293、294页。

② 王利明：《侵权责任法研究》下卷，中国人民大学出版社2011年版，第417页。

③ An Bupyoung：《医疗与造物责任》，《高丽法学》第40号（2003.6），第191页。

即使生产者很难发现 N 型肝炎之事实，亦不能主张发展风险的抗辩。

俄罗斯法认为，在 2005 年输血时，N 型肝炎并没有被普遍认为是一种疾病。在缺乏法规或其他规定的情况下，要想取得一份有关此问题的可信赖的并压倒其他反对意见或观点的专家意见是极其困难的。用受 N 型肝炎感染的血液输血本身并不必然是一个可救济的损害。

由于其他亚洲法域不将输血感染案纳入产品责任调整范围，因而没有讨论血液的缺陷问题。印度法同样如此，认为对于这种病毒的研究，仅发表了一篇科研论文，全球只有一小部分科研实验室有能力在定量的血液中检测出 N 型肝炎病毒的存在，学术界大多数不认为存在这种病毒，因此不能认为属于缺陷。

（三）血液提供者、医疗机构和献血者是否为承担责任主体

对输血感染案适用产品责任法调整的法域，认可血液提供者与生产者的地位相同，是符合要求的不合格或者有缺陷血液的赔偿责任主体。中国澳门地区法律认为，如果输血经过加工作为血液制品，则血液的生产者负有不可推卸的责任。

对于进行输血的医疗机构的主体地位，各法域的做法则不相同。中国《侵权责任法》第 59 条明确规定，输入不合格的血液造成患者损害的，患者可以向血液提供机构请求赔偿，也可以向医疗机构请求赔偿；患者向医疗机构请求赔偿的，医疗机构赔偿后，有权向负有责任的血液提供机构追偿。在日本，这种责任属于产品责任，而医疗机构没有过失，因此没有责任。中国台湾地区法域认为，与一般产品是由商品制造人设计、生产、制造，制造人能控制危险的情况不同，非大量生产、大量制造、大量销售的形式，无法借由将风险损失计算在成本上，转嫁由所有消费者以分散风险，既不能把血液作为产品，也不能将这样的血液作为缺陷对待，原因是基于公共利益，避免课与制造人严格责任后，无人愿从事血液供应事业，危害医疗输血制度与医疗知识的进步。

韩国依据《血液管理法》的规定，只有医疗机构与大韩红十字会才允许采血。生产血液制品的生产者只能从血液管理者（医疗机构与大韩红十字会）处取得血液。血液管理者若向生产者提供已被感染的血液时，依照零部件生产者或原料提供者都有可能承担产品责任的规定，以及《产品责任法》第 5 条规定，二者

要承担连带赔偿责任。如果医生对投入的血液制品可能感染疾病的危险未作出任何说明的，这就是侵害患者自主决定权（患者具有选择是否输入血液制品的权利）的侵权行为。[①] 在中国澳门地区，医院对受害人实施的行为并没有过错，医院只是按正常做法在给受害人输血时，N 型肝炎的检验并未能在医院检验出来，且 N 型肝炎是否真正存在，在学界也是存疑的，据此可以认定医院对于该损害没有过错，已经尽了适当注意义务，并且对于受害人治疗中未有其他过错，受害人不能就这一损害向医院索赔。

对于提供血液的献血者，各法域均认为其不应当是责任主体，理由是他并不知道自己的血液中含有 N 型肝炎病毒。例如日本认为，血液提供者在当时既无法认识到 N 型肝炎的存在，也无法认识到 N 型肝炎病毒混入血液制品的风险，故无过失可言。

（四）关于诉讼时效问题

在分析输血感染案的法律适用中提出的一个问题是，2005 年因为输血导致感染了该病毒，但是直到 2012 年才发生损害后果，对本案的法律适用将会出现何种不同结果呢？中国《产品质量法》第 45 条规定，因产品存在缺陷造成损害请求赔偿的诉讼时效期间为 2 年，自当事人知道或者应当知道其权益受到损害时起计算。因产品存在缺陷造成损害要求赔偿的请求权，在造成损害的缺陷产品交付最初消费者满 10 年丧失；但是，尚未超过明示的安全使用期的除外。本案受害人虽然 2005 年输入不合格血液，但其损害后果在 2012 年方显现，故其自 2012 年知道其健康权受到侵害时起计算诉讼时效期间。日本《制造物责任法》第 5 条规定："第 3 条规定的损害赔偿请求权，自被害人或其法定代理人知道损害及赔偿义务者时起 3 年内不行使的，时效消灭。生产商等自交付该产品时起计算，经过 10 年期间的时效消灭。""前项后段的期间，对于由储蓄在身体中对人的健康有害的物质引起的损害或者经过一定潜伏期间后显现出症状的损害，自损害发生时起计算。"这些规定十分清楚。

中国台湾地区的诉讼时效期间虽为两年，但自 2005 年输血到 2012 年尚未逾

---

① 医生说明义务的代表性案例，见韩国大法院 2011. 3. 10. 判决 2010 da72410。

10 年，受害人于现在科技发达而得知受感染的损害与赔偿义务人时，两年内均得请求血液提供者赔偿。马来西亚 1953 年《时效法》第 6 条（1）规定，基于侵权提起的诉讼，当诉讼事由发生届满 6 年，则不得再提起诉讼。

中国澳门地区关于产品责任在时效方面的规定相对特殊，受害人损害赔偿请求权的时效自受害人知悉或应知悉损害、瑕疵及生产者认别资料之日起 3 年。[①]受害人的“损害赔偿请求权自企业主将造成损害之产品投入流通之日起经过 10 年而失效，但受害人所提起之诉讼正待决者除外”[②]。产品进入流通满 10 年后，生产者对产品缺陷造成的损害不承担责任。如果受害人感染了该病毒直到输血 11 年后才显现，血液提供者不对此损害承担法律责任。

《韩国民法》第 766 条第 2 款规定“自侵权行为之日起 10 年内”未行使损害赔偿请求权的，其诉讼时效消灭。侵权行为之日并非加害行为之日，而是损害结果发生之日。[③]《产品责任法》第 7 条第 3 款规定，产品责任法上的损害赔偿请求权应自生产者提供缺陷产品之日起 10 年以内行使。第 2 款规定，累积在体内的、侵害他人健康而发生的损害或者经过一定潜伏期以后出现症状的损害，都从损害发生之日起计算。

俄罗斯法认为，如果受害人在 2005 接受输血而直到 2012 年才知晓被感染，应适用 10 年的时效期间。时效期间不会因责任基础的不同而改变。

（五）对于输血感染案的多种法律救济方法

对于输血感染案的法律适用，亚洲和俄罗斯各法域在立法和司法实务都存在多种责任救济形式，救济的效果各有不同。

对于输血感染案受害人的民法救济，以产品责任进行救济最为有效。中国对此适用产品责任法进行调整，适用无过失责任原则确定赔偿责任，最能够保障受害人得到救济权利的实现。中国《侵权责任法》坚持医疗损害责任中的医疗机构承担过错责任，但在医疗产品责任和输血感染损害责任则适用无过失责任，正是

---

① 《澳门商法典》第 93 条。

② 《澳门商法典》第 94 条。

③ 韩国大法院 1979.12.26 判决 77da1895，全员合一体判决。

考虑到过错责任在医疗产品责任领域对于患者权利保护不足的问题。一方面，患者对于所输入血液是否存在缺陷完全没有辨别、控制和预防的能力，其接受输血完全是基于对血液提供者和医疗机构专业技术能力的信赖；而医疗机构和血液提供者作为具有专业能力者，具有远较患者为强的风险控制能力。要求其对患者的损害承担无过失责任，可以更好地督促其严格履行职责，将输血的风险最小化。另一方面，在输血感染案中，患者的损害极大，应当保障患者的索赔权利得到满足，否则不符合社会公平与正义原则的要求。

输血感染案同样可以适用合同法的规定或者侵权法的疏忽责任法进行救济，但同样都会由于基于过错责任原则和过错推定原则的适用，而使受害患者无法证明血液提供者或医疗机构的过失，因而受害人的损害尽管无辜，但无法获得及时、必要的救济。例如马来西亚的法律区分了货物买卖合同与提供服务的合同，医疗的专业服务合同显然是提供服务的合同。血液感染案不适用《货物买卖法》，因为提供被感染的血液不属于该法第 2 条规定的提供“货物”；也不由《消费者保护法》调整，因为该法将专业服务合同排除在调整范围之外。

即使在认可输血感染案适用产品责任法调整的法域，也不排除适用合同责任或者一般侵权责任救济受害人的可能，但须证明血液提供者和医疗机构的过错，因此受到救济的可能性较小。例如日本，如果以医疗过失为由提起过失侵权责任诉讼，或以违反医疗合同为由提起违约责任诉讼，即使受害人接受输血受到肝炎病毒的污染，医院也无须承担任何责任，因为在医院对患者使用血液时，即使有理性的医师既无法认识到 N 型肝炎的存在，也无法认识到含有 N 型肝炎病毒的血液的风险，故可以认定医院既没有过失，亦不构成医疗合同的债务不履行。在中国，输血感染也构成责任竞合，受害人可以选择违约损害赔偿责任救济，但无法得到法院支持。

四、关于桥梁设计缺陷案的法律适用

桥梁设计缺陷案的简要案情是：Y 委托 X 有限责任公司在 Y 所有的土地上

建造的桥梁垮塌，造成A的损害，桥梁垮塌的原因是Y委托的Z建筑师的设计图有缺陷。[①] 对于本案的法律适用问题，多数亚洲法域认为产品责任不调整不动产的损害问题，只有中国台湾地区认可对其适用产品责任法。

（一）桥梁设计缺陷是否属于产品责任法的调整范围

在8个法域中，只有中国台湾地区认可不动产为商品（即产品，下同），适用产品责任法的规定。其“消费者保护法”虽然没有明文规定产品责任的商品概念的范围，但“消费者保护法施行细则”第4条规定：“消保法第7条所称之商品，系指交易客体之不动产或动产，包括最终产品、半成品、原料或零组件。”因此，中国台湾地区的产品责任不区分动产或不动产，均适用“消费者保护法”第7条，采无过失责任规定。桥梁设计缺陷案中的桥梁虽为不动产，亦适用无过失责任的规定，施工单位应负连带赔偿责任，如果施工单位能够证明其无过失，法院得减轻其赔偿责任，以降低企业经营者负担过重的责任，但仍无法免责。

在其他法域，由于不动产不被认为是产品，不适用产品责任法调整，因而采用不同方法确定桥梁设计缺陷的责任归属问题。

中国《侵权责任法》规定，不动产缺陷不适用产品责任法，而适用该法第86条规定的物件损害责任规则。2008年5月12日四川省发生里氏8.0级大地震，大量房屋倒塌造成巨大损害，其中部分建筑物涉及质量问题，引起立法机关的高度重视，并就建筑物、构筑物以及其他设施设置缺陷损害责任单独制定了该条规定。[②] 该条第1款规定：“建筑物、构筑物或者其他设施倒塌造成他人损害的，由建设单位与施工单位承担连带责任。建设单位、施工单位赔偿后，有其他责任人的，有权向其他责任人追偿。”该规定的特点是：第一，直接责任人是建设单位与施工单位。建设单位是指建筑工程的投资方，根据《物权法》第30条的规定，其对合法建造的建筑工程享有所有权。第二，建设单位、施工单位承担连带责任，适用过错推定原则，不适用无过失责任，与产品责任有较大区别。第

① 详细案情请参见［英］肯·奥利芬特：《三个产品责任案例》，《法制日报》2013年9月4日，第9版。

② “全国人民代表大会法律委员会关于《中华人民共和国侵权责任法（草案）》审议结果的报告”，在2009年12月22日第十一届全国人大常委会第十二次会议上。

三，不使用不动产设计缺陷的概念，而使用设置缺陷的概念，凡是因设置缺陷导致的不动产倒塌所致损害，都适用这一规定。第四，设计人不是不动产倒塌损害责任的直接责任人，概括在“其他责任人”之中，建设单位和施工单位承担了赔偿责任之后，再向设计者等第三人追偿。[①] 该条第 2 款规定的是不动产管理缺陷所致损害的责任，与本案无关。

日本的不动产（土地及其定着物）不属于《制造物责任法》的适用对象。在制定《制造物责任法》时，基于以下理由，不动产被排除在《制造物责任法》的适用对象之外：一是不动产具有很强的个性，与具有很强同一性的动产不同；二是与动产不同，不以大量生产、大量流通、大量消费为前提。因此，一般的土地工作物等不动产损害适用民法关于土地工作物损害责任的规定；公共营造物损害责任则适用《国家赔偿法》的规定，都不属于《制造物责任法》的适用对象，但并不会因此产生特别不妥之处。无论是制造物责任还是土地工作物责任，二者都从是否“具有通常所应具备的安全性”来判断瑕疵或者缺陷，故即使修订法律，把土地工作物等不动产纳入制造物责任的适用对象，也不会使个别案件的处理结果产生变化。

韩国产品责任法上产品的范围仅限于动产，不动产不能成为产品责任的客体。但构成不动产的一部分则可属于产品，比如电梯或冷却设施等是构成不动产一部分的动产。桥梁虽然是由人来建造的，但不属于产品责任法上的产品。桥梁坍塌致使第三人受到损害的，可依据《韩国民法典》第 758 条关于建筑物占有人或所有人责任的规定得到救济。如果建筑物由国家或地方自治团体进行管理，应适用《国家赔偿法》第 5 条规定确定责任。这样的规定与日本的做法基本相同。

马来西亚的产品责任法适用于产品，桥梁与产品无关，《消费者保护法》中产品责任法的规定就不能适用。桥梁坍塌造成他人伤害，根据侵权法的规定，受害人可以对三方当事人起诉，即施工单位、土地所有人和建筑设计师，法院将就责任分摊，以及受害人应得的赔偿进行裁决。一旦证明是因为设计师的方案导致坍塌，施工单位和土地所有人均可以向该设计师索赔。

① 杨立新：《侵权法论》，人民法院出版社 2013 年第 5 版，第 700－701 页。

澳门的产品范围不包括不动产，《商法典》第 86 条第 1 款将产品界定为“任何动产”，包括“与其他动产或不动产组装的动产”。至于何为动产何为不动产，则由作为一般法的民法典规范。[①]《商法典》第 86 条第 2 款规定：“来自土地、畜牧、捕鱼及狩猎之产品，如未加工不视为产品。”为了更好地保障消费者的利益，修改《商法典》的咨询文本建议废止第 86 条第 2 款的规定，以扩大产品的范围。但在现阶段，桥梁并不能看作为产品，所以建造桥梁的施工单位无须承担任何法律责任。

印度因为没有完善的产品责任法，因而应当适用侵权法的规定确定责任。除非证明施工单位没有遵循设计人递交的方案，其责任非常小。但事实表明设计师的设计是有缺陷的，因此施工单位一方没有责任。对于土地所有人，法院明确了土地占有人的责任，这个责任等同于绝对责任，比严格责任原则还要严格得多。根据这样的规则，土地所有人有可能存在责任。设计师对所有人或受害人的责任都非常清楚——因为设计被证明是有缺陷的。如果受害人以设计人知情为由选择起诉他，设计人应继续对受害人承担责任。

（二）桥梁设计图是否为产品

在中国，建筑设计图不属于“产品”，而是作为一种服务，是设计人向建设单位提供的一项服务，适用合同法规定的责任制度。在《侵权责任法》第 86 条规定的情形下，建筑设计人被纳入“其他责任人”的范围之内，在建设单位和施工单位对不动产致害承担了连带责任之后，可以向设计人进行追偿。[②]

在日本，由于设计书以及设计服务不属于制造物，故建筑设计师不承担《制造物责任法》第 3 条规定的损害赔偿责任。如果建筑设计师在设计时没有尽到合理的注意义务，受害人可以设计师存在过失为由，依据《日本民法典》第 709 条追究损害赔偿责任。在裁判实务中，要求建筑设计师承担作为专家的极其高度的注意义务，对于保护受害人的权利比较有利。

我国台湾地区“民法”第 191－1 条第 2 项规定，商品制造人系指商品之生

① 《澳门民法典》第 195 条及第 196 条。

② 杨立新：《侵权责任法》，法律出版社 2011 年第 2 版，第 567 页。

产、制造或加工业者，虽未明文规定设计者，但通说认为设计师亦为危险的制造者，与生产、制造或加工业者一并纳入同一规范。桥梁设计者设计的桥梁欠缺安全性，依“民法”第191－1条规定，应负赔偿责任。如果依照《消费者保护法》规定的商品责任，虽然第7条规定的责任主体为从事设计、生产、制造商品或提供服务之企业经营者，包括设计单位及企业经营者，但建筑师如果是个人而非企业经营者，则不适用该条规定负无过失赔偿责任。

在我国澳门特区，建筑设计图虽然是动产，但按照法律界的主流观点不是产品，而属于服务。原因是，设计图本身意义并不在于其载体上，而在于其客体是智力成果，因此不具有物质形态，不可视为动产，应受知识产权法保护，不属于产品责任调整范围。建筑设计图的本质是设计人依据委托合同而向委托人提供的一项服务。由于委托合同的关系，所以该设计图所造成的损害赔偿，由委托人承担，并且适用合同责任制度。

在韩国，设计图纸作为知识性产品，并不属于产品责任法规定的产品范畴。信息或软件等知识性产品本身并不存在致使人身损害或火灾等发生的危险性，受害人可以通过合同法上的瑕疵担保责任得到救济。知识性产品的概念、内容、功能等具有多样化特点，很难对该类产品课以无过失责任。[①] 依据韩国《建设产业基本法》第28条规定，承包人建造的建筑物发生瑕疵时，承包人应向发包人承担建设工程瑕疵担保责任。但依据该法第28条第2款第2项的免责规定，若依据发包人的指示进行施工时，承包人对发生的瑕疵不承担担保责任。承包人依据设计人设计的图纸进行了施工，双方不存在直接的合同关系，只有土地所有人与设计人之间是直接的合同关系，设计人向土地所有人交付设计图，土地所有人再向承包人提供该设计图纸，承包人并不承担桥梁坍塌的瑕疵担保责任。如果承包人明知设计图存在缺陷，仍由于故意或过失未告知土地所有人这一事实时，依据《建设产业基本法》第26条第5款规定，项目管理者在履行职务时，因故意或过失导致发包人产生财产损害的，应对该损害承担赔偿责任。如果承包人与设计人是在相互协商或相互监督下建造该桥梁的，则应共同对桥梁坍塌的损害承担连带

① Gun Teasung：《电脑软件与制造物责任法》，《信息产业》第173号（1996.9），第31页。

赔偿责任。

俄罗斯法认为，建设方案本身不属于消费者保护或产品责任法意义上的产品，对其不应适用严格产品责任。在合同法中可将其看作服务，依据合同法的规定处理。

（三）动产责任与不动产责任的区别

我国在整体法律规则设计上，严格区分动产和不动产规则，在立法上体现为《建筑法》（1997 年通过，2011 年修订）与《产品质量法》（1993 年通过，2000 年修订）并行，《合同法》单独设立第十六章“建设工程合同”。《侵权责任法》将产品（动产）致人损害规定为产品责任，将不动产倒塌致人损害规定为物件损害责任。中国法动产责任与不动产责任在责任规则方面的差异主要体现在如下方面。第一，侵权责任归责原则的区别。在不动产设置缺陷责任，主流意见认为适用过错推定责任[①]，而不同于产品责任的无过失责任。第二，“自损”纳入损害赔偿范围的区别。产品责任的产品自损可以纳入产品责任赔偿范围，但不动产的物件损害赔偿责任则不包括不动产的自损。第三，是否存在管理缺陷责任方面的区别。不动产责任除了存在设置缺陷责任之外，还存在管理缺陷责任，但动产责任基本上不存在这一特殊责任类型。中国法不动产责任与动产责任存在上述差异的正当性体现在如下三个方面。首先是责任理论上的差别，不动产责任与动产责任在理论上的差别体现在缺陷类型不同、预防成本不同和自损的价值大小不同；其次是责任制度上的差别，抗辩事由不同，对内责任承担的基础不同；最后，中国法不动产责任与动产责任的这种区分与行政管理体制有一定关联。[②]

我国台湾地区的不动产属于产品，适用无过失责任。学者认为，这样的立法虽然较能保护消费者，但不动产是否适用严格责任，应考虑商品责任的正当性系因科技发展后，消费者处于大量生产、大量贩卖、大量消费的环境，而动产的特性在于可以规格化、大量制造、容易控制其质量，故课与商品制造人较重之责任；不动产相较而言，欠缺被替代性，且因涉及因素众多、时间久远，难以论断

① 杨立新：《侵权责任法研究》下册，中国人民大学出版社 2011 年版，第 697 页。

② 杨立新、杨震：《有关产品责任案例的中国法适用》，《北方法学》2013 年第 5 期。

其损害原因为何，故建议，于未来修法时应当明确不动产不适用商品责任。

（四）提供产品与提供服务的责任的区别

我国法律认为，提供服务的责任和提供产品的责任的差异主要体现在如下三点。第一，相对性要求的差异。提供服务责任造成损害的对象为服务合同的相对人，可以根据《合同法》第122条选择违约责任和侵权责任。产品责任没有相对性的要求，包括合同当事人也包括第三人。第二，归责原则的差异。提供服务导致合同当事人之外的人损害的，一般适用过错责任原则承担侵权责任，但缺陷产品责任适用无过失责任。第三，责任主体的差异。提供服务的责任人是服务提供者，而我国法将产品生产者和销售者共同作为产品责任的责任人。我国法提供服务的责任和提供产品的责任存在差异具有一定的正当性，主要体现在：第一，流通性的差异。产品存在流通性，从生产者到最终的使用人，可能经过多重的流通；而服务具有直接性，一般不存在流通问题。第二，发现和证明产品责任人过错的困难性。现代大规模生产的产品具有专业性，受害人难以证明产品责任人主观上存在过错，进而可能导致求偿的困难，因而适用缺陷产品严格责任；提供服务的责任人其过错的证明则相对容易。第三，相对性要求带来的求偿困难。中国疆域广大，如果仅由产品生产者承担产品责任，则可能导致高昂的求偿费用和诉讼成本，因而立法者从方便诉讼和求偿的角度，将销售者纳入责任人范畴，并由其承担向供货商和生产者的求偿不能风险，能够更加切实地保护产品的最终消费者；而在提供服务的情形中，不存在这种求偿困难的问题。

日本在制定《制造物责任法》时，将服务（即劳务）排除在制造物责任的适用对象之外，其理由，一是提供服务时，每项服务内容各不相同，有很强的个性，与具有很强同一性的动产不同；二是服务之中因其缺陷造成他人的生命、健康危险的情况较少，缺乏一律使提供服务者承担严格责任的根据；三是在通常情况下，成为问题的并不是服务的安全性，而是该服务本身的质量；四是由服务中存在的瑕疵引起的损害通常发生在接受服务者一方，但因为接受服务者与提供服务者之间存在合同关系，故接受服务者可向提供者追究违约责任来寻求救济。

我国台湾地区“消费者保护法”第7条规定，产品责任包括服务，提供服务

之企业经营业者，于提供服务时，应确保该服务符合当时科技或专业水平可合理期待之安全性。若违反，致生损害于消费者或第三人时，应负连带赔偿责任，一律适用无过失责任，唯学说与实务肯定医疗服务不适用这一规则。学者也认为服务的种类繁复，内容千变万化，一律课以无过失责任恐非适当，服务的本质与商品利用机器能大量生产、销售之模式不同，在立法上服务不宜适用无过失责任，应回归一般注意义务与过失为判断。

我国澳门特区法律将设计图样作为服务对待，依照《澳门民法典》第493条关于委托人责任的规定，将其作为现代侵权法中的一项重要制度，在委托关系中，委托人对其受托人在执行职务活动时致第三人损害应承担民事责任，委托人之责任制度之设立在于平衡委托人、受托人和受害人的利益。在本案中，土地所有人是委托人，设计人是受托人，土地所有人即委托人对于受托设计的设计图有问题而导致桥梁坍塌造成受害人的损害，对外应当自己承担侵权责任；对内可以向委托人即设计人请求赔偿。

（五）施工单位是否有责任无偿再建一座新桥梁

关于施工单位是否有责任无偿再建一座新桥梁，各法域报告中较少讨论。日本法认为，根据施工单位和土地所有人之间的合意，土地所有人负有无偿建造新桥梁的义务，其结果是施工单位须负担筹措建设新桥梁所需工作人员及原材料的费用。相当于该费用的损害是因建筑师作出的具有瑕疵的设计，而在施工单位的财产上产生的损害为一种纯粹财产的损害。且日本侵权法对于认定该种损害赔偿并不存在任何障碍。因此，施工单位可依据《日本民法典》第709条，以设计师的侵权为由，请求赔偿上述费用。若有其他损害，只要该损害在相当因果关系范围之内时，就可以请求赔偿。韩国法认为，承包人由于设计人的过错向土地所有人履行了最初的约定，即在原建筑费用的范围内，重新建造了一座新的桥梁，由于承包人对土地所有人并不承担任何损害赔偿责任，如果不是由于设计人的过错，承包人并不需要支出这些费用与劳动力，因此，承包人可依据《韩国民法典》第750条的一般侵权行为规定，向设计人请求因其过错而导致承包人的损害赔偿。我国澳门特区法律认为，施工单位虽然因为设计人的设计图问题，需要无

附加报酬地建造一座新的桥梁，但这仅仅是基于其先前与土地所有人的约定，施工单位与设计人之间没有直接的法律关系，所以设计人不对施工单位承担责任。设计人作为土地所有人的受托人，设计人造成的损害由委托人即土地所有人承担法律后果，但土地所有人对于替设计人承担的风险责任对其有追偿权。根据《澳门民法典》第 493 条第 3 款，土地所有人可以就所作出的一切支出要求设计人偿还，但施工单位本身亦有过错的除外，如果施工单位也有过错，其就根据《澳门民法典》第 490 条规定，与设计人一同承担连带责任。土地所有人对设计人的追偿可以提起直接诉讼。

“十三五”国家重点出版物出版规划项目

◉ 杨立新 著

中国侵权责任法研究

第三卷

中国当代法学家文库

杨立新法学研究系列

Contemporary Chinese Jurists' Library

中国人民大学出版社

·北京·

总目录

第一卷　侵权责任法总则研究

第二卷　侵权责任法分则研究（一）

第三卷目录

第七编　事故责任

第八编　医疗损害责任

第七编
事故责任

第十六章

处理机动车交通事故责任的基本规则

第一节　修正的《道路交通安全法》第 76 条的进展及审判对策

2007 年 12 月 28 日，第十届全国人民代表大会常务委员会第三十一次会议通过决定，修正《道路交通安全法》第 76 条。这一修正后的条文（以下简称新条文）自 2008 年 5 月 1 日起实施。此次修正的背景是什么，新条文在道路交通事故责任的规定中有哪些进展，存在哪些问题，应对这些进展和问题，在审判实践中应当采取哪些对策，这些都是值得研究且必须解决的。本节试作以下探讨，以应对审判实践上的具体问题。

一、修正《道路交通安全法》第 76 条的背景

2003 年 10 月 28 日，第十届全国人民代表大会常务委员会第五次会议通过《道路交通安全法》后，特别是在 2004 年 5 月 1 日该法实施后，社会各界对该法

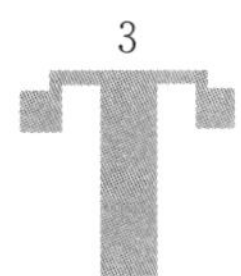

第76条（以下简称原条文）批评不断，以至于全国人大常委会法制工作委员会数次召开会议，专门研究该条规定是否存在问题，如何进行补救。各界批评原条文的主要意见，是原条文实行无过失责任原则，无论在何种情况下，机动车一方都要无过错全责赔付，称之为“无责全赔”规则，因此，是一个不正确的法律规范。

我们经过反复研究，认为原条文并不存在这样的问题。全面研究原条文的内容，可以肯定其确实存在一些问题，但不是舆论指责的前述问题，因为无论如何原条文都不存在“无责全赔”规则，这实际上是对原条文的一个误解和误导。但原条文确实存在以下三个技术性问题。

第一，该条文没有规定过失相抵规则。这是一个客观事实，但这并不是立法的漏洞。按照法律适用原则，《道路交通安全法》的原条文作为民法规范，是侵权法的特别法，特别法没有规定的事项，应当适用侵权普通法的规则。① 《民法通则》第131条明确规定：“受害人对于损害的发生也有过错的，可以减轻侵害人的赔偿责任。”适用本条，就可以解决这个问题。对于提出该条文规定机动车承担道路交通事故的责任是无过失责任，是否还适用过失相抵原则的问题，最高人民法院《关于审理人身损害赔偿案件适用法律若干问题的解释》第2条第2款已经作了明确规定，实行无过失责任原则的侵权行为，同样适用过失相抵原则，只不过条件更高一些而已。② 因此，道路交通事故的机动车责任即使是无过失责任，如果受害的非机动车驾驶人或者行人具有重大过失的，也应当适用过失相抵原则，减轻机动车一方的责任。因此，在这个问题上，不能认为原条文存在缺陷，因为有办法解决道路交通事故过失相抵的法律适用问题。③

第二，该条文规定因非机动车驾驶人或者行为人完全过错引起的交通事故责任，且机动车驾驶人已经采取必要处置措施的，减轻机动车驾驶人一方的责任，其中“减轻”责任规定的范围过于宽泛。按照原条文的文义理解，“减轻”责任

① 杨立新：《侵权法论》，人民法院出版社2005年第3版，第58页。

② 该条司法解释的内容是：“适用民法通则第一百零六条第三款规定确定赔偿义务人的赔偿责任时，受害人有重大过失的，可以减轻赔偿义务人的赔偿责任。”

③ 张新宝：《侵权责任法原理》，中国人民大学出版社2005年版，第359页。

就包括减轻1%至99%。如果机动车一方完全没有责任，交通事故损害完全是由于非机动车驾驶人或者行人的过错引起的，但减轻责任的幅度不大，那么对机动车一方是不公平的。而原来的《道路交通事故处理办法》规定，在这种情况下机动车一方只承担10%的责任，是较为公平的。按照原条文的规定，责令机动车一方承担10%以上的责任，甚至99%的责任，都是符合原条文规定的，但是，在这种情况下，让机动车一方承担过重责任的结果，是任何人都不能接受的，也违背法律的公平原则。因此，原条文在这个问题上确实存在问题，就是在机动车一方无责任时，减轻机动车一方赔偿责任的幅度过宽，在适用中难以避免出现不公平的结果。对此，我们曾经建议通过立法解释或者司法解释解决这个问题，并不一定要对原条文进行修正。

第三，原条文第1款第2项中使用“机动车与非机动车驾驶人、行人之间发生交通事故”的表述不够严谨，亦存在范围过宽的问题。“机动车与非机动车驾驶人、行人之间发生交通事故”的表述，就包括机动车造成非机动车驾驶人或者行人损害，非机动车驾驶人或者行人造成机动车一方损害，以及相互造成损害。原条文第1款第2项规定的无过失责任原则和受害人过错减轻责任的规则，如果适用于非机动车驾驶人或者行人造成机动车一方损害的，则不正确。

原条文所存在的问题就是这些，并不是非常严重的错误，其中实际存在的问题是后两个问题，可以通过立法解释和司法解释解决。社会各界对原条文给予的批评，很多是不正确的，是对该条文的错误理解。

《道路交通安全法》第76条的修正，就是在这种背景下进行的。

二、新条文在规定道路交通事故责任规则中的进展和问题

立法机关勇于接受各界批评，决定对原条文进行修正，提出了法律条文的修正案草案并广泛征求意见，于2007年12月的全国人大常委会会议上以高票（一票反对、两票弃权）通过了这个修正案。这说明新条文确实在道路交通事故处理规则上有很大的进步。事实上也确实如此，新条文有很大的进步，但同时也应当

看到还存在一些需要进一步明确的问题。

(一) 新条文在道路交通事故责任规则上的重大进展

新条文在规定道路交通事故规则中有以下重大进展，具有重要意义。

1.新条文规定道路交通事故责任的归责原则是过错责任原则和过错推定原则

原条文规定交通事故责任的归责原则是过错责任原则和无过失责任原则。(1) 机动车之间发生交通事故的，适用过错责任原则。(2) 机动车一方造成非机动车驾驶人或者行人损害的归责原则，是无过失责任原则，这可以从原条文的表述中予以确定："机动车与非机动车驾驶人、行人之间发生交通事故的，由机动车一方承担责任"；同时规定非机动车驾驶人或者行人过错引起损害的实行减轻责任，以及故意造成损害的免除责任。这些表述，说的都是无过失责任原则的特征。对此，学者有共识。[①]

新条文坚持了机动车之间发生交通事故实行过错责任原则的规定，但是，关于机动车与非机动车驾驶人、行人之间发生交通事故的归责原则的规定，改变了原条文的表述，改为"机动车与非机动车驾驶人、行人之间发生交通事故，非机动车驾驶人、行人没有过错"，以及"机动车一方没有过错"的表述。这些表述，都表明机动车一方与非机动车驾驶人、行人之间承担交通事故责任的归责原则，已经由无过失责任原则改变为过错推定原则，即使是规定了"非机动车驾驶人、行人故意碰撞机动车"予以免责的规则，也不能改变新条文的过错推定原则的确定含义。这一规定对道路交通事故责任的审判实践已经带来了重大变化，各级法院务必引起注意。

2.明确规定机动车与非机动车驾驶人、行人之间发生交通事故，有证据证明非机动车驾驶人、行人有过错的，适用过失相抵原则

新条文的这个规定，改正了原条文对此没有规定的不足，明确了在道路交通事故中，机动车一方造成损害，非机动车驾驶人或者行人有过错的，应当根据过错程度适当减轻机动车一方的赔偿责任。其中特别是规定"适当"减轻责任，具有重要含义，这就是在机动车交通事故中，适用优者危险负担规则，即使是按照

① 张新宝:《侵权责任法原理》，中国人民大学出版社 2005 年版，第 351 页。

过错程度确定减轻机动车一方的赔偿责任，那么机动车一方也应当承担超过其过错程度的“适当”责任。对此，在征求意见的新条文草案中，曾经规定了一个比例，就是机动车承担主要责任的，应当承担80%的责任；同等责任的，承担60%的责任；次要责任的，承担40%的责任。立法机关接受各界提出的立法具体规定责任比例不妥的意见，改作“适当”减轻赔偿责任的规定，体现的正是这个意思，将过失相抵的赔偿责任具体比例交由审判机关在适用法律中解决。这是正确的。

3.规定机动车一方没有过错的，机动车一方承担不超过10%的赔偿责任

新条文改变了原条文关于在这种情况下“减轻机动车一方的责任”规定中“减轻”责任幅度过于宽泛的缺点，既体现了优者危险负担原则对非机动车驾驶人或者行人的人文关怀，同时也兼顾了无过错造成损害的机动车一方的利益，已经恢复到了《道路交通事故处理办法》规定的责任比例，并且有一定的弹性，同时也避免了法官在适用法律中随意性过大的弊病。新条文的这个规定得到了各界欢迎，适应了当代中国社会正在向汽车社会的现实需要，是一个好的法律规范，应当予以充分肯定。

（二）新条文在规定道路交通事故责任规则上存在的问题

当然，新条文还存在一些具体问题，需要进一步明确，才能够在司法实践中准确适用。

1.新条文仍然使用“机动车与非机动车驾驶人、行人之间发生交通事故”的提法，没有明确机动车造成非机动车驾驶人或者行人损害以及非机动车驾驶人或者行人造成机动车一方损害的情形。

所谓的“发生交通事故”，其中包含三种情形。（1）机动车一方造成非机动车驾驶人或者行人的损害；（2）非机动车驾驶人或者行人造成机动车一方损害；（3）双方相互造成损害。在现实中，更多的当然是机动车造成非机动车驾驶人或者行人损害，但非机动车驾驶人或者行人造成机动车一方损害，甚至双方同时造成对方损害的并不罕见。例如某人醉酒后骑自行车横穿马路，撞在正常行驶的摩托车上，造成摩托车驾驶人重伤，骑车人也有伤害的后果。新条文第1款第2项

将“发生交通事故”作为基准，设定赔偿责任的三项规则，就会混淆前述三种情形的界限。

依我所见，对于机动车一方造成非机动车驾驶人或者行人损害的，确定新条文规定的机动车过错推定责任规则、机动车与非机动车或者行人之间的过失相抵规则、受害人全部过错机动车不超过10%的责任规则这三个赔偿责任规则当然没有问题。但是，在非机动车驾驶人或者行人造成机动车一方损害的情形下，适用这些规则却明显不合理、不公平：(1) 非机动车驾驶人或者行人造成机动车一方损害，机动车一方无过错，却要承担全部赔偿责任，不仅不合理，而且与第三项规则相冲突。(2) 非机动车驾驶人或者行人有过错，机动车一方也有过错的，实行过失相抵是没有问题的。(3) 机动车一方没有过错的，自己对自己承担不超过10%的赔偿责任，在逻辑上说不通。在新条文第1款第2项确定的这三个规则中，前后两个规则适用于非机动车驾驶人或者行人造成机动车一方损害时，都是不合理的，这说明，“发生交通事故”这个表述是不准确的。对此，新条文没有改进，并且继而明确规定三个规则，使其存在的问题更加突出了。

2.新条文在第1款第2项的表述中，接连使用了三个“过错”，其含义各不相同，其中第二个“过错”与新条文第2款中的“故意”形成冲突。(1) 第一个“过错”，是说“非机动车驾驶人、行人没有过错”，这个过错，应当既包括故意，也包括过失。机动车驾驶人或者行人既没有故意也没有过失的，应当由机动车一方承担责任。(2) 第二个“过错”，是讲“非机动车驾驶人、行人有过错”的，这里所说的过错，应当是指过失，才能够与第2款中规定的“故意”协调好相互关系。现在的表述为过错，既包括故意也包括过失，而第2款明确规定故意是免责条件，那么规定过失相抵的“过错”中难道还包括故意吗？显然不包括。既然如此，使用“过错”的表述就不准确，应当仅指过失，不包括故意。(3) 第三个“过错”，是指“机动车一方没有过错”，这个过错，是指既没有故意，也没有过失，包括故意和过失。这个使用是正确的。

因此，第二个“过错”的使用存在问题，能够理解成在过失和“故意”碰撞机动车之间，还存在其他故意形式，而其他故意形式可以发生在机动车致害的过

失相抵之中。如果其他故意形式发生在过失相抵的情形中，那么究竟是过失相抵，还是免除责任呢？

3.新条文第2款将原来的“由非机动车驾驶人、行人故意造成”改为“由非机动车驾驶人、行人故意碰撞机动车造成”，使非机动车驾驶人或者行人故意引起交通事故损害的免责情形过于狭窄。即使是按照无过失责任原则的要求，对受害人故意也不能作仅指“碰瓷”这样狭窄的理解，因为非机动车驾驶人或者行人故意引起损害，并不是仅仅表现为故意碰撞机动车的“碰瓷”形式，还存在其他故意形式。如果仅仅是故意碰撞机动车才可以免责，非机动车驾驶人或者行人的其他故意不能免责，而是包括在新条文第1款第2项中的过失相抵规则中的过错之中，可以减轻责任，则不符合无过失责任原则的要求。

三、适用新条文审理道路交通事故责任案件应当采取的审判对策

新条文于2008年5月1日生效。其生效后，在司法实践中适用新条文规定审理道路交通事故责任案件，其规则会发生何种变化，应当采取何种审判对策应对，必须提出切实可行的解决办法。

（一）关于道路交通事故责任适用何种归责原则问题

新条文规定道路交通事故责任的归责原则，由过错责任原则和无过失责任原则改变为过错责任原则和过错推定原则。在实践中，应当如何应对呢？

我认为，在司法实践中适用新条文，道路交通事故责任适用归责原则应当从三个方面确定。

1.机动车之间发生交通事故的，实行过错责任原则。其举证责任实行“谁主张谁举证”的规则，对于过错的证明，不实行举证责任倒置。因此，都是由原告举证，被告不承担举证责任。只有被告提出积极主张的时候，才负有举证责任。在这一点上，原条文和新条文没有变化，而是更加明确适用过错责任原则而已。

2.机动车一方造成非机动车驾驶人或者行人损害的，实行过错推定原则。对于过错的证明，采取推定方式，在原告证明了违法行为、损害事实和因果关系要

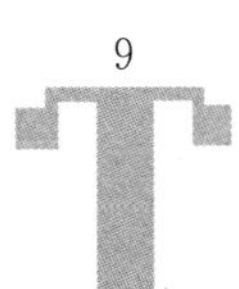

件之后，法官直接推定机动车一方有过错。机动车一方认为自己没有过错的，应当承担举证责任，实行举证责任倒置，自己证明自己没有过错。能够证明自己没有过错的，免除其责任；不能证明或者证明不足的，过错推定成立，应当承担赔偿责任。

3.非机动车驾驶人或者行人造成机动车一方损害的，按照新条文第1款第2项规定，好像应当实行过错推定原则。但是，对这种情况适用过错推定原则是不正确的。因为机动车一方作为受害人，在其主张非机动车驾驶人或者行人承担赔偿责任的时候，如果实行过错推定原则，则对非机动车驾驶人或者行人是不公平的。只要是非机动车驾驶人或者行人造成机动车一方损害，就直接推定非机动车驾驶人或者行人有过错，加重了非机动车驾驶人或者行人的举证负担，使非机动车驾驶人或者行人处于不利地位，不符合当代道路交通事故责任的处理理念。因此，对于这种情形应当适用过错责任原则，机动车一方如果主张非机动车驾驶人或者行人承担造成自己损害的赔偿责任，则必须在证明其违法行为、损害事实、因果关系之后，还应当承担证明对方过错的举证责任，不能证明者，就不构成侵权责任。

有专家认为，新条文规定机动车一方没有过错的，承担不超过10%的赔偿责任的规则，是适用无过失责任原则。其理由是，只有行为人一方的行为是造成他人损害的唯一原因，且实行不问行为人过错规则的时候，才是无过失责任原则。这种意见是不正确的。无过失责任原则，是指在法律有特别规定的情况下，以已经发生的损害结果为价值判断标准，由与该损害结果有因果关系的行为人，不问其有无过错，都要承担侵权赔偿责任的归责原则。① 对无过错责任的正确理解是：不考虑行为人有无过错，或说行为人有无过错对民事责任的构成和承担不产生影响。② 而不是指当损害发生以后，既不考虑加害人的过错，也不考虑受害人的过失的一种法定责任形式。③ 将无过失责任原则理解为只有行为人一方的行

① 杨立新：《侵权法论》，人民法院出版社2005年第3版，第143页。

② 张新宝：《侵权责任法原理》，中国人民大学出版社2005年版，第35页。

③ 王利明：《侵权行为法归责原则研究》，中国政法大学出版社1991年版，第129页。

为是造成损害的唯一原因，既不考虑加害人的过错，也不考虑受害人的过失的说法，是不正确的，是对无过失责任原则理解的一种误导。事实上，新条文的这一规定，是在过错推定原则的基础上，实行优者危险负担规则的结果。这就是，在侵权法的一般情况下，行为人无过失则无责任，但由于考虑到机动车的机动性能强、回避能力强，而非机动车驾驶人或者行人无机动性能且缺少回避能力的情形，因此，在机动车一方没有过错的时候也要适当补偿，在不超过10%的范围内承担责任。① 这不是无过失责任原则的适用。

（二）新条文第1款第2项中"发生交通事故"应当如何理解和处置

1.按照新条文的规定，这里的"发生交通事故"应当主要理解为机动车造成非机动车驾驶人或者行人损害。新条文对此规定的三项规则，也主要是针对这种情况规定的。（1）机动车造成非机动车驾驶人或者行人损害，非机动车驾驶人或者行人既没有故意也没有过失的，机动车一方承担赔偿责任。（2）机动车一方有过错，而非机动车一方或者行人有过失的，应当根据过失程度适当减轻机动车一方的赔偿责任。按照原条文，实行无过失责任原则，只有非机动车驾驶人或者行人具有重大过失的，才能够减轻机动车一方的赔偿责任。新条文规定为过错推定原则，就不能再适用这样的规则，而应当按照最高人民法院《关于审理人身损害赔偿案件适用法律若干问题的解释》第2条规定，只有在机动车一方具有故意或者重大过失，非机动车驾驶人或者行人只有一般过失的时候，才不减轻赔偿义务人的赔偿责任，其他情形都要实行过失相抵。同时，按照优者危险负担规则，在确定了机动车一方承担主要责任、次要责任或者同等责任的时候，应当在比较过错、比较原因力确定的赔偿责任比例的基础上，适当提高机动车一方的赔偿责任，但上浮的幅度不应当超过10%。这就是新条文规定"适当"减轻赔偿责任的含义。（3）机动车一方既无故意也无过失的，承担不超过10%的赔偿责任。

2.非机动车驾驶人或者行人造成机动车一方损害的，不实行上述规则。应当按照过错责任原则的规则确定责任：（1）非机动车驾驶人或者行人有过错的，应当承担赔偿责任；（2）双方都有过错的，应当实行过失相抵规则，并且按照优者

① 杨立新：《类型侵权行为法研究》，人民法院出版社2006年版，第881页。

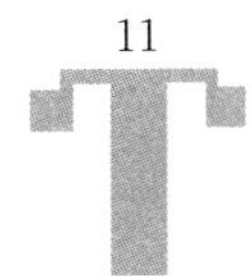

危险负担规则，由机动车一方适当上浮赔偿责任；（3）完全是机动车一方的过错引起损害的，无过失的非机动车驾驶人或者行人不承担责任。

3.机动车与非机动车驾驶人或者行人之间发生交通事故相互造成损害的，应当是两个相互交叉的道路交通事故案件，分别适用上述不同规则。同时，需要双方分别起诉，或者一方起诉另一方反诉。对此，不能作为一个案件审理适用过失相抵的规则处理，而是要按照两个案件审理，各自起诉的，可以合并审理，作出两个判决；反诉的，作出一个判决。对各自确定了赔偿责任之后，可以就赔偿数额实行抵销，而不是过失相抵。

（三）新条文第1款第2项中第二个“过错”与“故意碰撞机动车”之间应当如何协调

新条文第1款第2项中规定的三个“过错”概念并不相同，其中第二个过错概念，在司法实践中必须准确理解，即只包括过失，不包括故意。新条文第2款规定的“故意碰撞机动车”按照字义不能包含非机动车驾驶人或者行人其他故意的情形。因此，在前者的“过错”和后者的“故意碰撞机动车”之间形成了一个空档，就是在“过失”和“故意碰撞机动车”之外，还有一个其他故意的形式。这个其他故意，究竟应当放在前边的“过错”之中，还是放在后边的“故意碰撞机动车”之中呢？按照新条文的文字表述，似乎应当包括在前者的过错概念之中，但如此理解就会造成法律适用中的错误。但放在后边的“故意碰撞机动车”中，又超出了条文文字所表述的含义。对此，应当进行解释，非机动车驾驶人或者行人的其他故意形式应当包括在第2款中的“故意”之中，非机动车驾驶人或者行人即使不是故意碰撞，而是在马路上寻求自杀被机动车碾死，并没有故意碰撞机动车，也应当免除机动车一方的责任。舍此没有其他更好的补救办法。因此，在实践中，对于非机动车驾驶人或者行人以其他故意形式造成自己损害的，机动车一方都不承担赔偿责任。同时，也应当明确，故意包括行为人实施行为时对损害后果的追求和放任两种形式[①]，以扩大新条文第2款的含量。

① 张新宝：《侵权责任构成要件研究》，法律出版社2007年版，第438页。

（四）适用“不超过百分之十的赔偿责任”应当如何掌握

在司法实践中适用新条文规定的“机动车一方没有过错的，承担不超过百分之十的赔偿责任”，应当掌握以下几点。

1.机动车一方没有过错，要机动车一方自己举证

新条文第1款第2项规定的是过错推定原则，因此，机动车一方主张自己没有过错的，应当由自己承担举证责任，证明自己没有过错。能够证明自己没有过错的，才能够确定其承担不超过10%的赔偿责任。不能证明自己没有过错的，不适用这一规定，而是适用该条第1款第2项规定的第一种规则，由机动车一方承担赔偿责任。

2.机动车一方没有过错的标准是机动车驾驶人已经采取必要处置措施

有人认为，原条文规定机动车驾驶人已经采取必要处置措施作为无过错标准的规定，是很好的规则，不应当删除。其实，由于新条文已经将这种责任规定为过错推定责任，就没有必要写进来这个规则了。在操作上，机动车一方证明自己没有过错的标准是什么？机动车一方能够证明机动车驾驶人已经采取了必要处置措施仍然不可避免造成损害的，就证明了自己没有过错。在司法实践中，确定机动车一方对于自己没有过错的举证责任是否充分，就按照这样的证明标准处理就可以了。

3.不超过10%的赔偿责任要根据具体情形确定

机动车一方能够证明自己没有过错的，承担不超过10%的赔偿责任。所谓不超过10%，就是承担10%的赔偿责任或者在10%以下承担赔偿责任。对此，首先不能绝对理解为就是10%，可以在10%以下确定赔偿责任。其次，究竟机动车一方应当承担多少赔偿责任，应当根据具体情形，主要是根据受到损害的非机动车驾驶人或者行人的过错程度来确定。如果受害人对于损害的发生具有重大过失，则应当在5%以下承担责任，一般不要低于5%；如果受害人对于损害的发生具有普通过失，机动车一方应当承担6%或者7%的赔偿责任；如果受害人仅仅是一般过失，则机动车一方承担8%或者9%的赔偿责任；如果受害人完全没有过错，则机动车一方承担10%的责任。对此，不应当适用《民法通则》第

132 条规定，不能在机动车与非机动车、行人都没有过错的时候实行分担责任。

《道路交通安全法》第 76 条修订实施之后，我国的道路交通事故责任归责原则有所改变。对此，我在有关文章中已经做了简要说明。① 但是，还有很多人对此有不同看法，并且表示怀疑。就此，我想在本书中对我国道路交通事故责任归责原则做一个较为详细的说明，全面阐释我国道路交通事故责任归责原则的发展和现状及在司法实务中的适用方法。

第二节　我国道路交通事故责任的归责原则

一、我国道路交通事故责任归责原则的发展

改革开放以来，我国的道路交通事故责任归责原则经历了以下五个发展时期：

（一）改革开放以后至《民法通则》实施之前

在 1878 年开始进行改革开放之后，由于当时我国的汽车工业并不发达，以及社会经济发展现状的限制，我国的交通秩序并不严峻，道路交通事故纠纷也不多。在理论上，对道路交通事故责任的研究也不够深入，对于道路交通事故责任的归责原则问题基本没有涉及。在司法实践中，通常按照一般侵权行为的要求，适用过错责任原则，遵循有过错就有损害赔偿责任的做法。我在 1981 年的一篇文章中引述了一个真实案例。吉林省柳河县李某赶马车通过十字路口，在行至路中心时，三名骑自行车的女青年与马车抢路，前面的两名女青年在马车前抢过，后面的女青年于某发现已经抢不过去了，便准备刹车，但以前骑手闸车，而这天骑的是脚闸车，临时慌了手脚，结果撞在马车外车辕上，因马受惊，李某刹不住车，将于某轧死。法院审理认为，李某在主观上没有罪过，因而不构成交通肇事

① 杨立新：《修正的〈道路交通安全法〉第 76 条的进展及审判对策》，《法律适用》2003 年第 3 期。

罪；而且没有过错，因而也不构成损害赔偿责任。因此，判决李某既不负担刑事责任，也不负担民事责任。[①] 这个案件是非机动车驾驶人造成行人人身损害的道路交通事故案件，适用过错责任原则确定侵权责任。那时，在机动车造成非机动车驾驶人或者行人的道路交通事故责任中，也采取这样的归责原则。这种状况一直延续到 1987 年 1 月 1 日《民法通则》实施之前，这个时期的道路交通事故责任归责原则通行的是过错责任原则。

（二）《民法通则》实施之后至《道路交通事故处理办法》实施之前

《民法通则》实施之后，在理论上和实践中，确定道路交通事故侵权责任适用该法第 123 条高度危险作业侵权责任的特别规定，将道路交通事故中的机动车认定为高速运输工具，因此而发生的道路交通事故纠纷案件适用无过失责任原则确定侵权责任。对此，各地司法机关以及学者几乎没有反对意见。有一个有趣的事情是，在刚刚开始实施《民法通则》不久，一个边远省区的高级人民法院向最高人民法院请示拖拉机是否属于高速运输工具，曾经被善意地嘲笑过：如果拖拉机是高速运输工具，那么牛车是不是也属于高速运输工具也要请示啊?! 但是，这种情况起码说明了一件事，就是研究道路交通事故责任仅仅研究高速运输工具还不够，那些不属于高速运输工具的机动车、非机动车以及行人因道路交通事故发生的纠纷，也必须依法进行调整。在道路交通事故责任中适用无过失责任原则的情况，一直持续到《道路交通事故处理办法》于 1991 年 9 月 22 日出台、并于 1992 年 1 月 1 日正式实施之前。

（三）《道路交通事故处理办法》实施之后至《道路交通安全法》实施之前

1990 年年初，公安部受国务院委托开始起草《道路交通事故处理办法》草案，开始时曾经坚持道路交通事故应当适用过错责任原则。在与最高人民法院民事审判庭多次会商中，最高人民法院民庭坚持无过失责任原则的立场。[②] 公安部基本采纳了这个意见，最终，国务院在该行政法规第 17 条有关责任认定中规定："公安机关在查明交通事故原因后，应当根据当事人的违章行为与交通事故之间

① 杨立新等：《关于处理民事损害赔偿案件的几个问题》，《法学研究》1981 年第 5 期。

② 那时候，笔者正在最高人民法院民事审判庭工作，参加了起草这个行政法规草案的会商过程。

的因果关系，以及违章行为在交通事故中的作用，认定当事人的交通事故责任。”这种表述应当是规定无过失责任原则，但在操作中，实际采取的是过错推定原则。一般认为，如果完全采取无过失责任原则，可能会无法认定司机的责任，无法确定赔偿数额，且对维护交通秩序不利。因此，在1992年1月1日到2004年4月30日期间，我国道路交通事故责任实际上适用的是过错推定原则。

（四）《道路交通安全法》实施后至该法第76条修订实施之前

2003年10月28日，第十届全国人民代表大会常务委员会第五次会议通过《道路交通安全法》，2004年5月1日生效实施，其中第76条规定了我国道路交通事故责任及其归责原则。该法对道路交通事故责任归责原则采取三元论立场：机动车造成非机动车驾驶人或者行人人身损害的，适用无过失责任原则；机动车相互之间造成损害，以及非机动车驾驶人和行人之间的人身损害赔偿责任，适用过错推定原则[①]；道路交通事故责任中的财产损害赔偿，适用过错责任原则。专家认为，修订前的《道路交通安全法》第76条规定可以认为是过错推定加部分无过失责任，而不是之前人们认为的“无责全赔”[②]。因此，在2004年5月1日至2008年4月30日期间，我国道路交通事故责任实行的是以无过失责任原则为基本归责原则的三元归责原则体系。其基本的归责原则是无过失责任原则，即“机动车与非机动车驾驶人、行人之间发生交通事故的，由机动车一方承担责任”；非机动车驾驶人或者行人过错引起损害的实行减轻责任，受害人故意造成损害的免除责任。对此，学者有共识。[③]

（五）《道路交通安全法》第76条修订实施之后至今

但是，在《道路交通安全法》刚刚公布以及实施之后，国内发生了对该法的激烈争论，认为第76条规定具有重大错误的指责非常强烈，以至于立法机关不得不面对这个问题。事实上，《道路交通安全法》第76条并没有特别严重的错误，仅仅是在某些方面存在一些缺点而已。例如没有规定过失相抵规则，规定因

---

① 杨立新主编：《类型侵权行为法研究》，人民法院出版社2006年版，第864页。

② 王胜明：《道路交通事故赔偿制度的演变和立法思考》，见 http：//www.civillaw.com.cn/article/default.asp? id=38477，2008年4月8日访问。

③ 张新宝：《侵权责任法原理》，中国人民大学出版社2005年版，第351页。

非机动车驾驶人或者行为人完全过错引起的交通事故责任且机动车驾驶人已经采取必要处置措施的“减轻”责任规定的范围过于宽泛，使用“机动车与非机动车驾驶人、行人之间发生交通事故”的表述不够严谨、存在范围过宽等问题，并没有人过多地指责无过失责任原则。这些缺点，我在有关文章中已经做了说明。[①]立法机关非常重视这些意见，于2007年12月的第十届全国人大常委会第三十一次会议上，专门通过了第76条修正案。修订后的第76条，将机动车造成非机动车驾驶人或者行人人身损害的道路交通事故侵权责任的归责原则确定为过错推定原则。因此，时隔四年，道路交通事故责任的基本归责原则从无过失责任原则又回复到过错推定原则，走了一个“轮回”，构成了以过错推定原则为主，过错责任原则为辅的二元归责原则体系。[②]

二、新修订的《道路交通安全法》第76条规定的是何种归责原则

新修订的《道路交通安全法》第76条规定的归责原则究竟是什么，有不同的看法。我的意见已如上述，有些学者认为我的意见是正确的。[③] 有些专家反对我的看法，例如有的专家认为，新修订的第76条规定的交通事故责任的归责原则是，发生交通事故后先由保险公司在责任限额内赔付，超过保险限额的部分，机动车之间采取过错责任原则，机动车和行人之间采取过错推定原则加10%的无过错责任。[④] 但也有的学者认为修改后的第76条仍然还是无过失责任原则。[⑤]

认为机动车之间发生的道路交通事故责任适用过错责任原则，是正确的，对机动车造成非机动车驾驶人或者行人人身损害的适用过错推定原则也是正确的，

① 杨立新：《修正的〈道路交通安全法〉第76条的进展及审判对策》，《法律适用》2003年第3期。

② 对于这个“轮回”的评价，我在前揭文章中做过评论，这也说明了我国立法的不稳定状况。

③ 这是姚辉教授的意见，请参见《我国〈道路交通安全法〉第76条修订三人谈》，见中国民商法律网，http：//www.civillaw.com.cn/article/default.asp？id＝38953。

④ 王胜明：《道路交通事故赔偿制度的演变和立法思考》，http：//www.civillaw.com.cn/article/default.asp？id＝38477，2008年4月8日访问。

⑤ 这是张新宝教授的意见，请参见《我国〈道路交通安全法〉第76条修订三人谈》，见中国民商法律网，http：//www.civillaw.com.cn/article/default.asp？id＝38953。

但是，认为外加10%的责任是无过错责任的说法是不正确的。[①] 此外，关于非机动车驾驶人和行人之间的人身损害和财产损害、非机动车驾驶人或者行人与机动车之间财产损害的道路交通事故责任，也不应当适用过错推定原则确定侵权责任。下面，就这两个问题说明我的看法。

第一，机动车一方增加10%的责任不是无过错责任。无过失责任原则是指在法律有特别规定的情况下，以已经发生的损害结果为价值判断标准，由与该损害结果有因果关系的行为人，不问其有无过错，都要承担侵权损害赔偿责任的归责原则[②]；或者不考虑行为人有无过错，或者说行为人有无过错对民事责任的构成和承担不产生影响，因此，无过错责任是指：无论行为人有无过错，法律规定应当承担民事责任的，行为人应当对其加害行为或“准侵权行为”所造成的损害承担民事责任。[③] 因此，可以简单地说，无过失责任原则就是不问过错的原则，在法律有明确规定的情况下才能适用，而不是法律规定确实没有过错了也还要承担一定责任的规则。事实上，所谓的机动车一方增加10%的责任，是在道路交通事故责任中采用“优者危险负担”，确认机动性能强、回避能力优的一方多承担赔偿责任的规则的适用[④]，而不是无过失责任原则的适用。因此，新修订的第76条关于“机动车一方没有过错的，承担不超过百分之十的赔偿责任”的规定，是在机动车致害非机动车驾驶人或者行人中，机动车作为强者，在其回避能力和机动性能皆优的情况下，对弱者的特殊保护规则，而不是无过失责任原则的适用。

第二，在机动车相互之间、非机动车驾驶人或者行人相互之间的人身损害和财产损害，以及非机动车驾驶人或者行人与机动车之间财产损害的道路交通事故责任，不能适用过错推定原则。诚然，机动车相互之间的道路交通事故应当适用过错责任原则，不适用过错推定原则。这是因为，在确定机动车造成非机动车驾

---

① 这一点请参见姚辉教授的看法，他对此说的意见非常明确。请参见《我国〈道路交通安全法〉第76条修订三人谈》，见中国民商法律网，http：//www. civillaw. com. cn/article/default. asp？ id=38953。

② 杨立新：《侵权行为法专论》，高等教育出版社2005年版，第82页。

③ 张新宝：《侵权责任法》，中国人民大学出版社2006年版，第25页。

④ 刘得宽：《民法诸问题与新展望》，台北三民书局1979年版，第211-213页，

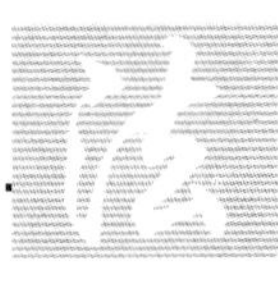

驶人或者行人人身损害的责任时适用过错推定原则，是为了更好地体现对人的关怀，对弱势一方的特殊保护，因此，才把非机动车驾驶人或者行人放在特殊地位之上，对机动车一方实行过错推定，以大大减轻受害人的举证责任负担，使其更容易得到赔偿，人身损害得到及时救济；而机动车相互之间造成损害，不论是人身损害还是财产损害，其机动性能和回避能力都基本相同，没有必要采用这样的归责原则对一方加以保护。同样，在非机动车驾驶人或者行人相互之间，即使都是造成人身损害，由于非机动车一方并不具有特别的机动性能和回避能力的优势，行人也不具有特别的劣势，因而，确定赔偿责任当然仍应采用过错责任原则，而不是过错推定原则。另外，非机动车驾驶人或者行人与机动车相互之间造成财产损害，由于已经不存在对一方进行特别保护的必要，也不存在对弱者体现人文关怀的对象，因而也没有必要采取过错推定原则，而应当实行过错责任原则。相反，对非机动车驾驶人或者行人因为过错造成机动车一方财产损害的，如果仍然实行过错推定原则，则对非机动车驾驶人或者行人实行过错推定，却是对弱者的过错实行推定，违反过错推定原则的宗旨，显然是不对的。在现实生活以及在道路交通事故保险索赔中，一直存在的非机动车驾驶人或者行人过错造成机动车一方财产损害的，机动车一方须补偿非机动车驾驶人或者行人10%的极端不合理的做法，其原因就在于此。①

因此，我认为，新修订的第76条坚持了机动车之间发生交通事故实行过错责任原则的规定，但是，关于机动车与非机动车驾驶人、行人之间发生交通事故的归责原则的规定，改变了原条文的表述，改为“机动车与非机动车驾驶人、行人之间发生交通事故，非机动车驾驶人、行人没有过错”，以及“机动车一方没有过错”的表述。这些表述都表明，机动车一方与非机动车驾驶人、行人之间承担交通事故责任的归责原则，已经由无过失责任原则改变为过错推定原则，即使是规定了“非机动车驾驶人、行人故意碰撞机动车”予以免责的规则，也不能改

---

① 这是一个比较普遍的错误现象，即非机动车驾驶人或者行人造成机动车损害，机动车如果无过错，但如果主张索赔，则须先对非机动车驾驶人或者行人给予10%的补偿。这是对《道路交通安全法》第76条的一个错误理解。

变新条文的过错推定原则的确定含义。[①] 但是，条文中关于“机动车与非机动车驾驶人、行人之间发生交通事故”的表述，作为适用过错推定原则的前提条件，是不准确的，应当区分机动车造成非机动车驾驶人或者行人人身损害与机动车与非机动车驾驶人或者行人之间的财产损害的区别，适用不同的归责原则。这一规定对道路交通事故责任的审判实践已经带来了重大变化，各界以及各级法院的法官务必引起注意。

由此可见，新修订的《道路交通安全法》第 76 条规定的归责原则，其基本部分是过错推定原则，同时以过错责任原则作为补充，构成了我国道路交通事故责任归责原则的二元体系。

三、我国道路交通事故责任适用多元归责原则体系的必要性

在道路交通事故责任归责原则的选择上，究竟应当适用何种侵权责任作为基本归责原则，究竟选择单一归责原则还是多元归责原则，应当进行深入研究，以确定新修订的《道路交通安全法》第 76 条对归责原则的修改是否成功。

（一）各国道路交通事故责任的归责原则

1. 实行无过失责任原则的国家

德国是最早制定特别法规定无过失责任原则的国家之一。[②] 该国在 1952 年制定了《道路交通法》，于 2007 年修订，其中第 7 条规定：“如果机动车辆或者由其牵引的拖车在其运行时，致他人死亡或者侵害他人身体、健康或者损害某物时，那么该机动车辆的所有人对因此而发生的损害对受害人承担赔偿责任。如果该事故是因不可抗力所导致的，那么可排除其赔偿责任。”[③] 该法认为，所称不可抗力，是指由于受害人或第三人的过失或动物而引起的事件，并且所有人或驾

① 对此，前揭全国人大法工委王胜明副主任对此所做的说明，应当是权威的。

② 杨立新：《侵权行为法专论》，高等教育出版社 2005 年版，第 83 页。

③ 中国人民大学民商事法律科学研究中心编：《各国侵权行为法资料汇编》，2008 年内部立法参考资料版，第 315 页。

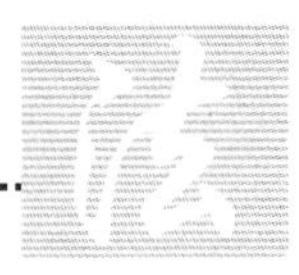

驶人对此情况已予以高度的注意。按照该条规定，损害赔偿责任的成立不以车辆所有人或驾驶人一方有过错为要件，所有人或驾驶人一方也不能通过证明自己无过错而获免责，因而属于无过失责任。但被告如能证明自己一方已尽高度注意义务，且非车辆机能障碍或操作失灵所致，而是由受害人或第三人的过错或动物所引起，即属于"不可避免的事件"，因而可以免责。[①] 不过，德国法规定，实行无过失责任原则的道路交通事故损害赔偿是限额赔偿，不得超过法律规定的限额；如果受害人主张全额赔偿，则须按照《德国民法典》第 823 条规定，证明被告方对于损害的发生有过错，才能够获得支持。[②]

葡萄牙在机动车交通事故中，也采取无过失责任原则，为危险责任。其民法典第 503 条规定："对地上车辆拥有事实上的支配者及为自己的利益使用者，即使在作为被用者的手段的场合，也要对该车辆固有的危险发生的损害负责任。车辆未置于交通中的场合亦同。"

日本历来的判例对于交通事故的损害赔偿采用无过失责任的加重责任原则。进入 1950 年代，鉴于交通事故数量和死亡人数增加，为了强化道路交通事故的损害赔偿责任，日本于 1955 年制定了《自动车损害赔偿保障法》，对运行供用人规定适用无过失责任原则，受害人无须证明加害人一方存在过错。同时，因交通事故而生的人身损害赔偿的责任主体并不是单纯行为者的驾驶者，而是"为自己而将机动车供运行之用的人"（运行供应者）。而财产损害则适用《日本民法典》第 709 条以下的规定。[③] 作为免责事由，必须同时具备：（1）能完全证明自己或运输人对汽车的运行未怠于注意；（2）被害人或驾驶者之外的第三人有故意或过失；（3）汽车没有构造上的缺陷或机能上的障碍；否则不免除当事人的责任。

在韩国，采用与日本基本相似的制度，《韩国机动车损害赔偿保护法》第 3 条规定："为了自己而运用机动车的人，因使用其机动车而致他人死亡或伤害时，应承担损害赔偿责任，但下列情形除外：（1）事故造成乘客以外的人人身伤害或

---

① 梁慧星：《民法学法判例与立法研究》，中国政法大学出版社 1993 年版，第 98 页。

② 杨立新：《德国与荷兰侵权行为法考察日记》，载杨立新主编：《中华人民共和国侵权责任法草案建议稿及说明》，法律出版社 2007 年版，第 386－387 页。

③ ［日］我妻荣：《民法研究》（Ⅵ），日本有斐阁 1969 年版，第 315 页。

死亡时，车辆所有人和使用人对于机动车的使用并未怠于注意，受害人或第三人对此有故意或过失，而且机动车并无构造上的缺陷和技能上的障碍；（2）乘客之人身伤害或死亡系由其故意或自杀行为而发生。”

2. 适用过错责任原则的国家

在美国，对于汽车事故造成的损害必须以肇事者有过失为条件[①]，即汽车交通事故责任的归责原则是过错责任原则。理由是，随着技术的不断发展，汽车并不被认为是危险的交通工具，它已经受到完全的控制。不过，在美国实际生活中，汽车事故是通过交通事故保险解决，除非能证明是受害人自身的原因所致，否则，保险公司要承担赔偿责任。汽车司机对行人负有谨慎驾驶义务，应当结合具体案情确认其是否履行该义务，例如在正常天气情况下与暴风雨的恶劣天气状况下，或是发生紧急事故（如躲避逆行的车辆）时，司机所负谨慎驾驶义务并不相同。

英国关于交通事故的损害赔偿，一直适用普通法侵权责任原则。在阿蒙德诉克罗斯维尔一案中，丹宁法官对这一普通法原则表述如下：汽车所有人同意由他人驾车在公路上行驶，不论该他人是其雇员、友人或其他什么人，法律都使汽车所有人承担一种特殊的责任。只要汽车是全部或部分被用于所有人的事务或者为所有人的目的，则汽车所有人应为驾驶人一方的任何过失负责。只有在汽车是出借或出租给第三人，被用于对所有人无益或无关的目的时，汽车所有人才能免除责任。损害赔偿责任的成立，必须以所有人或驾驶人一方有过错为要件，属于过错责任原则。[②]

3. 实行多元归责原则的国家

法国在第一次世界大战以后，对交通事故损害赔偿责任倾向于适用过错推定原则。1925 年 4 月某日，被告莱斯·加里公司的一名雇员驾驶卡车撞倒了一个正在穿越马路的女孩莉丝·让·埃伊尔。埃伊尔的母亲以她的名义在贝尔福民事法庭起诉。初审法院适用《法国民法典》第 1384 条第 1 款关于过错推定原则的

① 李仁玉：《比较侵权法》，北京大学出版社 1997 年版，第 171 页。

② 梁慧星：《民法学法判例与立法研究》，中国政法大学出版社 1993 年版，第 102－103 页。

规定作出判决。被告上诉，贝藏松上诉法院更改了这一判决，理由是交通工具正在被使用，原告对于这种情况必须证明驾驶员的行为有过错，因此应适用民法典第1382条过错责任原则的规定，并作出了裁决。法国最高法院撤销了上诉法院的裁决，并作出判决，确认交通事故造成的损害赔偿案件应当适用《法国民法典》第1384条第1款规定的过错推定原则确定责任。在埃伊尔案件以后，法院重申只有通过证明偶然事件、不可抗力和不能归责的外来原因时才能对责任承担作出抗辩。[①] 法国1985年7月5日制定了《公路交通事故赔偿法》，对公路交通事故责任的归责原则分为受害人是机动车司机和非机动车司机两种情况。第一，机动车之间相撞发生的交通事故适用过错责任原则。第二，机动车与非机动车或行人相撞在主体上分为两类：一是受害人年龄在16周岁以上70周岁以下的，对其人身损害一般不能以某种过错作为对抗受害人损害赔偿请求权的手段，而只能以不可宽宥的过错或故意追求他所遭受的损失的过错作为对抗受害人赔偿权的手段；而对受害人财产的损害，责任人也可以以受害人存在某种过错作为其赔偿权的抗辩手段。二是受害人年龄不到16周岁的未成年人或者超过70周岁的老年人以及丧失劳动能力的残疾人，对其人身损害适用的是无过失责任原则，对其财产的损害则责任人可以以受害人有某种过错作为其赔偿权的抗辩。这是根据受害人的不同而细化交通事故归责原则，使损害赔偿更加合理而采取的对策，是有重要参考价值的。

《意大利民法典》第2054条规定："如果非轨道行驶车辆的司机不能证明其已尽一切可能避免损害的发生时，他要承担车辆运行造成的人身或财产的损害赔偿责任。在车辆之间发生相撞的情况下，直到出现相反的证据以前，推定各方司机对各自车辆造成的损害共同负有同样的责任。"这样的规定意味着，在一般的道路交通事故中，实行无过失责任原则，在机动车相撞造成的损害中，实行过错推定原则。

4.实行绝对赔偿原则的国家

在道路交通事故赔偿法领域，最引人注目的立法是新西兰1972年《意外事

① 李仁玉：《比较侵权法》，北京大学出版社1997年版，第169－170页。

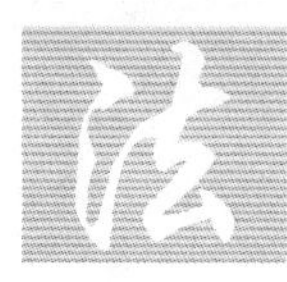

故补偿法》，曾被誉为人类文化史无前例的法律制度创举。这一法律的革命性意义在于抛弃了以侵权行为法律制度解决交通事故损害赔偿问题的传统做法，而新创社会安全保障制度。依据该法，设立意外事故补偿基金和意外事故补偿委员会。任何意外事故和机动车事故的受害人，不论事故发生地点、时间和原因，均可依法定程序向意外事故补偿委员会请求支付一定金额。这就是著名的“新西兰计划”，不过，这个计划并没有实行多长时间，因为它对公众利益、个人责任未能很好平衡，等于由国家掏钱为交通肇事者埋单，减轻了肇事者的经济负担，同时也就减轻了他们心理上的注意程度，酿成了更多的机动车交通事故。①

（二）适用单一归责原则的基本后果比较

在列举了各国对道路交通事故责任归责原则的基本立场之后，可以看到，对道路交通事故责任中的机动车一方责任适用的归责原则，或者是过错责任原则，或者是无过失责任原则，或者是过错推定原则，结果有所不同。

实行过错责任原则，要求受害人对造成损害发生的机动车一方的过错承担举证责任，只有在已经证明了机动车一方有过错的时候，才能够获得赔偿。这样的做法，对于保障作为弱势一方的受害人的赔偿权利，显然是不利的。即使认为机动车在今天已经不属于具有危险因素的交通工具，适用过错责任原则也有难以克服的弊病。

实行无过失责任原则，承担赔偿责任不以过错为要件，只要有损害，有因果关系，有违法性，受害人就可以请求赔偿，法官就会支持其索赔要求。这对保护受害人无疑是有利的。但是，由于实行无过失责任原则对加害人的负担过于沉重，因而，通常在对道路交通事故责任实行无过失责任原则的同时，实行限额赔偿制度，规定赔偿的上限，如果受害人主张全部赔偿，则实行过错责任原则，受害人应当举证证明加害人的过错，才能得到保障。②

适用过错推定原则，坚持的仍然是过错责任原则，但在举证责任上实行倒置，受害人只要证明了违法性、损害事实和因果关系之后，就由法官推定机动车

① 杨立新：《闲话民法》，人民法院出版社 2005 年版，第 409－410 页。

② 例如德国所采取的无过失责任为限额赔偿、过错责任为全额赔偿的办法。

一方有过错，机动车一方如果认为自己没有过错，则应当自己举证证明，能够证明者，免除其损害赔偿责任。这种做法既坚持了过错责任原则，又考虑了对受害人的保护，还简化了索赔规则，避免出现限额赔偿和全部赔偿的不同规则，是较为合理、较为简便的。

因此，我国新修订的《道路交通安全法》第 76 条规定将我国道路交通事故责任的基本归责原则由无过失责任原则改为过错推定原则，是有道理的，是适合我国具体国情的，应当坚持。

（三）在坚持过错推定作为基本归责原则的基础上应当采用多元归责原则体系

应当看到的是，在道路交通事故责任归责原则上，只对机动车一方责任采用单一归责原则无法适应复杂的道路交通事故纠纷。根据以上列举的各国立法情形以及分析，我们赞成采用多元的道路交通事故责任归责原则体系的做法。理由如下。

第一，单一的归责原则在处理道路交通事故责任中都有缺陷。过错责任原则、过错推定原则和无过失责任原则适用于道路交通事故责任，各有利弊。适用过错责任原则显然对保护受害人不利。适用过错推定原则，虽然责任确定的价值判断标准比较适中，但无法避免对各种各样的交通事故纠纷涵盖不全的问题。适用无过失责任原则对受害人保护最为有利，但也存在限额赔偿以及对机动车一方不够公平的缺陷，尚须以过错责任原则进行协调，而像没有规定无过失责任原则采取限额赔偿制的国家，采用适用无过失责任原则也仍然采取全额赔偿制度，对机动车一方更不公平。因此，在道路交通事故责任中采用单一归责原则的做法并不可取。

第二，道路交通事故责任的情形复杂，需要调动多种归责原则进行调整。道路交通事故责任并非只有机动车造成非机动车驾驶人或者行人损害的情形，也并非都是造成人身损害赔偿的后果。除了机动车造成非机动车驾驶人或者行人的人身损害之外，还有机动车相互之间、非机动车驾驶人或者行人相互之间，以及机动车与非机动车驾驶人或者行人之间的财产损害赔偿责任。机动车造成非机动车驾驶人或者行人人身损害赔偿责任是道路交通事故责任中的主体部分，对此，应当适用较为严格的归责原则，以保护好作为弱者的受害人的合法权益。对此，适用过错推定原则比适用无过失责任原则更为优越。而对于机动车相互之间、非机动车驾驶人或者行人相互之间、非机动车驾驶人或者行人与机动车之间的财产损害赔偿责任，都不能适用过错推定原则确定责任，而应当采取过错责任原则，才能够合理解决赔偿责任承担问题，且符合侵权行为法的立法宗旨。

第三，我国在社会实践中曾较长时间坚持过错推定原则，有成功的经验。我国 1992 年 1 月 1 日实施的《道路交通事故处理办法》实行过错推定原则，经过 1992 年至 2004 年期间的实践，妥善地解决了大量交通事故责任纠纷案件，调整了当事人之间的利益平衡关系，并没有产生不好的结果。在 2004 年至 2008 年 4 月间，依据《道路交通安全法》的规定适用无过失责任原则，引起公众的强烈反响，受到广泛的批评。因此，新修订的第 76 条将道路交通事故责任归责原则改回为过错推定原则，是顺应民意、尊重我国国情的举措。

因此，我国《道路交通安全法》第 76 条经过修订的以过错推定原则为主、过错责任原则为辅的道路交通事故责任二元归责原则体系，是正确的，是符合我国国情的。

四、我国道路交通事故侵权责任归责原则的体系和具体调整范围

我国《道路交通安全法》新修订的第 76 条规定道路交通事故责任归责原则的二元体系，包括过错推定原则和过错责任原则，其调整的范围是：

（一）过错推定原则的调整范围

过错推定原则作为我国道路交通事故责任的基本归责原则，调整主要的道路交通事故责任纠纷案件，即机动车一方造成非机动车驾驶人或者行人人身损害的，实行过错推定原则。适用过错推定原则的范围，要求是：(1) 须是道路交通事故责任；(2) 须是机动车作为加害人，受害人须为非机动车驾驶人或者行人；(3) 须是人身损害赔偿责任。这是我国道路交通事故责任的基本归责原则，由此决定我国道路交通事故责任的法律价值和对弱者的保护程度。

在具体操作上，对于过错的证明应当采取推定方式，在原告证明了违法行为、损害事实和因果关系要件之后，法官直接推定机动车一方有过错。机动车一方认为自己没有过错的，应当承担举证责任，实行举证责任倒置，证明自己没有过错。能够证明自己没有过错的，免除其责任；不能证明或者证明不足的，过错推定成立，机动车一方应当承担赔偿责任。

（二）过错责任原则的调整范围

新修订的《道路交通安全法》第76条只规定了“机动车之间发生交通事故的，由有过错的一方承担赔偿责任”，适用过错责任原则。那么能否认为机动车与非机动车驾驶人或者行人之间造成的财产损害也适用过错责任原则呢？诚然，该条文规定的“机动车与非机动车驾驶人、行人之间发生交通事故，非机动车驾驶人、行人没有过错的，由机动车一方承担赔偿责任”中，确实没有这样说，但应当肯定的是，这一表述无论如何都是不准确的，因为其中并没有区别非机动车驾驶人或者行人造成机动车一方的损害，没有区分人身损害和财产损害。因此，我们才在上文对适用过错推定原则的情形作了适当限制，必须具备上述三个条件。这样做的意义正是在于，将机动车与非机动车驾驶人或者行人发生交通事故中的不同情形区别开来，分别适用不同的归责原则，以更好地平衡各方的利益关系，取得最佳的调整效果。因此，这样区别是适当的，是不违反立法的原意的，并且希望在制定侵权责任法时在规定道路交通事故责任中能够纠正这样的不正确表述。

由于适用过错责任原则的情况比较复杂，因而具体可以分为以下几种情形。

第一，机动车相互之间发生交通事故的，实行过错责任原则。机动车相互之间发生交通事故，各自都属于机动车，都具有相同的法律地位，并不存在对哪一方需要特殊保护的问题，因此，不必采取严格的归责原则进行调整。在各国机动车损害赔偿法中，很多规定“当两辆车相撞时，每辆车应被视为对该事故负均等的责任”①。这并不意味着是要实行过错推定原则，而是对无法确认责任份额时的一种过错份额的推定。正像《意大利民法典》第2054条第2款所规定的那样，“直到出现相反的证据之前，推定各方司机对各自车辆造成的损害共同负有同样

① 《埃塞俄比亚民法典》第2084条第1款。

的责任”。实行过错责任原则，其举证责任实行“谁主张谁举证”的规则，对于过错的证明，不实行举证责任倒置，都由原告举证，被告不承担举证责任。只有在被告提出积极主张的时候，才负有举证责任。在这一点上，原条文和新条文没有变化，而是更加明确对此应当适用过错责任原则而已。

第二，非机动车驾驶人或者行人相互之间造成损害的，包括人身损害和财产损害，都适用过错责任原则。非机动车驾驶人或者行人在道路交通中所处的地位基本相同，尽管非机动车的机动性能与人相比为优，但并不特别悬殊，对于其中的哪一方都不存在特殊保护问题。因此，应当适用过错责任原则确定相互之间的责任。在确定责任的具体问题上，应当对行人予以适当倾斜，因为非机动车一方毕竟具有一定的优势地位，且非机动车驾驶人与行人在道路交通主体地位上也有一定差距，法律对他们的要求并不完全相同。对此，不论是人身损害还是财产损害，都应当适用过错责任原则。

第三，非机动车驾驶人或者行人与机动车之间发生交通事故造成财产损害的，应当适用过错责任原则。对此，应当突破新修订的第 76 条第 1 款第 2 项规定的内容，把机动车与非机动车驾驶人或者行人之间发生交通事故造成财产损害的情形分离出来，不能一律适用过错推定原则。理由是：首先，机动车一方作为受害人，在其主张非机动车驾驶人或者行人承担赔偿责任时，如果实行过错推定原则，则对非机动车驾驶人或者行人是不公平的。只要是非机动车驾驶人或者行人造成机动车一方损害，就直接推定非机动车驾驶人或者行人有过错，加重了非机动车驾驶人或者行人的举证负担，使非机动车驾驶人或者行人处于不利地位，不符合当代道路交通事故责任的处理理念。其次，机动车与非机动车驾驶人或者行人之间发生财产损害，也不涉及对人的特殊保护问题；即使是机动车造成非机动车驾驶人或者行人的财产损失，也应当适用过错责任原则。对于这种情形适用过错责任原则，机动车一方如果主张非机动车驾驶人或者行人承担造成自己损害的赔偿责任，或者非机动车驾驶人或者行人主张机动车一方赔偿财产损害，都必须在证明其违法行为、损害事实、因果关系之后，还应当承担证明对方过错的举证责任，不能证明者，就不构成侵权责任。

第三节　道路交通事故责任的概念及构成要素

在改革开放之前，我国的道路交通事业并不发达，机动车保有量不高，道路交通事故并不突出。自改革开放以来，道路交通事业和机动车制造业发展特别迅猛。截至2009年3月底，全国机动车保有量为1.7亿多辆，平均每天增加3.2万辆。同时，道路交通事故不断发生，从2004年至2008年，全国发生道路交通事故1 939 446起，造成死亡人数为450 403人，伤残人数为2 067 273人，直接财产损失79.7亿元，形势非常严峻。因此，研究道路交通事故责任具有特别重要的意义。

一、道路交通事故责任的概念和特征

（一）道路交通事故责任概念的一般表述

在我国法律规定和法理研究中，对道路交通事故责任的表述并不一致。

1.法律、法规中使用的概念表述

在法律规定上，对道理交通事故及道路交通事故责任的表述，有以下三种。

1992年《道路交通事故处理办法》将其规定为道路交通事故，特别标明“道路”二字，以此表示道路交通事故责任与铁路交通事故、航空交通事故、海上交通事故之间的区别。

在2004年《道路交通安全法》中，将其称为交通事故，但经常在前附加“机动车”的限定词，由于该事故责任规定在《道路交通安全法》的场合中，因而，表述为道路交通事故及道路交通事故责任也符合该法的基本精神。

在正在起草的侵权责任法草案中，专门规定了一章规范机动车交通事故责任，使用的是机动车交通事故责任的概念，但是在其条文中也使用了道路交通事故的概念。将来通过立法后，有可能将会在使用上取代其他的表述，有可能使用正式的交通事故责任表述，但也同时会使用道路交通事故责任的概念。

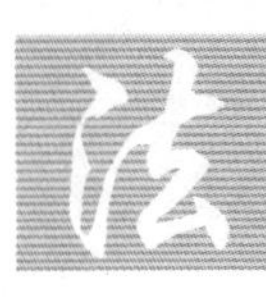

2. 法理使用的概念表述

在学理上，学者使用的概念表述也不一致。

在通常情形下，学者使用道路交通事故责任的表述。这个表述，是从《道路交通事故处理办法》开始定型的，很多学者一直使用至今，成为通常使用的概念表述方法。我们在专著和教科书中也使用这个概念的表述方法。① 在王利明主持起草的侵权行为法草案建议稿②和杨立新主持起草的侵权责任法草案建议稿中，也是使用这个概念。③ 其他民法学者经常使用的也是道路交通事故责任这个概念。④

有学者使用机动车损害赔偿责任的表述方法，例如于敏在他的《机动车损害赔偿责任与过失相抵》一书中就使用这个概念。但他同时也使用交通事故的概念，并且认为交通事故的后果就是机动车损害赔偿责任。⑤ 在梁慧星主持起草的侵权行为法草案建议稿中，使用的也是这个概念。⑥

还有的学者直接使用交通事故责任的概念。不过这样的表述方法并不是普遍的表述方式，使用较少。⑦ 还有学者使用汽车事故的概念⑧，不过，后来这位学者又使用车辆驾驶人之责任的概念。⑨

3. 对道路交通事故责任概念不同表述的效果

对道路交通事故责任概念的不同表述，其效果并不一样。

首先，使用交通事故和交通事故责任的概念并不准确，其理由，一是，交通事故是一个大概念，不仅包括机动车交通事故，还包括铁路交通事故⑩、航空交

---

① 杨立新：《类型侵权行为法研究》，人民法院出版社 2006 年版，第 863 页。

② 王利明主编：《中国民法典草案建议稿附理由说明·侵权行为法编》，法律出版社 2005 年版，第 255 页。

③ 杨立新主编：《中华人民共和国侵权责任法草案建议稿及说明》，法律出版社 2007 年版，第 31 页。

④ 汪渊智：《侵权责任法学》，法律出版社 2008 年版，第 410 页。

⑤ 于敏：《机动车损害赔偿责任与过失相抵》，法律出版社 2006 年版，第 51 页。

⑥ 梁慧星主编：《中国民法典草案建议稿附理由·侵权行为编》，法律出版社 2004 年版，第 99 页。

⑦ 李显冬主编：《民法学·侵权责任法》，中国政法大学出版社 2005 年版，第 200 页。

⑧ 曾隆兴：《现代损害赔偿法论》，台北泽华彩塑印刷实业有限公司 1988 年版，第 458 页。

⑨ 曾隆兴：《详解损害赔偿法》，中国政法大学出版社 2004 年版，第 163 页。

⑩ 铁路交通事故包括路内交通事故和路外交通事故。

通事故、海上交通事故等。道路交通事故或者机动车交通事故是发生在陆路交通中的事故，是与人民大众关系最为密切的一种交通事故，与其他交通事故并不相同。二是，仅仅说交通事故而不说责任，更不准确，因为侵权责任法研究的并不是事故本身，而是要研究事故所引发的侵权责任。

其次，使用道路交通事故的表述也不准确。因为道路交通事故仅仅是一个事实，并不具有侵权法的意义，只有研究其责任，才是侵权责任法所要研究的问题。因此，道路交通事故必须冠以责任，才具有法律上的意义。

再次，使用机动车交通事故责任的表述，则概括的范围过窄。因为在道路上发生的交通事故并非都是机动车造成的事故，《道路交通安全法》中规定的交通事故中，主要包含的是机动车造成的道路交通事故，但非机动车造成的道路交通事故并不排斥在外。因此，机动车交通事故责任的概念不能包括其他非机动车之间、行人之间，非机动车与行人之间，甚至其他行人、非机动车造成机动车损害的责任。尽管侵权责任法草案中坚持使用机动车交通事故责任的概念，但它并不能概括全部的道路交通事故责任，仍然不如使用道路交通事故责任的概念更为准确。不过，这不能说明侵权责任法草案的使用是不正确的，而是该草案就仅仅规定或者侧重强调机动车交通事故责任，对于其他交通事故责任没有特别强调而已。

（二）道路交通事故责任概念的界定

1.界定道路交通事故概念应当考虑的问题

按照美国国家安全委员会的定义，交通事故是在道路上发生的意料不到的有害的或危险的事件。这些有害的或危险的事件妨碍着交通行动的完成，其原因常常是由于不安全的行动或者不安全的因素，或者是两者的结合，或者一系列不安全行动或一系列不安全的因素。不安全的行动是指精神方面的，不安全的因素是指客观物质基础条件。①

在日本，对道路交通事故的定义是，由于车辆在交通中所引起的人的死伤或物的损坏，在道路交通法上称为交通事故。从 1966 年起，日本警察部门在统计

① 于敏：《机动车损害赔偿责任与过失相抵》，法律出版社 1996 年版，第 46 页。

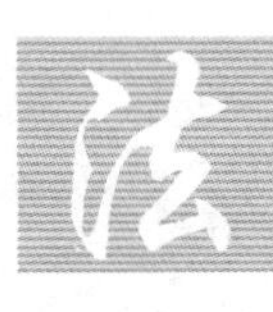

交通事故中不考虑物损事故，只考虑人身事故。①

上述国外对交通事故概念的定义可以作为我们界定这个概念的参考，但界定道路交通事故概念的直接法律依据，是《道路交通安全法》的规定。该法第119条直接对交通事故的概念作出了法律上的规定："'交通事故'，是指车辆在道路上因过错或者意外造成的人身伤亡或者财产损失的事件。"

这个规定原则上是正确的，但有以下问题需要明确。

第一，车辆的范围究竟是哪些，是否包括全部的车辆，即包括机动车和非机动车。如果是理解为全部车辆，那么，交通事故就应当是机动车和非机动车造成的全部事故。我们认为，该法在使用车辆以及机动车的概念中是有严格区别的，这里规定的车辆应当依照法律规定理解，即车辆包括全部机动车和非机动车。

第二，造成人身伤亡或者财产损失，是谁的人身伤亡或者财产损失。我们认为，人身伤亡和财产损失的主体，应当是在交通事故中所有受到损害的人，包括行人、非机动车驾驶人、机动车驾驶人、乘车人以及其他人员，是交通事故中造成损害的一切主体。同时，我国的交通事故概念应当包括财产损失，而不采日本现行不包括财损的体制。

第三，道路上的范围应当如何界定，仅仅是讲在道路上吗？我们认为，对此，也必须按照《道路交通安全法》的直接规定，即"'道路'，是指公路、城市道路和虽在单位管辖范围但允许社会机动车通行的地方，包括广场、公共停车场等用于公众通行的场所"，而不能仅仅理解为狭义的道路概念。

第四，交通事故在性质上是一个事件，是一个事实，属于法律事实的范畴。它的后果是发生民事法律后果，发生民法上的权利义务关系，并且直接引发法律责任。这种法律责任在民法上主要表现为侵权责任中的损害赔偿责任。

在界定了这些因素之后，我们认为，依据法律上对交通事故概念的界定，可以在学理上将道路交通事故概念界定为：道路交通事故，是指机动车与非机动车驾驶人员、行人、乘车人以及其他在公路、城市道路和虽在单位管辖范围但允许

① 段里仁主编：《道路交通事故概论》，中国人民公安大学出版社1997年版，第1页。

社会机动车通行的地方，以及广场、公共停车场等用于公众通行的场所上，进行交通活动的人员，因违反《道路交通安全法》和其他道路交通管理法规、规章的行为，过失或者意外造成的人身伤亡或者财产损失的事件。

2.广义和狭义的道路交通事故责任概念

广义的道路交通事故责任，是指由于上述道路交通事故而发生的法律责任。这种法律责任包括三种，一是道路交通肇事人的刑事责任，这是《刑法》所调整的范围；二是道路交通事故肇事人的行政责任，即对肇事人予以行政处罚等责任，这是行政法所调整的范围；三是道路交通事故责任人应当承担的民事赔偿责任，即由机动车保有人、机动车驾驶人以及与道路交通事故有直接关系的责任人对受害人承担的侵权赔偿责任，这是侵权责任法调整的范围。

狭义的道路交通事故责任，是指由于道路交通事故而发生的责任人对受害人应当承担的侵权赔偿责任，即道路交通事故发生之后，造成了受害人的人身伤亡或者财产损失，事故责任人对受害人依照侵权责任法的规定，应当承担的侵权损害赔偿责任。

（三）道路交通事故责任与其他事故责任的联系与区别

在侵权责任法领域，与道路交通事故有关的事故责任还有医疗损害责任①、学生伤害事故责任、工伤事故责任和火灾事故责任，通常称其为五大事故责任。② 研究道路交通事故责任的法律特征，应当将其与其他四种事故责任进行比较研究，更能够凸显道路交通事故责任作为事故责任的共性，以及作为道路交通事故责任本身的法律特征。

1.道路交通事故责任与其他事故责任的共同点

道路交通事故责任与医疗损害责任、工伤事故责任、学生伤害事故责任和火灾事故责任的共同点在于，它们都是因事故而发生的侵权损害赔偿责任。

第一，事故是引发损害赔偿责任的原因。这些事故责任发生的基础都是事

---

① 包括医疗事故责任即医疗技术损害责任。对于医疗损害责任的研究，杨立新已经出版了《医疗损害责任》一书，法律出版社 2009 年版，可以参见该书的具体论述。

② 关于这五种事故责任的一般表述，可以参见杨立新主编：《中华人民共和国侵权责任法草案建议稿及说明》，法律出版社 2007 年版，第 31－35 页。

故，而非其他原因。事故者，乃指意外的变故或灾祸，今用以称工程建设、生产活动与交通运输中发生的意外损害或破坏。① 当这些意外的变故或灾祸在交通领域、医疗领域、劳动关系之中、学校教学领域以及其他场合，造成人身或者财产的损害结果时，就发生了事故责任。因此可以说，凡是事故责任，都是基于事故这一法律事实而发生的法律责任。

第二，事故责任的性质是民事侵权责任。这些事故责任的共同性质都是民事责任，都属于侵权民事责任。在道路交通事故、医疗损害、工伤事故、学生伤害事故以及火灾事故中，都是承担责任的一方依其不法行为而造成受害人损害，因而都具备侵权责任的法律特征，责任的性质都是侵权责任，属于民事责任范畴，而不是刑事责任或者行政责任。即使发生的事故责任中有刑事责任或者行政责任，但一般也存在刑事责任与民事责任、行政责任与民事责任的结合，即刑事附带民事责任或者行政附带民事责任，其附带的民事责任都是侵权责任。

第三，事故责任属于特殊侵权责任。这些事故责任都属于特殊侵权责任，在法律适用上，应当适用侵权责任法的特殊规则。不论是道路交通事故责任，还是医疗损害责任、学生伤害事故责任、工伤事故责任以及火灾事故责任，它们都属于特殊侵权责任，都属于侵权责任法特殊侵权责任的调整范围。在侵权责任法草案中，不仅规定了机动车交通事故责任，而且规定了医疗损害责任、学生伤害事故责任。尽管没有规定工伤事故责任和火灾事故责任，但在《工伤保险条例》、最高人民法院的司法解释中，以及消防法律法规中，都有特别规定。因此，对于事故责任不仅要适用侵权责任法的一般规则，而且要适用特殊侵权责任的规则，以及其他法律、法规规定的侵权特别法。

第四，事故责任的承担方式是损害赔偿。这些事故责任承担侵权责任的基本方式，都是损害赔偿责任。在这一点上，五种事故责任是完全一致的。事故责任者承担侵权损害赔偿责任的目的，是填补受害人因事故所造成的经济损失，救济受害人受到损害的民事权利，同时也对行为人的违法行为予以制裁，并且具有社会的一般教育和警示作用。但制裁和教育并不是其主要目的，而主要目的在于补

① 《辞海》（缩印本），上海辞书出版社 1980 年版，第 57 页。

偿，即填平受害人的损失。制裁和教育的功能主要还是由刑事责任和行政责任负担，这两种责任在事故责任中根本不发生填补损害的作用，只能由损害赔偿责任承担这一“职责”。

2.道路交通事故责任的基本法律特征

尽管有以上相同点，但道路交通事故责任与其他四种事故责任有明显区别，这些区别恰好就是道路交通事故责任的基本法律特征。道路交通事故责任的法律特征是：

第一，道路交通事故责任发生在道路交通领域。医疗损害责任发生在医疗活动领域，属于在医疗卫生系统中发生医务人员损害受害患者人身的专业事故责任。工伤事故责任发生在建设工程以及其他生产活动领域，是在用人单位和劳动者之间发生的事故，属于工业事故责任。学生伤害事故发生在教育机构的教学领域，是校园伤害事故责任。火灾事故责任发生在生活和生产领域。而道路交通事故只能发生在道路交通领域，是在道路交通活动过程中，机动车、非机动车以及行人之间发生的人身伤亡事故和财产损害事故。离开道路，离开交通活动，不发生道路交通事故责任。例如，在1989年发生的林意人身损害赔偿案，福州军区空军第二干休所用汽车为军人家属拉运生活煤，在家属大院内，拉煤车倒车压伤军人家属林意，造成残废。因该事故发生在部队家属院内的通道上，并不是发生在道路之上，因而不是道路交通活动发生的事故，不构成道路交通事故，只能按照一般的人身损害赔偿案件处理。①

第二，责任人与受害人在事故发生之前不存在相对性的民事法律关系。在医疗损害、学生伤害事故和工伤事故等事故责任中，在事故发生之前，事故责任人与受害人之间一般都存在相对的民事法律关系。在医疗损害发生之前，责任人与受害人之间存在医疗合同关系；在工伤事故发生之前，作为责任存在的前提，是责任人与受害人之间存在劳务合同关系，还要存在工伤保险关系；在学生伤害事故发生之前，未成年学生与学校等教育机构之间也存在相似的法律关系。这些法律关系的基本特点，是权利主体与义务主体的相对性，即“一对一”的形式。而

① 该案参见杨立新：《侵权法论》，人民法院出版社2006年第3版，第457页。

在道路交通事故发生之前，责任人与受害人之间一般不具有相对性的法律关系，只存在绝对性的法律关系，受害人是权利人，其他任何人均为义务人，这种绝对性的表现形式是“一对其他所有”。在这种前提下，道路交通事故责任与其他事故责任存在更为明显的差别，即其他事故责任虽然都是特殊侵权责任，但是，前三种事故责任具有明显的请求权竞合（亦称责任竞合）特点，即合同责任与侵权责任的竞合。道路交通事故责任不同，由于其发生之前在当事人之间不存在相对性的合同关系，因而是纯粹的侵权行为责任，不存在责任竞合的问题，只有在客运合同中例外。可以说，道路交通事故赔偿责任的基本性质，是单一的侵权损害赔偿责任，一般不存在责任竞合的问题，不存在法律选择适用的问题（客运合同造成的乘客损害除外）。而医疗损害责任和工伤事故责任则存在法律适用的选择问题，是选择侵权法起诉还是选择合同法起诉，并以其作为请求权的法律基础。在学生伤害事故中，也完全不排除请求权竞合问题。道路交通事故责任只能依照侵权法起诉，没有其他法律适用的选择。火灾事故责任在这一点上，与道路交通事故责任相似，即在火灾事故发生之前，当事人之间一般不存在相对性的民事法律关系。

第三，道路交通事故责任的主要形式是人身损害赔偿但常有财产损害赔偿。医疗损害只是造成患者的人身损害，医疗损害责任是人身损害赔偿责任；学生伤害事故责任也是人身损害赔偿责任，不存在财产损害赔偿责任问题；工伤事故责任同样如此。而火灾事故责任的主要形式是财产损害赔偿责任，人身损害赔偿责任并不是火灾事故责任的主要责任方式。而道路交通事故责任与其他事故责任都不同，其主要责任方式是人身损害赔偿，但也存在财产损失赔偿责任，尽管财产损害赔偿并不是其主要责任形式。在道路交通事故责任中，突出的是对自然人的保护，保护的是自然人的生命权、健康权和身体权，但是对于道路交通事故造成财产损害的，同样由责任者承担侵权责任，对受害人的财产权也予以充分保护。

第四，道路交通事故责任既受特别法调整也受基本法调整。道路交通事故责任与医疗事故责任、工伤事故责任、学生伤害事故责任以及火灾事故责任相似，

基本上都由特别法具体规范。但是，道路交通事故责任的法律调整除了有特别法的调整即《道路交通安全法》之外，还有侵权责任法的调整，而且在侵权责任法的调整中也存在特殊规定和一般规定的调整问题。在改革开放的早期，道路交通事故责任由《民法通则》第123条调整。随后，国务院制定了《道路交通事故处理办法》，专门调整道路交通事故责任。2003年制定了《道路交通安全法》，对道路交通事故责任的归责原则及主要规则作出了规定，但对诸如特殊责任主体等的具体规则没有作出具体规定。在侵权责任法草案中，专门规定了"机动车交通事故责任"一章，对机动车交通事故责任的特殊责任主体作出了特别规定，并且在赔偿责任的具体规则上，要适用侵权责任法的一般性规定。因此，在对道路交通事故责任适用法律的时候，必须既要适用特别法的规定，也要适用基本法的规定。

二、成立道路交通事故责任的各种要素

《道路交通安全法》第119条对有关道路交通事故责任的各项要素作了进一步解释："（一）'道路'，是指公路、城市道路和虽在单位管辖范围但允许社会机动车通行的地方，包括广场、公共停车场等用于公众通行的场所。（二）'车辆'，是指机动车和非机动车。（三）'机动车'，是指以动力装置驱动或者牵引，上道路行驶的供人员乘用或者用于运送物品以及进行工程专项作业的轮式车辆。（四）'非机动车'，是指以人力或者畜力驱动，上道路行驶的交通工具，以及虽有动力装置驱动但设计最高时速、空车质量、外形尺寸符合有关国家标准的残疾人机动轮椅车、电动自行车等交通工具。（五）'交通事故'，是指车辆在道路上因过错或者意外造成的人身伤亡或者财产损失的事件。"

在这一条文对上述概念的解释中，包括了绝大多数构成道路交通事故责任的构成要素，但还有其他没有规定的要素。依我们的看法，成立道路交通事故责任的各种要素包括：（1）车；（2）人；（3）道路和交通；（4）事故与责任。正是由这四个要素构成了道路交通事故责任的概念。理解道路交通事故责任概念，必须

准确界定这四个方面的要素，否则，无法正确理解和掌握这个概念。

（一）车的要素

在道路交通事故责任法律关系中，车的要素是其客体要素，包括机动车和非机动车。

机动车是成立道路交通事故责任的基本要素，也是最为重要的要素。因此，研究道路交通事故责任必须先研究机动车的概念和范围。同时，对非机动车也要进行研究。

1.外国立法例借鉴

在研究这一概念的界定之前，应当先比较主要国家交通事故责任法对于机动车概念的界定。

在德国，根据《道路交通法》规定，机动车是指由机械力驱动的陆上车辆，没有和轨道连接在一起的所有车辆均为机动车，其中包括无轨电车、机动两轮车和安装发动机的自行车，以及履带式拖拉机和坦克。但是，也并非所有的以机械力驱动的车辆都是机动车，因为在该法中还有第 8 条的排除性规定，即在平坦道路上最高时速不超过 20 公里的机动车，不属于适用无过错责任原则的机动车，而适用《德国民法典》第 823 条规定的过错责任原则，作为一般侵权行为处理。德国《强制汽车责任保险法》将下列机动车排除在外：一是以其结构形态所定之最高速度未逾每小时 6 公里的汽车；二是无须以核准手续之规定，且最高速度低于每小时 20 公里的机动车；三是无须以规定核准行驶的拖车。[①] 除此之外的机动车造成事故致人损害，一律适用无过错责任原则，即危险责任原则。

在日本，《机动车损害赔偿保障法》第 2 条规定，机动车是指《道路运输车辆法》（1951 年法律第 185 号）第 2 条第 2 款规定的机动车，以供农耕作业用为目的的小型特殊机动车除外，以及第 2 条第 3 款规定的安装发动机的自行车。

在法国，1985 年《以改善交通事故受害者的状况和促进赔偿程序为目的的法律》第 1 条规定的是交通事故受害者的概念，即“除行驶在固有的轨道上的铁

① 《保险法律：哪些机动车必须购买机动车强制保险动车》，http：//www.examda.com/bx/law/20080813/105721599.html。

道及电车外，适用于包含带发动机的陆上车辆及其被牵引车辆或半牵引车辆相关联的交通事故的受害者，包含这些受害者依合同被运送者的场合”。在这一规定中包含了机动车概念的界定，这就是“除行驶在固有的轨道上的铁道及电车外，包含带发动机的陆上车辆及其被牵引车辆或半牵引车辆”，都是机动车。[①]

在英国，1988 年《道路交通法》第 185 条规定，机动车是意图在道路上使用，或者适合于在道路上使用而制造的具有机械驱动力的乘坐物。气垫船包含在内，但不包含马达收割机。[②]

这些规定，都根据各国的情况，划清了机动车和非机动车的界限。

2. 我国法律、法规的规定

关于机动车的界定，我国《道路交通安全法》第 119 条第 1 款第 3 项明确规定：“‘机动车’，是指以动力装置驱动或者牵引，上道路行驶的供人员乘用或者用于运送物品以及进行工程专项作业的轮式车辆。”第 4 项规定：“‘非机动车’，是指以人力或者畜力驱动，上道路行驶的交通工具，以及虽有动力装置驱动但设计最高时速、空车质量、外形尺寸符合有关国家标准的残疾人机动轮椅车、电动自行车等交通工具。”

在行政法规中，涉及规定机动车概念的规定有《道路交通安全法实施条例》第 111 条：“本条例所称上道路行驶的拖拉机，是指手扶拖拉机等最高设计行驶速度不超过每小时 20 公里的轮式拖拉机和最高设计行驶速度不超过每小时 40 公里、牵引挂车方可从事道路运输的轮式拖拉机。”

在上述规定中，除了规定机动车的概念范围外，还规定了排除范围，主要是：(1) 履带式拖拉机不算机动车；(2) 虽有动力装置驱动但设计最高时速、空车质量、外形尺寸符合有关国家标准的残疾人机动轮椅车、电动自行车等交通工具；(3) 气垫船也可以认为排除在外。至于轨道通行的机动车是否为机动车的范围，则没有明确规定。因此，学者认为，我国道路交通法律法规中的机动车概念

---

① 于敏：《机动车损害赔偿责任与过失相抵》，法律出版社 2006 年版，第 66 页。

② 于敏：《机动车损害赔偿责任与过失相抵》，法律出版社 2006 年版，第 66 页。

排除过多，外延也不是一目了然，因此概念模糊、具有不合理性。[①] 这个说法有一定道理。

3.我国机动车与非机动车的界限

研究这个问题，首先要解决的是研究机动车和非机动车概念区别的意义何在。我们认为，如果确定道路交通事故责任与其他一般侵权行为都统一适用相同的归责原则，确定赔偿责任采用相同的规则，则区分道路交通事故责任中的机动车和非机动车的概念就没有必要。德国法对机动车和非机动车作出严格的界定，原因在于机动车交通事故适用无过错责任原则即危险责任原则，而非机动车交通事故适用《德国民法典》第 823 条规定的过错责任原则。在我国，《道路交通安全法》规定，机动车一方造成非机动车驾驶人或者行人人身损害的，适用过错推定原则，其他道路交通事故责任适用过错责任原则。由于在适用法律上有这样的区别，那么，对机动车和非机动车概念进行严格界定，实际上就是在确定何种道路交通事故责任适用过错推定原则，何种道路交通事故责任适用过错责任原则，也就是区分道路交通事故责任中的一般侵权责任和特殊侵权责任。侵权责任法草案专门使用机动车道路交通事故责任的概念，理由就在这里。正因为如此，《道路交通安全法》及其实施条例作出机动车和非机动车概念的界定，是有意义的。在这里研究这两个概念，关键点在于如何进一步使机动车与非机动车的概念更加明确。

因此，我们认为，界定机动车概念的内涵和外延，应当以《道路交通安全法》第 119 条规定为准，适当补充确定性的标准，以便在司法实务中更加准确地确定机动车与非机动车的范围。以下五个方面是基本的和补充的确定性标准。

第一，机动车是指以动力装置驱动或者牵引，上道路行驶的供人员乘用或者用于运送物品以及进行工程专项作业的轮式车辆。因此，不包括履带式机动车在内。履带式机动车造成交通事故，应当适用一般侵权责任规则。但按照《道路交通安全法实施条例》第 111 条规定，“手扶拖拉机等最高设计行驶速度不超过每

---

① 于敏：《机动车损害赔偿责任与过失相抵》，法律出版社 2006 年版，第 63－64 页。

小时20公里的轮式拖拉机和最高设计行驶速度不超过每小时40公里、牵引挂车方可从事道路运输的轮式拖拉机”，不认为是机动车。超过这个标准的手扶轮式拖拉机、牵引挂车从事道路运输的轮式拖拉机，属于机动车。

第二，虽有动力装置驱动但设计最高时速、空车质量、外形尺寸符合有关国家标准的残疾人机动轮椅车、电动自行车等不属于机动车。参照《道路交通安全法实施条例》第111条规定的“手扶拖拉机等最高设计行驶速度不超过每小时20公里的轮式拖拉机和最高设计行驶速度不超过每小时40公里、牵引挂车方可从事道路运输的轮式拖拉机”的规定，涉及设计行驶速度超过每小时20公里的残疾人机动轮椅车、电动自行车，我们认为应当属于机动车。

第三，气垫船在《道路安全法》规定的机动车没有提到。我们认为，如果设计时速超过每小时40公里，准许上道路行驶的气垫船应当属于机动车范围，应当适用机动车交通事故责任的规定。不超过40公里时速的气垫船，适用一般侵权行为的规则。

第四，轨道通行的机动车应当属于机动车，但不在道路交通事故责任法调整的范围内，应当适用侵权责任法规定的高速运输工具的规定。在实践中，很多人主张地下铁路运输列车以及城市轨道运输列车的运行速度并不快，对于这种运输工具不适用机动车交通事故责任的过错推定原则而适用高速运输工具的无过错责任原则，过于苛刻，并不合理，因此主张将轨道机动车归之于机动车范畴。不过多数人反对，认为其还是应当归属于高速运输工具比较适当。我们同意这种意见，侵权责任法草案也是采这种立场。

第五，农用车并非都是机动车或者都不是机动车。我们认为，凡是禁止上道路行驶的农用车，可以不认为是机动车，但能够上道路行驶、设计时速超过20公里的农用车，应当认为属于机动车。

（二）人的要素

在道路交通事故责任法律关系中，人的要素是主体要素，是该法律关系的责任主体、行为主体和权利主体要素，包括机动车保有人、机动车驾驶人、非机动车驾驶人、行人和乘车人。

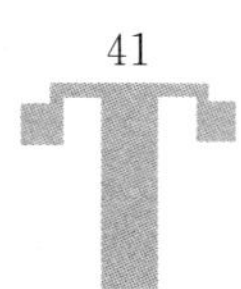

1.机动车保有人

机动车保有人，在学说上有不同说法：一是机动车所有人，二是机动车占有人，三是从事高速运输工具活动者。①

使用机动车所有人的概念在大多数的情况下是正确的，因此，在侵权责任法草案中也使用这个概念。但是，在有些时候使用机动车所有人概念可能有问题，那就是有些机动车占有人并不是所有人，而是其他没有所有权的人，这时使用机动车所有人的概念就不准确。同样，使用机动车占有人的概念似乎也没有太大问题，能够包含上述不同的情况。使用从事高速运输工具活动者的概念，不仅在表述上过于拗口，而且从《道路交通安全法》第 76 条修订之后，道路交通事故责任已经不适用无过错责任原则，而是适用过错推定原则，因此，道路交通事故责任已经与《民法通则》第 123 条规定的高速运输工具致害责任相分离，在侵权责任法草案中，机动车交通事故被单列一章，也不放在高度危险责任一章的高速运输工具致害责任之中。因此，使用这个概念也不合适。

在大陆法系国家经常使用的是两个概念，一个是德国法的机动车保有人的概念，一个是日本法的运行供用者。我们先对这两个概念进行分析。

机动车保有人是德国判例法形成的一个概念，用来概括在自己的计算上使用机动车，并对以这种使用为前提的机动车拥有处分权者。这个概念的来源是从《德国民法典》第 833 条规定的动物保有人的概念派生出来的，保有人的地位与其说是决定于权利关系，不如说是基于事实上以及经济上的关系进行判断的。这是因为，所谓为自己的计算，是指获得运行利益，因此，拥有机动车的所有权并不具有决定性的意义，以及机动车的使用是以谁的名字注册，谁的名字加入责任保险，也不具有决定意义。② 不过，德国法上也使用车主这个概念，是指由自己承担风险而使用机动车的人。③

运行供用者是日本借鉴德国判例法的规定，在《日本机动车损害赔偿保障

① 于敏：《机动车损害赔偿责任与过失相抵》，法律出版社 2006 年版，第 70 页。

② 于敏：《机动车损害赔偿责任与过失相抵》，法律出版社 2006 年版，第 75 页。

③ ［德］马克西米利安·福克斯：《侵权行为法》，齐晓琨译，法律出版社 2006 年版，第 274 页。

法》中确定的概念。运行供用者的含义是对机动车有运行支配，并且是运行利益的归属者。运行支配是以间接支配或者有支配可能性为充足条件的，可以根据客观的外部考察加以判断的，而不是限于对运行自身存在直接的、现实的支配场合，而且只要处于事实上能够支配、管理机动车运行的地位，和对机动车运行应该能够下指示、控制的地位的场合，即可确认为运行供用者。①

综合比较起来，机动车保有人与运行供用者两个概念的基本含义并没有原则区别，况且后者是在前者的基础上发展起来的。因此，我们建议借鉴使用德国法的概念，即使用机动车保有人的概念，因为这个概念比较通俗，且比较适合我国的语言表达习惯。

因此，机动车保有人是指保有机动车并且对机动车享有支配权和利益归属的法人、其他组织或者自然人。简言之，机动车保有人实际上就是车主。使用车主这个概念更为简洁，并且更符合我国语言习惯，便于群众理解。

2. 机动车驾驶人

《道路交通安全法》广泛使用机动车驾驶人的概念，但没有对机动车驾驶人概念直接作出规定。参照该法第19条关于“驾驶机动车，应当依法取得机动车驾驶证”的规定，以及《道路通安全法实施条例》第19条关于“符合国务院公安部门规定的驾驶许可条件的人，可以向公安机关交通管理部门申请机动车驾驶证”的规定，可以对机动车驾驶人概念作出以下界定：机动车驾驶人是指符合国务院公安部门规定的驾驶许可条件，依法取得机动车驾驶证，在道路上正在驾驶机动车的自然人。

成为机动车驾驶人，一定要符合以下条件。第一，符合公安部门规定的驾驶许可条件的人，就是经过机动车驾驶人资格考试的人。第二，自然人通过考试之后，还必须已经取得并持有机动车驾驶证。第三，是在道路上驾驶机动车的人，没有正在驾驶机动车的人，还不是机动车驾驶人，而仅仅是有驾驶的资格。第四，机动车驾驶人应当是自然人，是以自然人身份作为交通活动参与者的人。

---

① 于敏：《机动车损害赔偿责任与过失相抵》，法律出版社2006年版，第78页。

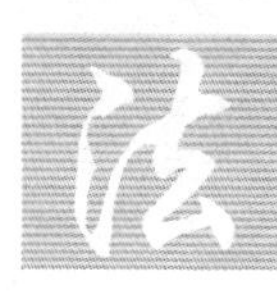

3.非机动车驾驶人

《道路交通安全法》使用了非机动车驾驶人的概念，但对非机动车驾驶人的概念没有明确规定。事实上，非机动车驾驶人在字义上有两个含义，一是非机动车的驾驶人，二是不是机动车驾驶人的人，后者通常称为“非驾”。《道路交通安全法》规定的非机动车驾驶人以及在这里研究的非机动车驾驶人，都是前一含义，是非机动车的驾驶人，是驾驶非机动车的自然人。

《道路交通安全法实施条例》第70条、第72条和第73条规定了三种非机动车驾驶人：一是年满12周岁，在道路上驾驶自行车、三轮车的人；二是年满16周岁，在道路上驾驶电动自行车、残疾人机动轮椅车的人；三是年满16岁，在道路上驾驭畜力车的人。除了这三种非机动车驾驶人之外，还有其他能够驾驶不属于机动车，同时也不属于高速运输工具的机动车的自然人，例如驾驶设计时速不超过20公里的轮式手扶拖拉机的人。

在研究道路交通事故责任中，非机动车驾驶人具有双重身份。一方面，非机动车驾驶人是道路交通活动的重要参与者，需要在道路上从事运行活动，因此，必须遵守道路交通规则，按照法律规定的规则进行交通活动。另一方面，非机动车驾驶人又是自然人，与机动车一方相比，在交通活动中，其机动性能和安全回避能力都比机动车弱得多，是法律特别予以保护的对象。因此，对非机动车驾驶人需要进行两方面的规制：既要强调他们必须遵守道路交通规则、保障其他交通活动参与者的安全；同时，又要保障他们的安全，在受到交通事故损害时，对他们进行全面保护。不过，在道路交通事故责任法中，由于他们具有双重身份，因而对其保护力度应当与行人有所区别，最重要的还是要保护好行人的安全。我国《道路交通安全法》将非机动车驾驶人和行人完全并列，存在一定的不足。

4.行人

行人，就是在道路上行走的自然人。界定这个概念，依据是《道路交通安全法》第61条关于“行人应当在人行道内行走，没有人行道的靠路边行走”以及第62条关于行人通过路口和横过道路的相关规定。在道路上通行的人，应当包括在人行道内行走、在没有人行道的道路上靠边行走，以及通过路口或者横过道

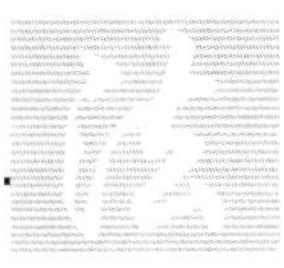

路的自然人。违章在道路上行走，例如不在人行道上行走，也不在道路上靠边行走，没有在道口和标有横道线上行走的人，属于违章行人，也仍然属于行人。

行人在道路交通安全法以及在道路交通事故责任中占有重要地位，必须给予高度的安全保障。这是道路交通事故责任法对自然人的人文关怀，是人本主义的体现。行人在交通活动中处于最为弱势的地位，没有机动性，也没有较好的安全回避能力，是最应当保护的对象。他们受到道路交通事故损害，即使对于损害的发生具有全部过失，也不能对他们的人身损害完全不予赔偿，对于他们需承担不超过10%的赔偿责任，只有受害人属于故意引起损害的，才完全不予赔偿。

5.乘车人

在《道路交通安全法》中，也规定了乘车人的概念。乘车人，是指乘坐机动车的自然人。该法第66条规定了乘车人不得携带易燃易爆等危险物品，不得向车外抛洒物品，不得有影响驾驶人安全驾驶的行为等禁止性义务。乘车人除了在保险合同中有乘客险的规定之外，在道路交通事故责任中，乘车人相当于行人的地位，应当适用行人的有关规则和保护措施。

6.受害人

道路交通事故责任中的受害人，是损害赔偿法律关系的权利主体，享有侵权损害赔偿的请求权，有权向道路交通事故责任人请求承担侵权责任。

受害人有可能是非机动车驾驶人或者行人，也可能是机动车乘车人，还可能是其他任何第三人。除了发生道路交通事故的机动车的乘车人之外，其他人都没有其他选择，只能够按照侵权法的规定，请求责任主体承担侵权责任。发生道路交通事故的机动车的乘车人如果是依据客运合同，则可能构成侵权责任与违约责任的竞合，可以依照《合同法》第122条规定，可以选择侵权责任起诉，也可以选择违约责任起诉。

（三）道路与交通的要素

1.关于道路

道路，是道路交通事故责任的重要概念，是成立道路交通事故责任的基本要素之一。《道路交通安全法》第119条第1项规定：“‘道路’，是指公路、城市道

路和虽在单位管辖范围但允许社会机动车通行的地方，包括广场、公共停车场等用于公众通行的场所。”

按照这一概念界定，道路包括以下部分。

一是公路。连接城市、乡村和工矿基地之间，主要供汽车行驶并具备一定技术标准和设施的道路，是公路。公路是近代说法，是以其公共交通之路得名，在我国古文中并不存在这个概念。①

二是城市道路。城市道路是指在城市范围内具有一定技术条件和设施的道路。根据道路在城市道路系统中的地位、作用、交通功能以及对沿线建筑物的服务功能，我国目前将城市道路分为四类：快速路、主干路、次干路及支路。②

三是单位范围内准许社会机动车通行的地方。这个概念实际上是指机关、企事业单位以及林区、农村范围内的道路等场所。在一般情况下，这些地方是这些单位的自有空间，不准许他人的机动车通行。因此，单位范围内的道路等场所发生事故，原则上不属于道路交通事故，应当按照侵权行为法的一般规则处理。除此之外，铁路道口、渡口、机关大院、农村场院及其院内的路，均不属道路，如院内通道、校内道路、乡间道路等。但如果这些单位范围内的道路等场所准许社会机动车通行，则视为道路，适用道路交通事故责任法确定侵权责任。

四是广场、公共停车场等公众通行的场所。广场是指面积广阔的场地，特指城市中供公众活动的广阔场地，是城市道路枢纽，是城市中人们进行政治、经济、文化等社会活动或交通活动的集中空间，通常是大量人流、车流集散的场所。③ 公共停车场，则是在城市中为机动车停放而设置的公共场所。在这些场所中，准许公众通行，因而都属于道路的范畴。

界定道路的意义是确定道路交通事故的范围，以及适用道路交通事故责任法的范围。凡是道路上发生的交通事故，应当适用《道路交通安全法》以及侵权责任法的有关规定处理，但是，这不意味着不是道路上发生的事故就不是侵权行

① 《百度百科》，百度网，http：//baike. baidu. com/view/33739. htm。

② 《百度百科》，百度网，http：//baike. baidu. com/view/125495. htm。

③ 《百度百科》，百度网，http：//baike. baidu. com/view/247005. htm。

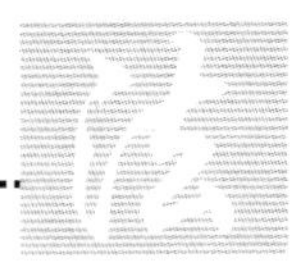

为，不承担侵权责任。在非道路上发生的类似事故，同样是侵权行为，只是不适用道路交通事故责任法处理，而是适用一般的民事法律规定，即侵权行为法的规定，按照一般侵权行为的处理办法处理。

2.关于交通

《道路交通安全法》对交通的概念没有单独界定，是放在交通事故的概念中一起界定的。其中"车辆在道路上"对于界定交通概念最为直接。

按照词语学解释，交通的最基本含义，就是往来通达。① 我们认为，交通，是指机动车、非机动车以及行人在道路上往来通达，实现交往沟通目的的社会活动。

研究道路交通事故责任构成要素的交通，实际上是研究在道路交通事故责任中车辆和行人构成交通事故的状态条件，即只有车辆和行人在交通的状态下发生损害事故，才能构成道路交通事故责任。因此，研究交通概念，更应当借鉴德国法和日本法的"运行"概念。

德国法在界定道路交通事故责任时，强调机动车须在运行之际，在机动车运行之际发生损害的场合，机动车保有人根据道路交通法承担责任。运行之际，包括机动车运行、使用、无接触事故、车上坠落物、被牵引车等，都处于运行中。日本法规定运行，与是否运送人或物无关，是指以该装置的使用方法使用机动车的情况。②

我们认为，"车辆在道路上"是交通概念的核心问题。把握住这个核心问题，构成道路交通事故责任的状态条件就变得容易掌握。

以下活动都属于交通。

（1）机动车在道路上运行

机动车根据自己的运行装置，驱动自己在道路上行走，构成在道路上运行。

（2）机动车在道路上使用

机动车在道路上使用，例如工程车停在道路上进行工作，属于机动车在道路上。但是，一旦机动车与交通工具这一用途的联系不再存在，而只被用作工作的

---

① 《现代汉语词典》，商务印书馆 2007 年第 6 版，第 680 页。

② 于敏：《机动车损害赔偿责任与过失相抵》，法律出版社 2006 年版，第 95－103 页。

机器，则机动车通常的用途所产生的危险也就没有成为现实。故德国联邦最高法院认为，一辆饲料运输车向一个桶形仓填装饲料，造成桶形仓破裂，使饲料溢出，造成一间鸡舍的顶棚坍塌，不属于机动车使用，不构成运行。[①] 机动车因故障停在道路上，属于机动车在道路上使用。机动车在道路上乘降乘车人、装卸货物等，属于机动车在道路上使用。例如，机动车停在道路上被后续车辆撞上，构成机动车在道路上的状态。对此，德国判例法的解释是，只要司机还将机动车用于交通，并且，由此而产生的危险状态依然存在。只有当机动车离开了车道而被放置在了公共交通以外的地点时，运行才中断。[②]

（3）机动车的车上坠落物

运送中的机动车，车上物品从机动车上坠落，因此造成损害的，属于机动车运行中的事故，符合机动车在道路上的状态要求，构成道路交通事故责任。但是运送中的易燃、易爆、剧毒、放射性以及核燃料、核设施等造成损害的，不认为是机动车在道路上，而是属于高度危险责任的侵权责任，不属于道路交通事故责任法调整。

（四）事故与责任的要素

1.关于事故

《道路交通安全法》第119条第5项规定：“‘交通事故’，是指车辆在道路上因过错或者意外造成的人身伤亡或者财产损失的事件。”事件是法律事实的一种，道路交通事故作为事件，是构成道路交通事故责任的事实要素。

在上述界定中，为什么要特别强调“因过错或者意外”发生损害事件呢？原因有二。第一，构成道路交通事故责任必须坚持过错责任原则，尽管分为一般的过错责任原则和过错推定原则，但都须具有过错要件。第二，由于《道路交通安全法》第76条特别规定了“机动车一方没有过错的，承担不超过10%的赔偿责任”，因为这种不超过10%的赔偿责任根本无须过错要件存在，所以，要特别强调“意外”。可以确定，在道路交通事故责任的机动车一方承担不超过10%的赔

① ［德］马克西米利安·福克斯：《侵权行为法》，齐晓琨译，法律出版社2006年版，第269页。

② ［德］马克西米利安·福克斯：《侵权行为法》，齐晓琨译，法律出版社2006年版，第268页。

偿责任的场合，也属于道路交通事故责任，但属于特殊的责任形式，而不是一般的道路交通事故责任的常态。

2. 关于责任

道路交通事故责任中的责任，应当属于损害赔偿责任，是民事责任，是侵权责任，是财产责任。在民法领域研究道路交通事故责任，并不包括其他法律责任，特别是不包括刑事责任和行政责任。

第四节　机动车交通事故责任的基本责任形态

研究任何一种侵权行为类型，都必须研究侵权责任形态问题。侵权责任形态，是指侵权责任构成及侵权行为类型确定之后，损害赔偿责任在不同的当事人之间如何进行分配或者分担的具体形式。① 机动车交通事故责任的责任形态，分为基本责任形态和特殊责任形态。在这一节中，着重研究机动车交通事故责任的基本侵权责任形态。机动车交通事故责任是损害赔偿责任，其基本责任形态是替代责任和自己责任。同时，机动车交通事故构成共同侵权，则无论是自己责任还是替代责任，都构成连带责任。

一、机动车交通事故责任中的替代责任

在侵权法的侵权责任形态体系中，自己责任是常态，替代责任是非常态。但在机动车交通事故责任中，由于机动车交通事故是特殊侵权行为，因而，替代责任是机动车交通事故责任的常态，而自己责任则是非常态。

（一）替代责任在机动车交通事故责任中的适用范围

1. 机动车交通事故责任的责任主体和行为主体

机动车交通事故责任的常态既然是替代责任，那么，其责任主体与行为主体

① 杨立新：《侵权法论》，人民法院出版社 2006 年第 3 版，第 516 页。

肯定是分离的，只有这样，才能形成行为主体实施侵权行为，责任主体承担侵权损害赔偿责任的侵权责任形态。因此，在研究机动车交通事故责任的时候，必须先研究其责任主体和行为主体。

（1）责任主体

在《道路交通安全法》第76条中，使用的概念是“机动车一方”。这个概念并不是指机动车保有人或者所有人的概念，而是指机动车保有人和机动车驾驶人。按照侵权责任法草案的规定，机动车一方应当包括机动车所有人和机动车驾驶人。因此，并不能完全基于该法机动车一方的概念来界定在机动车交通事故责任中的责任主体概念。

机动车交通事故责任的责任主体，在学说上有不同说法。一是机动车所有人，二是机动车占有人，三是从事高速运输工具活动者。[①] 侵权责任法草案使用的是机动车所有人的概念，其更多的是着重于规定机动车所有人与使用人相分离的情形的规则，但使用机动车所有人的概念确实无法包括很多种情形，并不十分妥当。使用德国法的机动车保有人的概念则比较稳妥，也比较符合我国语言习惯。因此，机动车交通事故责任的责任主体，应当界定为机动车保有人。

（2）行为主体

机动车交通事故责任的行为主体，就是机动车驾驶人，是指在道路上正在驾驶机动车的行为人。

机动车驾驶人包括两种。一是作为劳动者的机动车驾驶人，即作为法人、其他组织的工作人员的机动车驾驶人，以及雇主雇用的机动车驾驶人。这种机动车驾驶人是机动车交通事故替代责任的行为主体。二是作为机动车保有人的机动车驾驶人，即驾驶自己保有的机动车运行的驾驶人。这种驾驶人并不是替代责任的行为主体，而是自己责任的责任主体，其驾驶机动车造成他人损害，由自己承担侵权责任。

（3）机动车一方

根据以上分析，《道路交通安全法》第76条使用“机动车一方”的概念，包

---

① 于敏：《机动车损害赔偿责任与过失相抵》，法律出版社2006年版，第70页。

括两种情形。

第一种情形的机动车一方是复数形式，是构成替代责任的机动车一方，既包括机动车交通事故替代责任中的责任主体即机动车保有人，又包括机动车交通事故替代责任的行为主体，即机动车驾驶人。双方共同构成机动车一方。

第二种情形的机动车一方是单一形式，是机动车保有人作为机动车驾驶人驾驶机动车，即自驾私家车造成机动车交通事故责任。这种责任是自己责任，不是替代责任，因此，这种情形下的机动车交通事故责任的责任主体和行为主体为同一人，机动车一方由一个人构成。

2.承担替代责任的机动车交通事故责任的类型

（1）法人或者其他组织作为所有人与其工作人员作为机动车驾驶人的替代责任

法人或者其他组织享有机动车的所有权，机动车驾驶人为法人或者其他组织的工作人员，二者之间具有法人、其他组织和工作人员之间的聘任关系，构成特定关系。在这种特定关系中，不论法人是何种性质，包括国家机关法人、国有企业事业单位以及其他公司等，都可以作为责任主体。没有法人资格的其他组织聘用驾驶人为其驾驶汽车，也构成这种特定关系。

确定这种特定关系的一个简单标准，就是在二者之间存在一定的支配性关系，实质是一方支配另一方的劳动。机动车驾驶人是法人或者其他组织的组成部分，是法人或者其他组织的成员。除了机动车驾驶人作为法人或者其他组织的成员，法人或者其他组织应当为驾驶人给付报酬之外，驾驶人还必须是为法人或者其他组织工作，其行为是法人或者其他组织的行为的延伸；驾驶人驾驶机动车是为法人谋利益，其创造的价值为法人或者其他组织所承受，即运行利益归法人或者其他组织所有。具有这样的关系，就具备了机动车驾驶人与机动车保有人之间的特定关系，就具有了法人或者其他组织为驾驶人承担责任的必要条件之一。

（2）雇主雇佣雇工驾驶机动车的替代责任

雇主雇佣雇工为其驾驶机动车，也是构成机动车交通事故责任的基本类型之一。雇主出资雇佣雇工为其驾驶机动车，是典型的雇佣合同关系，构成雇佣的劳动关系。雇主是用人单位，雇工是劳动者，雇工的劳动是为雇主谋取利益，因此，雇主须给付工资，承担劳动保险，雇工为雇主劳动。当雇工驾驶机动车造成交通事故致人人身损害或者财产损害，雇主应当承担损害赔偿责任。

(3) 机动车保有人借用他人作为机动车驾驶人的替代责任

机动车保有人借用其他人作为机动车驾驶人，尽管没有形成雇佣劳动关系，没有劳动支配关系，也没有报酬，不成立雇佣合同关系，但是仍然构成机动车驾驶人为机动车保有人驾驶机动车，为其谋利益的特定关系。既然机动车驾驶人为机动车保有人服务，机动车保有人可以支配机动车驾驶人的劳动，那么，当机动车驾驶人驾驶机动车保有人的机动车发生交通事故造成损害，机动车保有人当然应当承担赔偿责任，构成替代责任。

(4) 承揽人为定作人执行承揽活动的特殊情形的替代责任

对于这种情况，在机动车交通事故责任中研究的比较少。实际上这也是一种机动车交通事故责任的替代责任种类。定作人租用机动车及其驾驶人为其承担运输任务，表面上是租车关系，但实际上构成承揽关系，是承揽人带车承揽，为定作人完成定作事项。如果作为机动车保有人的承揽人或者承揽人的驾驶人由于自己的过错造成交通事故致他人损害，应当由承揽人承担责任；但定作人存在指示过失或者定作过失，造成交通事故致他人损害的，定作人与承揽人之间具有特定关系，应当由定作人承担侵权责任，构成替代责任。①

(5) 未成年子女驾驶机动车发生交通事故致人损害

机动车驾驶人的最低年龄要求是18周岁，因而未成年子女没有理由成为机动车驾驶人。但是，未成年子女作为“非驾”，擅自驾驶私家车，发生交通事故致人损害，应当由其父母承担赔偿责任。这种责任也是替代责任。

3.将上述机动车交通事故责任认定为替代责任的理由

将上述机动车交通事故责任认定为替代责任的侵权责任形态，其理由是：

第一，在传统民法中，所有的特殊侵权责任都是替代责任，机动车交通事故责任也是特殊侵权责任，当然也是替代责任。从《法国民法典》开始，特殊侵权

① 史尚宽：《债法总论》，台北荣泰印书馆1978年版，第188页。

责任的性质都是替代责任[①]，并以此与一般侵权责任相区别。替代责任要表明的是，责任主体不是为自己的行为负责，而是为由于自己的过失，致使自己对他人的行为或自己管领下的物件致害他人的行为负责。上述五种机动车交通事故责任都符合上述要求，当然是替代责任。

第二，对他人的行为负责是典型的替代责任。上述五种机动车交通事故责任都是典型的为他人行为负责的形式，因此是替代责任。在这类侵权责任中，机动车保有人并没有实施侵权行为，实施侵权行为的是机动车驾驶人，造成损害的也是机动车驾驶人，机动车保有人原本没有承担赔偿责任的理由。但由于机动车保有人与机动车驾驶人具有特定关系，同时也由于机动车保有人在主观上具有过失，因而，由机动车保有人对受害人承担赔偿责任，而不是由机动车驾驶人承担赔偿责任。

对此，英国丹宁勋爵有一段话特别有价值：汽车所有人同意由他人驾车在公路上行驶，不论该他人是其雇员、友人或其他什么人，法律都使汽车所有人承担一种特殊的责任。只要汽车是全部或部分被用于所有人的事务或者为所有人的目的，则汽车所有人应为驾驶人一方的任何过失负责。只有在汽车是出借或出租给第三人，被用于对所有人无益或无关的目的时，汽车所有人才能免除责任。[②] 丹宁勋爵这一对机动车交通事故替代责任的表述，十分精彩，特别有说服力。

替代责任有两种形式，一种是对人的替代责任，一种是对物的替代责任。在一般情况下，机动车交通事故责任的替代责任是对人的替代责任，是机动车保有人对机动车驾驶人的过失承担的替代责任。

（二）机动车交通事故替代责任的概念和特征

关于替代责任概念的界定，我们在《侵权责任法草案建议稿》中界定为：法律规定承担替代责任的，其责任人是对造成损害的行为人的行为负责的人，该责任人应当承担侵权责任。已经承担了替代责任的责任人，可以向有过错的行为人追偿，但法律另有规定的除外。对物件造成损害的替代责任人，是造成损害的物

---

① 《法国民法典》将特殊侵权行为称为准侵权行为，其后才称之为特殊侵权行为。

② 梁慧星：《民法学法判例与立法研究》，中国政法大学出版社 1993 年版，第 102－103 页。

件的管领人，包括物件的管理人、所有人和占有人，应当承担责任。[①]

按照这样的思路，根据机动车交通事故责任的特点，我们把机动车交通事故替代责任的概念界定为：机动车交通事故替代责任，是指机动车保有人作为责任主体，为机动车驾驶人的过失行为造成的机动车交通事故致他人人身损害或者财产损害，应当承担赔偿责任；机动车保有人承担了赔偿责任之后，有权向有过错的机动车驾驶人追偿的侵权责任形态。

机动车交通事故替代责任具有替代责任的一切特点。

第一，承担责任的机动车保有人与致害的机动车驾驶人相分离。它的前提是承担责任的机动车保有人与致害的机动车驾驶人并非一人，机动车保有人的本来意图并无致害他人的内容，也没有致害他人的行为，造成损害的是机动车驾驶人。正因为这种责任人与致害的机动车驾驶人相分离的情形，才产生了赔偿责任转由机动车保有人替代承担的客观基础。

第二，机动车保有人为致害的机动车驾驶人造成的损害承担责任，是以他们之间具有特定关系为前提。机动车保有人与机动车驾驶人之间的关系，直接表现为隶属关系或者雇佣关系。因此，机动车保有人与损害结果之间并不具有直接因果关系，只具有特定的间接联系。这种因机动车保有人任用、管理不当的行为引起的机动车驾驶人在执行职务中的致害行为，就是机动车保有人承担替代责任的法律基础。

第三，机动车保有人是赔偿责任主体，直接向受害人承担赔偿责任。受害人即赔偿权利人的请求权指向，是未直接致害但与致害的机动车驾驶人之间具有特定的间接联系的机动车保有人。受害人不是向机动车驾驶人请求赔偿，而是向机动车保有人请求赔偿。

因此，前述五种机动车交通事故责任是典型的替代责任。

（三）机动车交通事故替代责任的构成

在侵权法领域，承担替代责任的侵权行为的基础，是行为人与责任人相分

---

① 杨立新主编：《中华人民共和国侵权责任法草案建议稿及说明》，法律出版社2007年版，第7页。

离。也就是说，在承担替代责任的侵权行为中，在加害人一方一定要有两个主体，一个主体是实施侵权行为的行为人，一个主体是承担侵权责任的责任人。在这两个主体之间具有特定关系，相互处于特定地位，并且在特定状态下造成他人损害，才能构成替代责任。

机动车交通事故责任由机动车保有人承担替代责任，必须符合这样的条件要求。符合这样要求的机动车交通事故责任，只有在机动车的所有人与驾驶人相分离的情形，才符合上述条件要求。

1.机动车驾驶人与机动车保有人的特定关系

构成机动车交通事故责任的赔偿法律关系，在机动车保有人和机动车驾驶人之间必须具有特定关系。

在机动车驾驶人与机动车保有人相分离的机动车交通事故责任中，二者之间的关系符合特定关系要求的，是前述四种类型：法人或者其他组织作为机动车所有人，机动车驾驶人作为法人或者其他组织的成员，符合劳务关系的特定关系要求；雇主作为机动车保有人雇佣雇工作为机动车驾驶人，为机动车保有人服务，也符合劳务关系的特定关系的要求；使用他人为机动车保有人驾驶机动车，构成临时的劳动支配关系，符合特定关系的要求；定作人与承揽人之间的承揽关系，定作人具有定作过失或者指示过失，也符合这种特定关系的要求。

机动车保有人与机动车驾驶人之间的关系，属于特定的隶属或者雇佣关系。在这种情况下，机动车保有人作为一个“组织”，机动车驾驶人是其“组织”的一个成员，就是判断的基本标准。如果机动车驾驶人不是机动车保有人组织的一个成员，而仅仅是为机动车保有人提供服务的人员，则不能构成机动车交通事故责任的替代责任，除非机动车保有人已经赋予其驾驶人的资格。

借用他人为机动车保有人驾驶机动车，尽管被借用人不是机动车保有人“组织”的成员，但机动车保有人能够支配被借用人的劳动并且受益，因此也适用有机动车保有人承担替代责任的规则。

事实上，从致害的角度观察，机动车保有人与机动车驾驶人之间因为存在这些特定关系，而使机动车保有人与损害结果之间发生了间接联系。没有这种间接联系，或者超出这种间接联系，不能产生替代责任，或者产生其他责任形态。

2.机动车保有人相对机动车驾驶人所处的特定地位

在机动车交通事故责任中，机动车保有人必须处于特定地位。这种特定地位，表现为机动车保有人在其与机动车驾驶人的特定关系中所处的带有支配性质的地位，它是机动车保有人为机动车驾驶人造成的损害后果承担赔偿责任的基础。

机动车保有人对于机动车驾驶人所处的特定地位，就是机动车保有人支配机动车驾驶人的劳动，或者机动车驾驶人按照定作人的定作或者指示进行劳动并将劳动成果交付定作人。

机动车保有人支配机动车驾驶人的劳动，是在劳动关系之中，机动车保有人作为用人单位，机动车驾驶人作为劳动者，机动车驾驶人为机动车保有人提供劳动，机动车驾驶人的劳动归机动车保有人支配，其劳动所创造的价值为机动车保有人所承受。只要机动车保有人对机动车驾驶人的劳动有支配的权利，就构成这样的特定地位。

在定作人与承揽人之间，尽管不存在这样的劳动支配关系，即在承揽合同关系中，承揽人只是向定作人交付劳动成果，并非提供劳动，但如果定作人对承揽人执行承揽活动的定作或者指示存在过失，承揽人按照定作人的定作过失或者指示过失进行劳动，那么，二者之间也构成这样的特定地位。

按照侵权法原理的要求，考察为致害行为人的损害后果负责的责任人的地位，主要是看：双方有无确定特定关系的事实或合同；致害行为人是否受有责任人的报酬；致害行为人的活动是否受责任人的指示、监督等约束；致害行为人是否向责任人提供劳务。责任人是组织，致害行为人是否为责任人的事业或组织的组成部分，是确定责任人特定地位的标准。在机动车交通事故责任中，机动车保有人与机动车驾驶人之间有特定的聘用、雇佣合同，机动车驾驶人受有机动车保有人的报酬，接受机动车保有人的指示、监督的约束，向机动车保有人提供劳务，是其组织的成员，因而机动车保有人处于特定地位，机动车保有人应当为机

动车驾驶人的损害后果负责。

3.机动车驾驶人造成他人损害时的特定状态

机动车驾驶人在造成他人损害时，必须处于特定状态，非此不能构成机动车保有人的替代责任。

最典型的特定状态，是驾驶人造成他人损害的时候处于执行职务之中。作为法人或者其他组织的工作人员，以及雇主的雇工，机动车驾驶人驾驶汽车就是在执行职务。构成执行职务，机动车保有人就须为驾驶人造成的损害承担责任；如果不构成执行职务，由机动车驾驶人自己承担责任，而不是由机动车保有人承担责任。

确定机动车驾驶人是否处于执行职务状态，应当依照法人或者其他组织以及雇主、其他机动车保有人的指示或者授权确定。机动车保有人如果有明确指示，机动车驾驶人的行为就是执行职务，当然认定为执行职务，符合特定状态的要求。如果机动车保有人的指示不明确，或者根本没有指示，那么，确定机动车驾驶人是否处于执行职务状态的依据，理论上有三种学说：一是主观说，依照机动车驾驶人是否在主观上为机动车保有人谋利益；二是客观说，依照机动车驾驶人的运行利益是否归属于机动车保有人；三是综合说，机动车驾驶人既要在主观上为机动车保有人创造运行利益，同时机动车驾驶人的运行利益在客观上也要归属于机动车保有人。一般认为，综合说过于严苛，主观说较难判断，应采客观说为妥。最高人民法院在法人侵权中所采取的立场系客观说①，是正确的。确定执行职务，应以执行职务的外在表现形态为标准，如果行为人的行为在客观上表现为与依机动车保有人指示办理事件的要求相一致，就应当认为属于执行职务的范围。在实践中，如果机动车驾驶人的运行利益最终归属于机动车保有人，就可以认定机动车驾驶人是执行职务，符合特定状态的要求。

在定作人与承揽人之间的机动车交通事故责任中，承揽人的特定状态是依照定作人的定作或者指示提供承揽服务。对此，不仅是承揽人必须按照定作人的定

① 最高人民法院《关于审理人身损害赔偿案件适用法律若干问题的解释》第8条。

作或者指示进行，同时也必须存在定作人的定作或者指示具有过失。只有如此，定作人即机动车保有人才能够对承揽人致人损害的后果承担替代责任。

符合以上三个要求，机动车保有人与机动车驾驶人之间就具备了产生替代责任的基础，机动车保有人应当对机动车驾驶人造成的机动车交通事故损害后果承担赔偿责任，构成替代责任。

（四）机动车交通事故损害责任的赔偿法律关系

1.赔偿关系当事人

机动车交通事故损害责任赔偿关系当事人的显著特点，是机动车驾驶人与机动车保有人相脱离，机动车驾驶人造成损害，赔偿责任由机动车保有人承担。

机动车交通事故替代责任是典型的对人的替代责任。在这种赔偿法律关系中，赔偿权利主体是受害人；赔偿责任主体则体现替代责任的特点，只能是机动车保有人，而不能是机动车驾驶人。最高人民法院《关于适用〈中华人民共和国民事诉讼法〉若干问题的意见》（现已废止）第42条规定："法人或者其他组织的工作人员因职务行为或者授权行为发生的诉讼，该法人或其他组织为当事人。"这个关于程序法的司法解释体现了实体法对替代责任赔偿法律关系的要求。最高人民法院《关于审理人身损害赔偿案件适用法律若干问题的解释》第8条对法人侵权作出司法解释，受害人作为赔偿权利人行使赔偿请求权，只能向责任主体也就是机动车保有人提出，机动车保有人是适格被告，不能直接向致害行为人即机动车驾驶人提出赔偿请求。在机动车交通事故责任中，机动车驾驶人不是适格被告。同样，前述司法解释第9条规定的雇主责任同此道理。第10条规定的定作人指示过失责任也能够应用到机动车交通事故责任之中，是确定定作人指示过失责任的机动车交通事故替代责任的根据。

在机动车驾驶人因自己的过错行为造成受害人的人身损害而由机动车保有人承担替代责任时，机动车保有人在承担了赔偿责任之后，取得向有过错的机动车驾驶人的追偿权，有过错的机动车驾驶人应向机动车保有人赔偿因自己的过错行为所致受害人的人身损害所造成的损失。这种可追偿的替代责任，实际上是在机动车保有人承担赔偿责任之后又产生的一个新的损害赔偿法律关系，权利主体是

机动车保有人，责任主体是有过错的机动车驾驶人。

2.赔偿形式

如上所述，机动车交通事故替代责任的具体赔偿关系分为以下两种情况。

第一，不可追偿的替代责任。这种替代责任是机动车保有人向受害人承担赔偿责任以后，由于机动车驾驶人不具有过失，因而没有向造成损失的机动车驾驶人追偿，即责任完全由机动车保有人自己承担的替代责任。这种赔偿责任应完全由机动车保有人自己承担赔偿后果，是最终责任。

第二，可追偿的替代责任。按照替代责任原理，替代责任由于具备一定的条件而使责任人产生追偿权。享有这样的追偿权，责任人就可以依法行使，要求致害行为人承担因为替致害人赔偿损失而造成的损失的赔偿责任。追偿权的产生，是行为人在实施致害行为时，在主观上具有过错。这时，机动车保有人承担的责任就是风险责任，只要行为人在实施致害行为时有过错，责任人就可以依法向致害人请求追偿。在机动车交通事故责任中，机动车保有人承担替代责任，是机动车驾驶人因自己的过失行为致使受害人受到人身损害而由机动车保有人承担替代责任，机动车保有人在承担了替代责任之后，取得向有过错的机动车驾驶人的追偿权，过失造成交通事故的机动车驾驶人应向机动车保有人赔偿其为自己所致损害替代赔偿所造成的损失承担赔偿责任。这种替代责任的赔偿关系，就是可追偿的替代责任。其追偿的范围，是机动车保有人因赔偿机动车交通事故受害人损害所造成的一切损失。

在可追偿的机动车交通事故替代赔偿法律关系诉讼中，前一个诉讼法律关系的原、被告为受害人和机动车保有人，有过错的机动车驾驶人可列为无独立请求权的第三人，也可以不列为当事人。第二个损害赔偿法律关系如发生争议诉讼于法院，原、被告分别为机动车保有人和有过错的机动车驾驶人。

二、机动车交通事故责任中的自己责任

在机动车交通事故损害赔偿的责任形态中，作为侵权责任形态常态的自己责任却成为非常态，是机动车交通事故责任中非常态的责任形态。虽然如此，自己

责任也是机动车交通事故责任的基本形态之一，与替代责任一起构成基本的侵权责任形态体系。

（一）适用自己责任的机动车交通事故责任类型

机动车保有人驾驶自己保有的机动车造成机动车交通事故致害他人，应当承担的损害赔偿责任是自己责任，应当由机动车驾驶人也就是机动车保有人承担赔偿责任。

在这种机动车交通事故责任中，机动车一方是单一主体形式，是机动车保有人作为机动车驾驶人驾驶机动车，在道路运行中造成他人损害的机动车交通事故责任。这种责任由于机动车保有人和机动车驾驶人合二为一，是一个人，因而，应当按照侵权法的一般规则即任何人都必须为自己的过错行为所致损害承担责任的规则，由机动车保有人即机动车驾驶人自己承担责任，不存在其他应当承担侵权责任的主体。在私家车越来越多的我国社会生活中，这种机动车保有形式越来越多，具有广阔的发展空间，因而自己责任将会成为机动车交通事故责任的重要责任形态。

适用自己责任的机动车交通事故责任主要有以下几种类型。

1.自己驾驶自己保有的机动车

机动车保有人为一人，由自己驾驶自己保有的机动车，造成交通事故承担赔偿责任，是最典型的自己责任。例如，单身的个人自己购买机动车自己驾驶，造成机动车交通事故，应当承担赔偿责任，当然是自己责任，由自己向受害人承担赔偿责任。又如，雇主自己驾驶自己保有的机动车发生交通事故致人损害，雇主应当自己承担赔偿责任。

2.驾驶私家车的责任

家庭成员驾驶私家车发生交通事故致人损害，承担的侵权责任是否为自己责任，情况复杂，值得深入研究。我们认为主要情形有三种。(1) 夫妻共有或者家庭共有的共有人之一驾驶以共有财产购买的私家机动车造成机动车交通事故，应当承担责任；(2) 不是共有财产主体的家庭成员驾驶其他家庭成员共有的机动车造成机动车交通事故，应当承担责任；(3) 其他家庭成员驾驶家庭成员以个人财产购买的机动车造成机动车交通事故，应当承担责任；这些责任究竟是替代责任

还是自己责任，以下分述之。

一是，共有人之一驾驶共有私家机动车造成机动车交通事故。作为夫妻共有或者家庭共有的机动车，共有人都是机动车的保有人，机动车驾驶人是共有人之一，这种情形应当属于保有人自驾自己保有的机动车，不存在责任主体与行为主体分离的情形，因此，应当由全体共有人以共有财产承担侵权责任。其根据是，共有人在共有期间所负债务，性质是共同债务，应当以共有财产承担清偿责任。[①] 共有人之一驾驶共有（不论是夫妻共有还是家庭共有）的机动车造成机动车交通事故，应当承担的赔偿责任，当然是由共有财产负担，因此仍然是自己责任。

二是，不是共有人的家庭成员驾驶其他家庭成员共有的机动车造成机动车交通事故。家庭私有机动车为夫妻共有或者家庭共有财产，不是共有人的其他家庭成员驾驶机动车造成机动车交通事故的，例如夫妻共有机动车，已经成年但没有财产收入的子女驾驶机动车发生交通事故造成他人损害，是否属于责任主体和行为主体相分离，构成替代责任呢？我们认为，这个道理与前一种情况相同，那就是，机动车是共有财产，即使是不属于家庭共有财产主体的家庭成员驾驶机动车，由于运行利益归属于家庭，因而，不必作为替代责任处理，仍然以家庭的财产共有人作为机动车保有人，按照自己责任的规则承担连带责任。除非非共有财产主体的家庭成员已经接受聘任获得工资而驾驶机动车，不过极少有这样的情形。

三是，其他家庭成员驾驶家庭成员以个人财产购买的机动车造成机动车交通事故。在家庭中，家庭成员以个人财产购买的机动车，由其他家庭成员驾驶，造成机动车交通事故，其责任形态是自己责任还是替代责任，应当依运行利益关系判断。如果运行利益归属于家庭，也就是在家庭中没有那么严格的财产私有界限，即使是个人购买的机动车，但也是供全体家庭成员使用或者承受利益，那么，即使是购买机动车的家庭成员是私人享有机动车的所有权，但其家庭是实际的汽车保有人，运行利益和支配权归属于该家庭。在这种情形下发生交通事故致人损害，形成自己责任，保有人和驾驶人仍为一人，仍然要以家庭共有财产承担赔偿责任，不存在替代责任的适用问题。如果在家庭中，机动车属于一人所有，

① 杨立新：《亲属法论》，高等教育出版社 2005 年版，第 354 页。

而聘用其他家庭成员作为驾驶人，并且给付薪金，那就形成了雇佣关系，造成损害，应当承担的损害赔偿责任当然是替代责任。

3.合伙事务执行人驾驶合伙共有机动车

合伙所有的机动车，不论是合伙人中的任何人驾驶机动车，只要不是合伙人雇佣的驾驶人，就都必须由全体合伙人承担责任。在这种情况下，驾驶机动车的合伙人是合伙事务执行人，其执行合伙事务的全部后果都归属于全体合伙人。因而这种责任属于自己责任，是全体合伙人的自己责任。由于合伙人是数人，因而这种责任形态是自己责任的连带责任。

（二）机动车交通事故自己责任的概念和责任形式

1.机动车交通事故自己责任的概念

自己责任，就是违法行为人对由于自己的过错造成的他人人身损害和财产损害由自己承担责任。那么，机动车交通事故自己责任，就是机动车保有人自己驾驶机动车，或者家庭成员驾驶家庭保有的机动车，由于自己的过错造成机动车交通事故致他人人身损害或者财产损害，应当由自己或者家庭承担赔偿责任的机动车交通事故的责任形态。

机动车交通事故自己责任的特点是：第一，机动车保有人和机动车驾驶人为同一人，或者为同一家庭的家庭成员，不存在机动车保有人与机动车驾驶人相分离的情形。第二，作为机动车保有人和机动车驾驶人的人由于自己的过失造成机动车交通事故，因此，其违法行为是直接行为，或者是同一家庭的成员实施的行为，不是间接行为，行为方式是违法驾驶机动车。第三，机动车保有人驾驶自己的机动车发生交通事故造成他人损害，而不是机动车驾驶人即机动车保有人造成自己损害。第四，机动车保有人对自己实施的交通行为所造成他人的损害由自己承担责任，或者是机动车保有人对家庭成员的驾驶机动车行为造成损害承担责任。这四个特点突出的一个概念就是“自己”，因此，自己责任就是应当由自己承担的侵权责任，是为自己的行为负责的侵权责任形态。

2.机动车交通事故自己责任的形式

在一般的机动车交通事故责任中，自己责任通常是机动车保有人和机动车驾

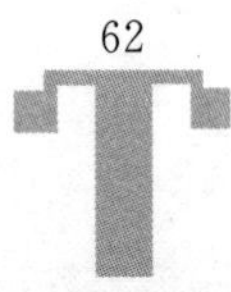

驶人为同一人，自己驾驶自己的机动车发生交通事故造成损害，行为主体和责任主体是同一人，行为主体对自己实施的交通事故行为承担后果责任，即自己造成的损害自己赔偿，不能由不是侵权行为人的人承担赔偿责任。因此，也不存在责任主体承担赔偿责任之后向行为主体追偿的问题。

在家庭作为机动车保有人的机动车交通事故责任中，家庭成员承担的责任也是自己责任，应当用夫妻共有财产或者家庭共有财产承担责任，其责任主体应当是共有财产的全体共有人，并且以共有财产的全部承担损害赔偿责任。

（三）机动车交通事故自己责任的归责原则

在通常情况下，侵权法的自己责任是适用过错责任原则的，因此必须具备主观过错的要件，无过错就无责任。

但是，机动车交通事故责任并不只适用过错责任原则一种归责原则，在机动车一方造成非机动车驾驶人或者行人人身损害的，适用过错推定原则，其他机动车交通事故责任适用过错责任原则。因此，机动车交通事故自己责任的特点是：

第一，机动车交通事故自己责任应以过错为责任的构成要件，而且应以过错为责任最终的构成要件。机动车一方有过失才承担赔偿责任，没有过失，就没有责任。只有在依照优者危险负担规则机动车一方没有过错也要承担不超过10%的责任时，才不需要机动车一方存在过失。

第二，机动车交通事故自己责任在适用过错责任原则时，实行普通的举证责任，即采取“谁主张、谁举证”原则，受害人必须就机动车一方具有过失进行举证，否则不能获得赔偿，对过错既不能采取推定形式确定，也不能实行举证责任倒置。受害人一方举证不能或者举证不足，都不构成机动车交通事故责任。

第三，机动车交通事故自己责任在适用过错推定原则时，则过失的要件实行推定，法官根据已经证明的前三个要件的事实推定机动车一方有过失，同时实行举证责任倒置，由机动车一方承担证明自己没有过失的责任，能够证明者，免除赔偿责任，不能证明或者证明不足者，侵权损害赔偿责任成立。

第四，机动车交通事故自己责任适用过错责任原则和过错推定原则，因而使

这种自己责任形态更加充分地体现了民事责任的教育和预防作用，而不像无过错责任原则那样更注重的是对受害人的损害的单纯补偿。

（四）过错对机动车交通事故自己责任的影响

1.过错对机动车交通事故自己责任构成的影响

机动车交通事故自己责任的构成，应当具备违法行为、损害事实、因果关系和主观过错的要件，其中过错是侵权责任构成的必备要件。作为侵权责任构成要件的过错，是指过错的有无，而不是过错的程度。因此，在机动车交通事故自己责任的构成中，研究的是过错的有无，而不是过错程度。

2.过错程度对侵权损害赔偿责任范围的影响

在研究侵权损害赔偿范围时，必须注意过错程度对机动车交通事故自己责任的影响问题。

过错程度，又称为过错等级，是指将行为人在实施致他人损害中的过错按照不同程度所划分的等级。侵权行为法将过错程度分为故意、重大过失、一般过失和轻微过失。

过错程度对侵权责任范围的影响，在民法学界一直存在不同看法。一般认为，侵权责任既然是一种财产责任，其责任范围的大小不取决于行为人的过错程度，而以行为人对其违法行为所造成的财产损害的大小为依据，承担全部赔偿责任。[①] 我们也持这样的观点。[②] 这样的主张讲的是一般原则，而不是全部情况。

过错程度对侵权责任范围的影响是：

第一，在机动车交通事故造成财产损失的场合，可以借鉴国外在损害赔偿中直接损失和间接损失的赔偿应依据过错程度确定的做法，即对过错严重的行为人要求其赔偿直接损失以外的间接损失，对于过错并不严重的，对于间接财产损失不承担赔偿责任。[③] 尽管我国法律并没有这样的规定，但根据实际情况，在对机动车交通事故责任造成的间接损失进行赔偿时，也可以考虑过错程度问题，一般

① 佟柔主编：《民法原理》，修订本，法律出版社1987年版，第249页。

② 杨立新：《侵权损害赔偿》，吉林人民出版社1988年版，第93页。

③ 王利明、杨立新：《侵权行为法》，法律出版社1996年版，第137页。

过失造成的财产间接损失可以不承担赔偿责任或者承担部分赔偿责任，而对于重大过失造成的财产间接损失可以判令全部赔偿。

第二，在机动车交通事故的共同侵权行为中，在确定共同加害人各自应当承担的内部赔偿份额时，过错程度具有决定的作用，应当依据共同加害人各自的过错程度在共同过错中的比例，以及行为的原因力的大小，决定各自的赔偿责任份额。

第三，机动车交通事故责任构成与有过失，应当根据双方当事人各自的过错程度，按照过失相抵规则，确定双方当事人各自应当承担的责任，即机动车交通事故责任的受害人因自己的过错而使他自己应当承担的那一份责任在加害人的责任中扣除，减轻加害人的责任。

三、机动车交通事故责任中的连带责任

机动车交通事故责任存在共同侵权行为，因而存在连带责任的侵权责任形态。机动车交通事故责任中的连带责任，要么表现为替代责任的连带责任，要么表现为自己责任的连带责任，因此具有特殊性，应当特别加以研究。

（一）机动车交通事故责任存在共同侵权连带责任

在机动车交通事故责任中也存在共同侵权行为。不过，机动车交通事故责任不存在共同意思联络的共同侵权，因为机动车交通事故责任不存在故意造成交通事故的可能性，只能由过失构成，不存在故意的基础。机动车交通事故责任中的共同侵权只能是由过失构成。

机动车交通事故责任中的共同侵权有两种情形。

第一种，两个以上的机动车因为共同过失造成同一个受害人损害，其因果关系具有同一性，造成的损害不可分割，两个以上的机动车构成共同侵权行为。例如两辆机动车违章碰撞在一起，造成第三人人身损害。对于受害人而言，两辆机动车的保有人就是共同侵权行为人，应当承担连带赔偿责任。

第二种，共有的机动车发生机动车交通事故致人损害，数个机动车共有人应当承担的责任也是共同侵权责任。例如合伙共有的机动车发生交通事故，家庭或

者夫妻共有的机动车发生交通事故。由于发生交通事故的机动车存在数个共有人，数个共有人作为机动车保有人，应当承担共同侵权的连带责任。在最高人民法院的司法解释中，就有过关于合伙人之一驾驶机动车执行合伙事务，途中肇事造成他人损害，应当由合伙人全体对损害承担赔偿责任的规定，全体合伙人以其合伙共有财产承担赔偿责任，不足部分以各自财产连带负责。

两种共同侵权的机动车交通事故责任，都是连带责任，存在替代责任的连带责任和自己责任的连带责任。与替代责任和自己责任在机动车交通事故责任中的地位一样，本来应当作为连带责任常态的自己责任，在机动车交通事故责任中却成为非常态；而作为非常态的连带责任的替代责任，却成为机动车交通事故责任中的常态，是常见的连带责任形式。

（二）机动车交通事故连带责任中的替代责任和自己责任

任何机动车交通事故责任，只要构成了共同侵权责任，要么是替代责任的连带责任，要么是自己责任的连带责任，二者必居其一。其区分的标准，就在于造成机动车交通事故应当承担连带责任的汽车保有人是符合替代责任的责任主体与行为主体分离的要求，还是符合自己责任的责任主体与行为主体合一的要求。

1.连带责任中的替代责任和自己责任

根据实际情况，连带责任中的责任形态类型可以分为三种。

（1）替代责任的连带责任。符合替代责任的责任主体与行为主体分离要求的机动车交通事故责任，构成共同侵权应当承担连带责任的，例如应当承担连带责任的汽车保有人是法人或者其他组织，或者是雇主，其机动车驾驶人驾驶机动车造成他人损害，承担连带赔偿责任的就是法人或者其他组织或者雇主，就是替代责任的连带责任，或者叫做连带责任中的替代责任。

（2）自己责任的连带责任。符合自己责任的责任主体与行为主体合一的机动车交通事故责任，构成共同侵权应当承担连带责任的，例如机动车保有人自己驾驶机动车，或者家庭成员驾驶私家车造成他人损害，他们作为共同加害人，应当由自己承担连带责任；即使合伙人以及其他共有人造成非机动车驾驶人或者行人损害，机动车运行利益归属于合伙或者共有人的，应当承担的连带责任就是自己

的连带责任，或者叫做连带责任中的自己责任。

(3) 自己责任和替代责任混合的连带责任。第三种情形是在承担连带责任的汽车保有人之中，既有替代责任，又有自己责任。那就是，连带责任人之中，有的是责任主体与行为主体分离，有的是责任主体与行为主体合一，因此形成了自己责任和替代责任构成的混合连带责任，各共同加害人各自按照替代责任或者自己责任承担自己的责任份额，并且连带对整个赔偿责任负责。

2.不同的连带责任的基本特点

在共同侵权的机动车交通事故责任中，只要构成共同侵权应当承担连带责任，就总会出现自己责任和替代责任的形态问题。对此，在确定连带责任的基础上，按照承担连带责任的各个机动车一方的实际情况，决定是承担替代责任还是自己责任。因此，连带责任的替代责任和自己责任完全取决于机动车保有人和机动车驾驶人之间的关系，由各个共同加害人的实际情况决定。这并不是十分复杂的问题，只要明确具体的原理和规则即可。各个共同加害人确定了应当承担连带责任之后，对各个共同加害人分别按照替代责任和自己责任的承担规则，承担损害赔偿责任。

(三) 机动车交通事故连带责任的概念和特征

侵权连带责任，是指受害人有权向共同侵权人或共同危险行为人中的任何一个人或数个人请求赔偿全部损失，而任何一个或数个连带责任人都有义务向受害人承担全部赔偿责任；连带责任人中的一人或数人已全部赔偿了受害人的损失，则免除其他共同加害人向受害人应负的赔偿责任。① 机动车交通事故损害赔偿的连带责任，是指两个以上的机动车保有人的机动车或者共有的机动车造成机动车交通事故致人损害的，每一个机动车保有人都应当对全部损害赔偿承担责任，但在内部又分为不同份额，对受害人承担的损害赔偿责任形态。

在侵权法中，确定共同侵权行为连带责任的意义，是加重行为人的责任，使受害人处于优越的地位，保障其赔偿权利的实现。其根据，一是共同侵权是一种较严重的违法行为，因为数人共同致人损害较之于单独致人损害对受害人的危害

① 杨立新：《侵权法论》，人民法院出版社2006年版，第615页。

更重，因而应使行为人负连带责任；二是在共同侵权中，因损害本身具有不可分割性，故应使行为人负连带责任；三是在多数共同侵权行为中，数人均具有共同过错，共同过错使数人的行为形成为一个统一、不可分割的整体，各个行为人的行为都构成损害发生的原因，因而各行为人均应对损害结果负连带责任。侵权法确认这种连带责任，使受害人的损害赔偿请求权简便易行，举证负担较轻，请求权的实现有充分保障，受害人不必因为共同侵权行为人中的一人或数人难以确定，或由于共同侵权行为人中的一人或数人没有足够的财产赔偿，而妨碍其应获得的全部赔偿数额。

在机动车交通事故责任中，构成共同侵权责任，共同加害人应当承担连带责任，同样是为了制裁严重的交通违法行为，同样是为了使受害人的赔偿权利得到更好的保障，这样，在机动车交通事故连带责任中，受害人就不会因为一个或者数个机动车保有人的赔偿无资力而使受害人的赔偿权利部分落空，权利得不到充分保障。

机动车交通事故连带责任的特征是：

第一，机动车交通事故连带责任是对受害人的整体责任。构成共同侵权行为的机动车交通事故责任，各个机动车保有人都对受害人负连带责任，意味着他们都有义务向受害人负全部赔偿责任。无论各机动车保有人在实施共同侵权行为中所起的作用和过错程度如何不同，都不影响连带责任的整体性，对外，每个机动车保有人都对受害人的赔偿请求承担全部责任。

第二，受害人有权请求作为共同加害人的机动车保有人中的任何一人承担连带责任。正因为共同侵权连带责任是对受害人的整体责任，所以，受害人有权在共同加害人中选择任何一个机动车保有人作为承担风险责任的主体，既可以请求其中的一人或数人赔偿其损失，也可以请求全体共同加害人赔偿其损失。任何应当承担连带责任的机动车保有人都不得拒绝受害人的赔偿请求。

第三，共同侵权连带责任的各机动车保有人内部分有责任份额。作为共同加害人的机动车保有人对外承担整体责任，不分份额；但对内，应依其过失程度和行为的原因力的不同，对自己的责任份额负责。这种责任份额是最终责任。各机

动车保有人各自承担自己的责任份额，是连带责任的最终归属，一方面，在确定全体共同加害人的连带责任时，须确定各自的责任份额；另一方面，当部分共同加害人承担了超出自己责任份额以外的责任后，有权向没有承担应承担的责任份额的其他共同加害人求偿。

第四，作为共同加害人的机动车保有人承担的连带责任是法定责任不得改变。共同侵权连带责任是法定责任，同样，机动车交通事故连带责任也是一样，不因作为共同加害人的机动车保有人内部责任份额或内部约定而改变其连带责任的性质。在共同加害人的连带责任中，作为共同加害人的机动车保有人在内部基于共同协议免除或减轻某个或某些机动车保有人的责任，对受害人不产生效力，不影响连带责任的适用，只在其内部对最终责任发生约束力。

（四）机动车交通事故连带责任的实行

1.机动车交通事故损害赔偿的整体责任确定

机动车交通事故共同侵权行为发生以后，首先必须确定整体责任。无论受害人请求一个、数个或全体机动车保有人承担侵权责任，都必须确定整体责任。

确定机动车交通事故连带责任的整体责任，应当依据机动车交通事故共同侵权的不同形式，依照不同的归责原则进行。对于机动车一方造成非机动车驾驶人人身损害的，适用过错推定原则确定整体责任；对于其他机动车交通事故责任，适用过错责任原则确定整体责任。确定以上整体责任，应当按照所适用的归责原则的不同要求，确定责任的有无乃至应承担的侵权责任的范围。

2.作为共同加害人的机动车保有人的责任份额确定

机动车交通事故共同侵权责任确定之后，应当在共同加害人的机动车保有人内部确定各自的责任份额。这种做法并不是否认连带责任的整体性，而在于公平地确定各共同加害人自己应承担的责任份额，确定每个机动车保有人的最终责任范围。

确定共同加害人责任份额的基本要求，是各机动车保有人的主观过错程度和行为的原因力，将这两个因素综合判断，确定各共同加害人各自的份额。具体方法是：第一，确定整体责任是100%；第二，确定各机动车保有人的过错在整体过错中的百分比，按照重大过失重于一般过失、一般过失重于轻微过失的标准，

分别确定各机动车保有人各自所占过错比例的百分比；第三，确定各机动车保有人的行为对损害发生的原因力，亦用百分比计算；第四，对过错比较和原因力比较的结果，综合判断，确定每一个机动车保有人的责任份额。

3.对外连带负责

确定各机动车保有人的责任份额的基础，是连带责任。因而，各机动车保有人各自的责任份额是连带责任的份额，而不是孤立的、单独的责任份额。在机动车保有人的整体责任确定和各自份额确定之后，各机动车保有人应连带承担风险责任。无论赔偿权利人向机动车保有人中的一人、数人或全体提出赔偿请求，作为连带责任人，每一个机动车保有人均须向赔偿权利人承担总的责任。各个机动车保有人均能承担自己的份额者，各自承担自己的份额以满足权利人的赔偿请求；其中一人或数人无力赔偿或不能赔偿，则由其他机动车保有人承担这些责任，以满足权利人的赔偿请求。

4.作为共同加害人的机动车保有人之间的追偿

《民法通则》第87条规定："负有连带义务的每个债务人，都负有清偿全部债务的义务，履行了义务的人，有权要求其他负有连带义务的人偿付他应当承担的份额。"共同侵权连带责任的追偿关系，适用这一规定。

追偿之诉也称为责任分担之诉，它发生在共同加害人之间。在机动车交通事故连带责任中，当共同加害人中的一人或数人承担了全部赔偿责任、或者一人或者数人承担了超出自己最终责任份额的责任之后，已经承担了风险责任的机动车保有人有权向其他应负责任而未负责任的机动车保有人要求追偿。应承担责任而未承担赔偿责任的机动车保有人，应当按照自己的责任份额承担最终责任，补偿已承担赔偿责任的机动车保有人因赔偿自己的责任份额而造成的损失。

机动车保有人之间追偿关系发生的原因是：第一，一个或数个机动车保有人因缺乏履行能力而未被受害人要求赔偿，或者要求赔偿而无力赔偿，从而没有完全承担赔偿责任。第二，一个或数个机动车保有人在诉讼时因外逃、下落不明等原因而未被起诉，因而没有完全承担赔偿责任。第三，一个或数个机动车保有人没有全部承担自己应承担的最终责任份额。

在机动车交通事故连带责任中，作为共同加害人的机动车保有人之间的追偿关系，是在原共同侵权行为产生的赔偿关系消灭之后，又产生的新的债权债务关系，其权利、义务主体，是已经承担赔偿责任的机动车保有人和未承担或未全部承担赔偿责任份额的机动车保有人。已承担赔偿责任的机动车保有人有权向未承担或未全部承担赔偿责任份额的机动车保有人要求承担赔偿责任，如发生争议，可以向人民法院起诉，人民法院应依法判决。

5.连带责任与替代责任的关系

在机动车交通事故连带责任中，当一个或者数个机动车保有人无力赔偿或者不能赔偿，只有其中的一个或者数个机动车保有人承担全部赔偿责任的时候，这种责任承担形式是否与替代责任相同或者相似呢？这种认识是不对的。共同侵权行为的责任承担，不是替代责任，而是连带责任。它与替代责任之间的最显著区别在于，替代责任是责任人为行为人的侵权行为后果承担责任，并不是为自己的行为承担责任。共同侵权行为的连带责任，如果是一般侵权责任，无论是共同加害人的全部还是部分，在承担责任的时候，都是为自己的行为承担责任，而不是为他人的行为承担责任，更不是为物件负责。① 而在替代责任的连带责任中，连带责任人自己是替代责任的责任主体，是责任主体对行为主体承担责任，而不是连带责任人之间的责任承担是替代责任。因此，在机动车交通事故连带责任中，有的是替代责任，有的是自己责任，作为连带责任的机动车保有人为其他机动车保有人承担的责任份额，是风险责任，而不是替代责任。

第五节　机动车交通事故多重碾压的性质与责任分担

在我国的机动车交通事故中，多重碾压行为较为多见，但是在立法和司法

① 在这里，如果是特殊侵权行为的连带责任，则具备了替代责任和连带责任的双重属性，责任人为他人或者自己管领的对象所造成的损害承担责任，同时，在共同责任人的内部实行连带责任。

解释中都没有涉及，因而导致在司法实践中，对此类案件的法律适用并不统一。我们对能够搜集到的 40 起典型案件进行分析，结合我国立法和司法经验，借鉴日本司法经验，提出对多重碾压行为的统一司法裁量的见解，就教于方家。

一、我国司法实践对多重碾压案件的裁判情况

通过整理中国裁判文书网上公布的 40 起典型的多重碾压案件的审理结果可知，目前在司法实践中，此类案件究竟构成共同侵权还是分别侵权，适用按份责任还是连带责任，依据何种法律法规进行裁判，存在明显分歧，同案不同判现象比较突出。

40 起多重碾压案件的判决结果分析①

多重碾压案件性质认定	适用法律	案件数	比例	责任形态
共同侵权行为	《侵权责任法》第 8 条	2	10%	连带责任（32.5%）
	《民法通则》第 130 条及人身损害赔偿司法解释第 3 条第 1 款	1		
	《侵权责任法》第 10 条	1		
全叠加的分别侵权行为	《侵权责任法》第 11 条	8	22.5%	
	其他	1		
典型的分别侵权行为	《侵权责任法》第 12 条前半段	3	47.5%	按份责任（47.5%）
	《侵权责任法》第 12 条后半段	3		
	其他	13		
仅前车承担责任	其他	8	20%	单独责任（20%）

① 通过在中国裁判文书网上进行关键词搜索，共收集整理了 40 起典型的多重碾压案件，网址 http：//wenshu. court. gov. cn/，各判决书名称详见后文。

（一）各加害人承担连带责任

1.构成共同侵权行为适用《侵权责任法》第8条等

在40起案例中，有3起认定多重碾压成立狭义的共同侵权行为，其中两个案例适用《侵权责任法》第8条[①]，一个案例适用最高人民法院《关于审理人身损害赔偿案件适用法律若干问题的解释》（以下简称《人身损害赔偿司法解释》）第3条第1款和《民法通则》第130条。[②]此外，有两个案例虽然适用《侵权责任法》第11条进行裁判，但法院认为数个行为人构成了共同侵权。[③]

典型案例见广东省博罗县人民法院（2014）惠博法杨民初字第405号民事判决书。在该案中，受害人驾驶无号牌摩托车与对向被告一驾驶的无号牌摩托车发生碰撞，受害人倒在路中，遇被告三驾驶拖拉机经过时，碾压受害人后，受害人当场死亡。交通事故责任认定书认为死者负事故主要责任，被告一、被告三负次要责任。法院据此作出裁判，认为原告方损失系由被告一、被告三共同侵权所致，依据《侵权责任法》第8条，判决被告一、被告三对原告30%的损失承担连带责任。

2.构成共同危险行为适用《侵权责任法》第10条

在对多重碾压案件适用连带责任的判决中，仅有个别法院是依据《侵权责任法》第10条规定的共同危险行为规则进行裁判的。典型案例见吉林省四平市中级人民法院（2015）四民一终字第357号民事判决书。2014年12月22日夜，王某某因交通事故遭多辆车碾压致死。交警部门查明，朱某某驾驶的货车经过现场对王某某碾压，其他肇事车辆均逃逸。法院依照《侵权责任法》第10条进行裁判，认为朱某某的行为足以导致损害后果的发生，但由于有多台车辆对受害人进行碾压，不能确认具体的侵权人，所以被告应对受害人的死亡承担连带责任。

---

① 广东省博罗县人民法院（2014）惠博法杨民初字第405号民事判决书、湖北省南漳县人民法院（2015）鄂南漳民一初字第297号民事判决书。

② 河南省新乡市中级人民法院（2014）新中民金终字第369号民事判决书。

③ 四川省成都市中级人民法院（2015）成民终字第1446号民事判决书、山西省大同市中级人民法院（2014）同民终字第600号民事判决书。

3. 构成全叠加的分别侵权行为[①]适用《侵权责任法》第 11 条

对于多重碾压案件适用《侵权责任法》第 11 条进行裁判的典型案例，可见四川省成都市龙泉驿区人民法院（2012）龙泉民初字第 1857 号民事判决书。2011 年 10 月 10 日晚，被告彭某某驾车对已倒在靠近道路中心双实线车道内的曾某某造成碾压后，停车报警，受害人经抢救无效死亡，而在彭某某之前碾压曾某某的其余车辆均已逃逸。法院根据《侵权责任法》第 11 条的规定，认定本案肇事逃逸车辆的侵权人，与被告彭某某分别对曾某某实施侵权行为，每个人的侵权行为都足以造成曾某死亡，故应承担连带赔偿责任。该案一经公布受到舆论广泛关注，公众表达了对于裁判可能引发道德风险的担忧。[②]

在上述 40 例多重碾压案件中，依照《侵权责任法》第 11 条对多重碾压案件中的数个加害人适用连带责任的判决共 8 例，占 20%。[③]其中，四川省成都市中级人民法院（2015）成民终字第 1446 号、山西省大同市中级人民法院（2014）同民终字第 600 号民事判决书虽然引用《侵权责任法》第 11 条作出裁判，但法官认为数个加害人之间成立共同侵权行为，反映出不同的多数人侵权行为界限的理论认识对司法实践造成的影响。还有一例案件，虽然确认了各侵权行为人之间的连带责任，但是依据《道路交通安全法》第 76 条进行裁判[④]，而在该条文中并没有连带责任的规定。

---

① 关于全叠加的分别侵权行为的定义和分别侵权行为的分类，参见杨立新、陶盈：《论分别侵权行为》，《晋阳学刊》2014 年第 1 期。

② 《多车碾压老人后逃逸　最后一辆车停车报警被判赔 40 万》，《四川新闻——华西都市报》，2013 年 7 月 16 日，引自 http://sichuan.scol.com.cn/ttxw/content/2013-07/16/content_5642869.htm?node=888，2016 年 7 月 11 日访问，该报道被各大媒体转载。

③ 浙江省金华市中级人民法院（2015）浙金民终字第 1447 号民事判决书、辽宁省大连市中级人民法院（2014）大民一终字第 1362 号民事判决书、江苏省扬州市中级人民法院（2015）扬民终字第 1651 号民事判决书（该案判决书中根据《侵权责任法》第 12 条规定作出了连带责任的判决应属笔误，实际应当是依照第 11 条作出的判决）、山东省烟台市中级人民法院（2014）烟民四终字第 1088 号民事判决书、福建省高级人民法院（2015）闽民申字第 580 号民事裁定书、四川省成都市中级人民法院（2015）成民终字第 1446 号民事判决书，以及山西省大同市中级人民法院（2014）同民终字第 600 号民事判决书。

④ 河北省新乐市人民法院（2015）新民一初字第 75 号民事判决书。

（二）各加害人承担按份责任

1.构成分别侵权行为适用《侵权责任法》第 12 条前段

在 40 起案件中，适用《侵权责任法》第 12 条前半段进行裁判的有 3 例[①]，典型案例见湖南省新晃侗族自治县人民法院（2014）晃民一初字第 342 号民事判决书。2014 年 2 月 17 日 23 时 10 分许，杨某某未取得机动车驾驶证、饮酒后驾驶摩托车与受害人相剐撞，造成受害人受伤；后李某某未取得机动车驾驶证驾驶轿车与摩托车相剐撞，并碾压受伤倒在地上的受害人，造成受害人经抢救无效死亡的机动车交通事故。事故发生后，杨某某、李某某均逃离了现场。法院根据交警作出的责任认定和双方各自的过错，依照《侵权责任法》第 12 条，判决被告杨某某对受害人的损害承担 30％的赔偿责任，被告李某某对受害人的损害承担 70％的赔偿责任。

2.构成分别侵权行为适用《侵权责任法》第 12 条后段

在 40 起案件中，适用《侵权责任法》第 12 条前段进行裁判的有 3 例。[②]典型案例见山东省泰安市中级人民法院（2014）泰民三终字第 130 号民事判决书。2013 年 11 月 5 日 18 时许，被告周某某驾车与高某及其燃油助力摩托车相撞，被告李某某驾车至事发地点时，碾压躺在地上的高某，现场另有其他车辆对高某碾压后逃逸，无法确定高某及其摩托车倒地原因，无法确认高某是由哪辆车撞击碾压致死。法院依据《侵权责任法》第 12 条的规定，判令两被告周某某、李某某各承担 50％的责任。

3.其他适用按份责任的情形

在 40 起多重碾压案件中，有 13 起案件虽然没有适用《侵权责任法》第 12

---

① 湖南省新晃侗族自治县人民法院（2014）晃民一初字第 342 号民事判决书、广西壮族自治区河池市金城江区人民法院（2013）金民初字第 220 号民事判决书、广西壮族自治区浦北县人民法院（2015）浦民初字第 1647 号民事判决书。

② 山东省泰安市中级人民法院（2014）泰民三终字第 130 号民事判决书、广西壮族自治区河池市中级人民法院（2013）河市民一终字第 144 号民事判决书、江苏省扬州市中级人民法院（2015）扬民终字第 1073 号民事判决书。

条进行裁判，但依据其他法律法规[①]判决当事人承担按份责任。其中有10起是判决各侵权行为人根据责任程度大小承担相应比例的责任[②]，有3起因无法区分各侵权行为人责任大小，判决其平均承担责任。[③] 虽然这13起案件并没有明确适用《侵权责任法》第12条进行裁判，但从判决内容来看，确认了此类行为属于典型的分别侵权行为，适用按份责任。从现有案例来看，各地法院对多重碾压案件适用按份责任的判决较为普遍，对于责任比例的划分主要是依据相关证据、鉴定结论和交警部门的事故责任认定书等综合判定。

（三）不构成多数人侵权行为仅前车承担全部责任

在40起多重碾压案件中，有8起案件认定不成立多数人侵权行为，仅由前车承担责任，占案件总数的20%。[④]在此类案件中，能够证明前车的碰撞碾压行为，已经导致或者必然导致受害人死亡后果的发生，后车仅仅碾压了受害人尸体，或者加剧了损害后果的发生。典型案例见山西省泽州县人民法院（2014）泽民初字第930号民事判决书。2014年1月24日凌晨，宋某驾车与行人焦某某相

---

① 其他法律法规主要是指《中华人民共和国道路交通安全法》、最高人民法院《关于审理机动车交通事故损害赔偿案件适用法律若干问题的解释》《关于确定民事侵权人身损害赔偿责任若干问题的解释》《关于确定民事侵权精神损害赔偿责任若干问题的解释》《机动车交通事故处理程序规定》等。

② 河北省卢龙县人民法院（2016）冀0324民初288号民事判决书、广西壮族自治区横县人民法院（2013）横民一初字第354号民事判决书、河南省许昌县人民法院（2014）许县五民初字第158号民事判决书、江苏省射阳县人民法院（2013）射兴民初字第673号民事判决书、江苏省宿迁市中级人民法院（2015）宿中民再终字第22号民事判决书、昭平县人民法院（2015）昭民一初字第205号民事判决书、广西壮族自治区巴马瑶族自治县人民法院（2015）巴民初字第523号民事判决书、山东省利津县人民法院（2012）利民初字第402号民事判决书、铁岭市银州区人民法院（2013）铁银民一初字第548号民事判决书、海南省第二中级人民法院（2014）海南二中民一终字第324号民事判决书。

③ 江苏省苏州市中级人民法院（2016）苏05民终2096号民事判决书、广东省深圳市中级人民法院（2013）深中法民终字第2560号民事判决书、广西壮族自治区田林县人民法院（2015）田民一初字第805号民事判决书。

④ 山西省泽州县人民法院（2014）泽民初字第930号民事判决书、山东省汶上县人民法院（2015）汶民一初字第671号民事判决书（此案中前车赔偿责任扣除了另一事故车辆在无责限额内应承担的责任11 100元）、广西壮族自治区河池市金城江区人民法院（2014）金民初字第823号民事判决书、河南省内黄县人民法院（2015）内民一初字第235号民事判决书、山东省青岛市黄岛区人民法院（2014）黄民初字第3105号民事判决书、山西省朔州市中级人民法院（2016）晋06民终22号民事判决书、浙江省绍兴市越城区人民法院（2010）绍越民初字第1093号民事判决书、广西壮族自治区贺州市中级人民法院（2013）贺民一终字第225号民事判决书。

撞，造成焦某某死亡，之后宋某驾车逃离现场，后甲、乙、丙、丁、戊、己六名被告依次驾驶车辆驶过，碾压了焦某某。交警作出的事故责任书认定，受害人被宋某驾驶的货车第一次撞击后便已死亡。宋某对受害人的死亡承担民事和刑事责任，其余六车司机只是碾压了受害人的尸体组织。法院酌情确认其余六车司机各自承担精神抚慰金2万元。

二、我国对多重碾压裁判的法律适用与日本的司法实践经验

（一）我国对多重碾压裁判的法律适用总结

结合对中国裁判文书网上公布的40起多重碾压案件裁判结果的分析统计可知，目前在我国司法实践中，对于多重碾压案件在法律法规适用、法律性质认定、赔偿责任划分等问题上，都存在较大差别，同案不同判现象比较突出。

各级人民法院在审理相似案件时，依据《道路交通安全法》《侵权责任法》最高人民法院《关于审理机动车交通事故损害赔偿案件适用法律若干问题的解释》《关于审理人身损害赔偿案件适用法律若干问题的解释》《关于确定民事侵权精神损害赔偿责任若干问题的解释》《机动车交通事故处理程序规定》以及地方性法规进行裁判的，都有适例。而适用法律频率最高的法条，包括《侵权责任法》第6、8、10、11、12条，《道路交通安全法》第76条，最高人民法院《关于审理机动车交通事故损害赔偿案件适用法律若干问题的解释》第16、21条。其中，《侵权责任法》诸条文是解决案件性质和过错责任认定的，《道路交通安全法》第76条和最高人民法院《关于审理机动车交通事故损害赔偿案件适用法律若干问题的解释》第16、21条则是解决机动车和保险公司责任承担的问题。也有部分判决在案件性质和过错责任认定不清晰的基础上，直接依据交警的机动车交通事故责任认定书划分责任比例，表现出法官对于此类案件性质认知的现状。

总结当下的判决结果，关于多重碾压行为的法律性质认定，主要存在以下三种意见。

第一，前车后车的碾压行为成立共同侵权行为或者共同危险行为，依据《侵权责任法》第8条（也有适用《人身损害赔偿司法解释》第3条第1款以及《民法通则》第130条的情形）或者第10条适用连带责任。但从目前的裁判情况来看，认为多重碾压行为构成客观关联共同的共同侵权行为，判决前车和后车承担连带责任的案例并不多见。

第二，多数案件认定前车和后车的碾压行为成立分别侵权①，其中约三分之一依据《侵权责任法》第11条适用连带责任或者依据《侵权责任法》第12条适用按份责任②，约三分之二适用其他法律进行裁判，而判决各行为人承担按份责任的比例远远大于适用连带责任的比例。③具体认定标准是，当能够确定前车和后车的碾压行为都足以导致全部损害后果时，才适用连带责任，否则，能够区分各自原因力大小的，各自承担相应比例的责任，不能区分各自原因力大小的，平均承担责任，此时对于前车和后车责任大小的判断，多依据交警作出的交通事故责任认定书确定的原因力认定。

第三，前车和后车的碾压行为不构成多数人侵权行为，前车的行为阻断后车与损害之间的因果关系，仅由前车单独承担责任。④ 此种法律适用是考虑到后车卷入事件当中是因为前车的原因，如果能够证明前车碾压之后受害人已经死亡或者必然会死亡，后车仅碾压尸体或者加剧死亡后果的发生，则后车与损害结果之间因前车行为的介入造成因果关系中断，不应当承担侵权责任，但这种结论的作出需要依据充足的证据，并能使法官形成相当程度的内心确信。

从现有判决结果来看，第二种观点反映了目前我国司法审判实践中的主流意见，在多数案件中，法官认定多重碾压属于多数人侵权，前车和后车的碾压行为是分别实施的，不存在共同故意或者过失，成立分别侵权行为，应当结合行为与损害后果之间的关系、行为人的过错程度，以及对于损害后果的原因力大小，适用连带责任或者按份责任。

---

① 40起案件中有28起认定成立分别侵权行为，占全体的70%。

② 40起案件中有14起适用《侵权责任法》第11条或者第12条进行裁判，占全体的35%。

③ 40起案件中有19起案件适用按份责任，占47.5%，有9起案件适用连带责任，占22.5%。

④ 40起案件中有8起认定仅由前车承担责任，占全体的20%。

（二）日本司法对多重碾压的法律适用经验

日本在司法实践中，对于多重碾压案件的传统做法，是认定成立共同侵权行为，只是在适用《民法》第719条第1项[①]前段（狭义的共同侵权行为）还是该项后段（共同危险行为）的问题上存在分歧。[②]

1.成立狭义的共同侵权行为承担连带责任

认定多重碾压行为的性质为共同侵权行为的依据，在于学理上存在客观关联共同的共同侵权行为学说。这种观点在日本司法实践中较为普遍，日本法院对多重碾压案件认定构成客观关联共同的依据，是两个行为人的加害行为在时间、地点上都非常接近，因而成立客观关联共同性，构成共同侵权行为。[③] 例如，大阪地方法院审理的一起案例，搭乘轻型二轮摩托车的A在路口被甲车撞击头部后，身体飞向道路左前方，受到乙车的冲撞再次受伤。法院认定，在事故中，甲车、乙车的驾驶人“过失结合导致A受伤”，判定成立共同侵权行为。[④] 再如，新泻地方法院审理的一起案件中，正在通过人行横道的A被甲车碰撞摔倒后，被随后驶来的乙车拖行了约50米，法院认定甲乙两车的加害人都对事故有过失，对受害人的损失成立客观的关联共同。[⑤]

2.成立共同危险行为承担连带责任[⑥]

在前车和后车的重复碾压中，如果由于两次事故发生的时间空间极为接近，

---

① 《日本民法典》第719条规定：（一）因数人共同实施侵权行为加害于他人时，各加害人负连带赔偿责任。不知共同行为人中何人为加害人时，亦同。（二）教唆人及帮助人，视为共同行为人。

② 松原哲「二重轢過と共同不法行為責任（民法研究会—97—）」（『ジュリスト』有斐閣962号、1990年），pp.146-149。

③ 这种学说类似于人身损害赔偿司法解释第3条规定的，二人以上既没有共同故意也没有共同过失，行为直接结合造成同一个损害结果的，也认定为共同侵权行为的做法。

④ 大阪地判昭和40・12・10判時431号3頁。

⑤ 新潟地長岡支判昭和46・1・29交民集4巻1号149頁。

⑥ 类似判决参见大阪地判平成10・6・18（交民31卷3号877頁）、千葉地判平成17・6・23平成11年（ワ）第2860号、札幌地判昭和58・2・8交民集16卷1号136頁、東京地判昭和41・2・15判タ189号184頁、名古屋地判昭和47・12・6交民集5巻6号1683頁、東京地判昭和41・5・17判タ193号170頁、東京地判昭和42・11・20判時499号28頁、福岡地小倉支判昭和43・12・26判時551号77頁、鳥取地米子支判昭和50・10・3交民集8巻5号1424頁、京都地判昭和51・9・16判タ351号318頁、広島地判昭和58・9・29交民集16巻5号1295頁、名古屋地判昭和62・2・27交民集20巻1号301頁。

不能证明损害是由前车还是后车造成的，被认为是加害人不明，成立共同危险行为，承担连带责任。典型案例见日本大阪地方法院审理的一起多重碾压案件。正在过马路的A被超速行驶的甲驾驶的摩托车撞倒，又被超速行驶的乙驾驶的两轮机动车碾压后死亡。法院认为：甲、乙的加害行为在时间、地点上都非常接近，不能区分损害的真正加害人，构成共同危险行为，甲、乙对本案中A产生的损害承担连带赔偿责任。① 2005年日本千叶地方法院也作出类似判决，认定根据现有证据不能证明损害究竟是前车还是后车造成的，属于加害人不明，并且先后两次事故几乎发生在同一地点和极短的时间内，造成受害人死亡这一不可分的损害，符合《民法》第719条第1项后段的规定，成立共同危险行为。②

3. 成立共同侵权行为适用部分连带责任

日本东京地方裁判所1989年裁判的一起多重碾压案件中，尝试了对各侵权行为人适用部分连带责任的做法。该案中A酩酊大醉坐在路上，被甲车碰撞造成致命伤。约四秒钟后，紧随其后的乙车又碾压了A，造成A当场死亡。法官认为，"共同侵权行为人之间在没有共谋等主观的关联共同性，只有客观的关联共同性时，在能够区分出该共同侵权行为产生的损害是由一部分共同侵权行为人的侵权行为产生的情况下，应当只对前者的损害适用民法第719条第一项前段，对于后者的损害应当由该侵权行为人自己承担赔偿责任。"该案中，"甲车驾驶人应当对A死亡造成的全部损害承担赔偿责任，自不待言，但乙车和碾压A之间存在因果关系，只是将受甲车冲撞濒死重伤的A的状态进一步恶化，造成死亡，故其只限于承担加重的损害后果，区别于该损害产生之前的损害"③。这一判决在日本引发争议，也引发了关于对共同侵权行为适用部分连带责任的讨论，但由于对损害的认定带来了混乱，这种尝试更多地局限于理论探讨当中。

---

① 日本大阪地方裁判所判决：大阪地判平成10・6・18（交民31卷3号877頁）。

② 案件来源：千葉地方裁判所平成17年6月23日判决言渡平成11年（ワ）第2860号，引自http://www.courts.go.jp/app/files/hanrei_jp/155/006155_hanrei.pdf#search=%27%E5%B9%B3%E6%88%9011%E5%B9%B4+%28%E3%83%AF%29%E7%AC%AC2860%E5%8F%B7%27，2016年6月29日访问。

③ 東京地裁平成元年11月21日判決、昭和63年（ワ）第560号、判例時報1332号96頁、判例タイムズ717号180頁。

4. 不成立共同侵权行为

认定实施多重碾压的行为应当承担连带责任，是由于在第二次事故发生时，受害人是否已经死亡在本案中缺乏明显证据，也不能否定第二次事故造成致命伤害的可能性，故不能否定后车对结果的赔偿义务。但也有学者认为此时并不能成立共同侵权行为，因为依据以下内容难以认定其成立关联共同性：（1）并不能只认为前车驾驶人是全体损害发生的条件；（2）后车驾驶人的行为与全体损害之间难以成立因果关系；（3）部分判例中的损害是可以区分的；（4）后车驾驶人没有抑制前车驾驶人行为的注意义务。①

（三）比较小结

比较汇总中日两国在司法实践中对多重碾压案件的裁判经验，可以发现以下特点。（1）我国司法实践中倾向于将多重碾压案件认定为分别侵权行为，而日本司法实践中多认定为存在客观关联共同的共同侵权行为。（2）我国法院多根据数个侵权行为对损害后果的原因力大小，适用连带责任或者按份责任，而日本法院多数适用连带责任，也有个别案例尝试适用部分连带责任。（3）现实中我国有大量案件是依据交警部门的事故责任认定书及其他相关证据划分责任比例，对数个侵权行为人适用按份责任的，这种裁判方式一方面会扩大法官的自由裁量权，增加同案不同判的风险，另一方面具有一定的灵活性，不局限于日本法上对此类案件适用连带责任的做法，而是具体案件具体分析。这些都值得在理论上进一步研究，提出更为准确的理论分析和方法，统一我国对多重碾压案件的法律适用。

三、多重碾压行为的概念及侵权法上的基本属性

（一）多重碾压行为的概念界定

机动车交通事故中的多重碾压事故，是指前方车辆（前车）碰撞碾压行人造成伤害驶离后，后方车辆（后车）未发现压伤倒地的行人，或者虽然发现却来不

① 松原哲「二重轢過と共同不法行為責任（民法研究会—97—）」（『ジュリスト』有斐閣962号、1990年），p.149。

及采取措施，再次碰撞碾压该行人，造成受害人伤亡的机动车交通事故。此类案件的特点是：第一，前车和后车的驾驶人之间并无意思联络；第二，后车多是被牵连到由前车引起的交通事故之中；第三，两次交通事故发生的时间、空间十分接近；第四，前后车辆造成的损害后果集中在一个受害人身上，往往难以区分各自的损害后果。在侵权责任法多数人侵权行为及责任的理论和实务中，围绕多重碾压案件的因果关系认定和损害责任分担等问题，存在较大争议，亟待分类梳理研究，统一裁判标准。

在机动车交通事故责任中还存在与此较为相似的反复碾压案件，这类案件中的加害人，多构成交通肇事罪或者故意杀人罪，典型案例见河南省高级人民法院（2015）豫法刑三终字第116号刑事裁定书。[①] 2014年12月8日晚，被告人胡某驾车被害人李某同行，在行驶过程中因夫妻感情矛盾一直争吵。后发生交通事故，但二人仍在争吵，胡某遂产生撞死李某的念头。其驾车将李某撞倒在地，后又驾车在李某身上反复碾压，致李某当场死亡。

多重碾压与反复碾压存在以下原则性的区别。第一，多重碾压是多个人的多个行为，反复碾压是一个人的前后几个行为；第二，多重碾压的行为人在主观上是过失行为，反复碾压的行为人在主观上是故意行为，最起码是放任损害后果发生的间接故意；第三，多重碾压是民法上的违法行为，而反复碾压是触犯刑法的危害社会的犯罪行为。因此，在多重碾压和反复碾压的概念界定和性质划分上，必须严加区别。

（二）多重碾压行为的法律性质为分别侵权行为

首先，多重碾压行为构成多数人侵权行为。前车和后车先后发生的交通事故在时间、空间上紧密相连，造成受害人最终损害后果的，不是单个行为，而是两个以上的复数行为结合所致，前车造成损害，后车引起损害后果在质或者量上的变化，并非一人所致，因而应当认定多重碾压事故属于多数人侵权行为。即便前车行为足以造成甚至已经造成受害人死亡的后果，后车的碾压行为只是加速了这种后果的发生或者加剧了事故损害的严重程度，后车也应当对自己未能预见和避

① 案件来源：河南省高级人民法院（2015）豫法刑三终字第116号刑事裁定书。

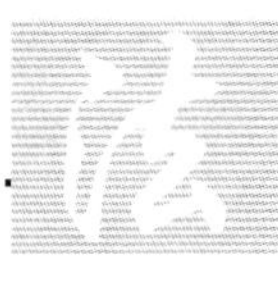

免第二次交通事故的过错承担一定责任。

其次，将多重碾压行为认定为共同侵权行为的依据并不充分。尽管我国侵权责任法理论也认可客观关联共同的立场，认可构成客观关联共同即构成共同侵权行为，概括在《侵权责任法》第 8 条规定的共同侵权行为条款之中[①]，但如果前后两个或者三个行为之间，每一个行为人的行为都是独立的侵权行为，他们的行为除了在造成同一个损害后果的要件上符合共同侵权行为的要求之外，其他的行为要件都不符合共同侵权行为的特征，最主要的是不符合《侵权责任法》第 8 条规定的“共同实施”要件的要求，而是“分别实施”，故不能成立共同侵权行为。

再次，多重碾压行为也不构成共同危险行为。前述吉林省四平市中级人民法院（2015）四民一终字第 357 号民事判决书认定，王某某因交通事故遭多辆车碾压致死，朱某某驾驶的货车经过现场对王某某碾压，其他肇事车辆均逃逸，故朱某某的行为足以导致损害后果的发生，但由于有多台车辆对受害人进行碾压，不能确认具体的侵权人，所以认定为共同危险行为，被告应对受害人的死亡承担连带责任。共同危险行为的基本特征，是二人以上中的一人或者数人的行为造成损害，不能确定具体侵权人。质言之，数个行为人中，必定有人没有加害受害人。在有多台车辆对受害人进行碾压的案件中，每一个人都对损害发生具有原因力，不符合数个行为人中只有一人造成损害，不知谁为具体侵权人的特征，也不存在必定有人没有造成该损害的事实，对此认定为共同危险行为，适用《侵权责任法》第 10 条规定，构成适用法律错误。

最后，多重碾压行为的基本特征，符合我国《侵权责任法》第 11 条和第 12 条规定的“分别实施”侵权行为的要求。上述两个条文规定的要件，都明确表述为“二人以上分别实施侵权行为，造成同一损害结果的”行为。因此，分别侵权行为与共同侵权行为之间的根本区别表现在，共同侵权行为是数人实施的一个侵权行为，分别侵权行为是数人分别实施的数个行为，在行为的数量上，二者是完全不同的。各个独立的侵权行为既没有共同故意，也没有共同过失，还没有构成客观关联共同，因而属于分别侵权行为，而不是共同侵权行为。这也符合我国司

---

① 杨立新：《侵权责任法》，法律出版社 2015 年修订版，第 139 页。

法实践中的惯常做法，例如，最高人民法院《关于审理人身损害赔偿案件适用法律若干问题的解释》第3条规定，二人以上共同故意或者共同过失致人损害，或者虽无共同故意、共同过失，但其侵害行为直接结合发生同一损害后果的，构成共同侵权；二人以上没有共同故意或者共同过失，但其分别实施的数个行为间接结合发生同一损害后果的，是分别侵权行为，应当根据过失大小或者原因力比例各自承担相应的赔偿责任。

不过，仅仅将多重碾压行为的法律性质界定为分别侵权行为，还不能确定对多重碾压行为究竟应当适用何种侵权责任形态，因为分别侵权行为存在多种类型，多重碾压究竟属于何种分别侵权行为形态，还需要进一步深入研究。

（三）分别侵权行为的类型及其不同的责任承担规则

分别侵权行为是指数个行为人分别实施侵权行为，既没有共同故意，也没有共同过失，只是由于各自行为在客观上的联系，造成同一个损害结果的多数人侵权行为。分别侵权行为与共同侵权行为的本质区别在于，行为人实施侵权行为的性质不同，一为分别实施，二为共同实施。分别者，为各自实施，行为人之间在主观上没有相互联系。共同者，为一起实施，数个行为人或者在主观上相联系，具有主观的意思联络，或者在客观上有联系，数个行为结合在一起，造成同一个损害结果。①

关于分别侵权行为的类型，依照《侵权责任法》第11条和第12条的规定，可以分为典型的分别侵权行为（第12条）和全叠加的分别侵权行为（第11条）。事实上，在上述两种分别侵权行为类型之间，还存在第三种类型，即半叠加的分别侵权行为。因此，我们把分别侵权行为分为上述三种类型，即典型的分别侵权行为、全叠加的分别侵权行为和半叠加的分别侵权行为。②在《侵权责任法》第11条和第12条之间存在但没有明确规定的半叠加的分别侵权行为，得到了最高人民法院司法解释的确认。③

① 杨立新、陶盈：《论分别侵权行为》，《晋阳学刊》2014年第1期。

② 杨立新：《多数人侵权行为与责任理论的新发展》，《法学》2012年第7期。

③ 最高人民法院《关于审理环境侵权责任纠纷案件适用法律若干问题的解释》第3条第3款。

关于分别侵权行为的责任承担规则，《侵权责任法》第 11 条规定，对于全叠加的分别侵权行为“行为人承担连带责任”；第 12 条规定，对于典型的分别侵权行为“能够确定责任大小的，各自承担相应的责任；难以确定责任大小的，平均承担赔偿责任”。这两种分别侵权责任类型承担责任的规则至为清楚。

而对于《侵权责任法》并没有明确规定的半叠加的分别侵权行为，究竟应当怎样承担责任，立法上和学理上均有待探讨。我们提出过两种意见，以原因力为“100％＋50％＝100％”的情形为例，一是按照连带责任规则承担责任，即一个行为的原因力是 50％，另一个行为的原因力是 100％，将两个原因力相加，除以行为人的人数，得到的责任份额即为 33.3％和 66.7％，即为各自应当承担的责任份额[①]；二是按照部分连带责任规则承担责任，即将原因力叠加的部分作为连带责任，非重合的部分为按份责任，对于叠加的 50％部分，由两个行为人承担连带责任，最终份额为各自 25％；非叠加的 50％由不叠加的行为人承担按份责任。[②]

最高人民法院《关于审理环境侵权责任纠纷案件适用法律若干问题的解释》第 3 条第 3 款对环境侵权案件中的半叠加分别侵权行为作了规定，采纳了部分连带责任的规则，即“两个以上污染者分别实施污染行为造成同一损害，部分污染者的污染行为足以造成全部损害，部分污染者的污染行为只造成部分损害，被侵权人根据侵权责任法第十一条规定请求足以造成全部损害的污染者与其他污染者就共同造成的损害部分承担连带责任，并对全部损害承担责任的，人民法院应予支持”。这一规定，不仅承认了半叠加的分别侵权行为的存在，而且还确定了半叠加的分别侵权行为的法律适用规则，用部分连带责任规则，确定其责任形态，补充了《侵权责任法》第 11 条和第 12 条规定的空白。[③]

（四）关于多重碾压行为的分别侵权行为类型的讨论

在研究多重碾压行为的法律性质时，最为困难的是究竟应当认定其为分别侵

① 杨立新、陶盈：《论分别侵权行为》，《晋阳学刊》2014 年第 1 期。

② 杨立新：《侵权责任法》，法律出版社 2015 年修订版，第 152 页。

③ 杨立新：《环境侵权司法解释对分别侵权行为规则的创造性发挥》，《法律适用》2015 年第 10 期。

权行为的何种类型。因为这不仅涉及侵权行为人的责任承担问题，而且涉及对该行为的受害人的救济是否全面、妥善的问题。

1.多重碾压行为不能构成全叠加的分别侵权行为

全叠加的分别侵权行为，是指二人以上分别实施侵权行为，每一个人的行为都足以造成全部损害，即每一个行为人的行为对于损害的发生，都具有100%的原因力。其中任何一个行为人实施的行为对于损害的发生不具有100%的原因力，就不能构成全叠加的分别侵权行为。在多重碾压行为中，不会存在两个以上的机动车驾驶人发生交通事故，每一个人的行为都是造成受害人损害的100%的原因。例如交通事故造成受害人的死亡后果，能是死亡两次或者以上吗？前述四川省成都市龙泉驿区人民法院（2012）龙泉民初字第1857号民事判决书，认定本案肇事逃逸车辆的侵权人，与被告彭某某分别对受害人曾某某实施侵权行为，每个人的侵权行为都足以造成曾某某死亡，构成《侵权责任法》第11条规定的全叠加的分别侵权行为，应承担连带赔偿责任，就缺乏这样的事实基础。

2.多重碾压不能构成后车原因力为100%的半叠加的分别侵权行为

所谓半叠加的分别侵权行为，是在分别侵权行为中，有的行为人行为的原因力为100%，有的小于100%，两个行为共同造成他人损害。按照一般理论分析，多重碾压行为是分别侵权行为，在半叠加的情形下，前车和后车都有可能是100%的原因力。但是在实践中，不存在仅有后车的碾压行为足以造成全部损害的情形，即后车不可能是损害发生的100%原因力。其原因是，第二次交通事故的发生，是由第一次交通事故引起，后车往往是被动卷入多重碾压案件中的，其对前车造成的损害发生没有抑制义务，其过错在于没有保持适当的行驶间距，对于第二次交通事故的发生有预见和避免的可能性，故仅应当对第二次交通事故造成的损害负责，而不应当为前车的过错承担责任。所以此类案件中不存在构成后车原因力为100%的半叠加的分别侵权行为的可能性。

3.多重碾压行为可以构成典型的分别侵权行为

在多重碾压行为中，前车和后车对受害人损害的发生都具有原因力，前车的行为恰好是后车行为造成损害的原因力的构成因素，使前车行为与后车行为结合

在一起，造成同一个损害，构成损害的全部原因。此种多重碾压行为，就是典型的分别侵权行为，如果能够划分原因力比例，则各侵权行为人承担相应比例的责任，如果不能划分原因力比例，则平均承担责任。根据交通事故责任认定书和相关证据划分原因力比例和责任大小，是司法实践中最为常见的做法，这恰好是认定多重碾压行为责任比例的最好办法。

4.多重碾压行为可以构成前车原因力为100%的半叠加的分别侵权行为

在实践中，虽然最终损害是后车的碾压行为直接导致的，而且在事实上可以确认，在有些情况下，仅有前车的行为不能导致全部损害后果的发生，但是前车必然是最终后果发生的原因之一。后车对于前车行为造成的损害没有抑制义务，但前车对于后车行为造成的损害多存在抑制义务。如果没有前车行为造成的损害作为基础，后车不可能造成全部损害后果。司法实践中存在仅有前车行为就足以造成全部损害后果的半叠加的分别侵权行为，此时后车仅对损害的扩大部分承担部分连带责任。例如，前车碾压受害人的头颅足以造成受害人的死亡，后车仅仅碾压了受害人的肢体，造成了受害人加速死亡的损害后果，也构成半叠加的分别侵权行为，应当由前车和后车按照半叠加的分别侵权行为的责任承担规则，实行部分连带责任，就原因力重合的部分实行连带责任，不重合的部分，由前车单独承担责任。

如果前车已经造成了受害人死亡的结果，后车仅仅是碾压尸体，对于死亡的后果并没有原因力，对此应当认定单独侵权行为，不成立半叠加的分别侵权行为，应由前车承担赔偿责任，后车无责任。

四、多重碾压行为之侵权责任的具体分担

（一）多重碾压行为之侵权责任分担的利益衡量

在研究多重碾压行为的侵权责任性质时，由于涉及不同加害人的责任分担以及对受害人的救济问题，因而，有两个重要的问题需要认真考量。

第一，在处理多重碾压行为的侵权责任分担时，应当考量侵权人的主观过错

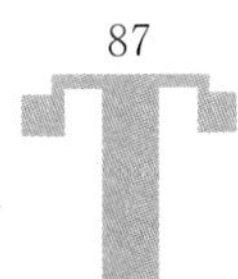

程度，体现法律的教育、警示和预防功能。多重碾压行为中至少要有两个侵权人，在通常情况下，前车驾驶人肇事后已经逃逸，或者在肇事后未发现而离开现场，前者最为常见，后者比较少见；后车驾驶人通常是在肇事后主动报案并开展抢救，其表现是诚信的，且自觉承担责任。在这种情况下，如果过度适用连带责任，是对诚信者予以不适当的责任制裁，不但有违公平原则，也会引发不良的社会引导作用。因此，应当依照《侵权责任法》的规定，妥善认定责任性质，正确适用责任分担规则，对后车驾驶人罚其当罚。

第二，在处理多重碾压行为的责任分担时，还要特别考量对被侵权人救济的需要，妥善处理救济被侵权人和保护侵权人行为自由之间的关系。对于被侵权人的损害进行救济，是侵权责任法的目的。在多重碾压行为中，如果找不到前车驾驶人，再不让后车驾驶人承担连带责任，被侵权人的损害就无法得到全部救济。这样的后果也值得认真考虑。不过，任何对损害的救济都须有正当性，如果仅仅是考虑对需要救济的被侵权人进行救济，而不考虑保护侵权人的行为自由，破坏侵权责任承担的正当性、适法性，将会造成法律适用的错误，其结果也是不公平的。

（二）适用过失相抵规则确定侵权人与被侵权人之间的责任分担

在本节调查的40起多重碾压案件中，有18起案件被侵权人存在过错行为。[①] 过错原因包括行人横穿马路，行人进入高速道路，非机动车发生侧翻，无证驾驶

① 江苏省苏州市中级人民法院（2016）苏05民终2096号民事判决书、江苏省射阳县人民法院（2013）射兴民初字第0673号民事判决书、辽宁省大连市中级人民法院（2014）大民一终字第1362号民事判决书、江苏省扬州市中级人民法院（2015）扬民终字第1651号民事判决书、山东省烟台市中级人民法院（2014）烟民四终字第1088号民事判决书、江苏省宿迁市中级人民法院（2015）宿中民再终字第22号民事判决书、广西壮族自治区昭平县人民法院（2015）昭民一初字第205号民事判决书、广西壮族自治区河池市金城江区人民法院（2013）金民初字第220号民事判决书、四川省成都市龙泉驿区人民法院（2012）龙泉民初字第1857号民事判决书、山东省青岛市黄岛区人民法院（2014）黄民初字第3105号民事判决书、山西省大同市中级人民法院（2014）同民终字第600号民事判决书、吉林省四平市中级人民法院（2015）四民一终字第357号民事判决书、广西壮族自治区巴马瑶族自治县人民法院（2015）巴民初字第523号民事判决书、山东省利津县人民法院（2012）利民初字第402号民事判决书、浙江省绍兴市越城区人民法院（2010）绍越民初字第1093号民事判决书、海南省第二中级人民法院（2014）海南二中民一终字第324号民事判决书、广西壮族自治区贺州市中级人民法院（2013）贺民一终字第225号民事判决书、广东省博罗县人民法院（2014）惠博法杨民初字第405号民事判决书。

机动车，驾驶无牌机动车，驾驶摩托车违规搭载乘客且未佩戴安全帽，驾驶报废车辆上路等。其中多数案件由被侵权人承担不足 30%的责任，但也有承担 50%（3 起）[①]、70%（3 起）[②] 甚至 90%（1 起）[③] 责任的情形。可见，在多重碾压案件中构成与有过失，即对于损害的发生，侵权人与被侵权人都存在过失的情形，较为常见。对于这种情形应当引起重视。

美国侵权法认为，责任分担并不仅仅是多数人侵权行为人在承担责任时的规则，也是共同过失（即大陆法系侵权法的与有过失）的加害人与受害人之间的责任承担规则。我国《侵权责任法》第 26 条关于"被侵权人对损害的发生也有过错的，可以减轻侵权人的责任"的规定，采用的是大陆法系侵权法的规则，构成与有过失的后果是发生过失相抵。过失相抵采法官职权主义，可不待当事人主张，法官直接进行过失相抵，减轻加害人的赔偿责任。[④]

构成与有过失的怎样进行过失相抵，学理上存在不同意见。有的认为先比较过失程度，再比较原因力[⑤]；有的认为先比较原因力，再比较过失程度[⑥]；也有的认为应当将过错程度和原因力进行综合比较。[⑦]事实上，既然是过失相抵，当然应当先比较过错程度。在比较过错程度的基础上，再进行原因力比较，就可以确定过失相抵所应当减轻侵权人一方的责任。在多重碾压行为中，在确定了前车与后车驾驶人的侵权责任之后，应当确定被侵权人对于造成损害的过失程度和原因力，二者进行比较后，确定被侵权人应当分担的责任比例。在多重碾压行为

---

① 广西壮族自治区巴马瑶族自治县人民法院（2015）巴民初字第 523 号民事判决书、浙江省绍兴市越城区人民法院（2010）绍越民初字第 1093 号民事判决书、广西壮族自治区贺州市中级人民法院（2013）贺民一终字第 225 号民事判决书。

② 广西壮族自治区河池市金城江区人民法院（2013）金民初字第 220 号民事判决书、山西省大同市中级人民法院（2014）同民终字第 600 号民事判决书、广东省博罗县人民法院（2014）惠博法杨民初字第 405 号民事判决书。

③ 山东省青岛市黄岛区人民法院（2014）黄民初字第 3105 号民事判决书。

④ 杨立新：《侵权责任法》，法律出版社 2015 年修订版，第 192 页。

⑤ 杨立新：《侵权法论》下卷，人民法院出版社 2013 年版，第 888 页。

⑥ 陈现杰主编：《中华人民共和国侵权责任法条文精义与案例解析》，中国法制出版社 2010 年版，第 88 页。

⑦ 周友军：《侵权法学》，中国人民大学出版社 2011 年版，第 72 页。

中，存在一般过失或者轻过失的被侵权人的分担责任份额，一般不应超过30%，除非存在受害人重大过失的情形可以分担50%，否则应当在这个限额之下确定其分担责任的份额，减轻侵权行为人的责任比例。在多重碾压案件中，如果存在受害人过失，应当先进行过失相抵，之后在前车与后车应当共同承担的赔偿责任中，再由前车和后车按照责任比例分担。

（三）依据原因力规则确定多重碾压行为的责任分担

通过上述分析可知，多重碾压行为不属于《侵权责任法》第11条规定的全叠加的分别侵权行为，因为不可能出现前车驾驶人和后车驾驶人的交通肇事行为都是损害发生的全部原因的情形，故不存在适用该条规定，责令多重碾压行为人都承担连带责任的条件。因此，对多重碾压案件适用《侵权责任法》第11条规定，存在法律适用不当的问题。而要判断多重碾压行为究竟属于半叠加的分别侵权行为还是典型的分别侵权行为，应当依据多重碾压行为人的行为对损害后果发生的原因力，确定究竟是何种分别侵权行为类型。

如果在多重碾压行为中，前车的行为对于损害发生具有100%的原因力，后车的行为对损害发生的原因力不足100%的时候，属于半叠加的分别侵权行为。如果在多重碾压行为中，没有任何一个人的行为对于损害发生具有100%的原因力，都仅具有部分原因力的，就不能构成半叠加的分别侵权行为，而构成典型的分别侵权行为，行为人各自承担按份责任。因此，根据多重碾压行为的不同原因力，可以确定将其界定为半叠加的分别侵权行为或者典型的分别侵权行为。

如果能够确定多重碾压行为构成典型的分别侵权行为，应当由侵权行为人承担与其过错程度和原因力大小相适应的按份责任。此时应当依据《侵权责任法》第12条的规定，能够确定前后车辆驾驶人各自责任比例的，按照该比例确定每个人的按份责任份额。不能确定各自责任比例的，平均承担责任。各行为人之间不适用连带责任，也不存在相互追偿的问题。例如，当机动车交通事故责任鉴定能确定前后车辆驾驶人的行为对于损害的具体原因力时，应当依照《侵权责任法》第12条的规定进行裁判。假设前车驾驶人的原因力是70%，后车驾驶人的原因力是30%，则由前后车辆驾驶人各自承担70%和30%的责任。如果机动车

交通事故责任鉴定不能确定前后车辆驾驶人的行为对于损害的具体原因力，但可以确定各行为单独存在并不能导致受害人全部损害时，前后车辆驾驶人各自承担50%的责任。

如果能够确定多重碾压行为构成半叠加的分别侵权行为，则应当按照部分连带责任的规则确定赔偿责任。部分连带责任的基本规则，是就数人之间行为的原因力重合部分的损害，实行连带责任，不重合的部分实行按份责任。[①]例如，根据机动车交通事故责任鉴定能确定前车驾驶人的原因力是100%，后车驾驶人的原因力是60%，则重合部分的原因力为60%，这一部分由原因力重合的前车和后车驾驶人承担连带责任；不重合的原因力部分是40%，由原因力不重合的前车驾驶人单独承担。后车驾驶人应当承担的连带责任，仅限于60%的部分，对于其余40%的责任不承担赔偿责任。前车驾驶人应当就全部损害承担责任，其中40%的责任是自己的责任，其余60%的责任为连带责任。前车驾驶人在承担了100%的责任后，对后车驾驶人在30%（60%÷2=30%）的责任限额内享有追偿权。

在司法实践中如何确定多重碾压行为的原因力呢？我们认为，对于各侵权行为人的责任比例的划分，多参考事故起因、经过及后果，综合证人证言、尸体检验报告、现场勘查笔录等证据综合判断，尤其是交警部门出具的机动车交通事故认定书是划分责任比例的重要依据。由此存在两个问题。第一，法官在审理案件中，是否可以对专业的鉴定意见进行审查。尽管机动车交通事故责任的原因力是由专家认定，但是通过逻辑判断和经验判断，法官可以作出专家鉴定意见是否正确的判断，因此这一做法应当肯定。第二，如果发现交通事故鉴定意见存在错误，法官可以组织新的专家鉴定，或者依据经验法则作出自己的判断，但需说明自己的理由。由于机动车交通事故鉴定意见并非纯粹技术性的鉴定意见，依据社会经验和逻辑判断也是可以作出判断的，因而，法官可以依据自己的经验作出自己的认定结论。

① 杨立新、陶盈：《论分别侵权行为》，《晋阳学刊》2014年第1期。

五、结论

通过梳理我国目前司法实践中对机动车交通事故中的多重碾压案件的审理情况可以发现，围绕案件性质和责任划分存在适用法律混乱和同案不同判的现象，由于此类案件往往造成严重的法律后果和巨大的社会影响，在审理过程中应当愈加重视司法裁判对社会的引导作用，平衡各方当事人利益，明确责任分担规则，统一裁判标准。

经分析可见，对于多重碾压行为，认定为共同侵权行为或者共同危险行为均有不当，认定为全叠加的分别侵权行为适用《侵权责任法》第 11 条规定承担连带责任，也有不当。多重碾压行为应当属于典型的分别侵权行为承担按份责任，或者属于半叠加的分别侵权行为承担部分连带责任，按照《侵权责任法》第 12 条规定，或者参照最高人民法院《关于审理环境侵权责任纠纷案件适用法律若干问题的解释》第 3 条第 3 款规定，在前车和后车的驾驶人之间分担侵权责任。

第六节　机动车代驾交通事故侵权责任研究

严格的禁酒法律在全国实施之后，代驾成为一项新兴服务业，发展迅速，进而出现大量的机动车代驾发生的交通事故责任，引发法律适用上的诸多问题。其中代驾人与机动车主究竟应当由谁承担责任，成为讨论的热点，司法认定不统一，理论争执不断。尽管最高人民法院民一庭针对代驾人与被代驾人对损害赔偿责任承担发表过意见，但并未平息理论上的争论。本节就典型案例引发的问题，进行深入讨论，提出我们的意见。

一、典型案例及引发的机动车代驾交通事故责任主体的问题

发生在广东省佛山市的一起无偿代驾致人死亡的机动车交通事故责任纠纷案

件，经历了从一审、二审认定代驾人承担侵权责任，到再审改判代驾人与被代驾人承担连带责任的诉讼程序，反映出目前我国司法实务在机动车代驾交通事故责任主体认定上的摇摆不定的尴尬处境。

2011年10月，佛山人郭某光因喝酒不能开车，请同村村民郭某俭代为开车送其回家，当行驶至佛山市南海区西樵镇大同大道附近时，与对向驶来的梁某驾驶的摩托车相撞，造成梁某轻伤，搭乘该摩托车的李某头部严重损伤，10个月后医治无效死亡。同年11月，佛山市公安局南海分局交警大队作出《道路交通事故认定书》，认定郭某俭承担本起事故的全部责任，梁某、李某不承担责任。2012年2月，李某生前向佛山市南海区人民法院起诉，除要求代驾司机郭某俭承担赔偿责任外，还要求车主郭某光承担连带赔偿责任。一审法院认为，因李某未能提供证据证明郭某光对本起交通事故的发生存在过错，故李某诉请郭某光承担连带赔偿责任于法无据，依法不予支持，郭某俭承担全部赔偿责任。①

李某不服，向佛山市中级人民法院上诉称，郭某俭的代驾行为应属于雇佣或无偿帮工性质，根据相关法律规定，雇主（车主）郭某光承担赔偿责任，雇员（驾驶员）郭某俭因重大过失应当承担连带赔偿责任。二审法院认为，民法中的义务帮工是指帮工人自愿、短期、无偿为被帮工人提供劳务，具有自愿性、自主性、临时性、无偿性和劳务性等特征。首先，根据被帮工人的指示从事劳务活动，是帮工关系的重要特点。如果某种行为形式上是无偿帮助关系，但具体帮助行为不受被帮工人的指挥，则不能认定为帮工关系。在本案中，即使郭某光让郭某俭驾车送其回家，从而发生本案交通事故，但是郭某俭在整个驾驶过程中并不受郭某光的指挥，郭某光并未对郭某俭如何完成送其回家这一行为进行具体的指示，因此郭某俭这一行为不是民法上的提供劳务的法律行为，不能由此认定为帮工关系，不产生义务帮工的法律后果。其次，雇佣一般是指根据当事人约定，一方于一定或不定的期限内为他方提供劳务，他方给付报酬的情形。在本案中，郭某光与郭某俭并不符合雇佣关系的构成要件。最后，郭某光是案涉车辆的登记所

① 广东省佛山市南海区人民法院（2012）佛南法民五初字第391号民事判决书。

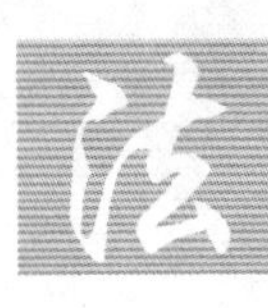

有人，其将机件合格的车辆交给有驾驶资格的郭某俭驾驶，车辆的管理、控制和使用事实上都是由郭某俭自行负责，郭某光并无过错，无须承担民事赔偿责任。故驳回上诉，维持原判。①

李某不服二审判决，向广东省高级人民法院申请再审。再审法院认为，本案的关键是在机动车所有人和驾驶人不是同一人的情况下，能否适用《侵权责任法》第49条的规定，通过审查机动车所有人郭某光是否有过错来决定其应否担责。《侵权责任法》第49条适用于租赁、借用等机动车所有人和使用人不是同一人的情形。在此种情形下，所有人和使用人是分离的，所有人对机动车运行不再具有直接的、绝对的支配力，也不再直接享有机动车运行带来的利益。在本案中，郭某光既是案涉车辆的所有人，也是使用人。从运行支配来看，虽然车辆所有人郭某光喝了酒，但其并非对车辆运行没有支配力，郭某俭是应郭某光的要求来代驾的，车辆运行的目的地也受郭某光指示；从运行利益来看，郭某俭驾驶车辆的目的并非为其个人利益，而是送郭某光回家，郭某光享有运行利益。因此，本案不属于《侵权责任法》第49条规制的范畴，而是符合最高人民法院《关于审理人身损害赔偿案件若干问题的解释》② 第13条规定的义务帮工的性质。根据该条规定，为他人无偿提供劳务的帮工人，在从事帮工活动中致人损害的，被帮工人应当承担赔偿责任；帮工人存在故意或者重大过失、赔偿权利人请求帮工人和被帮工人承担连带责任的，人民法院应予支持。故改判郭某光与郭某俭承担连带赔偿责任。③

对一起案件经过三级法院审理，对无偿代驾发生交通事故责任主体的认定有两种截然不同的裁判结论，最高人民法院民一庭的法官也撰文发表意见，认为驾驶人为了车辆所有人的利益无偿代为驾驶车辆发生交通事故，所有人对车辆既具有运行支配权，也享有运行利益，应承担赔偿责任，无偿驾驶人和车辆所有人之间构成义务帮工的法律关系，无偿驾驶人是否应承担连带赔偿责任应根据其主观

① 广东省佛山市中级人民法院（2012）佛中法民一终字第1362号民事判决书。

② 该司法解释的文号是法释〔2003〕20号，以下简称《人身损害赔偿解释》。

③ 陈捷生、马远斌：《无偿代驾出车祸，车主要担责》，《南方日报》2013年11月5日，第A09版。

过错进行判断。①

在理论上，针对无偿代驾发生交通事故的责任主体，也同样有两种对立的意见。一是认为，驾驶人在整个驾驶过程中并不受车辆所有人的指挥，车辆所有人未对驾驶人如何完成送其回家进行具体的指示，因此驾驶人的行为不是民法意义上的提供劳务的法律行为，因而车辆所有人将其机件合格的车辆交给有驾驶资格的驾驶人，车辆的管理、控制和使用事实上都是由驾驶人自行负责，车辆所有人并无过错，无须承担民事赔偿责任。二是认为，从运行支配来看，虽然车辆所有人喝了酒，但其并非对车辆运行没有支配力，车辆运行的目的地也受车辆所有人指示，从运行利益来看，驾驶人驾驶车辆的目的并非为其个人利益，而是送车辆所有人回家，车辆所有人享有运行利益。驾驶人出于朋友的情分来帮忙，不计取报酬，符合《人身损害赔偿解释》第 13 条规定的义务帮工的性质。②

机动车代驾不仅存在无偿代驾，也存在有偿代驾，且为数更多，均存在上述问题。有的学者认为，对于代驾机动车事故责任主体的认定，应区分有偿委任代驾和无偿委任代驾两种情形：无偿委任代驾的责任主体应认定为被代驾人；有偿委任代驾的责任主体应认定为代驾人，如果代驾人为代驾公司的员工，其与被代驾人之间为承揽关系，事故责任主体应认定为作为承揽人的代驾公司，代驾人有故意或重大过失时，应与被代驾人承担连带赔偿责任。③ 也有学者认为，有偿代驾的情形较多，如请代驾公司代驾、请个人有偿代驾、酒店在消费后代驾等，情况复杂，有偿代驾发生交通事故后责任如何认定，车主是否要担责，还需要针对具体情况具体处理。④

理论和实践对这个问题的不同见解，说明对于机动车代驾发生交通事故的责任主体认定，尚未进行全面和深入研究，尚未形成较为一致的意见。这对法律适

① 王友祥、秦旺、黄维：《无偿代驾发生交通事故，如何认定无偿驾驶人和车辆所有人的责任》，载《民事审判指导与参考》2014 年第 1 辑（总第 57 辑）。

② 王友祥、秦旺、黄维：《无偿代驾发生交通事故，如何认定无偿驾驶人和车辆所有人的责任》，载《民事审判指导与参考》2014 年第 1 辑（总第 57 辑）。

③ 安建须：《酒后机动车代驾致人损害的责任主体认定》，《法律适用》2013 年第 11 期。

④ 陈捷生、马远斌：《无偿代驾出车祸，车主要担责》，《南方日报》2013 年 11 月 5 日，第 A09 版。

用和理论研究都留下了进步的空间，需要尽快填补。应当将机动车代驾问题全部纳入讨论的范畴，就责任主体认定和侵权责任的承担问题得出权威的通说，才能够指导实践，丰富侵权法的理论。

二、机动车代驾法律关系的性质

代驾是机动车代理驾驶的简称，是指机动车的所有人、管理人由于某种原因无法自己驾驶，而临时让其他人代为驾驶机动车的行为。机动车的实际驾驶人为代驾人，机动车的所有人、管理人则为被代驾人。以被代驾人是否向代驾人给付报酬为标准，代驾分为有偿代驾和无偿代驾，形成不同的法律关系类型。

（一）有偿代驾法律关系的性质

有偿代驾的形态多样，主要包括以下三种基本类型。(1) 专业的代驾公司提供的代驾服务，即车主自主联系代驾公司，委托其提供代驾服务。尽管专业代驾公司一般都有固定的收费标准和格式化的书面合同，但实际上多以“口头约定＋书面确认单”的形式存在。这类代驾的代驾司机与代驾公司之间是雇佣关系，代驾司机接受代驾公司的指派所进行的代驾行为属于职务行为。(2) 个体司机提供的代驾服务，即拥有机动车驾驶资格的个人，不挂靠代驾公司或者酒店等服务机构，以个人名义代为他人驾驶车辆而收取相应报酬的行为。这种情况大多由双方口头约定，没有固定的收费标准，价格由双方即时商定。(3) 餐饮、宾馆、酒吧等服务机构附带提供的代驾服务。此类服务机构的经营范围并不包含代驾业务，但因法律、法规对此未明文禁止，且普遍存在，因而都将此类代驾行为认为是服务机构提供的服务，甚至标榜提供“免费酒后代驾”的延伸服务。无论此类代驾服务是否单独收取费用，鉴于双方之间存在消费关系，代驾服务是收费服务的衍生，即使表面上并未向消费者针对代驾额外收取费用，但仍旧是以消费者在该服务机构进行消费为对价，所以性质上实质是有偿的，是消费者与服务机构之间的消费服务合同的组成部分。在此种情况下，代驾行为也涉及三方主体，即代驾司机、服务机构和被代驾人，代驾司机仅与服务机构之间存在雇佣关系，并不与被

代驾人直接发生法律关系，而是由服务机构与被代驾人直接发生法律关系。不过，服务机构多作为中间人联系代驾公司或个体代驾司机实际承担代驾服务，此时，服务机构则仅成为居间合同的当事人，而非代驾法律关系的主体，代驾所涉及的直接法律关系仍旧存在于代驾公司或者个体代驾司机与被代驾人之间。

无论是专业的代驾公司提供的代驾服务，还是个体司机提供的代驾服务，关于代驾人（在专业代驾公司的情形则为代驾公司）与被代驾人之间法律关系的性质，在学说上存在雇佣合同说、承揽合同说、委托合同说三种观点。也有学者认为，有偿代驾合同虽与雇佣合同、承揽合同、委托合同之间存在特征上的交叉，但无法被其中任何一种有名合同完全涵盖，因而是独立的新型无名合同。[①] 至于餐饮、宾馆、酒吧等服务机构附带提供的代驾服务，虽然部分从形式上能够纳入消费者与服务机构之间的服务合同的内容，但在发生交通事故时，其与专业的代驾公司提供的代驾服务在法律关系的性质上并无二致。由此可见，尽管有偿代驾形态各异，但对其法律性质的争议焦点却是一致的，即究竟为上述三种有名合同中的一种，还是已经成为一种新型的无名合同。

本文认为，有偿的代驾人与被代驾人之间的法律关系性质为承揽合同关系。理由如下。

首先，在我国，雇佣合同通常是劳动合同之外的一种劳务合同。[②] 虽然我国《合同法》对此未作规定，但学界通说认为，雇佣合同是受雇人一方提供劳务，雇用人一方给付报酬的契约。在雇佣合同中，雇佣人可以是自然人或法人，但受雇人一定是自然人。而在专业的代驾公司和其他服务机构提供代驾服务的情形，代驾公司和服务机构作为法人，不具备成为受雇人的主体资格，因而两者之间的法律关系无法成立雇佣合同关系。即使在个体司机提供代驾服务的情形，虽然代驾人是向被代驾人提供代驾这一劳务，但由于在雇佣合同中，受雇人根据雇佣合同提供劳务，必须服从雇用人的指示，自己一般不享有独立的酌情裁量的权

---

① 苏国华：《有偿酒后代驾合同之司法认定》，《人民法院报》2011年11月16日，第7版。

② 关于劳动合同与雇佣合同的区别，参见王金增：《劳动合同与劳务合同、雇佣合同辨析》，《中国劳动关系学院学报》第19卷第3期。

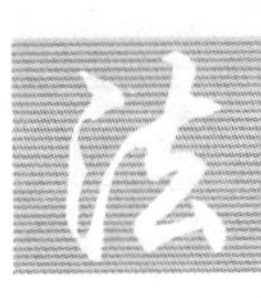

利。[①] 或言之，雇佣合同的双方当事人之间具有从属关系，受雇人在提供劳务过程中必须服从于雇用人，其意志是不自由的。而在代驾服务中，代驾人虽就行驶的目的地（即合同目的）受被代驾人指示，但就代驾人的指派、行驶路线的确定、行车安全的操作等代驾过程中的相关事宜（即履行合同的全过程）具有相对独立的判断权，两者之间并不存在支配与服从的关系。因此，其与被代驾人之间并非雇佣关系。

其次，委托合同又称委任合同，是根据当事人约定，一方委托他方处理事务，他方承诺为其处理事务的合同。[②] 我国《合同法》第 396 条也明确规定了委托合同的内涵，即委托合同订立的目的在于由受托人为委托人处理事务。委托合同是各种具体类型服务合同的基本模型，从外观角度看，在代驾行为中，代驾人接受被代驾人的委托，为被代驾人代为驾驶，似乎符合委托合同以处理他人事务为目的的要求，但并不能据此直接认定其为委托合同，仍须考察其是否符合委托法律关系的特征。有学者认为，委托合同中的受托人在处理委托人事务时是以委托人的名义，且受托人处理委托人事务通常会与第三人发生关系，而根据我国道路交通安全法律法规的规定，驾驶人必须拥有合法有效的驾驶执照才可以驾驶机动车，因此代驾合同中的代驾人在提供代驾服务的过程中始终是以自己的名义，且一般并不涉及第三人，因而代驾合同在性质上不能认定为委托合同。[③] 这种意见基本正确，但还应当进一步指出，归根结底，代驾合同的性质不是委托合同的根本原因在于，代驾提供的是将被代驾人连同其机动车安全送达目的地的劳动成果，而非驾驶这一劳务本身，即并非仅注重过程而不要求结果，因而不符合委托法律关系的特征。

再次，承揽合同属于提供服务的典型交易形式，根据《合同法》第 251 条的规定，是指承揽人按照定作人提出的要求完成一定的工作，并将工作成果交付给定作人，定作人接受该工作成果，给付约定报酬的合同。承揽合同与委托合同具

---

① 崔建远：《合同法》，北京大学出版社 2012 年版，第 589 页。

② 郑玉波：《民法债编各论》下，台北三民书局 1981 年版，第 412 页。

③ 苏国华：《有偿酒后代驾合同之司法认定》，《人民法院报》2011 年 11 月 16 日，第 7 版。

有一定的相似性，原因在于两者均属劳务合同，即委托合同中的受托人为委托人处理事务和承揽合同中的承揽人为定作人完成一定工作，都需要给付劳务。但两者的区别主要在于，委托合同中的处理事务更注重过程，并不担保一定的结果，属于行为性债务；而在承揽合同中，承揽人必须依照约定提交一定的工作成果，属于结果性债务。[①] 基于此，笔者认为，代驾人需要完成双方事先约定的将被代驾人及其车辆送至约定地点这一工作成果，而非仅完成驾驶这一劳务本身的给付，被代驾人也不仅仅是为了规避酒后驾驶的风险，而且要求实现安全到达目的地这一结果；代驾的工作成果在合同订立时并不存在，需要通过代驾行为来完成，且其完成完全依赖于代驾人自身的驾驶技术和经验，并不受被代驾人的指挥和管理，双方不存在控制和支配关系，而相互具有独立性。这些都完全符合承揽关系的法律特征，因而属于承揽合同。虽然表面上代驾人也使用了被代驾人的车辆，但该车辆与被代驾人一样同属于完成代驾工作成果的对象，并非为完成约定工作成果而使用的由被代驾人提供的车辆，这便与雇佣关系中雇员使用雇主提供的设备进行劳动相区别。由此可见，代驾合同和承揽合同都以完成一定的工作为目的，且代驾人和承揽人在完成工作过程中，相对于被代驾人和定作人而言，都具有独立性。

因此，代驾人与被代驾人之间构成承揽关系，将代驾合同认定为承揽合同，是妥当的，也就没有必要再考虑代驾属于无名合同的观点了。

（二）无偿代驾法律关系的性质

与有偿代驾的代驾人与被代驾人之间存在明确的合同关系不同，现实生活中的无偿代驾一般发生在亲戚、朋友、同事等熟人之间，代驾人与被代驾人之间存在情谊、从属、利益等方面的关系，并不就代驾行为收取报酬。目前，将无偿代驾的代驾人与被代驾人之间的法律关系定性为义务帮工的意见，因司法裁判的支持和最高人民法院法官的表态而成为主流观点。然而，义务帮工能否成为对无偿代驾法律关系性质的准确界定，以及将所有的无偿代驾一律认定为义务帮工是否妥当，仍值得斟酌。

---

① 王利明：《合同法研究》，第三卷，中国人民大学出版社 2012 年版，第 703 页。

帮工在民法中的含义，一般是指帮工人无偿、自愿、短期为被帮工人提供劳务，并未为被帮工人明确拒绝而发生的社会关系，具有合意性及无偿性的特点。① 主张将无偿代驾认定为义务帮工的观点认为，代驾人为了被代驾人的利益无偿代为驾驶车辆，符合帮工人为被帮工人无偿提供劳务的要求，因而构成义务帮工的法律关系。② 笔者不赞同这个意见，原因在于：第一，义务帮工在性质上属于提供劳务的法律行为，因而帮工人应在被帮工人的指示、监督下从事帮工活动，即被帮工人与帮工人之间存在支配与控制关系。而正如本案的二审判决所述，被代驾人虽就目的地有所要求，但这仅是简单的要约内容，绝非是对提供劳务的整个过程的支配与控制；且被代驾人因饮酒而丧失驾驶能力，客观上已不具备对代驾人在驾驶操作中进行指示、控制和监督的条件。因此，无偿代驾与义务帮工虽然表面上都具有无偿性的特征，但两者的本质不同。第二，义务帮工要求帮工人与被帮工人之间具有相应的合意，至少要求被帮工人未明确拒绝的默示同意。但在无偿代驾的场合，代驾人虽出于好意而代为驾驶，被代驾人可能表示同意，也可能因丧失意志而未作任何表示，即双方当事人之间可能达成合意，也可能并不存在合意，因而将无偿代驾一律认定为义务帮工并不不妥当，应根据双方当事人之间是否形成合意区别对待。据此，无偿代驾可以区分为以下两种类型。

1.情谊行为型无偿代驾

不仅包括被代驾人主动提出要约、代驾人作出承诺，也包括代驾人提出要约被代驾人以明示或默示的方式作出承诺，双方当事人之间均就代驾行为达成了合意。对此，有学者认为，代驾人与被代驾人之间的法律关系，与有偿代驾并无本质上的不同，都是代驾人接受被代驾人的委托而代为驾驶车辆将其送至目的地，性质即为委托，只不过因代驾人不收取报酬而成立无偿委托。③ 但笔者认为，这

① 杨立新：《人身损害赔偿司法解释释义》，人民法院出版社2004年版，第200页。

② 王友祥、秦旺、黄维：《无偿代驾发生交通事故，如何认定无偿驾驶人和车辆所有人的责任》，《民事审判指导与参考》2014年第1辑（总第57辑）。

③ 《合同法》第405条规定："受托人完成委托事务的，委托人应当向其支付报酬。"第406条第1款后段规定："无偿的委托合同，因受托人的故意或者重大过失给委托人造成损失的，委托人可以要求赔偿损失。"由此可见，我国《合同法》中的委托合同以有偿为基本原则，以无偿为例外情况。

种观点实际上混同了情谊行为和民事法律行为中的无偿合同，无偿代驾的双方当事人之间虽存在合意，但尚未达到足以构成民事法律行为意思表示的合意程度，而是处于纯粹生活事实与法律事实、民事法律行为与事实行为之间，属于情谊行为。民法学视野中的情谊行为是行为人以建立、维持或者增进与他人的相互关切、爱护的感情为目的，不具有受法律拘束意思的，后果直接无偿利他的行为。[①] 它产生于德国判例，也有学者将其称为"好意施惠关系"或者"施惠关系"[②]。情谊行为与民事法律行为的本质区别，是前者不具有受法律拘束的意思，不具有缔结法律关系的意图，由此，情谊行为的施惠人对自己的承诺并不承担法律上的给付义务。[③] 在双方当事人达成"合意"的无偿代驾情形，虽然存在纯粹生活事实意义上的"意思表示"一致，但这与民事法律行为意义上的意思表示在构成要素上存在本质区别，即施惠的代驾人仅具有为他人（被代驾人）谋利益的意思，并不具有受法律拘束的意思，双方当事人之间并不产生法定义务的安排（主要是合同的给付义务），仅停留在日常生活中的社交领域，因而也就不能成立合同，而仅构成情谊行为。

2.无因管理型的无偿代驾

无因管理型的无偿代驾，就是被代驾人因丧失意志而无法作出意思表示，代驾人出于为被代驾人的利益考虑而实施代驾行为，属于无约定或法定的义务，而为他人利益管理他人事务，符合无因管理的构成要件。然而，在无因管理的情形，还应进一步区分为适法的无因管理与不适法的无因管理两种类型。所谓适法的无因管理是指管理事务利于本人，合于本人的意思。所谓不适法的无因管理是指管理事务不利于本人，不合于本人的意思。[④] 据此，若代驾人驾驶酒醉不醒的本人的车辆送其回家的行为，符合本人可得知或可推知的意愿，代驾人的行为即

① Guido Dahmann，Gefälligkeitsbeziehungen，Dissertation Friedrich-Alexanders-Universität 1935，S. 42.

② 王泽鉴：《债法原理》，北京大学出版社 2009 年版，第 156 页；黄立：《民法债编总论》，台北元照出版有限公司 2006 年修正第 3 版，第 15 页。

③ 王雷：《论情谊行为与民事法律行为的区分》，《清华法学》2013 年第 6 期。

④ 王泽鉴：《债法原理》，中国政法大学出版社 2001 年版，第 339、351 页。

属适法的无因管理，其虽属擅自驾驶，但具有违法阻却性。若代驾人的代驾行为违背本人可得知或可推知的意愿，如本人事先已在酒店开好房间待酒醒后再驾车离去，却被管理人擅自代驾送回的情形，即为不适法的无因管理，管理人的擅自代驾因不合本人意思，而不具有违法阻却性。

三、机动车代驾交通事故的责任主体

（一）道路交通事故责任主体判断的标准

1. 比较法上道路交通事故责任主体判断的一般标准

在比较法上，道路交通法领域中的机动车损害赔偿责任问题，大陆法系各国在立法和司法上的主导做法是：由机动车保有人承担无过错责任，其他人（如驾驶人、非保有者的所有人等）承担过错责任。[①] 且针对机动车交通事故的责任主体问题，多数国家对此均有明确规定，虽立法称谓不尽相同，有的称为“机动车保有人”，以德国为代表[②]，有的称为“机动车运行供用者”，以日本为典型[③]，但其本质上基本相同，已经形成了相对统一的概念。

就机动车保有人的含义而言，各国法稍有差异，内容基本相同。例如，奥地利法将机动车的保有人界定为“对机动车辆以自担风险的方式使用受益并且拥有作为使用收益前提条件的支配力的人”；希腊法界定为“事故发生时作为所有权人或基于合同而以自己名义占用机动车辆者，或者任何使自己独立控制机动车辆并以任何一种方式加以使用的人”；葡萄牙法界定为“以责任自负的方式对机动

---

① 张新宝、解娜娜：《“机动车一方”：道路交通事故赔偿义务人解析》，《法学家》2008年第6期。

② 《德国道路交通法》第7条第1款规定：“机动车运行之际，致人死亡、身体或者健康受到伤害，或者物品受到损坏时，该机动车的保有者（Halter），对受害人负担赔偿由此产生的损害的义务。事故是因不可抗力发生时，得排除赔偿义务。”［德］冯·巴尔：《欧洲比较侵权行为法》下卷，焦美华译，法律出版社2004年版，第462页。

③ 《日本机动车损害赔偿保障法》第3条规定：“为自己而将汽车供运行之用者，因其运行而侵害他人生命或身体时，对所生损害负赔偿责任。”李薇：《日本机动车事故损害赔偿法律制度研究》，法律出版社1997年版，第25页。

车辆使用受益并拥有作为使用受益之前提条件的支配力者”①。德国联邦最高法院的判例认为，机动车保有人是指“为自己的计算而使用机动车，并对以这种使用为前提的机动车拥有处分权的人”，其中，“为自己的计算而使用机动车”是指获得运行利益并且支付运行费用的人；“运行利益”是指对机动车运行拥有自己的经济利益，这里的利益可以是单纯观念上的，还可以是某种便利；而“运行费用”不仅包括燃料费、车库费、驾驶员的报酬、修理费、保险金、税金等，还包括车辆折旧费、购买机动车费用的利益等；“拥有处分权”是指对机动车享有运行上的支配权。② 日本民法学界在借鉴和研究各国立法的基础上，通说认为，所谓“运行供用者”是指机动车的运行支配与运行利益的归属者；“运行支配”是指可以在事实上支配管领机动车之运行的地位；而对“运行利益”，一般认为限于因运行本身而产生的利益。③

由此可见，对于作为机动车交通事故责任主体的机动车保有人，各国所采取的认定标准是基本一致的，以“运行支配＋运行利益”的“二元说”为判断的一般标准，即均将损害发生时对机动车拥有实际支配力并享有运行利益作为核心根据加以把握。

2.我国法律对道路交通事故责任主体的判断标准

在道路交通事故责任主体的确认中，我国一向奉行“运行支配＋运行利益”二元说。这一做法最早可追溯至最高人民法院分别于1999年、2000年、2001年发布的《关于被盗机动车辆肇事后由谁承担损害赔偿责任问题的批复》（法释〔1999〕13号）④、《关于购买人使用分期付款购买的车辆从事运输因交通事故造成他人财产损失，保留车辆所有权的出卖方不应承担民事赔偿责任的批复》（法

---

① ［德］冯·巴尔：《欧洲比较侵权行为法》下卷，焦美华译，法律出版社2004年版，第462页。

② 于敏：《机动车损害赔偿责任与过失相抵——法律公平的本质及其实现过程》，法律出版社2006年版，第75页以下。

③ 李薇：《日本机动车事故损害赔偿法律制度研究》，法律出版社1997年版，第29页。

④ 孙军工：《解读〈关于被盗机动车肇事后由谁承担损害赔偿责任问题的批复〉》，载李国光主编：《解读最高人民法院司法解释·民事卷（1997—2002）》，人民法院出版社2003年版，第39页。

释〔2000〕38号)[①]、《关于连环购车未办理过户手续，原车主是否对机动车发生交通事故致人损害承担责任的复函》(〔2001〕民一他字第32号)[②]。上述司法解释与批复均清晰地体现了认定机动车交通事故责任主体应以机动车的运行支配与运行利益作为判断标准的司法精神。但由于都是针对具体个案作出的解答，因而存在适用条件上的限制而不具有普遍的指导意义。

《道路交通安全法》第76条确立了道路交通事故责任主体的一般标准，但既未采德国法上的“保有人”称谓，也未采日本法上的“运行供用者”称谓，而是另辟蹊径地规定为“机动车一方”[③]。由于该概念含义模糊，通说和司法实务均引入了大陆法系的保有人制度，仍以“运行支配＋运行利益二元说”作为机动车交通事故责任主体的判断标准。

《侵权责任法》吸收了已有的理论见解及司法经验，第六章专门规定机动车交通事故责任。其中第48条引致《道路交通安全法》第76条的适用，将其作为处理机动车交通事故责任的一般规则。面对机动车发生所有和使用相分离而出现诸多责任主体的复杂现状，学理和实务实际上采纳了“运行支配＋运行利益”二元说标准作为认定责任主体的主要路径。[④] 然而，作为判断标准的“运行利益”和“运行支配”是抽象化和规范化的概念，从而导致其内涵解释上的复杂性和随

① 汪治平：《解读〈关于购买人使用分期付款购买的车辆从事运输因交通事故造成他人财产损失，保留车辆所有权的出卖方不应承担民事赔偿责任的批复〉》，载李国光主编：《解读最高人民法院司法解释·民事卷（1997—2002）》，人民法院出版社2003年版，第42页。

② 杨永清：《解读〈关于连环购车未办理过户手续，原车主是否对机动车发生交通事故致人损害承担责任的复函〉》，载《解读最高人民法院请示与答复》，人民法院出版社2004年版，第119页。

③ 《道路交通安全法》第76条共两款，在第1款第1项中立法者以“过错”要素对责任主体进行定位，没有采用“机动车一方”的概念，这是因为此种类型的交通事故发生在机动车之间，用“机动车一方”的概念无法将两方主体区分开，故以“有过错的一方”来表达责任主体，实质上仍然是规定“机动车一方”的责任。在第1款第2项和第2款中，由于交通事故发生在不同类别的主体之间，立法上采用了“机动车一方”的概念以示与相对方主体即非机动车驾驶人和行人等相区别。由此可见，该条的两款规定实质上都涉及“机动车一方”这个概念，换言之，该法所规定的机动车交通事故责任主体即为“机动车一方”。

④ 奚晓明主编：《〈中华人民共和国侵权责任法〉条文理解与适用》，人民法院出版社2010年版，第362页。

意性，因此，以大量司法实践为基础构建判断基准的类型化和具体化成为必然要求。[①] 正是鉴于此，《侵权责任法》第49条至第52条对机动车所与人与使用人分离的几种特殊情形中交通事故的责任主体作出了具体规定。诚然，也有学者认为，相较于机动车保有人这一传统的理论框架，从行为责任和物件责任的角度解释《侵权责任法》关于机动车交通事故责任主体的认定标准更为顺畅和恰当。[②] 但笔者认为，在机动车的所有与使用相分离的情形，无论是以"运行支配＋运行利益"二元说为核心的机动车保有人理论，抑或物件责任和行为责任的区分理论，在确认交通事故责任主体的"机动车一方"的具体操作中，其实只是解释路径的不同，并不存在本质区别，最终得出的结论也基本一致。

考虑到比较法上的惯例和我国学界的通说，将机动车运行支配与运行利益的享有者作为判断机动车交通事故责任主体的一般标准，已被包括我国在内的多数国家所认可。但该标准作为"一般标准"，虽对机动车交通事故案件中责任主体的判断具有普遍性的指导作用，但作为该标准的核心要素"运行支配"与"运行利益"仍停留在理论抽象的概念层面，而对现实情形的责任主体的认定，尚须依据类型化或具体化的机动车所有人与驾驶人之间的法律关系，通过分析其与机动车之间的实际关联而予以确认。

（二）机动车代驾交通事故的责任主体认定

司法实务中有观点认为，代驾的机动车致人损害时，其责任主体应视代驾人和被代驾人之间为有偿和无偿而定，若为无偿，则应由被代驾人承担赔偿责任，若为有偿，则应由代驾人承担赔偿责任，被代驾人不承担赔偿责任。笔者认为，代驾的有偿和无偿只是反映代驾人的"驾驶劳务"是否有对价，即使是有对价的劳务，该对价也只是代驾人付出"驾驶劳务"的收益[③]，而不能替代对代驾人与被代驾人之间法律关系的性质认定以及具体的权利义务设定，更不能否定机动车

① 于敏：《机动车损害赔偿责任与过失相抵——法律公平的本质及其实现过程》，法律出版社2006年版，第78页。

② 谢薇、韩文：《对〈侵权责任法〉上机动车交通事故责任主体的解读——以与〈道路交通安全法〉第76条责任主体的对接为中心》，《法学评论》2010年第6期。

③ 安建须：《酒后机动车代驾致人损害的责任主体认定》，《法律适用》2013年第11期。

交通事故责任主体认定的一般标准。因此，应当根据法律关系的性质来分析当事人与机动车之间的实际关联，进而遵从“运行支配＋运行利益”的一般标准加以判断，最终认定责任主体。而通过前文对代驾涉及当事人的法律关系的梳理可知，有偿代驾的性质为承揽合同，无偿代驾则可进一步区分为情谊行为和无因管理。因此，在责任主体的认定中，应以法律关系的类型为框架进行分析。

1. 承揽合同型代驾的责任主体认定

在承揽合同型代驾中，代驾人[①]作为承揽人，按照约定向作为定作人的被代驾人交付一定的劳动成果，即提供驾驶劳务将被代驾人以及车送至约定地点。从运行利益来看，机动车运行的直接目的虽然是为被代驾人的便利（积极利益），且运行费用也由被代驾人负担（消极利益），但代驾人通过提供劳务在机动车运行目的实现后获得相应的报酬，从而享有经济利益，因此，代驾人和被代驾人均享有运行利益。从运行支配来看，一方面，代驾人通过与被代驾人缔结承揽合同，取得对该机动车的法律上的运行支配权，即使用权；另一方面，对该机动车的事实上的运行支配力毋庸置疑也属于代驾人而非被代驾人。尽管从理论上来说，运行支配可以以间接支配或者有支配可能性为充足条件，根据客观的外部考察加以判断，而不仅仅限于对运行自身存在直接的、现实的支配场合，只要处于事实上能够支配、管理机动车运行的地位，和对机动车运行应该能够下指示、控制的地位的场合即可。[②] 但对于被代驾人而言，其因饮酒而丧失驾驶能力，客观上已不具备通过代驾人间接对机动车运行进行支配和管理的条件，即无法对驾驶操作进行指示、控制和监督。因此，代驾人对机动车运行具有直接的支配力。而且，从作为大陆法系交通事故责任理论基石的危险责任原理[③]来说，代驾人实际

---

① 在专业的代驾公司提供的代驾服务，以及餐饮、宾馆、酒吧等服务机构附带提供的代驾服务的情形，委托法律关系分别存在于代驾公司与被代驾人、服务机构与被代驾人之间，应将代驾公司和服务机构认定为代驾人，而非实际提供代驾劳务的驾驶人。在个体司机提供的代驾服务中，代驾人则为实际的驾驶人。而当上述服务机构仅作为中间人联系代驾公司或个体司机时，服务机构仅为居间合同的当事人，代驾人仍是具体承担代驾服务的代驾公司或个体司机。

② 于敏：《机动车损害赔偿责任与过失相抵——法律公平的本质及其实现过程》，法律出版社 2006 年版，第 78 页。

③ 程啸：《机动车损害赔偿责任主体研究》，《法学研究》2006 年第 4 期。

驾驶机动车，且以其专业技能对机动车运行过程中所产生的风险具有绝对的控制力，所以其为运行支配人。因此，在承揽法律关系中，作为运行利益和运行支配归属的代驾人，应被认定为交通事故的责任主体。

2.情谊行为型代驾的责任主体认定

在情谊行为型代驾中，代驾人作为施惠人，以建立、维持或者增进与被代驾人的相互关切、爱护的感情为目的而进行代驾行为。从表面上看，此种类型的代驾似乎完全是为了被代驾人的利益，因其为无偿，代驾人不能通过代驾行为获得经济利益。但从理论上来说，所谓运行利益，一般是指因机动车运行而生的利益，因此不应仅仅局限于经济利益，也包括精神利益。[①] 代驾人无偿提供代驾行为，通过机动车运行，实现其建立、维持或者增进与被代驾人的相互关切、爱护的感情的目的，从而收获精神上的满足，因而享有一定的精神利益。从这个层面来看，代驾人也是运行利益的享有者。在运行支配的角度，其与作为承揽合同的有偿代驾并无本质区别，都由代驾人事实上支配着机动车的运行，其为运行支配的归属者。而且，在认定交通事故的特殊责任主体时，虽采用“运行支配+运行利益”的二元说为理论基础，但在二者中，应以运行支配为基础，强调支配者应承担责任，在特定情形下加入运行利益理论作为补充。[②] 因此，在情谊行为型代驾中，作为运行支配人并享有一定程度运行利益的代驾人，应被认定为交通事故的责任主体。

3.无因管理型代驾的责任主体认定

在无因管理型代驾中，若发生交通事故，对于其责任主体的认定，也存在不同的观点。有观点认为，管理人即代驾人应承担赔偿责任，因为本人（被代驾人）并无请管理人代为驾驶的意思，管理人属擅自驾驶，自应承担损害赔偿责任；也有相反观点认为，管理人的驾驶是为本人的便利而驾驶，本人是运行收益人，故本人应为机动车事故的责任主体。笔者认为，此种情形下，对责任主体的

① 奚晓明主编：《最高人民法院关于道路交通损害赔偿司法解释理解与适用》，人民法院出版社2012年版，第44页。

② 杨立新：《侵权法论》，人民法院出版社2013年第5版，第680页。

认定，应根据适法的无因管理与不适法的无因管理两种情况进行具体分析。在适法的无因管理的情形，除当事人之间不具有合意之外，其外观与存在合意的情谊行为的情形并无不同。此时，对机动车交通事故责任主体的认定，可参照前述情谊行为型代驾的情形予以认定，即被代驾人和代驾人均享有运行利益，但运行支配完全归属于代驾人。在不适法的无因管理的情形，机动车所有人与实际驾驶人的分离违背了原权利人的意思，被代驾人并不享有运行利益，运行利益仅归属于代驾人，且被代驾人因机动车被他人擅自驾驶而失去了对机动车的实际运行支配，故运行支配亦由代驾人享有。

综上所述，尽管实际上存在不同性质法律关系的代驾，但代驾人均应被认定为机动车交通事故的责任主体。

四、机动车代驾交通事故的侵权责任

根据“运行支配＋运行利益”的机动车保有人标准分析，无论代驾的法律关系性质为何，代驾人都是运行支配和运行利益的归属者，作为机动车交通事故的责任主体，应根据《道路交通安全法》第76条的规定，对外承担属于“机动车一方”的侵权责任。但根据法律关系性质的不同，代驾人对外承担侵权责任时适用法律依据的路径存在细微差别。而且，当被代驾人有过错时，还涉及其与代驾人之间的侵权责任分担问题，对此有必要具体分析。

（一）承揽合同型代驾的侵权责任承担

当代驾的法律关系属于承揽合同时，应当按照最高人民法院《关于审理人身损害赔偿案件适用法律若干问题的解释》（以下简称《人身损害赔偿司法解释》）第10条的规定处理。该条规定：“承揽人在完成工作过程中对第三人造成损害或者造成自身损害的，定作人不承担赔偿责任。但定作人对定作、指示或者选任有过失的，应当承担相应的赔偿责任。”据此，当因代驾人的过失导致事故发生的情形下，无论是造成自己损害还是造成他人损害，应当由代驾人承担侵权责任。即使在机动车一方没有过错，非机动车驾驶人或者行人因为自己的过错造成的损

害，机动车一方承担不超过10%的责任时，该侵权损害赔偿责任也须由作为承揽人的代驾人承担，无须作为定作人的被代驾人承担。

被代驾人作为承揽合同的定作人，若存在定作、指示或者选任的过失，导致其在将机动车交于代驾人驾驶时，没有尽到合理、谨慎的注意义务，则应承担相应的赔偿责任。其中，选任过失是指对代驾人驾驶资质和驾驶能力的疏于注意，例如，代驾人无驾驶资格，或其身体或精神状况属于不能驾驶机动车的情形，被代驾人对此知道或者应当知道，但却因未尽到注意义务而将机动车交由其使用后发生交通事故。而定作、指示过失，则主要表现为被代驾人对于机动车或代驾人等对于机动车的正常驾驶具有非正常风险因素的应知或明知，例如机动车是否存在缺陷等。若该因素成为交通事故发生的原因，则被代驾人具有过失。此时，应当按照客观关联的共同侵权行为规则，由双方承担连带责任。[①]

（二）情谊行为或适法的无因管理型代驾的侵权责任承担

当代驾的法律关系属于情谊行为或适法的无因管理时，属于《侵权责任法》第49条的适用范畴。该条规定的是因借用、租赁等情形而使机动车所有人或管理人与机动车使用人分离时发生交通事故，责任主体应如何确定的问题。其中仅明确列举了借用、租赁两种类型，对于“等”所涵盖的其他情形，应遵循实质等同性的解释方法，即与借用、租赁在本质上相类似的法律关系。那么，该条以借用、租赁为代表的法律关系的本质为何呢？按照体系解释的方法，其后的第52条规定的是因盗窃、抢劫或抢夺而使机动车所有人或管理人与机动车使用人分离时发生交通事故，责任主体应如何确定的问题。两者相对比即可发现，第52条规定的是机动车所有人或管理人与机动车使用人的分离不符合机动车所有人或管理人意志的情况，第49条则规定的是机动车所有人或管理人与机动车使用人的分离符合机动车所有人或管理人意志的情况。据此，就代驾而言，对于机动车所有人或管理人与机动车使用人的分离，在情谊行为的情形，代驾人和被代驾人之间达成了合意；在适法的无因管理的情形，代驾人和被代驾人之间虽不存在合意，但符合被代驾人可得知或推知的意思。因此，都能够被第49条中的“等情

① 杨立新：《侵权责任法》，法律出版社2012年第2版，第388页。

形”所涵盖，属于该条的适用范畴。

根据《侵权责任法》第49条的规定，“机动车所有人对损害的发生有过错的，承担相应的赔偿责任”。据此，被代驾人作为机动车的所有人，其过错可根据最高人民法院《关于审理道路交通事故损害赔偿案件适用法律若干问题的解释》（以下简称《道路交通事故司法解释》）第1条的规定进行判断，主要表现为对机动车安全、技术性能的疏于维护，对代驾人驾驶资质和驾驶能力的疏于注意等情形。[①] 其与代驾人之间的责任形态为何，存在如下几种观点。第一，不真正连带责任。具体来说，被代驾人虽非机动车事故的责任主体，但作为机动车的所有人或管理人，其应尽到善良管理人的注意义务，若其对损害的发生有过错，自应依自己责任原则对受害人承担过错侵权的损害赔偿责任。此种情形下，代驾人与被代驾人应对损害的发生承担连带赔偿责任，但这种连带责任在性质上应属不真正连带责任。[②] 第二，补充责任。作为被代驾人的机动车所有人或管理人承担过错责任，作为代驾人的实际驾驶人承担无过错责任。当所有人或管理人有过错时，应承担与其过错大小相应的赔偿责任，而且是补充责任，而非与实际驾驶人承担连带责任。[③] 笔者认为，当作为被代驾人的机动车所有人或管理人也有过错应当承担相应责任时，其与代驾人之间实际构成单向连带责任。[④] 换言之，受害人有权向代驾人主张损害赔偿责任，代驾人应当承担全部责任；在承担了全部责任之后，可以向被代驾人追偿相应的责任，但不能反过来，由被代驾人承担连带责任。这与不真正连带责任中存在单一的终局责任人和补充责任中的补充性完全不同。

（三）不适法的无因管理型代驾的侵权责任承担

当代驾的法律关系属于不适法的无因管理时，符合《道路交通事故司法解释》第2条规定的情形。该条规定的私自驾驶他人车辆发生交通事故的责任认定，也属于机动车所有人或管理人与机动车使用人的分离不符合机动车所有人或

---

① 详见杨立新主编：《最高人民法院〈关于审理道路交通损害赔偿案件适用法律若干问题的解释〉理解与运用》，中国法制出版社2013年版，第77－79页。

② 安建须：《酒后机动车代驾致人损害的责任主体认定》，《法律适用》2013年第11期。

③ 张新宝：《侵权责任法》，中国人民大学出版社2013年第3版，第229页。

④ 杨立新：《侵权法论》，人民法院出版社2013年第5版，第681页。

管理人意志的情况，但排除了《侵权责任法》第52条规定的盗抢、抢劫或者抢夺机动车的情形。根据该条规定，在私自驾驶他人机动车的情形下，从运行支配的角度来看，机动车已脱离所有人或管理人的控制，驾驶人从实际上控制、支配机动车，所以开启危险之源的主体为驾驶人；从运行利益的角度来看，驾驶人从机动车运行中获利，不仅包括经济利益，也包括精神利益，因此由驾驶人承担赔偿责任。[①] 根据该条，最终认定责任的实体依据仍旧为《侵权责任法》第49条。

当作为被代驾人的机动车所有人或管理人存在过错时，根据《道路交通事故司法解释》第2条的规定，应当承担相应的责任。此时，被代驾人的过错应理解为所有人或管理人存在保管或管理上的过失（例如没有锁车、没有拔车钥匙、明知他人无驾驶资格而将车钥匙交其保管等情形），以故意或重大过失为宜。[②] 若以保管不当的一般过失作为承担责任的衡量标准，对机动车的所有人或管理人未免过于苛责。据此，当被代驾人具有重大过失，即欠缺日常生活必要之注意，未尽到依普通之观念认为有相当智识经验及诚意的注意程度的情况下，则应承担赔偿责任，包括车辆管理制度、行为上的重大疏漏、明知或应知他人擅用车辆有产生危险之可能而不及时制止等。有学者认为，此种情况下，机动车的所有人或管理人与实际驾驶人之间承担的是连带责任，因为二者具有共同过失；也有学者认为，二者承担的是按份责任。[③] 对此，笔者认为，机动车的所有人或管理人与实际驾驶人之间，并不构成共同过失，应当根据过错大小和原因力规则承担相应的赔偿责任。这与按份责任具有一定的相似性。但是，根据上述司法解释的规定，最终确定责任承担的实体依据为《侵权责任法》第49条，据此，由被侵权人向驾驶人请求承担赔偿责任。这仍属于单向连带责任，即由代驾人承担赔偿责任后，再向被代驾人追偿与其过错和原因力相应的责任份额，而不能反向操作。

---

① 奚晓明主编：《最高人民法院关于道路交通损害赔偿司法解释理解与适用》，人民法院出版社2012年版，第44页。

② 杨立新主编：《最高人民法院〈关于审理道路交通损害赔偿案件适用法律若干问题的解释〉理解与运用》，中国法制出版社2013年版，第87页。

③ 奚晓明主编：《最高人民法院关于道路交通损害赔偿司法解释理解与适用》，人民法院出版社2012年版，第44页。

第十七章

其他事故责任的相关规则

第一节　工伤事故的责任认定和法律适用

国务院颁布的《工伤保险条例》，确定了我国工伤事故保险责任处理的基本原则和具体方法。这是自1951年发布、1953年修正《劳动保险条例》以来第一次作出的具体规范工伤事故处理的行政法规。在此之前，1991年2月22日曾经公布《企业职工伤亡事故报告和处理规定》，这只是一种行政程序的规定，并没有对工伤事故的处理作出实质性规定。1994年国家立法机关制定了《劳动法》，只是在第73条规定了工伤事故享受保险待遇的一般原则，也没有规定具体方法。因此，在实践中形成了处理工伤事故纠纷时，旧的法规不能适用，新的法规没有规定的局面①，实际上造成了无法可依的局面，对于保障广大职工的权利是不利的。《工伤保险条例》对工伤事故的保险责任作出了明确、具体规定，致现实的

① 对此，学者进行了深入的探讨，同时在制定民法典草案的过程中，就拟定了工伤事故处理的规则。参见王利明等起草的《中国民法典草案建议稿·侵权行为法编》第62条和第64条，载杨立新主编：《民商法前沿》2002年第一、二期合刊，吉林人民出版社2002年版，第18页。

操作有重大改变，因此有必要进行详细研究，对工伤事故保险责任和工伤事故赔偿责任纠纷作出明确的阐释，以便在实践中准确适用法律，更好地保障职工的合法权利。

一、《工伤保险条例》在保护职工权利方面的重大发展

《工伤保险条例》（以下简称《条例》）在内容上，最主要的就是加强了对职工权利的保护。可以说，条例的基本宗旨就是保护职工的权利。在具体内容上，有以下五个方面的重大发展。

（一）确立保护职工权利的基本宗旨

《条例》第1条规定："为了保障因工作遭受事故伤害或者患职业病的职工获得医疗救治和经济补偿，促进工伤预防和职业康复，分散用人单位的工伤风险，制定本条例。"这一规定，突出的就是保护职工的权利。与《劳动保险条例》第1条规定的"保护工人职员的健康，减轻其生活中的困难"相比，在这个条文中，突出地规定了制定本条例三个目的，这就是，对职工的工伤伤害采用强制保险的做法，第一是对受工伤事故伤害的职工的救治和补偿，这是工伤保险最主要的目的；第二是促进工伤预防和职业康复，这是对职工权利的长远保护；第三是分散用人单位的工伤风险，其直接表述的虽然是对用人单位的责任的分散，但是其直接着眼点，仍然是对职工长远利益的考虑，使职工直接受到好处。《条例》第2条进一步规定，各类企业包括个体工商户，都应当按照条例的规定，为本单位全部职工或者雇工缴纳工伤保险费，我国境内的各类企业职工和个体工商户的雇工，均有权依照本条例的规定享有工伤保险待遇的权利。这些规定，都是对职工权利的张扬。在具体内容上，《条例》在规定工伤认定、劳动能力鉴定、工伤保险待遇、法律责任等方面，都体现了对职工权利的保护。因此，保护职工权利是《条例》的基本宗旨。

（二）确定工伤认定的基本标准

进行工伤保险，处理工伤事故赔偿责任纠纷，最首要的，就是进行工伤认

定。《条例》对工伤认定作出了详细的规定，使工伤认定有章可循、有法可依。《条例》明确规定了认定工伤的七种情形，其中既包括在工作时间、工作场所内因工作原因遭受事故伤害情形，也包括患职业病、职工因公外出遭受损害，以及职工上下班途中遭受机动车事故伤害的情形，设立了以其他法律法规规定为工伤认定依据的弹性条款，包含了造成工伤的一般情形。《条例》还规定了三种视同工伤的情形，规定对视同工伤的职工享受同等的工伤保险待遇。为了防止工伤认定的扩大化，损害广大职工的利益，《条例》规定了不得认定为工伤和不得视同工伤的三种情形。

在认定工伤的程序上，《条例》也作出了明确的规定，明确规定进行工伤认定的机构是劳动保障行政部门，体现工伤认定的权威性，同时也明确规定了具体操作的程序和时限，以及有利于工伤职工的举证责任的规定。其中关于时限和举证责任的规定，都是以前的《劳动保险条例》和其他劳动法律法规所没有规定的。

（三）确定劳动能力鉴定的基本方法和程序

在处理工伤事故责任纠纷的事实认定上，最重要的就是对工伤职工劳动能力的鉴定问题，它不仅关系到对受害职工所遭受的实际损害的确定，而且关系到受害职工应当享受何种劳动保险待遇，这些都要依据劳动能力鉴定来确定。在以前的劳动保险法规中，对此都没有规定。《条例》明确规定，劳动能力鉴定就是指劳动功能障碍程度和生活自理障碍程度的等级鉴定，同时规定，劳动能力障碍分为十级，生活自理障碍分为三个等级。这样的规定，不仅对工伤事故保险和赔偿纠纷提出了可靠的依据和标准，而且对处理其他人身损害赔偿责任纠纷也提供了极为有益的借鉴。①

同时，《条例》在劳动能力鉴定的规定中，还作出了严格的程序规定，对劳动能力鉴定委员会的组成、鉴定专家库的建立和鉴定专家组的组成、鉴定的程序

① 目前，在其他人身损害赔偿纠纷的认定中，没有规定如此详细的伤残等级和劳动能力丧失的等级的，也没有规定伤残等级对于损害赔偿的相对应关系，因而《条例》对于其他人身损害赔偿责任的认定，是有借鉴意义的。

和时限等，都作了详细的规定。这些程序性的规定，使工伤职工的劳动能力鉴定程序更加透明、公正，得到有效的监督，有利于保障职工的权利，落实《条例》的基本宗旨，是值得肯定的。

（四）制定明确的工伤保险待遇

实行工伤保险制度的最基本目的，就在于使工伤职工及时得到医疗救治和经济补偿，在条例中，这一点集中体现在确定了工伤和劳动能力鉴定之后的工伤保险待遇的规定上。在工伤保险待遇上，《条例》规定得非常具体，它体现的是，职工受到工伤，就要给予强制性的保险待遇，使工伤职工“伤有所养、死有所赔、遗有所慰”，使工伤职工及其亲属及时得到妥善的救治和救济。对于职工受到一般的工伤伤害，规定享受工伤医疗待遇，从工伤保险基金中支付治疗费用，享受医疗费、康复治疗费、辅助工具费用、停工留薪、护理费等费用的核销；对于工伤致残者，规定享受伤残待遇，分为不同伤残等级，分别享受不同的伤残津贴和待遇；对于职工因公死亡，享受丧葬补助费、供养亲属抚恤金、一次性工亡补助金等待遇；职工因公外出期间发生事故或者在抢险救灾中下落不明的，从事故发生当月起3个月内照发工资，从第4个月起停发工资，由工伤保险基金向其供养亲属按月支付供养亲属抚恤金。生活有困难的，可以预支一次性工亡补助金的50%。即使是对于用人单位分立、合并、转让、承包经营、破产以及职工被借调等情形下的工伤待遇问题，《条例》也都作了明确规定。值得注意的是，《条例》直接规定工伤职工享受工伤保险待遇的方法，使工伤后的救治和救济更为具体和明确，具有更可行的操作性，是有重要意义的。

（五）专门规定违反工伤保险条例规定的法律责任

为了保证《条例》规定的工伤保险制度在保障职工权利中真正发挥作用，督促负责工伤保险制度落实的工作人员依法履行职责，《条例》专门规定了“法律责任”一章，明确规定违反《条例》规定所应当承担的法律责任。对于挪用工伤保险基金的，规定应当承担相应的刑事责任或者行政责任，并且追回被挪用的基金；劳动保障部门的工作人员不正当受理工伤认定申请，或者弄虚作假将不符合工伤条件的人员认定为工伤的，未妥善保管申请工伤认定的证据材料致使其灭失

的，以及收受当事人财物的，依法予以行政处分，严重的还要追究刑事责任；经办机构未按规定保存用人单位缴费和职工享受工伤保险待遇记录、不按规定核定工伤保险待遇、收受当事人财物的，追究其纪律责任，情节严重的追究刑事责任，造成损失的经办机构依法赔偿；对于医疗机构、辅助器具配置机构不按服务协议提供服务，或者经办机构不按时足额结算费用的，对方可以解除协议；用人单位瞒报工资总额或者职工人数，或者用人单位、工伤职工及其直系亲属骗取工伤保险待遇，或者医疗机构、辅助器具配置机构骗取工伤保险基金支出的，都要处以罚款，构成犯罪的，依法追究刑事责任；从事劳动能力鉴定的组织和人员提供虚假鉴定意见、提供虚假诊断证明、收受当事人财物的，处以罚款，构成犯罪的追究刑事责任；如果用人单位按照规定应当参加劳动保险而没有参加的，除了责令改正外，为了保护职工的权利，规定用人单位按照条例规定，承担工伤职工的工伤保险待遇，按照标准支付费用。这些规定，都保障了《工伤保险条例》的贯彻执行，依法制裁违法者，有利于保障职工的权利。

二、工伤事故的概念和性质

（一）工伤事故的概念

在《条例》公布之前，学界对工伤事故概念的理解，通常认为工伤事故是指各类企业职工在执行工作职责中因公负伤、致残、致死的事故。[①] 这个界定稍嫌狭窄。《条例》没有给工伤事故概念进行界定，仅仅对工伤的范围作出了规定。按照《条例》的基本精神，我认为，工伤事故是指企业职工在工作时间、工作场所内，因工作原因所遭受的人身损害，以及罹患职业病的意外事故。

例如，某生产服务管理局建筑工程公司第7施工队承包的碱厂除钙塔厂房拆除工程，于1986年10月转包给个体工商户业主张某珍组织领导的工人新村青年合作服务站，并签订了承包合同。1986年11月17日，由服务站经营活动全权代理人、被告张某珍之夫徐某秋组织、指挥施工，并亲自带领雇佣的临时工张某起

① 杨立新：《侵权法论》上册，吉林人民出版社1998年版，第568页。

等人拆除混凝土大梁。在拆除第1至第4根大梁时，起吊后梁身出现裂缝；起吊第5根时，梁身中间折裂（塌腰）。徐对此并未引起重视。当拆除第6根时，梁身从中折断，站在大梁上的徐和原告张某起之子张某胜（均未系安全带）滑落坠地，张某胜受伤，急送碱厂医院检查，为左下踝关节内侧血肿压痛，活动障碍。经医院治疗后开具证明：左踝关节挫伤，休息两天。11月21日，张某胜因伤口感染化脓住进港口医院，治疗无效，于12月7日死亡。经法医鉴定，结论是：系左内踝外伤后，引起局部组织感染、坏死，致脓毒败血症死亡。后又经区医疗事故鉴定委员会鉴定认为：张某胜系外伤所致脓毒败血症，感染性休克，多脏器衰竭死亡，医院治疗无误，其死亡与其他因素无关。原告为张某胜治病借支医疗费用、误工工资等费用共损失17600.40元。张某起和张某胜姐弟向法院提起诉讼，请求人身损害赔偿。[①] 这样的案件，就是工伤事故案件，符合工伤事故概念的界定。

（二）工伤事故的法律特征

工伤事故具有如下特征。

1.工伤事故是发生在各类企业（包括私人雇工）中的事故

工伤事故存在于各类企业之中。所谓企业，准确的概念应当是用人单位。《条例》使用“用人单位”这个概念，但是没有具体界定，仅在第2条中规定了各类企业和有雇工的个体工商户属于用人单位。用人单位是指我国境内全民所有制企业和集体所有制企业单位、私营企业、三资企业，以及雇佣他人从事劳动的个体工商户或者合伙组织。换言之，只要雇用职工为自己提供劳务，与自己有劳动关系的企业或者个体工商户、个人合伙，都属于本条例的“用人单位”，都应当按照本条例的规定，保障职工的权利，都是《工伤保险条例》所调整的范围。

不属于企业的那些国家机关、事业单位、社会团体究竟是否属于企业的范围，回答应当是否定的，但是，这些单位的职工也应受到相应的保护。因此，《条例》第62条规定：“国家机关和依照或者参照国家公务员制度进行人事管理

---

① 该案件是《民法通则》公布实施之后的一个极为重要的案例，在侵权行为法的发展中具有重要意义。笔者将其评选为中国侵权行为法发展的十大经典案例之首。《方圆》2003年第7期，第46页。

的事业单位、社会团体的工作人员遭受事故伤害或者患职业病的，由所在单位支付费用。”“其他事业单位、社会团体以及各类民办非企业单位的工伤保险等办法”，“参照本条例另行规定”。可见，这些单位虽然不属于企业，但是其成员应当按照相应规定享受工伤待遇。

2.工伤事故是各类企业、个体工商户雇用的职工遭受人身伤亡的事故

在各类企业以及个体工商户的经营中，会经常发生各类事故。工伤事故指的是职工即劳动者的人身伤亡事故，而不是财产遭受损害的事故。这里的职工即劳动者，指的是各类企业和个体工商户以及合伙所雇佣的职工，包括工人和职员。

判断职工的标准，就是《条例》第61条所规定的职工概念：“是指与用人单位存在劳动关系（包括事实劳动关系）的各种用工形式、各种用工期限的劳动者。”确定一个人是不是职工，就是要确定用人单位与职工之间是不是存在劳动法律关系，也就是确认他们之间是不是存在劳动合同关系。确立劳动合同关系，应当签订书面劳动合同，凡是有书面劳动合同的，应当认定其有劳动关系。如果没有书面劳动合同，但是在事实上构成了劳动合同关系的，也应当视为有劳动关系，是事实上的劳动关系，按照劳动关系同等对待。至于用工的种类和用工的期限，都不是特别考虑的因素。

应当注意的是，劳动关系与加工承揽关系是有严格区别的。加工承揽关系是承揽合同关系，是以交付劳动成果为标的的合同关系，而不是以劳动力的交换为标的的劳动合同关系。例如，在个人按照约定的时间提供劳动服务的小时工，并不是雇佣合同关系，而是与雇佣小时工的保洁公司签订的定作合同，是以交付劳动成果为标的的承揽合同关系，因此，雇佣小时工的个人并不承担小时工的工伤保险责任，该责任应当由小时工所属的公司承担。

3.工伤事故是职工在执行工作职责中发生的事故

各类企业的职工都是民事主体，都享有身体权、健康权和生命权。这些权利在任何场合都有遭受伤害的可能性。工伤事故在发生的时间和场合上有明确的限制，只限于企业职工在工作中因公致伤、致死的范围，其他时间和场合发生的事故，即使侵害了职工的上述权利，也不在工伤事故范围之中。

判断工伤事故，应当掌握最基本的三个因素，这就是工作时间、工作场合和工作原因。因此，凡是职工在工作时间、工作场合因工作原因所遭受的人身损害，就是工伤事故。工伤事故还包括患职业病。无论是患何种职业病，均与工作有关，都是在工作时间、工作场合和因工作原因所造成的损害，因此，都属于工伤事故的范围。

4. 工伤事故是在企业与受害职工之间产生权利义务关系的法律事实

工伤事故一经发生，就在工伤职工与用人单位之间产生相应的法律上的后果，构成一种损害赔偿的权利义务关系，工伤职工或者工伤职工的亲属有要求赔偿损失的权利，企业有赔偿受害人及其亲属损失的义务。按照《条例》规定，工伤事故的救济办法是按照保险的形式进行，这其实是转嫁工伤风险，将用人单位的责任转嫁给工伤保险机构。用人单位向工伤保险经办机构交纳保险费，职工遭受工伤事故造成人身损害，由保险机构向工伤职工提供劳动保险待遇。这种工伤保险的权利义务关系，就是工伤事故发生后产生的基本的法律关系。

如果用人单位没有缴纳工伤保险基金，或者仅仅依据工伤保险待遇不能使受害职工得到全面救济，是不是还需要依据民法的基本规定，按照侵权行为法的规定提供救济呢？对此应当进行研究。我认为对此，应当有这种可能。对此，本书将在最后一节予以讨论。

（三）工伤事故责任的性质

关于工伤事故责任性质的争论，主要在于是认其为工伤保险关系还是侵权行为关系，各有不同的主张。

按照《劳动法》的规定，工伤事故的性质是工伤保险，由《劳动法》和工伤保险法规调整。在《条例》颁布实施之后，行政法规的这一观点更为明确。认定工伤事故责任的性质为工伤保险关系是没有疑义的。

但是，按照民法实务的主张，工伤事故的性质应当是侵权行为，由《民法通则》关于侵权民事责任的法律规范调整。最高人民法院（88）民他字第1号《关于雇工合同应当严格执行劳动保护法规问题的批复》认为："张学珍、徐广秋身为雇主，对雇员理应依法给予劳动保护，但他们却在招工登记表中注明'工伤概

不负责’。这是违反宪法和有关劳动保护法规的，也严重违反了社会主义公德，对这种行为应认定为无效。”这一批复性司法解释并未确定这种行为的性质，但经最高人民法院批复并在《最高人民法院公报》上发表的这一案例，却是按照《民法通则》第106条第2款和第119条关于侵权责任的规定判决的，认定这种法律关系的性质为侵权，是十分清楚的。[①] 按照这一判决所引用的法律条文，其具体性质为一般侵权行为。[②]

学者认为，本案事实为受雇工人在执行职务中遭受伤害，称为工业事故，依现代民法属于特殊侵权行为。[③]

实务界和理论界虽然一种认为是一般侵权行为，一种认为是特殊侵权行为，但除了这些差异外，认为工伤事故是侵权行为，则是完全一致的。

我赞成民法理论界的主张，认为工伤事故从原则上说，就是现代民法上的工业事故，其性质属于特殊侵权行为；但是也具有工伤保险的性质。因此，工伤事故具有双重性质。

从历史上看，确认工业事故为无过错责任，就是为解决雇工在工业事故中致害的雇主赔偿责任而确立的。

自罗马法以来，民法始终坚持绝对的过错责任原则。到19世纪，资本主义生产迅猛发展，危险性工业大规模兴建，意外灾害事故日益增加，工人在事故中受伤、丧生者与日俱增。而企业主往往利用过错责任原则，借口其无过失而拒绝赔偿受害工人的损失。在这种情况下，为了保护工人的权利，平抑劳资关系，普鲁士王国率先于1838年制定《铁路法》，规定铁路公司对其所转运的人及物，或因转运之故对于他人及物予以损害者，企业主虽无过失，亦应负损害赔偿之责。翌年，又制定《矿业法》，把这一原则扩大到矿害领域。1871年，德国颁布《帝国统一责任法》，规定由企业主对其代理人及监督管理人员的过错所造成的死亡

① 见《最高人民法院公报》1989年第1号（总第17号）登载的《张连起、张国莉诉张学珍损害赔偿纠纷案》。

② 对此不能认定为一般侵权行为，因为一般侵权行为是适用过错责任原则归责，为自己的行为负责的侵权行为，工业事故适用无过错责任原则，是特殊侵权行为。

③ 梁慧星：《民法学说判例与立法研究》，中国政法大学出版社1993年版，第271页。

和人身伤害负赔偿责任。到1884年德国《工业事故保险法》，确立了企业主对雇工伤害负无过错的赔偿责任。

1896年，法国最高法院改判泰弗里诉拖船主因拖船爆炸而使雇工泰弗里受致命伤害的案件，确认工业事故致雇工伤害采用无过错责任原则。这一历史性的案例，导致法国于1898年4月制定了《劳工赔偿法》，确立了工业事故致劳工死亡、伤害，以无过错责任原则确定雇主赔偿责任的制度。

1922年和1964年的《苏俄民法典》都规定了“高度危险来源所造成的损害的责任”，条文中“其活动对周围的人有高度危险的组织和公民”关于“周围的人”的用语，一般认为应包括企业自己的工人和第三人。可以认为，现代工业事故既包括高度危险作业对他人造成的损害，也包括对发生工业事故的企业职工造成的损害。

从我国立法和实务上看，工业事故致企业职工人身损害，符合高度危险作业性质的，应概括在《民法通则》第123条之中。学者认为，在当前经济体制下，除了国有企业职工执行职务致伤、致残、致死，依劳动保险制度处理外，大量的个体、合伙、私营及村办和乡办的各种工业、采矿和建筑企业的工人数以千万计，绝大多数不享受劳动保险。因此，正确解释《民法通则》第123条，使该条能涵盖一切工业事故，以使广大未能参加保险的工人因公受损害时，可以适用该条依无过错责任原则得到法律保护，避免出现严重的不公平，具有重要意义。[①]

仔细分析以上论述，仍然不无问题。一是，高度危险作业的无过错责任不仅是对工业事故如何确定雇主对其雇工因公致伤残死亡的赔偿责任，还包括大量的对他人致害的赔偿责任，如果仅仅将这一原则解释为前者，显然是不准确的。各国立法大量地制定劳工赔偿法，就是一个证明。二是，将有工伤保险关系的因公伤残死亡事故确定为劳动保险关系，将无工伤保险的工伤事故确定为侵权行为，适用高度危险作业的民法规定，在逻辑上有解释不通之处。如何解决这个矛盾，仍是理论上的一个难题。

工伤事故除了具有工业事故的特殊侵权行为的性质以外，确实具有工伤保险

---

① 梁慧星：《民法学说判例与立法研究》，中国政法大学出版社1993年版，第275页。

关系的性质。认为享有工伤保险的职工的工伤事故是工伤保险性质，不享有工伤保险的劳动者的工伤事故就是特殊侵权行为，将统一的事物人为地分割为两种不同性质的事物，是不科学的，也不符合事务本身的内在规律。在我国，对于劳动法和民法，通说认为分属于两个独立的基本法律部门，各自有调整劳动法律关系和民事法律关系的基本原则和方法。对于工伤事故，劳动法从工伤保险关系的角度加以规范，民法从工业事故无过错责任特殊侵权行为的角度加以规范，就构成了工伤事故这一法律关系的双重性质，它既是工业事故的特殊侵权行为，又是工伤事故的劳动保险。这种竞合，是两个基本法的法规竞合。

在理论上这样来认识工伤事故的性质，就解决了前述理论上的矛盾，避免了逻辑上的矛盾。而在西方国家，劳动法并非独立的部门法，劳动法律关系统由民法调整，即使创立劳工赔偿法这种单行法，也是作为民商法的特别法而存在，因而不存在工业事故性质的双重属性问题。因此，不能依据国外将工业事故一律认定其特殊侵权行为的性质的做法，就简单地推说我国的工伤事故都只具有特殊侵权的性质，否认其客观存在的劳动保险性质。

三、工伤事故责任构成

确定工伤事故的损害赔偿责任适用无过错责任原则，是各国立法通例。在《条例》中虽然没有规定工伤保险责任的归责原则，但是按照保险的一般规则，当然是无过错责任。其实，就是在工业事故的特殊侵权责任中，也是适用无过错责任原则归责的。因此，对工伤事故保险责任和工伤事故赔偿责任适用无过错责任原则是没有疑问的。在这种归责原则指导下，构成工伤事故损害赔偿责任必须具备以下要件。[①]

（一）职工与企业或雇主之间必须存在劳动关系

在我国，集体企业、私营企业、合伙企业、三资企业，凡使用劳动力，均须

① 应当说明的是，无论是工伤保险责任纠纷，还是工伤事故赔偿责任纠纷，其责任构成都是一样的，以下的论述对两种责任构成都适用。

用人单位与劳动者订立劳动合同，使劳动者成为用人单位的职工。即使是国有企业，也都全面实行全员劳动合同制。因而，无论是职工与企业之间，还是职工与雇主之间，凡是用工，一律以劳动合同的形式固定其劳动法律关系。在用人单位和职工之间存在劳动合同，是构成工伤事故责任的必要要件，有劳动关系的劳动者，才有构成工伤事故的可能，没有劳动关系的劳动者，无论受何伤害，都不属工伤事故，不构成工伤事故的保险责任或者赔偿责任。至于建立劳动法律关系的形式，原则上应以书面形式，必要时，还应当予以公证；但对于一般的私人雇工等，口头约定劳动合同，也并非不准许。即使是在企业作为用人单位，与职工之间没有签订书面劳动合同而建立了实际的事实劳动关系，也应当确认这种劳动关系，使职工的权利受到保护。

应当区分提供劳务的承揽加工合同与劳动合同的界限：劳动合同是以劳动力作为合同的标的，企业或者雇主支付的是劳动报酬或者是劳动力价格；加工承揽合同是以加工行为和加工的成果为标的，雇主支付的是加工费。因此，加工承揽合同的承揽人遭受损害，定作人不承担工伤事故责任。①

（二）职工必须受有人身损害事实

工伤事故的损害事实，是职工人身遭受损害的客观事实，不包括财产损害和其他利益的损害。职工的身体权、健康权、生命权，都在劳动保险的范围之内，都是工伤事故侵害的客体。工伤事故的主要侵害对象，是职工的健康权和生命权，事故致职工伤害，致伤或者致残，侵害的是健康权；致死，则侵害的是生命权。职工患职业病，也是一种人身损害事实，侵害的客体是健康权。身体权的侵害也可以构成工伤事故，但是如果只是身体遭受一般的不甚痛苦的撞碰、打击，没有具体的伤害后果，不应认为构成工伤事故的损害事实；如果职工从事的是特种行业，对身体的外在完整性有特殊要求的，如模特、演员、有特别需要的操作者等，如果造成了身体组成部分如头发、指甲、皮肤的颜色等的损害，破坏了身

① 例如，一木工与某公民签订合同，去该公民家为其加工木制家具，约定自备木料，木工按要求制作。这种合同，是典型的加工承揽合同，不是使用劳动力的劳务合同，即使该木工在制作家具时致伤，也不属于工伤事故，而应自行承担损失。

体组织的完整性，以至于使其从事特种工作能力遭受影响的，构成工伤事故的损害事实。

在工伤事故责任中，是否存在精神损害的事实，需要研究。按照工伤保险责任的规定观察，似乎不包括精神损害赔偿，但是在残疾津贴、死亡抚恤金中，实际上是包含了精神损害的抚慰的，因此，职工受到损害的事实中，实际上包括精神损害的事实。只不过由于采用一揽子工伤待遇方法救济工伤职工的损害，因而没有明确表现出来而已。如果纯粹研究工伤事故赔偿责任，是应当包括精神损害赔偿的，那就要有精神损害事实的存在，即工伤造成的精神痛苦。

在确定工伤事故责任的时候，应当进行工伤认定和劳动能力鉴定。工伤认定的意义在于确定是否构成工伤事故责任，而劳动能力鉴定则是为了确定工伤职工享受何种工伤待遇。因此，只要将职工的人身伤害认定为工伤，即具备工伤事故损害事实的要件。

（三）职工的损害必须在其履行工作职责的过程中发生

在这一点上，工伤事故责任与雇用人监督、管理不善使受雇人在执行职务中致他人损害赔偿责任的构成要件有些相似，但二者有两点原则区别。第一，职工是在履行工作职责中致自己伤亡，而非他人伤亡，这是区别这两种侵权损害赔偿法律关系的原则界限。第二，在执行职务的要求上，工伤事故的构成要求明显比雇用人对外赔偿责任的要求为低；雇用人对外的替代赔偿责任要求受雇人必须是在执行职务过程中因执行职务的行为致他人以损害，非因执行职务的行为致害他人，不构成此侵权责任；工伤事故也要求受雇职工的损害是在履行工作职责中发生，也是执行职务，但并不要求必须是因其执行职务行为所致，也包括在执行职务过程中因其他原因所致，如机器故障、他人疏忽等。无论何种原因，只要职工在履行工作职责的范围内造成自身损伤，就构成本要件。

在实践中，怎样判断工伤事故的履行工作职责，就是工伤事故构成的三要素：工作时间、工作场所和工作原因。

工作时间，就是在履行工作职责的时间界限之内，即用人单位规定的上班时间。为了保护职工的合法权益，对工作时间的认定应适当放宽。第一，从事与工

作有关的预备性或者收尾性工作的正式工作时间的前后，认定为工作时间；第二，因工外出时间，认为是工作时间；第三，上下班途中的时间，认为是工作时间。

工作场所，是指在履行工作职责的环境范围之内。执行工作任务的场所，就是工作场所。因工外出的领域，以及上下班的途中，也认为是工作场所。在这些地方发生的职工人身伤害事故，也认为是工伤事故。

工作原因，是指履行工作职责的事由。对此，应当作较为宽泛的理解，不能过窄。例如，与工作有关的预备性工作和收尾性工作，在工作中遭受暴力等意外伤害，以及在因工外出期间发生事故下落不明的，也都认为是工作原因。

确认履行工作职责的界限，就是要根据工作时间、工作场所和工作原因这三个要素衡量确定。《条例》第 14 条规定认定为工伤的七种情形，都是根据这三个要素确定的。

应当注意的是，《条例》还规定了视同工伤的三种情形。在这三种情形下，也应当作为工伤处理。

（四）事故须是职工受到损害的原因

事故必须是造成职工人身损害的原因，这是构成工伤事故责任对因果关系要件的要求。换言之，事故须与职工受到人身损害的事实之间具有引起与被引起的因果关系。

事故，原指意外的损失或灾祸。《条例》只是规定了事故的概念，没有对事故概念作出解释或者界定。在工伤事故责任中，事故一般是指企业事故，并非都是意外而生损害或灾祸，包括管理、指挥、设计、操作上的疏忽、不慎等过错所致的损害或灾祸。在现代科技发展状况下，很多企业事故因无法预见的原因而生，因而非疏忽亦可发生。

企业事故主要是指工业事故，如《民法通则》第 123 条所列举的高度危险作业所生事故。但是，如果认为只有工业事故才可以构成工伤事故，显然是不正确的。事故还应包括其他企业工作中发生的事故。除此之外，认定工伤事故责任中的事故远不止这些，还包括在履行工作职责中受到暴力等意外伤害，因工外出期间由于工作原因受到的伤害或者下落不明，上下班途中受到机动车事故伤害等。这些也认为是广义的事故造成的损害。

事故是职工人身损伤的原因，一般应当要求其因果关系为必然因果关系，即劳动者的损害事实，必须是企业事故直接造成的，否则不构成工伤事故的损害赔偿责任。但是，在事故与损害之间具有相当因果关系的，应当认定为有因果关系。例如，事故致职工身体损伤，没有直接造成死亡的后果，但是职工受到伤害之后受到破伤风病毒感染，因而致死，事故与伤害之间具有直接因果关系，与死亡之间具有相当因果关系，因而应当认定事故与死亡之间具有法律上的因果关系，构成工伤事故责任。前述张某起等诉张某珍工伤事故赔偿案，就是适用相当因果关系学说认定工伤事故因果关系的典范。[①]

具备上述四个要件，即构成工伤事故的损害赔偿责任。

四、工伤事故责任的事实认定及其程序

工伤事故责任认定中，最重要的就是对工伤事故中的工伤认定和劳动能力鉴定。

在所有的事故责任中，都有一个相同的事实认定环节，这就是责任认定，在医疗事故责任中有医疗事故鉴定，在交通事故责任中有交通事故责任认定。与这些责任事故的责任认定不同，工伤事故的认定分为两个部分，即工伤认定和劳动能力鉴定。这两个关系到责任认定的事实认定主体，在工伤保险中分属于不同的机构，认定的事实基础及程序各不相同。

（一）工伤认定

工伤认定是工伤事故责任认定的基础事实认定。它关系到工伤事故责任的构成问题。将职工的人身伤害事实认定为工伤，则构成工伤事故责任，反之，则不构成工伤事故责任。

工伤认定分为广义、狭义的不同概念。广义的工伤认定，就是工伤事故责任认定，实际上就是说的工伤事故责任构成。狭义的工伤认定，是指对于具体的伤

---

① 对此，可以参见笔者在《方圆》杂志发表的《民事侵权十宗案》一文，2003 年第 7 期，第 46 页。

害事实确定是否属于工伤。这里所说的工伤认定是指后者。

1.工伤认定的根据

工伤认定，应当按照《条例》第 14 条至第 16 条的规定进行。工伤、视同工伤者，构成工伤事故责任的基础事实；不得认定为工伤的，不属于工伤事故。

按照《条例》第 14 条规定，职工有下列情形之一的，应当认定为工伤。

（1）在工作时间和工作场所内，因工作原因受到事故伤害的。这是典型的工伤，包含了认定工伤的全部要素，而且都是典型的表现形式。

（2）工作时间前后在工作场所内，从事与工作有关的预备性或者收尾性工作受到事故伤害的。这种工伤认定的关键之点在于工作时间的延伸，将工作时间的前后认定为工作时间，其必要条件是从事的工作必须是与工作有关的预备性或者收尾性工作，因此，履行工作职责的要素也有一定的变化，只有工作场所的要素没有变化。

（3）在工作时间和工作场所内，因履行工作职责受到暴力等意外伤害的。这种情形，是工作原因要素的变化，遭受暴力等意外伤害并非工作原因，而仅仅是与履行工作职责有关。例如，在银行工作，遭受劫匪攻击造成损害，不论是不是为了保护银行财产，都应当认定为工伤。

（4）患职业病的。凡是患职业病，均与工作有关，因此一律认定为工伤。

（5）因工外出期间，由于工作原因受到伤害或者发生事故下落不明的。因工外出，其全部外出时间都认为是工作时间，其外出的地点以及沿途，也都认为是工作场所。由于工作原因受到伤害的，自然属于工伤。即使是在因工外出期间发生事故下落不明的，也应当认定为工伤。

（6）在上下班途中，受到机动车事故伤害的。上下班途中的时间，是为了执行职责，并不是为了自己目的而行为，因此是工作时间的延伸，因意外事故遭受损害的，也应认为是工作时间。如果劳动者在上下班途中遭受的损害是由第三人造成的，依照最高人民法院《关于审理人身损害赔偿案件适用法律若干问题的意见》第 12 条规定，则应由第三人承担赔偿责任，同时可以请求工伤保险赔偿。对此，《条例》规定，上下班途中遭受机动车事故伤害的，认为是工作时间遭受的损害。[①] 例如，2000 年 11 月 20 日晚 11 时，浙江省桐乡县某制衣厂职工杨某下班回家途中，被一辆由魏某驾驶的摩托车撞伤，住院治疗，花费医疗费 2 万余元。交通部门鉴定，杨某负次要责任。法院认为，在上下班规定的时间和必经的途中发生无本人责任或者非本人主要责任的道路交通事故，应认定为工伤事故，享受工伤事故的待遇。可以向直接加害人请求赔偿，也可以直接向单位请求工伤事故赔偿。因此判决制衣厂赔偿杨某补偿金 23 722.45 元。[②]

(7) 法律、行政法规规定应当认定为工伤的其他情形。其他法律和法规规定应当认定为工伤，而《条例》没有规定的，也应当认定为工伤。

按照《条例》第 15 条规定，在工作时间和工作岗位，突发疾病死亡或者在 48 小时之内经抢救无效死亡的；在抢险救灾等维护国家利益、公共利益活动中受到伤害的；职工原在军队服役，因战、因公负伤致残，已取得革命伤残军人证，到用人单位后旧伤复发的，都视同工伤。视同工伤实际上并不是工伤，由于与履行工作职责有关，为了更好地保护职工权利，将其作为准工伤对待，也就是视同工伤。因此《条例》规定，职工有前款第 1 项、第 2 项情形的，按照本条例的有关规定享受工伤保险待遇；职工有前款第 3 项情形的，按照本条例的有关规定享受除一次性伤残补助金以外的工伤保险待遇。

按照《条例》第 16 条规定，职工有下列情形之一的，不得认定为工伤或者视同工伤。

(1) 因犯罪或者违反治安管理伤亡的。职工因犯罪或者违反治安管理伤亡，自然是与履行工作职责无关，不得认定为工伤。

(2) 醉酒导致伤亡的。职工因醉酒而伤亡，也与履行工作职责无关，即使是在工作时间、工作场所，也不得认定为工伤。[③]

(3) 自残或者自杀的。这种人身伤害是行为人自己的责任，不能认定为

① 对此应当说明，这一规定过于狭窄。仅仅规定上下班途中受到机动车事故伤害的为工伤，那么受到其他车辆或者其他原因而遭受损害的，如果不认定为工伤，显然不公平。

② 引自蒋一峰、沈元明：《下班遇车祸属工伤厂方应支付补偿金》，《法制日报》2003 年 2 月 19 日，第 9 版。

③ 不过，在品酒员由于工作原因品酒造成的损害，是特别的情形，应当认定为工伤。

工伤。

2.工伤认定机构

工伤认定的机构是劳动保障行政部门。统筹地区的劳动保障部门分为省级和设区的市级，一般是由设区的市级劳动保障部门负责工伤认定，如果是属于省级劳动保障部门进行的工伤认定，则由用人单位所在地的设区的市级劳动保障部门办理。

3.工伤认定申请和工伤认定材料

工伤认定申请的申请人分为：（1）用人单位；（2）职工或者其直系亲属。用人单位申请的，应当在职工发生事故伤害或者被鉴定、诊断为职业病，所在单位应当自事故伤害发生之日或者被诊断、鉴定为职业病之日起的30日内，向统筹地区的劳动保障部门提出。如果有特殊情况，经过劳动行政部门同意，该期限可以适当延长。如果用人单位未按照前述规定提出工伤认定申请的，工伤职工或者其直系亲属、工会组织可以提出申请，其期限是1年。这样的规定有利于保护职工的合法权益。

提出工伤认定申请应当提交下列材料：一是工伤认定申请表；二是与用人单位存在劳动关系（包括事实劳动关系）的证明材料、医疗诊断证明或者职业病诊断证明书（或者职业病诊断鉴定书）。其中工伤认定申请表应当包括事故发生的时间、地点、原因以及职工伤害程度等基本情况。工伤认定申请人提供材料不完整的，劳动保障行政部门应当一次性书面告知工伤认定申请人需要补正的全部材料。申请人按照书面告知要求补正材料后，劳动保障行政部门应当受理。

4.调查核实、举证责任和认定

在接受工伤认定申请之后，劳动保障行政部门有权进行调查核实。用人单位、职工、工会组织、医疗机构以及有关部门应当予以协助。职业病诊断和诊断争议的鉴定，依照职业病防治法的有关规定执行。对依法取得职业病诊断证明书或者职业病诊断鉴定书的，劳动保障行政部门不再进行调查核实。如果受伤害职工或者其直系亲属认为是工伤，而用人单位不认为是工伤的，用人单位应当负举证责任，提出不是工伤的证据。证明属实的，认定为不属于工伤；不能证明或者

证明不足的，认定为工伤。劳动保障行政部门应当自受理工伤认定申请之日起60日内作出工伤认定的决定，并书面通知申请工伤认定的职工或者其直系亲属和该职工所在单位。

（二）劳动能力鉴定

在工伤发生之后，还应当对受害职工进行劳动能力鉴定。劳动能力鉴定的意义不在于确定是否构成工伤事故责任，而在于受害职工享受何种工伤待遇。因此，劳动能力鉴定不是工伤事故责任构成的基础事实，而是确定事故责任范围的基础事实。

1.鉴定的内容

劳动能力鉴定的内容分为劳动功能障碍等级鉴定和生活自理障碍等级鉴定，这两部分合在一起称为劳动能力鉴定。

劳动功能障碍等级鉴定是确定受害职工因为工伤致使其劳动能力下降的程度，也就是对劳动能力发挥的障碍程度。按照规定，劳动功能障碍的等级为十级，也称为十个伤残等级。最重的为一级，最轻的为十级。

生活自理障碍等级鉴定分为三级，分别是生活完全不能自理，生活大部分不能自理和生活部分不能自理。

根据受害职工的伤残情况和劳动能力鉴定标准，确定受害职工的劳动功能障碍等级和生活自理障碍等级，并且以此确定其享受的工伤保险待遇。

除此之外，《条例》还规定了复查鉴定。其第28条规定，自劳动能力鉴定结论作出之日起1年后，工伤职工或者其直系亲属、所在单位或者经办机构认为伤残情况发生变化的，可以申请劳动能力复查鉴定。复查鉴定仍然要做上述方面的鉴定。

2.劳动能力鉴定组织

劳动能力鉴定机构是劳动能力鉴定委员会，分为两级：省级劳动能力鉴定委员会和设区的市级劳动能力鉴定委员会。设区的市级劳动能力鉴定委员会的鉴定结论是第一级的鉴定结论，省级劳动能力鉴定委员会的鉴定结论是最终的鉴定结论。

劳动能力鉴定委员会的组成，由本级劳动保障行政部门、人事行政部门、卫生行政部门、工会组织、经办机构的代表以及用人单位的代表组成。

劳动能力鉴定委员会建立医疗卫生专家库，将具有医疗卫生高级专业技术职务任职资格、掌握劳动能力鉴定的相关知识和具有良好的职业品德的专家列入专家库中，作为劳动能力鉴定专家组的备用人选。

3. 鉴定程序

劳动能力鉴定由用人单位、工伤职工或者其直系亲属向设区的市级劳动能力鉴定委员会提出申请。提出申请时，应当提供工伤认定决定和职工工伤医疗的有关资料。

第一级的劳动能力鉴定机构为设区的市级劳动能力鉴定委员会。设区的市级劳动能力鉴定委员会收到劳动能力鉴定申请后，应当从医疗卫生专家库中随机抽取 3 名或者 5 名相关专家组成专家组，由专家组提出鉴定意见。设区的市级劳动能力鉴定委员会根据专家组的鉴定意见作出工伤职工劳动能力鉴定结论。如果确有必要，鉴定委员会可以委托具备资格的医疗机构协助进行有关的诊断。鉴定委员会的鉴定结论应当在法定的期限内作出。设区的市级劳动能力鉴定委员会应当自收到劳动能力鉴定申请之日起 60 日内作出劳动能力鉴定结论。如果必要，作出劳动能力鉴定结论的期限可以延长 30 日。劳动能力鉴定结论应当及时送达申请鉴定的单位和个人。

第二级劳动能力鉴定机构为省级劳动能力鉴定委员会。申请鉴定的单位或者个人对设区的市级劳动能力鉴定委员会作出的鉴定结论不服的，可以在收到该鉴定结论之日起 15 日内向省、自治区、直辖市劳动能力鉴定委员会提出再次鉴定申请。省、自治区、直辖市劳动能力鉴定委员会作出的劳动能力鉴定结论为最终结论，不能再要求重新鉴定。

五、工伤保险待遇

职工被认定为工伤，经过劳动能力鉴定之后，享受工伤保险待遇。工伤保险待遇，实际上就是职工在履行工作职责中受到工伤事故损害，用人单位所应当承担的责任。由于国家实行强制工伤保险制度，用人单位定期缴纳工伤保险费，并

以此建立工伤保险基金，因而用人单位的赔偿责任转嫁到工伤保险机构，由工伤保险机构对工伤职工提供保险待遇。

（一）工伤保险待遇的种类和内容

工伤保险待遇包括以下几种。

1.工伤医疗待遇

职工因工作遭受事故伤害或者患职业病进行治疗，享受工伤医疗待遇。这一待遇的内容是：

（1）就医待遇

就医待遇包括以下内容。

第一，治疗。职工治疗工伤应当在签订服务协议的医疗机构就医，情况紧急时可以先到就近的医疗机构急救。

第二，治疗费用。治疗工伤所需费用符合工伤保险诊疗项目目录、工伤保险药品目录、工伤保险住院服务标准的，从工伤保险基金支付。工伤保险诊疗项目目录、工伤保险药品目录、工伤保险住院服务标准，由国务院劳动保障行政部门会同国务院卫生行政部门、药品监督管理部门等部门规定。

第三，治疗补助。职工住院治疗工伤的，由所在单位按照本单位因工出差伙食补助标准的70%发给住院伙食补助费；经医疗机构出具证明，报经办机构同意，工伤职工到统筹地区以外就医的，所需交通、食宿费用由所在单位按照本单位职工因工出差标准报销。工伤职工治疗非工伤引发的疾病，不享受工伤医疗待遇，按照基本医疗保险办法处理。

第四，康复性治疗费用。工伤职工到签订服务协议的医疗机构进行康复性治疗的费用，符合工伤保险诊疗项目目录、工伤保险药品目录、工伤保险住院服务标准的，从工伤保险基金中支付。

（2）伤残辅助工具待遇

工伤职工因日常生活或者就业需要，经劳动能力鉴定委员会确认，可以安装假肢、矫形器、假眼、假牙和配置轮椅等辅助器具，所需费用按照国家规定的标准从工伤保险基金支付。

（3）停工留薪

职工因工作遭受事故伤害或者患职业病需要暂停工作接受工伤医疗的，在停工留薪期内，原工资福利待遇不变，由所在单位按月支付。

停工留薪期一般不超过12个月。伤情严重或者情况特殊，经设区的市级劳动能力鉴定委员会确认，可以适当延长，但延长不得超过12个月。工伤职工评定伤残等级后，停发原待遇，享受伤残待遇。工伤职工在停工留薪期满后仍需治疗的，继续享受工伤医疗待遇。生活不能自理的工伤职工在停工留薪期需要护理的，由所在单位负责。

（4）生活护理

工伤职工已经评定伤残等级并经劳动能力鉴定委员会确认需要生活护理的，从工伤保险基金按月支付生活护理费。

生活护理费按照生活完全不能自理、生活大部分不能自理或者生活部分不能自理三个不同等级支付，其标准为统筹地区上年度职工月平均工资，生活完全不能自理的为50%，生活大部分不能自理的为40%，生活部分不能自理的为30%。

2. 伤残待遇

工伤职工经过鉴定劳动能力障碍等级的，按照伤残等级的不同，享受不同的伤残待遇：

（1）一级至四级的伤残待遇

职工因工致残被鉴定为一级至四级伤残的，保留劳动关系，退出工作岗位，享受以下待遇。

第一，一次性伤残补助。从工伤保险基金按伤残等级支付一次性伤残补助金，标准为：一级伤残为24个月的本人工资，二级伤残为22个月的本人工资，三级伤残为20个月的本人工资，四级伤残为18个月的本人工资。

第二，伤残津贴。从工伤保险基金按月支付伤残津贴，标准为：一级伤残为本人工资的90%，二级伤残为本人工资的85%，三级伤残为本人工资的80%，四级伤残为本人工资的75%。伤残津贴实际金额低于当地最低工资标准的，由工伤保险基金补足差额。

第三，基本养老金保险。工伤职工达到退休年龄并办理退休手续后，停发伤残津贴，享受基本养老保险待遇。基本养老保险待遇低于伤残津贴的，由工伤保险基金补足差额。

职工因工致残被鉴定为一级至四级伤残的，由用人单位和职工个人以伤残津贴为基数，缴纳基本医疗保险费。

（2）五级、六级伤残的待遇

职工因工致残被鉴定为五级、六级伤残的，享受以下待遇。

第一，一次性伤残补助金。从工伤保险基金按伤残等级支付一次性伤残补助金，标准为：五级伤残为16个月的本人工资，六级伤残为14个月的本人工资。

第二，安排适当工作或伤残津贴。保留与用人单位的劳动关系，由用人单位安排适当工作。难以安排工作的，由用人单位按月发给伤残津贴，标准为：五级伤残为本人工资的70%，六级伤残为本人工资的60%，并由用人单位按照规定为其缴纳应缴纳的各项社会保险费。伤残津贴实际金额低于当地最低工资标准的，由用人单位补足差额。

经工伤职工本人提出，该职工可以与用人单位解除或者终止劳动关系，由用人单位支付一次性工伤医疗补助金和伤残就业补助金。具体标准由省、自治区、直辖市人民政府规定。

（3）七级至十级的伤残待遇

职工因工致残被鉴定为七级至十级伤残的，享受以下待遇。

第一，一次性伤残补助金。从工伤保险基金按伤残等级支付一次性伤残补助金，标准为：七级伤残为12个月的本人工资，八级伤残为10个月的本人工资，九级伤残为8个月的本人工资，十级伤残为6个月的本人工资。

第二，一次性工伤医疗补助金和伤残就业补助金。劳动合同期满终止，或者职工本人提出解除劳动合同的，由用人单位支付一次性工伤医疗补助金和伤残就业补助金。具体标准由省、自治区、直辖市人民政府规定。

3.工伤复发和再次发生工伤的待遇

工伤职工工伤复发，确认需要治疗的，享受本条例规定的工伤医疗待遇。

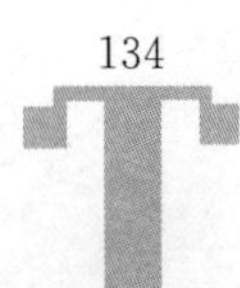

包括治疗待遇、伤残辅助工具、停工留薪和生活护理等待遇。职工再次发生工伤，根据规定应当享受伤残津贴的，按照新认定的伤残等级享受伤残津贴待遇。

4.工亡待遇

职工因工死亡，其直系亲属按照规定从工伤保险基金领取丧葬补助金、供养亲属抚恤金和一次性工亡补助金。

（1）丧葬补助金。丧葬补助金为6个月的统筹地区上年度职工月平均工资。

（2）供养亲属抚恤金。供养亲属抚恤金按照职工本人工资的一定比例发给由因工死亡职工生前提供主要生活来源、无劳动能力的亲属。标准为：配偶每月40%，其他亲属每人每月30%，孤寡老人或者孤儿每人每月在上述标准的基础上增加10%。核定的各供养亲属的抚恤金之和不应高于因工死亡职工生前的工资。供养亲属的具体范围由国务院劳动保障行政部门规定。

（3）一次性工亡补助金。一次性工亡补助金标准为48个月至60个月的统筹地区上年度职工月平均工资。具体标准由统筹地区的人民政府根据当地经济、社会发展状况规定。

（4）特别规定。伤残职工在停工留薪期内因工伤导致死亡的，其直系亲属享受前述三项待遇。一级至四级伤残职工在停工留薪期满后死亡的，其直系亲属可以享受前述第一项和第二项待遇。

5.因工外出或者抢险救灾中下落不明的待遇

职工因工外出期间发生事故或者在抢险救灾中下落不明的，从事故发生当月起3个月内照发工资，从第4个月起停发工资，由工伤保险基金向其供养亲属按月支付供养亲属抚恤金。生活有困难的，可以预支一次性工亡补助金的50%。职工被人民法院宣告死亡的，按照职工因工死亡的规定处理。

（二）工伤待遇的变化和停止

1.工伤待遇的停止

工伤职工有下列情形之一的，停止享受工伤保险待遇。（1）丧失享受待遇条件的；（2）拒不接受劳动能力鉴定的；（3）拒绝治疗的；（4）被判刑正在收监执

行的。

2.用人单位变化的工伤保险关系

（1）分立、合并和转让。用人单位分立、合并、转让的，承继单位应当承担原用人单位的工伤保险责任；原用人单位已经参加工伤保险的，承继单位应当到当地经办机构办理工伤保险变更登记。

（2）承包经营。用人单位实行承包经营的，工伤保险责任由职工劳动关系所在单位承担。

（3）借调。职工被借调期间受到工伤事故伤害的，由原用人单位承担工伤保险责任，但原用人单位与借调单位可以约定补偿办法。

（4）破产。企业破产的，在破产清算时优先拨付依法应由单位支付的工伤保险待遇费用。

3.出境工作的工伤保险关系

如果职工被派遣出境工作，依据前往国家或者地区的法律应当参加当地工伤保险的，参加当地工伤保险，其国内工伤保险关系中止；不能参加当地工伤保险的，其国内工伤保险关系不中止。

六、工伤事故责任的法律适用和审判对策

（一）工伤事故责任纠纷的不同性质和工伤保险优先原则

在以上的论述中，都是基于《工伤保险条例》的规定，说明工伤保险责任的处理规则。其中关于工伤事故责任构成的论述，对于工伤事故责任纠纷也是适用的。

工伤保险责任纠纷和工伤事故赔偿责任纠纷这样两个概念，既有联系，也有区别，其中工伤保险责任纠纷依照《工伤保险条例》规定处理，起诉到法院的工伤事故赔偿责任纠纷依照最高人民法院《关于审理人身损害赔偿案件适用法律若干问题的解释》第 11、12 条规定处理

1.首先要解决的就是工伤保险责任纠纷的法律适用和民事诉讼问题

按照《条例》规定，我国的劳工赔偿就是工伤保险。这是工伤事故责任的基

本处理方式。由于我国的各类企业和个人雇工都实行工伤强制保险，因而发生工伤事故，就要按照《工伤保险条例》的规定，确定保险责任。发生工伤保险责任纠纷，应当适用《条例》的规定。

如果因为工伤保险责任问题发生纠纷，究竟应当怎样处理，值得研究。对此，《条例》没有作出规定。按照一般规律，界定工伤保险责任纠纷，其性质应当是劳动争议，应当按照劳动争议的一般处理规则处理。那就是，既可以实行仲裁解决，也可以适用民事诉讼程序解决。现行的劳动争议制度是先实行劳动仲裁，对仲裁不服，再提起民事诉讼。目前在没有明确规定的情况下，应当采用这种办法处理。发生工伤保险纠纷，先应当向劳动仲裁机构提出仲裁申请，由该机构作出仲裁裁决。对仲裁裁决不服的，工伤职工、用人单位和工伤保险机构的任何一方都可以向法院起诉，提起民事诉讼程序，由人民法院依法裁决。

2.法律适用和事实认定问题

解决工伤保险责任纠纷，应当适用《工伤保险条例》的规定。在法院审理中，人民法院应当按照条例规定，确认工伤，进行劳动能力鉴定，确定工伤职工应当享受的工伤保险待遇。对此，不能适用《民法通则》规定的侵权责任。

这里涉及法院认定事实中对工伤认定和劳动能力鉴定的认定问题。在事故责任纠纷的审理中，都存在一个审判机关对责任鉴定结论的审查问题。因为事故责任鉴定是一个事实问题，鉴定本身就是一个证据，法官有权进行审查，也必须进行审查，最终确认鉴定结论的正确性，决定是否采信这个证据。例如，道路交通事故责任认定，法院如果认为有问题，可以依据自己在法庭的调查结果作出认定。在医疗事故鉴定中，虽然没有规定法官对该鉴定意见的审查权，但是依据一般的诉讼规则，法官应当进行审查，并且有权重新组织专家鉴定组进行鉴定，作出责任认定。

对于工伤事故责任中的工伤认定和劳动能力鉴定，法官应当进行审查，根据自己的审查，确认其证明力。如果法官对工伤认定和劳动能力鉴定结论有怀疑，可以进行重新认定和鉴定。鉴于工伤认定并不是专家作出的鉴定，而是劳动保障部门作出的认定，况且认定工伤不需要特别的专业技能，因此，法官可

以依据法庭调查的事实作出工伤认定，而不需要另外组成专家组作出。如果对工伤职工的劳动能力鉴定结论有怀疑，则法庭应当重新组织专家鉴定组，进行重新鉴定。专家鉴定组的组成，应当遵守组成规则，在专家库中随机抽取专家组成。

3.工伤保险责任优先原则

正因为工伤事故既有侵权行为的性质，又有劳动保险的性质，所以，在发生工伤事故之后，究竟是先向工伤保险机构请求理赔，还是先向用人单位请求赔偿，应当明确。工伤保险赔偿是否可以替代侵权赔偿，抑或侵权赔偿是否可以替代工伤保险赔偿，通说认为，在这种情况下如果可以选择，则工伤保险就没有意义了，而工伤保险是解决工伤事故的最好方法，可以及时解决纠纷，因此应当先按照工伤保险责任纠纷处理。这就是工伤保险责任优先原则。

工伤保险责任优先原则，是指发生了工伤事故，订有工伤保险合同的，应当先向保险人要求赔偿。保险理赔之后的不足部分，受害人有权要求用人单位赔偿。

（二）工伤事故赔偿责任纠纷按照侵权行为法处理的可能性和法律适用问题

对于工伤事故是不是绝对的必须按照工伤保险责任规定处理，有没有存在按照侵权行为法的规定处理的可能性，值得研究。对此，《条例》没有规定，好像没有这种可能性。但是，工业事故本身的性质就是特殊侵权行为，工伤事故具有工伤保险和侵权责任的双重属性，而工伤保险仅仅是一种解决工业事故责任的方法，尽管它是基本的方法，但是工伤保险待遇不能替代侵权赔偿责任。其理由，一是因为保险的数额是固定的，与造成的损害没有相对应的关系，未必能够填补工伤职工的实际损害；二是因为保险不能赔偿精神损害，所以工伤保险不能完全代替侵权赔偿。因此，如果不在工伤保险范围之内的工伤事故赔偿责任纠纷，或者当事人坚持选择按照侵权行为法进行民事诉讼的，应当准许，适用侵权行为法的规定处理工伤事故责任纠纷。如果劳动者没有订立劳动合同或者劳动合同已经失效，在工作中遭受损害，无法请求劳动保险赔偿，对此，受害人有权要求用人单位承担工伤事故赔偿责任。

如果受害人是因违反劳动纪律、操作规程等自己的原因造成工伤事故，受到损害的，用人单位也应当适当赔偿受害人的损失，但是应当减少用人单位的赔偿数额。

确定工伤事故赔偿责任的范围，应当如何适用法律，我提出以下意见。

第一，如果当事人依照侵权诉讼提出请求，究竟是按照《民法通则》的规定处理，还是按照《工伤保险条例》的有关规定处理。我认为，既然当事人提出的诉讼请求不是工伤保险责任纠纷，而是按照侵权的工伤事故责任纠纷提出的请求，就应当适用《民法通则》关于侵权行为的规定处理，不能适用《工伤保险条例》的规定，但是可以适当参考《条例》规定的工伤保险待遇的内容。

第二，按照侵权行为法处理工伤事故赔偿责任纠纷，究竟应适用《民法通则》的哪一条文，不无疑问，仍有探讨的必要。在实务上，有的判例适用《民法通则》第106条第2款过错责任原则确定工伤事故赔偿责任。例如《最高人民法院公报》1989年第1号发表《张连起、张国莉诉张学珍损害赔偿纠纷案》，适用《民法通则》第106条第2款，确认雇主张学珍对因工伤事故死亡的张国胜之近亲属张连起、张国莉承担侵权民事责任，赔偿损失。这一案件具有典型意义，又在《最高人民法院公报》发表，可以代表司法实务的一般看法。在理论上，学者认为此案适用法律不当，因为本案属从事高空作业，应当适用《民法通则》第123条。[①]

确定工伤事故损害赔偿责任，应适用无过错责任原则，是各国劳工赔偿立法的通例。我国《工伤保险条例》的基本精神也是适用无过错责任原则。因而，法院对于张学珍案判决适用《民法通则》第106条第2款是明显错误的。

确定工伤事故损害赔偿责任适用《民法通则》第123条，无论是从该条立法的历史渊源考察，还是就其条文的内容蕴涵考察，均没有原则的问题。但有一个疑问，就是第123条不能涵盖所有的工伤事故。在现实生活中，很多企业不属于第123条列举的高空、高压、易燃、易爆、剧毒、放射性、高速运输工具等对周

① 梁慧星：《民法学说判例与立法研究》，中国政法大学出版社1993年版，第276页。

围环境有高度危险的作业，例如，普通的机床加工，难说是高度危险作业，但经常有机械加工工人因从事该工作时因工致伤、致残，造成工业事故；人力车运输工人推人力车，显然不能属于高速运输工具，但运输中致伤、致残，仍属工伤事故，于此适用第123条显然不适当。

我认为，确定工伤事故损害赔偿责任，应当首先适用《民法通则》第106条第3款，属于高度危险作业致劳动者损害的，同时适用该法第123条。对此，会有人认为，《民法通则》第106条第3款规定的是无过错责任原则，它强调的是“但法律规定应当承担责任的”这样的内容，法律没有另外的规定，不得单独适用该款规定。这种说法不无道理。应强调指出的是，对于工伤事故赔偿责任采无过错责任原则，《工伤保险条例》有原则的体现，适用《民法通则》第106条第3款规定，依据《工伤保险条例》的规定，就解决了这个问题，因而是顺理成章的。

（三）第三人的责任问题

劳动者在工伤事故中造成了自己的人身损害，但是事故的原因不是劳动者的原因引起的，而是由于用人单位以外的第三人的责任引起的。在这时，再让用人单位承担损害赔偿责任就不合理了。按照责任应当由直接责任者负责的原则，造成劳动者人身损害的行为人是用人单位之外的第三人的，应当由该第三人承担赔偿责任，用人单位不承担责任。侵权损害赔偿低于工伤保险赔偿的，其差额部分由工伤保险赔偿予以补足，但精神损害赔偿数额不应计算在扣减范围内。这种责任的性质属于补充责任。①

（四）关于人身损害事先免责条款的效力问题

在劳动合同当中，双方当事人经常就工伤事故的赔偿问题作出免除雇主责任的协议条款。如前述张国胜与张学珍订立劳动合同时，在招工登记表注明“工伤概不负责任”的内容；吉林市王×之表兄受雇，为一家个体承包的砖厂提供劳务，受工伤后，厂方根据当时签订的“被雇人员伤亡厂方概不负责”的合同，拒

① 关于侵权责任补充责任，请参见杨立新：《论侵权责任补充责任》，《法律适用》2003年第6期。

绝予以赔偿。[1] 这两个劳动合同中厂方概不负工伤事故赔偿责任的约定，就是事先免责条款。

事先免责条款是指双方当事人预先达成一项协议，免除将来可能发生损害的赔偿责任。这样的协议，就是事先免责条款，分为违反合同的免责条款和侵权行为的免责条款。劳动合同中的事先免责条款是人身伤害侵权行为的事先免责条款。

在我国，对事先免责条款的效力问题，原来没有规定。最高人民法院曾依据前述张学珍判例，作出如下司法解释："经研究认为，对劳动者实行劳动保护，在我国宪法中已有明文规定，这是劳动者所享有的权利，受国家法律保护，任何个人和组织都不得任意侵犯。张学珍、徐广秋身为雇主，对雇员理应依法给予劳动保护，但他们却在招工登记表中注明'工伤概不负责任'。这是违反宪法和有关劳动保护法规的，也严重违反了社会主义公德，对这种行为应认定为无效。"据此，学者认为，我国司法实务首次表明了对侵权行为免责条款所持的立场，以判例法形式确立了一项法律原则：有关人身伤害的侵权行为免责条款无效。[2]

《合同法》确立了这一原则，其第53条规定："合同中的下列免责条款无效：（一）造成对方人身伤害的；（二）因故意或者重大过失造成对方财产损失的。"这是我国法律第一次明确规定事先免责条款无效原则。

依据这一原则，对于所有在劳动合同中，双方当事人约定工伤事故免除雇主赔偿责任的，都没有法律上的拘束力，都不能预先免除雇主的赔偿责任。劳动者在执行劳动合同中，遭受工伤伤害，都有权获得赔偿，可以直接向雇主请求，也可以向劳动管理部门申请处理，还可以直接向人民法院起诉，以保证获得工伤事故赔偿损失权利的实现。

（五）冒名签订劳动合同缴纳工伤保险费用发生工伤的保险责任承担

张某红以"张某敏"名义，并提供张某敏的身份证件，于2016年某日与某

---

① 杨立新：《疑难民事纠纷司法对策》，吉林人民出版社1991年版，第355页。

② 梁慧星：《民法学说判例与立法研究》，中国政法大学出版社1993年版，第282页。

电子公司签订劳动合同，并实际在该公司工作，合同成立的第四天，该公司即为“张某敏”缴纳包括工伤保险在内的各项社会保险。事后不久，张某红在工作中因病死亡，经工伤事故鉴定为“视为工伤事故”。张某红家属主张工伤保险理赔，工伤保险机构以张某红没有建立工伤保险合同关系为由，予以拒绝。原告无奈，向法院起诉该公司，该公司以已经为其办理工伤保险为由予以拒绝，法院判决该公司承担工伤损害责任。

对于这种冒名签订劳动合同并缴纳工伤保险费用后，发生工伤事故，究竟应当进行工伤保险理赔，还是由用人单位承担工伤事故责任，是一个值得研究的问题。

我们认为，法院的这个判决是不正确的。首先，该公司已经为死亡劳动者张某红以“张某敏”的名义缴纳了工伤保险。其理由是：第一，死亡劳动者张某红以“张某敏”为名，并提供张某敏的身份证件，与该公司签订劳动合同，并实际在该公司工作，事实劳动关系成立。该公司在以为死亡劳动者的张某红就是张某敏，为该劳动者缴纳包括工伤保险在内的各项社会保险时，也是以张某敏的名义。实际上，张某敏完全没有与该公司签订劳动合同，也没有在该公司工作过，在该公司工作的就是张某红。《工伤保险条例》第 10 条第 2 款规定：“用人单位缴纳工伤保险费的数额为本单位职工工资总额乘以单位缴费费率之积。”按照这一规定，该公司不可能为非本公司的职工缴纳工伤保险。因此，不论在社会保险机构登记的姓名如何，该公司是为在本公司工作的劳动者本人即张某红缴纳的工伤保险。第二，该公司在为劳动者缴纳工伤保险时，没有故意隐瞒劳动者的真实姓名，而且在劳动者入职四天内便为其缴纳了各项社会保险，不存在任何过失。《工伤保险条例》第 10 条第 1 款规定：“用人单位应当按时缴纳工伤保险费。职工个人不缴纳工伤保险费。”该公司已经依法按时为死亡劳动者缴纳了工伤保险费。对于社会保险机构中记录的劳动者姓名是张某敏，而非张某红，是由于劳动者本人冒名顶替造成的，不能据此认定该公司没有为劳动者缴纳工伤保险。

其次，工伤保险登记的性质属于非许可性登记，不能以被保险人姓名登记错

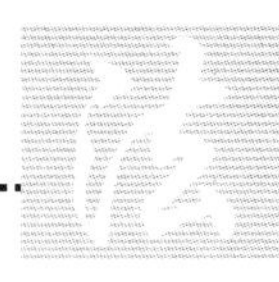

误为由剥夺劳动者享受工伤保险待遇的权利。工伤保险登记的性质属于非许可性登记，是行政机关为实现特定行政管理职能，根据法律、法规、规章的有关规定，依相对人申请，对符合法定条件的涉及相对人人身权、财产权等方面的法律事实予以书面记载的行为。工伤保险登记如果存在错误，可以进行更正，纠正错误登记，而不能以工伤保险中被保险人的姓名登记错误为由，剥夺劳动者享受工伤保险待遇的权利。该公司已经按照《工伤保险条例》等的规定，按时为劳动者缴纳了工伤保险费，尽管由于劳动者本人冒用他人姓名，导致在工伤保险机构登记的被保险人姓名是张某敏，该登记行为是可以更正的，并不影响该公司已经缴纳的工伤保险的合法性和有效性。

再次，工伤保险基金的设置就是为了分散企业的工伤风险，张某红的近亲属应当从工伤保险基金领取丧葬补助金、供养亲属抚恤金和一次性工亡补助金。《工伤保险条例》的立法目的在该条例第 1 条明确规定为："为了保障因工作遭受事故伤害或者患职业病的职工获得医疗救治和经济补偿，促进工伤预防和职业康复，分散用人单位的工伤风险，制定本条例。"该公司已经按照《工伤保险条例》的规定，按时为死亡劳动者缴纳了工伤保险费，且于该劳动者张某红在工作时突发疾病抢救无效死亡后，主动向当地人力资源和社会保障局申请工伤认定，该局作出工伤认定，认为张某红死亡情形符合《工伤保险条例》第 15 条第 1 项规定，认定视同工伤。那么，工伤保险机构就应当向实际的工伤保险的被保险人的近亲属支付被保险人的保险待遇。

最后，在上述分析的基础上，可以确认，用人单位已经为死亡劳动者缴纳工伤保险，尽管是冒名职工，但是，由于工伤保险登记的性质属于非许可性登记，不能以被保险人姓名登记错误为由，剥夺劳动者享受工伤保险待遇的权利，工伤保险基金的设置，就是为了分散企业的工伤风险，因而，工伤保险机构不能推脱自己的保险理赔责任，应当对死亡劳动者的近亲属承担保险责任。而用人单位已经为死亡劳动者缴纳工伤保险费用，就不能适用最高人民法院的司法解释，对死亡劳动者承担工伤事故赔偿责任。

第二节　火灾事故责任的性质及其民事责任

一、火灾事故责任的一般情况

（一）以侵权行为法处理火灾事故责任的必要性

在人类社会中，火是不可须臾离开的一种现象。人类既不能离开火，又经常被火所引起的火灾事故所困扰。

在原始社会，原始人在火灾中认识到了火的作用，并学会利用火，使自己成为支配世界的主宰。但是，在对火失去控制，并对财产和人身造成损失的灾害不断袭扰人类社会的时候，火灾又成为危害人类的最为重要的一种灾害。据调查统计，目前全球每年发生人为原因及自然原因引起的火灾，达 600 万至 700 万起，数万人在火灾中丧生，成千上万亿的财富在火灾中化为灰烬，因而导致贫困、混乱、灾难甚至毁灭。[①] 费翔在春节晚会上的《冬天里的一把火》的旋律尚没有结束，大兴安岭的一场大火就造成了成千上万亩森林化为灰烬的惨痛后果。那些在日常生产和生活中发生的火灾，伴随的同样是生命的丧失、健康的损害和财产的损失。

面对火灾对人类的危害，人们一直在不断地探求防止火灾发生、减少火灾损害的方法。其中使用法律责任的手段制裁火灾事故责任者，就是防止火灾、减少火灾损害的重要手段。

但是，在现行的法律制度中，人们更重视的是刑法手段和行政手段对制裁造成火灾事故责任者的作用，忽略了民法手段在这方面的重要作用。例如，在 1998 年 4 月 29 日第九届全国人民代表大会常务委员会第二次会议通过的《中华

① 郭晓霞：《论失火侵权责任与火灾保险制度》，载杨立新主编：《侵权法热点问题理论探讨》，人民法院出版社 2000 年版，第 321 页。

人民共和国消防法》（2008 年修正）中，就只规定了有关单位和个人的消防义务，规定了违反消防义务的单位和个人的行政责任，以及在第 53 条规定的“有违反本法行为，构成犯罪的，依法追究刑事责任”刑事制裁手段。同时，我国《刑法》第 114 条、115 条规定了失火罪的刑事责任。

诚然，国家法律通过追究火灾事故责任者的行政责任和刑事责任，对违法犯罪分子能够起到惩治和教育作用，但是，行政手段和刑事手段所侧重的，是对火灾事故责任者的人身制裁和有限的财产制裁，是用公法的手段解决国家公法秩序和社会的稳定，并没有很好地解决更为广泛的社会问题。这就是受到火灾损害的受害人的保护问题，诸如受害人的损失以及权利的救济。在这个方面，如果不辅之以民法方面的救济和保护，受害人因火灾而受损害的人身伤害和财产损失，就不能得到弥补，人身权利和财产权利就不能得到救济和保护，也就无法完全实现法律所追求的公平、正义目标。从这个意义上说，公法秩序和社会稳定也就没有办法完全得到维护。

在这个方面，民法侵权行为法的作用是不可替代的。

首先，侵权行为法确认火灾事故责任者实施的行为是侵权行为，因而使其有可能承担侵权民事责任。侵权行为法认为，任何造成他人人身权利、财产权利受到损害的行为，都是侵权行为，都应当承担以损害赔偿为主要责任形式的侵权责任。火灾事故责任者实施的行为引起火灾，都会造成公民和法人的损害，包括人身的损害和财产的损害。这都是侵害民事权利的行为，都符合侵权行为的要求，构成侵权行为，其后果就是承担侵权民事责任。认定火灾事故责任者实施的行为是侵权行为，就使火灾事故责任者有了承担侵权责任的基础。侵权行为法的这种作用，其他任何法律都不能替代。

其次，侵权行为法立足于对损害的救济和对受到侵害的权利的恢复，因而使受害人受到侵权行为侵害的权利得到恢复，使受害人受到侵权行为侵害所造成的人身损害和财产损害得到补偿。因此，侵权行为法规定的侵权责任着眼的是对受害人的救济，是对损失的补偿。行政责任和刑事责任不具有这样的功能，不能代替侵权责任所起到的对受害人进行救济的这种作用。

再次，侵权行为法虽然主要着眼于对受害人权利损害的救济，但是它通过对人与人之间的私法关系的调整，实现的是对社会秩序的规范，因此，通过以财产手段制裁侵权行为人的方法，达到恢复社会正常秩序和社会稳定的目的。同时，这种财产制裁的手段还具有警示社会、教育他人的作用，通过对火灾事故责任者的财产制裁，教育人们对火灾事故危害性有所认识，防止对火灾事故的故意或者不谨慎的态度，接受应有的制裁，有利于提高整个社会对防止火灾事故的防范意识，保障人类生存环境的安全，推动社会的发展。

因此，民法侵权行为法应当与国家的其他法律一道，共同构建防范火灾事故、分担火灾损害、救济权利损害、保障社会安全的完整法律体系。民法侵权行为法在处理火灾事故责任中的重要作用，是不可忽视的，必须加以特别的重视。

（二）火灾事故责任的概念和法律特征

火灾事故责任是一个广义的概念。之所以这样说，就是因为用行政手段和刑事手段制裁火灾事故责任者，同样使用这个概念。

从民法的意义上看，火灾事故责任研究的是损害赔偿问题，因此，民法研究火灾事故责任就是从侵权行为法的角度来界定这个概念。

火灾事故责任就是指行为人由于过错造成火灾事故，侵害单位或者自然人的人身权利或者财产权利，所应当承担的以损害赔偿为主要责任方式的侵权民事责任。

从侵权行为法的角度研究火灾事故责任，这个概念具有以下法律特征。

第一，火灾事故责任是由火灾引起的责任事故。

火灾，是由于用火不当，或者故意以火灾的形式，所引起的灾难。用火不当引起的火灾事故，是失火；故意以火灾的形式引起的火灾，是纵火。

火灾事故责任就是由于火灾引起的责任事故，而不是由于其他原因引起的责任事故，不是道路交通的原因，不是医疗差错的原因，也不是劳动保险原因所引起。在事故责任中，事故中的“事”，就是事故责任界限的标志，什么样的“事”引发的事故责任，就是什么样的事故责任。所以，由火灾引起的事故，是界定火灾事故责任与其他事故责任的基本界限，借以与其他责任事故相区别。

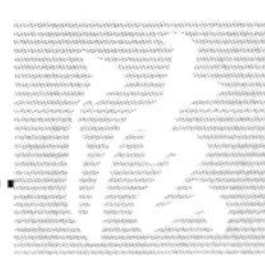

第二，火灾事故责任是由责任人承担法律责任的事故责任。

这种灾难，不是自然性的灾难，而是一种人为的灾难，是由于人的不当行为或者故意行为所引起的灾难。在自然界，也有自然原因引起的火灾事故，如果这种自然性的火灾事故有人为的因素，仍然属于民法上的火灾事故。只有那些没有人为的因素所引起的火灾事故，才不认为是民法意义上的火灾事故。例如，堆积的煤矸石因为自燃引起的火灾，如果是对煤矸石堆放的处理方法不当，或者是对煤矸石自燃问题没有采取好防范措施，造成的火灾就是人为的因素引起的火灾，因为这样可以有归责于责任人的因素，而成为民法意义上的火灾事故；如果没有人为的因素，无法归责于责任人，那就是自然原因引起的火灾。自然原因引起的火灾，没有责任人承担责任，因而是免除责任的抗辩事由。

第三，火灾责任事故要承担的是民事侵权责任。

无论是失火引起的火灾，还是纵火引起的火灾，虽然都发生法律责任，但是法律责任的性质不同。有的构成刑事犯罪，如纵火构成纵火罪，失火造成严重后果的，构成失火罪。在刑事责任追究的火灾责任事故和行政责任追究的火灾事故责任，分别由刑法和行政法调整，主要的调整方式是对行为人行为的追究，解决的是惩罚性的责任问题。同样，无论是失火还是纵火，在发生刑事责任或者行政责任的同时，以及虽然不发生刑事责任或者行政责任，这些行为都可以发生民事侵权责任，行为人要承担民事侵权的责任。这种责任方式所要解决的问题，是火灾事故对受害人权利受到侵害所引起的损失的救济问题，而主要的不是对行为人的制裁——尽管这种责任方式同样具有对行为人进行经济制裁的意义。

二、火灾事故责任的归责原则和构成要件

（一）火灾事故责任的归责原则

归责原则在侵权行为法中具有核心的地位。在确定一种侵权行为的责任构成要件时，首先必须确定这种侵权行为应当适用什么样的归责原则。这不仅仅确定了这种侵权行为的责任构成要件，而且就确定了这种侵权责任的基本性质。

在研究火灾事故责任的时候，首先也必须解决对火灾事故责任适用什么样的归责原则归责。这也是确定火灾事故责任的构成要件和责任性质的重要问题。不解决这个问题，研究火灾责任事故就无从下手。

我国侵权行为法的归责原则体系，是由三个归责原则构成的，这就是过错责任原则、无过错责任原则和公平责任原则。其中过错责任原则有两种表现形式，一种是用证明的方法证明过错的一般过错责任原则，一种是用推定方式认定过错的过错推定原则。一般侵权行为适用过错责任原则，以过错作为价值判断标准，通过惩戒有过错行为的人来指导人的正确行为，以预防侵权行为的发生。在法律有特别规定的场合，适用过错推定原则或者无过错责任原则，确定侵权责任的归属，增加受害人获得赔偿的可能性，对行为人的行为进行制裁，以减轻社会危险因素，预防侵权行为的发生。这就是特殊侵权责任的问题，因为特殊侵权行为责任只适用过错推定原则和无过错责任原则。

火灾事故责任不是单一的责任形式。在这一点上，与其他事故责任相似，就是虽然发生的事故原因是一样的，都是火灾所引起的事故责任，但是，发生火灾的场合却有所不同，引起火灾的行为人的属性不同，因而有些属于一般侵权行为，有些属于特殊侵权行为；就是在同为特殊侵权行为所引起的火灾事故责任中，也有的属于高度危险作业、产品责任、环境污染所引起的，要承担的是无过错责任的特殊侵权行为，有的是由于行为人的特殊属性，要承担的是为他人的行为负责的替代责任，要适用过错推定责任原则归责。这就是说，火灾责任事故，有的属于特殊侵权责任，有的不属于特殊侵权责任。对此，在司法实践中应当特别加以注意。

火灾事故责任分别适用以下不同的归责原则。

1. 适用无过错责任原则调整的火灾事故责任

适用无过错责任原则归责的火灾事故责任，应当属于法律规定的适用无过错责任原则的场合发生的火灾事故。不属于这个法定场合发生的火灾事故，不得适用无过错责任原则归责。

法律规定的适用无过错责任原则的特殊侵权行为，为产品侵权责任、高度危

险作业致害责任、环境污染致害责任和动物致害责任，有的认为国家赔偿责任也适用无过错责任原则。在这些范围内发生的火灾事故，应当适用无过错责任原则。

例如，因产品质量缺陷，在使用中引起火灾，适用无过错责任原则调整。在高度危险作业中引起火灾，如架设高压线引起火灾，煤气管道爆炸引起火灾，等等，应当适用无过错责任原则归责。环境污染引起的火灾，也是无过错责任原则调整的范围，也要适用无过错责任原则归责。在动物致害的场合，是不是可以引起火灾事故，值得研究。如果确实是动物的原因引起的火灾事故，应当适用无过错责任原则归责。[①]

2.适用过错推定原则调整的火灾事故责任

在火灾事故责任中，并不是所有的都要适用过错推定责任原则归责。只有在适用过错推定责任原则的场合，才可以适用过错推定原则归责。这是因为，适用过错推定原则归责，必须符合适用过错推定责任原则的条件。而适用过错推定原则的条件，必须是法律有特别规定的特殊侵权行为。

适用过错推定责任的特殊侵权行为就是：雇用人侵权责任、法人工作人员侵权责任、法定代理人的侵权责任，以及地下工作物致害责任和建筑物及其他地上物致害责任。前面的三种特殊侵权责任是用人的特殊侵权责任，后面的两种则是物件致害责任。除此之外，不应当适用过错推定责任。

在特殊侵权行为属于用人的替代责任中，被用人在执行职务中造成的火灾事故，应当适用过错推定责任原则，确定火灾事故责任。例如，受雇人、法人的工作人员在执行职务过程中造成火灾事故，或者被法定代理人监督的人造成火灾事故，都要由雇用人、法人或者法定代理人承担火灾事故责任，归责原则是过错推定责任原则。物件管理不当，包括地下物和地上物，造成火灾事故，也要适用过错推定责任原则归责。在其他方面，不得适用过错推定责任原则确定火灾事故

① 最近看过一个英国电影《黑猫》，说的是一个人训练了一只黑猫，可以做杀人等坏事。这只猫看到油撒出来，就踢倒蜡烛，点燃油，造成火灾。这样的事件，应当适用无过错责任原则，由饲养人承担赔偿责任。

责任。

3.适用过错责任原则归责的火灾事故责任

在一般侵权行为引起的火灾事故中，适用过错责任原则归责，确定火灾事故责任。有人认为，凡是在火灾事故责任中，适用过错责任原则归责的，都适用过错推定原则归责。这是不对的。在火灾事故责任中，该适用过错责任原则归责的，还应当区分造成火灾事故的是不是属于特殊侵权责任，属于特殊侵权责任的，适用过错推定原则，不属于特殊侵权责任的，就要适用一般的过错责任原则归责。

判断的标准，就是除去适用无过错责任原则和过错推定原则归责的火灾事故责任以外，其他造成火灾事故的，都应当适用过错责任原则归责。例如，在生活中，乱扔烟头造成火灾，就是由于自己的行为造成的火灾事故，这是典型的一般侵权行为，而不是特殊侵权行为，因而适用过错责任原则，按照《民法通则》第106条第2款的规定确定侵权责任。

这种火灾事故责任，是最为普通的侵权责任，本不在这里讨论的范围内。但是，事故责任本来就是一种综合性的侵权责任，有些事故责任总体上是特殊侵权行为，但是有很多情形并不属于特殊侵权责任，只是为了研究事故责任的赔偿责任，放在一起阐释。

在火灾事故责任中，适用不同的归责原则归责，最主要的区别，就是立法者在特殊侵权责任中，对责任人确定更为严格的责任，使受害人的损害更容易得到补偿。其中最主要的表现，就是对行为人不问过错和实行过错推定。

在适用无过错责任原则归责的特殊侵权行为中，对行为人实施的造成他人损害的行为，不问行为人主观上是不是有过错，径行根据损害事实、违法行为和因果关系的认定，确定侵权责任。如果损害是由受害人自己的故意或者重大过失所引起，则免除行为人的赔偿责任，由受害人自己承担责任。在火灾事故责任中，同样如此。

在适用过错推定责任归责的特殊侵权行为中，对行为人实施的造成他人损害的行为，依然实行以过错的有无确定侵权责任的规则，但是，对行为人过错的认定，不是采用由受害人证明的方式，而是采用推定的方式，即在受害人证明了损

害事实、违法行为和因果关系的情况下，推定行为人有过错；如果行为人认为自己没有过错，则自己负责举证，证明自己没有过错。证明成立的，免除侵权责任，证明不足或者不能证明的，则推定成立，构成侵权责任，对受害人的损害予以赔偿。在火灾事故责任中，如果属于过错推定原则归责的情况，则采用这样的规则确定侵权责任的有无。

在适用过错责任原则归责的一般侵权行为中，实行正常的举证责任规则，那就是谁主张、谁举证，能够证明侵权责任全部构成要件成立者，才确认其构成侵权责任。

相比较而言，在适用过错责任原则的场合，受害人请求实现损害赔偿请求权，难度较大，因为全部的举证责任都在受害人。而在适用过错推定原则和无过错责任原则的情况下，受害人的举证责任大大减轻，而行为人的举证责任加重，因而有利于受害人而不利于行为人，受害人的请求权更容易实现。

在认定火灾事故责任时，要特别注意适用归责原则的不同，处理好归责原则和责任构成要件以及举证责任的关系，正确处理火灾事故责任案件。

（二）火灾事故责任的构成要件

火灾事故责任是因故意、过失，或者在法律有规定的情况下无过错，引起火灾，侵犯他人人身、财产权利，行为人应当承担的侵权责任。火灾事故责任的构成，应当依照适用的归责原则的不同，具备相应的侵权责任构成要件。其中前三个要件是所有的火灾事故侵权责任构成的必要要件，后一个要件是适用过错责任原则和过错推定原则必须具备的构成要件，适用无过错责任原则不必具备后一个要件。

1.须有失火或者纵火行为的违法性

火灾事故责任的行为，是一种违反消防法和其他保护合法的财产权利和人身权利法律的违法行为。行为人的行为引起火灾，违反消防法规定的预防火灾、扑救火灾的义务，侵犯了受法律保护的人身和财产利益，所以是一种违法行为。[①]

火灾事故责任构成中的行为，究竟是引起火灾的行为，还是既包括引起火灾

① 郭晓霞：《论失火侵权责任与火灾保险制度》，载杨立新主编：《侵权法热点问题理论探讨》，人民法院出版社1999年版，第329页。

的行为又包括火灾本身，是值得研究的。在我看来，只应当包括引起火灾的行为，换言之，就是引起火灾的行为，才是火灾事故责任构成的行为的要件。因为构成火灾的时候，火灾本身就已经是损害的问题了，因而火灾本身属于损害事实的要件。

引起火灾的行为，就是违反消防法的作为和不作为。这种行为不仅违反消防法，而且还违反了保护人身权利、财产权利的民事法律。违法性，是侵权责任构成的要件即违法行为的因素之一。火灾事故责任构成中的违法性，就是指引起火灾的行为违反消防法和民法保护民事权利的规定。首先，违反消防法，违反的是公法，是火灾事故责任行为的一个特点，就是必须违反公法的规定。其次，这种行为还必须违反民法的规定，违反民法保护民事权利的规定，因为只违反公法的行为，一般不构成民事侵权行为。只有违反了民法关于保护人身权利和财产权利的行为，才能够成为民法意义上的违法行为，构成侵权行为。

引起火灾的行为也包括作为和不作为两种方式。引起火灾的行为一般是作为的方式，违反法定的不作为义务、禁止义务，如违法用电、用火等引起火灾。采用不作为的方式也可以构成，例如违反法定的作为义务、保护义务，如未按消防法规定安装消防设施，有扑救火灾义务而未积极采取扑救措施等而引起火灾或使火灾损失扩大，等等。在上述的这些行为中，主要的是说引起失火的行为。在故意纵火引起的火灾事故中，也由作为或者不作为的行为方式构成，不过，纵火以作为的方式为多。例如，采用故意作为的方式进行纵火，或者明知会发生火灾，故意采用不作为的方式，希望或者放任火灾发生，也构成火灾事故责任中的违法行为。

2.人身损害和财产损害的客观事实

火灾事故责任构成中的损害事实，应当分为三个层次。

首先，是引起的火灾。形成火灾，就构成了损害。所以，火灾是损害的第一个层次，它已经脱离了行为的概念，成为损害事实的范围。行为引起起火，但是火的危害还没有达到火灾的程度，没有成为火灾，不能构成火灾事故，更不用承担责任。

其次，火灾侵害了受害人的人身权利和财产权利，这是构成侵权责任的关键

问题。如果引起火灾，没有侵害受害人的人身权利和财产权利，那就不是民法侵权行为法解决的问题。受害人，包括自然人和法人。如果因火灾受到损害的是国家，那么国家也可以成为受害人。但是，现行的做法，国家的利益总是由一定的国家机关负责，因此，代表国家的公法人可以行使这个权利。这些主体的人身权利和财产权利受到火灾的损害，就构成火灾事故的侵权责任。人身权利的损害是生命权、健康权的损害，身体权在火灾事故中受到损害的可能性不大。财产权的损害，则是财产所有权以及其他财产权的损害。

再次，是受害人的实际损失，这是损害的最终表现形式。人身损害的实际损失，除了生命权、健康权受到侵害之外，就是因为人身权利损害所造成的财产利益的损失，以及精神上的损害。财产权利的实际损害，就是财产利益的直接损失和间接损失。确定这个实际损失，对于构成侵权责任影响不大，但是对于确定赔偿数额极为重要。

失火或者纵火行为如果没有引起他人人身或财产利益损失，则不构成侵权责任。

3. 违法的失火行为与损害事实之间的因果关系

在火灾事故责任构成中，因果关系的要件表现有一定的特点，这就是，行为先要引起火灾，由火灾造成受害人的损害事实。

引起火灾行为首先是要引起火灾。在火灾事故责任中，行为本身并没有引起损害，因此与一般的侵权行为不同，而是行为首先引起了火灾，火灾再造成受害人的权利侵害。没有火灾，仅仅是行为人违反消防法的行为，并不能造成受害人的权利侵害。

所以，火灾事故责任的因果关系不是由一个环节，而是由两个环节构成，行为和火灾的发生是一个环节，火灾造成受害人的损害又是一个环节。这两个环节环环相扣，才能构成火灾事故责任构成中的因果关系要件。如果这两个环节不能环环相扣，缺少必要的环节，那就不能构成火灾事故责任。

4. 主观过错的要件

主观过错的要件，是适用过错责任原则包括一般的过错责任原则和推定的过

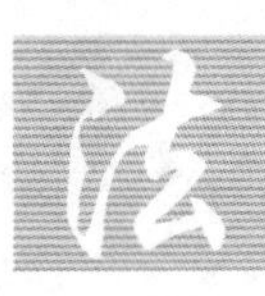

错责任原则对火灾事故责任构成必须具备的要件。没有这个要件，不能构成适用过错责任原则归责的火灾事故责任。

在火灾事故责任中，主观过错的基本形式是过失，所引起的火灾就是失火。失火的主观过错就是疏忽或者懈怠，在主观上的表现就是对自己应负的注意的违反。违反了自己应当注意的义务，应当注意而未注意，就构成失火的主观过错要件。火灾事故责任谴责的正是这种不谨慎的态度。

在火灾事故责任中，故意也是存在的。不过，一般的故意纵火的行为，达到了一定的社会危害性，属于犯罪行为，对侵权责任的追究是附带的民事责任，用刑事附带民事诉讼的方法解决。对这种情况，一般往往忽略对行为人民事责任的追究。对此，应当引起注意，在对纵火的犯罪人追究刑事责任的同时，还应当注意追究其民事侵权责任，凡是构成对受害人权利侵害的，应当同时追究其民事责任，以赔偿受害人的损失。否则将会使受害人的损失无法得到补偿。当然，在过失引起的失火罪的处理中，也要注意追究犯罪人的民事责任，以补偿受害人的损失。

如果行为人在主观上没有过错，即火灾的引起不是出于行为人的故意或者过失，而是其他原因，如意外事件、自然原因、受害人原因或第三人原因造成的，就不能构成火灾事故责任。当然，适用无过错责任原则归责的火灾事故责任除外。

（三）火灾事故责任的抗辩事由

火灾事故责任的抗辩事由，就是指火灾事故责任纠纷案件的行为人提出的，以免除侵权责任或者减轻侵权责任为目的，而对抗受害人提出的损害赔偿请求权的法定事由。这样的事由主要有：

一是不可抗力。不可抗力引起的火灾事故，即使行为人的行为对造成火灾事故具有一定的原因力，行为人也可以作为抗辩事由对抗受害人的损害赔偿请求权，不承担侵权损害赔偿责任。

二是自然原因。自然原因引起的火灾事故，没有人为的原因，即不属于不可抗力，但也可以对抗受害人损害赔偿的请求权，免除侵权责任。按照古老的罗马

法谚“不幸事件只能落在被击中者头上”，这样的火灾事故损害，应当由受害人承受。

三是第三人过错。无论是实行过错责任原则，还是无过错责任原则，凡是火灾事故是由第三人的过错所引起的，都要由该第三人承担责任，而不是由行为人承担责任。行为人以第三人过错作为抗辩事由对抗受害人的损害赔偿请求权，查证属实的，免除其损害赔偿责任。

三、火灾事故责任的损害赔偿

（一）火灾事故损害赔偿的原则

1. 全部赔偿原则

对于火灾事故造成的财产损害和人身损害，应当适用全部赔偿原则。

《民法通则》第 117 条确立了财产损害赔偿的一般原则，这就是全部赔偿原则，即财产损害赔偿的数额以所造成的客观损失为限，损失多少，赔偿多少，这种客观损失包括直接损失和间接损失。《民法通则》第 119 条规定的是人身损害的全部赔偿原则。这两个条文规定的全部赔偿原则，都适用于火灾事故引起的损害赔偿。《侵权责任法》第 16 条、第 17 条和第 19 条以及第 22 条，都作了明确的规定，应当依照这些规定确定火灾事故的损害赔偿责任。

财产损害的全部赔偿原则并没有太大的争议，主要的难点在于间接损失的赔偿，怎样做到全部赔偿。一般认为，对于间接损失的赔偿，是要对间接损失中确定的损失给予赔偿。我认为，间接损失的赔偿不在于是不是间接损失都要赔偿，而是对间接损失的确定，即依据什么标准来确定间接损失。在火灾事故责任中，间接损失也还是要坚持对“可得利益”的赔偿，这就是对可得利益的确定要准确。只要确定了是可得利益的损失，就应当赔偿。

可得利益，就是在正常情况下应当得到的财产利益。可得利益的丧失，就是在正当情况下应当得到的财产利益由于火灾事故而没有得到。按照这样的标准确定了的间接损失，就应当全部赔偿。

人身损害的全部赔偿，就是对火灾事故造成的侵害健康权、生命权所造成的财产损失和精神损害全部给予赔偿。对于人身损害的全部赔偿，依照法律的规定予以赔偿。目前在最高人民法院的司法解释中已经有了规定，按照规定予以赔偿即可。对于人身伤害的精神损害如何进行赔偿，应当按照最高人民法院《关于确定民事侵权精神损害赔偿责任若干问题的解释》的规定，给予精神损害抚慰金赔偿。构成火灾事故责任的，造成人身伤害，对其精神损害应当给予赔偿。

2.财产赔偿原则

财产赔偿原则，是损害赔偿原则中的一个重要原则。这个原则的基本含义，就是侵权行为造成的损害，都通过财产的形式予以赔偿。对纯粹的财产损失，应当予以财产的赔偿。对于人身损害的赔偿，也应当以财产的方式赔偿。对于人身损害造成的精神损害，也还是要以财产的形式赔偿。舍此没有其他的赔偿方式。

在这一点上，火灾事故责任同样如此，坚持财产方式赔偿。

3.考虑当事人经济状况原则

考虑当事人经济状况的原则，也称为衡平原则，就是在确定了火灾事故责任的赔偿数额以后，在赔偿的时候，如果当事人的经济状况确实有限，全部赔偿实际损失可能会给当事人的生活造成极大的困难，那么，就可以对赔偿的数额进行衡平，确定适当的赔偿数额进行赔偿，而不至于让当事人承担全部赔偿责任以后，生活陷入极度的困境。

在火灾事故责任中，适用这一原则具有重大的意义。理由是，火灾事故往往造成的后果极为严重，因而对受害人的损害就极为重大。在这样的情况下，一方面是造成的损害后果的极为严重，一方面是引起火灾的侵权行为人的经济承受能力的有限性，因此在决定火灾损害赔偿数额时，一定要在坚持全部赔偿原则的前提下，适用考虑当事人经济状况原则。

适用考虑当事人经济状况原则的前提，是当事人的经济状况不好，全部赔偿会使当事人陷入生活困境。对这样的当事人如果确定必须赔偿全部损失，则脱离了侵权损害赔偿的本来意义。必须考虑的当事人的经济状况，主要是指加害人的经济负担能力。经济负担能力实际就是承受损害赔偿的能力，与当事人的整体经

济状况有关。法官应当根据当事人的实际经济负担能力，按照这一原则的主旨，确定对当事人赔偿责任的减轻程度。

4.其他赔偿原则

在火灾事故责任中，还要适用过失相抵和损益相抵的原则。在火灾事故构成与有过失（即混合过错）的情况下，应当实行过失相抵，即加害人只对自己过错引起的（或者无过错的情况下自己的行为引起的）损失，承担赔偿责任，对受害人自己过错造成的损失，应当由受害人自己承担。在火灾事故责任中，由于火灾造成的损失中，具有因火灾形成的新生利益的，这时应当实行损益相抵，即在全部损失的数额中，扣除新生利益，只就实际损失进行赔偿。在火灾事故责任中，要特别注意适用损益相抵的原则，这是财产损害赔偿中非常重要的赔偿原则。例如，火灾事故造成房屋的损害，就房屋损害而言，全部的损失是整个房屋的损害，但是，房屋损害遗留下的残存建筑材料就是新生的利益，应当在房屋损害的全部损失中，扣除残存的建筑材料的价值，其余的，才是实际的财产损失。责任人仅就实际的损失承担赔偿责任。

（二）火灾事故责任损害赔偿法律关系权利义务主体

构成火灾事故责任，就在当事人之间发生火灾事故的损害赔偿法律关系。

火灾事故责任损害赔偿法律关系主体，就是这种损害赔偿法律关系的权利人和义务人。

1.损害赔偿权利人

在火灾事故损害赔偿法律关系中，赔偿权利主体是因火灾事故遭受损害，享有赔偿权利的人，即受害人。

受害人是损害赔偿的权利主体，享有损害赔偿的请求权。

2.损害赔偿的义务主体

在火灾事故责任损害赔偿法律关系中，损害赔偿的义务主体较为复杂。

损害赔偿义务主体就是侵权行为人本人，但是由于火灾事故责任的特殊性，即行为人的行为引起火灾，侵害他人的人身权利或者财产权利，行为人因自己的行为承担损害赔偿义务，也可能因自己所有或管理的物品引起火灾而承担损害赔

偿义务，还可能因受自己控制、管理的其他人的行为引起火灾而承担责任，这样导致责任主体与行为主体的并不完全一致。

因此，火灾事故责任的损害赔偿义务主体主要包括以下几种。

（1）行为人

行为人作为损害赔偿的义务主体，应当是自己的行为引起火灾，造成受害人的人身损害或者财产损害。这种侵权行为属于一般侵权行为，行为人承担损害赔偿义务，对受害人的损害负责赔偿。

（2）引起火灾的物的所有人、管理人、占有人

《民法通则》第126条规定的建筑物及其悬挂物、搁置物致害责任，第123条规定的高度危险作业致害责任，第122条规定的产品致害责任，第124条规定的环境污染致害责任，以及第125条地下工作物致害责任等，这些特殊侵权责任中的物件造成的火灾事故，都应当由引起火灾事故的物件的所有人、管理人或者占有人承担损害赔偿责任。因此，这些物件的所有人、管理人和占有人都是火灾事故责任的损害赔偿义务主体。

可以参考的立法例，如《日本民法典》第717条规定，对因土地工作物的“设置或者保存上存在瑕疵”发生的损害，不论该加害原因是谁制造出来的，工作物的占有者与所有者的关系，占有者为第一责任者，当占有者为防止损害的发生采取了必要的措施得到证明时，占有者得以免责，由所有者负责任。在美国侵权法中，关于物的所有人、管理人对该物致害责任的问题，可以从侵权法对出租人与租赁人的权利与责任的界定中体现出来。关于出租人与租赁人的权利与责任，在美国侵权法上的规定主要与财产的占有与控制相联系，而与所有权没有什么关系。也就是说，占有与控制决定责任。谁占有和控制着房屋，谁就有责任将其管好。因此，当房主将房屋租给房客，房客就占有和控制了该房屋，他就负有管理好这所房屋的责任，使他不会对其他人造成不合理的伤害。如果房主只将一幢大楼的房间出租给房客，房主对这些出租的房间就不再负有责任，而只对一些公共地方（如大门、走廊、电梯、花园、垃圾房）负有不使他人受到伤害的责任，因为他对这些地方还享有占有和控制的权利。谁占有房屋，谁就应该负责，

因此，房主将房屋租给房客后，对房屋造成的损害就不再负责了。在一些例外情况下，如隐性问题即在移交房屋的时候，房主知道或有理由知道他的房子有难以发现的严重问题，却隐瞒起来不告诉房客，如果这些问题对房客或其他人造成了伤害，房主就要对之负责。如果房子本身的危险给在屋外的人造成伤害，如果该危险在签订合同时就存在，房主就应该对伤害负责，如果危险不是由房屋本身而是由房客的危险活动造成的，房主一般不负责任，除非他在签订合同时就知道房客从事类似的危险活动。①

（3）承担替代责任的责任人

在用人的特殊侵权责任中，责任人与行为人相分离，责任人对行为人的致害行为承担民事侵权责任。在火灾事故责任中，同样如此。

主要的情况是，一是雇工执行职务的行为引起了火灾，雇主对此承担赔偿责任。二是企业法人对其法定代表人和其他工作人员执行职务行为造成的火灾事故，承担损害赔偿责任。三是无民事行为能力人或者限制民事行为能力人造成火灾事故，其法定代理人承担损害赔偿责任。四是在定作人指示过失的致害责任中，承揽人依照定作人的错误指示加工，引起火灾，定作人承担损害赔偿责任。在这些火灾事故责任的损害赔偿关系中，雇主、法人、法定代理人都是损害赔偿义务主体。其之所以成为损害赔偿法律关系的义务主体，就是因为他们对引起火灾事故的行为人具有特定的关系，构成特殊侵权行为中的替代责任。

（三）火灾事故责任的赔偿范围

火灾事故责任的赔偿范围是：

1. 人身损害赔偿

火灾事故造成的人身损害的赔偿范围，与一般的人身损害赔偿的范围是一致的。应当按照《民法通则》第 119 条规定的范围和最高人民法院有关的司法解释规定的赔偿范围，确定具体的赔偿范围。对此，应当按照人身损害赔偿一般范围，确定赔偿医疗费、误工费、护理费、交通费、住宿费、住院伙食费、必要的

① 郭晓霞：《论失火侵权责任与火灾保险制度》，载杨立新主编：《侵权法热点问题理论探讨》，人民法院出版社 1999 年版，第 330 页。

营养费、残疾用具费、丧葬费、被扶养人的生活补助费，以及精神损害抚慰金的赔偿。

2.财产损害赔偿

火灾事故责任的财产损害赔偿范围，与一般的财产损害赔偿范围是一样的。对此应当按照《民法通则》第117条规定的赔偿范围进行赔偿。应当按照财产损害赔偿的一般范围，赔偿直接损失、间接损失；如果损害的财产是具有人格利益因素的特定的纪念物品，还可以请求赔偿抚慰金。

四、火灾事故责任的分担

在火灾事故责任中，由于火灾事故所造成的损害的巨大，往往行为人无法承担全部的损害赔偿责任，这样，受害人的损失往往就无法得到全部的补偿，受到损害的权利就无法得到恢复。因此，在火灾事故责任中，需要建立多种分担火灾事故损失的制度。

（一）保险制度

在救济火灾事故损害的制度中，保险制度是最好的分担责任的制度。一方面，保险是为了确保社会经济生活的安定，使用多数人的集体力量，根据合理计算，通过收取保险费的方式建立保险基金，用以补偿少数人因特定危险发生所遭受的损失或满足其需要的经济制度。它利用集合危险和转移危险的方法，将单个危险分散于社会，消化于无形，从而保障社会的安定。另一方面，保险也是一种法律关系，用法律规定或合同约定的方式，产生保险当事人之间的权利义务关系。在保险法律关系中，投保人以支付保险费为代价，将危险转移给保险人，保险人受领保险费的同时，承担投保人（被保险人）的危险。

因此，保险就是一项最好的分担损失的制度。保险将处在同类危险中的多数单位和个人，通过直接或间接的方式使之集合为一个整体，根据危险发生的频率、损失的额度及保险金额，在危险发生之前由各单位和个人分摊一定金额，形成保险基金，于危险事故发生后以此赔偿少数单位和个人的损失。

在火灾事故责任中，仅仅依靠侵权行为法的调整，容易出现损失无法得到全部赔偿的问题。如果对火灾事故进行保险，发生火灾后，保险人能够迅速以保险基金组织赔偿，以弥补侵权责任制度确定责任过程中的拖延和侵权责任人赔偿能力有限的缺陷。通过分散危险，既能迅速弥补受害人的损失，又避免了使侵权行为人因负担巨额赔偿而陷入窘迫状态，能更好地起到稳定社会秩序的作用。

火灾保险，是指以坐落或存放于固定地域范围内的各种物质财产及相关利益为保险标的，主要以火灾包括其他灾害事故为保险危险的财产保险。

火灾事故保险属于财产保险。以火灾及其他自然灾害或意外事故造成保险标的的损失为承保范围的财产损失保险。财产损失保险合同的保险标的范围广泛，但是要取决于保险人同意承保的范围。

火灾保险的保险人，根据保险合同承担保险责任的范围，通常包括三个方面的危险发生造成的损失补偿责任。一是火灾、爆炸；二是自然灾害；三是意外事故。可以约定保险人的特约责任，常见的附加险有：一是矿下财产损失险；二是露堆财产损失险；三是盗窃险；四是橱窗玻璃意外险；五是企业停工损失险。

在火灾保险中，保险人承担保险责任的条件是：必须有火灾发生，且在保险合同有效期内发生；必须造成损失，损失的载体必须是保险标的，且保险标的是在合同中定明的坐落地因火灾而受损失；火灾的发生与损失之间有因果关系。符合上述条件的，可以请求保险人理赔，将火灾事故造成的损失转由保险公司承担。

（二）国家的责任

由于火灾事故造成的损害之巨大，有时候应当由国家来分担损失，以避免受害人因接受赔偿不足或者不能而造成的严重困境。

在国家分担责任中，属于国家赔偿责任的，国家应当承担自己的责任。例如，在公共营造物致害责任中，对国有公共设施设置或者管理欠缺，造成火灾事故，对公众或者他人造成人身权利或者财产权利损害的，国家应当承担自己的赔偿责任。对此，公共营造物致害责任应当是国家赔偿责任，由于我国《国家赔偿法》没有规定这一赔偿制度，因而这种赔偿责任尚没有法律依据。但是，各国规

定这种国家赔偿制度是通常的惯例，是应当由国家承担赔偿责任的。在我国，也是有其实践依据的。例如，在綦江彩虹桥垮塌案中，实际的赔偿责任就是由国家即当地的政府承担赔偿责任，由国库支付赔偿金。对此，应当按照国家赔偿法，由国家承担这种赔偿责任。

在不属于国家赔偿责任，没有可以归责的行为人，或者行为人无力赔偿全部损失，同时又没有保险制度保障的情况下，对火灾事故责任受害人的损失，国家应当分担部分或者全部，以使受害人不致无法生存。

第三节　校园欺凌行为的侵权责任研究

校园欺凌行为是各级、各类学校都较常见的现象，遭受欺凌行为侵害的未成年学生甚至成年学生都可能产生强烈的孤独感、无助感，甚至出现厌学、自杀等极端后果，亟须研究法律对策，对受害人进行保护。本文从民法的角度分析校园欺凌行为的性质、特点，提出对此种侵权行为后果予以侵权法救济的基本规则。

一、校园欺凌行为的概念及特点

（一）对校园欺凌行为概念的不同界定

通常认为，欺凌（bully）是指行为人意图控制（control）、恐吓（intimidate）或孤立（isolate）受害人而持续、恶意地使用具有羞辱、威胁或骚扰性等内容的行为。[①] 校园欺凌（School bullying）又称“校园霸凌”，是将欺凌行为主体限定于与校园活动有关的人群之间。对校园欺凌行为如何界定有不同的意见。

挪威学者 Dan Olweus 将校园欺凌定义为，一名学生长时间并且重复地暴露于一个或多个学生主导的负面行为之下，欺凌并非偶发事件，而是长期性且多发

① Daniel B. Weddle，“Bullying in Schools：The Disconnect between Empirical Research and Constitutional，Statutory，and Tort Duties to Supervise”，*Temple Law Review*，Vol. 77，2004，p. 641.

性的事件。有观点认为，校园欺凌还包括教师等学校工作人员以及校外人员对学生实施的伤害行为；或者任何一种导致不快的多余注意均可被视为欺凌。[①] 还有观点认为定义欺凌行为可以通过对具体行为方式的列举来完成。

英国政府教育与技能部（DFES）对校园欺凌所作的官方界定是：反复的、有意的或持续的意在导致伤害的行为，但偶发的事件在某些情况下也可被看作欺凌；个人或群体施加的有目的的有害行为；力量的失衡使得被欺凌的个体感觉失去抵抗。[②]

日本文部科学省关于儿童、青少年群体中出现的“欺凌”问题的定义，在2007年以前主要强调，具有下列特点的行为是欺凌行为：（1）单方面对比自己弱势的人；（2）在身体上、心理上施加持续性的攻击；（3）让对方感受到深重的痛苦。2007年对欺凌重新定义后，不再拘泥于需要具备持续的攻击和痛苦的感受，而是强调该学生遭受与自身保持一定社会关系的人心理性、物理性的攻击，感受到精神上的痛苦，其发生地点不区分校内或校外。[③]

我国台湾地区将校园欺凌行为称为校园霸凌，“教育部”依据修正公布的“教育基本法”第8条，于2012年7月26日发布了“校园霸凌防治准则”，规定校园霸凌是指相同或不同学校学生与学生间，于校园内、外所发生之个人或集体持续以言语、文字、图画、符号、肢体动作或其他方式，直接或间接对他人为贬抑、排挤、欺负、骚扰或戏弄等行为，使他人处于具有敌意或不友善之校园学习环境，或难以抗拒，产生精神上、生理上或财产上之损害，或影响正常学习活动之进行。此外，学生系指“各级学校具有学籍、接受进修推广教育者或交换学

---

① Olweus, D., *Bulling at school: What we know and what we can do*, Oxford: Blackwell, 2011, p. 3.

② *House of Commons Education and Skills Committee* (2007), Bullying, Third Report of Session 2006-07, p. 7

③ 文部科学省网站 http://www.mext.go.jp/a_menu/shotou/seitoshidou/1302904.htm，引自「いじめの定義」，原文：「いじめ」とは、「当該児童生徒が、一定の人間関係のある者から、心理的、物理的な攻撃を受けたことにより、精神的な苦痛を感じているもの。」とする。なお、起こった場所は学校の内外を問わない。

生”[①]。校园暴力行为的构成要件主要包括：具有欺侮他人的行为；具有故意伤害的意图；造成生理或心理上的伤害；双方势力（地位）不对等；其他经学校防制校园霸凌因应小组讨论后认定的行为。

我国香港地区学者基本认为同时具备以下三种元素的行为可被定义为欺凌[②]：一是重复发生，即欺凌行为在一段时间内重复发生，而不是单一的偶发事件。二是具有恶意，即欺凌者蓄意地欺压及伤害他人。三是权力（利）不平衡的状态，即欺凌者明显地比受害者强，而欺凌是在受害者未能保护自己的情况下发生。

（二）校园欺凌行为的概念与基本特点

借鉴上述对校园欺凌行为的不同界定，我认为，校园欺凌行为是指一个或多个学生，以强凌弱或以众欺寡，集中地、持续地蓄意伤害或欺压其他学生，造成受害学生肉体上或精神上痛苦的行为。

校园欺凌行为具有以下基本特点。

1.行为主体为一个或多个处于强势的学生

校园欺凌行为的主体是学生，而不是其他人。实施欺凌行为的学生通常由数人组成，形成实力或者势力上的优势；由一个学生实施欺凌行为，该学生的势力优势明显。由于实施欺凌行为的学生人数众多或者势力强大，与被欺凌学生之间形成相当明显的反差，使被欺凌的学生在心理上惧怕，不敢进行反抗。

2.欺凌行为包括对被欺凌学生进行精神上或肉体上的侵害

校园欺凌既有通过单纯、直接的身体攻击进行加害的行为，也有采取其他手段给受害人造成精神痛苦的行为。身体上的攻击例如碰撞、掌掴、拳打脚踢等是比较明显的欺凌行为，语言上的戏弄、讥笑、谩骂、诋毁、散播谣言，社交上的排斥、孤立、敌视，以及心理上的折磨及胁迫性的索取金钱及物品等行为，也都是欺凌行为的表现。

---

① 我国台湾地区“教育部”防制校园霸凌专区，https：//csrc. edu. tw/bully/bullying. asp。

② 来源：我国香港地区教育统筹局“和谐校园齐创建”资源套（Beane，1999；DFES，2002；Newman，Horne & Bartolomucci，2000；Olweus，1993），http：//peacecampus. edb. hkedcity. net/1 _ 3. html。

3. 校园欺凌行为通常呈持续性状态

校园欺凌行为多非突发性、偶然性事件，而是在一段时间内重复发生的持续性事件。欺凌行为通常发生在校园，也有发生在校外的。不过，随着信息科技的进步，网上欺凌行为急剧增长，欺凌者可利用互联网等高科技手段，例如通过电子邮件、博客、网上聊天、短信等恶意诋毁或发布侮辱性的消息，进行人身攻击，嘲弄及中伤受害者。

4. 在欺凌者与被欺凌者之间形成支配和被支配关系

欺凌行为既有公开进行的，也有隐蔽进行的，一般会使家长和教师难于察觉。欺凌行为人通过欺凌行为的实施，追求的是建立与被欺凌者之间的不平等关系，实现对被欺凌学生的控制和支配，获得人身上或者财产上的利益，欺压弱者，逼迫钱财，形成恃强凌弱、仗势欺人的权利不对等态势和不平等格局。

（三）校园欺凌行为的严重状况

校园欺凌问题是长期困扰各国的社会问题，严重影响了学校正常的教学秩序，引起社会和家长们的普遍担忧。日本是校园欺凌事件高发的国家，2003 年近 8 000 所学校中发生了 23 000 多起欺凌事件①，2010 年日本学生间发生暴力行为 34 277 件。② 据调查显示，美国三成多学生表示学校经常发生“辱骂讽刺”“排挤、孤立”“对待学生不公平”的现象，我国也有超过 15%的学生表示经常受到辱骂讽刺。③ 在我国台湾地区的初高中、职校男生遭受校园欺凌的比率达 10.3%，有一成左右的小学生每周至少被同学欺负一次，超过六成的学生表示在学校曾被同学欺侮。④

面对校园欺凌行为的严重状况，必须加强校园法治建设，通过法律手段，制裁校园欺凌行为，保护被欺凌的学生健康成长。在这方面，《侵权责任法》应当

---

① 李茂：《遏制校园欺凌：各国自由招》，《中国教师报》，2005 年 2 月 23 日。

② 来源：《海峡都市报》，http：//www.nhaidu.com/news/16/n-262616.html。

③ 中国青少年研究中心课题组：《中日韩美四国高中生权益状况比较研究报告》，《中国青年研究》2009 年第 6 期，第 62-68 页。

④ 《台湾校园霸凌现象严重　国民党立委呼吁立法》，《海峡导报》，2010 年 10 月 11 日，http：//news.fznews.com.cn/taigangao/2010-10-11/20101011KFrQEtKWBB101536.shtml。

发挥重要作用。

二、校园欺凌行为的性质与侵权责任构成

（一）校园欺凌行为的性质是侵权行为

校园欺凌行为的主要表现形式是由学生对学生实施的各种暴力或者非暴力行为，如故意损坏私人财物、殴打不顺从的学生、作弄或取笑他人、携带刀具恐吓、通过武力或以武力相威胁抢劫、索要他人财物或强迫他人做违背个人意愿的事、侮辱谩骂进行人身攻击以及性骚扰等。而被欺凌的学生多表现为感觉自己被其他同学取笑或作弄、被言语侮辱、被无礼谩骂、被人歧视或孤立排斥、受到挑衅和欺侮、个人物品被人故意损坏、遭受暴力威胁或恐吓、被人殴打（包括推搡、冲撞）、被人抢劫或勒索财物以及被性骚扰等。由于很多受害学生在遭受欺凌后出于惧怕威胁、害怕报复或者感觉有伤颜面而选择了沉默，更加助长了此类行为的发生。

校园欺凌行为是违反法律的。从刑事法律方面看，情节严重、后果严重的，构成犯罪行为。依照民法的立场进行观察，校园欺凌行为的基本性质属于侵权行为。实施欺凌行为的一方是侵权人，对被实施欺凌行为的一方进行暴力的或者非暴力的侵害，造成民事权利的损害，例如身体权、健康权的损害、财产权的损害以及名誉权、人身自由权、性权利的损害等。一个或者数个主体对他人实施违法行为，侵害该他人的民事权利，造成人身、财产权益受到损害的行为，就是侵权行为。校园欺凌行为完全具备侵权行为的特点，认定其为侵权行为的基本性质，是完全正确的。

（二）校园欺凌行为的侵权责任构成

侵权责任必须由违法行为、损害事实、因果关系、过错四个要件齐备始得构成，缺一不可。[①] 校园欺凌行为的侵权责任构成也应当按照这四个要件进行具体判断。

---

① 杨立新：《侵权法论》，人民法院出版社2011年第4版，第158页。

1.欺凌行为的违法性

（1）行为主体

校园欺凌行为的主体，是实施欺凌行为的学生。由于欺凌行为的多样性，行为主体比较复杂。香港地区的一些研究试图将涉及欺凌事件中的人物作出更细致的分类，如欺凌者（Bully），其发动欺凌行为，并带领其他同学参与其中；协助者（Assistant），其跟随带领者，直接参与欺凌行动；旁观者（Bystander），其支持欺凌者的行为，如冷眼旁观甚至嬉笑、助威等。这些角色并非持久不变，会因应不同情况或随着事件的发展而有所变动。而欺凌者的类型又被分为：典型欺凌者和被动欺凌者，典型欺凌者多属于霸道和冲动的倾向使用暴力欺压他人的行为人，而被动欺凌者则多属于看见欺凌者的暴力行为得逞于是协助及附和欺凌者，有些则借此保护自己免受欺凌。①

欺凌者、协助者、旁观者等都是校园欺凌行为的行为人，属于多数人的欺凌行为，构成共同侵权行为。欺凌者与协助者都是共同行为人；旁观者一般不构成共同行为人，但明知欺凌行为而在旁观中呐喊助威、出谋划策者，则有意思联络，为共同侵权行为人。

如果只有一个人实施欺凌行为的，为单一侵权行为，在实践中更容易判断。

实施欺凌行为的行为人多数为未成年学生，属于限制民事行为能力人，少数是成年人。未成年人实施的欺凌行为，行为人的监护人是责任人。

（2）行为属性

校园欺凌行为通常是作为的积极行为，欺凌行为人对被欺凌人实施积极行为，进行欺压、迫害、要挟甚至施以暴力。不作为的形式较难构成欺凌行为。

欺凌行为人如果是未成年人，则其监护人的行为方式属于未尽监护义务的不作为行为，属于消极行为。

（3）违法性

校园欺凌行为的违法性表现在，违反法律规定的对绝对权利的不可侵义务。

---

①　见香港大学专业进修学院网站，数据来源：教育统筹局“和谐校园齐创建”资源套，http：//www.hkuspace.hku.hk/wchpol-schlink/anticrimeif7.html＃bully1。

任何自然人都享有人身权利和财产权利。这些权利是绝对权，绝对权人之外的任何人都是义务人，都对权利人负有不可侵义务。违反这种绝对的不可侵义务，就具有违法性。校园欺凌行为的加害学生施加欺凌行为，侵害被欺凌人的生命、健康、人身自由、名誉等人格权利以及侵犯他人财产权利，为受害学生带来肉体上、精神上的痛苦，当然具有违法性。

2.被欺凌学生的人身或者财产的损害事实

欺凌行为的损害事实是指，因施加欺凌行为致使受害学生的人身权利、财产权利及其他利益受到侵害，造成财产利益和非财产利益减少或灭失的客观事实。欺凌行为具有多样性，从言语嘲笑、孤立冷落，到侮辱谩骂、人身攻击，再到施加暴力、勒索财物等，能够侵害受害学生的健康权、身体权、人身自由权、名誉权以及性自主权等人格权利，也可能侵害其财产权利。造成的后果，一是人身损害事实，二是精神损害事实，三是财产损害事实。其中前两种损害事实是校园欺凌行为造成的损害事实的常态。

3.欺凌行为与损害后果之间的因果关系

因果关系指的是违法行为作为原因，损害事实作为结果，在它们之间存在的前者引起后果，后者被前者所引起的客观联系。校园欺凌行为侵权责任中的因果关系，是欺凌行为主体实施的违法行为与被欺凌学生人身、财产损害结果之间具有的引起与被引起的客观联系。只有具备这种因果关系，才能构成欺凌行为的侵权责任。

确定校园欺凌行为的因果关系，适用相当因果关系规则。按照一般社会生活经验，如果欺凌行为是造成被欺凌学生人身损害或者财产损害的适当条件的，就认为具有因果关系。例如对于校园欺凌行为与受害学生的逃课行为、心理障碍、自杀等损害后果之间，如果成立适当条件，则应当认定为有因果关系。不过，相当因果关系是构成侵权责任因果关系要件的一般性标准，如果欺凌行为与损害结果之间具有直接因果关系，即欺凌行为是损害后果发生的原因的，当然构成侵权责任。

如果欺凌行为仅仅是损害发生的条件，不符合适当条件要求的，则不成立因

果关系，因而不构成侵权责任。

4.过错

校园欺凌行为侵权责任构成须具备主观要件，即实施欺凌行为的主观心理状态。主要表现是：

实施欺凌行为的学生在主观上通常是故意，是意图对被欺凌学生实施不法行为，而使其臣服或者受其支配。不过，在实施行为和造成损害后果之间，行为人的过错性质可能不同。对于实施的行为，当然都是故意所为；但对于损害后果，有的可能在行为人的故意之中，有的可能不在行为人的故意之中。例如，由于实施欺凌行为的学生多数属于未成年人，其故意实施欺凌行为，但对于造成的损害后果事先并未意识到，存在间接故意的可能，甚至存在过于自信的重大过失。

对于数人实施的校园欺凌行为，数个行为人都有故意。教唆人、实行人当然有共同故意，即使帮助人也必须具有共同故意。其中对于行为过错和后果过错的判断，与前述相同。

如果实施欺凌行为的行为人是成年人，上述关于主观上过错的分析不存在问题。但是在行为人是未成年人时，由于即使未成年人具有故意，也非法律上的过错，而应考察其监护人的过错。依照《侵权责任法》第32条第1款规定，无民事行为能力人或者限制民事行为能力人造成他人损害，由未尽到监护职责的监护人承担侵权责任。在这种情形下，过错要件实际表现为监护人未尽监护职责的过失。事实上，如果无民事行为能力人或者限制民事行为能力人故意实施欺凌行为，通常都是监护人未尽监护责任，符合侵权责任构成的主观要件的要求。

三、校园欺凌行为的侵权责任承担

校园欺凌行为侵权责任承担比较复杂，因为不仅存在欺凌行为人的责任，还存在监护人责任以及学校责任的问题。

（一）行为人的侵权责任

如果欺凌行为人是成年人，则校园欺凌行为人承担的侵权责任分为以下三种

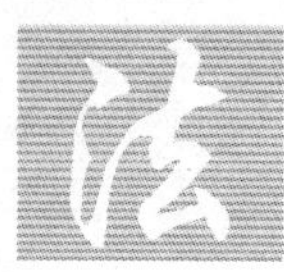

类型。

1.单一行为人承担单独责任

实施欺凌行为的行为人如果是成年人，且为一人实施，应当由行为人一人承担侵权责任。无论是人身损害赔偿，还是精神损害赔偿或者财产损害赔偿，都由行为人一人承担单独责任。

2.构成共同侵权行为承担连带责任

数个成年学生有共同的加害故意，对受害人共同实施欺凌行为的，依照《侵权责任法》第 8 条规定，构成共同侵权行为，对受害人之损害应当承担连带责任。教唆人、帮助人、实行人都是成年人的，承担连带责任。教唆、帮助未成年学生实施欺凌行为的，依照《侵权责任法》第 9 条第 2 款规定，教唆人和帮助人承担连带责任，监护人承担相应的责任（即按份责任），构成单向连带责任。[①]数人实施校园欺凌行为，其中一人或者数人的行为造成他人损害后果，该损害后果包含在共同故意之中，不必依照《侵权责任法》第 10 条规定的共同危险行为的规则处理，直接认定为共同侵权行为，承担连带责任即可。

3.构成分别侵权行为承担按份责任

依照《侵权责任法》第 12 条规定，两人以上分别实施欺凌行为造成同一损害，能够确定责任大小的，各自承担相应的责任；难以确定责任大小的，平均承担赔偿责任，即实行按份责任。对此，应当区分分别的欺凌行为与共同的欺凌行为之间的界限，在通常情况下，当多数行为人之间不存在欺凌的意思联络，各自实施的欺凌行为结合在一起，造成同一损害后果时，如果损害后果是可分的，应当结合各行为的原因力大小和各行为人的过错程度，确定各自的责任份额。

依照《侵权责任法》第 11 条关于二人以上分别实施欺凌行为造成同一损害，每个人的行为都足以造成全部损害的，各行为人承担连带责任的规定，虽然数个行为人不构成共同侵权行为，但各行为人对于损害的发生都具有百分之百的原因力的，也应当承担连带责任。

---

① 杨立新：《多数人侵权行为及责任理论的新发展》，《法学》2012 年第 7 期。

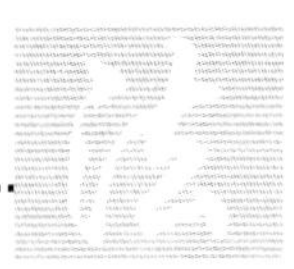

（二）未成年行为人的监护人责任

实施校园欺凌行为的行为人是未成年人的，其责任人是无民事行为能力人或者限制民事行为能力人的监护人。只要其未尽到监护责任的，依照《侵权责任法》第32条规定，由监护人承担替代责任。即使其监护人尽到了监护责任，依照这一规定，也不能免除监护人的责任，而只能减轻监护人的责任。不过，在校园欺凌行为中，监护人善尽监护责任的极为罕见，只有无民事行为能力的学生被他人教唆对被欺凌人实施欺凌行为的，才有可能出现，但仍然是减轻责任而不是免除责任。

如果未成年的欺凌行为人自己有财产的，应当先由其财产支付赔偿费用，不足部分，由监护人赔偿。

（三）学校未尽管理职责的补充责任

行为人实施校园欺凌行为，学校未尽管理职责，使未成年学生在学校等教育机构受到欺凌造成损害，符合《侵权责任法》第40条第2款规定情形的，学校应当承担相应的补充责任。

依照《侵权责任法》第40条规定，学校等教育机构对未成年学生负有管理职责。存在管理过失，给校园欺凌行为提供了实施条件的，即为未尽管理职责。我国《教师法》规定，教师有“制止有害于学生的行为或者其他侵犯学生合法权益的行为，批评和抵制有害于学生健康成长的现象”的义务。教师应当着重关切外地学生、转校生、性格内向孤僻及年龄较小的学生等可能会成为校园欺凌行为主要对象的学生，应该对于学生间发生争执、打斗等情况提高注意，有责任关心和了解学生日常生活状态，不单纯着力于解决已经发生了的争执事件，还要防患于未然，致力于学生间关系的修复，维护班级团结和睦的关系。对于默许、纵容欺凌行为而不予制止的，构成未尽管理职责的过失。

教师未尽管理职责，学校有失察的过失。学校对学生未尽管理职责，使未成年学生在学校或者其他教育机构学习、生活期间遭受欺凌，受到人身损害或者其他损害，学校或者其他教育机构应当承担责任。如果是无民事行为能力学生遭受欺凌造成损害，学校承担的是过错推定责任，即先推定学校有过失，能够证明自

己没有过错的，才能够免除责任。如果是限制民事行为能力人遭受欺凌受到损害的，学校承担过错责任，被侵权人应当证明学校有未尽管理职责的过失，否则学校不承担补充责任。

判断学校是否善尽管理职责，应当根据实际情况确定。为保证学生安全，学校应当设立适应其性质、规模、所在区域环境的安保机构，并配足安保人员。当发现校园欺凌行为时，应当立即采取措施处理，避免损害发生，导致严重后果。在这些方面存在疏漏，即为存在管理过失。

学校等教育机构承担相应的补充责任，应当明确两点。第一，即使学校存在管理过失，应当承担责任，但由于学校承担的是相应的补充责任，因而应当先由欺凌行为人或者其监护人承担赔偿责任，在其不能承担或者不能全部承担赔偿责任时，学校才承担补充责任。第二，学校承担的是相应的补充责任，这个相应，是与其过错程度和行为的原因力相适应，即属于有限的补充责任，而不是完全的补充责任。

第八编

医疗损害责任

第十八章

医疗损害责任改革与医疗损害责任一般规则

第一节 中国医疗损害责任制度改革

改革开放30年来，随着医疗体制改革的不断深入发展，我国的医疗损害责任制度也不断发展，从一个弱小的民事权利保护制度，经历了案件案由、法律适用和责任鉴定三个双轨制的曲折发展，形成了一个比较强大却不够完备、不够完善的权利保障制度，目前正在向全面健全的方向发展，以更好地保护民事主体的权利，平衡受害患者、医疗机构及全体患者之间的利益关系。《侵权责任法》对此作出统一规定，我国健全、完善的医疗损害责任制度宣告建立。本节通过研究我国医疗损害责任制度的现状，进行分析和比较，提出改革我国医疗损害责任制度的全面设想。[①]

① 本节的内容是在《侵权责任法》制定过程中，为起草该法第七章“医疗损害责任”提出的立法建议。收入本书内容略加修改。

一、我国现行医疗损害责任制度的基本状况

（一）我国30年来医疗损害责任制度的发展过程

在1978年改革开放之前，我国的医疗损害赔偿制度在医疗服务福利化的基础上，并没有特别显露出其重要性，相关的纠纷案件不多。在改革开放之后，随着医疗体制改革的不断发展，医疗损害责任纠纷开始逐渐增多，相应的法律规范逐渐发展。30年来，我国法律规制医疗损害责任纠纷制度经历了以下三个阶段。

1.限制患者赔偿权利阶段

改革开放之初，在规制医疗损害责任纠纷上，并没有统一的法律和法规。随着这类纠纷的不断增加，为了规范医疗机构的医疗行为，确定医疗损害责任，国务院于1987年6月29日出台了《医疗事故处理办法》（以下简称《办法》），自颁布之日生效实施。这个行政法规出台的背景，是实行公费医疗的福利化政策，医疗机构医疗行为的性质是社会福利保障。因此，对于医疗机构在医疗活动中造成患者人身损害的赔偿责任，采取严格限制政策。这种限制赔偿政策突出地表现在两个方面：第一，限制医疗事故责任构成，明确规定只有构成医疗责任事故和医疗技术事故，受害患者一方才可以请求赔偿，明确规定医疗机构即使存在医疗差错也不承担赔偿责任，因而受害患者的很多损害无法得到应当得到的救济。第二，限制赔偿数额，《办法》第18条明确规定："确定为医疗事故的，可根据事故等级、情节和病员的情况给予一次性经济补偿。补偿费标准，由省、自治区、直辖市人民政府规定。"据此，各省、直辖市、自治区人民政府分别制定了本地的医疗事故处理办法实施细则，规定自己的一次性补偿标准。例如，《天津市医疗事故处理办法实施细则》第19条规定："确定为医疗事故的，由医疗单位、个体开业医生、乡村医生给予病员或家属一次性经济补偿。其标准为：一级医疗事故：补偿3 000元至4 000元。未满三周岁的婴幼儿为1 000元；新生儿为700元。二级医疗事故：补偿3 000元至5 000元。三级医疗事故：补偿2 000元至

3 000 元。未满三周岁的婴幼儿为 700 元；新生儿为 500 元。”① 尽管那时实行低工资制度，全社会的消费水平普遍较低，但对于造成患者严重损害的，这样低标准的最高赔偿数额，显然也不能补偿受害患者的实际损害，受到损害的权利无法得到全面的救济。可见，《办法》过于考虑我国医疗服务的福利性质，偏重于对医疗机构的保护，严重限制了受害患者一方的民事权利，因而受到各界的普遍反对，法院的判决不断突破《办法》规定的限制受害患者赔偿权利的底线②，最高人民法院的司法解释也有松动。③ 但这些做法没有也不可能从根本上改变限制赔偿这种不利于保护受害患者合法权益的被动局面。

2.加重医疗机构举证责任初步形成防御性医疗阶段

2002 年 4 月 4 日，国务院将《办法》修订为《医疗事故处理条例》（以下简称《条例》）予以公布，并于 2002 年 9 月 1 日施行。《条例》在一定程度上改变了对受害患者的赔偿权利进行严格限制的做法，例如将医疗事故改分为四级，废除限额赔偿制并定出明确的赔偿标准，医疗事故鉴定由卫生行政主管部门主管改为医学会主管等。但这些措施并没有从根本上改变对医疗事故损害予以限制的基本做法，也没有摆脱行政机关偏袒医疗机构的嫌疑。在此之前，最高人民法院于 2001 年 12 月 21 日出台并于 2002 年 4 月 1 日实施的《关于民事诉讼证据的若干规定》第 4 条第 8 项明确规定：“因医疗行为引起的侵权诉讼，由医疗机构就医疗行为与损害结果之间不存在因果关系及不存在医疗过错承担举证责任。”这种过错和因果关系的双重推定以及举证责任倒置，使医疗机构在医疗损害责任纠纷诉讼中处于严重的不利诉讼地位。这两个不同的行政法规和司法解释，一个要保护医疗机构的特权，一个要给受害患者以更优越的民事诉讼地位；一个在于减轻医疗机构的责任，一个在于加强对受害患者的权利保护，因而存在较大的矛盾。

---

① 之所以二级医疗事故的赔偿数额比一级医疗事故的赔偿数额高，是因为一级医疗事故是造成患者死亡，只需赔偿丧葬费等费用；而二级医疗事故是造成患者残疾，需要赔偿残疾生活补助等费用。

② 参见新疆乌鲁木齐市新市区人民法院判决的“刘某诉新疆军区总医院医疗损害赔偿案”。杨立新：《民事侵权十宗案》，《方圆》2003 年第 7 期。

③ 例如最高人民法院在 1992 年 2 月 24 日《关于李新荣诉天津市第二医学院附属医院医疗事故赔偿一案如何适用法律的复函》指出，《民法通则》和《办法》的基本精神是一致的，应当依照《民法通则》和《办法》的有关规定处理。

尽管在司法实际操作中，最高人民法院于2003年1月6日出台《关于参照〈医疗事故处理条例〉审理医疗纠纷民事案件的通知》，规定“条例实施后，人民法院审理因医疗事故引起的医疗赔偿纠纷民事案件，在确定医疗事故赔偿责任时，参照条例第49条、第50条、第51条和第52条规定办理”；而在同年12月26日公布、2004年5月1日实施的《关于审理人身损害赔偿案件适用法律若干问题的解释》规定的人身损害赔偿标准大大高于《条例》第50条至第52条规定的标准。由于起诉医疗事故责任受害患者一方得到的赔偿数额大大低于以医疗过错起诉获得的人身损害赔偿数额，因而医疗损害责任中医患之间的矛盾更加突出，出现了更多的受害患者一方选择医疗过错的案由向法院起诉，以避开适用《条例》规定的过低标准。由于过错和因果关系两个推定的证据规则的适用，医疗机构陷入严重的不利诉讼地位。在司法机关，法官明知对同样的医疗损害责任纠纷刻意进行医疗事故和医疗过错的区分并不合理，并且采取不同的赔偿标准处理同样的医疗损害责任纠纷是不符合民事权利保护的法律要求的，但拘泥于最高人民法院确定的“条例施行后发生的医疗事故引起的医疗赔偿纠纷，诉到法院的，参照条例的有关规定办理；因医疗事故以外的原因引起的其它医疗赔偿纠纷，适用民法通则的规定”原则，更多地默许甚至鼓励受害患者一方提起医疗过错诉讼。基于医学会对医疗事故鉴定的垄断，司法鉴定机构普遍开展医疗过错鉴定，形成了医疗损害责任鉴定的双轨制，进一步加剧了混乱。正因为如此，医疗机构及医务人员普遍陷入恐慌之中，为保存证据应对严重的医疗诉讼和赔偿责任的压力，对患者普遍实行过度检查等手段保留证据，大大增加了患者的医疗费负担，进而对具有一定风险的医疗行为进行推诿甚至拒绝治疗，进一步加剧了医患矛盾，造成了较为明显的防御性医疗态势。医患之间互不信任，医患关系空前紧张，有的医生就诊前不得不带上头盔，以防范患者袭击。有条件的医院在诊室安装录音、录像系统，以记录诊疗过程，获取证据，保护自己。据中华医院管理学会2005年6月至7月对270家医院的调查，三甲医院每院年均发生医疗纠纷30余件，年均医疗纠纷赔偿数额100多万元人民币。全国73.33％的医院出现过患者及家属殴打、威胁、辱骂医务人员现象；59.63％的医院发生过因病人对治疗结果不

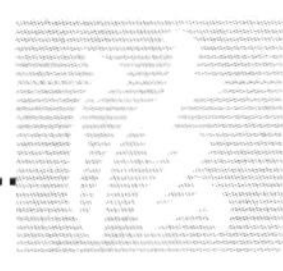

满意，围攻、威胁院长的情况；76.67%的医院出现过患者及其家属在诊疗结束后拒绝出院，拒交住院费；61.48%的医院出现过因病人去世，病人家属在医院摆设花圈、设置灵堂等现象。[①] 这种现象被称为“医闹”，被认为是“社会不能承受之痛”[②]。

对此，我曾经在媒体上撰文指出，最高司法机关对医疗行为引起的侵权诉讼规定在因果关系和过错要件上实行举证责任倒置，虽然可以大大改变受害患者的诉讼地位，有利于保护受害患者的合法利益，但举证责任倒置的范围过于宽泛，其结果必然是强加给医疗机构以过重的责任，最终损害的是全体患者，因为医院的赔偿责任最终还是要分散到全体患者身上，最终受到损害的还是全体患者。[③] 我的预言真的不幸而言中了。

3.进行反思和理性思考阶段

正是在医疗机构全面防御，医疗费用普遍提高，医患关系日益紧张的态势下，法律界和医学界对此都开始进行反思和理性思考，深入探讨医疗损害责任纠纷法律适用的应然对策。集中考虑的是以下五个问题。第一，医疗损害责任纠纷究竟是否应当分为医疗事故和医疗过错两个不同的案由。第二，医疗损害责任的归责原则是否应当一律适用过错推定原则。第三，医疗损害责任纠纷的诉讼证据规则是否必须实行过错推定和因果关系推定。第四，医疗损害责任的赔偿标准是否应当予以限制，能否实行统一的人身损害赔偿标准。第五，医疗损害责任鉴定性质是医学鉴定还是司法鉴定。对此，医学界和法律界都在思考，各自提出不同的意见，促使立法机关作出最后的决策。在2008年7月2日立法机关主持召开的医疗损害责任座谈会上，与会的法学专家、医学专家、医方律师和患方律师代表等经过广泛讨论，对当前的医患关系形势的判断都是一致的，共同认为立法机关必须采取措施，在《侵权责任法》中对医疗损害责任制度作出明确、统一的规

① 张新宝：《大陆医疗损害赔偿案件的过失认定》，载朱柏松等：《医疗过失举证责任之比较》，台北元照出版公司2008年版，第76页。

② 耿仁文：《“医闹”——社会不能承受之痛》，《中国医院法治》，2007年第3期。

③ 本文发表在《检察日报》上，后收在《闲话民法》一书，人民法院出版社2005年版，第427-428页。

定，以平衡医患之间的利益关系及受害患者与全体患者之间的利益关系，并且认为这是作出法律决策的最好时机。

我认为，我国学术界和实务界对医疗损害责任的上述思考，尽管还只是表现在理论的反思和制度设计层面，司法实践和立法制度还没有开始进行实质性的变革，但这无疑是一个极好的开端，对于我国医疗损害责任制度进行改革奠定了良好的思想和理论基础。

（二）我国司法实务实行的三个双轨制构成的二元化结构的医疗损害责任体系

现在，我们应当分析我国医疗损害责任在司法实务上的基本做法，以便为医疗损害责任制度改革提供必要的实践基础。

可以确定的是，我国现行司法实务实行的是由三个双轨制构成的二元化医疗损害责任制度，即一个二元化的医疗损害责任制度是由三个双轨制构成的。三个双轨制的具体内容是：

1.医疗损害责任诉因的双轨制

医疗损害责任的诉因，也就是医疗损害责任纠纷的案由，在理论上表现为医疗损害责任的概念。凡是医疗机构及其医务人员因过失造成患者人身损害，本来都是相同的事实，在法律适用上可能出现的后果，应当是选择侵权责任作为请求权的法律基础，或者选择违约责任作为请求权的法律基础，因而在法律适用上由受害患者一方进行选择。这个问题已经由《合同法》第122条规定了具体的解决方法[①]，实践中并没有出现法律适用上的问题。但是，在选择适用侵权法作为请求权法律基础的医疗损害责任纠纷中，却在案件的诉因或者案由上，在司法实践中被刻意地区分为医疗事故责任和医疗过错责任。[②] 这样的“双轨制”原本就没有任何事实上和法律上的依据，但最高司法机关却承认这样的诉因和案由的“双轨制”，并且在司法实务中将其理直气壮地称为“区别对待”原则，一直坚持这种不合理的做法，很难让人理解和接受。

---

① 《合同法》第122条规定：“因当事人一方的违约行为，侵害对方人身、财产权益的，受损害方有权选择依照本法要求其承担违约责任或者依照其他法律要求其承担侵权责任。”

② 卫生部“医疗事故处理条例在实践中存在问题的研究”课题组：《医疗事故处理条例应上升为法律?》，《中国医院法治》2007年第3期。

2.医疗损害赔偿标准的双轨制

医疗损害赔偿诉因和案由的双轨制，其基础在于损害赔偿责任标准的双轨制。30年来，国家行政机关始终坚持认为我国的医疗服务具有福利性质，因此必须在医疗损害赔偿标准上实行限制原则，而不能适用一般的人身损害赔偿标准。在《办法》中规定一次性补偿方法以及相应的赔偿标准，体现了这样的思想；在《条例》中，尽管其规定的赔偿数额标准有所提高，但体现的仍然是限制赔偿思想。由于最高人民法院司法解释规定的人身损害赔偿标准远远高于《条例》规定的标准，而最高人民法院在司法解释中又明确确定，对医疗事故赔偿纠纷应当参照《条例》规定的标准办理，因此，对于医疗鉴定机构鉴定不构成医疗事故的医疗损害责任纠纷，或者患者不请求进行医疗事故鉴定的医疗损害责任纠纷，以医疗过错为诉因和案由起诉，则可得到大大高于医疗事故标准的赔偿。同样，最高司法机关采取明确的态度准许这种赔偿标准的双轨制，因而使医疗损害责任赔偿标准的双轨制合法化，并被广泛应用，形成了目前这种法律适用的奇怪现象。

3.医疗损害责任鉴定的双轨制

与前述两个双轨制相适应，在医疗损害责任的鉴定中同样也存在双轨制。在我国传统理念中，医疗事故鉴定是独家的医学鉴定，因此是由医疗机构的行政主管机关或者医学研究机构独家垄断的医学鉴定，其他任何人都不能企图染指，不能插手。《办法》确定的医疗事故鉴定制度，是由政府的卫生行政主管部门组织医疗事故鉴定委员会进行鉴定，法官对医疗事故鉴定结论无权进行司法审查，只能按照医疗事故鉴定结论来认定事实，医疗事故鉴定结论认为构成责任事故或者技术事故的，法院依此作出赔偿判决；只要医疗事故鉴定委员会作出不是或者不属于医疗事故甚至构成医疗差错的鉴定结论，法官也都无权判决确定医院承担赔偿责任。《条例》实施之后，医疗事故鉴定不再由政府部门组织，而是由医学会建立医疗事故鉴定的专家库，需要进行医疗事故鉴定时，由医学会负责，随机抽取鉴定专家组成鉴定组作出鉴定。鉴定级别原则上分为县、地区（市）和省三级，中国医学会在必要时也可以组织鉴定。《条例》尽管作出了上述改变，但仍然没有改变医疗事故责任鉴定是医学鉴定的性质，因此，法官对此无权插手、无权审查。作为一种反抗，多数法院和法官默许、接受受害患者一方提供其他司法鉴定机构的医疗过错鉴定，对不申请医疗事故责任鉴定和鉴定为不属于医疗事故责任的案件，将医疗过错鉴定结论作为认定事实的依据，形成了医疗损害责任鉴定的双轨制。对此，尽管医疗机构对这种鉴定的科学性和合法性提出诸多质疑并且反对，但多数法院和法官都对经过审查的医疗过错鉴定结论予以认定，作为认定案件事实的根据。① 因此，尽管《条例》规定只有医学会才享有组织医疗事故责任的鉴定权力，却无法改变司法实务肯定医疗过错鉴定的做法，遂医疗损害责任鉴定的双轨制便成为司法现实②，并为受害患者所广泛采用。

三个双轨制构成的医疗损害责任体系，表现为医疗事故责任和医疗过错责任的二元化。医疗损害责任体系的二元化结构，典型地体现了我国医疗损害责任制度的现实状况和法律适用的混乱程度。

二、我国现行医疗损害责任形成二元化结构的基本原因及严重后果

（一）我国现行医疗损害责任形成二元化结构的基本原因

1.行政机关片面强调医疗机构的特殊性，用不适当的方法予以特别保护

社会医疗体制在社会生活中具有极为重要的地位，这是不可否认的。原因在于医疗机构担负着救死扶伤、挽救病患，维护大众健康的重要职责。医疗机构不仅是治病医伤的卫生保健机构，还是担负着发展医学科学，改进医疗技术，提高全民健康水平，推进社会进步职责的机构。因此，对于医疗机构及医务人员救治病患、发展医学的积极性必须予以保护。但是，法律也不能面对医疗机构及医务

① 笔者在《医疗侵权法律与适用》一书中评论过扬州市中级人民法院和江苏省高级人民法院采用司法鉴定机构的鉴定结论作为证据的毛某、葛某娣诉扬州市第一人民医院医疗损害赔偿纠纷案，就是一个典型案例。这个案例的两个判决书，请参见《医疗侵权法律与适用》，法律出版社2008年版，第178－197页以下。

② 卫生部“医疗事故处理条例在实践中存在问题的研究”课题组：《医疗事故处理条例应上升为法律?》，《中国医院法治》2007年第3期。

人员的过失，造成受害患者人身损害的客观后果，采取纵容放任的态度，鼓励医疗机构及医务人员的疏忽和懈怠，使患者受到医疗过失行为的损害而得不到必要救济，民事权利无法得到保障。[①] 在最近的30年中，国家行政机关通过行政法规过于强调医疗机构和医疗行为的特殊性，采取了不适当的方法片面保护医疗机构及医务人员，造成了医患利益保护之间的不平衡。行政机关片面保护医疗机构及医务人员的做法主要是三种：一是提高医疗事故鉴定标准，将具有医疗差错的医疗行为不认为是医疗事故，进而不承担应当承担的赔偿责任；二是控制医疗事故鉴定的权力，将医疗事故鉴定作为医学鉴定，拒绝司法介入，放任医学专家之间的袒护行为，使医疗事故鉴定结论的权威性越来越低；三是大大降低医疗事故的赔偿数额，限制受害患者的赔偿权利。这些做法的必然结果是，导致受害患者的合法权益无法得到全面保护，使人民群众的不满情绪越来越严重，医患之间的关系越来越对立。

2.患者由于权利得不到妥善保护而对行政机关制定的政策进行反抗

面对国家行政机关片面强调保护医疗机构及医务人员利益的状况，受害患者的合法权益无法得到全面保护，因而须寻找新的出口和途径，寻求新的保护方法。例如，对医疗事故责任构成标准过高的做法，患者选择不起诉医疗事故，转而起诉医疗过错；针对医疗事故鉴定由医疗机构垄断的做法，患者转而不申请医疗事故鉴定而申请医疗过错的法医鉴定；针对《条例》规定的医疗事故赔偿标准过低的做法，患者转而依照《民法通则》的规定请求人身损害赔偿。因此，医疗事故与医疗过错、医疗事故鉴定与医疗过错法医鉴定、医疗事故赔偿与人身损害赔偿的三个双轨制应运而生，无法阻挡。可见，医疗损害责任纠纷法律适用上的双轨制，并不是司法者刻意而为，而是行政机关对医疗机构进行片面保护，使患者的权利无法得到全面保障而引发的必然后果。从这个方面可以确认，现行的医疗事故处理规则确实存在严重问题，不纠正就无法平衡医患之间的利益关系，无

① 法国在19世纪前采取“法律不入医界”的态度，容忍医疗失误，不追究医师的法律责任，因而使医师对病患更不负责任。陈忠五：《法国法上医疗过错的举证责任》，载朱柏松等：《医疗过失举证责任责任之比较》，元照出版公司2008年版，第119页。

法协调医患之间现存的矛盾。在这其中，很多患者趁势在医院无理取闹，要挟医疗机构和医务人员，也比较常见，造成态势加剧。因此，“医闹”的原因也不能忽视。

3. 司法机关将错就错认可医疗事故和医疗过错的差别形成三个双轨制

在30年的医疗损害责任制度发展中，对于三个双轨制的形成和发展，司法机关采取的态度是将错就错，使由三个双轨制构成的二元化结构的医疗损害责任成为全国法院统一实行的制度。将错就错的做法是：第一，认可和鼓励患者进行医疗过错诉讼，将医疗损害责任分割为医疗事故和医疗过错，形成同样是医疗造成的患者人身损害却有两种不同性质的法律后果。事实上，几乎所有的法官都认为，医疗事故与医疗过错并非两种不同的侵权行为，但鉴于司法机关无法确认医疗事故的概念，并且医疗事故的鉴定权力掌握在医疗卫生行政部门或者医疗学术组织手中，法院无法像对待其他司法鉴定机构一样对待医学会的鉴定，因而对于能够更好地保护患者权利的医疗过错起诉，就采取认可和鼓励的态度。最典型的，就是面对医疗事故损害赔偿和人身损害赔偿在数额上的悬殊差别，不仅不能旗帜鲜明地予以纠正，而是明确规定“条例实施后，人民法院审理因医疗事故引起的医疗赔偿纠纷民事案件，在确定医疗事故赔偿责任时，参照条例第49条、第50条、第51条和第52条规定办理”[①]，进一步割裂了统一的医疗损害责任制度。第二，认可和鼓励医疗事故和医疗过错在适用法律上的差别，明示应当分别适用不同的法律规范。在这个问题上，司法机关并非没有认识到对统一的医疗损害责任在法律适用上采用不统一的方法的问题，其实在1992年最高人民法院的司法解释中，对此就有明确的规定，即在对医疗事故适用法律的时候，如果适用《办法》能够保护患者权利的，可以适用《办法》的规定，不能保护患者权利的，可以适用《民法通则》的规定确定医疗机构的责任。[②] 但是，最高司法机关的这个立场并没有能够坚持下来，以至于在《条例》出台后，对于法律适用上的质疑

① 最高人民法院《关于参照〈医疗事故处理条例〉审理医疗纠纷民事案件的通知》第3条。

② 参见最高人民法院1992年2月24日《关于李新荣诉天津市第二医学院附属医院医疗事故赔偿一案如何适用法律的复函》。

和请示，采取不与行政法规发生冲突的态度，明确规定“条例施行后发生的医疗事故引起的医疗赔偿纠纷，诉到法院的，参照条例的有关规定办理；因医疗事故以外的原因引起的其他医疗赔偿纠纷，适用民法通则的规定”[①]，使医疗事故与医疗过错的法律适用的双轨制合法化。第三，降低医疗损害责任构成条件，大大减轻受害患者一方的举证责任，明文规定医疗损害责任的举证责任实行过错推定和因果关系推定，在强调对患者权利进行保护的同时，却将医疗机构推向严重不利的诉讼地位，致使医疗机构不得不采取防御性医疗以保护好自己，进而使全体患者负担过度检查费用等不利后果，损害了全体患者的利益。经过以上分析可以看到，司法机关在医疗损害责任的法律适用上，指导思想不统一，既有纵容行政机关片面保护医疗机构的做法，又有过于强调保护患者利益的不当诉讼措施；既有维护法律统一实施的思想，又有扩大法律适用矛盾，强化双轨制、二元化的错误办法。这些矛盾的法律适用措施和方法，就是造成三个双轨制的二元结构医疗损害责任制度的基本原因，而其实质，就在于司法机关面对行政机关的权力，不敢大胆行使司法裁量权。

（二）二元结构的医疗损害责任制度存在的弊病

1. 分割完整的医疗损害责任制度造成受害患者一方相互之间的矛盾

对医疗损害责任实行三个双轨制的二元化结构，其后果就是分割完整的医疗损害责任法律制度，把一个完整的医疗损害责任制度人为地分为医疗事故责任和医疗过错责任，完全适用不同的法律规则，形成同样的医疗损害却得到相差悬殊的赔偿金，甚至造成损害严重的医疗事故受害患者一方获得很少的医疗损害赔偿金、损害较轻的医疗过错受害患者一方得到很高的医疗损害赔偿金。例如，按照人身损害赔偿司法解释规定，造成死亡的应当赔偿死亡赔偿金，标准是按照受诉法院所在地上一年度城镇居民人均可支配收入或者农村居民人均纯收入标准，按20年计算；但60周岁以上的，年龄每增加1岁减少1年；75周岁以上的，按5年计算。以北京市为例，2005年人均可支配收入为17 653元，20年为353 060元。如果是医疗过错造成患者死亡的，仅此一项就可以获得这样多的赔偿金。而

① 最高人民法院《关于参照〈医疗事故处理条例〉审理医疗纠纷民事案件的通知》第1条。

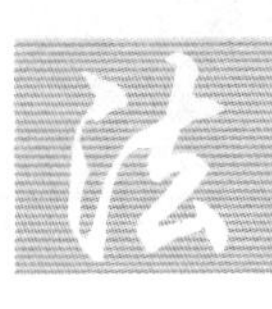

如果是医疗事故损害赔偿，受害患者只能得到6年的按照医疗事故发生地居民年平均生活费的精神损害抚慰金，无法得到35万多元的死亡赔偿金，并且另有精神损害抚慰金的赔偿。这样的法律适用结果，当然会在医疗损害的受害患者一方与医疗机构之间引起矛盾激化，受害患者一方的不满意程度是可以想象的。

2.加重医疗机构举证责任形成防御性医疗损害全体患者的利益

司法机关对医疗机构一方面片面保护，一方面加重其举证责任的矛盾做法，其后果是直接导致医疗机构在医疗诉讼中的严重不利地位，负担超出其负担能力的举证责任及医疗损害赔偿责任，使医疗机构及医务人员不得不采取防御性医疗措施，对患者实行普遍的过度检查，以取得在未来可能发生的诉讼中的充分证据，以保护自己。而过高的医疗损害赔偿责任和严重的过度检查，最终都由全体患者予以负担，直接损害的是全体患者的利益。同时，过高的医疗损害赔偿责任负担，也使医务人员对于应当进行探索的医学科学研究缩手缩脚，不敢进行探索和实践，甚至推诿和拒绝治疗，直接受到损害的必然是医学科学的发展和全体人民的利益。

3.造成审判秩序混乱、损害司法权威

医疗损害责任制度的二元化，更严重的后果是当事人对法律制度的怀疑。受害患者一方不禁要问，难道法律的制定者和适用法律的法官的头脑都不好使吗？对此，大多数法官也不理解，又不敢对抗司法解释和行政法规的明确规定。在有些法院，则直接出台自己的法律适用规则，改变司法解释和行政法规的规定。例如，北京市高级人民法院就出台了《关于审理医疗损害赔偿纠纷案件若干问题的意见（试行）》，其第21条明确规定："确定医疗事故损害赔偿标准，应当参照《医疗事故处理条例》第49条至第52条规定；如参照《医疗事故处理条例》处理将使患者所受损失无法得到基本补偿的，可以适用《民法通则》及相关司法解释的规定适当提高赔偿数额。""确定一般医疗损害赔偿标准，应适用《民法通则》及相关司法解释的标准。"这就是所谓的"区别对待"的医疗损害赔偿原则。高级人民法院的规范性意见直接改变最高人民法院的司法解释，尽管这是为保护受害患者利益而采取的一个不得已的做法，但审判活动和法律适用中的这种混

乱，难道不会降低司法机关的权威性和威信吗？回答显然是肯定的。对此，不能不引起重视。

三、我国医疗损害责任改革的理论基础和基本方向

（一）改革我国医疗损害责任制度的理论基础

1. 兼顾受害患者、医疗机构和全体患者利益关系是医疗损害责任制度改革的基本要求

法律系为人之利益而制定。[①] 改革医疗损害责任制度，制定相应的法律，也必须为人的利益而为。改革医疗损害责任制度，最重要的，是必须依照坚持科学发展观、构建社会主义和谐社会的要求，根据我国的具体国情和医疗损害的实际情况进行。科学发展观，第一要义是发展，核心是以人为本，基本要求是全面协调可持续，根本方法是统筹兼顾。在改革医疗损害责任制度中，立法者贯彻科学发展观，着重关注的必须是人，必须以人为本。医疗损害中的人，首先是受害患者及受害患者一方，他们是权利受到损害的受害人，是最需要保护和关心的人群。在医疗损害责任制度改革中，必须关注受害患者一方的利益诉求，确立有效的保护方法和救济措施，使受害患者一方受到的损害能够得到充分的救济，使他们的合法权益能够得到有效的保护。

但是，在医疗损害责任制度调整的范围内，除了应当保护受害患者一方的利益之外，还存在其他应当保护的利益。首先，应当考虑保护的是医疗机构本身的利益。由于我国的医疗制度确实具有一定的福利性，令其承担完全市场化的损害赔偿责任是不公平也是不合理的；任何医疗技术和医疗手段都具有风险性，患者接受某项医疗措施实际上就等于接受了这种医疗风险；医疗损害结果发生的原因复杂，通常都不是由单一的医疗过失行为引起的，而是有多个原因；医学需要通过医疗实践去发展，医疗机构担负着发展医学造福人类的重大职责。因此，在医疗损害责任中不能对医疗机构课以过重的赔偿责任，以保护医疗机构的正当利

① 郑玉波：《法谚（二）》，法律出版社2007年版，第9页。

益，促进医学科学的发展。其次，还应当考虑保护的是全体患者的利益。在我国现行医疗体制下，医院的经费基本上来源于患者收费，支付给受害患者的赔偿金只能在医院的经费中支出。如果医疗机构承担的赔偿数额过高，超过必要限度，必然会损害医院的利益。而医院为了寻求经费的供求平衡，也必然会向患者收取更多的费用，最终转嫁到全体患者身上，以由全体患者多支出医疗费用的方法承担赔偿责任。目前各地医疗机构普遍存在的过度检查现象已经说明了这一点。因此，在改革医疗损害责任制度中，必须保护好全体患者的利益，而保护全体患者的利益实际上等于保护全体人民的利益，不能使中国最广大人民的根本利益因此而受到损害。

统筹协调各方面利益关系，妥善处理社会矛盾。适应我国社会结构和利益格局的发展变化，形成科学有效的利益协调机制、诉求表达机制、矛盾调处机制、权益保障机制。坚持把改善人民生活作为正确处理改革发展稳定关系的结合点，正确把握最广大人民的根本利益、现阶段群众的共同利益和不同群体的特殊利益的关系，统筹兼顾各方面群众的关切。[①] 这正是改革我国医疗损害责任制度，平衡受害患者、医疗机构和全体患者利益关系的指导方针。改革医疗损害责任制度，既要保护受害患者的利益，也要保护医疗机构和全体患者的利益，在《侵权责任法》的立法中反映各方的利益诉求，统筹兼顾最广大人民的根本利益、现阶段群众的共同利益以及不同群体的特殊利益，形成科学有效的受害患者利益、医疗机构利益和全体患者利益的协调机制和权益保障机制，就是改革医疗损害责任制度的基本要求和根本目标。

2.过错责任原则是建立和谐医患关系、调整三者利益的最佳平衡器

如何调整受害患者、医疗机构和全体患者之间的利益关系，最好的平衡器，就是侵权责任法的过错责任原则。

过错责任原则是法的价值的一种特殊的表现形态，反映了统治阶级利益和意志要求与一定社会关系及其秩序之间的特殊效用关系，是法律化的统治阶级意志

① 《中共中央关于构建社会主义和谐社会若干重大问题的决定》，见人民网，http：//politics.people.com.cn/GB/1026/4932440.html。

对一定社会关系发挥能动作用，并通过此种作用体现出统治阶级意志和利益。[①]过错责任原则尽管产生在资本主义社会的经济条件下，但在社会主义社会中同样具有重要作用。它不仅具有纯化道德风尚、确定行为标准、预防损害发生等社会功能，更重要的，它能够协调各种利益冲突，维护社会的公平和正义。在现代社会，几乎所有的人都离不开医疗。因此，全体患者的利益差不多等同于全体人民的利益。法谚云："人民之安宁乃最高之法律。"[②] 一个法律制度的基本考虑，必须平衡各方利益，并且以最广大人民的根本利益为基本出发点，始终代表人民群众的根本利益。在医疗损害责任中，过错责任原则的重要作用，就是平衡三者利益关系，建立和谐的利益关系结构。过错责任原则的平衡作用表现在：第一，没有医疗过失医疗机构就没有责任。诚然，《侵权责任法》以及医疗损害责任制度都以保护受害人以及受害患者一方的利益为己任，但并非凡是患者发生损害医疗机构就都予以赔偿，而是医疗机构及医务人员必须存在医疗过失才发生赔偿责任。正如德国法学家耶林所说："使人负损害赔偿的，不是因为有损害，而是因为有过失，其道理就如同化学上之原则，使蜡烛燃烧的，不是光，而是氧。"[③]因而，损害虽已发生，但仍不成立侵权行为者有之。[④] 第二，医疗机构仅仅就自己的医疗过失所造成的损害承担赔偿责任。在已经造成医疗损害医疗机构应当承担赔偿责任时，依据过错责任原则的要求，还应当适用比较过错、比较原因力等规则，将不应当由医疗机构承担的部分责任，在损害赔偿责任中予以扣除，合理确定医疗机构的赔偿责任，而非一律全部赔偿。第三，基于医疗过失的非严重程度适当限制精神损害抚慰金的赔偿数额。医疗过失不具有恶意，仅仅存在一般过失或者重大过失，与一般的侵权行为有所不同，因而在确定医疗损害责任的精神损害抚慰金责任时，应当予以适当限制，不能赔偿过高。美国加州医疗损害赔偿改革的经验告诉我们，高额的赔偿金给受害人带来的是损害赔偿请求权的满足，

① 王利明：《侵权行为法归责原则研究》，中国政法大学出版社2003年版，第34页。

② 郑玉波：《法谚（一）》，法律出版社2007年版，第3页。

③ 转引自王泽鉴：《民法学说与判例研究》，台北三民书局1979年版，第150页。

④ 郑玉波：《法谚（一）》，法律出版社2007年版，第97页。

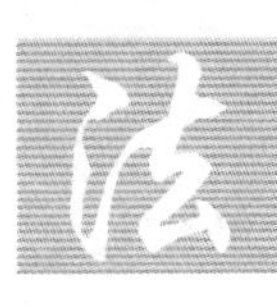

但随之而来的就是医生为了转嫁这样的风险而发生患者医疗费用大幅度提高的后果，因此，加州《医疗损害赔偿改革法》采取限制精神损害抚慰金数额等措施，使加州医疗损害赔偿制度保持了将近30年的稳定，成为美国医疗损害赔偿制度改革的样板。借鉴这些经验，对医疗损害责任中的抚慰金赔偿数额进行限制，符合过错责任原则的要求，也能够平衡三者之间的利益关系，使医、患关系得到明显改善。当然，不同类型的医疗损害责任应当适用不同的归责原则，例如确定医疗产品损害责任，就应当适用无过失责任原则，而不是过错责任原则。

3.坚持民事诉讼武器平等原则，妥善处理诉讼机会和诉讼利益的平衡

“平等表达了相同性概念。两个或更多的人或客体，只要在某些方面或所有方面处于同样的、相同的或相似状态，那就可以说他们是平等的。”① 在实体法上，民事主体的法律地位平等而无差别表现的是形式平等，真正做到消除社会生活中当事人客观存在的差异即不平等因素而实现当事人之间的平等是实质平等。② 因此，强调平等是保障市场经济顺利运行的基础③，也是保证社会和谐发展的基础。反映在诉讼中，程序正义要求双方享有平等的程序权利④，必须保证诉讼的双方当事人地位平等、机会平等和风险平等，这就是民事诉讼中的“武器平等原则”。该原则来源于宪法的平等权保障的要求：在地位上，当事人不论是攻击者即原告还是防御者即被告，也不论其在诉讼外的实体法律关系是否有上下从属关系，在诉讼中均享有相同的地位；在机会上，当事人享有平等地接近、利用法院的机会，以及提出攻击、防御方法的机会；在风险上，诉讼的胜败风险，对双方当事人应为平等分配，不应由一方负担较高的败诉不利益风险，而另一方负有较低的败诉不利益风险。因此，“武器平等”不仅是形式上的平等，也须为实质平等的保障。⑤ 原告和被告只有以平等或对等的诉讼权利武装自己，在一个

---

① ［美］萨托利：《民主新论》，冯克利译，东方出版社1993年版，第340页。

② 王轶：《民法价值判断问题的实体性论证规则》，《中国社会科学》2004年第6期。

③ 吴友军、姜大元：《市场经济的价值规范与社会主义的精神实质》，《学习时报》2007年7月28日。

④ 王利明：《民法典体系研究》，中国人民大学出版社2008年版，第327页。

⑤ 沈冠伶：《民事诉讼证据法与武器平等原则》，台北元照出版公司2007年版，第92页。

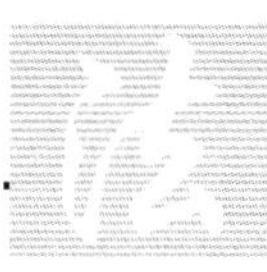

平等的环境中赢得诉讼，才是公平的。[①] 在医疗诉讼上，长时间以来，作为主张权利的一方即受害患者一方，在诉讼中经常处于劣势，具体表现在：一是事实上不知，无法掌握医疗过程以及损害发生的实际情况；二是专业上不知，即使是患者亲身经历医疗过程，但欠缺医疗专业知识，难以陈述具体治疗经过和过失所在；三是证据的偏在，医疗文书和资料不掌握在患者一方。因而在医疗损害责任诉讼中，在诉讼政策上适当向受害患者一方倾斜，是正确的。对此，世界各国的医疗损害责任法也都是如此，唯此才能够保证双方当事人之间的平等关系，做到武器平等。[②] 但是，在诉讼中过于向受害患者一方倾斜，将两个侵权责任要件即因果关系要件和过错要件的举证责任完全推给医疗机构一方，受害患者对此不承担举证责任，必然会使双方当事人在诉讼中的地位失衡、机会失衡、风险利益关系失衡，导致作为防御一方的医疗机构疲于应对具有巨大诉讼压力、超出其负担能力的医疗损害责任诉讼，完全处于诉讼的劣势地位，负担过高的机会和风险利益的负面压力，不符合武器平等原则的要求，自然会形成防御性医疗。改革医疗损害责任制度，在程序上就必须区别不同的情况，分别适用举证责任倒置或者举证责任缓和规则，完全的过错推定或者不完全的过错推定规则，完全的因果关系推定或者不完全的因果关系推定规则，才能够做到双方当事人的武器平等，保障地位平等、机会平等和风险利益平等，医患关系才能协调发展。欲以一个简单、一致的方式通盘适用于所有事件，既可能不符合个案正义，也未必适当。[③] 因此，在医疗损害责任制度改革中，也必须对与其相适应的程序制度以及具体的举证责任制度进行改革，以实现程序上的公平来保证实体法公平的实现。

（二）我国医疗损害责任制度改革的基本目标和设想

《侵权责任法》在立法时，冷静地思考了医疗损害责任制度的应然模式，确立了医疗损害责任制度的基本目标。这个基本目标是：建立一个一元化结构的医疗损害责任制度，改变二元结构医疗损害责任的法律适用矛盾状况，建立统一

① 邵明：《民事诉讼法理研究》，中国人民大学出版社2004年版，第102页。

② 沈冠伶：《民事诉讼证据法与武器平等原则》，台北元照出版公司2007年版，第92页。

③ 沈冠伶：《民事诉讼证据法与武器平等原则》，台北元照出版公司2007年版，第92页。

的、完善的医疗损害责任制度，统筹兼顾，公平、妥善地处理受害患者的利益保护、医疗机构的利益保护以及全体患者利益保护之间的平衡关系，推进社会医疗保障制度的健全发展，保障全体人民的福利。

基于这样的思考，重新构造我国的医疗损害责任制度，其基本问题包括以下六个方面。

1.统一医疗损害责任的概念

《侵权责任法》应当摒弃医疗事故责任和医疗过错责任两个不同概念，使用统一的“医疗损害责任”概念。应当看到，这不仅仅是一个侵权责任法的概念的统一，更重要的，是结束医疗损害责任分割的法制不统一现状，统一法律适用规则。事实上，医疗事故和医疗过错两个概念并不存在原则的差别，对其强制性地进行分割，刻意强调其差别，是没有道理的。将所有的医疗损害纠纷都规定为医疗损害责任，置于这个统一的概念之下，就能够制定一个统一的、一元化结构的医疗损害责任制度，保证适用法律的统一，用统一的尺度保护受害患者一方的权利，维护司法权威和法律权威。

2.确定医疗损害责任的归责原则体系和基本类型

借鉴各国医疗损害责任的侵权法规则，应当确定我国医疗损害责任的归责原则体系由过错责任原则、过错推定原则和无过失责任原则构成。同时，根据医疗损害责任的具体情形和法律规则的不同，可以部分借鉴法国医疗损害赔偿法的做法[①]，将医疗损害责任分为三种基本类型，即医疗技术损害责任、医疗伦理损害责任和医疗产品损害责任，分别适用不同的归责原则和具体规则。

(1) 医疗技术损害责任

医疗技术损害责任，是指医疗机构及医务人员从事病情检验、诊断、治疗方法的选择，治疗措施的执行，病情发展过程的追踪，以及术后照护等医疗行为中，存在不符合当时的医疗水平的过失行为，医疗机构所应当承担的侵权赔偿责

① 法国医疗损害赔偿法对医疗过错采取两分法，分为医疗科学过错和医疗伦理过错。我在区分医疗损害责任的类型时，首先借鉴这样的做法，分为医疗技术损害责任和医疗伦理损害责任，再加上适用无过失责任原则的医疗产品损害责任，采三分法，逻辑顺畅，结构明确，且符合我国实际情况。

任。换言之，医疗技术损害责任是医疗机构及医务人员具有医疗技术过失的医疗损害责任类型。医疗技术过失，系指医疗机构或者医护人员从事病情的检验诊断、治疗方法的选择，治疗措施的执行以及病情发展过程的追踪或术后照护等医疗行为中，不符合当时既存的医疗专业知识或技术水准的懈怠或疏忽。[①] 这种医疗过失的判断标准，是医疗科学依据和医学技术标准，即当时的医疗水平，违反之即为有过失。

医疗技术损害责任适用过错责任原则。证明医疗机构及医务人员的医疗损害责任的构成要件，须由原告即受害患者一方承担举证责任，即使是医疗过失要件也须由受害患者一方负担。只有在必要的情况下，例如在受害患者一方无法提供充分的证据证明医疗机构的过错，或者法律规定的特定情形，才可以实行举证责任缓和，在原告证明达到表现证据规则所要求的标准[②]，或者证明了医疗机构存在法律规定可以推定医疗过失的情形时，才可以转由医疗机构一方承担举证责任，实行有条件的医疗过失推定。

（2）医疗伦理损害责任

医疗伦理损害责任，是指医疗机构及医务人员从事各种医疗行为时，未对病患充分告知或者说明其病情，未对病患提供及时有用的医疗建议，未保守与病情有关的各种秘密，或未取得病患同意即采取某种医疗措施或停止继续治疗等，而违反医疗职业良知或职业伦理上应遵守的规则的过失行为，医疗机构所应当承担的侵权赔偿责任。换言之，医疗伦理损害责任就是具有医疗伦理过失的医疗损害责任。医疗伦理过失，分为医疗资信过失和病患同意过失等不同情形。[③]

医疗伦理损害责任适用过错推定原则。在诉讼中，对于责任构成中的医疗违法行为、损害事实以及因果关系的证明，由受害患者一方负责证明。在此基础上

① 陈忠五：《法国法上医疗过错的举证责任》，载朱柏松等：《医疗过失举证责任之比较》，台北元照出版公司 2008 年版，第 125 页。

② 詹森林：《德国医疗过失举证责任之研究》，载朱柏松等：《医疗过失举证责任之研究》，台北元照出版公司 2008 年版，第 56 页。

③ 陈忠五：《法国法上医疗过错的举证责任》，载朱柏松等：《医疗过失举证责任之比较》，台北元照出版公司 2008 年版，第 139－144 页。

实行过错推定，将医疗伦理过失的举证责任全部归之于医疗机构，医疗机构一方认为自己不存在医疗过失须自己举证，证明自己的主张成立，否则应当承担赔偿责任。

（3）医疗产品损害责任

医疗产品损害责任，是指医疗机构在医疗过程中使用有缺陷的药品、消毒药剂、医疗器械以及血液及制品等医疗产品，因此造成患者人身损害，医疗机构或者医疗产品生产者、销售者应当承担的医疗损害赔偿责任。

医疗产品损害责任应适用产品责任的一般原则，即无过失责任原则，但确定医疗机构或者销售者的责任，应当按照《产品质量法》第42条和第43条规定，产品销售者须有过失，只有在无法确定产品制造者或者供货者的时候，无过失也须承担赔偿责任。因医疗产品的缺陷造成患者人身损害，销售者、医疗机构没有过失的，受害患者一方只能向医疗产品生产者按照无过失责任原则的要求起诉，请求赔偿。如果医疗机构或者医疗产品销售者对于造成的损害有过失，或者在无法确定产品制造者或者供货者时，则实行不真正连带责任规则，受害患者一方既可以向医疗机构要求赔偿，也可以向生产者或者销售者要求赔偿。医疗机构承担赔偿后，属于生产者、销售者责任的，有权向生产者或者销售者追偿。

3.确定认定医疗过失的一般标准

《侵权责任法》应当明确规定认定医疗过失的标准是违反注意义务，医疗机构违反自己的注意义务，即存在医疗过失。

（1）确定医疗技术过失的标准

在确定医疗技术过失时，必须确定具体的判断标准。这个标准可以借鉴日本医疗损害责任法中“医疗水准”的做法[①]，可以采用“当时的医疗水平”标准，即确定医疗机构及医务人员在诊疗活动中应当尽到与医疗时的医疗水平相应的技术注意义务，即“合理的专家标准”或者“合理医师”标准。[②] 判断医疗机构及

① 朱柏松：《论日本医疗过失之举证责任》，载朱柏松等：《医疗过失举证责任之比较》，台北元照图书出版公司2008年版，第23页。

② 张新宝：《大陆医疗损害赔偿案件的过失认定》，载朱柏松等：《医疗过失举证责任之比较》，台北元照图书出版公司2008年版，第93页。

医务人员是否违反技术注意义务时，应当适当考虑地区、医疗机构资质、医务人员资质等因素，综合判断。具体标准应当采用国家标准加上差别原则，即“国家标准＋差别”模式。违反这样的标准，就可以认定为医疗技术过失。

（2）确定医疗伦理过失的标准

确定医疗伦理过失，其基本标准是按照医疗良知和职业伦理确定的医疗机构及医务人员的注意义务，即伦理注意义务。医疗机构及医务人员违反这些注意义务，法官即可认定具有医疗伦理过失。医疗机构及医务人员应当承担的伦理注意义务主要是以下五种。

第一，医务人员在一般的诊疗活动中，应当向患者说明病情和医疗措施。需要实施手术、特殊检查、特殊治疗的，医务人员应当及时向患者说明病情、医疗措施、医疗风险、替代医疗方案等情况，并取得患者的书面同意。不宜向患者说明的，医务人员应当向患者的近亲属说明，并取得其书面同意。

第二，因抢救危急患者等紧急情况，如果难以取得患者或其近亲属同意的，可以经医疗机构负责人批准，立即实施相应的医疗措施。违反上述救助义务，构成医疗过失。[①]

第三，医务人员应当按照规定填写并妥善保管门诊病历、住院志、医嘱单、检验报告、病理数据、护理记录等医学文书及有关医疗资料。患者要求查阅、复制医学文书及有关医疗资料的，医务人员应当提供。不依法提供医疗文书和其他医疗资料的，可以直接推定医疗机构具有医疗过失。

第四，医务人员应当尊重患者的隐私，保守患者的医疗秘密。因科研、教学需要查阅医学文书及有关数据的，需经患者同意。医疗机构违反保密义务，造成患者隐私权损害的，构成医疗伦理损害责任。

第五，医务人员应当根据患者的病情实施合理的诊疗行为，不得采取过度检查等不必要的诊疗行为。过度检查的实质就是防御性医疗行为，对此，应当明确加以规定，以保护患者的合法权益。

---

① 对此，可以借鉴的是肖某军拒绝在手术同意书上签字，医生不敢进行紧急救治，致使待产的李某云在等待手术中死亡的案件。这个教训是惨重的。

4.确定医疗损害责任纠纷案件举证责任规则

(1) 医疗技术损害责任的举证责任规则

在医疗技术损害责任中，应当由受害患者一方承担举证责任。受害患者一方无法举证证明的，可以有条件地实行举证责任缓和，能够证明的，推定医疗机构有医疗过失。如果受害患者能够证明医疗机构存在法定情形，亦推定医疗过失。法定情形可以确定为以下四种。一是违反卫生行政规章制度或者技术操作规范的；二是隐匿或者拒绝提供与纠纷有关的医学文书及有关资料的；三是伪造、销毁、篡改医学文书及有关资料的；四是医学文书应记载而未记载或者记载缺漏足以显示有重大医疗瑕疵情事的。推定医疗机构有医疗过失的，实行举证责任倒置，由医疗机构承担举证证明自己没有过失的责任，能够证明的，免除侵权责任，不能证明的，应当承担赔偿责任。

(2) 医疗伦理损害责任的举证责任规则

医疗伦理损害责任实行过错推定原则，原告负担医疗违法行为、损害事实和因果关系要件的举证责任。对医疗伦理过失要件实行推定，只要医疗机构没有尽到告知义务等伦理注意义务的，就推定为有过失，实行举证责任倒置，由医疗机构负担举证责任。

(3) 医疗产品损害责任的举证责任规则

在药品、消毒药剂、医疗器械和血液及制品等医疗产品损害责任中，医疗违法行为、损害事实和因果关系要件都由受害患者一方负担举证责任。如果医疗机构认为损害是由受害患者故意引起的，对其主张实行举证责任倒置，由医疗机构承担举证责任，不能证明的，成立医疗损害责任。对于医疗机构或者医疗产品销售者的过失，应由受害患者一方证明。

(4) 实行因果关系推定的举证责任倒置

因果关系的举证责任应当由受害患者一方负担，在一般情况下，不能证明的，不构成医疗损害责任。但是，如果存在客观情况，受害患者一方无法承担举证责任，且医疗机构及医务人员的医疗行为很可能会造成该患者人身损害的，在达到表现证据规则要求时，可以推定该诊疗行为与患者人身损害之间存

在因果关系。[1] 医疗机构主张无因果关系的，实行举证责任倒置，由医疗机构承担举证责任。

(5) 医疗机构一方主张抗辩事由的举证责任

医疗机构在诉讼中主张自己具有免责的抗辩事由的，应当自己承担举证责任，就所主张的抗辩事由的成立，提供证据证明。

(6) 医疗机构强制患者一方签订的人身伤害事先免责条款无效

医疗机构强制患者签订人身伤害事先免责条款，例如在患者承诺书中，承诺超出必要限度的对医疗行为造成的损害免除医疗机构责任的，应当适用《合同法》第53条关于人身损害赔偿事先免责条款无效的规定[2]，不能免除医疗机构医疗过失行为的侵权责任。

5.医疗损害责任鉴定的性质为司法鉴定

《条例》规定的医疗事故鉴定制度已经有了一定的改变。从形式上看，医疗事故鉴定已经由卫生行政主管机关组织进行变为由民间组织即医学会组织进行，在性质上有了变化。但是，由医疗机构主管机关或者医学研究机构组织进行医疗事故鉴定的性质为医学技术鉴定，其鉴定方式也没有根本的改变，医疗事故的鉴定权力仍然掌控在医疗专业的“医疗人”手中，早已形成的对医疗事故责任鉴定的独家垄断做法并没有因此而改变。在诉讼中，由于医疗损害责任鉴定的性质是司法鉴定，因而，具体组织责任鉴定的不应当是医学研究机构，而是法院和法官的职责。医学会不应当插手医疗损害责任鉴定的具体事宜，不得非法干预鉴定的过程和鉴定结论，保证医疗损害责任鉴定依照司法鉴定的程序进行，以保障鉴定程序和实质的公平。因此，应当确认医疗损害责任鉴定的性质是司法鉴定，打破由医疗研究部门独家垄断的做法，实行科学的、符合司法规律的医疗损害责任鉴定制度。对医疗事故医学司法鉴定结论，应当像对待其他司法鉴定一样，法官有权组织并进行司法审查，有权决定是不是应当重新鉴定，有权决定对医疗事故鉴

① 曾淑瑜：《医疗过失与因果关系》，台北翰芦图书出版有限公司2007年版，第350页。

② 《合同法》第53条规定：“合同中的下列免责条款无效：(一)造成对方人身伤害的；(二)因故意或者重大过失造成对方财产损失的。”

定结论是否采信，并且鉴定专家有义务出庭接受当事人的质询。如果有充分的根据，法官有权依据调查的事实，或者根据更有权威的鉴定结论而否定先前的鉴定结论。只有这样，才能够保证医疗损害责任认定的准确性和合法性，充分保护患者的合法权益不受侵害。

6.实行统一的医疗损害赔偿标准并予以适当限制

医疗损害责任的赔偿不应当单独制定标准，在具体实施中，因医务人员的医疗过失造成患者人身损害的，由所属的医疗机构承担损害赔偿责任，在确定赔偿标准上，实行统一的人身损害赔偿标准。应当特别注意的是，医疗损害责任的赔偿有自己的特点，为了保障全体患者的利益不受损害，对医疗机构的损害赔偿责任应当进行适当限制。这种限制表现在四个方面。第一，医疗机构的赔偿责任，在确定时必须适用原因力规则，根据医疗行为对造成损害的原因力，确定具体的赔偿数额，将受害患者自身的疾病原因造成的损害结果予以扣除。第二，对医疗损害责任的精神损害抚慰金进行适当限制，医疗机构具有重大过失的，限制抚慰金限额，一般不超过5万元人民币，医疗机构具有一般过失的，可以不承担抚慰金赔偿责任。第三，实行损益相抵，受害患者基于受到医疗行为损害而取得的其他补偿金，应当从赔偿金中予以扣除。[①]第四，对于造成残疾的受害患者，以及其他应当给予的未来赔偿，可以更多地适用定期金赔偿，而不采取一次性赔偿，不仅可以减轻医疗机构当时的赔偿负担，且在承担责任的原因消灭后，能够及时消灭医疗机构的赔偿责任。

第二节 《侵权责任法》改革医疗损害责任制度的成功与不足

《侵权责任法》第七章关于“医疗损害责任”的规定，共有11个条文，全面

① 对此可以借鉴美国加州医疗损害赔偿改革法关于禁止同一来源规则适用的规定。杨立新：《医疗侵权法律与适用》，法律出版社2008年版，第132页以下。

规定了新的医疗损害责任的救济规则，对由“医疗事故责任”与“医疗过错责任”等三个双轨制构成的二元化的医疗损害救济制度①进行了根本性的改革，建立了一元化的医疗损害救济制度，取得了相当的成功。但是，认真审视《侵权责任法》第七章的全部规定，可以发现，这些规则仍然存在一定的不足，在司法实践中适用这些法律规定，对于保护受害患者的合法权益可能出现不利的后果，应当正视和解决这些问题，更好地协调受害患者、医疗机构和全体患者之间的利益关系。

一、《侵权责任法》改革医疗损害责任制度的成功之处

《侵权责任法》改革医疗损害责任制度取得的成功，主要表现在以下几个方面。

（一）创造性地采用了统一的医疗损害责任概念

《侵权责任法》面对司法实践中医疗事故责任和医疗过错责任双轨制的现实问题②，断然采用了统一的“医疗损害责任”概念。③ 在我看来，《侵权责任法》使用这个概念有以下三点重要的含义：第一，这个概念比较中性，比较容易被社会各方所接受；第二，这个概念与《侵权责任法》规定的其他特殊侵权责任的概念如物件损害责任、饲养动物损害责任等比较协调；第三，最为重要的是，使用这个概念，就割断了医疗损害责任与医疗事故责任之间的联系，割断了《侵权责任法》与《医疗事故处理条例》之间的联系，使存在较多争议的《医疗事故处理条例》不再与《侵权责任法》尤其是医疗损害责任发生关系，不再将其作为侵权法的特别法对待。因此，统一使用医疗损害责任概念，就不仅仅是一个侵权法的概念的统一问题，更重要的是结束了医疗损害责任双轨制所导致的法制不统一的现状，统一法律适用规则，实行统一的、一元化结构的医疗损害救济制度，用统

① 杨立新：《中国医疗损害责任制度改革》，《法学研究》2009 年第 4 期。

② 陈忠五：《法国法上医疗过错的举证责任》，载朱柏松等：《医疗过失举证责任之比较》，台北元照出版公司 2008 年版。

③ 杨立新：《医疗损害责任概念研究》，《政治与法律》2009 年第 3 期。

一的法律尺度保护受害患者的民事权益。

（二）科学地确定了医疗损害责任的基本类型

医疗损害责任是一个含义非常广泛的概念，几乎概括了在医疗过程中所发生的所有损害的救济问题，远比医疗事故责任和医疗过错责任的概念为宽。在理论上，我曾经提出将医疗损害责任的类型分为医疗伦理损害责任、医疗技术损害责任和医疗产品损害责任。[①]《侵权责任法》第55条至第59条分别规定了这三种医疗损害责任的类型，构成了医疗损害责任完整的类型体系。

1. 医疗伦理损害责任

《侵权责任法》第55条规定的是违反告知义务的损害责任，是医疗伦理损害责任的基本类型；同时，《侵权责任法》第62条规定的违反保密义务的损害责任也是医疗伦理损害责任的类型。医疗伦理损害责任，是指医疗机构及医务人员从事各种医疗行为时，未对患者充分告知或者说明其病情，未对患者提供及时有用的医疗建议，未保守与病情有关的各种秘密，或未取得患者同意即采取某种医疗措施或停止继续治疗等，而违反医疗职业良知或职业伦理的过失行为，医疗机构所应当承担的侵权赔偿责任。医疗伦理损害责任的核心是具有医疗伦理过失。[②]《侵权责任法》第55条第2款规定违反告知义务造成患者损害的，就构成违反告知义务的医疗伦理损害责任。其中对于损害的界定，应当包括造成患者人身实质性损害和造成患者精神性权利即自我决定权的损害。对于前者，应当适用《侵权责任法》第16条确定赔偿责任；对于后者，应当适用第22条确定赔偿责任。

2. 医疗技术损害责任

《侵权责任法》第57条规定的是医疗技术损害责任。该条规定："医务人员在诊疗活动中未尽到与当时的医疗水平相应的诊疗义务，造成患者损害的，医疗机构应当承担赔偿责任。"这一规定确认，医疗机构及医务人员在从事病情检验、

① 杨立新：《医疗损害责任研究》，法律出版社2009年版，第120页以下。

② 陈忠五：《法国法上医疗过错的举证责任》，载朱柏松等：《医疗过失举证责任之比较》，台北元照出版公司2008年版，第139-144页。

诊断、治疗方法的选择，治疗措施的执行，病情发展过程的追踪，以及术后照护等诊疗行为中，存在不符合当时的医疗水平的过失行为，医疗机构应当承担赔偿责任。因此，医疗技术损害责任是医疗机构及医务人员具有医疗技术过失的医疗损害责任类型。

3.医疗产品损害责任

《侵权责任法》第59条规定的是医疗产品损害责任。该条明确规定，医疗机构在医疗过程中使用有缺陷的药品、消毒药剂、医疗器械以及不合格的血液等医疗产品，因此造成患者人身损害的，医疗机构或者医疗产品生产者应当承担不真正连带责任。[①] 应当明确，医疗产品损害责任也是产品责任，是特殊的产品责任，其中最为特殊之处，就是医疗机构参加了这种侵权损害赔偿责任法律关系，成为一方责任人，与缺陷医疗产品的生产者承担不真正连带责任。《侵权责任法》规定了上述三种不同的医疗损害责任，概括了全部的医疗损害责任的类型，既借鉴了法国关于医疗科学过失和医疗伦理过失的科学分类方法[②]，又体现了我国医疗产品损害责任的特殊规则，是一个完美的医疗损害责任的类型体系。

（三）科学地确定了医疗损害责任的归责原则体系

长期以来，我国的医疗损害责任实行过错推定原则，最高人民法院对此也予以确认。[③] 在《侵权责任法》的立法过程中，我们考察了德国、法国、日本、意大利等国家和地区的医疗损害责任制度，得出的结论是，它们的医疗损害责任制度都实行过错责任原则，而不是过错推定原则，更不是无过错责任原则。借鉴它们的做法，我们在立法建议中提出，对于一般的医疗损害责任应当实行过错责任原则，以此平衡受害患者、医疗机构与全体患者之间的利益关系，对于医疗产品损害责任则实行无过错责任原则。

---

① 该条文没有规定缺陷医疗产品销售者为不真正连带责任的主体。

② 陈忠五：《法国法上医疗过错的举证责任》，载朱柏松等：《医疗过失举证责任之比较》，台北元照出版公司2008年版，第139页。

③ 最高人民法院《关于民事诉讼证据的若干规定》第4条规定，医疗侵权纠纷案件实行过错推定，由医疗机构承担举证责任。

《侵权责任法》第54条明确规定："患者在诊疗活动中受到损害，医疗机构及其医务人员有过错的，由医疗机构承担赔偿责任。"按照这一规定，医疗技术损害责任适用过错责任原则。证明医疗机构及医务人员的医疗损害责任构成要件包括过错要件，由原告即受害患者一方承担举证责任，只有在第58条规定的情形下，可以推定医疗机构或者医务人员有过错。同样，对于医疗伦理损害责任，证明医疗伦理过失也应实行过错责任，采取原告证明的方式认定医疗伦理过失。

按照第59条的规定，医疗产品损害责任实行无过错责任原则，因药品、消毒药剂、医疗器械的缺陷，或者输入不合格的血液造成患者损害的，患者可以向生产者或者血液提供机构请求赔偿，也可以向医疗机构请求赔偿。患者向医疗机构请求赔偿的，医疗机构赔偿后，有权向负有责任的生产者或者血液提供机构追偿。其中医疗机构在此承担的属于中间责任，实行无过错责任原则；如果医疗机构承担最终责任，则须参照第42条的规定，只有对于医疗产品的缺陷产生具有过错的，才予以承担，否则最终责任应当由缺陷医疗产品的生产者承担。

《侵权责任法》根据医疗损害责任的各种类型，采取不同的归责原则，形成了医疗损害责任的双重归责原则体系，科学地处理了不同的利益关系，找到了协调各方利益关系的最佳平衡点。

（四）科学地规定了医疗过失的认定标准

《侵权责任法》第54条规定医疗伦理损害责任和医疗技术损害责任都实行过错责任原则，确定医疗过失就是认定医疗伦理损害责任和医疗技术损害责任的关键要件。该法第55条、第62条以及第57条都对此作出了正确的规定。

首先，认定医疗技术过失的标准，《侵权责任法》第57条明确规定为"当时的医疗水平"，而不是医学水平，因为医学水平是医学科学发展的最高水平，医疗水平则是损害发生当时临床所能够达到的医疗技术水平。确定医疗机构及医务人员在诊疗活动中应当尽到与医疗时的医疗水平相应的技术注意义务，即"合理

的专家标准”或者“合理医师”标准。[①] 凡是医疗机构或者医护人员在病情的检验诊断、治疗方法的选择、治疗措施的执行以及病情发展过程的追踪或术后照护等医疗行为中，不符合当时的临床医疗专业知识或技术水准的懈怠或疏忽[②]，就是医疗技术过失。这种医疗技术过失的认定标准，借鉴的是日本的“当时的医疗水准”规则[③]，是完全正确的。对于违反法律、行政法规、规章以及其他有关诊疗规范的规定，隐匿或者拒绝提供与纠纷有关的病历资料，伪造、篡改或者销毁病历资料的行为，推定医疗机构有过错。

其次，确定医疗伦理过失的基本标准是按照医疗良知和职业伦理确定的医疗机构及医务人员的注意义务。医疗机构及医务人员违反这些注意义务，法官可确定存在医疗伦理过失。《侵权责任法》第55条第2款规定：“医务人员未尽到前款义务，造成患者损害的，医疗机构应当承担赔偿责任。”另根据第61条、第62条、第63条和第66条等规定，医务人员未尽告知义务，违反对危急患者的救助义务，不依法提供医疗文书和其他医疗资料，违反保守患者的医疗秘密义务，以及对患者采取不必要检查等行为，都构成医疗伦理过失。

再次，即使对于医疗产品损害责任实行无过错责任原则，但在医疗机构承担医疗产品损害的最终责任的时候，也必须认定医疗机构对医疗产品缺陷的发生具有过错。尽管《侵权责任法》第七章对此没有规定，但对此应当适用第42条关于“因销售者的过错使产品存在缺陷，造成他人损害的，销售者应当承担侵权责任”的规定，其过错的认定，应当是对医疗产品存在缺陷的过失。

（五）正确地确定了医疗损害责任的责任形态是替代责任和不真正连带责任

1. 医疗损害责任的基本责任形态为替代责任

按照《侵权责任法》第54条的规定，医疗损害责任的基本责任形态是替代

---

① 张新宝：《大陆医疗损害赔偿案件的过失认定》，载朱柏松等：《医疗过失举证责任之比较》，元照出版公司2008年版，第93页。

② 陈忠五：《法国法上医疗过错的举证责任》，载朱柏松等：《医疗过失举证责任之比较》，台北元照出版公司2008年版，第125页。

③ 朱柏松：《论日本医疗过失之举证责任》，载朱柏松等：《医疗过失举证责任之比较》，台北元照出版公司2008年版，第23页。

责任，即“患者在诊疗活动中受到损害，医疗机构及其医务人员有过错的，由医疗机构承担赔偿责任”。适用替代责任的基础，就在于医疗机构与医务人员之间的关系属于劳动关系，一方属于用人单位，一方属于工作人员，当工作人员因执行工作任务（即执行职务）造成他人损害时，因工作人员执行职务的行为属于用人单位的行为的延伸，因此，其后果应当由用人单位承担。既然如此，医务人员在诊疗活动中造成他人损害，医疗机构承担赔偿责任理所当然。

应当特别研究医疗损害责任的替代责任与《侵权责任法》第 34 条第 1 款规定的用人单位责任的关系。依我所见，《侵权责任法》第 54 条是第 34 条第 1 款的特别规定。第 34 条第 1 款规定的用人单位责任适用过错推定原则[①]，而第 54 条规定的医疗损害责任的替代责任为过错责任。按照特别法优于一般法的法律适用原则，在医疗损害责任领域应当适用第 54 条而不适用第 34 条第 1 款。

2. 医疗产品损害责任的责任形态为不真正连带责任

对于医疗产品损害责任的责任形态，《侵权责任法》第 59 条规定为“患者可以向生产者或者血液提供机构请求赔偿，也可以向医疗机构请求赔偿。患者向医疗机构请求赔偿的，医疗机构赔偿后，有权向负有责任的生产者或者血液提供机构追偿”。有人解释这是适用连带责任的责任形态[②]，其实是不真正连带责任。

连带责任与不真正连带责任的最明显区别，就在于连带责任的最终责任必须由各个不同的连带责任人分担[③]，而不真正连带责任的最终责任只能归属于应当承担责任的那一个责任人，而不能像《侵权责任法》第 14 条第 1 款规定的那样由连带责任人分担。因此，第 59 条规定的上述责任形态，其最终责任的规则同第 41 条规定的一样，是缺陷产品的生产者自己承担最终责任，属于不真正连带责任，而不是连带责任。

---

① 这里说的是我的观点，但王胜明、王利明等学者认为应当适用无过错责任原则。王胜明主编：《中华人民共和国侵权责任法释义》，法律出版社 2010 年版，第 149 页；王利明等：《中国侵权责任法教程》，人民法院出版社 2010 年版，第 490 页。

② 王胜明主编：《中华人民共和国侵权责任法释义》，法律出版社 2010 年版，第 290 页。

③ 《侵权责任法》第 14 条第 1 款规定：“连带责任人根据各自责任大小确定相应的赔偿数额；难以确定责任大小的，平均承担赔偿责任。”

（六）正确地规定了医疗损害责任适用统一的人身损害赔偿标准

在《侵权责任法》改革医疗损害责任之前，我国医疗损害责任的损害赔偿实行双轨制，即医疗事故责任适用《医疗事故处理条例》规定的赔偿标准，医疗过错责任适用《民法通则》第 119 条规定的赔偿标准。两者相差悬殊：依照 2005 年北京市人均可支配收入为 17 653 元的标准计算，造成死亡的，按照《条例》规定的标准计算死亡赔偿金为 105 918 元，按照《民法通则》规定的标准计算死亡赔偿金为 353 060 元，相差 247 142 元。对于同样的损害，给付的赔偿金差别这样悬殊，显然是不正确的。《侵权责任法》统一规定适用第 16 条规定的人身损害赔偿标准，从根本上解决了赔偿标准双轨制的混乱问题，实现了受害患者的人格平等，有利于保护受害患者的合法权益。对此，《侵权责任法》作出了重大贡献。

二、《侵权责任法》改革医疗损害责任制度的不足之处

《侵权责任法》对医疗损害责任制度进行的改革是成功的，在保护受害患者的合法权益方面发挥着极为重要的作用。但是，《侵权责任法》第七章也还存在一些不足之处值得检讨。有的学者指出，《侵权责任法》关于医疗损害责任的规定存在的不足，主要是出现了一些错误的医学术语、有的规定没有新意和有的规定没有必要。[①] 这样的不足并不是实质性的。依我所见，《侵权责任法》关于医疗损害责任规定的主要不足表现在以下几个方面。

（一）医疗损害责任举证责任没有规定举证责任缓和规则，有损受害患者一方的利益

在医疗损害领域存在一种特殊的情形，即受害患者与医疗机构之间在医疗资信的掌握上存在严重的不对称现象，医疗资信几乎全部掌握在医疗机构一方，而受害患者处于极为弱势的地位。对此，各国在处理医疗损害责任的规则中，在坚

① 刘鑫主编：《侵权责任法医疗损害责任条文深度解读与案例剖析》，人民军医出版社 2010 年版，第 19 - 20 页。

持过错责任原则的基础上，或者实行表面证据规则①，或者实行过错大致推定规则（如日本），或者实行事实本身证明规则②，对受害患者实行举证责任缓和。例如，在受害患者一方无法提供充分的证据证明医疗机构过失，或者在法律规定的特定情形，原告证明达到表现证据规则所要求的标准，或者证明了医疗机构存在法律规定可以推定医疗过失的情形的时候，可以转由医疗机构一方承担举证责任，实行有条件的医疗过失推定。同样，在因果关系的证明上，也对受害患者一方实行举证责任缓和。③ 可以确定的是，各国在处理医疗损害责任的举证责任问题上，都是在坚持过错责任原则的基础上，实行举证责任缓和，以应对医疗资信严重不对称造成的对受害患者保护不利的情形，实行诉讼武器平等。④

但是，在我国《侵权责任法》规定的医疗损害责任中，完全没有规定举证责任缓和规则，也就是说，现在规定的医疗损害责任，是将违法行为、损害事实、因果关系和过错四个要件的举证责任都一股脑地交给了受害患者一方，而仅仅在第58条规定了三种法定的过错推定的情形。这对受害患者一方是不公平的。事实上，在侵权责任法草案中，曾经规定了因果关系的举证责任缓和的规则，即第二次审议稿第59条："患者的损害有可能是由医务人员的诊疗行为造成的，除医务人员提供相反证据外，推定该诊疗行为与患者人身损害之间存在因果关系。"⑤但是，这样清晰规定因果关系举证责任缓和的法律条文，在全国人大常委会审议时被删除，形成了因果关系的举证责任完全归于受害患者一方的局面。《侵权责任法》没有规定过错要件和因果关系要件的举证责任缓和规则，完全实行受害患者负担举证责任，一旦受害患者因医疗资信的缺失而无法完全证明过错要件或因果关系要件，就不能得到损害赔偿救济，必然会造成受害患者一方的损害，其后

---

① 詹森林：《德国医疗过失举证责任之研究》，载朱柏松等：《医疗过失举证责任之比较》，台北元照出版公司2008年版，第56页。

② 陈聪富：《美国医疗过失举证责任之研究》，载朱柏松等：《医疗过失举证责任之比较》，台北元照出版公司2008年版，第162页。

③ 杨立新：《医疗损害责任研究》，北京，法律出版社2009年版，第110页。

④ 沈冠伶：《民事诉讼证据法与武器平等原则》，台北元照出版公司2007年版，第92页。

⑤ 王胜明主编：《中华人民共和国侵权责任法释义》，法律出版社2010版，第483－484页。

果是十分清楚的。

（二）规定医疗产品损害责任，将医疗机构以销售者对待会损害医疗机构的合法权益

《侵权责任法》规定医疗产品损害责任，规定医疗机构承担不真正连带责任的中间责任存在不合理之处。在医疗产品损害责任中，应当区别缺陷医疗产品的生产者、销售者以及医疗机构的不同，分别适用法律，确定不同的责任。我曾经提出，确定医疗产品损害责任中的缺陷医疗产品生产者和销售者的责任时，应当适用产品责任的一般规则；确定医疗机构的医疗产品损害责任，应当区别不同情况进行。[①]《侵权责任法》没有接受这样的意见，而是直接规定“患者可以向生产者或者血液提供机构请求赔偿，也可以向医疗机构请求赔偿。患者向医疗机构请求赔偿的，医疗机构赔偿后，有权向负有责任的生产者或者血液提供机构追偿”。这样规定的理由，是为了避免患者在生产者与医疗机构之间来回奔走，不利于患者权利保护，而医疗机构与生产者之间存在一定的供求关系，因此，由医疗机构向生产者进行追偿的能力较患者为强。[②] 我认为这样的理由是不成立的。应当看到的是，《侵权责任法》是保护受害人的法律，但是，也并非凡是对保护受害人有利的做法，无论是否有道理都一律如此。《侵权责任法》第 6 条第 1 款明确规定，过错责任原则是确定侵权责任的一般性原则，就是规定有过错的要赔偿，没有过错的，即使造成损害也不承担赔偿责任。让无过错的医疗机构必须先承担中间责任，如果缺陷医疗产品的生产者丧失赔偿能力，则医疗机构必然无法追偿而承担无过错的赔偿责任，而其承担的这种赔偿责任必然最终转嫁给全体患者，使全体患者受到损害。

（三）只规定以“当时的医疗水平”作为医疗过失标准，但没有体现认定过失的差别

如前文所言，《侵权责任法》第 57 条规定确定医疗技术过失的标准是当时的医疗水平，这是正确的，但却没有规定医生、医院以及地区的差别，而是适

---

① 杨立新：《中国医疗损害责任制度改革》，《法学研究》2009 第 4 期。

② 王胜明主编：《中华人民共和国侵权责任法释义》，法律出版社 2010 版，第 290 页。

用统一标准。这样的做法并不正确。事实上，侵权责任法草案曾经规定了“国家标准+差别”标准。例如，第三次审议稿第57条第2款规定：“判断医务人员注意义务时，应当适当考虑地区、医疗机构资质、医务人员资质等因素。”这样的规定是完全正确的，但是在审议时删掉了差别对待的内容，理由是对于医务人员诊疗义务的判断，只能考虑时代整体医学水平的因素，而不能考虑医务人员个人的因素，否则便成为学艺不精的医师推脱责任的理由。[①] 这样的看法是不对的。中国幅员辽阔，差别巨大，北京市的三甲医院与西部乡镇卫生院、301医院的医务人员与乡镇卫生院的医务人员差距巨大，适用统一的医疗过失标准是难以实现的，也是不公平的。这样的做法违反了实事求是的思想路线。

（四）没有规定医疗损害责任鉴定制度

在司法实践中，我国现行的医疗损害责任鉴定制度备受争议。按照《医疗事故处理条例》规定的医学会进行的医疗事故责任鉴定，具有浓厚的官方色彩，其所作出的鉴定结论是在医学会的主导下进行的，并不是在法庭上对法官作出的，不具有司法的严肃性，并且被群众斥为“老子鉴定儿子”“医医相护”，缺少公信力。而司法鉴定机构作出的医疗过错责任鉴定，医疗机构和医务人员都不相信，因为作鉴定的人是法医。在立法过程中，各方都呼吁立法机关在《侵权责任法》中规定基本的医疗损害责任鉴定制度，但都被以“实体法不规定程序法的内容”为理由而予以拒绝，没有对医疗损害责任鉴定作出任何规定。因此，就留下了医疗损害责任鉴定制度这个空白。《侵权责任法》生效之后，究竟是医学会进行鉴定，还是司法鉴定机构进行鉴定，或者另行设立新的鉴定制度，不得而知，继续保持了医疗损害责任鉴定的混乱制度。这是不应该出现的问题。

（五）适用人身损害赔偿标准，但没有突出医疗损害赔偿责任的特点

对于医疗损害赔偿责任，《侵权责任法》第七章没有规定确定具体赔偿责任的标准，但由于已经割断了《侵权责任法》与《医疗事故处理条例》之间的联

① 王胜明主编：《中华人民共和国侵权责任法释义》，法律出版社2010版，第284页。

系，并且按照《侵权责任法》的逻辑关系，应当适用第 16 条规定的人身损害赔偿标准。这样的规定解决了赔偿标准的双轨制问题，是正确的。问题是，医疗损害赔偿责任有自己的特点，这就是医疗损害通常不是由于医疗过失一个原因造成的，在共同原因造成医疗损害的情况下，仅仅规定适用统一的人身损害赔偿标准，就没有突出医疗损害赔偿责任的特点，容易造成不属于医疗机构过失造成的损害部分也让医疗机构承担赔偿责任，因而使其负担过重，最终损害全体患者的利益。

三、对医疗损害责任的法律规定应当进行司法解释以补充立法不足

分析《侵权责任法》规定医疗损害责任存在的不足，可以看出，在改革后的医疗损害责任制度中，在受害患者、医疗机构与全体患者的利益关系的平衡上，仍有不够协调之处。

在医疗损害责任改革之前的双轨制、二元化的医疗损害救济制度中，最大的问题是对受害患者、医疗机构与全体患者的利益关系的平衡出现了较大的偏差。其主要表现是：第一，在医疗损害赔偿责任标准上，实现严格的限制赔偿，明显对受害患者的保护不利；第二，在归责原则上，统一实行过错推定原则，对医疗机构不利；第三，在举证责任上，实行过错推定和因果关系推定，完全由医疗机构承担举证责任，违反诉讼武器平等原则，明显对医疗机构不利。综合起来，原来的医疗事故责任对医疗机构不利是较为明显的（尽管在赔偿标准上对医疗机构特别有利），特别是双方在诉讼地位上的严重不平等，致使医疗机构采取防御性医疗行为，因而使全体患者的利益受到损害。

《侵权责任法》进行医疗损害责任改革，基本上实现了受害患者、医疗机构和全体患者利益关系的平衡。但是，根据上述分析，确实存在不够协调之处。第一，在举证责任制度上，彻底扭转了医疗机构的不利的诉讼地位，但也出现了“矫枉过正”的后果，在一定程度上损害了受害患者的利益，使受害患者的诉讼地位降低，反过来也违反了诉讼武器平等原则。第二，在医疗产品损害责任中，

将医疗机构比照销售者的地位确定其承担不真正连带责任，不分青红皂白，都由医疗机构先承担无过错责任，再由医疗机构向缺陷医疗产品的生产者进行追偿。这个规定表面上看起来对受害患者有利，但对医疗机构以及全体患者都将产生不利影响。基于这样的分析，改革后的医疗损害责任制度在上述三者利益关系的天平上，还存在比较明显的不平等的问题，突出的问题是诉讼地位对患者不利。这是必须引起注意的。

解决上述问题，主要办法应当是进行司法解释，对不够平衡的利益关系在技术上进行修补，使之能够达到平衡，对于医疗损害责任鉴定制度应当作出新的规定。

（一）在医疗技术过失和因果关系的证明上实行举证责任缓和

所谓的举证责任缓和，就是在法律规定的情况下，在原告存在技术或者其他方面的障碍无法达到法律要求的证明标准时，适当降低原告的举证证明标准，在原告证明达到该标准时，视为其已经完成举证责任，实行举证责任转换，由被告承担举证责任。例如，《侵权责任法》第66条规定的环境污染责任因果关系推定，其实就是举证责任缓和。在原、被告医疗资信严重不对称的医疗损害责任中，原告负担全部举证责任（尤其是过错和因果关系要件的举证责任）在绝大多数情况下是难以完成的。如果原告基于资信的原因而举证不能达到应当达到的证明标准，就判决原告负担举证不足的不利诉讼后果，显然是不公平的。因此，司法解释应当对此采取补救措施，在最高人民法院《关于民事诉讼证据的若干规定》第4条第8项规定的基础上进行修改，强调在过错要件以及因果关系要件证明上，原告的举证责任实行缓和，适当降低其证明标准。司法解释应当规定，原告在证明医疗过失或者因果关系具有可能性，因受客观局限无法完成高度盖然性的证明标准的，视为其已经完成举证责任，实行举证责任转换，由医疗机构举证证明自己不存在医疗过失、自己的医疗行为与损害结果之间没有因果关系，能够证明的，不构成医疗损害责任，不能够证明的，确认成立过错要件和因果关系要件，构成医疗损害责任。具体而言，对于医疗技术过失要件，应当由受害患者一方承担举证责任。受害患者一方无法举证证

明的，可以有条件地实行举证责任缓和，能够证明表现证据的，推定医疗机构有医疗过失。如果受害患者能够证明医疗机构存在《侵权责任法》第58条规定的法定情形，亦推定为医疗过失。对于因果关系要件，举证责任应当由受害患者一方负担，在一般情况下，不能证明的，不构成医疗损害责任。如果存在客观情况，受害患者一方无法承担举证责任，且医疗机构及医务人员的医疗行为很可能会造成该患者人身损害的，在达到表现证据规则要求时，可以推定该诊疗行为与患者人身损害之间存在因果关系。[①] 医疗机构主张无因果关系的，实行举证责任倒置，由医疗机构承担举证责任。[②]

（二）医疗技术损害责任的证明标准应当适当考虑差别

由于《侵权责任法》在规定医疗技术过失适用“当时的医疗水平”时，没有采取适当的差别政策，因而，可能产生对偏远地区的医疗机构及医务人员不利的后果。对此，应当坚持国家标准加上差别原则。司法解释应当规定，确定医疗技术过失，适当考虑地区、医疗机构资质、医务人员资质等因素，综合判断医务人员是否存在过失。

（三）在医疗产品责任中实事求是地确定医疗机构的赔偿责任

我坚持认为，确定医疗产品损害责任应当区别缺陷医疗产品的生产者、销售者以及医疗机构的不同，分别适用法律。司法解释应当规定：第一，在一般情况下，医疗机构对使用缺陷医疗产品造成患者损害有过失，或者医疗机构强制指定患者使用缺陷医疗产品造成患者损害的，适用产品责任的一般规则，按照不真正连带责任规则，受害患者一方既可以向医疗机构要求赔偿，也可以向缺陷产品的生产者或者销售者要求赔偿。医疗机构承担赔偿责任后，生产者、销售者应当承担责任的，医疗机构有权向生产者或者销售者追偿。第二，医疗机构对于缺陷医疗产品造成损害没有过失的，不应当承担责任，受害患者一方只能向缺陷医疗产品的生产者、销售者按照产品责任的一般规则请求赔偿。第三，医疗机构使用缺陷医疗产品致患者损害，无法确定缺陷医疗产品的制造者或者供货者的，应当比

① 曾淑瑜：《医疗过失与因果关系》，台北翰芦图书出版有限公司2007年版，第350页。

② 杨立新：《中国医疗损害责任制度改革》，《法学研究》2009第4期。

照第 42 条第 2 款规定的产品销售者承担产品责任的规则，承担赔偿责任。第四，医疗机构本身就是缺陷医疗产品的生产者，即医疗机构使用自己生产的缺陷医疗产品致患者损害的，则应当比照第 41 条规定的缺陷产品生产者承担责任的规则，实行不真正连带责任。第五，《侵权责任法》第 59 条没有规定医疗产品销售者的责任，应当适用《侵权责任法》第 42 条和第 43 条的规定确定缺陷医疗产品销售者的责任。

（四）根据医疗损害的特点确定对医疗损害赔偿责任的适当限制规则

医疗损害责任统一适用人身损害赔偿规则，应当根据医疗损害赔偿责任的特点，为了保障全体患者的利益不受损害，对医疗机构的损害赔偿责任进行适当限制。[①] 司法解释应当规定：第一，确定医疗机构的赔偿责任必须适用原因力规则（医疗损害参与度），根据医疗行为对造成损害的原因力，确定具体的赔偿数额，将受害患者自身的疾病原因造成的损害结果予以扣除。第二，应当对医疗损害责任的精神损害抚慰金进行适当限制，医疗机构具有重大过失的，规定抚慰金限额一般不超过适当的限制数额，医疗机构具有一般过失的，可以不承担抚慰金赔偿责任。第三，实行损益相抵，规定受害患者基于受到医疗损害而取得的其他补偿金，应当从赔偿金中予以扣除。[②] 第四，对于造成残疾的受害患者以及应当给予其他未来的赔偿的，可以更多地适用第 25 条规定适用定期金赔偿，而不采取一次性赔偿。这样，不仅可以减轻医疗机构当时的赔偿负担，且在承担责任的原因消灭后，能够及时消灭医疗机构的赔偿责任。

（五）制定科学的医疗损害责任鉴定制度

如前所述，目前的医疗事故责任鉴定与医疗过错责任鉴定都存在较大的缺陷，不是合理的医疗损害责任鉴定制度。医疗损害责任鉴定的性质应当是司法鉴定，具体组织责任鉴定的不应当是医学研究机构，而是法院和法官。对此，最高人民法院、司法部、卫生部应当制定科学的、符合司法规律的医疗损害责任鉴定

① 杨立新：《医疗过失损害赔偿责任的适当限制原则》，《政法论丛》2008 年第 6 期。

② 对此可以借鉴美国加州医疗损害赔偿改革法关于禁止同一来源规则适用的做法。杨立新：《医疗侵权法律与适用》，132 页，北京，法律出版社，2008。

制度。对医疗损害责任医学司法鉴定结论，应当像对待其他司法鉴定一样，法官有权组织并进行司法审查，有权决定是不是进行重新鉴定，有权决定对鉴定结论是否采信，并且鉴定专家有义务出庭接受当事人的质询。如果有充分的根据，法官有权依据调查的事实或者根据更有权威的鉴定结论而否定先前的鉴定结论。只有这样，才能保证医疗损害责任认定的准确性和合法性，才能充分保护患者的合法权益不受侵害。[①]

第三节　医疗损害责任一般条款的理解与适用

《侵权责任法》第 54 条规定了医疗损害责任一般条款，即“患者在诊疗活动中受到损害，医疗机构及其医务人员有过错的，由医疗机构承担赔偿责任”。《侵权责任法》实施之后，法学界和卫生法学界对该条关于医疗损害责任一般条款的规定理解各不相同，对医疗损害责任一般条款与《侵权责任法》第七章其他条文的关系也见解纷纭。这些问题不解决，不仅会造成对医疗损害责任一般条款的理解发生歧义，而且会引起医疗损害责任纠纷案件法律适用的不统一。因而有必要对第 54 条的功能及法律适用规则进行准确的解说。

一、从医疗损害责任一般条款所处的环境探讨其法律地位

《侵权责任法》第 54 条规定的是医疗损害责任一般条款。《侵权责任法》规定医疗损害责任是我国侵权责任法的一个特色，又规定医疗损害责任一般条款，更是一个独具特色的立法例，具有重要的理论意义和实用价值。研究医疗损害责任构成，首先必须研究医疗损害责任一般条款。

研究医疗损害责任一般条款，由于国外没有类似立法例，只能与我国《侵权

① 杨立新：《中国医疗损害责任制度改革》，《法学研究》，2009（4）。

责任法》规定的侵权责任一般条款体系进行比较，即从医疗损害责任一般条款所处的法律环境中进行分析。

（一）《侵权责任法》规定一般条款的三个层次

侵权责任一般条款也叫做侵权行为一般条款。在成文法国家的民事立法中，对侵权法的规定是采用一般化方法进行的。立法在规定侵权行为的法律（多数在民法典的债法编中专门规定）时，首先就要规定侵权行为一般条款，通过侵权行为一般条款来确定一般侵权行为。[①] 侵权行为一般条款，有的学者认为就是在成文法中居于核心地位的，作为一切侵权请求权之基础的法律规范。[②] 也有的学者认为，将侵权行为一般条款理解为所有侵权行为的全面概括，是将侵权行为一般条款做了过大的解释，侵权行为一般条款就是规定一般侵权行为的条款。[③] 各国侵权法对侵权行为一般条款的规定有两种：一种是规定侵权行为一般条款只调整一般侵权行为，这是大陆法系通常的做法，例如法国等立法，被通俗地叫做小的一般条款；另一种规定侵权行为一般条款是调整全部侵权行为，而不是仅仅规定一般侵权行为的条款，这就是《埃塞俄比亚民法典》以及《欧洲统一侵权行为法典》草案的做法，也叫做大的一般条款。

我国《侵权责任法》规定侵权责任一般条款比较特殊，既有第 2 条第 1 款规定的大的侵权责任一般条款，又有第 6 条第 1 款规定的小的侵权责任一般条款。[④] 除此之外，《侵权责任法》还在第 41 条至第 43 条、第 48 条、第 54 条、第 65 条、第 69 条和第 78 条分别规定了 6 种特殊侵权责任一般条款。医疗损害责任一般条款规定在第 54 条，是其中之一。

据此可以看到，《侵权责任法》规定了一个侵权责任一般条款体系，分为三个层次，分别是：

① 杨立新：《侵权责任法》，法律出版社 2011 年版，第 40 页。

② 张新宝：《侵权责任法的一般条款》，《法学研究》2001 年第 4 期。

③ 杨立新：《论侵权行为一般化和类型化及其我国侵权责任法立法模式的选择》，《河南政法管理干部学院学报》2003 年第 1 期。

④ 杨立新：《中国侵权责任法大小搭配的侵权责任一般条款》，《法学杂志》2010 年第 4 期。

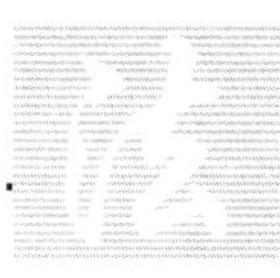

1. 大的侵权责任一般条款

《侵权责任法》第2条第1款作为侵权责任一般条款，借鉴的是埃塞俄比亚侵权法的侵权行为一般条款立法模式。它的作用是将所有的侵权行为都概括在一起，无论进行何种程度的侵权责任类型化规定，或者随着社会的发展不断出现新型的侵权行为，都能够概括在这个条文之中。

2. 小的侵权责任一般条款

《侵权责任法》第6条第1款规定的过错责任条款则是小的侵权责任一般条款，对于一般侵权责任，《侵权责任法》没有作出类型化规定，凡是没有法律规定的一般侵权行为，仍然必须依照过错责任的一般规定适用法律，确定一般侵权责任的请求权基础仍然是第6条第1款。

3. 特殊侵权责任一般条款

前述《侵权责任法》规定的6种特殊侵权责任一般条款，就是特殊侵权责任一般条款。就大的一般条款和小的一般条款而言，特殊侵权责任一般条款是仅适用于该种特殊侵权责任类型的一般条款，均在大的一般条款的调整范围之中，但就该种特殊侵权责任而言，特殊侵权责任一般条款具有重要意义。

三个层次的侵权责任一般条款构成了我国独特的侵权责任一般条款体系，各自发挥不同的功能。他们之间的关系是：(1) 大的侵权责任一般条款概括所有的侵权责任；(2) 小的侵权责任一般条款概括《侵权责任法》没有明文规定的一般侵权责任，以及特殊侵权责任中适用过错责任原则的侵权责任类型；换言之，特殊侵权责任（包括设有一般条款的和不设有一般条款的特殊侵权责任）中适用过错责任原则的，仍然概括在小的侵权责任一般条款之中，但该种特殊侵权责任（包括设有一般条款的和不设有一般条款的特殊侵权责任）自己包含请求权的法律基础，适用中不必援引小的侵权责任一般条款作为请求权的法律规范；(3) 适用过错推定原则和适用无过错责任原则的特殊侵权责任一般条款，概括在大的侵权责任一般条款之中。它们的关系如下图。

<table>
<tr><td rowspan="3">侵权责任一般条款体系及相互关系</td><td colspan="4">大的侵权责任一般条款（第 2 条第 1 款）</td></tr>
<tr><td colspan="2">小的侵权责任一般条款（第 6 条第 1 款）</td><td rowspan="2">适用过错推定原则和无过错责任原则的特殊侵权责任一般条款：
1. 第 41 条至第 43 条；
2. 第 48 条；
3. 第 65 条；
4. 第 69 条；
5. 第 78 条。</td><td rowspan="2">没有规定特殊侵权责任一般条款的特殊侵权责任类型：
1. 第十一章规定的物件损害责任；
2. 第四章规定的适用过错推定原则和无过错责任原则的侵权责任类型：第 32 条、第 34 条、第 38 条。</td></tr>
<tr><td>侵权责任法没有明确规定的一般侵权行为。</td><td>1. 适用过错责任原则的特殊侵权责任一般条款（第 54 条）；
2. 适用过错责任原则的特殊侵权责任类型：第 33 条、第 35 条、第 36 条、第 37 条、第 39 条和第 40 条。</td></tr>
</table>

（二）《侵权责任法》规定特殊侵权责任一般条款的三种类型

《侵权责任法》在第五章至第十一章规定了 7 种特殊侵权责任类型，其中 6 种规定了一般条款，只有物件损害责任没有规定一般条款。一般认为，第五章第 41 条至第 43 条规定的是产品责任一般条款；第六章规定机动车交通事故责任的第 48 条尽管是一个转致条款，但转致的《道路交通安全法》第 76 条是机动车交通事故责任一般条款；第八章第 65 条规定的是环境污染责任一般条款；第九章第 69 条规定的是高度危险责任一般条款；第十章第 78 条规定的是饲养动物损害责任一般条款。《侵权责任法》第七章第 54 条规定与前述这 5 种立法例相同，规定的是医疗损害责任一般条款。

《侵权责任法》规定的 6 种特殊侵权责任一般条款分为三种不同情形。

1. 只规定一般规则的一般条款。这种一般条款只有环境污染责任一般条款一种。

2. 既规定一般规则也规定具体规则的一般条款。《侵权责任法》规定产品责任一般条款、机动车交通事故责任一般条款，不仅规定了这种侵权责任类型适用的归责原则，而且直接规定了承担责任的具体规则。

3. 包含部分法定侵权责任类型的一般条款。《侵权责任法》规定的医疗损害责任一般条款、高度危险责任一般条款和饲养动物损害责任一般条款与以上两种情形不同。在这三个一般条款中，都规定了这种侵权责任类型的归责原则和一般

规则，没有规定具体规则；在一般条款之下，还另外规定数种该种侵权责任类型的具体类型。例如，医疗损害责任在第54条规定一般条款之后，又规定了第55条、第57条、第59条和第62条，分别规定了医疗伦理损害责任、医疗技术损害责任和医疗产品损害责任；同时还规定了没有明确请求权基础的第56条、第61条和第63条。在一般条款和一般条款之下规定的具体侵权责任类型的关系上，有一个特殊之处：即第59条并不能为第54条医疗损害责任一般条款所包容。

二、医疗损害责任一般条款的基本功能

（一）特殊侵权责任一般条款的基本功能

医疗损害责任一般条款的基本作用是什么，目前还没有人做深入研究，提出具体见解。根据医疗损害责任一般条款在侵权责任一般条款体系中所处的地位和与其他侵权责任一般条款的关系，我认为，医疗损害责任一般条款采取特殊侵权责任一般条款的第三种立法例，与高度危险责任一般条款、饲养动物损害责任一般条款的立意是一致的，是指出在下文对该种特殊侵权责任类型规定的具体侵权类型在一般条款的概括之下，同时，对于没有具体规定的该种特殊侵权责任类型的具体侵权行为应当适用一般条款的规定确定侵权责任。换言之，《侵权责任法》上述三章规定的额数侵权责任一般条款基本功能是：

第一，一般条款概括了本章具体条文规定的具体侵权行为。例如，《侵权责任法》第九章第70条至第76条规定的损害责任都在一般条款的概涵盖之下。

第二，一般条款也包括本章未能具体规定，但为在实践中可能出现的该种特殊侵权责任类型的其他具体侵权行为留出法律适用空间，提供请求权基础，在出现具体条文没有列举的其他该种特殊侵权责任类型的侵权行为时，适用一般条款确定侵权责任。例如，除了《侵权责任法》第70条至第76条规定的高度危险责任类型之外，还有可能出现其他高度危险责任但法律未能穷尽，一旦出现，应当适用第69条一般条款确定其侵权责任。

第三，在三种特殊侵权责任一般条款中，有两个规定比较特殊，即该一般条

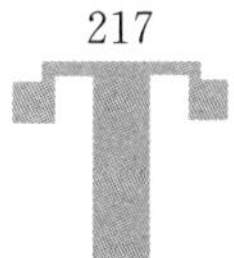

款所不能涵盖的侵权责任类型。第 59 条规定的医疗产品损害责任部分内容不受第 54 条一般条款的调整，而属于第 7 条无过错责任原则调整的范围。此外，第 81 条规定之内容不属于第 78 条规定的饲养动物损害责任，而应当适用无过错责任原则。

（二）医疗损害责任一般条款的基本功能

按照这样的思路理解《侵权责任法》第 54 条规定的医疗损害责任一般条款，其具体作用是：

1. 医疗损害责任一般条款概括了条文列举的医疗损害责任类型

《侵权责任法》第七章在第 54 条之下，明文规定了三种医疗损害责任的具体类型，即第 55 条和第 62 条规定的医疗伦理损害责任，第 57 条规定的医疗技术损害责任，第 59 条规定的医疗产品损害责任。这三种医疗损害责任类型是《侵权责任法》对具体医疗损害责任的具体规定，除了第 59 条规定中涉及的适用无过错责任原则的部分内容之外，都在第 54 条的概括之中。这就是说，在适用上述条款时，都必须遵守第 54 条规定的规则，解释这些条文也必须遵守第 54 条规定的原则，违反者即为理解和适用法律错误。

第 59 条的医疗产品损害责任是一个比较特别的条文。从条文的文字表述观察，这是规定医疗机构对于使用医疗产品用于患者，因医疗产品缺陷而造成患者损害，医疗机构承担不真正连带责任的中间责任规则，以及承担了中间责任之后的追偿规则。在这种情形下；医疗产品损害责任不在医疗损害责任一般条款的调整范围之内。但是，医疗机构在将缺陷医疗产品应用于患者，如果是由于自己的过错造成患者损害，或者因为自己的过错使医疗产品发生缺陷造成患者损害的，则应当适用过错责任原则确定赔偿责任，这种情形又在第 54 条规定的医疗损害责任一般条款调整范围之中。因此可以说，第 59 条的部分内容概括在医疗损害责任一般条款之中，部分内容没有概括在这个条文之中。

2.《侵权责任法》第七章没有明确规定的医疗管理损害责任直接适用第 54 条

给没有明文规定的侵权责任类型提供请求权的法律基础，是侵权责任一般条款的基本功能，医疗损害责任一般条款也具有这样的功能。在诊疗活动中，那些

不属于医疗伦理损害，也不属于医疗技术损害或者医疗产品损害，而仅仅是医疗机构因医疗管理过错给患者造成损害的，无法包含在上述三种医疗损害责任之中。例如，妇产医院管理疏忽，将新生儿的身份标记弄错，将不是产妇的亲生子女交给该产妇，严重侵害了该产妇和他产妇及其各自丈夫与亲生子女的亲权关系，构成侵害亲权的侵权责任。又如，救护站接受患者紧急呼救后，没有及时派出救护车进行紧急救护，急救延误造成患者损害，也构成侵权责任。这样的案件属于医疗管理损害责任，难以归并在上述三种医疗损害责任之中，但也发生在诊疗活动中，也是由于医疗机构及其医务人员在医政管理上的过错，给患者造成严重损害，完全符合医疗损害责任一般条款的要求。故应当将医疗管理损害责任作为医疗损害责任的一种类型，直接适用第 54 条规定，确定医疗机构的赔偿责任。

3.给第七章其他请求权规定不明确的条文提供请求权基础

第七章其他有关请求权规定不够明确的条文，只要符合第 54 条规定的，均应适用第 54 条医疗损害责任一般条款确定赔偿责任。《侵权责任法》第七章有 3 个条文规定的请求权并不特别明确，即第 56 条违反紧急救治义务、第 61 条违反保管病历资料义务和第 63 条违反诊疗规范实施不必要检查。这 3 个条文都没有规定责任条款，也没有规定明确的请求权基础。学者和法官对这三类纠纷的法律适用都提出疑问：这三种情形都是在诊疗活动中发生的，医疗机构及其医务人员也都具有过错，如果造成患者损害，应当如何确定赔偿责任呢?

在这三种行为中，违反紧急救治义务本身是医疗机构及其医务人员见死不救，如果没有造成患者损害，一般来说，不宜追究医疗机构的赔偿责任；但因违反紧急救治义务而造成患者损害，就完全符合了医疗损害责任一般条款的要求。违反病历资料管理义务，给患者造成损害的，也符合医疗损害责任一般条款的要求。故意隐匿或者拒绝提供与纠纷有关的病历资料，或者伪造、篡改或者销毁病历资料，《侵权责任法》第 58 条已经规定了可以推定医疗技术过错，因而导致医疗机构承担赔偿责任；医疗机构及其医务人员实施了上述行为，但并未构成医疗技术损害责任，似乎无从确定医疗机构的赔偿责任。事实上，这些行为本身就违反了医疗机构的病历资料管理义务，本身就侵害了患者的知情权等权益，已经构成了侵权责任。如果仅仅由于第61条没有规定请求权及责任的内容，就不追究医疗机构的责任，显然不妥。同样，第63条规定的违反诊疗管理规范的不必要检查，条文的内容也没有请求权的明确规定，似乎也难以追究医疗机构的赔偿责任。但这种侵权行为侵害了患者的所有权，造成了患者的财产损失，也符合第54条的要求。这三种侵权行为都符合第54条规定的医疗损害责任构成要件，构成医疗管理损害责任或者医疗伦理损害责任，都应当对医疗机构予以制裁，对受害患者的损害予以救济。对此，应当适用第54条规定的医疗损害责任一般条款确定医疗机构的赔偿责任。这是侵权责任一般条款基本功能的体现。

4.医疗产品损害责任部分接受医疗损害责任一般条款的调整

在医疗产品损害责任中，适用无过错责任原则的部分，因不适用过错责任原则，不能概括在第54条之中，第54条对这一部分医疗产品损害责任不具有调整作用。但医疗机构在医疗产品损害责任中因过错造成患者损害的，应当接受医疗损害责任一般条款调整，因为医疗机构及医务人员在使用医疗产品中因自己的过错造成患者损害，或者因自己的过错致使医疗产品存在缺陷，应当承担最终责任的，仍然是过错责任原则调整的范围，因而仍然在第54条的调整范围之中。

《侵权责任法》第64条规定的患者干扰医疗秩序、妨害医务人员工作生活的，因其不具有第54条规定的“患者在诊疗活动中受到损害”的要件，因而不在第54条的调整范围中。如果出现这种情形需要追究行为人侵权责任的，应当依照《侵权责任法》第6条第1款规定，确定侵权责任。

综上所述，在《侵权责任法》第七章关于医疗损害责任的规定中，除了第54条医疗损害责任一般条款之外，其他10个条文，有8个半概括在第54条之中，须接受医疗损害责任一般条款的调整；另有1个半条文的内容不受医疗损害责任一般条款的约束，即第64条1条和第59条的半条。这样的解释尽管比较通俗，但比较准确。这些关系见下图。

<table>
<tr><td rowspan="6">第七章规定的医疗损害责任</td><td rowspan="4">医疗损害责任一般条款</td><td>已经规定有请求权基础的医疗损害责任类型：（1）第 55 条和第 62 条；（2）第 57 条规定的医疗技术损害责任。</td></tr>
<tr><td>没有规定请求权基础的医疗管理损害责任类型。</td></tr>
<tr><td>规定请求权基础不明确的医疗损害责任：（1）第 56 条规定的违反紧急救治义务；（2）第 61 条规定的违反病历资料管理职责；（3）第 63 条规定的过度检查。</td></tr>
<tr><td>第 59 条没有规定的医疗机构过错引起医疗产品损害责任。</td></tr>
<tr><td colspan="2">第 59 条规定的医疗机构医疗产品损害责任（无过错责任）。</td></tr>
<tr><td colspan="2">第 64 条规定的干扰医疗秩序、妨害医务人员工作、生活的行为</td></tr>
</table>

三、医疗损害责任一般条款的基本内容

《侵权责任法》第 54 条规定的医疗损害责任一般条款确定了医疗损害责任的基本内容，这些基本内容对于司法适用具有严格的规定性。在司法实践中适用医疗损害责任一般条款，必须准确掌握医疗损害责任一般条款的基本内容，按照这样的规定性准确适用法律。

（一）过错责任原则是医疗损害责任的基本归责原则

《侵权责任法》第 54 条明确规定“医疗机构及其医务人员有过错的”，医疗机构才承担赔偿责任。这明显规定的是过错责任原则。这个归责原则要求医疗损害责任适用过错责任原则，并不是如学者所说的那样，“包含了两种责任，即医疗机构（限于法人）承担的雇主责任和医务人员承担的责任。”“前者采取替代责任原则（不考虑过错），后者采取过错责任原则。”[①] 我认为，在一般情况下，对医疗损害责任，无论属于法人的医疗机构，还是作为个体出诊的个人，都适用过错责任原则，只有医疗产品损害责任除外。这个规定是十分明确的，不存在“一定的表述上的模糊”[②]。学者认为，该条规定确定了医疗侵权损害赔偿中的归责原则为过错责任原则。医疗损害侵权属于一般的过错责任范畴，应当适用过错责

① 周友军：《侵权法学》，中国人民大学出版社 2011 年版，第 251 页。

② 周友军：《侵权法学》，中国人民大学出版社 2011 年版，第 252 页。

任原则，而不属于特殊的过错推定责任和无过错责任。[①] 这种意见基本上是正确的。

（二）医疗损害责任的基本构成要件

第54条的基本内容包括医疗损害责任的构成要件。[②] 学者对于这个条文规定的医疗损害责任构成要件的理解有不同认识。有的认为，医疗损害责任需要考虑损害、过错和因果关系三个构成要件。[③] 有的认为，医疗损害责任的构成要件，一是医疗机构和医务人员的诊疗行为，二是患者的损害，三是诊疗行为与损害后果之间的因果关系，四是医务人员的过错。[④] 也有的认为，医疗损害责任的构成要件，一是诊疗行为具有违法性侵害患者的生命、健康等人身权利，二是患者或其近亲属遭受损害，三是诊疗行为与损害后果之间的因果关系，四是医疗机构、医务人员的过错。[⑤] 这些意见的基本精神是一致的，概括起来，我赞成以下四个要件为医疗损害责任的构成要件：(1) 医疗机构和医务人员在诊疗活动中的违法诊疗行为；(2) 患者受到损害；(3) 诊疗行为与患者损害之间具有因果关系；(4) 医疗机构及其医务人员有过错。这样的表述完全是第54条规定的内容，是准确的。

（三）医疗损害责任的责任形态是替代责任

第54条明确规定："医疗机构及其医务人员有过错的，由医疗机构承担赔偿责任。"这个规定表明，医疗损害责任是替代责任。所谓替代责任，是指行为人就与自己有某种特殊关系的第三人实施的侵权行为对受害人承担的侵权责任。[⑥] 替代责任并不是单纯的雇主责任[⑦]，或言之，雇主责任并不是替代责任的全部，仅仅是替代责任的一种类型。我国《侵权责任法》不采用雇主责任的概念，而是

---

① 王利明主编：《中华人民共和国侵权责任法释义》，中国法制出版社2010年版，第273页。

② 奚晓明主编：《〈中华人民共和国侵权责任法〉条文理解与适用》，人民法院出版社2010年版，第384页。

③ 王利明：《侵权责任法研究》下册，中国人民大学出版社2011年版，第393页。

④ 奚晓明主编：《〈中华人民共和国侵权责任法〉条文理解与适用》，人民法院出版社2010年版，第384页。

⑤ 张新宝：《侵权责任法》，中国人民大学出版社2010年版，第232－234页。

⑥ 张民安：《侵权法上的替代责任》，北京大学出版社2010年版，第252页。

⑦ 周友军：《侵权法学》，中国人民大学出版社2011年版，第251页。

采用用人单位责任的概念。[①] 认为医疗损害责任是医务人员承担的过错责任和医疗机构承担的替代责任的综合[②]，也是不正确的。

个体诊所在诊疗活动中承担的责任也是替代责任，因为个体诊所也是登记的医疗机构，仍然是个体诊所承担责任，尽管个体诊所的医务人员可能只有一个，或者除了登记的责任人之外还有其他护理人员，但都应当由个体诊所承担侵权责任。只有非法行医的医生造成患者损害的，才应当由个人承担责任，但不是基于第 54 条规定承担侵权责任，而是依照《侵权责任法》第 6 条第 1 款规定承担侵权责任。[③]

（四）为医疗损害责任提供请求权的法律基础

第 54 条给全部医疗损害责任提供请求权的法律基础。在具体适用中，对于不同情形采用不同方法适用。(1) 对于条文中已经规定了明确的请求权基础的医疗损害责任类型，应当直接适用该条文，确定赔偿责任。例如第 55 条、第 57 条、第 59 条和第 62 条。(2) 对于《侵权责任法》第七章没有规定的医疗损害责任类型，例如医疗管理损害责任，应当直接适用第 54 条规定确定赔偿责任。(3) 对于已经规定但没有明确规定请求权的具体医疗损害责任，例如第 56 条、第 61 条和第 63 条，都由第 54 条医疗损害责任一般条款提供请求权的法律基础。

在出现上述后两种情形时，受害患者可以依据第 54 条提起诉讼，即依据医疗损害责任一般条款的规定提出损害赔偿请求，请求医疗机构承担侵权责任。法官应当依据该条适用法律，确定责任。例如，救护车急救延误造成患者损害、妇产医院给产妇抱错孩子造成亲权损害、医疗机构未尽紧急救治义务造成患者损害，等等，都可以直接依据《侵权责任法》第 54 条医疗损害责任一般条款，提起诉讼，进行判决。

四、医疗损害责任一般条款的司法适用

（一）司法实践适用医疗损害责任一般条款的现状及问题

在我国的司法实践中，无论是法官还是学者，对医疗损害责任一般条款的认

---

① 王胜明主编：《中华人民共和国侵权责任法释义》，法律出版社 2010 年版，第 167 页。

② 周友军：《侵权法学》，中国人民大学出版社 2011 年版，第 245 页。

③ 程啸：《侵权责任法》，法律出版社 2011 年版，第 436 页。

识还比较陌生，在适用中存在较大的问题。存在的主要问题是：第一，对医疗损害责任一般条款的法律地位和作用认识不到位，主要有两种表现：一是不知道《侵权责任法》第 54 条是医疗损害责任一般条款，反而认为这个条文是一个可有可无的条文；二是虽然知道第 54 条是医疗损害责任一般条款，但不知道应当怎样用，实际上也是将其作为可有可无的条文对待。因而，基本上是将医疗损害责任一般条款弃之不用，致其不能发挥其重要作用。第二，不知道医疗损害责任一般条款与医疗损害责任的其他条文之间的关系，因而将第 54 条和其他条文之间的关系对立起来，甚至认为相互之间是矛盾的，有冲突的。第三，不知道医疗损害责任一般条款的基本作用是什么，反而反复强调《侵权责任法》第七章中没有规定明确的请求权的第 56 条、第 61 条、第 63 条无法在实践中操作，看不到第 54 条所具有的补充医疗损害责任请求权的重要作用。

对医疗损害责任一般条款的上述错误认识，是必须纠正的。对某一种类型的特殊侵权责任，如果立法规定了一般条款，这个一般条款对该种侵权责任类型就具有一般的规范作用。某一种侵权责任类型法律没有规定一般条款，则立法对该种侵权责任类型的规定就都是具体规定，对于没有规定的该种侵权责任类型的其他具体表现形式，由于没有一般规定，就只能适用侵权责任一般条款即《侵权责任法》第 6 条第 1 款的规定处理，认定为一般侵权责任，不能适用无过错责任原则或者过错推定原则确定责任。《侵权责任法》第十一章规定的物件损害责任就是如此。同样，在《民法通则》中，对于医疗损害责任没有规定一般性规定，只能按照第 106 条第 2 款规定处理医疗过错责任，或者按照《医疗事故处理条例》的规定处理医疗事故责任，形成法律适用“双轨制”的混乱局面。[①]

《侵权责任法》第七章规定医疗损害责任，并且在第 54 条规定了医疗损害责任一般条款，不仅将已经有明确规定的医疗伦理损害责任、医疗技术损害责任、医疗产品损害责任都纳入其调整范围（第 59 条的无过错责任部分内容除外），而且把没有明文规定的医疗管理损害责任，以及有规定但没有明确规定请求权法律

---

① 关于医疗损害责任的双轨制，请参见杨立新：《中国医疗损害责任制度改革》，《法学研究》2009 年第 4 期。

基础的具体医疗损害责任，都纳入其调整范围，提供请求权的法律基础；即使在司法实践中出现了现在尚未预料到、将来可能发生的新的医疗损害责任，都可以纳入其调整范围，提供请求权的法律基础。因此，可以说，医疗损害责任一般条款把所有的医疗损害责任类型一网打尽，不会再存在立法不足的问题。

（二）适用医疗损害责任一般条款应当注意的问题

1. 医疗损害责任一般条款统一医事法律、法规有关医疗损害责任规定的适用

在我国法律体系中，医事法律、法规是一个体系，发挥着重要的法律调整作用。例如，《执业医师法》《药品管理法》《医疗机构管理条例》《医疗事故处理条例》等，再加上最高人民法院的有关司法解释以及卫生部所做的有关解释。在医事法律、法规中有关医疗损害责任的相关条款，应当统一服从于医疗损害责任一般条款。如果这些相关条款与《侵权责任法》规定的医疗损害责任一般条款有冲突，都必须按照医疗损害责任一般条款的规定，对有冲突的条款不予适用。这不仅是新法优于旧法的原则的适用结果，更重要的是，医疗损害责任一般条款的基本功能就是统一医疗损害责任法律规范的适用，与基本法原则相冲突的特别法规则应当无效。例如，《执业医师法》第 38 条规定："医师在医疗、预防、保健工作中造成事故的，依照法律或者国家有关规定处理。"《医疗机构管理条例》第 34 条规定："医疗机构发生医疗事故，按照国家有关规定处理。"这些规定，都将发生医疗事故的法律适用直接指向《医疗事故处理条例》。而《医疗事故处理条例》规定的医疗事故处理规则与《侵权责任法》规定的医疗损害责任一般条款相冲突，已经被医疗损害责任一般条款所替代，因此，应当统一适用医疗损害责任一般条款，不再适用《医疗事故处理条例》的规定。最高人民法院在原来的司法解释中关于医疗损害责任的规定，例如《关于民事诉讼证据的若干规定》第 4 条第 8 项规定医疗侵权纠纷适用过错推定原则的规定，也与医疗损害责任一般条款的规定相冲突，也都应予以废止，不得继续适用。

2. 医疗损害责任一般条款的适用范围

按照前述分析，医疗损害责任一般条款的适用范围如下。

（1）对医疗伦理损害责任、医疗技术损害责任和部分医疗产品损害责任提供一般指导。对于《侵权责任法》第55条和第62条规定的医疗伦理损害责任、第57条规定的医疗技术损害责任以及第59条规定的医疗机构因过错造成的医疗产品损害责任，医疗损害责任一般条款都提供一般指导。在解释这些条文时，应当以医疗损害责任一般条款为基准，不得违反该条文规定的基本精神。违反第54条规定的基本精神的解释，一律无效。

（2）对没有具体规定的医疗管理损害责任提供请求权的法律基础。医疗管理损害责任也是医疗损害责任，但没有设置具体条文规定。对此，医疗损害责任一般条款为其提供请求权的法律基础，对于这类医疗损害责任纠纷案件可以直接援引第54条规定，确定医疗管理损害责任。

（3）对没有明确规定请求权的条文提供请求权的法律基础。《侵权责任法》第56条规定的医疗机构违反紧急救治义务造成患者损害的侵权行为，第61条规定的医疗机构违反病历资料管理义务造成患者损害的侵权行为，第63条规定的医疗机构实施不必要检查造成患者损害的侵权行为，都没有明确规定请求权，在法律适用中，可以直接援引医疗损害责任一般条款，确定侵权责任，支持受害患者的赔偿请求权。

（4）对将来可能出现的医疗损害责任类型提供请求权法律基础。对于在将来可能出现的新型的医疗损害责任类型，《侵权责任法》第七章的其他条文不能涵盖，且符合第54条规定的医疗损害责任一般条款规定要求的，直接适用该条规定，确定侵权责任。

3.适用医疗损害责任一般条款的法律条文援引

在司法实践中，处理具体医疗损害责任纠纷案件，民事裁判法律适用有以下几种情形。第一，依照第55条、第57条和第59条规定确定的医疗损害责任，直接援引这些相关条文即可，不必援引第54条规定的医疗损害责任一般条款；第二，没有具体条文规定的医疗管理损害责任，应当直接援引第54条规定，例如救护车紧急救治不及时造成的损害、妇产医院过错致使产妇抱错孩子造成损害等，都可以直接援引第54条规定确定医疗损害责任；第三，在《侵权责任法》

的具体条文有规定，但没有明确规定请求权的第 56 条、第 61 条和第 63 条规定的医疗损害责任，应当在援引这些条文的同时，再援引第 54 条规定，确定医疗损害责任。

第四节 《侵权责任法》规定的医疗损害责任归责原则

《侵权责任法》实施之前，对医疗事故责任和医疗过错责任长期适用过错推定原则，是不适当的。《侵权责任法》公布实施之后，对于该法第七章规定的医疗损害责任究竟应当适用何种归责原则，意见并不一致。对《侵权责任法》第七章进行深入研究，科学确定医疗损害责任适用的归责原则，才能够综合平衡受害患者、医疗机构和全体患者之间的利益关系，准确适用法律。

一、对《侵权责任法》规定的医疗损害责任归责原则的不同理解

《侵权责任法》第七章规定的医疗损害责任究竟适用何种归责原则，学者有不同看法。归纳起来有以下四种基本意见。

（一）一元论观点

有的学者认为，《侵权责任法》规定医疗损害责任的归责原则是一元论即过错责任原则，《侵权责任法》第七章医疗损害责任采一般过错归责，为方便法官正确判断过错，避免将举证责任和举证不能的后果简单化地归属于任何一方所可能造成的不公正结果，专设若干条文明确规定判断过错的客观标准，第 55 条、第 58 条、第 60 条即是在不同情况下过错判断标准的具体化规定。[①] 有的学者认为，《侵权责任法》虽然专章规定医疗损害责任，但适用的仍然是一般的过错责任原则。原则上，受害人就医疗机构的过失、诊疗行为与损害之间的因果关系负

① 梁慧星：《论〈侵权责任法〉中的医疗损害责任》，《法商研究》2010 年第 6 期。

有举证责任，除非法律另有规定，如《侵权责任法》第 58 条。[①] 有的认为，我国《侵权责任法》确立了医疗损害责任的过错责任原则，依据侵权责任法的一般原理，过失责任当然也包括基于故意的侵权责任。[②] 有的认为，在医疗损害责任中采用过错责任原则，这就意味着受害人如主张医疗机构对其在诊疗活动中遭受的损害承担侵权责任，应就医务人员或医疗机构在这一活动中存在过错进行举证，如无法举证，医疗机构不应承担侵权责任。[③]

（二）二元论观点

有的学者认为，我国《侵权责任法》所确定的医疗损害的归责原则是由过错责任和过错推定组成的。首先，以过错责任为一般的、主要的归责原则，具体表现为，以过错作为归责的依据，以过错作为减轻或免除责任的依据，以过错作为确定责任范围的依据。之所以实行过错责任，是因为符合诊疗活动的特点，有利于鼓励医务人员进行医学创新，有利于避免过度检查。其次，《侵权责任法》也规定在特殊情况下，即第 58 条规定的情形下适用过错推定。[④] 有的学者尽管没有明确说明，但认为医疗损害责任作为一种一般侵权行为，应当具备一般侵权行为的四个构成要件，即行为的违法性（侵害行为）、损害、因果关系和侵权人的过错。医疗过错表现为三个方面，一是违反告知同意义务、违法医疗机构的注意义务以及法定过错推定标准。对于医疗产品损害责任，则显然不属于《侵权责任法》第 54 条所规定的责任，而应当依照《侵权责任法》第 59 条规定处理，适用无过错责任原则。[⑤] 有的学者认为，《侵权责任法》第七章采用过错作为归责的依据，医疗机构在医疗活动中负担一定的义务，没有尽到这些义务，则构成过错。同时，也认为医疗产品属于产品，因此适用产品责任的有关规定[⑥]，当然是

① 程啸：《侵权责任法》，法律出版社 2011 年版，第 435 页。

② 李显冬：《侵权责任法典型案例实务教程》，中国人民公安大学出版社 2011 年版，第 652 页。

③ 高圣平主编：《中华人民共和国侵权责任法立法争点、立法例及经典案例》，北京大学出版社 2010 年版，第 603 页。

④ 王利明：《侵权责任法研究》下册，中国人民大学出版社 2011 年版，第 384－386 页。

⑤ 张新宝：《侵权责任法》，中国人民大学出版社 2010 年第 2 版，第 234－239 页。

⑥ 王成：《侵权责任法》，北京大学出版社 2011 年版，第 193、194、201 页。

适用无过错责任原则。

医学界的法律专家赞成二元论观点，认为医疗损害责任采取过错责任原则的精神，体现在《侵权责任法》第54条之中。条文中表述“医务人员有过错的”，明确无误地表明了这层意思。在医疗产品损害责任中，认为药品、消毒药剂、医疗器械等医疗物品侵权责任的归责原则采取无过错责任原则，而血液感染侵权责任的归责原则采取过错责任原则。[①]

另一种二元论观点认为，医疗损害责任实际上包含了两种责任，即医疗机构（限于法人）承担的雇主责任和医务人员承担的责任。因此，医疗损害责任的归责原则应当区分这两种责任，前者采替代责任原则，后者采过错责任原则。替代责任原则也就是不考虑医疗机构的过错，责任的承担并不以其自身的过错为要件。[②] 这种说法比较突兀，不符合侵权责任法原理的通说。

（三）三元论观点

有的学者采取我在制定《侵权责任法》中曾经提出过的意见，认为应对不同的医疗损害责任区分具体不同的情形适用归责原则，这也就是《侵权责任法》中“医疗损害责任”所形成的多重归责体系，即医疗技术损害责任适用过错责任原则，医疗伦理损害责任适用过错推定原则，医疗产品损害责任适用无过错责任原则。[③]

（四）四元论观点

有的学者认为，立法者已经注意到归责原则的重要性，在立法过程中充分考虑了医疗行为本身的特殊性，《侵权责任法》第七章医疗损害责任的认定采用的是区别不同情况的多元归责原则体系：一般情况下适用过错责任原则，特殊情况下适用过错推定原则，特别案件适用无过错责任原则，没有完全排除公平分担损失原则的适用。[④]

---

① 刘鑫、张宝珠、陈特主编：《侵权责任法“医疗损害责任”条文深度解读与案例剖析》，人民军医出版社2010年版，第26、130页。

② 周友军：《侵权法学》，中国人民大学出版社2011年版，第251、252页。

③ 王利明、周友军、高圣平：《中国侵权责任法教程》，人民法院出版社2010年版，第596页；高桂林、秦永志：《论医疗损害责任的归责原则》，《法学杂志》2010年第9期。

④ 陈志华：《医疗损害责任深度释解与实务指南》，法律出版社2010年版，第54-55页。

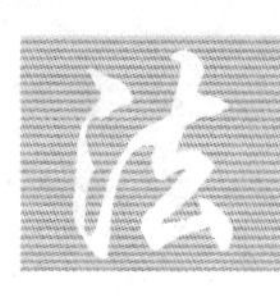

二、正确理解《侵权责任法》关于医疗损害责任归责原则的规定

（一）对医疗损害责任适用归责原则不同意见的分析

针对上述不同主张，我提出以下分析意见。

1. 医疗损害责任的归责原则不是只有一个过错责任原则

认为医疗损害责任适用统一的过错责任原则是不正确的，原因在于，医疗损害责任不仅包括医疗伦理损害责任、医疗技术损害责任和医疗管理损害责任，还包括医疗产品损害责任。医疗产品损害责任的归责原则适用无过错责任原则是确定的，《侵权责任法》第五章有明确规定。既然《侵权责任法》第七章规定医疗损害责任是一个宽泛的侵权责任类型，而不是仅指医疗事故责任或者医疗过错责任的医疗技术损害责任，还包括医疗产品损害责任，因而不可能适用统一的过错责任原则，起码还包括无过错责任原则。

2. 替代责任是一种侵权责任形态而不是归责原则

替代责任是与自己责任相对应的责任形态概念[①]，其历史渊源是《法国民法典》第 1384 条规定，即为他人的行为负责和为自己管领下的物件造成的损害负责的侵权责任形态，并不与过错责任原则相对应，《侵权责任法》第 6 条和第 7 条也没有规定替代责任这种归责原则。替代责任包含归责原则问题，即在替代责任的侵权责任形态的各种侵权责任类型中都存在归责原则的适用问题，但它本身不是归责原则。归责原则是确定侵权责任的价值判断标准，是使用这种价值判断标准确定责任归属的准则。替代责任则是在何种情况下，行为人实施的行为造成他人损害，应当由责任人代替行为人承担赔偿责任等。将替代责任理解为归责原则显然是不对的。

3. 过错推定原则也是一种归责原则

确认医疗损害责任的归责原则为二元体系，包括过错责任原则和无过错责任原则，是正确的，但否认过错推定原则也是不正确的。诚然，《侵权责任法》规

① 杨立新：《侵权责任法》，法律出版社 2012 年第 2 版，第 102 页。

定归责原则在第 6 条规定了两款，第 1 款规定过错责任原则，第 2 款规定过错推定原则。据此理解，好像两款规定的是一个归责原则，因为是在一个条文之中。侵权责任法草案曾经将这两款规定为两个条文，分别规定过错责任原则和过错推定原则①，其后，为避免在归责原则上发生争论，同时也表明过错推定原则也是过错原则，因而将两个条文并为一个条文。不过，过错推定原则除了依据过错要件确定侵权责任之外，还需要有其他的要求，例如过错实行推定等，并且适用过错推定原则的侵权行为类型必须有“法律规定”，因此，过错推定原则具有一个独立的归责原则的地位，应当认为是一个独立的归责原则。

4.《侵权责任法》第 58 条规定的是推定医疗技术过错的法定事由

认为《侵权责任法》第 58 条规定的是过错推定的归责原则，显然是一种误解。因为这里规定的是推定医疗技术过错的法定事由，在医疗技术损害责任中，凡是符合第 58 条规定的三种事由的，就直接推定为医疗机构及医务人员有医疗技术过错，而不是就一类侵权案件适用过错推定原则，例如第 81 条规定动物园的动物这一类动物损害责任类型适用过错推定原则，这是完全不一样的问题。将第 58 条规定称作“法定过错推定标准”② 是有道理的，但是仍然不如称之为过错推定的法定事由更为准确。不过，法定过错推定标准和过错推定法定事由尽管表述不同，但基本意思是完全一致的，这两种理解与将其理解为过错推定的归责原则，则大相径庭，显然不是一个概念。正如专家所指出的那样：“医疗损害责任一般适用过错责任归责原则。只有在本条规定的特殊情况下，即医务人员有违规治疗行为或者隐匿、拒绝提供与纠纷有关的病历资料，伪造、篡改或者销毁病历资料的，才推定医疗机构有过错。”③

5. 医疗产品损害责任应当适用统一的归责原则

学者提出的区分医疗物品损害和血液损害责任，应当分别适用无过错责任原则和过错责任原则的主张，理由不充分。医疗产品当然是产品，造成损害当然应

① 见《中华人民共和国侵权责任法草案》2008 年 9 月 23 日稿，第 2 条规定的是过错责任原则，第 3 条规定的是过错推定原则，第 4 条规定的是无过错责任原则。

② 张新宝：《侵权责任法》，中国人民大学出版社 2010 年第 2 版，第 236 页。

③ 王胜明主编：《中华人民共和国侵权责任法释义》，法律出版社 2010 年版，第 290 页。

当依照产品责任的规则适用无过错责任原则。血液尽管不是产品，但可以认为是准产品，既然规定在第59条之中，与医疗产品损害责任规定在同一个条文中，应当认为立法者是确定适用同样的归责原则，而不是采取过错责任原则。提出血液感染侵权责任适用过错责任原则的依据是《侵权责任法》第60条第3项，即输血感染造成损害属于限于当时的医疗水平难以诊断。[①] 这个意见是不对的。限于当时的医疗水平难以诊断的免责事由针对的是《侵权责任法》第57条规定的医疗技术损害责任，判断医疗技术过失的标准是当时的医疗水平，如果限于当时的医疗水平而难以诊断，就不能认定为医疗技术过错。专家指出，在输血感染中，医疗机构与其他销售者相比，更具有专业性，对于血液，医疗机构都应负有最终的把关责任，这种责任关系着患者的生死存亡，作为专业机构和专业人员，医院和医生有能力与责任对血液进行鉴别，因此，医疗机构的责任不应当比一般销售者的责任更低。[②] 这样的意见是正确的。

6.公平分担损失规则不宜适用于医疗损害责任

《侵权责任法》第24条仍然规定了公平分担损失规则，有的学者将其解释为归责原则[③]，有的学者认为可以适用于医疗损害责任，该原则在一定的条件下，可以适用于医疗损害赔偿案件。[④] 通常认为，公平分担损失规则的适用范围是有限的，例如无民事行为能力人或者限制民事行为能力人致人损害双方都无过错，暂时丧失心智的损害责任，具体加害人不明，因意外情况造成损害，以及为对方利益或者共同利益进行活动过程中受到损害。[⑤] 我认为，将公平分担损失规则适用于医疗损害责任领域，与《侵权责任法》第54条规定的医疗损害责任一般条款不符，不够妥当，不宜采纳这种意见。

---

① 刘鑫、张宝珠、陈特主编：《侵权责任法“医疗损害责任”条文深度解读与案例剖析》，人民军医出版社2010年版，第130页。

② 王胜明主编：《中华人民共和国侵权责任法释义》，法律出版社2010年版，第298页。在上述引用中，我删除了其中的血液制品的内容，因为《侵权责任法》第59条没有规定血液制品，同时血液制品不存在更大的争议，是将其视为药品的，适用第59条第1款规定，而不是适用第2款规定。

③ 王成：《侵权责任法》，北京大学出版社2011年版，第53页。

④ 陈志华：《医疗损害责任深度释解与实务指南》，法律出版社2010年版，第58页。

⑤ 王胜明主编：《中华人民共和国侵权责任法释义》，法律出版社2010年版，第115-116页。

（二）对医疗损害责任归责原则的基本观点

根据以上分析，我认为，《侵权责任法》规定的医疗损害责任的归责原则是一个体系，具体内容是：

1. 医疗损害责任的归责原则体系由三个归责原则构成

我国《侵权责任法》规定医疗损害责任法的归责原则体系，由过错责任原则、过错推定原则和无过错责任原则构成，是由三个归责原则构成的一个归责原则体系。《侵权责任法》与《民法通则》规定的侵权责任规则有一个典型的不同，就是在一个具体的特殊侵权责任类型中，由只适用一个归责原则改变为根据具体情况适用不同的归责原则。例如，在机动车交通事故责任中，机动车与非机动车或者行人发生交通事故的适用过错推定原则，机动车相互之间发生交通事故的适用过错责任原则；在饲养动物损害责任中，一般适用无过错责任原则，但动物园的动物损害责任适用过错推定原则。医疗损害责任情况复杂，根据不同的情形适用不同的归责原则确定侵权责任，是正确的。

2. 过错责任原则是医疗损害责任的基本归责原则

在医疗损害责任的归责原则体系中，过错责任原则是基本的归责原则。除了在侵权法的归责原则体系中过错责任原则就是基本的归责原则之外，医疗损害责任的过错责任原则是基本归责原则还表现在：第一，《侵权责任法》第 54 条明确规定医疗损害责任的基本归责原则是过错责任原则，对此无须赘言。第二，医疗技术损害责任和医疗管理损害责任都必须实行过错责任原则，这两种医疗损害责任类型要求构成赔偿责任必须具备过错要件，没有过错就没有责任。某医学院附属医院在同一天做两个儿童患者的手术，一个是 4 岁的徐某要做心脏修补手术，一个是 5 岁刘某要做扁桃体摘除手术。医务人员因对患者的身份特征核对不仔细，竟将徐某做了扁桃体摘除术；对刘某开胸取出完好的心脏后才发现错误，手术长达 3 个小时，造成严重后果。[①] 这是严重的医疗过错。第三，对医疗伦理损害责任适用过错推定原则，也必须以过错为要件，只是过错要件的证明实行推定而已。第四，即使在适用无过错责任原则的医疗产品损害责任中，对于医疗机构

① 王喜军、杨秀朝：《医疗事故处理条例实例说》，湖南人民出版社 2003 年版，第 22 页。

承担医疗产品损害的最终责任也必须有过错，医疗机构如果对于缺陷医疗产品致患者受到损害没有过错，则可以只承担中间责任而不承担最终责任，即医疗机构承担了中间责任而又无过错的，就可以向缺陷医疗产品的生产者或者销售者追偿，而不是自己承担最终责任。

3. 过错推定原则和无过错责任原则是医疗损害责任归责原则的特殊情形

在医疗损害责任中，应当依照《侵权责任法》第 6 条第 2 款和第 7 条规定，在“法律规定”的情形下，例外适用过错推定原则或者无过错责任原则。首先，《侵权责任法》第 59 条规定的医疗产品损害责任适用无过错责任原则，与产品责任的归责原则保持一致。其次，《侵权责任法》第 55 条和第 61 条规定的未尽告知义务和违反保密义务的医疗伦理损害责任适用过错推定原则。可能引起怀疑的是，这两个条文都没有明文说适用过错推定原则，但这两个条文明文规定的“未尽前款义务”和“泄露患者隐私或者未经患者同意公开其病历资料”，都具有违法性，都可以推定为有过错，确定医疗伦理损害责任适用过错推定原则是有法律根据的。

三、医疗损害责任的归责原则体系及适用范围

我国医疗损害责任归责原则体系是由过错责任原则、过错推定原则和无过错责任原则这三个归责原则构成的，分别调整以下医疗损害责任类型。

（一）医疗技术损害责任适用过错责任原则

医疗技术损害责任纠纷案件适用过错责任原则确定侵权责任。确定医疗机构承担侵权赔偿责任，应当具备侵权责任的一般构成要件，即违法诊疗行为、患者损害、因果关系和医疗技术过错。在证明责任上，实行一般的举证责任规则，即“谁主张，谁举证”，四个要件均须由受害患者承担举证责任。但有两个例外。

第一，依照《侵权责任法》第 58 条规定，具备法定情形，直接推定医疗机构及医务人员有过错。在具备这些法定情形时，法官可以直接推定医疗机构及医务人员有过错，并且不可以由医疗机构一方举证推翻这个推定。这样的规则能够

制裁意图逃避责任的有过错的医务人员或者医疗机构的违法行为，对医务人员和医疗机构起到阻吓、警诫的一般预防作用。

第二，借鉴德国医疗损害责任中的表见证据规则和日本的过失大致推定规则，在具有特殊情况时，可以实行举证责任缓和，减轻受害患者一方的举证责任：首先由受害患者承担表见证据的举证责任，证明医疗机构或者医务人员可能具有过错；然后实行举证责任转换，由医疗机构承担自己没有过错的证明责任。能够证明自己没有过错的，免除责任；不能证明自己没有过错的，应当承担赔偿责任。这种方法能更好地保护受害患者的合法权益，避免严格的举证责任制度对受害患者权益造成伤害。

（二）医疗管理损害责任

医疗管理损害责任是我新提出来的一个医疗损害责任类型。起草《侵权责任法》中，我曾经主张对医疗损害责任分为医疗技术损害责任、医疗伦理损害责任和医疗产品损害责任[①]，基本上被《侵权责任法》所采纳。在最近的研究中，我提出存在医疗管理损害责任，这是一种特殊的类型，无法纳入上述三种医疗损害责任之中，应当成为一种单独的医疗损害责任类型。医疗管理损害责任是指医疗机构和医务人员违背医政管理规范和医政管理职责的要求，具有医疗管理过错，造成患者人身损害、财产损害的医疗损害责任[②]，其性质属于一般侵权行为，应当适用过错责任原则确定侵权责任。据此，依照《侵权责任法》第 54 条的一般性规定确定医疗机构的赔偿责任，须具备侵权责任的一般构成要件，即违法管理行为、患者损害、因果关系和医疗管理过错。在证明责任上，实行一般的举证责任规则，即“谁主张，谁举证”，四个要件均须由受害患者承担举证责任。

（三）医疗伦理损害责任适用过错推定原则

医疗伦理损害责任实行过错推定原则，医疗机构或者医务人员违反医疗伦理，直接推定医疗机构具有医疗伦理过错，除非医疗机构能够证明自己的诊疗行为没有过失，否则应当就其医疗伦理过错造成的损害（包括人身损害和精神损

① 杨立新：《医疗损害责任研究》，法律出版社 2009 年版，第 120 页。

② 杨立新：《医疗管理损害责任与法律适用》，《法学家》2012 年第 3 期。

害）承担赔偿责任。

参考法国医疗损害责任法的基本做法，我国医疗伦理损害责任可分为违反资信告知损害责任、违反知情同意损害责任、违反保密义务损害责任类型。其中违反资信告知损害责任是医疗机构及医务人员在从事各种诊疗行为时，未对患者履行充分告知义务或者说明其病情，未对患者提供及时有用的治疗建议，因而违反医疗职业良知或者职业伦理上应当遵守的注意义务的诊疗行为。违反知情同意损害责任是未尽告知义务且未取得患者同意即采取某种医疗措施或者停止继续治疗，违反医疗职业良知或者职业伦理应当遵守的规则，侵害患者知情权和自我决定权等人格权的诊疗行为。医疗机构未尽必要的告知义务，侵害了患者的自我决定权，直接推定其有过失，应当确定医疗机构承担赔偿责任。

我国对医疗伦理损害责任实行过错推定原则的理由是：第一，资信、保密等义务是医疗机构及医务人员应当履行的高度注意义务，是否履行，医疗机构及医务人员具有主动权，有责任提供证据证明。第二，受害患者一方在诉讼中已经证明了医疗机构及医务人员违反告知、保密等义务，按照违法推定过错的规则，可以推定医疗机构及医务人员存在过错。① 第三，在医疗中，患者通常处于被动状态，而医疗机构通常在告知等义务履行以及取得患者知情同意的时候，要签署同意书，因而告知等义务的履行通常可以通过提出“患者同意书”而得到证明，尽管实行推定过错，但如果医疗机构及医务人员已经善尽上述义务者，是能够举出证据证明自己没有过错的。所以，医疗伦理损害责任实行过错推定原则，是客观的，实事求是的，并非给医疗机构及医务人员增加诉讼上的负担，并不违反诉讼武器平等原则。

（四）医疗产品损害责任适用无过错责任原则

对医疗机构使用有缺陷的医疗器械、消毒药剂、药品以及输血等造成患者人身损害的医疗产品损害责任，应当适用无过错责任原则，其损害赔偿责任的构成要件不要求有过错，只具备违法行为、损害事实及行为与损害之间有因果关系三个要件，即构成侵权责任。有人曾经断言，对于医疗事故已经明确适用过错责

① 朱虎：《规制性规范违反与过错判定》，《中外法学》2011 年第 6 期。

任，没有任何一项事由上规定适用无过错责任。[①] 这种意见根据不足，因为医疗“产品缺陷致损，虽然构成侵权，但应当适用产品质量法的规定”[②]。

医疗产品损害责任适用产品责任的无过错责任原则的理由是，药品、消毒药剂或者医疗器械具有缺陷，其实就是有缺陷的产品，原本就可以直接适用《侵权责任法》关于产品责任的规定，确定侵权责任。依照《侵权责任法》第41条至第43条规定的规则，患者可以向医疗机构要求赔偿，也可以向生产者、销售者要求赔偿。医疗机构赔偿后，属于生产者、销售者最终责任的，有权向生产者、销售者追偿。如果医疗机构在使用医疗产品中有过失，则医疗机构应当承担最终责任；构成共同侵权行为的，医疗机构与缺陷医疗产品生产者共同承担连带责任。

因输入不合格的血液造成患者人身损害的，尽管血液是人体组织，不具有物的属性，但其已经脱离人体，是人体的变异物，具有一定程度的流通性，具有准产品的属性，可以作为准产品对待，适用产品责任规则，实行无过错责任原则[③]，适用前述责任承担规则。

第五节　医疗事故鉴定的性质及其司法审查

江苏省扬州市中级人民法院2005年10月9日就毛某、葛某娣诉扬州市第一人民医院医疗损害赔偿纠纷案，作出（2004）扬民一初字第009号民事判决。双方当事人均提出上诉后，江苏省高级人民法院于2006年4月28日作出（2006）苏民终字第0033号终审民事判决，维持一审判决，驳回双方上诉人的上诉。本

---

① 沃中东：《对医疗事故处理中无过错责任适用的思考》，《杭州商学院学报》2003年第6期。

② 梁慧星：《医疗损害赔偿案件的法律适用问题》，《人民法院报》2005年7月6日。

③ 对此也有不同见解，例如以知情同意的人格保护模式解决这个问题，参见赵西巨：《人体组织提供者法律保护模式之建构》，《中国卫生法制》2008年7月第16卷第4期。笔者赞成这样的意见，但它不是唯一的理由和模式，因为不能否认脱离人体的组织和器官的物的属性，参见杨立新主编：《民法物格制度研究》，法律出版社2008年版，第79页以下。

案的一审判决和二审判决，在对医疗事故的鉴定及司法审查，在对医疗损害赔偿案件的事实认定问题上，以及确定医疗事故损害赔偿责任问题上，都确有值得借鉴的独到见解，回答了司法实践中对医疗事故鉴定的性质及司法审查的可行性，对医疗事故损害赔偿责任确定的法律适用等重要问题。因此，这是两份值得推荐的民事判决，也是值得称道的一件典型案例。就此，笔者作出以下评释。

一、医疗事故鉴定的性质是司法鉴定

在传统的民事审判理念中，医疗事故的鉴定是独家的医学鉴定，因此是由医疗机构的行政主管机关或者医学研究机构独家垄断的医学鉴定，其他任何人都不能染指，不能插手。

原来的《医疗事故处理办法》确定的医疗事故鉴定制度，是由政府的卫生行政主管部门组织医疗事故鉴定委员会进行，医疗事故鉴定委员会分为三级，省级的医疗事故鉴定委员会是最终的鉴定机构。对医疗事故鉴定结论，法官无权进行司法审查，只能按照它的鉴定结论认定事实，医疗事故鉴定结论认为构成责任事故或者技术事故的，法院依此作出赔偿的判决；只要医疗事故鉴定委员会作出不是或者不属于医疗事故甚至是构成医疗过错的鉴定结论，法官就都无权判决构成医疗事故而确定医院承担损害赔偿责任。

《医疗事故处理条例》实施之后，医疗事故鉴定不再由政府组织，而是由医学会组织医疗事故鉴定的专家库，需要进行医疗事故鉴定时，由医学会负责，随机抽取鉴定专家组成鉴定组，作出鉴定。鉴定级别原则上分为县、地区（市）和省三级，中国医学会在必要时也可以组织鉴定。

根据以上情况可以看出，我国医疗事故鉴定制度存在的最大问题，就是垄断经营，不论过去由政府组织进行医疗事故鉴定，还是现在由医学会组织的医疗事故鉴定，事实上都是由医疗系统的“医疗人”垄断了这种鉴定，而法官无权组织医疗事故的专家鉴定。因此，就形成了下面的问题：第一，医疗事故鉴定是医疗部门专断的，只有医疗机构进行垄断经营，他人不得干预，即使是法官对医学会

组织的医疗事故鉴定结论存在疑问，也不得自己组织专家进行鉴定；第二，医疗事故鉴定是由集体负责，原来叫做鉴定委员会，现在则叫做鉴定组，因此，鉴定结论不是由专家个人负责，而是由集体负责，而集体负责的最根本问题就是无法追究个人的责任，也就出现了法律上可以追究责任而在实际上并不能追究责任的现实状况；第三，鉴定专家不是对法律负责，不是对法院和法官负责，而是对政府或者医学会负责，也就是对医疗机构或者医疗机构的管理者负责，当出现鉴定专家作弊或者错误鉴定的时候，也就不能追求其个人的法律责任；第四，这样的制度，将医疗事故鉴定排除在司法鉴定之外，法律无法进行约束，因而使医疗事故鉴定成为医学界的"专利"，事实上排除了司法的审查和约束。

这样的制度，既不符合司法活动的规律，也不符合民事诉讼制度的本质要求，正因为如此，在现实生活中才不断出现医疗事故鉴定作弊、包庇医生、损害患者利益的事件，使医疗事故鉴定制度失去了其应有的权威性，可信度和公信力大大降低，不能得到公众的信任。因此，这种医疗事故鉴定制度必须予以改进。

当然，《条例》规定的医疗事故鉴定制度已经有了一定的改变。从表面上看，医疗事故鉴定是由政府组织进行变成了由民间组织即医学会组织进行，在性质上好像有了变化。但是，由医疗机构的主管机关以及医学研究机构组织进行医疗事故鉴定的方式并没有根本的变化，医疗事故的鉴定仍然掌控在医疗专业"医疗人"的手中，早就形成的对医疗事故鉴定的独家垄断性质并没有改变。

我曾经专门到德国和荷兰对他们的医疗事故（他们叫做医生责任）鉴定的问题进行过专门的考察。无论是在德国还是在荷兰，法院认定医生责任，鉴定都是必经程序，但不是法定程序。在审理医生责任案件时，涉及责任认定，法官必须组织鉴定，通过专家的鉴定，认定责任是否存在。德国和荷兰也有医疗事故鉴定机构，但与法官组织医疗专家鉴定的鉴定人不是一回事。德国类似于医疗事故鉴定委员会的机构是医生协会，该协会对医生进行管理，代表医生的利益。在每一个州的医生协会分会中都设立鉴定委员会。如果发生了医生责任的争议，病人可以请求这个委员会进行鉴定，并且可以进行调解，如果患者能够接受调解和鉴定，则病人不再起诉，就解决了纠纷。病人如果不同意鉴定意见或者调解，甚至

认为鉴定结论是偏袒医生的，可以向法院起诉。在荷兰，医院设立投诉委员会，受理各种医疗投诉；此外，全国设立五个医生纪律委员会，医生纪律委员会可以对患者有关医生责任的投诉进行调查，作出结论，并且对医生的过失进行处置。

在德国，法官组织的医生责任鉴定，是法官依照程序进行的。每一个医生都有义务就法官提出的问题为法官作出鉴定结论。每一个法院都有一个列表，列出每一个具有某种医科鉴定人资格的医生的名单，鉴定时，法官从中选择在这个领域中最为权威的医生作为鉴定人。法院有专门审理医生责任案件的合议庭，审理这些案件的法官也就成了这类案件的专家，对鉴定意见能够进行审查，作出自己的判断，因此，鉴定人还存在着一个自己的鉴定能不能说服法官的问题。那种由医疗事故鉴定委员会作出的鉴定，对法官没有约束力。法官如果认可该鉴定委员会的鉴定结论，则确定鉴定委员会中的一个专家写出鉴定委员会的鉴定意见，作为证据使用，由该专家负责任；法官可以完全抛开鉴定委员会的结论，另外找专家进行鉴定。在荷兰，民事法官认定医疗过失，有相应的程序和条件，法官可以聘请专家进行鉴定，进行调查，确定是否存在医疗过失，是否有医疗损害的事实。即使是医生纪律委员会鉴定说医生有过失和损失的事实，法官也不一定采信。法官对医生责任案件也可以进行调解，先给对方一个反应的机会，如果双方都认可这个调解，就可以结案；如果不同意调解，则由法官判决。但是，医生纪律委员会的结论对法官没有拘束力。

扬州市中级人民法院和江苏省高级人民法院在本案中对医疗事故鉴定的处理，是特别值得借鉴的。首先，他们没有依据《医疗事故处理条例》的规定，由医学会组织专家鉴定，而是准许向法庭提交原告在诉前聘请的山东金剑司法鉴定中心作出的司法鉴定结论。在诉讼中，中级人民法院征得双方当事人同意，专门委托西南政法大学司法鉴定中心进行医疗司法鉴定。这种做法，实际上就是认可医疗事故鉴定并非一律的医学鉴定，而是司法医学鉴定，法院有权委托具有司法鉴定资格的鉴定人进行医疗事故或者医疗过错的鉴定。其次，既准许当事人自己委托进行医疗过错的鉴定，也可以由自己委托具有鉴定资格的鉴定机构进行医疗过错鉴定。再次，进行医疗事故的鉴定，应当由鉴定人个人进行，实行个人负责

制，并不是组成专家鉴定组进行鉴定。

这些做法说明：

第一，应当确认医疗事故鉴定的性质是司法鉴定，必须改变医疗事故鉴定的医学技术鉴定性质。过去之所以将医疗事故鉴定确定为医学技术鉴定，理由就是医疗事故鉴定是专业鉴定，法官不懂医学，因此，只能由医学机构组织鉴定，而不能由法官自己组织。这是一种误解。医疗事故鉴定是司法医学鉴定，其基本性质是司法鉴定，是司法鉴定中的一种。法官不懂医学，并不是否定医疗事故责任鉴定的司法鉴定性质，法官也可能不懂刑事鉴定专业，也不懂物理、化学专业，尤其是不懂人类基因识别专业，但是，都由法官组织与此相应的司法鉴定，对鉴定结论有权进行司法审查，确认事实，作出法律认定。医疗事故鉴定同样如此。而且唯有如此，才能够打破医疗事故鉴定的垄断性，实行科学的医疗事故的司法鉴定制度。

第二，既然医疗事故鉴定是司法鉴定，那么，法官就应当享有全面的医疗事故司法鉴定的决定权、组织权。需要进行医疗事故鉴定的，应当由法官决定；对于医疗事故的鉴定应当由法官组织，确定鉴定的合适人选，确定鉴定的时机，确定应当鉴定的内容。

第三，医疗事故鉴定应当实行司法鉴定专家的个人负责制。在一般情况下，应当否定医疗事故鉴定的集体鉴定制，而由个人负责，对于作出的鉴定结论，鉴定专家个人承担责任。为了增加鉴定结论的科学性和可信性，可以建立鉴定结论的复核制，另外聘请一个鉴定专家对鉴定结论进行复核。鉴定专家和复核专家各负其责，发生错误，都应当承担自己的责任。应当坚决改变医疗事故鉴定组对医学会负责的观念，采用鉴定专家单独对法律负责，对法院负责，对法官负责的理念。实行这样的制度，可以建立鉴定专家的荣誉感和责任心，对故意作出错误鉴定，对其他医生进行包庇的鉴定专家，应当取消其鉴定专家资格，直至追究其专家侵权责任，使其承担错误鉴定的损害赔偿责任。

第四，应当明确医学会在医疗事故责任鉴定中的职责，仅仅在于负责向法院推荐医疗鉴定专家，对鉴定专家进行行政管理，组织培训。具体组织鉴定并非医

学研究机构的责任，而是法院和法官的责任。医学会不得插手医疗事故鉴定的具体事宜，不得非法干预鉴定的过程和鉴定结论的作出，保障医疗事故的鉴定一切都要依照司法鉴定的程序进行。

确认医疗事故的鉴定是司法鉴定性质，采取上述一系列具体方法进行，就能够打破医疗事故鉴定的独家垄断做法，实行科学的、符合司法规律的医疗事故鉴定机制，维护法律的尊严和公正。这是本案一审判决和终审判决给我们的这种意见的一个重要佐证。

二、法官有权对医疗事故的鉴定结论进行司法审查

对于医疗事故的鉴定结论，法官究竟有没有权力进行司法审查，传统的看法是，医疗事故鉴定是医学专业鉴定，法官无法审查，因此也就无权进行审查，医疗事故鉴定结论认定是医疗事故的，法官就判决赔偿，医疗事故鉴定结论不认为是医疗事故的，法官就判决驳回患者的起诉。我曾经办理过的一个案件，患者患眼病，原来的视力为 0.8，由于医生写错了眼药的剂量，护士就按照处方错写的剂量用药，结果造成该患者视力下降到 0.02 的严重后果。但是，由于医疗事故鉴定委员会出具的鉴定结论认为不构成医疗事故，因而法院判决驳回了原告的诉讼请求。该患者其后长期投诉无门，无法维护自己的合法权益。

事实上，只要确认医疗事故鉴定的性质是司法鉴定，那么，法官都有权对其结论的真实性和客观性进行审查，并且根据自己的审查，确认鉴定结论的真实性和客观性，并且最终确认是否采纳该医疗事故的鉴定结论认定案件事实、认定医院责任。

我在德国和荷兰进行医疗事故法律适用的考察中，发现他们的做法就是这样的。在德国和荷兰，与其他司法鉴定一样，医疗鉴定专家对医生责任的鉴定结论也不是认定案件事实的唯一证据，法官有权进行审查，确认是否采信这一医生责任的司法鉴定。如果法官自己对案件事实的判断与专家的鉴定意见不同，法官可以按照自己的意见认定，但法官必须在判决中作出说明，说明自己意见的理由，

否则，判决将会被撤销。

我认为，对于医疗事故医学司法鉴定的结论，法官享有审查权。应当像对待其他司法鉴定结论一样，法官有权进行司法审查，有权决定是不是应当重新鉴定，有权决定对医疗事故鉴定结论是否采信。对此，也应当像道路交通事故的责任认定结论一样，如果有充分的根据，法官有权依据调查的事实，或者根据更有权威的鉴定结论否定原来的鉴定结论。不仅可以对其他司法鉴定机构作出的医疗事故的鉴定结论法官可以进行审查，而且可以对现行的医学会组织的医学专家进行的医疗事故鉴定结论进行审查。只有这样，才能够保证医疗事故责任认定的准确性和合法性，能够充分保护患者的合法权益不受侵害。

扬州市中级人民法院和江苏省高级人民法院对本案医疗事故的鉴定结论，正是这样进行审查的，并且最终作出了关于医疗事故的准确结论，实事求是地认定案件事实，保障了受害人的权利损害得到充分的救济。

在本案中，存在两份医疗事故的鉴定结论。

第一份，是受害人家属在诉前聘请山东省金剑司法鉴定中心出具的司法鉴定结论。该鉴定结论确认：被鉴定人毛某悦（系本案受害人、二原告之女）死亡与被告诊疗有相对因果关系，理由是：（1）认为毛某悦后颅凹肿瘤、脑疝事实存在，其死亡系颅内肿瘤致脑疝并呼吸、循环衰竭造成。而心肌炎的诊断，其临床症状、体征和辅助检查结果难以支持。（2）毛某悦从2004年1月27日至2月20日前在医院20余天内未作头颅CT检查，以致对后颅凹肿瘤不能做出报告，属于延误诊断。（3）由于毛某悦到医院未及时做头颅CT检查，故不能早期明确诊断颅内肿瘤，仅按胃炎、心肌炎治疗，以致效果不佳，属于误诊后的误治。特别是在2004年1月28日2时之前约14小时时间内病情相对较轻的情况下，未能作颅内CT检查，以致未能发现后颅凹肿瘤，如果期间给以CT检查，能及时发现并给以手术治疗，完全可以挽救患儿或延长其生命。

第二份，西南政法大学司法鉴定中心司鉴（法医）字第20041358号鉴定书的鉴定结论是：（1）扬州市第一人民医院的病历书写存在不规范行为，但不影响基本医疗事实的认定。（2）扬州市第一人民医院的医疗行为与患儿（毛某悦）的死亡后果无关。(3)扬州市第一人民医院履行告知义务方面的不足，与患方所花费的不必要的医疗费用有关联。

面对两份司法鉴定的鉴定结论的矛盾，一审法院在审理中，指定两个司法鉴定中心的鉴定人出庭接受质询，进行质证。

一审法院经审理认为：第一，被告的医疗行为有过错，理由是：(1)被告将患儿毛某悦作为危重病人收住入院，门诊和入院诊断均要求呕吐待查，被告医生虽然在毛某悦入院时的27日中午开出肌钙蛋白和心肌霉谱检验单，但一直到次日凌晨2时后患儿出现心跳、呼吸停止后方才送检，检验结果为正常，未能及时做出鉴别诊断，延误了治疗和抢救的时机，未尽到高度谨慎的注意义务。(2)被告门诊及住院经治医生未能在患儿病情危重之前问诊出患儿曾有步态不稳的情况，属于问诊不够仔细，漏问了重要病情。(3)经司法鉴定认定，被告"危重症护理记录单"上"时有烦躁不"五字处有明显擦刮添加，不能判读原有字迹。"病历记录单"第6页倒数第7行"王?? 副主任医师查房录"等字；第17页正文第1行、第10行的红色字迹是添加形成。该行为严重违反了医疗文证材料书写规范。(4)经司法鉴定认定，从被告病程记录中可以看出经治医师对神经内、外科专家的会诊意见回应的不够，和患方的交流(告知义务)不足。当获知神经内科专家的会诊意见后，经治医师没有对"后颅凹病变可能"提出自己对此诊断的认识和处理措施。在患儿呼吸、心跳停止，抢救20天后，才对患儿作了CT检查，最终确诊患儿所患疾病系后颅凹肿瘤，客观上延误了"后颅凹肿瘤"的诊断。第二，被告的医疗行为与毛某悦的死亡之间存在相当因果关系，理由是：(1)被告收治患儿毛某悦后，虽认为其系危重病人，但并未及时对病情做出鉴别诊断，两份化验单经治医生开出后并未立刻执行，而是在开出10小时后，毛某悦的病情发生突变后才执行，客观上造成了不能确诊病情，延误了治疗，丧失了抢救的时机。(2)由于不能确诊病情，又大剂量输液，客观上为脑水肿的形成进而发生脑疝提供了外在条件。(3)关键时间段的护理记录被被告刮擦、涂改，造成原有内容不能判读，其涂改后的内容不足以让人确信其记载内容的真实性。根据《证据规则》的规定，故被告对该节重要事实应承担举证不能的后果。(4)毛

某悦在1月27日23：12时出现了教科书上典型的枕骨大孔疝的症状时，未能引起被告经治医生的足够重视，从被告经治医生使用甘露醇的情况看，实际上此时经治医生已经意识到患儿存在颅压高的症状，但仍未能进一步做脑部检查，使患儿丧失了最后的治疗机会，此行为与被告医院的医疗水准不符。（5）考虑毛某悦所患疾病为后颅凹肿瘤，该病有恶性居多的特点，故综合确定被告的医疗过错行为和毛某悦的原发病各占造成毛某悦死亡的原因力的50%。

二审法院对本案审理确认如下。第一，扬州市第一人民医院对毛某悦的医疗行为存在过错，该过错与毛某悦的死亡存在相当因果关系，具体理由是：（1）毛某悦入院后，扬州市第一人民医院对其进行初步诊断，病程记载毛某悦存在呕吐现象，扬州市第一人民医院怀疑是心肌炎，开出肌钙蛋白和心肌霉谱化验单各一份，用于心肌炎的诊断，但未及时送检，次日凌晨2时后毛某悦出现心跳、呼吸停止症状后，扬州市第一人民医院对毛某悦进行上述检验，检验结果是阴性。扬州市第一人民医院的行为延误了后续的治疗，存在过错。（2）在没有确诊病情的情况下，扬州市第一人民医院对毛某悦进行输液治疗，而后颅凹肿瘤导致颅内压增大，本应进行脱水治疗，无论输液量是否足以导致脑水肿，扬州市第一人民医院的行为客观上导致毛某悦颅内压进一步增大，对引发脑疝提供了外在的条件。（3）至2004年1月27日23：12时，毛某悦病情出现转折，是否出现了枕骨大孔疝典型症状之一"颈项强直"，双方当事人存在争议。扬州市第一人民医院的行为在该关键时段的护理记录存在多处擦刮涂改添加现象，扬州市第一人民医院关于笔误后涂改的辩解不能令人信服。按照最高人民法院《关于民事诉讼证据的若干规定》，应当由扬州市第一人民医院承担举证不能的后果。故应认定此时毛某悦已经出现了枕骨大孔疝典型症状。（4）按照医疗常规，出现了枕骨大孔疝典型症状，应当作颅脑CT检查。但扬州市第一人民医院一直到毛某悦呼吸、心跳停止抢救20日后，才作颅脑CT检查，明显不当。综上，扬州市第一人民医院作为三级医院，应当具有相应的医疗技术水准，对毛某悦的诊疗行为与该水准不符，存在明显的过错，该过错导致延误了对毛某悦后颅凹肿瘤的及时诊治，加速了后颅凹肿瘤发展的进程，与毛某悦死亡存在相当因果关系。第二，扬州市第一

人民医院对毛某悦的诊疗行为并非毛某悦死亡的唯一原因，理由是，毛某悦所患后颅凹肿瘤，有恶性居多的特点，即使得到及时治疗能否治愈亦不确定，治愈后预期生存年限不长。原审法院考虑到该因素，认定扬州市第一人民医院对毛某悦的医疗行为与毛某悦原发病各占50%的原因力，并无不当。

两级法院的判决书对于医疗过错和原因力的认定是一致的。作出这样的认定，基本上否定了西南政法大学司法鉴定中心的鉴定结论，部分采纳了金剑司法鉴定中心的鉴定结论，同时也有法官依据医学原理作出的客观判断。这样的做法说明，对于司法鉴定，特别是医疗事故的司法鉴定，法官享有司法审查的权力，无论是采纳鉴定结论，还是否认鉴定结论，都应当说出充分的理由，因而不仅使当事人信服，也使他人确信法院的判决的正确性。那种认为法官不具有医学专业知识，就不能对医疗事故的鉴定结论进行审查，只能依照医疗机构的医学专家组织的医疗事故鉴定结论认定事实的意见，在两份判决书面前，显得非常苍白。

因此，不仅是在案件出现两份相互矛盾的医疗事故鉴定结论时，不仅是在面对非医学会组织的医疗事故的鉴定结论时，在所有的有关医疗事故的鉴定结论面前，法官都应当进行司法审查，确认事实、作出判决。否则，就是法官对事实的不负责任，对法律的不负责任。

三、确定医疗事故或者医疗过错赔偿责任的法律适用问题

目前，在医疗事故侵权责任的司法实践中，存在的一个普遍的法律适用问题，就是认定为医疗事故的案件，按照《医疗事故处理条例》规定的赔偿标准，赔偿较低的赔偿金；而不认为是医疗事故的医疗过错的案件，按照《民法通则》和人身损害赔偿司法解释规定的赔偿标准，赔偿较高的赔偿金。这实际上是司法实践中存在的一个混乱现象，是不正常的。

可以肯定，存在这个问题的根本原因，是《医疗事故处理条例》规定限额赔偿的标准过低，不足以救济受害人的损害，不能很好地保护受害人的合法权益。这种法律冲突是现行法律规定与行政法规发生冲突、行政法规不遵守基本法规则

的典型表现。对此，最高人民法院采取了一个不正常的法律适用方法，放任行政法规中过低的赔偿标准在司法实践中适用，不执行民法基本法和侵权行为法规定的侵权损害赔偿数额确定的基本规则，造成了目前医疗事故赔偿责任数额确定上的法律适用混乱。之所以出现了构成医疗事故赔偿数额较少，不构成医疗事故根据医疗过错起诉反而赔偿数额较多的矛盾情况，是当事人和法官对这种不合理的赔偿制度采取的一种过激反应，其实也是正常的。目前最应当解决的，是尽快解决好这种法律适用存在的问题，避免出现更多的矛盾。

有的法院对这个问题贯彻“区分不同案件类型分别适用法律”原则，将医疗损害赔偿纠纷分为医疗事故损害赔偿纠纷和一般医疗损害赔偿纠纷。一般医疗损害赔偿纠纷，包括不申请进行医疗事故技术鉴定，经鉴定不构成医疗事故，以及不涉及医疗事故争议的医疗损害赔偿纠纷。患者可以医疗事故损害赔偿纠纷为由起诉，也可以一般医疗损害赔偿纠纷为由起诉。如果医疗机构提出不构成其他医疗损害赔偿纠纷的抗辩，并且经鉴定能够证明受害人的损害确实是医疗事故造成的，那么人民法院应当按照《条例》的规定确定赔偿数额，而不能按照人身损害赔偿司法解释的规定确定赔偿数额。患者一方起诉要求医疗事故损害赔偿，经鉴定不构成医疗事故的，应允许患者一方变更事实主张和诉讼请求。由于《条例》遵循的是有限赔偿原则，而《民法通则》遵循的是全部赔偿原则，因而，如果按《条例》规定的赔偿标准确定赔偿金的数额显失公平，不足以救济受害人的损害时，法院保留最终的司法决定权，可以确定更高的赔偿数额。

这个办法的最后一部分是有道理的，问题出在前边说的内容，即构成医疗事故责任的，就按照《条例》规定的标准进行赔偿，不能依照人身损害赔偿司法解释规定的标准赔偿，这样的做法不公平，有悖于基本法的规定。

对目前的这种状况，在临时对策上，我建议应当采取请求权法律基础的办法予以解决。对同一个法律现象，法律设定了不同的法律规范，就赋予了当事人不同的请求权，形成了请求权竞合。如何处理请求权竞合的问题，应当由当事人从自己的利益出发进行选择。医疗事故造成患者的人身损害，既符合《条例》规定的医疗事故侵权的要求，也符合《民法通则》第 106 条第 2 款规定的侵权行为一

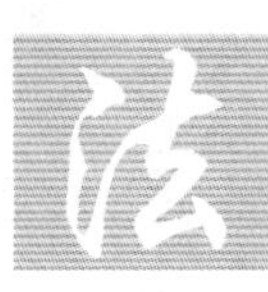

般条款的要求，就形成《条例》赋予患者的请求权与《民法通则》赋予患者的请求权的竞合。医疗事故的受害患者完全有权在《条例》赋予的请求权和《民法通则》赋予的请求权中进行选择。如果患者自愿选择《条例》作为自己行使的请求权的法律基础，法院完全可以支持；如果患者选择《民法通则》作为自己行使的请求权的法律基础，要求适用人身损害赔偿司法解释规定的赔偿标准，也是完全正当的，法院也应当予以支持。只有这样，才能够尊重患者的权利，实现法律适用的统一。对此，不能强行规定什么样的情况适用《条例》规定的赔偿标准，什么样的情况适用人身损害赔偿司法解释规定的赔偿标准。这种做法是对当事人权利的不当限制。

在本案中，由于一审法院和二审法院认定本案的性质是医疗过错侵权责任，因而直接适用《民法通则》第 106 条、第 119 条以及最高人民法院关于人身损害赔偿司法解释的规定，确定被告向原告承担赔偿 28.831 785 万元的责任，其中包含精神损害赔偿责任 4 万元。这个赔偿数额远远高于《医疗事故处理条例》规定的赔偿标准。我赞成这样的判决。

我并不反对医疗事故责任的赔偿标准要适当降低的主张。2003 年，我在美国加州大学考察美国侵权行为法的时候，美国国会正在讨论限制医疗事故赔偿标准的法案。在美国的绝大多数州，普遍存在医疗事故赔偿金越来越高的现象，原因是不断增加赔偿金，医院就要不断提高医疗事故保险的保险金，因此又要不断提高患者的医疗费用，最终形成恶性循环，造成更多的患者看不起病的状况。只有适当限制医疗事故赔偿数额，才能够保障更多的患者看得起病。而加州通过立法，限制医疗事故精神损害的过度赔偿，就没有出现这样的问题。事实上，在医疗事故患者和全体患者之间存在利益的冲突，如果受害患者获得过多的赔偿，医院就要付出更多的赔偿金，同时也就要从患者的医疗费中拿出更多的钱支付，这样当然要增加医疗费用，损害的是全体患者的利益。所以，依据过错责任原则确定医疗事故责任，就是最好的平衡利益冲突的办法。正因为如此，保护全体患者的利益，并不是要降低赔偿标准或者减少赔偿金数额，而是减少不必要的赔偿。《条例》显然是没有正确理解这个问题，制定了过低的赔偿标准，损害了受害患

者的合法权益。

在这个问题上，最终的解决办法，立法和司法应当统一思想，从民法的基本原则和法律适用的基本规则出发，统一人身损害赔偿的标准，而不能准许某些行政法规另搞一套，损害国家法制的统一，损害当事人的合法权益。

第十九章

医疗损害责任的概念与类型

第一节　医疗损害责任概念研究

医疗侵权行为及其责任，是一种重要的侵权行为类型，立法机关正在制定的《中华人民共和国侵权责任法》中，也把医疗侵权行为及其责任作为一种重要的侵权责任作出规定。研究医疗侵权行为的起点，就应当从准确界定医疗侵权行为的概念开始，确定其科学的内涵和外延。在此基础上，才能够更加深入地研究医疗侵权行为及其责任的具体规则。在实践中，恰恰是在这个问题上没有取得统一，因此造成了法律适用不统一的混乱。本书认为，应当采用医疗损害责任的概念，统一医疗侵权行为及其责任的称谓，并以此界定其内涵和外延，展开医疗损害责任的全面研究。

一、对医疗侵权行为概念的不同称谓及引发的后果

（一）对医疗侵权行为概念的不同表述

改革开放之初，我国司法实践和民法理论对医疗侵权行为概念的称谓，一直

都是叫做医疗事故或医疗事故责任，法院受理的这类案件则叫做医疗事故赔偿纠纷。

在1987年6月29日发布、实施的《医疗事故处理办法》中，就采用了当时最为普遍的称谓，将医疗侵权行为直接称为医疗事故和医疗事故责任，此后在司法实践中普遍使用。十几年来对此几乎没有异议。

在最高人民法院2001年12月21日出台、2002年4月1日生效的《关于民事诉讼证据的若干规定》中，对医疗侵权行为概念使用了一个新的称谓，即医疗侵权纠纷。这个概念究竟是医疗事故的替代概念，还是比医疗事故更为宽泛的概念，该司法解释没有说明。这种说法给司法实践带来很大影响。一般认为，医疗事故责任是医疗侵权纠纷，医疗过错责任纠纷也是医疗侵权纠纷。在2008年2月4日公布、2008年4月1日生效的最高人民法院《民事案件案由规定》中，使用的是“医疗损害赔偿案件纠纷”，与以前的做法完全不同。

更大的问题出在2002年4月4日公布、9月1日实施的《医疗事故处理条例》代替了《医疗事故处理办法》之后。《医疗事故处理条例》确实在很多方面都比《医疗事故处理办法》有了较大的进步，但是，在医疗事故的赔偿责任方面的规定却仍不尽人意。主要表现是，在具体的赔偿项目和赔偿标准及计算方法上，远远低于通常的人身损害赔偿标准。特别是最高人民法院在随后不久公布实施的《关于审理人身损害赔偿案件适用法律若干问题的解释》，对于人身损害赔偿制定了全国统一的赔偿项目和赔偿标准，远远高于《医疗事故处理条例》规定的赔偿标准。最高人民法院并没有认识到这个问题的严重性，提出了医疗事故责任和国家赔偿责任不适用人身损害赔偿司法解释规定的赔偿标准的意见。[①] 这个意见从表面上看好像维护了行政法规的权威性，保护了医疗机构的权利，却在侵权法领域将医疗机构推向了司法和人民群众的对立面，使之成为一个特殊的侵权责任主体和特殊机构，不接受统一的法律调整。其形成的局面是，如果是一个较为严重的医疗侵权行为，能够鉴定为医疗事故的，适用《医疗事故处理条例》规定的赔偿标准，医疗机构承担较低的赔偿责任，受害人只能得到较少的赔偿；反

① 参见最高人民法院2003年1月6日《关于参照〈医疗事故处理条例〉审理医疗纠纷民事案件的通知》。

之，如果受害患者[1]的损害较轻，或者较重的损害也不请求进行医疗事故鉴定，而是到司法鉴定机构申请医疗过失责任鉴定，诉讼到法院，法院则基于诉讼请求不是医疗事故而是医疗过失，因而不适用《条例》规定的赔偿标准，而适用人身损害赔偿司法解释规定的赔偿标准，使受害患者能够获得较高的赔偿。因此，在司法实践中，除了使用医疗事故的概念之外，医疗过失或者医疗过错的概念被广泛使用，并将其与医疗事故概念对立起来。应当看到的是，对于《条例》规定医疗事故赔偿标准的特殊化，人民群众不满意，法官也是反感的。在实践中之所以出现上述法律适用的混乱局面，正是人民群众和法官对此做法的一种反叛和抗拒。这种情况应当引起立法和司法的高度重视。

在理论上，对于医疗事故、医疗侵权、医疗过错、医疗纠纷等概念都有使用。除此之外，有的学者还使用医生责任或者医疗专家责任的称谓。[2] 使用这样的概念，更着重于突出这种侵权行为的性质是专家责任，以此与其他侵权行为类型相区别。这个意图是好的，但在司法实践及社会观念上并没有被接受，在立法机关制定的侵权责任法草案中，也没有采纳这样的意见。

（二）不同国家和地区对医疗侵权行为概念的称谓

在各国侵权行为法领域，对于医疗损害责任概念的称谓也各有不同。在欧洲，比较一致的意见是医疗专家责任或者医师责任。[3] 这样的称谓所表达的含义是：首先，这种行为是侵权行为，接受侵权行为法的调整；其次，这种侵权行为的性质是专家责任，是基于特殊的专业和技术、技能为他人服务，由于过失造成委托人或者其他人的权利损害的侵权行为[4]；再次，这种侵权行为发生在医疗领域，并非一般的专家责任，而是基于医疗而发生的专家责任。在日本，医疗侵权

---

① 本节使用受害患者的概念，在涉及医疗损害责任赔偿请求权时，包括受害患者和受害患者近亲属。

② 张新宝：《侵权责任法原理》，中国人民大学出版社 2005 年版，第 224 页。

③ 受到访问德国和荷兰的医疗损害赔偿法专家，他们所使用的都是医生责任的概念，性质属于专家责任。杨立新主编：《中华人民共和国侵权责任法草案建议稿及说明》，法律出版社 2007 年版，第 405、418 页。

④ 张新宝：《侵权责任法原理》，中国人民大学出版社 2005 年版，第 224 页。

行为大体被叫做医疗过失损害责任，确立“医疗水准”的客观过失责任理论。[①] 在美国，一般将医疗侵权行为称为医疗责任，或者医疗过失责任。[②] 在我国台湾地区，一般将医疗侵权行为叫做医疗事故，或者医疗事故责任。[③]

（三）医疗侵权行为概念不统一引发的后果

在医疗侵权行为概念上的混乱局面，必然引发在理论上、实践上的混乱后果。这种后果主要表现在以下三个方面。

第一，侵权法理论上的认识不统一。在侵权法理论中，由于基本概念的不统一，因而无法准确界定其内涵，也无法界定其确切的外延。即使是对概念的表述，也都无法接受一个权威的称谓，因而形成了学者自说自话的局面，无论表述为医疗事故、医疗侵权、医疗过失、医疗过错、医疗专家责任等，都无法知道其确切的含义是什么。正因为如此，当一个学者使用“医疗事故”概念的时候，不能够确认他指的是包括医疗侵权这样广泛意义上的医疗事故，还是单指医疗侵权中的医疗事故而不包含医疗过失责任。另外，这些概念之间究竟是什么样的逻辑关系，也都不明确。还有一个重要的问题，就是事故、行为、责任之间的关系没有理清，医疗事故其实仅仅是一个事件，并不能说医疗事故就是行为，而医疗事故的医生行为才是侵权行为；而医疗事故责任，则是医疗事故侵权行为的法律后果。把这些问题在理论上搞清楚的基础，就在于把这个基本概念界定准确。

第二，司法实践中对案件的案由确定不统一。对医疗侵权行为概念在理论认识上的不一致，必然导致在实践中的做法的不统一。在法院受理的案件中，如何确定其案由，就成为一个困难的事情。在目前的司法实践中，界定这种侵权行为的案由，主要分成医疗事故责任和医疗过错责任两种，有的法院也使用医疗过失和医疗侵权的案由。在最高人民法院的司法解释中，同样存在这样的问题，有的

---

① 朱柏松等：《论日本医疗过失之举证责任》，载朱柏松等：《医疗过失举证责任之比较》，台北元照出版公司2008年版，第10页。

② 陈聪富：《美国医疗过失举证责任之研究》，载朱柏松等：《医疗过失举证责任之比较》，台北元照出版公司2008年版，第161页。

③ 陈聪富：《美国医疗过失举证责任之研究》，载朱柏松等：《医疗过失举证责任之比较》，台北元照出版公司2008年版，第191页。

司法解释叫作医疗侵权纠纷，有的司法解释叫作医疗事故以及其他医疗纠纷，有的叫作医疗损害赔偿责任。这典型地表明了对医疗侵权行为基本概念认识的混乱。

第三，法律适用上造成严重的不统一。对此，我在前文已经说过。医疗事故的赔偿责任如此之轻、医疗过错的赔偿责任如此之重，任何一个受害患者对此不能不重视。当他有权选择一个法律规范作为自己请求权的依据时，当然会有不同的选择。而作为法官，面对需要保护的受害患者，他也可能支持患者保护自己的选择，或者选择对患者更为有利的法律作为判决的依据。问题是，有更多的法官采取机械的“依法办事”的态度处理，鉴定为医疗事故的就适用《条例》，界定为医疗侵权或者医疗过错的就适用人身损害赔偿司法解释，并不尊重当事人的选择权。一个意想不到的后果是，受害患者一方和法官的共同行动，把行政机关想要特别保护的医疗机构却置于司法机关和人民群众的对立面，采取共同的立场去对付医疗机构，以至于形成了广泛的对医疗机构不利的社会舆论。这无论如何也是行政机关所不愿意看到的后果。

医疗侵权行为的概念在称谓上的混乱所引起的上述后果，所直接引起的，就是对受害患者权益保护缺乏统一的尺度，对医疗机构医疗过失行为的认定没有一个统一的标准，对法律适用造成严重的混乱。这不是一个法制统一的国家应有的做法。

二、使用医疗损害责任概念的准确性

（一）对医疗侵权行为概念不同表述的分析

为了确定一个准确、科学的概念作为医疗侵权行为的称谓，首先应当分析现在使用的各种概念的优势和缺点。

1. 医疗事故

现实中，最常用的概念是医疗事故，以及医疗事故责任。其原因在于行政法规即《办法》和《条例》都使用这个概念。

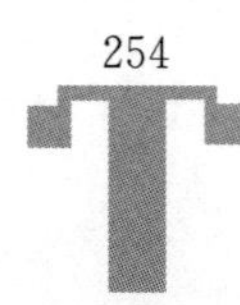

医疗事故，实际上是指一个事实、一个事件，即医疗机构的医务人员在诊疗过程中基于过失而造成患者人身损害的事故。事故本身并不是侵权法所调整的对象，《侵权责任法》调整的是行为和责任。例如，即使是摆放在建筑物上的悬挂物、搁置物脱落、坠落造成他人损害，法律制裁的也不是物件脱落、坠落的事实或者事件，而是其所有人或管理人未尽管理义务的间接行为。[①] 同样，侵权法对医疗侵权所要制裁的，也不是医疗事故这个事实或者事件，而是在这个事故中，医疗机构及医务人员因过失造成患者损害的行为。因此，以医疗事故作为医疗侵权行为的称谓，显然不当。

使用医疗事故责任的概念，倒是能够概括医务人员因其过失而应当承担的侵权责任，但无法与相应的侵权行为相衔接。更为重要的是，医疗事故责任的概念本身无法界定其范围的宽窄，尤其是在同时使用医疗过错概念的时候，将完整的医疗侵权行为人为地进行分割，造成同一种侵权行为类型在法律适用上的不统一，对患者的权利无法进行统一的法律保护。因此，即使是使用医疗事故责任的表述，也无法准确界定医疗侵权行为的准确内涵和外延。

因此，不宜使用医疗事故以及医疗事故责任的概念作为医疗侵权行为的概念。当然也不有不同的意见，例如梁慧星教授曾经撰文，建议学术界和实务界一定要接受这个医疗事故概念，一律采用医疗事故概念，不要再用医疗差错、医疗过错等不规范的概念。[②] 这种意见尚有商榷的余地。

2.医疗侵权

将医疗侵权行为称为医疗侵权、医疗侵权责任或者医疗侵权纠纷，原本是没有问题的。如果不是由于在司法实践中出现的医疗事故与医疗过错的刻意区别和对立，将医疗侵权、医疗侵权责任作为与医疗事故相对立的概念而分别适用不同的法律，那么，将这种侵权行为称为医疗侵权、医疗侵权行为、医疗侵权责任以及医疗侵权纠纷，都是没有问题的。医疗侵权作为一种统称，医疗侵权行为作为

① 关于间接行为的概念界定，参见杨立新：《侵权法论》，人民法院出版社 2005 年第 3 版，第 167－168 页。间接行为包括监护、管理下的人所实施的行为和管理对象的不当的行为。

② 梁慧星：《医疗损害赔偿案件的法律适用问题》，《人民法院报》2005 年 7 月 6 日。

侵权行为的类型，医疗侵权责任作为这种侵权行为的责任类型，而医疗侵权纠纷作为这种侵权案件的称谓，都是较为准确的。也有人提出，将医疗侵权直接称为“侵权行为”或者“侵权责任”，似乎就给这种医疗中的纠纷“定性”，对医疗机构以及医务人员的高尚行为有所否认，因此建议采用更为中性的称谓。[①] 事实上，我们所说的医疗侵权行为，都是在法律意义上对一种侵权行为类型的确认，并非说纠纷就是侵权，这类似于在刑事案件侦查和起诉以及判决之前称被告为“犯罪嫌疑人”一样。任何侵权行为在判决没有确定之前，其实就是有侵权“嫌疑”而已，是争执中的侵权行为，医疗侵权当然也是如此。

不过，鉴于现行司法实践中已经将医疗侵权与医疗事故两个概念对立起来，或者将医疗侵权作为医疗事故与医疗过错的上位概念，因此，不宜再使用医疗侵权概念称谓统一的医疗侵权行为。

3. 医疗过错

在司法实践中使用医疗过错，有两种用法。一是指不构成医疗事故的医疗侵权案件，因为医疗机构有过错而叫作医疗过错，因而与医疗事故概念相对应。二是指医疗事故和医疗侵权两种不同的医疗侵权行为的上位概念，即医疗事故和医疗侵权的统称。在实践中多数使用前一种用法。

依我所见，使用医疗过错概念，有几个不好处理的问题。第一，医疗过错作为医疗事故和医疗侵权两个概念的上位概念，其实还不如将医疗侵权作为其上位概念，概括医疗事故和医疗过错，因为医疗侵权的概念可以概括更多的含义。第二，医疗事故中也存在过错，因此，医疗过错与医疗事故并不存在差别，将医疗过错作为与医疗事故相对应的概念也不适当。第三，医疗过错概念中使用“过错”一词并不准确，因为过错包括故意和过失，而在医疗侵权行为中并不存在故意，因为医务人员一旦因故意造成患者的损害，则为刑事犯罪行为或者一般侵权行为，并不可能还要认定为医疗侵权行为。其实，这是我国侵权法中一直存在的问题，不论故意还是过失都一律称作过错，是应当纠正的。

---

① 中国人民解放军总医院张宝珠：《关于医疗侵权讨论会上的发言》，中国医院管理协会召开的“医疗侵权责任立法问题专题研讨会”发言稿，本文未公开发表。

正因为如此，还是不把这种发生在医疗领域中的侵权行为叫作医疗过错为好。

4.医疗专家责任

医生责任就是专家责任。毫无疑问，医疗侵权责任在侵权行为的性质上就是专家责任，将医疗侵权责任称为专家责任，并没有问题，是比较准确的。但是，医生责任的范围过窄，只能涵盖医疗过程中的过失侵权行为，无法涵盖医疗产品损害责任以及大部分医疗伦理损害责任等其他医疗侵权责任，而我国司法实践比较习惯于使用医疗事故或者医疗侵权责任的提法，不太愿意接受医疗专家责任的称谓。在侵权行为的类型划分上，通常也不将医疗侵权行为概括在专家责任之中，而是与其他事故责任例如工伤事故、道路交通事故、学生伤害事故等放在一起。因此，尽管有学者特别主张医疗侵权行为的专家责任性质，并且在《侵权行为法草案建议稿》中将其规定在专家责任类型之中①，但并未被通说及立法草案所采纳。看来，使用医疗专家责任的概念作为医疗侵权行为概念的称谓，并没有较大的市场。

（二）用医疗损害责任表述医疗侵权行为概念的准确性

在全国人大法工委民法室于2008年7月2日召开的“侵权责任法座谈会”以及2008年9月24日至27日全国人大法工委召开的“侵权责任法草案研讨会”上，与会专家、法官和医疗工作者都赞同侵权责任法草案对此采用医疗损害责任的概念。用医疗损害责任概念作为医疗侵权行为的统称，有以下好处。

第一，能够概括所有的医疗侵权行为，终止医疗侵权概念、案由和法律适用上的不统一局面。如前所述，在我国司法实践中，医疗事故、医疗侵权、医疗过错都在被不准确地使用着，因此，有必要使用能够概括所有的医疗事故、医疗侵权、医疗过错的一个概念。医疗损害责任是一个不常被使用的概念，但正因为如此，用它来概括所有的医疗侵权行为责任才更为准确。因而，使用这个概念能够结束医疗侵权概念、案由以及对这类侵权行为法律适用上的不统一局面，维护法

① 梁慧星主编：《中国民法典草案建议稿附理由·侵权行为法编、继承编》，法律出版社2004年版，第57页。

制的统一和司法权威，用相同的标准保护受害患者的合法权益。

第二，该提法比较直观、中性，容易被社会各界所接受。尽管有些医疗机构的人员认为医疗侵权概念不准确是因为直接将其称为侵权的看法并不正确，但在界定一个概念时，能够综合考虑所有人特别是这种侵权行为类型所概括的责任主体的意见，采取一个比较中性的提法，有利于调动这些人的积极性，预防侵权行为发生。况且医疗损害责任的表述直观、现实，容易被大家所接受，使用起来也更为方便。

第三，包容性强，能够包含所有的医疗侵权行为。医疗损害责任作为概括性的概念，能够包括各种不同的医疗侵权行为引起的责任，例如，即使是医疗器械等医疗产品损害责任，误诊等造成人身损害的医疗技术损害责任，以及抱错孩子等医疗管理损害责任都可以包括在内。医疗损害行为是在医疗领域中发生的侵权损害行为，是这种侵权行为类型的概括，医疗损害责任则是医疗损害行为的法律后果，是受害患者的侵权请求权和作为责任主体所应当承担的侵权责任。医疗损害责任纠纷，则是这种类型侵权案件的总称。

事实上，最为重要的是，使用医疗损害责任概念能够消除医疗事故与医疗过错对医疗侵权行为的人为分割的“割据”局面，建立统一的医疗损害责任制度。这就是使用医疗损害责任概念的最主要目的。

三、医疗损害责任概念的内涵和外延

（一）医疗损害责任的内涵

对医疗损害责任或者医疗侵权行为概念的界定，有不同的表述。如认为医疗侵权行为是指医疗机构及医务人员在诊疗护理过程中侵犯了病人的合法权益，并引起一定的法律后果的行为。在这里，病人的合法权益有两种，一是生命健康权，二是其他人身权，如姓名权、名誉权、肖像权、隐私权等。[①] 或者认为医疗侵权行为是指在医疗活动中，因医疗行为侵害就诊者的人身权利，依法应当承担

① 刘雪玲：《医疗侵权行为的民事责任与举证责任》，《齐鲁医学杂志》2002 年第 3 期。

民事责任的违法行为。[①] 或者认为医疗侵权行为是指行为主体在实施医疗行为的过程中，侵犯了就医者的人身权益（因医疗活动系针对人的身体所实施的行为），而应承担责任的行为。[②] 这些意见都值得参考。

界定医疗损害责任的概念，应当着眼于全部的医疗侵权行为，而不是指某一部分或者某一类型的医疗侵权责任。这个概念是指侵权责任的一种类型，即涉及医疗或者发生在医疗领域中的侵权责任类型。

因此，医疗损害责任是指医疗机构及医务人员在医疗过程中因过失，或者在法律规定的情况下无论有无过失，造成患者人身损害或者其他损害，应当承担的以损害赔偿为主要方式的侵权责任。

医疗损害责任的基本特征是：

1. 医疗损害责任的责任主体是医疗机构

医疗损害责任的责任主体是医疗机构，且须为合法的医疗机构，其他主体不构成医疗损害责任。按照 1994 年 2 月 26 日国务院《医疗机构管理条例》第 2 条规定，医疗机构应当是从事疾病诊断、治疗活动的医院、卫生院、疗养院、门诊部、诊所、卫生所（室）以及急救站等机构，除此之外，不属于医疗机构。例如，执业助理医师不得成立个体诊所，设立个体诊所行医的，由于不是医疗机构，仍为非法行医。[③] 有人认为，发生医疗损害责任之后，由于造成损害的医生是在医疗机构进修的不具有资质的“医生”、医院聘用的不具有医生资格的“医生”，医疗机构主张自己的医生不合资质而否认医疗机构的侵权责任，是没有道理的。理由是，医疗损害责任是医疗机构的责任，而不是医生自己承担的责任，因此，医院聘用或者进修的不具有医生资质的“医生”，过错在于医疗机构，并不妨害医疗机构依法承担自己应当承担的侵权责任。没有合法资质的医疗机构发生医疗损害责任，应当适用侵权责任法的一般规定确定侵权责任，不适用医疗损害责任的规定。对于取得医师执业证书的医师在家中擅自诊疗病人造成人身损害

① 郑力等：《论医疗侵权行为的归责原则与免责》，《中国医院》2006 年第 10 期。

② 钱矛锐：《论医疗侵权行为的法律内涵》，《西北医学教育》2008 年第 3 期。

③ 参见卫生部 2001 年 9 月 24 日《关于执业助理医师能否设置个体诊所问题的批复》。

事故的，由于医疗活动是医疗机构的活动，不是医生个人的活动，因而，也不认为是医疗损害责任，也应当适用一般侵权行为的规则处理。[①] 相反，精神病医院与一般的医疗机构不同，对精神病患者负有更高的注意义务，甚至是监护义务，造成患者人身损害仍构成医疗损害责任，只不过对其要求更高，更为严格，承担的责任更重罢了。

2.医疗损害责任的行为主体是医务人员

医疗损害责任的行为主体是医务人员，而不是其他人员。医务人员包括医师和其他医务人员。按照《执业医师法》第 2 条规定，医师包括执业医师和执业助理医师，是指依法取得执业医师资格或者执业助理医师资格，经注册在医疗、预防、保健机构中执业的专业医务人员。尚未取得执业医师或者执业助理医师资格，经注册在村医疗卫生机构从事预防、保健和一般医疗服务的乡村医生，也视为医务人员。按照《执业医师法》第 30 条规定，执业助理医师应当在执业医师的指导下，在医疗、预防、保健机构中按照其执业类别执业。执业助理医师独立从事临床活动，也属于医务人员，发生医疗中的人身损害事故，构成医疗损害责任。[②] 不具有医务人员资格的，即使发生医疗损害，也不认为是医疗损害责任。例如，非法行医的医生或者非医生，都不适用医疗损害责任的法律规范，而应当适用一般侵权行为的规则。对于取得医师资格但未经执业注册的人员私自开设家庭接生造成孕妇及新生儿死亡的有关人员，尽管其具有医师资格，但由于其未经执业注册，因而，仍然视为非法行医，造成医疗损害的，也应当按照一般侵权行为处理。[③] 对于未取得医师资格的医学专业毕业生（包括本科生、研究生、博士生以及毕业第一年的医学生[④]），应当区分情况，违反规定擅自在医疗机构中独

① 参见卫生部 2005 年 11 月 7 日《关于取得医师执业证书的医师在家中擅自诊疗病人造成死亡适用法律有关问题的批复》。

② 参见卫生部 2006 年 12 月 26 日《关于执业助理医师独立从事诊疗活动发生医疗事故争议有关问题的批复》中的规定。

③ 参见卫生部 2006 年 12 月 18 日《关于未经执业注册医师私自开展家庭接生造成人员死亡有关法律适用和案件移送问题的批复》中的规定。

④ 参见卫生部 2004 年 6 月 3 日《关于取得医师资格但未经执业注册的人员开展医师执业活动有关问题的批复》第 3 条的规定。

立从事临床工作的，也不认为是医务人员[①]；但在上级医师的指导下从事相应的医疗活动的，不属于非法行医，[②] 可以构成医务人员，成为医疗损害责任的行为主体。

按照《护士管理办法》规定，护士系指按照该办法规定取得中华人民共和国护士执业证书并经过注册的护理专业技术人员。没有经过注册登记的护理人员，不认为是合法执业的护士。只有合法执业的护士在护理活动中造成患者人身损害的，才构成医疗损害责任，否则为非法行医，按照一般侵权行为规则处理。

3. 医疗损害责任发生在医疗活动之中

医疗损害责任发生的场合是医疗活动，在其他场合不能发生这种侵权责任。医疗活动应当准确理解，并不是只有医疗才是医疗活动，例如，在医院进行的身体检查，在医院进行的医疗器械的植入，对患者的观察、诊断、治疗、护理、康复等，也都是医疗活动，不能认为身体检查、身体康复等并不进行治疗从而不是医疗活动。医疗机构进行的影像、病理、超声、心电图等诊断性活动也是医疗活动。同样是美容活动，医疗美容是运用手术、药物、医疗器械以及其他具有创伤性或者侵入性的医学技术方法，对人的容貌和人体各部位形态进行的修复与再塑[③]，因此属于医疗活动；而没有通过这样的手段进行的美容，例如进行面部护理、一般的保健按摩等，不认为是医疗活动。深圳市某美容医院为客户进行颞骨垫高的美容，结果侵入的组织积淀在面颊底部，成了“李玉和脸”[④]，构成医疗损害责任。因此，医疗活动是一个较为广泛的概念，并非仅指狭义医疗这一项活动。

4. 医疗损害责任是因致患者人身等权益损害的过失行为而发生的责任

医疗损害责任主要因患者身体、健康、生命权损害的人身损害行为而发生的

---

① 参见卫生部 2005 年 9 月 5 日《关于医学生毕业后暂未取得医师资格从事诊疗活动有关问题的批复》。

② 参见卫生部办公厅 2002 年 5 月 29 日《关于正规医学专业学历毕业生试用期间的医疗活动是否属于非法行医的批复》。

③ 参见卫生部《医疗美容服务管理办法》第 2 条规定。

④ 李玉和是“文化大革命”时期样板戏《红灯记》的人物，由钱浩良饰演，其左右脸颊各有一块凸出的部分，被戏称“也不胖也不瘦，一边一块疙瘩肉”。这两个受害人找过我咨询，面部形象损害严重，这种说法并不夸张。

责任，并且须有过失。其中，造成患者健康权损害，是造成患者的人身伤害，包括一般伤害和残疾；造成生命权损害，是指造成患者死亡；造成患者身体权损害，是指患者的身体组成部分的实质完整性以及形式完整性的损害，即造成患者人体组成部分的残缺，或者未经患者本人同意而非法侵害患者身体。尤其应当注意的是对于身体形式完整性的侵害，身体权属于患者本人，未经本人同意，医务人员不得非法接触。其他损害，包括医生未尽告知义务所侵害的患者知情权、自我决定权、隐私权等其他民事权益，而且首先不是健康利益。[①] 在一般情况下，构成医疗损害责任必须有过失，但在医疗产品造成损害的医疗损害责任，在归责原则上并不要求医疗机构必须有过失。

5. 医疗损害责任的基本形态是替代责任

替代责任也称为间接责任、转承责任、延伸责任，是指责任人为他人的行为和为人的行为以外的自己管领下的物件所致损害承担赔偿责任的侵权责任形态。[②] 替代责任的最基本特征，是责任人与行为人相分离，行为人实施侵权行为，责任人承担侵权责任。医疗损害责任就是替代责任。造成患者人身损害的行为人是医务人员，但其并不直接承担赔偿责任，而是由造成损害的医务人员系属的医疗机构承担赔偿责任。只有医疗机构在自己承担了赔偿责任之后，对于有过失的医务人员才可以行使追偿权。本节在上述说明中刻意研究医疗机构和医务人员的范围，目的之一，就是为了表现医疗损害责任替代责任性质的基本特征。

（二）医疗损害责任的外延

界定医疗损害责任概念的外延，应当着重考虑的是如何划分医疗损害责任的类型更能够便利司法实践操作，更便于受害患者一方行使诉讼权利，保护好自己的合法权益。

在实践操作中，侵权责任适用不同的具体规则的标准，集中在归责原则上。对侵权责任案件，适用什么样的归责原则，就适用什么样的具体规则；适用的归

① ［德］冯·巴尔：《欧洲比较侵权行为法》下卷，焦美华译、张新宝校，法律出版社 2001 年版，第 389 页。

② 杨立新主编：《中华人民共和国侵权责任法建议稿及说明》，法律出版社 2007 年版，第 7 页。

责原则不同，应当适用的具体规则也就不同。因此，在划分侵权行为类型时，以归责原则作为标准，是最为科学、最为准确和最为实用的。确定医疗损害责任的外延，就是要划分医疗损害责任的类型，以归责原则作为医疗损害责任外延的划分标准，是最为适当的，既便于法官的掌握，也便于受害患者的了解。因此，应当以归责原则作为界定医疗损害责任外延的标准。

在立法例上，以归责原则作为标准确定医疗损害责任类型，可以借鉴法国侵权法关于医疗科学过错和医疗伦理过错的分类方法。在法国医疗损害责任法中，医疗损害赔偿责任的核心概念，就是医疗过错。以传统分类方法，无论是公部门或者私部门上的医疗损害赔偿责任，医疗过错均可分为医疗科学上的过错和医疗伦理上的过错这两种类型[①]：医疗科学过错适用过错责任原则确定责任，举证责任由受害人负担；而医疗伦理过错则实行过错推定原则，将举证责任彻底归之于医疗机构。[②] 借鉴这种做法，我国医疗损害责任的外延可界定为医疗技术损害责任、医疗伦理损害责任两种类型，再加上医疗产品损害责任和医疗管理损害责任，作为医疗损害责任的外延即医疗损害责任的四种基本类型，是最为便捷、最为合理亦最为科学的。

据此，我国医疗损害责任的外延是：

1.医疗技术损害责任

医疗技术损害责任，是指医疗机构及医务人员从事病情检验、诊断、治疗方法的选择，治疗措施的执行，病情发展过程的追踪，以及术后照护等医疗行为中，存在不符合当时医疗水平的过失行为[③]，医疗机构所应当承担的侵权赔偿责任。

医疗技术损害责任的归责原则为过错责任原则，举证责任由受害人负担。证

---

① 陈忠五：《法国法上医疗过错的举证责任》，载朱柏松等：《医疗过失举证责任之比较》，台北元照出版公司 2008 年版，第 125 页。

② 陈忠五：《法国法上医疗过错的举证责任》，载朱柏松等：《医疗过失举证责任之比较》，台北元照出版公司 2008 年版，第 139－144 页。

③ 陈忠五：《法国法上医疗过错的举证责任》，载朱柏松等：《医疗过失举证责任之比较》，台北元照出版公司 2008 年版，第 125 页。

明医疗机构的赔偿责任构成，须由原告即受害患者一方承担举证责任，在必要的情况下，例如在受害患者无法提供充分证据证明医疗机构的过失时，可以实行举证责任缓和，在原告证明到一定程度时，转由医疗机构承担举证责任。

2. 医疗伦理损害责任

医疗伦理损害责任，是指医疗机构及医务人员从事各种医疗行为时，未对病患充分告知或者说明其病情，未向病患提供及时有用的医疗建议，未保守与病情有关的各种秘密，或未取得病患同意即采取某种医疗措施或停止继续治疗等，以及其他医疗违法行为，而违反医疗职业良知或职业伦理上应遵守的规则的过失行为[①]，医疗机构所应当承担的侵权赔偿责任。

医疗伦理损害责任适用过错推定原则，将医疗过失的举证责任归之于医疗机构，其他侵权责任构成要件的举证责任仍然由受害患者一方承担。在受害患者一方能够证明侵权责任的其他构成要件时，而医疗机构不能证明自己没有过失的，就构成侵权责任。

3. 医疗产品损害责任

医疗产品损害责任，是指医疗机构在医疗过程中使用有缺陷的药品、消毒药剂、医疗器械以及血液及制品等医疗产品，因此造成患者人身损害的，医疗机构或者医疗产品的生产者、销售者所应当承担的侵权赔偿责任。澳大利亚的医疗性产品法案认为，医疗产品是一个统称，既包括药品，也包括医疗器械，是指用来或声称能预防、诊断、减缓或监测某一疾病或病情的产品。[②] 这一做法值得借鉴。

医疗产品损害责任应适用产品责任的一般原则，即无过失责任原则，即如梁慧星所说医疗“产品缺陷致损，虽然构成侵权，但应当适用产品质量法的规定”[③]。但按照《产品质量法》第 41 条、第 42 条和第 43 条规定，无过失责任原

① 陈忠五：《法国法上医疗过错的举证责任》，载朱柏松等：《医疗过失举证责任责任之比较》，台北元照出版公司 2008 年版，第 139 - 144 页。

② 赵西巨：《英美法系主要国家 CAM 产品立法模式探究》，《南京中医药大学学报》2007 年第 8 卷第 3 期。

③ 梁慧星：《医疗损害赔偿案件的法律适用问题》，《人民法院报》2005 年 7 月 6 日。

则仅对产品生产者适用，对产品销售者须有过失，受害人才可以向其主张赔偿。参照这样的规定，《侵权责任法》应当规定，因药品、消毒药剂、医疗器械等医疗产品缺陷造成患者人身损害的，销售者、医疗机构没有过失的，受害患者一方只能向医疗产品生产者按照无过失责任原则的要求起诉，请求赔偿。如果医疗机构或者医疗产品销售者对于造成的损害有过失，则实行不真正连带责任规则，受害患者一方既可以向医疗机构要求赔偿，也可以向生产者或者销售者要求赔偿。医疗机构承担赔偿责任后，属于生产者、销售者责任的，有权向生产者或者销售者追偿。因输入不合格的血液以及血液制品造成患者人身损害的，受害患者一方主张提供机构承担责任的，无论有无过失都可以请求，但主张医疗机构赔偿的，须医疗机构在主观上存在过失，否则只能向血液及其制品的提供者请求赔偿。

4.医疗管理损害责任

医疗管理损害责任也是医疗损害责任的基本类型之一，是指医疗机构和医务人员违背医政管理规范和医政管理职责的要求，具有医疗管理过错，造成患者人身损害、财产损害的医疗损害责任。在医疗管理损害责任中，造成损害的原因是医疗机构的管理过错，这是与其他三种类型的医疗损害责任的不同之处。

第二节 医疗机构违反告知义务的医疗损害责任

一、问题的提出

（一）《医疗事故处理条例》规定的医疗机构义务是“软义务”

与原《医疗事故处理办法》相比，《医疗事故处理条例》对患者的权利作出了12项新的规定，诸如：患者有权复印或者复制病历资料；医疗机构对患者的病情、医疗措施、医疗风险等有告知的义务，患者享有知情权；发生、发现医疗事故、医疗过失行为等，医疗机构有通报、解释义务，患者享有知情权；在发生

医疗事故争议时，医疗机构对病历资料单独处置，应当承担对自己不利的后果；等等。[①]

但新《条例》在规定患者权利的同时，并没有规定保护患者行使权利的保障措施。按照法理，对应权利的应当是义务，对应义务的应当是责任，因为责任就是违背法定义务的法律后果。没有规定法律责任的权利和义务，就没有法律的强制性。没有规定法律责任的义务就是软义务。相应的权利也得不到根本的保障。因此，这个问题必须解决，否则在审判实践中就没有办法保障患者的权利。

那么，在医疗机构没有履行保障患者权利而应履行的义务时，究竟应当承担什么样的法律后果呢？

（二）日本患者不同意伴有输血医疗损害赔偿案件

"X 教派"的忠实教徒 A 罹患肝脏肿瘤，就诊于东京大学医科学研究所附属医院，患者 A 在就诊时明确表示因输血违背自己的宗教信念而拒绝接受伴有输血的医疗行为，但是在接受肝脏肿瘤摘除手术的时候，医生对她实行了伴有输血的医疗行为，最后手术成功。该患者后来得知自己在医疗过程中被输血的消息后，精神极度痛苦。于是，该患者对医院及其医生提起损害赔偿之诉。后来，该患者在诉讼中死亡，由其继承人继承诉讼。日本东京地方法院 1997 年 3 月 12 日第一审认为，为救他人的生命而进行的输血行为，乃属于社会上的正当行为，以无违法性为由驳回原告的诉讼请求。第二审法院认为，因医师违反说明义务，以致患者的自己决定权受到侵害，因此被告的行为构成侵权行为，判令被告赔偿原告 55 万日元。第三审法院即最高裁判所第三小法庭认为，患者认为输血会违反自己宗教信念而有明确拒绝伴有输血的医疗行为的意思时，该意思决定权应为人格权之内容，医院对此意思决定权应予以尊重。在本案的上开事实下，手术时除输血以外别无其他救命方法。但在入院时，医生应对患者说明在医疗过程中必要情况下，还是要输血。是否要接受该医院的手术，应该属于患者的自己决定权。本案被告怠于履行上述告知义务，因此可以认为其已经侵害了患者的意思决定

① 更详细的论述，参见杨立新：《〈医疗事故处理条例〉的新进展及其审判对策》，《人民法院报》2002 年 5 月 10 日、17 日连载。

权，即被告已经侵害了患者的人格权。因此，被告应该就受害人所受的精神痛苦负担慰抚金损害赔偿责任。[①]

本案对日本医疗实务以及医疗侵权纠纷的法律适用具有里程碑的意义。该案件体现的法律问题颇多，比如安乐死问题、宗教信仰是否是独立的人格权问题以及人格权的范围问题等，其中也涉及了医疗机构的告知义务。告知义务也称为"告知后同意"法则，学者认为，所谓"告知后同意"法则（the Doctrine of Informed Consent）乃指医师有法律上的义务，以病人得以了解的语言，主动告知病人病情、可能之治疗方案、各方案可能之风险与利益，以及不治疗之后果，以利病人作出合乎其生活形态的医疗选择。[②] 而该案例所运用的"告知后同意"法则解决的正是违反《医疗事故处理条例》所规定的软义务所应当承担的责任问题。

在研究了上述案例以及相关一些案例之后，笔者受到启发，专门就医疗机构违反告知义务的侵权责任问题，结合我国《执业医师法》《医疗事故处理条例》等法律法规有关规定进行深入探讨。

二、医疗机构告知义务的性质

我们认为，医疗机构的告知义务是一种法定的合同义务，体现了法定性和意定性的交融。

（一）医疗机构告知义务的意定性

医疗合同是医师、护士、药师等医疗专家通过医院的医疗活动，向患者提供医疗技术服务、救治病患的合同。尽管将医疗纠纷确定为合同责任或者是侵权责任存在着一定的争议，但是将医患关系确定为合同关系为相当数量的立法、司法和理论所支持。德、日民法典没有直接规定医疗合同为有名合同，而是在民事特

① 本案为日本最高裁判所2000年（H12）2月29日第三小法庭判决。本案的素材系由日本东海大学法学部刘得宽教授提供，特此致谢！

② 杨秀仪：《告知后同意》，http：//sm. ym. edu. tw/download/942 医疗与法律专题—告知后同意. doc。

别法等相关法律中规定了医疗合同关系。德国学界通说认为，医疗关系为雇用契约。日本的学界通说认为，医疗关系为准委任契约。英美法系一般认为，医疗关系为承揽契约。[①] 1994年，荷兰颁布了《医疗服务法案》，该法案规定了病人在医疗关系中所享有的各项权利，以及可能导致的各项侵权情形。1995年，该法案被收入了《荷兰民法典》第七编“具体合同”之中，并易名为“医疗服务合同”[②]。

在此前提下，就医疗机构而言，其承担着诊疗义务、告知或者说明义务、劝告转诊义务、取得同意义务、保密义务、制作治疗记录义务及报告义务等。[③] 而就患者而言，患者享有选择权、自我决定权，当然，其也承担着支付医疗报酬义务、接受并协助治疗义务、诚实告知等义务。在一般的医疗关系中，医疗机构必须通过诊断并进行详细的说明，出具诊疗方案，以获得患者的有效承诺，展开治疗。患者挂号、就诊，医疗机构听诊、告知，体现了合同订立的要约、承诺过程。从这一点来看，一般的医疗关系可以认定为是医疗服务合同。同时，医疗机构如果不履行或者不充分履行告知义务，就会导致患方承诺的意思表示不真实，从而也影响了医疗服务合同的效力，告知义务对患方意思表示的制约对于医疗服务合同的订立、履行、终止等具有决定性的意义。因此，医疗机构作为合同当事人的告知义务当然可以认定为合同义务。

甚至，告知义务也可以对医疗服务合同成立之前的缔约阶段具有法律上的意义。例如，如果在缔约阶段，医疗机构及其工作人员不履行理应转诊的告知义务，那么其行为就可以构成缔约过失责任。

（二）医疗机构告知义务的法定性

1.告知义务已经被认定为法定义务

（1）我国现行法规定

我国《执业医师法》《医疗事故处理条例》《医疗机构管理条例》等法律、法

① 邱聪智：《医疗过失与侵权行为》，载邱聪智：《民法研究（一）》，中国人民大学出版社2002年版，第303页。

② 宁红丽：《大陆法系国家的医疗合同立法及对我国的借鉴意义》，载王文杰主编：《月旦民商法研究法学方法论》，清华大学出版社2004年版，第151-152页。

③ 黄丁全：《医事法》，中国政法大学出版社2003年版，第173-174页。

规都明确规定医疗机构的告知义务和患方的知情同意权。

我国最早涉及医疗机构告知义务和患方的知情同意权的法律、法规是《医疗机构管理条例》及其实施细则。《医疗机构管理条例》(1994年9月1日实施)第33条规定:“医疗机构施行手术、特殊检查或者特殊治疗时,必须征得患者同意,并应当取得其家属或者关系人同意并签字;无法取得患者意见时,应当取得家属或者关系人同意并签字;无法取得患者意见又无家属或者关系人在场,或者遇到其他特殊情况时,经治医师应当提出医疗处置方案,在取得医疗机构负责人或者被授权负责人员的批准后实施。”很明显,《医疗机构管理条例》提到了患者的同意问题,但并没有直接提出患者的知情同意权,当然也没有提到医疗机构的告知义务。这里,医疗机构“父权式”的自由裁量权还具有着支配性的地位。患者的独立民事主体地位也受到了挑战,表现有二:第一,患者自己——即使是完全民事行为能力人——同意医疗方案并不能保证正常开展医疗行为,医疗机构必须得到患者家属或者关系人的签字;第二,当患者不同意医疗机构的医疗方案,在客观上符合了“无法取得患者意见”的条件,患者的家属或者关系人可以“越俎代庖”代表患者同意医疗方案。但不久以后颁布的《医疗机构管理条例实施细则》部分地改变了这种状况,明确规定了医疗机构的告知义务和患者的知情权。其第62条规定:“医疗机构应当尊重患者对自己的病情、诊断、治疗的知情权利。在实施手术、特殊检查、特殊治疗时,应当向患者作必要的解释。因实施保护性医疗措施不宜向患者说明情况的,应当将有关情况通知患者家属。”第61条规定:“医疗机构在诊疗活动中,应当对患者实行保护性医疗措施,并取得患者家属和有关人员的配合。”但是,上述条文仅仅规定了医疗机构的说明义务和患者的知情权,而没有规定医疗机构获得患者同意的义务和患者的选择权。这只不过是对“父权式”医患关系的模式进行的局部改良。

在此后,我国相继颁布实施了一系列这方面的法律,确定了医疗机构告知义务的法定性。我国《执业医师法》(1999年5月1日实施)第26条规定:“医师应当如实向患者或者其家属介绍病情,但应注意避免对患者产生不利后果。”“医师进行实验性临床医疗,应当经医院批准并征得患者本人或者其家属同意。”

1999年10月1日实施的《合同法》第60条从合同义务的角度作了强行性规定："当事人应当按照约定全面履行自己的义务。""当事人应当遵循诚实信用原则，根据合同的性质、目的和交易习惯履行通知、协助、保密等义务。"《合同法》这一规定适用于一切合同领域，医疗服务合同在其约束之内。

此外，对于告知义务和知情同意权，还有以下法律、法规有规定。一是《计划生育技术服务管理条例》（2001年10月1日实施，2004年修正）第3条规定："计划生育技术服务实行国家指导和个人自愿相结合的原则。""公民享有避孕方法的知情选择权。国家保障公民获得适宜的计划生育技术服务的权利。"二是《医疗事故处理条例》（2002年9月1日实施）第11条规定："在医疗活动中，医疗机构及其医务人员应当将患者的病情、医疗措施、医疗风险等如实告知患者，及时解答其咨询；但是，应当避免对患者产生不利后果。"三是《医疗美容服务管理办法》（2002年5月1日实施）第20条规定："执业医师对就医者实施治疗前，必须向就医者本人或亲属书面告知治疗的适应症、禁忌症、医疗风险和注意事项等，并取得就医者本人或监护人的签字同意。未经监护人同意，不得为无行为能力或者限制行为能力人实施医疗美容项目。"

（2）比较法规定

美国是世界上最早和最常引用知情同意理论审理医疗纠纷案件的国家。1914年，卡多佐法官在Schloendorff诉纽约医院协会一案的判决书中写道，每一个成年的、精神健全的人有权决定对他的身体应做些什么，外科医师应对没有得到病人的同意便进行手术造成的人身损害承担损害赔偿责任。美国第一例医疗知情同意案件发生于1957年，即由美国加利福尼亚州上诉法院审理的Salgo诉斯坦福大学董事会案件。在该案的判决中，法官首次引入了知情同意（informed consent）的概念，认为医师除了告知患者治疗措施的本质外，还应当告知患者治疗措施可能存在的风险（如并发症），尽管有时这种风险的发生几率是非常微小的。如果医师告知不当，医师则应承担医疗过失责任。① 1972年，美国制定了《病人

① 但需要注意的是，卡多佐所说的"知情同意"仅仅是要求医师为患者手术须征得患者的同意。杨茜：《美国涉及患者知情权案件》，http：//www.chinalabnet.com/show.aspx? id=349&cid=35。

权利法》，将知情同意权列入患者的法定权利。20 世纪 80 年代，美国对患者知情同意权的研究进入了全盛期，也发展出较细腻、清楚的理论架构，并流传至欧洲各国及日本，广为采纳。[①]

在欧洲，医生在治疗（基于诊断目的或直接的治疗目的）前必须正确告知病人疗法所附带的风险，已经为欧洲各国所共同认可。略有不同的是，医生在特定情况下，具体应该阐明到何种程度并不相同。[②]

在日本，说明义务在 20 世纪 60 年代已经在学术界提出，随后有个别判例偶然提及，但它作为损害赔偿原因在诉讼中得到广泛承认却是 90 年代的事情。这里的说明义务指的就是医生必须就患病情况、治疗方法及治疗所伴生的危险等事项对患者加以说明[③]，也就是通常所说的告知义务。

2002 年我国台湾地区修正“医师法”，明订医师有病情告知义务，是“告知后同意”成文法化的第一步。2004 年 1 月起，台湾医院开始启用新版的手术同意书，更是具体落实“告知后同意”的良善措施。[④]

综上所述，将告知义务确定为医疗机构的法定义务，已经成为各国（地区）的普遍共识。

2. 告知义务上升为法定义务的原因

我们认为，医疗行为本身的特点决定了有必要将意定性的告知义务上升为强行性的法定义务。

第一，医疗机构的告知并获得患者或其监护人同意是具有侵袭性的医疗行为具有合法性的前提。医疗行为对人的生命、身体、健康具有不同程度的侵袭性。

---

① 杨秀仪：《告知后同意》，http：//sm. ym. edu. tw/download/942 医疗与法律专题－告知后同意. doc。

② ［德］冯·巴尔：《欧洲比较侵权行为法》下卷，焦美华译、张新宝校，法律出版社 2002 年版，第 389 页。

③ ［日］稻田龙树：《说明义务（1）》，选自［日］根本久编：《裁判实务大系 17：医疗过误法》，第 188－189 页。转引自龚赛红、李柯：《关于医疗过程中的“说明义务”》，载渠涛主编：《中日民商法研究》第 1 卷，法律出版社 2003 年版，第 474 页。

④ 杨秀仪：《告知后同意》，http：//sm. ym. edu. tw/download/942 医疗与法律专题－告知后同意. doc。

人食五谷杂粮，不可能不患疾病。伤风感冒，可能通过人体的自身免疫系统就能够重获健康。但是，重症、顽疾甚至要采取以毒攻毒、刮骨疗伤、开膛破肚、器官移植等医疗方式救治才能够取得一定的疗效。《三国演义》中曹操拒绝华佗开颅医治头疾的例子就生动地说明了这一点。众所周知，人对自己的身体的支配权具有合理性，人是自己的身体的主人。因此，医疗行为要获得正当性，就必须取得权利主体——病人或其他权利人的同意。而且该同意的意思表示必须是真实有效的意思表示，符合民事法律行为生效的一般构成要件。

第二，医疗行为具有较高的风险性。“死马当活马医”的古语，说明了我们的祖先已经对医疗风险有了比较深刻的认识。正是考虑到了医疗行为的高风险性，学界一般限定医疗行为必须是容许性危险，即为达成某种有益于社会目的之行为，虽其性质上，经常含有某种侵害法益的抽象危险，但此种危险如在社会一般意识上认为相当时，即应容许其危险行为为适法行为。① 并发症、青霉素过敏、输血反应等都可以直接夺走人的生命，药物的副作用也可能使人体健康受到巨大损害，给人带来终身的痛苦。医疗行为的风险性、信赖性、专业性和患者的广泛性等因素，使得医疗机构的告知义务具备了由约定义务上升为法定义务的合理性。

三、医疗机构告知义务的一般内容

（一）医疗机构告知义务的来源

医疗机构的告知义务的来源，是患者享有的知情同意权。正是由于患者享有知情同意权，医疗机构才应当对患者履行告知义务。正因为如此，法律认可受害人同意、自愿承受危险是阻却侵权行为不法性的原因之一。“受害人明确同意对其实施加害行为，并且自愿承担损害后果的，行为人不承担民事责任。加害行为超过受害人同意范围的，行为人应当承担相应的民事责

① 邱聪智：《医疗过失与侵权行为》，载邱聪智：《民法研究（一）》，中国人民大学出版社2002年版，第303页。

任。”“受害人自愿承担损害的内容违反法律或者社会公共道德的，不得免除行为人的民事责任。”① 在医疗领域，创设告知义务是因为具有侵袭性的医疗行为必须获得正当性基础，而患者的知情同意权就是阻却侵袭性医疗行为违法性的法定事由。

患者的知情同意权经历了一个发展过程。这个过程大致和上述告知义务的发展保持着同步性。一般来讲，患者的知情同意权具有如下内容。

第一，充分知情权。充分知情权可以从以下几个方面来理解：首先，医疗知识的专业性要求医生应当以浅显易懂的语言介绍，使患者能够了解自己的病情、可供选择的治疗方案及其成功率和治疗效果等、检查治疗的价格，最终使患者能够准确理解，克服信息的不对称状况。其次，应该采取口头表达和书面说明并重的方法。鉴于我国的现实状况，单一的书面告知会给部分患者带来理解上的困难，因此，要想患者充分了解医疗机构的意见，医疗机构必须结合以上两种方式予以告知。

第二，自行决定权。当患者了解到医疗机构的专家意见之后，患者就会面临很多种选择。是拒绝还是同意，选择何种方案治疗，是否治疗，选择在哪家医院治疗，选择中医、西医还是民族医治疗，这个时候就产生了患者的同意权与拒绝权。

（二）医疗机构告知义务的内容

我们认为，医疗机构告知义务的范围主要是对患者作出决定具有决定性影响的信息。这些信息包括：

1. 医疗机构的医疗水平、设备技术状况等

根据《医疗机构管理条例实施细则》第3条，医疗机构通常可以分为：（1）综合医院、中医医院、中西医结合医院、民族医医院、专科医院、康复医院；（2）妇幼保健院；（3）中心卫生院、乡（镇）卫生院、街道卫生院；（4）疗养院；（5）综合门诊部、专科门诊部、中医门诊部、中西医结合门诊部、民族医门诊

---

① 王利明主编：《中国民法典学者建议稿及立法理由·侵权行为法编》，法律出版社2005年版，第26页。

部；(6) 诊所、中医诊所、民族医诊所、卫生所、医务室、卫生保健所、卫生站；(7) 村卫生室（所）；(8) 急救中心、急救站；(9) 临床检验中心；(10) 专科疾病防治院、专科疾病防治所、专科疾病防治站；（11）护理院、护理站；(12) 其他诊疗机构。不同的医疗机构能够满足不同的需要，但显而易见，其具体的医疗水平亦各有不同。因此，医疗机构有必要将其医院等级、医院类别、现有硬件设备、医务人员的构成及专业水平、治疗经验、主治医师（药师）的健康状态等，比如，外科医生自身有诸如药物成瘾一类的疾病的情况，就必须提前告知患者。[①]

2. 患者的病情以及医疗机构的检查、诊断方案

中医通常通过“望、闻、问、切”的传统方法来问诊，从而对患者的病情做出初步的判断，进而针对患者的个体情况提供一种或几种医疗方案。而西医通常在问诊之后，借助一定的医疗仪器或试剂对患者进行检查，比如检查炎症就需要抽血化验白细胞的数量，依据这些检查的结果，西医师会给出相应的医疗方案。但二者都会涉及患者的隐私（尤其是身体、健康隐私）和知情决定利益，比如特殊治疗、特殊检查。《医疗机构管理条例实施细则》第 88 条规定，特殊检查、特殊治疗是指具有下列情形之一的诊断、治疗活动：有一定危险性，可能产生不良后果的检查和治疗；由于患者体质特殊或者病情危笃，可能对患者产生不良后果和危险的检查和治疗；临床试验性检查和治疗；收费可能对患者造成较大经济负担的检查和治疗。[②] 此外，还包括医疗标准；官方确定的危险；物质性的标准，包括知道和应当知道的风险；物质性的主/客观测试；非物质性的条件；揭示一般条件；物质材料的危险；如果接受治疗后预后如何；实验和内科或外科医生的成功几率；医生的财务利益和奖励[③]；不同医疗方案（放射疗法、化学疗法、物理疗法）、不同医疗方法（中医、西医、民族医）之间在疗效、风险、副作用、

① Dobbs DB, *The Law of Torts*, St. Paul, West Group, 2000. pp. 52 - 54, p. 657, pp. 658 - 663. 转引自高也陶等：《中美医疗纠纷法律法规及专业规范比较研究》，南京大学出版社 2003 年版，第 270 页。

② 天价的案例参见系列报道，http：//news. 163. com/special/00011N98/550wan051205all. html。

③ Dobbs DB, *The Law of Torts*, St. Paul, West Group, 2000. pp. 52 - 54, p. 657, pp. 658 - 663. 转引自高也陶等：《中美医疗纠纷法律法规及专业规范比较研究》，南京大学出版社 2003 年版，第 270 页。

并发症等方面的差别；医疗机构选择的医疗方案的成功率；是否会产生变性、截肢、绝育、母婴只能保全其一等不可逆结果；治疗后的必要措施以及是否需要复检等。

3.转医或转诊的告知义务

转医或转诊义务是指医生对本领域之外的患者或者超出本人治疗能力的患者进行安全、快速转运到有条件加以治疗的医院的义务。一般来讲，转医的告知义务主要发生于以下几种情形：（1）患者的疾病属于医生专门领域之外；（2）医生对患者的诊疗能力不充分或不具备时；（3）对患者存在更适当的诊疗方法且该方法用于患者比不转移发生非常明显的改善效果。① 当然，医疗机构还必须告知患者转医治疗的可能性。比如说，患者病情极其严重不适合长途转医或者地理位置非常偏僻等情况。

我国现有法规规章也有关于转诊义务的规定。《医疗机构管理条例》第31条规定："医疗机构对危重病人应当立即抢救，对限于设备或者技术条件不能诊治的病人，应当及时转诊。"《医院工作制度》也规定："凡决定转诊、转科或转院的病员，经治医师必须书写较为详细的转诊、转科、或转院记录，主治医师审查签字。转院记录最后由科主任审查签字。"尽管如此，虽然我国的非营利性公立医疗机构也居于主导地位，但是其中某些医疗机构仍然会考虑到本院的经营效益问题，违背诚实信用原则，不履行转诊告知义务。而不履行告知义务的结果往往是延误了患者医治疾病的契机，从而产生加速患者死亡等后果，侵害了患者得到适当治疗后追求生活方式以及生活质量、适当治疗机会，以及期待得到符合医疗水准治疗的期待利益。② 我国的审判实践中也存在未尽转诊说明义务而承担损害赔偿的案例。③

---

① ［日］松山恒昭：《转医义务（2）》，载［日］根本久编：《裁判实务大系17：医疗过误法》，第227-228页。转引自载梁慧星主编：《民商法论丛》，第9卷，法律出版社1998年版，第734页。

② 夏芸：《不作为型医疗过误的期待权侵害理论》，载梁慧星主编：《民商法论丛》，第32卷，法律出版社2005年版，第207-208页。

③ 杨太兰主编：《医疗纠纷判例点评》，人民法院出版社2003年版，第31页。

4. 告知义务的例外

当然，并不是在一切情况下医疗机构都需要履行告知义务。有学者已经对此类情况进行了总结，其认为不需要加以说明的情况有：（1）依据法律给予医生强制治疗的权限；（2）危险性极其轻微，并且发生的可能性几乎没有；（3）患者非常清楚自己的症状；（4）患者自愿放弃接受医生的说明[①]；（5）由于事态紧急无法取得患者的承诺；（6）如果加以说明可能给患者招致不良影响。[②] 我们认为，上述总结的最后一种情形是需要进一步检讨的。我们国家的法规当中也有保护性治疗的规定。保护性医疗制度的实质是要注意该对病人说什么，不该对病人说什么，也就是并不是什么都对病人如实告知。[③] 这样做的后果就是，有些患者至死也不知道自己究竟是得了什么病死的。虽然说实践中发生过有的患者知道了自己的病情（比如癌症）之后，其身体健康状况急转直下的案例，但是如果彻底贯彻保护性治疗的规定，那么患者的知情权、其他治疗方法的选择权、充分享受剩余生活质量[④]等权利都会受到侵害。所以说，当患者得了绝症的时候，医疗机构有必要在适当的时候以适当的方式告知患者。只有这样，才能够体现对人的尊严与自由的彻底尊重。

（三）医疗机构告知义务的履行

1. 告知义务与医疗机构的自由裁量权

1956 年，美国社会学家萨斯和荷伦德首次提出医患关系的基本模式，根据医师与病患的地位、主动性的大小，将医患关系分为三种模式：（1）主动被动模式（activity-passivity model）；（2）指导合作模式（guidance-cooperation）；（3）共同参

① 到目前为止，关于放弃知悉权的规定仅见于《荷兰民法典》第 7：449 条："倘若病人明示不愿接受信息，则就不应当提供信息，除非不提供信息对病人或其他人的不利后果超过了病人放弃信息的利益。"［德］冯·巴尔：《欧洲比较侵权行为法》下卷，焦美华译、张新宝校，法律出版社 2001 年版，第 389 页。

② 段匡等：《医生的告知义务和患者的承诺》，载梁慧星主编：《民商法论丛》，第 12 卷，法律出版社 1999 年版，第 162 页。

③ 高也陶等：《中美医疗纠纷法律法规及专业规范比较研究》，南京大学出版社 2003 年版，第 270 页。

④ 比如说，香港艺人梅艳芳在得知自己得了癌症之后，选择在离开人世之前举办一次盛大的个人演唱会。NBA 篮球明星麦克尔·约翰逊在得知自己感染艾滋病病毒之后选择退役、之后又选择复出。类似的事例不胜枚举。

与模式（mutual participation model）。[①] 我们认为，第一种模式体现了父权式的医患关系。第二、三种模式体现了平等的医患关系。在传统父权式的医患关系模式下，告知义务受制于医疗机构的自由裁量权。这种制约的前提在于：一方面，法律必须假定，当患者不能够独立进行意思表示的时候，医疗机构天然地获得急症患者或者其法定代理人的同意，因为在急症的情况下，各方对生命的价值判断是一致的。救死扶伤的医疗伦理表明，医疗机构会从患者的角度将其利益最大化。这种推定有利于保证患者的利益和建立和谐的医患关系。另一方面，在平等的医患关系模式下，医疗机构的告知义务优于医疗机构的自由裁量权，无论患者的状况如何，医疗机构都应该以适当的方式履行告知义务。因为医疗机构必须时刻考虑到这种告知义务也是一种合同上的意思表示，不履行告知义务或者不充分履行告知义务都会直接导致患者同意的无效，从而使自己的侵袭行为失去合法基础。

2.告知义务与同意医治的主体

患者是否具有完全的意思表示能力是告知义务履行当中的一个重大问题。如果患者具有完全民事行为能力，那么医疗机构就必须向其本人履行告知义务，患者本人就是同意医治的主体。如果患者不具有完全民事行为能力，那么医疗机构就必须向其监护人履行告知义务，患者的监护人就是同意医治的主体。在未得到患者或者其监护人同意的情况下，医疗机构具有侵袭性的医疗行为就不具备合法基础。如果医疗机构怠于获得患者本人或者其监护人的同意，那么医疗机构很有可能使患者错过医治的最佳时机。患者本人具有完全民事行为能力的问题不具有特殊性，这里不予以讨论。我们选择患者不具备完全民事行为能力的情况进行

① 黄丁全：《医事法》，中国政法大学出版社2003年版，第229页。该书还详细地比较了三种医患模式。该比较具有参考意义。

模式	医师之地位	病患之地位	临床模式运用	生活原型
主动被动模式	为病人做什么	被动接受	麻醉急性 创伤昏迷	父母与婴儿
指导合作模式	告诉病人做什么	合作（被动）	急性感染	父母与青、少年
共同参与模式	帮助病人自疗	进入伙伴关系	大多数慢性病 心理疗法	成人之间

检讨。

（1）患者是无民事行为能力人

在此种情况下，医疗机构别无选择只能够向患者的监护人履行告知义务，并在获得其同意的情况下进行治疗。对于无民事行为能力人，我国民事法律仅仅规定了10周岁以下的未成年人和完全不能辨认自己行为的精神病人（包括痴呆症人）两类。而实际上，处于昏迷状态的患者，严重脑震荡患者，植物人，或者罹患类似重大疾病不能进行意思表示的患者，同样不具有任何意思表示能力，我们认为，我国法律有必要将其规定为无行为能力人。医疗机构在需要向上述患者履行告知义务的时候应该直接向患者的监护人告知，并在获得其同意之后实施医疗行为。

（2）患者是限制民事行为能力人

依据我国现行民法，他们能够部分独立的，或者在一定范围内具有民事行为能力。因此，医疗机构可以依据病情的轻重缓急，分别向患者本人或者其监护人履行告知义务，并进而获得其允许治疗的承诺。我国目前法律中没有明确规定这一点。我们认为，对于这类患者能够认知和理解的疾病，医疗机构应该获得患者本人的同意。对于这类患者不能够认知和理解的疾病，比如属于《医疗机构管理条例》规定的特殊检查和特殊治疗的疾病，医疗机构的医治行为必须获得患者监护人的同意，同时，医疗机构还应该和患者的监护人进行配合向患者本人告知诊疗情况。当然，医疗机构在前一种情况下向患者本人告知的标准是不确定的，我们认为，必须结合患者的病情和患者的精神状况予以确定。

四、违反告知义务的侵权损害赔偿责任

（一）侵权责任构成要件

根据最高人民法院《关于民事诉讼证据的若干规定》的司法解释，我国医疗侵权案件过错和因果关系都实行举证责任倒置。就此而言，该司法解释明显采取了受害人本位的理念，对医疗机构课以较重的法律负担。在这一前提下，违反告

知义务侵权责任构成要件中的因果关系和主观过错不具有特殊性，下文主要讨论违法行为和损害事实两个侵权责任构成要件。

1. 违法行为

违法行为是指自然人或者法人违反法定义务、违反法律所禁止而实施的作为或不作为。该违法主要表现为违反法定义务、违犯保护他人的法律和故意违背善良风俗致人以损害。[①] 而我们在前文已经论述了，告知义务是一种法定义务。因此，如果行为人违反告知义务，那么其行为就具有了违法性。

（1）违反告知义务的判断标准

是否尽到告知义务的标准通常有合理医师说、合理患者说、具体患者说、折中说。所谓合理医师说，是指一般医师负有说明的义务。所谓合理患者说是指在医疗过程中，凡是一般患者所重视的医疗资料，医师都有说明义务。所谓具体患者说是指医师应否负具体说明义务，应就个别患者决定，凡依患者的年龄、人格、信念、身心状态，可确知某种医疗资料与患者的利益相结合，而为患者所重视的医疗资料，而医生有预见可能的时候，医师对该资料即有说明的义务。折中说是指医疗资料不仅为一般患者所重视，即具体患者也同样重视，且为医师所能预见时，医师就有说明义务，是合理患者说和具体患者说的折中。[②]

我们认为，判断医疗机构是否尽到告知义务的标准分为如下两个层次。

第一，当患者没有提出医疗期待时，医疗机构应该履行当前专科医院医疗水平告知义务。医疗机构应该先向患者说明当前临床医疗实践中有效性和安全性[③]都得到认可的治疗方案。同时，医疗机构应该告知患者自己医院的类别（专科医院/综合医院）、所准备采用的医疗方案和实施能力以及是否达到当前专科医院的一般医疗水平等。

第二，当患者提出其他医疗期待时，医疗机构应该履行其有效性和安全性尚处于被验证的医疗方案的告知义务。结合医院所处的环境等因素，某些医院还应

① 杨立新：《侵权法论》，人民法院出版社 2005 年第 3 版，第 161－163 页。

② 黄丁全：《医事法》，中国政法大学出版社 2003 年版，第 248 页。

③ 有关医疗水准的讨论，参见［日］新美育文：《医师的过失》，夏芸译，载张新宝主编：《侵权法评论》，第 2 辑，人民法院出版社 2003 年版，第 164－174 页。

该履行国际上有效性和安全性得到认可或正在被验证的疗法的告知义务。

(2) 违反告知义务的类型

第一，未履行告知义务。这是违反告知义务的最基本形态。需要注意的是，在某些情况下医疗机构不需要履行告知义务。

第二，未履行充分告知义务。这种违反经常表现为：未告知治疗过程中的并发症、药物的毒副作用、手术中擅自扩大手术范围、手术后必要的复查等。①

第三，错误告知。医疗机构由于疏忽等原因，错误告知患者的病情、医疗方案的成功率、副作用等。

第四，迟延履行告知义务。这种情况经常导致患者失去治疗的最佳时机，患者的合理期待利益受到损害。比较典型的是，医疗机构迟延履行转诊告知义务。

第五，履行了告知义务，但未经同意而实施医疗行为。告知的目的是获得患者或者其监护人的同意，因此，医疗机构尽管履行了告知义务，但是没有获得患者或者其监护人的同意就实施医疗行为的，仍然有可能构成侵权行为。

2.损害事实

(1) 现实权益损害

违反告知义务造成现实权益损害的表现形式有很多。第一，人身损害。比如，医生在剖腹产手术过程中认定再次怀孕将威胁病人的安全，于是在手术过程中根本未征求病人同意就当即进行绝育手术。② 这种损害通常和医生的父权式作风具有密切关系。第二，精神损害。前例中的当事人因绝育手术失去了享受天伦之乐的机会，也必然因此而承受巨大的精神痛苦。第三，财产损害。主要指直接财产损失。就直接财产损失而言，前例医疗机构必然要求当事人承担绝育手术的相关费用；在切除卵巢的情况下，当事人需要长期服用雌性激素维持女性的生理特征的费用；违反告知义务切除患者肢体，造成患者残疾所必须支出的费用等。

---

① 相关深入探讨参见 William J. Curran, Mark A. Hall, David H. Kaye, *Health Care Law, Forensic Science, and Public Policy*, Little, Brown and Company, 1990, pp. 363 - 378。

② ［德］冯·巴尔：《欧洲比较侵权行为法》下卷，焦美华译、张新宝校，法律出版社 2001 年版，第 390 页。

（2）期待利益损害

违反告知义务还会导致患者期待利益的损害。这主要表现为患者丧失治疗最佳时机（包括存活机会）、最佳治疗方案，丧失其他可预见利益，间接财产损失。

第一，丧失治疗最佳时机（包括存活机会）、最佳治疗方案。一方面，医疗机构没有履行转诊等告知义务，会使患者丧失确诊的最佳时机（比如，患者的病情已经由早期发展到晚期），最终不得不采取风险性和侵害性更大的治疗手段进行治疗，从而使患者支出了额外的治疗费用、承担了不必要的精神痛苦。在某些情况下，患者很可能就因此而丧失了生命。我国台湾地区 1988 年“台上字第 1876 号”认为，病人生命存活机会之丧失，被害人得请求损害赔偿。学者认为，因医师治疗疏失致使病人丧失存活机会，该存活机会是对未来继续生命的期待，应属于人格完整性、人的存在价值及人身不可侵犯性等概念，应认为其属于一般人格权，在其受到侵害时，得依据侵权法的规定，请求损害赔偿。[①] 另一方面，医疗机构怠于履行告知义务，可能剥夺了患者所认定的最佳治疗方案。不同的患者可能会结合其具体情况选择不同的治疗方案——保守治疗或者激进治疗。如果患者没有被告知，那么其相应的期待利益也就受到了侵害。

第二，丧失其他可预见利益。比如在美容治疗中，美容师怠于向时装模特履行美容药物可能产生毁容的较大风险的告知义务，从而使消费者丧失了权衡利弊的机会，最终产生了毁容的严重后果，导致该模特失去 T 型舞台工作。在本案中，美容师就侵害了该模特的可预见利益。

第三，间接财产损失。间接财产损失主要是指由于患者因医疗过失而导致其本可以抚养、扶养、赡养他人而无法给与他人的利益。

（二）违反告知义务的侵权损害赔偿

违反告知义务的侵权损害赔偿与一般的医疗损害赔偿没有区别。医疗损害赔偿关系到全人类的福祉，如果让医疗机构承担过重的医疗损害赔偿责任，可能有的医院就会面临经营困境，最终承担苦果的还是患者本身。因此，有必要从全局

① 陈聪富：《“存活机会丧失”之损害赔偿》，载陈聪富：《因果关系与损害赔偿》，北京大学出版社 2006 年版，第 174 页。

出发妥善地平衡医疗机构和患者之间的利益关系。

我们认为，医疗损害赔偿制度可以从以下几个方面进行构建。

第一，强制医疗机构参加责任保险。当发生医疗事故的时候，由保险公司在责任保险的限额之内承担损害赔偿责任。当医疗损害赔偿费用超过责任保险限额的时候，由医疗机构自己承担剩余部分的赔偿数额。

第二，抑制药价、检查费用虚高现象，禁止医药行业做广告，降低医疗成本。我国《广告法》（2015 年修正）第 14 条规定："药品、医疗器械广告不得有下列内容：（一）含有不科学的表示功效的断言或者保证的；（二）说明治愈率或者有效率的；（三）与其他药品、医疗器械的功效和安全性比较的；（四）利用医药科研单位、学术机构、医疗机构或者专家、医生、患者的名义和形象作证明的；（五）法律、行政法规禁止的其他内容。"同时，我国还有专门的《医疗广告管理办法》。这些都表明我国允许进行医疗广告。而学者认为，我们国家医疗费用居高不下的原因主要是药价和检查费用虚高。[①] 打开电视机之后，我们就可以发现医药、化妆品、保健品、食品等占据了广告市场主要份额。而这些巨额的广告费用最终是由广大患者来承担的。而在美国和许多西方国家，药品是不得在公共媒介上做广告的。[②] 从公共政策角度来看，国家有必要像禁止烟草业做广告一样，也禁止医药业做广告。而事实上，人食五谷杂粮，不可能不生病，独占性、垄断性的医药行业根本不需要广而告之。

第三节　中医师的告知义务及违反告知义务的责任

医生对患者违反告知义务，其治疗行为尽管在医疗程序上和实质治疗方案上都是没有问题的，但仍然可能构成侵权责任，因为其违反告知义务的行为本身就

① 高也陶等：《中美医疗纠纷法律法规及专业规范比较研究》，南京大学出版社 2003 年版，第 191 页。

② 高也陶等：《中美医疗纠纷法律法规及专业规范比较研究》，南京大学出版社 2003 年版，第 191 页。

包含过错。这个认定医疗过失的规则正在被司法实务所采用，德国和日本都有相应的规则和判例作为支持。[①] 在我国的司法实践中，违反告知义务造成患者损害，构成医疗事故侵权责任；仅仅违反告知义务没有造成患者损害的，也应当承担侵权责任，但尚处于理论探讨阶段，实践中还较少应用。

这种规则产生于西医的医疗实践，成为确定西医医疗侵权责任的一个规则。这样的规则是否可以适用于我国独有的中医治疗产生的医疗纠纷当中，确认中医对患者违反告知义务构成侵权责任呢？这还是一个没有深入讨论的问题。本节对此进行探讨，提出初步意见。

一、中医对患者告知义务的来源在于患者的知情权

中医与西医不同，这不仅是因为中医的医疗理念和治疗方法不同，而且国家对中医药的立法一直处于滞后状态。但是，不管中医的治疗与西医如何不同，也不管立法对中医药的规定是否健全，有一点是确定不移的，那就是不论中医的患者还是西医的患者，都对治疗行为享有知情权。这种知情权，一方面来源于患者的自然人的民事主体资格，只要是一个民事主体，是一个自然人，那么，他就享有知情权；另一方面，患者依据国家卫生管理法规例如《医疗事故处理条例》的规定，在医疗过程中享有对医疗行为的知情权。至于患者是在接受西医治疗还是接受中医治疗，在所不论。

但是，作为中国国粹的中医，毕竟与西医的治疗有着重大的不同，特别是当今中医药在世界范围内广为传播，全球约有八分之一的人口在接受中医药治疗，此外还有不断升温的中医美容、中医瘦身等涉及中医的保健行为，都提出了患者对自己接受的中医治疗行为享有知情权的问题。中医告知义务的基础，来源于患者的知情权。正因为患者享有知情权，那么，作为治疗合同的对方当事人，也就

---

① 有关德国的类似规则，参见最高人民法院民事审判第一庭编：《民事审判指导与参考》，第 27 辑，法律出版社 2007 年版，第 156 页。日本的判例，参见杨立新、袁雪石：《论医疗机构违反告知义务的医疗侵权责任》，《河北法学》2006 年第 12 期。

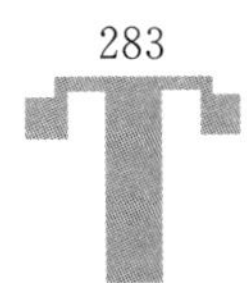

是在医疗合同中处于信息不对称的优势一方的中医师及中医院，对接受中医治疗的患者必须满足其知情权。这就是中医对患者负有告知义务的法律基础。

(一) 中医患者知情权的产生基础

中医患者知情权产生的基础在于中医的诊断和治疗。中医的治疗原理不同于西医，中医的哲学基础是阴阳五行（木、火、土、金、水）学说。西医是建立在微观的分子、细胞病变的基础上，运用现代化各种生化指标和仪器检测进行诊断和治疗。中医治疗的特殊之处表现在以下三个方面。

第一，中医的传统诊断方法具有特殊性。人们常称中医诊断是“三个指头和一个枕头”，尽管在现代医学的影响下，中医师也越来越借助于现代化的诊断，但是传统中医收集病症的方法不可替代。望、闻、问、切，是中医的基本诊断方法，具有医生和患者的互动性。这种互动式的医患交谈，有利于增进医患之间的交流，有助于减少相互之间的隔阂，使医患之间建立信任的基础，便于医生履行告知义务和实现患者的知情权。

第二，中医的诊断方法是辨证论治。中医强调要根据患者个体居住的地区、自身体质和生活习惯所导致疾病的差异而不是疾病的共性来决定遣方用药。辨证论治就是医生对患者个体化诊断和治疗。医生在一系列搜集患者病症资料的过程中，尤其对患者病情的仔细询问，会使患者感觉到医生对自己疾病的关注，增加对医生的信任。患者再次就诊时，中医师也必须仔细询问病情的变化才能开出处方。同时，中医的诊断和治疗通常需要较长时间，不像看完化验单和仪器检查单就可开药的西医。可见，中医的医患之间更有沟通的时间，有利于患者就医疗方式、医疗方法交换意见，医生能够就辨证过程、用药思路进行解释。因此，中医治疗履行告知义务更有有利条件，有利于保障患者的知情权，体现“人类医疗、人格医疗”的要求。[①]

第三，中医的治疗具有特殊性。中医治疗不同于西医。仅以针灸治疗为例。针灸穴位是经过上千年的医疗实践积累起来的，它通过针刺和艾灸刺激体表经络腧穴，来疏通经气，调节人体脏腑，达到治病的目的，其中大部分穴位的位置可

① ［日］植木哲：《医疗法律学》，法律出版社 2006 年版，第 133 页。

以通过骨性标志来具体明确，那些在重要部位进行针灸的危险性经历漫长的临床实践也有普遍一致的认识，因此，医师在针灸过程中可以明确告诉患者所取穴位的位置，可能出现出血、疼痛、弯针等不良现象，让患者对此有心理准备，可以保障患者在针灸治疗过程中对治疗部位可能出现的不良反应做到心中有数。

（二）中医患者知情权及其内容

患者在中医治疗中的知情权，是指在中医医疗过程中，患者对于与自己的治疗相关的中医治疗重要信息享有的知晓的权利。其内容是：

1. 治疗前的知情权

患者有权知道自己所选择的中医院的资质，等级，所选择医生的职称、级别及所属中医的流派。由于“师带徒”模式一直是培养高级中医师的有效方法，同时也是衡量医生治疗水平一项不可或缺的标准，所以患者有权利知道医生师从何处。

2. 治疗过程中的知情权

患者在治疗过程中，有权知道以下情事。(1) 知道自己所患疾病的名称，既包括中医辨证的病名，也包括对应的西医病名。书写西医病名是为日后产生医疗纠纷，准确判断疾病性质提供依据。(2) 临床治疗中，知道自己的脉象、舌质、舌苔的诊断和意义、医生的辨证方法和结论；针灸治疗所选穴位的部位，采用针灸可能出现的危险。(3) 知道所选择药材和穴位是否有潜在的危险，相互作用之后是否会有不良后果。(4) 指导煎药方式，服药时间和方法，服药期间应该注意的事项及服药后的情况。

3. 治疗后的知情权

患者有权知道自己在治疗后的身体恢复状况，是痊愈还是继续治疗，是继续在本院治疗还是转院治疗，以及出院后在生活中应该注意的事项。

患者为了保障自己的知情权，也应当负有相应的义务，使中医师能够通过“问”而准确诊断病情。患者向医生提供自己的病情资料，被认为是医疗情报的确认权，是对医疗情报知情权的一种保障。[①] 因此，患者应向医生如实提供自己

① ［日］植木哲：《医疗法律学》，法律出版社 2006 年版，第 161 页。

的病情资料，特别是对一些敏感但对治疗有重要意义的病史，必须提供。

（三）中医患者知情权的特点

中医患者知情权的性质是人格权，是对与其利益相关的情事享有的知悉权。它的特点是：（1）它是特殊的知情权，仅仅是知情权的一个组成部分。（2）这个知情权基于中医的医疗合同而产生，具体发生在中医诊断治疗过程之中，因此，与一般的患者知情权有所不同。（3）由于中医治疗的特殊性，因而，中医患者实现知情权既有有利方面亦有不利方面。例如，望闻问切以及互动式、交谈式的诊断治疗方式，便于患者实现知情权，是中医患者实现知情权的有利之处；但其手摸、口述的方法不具有西医诊断、检验结果的那种直观性，不易被患者所理解，因此，实现中医患者的知情权确有不利方面。

二、中医师在施治过程中的告知义务

与知情权相对应的是告知义务。知情权人的相对方是负有告知义务的民事主体。为了满足患者在中医治疗中的知情权，中医师以及作为医疗合同主体的中医院必须对患者履行告知义务。

（一）中医师和中医院告知义务的基本内容

根据中医的特点和法律的一般规则，中医师和中医院应当履行以下8项告知义务，以满足中医患者的知情权。

1.中医院的告知义务

中医院应如实向广大患者告知本医院的资质、等级，是专科还是综合性医院，医院医疗设备状况，所能够达到的医疗水平；对于医院的医生，应如实标明其职称、级别、所在科室，以及毕业的院校和师从关系。

2.中医师的告知义务

（1）应告知所患病名。应用患者所能理解的语言告知患者所患的疾病，包括中医病名和相应的西医病名。

（2）应告知可以选择的治疗方案。鉴于医疗合同关系中患者和医生医疗信息

的不对称，为了使患者能够自主选择治疗方案，医生应依据自身的医疗知识和实践，向患者推荐最佳治疗方案，供患者进行选择。

（3）应告知辨证方法和结果。在患者选择中医内科治疗时，中医师应把诊断所运用的辨证方法及结果告知患者。在针灸治疗过程中，中医师对于针刺和艾灸的部位，以及可能出现的出血、局部淤血等，都事先告知患者。

（4）应告知中草药的使用方法。使用中草药处方时，医生对药物是生用或熟用（生地黄和熟地黄就有明显不同的疗效）、药物产地（如川牛膝、浙贝、川贝）、炮制情况（生大黄、制大黄）都应详细具体地写明。对处方的药物是先煎、后下、包煎、服药时间等，都须说明，特别是涉及药材之间“十八反，十九畏”的配伍禁忌时，更应详细说明。

（5）应告知治疗费用的情况。经济消费较大和医保病人需要自付和部分自付的治疗费用，应提前向患者说明，因为这涉及病人能否履行医疗契约中的给付义务。

（6）应告知继续治疗和转医转诊方案。在治疗一定阶段后，如需继续用药，或者选择其他治疗方案，对于住院病人是否转诊或者转院，均须履行告知义务。一般来说，转医、转诊时的告知义务主要有以下几种情况：一是，患者的疾病属于医生专门领域之外；二是，医生不具备或者不完全具备对患者的诊疗能力；三是，对患者转诊、转医会比不转移有助于明显改善病情。[①] 四是，转院和转诊时，前任医生应就先前治疗状况、病历、检查化验单等一并转移给后继的医师和医院。

（7）应告知愈后、康复的注意事项。对患者愈后或出院后的康复疗养及日常生活中的注意事项，无论是医师还是护士都应尽告知义务和建议说明。

（二）医生履行告知义务的免除

在下述情况下，医生免除告知义务。

第一，在紧急情况下的医疗急救，免除医生告知义务。患者此时情况危急，

---

① ［日］松山恒昭：《转医义务（2）》，载［日］根本久编：《裁判实务大系 17：医疗过误法》，第 227－228 页。转引自梁慧星主编：《民商法论丛》，第 9 卷，法律出版社 1998 年版，第 734 页。

任何耽搁都会造成不可挽回的后果，因此，在医疗急救中免除医生的告知义务，但在紧急情形消除后，应当履行告知义务。

第二，在强制医疗中，免除医生告知义务。如在突发传染病中，在根据国家法律、法规对患有相关疾病的公民予以强制医疗或者隔离治疗时，免除部分告知义务。

第三，有正当理由时，适当免除医生告知义务。如使用针灸治疗面瘫时，选取眼部和头部的穴位有一定危险，全部履行告知义务，说明潜在的危险，可能会给患者造成心理负担。此时，应当给予医生必要的裁量权。在要求医生履行告知义务必须遵循一个合理谨慎医生标准的同时，一个法律制度也不能夸张地要求医生向病人阐明一切遥远的风险。因为这样做的后果是，许多病人会拒绝实际上对其有利的手术。①

三、中医治疗中履行告知义务的难点及对策

（一）中医履行告知义务的难点

如前所述，尽管中医在医疗过程中有保护患者知情权有利的一面，但在实施过程中也存在一些比较复杂的难点问题。主要表现在以下四个方面。

第一，中医的抽象理论患者理解困难。中医基础理论建立在宏观的“天人合一”的基础之上，通过脏腑、六经、三焦等辨证论治治疗疾病。这些极为抽象的理论都使患者难以理解。例如六味地黄丸，普通人都会认为是治肾虚的成药，特别是在治疗性功能不足方面有显著疗效。但是在中医师的眼里，这副药则是用来治肝肾阴虚的病症。它来源于宋代钱乙的《小儿药证直诀》，最初就是为肝肾先天不足的小儿而配制。在 2005 年对一个县级市居民进行中医药服务的问卷调查中，认为临床中医药诊疗服务有效性的调查者占全体调查人员选择的第一位（占 36.6%），但在经常选用性（2.2%）、科学性（1.9%）、可信性（2.1%）等三个

① ［德］冯·巴尔：《欧洲比较侵权行为法》下卷，焦美华译、张新宝校，法律出版社 2001 年版，第 391 页。

选项得票甚少，总序排在末端。[①] 可见，中医的理论抽象，加之对患者解释不清，不可避免地造成患者的理解困难，实现知情权有较大的困难。

第二，辨证论治的个体化特点使中医患者难以判断。中医治疗的精华就是辨证论治，根据患者的体质，所受的外邪和内伤来辨证处方用药，核心即是不同的病症采用不同的治疗方法，即使同一种病，因病人体质不同也会开出不同的药方，而不像西医那样可以用可验证的标准去衡量对一种疾病的治疗。面对中医这种个体化的特色治疗时，缺乏医学知识的患者很难判断医生用药的效果如何，预后如何，所以，患者常常认为自己在这方面的知情权没有得到满足。

第三，中西医治疗的分歧使患者不易接受解释，从而作出选择。例如，在进行骨伤治疗时，对于复位和推拿手法，在中医和西医之间存在着较大异议[②]，中医医师会进行手法复位和推拿治疗，目的是防止患者运动功能受到影响。但西医认为中医师的做法是错误的，会造成患者再次受伤，因而建议手术治疗，如果患者不同意手术治疗，就直接用石膏加以固定。这种不同医学的不同主张为难了患者，患者无法明确治疗行为的性质，也很难在知情的情况下作出治疗方法的选择。

第四，保护患者知情权和保护商业秘密存在矛盾。中医是一门经验医学，经过几千年的发展，拥有多种理论派别，在临床实践中拥有很多验方和秘方。对这些验方和秘方，按照我国《反不正当竞争法》第 10 条规定，属于商业秘密，应该受到法律保护。如果要求医生全面履行告知义务，就会侵犯这种商业秘密。如果保护商业秘密就不利于患者知情权的实现。

（二）解决中医履行告知义务难点问题的对策

针对上述中医履行告知义务的难点，我们提出以下对策。

首先，对于因中医药治疗方法的不同而导致的结果各异，不应强求患者必须知情，患者不能也无须去了解某种组方遣药的思路。中医用药如用兵，有很多是

① 周建宣：《医疗卫生市场化取向下中医药服务的社会评价及思考》，《中医药管理杂志》2006 年 8 月第 14 卷，第 8 期。

② 张永超：《中医正骨医疗事故鉴定的尴尬》，《医院领导决策》2005 年第 6 期，第 36 页。

经验之谈，况且任何一种医疗都存在一定的风险，都不会保证一定有疗效，一定会把病治好，中医也是如此。从医疗合同所特有的性质来看，“只要医师对病患的病状加以观察、诊断、治疗，并于医疗过程中尽到对病患身体、心理健康的照护，即认为医疗契约之履行，不以达成结果为必要”①。从现实中可以看出，对于中药处方方面患者的异议较少，患者通常为了弥补上述知情权方面的缺陷去选择一些名、老中医，建立在信任的基础上期待良好的治疗效果。

其次，在中、西医对一种治疗行为产生不同意见时，选择哪种医疗就应当按哪种医疗的思路治疗，而不能用另一种医疗思路来评价这种医疗。患者既然选择中医治疗，他就应该接受按照中医的基础理论推论出的治疗方法。中医师也应用通俗的语言向患者说明治疗的方法、可能出现的副作用，保障患者在治疗中的知情权。患者也应尊重自己的选择，不能以西医认为是错误的说法来追究中医师的责任。众所周知，中医在漫长的医疗实践中积累出的临床经验，是任何现代医学所无法做到的，单以西医的说法来草率否定中医是不能使人信服的。但在现实生活中却出现了用西医的术语来模糊界定中医信息②这样令人担忧的局面。

再次，在发生中医治疗医疗纠纷时，应该聘请或者指定中医专家来鉴定治疗的过程，给患者和医生作出合理的交代。既然中、西医分属不同的医疗领域，就不该让西医专家来鉴定中医的治疗。但在现实的中医医疗纠纷中，组成医疗事故鉴定组的大部分专家是西医，这不仅对中医来说是不公平的，同时也会对纠纷当事人产生不利后果。难道要让中医师告诉患者：“我给你的治疗在西医认为是错误的”吗？西医介入中医医疗纠纷鉴定，强化了公众对中医缺乏科学性的错误认识。

最后，在我国法律法规中对商业秘密的保护主要体现在惩罚那些使用不正当手段获得他人的商业秘密，并且披露、使用他人的商业秘密的不法分子。商业秘密属于知识产权的范畴，是知识产权的一种。③ 商业秘密作为一种智力活动成

① 黄丁全：《医事法》，中国政法大学出版社 2003 年版，第 276 页。

② 章琦：《为中医平反正名》，《南方周末》2006 年 10 月 5 日，A5 版。

③ 邵建东编著：《竞争法教程》，知识产权出版社 2004 年版，第 123 页。

果，他直接给所有人带来财富，在现代市场经济中具有越来越重要的地位。从保护商业秘密的角度出发，如果为了保护患者的知情权而随意披露中医师的秘方，就会对保护商业秘密形成威胁。因此，当两种权利发生冲突时，衡量各种利弊，应该保护中药方的商业秘密。

四、中医师违反告知义务的民事责任

在我国现行的法律和行政法规中，如《执业医师法》《医疗事故处理条例》《医疗机构管理条例》《药品临床实验管理规范》《母婴保健法》等，都明确规定医疗机构的告知义务和患方的知情同意权。但对医师违反告知义务并没有规定相应的法律责任。如何解决医师特别是中医师在治疗行为中未履行告知义务的民事责任问题，必须先明确以下三点，作为解决这个问题的基础。第一，医生和患者之间的关系是契约关系，双方是平等的合同主体，但存在不对等性，特别是在信息上的不对等。第二，知情权是患者的人格权，因此，其知情的权利是法定权利，即使医疗契约中没有规定，也必须满足其权利的要求。第三，医生的告知义务是对患者知情权的义务，是法定义务，即使合同中没有约定，也并不妨害认定医生负有这种义务。

在这一基础上，确定中医师违反告知义务的责任，应当考虑以下方面。

（一）关于民事责任竞合的问题

基于医患关系是契约关系，因此，中医师违反告知义务造成患者的权利损害，应当承担民事责任时，依照《合同法》第122条规定，构成责任竞合，受害人即患者可以根据自己的利益选择，追究医院的违约责任还是侵权责任。对此，尽管学界对主张契约责任还是侵权责任存在争议，但我们应当依照《合同法》的规定，允许患者和家属根据产生纠纷的具体情况去选择其中一种请求权。[①] 根据具体情况，患者选择侵权责任更为有利，因为侵权损害赔偿责任不仅包括人身损害赔偿，还包括精神损害抚慰金的赔偿。如果选择违约赔偿责任，就意味着不能

① 王利明主编：《侵权行为法》，中国人民大学出版社1993年版，第532页。

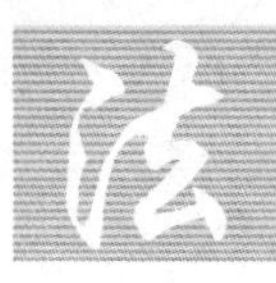

请求精神损害赔偿。[①]

（二）认定中医师违反告知义务构成侵权责任的一般要求

中医师违反告知义务构成侵权责任的性质，应当是中医医疗过程中的专家责任。

专家责任是一种重要的侵权行为类型。中医师作为有专门中医知识和技术的人，应当承担在履行职务中不尽告知义务给他人造成损害的赔偿责任。一般认为，医师的专家责任类型包括：（1）高度注意义务违反型，指具有高度的专业知识和专门技能的医师，违反了执业过程中所通常应履行的注意义务所产生的责任。（2）忠实义务违反型，是指医师在实施医疗行为时侵害了患者利益，或者追求了自己或第三人的利益。（3）保密义务违反型，医师在医疗活动中违反了保守患者的秘密或个人隐私的义务。（4）说明义务违反型，是指医师在医疗中违反了应尽的说明义务。[②] 那么如何界定说明义务所要达到的标准呢？日本学者从理论上进行了归纳，包括三种学说。（1）合理的医师标准说：即提供一个合乎理性的医师在相同或相似条件下会揭露的情报。（2）患者标准说：是指患者自己行使决定权所必需的情报。（3）具体的患者与合理的医师标准说：认为应考虑患者和医师两方面的因素。[③] 由于中医内科治疗理论的概括性和诊疗特点，都是根据患者的个体差异作出的诊断处方，治疗的方法缺乏统一可衡量的标准。因而，在说明的义务的标准上也应采取第三种学说，医师若能预见患者有意思决定表示重视该情报，且该情报为这位医师知道或应当知道时，医师对这类情报具有说明义务。[④]

中医师违反告知义务的行为，属于违法行为的要件。按照违反告知义务的程度划分成四种。（1）未履行告知义务：未履行上述所说明的中医师应尽的说明义务，医生一般出于过失，而未履行治疗前、治疗中和治疗后的告知义务。（2）未

① 杨立新：《侵权法论》，人民法院出版社2005年第3版，第230页。

② 肖国忠：《论医生的专家责任》，《法律与医学杂志》2004年第11卷第3期，第183页。

③ 段匡、何湘渝：《医师的告知义务和患者的承诺》，载梁慧星主编：《民商法论丛》，第12卷，第164页。又见［日］稻田龙树：《说明义务（1）》，载［日］根本久编：《裁判实务大系17：医疗过误法》，第196－197页。

④ 龚赛红：《医疗损害赔偿立法研究》，法律出版社2001年版，第172页。

充分履行告知义务：包括没有严格按照应尽说明的义务进行告知，包括对有关医疗信息告知不全或虽告知但并未使患者真正理解，未能使患者按自己的意思决定选择治疗方法。（3）错误告知：医疗机构违反告知义务，虚假告知医院的基本状况，包括虚构医院等级，夸大医院医疗实力，以及虚假宣传医院中医师的从师背景。中医行业个体从业人员较多，而且医疗水平也参差不齐，有一部分医师以夸大医疗水平来吸引顾客。（4）延迟履行告知义务：在医疗过程中未及时告知患者医疗信息，使患者错过最佳治疗时期或转诊机会，加重病情或者死亡；或者已进行了相关手术，但于术后再告知患者。由于中西医各自的治疗特点，如果发生急症或其他不适合用中医疗法的情况，应当及时告知患者已更改的治疗方案或者建议患者选择其他科的医师、医院。

违反告知义务医疗损害后果包括人身损害、财产损害和精神损害，其中财产损害又包括直接的财产损害和可期待的利益损害。（1）人身损害包括：由于治疗时未被告知重要医疗情报而导致组织器官的功能性或器质性改变或损害，包括引起残疾甚至死亡。早在1954年就出现关木通导致急性肾衰竭的病例报道，并且在历代本草中并未出现关木通。但在中医药临床治疗中，制药厂家及医师对长期服用龙胆泻肝丸中关木通肾毒性并未给予及时准确的告知，导致众多长期服此药的患者出现肾衰症状。治疗时中西药同时服用，医生应告知患者混用是否存在毒副作用及如何避免。例如贫血患者运用西药治疗时不能同时服用人参，因为人参具有稀释血液的功能，如果同时用就会导致有生命的危险。（2）直接的财产损害包括对组织器官功能损害、残疾或死亡等所支出的再治疗费用、看护费和丧葬费等。（3）可期待的利益损害包括患者如果选择适当的治疗方案和医院就会减少不必要的支出费用。在中医治疗对一些病症没有治愈的可能性，应当告知患者，及时选择其他医疗，而不能拖延患者的病情。（4）精神损害包括因身体受到伤害所产生的精神痛苦，以及亲属所遭受的精神创伤。违反告知义务的侵权损害赔偿与一般民事赔偿差异不大。由于中医偏重于内科治疗，像西医那种未经告知而手术切除人体器官的恶性事件几乎没有。针灸、推拿也很少出现严重损伤患者健康的情况。即使出现了纠纷，由于先前良好的医患关系，一般都可以以非诉讼的方法解决。

具备上述违反告知义务的行为和损害后果，如果中医的治疗行为还具备因果关系和主观过错的要件，则构成侵权责任。

(三) 违反告知义务并没有造成实质的人身伤害后果的侵权责任

如果中医师违反了有关的告知义务，但是在治疗过程中并未给患者造成身体伤害，医师是否还要承担相关责任呢？有学者认为，即使是医学上毫无瑕疵的治疗也不能阻却未履行告知义务而应承担的责任。① 因为医疗行为不同于一般行为，它的行为对象是人的身体，在对身体所患疾病进行干预之前必须取得患者的同意。在没有取得这种同意之前，除了法律特别规定之外，任何针对人身体的行为都是不为法律所允许的。1914 年，美国审理 Schloendorff 案件的法官指出：即使从医学观点而言系有益之治疗，唯患者具有保护自己身体不受侵犯之权利，侵犯该权利即是对身体之侵害（暴行），因而发生损害赔偿责任。② 对这种"侵犯"，法官特指是手术，在中医治疗中反映为针灸和推拿。针灸也是一种侵入性疗法，应该在告知的基础上得到患者的同意。同时，同意医生对患者疾病的干预，并不代表对医生过失医疗行为的容忍，医生因医疗过失造成患者身体和精神损害仍然应该担负法律责任。③

从另一种角度观察，中医师违反重要的告知义务，尽管没有给患者造成人身伤害，但是该行为侵害了患者的知情权，是对人格权的侵害，因此，可以确定适当的精神损害抚慰金的赔偿，以抚慰受害患者的精神利益损害。在中医治疗行为中违反告知义务，更多的是这种情形。

(四) 中医师违反告知义务的赔偿责任

既然中医师违反告知义务的侵权责任是专家责任，那么，其性质就是替代责任，应当由作为责任人的中医院作为侵权责任主体，承担侵权责任。如果确认经

① ［德］冯·巴尔：《欧洲比较侵权行为法》下卷，焦美华译、张新宝校，法律出版社 2001 年版，第 389 页。

② 陈子平：《医疗上充分说明与同意之法理》，《东吴大学学报》，第 12 卷，第 1 期。

③ 赵西巨：《知情同意原则下医疗过失损害赔偿责任的几个问题——从一起患者知情同意纠纷案说起》，《法律与医学杂志》2004 年第 11 卷第 4 期。

治医生具有过错的，则医院承担责任之后，可以向有过错的医生进行追偿。

具体的赔偿，如果造成人身损害的，应当按照《民法通则》第 119 条和《医疗事故处理条例》的有关规定确定赔偿数额。如果违反告知义务没有造成实质性的人身损害的，则由法官确定适当的抚慰金数额，不宜过高。

第四节　医疗产品损害责任

按照我的理解，医疗损害责任应当由医疗技术损害责任、医疗伦理损害责任和医疗产品损害责任三种形态构成。过去，我曾经研究过药品医疗器械致害责任的问题[①]，最近，在此基础上，我又系统地研究了医疗损害责任问题，将对药品和医疗器械损害责任概括为医疗产品损害责任，统一适用于药品、医疗器械、消毒制剂、血液及血液制品等医疗产品在医疗领域造成损害的责任，且其在归责原则、责任构成、责任形态上都具有独特的要求和特点。本节阐释我的看法。

一、医疗产品损害责任概述

（一）医疗产品损害责任的概念

医疗产品损害责任，是指医疗机构在医疗过程中使用有缺陷的药品、消毒药剂、医疗器械以及血液及制品等医疗产品，因此造成患者人身损害，医疗机构或者医疗产品生产者、销售者应当承担的医疗损害赔偿责任。

（二）医疗产品损害责任的性质

近年来，医疗产品损害责任纠纷不断发生。在这类侵权纠纷的法律适用中，最大的难点就在于不知道这类案件的性质是什么：究竟是医疗损害责任纠纷，还是产品责任纠纷。如果这种纠纷案件的性质是医疗损害责任纠纷，似乎应当是过

① 杨立新：《医疗侵权法律与适用》，法律出版社 2008 年版，第 216 页以下。

错责任，而不是无过失责任。如果是产品责任纠纷，就应当是无过失责任，不论医疗产品的提供者即医疗机构以及生产者、销售者是否有过失，都应当按照无过失责任的要求承担责任。黄丁全先生的意见显然是后者，但没有说明在医疗中使用的医疗产品致害的侵权责任的性质。[①] 梁慧星教授则认为医疗“产品缺陷致损，虽然构成侵权，但应当适用产品质量法的规定”[②]。而有的学者认为，对医疗事故已经明确适用过错责任，没有任何一项事由上规定适用无过错责任，因此，在我国的司法活动中，应当遵循这一原则，实践中以任何方式超出过错责任归责原则的，都是违法[③]，即使医疗产品损害责任也是如此。

我认为，医疗产品损害责任既是医疗损害责任，也是产品责任，是兼有两种性质的侵权责任类型，是医疗损害责任中的一个基本类型。由于医疗产品损害责任具有产品责任性质，故应当适用无过失责任原则，以更好地保护患者的合法权益。

（三）确定医疗产品损害责任为产品责任的原因

产品责任是 20 世纪上半叶产生的新的侵权责任。产生产品责任制度是在加害给付理论和实践的基础上发展起来的。19 世纪产生的加害给付规则，确认受到瑕疵标的物损害的债权人产生损害赔偿请求权，既可以请求赔偿合同的预期利益损失，也可以请求赔偿固有利益的损失。医疗损害责任纠纷从这个意义上说，也是加害给付责任，因为是在合同基础上，债务人未尽适当注意，造成了债权人的固有利益损害，应当承担的就是加害给付责任。但是，加害给付规则无法保护受到缺陷产品损害的第三人。为了解决这个问题，美国侵权行为法创造了产品责任规则，缺陷产品造成他人损害，无论受害人是否为合同当事人，都可以依据侵权法请求损害赔偿，补偿自己受到的损害。产品责任制度的出现，产生了以下两个方面的重要影响。第一，解决了对缺陷产品侵害第三人造成损害的救济问题，使受到损害的第三人能够得到赔偿。第二，使受到损害的合同关系中的债权人只

① 黄丁全：《医事法》，中国政法大学出版社 2003 年版，第 579 页。

② 梁慧星：《医疗损害赔偿案件的法律适用问题》，《人民法院报》2005 年 7 月 6 日。

③ 沃中东：《对医疗事故处理中无过错责任适用的思考》，《杭州商学院学报》2003 年第 6 期。

能依据违约责任请求赔偿，改变为既可以依照加害给付责任请求承担违约损害赔偿责任，也可以按照产品责任规则请求承担侵权损害赔偿责任，给受到损害的债权人以更为广泛的选择余地。在医疗产品损害责任纠纷，受害患者作为医疗合同关系的当事人，其固有利益受到侵害，既构成加害给付责任，同时也构成产品责任，因此，就构成了医疗损害责任中具有医疗侵权责任和产品侵权责任的双重性质。如果医疗产品是医疗机构与生产者、销售者订立合同，患者并不是该合同的当事人，那么或者认为受害患者一方是第三人，或者将医疗机构作为销售者，也仍然离不开产品责任规则的适用。

二、医疗产品损害责任的归责原则及责任构成

（一）医疗产品损害责任适用无过失责任原则

医疗产品损害责任是无过失责任。这不是说对医疗产品缺陷的产生生产者和销售者没有过错，因为医疗产品存在缺陷本身就是一种过错，现代社会对医疗产品质量的要求越来越具体详细，如果医疗产品不符合规定的质量要求，则医疗产品的生产者就具有过错，除非是现有的科学技术无法发现。[①] 确定医疗产品侵权责任是无过失责任，其立意是确定这种侵权责任不考察过错，无论其有没有过错，只要受害人能够证明医疗产品具有缺陷，即构成侵权责任。因而受害人不必证明医疗产品生产者的过错，因而也就减轻了权利人的诉讼负担，有利于保护受害人的权利。

（二）医疗产品损害责任的构成要件

医疗产品损害责任属于产品责任，适用无过失责任原则。因此，其责任构成应当符合产品侵权责任的构成要件要求，须具备以下要件。

1. 医疗产品须为有缺陷产品

构成医疗产品损害责任的首要条件，是医疗产品具有缺陷。

---

① 发展风险可以予以免责，但产品生产者仍然负有跟踪观察义务、召回义务、售后警告义务等，并且要承担跟踪观察缺陷的损害责任。

(1) 医疗产品的界定和范围

医疗产品须符合产品的要求。产品，按照《产品质量法》第2条第2款规定："本法所称产品是指经过加工、制作，用于销售的产品。"按照这一规定，产品须具备两个条件，一是经过加工、制作，未经过加工制作的自然物不是产品；二是用于销售，因而是可以进入流通领域的物，未进入流通的物品，也不认为是产品。医疗产品是经过加工、制作，同时也是用于销售的物，是可以进入流通领域的物，因此属于产品。

究竟哪些产品属于医疗产品，并没有统一的规定，法学界比较集中的意见是以下四种：一是药品；二是消毒药剂；三是医疗器械；四是血液及血液制品。我赞同这种意见。存在的疑问是，血液是人体组织，难道也能够认定为产品吗？我认为，人体组成部分与人体分离之后，就成为特殊的物，且血液的所有权属于血液提供机构，将其出卖于医院，医院又将其出卖给患者，完全具有产品的特征，应当视为产品。①

(2) 医疗产品的缺陷

缺陷，按照《产品质量法》第34条关于"本法所称缺陷，是指产品存在危及人身、他人财产安全的不合理的危险；产品有保障人体健康、人身、财产安全的国家标准、行业标准的，是指不符合该标准"的规定，含义是：其一，缺陷是一种不合理的危险，合理的危险不是缺陷；其二，这种危险危及人身和他人财产安全，其他危险不认为是缺陷的内容；其三，判断危险的合理与否或者判断某一产品是否存在缺陷的标准分为一般标准和法定标准，一般标准是人们有权期待的安全性，即一个善良人在正常情况下对一件产品所应具备的安全性的期望，法定标准是国家和行业对某些产品制定的保障人体健康、人身和财产安全的专门标准，有法定标准的适用法定标准，无法定标准的适用一般标准。②

医疗产品造成损害构成医疗产品损害责任，也必须具有缺陷。医疗产品的缺陷分为四种。

① 杨立新主编：《民法物格制度研究》，法律出版社2008年版，第79页以下。

② 张新宝：《中国侵权行为法》，中国社会科学出版社1995年版，第308页。

一是设计缺陷。医疗产品的设计缺陷，是指医疗产品在设计时在产品结构、配方等方面存在不合理的危险。考察设计缺陷，应当结合医疗产品的用途，如果将医疗产品用于所设计的用途以外的情形，即使存在不合理的危险，也不能认为其存在设计缺陷。

二是制造缺陷。医疗产品制造缺陷，是指医疗产品在制造过程中，因原材料、配件、工艺、程序等方面存在错误，导致制作成的最终医疗产品具有不合理的危险性。

三是警示说明不充分的缺陷。医疗产品的产品警示说明不充分的缺陷，也叫做经营缺陷或者营销缺陷，即医疗产品在投入流通中，没有对其危险性进行充分警示和说明，对其使用方法没有充分说明。[①]《美国侵权行为法重述（第三次）》对什么是产品说明或警示不充分作出了原则界定："因产品说明或警示不充分所致的产品缺陷，是指产品可预见的致害危险能够通过销售商、其他经营者，或其在商业经营过程中的任一前手，采用合理的说明或警示条款而减少或避免，且不采纳该说明或警示并不能使产品得到合理的安全。"[②] 我国学者认为，这种情形是指生产者没有提供警示与说明，致使其产品在使用、储运等情形具有不合理的危险。[③] 产品警示说明充分的标准是，对于属于上述情形的产品，本应当进行充分的说明或者警示，但是产品的生产者或者销售者却没有进行说明或者警示，或者虽然进行了说明、警示，但是说明、警示没有达到要求的标准，也就是不充分。判断说明、警示是否充分，应当根据产品的具体情况确定，一般的要求是，正确说明产品存在的危险，以及正确使用该产品、避免产品存在的危险，达到使用的合理安全的要求。学者认为，如果产品是为大众所消费、使用的，警示与说明应为社会上不具有专门知识的一般人所能引起注意、知晓、理解；如果产品是为特定人所消费、使用的，警示与说明应为具备专门知识的特定人所能引起注

① 张新宝：《侵权责任法原理》，中国人民大学出版社 2005 年版，第 398 页。

② 中国人民大学民商事法律科学研究中心：《中国民法典·人格权法编和侵权行为法编》，2002 年内部资料，第 269 页。

③ 张新宝：《中国侵权行为法》，中国社会科学出版社 1995 年版，第 311 页。

意、知晓、理解。[①] 做到了这一点，就认为说明、警示已经达到了充分的标准，没有做到的，就是说明、警示不充分。这些经验可以作为医疗产品损害责任的借鉴。

四是跟踪观察缺陷。医疗产品的跟踪观察缺陷，是指在将医疗产品投入医疗过程时，科学技术水平尚不能发现该医疗产品存在的缺陷，法律赋予医疗产品的生产者和销售者进行跟踪观察的义务，未能及时发现危险，或者发现危险未及时采取召回等补救措施，因此造成患者人身损害的，就构成跟踪观察缺陷。按照德国法的规定，新产品上市以后，生产者必须跟踪观察，对于用户的反映和提出的问题必须付诸行动，要进行研究，提出改进方法。如果存在损害可能性，则要召回；有的还要向用户进行可靠使用的说明，未尽跟踪观察义务，造成损害，即构成侵权责任。[②] 这些经验在医疗产品损害责任构成中同样适用。

2.须有患者人身损害事实

构成医疗产品损害责任，必须具备患者的人身损害事实，这是发生损害赔偿请求权的事实依据。

构成这个要件，是将医疗产品应用于患者，由于医疗产品存在缺陷，造成了患者的人身损害。这种人身损害的特点是，有些损害后果在受害当时即可发现，有的则要在受害之后很长时间才能出现后果，特别是医疗器械造成的损害，通常都是经过一段时间才发生。医疗产品损害责任中的人身损害事实，包括致人死亡和致人伤残。

在造成人身损害的同时，通常伴随精神痛苦的损害。医疗产品损害责任的人身损害事实要件中也包括精神损害，应当予以抚慰金赔偿。

3.须有因果关系

医疗产品损害责任中的因果关系，是指医疗产品的缺陷与受害人的损害事实之间存在的引起与被引起的关系，医疗产品缺陷是原因，损害事实是结果。确认医疗产品责任的因果关系，要由受害人证明，证明的内容是，损害是由于使用或

① 张新宝：《中国侵权行为法》，中国社会科学出版社 1995 年版，第 312 页。

② 黄松友主编：《民事审判指导与参考》（总第 27 期），法律出版社 2006 年版，第 146 页。

消费有缺陷的医疗产品所致。使用，是对可以多次利用的医疗产品的利用；消费，是对只能一次性利用的医疗产品的利用。受害人证明损害时，首先要证明缺陷医疗产品曾经被使用或消费，其次要证明使用或消费该有缺陷的医疗产品是损害发生的原因。例如，在身体内植入的钢板断裂造成损害，因果关系明显，患者即可证明。在证明中，对于高科技医疗产品致害原因不易证明者，可以适用举证责任缓和规则，在受害患者证明达到表现证据规则要求时，进行推定因果关系。即受害人证明使用或消费某医疗产品后即发生某种损害，且这种缺陷医疗产品通常可以造成这种损害，可以推定因果关系成立，转由侵害人举证证明因果关系不成立。证明属实的，则否定因果关系要件；不能证明的，推定成立，构成医疗产品损害责任。

4.医疗机构和销售者应当具有过失

按照《产品质量法》第 41 条关于“因产品存在缺陷造成人身、缺陷产品以外的其他财产（以下简称他人财产）损害的，生产者应当承担赔偿责任”的规定，以及第 42 条关于“由于销售者的过错使产品存在缺陷，造成人身、他人财产损害的，销售者应当承担赔偿责任。”“销售者不能指明缺陷产品的生产者也不能指明缺陷产品的供货者的，销售者应当承担赔偿责任”的规定，产品责任中的生产者承担责任，无须过失存在。而销售者承担责任有两种形式：（1）有明确的生产者和供货者的，构成侵权须具备过失要件；（2）销售者不能指明缺陷产品的生产者也不能指明缺陷产品的供货者的，即使没有过失，销售者应当承担赔偿责任。按照这样的规则，在医疗产品损害责任中，如果受害患者一方追究医疗机构以及医疗产品销售者的侵权责任的，必须证明医疗机构或者销售者具有过失的要件，没有过失，就没有责任；如果医疗机构或者销售者不能指明缺陷医疗产品的生产者也不能指明缺陷产品的供货者的，受害患者一方请求赔偿，无须证明其有过失，医疗机构或者销售者也应当承担赔偿责任。

（三）医疗产品损害责任的竞合问题

医疗产品损害责任发生责任竞合，患者受到缺陷医疗产品的侵害，因为有医疗服务合同的基础，受害患者取得两个请求权，一个是产品侵权责任请求权，一

个是医疗合同违约责任请求权。在一般情况下，应按照侵权责任行使请求权并适用法律，但受害患者坚持行使违约损害赔偿请求权的，当然也没有问题。所要注意的，是两种请求权的赔偿内容不同。要研究的，是受害患者行使违反医疗义务损害责任请求权，还是医疗产品损害责任请求权，是不是也由患者选择呢？这个问题不影响赔偿责任范围的法律适用，但涉及受害患者一方向谁行使请求权的问题。如果受害患者一方行使违反医疗义务损害责任请求权，应当向医疗机构请求；选择行使医疗产品损害责任请求权，则既可以向医疗机构行使请求权，也可以向医疗产品的生产者、销售者行使请求权。无论怎样，应当坚持的是，医疗机构承担责任，须有过失存在，无过失即无责任，不能让医疗机构承担无过失责任，除非医疗机构不能指明缺陷医疗产品的生产者也不能指明缺陷医疗产品的供货者。对此，代理律师为了保障委托人的利益，当然不可不察，而法官事关法律适用，当然也不可不察。

三、缺陷医疗产品的召回义务

（一）医疗产品召回义务及性质

生产者在将产品投放市场时，依据当时的科学技术水平，无法确认其是否存在缺陷，而随着科学技术的发展，嗣后能够发现其存在缺陷，因而必须履行对产品的跟踪观察义务。发现存在缺陷可能或者已经造成损害的，应当立即将产品召回。在国际上，美国、韩国、日本、加拿大、澳大利亚、欧盟均已建立药品等医疗产品召回制度。在国内，2003 年 1 月 1 日《上海市消费者权益保护条例》首次规定了缺陷产品召回制度。医疗产品也是产品，同样也应当建立医疗产品召回制度，赋予医疗产品生产者的召回义务。

医疗产品召回义务是指投放市场的医疗产品存在缺陷，可能或已经对患者的生命、健康造成严重损害，生产者依特定程序收回、退换缺陷医疗产品并承担与此相关费用的义务。医疗产品召回义务的特点，主要有以下几个方面。第一，已投放市场的医疗产品存在缺陷、可能导致人身重大损害是召回义务的成立要件；

第二，生产者是召回义务主体，销售者是召回义务的履行辅助人；第三，义务履行程序包括指令召回和自主召回，有严格的法定步骤和效果评估机制；第四，义务履行方式包括缺陷医疗产品的回收、更换、退货和损害赔偿。[①]

召回义务是整个医疗产品召回制度的核心，医疗产品召回制度围绕召回义务而展开。因此，医疗产品召回义务为法定义务，具有公法义务和私法义务的双重属性，包括侵权法上的义务。可见，医疗产品召回义务具有多种性质，侵权法上的义务是其主要性质。

（二）医疗产品召回义务的基本内容

医疗产品义务包括跟踪观察义务、召回义务和售后警告义务，这些义务构成医疗产品的义务体系。召回义务是其中之一。

1. 召回义务与发展风险抗辩下的跟踪观察义务

发展风险是指依照医疗产品流入市场当时最新的科学技术水平，适用了所有可能的检查测试程序，仍无法发现医疗产品客观存在的危害性；进入市场后，由于新的研究方法发明，跟踪发现医疗产品隐含有害特质。各国（地区）对于发展风险的规制有不同立法例。德国、我国台湾地区视其为与设计缺陷、制造缺陷和警示缺陷并列的一种缺陷类型，称为发展缺陷，也叫作跟踪观察缺陷。我国产品责任法、美国侵权法视其为产品责任的一种抗辩事由，称为科技发展水平的抗辩、工艺水平的抗辩等。

发展风险的存在，使得对医疗产品经营者设定跟踪观察义务成为必要。

跟踪观察义务是指经营者在产品流入市场后负有义务继续观察其市场上全部产品，“其用途为发现产品于交付前不知之弱点与瑕疵，以及获得关于该产品之可靠性、生命周期、操作风险等资料”[②]。跟踪观察义务，分为积极的跟踪观察义务和消极的跟踪观察义务，前者是指生产者有义务去观察其产品在实务上的影响、竞争者的发展以及科学技术的进步；后者是指就与产品相关的指责等负面资信加以掌握并评价。一旦观察到该产品经常发生危险，对于尚未进入生产或进入

① 限于对患者因配合召回所支出费用（如交通费）的赔偿。

② 黄立：《论产品责任》，《政大法学评论》第 43 期，第 253 页。

市场的产品须为改善之必要措施；对已进入市场之产品则事后须采取相关危险预防措施。[①] 就一般产品，若无任何负面信息的反馈，经销商无义务对产品持续检测。但是对处方药等医疗产品有特殊要求，生产者应履行积极的、持续的、合理的注意义务，不断对药品等医疗产品进行测试和监控，以发现药品等医疗产品的相关危险，不仅要注意医疗实务中副作用信息的搜集，也要关注药学的发展。生产者应知的资信，不限于其从自身研究和不良反应报告中获得的实际知识，还包括依据科学文献和其他可得传媒上获知的信息。[②] 医疗产品跟踪观察义务始于医疗产品进入市场之时，并不以有损害事件发生为断。观察期限并无定论，长期观察的结果可能会使某些隐含的危险性几近于零，而有正当理由采取较不密集的观察，但最终仍只能为观察义务程度上减弱。跟踪观察义务不因产品转给第三人而结束。[③] 改良的医疗产品进入市场后，并不免除生产者对旧产品的跟踪观察义务。[④]

医疗产品召回是广义产品跟踪观察义务的一个组成部分，二者存在直接关联。欧洲经济共同体委员会 1992 年 6 月 29 日 92/59 号关于一般产品安全的指令，将“产品观察义务”提到了欧洲共同法的高度，并规定了具体化措施，包括“从市场上撤回被涉及的产品”[⑤]。

发展风险的客观存在，跟踪观察义务的适当履行，一方面可起到危险防免作用，另一方面，若损害发生且发展风险引为医疗产品责任抗辩时，此缺口可透过医疗产品后续观察采取必要措施，避免损害扩大。发展风险与医疗产品跟踪观察义务之间的逻辑关联和功能补救关系，召回义务作为跟踪观察义务重要组成部分

① 郭丽珍：《产品瑕疵与制造人行为之研究——客观典型之产品瑕疵概念与产品安全注意义务》，神州图书出版有限公司 2001 年版，第 112 页。

② *Restatement of the Law Third*, *Torts—Products Liability*, p. 193, p. 200, American Law Institute Publishers, 1998。

③ 郭丽珍：《产品瑕疵与制造人行为之研究——客观典型之产品瑕疵概念与产品安全注意义务》，神州图书出版有限公司 2001 年版，第 113 页。

④ 郭丽珍：《产品瑕疵与制造人行为之研究——客观典型之产品瑕疵概念与产品安全注意义务》，神州图书出版有限公司 2001 年版，第 154 页。

⑤ ［德］冯·巴尔：《欧洲比较侵权行为法》下卷，焦美华译、张新宝校，法律出版社 2001 年版，第 364 页。

的客观事实，提供了将召回义务纳入医疗产品责任体系予以调整的正当理由。[①]

2.医疗产品召回义务与售后警告义务

医疗产品的售后警告义务是指医疗产品售出后发现存在致人损害的危险，医疗产品经营者有义务以合理方式发出警示、避免损害。售后警告义务的成立要求具备以下四要件，即经营者知道或应当知道该产品会对人身或财产造成损害危险；可以识别应予以警告者，并可合理地推断其不知晓该损害危险；警告能够有效到达应予以警告者且其能采取有效行动减低风险；损害危险巨大而必须予以警告，此种必要性的衡量标准是该危险所致损害大大超过实施售后警告的费用。医疗产品售后警告义务是医疗产品责任体系的一个重要内容。[②]

医疗产品召回义务与售后警告义务存在密切联系，两者都是跟踪观察义务的组成部分。“由于市场观察，知悉某一产品系列，有较高之产品瑕疵比例，依生产与品质控制之科技现状，系属不可避免，对于使用人或第三人之安全，有具体危险之虞，其结果为就其产品必须有一定之行为，以排除一定之危险。此一行为可能是对尚未流入市场的产品更改其使用须知与警告标示、变更设计，对已交付产品则应予以警告或采取召回行动。”[③]

医疗产品召回义务与售后警告义务也存在差异。第一，成立要件不同、适用的危险严重性不同。疑有缺陷之医疗产品，对人身安全之危险难以透过警告可能被防免，则有召回义务实施之必要。[④] 第二，对消费者的保护力度不同。纯粹的

---

① 鉴于1985年的《欧共体产品责任指令》规定的科技风险可为严格产品责任制度的抗辩事由，存在对消费者不利的缺陷，欧共体一些成员国在消费者强大压力下制定了本国的产品安全法，并于1992年6月29日欧盟理事会上通过了《欧洲产品安全指令》，依据该指令第6条第1项F款之规定，就危险产品基于主管机关之命令，应予召回。曹建明、陈治东主编：《国际经济法专论》，法律出版社2000年第1版，第590页；郭丽珍：《产品瑕疵与制造人行为之研究——客观典型之产品瑕疵概念与产品安全注意义务》，神州图书出版有限公司2001年版，第193页。

② 美国《侵权法第三次重述：产品责任》第10节和第13节对售后警告义务作了规定。*Restatement of the Law Third*，*Torts—Products Liability*，pp.191－200，pp.221－226，American Law Institute Publishers，1998。

③ 黄立：《论产品责任》，《政大法学评论》第43期，第247、253页。

④ 郭丽珍：《论制造人之产品召回与警告责任》，载《民法七十年之回顾与展望纪念论文集（一）总则·债编》，台北元照出版公司2000年10月初版，第197页。

警告终是将危险控制交给他人自行负责，属较弱的安全确保方式[①]，召回则是更为彻底的补救措施。第三，召回义务的履行程序严格，需依法进行。售后警告义务之实施相对较少国家干预。第四，义务主体范围有所不同。召回义务的主体为医疗产品生产者，售后警告义务的主体还包括中间经销商。[②] 第五，违反义务的责任有所不同。违反售后警告义务者，承担民事责任，而违反召回义务者，尤其是违反指令召回的，还要承担行政责任。

由于二者联系、差异所在，为完善消费者利益保护、平衡产业经济发展，在医疗产品责任体系中除设立医疗产品售后警告义务之外，还应确立医疗产品召回义务，不能以医疗产品售后警告义务代替医疗产品召回义务。

（三）医疗产品召回义务与医疗产品责任的关系

医疗产品损害责任视医疗产品为特殊产品，其存在缺陷致人损害或有损害之虞时，医疗机构、生产者、销售者所负损害赔偿等侵权责任，因此，是产品责任框架下的医疗产品损害责任。

正因为如此，医疗产品投入市场之后，制造商和销售商负有跟踪观察义务，发现医疗产品存在具有致害的危险，就应当区别不同的情况，负有售后警示义务或者召回义务；医疗产品召回义务不履行，造成他人损害，为医疗产品跟踪观察缺陷，将发生医疗产品侵权责任。这就是医疗产品召回义务在医疗产品义务体系和责任体系中的地位和作用。同时，医疗产品召回义务的生成是因医疗产品存在缺陷，而医疗产品侵权损害赔偿责任的承担亦以医疗产品缺陷存在为必要要件。跟踪观察义务履行中，发现医疗产品存在缺陷，即产生医疗产品召回义务，应召回而没有召回或者没有及时召回，致使缺陷医疗产品造成损害的，就发生医疗产品损害责任。

---

① 郭丽珍：《论制造人之产品召回与警告责任》，载《民法七十年之回顾与展望纪念论文集（一）总则·债编》，台北元照出版公司 2000 年 10 月初版，第 230 页。

② Comment b, *Restatement of the Law Third*, *Torts—Products Liability*, p. 192, American Law Institute Publishers, 1998.

四、医疗产品损害责任的分担形态

（一）产品责任的分担形态为不真正连带责任

产品责任的责任形态是不真正连带责任。

侵权法上的不真正连带责任，是指多数行为人违反法定义务，对一个受害人实施加害行为，或者不同的行为人基于不同的行为而致使受害人的权利受到损害，各个行为人产生的同一内容的侵权责任，各负全部赔偿责任，并因行为人之一的履行而使全体责任人的责任归于消灭的侵权责任形态。[①]

不真正连带责任作为侵权责任分担形态之一，具有以下法律特征：一是不真正连带责任的责任主体是违反对同一个民事主体负有法定义务的数人；二是不真正连带责任是基于同一损害事实发生的侵权责任；三是不同的侵权行为人对同一损害事实发生的侵权责任相互重合；四是在相互重合的侵权责任中只需履行一个侵权责任即可保护受害人的权利。

在产品责任中，最重要的是确定承担责任的主体问题。

1. 最近规则

在产品侵权责任中，第一位的责任主体就是生产者和销售者。在生产者和销售者之间，究竟应当由谁承担责任，各国通例是依照受到缺陷产品损害的受害人的主张确定，即“最近原则”，受害人可以起诉生产者，也可以起诉销售者，按照最有利于自己利益行使权利的要求进行选择。销售者和生产者只要被起诉，不论其是不是产品中缺陷的形成之人，只要消费者取得的产品确实存在缺陷，那么被起诉的一方就应当承担侵权民事责任。因此，规则是：因产品存在缺陷造成他人人身、财产损害的，受害人可以向产品的生产者要求赔偿，也可以向产品的销售者要求赔偿。因此，这种侵权责任形态是不真正连带责任。按照《产品质量法》的规定，向生产者要求赔偿的，无须证明生产者的过错，主张销售者承担赔偿责任的，则须证明销售者对于损害存在过失，除非销售者不能指明缺陷产品的

① 杨立新：《侵权法论》，人民法院出版社2005年第3版，第638页。

生产者也不能指明缺陷产品的供货者的，销售者才应当承担无过失责任。

2.最终规则

产品侵权赔偿责任的最终承担者，应当是产品缺陷的造成者，是谁造成的缺陷，就由谁最终承担责任。这就是“最终规则”。具体如下：一是产品缺陷由生产者造成的，销售者赔偿后，有权向生产者要求追偿。二是因销售者的过错使产品存在缺陷的，生产者赔偿后，有权向销售者追偿。三是如果被起诉的一方被判决承担侵权责任，而自己就是缺陷的生产者的，则自己承担最终责任。

（二）医疗产品损害责任的不真正连带责任

医疗产品造成患者损害，其责任分担形态当然也是不真正连带责任，其基本规则是：

1.责任主体是医疗机构和医疗产品的生产者、销售者

在医疗产品损害责任中，责任主体有三种。一是医疗机构。医疗机构直接使用医疗产品，应用于患者身上，造成损害的，医疗机构当然是责任主体，应当承担过错责任，如果医疗机构不能指明缺陷医疗产品的生产者、也不能指明缺陷产品的供货者的，应当承担无过失责任。二是医疗产品生产者，其制造了有缺陷的医疗产品，并且造成了患者的损害，应当承担责任。三是医疗产品的销售商，按照《民法通则》第 122 条和《产品质量法》的规定，销售者对于缺陷产品造成损害具有过失，不论其是否为产品缺陷的生产者，都应当承担侵权责任；如果销售者不能指明缺陷产品的生产者也不能指明缺陷产品的供货者，则销售者应当承担无过失责任。

2.实行最近规则受害患者可以选择请求医疗机构、生产者或者销售者承担责任

按照产品责任的最近规则，受害患者有权在上述三种侵权责任主体中，根据自己的利益，选择对自己最为有利的、法律关系“最近”的一个请求权行使。因此，受害患者有理由选择医疗机构作为索赔主体，请求其承担赔偿责任；也有理由选择医疗产品的生产者或者销售者请求其承担赔偿责任。不过，选择医疗机构承担医疗产品损害责任，须证明其具有过失。

在实践中，应当特别注意不真正连带责任与连带责任的区别，很多法官对此不能分辨，采用连带责任处理医疗产品损害责任，造成适用法律的错误。例如，认为医院提供的医疗产品为不合格产品，构成医疗事故，应负主要责任，事实上就是混淆了不真正连带责任与连带责任的差别，是不正确的，因为在不真正连带责任中，并不存在主要责任和次要责任之分，而是要承担责任，就是全部承担，不能够承担一部分，另一部分由其他责任主体承担。

如果确认医疗机构在使用医疗产品中没有过失，也不存在不能指明缺陷医疗产品生产者、供货者的，参照《产品质量法》第 42 条关于销售者有过错，或者销售者不能指明缺陷产品的生产者也不能指明缺陷产品的供货者的，销售者应当承担赔偿责任，才可以选择其作为赔偿义务主体的规定，受害患者一方不能直接选择医疗机构先承担责任，而只能选择医疗产品的生产者或者销售者请求赔偿，即直接依照产品责任的规则适用法律。这样做，有利于保护医疗机构的合法权益。如果医疗机构使用医疗产品有过失，则准许受害患者一方全面选择。

3. 实行最终规则准许先承担责任的一方向缺陷生产者追偿

按照产品责任的最终规则，在有过失的医疗机构承担了赔偿责任之后，其取得对医疗产品缺陷生产者、销售者的追偿权。医疗机构可以向其请求承担因缺陷医疗产品造成损害的全部赔偿责任。这种赔偿请求权是全额的请求权，包括在前手诉讼中所造成的损失，凡是缺陷医疗产品造成的损害，都有权请求生产者或者销售者赔偿，只有基于自己的过失造成患者损害的部分，才不能进行追偿。

4. 患者将医疗机构和制造商、销售商同时起诉的应按照最终规则处理

在诉讼中，如果受害患者将医疗机构、制造商和销售商一并作为共同被告起诉的，法院在审理中，应当直接适用最终规则，确定缺陷的直接生产者承担侵权责任，不必先实行最近规则，让医疗机构先承担责任再进行追偿。

5. 市场份额规则

在产品侵权中同类产品造成侵权后果，但是生产这种产品的不是一个生产者，而是数个生产者，不能确定是谁制造的产品造成的实际损害这种情况，就是共同侵权行为中的共同危险行为。按照共同危险行为的规则，应当由生产这种产

品的数人共同承担侵权责任。但是，按照一般的共同危险行为的规则，应当是由实施共同危险行为的数人承担连带责任，而这种生产产品的情况则与一般的共同危险行为并不相同，承担连带责任不合理，因为个人的生产份额并不相同。按照“市场份额”规则，数人生产的同类产品因缺陷造成损害，不能确定致害产品的生产者的，应当按照产品在市场份额中的比例承担民事责任。按照这一规定，应当先确定各个生产者在生产当时产品所占市场的具体份额，按照这一份额，确定自己应当分担的责任。

在医疗产品损害责任中，如果出现致害的药品或者器械等医疗产品不能确定谁是真实的生产者的，可以适用市场份额规则，确定数个生产者按照产品所占市场份额的比例，确定其赔偿份额。对此，可以参考美国辛德尔案的做法。美国辛德尔案件，其母亲在怀孕的时候，服用了已烯雌酚保胎药，这种药的后果是造成胎儿出生后患乳腺癌。辛德尔就是这种药的受害者。她 20 岁发现自己患有乳腺癌，向法院起诉索赔，法院判决生产这种药的所有工厂按照市场份额承担损害赔偿责任。[①]

第五节　医疗管理损害责任与法律适用

我曾经将医疗损害责任分为医疗伦理损害责任、医疗技术损害责任和医疗产品损害责任三种类型。这种分类有一个缺陷，就是将属于医疗机构及医务人员违反医疗管理过错的损害责任放在医疗伦理损害责任中，与医疗伦理损害责任概念混在一起，逻辑关系不当。经过深入研究，我认为应当将医疗管理损害责任列为一种独立的医疗损害责任类型，与其他三种医疗损害责任类型一起构成医疗损害责任的类型体系。

---

① 该规则之提出，始于美国 1980 年辛德尔诉阿伯特药厂案，参见 Sindell v. Abbott Laboratories. p. 607, 2d, 924 (1980)。

一、确立医疗管理损害责任的必要性及概念界定

（一）确立医疗管理损害责任的必要性

医疗管理损害责任是以前没有人提出来的一种医疗损害类型的概念。有人曾经提出医院管理中的医疗事故损害赔偿责任的概念，但学者使用这个概念仍然是指医疗事故责任，而不是指医疗管理损害责任，但有可借鉴之处。[①] 也有人提出过医政管理责任的概念，认可医政管理过错，也值得借鉴。[②]

在《侵权责任法》起草过程中，我曾经提出对医疗损害责任的类型化意见，主张分为医疗技术损害责任、医疗伦理损害责任和医疗产品损害责任的三分法意见。[③] 这一意见基本上被《侵权责任法》所采纳，分别规定在了第55条、第57条、第59条和第62条。有些学者在解释《侵权责任法》规定的医疗损害责任中采纳了我的意见，也赞同这样的类型化划分。[④]

我在这样对医疗损害责任进行类型化划分时，基本的思考是将在医疗机构发生的所有的与医疗损害有关的责任类型全部包含进去，因而将医疗管理损害责任纳入了医疗伦理损害责任的概念之中，例如违反管理规范的损害责任[⑤]，组织过失损害责任[⑥]等。这样的归纳是不正确的。在医疗伦理损害责任中，医疗机构及医务人员的过错是违反医生职业伦理道德，违反医生良知的过错，而医疗管理过错则是违反医政管理规范、管理职责的过错，属于医疗管理的过错，性质并不相同。当时将医疗管理损害责任并入医疗伦理损害责任，是为了将就三分法的完整性，而失之于分类的不科学。将医疗管理损害责任单独作为医疗损害责任的一个独立的类型，既有事实根据，也有法律根据，并且完全符合《侵权责任法》第

---

① 《浅议医院管理中的医疗事故损害赔偿责任的性质》，见华夏医界网，http://www.hxyjw.com/hospital/manage/2008-2/20082272567.shtml，2011年1月12日访问。

② 定庆云、赵学良：《医疗事故损害赔偿》，人民法院出版社2000年版，第186页。

③ 杨立新：《医疗损害责任研究》，法律出版社2009年版，第120页。

④ 王利明、周友军、高圣平：《中国侵权责任法教程》，人民法院出版社2010年版，第596页。

⑤ 杨立新：《医疗损害责任研究》，法律出版社2009年版，第141页。

⑥ 杨立新：《侵权法论》，人民法院出版社2011年第4版，第449页。

54条规定的要求。同时，确立医疗管理损害责任概念，使医疗损害责任体系由医疗伦理损害责任、医疗技术损害责任、医疗产品损害责任和医疗管理损害责任四种类型构成，既符合逻辑的要求，又符合现实客观实际情况，是一个理想、完美的设计。

实践的情况也证明将医疗管理损害责任纳入医疗损害责任体系的正确性。某医院正在进行手术，因突然停电，手术被迫中断，欲接通备用电源继续手术，但值班电工擅离职守不知去向，致使手术耽搁，以致患者因衰竭而死亡。学者认为，患者死亡，既非医生的误诊，亦非医生不负责任，而是电工玩忽职守，作为后勤人员的电工因其行为直接导致了病人死亡的后果，电工就是这起医疗事故的直接责任主体。[①] 这种意见是不正确的。这是典型的医疗管理损害责任，是医疗机构的工作人员违反管理职责，擅离职守，造成患者死亡的后果，完全符合《侵权责任法》第54条规定的要求，责任主体是医疗机构而不是工作人员，应当依照医疗管理损害责任追究医疗机构的赔偿责任。

（二）医疗管理损害责任的概念

1.医疗管理损害责任的定义

医疗管理损害责任也是医疗损害责任的基本类型之一，是指医疗机构和医务人员违背医政管理规范和医政管理职责的要求，具有医疗管理过错，造成患者人身损害、财产损害的医疗损害责任。

医疗管理也叫做医政管理。[②] 医疗管理损害责任的构成，不是医疗机构及医务人员的伦理过错或者技术过错，而是须具备医疗管理过错，即医疗机构及医务人员在医政管理中，由于疏忽或者懈怠甚至是故意，不能履行管理规范或者管理职责，造成患者人身损害或者财产损害，应当承担的医疗损害责任。

2.医疗管理损害责任与用人单位责任的联系与区别

医疗管理损害责任与《侵权责任法》第34条第1款规定的用人单位责任最为相似。二者都是用人单位（医疗机构）的工作人员（医务人员）执行工作任务

---

① 王喜军、杨秀朝：《医疗事故处理条例实例说》，湖南人民出版社2003年版，第6页。

② 定庆云、赵学良：《医疗事故损害赔偿》，人民法院出版社2000年版，第186页。

（在医疗活动中）造成他人（患者）损害，而由用人单位（医疗机构）承担损害赔偿责任。其中用人单位和医疗机构、工作人员和医务人员、执行工作任务和在医疗活动中、他人损害与患者损害的概念，都是相容的，后者都包含在前者之中。因此，医疗管理损害责任其实就是用人单位责任。

在医疗伦理损害责任、医疗技术损害责任以及医疗产品损害责任这三个概念中，医疗机构、医务人员、诊疗活动中和患者受损害的要件都与用人单位的对应概念具有包容关系，但它们的内容具有技术的、伦理的以及加害物的区别，也都属于用人单位责任的基本类型，但有较大的独立性。而医疗管理损害责任与它们有所不同，因为造成损害的原因是管理过错，这与用人单位责任的构成具有更大的相似性，如果不是《侵权责任法》第54条予以特别规定，本来就是可以纳入用人单位责任的范围中的。

之所以将医疗管理损害责任解释在《侵权责任法》第54条规定的医疗损害责任之中，是因为这种侵权损害的特点就是发生在医疗领域，是在医疗机构担负的诊疗活动职责之中，因而与医疗伦理损害责任、医疗技术损害责任和医疗产品损害责任并列在一起，作为医疗损害责任的基本范畴，单独进行研究和适用法律。

除了上述区别之外，更重要的，是对医疗管理损害责任适用归责原则不同。《侵权责任法》第54条明确规定，医疗损害责任适用过错责任原则，而不适用过错推定原则，更不适用无过错责任原则，因而医疗管理损害责任与用人单位责任不同。用人单位责任的归责原则，一说认为适用过错推定原则①，一说认为适用无过错责任原则②或者严格责任③，没有人主张为过错责任原则。比较起来，医疗管理损害责任适用过错责任原则，医疗机构承担医疗管理损害责任的条件之一，是医疗机构及医务人员必须存在管理过错，才能够承担医疗管理损害责任，显然对医疗机构更为有利。

① 杨立新：《侵权责任法》，法律出版社2011年版，第232页。

② 张新宝：《侵权责任法》，中国人民大学出版社2011年第2版，第154页。

③ 王利明：《侵权责任法研究》下册，中国人民大学出版社2011年版，第87页。

（三）医疗管理损害责任的特征

医疗管理损害责任的法律特征是：

1.构成医疗管理损害责任以具有医疗过错为前提

构成医疗管理损害责任，医疗机构及医务人员必须具备医疗过错，不具有医疗过错，医疗机构不承担赔偿责任。医疗管理损害责任不同于适用过错推定原则的医疗伦理损害责任，也不同于适用无过错责任原则的医疗产品损害责任，而与医疗技术损害责任相似。医疗机构承担医疗管理损害责任必须符合过错责任原则的要求，无过错则无责任。

2.医疗管理损害责任的过错是医疗管理过错

医疗管理损害责任应当具备的过错是医疗管理过错，既不是以医疗技术过错为构成要件，也不是以医疗伦理过错为构成要件，而以医疗管理过错为要件。判断医疗管理过错的标准，既不是违反当时的医疗水平的诊疗义务所确定的高度注意义务，也不是违反医疗良知和医疗伦理的疏忽或者懈怠，而是以医疗机构和医务人员的管理规范和管理职责为标准确定的医疗管理过错，因而与其他三种医疗损害责任均不相同。

3.医疗管理过错的认定方式是原告证明

医疗管理过错与医疗伦理过错的认定方式不同，是采取原告证明的方式，由原告一方证明医疗机构的过失。例如救护车急救不及时致使患者受到损害，原则上应当由受害患者一方承担举证责任，必要时可以实行举证责任缓和，即患者一方只要证明存在过错的可能性，即可推定医疗机构有过错。

4.医疗管理损害责任的主要损害事实是人格、身份和财产损害

医疗管理损害责任造成的损害，与一般侵权行为所造成的损害性质相同，是患者的人身损害和财产损害。在医疗技术损害责任构成中，损害事实只包括受害患者的人身损害事实，一般不包括其他民事权益的损害。在医疗伦理损害责任中，损害事实主要是精神型人格权或者人格利益损害。在医疗管理损害责任构成中，不仅包括受害患者的人身损害事实，而且包括患者的财产损害事实，甚至还包括身份损害事实，例如妇产医院给产妇抱错孩子，就是侵害了患者的身份权。

二、医疗管理损害责任的归责原则及构成要件

（一）医疗管理损害责任的归责原则

医疗管理损害责任适用的归责原则是过错责任原则。这是《侵权责任法》第54条规定的明确要求。

对于医疗管理损害责任，从形式上观察，也有适用过错推定原则的可能性。例如妇产医院给产妇抱错孩子的案件，完全可以就此事实推定医疗机构及医务人员具有过错，因而免除原告的举证责任。但是，第一，适用过错推定原则，依照《侵权责任法》第6条第2款规定需要有"法律规定"，并不因为情形的特殊而对没有"法律规定"的侵权责任类型主张适用过错推定原则。第二，《侵权责任法》第54条明确规定应当适用过错责任原则，适用过错推定原则有违法律的明确规定。因此，医疗管理损害责任的归责原则是过错责任原则而不是过错推定原则。

（二）医疗管理损害责任的构成要件

构成医疗管理损害责任须具备以下要件。

1.医疗机构及医务人员在诊疗活动中有违反管理规范或管理职责的行为

在诊疗活动中，须有医疗机构及医务人员实施的违法行为才能构成医疗损害责任。医务人员不仅指医生和护士，还包括与诊疗活动有关的其他人员。构成医疗管理损害责任，医疗机构及医务人员须具备在诊疗活动中实施了违反管理规范和管理职责的医政管理行为，这个行为须具有违法性。凡是在医疗机构业务范围内，与医务人员的诊疗行为有关的医政管理活动，都是诊疗活动。在这些活动中，医疗机构及医务人员违反管理规范或者管理职责，而不是伦理性质以及技术性质的规范或者职责，就构成这种行为的要件。其违法性，在于这些行为会造成侵害患者合法权益的后果，违反了法律规定的对患者这些权益的不可侵义务。

2.患者受到损害

患者受到损害，是构成医疗管理损害责任的客观事实要件。患者在医疗管理损害责任中的损害事实比较宽泛，泛指患者的一切权利和利益的损害，但集中的

还是患者的生命权、健康权、身体权、知情权、隐私权、亲权、所有权等有关的权利和利益。特别值得注意的是，亲权这种身份权及身份利益也能够成为医疗管理损害责任的侵害客体。妇产医院将产妇的亲子错误认作其他产妇的亲子，交给其他产妇抚养，并将其他产妇的亲子交给该产妇抚养，不仅侵害了该产妇及亲子的身份权，而且侵害了另一位产妇及亲子的身份权，以及父亲身份权的损害。这样的损害事实造成极为严重的后果，是在诊疗活动中发生的，虽然不是违反伦理道德或者技术规范，但是违反的是医疗机构及医务人员的管理规范和管理职责，具有严重的违法性。

3.违反管理规范或者管理职责行为与损害事实之间有因果关系

医疗机构及医务人员违反管理规范或者管理职责的违法行为，须与患者的损害事实之间具有引起与被引起的关系，即构成医疗管理损害责任的因果关系要件。确定医疗管理损害责任的因果关系要件适用相当因果关系规则，通常依据事实就可以认定因果关系，并非需要医疗损害责任鉴定。受害患者只要证明自己在该医疗机构接受诊疗活动中，医疗机构及医务人员实施了具有违反管理规范或者管理职责的行为，自己因此受到了损害，就可以确认因果关系。例如，未经产妇同意医务人员将其胎盘擅自处置；救护车迟延到达，在此期间患者在等待中而死亡，这些就能够证明因果关系。必要时可以采取因果关系的举证责任缓和，在原告证明因果关系的可能性后，推定有因果关系，医疗机构主张没有因果关系的，应当举证证明。

4.医疗管理过错

医疗管理过错，是指医疗机构及医务人员在诊疗活动中违反管理规范或者管理职责的不注意的主观心理状态。医疗管理过错的表现形式是医疗机构及医务人员对医政管理规范或者管理职责的疏忽或者懈怠，通常不表现为故意。疏忽是医疗机构及医务人员对待管理规范或者管理职责的不经心、不慎重的不注意心理，因而应当做到的却没有做到。懈怠是医疗机构及医务人员轻信自己不会违反管理规范或者管理职责，却因为不注意而实际违反了管理职责和管理规范。医疗管理过错也包括故意，例如，拒绝向患者提供病历资料，擅自将患者有价值的人体医

疗废物赠送他人，等等，属于故意而为，构成故意的医疗管理损害责任。

三、医疗管理过错的证明

由于医疗管理损害责任适用过错责任原则，其违法行为、损害事实和因果关系要件的证明并无特殊之处。唯有医疗管理过错的证明需要特别说明。

（一）医疗管理过错的表现形式

医疗管理过错的表现形式，是医疗机构及医务人员在诊疗活动中，对与诊疗活动有关的医政管理活动违反管理规范或者管理职责的故意或者过失。

1.医疗管理故意

典型的医疗管理故意如下。

（1）对患者人体医疗废物侵占的希望和放任。在一些妇产医院，医务人员对产妇娩出的胎盘采取的态度就是故意不告知，产妇不问就将其据为己有，转送他人或者自己留用。这里的故意不告知其实并不是医疗管理故意的内容，而是通过不告知而意图将产妇的胎盘据为己有的这种希望的心理状态。这是典型的侵占他人财产的故意形态，是希望患者发生这样的权利损害后果。

（2）违反病历资料管理职责的希望和放任。医疗机构及医务人员都有可能对病历资料的处理违反管理职责采取故意的态度。在隐匿或者拒绝提供与纠纷有关的病历资料，伪造、篡改或者销毁病历资料，医疗机构或者医务人员对此采取的都是希望损害后果的发生。即使医疗机构及医务人员拒绝给患者提供查阅、复制病历资料的，其主观心态也都是故意。如果并未造成医疗技术损害，仅有违反病历资料管理职责的过错，亦应认定构成医疗管理过错，承担赔偿责任。

2.医疗管理过失

在绝大多数医疗管理损害责任中，医疗机构及医务人员的过错表现为医疗管理过失，而非故意。在违反紧急救治义务、违反病历管理职责、救护车抢救不及时、违反管理职责致使产妇抱错孩子、违法处理患者人体医疗废物、违反安全保障义务等，其过错要件都表现为医疗管理过失的形式。这些医疗管理过失都是医疗机构及医务人员对管理规范或者管理职责的疏忽或者懈怠，是对待管理规范或者管理职责以及患者权利的不经心、不慎重的不注意心理，应当做到却没有做到；或者是医疗机构及医务人员轻信自己即使违反管理规范或者管理职责也不会损害患者的权利，却因为不注意而实际违反了管理职责和管理规范，损害了患者的权利。

（二）医疗管理过错的证明标准

医疗管理过错的证明标准，是医疗机构的管理规范和医务人员的管理职责。

管理规范，既包括国家及行政管理机关对医疗机构与诊疗活动进行管理的法律、法规、规章、规范、制度等规范性文件规定的管理规则，也包括医疗机构自己制定的与诊疗活动有关的管理规范。违反医疗机构及医务人员对生命垂危状态的患者的紧急救治义务，不仅违反了《侵权责任法》第 56 条规定，而且违反了《执业医师法》第 24 条关于“对急危患者，医师应当采取紧急措施进行诊治；不得拒绝急救处置”的规定，以及《医疗机构管理条例》第 31 条关于“医疗机构对危重病人应当立即抢救”的规定。违反病历管理职责的行为，不仅违反了《侵权责任法》第 61 条规定，而且违反了卫生部、国家中医药管理局 2002 年 8 月 2 日发布的《医疗机构病历管理规定》的具体规定。凡是法律、法规、规章以及与诊疗活动有关的管理规范，都是确定医疗管理过错的证明标准。

管理职责，是指医疗机构的与诊疗活动有关的工作人员对保障诊疗活动正常进行的职责要求。医疗机构与诊疗活动有关的人员，都有各自的岗位职责。这些职责，是确定医疗机构各种岗位的工作人员为保障诊疗活动正常进行的规范性要求，必须严格遵守。一旦违反，造成患者的损害，就构成医疗管理过失。例如，在急救车救护不及时的医疗管理损害责任中，医疗机构对救护站的救护车配备、救护车的调派、救护车的管理、救护车驾驶人员的职责、救护车急救人员的职责等，都有必要、明确的规定和要求，其目的在于向求救者提供及时、适当的紧急救援。① 这些工作人员的职责规定，是判断医疗管理过失的证明标准。

---

① 杨太兰主编：《医疗纠纷判例点评》，人民法院出版社 2003 年版，第 218 页。

（三）医疗管理过错的证明方法

医疗管理过错的证明方法，适用《民事诉讼法》规定的民事诉讼证明的一般规则，即“谁主张，谁举证”的原则，由受害患者承担举证责任。在医疗管理过错的证明中，既不适用举证责任倒置规则，在一般情况下也不适用举证责任缓和规则。

受害患者作为原告，应当证明医疗机构及医务人员的行为违反了医疗机构的管理规范或者医务人员违反了自己的管理职责，因而其主观上具有故意或者过失。对此，受害患者应当举证证明，证明成立者，认定医疗机构及医务人员存在医疗管理过错。证明不成立者，不构成医疗管理过错。

证明医疗管理过错应当参照《侵权责任法》第 58 条第 1 项关于“违反法律、法规、规章以及其他有关诊疗规范的规定”，“推定医疗机构有过错”的规定，受害患者能够证明医疗机构违反法律、法规、规章以及其他与诊疗活动有关的管理规范规定的，就推定医疗机构存在医疗管理过错。这种推定，其实本身就已经证明了医疗机构存在管理过错，这是由于医疗管理过错的客观性所决定的，因而是不可推翻的过错推定，医疗机构不得提出反证证明自己无过错，而主张自己不承担医疗管理损害责任。

四、医疗管理损害责任的类型

医疗管理损害责任的主要表现形式是：

（一）违反紧急救治义务的损害责任

《侵权责任法》第 56 条规定：“因抢救生命垂危的患者等紧急情况，不能取得患者或者其近亲属意见的，经医疗机构负责人或者授权的负责人批准，可以立即实施相应的医疗措施。”这一条文规定的是医疗机构对生命垂危的患者的紧急救治义务。这一条文只是从正面规定了紧急救治义务，但没有规定医疗机构违反紧急救治义务造成患者损害的侵权责任。

通常认为，一个只规定具体义务的法律条文如果没有规定责任的规范，在司

法实践中就不能追究违反该义务的责任。但是，任何法定义务背后都必须有责任的支持，否则这个法定义务就成为不真正义务，无法保证这个法定义务被义务人所履行。同样，《侵权责任法》第56条规定的是医疗机构的告知义务的例外情形和紧急救治义务，医疗机构违反该义务，当然要承担责任。这个责任的依据就是《侵权责任法》第54条规定的医疗损害责任一般条款。只要医疗机构违反第56条规定的紧急救治义务，造成患者损害，符合该一般条款规定的责任构成要件，就应当承担侵权责任。可见，认为《侵权责任法》第56条规定的紧急救治义务没有侵权责任的约束，是不正确的。

构成违反紧急救治义务的损害责任构成，须具备以下要件：(1) 必须存在抢救生命垂危的患者等紧急情况。生命垂危，是指如果不采取必要的抢救措施，患者可能会失去生命的紧急情形。[①] 除此之外，其他如果不采取相应的措施将给患者造成难以挽回的巨大损害的，例如患者被切断手掌，只有在某个特定的时间段内为患者进行缝合才能够接上，否则将成为残疾，属于“等紧急情况”[②]，医疗机构负有紧急救治义务。(2) 不能取得患者或者其近亲属的意见。不能既包括客观不能，如由于客观原因既无法取得患者的意见，也无法取得其近亲属的意见；也包括主观不能，如患者或者其近亲属不同意采取紧急抢救措施，也不影响医疗机构采取紧急救治措施。(3) 由于没有医疗机构的负责人或者授权的负责人批准而未采取紧急救治措施。实施紧急抢救措施须经医疗机构的负责人或者授权的负责人的批准，没有经过请示批准，或者经过请示没有批准，因此而没有采取紧急抢救措施。(4) 患者受到严重损害，且与疏于采取抢救措施有因果关系。这种损害包括两种，一是死亡，因原本就生命垂危，未采取紧急抢救措施而致死亡；二是其他严重损害，如延误治疗而使断手不能再植，造成患者残疾。具备上述四个要件，就构成违反紧急救治义务的损害责任。例如，李某云案件，胎儿的父亲肖某拒绝在剖腹产手术单上签字，经请示卫生局领导，领导指示不签字就不能手术。医生在轮番药物抢救下最后未能奏效，李某云死亡，胎儿死于腹中。医疗机

① 孟强：《医疗损害责任：争点与案例》，法律出版社2010年版，第97页。

② 王利明：《侵权责任法研究》，中国人民大学出版社2011年版，第434页。

构负有紧急救治义务，面对可能要发生的死亡，必须尽全力进行抢救以保全患者生命。本案的医院并没有责任，但医疗机构向卫生行政主管部门请示而未被批准，因而应由卫生行政主管部门承担不作为的侵权责任。

在现实生活中经常发生一些基于费用问题而拒绝救助患者的情形，这不仅与医疗机构与医务人员救死扶伤的宗旨不符，而且是对患者生命权的侵害。为此，应当从立法上对此进行规制。

（二）违反病历资料管理职责致害责任

《侵权责任法》第61条规定："医疗机构及其医务人员应当按照规定填写并妥善保管住院志、医嘱单、检验报告、手术及麻醉记录、病理资料、护理记录、医疗费用等病历资料。""患者要求查阅、复制前款规定的病历资料的，医疗机构应当提供。"这是关于医疗机构对病历资料的妥善保管和提供查询义务的规定，针对的是医疗机构及医务人员对病历资料的不负责任的疏忽以及对此采取的恶意行为。

病历资料在医疗机构保管，有些医务人员甚至医疗机构将病历资料当成自己的私有财产，随意处置，拒绝提供，甚至进行隐匿、伪造、销毁、篡改等，这是严重的违法行为。《侵权责任法》直接规定医疗机构及医务人员对病历资料负有依规填写、妥善保管和提供查询的义务，并且规定这一义务属于强制性义务，医务人员和医疗机构不得违反。

在司法实践中适用这一规定，最重要的是确定违反该义务的后果。医疗机构及医务人员违反对病历资料的填写、保管义务，法律规定有两种后果。(1)《侵权责任法》第58条在推定医疗过错的规定中明确规定"隐匿或者拒绝提供与纠纷有关的病历资料""伪造、篡改或者销毁病历资料"的行为可以直接推定医疗技术过错，其基础在于该条规定的医疗机构及其医务人员对病历资料负有的义务，这种推定过错就是违反该义务的法律后果。如果上述行为不构成医疗技术损害责任，则可以构成医疗管理损害责任。(2)填写不当、保管不善、不允许患者查询复制病历资料等行为，不属于推定过错的事由，但侵害了患者的知情权，同样构成侵权责任，应当适用《侵权责任法》第54条规定确定侵权责任。例如，某医院不慎将多次来该院就诊的患者郑女士的病历资料丢失，恰巧郑女士办理病退需要拿该病历到有关鉴定中心做病退鉴定，病历丢失使鉴定无法顺利进行。郑女士认为由于医院将自己的病历丢失，导致自己不能如期正式退休，在工资差额、医保个人账户、医药费等报销上损失很大，遂起诉要求医院赔偿损失，法院作出支持其意见的判决，但判决赔偿的数额较少。[①] 医疗机构在履行对患者病历资料的保管义务中未尽管理职责，造成病历资料丢失，具有重大过失，构成医疗管理损害责任，应当对患者的损失予以赔偿。

（三）救护车急救不及时损害责任

救护站接到患者及近亲属的呼救，组织救护不及时，致使患者受到损害，也属于医疗管理损害责任。医疗救护站接到求救应当及时进行救护，由于过失而延误时间，造成救护不及时，致使患者发生损害的，应当承担侵权责任。如果医疗机构救护及时，即使有损害，也不承担责任。[②]

（四）违反管理职责致使产妇抱错孩子致害责任

妇产医院违反管理职责，将产妇生产的孩子抱错，造成亲属关系的严重损害，是典型的医疗管理损害责任。这种案件符合《侵权责任法》第 54 条规定的医疗损害责任的构成要件。（1）患者在诊疗活动中受到损害。患者的这种损害是失去亲人的损害，是将亲生子女弄错，将别人的亲生子女误作为自己的亲生子女抚养，侵害了亲权，造成亲属身份利益的损害。（2）医疗机构及医务人员有过错。在这类案件中，医疗机构及医务人员的过错十分明显，就是疏于管理，造成失误，属于重大过失。（3）造成损害的行为是诊疗过程中的医政管理行为，该行为违反了对新生儿的管理制度，造成了患者的损害。（4）该违法管理行为与患者的损害之间具有因果关系，十分明显，如果医疗机构及医务人员严格按照对新生儿的管理规则进行管理，绝对不会出现这样的严重失误，造成如此严重的损害。[③]

---

① 刘鑫等：《侵权责任法医疗损害责任条文深度解读与案例剖析》，人民军医出版社 2010 年版，第 167 页。

② 典型案例参见杨太兰主编：《医疗纠纷判例点评》，人民法院出版社 2003 年版，第 212 页以下。

③ 典型案例参见杨立新：《侵权法论》，人民法院出版社 2011 年第 4 版，第 375 页。

（五）违法处理患者医疗废物侵害患者权利

违法处理患者由自己的身体变异而成的医疗废物，侵害了患者对医疗废物的所有权，也构成侵权，应当适用《侵权责任法》第 54 条规定确定侵权责任。人体医疗废物从患者人体变异而来，成为特殊物，所有权归属于患者。医疗机构及医务人员将其据为己有，或者未经告知患者而擅自处理，侵害患者的所有权。①

（六）医务人员擅离职守

医疗机构在医政管理中，医务人员以及其他工作人员擅离职守，危害最大，后果也很严重。例如不坚守岗位，工作时间睡觉、看书、请客吃饭，以及后勤水电锅炉等维修部门工作人员失职，导致供水供电中断、仪器故障等，造成患者损害。②

（七）医疗机构违反安全保障义务致害责任

医疗机构及医务人员在诊疗活动过程中，对患者违反安全保障义务，在设施设备、服务管理以及防范制止侵权行为等方面存在过失，造成患者损害的，符合《侵权责任法》第 37 条规定的违反安全保障义务的侵权责任，同时也符合《侵权责任法》第 54 条规定，构成医疗管理损害责任，患者可以选择第 37 条规定请求医疗机构承担侵权责任，也可以选择第 54 条规定请求医疗机构承担损害赔偿责任。

五、医疗管理损害责任的赔偿法律关系与赔偿责任

（一）医疗管理损害责任的法律适用

医疗管理损害责任的法律适用问题，存在两个必须解决的问题。

1. 适用《侵权责任法》第 54 条的理由

《侵权责任法》医疗损害责任一章并没有明文规定医疗管理损害责任，因此，不能直接引用明确的具体条文对医疗管理损害责任作出裁判。应当看到的是，

① 典型案例参见杨立新主编：《民法物格制度研究》，法律出版社 2008 年版，第 100 页。

② 定庆云、赵学良：《医疗事故损害赔偿》，人民法院出版社 2000 年版，第 190 页。

《侵权责任法》第54条并不是一个封闭的法律规范，而是医疗损害责任的一般条款，具有宽泛的包容性。换言之，第54条除了将第55条、第57条、第59条以及第61条明文规定的医疗损害责任类型包括其中之外，还将第56条、第62条和第63条规定的行为对患者造成损害的责任也都包括在其中，甚至对"医疗损害责任"一章没有具体规定，但符合第54条规范要求的医疗损害责任，都包括在内。

医疗管理损害责任的特征完全符合第54条规定的要求：第一，受到损害的是患者，符合"患者在诊疗活动中受到损害"对主体的要求；第二，损害的发生是在"诊疗活动中"，而不是其他场合，也符合这个要求；第三，医疗机构及医务人员有过错，条文并没有说这个过错是何种性质的过错，管理过错应当包含在其中；第四，医疗机构承担赔偿责任，无论医务人员由于何种过错，只要在诊疗活动中对患者发生损害，就应当由医疗机构承担赔偿责任。既然医疗管理损害责任的特点完全符合第54条规定的要求，当然可以适用该条作为医疗管理损害责任的法律依据。

2.不适用用人单位责任的理由

如前所述，医疗管理损害责任是一种特殊的用人单位责任，也完全符合《侵权责任法》第34条第1款规定的用人单位责任的要求。对医疗管理损害责任为什么要适用第54条而不适用第34条第1款规定，理由是：第一，医疗管理损害责任发生在医疗机构的诊疗活动中，发生的环境具有特殊性；第二，医疗管理损害责任的违法行为造成损害的是"患者"，而不是一般的"他人"，这一点与用人单位责任有所差别；第三，在医疗管理损害责任发生之前，医疗机构与患者之间具有医疗服务合同关系，而用人单位责任并不作此特别要求，而通常是造成不具有合同关系的他人损害；第四，医疗管理损害责任已经符合具有特别法性质的第54条规定的要求，而《侵权责任法》第34条第1款规定与第54条规定属于一般法与特别法的关系，应当优先适用特别法的规定。基于以上理由，对医疗管理损害责任适用第54条而不适用第34条第1款，是完全说得通的，且理由充分。

3.第54条能否作为请求权的法律基础

《侵权责任法》规定的医疗损害责任的请求权究竟规定在哪个条文之中，值得研究。第55条、第57条、第59条和第61条都明确规定了受害患者的损害赔偿请求权，自不待言。第56条、第62条和第63条都没有规定侵权请求权，这些条文无法作为请求权的法律基础。

《侵权责任法》第54条就是为全部医疗损害责任提供请求权法律基础的规范。它的具体用法是：首先，当出现《侵权责任法》第56条、第62条和第63条这3个条文描述的医疗损害责任的情形时，应当以第54条作为请求权的法律基础，提出损害赔偿请求，依据该条文确定医疗损害责任。其次，当出现《侵权责任法》第七章没有明确描述的医疗损害责任，符合第54条描述的医疗损害责任的构成要件时，可以直接适用第54条，作为请求权的法律基础，向医疗机构请求损害赔偿，确定医疗机构的赔偿责任。医疗管理损害责任应当就在其中。

（二）医疗管理损害责任与用人单位责任竞合的处理

应当承认，医疗管理损害责任与《侵权责任法》第34条第1款规定的用人单位责任存在竞合关系。对此，尽管说明其属于《侵权责任法》第54条调整的范围，但如果受害患者坚持以用人单位责任请求适用《侵权责任法》第34条第1款规定确定侵权责任，应当存在可能性，因为毕竟医疗管理损害责任与用人单位责任具有一致性，形成了侵权责任竞合。

发生责任竞合，其后果是权利人选择对自己最为有利的请求权行使，在最大范围内保护和救济自己受到损害的权利。比较起来，适用《侵权责任法》第34条第1款规定的用人单位责任的法律规范作为患者的请求权基础，比适用《侵权责任法》第54条规定的医疗管理损害责任具有优势，因为用人单位责任适用过错推定责任原则，而医疗管理损害责任适用过错责任原则。不过，选择医疗管理损害责任也有有利之处，即因果关系证明存在举证责任缓和的可能性，证明比较容易，而用人单位责任不存在这样的可能性。根据自己的利益衡量，患者可以主张不选择《侵权责任法》第54条规定作为请求权的法律基础，而选择第34条第1款规定作为请求权的法律基础。对此，法官应当准许。

（三）医疗管理损害责任的赔偿法律关系

医疗管理损害责任的赔偿责任形态是替代责任，即“医疗机构及医务人员有过错，由医疗机构承担赔偿责任”。具备上述侵权责任构成要件的，发生医疗管理损害责任替代责任形态。其形式是：主要是医务人员在诊疗活动中，违法实施管理行为，造成患者损害，医务人员作为行为人，医疗机构作为赔偿责任人，由医疗机构承担赔偿责任。如果医务人员有过错，在医疗机构承担了赔偿责任之后，医疗机构有权向其进行追偿。不论是依照《侵权责任法》第54条请求医疗机构承担医疗管理损害责任，还是依照第34条第1款请求医疗机构承担用人单位责任，这个规则都不会变化，都是替代责任。

（四）医疗管理损害责任的赔偿责任

医疗管理损害责任的赔偿，适用《侵权责任法》第16条、第17条、第19条和第22条规定确定，分别按照人身损害赔偿、财产损害赔偿和精神损害赔偿的确定方法计算赔偿数额。造成患者人身损害的，应当按照人身损害赔偿的计算方法，赔偿医疗费、护理费、交通费等为治疗和康复支出的合理费用，以及因误工减少的收入。造成患者残疾的，还应当赔偿残疾生活辅助具费和残疾赔偿金。造成患者死亡的，还应当赔偿丧葬费和死亡赔偿金。因同一侵权行为造成多人死亡的，可以以相同数额确定死亡赔偿金。造成财产损失的，按照财产的损失价值确定赔偿数额。侵害患者人身权益，造成患者严重精神损害的，还可以请求精神损害赔偿。

第二十章

医疗损害责任构成要件的认定

第一节　医疗过失的证明及举证责任

构成医疗损害责任，医疗机构及医务人员必须具备医疗过失要件。这是法律对医疗机构实施医疗违法行为主观心态的谴责，正因为医疗机构及医务人员具有医疗过失，法律才对医疗机构课以侵权责任，以示谴责。如果在医疗行为造成患者损害中，医疗机构及医务人员没有过失，医疗机构就不承担医疗损害责任。在诉讼中，医疗过失如何证明，以及何方承担举证责任，在理论上和实践中分歧意见较大，本节提出笔者的意见。

一、医疗过失的概念和类型

（一）医疗过失的概念

医疗损害责任中的主观过错要件表现为医疗机构及医务人员在诊疗护理中的过失，而不是故意。这是因为医学伦理道德要求医师“视病如亲”“永不存损害妄为之念”[①]。如果医务人员具有侵害患者生命权、健康权、身体权的故意，在医疗过程中故意致害患者的，构成伤害罪或杀人罪，同时也构成一般侵权行为，但不能以医疗损害责任对待。在中国，则早在《周礼·天官》中就有对医疗过失的说明：“岁终，则稽其医事，以判月食，十生为上，十失一次之，十失二次之，十失三次之，十失四为下。”

如何界定医疗过失的概念，可以参考美国法的做法。美国法对医疗过失使用medical malpractice，《元照英美法词典》定义为：专业人员失职行为，通常指医生、律师、会计师等专业人员的失职或不端行为。专业人员未能按该行业一般人员在当时情况下通常应提供的技能、知识或应给予的诚信、合理的服务，致使接受服务者或有理由依赖其服务的人遭受伤害、损失的，均属失职行为。包括各种职业上的违法、不道德、不端行为，和对受托事项不合理地缺乏技能或诚信服务。[②] 这是一个英美法式的概念界定，不大符合我国侵权法的概念界定方法，但可以借鉴其界定的内容。在我国，有人认为，医疗过失是指医务人员应当预见到自己的行为可能发生严重不良后果，因为疏忽大意而没有预见或者已经预见而轻信能够避免的心理态度。[③] 或者认为是指医护人员在医疗过程中违反业务上的必要注意义务，从而引起对患者生命、身体伤害的情形。[④] 或者认为医疗过失是指医务人员主观上缺乏职业所必要的理智、谦和、谨慎。[⑤]

我认为，医疗过失是指医疗机构在医疗活动中，医务人员未能按照当时的医疗水平通常应当提供的医疗服务，或者按照医疗良知、医疗伦理应当给予的诚信、合理的医疗服务，没有尽到高度注意义务，通常采用违反医疗卫生管理法律、行政法规、部门规章、医疗规范或常规，或者未尽法定告知、保密义务等的医疗失职行为作为标准进行判断的主观心理状态，以及医疗机构存在的对医务人

---

① 张新宝：《大陆医疗损害赔偿案件的过失认定》，载朱柏松等：《医疗过失举证责任之比较》，台北元照出版公司2008年版，第79页。

② 韩波主编：《元照英美法词典》，法律出版社2003年版，第888页。

③ 梁华仁：《医疗事故的认定与法律处理》，法律出版社1998年版，第64-65页。

④ 王敬义：《医疗过失责任研究》，载梁慧星主编：《民商法论丛》，第9卷，法律出版社1998年版，第673页。

⑤ 宋晓婷：《医疗过失行为论》，《法律与医学杂志》2001年第8卷第4期。

员疏于选任、管理、教育的主观心理状态。简言之，医疗过失就是医疗机构及医务人员未尽必要注意义务的疏忽和懈怠。

（二）医疗过失的法律特征

医疗过失也是一种过失，与一般的过失概念相比较，医疗过失的法律特征是：

1. 医疗过失的主体是医疗机构和医务人员

医疗损害责任的基本特点是替代责任，因此，医疗过失也存在替代责任的特征，即医疗过失既表现在医疗机构身上，也表现在医务人员身上。首先，医疗过失主要表现在医务人员身上，医务人员必须具有过失，才能够认定医疗过失。其次，医务人员的医疗过失还必须体现在医疗机构身上，事实上，只要医务人员构成医疗过失，医疗机构就存在选任、管理和教育的过失。因此，医疗过失是一个过失，却体现在医疗机构和医务人员这两个不同的主体的主观状态中。

2. 医疗过失是主观要件而不是客观要件

医疗过失是侵权责任构成中的主观要件，因此，它必定是一个主观概念，而不是客观要件。医疗过失就是医疗损害责任的主体即医疗机构及医务人员在主观上的心理状态，因此，医疗过失主要表现形式仍然是疏忽和懈怠，而不是客观行为。①

3. 医疗过失的认定通常采用客观标准

尽管医疗过失是主观概念，但由于医疗机构及医护人员负有高度注意义务，因而，当认定其医疗过失时，通常不是以主观标准，而是以客观标准进行。通常的方法，是以医疗卫生管理法律、行政法规、部门规章和诊疗护理规范、常规等对于医疗机构注意义务的规定为标准，或者以医疗机构及医务人员应尽的告知、保密等法定义务为标准，只要医方未履行或者违反这些义务，就被认为是有过失。同时，医疗过失的判定与医疗道德有一定关系。法律、法规、规章、规范以及常规缺乏具体规定时，一般要借助于医疗道德对医务人员的行为进行约束，因此，恪守医疗服务职业道德就成为医务人员的行为准则，一些医疗道德规范上升

① 我们不接受法国法的客观过错概念，认为过失仍然是主观概念，是行为人的主观心理状态。

为医务人员的注意义务，成为判断医疗过失的标准。[①] 尽管如此，仍不排除在认定医疗过失上的主观标准的适用。例如，手术器具、物品遗留于患者体内，足以证明医务人员具有疏忽，即为主观标准认定医疗过失。

4. 医疗过失违反高度注意义务的标准是当时的医疗水平或者违反医疗良知和医疗伦理

医疗机构及医务人员在医疗活动中承担高度注意义务。通常认为，高度注意义务是比善良管理人的注意[②]更高的注意义务。确定这一注意义务的标准，就是当时的医疗水平。在日本法，确定医疗技术过失不采用医学水准而采医疗水准。医疗水准，是指关于已有医学水准加以解明之诸问题，基于医疗实践之普遍化，经由经验研究的不断积累，且有专家以其实际适用的水准加以确定者。亦即现在业已一般普遍化的医疗而得为实施的目标，在临床尚可为论断医疗机关或医师责任基础的水准。[③] 界定医疗水平，可以参照这样的定义。确定医疗过失，应以实施医疗行为当时的医疗水平为标准，同时适当参考地区、医疗机构资质和医务人员资质，确定医疗机构和医务人员应当达到的注意义务，违反之，即为存在医疗过失。在医疗伦理损害责任，医疗过失则是违反告知、保密以及其他注意义务，其标准是医疗良知和医疗伦理，而不是技术规范。

（三）医疗过失的分类

如何对医疗过失进行分类，我认为，可以借鉴法国对医疗过错的分类方法，将医疗过失分为医疗技术过失和医疗伦理过失。这样分类的优势在于：第一，确定医疗过失的判断标准不同，前者适用当时的医疗水平，后者适用一般的医疗良知和医疗伦理。第二，适用的归责原则不同，前者适用过错责任原则，后者适用过错推定原则。第三，适用的具体规则不同，前者由于实行过错责任原则，因而

---

① 张新宝：《大陆医疗损害赔偿案件的过失认定》，载朱柏松等：《医疗过失举证责任之比较》，台北元照出版公司 2008 年版，第 80 页。

② 善良管理人的注意也叫做善良家父的注意，采用的是客观标准，其标准高于与处理自己的事务为同一的注意，更高于普通人的注意。

③ ［日］新美育文：《医师的过失——医疗水准论为中心》，载《法律论集》第 71 卷第 4、5 合并号，转引自朱柏松等：《医疗过失举证责任之比较》，台北元照出版公司 2008 年版，第 23 页。

所有的责任构成要件都须实行“谁主张，谁举证”的举证责任规则，只在特殊情况下才有条件地实行举证责任缓和。后者由于适用过错推定原则，因而其具体规则以过错推定为基本规则，在医疗过失的认定上采取推定方式，实行举证责任倒置。

1.医疗技术过失

医疗技术过失借鉴的是法国法医疗科学过错[①]的概念，是指医疗机构及医务人员从事病情的检验、诊断、治疗方法的选择，治疗措施的执行以及病情发展过程的追踪，术后照护等医疗行为中，不符合当时的医疗专业知识或技术水平的疏忽或者懈怠。确定这种医疗过失，适用当时的医疗水平标准，适当考虑地区、医疗机构资质和医务人员资质，通常以医疗法律、法规、规章以及医疗诊断规范和常规的违反为客观标准。其表现形式是：

医疗技术过失＝当时的医疗水平→高度注意义务→违反义务

2.医疗伦理过失

医疗伦理过失，是指医疗机构及医护人员在从事各种医疗行为时，未对病患充分告知或者说明其病情，未对病患提供及时有用的医疗建议，未保守与病情有关的各种隐私、秘密，或未取得病患同意即采取某种医疗措施或停止继续治疗等，违反医疗职业良知或职业伦理上应遵守的告知、保密等法定义务的疏忽和懈怠。确定这种医疗过失，判断标准是医疗良知和医疗伦理，通常为违反法律、法规、规章、规范、常规规定的医务人员应当履行的告知、保密等法定义务为标准，违反之，即为有过失，因此，通常并不需要医疗过失的鉴定，法官即可依据已知的事实作出推定。其表现形式是：

医疗伦理过失＝医疗职业良知和职业伦理→告知、保密等义务→未履行

---

① 关于法国医疗科学过错的概念，请参见陈忠五：《法国法上医疗过错的举证责任》，载朱柏松等：《医疗过失举证责任之研究》，台北元照出版公司2008年版，第124页。

二、医疗过失实行完全推定的缺陷

（一）医疗过失的证明方法

医疗过失表现在负有诊疗护理职责的医护人员的主观状态中。医院作为责任人，也应具有过失，但这种过失是监督、管理、教育不周的过失。医护人员不具有过失者，不构成医疗损害责任。医疗过失的形式，既可以是疏忽，也可以是懈怠，都是对患者应尽注意义务的违反。

如何证明医疗过失，在理论上和实践上都存在较大的分歧。在理论上，有的主张实行过错责任原则，由受害患者一方承担举证责任①；有的主张由医疗机构承担举证责任，实行完全的医疗过失推定。② 在司法实践上，很长时间里对医疗过失的认定，法院采用过错责任原则，受害患者一方要实现赔偿权利，就必须自己举证证明医疗机构的医疗行为具有过错。其中重要的举证，是通过医疗事故鉴定确认医疗机构的过错。受害人不能取得医疗事故的鉴定结论，就无法获得赔偿。根据实践积累的经验，最高人民法院认为采用普通的过错责任原则认定医疗损害责任，对受害人极为不利，会使众多的受害患者受到损害却无法得到赔偿，因此，在《关于民事诉讼证据的若干规定》中，确定实行过错推定原则，实行举证责任倒置。对医疗过失实行完全推定，受害患者一方在举出证据证明自己的损害和医疗行为具有违法性，并对因果关系进行推定之后，直接推定医疗机构具有过错。医疗机构认为自己的医疗行为没有过错的，要自己举证证明，提供自己的行为不具有过错的证据。能够证明的，不构成侵权责任；不能举证证明的，过错推定成立，构成侵权责任。③

---

① 参见刘宁在中国医院协会召开的医疗侵权立法研讨会上的发言：《医学独特性与医疗侵权行为归责原则之讨论》，本文尚未发表。

② 宋晓婷：《医疗过失行为论》，《法律与医学杂志》2001 年第 8 卷第 4 期。

③ 最高人民法院《关于民事诉讼证据的若干规定》第 4 条第 8 项规定："因医疗行为引起的侵权诉讼，由医疗机构就医疗行为与损害结果之间不存在因果关系及不存在医疗过错承担举证责任。"

（二）对医疗过失实行完全推定的缺陷

最高人民法院在上述司法解释中规定医疗过失的完全推定规则，并且配合因果关系推定规则，就使医疗机构陷入严重不利的诉讼地位上，医疗机构和医务人员为了自保，采用一切能够采取的医疗措施，以保存医疗诉讼证据，同时对于具有风险的医疗行为采取回避态度，基本上形成了防御性医疗的局面。实行这样诉讼规则的后果，反而损害了作为全体患者的人民群众的利益。

应当看到的是，在医疗损害责任诉讼中证明医疗过失要件，并非一律要实行过错推定，而是分别不同情况，实行不同的医疗过失证明责任：（1）适用过错责任原则的医疗损害责任，其医疗过失的证明采取一般的举证责任规则，即“谁主张，谁举证”[①]，由受害患者一方自己承担举证责任，须举证证明医疗机构及医务人员存在医疗过失。如果受害患者一方无法举证或者举证极度困难，则应当实行举证责任缓和，在原告举证证明到一定程度之后，转由医疗机构证明自己没有过失。（2）适用过错推定原则的医疗损害责任，则在医疗过失的证明责任上实行完全的推定，法官基于已经证明的医疗违法行为推定医疗机构有过失，医疗机构否认自己存在过失的，应当举证证明自己不存在医疗过失，不能证明的，医疗过失推定成立，应当承担侵权责任。（3）适用无过失责任原则的医疗损害责任，则无须证明过失要件。

根据具体情况，医疗损害责任纠纷在诉讼中的举证责任规则是：

1.实行过错责任原则的医疗损害责任，受害患者一方举证证明医疗过失

医疗损害责任中的医疗技术损害责任，实行过错责任原则，其举证责任依据《民事诉讼法》第 64 条第 1 款规定，由受害患者一方承担举证责任，证明不足或者不能证明者，原则上承担败诉后果。能够证明者，医疗过失证明成立。

2.实行过错责任原则的医疗损害责任的举证责任缓和

在实行过错责任原则的医疗技术损害责任中，如果受害患者一方无法举证，或者举证极度困难，在受害患者一方已经证明到一定程度的情况下，实行举证责任缓和，由医疗机构证明自己没有医疗过失，而不是完全的举证责任倒置。

---

① 《民事诉讼法》第 64 条第 1 款规定：“当事人对自己提出的主张，有责任提供证据。”

3.实行过错推定原则的医疗损害责任，实行举证责任倒置

实行过错推定原则的医疗伦理损害责任，对于医疗过失的证明则实行完全推定，其举证责任倒置，法官依据医疗违法行为、损害事实以及因果关系的证明，推定医疗机构存在医疗过失，举证责任完全由医疗机构承担，并且负担举证不能的败诉后果。可见，在医疗伦理损害责任中，实行过错推定原则，为完全的举证责任倒置而不是举证责任缓和。

综上，我提出这样的一个结论，即在医疗损害责任的诉讼中，应当区别举证责任倒置和举证责任缓和的不同。举证责任倒置，是在证明规则实行完全推定的情况下，法官依据法律的规定实行推定，原告并不需要证明适当的事实即可推定某种事实，举证责任完全由被告一方承担，且须承担举证不足或举证不能的败诉后果的规则。因此，其举证责任完全在于被告。而举证责任缓和，是在证明规则规定由原告承担举证责任，在原告举证困难或者举证不能的情况下，为了保护弱势一方当事人的合法权益，缓和举证责任由原告承担的严峻形势，而确定由原告承担一定的举证责任，证明达到一定程度时，实行有条件的事实推定，转由被告承担举证责任，能够证明的，推翻其推定；不能证明的，推定的事实成立。

正因为如此，对医疗过失一律实行完全推定，实行举证责任倒置，是不科学、不正确的，由此出现防御性医疗行为，损害全体人民的利益的后果，是可想而知的，也是应当能够事先预料到的。对此，似应进行必要的检讨并且进行改革。

三、医疗技术过失的证明及举证责任

（一）确定医疗技术过失举证责任的根据在于医疗合同的方法债务性质

对于医疗技术过失的证明，应当由受害患者一方承担举证责任。在法律根据上，除了是适用过错责任原则这一归责原则所决定的之外①，还有作为医疗损害责任基础的医疗服务合同的方法债务性质也是决定的因素之一。

法国医疗损害赔偿法认为，医疗关系大多是一种契约关系，因而此种过错是

① 实行过错责任原则，其侵权责任过错要件的证明责任当然由原告承担。

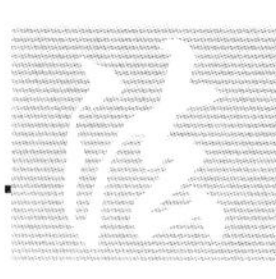

否存在的举证责任，将视基于医疗契约所生的债务，在性质上是一种方法债务，或是一种结果债务而有所不同。[①]

方法债务与结果债务的区别在哪里，学者认为，如果债务人仅承诺利用各种可能的手段或者方法，或尽其最大可能的注意，以完成特定契约目的或实现特定契约结果，但未承诺必定完成该特定目的或实现该特定结果时，债务人所负的契约义务就是方法债务。反之，债务人如果承诺必定完成特定契约目的或实现特定契约结果时，债务人所负的契约债务，即为结果债务。[②] 前者如司法考试培训的服务合同中的培训债务、出版合同的发行债务，后者如承揽合同、买卖合同的交付劳动成果和标的物的债务。医疗合同并不以治疗痊愈为合同的根本目的，因此，其合同债务的性质当然是方法债务。

法国法的规则是，方法债务的违反，过错的举证责任由债权人负担；结果债务的违反，由于特定目的或特定结果的未完成或未实现与过错混而为一，债权人无须负担过错的举证责任，反而债务人必须负担免责事由存在的举证责任。[③] 事实上，结果债务不履行，必然存在客观的事实，例如承揽合同中约定的工作成果没有交付，买卖合同约定的买卖标的物没有交付，没有交付的本身已经证明债务人违约，如果债务人主张自己没有过失，当然要自己负责举证证明，否则就必然承担违约责任。而方法债务不履行，并不存在一个可以判断的客观标准，债权人主张债务人具有过失，当然要承担举证责任，证明债务人过失的存在。医疗合同是方法债务，应当受此规则限制。

（二）医疗技术过失的认定标准是当时的医疗水平

医疗技术过失就是合理的医师未尽高度注意义务。因此，认定医疗技术过失的注意义务，应当采纳当时的医疗水平为标准确定。

---

① 陈忠五：《法国法上医疗过错的举证责任》，载朱柏松等：《医疗过失举证责任责任之比较》，台北元照出版公司 2008 年版，第 125－126 页。

② 陈忠五：《法国法上医疗过错的举证责任》，载朱柏松等：《医疗过失举证责任责任之比较》，台北元照出版公司 2008 年版，第 126 页。

③ 陈忠五：《法国法上医疗过错的举证责任》，载朱柏松等：《医疗过失举证责任责任之比较》，台北元照出版公司 2008 年版，第 132 页。

医疗行为具有阶段性、连锁性、多元性以及多变性的特点，足以导致医疗责任的诸不同医疗行为之间亦应具有各自独立的存在条件、性质与内涵，在此情况下，在具体论断医疗责任时，不能分别不同类型医疗行为的各自条件、性质与内涵，而分别采用不同的标准，以论断其究否具有过失及因果关系，以实际论断其效果。因此，日本医疗责任法认为，医学界和法学界均确立医学水准与医疗水准两个概念之间的区别，而医师注意义务的违反被论断为过失者，应以医疗水准为之。理由是，医学水准是医学上的问题迈向解明，由学界定以方向加以形成的理论或方法，亦即对于医疗问题的全貌或核心、研究方向加以定位，并在学术领域加以容认的一个学术水准，这样的水准只是朝将来一般化目标发展的基本研究水准而已，在临床上自不应被提供为论断医师或医疗机关之注意义务的基准。[①] 在英美法，则确定医疗过失，一是医生的注意义务标准是该医生所在的技术领域中一名普通医生所具有的一般的技术、知识和一般的注意水准；二是在医疗领域中，往往存在多种医生同行所普遍接受的医疗实践或观点，某医生的行为符合其中一种医疗实践或医疗观点，往往是没有过失的强有力证据；三是医生的行为符合一种被同行广泛接受的医疗实践或医疗观点只是没有过失的有力证据，但并不是结论性的，即不能因为被告的行为与同行中被普遍遵循的做法一致，就可以决定被告无过失。[②] 英美法关于医疗过失的认定标准，事实上与医疗水准的标准是基本一致的。

我国确定医疗过失的认定标准，通常称为医疗水平，实际上就是指医疗水准。[③] 界定医疗水平，可以参照日本医疗责任法中的医疗水准概念的定义方法。因此，医疗水平是指已由医学水平加以解明的医学问题，基于医疗实践的普遍化并经由临床经验研究的积累，且由专家以其实际适用的水平加以确定的，已经一般普遍化的医疗可以实施，并在临床可以作为论断医疗机关或医师责任基础的医疗时的医疗水平。

确定医疗过失，应以医疗当时的医疗水平为标准，同时参考地区、医疗机构

① 朱柏松等：《医疗过失举证责任之比较》，台北元照出版公司 2008 年版，第 23 页。

② 姚笛：《英美法对医疗过失的判定原则及对我国的启示》，《法律与医学杂志》2007 年第 14 卷（第 1 期）。

③ 关淑芳：《论医疗过错的认定》，《清华大学学报（哲学社会科学版）》2002 年第 17 卷第 5 期。

资质和医务人员资质，确定医疗机构和医务人员应当达到的高度注意义务。违反这样的注意义务，就是医疗过失。在具体判断医务人员注意义务是否违反时，还应当适当考虑不同地区、不同医疗机构资质、不同医务人员资质等因素。例如地区差别，在确定医疗过失的辅助性原则中，就有地区性原则，即在不同地区的经济文化发展状况有差别，因此无论是医师执业的环境还是医疗经验，都有地区性的差异，因此，判定医生是否尽到注意义务，应以同地区或者类似地区的医疗专业水平为依据。[①] 这就是国家标准加适当差别的原则。通常的标准分为三个，即国家标准、所在地标准和医生个人标准。首先，不能适用医生个人标准，因为其太具个性化，完全无法统一。其次，适用地区标准，也存在问题。再次，适用统一的国家标准，又很难照顾个性。因此，“当时的国家标准＋差别”原则，能够解决标准和个性化的冲突，应以医疗时的医疗水平为基本的判断基准，是合理的医师标准，并且在诊断和治疗时也是合理的，而不是后来审判时的水平。[②]

（三）原告应当证明的程度

在医疗技术损害责任诉讼中，受害患者一方承担举证责任。其证明程度应如何界定，应当考虑医疗活动中患者不具备医疗专业知识、相较于医师和医疗机构处于资信绝对不对称的劣势地位的基本特点，既不能使受害患者一方推卸证明责任，而使医疗机构陷入完全被动的诉讼地位，也不能完全不考虑现实情况，而使受害患者一方无力承受重大的诉讼压力，以至于完全不能证明而丧失胜诉机会。

因此，应当区分情况，采取以下两个不同方法。

1.受害患者一方能够证明医疗机构存在医疗过失

在医疗技术损害责任纠纷诉讼中，受害患者一方可以举出足够的证据，证明医疗机构具有医疗过失。这种证明的最好方法，就是受害患者一方申请医疗过失责任鉴定，确认医疗过失。如果原告提供这样的医疗过失责任鉴定，且经医疗机构质证，法官审查确信的，即可确认医疗过失，不存在举证责任缓和问题。

---

① 关淑芳：《论医疗过错的认定》，《清华大学学报（哲学社会科学版）》2002 年第 17 卷第 5 期。

② 张新宝：《大陆医疗损害赔偿案件的过失认定》，载朱柏松等：《医疗过失举证责任责任之比较》，台北元照出版公司 2008 年版，第 93 页。

2.受害患者一方的证明符合表现证据规则

受害患者一方的证明程度，可以借鉴德国的表现证明规则。表现证据规则，是指依据经验法则，有特定事实，即发生特定典型结果者，则于出现该特定结果时，法官在不排除其他可能性的情形下，得推论有该特定事实的存在。例如，患者在医院施以腹部手术之后，发现腹部留有手术工具。受害患者证明这一事实，法官即可依据这种表现证据而推论该手术工具是手术医师及其他手术人员基于其过失所为而确信医疗过失。除非医疗机构能够证明尚有其他非典型事由可能导致相同的结果，以动摇法官的推论。如果医疗机构没有提出反证否定这样的推论，则法官基于确信而认定该手术工具系属于医务人员的过失而遗留在病人体内。[①] 在此情况下，实行举证责任缓和。

不过应当注意的是，不论是适用表现证据规则，还是适用英美法的事实自证原则，也并非经诊疗之后病情比就医前更严重的患者就能援用事实自证法则，因为医学中充满不确定因素，每项诊疗措施都可能引起并发症或具有风险。[②]

（四）原告举证责任缓和及可以推定医疗过失的具体情形

受害患者一方承担举证责任达到表现证据规则要求的，法官即可推定医疗机构的医疗过失，实行举证责任缓和，将举证责任转换由医疗机构承担。

除此之外，受害患者如果能够证明医疗机构存在法定的情形，即可推定医疗过失。这些法定情形有以下四种：（1）违反卫生行政规章制度或者技术操作规范的；（2）隐匿或者拒绝提供与纠纷有关的医学文书及有关资料的；（3）伪造、销毁、篡改医学文书及有关资料的；（4）医学文书应记载而未记载或者记载缺漏足以显示有重大医疗瑕疵情事的。

（五）医疗机构的证明程度以及证明自己无医疗过失的理由

1.标准

医疗机构的证明程度，应当是推翻医疗过失的有条件推定，证明自己没有过

---

① 詹森林：《德国医疗过失举证责任之研究》，载朱柏松等：《医疗过失举证责任责任之比较》，台北元照出版公司2008年版，第56页。

② 丁春艳：《香港法律中医疗事故过失判定问题研究》，《法律与医学杂志》2007年第14卷第2期。

失。对于举证责任缓和的推定与法定的医疗过失推定，医疗机构都可以举证推翻医疗过失推定。能够证明自己没有过失的，即可否认医疗机构的过失，不构成医疗损害责任。不能证明者，医疗过失推定成立，构成医疗技术损害责任。

2.可以证明医疗机构没有医疗过失的事由

如果医疗机构能够证明以下事由，则可以证明医疗机构没有医疗过失。

(1) 在紧急情况下为抢救垂危患者生命而采取紧急医学措施造成不良后果。在抢救垂危病患的生命时，采取紧急医学措施，有可能造成不良后果。因为紧急抢救措施是在危急的情况下采取的，为了挽救患者的生命，对紧急措施可能出现的问题不再考虑，因为两相衡量，抢救生命是第一位的。因此在这种情况下造成的不良后果，不认为是医疗侵权，不承担赔偿责任。

(2) 在医疗活动中由于患者病情异常或者患者体质特殊而发生医疗意外。医疗意外是指医务人员无法预料的原因，根据实际情况无法避免的医疗损害后果。医疗意外有两个主要特征：一是医疗机构及医务人员对损害结果的发生，没有主观上的过失，通常是由于病情特殊或者患者体质特殊引起的；二是损害后果的发生属于医疗机构及医务人员难以防范和避免的。具备这两个特征造成的医疗损害后果，构成医疗意外，应免除医疗机构的赔偿责任。例如，新疆生产建设兵团某医院在给一位患者注射青霉素注射液时，医护人员先对其过敏史进行了询问，之后进行了皮试，直到过了规定的时间没有发现过敏症状后，才给病员注射。注射后，又在注射室观察了 10 分钟。患者回家后 3 个小时，发生过敏，因抢救不及时死亡。死者家属要求追究医院的医疗过错责任，法院判决驳回其诉讼请求。这种青霉素的延缓过敏现象是罕见的，是病员体质特殊所致，医疗机构及医务人员对损害的发生没有过失，不构成医疗损害责任。法院的判决是正确的。

(3) 在现有医学科学技术条件下发生无法预料或者不能防范的不良后果。这种情况实际上也是一种医疗意外。发生意外的原因，就是医疗科学技术条件的限制。在现有医学科学技术条件下，对所发生的不良医疗后果无法预料，或者已经预料到了但是没有办法进行防范。在这种情况下造成的不良后果，不构成医疗损害责任，医疗机构不承担民事责任。

(4) 因患方原因延误诊疗导致不良后果。医疗人员对患者诊疗护理，必须得到患者及其家属的配合。在诊疗护理过程中，如果是由于患者及其家属的原因延误治疗，出现人身损害后果，说明受害患者一方在主观上有过错。按照过错责任原则，如果损害后果完全是由于患者及其家属延误治疗造成的，就证明医疗机构对损害的发生没有过错，应免除医疗单位及医务人员的赔偿责任。在引起热议的肖直军案，首先肯定是患者家属不配合，是符合这个免责条件的。但是，与此同时也应当看到，在危急情况下，为了抢救生命，医疗机构可以破例进行手术，那样就可能不会造成现在这样的恶果。如果患者及其家属不配合治疗是构成损害事故的原因之一，医务人员也具有医疗过失时，构成与有过失，应依过失相抵原则由双方分担责任。

(5) 因不可抗力造成不良后果。不可抗力可能使医疗机构在正常的医疗活动中造成患者的损害，因其直接原因是不可抗力，不是医疗过失所致，因而应当免责。

3.谁负担医疗过失鉴定的责任

在医疗损害责任纠纷诉讼中，医疗过失责任的鉴定结论究竟应当是谁的举证范围，是一个重要的问题。对此，应当按照前述医疗过失举证责任的基本规则，谁负有举证责任，就由谁提供医疗过失的鉴定结论：(1) 在一般情况下，应当是受害患者一方的举证责任范围。(2) 如果受害患者一方的证明符合表现证据规则的要求，以及具有法律规定的理由，符合医疗过失举证责任缓和要求的，则由医疗机构承担举证责任，证明自己没有过失的，医疗过失责任的鉴定结论则是医疗机构一方证明自己的医疗行为与受害人的人身损害后果之间没有因果关系，或者医疗机构的医疗行为不存在过失的证据。

四、医疗伦理过失的证明及举证责任

(一) 医疗伦理过失的表现形式

医疗伦理过失，是指医疗机构或医护人员从事医疗行为时，违反医疗职业良

知或职业伦理应遵守的告知、保密等法定义务的疏忽和懈怠。具体表现是未对病患充分告知或者说明其病情，未对病患提供及时有用的医疗建议，未保守与病情有关的各种隐私、秘密，或未取得病患同意就采取某种医疗措施或停止继续治疗，或者违反管理规范造成患者其他损害。事实上，医疗伦理过失，就是医疗机构及医务人员未善尽告知、保密等法定义务的过失，这本身就构成医疗过失。

美国是世界上最早和最常引用知情同意理论审理医疗纠纷案件的国家。美国第一例医疗知情同意案件发生于1957年，即由美国加利福尼亚州上诉法院审理的Salgo诉斯坦福大学董事会案件。在该案的判决中，法官首次引入了知情同意的概念，认为医师除了告知患者治疗措施之外，还应当告知患者治疗措施可能存在的风险（如并发症），尽管有时这种风险的发生几率是非常小的。如果医师告知不当，医师则应承担医疗过失责任。[①] 1972年，美国制定了《病人权利法》，将知情同意权列入患者的法定权利。20世纪80年代，美国对患者知情同意权的研究进入了全盛期，也发展出较细腻、清楚的理论架构，并流传至欧洲各国及日本，广为采纳。[②] 在欧洲，医生在治疗（基于诊断目的或直接的治疗目的）前必须正确告知病人疗法所附带的风险，已经为欧洲各国所共同认可。略有不同的是，医生在特定情况下，具体应该阐明到何种程度。[③] 在德国，1979年7月29日联邦宪法法院的判决指出，必须取得患者对医师做出的全部诊断的、预防的以及治愈的措施的有效同意，这是法的要求。这一规范的根据在于基本法即宪法的诸原则之上，即所有的人都有义务尊重他人的人类尊严以及自由、生命、人格的统一性权利。虽然患者由于患病，需要求助于他人，可以考虑其有某种不健全性，但是根据人类自律性的原理，对自己的肉体将被如何处置，患者当然有着不

① 但需要注意的是，卡多佐所说的“知情同意”仅仅是要求医师为患者手术须征得患者的同意。杨茜：《美国涉及患者知情权案件》，见http：//www.chinalabnet.com/show.aspx?id=349&cid=35。

② 杨秀仪：《告知后同意》，见http：//sm.ym.edu.tw/download/942医疗与法律专题－告知后同意.doc。

③ ［德］冯·巴尔：《欧洲比较侵权行为法》下卷，焦美华译、张新宝校，法律出版社2002年版，第389页。

受限制的自我决定权。①

在我国，《医疗事故处理条例》对患者的权利作出了12项规定。诸如：患者有权复印或者复制病历资料；医疗机构对患者的病情、医疗措施、医疗风险等有告知的义务，患者享有知情权；发生、发现医疗事故、医疗过失行为等，医疗机构有通报、解释义务，患者享有知情权。②《条例》及其他法律法规的这些规定，都是规定医疗机构的告知义务，医疗机构履行这些告知义务，才能够保证患者的知情权和自我决定权。违反告知义务本身就可以直接推定医疗过失。典型案例如，余小姐于2006年年底前往海淀区某医院进行体检。医院的医务人员在对余小姐进行妇科体检项目时，在明知余小姐为未婚女性的情况下，未就妇科检查的内容及后果履行说明和特定的告知义务，违反医学检查常规，对其使用内窥镜进行检查，导致余小姐处女膜破裂，造成大出血。余小姐向海淀法院起诉。法院判决认为，医院违反告知义务，存在主观过错，影响了余小姐行使是否进行妇科检查的选择权，判决医院向余小姐赔偿医疗费、交通费损失350元及精神损害抚慰金1万元。③

（二）医疗伦理过失的证明责任负担

医疗伦理过失的证明责任，实行推定过错，过错要件的举证责任倒置。如前所述，这种医疗过失的概念来源于法国医疗责任法的医疗伦理过错概念。法国法院在1979年2月25日之前，依照损害赔偿责任法上举证责任分配的一般原则，加害人的过错应由请求赔偿损害的被害人负举证责任，且医疗合同原则上是一种方法债务，医疗过失的举证责任应由受有医疗损害的病患负责。即使是医疗伦理上的过失也如此。这样的举证责任过于严苛，病患因无法举证证明医疗过失的存在，必须承担事实真伪不明的不利益，在实际中，病患成功举证证明医护人员具

① 段匡、何湘渝：《医师的告知义务和患者的承诺》，载梁慧星主编：《民商法论丛》，第12卷，法律出版社1999年版，第158页。

② 更详细的论述，请参见杨立新：《〈医疗事故处理条例〉的新进展及其审判对策》，《人民法院报》2002年5月10日、17日连载。

③ 对于本案例和点评，可以参见杨立新：《医疗侵权法律与适用》，法律出版社2008年版，第82、117－118页。

有医疗伦理上的过错的案例，较为少见，而遭受败诉结果的则屡见不鲜。例如，病患即使已经证明其因耳聋，无法听取医师提供的医疗资信，医师亦未改以文书方式提供医疗资信，在此种情况下，仍属于未能举证证明医师善尽其医疗资信义务，而具有医疗过失。

1979 年 2 月 25 日之后，法院确立一个判决，指出任何依法律规定或者契约约定负有履行某种特别资信义务者，应举证证明其已经履行此一义务，医师对病患负有资信义务，应负担证明其已妥善履行此一义务的责任。这一判决，将履行资信义务的举证责任负担彻底予以转换，重新建构资信义务举证责任倒置的一般原则。自此以后，医疗资信过错的举证责任，就由原来的病患负担原则，转由医疗机构及医护人员负担证明其已经充分提供有用医疗资信的责任。同时，病患同意上的过错的举证责任，亦应作相同解释。从而，医疗伦理过错不再适用损害赔偿责任法举证责任分配的一般原则，而改由提供医疗服务或者从事医疗行为的医疗机构或医护人员负担举证责任。[①]

这种做法，我们完全可以借鉴。确定这种医疗过失，判断标准采用医疗良知和医疗伦理，通常以违反法律、法规、规章规定的医务人员应当履行的告知义务为标准，违反之，即为有过失，因此，通常并不需要医疗过失的鉴定，法官即可推定。同样，医疗机构未履行保密等义务，也推定其有医疗过失。

（三）医疗伦理过失的类型

前述未对病患充分告知或者说明其病情，未对病患提供及时有用的医疗建议，未保守与病情有关的各种隐私、秘密，或未取得病患同意就采取某种医疗措施或停止继续治疗等医疗伦理过失中，按照法国医疗责任法的习惯，分为医疗资信上的过错和病患同意上的过错。医疗资信上的过失，即医疗机构或医护人员违反其对病患所负的告知、说明义务、建议义务或保密义务等积极提供医疗资信或消极不泄露医疗资信的义务的过失。病患同意上的过失，即医疗机构或医护人员违反其应当尊重病患自主决定意愿的义务，未经病患同意，即积极采取某种医疗

① 陈忠五：《法国法上医疗过错的举证责任》，载朱柏松等：《医疗过失举证责任责任之比较》，台北元照出版公司 2008 年版，第 141 页以下。

措施或者消极停止继续治疗的过失。这两种医疗过失之间，具有手段与目的的关系，医疗资信义务，旨在保护病患的自主决定权，以充实或健全病患决定接受或不接受某种医疗措施的意愿，而病患是否得以自由自主地行使其决定权或同意权，亦有赖于获取充分而有用的医疗资信。所以，医疗资信义务的违反，往往被推断为病患未同意接受某种医疗措施。由于医疗资信上的过错与病患未同意的过错二者关系密切，经常相辅相成，因而在举证责任的分配上，原则上并无不同。①

我国对于上述两种医疗伦理过失的分类，可以借鉴。根据我国的实际情况，可以分为：（1）违反资信告知义务的伦理过失；（2）违反知情同意的伦理过失；（3）违反保密义务的伦理过失。这些不同的伦理过失在适用法律上可能有所区别，但在举证责任上则没有原则区别。

（四）医疗伦理过失的过错推定和举证责任倒置

对医疗伦理过失的证明，实行过错推定。受害患者在举出证据证明自己的损害和医疗行为具有违法性，并证明因果关系成立之后，就推定受害人具有医疗伦理过失。对此，并不像医疗技术过失的举证责任缓和那样，或者因果关系推定那样，存在原告首先进行证明的前提，即原告要证明过失的表现证据或者因果关系的盖然性，而是直接实行过错推定。

法官推定过错的前提，就是原告已经证明了医疗机构的医疗违法行为要件和自己的损害事实要件，同时，还应当确认因果关系已经得到证明。在这个基础上，只要有违反上述法定义务的行为，法官即可推定医疗机构存在医疗伦理过失。

实行过错推定之后，医疗机构如果认为自己的医疗行为没有过失，实行完全的举证责任倒置规则，由医疗机构自己举证证明，举出自己已经履行法定义务，不具有医疗过失的证据。能够证明的，不构成侵权责任；不能举证证明的，过错推定成立，构成医疗损害责任。

① 陈忠五：《法国法上医疗过错的举证责任》，载朱柏松等：《医疗过失举证责任责任之比较》，台北元照出版公司2008年版，第140页。

因此，医疗伦理损害责任构成中的过错推定规则，重点在于医疗机构一方如何举证证明自己无过失。首先，原则上，任何证据方法均得作为医疗机构或者医务人员已善尽医疗资信义务或者已取得病患同意的证明方法，不以书面文件为必要。其次，在事实上，大多仍依据医疗专业科别、疾病或症状类型、医疗处置方法或手术种类的不同，以事先拟定印刷的制式说明书或同意书，交由患者阅读或签署，作为医疗机构或医务人员已善尽义务的证明方法。再次，在有些情况下，这种方法尚不足以证明已善尽医疗资信义务或已经取得病患同意，而必须依据个别病患的具体情况，伴随一些个人化的、可以理解的、充分的、适当的、有用的说明告知，始能免除损害赔偿责任。[①] 能够证明自己依照医疗伦理和良知已经履行了告知义务，即可确认医疗机构不存在医疗伦理过失。

第二节　医疗损害责任的因果关系证明及举证责任

在医疗损害责任的理论研究和司法实践中，医疗损害责任构成中因果关系要件的证明及举证责任，是一个重要问题，学术界的学说以及司法实践中的做法多有不同。鉴于这个问题对于医疗损害责任构成的重要性，以及为了科学地平衡受害患者、医疗机构以及全体患者的利益关系，对此应当进行深入研究。

一、医疗损害责任因果关系要件的重要性及实行全面因果关系推定的缺陷

（一）医疗损害责任因果关系要件的重要地位

构成医疗损害责任，医疗违法行为与患者人身损害后果之间必须具有因果关系。现代法制的基本原则是责任自负，要求每个人对自己的行为所造成的损害后

① 陈忠五：《法国法上医疗过错的举证责任》，载朱柏松等：《医疗过失举证责任责任之比较》，台北元照出版公司2008年版，第142页。

果负责。因果关系是任何一种法律责任的基本构成要件，它要求行为人的不法行为与损害结果之间具有因果关系，唯有此，行为人才对损害结果负责。在医疗损害责任中，医疗机构只有在具有违法性的医疗行为与患者人身损害后果之间具因果关系的情况下，才就其医疗违法行为负损害赔偿之责。

在医疗损害责任的构成中，医疗违法行为与医疗损害事实之间的因果关系要件具有非常重要的地位。在实行过错责任的医疗技术损害责任和实行过错推定责任的医疗伦理损害责任中，因果关系是连接医疗违法行为和医疗损害事实的客观要件，是判断受害患者一方医疗损害事实与医疗违法行为之间是否存在引起与被引起的逻辑联系的客观依据，以及确定医疗违法行为的医疗机构对受害患者诉求所依据的损害事实是否承担责任的基本依据之一。在医疗产品损害责任中，因果关系不仅是判断医疗机构、医疗产品生产者、销售者违法行为与受害人损害事实之间是否具有引起与被引起的逻辑联系的客观依据，更是判断医疗机构、医疗产品生产者、销售者的医疗违法行为是否为受害患者造成的损害承担侵权责任的唯一的客观依据。

同时，由于因果关系要件在医疗损害事实中具有这样的法律作用，因而，对受害患者的赔偿责任的确定，就必须有准确的尺度，不能过宽，也不能过严。尺度过宽，必然会使受害患者的损害不能得到合理的赔偿，损害不能得到合理填补；尺度过严，则不仅会使受害患者一方得到不应有的赔偿，甚至使本不应得到赔偿的患者得到赔偿，使医疗机构的合法利益受到损害，削弱医疗机构救死扶伤的社会职能，伤害医疗机构医学探索和研究的积极性，更会使作为全体患者的人民群众的利益受到损害，不仅需支出高额的医疗费用，而且会使更多的患者无法得到合理的医疗保健。

所以，在医疗损害责任构成要件中，因果关系要件具有举足轻重的重要作用和地位，必须处理妥当。

（二）证明医疗损害责任因果关系要件的不同主张

应当指出的是，因果关系指的是违法行为与损害后果之间的引起与被引起的关系，这是一种事物与事物之间的客观联系，而不是指主观上的因素与客观上的

结果的因果联系。[①] 在处理医疗损害责任纠纷过程中，人民法院对医疗损害责任纠纷进行审理时，在认定是否构成医疗损害责任时，都必须确定医疗机构及医务人员的医疗违法行为与患者所遭受的人身损害结果之间是否具有因果关系。

在理论上和实务上，医疗损害责任的因果关系要件如何证明，历来有不同的主张。归纳起来，主要有证明说、完全推定说和有条件推定说三种。证明说认为，医疗损害责任的因果关系要件应当由原告证明，原告负担举证责任，不能证明的，因果关系要件不成立，不能构成侵权责任。[②] 完全推定说认为，因果关系要件由受害患者一方承担举证责任不公平，因为医疗合同在履行中，存在严重的信息不对称的状况，受害患者往往不能掌握医疗的专业知识和信息，甚至受害患者已经死亡，自己无法承担举证责任，其近亲属负担举证责任有重大困难，因此应当实行因果关系推定规则，举证责任倒置，由医疗机构承担因果关系要件的举证责任，受害患者一方不承担举证责任。[③] 有条件推定说认为，在医疗损害责任诉讼中，确实存在医疗信息不对称的问题，但完全将因果关系要件的证明责任推给医疗机构，就会使医疗机构陷入较为严重不利的诉讼地位之中，甚至会形成防御性医疗行为，最终还是要将风险转嫁给全体患者负担，对全体人民不利，因而应当实行有条件的推定，即举证责任缓和，在受害患者一方对因果关系的证明举证达到一定的程度时，推定因果关系，由医疗机构一方负责举证，推翻因果关系推定。[④]

（三）实行因果关系完全推定的不正确性

按照最高人民法院《关于民事诉讼证据的若干规定》第 4 条第 8 项规定，对医疗事故侵权纠纷的因果关系要件实行举证责任倒置，由医疗机构承担医疗行为与损害后果之间没有因果关系的举证责任。实行这种因果关系举证责任倒置的前

---

① 张新宝：《侵权责任法原理》，中国人民大学出版社 2005 年版，第 60 页；杨立新：《侵权法论》，人民法院出版社 2005 年第 3 版，第 177 页。

② 张新宝：《侵权责任法原理》，中国人民大学出版社 2005 年版，第 226 页。

③ 这种观点是最高人民法院在《关于民事诉讼证据的若干规定》中采取的立场，学者也有类似观点，参见汪涛等：《医疗损害的性质、构成要件与认定损害参与度的意义》，见同成律师网，http://www.tongchenglawfirm.com/ReadNews.asp? NewsID=510。

④ 杨立新：《医疗侵权法律与适用》，法律出版社 2008 年版，第 66 页。

提，是对医疗事故侵权责任构成实行完全的因果关系推定，采纳的是完全推定说的理论主张。[①]

按照这一司法解释，对医疗损害责任的因果关系实行完全推定，对于保护受害患者一方的利益显然是有利的。因为实行因果关系推定，就意味着受害人在因果关系要件的证明上减少了诉讼负担。侵权法实行因果关系推定的根本宗旨也就在这里。

但是，对医疗侵权纠纷的因果关系要件实行完全的因果关系推定，受害患者一方对因果关系要件证明不负任何举证责任，完全免除其因果关系的举证责任，对医疗机构一方的诉讼压力过大，使医疗机构处于无法防范的劣势诉讼地位，造成医疗损害责任纠纷诉讼中双方当事人诉讼地位的完全不平等，尤其是与过错推定结合在一起，构成了医疗机构在诉讼中的双重压力，使医疗机构在即使自己的行为与损害结果没有因果关系，主观上没有医疗过失的情况下，也几乎无法摆脱败诉的后果。这种结果，违反了必须保障两造享有地位平等、机会平等，以及风险平等的"武器平等原则"[②]，因而是不正确的。

在这个司法解释刚刚开始实施的时候，我就写了一篇文章，题目是《医疗侵权举证责任倒置：看看再说》。我认为，在过去很长时间里，将医疗损害责任的举证责任归之于受害患者一方，受害患者一方必须举证证明因果关系和过错，而能够证明这些要件的最好证据，就是医疗事故鉴定结论。但是，医疗事故鉴定的权力掌握在卫生部门手里。医疗事故鉴定委员会鉴定认为构成医疗事故，医院就承担赔偿责任，认为不是医疗事故，医院就不承担赔偿责任。因此，医疗事故鉴定就成了患者在医疗活动中受到损害能不能得到赔偿的关键。对此进行改革，是完全必要的。最高司法机关对医疗行为而引起的侵权诉讼，规定在因果关系和医疗过错问题上都实行举证责任倒置，应当给予积极肯定。但是，这个举证责任倒置的范围是不是有些宽泛，值得研究。从法理上说，因果关系推定规则的适用是

① 最高人民法院《关于民事诉讼证据的若干规定》第4条第8项规定："因医疗行为引起的侵权诉讼，由医疗机构就医疗行为与损害结果之间不存在因果关系及不存在医疗过错承担举证责任。"

② 沈冠伶：《民事证据法与武器平等原则》，台北元照出版公司2007年版，第92页。

应当十分谨慎的，一般是在公害案件中才实行因果关系推定，不宜作更大的扩展。现在将因果关系推定直接应用到医疗侵权纠纷中，会大大地加强医院一方的责任，同时，对受害患者的赔偿实际上是建立在全体患者承担责任的基础上的，因为医院赔偿，最终还是要分担到全体患者身上，就必然增加全体患者的医疗花费，不然就无法承担巨额赔偿金。这样一来，最终受到损害的还是全体患者。因此，这种方法究竟好还是不好，究竟是利多还是弊多，需要认真权衡。先不要着急下结论，实践一段以后，看看再说。①

经过几年的司法实践，问题已经充分显露出来。给予医疗机构过重的举证责任负担，必然会形成医疗机构的严重诉讼压力，以及过重的赔偿责任压力；继之而来的，就是医疗机构不可避免地进行消极应对，实行防御性医疗。因此，可以说，现在实行的医疗损害责任因果关系要件完全推定，是不正确的，应当改进。在诉讼中认定医疗损害责任的因果关系要件，可以适用因果关系推定规则，但并不是完全的因果关系推定，而是有条件的因果关系推定，即举证责任缓和。

二、对因果关系推定不同学说和规则的比较分析

（一）适用推定因果关系的必要性

在医疗损害责任的因果关系要件中，在一般情况下，应当适用相当因果关系规则确定因果关系的证明规则。只有在必要时，在受害患者一方无法举证证明因果关系的时候，可以采用举证责任缓和规则，在必要的证明前提下，实行因果关系推定，举证责任倒置。

在因果关系推定的规则上，由于相当因果关系学说不能充分运用，各国法律界开始重新检讨因果关系理论，如何减轻原告方的举证责任，降低因果关系的证明标准，成为研究的重点问题②，于是，推定因果关系的各种学说和规则不断出现，并被应用于司法实践。

---

① 杨立新：《闲话民法》，人民法院出版社 2000 年版，第 427－428 页。

② 曾淑瑜：《医疗过失与因果关系》，台北翰芦图书出版有限公司 2007 年版，第 540 页。

因果关系推定规则产生于公害案件，后来有向其他领域扩展的趋向。我国台湾地区的判例也适用这样的规则判决医疗侵权案件。

（二）大陆法系三种主要的因果关系推定学说和规则

在大陆法系侵权法中，推定因果关系主要有三种理论。一是盖然性因果关系说，二是疫学因果关系说，三是概率因果关系说。

1. 盖然性因果关系

盖然性因果关系说也叫做推定因果关系说，是在原告和被告之间分配证明因果关系的举证责任的学说，是日本学者德本镇教授在研究德国法中，针对矿业损害事件诉讼而提出的一种见解。在矿业损害诉讼中，由于存在被告企业是从地下采取矿物这一特殊情况，加害行为和损害之间的因果法则常常不明确。而且受害人证明这一因果关系在技术上和经济上存在较大困难。所以，如果对受害人课以严格的对因果关系的证明责任，则日本矿业法对企业采取无过失责任的意义将会付诸东流。针对这种情况，德本镇教授指出，德国矿业损害赔偿制度为了实现公平赔偿，对因果关系的证明程度已经从确定地证明放宽为盖然地证明，参照这一情况，日本也应当在解释论上放宽事实因果关系的证明程度。同时，这一规则也可以适用于大气污染、水质污染等公害案件中。[①]

德本镇教授对盖然性因果关系规则的阐述是：第一，事实因果关系的举证责任在形式上仍然由原告承担；第二，原告对事实因果关系证明程度只需达到“相当程度的盖然性”即可，而被告必须对“事实因果关系不存在”提出证明，其证明程度必须达到“高度盖然性”，否则法庭就可以认定事实因果关系成立，这一处理实际使事实因果关系的证明责任从原告转换到被告方；第三，所谓“相当程度的盖然性”，是指“超过了‘疏于明确’程度，但未达到证明程度的立论”[②]。

因此，盖然性因果关系说的基本规则是，盖然性就是可能性。例如，在公害案件的诉讼中，由原告证明公害案件中的侵权行为与损害后果之间存在某种程度

① 夏芸：《医疗事故赔偿法》，法律出版社 2007 年版，第 181 页。

② ［日］德本镇：《企业的不法行为责任之研究》，一粒社 1974 年版，第 130 页以下，转引自夏芸：《医疗损害赔偿法》，法律出版社 2007 年版，第 181 页。

的因果关联的“相当程度的”可能性，原告就完成了自己的举证责任，法官实行因果关系推定。然后由被告举反证，以证明其行为与原告损害之间无因果关系。这种证明的标准是高度盖然性，即极大可能性。不能反证或者反证不成立，即可确认因果关系成立。日本学者将这种学说称为“优势证据”，在民事案件中，心证的判断只要达到因果关系存在的盖然性大于因果关系不存在的高度盖然性这一程度，便可认定因果关系的存在。①

可见，盖然性因果关系规则并不是完全的因果关系推定，而是有条件的推定，是在原告首先承担举证责任，证明事实的相当程度的盖然性的基础上才能实行的因果关系推定。

2.疫学因果关系

疫学因果关系说是用医学中流行病学的原理来推定因果关系的理论。日本在公害案件诉讼、药物受害案件诉讼中，对大面积人群受害的、多数受害人提起集团诉讼的案件中，裁判所在事实因果关系认定上采取这种因果关系推定规则。具体方法是：当以下四个条件充足时，认定诉讼中请求的某因素与流行病发生之间存在事实因果关系。第一，该因素在某流行病发生的一定期间前就已经存在。第二，由于该因素的作用使该流行病的罹患率显著增高。第三，当去除该因素时该流行病的罹患率下降，或者在不存在该因素的人群中该流行病的罹患率非常低；即该因素的作用的程度越高，相应地患该病的罹患率就越高；换言之，该因素作用提高，病患就增多或病情加重；该因素作用降低，病患随之减少或降低。第四，生物学已经对该因素作为该流行病发病原因的发病机制作出了明确的说明。② 这种因果关系推定理论和规则改变了以往就诉讼中具体个体对因果关系证明的方法，而转以民众的罹患率为参照系，即只要原告证明被告的行为与罹患率之间的随动关系，即为完成了证明责任。法官基于这种程度的证明，就可以推定因果关系存在。被告认为自己的行为与损害事实之间没有因果关系的，须自己举证证明，推翻推定，才能够免除自己的责任，否则即可确认因果关系要件成立。

---

① ［日］加藤一郎：《公害法的生成与发展》，岩波书店1968年版，第29页。

② 夏芸：《医疗事故赔偿法》，法律出版社2007年版，第203-204页。

3.概率因果关系

概率因果关系说认为，在个别人或者少数人主张受到公害或者药害致病请求损害赔偿的诉讼中，由于不是大量人群集体发病，原告根本无法提出能够证明自己的疾病与公害或者药害的致病因素之间具有“高度盖然性”的科学数据。但是，如果根据疫学因果关系验证的危险相对发生概率方法，能够证明公害或者药害的加害因素与受害人的疾病的发生具有一定概率的因果关系，则可以考虑只限于这种特定情况下放弃传统的事实因果关系判断的高度盖然性的标准，认定加害因素与受害人的疾病发生之间存在事实因果关系，并且在计算损害额时考虑因果关系的概率。[①] 上述规则，在医院中大面积感染事故诉讼等特定的医疗过失侵权事件的因果关系认定中，比较经常使用。[②]

（三）英美法系的“事实本身证明”规则

事实本身证明规则也叫做事实说明自己规则。该规则源于19世纪英国的Byrne v. Boadle案件，该案的原告主张，其于路过被告建筑物时，一个面粉桶自被告建筑物的窗户掉落，砸伤原告。被告是面粉经销商，其抗辩面粉桶可能系因面粉买受人或者其他第三人的行为而掉落，非可归责于被告，因而原告必须举证证明其受雇人有过失，否则不应令其负责。法官认为，本案应当适用事实说明自己规则，盖任何人对于自己仓储中保管的木桶，必须注意避免其掉落。被告使用该建筑物，木桶在其管理之中，且被告对于其受雇人具有监督责任，因此，木桶掉落的事实即足以为过失的表面证据，据此可以进行推定。被告可以举证证明与过失不相符合的其他事实，以免除责任。[③] 此后，英美法的事实本身证明规则不断完善，在诉讼中发挥重要作用。

在美国医疗损害诉讼实务中，由于因果关系认定有困难，可以采取事实本身证明规则，作为情况证据的一种，使法院可以基于所产生的损害，合理的假定过失与因果关系。所谓情况证据，如一匹飞奔之马出现在街道上，即应推定马的所

---

① 夏芸：《医疗事故赔偿法》，法律出版社2007年版，第208页。

② 夏芸：《医疗事故赔偿法》，法律出版社2007年版，第210页。

③ 陈聪富：《美国医疗过失举证责任之研究》，载朱柏松等：《医疗过失举证责任之比较》，台北元照出版公司2008年版，第162页。

有人欠缺注意，其未加适当管束的行为与损害后果之间有因果关系。而飞马奔于街道上，就是情况证据。在医疗损害诉讼中适用事实本身证明规则，其前提是：(1) 事实本身系一种欠缺过失通常就不会发生的损害；(2) 证据不能显示其他人的行为介入，包括受害人或者第三人；(3) 过失必须在被告对原告的职责范围内发生；(4) 一般人以通常知识、经验观察即知其有因果关系。例如，医疗行为人明知自己的行为不符合医事科学要求，为之将使患者受到损害，而仍然为之者，即可进行过失与因果关系的推定。①

在我国香港地区，对于医疗损害责任的因果关系证明，必要时也适用这一规则，称为“事实自证法则”。在医疗损害责任案件中，对医学知之甚少的患者通常并不清楚事故的具体细节，例如事故为何发生、怎样发生。相反，在绝大多数情况下，医疗机构或医务人员都掌握事故的关键信息。所以承担举证责任的原告往往面临相当大的举证难度。而即使明知自己具有过失的被告则能因此避免承担赔偿责任。事实自证法则在医疗损害责任案件中的适用，在很大程度上减轻了原告的证明压力，并促使掌握事故细节的被告提供必要的证据，从而有助于法院做适当的判断。至于事实自证法则是否产生举证责任转移的效果，始则肯定说占主流，继之否定说被采用，但仍然承认假设被告的证据合理地反驳了推论，那么原告必须提供确定的正面证据来证明被告具有过失。②

(四) 比较分析

在上述四种主要的因果关系推定学说和规则中，不论采取盖然性证明，还是疫学统计方法、概率方法进行因果关系推定，都必须具备一个必要的前提，就是原告应对于因果关系的存在进行必要的证明，例如证明的程度，可以是符合优势证据规则或者表现证据规则要求的事实，也可以是作为疫学统计和概率分析基础的必要事实。没有因果关系存在的必要证明，就不存在因果关系推定的前提。如果不论在何种情况下，或者只要原告提出损害赔偿主张，在证明了违法行为与损害事实之后，就直接推定二者之间存在因果关系，就责令被告承担举证责任，是

① 曾淑瑜：《医疗过失与因果关系》，台北翰芦图书出版有限公司 2007 年版，第 440 页。

② 丁春艳：《香港法律中医疗事故过失判定问题研究》，《法律与医学杂志》2007 年第 14 卷第 2 期。

武断的，也是不公平的，诉讼利益的天平就会失去平衡，必然损害被告一方的诉讼利益和合法权益。

之所以在医疗损害责任诉讼中实行有条件的因果关系推定，主要原因是：第一，医疗行为并不是治疗的担保者，医疗合同是方法之债，而不是结果之债[①]，不能因有损害结果发生就进行全面推定；第二，经验医学的领域相当广泛，且医学高度科学化，全面实行因果关系推定，无法概括医疗损害责任的全面情况；第三，全面的因果关系推定将使医疗机构一方陷入全面的诉讼被动，双方诉讼地位和诉讼利益不均衡，必须设置一定的前提条件才可以适用。所以，在医疗损害责任诉讼中，对于因果关系的证明采取直接的、全面的推定，不符合因果关系推定各种学说和规则的要求，其后果也必然出现损害医疗机构一方的后果。我们主张的因果关系证明中的推定不是完全推定，不是全面的举证责任倒置，而是举证责任缓和，其医疗损害诉讼的受害患者一方在完成了一定的因果关系证明之后的举证责任倒置。只有这样，才能够更好地平衡受害患者、医疗机构以及全体患者的利益关系。

三、医疗损害责任因果关系要件的证明规则和举证责任缓和

（一）一般情况下应由原告自己举证证明

在医疗损害责任纠纷诉讼中，在一般情况下，因果关系要件的证明应当实行举证责任的一般规则，即“谁主张，谁举证”，受害患者一方主张医疗行为与自己的损害后果之间具有因果关系，应当承担举证责任，提供充分的证据证明因果关系要件成立。凡是能够提供证据证明因果关系的，不应也不必实行举证责任缓和，受害患者一方不能提供证据证明因果关系的，应当承担败诉的结果，医疗损害责任不成立，医疗机构不承担侵权责任。

① 陈忠五：《法国法上医疗过错的举证责任》，载朱柏松等：《医疗过失举证责任责任之比较》，台北元照出版公司 2008 年版，第 126 页以下。

（二）在特殊情况下实行举证责任缓和

在医疗损害责任纠纷诉讼中，当受害患者一方符合必要条件的，可以实行因果关系举证责任缓和，即有条件地进行因果关系推定。

因果关系的举证责任缓和与因果关系完全推定的举证责任倒置不同。举证责任缓和与举证责任倒置的基本区别是：第一，实行条件的区别。举证责任缓和并不是完全的举证责任倒置，而是有条件的举证责任倒置，或者就是举证责任转移、转换。作为原告的受害患者一方必须先承担举证责任，证明因果关系的盖然性，或者证明疫学因果关系推定的基础，或者证明公害、药害以及医院大面积感染等诉讼中的因果关系的概率达到相当水平，或者具备证明情况证据。而完全的因果关系举证责任倒置是无条件的，符合条件就应当推定有因果关系，原告不承担举证责任。第二，完全推定和不完全推定的区别。在举证责任缓和，对因果关系是不完全推定，受害患者一方不能就因果关系存在的事实毫无证明，就直接由法官推定因果关系存在，而由医疗机构承担没有因果关系的举证责任。而举证责任倒置，因果关系是完全推定，原告完全无须证明即可推定。第三，原告先证明还是被告先证明的区别。举证责任缓和，是由原告先举证证明一定的事实存在，之后才能进行推定。而举证责任倒置是被告先证明，即在推定之后，被告承担举证责任，并且免除原告先证明的责任。

在医疗损害责任纠纷诉讼中，是否实行因果关系证明的举证责任缓和，其决定权在于法官。由于患者与医疗机构及医务人员相比较，处于绝对的专业与资信上的弱势，法院应当在较为广泛的范围内实行因果关系证明的举证责任缓和。其必要条件，参照德国和日本司法实务的经验，可以确定，患者是在医疗机构及医务人员所控制的人员、机器设备、地点或者其他风险范围内受到损害①，且其损害的发生有违经验法则者②，以及受害患者一方举证证明因果关系极为困难者，法官即可认为具备举证责任缓和的条件，受害患者的因果关系举证责任即可减轻

① 詹森林：《德国医疗过失举证责任之研究》，载朱柏松等：《医疗过失举证责任之研究》，台北元照出版公司2008年版，第69页。

② 詹森林：《德国医疗过失举证责任之研究》，载朱柏松等：《医疗过失举证责任之研究》，台北元照出版公司2008年版，第3页。

或者转换，实行有条件的因果关系推定。

因此，在举证责任缓和规则下的因果关系推定规则，盖然性因果关系规则和事实本身证明规则具有实行的借鉴意义。在我国的医疗损害责任因果关系要件的证明中，应当主要采用盖然性因果关系规则或者事实本身证明规则，在特定的情况下，也可以采用疫学因果关系规则或者概率因果关系规则。受害人只要证明自己在医院就医期间受到损害，并且医疗机构的医疗行为与其损害结果之间具有因果关系的相当程度的可能性，就可以向法院起诉，不必证明医院的医疗行为与损害后果之间因果关系的高度盖然性，更不是必然性。法官在受害患者及其近亲属对因果关系的证明达到了可能性的标准之后，即对因果关系实行推定。

（三）因果关系证明的举证责任缓和的具体证明规则

1.受害患者证明存在因果关系的相当程度的可能性

受害患者一方在诉讼中，应当先证明因果关系具有相当程度的盖然性，即医疗行为与损害事实之间存在因果关系的可能性。相当程度的盖然性就是很大的可能性，其标准是，一般人以通常的知识经验观察即可知道二者之间具有因果关系。例如，病患接受手肘部手术时，其腿部和生殖器却因手术而损伤，根据一般的知识经验，病患于手术房中，处于昏迷状态，纵使原告未证明被告的过失和因果关系，也可以推知其有因果关系。① 证明自己在手术房进行手术，并且在手术房出来的时候，就存在这样的损伤，即为存在相当程度的盖然性。受害患者一方没有相当程度盖然性的证明，不能直接推定因果关系。

原告证明盖然性的标准是，受害患者提供的证据，使法官能够形成医疗违法行为与患者人身损害事实之间具有因果关系的可能性的确信，其范围为相当程度的可能性，而不是高度盖然性。原告的证明如果能够使法官建立相当程度的可能性，或者较大的可能性的确信，原告的举证责任即告完成。

2.法官对因果关系实行推定

法官在原告上述证明的基础上，可以作出因果关系推定。推定的基础条件

① 陈聪富：《美国医疗过失举证责任之研究》，载朱柏松等：《医疗过失举证责任之比较》，台北元照出版公司2008年版，第180页。

如下。

第一，如果无此行为发生通常不会有这种后果的发生。得到这个结论，首先应当确定事实因素，即医疗违法行为和损害事实必须存在的事实得到确认，确认医疗违法行为与损害事实之间是否存在客观的、合乎规律的联系。其次是顺序因素，即分清医疗违法行为与损害事实的时间顺序。作为原因的医疗违法行为必定在前，作为结果的患者人身损害事实必须在后。违背这一时间顺序性特征的医疗侵权纠纷，为无因果关系。医疗机构一方如果否认因果关系要件，直接举证证明违法医疗行为和损害结果之间的时间顺序不符合要求，即可推翻这个推定。

第二，不存在其他可能原因，包括原告或者第三人行为或者其他因素介入。应当在损害事实与医疗行为之间排除其他可能性。当确定这种损害事实没有任何其他原因所致损害的可能时，包括受害患者一方自己的原因，以及第三人的原因，即可推定该种医疗行为是损害事实发生的原因，才可以推定因果关系。

第三，所发生医疗损害结果是在医疗机构对患者的义务范围之内。对此，应当确定三个“发生”：一是损害结果确实是在医疗机构的医务人员参加下发生，二是损害结果是在医疗机构的职责范围内发生，三是在医疗机构救治受害患者的过程中发生。符合这样的要求才能够实行因果关系推定。

第四，判断有因果关系的可能性的标准是一般社会知识经验。基于健全的市民经验上直观的判断，其因果关系存在的疑点显著存在，且此疑点于事实上得为合理说明，有科学上假说存在者，则法律上即可推定因果关系的存在。[①] 推定的标准，并不是科学技术证明，而是通常标准，即按照一般的社会知识经验判断为可能，在解释上与有关科学结论无矛盾，即可进行推定。

实行因果关系推定，就意味着受害人在因果关系要件的证明上不必举证证明医疗损害因果关系的高度盖然性，而是在原告证明了因果关系盖然性标准的基础上，由法官实行推定。

---

① 这一规则借鉴的是台北文化大学副教授曾淑瑜的观点，参见曾淑瑜：《医疗过失与因果关系》，台北翰芦图书出版有限公司 2007 年版，第 350 页。

3.举证责任倒置由医疗机构证明医疗行为与损害没有因果关系

在法官推定因果关系之后，医疗机构一方认为自己的医疗行为与损害结果之间没有因果关系，则须自己举证证明。只要举证证明医疗行为与损害事实之间无因果关系，就可以推翻因果关系推定，免除自己的责任。

医疗机构一方证明自己的医疗行为与损害结果之间没有因果关系，证明标准应当采取高度盖然性的标准，即极大可能性。对此，被告认为自己的行为与损害没有因果关系，应当证明到法官确信的程度。对此，医疗机构一方否认因果关系要件，应当针对上述四点进行。第一，无医疗行为损害也会发生。第二，有他人或者受害患者一方的过错存在，并且是其发生的原因；医疗机构一方如果能够证明在医疗行为和损害事实之间存在其他可能造成损害的原因，例如受害患者自己的行为或者第三人的行为是造成损害的原因，就可以否认自己的侵权责任或者减轻自己的侵权责任。第三，自己的医疗行为不是造成损害发生的原因。第四，具有科学上的矛盾，不可能存在这样的结果时，按照这个推定形式无法得出这样的结论，就可以推翻因果关系推定。

4.医疗机构举证的不同后果

实行因果关系推定，要给医疗机构举证的机会，使其能够举出证据证明自己的医疗行为与损害后果之间不存在因果关系，以保护自己不受推定的限制。如果医疗机构无因果关系的证明是成立的，则推翻因果关系推定，不构成侵权责任；医疗机构不能证明或者证明不足的，因果关系推定成立，具备因果关系要件。其证明的标准，一般认为应当是高度盖然性，据此才能够推翻因果关系推定。[①] 但是按照我国香港特区的法律，则假设被告的证明与法院的推定在可能性上程度相当，那么由于原告承担举证责任，原告将会面临败诉的结果。[②] 由于我国在医疗损害责任的因果关系证明上实行举证责任缓和，当实行因果关系推定后，举证责任转移到医疗机构一方，因此，应当依照前一种意见处理，即医疗机构证明因果

① ［日］德本镇：《企业的不法行为责任之研究》，一粒社1974年版，第130页以下。转引自夏芸：《医疗损害赔偿法》，法律出版社2007年版，第181页。

② 丁春艳：《香港法律中医疗事故过失判定问题研究》，《法律与医学杂志》2007年第14卷第2期。

关系的不存在达到高度盖然性的时候，才能够推翻因果关系推定。

（四）对因果关系中原因力的证明

在已经确定医疗机构及医务人员的医疗行为与损害结果有因果关系，并且存在医疗过失，构成医疗损害责任的时候，应当适用原因力规则，以更准确地确定医疗机构的赔偿责任。其原因在于，医疗过失行为在一般情况下，并不是医疗损害后果发生的全部原因。例如就医者特异体质以及第三人行为等，都有可能成为医疗损害结果的原因。因此，在医疗损害中存在复数原因，并且复数原因与其产生的结果存在多种组合关系，诸如连锁因果关系、递进因果关系、异步因果关系和助成因果关系。[①] 当医疗损害责任纠纷存在这种情况时，应当适用原因力规则，减轻医疗机构的赔偿责任。

医疗损害责任中的原因力，在医疗领域通常被称作医疗过错参与度或者损害参与度、医疗参与度或者疾病参与度。事实上，这些概念都是指医疗过失赔偿责任的原因力程度，通常是指医疗事故造成的损害后果与患者自身疾病共同存在的情况下，前者在患者目前疾病状态中的介入程度。[②] 在侵权责任法中，原因力的基本规则是，在数个原因引起同一个损害结果的侵权行为案件中，各个原因构成共同原因，每一个原因对于损害结果具有不同的作用力；不论共同原因中的每一个原因是违法行为还是其他因素，行为人只对自己的违法行为所引起的损害承担与其违法行为的原因力相适应的赔偿责任份额，不是由自己的违法行为所引起的损害结果，行为人不承担赔偿责任。因此，所谓的医疗过错参与度等概念，就是侵权法中的原因力规则。在医疗过失赔偿责任中，医疗过失行为与其他因素如患者自身的疾病原因共同结合，造成了同一个医疗损害后果，那么，医疗过失行为与其他因素各有其不同的原因力，医疗机构仅对自己的过失医疗行为所引起的那一部分损害承担赔偿责任，对于患者自身原因等引起的损害部分不承担赔偿责任。

---

① 余湛、冯伟：《论医疗损害侵权责任中的因果关系》，《中南大学学报（社会科学版）》2006 年第 12 期。

② 《医疗事故赔偿项目及计算方法》，见 http：//topic. xywy. com/wenzhang/20031022/471925. html。

对于医疗过失行为在患者损害中的原因力的证明，一般不是由受害患者证明的，而应当由医疗机构承担举证责任，理由是，患者一方已经证明因果关系并被法官所确认，或者法官根据患者一方的证明进行推定且医疗机构没有提供证据推翻因果关系推定，那么，医疗机构一方如果想减轻自己的责任，就必须证明自己的医疗过失行为对损害发生的原因力，能够证明自己的医疗行为不具有100％的原因力的，当然可以按照原因力的规则减轻其责任，反之，当然按照全部赔偿原则对患者的损失予以100％的赔偿。

（五）医疗损害责任鉴定

在因果关系的证明中，医疗损害责任鉴定具有重要的价值。如果是受害患者一方证明因果关系，如果能够提供医疗损害责任鉴定确认因果关系的，就是最好的证明。如果实行举证责任缓和，则受害患者一方不必一定要提供医疗损害责任鉴定作为证据。如果证明了或者推定了因果关系存在，则医疗机构主张自己的医疗行为不是造成损害的全部原因而减轻责任的，则必须提供医疗损害责任鉴定，以证明原因力的大小。在这种情况下，医疗机构往往由于拒绝承认自己的医疗过失行为构成医疗损害责任，因而拒绝提供这类的鉴定结论作为证据，其后果可能是不仅要确定其承担医疗事故责任，而且还由于无法确认原因力而不能根据原因力规则减轻自己的责任。

第三节　医疗过失赔偿责任的原因力规则

在侵权损害赔偿责任确定中，如果存在多因一果的情形，确定违法行为人的赔偿责任就应当适用原因力规则，使行为人只就自己的违法行为所造成的损害承担赔偿责任。在医疗过失赔偿责任中，多因一果的情形更为普遍，更应当适用原因力规则，以求确定医疗机构赔偿责任的公平和公正，同时避免医疗机构将沉重的医疗过失赔偿责任通过增加医疗费而转嫁到全体患者身上。在医疗过失赔偿责任中原因力规则如何适用以及如何进行规范，笔者对此提出以下意见。

一、医疗过失赔偿责任中广泛使用的损害参与度就是侵权法的原因力规则

医疗过失赔偿责任应当适用原因力规则，原因在于医疗过失行为在一般情况下，并不是医疗损害后果发生的全部原因。按照原因力规则，加害人即医疗机构一方只对自己的医疗过失行为所造成损害承担赔偿责任，对于自己的医疗过失行为以外的原因造成的损害部分，不承担赔偿责任。

在医疗过失赔偿责任中，原因力规则被广泛采用，并且将其称为“损害参与度”或者“医疗过错参与度”。例如，2005 年 7 月 12 日，杨某锋以“体检发现左上肺阴影增大半月”为主诉到郑州某医院胸外科住院治疗，初步诊断为：左上肺结核瘤、癌变待排。7 月 20 日，在全麻下给杨实施左上肺切除术，术后病理诊断：（左上肺）结核性肉芽肿炎，支气管切端见结核性肉芽肿炎病变。杨术后出现肺部感染及支气管胸膜瘘，发热等症状。10 月 16 日，院方于 DSA 下给杨实施气道造瘘并气道支架置入术，手术过程中支架变形，放弃支架置入。10 月 22 日下病危通知，10 月 28 日中午杨出现意识模糊，下午五点家属放弃治疗，10 月 29 日杨死亡。死者家属与医疗机构发生争执。法院依据原告的申请，委托南方医科大学司法鉴定中心对该医院的医疗行为是否存在过错及医疗行为与损害后果之间是否存在因果关系进行鉴定。鉴定认为：该院在实施开胸手术前准备及手术时机把握不当，术后未能及时抗结核治疗，也未对毛霉菌感染进行治疗，不应采用支架封闭治疗支气管胸膜瘘。患者死因与全身继发性感染、败血症致多器官功能衰竭相关，院方的医疗行为与患者杨某锋的死亡后果之间存在一定的因果关系。确认该院对杨的医疗行为存在医疗过错，其医疗过错参与度为 50%。法院据此作出判决。[①] 这里 50%的医疗过错参与度，就是指医疗机构的医疗过失行为对于医疗损害发生的原因力为 50%，因此，医疗机构按照 50%的比例承担赔偿责任。

医疗过错参与度，也被称作损害参与度、医疗参与度或者疾病参与度。事实

① 《手术不当致人死亡，过错医院赔偿 25.6 万》，见《人民网·河南视窗》，http://www.hnsc.com.cn/news/2008/07/29/311660.html。

上，这些概念都是指医疗过失赔偿责任的原因力程度。专家对这些参与度概念的界定是：疾病参与度或者损伤参与度，是指医疗事故造成的损害后果与患者自身疾病共同存在的情况下，前者在患者目前疾病状态中的介入程度。[①] 也有的专家认为，所谓损害参与度是指侵权行为因素、其他因素与现存后果之间的联系程度，其实质就是人身损害的侵权行为对损害后果的因果关系大小问题。医疗损害参与度的认定所要解决的是医疗损害行为对损害后果的发生所起到的作用比例和概率大小问题，并进而确定医疗损害主体的赔偿责任范围和比例。[②]

而原因力，是指在侵权损害赔偿责任的共同原因中，违法行为和其他因素对于损害结果发生或扩大所发挥的作用力[③]；也有的学者认为原因力是指在引起同一损害结果的数种原因中，每个原因对于该损害结果发生或扩大所发挥的作用力[④]；抑或指违法行为对损害结果的发生所起的作用力[⑤]，区分原因力实际上是区分因果关系的程度。[⑥] 原因力的基本规则是，在数个原因引起一个损害结果的侵权行为案件中，各个原因构成共同原因，每一个原因对于损害结果具有不同的作用力；不论共同原因中的每一个原因是违法行为还是其他因素，行为人只对自己的违法行为所引起的损害承担与其违法行为的原因力相适应的赔偿责任份额，不是由自己的违法行为所引起的损害结果，行为人不承担赔偿责任。

在医疗过失赔偿责任中，医疗过失行为与其他因素，例如患者自身的疾病原因共同结合，造成了同一个医疗损害后果，那么，医疗过失行为与其他因素各有其不同的原因力，医疗机构仅对自己的过失医疗行为所引起的那一部分损害承担赔偿责任，对于患者自身原因等引起的损害部分不承担赔偿责任。原因力的这种规则，在法医学上，被表述为损害参与度，其基本原理和规则是完全一样的。实际上，损害参与度就是原因力规则在医疗过失赔偿责任中的具体应用，是在侵权

---

① 《医疗事故赔偿项目及计算方法》，见 http：//topic. xywy. com/wenzhang/20031022/471925. html。

② 汪涛、张兴东：《医疗损害的性质、构成要件与认定损害参与度的意义》，见《同成律师网》，http：//www. tongchenglawfirm. com/ReadNews. asp？ NewsID＝510。

③ 杨立新：《债法总则研究》，中国人民大学出版社 2006 年版，第 328 页。

④ 张新宝：《侵权责任法原理》，中国人民大学出版社 2005 年版，第 65 页。

⑤ 王利明：《侵权行为法研究》上卷，中国人民大学出版社 2004 年版，第 449 页。

⑥ 王利明：《侵权行为法归责原则研究》，中国政法大学出版社 1992 年版，第 382 页。

行为法理论和实践中使用了法医学的概念。

对此，我提出两个意见。

第一，司法实务在使用损害参与度这个概念的时候，并不规范。我们现在看到的，就有损害参与度、疾病参与度、医疗参与度、过错参与度等不同表述。依我所见，损害参与度是一个概括的概念，即各个不同原因在损害发生中的作用程度；疾病参与度侧重于说患者自身疾病原因，是患者的疾病在医疗损害后果发生中的作用程度；医疗参与度与过错参与度侧重于说医疗机构一方的原因，是医疗机构一方医疗行为或者医疗过错对于损害发生的作用程度。这些不同的用法，尽管都是说参与度，但侧重点各不相同。如果使用这个概念，应当进行整理，确定准确的表述，并且严格界定其内涵和外延，保证使用的正确性和准确性。如果概括地讲医疗过失行为的原因力规则，使用损害参与度的概念；如果表述医疗机构一方的行为原因，则应当使用医疗行为或者医疗过失行为参与度的概念；如果讲其他原因例如疾病原因等，则使用疾病参与度的概念。

第二，在侵权法理论和实践中，已经有了原因力这样各国侵权法都接受的概念，还要不要使用损害参与度的概念来代替它呢？我认为，原因力的概念在世界各国的侵权法中都予以确认，具有使用的广泛性和普遍性，并且有着严格的界定，在使用中不会发生歧义，因而，不宜用损害参与度的概念来替代原因力的概念，况且损害参与度的概念也仅仅是在医疗过失损害赔偿责任中使用，范围过窄。不能想象在将来侵权法的各个领域都分别使用不同的参与度的概念来代替原因力的概念，会是一种什么样的情景。因此，我主张在医疗过失赔偿责任中，仍然使用原因力的概念。如果法医在鉴定中使用损害参与度的概念，法院制作裁判文书时，也应当将其“翻译”成原因力的概念，而不要直接使用损害参与度的概念，避免发生歧义，同时也保证侵权法概念和规则的一致性和稳定性。

不过，损害参与度概念在医疗过失赔偿责任案件中的广泛使用，充分说明了原因力规则在侵权损害赔偿责任确定中的实用性和必要性。没有原因力及其规则，对于数种原因造成同一个损害结果的侵权责任确定，是极为困难的。损害参与度在医疗过失赔偿责任案件中的广泛使用，确立了原因力规则在侵权法中的地

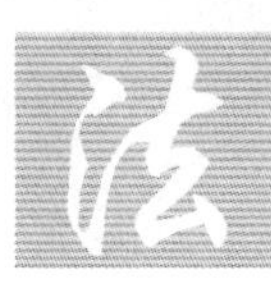

位和影响，因而是有重大贡献的。

二、侵权法原因力的基本规则及在我国侵权法的采用和发展

（一）侵权行为法对原因力规则的确认和采用

在侵权法的发展历史上，从来都重视行为与损害之间的因果关系的重要作用，认为没有因果关系，就没有侵权责任。但是，在一般的由一个原因引起损害后果的侵权案件中，人们不会去注意原因力的作用，也很难发现它的存在。然而，当一个损害后果是由两个以上的原因所引起的时候，情况就完全不一样了。那就是，两个以上的原因对于损害的发生究竟产生什么样的作用呢？两个以上的原因对于自己所造成的损害究竟应当承担什么样的结果呢？这就提出了原因力的问题。

不过，有时候原因力被过错及其比较所掩盖。由于过错在侵权责任构成中具有蜡烛燃烧中的氧的作用[①]，因此，在数个原因造成一个损害结果的案件中，例如与有过失或者共同侵权行为案件，人们更多的是比较过错，忽视以至于否定原因力的作用。

法学家发现并确认了原因力及其规则的存在。表现在各国的立法中，原因力的规则主要体现在与有过失赔偿范围的确定和数个共同侵权行为人之间责任分担这两种情形中，并且同一国法律对与有过失赔偿范围的确定和数个侵权行为人之间的责任分担的标准往往类似。[②] 可是，在无过失责任原则的情况下的与有过失或者共同侵权行为，以及在行为以外的其他原因例如自然原因与违法行为结合而引起的损害中，根本不存在过错比较的余地，这时，原因力的地位和作用就更加充分地显现出来，任何损害赔偿责任的确定都离不开原因力及其规则。

因此，在当代各国的立法中，都重视原因力及其规则，具体做法有二。

---

① 德国学者耶林指出：“使人负损害赔偿的，不是因为有损害，而是因为有过失，其道理就如同化学上之原则，使蜡烛燃烧的，不是光，而是氧，一般的浅显明白。”转引自王泽鉴：《民法学说与判例研究》，第2册，中国政法大学出版社1998年版，第144-145页。

② ［德］冯·巴尔：《欧洲比较侵权行为法》下卷，焦美华译、张新宝校，法律出版社2001年版，第662页，注266。

（1）越来越多的国家和地区采用过错、原因力综合比较说，以日本、瑞士、意大利、荷兰、埃塞俄比亚、美国的大多数州为代表。日本在进行过失相抵时，要综合考虑受害人与加害人过失的大小、原因力的强弱以及其他事项而作出决定。[①] 瑞士法院主要斟酌过失轻重及原因力的强弱来决定数人的责任范围。[②]《荷兰民法典》第6：101条规定："减轻的比例，以其对造成损害所起作用之大小定之。依过错程度之不同或案件的其他情事，双方分担的损害份额可以不同；甚或按照衡平原则的要求，可以完全免除救济的义务或完全不由受害人分担损害。"[③]《埃塞俄比亚民法典》第2098条规定："在确定待赔偿的损害的范围时，应考虑案件的所有情况，特别是所犯过失对引起的损害的作用大小以及这些过失各自的严重程度。"[④] 美国《统一比较过失法》采取的是综合考虑过错与原因力的做法[⑤]，同时，美国的大多数州（共有32个）也是综合过失、原因力、经济负担能力等来确定赔偿责任份额。[⑥]（2）以德国为代表的部分国家采用原因力比较说。《德国民法典》第254条规定："根据损害在多大程度上是由加害人或受害人一方造成的来确定损害赔偿义务和赔偿范围"[⑦]，对于共同侵权行为人的内部求偿，德国未有明文规定，但自1910年以来，联邦法院多次在判决中表示应类推适用《德国民法典》第254条过失相抵的规定[⑧]，采用原因力比较的标准。

（二）原因力规则在我国的采用与发展

原因力理论在我国侵权法实践与学说上主要用于解决数种原因造成同一损害

---

① ［日］於保不二雄：《日本债法总论》，庄胜荣校订，台北五南图书出版公司1998年版，第141页。

② 王泽鉴：《民法学说与判例研究》（修订本），第1册，中国政法大学出版社2005年版，第63页。

③ 《荷兰民法典》，张新宝译，载杨立新主编：《民商法前沿》2003年第1期。

④ 《埃塞俄比亚民法典》，薛军译，中国法制出版社2002年版。

⑤ 张新宝、明俊：《侵权法上的原因力研究》，《中国法学》2005年第2期。

⑥ 王利明：《侵权行为法研究》上卷，中国人民大学出版社2004年版，第735页。

⑦ 王利明：《侵权行为法研究》上卷，中国人民大学出版社2004年版，第735页。

⑧ 王泽鉴：《民法学说与判例研究》（修订本），第1册，中国政法大学出版社2005年版，第63－64页。

结果的责任分配[①]，经历了由过错比较占据绝对统治地位，到原因力与过错比较相互补充的两个发展阶段。

1.1990年代以前过错比较是分担损害的唯一标准

学理上，最早提到过错比较的是《中华人民共和国民法基本问题》，认为在共同侵权行为中各个加害人的内部责任应按个人的过错程度分担。[②] 后来学者也多认为应按过错大小确定责任范围和分担责任[③]，主张“在多因一果的因果关系中，以原因的主次来划分责任的轻重是有偏颇的，不如以过错程度的轻重来决定责任的大小更可行”[④]。忽视以至于否定原因力的作用。

1986年《民法通则》第131条规定：“受害人对于损害的发生也有过错的，可以减轻侵害人的民事责任”。这是对过错比较的明确规定。特别法中也有过错比较的规定，例如《海商法》第169条规定：“船舶发生碰撞，碰撞的船舶互有过失的，各船舶按照过失程度的比例负赔偿责任；过失程度相当或者过失程度的比例无法判定的，平均负赔偿责任。”

1990年以前，司法实践通常是依据过错的标准确定与有过失和共同侵权中各行为人的责任分配，不考虑原因力的作用。1950年代的“火车与汽车路口相撞索赔”案是中华人民共和国成立以来较早的与有过失的判例，法院根据“双方互有过错”减轻了加害人火车一方的赔偿责任。[⑤] 1984年最高人民法院《关于贯彻执行民事政策法律若干问题的意见》第72条和第73条规定：“受害人也有过错的，可以相应地减轻致害人的赔偿责任。”“两个以上致害人共同造成损害的，应根据各个致害人的过错和责任的大小，分别承担各自相应的赔偿责任。”[⑥]

---

① 王利明：《侵权行为法研究》上卷，中国人民大学出版社2004年版，第446页；张新宝：《中国侵权行为法》，中国社会科学出版社1998年第2版，第124-125页。

② 中央政法干校民法教研室：《中华人民共和国民法基本问题》，法律出版社1958年版，第330页。

③ 潘同龙、程开源主编：《侵权行为法》，天津人民出版社1995年版，第43、45-46页。

④ 杨振山主编：《民商法实务研究·侵权行为卷》，山西经济出版社1993年版，第31页。

⑤ 中央政法干校民法教研室：《中华人民共和国民法基本问题》，法律出版社1958年版，第329-330页，转引自杨立新：《侵权法论》，人民法院出版社2005年第3版，第570页。

⑥ 不过，文中提到的“责任的大小”的说法中，其实也包括有原因力的含义，不过不够明显而已，因为在那个时候，是不提原因力概念的。

2.1990年代以来原因力及其规则逐渐为侵权法理论和实践所采用

20世纪90年代初，学者开始将原因力比较作为损失分担的标准进行介绍，并指出“在双方过错程度大体相当的情况下，责任分配主要取决于双方的过错行为对损害发生及扩大所起作用的大小”①。

我在最高人民法院任法官期间，在办理庞某红诉庞某林损害赔偿案中，对于违法行为与自然原因共同作用引起的房屋损害确定赔偿责任时，采用原因力规则，确定庞某林只对其违法行为造成的损害部分承担责任，对自然原因引起的损害部分不承担责任。据此，最高人民法院在对该案所作的复函中，确定减轻庞某林的赔偿责任，由于领导担心原因力的概念不好被法官和群众接受，因而在复函中没有明确使用原因力的概念。②

1991年9月22日通过、1992年1月1日实施的《道路交通事故处理办法》率先规定了原因力规则。第17条第1款规定：“公安机关在查明交通事故原因后，应当根据当事人的违章行为与交通事故之间的因果关系，以及违章行为在交通事故中的作用，认定当事人的交通事故责任。”其中“违章行为在交通事故中的作用”就是规定原因力规则。这是最早使用原因力规则的行政法规。

嗣后，对原因力及规则的探讨渐多，在数种原因致损的情况下，学者们或者主张以原因力为标准来划分责任，或者主张综合考虑过错程度、原因力的因素。③

2001年，最高人民法院在起草《关于审理触电人身损害赔偿案件若干问题的解释》（现已失效）中，我和张新宝教授等积极主张写进原因力及规则，遂该解释第2条第2款规定：“但对因高压电引起的人身损害是由多个原因造成的，按照致害人的行为与损害结果之间的原因力确定各自的责任。致害人的行为是损害后果发生的主要原因，应当承担主要责任；致害人的行为是损害后果发生的非主要原因，则承担相应

① 王家福主编：《民法债权》，法律出版社1991年版，第503页。

② 杨立新：《侵权法论》，人民法院出版社2005年第3版，第558页。

③ 原因力比较的各种主张，参见李仁玉：《比较侵权法》，北京大学出版社1996年版，第119页；刘士国：《现代侵权损害赔偿研究》，法律出版社1998年版，第114－115页；张新宝：《中国侵权行为法》，中国社会科学出版社1998年第2版，第124－125页；王利明：《侵权行为法研究》上卷，中国人民大学出版社2004年版，第622、706、735页；杨立新：《侵权法论》，人民法院出版社2005年第3版，第576－577，679－680页。

的责任。”2003年最高人民法院在《关于审理人身损害赔偿案件适用法律若干问题的解释》第3条第2款又规定了原因力对于无意思联络的数人致害责任承担的作用：“二人以上没有共同故意或者共同过失，但其分别实施的数个行为间接结合发生同一损害后果的，应当根据过失大小或者原因力比例各自承担相应的赔偿责任。”

在起草《中国民法典·侵权责任法》草案过程中，专家在草案建议稿中都规定了原因力规则。在我主持起草的《中国侵权责任法草案建议稿》第4条第3款规定：“两个以上的原因造成同一个损害结果的，行为人应当按照其行为的原因力承担责任，或者分担相应的责任份额。”这是对原因力规则的最简洁的概括表述。

在我国的司法实践中，原因力规则被广泛适用，特别是在医疗过失赔偿责任案件中，适用更为普遍，取得了前所未有的成果。

（三）原因力的基本规则

1.适用范围

原因力规则在侵权法中适用的范围是：（1）共同侵权行为；（2）无过错联系的共同加害行为；（3）与有过失及过失相抵；（4）加害人和受害人以外的第三人行为造成损害；（5）行为与非人力原因结合造成损害结果，例如行为与不可抗力、意外事件或者受害人体质特殊、疾病等结合造成损害结果的侵权行为等。

2.适用方法

原因力规则的适用方法是：（1）过错、原因力综合比较法，在共同侵权行为、与有过失等侵权行为中，进行过错比较和原因力比较，综合确定行为人应当承担的赔偿责任份额。（2）在过错程度相当，原因力不同的侵权案件中，以原因力比较调整行为人应当承担的赔偿责任份额。（3）在无过失责任原则情况下，完全以原因力比较的结果确定行为人承担的赔偿责任份额。（4）第三人的行为具有原因力的，按照其原因力确定第三人应当承担的赔偿责任份额。（5）在行为与非人力原因结合造成损害结果的案件中，根据原因力比较确定行为人应当承担的赔偿责任份额。①

3.适用后果

原因力规则适用的后果是，根据原因力比较和过错比较的结果，确定行为人的行

① 杨立新：《债法总则研究》，中国人民大学出版社2006年版，第336－339页。

为在一个100%的赔偿责任中所占的百分比，据此，确定行为承担与其原因力相适应的赔偿责任。例如，在本节前述案例，对于杨某锋之死，法医鉴定确认医院对杨永锋的医疗行为存在医疗过错，其医疗过错参与度为50%，据此，医疗机构过失医疗行为的原因力为50%，对于受害人所遭受的全部损害应当承担50%的赔偿责任。

三、医疗过失赔偿责任适用原因力规则的具体适用办法

现在我们来研究医疗过失赔偿责任中原因力规则的适用问题。

在医疗过失赔偿责任中，造成医疗损害结果，一般存在两个以上的原因，因此，原因力规则比较普遍地被适用。同时，医疗过失赔偿责任案件是同一种侵权行为类型，尽管有不同的表现，但基本上都适用过错责任原则。因此，在确定医疗过失赔偿责任中，既要考虑过错的因素，又要考虑各种原因的原因力。

（一）造成医疗过失损害结果的不同原因

1. 医疗过失行为

医疗过失损害结果的基本原因，当然是医疗过失行为。应当注意的是，基本原因不是主要原因，因为主要原因一定是在诸原因中起主要作用的原因，医疗过失行为并不一定在损害结果发生中都起主要作用。医疗过失行为之所以是基本原因，是因为它决定医疗过失责任的基本性质，即医疗过失侵权行为。如果医疗过失行为不是基本原因，就无法构成医疗过失赔偿责任了。根据专家进行的一个43例医疗纠纷医疗过失参与度探讨的结果，证明在医疗纠纷案中，无医疗过失的纠纷在涉及死亡的医疗纠纷尸检统计中远比有医疗过失的纠纷多，占总数的65.12%，主要的死亡原因常常表现为重症疾病死亡、难以避免的并发症和医疗意外。[①] 没有医疗过失行为的原因当然不构成医疗过失赔偿责任。

应当看到的是，医疗过失行为在医疗损害后果的发生中，其原因力并不是一样的，而是要根据与其他原因结合的具体情况来确定。在前揭文章的调查中，医疗过

① 方俊邦等：《43例医疗纠纷医疗过失参与度探讨》，《中国法医学会法医临床学学术研讨会论文集》，第245页。

失行为损害参与度分别为完全责任、主要责任、同等责任、次要责任和无责任。[①] 在学者起草的《医疗侵权损害处理法草案建议稿》中，根据医疗过失行为在导致损害后果中发生的原因力大小将医疗过失参与度分为6级：A级：损害后果完全由医疗过失行为造成；B级：损害后果主要由医疗过失行为造成，其他因素起次要作用；C级：损害后果由医疗过失行为和其他因素共同造成；D级：损害后果主要由其他因素造成，医疗过失行为起次要作用；E级：损害后果绝大部分由其他因素造成，医疗过失行为起轻微作用；F级：损害后果完全由其他因素造成。[②] 这表明，医疗过失在医疗损害后果的发生中的作用力各不相同。研究原因力及其规则，就是要研究医疗过失行为在医疗损害事实发生中是否具有作用，以及起到何种程度的作用，并且依此确定医疗机构对医疗损害后果是否应当承担责任以及承担什么样的责任。

2. 受害患者疾病的原因

凡是到医院就医并且发生医疗损害者，一般都有原有疾病的原因。[③] 在造成医疗损害后果时，除了有医疗过失行为的原因外，患者原有疾病原因对于损害后果的发生也具有原因力，因此，原有疾病也是医疗损害后果发生的原因。例如，肝组织穿刺刺破肝脏，由于患者已经肝硬化，凝血机制发生一定程度的变化，医疗过失行为与疾病共同作用引起患者死亡，其中医疗过失行为的原因力大于疾病的原因力，医疗机构应当承担主要的赔偿责任。[④]

应当实事求是地确定原有疾病的原因。受害患者已经病入膏肓，抢救中医生

---

① 方俊邦等：《43例医疗纠纷医疗过失参与度探讨》，载《中国法医学会法医临床学学术研讨会论文集》，第245－246页。

② 中国政法大学课题组：《医疗侵权损害处理法（专家建议稿）》，见中国司法鉴定信息中心网，http：//www.fmedsci.com/bbs/dvbbs/dispbbs.asp？boardid＝1&ID＝53677。

③ 到医院检查身体，由于检查中的过失行为造成的损害，一般没有患者疾病的原因，但也作为医疗过失责任。典型案例参见杨立新：《医疗侵权法律与适用》，法律出版社2008年版，第82－83页。

④ 笔者曾经办过一个案件，虽然不是医疗过失行为，但也有说明意义。某特务连战士复员到电影院工作，当时电影院的秩序不好，很多人无票混进电影院看“白戏”。该人做这项工作以后，声称会“掏心拳”，打人一拳，三天后必死无疑。很多人因惧怕他而不敢混电影看。某少年无票入场，被该人抓获，该少年不服，与其争执、厮打，该人打其胸、腹部三拳。该少年回家后则腹痛不已，不足三天即死亡。群众均认该人以“掏心拳”故意杀人，一致要求“偿命”。经尸检，死亡因为死者脾脏发生病变，外力致该有病变的脾脏受损，且未进行抢救性治疗。这是典型的原有疾病原因。

有轻微过失，则原有疾病是造成医疗损害的主要原因，医疗过失行为仅仅是次要原因，很可能属于上述6级原因力的F级。受害患者疾病并不至于发生死亡的后果，但由于医护人员的重大过失造成患者死亡，疾病原因就是次要原因，医疗机构应当承担主要责任。对此，法官应当依靠医学或者法医学的鉴定，确定原有疾病对于医疗损害后果的发生是否成立原因，以及具有何种的原因力，并且据此作出赔偿责任认定。

3. 医疗意外

医疗意外也是医疗损害后果发生的原因。通常认为，医疗意外是医务人员难以预料、难以防范而发生的损害后果。医疗意外有两个特征：一是医务人员尽到了充分的注意义务，严格谨慎地按照操作规程操作，但由于病员的特异体质或病情特殊而发生了损害后果，如青霉素皮试阴性，按常规剂量注射，仍然发生了过敏性休克，系因病员特殊的过敏体质所引起，属于医疗意外；二是损害后果的发生属于医疗单位或医务人员难以防范的。[①] 典型案件是，新疆生产建设兵团某医院在给一位患者注射青霉素时，按照常规和剂量进行皮试、注射、观察，均没有问题，患者回家后3小时发生延缓过敏死亡。法院认定为医疗意外，医院不承担赔偿责任。[②]

医疗意外通常属于造成医疗损害结果的全部原因。如果还有医疗过失行为的原因介入，则应当依据具体的原因力确定医疗机构的赔偿责任。

4. 患者自身特殊体质

患者自身特殊体质，也是造成医疗损害的原因。这种情况在侵权法中被叫作"蛋壳脑袋规则"，即伤害了健康状况本来就不佳的人不能要求他在假设受害者是健康时的法律处境。倘若被告敲击了脑壳如鸡蛋壳般薄的人，则即使他不可能知道受害人的这一特殊敏感性也必须为此损害承担赔偿责任。[③] 但应当注意的是，

① 郑莉莉、黄金波：《民事审判实务中医疗损害赔偿的若干问题》，见《中国法院网》，http：//www.chinacourt.org/public/detail.php? id=87542&k_title=医疗意外&k_content=医疗意外&k_author=。

② 杨立新：《侵权法论》，人民法院出版社2005年第3版，第454－455页。

③ ［德］冯·巴尔：《欧洲比较侵权行为法》下卷，焦美华译、张新宝校，法律出版社2001年版，第580－581页。

蛋壳脑袋规则即使要求加害人承担赔偿责任，也必须考虑受害人自身特殊体质的原因力，根据加害人行为的原因力确定其赔偿责任。我在 1980 年对侵权案件进行调查时，就有这样的案件：某工厂女工周某与李某下班后并肩在路上行走，同厂女工高某从后边跟上，出于开玩笑，用两手将周、李二人的头碰在一起，说“让你俩亲个嘴”。被撞头后，李某没有发生任何问题，但周某却头疼不止，治疗 6 个月，省医院诊断为脑震荡后综合征。县法院调解高某赔偿周某的部分损失。[①]蛋壳脑袋规则由此可见一斑。

患者自身特殊体质通常与医疗过失行为一道构成医疗损害后果的共同原因。因此，应当对患者自身特殊体质与医疗过失行为进行原因力比较，确定医疗过失行为的原因力，据此确定赔偿责任。

（二）医疗过失行为原因力比较的方法

在医疗过失赔偿责任的确定中进行原因力比较的方法是：首先，应当确定哪些行为和事实是医疗损害后果发生的原因；其次，确定医疗过失行为属于直接原因还是间接原因、主要原因还是次要原因、强势原因还是弱势原因；最后，对诸种原因力对于损害发生所起的作用力进行分析，确定医疗过失行为的具体原因力。应当根据这样一些因素来判定共同原因中各个原因对于损害事实发生的具体原因力的大小：原因力的大小取决于各个共同原因的性质、原因事实与损害结果的距离以及原因事实的强度；直接原因的原因力优于间接原因；主要原因优于次要原因；原因事实强度大的原因优于原因事实强度小的原因；原因事实距损害结果近的原因力优于原因事实距损害结果远的原因力。[②]

1. 直接原因和间接原因

直接原因是指与损害后果之间自然连续，与结果之间没有任何中断因素存在的原因。间接原因是指与损害后果没有直接接续关系，而是通过介入因素对损害结果起到一定作用的原因。直接原因一般是直接作用于损害结果，其导致损害结果的发生符合事件发生顺序，它在损害的产生、发展过程中，表现出某种必然

① 杨立新等：《关于处理民事损害赔偿案件的几个问题》，《法学研究》1981 年第 6 期。

② 杨立新：《侵权法论》，人民法院出版社 2005 年第 3 版，第 193 页。

的、一定如此的趋向。直接原因之所以具有原因力，并非是因为其与直接结果在时间上和空间上最为接近，而是因为两者之间的因果运动中不存在其他会对其产生影响的行为或自然因素的介入。而间接原因对损害的发生不起直接作用，往往是偶然地介入了第三人的行为、受害人的因素、某种非人力的因素，并与这些因素相结合，才产生了损害结果。在通常情况下，间接原因距离损害结果越远，其原因力越弱，而不是像传统理论那样彻底否认间接原因对损害结果的原因力。

医疗过失行为是直接原因，应当确定该行为的原因力大小，进行原因力比较，据此确定应当承担的赔偿责任。

在通常情况下，间接原因不一定具有原因力，不一定都要行为人负责。但在医疗过失行为对于医疗损害结果发生是间接原因时，通常具有原因力，仅仅是原因力较小而处于次要地位。例如，患者患间质性肺炎，医疗过失行为是在患者行腹股沟斜疝术后未查及发热原因[①]，为间接原因，具有较弱的原因力。应当看到的是，研究间接原因并不仅仅指医疗过失行为对损害发生的作用问题，还要依此确定其他原因对于医疗损害后果发生的原因力。如果其他因素对医疗损害后果的发生具有间接原因，发生较弱的原因力，则应当在医疗机构应当承担的赔偿责任范围中予以扣除。

2.主要原因和次要原因

在直接原因造成损害后果发生时，有时原因会有若干个，这些原因对共同损害结果的发生都起到了直接作用，只是作用的程度有所不同。[②] 在这些共同的直接原因中，根据其发生作用的情况不同，分为主要原因和次要原因。其中，对损害结果的发生或扩大起主要作用的是主要原因，原因力较大；对损害结果的发生或扩大起次要作用的是次要原因，原因力较小。最高人民法院《关于审理触电人身损害赔偿案件若干问题的解释》第2条第2款规定的“致害人的行为是损害后果发生的主要原因，应当承担主要责任；致害人的行为是损害后果发生的非主要

① 方俊邦等：《43例医疗纠纷医疗过失参与度探讨》，载《中国法医学会法医临床学学术研讨会论文集》，第245页。

② 王利明：《侵权行为法归责原则研究》，中国政法大学出版社1992年版，第389页。

原因，则承担相应的责任”，就是对主要原因和次要原因及其责任的区分。在一般情况下，医疗过失行为是医疗损害后果发生的直接原因，就应当承担主要责任；如果是次要原因，则应当承担次要责任。不过，这只是一般情况，如果医疗过失行为是主要原因，其他因素也是主要原因，或者几个其他因素结合起来构成主要原因，则应当进行原因力比较，最终确定原因力大小，也有可能由医疗机构承担同等责任。

3.强势原因和弱势原因

弱势原因是造成同一损害结果的所有原因中既有相关性，也非多余的，在其他原因的共同作用下，导致损害结果发生的原因。强势原因则是这样一个原因总体中的，损害发生所必要的原因；如果缺少这个原因，这种损害就不会发生，或者很可能不发生，或者相当不可能发生，或者可能不会发生，这个原因都可被认为是强势的。可见，强势原因比弱势原因的原因力要强大。① 在医疗过失赔偿责任案件中，强势原因和弱势原因的比较也可以采用，确认医疗过失行为究竟是强势原因，还是弱势原因。如果医疗过失行为是强势原因，则其原因力较强；如果医疗过失行为是弱势原因，则因其为并非多余，因此也具有原因力，尽管原因力较弱，也应当确定相当的赔偿责任。如果医疗过失行为与其他因素都是强势原因，则应当进行原因力比较，确定各自的原因力。

在具体进行原因力比较的时候，要从以下几个方面考虑。

第一，医疗过失行为与医疗损害事实之间有没有因果关系。没有因果关系的，没有必要进行原因力的比较分析。例如，患者患有严重的肺源性心脏病，体质很差，医疗过程中曾有护士将其他患者药物输入该患者体内，但输入的液体中主要是降压药，并未造成任何不良反应，因此不构成损害赔偿责任。②

第二，医疗过失行为与医疗损害后果之间有因果关系的，应当确定医疗过失行为是直接原因还是间接原因，是主要原因还是次要原因，是强势原因还是弱势

---

① ［美］H. L. A. 哈特、托尼·奥诺尔：《法律中的因果关系》，张绍谦、孙战国译，中国政法大学出版社 2005 年第 2 版，第 2 版前言第 29 页。

② 方俊邦等：《43 例医疗纠纷医疗过失参与度探讨》，《中国法医学会法医临床学学术研讨会论文集》，第 246 页。

原因。

第三，进行原因力比较，确定医疗过失行为导致医疗损害后果的具体程度。应当把造成医疗损害后果的全部原因看作100%，把全部损害后果看作100%，将各个不同的原因进行比较，确定各个原因在全部原因中所占的百分比，就能够确定医疗过失行为的具体原因力。

借鉴《医疗侵权损害处理法草案建议稿》的经验，可以根据医疗过失行为在导致损害后果中发生的原因力大小，医疗过失行为的原因力可以分为7级：

A级：医疗损害后果完全由医疗过失行为造成的，医疗过失行为的原因力为100%；

B级：医疗损害后果主要由医疗过失行为造成，其他因素起轻微作用（如间接原因等）的，医疗过失行为的原因力为70%以上；

C级：医疗损害后果主要由医疗过失行为造成，但其他因素起次要作用（如次要原因、弱势原因等）的，医疗过失行为的原因力为51%以上；

D级：医疗损害后果由医疗过失行为和其他因素共同造成，各自所起的作用相同（如果有两个以上原因的，应当相加）的，医疗过失行为的原因力为50%；

E级：医疗损害后果主要由其他因素造成，医疗过失行为起次要作用（如次要原因、弱势原因等）的，医疗过失行为的原因力为49%以下；

F级：医疗损害后果绝大部分由其他因素造成，医疗过失行为起轻微作用（如间接原因等）的，医疗过失行为的原因力为20%以下；

G级：医疗损害后果完全由其他因素造成，医疗过失行为即使存在，其原因力也为0。

（三）在对医疗过失行为进行原因力比较时如何考虑过失因素

原因力与过错不是一个概念，因此，原因力比较与过错比较也不是同一个规则。很多学者在文章中将医疗行为参与度与医疗过错参与度混为一谈，是错误的，因为混淆了违法行为与主观过错的界限。

在医疗过失赔偿责任中，由于医疗过失行为的归责原则是过错责任原则，因而，只有具有过失的医疗行为才能构成医疗过失赔偿责任。没有过失，就没有医

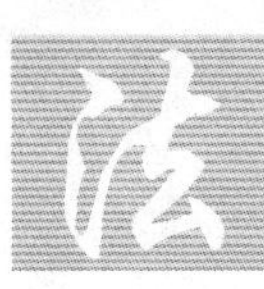

疗过失行为。在这一点上，也必须强调，在医疗过失行为中并没有故意的内容。在研究医疗过错参与度的文章中，有的学者使用医疗过错的概念也是不准确的，因为在医疗过失行为中，不可能存在故意，哪怕是间接故意。因为一旦存在故意，医疗行为就变为犯罪行为，而不是侵权行为了。

在一般情况下，原因力与过错具有相互影响的关系，过错的程度与原因力的大小基本相适应。因此，在确定共同原因的侵权赔偿责任时，基本上按照过错和原因力综合比较，确定违法行为人的赔偿责任。在医疗过失行为中，由于主要是将医疗过失行为与患者疾病原因、自身特殊体质原因以及医疗意外原因进行比较，故原则上不必进行过错比较，仅比较原因力就能够确定医疗机构的赔偿责任。如果医疗机构的过失程度特别重大或者过于轻微，则应当依据对过失程度的判断，适当加重或者减轻医疗机构的赔偿责任，可以不完全按照原因力的程度确定。

第二十一章

医疗损害责任的司法适用

第一节 认定过度医疗行为的谦抑原则与具体标准

《侵权责任法》没有规定过度医疗行为及其责任，只是在第63条规定了过度检查行为。如果主张将过度检查行为扩大解释到过度医疗行为，由于过度检查行为限制比较明显，且第63条规定过度检查的请求权基础不明显，因而有较大难度。如果过度医疗行为构成医疗技术损害责任，将其纳入《侵权责任法》第57条的适用范围，是一个最好、也最为有把握的办法。本节以此为立论基础，研究过度医疗行为的侵权责任认定问题。

关于过度医疗行为的概念界定，美国社会学家定义为由于医疗机构对人们生命采取了过多的控制和社会变得更多依赖于医疗保健而引起的医疗。我国学者有的认为，过度医疗是由于多种原因引起的超过疾病实际需要的诊断和治疗的医疗行为或医疗过程；或者认为，在医疗实践活动中采取超过病人疾病实际需要的诊断和治疗手段的医疗行为[①]；或者认为，过度医疗是违反医疗卫生管理法律、行

① 李本富：《从550万天价住院费透视过度医疗》，《家庭医学》2006年第1期。

政规章、部门规章和诊疗护理规范、常规，以获取非法经济利益为目的，故意采用超越个体疾病诊疗需要的手段，给就医人员造成人身伤害或财产损失的行为。[①] 我们赞同这样的见解，即过度医疗是超越疾病本身实际需要，故意实施不必要的检查和治疗，造成患者损害的医疗侵权行为。[②]

认定过度医疗责任的难点在于“度”的把握，即“过度”的标准。本文从过度医疗行为产生的原因入手，探讨过度医疗行为的必然性，在此基础上，提出认定过度医疗责任的谦抑原则与具体标准，就教于各位方家。

一、过度医疗本身具有一定的正当性因素

从广义角度观察，过度医疗行为并非都构成侵权责任，原因在于有些过度医疗行为具有一定的正当性因素。

例如，人们常常将我国的过度医疗归罪于以药养医的医疗体制，但不存在以药养医问题的其他国家也没能解决过度医疗问题。在欧美发达国家，评估认为也存在 30%的过度医疗。[③] 也有人将过度医疗归罪于法律，认为规定医疗损害责任的严苛促使医生采取防御性医疗，以防止在诉讼中败诉，但在提出防御性医疗概念的美国，以防御性医疗为目的的情形似乎也不是主流，如心脏支架放置的数量，美国患者平均放 2 个，我国患者平均放 3.5 个；美国不必要支架放置的比例是 50%，我国没有明确的统计数字，但普遍认为过度放置非常严重。[④] 在医务人员道德水平低下、以药养医医疗体制、防御性医疗等原因之外，必然还有形成过度医疗的其他原因。这些原因至少有以下五种。

---

① 周士逵、曾勇：《过度医疗行为的法律研究》，《北川医学院学报》2007 年第 2 期。转引自杨丽珍：《论过度医疗侵权责任》，《人文杂志》2011 年第 1 期。

② 杨丽珍：《论过度医疗侵权责任》，《人文杂志》2011 年第 1 期。

③ 姚宝莹：《统一的临床诊疗指南缺失过度医疗在所难免》，《首都医药》2010 年第 1 期（上）。

④ 《新英格兰医学》杂志：《美国人被“过度医疗”》，http：//news. sina. com. cn/o/2010 - 03 - 22/132719915396. shtml，2011 年 5 月 27 日访问。《心脏支架已成为我国过度医疗的“重灾区”》，http：//med. haoyisheng. com/10/0418/310054458. html，2011 年 5 月 27 日访问。

（一）患者的主观愿望

社会保障水平高的地区更容易出现过度医疗，且患者的实际支付能力越强越容易出现过度医疗。以神木县的调查为例：2008 年城乡居民住院率约为 8.0%。全民免费医疗制度实施之初，神木县的住院率就升至 10.3%，之后逐步上升到 2010 年 8 月的 11.0%。其中公费医疗受益者的住院率最高，为 13.9%，城镇职工医保次之为 9.2%，新农合再次之为 6.9%，城镇居民医保和其他社会医疗保险则为 5.1%，没有社会医疗保险者最低，仅为 4.3%。该县医改以后，全民免费医疗受益者的住院率明显超过全国的平均水平，尤其是公务员和国有事业单位职工的住院率大大超过了其他地区同类人群的住院率。[①] 这从一个侧面揭示，保障水平的高低影响着患者实际接受的医疗服务水平。该县的宫产率变化也证明保障水平与过度医疗之间的这种关系。在实施全民免费医疗之前，县人民医院的剖宫产率仅为 13.0%；实施全民免费医疗之后的头三个季度（即 2009 年最后三个季度）的剖宫产率跳升至 41.1%，2010 年上半年的剖宫产率继续攀升到 45.8%。[②]

如果患者无须支付任何费用，过度医疗更难避免。此种情形在机动车交通事故中表现得最为典型。即便伤情不严重，受害人一般也会要求进行 CT、核磁、造影等一系列检查。对受害人来说，一是为今后可能的诉讼搜集证据，二是进行了免费体检。前者与医生的防御性医疗相似，所不同的只是行为主体。后者的受害人往往有让加害人付出代价的意味，主观上常常表现为故意。

从主观意愿来说，绝大多数患者愿意用名牌药、用先进仪器检查。使用名牌药物，质量有保障，疗效好副作用少；采用先进仪器检查，阳性率高误诊少。如果有负担能力，特别是在自己无须负担费用时，过度医疗更受患者欢迎，符合多数患者的主观意愿。

（二）循证医学的推广

医学从经验科学向循证医学转变，医学的每一个过程都要求有充分证据加以

① 朱恒鹏、顾昕、余晖：《“神木模式”的可持续性发展：“全民免费医疗”制度下的医疗费用控制》，http：//ie. cass. cn/download. asp？ id=807&tn=Graduate _ Thesis，2011 年 5 月 27 日访问。

② 朱恒鹏、顾昕、余晖：《“神木模式”的可持续性发展：“全民免费医疗”制度下的医疗费用控制》，http：//ie. cass. cn/download. asp？ id=807&tn=Graduate _ Thesis，2011 年 5 月 27 日访问。

说明，客观上，医生需要用更多现代化的仪器化验、检查来证明自己的判断。[①]仅凭经验作出的诊断常常不受法律保护，经验已经“沦落”为采取何种诊断、治疗措施的线索了。

（三）诊疗规范的推动

法学界一直呼唤医学界能够制定出一整套科学的、具有普遍指导意义的诊疗规范、诊疗指南或者临床路径，以合理压缩医生的诊疗特权，从制度上给过度医疗行为的认定提供科学的参考依据。但实践证明，在已经制定诊疗规范的领域，诊疗规范却常常成为过度医疗的助推器。

我国的很多诊疗指南是从欧美等发达国家移植过来的。以丙肝为例，一般来说，确诊须查明是否存在丙肝抗体，治疗用常规干扰素，一支50元。如果按照丙肝指南，还需进一步查明病毒基因分性和RNA定量，一般省城的医院才有此条件。治疗药物为长效干扰素，一支1 300元。如果按照指南去诊断和治疗丙肝，费用自然大大增加。有人戏称：我国的医事法与欧美接轨了，诊疗水平和欧美接轨了，但经济水平却没接轨[②]，想不过度都难。

（四）现代医疗管理制度的弊端

现有的医疗体系，无论是西方还是东方，都在制造一种叫做“过度医疗”的“慢性自杀病”。在论量计酬的体系下，医生的收入和病人的开支正相关。[③] 这是有意无意地诱导患者过度消费。

另外，医院的管理评价机制促使甚至是迫使医院过度医疗。以三甲医院的评审为例，高端医疗技术的开展例数是刚性指标，能否开展复杂的手术、做了多少例介入治疗都有明确要求。[④] 同时，社会对医院、医生诊疗水平的评价，通常也是以能开展何种高新技术，技术熟练程度为标准。在这样的医院等级评价机制下，医院要发展，就要努力开展高新技术。高新技术的接受者没有那么多，医院

---

① 陈文姬：《从急诊内科抢救室患者医疗费用看“过度医疗”》，《中国伦理学杂志》2008年第3期。

② 姚宝莹：《统一的临床诊疗指南缺失过度医疗在所难免》，《首都医药》2010年第1期（上）。

③ 尹钛：《医治VS治医：一个世界性难题》，《中国社会导刊》2004年第11期。

④ 张冉燃：《被植入体内的“GDP”》，《瞭望》2009年第48期。

就采用放宽手术适应症甚至欺骗患者就范，必然造成患者接受过度医疗。

（五）医学科学的局限性

20 世纪 70 年代的流行病学家分析大量已报道的资料，发现只有不足 20%的临床诊治措施后来被证明是有效的。[①] 换言之，大约 80%的治疗行为实际上是无效的，从结果角度观察，确实超出了诊疗的实际需要。

在确定过度医疗行为及其责任时，对于上述正当性的原因不得不予以重视，不能将具有一定正当性的过度医疗行为认定为侵权行为。

二、过度医疗行为标准确定的法律障碍

确定过度医疗行为及责任的难点，除了广义的过度医疗行为具有上述一定的正当性之外，还存在一些法律上的障碍。

（一）过度医疗与医疗过错价值追求之间的矛盾

19 世纪前，法律人恪守“法不入医界”的传统，理由是医学很神圣，医生的耽搁、错误可以理解，医界专业性太强外界无法做出正确判断只能靠医界自律。[②] 在法律介入医界之后，采用医疗过错责任来规范医疗行为。医疗过错认定的主要标准是合理的医生标准，是当时的医疗水平。这些要求都是医生行为应达到的最低标准，是医疗行为的“下限”，“下限”之上，属于诊疗特权的范围，法律不再干涉。而过度医疗是医务人员超过必要限度向患者提供了不必要的医疗服务，是为诊疗特权确定的“上限”。

确定医疗过错，以患者的生命健康保护为唯一追求，强调“最善的注意”“善良家父标准”，成本问题不在考虑之列。确定过度医疗，则强调将有限的医疗资源用于最需要的地方，追求的目标至少包括两个：患者的生命健康和费用低廉。

---

① 李银平：《询证医学：为传统走向现代铺路》，http：//www.jkw.cn/health/news/6/2002-10-12-10081.htm，2011 年 5 月 27 日访问。

② 杨立新：《中国医疗损害责任制度改革》，《法学研究》2009 年第 4 期；《论医疗损害责任的归责原则与体系》，《中国政法大学学报》2009 年第 2 期。

费用，一般与生命健康保护水平正相关，考虑了费用，至少意味着极少数病人的生命健康会受到损害。以奥巴马接受前列腺癌筛查为例，48 岁的奥巴马患此癌的概率非常低，不属于高危人群，筛查行为可以被划入“过度”的范畴。[①]

如果为医疗行为设定“上限”，某些误诊、漏诊、误治行为就没有过错，即基于社会成本的考虑，少数人的生命健康会被牺牲。在法律层面上，当财产权与生命健康权发生冲突时，生命健康权永远处于优先保护地位，医疗过错就会被放大。例如，某患者髋骨粉碎性骨折，医疗方案有三：一是进口全陶瓷人造骨换髋，后遗症小，转动灵活，基本不疼痛，费用大约 10 万元；二是采用 B 型罗门钉内固定，术后转动较不灵活，安全性高，费用大约 3 万元；三是采用 C 型罗门钉内固定，术后转动较不灵活，易有疼痛感，且有罗门钉断裂的极小机会，可导致残废，费用 1.5 万元。患者称家庭条件有限，医生推荐了方案三。术后罗门钉断裂，患者残废。法院认为：医院仅从手术花费方面考虑问题，而未采取针对患者病情的最佳医疗方案，且无证据证明已向患者做出足以令其理解的充分说明，使其做出了错误选择并付出身心痛苦的代价，医院应负主要责任。[②]

种种情形说明，过度医疗尽管非常普遍，但很多案件难以认定为侵权责任。如哈尔滨 550 万元天价医疗费案，最终认定的乱收费为 20.7 万元，且均为明显违反管理规定的收费，如重复收费、拆解收费等[③]，所占比例不大；广东儿童的 217 项检查案，医生几乎能说出所有检查项目的理由，最后也不了了之。[④]

（二）适度医疗追求的价值要素之间难以协调

一般认为，适度医疗应具备下列要素：优质、便捷、可承受、效益、风险、医疗服务质量安全、高效、便捷、节约。综合起来，被公认的适度医疗的核心要素是：有效、安全、便捷、耗费少，其中，有效和安全是基本的，费用低廉必须

---

① 《新英格兰医学》杂志：《美国人被“过度医疗”》，http：//news. sina. com. cn/o/2010－03－22/132719915396. shtml，2011 年 5 月 27 日访问。

② 刘典恩：《适宜技术与诊疗最优化的可行性研究》，《医学与哲学》2005 年第 7 期。

③ 《550 万天价医药费》，http：//news. sina. com. cn/z/550wtjylf/，2011 年 5 月 27 日访问。

④ 《广州一儿童误食弯针引发 217 项检查》，http：//www. jsw. com. cn/site3/jjwb/html/2010－06/18/content _ 1482132. htm，2011 年 5 月 27 日访问。

以前两者为前提。且费用低廉，不是价格低，而是相对于患者自身的承受力而言，患者可承受的，就是低廉的。[①]

可见，安全、有效是医疗行为选择的基本追求，而随着安全性、有效性的提高，费用一般也会相应增加。以抗生素为例，同样用青霉素预防感染，大品牌的效果往往优于小品牌的，进口的往往优于国产的，一般来说，用大品牌进口的安全性和有效性更高，但费用也相应提高。再如，在白内障手术中，最突出的问题是疗效和费用的矛盾，疗效好的术式和人工晶体价格比较昂贵。[②]

如果追求康复快、痛苦小，费用低廉也常常要被牺牲。如无痛人流，痛苦小，但费用就不能低；微创手术康复快、痛苦小，但费用成倍提高；剖宫产术唯一的优势是痛苦小，但仍受很多产妇青睐。

如果采用相对安全、有效的标准，才可能使得费用比较低廉，但也很难是最低，所谓“便宜无好货”。如果适度医疗坚持以上全部价值追求，各项价值追求之间难以协调，且常常相互矛盾。

（三）缺乏“适度”的有效标准

由于诊疗规范常规比较笼统，医生诊疗特权的空间很大，各界呼吁建立一种能够切实压缩医生诊疗特权的制度，临床路径管理应运而生。在解释临床路径管理时，原卫生部长陈竺说：“现在大家觉得医疗活动，主要是诊疗的行为当中，还有很多的随意性，其实结合国际上的先进经验，我们也做了探索，就是规范诊疗活动的临床路径，或者叫规范化的诊疗指南体系的建立。有了这套指南，不仅能避免随意性，提高质量，而且也能够提高效率。现在要把卫生经济学的概念引进去，就是我们的标准化的诊疗方案，它必须既能体现技术含量，又要和现有国力、基本医疗的承受能力、人民群众的承受能力结合在一起。简言之就是要花比较少的钱，做比较好的事。”[③] 从以上言论看，临床路径管理追求的目标包括有

---

① 杜治政：《过度医疗、适度医疗与诊疗最优化》，《医学与哲学》2005 年第 7 期。

② 李云琴、唐罗生、贺达仁：《白内障手术中的适宜技术与诊疗最优化》，《医学与哲学》2007 年第 5 期。

③ 陈竺：《新医改后药价会大幅下降》，http：//news. cnnb. com. cn/system/2009/03/05/006016075. shtml，2011 年 5 月 27 日访问。

效、安全、费用低廉，体现了适度医疗的全部要素，适度医疗的具体标准应当是临床路径。

临床路径管理能否抑制过度医疗，笔者持怀疑态度。其理由如下。

1. 实践证明临床路径管理不能有效避免过度医疗

如果说我国过度医疗普遍存在的原因，是缺乏医疗行为的规范性标准——临床路径，那么不缺临床路径的西方发达国家为何也没能解决过度医疗问题呢？高达30%的过度医疗，高达20%的非必要冠状动脉造影，高达50%的非必要支架放置，说明临床路径即使有助于抑制过度医疗，但抑制作用也是有限的，甚至非常有限。

2. 适合用临床路径管理的疾病非常有限

2009年，卫生部组织专家制定出呼吸、消化、皮肤等22个专业、112个病种的临床路径管理规范。[①] 按世界卫生组织1978年颁布的《疾病分类与手术名称》第九版（ICD—9），有记载的疾病上万个。可见，能够纳入临床路径管理的病种非常少，只占疾病种类的百分之一，非常有限。

3. 临床路径易被规避

临床路径是对典型单病种诊疗的合理处置方式，但现实中很少有人所患的疾病非常典型且单一。如果一个患者所患疾病为多种，临床路径管理必然失去作用。另外，医生有可能将典型疾病解释为非典型疾病，自然也能绕开临床路径管理。以糖尿病临床路径管理为例，对于慢性病患者来说，较少有人仅仅单一患糖尿病，即使患有单一糖尿病，大多数会出现并发症，即使没有明确的并发症，只要检查结果提示某一脏器异常，医生就可以按照提示进一步检查，而不再受临床路径的约束。找到这类提示非常容易，看看任何一份体检报告，很少有人全部检查项目都正常，而其中任何一个异常提示都可能成为避开临床路径管理的理由。

---

① 百度百科“临床路径”条，百度网，http：//baike.baidu.com/view/2109245.htm，2011年5月27日访问。

4.临床路径本身的局限

首先，就临床路径管理的目标来说，避免过度医疗是排在最后的。在先的有保证患者所接受的治疗项目精细化、标准化、程序化，减少治疗过程的随意化；提高医院资源的管理和利用，加强临床治疗的风险控制；缩短住院周期，降低费用。

其次，按照临床路径实施医疗行为，医生诊疗特权的空间仍然很大。仍以糖尿病管理为例，根据病情可以实施的检查包括：ICA、IAA、GAD、IA－2 自身抗体测定，血乳酸；24h 动态血压监测，运动平板试验、心肌核素检查、冠脉 CTA 或冠状动脉造影；震动觉和温度觉测定、10g 尼龙丝压力检查、踝肱比检查；肿瘤指标筛查，感染性疾病筛查。此类可选检查，几乎涵盖了各个系统的疾病，包括心脏病、肿瘤、感染等，范围非常广泛。按照临床路径，糖尿病患者可以选择的用药包括：降血糖药物：口服降糖药、胰岛素或胰岛素类似物；针对伴发疾病治疗的药物：降压药、调脂药、抗血小板聚集、改善微循环药物等。对症治疗药物：根据患者情况选择。且不说可选药物本身范围非常宽泛，仅看兜底条款的规定，就能说明可选范围到底有多大。

最后，法律对医生们提出过很多要求，有高标准的要求，如“最善的注意”，也有非常低的要求，如不许收受红包，不许拿回扣。无论哪种要求，似乎都没有真正改变医生们的惯常行为。现在的临床路径管理就能实现这样的要求吗?

三、认定过度医疗行为应当采用谦抑原则

（一）谦抑原则的本来含义

谦抑的本义是指缩减或者压缩。刑法谦抑原则又称必要性原则，是指用最少量的刑罚取得最大的刑罚效果，是指立法机关只有在该规范确属必不可少——没有可以代替刑罚的其他适当方法存在的条件下，才能将某种违反法秩序的行为设

定成犯罪行为。[①] 行政法的谦抑原则是限制行政自由裁量权的比例原则的子原则即必要性原则，也称最小侵害原则、不可替代原则，必要性原则的基本含义就是谦抑，是指在有多种能同样达成行政目的的手段可供选择时，行政主体应选择采取相对人权益损害最小的手段，即手段的选择以达到目的为限。[②] “杀鸡焉用牛刀”是对这一原则的最好诠释。[③]

刑法的谦抑原则和行政法的必要性原则都追求用最小的代价达到同样的目的，与适度医疗的价值追求相似，可以借鉴上述研究成果，将谦抑原则作为过度医疗认定的基本原则。

（二）认定过度医疗行为采用谦抑原则的理由

1. 过度医疗行为特殊性的要求

过度医疗之所以广泛存在，有其存在的正当理由。过度医疗行为有可能会损害社会利益，却可能有助于维护个体患者的生命健康权益。同时，过度与适度的标准极其模糊，难以确定。在认定过度医疗行为侵权责任中，采取合理性、必要性的评判，只对少数侵害患者合法权益的过度医疗行为认定为侵权行为；同时，对过度医疗行为的法律制裁毕竟是法律介入了诊疗特权的领地，因而适用谦抑原则，就具有重要意义。

2. 谦抑原则的通常准则

刑罚适用谦抑原则，就是举凡适用其他法律足以抑制某种违法行为，足以保护合法权益时，就不要将其规定为犯罪；凡是适用较轻的制裁方法就足以抑制某种犯罪行为，足以保护合法权益时，就不要规定较重的制裁方法。

行政行为的适度性评价即合理性评价是行政法最关注的内容之一，谦抑原则贯穿始终。按照行政合理性理论，某一行为是否合理，正面的判断标准主要有适

---

① 百度百科“谦抑原则”条，百度网，http：//baike.baidu.com/view/1205136. htm，2011 年 11 月 29 日访问。

② 张树义：《行政法与行政诉讼法学》，高等教育出版社 2007 年版，第 35 页。

③ 百度百科“比例原则”条，百度网，http：//baike.baidu.com/view/738098. htm，2011 年 11 月 29 日访问。

当性原则、必要性原则、比例原则。[①] 日本司法界和学术界对合理性所作的解释是：就是非法律规范的条理和道理，即按社会上一般人的理解，所尊重的合乎事情性质的状态。其正面判断标准高度抽象，并以理性人为基本标准。但实际上，理性人标准并未真正被普遍适用，各国纷纷求助于不合理行为标准的确定。英国法官确立了一些“不合理”的标准：“如此荒谬以致任何有一般理智的人不能想象行政机关在正当地行使权力时能有这种标准”；“如此错误以致有理性的人会明智地不赞同那个观点”；“如此无逻辑或所认可的道德标准，令人不能容忍，以致任何认真考虑此问题的正常人都不会同意它。”[②] 从中可以看出，不合理标准非常之高，以至于需要达到社会公认不合理、甚至不能容忍的程度。

综合看来，适度的正面标准，如果有，也与一般理性人的标准不同，而是行为极其“荒谬、错误、难以令人容忍”，或者干脆就是违法行为，换言之，只有明显超过必要限度的行为，才有可能被认定为权利（权力）滥用，这种态度体现了谦抑原则。

3. 司法实践者的理性选择

滥用职权是违反行政合理性的典型类型，公认普遍存在。从 1949 年到 2004 年，在全部有效的法律、法规、规章、司法解释乃至行业规范中，有 8 614 部规定了“滥用职权”，共计 8 920 条。但通过对《人民法院案例选》刊登的 270 个行政机关败诉案件的分析，被认定为滥用职权的比例非常低，仅占 3.85%，一例是以侦查为名侵犯他人权利的，滥用侦查权；一例是政府没有举出当事人骗取

---

① 适当性原则是指行政主体在执行一项法律的时候，只能够使用那些适合于实现该法目的的方法，而且必须根据客观标准，不是按照行政主体的主观判断来决定某种措施的适当性。必要性原则，必要性原则又称为最温和方式的原则，要求行政主体在若干个适合用于实现法律的目的的方法中，只能够选择使用那些对个人和社会造成最小损害的措施。比例原则即禁止越权的原则，该原则要求适当地平衡一种行政措施对个人造成的损害与对社会获得的利益之间的关系，也禁止那些对个人的损害超过了对社会的利益的措施。参见百度百科“合理性原则”条，百度网，http：//baike.baidu.com/view/9309.htm，2010 年 10 月 9 日访问。

② 百度百科“合理性原则”条，百度网，http：//baike.baidu.com/view/9309. htm，2010 年 10 月 9 日访问。

离婚证的证据而宣布离婚证无效的，其余的案件都没有说明被诉行为为何构成滥用职权。[①] 这至少能说明，在对行政合理性进行审查时，法官群体是非常“谦抑”的。

过度检查行为，尚未见形成诉讼成例的。但已有法官明确表示，过度检查不包括过度医疗；只有违反诊疗规范进行的检查，才可能被认定为过度检查。[②] 有理由相信，在对医疗检查合理性进行审查时，法官已会把违法作为前提，已经在贯彻谦抑原则了。

（三）谦抑原则的具体表现

1. 只有其他医疗损害责任无法救济的情况下才能适用过度医疗责任

相比合法性评价而言，合理性评价需要克服的困难更多，如果能够通过其他民事损害赔偿制度填补受害人的损失，则不应选择过度医疗责任。例如，非诊疗需要的医疗行为不适用过度医疗责任[③]；符合医疗技术过失构成要件的按照医疗技术过失处理；能够用侵犯知情同意权处理的，优先适用。[④] 换言之，只有在医疗过失责任、伦理损害责任、医疗产品责任无法涵盖的情况下，才应考虑过度医疗责任。

2. 达到非常荒谬或者明显不合理程度

社会舆论对过度医疗行为口诛笔伐，民愤很大，但某些公众眼中的过度医疗是合理的、必然的，很难追究民事责任，只有达到非常荒谬或者明显不合理程度的医疗行为才能适用《侵权责任法》第63条。

---

① 沈岿：《行政诉讼确立“裁量明显不当”标准之议》，http：//www. civillaw. com. cn/article/default. asp? id=24388，2011年5月27日访问。

② 陈昶屹、曾祥素：《“过度检查”责任确立之后患者如何判断得失》，http：//finance. sina. com. cn/roll/20100901/07473439014. shtml，2011年5月27日访问。

③ 近年来专业体检机构的蓬勃发展，如北京的慈铭健康体检，已在全国拥有31个体检中心，体检人数连续数年国内第一，http：//bj. ciming. com/ArticleShow. asp? ArticleID=524，2011年4月11日访问。

④ 医疗美容，基于社会心理需要而要求改变生理特征，花费不菲。如果未合理告知，应以侵犯消费者的知情权论处。

四、具体标准

(一) 主观故意

部分学者认为，过度医疗是客观的，以理性人为标准，主观上表现为过失[①]，也有部分学者认为应以主观故意为必要[②]，我们赞同采用主观故意标准。

1. 过失标准难以适用的原因

按照客观化的过失判断标准，理性人标准是通常的选择。理性人标准又可分为合理的患者标准和合理的医生标准，前者有扩大责任的弊端，后者有过份限制医方责任的嫌疑。

调查发现，37.7％的患者认为医务人员选择的检查不是出于诊疗需要，32.5％的患者认为，所实施的检查是完全没有必要的。[③] 换言之，按照合理的患者标准，大约有一半的医疗行为可以被定性为过度医疗，但实际情况并非如此。如广东儿童的 217 项检查案，几乎整个社会都认为是过度检查，合理的患者都认为超出了诊疗需要，但经医方一解释，似乎 217 项检查全都是必要的了，合理的患者标准可能使医方责任扩大化。

同一调查还发现，医务人员自我评估认为，考虑诊疗需要的占 97.3％，考虑医疗安全防范的占 91.9％，考虑医院规范管理的占 83.8％，考虑患者要求占 71.4％，考虑医院分配机制的占到 72.4％。[④] 这组数据，一方面说明非诊疗需要的医疗可能非常普遍，同时也说明，如果采用合理的医生标准，相当部分的过度医疗行为不会被追究责任，患者权益得不到保护，该标准可能使部分患者得不到保护。

---

① 李本富：《从 550 万天价住院费透视过度医疗》，《家庭医学》2006 年第 1 期。

② 周士逵、曾勇：《过度医疗行为的法律研究》，《北川医学院学报》2007 年第 2 期，转引自杨丽珍：《论过度医疗侵权责任》，《人文杂志》2011 年第 1 期。

③ 潘传德：《医疗检查合理性及其相关问题研究》，华中科技大学 2010 年博士学位论文，第 82－83 页。

④ 潘传德：《医疗检查合理性及其相关问题研究》，华中科技大学 2010 年博士学位论文，第 56－63 页。

2.主观故意标准的合理性

过度医疗是很难明确界定的，它在很大程度上不是一个纯粹的医学问题而是一个经济问题，真正构成制约因素的是收费水平以及医保（或个人自费）支付能力和支付范围。[①]

（1）采用主观故意标准的理由

谦抑原则要求优先适用其他责任制度救济受害人，包括优先适用医疗过错责任，坚持过度医疗的主观方面为故意，体现了过度医疗责任的谦抑精神，并明确区分了医疗过错责任和过度医疗责任。

事实证明，即使以故意为要件，过度医疗的比例仍然非常高，医生们承认的考虑医院的激励机制的占72.4%[②]，不会过分影响患者利益的保护。

（2）故意的内容

普遍认为，过度医疗的主观动机有二，一为获得经济利益；二为规避医疗损害责任——防御性医疗。[③] 防御性医疗可进一步区分为积极防御与消极防御，积极防御性医疗指医务人员为患者提供名目繁多的检查和治疗。消极防御性医疗指医务人员拒绝为有较大风险的危重病人提供医疗措施。有学者认为，过度医疗与防御性医疗的主观恶性明显不同，前者的主观恶性更大，也有学者反对此种观点，认为此种区分可操作性差，应将积极防御医疗纳入过度医疗的范畴，将消极防御性医疗作为医疗过失的一种情形处理。[④]

医生提供不必要的检查和治疗，获取经济利益、积极防御性医疗是两大主要原因，但不限于此，例如，为跟踪某一治疗慢性病药物的疗效，不顾患者治疗效果良好而说服其更改药物；为防止出现副作用，直接用档次高的药物。此类行为的共性是医方的利益缠杂其中。因此，故意的内容应是为医方的利益，至于为了医方的何种利益，在所不问。

---

① 朱恒鹏、顾昕、余晖：《“神木模式”的可持续性发展：“全民免费医疗”制度下的医疗费用控制》，http://ie.cass.cn/download.asp?id=807&tn=Graduate_Thesis，2011年5月27日访问。

② 潘传德：《医疗检查合理性及其相关问题研究》，华中科技大学2010年博士学位论文，第56-63页。

③ 《法学家梁慧星解读侵权责任法》，《健身科学》2010年第60页。

④ 杨丽珍：《论过度医疗侵权责任》，《人文杂志》2011年第1期。

（3）以获取医方利益为主要目的

医方提供的检查和治疗，一般都有多重考虑，如患者病情需要，诊疗规范，医院的管理制度，患者的主观愿望，自己的利益。为医方自己谋取利益只是因素之一，符合何种条件才应被定性为过度医疗的“故意”，解决方案有三种：第一，只要有为自己利益的目的，就认定为故意；第二，自己利益是主要目的，认定为故意；第三，唯一目的是自己利益，才能被认定为故意。具体采用何种解决方案，又是一个“仁者见仁、智者见智”的问题。我们赞同第二个方案。理由是，如果采用医方自己利益为唯一目的，大处方、小病大治等常见的过度医疗行为，会因存在为患者治疗疾病的目的而被排除在外，范围过窄；如果有医方自己利益就被认定为过度医疗，范围又过宽，如诊疗规范的要求、医院管理制度、患者主观愿望都可能导致检查范围扩大、检查档次提高、治疗手段先进。综合看来，主要为医方自己利益标准比较可取。

例如，在遇到头痛的患者时，大部分医生会开出脑 CT 检查，即使凭经验也能判断不是脑肿瘤，但毕竟有脑肿瘤的可能；再如，脑梗塞，在发病 24 小时甚至 3 天内，大多数 CT 扫描都不会有阳性发现，因脑组织的密度还没有足够的改变。但为了保险起见，医生也会要求全部检查。[①] 此时，主要目的都是病情需要，尽管有防御性医疗的因素，但不应被认定为过度医疗。

（二）客观标准

1. 违反临床路径

过度医疗的标准，很难从纯医疗技术的角度——医疗规范——加以判断。即便从住院率和住院费用的角度来看，要确认过度医疗的存在也有相当的难度。[②] 按此标准，还会与医疗过错责任标准重合。例如，司法实践中不乏以医生擅自扩大手术适应征为由提起的诉讼，比较有影响的是熊某为案。熊某为案的司法鉴定认为，医方的过错主要有两个，一是熊某为无手术适应征，不应手术，二是对熊

① 刘晓慧：《过度医疗——患者与家属难辞其咎》，《首都医药》2010 年第 1 期。

② 朱恒鹏、顾昕、余晖：《“神木模式”的可持续性发展：“全民免费医疗”制度下的医疗费用控制》，http：//ie. cass. cn/download. asp？ id=807&tn=Graduate _ Thesis，2011 年 5 月 27 日访问。

某为的高凝倾向注意不够。[①] 此类案件，公认医方应承担医疗过错责任。如果“只要医疗机构及其医务人员违反诊疗规范及诊疗常规对患者当前的病情实施超过上述规范及常规之外的检查，均可以认定为过度检查”[②]，此类行为可以被定性为过度医疗，但这样的定性很难得到一致认可，也不符合过度医疗责任认定的谦抑原则。

临床路径管理追求以较低的代价获得较好的诊疗效果，符合适度医疗的各项要求，假使临床路径明确、完善而全面，则不失为过度医疗认定的绝佳标准。但正如前文所述，临床路径管理难以担此重任，需要其他的客观标准作补充。

2.明显超过了必要限度

过度医疗，尽管不是纯粹的医学问题，但毕竟与医学问题密切相关，从行为的角度，某一医疗行为明显不合理，非常荒谬，可被定性为过度医疗。如广东儿童的217项检查案，检查梅毒、艾滋，是基于输血安全的要求，类风湿的检查就无论如何也是没有理由的，是明显不合理的。就类风湿检查一项来说，明显超出了合理范畴，应定性为过度检查。[③]

是否超出了合理范畴，还要根据不同地区、不同国家的情况加以区别。某些医疗对某些人是过度的，对另一些人就不过度。[④] 也就是说，是否明显超出合理的范畴，要根据个案具体分析。

超出必要限度的医疗行为通常表现为以下四种类型。[⑤]

---

① 邱伟：《熊卓为案北大医院终审败诉是否非法行医未定》，http：//news.163.com/10/0428/15/65CA0T2000014AEE.html，2011年5月27日访问。

② 《法官详解“过度检查”认识误区》，http：//www.lawtime.cn/info/xiaofeizhe/dongtai/201009134498.html。

③ 《广州一儿童误食弯针引发217项检查》，http：//www.jsw.com.cn/site3/jjwb/html/2010－06/18/content_1482132.htm，2011年5月27日访问。

④ 杜治政：《过度医疗、适度医疗与诊疗最优化》，《医学与哲学》2005年第7期。

⑤ 李本富：《从550万天价住院费透视过度医疗》，《家庭医学》2006年第1期；李传良：《法视野下的过度医疗行为分析》，《法律与医学杂志》2006年第2期；杜治政：《过度医疗、适度医疗与诊疗最优化》，《医学与哲学》2005年第7期。

(1) 非医学需要的医疗干预

对于属于正常生理范围的现象或者虽有异常但通过自身调节很快可以恢复正常的现象进行医疗干预；用吃补药、补品的方式代替医疗保健。

(2) 明显不合理的检查

能用1～2项确诊的用了多项检查印证；可以一次得到的诊断采用多次重复检查；滥用高档医疗设备作常规检查；实施毫无必要的检查。

(3) 明显不合理的治疗

能用1～2种药却用多种药，能用国产的用进口的，能用便宜的用贵的，能用基本药物治愈的疾病却用高价新特药，口服药能治愈的却用针剂或者输液等，滥用抗生素；扩大手术适应征或手术范围；延长疗程或者缩短观察时间；能门诊治疗却收入院治疗。

(4) 无效治疗

对死亡征兆明显或者死亡不可逆转的病人仍进行无效、甚至是不惜一切代价的抢救治疗。

(三) 损害结果

根据过度医疗责任认定的谦抑原则，只有其他民事责任无法覆盖的领域才适用过度医疗责任，因此，过度医疗责任的损害结果仅限于患者财产权益受损，某些情况下，还包括精神损害。

1.财产权益受损

因接受了不必要的检查和治疗，医疗费用超出了合理范畴，造成患者财产权益受损，包括诊疗费用和为接受该诊疗而负担的交通费、误工费等其他必要费用。

2.精神损害

财产权益受损是过度医疗通常的损害后果，但不限于此，有时还包括肉体和精神上的痛苦。例如，实施不必要的有创检查，尽管没有影响到患者身体机能的正常运转，没有侵害患者的健康权，但无疑造成了肉体上的痛苦和精神伤害。

(四) 患者非自愿

如果医务人员在诊疗过程中，向患者明确说明扩大检查或者治疗范围，并说明了采取该检查、治疗的必要性及费用，并经患者书面同意，医方已尽告知义务，患者要对自己的选择负责，其后不能就医生扩大检查或者治疗部分主张过度医疗责任。但如果医生扩大检查或治疗范围的必要性不存在，且未告知或者告知具有欺骗性，医疗机构应承担过度医疗责任。

五、结语

如果医疗资源是无限的，讨论过度医疗责任就是没有必要的，问题是，在医疗资源有限的情况下，你该给什么人投入，投入多少，如何将有限的医疗资源“花在刀刃上”[①]。过度医疗问题的解决，可能从整体的角度考虑更合适。陈竺部长指出，应采用按单病种付费的模式减少小病大治，采用大型医疗器械检查阳性率评估的方式确保检查的合理，只有此类内部约束制度发挥效力，过度医疗问题才有可能真正解决。对过度医疗行为进行私法上的救济，尽管有重要意义，但其作用可能是比较有限的。

第二节　医疗损害责任构成要件的具体判断

依照《侵权责任法》第 54 条规定，构成医疗损害责任应当具备四个要件，即医疗机构及其医务人员在诊疗活动中的违法诊疗行为，患者受到损害，违法诊疗行为与患者损害之间具有因果关系，以及医疗机构以及医务人员的过错。这并不是一个新问题，但自《侵权责任法》通过实施之后，对此多有不同理解，需要统一认识并统一司法适用尺度。本节对这四个要件进行以下详细解说。

① 《新英格兰医学》杂志：《美国人被“过度医疗”》，http：//news. sina. com. cn/o/2010－03－22/132719915396. shtml，2011 年 5 月 27 日访问。

一、医疗机构和医务人员在诊疗活动中的违法诊疗行为

医疗机构及其医务人员在诊疗活动中的违法诊疗行为，简称违法诊疗行为，是构成医疗损害责任的首要要件。这是侵权责任违法行为要件在医疗损害责任构成要件中的具体表现。医疗机构及其医务人员在诊疗活动中的违法诊疗行为由以下两个要素构成。

（一）医疗机构及其医务人员在诊疗活动中的诊疗行为

医疗机构及其医务人员在诊疗活动中的诊疗行为主要包括四个要素，一是医疗机构，主要解决责任人的资格问题；二是医务人员，主要解决行为人的资格问题；三是诊疗活动，主要解决的是医疗损害责任发生的环境；四是诊疗行为，是构成医疗损害责任的行为要件。

1. 医疗机构

按照 1994 年 2 月 26 日国务院《医疗机构管理条例》第 2 条规定，医疗机构是从事疾病诊断、治疗活动的医院、卫生院、疗养院、门诊部、诊所、卫生所（室）以及急救站等机构。除此之外的机构都不属于医疗机构。例如，执业助理医师不得成立个体诊所，设立个体诊所行医的，由于不是医疗机构，仍为非法行医。[①] 有人认为，发生医疗损害责任之后，由于造成损害的医生是在医疗机构进修的不具有资质的“医生”、医院聘用的不具有医生资格的“医生”，医疗机构主张自己的医生不合资质而否认医疗机构的侵权责任，是没有道理的。理由是，医疗损害责任是医疗机构的责任，而不是医生自己承担的责任，因此，医院聘用或者进修的不具有医生资质的“医生”，过错在于医疗机构，并不妨害医疗机构依法承担自己应当承担的侵权责任。没有合法资质的医疗机构发生医疗损害责任，应当适用《侵权责任法》的一般条款确定侵权责任，不适用医疗损害责任的规定。对于取得医师执业证书的医师在家中擅自诊疗病人造成人身损害事故的，由于医疗活动是医疗机构的活动，不是医生个人的活动，因而也不认为是医疗损害

① 参见卫生部 2001 年 9 月 24 日《关于执业助理医师能否设置个体诊所问题的批复》。

责任，应当适用一般侵权行为的规则处理。[①] 相反，精神病医院与一般的医疗机构不同，对精神病患者负有更高的注意义务，甚至是监护义务，造成精神病患者人身损害仍构成医疗损害责任，只不过对其要求更高，更为严格，承担的责任更重罢了。

在医疗损害责任的责任主体方面，应当确定计划生育部门是否属于医疗机构。《医疗事故处理条例》第 60 条第 2 款规定，县级以上城市从事计划生育技术服务的机构依照《计划生育技术服务管理条例》(以下简称“《条例》”）的规定开展与计划生育有关的临床医疗服务，发生的计划生育技术服务事故，依照《条例》的有关规定处理，构成医疗技术损害责任。其中不属于医疗机构的县级以上城市从事计划生育技术服务的机构发生的计划生育技术服务事故，由计划生育行政部门行使依照《条例》有关规定由卫生行政部门承担的受理、交由负责医疗事故技术鉴定工作的医学会组织鉴定和赔偿调解的职能；对发生计划生育技术服务事故的该机构及其有关责任人员，依法进行处理。这其实是将计划生育部门比照医疗机构对待。依照这一规定，县级以上城市的计划生育技术服务部门尽管不属于医疗机构，但其在提供计划生育技术服务中造成技术事故的，应当按照医疗损害责任的规定确定责任。

2. 医务人员

医务人员包括医师和其他医务人员。按照《执业医师法》第 2 条规定，医师包括执业医师和执业助理医师，是指依法取得执业医师资格或者执业助理医师资格，经注册在医疗、预防、保健机构中执业的专业医务人员。尚未取得执业医师或者执业助理医师资格，经注册在村医疗卫生机构从事预防、保健和一般医疗服务的乡村医生，也视为医务人员。按照《执业医师法》第 30 条规定，执业助理医师应当在执业医师的指导下，在医疗、预防、保健机构中按照其执业类别执业。执业助理医师独立从事临床活动，也属于医务人员，发生医疗中的人身损害

① 参见卫生部 2005 年 11 月 7 日《关于取得医师执业证书的医师在家中擅自诊疗病人造成死亡适用法律有关问题的批复》。

事故，构成医疗损害责任。[①] 不具有医务人员资格的，即使发生医疗损害，也不认为是医疗损害责任。例如，非法行医的医生或者非医生，都不适用医疗损害责任的法律规范，而应当适用《侵权责任法》第 6 条第 1 款规定的侵权行为一般条款规定的规则。对于取得医师资格但未经执业注册的人员私自开展家庭接生造成孕妇及新生儿死亡的有关人员，尽管其具有医师资格，但由于其未经执业注册，因而仍然视为非法行医，造成医疗损害的，也应当按照一般侵权行为处理。[②] 对于未取得医师资格的医学专业毕业生（包括本科生、研究生、博士生以及毕业第 1 年的医学生[③]），应当区分情况，违反规定擅自在医疗机构中独立从事临床工作的，也不认为是医务人员[④]；但在上级医师的指导下从事相应的医疗活动的，不属于非法行医[⑤]，可以构成医务人员，成为医疗损害责任的行为主体。

按照《护士管理办法》规定，护士系指按照该办法规定取得国家护士执业证书并经过注册的护理专业技术人员。没有经过注册登记的护理人员，不认为是合法执业的护士。只有合法执业的护士在护理活动中造成患者人身损害的，才构成医疗损害责任，否则为非法行医，按照一般侵权行为规则处理。

医务人员并非只包括医师和护士，还有与诊疗活动有关的相关活动的工作人员，例如救护车的调度、驾驶、跟班救护人员等。

3. 诊疗活动

对诊疗活动应当准确理解，并不是只有医疗才是诊疗活动，例如，在医院进行的身体检查，在医院进行的医疗器械的植入，对患者的观察、诊断、治疗、护理、康复等，也都是诊疗活动，不能认为身体检查、身体康复等并不进行治疗而

---

① 参见卫生部 2006 年 12 月 26 日《关于执业助理医师独立从事诊疗活动发生医疗事故争议有关问题的批复》中的规定。

② 参见卫生部 2006 年 12 月 18 日《关于未经执业注册医师私自开展家庭接生造成人员死亡有关法律适用和案件移送问题的批复》中的内容。

③ 参见卫生部 2004 年 6 月 3 日《关于取得医师资格但未经执业注册的人员开展医师执业活动有关问题的批复》第 3 条的规定。

④ 参见卫生部 2005 年 9 月 5 日《关于医学生毕业后暂未取得医师资格从事诊疗活动有关问题的批复》。

⑤ 参见卫生部办公厅 2002 年 5 月 29 日《关于正规医学专业学历毕业生试用期间的医疗活动是否属于非法行医的批复》。

不是诊疗活动。医疗机构进行的影像、病理、超声、心电图等诊断性活动也是诊疗活动。同样是美容活动，医疗美容是运用手术、药物、医疗器械以及其他具有创伤性或者侵入性的医学技术方法，对人的容貌和人体各部位形态进行的修复与再塑[①]，因此属于诊疗活动；没有通过这样的手段进行的美容，例如进行面部护理、一般的保健按摩等，不认为是诊疗活动。深圳市某美容医院为客户进行颞骨垫高的美容手术，结果侵入的组织积淀在面颊底部形成两块凸起，成了“李玉和脸”[②]，构成医疗损害责任。因此，诊疗活动是一个较为宽泛的概念，并非仅指狭义医疗这一项活动。

4.诊疗行为

有人认为，诊疗行为是指临床医务人员为了诊断、治疗疾病，或者对患者的健康状况进行评价，使病人尽快康复和延长其寿命而进行的临床实践活动。[③] 这个界定大体正确，不过需要一点修改。笔者认为，诊疗行为是指医疗机构及其医务人员通过各种检查，使用药物、器械及手术等方法，对疾病做出判断和消除疾病，缓解病情，减轻痛苦，改善功能，延长生命，帮助患者恢复健康的临床医学实践行为。简言之，诊疗行为就是医疗机构及其医务人员在诊疗活动中的临床实践行为。

诊疗活动的基本特征是：第一，诊疗行为是以治疗、矫正或预防人体疾病、伤害残缺或保健为直接目的的行为，直接表现为使患者尽快恢复健康，延长寿命；第二，诊疗行为是借助于医学的方法和手段的行为，包括检查、药品、器械、手术等方法进行判断和治疗；第三，诊疗行为是医疗机构组织，由医务人员实施的行为。诊疗行为究竟是医疗机构的行为还是医务人员的行为，存在争论，笔者认为，医疗机构是诊疗行为的组织者，而医务人员是诊疗行为的实施者，二者都是诊疗行为的主体。

---

① 参见卫生部《医疗美容服务管理办法》第2条。

② 李玉和是“文化大革命”时期样板戏《红灯记》的人物，由钱浩良饰演，其左右脸颊各有一块凸出的部分，被戏称“也不胖也不瘦，一边一块疙瘩肉”。这两个受害人找过我咨询，面部形象损害严重，这种说法并不夸张。

③ 杨志寅等：《论规范化诊疗行为模式的建立》，《中国行为医学科学》2004年第13卷第6期。

医疗机构组织医务人员在诊疗活动中实施的临床实践行为，就是构成医疗损害责任的行为要件。

（二）医疗机构及其医务人员的诊疗行为须有违法性

1.构成医疗损害责任是否须有违法性要件

《侵权责任法》第6条第1款规定侵权责任一般条款中没有规定违法性要件，第54条规定中也没有明确须具备违法性要件。对此，学者的理解有所不同。王利明教授坚持其一贯立场，否认医疗损害责任构成的违法性要件[①]，在其学生撰写的著作中，也不强调医疗损害责任的违法性要件。[②] 张新宝教授主张诊疗行为应当具有违法性，他认为诊疗行为一词并不当然具有违法性，具有违法性的诊疗行为包括：误诊、贻误治疗、不当处方、不当手术和处置、手术或处置导致病人不应有的伤害以及使用不合格的材料导致病人的伤害或其他损失。[③]

笔者不赞同王利明教授的意见，赞同张新宝教授的主张，但张新宝教授的这种说法还不够准确，因为没有说清楚违法性的要义。

2.什么是诊疗行为的违法性

对诊疗行为的违法性如何理解，有的学者认为就是违反医疗规章制度的行为。[④]《医疗事故处理条例》对诊疗行为的违法性作出了详细解释，规定为“违反医疗卫生管理法律、行政法规、部门规章和诊疗护理规范”。按照一般理解，医疗侵权中诊疗行为的违法性包括三层含义。第一，是指诊疗行为违反医疗部门规章、诊疗护理规范，如果严格依照部门规章、诊疗护理规范从事诊疗行为，不会造成医疗侵权；即使造成患者某种损害，也是医疗意外，不构成医疗侵权。第二，是指诊疗行为违反了医疗卫生管理法律和行政法规。第三，是指诊疗行为违反了国家关于保护民事主体合法权益不受侵害的法律规定。《民法通则》明文规定，公民的民事权益受法律保护，不受任何非法侵害。违法诊疗行为造成患者民

① 王利明：《侵权责任法研究》下卷，中国人民大学出版社2011年版，第387页以下。

② 周友军：《侵权法学》，中国人民大学出版社2011年版，第251页以下；程啸：《侵权责任法》，法律出版社2011年版，第436页以下。

③ 张新宝：《侵权责任法》，中国人民大学出版社2010年第2版，第233页。

④ 刘振声主编：《医疗侵权纠纷的防范与处理》，人民卫生出版社1988年版，第148页。

事权益的损害，就违反了国家的法律，具有违法性。这种理解并不准确。原因在于，违反医疗部门规章、诊疗护理规范，违反医疗卫生管理法律和行政法规，并不是违法性的表现，而是对医疗过错的判断标准。第三个含义是对的，诊疗行为的违法性包括诊疗行为违反了国家关于保护民事主体民事权益不受侵害的法律规定。

侵权行为的违法性，是指行为在客观上与法律规定相悖，主要表现为违反法定义务、违反保护他人的法律和故意违背善良风俗致人以损害。[①] 作为医疗损害责任的诊疗行为违法性，是指医疗机构及其医务人员在诊疗行为中违反了对患者的生命权、健康权、身体权、自我决定权以及隐私权、所有权等民事权利不得侵害的法定义务构成的形式违法。

医疗损害责任的违法性主要是违反法定义务。这个法定义务不是医疗机构及其医务人员对患者的注意义务，因为那是构成过错要件的注意义务。违法性的法定义务是医疗机构及其医务人员作为患者享有的绝对权的义务主体，对患者享有的权利的不可侵义务的违反。医疗机构及其医务人员作为民事主体，在患者作为人格权的权利主体时，自己作为义务主体对患者权利负有不可侵义务，即不得侵害患者的权利。违反了这个不作为义务，就具有违法性。

3.诊疗行为违法性的范围

医疗机构及其医务人员对患者的民事权益负有不可侵义务，其民事权利的范围，主要是身体权、健康权和生命权，以及自我决定权、隐私权、身份权、所有权等。例如，对生命权，由于误诊而延误治疗造成患者死亡的后果，就是违反了对生命权的不可侵义务，具有违法性；《侵权责任法》第56条规定的医疗机构及其医务人员对生命垂危患者的紧急救治义务，怠于施救，致使垂危患者死亡，也违反了对生命权的不可侵义务，这种不作为行为具有违法性。对健康权，由于延误治疗而造成患者的健康严重受损，违反了对健康权的不可侵义务。对身体权，在非教学医院，经治医生组织见习医生进行观摩，未经本人同意，违反了对身体权的不可侵义务。同样，未经本人同意，泄露患者的隐私或者公开患者的病历资

① 杨立新：《侵权责任法》，法律出版社2011年版，第110页。

料，均为违反隐私权的不可侵义务，构成违法性。妇产医院对于患者的身份权也负有不可侵义务。产妇生产之后，医院由于管理失当，将产妇生的孩子发错，违反了对亲权的不可侵义务，具有违法性。这些权利都是患者的绝对权，任何民事主体包括医疗机构都负有不可侵义务。

医疗机构及其医务人员诊疗行为的违法性是否也存在违反所有权的不可侵义务，一般认为不大可能。其实不然，不过这种情况较少。《侵权责任法》第63条规定的不必要检查的基础，就是保护患者的所有权。医疗机构及其医务人员对患者的所有权也负有不可侵义务，医务人员违反诊疗规范实施不必要检查，致使患者不应当支出的财产而大量支出，就是违反了对患者所有权的不可侵义务，具有违法性。至于侵害人格权而使患者的财产受到的损害，并不是对所有权的侵害，也不是违反了对患者所有权的不可侵义务，而是侵害人格权所造成的财产损失后果。过度医疗行为同样如此。

事实上，医疗损害行为的违法性主要表现在医疗机构及其医务人员的违约行为上，这种违约行为不仅违反了双方当事人订立的医疗服务合同的约定，并且违反了医疗机构一方作为民事主体的对他人生命权、健康权、身体权等民事权利不得侵害的法定义务，造成了他人的损害。这是因为，在医疗侵权发生之前，双方当事人之间存在两种法律关系，一种是医疗服务合同法律关系，这是相对性的法律关系；一种是双方作为平等的民事主体，存在的健康权和生命权等权利义务关系，患者作为民事主体，享有身体权、健康权、生命权等权利，医疗机构作为一个民事主体，负有不得侵害的绝对义务。这后一种权利义务关系是绝对性的法律关系。医疗侵权发生之后，医疗机构既违反了合同的相对义务，也违反了身体权、健康权和生命权等权利的绝对义务，具有了违法性。前者为违约责任，后者为侵害了固有利益的侵权责任，这两种责任发生竞合。正是这种竞合的关系，才为医疗损害作为侵权责任纠纷处理提供了基础。医疗损害责任构成中的违约行为与侵害患者固有利益的违法性的一致性，构成了医疗损害责任违法行为要件的基本特点。

（三）诊疗行为的作为和不作为

作为的违法诊疗行为是医疗损害行为的主要行为方式。医务人员违反不可侵

义务而侵害患者的人格权、身份权、所有权等权利，是作为的侵权行为。

不作为的违法行为亦可构成医疗损害侵权的行为方式。确定不作为违法行为的前提，是行为人负有特定的作为义务，这种特定的作为义务不是一般的道德义务，而是法律所要求的具体义务。特定的法定作为义务来自法律的直接规定、来自业务上或职务上的要求和来自行为人先前的行为。医疗损害责任的不作为行为，主要是应当救治而未予救治、应告知而未告知、应保密而未保密等。例如《侵权责任法》第55条规定的告知义务、第56条规定的紧急救治义务，其作为义务的来源是法律规定。

二、患者受到损害

（一）患者受到损害的一般界定

医疗损害责任构成中的患者受到损害要件，是医疗机构及其医务人员在诊疗活动中，造成患者的人身损害事实和财产损害事实以及精神损害事实。有的学者认为这个损害事实还包括患者近亲属的财产的损害[①]，这种情况只有在受害患者死亡的情形下才存在。

医疗损害责任的患者受到损害要件，是指医疗机构及其医务人员的诊疗行为致使患者的人身权利、财产权利以及其他利益受到侵害，造成患者人格利益和财产利益减少或者灭失的客观事实。

（二）患者受到损害的要素

医疗损害责任的患者受到损害的要件是由权利被侵害和利益受损失这两个要素构成的。患者的权利侵害和利益损失结合在一起，构成医疗损害责任的损害事实要件。这一客观要件的存在，是医疗损害责任法律关系赖以产生的根据。医疗损害责任只有在违法诊疗行为侵害了权利并且造成相应利益损害的条件下才能发生，如果仅有违法诊疗行为而无权利侵害和利益损失的损害事实，不发生医疗损害责任。

---

① 张新宝：《侵权责任法》，中国人民大学出版社2010年第2版，第233页。

1.权利受到侵害

患者受损害中的权利受到侵害，表现在人格权、身份权和财产权受到侵害的客观事实。

医疗损害责任侵害的人格权，主要是生命权、健康权、身体权、自我决定权、隐私权、知情权等；侵害的身份权主要是亲权；侵害的财产权主要是所有权。这些权利受到侵害，就使患者的人格权、身份权和所有权造成不完整的后果。

有的学者主张患者损害不包括财产损失，仅限于生命权、身体权和健康权的损害，如果医疗机构及其医务人员借诊疗活动之机侵害了患者的财产权益，不属于医疗损害责任，例如通过过度检查以牟取非法利益①；有的主张应当包括财产损失②，医疗损害既包括财产损害，也包括精神损害。③ 笔者认为，在医疗损害责任中，所有权并不是所有的医疗损害责任的侵害客体，但在少数医疗损害责任中，例如过度检查的损害责任，则为医疗损害行为的客体。

2.利益受到损失

医疗损害责任的患者受损害的利益损失，包括人格利益、身份利益和财产利益。人格利益损失主要表现如下。一是生命利益、健康利益、身体利益的损失，造成患者的死亡、残疾、其他损伤，以及非法接触患者身体等。身体权是维护身体组成部分完整性的权利，包括实质的完整性和形式的完整性。医务人员或者与医务人员有关的人员未经患者同意，非法接触患者身体，构成对身体权的侵害。二是亲权利益的损失，亲权是未成年子女与其父母之间的身份权，医疗机构由于疏忽将产妇所生的孩子抱错，就使婴儿与其父母脱离了亲权照护，亲权利益受到损失。三是财产利益受到损失。财产利益损失包括两个方面：首先是人格利益损害、亲权利益损害所导致的财产利益的损失，例如医药费的损失、护理费的损失，以及寻亲所支出费用的损失等；其次是侵害财产权造成的患者财产利益的减少，例如不必要检查或过度医疗造成患者的财产利益减少。

---

① 程啸：《侵权责任法》，法律出版社 2011 年版，第 437 页。

② 蒋柏生：《医疗事故法律责任研究》，南京大学出版社 2005 年版，第 109 页。

③ 周友军：《侵权法学》，中国人民大学出版社 2011 年版，第 255 页。

医疗损害责任构成的患者受损害要件是否包含精神损害，多数学者持肯定态度。例如认为，在医疗损害中，人身伤害还包括了精神损害，即因医疗机构的过错导致人身伤害之后，相应地产生精神痛苦、肉体痛苦等。同时，在侵害患者隐私权的情况下，主要产生精神损害的后果。① 对于被侵权人的重大精神损害或者因侵权人的故意、严重疏忽所引起的精神损害，应当列入损害后果，并给予民法上的救济。② 这些意见都是正确的。

确定患者的精神损害，首先，医疗损害责任构成的患者受到损害要件中包含的精神损害，包括两个方面：一是侵害物质型人格权造成的精神痛苦的精神损害，二是侵害隐私权等精神型人格权造成的精神利益的损害；其次，依照《侵权责任法》第22条规定要求，造成的精神损害应当达到严重的程度，或者医务人员具有故意或者重大过失。

（三）患者受损害的类型

患者受损害包括三种类型：一是患者的人身损害事实，二是患者的精神损害事实，三是患者的财产损害事实。

1. 患者的人身损害事实

患者的人身损害事实，医疗损害行为侵害的是患者生命权、健康权和身体权，造成了物质型人格利益的损害和财产利益的损害。

患者的人身损害首先表现为患者的身体、健康损伤和生命的丧失。当违法诊疗行为作用于受害患者的物质型人格权时，受害患者所享有的作为物质型人格权客体的人体利益受到损害，造成伤害或死亡。人身利益是人之所以为人的物质条件，维持生命，维护人体组织完整和人体器官正常机能，是享有民事权利、承担民事义务的物质基础。这种利益的损害破坏了人体组织和器官的完整性及正常机能，甚至造成生命的丧失，因而在外在形态上是有形的。

患者的人身损害其次表现为患者为医治伤害、丧葬死者所支出的费用，这种财产上的损失也表现为有形损害。此外，人体伤害、死亡还可能造成其他财产上

① 王利明：《侵权责任法研究》下卷，中国人民大学出版社2011年版，第388页。

② 张新宝：《侵权责任法》，中国人民大学出版社2010年第2版，第233页。

的损失，如伤残误工的工资损失，护理伤残的误工损失，丧失劳动能力或死亡所造成其扶养人的扶养费损失等，这些损害也是有形损害。

2.患者的精神损害事实

违法诊疗行为侵害了患者的精神型人格权、身份权以及物质型人格权，都可能造成患者的精神损害。

违法诊疗行为侵害患者精神型人格权所造成的人格利益损害，是精神损害。精神性人格权的客体均为无形的人格利益，在客观上没有实在的外在表象。例如，隐私权的客体是与公共利益、群体利益无关的私人信息、私人活动和私人空间。医疗违法行为侵害这些精神型人格权，造成无形的人格利益损害，其损害的形态就是精神利益损害。

医疗损害违法行为侵害患者身份权，造成身份利益的损害，是侵害身份权所造成的损害事实。违法诊疗行为侵害了新生儿和其父母的亲权关系，侵害了亲权，造成了身份利益的损害，造成受害人的精神痛苦。

违法诊疗行为侵害物质型人格权造成受害患者的精神痛苦，也属于精神损害事实。

患者的精神利益损害表现为三种形态：一是财产利益的损失，包括人格权本身包含的财产利益的损失和为恢复受到侵害的人格而支出的必要费用；二是人格的精神利益遭受的损失，即隐私被泄露、自由被限制等；三是受害人的精神创伤和精神痛苦。

3.患者的财产损害事实

违法诊疗行为侵害所有权的基本表现形式，是不必要检查或者过度医疗等造成的患者的财产损失。医疗机构及其医务人员恶意进行不必要检查或者过度医疗，造成患者支出了不必要的费用，侵害的就是患者的所有权，使其现有的财产利益减少。

违法诊疗行为侵害患者的人格权、身份权，造成了财产利益的损失，不属于严格的财产损害事实，而属于侵害人格权、身份权造成的财产利益损害后果，计算方法并不相同。

三、诊疗行为与患者损害之间的因果关系

（一）医疗损害责任因果关系要件的概念和意义

医疗损害责任构成的因果关系要件，指的是违法诊疗行为作为原因，患者所受损害事实作为结果，在它们之间存在的前者引起后果，后者被前者所引起的客观联系。

构成医疗损害责任，违法诊疗行为与患者损害后果之间必须具有因果关系。现代侵权法的基本原则是责任自负，要求每个人对自己的行为负责。因果关系是任何一种法律责任的构成要件，它要求行为人的不法行为与损害结果之间存在因果关系，唯有此，行为人才对损害结果负责。在医疗损害责任中，违法诊疗行为与患者所受损害后果之间必须具因果关系，医疗机构只在有因果关系存在的情况下，才就医疗机构及其医务人员的过失诊疗行为负损害赔偿责任。

（二）确定医疗损害责任因果关系要件的规则

1. 直接原因规则

违法诊疗行为与患者损害结果之间具有直接因果关系的，无须再适用其他因果关系理论判断，直接确认其具有因果关系。

对于虽然有其他条件介入，但是违法诊疗行为作为原因行为，与损害结果之间自然连续、没有被外来事件打断，尽管也有其他条件的介入，但可以确定这些条件并不影响违法诊疗行为作为直接原因的，应当认定违法诊疗行为与患者损害之间具有因果关系。

2. 相当因果关系规则

在违法诊疗行为与患者损害结果之间有其他介入的条件，无法确定直接原因的，应当适用相当因果关系理论判断。确认违法诊疗行为是患者损害结果发生的适当条件的，认定违法诊疗行为与患者损害结果之间具有相当因果关系，否则为没有因果关系。

适用相当因果关系学说判断医疗损害责任因果关系，关键在于掌握违法诊疗

行为是发生患者损害事实的适当条件。适当条件是发生该种损害结果的不可缺条件，它不仅是在特定情形下偶然地引起损害，而且是一般发生同种结果的有利条件。判断相当因果关系，要依行为时的一般社会经验和智识水平作为判断标准，认为该行为有引起该损害结果的可能性，而在实际上该行为又确实引起了该损害结果，则该行为与该结果之间为有因果关系。公式是：

“大前提：依据一般的社会智识经验，该种违法诊疗行为能够引起患者的该种损害结果；

小前提：在现实中，该种违法诊疗行为确实引起了患者的该种损害结果；

结论：那么，该种违法诊疗行为是该种患者损害事实发生的适当条件，因而二者之间具有相当因果关系。”

3. 推定因果关系规则

医疗损害责任的特殊性之一，就是医疗资信在争议双方之间处于完全不对等的状况，医疗机构属于强势一方，而患者处于弱势一方。在这种场合确定因果关系，应当适用举证责任缓和规则，有条件地适用因果关系推定规则。盖然性因果关系说、疫学因果关系说都是推定因果关系的学说和规则，其基本要点是保护弱者，在受害人处于弱势，没有办法完全证明因果关系要件时，只要受害人举证证明达到一定程度，就推定行为与损害之间存在因果关系，然后由被告负责举证，证明自己行为与损害发生之间没有因果关系。

盖然性因果关系说也叫作推定因果关系说，是在原告和被告之间分配举证责任的理论。即由原告证明侵权行为与损害后果之间存在某种程度的因果关联的可能性，原告就尽到了举证责任，然后由被告举反证，以证明其行为与原告损害之间无因果关系，不能反证或者反证不成立，即可判断因果关系成立。日本学者将这种学说称为“优势证据”，在民事案件中心证的判断只要达到因果关系存在的盖然性大于因果关系不存在的盖然性这一程度，便可认定因果关系的存在。①

疫学因果关系说是用医学中流行病学原理来认定因果关系的理论，要点是，某种因素在某种疾病发生的一段时间存在着，如果发病前不存在该因素，则排除

① ［日］加藤一郎：《公害法的生成与发展》，岩波书店 1968 年版，第 29 页。

因果关系存在的可能；该因素发挥作用的程度越高，相应地患该病的罹患率就越高，换言之，该因素作用提高，患者就增多或病情加重；该因素作用降低，患者随之减少或降低；该因素的作用能无矛盾地得到生物学的说明。这种理论改变了以往就诉讼中具体个体对因果关系证明的方法，而转以民众的罹患率为参照系，即只要原告证明被告的行为与罹患率之间的随动关系，即为完成了证明责任。

在确定医疗损害责任因果关系要件时，可以应用以上两种规则，判断违法诊疗行为与患者损害后果之间的推定因果关系。

医疗损害责任的因果关系推定方法如下。

第一，分清违法诊疗行为与患者损害事实的时间顺序。作为原因的违法诊疗行为必定在前，作为结果的患者损害事实必须在后。违背这一时间顺序性特征的，为无因果关系。

第二，证明违法诊疗行为与患者损害之间存在客观的、合乎规律的可能性。在案件中，如果在违法诊疗行为与患者损害之间存在盖然性，或者根据疫学因果关系进行分析具有可能性，则应解释为法律上存在因果关系。盖然性或者可能性因果联系的证明责任由受害人举证。法官根据所积累的情况证明，如果可以作出与有关科学无矛盾的说明，即应当解释为法律上的因果关系得到了证明。

实行因果关系推定，就意味着受害人在因果关系的要件上不必举证证明到高度盖然性的程度，只需证明到盖然性或者可能性时，即由法官实行推定。受害患者只要证明自己受到损害，该损害与违法诊疗行为之间的因果关系有较大的可能性，就可以实行因果关系推定，受害患者不必证明诊疗行为与患者损害后果之间有高度盖然性。

实行因果关系推定，就意味着受害患者在因果关系的要件上减少了负担。受害人只要证明自己在医院就医期间受到损害，并且医疗机构的诊疗行为与其损害结果之间具有因果关系的可能性（即盖然性），就可以向法院起诉，不必证明医院的诊疗行为与损害后果之间因果关系的高度盖然性，更不是必然性。

第三，实行因果关系推定，要给医疗机构以举证机会，使其能够举出证据证明自己的诊疗行为与损害后果之间不存在因果关系，以保护自己不受推定的限

制。如果医疗机构无因果关系的证明成立，则推翻因果关系推定，不构成侵权责任；医疗机构不能证明或者证明不足的，因果关系推定成立，成立因果关系要件。

（三）共同原因中原因力对医疗损害责任的作用

在医疗损害责任的因果关系构成多因一果的情况下，多种原因对于患者损害的发生为共同原因。共同原因中的各个原因对于损害事实的发生发挥不同作用，因而应当适用原因力规则。

原因力，是在构成损害结果的共同原因中，各个原因对于损害结果的发生或扩大所发挥的作用力。单一原因对于结果的发生，原因力为100%，因而考察原因力不具有实际意义，只有在共同原因的情形下，考察原因力才有现实意义。

原因力的大小决定于各个共同原因的性质、原因事实与损害结果的距离，以及原因事实的强度。直接原因的原因力优于间接原因；原因事实距损害结果近的原因力优于原因事实距损害结果远的原因力；原因事实强度大的原因优于原因事实强度小的原因。根据这样一些因素，可以判定共同原因中各个原因对于损害事实发生的具体原因力的大小。违法诊疗行为如果是患者损害结果发生的共同原因中的一个，就应当适用原因力规则，确定医疗机构及其医务人员的违法诊疗行为对于患者损害结果发生的原因力大小，准确确定赔偿责任。[①]

四、医疗机构及其医务人员的过错

（一）医疗过错的概念和类型

构成医疗损害责任，医疗机构及其医务人员必须具备医疗过错要件。这是法律对医疗机构实施违法诊疗行为主观心态的谴责，正因为医疗机构及其医务人员具有医疗过错，法律才对医疗机构课以侵权责任，以示谴责。如果在诊疗行为造成患者损害中，医疗机构及其医务人员没有过失，医疗机构就不承担医疗损害责任。在诉讼中，医疗过错如何证明，以及何方承担举证责任，在理论上和实践中

① 杨立新：《医疗损害责任研究》，法律出版社2009年版，第176－196页。

分歧意见较大，应当进行深入研究。

医疗损害责任中的主观过错要件表现为医疗机构及其医务人员在诊疗护理中的故意或者过失。医疗过错主要是过失，这是因为医学伦理道德要求医师“视病如亲”“永不存损害妄为之念”①。中国早在《周礼·天官》中就有对医疗过错的说明：“岁终，则稽其医事，以判月食，十生为上，十失一次之，十失二次之，十失三次之，十失四为下。”

如何界定医疗过错的概念，可以参考美国法的做法。美国法对医疗过错使用medical malpractice，《元照英美法词典》定义为：专业人员失职行为，通常指医生、律师、会计师等专业人员的失职或不端行为。专业人员未能按该行业一般人员在当时情况下通常应提供的技能、知识或应给予的诚信、合理的服务，致使接受服务者或有理由依赖其服务的人遭受伤害、损失的，均属失职行为。包括各种职业上的违法、不道德、不端行为，和对受托事项不合理地缺乏技能或诚信服务。② 这是一个英美法式的概念界定，不大符合我国侵权法的概念界定方法，但可以借鉴其内容。在日本，医疗过错也叫做诊疗过误，是指医生在对患者实施诊疗行为时违反业务上必要的注意义务，从而引起对患者的生命、身体的侵害，导致人身伤亡后果的情形。③ 在我国，有人认为，医疗过错是指医务人员应当预见到自己的行为可能发生严重不良后果，因为疏忽大意而没有预见或者已经预见而轻信能够避免的心理态度。④ 或者认为是指医护人员在医疗过程中违反业务上的必要注意义务，从而引起对患者生命、身体伤害的情形。⑤ 或者认为医疗过错是指医务人员主观上缺乏职业所必要的理智、谦和、谨慎。⑥

我认为，医疗过错是指医疗机构在医疗活动中，医务人员未能按照当时的医

① 张新宝：《大陆医疗损害赔偿案件的过失认定》，载朱柏松等：《医疗过失举证责任之比较》，台北元照出版公司2008年版，第79页。

② 韩波主编：《元照英美法词典》，法律出版社2003年版，第888页。

③ 乔世明：《医疗过错认定与处理》，清华大学出版社2003年版，第1页。

④ 梁华仁：《医疗事故的认定与法律处理》，法律出版社1998年版，第64－65页。

⑤ 王敬义：《医疗过错责任研究》，载梁慧星主编：《民商法论丛》，第9卷，法律出版社1998年版，第673页。

⑥ 宋晓婷：《医疗过错行为论》，《法律与医学杂志》2001年第8卷第4期。

疗水平通常应当提供的医疗服务，或者按照医疗良知、医疗伦理，以及医政管理规范和管理职责，应当给予的诚信、合理的医疗服务，没有尽到高度注意义务主观心理状态，以及医疗机构存在的对医务人员疏于选任、管理、教育的主观心理状态。对此，《侵权责任法》第 57 条作了明确规定："医务人员在诊疗活动中未尽到与当时的医疗水平相应的诊疗义务，造成患者损害的，医疗机构应当承担赔偿责任。"其中关于"医务人员在诊疗活动中未尽到与当时的医疗水平相应的诊疗义务"的规定，就是对医疗过错的明确规定。

医疗过错具有以下法律特点。

第一，医疗过错的主体是医疗机构和医务人员。医疗损害责任的基本特点是替代责任，因此，医疗过错也存在替代责任的特征，即医疗过错既表现在医疗机构身上，也表现在医务人员身上。事实上，只要医务人员构成医疗过错，医疗机构就存在选任、管理和教育的过失。医疗过错体现在医疗机构和医务人员这两个不同主体的主观状态中。

第二，医疗过错是主观要件而不是客观要件。医疗过错是侵权责任构成中的主观要件，因此，它必定是一个主观概念而不是客观要件。医疗过错就是医疗损害责任的主体即医疗机构及其医务人员在主观上的心理状态，而不是客观行为。[①]

第三，医疗过错的认定通常采用客观标准。尽管医疗过错是主观概念，但由于医疗机构负有高度注意义务，因而，认定医疗过错通常不是依主观标准，而是依客观标准进行。通常是以医疗卫生管理法律、行政法规、部门规章和诊疗护理规范、常规等对于医疗机构注意义务的规定为标准，或者以医疗机构及其医务人员应尽的告知、保密等法定义务为标准，或者依照管理规范和管理职责为标准，只要医疗机构及其医务人员未履行或者违反这些义务，就被认为是有过失。同时，医疗过错的判定与医疗道德有一定关系。法律、法规、规章、规范以及常规缺乏具体规定时，一般要借助于医疗道德对医务人员的行为进行约束，因此，恪守医疗服务职业道德就成为医务人员的行为准则，一些医疗道德规范上升为医务

① 我们不接受法国法的客观过错概念，认为过失仍然是主观概念，是行为人的主观心理状态。

人员的注意义务，成为判断医疗过错的标准。① 尽管如此，仍不排除在认定医疗过错上的主观标准的适用。例如，手术器具、物品遗留于患者体内，足以证明医务人员具有过失，以及医务人员故意侵权，均为主观标准认定医疗过错。

第四，医疗过错分为医疗技术过错、医疗伦理过错和医疗管理过错，分别采取不同标准。医疗机构及其医务人员在医疗活动中承担高度注意义务。通常认为，高度注意义务是比善良管理人的注意②更高的注意义务。确定这一注意义务的标准，就是当时的医疗水平。在日本法，确定医疗技术过错不采用医学水准而采医疗水准。医疗水准是指关于已有临床医学水准加以解明之诸问题，基于医疗实践之普遍化，经由经验研究的不断积累，且有专家以其实际适用的水准加以确定者。亦即现在业已一般普遍化的医疗而得为实施的目标，在临床尚可为论断医疗机关或医师责任基础的水准。③ 界定医疗水平可以参照这样的定义。确定医疗过错，应以实施诊疗行为当时的医疗水平为标准，同时适当参考地区、医疗机构资质和医务人员资质，确定医疗机构和医务人员应当达到的注意义务，违反之，即为存在医疗过错。在医疗伦理损害责任，医疗过错则是违反告知、保密以及其他注意义务，其标准是医疗良知和医疗伦理，而不是技术规范。在医疗管理损害责任，医疗过错是违反管理规范和管理职责的不注意心理状态。

（二）医疗损害责任的过错包括故意和过失

医疗损害责任的过错主要表现为医疗机构及其医务人员在诊疗活动中的过失，但也包括故意。

1. 医疗损害中的故意

医疗损害责任中的故意，是医疗机构及其医务人员已经预见违法诊疗行为的结果，仍然希望它发生或者听任它发生。故意泄露患者隐私，故意实施不必要检

① 张新宝：《大陆医疗损害赔偿案件的过失认定》，载朱柏松等：《医疗过失举证责任之比较》，台北元照出版公司 2008 年版，第 80 页。

② 善良管理人的注意也叫做善良家父的注意，采用的是客观标准，其标准高于与处理自己的事务为同一的注意，更高于普通人的注意。

③ ［日］新美育文：《医师的过失——医疗水准论为中心》，《法律论集》第 71 卷第 4、5 合并号。转引自朱柏松等：《医疗过失举证责任之比较》，台北元照出版公司 2008 年版，第 23 页。

查，故意实行过度医疗，都是故意的侵权行为。

医务人员具有侵害患者生命权、健康权故意，在诊疗行为中故意致害患者的，构成伤害罪或者杀人罪，对其个人不能以医疗损害责任对待，但医疗机构应当承担医疗损害责任。这种情况并不多见。例如，1980 年代，上海市某外科医生协助在外地居住的女朋友调入上海后，该女即与该医生解除了婚约，因而对该女的欺诈行为十分生气。后来，该女患阑尾炎住院治疗，该医生在为她作手术中，趁机切除她的双侧输卵管，使该女失去生殖机能。该医生不但犯了伤害罪，而且构成了侵害健康权的侵权责任。对于造成的患者损害后果，医院存在过失，即疏于选任、管理、教育的过失，医院应当承担侵权责任，否则对患者是不公平的。

2. 医疗损害中的过失

医疗过错主要表现在负有诊疗护理职责的医务人员的主观状态中。医疗机构作为责任人，也应具有过失，但这种过失是监督、管理不周的过失，通常采推定形式。医疗机构及其医务人员不具有过失就不构成医疗损害责任。医疗过失的形式既可以是疏忽，也可以是懈怠，都是对患者应尽注意义务的违反。

医疗机构及其医务人员负有的注意义务，都必须是善良管理人的注意义务甚至是高于该注意义务的高度注意义务的标准，违反者即为有过失。医务人员在诊疗活动中应当尽到的义务诸如告知义务、救助义务、与当时的诊疗水平相应的诊疗义务、为患者保密义务、填写和保管病历资料义务，等等。这些义务都属于高度注意义务，要求医疗机构及其医务人员在实施诊疗行为时极尽谨慎、勤勉义务，尽力避免损害发生。违反这一注意义务就构成过失。是否尽到了善良管理人的注意义务即是否有过失，应当依客观标准判断。这个客观标准，就是医疗卫生管理法律、行政法规、部门规章和诊疗护理规范，特别是医疗卫生管理的部门规章、诊疗护理规范，是判断医疗过错的基本依据。只要违反了这些规章和规范的规定，就认为其有过失。

（三）医疗机构的过错和医务人员的过错

《侵权责任法》第 54 条对过错的表述是“医疗机构及其医务人员有过错的”。

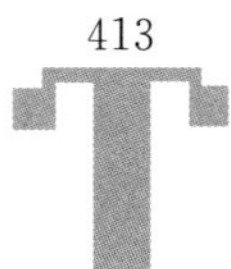

这个规定，究竟是指医疗机构的过错，还是医务人员的过错，抑或医疗机构及其医务人员均须有过错，不无疑问。有的认为，医疗损害责任的过错是指医务人员在诊疗活动中所具有的故意或者过失，不考虑医疗机构的过错①；有的认为，医务人员的过错应当认定为医疗机构的过错②；有的认为医疗机构及其医务人员均有过错。③

将医疗损害责任的过错解释为医务人员的过错，医疗机构无须具备过错要件，显然不符合《侵权责任法》第54条的要求。将医务人员的过错直接解释为医疗机构的过错，也并不适当。我认为，在通常情况下，医疗机构和医务人员均须具有过错，才能构成为医疗损害责任。医疗机构的过错，一般表现为对医务人员的选任、管理、监督的不周，当然也有故意，如医院鼓励或者放任医生进行过度医疗和过度检查。医务人员的过错，既表现为过失，也可能表现为故意。在司法实践中，应当着重于认定医务人员的过错，医务人员具有故意或者过失的，医疗机构即具有选任、管理、监督的过失，如果主张医疗机构有其他过错的，应当予以证明。

（四）过错程度及意义

过错有轻重之分。医疗机构及其医务人员的过错程度不同，会对承担赔偿责任有一定的影响。

故意为最重的过错，应承担的侵权责任最重。在故意中，直接故意和间接故意的过错程度也有所不同，直接故意重于间接故意。

重大过失次之。因重大过失所为的行为，为较重的过错，应分担的责任轻于故意，重于过失。确定重大过失的标准，亦应以当法律要求负有较高的注意标准，医疗机构及其医务人员不但没有遵守较高的注意标准，而且连较低的注意标准也未尽到，即为重大过失。例如，医务人员将手术器械遗忘在剖腹手术患者的腹腔内，连普通人的注意义务也未尽到，为重大过失。

---

① 周友军：《侵权法学》，中国人民大学出版社2011年版，第257、251页。

② 王利明：《侵权责任法研究》下卷，中国人民大学出版社2011年版，第390页。

③ 张新宝：《侵权责任法》，中国人民大学出版社2010年第2版，第234页；程啸：《侵权责任法》，法律出版社2011年版，第438页。

过失再次之。学理上将过失分为主观过失和客观过失。违反善良管理人的注意义务和违反与处理自己的事务为同一注意义务，均构成过失，属于中等程度的过失，轻于重大过失，重于一般过失。

轻微过失为最轻的过失。确定轻微过失的标准，是负有较高注意义务的行为人虽然未尽此义务，但未违反普通人应尽的注意义务。

在医疗损害责任中，医疗机构及其医务人员的过错程度轻重，具有以下意义。第一，具有过错即构成医疗损害责任，但某些情况下，医疗机构及其医务人员具有故意或者重大过失可能要承担更重的责任。例如，故意造成患者损害，可能要承担较高的精神损害赔偿责任。第二，在医疗机构及其医务人员的违法诊疗行为与其他行为结合构成共同侵权时，应当根据过错程度的不同，再加上原因力大小的因素，综合评断共同责任的分担，能够达到公平、合理、准确的价值评断标准的要求。第三，在医疗机构及其医务人员的过错是造成损害的原因，但受害患者及其家属的行为也构成损害原因的，不论是否构成过失相抵，都应当根据医疗机构及其医务人员的过错程度，确定适当的赔偿责任。

第三节　医疗产品损害责任的法律适用规则及缺陷克服

《侵权责任法》第七章规定了三种医疗损害责任的类型，即医疗伦理损害责任、医疗技术损害责任及医疗产品损害责任①，构成了医疗损害责任完整的类型体系。② 其中，最具特色的当属关于医疗产品损害责任的规定。根据北京市卫生法研究会医疗纠纷调解中心 2007 年统计，因医疗器械、药物、血液制品侵权的

① 关于医疗产品责任的称谓，学者观点未尽一致。王利明教授在其《侵权责任法研究》下卷中称之为“医疗领域的特殊产品责任”。另有学者认为，《侵权责任法》将药品、消毒药剂、医疗器械定性为医疗产品，而将血液制品定性为非医疗产品，二者统称为“医疗物品责任”。根据《侵权责任法》的规定，最高人民法院 2011 年 2 月 18 日修订的《民事案件案由规定》（法〔2011〕41 号）第九部分第 351（2）项明确规定了此类纠纷案由为“医疗产品责任纠纷”。为实践统一及行文方便，本书在论述与引注中均称为“医疗产品责任”。

② 杨立新：《中国医疗损害责任制度改革》，《法学研究》2009 年第 4 期。

案件 52 例，占所有医疗纠纷案件的 5.7%。[①]《侵权责任法》第 59 条专门就医疗产品责任的承担作出明确规定："因药品、消毒药剂、医疗器械的缺陷，或者输入不合格的血液造成患者损害的，患者可以向生产者或者血液提供机构请求赔偿，也可以向医疗机构请求赔偿。患者向医疗机构请求赔偿的，医疗机构赔偿后，有权向负有责任的生产者或者血液提供机构追偿。"对于这一规定究竟应当如何适用，以及存在的缺陷怎样克服，我们提出以下意见。

一、"齐二药案"引发的争议及对医疗产品损害责任立法的影响

（一）"齐二药案"引发的争议

医疗产品责任本质上属于产品责任范畴，通过《产品质量法》等规范调整并无太大问题。该问题受到人们强烈关注及在医疗损害责任中单独规定的要求，系为我国发生的 1949 年以来最大的一起假药致害事件——"齐二药案"所引发。

2006 年 4 月，位于广州市天河区的中山大学附属第三医院（以下称"中山三院"）发现该院先后出现多例急性肾衰竭症状患者，而这些患者均使用了齐齐哈尔第二制药有限公司（以下称"齐二药"）生产的亮菌甲素注射剂，因此初步断定该药物存在问题，随即停止使用该药并及时上报药品不良反应监测中心。2006 年 7 月 19 日，国务院总理温家宝主持召开国务院常务会议，认定这次假药事件是一起因药品生产企业"齐二药"的采购和质量检验人员严重违规操作、使用假冒药用辅料制成假药投放市场并致人死亡的恶性案件。根据国家食品药品监督管理局通报，齐二药违反有关规定，将"二甘醇"冒充辅料"丙二醇"用于"亮菌甲素注射液"的生产，而二甘醇在病人体内氧化成草酸，导致肾功能急性衰竭。[②] 仅中山三院使用的亮菌甲素注射剂已造成 14 人死亡，其中 11 名受害人

---

① 《北京市医疗纠纷调解中心 2007 年处理医疗纠纷情况》，载全国人大常委会法制工作委员会民法室编：《侵权责任法立法背景与观点全集》，法律出版社 2010 年 1 月版，第 765 页。

② 详细案情请参见 http：//www.cctv.com/news/china/20060515/103559.shtml，2011 年 8 月 21 日访问。

将中山三院、销售商“金蘅源”、“省医保”、生产商“齐二药”告上法院，索赔总额达2 000万元左右。2008年7月15日，广州市天河区人民法院判决赔偿金额为350万元，四被告承担连带责任，2008年12月10日，广州市中级人民法院作出维持原判的终审判决。

关于本案医疗产品责任的认定，广州市天河区人民法院（2008）天法民一初字第3240号民事判决书认定，涉案药品亮菌甲素注射液属于假药，构成《产品质量法》规定的缺陷产品，并由此判决药品生产者及销售者依据《产品质量法》共同承担赔偿责任[①]，广东省广州市中级人民法院（2010）穗中法民一终字第1363号民事判决书亦肯定了该观点，并无争议。本案耐人寻味之处在于对医院责任的认定。两审法院通过被告中山三院有偿并加价向患者提供涉案假药亮菌甲素注射液的事实，认定其构成销售者，并与其他被告承担连带责任，引发争议。法院经审理认为[②]：“中山三院属于涉案假药的销售者。在目前我国‘以药补医’、‘以药养医’的机制下，医疗机构一方面通过药品加价的方式获取大量的收益，另一方面却不欲作为药品销售者以劣药、假药等缺陷产品对患者造成的损害承担赔偿责任，这显然于理不合，亦与权利和义务相统一之法律原则相悖。”“本案中，中山三院作为一个非营利性医疗机构，以36元/支的价格购入该药，然后以46元/支的价格提供给患者，加价高达28%，其行为与药品经营企业通过卖药获得收入的销售行为虽然表现形式不同，但并无本质区别。”该种认定立即引起轩然大波。为了消除当事人及社会公众的疑虑，广州市中院还专门安排主审法官举行“齐二药”案判后答疑，针对案件当事人对法院判决的疑问进行解释说明[③]，足见其争议及影响之大。

（二）“齐二药案”对医疗产品损害责任立法的影响

无疑，本案的判决是具有“开创性”的，不仅首次要求医疗机构对药品缺陷

---

① 广东省广州市天河区人民法院（2008）天法民一初字第3240号民事判决书。

② 广东省广州市中级人民法院（2010）穗中法民一终字第1363号民事判决书。

③ 新华网 http：//www. gd. xinhuanet. com/newscenter/2008－12/25/content _ 15277499. htm。

承担销售者的责任[①]，还突破当时法律规定要求四被告承担连带责任。[②] “齐二药”案件的发生暴露了我国药品质量监管的诸多漏洞，加上2003年发生的龙胆泻肝丸事件，2006年发生的安徽华源“欣弗”抗生素事件，2008年江西博雅生物制药股份有限公司免疫球蛋白致人死亡事件等，这些恶性药品安全事件一次次冲击社会公众可以接受的底线，并使本已异常严峻的医患纠纷火上浇油。尽管该案的民事赔偿暂时告一段落[③]，受害人也得到了较充分的救济，但其引发的争议却从未间断，对社会的影响也远非局限于该案件本身。

该案审理过程中的争论曾经左右着《侵权责任法》数稿草案对待医疗产品责任的态度，也最终促成了《侵权责任法》第59条规定医疗产品损害责任的立场。借着“齐二药案”的舆论基础，《侵权责任法》第59条下了一剂“猛药”，认定医院在医疗产品损害责任中应当承担与销售者同样的责任。由此，与各国药品、医疗器械等通过产品责任法解决侵权责任的思路不同，由于医院在责任承担中的介入，我国的医疗产品责任实际上兼具了医疗损害责任及产品责任的双重属性。[④]

1.学者的立法建议均未受“齐二药案”的影响

由王利明教授主持的中国人民大学民商事法律科学研究中心承担教育部重大科研项目“中国民法典学者建议稿及立法理由”，在该成果第八编“侵权行为编”第六章“事故责任”中的第二节专门规定了“医疗损害侵权责任”。该草案第1988条规定：“在医疗活动中，因医疗机构使用的药品、血液、血液制品或医疗设备的缺陷造成他人损害的，适用关于产品侵权责任的规定。”“依据前款，无法查明加害人的，适用关于共同危险行为的规定。”第1989条规定，医疗机构、供

① 练情情：《主审法官在接受记者采访时认为判决医院承担民事责任是个突破》，《广州日报》2009年2月28日。

② 该案审判长公开直言不讳地表示，“这个判决最核心的问题，是在我国法律没有明确规定承担连带责任的前提下，我们作了突破”。蔡彦敏：《“齐二药”假药案民事审判之反思》，《法学评论》2010年第4期。

③ 据相关人士透露，2009年1月初，中山三院已依据新修订的《民事诉讼法》正式向广东省高级人民法院提出再审申请，具体进展尚不得而知。蔡彦敏：《“齐二药”假药案民事审判之反思》，《法学评论》2010年第4期。

④ 杨立新：《论医疗产品损害责任》，《政法论丛》2009年第4期。

血单位或者血液制品生产者能够证明自己已尽到最大的注意义务仍然无法避免损害的，不承担赔偿责任，但应当依据实际情况给予适当补偿。[①] 该建议稿采纳了医疗产品损害准用产品责任规定的观点。

由杨立新教授主持的《侵权责任法草案建议稿》在第五章“事故责任”的第三节专门规定了“医疗事故责任”。第 136 条分两款规定了缺陷医疗产品责任：“药品、医疗设备、医疗器械及其他医疗用品存在缺陷，造成患者损害的，适用本法关于产品侵权责任的规定。”“用于植入或输入的人体组织、器官存在缺陷，造成患者损害的，应当承担侵权责任。医疗机构或者供应单位能够证明已采取必要检验技术并尽到合理注意义务的，不承担赔偿责任，但应当依据实际情况给予适当补偿。”该草案同样肯定医疗产品缺陷适用产品责任规定，主要因为：（1）该类物品均符合产品的特征；（2）医疗机构提供该类产品有营利目的；（3）司法实践中一直按照产品侵权处理。[②] 另外，该建议稿规定了“用于植入或输入的人体组织、器官存在缺陷”的责任，包括血液、移植器官、精子等，原则上适用过错推定原则，例外情形下适用公平分担损失规则。

梁慧星教授主持、张新宝教授负责起草的《中国民法典·侵权行为法编草案建议稿》在第二章“自己的侵权行为”第三节“专家责任”中，在规定专家责任一般问题的基础上规定医疗事故责任的主要规则，以解决司法实践中急需解决的问题。草案建议稿第 46 条第 2 款规定，因血液制品、药品、医疗器械等有缺陷致患者遭受损害的，适用产品责任的规定。就血液瑕疵责任，同条第 1 款规定，输血感染造成不良后果的，如医师无过错，不承担损害赔偿责任。同样对血液与一般医疗产品进行区分，前者适用过错推定的原则。

这些立法建议都是在“齐二药案”已经发生，还没有作出判决之前提出的，没有受到这个案件判决的影响，都认为医疗产品损害责任应当适用产品责任的法律规定。

---

① 王利明主编：《中国民法典学者建议稿及立法理由·侵权行为编》，法律出版社 2005 年版，第 269－272 页。

② 杨立新主编：《中华人民共和国侵权责任法草案建议稿及说明》，法律出版社 2007 年版，第 270－271 页。

2.“齐二药案”判决对立法的影响

在“齐二药案”的影响下，《侵权责任法》二审稿①专章规定的“医疗损害责任”中分两条分别规定了药品、消毒药剂、医疗器械的缺陷责任及输入不合格血液的损害责任。第61条规定：“因药品、消毒药剂、医疗器械的缺陷造成患者损害的，患者可以向医疗机构请求赔偿，也可以向生产者请求赔偿。医疗机构赔偿后，属于生产者等第三人责任的，有权向生产者等第三人追偿。”第62条规定：“因输入不合格的血液造成患者损害的，患者可以向医疗机构请求赔偿，也可以向血液提供机构请求赔偿。医疗机构赔偿后，属于血液提供机构责任的，有权向血液提供机构追偿。”本条规定完全采纳了医疗机构的医疗产品销售者地位的意见，确定缺陷医疗产品生产者与医疗机构或者血液提供者承担不真正连带责任。基于我国医疗体制改革的现状，药品、消毒药剂、医疗器械等通常由医疗机构向患者提供并收取相应费用，因此在此类损害中，医院常常难逃干系，并常被认为是损害的来源。这种做法主要考虑了受害患者要求生产者或者血液提供机构赔偿可能存在的不便，因此要求医疗机构先行承担赔偿责任，体现了对受害者救济的优先考虑，可见，“齐二药案”的影响是重大的。

二审稿公布后，就医疗机构是否应当承担如此繁重的责任，引发争议。赞成此规定的观点多从方便受害患者救济的角度考虑，目前普遍存在的医院加价销售药品的现状也为该规范提供了现实基础。但更多单位或专家则持怀疑态度，认为对于医疗产品的缺陷及不合格血液所造成的损害，医疗机构应当承担过错推定责任。医院诊疗行为无过错，采购程序合法，但因使用有缺陷医疗产品时，应当由生产者承担责任，医院不应与其承担连带责任，主要理由为：(1) 医院承担连带责任可能会纵容某些药品生产者逃避责任。(2) 医院承担巨额的赔偿责任，间接影响其他患者的利益。(3) 医院的药品批零差价是政府对医院的补贴，不应当将医院定位为销售者。② 另外，在现行医疗体制下，有的医院对药品采购没有决定

① 具体内容请参见中国人民大学民商事法律科学研究中心侵权法研究所网站，http：//www.chinesetortlaw.com/Article/Article.aspx? Id=15。

② 全国人大常委会法制工作委员会民法室编：《侵权责任法立法背景与观点全集》，法律出版社2010年版，第788页。

权，而由政府相应机构决定购买，在该种情况下因药品瑕疵引起的患者损害赔偿，是否也由医院承担责任，需要研究。①

鉴于社会各界存在的激烈争议，侵权责任法草案 2009 年 10 月 10 日法律委员会审议稿②有所改变。在其第 59 条规定："因药品、消毒药剂、医疗器械的缺陷，或者输入不合格的血液造成患者损害的，患者可以向生产者或者血液提供机构请求赔偿，也可以向医疗机构请求赔偿。患者向医疗机构请求赔偿的，医疗机构可以要求生产者或者血液提供机构协商赔偿。"对于医疗产品损害责任承担方式的争论，在一定程度上反映了受害患者救济与医疗机构利益保护的博弈。将离患者更近的医疗机构纳入责任主体之中，体现了对受害患者损害救济的关切，但在对医患矛盾中处于弱势地位的患者进行倾斜保护时，仍需通过特定制度设计在弱势方权益倾斜保护和强势方合理行为自由之间保持相对的平衡。③在肯定医疗机构难以置身事外的前提下，该规定试图对医疗机构承担责任的"松绑"，但规定受害患者仅起诉医疗机构，医疗机构有权要求缺陷医疗产品生产者或者不合格血液提供机构进行协商尽快达成赔偿协议，并非明确的法律规则，具有明显的"妥协"印记，而使其行文更类似于管理条款，而丧失裁判规则的功能，由此也引来诸多的批评。

在《侵权责任法》立法的关键时刻，经过了"齐二药"案件的判决之后，经过深入调查研究和思考，我们曾提出改进方案，即（1）在一般情况下，医疗机构对使用缺陷医疗产品造成患者损害有过失，或者医疗机构强制患者使用该缺陷医疗产品，造成患者损害的，适用产品责任的一般规则，按照不真正连带责任规则，承担类似于销售者的责任。医疗机构对于缺陷医疗产品所致损害没有过失的，不承担责任，受害患者可以向缺陷医疗产品的生产者、销售者按照产品责任的一般规则请求赔偿。（2）医疗机构使用缺陷医疗产品致患者损害，无法确定缺

① 全国人大常委会法制工作委员会民法室编：《侵权责任法立法背景与观点全集》，法律出版社 2010 年版，第 90 页。

② 具体内容请参见中国人民大学民商事法律科学研究中心侵权法研究所网站，http：//www.chinesetortlaw.com/Article/Article.aspx? Id=1522，2011 年 9 月 20 日访问。

③ 张新宝：《侵权责任法立法的利益衡量》，《中国法学》2009 年第 4 期。

陷医疗产品的制造者或者供货者的，应当比照产品销售者承担产品责任的规则，承担赔偿责任。(3) 医疗机构就是缺陷医疗产品的生产者，即医疗机构使用自己生产的缺陷医疗产品致患者损害的，则应当比照缺陷产品生产者承担责任的规则，承担赔偿责任。① 这个方案能够比较好地平衡受害患者、医疗机构和缺陷产品生产者及销售者之间的利益关系，是一个比较稳妥的方案。

令人遗憾的是，立法机关未再给这种医患双方的利益平衡机制进行完善的机会，最终通过的《侵权责任法》第59条回复到了二审稿的偏重救济受害患者的立场。在医疗产品的损害救济上，医患双方的博弈以救济患者的理念获得了暂时的胜利。这是我国医疗损害责任改革的一个不足之处。②

二、医疗产品损害责任的适用范围及其责任形态

《侵权责任法》的通过，标志着医疗产品责任的法律适用进入了新的解释论时代。最高人民法院在2011年2月18日最新修订的《民事案件案由规定》[法(2011) 41号] 亦明确将"医疗产品责任纠纷"作为独立的案由，《侵权责任法》第59条将为解决相关医疗产品损害纠纷提供主要依据。正确理解第59条规定，应当从医疗产品责任的适用范围、归责原则及责任形态等方面进行把握。

(一) 两种基本类型

界定《侵权责任法》第59条适用范围，首先涉及对"医疗产品"范围的确定。这里的"医疗产品"实际包括四种：一为药品；二为消毒药剂；三为医疗器械；四为血液。这里为穷尽性罗列，超出这个范围的其他种类的产品不适用本条规定。按照适用条件的不同，本条实际上规定了医疗产品损害责任的两种基本类型。

1. 药品、消毒药剂、医疗器械损害责任

按照《产品质量法》第2条第2款对产品的界定，产品须具备两个条件：一

---

① 杨立新：《中国医疗损害责任制度改革》，《法学研究》2009年第4期。

② 杨立新：《〈侵权责任法〉改革医疗损害责任制度的成功与不足》，《中国人民大学学报》2010年第4期。

是非自然性，即要经过加工、处理等环节；二是流通性，即经过加工制造后的产出品必须进行流通领域。药品、消毒药剂、医疗器械完全属于传统产品责任法的规范范畴，是典型的医疗产品责任类型。

（1）药品、消毒药剂、医疗器械的界定

药品，是指用于预防、治疗、诊断人的疾病，有目的地调节人的生理机能并规定有适应征或者功能主治、用法和用量的物质，包括中药材、中药饮片、中成药、化学原料药及其制剂、抗生素、生化药品、放射性药品、血清、疫苗、血液制品和诊断药品等。[①] 由于药品直接作用于人体，具有固有的风险，因而我国法律对药品的研发、生产、流通等各个环节均进行严格监管，只有完成这些法定程序投放市场流通的药品，才适用本条。如某新药仍处于临床试验阶段，造成损害的，并不适用本条规定。

消毒药剂，是指医疗机构中用于进行杀灭存在于空气、器械等的病原微生物消毒，使其达到无菌化要求的制剂，如巴氏消毒液、酒精、氧化剂等。[②] 消毒药剂可为医疗活动创造一个无菌、安全的环境，防止交叉感染，提高疗效。消毒药剂的质量，在外科手术及治疗中尤为重要，直接影响到伤口的愈合，甚至可能引发严重的并发症。

医疗器械，是指单独或者组合使用于人体的仪器、设备、器具、材料或者其他物品，包括所需要的软件。医疗器械作用于人体体表及体内并不是用药理学、免疫学或者代谢的手段获得，但可能有这些手段参与并起一定的辅助作用。[③] 例如医用缝合针、一次性针管、手术刀、止血钳、植入式心脏起搏器、眼科理疗仪、牙探针等。[④] 需要注意的是，并非医疗活动中所用的物品均为本条所称“医疗器械”，例如临床上使用的眼科用护眼罩、卫生袋、药品恒温冷藏柜等[⑤]，都

① 参见《药品管理法》第 102 条。需要注意的是，该法将血液制品视为药品的一种。本文同意该观点，虽血液制品原材料特殊，但经加工成为血液制品后完全符合药品的概念，也符合产品的一般范畴。

② 刘鑫、张宝珠、陈特主编：《侵权责任法“医疗损害责任”条文深度解读与案例剖析》，人民军医出版社 2010 年 4 月版，第 128 页。

③ 参见《医疗器械监督管理条例》第 3 条。

④ 参见《医疗器械分类目录》。

⑤ 刘鑫、王岳、李大平：《医事法学》，中国人民大学出版社 2009 年版，第 274 页。

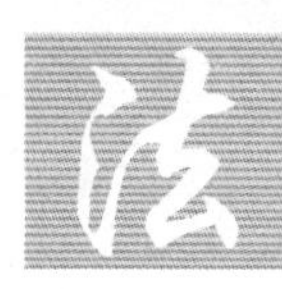

不属于本条规定的“医疗器械”，而是一般产品。

（2）缺陷的认定

依照《侵权责任法》第59规定，生产者及医疗机构承担责任，须以医疗产品存在缺陷为其前提。对于“缺陷”的认定，应当适用《产品质量法》的一般标准，即“本法所称缺陷，是指产品存在危及人身、他人财产安全的不合理的危险；产品有保障人体健康、人身、财产安全的国家标准、行业标准，是指不符合该标准”。医疗产品的缺陷主要包括四种：一是设计缺陷，指医疗产品设计时在产品结构、配方等方面存在不合理的危险；二是制造缺陷，是指在医疗产品在制造过程中，因原材料、配件、工艺程序等存在错误，导致产生不合理的危险；三是警示说明缺陷，是指具有合理危险的医疗产品投入流通后，未对其危险性进行充分警示和说明；四是跟踪观察缺陷，指医疗产品投入医疗过程时，虽现有科学技术尚不能完全发现该缺陷，但生产者及销售者亦未进行跟踪观察以及时发现危险，或者发现危险未及时采取措施的。

就医疗器械及消毒药剂的缺陷，根据上述认定标准并无困难。但由于药品作用机理的复杂性，现有的技术对许多药物机理并没完全认知，因而，对药品的缺陷判断标准需要特殊考虑。[①] 在一般情况下，药品缺陷的主要认定依据为药品质量标准，即保证药品质量而对各种检查项目、指标、限度、范围等所作的规定。药品质量标准是药品的纯度、成分含量、组分、生物有效性、疗效、毒副作用、热原度、无菌度、物理化学性质以及杂质的综合表现。[②] 药品质量的法定标准主要为国家药典。药品生产一律以药典为准，未收入药典的药品以行业标准为准，未收入行业标准的以地方标准为准。需要指出的是，不符合上述标准的，当然认定存在药品缺陷；但符合上述标准的也不能直接认定无缺陷。如曾被视为清火良药、临床使用多年的龙胆泻肝丸，完全是按照《中国药典》规定生产的，但因含有马兜铃酸造成患者肾衰竭，同样存在缺陷。这种情况下，需要根据危害与收益

---

① 宋跃晋：《药品缺陷的法律分析》，《河北法学》2010年第11期。

② 见 http://baike.baidu.com/view/197262.htm。

比例、消费者期待、医学发展水平等具体情况综合进行判断。[①]

另外，根据《药品管理法》第48条规定，药品所含成分与国家药品标准规定的成分不符的，以及以非药品冒充药品或者以他种药品冒充此种药品的，为假药。认定为假药的，当然推定该药品存在缺陷。

2.因输入不合格血液造成损害

（1）血液是否为“产品”之争

血液是否属于产品，存在较大争议。否定说者，如美国《侵权法重述第三版·产品责任》认为，虽然人类血液和人类组织器官符合（a）款的形式要件，然而本《重述》特别将其排除在适用范围以外。在美国，几乎所有州的立法都是通过假设人类血液和人类组织器官不是“产品”，或血液的供应是一种“服务”，从而将人类血液和人类组织器官的销售者的侵权责任仅限定在未尽合理谨慎义务的情况下。美国法院也认定，此种产品感染所导致的损害不适用严格责任。[②] 输血活动通常也被认为是提供医疗服务，而不是出售产品。血液通常由社会公众无偿捐献，而由血站负责统一收集、检验，并提供给医疗机构使用，血站以外的任何机构或者个人都无权采集用于输血治疗的血液，法律也明确规定血液不得买卖。因此，血液的采集、制备和使用过程均不具有销售的目的，因而它不属于《产品质量法》中的产品。[③] 肯定说者则主要从产品概念及医疗实践出发进行判断，认为输血之前，血液要经过加工和处理，符合《产品质量法》规定的要求。如果血液不是产品，因血液不合格不承担产品责任，就可能放任血站、医院提供

---

① 有学者提出对处方药与非处方药予以区分，处方药缺陷判断标准为以医师的预期为基础，兼进行药品成本效益分析；而非处方药判别标准则采消费者期待标准。另外对药品设计缺陷、制造缺陷、说明缺陷及观察缺陷设定了不同的判断方法，可资参考。宋跃晋：《药品缺陷的法律分析》，《河北法学》2010年第11期。

② 《侵权法重述第三版：产品责任》，肖永平、龚乐凡、汪雪飞译，法律出版社2006年版，第382页。

③ 刘鑫、张宝珠、陈特主编：《侵权责任法“医疗损害责任”条文深度解读与案例剖析》，人民军医出版社2010年版，第127页。

劣质血液导致病人遭受严重损害。[①] 血液作为人体的组成部分，当其与人体分离之后，就成为特殊的物，且血液的所有权属于血液提供机构，将其出卖于医院，医院又将其出卖给患者，具有产品的特征，应当视为产品或者准产品。[②] 另外，也有学者指出，美国将血液排除在产品范畴之外的做法，使血液提供者处于诉讼中的免责地位，抵制了控制病毒技术的开发和推广，造成了大量血友病患者的死亡，这一客观事实已引起学者反思并开始对血液免责法进行理论上的反省。[③]

血液是“产品”还是“服务”之争，实际上是血液瑕疵适用无过错责任还是过错责任原则之争。正如美国法学会《侵权法重述（第二次）》第402A条K项注释“必定不安全产品”时所言，对于伴随其使用而发生的不幸后果，不能仅仅因为他承诺向公众供应一个显然有用和可取的但同时伴随着一个为人所知但显然合理的风险的产品而承担严格责任。[④] 因为严格责任可能会抑制医学判断，限制科学知识、技巧的有效发展。[⑤] 因此，对于无过错情形下输血感染造成的损害，由受害者自身还是血液提供者及医疗机构承担，涉及价值判断的考量。无辜的受害者固然需要获得救济，但是否要通过对医疗机构课以严苛的无过错责任方能达此目的，值得思考。尽管输血活动常常存在无法避免的甚至十分严峻的风险，但对于患者来说也蕴含着巨大的医治效益，而要求不具有营利性质的血站及医院承担此种不测风险，显然缺乏正当性依据，因这种风险导致医疗机构或血站难以承受而陷于困境，则对广大潜在的患者来说是灾难性的威胁。况且这种责任的承担无法避免无过错感染的减少，因为即便血站或医疗机构尽其能事，依然得为无法避免的风险承担责任。因此，出于公共政策的考虑，输血感染损害不宜适用无过

---

① 高圣平主编：《中华人民共和国侵权责任法立法争点、立法例及经典案例》，北京大学出版社2010年版，第495页。

② 杨立新：《论医疗产品损害责任》，《政法论丛》2009年第2期；王利明：《侵权责任法研究》下卷，中国人民大学出版社2011年版，第414页。

③ 张海燕：《血液及血液制品的法律规制》，《经济与法》2002年第11期。

④ 美国法律研究院：《侵权法重述——纲要》，许传玺、石宏等译，法律出版社2006年版，第117页。

⑤ 徐爱国：《血液制品瑕疵的责任性质》，见中国民商法律网 http：//www.civillaw.com.cn/qqf/weizhang.asp? id=18504，2011年8月28日访问。

错责任原则。从前文的学者建议中也能看出，三大草案均基于血液特殊性的考虑，特别规定医疗机构无过错时应予免责。但这绝非置受害患者利益于不顾，受害者的损害可以通过保险、赔偿基金等途径去解决。

综上所述，使血液提供者及医院免除无过错输血责任，更具有法理和政策上的正当性，但从促进血液操作规程规范及受害人救济角度考虑，过错推定原则无疑是更为折中、全面的选择。[①] 以我们所见，将血液认定为准产品，似乎更为妥当。《侵权责任法》第59条将血液和药品、医疗器械等医疗产品责任一并规定，就是基于这种考虑。不过，将血液的损害与医疗产品责任一样，全部适用无过错责任，结论过于武断，未能从条文中解读出妥善的解释结论。此处涉及"不合格"的理解问题。

（2）何为"不合格"

因输血造成损害，只有血液"不合格"时，血液提供者与医疗机构才承担责任。《侵权责任法》在规定第一类药品等典型的医疗产品责任时，使用了与第五章"产品责任"中同样的表述——"缺陷"，而在界定血液致人损害的要件时使用了"不合格"这一表述方式，值得深思。考虑到血液的特殊性及其检验技术的局限性，若血液存在瑕疵即认定为"不合格"，则显然对血液提供者及医疗机构不公平。此处的"不合格"，实际上是指血液提供者及医疗机构对血液的瑕疵存在过错，也就是说，此处的"合格"名为指示血液，实则根据血液提供者及医疗机构的行为进行判断。首先，文义表述上，未采取与《产品质量法》及本条前段关于药品等的"缺陷"的表述，可见二者并非相同。不合格的血液肯定是有缺陷的血液，但有缺陷的血液却并非一定是不合格的血液。其次，血液质量的判断与一般产品缺陷的判断存在本质区别。血液质量的判断极大地依赖于检测技术的发展程度，不同的检验设备对于同样浓度的化学物质，检测为阳性的最低指标也不相同。供血者处于病毒感染的"窗口期"时，限于目前医学检测水平根本无法发

① 厦门大学林伟奋教授通过成本效益分析及与医改政策的协调等角度，亦得出同样结论。林伟奋：《论血液感染归责原则》，见民商法网刊，http：//www.civillaw.com.cn/article/default.asp？id＝47218＃m5。

现该血液的缺陷。最后，在实践中，只要血站及其医疗机构严格遵守《血站质量管理规范》《血站实验室质量规范》《临床输血技术规范》等要求，尽到其采集、加工、分装、储存、运输、检验等注意义务，即使未检测出血液成分中存在的有害成分，仍然视为“合格”的血液。[①] 因此，《侵权责任法》第 59 对于血液损害责任，实际上采取了过错责任原则的立场，但从举证难易及方便受害人救济的角度，是否“合格”的举证责任，应当由血液提供者及医疗机构承担。立法机关人员在相关解释中也指出，当务之急，并非是输血感染责任谁承担的问题，而是应当尽快设立输血责任保险或者建立输血赔偿基金，由全社会分担输血损害的风险。这才是解决这一问题的最有效方法。[②] 在目前医学技术上无法完全避免漏检的情况下，强行要求对血液的无瑕疵负担保责任，很可能使血液提供机构提高价格以转嫁风险，从而损害更多患者的利益。

司法实践实际上也采纳了以上观点，即通过相关注意义务的履行情况判断血液是否“合格”。典型案件如 1996 年的输血感染艾滋病案[③]，在该案中，受害者因伤住院输入河南原新野县血站供全血 400ml（为三名献血员血液），后来证实感染艾滋病病毒，要求血站及医院承担赔偿责任。承审法院认为，虽对原告所用的原三名献血者的血液委托南阳市卫生防疫站再次进行检测时，HIV 呈阴性，但因未能提供原新野县血站三名献血员的献血档案（内含献血员的献血证、身份证、照片、体检表），难以认定血站所供血液为合格血液，判决原新野县血站应承担提供不合格血液所造成的侵权责任。对于被告新野县人民医院，法院认为其主要职责是对血液的有效期、型号进行核对，血液是否凝聚或溶血，医院提供证据证明已履行上述职责，故不承担责任。

（二）责任形态

责任形态，是指侵权责任在不同当事人之间进行分配的方式。加害人为多数

---

① 刘鑫、张宝珠、陈特主编：《侵权责任法“医疗损害责任”条文深度解读与案例剖析》，人民军医出版社 2010 年版，第 130 页。

② 王胜明主编：《〈中华人民共和国侵权责任法〉条文理解与立法背景》，人民法院出版社 2010 年版，第 232 页。

③ 河南省南阳市中级人民法院（1998）南民初字第 109 号民事判决书。该案二审中，双方达成和解协议。河南省高级人民法院（2000）豫法民终字第 340 号民事调解书。

时，可能形成按份责任、连带责任及不真正连带责任等。对于药品、医疗器械及消毒药剂缺陷造成损害的，作为这些医疗产品的生产者，依法承担产品责任是没有争议的。由于这些医疗产品通常都由医疗机构使用或患者从医疗机构购买，《侵权责任法》第59条规定患者可以向生产者请求赔偿，也可以向医疗机构请求赔偿，医疗机构赔偿后，有权向负有责任的生产者追偿。医疗机构与医疗产品生产者承担的是不真正连带责任①，这实际上是将医疗机构作为销售者来对待的。

根据本条规定，医疗产品责任的责任主体主要包括：一为医疗产品的生产者或者血液的提供机构，二为医疗机构；实际上还应包括医疗产品的销售者。受害患者可以依据主张权利的便利及自己意愿选择责任主体，任何责任主体不得以自己无过错而推诿。就医疗产品缺陷所造成的损害，受害患者有权直接要求医疗机构赔偿，医疗机构不能以自己无过错而拒绝。如果医疗机构并无过失，在其赔偿后可以向最终责任者——生产者（也应当包括销售者）进行追偿。这在客观上，要求医疗机构承担了生产者赔偿不能的风险，以保证对受害患者的妥善救济。需要注意的是，本条并未规定医疗产品的“销售者”的责任，但这并不意味着销售者可以此对抗受害患者的赔偿请求，以及医疗机构的追偿权。《侵权责任法》第59条规定的是特殊的产品责任，它与该法关于产品责任的规定，属于特别法与一般法的关系，受害患者可以依据《侵权责任法》关于产品责任的规定要求医疗产品的销售者承担责任。② 医疗产品责任规定于《侵权责任法》第七章“医疗损害责任”之中，其主要目的在于解决医疗机构的责任问题，这也是其单独规定的必要性之所在，而非免除了医疗产品销售者的责任。

在“齐二药”案件中，法院判决医疗机构与药品生产者、销售者承担连带责任。但本条规定的医疗产品责任形态与连带责任并不相同，表现在此种责任大都存在终局责任者，中间责任人承担责任后，可以向最终责任人追偿。③ 这符合不真正连带责任的一般规则。医疗机构或者医疗产品的销售者对缺陷的发生有过错

---

① 此处主要指药品、医疗器械、消毒药剂缺陷所造成的损害。关于血液不合格造成的损害，上文已有论述，此处不再赘述。

② 王利明：《侵权责任法研究》下卷，中国人民大学出版社2011年版，第412页。

③ 王利明：《侵权责任法研究》下卷，中国人民大学出版社2011年版，第412页。

的，应当承担终局责任，否则应当由医疗产品的生产者承担最终责任。

医疗机构对医疗产品的缺陷承担类似于销售者的责任，得到了学者及司法实务界较大程度的认同，在“齐二药”案件中首次获得人民法院的采纳，并被认为是适合我国目前医疗体制实践的。因为在我国的医疗实践中，医疗单位既是诊疗护理服务的提供者，同时也是药品的最大零售商。在绝大多数医疗单位，销售药品的收入远远高于提供诊疗护理服务的收入，这显然是不正常的。鉴于这一实际情况，缺陷产品、器材等致人损害的赔偿应当按照我国《产品质量法》所确定的赔偿原则办理。[①] 不过需要指出的是，比较法上将医疗机构视为销售者的做法并不多见。由于医疗服务的特殊性，在提供服务的过程中使用相关药物及器械是诊疗活动必不可少的组成部分，因而，医疗服务难以避免地体现出了“服务与销售”的复合形态。在美国绝大多数州，无论在何种情况下，医院都不因其提供了与医疗护理有关的产品而被当作该产品的销售者[②]，而认为医院和医生提供的是医疗服务进而免除他们就医疗过程中使用的缺陷产品所导致的伤害承担严格责任，无论该产品是被移植到病人身上，借给病人使用，抑或只是作为一项工具。[③] 因为考虑到医疗服务的性质、效用及对它们的需要，它事实上牵涉到许多人的健康甚至生存，这对总体福利而言是如此重要，以至于超过了任何需要对口腔医生和其他医生课以严格责任的政策尺度。[④] 课以生产者及销售者不真正连带责任，是否对于救济受害患者真的仍有不足，而至于达到需要将医疗机构纳入其中的程度，也是需要实证检验的问题。从长远角度看，我国医疗机构实现医疗产品“零加价”势在必行，而药品加价的做法实在是过去医疗制度改革的不成功的副产品。当这种情况出现时，《侵权责任法》第 59 条规定的适用将遇到巨大困难，只有免除医疗机构对缺陷医疗产品的严格责任，才真正符合医疗服务的本

---

① 张新宝：《侵权责任法原理》，中国人民大学出版社 2005 年版，第 229 - 230 页。

② 《侵权法重述第三版：产品责任》，肖永平、龚乐凡、汪雪飞译，法律出版社 2006 年版，第 407 - 408 页。

③ Vergott v. Desert Pharm. Co，Inc. 案中，医院对开胸术所必用导管的破裂不承担严格责任。Hector v. Cedars-Sinai Med. Ctr. 案中，医院对植入病人体内的有缺陷的心脏起搏器不承担严格责任。

④ Newmark v. Gimbel's Inc.，258 A. 2d 697，703（N. J 1969）.

质，顺应医疗体制不断完善的发展趋势，也服务于广大患者的共同福祉。因此，我们认为，《侵权责任法》第59条规定的医疗机构对医疗产品损害责任的规则，其实是一个过渡性的规则，不应当长期适用。

三、解释论背景下医疗产品损害责任的缺陷与克服

基于我国目前特殊的情形，《侵权责任法》第59条作出对医疗机构不利的规定，在实践中应当得到适用。但由于药品、消毒药剂、医疗器械包含的范围是如此广泛，医疗机构的具体情形也各不相同，本条“一刀切”的规定模式必将在司法实践中遭遇尴尬，需要通过适当的解释技术保证法律的准确适用及判决的正当合理。

（一）“齐二药”案的反思与《侵权责任法》第59条的缺陷

“齐二药”案件本身的性质是恶劣的，肇事生产商用有毒的“甘二醇”冒充辅料“丙二醇”，已远远超出了药品“缺陷”的程度，其巨大的社会反应使其影响力引发的“愤怒”已使得许多人难以冷静地看待与“假药”案程度截然不同的一般医疗产品责任问题，导致相关问题的争论完全倒向受害者救济这一边，医疗机构的利益诉求被湮没在“汹涌的征讨声”中。此规定意在威慑严重不负责任的生产者及医疗机构，以平复患者日渐不满的情绪，更多地考虑了法律适用的所谓“社会效果”。这种“为民做主”的做法也确实赢得了不少掌声，法院也将之作为政绩写入《法院工作报告》。[①] 权利的救济固然重要，但方式的选择也不能随心所欲，要力求合法、适度。如果法院为了吸引眼球、“迎合”民意而标新立异，则走上了歧途。

当然，学者不能完全沉浸于大功告成的喜悦或者幸灾乐祸式的狂欢中，而应当保持足够的冷静去反思规则的正当性，并为法律适用中存在的困惑——已经存在的以及即将发生的——寻求解决之道。反思“齐二药案”的法律适用，《侵权

① 此做法也并未获得法院预期的掌声，在审议《法院工作报告》时出现了“代表一边倒，力挺医院喊冤”的场面。练情情等：《代表一边倒力挺医院喊冤》，《广州日报》2009年2月28日。

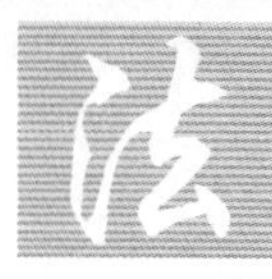

责任法》第59条在司法适用中可能会遭遇如下难题。

1.可能使过多的医院陷入诉累

本来医疗产品造成他人损害并不是新问题，通过《产品质量法》相关规定由生产者及销售者承担责任即可解决。本条的出台使医疗机构处于被追究赔偿责任的行列，且不问其是否对损害的发生有过错。由于通常情况下，药品、消毒药剂、医疗器械的生产者或者血液的提供机构可能距离受害人过于遥远，要求医疗机构赔偿便于受害人主张权利。[①] 因而，尽管名义上责任主体为生产者、销售者及医疗机构，但实践中大多数的医疗产品损害纠纷必将指向医疗机构。由于几乎所有的医疗服务均会涉及不同种类的医疗产品，医疗机构可能为之承担责任的医疗产品不计其数，因而需要付出巨大的人力及资源应付这些诉讼，并再行与医疗产品生产者或者血液提供机构纠缠追偿权诉讼，承担生产者赔偿不能的风险，实际上担任了医疗产品无瑕疵的保证责任与患者赔偿的保险功能，与医疗机构救死扶伤的本质工作相去甚远，也与设立医疗机构的宗旨相悖。北京市曾经有一个案例，某骨科医院为患者手术后用钢板固定，患者选择廉价的国产钢板，医生一再劝其选择质量更为稳妥的进口钢板，均被患者拒绝，廉价钢板植入患者身体后发生断裂，医院为其重新手术之后，患者起诉医院承担赔偿责任，法院判决原告胜诉。令人担忧的是，医疗机构这些成本的增加，最终还将由全体患者共同承担。而医疗机构如果拒绝提供必要医疗器械，则许多诊疗活动将无法进行。即使其零加价提供所有医疗产品，在医疗体制改革解决医疗机构拨款不足的难题前，医疗机构则可能陷入生存难以维系的窘境。

2.医疗机构的追偿权难以实现

从条文上看，患者要求医疗机构赔偿后，可以向负有责任的生产者追偿，医疗机构只是为受害患者的救济提供便利，并不承担最终责任。但实际上却远没有那么简单，“齐二药案”的现实结果即是实例。法院作出终审判决后，所有涉案受害人都对医院提出了履行生效判决义务的要求，且都通过执行程序从医院获得了赔偿。由于医疗产品存在缺陷造成患者损害，通常涉及人数众多，巨额的赔偿

---

① 王利明：《侵权责任法研究》下卷，中国人民大学出版社2011年版，第412页。

请求及其可能承担的行政责任足以使产品的生产者陷入破产，这样，医疗机构的介入导致的不光是医疗机构的先行赔付，更为核心的是，真正应当承担假药责任的生产者及销售者却逃过了产品责任的承担。该案原告律师也坦承，齐二药已因假药事件而被黑龙江省药监局罚没 1 920 万元的罚款，有关责任人接受刑事审判，该企业已经失去偿付能力，只有医院才有实际赔偿能力。[①] 由于体制上的多重原因，《侵权责任法》第 4 条规定的侵权责任请求权的优先权保障经常难以实现，医疗机构的追偿权也就经常流于形式。另外，实践中大量纠纷是通过医患双方协商解决的，由于生产者会不认可医院与患者自行协商的赔偿数额，医院难以向生产者进行有效的追偿。[②]

3.该条的适用会加剧医患矛盾

医患矛盾已成为目前影响我国社会稳定的问题之一。由于医疗体制及其医疗服务管理的不尽完善，本来要求双方高度信任的医患双方却互相猜忌，敌对情绪益涨。良好的制度设计，应当既可以解决现实中存在的纠纷，也可以有助于改善已存在的矛盾，至少不应当使其进一步恶化。该条要求无过错的医院也需要先行承担责任，必将使得更多的医患双方对簿公堂，可能助长本已十分严重的医患对抗情绪。这样，本应当为缺陷医疗产品的缺陷负其责任的生产者置身事外，而再次将已经不堪重负的医疗机构推向风口浪尖。由于医疗机构即便善尽注意义务也难以避免被诉，那么，其提高服务质量的努力也多少显得无济于事。毕竟，在国家对药品研发、质量、经营等多个环节进行严格监管的情况下，医院再对药品成分等质量问题等重新检验以发现上游环节的瑕疵，着实没有必要，也不太可能，甚至有些荒谬。“齐二药”假药案反映出的药品安全问题，究竟是否是医院的责任呢？答案应当是明确的。

4.与医疗体制改革的方向相悖

我国医疗体制正处于改革转型期，新出台的医改方案要求“坚持公共医疗卫

---

① 蔡彦敏：《“齐二药”假药案民事审判之反思》，《法学评论》2010 年第 4 期。

② 全国人大常委会法制工作委员会民法室编：《侵权责任法立法背景与观点全集》，法律出版社 2010 年版，第 808 页。

生的公益性质”，实行“医药分开”“营利性与非营利性分开”“强化政府责任和投入”[①]。针对目前存在的政府为弥补国家对事业单位公立医院的财政投入不足所制定的药品加价行为，现实运行中的弊端已愈来愈明显。故国务院《医药卫生体制改革近期重点实施方案（2009—2011）》明确要求推进公立医院补偿机制改革，逐步将公立医院补偿由服务收费、药品加成收入和财政补助三个渠道改为服务收费和财政补助两个渠道。推进医药分开，逐步取消药品加成，不得接受药品折扣，医院由此减少的收入或形成的亏损通过增设药事服务费、调整部分技术服务收费标准和增加政府投入等多途径解决。而《侵权责任法》第59条则将医疗机构的营利性销售药品的现象正式予以肯定，与医改的方向有所背离。另外，尽管根据医院加价行为认定销售略有牵强，但随着医疗体制改革的深入，医院加价销售药品的现象可能作为一种政策而退出历史的舞台，《侵权责任法》第59条规定就会丧失其存在基础，该条款在实践中的适用将完全丧失正当性。

另外，《侵权责任法》第59条规定的医疗机构责任与第54条规定的一般规则相冲突，如何划清二者适用界限也为司法实践提出了难题，为医疗产品责任适用范围的不当扩大埋下伏笔。

（二）医疗机构责任承担的理性考量

正如丹麦法院在“Veedfald 诉 Arhus Amtskommune”一案中指出的：要求公立医疗机构承担产品严格责任，将对整个卫生系统产生有害影响。[②] 因此，在司法实践中适用《侵权责任法》第59条确定医疗机构承担医疗产品责任时，应当注意以下几个问题。

1. 区分营利性医疗机构与非营利性医疗机构

根据医改要求，要坚持非营利性医疗机构为主体、营利性医疗机构为补充，公立医疗机构为主导、非公立医疗机构共同发展的办医原则。[③] 也就是说，营利性医疗机构与非营利性医疗机构将长期共存。公立医院多数为非营利性，是我国

① 参见《中共中央国务院关于深化医药卫生体制改革的意见》（中发〔2009〕6号）。

② Veedfald v. Arhus Amtskommune (Case C-203/99) [2003] 1 C. M. L. R. 41, 1235. 转引自陈昌雄：《医疗机构在医药产品侵权中的责任研究》，《中国卫生法制》2010年9月第18卷第5期。

③ 参见《中共中央国务院关于深化医药卫生体制改革的意见》（中发〔2009〕6号）。

医疗服务体系的主体，是体现公益性、解决基本医疗、缓解人民群众看病就医难的主要力量。在医疗产品损害责任中，要求公立医院等非营利性医疗机构承担严格责任，并不适当。相反，营利性医院以获取利润为目的，是独立的市场主体，销售药品也是其经营范围之一，要求其对医疗产品损害承担责任，具有正当性。另外，如果能够证明医疗机构不存在加价行为，如药品、医疗器械等医疗产品均由政府采购，或者能否定医疗机构处于销售者地位的情形，如医疗机构开出药方，由患者自行购买药物，医院机构就不能对医疗产品的缺陷承担无过错责任责任。

2. 考虑医疗产品与医疗服务联系的紧密程度

医疗服务与医疗产品的提供经常形影相随。现代医学发展越来越依赖于各种医疗设备，许多临床手术及诊疗活动离开相应的医疗设备或器械就会无从进行。患者所需缴纳的诊疗费中，既包括服务收费，也包含消耗的医疗器材的收费，医疗活动也就经常以“服务与销售的结合体”的形式出现。如果某项医疗产品与诊疗服务密不可分，如临床手术中用到的手术刀、止血钳等医疗器械、必备消毒药剂以及为保证手术安全进行的必需药品，应当视其为诊疗服务的组成部分，因其缺陷导致的损害，应当依据《侵权责任法》第 54 条规定的医疗损害责任的一般规定，适用过错责任原则，不应当包括在《侵权责任法》第 59 条规定范围之内，医疗机构对此类医疗产品的缺陷不承担无过错责任。当然，由医疗机构自己生产的制剂、消毒药剂、医疗器械等医疗产品存在缺陷，造成患者损害的，无论医疗机构是否有过失，都应当承担生产者的赔偿责任。

3. 医疗机构的免责事由

《侵权责任法》并未规定医疗产品责任的免责事由，但由于医疗产品责任是医疗领域的一种特殊的产品责任，应当适用《产品质量法》关于生产者免责的规定。由于生产者实际上承担医疗产品责任的最终责任，根据举重以明轻的解释规则，医疗机构当然可以援引此规则进行抗辩。根据《产品质量法》第 41 条第 2 款规定，生产者能够证明有下列情形之一的，不承担赔偿责任：（1）未将产品投入流通的；（2）产品投入流通时，引起损害的缺陷尚不存在的；（3）将产品投入

流通时的科学技术水平尚不能发现缺陷的存在的。其中第 3 项肯定了发展风险的抗辩。

即使在科学技术高度发展的 21 世纪，许多不治之症还在威胁着人类的健康，需要不断发展医学水平，积累医疗经验。“是药三分毒”，而对药品危险的容忍也是基于伦理的、经济的和发展的考虑。医疗活动本身就是一项高风险的复杂的探索活动，其中蕴含的风险永远无法完全避免，为人类所带来的福祉也难以估量。因此，医疗机构及医药学的发展需要更为宽松的进步空间。从这个角度讲，发展风险的抗辩在医疗损害领域就具有特殊重要的意义。

因此，在处理医疗产品责任纠纷时，应当妥善处理《侵权责任法》第 54 条与第 59 条规定的关系。如果医疗产品的使用已构成医疗服务的必要组成部分的，确定医疗机构的责任应当适用第 54 条规定的过错责任原则，而非第 59 条规定。另外，确定医疗机构的责任承担，要综合考量医疗机构性质、药品加价程度等具体因素，在救济受害患者及保护医疗机构利益之间达致平衡。

第二十二章

医疗损害责任的新发展

第一节　医疗产品损害责任的三个具体问题

关于《侵权责任法》第59条规定的医疗产品损害责任问题，我在有关文章和著作中做过较为详细的探讨，但是还有一些问题需要继续研究。本节选择以下三个问题，继续说明我的看法。

一、医疗产品损害责任不真正连带责任的分担规则

（一）《侵权责任法》第59条规定需要补充的问题

《侵权责任法》第59条规定医疗损害责任的责任形态是不真正连带责任，是很多学者都认可的，这完全符合该条的立法本意。将本条规定的医疗损害责任的分担规则与《侵权责任法》第41条至第43条规定的产品责任基本规则相比较，还有以下几个问题需要继续补充。

第一，该条没有规定缺陷产品销售者的责任。既然医疗产品损害责任也是产

品责任，没有规定销售者的责任是不完善的。在医疗产品损害中，销售者的责任更为复杂，因为医疗器械特别是药品和消毒药剂，销售渠道更为复杂，多数医疗产品需要几经转手才能到达医疗机构手中，用于患者。不规定缺陷医疗产品销售者的责任，在法律适用上不能完全解决法律适用问题。

第二，该条规定的是医疗机构作为中间责任人时的责任分担规则，没有规定医疗机构承担最终责任的规则，这也是不完善的。例如，一是医疗产品缺陷是由医疗机构及医务人员的过错形成的，这需要医疗机构承担最终责任；二是医疗产品虽然有一定的缺陷，但使用中医疗机构及医务人员由于过错造成患者损害，这需要医疗机构与缺陷产品的生产者或者销售者承担连带责任。对这些问题不规定法律适用规则，仍然无法应对全部的医疗产品损害责任的责任分担问题。

第三，该条没有规定医疗机构自己作为医疗产品的生产者的责任，例如制剂等医疗产品就是医疗机构自己生产的，制剂等产品的缺陷也是医疗机构形成的。这时候，医疗机构就不在《侵权责任法》第59条的范围之内，而应当适用《侵权责任法》第41条规定的规则，医疗机构应当作为缺陷医疗产品的生产者对受害患者承担最终责任。

这些问题，都需要根据《侵权责任法》的一般性规定进行补充和完善，建立起完善的医疗产品损害责任制度。应当看到，《侵权责任法》是一个整体，在分则性规定中没有规范的问题，应当适用总则性的规定处理。按照这样的思路，就能够提出完善的医疗产品损害责任的责任分担规则。

（二）医疗产品损害责任的不真正连带责任

医疗产品造成患者损害，其基本的责任形态是不真正连带责任，基本规则是：

1.医疗产品损害责任的中间责任主体是医疗机构和医疗产品的生产者、销售者

在医疗产品损害责任中，中间责任的责任主体有三种。（1）医疗机构。医疗机构直接使用医疗产品，应用于患者身上造成损害的，医疗机构当然是责任主体，无论有无过错，都应当承担中间责任；如果医疗机构不能指明缺陷医疗产品

的生产者也不能指明缺陷产品的供货者的，应当承担最终责任，为无过错责任。(2) 医疗产品生产者，其制造了有缺陷的医疗产品，并且造成了患者的损害，应当承担最终责任。(3) 医疗产品的销售者，按照《侵权责任法》第 42 条规定，销售者对于缺陷医疗产品造成损害具有过失，应当承担最终责任；如果销售者不能指明缺陷产品的生产者也不能指明缺陷产品的供货者，则销售者应当承担无过错责任。

2. 承担中间责任受害患者可以选择向医疗机构、生产者或者销售者主张权利

按照产品责任的中间责任规则（即《侵权责任法》第 43 条第 1 款规定），受害患者有权在上述三种侵权责任主体中，根据自己的利益，选择对自己最为有利的、法律关系"最近"的一个请求权行使。受害患者有理由选择医疗机构作为索赔主体，请求其承担赔偿责任；也有理由选择医疗产品的生产者或者销售者请求其承担赔偿责任。三种责任主体都无拒绝受害患者请求赔偿的权利。

应当明确的是，医疗机构在中间责任规则中作为责任人承担中间责任，并不单纯是作为医疗产品的销售者的责任人地位。有的认为，如果医疗机构不处于医疗产品的销售者的地位，让医疗机构连带承担提供的药品、消毒药剂、医疗器械缺陷造成的患者损害，是不公平的。① 这样的意见不妥。《侵权责任法》规定不真正连带责任，并非只是考虑医疗机构对药品加价而处于销售者地位，主要考虑的是保护好患者的合法权益。"立法调研中了解到，许多患者在因此受到损害后，都有被相互推诿，求偿困难的经历。由于法律缺乏明确的规定，患者在这方面寻求司法保护的效果也不理想。本条为了更好地维护患者的权益，便利患者受到损害后主张权利"，才明确规定了第 59 条的不真正连带责任。② 立法机关工作人员的这一解说，代表了立法的本意。因此，不应当区分医疗机构承担不真正连带责任是否处于销售者的地位。如果医疗机构与患者自己选用的医疗产品没有关系，则医疗机构不承担不真正连带责任。

---

① 刘鑫、张宝珠、陈特：《侵权责任法医疗损害责任条纹深度解读与案例剖析》，人民军医出版社 2010 年版，第 142 页。

② 王胜明：《中华人民共和国侵权责任法释义》，法律出版社 2010 年版，第 291 页。

3.中间责任人承担了中间责任后对最终责任人的追偿权

上述三种责任主体中的任何一方在承担了中间责任之后，如果自己不是最终责任人，都可以向其他应当承担最终责任的责任主体进行追偿。例如，医疗机构承担了中间责任之后，有权向缺陷医疗产品的生产者进行追偿。

医疗机构承担了中间责任之后，是否有权向缺陷医疗产品销售者进行追偿的？我认为，如果缺陷医疗产品销售者为最终责任人的，医疗机构承担了中间责任之后，当然有权向作为最终责任人的销售者进行追偿。尽管《侵权责任法》第59条对此没有明文规定，但按照第43条规定的规则，是有权追偿的。

中间责任人承担了中间责任后行使追偿权，追偿的范围如何确定，法律亦未明确规定。我认为，这种赔偿请求权是全额的请求权，包括在前手诉讼中造成的所有损失，凡是缺陷医疗产品造成的损害，都有权请求生产者或者销售者赔偿，只有基于自己的过失造成患者损害的部分，才不能进行追偿。应当追偿的范围是：(1) 承担的全部损害赔偿金；(2) 应对赔偿纠纷诉讼支出的各种调查费用等；(3) 确定中间责任纠纷诉讼的案件受理费和律师代理费。

4.医疗机构承担最终责任的情形

医疗机构在医疗产品损害责任中作为最终责任人，有以下三种情形。(1) 医疗机构对医疗产品缺陷形成具有过错的，例如医疗产品原本没有缺陷，是医疗机构的原因使其形成缺陷；(2) 医疗产品没有缺陷，完全是医疗机构错误使用造成患者损害的；(3) 医疗机构自己生产的制剂等医疗产品存在缺陷，造成患者损害的。在这三种情况下，医疗机构本身就是最终责任人，受害患者向医疗机构请求赔偿的，医疗机构应当承担最终责任，不得向其他人追偿；受害人向其他人例如医疗产品的生产者或者销售者请求赔偿的，生产者或者销售者承担的是中间责任，嗣后有权向医疗机构追偿。

5.患者将医疗机构和生产者、销售者同时起诉的应按照最终规则处理

在诉讼中，如果受害患者将医疗机构、生产者和销售者一并作为共同被告起诉的，法院应当直接适用最终规则，确定缺陷的直接生产者承担侵权责任，不必先实行最近规则让医疗机构先承担责任再进行追偿。

6.市场份额规则

针对在产品侵权中同类产品造成侵权后果，但是生产这种产品的不是一个生产者，而是数个生产者，不能确定是谁制造的产品造成的实际损害这种情况，就是共同侵权行为中的共同危险行为。按照共同危险行为的规则，应当由生产这种产品的数人共同承担侵权责任。但是，按照一般的共同危险行为的规则，应当是由实施共同危险行为的数人承担连带责任，而这种生产产品的情况则与一般的共同危险行为并不相同，承担连带责任不合理，因为个人的生产份额并不相同。按照“市场份额”规则，数人生产的同类产品因缺陷造成损害，不能确定致害产品的生产者的，应当按照产品在市场份额中的比例承担民事责任。按照这一规定，应当先确定各个生产者在生产当时产品所占市场的具体份额，按照这一份额确定自己应当分担的责任。

在医疗产品损害责任中，如果出现致害的药品、医疗器械、消毒药剂等医疗产品不能确定谁是真实的生产者的，可以适用市场份额规则，确定数个生产者按照产品所占市场份额的比例，确定其赔偿份额。对此，可以参考美国辛德尔案的做法。辛德尔的母亲在怀孕时，服用了己烯雌酚保胎药，这种药的后果是造成胎儿出生后可能患乳腺癌。辛德尔就是这种药的受害者。她出生 20 多年之后，发现自己患有乳腺癌，向法院索赔，法院判决生产这种药的所有工厂按照市场份额承担损害赔偿责任。[①]

不过，这种情况并不涉及医疗机构的中间责任的承担问题，涉及的是医疗机构承担了中间责任之后，如何向缺陷医疗产品生产者的追偿问题。由于实行市场份额规则确定的缺陷产品的各个生产者承担的责任是按份责任而不是连带责任，医疗机构向按照市场份额规则应当承担缺陷产品赔偿责任的生产者追偿时，应当分别向每一个生产者进行追偿，可以同时起诉所有的生产者按份进行追偿，也可以分别起诉一一向每一个生产者进行追偿。

---

① 该规则之提出，始于美国 1980 年辛德尔诉阿伯特药厂案。Sindell v. Abbott Laboratories. P. 607, 2d, 924 (1980).

（三）医疗损害责任的连带责任

在医疗产品损害责任中，有两种情形形成连带责任。

1. 在医疗产品损害责任中生产者、销售者和医疗机构都有责任构成共同侵权行为

医疗产品损害责任本来实行不真正连带责任，如果在医疗过程中，使用缺陷医疗产品造成患者损害，缺陷医疗产品的生产者或者销售者应当承担最终责任，但医疗机构对于医疗产品缺陷形成也有过错，或者在使用缺陷医疗产品中有过错，就可能由三方被告或者两方被告承担赔偿责任，由于造成的是同一个损害结果并且是不可分，且每一个行为人的行为都是造成患者损害的共同原因，因而构成共同侵权行为，应当承担连带责任。

2. 生产者无法承担最终责任中的医疗机构与销售者承担责任

医疗机构在承担了中间责任对受害患者予以赔偿之后，如果销售者也是中间责任人，但作为最终责任人的缺陷医疗产品生产者丧失赔偿能力，或者主体资格丧失的，能否向销售者进行追偿？如果可以追偿，损失将转嫁给不应承担最终责任的中间责任人身上，有违分配正义原则；如果不能向销售者进行追偿，则全部损失由医疗机构承担，也有违公平原则。对此，《侵权责任法》产品责任规则也没有规定，依照法理，医疗机构应当可以依照份额向销售者追偿为宜。例如，生产者作为最终责任人主体消灭，医疗机构承担中间责任后，如果有一个销售者，同为中间责任人而非最终责任人的，医疗机构可以向其追偿50％的损失，由两个中间责任人分担损失，形成事实上的连带责任。

在上述情况下，应当适用《侵权责任法》第13条和第14条规定处理。

二、血液损害责任

（一）血液是不是产品

血液是流动于包括人在内的动物心血管系统中的一种红色液体，在心脏的推动下沿全身血管系统循环流动，运输物质、维持内环境相对恒定，保护机体及参

与神经体液调节。缺乏血液供应的组织器官，其代谢与功能将严重紊乱，甚至组织坏死；人体大量失血或血液循环严重障碍，将危及生命。[①] 正因为血液有如此重要的作用，因此才在诊疗活动中具有救死扶伤的重要意义，医疗机构必须采集血浆、储存血浆，用于抢救和治疗危重病人。

血液是人体组织，难道也能定性为产品吗？对此，有两种不同的意见。有的认为，血液是产品，血站是产品的生产者，医院是产品的销售者，理由是，血液在使用之前经过加工，存在加工、制作的过程，血站按照一定的价格将血液交付医院，是一个等价交换的行为，且《药品管理法》规定血液制品属于药品。[②] 有的认为，血液不应当属于产品的范畴，因为对血液的加工、制作并不是为了销售，亦非营利，不符合产品责任法规定的产品属性，不是产品。[③]

争论血液是否为产品的实质，是为了确定输血造成的损害是否适用无过错责任原则。在美国，原本认为血液不属于产品，将血液排除在产品之外，因而不适用产品责任规则，也就不适用无过错责任原则。但是，在 1992 年昆塔娜诉血液服务机构一案中，科罗拉多州最高法院采用的理论为，如果整个血库行业是有疏忽的，那么遵守国家注意标准的血液中心可能被判处负有责任，它剥夺了血液采集者依照国家标准的权利，实质上将血液纳入了产品责任法的产品范畴。1996 年斯尼德诉美国血库协会一案中，新泽西州最高法院判定，医院遵守普遍注意标准并不能免责，也就是要对血液承担产品责任，从而间接承认了血液的产品性质。加拿大将血液及血液成分规定在食品和药品法案目录 D 类的生物制药中，也就是把它们引入产品责任法的产品中。[④] 这些经验特别值得重视。人体组成部分与人体分离之后，就成为特殊的物[⑤]，且血液的所有权属于血液提供机构，将其出卖于医院，医院又将其出卖给患者，具有产品的特征，应当视为准产品；况且

---

① 陈志武：《医疗损害责任深度释解与实务指南》，法律出版社 2010 年版，第 235 页。

② 王岳、邓虹：《外国医事法研究》法律出版社 2011 年版，第 154 页。

③ 梁慧星：《消费者发及其完善》，《工商行政管理》2000 年第 21 期；马军：《医疗侵权案件认定与处理实务》，中国检察出版社 2006 年版，第 256－257 页。

④ 王岳、邓虹：《外国医事法研究》法律出版社 2011 年版，第 155－156 页。

⑤ 杨立新主编：《民法物格制度研究》，法律出版社 2008 年版，第 79 页以下。

《侵权责任法》已经将不合格血液与缺陷医疗产品的责任规定在一起，一并适用产品责任规则，再去争论血液是否为产品其实已经没有特别的意义。因此，血液不合格致人损害的责任在性质上仍然属于产品责任。[①]

另有一个问题是，血液制品在《侵权责任法》第59条中没有规定，原因在于立法确认血液制品是药品。《药品管理法》第102条第2款规定："药品，是指用于预防、治疗、诊断人的疾病，有目的地调节人的生理机能并规定有适应症或者功能主治、用法用量的物质，包括中药材、中药饮片、中成药、化学原料药及其制剂、抗生素、生化药品、放射性药品、血清、疫苗、血液制品和诊断药品等。"血液经过加工、制作，成为血液制品，就已经改变了血液原来的形态，就是产品了。况且《药品管理法》将其规定在药品行列，应当将其概括在第59条规定的药品中，血液制品是一种特殊药品[②]，应当按照药品适用法律。

（二）血液致害责任的构成

血液致害责任的归责原则，多数人主张适用无过错责任原则[③]，或称严格责任[④]，但亦有学者认为适用过错责任原则。[⑤] 我依照《侵权责任法》第59条规定，采通说立场，血液致害责任应当适用无过错责任原则。

血液致害责任的构成要件是：

1.输入不合格的血液

输入不合格的血液，是指在医疗机构临床诊疗活动中，将血站供应的血液输入患者的身体，该血液为不合格血液。其要素是：（1）在医疗机构，（2）血液输入人体，（3）血液不合格。

《侵权责任法》第59条规定的血液，是指医疗机构在临床使用的、由血站提供的全血或者成分血，不包括血液制品。血液不合格包括三种情形。一是采集的

① 王利明：《侵权责任法研究》，中国人民大学出版社2011年版，第413页。

② 张新平、陈连剑主编：《药事法学》，科学出版社2004年版，第206页。

③ 王胜明：《中华人民共和国侵权责任法解读》，中国法制出版社2010年版，第290-291页；

④ 王利明：《侵权责任法研究》，中国人民大学出版社2011年版，第415页。

⑤ 刘鑫、张宝珠、陈特：《侵权责任法医疗损害责任条文深度解读与案例剖析》，人民军医出版社2010年版，第130页。

血液本身不符合医学用血的标准，不能为患者起到输血、供血所应当达到的治疗和救护效果。二是采集的血液本身是有害的，携带某种有害病菌，不仅不能达到医学用血的标准，而且输血后将有害病菌带给患者，使患者受到严重损害。三是血液提供机构所采集的血液本身是符合医疗用血要求的，即提供血液的自然人所提供的血液本身是健康的，但是在血液采集机构事后的加工、保管、运输、分装、储存等环节中，使采集的血液受到污染，变成不合格的血液。

按照要求，血液已经输入患者人体。患者在医疗机构就医，在诊疗过程中，根据病情，经医疗机构确定并进行，将血液提供机构提供的血液输入患者的身体中。

2. 患者受到损害

患者受到损害这一要件，是《侵权责任法》第 59 条规定的必要条件，是构成医疗产品损害责任的必要要件。患者损害的机制，根据血液不合格的情形的不同而有不同。血液不符合医学用血的标准，因而不能起到应当达到的治疗和救护效果，因而延误治疗造成损害；带有有害病菌的血液输入患者身体，使患者感染病毒致病；被污染的血液输入患者身体，造成患者的身体损害。这些损害都是人身损害，侵害了健康权或者生命权，造成健康受损或者死亡后果，也包括患者本人受到的精神痛苦，以及死者近亲属的精神损害。

3. 不合格血液与患者损害之间具有因果关系

构成输血致害责任，须具备给患者输入不合格血液与患者损害之间具有引起与被引起的因果关系。该因果关系的判定，应当依据相当因果关系规则。不符合相当因果关系要求的，不构成侵权责任。有学者认为，在因果关系认定上，血液感染不存在其他原因，否则不能认定不合格的血液与患者的损害之间存在因果关系。例如，患者感染艾滋病，但患者自身有吸毒等问题也有感染艾滋病，因此必须排除患者自身的原因。[①] 这种意见是正确的，但是，如果血液确实存在有害病菌，患者自身也有原因，则构成共同原因，应当按照原因力规则（即损害参与度），构成侵权责任，但应当根据输血致害的原因力确定赔偿责任的大小。因果

① 王利明：《侵权责任法研究》，中国人民大学出版社 2011 年版，第 416 页。

关系的证明，艾滋病感染者只要证明自己在该医疗机构接受过医疗服务（输血、注射等）以及自己随后感染艾滋病的事实即可。[①] 这种说法大致可行，但须排除没有其他感染艾滋病的途径。

（三）血液致害责任的承担

《侵权责任法》第59条规定的血液致害责任的承担有所改变，实行不真正连带责任规则。

1.改变由血液提供机构为责任人的做法

《医疗事故处理条例》第33条规定，无过错输血感染造成不良后果的，不属于医疗事故，医疗机构不承担侵权责任。在实务操作上，通常由血液提供机构自己承担责任。如果输血造成患者损害，医疗机构有过错的，才由医疗机构承担责任。《侵权责任法》将输血致害责任规定为无过错责任原则，就改变了这些规则，不论输血感染或者造成其他损害，医疗机构都将成为输血致害责任的责任人。这样的规定，是为了使患者的赔偿请求权能够得到更好的保障。因为患者输血造成损害后，患者很难掌握血液提供机构的资信，难以主张权利；血液提供机构自身财产有限，也难以承担更大的赔偿责任；输血感染等损害后果严重，所需费用巨大。将医疗机构和血液提供机构都作为责任主体，使其承担无过错责任，就能够保障患者赔偿权利的实现。

2.改变无过错输血的补偿责任

在较长时间里，在输血感染等损害的赔偿责任纠纷中，较多主张无过错输血的补充责任的观点。例如，原告系下岗职工，1991年7月因输卵管妊娠在被告某医院住院治疗，输血800毫升。术后第8天，因肠粘连、梗阻做了肠剥离手术，又输血600毫升。出院1个月后感到身体不适，经检查，转氨酶高出正常值6至7倍，又在被告住院，诊断为乙型肝炎，此后10年身体一直不好，至2000年8月方确诊为慢性丙型肝炎，为被告输血所致。原告起诉要求被告赔偿其损失。医学会组织专家组进行医疗事故鉴定，认定原告患丙肝是输血所致，但本事件不属于医疗事故，依据是《医疗事故处理条例》第33条，医院没有过错，不

① 孟金梅：《艾滋病与法律》，中国政法大学出版社2006年版，第278页。

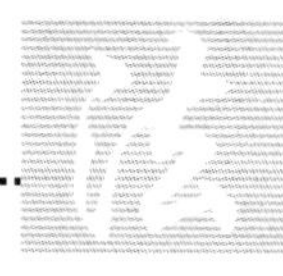

承担侵权责任。正是为了对抗这种行政法规规定的不公平性，学者和法官主张无过错输血应当适用公平分担损失的规则，适用《民法通则》第132条规定，医院应当承担适当的赔偿责任。

这种做法对受害患者的损失弥补起到了一定的作用，但是并不完善，患者遭受的无端损害并不能得到全部赔偿。《侵权责任法》规定输血致害责任适用无过错责任原则之后，已经解决了这个问题，所谓的无过错输血的补偿责任也就成为了历史，不再发挥作用。无论血液提供机构和医疗机构是否有过错，都应当按照《侵权责任法》第16条和第17条规定，对受害患者承担赔偿责任。

3.血液提供机构与医疗机构承担不真正连带责任

《侵权责任法》第59条规定，输血致害责任实行不真正连带责任，其责任人为血液提供机构和医疗机构，不论医疗机构是否有过错，都要与血液提供机构作为中间责任人，对患者的损害承担赔偿责任。如果医疗机构确实无责任，则有权向负有责任的血液提供机构进行追偿，让负有责任的血液提供机构承担最终责任。具体分担责任规则依照本书之前说明的规则进行。

三、消毒药剂损害责任

在《侵权责任法》第59条规定的医疗产品损害责任中，消毒药剂的损害责任有自己的特点，但在学者的研究中往往被忽视，专门研究的不多，应当特别研究。

（一）消毒药剂的概念界定

消毒制剂的概念在《侵权责任法》颁布实施之前的《执业医师法》中使用过，该法第25条第1款规定："医师应当使用经国家有关部门批准使用的药品、消毒制剂和医疗器械。"在2002年7月1日实施的《消毒管理办法》中使用的是消毒剂的概念。学者认为，消毒药剂和消毒剂的概念应为同义词[①]，为同一概念。

广义的消毒包括两种：一是消毒（狭义），是指杀灭或者清除医疗中的传播

① 陈志华：《医疗损害责任深度释解与实务指南》，法律出版社2010年版，第217页。

媒介上的病原微生物，使其达到无害化的处理；二是灭菌，是指杀灭或清除传播媒介上的一切微生物的处理。

1992 年版《消毒管理办法》第 32 条规定："消毒药剂是指用于消毒、灭菌或洗涤消毒的制剂。"这个规定比较简洁，也比较准确。有的学者认为，消毒药剂，是医院中用于进行杀灭存在于空气、器械等病原微生物消毒，使其达到无菌化要求的制剂。[①] 常见的消毒药剂如戊二醛、含氯消毒剂、过氧乙酸、碘伏、酒精、洗必泰、酸化水等。

(二) 消毒药剂造成患者损害的特点

消毒药剂造成患者损害的形式不同于药品。药品的损害，是缺陷药品用于患者，直接造成患者的人身损害。消毒药剂不同，造成患者损害有多种情形。(1) 消毒药剂存在缺陷，用于患者，直接造成患者损害。这种情形与药品和医疗器械造成患者损害没有区别。(2) 消毒药剂用于患者个人消毒达不到消毒和灭菌的效果，造成患者的感染，影响愈合，甚至造成并发症。(3) 缺陷消毒药剂用于医院环境消毒不能发挥作用，造成大面积感染即医院感染，使更多的患者受到损害。(4) 以消毒药剂冒充药品欺诈，造成患者损害。上述四种情形，如果发生在医疗机构，都存在医疗机构作为医疗产品损害责任的中间责任人，并承担中间责任的可能。

在上述四种情形中，可以分为两种类型。一是消毒药剂直接用于患者，造成患者损害，如上述第一种和第四种即是。这种情形，缺陷消毒药剂与患者损害之间的因果关系比较直接，依照直接因果关系规则和相当因果关系规则就可以确定。二是消毒药剂未直接作用于患者，而是用于与患者治疗有关的环境、器械等，由于不能有效消毒，引发感染，造成患者损害。上述第二种和第三种情形即是。这种情形，原因行为与损害结果之间的距离稍远，但仍属于相当因果关系的范围，同样能够认定因果关系。

还有一个问题是，消毒药剂造成患者损害，其缺陷的范围较大。在普通的产品责任中，认定缺陷的不合理危险通常是指造成人身损害的可能性。使用消毒药

① 刘鑫、张宝珠、陈特：《侵权责任法医疗损害责任条文深度解读与案例剖析》，人民军医出版社 2010 年版，第 128 页。

剂进行消毒灭菌，其直接后果可能是消毒灭菌不彻底，而消毒灭菌不彻底的后果是使患者受到感染，甚至形成院内感染。可见，消毒药剂直接使用于患者造成损害，固然是缺陷；消毒药剂达不到消毒的要求，因此造成患者损害，同样也是缺陷。尽管如此，后一种情形仍然符合产品缺陷的定义要求，仍然构成医疗产品损害责任。

将消毒药剂冒充药品销售，没有达到治疗的作用，但也没有造成直接的人身损害，这时并不存在医疗产品损害责任问题，只是合同领域中发生的问题，构成产品欺诈，应当按照《合同法》的规定，在返还价金之后，再赔偿价金一倍的损失。如果消毒药剂冒充药品，因而延误治疗，则存在医疗产品损害责任问题，但以与医疗机构有关为限，与医疗机构无关的，依照《侵权责任法》第 41 条至第 43 条规定处理。

（三）消毒药剂造成患者损害的赔偿责任

1. 构成医疗产品损害责任的承担不真正连带责任

消毒药剂存在缺陷，造成患者损害的，构成医疗产品损害责任的，应当承担不真正连带责任。受害患者可以请求缺陷消毒药剂的生产者、销售者承担责任，也可以请求医疗机构承担侵权责任。医疗机构对此没有过错，承担了中间责任的，有权向生产者或者销售者追偿，将赔偿责任转嫁给最终责任人。

2. 消毒药剂存在缺陷但医疗机构也存在过错的承担连带责任

消毒药剂存在缺陷，但医疗机构及医务人员在使用缺陷消毒药剂时也有过错，造成患者损害的，构成客观的共同侵权行为，应当依照《侵权责任法》第 8 条以及第 13 条和第 14 条规定，双方承担连带责任。医疗机构的最终责任份额应当与其存在的过错相适应，而不应当承担全部赔偿责任，超过其最终责任份额的，有权向消毒药剂的生产者追偿。

3. 不构成医疗产品损害责任的依照产品责任规则处理

缺陷消毒药剂造成患者损害，但不构成医疗产品损害责任的，应当适用《侵权责任法》第 41 条至第 43 条规定，由消毒药剂生产者或者销售者承担不真正连带责任。

4.构成产品欺诈的适用《合同法》的规则

缺陷消毒药剂没有造成患者的人身损害，而是造成其财产利益损失的，应当依照《合同法》第113条第2款规定，确定承担惩罚性赔偿责任。

第二节　医疗过失损害赔偿责任的适当限制规则

医疗过失损害赔偿责任是否要进行适当限制，这是侵权责任法的一个重大理论问题和实践问题，也是关系到全民健康的社会问题。在制定《中华人民共和国侵权责任法》中规定医疗过失责任，必须对此提出一个正确的解决办法，为其确定一个规则。对此，2008年7月2日由全国人大法工委民法室召开的医疗侵权责任研讨会上，很多学者、专家提出了自己的意见。

一、我国对医疗过失损害赔偿责任进行限制的做法和根据

在医疗过失侵权责任中，如何确定赔偿责任，始终是各界极为关注的一个问题。对此，政府及主管部门始终强调确定医疗机构的赔偿责任应当适当，不能超过其所能够负担的限度；但社会各界则始终强调医疗机构在赔偿责任上不能特殊，应当承担与人身损害赔偿标准相一致的赔偿责任。

（一）我国政府及主管部门的一贯意见是医疗过失损害赔偿责任应当予以限制

在医疗过失行为的赔偿责任上，我国政府及主管部门始终坚持采取限制赔偿的做法。这体现在国务院1986年6月29日公布实施的《医疗事故处理办法》和2002年4月4日公布、2002年9月1日施行《医疗事故处理条例》关于医疗机构赔偿责任的具体规定上。

《医疗事故处理办法》第18条明确规定："确定为医疗事故的，可根据事故等级、情节和病员的情况给予一次性经济补偿。补偿费标准，由省、自治区、直辖市人民政府规定。"按照这一规定，各省级人民政府分别制定了医疗事故处理

办法实施细则，规定自己的赔偿标准。略举三例。(1)《天津市医疗事故处理办法实施细则》第19条规定："确定为医疗事故的，由医疗单位、个体开业医生、乡村医生给予病员或家属一次性经济补偿。其标准为：一级医疗事故：补偿3 000元至4 000元。未满三周岁的婴幼儿为1 000元；新生儿为700元。二级医疗事故：补偿3 000元至5 000元。三级医疗事故：补偿2 000元至3 000元。未满三周岁的婴幼儿为700元；新生儿为500元。"(2)《北京市医疗事故处理办法实施细则》第26条规定："确定为医疗事故的，根据事故等级、病员情况及其家庭经济状况给予受害者一次性经济补偿。经济补偿费标准：一级医疗事故，人民币4 000元至6 000元；二级医疗事故，人民币5 000元至8 000元；三级医疗事故，人民币3 000元以下。"(3)《上海市医疗事故处理办法实施细则》第30条规定："确定为医疗事故的，可根据事故等级和病员的情况给予一次性补偿。补偿费标准如下：（一）一级甲等医疗事故中，死者系16周岁以上者，补偿4 000元；未满16周岁或依靠他人赡养的老人，补偿3 000元；未满6周岁的儿童补偿2 000元；1周岁以下的婴儿补偿1 000元。一级乙等医疗事故，按一级甲等医疗事故同类情况补偿费的70%补偿。（二）二级甲等医疗事故中，病员为植物人、昏迷（临床确认不可恢复者）、痴呆者补偿5 000元，其他补偿4 000元；二级乙等医疗事故，补偿3 000元。（三）三级甲等医疗事故，补偿1 500元；三级乙等医疗事故补偿800元。"该赔偿标准于1993年12月13日修订为："（一）一级甲等医疗事故中，死者系16周岁以上者，补偿4 000元至15 000元，其中依靠他人赡养的老人，补偿3 000元至12 000元；6周岁至15周岁者，补偿3 000元至12 000元；1周岁至5周岁的儿童，补偿2 000元至8 000元；未满周岁的婴儿，补偿1 000元至4 000元。一级乙等医疗事故的补偿费，按一级甲等医疗事故补偿费的70%比例支付。（二）二级甲等医疗事故中，病员为植物人、昏迷（临床确认为不可恢复）者、痴呆者，补偿5 000元至20 000元；其他病员，补偿4 000元至15 000元。二级乙等医疗事故，补偿3 000元至8 000元。（三）三级甲等医疗事故，补偿1 500百元至4 000元。三级乙等医疗事故，补偿800元至2 000元。"

上述这样的一次性赔偿限额，即使是在1980年代和1990年代的物价水平，也是极低的赔偿标准，远远低于同期人身损害赔偿标准。1991年，我在最高人民法院办理的林某诉福州军区空军第二干休所人身损害赔偿案，确定的是当时最高的赔偿数额，达到48万元，伤害程度是高位截瘫，下肢丧失活动能力。[①] 与此相比，即使是上海市1993年修订的一次性赔偿标准，医疗过失的赔偿标准也显然过低，无法保障受害患者的合法权益。

《医疗事故处理条例》修订中接受了各界的批评，改变医疗事故一次性赔偿为实际损失赔偿方法，第50条规定了具体的赔偿项目和标准。这个赔偿标准十分具体，分为11项分别作出规定，除了医疗费、误工费等赔偿基本上为实际损失赔偿外，精神损害抚慰金（即残疾赔偿金和死亡赔偿金）远远低于《国家赔偿法》确定的标准。其中一般的残疾赔偿《国家赔偿法》规定为上年度职工平均工资的20倍，《条例》规定赔偿3年的事故发生地居民平均生活费；一般的死亡赔偿金《国家赔偿法》规定为上年度职工平均工资的20倍，《条例》规定赔偿6年的事故发生地居民平均生活费。这样的赔偿标准也远远低于司法实践中的人身损害赔偿标准。

《条例》公布不久，最高人民法院于2003年12月26日公布了《关于审理人身损害赔偿案件适用法律若干问题的解释》，明确规定了残疾赔偿金根据受害人丧失劳动能力程度或者伤残等级，按照受诉法院所在地上一年度城镇居民人均可支配收入或者农村居民人均纯收入标准，自定残之日起按20年计算。但60周岁以上的，年龄每增加1岁减少1年；75周岁以上的，按5年计算。死亡赔偿金按照受诉法院所在地上一年度城镇居民人均可支配收入或者农村居民人均纯收入标准，按20年计算。但60周岁以上的，年龄每增加1岁减少1年；75周岁以上的，按5年计算。并且规定，在承担了上述赔偿责任之后，还可以请求精神损害抚慰金。这个标准与《条例》确定的标准相差悬殊。[②]

---

① 该案参见杨立新：《侵权法论》，人民法院出版社2005年第3版，第457页。

② 对此，请参见杨立新：《医疗侵权法律与适用》，法律出版社2008年版，第144－145页。这里详细对比了两个规定之间的差别。

再来看看最高人民法院的态度。2003年1月6日，最高人民法院发布《关于参照〈医疗事故处理条例〉审理医疗纠纷民事案件的通知》，确认“条例施行后发生的医疗事故引起的医疗赔偿纠纷，诉到法院的，参照条例的有关规定办理；因医疗事故以外的原因引起的其他医疗赔偿纠纷，适用民法通则的规定”。《条例》公布之后，最高人民法院面对这样的赔偿差距，仍然坚持原来的意见，因此，就出现了医疗侵权赔偿纠纷案件的所谓“双轨制”，即医疗事故适用《条例》、其他医疗纠纷适用《民法通则》的规则。这个规定违背了它自己在1991年作出的《关于李新荣诉天津市医学院第二附属医院医疗事故赔偿一案如何适用法律的复函》可以适用《民法通则》关于人身损害赔偿规定处理医疗事故赔偿纠纷的意见①，引起了较多的批评。

我国政府一直限制医疗事故赔偿标准的理由归纳起来，主要有三点。第一，我国绝大多数医疗机构是公立医院，由国家拨款建设，对医疗事故承担赔偿责任必须适当。第二，我国医疗制度具有福利性，医院并不是市场经营，因此收费偏低，尤其是经过医疗制度改革，医院基本上是自收自支，无法承担过重的赔偿。第三，医疗事故造成受害患者的人身损害，并不是单一的医疗过失行为的原因所致，“医疗事故损害后果与患者原有疾病状况之间的关系”② 复杂，要医疗机构承担过重的赔偿责任是不公平的。

对于医疗事故的这些特殊性，北京协和医院的刘宇做了更进一步的说明。他认为，医学是一门存在自身缺陷的技术，医学技术的使用在带来人们所期望的效果的同时也带来了所不期望的副作用，有时候医学技术可能并没有产生期望的效果却产生了具有重大危害性的不利后果，医疗技术由于其技术难度而增加了技术操作者犯错误的可能性。但是，医学又是基于受害者的利益而向受害者提供的缺陷技术服务，因此受害人和受益人具有同一性的特点，患者既是受害人也是受益人，是为了追求自身利益才容忍了技术缺陷，因此，无所谓牺牲，也没有必要得

① 关于这个批复的基本内容和分析，请参见杨立新：《医疗侵权法律与适用》，法律出版社2008年版，第157-158页。所谓《民法通则》关于人身损害赔偿的规定，是指《民法通则》第119条。

② 《医疗事故处理条例》第49条第1款第3项规定的内容。

到法律照顾。[①]

（二）各界的反对意见

对于上述医疗行为特殊性及医疗过失损害赔偿应予限制的意见，社会一般层面并不接受。反对意见主要表现为两种。

一是认为医疗侵权无所谓特殊性，既然是侵权，就应当与其他侵权行为承担相同的赔偿责任，造成人身损害就应当按照人身损害赔偿司法解释规定的标准执行，不应当制定限制赔偿的特别规定。《医疗事故处理条例》专门制定限制赔偿规则是不正确的，是违反《民法通则》第119条规定的。[②]

二是认为医疗侵权确实存在特殊性，不承认是不对的，但是，作为侵权行为类型之一，即使医疗侵权具有特殊性，但对一般的人身损害赔偿项目也必须予以保障，不能因此而侵害受害患者的合法权益。[③]

应当看到的是，作为一般患者身份的广大群众，由于医疗侵权赔偿与自己的利益相关，因而比较倾向于第一种意见，而作为法律工作者的专业人员，则比较倾向于第二种意见。但在医学专业领域中，从业者更多地站在《条例》的立场，坚持医疗侵权的特殊性，主张少赔甚至不赔。例如前述刘宇的看法。

这些不同的意见，反映了我国《民法通则》《医疗事故处理条例》和有关司法解释之间的矛盾。面对这种法律法规的冲突，受害患者在向法院起诉时就面临着选择，究竟是按照《医疗事故处理条例》的规定向法院起诉医疗事故侵权，还是依照《民法通则》第119条规定主张起诉医疗过错。司法机关没有采取有效措施解决这个法律法规的冲突，反而支持这样的做法，就形成了医疗事故适用《条例》，其他医疗赔偿纠纷适用《民法通则》的法律适用的"双轨制"，因而受害患者更多地选择不进行医疗事故鉴定，而采取起诉医疗过错赔偿的方法救济损害。

地方各级法院面对这样的情况，多数是将错就错，就走"双轨制"的路子。

---

① 刘宇：《医学独特性与医疗侵权行为归责原则之讨论》，在2008年7月25日中国医院协会召开的"医疗侵权研讨会"上的书面发言。

② 这是在2008年7月2日召开的"医疗侵权责任研讨会"上部分专家发言的基本立场，有些医院院长也认为没有必要限制赔偿，反而引起患者的不满。

③ 在本次会议上，多数专家采取这种立场。

有的法院则实事求是地采取措施解决这个问题。例如北京市高级人民法院《关于审理医疗损害赔偿纠纷案件若干问题的意见（试行）》第21条规定："确定医疗事故损害赔偿标准，应当参照《医疗事故处理条例》第49条至第52条规定；如参照《医疗事故处理条例》处理将使患者所受损失无法得到基本补偿的，可以适用《民法通则》及相关司法解释的规定适当提高赔偿数额。""确定一般医疗损害赔偿标准，应适用《民法通则》及相关司法解释的标准。"这种"适当调整"政策的基本精神是，一方面坚持"双轨制"，另一方面如果医疗事故赔偿按照《条例》规定的标准使患者所受损失无法得到基本补偿的，可以适用《民法通则》及相关司法解释的规定，适当提高人身损害赔偿数额。其中"适当调整"的办法，与最高人民法院《关于李新荣诉天津市医学院第二附属医疗事故赔偿一案如何适用法律的复函》提出的办法是一样的，是解决这个问题的权宜之计，能够较好地解决目前法律适用上的矛盾，但并不是一个永久的解决办法。北京市丰台区人民法院就邹某诉丰台医院案适用上述办法作出判决，取得了较好的社会效果。[1]

（三）医疗机构承担医疗过失责任应当适当限制但应采取适当办法

在作了以上分析之后，我提出我的意见：对医疗过失损害赔偿责任采取适当限制规则是有道理的，不过，限制的方法应当采取合理的方式进行，目前《条例》和最高人民法院《通知》所采取的方法不妥。确立医疗过失损害赔偿适当限制规则的理由是：

第一，中国的医疗制度确实具有一定的福利性，医院并非一般的市场经营模式。这一点在医疗改革之前尤其如此。即使在今天的形势下，我国的医疗机构经营模式也仍然不是营利性的，除了国家的行政拨款之外，医疗机构基本上是自收自支、自负盈亏。具有福利性的医疗机构却要承担完全市场化的损害赔偿责任，在逻辑上和情理上都讲不通。

第二，任何医疗技术和医疗手段都具有风险性。医学技术和医疗手段都是与时俱进、不断发展的，即使是成熟的医学技术和医疗手段，也都是在风险积累的

① 对于本案的评论，请参见杨立新：《解决医疗事故赔偿标准不足迈出的关键一步》，《判解研究》2008年第2辑。

基础上发展起来的。任何一项医学技术采用的初期，都是有缺陷的。事实上，接受某项医疗技术，实际上就等于接受了这种医疗风险。因此，确定医疗过失责任必须具备医护人员过失的要件，医疗机构如果没有过失，就是医疗意外或者医疗风险。但是，我们也反对那种患者“是为了追求自身利益才容忍了技术缺陷，因此，无所谓牺牲，也没有必要得到法律照顾”的意见，只有在患者知道风险并且愿意接受风险，风险已经发生，医护人员确实没有过失的情况下，才不予赔偿；如果医护人员具有过失，能够防范风险而没能成功防范，则构成医疗过失行为，应当承担赔偿责任。考虑医学进步和医疗技术的风险因素，应当限制医疗过失的赔偿责任。

第三，医疗损害的发生并非医疗行为的单一原因，原因力复杂。在一般情况下，医疗损害结果的发生都不是由单一的医疗过失行为引起的，而是具有多个原因。即使患者在手术的过程中死亡，医护人员具有过失，其中也仍然有患者自身疾病的原因。对此，有人称之为“疾病参与度”，在法医学界称为“损伤参与度”，是指医疗事故造成的损害后果与患者自身疾病共同存在的情况下，前者在患者目前疾病状态中的介入程度。研究疾病参与度的主要意义，在于当确定医疗事故赔偿额时，应充分注意到患者原发疾病对目前疾病状况的影响。① 这就是医疗过失行为的原因力规则，从原因力的程度确定减轻医疗过失行为的赔偿责任，是最有道理的理由。

第四，更重要的，是受害患者利益与全体患者利益的平衡关系。在我国现行医疗体制下，医院的经费基本上来源于向患者收取的费用。这样的来源必然是确定的。受害患者的赔偿金只能从医院的经费中支出，如果赔偿数额过高，或者超过必要程度，就一定会损害医院的利益，医院为了寻求经费的供求平衡，也必然会向患者收取更多的费用，以填补亏空。因此，超过必要限度赔偿的后果，必然转嫁到全体患者身上，由全体患者以多支出医疗费用的方法承担损害赔偿的责任。因此，适当限制医疗过失行为的损害赔偿责任，就有了最为有力的理由。

① 《医疗事故赔偿项目及计算方法》，http：//topic. xywy. com/wenzhang/20031022/471925. html。

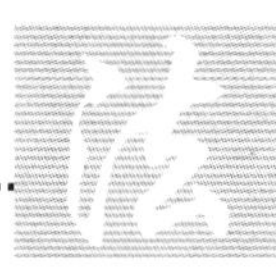

二、美国适当限制医疗过失赔偿责任的经验借鉴

在国外，适当限制医疗过失赔偿责任的经验，当属美国加利福尼亚州的《医疗损害赔偿改革法》。认真研究这个法案，对于我们确定医疗过失赔偿责任适当限制规则，具有重要的借鉴意义。

（一）1975 年加利福尼亚州制定《医疗损害赔偿改革法》的背景

加州《医疗损害赔偿改革法》诞生于 1970 年代早期的医疗过失危机。在当时，加州巨额的医疗赔偿诉讼和繁多的医疗诉讼案件加剧了加州保险公司之间的竞争，进一步导致了加州卫生保健制度的危机。到 1972 年年底，保险公司收取的每 100 美元保险费，就需要偿付超过 150 美元的赔偿金，因而动摇了医疗保险市场。危机在 1975 年达到高峰，1 月 1 日，两个主要的保险公司宣布放弃南部加州的医疗保险业务；而另外一个保险公司将加州北部医疗保险费提高了 380%。由于保险费用的增高，数千名医生宣布停止执业。在此情况下，加州保险机构的研究结果显示，既有的处理医疗纠纷的制度不能够有效地解决纠纷，其赔偿费用的 66%被用于服务费用（其中诉讼费占 46%，行政费用占 20%），而只有 34%被用于直接赔偿受害人的损害。1975 年 5 月，加州召开特别会议，推进医疗损害赔偿制度改革，并且最终在 1975 年 12 月诞生了《医疗损害赔偿改革法》。

（二）加州《医疗损害赔偿改革法》采取的主要限制手段

1. 25 万美元的非财产损害赔偿金限额

加州《医疗损害赔偿改革法》规定，对医疗过失造成的损害应区分财产损害和非财产损害。对于财产损害赔偿金法律并不限制，限制的是非财产损害赔偿金，其上限为 25 万美元，并且禁止例外规定。具体内容是，医疗过失案件可以裁定被告向原告偿付过去和将来的精神痛苦赔偿金。原告可以请求一个以上的被告赔偿因其医疗行为而造成的损害，但是原告最多也只能请求赔偿 25 万美元的非财产损害赔偿金，而且已去世病人的配偶和孩子在错误出生的案件中也不能请求高于25万美元的非财产损害赔偿金。[①] 这是加州《医疗损害赔偿改革法》的核心条款。

采取限制非财产损害赔偿的意义在于：第一，限制非财产损害中的不合理部分，就会降低医疗保险的成本，可以使更多的美国人获得保险。而事实上，无论什么样的非财产损害赔偿金都不能减少病人的疼痛和精神痛苦。因此，非财产损害赔偿金的限额规定可以达到如下两个目标。一是可以使患者能够继续得到适当的医疗保健；二是不会降低医生的说明义务。第二，非财产损害赔偿金限额规定可以使可能支出的损害赔偿费用总额具有更强的预见性，为保险公司提供一个更容易预见的理赔金额范围，这也就保证了保险费率的稳定，从而导致医生专家责任保险费率大大降低。在1975年前后，全美第二大医疗过失保险公司就在加州，加州的医疗过失保险费紧随纽约和佛罗里达排名全美第3位。实行《医疗损害赔偿改革法》之后，加州降为第36位。第三，医生责任保险费用的减少，使医疗机构的支出大大减少，进而医疗费用维持较低水平，使加州在全美医疗费用大幅度上涨、广大患者无法承受因而看不起病的情况下，并没有出现这样的问题。

2.5万美元以上的将来赔偿采取定期赔偿金

加州《医疗损害赔偿改革法》规定，可以裁定医疗过失案件中将来的财产损害赔偿和非财产损害赔偿采取定期赔偿金方式。分为两种：一是允许5万美元或者5万美元以上的将来的医疗费和误工费[②]在受害人有生之年以损害赔偿定期金的方式偿付。[③] 二是非财产损害赔偿金的定期偿付，被告可以以年金的方式偿付损害赔偿费用，被告定期偿付的年金完全与裁定时的赔偿数额保持一致。被告可以请求陪审团决定定期赔偿金的现额和将来要偿付的非财产损害赔偿金的总额。裁定偿付将来损害以定期赔偿金方式赔偿有利于医疗机构，因为将来的医疗费和

---

① 例外的是，受害人的配偶可以以医生的过失造成直接的精神损害为诉因，或者以丧失配偶权为诉因进行诉讼，并且不受25万美元非财产损害赔偿金限额的限制。医疗过失案件中的陪审团应当另行确定非财产损害赔偿金的数额并对其进行单独裁决。

② 在我国则为残疾赔偿金。

③ 该条允许在一定时期内或者是病人有生之年分期偿付总额50 000美元或者50 000美元以上的将来损害赔偿金。实际上，加州《医疗损害赔偿改革法》就是将加州《民事程序法典》第667.7节成文化、具体化。

误工费的定期赔偿金可以在病人死亡时终止给付。[①] 创立定期赔偿金的立法目的，是在为了给受害人将来的损害以保障的同时，避免在受害人过早死亡的情况下给其他人带来巨额不当利益。定期赔偿金的数量、偿付的期间、首次偿付的数额需要由初审法官根据判决后的附带申请决定。

3.间接来源规则[②]的排除使用

间接来源规则禁止被告引用原告的医疗费已经有第三方支付（例如原告的个人健康保险）作为证据而免除自己的偿付责任。但是，加州《医疗损害赔偿改革法》为了进一步减轻医院的赔偿负担，规定排除间接来源规则的适用，如果过去和将来可能发生的医疗费用一定会有第三方支付，那么受害人就不能够再向被告请求这些损害赔偿金。例如原告已由社会保障系统、政府财政收入、工伤赔偿保险金或者原告健康残疾保险、医疗事故保险或者健康计划获得补偿等，都不得再就这些医疗费用请求医院承担赔偿责任。[③] 如果被告引用间接来源支付的证据，那么原告能够证明其本身已经为间接来源付出了相应的代价，例如每月支出的健康保险金作为抗辩，陪审团可以驳回被告的请求，裁定原告的健康保险费属于财产损失，予以赔偿。[④] 这也是合理的。

4.其他规定

加州《医疗损害赔偿改革法》的其他规定是：第一，限制律师费用的不确定性，明确规定律师的收费标准。第二，预先通知医生请求医疗过失赔偿，90 天的预备期大多可以使案件免予诉讼而得到解决。第三，规定诉讼时效：从发现损害或者过失之日起 1 年，或者从损害发生之日起 3 年。第四，承认仲裁的效力。医疗过失仲裁委员会由退休的法官和律师组成，这些法官和律师都有丰富的处理

---

① 但是，这并不意味着被告可以停止或者减少偿付原告的将来收入。这一点加州《医疗损害赔偿改革法》与加州《民事程序法典》的规定相符，即该法的第 667.7 条（c）。

② 间接来源规则，或者附加来源规则，指如果受伤害人接受为其伤害补偿的来源与侵权人无关，则损害赔偿的补偿不得因此而减少，且侵权人必须支付的规则。《英汉法律词典》，法律出版社 1999 版，第 143 页。事实上也可以翻译成双重来源规则或者双重收益规则。

③ 可以参见加州民法典第 3333.1 条的规定。

④ 《WHAT IS 加州医疗损害赔偿改革法?》；http：//www.pacificwestlaw.com/physicians/加州医疗损害赔偿改革法.htm。

医疗过失损害赔偿案件的经验，他们会帮助受害患者和医生或者医院找到解决问题的办法。由于这些仲裁员都是谨慎裁决的典范，因而，仲裁成为解决医疗损害赔偿案件的重要途径之一。事实也证明，仲裁解决医疗赔偿纠纷会对医患纠纷双方都有利。①

事实证明，加州《医疗损害赔偿改革法》具有极强的效果，限制了投机的医疗过失责任诉讼行为。尽管加州的诉讼次数比全国的平均水平高 50%，但是美国国家保险协会发现，从 1976 年开始到 2001 年，加州的保险费率仅仅上升了 167%，而全美同期的平均保险费率上升 505%，其中佛罗里达州的保险费率上升了 2 654%。

（三）加州《医疗损害赔偿改革法》的影响

加州《医疗损害赔偿改革法》已经使加州相关法律制度保持了将近 30 年的稳定，同时极大地促进了正义的实现，因此成为美国医疗损害赔偿制度改革的样板。加州病人保护同盟是一个支持加州《医疗损害赔偿改革法》的主要消费者群体，他们发现加州医疗纠纷的解决速度比全美快 23%，而加州记录在案的诉讼数量与全美诉讼的平均数量保持一致。在 1998 年，国库预算部门估计，像加州《医疗损害赔偿改革法》那样富有成效的侵权损害赔偿法律制度在改革的 10 年间，节省了 150 亿美元。② 因此，在 2002 年，美国总统布什号召全国都要建立加州那样的非财产损害赔偿金限额制度。

布什总统号召的基础是，美国医疗损害赔偿诉讼的赔偿数额是极高的。医疗过失对受害人提起损害赔偿之诉得到法庭的认可，就会得到相当金额的赔偿金。高额的赔偿金给受害人带来的是损害赔偿请求权的满足，但是随之而来的就是医生为了转嫁这样的风险，发生了患者医疗费用大幅度提高的后果。出现如此的恶性循环，产生的严重问题是：第一，提高卫生保健服务的费用。③ 医生和医院作为一个理性人，会尽量减少其自身的医疗成本以实现利益的最大化，通过提高医

① The Right Reforms；*Bes's Review*；Oldwick；Dec 2002；John Hillman.

② Does Limitless Litigation Restrict Access to Health Care? ，http：//www. aafp. org/x10723. xml.

③ Does Limitless Litigation Restrict Access to Health Care?，http：//www. aafp. org/x10723. xml。这是一个呈报给国会的工作报告。

疗费用来转移风险。第二，参加高额医生责任保险。由于医疗过失损害赔偿数额越来越高，医生必须参加医生责任保险，如果医生不能承担高额的专家责任保险费用，就必然最终转嫁到患者身上。因此，高额的医疗过失保险费同样是使美国医疗损害赔偿制度陷入困境的原因。第三，如果医生不能够通过提高医疗费用来转移高额费用，那么医生会选择放弃某些类别的医疗服务。美国卫生研究和服务行政部门关于农村孕妇医疗保健的研究报告指出，美国农村妇女寻求产前和产后保健在 1985 年到 1986 年显得极其困难，其原因就是同时期的此类诉讼过于膨胀。由于目前医疗责任保险的费用相当高，家庭医生经常选择放弃接生小孩的服务种类。由于很少有医生从事产科保健，妇女的利益也受到了很严重的损害。① 根据华盛顿州、阿拉斯加州、蒙大拿州、爱达荷州的调查统计数据显示，5 年前，美国大部分家庭医生把产科作为他们服务的一部分，然而现在只有少数家庭医生继续从事产科服务。② 很多产科医生转行作其他医疗工作的原因是，产科医疗过失诉讼被认为是美国最常见的、而且是最费钱的诉讼之一。

总之，无限制的医疗损害赔偿使医疗成本持续攀高，至少产生了三个结果：一是使医疗费用不断增长；二是使医生不能够安心执业，被诉讼所困扰；三是使某些医生抛弃自己的职业，最终使病人求医无门。

正因为如此，2003 年 3 月 14 日，美国众议院通过了一项限制医疗过失损害赔偿金的法案，即《2003 健康法案》，参议院没有通过这个法案。众议院又通过了《2004 健康法案》《2005 健康法案》和《2007 健康法案》，都没有获得参议院通过。尽管如此，截至 2006 年年底，美国大约有一半以上的州或多或少地采纳了非财产损害限额立法，大约有 10 个州采取总体对非财产损害限制立法，限额从 25 万美元到 100 万美元不等；大约有 20 个州特别对医疗过失中的非财产损害进行了限制，限额从 25 万美元到 50 万美元不等。2007 年，得克萨斯州和密西西比州又通过立法增加了对医疗损害赔偿的限制。前述健康法案的核心条款，是将

① Does Limitless Litigation Restrict Access to Health Care?；http：//www. aafp. org/x10723. xml。这是一个呈报给国会的工作报告。

② Does Limitless Litigation Restrict Access to Health Care?；http：//www. aafp. org/x10723. xml。这是一个呈报给国会的工作报告。

把因为医疗过失的一般损害赔偿即非财产损害赔偿的上限确定为 25 万美元，其目的是使医生免于高额的损害赔偿金和保险费，进而使其能够正常执业。尽管对这个法案持不同意见的双方都同意要对美国医疗损害赔偿制度进行改革，但他们在什么是关键问题以及如何改革的问题上存在分歧。[①] 但是，无论怎样争议，持不同意见的双方都肯定 1975 年加州《医疗损害赔偿改革法》的贡献，虽然也有人认为 1975 年加州《医疗损害赔偿改革法》过分地照顾了医生的利益，并使得严重案件的受害者很难获得法庭的全面救济。

三、我国医疗过失损害赔偿责任适当限制的内容

借鉴美国的医疗过失损害赔偿法案和加州《医疗损害赔偿改革法》，结合我国医疗制度和医疗过失损害赔偿制度的具体情况，我认为，我国医疗过失损害赔偿责任适当限制规则的内容包括以下四个方面。

（一）应当限制医疗过失损害赔偿中的精神抚慰金赔偿数额

应当看到的是，我国现行的人身损害赔偿制度中的精神抚慰金赔偿的数额并不高，并没有像美国那样达到几百万美元的程度。目前我国精神损害抚慰金赔偿的数额，一般维持在 10 万元人民币左右，甚至不足于 10 万元。在最近北京法院判决的严重伤害和死亡的精神损害抚慰金达到 30 万元人民币。[②] 在医疗过失损害赔偿案件中，基本上还没有判决这样高的精神抚慰金的案件。

我国的精神损害抚慰金，赔偿的是精神痛苦和疼痛，包括侵权行为发生之后至裁判之时，以及裁判之后仍然存在的精神痛苦和疼痛。在医疗过失损害赔偿责任中，赔偿受害患者的精神损害抚慰金，其内容也同样如此。在《医疗事故处理条例》规定的损害赔偿项目和标准中，采取对精神损害抚慰金适当限制的做法，是有道理的，但其将精神抚慰金限制在死亡赔偿金和残疾赔偿金上，大大低于一般赔偿标准的做法，是值得研究的。在 2002 年《条例》出台的时候，最高人民

① House Would Expand Malpractice Shield; *Los Angels Times*; March14, 2003; Home Edition.

② 即清华大学教授女儿被公共汽车售票员伤害致死案和市民跌入地铁造成残疾案。

法院《关于确定民事侵权精神损害赔偿责任若干问题的解释》规定，死亡赔偿金和残疾赔偿金是精神抚慰金性质，这和《国家赔偿法》和《消费者权益保护法》的规定是一致的。司法解释第50条规定精神抚慰金标准，死亡的赔偿6年、残疾的赔偿3年，按照当时的立法和司法解释，限制的是精神抚慰金赔偿数额。但是，2003年最高人民法院在《关于审理人身损害赔偿案件适用法律若干问题的解释》将死亡赔偿金和残疾赔偿金确定为财产损害赔偿，因此，这样的限制就受到了各方的强烈质疑。

对此还应当进行研究，特别是要根据正在制定的《侵权责任法》的具体规定，确定这个问题究竟应当如何解决。如果《侵权责任法》仍然将死亡赔偿金和残疾赔偿金确定为财产损害赔偿性质，那么《条例》这样的限制就必须修订，应当采用与人身损害赔偿一样的标准赔偿死亡赔偿金和残疾赔偿金。①

目前，依照最高人民法院《关于审理人身损害赔偿案件适用法律若干问题的解释》第18条规定，在承担了包括死亡赔偿金和残疾赔偿金以及其他财产损失之后，仍然可以请求精神损害抚慰金。对于这个精神损害抚慰金赔偿，在医疗过失赔偿责任中应当进行限制。我认为，可以考虑医疗过失的精神损害抚慰金赔偿的最高额，按照东西部不同地区分别不超过5万元至10万元人民币，并且不得有例外。这样规定是因为无论什么样的非财产损害赔偿金都不能减少病人的疼痛和精神痛苦，适当限制这种赔偿无碍大局，不仅能够大大减轻医疗机构的赔偿负担，而且最终会使全体患者减少医疗费用负担，使全体患者受益。

（二）应当对医疗过失引起的财产损害赔偿运用原因力规则合理确定

实事求是地分析医疗过失行为的成因，应当在医疗过失损害赔偿责任中特别予以适用。对此，《医疗事故处理条例》第49条已经作出了明确规定："医疗事故赔偿，应当考虑下列因素，确定具体赔偿数额：（一）医疗事故等级；（二）医疗过失行为在医疗事故损害后果中的责任程度；（三）医疗事故损害后果与患者原有疾病状况之间的关系。"其中第2项"医疗过失行为在损害事故损害后果中

① 对此应当注意的是，残疾赔偿金与《条例》第50条第5项规定的残疾生活补助费属于同一项赔偿，是重复的，应当采取残疾赔偿金而废止残疾生活补助费的赔偿。

的责任程度”以及第3项“医疗事故损害后果与患者原有疾病状况之间的关系”，实际上就是说的原因力规则的适用。

按照原因力规则，凡是与造成损害的违法行为没有原因力的损害后果，行为人都不负担赔偿责任。也就是说，在由几个原因造成一个损害后果的情况下，违法行为人仅对自己的违法行为所引起的具有原因力的损害后果承担赔偿责任。通过这样的限制，也会大大减轻医疗机构的赔偿责任，缓解医疗机构的赔偿压力。

（三）应当特别强调定期金赔偿在医疗过失损害赔偿中的应用

在人身损害赔偿制度中，定期金赔偿是一个重要的赔偿方式。在我国，对将来的赔偿长期以来通行的是一次性赔偿，并不实行定期金赔偿。在我们强烈的呼吁下，2002年《关于审理触电人身损害赔偿案件适用法律若干问题的解释》第一次提出了定期金赔偿的规定，但缺少具体的规则。在2003年出台的《关于审理人身损害赔偿案件适用法律若干问题的解释》第二次规定了定期金赔偿，并且规定了简要的规则。这是一个重大的进步。不过，在这个规定中，仍然将一次性赔偿作为人身损害赔偿的常态和首选方式，将定期金赔偿作为特殊方式，可以选用。这样的规定，仍然限制定期金赔偿方式的广泛适用。事实上，定期金赔偿才应是人身损害赔偿中将来赔偿的常态和首选，而一次性赔偿应当是备选的赔偿方式。

定期金赔偿适用于将来的长期赔偿，例如对于造成残疾的受害人生活补助费的赔偿和今后医疗费、护理费的赔偿。现在我们实行的是一次性赔偿，就是把将来的多次性给付变为现在的一次性给付。这样的做法，一是给加害人以过大的赔偿负担，二是受害人生存期间具有不确定性，而赔偿则为确定性，两者之间的矛盾突出，而适用定期金赔偿的方法就会解决这样的问题。美国加州《医疗损害赔偿改革法》特别强调定期金赔偿的作用，具有特别重要的意义。

现在，最高人民法院的司法解释已经规定了定期金赔偿的方法，只是没有规定具体办法，在实践中，绝大多数法官对其性质和作用认识不足，因而在实践中应用得并不多，尤其是在医疗过失侵权责任中几乎没有适用。这对医疗机构是不利的。

对此，应当采取必要措施，在医疗损害赔偿纠纷案件中广泛使用定期金赔偿，即受害人生存一年，医疗机构就要赔偿一年，受害患者死亡的，医疗机构即停止支付赔偿金。这样的做法，对医疗机构显然是十分有利的。如果再能够建立医疗过失责任保险制度，将定期金赔偿转由保险公司承担支付义务，就能够将医疗机构从沉重的医疗过失赔偿责任中解脱出来，使其能够更好地提高医学技术水平，更好地为患者服务。

（四）应当借鉴排除间接来源规则，在医疗过失损害赔偿中实行损益相抵规则

间接来源规则是美国侵权行为法中的重要规则，就是禁止被告引用原告医疗费已有第三方支付而免除自己的赔偿责任。实行这个规则的目的，在于使受害人得到更为完善的保护，获得更多的赔偿。加州《医疗损害赔偿改革法》明文规定排除适用这一规则，目的恰好相反，就是以受害人受到适当的赔偿为准则，不必要得到更多的赔偿，因而使医疗机构减轻负担，有精力为更多的患者服务。但对付出代价的保险金等不在排除之列，可予以赔偿。

我国的人身损害赔偿没有规定间接来源规则，而损益相抵原则是其相反的规则。因此，排除间接来源规则在某些方面相当于损益相抵原则。例如，受害患者在健康保险中获得了赔偿，是基于同一个事实而取得的赔偿，因此，不能援用间接来源规则主张全额赔偿，而应当在赔偿额中扣除已经取得的赔偿金。因此，在医疗过失损害赔偿中适用排除间接来源规则就相当于在这个领域实行损益相抵原则，其基本后果是一致的。适用这个规则的理由，是为了在受害患者得到全额赔偿的前提下，能够减轻医疗机构的赔偿责任，以有利于让医疗机构有更多的精力为全体患者服务，并且不致大量增加医疗费用，造福于全体患者。

在我国医疗过失侵权责任中，应当严格遵循损害赔偿的补偿性功能，实行损益相抵规则，医疗机构可以引用受害患者已有第三方的赔偿支付而免除自己相应的赔偿责任。之所以必须说是相应的赔偿责任，就是因为损益相同的部分才能够相抵，超出受益即新生利益的部分，医疗机构仍然应当予以赔偿。

应当注意的是加州《医疗损害赔偿改革法》排除间接来源规则的例外，即“原告能够证明其本身已经为间接来源付出了相应的代价，例如每月支出的健康

保险金作为抗辩，陪审团可以驳回被告的请求，裁定原告的健康赔偿金属于财产损失，予以赔偿”的做法。

第三节 错误出生的损害赔偿责任及适当限制

一、导言

由于医生的过失未能发现胎儿存在严重畸形或其他严重残疾，因而未能给予孕妇合理的医学建议，最终导致先天残疾儿童出生，由此产生的诉讼，在美国的审判实践中被称为“wrongful life”“wrongful birth”之诉。“wrongful birth”通常被译为“错误出生”或“不当出生”，是指“因医疗失误致使有缺陷的婴儿出生，其父母可提起诉讼，主张因过失的治疗或建议而使他们失去了避孕或终止妊娠的机会”。而通常被译为“错误生命”或“不当生命”的“wrongful life”，冯·巴尔教授认为这是一个不幸的美国称呼。① 因为，“wrongful life”这个词，其实很容易让人误解，显然，不当的是过失，而不是原告的生命。但是，这个词太过普遍以至于不得不使用。②

错误出生之诉大概从20世纪60年代开始在美国频繁出现，经历了一个从被否定到被肯定的过程。从1967年美国新泽西法院的Gleitman v. Cosgrove案提出该问题以后，对于该类诉讼的争论就没有停止过，直到1978年Becker v. Schwartz一案中，错误出生得到支持。父母的损害赔偿请求逐渐得到了广泛的承认，截止到2003年6月，已有28个州承认了“不当出生”之诉，仅有9个州

① ［德］冯·巴尔：《欧洲比较侵权行为法》上卷，张新宝译，法律出版社2004年版，第708页。

② cf Harriton (2006) 226 ALR 391，392－5，428 (Kirby J)，where his Honour preferred 'wrongful suffering'.

禁止此类诉讼。[①] 据估计，1973年以来数千的“不当出生”之诉已经被提起，而且对于父母可以起诉的出生缺陷没有限制。[②] 大陆法系国家如德国和法国，也在此后逐渐认可了错误出生诉讼的合法性。随着我国妇幼保健医疗水平的进一步提高，以1995年6月1日《母婴保健法》的实施为分水岭，与胎儿畸形相关的纠纷和诉讼呈明显的上升趋势。此类诉讼是因科技发展及社会伦理观念变迁而产生的，也是生殖医学科技发展所遇到的第一阶段性实体法上的法律空白问题。[③] 在现有法制不尽完善的框架内，法律可以对这一介于法律与伦理的临界问题留有空白，但这种空白只应是暂时的。诚如托夫勒在《未来的冲击》中所说的，“越来越快的医学技术发展，发生了许多令人吃惊的哲学、政治、伦理和法律的问题，迫使我深刻改变目前的思维方式”[④]，法律也应当积极应对科技带来的对伦理和自身的冲击，基于人的生命价值及社会利益的平衡，在符合法妥当性、法伦理的情形下，设计解决此类问题中伦理与法律的冲突，合理分配产前保健服务偏误带来风险的分担机制。

二、我国侵权法引入错误出生概念的必要性

近年来，我国因产前检查存在偏差，先天残疾儿童的父母提起诉讼的案件逐渐增多，不过大多以医疗事故损害赔偿为由提起诉讼，且原告往往既有孩子，又有孩子的父母[⑤]，类似于美国错误生命与错误出生的混合。从法院判例来看，有

① “Is Wrongful Birth” Malpractice? June 20，2003，http：//www.cbsnews.com/stories/2003/06/19/60minutes/main559472.shtml.

② “Is Wrongful Birth” Malpractice? June 20，2003，http：//www.cbsnews.com/stories/2003/06/19/60minutes/main559472.shtml.

③ 林健、薛贵滨：《错误生命之诉的法理分析—兼论父母的知情权》，《法律与适用》2006年第10期，第3-7页。

④ 黄丁全：《医疗法律与生命伦理》，法律出版社2007年版，杨春洗所作推荐序第1页。

⑤ 北京市第一中级人民法院民事判决书［（2008）一中民终字第14367号］、北京市西城区人民法院民事判决书［（2007）西民初字第1684号］，都是孩子及其父母为原告或上诉人，起诉医院存在过失没有检查出孩子有先天残疾而被生育。判决书由北京市一中院法官提供。

的法院不承认此类诉讼；有的法院以违反医疗合同为由来进行判决，如在四川省崇州市人民法院宣判的因接受试管婴儿保胎及孕期保健服务而引发的医疗服务合同纠纷案中，法院的判决理由如下："按照《中华人民共和国母婴保健法实施办法》及《产前诊断技术管理办法》的相关规定，被告应书面建议李某进行产前诊断，即对胎儿进行先天性缺陷和遗传性疾病的诊断，但被告未履行该法定义务，故被告对原告的损失存在一定的过错。"① 有的法院以被告方应承担侵权责任来结案，如福建省漳州市某法院判决文女士生下肢残儿一案，二审法院经审理认为："医院的行为符合侵权责任的构成要件，应承担赔偿责任。"② 理论上，对此类责任的称谓也不尽相同，多数采用错误出生的概念，不过，有人是在自己理解的基础上使用"错误出生"的概念，实质与英美法中 wrongful birth 并非同一概念。③ 也有学者将其称为"医师违反产前诊断义务的赔偿责任"④。我们认为，"违反产前诊断义务"的说法值得商榷。产前诊断和产前检查其实是两个概念，《母婴保健法》第 17 条规定："经产前检查，医师发现或者怀疑胎儿异常的，应当对孕妇进行产前诊断。"如果经过产前检查，医师没有发现或怀疑胎儿异常，就不会进入产前诊断阶段。产前检查是妇产科对孕妇的常规检查，以 B 超为主，孕晚期辅以双手合诊，主要检查胎儿是否为宫内孕（排除宫外孕）、胎儿是否为活体、胎儿发育是否正常（排除无脑儿、肢体残疾）、羊水质量（质的清浊和量的多少提示胎儿发育情况，是否需要做进一步的产前诊断）以及胎儿胎位是否有异常。⑤ 根据卫生部 2002 年印发的《开展产前诊断技术医疗保健机构的设置和职责》的规定，开展产前诊断的医疗保健机构，必须有能力开展遗传咨询、医学影像、生化免疫和细胞遗传等产前诊断技术服务，并且经过省级卫生行政部门许

① 摘自新华网，www.XINHUANET.com，2005 年 07 月 13 日。

② 房绍坤、王洪平：《论医师违反产前诊断义务的赔偿责任》，《华东政法学院学报》，2006 年第 6 期。

③ 题目中的"'错误'出生"，并非美国法中特指的"不当出生"诉讼，而是描述了一个事实，即医生未尽检查和告知义务，母亲以为胎儿健康，最后生产出来，却发现新生儿带有先天缺陷。易奕：《论先天缺陷儿"错误"出生的法律救济》，中国政法大学 2007 年民商法学硕士研究生论文，第 3 页。

④ 房绍坤、王洪平：《医师违反产前诊断义务的赔偿责任》，《华东政法学院学报》2006 年第 6 期，第 4 页。

⑤ 此信息来源于一位从事妇产科临床工作 32 年的医师。

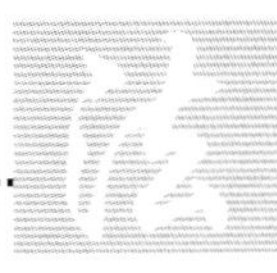

可。北京市2007年才有5家医院可以开展产前诊断技术[①]，不少非省会的地级城市里，甚至没有能够开展产前诊断技术的医疗机构。因此，我国现有提起的类似诉讼，多以产前检查中B超检查出现错误造成未发现肢体残缺、颜面畸形（如唇腭裂）及单双胎混淆为主，将其称为“违反产前诊断义务”不仅不妥，甚至会导致患者在起诉的同时，要求追究医院无资质实施产前诊断责任的情形[②]，加剧医患之间的矛盾与对立。

在解决此类诉讼时，基本存在两种法律途径。一是以英国、美国为代表的英美法系国家，将错误出生放在侵权法中，作为过失侵权行为概念下的具体类型，以分析过失侵权的要件，尤其是损害要件是否具备为基点展开。二是在大陆法传统的国家和地区，常常先考虑适用合同法来解决，以合同的不完全给付为依据判决被告向原告作出赔偿，这一点在德国尤为突出。德国契约高度发达，通常以契约上的请求权来处理不当出生的案件。父母“可以依契约的不完全给付获得赔偿”，德国联邦高等法院在一个判决中，父母得依债务不履行请求为过失行为的医师赔偿抚养此缺陷儿比一般新生儿多出的额外费用，包括财务与劳力之付出。[③] 我国台湾地区朱某兰诉医院“错误出生”案，台湾士林法院认定被告医院与原告朱某兰间成立医疗契约，应依“民法”第535条后段规定，负善良管理人的注意义务，被告医院应就其医生的过失与自己过失负同一责任，而依不完全给付债务不履行规定，负损害赔偿责任。[④] 大陆法系也有不少国家选择侵权法的途径。在法国的错误出生诉讼中，父母既可以医院或医生违反医疗合同为由请求赔偿，也可以根据民法典第1382条关于过错侵权责任的一般条款来索赔。[⑤]

---

① 《北京市卫生局只批准5家医院有“产前诊断”资格》，见贵宾医疗网 http：//www.vipmed.com.cn/Html/jingwaiyiliao/jingwaishengyu/banliliucheng/71881642279385.html，2010年5月20日访问。

② 《东莞全市医院不具“产前诊断”资格》，见新浪网 http：//news.sina.com.cn/c/2010-02-10/005317072795s.shtml，2010年5月20日访问。

③ ［德］马克西米利安·福克斯：《侵权行为法》，齐晓琨译，法律出版社2006年版，第20页。

④ 王泽鉴：《侵权行为法·基本理论·一般侵权行为》，中国政法大学出版社2001年版，第140-141页。

⑤ A. M. Duguet，Wrongful Life：The Recent French Cour De Cassation Decisions，European Journal of Health Law 9，2，p. 141.转引自张学军：《错误的生命之诉的法律适用》，《法学研究》2005年第4期。

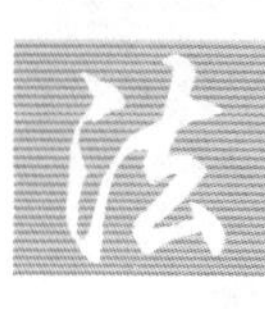

我国在处理医疗纠纷的诉讼时，通常主张构成违约和侵权的竞合，由原告择其一进行诉讼，不过，实践中基本以侵权责任的追究为主。也就是说，处理此类诉讼，我国具有以侵权法为途径的传统。

尽管多数国家和地区司法上已经认可错误出生之诉，但是，理论界一直有不同的声音从责任构成和法律政策两个方面否认错误出生诉讼的合法性。[①] 而实际上，某一过失行为是否产生侵权责任，主要是一个法律构成问题。侵权责任构成要件的主要功能是“控制”侵权责任的构成，防止滥课侵权责任，导致侵权责任的泛化和无度。立法在设置侵权责任的构成要件时，已经融入了适当的甚至是比较严格的社会政策考量，在法律构成之外再考量其他的社会政策，在某种程度上讲是司法对立法的僭越，是不恰当的。因此，我们应立足于侵权责任的一般构成，而非侵权责任构成之外的其他社会政策来判定这类诉讼是否构成侵权法上的损害赔偿责任。[②] 我们认为，错误出生诉讼应当在侵权法理论中得到肯认，作为医疗损害赔偿责任的一个类型。但是，如果以现有的“医疗事故损害”或《侵权责任法》统一的“医疗损害赔偿责任”命名该类诉讼，将无法体现错误出生诉讼与一般医疗损害赔偿责任的区别。在医师因过失未能诊断出胎儿的状况之前，已经悲惨地注定了这个胎儿将有严重的先天性疾病，该疾病并非基于医师的医疗行为而产生，而是来自其父母的遗传基因或本身的畸形所致，医师的过失仅仅在于违反注意义务而未能诊断出胎儿的严重先天性疾病，得出胎儿发育正常的错误产检报告，正是这一点使此类诉讼与普通的胎儿侵权损害赔偿区别开来。[③] 而错误出生的概念已经深入人心，作为一个专有名词，世界各国理论和司法实务都理解其内涵。因此，我们认为，我国在侵权法中首先应当肯认错误出生诉讼的合法性，其次，应当直接引入错误出生的概念，将“错误出生损害赔偿责任”作为此类案件统一的诉由，而无须刻意将其中国化为某一个其他的概念。

---

① 房绍坤、王洪平：《医师违反产前诊断义务的赔偿责任》，《华东政法学院学报》2006 年第 6 期，第 8 页。

② 房绍坤、王洪平：《医师违反产前诊断义务的赔偿责任》，《华东政法学院学报》2006 年第 6 期，第 10 页。

③ 陈忠五：《产前遗传诊断失误的损害赔偿责任》，《台大法学论丛》第 34 卷第 6 期，第 111 页。

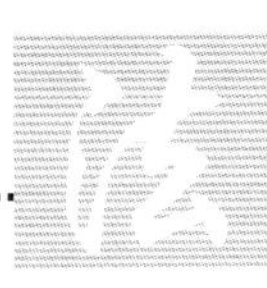

三、我国错误出生赔偿责任的成立与免责

（一）错误出生赔偿责任的构成要件

我国《侵权责任法》中，医疗损害责任是以过失责任、过失推定和无过失责任三个归责原则为一个统一的系统。其中，医疗技术过失以过失责任为主，辅以法律明确规定的例外（《侵权责任法》第58条）；医疗伦理过失采过失推定原则；医疗产品责任采无过失责任。错误出生赔偿责任中，医疗机构及其医务人员应当尽到产前检查和产前诊断的诊疗注意义务，由此产生的过失属于医疗技术过失，应当适用过失责任原则。因此，错误出生赔偿责任的构成要件分别为：

1. 违法行为

违法行为，是指公民或者法人违反法定义务、违反法律所禁止而实施的作为或不作为。[①] 我国《人口与计划生育法》《母婴保健法》《母婴保健法实施办法》《产前诊断技术管理规定》等法律法规，对医师在产前检查、产前诊断过程中的注意义务进行了具体而明确的规定。这些义务关涉我国人口质量和民族素质的提高，医疗机构及医务人员违反这些法定义务，没有检查出或者没有按照法律的相关规定提供医学建议或意见，就具有违法性。对违法行为的要件，学者基本上达成共识。

2. 损害事实

错误出生赔偿责任中，先天残疾儿童的出生是否构成损害，是争议最大的问题之一。否认错误出生者认为，“基于亲子关系间生理及伦理上的联系，婴儿不论是否为父母所计划出生，其出生均无法视为‘损害’”[②]。不过，更多的支持者主张，损害并不必然是孩子的出生，而是医师的过失对于患者告知后作出决定的权利的侵害。[③]

---

① 杨立新：《侵权法论》，人民法院出版社2005年第3版，第161页。

② 王泽鉴：《侵权行为法》，第1册，中国政法大学出版社2001年版，第142页。

③ Christy Hetherington, “Rhode Island Facing the Wrongful Birth/Life Debate: Pro-disabled Sentiment Given Life”, 6 *Roger Williams U. L. Rev.* 565, 569 (2001).

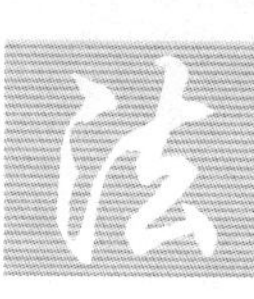

损害事实，是指一定的行为致使权利主体的人身权利、财产权利以及其他利益受到侵害，并造成财产利益和非财产利益的减少或灭失的客观事实。损害事实由两个要素构成，一是权利被侵害，二是权利被侵害而造成的利益受到损害的客观结果。[①] 根据我国《母婴保健法》及其实施办法的规定，医疗保健机构应当为育龄妇女和孕产妇提供孕产期保健服务。对孕育健康后代以及严重遗传性疾病和碘缺乏病等地方病的发病原因、治疗和预防方法提供医学意见；对患严重疾病或者接触致畸物质，妊娠可能危及孕妇生命安全或者可能严重影响孕妇健康和胎儿正常发育的，医疗保健机构应当予以医学指导；经产前检查，医师发现或者怀疑胎儿异常的，应当对孕妇进行产前诊断；医师发现或者怀疑育龄夫妻患有严重遗传性疾病的，应当提出医学意见；限于现有医疗技术水平难以确诊的，应当向当事人说明情况。育龄夫妻可以选择避孕、节育、不孕等相应的医学措施等。[②] 民法中的权利和义务所指称的是同一个法律关系的内容，二者的区别只在于主体的不同。法律对医疗机构进行义务性规范的同时，即是对患者相关权利或利益的宣示。学界有将患者的该项权利称为生育选择权，我们认为将患者在产前检查和产前诊断中的权利或利益称为生育选择权，范围过窄。从字面意思上看，生育选择权应当指的是对于先天残疾的孩子，患者有选择生或不生的权利。实际上，患者不仅对先天残疾儿有选择生或不生的权利，还有得到医疗机构适当的产前医学意见、产前检查和产前诊断服务的权利，因此，我们认为，患者享有的是获得适当产前保健服务的权益。这一权益，并非《侵权责任法》第 2 条所列举的民事权利，而是属于《侵权责任法》所保护的民事利益范畴。《侵权责任法》所保护的民事利益的确定，可以采取德国法的方法，凡是法律已经明文规定应当保护的合法利益，应当是《侵权责任法》保护的范围；故意违反善良风俗致人利益损害的行为，也是《侵权责任法》调整的范围。[③]

错误出生赔偿责任中，产下先天畸形儿的父母本来享有获得适当产前保健服

① 杨立新：《侵权法论》，人民法院出版社 2005 年版，第 169 页。

② 详见《中华人民共和国母婴保健法》第 14～18 条，《中华人民共和国母婴保健法实施办法》第 17、20 条。

③ 杨立新：《〈中华人民共和国侵权责任法〉精解》，知识产权出版社 2010 年版，第 31 页。

务的权益，但由于医疗机构没有适当履行自己的义务而造成受害人的上述权益受到侵害；因该权益的侵害导致受害人产下患有先天残疾的孩子，造成受害人的精神痛苦和额外的养育负担，患者的人格利益和财产利益都受到了损害。这两个因素是侵权法中损害事实的构成要素。

3. 因果关系

违法行为与损害事实之间的引起与被引起关系，是成立侵权行为构成的因果关系要件。[①] 医疗机构的违法行为与患者的损害事实之间有无因果关系，也是错误出生赔偿责任的一个争议颇多的问题。对于具有直接因果关系的情况，可以适用直接原因规则。但是，通常情况下，因果关系是比较复杂的，目前通说多采相当因果关系说。王伯琦先生对于相对因果关系有精辟的阐释："无此行为，虽不必生此损害，有此行为，通常即足生此种损害者，是为有因果关系。无此行为，必不生此种损害，有此行为，通常亦不生此种损害者，即无因果关系。"[②] 错误出生赔偿责任中，如果没有医疗机构违反法律规定，未适当履行法定产前检查、产前诊断义务的行为，患者获得适当产前保健服务的权益就不会受到侵害；而因为有医疗机构的违法行为，则导致患者的权益受到侵害，产下先天残疾儿，造成患者财产和精神上的损害。因此，医疗机构的违法行为与患者受到的损害事实之间，存在相当因果关系。

4. 过失

《侵权责任法》第 57 条规定："医务人员在诊疗活动中未尽到与当时的医疗水平相应的诊疗义务，造成患者损害的，医疗机构应当承担赔偿责任。"错误出生赔偿责任的过失判断也应以当时的医疗水平为标准。医疗水平理论是日本最高裁判所 1982 年高山红十字医院案判决正式确立的判断医生注意义务的标准，医疗水平是指安全性和有效性已经得到认可并且已经成为诊疗当时的临床实践目标的诊疗行为。[③] 因此，医疗水平有两个构成要件，一是医疗行为的有效性和安全

① 杨立新：《侵权法论》，人民法院出版社 2005 年版，第 187 页。

② 王伯琦：《民法债编总论》，台北三民书局 1956 年版，第 77 页。转引自王泽鉴：《侵权行为法》，第 1 册，中国政法大学出版社 2001 版，第 191 页。

③ 夏芸：《医疗事故赔偿法——来自日本法的启示》，法律出版社 2007 年，第 117 页。

性被认可；二是已经被接纳为临床实践的目标。我们认为，根据当时的医疗水平来判断医生在错误出生损害赔偿责任中，是否尽到了应尽的注意义务，应当将该注意义务类型化为产前检查的注意义务和产前诊断的注意义务。

第一，产前检查的注意义务。产前检查目前已经是孕产妇的常规检查，基本上每个医院都会提供给孕妇人手一册《产前保健手册》，提醒告知孕妇孕期应注意的事项及应做的产前检查。根据我国现在的医疗水平，通过B超检查判断单双胎、是否有肢体较明显的残缺等，其有效性和安全性已经得到认可、且为临床实践普遍接受的医疗行为。对于该类注意义务的违反，患者只要基本证明医疗机构未尽到注意义务即可，也就是采用德国表见证据的规则，由医疗机构证明自己已经尽到了注意义务，只是由于胎儿位置或其他因素导致客观上不能发现胎儿畸形。

根据《母婴保健法》和《母婴保健法实施办法》的规定，医疗、保健机构发现孕妇患有下列严重疾病或者接触物理、化学、生物等有毒、有害因素，可能危及孕妇生命安全或者可能严重影响孕妇健康和胎儿正常发育的，应当对孕妇进行医学指导和下列必要的医学检查：严重的妊娠并发症；严重的精神性疾病；国务院卫生行政部门规定的严重影响生育的其他疾病。医师发现或者怀疑患严重遗传性疾病的育龄夫妻，应当提出医学意见。经产前检查，医师发现或者怀疑胎儿异常的，应当对孕妇进行产前诊断。孕妇有下列情形之一的，医师应当对其进行产前诊断：羊水过多或者过少的；胎儿发育异常或者胎儿有可疑畸形的；孕早期接触过可能导致胎儿先天缺陷的物质的；有遗传病家族史或者曾经分娩过先天性严重缺陷婴儿的；初产妇年龄超过35周岁的。因此，医疗机构及其医务人员不仅要尽到产前检查的注意义务，发现或怀疑可能危及或影响孕妇健康和胎儿正常发育的情形，还负有指导和建议其进行产前诊断的告知义务。如果没有尽到告知义务，医疗机构也具有过失。但是如果患者故意隐瞒有关情况，造成医生无法得知其具有产前诊断的指征，医疗机构及其医务人员尽到注意义务的，不构成过失。

第二，产前诊断的注意义务。国外的错误出生通常是真正的产前诊断的问

题，如最早的患了风疹而生下风疹病毒感染的孩子的案例，而我国目前的医疗技术水平决定了产前诊断技术尚未成为普及的医疗常规。根据《开展产前诊断技术医疗保健机构的设置和职责》的规定，必须有能力开展遗传咨询、医学影像、生化免疫和细胞遗传等产前诊断技术服务，并且经过省级卫生行政部门许可的医疗保健机构才可以开展产前诊断技术。因此，如果没有资质的医疗机构开展产前诊断的，导致未能及时发现胎儿畸形或先天残疾的，医疗机构的行为因违反了法律的规定，应当被推定具有过失；如果是有资质的医疗机构，其过失的判断则需结合当时的医疗水平加以认定。

（二）医疗机构的免责

卫生部2002年12月13日印发的《开展产前诊断技术医疗保健机构的基本条件》的文件中指出：各省开展产前诊断技术的医疗保健机构应提供的产前诊断技术服务包括：（1）进行预防先天性缺陷和遗传性疾病的健康教育和健康促进工作。（2）开展与产前诊断相关的遗传咨询。（3）开展常见染色体病、神经管畸形、超声下可见的严重肢体畸形等的产前筛查和诊断。（4）开展常见单基因遗传病（包括遗传代谢病）的诊断。（5）接受开展产前检查、助产技术的医疗保健机构发现的拟进行产前诊断的孕妇的转诊，对诊断有困难的病例转诊。（6）在征得家属同意后，对引产出的胎儿进行尸检及相关遗传学检查。（7）建立健全技术档案管理和追踪观察制度，信息档案资料保存期50年。在我国实际已开展产前诊断的疾病，主要包括染色体病、特定遗传代谢病、可以进行DNA检测的遗传病、神经管畸形、有明显胎儿形态改变的先天畸形等。由于医疗条件和技术水平的不同，各地区医院所开展的产前诊断项目也有所区别。也就是说，目前，我国可以通过产前诊断技术进行产前诊断的遗传性疾病或先天缺陷是很少的。有数据显示，现在已经发现的单基因遗传病有数千种，但能用产前诊断方法检测疾病的还远远不足10%。①

即使是可以开展相关诊断技术进行检测的疾病，由于当前医疗水平的限制，

---

① 贺晶、温弘：《远离出生缺陷之产前诊断》，见中国育婴网2008年9月17日，2010年7月15日访问。

不少诊断存在大量的假阳性率和假阴性率。产前诊断的结果与仪器质量、最佳检查时间、检查者经验、孕妇腹壁厚薄、羊水量多少、检查所占用时间、胎儿自身发育情况、骨化程度、胎盘位置以及胎位等因素均有一定关系；而且，胎儿颜面部、肢体畸形种类繁多，受累部位亦多，形成原因复杂（包括高龄怀孕），导致颜面部、膝关节及肘关节以下的畸形不易被发现。如唇腭裂，也就是通常所说的"兔唇"畸形，能否通过产前诊断得出胎儿患有唇腭裂难度很大，而且与胎儿的体位、B超仪器的分辨率及医师的经验等有关；再如主要检查胎儿染色体异常的羊膜腔穿刺检查，最佳检查时间为孕17～24周，超过这一时间则可能对胎儿是否有染色体异常无法做出正确的诊断。

因此，我们认为，依据当前的医疗水平，无法通过产前检查、产前诊断发现遗传性疾病或先天畸形的，医疗机构不具有过失，不承担损害赔偿责任。

四、错误出生的损害赔偿责任确定与适当限制

（一）错误出生的损害赔偿责任的确定

对于错误出生的损害赔偿，为先天残疾儿疾病需要而支出的特别抚养费往往能得到两大法系主要国家的认可，但是对于作为一般抚养费的生活费和精神损害赔偿是否属于赔偿范围，不同国家有不同认识。美国法院不认可一般抚养费，不过，同意在合理可预见的范围内给予精神损害赔偿，这是因为可以预见一位母亲因其堕胎权受到侵害而生下残疾子女将会产生精神痛苦，并且在抚养一个残疾子女的过程中也会产生精神痛苦。[①] 德国联邦高等法院在一个判决中，肯定因医师过失而生出缺陷儿的父母得依债务不履行请求该医师赔偿抚养此缺陷儿比一般小孩多出的额外费用，包括财务与劳力之付出。[②] 同时，因为德国以违约责任追究医疗机构的责任，所以，不认可精神损害赔偿。法国在Perruche夫妇案后从立

---

① 宋克芳：《计划外出生先天缺陷儿之民事损害赔偿责任研究》，台湾成功大学2005年硕士研究生论文，第22页。

② 刘永弘：《医疗关系与损害填补制度之研究》，台湾东吴大学1996年硕士研究生论文，第150-151页。

法上规定，因医师的重大过失未能发现胎儿的先天性疾病，使妇女产下有先天性疾病的小孩，该父母可以请求赔偿因此所必须支出的抚养费用①，没有明确区分一般抚养费用和特殊抚养费用。

我国司法实务中，错误出生损害赔偿范围也各有不同，主要有下列几种情形。第一，判决赔偿医疗费和误工费，抚养孩子的各种费用（包括一般的和特殊的），医院和父母由法院酌定比例承担，精神损害赔偿由法院酌定，然后不明确各类损害的具体数额，笼统判决一个赔偿总额。第二，判决赔偿抚养孩子额外支付的抚养费用、残疾辅助器具费用，及精神抚慰金 2 万元。第三，判决仅赔偿抚养孩子额外支付的费用，并主张残疾不是医院造成的，不予赔偿残疾器具等费用，精神抚慰金 6 万元。② 第四，赔偿保健检查费和精神抚慰金 5 万元。③ 也就是说，错误出生损害赔偿责任中损害赔偿的范围在实践中是不确定的，理论上也没有明确的支持和指导意见。实际上，损害赔偿范围的争议其实是与因果关系密不可分的，侵权法为自己行为负责的传统理念要求，只有与医疗机构的违法行为有因果关系的损害才应得到赔偿。

（二）对错误出生损害赔偿进行适当限制的必要性

错误出生赔偿责任应当得到肯认，但是，损害赔偿的范围和数额应当在受害患者、医疗机构以及全体患者利益之间的平衡和博弈后进行适当的限制。如果对医疗机构课以过重的赔偿责任，一方面，医疗机构为了保护自己，必将在产前保健服务中开展防御性医疗，拒绝进行产前检查和产前诊断，或者增加全体孕妇产前检查和产前诊断的医疗费用负担；另一方面，在自负盈亏的情况下，医疗机构支付了巨额赔偿费用后，必将通过增加其他患者的医疗费用的方式来弥补，把风险转移给全体患者。法国著名的 Perruche 案中，最高法院民事庭第一合议庭双重肯定 Perruche 夫妇及 Perruche 自己本身对于医师有损害赔偿请求权，即该判

① 侯英泠：《计划外生命与计划外生育之民事上赔偿责任之争议》，《成大法学》第 4 期，第 186 页。

② 北京市西城区人民法院（2007）西民初字第 1684 号民事判决书、北京市第一中级人民法院（2008）一中民终字第 14367 号民事判决书。

③ 《孕妇 11 次孕检正常产下畸形儿医院被判赔偿 5 万》，见腾讯网 http：//news.qq.com/a/20090314/000103.htm，2010 年 3 月 20 日访问。

决不但肯认其父母 wrongful birth 的损害赔偿请求权，同时也肯认缺陷儿 wrongful life 的损害赔偿请求权。[①] 此判决在法国国内掀起了轩然大波，引起学者与民众的示威。妇产科医师们因为担心其可能支付的赔偿费会剧增，纷纷以罢工和拒绝给妊娠妇女做产前诊断的方式对此判决做出反应。[②] 在我国，如果对错误出生的损害赔偿责任处理不好，盲目增加赔偿数额，从表面上看，好像维护了妊娠妇女的合法权益，但从长远利益观察是不利的，最后这样的后果同样会产生。

治疗术法理学（Therapeutic jurisprudence）[③] 提供了一个新的视角来研究错误出生。该理论的支持者主张，法律作为一种强制力将会给社会的每一个人的心理和生理健康产生实际的治疗性（therapeutic）和反治疗性（anti-therapeutic）的结果。法律应当鼓励治疗性结果，同时减少反治疗性结果。[④] 他们还认为，法律应当就多种因素加以评估，但是，法律的治疗后果是重要且应被充分分析和探讨的。[⑤] 从该理论出发，对于错误出生如何赔偿应当根据我国的实际情况，最大限度地实现利于对孩子及其家庭、医疗机构及产前保健医疗事业及整个社会的健康发展。因此，错误出生赔偿责任的损害赔偿应当遵循如下原则。

第一，应当体现医疗机构对自己违法行为造成的损害的补偿，实现侵权责任法的填补功能。医疗机构的违法行为，侵害了患者获得适当产前保健服务的权益，使患者误以为孕育的是健康胎儿，而生产先天残疾儿童，给患者带来精神的痛苦和养育先天残疾儿童需支出的额外的费用负担。但是，不论身体是否健康，孩子的成长都会带给父母相应的幸福和成就感，而且，养育先天残疾儿童需要支付的特殊教育费用，部分是因为孩子先天具有的残疾造成的，医疗机构的违法行

---

① 张民安：《现代法国侵权责任制度研究》，法律出版社 2003 年版，第 333－339 页。

② France rejects, Right not to be born, http: //news. bbc. co. uk/1/hi/world/eurper/1752556. stm, 10 January, 2002.

③ Therapeutic jurisprudence 被译为"治疗术法理学"，参见［英］布赖恩·比克斯：《牛津法律理论词典》，邱昭继、马得华、刘叶深、冉杰、鲁强译，法律出版社 2007 年，http: //www. yadian. cc/weekly/list. asp? id=27593，2010 年 5 月 30 日访问。

④ Bruce J. Winick, Therapeutic Jurisprudence Applied: Essays on Mental Health Law 3 (1997). at 3.

⑤ David B. Wexler & Bruce J. Winick, Introduction to Law in a Therapeutic Key: Developments in Therapeutic Jurisprudence xvii, xvii (David B. Wexler & Bruce J. Winick eds., 1996).

为只是造成这种财产损害的原因之一。因此，应当根据原因力规则，医疗机构仅对自己原因造成的损害承担赔偿责任。

第二，应当避免社会对先天残疾儿童的歧视，维护残疾儿童的人格尊严。是否会引发社会对残疾人的歧视和人格尊严的侵害，是错误出生之诉受到否定的重要质疑。尽管在错误出生赔偿责任中，残疾儿童的出生本身不是损害，赔偿的是医疗机构的违法行为造成的孩子的父母民事权益的侵害，但是，很多学者和法官们会认为肯认错误出生赔偿责任就意味着对先天残疾儿童的歧视，将有损残疾人的人格尊严。这种说法有一定道理。因此，在损害赔偿的范围上，应当特别注意不引起社会对残疾人的歧视和人格的不尊重。

第三，应当避免对医疗机构课以过重的赔偿负担，保证产前检查、产前诊断技术的进步和发展。我国产前检查和产前诊断的技术与欧美国家相比落后很多，医学又是一门实践性特别强的学科，如果对医疗机构错误出生行为课以过重的赔偿责任，使其无法负担，医疗机构或者将过重的赔偿责任转嫁给全体患者，或者采取防御性医疗行为，拒绝进行产前检查和产前诊断，阻碍医学界探索新的产前诊断技术的进程，最终将由全体人民负担其严重后果，造成大量因技术落后而产生的先天残疾儿，影响整个社会人口质量的提高和民族素质的进步，损害全体妇女的利益，损害全民族的利益。

（三）错误出生的具体赔偿范围及适当限制办法

因此，我们认为，要对错误出生损害赔偿责任加以限制，应当从损害赔偿的范围和因果关系两个方面进行。

1. 损害赔偿范围的确定和限制办法

损害依其在实现损害赔偿权利过程中所扮演的角色不同，可分别从责任成立与责任范围两个不同层次加以观察。所谓责任成立层次上的损害，是指权利或利益被侵害本身所生的不利益，亦即权利或利益归属主体因责任原因事实的存在而抽象地无法圆满享有或行使其权利或利益的内容。责任范围层次上的损害，则是指权利或利益被侵害后所衍生的结果或因而丧失的利益，亦即权利或利益归属主体因权利或利益被侵害而具体地蒙受某种财产上或非财产上的不利益。权利或利益被侵害及权利或利益被侵害后是否衍生各种不利益，理论上通常相伴而生，但实际不一定恒属如此。没有权利或利益被侵害，固然不发生是否衍生各种不利益的问题。但有权利或利益被侵害，并不当然表示一定会衍生各种不利益。换言之，责任成立上的损害，是发生责任范围上损害的前提，受害人欲请求损害赔偿，以有权利或利益被侵害为必要。但被害人虽有权利或利益被侵害，不见得受有责任范围上的损害。①

在错误出生赔偿责任中，医疗机构侵害了患者民法上的何种权利或利益，是该责任成立的损害问题。英美法系国家的法官、学者们对此问题的意见较为一致，认为产前诊断失误案件中医师侵害了父母的堕胎权或生育自主决定权。我们认为，英美法系法官可以造法，他们可以判例确定一项民事权利，而我国的侵权责任法虽然吸收了英美法系的不少经验，但最终还是在大陆法系的基础理论上展开的。因此，在我国，与其凭空创设一种权利并等待法律的认可，不如以法益加以明确说明，即主张此情形是对患者获得适当产前保健服务的权益的侵害。

责任范围上的损害分为财产损害与精神损害。

（1）财产损害赔偿

在具体的赔偿范围选择上，国外立法例存在以下四种可能的选择方法。第一，父母可就怀孕费用和抚养费用请求全部赔偿，并且该赔偿额的确定不会因为孩子的出生为父母带来了精神利益而有所减少。第二，允许父母提起全部赔偿的诉讼请求，但其最终获得的赔偿额须扣除因孩子的出生而给父母带来的所有精神利益。第三，仅赔偿怀孕费用和额外的残疾费用。怀孕费用可获得全额赔偿，但抚养费用的赔偿额仅限于因孩子残疾而导致的额外抚养费用。所谓的额外费用，是指相对于一个非残障的正常人而言需要付出的额外生存成本。第四，仅赔偿怀孕费用。② 患者因获得适当产前保健服务的权益受到侵害的财产损害，主要为怀孕费用与抚养费用的支出。

---

① 陈忠五：《产前遗传诊断失误的损害赔偿责任》，《台大法学论丛》，第34卷第6期，第136页。

② Dean Stretton, "The Birth Torts: Damages for Wrongful Birth and Wrongful Life", *Deakin Law Review*, Volume 10 No. 1 2005, p. 322.

怀孕费用是指因怀孕而导致的疼痛、痛苦和经济损失，具体包括母亲基于对错误产检报告而继续怀孕期间的医疗费用、孕妇服装费用、怀孕期间的收入损失等。但是，怀孕费用范围应做合理的界定，不能将整个怀孕期间所产生的全部费用均作为损害。首先，时间上应限制为医疗机构第一次作出错误产检报告时起，至分娩结束时止；其次，范围上应主要是医疗费用，抚养费用、收入损失等不应计算在内。

抚养费用有一般抚养费用及特别抚养费用之分。一般抚养费用是为人父母所应尽的义务，王泽鉴先生认为："为适当限制医生的责任，鉴于养育子女费用及从子女获得利益（包括亲情及欢乐）之难于计算，并为维护家庭生活圆满，尊重子女的尊严，不将子女之出生视为损害，转嫁于第三人负担抚养费用，而否定抚养费赔偿请求权，亦难谓无相当理由。"[①] 因此，一般抚养费用不得要求赔偿。特别抚养费用是指抚养权利人因年龄、身体等特殊状况所需支出的费用，即因小孩的严重先天性疾病所需要支出的医疗费、人工照顾费、残疾用具费，以及特殊教育费等费用。特殊抚养费用的损失必须赔偿，赔偿的基本原则是依客观标准，因此，在计算原告的损害赔偿数额时，应当以在通常情况下必要、合理的费用为限。

（2）精神损害赔偿

父母是否有权请求精神损害赔偿，主要涉及对受害人所受损害的权利属性的界定问题。《侵权责任法》第 22 条规定："侵害他人人身权益，造成他人严重精神损害的，被侵权人可以请求精神损害赔偿。"父母享有的获得适当产前保健服务的权益，既包含财产权益，同时，因其对孕妇及胎儿人身利益的影响而更多的具有人身权益性。我们认为，错误出生损害赔偿责任应当对精神损害予以赔偿。但是，非财产上的损害主观色彩过分浓厚，衡量损害的范围难有绝对客观的标准。其性质在德国法上认有慰抚的作用，在法国法上认有惩罚的作用。然而，不问作用如何，都应当在赔偿义务人所能负荷的极限内，均不能超越赔偿义务人所

① 王泽鉴：《侵权行为法》，第 1 册，中国政法大学出版社 2001 年版，第 144 页。

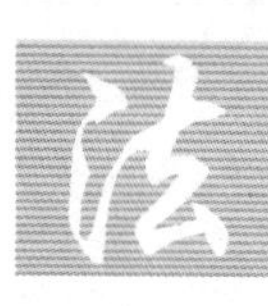

能负荷的极限。[①] 因此，我们认为，错误出生损害赔偿责任的精神损害赔偿不宜过高，应当设置最高限额，按照东西部不同地区，分别不超过 5 万元、10 万元人民币为宜。

2. 因果关系及原因力规则的具体适用

在两大法系广泛运用因果关系二分法的今天，因果关系的认定先是对于事实上因果关系的认定，再是依据法律政策考虑事实上的原因是否成为最终负责的原因。原因力的判断贯穿了事实因果关系和法律因果关系认定的整个过程，事实上的认定与价值上的评判自然也随之而来。原因力一旦承载了确定责任的有无和明确责任范围的任务，也就无可避免地要兼有事实性与价值型、客观性与主观性的特质。[②] 原因力理论中的原因可以是单个原因，也可以是数种原因。在单个原因致损的情况下，原因力的考察主要停留于归责阶段，即通过对各种相关因素的原因力有无的甄别，筛选出某个具有事实原因力的原因，成立责任；此后的责任范围的确定阶段，由于该原因对损害结果具有百分之百的作用力，原因力所起作用并不显著。而在数种原因致损时，原因力的考察贯穿了归责和责任分担两个阶段的始终，原因力的作用主要表现在第二阶段即法律原因力的比较。[③] 错误出生损害赔偿责任中，从责任成立的层面上，医疗机构主观有过错的违法行为是造成患者合法权益受损的原因，医疗机构的违法行为与患者的损害之间有因果关系，因此，医疗机构应当承担相应的损害赔偿责任。但是，患者的财产损害和精神损害并不是由医疗机构的违法行为一个原因造成的，在损害赔偿范围的界定中，还需要充分比较各类原因的原因力。

首先，胎儿先天残疾的事实。胎儿的先天残疾在错误出生损害赔偿责任中，可以类推适用“蛋壳脑袋规则”。伤害了健康状况本来就不佳的人不能要求他在假设受害者是健康时的法律处境。倘若被告敲击了脑壳如鸡蛋壳般薄的人，则即

① 曾世雄：《损害赔偿法原理》，中国政法大学出版社 2001 年版，第 394 页。

② 杨立新、梁清：《原因力的因果关系理论基础及其具体应用》，《法学家》2006 年第 6 期，第 105 页。

③ 杨立新、梁清：《原因力的因果关系理论基础及其具体应用》，《法学家》2006 年第 6 期，第 106 页。

使他不可能知道受害人的这一特殊敏感性也必须为此损害承担赔偿责任。[①] 医疗机构违反了注意义务，侵害了受害人的合法权益，但是，如果患者孕育的胎儿没有如此严重的先天残疾，就不会造成患者的精神痛苦和财产损害。正如“蛋壳脑袋规则”要求加害人承担赔偿责任的同时，也要考虑受害人自身特殊体质的原因力一样，在错误出生损害赔偿责任中，要求医疗机构承担损害赔偿责任时，也要根据医疗机构违法行为的原因力来确定赔偿的比例。这是行为与非人力原因结合造成的侵权行为，责任范围的确定以及责任的分担，只涉及加害人一方的过错问题，只需要进行法律原因力的比较即可。为了促进我国医疗诊断技术的发展，衡平受害患者、医疗机构及全体患者之间的利益，应当针对不同的医疗机构、根据不同的情形，作出如下政策性选择。

第一，没有取得产前诊断许可的一般医疗机构，只能实施产前检查及有条件地实施产前筛查医疗行为。此类医疗机构违法实施产前诊断行为或遗传咨询行为，产生错误出生损害赔偿责任的，其违法行为对损害发生的原因力为100%；开展21三体综合征和神经管缺陷产前筛查的医疗保健机构必须设有妇产科诊疗科目，没有妇产科科目擅自实施上述产前筛查的，其违法行为对损害发生的原因力为100%；开展上述产前筛查的医疗机构，应当与开展产前诊断技术的医疗保健机构建立工作联系，保证筛查阳性病例在知情选择的前提下及时得到必要的产前诊断，如果因为没有建立必要的工作联系，导致患者没有及时得到相应的产前诊断而产下先天畸形儿的，医疗机构违法行为的原因力为70%；产前检查保健服务中，经过问诊发现初产妇年龄超过35周岁、有遗传病家族史或者曾经分娩过先天性严重缺陷婴儿、孕早期接触过可能导致胎儿先天缺陷的物质的，或者已经查出羊水过多或过少，医师却没有提出产前诊断医学建议的，其违法行为对损害发生的原因力为80%；依据当时的医疗水平，并结合地域及医疗机构和医师的资质，很容易检查出的异常或可疑畸形却由于过失没有发现，或者产前检查结果异常，医疗机构应当提出产前诊断建议但过失没有提供的，医疗机构违法行为

① ［德］冯·巴尔：《欧洲比较侵权行为法》下卷，焦美华译、张新宝校，法律出版社2001年版，第580-581页。

的原因力在70%以上。

第二，取得产前诊断许可的医疗机构，可以开展产前检查、遗传咨询、21三体综合征和神经管缺陷产前筛查以及产前诊断。根据卫生部《〈产前诊断技术管理办法〉相关配套文件》的规定，该类医疗机构的仪器条件和医师的资质等方面，需要满足比一般医疗机构更高的要求，因此，通常被信赖能为患者提供较之一般医疗机构更好的产前保健服务，其产前保健服务中的注意义务也比一般医疗机构的更高。在产前检查中，经过问诊发现初产妇年龄超过35周岁、有遗传病家族史或者曾经分娩过先天性严重缺陷婴儿、孕早期接触过可能导致胎儿先天缺陷的物质的，或者已经查出羊水过多或过少，医师却没有提出产前诊断医学建议的，其违法行为对损害发生的原因力可视为100%；依据当时的医疗水平，并结合医疗机构和医师的资质，很容易检查出的畸形却由于过失没有发现，或者产前检查结果异常，医疗机构应当提出产前诊断建议但过失没有提供，医疗机构违法行为的原因力应当在80%以上。遗传咨询中，通过全面采集信息，遗传咨询人员根据确切的家系分析及医学资料、各种检查化验结果，诊断咨询对象是哪种遗传病或与哪种遗传病有关，单基因遗传病还须确定是何种遗传方式。然后，对遗传病再现风险进行估计，根据子代可能的再现风险度，建议采取适当的产前诊断方法，充分考虑诊断方法对孕妇和胎儿的风险等。在此过程中，医疗机构没有尽到应尽的注意义务，造成损害后果的，其违法行为的原因力为80%以上。三体综合征和神经管缺陷产前筛查中，通常孕期血清学筛查可以筛查出60%～70%的唐氏综合征患儿和85%～90%的神经管缺陷，医疗机构的违法行为的原因力应在51%～80%。产前诊断行为可为两种情形：一是其他产前检查机构怀疑或发现了需要产前诊断的情形，建议患者到产前诊断机构进行产前诊断，产前诊断机构过失没有发现胎儿畸形的；二是直接在本医疗机构就诊，医师怀疑或根据产前检查结果发现需要进行产前诊断的情形。依据当时的医疗水平很容易诊断出的先天畸形，医疗机构违法行为的原因力应当在80%以上；依据当时的医疗水平存在较大假阳性、假阴性率的，医疗机构违法行为的原因力根据假阳性、假阴性率的不同在51%～80%。

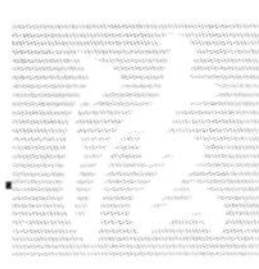

其次，患者故意隐瞒或提供虚假信息。由于我国传统婚恋、生育观念的影响，患者在就诊时可能出于各种考虑，没有将自己的实际情况如实告知医疗机构，从而误导医疗机构作出错误的诊断。根据《侵权责任法》第 60 条第 1 款第 1 项规定，患者或者其近亲属不配合医疗机构进行符合诊疗规范的诊疗，医疗机构不承担赔偿责任；但是，第 2 款也规定，前款第一项情形中，医疗机构及其医务人员也有过错的，应当承担相应的赔偿责任。这其实是对医疗损害赔偿责任中与有过失制度的一种倒装的表达。医疗机构过失发生违法行为，造成患者损害的，如果患者或其近亲属不配合医疗机构进行符合诊疗规范的诊疗的，患者的行为和医疗机构的违法行为之间对损害的发生有不同的原因力。当然，这个原因力的判断是在医疗机构的违法行为与先天残疾事实进行比较后，对医疗机构违法行为与患者及其家属的不配合行为之间的原因力比较。

"十三五"国家重点出版物出版规划项目

◉ 杨立新 著

中国侵权责任法研究

第四卷

中国当代法学家文库

杨立新法学研究系列

Contemporary Chinese Jurists' Library

中国人民大学出版社

· 北京 ·

总目录

第一卷　侵权责任法总则研究

第二卷　侵权责任法分则研究（一）

第四卷目录

第九编　网络交易侵权责任

第十编　其他侵权损害责任

第九编
网络交易侵权责任

第二十三章

网络平台提供者的地位与承担赔偿责任的法理基础

第一节 网络交易平台提供者的法律地位与民事责任

中国互联网络信息中心（CNNIC）2013 年 3 月发布的《2012 年中国网络购物市场研究报告》显示，截至 2012 年 12 月底，我国网络购物用户规模达到 2.42 亿，网民使用网络购物的比例提升至 42.9%，网络购物市场交易金额达到 12 594 亿元，较 2011 年增长 66.5%。[①] 尤其是在 2013 年 11 月 11 日“网购狂欢节”中，一天的网购销售额达到数百亿元之多。与网购热潮相对应的，是消费者对网络交易环境日益增多的投诉。中国消费者协会发布的《2013 年上半年全国消协组织受理投诉情况分析》显示，以网络购物为主体的媒体购物的投诉量在服

① 中国互联网络信息中心（CNNIC）：《2012 年中国网络购物市场研究报告》，http：//wenku.baidu.com/link? url=pYV _ 9BLgwiKUHuLC4yZQWe9ZJwMPBSTPoBVEvBV0UzAN70wT-mFJmxR9lMhZEkTsrkZxtnNS1EDdwjj _ NVqhiKTpITOliDTluslOIBIRIbu，2013 年 11 月 19 日访问。

务类投诉中高居首位，在网购中加强消费者权益的保护迫在眉睫。[①] 2014 年 3 月 15 日生效的修订后的《消费者权益保护法》（以下简称《消保法》）第 44 条规定了网络交易平台提供者的民事责任，以更好地保护网购消费者的合法权益。本节以该条法律规定为依据，探讨网络交易平台提供者的法律地位及应承担的民事责任。

一、网络交易平台提供者民事责任的适用范围

《消保法》第 44 条规定的网络交易平台提供者民事责任究竟应当在何种范围内适用，特别值得研究，这是确定网络交易平台提供者的法律地位及责任承担的基础。

网络交易，是指基于互联网技术和网络通信手段进行的商品或服务的交易，并提供相关服务的商业交易形态。按照交易主体的不同它又可细分为企业之间（Business to Business，简称 B2B）、企业与消费者之间（Business to Consumer，简称 B2C）和消费者之间（Consumer to Consumer，简称 C2C）的网络交易，都是通过网络通信手段进行交易或服务。

其中，B2B 模式下的网络交易又可细分为网上交易市场（web trade market）和网上交易（web business）。前者是指提供给具有法人资质的企业间进行实物和服务交易的由第三方经营的电子商务平台；后者是指具有法人资质的企业在网上独立注册网站，并直接向其他企业提供实物和服务的电子商务平台。同样，在 B2C 模式下的网络交易也可细分为网上商厦（web mall）和网上商店（web store）：前者是指提供给企业法人（或其他组织机构）或法人委派的主体在互联网上独立注册开设网上商店，出售实物或提供服务给消费者的由第三方经营的电子商务平台；后者是指企业（或其他组织机构）法人或法人委派的行为主体在互联网上独立注册网站、开设网上商店，出售实物或提供服务给消费者的电子商务

① 中国消费者协会：《2013 年上半年全国消协组织受理投诉情况分析》，http：//www. cca. org. cn/web/xfxx/picShow. jsp? id=63379，2013 年 11 月 18 日访问。

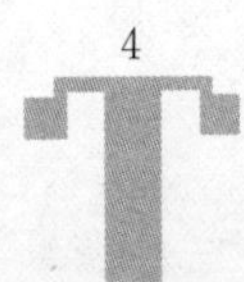

平台。C2C 网上个人交易市场（web market for consumers），是指提供给个人间在网上进行实物和服务交易的由第三方经营的电子商务平台。[①]

修订后的《消保法》第 44 条规定的网络交易平台提供者的民事责任仅适用于 C2C 与 B2C 中的网上商厦下的网络交易，理由是：第一，根据《消保法》第 2 条关于"消费者为生活消费需要购买、使用商品或者接受服务，其权益受本法保护"的规定，消费者特指为生活消费需要购买商品、接受服务的社会主体，在 B2B 模式下，交易的双方为具有法人资格的企业，其购买商品或接受服务的目的是出于生产消费的需要，不能将其界定为消费者。第二，在 B2C 网上商店交易模式下仅存在双方当事人，网络交易平台的提供者同时是商品或服务的销售者或服务者，消费者在此交易模式下如合法权益遭受损害，只能请求与其发生关系的一方承担民事责任，不具有选择权。在《消保法》第 44 条确立的网络交易平台提供者承担民事责任的网络交易关系中，有三方当事人：一是网络平台上的销售者或者服务者，他们是交易的经营者（网店）；二是网络交易平台提供者（网站），他们只是对交易的双方提供交易平台，供销售者或者服务者与消费者进行交易；三是消费者，他们与销售者或者服务者发生交易关系。[②] B2C 网上商店交易模式明显不符合《消保法》第 44 条规定的要求，因为在这种交易中，网站本身就是网络交易关系的当事人，而并非提供交易平台供另两方交易者进行交易。

《消保法》第 44 条规定的网络交易平台提供者民事责任的适用范围，仅限于 C2C 与 B2C 中网上商厦下的网络交易。在这两种网络交易模式下，存在三方当事人，网络交易平台的提供者为买卖双方提供一个 24 小时的交易平台，消费者与销售者或服务者仅需在该交易平台上进行注册后，便可使用该平台进行买卖交易。而网络交易平台提供者本身既不接触商品也不参与货币结算，直接的交易对象是消费者与销售者或者服务者，在网络交易平台上发生的交易如出现违约责任、侵权责任，销售者或者服务者是直接责任主体，只有在法律规定的特定情况下，网络交易平台提供者才承担法定的民事责任。

---

① 参见《电子商务模式规范》第 2.1－2.6。

② 杨立新：《修订后的消保法规定的民事责任之解读》，《法律适用》2013 年第 12 期。

二、网络交易平台提供者的法律地位

网络交易平台只是一个虚拟的网络空间和与之相配套的计算机系统，本身并不具有法律主体资格，真正与用户发生法律关系的是投资设立网络交易平台并从事电子商务经营的网络交易平台提供者。网络交易平台提供者属于网络服务提供商（Internet Service Provider，简称 ISP）的一种，是为用户提供交易平台和网络交易辅助服务的法人。① 由于网络交易平台提供者的法律地位直接关系到对其民事责任的认定与责任的承担方式，因而须先就其法律地位进行探讨。

（一）对网络交易平台提供者法律地位的不同看法

在学理上，对网络交易平台提供者在网络交易中的法律地位存在不同意见，归纳起来主要有以下几种观点。

一是“卖方”或“合营方”说。这一观点将网络交易平台提供者作为提供交易平台与消费者进行交易的一方当事人，其基本理由是消费者是在网络交易平台上完成交易的，所以网络交易平台提供者应被认为是销售者或至少是与卖方进行共同经营的一方。②

二是“柜台出租方”说。这一观点认为，专业网络公司提供的在线交易平台类似店铺或柜台的租赁关系，让承租人利用出租人的电子网络这种特殊资产平台进行经营活动。从这个意义上说，网站为买卖双方提供的交易平台其实就类似商场，商场出租它的空间供商家销售商品。③

三是“居间人”说。这一观点认为，网络交易平台提供者实则为居间人。网络交易平台提供者所提供的网络交易服务是为潜在的交易双方当事人提供交易机

---

① 岳亭：《网络交易平台提供商法律责任研究》，北方工业大学硕士学位论文，第 2 页。

② 张雨林：《网络拍卖的法律问题分析》，转引自岳亭：《网络交易平台提供商法律责任研究》，北方工业大学硕士学位论文，第 5 页。

③ 吴贵仙：《网络交易平台的法律定位》，《重庆邮电大学学报（社会科学版）》2008 年第 6 期，第 58 页。

会或媒介服务，其行为符合居间行为的定义和特点。①

（二）对上述不同看法的分析评论

在上述观点中，“卖方”或“合营方”说将虚拟的网络购物与现实购物等同，将网络交易平台提供者视为买卖合同的一方当事人，认为其作为卖方或合营方与消费者签订了买卖合同。而在事实上，在C2C与B2C中的网上商厦模式下，网络交易平台提供者仅为在其网络交易平台上发生的交易提供网络空间与必要的技术支持，其既未直接与消费者达成买卖合同，也未作为合营者参与、干涉在其平台上进行的商品或服务交易。因此，将其作为卖方或合营方来看待，是不符合客观事实的，与网络交易平台提供者的真实法律地位不相符。

“柜台出租者”说亦存在不足之处。按照这种观点，网络交易平台提供者将其拥有支配权的网络交易平台出租给销售者或服务者，并按期向作为承租人的销售者或服务者收取一定的费用作为租金，两者之间实为租赁合同关系。而在实际上，以C2C模式中的典型代表淘宝网为例，其对所有用户开放，不论是消费者还是销售者或服务者在其平台上免费注册后，都能使用其网络平台进行交易，完全不同于柜台租赁。同时，从承担责任的方式来看，修订后的《消保法》通过第43条明确规定了柜台的出租者与承租人的连带责任，另通过第44条单独规定了网络交易平台提供者在满足特定条件时承担赔偿责任的方式，将二者区别开来。虽然柜台的出租者与网络交易平台提供者都有承担连带责任的可能，但两者承担责任的要件却完全不同。因此，不能将网络交易平台提供者单纯地认定为柜台出租者。

对于“居间人”说，虽然网络交易平台提供者在为消费者与销售者或者服务者双方提供技术服务的过程中，实质上产生了中介效果，但是网络交易平台提供者与传统的居间人具有原则的不同。第一，《合同法》第424条规定，居间合同指的是双方当事人约定居间方为委托方报告订立合同的机会或提供订立合同的媒介服务的合同，居间人是向委托人报告订立合同的机会或提供订立合同媒介服务

① 岳亭：《网络交易平台提供商法律责任研究》，北方工业大学硕士学位论文，第6页。

的人。而在网络交易平台提供者与网络交易双方订立合同时，并无居间的意思，也未主动为其寻找交易机会。第二，网络交易平台提供者将网络交易平台对网络用户免费开放，其并未因提供网络交易平台而收取相应的费用。① 以 C2C 的典型代表淘宝网为例，其实行买卖双方免费注册制度。虽然网络服务提供者会通过在网站首页上发布其平台上销售者或服务者的商品、店铺信息来间接获取收益，并在事实上为交易双方提供了更多的缔约机会，但该收益在性质上并不是居间成功的报酬，不具有居间报酬的性质。

（三）我们的意见

网络购物是一种新兴的交易方式，网络交易平台提供者也是近几年新出现的概念，在认定其法律地位时，不能用固有的民法概念来解释它，也不能将其生拉硬扯硬塞进固有民法概念的巢穴，而抹杀它的本质特点。认定网络交易平台提供者的法律地位，应当根据其在网络交易中的客观实际，实事求是地将其界定为一种新型的交易中介，其特点，一是，网络交易平台提供者是网络交易平台的构建者与所有者。二是，网络交易平台的提供者不直接参与买卖双方（消费者与销售者或服务者）的交易活动，是独立于买卖双方的中介。三是，网络交易平台的提供者分别与买卖双方订立服务条款，并根据买卖双方享有权利的不同对卖方进行更为严格的资格审查。如根据淘宝网规则，卖家在网络交易平台上免费开店，需要进行实名认证并提交自己的联系方式与现行有效的身份证号。② 四是，网络交易平台提供者对买卖双方不收取交易平台注册费用。买方（消费者）使用该平台完全免费，但通过对卖方（销售者或服务者）提供增值服务、收取广告费、提供搜索排名等方式赚取利润。

网络交易平台提供者的这种新型交易中介法律地位，与《侵权责任法》第 36 条规定的网络侵权责任中的网络服务提供者的法律地位相似。在网络侵权法律关系中，网络服务提供者提供讨论平台，任何网民都可以在该平台上自由发

① 陈书宇：《论网络交易平台提供商的间接侵权责任》，南京大学硕士毕业论文，第 6 页。

② 淘宝网：《新卖家淘宝开店全攻略》，http：//service. taobao. com/ support/knowledge - 5525084. htm? spm＝a1z0e. 3. 0. 0. UUkjf7&dkey＝catview&scm＝1028. a1. 1. 1，2013 年 11 月 19 日访问。

言。网民在网站上实施侵权行为，被侵权人可以行使通知的权利，保护自己，网络服务提供者只是提供平台，并不参与其中。尽管网络交易行为与网络侵权行为不同，但网络平台在其中所起的作用相似，网络服务提供者和网络交易平台提供者的法律地位基本相同。

三、网络交易平台提供者承担民事责任的义务来源

民事责任是民事主体违反民事义务所应当承担的不利法律后果。[①] 网络交易平台提供者作为一种新型的交易中介，其特殊的法律地位决定了其对在其交易平台上发生的侵害消费者合法权益的行为一般不承担民事责任。《消保法》第44条基于最大限度地保护消费者权益的目的，规定了网络交易平台提供者的民事责任。这种民事责任的基础究竟来源于何种民事义务，特别值得探讨。根据网络交易平台提供者的法律地位，将其承担民事责任的来源分为网络交易平台提供者法定义务与约定义务两种。《消保法》第44条关于“网络交易平台提供者不能提供销售者或者服务者的真实名称、地址和有效联系方式的，消费者也可以向网络交易平台提供者要求赔偿；网络交易平台提供者作出更有利于消费者的承诺的，应当履行承诺”，就是规定的网络交易平台提供者应当承担的法定责任与约定责任，其基础就是这两种不同的义务。

1.网络交易平台提供者违反法定义务承担的法定责任

消费者通过网络交易平台进行网络交易，购买商品或接受服务，其与商品的销售者或服务的提供者构成了买卖合同的双方当事人。网络交易平台提供者作为平台的所有者，仅为在其网络平台上进行的交易提供必要的网络空间与技术支持，不参与消费者与销售者或服务者之间的买卖行为。在通常情况下，消费者通过网络交易平台购买商品或接受服务，其合法权益受到损害的，可以通过网络交易平台提供的即时聊天工具（如淘宝网的阿里旺旺）与销售者或服务者进行交涉，在双方达成退换货协议与相应的赔偿协议后，由销售者或服务者向消费者提

---

① 杨立新：《民法总则》，法律出版社2013年版，第558页。

供有效的退换货地址与联系方式。在有商品需要退换的情况下，由消费者根据销售者提供的地址和联系方式将商品退回销售者。销售者在收到退回的商品后，再将暂存在第三方支付平台上的消费者支付给销售者的价款退还给消费者，并根据双方达成的赔偿协议承担对消费者的赔偿责任。

在消费者与销售者或者服务者在网络交易平台进行交易的过程中，网络交易平台提供者并不发生法定义务。即使在消费者与销售者或者服务者之间发生争议的时候，网络交易平台提供者也不发生义务。只有在"消费者通过网络交易平台购买商品或者接受服务，其合法权益受到损害"，消费者无法找到网络交易的销售者或者服务者的时候，法律规定网络交易平台提供者负有义务。该法定义务的内容是，应消费者的要求，向消费者提供销售者或者服务者的真实名称、地址和有效联系方式。当网络交易平台提供者不履行该义务，就应当承担民事责任。这种网络交易平台提供者承担的民事责任，就是网络交易平台提供者的法定责任。

2.网络交易平台提供者违反约定义务承担的约定责任

网络交易平台提供者承担上述法定义务及责任，并不妨碍其对消费者作出的更有利于消费者的承诺发生的义务和责任。什么是"更有利于消费者的承诺"？立法时考虑的主要是网络交易平台提供者对消费者作出的"先行赔付"等承诺。对此应该理解为，网络交易平台提供者向在其提供的网络交易平台上购买商品或接受服务的消费者提供的，在满足《消保法》以及相关法律对消费者权益保护的法定最低要求的前提下，作出的更有利于消费者权益保护的服务性条款，包括商品维修条款、退换货条款、质保条款、损害赔偿条款等"先行赔付"的承诺。商家对消费者的承诺，是合同的义务条款。网络交易平台提供者对消费者作出的承诺，也在双方之间发生约定的义务，对双方当事人均有拘束力，必须依约履行。该条款不需要网络交易平台提供者与消费者进行事先签订，只要消费者注册成为该网络交易平台的用户，并通过该平台购买商品或接受服务，即成为该义务的权利人。在消费者的合法权益因在该交易平台购买商品或接受服务而受到损害时，即可请求网络交易平台提供者承担违反其约定义务的民事责任。这种民事责任，是违反约定义务产生的民事责任，与法定义务有所不同。

随着网络交易的空前繁荣，各大网络交易平台提供者之间的竞争也日益激烈。为了在竞争中处于有利地位，越来越多的网络交易平台提供者在为其平台用户提供必要技术支持的同时，更加重视对消费者的保护。以淘宝网为例，目前淘宝网携手淘宝上600万户卖家签订了《消费者保障协议》，并设立了2亿元消费者保障基金，承诺为在其交易平台上进行交易的消费者提供交易保障服务。根据该《协议》，消费者在淘宝网上加入该协议的店铺内购买商品或接受服务，如果消费者因该商品或服务导致其合法权益受到伤害，在销售者或服务者不履行承诺的情况下，可以直接根据该协议向淘宝网发起赔付申请，淘宝网核实后将据此《协议》进行先行赔付以优先保障消费者的权益。[①] 在此种情况下，网络交易平台提供者承担赔偿责任的基础是因为其对消费者作出的事前承诺发生的义务，而非基于法律的直接规定。

3.网络交易平台提供者承担的侵权连带责任

《消保法》第44条第2款规定了网络交易平台提供者对消费者的另外一项法定义务，即网络交易平台提供者在明知或者应知销售者或者服务者利用其平台侵害消费者合法权益合法权益的，应当采取必要措施。这种采取必要措施的要求，就是网络交易平台提供者的法定义务。违反这种法定义务，网络交易平台提供者承担的民事责任也是法定责任，其性质应当是侵权责任，因而与前一种法定责任不同。

四、网络交易平台提供者承担违约责任及具体规则

网络交易平台提供者承担法定或者约定的违约责任，《消保法》第44条第1款规定了具体规则。依照这一规定，对这种违约责任及具体规则作以下说明。

（一）网络交易平台提供者承担违约责任的形式是不真正连带责任

《消保法》第44条第1款规定网络交易平台提供者承担的民事责任，究竟是

---

① 淘宝网：《消费者保障服务》，网址：http：//www.taobao.com/go/act/xb2/index.php? spm=0.0.0.0.yVYorm&service=0&ad_id=&am_id=&cm_id=1400585190d2f0030ba5&pm_id=，2013年11月20日访问。

何种性质，在立法过程中意见不同。有一种观点认为：网络交易平台提供者与销售者或服务者构成连带责任，消费者因在平台上购买商品或接受服务而使合法权益受到侵害，其既可以请求销售者或服务者承担全部的赔偿责任，又可以请求网络交易平台提供者承担全部的赔偿责任，因此，网络交易平台提供者承担的是连带责任。另一种观点认为：网络交易平台提供者承担的是有顺位的补充责任，当消费者的合法权益因在交易平台上购买商品或接受服务而受到损害时，其只能先向与其有买卖合同关系的销售者或服务者要求赔偿，在销售者或服务者不能承担赔偿责任或不能承担全部赔偿责任时，再由网络交易平台提供者承担全部的赔偿责任或不足部分的赔偿责任。

认为网络交易平台提供者在这里承担的民事责任是连带责任的意见是不正确的，原因在于，连带责任的本质特征是尽管在中间责任的承担上可以进行选择，但其最终责任必定须分配给每一连带责任人。① 《消保法》第 44 条规定的责任，尽管存在"可以"要求销售者或者服务者承担赔偿责任，"也可以"请求网络交易平台提供者承担赔偿责任，但接下来规定的网络交易平台提供者赔偿后，有权向销售者或者服务者进行的追偿却是全额追偿，而不是按照份额追偿，这就不符合连带责任的本质特征。此外，连带责任是法定责任，以法律明文规定为前提，此处没有规定为连带责任，当然不能解释为连带责任。

认为网络交易平台提供者承担的责任是有顺位的补充责任的意见也不正确。补充责任是指两个以上的行为人违反法定义务，对一个受害人实施加害行为，或者不同的行为人基于不同的行为而致使受害人的权利受到同一损害，各个行为人产生同一内容的赔偿责任，受害人分别享有的数个请求权有顺序的区别，先行使顺序在先的请求权，不能实现或者不能完全实现时，再行使另外的请求权予以补充的侵权责任形态。② 在适用补充责任的场合，受害人请求义务人进行赔偿有顺序的限制，只能基于法律的直接规定，对直接侵害自己合法权益的义务人先要求赔偿，只有在先顺序的赔偿义务人不能赔偿或不能全部赔偿的情况下，才能请求

① 杨立新：《多数人侵权行为及责任理论的新发展》，《法学》2012 年第 7 期。

② 杨立新：《论不真正连带责任类型体系及规则》，《当代法学》2012 年第 3 期。

后顺序的赔偿义务人进行全部赔偿或限额赔偿。《消保法》第 44 条第 1 款仅规定当消费者因在网络交易平台上购买商品或接受服务而使其合法权益受损的情况下，可以请求销售者或服务者予以赔偿，且在满足网络交易平台提供者不能提供销售者或者服务者的真实名称、地址和有效联系方式，或网络交易平台提供者作出更有利于消费者的承诺的条件下，享有请求网络交易平台提供者承担赔偿责任的权利。在这个规则中，首先，网络交易平台提供者仅为交易双方提供交易平台与必要的技术支持，其本身并没有保障消费者合法权益不受损害的法定义务，也未实施任何行为为销售者或服务者损害消费者合法权益提供机会或帮助；其次，消费者要求销售者或服务者承担赔偿责任并没有顺序的限制：销售者或服务者不是第一顺位的赔偿义务人，网络交易平台提供者也不是后顺位的补充责任人，消费者不需要在先向销售者或服务者请求赔偿又得不到完全赔偿的情况下才能向网络交易平台提供者请求赔偿。因此，网络交易平台提供者与销售者或提供者之间并非构成有顺位的补充责任。

在《消保法》第 44 条第 1 款规定的情况下，网络交易平台提供者与销售者或者服务者之间承担的民事责任的性质，是附条件的不真正连带责任。① 网络交易平台提供者与其平台上的销售者或服务者之间承担的这种责任属于不真正连带责任，原因是，消费者在其合法权益受到侵害后享有两个请求权，一个是对销售者或者服务者的请求权，另一个是对网络交易平台提供者的请求权。两个请求权消费者可以选择其中一个行使，当一个请求权满足后，另一个请求权就即行消灭。这完全符合不真正连带责任的法律特征。

不过，这种不真正连带责任又与一般的不真正连带责任不同，是附条件的不真正连带责任。法律规定所附的条件为“网络交易平台提供者不能提供销售者或者服务者的真实名称、地址和有效联系方式”或者“网络交易平台提供者作出更有利于消费者的承诺”。在满足前一个条件时，构成法定的附条件不真正连带责任；在满足后一个条件时，构成约定的附条件不真正连带责任。

实行这样的责任形态规制网络交易平台提供者的责任，主要原因是：第一，

① 杨立新：《修订后的消保法规定的民事责任之解读》，《法律适用》2013 年第 12 期。

网络交易平台提供者与销售者或服务者各自基于不同的原因或行为致使同一消费者的合法权益受到损害。消费者与销售者或服务者是买卖合同的双方当事人，后者对其销售的商品或提供的服务负有瑕疵担保责任。当消费者因商品或服务致使合法权益受损时，销售者或服务者理应承担赔偿责任；而网络交易平台提供者并非买卖合同中的当事人，其之所以应就消费者的请求承担赔偿责任，在于其违反了在销售者或服务者侵害消费者合法权益时及时向消费者提供销售者或服务者的真实名称、地址和有效联系方式的告知义务，或是由于网络交易平台的提供者事前作出了更有利消费者权益保护的承诺，其有义务履行这种法定义务或者约定义务，承担对消费者的赔偿责任。第二，在网络交易平台提供者不能提供销售者或者服务者的真实名称、地址和有效联系方式，或网络交易平台提供者作出更有利于消费者的承诺时，法律为何要规定网络交易平台提供者的附条件不真正连带责任，首先是因为，销售者或服务者作为卖方在交易平台上开店时已进行了实名认证，并向网络交易平台提供者提供了自己有效的身份证件与联系方式。网络交易平台提供者作为知悉销售者或服务者身份的主体，在消费者向其寻求帮助时，有义务提供相关信息以帮助消费者维权。如其不能提供销售者或服务者的真实名称、地址和有效联系方式，即为在监管中存在失职行为，因而应当承担民事责任。其次是因为，在网络交易平台提供者作出更有利于消费者承诺的情况下，相当于其为所有在其平台上购买商品、接受服务的消费者提供了服务合同。网络交易平台提供者作为义务承担者，应当履行其义务，承担对消费者先行赔付的义务。

（二）法定的附条件不真正连带责任

法定的附条件不真正连带责任，是网络交易平台提供者在不能提供销售者或者服务者的真实名称、地址和有效联系方式时，受到损害的消费者可以选择销售者或者服务者，也可以选择网络交易平台提供者承担违约赔偿责任。销售者或者服务者对消费者造成损害，在网络交易平台提供者不能提供销售者或者服务者的真实名称、地址和有效联系方式的时候，受到损害的消费者产生两个请求权，分别针对这两个责任主体，可以选择其中一个请求权行使，这个请求权行使之后，

另一个请求权即行消灭。

网络交易平台提供者承担法定附条件不真正连带责任的条件，是其不能向消费者提供销售者或服务者的真实名称、地址和有效联系方式。因而如何认定“不能提供”就至关重要。在司法实践中认定法律规定的“网络交易平台提供者不能提供销售者或者服务者的真实名称、地址和有效联系方式”条件的方法是，当消费者因在网络交易平台上购买商品或接受服务而导致合法权益受损，找不到直接责任人即销售者或服务者，无法行使索赔权获得赔偿时，有权请求网络交易平台提供者介入纠纷。网络交易平台一般都设有专门的网络客服，专门受理消费者的投诉、维权事宜。以淘宝网为例，在其首页上有“联系客服”栏目，消费者需要投诉、维权时只需点击进入，淘宝网客服便会介入交易，并对侵权或违约的真实性进行核实。这时，消费者即可请求网络交易平台的提供者向其提供销售者或服务者的真实名称、地址和有效的联系方式，使自己找到侵害其权益的销售者或者服务者进行索赔。如果网络交易平台提供者向消费者提供了销售者或者服务者的真实名称、地址和有效联系方式，就否定了其承担不真正连带责任的所附条件，应当免除责任。提供上述名称、地址、联系方式是否有时间的要求，法律没有明确规定。我们认为，一项有效的救济除应具有合理性外还应具有及时性。因此，应对网络交易平台提供者向消费者提供销售者或服务者的真实名称、地址以及有效的联系方式的时间进行限制，可以适当宽于《侵权责任法》第36条第2款规定的“及时”的要求，倾向于参考《中国媒体侵权责任案件法律适用指引》的看法[①]，在7天内予以提供。在此时间内网络交易平台提供者向消费者提供销售者或服务者的真实名称、地址和有效联系方式的，应认定为其已提供了有效信息；超过该时间再提供或一直未提供的，应认定为其不能向消费者提供销售者或服务者的真实名称、地址和有效联系方式。这样要求，能有效防止网络交易平台提供者故意拖延，导致消费者无法及时获得救济问题的发生。在消费者首次向网络交易平台提供者寻求帮助，要求其提供违约或侵权的销售者或服务者的真实名称、地址和有效联系方式之日起7日内，网络交易平台提供者不能向消费者提供的，

① 杨立新主编：《中国媒体侵权责任案件法律适用指引》，人民法院出版社2013年版，第35页。

应认定为“不能向消费者提供销售者或服务者的真实名称、地址和有效联系方式”，消费者可直接要求网络交易平台提供者承担赔偿责任。

网络交易平台提供者在7日内向消费者提供了销售者或服务者真实名称、地址和联系方式，但消费者却无法通过该信息联系到销售者或服务者的，应当认定其提供的联系方式无效。这是因为《消保法》第44条第1款规定网络交易平台提供者应向消费者提供销售者或服务者的真实名称、地址和有效联系方式的目的，在于协助消费者及时找到销售者或服务者，使消费者能够向直接责任人请求赔偿，因此特别强调“有效”联系方式。虽然网络交易平台提供者已向消费者提供了销售者或服务者的姓名、地址和联系方式，但凭借该信息消费者仍无法联系到销售者或服务者，应认定网络交易平台提供者未能向消费者提供销售者或服务者的有效的联系方式，消费者即可向网络交易平台提供者要求承担赔偿责任。

（三）约定的附条件不真正连带责任

网络交易平台提供者承担约定的附条件不真正连带责任，是指网络交易平台提供者作出更有利于消费者承诺的，受到损害的消费者可以向销售者或者服务者请求赔偿，也可以向网络交易平台提供者要求赔偿的违约责任。这种不真正连带责任的所附条件，就是网络交易平台提供者对消费者作出了更有利于消费者的承诺，例如先行赔付的承诺等。2013年8月30日，湖南师范大学大二学生彭某，因网购机票时轻信了虚假客服，被骗去了7.7万元学费，通过百度网民权益保障计划，在其提交申请后第二天便收到了百度公司打来的7.7万元全额保障金，挽回了损失。[①] 如果不负有这样的条件，网络交易平台提供者不承担赔偿责任。

（四）网络交易平台提供者违约责任中消费者的选择权

在不真正连带责任中，请求权人都享有对不同的责任主体的选择权，可以选择其中的一个责任人，要求他承担赔偿责任。在附条件不真正连带责任中，请求权人的这个选择权有一定的变化。

在法定的附条件不真正连带责任中，网络交易平台提供者具备了不能提供销售者或者服务者的真实名称、地址和有效联系方式的，就具备了承担不真正连带

① 《网购被骗7.7万元　三小时获百度全额保障》，《互联网政策参考》2013年第1期。

责任的条件，就成为不真正连带责任的责任主体，消费者就可以向其请求承担赔偿责任了。但是，之所以消费者向其要求提供销售者或者服务者的真实名称、地址和有效联系方式，是因为找不到销售者或者服务者，不能向其主张请求权。当网络交易平台提供者不能提供这些信息的时候，消费者其实无法选择向销售者或者服务者主张权利，只能向网络交易平台提供者请求承担赔偿责任。因此，在这种情形下，消费者其实是不能选择的，因为对销售者或者服务者的请求权无法行使。

约定的附条件不真正连带责任与法定的附条件不真正连带责任有所不同。由于网络交易平台提供者事先作出先行赔付等有利于消费者的承诺的情况下，销售者或者服务者并非找不到，而是就在网络交易平台上进行交易，这时候，即使网络交易平台提供者具备了承担不真正连带责任条件，即事先有承诺，消费者对两个承担责任的主体也都能够找到，因而有权进行选择，可选择销售者或者服务者承担赔偿责任，或者选择网络交易平台提供者承担赔偿责任。尽管在这种情况下，消费者主张网络交易平台提供者承担责任更为有利，但仍不能排除消费者选择销售者或者服务者承担赔偿责任的可能性。

（五）网络交易平台提供者承担赔偿责任后的追偿权

《消保法》第 44 条第 1 款后段特别规定："网络交易平台提供者赔偿之后，有权向销售者或者服务者追偿。"这是不真正连带责任的典型表现，是网络交易平台提供者作为不真正连带责任的中间责任人在承担了中间责任之后，产生了对最终责任人的追偿权，通过行使该追偿权，将中间责任转移给最终责任人承担，完成不真正连带责任的最后程序，实现了不真正连带责任将最终责任归咎于最终责任人的目的。

（六）网络交易平台提供者不承担责任时的销售者或者服务者的自己责任

在网络交易平台提供者既不存在法定的条件也不存在约定的条件，不应当承担不真正连带责任的时候，就不再存在附条件不真正连带责任适用的基础，销售者或者服务者造成消费者的权益损害，网络交易平台提供者与损害的发生无关。这时候，就不应当再适用《消保法》第 44 条第 1 款中段和后段的规定，而只能适用前段规定，即“消费者通过网络交易平台购买商品或者接受服务，其合法权益受到损害的，可以向销售者或者服务者要求赔偿”。在这种情况下，销售者或者服务者的赔偿责任就不是“可以”而是“应当”，因为责任主体就是销售者或者服务者，已经没有选择的余地，只有由它们承担赔偿责任。销售者或者服务者承担这种责任，是民法上的自己责任①，即自己的行为造成他人损害，应当由自己承担赔偿责任。

（七）这种违约责任与侵权责任的竞合

在本节的上述讨论中，我们对《消保法》第 44 条第 1 款规定的网络交易平台提供者民事责任的性质界定，都采违约责任的意见，这是因为发生在网络交易平台上的消费者与销售者或者服务者的商品、服务交易，使消费者受到损害的，是在合同履行中发生的。不过，如果销售者或者服务者造成消费者权益损害属于固有利益的损害，即合同利益之外的财产损害或者人身损害的，会构成违约责任与侵权责任的竞合，依照《合同法》第 122 条关于“因当事人一方的违约行为，侵害对方人身、财产权益的，受损害方有权选择依照本法要求其承担违约责任或者依照其他法律要求其承担侵权责任”的规定，受到损害的消费者有权选择违约责任或者侵权责任起诉，要求销售者或者服务者以及网络交易平台提供者承担违约责任或者侵权责任。

五、网络交易平台提供者承担侵权连带责任及具体规则

与《消保法》第 44 条第 1 款规定的网络交易平台提供者的违约责任不同，第 44 条第 2 款规定的是网络交易平台提供者的侵权连带责任。

（一）这种责任的性质是侵权责任

《消保法》第 44 条第 2 款规定：“网络交易平台提供者明知或者应知销售者或者服务者利用其平台侵害消费者合法权益，未采取必要措施的，依法与该销售者或者服务者承担连带责任。”网络交易平台提供者承担这种责任的前提，是销

① 杨立新：《侵权责任法》，法律出版社 2012 年版，第 136 页。

售者或者服务者利用其平台侵害消费者合法权益。既然销售者或者服务者利用其平台侵害消费者合法权益，那就构成侵权行为，即销售者或者服务者利用网络交易平台实施侵害消费者合法权益的侵权行为。同样，销售者或者服务者实施的行为是侵权行为，网络交易平台提供者参与其中并且与其承担连带责任，实施的当然也是侵权行为，承担的责任当然也就是侵权责任。

（二）网络交易平台提供者承担侵权连带责任的主观要件是明知或者应知

网络交易平台提供者承担连带责任的主观条件，是对销售者或者服务者侵害消费者合法权益的行为明知或应知。在这个要件上，立法采取的规则与《侵权责任法》第 36 条第 3 款的规则基本一致。之所以如此，也是由于网络交易平台提供者在网络交易中的法律地位决定的。网络交易平台提供者在销售者或者服务者与消费者进行的交易中，并不参与其中，亦无直接获取利益，只是提供交易平台供他们进行交易而已，如果销售者或者服务者对消费者实施侵权行为，网络交易平台提供者并不知情，造成消费者的损害结果，实际上与网络交易平台提供者无关，如果没有主观上的故意或者过失，责令其承担连带责任定会罚不当罚，挫伤网络交易平台提供者发展网络经济的积极性，造成社会利益的损害。而网络交易平台提供者明知或者应知这种情况，就存在主观上的过错，令其承担侵权责任就存在归责的基础。

对于网络交易平台提供者的“明知”或“应知”的判断，应以合理人的标准来判断。明知的判断是主观标准，即网络交易平台提供者对销售者或者服务者的侵权行为已经知道，应当证明网络交易平台提供者确实知道，因而属于故意的范畴。应知的判断是客观标准，是按照通常的标准进行判断，网络交易平台提供者能够知道，就是应知。因过失虽未在主观上意识到销售者或者服务者在实施侵权行为，但依合理人的标准，其已经获得了足以使人合理推断出侵权行为存在的信息，就构成应知。例如，当消费者通过网络交易平台向网络交易平台提供者投诉、举报销售者或服务者的侵权行为时，网络交易平台提供者就构成“明知”。

（三）网络交易平台提供者承担侵权连带责任的客观要件是未采取必要措施

网络交易平台提供者承担侵权连带责任的客观要件，是对实施侵权行为的销

售者或者服务者未采取必要措施。其要求是，网络交易平台提供者仅仅是明知或者应知销售者或者服务者在交易平台上实施侵害消费者合法权益的侵权行为，尚不足以构成侵权责任，尚须具备未采取必要措施的客观要件，才能构成侵权责任。

在网络交易平台提供者承担侵权责任的领域中，究竟何为应当采取的“必要措施”，目前法律没有规定；是否能够采用《侵权责任法》第36条规定的必要措施进行解释，也不明确。按照字义解释，必要措施应当是网络交易平台提供者通过自己对网络交易平台的控制力，采取技术手段，能够阻止销售者或者服务者对消费者实施侵权行为的措施。网络交易平台提供者明知或应知销售者或者服务者利用其交易平台实施侵权行为，就应当采取屏蔽店铺、删除商品宣传、断开违法销售者或者服务者的链接，以及对该销售者或者服务者停止提供服务等措施，阻止其侵权行为的实施，阻断侵害消费者的网络联系，避免损害的发生或者扩大。采取了这样的必要措施，就能够阻却网络交易平台提供者行为的违法性，不构成侵权责任，否则即应承担侵权连带责任。

应当注意的是，在规定这个客观要件时，立法并没有像《侵权责任法》第36条那样规定采取必要措施须“及时”的时间要求。这是因为，这种侵权行为与网络侵权行为不同，必要措施的采取并非那样急迫。因此，只要网络交易平台提供者在合理的时间里采取了必要措施的，就不应当构成侵权责任。这个合理时间的确定也可以采用7天的标准。

（四）网络交易平台提供者与侵权的销售者或者服务者承担连带责任

网络交易平台提供者符合上述主观要件和客观要件的要求，在对销售者或者服务者实施侵权行为“明知”或“应知”的情况下，只要没有采取必要措施，就构成侵权责任。在这时，当网络交易平台提供者明知销售者、服务者利用其交易平台侵害消费者民事权益，而不采取必要措施，表明其主观上具有纵容侵权行为的故意；当网络交易平台提供者应知销售者或服务者的侵权行为，而未采取必要措施，表明其主观上具有过失，并因该过失而在实质上为侵权行为提供了机会或帮助，最终导致了损害结果的发生或扩大。这些情形都表明，网络交易平台提供

者与实施侵权行为的销售者或者服务者的行为结合在一起，造成了同一损害结果，符合《侵权责任法》第 8 条规定的要求，具有主观的关联共同或者客观的关联共同，因而构成共同侵权行为，应当承担连带责任。

网络交易平台的提供者虽不直接实施侵权行为，但其作为网络交易平台的支配者，拥有更强的专业知识与技能，处于最易于防止损害发生的地位。[①] 法律要求其在明知或应知侵权行为发生而不采取必要措施的情况下，与销售者或服务者一起承担连带责任，既可以督促其采取必要措施避免损害，又可实现对消费者权益最大限度的保护，以实现保护消费者权益与保障网络交易事业发展的双重目的。

既然网络交易平台提供者与销售者或者服务者承担连带责任，就有最终责任的份额问题。对此，应当依照《侵权责任法》第 13 条和第 14 条的规定，根据各自的过错程度和行为的原因力，确定具体的最终责任份额。

第二节　网络交易平台提供者为消费者损害承担赔偿责任的法理基础

《消费者权益保护法》修正案规定了新的第 44 条，即网络交易平台提供者对网络交易平台上销售者、服务者提供商品或者服务造成消费者损害，应当承担附条件的不真正连带责任，以及明知或者应知销售者、服务者利用其平台侵害消费者合法权益未采取必要措施的连带责任的规则。对于这些规定，在理论上和实践中都还有一些问题没有完全解决，特别是对网络交易平台提供者对消费者的这种损害承担赔偿责任的法理基础还缺少深入研究，因而对法律规定的责任规则的适用条件、存在的问题等，都没有讨论清楚，需要进一步探讨，检视《消费者权益保护法》第 44 条的正当性和存在的问题，以便在司法实践中正确适用，保护好消费者的合法权益，也保护好各方当事人的合法权益。本节对此进行探讨。

---

① 王利明：《侵权责任法研究》下卷，中国人民大学出版社 2011 年版，第 140 页。

一、网络交易平台提供者对消费者损害承担赔偿责任的法律关系背景

（一）应当研究《消费者权益保护法》第 44 规定的正当性基础问题

提供商品和服务的交易双方构成买卖合同关系和服务合同关系，原本有《合同法》的规定、合同约定以及交易惯例作为其法律调整规范。在提供的商品或者服务造成消费者损害时，在《合同法》上构成加害给付责任，同时发生侵权责任竞合，由《合同法》第 122 条规定调整[①]，即“受损害方有权选择依照本法要求其承担违约责任或者依照其他法律要求其承担侵权责任”。这是至为清楚、明白的规则。但是，在网络交易中发生的提供商品或者服务造成消费者损害，由于这些交易是在网络交易平台上发生的，因而除了商品销售者和服务提供者之外，还存在网络交易平台提供者这一主体，它究竟是否应当对受害消费者承担赔偿责任，如果承担责任应当依据何种法律关系基础，须予以明确，否则，即使《消费者权益保护法》第 44 条规定了这种附条件的不真正连带责任，在执行中也会因为理论基础的不明确，缺少必要的正当性基础而存在较多的问题。

（二）网络交易法律关系的多重性与网络交易平台提供者承担责任的关系

网络交易法律关系与传统交易法律关系相比较，最大的不同就是有“互联网+”的参与，即互联网以及其他网络企业参与交易关系，为交易双方的交易活动提供网络交易平台，使交易由双方当事人作为主体之外，又出现了参与交易的第三主体，因而使网络交易法律关系变得更为复杂和多样。其具体表现是，除了交易双方之外，还有网络交易平台提供者为其交易提供网络平台服务，即在一个买卖合同关系或者服务合同关系的基础上，还增加了一个为交易服务的合同关系，即网络交易平台服务合同关系。这两个合同关系结合在一起，才能够实现网络交易双方当事人的交易行为和目的，缺少其中任何一个合同，都不能发生这样的网络交易法律关系。

---

① 崔建远：《合同法》，法律出版社 2015 年版，第 269 页。

传统的交易法律关系也存在相似的情形。在租赁柜台或者展销会等场合进行交易活动，提供商品或者服务的一方当事人，需要对商场出租的柜台或者展销会设置的摊位进行承租，然后才能够在这些由第三方提供的平台上进行交易活动。相比较而言，传统交易平台与网络交易平台的基本性质，都是提供平台服务，都是为销售者或者服务者提供销售或者服务的平台，使之在其平台上与消费者进行交易活动。最主要的区别，则一个是实体的交易平台，一个是虚拟的网络交易平台。

正因为如此，在修订《消费者权益保护法》中，修正案草案一读稿规范网络交易平台提供者的责任，仅仅是在原第 38 条规定展销会、租赁柜台购买商品或者接受服务的损害赔偿责任条文中，关于展销会、租赁柜台的主体之后，加上了网络交易平台提供者的内容，以及在“展销会结束或者柜台租赁期满”后，加上了“不再利用该网络”的内容，拟将该规则扩大适用于网络交易平台提供者承担侵权责任的场合。①

对这样的立法选择，电子商务企业等提出强烈的不同意见。它们认为，网络交易平台提供者与展会组织者和柜台出租者有很大不同，不宜让其承担与展会组织者和柜台出租者相同的责任。理由是，第一，网络交易平台提供者不可能接触商品实物，对交易过程监管起来也很困难；第二，网络交易平台上的卖家数量繁多，平台上的交易商品更是海量，要求平台面对所有的商家及待售商品进行监管几乎不可能；第三，平台面对的商家遍布全国各地，有的商家甚至在海外，先行赔付的成本太高；第四，平台提供的仅是中立性的网络服务，并不参与交易过程，让平台承担先行赔付责任过于严苛。②

除了上述原因之外，网络交易平台与传统交易平台毕竟是不同的交易平台，也是《消保法》第 44 条另行规定网络交易平台提供者责任的原因之一。二者之

① 《消费者权益保护法修正案（草案）》2013 年 4 月 23 日审议稿第 16 条规定，参见李适时：《关于〈中华人民共和国消费者权益保护法修正案（草案）〉的说明》，载全国人大常委会法制工作委员会民法室编：《消费者权益保护法立法背景与观点全集》，法律出版社 2013 年版，第 6 页。

② 全国人大常委会法制工作委员会民法室编：《消费者权益保护法立法背景与观点全集》，法律出版社 2013 年版，第 134 页。

间的重要区别，一是交易平台的性质不同，传统交易平台是实体店的交易平台，而网络交易平台是虚拟空间的交易平台；二是交易双方在交易平台上的交易方式不同，传统交易平台上的交易活动是交易双方的面对面的实体店交易，而网络交易平台上发生的交易活动基本上属于背靠背的线上交易如销售商品，或者线上和线下结合的交易如通过网络提供服务；三是提供平台服务是否有偿不同，传统交易中，商品销售者和服务提供者使用交易平台，均需交纳租金或者使用费，平台服务提供者有偿提供交易平台服务，而网络交易平台的提供，大多数或者绝大多数是免费提供，网络交易平台提供者并非直接从商品销售者或者服务提供者那里获得收益。

对于存在如此众多区别的网络交易平台与传统交易平台，如果立法采取相同的规则调整交易平台提供者承担的赔偿责任，就抹杀了两种交易平台之间的差别，必定会损害其中一种交易平台提供者的权益。因而，修订《消费者权益保护法》最终确定了第 44 条规定网络交易平台提供者的责任，区别于第 43 条规定的传统交易平台提供者的责任，符合网络交易法律关系的基本特点，具有民法理论上的正当性，受到电子商务公司的欢迎以及学者的充分肯定。①

（三）竞合侵权行为是网络交易平台提供者承担赔偿责任的客观基础

究竟是何原因，使网络交易平台提供者须在一定的条件下为网络交易受到损害的消费者“买单”，即承担附条件的不真正连带责任，也是一个特别值得研究的问题。直至今日，没有学者对此提出法律依据。

在我看来，网络交易平台提供者之所以要为在网络交易平台上交易受到损害的消费者买单，承担附条件的不真正连带责任，原因在于网络交易平台提供者提供平台服务的行为，与网络交易中的商品销售者致害消费者的行为，构成了竞合侵权行为。

竞合侵权行为并非传统的侵权行为概念，而是我提出的一个多数人侵权行为

① 杨立新：《网络平台提供者的附条件不真正连带责任与部分连带责任》，《法律科学》2015 年第 1 期；杨立新、韩煦：《网络交易平台提供者的法律地位与民事责任》，《江汉论坛》2014 年 05 期；张梦夏：《网络交易平台提供者的义务与责任——基于消费者保护的视角》，《赤峰学院学报（汉文哲学社会科学版）》2014 年第 4 期等。

类型的概念，即多数人侵权行为的种类之一，是指两个以上的民事主体作为侵权人，有的实施直接侵权行为，与损害结果具有直接因果关系，有的实施间接侵权行为，与损害结果的发生具有间接因果关系，行为人承担不真正连带责任的侵权行为形态。[①]尽管这个概念并非传统的侵权行为法的概念，但是两个行为的原因竞合，却是侵权行为法的传统概念[②]，而在实际上，竞合侵权行为就是特殊的原因竞合，是行为的原因竞合。

正是由于在网络交易中的商品销售者与消费者的交易关系之外，还存在网络交易平台提供者这一主体，并且为交易活动提供平台服务，因而在销售的商品造成消费者损害的法律关系中，就存在加害人一方为多人的情形，即除了商品销售者作为加害人之外，还存在一个为交易提供服务、使缺陷商品到达消费者之手，并且造成消费者损害的间接加害人。[③]在两个加害人之间，一个加害人的行为直接造成了消费者的损害，具有直接的原因力，另一个加害人的行为间接地为侵权行为提供了条件，具有间接的原因力；两个行为的原因力发生竞合，一个行为是造成损害的主行为，一个行为是造成损害的从行为，进而构成两个行为的原因发生竞合的竞合侵权行为。

竞合侵权行为的法律后果是两个以上的行为承担不真正连带责任。根据竞合侵权行为的两个行为竞合程度及形态的不同，不真正连带责任的表现形态各异，形成了典型的不真正连带责任、补充责任、先付责任等不同表现形态。[④] 由于网络交易平台提供者的服务行为与网络交易的商品销售者造成消费者损害行为的原因竞合程度更为轻微，因而网络交易平台提供者承担的不真正连带责任，与典型的不真正连带责任、补充责任、先付责任等都不相同，是附条件的不真正连带责

---

① 杨立新：《论竞合侵权行为》，《清华法学》2013 年第 1 期；[日] 潮见佳男：《不法行为法》（日文版），信山出版株式会社 2011 年版，第 196－197 页。

② 侯国跃：《中国侵权法立法建议稿及理由》，法律出版社 2009 年版，第 50 页。

③ 还应当进一步看到的是，《消费者权益保护法》第 44 条仅仅规定了商品销售者与网络交易平台提供者之间的责任关系，实际上还存在缺陷产品生产者的责任问题，由于这是产品责任，尽管确定这种责任关系也是必要的，但是与《消费者权益保护法》第 44 条规定相距较远，因而这里不论述商品生产者的责任关系。

④ 杨立新：《多数人侵权行为与责任理论的新发展》，《法学》2013 年第 7 期。

任，只有具备法定的或者约定的条件时，网络交易平台提供者才承担不真正连带责任，并且对商品销售者享有追偿权。[①]

（四）小结

依据法律关系多重性和竞合侵权行为的法理基础，确定网络交易平台提供者对网络交易中的缺陷产品致害消费者承担有限制的赔偿责任，不仅不承担典型的不真正连带责任、先付责任、补充责任，而且不承担《消费者权益保护法》第43条规定的传统交易平台提供者的附条件不真正连带责任，仅仅承担该法第44条规定的附条件不真正连带责任，体现了客观实际情形的区别，言之成理，确有实据，在法理基础上具有正当性基础。

二、《消保法》第44条忽视网络商品和服务交易的差别而使规则不周延

应当看到的是，《消费者权益保护法》第44条规定的责任规则，仅仅适用于网络交易中提供商品致害的赔偿责任，而不适用于网络交易中提供服务致害的赔偿责任。

（一）《消保法》第44条确定的规则适用于网络销售商品致害的正确性

在前文所述中，我在提到《消保法》第44条规定的网络交易平台提供者承担附条件不真正连带责任时，都是在说销售者通过网络销售的商品致害消费者才适用这一规则。这是因为，在网络交易法律关系中，商品销售者与消费者之间的买卖合同关系完全是在线上进行的，即无论是订立合同、履行合同以及合同消灭，双方当事人没有进行面对面交易的机会。因此，既然是网络交易平台提供者为网络交易提供服务保障，那么，消费者在受到损害时，自己找不到销售者，网络交易平台提供者就应当为消费者提供销售者的真实名称、地址和有效联系方式，以便使消费者找到销售者进行索赔，如果网络交易平台提供者不能提供这些信息，网络交易平台提供者就存在过失，就应当承担赔偿责任；或者网络交易平

① 杨立新：《网络平台提供者的附条件不真正连带责任与部分连带责任》，《法律科学》2015年第1期。

台提供者在交易之前承诺对销售者造成的损害予以先行赔付的，应当由网络交易平台提供者对消费者的损害承担赔偿责任。在这样的场合，网络交易平台提供者承担这样的责任，是完全正确的。

（二）《消保法》第44条规定的规则适用于通过网络提供服务致害的不正当性

但是，对于服务者通过网络交易平台提供服务造成了消费者的损害，采用这样的规则却不具有正当性。

在网络交易中销售的商品致害消费者，网络交易平台提供者对于损害的发生尽管没有过失，但是在消费者索赔中，由于网络交易平台提供者不能提供销售者的真实名称、地址和有效联系方式，致使消费者无法索赔，具有过失，发生行为竞合，因而应当承担附条件不真正连带责任。但是，由于在网络交易中提供服务时，服务者与消费者之间通常是要进行面对面的交易行为，即须当面为消费者提供服务，除非仅仅是线上咨询的服务。既然如此，对于提供服务的服务者，网络交易平台提供者不仅已经为消费者提供了真实名称、地址和有效联系方式，并且服务合同的双方当事人已经实际见面，进行服务活动，在此时，服务者提供服务造成消费者损害，受到损害的消费者完全能够找到服务者进行索赔，因而网络交易平台提供者对消费者的损害承担赔偿责任的正当性基础已经不存在，即使消费者自己忘记了服务者的真实名称、地址和有效联系方式，询请网络交易平台提供者提供相关信息，那么过失就在消费者，而不在网络交易平台提供者，因而网络交易平台提供者不存在对其损害承担赔偿责任的基础。只有网络交易平台提供者事先承诺先行赔付的除外。可见，如果是通过网络交易平台，服务者向消费者提供服务，造成消费者的损害，不能适用《消费者权益保护法》第44条关于网络交易平台提供者不能提供服务者真实名称、地址、有效联系方式的，应当承担附条件不真正连带责任的规定，确定网络交易平台提供者承担赔偿责任。

为什么《消费者权益保护法》第44条规定了销售者、服务者承担的附条件不真正连带责任，而在实际上却又不适用于消费者通过网络交易平台接受服务造成损害的情形，没有人说明原因。作为修订《消费者权益保护法》的主要参与专家，我认为，主要原因是在研究这个问题时，主要针对的是网络交易中的商品销

售，而对通过网络提供服务未作深入考察。对此可以佐证的是，在全国人大常委会法工委编写的《消费者权益保护法立法背景与观点全集》一书中，《部分电子商务企业和有关协会对消费者权益保护法修正案草案的修改意见》记载的“网络交易平台提供者的先行赔付责任”部分所陈述的不应当适用无过错责任的理由，都是针对网络交易平台销售商品的，而没有论述网络交易平台提供服务的情形。① 因而我作出这样的结论是有依据的。

（三）网络交易平台提供者为销售商品或提供服务致害消费者承担责任的不同基础

对于《消费者权益保护法》第 44 条规定不适用于消费者通过网络交易平台接受服务造成损害的情形，从法理基础上分析，也是成立的。如前所述，缺陷商品致害消费者，销售者与网络交易平台提供者之间的行为是竞合侵权行为，因而网络交易平台提供者为消费者通过网络交易平台接受商品造成损害，应当承担附条件不真正连带责任。但是，消费者通过网络交易平台接受服务受到损害，在法理上进行分析，服务提供者与网络交易平台提供者之间的行为不构成竞合侵权行为，原因是，不同的行为之间缺乏竞合侵权行为应当具有的原因竞合要件，同时网络交易平台提供者对于服务者致害消费者一般也没有过失。

首先，从表面上观察，服务者提供服务造成消费者损害，网络交易平台提供者已经提供了服务者的真实名称、地址和有效联系方式，服务者与消费者直接进行面对面的线下服务提供，网络交易平台提供者应尽的交易平台服务的义务已经完成，没有违反义务的行为，因而与损害的发生没有行为上的原因力，不成立两个行为的原因竞合问题。

其次，网络交易平台提供者对于服务者致害消费者也不存在过失。在侵权法中，过失者乃怠于注意之一种心理状态②，表现为行为人因疏忽或轻信而为达到应有的注意程度的一种不正常或不良的心理状态。③ 因而与《德国民法典》第

① 全国人大常委会法制工作委员会民法室编：《消费者权益保护法立法背景与观点全集》，法律出版社 2013 年版，第 133－134 页。

② 王泽鉴：《侵权行为》，北京大学出版社 2009 年版，第 241 页。

③ 张新宝：《侵权行为法》，中国人民大学出版社 2010 年第 2 版，第 39 页。

276条“疏于尽交易上必要的注意的人，即为有过失地实施行为”所规定的一样，过失就是不注意的心理状态。在消费者通过网络交易平台接受服务受到损害时，网络交易平台提供者已经对消费者善尽告知服务者真实名称、地址和有效联系方式的义务，已经履行了应当履行的注意义务，对于损害的发生没有过失，因此，网络交易平台提供者对消费者的损害没有归责的主观基础，不应当承担《消费者权益保护法》第44条规定的附条件不真正连带责任。那么，如何确定网络交易平台提供者对服务致害承担过错赔偿责任呢?

我在作出以上判断的时候，并非说网络交易平台提供者无论在何种时候都对消费者通过网络交易平台接受服务造成的损害不承担赔偿责任；如果消费者通过网络交易平台接受服务受到损害，网络交易平台提供者是有过失的，则应当承担赔偿责任。但是，究竟应当如何确定网络交易平台提供者对消费者接受服务造成的损害承担赔偿责任，则须进行选择。

在认可多数人侵权行为分为共同侵权行为、竞合侵权行为和分别侵权行为的基础上，确认网络交易平台提供者承担责任的多数人侵权行为不属于竞合侵权行为，那么，剩余的选择就只有共同侵权行为和分别侵权行为，选择的方案有以下两种。

方案一：网络交易平台提供者对于损害的发生有过失，构成与服务者的分别侵权行为。

服务者致害消费者，构成侵权行为，网络交易平台提供者对此也有过失，双方的行为是分别实施的，符合分别侵权行为的特征。这样说似乎有道理。因为《侵权责任法》第11条和第12条规定的分别侵权行为分为两种：第11条规定的是数个行为人分别实施侵权行为的原因全部竞合的分别侵权行为，即全叠加的分别侵权行为；第12条规定的是数个行为人分别实施侵权行为的原因完全不叠加的典型的分别侵权行为。《侵权责任法》的上述规定并非不正确，而是不全面，原因在于，在全叠加的分别侵权行为与典型的分别侵权行为之外，还存在半叠加的分别侵权行为，即行为人实施的行为的原因力部分叠加，例如一方行为人行为的原因力为100%，另一方行为人行为的原因力为50%，因而只有50%的原因力

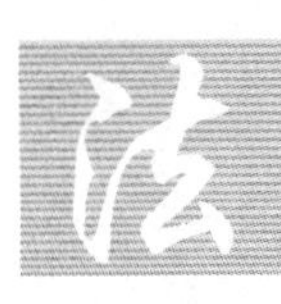

叠加。在此情况下，全叠加的分别侵权行为承担的是连带责任，典型的分别侵权行为承担的是按份责任，而半叠加的分别侵权行为承担的是部分连带责任。[①]

前述半叠加的分别侵权行为的理论，已经得到了最高人民法院司法解释的确认。最高人民法院《关于审理环境侵权责任纠纷案件适用法律若干问题的解释》第 3 条第 3 款规定："两个以上污染者分别实施污染行为造成同一损害，部分污染者的污染行为足以造成全部损害，部分污染者的污染行为只造成部分损害，被侵权人根据侵权责任法第十一条规定请求足以造成全部损害的污染者与其他污染者就共同造成的损害部分承担连带责任，并对全部损害承担责任的，人民法院应予支持。"这是借鉴我国侵权责任法的理论研究成果和日本侵权法理论部分连带责任的学说，挖掘出了隐藏在《侵权责任法》第 11 条和第 12 条之间的半叠加的分别侵权行为，确定了对该种分别侵权行为类型的法律适用规则，是对分别侵权行为规则的创造性发挥，不仅对环境侵权责任具有重要的理论价值和实践意义，而且对我国侵权责任法理论发展和实践应用具有更加重要的理论价值和实践意义。[②]网络交易平台提供者对于消费者通过网络接受服务致害有过错，应当承担侵权责任的，符合半叠加的分别侵权行为的要求，具有正当性。

方案二：认定对消费者通过网络接受服务受到损害，网络交易平台提供者也有过失的行为，为应当承担单向连带责任的共同侵权行为。

这种责任，在美国侵权法中被称为"混合责任"[③]，我国《侵权责任法》第 9 条第 2 款和第 49 条有应用，是共同侵权行为中的一种特殊类型，即两个以上的行为人，对于造成的同一损害具有部分主观关联共同或者客观关联共同，其中对于全部损害结果具有关联共同的行为，行为人应当对全部损害承担连带责任，对于部分关联共同的行为，行为人应当承担按份责任（单独责任）。[④]这尽管是我的一家之言，但在解释《侵权责任法》第 9 条第 2 款和第 49 条规定上具有合理性，

---

① 杨立新、陶盈：《论分别侵权行为》，《晋阳学刊》2014 年第 1 期。

② 杨立新：《环境侵权司法解释对分别侵权行为规则的创造性发挥》，《法律适用》2015 年第 10 期。

③ 美国法律研究院：《侵权法重述——纲要》，许传玺、石宏等译，法律出版社 2006 年版，第 346 页。

④ 杨立新：《多数人侵权行为与责任理论的新发展》，《法学》2012 年第 7 期。

并且有美国侵权法重述关于混合责任规则作为佐证，是足以成立的。

在上述两种方案中，我选择第二种方案。作出这种选择的理由是：

第一，在多数人侵权行为中，分别侵权行为与客观的共同侵权行为之间的界限比较模糊，很难确定。在通常情况下，是确定两个以上的行为是否构成关联共同，构成关联共同的为共同侵权行为，不构成关联共同的为分别侵权行为；在实践中，更具体的方法是，以造成的同一损害结果是否可以分割为标准，同一损害后果能够分割的是分别侵权行为，不能分割的是共同侵权行为。

第二，在消费者通过网络交易平台接受服务造成损害的行为中，服务者的行为与网络交易平台提供者的网络服务行为是否构成关联共同呢？首先，能够确定双方不具有主观关联共同，因为主观关联共同就是共同意思联络，是共同故意，不存在这样的情形（《消费者权益保护法》第 44 条第 2 款规定的责任除外）；其次，在服务者的致害行为与网络交易平台提供者的网络服务行为中，如果网络交易平台提供者对于造成消费者的损害具有过失，就可以确定服务者与网络交易平台提供者由于其行为造成的损害后果具有不可分割的同一性，且有过失，应当具有客观关联共同，因而与分别侵权行为有区别。

因而应当确定，消费者通过网络交易平台接受服务造成损害，网络交易平台提供者有过失的，例如知道或者应当知道服务者提供的服务存在缺陷、知道或者应当知道服务者无相应服务的资质或者未取得相应服务资质、知道或者应当知道服务者存在不适宜提供服务的精神状态的，网络交易平台提供者与服务者的行为构成部分关联共同的共同侵权行为，应当承担单向连带责任，而不应适用《消费者权益保护法》第 44 条规定的附条件不真正连带责任。

三、网络交易平台提供者为消费者损害承担赔偿责任的一般性规则

在研究了上述网络交易平台提供者为消费者损害承担侵权责任的基本法理基础后，应当说明网络交易平台提供者作为为网络交易提供服务的主体，在消费者通过网络交易平台购买商品或者接受服务造成损害时，承担侵权责任的一般

规则。

（一）网络交易平台提供者承担侵权责任的归责原则

确定网络交易平台提供者为消费者的损害承担侵权责任应当适用何种归责原则，《消费者权益保护法》第44条第2款规定的比较明确，为过错责任原则；但该条第1款似乎没有明确规定对归责原则的要求。不过，从该条第1款规定的内容看，存在两种情形：一是在约定的附条件不真正连带责任中，依据“网络交易平台提供者作出更有利于消费者的承诺的，应当履行承诺”的表述，可以确定承担此种约定的责任无须具有过错，因而是无过错责任原则；二是在法定的附条件不真正连带责任中，依据“网络交易平台提供者不能提供销售者或者服务者的真实名称、地址和有效联系方式的”的表述，可以确定承担此种法定的责任须有过失，因而适用过错责任原则。

在通常的违约损害责任中，确定赔偿责任，“实行过错推定是必要的”①。网络交易也是交易，都属于合同关系，一方造成另一方损害，承担赔偿责任的归责原则应当是过错推定原则；如果是缺陷产品致人损害，则适用无过错责任。既然如此，为什么网络交易平台提供者承担赔偿责任时却要适用过错责任原则呢？这样规定是否不利于对消费者提供保护呢？应当看到的是，在网络交易平台提供者为消费者的损害承担赔偿责任时，双方并不是同一个合同的主体，依据合同相对性原则，作为买卖合同或者服务合同的当事人，不能向与自己没有合同关系的网络交易平台提供者请求其为自己的损害承担赔偿责任，因而，如果请求该主体承担赔偿责任，须按照《消费者权益保护法》第44条规定，依照侵权责任请求权向网络交易平台提供者主张索赔，否则即无法律依据；即使缺陷产品造成消费者损害，网络交易平台提供者须承担赔偿责任，也不是依据产品责任的规则；同时，《消费者权益保护法》第44条规定网络交易平台提供者承担责任时，确定其须有过错；因而应当适用过错责任原则，既不是过错推定原则，也不适用无过错责任原则。

综合起来，网络交易平台提供者对消费者通过网络交易平台购买商品或者接

① 崔建远：《合同法》，法律出版社2015年版，第258页。

受服务造成损害承担赔偿责任，应当适用的归责原则体系是：

第一，对于一般的网络交易平台提供者对消费者通过网络交易平台购买商品或者接受服务造成损害承担赔偿责任，适用过错责任原则，包括不能提供销售者或者服务者的真实名称、地址和有效联系方式的损害赔偿责任，以及明知或者应知销售者或者服务者利用其平台侵害消费者权益，未采取必要措施的损害赔偿责任。

第二，对于网络交易平台提供者事先约定有先行赔付承诺的损害赔偿责任，适用无过错责任原则，只要约定的损害出现，不论网络交易平台提供者有无过错，都应当承担赔偿责任。

（二）网络交易平台提供者承担侵权责任的构成要件

确定网络交易平台提供者为消费者的损害承担赔偿责任的构成要件，除了约定的附条件不真正连带责任无须具备过错要件之外，一般的构成要件是：

1.消费者通过网络交易平台购买商品或者接受服务受到损害

网络交易平台提供者应当承担赔偿责任的损害，首先是消费者的损害，其次是该消费者因销售者提供的商品或者服务者提供的服务而造成的损害，再次是消费者通过网络交易平台提供者为其提供的网络交易平台进行的交易，即购买商品或者接受服务中造成的损害。具备这三个要素，构成网络交易平台提供者承担责任的损害事实要件。

2.网络交易平台提供者实施了为销售者、服务者销售商品或者服务提供的网络平台服务行为

网络交易平台提供者承担赔偿责任的行为，是多数人侵权行为，因而一般存在两个或者两个以上的行为。

销售者在网络交易平台销售缺陷商品的行为，服务者在网络交易平台提供瑕疵服务的行为，是构成这种责任的行为要件。

同时，正因为网络交易平台提供者承担责任的损害事实基础，是消费者通过网络交易平台购买商品或者接受服务造成的损害，所以，网络交易平台提供者承担责任的行为，就是为销售者在网络交易平台销售缺陷产品、服务者在网络交易

平台提供瑕疵服务提供了网络交易平台的服务行为。在网络非交易平台上，销售者兜售缺陷产品，网络非交易平台提供者没有对销售者的销售行为提供平台服务的行为，不应当为该缺陷产品造成的消费者损害承担赔偿责任。

3.网络交易平台提供者的提供网络服务行为与损害后果有因果关系

在通常情况下，网络交易平台提供者构成赔偿责任，因果关系要件表现为两个方面。

一是，造成损害的直接原因，是销售者销售缺陷产品的行为，或者服务者提供瑕疵服务的行为。这个原因行为直接导致消费者受到损害。

二是，造成损害的间接原因，是网络交易平台提供者的提供网络交易平台服务的行为。这种因果关系的表现，首先是间接原因，并非直接导致损害的发生；其次，网络交易平台提供者的行为对损害发生的原因，有的是与发生损害的行为的直接原因发生竞合，有的是与发生损害的行为的直接原因发生结合，因而形成不同的多数人侵权行为类型，前者构成竞合侵权行为，后者构成共同侵权行为，分别承担不真正连带责任或者单向连带责任。

4.网络交易平台提供者对于损害的发生有过错

除了约定的附条件不真正连带责任之外，网络交易平台提供者为消费者的损害承担赔偿责任，均须具备过错要件。

网络交易平台提供者具备的过错形式，不能提供销售者真实名称、地址和有效联系方式的，过错形式是过失；明知销售者或者服务者利用其平台侵害消费者合法权益未采取必要措施的，为故意。至于应知销售者或者服务者利用其平台侵害消费者合法权益未采取必要措施的，究竟是故意还是过失，有疑问。我曾经主张这种“应知”应为推定知道①，这种过错形式为故意，但是，《消费者权益保护法》第44条规定的应知，是本应知道却因疏忽或者懈怠而未知，为过失。对于网络线下服务造成的损害，网络交易平台提供者承担赔偿责任的过错形式，为过失。

---

① 杨立新:《〈侵权责任法〉规定的网络侵权责任的理解与解释》,《国家检察官学院学报》2010年第2期。

（三）网络交易平台提供者承担侵权责任的类型

网络交易平台提供者为消费者的损害承担赔偿责任有三种类型。此外，对于网络非交易平台转化为网络交易平台的，属于第四种类型。

1.网络交易平台提供者为平台销售缺陷产品致害消费者承担的责任

销售者销售缺陷商品造成消费者损害（包括他人的损害），为产品责任，应受《侵权责任法》和《产品质量法》关于产品责任规则的调整，生产者和销售者承担连带责任。当销售者销售缺陷产品是通过网络交易平台提供者提供的平台进行时，网络交易平台提供者成为责任主体之一，依照《消费者权益保护法》第44条第1款规定，应当承担约定的附条件不真正连带责任或者法定的附条件不真正连带责任，侵权行为的类型为竞合侵权行为。

这种不真正连带责任的实行，其实不光是与销售者的责任相连带，而且与生产者的责任相连带，但须以通过网络交易平台销售缺陷产品为前提，缺陷产品的生产者和销售者承担连带责任，网络交易平台提供者承担不真正连带责任。不过，在缺陷产品造成损害的场合，为产品责任，责任人还有生产者，受害的消费者可以向其请求赔偿，网络交易平台提供者承担了赔偿责任之后，也可以向他进行追偿。

2.网络交易平台提供者为平台提供瑕疵服务致害消费者承担的责任

服务者通过网络交易平台提供服务造成消费者损害，由于网络交易平台提供者不再负有提供服务者真实名称、地址和有效联系方式的义务，因而原则上不承担赔偿责任。只有在网络交易平台提供者对于损害的发生具有过失时，方构成部分关联共同的共同侵权行为，应当比照《侵权责任法》第49条规定，承担单向连带责任。

3.明知或应知销售者、服务者利用其平台侵害消费者未采取必要措施的责任

网络交易平台提供者对于消费者通过网络交易平台购买商品或者接受服务造成损害，如果具备明知或者应知销售者或者服务者利用其平台侵害消费者合法权益且未采取必要措施要件的，即构成主观的共同侵权行为或者客观的共同侵权行为，因而应与销售者或者服务者承担连带责任。

4.网络非交易平台转化为网络交易平台的提供者责任

销售者、服务者利用网络非交易平台向消费者销售商品或者提供服务，造成消费者损害的，网络非交易平台提供者未向其主动提供平台服务的，网络交易平台提供者对该损害不承担赔偿责任。

这原本不是网络交易平台提供者的责任问题，但是，如果网络非交易平台提供者在销售者或者服务者利用其平台进行交易活动时知道此情，且又为其提供服务的，则网络非交易平台的性质就发生了变化，成为网络交易平台，此时，平台提供者应当依照网络交易平台提供者承担责任的规则，对消费者的损害承担赔偿责任。有人认为，只有网络非交易平台提供者对交易活动提供了所有的平台服务如信息流、资金流、物流服务的，才应当比照网络交易平台提供者承担责任的规则承担责任，否则就是服务的“碎片化”，不应当承担这种赔偿责任。我认为，应当区分具体情况：如果网络非交易平台提供者仅仅提供了商品信息或者服务信息的服务，不应当认定为网络非交易平台的性质就发生了转化，因为网络非交易平台本身就是信息交流平台；如果网络非交易平台提供者一旦对利用其平台进行交易活动的销售者、服务者提供了资金流或者物流服务，该平台的性质就发生转化，应当承担网络交易平台提供者的责任。

（四）网络交易平台提供者承担侵权责任的方式

依照《消费者权益保护法》第44条规定，网络交易平台提供者承担的侵权责任方式是赔偿损失，不承担《侵权责任法》第15条规定的其他侵权责任方式。

第二十四章

网络平台责任的一般规则

第一节 网络交易平台提供服务的损害赔偿责任及规则

2013年修订《消费者权益保护法》，在第44条第1款规定了网络交易平台提供者的附条件不真正连带责任规则。按照该条规定，这种责任规则既适用于消费者通过网络交易平台购买商品受到损害的赔偿责任，也包括通过网络交易平台接受服务受到损害的赔偿责任。我是参加修订《消费者权益保护法》的主要法律专家之一，在修订该法过程中也是这样认为的，也写过文章对此进行论证。[①] 但是经过深入研究和进行实际考察，发现该条文并不能承载后者，而只适用于前者。对于得出上述结论的原因及应当采取的立法、司法对策，本节进行以下说明。

① 杨立新、韩煦：《网络交易平台提供者的法律地位与民事责任》，《江汉论坛》2014年第5期。

一、《消保法》第 44 条第 1 款不能涵盖对提供服务造成损害的救济

《消费者权益保护法》第 44 条第 1 款规定的内容是："消费者通过网络交易平台购买商品或者接受服务，其合法权益受到损害的，可以向销售者或者服务者要求赔偿。网络交易平台提供者不能提供销售者或者服务者的真实名称、地址和有效联系方式的，消费者也可以向网络交易平台提供者要求赔偿；网络交易平台提供者作出更有利于消费者的承诺的，应当履行承诺。网络交易平台提供者赔偿后，有权向销售者或者服务者追偿。"这个条款明确规定的适用范围，是消费者通过网络交易平台购买商品、接受服务受到损害。对于消费者通过网络交易平台购买商品造成损害的救济，当然包括在这个条款规定的规则之中，对此毫无疑问。① 但是，认真考察就会发现，该条文规定的网络交易平台提供者承担责任的规则，对于消费者通过网络交易平台接受服务受到损害的救济并不妥适，无法协调好通过网络交易平台提供服务的经营者与消费者以及交易平台提供者之间的利益关系。立法中，考虑到网络交易不同于实体交易，具有虚拟性的特点，在网络交易平台上销售商品的电商数量庞大，对二者不加区别地对待也不一定对消费者有利，建议合理确定网络交易平台的责任②，事实上是忽略了网络交易平台提供服务的特点，以致形成这样的立法现状。

首先，消费者通过网络交易平台购买商品和接受服务，在法律关系上并不相同，特别是在网络交易平台上的交易关系不同。在网络交易平台上购买商品，主要的交易行为都是在网上进行的，即线上交易，当消费者决定购买销售者提供的商品后，将货款付给网络交易平台提供者，将货款储存在支付宝之类的网络账户，销售者将购买的商品通过物流公司寄交给消费者，消费者收到商品后，网络交易平台提供者才将暂存的货款支付给销售者，终结这个交易行为。在这种线上

① 杨立新、韩煦：《网络交易平台提供者的法律地位与民事责任》，《江汉论坛》2014 年第 5 期。

② 《全国人民代表大会法律委员会关于〈中华人民共和国消费者权益保护法修正案（草案）审议结果的报告〉》，载全国人大常委会法制工作委员会民法室：《消费者权益保护法立法背景与观点全集》，法律出版社 2013 年版，第 113 页。

交易行为中，电商即提供商品的销售者与消费者并不见面，交易行为分别通过网络交易平台提供的信息流、资金流和物流（物流有可能由销售者自己选择）的协作，完成网络交易行为。与此不同，当网络交易平台提供者为消费者提供服务时，服务者在消费者下单后，需要直接与消费者见面，向消费者提供服务，消费者接受服务，然后通过线上支付系统支付价金，结束服务交易。服务合同的主要履行方式是提供相应的劳务，消费者受领的服务也是服务者的服务行为。[①] 服务者与消费者不见面，就不能完成服务行为的履行与受领。例如好厨师服务，如果没有厨师的上门服务，谈何好厨师的服务呢？相比较而言，消费者通过网络交易平台购买商品或者接受服务，最大的区别，就是销售者与消费者在网络交易行为中并不见面（即线上交易），而服务者与消费者在交易行为中通常必须见面（线上＋线下交易）。面对消费者通过交易平台购买商品或者接受服务这两种网络交易行为的比较，就能够发现这两种网络交易行为的区别是如此明显，适用同一种规则处理救济消费者损害的规则，从逻辑上说，可能是不适当的，因为造成损害的行为不同，救济规则应当有所不同。

其次，事实恰好就是如此。在消费者通过网络交易平台购买商品的情形，由于销售者与消费者均在线上交易，双方在交易中并非当面进行，因而才出现了《消保法》第 44 条第 1 款规定的附条件的不真正连带责任的救济规则，即原本就应当由销售者对商品造成消费者的损害承担赔偿责任，只有在网络交易平台提供者不能提供销售者的真实名称、地址和有效联系方式，即消费者无法找到销售者的时候，网络交易平台提供者才承担不真正连带责任，且在承担赔偿责任之后可以向销售者追偿；或者网络服务者作出先行赔付承诺的，消费者可以直接请求网络服务者承担不真正连带责任。[②] 相反，由于消费者通过网络交易平台接受服务，该服务并非在线上进行，而是通过服务者与消费者当面进行交易，完成服务行为，因而不同于线上的商品交易，有了直接交易的特点。例如专车服务或者优步提供的交通服务，如果没有服务者当面对消费者进行机动车交通服务，不可能

① 曾祥生：《服务合同：概念、特征与适用范围》，《湖南社会科学》2012 年第 6 期。

② 杨立新：《网络平台提供者的附条件不真正连带责任与部分连带责任》，《法律科学》2015 年第 1 期。

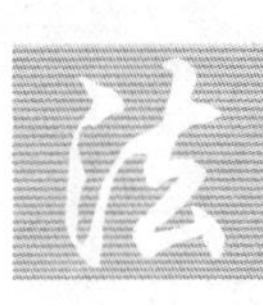

成立网络服务行为。既然如此，在服务者与消费者直接进行面对面的服务中，交易的双方当面进行交易，就与传统服务交易行为没有太大的区别，仅仅是订约过程和支付价款方式有所不同而已。在这样的情形下，消费者能够找到服务者，当然就没有必要再通过网络交易平台提供者承担中间责任的方式，通过附条件的不真正连带责任的方法，让网络服务者先承担赔偿责任，继而再向服务者进行追偿；而应当由消费者与服务者直接寻求解决纠纷救济损害的途径，按照传统当面直接交易的方式确定赔偿责任，除非网络交易平台提供者有过失。由此可见，用《消保法》第 44 条第 1 款规定的附条件的不真正连带责任规则，解决消费者通过网络交易平台购买商品受到损害的救济问题，是正确的，但适用于消费者通过网络交易平台接受服务受到损害的救济，是存在问题的。

再次，消费者通过网络交易平台购买商品或者接受服务受到损害，与通过传统交易平台即展销会或者租赁柜台购买商品或者接受服务受到损害，有原则区别，因而《消保法》才将传统交易平台责任规定在第 43 条，网络交易平台责任规定在第 44 条，加以严格区别。之所以有这样的责任承担规则的区别，就在于传统交易平台的利用是有偿的，即付租金租赁柜台或者出资参加展销会；而利用网络交易平台进行交易，绝大多数或者基本上是无偿提供，销售者和服务者无须支付租金，就可以在网络交易平台上进行交易。因此，利用网络交易平台进行商品销售造成消费者损害，并不承担典型的不真正连带责任，而是承担附条件的不真正连带责任；同时，利用网络交易平台提供服务致害消费者，也不应承担典型的不真正连带责任，甚至连承担附条件的不真正连带责任也不妥适，应当另行寻找办法确定责任承担规则。

事实上，无论是《消保法》第 43 条规定的责任，还是第 44 条第 1 款规定的平台责任，都是在平台提供者没有过失的情况下的责任承担规则，如果平台提供者对于造成消费者损害有过失，就不属于上述条文调整的范围，而应当另行寻找法律规定，或者是《消保法》第 44 条第 2 款规定的明知或者应知的连带责任，或者是依照《侵权责任法》第 6 条第 1 款规定的过错责任原则确定赔偿责任。

正因为如此，对于消费者通过网络交易平台接受服务造成损害，网络交易平

台提供者承担责任，无法概括在《消保法》第44条第1款的调整范围之内，应当确定更为准确，更能够使消费者、服务者以及网络交易平台提供者三者之间利益平衡的法律规则，更好地保护好消费者的权益，保护好网络交易平台提供者以及服务者的合法权益，促进网络交易发展，推动社会经济繁荣。

二、影响网络交易平台提供服务损害赔偿责任及规则的主要因素

既然确定对于消费者通过网络交易平台接受服务造成损害的救济规则与消费者通过网络交易平台购买商品造成损害的救济规则应当有所不同，进而确定网络交易平台提供服务致害消费者损害赔偿责任及规则，就应当先研究影响这种责任规则的主要因素，“对症下药”，建立科学的网络交易平台提供服务损害赔偿责任及规则。

（一）网络交易平台提供服务致害消费者权益行为的性质

就服务者提供的服务损害消费者合法权益的行为本身而言，是一个单独侵权行为。这就是说，在服务者对消费者提供服务关系上，尽管他们之间的服务合同是在网络交易平台上签订的，但是履行该合同的主要义务，并不是在网络交易平台，而是在线下通过面对面的交易行为，完成合同义务的履行。在这样的合同关系中，线上的行为仅仅是合同的签订行为，线下的行为才是合同的履行行为。在合同履行中，服务者对消费者的民事权益造成了损害，就是合同的履行行为造成的损害，即加害给付行为。由于加害给付行为符合《合同法》第122条规定的要求，因而，属于合同违约责任与侵权责任的竞合，受到损害的消费者既可以行使侵权责任请求权追究服务者的侵权责任，也可以行使违约损害赔偿请求权，请求服务者承担违约损害赔偿责任。例如通过滴滴打车平台，消费者接受出租车服务，在滴滴打车提供的出租车在行驶中造成消费者的民事权益损害，与普通的消费者在路边自己打车接受的出租车服务造成损害，在法律性质上没有区别，既构成违约责任，也构成侵权责任，从而形成责任竞合，由受害人选择损害赔偿请求权救济自己的损害。

不过，就网络交易平台上提供的服务造成损害而言，除了服务者的服务行为之外，与网络交易平台提供者发生联系的是其提供的网络交易平台，即服务合同的签订是在网络交易平台进行的，价金给付义务也是通过网络交易平台的服务进行的，而非当面直接的交易行为。这样的行为因素，究竟应当给责任承担规则带来何种影响，特别值得研究。

首先，应当肯定，网络交易平台提供者与服务者的行为不是共同侵权行为，不符合《侵权责任法》第 8 条规定，不应当承担连带责任。

其次，也应当肯定，这种行为也不是分别侵权行为，既不是叠加的分别侵权行为，也不是典型的分别侵权行为，不符合《侵权责任法》第 11 条和第 12 条规定的要求。

最后，应当分析这种行为是否符合竞合侵权行为的特点。消费者通过网络交易平台购买商品，商品是通过网络交易平台到达消费者的手中，而造成消费者损害的恰恰就是网络交易平台提供的条件，使缺陷产品到达了消费者的手中，并且造成了损害。这样，就使网络交易平台提供者在缺陷产品造成损害的行为中有了直接的关联，提供了条件，只是因为网络交易平台的服务属于无偿的服务，因而才出现了提供网络交易平台服务的竞合侵权行为，其责任形式为附条件的不真正连带责任。在消费者通过网络交易平台接受服务的损害中，服务者提供的服务直接造成消费者的损害，就服务而言，网络交易平台提供者并不具有特别的关联，而仅仅在提供订约条件、价金给付方面提供服务，因而与损害行为不存在因果关系，因此，如果网络交易平台提供者没有过错，就没有承担责任的归责要素，就不应当承担救济损害的责任。

（二）网络交易平台提供者对于提供服务造成损害是否有故意或者过失

我在前面所描述的，是就消费者通过交易平台接受服务造成损害，网络交易平台提供者仅仅提供平台而不存在过错而言。如果网络交易平台提供者在提供服务中具有过失，或者具有故意，将会在责任承担规则上发生重大变化。

通过网络交易平台向消费者提供服务，服务者造成消费者损害，是单独侵权行为或者违约行为，应当由服务者自己承担侵权责任或者违约责任。如果将其定

性为侵权行为，性质属于单独侵权行为，依照《侵权责任法》第 6 条第 1 款规定，没有过失的网络交易平台提供者对此就没有责任。

但是，如果网络交易平台提供者在服务者为消费者提供服务的过程中有过失，其行为就与服务者的服务行为有了直接的关联性。例如，在好厨师的服务中，网络交易平台提供者推荐的好厨师有传染病，在提供饮食服务中造成消费者食源性疾病感染，网络交易平台提供者没有善尽对好厨师的资格审查义务，主观上有过失，则其对于造成的受害人损害具有原因力，因而使行为的性质发生了改变，构成了侵权行为，应当承担侵权责任中的自己责任。[①]

如果网络交易平台提供者在推荐服务时具有侵权故意的，包括直接故意或者间接故意，则构成共同侵权行为。这正是《消保法》第 44 条第 2 款规定的“网络交易平台提供者明知或者应知销售者或者服务者利用其平台侵害消费者合法权益，未采取必要措施的，依法与该销售者或者服务者承担连带责任”的情形，构成共同侵权行为，应当承担连带责任。如果网络交易平台提供者与服务者恶意串通，通过向消费者提供服务而造成消费者损害，则直接依照《侵权责任法》第 8 条规定，确定为主观的共同侵权行为，承担连带责任。

（三）网络交易平台提供者推荐服务是否有偿

在消费者通过交易平台接受服务造成损害的法律关系中，网络交易平台提供者在推荐服务中是否有偿，也对责任承担规则具有重大影响。

如果网络交易平台提供者在推荐服务中，网络交易平台提供者与服务者之间签订服务合同时约定有偿的，应当认定为有偿服务。

对于网络交易平台提供者在推荐服务中没有收取费用的，原则上应当认为属于无偿服务合同。不同意见认为，这种情形，网络交易平台提供者并非属于完全无偿的服务，尽管对推荐服务没有明确收费，但在推荐服务中能够获得较大利益，例如获得点击量、掌握服务的资金流等，因而应当视为有偿。不过，我认为，如果提供较为便利的交易服务，网络交易平台提供者没有获得任何利益，网

---

① 自己责任是与替代责任相对应的概念，表明自己实施的行为造成的损害由自己承担。杨立新：《侵权责任法》，法律出版社 2015 年修订版，第 131 条。

络交易活动就不能开展，交易活动就不会繁荣，这样的利益获得，与网络交易平台提供者付出的成本是相适应的，是应当允许的，但这不能就说网络交易平台提供者的服务就是有偿的，而在实际上、特别是在表面上，确实是没有收费，就网络交易平台服务本身而言，双方当事人之间进行的服务没有对价，就是无偿的。将网络交易平台提供者提供的平台服务所得利益，看作其无偿服务的回报，更为准确。

在一个具体的法律行为中，行为有偿或者无偿的因素，将会对该法律行为的解释、责任之轻重、瑕疵担保责任等发生重大影响。[①] 有偿提供服务，服务者应当承担更重的义务，而无偿提供服务，提供者应当承担较轻的义务，这是《合同法》的一贯立场，也是民法的基本规则。《合同法》第406条规定："有偿的委托合同，因受托人的过错造成损失的，委托人可以要求赔偿损失。无偿的委托合同，因受托人的故意或者重大过失给委托人造成损失的，委托人可以要求赔偿损失。"参照这一规定体现的精神，网络交易平台提供者无偿推荐服务造成消费者损害的，如果没有过失，应当不对服务者造成消费者的损害承担赔偿责任。

三、通过网络交易平台提供服务致害消费者的责任应为单向连带责任

根据上述研究结果，我认为，通过网络交易平台提供服务致害消费者，构成侵权责任，服务者和网络交易平台提供者承担的责任形态是单向连带责任。[②]

（一）网络交易平台提供者与服务者承担单向连带责任的理由

在侵权责任法领域中，根据上述确定责任承担规则的影响因素，在网络交易平台推荐的服务造成消费者损害的，服务者与网络交易平台提供者承担赔偿责任，最为相当的侵权责任形态，就是《侵权责任法》第9条第2款和第49条规定的单向连带责任规则。

---

① 梁慧星：《民法总论》，法律出版社2008年第3版，第165页。

② 关于单向连带责任的概念，请参见杨立新：《多数人侵权行为与责任理论的新发展》，《法学》2012年第7期；杨立新：《网络平台提供者的附条件不真正连带责任与部分连带责任》，《法律科学》2015年第1期。

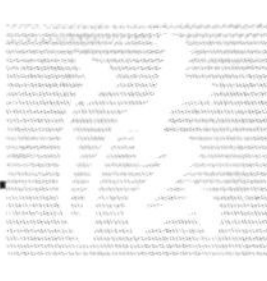

《侵权责任法》第9条第2款规定的教唆、帮助无行为能力人或者限制行为能力人实施侵权行为造成他人损害的，教唆人、帮助人承担侵权责任；监护人有未尽监护责任过失的，承担相应的责任。第49条规定，租赁、借用机动车造成他人损害，属于机动车一方责任的，由机动车使用人承担赔偿责任，机动车所有人对损害的发生有过错的，承担相应的赔偿责任。《侵权责任法》这两条规定的侵权责任规则，性质是相同的，我把它称为单向连带责任。[①] 这种侵权责任的性质，与美国侵权法的混合责任是一样的，即在一个多数人侵权行为中，有的行为人应当承担连带责任，有的行为人应当承担按份责任（单独责任）的混合型的共同责任形态。[②]

消费者通过网络交易平台接受服务造成损害，服务者与网络交易平台提供者之间的责任关系与此基本相同。服务者的服务行为，相当于机动车使用人的行为和教唆人、帮助人教唆、帮助无行为能力人或者限制行为能力人实施的侵权行为，都属于单独侵权行为，都是由于自己的故意或者过失行为造成消费者或者他人的损害，应当自己承担全部侵权责任。而网络交易平台提供者的行为相当于机动车所有人的行为或者监护人的监护行为，如果没有过错，他们就不应当为服务者的服务行为造成的损害负责；如果有过错，则应当按照其过错程度，承担相应的责任即按份责任，而不承担连带责任。在后一种情况下，即使他们有过错，应当承担相应的责任，机动车使用人、教唆人、帮助人以及服务者也应当对全部损害承担连带责任，只不过在承担了全部赔偿责任之后，对机动车所有人、监护人以及网络交易平台提供者可以进行追偿而已。这样的理由是成立的。

（二）网络交易平台提供者承担单向连带责任可否参照《侵权责任法》的相关规定

提出这个问题，是因为《消费者权益保护法》和《侵权责任法》以及其他现行法都没有对适用单向连带责任规则作出一般性规定，更没有具体规定，最高人

---

① 杨立新：《侵权责任法》，法律出版社2015年修订版，第149页。

② 《美国侵权法重述第三次·责任分担》第11节（单独责任的效力）规定："当依据适用法律，某人对一受害人的不可分伤害承担单独责任时，该受害人仅可以获得该负单独责任者在该受害人应得赔偿中所占的比较责任份额。"这种责任形态称为混合责任。

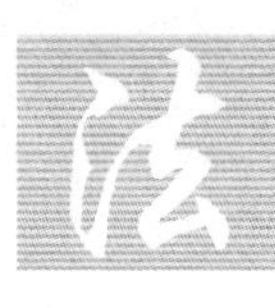

民法院也没有对此作出解释。在这样的情况下，对于网络交易平台提供者确定承担单向连带责任，是否合法，需要进行研究。

这样的怀疑并非没有道理。原因在于，对网络交易平台提供者推荐服务造成消费者损害，适用单向连带责任确实没有现行法律规定作为依据，因为《消费者权益保护法》第44条本来就规定了这样的行为和后果适用该法的这一规定，立法机关并没有作出解释认为这个规则是错误的，因而存在两难的问题：一方面，认为《消费者权益保护法》第44条规定的规则，仅仅是对消费者通过网络交易平台购买商品造成损害规定的责任承担规则，但是法律并没有作出这样的解释；另一方面，建议适用《侵权责任法》第9条和第49条规定的规则，但这些规则都有特定的适用范围，因而须冒着对法律进行扩张解释的风险。对此，我从三个方面进行论证。

第一，《消费者权益保护法》第44条第1款规定存在的无法涵盖通过网络交易平台接受服务造成损害的情形，属于法律漏洞。法律漏洞的定义，谓之“法律体系上之违反计划的不圆满状态”[①]，或者“现实性法律体系上存在影响法律功能，且违反立法意图之不完全性”[②]，或者“是由于立法者未能充分预见待调整的社会关系，或者未能有效地协调与现有法律之间的关系，或者由于社会关系的发展变化超越了立法者立法时的预见范围，而导致的立法缺陷”，等等。[③] 立法漏洞包括三个基本含义：一是立法体系存在不完全性或者不圆满性，二是影响现行法应有功能，三是违反立法意图。[④]《消费者权益保护法》第44条第1款规定存在的问题，表现的正是不完全性，不能涵盖消费者通过网络交易平台接受服务受到损害的赔偿责任，影响现行法的应有功能，也违反了立法者的意图，构成法律漏洞。

第二，法律填补是补充法律漏洞的基本方法，也称为法律续造，在存在法律漏洞的情况下，由法官根据一定标准和程序，针对特定的待决案件，寻找妥当的

① 黄茂荣：《法学方法与现代民法》，2011年自版增订第6版，第456页。

② 梁慧星：《法律解释学》，法律出版社2009年第3版，第253页。

③ 王利明：《法学方法论》，中国人民大学出版社2011年版，第426页。

④ 梁慧星：《民法解释学》，法律出版社2009年版，第253页。

法律规则，并据此进行相关的案件裁判。[①] 最高人民法院《关于审理道路交通事故损害赔偿案件适用法律若干问题的解释》第 2 条规定正是采取的这种方法进行的。该条规定的内容是："未经允许驾驶他人机动车发生交通事故造成损害，当事人依照侵权责任法第四十九条的规定请求由机动车驾驶人承担赔偿责任的，人民法院应予支持。机动车所有人或者管理人有过错的，承担相应的赔偿责任，但具有侵权责任法第五十二条规定情形的除外。"这同样是对单向连带责任规则的扩张适用，并非违法解释。事实上，在法律适用上，民法与刑法不同，刑法奉行法无规定不为罪，禁止适用类推规则。而民法在其法律规范调整不足时，恰恰准许进行类推适用相近的法律规范。所谓类推适用，是指将法律明文之规定，适用到该法律规定所未直接加以规定，但其规范上之重要特征与该规定所明文规定者相同之案型。[②] 将《侵权责任法》第 9 条第 2 款和第 49 条规定的规则，扩张适用于消费者通过网络交易平台接受服务致害的赔偿责任，符合类推适用的"相同之案型，应为相同处理"规则[③]的要求，即对特定案件，比照援引与该案件类似的法律规定，将法律的明文规定适用于该法律所未直接加以规定的情形[④]，因此具有合理性和正当性，并不违反民事法律适用规则的要求。

第三，指出现行法律规范存在的错误，本是学者的职责，不论立法者对其立法是否认识到存在错误，学者均可根据自己的研究指出其错误，有则改之，无则加勉，正是学说解释借助解释批评现行法的缺点，为法律修改提供建议，并成为立法解释、司法解释和裁判解释的参考基本功能的体现。[⑤] 只要指出的法律错误或者漏洞是现实的，是客观的，不仅可以建议立法机关纠正，也可以警惕法官在适用法律上，依据诚实信用原则，谨慎适用法律，做出变通处理，避免出现对法律关系进行司法调整中的错误。因为诚实信用原则性质上属于一般条款，其实质在于，当出现立法当时未预见的新情况、新问题时，法院可以诚实信用原则行使

---

① 王利明：《法学方法论》，中国人民大学出版社 2011 年版，第 435 页。

② 黄茂荣：《法学方法与现代民法》，2011 年自版增订第 6 版，第 600、601 页。

③ 黄茂荣：《法学方法与现代民法》，2011 年自版增订第 6 版，第 600、601 页。

④ 王利明：《法学方法论》，中国人民大学出版社 2011 年版，第 439 页。

⑤ 梁慧星：《民法总论》，法律出版社 2008 年第 3 版，第 282 页。

公平裁量权，直接调整当事人之间的权利义务关系。[①]

根据上述理论和实践依据作出这样的结论，是具有正当性和合理性的，并不违反民法法理。

（三）单向连带责任的基本规则

单向连带责任的规则是：第一，单向连带责任人中的连带责任人承担连带责任（包括中间责任）。单向连带责任中的连带责任人就全部赔偿责任承担责任。如果被侵权人起诉其承担全部责任，连带责任人有义务承担全部赔偿责任，其中不属于他的份额的部分，为中间责任。第二，单向连带责任人中的按份责任人只承担最终责任。单向连带责任中的按份责任人只承担按照份额确定的最终责任，不承担中间责任。如果被侵权人起诉按份责任人承担中间责任，按份责任人可以其承担“相应的责任”而予以抗辩，法官应当予以支持。第三，承担了中间责任的连带责任人有权向按份责任人进行追偿。单向连带责任中的连带责任人承担了超出自己责任份额之外的中间责任的，有权向没有承担最终责任的责任人包括连带责任人和按份责任人进行追偿，实现最终责任的分担。[②]

结合消费者通过网络交易平台接受服务造成损害责任的实际情况，承担单向连带责任的规则是：

1. 服务者向受到损害的消费者承担全部赔偿责任

这个规则包括两层含义：第一，服务者单独就消费者因服务造成的损害承担全部责任。这是在网络交易平台提供者对于提供服务造成消费者损害不存在故意或者过失的情况下的责任承担规则。既然这种损害行为是单独侵权行为，与网络交易平台提供者没有关系，那就只能由服务者承担全部责任，网络交易平台提供者不承担赔偿责任。第二，如果网络交易平台提供者在推荐服务中有过失，则构成数人侵权行为，服务者应当承担连带责任，即使网络交易平台提供者因过失造成的损害部分，也应当由服务者承担全部损害的连带责任。

应当注意的一个问题是，网络交易平台提供者为服务者提供服务，是控制服

① 梁慧星：《民法总论》，法律出版社2008年第3版，第48－49页。

② 杨立新：《多数人侵权行为与责任理论的新发展》，《法学》2013年第7期。

务者的服务资金流的，因而对服务者承担赔偿责任有一定的担保作用。不过，该资金流控制的服务者的资金数额较小，可能无法对全部赔偿责任提供担保。

2.有过失的网络交易平台提供者对其因过失造成的损害部分承担相应责任

如果网络交易平台提供者对推荐的服务造成消费者损害有过失，则应当对其因过失造成的损害部分，承担相应的责任。

所谓相应责任就是按份责任，亦即美国侵权法上的单独责任。[①] 对于相应责任的解释，全国人大常委会法工委参加起草《侵权责任法》的有关官员解释认为，在起草过程中，有的人提出无论监护人是否尽到监护责任，都应当由监护人与教唆人或者帮助人承担连带责任。在存在教唆人、帮助人的情形下，监护人也要承担连带责任，过于严厉，本法没有规定监护人需要承担连带责任。[②] 对于第49条规定的相应的赔偿责任，则解释为机动车所有人没有尽到上述应有的注意义务，便有过错，该过错可能成为该机动车造成他人损害的一个因素，机动车所有人应当对因自己的过错造成的损害承担相应的赔偿责任。[③] 这个解释虽然没有明确说明该赔偿责任的性质，但可以判断为按份责任。借鉴这样的规定和这样的解释，网络交易平台提供者对损害的发生具有过失的，应当承担按份责任。

适用这个规则，判断网络交易平台提供者是否有过失，至关重要。确定网络交易平台提供者的过失，应当借鉴最高人民法院《关于审理道路交通事故损害赔偿案件适用法律若干问题的解释》第1条规定的精神，在下列情形之下，认定网络交易平台提供者有过失：(1) 知道或者应当知道服务者无相应服务资格或者未取得相应服务资格的；(2) 知道或者应当知道服务者有不符合从事该种服务身体条件，或者患有妨碍从事该种服务的疾病等，依法不能从事该种服务的；(3) 对服务者的资质证书审验未尽必要注意义务，未发现该资格证书虚假的；(4) 其他应当认定服务者有过错的情形。

对于上述网络交易平台提供者过失的判断，适用的标准是谨慎人的必要注意

① 见《美国侵权法重述第三次·责任分担》第11节（单独责任的效力）的规定。

② 王胜明主编：《中华人民共和国侵权责任法释义》，法律出版社2013年第2版，第69页。

③ 王胜明主编：《中华人民共和国侵权责任法释义》，法律出版社2013年第2版，第291页。

义务，即网络交易平台提供者负有善良管理人的注意义务，违反该注意义务的，为有过失。例如，对于服务者的证照审验，应当依据政府准许其掌握的审验标准确定。如果政府准许互联网公司适用飞机场安全检查使用的身份证识别技术，对于虚假身份证件应当审验出虚假而未审验出虚假，即为有过失。如果政府并不准许互联网公司使用该种身份证件审验方法，则须依照一般识别方法进行审验，已经善尽善良管理人的必要注意义务，仍无法识别身份证件的真伪者，网络交易平台提供者为无过失。

符合上述情形要求的，应当认定网络交易平台提供者有过失，并就网络交易平台提供者的过失程度，承担按份责任。

3.服务者承担连带责任后有权向有过失的网络交易平台提供者追偿

在单向连带责任中，承担连带责任的侵权行为人应当对全部损害承担责任，承担按份责任的侵权行为人则只对自己的过错行为的原因力造成的损害部分承担赔偿责任，不对全部损害承担连带责任。

服务者是造成消费者损害的直接责任人，当然应当对全部损害承担赔偿责任，即使网络交易平台提供者的过失对损害的发生也有原因力。受害的消费者请求服务者承担赔偿责任的连带责任的，法院应当予以支持。

网络交易平台提供者承担按份责任，仅对自己的过错造成的损害部分承担赔偿责任，对超出的部分不承担责任。受害的消费者请求网络交易平台提供者承担全部赔偿责任（即连带责任）的，法院不予以支持。在这种损害赔偿责任案件中，消费者更愿意向网络交易平台提供者请求承担全部赔偿责任，对此，应当严加把握。

对于服务者承担了全部赔偿责任之后，即在连带责任中承担了超出了自己最终责任份额的那一部分赔偿责任，有权向网络交易平台提供者进行追偿，追偿的范围是，网络交易平台提供者应当承担的那一部分按份责任。

四、两个应当进行深入讨论的问题

（一）是否仍有适用《消保法》第 44 条第 1 款规则的情形

如前所述，消费者通过网络交易平台接受服务造成损害，原则上不应适用

《消保法》第 44 条第 1 款规定的责任承担规则。虽然如此，应当研究是否仍有适用该规则的情形。

按照推论，如果消费者在接受了服务者的服务之后，损害并非当场发生，而是事后发生，似乎也存在适用《消保法》第 44 条第 1 款规定的条件，如果网络交易平台提供者不能提供服务者的真实名称、地址和联系方式的，平台提供者应当承担赔偿责任，再事后追偿。不过，尽管如此，我认为仍然不能适用该项规则，原因是，消费者接受服务者的服务，是双方在线下进行的面对面的服务交易，消费者在接受服务之前，就已经掌握了服务者的真实名称、地址和有效联系方式，据此与服务者进行联系，确定服务时间、地点、服务内容，最后进行服务交易。作为交易一方的消费者，应当保存服务者的真实名称、地址和有效联系方式，以备售后服务以及发生争议的解决。对此，网络交易平台提供者已经对消费者尽到了提供真实名称、地址和有效联系方式的义务。即使消费者将其遗失，主张网络交易平台提供者继续提供服务者的真实名称、地址和有效联系方式，网络交易平台提供者可以继续提供，但却不能以网络交易平台提供者未尽上述义务而承担《消保法》第 44 条第 1 款规定的附条件的不真正连带责任，只要网络交易平台提供者提供的信息与第一次提供的信息一致，过失就不在网络交易平台提供者，而在于消费者。因此，网络交易平台提供者不存在仍适用《消保法》第 44 条第 1 款规定的规则的可能。

（二）适用《消保法》第 44 条第 2 款规定的情形

消费者通过网络交易平台接受服务造成损害，网络交易平台提供者仍有适用《消费者权益保护法》第 44 条第 2 款规定的情形。如果网络交易平台提供者明知或者应当知道服务者利用其平台侵害消费者合法权益，未采取必要措施的，应当与服务者承担连带责任。

确定网络交易平台提供者承担该种连带责任，应当具备三项要件。

第一，服务者利用平台侵害消费者合法权益。这是服务者的客观行为和主观目的要求，在主观上，服务者具有侵害消费者的目的，在客观上，确实利用了网络交易平台实施侵害消费者合法权益的行为。

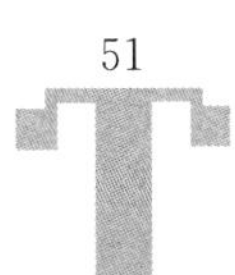

第二，网络交易平台提供者主观上的明知或者应知。这是对网络交易平台提供者主观方面的要求，即网络交易平台提供者对服务者的上述行为明知或者应知。立法者为了避免《侵权责任法》第 36 条第 3 款规定的“知道”发生的歧义，明确规定了“明知或者应知”。明知就是确定地知道，应知就是有证据证明其应当知道，或者有证据推定其知道。

第三，网络交易平台提供者的客观行为是未采取必要措施。其行为方式是不作为，即对恶意侵害消费者合法权益的服务者的利用其平台侵害消费者合法权益的行为，本应采取必要措施，例如终止服务，却没有采取必要措施，就具有了放任服务者侵害后果发生的性质，具有侵权的间接故意，因而构成共同侵权行为。其中的必要措施，当与《侵权责任法》第 36 条规定的删除、屏蔽、断开链接等不同，此时应是终止服务，因为网络交易平台提供者与服务者的关系是服务合同关系，既然服务者利用其平台实施侵权行为，侵害消费者的合法权益，就应当终止服务，解除合同，不再提供服务。至于采取必要措施的时间节点，应当是在服务者提供服务之前，只要在服务者提供服务之前明知或者应知而未采取必要措施，就符合本条要求。

符合上述三项要件的要求，即构成消费者通过网络交易平台接受服务造成损害，网络交易平台提供者与服务者的连带责任，应当依照《侵权责任法》第 13 条和第 14 条规定的规则承担连带责任。

第二节　利用网络非交易平台进行交易活动的损害赔偿责任

2013 年《消费者权益保护法》第 44 条规定了网络交易平台提供者的附条件不真正连带责任规则。在现实生活中，利用网络非交易平台进行商品交易、提供服务的行为越来越多，网络非交易平台提供者对其并不提供交易服务和安全保障，因而对于利用网络非交易平台进行交易的商品或者服务造成消费者损害的，

应当如何承担赔偿责任，规则阙如，急需进行补充。

一、利用网络非交易平台进行交易活动的表现及网络平台的区别

（一）利用网络非交易平台进行交易活动的表现形式

网络非交易平台是互联网企业以及其他提供网络服务企业提供的，具有媒介、社交等其他社会服务功能，而不具有为交易提供服务功能的网络平台。其他提供服务的网络包括移动通信网、电视网等，以及这些网络相互结合的网络，例如移动通信网与互联网结合的微信网络。网络非交易平台与网络交易平台不同，不以对商业交易活动提供平台服务为特点，而属于媒介性、社交性等网络平台，为网络用户发布信息、进行社会交往提供平台服务。

目前，在实际生活中，大量出现利用网络非交易平台进行交易活动的情形，并且逐渐发展，形成一定的规模。具体的表现形式是：一是利用互联网提供的网络非交易平台销售商品。例如在互联网社交平台售卖商品、提供服务，甚至从国外向国内销售。二是利用移动通信网络提供的社交平台销售商品、提供服务，例如通过手机短信销售货物、发布产品信息。三是利用互联网＋移动通信网提供的社交平台销售商品、提供服务，例如在手机微信中销售商品，提供商品信息，订立销售商品合同。四是利用其他网络平台销售商品、提供服务。五是利用网络非交易平台发布商品、服务信息，相当于提供广告服务。

上述列举的利用网络非交易平台进行交易活动归纳起来，可以分为以下几种类型：一是利用网络非交易平台销售商品，二是利用网络非交易平台提供服务，三是利用网络非交易平台宣传商品或者服务。

经营者利用网络交易平台销售商品或者提供服务，造成消费者损害的，已经有了《消费者权益保护法》第44条规定进行规制[①]，但对于利用网络非交易平台销售商品、提供服务、发布商业信息等商业行为致害消费者，究竟应当怎样进行

① 事实上，该条规定仅仅是针对利用网络交易平台销售商品致害消费者制定的损害赔偿责任规则，并不完全适用于利用网络交易平台提供服务致害消费者的情形。

法律规制，怎样确定网络非交易平台的民事赔偿责任，显然不在该条涵盖之下，但在其他法律中并没有规范，属于一个法律规范的空白，形成了“以现行法律规定之基本思想及内在目的，对于某项问题，可期待设有规定而未设定规定”[①] 的法律漏洞。因而需要进行漏洞填补，即在存在法律漏洞的情况下，由法官根据一定标准和程序，针对特定的待决案件，寻找妥当的法律规则，并据此进行相关的案件裁判的法律续造。[②]

在法官进行法律续造之前，应当以学说解释为前导，即学者通过理论研究，批评现行法的缺点，为法律修改提供建议，并成为立法解释、司法解释和裁判解释的参考。[③] 本节正是秉承这种立场，对现存的并且法律无明文规定的利用网络非交易平台进行交易活动的法律后果提出学说上的主张，对其体现的法律关系进行界定，对致害消费者的责任承担确定法律规则，以保障正常的交易秩序，维护交易安全，保护消费者的合法权益。

（二）网络交易平台与网络非交易平台的主要区别

网络交易平台与网络非交易平台都是互联网企业以及其他网络服务企业向社会公众提供的服务平台，都属于网络平台。这是网络交易平台和网络非交易平台的基本联系，是其共同之处。问题是，两种不同的网络平台在性质和功能、内容上都具有重大区别。我在一篇文章中曾经剖析了网络交易平台与网络媒介平台在承担责任上的区别[④]，但没有对这两种平台的性质、功能及内容等方面进行全面的分析研究。这实际上是研究利用网络非交易平台进行交易致害消费者责任的基础，特别需要进行深入研究，这是研究本节主题的客观基础。

网络交易平台与网络非交易平台相比较，在以下几个方面具有重要区别。

1.服务平台性质上的区别

网络交易平台与网络非交易平台尽管都是互联网等企业为社会公众提供的服务平台，但在性质上具有重要区别。网络非交易平台例如网络媒介平台等，其提

① 王泽鉴：《民法学说与判例研究》，第 2 册，北京大学出版社 2009 年版，第 16 页。

② 王利明：《法学方法论》，中国人民大学出版社 2011 年版，第 435 页。

③ 梁慧星：《民法总论》，法律出版社 2008 年第 3 版，第 282 页。

④ 杨立新：《网络平台提供者的附条件不真正连带责任与部分连带责任》，《法律科学》2015 年第 1 期。

供的服务平台并非为交易活动服务，因而不具有商事活动的性质，而属于一般性的社会服务性质，例如发布信息、进行社会交往等。因此，网络非交易平台的基本属性是自媒体，与商业交易无关，只有刊载广告除外。而网络交易平台本身就具有交易性质，其提供平台服务的对象也是交易行为，是为交易行为提供网络服务平台，因而具有商事活动的性质。尽管我国实行民商合一原则，但普通民事活动与商事活动之间仍有明显的区别，并不适用完全一样的规则。制定民法典，虽然确立了商事活动应当遵守民法的基本原则以及相应规则，但在有关商事主体、商事行为以及其他方面，商事活动都应当有自己的特殊规则。[①] 网络非交易平台由于不具有商事的性质，因而其主要活动规则属于民事规则，而网络交易平台具有商事活动的性质，因而其主要活动规则更多的受商法规则的规制。

2.平台提供者与服务对象在主体地位上的区别

同样是互联网等网络服务企业，在其提供网络非交易平台服务和网络交易平台服务时，其主体地位并不相同。网络非交易平台提供者在提供自媒体服务时，其地位相当于一般民事主体，尽管也是在进行网络经营活动，但参与商业交易活动的性质不明显，而具有一般民事主体的特征。而网络交易平台提供者在网络交易活动中，以为交易提供平台服务的方式参与经营活动，属于商事活动的经营者地位。尽管有人认为，网络交易平台提供者提供网络服务是为了获利，属于经营者，应当参照《侵权责任法》的相关规定负有事后审查义务，采取同样的规则[②]，但互联网企业提供网络交易平台和网络非交易平台中的主体地位并不相同。同样，两种网络平台在提供服务的对象方面也有区别，即网络交易平台提供服务的对象，应当是销售商品和提供服务的销售者和服务者，通常称其为“电商”，而网络非交易平台提供者提供服务的对象，则是不具有商事主体性质的普通民事主体，正像《侵权责任法》第36条规定的那样，是“网络用户”。

① 王利明：《民商合一体例下我国民法典总则的制定》，《法商研究》2015年第4期。

② 全国人大常委会法律工作委员会民法室编：《消费者权益保护法立法背景与观点全集》，法律出版社2013年版，第134页。

3.平台服务功能上的区别

互联网企业等提供网络非交易平台，如网络媒介平台、网络社交平台等，其主要的服务功能是为网络用户提供发布信息、接收信息，提供社交信息和活动的平台，不具有为商业交易行为提供服务的功能，属于自媒体性质的平台服务。而互联网企业等提供网络交易平台，为交易双方进行交易提供服务，不论是B2C（Business-to-Customer）的网上商厦平台方式（如天猫商城模式），还是C2C（Customer-to-Customer）的网上集市平台（网上个人交易市场）方式（即淘宝网模式），在平台上进行的都是具有交易性质的商业行为，其功能是为商业交易提供服务。因此，互联网企业在提供网络交易平台时，尽管其不参加营利性的直接交易行为，但是为实现其服务功能，须给交易者双方提供安全稳定的技术服务、市场准入审查、交易记录保存、个人信息保护、不良信息删除、协助纠纷解决、信用监督等义务[①]，以及信息流、资金流和物流等服务系统，保障交易安全进行。而网络非交易平台只是提供开放的空间供网络用户使用，并无上述商业服务的功能。

4.网络平台提供者负担义务上的区别

网络平台提供平台服务，平台提供者都负有相应的义务，但义务并不相同。互联网企业作为网络非交易平台提供者时，其负担的义务是向后的，即在被侵权人通知之后，及时采取必要措施，防止侵权损害后果继续扩大。这种作为义务不履行，就会使侵权人的侵权损害后果继续扩大，就扩大部分的损害应当承担连带责任。互联网企业作为网络交易平台提供者时，其负担的义务是向前的，即将自己掌握的网店的销售者或者服务者的真实信息向消费者予以告知，当销售的商品或者提供的服务造成消费者权益损害时，其加害行为已经终止，损害已经固定，不再进一步发展，不存在向后的义务，即法定条件是提供利用其网络交易平台的销售者或者服务者的真实名称、地址和有效联系方式，如果有先行赔付约定的，则按照约定先行赔付。如果既没有先行赔付约定，又能够提供上述有效信息，互

① 全国人大常委会法律工作委员会民法室编：《消费者权益保护法立法背景与观点全集》，法律出版社2013年版，第134页。

联网企业就与损害没有关系，连间接的原因力都不存在。违反该法定义务或者约定义务，才应当承担附条件的不真正连带责任。[①]

（三）可以得出来的结论

通过以上分析，可以得出一个明确的结论，即既然网络非交易平台与网络交易平台存在如此重大的区别，那么，利用网络非交易平台销售商品或者提供服务造成消费者损害，承担民事责任的规则就必然有重大区别，因而，《消费者权益保护法》第44条仅规定利用网络交易平台销售商品或者提供服务致害消费者的责任，没有规定利用非网络交易平台销售商品或者提供服务致害消费者的责任，其他法律也没有规定这一规则，构成法律漏洞，应当通过法律填补即法律续造的方法，提出立法、司法及裁判的建议予以补充，完善利用网络非交易平台销售商品或者提供服务致害消费者的责任承担规则。

二、利用网络非交易平台进行商业交易活动的法律关系

（一）网络平台与网络用户及销售者、服务者的法律关系性质

尽管在研究利用网络非交易平台进行交易活动致害消费者的赔偿责任问题时，应当分清网络非交易平台与网络交易平台之间的区别，但是首先应当承认这两者具有共同的法律属性。这就是，不论互联网企业还是其他网络企业在提供网络平台服务时，它们与网络用户以及销售者或者服务者之间的法律关系，基本性质是相同的，这种法律关系的性质就是服务合同。

我国《合同法》规定有名合同共有15种之多，但是对在社会生活中使用最为广泛的服务合同却没有规定，因而在我国合同立法中，服务合同是无名合同。这样的规定是不公平的，完全忽视了服务合同的重要性。在《民法通则》之前的民法草案第一稿至第四稿，都有关于“社会服务合同”的规定，除了一般性规定之外，还特别规定了医疗保健、法律服务，或者在特殊规定中规定医疗、公用事

① 杨立新：《网络平台提供者的附条件不真正连带责任与部分连带责任》，《法律科学》2015年第1期。

业服务、邮电通讯服务、旅游服务、旅馆饭店服务、律师会计师服务、家庭教育服务等。[①] 在王利明、梁慧星主持编写的民法典建议稿中，都没有单独设立服务合同一章，而是分别规定了不同的服务合同。[②] 服务合同是现代合同法的世界性课题之一。在现代合同法理论中，服务合同规则是网状规则体系中的重要支撑点。作为区别于物型合同的"类合同"，服务合同具有其典型性，有必要在未来民法典中将其有名合同化。[③]

服务合同是指为全部或者主要以劳务提供或提交特定劳务成果为债务内容的民事合同的统称。这一定义不仅准确反映了服务类合同以劳务提供或提交特定劳务成果为债务内容的本质特征，而且将服务合同限定为须以劳务提供以及提交特定劳务为主要债务内容的合同类型，避免了范围失严失宽的缺陷，同时也体现了服务合同作为提供劳务类合同的上位概念的地位，准确反映其作为"类合同"的性质。[④] 在网络平台提供者与网络用户（包括销售者和服务者）之间的法律关系，是《合同法》无名合同中的服务合同，具体性质是网络平台服务合同。参照服务合同概念的一般定义，可以将网络平台服务合同的概念界定为：网络平台服务合同，是指网络服务企业提供网络平台，给网络用户以及销售者、服务者提供平台，进行信息发布、社会交往以及交易等活动，网络用户以及销售者、服务者依照约定的性质和范围利用网络平台进行上述活动，形成的权利义务关系的服务合同。

从上述网络平台服务合同的定义可以看出，网络平台的性质不同，网络平台提供者提供平台服务的内容就不同，双方当事人之间的权利义务关系当然也不相同。例如，网络交易平台是网络企业以提供交易平台服务为内容，销售者、服务者利用该网络平台进行的是交易活动。而网络媒介平台是网络企业以提供发布、

---

① 何勤华等编：《新中国民法典草案总览》下卷，法律出版社 2003 年版，第 400、477、537、603 页以下。

② 梁慧星主编：《中国民法典草案建议稿》，法律出版社 2003 年版，第 257 页以下；王利明主编：《中国民法典学者建议稿及立法理由·债法总则·合同法编》，法律出版社 2005 年版，第 552 页以下。

③ 周江洪：《服务合同在我国民法典中的定位及其制度构建》，《法学》2008 年第 1 期。

④ 曾祥生：《服务合同：概念、特征与适用范围》，《湖南社会科学》2012 年第 6 期。

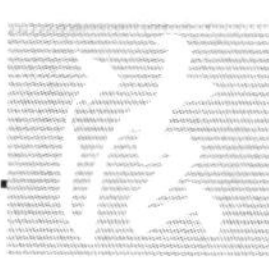

交流信息服务为内容，网络用户利用该平台进行的是信息发布、交流活动。而网络社交平台，例如交友平台、婚恋平台等，则是提供网络用户进行交友、婚恋等，均与交易无关。

（二）利用网络非交易平台进行交易行为的法律关系性质

利用网络非交易平台进行交易行为的法律关系性质，与利用网络交易平台进行交易行为的法律关系性质不同。最主要的表现是，网络非交易平台并非由网络平台提供者给销售者和服务者提供服务的交易平台（广告发布者除外），而是为社会公众提供媒介、社交以及其他非营利性活动的平台，是典型的自媒体。在网络非交易平台上进行交易行为，均不是网络非交易平台提供者的本意，而是网络非交易平台上的销售者、服务者以网络用户的身份，自发、自主地在该网络平台上进行交易行为。因此，利用网络非交易平台进行交易行为，原则上与网络非交易平台提供者的意志无关，在服务合同上，交易行为超出了双方合意的范围，并没有在合同的约束之内。因此，利用网络非交易平台进行交易，真实的法律关系性质是交易行为的双方当事人自己的交易行为，原则上与网络非交易平台提供者无关。

之所以这样认识问题，原因在于：

第一，网络用户与网络非交易平台之间的法律关系，与网络交易平台与销售者、服务者之间的法律关系的性质完全不同。网络非交易平台的性质是为网络用户发布信息提供的媒介平台或者社交平台等，网络用户在网络非交易平台上进行非交易行为，网络用户与网络非交易平台提供者之间的关系，是提供发布信息服务的合同。按照网络用户与网络非交易平台提供者双方的约定，网络平台提供者为网络用户提供发布信息的网络平台，为其通过网络平台服务，保障在法律框架下的言论自由。网络用户有权利用平台发布信息，且不必缴纳费用。而网络交易平台就是为了销售者或者服务者提供服务的交易平台，使购销双方在该平台上顺利进行交易，为消费者购买商品和接受服务提供方便。网络交易平台提供的所有措施都是为交易行为服务，使购销双方的交易行为顺利进行，因而与网络非交易平台法律关系的性质完全不同。

第二，网络非交易平台和网络交易平台的提供者以及网络用户和销售者、服务者之间的权利义务关系完全不同。网络非交易平台提供者对网络用户并不提供商品信息流（广告除外）、资金流和物流等交易行为的配套服务，只保障网络用户的言论自由，不因网络非交易平台提供者的技术等原因而给网络用户的自由表达造成障碍。而网络交易平台提供者则必须为交易行为的当事人提供配套的、稳妥的、可靠的、安全的交易保护措施，进行完整的商品或者服务的信息流、交易的资金流和供货的物流的服务保障，反之，就不得进行网络交易平台服务。

第三，由于网络非交易平台的非营利性，包括网络平台服务的无偿性和网络用户发布信息的非营利性，网络非交易平台提供者对于网络用户每天发布的海量信息，无法进行审查，也不必进行审查。对于网络用户利用网络非交易平台进行发布信息、进行社交等活动，除了按照实名制的要求进行身份审查之外，没有严格的审查制度。相反，在网络交易平台进行交易行为，由于进行的是营利性的交易行为，涉及交易各方当事人的利益，事关重大，因而网络交易平台提供者对在网络交易平台进行交易的销售者和服务者的身份、地址、联系方式以及资质、信用情况等，均须进行严格审查，详细记录，避免发生交易纠纷，并为可能发生的纠纷预留保全措施。

（三）确认利用网络非交易平台进行交易活动的法律关系性质的意义

正因为网络非交易平台与网络交易平台之间法律关系性质、权利义务关系的内容以及是否营利等的上述差别，因而可以确定，网络非交易平台提供者与网络用户之间的法律关系，属于非营利的、以保障言论自由为主要内容的自媒体性质的合同关系；而网络非交易平台提供者与销售者、服务者之间的法律关系，属于提供开展交易行为必要保障服务的商事活动的合同关系。前者属于一般的民事合同关系，后者属于商事合同关系。

当商事活动主体利用为一般民事活动进行提供服务的网络非交易平台进行交易活动时，销售者、服务者与网络非交易平台提供者之间，就提供网络平台服务的内容并没有达成合意，并不成立网络交易平台服务的合同关系。当出现争议，以及发生致害消费者应当承担责任时，均不能适用网络交易平台提供者责任的法

律规定，必须按照网络非交易平台的法律规定，或者参照网络非交易平台与网络用户之间的法律关系，确定双方的权利义务关系，确定承担损害赔偿责任的具体规则，否则将构成适用法律错误。

三、利用网络非交易平台进行交易致害消费者的责任种类及具体规则

（一）网络非交易平台提供者对销售商品提供服务未提供具体支持的损害赔偿责任

销售者或者服务者利用网络非交易平台进行交易活动，网络非交易平台提供者未对交易活动提供具体支持，造成消费者损害的，承担民事责任的规则是：

1. 定性

销售者或者服务者利用网络非交易平台进行交易活动致害消费者，是在履行网络非交易平台服务合同中，因利用该平台的销售者、服务者的行为而造成与其进行交易的当事人的人身损害或者财产损害，性质属于加害给付责任，符合《合同法》第122条规定的责任竞合的要求，受害人产生违约损害赔偿请求权和侵权损害赔偿请求权，受害人可以选择一个请求权行使，以救济损害。[①] 销售者利用网络非交易平台销售商品致害消费者，除了违约责任之外，更重要的是构成产品责任，对于那些无法获得违约损害赔偿救济的非合同债权人的受害人[②]，行使产品责任的侵权损害赔偿请求权救济损害，是消费者和其他受害人保护自己的基本救济手段，因为非直接购买缺陷商品的使用人受到损害，无法依据违约责任方法获得救济。

服务者利用网络非交易平台提供服务，造成消费者损害，《侵权责任法》没有特别的法律规定，没有界定为有名的侵权行为，因而应当依照责任竞合规则，符合《侵权责任法》第6条第1款规定的一般侵权行为构成要件的，即可行使侵权责任赔偿请求权，救济自己的损害。

---

① 杨立新：《债与合同法》，法律出版社2012年版，第479页。

② 即《消费者权益保护法》第40条第2款中规定的“其他受害人”。

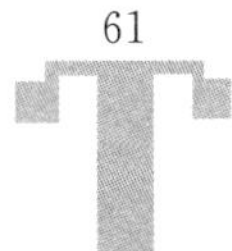

销售者或者服务者利用网络非交易平台销售商品或者提供服务致害消费者，无论是构成产品责任，还是构成一般侵权责任，都属于侵权责任的救济方法，原则上说，应当比违约损害赔偿的救济方法更为全面[①]，因此，受害人选择侵权损害赔偿请求权救济自己的损害更为有利。

2.网络非交易平台提供者在销售商品或者提供服务致害消费者中的地位

利用网络非交易平台销售商品或者提供服务致害消费者，网络非交易平台提供者究竟处于何种地位，必须进行研究，正确予以认定，之后才能够研究承担侵权责任的规则。

销售者与服务者在网络非交易平台上销售商品或者提供服务，并非经过网络非交易平台提供者予以允许。原因在于，网络非交易平台的功能不支持交易活动，只是由于网络非交易平台的公开性以及保障言论自由的基本原则，为在网络非交易平台上传播商品、服务的信息，进行商品和服务的推介，进行商品销售等，提供了可以利用的方便条件。由于网络非交易平台信息的海量性，因而网络非交易平台提供者无法对这些信息进行审核、识别和处理，并且基于言论自由原则，网络非交易平台提供者不能采用删除、屏蔽等必要措施进行干预。所以，网络非交易平台提供者在被利用进行交易活动时，不能予以强制干预，也无法进行审查，只能听之任之。

在这种情况下，销售者或者服务者通过网络非交易平台进行交易行为致害消费者，只要未对其交易行为提供服务支持，网络非交易平台提供者就处于超然的地位，并未参与交易行为之中，因而不应当对销售者或者服务者在利用网络非交易平台进行交易行为中造成的损害承担赔偿责任。例如，有人在微信中推荐新西兰的车厘子，标明价款、产地、质量等，接受该信息的人与其联系，通过微信订购该商品，双方意思表示达成一致，在线下进行交易活动。在这种情况下，线上的行为仅仅是利用网络非交易平台宣传商品，进行要约邀请、要约、承诺，达成合意，而实际交易行为，即履行付款义务、履行合同标的物的交付义务，以及受

① 因为直至目前为止，最高人民法院对违约损害赔偿责任中不包括精神损害赔偿仍然持肯定态度，不得在违约损害责任中请求精神损害赔偿责任救济。

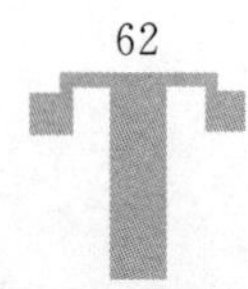

领等，完全是在线下进行，与网络非交易平台提供者没有任何关系。如果该产品造成购买者的人身损害或者财产损害，网络非交易平台提供者即无论是微信服务提供者还是移动通信服务者，均不承担赔偿责任。因为网络非交易平台提供者没有并没有参与交易活动，没有提供具体的支持服务，完全是网络用户在利用网络非交易平台进行交易活动。

归纳起来，当销售者或者服务者利用网络非交易平台进行交易活动，具备以下条件时，即使对消费者造成损害，网络非交易平台提供者也不承担侵权责任。

第一，商品销售者或者服务提供者只是利用网络非交易平台宣传商品或者推介服务，在线下通过其他方法，与购买者和服务接受者签订合同，履行合同，因商品缺陷或者服务瑕疵造成对方损害的，网络非交易平台提供者并非交易主体，亦非交易行为的服务提供者，因此不对受害人承担侵权责任或者违约责任。

第二，销售者或者服务者不仅利用网络非交易平台宣传商品或者推介服务，还利用网络非交易平台订立合同，而履行合同则是在线下进行，履行交付标的物、价款以及提供服务，受领标的物、价款和接受服务行为，因商品缺陷或者服务瑕疵造成对方损害的，网络非交易平台提供者亦不是交易主体，也不是交易行为的参与者，因此也不对受害人承担侵权责任或者违约责任。

3. 利用网络非交易平台销售商品、提供服务的损害赔偿责任承担

在上述情形下，缺陷产品或者瑕疵服务造成消费者损害，其责任承担，销售者、服务者应当承担侵权责任或者违约责任。

利用网络非交易平台销售商品，缺陷商品造成消费者以及其他使用者损害，构成《侵权责任法》第五章规定的产品责任，缺陷产品的生产者、销售者承担不真正连带责任，规则是该法第 43 条规定的内容：因产品存在缺陷造成损害的，被侵权人可以向产品的生产者请求赔偿，也可以向产品的销售者请求赔偿。产品缺陷由生产者造成的，销售者赔偿后，有权向生产者追偿。因销售者的过错使产品存在缺陷的，生产者赔偿后，有权向销售者追偿。网络非交易平台提供者不承担责任。

利用网络非交易平台向消费者提供服务，由于服务瑕疵造成对方损害，应当

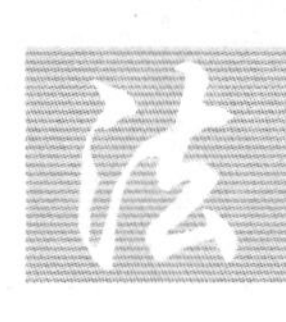

由服务者承担侵权责任或者加害给付的违约损害赔偿责任。如果主张承担侵权责任，应当依照《侵权责任法》第 6 条第 1 款规定，确定侵权责任的构成，并承担赔偿责任。如果主张加害给付的违约损害赔偿责任，则应当依照《合同法》第 113 条规定，确定损害赔偿责任。网络非交易平台提供者不承担赔偿责任。

在上述赔偿责任中，都存在惩罚性赔偿责任的适用问题。不过，如果主张违约损害赔偿责任，则无法适用《侵权责任法》第 22 条规定的侵权精神损害赔偿责任。

（二）网络非交易平台提供者对销售商品、提供服务提供具体支持的损害赔偿责任

所谓网络非交易平台提供者对销售商品、提供服务提供具体支持，是指销售者或者服务者利用网络非交易平台进行交易行为，网络非交易平台提供者不仅使销售者或者服务者能够利用其平台宣传产品、推介服务，以及利用该平台签订合同，而且在交易活动中，还为销售商品或者提供服务提供了具体支持，例如为商品销售或者提供服务提供了价款支付支持，或者提供了物流支持。在这种情况下，网络非交易平台的性质就发生了变化，成为了网络交易平台，提供的是网络交易平台的交易支持。这时，销售的商品因缺陷而造成消费者的损害，网络非交易平台提供者应当承担相应的责任。承担责任的规则是《消费者权益保护法》第 44 条规定的内容。

确定这种责任的客观基础，是网络非交易平台的性质变为网络交易平台。转变的要件是：

第一，在客观上，网络非交易平台提供者为销售者和消费者的交易行为提供了具体支持。具体支持与一般支持相对应。网络非交易平台对交易行为的一般支持，是通过网络媒介平台或者网络社交平台等网络非交易平台，提供发布信息、签订合同的支持。这些支持行为都是非自愿的、是网络非交易平台提供者意志以外的行为，是销售者利用网络非交易平台进行交易。而具体支持，则是超出了网络非交易平台提供一般支持的范围，给予交易者以成立交易的和履行合同的具体支持，例如提供价款和买卖标的物流通的支持，提供了支付方法和交付标的物的具体方法。这是网络非交易平台转化为网络交易平台的客观行为要件。

第二，在主观上，网络非交易平台提供者有为交易者提供交易服务的意愿。网络非交易平台和网络交易平台的本质区别，就在于网络平台提供者是否在主观上有为交易服务的意愿。网络平台提供者愿意为交易行为提供平台支持的，就是网络交易平台，否则就是网络非交易平台。网络非交易平台仅仅提供信息发布的支持，交易者利用该平台发布商品信息，进行磋商，甚至利用作为签订合同的平台，都不在网络平台提供者的主观意志之中，没有表现出愿意为交易行为提供支持的主观意愿。只有在为交易行为提供了具体支持的，才表现了网络平台提供者的主观意志，愿意参与到交易中，为交易服务，因而才使网络非交易平台转化为网络交易平台，应当承担网络交易平台提供者的法律责任。

第三，在后果上，网络非交易平台提供者提供具体支持的交易行为造成了消费者的损害。网络非交易平台转化为网络交易平台，为交易行为提供具体支持，如果销售者销售的商品没有缺陷，没有造成消费者的损害，就不存在赔偿责任问题，当然也就不构成网络非交易平台提供者承担附条件的不真正连带责任的可能。只有利用网络非交易平台销售商品，造成了消费者的损害，在具备上述第一和第二项要件后，同时具备第三项要件的，才构成《消费者权益保护法》第 44 条第 1 款规定的责任。

符合上述要件要求，网络交易平台提供者对于销售者在其网络非交易平台销售商品造成消费者损害的，应当承担附条件的不真正连带责任，包括约定的附条件不真正连带责任和法定的附条件不真正连带责任。前者是，当网络非交易平台提供者有先行赔付承诺条件的，受到损害的消费者可以主张网络非交易平台提供者承担赔偿责任，也可以请求销售者承担赔偿责任，网络非交易平台提供者承担了赔偿责任之后，可以向销售者追偿。后者是，当网络非交易平台提供者符合不能提供销售者的真实名称、地址和有效联系方式的，受到损害的消费者可以向网络非交易平台提供者请求赔偿，网络非交易平台提供者承担了赔偿责任之后，有权向销售者进行追偿。[①]

---

① 这一部分的详细内容，请参见杨立新、韩煦：《网络交易平台提供者的法律地位与民事责任》，《江汉论坛》2014 年第 5 期。

但是，由于利用网络非交易平台提供服务的方式主要为线下交易，因而即使网络非交易平台已经转变为网络交易平台，服务提供者为消费者提供的服务造成了消费者损害，也不适用《消费者权益保护法》第44条第1款规定的规则，不承担附条件的不真正连带责任，而由服务提供者自己承担侵权责任或者违约责任。只有在网络非交易平台提供者对于损害的发生具有过错的时候，才承担单向连带责任。[①]

（三）利用网络非交易平台发布虚假广告、进行虚假宣传的损害赔偿责任

在网络非交易平台上发布商品销售信息或者服务推介，并非在网络非交易平台的服务范围之外。在诸多网络媒介平台上进行的推广、排名等服务中，实际上都具有广告的性质，网络非交易平台具有媒体性质，且具有广告发布者的身份。

正因为如此，在确定利用网络非交易平台发布虚假广告、进行虚假宣传致害责任时，应当区别网络非交易平台的广告发布者的职能和网络用户在该网络平台自发发布商品信息之间的界限。

与传统媒体一样，网络非交易平台也具有发布广告的职能。在广告发布者的身份下，网络非交易平台并不是自媒体，因为其发布广告须经签订合同、交付价款、履行合同的过程，因而应受《广告法》的规制，而非广告商自主地在网络非交易平台发布广告。而网络用户在网络非交易平台发布商品、服务信息，是以信息发布的形式出现，双方并未签订合同，亦未支付对价，且未经网络非交易平台提供者审核，因而属于在自媒体上的信息发表，不受《广告法》的约束，因而网络非交易平台提供者不是广告发布者，不承担虚假广告的责任。

网络非交易平台发布广告有三种形式：一是典型意义的广告发布，例如各个网站安排的跳弹广告、窗口式广告等；二是具有广告意义的广告发布，例如各种形式的收费推广；三是商品或者服务宣传，尽管不属于广告，但属于商品或者服务的宣传活动，其内容虚假，同样构成虚假广告责任。

无论是在何种性质上的网络平台上发布广告，如果广告内容虚假，并且因此

---

① 这是作者写作的另外一篇文章的内容，参见杨立新：《网络交易平台提供服务的损害赔偿责任及规则》，尚未发表。

造成了消费者的损害，均应依照《消费者权益保护法》第45条规定和《广告法》（2015年）以及《食品安全法》（2015年）的规定，承担赔偿责任。主要规则是：第一，虚假广告责任不仅包括虚假广告，而且包括虚假宣传。第二，对于一般的虚假广告责任，适用过错责任原则，对于涉及消费者生命健康的商品或者服务的虚假广告责任，适用无过错责任原则。第三，提供的商品有缺陷造成消费者损害的，应当依照《消费者权益保护法》和《广告法》的规定，广告主与广告发布者与生产者、销售者承担连带责任。第四，涉及食品、药品的虚假广告致害责任，依照《侵权责任法》和《消费者权益保护法》的规定，承担更重的损害赔偿责任。

网络平台提供者涉及虚假广告责任时，不适用《侵权责任法》第36条第2款规定的“避风港”原则，不能因为网络服务提供者采取了必要措施而免除责任。目前在司法实践中，对于在网络非交易平台上发布虚假广告致人损害，对于网络服务提供者在知道其提供的广告虚假后及时删除该广告的，法院判决适用该条款规定，认为其尽到了“及时采取必要措施”而判决其不承担赔偿责任。[①] 这是不正确的。《侵权责任法》第36条第2款规定的“避风港”原则，针对的不是网络非交易平台提供的广告问题，而是针对网络用户在网络上发布一般信息构成侵权后的责任归属问题。例如网络用户利用网络发布信息侵害他人名誉权、隐私权等，被侵权人向网络服务提供者通知之后，网络服务提供者及时采取必要措施，即可进入“避风港”，免除侵权责任。但是，如果广告主通过网络平台发布商品信息或者服务信息，网络平台提供者明知而对其收取费用，就构成广告发布者，就应当承担广告发布者的责任，而非单纯的网络服务提供者的责任。发布的广告虚假，造成消费者损害，网络服务提供者就须承担虚假广告责任。例如，网站提供的“推广”平台，凡是要进行商品或者服务推广的，均须缴纳一定的费用，因而该推广就属于非典型的广告发布，仍然受到《消费者权益保护法》与《广告法》的约束，承担虚假广告责任。如果在受到质疑之后，就及时删除了该

① 这一部分内容，可以参见杨立新、吴烨：《为同性恋者治疗的人格尊严侵权责任——兼论搜索引擎为同性恋者治疗宣传的虚假广告责任》，《江汉论坛》2015年第1期。

虚假推广，因而免除了网络服务提供者的虚假广告责任，那么，就将广告发布与一般的信息发布相等同，混淆了其中的界限，放纵了违法行为，造成适用法律错误。对此不可大意。

（四）明知或者应知利用网络非交易平台销售商品、提供服务造成损害的责任

对于销售者或者服务者利用网络非交易平台销售商品或者提供服务，意图侵害消费者民事权益，网络非交易平台提供者明知或者应知，却没有及时采取必要措施的，无论是依照《侵权责任法》第36条第3款，还是《消费者权益保护法》第44条第2款，都须与侵权人或者销售者、服务者承担连带责任。在这种情形下，由于网络非交易平台提供者对于侵权人、销售者或者服务者利用其平台实施侵权行为，已经明知或者应知，相当于双方具有一致的侵权目的性，构成了主观的共同侵权行为或者客观的共同侵权行为，因而承担连带责任以救济受害人的损害，完全符合《侵权责任法》第8条规定的法理和规则的要求，也是符合客观实际情况的。

第三节　网购食品平台责任对网络交易平台责任一般规则的补充

“互联网＋交易”的平台责任规则，就是《消费者权益保护法》第44条规定的网络交易平台责任的一般规则。该条文规定存在一个重要缺陷，就是遗漏了网络购物中的商品生产者的责任主体地位问题。对此，我已经写文章作出了说明。[①] 2015年修订通过的《食品安全法》第131条对网购食品造成消费者损害的赔偿责任专门作出了规定，增加了食品生产者作为责任主体的规则，以及其他相关规定。这些规定与《消费者权益保护法》第44条规定的网络交易平台责任一般规则有何不同，原因何在，以及将会发生何种影响，都特别值得探讨。本节就此说明作者的意见。

① 杨立新：《生产者在网络交易平台责任中的地位》，《国家检察官学院学报》2016年第3期。

一、网购食品平台责任规则与网络交易平台责任一般规则的异同

（一）《食品安全法》和《消费者权益保护法》对网络交易平台责任规则的不同规定

2015 年 4 月 24 日，第十二届全国人民代表大会常务委员会第十四次会议通过了《食品安全法》修正案，重新公布了修订后的《食品安全法》。该法增加了关于在网络交易平台购买食品致害消费者应当如何承担赔偿责任的规则，即该法第 131 条："违反本法规定，网络食品交易第三方平台提供者未对入网食品经营者进行实名登记、审查许可证，或者未履行报告、停止提供网络交易平台服务等义务……使消费者的合法权益受到损害的，应当与食品经营者承担连带责任。""消费者通过网络食品交易第三方平台购买食品，其合法权益受到损害的，可以向入网食品经营者或者食品生产者要求赔偿。网络食品交易第三方平台提供者不能提供入网食品经营者的真实名称、地址和有效联系方式的，由网络食品交易第三方平台提供者赔偿。网络食品交易第三方平台提供者赔偿后，有权向入网食品经营者或者食品生产者追偿。网络食品交易第三方平台提供者作出更有利于消费者承诺的，应当履行其承诺。"此外，第 148 条第 1 款规定："消费者因不符合食品安全标准的食品受到损害的，可以向经营者要求赔偿损失，也可以向生产者要求赔偿损失。接到消费者赔偿要求的生产经营者，应当实行首负责任制，先行赔付，不得推诿；属于生产者责任的，经营者赔偿后有权向生产者追偿；属于经营者责任的，生产者赔偿后有权向经营者追偿。"

修订后的《食品安全法》第 131 条规定，借鉴的是 2013 年《消费者权益保护法》第 44 条规定的网络交易平台责任一般规则，内容有所改变。《消费者权益保护法》第 44 条规定的内容是："消费者通过网络交易平台购买商品或者接受服务，其合法权益受到损害的，可以向销售者或者服务者要求赔偿。网络交易平台提供者不能提供销售者或者服务者的真实名称、地址和有效联系方式的，消费者

也可以向网络交易平台提供者要求赔偿；网络交易平台提供者作出更有利于消费者的承诺的，应当履行承诺。网络交易平台提供者赔偿后，有权向销售者或者服务者追偿。”“网络交易平台提供者明知或者应知销售者或者服务者利用其平台侵害消费者合法权益，未采取必要措施的，依法与该销售者或者服务者承担连带责任。”

(二)《食品安全法》和《消费者权益保护法》规定网络交易平台责任规则的具体比较

将《消费者权益保护法》规定的网络交易平台责任一般规则与《食品安全法》规定的网购食品平台责任规则相比较，存在以下相同部分和不同部分。[①]

1. 相同部分

第 131 条和第 44 条规定的网络交易平台责任规则，在以下方面是相同的。

(1) 第 131 条规定的入网食品经营者应当对其销售的食品造成消费者的损害承担责任，与第 44 条规定的网络商品销售者对造成消费者的损害承担赔偿责任，都是网络店铺的经营者作为直接责任主体，应当承担赔偿责任。

(2) 第 131 条规定，网络食品交易第三方平台提供者不能提供入网食品经营者的真实名称、地址和有效联系方式的，由该第三方平台提供者承担赔偿责任，赔偿后，可以向入网食品经营者进行追偿；第 44 条规定，网络交易平台提供者不能提供销售者真实名称、地址和有效联系方式的，消费者可以向网络交易平台提供者要求赔偿，赔偿后，有权向销售者进行追偿。

(3) 第 131 条规定，网络食品交易第三方平台提供者事先作出更有利于消费者承诺，即事先承诺先行赔付的，应当履行其承诺，承担致害消费者的赔偿责任，对入网食品经营者也享有追偿权；第 44 条规定，网络交易平台提供者作出更有利于消费者的承诺的，应当履行承诺，先行赔付，同样在赔偿后有权向销售者追偿。具体内容见下表。

① 为表述的简单，以下不再说明两部法律的名称，前者为《食品安全法》，后者为《消保法》，只以法律的条文序号进行区别。

主　题	《食安法》第131条规定	《消保法》第44条规定
直接责任主体	消费者通过网络食品交易第三方平台购买食品，其合法权益受到损害的，可以向入网食品经营者（或者食品生产者）要求赔偿。	消费者通过网络交易平台购买商品或者接受服务，其合法权益受到损害的，可以向销售者或者服务者要求赔偿。
附法定条件的不真正连带责任	网络食品交易第三方平台提供者赔偿后，有权向入网食品经营者（或者食品生产者）追偿。	网络交易平台提供者赔偿后，有权向销售者或者服务者追偿。
附约定条件的不真正连带责任	网络食品交易第三方平台提供者作出更有利于消费者承诺的，应当履行其承诺。	网络交易平台提供者作出更有利于消费者的承诺的，应当履行承诺。

2.不同部分

将第131条和第148条规定与第44条（包括《侵权责任法》第43条）的规定相比较，网购食品平台责任规则与网络交易平台责任一般规则有以下不同。

（1）第131条规定，在致害消费者的直接赔偿责任主体中，增加了食品生产者[①]，这正是第44条没有规定生产者是责任主体的漏洞之一，因为第44条只规定了销售者是网购商品致害的责任主体，没有规定商品生产者是责任主体。

（2）第131条规定，在网络食品交易第三方平台提供者对致害的消费者承担了赔偿责任之后，对被追偿的主体增加了食品生产者；这也正是第44条没有规定网络交易平台提供者行使追偿权的责任主体应当包括商品生产者的漏洞之一，网络交易平台责任一般规则遗漏了应当追偿的这一责任主体。

（3）第131条第1款规定没有采纳第44条第2款规定的主观连带责任规则，将“网络交易平台提供者明知或者应知销售者或者服务者利用其平台侵害消费者合法权益，未采取必要措施的，依法与该销售者或者服务者承担连带责任”的规定，规定为“违反本法规定，网络食品交易第三方平台提供者未对入网食品经营者进行实名登记、审查许可证，或者未履行报告、停止提供网络交易平台服务等义务”“使消费者的合法权益受到损害的，应当与食品经营者承担连带责任”。第

① 信春鹰主编：《中华人民共和国食品安全法释义》，法律出版社2015年版，第339页。

131条第1款规定的规则，显然比第44条第2款规定的主观连带责任要重，因为第131条规定的是客观连带责任，只要未对入网食品经营者进行实名登记、审查许可证，或者未履行报告、停止提供网络交易平台服务等义务即可，没有规定主观的要件；而第44条第2款规定的是明知或者应知销售者利用网络交易平台致害消费者，是主观连带责任。

（4）第148条第1款规定借鉴的是《侵权责任法》第43条关于产品责任不真正连带责任的规则，但是增加了“实行首负责任制，先行赔付，不得推诿”的规定[①]，明确了受害消费者“告谁谁就应当首先承担中间责任”的规则。具体内容见下表。

主　题	《食安法》规定	《消保法》（《侵权责任法》）规定
增加直接责任主体	第131条第2款：消费者通过网络食品交易第三方平台购买食品，其合法权益受到损害的，可以向入网食品经营者或者食品生产者要求赔偿。	第44条第1款：消费者通过网络交易平台购买商品或者接受服务，其合法权益受到损害的，可以向销售者（或者服务者）要求赔偿。
增加追偿权的责任主体	第131条第2款：网络食品交易第三方平台提供者赔偿后，有权向入网食品经营者或者食品生产者追偿。	第44条第1款：网络交易平台提供者赔偿后，有权向销售者或者服务者追偿。
连带责任规则	第131条第1款：违反本法规定，网络食品交易第三方平台提供者未对入网食品经营者进行实名登记、审查许可证，或者未履行报告、停止提供网络交易平台服务等义务……使消费者的合法权益受到损害的，应当与食品经营者承担连带责任。	第44条第2款：网络交易平台提供者明知或者应知销售者或者服务者利用其平台侵害消费者合法权益，未采取必要措施的，依法与该销售者或者服务者承担连带责任。
不真正连带责任首负责任制	第148条第1款：消费者因不符合食品安全标准的食品受到损害的，可以向经营者要求赔偿损失，也可以向生产者要求赔偿损失。接到消费者赔偿要求的生产经营者，应当实行首负责任制，先行赔付，不得推诿。	《侵权责任法》第43条第1款：因产品存在缺陷造成损害的，被侵权人可以向产品的生产者请求赔偿，也可以向产品的销售者请求赔偿。

① 信春鹰主编：《中华人民共和国食品安全法释义》，法律出版社2015年版，第339页。

就此应该看到，第131条和第148条规定的网购食品平台责任规则，与其所借鉴的第44条和《侵权责任法》第43条相比较，是青出于蓝而胜于蓝，相同的部分均为借鉴，不同的部分都是在补充第44条的立法漏洞和《侵权责任法》规定不够明确的问题，或者采取更为严厉的责任，以保护网购食品消费者的合法权益。

（三）网购食品平台责任的具体规则

将上述《食品安全法》第131条和第148条第1款规定的网购食品平台责任规则综合起来，在网络食品交易第三方平台购买食品的消费者因该食品致害，具体的责任分担规则是：

1.产品责任的不真正连带责任

在网络食品交易第三方平台购买食品致害消费者，入网食品经营者或者食品生产者应当承担赔偿责任。食品经营者其实就是平台上开网络店铺的食品销售者。食品经营者与食品生产者之间的责任关系适用产品责任规则，即适用《侵权责任法》第43条规定，承担不真正连带责任，受害消费者可以向食品经营者请求赔偿，也可以向食品生产者请求赔偿；《食品安全法》第148条第1款规定了“实行首负责任制，先行赔付，不得推诿”的内容，受害消费者起诉哪个责任人，该责任人就要首负赔偿责任，不得推诿，只是其在承担了赔偿责任之后，如果不是最终责任人，可以向最终责任人进行追偿，最终责任由造成食品缺陷的责任人承担。

2.附法定条件的不真正连带责任

这个责任规则，是在受害消费者不能请求食品经营者或食品生产者承担赔偿责任时，如果网络食品交易第三方平台提供者不能提供入网食品经营者的真实名称、地址和有效联系方式的，该交易平台提供者就应当对消费者的损害承担赔偿责任，能够提供食品经营者的真实名称、地址和有效联系方式的，则不承担责任；在平台提供者承担了赔偿责任之后，有权向食品经营者或者食品生产者追偿。

3.附约定条件的不真正连带责任

网络食品交易第三方平台提供者如果事先有“先行赔付”等更有利于消费者

保护的承诺的，平台提供者应当直接对消费者的损害承担赔偿责任，无须消费者先向入网食品经营者或者食品生产者请求赔偿。平台提供者承担了这种约定的附条件不真正连带责任的赔偿责任后，也有权向入网食品经营者或者食品生产者追偿。

4.入网经营审查违法的客观连带责任

违反《食品安全法》第62条规定，网络食品交易第三方平台提供者未对入网食品经营者进行实名登记、审查许可证，或者未履行报告、停止提供网络交易平台服务等义务，就是网络食品交易第三方平台提供者对食品经营者入网经营审查的违法行为。如果平台提供者有这种不作为违法行为，使消费者的合法权益受到网购食品损害的，网络食品交易第三方平台提供者应当与食品经营者承担连带责任。

5.明知或者应知的主观连带责任

《食品安全法》第131条没有规定明知或者应知食品经营者利用平台侵害消费者合法权益，造成消费者损害，应当承担连带责任的规定。但在理解上，如果网络销售食品中存在网络食品交易第三方平台提供者明知或者应知食品经营者利用其平台侵害消费者合法权益的情形，应当比照适用《消费者权益保护法》第44条第2款的规定，与食品经营者共同对消费者的损害承担连带责任。

二、网购食品平台责任规则补充网络交易平台责任一般规则的理论依据

从上文分析可以看到，《食品安全法》第131条和第148条规定对《消费者权益保护法》第44条规定网络交易平台责任一般规则，有三个重要的修改。这种修改的理论依据是什么，特别值得研究。

（一）补充网络交易平台责任一般规则的责任主体缺位

在上述《食品安全法》第131条规定的前两种与网络交易平台责任一般规则的不同之处，即在致害消费者的直接责任主体中增加了食品生产者，以及在网络食品交易第三方平台提供者对受害消费者承担了赔偿责任之后，在被追偿的主体

中也增加了食品生产者。这正是《消费者权益保护法》第 44 条只规定商品销售者而没有规定商品生产者为直接责任主体，以及网络交易平台提供者追偿权没有规定商品生产者为责任主体的立法漏洞。这样的规定，完全符合侵权责任法的产品责任法法理和规则的要求。

产品责任是指因产品有缺陷造成他人财产、人身损害，产品制造者、销售者所应当承担的民事责任。这种产品责任是一种侵权责任，属于物件致人损害的侵权责任的一个特别类型。[①]产品责任的主体，在立法例上有两种模式：一是单一主体模式，以欧盟为代表，仅将产品责任主体规定为生产者，如认定产品责任主体为生产者，包括成品生产者、原料或零部件生产者，以及任何以名称、商标或其他识别特征附于产品上表明自己是产品的生产者的人。二是双重主体模式，以美国为代表，将生产者和销售者都作为责任主体，规定从事产品销售或产品其他形式的经营者，对其销售或者经营的缺陷产品因该缺陷造成人身或财产损害，应当承担侵权责任。[②]我国《民法通则》《产品质量法》《侵权责任法》都采美国模式，规定产品责任的主体为生产者和销售者[③]，其理由，是因为产品责任实行无过错责任原则，因而即使生产者或者销售者之一对于缺陷的产生没有责任，但也因其承担无过错责任而应对受害人承担赔偿责任。为了对缺陷的产生没有责任却承担了中间责任的主体的不公平后果进行修正，因而规定双重责任主体之一承担了赔偿责任的，其责任性质为中间责任的，享有向应当对产生缺陷的责任主体的追偿权，将缺陷产品致害的最终责任转移给最终责任主体。

之所以这样规定产品责任规则，就是为了在最大程度上保障受害人赔偿请求权的实现，使其受到的损害能够及时得到补偿，受到侵害的权利尽早得以恢复。因而，尽管中间责任者首先承担责任显得不十分公平，但是一方面它还可以得到

① 张新宝：《侵权责任法》，中国人民大学出版社 2010 年第 2 版，第 244 页。

② 王利明：《侵权责任法研究》下卷，中国人民大学出版社 2011 年版，第 266 页。

③ 《民法通则》第 122 条规定："因产品质量不合格造成他人财产、人身损害的，产品的制造者、销售者应当承担民事责任。"《产品质量法》第 43 条规定："因产品存在缺陷造成人身、他人财产损害的，受害人可以向产品的生产者要求赔偿，也可以向产品的销售者要求赔偿。"《侵权责任法》第 43 条规定："因产品存在缺陷造成损害的，被侵权人可以向产品的生产者请求赔偿，也可以向产品的销售者请求赔偿。"

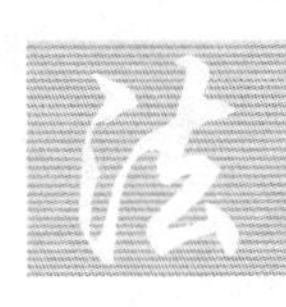

追偿权的救济，另一方面从救济受害人的角度而言却是最大的公平。

但是，在《消费者权益保护法》第44条关于网络交易平台责任一般规则的规定中，在第一个层次的责任分担规则即直接责任主体中，却只规定了销售者，没有规定生产者；在关于网络交易平台提供者承担了赔偿责任后行使追偿权的责任主体的规定中，也只规定了销售者，同样没有规定生产者。因此，在我国法律规定的产品责任双重责任主体的模式中，网络交易平台责任一般规则却只有一个销售者为责任主体，缺少生产者为责任主体，而生产者恰恰多为最终责任主体，销售者通常为中间责任主体。这种情形正像俗语所说的“捡起芝麻，丢掉西瓜”那样，遗漏了主要的责任主体。

按照《消费者权益保护法》第44条规定承担网络销售商品致害责任规则的后果是：第一，该第44条规定的直接责任主体与《侵权责任法》第43条规定的责任主体相矛盾，即将产品责任的双重主体模式改变为单一主体模式，与以往立法不同；第二，在这样的规定之下，将会引导消费者在网购中受到缺陷产品损害，请求权指向销售者，而不向缺陷产品的生产者请求赔偿，放掉了最应当承担赔偿责任的主体；第三，在网络交易平台提供者承担了赔偿责任之后，从形式上理解，只能向销售者追偿，不能向生产者追偿，一旦销售者无法找到，或者丧失赔偿能力，网络交易平台提供者只能自担赔偿风险，无法向最终责任者转移最终责任；第四，通常应当承担最终责任的缺陷产品生产者躲在网购产品责任的规则背后，逃避侵权责任，却没有人向其主张权利。这样的后果，是不应当出现的。

《食品安全法》第131条关于网购食品责任规则的规定，增加了食品生产者作为直接责任主体和追偿权的责任主体，就起码在网购食品领域弥补了《消费者权益保护法》第44条规定的网络交易平台责任一般规则的上述漏洞，在网购食品致害责任中，保证了双重主体模式的实行，对于保护消费者合法权益，公平配置销售者、生产者以及网络交易平台提供者之间的责任分担规则，具有特别重要的意义。

（二）增加网购食品致害的客观连带责任规则

《食品安全法》第131条第1款将《消费者权益保护法》第44条第2款规定

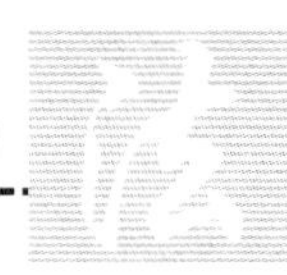

的主观连带责任规则，改变为客观连带责任规则，在侵权责任法理论上也有重要意义。

对于《民法通则》第130条的解释，多年来一直认为共同侵权行为的本质特征为共同过错，即采主观标准[①]，原本是我国民法学界关于共同侵权行为本质的主流学说，并得到司法实务的肯认。[②]问题发生在2013年12月4日，最高人民法院出台《关于审理人身损害赔偿案件适用法律若干问题的解释》，其第3条第1款规定："二人以上共同故意或者共同过失致人损害，或者虽无共同故意、共同过失，但其侵害行为直接结合发生同一损害后果的，构成共同侵权，应当依照民法通则第一百三十条规定承担连带责任。"其中"虽无共同故意、共同过失，但其侵害行为直接结合发生同一损害后果的，构成共同侵权"的规定，改变了共同侵权行为的主观主义立场，向客观主义立场过渡。对此，学者提出了批评意见。[③]在制定《侵权责任法》过程中，这个问题被重新提出来讨论，多数人认为，最高人民法院关于共同侵权行为适当向客观主义立场过渡的立场值得肯定，对保护受害人的权益是有好处的，因此，在规定该法第8条时，并没有对其采取否定立场，而是将其包含在其中，即《侵权责任法》第8条规定共同侵权行为，既包括主观的共同侵权行为，也包括客观的共同侵权行为。[④]

《消费者权益保护法》第44条第2款关于网络交易平台提供者承担连带责任的规定，借鉴的是《侵权责任法》第36条第3款关于网络服务提供者承担连带责任的规定，即"网络服务提供者知道网络用户利用其网络服务侵害他人民事权益，未采取必要措施的，与该网络用户承担连带责任"。在网络交易中，网络交易平台提供者明知或者应知商品销售者利用其网络交易平台侵害消费者的合法权益，未采取必要措施的，应当与销售者承担连带责任，认定连带责任的标准还是

---

① 佟柔主编：《民法原理》，法律出版社1986年版，第20页；王利明、杨立新：《侵权行为法》，法律出版社1996年版，第354页。

② 张铁薇：《共同侵权制度研究》，人民法院出版社2013年版，第109页。

③ 杨立新等：《人身损害赔偿——以最高人民法院人身损害赔偿司法解释为中心》，人民法院出版社2004年版，第179页。

④ 王胜明主编：《中华人民共和国侵权责任法释义》，法律出版社2010年版，第57-58页；杨立新：《侵权责任法》，法律出版社2015年修订版，第137页。

主观主义立场[①]，即明知为故意，应知为重大过失，因而认定其为共同侵权行为，应当承担连带责任。

《食品安全法》第 131 条第 1 款规定网络食品交易第三方平台提供者与食品经营者承担连带责任的规则，显然与《消费者权益保护法》第 44 条第 2 款的规定不同，是完全的、彻底的客观主义立场，即仅仅是网络食品交易第三方平台提供者违反该法第 62 条规定，未对入网食品经营者进行实名登记、审查许可证，或者未履行报告、停止提供网络交易平台服务等义务，使消费者的合法权益受到损害的，就认为是共同侵权行为应承担连带责任，采纳的显然不是主观主义立场，而是客观连带责任。

这样的规定是否符合法理，应当说明。首先，共同侵权行为中包含客观的共同侵权行为，是网络食品交易第三方平台提供者承担连带责任的法律基础。既然在共同侵权行为人之间不具有共同故意或者共同过失的主观联系的情形也能构成共同侵权行为，承担连带责任，那么，网络食品交易第三方平台提供者未尽对网络店铺食品经营者入门资格审查的高度谨慎义务，致使入网的食品经营者销售食品致害消费者，其行为是造成消费者损害的共同原因，且损害后果不可分，依据客观关联共同的法理[②]，构成客观的共同侵权行为，应当承担连带责任。其次，法律对食品安全的严重关注，是网络食品交易第三方平台提供者承担客观连带责任的社会基础。在我国当前的食品安全形势严峻的情况下，对于任何形式的食品致害消费者的行为，都应当予以严厉制裁。在网络交易中，对于网络食品交易第三方平台提供者也应当没有例外。因此，责令其在客观上未尽审查义务而造成消费者损害的承担连带责任，符合我国食品安全大形势的要求。再次，维护网络交易秩序，须采取保护网购食品消费者人身安全的必要措施。网络平台上的食品交易，最重要的特征是背靠背的线上交易，入网的食品经营者与消费者在交易中互

① 李适时主编：《中华人民共和国消费者权益保护法释义》，法律出版社 2014 年最新修订版，第 197 页。

② 史尚宽认为："民法上之共同侵权行为，与刑法之共犯不同，苟各自之行为，客观的有关联共同，即为已足。"史尚宽：《债法总论》，中国政法大学出版社 2000 年版，第 173 页。

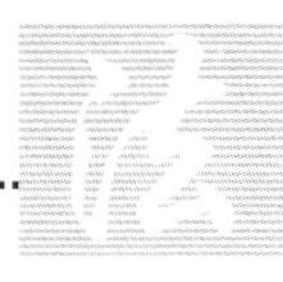

不见面，很难保证食品质量符合要求，因而网络食品交易第三方平台提供者应当承担重要职责，维护网络食品交易安全。其未尽高度谨慎的注意义务，对入网的食品经营者未尽必要审查、登记等，对于该食品经营者造成消费者的损害承担连带责任，也是维护网络食品交易安全的必要措施。

（三）在产品责任中增加“首负责任制”

《食品安全法》第148条第1款规定，是在《侵权责任法》第43条规定的产品责任不真正连带责任规则的基础上增加“首负责任制”，具体表述是：“接到消费者赔偿要求的生产经营者，应当实行首负责任制，先行赔付，不得推诿。”

产品责任的不真正连带责任规则，是说在生产者、销售者之间承担中间责任，均依照无过错责任确定，而不论二者究竟应由谁承担最终的赔偿责任。《侵权责任法》第43条第1款关于“因产品存在缺陷造成损害的，被侵权人可以向产品生产者请求赔偿，也可以向产品的销售者请求赔偿”的规定，说的就是这个意思。这是从被侵权人的角度规定的，是说被侵权人对由哪个责任主体承担中间责任享有选择权，而不是从侵权人承担责任的角度作出规定。《食品安全法》第148条第2款的规定，在从被侵权人的角度规定了对责任主体的选择权之后，再进一步规定“接到消费者赔偿要求的生产经营者，应当实行首负责任制”，则是从责任主体的角度规定，“告谁谁就应当首先承担中间责任”，先行赔付，不得推诿，强化了被侵权人选择权的效力，也强化了不真正连带责任之中间责任的不可推卸性。

《食品安全法》第148条的这种对责任分担的表述，尽管不像法律规范条文那样严谨，但是明确了受害消费者“告谁谁就应当首先承担中间责任”的规则，避免责任主体之间相互推诿和法官的犹豫不决，还是有重要意义的。

三、网购食品平台责任规则对补充网络交易平台责任一般规则漏洞的价值

《食品安全法》的上述内容，都是针对网购食品致害责任规定的网购食品平台责任规则，对《消费者权益保护法》第44条规定的网络交易平台责任一般规

则存在的漏洞作了补充，使网购食品平台责任规则比较完美和完善。但是，这些规则对于存在漏洞的网络交易平台责任一般规则是否具有借鉴价值，以及怎样借鉴，都存在疑问，需要解决。同时，《消费者权益保护法》第 44 条规定的主观连带责任规则，对网购食品责任规则是否也应比照适用，也有疑问，亦须解决。

（一）网络交易平台责任一般规则应当采纳网购食品平台责任规则的进步作为补充

《消费者权益保护法》第 44 条没有规定商品生产者作为责任主体、承担客观连带责任的规则，存在的疑问是，网络交易平台提供者承担网络销售其他商品致害消费者的责任规则，能够借鉴《食品安全法》第 131 条规定吗？如可借鉴则应当怎样引用法律呢？对此，我的看法是：

1. 对生产者作为直接责任主体和追偿权的责任主体的规定应当借鉴

事实上，网络销售其他商品和网络销售食品，从总的性质上看是一致的，因为食品也是商品。《食品安全法》第 131 条规定网购食品平台责任规则，将食品生产者作为直接责任主体和追偿权的责任主体，完全符合产品责任法的规则和法理，而这恰好是《消费者权益保护法》第 44 条的立法漏洞，即“法律体系上之违反计划的不圆满状态”①，或者“系指以现行法律规定之基本思想及内在目的，对于某项问题，可期待设有规定而未设定规定之谓”②，需要采用类推适用的漏洞补充方法，即类推适用相同的处理规则，对特定案件，比照援引与该案件类似的法律规定，将法律的明文规定适用于该法律所未直接加以规定③，但其规范上的重要特征与该规定所明文规定者相同的案型，依据“相同之案型，应为相同之处理”的方法④，进行补充。只有按照这样的方法，将《食品安全法》第 131 条规定的规则类推适用于《消保法》第 44 条没有规定的情形，第 44 条规定的规则

① 黄茂荣：《法学方法与现代民法》，2011 年自版增订第 6 版，第 456 页。

② 王泽鉴：《民法学说与判例研究》，第 2 册，北京大学出版社 2009 年版，第 16 页。

③ 王利明：《法学方法论》，中国人民大学出版社 2011 年版，第 439 页。

④ 黄茂荣：《法学方法与现代民法》，2011 年自版增订第 6 版，第 601、600 页。

才是完整的、完善的。①

问题是，确定非网购食品致害责任，应当适用的是《消费者权益保护法》第44条，如果适用《食品安全法》第131条规定，会被当事人以超出《食品安全法》的适用范围进行抗辩，因为《食品安全法》仅仅规范“保证食品安全，保障公众身体健康和生命安全”②。

对此，我的意见是，在确定适用网络交易平台责任一般规则时，应当借鉴《食品安全法》第131条规定的上述规则，将商品生产者作为与销售者并列的直接责任主体，同时也将其作为网络交易平台提供者承担了赔偿责任之后行使追偿权的责任主体。在具体适用法律时，应当采取的办法是：第一，引用《消费者权益保护法》第44条规定，指出其不列举生产者作为责任主体的漏洞；第二，引用《侵权责任法》第43条规定，确认网络购物致害的被侵权人有权依照该规定起诉生产者承担责任③；第三，比照适用《食品安全法》第131条规定，确认商品的生产者、销售者都是网络购物致害消费者的责任主体，应当承担直接的赔偿责任即中间责任，并且应当承担对承担了中间责任的网络交易平台提供者行使追偿权所应当承担的赔偿责任；第四，比照适用《食品安全法》第148条规定的首负责任制，在生产者、销售者之间实行首负责任制，先行赔付，不得推诿。

2. 对客观连带责任规则不必借鉴

对于《食品安全法》第131条规定的客观连带责任规则，网络交易平台责任一般规则不必借鉴，因为这是为保障食品安全所确定的更为严厉的连带责任规则，应当在法律明文规定的范围内适用，不应扩大适用范围，且在《消费者权益保护法》第44条第2款中已经规定了主观连带责任规则。因而，《食品安全法》第131条第1款规定的客观连带责任规则，只能适用于网购食品责任范围，不能适用于网络交易平台责任的一般规则。

---

① 具体漏洞的理由说明，参见杨立新：《生产者在网络交易平台责任中的地位》，《国家检察官学院学报》2016年第3期。

② 《食品安全法》第1条的内容。

③ 杨立新：《生产者在网络交易平台责任中的地位》，《国家检察官学院学报》2016年第3期。

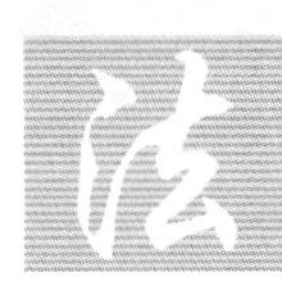

（二）网购食品责任规则应当借鉴主观连带责任规则

网购食品责任规则没有规定主观连带责任规则，也存在立法漏洞，原因在于，《食品安全法》第131条第1款只规定了客观连带责任规则，并不能包含网络食品交易第三方平台提供者明知或者应知入网的食品经营者利用其平台侵害消费者权益的情形。这种情形构成共同侵权行为，无论是《侵权责任法》第36条第3款还是《消费者权益保护法》第44条第2款，都规定应当承担连带责任。这是侵权责任法的基本原理和应当适用的规则。在网购食品致害消费者时，如果存在网络食品交易第三方平台提供者明知或者应知入网食品经营者利用该平台侵害消费者权益，造成消费者损害的，当然应与入网食品经营者共同承担连带责任。

对于上述情形，在具体适用法律时，第一，应当依照《侵权责任法》第8条规定，确认其构成共同侵权行为，承担连带责任；第二，比照《消费者权益保护法》第44条第2款规定，确定网络食品交易第三方平台提供者与入网食品经营者共同承担连带责任。

四、结论

《食品安全法》在强化食品安全、加重制裁网购食品致害消费者侵权行为的网购食品平台责任规则中，将食品生产者作为直接责任主体和追偿权的责任主体的规定，对于《消费者权益保护法》第44条规定的网络交易平台责任一般规则存在的遗漏生产者为责任主体的立法漏洞，具有重要的补充价值，确定网络交易平台提供者责任时，应当比照适用。《食品安全法》第131条第1款规定的客观连带责任规则，是单独适用于网购食品致害消费者责任的规范，网络交易平台责任一般规则不应适用。《食品安全法》第148条规定的首负责任制，对于产品责任规则是一个有益补充，不仅对于网络交易平台责任一般规则有比照适用的价值，而且对所有的产品责任都有借鉴意义。《食品安全法》第131条没有规定网络食品交易第三方平台提供者承担主观连带责任的规则，也属于立法漏洞，应当比照《消费者权益保护法》第44条第2款规定，在具备相同条件时予以适用。

第二十五章

网络平台提供者的责任类型

第一节　网络平台提供者的附条件不真正连带责任与部分连带责任

2013年10月25日，第十二届全国人民代表大会常务委员会第五次会议修订《中华人民共和国消费者权益保护法》，增设了第44条，规定网络交易平台提供者对消费者的赔偿责任。这一规定与2009年12月26日通过的《中华人民共和国侵权责任法》第36条规定的网络服务提供者对被侵权人的侵权责任的内容相似，但又有明显区别。这两个法条都是规定网络平台提供者应当承担民事责任的规则，究竟存在哪些差异，为什么要存在这些差异，值得深入研究。我作为这两部法律修订和制定的参与者，就此提出分析意见，特别阐释互联网企业作为网络交易平台提供者承担的附条件不真正连带责任，以及作为网络媒介平台提供者承担的部分连带责任，说明其具体规则和立法者的意图，保证这两个法条的正确解释和适用，更好地平衡网络平台提供者（包括网络交易平台提供者和网络媒介平台提供者）与消费者及被侵权人之间的利益平衡，保护好民事主体的权益，推动

我国互联网事业的进一步发展，促进我国网络交易平台与网络媒介平台的进一步发展与繁荣。

一、两个法条对网络平台提供者承担民事责任规定的不同规则及原因

（一）两个法条对网络平台提供者承担民事责任规定的不同规则

互联网企业提供的网络，可以作为交易平台，也可以作为媒介平台。当网络作为交易平台时，在平台上进行交易的消费者受到网店的销售者或者服务者行为的损害，具备法律规定的条件，网络交易平台提供者应当承担赔偿责任。当网络作为媒介平台时，网络用户将该平台作为自媒体发表信息等，侵害了他人的民事权益，在符合法律规定的情形下，网络媒介平台提供者应当承担侵权责任。《消费者权益保护法》第 44 条和《侵权责任法》第 36 条规定的正是这样的规则。

从文字上进行粗略观察，可以看到《消费者权益保护法》第 44 条规定网络交易平台提供者承担赔偿责任的规则，与《侵权责任法》第 36 条规定的网络服务提供者承担侵权责任的规则，内容相似，但又存在诸多差别。

1. 互联网企业作为网络交易平台提供者承担民事责任的规则

《消费者权益保护法》第 44 条规定："消费者通过网络交易平台购买商品或者接受服务，其合法权益受到损害的，可以向销售者或者服务者要求赔偿。网络交易平台提供者不能提供销售者或者服务者的真实名称、地址和有效联系方式的，消费者也可以向网络交易平台提供者要求赔偿；网络交易平台提供者作出更有利于消费者的承诺的，应当履行承诺。网络交易平台提供者赔偿后，有权向销售者或者服务者追偿。""网络交易平台提供者明知或者应知销售者或者服务者利用其平台侵害消费者合法权益，未采取必要措施的，依法与该销售者或者服务者承担连带责任。"这一条文规定的互联网企业作为网络交易平台提供者承担赔偿责任的规则，有以下三个层次。第一，消费者的合法权益受到网店的销售者或者服务者的侵害，责任人是网店的销售者或者服务者。在通常情况下，网络交易平台提供者并不直接承担责任。第二，网络交易平台提供者承担不真正连带责任有

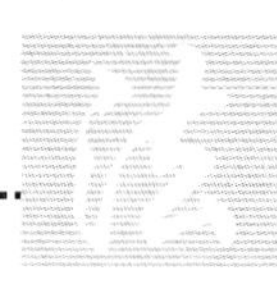

两种情形。一是网络交易平台提供者不能提供网店销售者或者服务者的真实名称、地址和有效联系方式时承担的责任；二是网络交易平台提供者事前作出更有利于消费者承诺例如先行赔付时承担的责任。在这两种情形下，受到侵害的消费者可以请求网络交易平台提供者承担赔偿责任，在网络交易平台承担了赔偿责任之后，有权向网店的销售者或者服务者进行追偿。第三，网络交易平台提供者明知或者应知网店的销售者或者服务者利用其平台侵害消费者合法权益，未采取必要措施的，与网店的销售者或者服务者承担连带责任。

2. 互联网企业作为网络媒介平台提供者承担民事责任的规则

《侵权责任法》第 36 条规定："网络用户、网络服务提供者利用网络侵害他人民事权益的，应当承担侵权责任。""网络用户利用网络服务实施侵权行为的，被侵权人有权通知网络服务提供者采取删除、屏蔽、断开链接等必要措施。网络服务提供者接到通知后未及时采取必要措施的，对损害的扩大部分与该网络用户承担连带责任。""网络服务提供者知道网络用户利用其网络服务侵害他人民事权益，未采取必要措施的，与该网络用户承担连带责任。"这一规定的互联网企业作为网络媒介平台提供者承担侵权责任的规则，也分为三个层次。第一，网络服务提供者与网络用户一样，利用网络实施侵权行为，应当单独承担侵权责任。第二，网络用户利用网络实施侵权行为，被侵权人对网络服务提供者享有行使通知的权利，网络服务提供者应当及时采取必要措施，未及时采取必要措施的，对损害的扩大部分，与网络用户承担连带责任。第三，网络服务提供者知道网络用户利用其网络服务侵害他人民事权益，未采取必要措施的，与该网络用户承担连带责任。

（二）网络平台提供者承担民事责任的两种规则的联系与差别

《消费者权益保护法》与《侵权责任法》这两个法条对网络平台提供者规定的承担民事责任的两种规则，既有联系，也有差别。

两种规则的共同联系是：

1. 互联网企业不论是作为网络交易平台提供者还是网络媒介平台提供者，都是网络平台提供者，都以互联网企业为责任主体。《消费者权益保护法》第 44 条

把责任主体称为网络交易平台提供者，其提供的平台是网店的销售者或者服务者与消费者之间进行交易赖以发生的基础。尽管《侵权责任法》第36条将责任主体称为网络服务提供者，但其法律地位也是网络平台提供者，提供的是属于自媒体性质的媒介平台，网络用户和被侵权人之间的侵权法律关系就发生在这个平台之上。两个平台的性质基本相同，只不过一个是交易平台，是网店的销售者或者服务者与消费者在这个平台上进行有偿交易；另一个是媒介平台，以发布信息为主，是网络用户发布信息发生侵权行为，与传统的媒体侵权行为相似，不存在有偿行为。这两个网络平台由于是发生违法行为的交易平台或者媒介平台，使网络平台提供者有可能参与到侵权或者违约的法律关系之中，使互联网企业成为民事责任主体。

2.在网络平台提供者承担民事责任的法律关系中，都存在另外两方当事人，并且是主要的当事人。在网络交易平台，两方主要的当事人为网店的销售者或者服务者与消费者；在网络媒介平台，主要的当事人则是侵权的网络用户和被侵权人；网络平台上的法律关系，不论是侵权法律关系还是违约法律关系，都发生在这两方当事人之间；网络平台提供者之所以成为民事责任主体，是因为提供了这个平台，而不是直接实施了侵权行为或者违约行为。因此，网络平台提供者都是与双方当事人中应当承担民事责任的那一方共同承担民事责任，形成多数人侵权行为或者多数人债务。

3.网络平台提供者承担责任的两个规则都分为三个层次：一是网络用户或者网络服务提供者以及网店的销售者或者服务者单独承担民事责任；二是网络平台提供者与应当承担民事责任的一方当事人共同承担民事责任；三是明知或者应知发生侵权行为的网络平台提供者与应当承担民事责任的一方当事人承担连带责任。

4.网络平台提供者承担民事责任的方式都是赔偿责任，不存在其他责任方式。《消费者权益保护法》第44条直接规定的是赔偿责任。《侵权责任法》第36条尽管条文规定的是侵权责任，但这个侵权责任就是侵权赔偿责任。这两个法条规定的责任方式都不包括其他民事责任方式。

两种规则的主要差别是：

1. 网络平台提供者承担民事责任的性质有所不同。《消费者权益保护法》第44条规定网络交易平台提供者承担的责任是赔偿责任，既包括侵权赔偿责任，也包括违约赔偿责任。《侵权责任法》第36条规定的只是侵权责任（赔偿），不包括违约责任。

2. 在第一层次的规则上，《消费者权益保护法》第44条第1款前段规定的责任主体，只有网店的销售者或者服务者，网络交易平台提供者并不单独承担责任。而《侵权责任法》第36条第1款规定的责任主体既包括实施侵权行为的网络用户，也包括单独实施侵权行为的网络服务提供者。网络服务提供者利用自己的网站实施侵权行为，应当自己承担侵权责任。

3. 在第二层次的规则上，首先，尽管互联网企业在其提供网络媒介平台和网络交易平台时都负有一定的义务，但义务的内容不同。网络交易平台提供者承担的义务，是准确掌握销售者或者服务者的真实名称、地址和有效联系方式；而网络媒介平台提供者作为自媒体提供者，既与报纸、杂志、电台、电视台等传统媒体近似，又有自媒体的固有特点，因而其负担的义务，是在侵权的网络用户在其网站上实施了侵权行为，侵害了被侵权人合法权益时，应被侵权人的通知，及时采取必要措施。其次，正因为网络交易平台提供者和网络媒介平台提供者负担的义务不同，其违反义务时承担的民事责任也不同。按照《消费者权益保护法》第44条规定，网络交易平台提供者未履行其提供网店销售者或者服务者真实信息的义务，承担的责任是不真正连带责任，按照消费者的主张或者按照自己先前的承诺承担赔偿责任，但赔偿后可以向网店的销售者或者服务者进行追偿。而网络媒介平台提供者未履行其及时采取必要措施的义务，是就损害扩大的部分承担连带责任。连带责任与不真正连带责任的区别在于，作为最终责任人，连带责任的最终责任为每一个连带责任人按份分担；不真正连带责任的最终责任必由最终责任人一人承担。[①] 再次，网络平台提供者承担不真正连带责任或者连带责任都是附条件的，但所附条件并不相同。网络交易平台提供者承担不真正连带责任的条

① 杨立新：《多数人侵权行为及责任理论的新发展》，《法学》2012年第7期，第41-49页。

件是，不能提供网店的销售者或者服务者的真实名称、地址、有效联系方式，或者自己事前作出更有利于消费者的承诺。网络媒介平台提供者与侵权网络用户承担连带责任的条件是，未及时采取必要措施，致使损害进一步扩大。

4. 在第三层次的规则上，基本规则相同，都是要与侵权的网络用户、网店的销售者或者服务者承担连带责任，但文字表述略有区别：一是，《消费者权益保护法》第 44 条第 2 款规定的是网络交易平台提供者"明知或者应知"，而《侵权责任法》第 36 条第 3 款规定的是"知道"[①]；二是在承担连带责任的规定之前，《消费者权益保护法》第 44 条第 2 款加了"依法"二字，而《侵权责任法》第 36 条第 3 款没有规定这两个字。依照法律习惯，规定依法者，应当依据其他法律的规定确定连带责任，而不是依据本法确定连带责任。《消费者权益保护法》第 44 条第 2 款规定"依法"所表达的意思是，网络交易平台提供者明知或者应知销售者或者服务者利用其平台侵害消费者合法权益，未采取必要措施的，应当依据《侵权责任法》第 8 条规定，认定为共同侵权行为，承担连带责任。而《侵权责任法》本身就是规定侵权责任的，没有必要写"依法"二字，因而可以确定，这些文字上的差别并不影响两种网络平台提供者承担这种连带责任规则的同一性。

（三）互联网企业作为网络平台提供者承担民事责任设置不同规则的原因

同样是互联网企业，作为网络交易平台提供者与作为网络媒介平台提供者承担民事责任的规则具有如此的不同，主要原因有以下四个。

1. 互联网企业相较于其他传统产业的特殊性

随着计算机的广泛应用及通信技术的迅猛发展，互联网已经快速辐射到社会的各个领域，改变了人们生活与生产、交易方式，上网浏览新闻、网络游戏、网络购物、网络交友、网络下载等，几乎成了人们日常生活不可或缺的组成部分，覆盖了社会生活的各个领域。[②] 互联网企业一方面为广大人民群众的生活提供了各种便利，另一方面也为社会创造了巨大的财富，成为新兴的、具有巨大潜能的

① 这个区别并不大，因为全国人大法工委官员在解释《侵权责任法》第 36 条规定的"知道"时，解释为包括明知和应知。王胜明：《中华人民共和国侵权责任法释义》，法律出版社 2010 年版，第 195 页。

② 王胜明：《中华人民共和国侵权责任法释义》，法律出版社 2010 年版，第 178 页。

朝阳产业。据统计，仅腾讯公司一家企业，一年创造的产值就达到400多亿元，特别是近年来迅猛发展的移动互联网产业链，爆发了巨大的商业正能量，改变了传统的交易、社交等领域的方式，是互联网成为时代的标志。不过，互联网企业提供的网络平台在为交易和社交等提供了全新、便捷的服务的同时，也会给行为人实施违法行为提供新的机会。如果互联网企业在提供网络平台服务的过程中对侵权行为、违约行为的发生存在过错，就应当承担相应的民事责任。面对这些法律上的难题，利益衡量是一种妥当的解决问题的方法。[①] 在网络信息发布者与接收者，进行网络交易的双方当事人，以及网络平台提供者这三方的利益关系中，怎样配置才能做到科学、合理、适度，既能够保护受害人的合法权益，又能够在网络平台提供者适当承担民事责任的同时，保护互联网企业健康发展，为人民群众提供更多的便利，为社会创造更多的财富，是制定网络平台提供者承担民事责任规则必须先解决的关键一环。只有在这样的基础上，根据实际情况妥善设置规则，才能达到三者利益关系的平衡。正是由于这个原因，互联网企业在作为网络交易平台提供者和网络媒介平台提供者承担民事责任的时候，才出现了既有共同联系又有各自差别的现象。

2.互联网企业承担民事责任的法律关系相较于普通法律关系的特殊性

不论是网络交易平台还是媒介交易平台，互联网企业在向公众提供这些网络平台时，与发生侵权行为或者违约行为的双方当事人之间形成的法律关系与普通的法律关系相比较，其特殊性是，侵权行为或者违约行为发生在利用网络平台进行交易或者发布信息的当事人之间，互联网企业也参与其中，有可能成为法律关系的当事人之一。在网络交易平台进行交易中发生了侵权行为或者违约行为，侵权法律关系和违约法律关系的当事人是在网络交易平台上进行交易的双方当事人，即网店的销售者或者服务者与消费者；在网络媒介平台发布信息实施侵权行为，侵权法律关系的当事人是网络用户与被侵权人。之所以互联网企业卷入侵权行为成为侵权责任人，或者卷入违约的交易之中与违约行为人共同承担责任，就是因为它为交易行为或者侵权行为的实施提供了平台，这就像侵权人在报纸、杂

① 梁上上：《利益衡量论》，法律出版社2013年版，第71页。

志上发表侵权文章，出卖人承租柜台与消费者进行交易，报纸、杂志作为媒体以及柜台出租者作为交易平台一样，有可能成为责任主体，与侵权一方或者违约一方共同承担责任。在这种情况下，在网络平台上发生的侵权法律关系或者违约法律关系就形成了三个当事人作为主体的情形。在互联网企业作为责任主体之一时，总要与一方当事人形成多数人侵权行为或者多数债务人的法律关系，因而才须依照多数侵权行为人或者多数债务人的规则共同承担民事责任。这就是互联网企业在提供网络平台时，作为民事责任主体承担民事责任的法律关系的特殊性。不存在这样的特殊法律关系，互联网企业不存在成为民事责任主体的条件。

3.网络媒介平台提供者相较于传统媒体的特殊性

《侵权责任法》第36条规定互联网企业作为网络媒介平台提供者与侵权的网络用户承担连带责任，与之相似的是传统媒体承担的媒体侵权责任。在报纸、杂志、电台、电视台等传统媒体上发布诽谤、侮辱等报道、信息的，只要传统媒体未尽真实性审查义务，造成了被侵权人的人身权益损害，即与侵权人构成共同侵权行为，应当承担连带责任。其原因是，传统媒体对于自己发表的稿件都须尽到真实性的审查义务，未尽该审查义务即存在过错，对于造成的损害就须承担侵权责任。[①] 但是，互联网企业提供的网络媒介平台的性质属于自媒体，网络用户在网络媒介平台发布信息并不需要网站进行真实性审查；同时，互联网上发布信息的数量为海量，互联网企业也无法进行真实性审查。在这样的情况下，将互联网企业作为网络媒介平台提供者在承担侵权责任时，就不能按照传统媒体承担侵权责任的规则进行，而是具有自己的特殊性。为了进一步体现互联网企业提供的网络媒介平台的特殊性，对其在网络侵权行为发生时的责任承担规则，《侵权责任法》借鉴美国《千禧年数据版权保护法案》规定的“避风港原则”和“红旗原则”[②]，制定了第36条第2款和第3款的通知规则和知道规则，体现了互联网企业提供网络媒介平台作为自媒体的特殊性。不过，美国《千禧年数据版权保护法

① 参见最高人民法院《关于审理名誉权案件若干问题的解答》第8条。

② 全国人大常委会法制工作委员会民法室编：《消费者权益保护法立法背景与观点全集》，法律出版社2013年版，第254页。

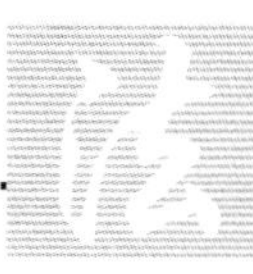

案》的避风港原则和红旗原则仅适用于在网络上发生的著作权侵权纠纷，不适用于所有的侵害民事权益的侵权纠纷，而且美国学者也不建议中国在规定网络侵权责任的规则中全面采用这样的规则。[①] 我国立法者审时度势，结合中国社会的特点，将避风港原则和红旗原则全面适用于在网络上保护民事权益的场合，具有其合理性，既有对互联网企业过错行为的严格要求，又有对互联网企业权益进行特别保护的合理措施，符合中国国情。

4.网络交易平台提供者相较于网络媒介平台提供者及柜台出租者等的特殊性

首先，同样是互联网企业，在其提供网络媒介平台和网络交易平台时，情形并不相同。互联网企业提供网络媒介平台，网络用户在网络上发布信息、接收信息，并不属于交易行为，而属于自媒体的利用，互联网企业并不从其中获得直接利益。因此，互联网企业构成侵权责任，须具有一定的要件。同样，互联网企业提供网络交易平台提供给交易双方进行交易，不论是 B2C（Business-to-Customer）的网上商厦平台方式（如阿里巴巴的天猫商城模式），还是 C2C（Customer-to-Customer）的网上集市平台（网上个人交易市场）方式（即淘宝网模式），在平台上进行的都是具有交易性质的商业行为。互联网企业在提供网络交易平台时，不具有营利性的直接经营行为，只是负有给交易者双方提供安全稳定的技术服务、市场准入审查、交易记录保存、个人信息保护、不良信息删除、协助纠纷解决、信用监督等义务[②]，而且是无偿提供。尽管有人认为，网络交易平台提供者提供网络服务是为了获利，属于经营者，应当参照《侵权责任法》的相关规定负有事后审查义务，采取同样的规则[③]，但互联网企业提供网络交易平台和网络媒介平台的性质并不相同，尤其是网络媒介平台上的网络用户属于一般民事主体，而网络交易平台上的网店的销售者或者服务者是经营者，对消费者负有高度

① 全国人大常委会法制工作委员会民法室编：《侵权责任法立法背景与观点全集》，法律出版社 2010 年版，第 352－353 页。

② 全国人大常委会法制工作委员会民法室编：《消费者权益保护法立法背景与观点全集》，法律出版社 2013 年版，第 134 页。

③ 全国人大常委会法制工作委员会民法室编：《消费者权益保护法立法背景与观点全集》，法律出版社 2013 年版，第 134 页。

谨慎义务，二者具有相当的差异。而网络交易平台提供者在网络交易中不会与网店的销售者或者服务者站在一起坑害消费者，也很难由于过失而使消费者的权益受到损害。如果对网络交易平台经营者与网络媒介平台提供者承担责任采取同样的规则，是不适当、不公平的，应当设置更为准确的规则确定网络交易平台提供者的民事责任。再进一步分析可以看到，当互联网企业作为网络媒介平台提供者时，其负担的义务是向后的，即在被侵权人通知之后，及时采取必要措施，防止侵权损害后果继续扩大。这种作为义务不履行，就会使侵权人的侵权行为损害后果继续扩大，就扩大部分的损害当然应当承担连带责任。当互联网企业作为网络交易平台提供者时，其负担的义务是向前的，即将自己掌握的网店的销售者或者服务者的真实信息予以告知，在这时，造成消费者权益损害的行为已经终止，损害已经固定，不再进一步发展。互联网企业具备的法定义务是提供网店销售者或者服务者的真实名称、地址和有效联系方式，如果有先行赔付的约定，则按照约定先行赔付。如果既没有先行赔付约定，又能够提供上述有效信息，互联网企业就与损害没有关系，连间接的原因力都不存在。只有不能提供有效信息，使受到损害的消费者投诉无门，互联网企业的行为就与损害后果具有间接的原因力了，构成竞合侵权行为，才应当承担不真正连带责任。针对网络平台的上述不同情形，如果令网络媒介平台与网络交易平台承担相同的责任，是不符合客观实际情况的。

其次，互联网企业对网店的销售者或者服务者提供的网络交易平台，与柜台出租者出租的柜台或者展销会举办者提供的展销会交易平台也有显著区别。从表面上看，展销会和出租柜台作为交易平台，与互联网企业提供的网络交易平台确实有相似之处，都是在一方当事人提供的交易平台上进行交易，当经营者在平台上侵害了消费者的权益，与柜台出租者和展销会举办者承担的责任似乎应当一致。故而在《消费者权益保护法》修订的初期，立法者曾经将网络交易平台提供者等同于柜台出租者和展销会举办者，使其承担相同的责任。这在《消费者权益保护法》修订草案的前两稿中可以看出来。在 2013 年 4 月审议的第一次审议稿中，将网络交易平台提供者的责任加入原第 38 条关于展销会、租赁柜台的责任

之中，条文是第 43 条："消费者在展销会、租赁柜台或者通过网络交易平台等购买商品或者接受服务，其合法权益受到损害的，可以向销售者或者服务者要求赔偿。展销会结束、柜台租赁期满或者网络交易平台上的销售者、服务者不再利用该平台的，也可以向展销会的举办者、柜台的出租者或者网络交易平台提供者要求赔偿。展销会的举办者、柜台出租者或者网络交易平台提供者赔偿后，有权向销售者或者服务者追偿。"在互联网企业以及有关部门和学者都提出不同意见之后，2013 年 8 月《消费者权益保护法修正案（草案）》第二次审议稿在上述条文的基础上，增加了"网络交易平台提供者知道销售者或者服务者利用其平台侵害消费者合法权益，未采取必要措施的，与该销售者或者服务者承担连带责任"的第 2 款内容。对此，互联网企业等仍然提出较多的意见。全国人大法工委为了使网络交易平台提供者确定民事责任的规则更为准确，连续召开了有关部门、单位、专家和律师座谈会，部分学生、工薪阶层消费者座谈会，以及部分电子商务企业和有关协会座谈会等，广泛征求意见，并且深入实际进行调查研究[①]，正确认识到，网络交易平台提供者与展销会组织者、柜台出租者有很大区别，不能让其承担与展销会组织者和柜台出租者相同的责任。其原因是，展销会组织者和柜台出租者可以看到商品实物并对其交易现场进行监管，而网络交易平台提供者不可能接触商品实物，对交易过程监管起来也很困难；网络交易平台上的卖家数量繁多，拍拍网就有几十万家，大的 C2C 网站则有数百万家，而平台上的商品种类更是海量，要求平台对所有商家及代售商品进行监管，是不可能实现的；展销会组织者和柜台出租者面对的商家多限于本地域，先行赔付后，追偿成本可控，但网络交易平台面对的商家遍布全国，有的甚至在国外，追偿成本太高；平台提供的仅是中立性的网络服务，并不参与交易过程[②]，且平台提供的绝大多数是无偿的，不像参加展销会和承租柜台那样都是有偿的。正是基于这些原因，《消费者权益保护法》最终确定了现在的第 44 条，准确地反映了互联网企业在网络交

---

① 全国人大常委会法制工作委员会民法室编：《消费者权益保护法立法背景与观点全集》，法律出版社 2013 年版，第 87、112、130 页。

② 全国人大常委会法制工作委员会民法室编：《消费者权益保护法立法背景与观点全集》，法律出版社 2013 年版，第 134 页。

易中的地位，区别了互联网企业提供网络媒介平台和网络交易平台在性质上的差别，平衡了各方当事人的利益关系，使各界对此均持赞同意见。

（四）小结

综上所述，在《消费者权益保护法》第44条和《侵权责任法》第36条规定的互联网企业承担网络平台提供者责任的规则中，存在上述关联性和差异性，包含着特别值得研究的民法规则，是立法者对其进行的精巧构思，既符合社会的客观需要，又体现了互联网发展的客观规律，既能够保护消费者和被侵权人的合法权益，制裁网络违法行为，又能够保护互联网企业健康发展，更好地造福社会，是科学的民事法律规范，应当特别予以肯定。

二、互联网企业作为网络交易平台提供者承担的附条件不真正连带责任

《消费者权益保护法》第44条第1款规定的责任形态究竟属于何种性质，在理论上并不明确。我提出的意见是，这种责任形态是附条件的不真正连带责任，所附条件是网络交易平台提供者不能提供销售者或者服务者的真实名称、地址和有效联系方式[①]，以及网络交易平台提供者作出更有利于消费者的承诺。对于这个意见，由于提出的时间较短，既没有看到反对意见，也没有看到支持的意见。对此，我进行以下说明。

（一）竞合侵权行为与不真正连带责任

典型的不真正连带责任的典型表述，是类似于《侵权责任法》第68条关于“因第三人的过错污染环境造成损害的，被侵权人可以向污染者请求赔偿，也可以向第三人请求赔偿。污染者赔偿后，有权向第三人追偿”的规定，以及《侵权责任法》第83条、《物权法》第21条等的规定。这些法条的表述，都属于“一个损害是由两个行为人的行为造成的，但其中一个人的行为是直接原因，另一个

① 杨立新：《修订后的〈消费者权益保护法〉经营者民事责任之解读》，《法律适用》2013年第12期，第29-37页。

人的行为是间接原因，受害人同时产生两个请求权，其中一个请求权满足后，另一个请求权予以消灭"[①] 这种不真正连带责任的基本特征。

在这里，造成同一个损害的两个行为是竞合侵权行为。竞合侵权行为是指两个以上的民事主体作为侵权人，有的实施直接侵权行为，与损害结果具有直接因果关系；有的实施间接侵权行为，与损害结果的发生具有间接因果关系，行为人承担不真正连带责任的侵权行为形态。在《消费者权益保护法》修订之前，我把竞合侵权行为分为三种类型，一是必要条件的竞合侵权行为，二是政策考量的竞合侵权行为，三是提供机会的竞合侵权行为，分别对应的是典型的不真正连带责任（例如《侵权责任法》第 68 条和第 83 条）、先付责任（例如《侵权责任法》第 44 条和第 85 条）和补充责任（例如《侵权责任法》第 34 条第 2 款和第 37 条第 2 款）。[②] 在这个分类中，没有包括修订后的《消费者权益保护法》第 44 条规定的这种类型的不真正连带责任，也没有包括第 43 条规定的展销会、租赁柜台的责任。

（二）提供平台的竞合侵权行为与附条件不真正连带责任

事实上，《消费者权益保护法》第 43 条和第 44 条规定的责任形态的性质是相同的，都是在不真正连带责任的基础上，对竞合侵权行为中的间接行为人承担不真正连带责任附加了限定条件，只有这个条件满足后，才能构成竞合侵权行为，承担不真正连带责任。例如第 43 条，对于展销会的举办者、柜台出租者承担赔偿责任的条件，规定为"展销会结束或者柜台租赁期满后"，不具备这个条件，展销会举办者或者柜台出租者就不承担赔偿责任。同样，第 44 条第 2 款对网络交易平台提供者承担赔偿责任，规定的条件是"网络交易平台提供者不能提供销售者或者服务者的真实名称、地址和有效联系方式"，或者"网络交易平台提供者作出更有利于消费者的承诺"，只有具备这样的条件时，网络交易平台提供者才承担不真正连带责任。这与前述竞合侵权行为中的任何一个类型都不相同，也与典型的不真正连带责任以及先付责任、补充责任规则都不相同。

---

① 杨立新：《论不真正连带责任类型体系及规则》，《当代法学》2012 年第 3 期，第 57－64 页。

② 杨立新：《论竞合侵权行为》，《清华法学》2013 年第 1 期，第 119－133 页。

产生这种附条件不真正连带责任的行为，是竞合侵权行为的一种特殊类型，按照《消费者权益保护法》第43条和第44条规定，可以称为提供平台的竞合侵权行为。其特点是，在造成同一个损害的两个行为中，一个行为是直接行为，例如销售者或者服务者的违法销售、服务行为，另一个行为是间接行为，例如展销会举办者、柜台出租者以及网络交易平台提供者的行为，在为销售者或者服务者实施违法行为公开、合法地提供平台中违反法定义务，使违法行为能够在这个平台上实施，造成了消费者的同一个损害构成的竞合侵权行为。因此，提供平台的竞合侵权行为是竞合侵权行为的一种特殊表现形式。

提供平台的竞合侵权行为的法律后果是附条件不真正连带责任。侵权的不真正连带责任，是多数行为人违反法定义务，对同一个受害人实施加害行为，或者不同的行为人基于不同的行为而致同一个受害人的民事权益受到损害，各个行为人产生的同一内容的侵权责任，各负全部赔偿责任，并因行为人之一的责任履行而使全体责任人的责任归于消灭，或者依照特别规定多数责任人均应当承担部分或者全部责任的侵权责任形态。[①] 附条件不真正连带责任属于这种责任形态，其基本特征，在于造成了消费者权益的损害，平台提供者一方承担不真正连带责任时，必须具备必要条件，只有具备法律规定的必要条件的，才承担不真正连带责任，否则就只能由销售者或者服务者承担赔偿责任。即使平台提供者的行为具备了法律规定的必要条件，但由于其并不是造成损害的直接原因，因而在其承担了赔偿责任之后，《消费者权益保护法》第43条和第44条都规定了“有权向销售者或者服务者追偿”的追偿权。

附条件不真正连带责任的本质仍然是不真正连带责任，但与典型的不真正连带责任不同。在典型的不真正连带责任中，不论构成竞合侵权行为的主行为人还是从行为人，被侵权人都可以任意选择一方作为被告，行使索赔权实现权利；至于究竟由谁承担最终责任，被侵权人无须过问。但在附条件不真正连带责任，无论是法定的还是约定的，被侵权人主张从行为人承担赔偿责任须具备法定的或者约定的条件，不具有这样的条件，就只能向主行为人请求赔偿，不能向从行为人

① 杨立新：《论不真正连带责任类型体系及规则》，《当代法学》2012年第3期，第57-64页。

主张权利。因此，典型的不真正连带责任更有利于保护受害人，对从行为人不利；而附条件不真正连带责任有利于保护从行为人，限制其承担责任的几率，对保护受害人有所限制。

（三）附条件不真正连带责任规则也适用于违约的附条件不真正连带债务

应当特别强调的是，《消费者权益保护法》第44条规定的网络交易平台提供者承担附条件不真正连带责任，并不只包括侵权责任，也包括违约责任。例如网店的销售者或者服务者实施的是商品欺诈或者服务欺诈行为，消费者受到的损害是价款或者报酬的损害，因而属于违约损害赔偿责任。如果销售者或者服务者实施的是恶意商品致害或者恶意服务致害行为，消费者受到的损害属于人身损害或者财产损害，就构成侵权责任，承担的是侵权损害赔偿责任。在这些损害中，符合《消费者权益保护法》第55条规定的，在承担实际损害赔偿责任之外，还要承担惩罚性赔偿责任。不符合第55条规定的，则只承担实际损害的赔偿责任。

在这个范围内，如果销售者或者服务者承担的是违约赔偿责任，则应当限制在《合同法》规定的范围之内。这种法律后果就是附条件不真正连带债务，即多数债务人就基于不同发生原因而偶然产生的同一内容的给付，各负全部履行之义务，并因债务人之一的履行而使全体债务人的债务均归于消灭的债务。[①] 附条件不真正连带债务是不真正连带债务中的一种特殊类型，对不应当承担最终责任的行为人承担不真正连带债务要求须具备必要条件。这种不真正连带债务的请求权人享有的请求权属于债的二次请求权[②]，对应的是违约责任，故附条件不真正连带债务的性质也属于附条件不真正连带责任。

（四）附条件不真正连带责任的适用规则

1.网店的销售者或者服务者应当承担赔偿责任

《消费者权益保护法》第44条第1款前段规定网店的销售者或者服务者的责任，用了完整的一句话规定，即“消费者通过网络交易平台购买商品或者接受服务，其合法权益受到侵害的，可以向销售者或者服务者要求赔偿”。这里使用的

① 王利明：《中国民法案例与学理研究（债权编修订本）》，法律出版社2003年版，第393页。

② 杨立新：《债与合同》，法律出版社2012年版，第263页。

“可以”有两层含义：一是选择销售者、服务者，或者选择网络交易平台提供者作为被告，在这种含义下，如果不存在网络交易平台提供者承担责任的条件，这个“可以”其实就是“应当”；二是既然这个权利属于受到损害的消费者，消费者是否行使赔偿请求权，当然是可以，而不是应当；如果条文是从销售者或者服务者的角度规定，那就是应当，而不是可以。这是因为，造成这种消费者权益损害的直接责任人就是网店的销售者或者服务者，而不是网络交易平台提供者，因而网店销售者或者服务者的直接责任是必须承担的。

2.具备必要条件的网络交易平台提供者承担附条件不真正连带责任

按照《消费者权益保护法》第44条第1款中段和后段规定，网络交易平台提供者承担不真正连带责任的条件有两个，一个是法定条件，一个是约定条件。因此，网络交易平台提供者承担的附条件不真正连带责任，分别是法定的附条件不真正连带责任和约定的附条件不真正连带责任。

法定的附条件不真正连带责任，是网络交易平台提供者在不能向消费者提供与其进行网络交易的网店销售者或者服务者的真实名称、地址和有效联系方式时，消费者可以选择网络交易平台提供者作为被告，令其承担赔偿责任。网店销售者或者服务者对消费者造成损害，在满足“不能提供”的条件时，受到损害的消费者产生两个请求权，分别针对这两个责任主体，可以选择其中一个请求权行使，这个请求权行使之后，另一个请求权即行消灭。即使网络交易平台提供者履行了义务，但消费者仍然无法通过这些信息联系到销售者或服务者无法得到赔偿的，应当认定其提供的联系方式无效，具备承担附条件不真正连带责任的条件。这是因为制定《消保法》第44条第1款的目的，在于协助消费者及时找到网店的销售者或服务者，使消费者能够向直接责任人请求赔偿，因此特别强调这个“有效联系方式”的条件。

网络交易平台提供者承担约定的附条件不真正连带责任，是指网络交易平台的提供者事先作出更有利于消费者的承诺，消费者的合法权益因平台上进行的网络交易受到损害后，可向与之交易的销售者或者服务者请求赔偿，也可以向网络交易平台的提供者要求赔偿的违约责任。约定的不真正连带责任的所附条件是网

络交易平台的提供者作出了更有利于消费者权益保护的承诺，例如先行赔付的承诺等。

法定的附条件不真正连带责任与约定的附条件不真正连带责任之间，后者优先适用，即在成立约定的附条件不真正连带责任时，消费者可以选择网络交易平台提供者作为责任主体，也可以主张销售者或者服务者作为责任主体承担赔偿责任。在不成立约定的附条件不真正连带责任但成立法定的附条件不真正连带责任时，消费者在实际上只能行使对网络交易平台提供者的请求权，主张赔偿权利。

3. 网络交易平台提供者承担了赔偿责任后享有追偿权

与典型的不真正连带责任一样，在附条件的不真正连带责任中，不承担最终责任的间接行为人，在承担了中间责任性质的赔偿责任之后，享有对最终责任人的追偿权。[①] 故“网络交易平台提供者赔偿后，有权向销售者或者服务者追偿”。追偿的范围，应当是已经承担的全部赔偿责任，也包括承担中间责任时所造成的损失。

三、互联网企业作为网络媒介平台提供者承担的部分连带责任

对《侵权责任法》第 36 条第 2 款规定的网络服务提供者“对损害的扩大部分与该网络用户承担连带责任”的这种侵权责任形态，究竟应当怎样认识，学界在学理上并没有进行深入讨论，没有给出准确的说明。对此，应当进行深入研究。

（一）对损害扩大部分承担的连带责任与单向连带责任不同

1. 美国侵权法的混合责任与我国的单向连带责任

《侵权责任法》第 36 条第 2 款规定的对损害扩大部分承担的连带责任，与单向连带责任近似，但有不同。《侵权责任法》颁布之后，我提出了一个新的连带责任的概念，即单向连带责任，用它概括该法第 9 条第 2 款和第 49 条规定的责

① 杨立新：《论不真正连带责任类型体系及规则》，《当代法学》2012 年第 3 期，第 57－64 页。

任形态[①]，并将其定义为：这种责任实际上也是连带责任，其特殊性是在连带责任中，有的责任人承担连带责任，有的责任人承担按份责任，因此形成了连带责任的一种特殊类型。[②] 这个概念是否准确，由于除了我在使用它之外[③]，尚未见其他学者使用，因而有必要对其进行论证。

美国侵权法在责任分担理论中，使用了混合责任的概念。美国《侵权法重述·第三次》"责任分担编"第11节（单独责任的效力）规定："当依据适用法律，某人对一受害人的不可分伤害承担单独责任时，该受害人仅可以获得该负单独责任者在该受害人应得赔偿中所占的比较责任份额。"这种责任形态被称为混合责任[④]，这就是在数人侵权的连带责任中，有的责任人承担连带责任，有的责任人承担单独责任，单独责任人只承担受害人应得赔偿中的自己的份额。[⑤] 这种混合责任与我国《侵权责任法》第9条第2款规定的单向连带责任的特征完全一致，即在一个数人行为造成的不可分的损害结果中，有的责任人承担连带责任，有的责任人承担按份责任，这种多数人承担的责任形态，就是单向连带责任。

混合责任与单向连带责任是同一侵权责任形态，所涵盖的内容是在数人造成同一个损害中，有些人应当对部分损害承担连带责任，有些人对其他部分损害承担单独责任；或者说，就全部损害只有部分人承担全部责任，其他人只对部分损害承担赔偿责任。因此，混合责任和单向连带责任是侵权法中客观存在的一种责任形态，指代的都是这种责任形态。所不同的是，美国人使用混合责任的概念，切入的角度是在一个完整的责任中，既有连带责任，又有按份责任；我用单向连带责任的概念，是从请求权人的角度切入，对于承担连带责任的责任人请求承担连带责任是允许的，对于承担按份责任的责任人请求其就全部损害承担连带责任是不允许的。

① 杨立新：《侵权责任法》，法律出版社2011年版，第153页。

② 杨立新：《多数人侵权行为及责任理论的新发展》，《法学》2012年第7期，第41－49页。

③ 杨立新：《教唆人、帮助人责任与监护人责任》，《法学论坛》2012年第3期，第48－56页。

④ 美国法律研究院：《侵权法重述——纲要》，许传玺、石宏等译，许传玺审校，法律出版社2006年版，第346、355页。

⑤ 杨立新：《侵权责任法》，法律出版社2012年版，第121页。

2.对损害扩大部分承担的连带责任与单向连带责任的区别

《侵权责任法》第36条第2款规定的网络服务提供者就扩大部分的损害承担的连带责任与单向连带责任确实有相似之处，都是对同一个损害有的人承担全部责任，有的人就其中的部分承担连带责任。例如，就侵权网络用户而言，他要对全部损害承担连带责任，而网络服务提供者就其造成的损害扩大部分承担连带责任。但是，进行仔细分析会发现，网络服务提供者依照《侵权责任法》第36条第2款规定承担的对部分损害的连带责任，与单向连带责任并不完全相同。

在单向连带责任中，承担按份责任的一方，尽管其要与承担连带责任的另一方连带负责，但这种连带是形式上的连带，而不是实质上的连带，因为单向连带责任中按份责任的最终责任是要由按份责任人全部承担的，而不再分为份额由数人分担。在《侵权责任法》第9条第2款规定的教唆人、帮助人与监护人对被监护人造成的损害共同承担责任时，教唆人或者帮助人承担的是“侵权责任”即全部损害的连带责任，而监护人未尽监护职责，应就其过错程度承担“相应的责任”即按份责任。虽然在按份责任这一部分与教唆人或者帮助人的全部连带责任相重合，构成单向连带责任，但这个相应责任最终必须由监护人全部承担，而不是双方按照份额承担，即教唆人或者帮助人承担了全部责任的连带赔偿责任之后，可以向监护人进行追偿，追偿的数额就是监护人应当承担的相应的责任，即按份责任的全部。①

在依照《侵权责任法》第36条第2款规定，网络服务提供者和网络用户对扩大部分的损害承担的连带责任中，共同承担的那部分赔偿责任的性质是连带责任，被侵权人可以按照连带责任的规则，请求网络服务提供者或者网络用户承担中间责任，但最终责任的承担，必定分成份额，由网络服务提供者和网络用户各自承担。

可见，单向连带责任与就扩大损害承担的连带责任这两种责任形态的基本区别，就在于对于扩大损害部分承担连带责任的连带部分，在中间责任上应当连带承担，在最终责任上，应当按照过错程度和原因力比例按份承担。而单向连带责

① 杨立新：《教唆人、帮助人责任与监护人责任》，《法学论坛》2012年第3期，第48－56页。

任的连带部分，在中间责任上应当连带承担，而在最终责任上必须由应当承担最终责任的人不分份额地全部承担。这正是不真正连带责任与连带责任的本质区别[①]，单向连带责任的连带部分是不真正连带责任，而扩大损害部分的连带责任则是连带责任。

因此，不能用单向连带责任概括《侵权责任法》第36条第2款规定的对部分损害承担连带责任的责任形态，应当选择更为准确的概念来界定这种连带责任形态。

（二）对部分损害承担的连带责任符合部分连带责任的特征

在大陆法系的日本，有的学者提出了“部分连带责任”的学说。日本学者川井健教授认为，鉴于加害人一方对造成损害的原因力大小不同，在各自原因力大小的共同限度内，承认提取最大公约数的部分为连带责任，剩余的部分由原因力较大的加害人负个人赔偿义务，这种就是“与原因力相应的部分连带说”[②]。部分连带责任说尽管也是立足于共同侵权行为的客观关联共同说，但这种理论并不是各共同侵权行为人对因共同行为产生的全部损害负责，而是负有与各自行为违法性相应（范围相当）的责任，违法性大的人负有全责。仅在违法性小的共同侵权行为人的责任范围内承担连带责任。部分连带责任对责任形态的划分标准采取的是“违法性差异说”，是以行为的违法性为标准，判断各自行为的参与程度，其理论基础是一般侵权行为的归责原则。也就是各行为人的违法性为同程度的场合构成全部连带；违法性有差异时，违法性大的行为人对损害全额负责，违法性程度小的行为人只对一部分损害负连带债务。[③] 学者评论认为，川井健教授根据《日本民法典》第719条第1项前段规定，虽然采用了客观的关联共同说作为基础，但对于其法律效果而言，允许部分加害人通过证明对共同行为的参与程度以

① 杨立新：《论不真正连带责任类型体系及规则》，《当代法学》2012年第3期，第57－64页。

② ［日］川井健：《「共同不法行為の諸問題」『現代不法行為研究』》，日本評論社1978年版，第228页。

③ 于敏：《日本侵权法》，法律出版社2005年版，第279、290页。

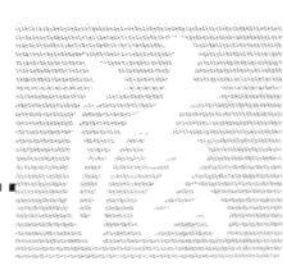

减少赔偿，在证明成立时则适用部分连带责任。[①]

尽管有的学者对川井健教授以责任形态的划分标准采取“违法性差异说”，以行为的违法性为标准判断各自行为的参与程度的观点提出质疑[②]，但这种连带责任的特殊形态是客观存在的。我国《侵权责任法》第36条第2款的规定恰好说明了这一点。

不过，川井健教授关于部分连带责任学说所说的这种情形，与我国《侵权责任法》第36条第2款规定的部分连带责任有所不同。依照《侵权责任法》第36条第2款规定和我的理解，部分连带责任应以各个加害人的行为原因力为基准，对每一个加害人的行为都具有原因力的那一部分损害的责任为连带责任，对部分加害人的行为不具有原因力的那一部分损害的责任，由行为具有原因力的加害人承担，不属于连带责任。

正因为如此，我的意见是借鉴部分连带责任的概念，将我国《侵权责任法》中规定以及未明确规定的相似的内容都归并在一起，构成一个部分连带责任的体系，可以包含的内容是以下三种。

一是川井健教授提出的共同加害人的行为原因力不等的部分连带责任。例如，在一个共同侵权行为的两个加害人中，一个加害人的行为的原因力为70%，另一个加害人的行为的原因力为30%。如果按照一般的连带责任规则，两个加害人在中间责任上都应当承担连带责任，这样处理，对于后一个加害人而言显然不公平。按照部分连带责任的学说，将原因力重合的那一部分即30/70＝42.9%作为连带责任，其余的57.1%为前一个加害人单独承担；再对连带责任（即42.9%的部分）的最终责任进行分割，即每个人承担21.45%。这样的责任分担规则，改变了我国侵权法对此一律实行连带责任，只是在最终责任确定上依照原因力规则确定连带责任人各自份额做法的不妥当之处，显然更为公平、合理。

二是部分叠加的分别侵权行为承担的部分连带责任。部分叠加的分别侵权行

---

① ［日］川井健：《「共同不法行為の諸問題」『現代不法行為研究』》，日本評論社1978年版，第220页。

② 于敏：《日本侵权法》，法律出版社2005年版，第281页。

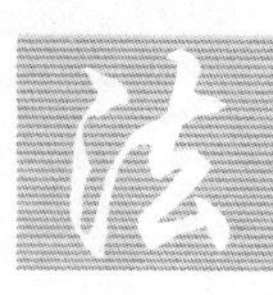

为也叫作半叠加的分别侵权行为，是在分别实施侵权行为的数人中，一个人的行为具有100%的原因力，另外的人只具有50%（包括不足100%）的原因力。对此，我们曾经提出的意见是，其后果仍然是承担连带责任，只在最终责任份额上体现这种区别，分别承担33.3%和66.7%。① 如果按照部分连带责任的学说处理，就可以将具有共同原因力的部分50%的损害作为连带责任处理，其余50%由前者个人负单独责任；共同承担连带责任的50%各自份额为25%。这样的结果也更为公平、合理。

三是《侵权责任法》第36条第2款规定的部分连带责任。对具有共同原因力的扩大部分的损害，加害人承担连带责任，其余部分损害，由具有单独原因力的加害人单独承担。这正是本节讨论的问题。

《侵权责任法》第36条第2款规定的对损害扩大部分承担的连带责任，就是上述第三种部分连带责任。根据违法行为的原因力和过错程度，侵权的网络用户实施的侵权行为造成了被侵权人的全部损害，存在完整的原因力，应当对全部损害负责。网络服务提供者由于未履行及时采取必要措施的义务，使损害扩大，应对损害扩大的部分与网络用户承担连带责任，因而在这一部分损害上，网络服务提供者与网络用户的赔偿责任重合，形成部分连带责任。同时，由于原因力重合的这一部分损害是由两个责任人承担连带责任，因而双方之间存在最终责任的分配问题，如果一方承担的赔偿责任超过了其应当承担的最终责任份额，对超出的部分可以向对方请求追偿。正是由于数个侵权人对于造成的同一个损害，全体责任人仅对部分损害承担连带责任，对于连带责任之外部分的责任，只由应当承担责任的人单独承担，而不由全体责任人连带承担，其所形成的情形，正是在数人中，有的承担全部责任，有的就部分责任承担连带责任，构成了部分连带责任。

（三）部分连带责任与典型的连带责任的区别

《侵权责任法》第36条第2款规定的这种部分连带责任与《侵权责任法》第13条和第14条规定的典型的连带责任不同，即在一个由数人的行为造成的损害

---

① 杨立新、陶盈：《论分别侵权行为》，《晋阳学刊》2014年第1期，第110-121页。

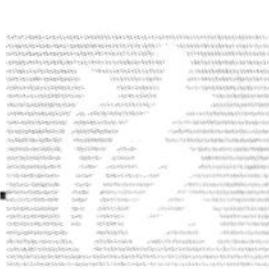

中，网络服务提供者仅就损害的扩大部分承担连带责任，而对该部分损害之外的其他损害部分，只能由侵权的网络用户承担责任。而《侵权责任法》第13条和第14条规定的典型连带责任的规则，是全体连带责任人对全部责任连带负责，最终责任按照份额由每一个连带责任人按照过错程度和原因力比例承担。[①] 这种与典型连带责任不同的特殊连带责任，就是部分连带责任中的一种。因为在网络用户实施侵权行为之后，被侵权人主张通知权利，网络服务提供者未及时采取必要措施，并非对全部损害承担连带责任，而是仅就其损害的扩大部分承担连带责任。这样就形成了在一个完整的责任中，对于损害扩大部分，网络用户和网络服务提供者都要承担连带责任，而对于损害扩大部分以外的那一部分损害，则只有实施侵权行为的网络用户自己承担责任。因此，我接受川井健教授的部分连带责任的学说，用其概括《侵权责任法》第36条第2款规定的网络服务提供者对扩大部分的损害承担连带责任的责任形态，不仅基本规则相同，而且使用的用语都是相同的，是准确的概念。

（四）两个法条对网络平台提供者规定不同责任形态的原因

部分连带责任与附条件不真正连带责任并不是同一类型的责任形态概念，在规则上不具有可比性。但是从实现功能的机理上进行比较，则是可行的。连带责任的功能在于扩大被侵权人实现权利的可能性，其机理是，每一个行为人的行为对损害的发生都具有原因力，形成共同原因。部分连带责任中的连带责任同样如此。不真正连带责任的功能也是扩大被侵权人实现权利的可能性，其机理是，将本不具有直接原因力的从行为人的行为与主行为人的行为竞合，将主、从行为人都作为形式上的连带责任人，便于受害人的权利实现，但最终责任仍然由主行为人承担，即使从行为人承担了赔偿责任，也可以向主行为人进行追偿。两相比较，部分连带责任的行为人都是主行为人，对于部分损害都具有直接的原因力，因而任何一个行为人都具有连带责任的最终责任份额。而附条件的不真正连带责任的行为人，既有主行为人也有从行为人，行为具有间接原因力的从行为人在具备法律规定或者合同约定的条件时，才承担不真正连带责任的中间责任，并且在

① 王利明：《侵权责任法研究》上卷，中国人民大学出版社2010年版。

赔偿后可以向主行为人追偿，使自己在实际上不承担最终责任。因而可以看出，部分连带责任更重，而附条件不真正连带责任显然较轻。其基础恰恰是互联网企业作为两种不同的网络平台提供者承担的义务的不同。这一点前文已经阐释，不再赘述。

（五）《侵权责任法》第 36 条第 2 款规定的部分连带责任的基本规则

《侵权责任法》第 36 条第 2 款规定的部分连带责任的具体适用规则是：

1. 侵权的网络用户应当对全部损害承担责任

网络用户在网络媒介平台上实施侵权行为，造成被侵权人的民事权益损害，应当对全部损害承担责任。这是该条第 1 款规定的规则。在这个全部责任中，就包括网络服务提供者要承担的部分连带责任。

2. 网络服务提供者对损害扩大部分承担连带责任

网络用户实施侵权行为，被侵权人行使了通知权利之后，网络服务提供者在合理期限内未及时采取必要措施的，就应当对此部分损害与侵权的网络用户承担连带责任。就这一部分扩大的损害，被侵权人可以请求网络服务提供者承担赔偿责任，也可以主张网络用户承担赔偿责任，但不能就损失扩大部分之外的损害主张由网络服务提供者承担责任。

3. 损害的扩大部分的确定

对于损害扩大部分究竟应当怎样确定，我曾经主张“应当以网络服务提供者被提示之后确定，凡是被提示之后造成的损害，就是损害的扩大部分”①。有的学者指出这样的界定不妥当，原因在于，通知之后到采取必要措施之间还有一个合理时间，即“及时”的要求，因此，损害的扩大部分是指网络服务提供者接到通知后，未在合理时间内采取必要之措施而导致的损害被扩大的那部分。② 主张在通知之后应当扣除“及时”的这个合理时间部分的意见，是对的，我接受这个批评。但该意见中关于还要扣除“采取措施—转达通知—反通知—恢复”的程序

① 杨立新：《〈中华人民共和国侵权责任法〉精解》，知识产权出版社 2010 年版，第 166 页。

② 程啸：《侵权责任法》，法律出版社 2011 年版，第 340 页。

的时间的看法[①]，是不正确的。损害扩大的部分，就到通知提出之后经过合理时间结束时为止。这个合理时间，我们主张一般为收到有效通知后的 48 小时，涉及热播影视等作品或者涉及危害国家安全、侵害社会公共利益的，为收到有效通知后的 24 小时。[②] 收到有效通知，再加上上述时间，之后的损害部分，就是损害扩大部分。

4. 网络用户与网络服务提供者承担最终责任应当区分份额

网络用户与网络服务提供者对于损害扩大的部分承担连带责任，就中间责任而言，双方都有义务承担全部责任，但在最终责任上，必须区分双方的责任份额，应当依照《侵权责任法》第 14 条关于“连带责任人根据各自责任大小确定相应的赔偿数额；难以确定责任大小的，平均承担赔偿责任”的规定，根据双方各自的过错程度和原因力比例确定。相比较而言，网络用户作为侵权人，利用网络实施侵权行为，多数是恶意而为，至少是具有重大过失，过错程度严重，原因力比例大；而网络服务提供者只是在被侵权人通知之后未及时采取必要措施，相对来说，过错程度和原因力都比网络用户的责任程度为轻，因而网络用户应当承担主要责任，网络服务提供者应当承担次要责任，即使网络服务提供者存在恶意，最多也是承担同等责任。

5. 网络服务提供者承担赔偿责任后的追偿权

不论是网络用户还是网络服务提供者在扩大的损害部分承担了连带责任之后，依照《侵权责任法》第 14 条第 2 款规定，都有权向没有承担最终责任的连带责任人主张追偿。追偿的数额，就是为对方承担了赔偿责任的那一部分最终责任的份额。经调查，目前我国网络服务提供者在依照《侵权责任法》第 36 条第 2 款规定承担了连带责任之后，通常不向网络用户行使追偿权，主要原因在于互联网企业并不想因此伤害自己的网络用户资源。这是网络服务提供者在处分自己的追偿权，法律并不反对。

---

① 程啸：《侵权责任法》，法律出版社 2011 年版，第 340 页。

② 杨立新：《中国媒体侵权责任案件法律适用指引》，人民法院出版社 2013 年版，第 35 页。

四、网络平台提供者与网店的销售者或者服务者以及网络用户承担连带责任

如前所述，《消费者权益保护法》第 44 条第 2 款和《侵权责任法》第 36 条第 3 款的规定基本相同，都是网络平台提供者在明知或者应知销售者、服务者以及网络用户利用其平台侵害消费者或者他人合法权益，未采取必要措施的，与该销售者或者服务者以及网络用户承担连带责任。

这一规则在具体适用中应当注意以下几个问题。

（一）网络平台提供者承担连带责任的前提是构成共同侵权行为

应当特别明确的是，两部法律的上述规定，与《侵权责任法》第 36 条第 2 款和《消费者权益保护法》第 44 条第 1 款规定完全不同，规定的是连带责任，其前提是网络平台提供者与网店的销售者或者服务者以及网络用户构成共同侵权行为。

这种共同侵权行为属于客观的共同侵权行为，是既没有共同故意也没有共同过失，只是数人的行为构成客观关联共同，因而构成共同侵权。在网络平台提供者具有明知的情况下，也并不因为其明知而构成有意思联络的共同侵权行为，因为行为人并没有进行通谋，仍然属于客观关联共同，但其过错程度显然高于过失。如果是应知而未知，则为过失，当然是客观关联共同，亦为客观的共同侵权行为。不论怎样，这样的情形都符合《侵权责任法》第 8 条的规定，构成共同侵权行为，应当承担连带责任。

（二）承担连带责任的中间责任人由消费者或者被侵权人选定

依照《侵权责任法》第 13 条规定，在连带责任中，“被侵权人有权请求部分或者全部连带责任人承担责任”。在被侵权人请求部分连带责任人承担责任的情形下，被起诉的连带责任人承担的是中间责任。在互联网企业、网店的销售者或者服务者、侵权的网络用户这些主体中，既然承担的是连带责任，消费者或者被侵权人有权在其中选择部分或者全部作为自己的诉讼被告，主张其承担全部责任。原告主张起诉谁，谁就是被告，法官不必追加没有起诉的被告，因为这是原

告在行使自己的权利。

（三）网络平台提供者的责任份额应当依照其过错程度和原因力确定

网络平台提供者在连带责任中承担的最终责任份额，应当根据其过错程度和行为的原因力确定。依我所见，既然明知和应知在过错程度上有所不同，在确定网络平台提供者的最终责任份额时应当有所区别。如果网络平台提供者明知网络用户或者销售者、服务者利用其网络平台实施侵权行为的，就具有间接故意，其承担的责任份额应当与直接实施侵权行为的网络用户或者网店的销售者、服务者的责任大体相当（同等责任）；如果网络平台提供者是应知而未知，过错性质是过失，承担最终责任的份额应当为次要责任，宜在30%左右确定。

（四）承担了超过自己责任份额的一方有权向其他责任人行使追偿权

网络平台提供者在承担了超过自己责任份额的赔偿责任之后，对于超过自己责任份额的那部分责任，对销售者或者服务者以及侵权的网络用户享有追偿权，有权依照《侵权责任法》第14条第2款规定对其进行追偿。

第二节 网络交易信用欺诈行为及法律规制方法

随着科技进步与发展，网络交易以其跨越区域性、低廉成本、广泛受众面等众多优势而迅速发展。不过，任何事物的发展都会出现新的法律障碍，网络交易同样如此。网络交易中出现的信用欺诈，破坏网络交易正常秩序，侵害消费者权益，与其他经营者进行恶意竞争，对此必须认真研究，提出相应的法律规制方法。

目前，各大网络交易平台大多采用独具特色的信用评价系统。以淘宝网为代表的信用评价体系，在一定程度上引导着我国网络交易模式的发展。这种独特的信用评价体系，是基于网络交易的不可视性等虚拟空间的特点，为方便消费者更好地了解网络销售者、服务者与商品、服务的实际情况，而独创的信用评价体系，对众多的网络销售者和服务者提供了在网络交易平台守法经营、自由竞争、创新发展的空

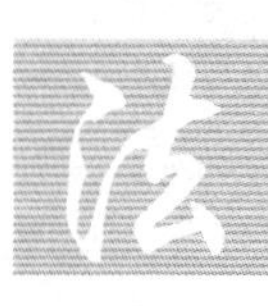

间，对消费者提高消费信心，权利得到更好地保护，提供了信用保障。

然而，正是这种信用评价系统对于网络销售者、服务者发展经营的重要作用，而被不法经营者非法利用，一种被称为“炒信”的信用欺诈“产业”也随之产生。这种炒信行为在阿里巴巴公司的《天猫规则》里被定性为“虚假交易”，即通过不正当方式获得商品销量、店铺评分、信用积分等不当信用利益，侵害消费者的合法权益等虚假交易的行为。

就目前的情况看，各个炒信团伙组织的内部分工明确，有独立的行规、规则，在虚假交易的各个环节中，上、下游行业分工明确，产业链的规模也越来越大。正是通过虚假交易的信息，炒信各方均获得了各自所需的非法利益：网络销售者和服务者根据自身需求，自己或者通过炒信企业发布虚假交易信息，从而提高网店的信用度，扩大人气，快速叠加信誉积分，在网络交易平台的众多店铺中使自己的产品或者服务增加销售量；职业炒信者通过这种虚假交易行为，轻而易举地获取高额非法利益。

炒信这种信用欺诈行为损害消费者合法权益，侵害同业销售者、服务者以及网络交易平台提供者的合法权益，严重破坏了网络交易平台的交易秩序。问题是，司法实践对于网络交易信用欺诈行为缺乏必要的认识，制裁这类违法行为不力，此类诉讼案件很难得到支持，立法也没有专门规定对其进行规制。对此，应当结合网络交易的实际情况，依靠现行的法律规定，研究网络信用欺诈行为的法律属性，针对其特点，制定相应的法律，规范网络交易行为，制裁违法炒信行为，保护网络交易各方当事人的合法权益，促进网络交易的正常发展，繁荣经济，推动社会发展。

一、网络交易信用欺诈行为的产生、发展与危害

（一）滋生信用欺诈的网络交易土壤

1. 迅猛发展的网络交易

随着互联网的迅速发展以及大数据的广泛采用，网络交易在商业领域中异军

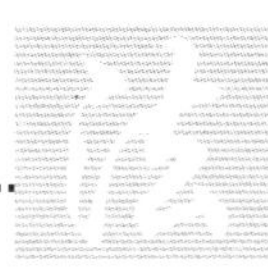

突起，蓬勃发展，对传统商业经营模式形成了重大冲击，社会各个方面需面对网络交易的发展，因势利导，促进其发展。

互联网已把全世界连接在一起，构成了一个崭新的社会结构，网络交易就是其中重要一环。一方面，互联网世界作为虚拟社会，有它自己的秩序和规则，人们在互联网结构而成的虚拟社会中，尽情享受新型的生活，获得人生的快乐；另一方面，互联网也为在现实社会生活中的人们提供了更为便捷的交流和沟通的工具，极大地缩小了现实社会的空间和距离，方便了工作、学习和其他任何方面的联系。正是由于互联网的这种既神通广大又虚虚实实的特点，被用来作为交易平台进行交易活动，使它特别普遍地融入了当代社会的商业活动和社会生活之中，发挥着巨大作用，把世界范围内的交易活动集中在互联网上，不仅将相距数万公里的经营者和消费者连接在一起，不必见面就可以洽谈交易、签订合同、履行合同，大大减少交易成本，网络交易的发展给社会以及经营者和消费者带来了极大的便利，推进了社会经济的发展，但同时也带来了较多的交易风险，为民事违法行为以及刑事犯罪行为提供了土壤，使之滋生蔓延，危害健康的社会生活。

2.网络交易的突出特点

蓬勃兴起的网络交易活动，具有自己的独特之处，因而才使其能够顺应社会生活需要，迅猛发展起来。这些特点是：

第一，网络交易范围具有跨国界的广泛性。由于网络空间的无国界性，因而打破了传统交易活动的地域性界限，强烈冲击着传统的建立在地域基础上的交易制度。不论甲地乙地，不问中国外国，交易信息通过网络传播，遍及世界，因而出现了只要有网络，就有网络交易存在的极具广泛性的交易活动。地域不再是交易活动的障碍，再配以无处不在的物流系统，网上订单、网上交易、网上发货、货到付款，以及无理由退货的反悔权保障，几乎使网络交易无处不在，渗透到社会生活的方方面面，成为当代最有效率的交易形式，对传统交易方式形成了强烈的冲击。

第二，网络交易具有参与主体准入门槛低，范围广泛的突出特点。网络交易活动同时由交易双方、交易平台、第三方支付平台、物流、银行等多个参与主体

协调完成，比传统商品交易涉及面广。相对于传统商品交易，网络交易对市场主体的要求相对宽松，经营主体进入网络市场的成本无论在经济上还是法律上都极为低廉、极为方便。由此带来的问题是大量自然人经营主体的进入和经营主体真实身份认定困难。可以说，网络交易使无数不是交易者的人成为交易者，使无数不是经营者的人成为经营者。

第三，网络交易具有平台化、自动化、全天候、虚拟化的鲜明特色。网络交易全天候经营，不受任何时间、空间的限制，实现 24 小时的不间断运作。基于由计算机系统对订单的自动处理，实现了交易的自动化，消费者可不再受固定营业时间的限制而自主选择购物时间，经营者也可提高人力资源的工作效率，实现 24 小时办公自动化。网络交易虚拟的运营环境，在带来交易便利化的同时，也易造成交易过程信息的保存难、篡改易，以及合法权益受侵害方的举证困难，监管部门的查处困难等不利因素。网络交易一般通过网络交易平台完成。目前，国内第三方交易平台已成为电子商务的主要场所和形式，典型的有 B2B，如阿里巴巴；B2C，如天猫、京东商城；C2C，如淘宝网、拍拍网。在现有技术限制以及经济利益的驱使下，有的网络交易平台对平台内的经营主体往往不能进行有效管理与审查，有的甚至出现协同经营者侵害消费者合法权益的情况。

第四，网络交易平台具有突出的自媒体特点，为交易者提供广泛的自由活动空间，使任何网络用户都可以利用网络交易平台提供的空间，发表意见、评论商品服务和经营者的信誉。因而可以使任何人都能利用网络交易平台进行交易，发表观点，进而为用户匿名登录、假冒他人从事网上活动，实施违法行为，实现违法目的，都提供了条件。

3. 网络交易是信用欺诈行为的繁衍土壤

互联网在为当代社会提供极为便捷的服务的同时，也为在互联网上实施侵权行为和犯罪行为提供了便利，使当代社会人的民事权利更容易受到通过互联网实施的违法行为或者犯罪行为的侵害。在电子商务领域，通过网络交易活动，进行恶意欺诈、商业诽谤、商业侵权，以及实施其他侵权行为，也都变得方便易行、便捷迅速，并且造成范围更大的侵权后果。

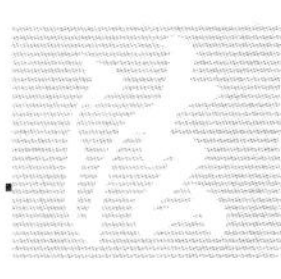

正是由于网络交易活动的上述特点，网络交易中出现了这种新型的违法行为，即炒信活动，通过对特定的网络销售者、服务者的信用、商誉以及商品、服务的信誉进行炒作，提高其知名度和信誉度，进而进行更有效的交易活动，获取更大的商业利益。

（二）网络信用欺诈行为的发展演变

网络交易中的恶意炒信活动的规模化形成，并非一蹴而就，而是经过不断的发展而形成的。我国的网络交易恶意炒信活动的发展分为以下三个阶段。

第一阶段，炒信的初始阶段，手段粗糙、易被甄别。随着网络交易平台的信用评价体系对店铺经营的影响力越来越大，恶意经营者开始利用信用评价体系进行炒信，以获得高额回报。这个时期的炒信手法比较低劣，容易被网络交易平台的后台服务器监测到，对其进行处理。

第二阶段，炒信技术不断升级，具有一定的迷惑性。随着网络交易平台的监控技术的进步和相关信用评价规则不断完善，原始的炒信手法已经不再奏效。升级后的炒信手段具有较强的迷惑性，往往和真实交易并无二致，甚至炒信行为人联手部分不法物流公司一起进行，致使炒信符合正常交易特征与流程，给网络交易平台发现、处理炒信活动带来了更大的困难。“道高一尺，魔高一丈”，也是恶意炒信活动发展的真实写照。

第三阶段，形成炒信团伙，且具备职业化、规模化、产业化特点，形成了炒信的产业链，具有较强的规模效应。目前全国范围内的炒信团伙分两种方式：一是炒信网络平台，另一种是炒信语音平台。炒信网络平台，是网络销售者、服务者通过该平台快速积累店铺信用得分，获得商品销量，提升店铺动态评分，向消费者展示虚假的商品、服务的好评。同时，这些提供虚假信用评价的炒信者（虚假交易买家）获得交易额3%至10%不等的佣金。高额网络销售者、服务者缴纳一定保证金，该金额冻结在炒作平台后，其便可发布炒信任务，如商品种类、炒信件数、旺旺假聊等各种要求。任务审核通过后，由炒信者接手任务并完成，炒作平台验收好评，解冻卖家的交易款与支付的佣金一并打给炒信者。根据阿里巴巴的统计，类似这样的炒作平台目前全国不少于200家。二是QQ、QT、YY等

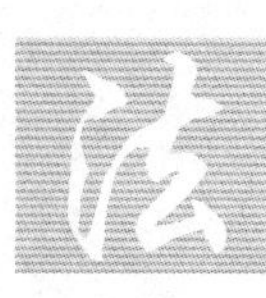

语音炒信平台。网络销售者、服务者经平台审核或者缴费，通过审核后每一位卖家会被分入对应的“房间”，卖家便可根据自身的需求发布炒信任务，产品、价格、销售数量均可以根据卖家自身需求进行定制，职业炒信者模仿正常买家的行为进行搜索、查看、交谈、拍下物品、付款、收货、好评，卖家通过各种方式返还买家支付金额，同时支付相应的佣金，完成一次虚假交易行为。据说这样的炒信语音群大约 1 000 个以上。

现在的网络交易平台提供者只能对自身平台上的网络销售者、服务者进行规范，对炒信团伙却没有直接有效的处理手段。伴随着网络交易的繁荣，虚假交易灰色产业的组织呈现出职业化、专业化、精细化的运作，整个虚假交易环节又催生了其关联的众多灰色产业地带，诸如账号买卖、盗号刷库、虚假认证、虚假物流单、购买正常买家收货信息、发送空包裹完成一次虚假交易等问题。虚假交易的信用欺诈不仅严重扰乱了正常网络交易秩序，同时对整个市场信用体系注入了大量虚假信用信息，造成网络交易中的信用“通胀”，影响恶劣，引起大量纠纷。但目前的法律惩治手段还主要停留在依靠网络交易平台提供者的内部处理机制予以遏制，对于站外产业链的治理和打击，有待于国家法律的支持。

（三）网络交易信用欺诈行为的主要特点

网络交易信用欺诈行为的本质仍然是“欺诈”，无论行为模式怎样变化，其欺诈行为的本质不会改变。我国消费领域内的欺诈行为主要有四大类，即产品欺诈、服务欺诈、消费欺诈以及信用欺诈。我国《消费者权益保护法》中对产品欺诈和服务欺诈有明确规定，但是针对信用欺诈的法律适用尚为空白。

在上述欺诈行为中，信用欺诈是具有严重危害性的欺诈行为。这是因为其基于网络交易而产生，面对具有不可视性的虚拟空间，信用成为交易时特别重要的考量因素。所以网络交易信用欺诈是我国日益繁荣的电子商务产业的毒瘤。

与其他几种消费领域内的欺诈行为相比较，信用欺诈具有自己的特点。第一，具有跨地域、受害面广的特点。不同于传统的产品欺诈或服务欺诈，发生在较为特定的区域和人群中，网络交易信用欺诈依附于网络载体，不受地域范围的限制而呈几何式快速增长。网络交易信用欺诈一旦发生，对其的控制需要大量的

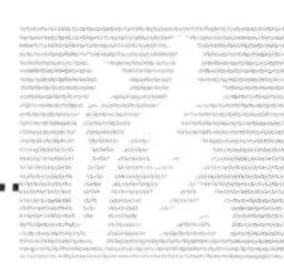

人力、物力和技术支持。第二，信用欺诈的举证较为困难。与网络侵权举证困难相类似的是，炒信者多为假冒他人姓名进行信用欺诈，真实身份难以确认，需要十分专业的技术支持和国家网络交易实名制度、诚信联网系统等的法律政策支持。普通消费者对信用欺诈进行举证时，可能需要付出甚至高出其所受损失的代价，从而导致消费者对信用欺诈维权并不热衷。

（四）网络交易信用欺诈行为的社会危害

在网络交易中越来越猖獗的炒信活动，对社会稳定和经济发展造成严重的损害。具体表现是：

1.侵害消费者权益

炒信活动猖獗，受到损害最大的就是消费者。消费者进行网络交易，由于无法面对面进行交易，不能接触到真实的商品和服务，只能凭借图像和经营者的商誉和商品、服务的信誉而下决心进行交易。由于恶意炒信活动，使消费者无法获得真实的信用信息，被虚假的炒信信息所蒙蔽，做出错误的交易决定，因而造成知情权的损害以及经济上的损失，侵害消费者的合法权益。

2.妨害同行经营活动

炒信活动不仅针对消费者，更重要的是针对同业经营者。经营活动的要点，就是要把更多的商品和服务推销给消费者，在消费者需求量确定的前提下，同业竞争是决定的因素。炒信活动就是要把自己的信用通过恶意炒作而超过同业经营者，使自己的商品或者服务推销出去，而使同业经营者的商品或者服务推销不出去，因而恶意炒信必然损害同业经营者的经营活动。

3.损害网络交易平台提供者的信誉和财产利益

网络交易平台提供者是独立的民事主体，享有自己的民事权利。在网络交易平台上进行恶意炒信活动，是在损害网络交易的信誉、网络交易平台提供者的信誉。一个消费者受到炒信活动的损害，他记恨的是整个网络交易平台，使整个网络交易的信誉受到损害。就像淘宝网一样，淘宝网上销售假货，损害的不仅是淘宝网的信誉，同时也使整个网络交易平台提供者的信誉受到损害，使其财产利益受到损害。

4.破坏网络交易秩序

网络交易活动的发展，最需要的是网络交易环境的安全，这就需要网络交易有正常的、符合法律规范的交易秩序。恶意炒信活动破坏的恰恰是网络正常的交易秩序，损害网络交易的安全环境，阻碍网络交易活动的正常开展。

5.恶化社会道德水准

社会道德水平下降既是恶意炒信活动兴起的原因之一，也是炒信活动的后果，进一步加剧了社会道德水平的滑坡。社会道德水平败坏致使网络交易中的恶意炒信活动猖獗，猖獗的恶意炒信活动更加败坏社会道德风气。这种互为因果的恶性循环，是我国社会的真实写照。可见，信用欺诈与我国社会的诚信系统成反相关系。在发达国家，信用欺诈并不像我国网络交易中如此严重，究其原因主要还是因为我国社会的诚信系统联网尚未建成与完善，公民的诚信记录仍然不够透明公开，信用欺诈的违法成本仍然过低，因而才有大量炒信者愿意铤而走险。随着我国社会诚信系统的不断完善和进步，相应地，信用欺诈也会随之减少。

二、恶意炒信行为及其法律规制的比较研究

网络交易信用欺诈并非中国独有，国外亦有发生，只是程度有所区别。下面就美国、欧洲和韩国对网络信用欺诈行为的法律规制情况进行比较说明。

（一）美国

美国的电子商务历经30余年发展，已经建立起成熟的社会信用体系，但也面临着炒信带给互联网交易市场的诸多问题，滋生了部分针对亚马逊公司等网络交易平台提供者的炒信网站。亚马逊公司于2015年开始对四家炒信网站[①]正式提起诉讼，指出炒信网站运营方涉嫌虚假广告、侵犯商标权以及违反《反网络域名抢注消费者保护法》和《华盛顿州消费者保护法》。不过，亚马逊公司同时表示，虚假的四星或五星评论并不多见，大部分评论还是可信的。除亚马逊外，美国网

① 分别为buyamazonreviews.com、buyazonreviews.com、bayreviews.net、buyreviewsnow.com四家网站。

站 Yelp 今年较早时间也曾起诉过炒信者。美国针对炒信行为，更多的是从源头抓起，因为第三方信用评价机构所起的作用显得尤为重要。

1.第三方信用评价机构

在美国的网络交易中，大部分信用评价系统是与网络交易平台提供者相分离的，由独立的第三方专业信用评级机构主导和管理，并且美国在线网购绝大多数以信用卡方式结算，为双方的信用评级建立了依靠第三方的、独立且公正的流程和体系。第三方中介机构一般为私营或半官方的专业信用评级公司，例如美国最大的信用评级公司邓白氏与网络交易平台提供者通过签订委托合同，检测各经营者与消费者的交易情况，进行信用评价与记录。美国网购多以信用卡支付，并不依赖诸如支付宝之类的网络第三方支付平台，每张信用卡都记录了持卡人的社会安全号码，与个人的信用库直接相连，网络交易通过信用卡来结算，所有的交易都会被信用局记录，极大地提高了信用评价机构对于虚假交易的识别和监测。

2.第三方信用评价系统采用的独特算法

以淘宝网为例，国内网络交易平台提供者的信用评级系统一般为网络交易平台提供者自行设计，分好、中、差三个等级，以数量为基数累进计算，较为简易，这与美国的信用评级算法有较大差距。美国的在线经营者信用评价，并不以好评数量的简单叠加为基数，而是结合消费者的信用等级、网购历史记录以及评价的详细程度（按照是否包含实物图片展示、评价字数等指标分级计算）为采分依据进行换算①，即一个信用记录较高的消费者所做的包含图片展示、详细使用

① Xiaotang Li：Dynamic Weighted Trust Evaluation Model for C2C Electronic Commerce Based on Bi-directional Authentication Mechanism，http：//www. sersc. orbjournals/UUNESST/vol7 _ no4/30. pdf.

[3] Directive on electronic commerce，Article 2（f），containsatechnology neutral definition of commercial communication which is defined as：“ any form of commercial communication designed to promote，directly or indirectly，the goods，services or image of a company，organisation or person pursuing a commercial，industrial or craft activity or exercising a regulated profession”.

[4] See C－210/96（Gut Springenheide and Rudolf Tusky v. Amt fur Lebensmitteltiberwachung）：“In order to determine whether a statement is liable to mislead the purchaser，the national Court must take into account the presumed expectations which it evokes in an average consumer（...）”.

心得的评价对于商品信用的累积将产生较强的影响，缺乏网购历史记录且信用等级较低的消费者所做出的简短的评价，对商品信用的变化产生较小影响。显然，此种信用等级的算法更为科学，将增加炒信者的犯罪成本，有利于遏制虚假信用的炒作。

（二）欧洲

在电子商务立法方面，欧盟以其独特的超国家组织形式，为整个欧洲国家制定了政策和法律规范，其中最重要的是2000年颁布的《电子商务指令》。欧盟成员国自2000年5月起18个月内，将该指令制定成为本国法律。[①] 但目前欧盟法院尚无网络销售者、服务者炒信的相关判例，但“商业信息传播”和“消费者合理期待原则”两个概念对本文的研究具有一定的借鉴意义。

1.商业信息传播与误导性广告

欧盟《电子商务指令》中的“商业信息传播”（commercial communications），首次作为法律概念被提出，并被定义为“一切旨在直接或间接地为从事商业、工业、手工业或规范性行业的企业、组织或个人进行产品、服务或形象促销的信息传播”[②]。

“商业信息传播”在网络交易中针对的是特定商品的交易记录、使用评价等商业信息，该信息对潜在消费者知晓并作出购买决定产生重要影响，构成商业信息传播，其属性具有广告性质，在欧盟法中误导性广告是明令禁止的。误导性广告是指任何广告以任何方式欺骗或意欲欺骗其受众或传播对象，并且由于其欺骗的性质可能影响这些人的经济行为，进而损害或可能损害其竞争对手的任何行为。由此可见，欧盟法中误导性广告几乎涵盖了通过各种媒介所可能做出的各类性质的误导性商业广告行为，这种广义定义使该指令成为有效打击误导性广告、保护消费者权益的法律武器。

---

① 郑思成、薛虹：《各国电子商务立法状况》，《法学》2000年第12期。

② Directive on electronic commerce，Article 2 (f)，containsatechnology neutral definition of commercial communication which is defined as：“ any form of commercial communication designed to promote，directly or indirectly，the goods，services or image of a company，organisation or person pursuing a commercial，industrial or craft activity or exercising a regulated profession”.

2. 消费者合理期待原则

欧盟法中消费者权益保护制度的出发点是“消费者合理期待原则”，这是判定商业广告是否欺诈或误导的标准。[①] 如夸张的广告不一定比以事例宣传的广告对消费者更有说服力，后者来自消费者的“误导性广告”投诉反而更多，原因在于其使消费者产生了“合理期待”[②]。以合理期待原则为基准，被炒作的信用度使消费者产生了该商品被广泛使用和受好评的合理期待，即使该商品无质量瑕疵，也不影响消费者使用，但基于“合理期待原则”属于误导性广告，应该承担的相应法律责任。

（三）韩国《电子商务消费者保护法》关于网络交易虚假评价的有关规定

韩国早在20世纪90年代，便颁布了《电子商务法》《电子签名法》和《电子商务消费者保护法》。韩国网络交易一直在规范的法律框架内快速发展，其电子商务消费者保护相关的立法经验值得借鉴。

韩国将网络销售独立于传统销售之外，对其进行单独规范。2002年韩国通过《电子交易消费者保护法》，统一归韩国公正交易委员会监管。由于韩国网络交易有直接、明确的政府机构监管，电子商务监管工作的职责划分明确，业务便于操作。2015年2月23日，韩国该委员会颁布了最新修订的《电子商务交易保护指南》[③]，旨在防止日新月异的电子商务交易中不断滋生的新型违法行为，进一步细化、贯彻韩国《电子商务消费者保护法》等相关法律。《指南》的添加内容之一是，对韩国《电子商务消费者保护法》第21条[④]有关虚假评价禁止行为的细则规范，《指南》以下列方式予以列举细化炒信行为。第一，做出有利于电子商务经营者的虚假评价行为；第二，收受广告费后在不了解事实情况下，对商品

---

① Gersant G. Howells and Thomas Wilhelmsson, *EC Consumer Law*, Dartmouth Publishing c. s. 1997. 18－19.

② See C－210/96 (Gut Springenheide and Rudolf Tusky v. Amt fur Lebensmitteltiberwachung)："In order to determine whether a statement is liable to mislead the purchaser, the national Court must take into account the presumed expectations which it evokes in an average consumer (...)".

③ 以下简称“《指南》”。

④ 韩国《电子商务消费者保护法》第21条经营者“禁止行为”第1款，禁止经营者“虚假或夸大事实，或通过欺骗性手段诱导消费者的行为”。

使用包含“推荐、最好、期待”等诱导消费者的虚假评价；第三，网络销售者、服务者通过雇用他人大量购买其商品后再取消交易的方式，以达到完成虚假交易。该列举使得对炒信行为的认定更加易于操作。可见，炒信行为的核心要素为“虚假评价”“虚假交易和获得非法利益”。根据韩国《电子商务消费者保护法》第45条、《电子商务消费者保护法施行令》第42条，对炒信行为人处以1 000万韩元，约合人民币6万元以下的罚款。

（四）小结

通过对美国、欧盟与韩国关于信用欺诈行为的法律规制方法进行比较，不难发现，虽然炒信行为在他国也时有发生，但并不像我国这般已然形成了整条产业链，并衍生出多种寄生的违法产业。究其本质，是我国尚未建立全国范围内的、统一的第三方信用评价机构，面对来势汹汹的炒信大军，仅仅期待政府快速建立联网信用库是远不能解决燃眉之急的，市场终究需要通过市场“无形的手”进行有效调节，故鼓励建立如美国的半官方或营利性的第三方信用评价平台，为网络交易平台提供者减负的同时，也可以通过对第三方信用评价机构的监管，做到权责统一，使其发挥更大的作用。

我国民法受以德国法为代表的大陆法系民法影响，在《民法通则》《合同法》等法律中只有“欺诈”概念，而无美国侵权法上的“虚假陈述”的规定。[①] 美国侵权法的虚假陈述行为中的欺诈性虚假陈述，与这里讨论的炒信行为在法律性质上十分类似。我国证券法中借鉴并产生了“证券虚假陈述”这一概念，体现在1993年国务院证券委颁布的《禁止证券欺诈行为暂行办法》第2条对“虚假陈述”行为的规定。实际上，“虚假陈述”这一概念是以侵权法为依托的民法概念，并用以调整各种各样的民商事法律行为，并不仅仅局限于金融证券领域。商业交易欺诈性虚假陈述包括在商业交易中，属于误导并通过欺诈性虚假陈述方式侵害他人的侵权行为。网络交易所衍生出的炒信等信用欺诈行为，与美国的欺诈性虚假陈述行为非常类似，后者具有重要的借鉴意义。

---

① ［美］肯尼斯·S.亚伯拉罕、阿尔伯特·C.泰特选编：《侵权法重述第二版：条文部分》，许传玺、石宏等译，法律出版社2012年版，第229页。

韩国立法机构鉴于网络交易的特殊性考虑，早在2002年便出台了《电子交易消费者保护法》，用来保护网络交易中消费者的权益。虽然韩国网络交易亦存在类似我国的炒信行为，但是由于韩国网络交易采用实名制并且身份审核都是由政府联网系统完成的，所以不会发展成类似我国的大规模炒信产业链，对类似炒信行为的惩罚力度并不高。因此，我国的联网身份查询系统制度建设亦显得越来越重要。

三、网络交易信用欺诈行为的概念及法律性质

（一）网络交易信用欺诈行为的概念界定

1.应当使用网络交易信用欺诈行为的概念

在目前的社会生活中，将这种网络交易中的违法行为叫作炒信。这个概念比较形象，但并非一个专业的法律概念。我们认为，对于恶意炒信违法行为，应当有一个符合法律要求的概念命名，这个概念应当叫作网络交易信用欺诈行为，简称为信用欺诈，最为恰当。它能够概括炒信行为的全部特点。

2.对网络交易信用欺诈行为的概念界定

目前对网络交易信用欺诈行为没有具体的界定，只有淘宝网站对炒信的定义。这个定义认为："炒信是通过不正当方式提高账户信用积分或商品销量，妨害买家权益的行为。其中不正当方式是指卖家通过非常规方式获得虚假的信用积分、商品销量、店铺评分、商品评论等不当利益。"①

国家工商总局2015年出台的《网络交易管理办法》对炒信的规定是："以虚构交易、删除不利评价等形式为自己或他人提升商业信誉的行为属于不正当竞争行为，应按照《反不正当竞争法》关于虚假宣传的规定进行处罚。"其中关于"以虚构交易、删除不利评价等形式为自己或他人提升商业信誉的行为"的规定，相当于官方对炒信行为概念的界定。

参考淘宝网对炒信行为的界定，以及国家工商总局的上述规定，应当将网络

① 《虚假交易的认定和处罚的规则与实施细则》，https：//rule.taobao.com/detail-533.htm? spm=a2177.7231205.0.0.q8 Q61 V&tag=self，2015年9月30日访问。

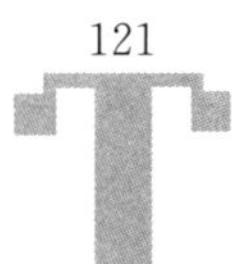

交易信用欺诈行为界定为：在网络交易活动中，行为人通过不正当手段，利用虚构交易、提高账户信用积分、提高商品销售量以及删除不利评价等虚假信用炒作方法，获得高于其实际享有的信用度、信誉度等非法利益，对消费者、同业经营者以及网络交易平台提供者的合法权益造成损害的违法行为。

（二）网络交易信用欺诈行为的特点

欺诈，指以使他人陷于错误而为意思表示为目的，故意陈述虚伪事实或者隐瞒真实情况的行为。其构成，一是要求有欺诈行为，二是欺诈人有欺诈故意，三是受欺诈人因欺诈而陷于错误，并因错误而为意思表示，四是欺诈违反法律、违反诚实信用原则。① 正如美国《侵权法重述·第二版》第525条对欺诈性不当表示的界定那样，“为诱使他人根据己方的表述采取行为或者不行为，而对事实、意见、意愿或法律做出不当表述的人，应对该他人因合理依赖该不当表述而遭受的金钱损失承担欺诈责任”②。

1. 网络交易信用欺诈的行为人是个人或团伙

网络交易信用欺诈行为的主体一定是与网络交易相关的个人或团伙。这种行为人，可以是网络交易的经营者本人，也可能是专职进行炒信的个人和团伙，有的甚至是法人或者其他组织。无论是网络交易销售者、服务者本人，还是专职进行炒信的法人、其他组织或者个人，其行为的实施场合都是在网络中，在网络交易中进行。离开网络交易，不存在网络交易信用欺诈行为，即使构成欺诈，也不属于网络交易信用欺诈行为。

值得研究的是，如果网络交易平台提供者疏于管理，对恶意信用炒作行为未尽注意义务，具有过失，是否也作为网络交易信用欺诈行为的共同行为人呢？对此，应当依照《侵权责任法》第9条规定确定，如果网络交易平台提供者出于故意，为信用炒作行为提供了支持和帮助，构成帮助行为人的，应当成为网络交易信用欺诈行为的共同侵权人，如果仅仅是存在过失，则应当依照《消费者权益保

---

① 崔建远：《合同法学》，法律出版社2015年版，第74页。

② ［美］肯尼斯·S.亚伯拉罕、阿尔伯特·C.泰特选编：《侵权法重述第二版：条文部分》，许传玺、石宏等译，法律出版社2012年版，第229页。

护法》第44条规定，承担附条件的不真正连带责任。如果没有过失，则不应当承担责任。

2.网络交易信用欺诈行为的基本行为特征是欺诈

网络交易信用欺诈行为以欺诈为其行为的基本特征，因而具备欺诈的一切特点。欺诈，指以使他人陷于错误并因而为意思表示为目的，故意陈述虚伪事实或者隐瞒真实情况的行为。[①] 网络交易信用欺诈行为的基本行为特征正是如此，炒信行为人为了使消费者提高被炒作的经营者的信用、信誉评价，虚构事实，进行虚伪陈述，或者隐瞒真实情况，其目的就是使消费者陷于错误，因而与该经营者进行交易。因此，网络交易信用欺诈行为的本质仍然是欺诈行为，而不是其他违法行为。

3.欺诈的基本内容是信用利益

网络交易信用欺诈行为进行欺诈的对象，不是其他方面，而是网络交易中的销售者、服务者的信用利益。所谓信用乃个人在经济上的评价，信誉系长期累积的成果，与人格发展有密切关系。企业名誉或商业信用并攸关市场竞争秩序及消费者权益。[②] 网络交易信用欺诈行为的行为人所恶意炒作的，就是网络销售者、服务者的经济上的评价，增加信誉的累积，欺骗消费者，进而发展自己的经营活动。这是信用欺诈与其他欺诈行为的根本区别，如果不是对信用的欺诈，无法成为网络交易信用欺诈行为。

4.网络交易信用欺诈行为的基本行为方式是反复作夸大宣传

所谓炒作，原意是指频繁买进卖出，制造声势，从中牟利；也指为扩大人或事物的影响而通过媒体反复做夸大的宣传。[③] 炒作是一个贬义词，而不是中性词，更不是褒义词。其基本定性，就是夸大宣传。网络交易信用欺诈行为正是如此，通过网络的媒体作用，为扩大特定的网络销售者、服务者信用的影响，而反复作夸大的宣传。信用炒作，就是利用虚构交易、提高账户信用积分、提高商品销售量以及删除不利评价等行为，对网络销售者、服务者的信用反复进行夸大宣

① 崔建远：《合同法学》，法律出版社2015年版，第74页。

② 王泽鉴：《人格权法》，台北三民书局2012年版，第193页。

③ 中国社会科学院语言研究所词典编辑室：《现代汉语词典》，商务印书馆2005年版，第162页。

传，为网络销售者、服务者恶意增加信誉度，借以欺骗消费者，进行不正当竞争。

5.受信用欺诈损害的是网络消费者、同业竞争者及网络交易平台提供者

受到网络交易信用欺诈损害的人群，一是网络交易的消费者，网络交易信用欺诈行为通过对网络销售者、服务者的信用炒作，使其具有不真实的信用外观，使网络交易消费者受到欺诈，对销售者、服务者的信用或者商品信誉产生错误印象，不仅知情权受到侵害，而且参加交易后使其财产利益受到损害。二是同业经营者，由于同业经营者存在竞争关系，恶意炒作一方经营者的信誉，就会对同业经营者的信用造成影响，使其降低销售量，受到不正当竞争行为的侵害，损害经营权，造成财产利益的损失。三是网络交易平台提供者，其信用和债权利益受到损失。

（三）网络交易信用欺诈行为的法律性质是侵权行为

怎样界定网络交易信用欺诈行为的法律性质，特别值得研究，因为这是对其进行法律适用的基础。

网络交易信用欺诈行为的法律属性是侵权行为。侵权行为是指行为人由于过错，或者在法律特别规定的场合不问过错，违反法律规定的义务，以作为或不作为的方式，侵害他人人身权利和财产权利及利益，依法应当承担损害赔偿等法律后果的违法行为。[①] 网络交易信用欺诈行为符合侵权行为上述定义的要求。

1.网络交易信用欺诈行为是故意实施的侵权行为

按照《侵权责任法》第 6 条第 1 款规定，构成侵权行为首先要求行为人具有过错。行为人无论在主观上具有故意还是过失，都构成侵权行为的主观方面的要求。网络交易信用欺诈行为的行为人在实施违法行为时，主观状态不是过失（因为过失是不注意的心理状态），而是故意，是行为人在主观上希冀或者放任行为损害后果的发生，即故意云者，谓明知自己行为可能产生一定结果，并有意使其发生或信为未必发生者也。[②] 在网络交易信用欺诈行为中，行为人的炒信行为是

① 杨立新：《侵权责任法》，法律出版社 2015 年版，第 36 页。

② 戴修瓒：《民法债编总论》，上海法学编译社 1948 年版，第 180 页。

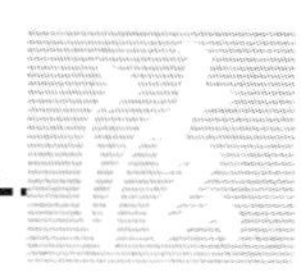

明知，且追求、希冀、有意使其损害结果发生，因而属于直接故意。恶意炒信的恶意，就是故意，就是故意之恶劣者。[①] 因而，网络交易信用欺诈行为属于故意侵权行为，确定无疑。

2.网络交易信用欺诈行为是利用虚假陈述进行欺诈的侵权行为

美国侵权法中的“虚假陈述”，就是商业领域中的欺诈行为，指的是在商业交易中误导并通过错误陈述的方式侵害他人的侵权行为。网络交易中所发生的炒信行为，本质属于欺诈性虚假陈述侵权行为。美国《侵权法重述・第二版》第525条至第549条有关欺诈性虚假陈述的规定，反映了欺诈性虚假陈述的要求，即（1）作出了陈述；（2）涉及现存的重要事实；（3）事实虚假；（4）陈述者要么知道事实虚假，要么明知对方没有足够信息来判断这一陈述而放任为之；（5）以诱使他人为目的；（6）对方合理相信，对虚假浑然不知；（7）对方确实信赖；（8）对方受诱使而行为；（9）导致伤害和损失。[②] 将网络交易信用欺诈行为与欺诈性虚假陈述的这些特点一一对照，竟然极为相似。因而网络交易信用欺诈行为就是利用虚假陈述进行信用欺诈的侵权行为。

3.网络交易信用欺诈行为是在网络交易中侵害消费者权益的侵权行为

网络交易信用欺诈行为发生在网络交易活动中，炒作的是网络销售者、服务者的信用和信誉，以及交易的商品或者服务的信誉。信用炒作的结果，就是为了使消费者上当受骗，误信其炒作的事实为真实事实，因而与网络销售者、服务者进行交易，最后因炒作的虚假事实并未发生，而使消费者受到损害。当然，网络交易信用欺诈行为也损害同业经营者的经营权，而使同业经营者受到不正当竞争行为的损害，以及侵害了网络交易平台提供者的合法权益。

4.网络交易信用欺诈行为是应当承担损害赔偿等责任的侵权行为

网络交易信用欺诈行为既然是侵权行为，那么救济网络交易信用欺诈行为受害人损害的基本方式，就是以损害赔偿为主要方式的侵权责任。确定网络交易信

---

① 张新宝：《侵权责任构成要件研究》，法律出版社2007年版，第422页。

② ［美］James A. Henderson，Jr：《美国侵权法——实体与程序（第七版）》，王竹等译，北京大学出版社2014年版，第787页。

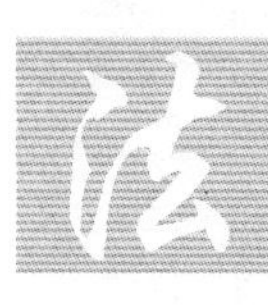

用欺诈行为构成侵权行为，就要承担侵权责任，由进行信用欺诈的行为人承担损害赔偿、停止侵害等侵权责任。

（四）网络交易信用欺诈行为的类型

1. 侵害消费者知情权的网络交易信用欺诈行为

网络交易信用欺诈行为的基本类型，是侵害消费者知情权的信用欺诈行为。消费者知情权，是消费者享有知悉其购买、使用的商品或接受的服务的真实情况的权利。最早于1962年3月15日，美国肯尼迪总统在《关于保护消费者利益的国情咨文（Special Message to the Congress on Protecting the Consumer Interest）》中提出了消费者四大权利，分别为安全权（The right to safety）、知情权（The right to be informed）、选择权（The right to choose）和被倾听权（The right to be heard）。[①] 随后，消费者知情权受到世界瞩目。

我国1993年《消费者权益保护法》第二章第8条也将消费者知情权列为我国消费者的9项权利之一，2013年修订该法后，更进一步强调对消费者知情权的保护。第8条规定赋予消费者知情权，第20条规定了经营者对消费者应尽的说明义务。这两个条文是知情权的权利和义务的规定，经营者履行说明义务，就是满足消费者知情权的必要行为。经营者违反其应尽的说明义务，就具有违法性，就构成对消费者知情权的侵害。

在消费领域中，经营者与消费者双方并不处于完全对等的地位，由于信息上的不对称，消费者总是居于弱势，对消费者知情权的保护是平衡信息不对称时消费者弱势地位的有效做法。上述知情权的权利与义务的法律配置，就说明了消费

① Special Message to the Congress on Protecting the Consumer Interest: "... These rights include: (1) The right to safety-to be protected against the marketing of goods which are hazardous to health or life. (2) The right to be informed-to be protected against fraudulent, deceitful, or grossly misleading information, advertising, labeling, or other practices, and to be given the facts he needs to make an informed choice. (3) The right to choose-to be assured, wherever possible, access to a variety of products and services at competitive prices; and in those industries in which com-petition is not workable and Government regulation is substituted, an assurance of satisfactory quality and service at fair prices. (4) The right to be heard-to be assured that consumer interests will receive full and sympathetic consideration in the formulation of Government policy, and fair and expeditious treatment in its administrative tribunals..."

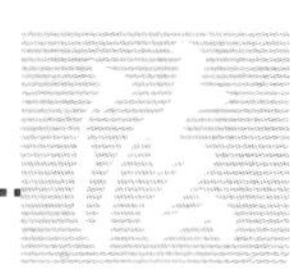

者与经营者在法律地位上的差别。同样，在网络交易中，消费者与经营者之间的法律关系同样如此，并未因交易场所的虚拟化而发生改变，消费者知情权的内涵、性质与经营者应当负担的对消费者的说明义务也未发生变化。

从网络虚拟空间的特点考虑，较之于传统交易模式，网络交易中的销售者、服务者与消费者间的信息不对称的特点更为突出，所以网络交易中对消费者知情权的保护更为重要。《消费者权益保护法》第28条中规定"采用网络、电视、电话、邮购等方式提供商品或者服务的经营者，以及提供证券、保险、银行等金融服务的经营者，应当向消费者提供经营地址、联系方式、商品或者服务的数量和质量、价款或者费用、履行期限和方式、安全注意事项和风险警示、售后服务、民事责任等信息"，以保障网络消费者的知情权。

在网络交易中，消费者做出购买决定的重要因素之一便是信用度，所以，网络销售者、服务者对其信用的造假，直接导致消费者无法了解到商品的真实情况，侵犯了消费者的知情权，因此而造成消费者财产损失的，应予赔偿。

2.侵害网络交易同业竞争者的网络交易信用欺诈行为

我国《反不正当竞争法》（2017年修正）第2条第2款规定："本法所称的不正当竞争，是指经营者违反本法规定，损害其他经营者的合法权益，扰乱社会经济秩序的行为。"通常认为，不正当竞争行为须有以下要件：第一，不正当竞争的行为主体是经营者；第二，造成了其他经营者合法权益的损害；第三，扰乱了社会经济秩序。与《消费者权益保护法》着重保护公共利益和弱势群体不同的是，《反不正当竞争法》着重鼓励和保护正当竞争，制止经营者间的不正当竞争行为，维持正常的社会经济秩序。《消保法》调整的法律关系是经营者与消费者间的关系，《反不正当竞争法》调整的是经营者与经营者间的法律关系。《反不正当竞争法》是保护经营者的法律，所以主张权利的主体只能是经营者，通过保护经营者诚实的商业活动，维护市场竞争秩序，从而间接保护消费者。

正因为如此，国家工商总局《网络交易管理办法》把炒信定义为一种不正当竞争行为，以《反不正当竞争法》关于虚假宣传的规定进行处罚。网络交易中的不正当竞争行为，是传统交易不正当竞争行为在网络交易中的折射，属于同质性

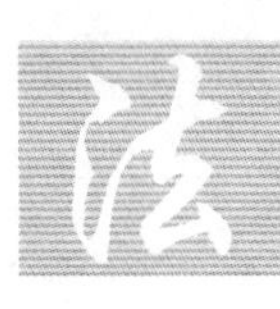

衍生物，其本质都违反了诚实信用原则、自由公平商业惯例，只是交易场所不同而已。网络交易不正当竞争行为也具有其独特性，如鉴于网络交易的开放性，网络交易主体身份比起传统交易更加复杂、多元等。《反不正当竞争法》关于虚假宣传的规定主要体现在第9条，即“经营者不得利用广告和其他方法，对商品的质量、制作成分、性能、用途、生产者、有效期限、产地等作引人误解的虚假宣传”。炒信是网络销售者、服务者对其信用评价的虚假宣传，适用第9条的规定。需要说明的是，不正当竞争行为只是网络交易信用欺诈行为中的一种类型，而不是全部类型。

《反不正当竞争法》适用的前提要件，是原告与被告之间存在竞争关系，并且都是经营者。竞争关系存在与否不仅取决于所提供的商品或服务是否相同，而且只要商品或服务存在可替代性或者招揽的是相同的顾客群，抑或促进了他人的竞争都应认定存在竞争关系。① 但也有判例认为《反不正当竞争法》是规范经营者行为的法律，同时保护其他经营者和消费者的合法权益，不以经营者之间是否存在竞争关系为前提。②《反不正当竞争法》所指的“竞争”是广义的竞争，即强调的是保护经济市场的秩序，而不是刻板地局限在狭义的竞争者关系间。德国《反不正当竞争法》第1条对立法目的的规定，“本法旨在保护竞争者、消费者及其他市场参与者的利益，不受不正当商业行为的损害，同时保护公众正当竞争的利益”。第1条中用“商业行为”代替了“竞争行为”，强调保护范围为竞争者、消费者和其他市场参与者的利益。

3.侵害网络交易平台提供者合法权益的侵权行为

毫无疑问，信用欺诈行为也侵害了网络交易平台提供者的合法权益。问题是，这种侵权行为究竟侵害了网络交易平台提供者的何种权益呢？经营权、财产

---

① 李胜利：《论反不正当竞争法中的竞争关系和经营者》，《法治研究》2013年第8期。

② 参见兰州金蝶软件科技有限公司与金蝶软件中国有限公司虚假宣传纠纷一案。被告亦辩称原告作为答辩人的合资经营伙伴，负责答辩人之产品在甘肃地区的推广销售，原告系答辩人生产制造的软件产品的经销商，原告与答辩人之间系合资经营关系，不存在竞争关系，故双方之间发生的纠纷不适用《反不正当竞争法》。甘肃省高院则直接按以《反不正当竞争法》是规范经营者行为的法律，同时保护其他经背者和消费者的合法权益，不以经营者之间是否存在竞争关系为前提为由否定了被告方的上诉理由（甘肃省高级人民法院（2007）甘民三终字第00007民事判决书）。

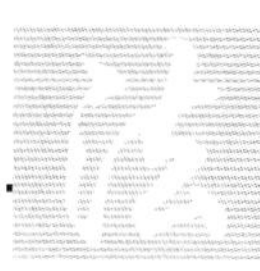

权抑或债权?《侵权责任法》第2条第2款规定了侵权责任法的保护范围，没有规定经营权，在司法实践中通常也不会以经营权界定侵权行为的性质。财产权是一个权利的种类，并不是一个具体的权利，不能作为侵权行为的侵害对象。即使网络交易平台提供者在与销售者、服务者之间构成的网络交易平台服务合同中享有债权，信用欺诈行为对网络交易平台提供者享有的该债权有所损害，但是，侵害债权须具备债权不能实现的损害后果[①]，而信用欺诈行为对于网络交易平台提供者债权的损害并非是债权不能实现，而是债权利益受到损失，直接确定为侵害网络交易平台提供者债权的侵权行为，显然也不够准确。不过，《侵权责任法》第2条第1款和第2款都规定民事利益也是侵权行为客体，以“与债权相关的财产利益”界定这种侵权行为的侵害客体，也是成立的。因此，信用欺诈行为除了侵害消费者的知情权，侵害了其竞争对手的合法权益外，也侵害了网络交易平台提供者与债权相关的财产利益，符合《侵权责任法》第6条第1款规定的要求，构成侵权责任，网络交易平台提供者有权依据《侵权责任法》的规定，请求信用欺诈行为人承担侵权责任，救济自己的损害。

4.网络交易平台对信用欺诈未尽必要注意义务的侵权行为

前述三种网络交易信用欺诈行为类型的行为主体，都是实施信用欺诈行为的行为人。网络交易信用欺诈行为还有一种类型，是网络交易平台提供者的侵权行为。

在网络交易中，网络交易平台提供者并不参与交易，但是由于交易是在其平台上进行的，因而网络交易平台提供者应当对网络交易信用欺诈行为保持高度的警惕性，防止经营者利用网络交易平台实施信用欺诈行为，防止对消费者合法权益的侵害。网络交易平台提供者未尽此谨慎注意义务，使网络销售者、服务者实施了信用欺诈行为，造成了消费者知情权的损害，或者使同业竞争者受到不正当竞争行为的损害，则构成网络交易信用欺诈行为的共同行为人，其作用是提供了帮助行为。不过，对于这种共同行为，法律并不认为是共同侵权行为，而认可其承担附条件的不真正连带责任，适用《消费者权益保护法》第44条规定。

---

① 杨立新：《侵权责任法》，法律出版社2015年版，第394页。

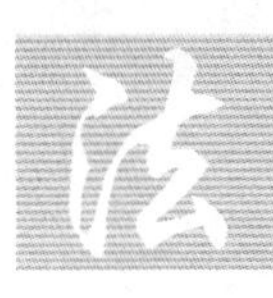

5.与网络交易信用欺诈行为相关的侵权行为

在网络交易中，如果消费者相信了网络交易信用欺诈行为的虚假陈述，因而购买了欺诈的商品，或者接受了欺诈的服务，就形成了信用欺诈与产品欺诈与服务欺诈的竞合。原因是，信用欺诈属于侵权行为，而商品欺诈与服务欺诈属于违约行为，当信用欺诈与商品欺诈或者服务欺诈发生竞合时，既构成侵权行为，也构成商品欺诈或者消费欺诈，应当依照《合同法》第122条规定，由受到损害的债权人选择侵权责任保护自己，或者选择违约责任保护自己。

通过信用欺诈，消费者购买欺诈商品或者接受欺诈服务并造成人身损害的，则同时构成侵害健康权或者生命权的侵权行为。不过，这种情形并不是责任竞合，而是同时构成两种侵权行为，即侵害消费者知情权的侵权行为和侵害消费者健康权或者生命权的侵权行为，受害的消费者有权提起两个诉讼请求。

四、网络交易信用欺诈行为的具体形态

侵权行为形态，是指侵权行为的不同表现形式，是对侵权行为不同形式进行的抽象和概括。区分各类侵权行为形态，对于确定各种侵权行为所应适用的归责原则、责任构成、赔偿形式、赔偿范围和免责条件等，都具有重要意义。[①] 网络交易信用欺诈行为是侵权行为，也应当区分其行为形态，为确定各类不同的网络交易信用欺诈行为形态如何适用法律打下基础。

（一）网络销售者、服务者与炒信行为人共同实施的共同侵权行为

网络销售者、服务者与炒信行为人共同实施的网络交易信用欺诈行为，构成共同侵权行为。网络销售者、服务者与炒信行为人之间进行通谋，对网络销售者、服务者的信用进行炒作，实施信用欺诈行为，符合《侵权责任法》规定的共同侵权行为的法律特征。

《侵权责任法》第8条规定："二人以上共同实施侵权行为，造成他人损害的，应当承担连带责任。"按照这一规定，共同侵权行为需具有以下法律特征。

① 杨立新：《侵权法论》下册，人民法院出版社2013年版，第827页。

(1) 共同侵权主体为多个人，即二人以上；(2) 行为人之间具有主观的意思联络或者客观的关联共同；(3) 数个共同加害人的共同行为所致损害是同一的、不可分割的；(4) 数个共同加害人的行为与损害结果之间具有因果关系。[①] 所谓有主观意思联络，就是数人在主观上有共同故意，即数个行为人都明知且意欲追求行为所损害后果的发生。事先通谋，即各行为人事先形成了统一的致他人损害的共同故意，而后实施的侵权行为，是典型的共同侵权行为。网络销售者、服务者与炒信的个人或者团伙进行虚假交易的信用欺诈，经营者和炒信行为人及团伙都明知并希望追求信用欺诈之损害后果的发生，存在共同故意，并且基于共同的故意而共同实施侵害消费者知情权，或者其他网络销售者、服务者的正当经营行为，妨碍了网络交易市场的正常秩序，构成主观的共同侵权，应当承担连带责任。

快递公司明知经营者或者炒信团伙实施网络交易信用欺诈行为，而为其提供快递服务，参与信用欺诈行为，也构成共同侵权行为。但快递公司不知情，仅根据快递服务合同进行快递业务的，不构成侵权责任。

（二）炒信团伙成员间的共同侵权行为

团伙一词，英文里称为“gang”，指若干人结合在一起的群体，尤其指以反社会或犯罪为目的的团伙。[②] 团伙成员是指某些团伙组织的其他成员实施侵权行为造成他人损害，如果没有团伙的集合行为则可以避免造成损害的危险发生，若该集合行为可以归责于该团伙，则该团伙的成员应当承担连带责任的侵权行为。[③] 这是一种特殊的共同侵权行为，《荷兰民法典》对此率先作出规定。该法第 6：166 条规定：“如果一个团伙成员不法造成损害，如果没有其集合行为，则可以避免造成损害的危险之发生，如果该集合行为可以归责于这一团伙，则这些成员承担连带责任。”换言之，非法组织的成员执行团伙的命令而实施的行为，其全体成员要承担连带责任。如果进行炒信活动的信用欺诈行为的行为人是一个团伙，大多利用网络平台或者语音群落进行意思联络，实施信用欺诈的侵权行

---

① 杨立新：《侵权责任法》，法律出版社 2013 年第 2 版，第 110 页。

② 《元照英美法词典》（缩印版），北京大学出版社 2013 年版，第 594 页。

③ 杨立新：《侵权责任法》，北京大学出版社 2014 年版，第 114－115 页。

为，由于团伙本身不具有法人资格，也不是其他组织，其不具有民事主体资格，而不能作为一个独立的行为主体承担侵权责任。适用团伙成员的行为为共同侵权行为的规则，就可以确认炒信团伙实施的信用欺诈行为是网络交易信用欺诈共同侵权行为，其成员承担连带责任。

这是因为，炒信团伙是数个成员的集合，在实施炒信行为时，具有共同故意，不论有无分工，都是共同实施信用欺诈的侵权行为，并造成他人损害，团伙成员当然构成共同侵权人，不仅整个团伙的成员都应当承担侵权责任，而且每一个团伙成员都应当对整个团伙的侵权行为后果承担连带责任。换言之，炒信团伙中一人炒信，所有成员承担连带责任。

团伙成员共同侵权是一种特殊的共同侵权行为，该共同侵权行为的关键点在于对团伙集合行为的确定。因为只有确定了团伙的行为是其共同意志的表现，才能认定团伙成员之间承担连带责任。团伙的集合行为，是指这些组织的集体行为或者惯常行为，不论其行为是整个团伙实施，还是团伙组织成员的个人、数个人实施，不论其他成员是否知晓的行为。[①] 符合这个要求的，都可以认定为团伙的集合行为，该团伙的其他成员都有责任为该集合行为承担连带责任。

（三）炒信行为人单独实施的网络交易信用欺诈行为

在网络交易信用欺诈行为中，还存在单独侵权行为的形态。单独侵权行为，是一个人实施的侵权行为，由自己承担侵权责任。不论销售者、服务者是单独的自然人，还是法人，以及能够作为一个独立个体的其他组织，在侵权法上都能够成为单独侵权行为的行为人。当网络销售者、服务者作为单独的自然人或者单独的法人或者单独的其他组织，依照自己的意志为自己进行炒信，或者为其他经营者进行炒信，都构成单独的网络交易信用欺诈行为的侵权行为人，应当承担侵权责任。

（四）网络交易平台提供者参与的信用欺诈竞合侵权行为

作为网络交易平台提供者的网络公司，对防范和制止网络交易信用欺诈行为负有义务，对于发现的网络交易信用欺诈行为应当进行制止、惩戒，消除网络交

① 张新宝：《侵权责任法》，中国人民大学出版社 2010 年版，第 51 页。

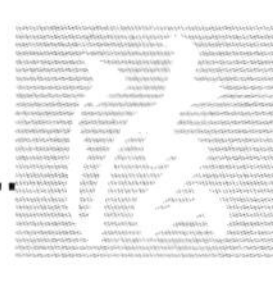

易信用欺诈行为对消费者的侵害，保护消费者的合法权益和其他同业经营者的正当经营活动。当网络交易平台提供者不履行上述义务，任网络交易信用欺诈行为在其平台上实施而不采取必要措施的，构成竞合的信用欺诈侵权行为。

竞合侵权行为是指两个以上的民事主体作为侵权人，有的实施直接侵权行为，与损害结果具有直接因果关系，有的实施间接侵权行为与损害结果的发生具有间接因果关系，行为人承担不真正连带责任的侵权行为类型。[①] 网络交易信用欺诈行为的炒信行为人在网络公司提供的网络交易平台上实施信用欺诈行为，网络交易平台提供者未能尽到防范、制止炒信行为的义务，就使其网络交易平台为网络交易信用欺诈行为提供了条件，成为直接实施的网络交易信用欺诈行为造成消费者权益损害或者同业经营者经营活动损害的间接原因，构成造成损害的间接行为，与网络交易信用欺诈行为的行为人的直接行为发生竞合，造成了同一个损害的发生，因而构成网络交易信用欺诈行为的竞合侵权行为。

认定网络交易信用欺诈行为的竞合侵权行为，应当与其他两种类型的网络交易信用欺诈行为相区别。

第一，与单独实施的网络交易信用欺诈行为相区别。由于通常责任人多为网络销售者、服务者自身，一般情况下网络交易平台提供者是不承担直接责任的。如果网络交易平台提供者不能提供销售者、服务者的相关有效信息或者有先行赔付承诺的，则应当承担不真正连带责任。不真正连带责任，是多数行为人违反法定义务，对同一个受害人实施加害行为，或者不同的行为人基于不同的行为而致使同一个受害人的民事权益受到损害，各个行为人产生的同一内容的侵权责任，各负全部赔偿责任，并因行为人之一的责任履行而使全体责任人的责任归于消灭，或者依照特别规定多数责任人均应当承担部分或者全部责任的侵权责任形态。[②] 这种才属于网络交易信用欺诈行为的竞合侵权行为。

第二，网络交易平台提供者明知而为网络交易信用欺诈行为的行为人提供帮助，则不构成竞合侵权行为，而是共同侵权行为。即网络交易平台提供者知道网

① 杨立新：《论竞合侵权行为》，《清华法学》2013 年第 1 期。

② 杨立新：《论不真正连带责任类型体系及规则》，《当代法学》2012 年第 3 期。

络销售者、服务者的违法行为不制止的，属于知情后，不仅不予制止或者采取必要措施，反而继续为其提供条件，属于《侵权责任法》第9条规定的帮助人，构成共同侵权行为人，应当依照《消费者权益保护法》第44条规定承担连带责任。

五、网络交易信用欺诈行为的责任认定

（一）网络交易信用欺诈行为的归责原则

网络交易信用欺诈行为的责任认定，应当适用《侵权责任法》第6条第1款规定的过错责任原则。这是因为，不论网络交易信用欺诈行为是何种形态，都属于过错责任，既不能适用过错推定原则，也不能适用无过错责任原则。

首先，对网络销售者、服务者实施的网络交易信用欺诈行为，应当适用过错责任原则。网络销售者、服务者实施网络交易信用欺诈行为，是为了自己的信誉提高而实施侵权行为，在主观上具有明显的恶意。最起码是具备过失，即不知道自己实施的行为可能会造成信用欺诈的后果，但疏于注意而实施了这样的行为，当然也构成信用欺诈行为。不过，这样的行为较为少见，主要的还是故意实施信用欺诈行为。

其次，炒信的直接实施者是炒信团伙，其注册虚假或匿名ID对商品信用进行炒作，网络销售者、服务者是间接实施者，网络销售者、服务者和炒信团伙共同对消费者进行信用欺诈。所以，炒信团伙是直接行为人，网络销售者、服务者是炒信的间接行为人，两者承担连带责任。侵权连带责任的确定有一个特点，即损害赔偿的范围不是基于连带责任人的数量决定，而是由侵权行为所造成的损害结果的大小决定，其举证责任在于原告，而不在于被告。信用欺诈的前提是具有欺诈故意，故应当适用过错责任。要想使网络销售者、服务者对信用欺诈负损害赔偿责任，则必须证明行为人具有主观过错，适用过错责任原则。

再次，确定炒信团伙和快递公司的责任，适用过错责任原则。炒信团伙，联合快递公司等其他主体一起合伙侵害消费者权益，进行网络虚假交易信用欺诈，属于与网络销售者、服务者的共谋，具有共同的欺诈故意，所以炒信团伙、快递

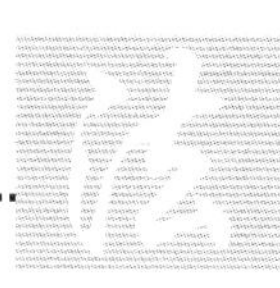

公司等主体与网络销售者、服务者一同为共同侵权人，承担连带责任。消费者可以对其中任意一主体或全部主体主张损害赔偿请求。

最后，网络交易平台提供者的归责原则，根据《消费者权益保护法》第 44 条规定和对网络交易平台行为形态的论述，信用欺诈的责任人多为网络销售者、服务者自身，网络交易平台提供者通常不承担直接责任。但是，如果交易平台提供者不能提供销售者、服务者的相关有效信息或者有先行赔付承诺的，则应当承担不真正连带责任。如果网络交易平台提供者知道网络销售者、服务者的违法行为不制止的，属于共同侵权行为人，则应当承担连带责任。对此适用过错责任是没有争议的。尤其在鼓励互联网创新与新兴产业发展的当今时代，过错责任更加有利于互联网事业的繁荣与发展。

（二）网络交易信用欺诈行为的责任构成

依照《侵权责任法》第 6 条第 1 款规定，构成网络交易欺诈侵权责任，须具备损害事实、违法行为、因果关系及过错四个要件。

1. 网络交易信用欺诈行为的损害事实

一般意义上的损害，是指就财产或其他法益所受之不利益，这包括财产上及非财产上之积极损害、履行利益及信赖利益的损失。① 侵权责任法的损害事实，是指一定的作为或者不作为致使民事主体的人身权利、财产权利及利益减少或灭失的客观事实。所以，纵然有违反法定义务情事，如果没有发生损害，仍然无法产生损害赔偿请求权②，不构成侵权责任。

网络交易信用欺诈的损害事实是指在网络交易平台中通过大量虚假交易等炒信行为哄抬信用度，对消费者权益和网络市场交易秩序等造成损害事实。网络交易信用欺诈的行为主体是网络销售者、服务者以及炒信团伙，他们通过虚假交易快速获得“好评”并取得较高的店铺信用度，该哄抬、炒作信用度的行为把销售者、服务者包装成为带有一定欺骗性的高信用度优良店家。

这种损害事实在两种不同的法律关系中，有不同的表现形式。

---

① 史尚宽：《债法总论》，中国政法大学出版社 2000 年版，第 287 页。

② 黄立：《民法债编总论》，中国政法大学出版社 2002 年版，第 256 页。

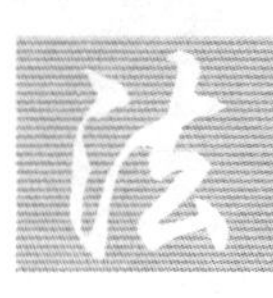

第一种法律关系，是网络销售者、服务者以及炒信团伙侵害消费者的合法权益，发生的损害事实。网店通过炒信以达到对商品、服务虚假宣传并提高销售量。网络销售者、服务者与消费者间的法律事实包括两种。一是只有单纯的炒信并未售假，换言之，只是通过虚假交易来增加交易量获得更高的信用度。此种炒信行为侵害了消费者的知情权，使消费者的知情权受到损害。知情权是精神性人格权，当其受到侵害时，损害的是受害人的精神利益，造成精神损害。二是既炒信又售假，此种情况最为常见，通过炒信对商品的交易量、店铺信用度、商品质量等进行虚假描述，迷惑欺骗消费者使其陷入对商品的错误认识，侵犯消费者的知情权、财产权甚至健康权等。此种炒信行为实际上是两种欺诈行为，信用欺诈行为和产品（或服务）欺诈行为，侵害了消费者的知情权和财产权、人身权等合法权益，既造成了受害人的精神损害，也造成了其财产损害。

第二种法律关系，网络销售者、服务者与炒信团伙等进行不正当竞争，破坏网络交易同业经营者相互间的关系，损害交易秩序，造成同业竞争者的经营利益的损害。这种不正当竞争行为，侵害了其他竞争对手的合法权益，破坏了网络交易市场的经济秩序。这是财产利益损失的表现形态，应当承担的是财产损害赔偿。

2.网络交易信用欺诈行为的违法性

侵权责任构成要件中的违法行为，是指自然人或者法人违反法律而实施的作为或者不作为。对违法性的要求是，行为人实施的行为在客观上与法律规定相悖，主要表现为违反法定义务、违反保护他人的法律和故意违背善良风俗致人以损害。[①] 网络交易信用欺诈行为构成侵权责任，既要求行为人实施了造成损害的作为与不作为，也要求实施的该行为在客观上违反法定义务，或者违反保护他人的法律，或者故意违背善良风俗，具有违法性。

网络交易信用欺诈行为主要是作为的行为方式。作为是指行为人违反不作为义务而行为，行为人违反不可侵义务而侵害之。[②] 网络交易信用欺诈行为的侵权

① 杨立新：《侵权责任法》，法律出版社 2015 年版，第 105 页。

② 杨立新：《侵权责任法》，法律出版社 2015 年版，第 105 页。

行为方式，就是行为人作为民事主体，负有不得侵害他人的知情权、健康权、生命权或者正当经营利益的法定义务，却违反该义务，而侵害他人的知情权等权益，这是网络交易信用欺诈行为的基本行为方式。但是，也存在不作为的行为方式，即行为人违反特定的作为法定义务而没有作为，也构成侵权责任的违法行为的要件。例如，应当披露真实的信用信息，却故意违反而不披露，就是不作为的侵权行为。

网络交易信用欺诈行为的行为内容，主要是欺诈。由于网络交易的特殊性，消费者不能直接接触到商品本身，只能通过网络销售者、服务者所提供的各种商品信息和其他消费者的购买量、评价信用度等对商品进行综合判断，并最终作出购买决定。所以，网络销售者、服务者故意对交易量、评价信用等重要信息的虚假陈述，就能够诱使消费者作出错误意思表示，接受网络销售者、服务者提供的不符合其信用陈述的商品或者服务。

网络交易信用欺诈行为的违法性，是炒信行为人的行为在客观上违反法定义务，包括不作为义务和作为义务，或者违反保护他人的法律，或者违反公序良俗致人以损害。事实上，违反保护他人的法律、违反公序良俗致人以损害，在网络交易信用欺诈行为中比较少见，主要还是违反法定义务的违法性。认定网络交易信用欺诈行为的违法性，可从以下三个层面剖析：首先，行为人是否威胁到法律保护范围之内的权利或者利益；其次，更为具体地检讨行为人的行为是否违反了客观注意义务；最后，是否可以责难具体行为人，即一定程度上的主观过错。①

目前我国尚未制定专门针对电子商务或者网络交易的消费者保护法。《消费者权益保护法》第 20 条关于“经营者向消费者提供有关商品或者服务的质量、性能、用途、有效期限等信息，应当真实、全面，不得作虚假或者引人误解的宣传”的规定，应当是网络销售者、服务者法定告知义务的法源。这种义务是法定义务，是作为经营者包括网络销售者、服务者应当履行的法定义务。国家工商总

① ［奥］海尔穆特·库奇奥：《损害赔偿法的重新构建：欧洲经验与欧洲趋势》，《法学家》2009 年第 3 期。

局为实施该规定，于 2015 年 3 月 15 日颁布的《侵害消费者权益行为处罚办法》第 6 条作出了更为详细的规定，即“经营者向消费者提供有关商品或者服务的信息应当真实、全面、准确，不得有下列虚假或者引人误解的宣传行为：……（四）采用虚构交易、虚标成交量、虚假评论或者雇佣他人等方式进行欺骗性销售诱导”，明确认定虚假交易信用欺诈是违法行为，具有违法性。网络交易信用欺诈行为违反了交易的公平、公正性与经营者的诚实信用原则，严重扰乱了市场交易秩序，侵犯消费者的知情权、人身权和财产权等合法权益，侵害了法律所保护范围之内的利益。任何人侵害他人享有的法益，均构成违法性。

同样，正当的竞争行为是法律所允许的，并且对保障消费者的合法权益具有重要价值。因此，任何经营者都负有在竞争中保护竞争对手的经营权的义务。恶意炒信行为违反这样的竞争的法定义务，同样具有违法性。

3.网络交易欺诈行为与损害事实的因果关系

侵权行为损害赔偿请求权以实际损害为成立要件，若无损害亦无赔偿可言。[①] 损害后果的确定，只是使侵权责任具备了前提条件，但责任自负原则要求任何人仅对自己行为所造成的损害后果负责任。要使信用欺诈行为人承担侵权责任，则需要证明炒信行为与消费者知情权或者同业经营者经营权益的损害之间具有引起与被引起的客观联系，即满足侵权责任因果关系构成要件。

侵权法学认定因果关系，有“必然因果说”与“相当因果说”两种主要的规则，都有适用的可能，前者要求条件较高，认为行为人只对其行为所产生的与之有必然的本质联系之结果承担责任，严格区别原因与条件。后者要求的要件稍低，认为行为和损害之间不必具有直接的因果关系，只要行为对结果构成适当条件，行为人就应当负责。[②] 网络交易信用欺诈行为与损害后果之间的因果关系，实际上是必然因果关系，但是在证明上，适用相当因果关系规则，能够更好地保护受害人一方的权益，因为适当降低受害人证明因果关系的证明标准，就降低了受害人的诉讼负担，增大了获得胜诉的概率，对制裁网络交易信用欺诈行为更加

① 王泽鉴：《侵权行为法》，第 1 册，中国政法大学出版社 2000 年版，第 182－183 页。

② 王利明：《侵权行为法归责原则研究》，中国政法大学出版社 1992 年版，第 389－390 页。

有力。因而，网络交易信用欺诈行为的受害人在证明因果关系意见中，须能够证明：按照一般的社会智识经验，这种炒信行为能够引起消费者或者同业经营者的权益损害事实的发生，而实际上，确实在炒信行为发生之后发生了这样的损害结果，那么，该炒信行为就是消费者或者同业经营者损害事实发生的适当条件，二者之间具有相当因果关系。

4.网络交易信用欺诈行为人的过错

网络交易信用欺诈行为是过错责任，行为人须具有过错，才应当对其行为引起的损害后果承担侵权责任。

网络交易信用欺诈行为人的主要过错形式，是故意。这主要表现在网络销售者、服务者为自己炒信，以及专职炒信人在实施信用欺诈行为时的主观心理状态。这是因为，欺诈行为成立的前提，就是具有使接受表意人陷入错误认识的故意。恶意、欺诈、威胁等属于故意的特殊形态，即故意之恶劣者。[①] 在网络交易活动中，网络销售者、服务者与专职炒信行为人，不论是个人行为还是通谋后的共同行为，制造虚假交易，迅速提升网店信誉度，使消费者陷入对特定网络销售者、服务者的经营行为的信誉度的错误认识，就成立主观上的故意，符合过错要件的要求。

网络交易平台提供者构成网络交易信用欺诈行为，过错的表现比较特殊。如果网络交易平台提供者对于网络交易信用欺诈行为缺乏正确的判断，未能善尽防范制止的注意义务，致使损害发生的，存在的过错就是过失，而不是故意，因而在网络交易平台提供者具有过失的情形下，构成侵权责任时，属于竞合侵权行为，而非共同侵权行为。当网络交易平台提供者对于网络交易信用欺诈行为已经明知或者应知，却没有采取必要措施，仍然提供平台支持，则构成帮助行为，具有侵权的间接故意，与网络交易信用欺诈行为人形成意思联络，因而构成共同侵权行为。

---

① 张新宝：《侵权责任构成要件研究》，法律出版社 2007 年版，第 422 页。

六、网络交易信用欺诈损害后果救济的法律关系

《侵权责任法》第3条规定："被侵权人有权请求侵权人承担侵权责任。"这是规定的侵权救济的侵权请求权法律关系。同样，网络交易信用欺诈行为构成侵权责任，在当事人之间发生侵权法律关系。

（一）信用欺诈损害救济法律关系的主体

1.权利主体

网络交易信用欺诈侵权责任法律关系的权利主体，是网络交易信用欺诈行为所侵害的受害人。受害人作为该种侵权损害赔偿法律关系的请求权人，主要包括消费者、同业经营者网络、交易平台提供者以及其他受害人。

消费者是网络交易信用欺诈行为的主要受害人，享有侵权请求权。消费者作为侵权请求权人，一是知情权受到损害的消费者，二是欺诈商品或者欺诈服务造成损害的消费者。这两种消费者可能是同一个人，也可能是不同的人。他们都享有侵权请求权，尽管请求权的内容有所不同。

同业竞争者作为网络交易信用欺诈行为的受害人，其合法经营权和经营利益受到损害，因而享有救济该损害的损害赔偿等请求权。同业竞争者受到损害的可能很多，都是受害人，都享有侵权请求权，因而属于大规模侵权行为，可以适用集团诉讼方式进行救济，受害人也可以单独提出起诉。

网络交易平台提供者等其他受到网络交易信用欺诈行为损害的受害人，也都是侵权请求权的权利人，有权请求炒信行为人承担侵权责任，救济损害。

2.责任主体

网络交易信用欺诈侵权责任的主体，主要是炒信行为人与炒信平台提供者。专职炒信行为人是最主要的责任主体。他们违反国家法律法规，违反不得侵害权利主体民事权益的禁止性规定，恶意为他人炒信，属于信用欺诈行为中最应当制裁的违法行为人，应当承担侵权责任。

为自己炒信的网络销售者、服务者，也是网络交易信用欺诈行为的主要责任

主体。尽管他们为自己的经营进行信用欺诈，其主观恶性比专职炒信行为人要轻，但同样具有信用欺诈的恶意，也应当依照法律予以制裁。

当专职炒信行为人与网络销售者、服务者结合，前者为后者进行信用欺诈者，为共同侵权行为人，是承担连带责任的主体，每一个人都应当对侵权请求权人的请求全部负责。

为炒信行为人提供服务的行为人，例如物流企业，明知炒信行为而与之配合进行炒信行为，构成网络交易信用欺诈行为的共同侵权人，应当承担连带责任。炒信平台提供者，在其故意或者过失为炒信行为提供平台时，也为网络交易信用欺诈侵权法律关系的责任主体，故意所为者，为网络交易信用欺诈行为的共同侵权人；过失所为者，为网络交易信用欺诈行为的竞合侵权行为中的间接行为人，都应当为受害人的损害承担侵权责任。

（二）网络交易信用欺诈侵权法律关系的权利与责任

法律关系的内容，因法律关系的性质不同而不同。在原权法律关系中，权利与义务相对应；在救济权法律关系中，权利与责任相对应。网络交易信用欺诈侵权法律关系是侵权法律关系，因此，权利主体的请求权与责任主体的责任相对应。

网络交易信用欺诈侵权法律关系的内容，是损害救济的权利与责任。责任包括以下内容：

损害赔偿责任，是网络交易信用欺诈侵权责任的主要方式。对于造成的权利主体的损害，责任主体负有全部赔偿的责任，以弥补权利主体因侵权行为而受到的损失，恢复权利。

其他侵权责任，包括《侵权责任法》第 15 条规定的停止侵害、排除妨碍、消除危险、返还财产、恢复原状、赔礼道歉、消除影响、恢复名誉等。不过，在网络交易信用欺诈侵权法律关系中，消除危险、返还财产等方式所用不多。

（三）网络交易信用欺诈侵权法律关系的内容

1. 基于《反不正当竞争法》的损害赔偿责任

信用欺诈行为对同业经营者进行不正当竞争行为，侵害了公平交易中其他同

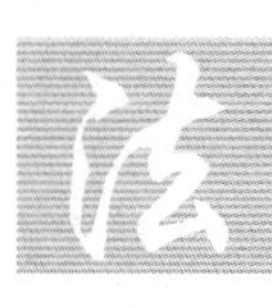

业经营者的权益。受到损害的同业经营者有权对网络交易信用欺诈行为人主张损害赔偿。

我国《反不正当竞争法》第 20 条（现第 17 条，下同）规定："经营者违反本法规定，给被侵害的经营者造成损害的，应当承担损害赔偿责任，被侵害的经营者的损失难以计算的，赔偿额为侵权人在侵权期间因侵权所获得的利润；并应当承担被侵害的经营者因调查该经营者侵害其合法权益的不正当竞争行为所支付的合理费用。"这一赔偿数额标准的计算，更具特色。具体方法是：

第一，按照被侵害的经营者造成的实际损失承担赔偿责任。被侵害的经营者有多大损失，就应当承担多大的赔偿责任。全部损失包括直接损失和被侵权人预期应得的利益。对于炒信行为，被侵权人的实际损失和侵权人的违法所得的计算相对比较困难。网络销售者、服务者之间的炒信行为，在认定其赔偿额时，应当充分考虑到其行为对被侵权人所造成的直接损失和预期利益。对于预期利益损失，应当充分考虑到网络交易与普通市场交易相比的特殊性。预期利益本质上属于守约方的损失，不应对预期利益的范畴进行扩大解释。

第二，如果被侵害的经营者的损失难以计算，则以侵权人在侵权期间所获得的利润作为赔偿数额，承担赔偿责任。这里的问题是，如果因不正当竞争行为的信用欺诈行为受到损害的只有一个经营者，那么无论恶意信用欺诈行为人获取多少利润都作为赔偿数额对其赔偿；如果受到损害的经营者不是一个而是数个，则实际受到损害的各个受害的经营者按照数额平均分配。

第三，在承担上述赔偿责任的同时，不正当竞争的经营者还应当赔偿被侵害的经营者因调查该经营者侵害其合法权益的不正当行为所支付的合理费用。这是《反不正当竞争法》计算损失赔偿的特别规定，也是为了制裁不正当竞争行为，保护不正当竞争行为的受害人合法权益的重要且有效的方法。

2.消费者知情权受到侵害的损害赔偿责任

对消费者知情权的保护，体现在《消费者权益保护法》第 8 条的规定中，但并未明确规定对消费者知情权受到侵害的救济方法。应当明确，知情权是人格权，是精神型人格权，当其受到侵害时，造成的损失就是精神损害。对此，《消

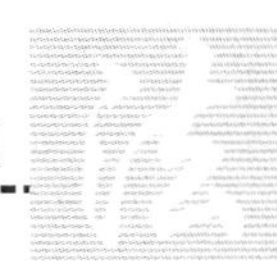

费者权益保护法》第51条和《侵权责任法》第22条规定了相同的规则，即侵害人身权益造成严重精神损害的，应当承担精神损害赔偿责任。据此，网络交易信用欺诈行为造成消费者知情权损害的，用精神损害赔偿方法进行救济，根据实际损害情况和侵权人的恶意程度，确定具体的精神损害赔偿责任。

3.信用欺诈行为与商品欺诈或者服务欺诈聚合的损害赔偿责任

当炒信行为与售假行为相衔接时，则构成了信用欺诈与产品欺诈或服务欺诈两种行为的聚合。这不是侵权行为竞合，而是两个侵权行为，各个侵权行为都成立侵权责任，而不能作为一个侵权行为确定侵权责任。如果两个侵权行为的侵权人均为一人，在一个案件中起诉的，也应当分别计算赔偿数额，合并执行。

其中，对于侵害知情权的消费者的赔偿责任计算，如同前述的方法进行，没有疑问。对于商品欺诈和服务欺诈所造成的损失数额的确定，应当以价款为标准，按照《消费者权益保护法》第55条规定确定惩罚性赔偿责任，即以价款损失的3倍计算；如果涉及人身安全的产品是食品或者药品的，则退一赔十。如果商品欺诈或者服务欺诈造成了消费者以及其他人的健康权或者生命权损害的，即造成死亡或者伤害结果的，则除了承担人身损害赔偿责任之外，还应当承担惩罚性赔偿金。

（四）承担赔偿责任的形态

1.自己责任

不论网络交易信用欺诈行为的行为人是自然人还是法人，只要是一个人实施的侵权行为，就属于单独侵权行为，由行为人自己承担侵权责任。在网络交易信用欺诈行为中，炒信行为人为单独行为人的，一般只是网络销售者、服务者为自己的信用炒作进行信用欺诈。行为人是自然人的，当然是自己承担侵权责任，行为人是法人的，当然也是法人自己承担侵权责任。

2.连带责任

网络交易信用欺诈行为构成共同侵权行为的，数个行为人应当承担连带责任。受害人有权向连带责任人中的任何一个人或数个人请求赔偿全部损失，而任何一个连带责任人都有义务向受害人负全部的赔偿责任；连带责任人中的一人或

数人已全部赔偿了受害人的损失，则免除其他连带责任人向受害人应负的赔偿责任。承担了超出自己应当承担的份额的共同侵权行为人，则有权向其他没有承担侵权责任的共同行为人进行追偿。由于共同侵权行为人的经济地位有可能具有较大的差异性，其对损害赔偿的承担能力不同，因而网络交易信用欺诈行为的受害人可以选择请求最有能力承担责任的行为人来对其损害承担全部的赔偿责任。

3.网络交易平台提供者的附条件不真正连带责任

当网络交易信用欺诈行为的炒信平台提供者的行为构成竞合侵权行为时，网络交易平台提供者应当承担《消费者权益保护法》第44条第1款规定的网络交易平台提供者对消费者的赔偿责任。

4.网络交易平台提供者承担连带责任

网络交易平台提供者与网络交易信用欺诈行为人构成共同侵权行为的，应当适用《消费者权益保护法》第44条第2款规定，网络交易平台提供者明知或者应知销售者或者服务者利用其平台侵害消费者合法权益，未采取必要措施的，依法与该销售者或者服务者承担连带责任。

（五）网络交易信用欺诈损害救济的主要方法

受到损害的消费者以及同业经营者主张网络交易信用欺诈行为人承担损害赔偿责任的，有五种救济途径，分别为和解、消协调解、行政申诉、依据协议仲裁和起诉。对于网络交易消费者知情权受到侵害的情形，目前大多采取的是和解或网络交易平台提供者通过交易平台调解。

基于网络交易市场的特殊性考虑，还应当建立起符合网络交易特点的救济途径，如利用第三方非营利性机构进行网络在线调解或仲裁。目前第三方机构多为公益性组织或行业协会。韩国于2000年由韩国电子商务交易促进院（Korea Institute For Electronic Commerce）设立了电子交易纠纷调解委员会解决网络交易所产生的纠纷。该委员会调解委员由24名来自法律、会计、消费者保护以及金融等领域的专家委员所组成。如果调解委员会认为被申请者的行为属于违法犯罪行为，则有权直接交付检察或公安机关。整个调解、申请都是免费的。目前，由中国电子商务协会政策法律委员会和中国电子商务法律网主办的网上交易保障中

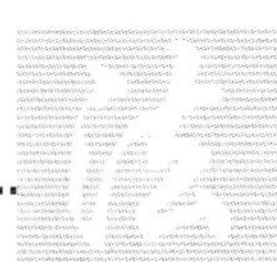

心（www.315online.com.cn）正在进行类似的调解工作，网上交易保障中心管理的“电子商务欺诈信息举报中心”，负责把举报信息向广大网友广泛传播，并积极向相关部门反映。但是该网站并非具有公益背景的网站，不具有社会广泛认知的权威性。所以，结合网络交易创设具有我国电子商务纠纷解决机制特色的权威性在线调解机构是十分必要的。同时，救济网络交易信用欺诈行为所致损害，诉讼途径也是十分必要的，可以充分利用。

第三节　消费者权益保护中经营者责任的加重与适度

在消费者权益保护中，经营者责任具有非常重要的意义，原因在于经营者与消费者的概念相对应，构成消费者权益保护法律关系中的两个基本主体，是保护消费者合法权益的最基本的责任主体。随着现代工业社会的发展，人们对于“风险社会”和“事故社会”的担心日益加重，对消费者权益的保护问题也呈现出多元化、复杂化、国际化的趋势。在这个高风险的社会，有必要加重经营者责任，但同时又要给经营者确定适度的责任，从而协调好受害消费者、经营者和全体消费者的利益关系，全面推进消费者权益保护。

一、经营者是保护消费者权益的基本责任主体

（一）法律重视经营者责任的基本原因

消费者是消费者权益保护法律关系的权利主体，是《消费者权益保护法》所保护的对象。

1985年4月9日，联合国大会通过了《保护消费者准则》，国际消费者联盟提出的消费者权利包括：（1）保护消费者的健康和安全不受危害；（2）促进和保护消费者的经济利益；（3）使消费者取得充足信息，使他们能够按照个人愿望和需要作出掌握情况的选择；（4）消费者教育；（5）提供有效的消费者办

法；(6) 有组织消费者及其他有关的团体或组织的自由，而这种组织对于影响他们的决策过程有表达意见的机会。[①] 我国《消费者权益保护法》中明确了消费者享有的权利是：(1) 安全保障权；(2) 知悉真情权；(3) 自主选择权；(4) 公平交易权；(5) 要求赔偿权；(6) 依法结社权；(7) 求教获知权；(8) 获得尊重权；(9) 监督批评权。[②]

在法律关系中，一个权利主体享有的权利，必须与义务主体负有的义务相对应，即权利义务相一致原则。[③] 在消费者权益保护法律关系中，消费者作为权利主体，其享有的权利对应的义务，当然就是经营者所负有的义务。上述法律确认的消费者合法权益，其义务的承担者就是经营者。要保护好消费者的合法权益，当然就必须由经营者善尽其保护消费者权益的义务，未尽义务，就构成经营者责任。民法和《消费者权益保护法》之所以重视经营者责任，原因就在于此。我国《消费者权益保护法》中对经营者义务的规定主要包括：(1) 依法定或约定履行义务；(2) 接受消费者监督的义务；(3) 安全保障的义务；(4) 提供真实信息的义务；(5) 标明真实名称和标记的义务；(6) 出具相应凭证单据的义务；(7) 质量保证的义务；(8) 不作不合理规定的义务；(9) 不作人身侵害的义务。[④]

(二) 各国民法和消费者权益保护法对经营者责任的重视

现代社会的危险来源较之于个人，更多的来自于经营者的经营活动，如产品质量问题、环境污染问题、生产事故等大规模侵权案件的频繁发生，产生了德国法上的"危险责任"的概念，即指企业经营活动、具有特殊危险性的装置、物品、设备的所有人或持有人，在一定条件下，不问其有无过失，对于因企业经营活动、物品、设备本身风险而引发的损害，承担侵权责任。[⑤] 可见，危险责任的核心是经营者的责任，近似于无过错责任原则，即在法律有特别规定的情况下，

---

① 引自中国质量万里行新闻网：http：//www. wlx315. cn/channel017/2008/0311/content _ 311. shtml，2011 年 6 月 20 日访问。

② 赵泳主编：《消费者权益保护法法律适用依据与实战资料》，山西教育出版社 2006 年版，第 1 页。

③ 张文显：《法理学》，高等教育出版社 2007 年第 3 版，第 146 页。

④ 赵泳主编：《消费者权益保护法法律适用依据与实战资料》，山西教育出版社 2006 年版，第 40 页。

⑤ 朱岩：《从大规模侵权看侵权责任法的体系变迁》，《中国人民大学学报》2009 年第 3 期。

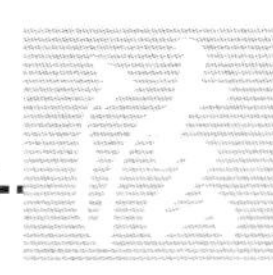

以已经发生的损害结果为价值判断标准，由与该损害结果有因果关系的行为人，不问其有无过错，都要承担侵权赔偿责任的归责原则。[①] 由于传统的过错责任主要适用于自然人的侵权责任，以经营者为中心的组织责任也成为重要的归责事由。现在很多国家在相关立法中都对企业责任或企业组织责任作了相关规定，如最新的《瑞士债法典》修改草案第49条即规定了企业就其活动范围所造成的损害承担责任；奥地利2008年《损害赔偿法》修订草案第1302条规定了“企业的瑕疵行为责任”；《欧洲侵权法原则》第4：202条也规定了企业责任，作为兜底性的客观过失推定责任。[②]

《德国民法典》原本没有消费者和经营者的概念，在2000年6月27日修订时，第13条增加了消费者的规定，第14条增加了经营者的规定。确认消费者是指既非以其营利活动为目的，也非以其独立的职业活动为目的而缔结法律行为的人和自然人；经营者是指在缔结法律行为时，在从事其营利活动或独立的职业活动中实施行为的自然人或法人或有权利能力的合伙。《德国民法典》将经营者和消费者写进法典之中，突出了消费者的权利主体地位，突出了经营者作为消费者权益保护的义务主体的地位。《德国民法典》将经营者分为两类：一类是在缔结法律行为时，在从事营利活动中实施行为的自然人或法人或有权利能力的合伙（如商人，包括个体商人、有限责任公司、股份公司、普通商事合伙、有限商事合伙等）、手工业者、作为经营营利事业者的农场主；另一类是在缔结法律行为时，在从事独立的职业活动中实施行为的自然人或者法人或有权利能力的合伙，如自由职业者（自己开业的医生、律师、会计师、税务顾问等）。具备上述要件的任何自然人或法人或有权利能力的合伙，即使不是《德国商法典》意义上的商人或者未登记于商业登记簿，也是经营者。可见，经营者的外延比商人的外延要广得多。[③] 将消费者和经营者规定在民法总则的主体制度之中，最重要的意义就是确定消费者权益保护法是民法的特别法，消费者和经营者是民法的特殊民事主

---

① 杨立新：《侵权法论》，人民法院出版社2005年第3版，第115页。

② 朱岩：《从大规模侵权看侵权责任法的体系变迁》，《中国人民大学学报》2009年第3期。

③ 陈卫佐译注：《德国民法典》，法律出版社2006年第2版，第6页注17。

体。《德国民法典》进行上述修订的宗旨，就是把消费者权益保护法纳入民法体系，赋予消费者以特殊民事主体的法律地位，规定经营者负有更为重要的义务和责任。此举为加重经营者的责任确定了重要的法律基础。

日本消费者保护政策以《消费者基本法》为依据，规定了国家、地方政府和经营者各自应当承担的责任及消费者的权利和地位，形成了各部门、各社会团体和各级地方政府共同参与的全方位、多层次的消费者权益保护体系。其中，国家负责制定和实施有关保护消费者的方针政策，地方政府则根据国家政策进一步制定和执行适用于该地区的具体政策，经营者则应遵守相关政策，进行自我规制，确保安全、合理地提供商品和服务。目前日本已经形成了一个比较完备的消费者权益保护法律体系，同时重视消费者的自主性，通过教育启发等手段调动消费者主动参与的积极性。

2000 年 5 月日本公布《消费者合同法》，该法最大的特点就是强化了消费者的特殊身份，给予其在交易中有利的地位，将某些消费者与经营者交易过程中存在的一些违法行为直接界定为侵权行为，让经营者承担侵权责任，以更好地保护消费者权益，使消费者和经营者在交易关系中更加平等，以减少消费交易中的侵权现象。① 例如，经营者对消费者的不实告知，如劝说消费者“使用此机器电话费会便宜”，但实际销售的机器并没有这种功效；不告知消费者有损利益的事实，如明知附近有阻碍眺望、日照的住宅建设计划，仍以“眺望、日照良好”进行宣传，且不对实际住宅建设计划进行说明的销售行为；经营者推销产品不肯告辞行为，如在消费者家中虽然被告知“请回吧”，但推销人员仍然进行长时间推销，等等。该法将这种侵权行为分为“不当的劝诱行为”和“使用不当的合同条款”两个类型，分别是：不当的劝诱行为包括不实告知，提供确定性判断，不告知有损利益的事实，不肯告辞，阻碍离去；使用不当的合同条款包括经营者的损害赔偿责任（规定无论何种理由，经营者不承担一切损害赔偿的条款），消费者支付违约金等的预设条款（规定消费者解约时，对已经支付的价金一概不退的条款），

① 「消費者契約法」電子政府の総合窓口より（引自日本电子政府的综合窗口发布的《消费者合同法》），http：//law.e-gov.go.jp/htmldata/H12/H12HO061.html，2011 年 6 月 20 日访问。

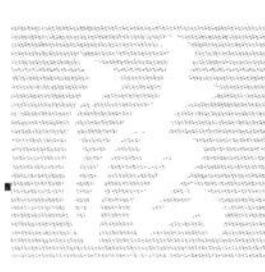

单方损害消费者利益的条款（租赁合同中，对借方规定过重的恢复原状的义务）。对上述侵权行为，该法都设定了新的规则，能够更好地解决消费者争议，保护消费者权益。当消费者被合同内容误导或受到企业某些行为的误导时，该法案能够促使消费者免受该合同的约束，并宣告对消费者不公平的合同条款归于无效。下表是日本《消费者合同法》规定的侵权行为示例。

《消费者合同法》中的侵权行为示例①

侵权行为的类型			对不当劝诱行为和不当合同条款示例的具体设想
不当的劝诱行为	误认类型	1. 不实告知（第4条1项1号）	如劝说消费者“使用此机器电话费会便宜”，但实际销售的机器并没有这种功效。
		2. 提供确定性判断（第4条1项2号）	将无法保证本金的金融产品解释为“肯定会升值”而进行销售。
		3. 不告知有损利益的事实（第4条2项）	明知附近有阻碍眺望、日照的住宅建设计划，仍以“眺望、日照良好”进行宣传，且不对实际住宅建设计划进行说明的销售行为。
	困惑类型	4. 不肯告辞（第4条3项1号）	在消费者家虽被告知“请回吧”，但仍进行长时间推销。
		5. 阻碍离去（第4条3项2号）	在经营者店内虽然消费者表明想回去，但仍进行长时间推销。
使用不当的合同条款	经营者的损害赔偿责任免除条款（第8条）		规定无论何种理由，经营者不承担一切损害赔偿的条款。
	消费者支付违约金等的预设条款（第9条）		规定消费者解约时，对已经支付的价金一概不退的条款。
	单方损害消费者利益的条款（第10条）		租赁合同中，对借方规定过重的返还原状的义务。

---

① 独立行政法人国民生活センター「消費者契約法に関連する消費生活相談の概要と主な裁判例」（独立行政法人国民生活中心：《消费者合同法相关的消费生活咨询概要和主要判例》），引自日本国民生活中心官方网页，2011年6月20日访问，http：//www.kokusen.go.jp/pdf/n-20101111_4.pdf. 本資料は「消費生活相談の事例から見た消費者契約法の問題点と課題（中間整理）」（国民生活センター平成19年3月22日公表）より抜粋（本资料节选自《从消费者生活咨询事例看消费者合同法的问题及课题（中间整理）》国民生活中心2007年3月22日公布）。

此外，日本于2004年大幅度修改《消费者基本法》，力图明确消费者、经营者和行政机关之间的责任分担，承认了消费者的六项权利，同时促进了消费者的自立，加重了经营者的法律责任。① 2006年4月起开始实施《公益通报者保护法》，该法规定经营者不得解雇举报人、不得进行降职、降薪等处罚。② 2009年4月，日本国会通过“消费者厅设置法案”及相关法案，设立消费者厅，并且成立消费者委员会。③ 消费者厅是政府部门之一，负责统一承担原先由各相关省厅分别管辖的有关消费者权益保护的各种行政事务，包括产品事故的原因调查以及防止同样问题再次发生等。消费者委员会与消费者厅同时设立，是由民间人士组成的消费者厅的监督机构，设在内阁府内，负责独立调查审议与消费者权益保护有关的各种事务，有权对首相和相关大臣提出建议。④ 这些机构的设立，进一步加重对消费者权益的保护，加强对经营者的监督，加重经营者的责任。

（三）我国法律对消费者权益保护中经营者责任的重视

我国《消费者权益保护法》重视经营者责任，专门规定了第三章“经营者的义务”，并且在第七章规定了“法律责任”，主要是针对经营者责任。在《产品质量法》《食品安全法》等相配套的保护消费者权益的法律，以及2010年7月1日正式实施的《侵权责任法》，都规定了经营者责任。特别是《侵权责任法》详细规定了精神损害赔偿（第22条）、惩罚性赔偿的适用范围（第47条），规定了产品责任（第五章），网络服务提供者（第36条）、宾馆商场等公共场所管理人或群众性活动组织者（第37条）以及教育机构（第38条至第40条）、医疗机构责任和义务的规定（第七章），为保护消费者权益，依法追究经营者责任提供了法律依据。

---

① 引自日本电子政府的综合窗口《消费者基本法》（電子政府の総合窓口「消費者基本法」），http://law.e-gov.go.jp/htmldata/S43/S43HO078.html，2011年6月20日访问。

② 引自日本电子政府的综合窗口《公益通报者保护法》（電子政府の総合窓口「公益通報者保護法」），http://law.e-gov.go.jp/announce/H16HO122.html，2011年6月20日访问。

③ 鲍显铭：《日本通过消费者厅设置法案》，《经济日报》2009年4月27日，第7版。

④ 《北京市消费者权益保护法学会会长杨立新教授与日本消费者委员会秘书长松本恒雄进行会谈》，见北京市消费者权益保护法学会网，http://xiaofaxuehui.com/html/e－5－1/2011328/52.html，2011年6月20日访问。

特别值得重视的是，《侵权责任法》围绕经营者责任规定了侵权责任主体，加重经营者责任，通过损害赔偿的方式，提高经营者安全生产的意识，促使其不断提高产品质量和性能，保护消费者的人身财产安全，减少环境污染和安全生产事故的发生。在具体制度设定上，除了规定了产品责任中的生产者、销售者以及运输者、仓储者等第三人（这些责任主体都是经营者）之外；还在其他部分规定了用人单位（第 34 条第 1 款），劳务派遣单位、接受劳务派遣的单位（第 34 条第 2 款），网络服务提供者（第 36 条），公共场所的管理人或者群众性活动组织者（第 37 条），机动车的所有人或者使用人（第六章），医疗产品的生产者（第 59 条），污染者（第八章），经营者（第 70 条、第 71 条、第 73 条），高度危险物的占有人、使用人（第 72 条），高度危险物或者高度危险区域的所有人、管理人（第 74 条、第 75 条），动物饲养人、管理人（第十章）、建筑物的所有人、管理人或者使用人（第 85 条），建设单位和施工单位（第 86 条），有关单位（第 88 条），地下工作物的施工人或者管理人（第 91 条）等责任主体。这些责任主体尽管并没有统一使用“经营者”的概念，但他们都是或者基本上是经营者。通过这些规定，强调经营者对消费者权益保护的法律责任，能够更加有效地保护消费者合法权益。

二、保护消费者权益的重点是加重经营者责任

为了应对越来越严重的产品危险和事故危害等危害消费者最为严重的侵权行为，保护消费者权益的重中之重是加重经营者的责任。民法和《消费者权益保护法》加重经营者的责任，主要通过以下几个方面予以实现。

（一）适用更为严格的归责原则加重经营者责任

随着企业的危险活动成为风险社会的主要侵害来源，现代侵权法的主体原型从自然人扩张到经营者，其主要目的在于保护消费者权益。因此，确定经营者责任的归责原则也从传统的“过错责任”这种一元的归责原则演变为多元的归责原则体系。为明确企业责任的内涵，有学者提出应分三个层次，除了传统侵权法中

规定的雇主的替代责任，现代侵权法中规定的企业的严格责任（产品责任、环境责任及其他高度危险活动责任等）外，还应包括企业组织责任（作为兜底性的客观过失推定责任）。[①] 这样的意见值得借鉴。

《侵权责任法》加重经营者责任的归责原则，分不同情形适用无过错责任原则、过错推定原则和过错责任原则，形成了由三个归责原则构成的三元的归责原则体系，三个不同的归责原则分别调整不同的经营者责任。

1. 适用无过错责任原则的经营者责任

经营者责任的最为重要的类型是产品责任。产品责任原则上适用《侵权责任法》第7条规定的无过错责任原则。具体的情形是，确定产品生产者、销售者的中间责任，适用无过错责任原则；确定产品生产者的最终责任，适用无过错责任原则；确定销售者的最终责任，虽然在一般情况下适用过错责任原则，但如果销售者不能指明缺陷产品的生产者也不能指明缺陷产品的供货者的，适用无过错责任原则；即使因产品投入流通之后发现缺陷，应当召回而没有召回，或者虽然召回却没有消除产品缺陷，致人损害的，仍然适用无过错责任原则。同样，即使是因运输者、仓储者等第三人的过错致使产品存在缺陷造成消费者损害的，本应当由运输者、仓储者等第三人承担侵权责任，但《侵权责任法》为了更好地保护消费者权益，确定先应当由产品生产者、销售者承担侵权责任，在产品的生产者、销售者承担了中间责任之后，再向运输者、仓储者请求追偿，形成了"先付责任"[②] 的侵权责任形态。这样，就给产品的生产者、销售者确定了非常严格的归责原则，使这些经营者承担更重的侵权责任。

除此之外，对环境污染责任、高度危险责任、医疗产品责任、饲养动物损害责任（动物园动物损害责任除外）都适用无过错责任原则。这些经营者承担的责任都是较重的责任，有利于保护消费者权益。

---

① 朱岩：《论企业组织责任——企业责任的一个核心类型》，《法学家》2008年第3期。

② 关于先付责任，是杨立新提出的一种说法，是指在不真正连带责任中，中间责任人先承担直接责任，请求权人只能向中间责任人请求赔偿，中间责任人在承担了中间责任之后，有权向承担最终责任的不真正连带责任人追偿的不真正连带责任的特殊形态。杨立新：《侵权责任法》（21世纪法学规划教材），法律出版社2011年版，第161－163页。

2.适用过错推定原则的经营者责任

在《侵权责任法》中，对于很多经营者责任适用过错推定原则确定侵权责任，其目的也是加重经营者的责任。在物件损害责任中，基本上适用过错推定原则确定建筑物构筑物或者其他设施的所有人、管理人、使用人，堆放物的堆放人，公共道路上的有关单位和个人，林木的所有人或者管理人，地下工作物的施工人、管理人的侵权责任，只有第 87 条规定的高空抛物损害责任除外。[①] 在用人单位的责任中，凡是工作人员因执行工作任务造成他人损害的，都直接推定用人单位有过错，由用人单位向受到损害的被侵权人承担侵权责任，也有利于保护消费者权益。[②]

3.适用过错责任原则的经营者责任

《侵权责任法》第 6 条第 1 款的过错责任适用于网络侵权、证券侵权、违反安全保障义务侵权，在医疗损害责任中，医疗机构因过失造成受害者损害的医疗伦理损害责任和医疗技术损害责任，受害的患者也是消费者，医疗机构作为经营者，确定其责任适用过错责任原则。

（二）规定丰富多彩的侵权责任形态加重经营者责任

《侵权责任法》对于如何承担侵权责任，规定了丰富多彩的责任形态[③]，同样能够加重经营者责任，更好地保护消费者和受害人的合法权益。

《侵权责任法》规定可以适用于经营者责任的多元责任形态规则如：（1）替代责任规则：例如用人者作为经营者，对其工作人员因执行工作任务的职务行为造成他人损害的侵权责任，适用替代责任；医疗机构因医务人员的医疗过失造成患者损害，也适用替代责任。（2）连带责任规则：对于任何人实施共同侵权责

① 高空抛物损害责任适用公平分担损失规则，参见杨立新：《侵权责任法》（21 世纪法学规划教材），法律出版社 2011 年版，第 361－362 页。

② 也有人对此持不同意见，例如王胜明主编：《中华人民共和国侵权责任法释义》，中国法制出版社 2010 年版，第 149 页；王利明：《侵权责任法研究》下卷，中国人民大学出版社 2011 年版，第 91 页。他们认为，经营者作为用人单位，仅仅证明自己对监督、管理工作人员尽到了注意义务或达到了行业培训的标准，以及设施设备满足安全保障的要求等，仍不是免责的正当事由，亦应由作为用人单位的经营者承担责任，因此承担的是无过错责任。

③ 杨立新：《侵权责任法》，法律出版社 2011 年版，第 133－167 页。

任、共同危险行为等多数责任主体的侵权责任，包括经营者构成的共同侵权、共同危险行为，都适用连带责任；即使网络服务提供者对于网络用户在自己的网站上实施的侵权行为没有及时采取必要措施，也应当与该侵权的网络用户承担连带责任。(3) 按份责任规则：不构成共同侵权责任但属于两个以上的经营者构成无过错联系的共同加害行为造成他人损害，经营者应当适用按份责任。(4) 不真正连带责任规则表现为三种情形。第一，在产品责任、第三人造成环境污染损害责任、第三人造成饲养动物损害责任等领域，经营者承担侵权责任适用典型的不真正连带责任，受害人可以直接向作为经营者的产品生产者、销售者，或者第三人造成污染的污染企业经营者，或者第三人原因造成饲养动物损害的动物饲养人、管理人，请求承担责任，当然也可以选择直接造成损害的责任人承担侵权责任。第二，在第三人未尽安全保障义务造成他人损害，安全保障义务人未尽安全保障义务，第三人实施侵权行为造成未成年学生损害、教育机构未尽保护义务有过错的等，适用补充责任，让未尽安全保障义务的经营者或者教育机构承担相应的补充责任。例如，宾馆、商场、银行、车站、娱乐场所等公共场所的管理人或者群众性活动的组织者，都是经营者，都必须承担较重的安全保障义务，如果未尽到安全保障义务，造成他人损害的，应当承担侵权责任；即使是第三人的行为造成他人损害的，如果管理人或者组织者未尽安全保障义务的，也要承担补充责任。第三，在运输者、仓储者等第三人因过错致使产品存在缺陷造成他人损害，建筑物等及悬挂物搁置物损害责任、建筑物等倒塌损害责任中的其他责任人承担责任，适用先付责任。例如，《侵权责任法》第 86 条规定的建筑物、构筑物或者其他设施倒塌损害责任中，对建设单位和施工单位等经营者的责任适用先付责任规则，即不论建筑物、构筑物或者其他设施倒塌造成他人损害，都是由建设单位和施工单位先承担责任，即使是有其他责任人的也同样如此，都由建设单位和施工单位承担先付责任，在承担了赔偿责任之后，再由建设单位和施工单位向其他责任人追偿，而不是让受到损害的消费者直接向其他责任人索赔。①

① 杨立新：《侵权责任法》，法律出版社 2011 年版，第 356－361 页。

（三）建立惩罚性赔偿责任制度加重经营者责任

《消费者权益保护法》第 55 条规定了经营者违约的惩罚性赔偿责任，即产品欺诈和服务欺诈的惩罚性赔偿。①《食品安全法》原第 96 条规定了恶意食品侵权的惩罚性赔偿责任。②《侵权责任法》第 47 条进一步规定了恶意产品侵权的惩罚性赔偿金制度："明知产品存在缺陷仍然生产、销售，造成他人死亡或者健康严重损害的，被侵权人有权请求相应的惩罚性赔偿。"这一规定是继《食品安全法》规定侵权惩罚性赔偿金制度之后，再一次肯定惩罚性赔偿金的适用，用以制裁恶意产品的生产者和销售者，让他们这些经营者承担更重的赔偿责任，以示惩罚。因此，这一规定具有重要意义，其目的在于参酌英美法系关于惩罚性赔偿金制度的做法，以惩罚经营者的不法行为，吓阻经营者不法行为再度发生，维护消费者的合法权益。③

恶意产品责任适用惩罚性赔偿责任的要件是：（1）明知产品存在缺陷。明知产品存在缺陷，是生产者或者销售者已经确定地知道生产的或者销售的产品存在缺陷，具有损害他人生命或者健康的危险。在客观上，该产品确实存在缺陷，有造成他人生命健康损害的危险，在主观上，则生产者或者销售者已经明确地知道该产品存在缺陷，有造成他人生命健康损害的危险。明知的要求，是对故意的要求，明知危险而继续行为，是放任的故意形式，即间接故意。（2）仍然生产、销售。仍然继续生产、销售，是生产者或者销售者继续将缺陷产品投入流通，并且希望其流通到消费者的手中。仍然生产、销售，是明知之后或者明知当中所为，但也包括在生产销售之后，通过已经发生损害之后的明知。无论怎样，只要是明知产品有缺陷可能造成他人损害，仍然生产、销售的，就具备本要件。（3）造成他人生命健康损害。造成他人生命健康损害，是所有侵权行为人承担人身损害赔

---

① 《消费者权益保护法》第 55 条规定："经营者提供商品或者服务有欺诈行为的，应当按照消费者的要求增加赔偿其受到的损失，增加赔偿的金额为消费者购买商品的价款或者接受服务的费用的三倍。"

② 《食品安全法》原第 96 条规定："违反本法规定，造成人身、财产或者其他损害的，依法承担赔偿责任。生产不符合食品安全标准的食品或者销售明知是不符合食品安全标准的食品，消费者除要求赔偿损失外，还可以向生产者或者销售者要求支付价款十倍的赔偿金。"

③ 戴志杰：《两岸〈消保法〉惩罚性赔偿金制度之比较研究》，《台湾大学法学论丛》第 53 期。

偿责任的要件，恶意产品责任当然须具备本要件。所不同的是，恶意产品责任的人身损害后果其实在恶意产品责任人的主观意料之中，不出其所料。因此，确定其承担惩罚性赔偿责任，具有科以惩罚性赔偿责任的必要性，是完全应当的。

三、平衡利益关系给经营者确定适度责任

（一）平衡消费者利益、经营者利益和全体消费者利益的基本思路

保护消费者合法权益，必须加重经营者的义务和责任，两者之间存在必然的逻辑关系。如果放任或者放纵经营者的违法行为，或者没有加重经营者的责任，消费者权益就无法得到全面的保护。这是不言而喻的。

但是，任何事情都是过犹不及。如果刻意强调保护消费者权益，而盲目地、无节制地加重经营者的责任，将会发生所有的消费者都无法承受的后果，这就会损害全体消费者的整体利益。

法谚云：法律系为人之利益而制定。① 为保护消费者合法权益而制定加重经营者责任的法律，也必须为人的利益而定。因此，修改《消费者权益保护法》必须依照坚持科学发展观、构建社会主义和谐社会的要求，根据我国的具体国情和消费者权益保护的实际情况进行。"科学发展观，第一要义是发展，核心是以人为本，基本要求是全面协调可持续，根本方法是统筹兼顾。"②

保护消费者权益、制裁经营者的违法行为，着重关注的必须是人，必须以人为本。在消法领域，首先要关注的是受害消费者及受害消费者一方，他们是权利受到损害的受害人，是最需要保护和关心的人群。必须关注受害消费者一方的利益诉求，确立有效的保护方法和救济措施，其中包括加重经营者责任，使受害的消费者一方受到的损害能够得到充分的救济，使他们的合法权益能够得到有效保护。

---

① 郑玉波：《法谚（二）》，法律出版社 2007 年版，第 9 页。

② 胡锦涛：《在中国共产党第十七次全国代表大会上的报告》，引自新华网，http：//news. xinhuanet. com/newscenter/2007 - 10/24/content _ 6938568 _ 2. htm，2011 年 5 月 23 日访问。

但是，除了应当保护受害消费者一方的利益之外，还存在其他应当保护的利益。一是应当保护的还有经营者的权益。经营者是社会财富的制造者、提供者，正因为经营者的积极努力，才创造了丰富多彩的社会财富，才能够保障全体人民过上丰衣足食的生活。社会的科学发展，就意味着既要保护受害消费者，也要保护经营者的权益，保护经营者创造财富的积极性，为社会做出贡献。因此，不能盲目地对经营者科以过重的赔偿责任，以保护经营者的正当利益，促进生产力的发展，促进社会财富的不断增长。二是应当保护全体消费者的利益。对于经营者的违法行为科以较重的侵权责任，是正确的和必须的，但如果对不应当承担较重责任的经营者科以更重的侵权责任，甚至不应当承担侵权责任的经营者科以侵权责任，尽管能够使受害消费者得到更多的赔偿，但是，首先会伤害经营者的积极性，甚至搞垮一个企业；其次，经营者承担过高的赔偿金，不论采取什么办法，经营者最后都要转嫁到全体消费者身上，由全体消费者承担这样的负担；再次，过重的赔偿还可能伤害经营者进行科研探索、技术创新的积极性，阻碍科技进步，受到损害的也是全体消费者。因此，在加重经营者责任的同时，也必须保护好全体消费者的利益，保护好全体人民的利益，不能使中国最广大的人民的利益受到损害。

在加重经营者责任、保护消费者权益中，受害消费者、经营者和全体消费者这三者的利益就是这样交织在一起的，必须妥善地协调好。统筹协调各方面利益关系，妥善处理社会矛盾，适应我国社会结构和利益格局的发展变化，形成科学有效的利益协调机制、诉求表达机制、矛盾调处机制、权益保障机制。坚持把改善人民生活作为正确处理改革发展稳定关系的结合点，正确把握最广大人民的根本利益、现阶段群众的共同利益和不同群体的特殊利益的关系，统筹兼顾各方面群众的关切。[①] 这些要求，是平衡受害消费者、经营者和全体消费者利益关系的指导方针。《消费者权益保护法》既要保护受害消费者的利益，也要保护经营者和全体消费者的利益，立法和司法要反映各方的利益诉求，统筹兼顾最广大人民

① 《中共中央关于构建社会主义和谐社会若干重大问题的决定》，引自人民网，http：//politics.people.com.cn/GB/1026/4932440.html，2011年6月20日访问。

的根本利益、现阶段群众的共同利益以及不同群体的特殊利益，形成科学有效的受害消费者利益、经营者利益和全体消费者利益的协调机制和保障机制。这是我们的根本目标。

（二）平衡受害消费者、经营者和全体消费者之间利益的具体措施

在实际生活中，平衡好受害消费者利益、经营者利益和全体消费者利益的具体措施，有以下几个具体问题。

1. 正确适用确定经营者责任的归责原则

《侵权责任法》确定侵权责任的轻重尺度，全在于归责原则的调控。无过错责任原则的适用，侵权责任构成要件不需要过错要件，因此责任最重。过错推定原则将本应当由原告证明的过错要件转由被告举证，因此，受害人更容易得到赔偿，但被告承担的责任显然重于过错责任原则。对此，经营者应当承担何种侵权责任，必须依照《侵权责任法》的规定，按照归责原则的规定性，确定经营者应当承担的侵权责任。应当承担无过错责任原则或者过错推定原则的，当然应当适用无过错责任原则或者过错推定原则而不能适用过错责任原则；但是，对应当承担过错责任原则的经营者责任适用无过错责任原则或者过错推定原则，应当适用过错推定原则而适用无过错责任原则，无疑加重了经营者的责任，但罚不当罚，必然增加经营者的过重负担，使其承担不必要的侵权责任，伤害经营者创造社会财富的积极性，转而会损害全体消费者的利益。因此，确定经营者责任必须严格依法进行，该用过错责任原则的必须适用过错责任原则，该用过错推定原则的必须适用过错推定原则，该用无过错责任原则的必须适用无过错责任原则，绝不能出现适用错误的情况。某汽车风挡玻璃爆裂造成乘客伤害，属于产品责任本应当适用无过错责任原则，但法院一审适用过错责任原则，责令原告承担被告存在过错的证明责任，由于原告举证不能而判决败诉，就是一个典型案例。[①]

2. 正确掌握确定经营者侵权责任的构成要件

确定经营者责任，必须按照法律规定的经营者承担的这种侵权责任的责任构

① 该案例请参见杨立新：《侵权责任法原理与案例教程》，中国人民大学出版社 2008 年版，第 43 页以下。

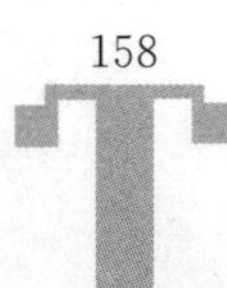

成要求，准确掌握该种侵权责任的构成要件，不能增加，也不能减少，更不能随意确定。在适用过错责任原则的经营者责任类型中，应当依照《侵权责任法》第6条第1款规定，构成侵权责任应当具备违法行为、损害事实、因果关系和过错要件。在适用过错推定原则的经营者责任类型中，必须按照第6条第2款规定的“法律规定”的要求，按照适用过错推定原则的具体法律规范的要求，确定构成侵权责任的要件，在违法行为、损失事实和因果关系的证明成立的基础上，推定被告有过错，由经营者承担举证责任证明自己没有过错的，才能够免除责任，否则就应当承担责任。在适用无过错责任原则的经营者责任类型中，应当依照第7条规定的“法律规定”的要求，依照适用无过错责任原则的具体法律规范确定侵权责任构成要件。只有这样，对于适用过错责任原则、过错推定原则和无过错责任原则的经营者责任，才能够罚其当罚，协调好受害消费者、经营者和全体消费者的利益关系。

3.正确掌握确定经营者赔偿责任的基本要素

确定经营者的赔偿责任应当按照《侵权责任法》第16条和第17条规定的人身损害赔偿规则、第19条规定的财产损害赔偿规则和第22条规定的精神损害赔偿规则进行。凡是应当承担赔偿责任的，绝不能不赔。但是，如果经营者具有减轻责任或者免除责任合法事由的，也应当依法减免赔偿责任。例如，如果消费者因为自己的过错而致使自己受到损害，应当依照《侵权责任法》第26条规定，实行过失相抵，减轻经营者的赔偿责任；由于不可抗力造成损害的，按照《侵权责任法》第29条规定，经营者也不应当承担赔偿责任或者应减轻赔偿责任。《产品质量法》第41条第2款明确规定：“生产者能够证明有下列情形之一的，不承担赔偿责任：（一）未将产品投入流通的；（二）产品投入流通时，引起损害的缺陷尚不存在的；（三）将产品投入流通时的科学技术水平尚不能发现缺陷的存在的。”符合这些要求的，即使产品造成他人损害，经营者也不承担侵权责任。

4.正确掌握惩罚性赔偿的计算标准和数额

对恶意侵权的经营者予以惩罚性赔偿责任是完全必要的，但是，即使如此确定惩罚性赔偿金责任，也必须罚其当罚，否则也会损害经营者的合法权益，进而

损害全体消费者的利益。确定惩罚性赔偿责任的计算标准及方法，应当着重解决以下三个问题。

第一，以价金为计算标准抑或以实际损害作为计算标准。计算惩罚性赔偿金，究竟是以价金作为计算标准好，还是以损害数额作为计算标准好，我国现行法律明确规定的惩罚性赔偿金的计算都是以价金作为计算标准的。这样的做法在计算违约惩罚性赔偿责任比较适当，因产品欺诈与服务欺诈的违约行为通常没有实际损害，因此以价金作为标准容易计算。但在侵权惩罚性赔偿责任计算中，以价金作为计算标准并不适当，而应以实际损失额作为计算标准。其他国家和地区计算惩罚性赔偿金一般都是以实际损失额作为标准的。

第二，最高限额应当以三倍计算还是以一倍计算。我国原《消保法》第 49 条规定的违约惩罚性赔偿，虽说叫作双倍赔偿，其实惩罚性赔偿金仅仅是价金的一倍，赔偿数额不高，惩罚性不强。修改后的《消保法》将其改为价金的三倍。同时规定了侵权的惩罚性赔偿金，是赔偿实际损失后再赔偿实际损失数额的两倍以下；修订后的《食品安全法》规定恶意食品侵权的惩罚性赔偿为实际损失的三倍以下。这样的标准比较符合实际情况，也具有较强的惩罚性。在具体适用中，法官可以根据具体案件情节，在最高限额之下确定具体的赔偿数额。

第三，精神损害赔偿数额是否可以作为计算惩罚性赔偿金的标准。在没有造成实际的人身损害和财产损害而仅造成精神损害的侵权案件中，由于没有造成实际的财产损失，缺少计算标准的依据；同时，惩罚性赔偿与精神损害赔偿具有同样的功能，都有惩罚违法行为的作用，因此，仅仅造成精神损害并予以赔偿的侵权案件不应再请求惩罚性赔偿金，请求者亦不应予以支持。

第十编
其他侵权损害责任

第二十六章

污染环境损害责任

第一节　第三人过错造成环境污染损害的责任承担

最高人民法院《关于审理环境侵权责任纠纷案件适用法律若干问题的解释》（以下简称《环境侵权司法解释》）已于2015年6月1日公布，6月3日正式实施。这是一部重要的有关环境侵权责任的司法解释，是最高人民法院环境资源审判庭即第五民事审判庭成立后，主持起草并经过审判委员会讨论通过的第一件有关环境侵权责任的司法解释，无论是对正确适用《侵权责任法》第八章关于"环境污染责任"的规定，还是对丰富侵权责任法的理论与实践，都具有重要的价值。本节针对该司法解释对适用《侵权责任法》第68条进行解释的第5条进行分析研究，阐释正确意见，同时对其存在的不足也实事求是地提出来，进行讨论，以推进我国环境侵权责任法理论和实践的进步。

一、对《侵权责任法》第68条规定要旨的正确解读

《侵权责任法》第68条在环境侵权责任法中，是一条很重要的规定，它不仅特别规定了在环境侵权责任领域不适用该法第28条关于第三人原因免责的规定，而且与以往环境保护单行法的有关规定也不相同，采取了环境侵权第三人责任的新规则。

《侵权责任法》第68条规定："因第三人的过错污染环境造成损害的，被侵权人可以向污染者请求赔偿，也可以向第三人请求赔偿。污染者赔偿后，有权向第三人追偿。"这一规定的要旨，是用不真正连带责任规则确定第三人过错造成环境损害责任的责任承担，而不适用该法第28条规定的第三人侵权责任的一般性规则。

对于这种情形，在《侵权责任法》颁布实施之前的环境保护单行法中，有不同的规定。例如，《海洋环境保护法》第89条规定："造成海洋环境污染损害的责任者，应当排除危害，并赔偿损失；完全由于第三者的故意或者过失，造成海洋环境污染损害的，由第三者排除危害，并承担赔偿责任。"《水污染防治法》第85条规定："水污染是由第三人造成的，排污方承担赔偿责任后，有权向第三人追偿。"这些规定，都与《侵权责任法》第68条规定的规则不同。前者与《侵权责任法》第28条关于第三人原因造成损害免除行为人责任，由第三人承担赔偿责任的规则相同。后者则不适用《侵权责任法》第28条规定的第三人原因免责规则，直接由排污者承担责任，之后进行追偿，类似于《侵权责任法》第44条、第86条第1款后段规定的先付责任。① 而《侵权责任法》第68条规定的责任，则适用不真正连带责任规则。

立法机关的官员在解释《侵权责任法》第68条规定时，认为以不真正连带责任规则处理第三人的过错造成污染环境的责任，主要原因在于，一般情况下污

① 先付责任是指中间责任人先承担责任，之后再向最终责任人追偿的侵权责任形态。杨立新：《多数人侵权行为及责任理论的新发展》，《法学》2012年第7期。

染者的赔偿能力比第三人强，规定污染者先替第三人承担责任再追偿的本意，是对被侵权人的保护，但在第三人的赔偿能力比污染者强的情况下，应当赋予被侵权人赔偿对象的选择权，被侵权人可以向污染者请求赔偿，也可以向第三人请求赔偿。污染者赔偿后，有权向第三人追偿。[①]

事实上，《侵权责任法》第 68 条规定用不真正连带责任规则处理第三人过错造成环境污染损害的责任承担问题，考虑污染者和第三人赔偿能力的强弱只是原因之一，更重要的原因是环境污染责任适用无过错责任原则，即无论污染者是否有过错，都应当对自己的污染行为造成的损害承担赔偿责任，因而即使第三人的过错造成了环境污染损害，污染者也可以依据无过错责任原则先承担赔偿责任，而后再向有过错的第三人进行追偿。这就使对环境污染责任中第三人过错造成损害适用不真正连带责任，具有了充分的正当性和合理性。

根据以上情况分析，如何处理环境污染责任中的第三人过错的责任承担问题，有三种模式：一是，第三人承担责任，污染者免除责任；二是，污染者承担责任，之后向第三人追偿；第三，被侵权人选择污染者或者第三人承担责任，污染者承担赔偿责任后，向第三人追偿权，将最终责任归于有过错的第三人。

在比较法上，对于第三人过错造成环境污染损害如何承担责任，多数采用第一种方法。例如《荷兰民法典》第 6：178 条规定：损害仅因具有故意的第三人的作为或不作为所致，但以不违背本编第 170 条或者第 171 条的规定为限，不承担第 175 条、第 176 条或者第 177 条规定的责任。该法第 6：170 条规定的是雇员的侵权责任；第 6：171 条规定的是非儿童致第三人损害；第 6：175 条规定的是危险物的责任；第 6：176 条规定的是垃圾场；第 6：177 条规定的是采矿作业。第 6：178 条规定的含义，是第三人有损害故意的污染环境损害，污染者不承担赔偿责任。[②]《加拿大环境保护法》第 205 条第 2 款规定："环境事件完全是由故意引起损害的第三方的作为或不作为引起的，免除侵害人的赔偿责任。"《美

① 王胜明主编：《中华人民共和国侵权责任法释义》，法律出版社 2013 年第 2 版，第 382 页。

② 上述规定见王卫国主译：《荷兰民法典》（第 3、5、6 编），中国政法大学出版社 2006 年版，第 205－210 页。需要指出的是，前述王胜明主编的该书，其中提到的《荷兰民法典》第 177 条应为第 171 条。

国综合环境反应、赔偿和责任法》第七部分（a）款规定，污染损害仅因第三方的过失引起，并且第三方同该人之间不存在雇佣或者代理关系，不存在任何直接或者间接的合同关系，同时被告必须能够证明他不仅对于该有害物质的性质以及所有相关的因素都已尽到谨慎的注意义务，并且对能够合理预见到的第三方过失都已采取谨慎的预防措施，则不承担赔偿责任。另外，《国际油污损害民事责任公约》第3条第2款规定，完全由于第三者有意造成损害的行为或者怠慢所引起的损害，造成油污的行为人不承担油污损害责任。《关于危险废弃物越境转移及其处置所造成损害的责任和赔偿问题议定书》第4条第5款规定，完全由于第三者的蓄意不当行为，包括遭受损害者的不当行为，行为人不应对之负任何赔偿责任。①

根据立法者所参考的这些比较法资料，可以看出，有些国家立法和国际公约、议定书等，对于第三人造成环境污染损害的责任，通常是第三人承担责任，而行为人免责，不过，多数立法对第三人承担责任的要求比较高，即第三人须故意或者蓄意造成损害，不包括第三人的过失；同时，该第三人须与污染者之间不存在任何雇佣之类的关系。

综合比较起来，我国《侵权责任法》第68条规定的第三人过错实行不真正连带责任，起码在第三人故意引起的环境污染损害都不免责，都可以由污染者先承担中间责任，因而对于污染者比较严苛，对被侵权人的保护更为有利。

对《侵权责任法》第68条作出以上解读，是确定对该条规定如何在司法实践中适用的基础，当然也是对适用该条文进行司法解释的基础。

顺便应当指出的是，在《侵权责任法》第68条规定之下，对于前述《水污染防治法》第85条、《海洋环境保护法》第89条规定的第三人污染环境责任的规定，究竟属于特别法规定，依据《侵权责任法》第5条规定而排斥该法第68条规定的适用，还是这两部环境保护单行法规定的规则因与该法第68条相冲突

① 以上比较法资料参见王胜明主编：《中华人民共和国侵权责任法释义》，法律出版社2013年第2版，第382-383页。

而优先适用第 68 条规定，有不同见解，多数人采纳后者立场。[①] 按照修订后的 2014 年《环境保护法》第 64 条关于“因污染环境和破坏生态造成损害的，应当依照《中华人民共和国侵权责任法》的有关规定承担侵权责任”的规定，理解为统一适用《侵权责任法》第 68 条的规定，是有法律根据的。

二、对《环境侵权司法解释》第 5 条规定基本内容的评价

《环境侵权司法解释》第 5 条规定的内容是：“被侵权人根据侵权责任法第六十八条规定分别或者同时起诉污染者、第三人的，人民法院应予受理。”“被侵权人请求第三人承担赔偿责任的，人民法院应当根据第三人的过错程度确定其相应赔偿责任。”“污染者以第三人的过错污染环境造成损害为由主张不承担责任或者减轻责任的，人民法院不予支持。”

上述司法解释规定的内容分为三部分，我分别对这三部分进行评论。

（一）关于污染者与第三人的关系问题

《环境侵权司法解释》第 5 条第 1 款规定的内容，是污染者和第三人的关系问题，即“被侵权人依据侵权责任法第六十八条规定分别或者同时起诉污染者、第三人的，人民法院应予受理”。

从总的原则上说，这样规定并没有明显的错误，但仔细分析会发现其中存在明显的不足。

《侵权责任法》第 68 条规定的责任形态是不真正连带责任，对于发生行为竞合的两个侵权人，赋予被侵权人以选择权，可以选择污染者，也可以选择第三人作为赔偿责任主体，请求其承担侵权责任。这是因为，不真正连责任由于是竞合侵权行为的法律后果，因而存在两个责任主体，一是直接行为的责任主体即第三人，二是间接行为的责任主体即污染者。被侵权人对于两个责任主体享有的请求

① 王利明等：《中国侵权责任法教程》，人民法院出版社 2010 年版，第 665 页；张新宝：《侵权责任法》，中国人民大学出版社 2010 年版，第 290 页；程啸：《侵权责任法》，法律出版社 2011 年版，第 464－465 页。

权，内容相同，都是为了救济同一个损害。对于这两个请求权，原则上只能行使一个，在一个请求权行使并获得满足后，另一个请求权就必然地消灭。[①] 因此，被侵权人对于污染者或者第三人行使请求权，原则上只能行使一次，因为其只享有一个可以行使的请求权，而不能将两个请求权分别或者同时行使。

在这样的理论基础上，环境污染损害的被侵权人对污染者或者第三人行使请求权，司法解释规定为“分别或者同时起诉污染者、第三人”，与不真正连带责任的基本理论和规则不符。同时，将污染者与第三人之间的关系表述为“分别”和“同时”，也存在不妥之处。

将“分别”作为副词使用，有两层含义：一是按不同方式、有区别地；二是分头、各自。[②] 该司法解释中使用“分别”这个词，可以理解为，被侵权人对于污染者或者第三人，按不同方式或者有区别地行使请求权，或者被侵权人对于污染者或者第三人，分头或者各自地行使请求权。在这四种选择中，两个请求权不存在“不同方式”的问题，不能“有区别地”行使，不能有也不会有其他“区别”。如果对于两个不同的请求权，采取“分头”地行使，或者“各自”地行使，则完全违背不真正连带责任的规则，是完全不正确的。故使用“分别”这个词，来规定环境污染责任的被侵权人行使不真正连带责任的两个竞合的请求权的关系，是不适当的。

“同时”，最基本的词义是“同一个时候”[③]。被侵权人同时起诉污染者和第三人，在诉讼法上属于共同被告，等于被侵权人同时行使了两个内容完全相同的请求权。这在原则上是不允许的，因为一旦碰上糊涂法官，判决两个请求权都予以支持，污染者和第三人都承担赔偿责任，则构成了重复赔偿。这样糊涂的法官并不多见。当然，对于不真正连带责任的两个请求权同时行使的，法院也有同时受理的，但在判决上，或者在判决的执行上，确定两个请求权的关系，应明确被

① 关于竞合侵权行为的概念，请参见杨立新：《论竞合侵权行为》，《清华法学》2013 年第 1 期。

② 中国社会科学院语言研究所词典编辑室：《现代汉语词典》，2005 年第 5 版，第 398 页。

③ 中国社会科学院语言研究所词典编辑室：《现代汉语词典》，2005 年第 5 版，第 1368 页。

侵权人只能行使其中一个请求权，只能获得其中的一份赔偿。[①] 因此，我比较反对被侵权人可以同时行使不真正连带责任中的两个请求权的做法。

因而可以说，《环境侵权司法解释》第 5 条第 1 款的规定，虽然没有大错，却有所不当，主要是不符合不真正连带责任中请求权的行使规则，在司法实践中可能会发生一定的偏差，需要特别加以注意。

（二）关于第三人的“过错程度”问题

《环境侵权司法解释》第 5 条第 2 款规定内容，是被侵权人请求第三人承担赔偿责任的，人民法院应当根据第三人的过错程度确定其相应赔偿责任。

这一规定从表面上看起来，也看不出明显错误，因为既然《侵权责任法》第 68 条规定的是第三人过错，那就可能存在第三人的过错程度的问题，因而发生责任承担的不同。如果是这样理解，这样的规定就没有错误。

但是，事实并不是这样。无论是《侵权责任法》第 28 条规定的第三人过错，还是该法第 68 条规定的第三人过错，以及该法第 83 条规定的第三人过错，都是指第三人的过错是损害发生的全部原因，并不存在第三人的过错程度问题。这就是问题的关键。

事实上，对第三人的过错程度这个概念可以有两种理解。一是第三人的过错虽然是损害发生的全部原因，却存在故意、重大过失和一般过失的区别。这样的过错程度在确定赔偿责任时并没有意义。二是第三人的过错程度与污染者的过错程度以及受害人的过错程度相比较，构成共同过错或者过失相抵的过错程度问题。所谓共同过错，并非传统意义上讲的共同侵权行为的过错，而是说污染者与第三人的过错的竞合，可能构成共同侵权行为，也可能构成分别侵权行为。环境侵权司法解释在这里使用“过错程度”的含义，肯定不是第一种含义，而是第二种含义，但是，只要出现第二种意义上的第三人过错程度问题，就不再是《侵权责任法》第 68 条规定的调整范围，而是第 26 条、第 8 条或者第 12 条的调整范围。

---

① 最高人民法院侵权责任法研究小组编著：《〈中华人民共和国侵权责任法〉条文理解与适用》，人民法院出版社 2010 年版，第 471 页。

因此，对于《环境侵权司法解释》第 5 条第 2 款规定，如果理解为是对适用《侵权责任法》第 68 条规定的解释，这样的解释就是错误的。因为依照第 68 条规定，被侵权人向法院起诉第三人，根本不存在第三人的过错程度问题，而是全部损失都是第三人的过错造成的，第三人应当承担全部责任。如果第三人抗辩，主张自己的过错并不是造成污染损害的全部原因，污染者或者被侵权人也有部分原因力的，就不再是《侵权责任法》第 68 条规定的范围，构成分别侵权行为的，应当依照《侵权责任法》第 12 条规定，被侵权人同时起诉污染者和第三人的，应当按照过错程度和原因力比例承担按份责任；无论是单独起诉污染者或者起诉第三人的，亦应当依照第 12 条规定，仅对各自应当承担的责任份额负责。构成共同侵权行为的，应当依照《侵权责任法》第 8 条规定，承担连带责任。只有这样理解，才符合《侵权责任法》第 68 条以及第 8 条和第 12 条的规定。如果第三人主张自己有过错，受害人也有过错的，则应当依照《侵权责任法》第 26 条规定确定赔偿责任，实行过失相抵。

因而可以说，《环境侵权司法解释》第 5 条第 2 款存在解释不正确的问题，需要进一步说明和解释，才能符合《侵权责任法》第 68 条的要旨。

（三）关于污染者以第三人过错作为抗辩依据的问题

《环境污染司法解释》第 5 条第 3 款规定的内容，是污染者以第三人的过错污染环境造成损害为抗辩事由，主张不承担责任或者减轻责任的，人民法院不予支持。这一规定针对的是被侵权人向法院起诉污染者承担环境污染责任的情形，污染者在诉讼中提出了第三人过错的抗辩，主张自己不承担责任或者减轻责任。

这样解释也存在不准确的问题。这里包括两个问题。一是污染者主张因第三人的过错而不承担赔偿责任，这属于《侵权责任法》第 68 条的范围。二是污染者主张因第三人的过错而减轻责任，这不再是该法第 68 条的适用问题，而是关乎该法第 8 条或者第 12 条的适用。

在前一种情况下，被侵权人起诉污染者承担全部赔偿责任，污染者以第三人的过错是造成损害全部原因予以抗辩的，由于不真正连带责任存在两个并列的请求权，二者之间是选择关系，选择权在被侵权人，被侵权人行使了对污染者的请

求权，污染者就没有理由予以拒绝，必须承担赔偿责任，至于自己不是最终责任人，则只能通过追偿权向第三人追偿以补偿自己的损失，而不能据此进行不承担责任的抗辩。在这种情况下，司法解释规定对污染者的抗辩请求不予支持，是正确的。

在后一种情况下，被侵权人行使了对污染者的请求权，主张污染者承担全部赔偿责任，而污染者以第三人有部分过错而减轻自己的责任，就不再是《侵权责任法》第 68 条而是第 8 条或者第 12 条的适用问题。如果查证属实确实如此，污染者与第三人有共同意思联络的，构成共同侵权行为，应当承担连带责任；不构成共同侵权行为，而属于分别侵权行为的，则应当承担按份责任。无论哪种情形，如果简单地对污染者的这种抗辩请求不予支持，都是不正确的。

据此可以说，《环境侵权司法解释》第 5 条第 3 款规定，有一半是正确的，有一半是错误的，对此要在理论上予以说明，纠正不正确的解释。

三、在司法实践中适用《侵权责任法》第 68 条规定的正确规则

依照《侵权责任法》第 68 条规定，第三人因过错污染环境是造成损害的全部原因的，才会出现不适用该法第 28 条关于第三人过错造成损害免除行为人责任的规定，而由污染者和第三人承担不真正连带责任的后果。一旦存在第三人的过错不是造成环境污染损害的全部原因的，就不存在适用本条规定的条件。在司法实践中正确适用《侵权责任法》第 68 条规定的规则如下。

（一）被侵权人起诉污染者或者第三人的处理方法

《侵权责任法》第 68 条规定的侵权责任形态是不真正连带责任。我对不真正连带责任概念的定义是，一个损害是由两个行为人的行为造成的，其中一个人的行为是直接原因，另一个人的行为是间接原因，受害人同时产生两个请求权，其中一个请求权满足后，另一个请求权予以消灭的侵权责任形态。[①] 有人否认我国

① 杨立新：《论不真正连带责任类型体系及规则》，《现代法学》2012 年第 3 期。

侵权责任法中存在不真正连带责任[①]，这种意见是不对的。在罗马法，连带债务可分为共同连带债务和单纯连带债务两种，其中，共同连带债务以合同为发生原因，属于具有多数主体的一个债的关系，因而债权人或债务人中一人所生事项，对其他债权人或债务人也生效力；单纯连带债务则以法律规定为发生原因，系因同一给付或同一目的的数个债的关系，就债权人或债务人中一人所生事项，除足以满足同一目的者外，对其他债权人或债务人不产生效力。不真正连带债务系由德国学者艾泽勒（Eisele）在《共同连带和单纯连带》一文中首先提出，是在德国普通法时期"连带债务二分论"的基础上，由连带债务中的单纯连带债务逐步演化而来的。[②] 在我国民法学界，绝大多数人都承认不真正连带责任的概念，是通说。

不真正连带责任的基本特点，是一个损害事实产生两个请求权，两个请求权的内容相同，对于两个请求权相对应的两个行为人的责任，构成形式上的连带而实质上的不连带。形式上的连带，是两个责任人的责任对被侵权人而言是连带的，即被侵权人可以对两个责任人进行选择，请求其中一个责任人承担中间责任，该人承担了中间责任后，被侵权人的请求权消灭；实质上的不连带，是承担中间责任的责任人承担赔偿责任之后，承受了该请求权，有权向最终责任人进行追偿，将不真正连带责任的最终责任全部转移给最终责任人，自己不承担最终责任。故不真正连带责任与连带责任，在形式上的连带是共同特点，只有最终责任是共同承担还是单独承担的不同，才是二者的根本区别。

正因为如此，《环境侵权司法解释》第 5 条第 1 款规定"被侵权人依据侵权责任法第六十八条规定，分别或者同时起诉污染者、第三人的，人民法院应予受理"，才有所不妥。应当采取的办法是：

第一，被侵权人依据《侵权责任法》第 68 条向法院起诉，原则上应当选择

① 章正璋：《我国〈侵权责任法〉中没有规定不真正连带责任——与杨立新等诸先生商榷》，《学术界》2011 年第 4 期。

② 高圣平：《产品责任中生产者和销售者之间的不真正连带责任——以〈侵权责任法〉第五章为分析对象》，《法学论坛》2012 年第 3 期。

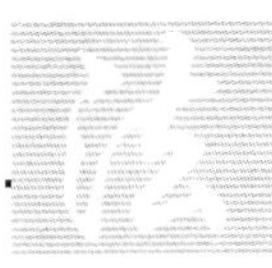

污染者或者第三人为被告，不存在“分别”起诉污染者、第三人的可能。这是不真正连带责任请求权的基本特点，也是立法者赋予被侵权人选择权的根据。[①] 这个选择权属于被侵权人。被侵权人选择起诉谁，谁就是被告。

第二，被侵权人向法院同时起诉污染者、第三人的，应当尽量减少，法官得行使释明权，说明不真正连带责任的规则，被侵权人坚持同时起诉的，当然也应当准许，但必须在法律适用时，正确按照不真正连带责任的规则确定责任承担方法，而不能将其改变为连带责任或者按份责任。具体办法是，尊重被侵权人的意愿，尽量保证其受偿的途径，直接判决由污染者与第三人对其承担责任，但同时判决认定最终责任人。[②]

第三，被侵权人向法院同时起诉污染者、第三人，并要求污染者和第三人共同承担赔偿责任的，应当予以说明，不能依据《侵权责任法》第68条规定请求污染者和第三人共同承担责任，因为一旦如此，势必要确定各自的份额，那就一定成为共同侵权行为的连带责任或者分别侵权行为的按份责任，都违反《侵权责任法》第68条规定的要求。

第四，能否准许被侵权人在确定了污染者或者第三人承担赔偿责任之后，由于其中一方不能承担全部赔偿责任时，又向法院起诉另一方承担赔偿责任的做法，在理论上有争论。一般认为不真正连带责任的两个请求权，被侵权人有选择权，一经选择，就只能行使该请求权，即使赔偿不足，也不得行使另外一个请求权，否则将变成补充责任。这种意见过于呆板，不利于保护被侵权人的索赔请求权。我认为，如果被侵权人行使一个请求权赔偿不足，可以行使另一个请求权予以补充，理由是，既然两个请求权供被侵权人选择，以保障被侵权人的权利，为什么在一个请求权行使后救济不足，而不能行使另一个请求权予以补充呢?

（二）被侵权人请求污染者承担的赔偿责任是中间责任

不真正连带责任由两部分构成，即中间责任和最终责任。中间责任是形式上

---

① 王胜明主编：《中华人民共和国侵权责任法释义》，法律出版社2013年第2版，第382页。

② 对于这个问题，有的专家提出了有操作性的做法，可以参考。最高人民法院侵权责任法研究小组编著：《〈中华人民共和国侵权责任法〉条文理解与适用》，人民法院出版社2010年版，第471页。

的连带责任，即被侵权人请求承担责任的责任人并不是直接侵权人，而是间接侵权人，因而其并不承担最终责任；只是由于实行形式的连带，因而中间责任人也应当承担侵权责任，且不得推脱。在《侵权责任法》第 68 条中，污染者是中间责任人，最终责任人是第三人。

不真正连带责任的中间责任的突出特点，是附有承担了赔偿责任之后的追偿权，换言之，中间责任人都附有追偿权，在没有承担赔偿责任之前，该追偿权只是期待权，只有在承担了赔偿责任之后，该追偿权才成为既得权，有权向最终责任人进行追偿，以弥补自己承担中间责任的损失。《侵权责任法》第 68 条规定“污染者赔偿后，有权向第三人追偿”规则的法理基础，就是这个道理。

按照这样的理论基础和法律规则，被侵权人向法院起诉污染者承担中间责任的，应当采取的办法是：

第一，污染者应当承担中间责任。被侵权人请求污染者承担赔偿责任的，人民法院应当确定其承担赔偿责任，这个赔偿责任是中间责任，而不是最终责任。由于不真正连带责任中的两个请求权的内容相同，因而确定污染者承担中间责任，与确定其他侵权责任的规则相同，实行全部赔偿原则。

第二，污染者承担了中间责任后，对第三人享有追偿权。这个追偿权包括两部分。一是损害赔偿请求权的全部内容，即污染者向被侵权人承担了多少赔偿责任，就应当向第三人追偿多少，以弥补污染者承担中间责任的全部损失。这是因为被侵权人的损害赔偿请求权由于污染者承担中间责任而消灭，对第三人的请求权则转移给了污染者。二是污染者承担中间责任时，造成的其他财产损失，例如支付的诉讼费用、律师代理费用等，是否可以向第三人进行追偿，法院的做法不统一，有的支持，有的不支持。我支持污染者向第三人就上述费用索赔的主张，因为这是为了代替第三人承担中间责任而造成的损失，是第三人必须承担的责任。

第三，污染者以第三人过错造成损害为由主张不承担责任的，人民法院不予支持。原因在于，《侵权责任法》第 68 条规定污染者承担环境污染损害责任的中间责任，目的就是保障被侵权人的权利，如果准许污染者以第三人过错是损害发

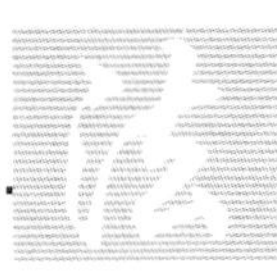

生的全部原因而进行抗辩，则这一条文就没有存在的必要了。对此抗辩主张应当予以驳回。

（三）被侵权人请求第三人承担的赔偿责任是最终责任

在环境污染责任诉讼中，被侵权人向法院起诉第三人承担赔偿责任，由于第三人是该不真正连带责任的最终责任人，因而，确定该第三人承担赔偿责任完全没有问题。

要特别强调的是，《环境侵权司法解释》第 5 条第 2 款关于“被侵权人请求第三人承担赔偿责任的，人民法院应当根据第三人的过错程度确定其相应赔偿责任”的规定，在《侵权责任法》第 68 条的情形下，是没有道理的。如果在这样的情形下，法院还坚持根据第三人的过错程度确定其相应赔偿责任，就离开了《侵权责任法》第 68 条规定的范围，不属于第三人过错致环境污染损害的不真正连带责任。

因此，被侵权人依照《侵权责任法》第 68 条规定请求第三人承担赔偿责任的，人民法院应当依照该规定，确定由第三人承担赔偿责任。在一般情况下，被侵权人只请求第三人承担第 68 条规定的赔偿责任的比较少见，因为在通常情况下，污染者的行为具有对损害结果发生的直接性，并且污染者的赔偿能力较强，而第三人的赔偿能力多数较弱。如果第三人的赔偿能力比污染者强，应当赋予被侵权人赔偿对象的选择权[①]，确定第三人承担全部赔偿责任，完全没有问题。

（四）严格区分第三人过错与过失相抵、共同侵权行为、分别侵权行为的界限

在《侵权责任法》第 68 条规定的范围内，不存在第三人的过错程度问题。如果一旦出现了第三人的过错不是环境污染损害的全部原因时，就会发生第三人过错与过失相抵、共同侵权行为与分别侵权行为的界限判断问题。在审判实践中必须严格掌握。

1. 第三人过错与过失相抵的界限

当被侵权人起诉第三人，第三人主张自己的过错不是损害发生的全部原因，被侵权人的过错也是损害发生的原因，查证属实的，发生过失相抵的后果。对

① 王胜明主编：《中华人民共和国侵权责任法释义》，法律出版社 2013 年第 2 版，第 382 页。

此，最基本的判断标准是，第三人的过错与受害人的过错加在一起，是造成损害的全部原因，只有第三人的过错并不会发生这样的损害。对此应当适用《侵权责任法》第 26 条规定，进行过错比较，适用过失相抵规则。第三人只对自己的过错造成的损害部分承担赔偿责任，其余部分由被侵权人自己承担。

2. 第三人过错与共同侵权行为

当被侵权人起诉第三人，第三人认为自己的过错并不是损害发生的全部原因，污染者的行为也是损害发生原因，且第三人与污染者具有意思联络的，查证属实后，第三人与污染者构成共同侵权行为，应当承担连带责任，不属于《侵权责任法》第 68 条的规范范围。① 对此，不适用《侵权责任法》第 68 条，而应适用该法第 8 条规定和第 13、14 条规定，承担连带责任。

3. 第三人过错与分别侵权行为

当被侵权人起诉第三人，第三人认为自己的过错不是污染损害发生的全部原因而是部分原因，污染者也有过失，查证属实不构成共同侵权行为的，应当依照《侵权责任法》第 12 条规定，追加污染者为共同被告，确定双方承担按份责任；被侵权人不同意追加污染者，或者被侵权人只起诉污染者不追加第三人的，也不能适用该法第 68 条规定，应当依照《侵权责任法》第 12 条规定，只判决被起诉的被告承担自己应当承担的那一部分按份责任。

第二节　环境侵权司法解释对分别侵权行为规则的创造性发挥

《环境侵权司法解释》已于 2015 年 2 月 9 日由最高人民法院审判委员会第 1644 次会议通过，2015 年 6 月 1 日公布，自 2015 年 6 月 3 日起施行。该司法解释第 3 条是对《侵权责任法》第 11 条和第 12 条规定的分别侵权行为及责任的具体解释，同时进行了创造性的发挥，不仅对于环境侵权的法律适用，而且对于侵

① 王胜明主编：《中华人民共和国侵权责任法释义》，法律出版社 2013 年第 2 版，第 383 页。

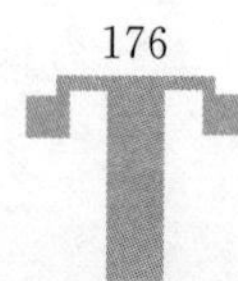

权责任法的理论研究和司法实践，也具有重要的理论价值和实践意义。

一、《环境侵权司法解释》第3条创造性发挥分别侵权行为规则的亮点

《环境侵权司法解释》第3条分为三款，分别规定："两个以上污染者分别实施污染行为造成同一损害，每一个污染者的污染行为都足以造成全部损害，被侵权人根据侵权责任法第十一条规定请求污染者承担连带责任的，人民法院应予支持。""两个以上污染者分别实施污染行为造成同一损害，每一个污染者的污染行为都不足以造成全部损害，被侵权人根据侵权责任法第十二条规定请求污染者承担责任的，人民法院应予支持。""两个以上污染者分别实施污染行为造成同一损害，部分污染者的污染行为足以造成全部损害，部分污染者的污染行为只造成部分损害，被侵权人根据侵权责任法第十一条规定请求足以造成全部损害的污染者与其他污染者就共同造成的损害部分承担连带责任，并对全部损害承担责任的，人民法院应予支持。"这一司法解释，对于在环境侵权责任领域正确适用《侵权责任法》第11条和第12条规定的分别侵权行为规则，规定了正确的方法；更为重要的是，把在这两个法律条文之间隐藏的特殊的分别侵权行为形态挖掘出来，进行正确的解释，因此具有创造性，在侵权责任法的理论和实践上都具有重要意义。之所以如此确定地认为这一条司法解释具有创造性的发挥，其亮点并不在于该条司法解释的第1款和第2款，而在于其第3款。

侵权责任法理论认为，《侵权责任法》第11条和第12条规定的是分别侵权行为及责任规则。其中第11条规定的是叠加的分别侵权行为（也称为累积的侵权行为），第12条规定的是典型的分别侵权行为。[①]

在以往的侵权责任法理论中，并没有分别侵权行为的概念，而是将其称为无过错联系的共同加害行为[②]，或者无意思联络的数人侵权行为[③]，是指数个行为

---

① 杨立新：《多数人侵权行为及责任理论的新发展》，《法学》2012年第7期。

② 杨立新：《侵权责任法》，法律出版社2011年版，第156页。

③ 王利明：《侵权责任法研究》上卷，中国人民大学出版社2010年版，第569页。

人事先既没有共同的意思联络，也没有共同过失，只是由于行为在客观上的联系而共同造成同一个损害结果。[①] 在《侵权责任法》颁布实施之前，提到无过错联系的共同加害行为，主要是指《侵权责任法》第12条规定的情形，亦即最高人民法院《关于审理人身损害赔偿案件适用法律若干问题的解释》第3条第2款规定的“二人以上没有共同故意或者共同过失，但其分别实施的数个行为间接结合发生同一损害后果的，应当根据过失大小或者原因力比例各自承担相应的赔偿责任”的情形，并不包括《侵权责任法》第11条规定的内容。《侵权责任法》第11条和第12条规定的侵权行为类型，构成了分别侵权行为的类型体系。

在后来的研究中，我提出了一个意见，即无过错联系的共同加害行为或者无意思联络的数人侵权行为的称谓过长，既不精练，使用起来也不方便，对于界定《侵权责任法》第11条和第12条规定的侵权行为类型并不准确，亦不适当，应当确定一个更好的、更简洁的、更能够体现这两个条文规定的侵权行为类型的概念。由于这两个条文都使用了的“二人以上分别实施侵权行为”的表述，因而，将这两种侵权行为类型抽象为“分别侵权行为”，与该法第8条规定的共同侵权行为概念相对应，更为贴切，也更为适当。[②] 因而将这两种侵权行为共同称为分别侵权行为，并且也被其他学者所使用。[③]

我把分别侵权行为这个概念，按照《侵权责任法》第11条和第12条规定，分为叠加的分别侵权行为和典型的分别侵权行为两种类型，前者指第11条，即分别侵权行为人实施的侵权行为都足以造成全部损害结果，每一个行为人实施的侵权行为对于损害后果的发生都具有100%的原因力；后者指第12条，即通常所说的无过错联系的共同加害行为，每一个行为人实施的侵权行为加到一起，构成全部损害发生的原因力。

《环境侵权司法解释》第3条第1款和第2款规定，就是对环境侵权中符合《侵权责任法》第11条和第12条规定的叠加的分别侵权行为和典型的分别侵权

---

① 杨立新：《侵权责任法》，法律出版社2011年版，第156页。

② 杨立新：《多数人侵权行为及责任理论的新发展》，《法学》2012年第7期。

③ 杨会：《逻辑意义上的连带责任和技术意义上的连带责任：一对新概念的提出》，《南昌大学学报（人文社会科学版）》2014年第4期。

行为及其责任承担规则的具体解释，并没有特别之处，仅仅是对法律规定具体应用的解释而已。

问题在于，在《侵权责任法》第11条和第12条规定的两种分别侵权行为之间，存在一个特别的分别侵权行为类型，既不同于第11条规定的叠加的分别侵权行为，也不同于第12条规定的典型的分别侵权行为，而是一种半叠加的分别侵权行为。这种特殊的分别侵权行为表现为“100＋50＝100原因力的分别侵权行为”，即部分人的行为具有100％的原因力，部分人的行为不具有100％的原因力，但是原因力相加，仍然高于100％，因而与典型的分别侵权行为完全不同，与叠加的分别侵权行为也不相同。[①] 尽管法律对此没有规定，但这种分别侵权行为不论是在逻辑上，还是在客观现实中，都是存在的，是必须面对的。由于法律没有这样规定，以往的司法解释也没有作过明确解释，因而尽管学者提出这样的见解，也不过是学说而已，性质属于学理解释，并没有在司法实践中进行实际操作的参照价值。

《环境侵权司法解释》第3条第3款，恰好就是对半叠加的分别侵权行为及责任规则具体应用的解释。其中关于“两个以上污染者分别实施污染行为造成同一损害，部分污染者的污染行为足以造成全部损害，部分污染者的污染行为只造成部分损害”的表述，说的正是半叠加的分别侵权行为在环境污染责任中的实际表现；而关于“被侵权人根据侵权责任法第11条规定请求足以造成全部损害的污染者与其他污染者就共同造成的损害部分承担连带责任，并对全部损害承担责任的，人民法院应予支持”的规定，则将半叠加的分别侵权行为承担责任的规则规定得非常清楚、具体、准确。这样，依照该司法解释的规定，半叠加的分别侵权行为及其责任，就不再是一般的学理解释，而成为具有实际适用价值的有效司法解释。尽管该司法解释是在解释环境污染责任的法律适用问题，但其理论价值和司法实践意义，绝不局限在环境侵权领域之中，而是对整个侵权责任法领域都具有重要的价值和意义。该司法解释将隐藏在《侵权责任法》第11条和第12条规定之间的半叠加的分别侵权行为挖掘出来，并且以司法解释的形式固定下来，

① 杨立新、陶盈：《论分别侵权行为》，《晋阳学刊》2014年第1期。

就使其具有了司法实际操作的法律依据，法官不仅在司法实践中对于环境污染责任这类侵权行为有了裁判的依据，而且可以推而广之，在其他侵权责任领域，对于所有的半叠加的分别侵权行为，都可以比照这一司法解释，在司法判决中予以引用和参照。这就是我所说的该司法解释具有创造性发挥的亮点。应当将这一理论价值和实践意义充分加以阐释，借以影响我国侵权责任法的理论与实践。

二、半叠加的分别侵权行为的主要特点及责任构成

（一）半叠加的分别侵权行为概念及主要特点

何为半叠加的分别侵权行为，我曾经给其定义为："半叠加的分别侵权行为是在分别实施侵权行为的数人中，部分行为人的行为足以造成全部损害，其他行为人的行为不足以造成全部损害，应当承担部分连带责任的分别侵权行为。"[①]《环境侵权司法解释》第 3 条第 3 款关于"两个以上污染者分别实施污染行为造成同一损害，部分污染者的污染行为足以造成全部损害，部分污染者的污染行为只造成部分损害"的规定，表述的就是这种分别侵权行为。如果按照这一司法解释的表述，将半叠加的分别侵权行为可以界定为：半叠加的分别侵权行为是指两个以上行为人分别实施侵权行为，造成同一损害，部分行为人的侵权行为足以造成全部损害，部分行为人的侵权行为只造成部分损害，应当承担部分连带责任的分别侵权行为。这样的定义更为准确，也更加贴近司法实践。

分别侵权行为分为三种类型：一是典型的分别侵权行为，二是叠加的分别侵权行为，三是半叠加的分别侵权行为。与其他两种分别侵权行为相比较，以及与其他多数人侵权行为即共同侵权行为和竞合侵权行为相比较，半叠加的分别侵权行为具有如下主要特点。

第一，半叠加的分别侵权行为的行为人实施的行为，都单独构成侵权行为。这是分别侵权行为的最主要特点，三种分别侵权行为都是如此。在认定分别侵权行为的时候，必须把握好《侵权责任法》第 11 条和第 12 条规定的"二人以上分

① 杨立新：《侵权责任法》，法律出版社 2015 年修订版，第 152 页。

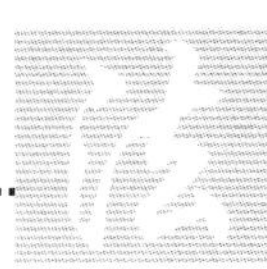

别实施侵权行为”的主要特点，按照侵权责任构成的要求，分别侵权行为在主观的过错方面，在客观的违法行为方面，都必须符合侵权责任构成的要求；即使在因果关系和损害事实方面，也必须符合侵权责任构成的要求，只不过具有自己的特点而已。[①]

第二，每一个行为人实施的侵权行为具有独立性，既不具有主观的关联共同，也不具有客观的关联共同。这一点主要是说分别侵权行为与共同侵权行为之间的区别。共同侵权行为的本质，是数人实施的行为是一个侵权行为。之所以数人实施的行为构成一个侵权行为，有的是靠行为人的主观意思联络，有的是靠行为人行为的客观关联共同，是主观的关联共同或者客观的关联共同将数人的行为结合在一起，构成了一个侵权行为。而分别侵权行为既不具有主观的关联共同，也不具有客观的关联共同，而仅仅是数人的侵权行为所造成的损害后果为“同一损害”。

第三，每一个行为人实施的侵权行为独立存在，相互之间并不发生竞合。这一点是就分别侵权行为与竞合侵权行为的区别而言。竞合侵权行为是指两个以上的民事主体作为侵权人，有的实施直接侵权行为，与损害结果具有直接因果关系，有的实施间接侵权行为，与损害结果的发生具有间接因果关系，行为人承担不真正连带责任的侵权行为形态。[②] 竞合侵权行为的主要特点，是在两个以上的行为中，有的行为直接造成损害后果，有的行为间接造成损害后果，发生竞合后，造成同一个结果，因而责任人承担不真正连带责任。在分别侵权行为中，不同行为人实施的行为并不发生竞合，对于损害的发生都属于直接原因，只是原因力有所不同而已，不存在直接原因与间接原因的区别。

第四，每一个行为人实施的侵权行为与损害结果发生的原因力不同，有的足以造成全部损害，有的只造成部分损害。这一点是半叠加的分别侵权行为与叠加的分别侵权行为以及典型的分别侵权行为的基本区别。首先，典型的分别侵权行为的原因力是平列的，并不叠加，每一个行为的原因力相加等于100%。其次，叠

---

① 对于分别侵权行为的损害事实和因果关系的特点，参见下文。

② 杨立新：《侵权责任法》，法律出版社2015年修订版，第152页。

加的分别侵权行为的原因力，每一个行为都是100%，全部叠加在一起，在原因力的程度上没有区别。而半叠加的分别侵权行为的原因力，既有叠加的部分，也有不叠加的部分，因此，每一个行为的原因力，有的是100%，有的不足100%，因而形成原因力的半叠加。符合后者的要求，就是半叠加的分别侵权行为。

（二）半叠加的分别侵权行为的责任构成

半叠加的分别侵权行为的责任构成，与其他分别侵权行为的责任构成有所区别，但主要内容是一致的。由于在这里要专门研究半叠加的分别侵权行为，因而进行全面说明。

1.半叠加的分别侵权行为的行为人为二人以上

分别侵权行为的性质是多数人侵权行为，因而半叠加的分别侵权行为的行为人也须为二人以上。在半叠加的分别侵权行为中，每一个行为人都实施了侵权行为。

2.每一个行为人的行为都具有违法性

半叠加的分别侵权行为的每一个行为人实施的行为，都须具有违法性。具体的违法性内容，可以是违反法定义务，可以是违反保护他人的法律，也可以是违反公序良俗加害于他人。每一个行为人的违法性是否需要完全一样无须考虑。因为每一个行为人实施的行为都是单独行为，只要每一个人的行为都具有违法性即可。因此，在考察半叠加的分别侵权行为的责任构成时，应当对每一个行为人的行为进行考察，每一个行为都具有违法性，至于每一个行为人的行为是作为或者不作为，是何种性质的违法性，均不论。

3.每一个行为人实施的行为都针对同一个损害目标、造成同一个损害结果

构成半叠加的分别侵权行为，损害后果的要件须为“一个损害”①。换言之，每一个行为人实施的行为，针对的都是同一个损害目标，造成了同一个损害事实。这个损害事实，可以表现为一个权利的同一个损害，也可以是同一个权利的不同损害。例如，造成一个人的死亡后果，可以是伤害了该受害人的不同部位造成不同的致命伤而致；一个物的灭失，或者一批钱款的被侵夺，都是“一个损

① 最高人民法院《关于审理环境侵权责任纠纷案件适用法律若干问题的解释》第3条第2款用语。

害”的事实。在传统侵权法理论中，对于共同侵权行为与分别侵权行为的区分，通常考察损害后果的可分或者不可分，可分的损害构成分别侵权行为，不可分的损害应当是客观的共同侵权行为。但是，按照《侵权责任法》第 11 条和第 12 条的规定，这样区分没有特别的实际价值。例如，第 12 条规定的是典型的分别侵权行为与按份责任，损害后果多数是可分的；但第 11 条规定的是叠加的分别侵权行为与连带责任，其损害后果主要是不可分的。半叠加的分别侵权行为的损害后果，原则上与叠加的分别侵权行为是一样的，损害后果基本上是不可分的。

4.每一个行为人的行为对损害后果的发生都有原因力但各不相同

构成半叠加的分别侵权行为，每一个行为人的行为对损害后果的发生（包括扩大），都须具有原因力，并且须有的行为人的行为的原因力为 100%，有的行为人的行为不足 100%，因为只有这样才能构成原因力的半叠加。如果每一个行为人的行为的原因力不足 100%的，就不构成半叠加的分别侵权行为，也不构成叠加的分别侵权行为。

5.每一个行为人在主观上具有故意或者过失

构成半叠加的分别侵权行为，每一个行为人的主观心态，应当具有故意或者过失。属于过错责任原则调整的侵权行为，应当证明每一个行为人具有故意或者过失；属于过错推定原则调整的侵权行为，应当符合过错推定原则的要求，即实行过错推定之后，行为人不能证明自己没有过错，因而认定行为人具有过失。

如果属于无过错责任原则调整的特殊侵权责任，例如环境污染责任、高度危险责任、动物损害责任等，则每一个行为人在主观上不必具有故意或者过失，但须符合该种特殊侵权责任其他要件的要求。

符合上述五个要件的要求，就构成半叠加的分别侵权行为。典型案例是：某公司负责人马某与其生意合作伙伴郝某达成一项油品购买协议，按照郝某提供的账户，先后分三笔向用户名为“中海西北能源有限公司”、开户行为某商业银行支行的账户，共支付了 1 500 万元。后来，马某发现该款被郝某诈骗，理由是付款后并未收到油品；“中海西北能源有限公司”公司名称不存在，付款账号的真实户名为“某某旗中海西北能源有限公司”，在收款户名与真实的收款人户名不

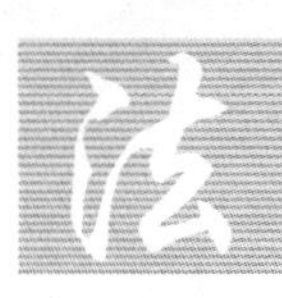

符的情况下，该银行未按照规定向付款人核对账户信息，而是向收款人核对信息，造成货款被骗。公安局立案侦查，郝某承认收到该款，确未交货，愿意归还剩余款项。该公司向法院起诉，请求该银行和郝某承担连带责任。法院判决适用《侵权责任法》第 11 条规定，认为银行与郝某分别实施的侵权行为，都足以造成全部货款损失，因而判决银行与郝某承担连带责任。

在这个案例中，银行与郝某实施的行为都构成侵权行为，郝某具有故意，银行具有过失，行为都具有违法性，造成了同一个损害结果的发生，且为二人以上，具备分别侵权行为的主要要件。但是，银行和郝某的行为是否构成叠加的分别侵权行为，则须特别考察每一个行为人的行为的原因力状况。法院的判决认为，银行和郝某的行为都足以造成该汇款全部损失，因而适用《侵权责任法》第 11 条。这样认定的理由并不充分。郝某的行为确实构成损害的全部原因，具有 100%的原因力；但是，银行的行为并非如此，用一个检验的方法即可确定：如果没有郝某的诈骗行为，银行即使违规解付汇款，也不能造成汇款损失的损害后果发生。由此可见，银行违规解付汇款的行为，是造成该损害的部分原因，而不是全部原因，不具有 100%的原因力，因而属于半叠加的分别侵权行为，而不是叠加的分别侵权行为。法院判决适用《侵权责任法》第 11 条规定，构成叠加的分别侵权行为，适用法律错误。

三、半叠加的分别侵权行为的部分连带责任及承担规则

对于半叠加的分别侵权行为的责任承担，《环境侵权司法解释》第 3 条第 3 款规定的是“足以造成全部损害的污染者与其他污染者就共同造成的损害部分承担连带责任，并对全部损害承担责任”。这种责任承担规则叫作部分连带责任。[①]

（一）环境侵权司法解释采用部分连带责任的合理性

部分连带责任学说是日本学者川井健教授提出来的，原本并非是应用于半叠

---

① 杨立新：《网络平台提供者的附条件不真正连带责任与部分连带责任》，《法律科学》2015 年第 1 期。

加的分别侵权行为这种侵权领域，而是针对共同侵权行为“客观说”的缓和。当对共同侵权行为采取“客观说”立场时，共同侵权行为的成立不以行为人的主观共同为必要，只要具有客观关联共同性即可，随着关联共同性的范围不断扩大，有可能会导致有的行为人承担过于严苛的连带责任。川井健的“部分连带责任说”认为，对于损害发生的原因力较小的行为人，却承担全部损害的连带责任，显然过于严苛，而仅就共同行为人的原因力重合的部分承担连带责任，则更为适当，可以避免这种无限扩大适用连带责任的危险性。例如A和B基于客观共同侵权行为产生了80万元的损害，A占了1/8的原因，B占了7/8的原因，则A和B对原因力重合的损害即10万元承担连带责任，只有B对原因力不重合的70万元损失承担个人责任。[①]

对于客观的共同侵权行为适用部分连带责任，须共同行为人的行为对于损害发生的原因力差距过大。我国司法实践是否适用这种规则，尚需进行探讨。即使是在日本，这种理论也仍处在探讨之中，并非通说，在实践中是否应当采用亦未有定论。[②]

但是，将部分连带责任的规则适用于半叠加的分别侵权行为，则非常恰当。“足以造成全部损害的污染者与其他污染者就共同造成的损害部分承担连带责任，并对全部损害承担责任”的规定，体现的就是部分连带责任的基本规则。

1. 半叠加的分别侵权行为不能适用按份责任

首先应当确定，对于半叠加的分别侵权行为，不能适用《侵权责任法》第12条规定的按份责任。原因是，适用按份责任，必须符合分别侵权行为的每一个行为人的行为原因力都不是100%，且每一个行为人的行为的原因力相加等于100%，因而按照每一个行为人行为的原因力确定责任比例，按份承担。叠加的分别侵权行为正因为每一个行为人的行为对于损害的发生都具有100%的原因力，且有数个100%原因力的重合，因而须承担连带责任。在半叠加的分别侵权

① ［日］川井健「共同不法行為の成立範囲の限定——全部連帯か一部連帯か」『現代不法行為研究』日本評論社、1978（初出は1968年）、228頁。

② ［日］淡路剛久「共同不法行為」ジュリスト898号、1987、86頁。

行为中，尽管不属于100%的原因力的重合，但是仍有部分原因力重合，既然有重合的原因力，就与连带责任发生联系，而不属于按份责任的范畴。

2. 部分连带责任规则是分别侵权行为数个原因力部分重合部分不重合的必然结果

按照《侵权责任法》第11条和第12条规定的逻辑延伸，既然原因力全部重合的结果为连带责任，原因力不重合的结果为按份责任，那么，在分别侵权行为中，数个行为人的行为的原因力部分重合部分不重合，其必然的逻辑结论就是，重合的部分实行连带责任，不重合的部分实行按份责任。这样的逻辑推理是完全成立的。

3. 对半叠加的分别侵权行为适用全部连带责任的不合理性

对于半叠加的分别侵权行为确定侵权责任，适用部分连带责任规则，或者适用全部连带责任规则，结果并不相同。

按照部分连带责任规则确定半叠加的分别侵权行为责任，计算的结果是：一个行为的原因力是50%，另一个行为的原因力是100%，确定原因力重合的部分为连带责任，非重合的部分为按份责任，即重合的50%的损害部分，由两个行为人承担连带责任，最终份额为各自25%；非重合的50%的损害部分，由行为原因力不重合的行为人自行承担。因此最终结果是，具有100%原因力的行为人承担的中间责任为100%（按份责任50%，连带责任的中间责任50%），最终责任为75%（按份责任50%，连带责任的最终责任25%）；具有50%原因力的行为人应当承担的中间责任为50%，最终责任为25%。

按照全部连带责任规则即《侵权责任法》第13条和第14条规定的连带责任规则，计算的结果是：中间责任为100%，每一个行为人都须为此负责；最终责任为，将半叠加的分别侵权行为的行为人的行为原因力相加，除以行为人的人数，得到的最终责任的份额即为66.7%和33.3%，原因力为100%的行为人的最终责任为66.7%；原因力为50%的行为人的最终责任为33.3%。

将上述两种计算方法的计算结果相比较，得出的结论是：

在连带责任的中间责任上，100%原因力的行为人按照部分连带责任规则计

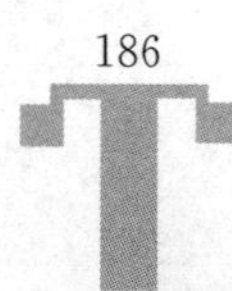

算，应当承担的连带责任为 50%，按份责任为 50%，按照全部连带责任规则计算，应当承担的是 100%，区别不大。但是，对于 50%原因力的行为人，按照全部连带责任规则计算，应当承担的中间责任为 100%，而按照部分连带责任规则计算，应当承担的中间责任为 50%，相差一倍。

在连带责任的最终责任上，按照部分连带责任规则计算，100%原因力的行为人承担的连带责任为 25%，按份责任为 50%，合计为 75%；50%原因力的行为人承担的连带责任为 25%。而按照全部连带责任规则计算，100%原因力的行为人承担最终责任为 66.7%，50%原因力的行为人的最终责任为 33.3%。

两种计算方法的计算结果，100%原因力的行为人中间责任加上按份责任相差 25%，最终责任相差 8.3%，50%原因力的行为人的中间责任相差 50%，最终责任相差 8.3%。对于不足以造成全部损害结果的分别侵权行为人而言，适用部分连带责任的规则，不论是中间责任还是最终责任，显然更加有利，并且更加合理；而适用全部连带责任规则，对其显然不利，也不具有合理性。同样，对于具有 100%原因力的行为人，按照部分连带责任规则，主要是将自己的行为原因力造成的损害，确定为自己的责任，而仅仅对原因力重合的部分，承担连带责任，按份责任为 50%，连带责任的最终责任为 25%，尽管对其不利，却是合情合理的。

因此可以确定，《环境侵权司法解释》第 3 条第 3 款规定半叠加的分别侵权行为承担责任适用部分连带责任规则，不仅具有合逻辑性，而且是合理的、正确的。在我国环境侵权法领域，借鉴日本最新的部分连带责任规则，作为我国半叠加的分别侵权行为的责任承担规则，具有创造性，是非常大胆又完全符合法理和情理的正确解释。

（二）半叠加的分别侵权行为承担部分连带责任的具体方法

无论是在环境侵权责任领域，还是在侵权法的其他领域，确认数人实施的行为构成半叠加的分别侵权行为，应当依照或者参照《环境侵权司法解释》第 3 条第 3 款规定的规则，确定分别侵权行为人承担部分连带责任。具体方法是：

首先，确定半叠加的分别侵权行为的每一个行为人实施的侵权行为原因力的大小。其中须有具有100%原因力的行为人，须有不足100%原因力的人。例如前述案例，银行对损害的发生具有30%的原因力，郝某对损害的发生具有100%的原因力，因而构成原因力的半叠加。

其次，确定“共同造成的损害部分”，即行为人的行为原因力重合的部分。如上例，郝某的行为对于造成诈骗损失1500万元的损害后果具有100%的原因力，而银行的违章解付汇款的过失行为是造成损害的次要原因，原因力约为30%。因此，共同造成的损害部分就是30%。

再次，对于共同造成的损害部分，各个行为人承担连带责任。即不论是具有全部原因力的行为人还是具有部分原因力的行为人，都只对重合的部分即共同造成的损害部分承担连带责任。如上例，在中间责任，银行和郝某都应当对30%的损害承担中间责任，但最终责任均为15%。对于自己承担了超过上述比例的赔偿部分，对对方有追偿权。

最后，对于不属于共同造成的损害的部分，即原因力不重合的损害，由具有100%原因力的行为人单独承担责任，即承担按份责任。如上例，对于其他70%的损失，郝某自己承担，银行对此不承担责任。

四、余论

还有几个问题想要说明一下：

第一，我国《侵权责任法》第11条和第12条规定，只规定了原因力全部竞合的分别侵权行为与原因力不竞合的分别侵权行为，分别对应的是连带责任和按份责任。对于现实存在的原因力部分竞合的分别侵权行为及责任形态，尚有缺漏，需要补充。《环境侵权司法解释》第3条规定，审视立法的缺漏和司法的急需，补充规定了原因力部分竞合的分别侵权行为，完善了分别侵权行为及责任的逻辑体系，既补充了立法的不足，也适应了司法实践的需要，是司法解释的典范。

第二，对此，也可以进一步认识司法解释之于立法补充和司法实践需求的重

要性。我一直主张，应当借鉴德国法的做法，将法官法与制定法对应起来，构成完整的法律体系。即使在最为严格的成文法国家中，也不可能完全限制法官造法，原因在于立法滞后于实践应属常态，实践必须对立法进行补充。如果过于强调成文法环境中的司法机关不可以造法，就会使立法与司法的差距永远存在下去，使很多法律没有规定的社会现象无法得到法律调整。有效率的法官法会缩小立法与司法的差距，进而实现法治的现代化。《环境侵权司法解释》第3条规定的实践，正好说明了这个问题。

第三，无论是立法还是司法，无论是制定法和法官法的制定，都需要科学的法学理论作为基础，只有这样才能够保证法律规范社会生活的准确性和正确性。《环境侵权司法解释》第3条规定的成功，借鉴了侵权责任法理论的部分连带责任理论，准确地规定了原因力部分竞合的分别侵权行为对责任形态的需求，使原因力部分竞合的分别侵权行为与部分连带责任规则实现科学的对接，也使市民社会的现实需要与法学理论发展实现了准确的对接。可以想象，日本学者川井健教授在创立部分连带责任学说时，仅仅是想在连带责任的分担上能够更好地实现分配正义，并没有想象到在中国会被适用于原因力部分竞合的分别侵权行为的责任承担问题上。或许可以说，这是新理论获得的一次“歪打正着”的收获。最新法学理论与我国侵权责任法的具体实践结合起来，不仅丰满了我国的侵权责任法律理论体系，而且更适应了我国司法实践的需要。这就是理论与实践结合的力量。

第二十七章

饲养动物损害责任

第一节　饲养动物损害责任一般条款的理解与适用

2013 年 3 月 7 日，某中级人民法院对所谓的“人狗猫大战”案件[①]作出终审判决，该判决在网络上引发了热烈讨论，其中支持者鲜见，反对者众多。笔者从对该案判决的争论中发现一个问题，即《侵权责任法》第 78 条规定的饲养动物损害责任一般条款并没有被认真讨论和研究，法院在适用中也没有深刻揭示其适用的基本要求。对此，笔者在本节对饲养动物损害责任一般条款进行探讨、说明，同时对“人狗猫大战”的终审判决作出评论。

一、《侵权责任法》第 78 条规定的基本性质

（一）对《侵权责任法》第 78 条规定的不同认识

《侵权责任法》第 78 条规定：“饲养的动物造成他人损害的，动物饲养人或

① 汉德法官：《流浪猫的终审判决》，见新浪博客，http：//blog. sina. com. cn/s/blog _ 5c86438e01016imm. html，2013 年 5 月 18 日访问。

者管理人应当承担侵权责任，但能够证明损害是因被侵权人故意或者重大过失造成的，可以不承担或者减轻责任。”对于这一条文究竟为何种性质，学界见解并不相同，主要有以下三种。

1.一般规定（规则）说。王胜明主编的《中华人民共和国侵权责任法释义》一书认为，《侵权责任法》第 78 条“是关于饲养的动物致人损害的一般规定”[①]。周友军认为，该法第 78 条实际上确立了动物致害责任的一般规则。即使是特殊类型的动物致害责任，除非有特别的规定或者按照法律的精神可以作不同的解释，否则都适用动物致害的一般规则。[②] 高圣平主编的《中华人民共和国侵权责任法立法争点、立法例及经典案例》一书持同样的观点，认为《侵权责任法》第 78 条是对饲养的动物致人损害的一般规则。[③]

2.一般条款说。张新宝认为，《侵权责任法》第 78 条是对动物致人损害责任一般条款的规定，规定的是饲养动物损害责任归责原则体系中的一般的无过错责任，适用于一般情形下的饲养动物致人损害情形，也即凡是《侵权责任法》第十章未特别列举规定的饲养动物损害责任情形，均适用《侵权责任法》第 78 条规定。[④] 程啸认为，依据该法第 78 条，原则上饲养动物造成他人损害时，无论饲养人、管理人有无过错，均应承担赔偿责任，即无过错责任。同法第 79 条和第 80 条规定的是更为严格的无过错责任，第 81 条规定的是过错推定原则。[⑤]

3.严格责任说。王利明认为，我国《侵权责任法》中的动物致害归责原则采严格责任，这集中体现在《侵权责任法》第 78 条的规定之中，该规定完全符合严格责任的一般性质和特点。[⑥]

以上意见主要集中在一般规定、一般规则、一般条款或者一般的无过错责任这样的认识上。一般规则和一般规定的说法并没有原则的不同。所谓一般规定或

---

① 王胜明主编：《中华人民共和国侵权责任法释义》，法律出版社 2010 年版，第 390 页。

② 周友军：《侵权法学》，中国人民大学出版社 2011 年版，第 402 页。

③ 高圣平主编：《中华人民共和国侵权责任法立法争点、立法例及经典案例》，法律出版社 2010 年版，第 743 页。

④ 张新宝：《侵权责任法》，中国人民大学出版社 2010 年版，第 320、321 页。

⑤ 程啸：《侵权责任法》，法律出版社 2011 年版，第 501 页。

⑥ 王利明：《侵权责任法研究》下卷，中国人民大学出版社 2011 年版，第 628、629 页。

者一般规则，就是饲养动物损害责任的一般性法律适用规则，大致相当于饲养动物损害责任一般条款。而所谓的一般无过错责任，既是强调一般的饲养动物损害责任是无过错责任，同时也强调了第78条的性质属于一般性条款。由此可见，在对《侵权责任法》第78条基本性质的认识上，学者的态度基本一致。

（二）动物损害责任的发展演变

在研究《侵权责任法》第78条规定时，学者都注意到了《民法通则》第127条与该条文之间的关系，认为后者是在前者基础上进行了若干的重要完善[①]，具有前后相续、逐步完善的关系。这个看法也是对的。我国《民法通则》第127条的内容比较简单，采用单一归责原则确定饲养动物损害责任，不够完善。《侵权责任法》借鉴域外法例，紧贴现实生活，对饲养动物损害责任作出了全面、科学、完备的规范，明确了法理。[②] 不过，动物损害责任一般条款的发展并非这样简单，其可以分为以下三个阶段。

1. 司法经验积累阶段。在司法实践中，最早的有关饲养动物损害责任的司法解释是1981年1月22日最高人民法院《关于李桂英诉孙桂清鸡啄眼赔偿一案的函复》，批复认为，作为母亲的李桂英对其3岁的孩子监护不周，自顾与他人聊天，使鸡啄伤孩子右眼，这是因母亲的过失所致，与养鸡者无直接关系，因而不予赔偿，该解释广受批评。1984年8月30日，最高人民法院《关于贯彻执行民事政策法律若干问题的意见》第74条规定："动物因饲养人或管理人管理不善，而致他人人身或财物损害的，应由饲养人或管理人承担赔偿责任。"这条解释规定动物损害责任的责任主体是饲养人或者管理人，学说认为其应适用过错推定原则，内容比较规范。[③]

在理论上，对于动物损害责任的归责原则，基本上采用苏联的规则和学说，认为对于致人损害的危险性较大的凶猛野兽或者猛禽，属于高度危险来源，适用无过错责任原则；一般饲养的动物损害不属于高度危险来源，适用过错推定原

---

① 周友军：《侵权法学》，中国人民大学出版社2011年版，第401页。

② 杨立新：《侵权责任法》，法律出版社2011年版，第523页。

③ 杨立新：《民法判解研究与适用》，第三集，中国检察出版社1997年版，第134页。

则，基本形成了动物损害责任的二元归责体系。[①]

2.《民法通则》阶段。1986 年 4 月 12 日通过的《民法通则》在第 127 条规定了饲养动物损害责任的规则："饲养的动物造成他人损害的，动物饲养人或者管理人应当承担民事责任；由于受害人的过错造成损害的，动物饲养人或者管理人不承担民事责任；由于第三人的过错造成损害的，第三人应当承担民事责任。"这条规定分为三部分，第一部分是饲养动物损害责任的一般性规定，即实行统一的无过错责任原则，改变了二元归责体系；第二部分和第三部分分别规定因受害人过错和第三人过错造成损害的，都免除动物饲养人或者管理人的责任。第一部分的内容没有问题，但后两部分的规定有一定的问题，就是免责过于绝对化，对应当实行过失相抵的事项也予以免责。

3.《侵权责任法》阶段。《侵权责任法》在《民法通则》的立法和实践基础上，认真总结经验教训，在第十章全面建立了我国的饲养动物损害责任制度。其中第 78 条是一般条款，第 79 条至第 83 条是对特殊情形作出的特别规定。

（三）《侵权责任法》第 78 条规定的基本性质与地位

《侵权责任法》第 78 条是饲养动物损害责任一般条款，对此学界的基本意见是一致的。应当看到，《侵权责任法》第五章至第十章规定了 6 种具体侵权责任类型，且都设置了一般条款，其中分为三种类型：一是只规定一般规则的一般条款，如关于环境污染责任的第 65 条；二是既规定一般规则也规定具体规则的一般条款，如关于产品责任的第 41 条至第 43 条、关于机动车交通事故责任的第 48 条；三是包含部分法定侵权责任类型的一般条款，如关于医疗损害责任的第 54 条、关于高度危险责任的第 69 条和饲养动物损害责任的第 78 条。[②] 饲养动物损害责任一般条款属于第三种类型。

对某一具体侵权责任类型设置一个一般条款，优势在于对一般情形不必进行具体规定，而是在一般条款之下，只对不适用一般条款的情形作出特别规定，其能够解决这一侵权责任类型的全部法律适用规则问题，不仅法律条文简洁、明

① 杨立新：《侵权责任法》，法律出版社 2011 年版，第 534 页。

② 杨立新：《医疗损害责任一般条款的理解与适用》，《法商研究》2012 年第 5 期。

快，而且法律适用规则也表达得更为清晰、明确，便于司法实践操作。因此，《侵权责任法》第78条在饲养动物损害责任的规则中十分重要，其既是理解和掌握饲养动物损害责任的基础性条文，又是一般的饲养动物损害责任案件的请求权基础。“人狗猫大战”案件的判决之所以确定责任不当，不能正确理解这个条文的含义是一个重要原因。

二、饲养动物损害责任一般条款与其他相关条文的关系

应当特别研究《侵权责任法》第十章中第78条与其他条文的关系问题。在第十章中，除了第84条是一个大体闲置的条文之外，其他条文与第78条规定的关系并不一样。

（一）特殊规则与一般条款

《侵权责任法》第79条、第80条和第81条与第78条规定的饲养动物损害责任一般条款是对立的关系，即前3个条文规定的三种饲养动物损害责任类型排除一般条款的适用，而适用特殊规则。其中，《侵权责任法》第79条和第80条的规定都是所谓的绝对责任条款。这些绝对责任条款有两大特点：一是不适用《侵权责任法》第78条规定的一般性的无过错责任原则，而适用更为严格的无过错责任原则；二是不适用该第78条规定的免责或者减轻责任事由，即使被侵权人对损害的发生有故意或者重大过失，也不得免除责任或者减轻责任。例如大型犬出没于公众场合时必须拴狗链，否则就违反了有关管理规定，即使被侵权人有过错，也不得减轻或者免除饲养人或者管理人的责任。该法第80条同样如此。

《侵权责任法》第81条与第79条和第80条相反，不是加重责任，而是降低责任标准，其不适用该第78条规定的无过错责任而适用过错推定责任，如果饲养人或者管理人能够证明自己对于动物致人损害没有过错，就可以免责；即使有过错，但受害人也有过错的，也不适用该第78条但书规定，而是适用《侵权责任法》第26条进行过失相抵。

（二）特殊主体与一般条款

《侵权责任法》第82条规定的遗弃、逃逸动物损害责任，与前三种情形不

同，是由于承担责任的主体不同而不适用饲养动物损害责任一般条款的一般规则。遗弃动物，是动物的所有权人放弃所有权，在其造成损害时，其实与原所有人并无关系，但由于遗弃动物本身的危险性，不仅损害动物福利，而且严重威胁公众安全，因而确定原饲养人或者原管理人仍对损害承担侵权责任。而逃逸动物的所有权关系没有变化，其饲养人和管理人仍然承担义务，造成他人损害，当然还是由原饲养人或者原管理人承担侵权责任。这种责任适用无过错责任原则，如果被侵权人具有故意或者重大过失的，应当适用《侵权责任法》第 78 条有关减轻责任或者免责的但书规定。因此，《侵权责任法》第 82 条与第 78 条并非完全对立，只是不适用一般规则而适用但书规则。

（三）特殊责任形态与一般条款

《侵权责任法》第 83 条规定的是第三人过错的饲养动物损害责任，与《民法通则》第 127 条规定完全不同。《民法通则》第 127 条规定第三人过错造成饲养动物致人损害的，适用第三人侵权行为的一般规则，即第三人承担侵权责任，动物饲养人或者管理人免除责任。《侵权责任法》第 83 条改变了这一做法，加大动物饲养人或者管理人的责任，令其与有过错的第三人承担不真正连带责任，被侵权人可以直接请求动物饲养人或者管理人承担赔偿责任，在其承担赔偿责任之后，再向第三人追偿。被侵权人具有故意或者重大过失的，应当适用《侵权责任法》第 78 条有关减轻责任或者免除责任的但书规定。由于最终责任是由有过错的第三人承担，因而如果被侵权人请求动物饲养人或者管理人承担中间责任，饲养人或者管理人应当提出抗辩，以对抗被侵权人的主张，否则，在其对有过错的第三人进行追偿时会有麻烦，将会出现第三人不承担不应承担的赔偿责任，而饲养人或者管理人已经承担了该部分责任的尴尬局面，使饲养人或者管理人的利益受到损害。可见，《侵权责任法》第 83 条与第 78 条的关系是部分重合的，即第 83 条规定的情形不适用第 78 条规定的一般规则，但适用该条但书规定的规则。

三、适用饲养动物损害责任一般条款的基本要求

《侵权责任法》第 78 条规定的饲养动物损害责任一般条款，分为一般规则

（前段）和但书规则（后段），在司法实践中应当按照这样的规则适用法律。

（一）饲养动物损害责任一般条款的一般规则

1.适用无过错责任原则。对《侵权责任法》第78条规定的饲养动物损害责任一般条款适用无过错责任原则，是学者的一致意见。① 多数学者都指出，该第78条规定的无过错责任原则是一般性的无过错责任原则，与更为严格的无过错责任有较大的区别。对此，张新宝的说明是最清楚的。②

《侵权责任法》规定无过错责任原则，对无过错责任原则的程度既有不作区别的，也有作出具体区别的。在环境污染责任和产品责任中，适用无过错责任原则没有程度的区别。高度危险责任和饲养动物损害责任尽管都适用无过错责任原则，但规定了不同的程度要求。高度危险责任的无过错责任分为四个层次，即《侵权责任法》第70条至第73条规定的四种高度危险责任类型，通过适用免责或者过失相抵不同条件的规定，使其严格程度明显不同，也使得侵权责任的确定更为科学、合理。饲养动物损害责任的无过错责任原则则分为两个层次：一是一般性的无过错责任原则即《侵权责任法》第78条规定的情形；二是更为严格的无过错责任原则即该法第79条和第80条规定的情形，对危险性更大的饲养动物造成损害承担侵权责任规定了更宽的要件，使被侵权人更容易获得赔偿，得到更好的保护。

2.责任构成要件。依照《侵权责任法》第78条规定，适用饲养动物损害责任一般条款应当具备的要件是：第一，动物为饲养的动物，而不是野生动物，也不是动物园饲养的动物；第二，造成他人损害的事实，被侵权人是动物饲养人或者管理人以外的他人，损害事实主要是人身损害，但也不排除财产损害；第三，饲养人或者管理人管束动物的不当行为与他人的损害事实之间具有因果关系，即他人损害的事实是饲养的动物所致，原因是饲养人或者管理人管束动物不当，但动物损害并非饲养人或者管理人的意志所支配，排除人为因素。如果行为人以动

① 张新宝：《侵权责任法》，中国人民大学出版社2010年版，320页；程啸：《侵权责任法》，法律出版社2011年版，第500页；杨立新：《侵权责任法》，法律出版社2011年版，第535页。

② 张新宝：《侵权责任法》，中国人民大学出版社2010年版，第321页。

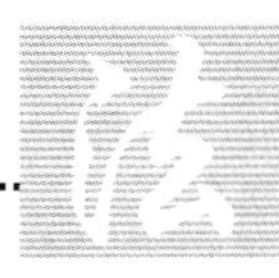

物为工具，致使动物致人损害，则行为人的行为所造成的损害，不属于饲养动物损害责任。[①]

3. 饲养人与管理人的责任承担。《侵权责任法》第78条规定的责任人是动物饲养人或者管理人。这个规定有以下两个问题需要明确。

第一，动物饲养人的含义是什么？对于《侵权责任法》第78条为什么使用动物饲养人的概念而不使用动物所有人的概念，学者有不同的理解。一是“等同于所有人说”，认为动物饲养人就是所有人，即对动物享有占有、使用、收益、处分权的人。[②] 二是“宽于所有人说”，认为动物饲养人可能包括了所有人，但又不等同于所有人。[③] 三是“保有人说”，认为动物饲养人是作为所有人的保有人。[④] 笔者曾经采用保有人的方法进行解释，即饲养人和管理人都是保有人。[⑤] 但是将饲养人解释为所有人，将管理人解释为负有管理职责的其他动物保有人，在法律适用上更为明确、更为便捷。

至于为什么不使用所有人的概念而使用饲养人的概念，除了是沿袭《民法通则》第127条规定的做法之外，采用饲养人的概念与《侵权责任法》第十章的名称“饲养动物损害责任”以及该章的适用范围相一致。[⑥] 这样的意见比较准确。

第二，动物饲养人与管理人之间如何承担责任？《侵权责任法》第78条规定了两个责任主体，即动物饲养人或者管理人。这两个主体应当怎样承担侵权责任，学者的看法不同。首先应当明确的是，如果造成损害的动物只有饲养人，问题就相当简单，将其列为被告即可。问题在于，如果动物的饲养人和管理人为不同的人，究竟应当怎样承担责任，问题比较复杂。有的学者认为应由实际占有、控制该动物的人为被告承担赔偿责任[⑦]；有的学者认为，所有人就是保有人，管理人是所有人以外的保有人，如果存在数个保有人，此时数个保有人要共同承担

---

① 对饲养动物损害责任的构成要件，学者讨论较多，意见大体一致，本书不作展开说明。

② 王胜明主编：《中华人民共和国侵权责任法释义》，法律出版社2010年版，第392页。

③ 王利明：《侵权责任法研究》下卷，中国人民大学出版社2011年版，第658页。

④ 周友军：《侵权法学》，中国人民大学出版社2011年版，第406页。

⑤ 杨立新：《侵权责任法》，法律出版社2011年版，第540页。

⑥ 王利明：《侵权责任法研究》下卷，中国人民大学出版社2011年版，第658页。

⑦ 参见《山东省高级人民法院关于审理人身损害案件若干问题的意见》第39条规定的内容。

责任。①

将动物的饲养人和管理人界定为实际占有、控制该动物的人且为责任人，是一个比较好的办法，似乎也是立法本意，因为立法机关人士也认为，当动物的所有人与管理人为不同人时，管束动物的义务转移给管理人，这时的赔偿主体应为管理人。② 应当看到，饲养的动物致人损害，只要有管理人存在，就必定存在饲养人。管理人管理动物造成他人损害，承担了赔偿责任，如果其有过错，当然没有问题，但如果管理人并无过错，难道不可以向饲养人主张追偿权吗？在这种情况下，就出现了与《侵权责任法》第 83 条完全相同的问题，即第三人有过错致使动物造成他人损害而承担赔偿责任当然没有问题，但如果是饲养人承担了责任，必定要向第三人进行追偿。同样，管理人承担了赔偿责任，如果自己没有过错，当然可以向动物饲养人主张追偿，因为毕竟饲养人是饲养动物的利益享有人，怎么可以不承担责任呢？因而，饲养人与管理人共同承担责任的意见有一定的道理。

但是，这个意见并没有明确动物饲养人和管理人共同承担的责任究竟是连带责任、不真正连带责任还是按份责任。笔者认为，首先，饲养人和管理人不可能承担按份责任，因为不存在承担按份责任的基础；其次，承担连带责任须双方当事人对于损害均应承担责任，对外连带、对内按份，管理人和饲养人也不存在连带责任的基础，因为不构成共同侵权行为；最后，唯一可以考虑的是承担不真正连带责任，因为动物饲养人和管理人是两个不同的主体，有两个不同的侵权行为，两个行为竞合在一起，造成了同一个损害结果，因此构成竞合侵权行为。竞合侵权行为的责任形态就是不真正连带责任。③

经过以上分析，可以得出的结论是：第一，饲养的动物造成他人损害，只有饲养人的，当然由动物饲养人承担赔偿责任，不发生复杂的法律适用问题；第二，饲养的动物造成他人损害，既有动物饲养人又有管理人的，应当承担的责任

① 周友军：《侵权法学》，中国人民大学出版社 2011 年版，第 408 页。

② 王胜明主编：《中华人民共和国侵权责任法释义》，法律出版社 2010 年版，第 392 页。

③ 杨立新：《论竞合侵权行为》，《清华法学》2013 年第 1 期。

形态是不真正连带责任。被侵权人可以选择起诉饲养人，也可以选择起诉管理人承担中间责任；如果承担责任的人不是最终责任人，可以行使追偿权实现最终责任。这样的规则对被侵权人的权利保护最为妥当，也是最为公平、最为合理的。

（二）饲养动物损害责任一般条款的但书规则

1.受害人故意或者重大过失的责任减免。《侵权责任法》第78条规定的但书规则，即"但能够证明损害是因被侵权人故意或者重大过失造成的，可以不承担或者减轻责任"，在理解上也有较大分歧。一是"原因力说"，认为被侵权人的故意或者重大过失可以成为免责或减轻责任的事由，被侵权人的故意或重大过失是引起损害的全部原因的，动物的饲养人或者管理人可以免责；如果被侵权人的故意或者重大过失只是引起损害的部分原因的，则不能免除动物饲养人或管理人的赔偿责任，而应适用过失相抵规则。[①] 二是"具体考虑说"，认为被侵权人的故意或者重大过失都可以构成免责事由，在受害人具有故意或重大过失的情况下，究竟是作为减轻责任还是免除责任的事由，要结合具体案件考虑。[②] 三是"故意免责重大过失减责说"，认为被侵权人故意造成损害的，动物的饲养人或者管理人可以不承担责任；当受害人对损害的发生具有重大过失时，动物的饲养人或者管理人仍应承担责任，但可以减轻责任。[③]

"故意免责重大过失减责说"明显不符合《侵权责任法》第78条规定的但书规则，如果作如此理解，该但书规则完全可以不予规定，直接适用该法第26条和第27条就行了。"具体考虑说"的意见大体合适，但不够精准。唯有"原因力说"的解释完全符合该第78条但书规则的立法本意，笔者赞成这种意见。[④]

饲养动物损害责任一般条款但书规则的法律适用规则如下。

第一，排除《侵权责任法》第26条和第27条规定的适用。由于该法第78条但书规定了自己的免责事由或者减轻责任事由，因而在饲养动物损害责任中不再适用同法第26条和第27条的规定，而应当依照第78条但书规定确定免责和

① 张新宝：《侵权责任法》，中国人民大学出版社2010年版，第327页。

② 王利明：《侵权责任法研究》下卷，中国人民大学出版社2011年版，第637页。

③ 程啸：《侵权责任法》，法律出版社2011年版，第507页。

④ 杨立新：《侵权责任法》，法律出版社2011年版，第542页。

减轻责任的事由。

第二，排除被侵权人的过失和轻微过失作为免责或者减轻责任事由。在饲养动物损害责任中，如果被侵权人对于损害的发生或者扩大具有过失或者轻微过失，不论是构成损害的全部原因还是部分原因，都不得对饲养人或者管理人免除责任或者减轻责任。

第三，被侵权人的故意或者重大过失是损害发生的全部原因，具有全部原因力的，应当免除饲养人或者管理人的责任，不论是故意还是重大过失。

第四，被侵权人的故意或者重大过失是损害发生的部分原因的，依照其原因力进行过失相抵，相应减轻饲养人或者管理人的赔偿责任。

2.饲养动物损害责任一般条款没有规定的其他免责事由的适用。《侵权责任法》第78条只规定了受害人故意或者重大过失免责或者减轻责任，除了与《侵权责任法》第三章第26条和第27条相冲突，第83条与第28条规定相冲突之外，与其他免责事由的规定并无冲突，因此，关于不可抗力、正当防卫、紧急避险的规定都可以适用于该第78条。

四、“人狗猫大战”案件终审判决的不当之处

依照上述对《侵权责任法》第78条规定的饲养动物损害责任一般条款的理解，笔者针对“人狗猫大战”案件的终审判决书的内容，提出以下探讨性意见。

(一)“人狗猫大战”案件应当适用的实体法规范

该案终审判决没有引用应当适用的实体法律依据，仅依照《民事诉讼法》第170条第1款第2项规定作出。依照民事裁判适用法律的惯例，如果二审判决对一审判决予以改判，不仅应当引用程序法规定，也应当引用应予适用的实体法规范。该案终审判决的这种做法不妥。

对于该案，应当适用《侵权责任法》第十章的规定无疑，但既不能适用该法第79条和第80条的规定，也不能适用第81条至第83条规定，因为不属于这些条文规定的特殊情形。换言之，该案不属于《侵权责任法》第十章第79条至第

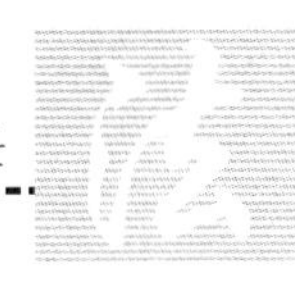

83 条规定的特别情形，因而能够选择的只能是同法第 78 条规定的饲养动物损害责任一般条款，因为原告起诉的就是饲养动物损害责任，既然不具备其他特殊法律规范规定的特殊情形，只能适用该条饲养动物损害责任一般条款的规定，属于饲养动物损害责任一般条款的调整范围。

（二）“人狗猫大战”案件不符合饲养动物损害责任一般条款的要求

“人狗猫大战”案件的事实和性质，不符合《侵权责任法》第 78 条规定的饲养动物损害责任一般条款规定的要件，其要点如下。

1. 投喂流浪动物的人不是饲养人。该案一审判决认为，被告乔某长期饲养流浪猫，构成流浪猫的饲养人，因此判决适用《侵权责任法》第 78 条关于饲养人的规定令其承担主要责任。[①] 这个认定是不对的，终审判决否定这个意见是正确的。前文已经明确，该第 78 条规定的饲养人就是动物所有人，只是表述不同而已。乔某对流浪猫的行为是投喂不是饲养，不是动物的所有人，因而不是饲养人，对于流浪动物即使长期投喂，也不会因此而成为法律意义上的动物饲养人。一审判决书的这个错误是望文生义，简单化地对待法律规定的概念。既然乔某不是饲养人，当然不符合《侵权责任法》第 78 条规定的饲养动物损害责任一般条款关于主体要件的要求，不应当承担动物饲养人应当承担的法律责任。

2. 造成肖某损害的原因是受害人自己的重大过失。该案造成原告肖某损害的原因，是肖某自己的重大过失，具体表现为：第一，该案发生损害的起因是猫狗之间的冲突，而狗猫发生冲突的原因在于饲养人对大型犬未拴狗链。按照《侵权责任法》第 79 条规定，违反管理规定未对动物采取安全措施，属于重大过失，如果造成他人损害，应当承担绝对责任。在本案中，尽管不是未拴狗链的动物所致损害，却可以依此认定肖某具有重大过失。第二，肖某被流浪猫咬伤的主要原因是其踢猫的行为，是在猫狗发生的冲突中，狗主人拉“偏架”踢猫，激怒了猫，在此情形下咬伤肖某，夸张地讲是猫的“正当防卫”，踢猫的行为更是重大

① 《女子喂养小区中流浪猫因猫伤人被判赔偿千余元》，见法律教育网，http：//www.chinalawedu.com/new/201211/qinyinjing2012110117542881781453.shtml，2013 年 5 月 18 日访问。

过失。基于受害人自己的重大过失造成自己损害，没有理由令投喂流浪猫的乔某承担赔偿责任。

3.乔某投喂流浪动物行为是损害发生的条件而不是原因。终审判决书特别强调，“乔某长期投喂流浪猫，尤其是在其家门口的公共通道附近的固定投喂行为，在其生活社区的公共环境中形成了一个流浪猫获取食物的固定地点，导致了流浪猫的聚集，而流浪动物的不可控性及自然天性，在没有得到有效控制的前提下必定会给社区的公共环境带来危险”①。这样的分析论证并非没有道理，但尽管如此，乔某的行为对于损害的发生仅仅是一个条件，既不是原因，也不是适当条件，因此与损害发生没有因果关系，判断的依据就是，没有肖某未拴狗链和踢猫行为，即使乔某投喂流浪猫，流浪猫也不会伤害肖某。可见，乔某投喂流浪猫的行为与损害之间，无论是运用直接因果关系规则还是运用相当因果关系规则进行判断，都没有原因力，而肖某的过错是行为发生的全部原因，其损害完全应当由自己负担。

4.关于公共道义和善良风俗问题。在动物之间发生冲突时，人的力量介入其中并对动物施以暴力，人被处于劣势的动物咬伤，就在一个等式之中加进了不公平的砝码。对动物施暴的人反而主张被施暴动物的投喂人对其承担侵权责任的诉讼，无疑存在公共道义和善良风俗的考量。对流浪动物予以关爱，体现悲悯、爱心的人反被认定为侵权人，科以侵权赔偿责任；而具有重大过失、对流浪动物施以暴力的人反被认定为被侵权人。在这样一个不公平的判决中，饲养动物损害责任一般条款就这样被歪曲了，尽管终审判决并未直接引用《侵权责任法》第78条规定。即使不从艰深的学理角度予以探讨，就从社会的一般智识经验判断，这样的判决是否能够经得起公共道义和善良风俗的检验，结论也是十分清楚的。“人狗猫大战”案件的终审判决不能不让人审慎思考。

① 汉德法官：《流浪猫的终审判决》，见新浪博客，http：//blog.sina.com.cn/s/blog_5c86438e01016imm.html，2013年5月18日访问。

第二节　修订侵权责任编应对动物园动物损害责任归责原则进行调整

把现行《侵权责任法》修订为民法典民法侵权责任编，关于其总体的修订意见，我在一篇文章中已经作了说明。[①]此外，我想要特别提到一个问题，就是《侵权责任法》第 81 条规定动物园的动物损害责任适用过错推定原则，与所有的饲养动物损害责任适用无过错责任原则不同，是对动物园的“法外施恩”。在制定《侵权责任法》之初，民法学者就认为这样的规定是不正确的，立法者并没有接受这样的意见，仍然对此坚持适用过错推定原则。2016 年发生的八达岭野生动物园饲养的东北虎造成游客伤亡，再一次说明，《侵权责任法》第 81 条的规定是不正确的。我在这里对这个规则的修订提出以下意见。

一、饲养动物损害责任与动物园动物损害责任适用归责原则的反差

（一）《侵权责任法》对饲养动物损害责任规定的不同归责原则

《侵权责任法》第十章规定的是“饲养动物损害责任”。其中第 78 条规定的是饲养动物损害责任的一般规则，即“饲养的动物造成他人损害的，动物饲养人或者管理人应当承担侵权责任，但能够证明损害是因被侵权人故意或者重大过失造成的，可以不承担或者减轻责任”。这一条文明确规定，饲养动物损害责任适用无过错责任原则。

在第 78 条之下，《侵权责任法》又规定了三条特别规则，第 79 条和第 80 条规定的是饲养动物损害责任的加重条款，也被称作“绝对责任条款”。第 79 条规定：“违反管理规定，未对动物采取安全措施造成他人损害的，动物饲养人或者管理人应当承担侵权责任。”第 80 条规定：“禁止饲养的烈性犬等危险动物造成

① 杨立新：《民法分则侵权责任编修订的主要问题及对策》，《现代法学》2017 年第 1 期。

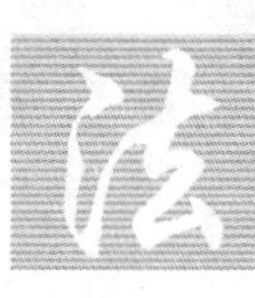

他人损害的，动物饲养人或者管理人应当承担侵权责任。”这两个条文规定的责任主体都是一般性主体，没有特别的要求。按照这样的规定，即使私人饲养的动物，如果违反了管理规定没有对动物采取安全措施，或者饲养的是禁止饲养的烈性犬等危险动物，造成他人损害，都应当承担无过错责任，并且不可以减轻或者免除责任。这就是“绝对责任条款”[①]。

与此形成强烈反差的是该法第 81 条，内容是：“动物园的动物造成他人损害的，动物园应当承担侵权责任，但能够证明尽到管理职责的，不承担责任。”这一规定，显然不同于该法第 78 条的一般性规定，即动物园饲养的动物造成他人损害的，不适用无过错责任原则，而适用过错推定原则。动物园尽到了管理职责，对于其饲养的动物造成的损害，就可以不承担责任。[②] 这里明显可以看到的问题是，动物园饲养的动物显然不是一般的家畜、家禽，其中必定包括凶猛的野兽、猛禽，其危险性远远高于家庭饲养的家畜、家禽，甚至比禁止饲养的烈性犬等危险动物还要凶猛得多，危险性显然更加严重。

问题是，一般的饲养动物多数或者绝大多数不具有特别的危险性，即使如此，《侵权责任法》尚且将其规定为无过错责任，甚至家庭饲养的狗如果没有采取拴绳等管理规定的安全措施，都要承担无过错责任。而动物园饲养的动物具有更高的危险性，反而却规定承担过错推定责任，其中的道理何在呢？

（二）八达岭野生动物园伤人案

2016 年 7 月 23 日下午 14 时许，赵某驾驶一辆速腾小客车，载着其夫刘某、其母周某和其子（2 周岁）到八达岭野生动物世界游览。购票后，检票人员口头告知自驾车游客进入猛兽区严禁下车、严禁投喂食物等相关注意事项，发放了“六严禁”告知单（严禁开窗，严禁下车，严禁投喂食物，严禁携带宠物，严禁一切野外用火，严禁酒后、心脏病者驾驶），赵某还与八达岭野生动物世界签订了《自驾车入园游览车损责任协议书》。14 时 17 分，该车通过二次检票口开始游览。据赵某、刘某陈述，行车游览至可下车参观的野性天地游览园时，速腾车

---

① 王胜明主编：《中华人民共和国侵权责任法释义》，法律出版社 2013 年第 2 版，第 445 页。

② 王胜明主编：《中华人民共和国侵权责任法释义》，法律出版社 2013 年第 2 版，第 449 页。

由赵某换为刘某驾驶；14 时 56 分，该车与另外两辆自驾游车先后从入口进入东北虎园。15 时 00 分 07～33 秒，刘某将车停在距东北虎园西北门出口 19 米左右的柏油路中间，赵某从副驾驶位置下车，向车头前方绕行。位于速腾车右前方约 13 米的 3 号巡逻车的司机发现赵某下车，立即用车载高音喇叭警示喊话要求其上车，速腾车左后方的两辆自驾车按响车喇叭进行警示。随后，赵某绕到速腾车主驾驶车门外，并侧身向车尾方向张望。此时，位于速腾车西侧约 13 米平台上的第一只虎窜至赵某身后，咬住其背部，并拖回该平台。该平台上的另一只虎撕咬赵某面部右侧。刘某下车，向前追赶几步又返回。15 时 00 分 32 秒，周某打开左后车门与刘某追至该平台坡下。15 时 00 分 33 秒，3 号巡逻车拉响警报冲上柏油路，对虎进行驱赶。同时用对讲机呼叫 8 号巡逻车进行支援。周某上至该平台，用右手拍击虎，被平台上的一只虎咬到背部右侧。此时，距该平台西南侧约 8 米的第三只虎冲过来，咬住周某左枕部并甩头，周某停止挣扎。15 时 01 分 14 秒，8 号巡逻车赶到现场，共同驱虎。刘某要求 3 号巡逻车司机下车参与救援，该司机按照《猛兽区巡逻车司机安全职责》及猛兽区严禁下车的规定，责令刘某马上上车驶离事发现场。15 时 02 分 26 秒，刘某将车驶离东北虎园。随后，相邻园区的 4 辆巡逻车陆续赶到事发地支援，并引导游览车辆驶离东北虎园。15 时 06 分 02 秒至 16 分 43 秒，东北虎舍饲养员与巡逻车配合将虎舍天井内的 7 只虎收回虎舍铁笼，然后将 3 只虎从事发地驱至虎舍天井，并收入虎舍铁笼。期间，一辆白色金杯车载着救援人员赶至东北虎园区内。15 时 16 分 43 秒至 19 分 22 秒，救援人员下车施救，未发现周某有呼吸和脉搏；发现赵某面部撕裂，伴有呼喊。救援人员于 15 时 17 分拨打 120 急救电话，因正在执行任务的 120 车辆距事发现场较远，为争取抢救时间，救援人员将赵某和周某抬入金杯车内，15 时 22 分 27 秒金杯车驶离东北虎园。15 时 23 分，园区工作人员刘某某给北京大学第三医院延庆医院急诊中心负责人打电话，请求做好抢救准备。15 时 44 分送至延庆医院，医务人员立即分两组同时对赵某、周某进行抢救。周某因伤势过重，抢救无效，于 17 时 12 分死亡。赵某右颌面部开放损伤、全身多发软组织裂伤、多发骨折，经治疗痊愈出院。

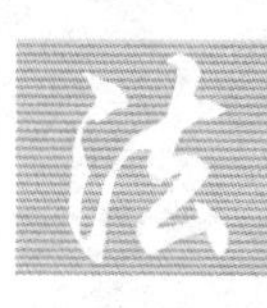

（三）动物园饲养动物损害案件适用不同归责原则的后果

对于本案件，政府派出事故调查组，通过调查取证和对各类证据材料的分析论证，结合专家组意见，对事发原因作出如下认定。造成此次事件的原因：一是赵某未遵守八达岭野生动物世界猛兽区严禁下车的规定，对园区相关管理人员和其他游客的警示未予理会，擅自下车，导致其被虎攻击受伤。二是周某见女儿被虎拖走后，救女心切，未遵守八达岭野生动物世界猛兽区严禁下车的规定，施救措施不当，导致其被虎攻击死亡。八达岭野生动物世界在事发前进行了口头告知，发放了“六严禁”告知单，与赵某签订了《自驾车入园游览车损责任协议书》，猛兽区游览沿途设置了明显的警示牌和指示牌，事发后工作开展有序，及时进行了现场处置和救援。结合原因分析，调查组认定“7·23”东北虎致游客伤亡事件不属于生产安全责任事故。

对于上述意见，看起来比较片面，认为主要的过错都在受害人，而动物园基本上没有责任。我是不同意这样的分析意见的。

1.关于动物园一方的过失

即使依照《侵权责任法》第81条的规定，对动物园饲养动物损害责任适用过错推定原则，本案的野生动物园一方也有过失，应当承担赔偿责任。过错推定的核心价值，在于以举证责任倒置的方法减轻受害人的举证负担，保护受害人的权益。当动物园饲养的虎袭击受害人导致损害发生后，首先就要依法推定动物园有过错；动物园认为自己没有过失的，应当承担举证责任，证明自己没有过失。

在上述调查意见的结论中，似乎动物园一方完全没有过失。依据调查意见认定的这些事实，是不能证明动物园对于本案受害人的人身损害是没有过错的。具体分析如下。

第一，私家车入园游览的项目设置是否合理问题。动物园作为饲养管理动物的专业机构，依法负有高度谨慎的注意和管理义务，其安全设施必须充分考虑游客有可能发生的一切危险，最大限度地杜绝危害后果的发生。本案野生动物园区别于普通的动物园，饲养的凶猛野兽更具有高度危险性，园方应该承担更高的、完全符合其专业管理动物水准的高度注意义务。首先，开设私家车入园游览的项

目是否具有安全保障性本身就存在问题。北京有两家野生动物园，一家是本案的侵权方，另一家是北京野生动物园，位于大兴区。后一家野生动物园严格禁止私家车进入猛兽区，游客一律乘坐园方统一的游览车，游览车由坚固结实的铁笼罩住，绝对隔离了猛兽的侵害，开园至今未发生过游客被袭事件。全国开设的多家野生动物园里，绝大多数的野生动物园是不允许私家车进入猛兽散养区的；允许私家车游览的野生动物园，在设计规划方面也采取深沟、铁网隔离等多项举措，既保证游客能与动物近距离接触，又确保这些措施足以防止动物袭击游客。而本案中的野生动物园在猛兽区设计规划方面存在诸多安全问题，并且过去就发生过几起猛兽咬伤游客甚至咬死工作人员的事件。其次，因为自驾车的驾驶人是普通人，尽管受过驾驶专业训练，但是对大多数驾驶人而言，仍然没有超出普通人的自觉性、自控力和观察力，特别是个人的性格差别等因素，都有可能导致其在某些突然情形下而采取下意识的不当措施，将自己置于严重的危险之中。诸如自驾的汽车熄火、抛锚、爆胎、游客突发急病、便急等，都有可能使其忘记所处的危险环境，下意识地离开汽车。这样的突发危险，园方都是应当有预判的。据此，本案的野生动物园准许游客自驾车进入猛兽散养区的时候，就存在了忽视游客人身安全的过失。无论是实行过错推定原则而举证责任倒置，还是依照一般过错责任原则的要求，都能够做出这样的判断，都能确认野生动物园对于本次伤害事件的发生具有重大过失，应当承担相应的损害赔偿责任。

第二，危险发生后的救护措施严重缺失问题。从公布的视频中可以看到，赵某被老虎拖拽走后，随后有一辆园方的巡逻车跟了上去，这会使人产生园方很快就能采取救护措施的联想。但是巡逻车跟随过去，并没有采取及时有效的救护措施（例如麻醉枪枪击），仅仅是待在车上不停地按喇叭，以此驱赶老虎。猛兽散养区的动物具有高度危险性，作为饲养动物、了解动物习性的专业机构，野生动物园应该配备必要的设施，例如麻醉枪、电棍等必要器械，确保在危险发生后能及时采取有效救助措施，减轻或者降低动物对游客的损害。在本案中，园方在危险发生后，没有及时采取有效的救护措施，已经采取的措施不足以及时救助受害人，在管理职责上存在重大过失。

第三，从危险发生到受害者被救出的时间过长、救援不及时问题。赵某和周某被老虎袭击后，野生动物园的工作人员迟迟没有采取有效的施救措施，仅是试图驱赶老虎，随后又相继开来数辆巡逻车，但也没有采取有效的施救措施。从15时0分16秒老虎扑向赵某，至15时22分27秒母女二人被园方工作人员抬上车送往医院，共计20多分钟，法医学对死者尸体进行检验鉴定，证明周某死亡原因为创伤性、失血性休克。换言之，周某在被老虎袭击后，并没有造成致命伤，是因救助不及时，造成失血过多，因失血性休克而死。因而周某的死亡与园方没有及时施救存在直接因果关系，具有相当的原因力。如果园方能在危害发生后第一时间将受害人救出危险区送医，周某就不会因失血性休克而死亡。因此，也可以判断园方对于损害的发生存在重大过失。

2.关于受害人一方的过失

毫不讳言，本案的受害人显然具有过失。首先，对赵某过失的认定。赵某作为有完全民事行为能力的成年人，应当对存在的风险有预见，但其仍在猛兽区下车，即使存在诸多主客观原因，也能够认定是存在重大过失的。受害人的这种重大过失，侵权法认为是对于自身安全行为的处理不当的不注意，也是违反注意义务的过失。其次，对周某过失的认定。一般而言，在猛虎区下车是存在重大过失的，不过周某的主观动机是对自己女儿实施救助行为，具有正当性。在赵某被老虎拖走的危急时刻，野生动物园本应积极履行法定救助义务，但因其救助措施严重缺失，周某在此情急之下采取的救助行为，是可以理解的。

3.关于免责声明问题是否可以免责问题

据赵某回忆，其入园时曾在一张表格上签过字，但并未详看表格具体内容，野生动物园也未对该表格内容作出特别提示，且该表格也未交付受害人。按照调查组的认定，野生动物园对赵某等采取的措施是：第一，告知危险；第二，发放告知书；第三，签订《自驾车入园游览车损责任协议书》。这里的协议书是认定动物园免责的依据。不过，这个协议书的标题即说明，其涉及责任免除的不是人身损害，而是“车损”，不包括其他损害。即使如此，说明了“后果自负”等内容，根据《合同法》第40条、第53条规定，对于提供格式条款一方免除其责

任、加重对方责任、排除对方主要权利的，该条款无效。而《合同法》第53条规定，任何合同约定的人身伤害事先免责条款均为无效。所以上述野生动物园单方拟定的免责条款，依照上述规定，都是无效的。

4.依照不同归责原则处理本案的结果比较

对于本案，如果依照《侵权责任法》第81条规定适用过错推定原则，其结果是：第一，首先推定动物园一方具有过失，动物园一方举证证明自己没有过失，证明不足，且有足够证据证明其有过失，甚至达到了重大过失的程度，因此应当承担责任。第二，对于受害人一方，也有重大过失，也应当承担相应的责任，依据过失相抵规则的要求，双方都是重大过失，显然应当承担同等责任，即动物园一方应当承担50%的责任。考虑到周某擅自下车的行为是为了救助自己的女儿，因此，动物园一方对其的赔偿比例应当适当提高。

对于本案，如果依照《侵权责任法》第78条规定适用无过错责任原则，情况就会大不一样，确定各方的责任有原则性的区别：首先，对动物园的动物造成损害适用无过错责任，依照《侵权责任法》第78条规定，只要受害人不是故意造成损害，以及自己的重大过失对自己造成损害具有100%的原因力，动物园就应当承担赔偿责任。其次，显然，在本案中，受害人有重大过失，但不是100%的原因力，而是部分原因力，因此动物园不能免除责任，而应当减轻责任。考虑到动物园一方承担的是无过错责任，受害人一方具有重大过失，因此应当适当减轻责任，动物园一方应当承担主要责任。

两相比较，对本案，如果依照该法第81条规定适用过错推定原则，动物园应当承担同等责任；如果适用该法第78条适用无过错责任原则，动物园则应当承担主要责任。因此，适用无过错责任原则，受害人能够得到更好的救济；而适用过错推定原则，受害人得到的赔偿显然要有所降低。就保护受害人的权利而言，显然，动物园饲养动物损害责任适用无过错责任原则对其更为有利。

综合起来，在关乎游客和公众的生命安全问题上，对于动物园的动物造成他人损害，究竟应当适用无过错责任，还是适用过错推定责任，事关重大，必须确定准确的归责原则，保障动物园游客的人身安全。

二、对动物园饲养动物损害责任适用过错推定原则的理由及反对意见

（一）立法者对动物园动物损害责任适用过错推定原则的说明

在制定《侵权责任法》的过程中，专家学者都不同意对动物园饲养动物损害责任适用过错推定原则。《侵权责任法》第 81 条规定的内容，在《侵权责任法（草案）》第一次审议稿中是没有的，在 2008 年 9 月 23 日的修改稿中，才第一次出现了这个条文。对于这个新增加的条文，我们在参与起草《侵权责任法》的过程中，都不赞成做这样的规定，建议统一适用无过错责任原则。[①]

立法机关没有采纳我们的意见，因此在《侵权责任法（草案）》第二次审议稿中，出现了第 80 条，内容是："动物园的动物造成他人损害的，动物园应当承担赔偿责任，但能够证明尽到管理职责的除外。"[②]《侵权责任法（草案）》第三次审议稿对这个条文没有改变，第四次审议稿将其改成了现在的第 81 条，法律获得通过。

至于《侵权责任法》第 81 条为什么要做这样的规定——动物园饲养动物损害责任适用过错推定原则呢？立法机关解释说，如果动物园能够证明兽舍设施、设备没有瑕疵，有明显的警示牌，管理人员对游客挑逗、投打动物，或者擅自翻越栏杆靠近动物等行为进行了劝阻，可以说，动物园的管理职责已经做得很好了，动物园就可以不承担侵权责任。[③]

我在《侵权责任法》立法之前、之中和之后，都与立法机关工作人员就此进行过反复的交换意见，他们反复证明，他们作出这样的规定并非空穴来风，而是进行了深入的调查，考察了十几个动物园，进行了十几次座谈，广泛征求了意见。不过，就动物园饲养动物损害责任，更多的不是征求动物园的意见，而是要征求动物园的游客以及广大人民群众的意见，因为动物园是被规范的主体，而该

① 杨立新：《侵权责任法条文背后的故事与难题》，法律出版社 2011 年版，第 255 页。

② 王胜明主编：《中华人民共和国侵权责任法释义》，法律出版社 2013 年第 2 版，第 537 页。

③ 王胜明主编：《中华人民共和国侵权责任法释义》，法律出版社 2013 年第 2 版，第 449 页。

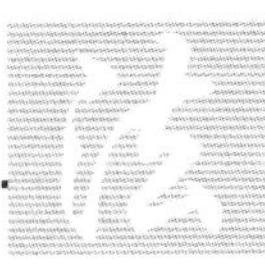

规范保护的利益是公众的安全。因此，对《侵权责任法》第 81 条规定对动物园饲养动物损害责任适用过错推定原则的理由作这样的解释，没有很强的说服力，不具有立法的正当性基础。

（二）学界对《侵权责任法》第 81 条的批评意见

在学者提出的《侵权责任法（草案）》的建议稿中，都有规定动物损害责任，但是都没有规定动物园动物损害责任。在王利明教授主编的《中国民法典草案建议稿及说明》中，第 1959 条到第 1962 条规定的是动物损害责任，具体规定了饲养的动物损害责任的一般规则、受国家保护的野生动物致人损害，抛弃、遗弃、逃逸动物致人损害，以及驯养的野生动物回归自然后致害的责任。①梁慧星教授主持编写的《中国民法典草案建议稿》，只在第 1600 条规定了饲养的动物致人损害，没有提到动物园的动物造成损害的问题。②我主编的《中华人民共和国侵权责任法草案建议稿》专门设定了一节动物致人损害，规定了四个条文，即第 123 条至第 126 条，规定的内容是：饲养的动物致人损害，受国家保护的野生动物致人损害，抛弃、遗弃、逃逸动物致人损害，驯养的野生动物回归自然后致害，也没有提出应当规定动物园动物损害责任的意见。③徐国栋教授主编的《绿色民法典草案》第 1595 条规定了动物致害责任④，侯国跃教授撰写的《中国侵权法立法建议稿》第 71 条规定动物致人损害⑤，都没有规定动物园动物损害责任。可见，在所有的专家提出的侵权责任法立法的建议稿中，都没有建议要规定动物园动物损害责任，更不要说对其规定为过错推定责任。因此，当学者在《侵权责任法（草案）》的起草过程中，面对第二次审议稿提出的这一条文，均持反对态度，不能容忍将其规定为过错推定责任，就是可以理解的了。

在《侵权责任法》的立法过程中，就第 81 条规定的这个规则，我专门征求过台湾地区学者王泽鉴教授的意见，他不同意对动物园饲养的动物损害责任适用

① 王利明主编：《中国民法典草案建议稿及说明》，中国法制出版社 2004 年版，第 253－254 页。

② 梁慧星主编：《中国民法典草案建议稿》，法律出版社 2003 年版，第 319 页。

③ 杨立新主编：《中华人民共和国侵权责任法草案建议稿及说明》，法律出版社 2007 年版，第 30 页。

④ 徐国栋主编：《绿色民法典草案》，社会科学文献出版社 2004 年版，第 719 页。

⑤ 侯国跃：《中国侵权法立法建议稿及理由》，法律出版社 2009 年版，第 66 页。

过错推定原则，而认为应当适用更高的注意义务，以更好地保护游客的安全，因而必须适用无过错责任。①

厦门大学李金招教授在《侵权责任法（草案）》第二次审议稿的讨论中，在第一时间写文章，对动物园动物损害责任适用过错推定原则提出强烈的批评意见。他认为，动物园动物致害所适用的归责原则是过错推定，与外国相关立法例比较，这是中国立法之首创。他认为，对动物园动物损害责任适用过错推定原则的错误之处是：第一，违反危险责任之本质，近代以来危险责任的发展，根本原因在于某些特殊危险行为的不可控性，而此类行为又是法律所允许的，但是用过错责任又将导致不公平，因此实行无过错归责；第二，违反危险利益一致原则，无过错责任的基础之一，为危险利益一致原则，即行为者在追求利益的过程中造成危险和损害的，应当由其承担损害赔偿责任，动物园是营利机构，而且门票价格不菲，因此对动物园动物致害单独实行过错责任，显然违背了危险利益一致原则；第三，有失公平，对于动物园而言，此种机构并非普通人所能建立，在这种情况下，外人鲜有机会能够成为加害人，这种不对等性，使得对动物园动物致害适用过错推定有违公平。因此，对动物园动物致害适用过错推定，违背了无过错责任的本质，不利于保障社会公平。②这样的批评是非常中肯的。

《侵权责任法》实施以后，学者在著述和法律教科书中，对动物园动物损害责任的归责原则没有提出强烈的反对意见，基本上都是在解释动物园动物损害责任适用过错推定时，应当怎样适用法律。王利明教授在解释《侵权责任法》第81条时，认为有两个特别的理由：一方面，是因为在实践中，这种动物致人损害的案件时有发生，纠纷发生后，有关承担责任的主体、归责原则等方面不清晰、不明确，给法官裁判案件带来一定的困难，因而法律上有必要对其予以规范；另一方面，是因为动物园大多是国家设立的，具有一定的公益性质，其饲养动物也要遵循严格的管理规范，因此对动物园的动物致人损害的责任可以规定特殊的规则。③只有程啸教授

① 杨立新：《侵权责任法条文背后的故事与难题》，法律出版社2011年版，第255页。

② 李金招：《动物致人损害归责原则研究——兼评〈侵权责任法（草案）〉（第二稿）第80条》，《北京化工大学学报（社会科学版）》2009年第4期，第20页。

③ 王利明：《侵权责任法研究》下卷，中国人民大学出版社2011年版，第645－646页。

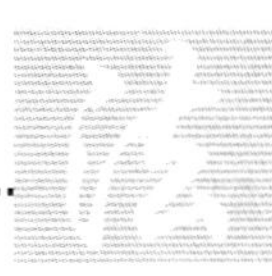

在他写的《侵权责任法》中提出了一个“动物园的动物致害责任适用过错推定责任，是否妥当”的思考题，似乎表达了他的疑问。[①]不过，这并不表明学者就赞同《侵权责任法》第81条的规定。周永军在他的《侵权法学》一书中，认为该条确立了特殊的饲养动物致害责任类型，不过，在比较法上似乎也无先例可循，这为解释带来了一定的困难。[②]他所说的“在比较法上似乎无先例可循”，说出了这种立法的比较法基础欠缺的问题。而德国民法学者则直接指出，中国的《侵权责任法》第81条与第78条规定相比，这一规定实际上导致动物园被赋予了特权。[③]

我始终认为，《侵权责任法》第81条规定动物园饲养动物损害责任适用过错推定原则是没有理由的。[④]八达岭野生动物园发生动物致人损害案件后，我在媒体上强烈批评《侵权责任法》第81条规定的过错推定原则，认为《侵权责任法》第81条规定动物园动物损害责任适用过错推定原则的不正确性，通过这个事件更进一步证明这个判断是正确的。最为通俗的质疑意见是，家养动物造成他人损害都适用无过错责任原则确定责任，为什么动物园饲养的动物大多是猛虎等凶猛动物，却反要适用过错推定原则呢？这样的质疑是有道理的。对此，立法机关仅仅以动物园饲养动物有专门的知识和经验，还有专业的防护措施为理由，说明降低归责标准，是不具有说服力的。现在能够看出，我们的反对意见是正确的，动物园动物损害责任必须适用无过错责任原则，否则不能全面保护受害人的权利，也对公众安全造成严重威胁。

三、民法典侵权责任编规定动物园动物损害责任应当适用无过错责任

（一）各国规定动物致害责任归责原则的立法例比较

对我国侵权责任法的动物致害责任最早发生影响的，是苏联的《苏俄民法典》。苏联侵权法对于动物损害责任采取两分法，即对于致人损害的危险性较大

① 程啸：《侵权责任法》，法律出版社2011年版，第508页。

② 周友军：《侵权法学》，中国人民大学出版社2011年版，第413页。

③ 博威格、多考夫、杨森：《中国的新侵权责任法》，《比较法研究》2012年第2期，第150页。

④ 杨立新：《侵权责任法条文背后的故事与难题》，法律出版社2011年版，第256页。

的凶猛野兽或者猛禽，认其为是高度危险来源，适用无过错责任原则；对于一般饲养的动物如家禽、家畜，不属于高度危险来源，而适用过错推定原则。对于前者，适用1922年《苏俄民法典》第404条，即“个人与企业，其业务对于附近之人有高度危险之关系者，如铁路、电车、工厂企业、贩卖易燃物品之商人、野兽之豢养人、建筑或设备之施工人等等，对于高度危险之来源所致之损害，如不能证明此项损害之发生，系由于不可抗力或受害人之故意或重大过失，应负责任”。对于后者，适用该法第403条：“对于他人之人身或财产致以损害者，应负赔偿所致损害之义务。如能证明其系不能防止，或由于授权行为，或损害之发生系由于受害人本人之故意或者重大过失者，应免除其义务。”其中第404条规定的是无过错责任，第403条规定的是过错推定责任。[①]

在改革开放以后，对我国动物损害责任影响最大的是美国侵权法。在美国侵权法中，动物致人损害责任与高度危险作业一样，是严格责任的侵权行为的主要类型。不过，美国的饲养动物损害责任也并非全部适用严格责任，而是根据动物的种类和性质进行区分。动物的主人是否要为造成损害的动物服务承担严格责任，取决于这种动物是属于野生动物，还是属于家养动物。如果损害是由于某一种类动物的危险性造成的，或者是由于主人明知的或应该知道的某特定动物的危险性造成的，野生动物的主人就要为动物造成的所有损害负严格责任；由家养动物造成的损害，一般并不会导致严格责任的适用，除非在例外情况下，这种伤害的造成是由于某种异常危险倾向，而且这种倾向是主人知道或者有理由知道的。[②]《美国侵权法重述（第二次）》第507条规定的是野生动物占有人的责任，内容是：“（1）野生动物的占有人应对该动物对他人人身、土地或动产的损害承担责任，即使该占有人已进行最大关注、限制该动物的活动或以其他方式防止该动物造成损害。（2）该责任仅限于由同类野生动物所共有的（或该占有人知道或

① 《苏俄民法典》，王增润译、王之相校，新华书店1950年版，第163页。

② ［美］文森特·R. 约翰逊：《美国侵权法》，赵秀文等译，中国人民大学出版社2004年版，第194-195页。

有理由知道该动物具有的）危险倾向所造成的损害。”①

《德国民法典》对于动物损害责任的规定，对中国《侵权责任法》第十章的规定也有很大影响。该法第833条规定动物饲养人的责任：“动物致人死亡，或者伤害人的身体或者健康，或者损害物的，动物饲养人有义务向受害人赔偿由此发生的损害。损害由规定用于动物饲养人的行业、职业活动或者生计的家畜引起，并且动物饲养人在监督动物时尽了在交易中必要的注意，或者即使尽此注意损害也会发生的，赔偿义务即不发生。”《德国民法典》的这一规定，跟原来的规定是不一样的。《德国民法典》在最初制定时，采取罗马法与日耳曼法的法例，动物占有人应当负担危险责任，但是这一规定引起了农民的强烈反对，因此1908年在《德国民法典》第837条增列第二项，将用益性动物占有人的责任改为举证责任倒置的过失责任（即过错推定）；对于奢侈性动物的占有人责任，仍维持危险责任，因此形成了德国法饲养动物损害责任的严格责任与过错推定责任的二元体系，以及对动物饲养人的行业、职业活动或者生计的家畜引起的损害实行过错推定，对其他动物的损害实行无过错责任。②

对我国《侵权责任法》规定动物损害责任发生影响的，还有《日本民法典》第718条：“动物之占有人就其动物所加于他人之损害，负赔偿责任；但依动物之种类及性质，已为相当之注意者，不在此限。”这一规定的实质，也是与《德国民法典》的规定相同，即区分动物的种类和性质，采取二元归责体系，在一般情况下，动物损害责任负无过错责任，对用益性动物负过错推定原则。③

我国台湾地区“民法”对动物损害责任的规定是第190条：“动物加损害于他人者，由其占有人负损害赔偿责任。但依动物之种类及性质已为相当注意之管束，或纵为相当注意之管束而仍不免发生损害者，不在此限。”这一规定的内容与《日本民法典》第718条规定基本相同，尽管有人认为这是规定的中间责任④，

---

① ［美］肯尼斯·S.亚伯拉罕、阿尔伯特·C.泰特选编：《侵权法重述第二版：条文部分》，许传玺、石宏等译，许传玺审校，法律出版社2012年版，第217页。

② 黄立：《民法债编总论》，中国政法大学出版社2002年版，第314页。

③ 于敏：《日本侵权行为法》，法律出版社1998年版，第287页。

④ 林诚二：《民法债编总论——体系化解说》，中国人民大学出版社2004年版，第163页。

但实际上仍然是分为无过错责任和过错推定责任。

（二）对域外动物损害责任立法例的比较分析

从上述各国（地区）有关动物损害责任的立法例进行比较分析，可以发现非常明显的问题是：

第一，对于饲养动物损害责任，无论是大陆法系还是英美法系的侵权法，在归责原则上都实行二元体制，既包括无过错责任（严格责任），也包括过错推定责任。从上述对立法例的比较分析看，这一规则几乎是相同的，基本上没有实行单一归责原则体系的。我国在《民法通则》之前，在司法实践中处理动物损害责任是借鉴苏联民法立法例，分为两个部分，对野兽等具有高度危险性的动物适用无过错责任，一般的家畜、家禽造成损害的适用过错推定责任。[①]《民法通则》第127条统一规定，凡是饲养的动物造成他人损害的，一律实行无过错责任，在立法例的比较上也几乎无先例。这对于类似于农民饲养的家畜、家禽造成的损害，确定赔偿责任显然过于苛刻，对于农民的利益保护不够。这类似于《德国民法典》制定之初对动物占有人一律适用危险责任引起农民强烈反对的那种情况。

第二，在动物损害责任中，分别适用无过错责任和过错推定责任，区分的标准并不完全相同。在美国法，区分的标准是致人损害的动物是不是属于野生动物。如果损害是由某一类动物的危险特性造成的，则应当适用无过错责任，如果是家养动物造成的损害，一般不会适用无过错责任。在德国法，区分的标准是奢侈性动物还是用益性动物，前者适用无过错责任，后者适用过错推定责任。日本法和我国台湾地区的法律制度规定动物损害责任归责原则适用的标准，是一般性动物或依动物的种类和性质而有所不同。在这一点上，共同的区分标准是危险性或者非危险性，奢侈性动物和用益性动物，而所谓用益性动物其实就是家畜、家禽。相比较而言，我国《侵权责任法》第十章规定饲养的动物损害责任实行二元归责体系，区分的标准不在于动物的危险性还是用益性，而是饲养动物的主体，即动物园饲养的动物就适用过错推定责任，其他任何人饲养的动物都适用无过错责任。通过这样的比较，显然能够看出，我国这种有关动物园饲养的动物采取特

① 杨立新：《侵权损害赔偿》，吉林人民出版社1988年版，第132－133页。

殊规则的立法，没有任何立法例的支持，是没有道理的。

第三，国外动物损害责任，分别适用无过错责任和过错推定责任，主要考虑的是动物的危险性和动物的用益性，从未见过在动物损害责任当中确定归责原则要考虑国家举办或者公益性。有人认为，《侵权责任法》第81条规定动物园饲养的动物造成他人损害适用过错推定原则，是因为动物园大多是国家设立的，具有一定的公益性质。[①]饲养动物致人损害责任究竟适用何种归责原则，并非决定于饲养动物的人，更不是决定于饲养动物的是国家还是他人。饲养动物无论是公益目的还是私益目的，都不影响于动物的危险性，并非国家饲养的动物就会减少其危险性，就必须降低归责标准。对于用益性的动物，在立法例上都是要求动物的种类是家畜、家禽，而不是野生动物。我国《侵权责任法》第81条规定，动物园饲养的动物造成他人损害适用过错推定原则，解释国家举办或者公益性目的是其主要原因，显然也不具有说服力。

（三）对民法典侵权责任编调整动物园饲养动物损害责任规则的建议

根据上述分析，我国《侵权责任法》第81条规定动物园饲养动物损害责任适用过错推定责任，与其他饲养的动物造成损害承担无过错责任，形成鲜明的反差，虽然也是规定了饲养动物损害责任的二元归责体系，但是，这种用主体特殊性区分适用不同的归责原则，显然是不正确的。这一规定存在的错误，经过八达岭野生动物园老虎伤人案件的证明，能够看得更为清楚。因此，在编纂民法典，将《侵权责任法》修订为民法侵权责任编时，应当对第81条规定的规则进行调整。具体可以采取以下两种方案。

1.删除第81条规定的动物园饲养动物损害责任的条文

考虑世界各国侵权法在规定动物损害责任中，都没有单独规定动物园饲养动物损害责任的先例，并且我国《侵权责任法》第81条既不科学又不合理，特别危及野生动物园游客的人身安全，因此应当删除这个条款。

应当考虑的是，在民法侵权责任编中删除第81条规定，会不会引起不当的后果。我认为，在动物园动物损害责任中，并没有理由适用特别的归责原则。就

---

① 王利明：《侵权责任法研究》下卷，中国人民大学出版社2011年版，第646页。

动物园而言，不论是国家设立的动物园，还是商人设立的动物园，其目的都具有营利性，并非为绝对的公益目的而设立的公益机构，除非这个动物园是免费的。不过，即使以公益目的设立的动物园，也没有降低侵权责任归责标准的理由。至于动物园的动物管理的专业性，也不能作为降低侵权责任归责标准的理由。特别是八达岭野生动物世界这一类野生动物园，设立人都是商人，其经营活动都具有营利目的，对其降低归责标准，不适用无过错责任而适用过错推定责任，是完全没有必要的。将动物园动物损害责任调整为适用无过错责任原则，其实就与一般的饲养动物损害责任没有区别，将第 81 条删除后，将动物园饲养动物损害责任完全归并于《侵权责任法》第 78 条关于动物损害责任的一般规则中，没有可能造成不利的后果，对于动物园的设立人也不会增加高于其他动物饲养人的责任，反而特别有利于保护动物园的游客的人身安全。因此，在民法侵权责任编删除现行《侵权责任法》第 81 条规定，让动物园的动物损害责任归并于一般的动物损害责任中，是完全有道理的。

2.将动物园饲养动物损害责任由过错推定原则改为无过错责任

调整动物园饲养动物损害责任规则的第二个方案，是在民法侵权责任编中仍然保持动物园饲养动物损害责任的规定，但是应当由过错推定原则改变为无过错责任原则。如果采取这个方案，则必须确定动物园饲养动物的侵权责任规则，与第 78 条规定的饲养动物损害责任规则的差异性，即确有必要单独规定动物园饲养动物的侵权责任规则。

这种必要性究竟在哪里，是特别值得研究的。动物园的公益性、对动物管束的严密性，都不是动物园承担过错推定原则的理由。而动物园的游客不守规则，无视警示牌、不听工作人员的劝阻，擅自挑逗动物造成游客自己的损害，如果认为是可以考虑动物园饲养动物损害责任的因素，只应当规定游客作为受害人自己受到损害的过失，应当实行过失相抵，而不是降低动物园动物损害责任的归责标准。如果这种必要性成立的话，应当仿照侵权责任法关于高度危险责任的规定，就像第 72 条和第 73 条那样，规定“被侵权人对损害的发生有重大过失的，可以减轻占有人或者使用人的责任”；或者“被侵权人对于损害的发生有过失的，可

以减轻经营者的责任”的方法，对动物园的动物损害责任适用过失相抵规则。

不过，关于饲养动物损害责任的过失相抵规则，已经规定在现行《侵权责任法》第78条中，第79条和第80条规定的绝对责任，立足点就是不适用第78条规定的过失相抵，不存在过失相抵的适用问题。如果在第81条中规定动物园的动物损害责任适用过失相抵规则，其实直接适用第78条就可以了，例如游客的重大过失是损害发生的全部原因，就可以免除动物园的赔偿责任，就像宁波雅戈尔动物园的动物伤害张某那样，即使承担无过错责任，也可以依照第78条规定免除责任。既然如此，还有必要另行规定动物园饲养动物损害责任的规则吗？

对《侵权责任法》第78条关于过失相抵规则的规定，应当进行解读。这就是该条的但书规定：“但能够证明损害是因被侵权人故意或者重大过失造成的，可以不承担或者减轻责任。”对这一内容的解读，是认为无论受害人的故意还是重大过失，要看受害人的故意或者过失对于损害的发生具有多大的过错程度和原因力。这里会存在一个问题，如果受害人受到动物园的动物损害是自己故意引起的，不能减轻责任，而应该免除责任。同时，受害人的重大过失究竟是免除责任还是减轻责任，要看受害人重大过失对于损害发生的原因力，如果是100%的原因力，就应当免除责任，如果不足100%，就应当适当减轻责任。因此，即使在民法侵权责任编中对动物园的动物造成损害责任有必要单独规定，也应当规定为适用无过错责任原则，同时适用《侵权责任法》第78条但书的一般性规定。

所以，如果在民法侵权责任编中继续坚持规定动物园动物损害责任，应当规定的内容是：“动物园的动物造成他人损害的，动物园应当承担侵权责任。但受害人故意引起损害的除外；受害人因重大过失引起损害的，减轻或者免除动物园的责任。”

四、结论

对于家养的家畜、家禽等是否应当规定为过错推定责任，也应当进行深入研究，提出具体办法。按照侵权法立法的通例，对于家养的、用益性的动物，普遍

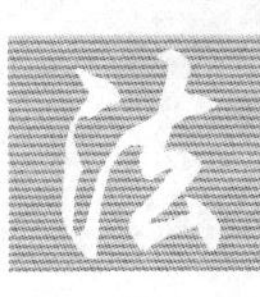

适用过错推定原则。对此，我国是否应当效仿呢？依我所见，自从 1986 年《民法通则》将所有的动物损害责任都规定为无过错责任之后，并未在社会上发生不当的法律适用后果，并且目前我国利用家畜耕作的越来越少，而家庭饲养的狗类等越来越多，造成损害的纠纷也越来越多，而《侵权责任法》第 79 条和第 80 条规定了绝对责任条款之后，也没有不当的后果。因此，我认为，民法侵权责任编最好的修订方法，就是删除第 81 条，适用第 78 条关于饲养动物损害责任的一般性规则，也不必再规定用益性家畜造成损害的适用过错推定原则，即对饲养动物损害责任一律实行无过错责任原则。

第二十八章

物件损害责任

第一节　对建筑物抛掷物致人损害责任的几点思考

一、建筑物抛掷物致人损害责任的提出

《侵权责任法》第 87 条规定："从建筑物中抛掷物品或者从建筑物上坠落的物品造成他人损害，难以确定具体侵权人的，除能够证明自己不是侵权人的外，由可能加害的建筑物使用人给予补偿。"这是立法对这个问题的最终规定。

在理论和实践中讨论建筑物抛掷物致人损害责任问题，是从重庆的"烟灰缸"案开始的。

2001 年 5 月 11 日凌晨约 1 时 40 分，重庆市民郝某与朋友李某在街上谈事情，被临路楼上坠落的烟灰缸砸中头部，当即倒地，被送至急救中心抢救。经医院精心治疗，郝某在昏迷 7 天后脱险，但留下了严重的后遗症，被鉴定为智能障碍伤残、命名性失语伤残、颅骨缺损伤残等，损失医疗费等计 9 万元。公安机关

经过侦查现场，排除了有人故意伤害的可能性。郝某将位于出事地点的两幢居民楼的产权人以及两幢居民楼一定楼层以上的 25 户居民告上了法庭，要求他们共同赔偿自己的医药费、精神损失费等各种费用。重庆某法院经审理认为，因难以确定该烟灰缸的所有人，除事发当晚无人居住的两户外，其余房屋的居住人均不能排除扔烟灰缸的可能性，根据过错推定原则，由当时有人居住的王某等有扔烟灰缸嫌疑的 20 户住户分担该赔偿责任，各赔偿 8 101.5 元。

在这个案例前后，还有一个山东济南某区法院判决的案件。案情是：某住宅区前后两栋楼房相邻，居委会主任是一位老太太，中午时分到后一栋楼通知事情，出楼道时，还有两个老头在楼道门口下象棋，刚打过招呼，从楼上坠落一个破旧的菜板子，用报纸包着，将老太太砸倒在地，两个老头回头观察，也没有发现究竟是谁家扔的，就急忙喊人将受害人送到医院抢救后治愈。老太太向法院起诉，将该楼全体共 56 户住户列为被告，要求其承担损害赔偿责任。法院参照共同危险行为的基本规则，判决 56 户住户承担损害的赔偿责任。

这是两个完全相同的案件，判决所依据的理由有所不同，一个是推定过错，一个是共同危险行为。

从这两个案件之后，法院审理抛掷物、坠落物损害责任案件尽管在理由上有所不同，多数是按照这个规则处理。

有的专家坚决反对这样的规则，理由是对承担责任的人不公平，且任何人都有可能成为责任人。最高人民法院的法官则转变了实务上原来的否定立场，转而支持这样的规则，因为这种损害应当是物的责任，而不是人的损害，这样就可以明确对物的损害承担补偿责任。有的专家提出了折中的方案，即这个规则不规定为过错责任的赔偿，而适用公平原则，同时规定不是赔偿责任而是补偿责任，这样规定有损害预防的作用，因此是应当规定的，不规定反而群众接受不了。据说，某法院判决的这类案件，那些被判决承担赔偿责任的被告都说，如果判决我们赔偿，我们都不同意，但是要说我们出于公平考虑给予受害人适当补偿的话，我们可以接受。也有专家认为，这样的规定是一个极大的进步，应当肯定。经过讨论，取得了比较一致的意见，即可以从以下方面考虑制定这个规则。第一，确

定抛掷物致害责任，是基于公平考虑，而不是基于过错责任原则确定；第二，承担的责任是适当的补偿责任，而不是侵权责任；第三，这样规范的作用，是为了更好地预防损害，制止人们高空抛物；第四，这种侵权行为的性质是物件损害责任，不是人的责任。

根据这些意见，《侵权责任法》作出了第 87 条的规定。

二、确定抛掷物、坠落物损害责任的主要理论根据

（一）几种不同的观点和意见

在确立抛掷物、坠落物损害责任的上述规则的理由中，主要是以下四种。

1.推定过错说

这种理由是重庆“烟灰缸”案件的判决书中提出的。该判决书认为，在本案中，由于难以确定该烟灰缸的所有人，除事发当晚无人居住的两户外，其余房屋的居住人均不能排除扔烟灰缸的可能性，根据过错推定原则，由当时有人居住的王某等有扔烟灰缸嫌疑的 20 户住户分担该赔偿责任。

2.共同危险行为说

在济南的案件中，一审法院判决的基础在于，由于 56 户居民都有抛掷菜板子的可能性，尽管不是全体所有人抛掷，但是参照共同危险行为的原理和规则，各个住户抛掷该物品的概率相等，因此应当由全体住户承担连带赔偿责任。

3.保护公共安全说

这是多数学者的意见，认为这种案件涉及的是公共安全，虽然伤害的只是一个特定的受害人，但是它针对的是不特定的大多数人。为了保护公共安全和公共利益，尽管不能确定谁是真正的加害人，但应当由有嫌疑的建筑物使用人共同承担赔偿责任。

4.同情弱者说

这种观点最主要的就是体现民法的同情弱者的立场。首先，民法站在保护弱者的立场，同情弱者、保护弱者，使受到损害的弱者能够得到赔偿；其次，民事

责任是财产责任，而不是人身责任，因此责令有抛掷嫌疑的人承担责任，使弱者得到保护，并非完全不公平，可能对嫌疑人是不公平，但是对于受害人则是公平的。

（二）对过错推定说和共同危险行为说的评价

在这些观点和意见中，我对前两种意见持否定态度。

1.抛掷物、坠落物损害责任的基点不是推定过错

所谓推定过错，是指认定侵权责任或者合同责任的时候，对于过错要件的一种认定方法，即不采用原告举证证明的方法，而是采用根据有关事实，由法官推定被告有过错的方法。在法律有规定的情况下，法官直接推定被告的过错，而不再由原告举证证明被告的过错。

建筑物抛掷物致人损害的基础并不在于推定过错。抛掷物、坠落物损害责任的基础，是让没有实施致害行为而仅仅具有嫌疑的人承担责任，与共同危险行为具有相似之处：共同危险行为责任是按照行为人实施行为所造成损害的概率，将没有与损害事实有因果关系的行为人的行为，视为有因果关系，并承担责任。建筑物抛掷物同样具有这样的性质，只是要素不同：抛掷物的行为人没有确定，但是从该建筑物中抛掷该物的可能性，在该建筑物的使用人中具有同等的概率。按照该概率，确定所有有可能抛掷该物的人承担责任。而共同危险行为的所有行为人都实施了同样的行为，但是只有一个人的行为与损害有因果关系，其他人的行为与损害没有因果关系，但是由于不能确定谁的行为与损害有因果关系，因而将全体行为人确定为连带赔偿责任人。

因此，抛掷物、坠落物损害责任的基础并不是推定过错，而是将实施行为的可能性推定为确定性，继而确定承担补偿责任。

2.抛掷物、坠落物损害责任的基础也不是共同危险行为

用共同危险行为的原理和规则类比抛掷物、坠落物损害责任，也是不正确的。尽管建筑物抛掷物致人损害责任与共同危险行为的连带责任具有同样的性质，但并不是一样的侵权行为。在以下各方面，二者都具有根本差别。

第一，共同危险行为的行为人是数人，也就是共同危险行为的所有人都实施

了该种具有危险性的行为，而不是一个人实施这种危险性的行为；而在建筑物抛掷物致人损害责任中，则只有一个人实施了加害行为，而不是所有的人都实施了与加害行为有关的行为。

第二，在共同危险行为中，行为与损害事实之间的因果关系尽管是直接因果关系，是具体加害人的行为与损害事实之间的直接因果关系，但是与其他行为人的行为具有间接的联系，视为有因果关系；而在抛掷物、坠落物损害责任中，只有抛掷该物的一个人的行为与损害事实之间有因果关系，与其他的所有权人或者使用权人没有因果关系，只是由于不能确定谁是抛掷人，才推定全体嫌疑人与损害事实之间有因果关系。

第三，从过错的方面观察，共同危险行为的所有的行为人都具有未尽注意义务的共同过失；而抛掷物、坠落物损害责任中，只有一个人具有这种过错，且这种过错是推定的过错，并不需要原告的证明。

第四，在不能确定具体加害人之外的其他人的免责条件上，有原则性的区别。共同危险行为的其他行为人能够证明自己的行为没有造成损害后果的，不能免除其连带责任；但是，抛掷物、坠落物损害责任的其他人如果能够证明自己没有实施这种行为，则可以免责。

（三）确立建筑物抛掷物致害责任规则的法理基础

确立抛掷物、坠落物损害责任规则的法理基础在于以下几点。

1.同情弱者是民法的基本立场，也是侵权法救济损害的基本规则。民法的基本规则是公平。但是这种公平并不是绝对的公平。例如，每一个民事主体都享有一个所有权，但是同样都是所有权，其包含的财产价值内容却不相同。因此，有人就是亿万富翁，有人就仅对自己的讨饭碗享有所有权。即使如此，也是公平的，因为在所有权上，每个人都享有一个平等的权利。同样如此，对于弱者的保护也是民法的基本立场，看起来不够公平，但是与前述的所有权的公平是一样的。所以，侵权法的立场就是保护受害人，凡是受到非法侵害的受害人，侵权法就予以保护，并且不遗余力。建筑物的抛掷物造成受害人损害，受害人就是受侵权法保护的弱者，救济其损害是侵权法的根本宗旨。那么，即使是没有确定具体的加害人，但加害人的范围是确定的，抛掷物就是在这座建筑物中抛掷的，那么这座建筑物的占有人就应当承担责任。

2.民事责任的财产性是决定建筑物抛掷物致害责任规则的基础。在民法上，有很多看似不公平的民事责任规则。例如，在罗马法的准私犯制度中确立的替代责任规则就是如此。在替代责任中，行为人是加害人，责任人并不是加害人，但是却要为行为人的行为造成的损害承担责任，道理何在？就是因为民事责任是财产责任，既然责任人与行为人具有一定的特定关系，那么就责令责任人承担责任，而不是让行为人承担责任。这种形式上的不公平，恰恰说明民法的本质公平。之所以会这样做，就是因为民事责任是财产责任而不是人身责任，不必让责任人承担人身制裁的责任。这样，使与行为有特定关系的责任人承担财产责任，既不伤害责任人本身，又使受害人的损害得到了有效的救济。如果民事责任不是财产责任，就不会出现这样的规则。

3.保护公共安全，也是确定建筑物抛掷物致害责任规则的基本立场。公共安全，就是公众的安全，涉及的是众多的人的根本利益。尽管建筑物抛掷物造成损害的后果总是特定的人的损害，但是，在建筑物抛掷物没有发生损害之前，威胁的并不是特定的人，而是不特定的任何人，是公共利益或者公众利益。面对公共利益或者公众利益的威胁和社会不安全因素，立法必须确定严格的保护措施，使行为人受到制裁，加以警戒。如果对建筑物抛掷物已经造成的损害，由于不能确定具体的加害人而放弃对不法行为的追究，将会放纵乃至纵容侵权行为，其后果将会更加严重。因此，通过建筑物的占有人的角度，以责令建筑物的占有人承担连带责任的形式，达到了保护公共利益的目的。这正是罗马法规定这一制度所体现的“在于确保公众集会场所、道路交通的公共安全，并在加害人不明时，扩张赔偿责任人，以使无辜的被害人得到赔偿”的宗旨。

三、抛掷物、坠落物损害责任的历史发展

（一）罗马法对抛掷物、坠落物损害责任的明确规定

抛掷物、坠落物损害责任并不是一个新出现的侵权行为类型，早在罗马法就

存在这样的侵权行为制度。在查士丁尼《法学总论》中，对抛掷物、坠落物损害责任规定了详细的规则："某人占用一楼房，不论是自有的、租用的或借住的，而有人从楼房投掷或倾注某物，致对他人造成损害时，前者被认为根据准侵权行为（此处似应译为准私犯——作者注）负责；根据侵权行为（此处似应译为私犯——作者注）负责是不确切的，因为这种情况往往是他就他人，例如子女或奴隶的过错而负责……关于投掷或倾注某物，经规定得诉请给付两倍于所造成的损害；其因而伤害自由人的生命的，处以五十个金币的罚金；伤害其身体而未致死亡的，应由审判员根据具体情况，基于公平原则所估计的金额为准判处罚金；在估计时，审判员应考虑支付医生的诊费和其他治疗上的费用，此外还应考虑由于丧失工作能力而在就业上所已受到和将受到的损失。""如家子与其父分居，而从自己的楼房投掷或倾注某物，又或放置或悬挂某物，而其倾倒、坠落可能发生危险的，犹里安主张不得对其父，而只能对儿子本人提起诉讼。"① 如果同一房间的数名房客，这些房客将负连带责任②，该诉不是向行为人提起，而是向房屋的居住者提起，包括房屋的所有人、用益权人或承租人。这样规定也有利于促使房屋的居住人提高注意程度。③

罗马法规定建筑物责任的核心思想，在于建筑物中的投掷物（固体物）、倾注物（流体物）的责任由谁承担，以及建筑物的悬挂物、搁置物致人损害的责任由谁承担。其主旨是，投掷物和倾注物不一定是建筑物的占有人所为，可能是他的家子或者奴隶所为，因此，这种致人损害的行为不是私犯，而是准私犯，是家父为他人承担责任。如果家子与其家父分居，而从自己的楼房上投掷或倾注某物，则由自己承担责任，而不是其家父承担责任。因此，建筑物中的投掷物（固体）或者倾注物（流体）造成他人损害，应当由建筑物的占有人（包括所有人、租用人和借用人）承担损害赔偿责任。同时，一幢房屋分由多人居住的，他们对受害人承担连带责任。罗马法制定这一制度的原始构想，在于确保公众集会场

① ［古罗马］查士丁尼：《法学总论》，商务印书馆1989年版，第204页。

② ［意］彼德罗·彭梵得：《罗马法教科书》，黄风译，中国政法大学出版社1992年版，第406页。

③ 周枏：《罗马法原论》下册，商务印书馆2002年版，第804页。

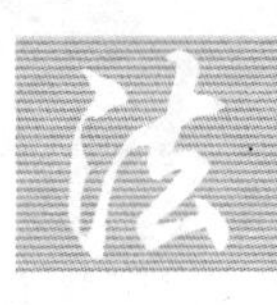

所、道路交通的公共安全，并在加害人不明时，扩张赔偿责任人，以使无辜的被害人得到赔偿。[①]

（二）后世各国民法对建筑物致害责任规定的侧重点

从法国法以来，各国民法也都规定建筑物的责任，但是规定的主旨与罗马法有所区别，即不是注重对建筑物中的投掷物或者倾注物致人损害的责任作出规定，而是针对建筑物的整体及其附属物的致人损害责任进行规范。

《法国民法典》在它原来仅有的5个条文的最后一个条文即第1386条，规定了建筑物的责任："建筑物的所有人对建筑物因保管或建筑不善而损毁时所致的损害，应负赔偿的责任。"[②] 这里所说的，就是对建筑物的整体致人损害的责任。在《智利民法典》中，其相关规定与《法国民法典》的规定几乎相同，这就是其第2323条："建筑物因所有人未进行必要的修葺或因缺陷善良家父的注意而倒塌时，所有人应对第三人的损害承担责任。""如建筑物为两人或数人所共有，应按他们的所有权份额的比例分担损害赔偿金。"其中后段规定比较有新意，对于如何分担责任有借鉴意义。

《德国民法典》规定建筑物的责任分为3条，第836条规定的是建筑物倒塌或者剥落时致人损害的责任，由土地占有人承担责任；第837条规定的是因行使某项权利而占有他人土地上的建筑物或工作物，负同样的责任；第838条规定的是建筑物的保养人的责任。这些规定也都是着眼于建筑物的整体所致损害的责任，这就是建筑物倒塌和剥落所造成的损害的责任。

同样，《瑞士债法典》第58条规定的也是建筑物的致人损害责任，它规定，建筑物的所有人对因设计缺陷，或者结构缺陷或者维修不足造成的损害承担赔偿责任。

值得注意的是，《埃塞俄比亚民法典》和《俄罗斯联邦民法典》的规定与上述各国的规定有所区别，比较接近罗马法的规定，对于确定抛掷物、坠落物损害责任的规则有借鉴意义。

---

① 李木贵：《共同危险行为之研究：以要件论为中心》，《法学丛刊》第173期。

② 李浩培等译：《拿破仑民法典》，商务印书馆1983年版，第190页。

《埃塞俄比亚民法典》第2080条规定："建筑物的占据人，应对从建筑物上坠落的物所致的任何损害承担责任。"坠落尽管不是抛掷，但是一方面"抛掷"的说法本身就不准确，因为连行为人都不能确定，如何就能确定该物就是抛掷的物呢？另一方面对这种损害的物说成是"坠落"更符合客观事实，况且"坠落"可以将"抛掷"包含在其中，并且《侵权责任法》第87条规定中本身就包括了"坠落"。因此这一规定是值得借鉴的。尽管这个条文没有进一步规定坠落物的所有人不明的时候的责任，但是，接下来的第2142条规定"未查明加害人""如果损害是由数人中的某个人造成的，并且不能查明所涉及的某个人是加害人，法院在衡平需要时，可命令有可能造成损害，并且在其中确定可找到加害人的那一群人共同赔偿损害"。这样的规定非常清楚，既包括共同危险行为的未查明加害人，也包括这种抛掷物致害的未查明加害人。这个立法例特别值得借鉴。

《俄罗斯联邦民法典》没有明确规定建筑物的责任，但是在高度危险活动的责任中包含了建筑的责任。这就是，把"从事建筑和其他与建筑有关的活动"包含在从事对周围环境有高度危险的活动之中，适用同样的规则。建筑物的坠落物是不是也应当适用同样的规则，似乎应当持肯定态度。

（三）有益的启发

分析了以上各国民法关于建筑物的责任或者建筑物的投掷物、倾注物、坠落物、悬挂物、搁置物等致人损害的责任，我认为有以下几点值得注意。

第一，在罗马法中，对投掷物、倾注物以及悬挂物、搁置物致人损害的责任，是都规定了的。其基本规则就是建筑物的占有人承担致人损害的赔偿责任。这在罗马时代是最清楚的规定。虽然有人说在罗马法时期就已经有了建筑物区分所有权的萌芽①，但是那时候的建筑物基本上是一家一户一个建筑物，建筑物中投掷物或者倾注物造成损害，当然是其建筑物的占有人承担责任了。尽管罗马法没有关于区分所有建筑物的投掷物或者倾注物的损害赔偿规则，然而可以肯定的是，凡是建筑物中的投掷物、倾注物、悬挂物、搁置物以及坠落物造成的损害，都应当由建筑物的占有人包括所有人、借用人、租用人承担责任；即使一幢房屋

① 陈华彬：《现代建筑物区分所有权制度研究》，法律出版社1995年版，第3页。

有多人居住的，他们对受害人承担连带责任，却是一个没有怀疑的结论。这样规定所体现的“在于确保公众集会场所、道路交通的公共安全，并在加害人不明时，扩张赔偿责任人，以使无辜的被害人得到赔偿”的宗旨，最值得借鉴。

第二，现代民法为什么不关注建筑物的附着物或者建筑物中的物所致损害的责任，而关注建筑物本身所致损害的责任，似乎也值得研究。现在多数国家民法典规定的建筑物责任，都是规定建筑物倒塌、剥落的责任，似乎都是建筑物本身所致损害的责任。其实，凡是建筑物以及建筑物中的其他的物，是不是都可以看作建筑物或者建筑物的附着物呢？我认为是可以的。在法典中没有规定建筑物中的物的损害责任，如果发生这种损害，当然只能通过解释这个规定来确定责任。可见，规定建筑物的责任实际上也就包含了建筑物中的物的致害责任。何况有的国家民法典包括我国《民法通则》对悬挂物和搁置物也都作了规定。当然也有《埃塞俄比亚民法典》的未查明加害人的例外规定，尽管其中更多体现的是共同危险行为的规则，但其中包含建筑物抛掷物责任的规则，是不言而喻的。由此可见，现代侵权法立法也不是都反对这样的规则。

第三，抛掷物的说法也是值得研究的，是不是必须使用抛掷物的说法呢？事实上，对于一座建筑物上坠落下来的物，不管是投掷的也好，倾注的也好，悬挂物坠落或者搁置物坠落也好，其实都是建筑物中的物坠落所致损害。我们所讨论的两个案件，难道能够确定烟灰缸和菜板子就是抛掷的物吗？如何确定是抛掷的呢？或许就是坠落的呢？因此，我认为，这种侵权责任制度就按照《埃塞俄比亚民法典》的规定，称为“建筑物坠落物致人损害未查明加害人责任”最为妥当。它不含有主观因素的色彩。

我们还可以进一步讨论，如果一定要认定为抛掷物，那原告就应当举证证明造成损害的这个物，是行为人所抛掷。可是现在连是谁所为都无法证明，怎样能够证明造成损害的物就是抛掷的呢？所以还是不要去管造成损害的物中是不是有人的支配因素，就说物是坠落，坠落物致人损害，就由物的占有人承担责任。这样是最清晰、最准确的，并且包容性宽，更容易解决具体问题。所以，不论是在建筑物中的抛掷物还是脱落物，都界定在坠落物当中；凡是建筑物的坠落物致人

损害，都应当由建筑物的占有人承担赔偿责任。

四、抛掷物、坠落物损害责任的基本规则

《侵权责任法》第 87 条规定了抛掷物、坠落物损害责任的基本规则。这就是："从建筑物中抛掷物品或者从建筑物上坠落的物品造成他人损害，难以确定具体侵权人的，除能够证明自己不是侵权人的外，由可能加害的建筑物使用人给予补偿。"具体操作的做法是：

（一）既不适用过错责任原则也不适用无过错责任原则

抛掷物、坠落物损害责任既不适用过错责任原则，也不适用无过错责任原则，而是适用公平分担损失规则。有人认为应当适用过错责任原则，也有人认为应当适用无过错责任原则，其实都不对，只是基于公平考虑，让有可能加害的建筑物使用人承担补偿责任，以分担受害人的损失而已。

（二）可能加害的建筑物使用人作为赔偿责任主体

建筑物的抛掷物、坠落物致人损害，难以确定具体侵权人的，应当由可能加害的建筑物使用人承担责任。

研究抛掷物、坠落物损害责任的关键之点在于：抛掷物、坠落物的所有人或者管理人难以确定，而该建筑物又是由多数人使用，应当如何确定赔偿责任主体和具体赔偿责任承担，是主要问题。《侵权责任法》明确有可能加害的建筑物使用人承担责任，这个规则是对的。理由是，既然抛掷物、坠落物损害责任是建筑物责任，那么，就一定要看到目前城市居民住宅或者写字楼都是区分所有的现状。而在现实中，之所以建筑物抛掷物致害责任出现这样难以处理的问题，正是由于建筑物被区分所有造成的。因此，确定建筑物抛掷物致害责任，就应当按照建筑物区分所有的思路来考虑其具体规则。可以借鉴的是《智利民法典》关于"如建筑物为两人或数人所共有，应按他们的所有权份额的比例分担损害赔偿金"的规定，责任由全体共有人承担。因此，规定应当由建筑物的使用人承担连带责任，就是顺理成章的。

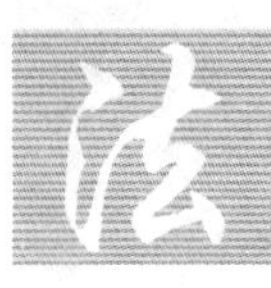

（三）承担的责任是补偿责任

《侵权责任法》经过反复修改，最终确定的抛掷物、坠落物损害责任为补偿责任而不是赔偿责任。补偿责任不是赔偿责任，意味着确定抛掷物、坠落物损害责任不是按照损失的数额全部赔偿，而仅仅是根据实际情况，作出适当补偿。

这个补偿责任，在有可能加害的使用人之间如何承担，没有明确规定。对此，究竟是连带责任，还是按份责任，需要确定下来。有的主张，应当参照《智利民法典》前述规定，为按份责任，每个人仅仅对自己应当承担的份额承担责任。有的认为按份责任有所不妥，一方面对于共同共有来说，共有关系没有解体，就无法确定个人的份额；另一方面，在无法确定具体加害人的时候，将全体嫌疑人都作为共同被告，事实上也无法确定各自的份额，无法实行按份责任。对此，我认为完全实行连带责任，尽管对保护受害人有利，但承担责任的基础不扎实。因此，还是参照《侵权责任法》第 12 条关于按份责任的规定，难以确定责任大小的，平均承担补偿责任中自己的份额，不能连带。

（四）能够证明自己不是侵权人的免除责任

确定建筑物抛掷物损害责任的基础在于将全体建筑物使用人视为加害的嫌疑人。因此，确定建筑物抛掷物致害责任的基础较为薄弱。那么一旦全体建筑物占有人中的一人或者数人能够证明自己并没有实施使物抛掷（脱落、坠落）行为的，那么，他就排除了嫌疑，由嫌疑人变为非嫌疑人。如果已经确定没有实施加害行为的人仍然要承担侵权责任，是不公平的，也不符合《侵权责任法》的基本原则。所以，凡是能够证明自己没有加害行为的建筑物使用人，应当免除其侵权责任。

证明自己没有实施使建筑物中的物抛掷或者坠落的行为，有以下几种情况。

第一，证明在发生损害的时候，自己没有在该建筑物之中或者没有实施该种行为的客观条件。既然发生损害的时候自己没有在现场，当然就没有实施该种行为的可能，当然可以排除其责任。

第二，证明自己所处的位置无法实施该种行为。这就是客观条件所限，没有实施该种行为的可能性，既然如此，当然不应承担侵权责任。

第三，证明自己即使实施该种行为，也无法使抛掷物或坠落物到达发生损害的位置。例如，自己居住的位置与发生损害的现场相悖或者太远，无法将物抛掷（脱落、坠落）到发生损害的现场，当然也就不应当承担侵权责任。

第四，证明自己根本就没有占有该种造成损害的物。这是从根本上否认自己实施这种行为造成损害的可能，证明成立的免除责任。不过，这种证明的难度较大，不容易使法官相信。

（五）能够确定致害物的使用人即侵权人的，应当由致害物的所有人或者管理人承担责任

在研究抛掷物、坠落物损害责任的时候，立足点是致害物致人损害的行为人不能确定，如果建筑物抛掷物的行为人或者所有人能够确定，也就是具体的加害人能够确定，那就不存在这种责任的前提了，当然就应当由致害物的所有人承担责任，也就是由建筑物的责任转变为坠落物的责任了。

五、确定建筑物抛掷物损害责任的若干疑问

（一）关于受害人主张建筑物使用人承担赔偿责任的请求权基础问题

建筑物抛掷物致人损害中的受害人对于建筑物的全体所有人或者使用人承担补偿责任的请求权基础，就在于建筑物责任。我之所以反复强调建筑物抛掷物致害责任是建筑物责任，而不是抛掷物、坠落物责任，其立意就在这里。如果认为抛掷物、坠落物损害责任是抛掷物、坠落物责任，那么，就无法责令建筑物使用人承担责任。建筑物中的物件致人损害，就应当由建筑物的使用人承担责任。如果建筑物的抛掷物、坠落物致人损害，建筑物有单独的占有人，或者有共有的所有人，那么，建筑物的使用人或者共有人都应当承担侵权责任。现在的问题是，建筑物中的物件造成了损害，建筑物是数人或者数十人区分所有或者使用，不能知道谁是真正的加害人，因而责令全体占有人承担责任，并没有与建筑物责任发生原则的区别，其基于建筑物而产生的请求权，也就是合情合理的。

（二）关于补偿责任是否与责任自负原则相悖问题

应当明确的是，民法尤其是侵权责任法中，责任自负并不是一个基本原则。

在刑法中，责任自负是基本原则，那就是，自己的行为只能够由自己承担责任，不能由其他人承担责任。民法及侵权法恰恰相反，在很多情况下，民事责任是可以由其他人承担的。例如，替代责任就是由责任人为行为人承担责任；补充责任也是负有某种义务的人为直接加害人的侵权行为承担补充赔偿责任。在共同危险行为中，也只有一个人是真正的加害人，其他承担连带责任的人都不是加害人，但是由于真正的加害人无法确认，因而就由所有的行为人承担连带责任。这样的规则肯定不是责任自负。这些特点，都是民事责任的财产性特点所决定的。从建筑物责任出发，由不能确定谁是真正加害人的建筑物全体使用人承担补偿责任，是有道理的。

（三）关于让无辜的人承担损害赔偿责任是不是冤枉好人的问题

有人提出异议，认为就利益衡量而言，这种规则维护受害者个人的利益以损害众多住户利益为前提，法律到底保护少数人的利益还是保护多数人的利益，是否意味着法律允许冤枉好人呢?

对于这个问题，是观察问题的角度有区别。仅仅从具体的案件观察，这种侵权行为只有一个受害人受到损害，却要20多个或者50多个被告承担责任，好像是牺牲了多数人的利益来保护少数人的利益。但从整个制度观察，它所保护的是更多的不特定的人的利益，是一个公共利益保护和公众利益保护的问题。这不能说是为保护少数人的利益而牺牲多数人的利益，而是牺牲少数人的利益来保护公众利益或者公共利益。

当然，这也不是冤枉好人，因为既然是建筑物的占有人，就要对建筑物造成的损害或者危险承担代价。进而，就能够促使建筑物的所有人或者使用人善尽注意义务，管理好自己的物件，避免出现这样的问题。

（四）关于建筑物抛掷物致害责任的证明责任分配的正当性问题

建筑物抛掷物致害责任的举证责任问题，原则上适用《民事诉讼法》规定的一般举证责任，这就是谁主张、谁证明。原告应当证明损害事实、建筑物抛掷物的致害行为及因果关系。在被告主张自己没有实施致害行为的时候，举证责任由被告承担，能够证明的，免除其个人的侵权责任。这就是正当的举证责任，其正

当性自在其中，不存在不合理、不正当的问题。在建筑物抛掷物致害责任中，应当最大限度地缩小赔偿责任人的范围，凡是能够证明自己不存在致害可能的，都应当排除在赔偿责任主体之外，以求最大限度地缩小承担责任的不公平性。

第二节　高速公路管理者对妨碍通行损害的侵权责任

《侵权责任法》第89条关于妨碍通行物损害责任的规定实施之后，在学说上有不同的意见，已经发生了较多的争论。对于高速公路上发生的妨碍通行物损害责任，在责任性质、归责原则、责任构成以及责任承担方面，特别是高速公路管理者应当如何承担侵权责任，更有不同的认识，特别值得研究。

一、高速公路管理者妨碍通行物损害责任的性质

（一）不同意见

对于高速公路管理者承担妨碍通行物损害责任的性质，主要有两种不同看法。

一种观点认为，高速公路管理者对妨碍通行物损害承担责任的性质，是违反安全保障义务的侵权责任，应当适用《侵权责任法》第37条确定侵权责任。理由是，高速公路符合《侵权责任法》第37条所揭示的“公共场所”的特征，高速公路管理者对高速公路进行的安全保障、警示说明等服务，从根本上都是来源于安全保障义务。[①] 因此，高速公路管理者作为公共场所的管理人，应该对妨碍通行物造成的损害承担侵权责任。有的学者进一步指出，《侵权责任法》第89条规定的妨碍通行物损害责任中的“有关单位或者个人”的说法，不是完全法条，该条自己没有独立的请求权，必须结合该法第37条关于违反安全保障义务的侵

① 于德鸿：《高速公路方和加害人共同侵权连带责任分析》，兰州大学硕士学位论文，第15页；刘勇：《高速公路经营管理者的安全保障民事责任》，《山东审判》2007年第1期。

权责任的规定进行解释，才能产生完整的请求权基础。[①]

另一种意见认为，高速公路应当包括在《侵权责任法》第89条规定的公共道路之中[②]，高速公路上的妨碍通行物引发的交通事故造成的损害，应当适用第89条规定，仍然属于妨碍通行物（即公共道路上的物品[③]）损害责任。

（二）高速公路管理者作为安全保障义务主体的困难

妨碍通行物损害责任的主体，《侵权责任法》第89条规定为“有关单位和个人”，一般是指堆放人、倾倒人或遗撒人，包括堆放、倾倒或遗撒的自然人和法人以及其他组织，也包括妨碍通行物损害中的公共道路管理人。[④] 将高速公路管理者作为《侵权责任法》第89条规定的“有关单位”，是顺理成章的，包括高速公路的所有人和管理人。

按照《侵权责任法》第37条规定的违反安全保障义务侵权责任的规则，认定一个公共场所的管理者必须依照法律的要求。按照该条规定，关于公共场所的列举，是宾馆、商场、银行、车站、娱乐场所。在对其后的“等”字的解释中，法工委的官员认为机场、码头、公园、餐厅“也都属于公共场所”[⑤]。同时指出：“合理确定安全保障义务人的范围，既要以人为本，对社会生活中可能发生危险的场所或者活动，要求行为人履行必要的防范损害发生的义务，充分保护广大人民群众的人身和财产安全；又要考虑我国国情，从促进社会和谐稳定的目的出发，不能盲目地扩大安全保障义务人的范围，避免引发过多社会纠纷；同时还要处理好未尽到安全保障义务的侵权行为与其他侵权行为之间的关系，避免或者减少相关法律规定间的冲突或者竞合。”[⑥]

将高速公路管理者认定为违反安全保障义务人的范围，至少存在以下困难。第一，《侵权责任法》第37条并没有列举高速公路的管理人属于安全保障义务人

① 韩强：《妨碍通行物品侵权责任探析》，《法学》2012年第10期。

② 王利明：《侵权责任法研究》下卷，中国人民大学出版社2011年版，第740页。

③ 王利明语，见王利明：《侵权责任法研究》下卷，中国人民大学出版社2011年版，第740页。

④ 王胜明主编：《中华人民共和国侵权责任法释义》，法律出版社2010年版，第433、434页。

⑤ 王胜明主编：《中华人民共和国侵权责任法释义》，法律出版社2010年版，第201页。

⑥ 王胜明主编：《中华人民共和国侵权责任法释义》，法律出版社2010年版，第200-201页。

的范围；第二，在法工委官员撰写的侵权责任法释义的著作中，也没有说“等”字中包含的安全保障义务人的范围中包括高速公路管理者；第三，如果将高速公路管理者解释为安全保障义务人，将会直接与《侵权责任法》第89条规定的“有关单位和个人”的含义相冲突，直接造成违反安全保障义务侵权行为与妨碍通行物损害责任之间的法律冲突或者竞合。面对如此重大的法律适用困难，何苦放着简便的法律适用方法不走，偏要舍近求远，自找法律适用的障碍呢?

（三）高速公路作为公共场所的困难

不仅如此，将高速公路认定为公共场所，进而要求高速公路管理者对高速公路妨碍通行物造成的损害承担违反安全保障义务的侵权责任，同样存在重大困难。

公共道路是指对社会一般人开放、可以同时供不特定的多数无轨车辆和行人通行的基础交通设施；其中“公共”一词，是指对社会一般人开放、可以同时供不特定的多数人使用，也就是具有非排他性，即无法阻止某个人使用。公路是指供各种无轨车辆和行人通行的基础交通设施。[①] 私人所属区域内修建的供私人使用的道路不是公共道路，如私人别墅以及机关、学校围墙内的道路，都不是公共道路。

高速公路的特点是：首先，我国高速公路通常是收费的，并在入口处设收费站，在入口处对进入车辆进行收费，并且禁止其他非机动车、行人的进入；其次，高速公路是全线封闭的双向行驶通道，中间有绿化带的隔离；再次，高速公路体现了“高速、高危、高效”的运输特点，不但占地面积广，而且建设投资成本高昂；最后，高速公路内部提供基本的加油等服务设施，并全程摄录超速或低速等违规行驶车辆。

将高速公路与公共场所所要求的条件相比较，高速公路不对社会的一般人开放，仅对机动车开放，其他任何不驾驶机动车的人都不可以进入其中，并且认为非机动车或者行人进入高速公路是违法行为。《侵权责任法》第37条规定的公共

① 奚晓明主编：《〈中华人民共和国侵权责任法〉条文理解与适用》，人民法院出版社2010年版，第588页。

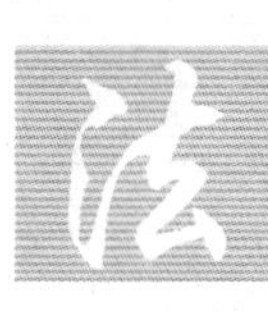

场所，无论是明文列举的，还是法工委官员在侵权责任法释义的著作中提出的，它们都具有公共性，任何宾馆、商场、银行、车站、娱乐场所以及机场、码头、公园、餐厅，都可同时供不特定的多数人使用，具有非排他性，不得阻止某个人使用。高速公路显然不具备这样的条件，将其认定为《侵权责任法》第37条规定的公共场所，解释在该条的“等”字之中，显然具有极大的困难。

（四）高速公路管理者对妨碍通行物损害承担的责任仍然为妨碍通行物损害责任

既然将高速公路管理者认定为安全保障义务人存在重大困难，认定高速公路为公共场所也存在重大困难，那么，就不能将高速公路管理者对妨碍通行物造成损害承担的侵权责任的性质，认定为违反安全保障义务的侵权责任。如果硬要舍近求远，避简就繁，其后果一定会形成法律冲突或者竞合，造成法律适用上的人为障碍，是一个不正确的选择。

应当看到，《侵权责任法》第37条规定，违反安全保障义务的侵权责任适用的归责原则是过错责任原则，而第89条规定的妨碍通行物损害责任规定的归责原则是过错推定原则。相比较而言，第89条要比第37条的责任构成要求更严格，责任更重。如果硬将高速公路管理者妨碍通行物损害责任解释为违反安全保障义务的侵权责任，则降低了对高速公路管理者的责任要求，不利于加强对高速、高效、高危的高速公路进行严格的管理，松懈高速公路管理者的管理职责，将对高速公路利用者的安全构成更多、更大的威胁。因而，高速公路管理者对妨碍通行物损害承担责任应当适用《侵权责任法》第89条，而不是适用第37条。

当然，将高速公路解释为公共道路似乎也有一定的疑义。这就是，公共道路中的“公共”是指对社会一般人开放、可以同时供不特定的多数人使用，而高速公路是受到一定程度的限制的公路，因而能够将高速公路解释为公共道路吗？首先，高速公路当然是道路，这是毫无疑问的；其次，高速公路的使用限制，其实仅仅是对机动车以外的非机动车或者行人的限制，在实际上，任何人想利用高速公路，只要驾驶或者乘坐机动车就可以进入，并不存在障碍，并没有限制利用。从这个意义上说，高速公路仍然是公共道路，而不是私家路。

因此，高速公路管理者对妨碍通行物损害承担责任的性质，仍然为妨碍通行

物损害责任。将其作为其他责任性质解释，都不符合《侵权责任法》对妨碍通行物损害责任的规定精神。

二、高速公路管理者妨碍通行物损害责任的归责原则和构成要件

（一）高速公路妨碍通行损害责任的归责原则

高速公路管理者承担妨碍通行物损害责任的性质既然仍然是妨碍通行物损害责任，那么，在适用归责原则问题上就应当是一致的，而不能出现区别。不过，在对妨碍通行物损害责任适用归责原则的问题上，学者的意见并不一致。目前学者的意见主要有三种。

第一种意见认为，妨碍通行物损害责任适用双重归责原则，对于堆放人、倾倒人、遗撒人的责任适用过错推定原则，对于公共道路所有人或者管理人的责任适用过错责任原则。原因是，公共道路的情况复杂，如果要求其承担过错推定原则，就对其强加了过重的责任，会极大地增加公路部门的管理成本，但如果是收费路段，则路段管理部门毫无疑问需要承担责任，非收费路段则不应如此。①

第二种意见认为，妨碍通行物损害责任应当适用无过错责任原则。在公共道路上堆放、倾倒、遗撒妨碍通行的物品造成他人损害的，规定的就是无过错责任原则，因为在公共道路上堆放、倾倒、遗撒妨碍通行物品将会给公众安全造成极大的危险，有必要给责任人施加严格责任。② 只要有堆放、倾倒、遗撒妨碍通行的物品造成他人损害的情形，有关单位或者个人就应当承担侵权责任。③

第三种意见认为，《侵权责任法》第十一章规定的所有的物件损害责任（第87条规定的抛掷物、坠落物不明的损害责任除外），都适用过错推定原则，因此，妨碍通行物损害责任也应当适用过错推定原则。④

上述不同意见都有自己的理由。不过，对于适用无过错责任原则的意见，似

① 王利明《侵权责任法研究》下卷，中国人民大学出版社2011年版，第742、743页。

② 程啸：《侵权责任法》，法律出版社2011年版，第527页。

③ 王成：《侵权责任法》，北京大学出版社2011年版，第219页。

④ 杨立新：《侵权责任法》，法律出版社2012年第2版，第555页。

乎依据不足，因为通常的立法惯例，物件损害责任应当适用过错推定原则，而不适用无过错责任原则。无过错责任原则本来是突破常理的，是有限度的，必须有法律的特别规定才能适用，并且有严格的适用条件。根据王泽鉴教授的观点，无过错原则的合理化论证必须满足：第一，侵权责任承担人是危险的制造者；第二，侵权责任承担人能够控制这种危险；第三，该制造危险者从制造危险的活动中获利；第四，危险责任可以通过商品服务价格机能和保险制度加以分散。[①] 高速公路管理者并不是危险的制造者，不符合上述要求，不能适用无过错责任原则。[②]

过错推定原则相较于过错责任原则的特殊之处在于举证问题上，合理分配举证责任，被推定负责任的一方可以通过有效的举证推翻推定的结果，以免于承担侵权责任。不能举证或怠于举证则要承担推定过错的侵权责任。高速公路管理者对于妨碍通行物造成的损害承担过错推定责任，从受害人的损害事实推定高速公路管理者在主观上存在过错，使其承担推翻过错推定的举证责任。这样，使受害人处于较为便利的诉讼地位，便于实现赔偿请求权。因此，高速公路管理者承担妨碍通行物损害责任适用过错推定原则，是有法律根据的。

主张对不收费公路路段采用过错责任原则，有一定道理，但为了提高公路的安全因素，统一适用过错推定原则并不过分，原因在于，即使适用过错推定原则，可能会给这种路段的管理部门增加一定的责任和成本，但并不会“极大地增加公路部门的管理成本”，因为公路管理部门在被推定自己有过错后，可以举证证明自己不存在过错，就可以免责，而非无过错也要承担责任。

基于这样的理由，机动车在高速公路行驶过程中发生交通事故，高速公路管理者未尽必要管理义务，致使堆放、倾倒、遗撒的妨碍通行物造成他人损害，应当适用过错推定原则。如果高速公路管理者不能证明自己没有过错，就应当承担责任。这样，将过错要件的证明责任交由高速公路管理者承担，减轻被侵权人的

---

① 王泽鉴：《侵权行为》，北京大学出版社 2009 年版，第 543 页。

② 目前国内学者的共识是适用无过错原则的主要有产品责任、环境污染责任、高度危险责任、部分饲养动物损害责任和部分工伤事故责任。

证明责任，高速公路管理者承担不能证明自己无过错的不利后果，这样更有利于保护被侵权人的合法权益。高速公路管理者应当为自己已经尽到合理审慎的注意义务承担证明责任，既可以提高证明的效率也为被侵权人减轻了举证责任，这充分考虑了对被侵权人一方的保护和救济。

（二）高速公路妨碍通行损害责任的构成要件

1. 损害发生在高速公路上

交通部《公路工程技术标准》给高速公路下的定义是："能适应平均昼夜小客车交通量为 25 000 辆以上，专供汽车分道高速行驶，并能全部控制出入的公路。"也有人认为，所谓高速公路，就是指专供汽车行驶，设有中央隔离带，把往返的交通流完全隔离开，没有平面的交叉口的道路。[①] 可见，高速公路是只供机动车高速行驶的，并且高速公路必须全线封闭，出入时有专门的控制。造成损害的道路交通事故发生在高速公路之上，是发生高速公路妨碍通行物损害责任的前提要件。

2. 损害的发生原因是障碍通行物

障碍通行物被堆放、倾倒、遗撒在高速公路上，对高速通过的机动车形成危险源，因此，障碍通行物在高速公路上的持续存在状态，是障碍通行物损害责任成立的必要条件。在高速公路上的妨碍通行物，主要是遗撒物，是机动车在通过高速公路时，从车上遗撒物品，造成他人损害。不过，在高速公路上也有存在堆放物、倾倒物的可能，例如修缮高速公路时的堆放物、倾倒物，警示不当，也有可能造成他人损害。

3. 造成损害的行为是堆放、倾倒或遗撒行为和高速公路管理者管理不当行为

在一般情况下，堆放物、倾倒物和遗撒物都是堆放人、倾倒人或者遗撒人实施的行为的后果，并非高速公路管理者所为。不过，也有可能高速公路管理者就是堆放人、倾倒人或者遗撒人的情形。

在前一种情形，造成损害的有两个行为，一个是堆放人、倾倒人或者遗撒人的行为，另一个是高速公路管理者的管理不当行为。这两个行为，对于损害结果

① 姚博：《高速公路，闯入一条狗》，《法律与生活》2008 年第 1 期（上）。

的发生具有不同的原因力。堆放、倾倒、遗撒行为是造成损害的直接原因，具有百分之百的原因力；而高速公路管理者的管理不当行为，是造成损害的间接原因，属于造成损害的必要条件。高速公路管理者有保证路面畅通和交通安全的职责。机动车缴费进入高速公路的目的就是要安全顺畅地到达目的地，消费者和高速公路管理者之间形成合同关系，消费者有通行的权利，高速公路管理者有保障通行安全的义务及其他附随义务。例如遗撒物造成侵权而遗撒人并不知情，且无法找到，高速公路管理者巡查不力，没有及时排除妨碍通行物，造成被侵权人损害的，应当承担责任。试想，即使行为人在高速公路上实施了堆放、倾倒、遗撒行为，如果高速公路管理者及时发现、及时进行处理，消除了障碍通行物，损害就不会发生。正因为如此，《侵权责任法》第89条才将道路管理者置于侵权人的范围之内。如果不是这样，是不会使用“有关单位或者个人”这个弹性概念的。

在后一种情形，高速公路管理者就是堆放人、倾倒人或者遗撒人，则是自己的行为造成的损害，当然应由高速公路管理者自己承担责任，也在“有关单位或者个人”的范围之内。

4.高速公路管理者的过错状态

高速公路管理者责任尽管适用过错推定原则，原告不必证明被告的过错，但研究这种责任的过错状态，仍然是有意义的。首先，在妨碍通行物损害责任中，作为直接原因行为的堆放人、倾倒人的主观状态一般是放任损害发生的间接故意或者过失，原因是其堆放、倾倒行为本身是故意的，但对于损害的发生则是间接故意或者过失，其中过失是主要形式；其次，遗撒人的主观状态只能是过失。[①]高速公路管理者的主观状态应当是过失，是未尽必要注意的过失，不存在故意的可能性。如果存在故意，则构成犯罪行为。

三、高速公路管理者承担妨碍通行物损害责任的具体规则

（一）对“有关单位或者个人”的理解

关于妨碍通行物损害责任的责任主体，《侵权责任法》第89条规定了一个不

① 杨立新：《侵权法论》，人民法院出版社2011年第4版，第549页。

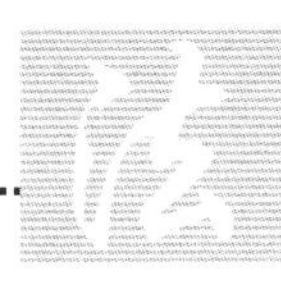

同寻常的概念，即“有关单位或者个人”。这个概念究竟是何含义，专家的理解不尽相同。有的学者认为，这个概念“显然是一个非常模糊且范围很广的表述”[①]，“等于没有规定，而需要法官具体判断”[②]；有的专家认为，有关单位或者个人应当包括两类主体，一是堆放人、倾倒人、遗撒人，二是公共道路的所有人或者管理人。[③] 我们不认为这个概念有什么不妥，这是立法者在立法时斟酌具体情形，故意使用的一个宽泛的概念，以求包括上述第二种意见所表述的内容，即两类不同的主体。[④]

（二）高速公路管理者承担妨碍通行损害责任的规则

《侵权责任法》第 89 条规定有关单位或者个人的概念并没有错，但没有规定责任承担的具体规则，则是不适当的。在堆放人、倾倒人、遗撒人与公共道路所有人、管理人这样五类责任主体中，究竟应当如何承担责任，则需要特别研究并须确定具体规则。

从前述关于高速公路管理者侵权责任构成要件中对于造成损害的行为的分析，可以明显地看出，在这类侵权行为案件中，造成受害人损害实际存在两个原因，即妨碍通行物的堆放、倾倒、遗撒行为和道路所有人、管理人的管理不当行为。对于同一个损害，是由于两个行为竞合造成的，这种侵权行为我们称之为竞合侵权行为。在竞合侵权行为中，包括必要条件的竞合侵权行为、必要条件＋政策考量的竞合侵权行为和提供机会的竞合侵权行为三种。[⑤] 根据三种不同的竞合侵权行为的类型，应当承担的侵权责任形态分别是典型的不真正连带责任、先付责任和补充责任。[⑥]

对于妨碍通行物损害责任的具体承担规则，有的学者认为应当适用补充责任，即受害人先应当向堆放人等主张赔偿，其赔偿不足或者不能赔偿的，方可请

---

① 程啸：《侵权责任法》，法律出版社 2011 年版，第 527 页。

② 张新宝：《侵权责任法》，中国人民大学出版社 2010 年第 2 版，第 343 页。

③ 王利明：《侵权责任法研究》下卷，中国人民大学出版社 2011 年版，第 748 页。

④ 杨立新：《侵权责任法》，法律出版社 2012 年第 2 版，第 582 页。

⑤ 杨立新：《论竞合侵权行为》，《清华法学》2013 年第 1 期。

⑥ 关于三种不同的侵权责任形态，参见杨立新：《论不真正连带责任类型体系及规则》，《当代法学》2012 年第 3 期。

求公共道路所有人或者管理人承担相应的补充责任。① 这种意见注意到了这种侵权行为是竞合侵权行为，值得称赞，但应当分析的是，公共道路所有人或者管理人包括高速公路管理者的管理不当行为，对于损害的发生，究竟是提供了必要条件，还是提供了机会。如果是提供了必要条件，就应当适用典型的不真正连带责任，而不适用补充责任；如果是提供了造成损害的机会，则应当承担补充责任。我们看到的是，堆放物、倾倒物或者遗撒物是造成损害的直接原因，管理不当行为并非给损害发生提供了机会，而是提供了必要条件；二者的区别大致可以从时间上区分，前者是两个行为须结合在一起，必要条件同时发生或者发生在直接原因之后；后者不作为行为提供的机会一般是在直接原因行为实施之前。因此，妨碍通行物损害责任包括高速公路上发生的这类侵权行为，堆放人、倾倒人、遗撒人为一方，公共道路所有人或者管理人包括高速公路管理者为另一方，双方承担的侵权责任形态应当是典型的不真正连带责任，即被侵权人可以请求堆放人、倾倒人或者遗撒人承担赔偿责任，也可以请求公共道路所有人或者管理人包括高速公路管理者承担赔偿责任；公共道路所有人或者管理人包括高速公路管理者承担赔偿责任之后，有权向堆放人、倾倒人或者遗撒人进行追偿。认为应当承担补充责任的意见，既不符合上述不真正连带责任承担规则的原理，况且《侵权责任法》第 89 条也没有规定为补充责任。相反，认为承担典型的不真正连带责任，其基础是这种行为是竞合侵权行为，承担责任的侵权人又为两方，适用典型的不真正连带责任可谓恰如其分。高速公路管理者承担妨碍通行物损害责任，应当适用典型的不真正连带责任。

第三节　国有公共设施设置及管理欠缺致害的行政赔偿责任

关于因国有公共设施设置和管理欠缺致害的行政赔偿责任问题，是一个法理

① 王利明：《侵权责任法研究》下卷，中国人民大学出版社 2011 年版，第 748－749 页。

性质的探讨，《侵权责任法》并没有规定，《国家赔偿法》中也没有规定。按照现行法的规定，应当依照《侵权责任法》第 85 条和第 86 条规定处理。但是在法理层面，这种侵权责任是国家赔偿责任，是国家赔偿法规定的行政赔偿、司法赔偿之外的第三种国家赔偿责任。本节从这个角度，对此进行讨论，为将来的法律修订提供研究基础。

一、国有公共设施设置及管理欠缺致害赔偿的性质

国有公共设施因设置和管理欠缺，致他人以人身损害或财产损害，为国家赔偿责任，抑或为一般的民事赔偿责任，此种损害赔偿法律关系，为国家赔偿法调整，抑或为民法的侵权法所调整，目前国内有两种不同的见解。在实务上，判例认为属普通的民事赔偿责任，由《民法通则》第 126 条所调整。[①] 在理论上，学者认为属国家赔偿责任，由国家赔偿法所调整，适用《民法通则》第 121 条。[②] 我们基本上同意理论上学者的主张，认为国有公共设施因设置及管理欠缺致害责任，是国家赔偿责任中的行政赔偿责任。

确认国有公共设施设置及管理欠缺致害为国家赔偿责任，在国外立法上，历史并不很久，只有 200 年的历史；这与国家赔偿责任制度的历史较短有关。众所周知，在前资本主义时期，法律遵循“国王不能为非”原则和“国家无责任说”理论，国家不是赔偿责任的主体，人民不得对国家提起侵权赔偿诉讼。资产阶级革命胜利后，实行民主政体，确立了国家赔偿责任制度。至此，才出现了作为国家赔偿责任制度组成部分之一的国有公共设施致害的国家赔偿责任。

历史上最早出现的国有公共设施致害赔偿责任的法律规定，是法国法。法国在 1799 年的法律中，就已规定了国家行政部门应对公共建筑工程所致损害承担赔偿责任。[③] 这只是该种国家赔偿制度的雏形。真正在国家赔偿法中确立这种国

① “王烈凤诉千阳县公路管理段人身损害赔偿案”，《最高人民法院公报》1990 年第 2 期。

② 梁慧星：《道路管理瑕疵的赔偿责任》，《法学研究》1991 年第 5 期。

③ 梁慧星：《道路管理瑕疵的赔偿责任》，《法学研究》1991 年第 5 期。

家赔偿制度，是日本的《国家赔偿法》第 2 条：“（1）因道路、河川或其他公共营造物之设置或管理有瑕疵，致使他人受损害时，国家或公共团体，对此应负赔偿责任。（2）前项情形，如就损害之原因，别有应负责之人时，国家或公共团体，对之有求偿权。”此前，日本并不认此为国家赔偿责任，至大正时代，通过判例，认为国家对营造物之占有，纯粹为私法上之占有，其占有与私人占有同立于平等之地位，因而应类推适用民法第 717 条规定，承认国家之赔偿责任。本条规定的制定，即依此判例之发展而成。[①] 1967 年，韩国制定《国家赔偿法》第 5 条，规定了上述国家赔偿责任。1973 年，《德国国家赔偿法》（草案）第 1 条第 2 项规定了上述责任，称为公权力主体对于因其技术性设施之故障所生权利之侵害的赔偿责任。我国台湾地区在 1980 年 7 月 2 日公布“国家赔偿法”，其第 3 条仿日本《国家赔偿法》第 2 条的立法例，规定：“公有公共设施因设置或管理有欠缺，致人民生命、身体或财产受损害者，国家应负损害赔偿责任。”“前项情形，就损害原因有应负责任之人时，赔偿义务机关对之有求偿权。”

在英美法系，对于公共设施致生损害的国家赔偿责任，并未在法律条文中明确规定。在美国，判例承认准许人民对国家供给的设施，因维护不当欠缺安全性而遭受损害者，可以请求赔偿，诸如未在供灌溉运河上之桥梁设置护栏，至受害人掉入水中溺死；联邦政府为挖掘河道，致河岸之码头下陷，使码头上之货物毁损者，等等，均由联邦政府负赔偿责任。[②] 英国亦未在王权诉讼法明文设置此制度，适用时需视该公务员有无违反义务之过失而定，实务上对于教育设施之案件，主要视学校或教师之教导管理行为有无过失，以判断责任之有无，间亦有由学校设施本身之安全性加以判断；另如在道路交通设置上之瑕疵、过失，国家应负赔偿责任，等等。[③]

综上所述，国有公共设施致害责任为国家赔偿责任，为世界主要国家（地区）的立法所承认，自无疑义。在我国，对此制度，尚无明文规定，理论上认为

---

① 曹竞辉：《国家赔偿立法与案例研究》，台北三民书局 1988 年版，第 139 页。

② 曹竞辉：《国家赔偿立法与案例研究》，台北三民书局 1988 年版，第 141、142－143 页。

③ 曹竞辉：《国家赔偿立法与案例研究》，台北三民书局 1988 年版，第 141、142－143 页。

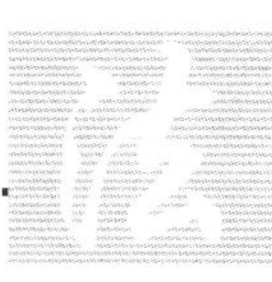

此制概括于《宪法》第 41 条第 3 款及《民法通则》第 121 条之中，为国家赔偿责任。这是正确的。然而，在我国法律制度和理论上，将国家赔偿责任划分为行政赔偿责任、权力机关赔偿责任、司法机关赔偿责任和军事机关赔偿责任，管理国有公共设施之主体，必然是国家行政机关；承担赔偿责任，也由国家行政机关为义务主体。因此，将国有公共设施致害责任确定为行政赔偿责任更为恰当、准确。

将国有公共设施致害的行政赔偿责任错误地认定为普通的侵权责任，主要原因是将其混同于建筑物危险责任。前述王某风诉千阳县公路管理段案例，事实是：王之夫马某智下班后骑自行车沿公路回家，遇大风吹断公路旁护路树，砸中头部致死。事故原因是路旁树木受害虫黄斑星天牛危害严重，部分树木枯死，上级批准采伐枯树，负责此段公路管理的千阳县公路管理段未采取采伐枯树的措施，致事故发生。千阳县人民法院经审理认为：公路两旁的护路树属公路设施，县公路管理段对此负有管理责任；护路树遭虫蛀，威胁行人安全，在上级批文决定采伐更新的一年多时间里，该段不履行职责，导致危害结果发生，故适用《民法通则》第 126 条关于建筑物危险责任的规定，判决公路管理段承担赔偿责任。法院的判决理由基本上是正确的，但适用《民法通则》第 126 条关于建筑物危险责任的规定，确属不当。

建筑物危险责任源于古罗马法，即准私犯中的坠落物和倾倒物致害责任及公共场所悬挂物致人损害责任。查士丁尼《法学阶梯》认为：有人从楼房投掷或倾注某物，任何人在公共通道上放置或悬挂某物，致对他人造成损害的，负损害赔偿之责。[①]《法国民法典》第 1386 条规定："建筑物的所有人，对于因缺乏维护或因建筑物缺陷所发生的坍塌而引起的损害，应负赔偿的责任。"《德国民法典》第 836 条至第 838 条规定，因建筑物或与土地相连的工作物倒塌或一部分脱落，致人损害，其土地占有人、建筑物占有人或建筑物保养义务人应负赔偿责任。我国台湾地区"民法"第 191 条规定："土地上之建筑物或其他工作物，因设置或保管有欠缺，致损害他人之权利者，由工作物之所有人负赔偿责任。但于防止损害

---

① ［古罗马］查士丁尼：《法学总论》，张启泰译，商务印书馆 1989 年版，第 204 页。

之发生，已尽相当之注意者，不在此限。”“前项损害之发生，如别有应负责任之人时，赔偿损害之所有人，对于该应负责者，有求偿权。”从上述立法例分析，现代民法的建筑物危险责任与古罗马法的规定有所不同，但基本点具有一致性，即损害因建筑物而生。我国《民法通则》第126条规定：“建筑物或者其他设施以及建筑物上的搁置物、悬挂物发生倒塌、脱落、坠落造成他人损害的，它的所有人或者管理人应当承担民事责任，但能够证明自己没有过错的除外。”可见，我国的上述规定范围比较宽泛，既包括建筑物或其他设施，也包括建筑物上的搁置物、悬挂物。

在法国和德国，民法对建筑物危险责任的规定并不适用于国有公共设施致害的国家行政赔偿责任。[①] 在日本，在没有颁布《国家赔偿法》之前，曾有过通过解释将该项责任纳入建筑物危险责任之中的做法，但在1947年《国家赔偿法》颁布施行之后，此项责任即不再适用民法第717条规定，而适用《国家赔偿法》第2条规定。我国学者认为：道路等国有公共设施管理责任与建筑物责任，前者为国家赔偿责任，后者为一般民事责任，两者的主要区别在于：一是适用对象不同，前者适用对象为国有道路及其他公共设施，后者为建筑物倒塌、脱落，其他设施倒塌、脱落，建筑物上的搁置物、悬挂物发生脱落、坠落；二是责任主体不同，前者为国家机关或公共团体，后者为建筑物及其他设施的所有人或管理人；三是承担责任的根据不同，前者为公共负担人人平等理论，后者依据报偿理论和危险责任理论；四是责任原则不同，前者为无过失责任原则，后者采用推定过失原则。[②]

现代立法将国有公共设施致害责任与建筑物危险责任加以严格区别，具有重要意义。在现代社会，国家大力加强文化、教育、经济等方面建设，增进人民福利，公共设施日益增多，但危险相随而来，公民因国有公共设施的欠缺而受损害的案件不断发生。国家立法和民法理论将上述两种责任严格区分开来，将国家作为国有公共设施致害责任的责任主体，并适用与推定过失责任不同的无过失责任

① 梁慧星：《道路管理瑕疵的赔偿责任》，《法学研究》1991年第5期。

② 梁慧星：《道路管理瑕疵的赔偿责任》，《法学研究》1991年第5期。

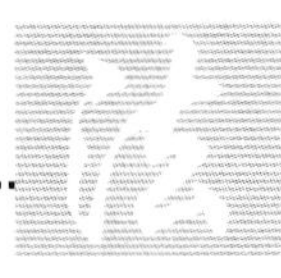

原则，加重了责任主体的责任，更有利于保障公民的民事权利；同时，对于督促国家行政机关对设置和管理国有公共设施恪尽职守，善尽注意义务，促进国家文化、教育等公共福利事业的不断发展，具有重要意义。

除此之外，还应当将国有公共设施致害的行政赔偿责任与国家行政机关及其工作人员因行政行为致害的行政赔偿责任区别开来。在各国和地区国家赔偿法中，首先规定公权力侵害公民权利的国家赔偿责任，继之规定国有公共设施致害的国家赔偿责任，二者适用不同的法律条文。如日本《国家赔偿法》第 1 条和第 2 条，韩国《国家赔偿法》第 2 条和第 5 条，我国台湾地区“国家赔偿法”第 2 条和第 3 条。之所以要这样区别，其原因是，虽然这两种赔偿责任都是国家行政赔偿责任，赔偿责任主体均为国家行政机关，赔偿费用均由国家财政列支，但两种赔偿责任的区别也是十分明显的：（1）造成损害的方式并不相同，前者造成损害的是国有公共设施，后者为具体的行政行为；（2）求偿权的义务主体不同，前者求偿权的义务主体是设置、管理公共设施的故意、过失者，后者则为行政行为中有故意、过失的工作人员。法律将二者区别开来，有利于分别情况采取不同的法律对策，使国家赔偿制度更加严密、完善。

二、国有公共设施设置及管理欠缺致害赔偿责任的构成

构成国有公共设施设置及管理欠缺致害他人的国家行政赔偿责任，须具备以下要件。

（一）致害物须为公共设施

该种国家行政赔偿责任与国家行政机关行政行为所致损害的行政赔偿责任不同，不是行为所致损害，而是由物所致损害。其致害物即为公共设施。

如何理解公共设施，国内法学界尚未见准确定义。国外学者及我国台湾地区学者对此见仁见智，颇有争议。归纳起来，大致可分三种主张。一是，限定范围最窄者，主张公共设施仅指供公共使用的不动产，仅以土地上之工作物为限，不包括动产在内；二是，限定范围最宽者，主张公共设施指供公共使用的一切动产

或不动产，进而将警备车、消防车、警犬、手枪等均包括在其内；三是，折中主张，认为公共设施非以动产不动产加以区分，应依公共使用目的为限，并非所有的不动产均为公共设施，亦非所有的动产均不为公共设施。①

所谓公共设施，是指国家因公共利益需要所提供的为公众使用的建筑等有体物及设备。称公共者，应指公众利益和公众使用，即指多数人，且不以不特定之多数人的利益和使用为限，包括一般公民所使用的公用物和行政主体本身使用的公用设施。所应区别者，为私人使用的设施不在其内。称设施者，应指建筑等有体物及设备，原则上包括道路、桥梁、隧道、堤防渠堰、上下水道、纪念碑馆、运动场馆、公园、名胜古迹等。所应区别者，设施不包括人的行为和无体财产，某些供行政机关使用的动产，如警备车、消防车、警犬等，如果也理解为公共设施，则嫌过宽。应当注意的是，设施应当包括其附属设备，例如，道路应包括护路树、路灯、涵洞等，纪念碑应包括围栏、台阶等。

（二）公共设施须为政府设置和管理

该种赔偿责任既然为国家行政赔偿责任，其致害的公共设施必须为政府设置及管理，即为国有公共设施。就具体理解而言，国有公共设施，应为政府设置或管理。设置，是指对公共设施的设计、建造、施工和装置，其对象，系指公共设施的有体物本身，而不包括人。管理，是指公共设施设置后的维护、保养、修缮及保管，其管理的对象，亦专指对公共设施的管理，不包括对人的管理。政府对公共设置的设置和管理，应以政府对设计、建造、施工和装置公共设施，对维护、保养、修缮和保管公共设施，实行国家拨款为限，以国家拨款为资金，由政府组织或委托公共团体组织设置或管理，其所有权，应由国家所有。

应当注意区别的是，由于我国国有企业法人的所有权，就是全民所有权，国有企业财产即为国有财产，但经营权由企业法人所享有，因而国有企业经营的国有公共设施，不属于政府设置、管理的公共设施，如铁路、电力、煤气、自来水设施等。至于私营企业、合伙企业以及合资合作独资企业开设的运动、娱乐设施，因其归个人所有，集体企业开设的上述设施归集体所有，均不属于政府设置

① 曹竞辉：《国家赔偿立法与案例研究》，台北三民书局1988年版，第147－154页。

和管理的公共设施。私有或集体所有的公共设施可否转化为国有呢？学者认为，“惟虽非公有而事实上由国家或公共团体管理者，如私有土地供公众通行成为道路，历时数十年，因时效完成而被认为有公用地役关系存在，政府机关因该公用地役关系之存在而取得该道路之管理权者，是基于宪法保护人权之精神，似宜解释为包括在内较妥”①。这种观点不宜采用，理由是我国既未建立取得时效制度，国家又未具体建造及管理。类似此种土地使用，除非国家征用，不能转化为公共设施。

（三）该国有公共设施的设置和管理须有欠缺

按照通说，国有公共设施致害的行政赔偿责任适用无过错责任原则，不以设置和管理者有故意、过失为要件。然而，这种无过错责任，并不是绝对的无过错责任或结果责任，而是以设置和管理须有欠缺为必要构成要件，属于相对的无过错责任或严格责任。

欠缺，亦称瑕疵，通常指一种不完全、不完备的状态。设置和管理的欠缺，就是指国有公共设施设置和管理上的不完全、不完备的状态，因而致该公共设施缺少通常应具备的安全性。设置欠缺，是指国有公共设施在设置时，即已存在设计不良、位置不当、基础不牢、施工质量低劣等不完备的问题，致使公共设施的设置存在缺陷。管理欠缺，是指公共设施在设置后，存在维护不周、保护不当、疏于修缮检修等不完善的问题，使公共设施不具备通常应当具备的安全性。

确定设置和管理欠缺，通常采用客观说作为标准，认为对设置管理欠缺应进行客观的判断，唯有以欠缺的存在、不安全状态的存在为标准，至于其产生原因如何，及设置管理者有无故意过失，均不过问。根据这一标准，检验公共设施是否具有瑕疵，强调其是否具备通常应有之安全性，凡不具备通常应有的安全性，即可认定设置和管理的欠缺。这种标准，有利于保护受害人的合法权益，有利于区别此种责任与建筑物危险责任的差异，是可取的。

证明设置和管理欠缺，原归请求损害赔偿者负举证责任，唯于事故发生后，要具体证明欠缺之存在颇为不易，而且与国家赔偿法保护被害人的立场相悖，故

① 刘春堂：《国家赔偿法》，台北三民书局 1984 年版，第 53 - 54 页。

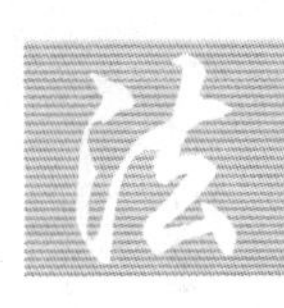

日本学者均主张采初步推定的理论。即于损害事故发生时，先推定管理和设置有欠缺的存在[①]，如果设置和管理者认为无欠缺，则须举证证明，以推翻该项推定始可免责。这样的主张是可以采纳的。

（四）须因设置管理欠缺造成公民人身或财产的损害

损害事实，是一切侵权责任的必备要件，构成国有公共设施致害责任，同样须具备这一要件。构成该种行政赔偿责任，应以公民的人身损害和财产损害为限，法人不在此限，公民的其他权利受到损害，亦不包括在内。学者认为，该损害事实的范围过窄，“人民因公共设施设置或管理之欠缺，致其生命、身体、财产以外之权益受损害者”“请求国家赔偿，仍属合法”[②]。公共设施管理、设置欠缺，在一般情况下，所造成损害，限于人身或财产的损害，不会造成其他诸如自由、名誉、姓名乃至债权、无体财产权的损害，损害事实不应予以扩大。如果认为公共电梯因欠缺中途停驶，致乘客关闭期间，即为侵害自由权而适用公共设施致害的行政赔偿责任，显系不当。

公共设施致公民人身、财产以损害，二者之间应有因果关系。公共设施设置欠缺或管理欠缺，须是公民人身、财产损害发生的原因，而公民人身、财产损害的发生，须为公共设施设置、管理欠缺所引起的结果。其因果关系的锁链为：公共设施的设置、管理欠缺构成公共设施的危险性，该种危险性转化成现实的危害时，造成了公民人身、财产的危害。所应注意的是，在这一因果关系锁链中，欠缺可能是损害发生的唯一原因，这时，构成行政赔偿的要件；当欠缺不为唯一原因，欠缺与台风、地震、洪水等自然事实，以及第三人的行为或被害人自己的行为相结合而发生损害之结果者，国家仍应负损害赔偿责任。[③] 这样，自然事实与他人或被害人行为参与因果关系的锁链之中，形成损害发生的共同原因。对此，仍构成赔偿责任，所应注意者，第三人行为为共同原因者，应依求偿权予以解决，受害人行为为共同原因者，应依过失相抵原则，减轻行政赔偿之责任。如果

① 曹竞辉：《国家赔偿立法与案例研究》，台北三民书局 1988 年版，第 172、179 页。

② 曹竞辉：《国家赔偿立法与案例研究》，台北三民书局 1988 年版，第 172、179 页。

③ 刘春堂：《国家赔偿法》，台北三民书局 1984 年版，第 55 页。

因欠缺与自然原因相结合而发生损害者，行政赔偿责任不受影响。

具备上述四项要件，构成国有公共设施设置、管理欠缺致害的行政赔偿责任。

在国家赔偿法理论上，通说认为国有公共设施致害行政赔偿责任有两项免责事由。

一是已尽防止损害发生之注意义务。如果国有公共设施设置、管理纵有欠缺，但能证明防止损害之发生，已尽其注意者，则不负赔偿责任。如道路、桥梁之损坏虽未修护，但已予适当遮拦或竖立警告标志，则对于尔后续予使用而受有损害者，不负损害赔偿责任。[①] 亦有学者反对这种主张，认为该种赔偿责任采无过失赔偿主义，由国家无条件地负起损害赔偿责任。负有赔偿义务之机关，并不得以“曾为防止损害已善尽其注意”为借口，而推卸责任。[②] 对此，我国现无明确立法，应采慎重态度，以前一主张为是。

二是不可抗力。不可抗力作为国有公共设施致害行政赔偿责任的免责事由，为绝大多数学者所主张，并为司法实务所采用。所应注意的是，在此怎样与构成要件中的自然原因与欠缺相结合而致害的问题相区别。我们认为，单纯由不可抗力而致损害，纵使公共设施有一般欠缺，可以免责；公共设置有重大欠缺，又加不可抗力的原因致害，仍构成该种赔偿责任，如发生地震，无欠缺之公共设施并未毁损致害，而有欠缺之公共设施则致人损害，应予赔偿，不得以不可抗力为由免责。

三、国有公共设施设置及管理欠缺行政赔偿责任的承担

国有公共设施设置及管理欠缺致人损害行政赔偿责任的承担，包括以下问题。

（一）赔偿责任主体

国有公共设施设置管理欠缺致害的责任既然为国家行政赔偿责任，其责任主

---

① 曾竞辉：《国家赔偿立法与案例研究》，台北三民书局1988年版，第181－182页。

② 刁荣华主编：《最高法院判例研究》上册，台北汉林出版社1983年版，第19页。

体当然为国家行政机关，受害人受此损害，可以依照法律向国家行政机关主张实现赔偿请求权。然而，国家行政机关乃是一个抽象的机构，具体的赔偿请求应当向哪一级行政机关，哪一个行政机关的具体部门提出，由谁来承担赔偿责任呢？

从原则上说，国有公共设施致害责任的赔偿义务主体，是该公共设施的设置或管理机关，谁设置或管理致害的国有公共设施，谁就是赔偿义务主体，就应由谁负赔偿责任，受害人就向该机关请求赔偿。

就具体情况而言，尚有以下具体问题需要确定赔偿责任主体。

1. 同一国有公共设施的设置、管理并非由同一行政机关施行，原则上由有欠缺的一方为赔偿责任主体。如设置欠缺，应由设置机关为赔偿责任主体，如管理欠缺，则由管理机关为责任主体。如果无法区分损害系由管理欠缺抑或设置欠缺所致，则视为共同欠缺所致，设置机关与管理机关均为赔偿责任主体，共同连带承担赔偿责任。如果公共设施的欠缺既可认为是设置欠缺，又可认定为管理欠缺，而设置管理机关又不同者，两者均为赔偿责任主体。

2. 国有公共设施致害以后，设置机关或管理机关发生变更、消灭的，应由承受其业务的机关为行政赔偿的义务主体。就行政机关来说，发生合并、分立、撤销的情况，当属正常，但发生合并、分立、撤销者，并不能消灭其赔偿责任和受害人的赔偿权利，对此，行政机关无论是合并、分立还是撤销，都应由承受该有关业务的机关作为赔偿责任主体。如果该行政机关被撤销以后，没有承受其业务的机关者，则以其上级机关为赔偿责任主体。这样，可以确保受害人请求赔偿权利的实现，使其受到侵害的权利得以恢复。

3. 设置或管理机关被撤销后，其业务已全部结束，既无其他机关承受，又无上级机关存在，致使受害人的损害赔偿请求权无法实现时，通常的做法是请求上级机关确定，逾期不能确定者，径以上级机关为赔偿义务主体。[①] 在我国，遇有这种情况，可以请求设置、管理机关的所属当地人民政府确定赔偿责任主体，人民政府无法确定谁为赔偿责任主体的，径由该人民政府为责任主体。

---

① 我国台湾地区“国家赔偿法”第9条第3款。

（二）赔偿责任范围

赔偿责任范围，依照侵权赔偿责任确定的一般原则，应以所受损害的实际损失为标准，损失多少，赔偿多少。国有公共设施致害的行政赔偿责任，应当适用这一标准，并无不同。造成公民财产损失的，应以财产损失大小为标准，按照《民法通则》第117条规定确定赔偿责任；造成公民人身损害的，应根据所造成的实际损害，按照《民法通则》第119条规定确定赔偿责任。

赔偿费用的开支，原则上由国库列支。我国《行政诉讼法》（2017年最后修正）第69条规定："赔偿费用，从各级财政列支。各级人民政府可以责令有责任的行政机关支付部分或者全部赔偿费用。"国有公共设施致害行政赔偿责任的费用开支，应适用这一规定。具体办法，对内，赔偿费用由各级财政列支核销，对致害有责任的机关，可以责令其承担部分或全部赔偿费用，以示惩戒；对外，则以责任主体承担赔偿责任，支付赔偿费用。

（三）求偿权

各国（地区）国家赔偿法在规定国有公共设施致害的国家赔偿责任的同时，一般都规定如果就损害原因另有应负责任人时，赔偿义务机关对其有求偿权。我国《行政诉讼法》第68条第2款规定："行政机关赔偿损失后，应当责令有故意或者重大过失的行政机关工作人员承担部分或者全部赔偿费用。"对此，公共设施致害的行政赔偿责任可以类推适用。

该种求偿权的成立，应当具备两项条件。

1.须赔偿责任主体已对受害人进行了损害赔偿。任何求偿权的存在，均以已履行赔偿义务或清偿义务为必要条件，《行政诉讼法》第68条中的"行政机关赔偿损失后"的用语，即为此要件的法律规定。公共设施致害，在行政机关尚未赔偿损失之前，求偿权尚不存在，必须于其对受害人赔偿损失之后，方可成立求偿权。

2.被求偿人须是就损害原因应负责任之人。就损害原因应负责任之人，就是对国有公共设施设置或管理欠缺有故意或过失的人，诸如公共设施的设计人、承揽人，致道路桥梁损毁之损毁人，在道路或其他公共设施放置障碍物或危险物之

人，公共设施管理机关的工作人员，国有公共设施的承租人、借用人等，均可构成。另有负责之人作为求偿权的义务主体，应当具备一般侵权行为的构成要件，即其应负责任为一般侵权行为，具备该责任的构成要件。具备以上两项要件，行政机关的求偿权即告成立。

求偿权的行使，由已承担赔偿责任的行政机关对应负责任之人为之。求偿的范围，应以其已经赔偿损失的范围计算。对此，《行政诉讼法》第 68 条第 2 款后段可以承担部分损失规定不应适用，应以全部赔偿为原则，同时尚应支付自赔偿支付至求偿偿还时依法定利率计算的利息。原因是，该条规定是对行政机关就其具体行政行为致害，追究有故意或重大过失之机关工作人员的责任，故可求偿部分损失。国有公共设施损害另有责任之人，则与行政机关全无关系，另有责任之人应就自己的行为承担全部民事责任，并无减轻责任的根据。应当注意的是，求偿权亦受诉讼时效制约。对此，行政诉讼法没有具体规定，原则上应适用《民法通则》的规定，按照 2 年的诉讼时效执行，自行政机关赔偿之日起算为宜。

（四）赔偿程序

国有公共设施致害的行政赔偿程序，与国家赔偿程序是一致的，各国立法一般将其与公务员赔偿程序一并规定。由于我国行政诉讼法未规定公共设施致害责任，对此尚不明确。我们的意见，应参照行政诉讼法的规定执行。

首先，公民就其因公共设施所致损害提出赔偿请求，应当先由行政机关解决。行政处理程序为先置程序、必经程序。未经行政处理程序，不得提起诉讼程序。这种意见的依据是《行政诉讼法》第 67 条第 2 款规定。对此，韩国法律设立赔偿审议会，不经审议会审议决议，不得提起诉讼，内容比较相似，其规定“自赔偿决定申请之日起，经过二个月时，得不经其决定，提起诉讼”[①] 的办法，值得参考。

其次，对行政机关处理决定不服的，可以向人民法院起诉。依照我国人民法院内部分工，这类案件应作为行政诉讼案件受理，由行政审判庭依行政诉讼程序审判。这种意见的依据是最高人民法院《关于贯彻执行〈行政诉讼法若干问题的

① 韩国《国家赔偿法》第 9 条。

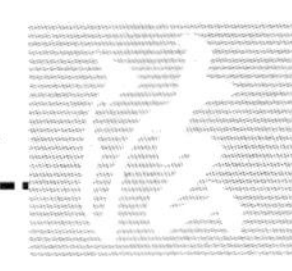

意见〉（试行）》（已废止）第 4 条的规定。

最后，无论是行政机关处理，还是人民法院审理，对这种案件都可以进行调解，因为它涉及的仍然是财产权益问题，依据民事权利的处分原则，当事人可以处分其权利，不受行政诉讼不适用调解原则的限制。

第二十九章

善意救助者的损害责任

第一节　我国善意救助者法的立法与司法

近年来，我国社会的诚信道德和诚信秩序出现重大问题，并且通过数起案件的法律适用引发了更大范围的影响。从1995年的广西刘秋海案[①]作为第一起进入公众视线的救人者被诬告案，《人民日报》《中国青年报》《工人日报》《中华工商时报》等数十家新闻媒体先后对事件始末进行了详细披露[②]，引发了人们对于社会道德的深刻反思和对于救人者权益何以保障的追问。继之，2006年南京彭宇案[③]，2009年天津许云鹤案[④]，社会舆论对诚信道德和诚信秩序提出了严重的拷问。随着彭宇案的调解和许云鹤案的维持原判，对这两个案件本身的质疑似乎已经平息，但

① 广西壮族自治区高级人民法院（1998）桂行终字第1号行政判决书。

② 在诸多媒体报道中，最具影响力的是：《人民政协报》以《公理何在，正义何在》为题刊登了刘秋海的来信，立即引起轩然大波；随后，《南方周末》以《做好事招来的横祸》《恶人先告状》《"刘秋海"事件再追踪》对案件发展予以全程关注，且招致报道相关人对《南方周末》报社提起名誉权侵权之诉。

③ 南京市鼓楼区人民法院（2007）鼓民一初字第212号民事判决书。

④ 天津市红桥区人民法院（2010）红民一初字第837号民事判决书。

提出的问题并没有消弭。我们认为，应当充分借鉴国外好撒马利亚人法的经验，对善意救助者从法律上、制度上给予更全面的保障，为处理这类案件提供理论支持和法律依据，让人民有信心、有勇气承担诚信义务，改变“谈救人色变”的局面，弥合诚信道德和诚信秩序缺失的社会创伤。

一、国外好撒马利亚人法的立法概况

（一）好撒马利亚人法的来源

好撒马利亚人法源于圣经中的好撒马利亚人的记载。好撒马利亚人是基督教文化中一个著名的概念，意为好心人、见义勇为者，来源于《新约圣经·路加福音》十章25至37节耶稣基督讲的一个寓言：一个犹太人被强盗打劫受了重伤，躺在路边，有一个祭司和一个利未人路过不闻不问；一个撒马利亚人路过，不顾隔阂，动了慈心照应他，并且自己出钱把受伤的犹太人送进旅店。耶稣用这个寓言说明，鉴别人的标准是人心而不是人的身份。犹太人自己的祭司和利未人虽然是神职人员但见死不救，而仇敌撒马利亚人却成了救命恩人和见义勇为者。借鉴好撒马利亚人寓言，一些国家制定了好撒马利亚人法（又译作行善人保护法）[①]，用立法手段保护善意救助他人者，规定急救人士在抢救伤者的过程中或其后对方死亡，可以适用好撒马利亚人法撤销死者家属对治疗者的法律起诉，从而鼓励善意救助伤、病人士的高尚行为。

（二）大陆法系的好撒马利亚人法

1. 大陆法系好撒马利亚人法的立法概况

据学者研究，古埃及法和印度法中就有惩罚见死不救者的规定。[②] 在现代，大陆法系国家对于好撒马利亚人法的规定多见于刑事立法之中，即科加普通人以一般救助义务，见危不救或见死不救的行为则因违反法定的救助义务而构成犯罪。

---

① 薛波主编：《元照英美法词典》，法律出版社2003年版，第606页。

② F. J. M. Feldbrugge, “Good and Bad Samaritans, a Comparative Survey of Criminal Provisions Concerning Failure to Rescue”, In 14 (1965-66) *The American Journal of Comparative Law*, p. 632.

大陆法系国家认为，紧急情况下不援助他人是一项罪过，这种立法具有高度一致性。救助处于危险中的人的义务起源于法国和比利时等国家。[①] 自19世纪20年代起，大陆法系某些国家开始转变行为人不对他人承担一般救助义务的法律规定，制定刑法要求行为人对处于危险或者危难中的他人承担救助义务。对此，1822年《西班牙刑法典》、1845年《俄国刑法典》、1853年意大利《托斯卡纳刑法典》、1867年《比利时刑法典》、1871年《德国刑法典》、1881年《荷兰刑法典》、1889年《芬兰刑法典》都有相关规定。[②] 在当代，几乎所有国家都制定了民法典或刑法典来规定作为好撒马利亚人所承担的一般救助义务。例如，《德国刑法典》第330c条对行为人承担的救助义务作出明确规定："意外事故、公共危险或困境发生时需要急救，根据行为人当时的情况急救有可能，尤其对自己无重大危险且又不违背其他重大义务而不进行急救的，处1年以下自由刑或罚金。"[③] 法国将有关行为人承担一般救助义务的好撒马利亚人法于1994年编入《法国新刑法典》，第223—6条规定："任何人对于处于危险中的他人能够采取行动，或者能唤起救助行动，且对本人或第三人均无危险，而故意放弃给予救助的，处前款同样之刑罚。"[④] 西班牙刑事立法贯彻好撒马利亚人法的经历也与法、德两国大致相似。

在民法领域，1867年《葡萄牙民法典》是欧洲第一部规定违反救助义务要承担侵权责任的民法典。进入20世纪以来，法、德各国都通过法官法发展不作为侵权责任。法国法对于好撒马利亚人因过失让受害人的状况更恶化的情形，给予好撒马利亚人豁免权，但以达到通常人尽到的注意为限。[⑤] 至于好撒马利亚人是否对在实施救助过程中造成的损害承担责任，《德国民法典》作出了肯定的回答，第680条规定了"为避开危险而管理事务"的情形，设立了故意或重大过失

---

① 蔡唱：《论旁观者的不作为侵权行为——以民事救助义务的确立为视角》，《湖南师范大学社会科学学报》2007年第2期。

② 大陆法系各国的立法顺序梳理，详见徐国栋：《见义勇为立法比较研究》，《河北法学》2006年7月，第24卷第7期。

③ 徐久生、庄敬华译：《德国刑法典》，中国法制出版社2000年版，第218页。

④ 罗结珍译：《法国刑法典》，中国法制出版社2003年版，第73页。

⑤ 徐国栋：《民法哲学》，中国法制出版社2009年版，第347页。

情形除外的豁免。[①] 这一规定与美国多数州的好撒马利亚人法相一致，体现出两大法系在好撒马利亚人法豁免权问题上基本一致的立场和相似的立法趋势。

2. 大陆法系好撒马利亚人法的基本规则

（1）对一般救助义务的承认

罗马法并不存在给陌生人提供紧急救助义务的传统。在 19 世纪之后，大陆法系国家的法律才责令行为人对他人承担一般救助义务。这一做法在一定程度上填补了大陆法系国家关于不作为行为理论的法律漏洞。原因在于宗教观念对刑法的影响[②]、德国纳粹集权主义哲学的影响、社会本位思潮的反映是其背后的巨大推动力。

大陆法系各国对一般救助义务规定的共性特征有以下几点。第一，救助的对象是处于特定危险状态而不能自救的他人，其中的特定危险状态是指具有现实侵害性和现实紧迫性的危险；第二，救助的主体是知道危难并能够救助的行为人，例如危难发生的目击者、遭遇危难者的发现者等；第三，救助的程度是救助者有救助能力且实施救助不会使自己或第三人置于危险境地。

（2）对违反一般救助义务承担不作为侵权责任

法国民法规定，救助非常容易并不会给救助者的利益造成侵害的，存在不作为的民事责任。[③] 不作为的侵权行为亦应根据《法国民法典》第 1382 条和 1383 条承担责任，原则上，不作为和作为被同等对待。如果被告在一个善良家父会积极作为时却没有作为，即表明被告有过错，在符合其他责任构成的条件下即应承担过错侵权责任。[④] 荷兰民法遵从了法国民法的发展，不作为和作为得到同样的对待。虽然判例非常少，但是荷兰民法规定了作出利他行为的义务。其他民法法

---

① 徐国栋：《民法哲学》，中国法制出版社 2009 年版，第 349 页。

② Angela Hayden, “Imposing Criminal and Civil Penalties for Failing to Help Another: Are ‘Good Samaritan’ Laws Good Ideas?”, (2000) 6 *New Eng. Int’l & Comp. L. Ann.* 27, 29.

③ JanM. Smits, *The Good Samaritan in European Private Law: On the Perils of Principles without a Programme and a Programme for the Future*, Inaugural lecture, Maastricht University 19 May 2000, p. 8.

④ 张民安：《过错侵权责任制度研究》，中国政法大学出版社 2002 年版，第 327 页。

系的国家或多或少地继承了这一做法。《葡萄牙民法典》明确规定，依照第 2368 条，在救助者作为不会使自己暴露于危险面前时，在暴力侵害现场的旁观者应当积极作为；没有给予援助会导致损害赔偿责任。[①]

（三）英美法系的好撒马利亚人法

英美法系国家在经济人假设的基础上，坚持“各人自扫门前雪，休管他人瓦上霜”（Mind your own business）、“每个人都是自己的岛屿”（Every man an island unto himself）、“人人为己”（Every man for himself）的行为规则。由此，英美法向来拒绝把道德义务转化为法律义务，原则上不鼓励干涉他人的事务，即使是为了救助此人摆脱迫在眉睫的死亡危险。[②]

1. 英美法系好撒马利亚人法的立法概况

自远古时代起，英美法系国家的刑法就认为，行为人不救助他人的行为不构成犯罪，行为人不用就其不作为行为对国家承担刑事责任。[③] 如果科加救助义务于“陌生人”，将未经其同意并违背其意愿迫使他们进入可能的危险或不便，就干预了其自治和个人的自由。[④] 然而，在这样的立法立场导致了可怕的 Catherine Genovese 案件[⑤]后，刺激法学家们再次反思传统的经济人假设在某些法律领域适用的合理性。1965 年 4 月 9 日，芝加哥大学还专门举行了“好坏撒马利亚人法”（The Good Samaritan and Bad）国际会议，会议的最终成果是《1966 年好撒马利亚人法建议稿》。

美国的好撒马利亚人法主要存在于侵权法领域、海商法领域和食品捐赠领域。1959 年，加利福尼亚州制定了美国各州最早的一部《好撒马利亚人法》，但

① 蔡唱：《不作为侵权行为发展趋势研究》，《法学评论》2008 年第 1 期。

② See Aleksander W. Rudzinski, *The Duty to Rescue*: *A Comparative Analysis*, In James M. Ratcliffe (Edited by), The Good Samaritan and the Law, Doubleday & Company, INC., New York, 1966, p. 91.

③ 张民安：《侵权法上的作为义务》，法律出版社 2010 年版，第 188 页。

④ Sheldon Nahmod, “The Duty to Rescue and the Exodus Meta—Narrative of Jewish Law”, In 16 (199) *Arizona Journal of International and Comparative Law*, p. 762.

⑤ 该案件被《纽约时报》披露后引起社会一片哗然。关于本案的详细过程，See Michael Dorman, The Killing of Kitty Genovese: Her public slaying in Queens becomes a symbol of Americans' failure to get involved. On http: //www.newsday.com/community/guide/history/ny-history-hs818a, 0, 7944135.story。

从该法的规定来看，只豁免免费服务的专业人士提供医疗服务时就轻过失产生的责任。加州的这个不完全的《好撒马利亚人法》成为其他各州的参照模式。到1983年为止，美国各州外加哥伦比亚特区、波多黎各和维京群岛都制定了自己的《好撒马利亚人法》。其中，明尼苏达州首先规定了好撒马利亚人的豁免权，并在1983年的修改中科加了主体的一般救助义务。[①] 这些州法的绝大多数都只规定消极的好撒马利亚人的民事责任豁免问题，有些州的这一立法属于民事诉讼法的"民事责任的豁免"部分的条款，例如印第安纳州的《好撒马利亚人法》就是如此。但也有少数州[②]例外地科加"旁观者"或"陌生人"以不同形式的一般救助义务，具体可分为救人的好撒马利亚人（即要求主体自己对危险中的受害人提供救助）和呼救的好撒马利亚人（即不要求主体自己对危险中的受害人提供救助，而只要求主体呼叫救助）。[③]

英国法院对陌生人之间施救问题的立场有所变化，体现在：普通法的传统是通过限制救助人在侵权诉讼中追偿他们可能遭受的损害实际地遏制积极救助行为，之后的判决认为由于自己的疏忽使他人陷入危险的人对施救者因此遭受的损害应予赔偿，形成了鼓励和表彰救援他人行为的司法政策。[④] 尽管如此，英国的判例法仍未科加人们以一般救助义务，认为这是一种道德责任，仅是对救助他人者实行了优待，以消除其后顾之忧，这与美国多数州的做法一致。

2.英美法系好撒马利亚人法的基本规则

（1）对一般救助义务的拒绝

英美法系侵权法关于救助义务的规定同刑法关于救助义务的规定完全相同，

---

① 徐国栋：《见义勇为立法比较研究》，《河北法学》2006年7月，第24卷第7期。

② 这些州为：罗德岛（Rhode Island）、威斯康星（Wisconsin）、明尼苏达（Minnesota）、佛蒙特（Vermont）、夏威夷（Hawaii）、华盛顿（Washington）6个州。其中，前4个州的规定为救人的好撒马利亚人，后2个州的规定为呼救的好撒马利亚人。

③ Melody J. Stewart, "Some Thoughts on the Constitutionality of Good Samaritan Statutes", In 8 (1982) *Am. J. L. and Med*, p. 29.

④ Margaret Brazier, John Murphy, *Street on Torts*, Butterworths, London, Edinburg, Dublin, 1999, p. 202.

认为除非行为人与他人之间存在某种特殊关系，否则行为人不对他人承担民事救助义务，行为人不救助他人的行为不构成过错侵权行为，即便他人因此遭受损害，法律也不会责令行为人就其不作为行为对他人承担侵权责任。[①] 它们的司法判例也坚持这样的规则。简言之，行为人对处于危险之中的他人没有提供救助的义务，尽管实施救助不会给行为人带来任何不便，行为人不会因其不提供救助义务的不作为行为而承担侵权责任或刑事责任。美国《侵权法重述·第二版》第314条明确说明：行为人意识到或者应当意识到自己的行动为他人救助或保护所必需，并不会使他们对他人承担采取此种行动的义务。[②] 官方对第314条的评论指出：无论他人遭受的危险有多大，无论行为人对他人提供救助或保护所存在的麻烦多么微不足道，所作出的努力多么轻而易举或所支付的成本多么低廉，第314条的原则同样适用。

（2）对好撒马利亚人豁免权的认可

英美法系国家的各类好撒马利亚人法都肯定了好撒马利亚人享有豁免权，即救助者在救助过程中即使存在轻微过错，也不对此承担责任。美国于1959年最先制定的加州好撒马利亚人法，就规定了免费服务的专业人士提供医疗服务时就轻过失产生责任的豁免权；明尼苏达州首先规定好撒马利亚人的豁免权，好撒马利亚人不对提供紧急救助所产生的损害承担责任。联邦法如1996年10月1日克林顿总统签署的《好撒马利亚人食品捐赠法》（Good Samaritan Food Donation Act）规定，通过豁免捐赠人对食品引起损害带来的民事或刑事责任，鼓励捐赠食品给需要的人。[③] 至今，好撒马利亚人的豁免权已成为英美法系国家好撒马利亚人法的突出特征，在鼓励善意施救行为方面发挥了重要作用。

---

① 张民安：《侵权法上的作为义务》，法律出版社2010年版，第189页。

② 美国法律研究院：《侵权法重述——纲要》，许传玺、石宏等译，许传玺审校，法律出版社2006年版，第68-69页。

③ The Bill Emerson Good Samaritan Food Donation Act，On http：//www. licares. org/General _ Information/Good _ Samaritan _ Act. htm.

二、国外好撒马利亚人法可以借鉴的基本经验

结合我国诚信道德和诚信秩序建设存在的基本问题，可以借鉴的好撒马利亚人法的基本经验和意义，主要有以下几点。

（一）积极的好撒马利亚人还是消极的好撒马利亚人

在各国的好撒马利亚人法中，对于主体区分为消极的好撒马利亚人和积极的好撒马利亚人。消极的好撒马利亚人是指只是救助犯罪或自然灾害受害人的好撒马利亚人；积极的好撒马利亚人则指与犯罪或自然灾害搏斗以阻止犯罪或自然灾害蔓延的好撒马利亚人。[①] 积极的好撒马利亚人的含义更接近于见义勇为[②]一词在我国社会传统中的指称，并且被 20 世纪 90 年代我国各省市所制定的见义勇为立法所鼓励；消极的好撒马利亚人正是《路加福音》中好撒马利亚人的本意，也是国外好撒马利亚人法真正保护的对象，相比见义勇为者，其含义应更准确地界定为善意施救者。

区分消极的好撒马利亚人和积极的好撒马利亚人具有重要意义。消极的好撒马利亚人只救助受害人而未与犯罪和自然灾害搏斗，而积极的好撒马利亚人更是通过与犯罪行为和自然灾害进行搏斗而救助或者保护受害人。相较而言，后者更应当予以肯定。但是在目前，我国更侧重的是积极的好撒马利亚人的立法和司法，对于消极的好撒马利亚人，我国则未予重视。在社会上，积极的好撒马利亚人受到尊重，我国立法已不乏行政法规、地方性法规对作为积极的好撒马利亚人的见义勇为作出规定，从而对其形成鼓励和保护的制度。对于消极的好撒马利亚人立法和司法均未重视，甚至错误适用法律，使消极的好撒马利亚人受到冤屈，而恰恰是这些问题在社会诚信建设中产生了恶劣影响，是应当着重予以研究和解决的问题。因而国外好撒马利亚人法着重规范的消极好撒马利亚人法的内容，对

① 徐国栋：《见义勇为立法比较研究》，《河北法学》2006 年 7 月，第 24 卷第 7 期。

② 贾邦俊：《见义勇为行为的民法透视》，《河北法学》2003 年 1 月，第 21 卷第 1 期。“见义勇为行为是指公民为保护国家、社会、集体的利益和他人的人身、财产安全，不顾个人安危同违法、犯罪行为做斗争或抢险、救灾、救人的行为。”

我国具有更为重要的借鉴意义。

（二）是否承认普通人的一般救助义务

好撒马利亚人法特别注意区分一般救助义务和特殊救助义务，这是对消极的好撒马利亚人法的进一步细化。这种分类的标准主要在于承担救助义务的主体范围不同。一般救助义务，是指即便行为人与身处险境中的他人之间不存在任何特殊关系，也要对他人承担救助义务，行为人应当采取某种措施救助他人，使他人摆脱所面临的危险或困境。① 特殊救助义务，是指行为人仅仅在某些特殊情况下才对身处险境中的他人承担救助义务，如果行为人与身处险境中的他人不存在任何特殊关系或者不存在某些特殊情况，则行为人不对他人承担救助义务，即便他人遭遇的危险非常急迫，行为人的救助毫不费力或者不存在任何不方便的地方。②

大陆法系和英美法系的好撒马利亚人法的最主要分歧，就在于对一般救助义务的肯定与否定。大陆法系承认一般救助义务，赋予普通人对于危难中的他人以救助义务，违反者予以刑事或者民事制裁。而英美法系不承认一般救助义务，只承认特殊救助义务，因而并不强制普通人对于陷入危难者负有法定救助义务。

对于特殊救救助义务当然不存在问题，问题在于对普通人是否赋予强制的一般救助义务。在这一点上，我国确立好撒马利亚人法，究竟采大陆法系模式，还是采英美法系模式，特别值得斟酌，面临着对一般救助义务的承认还是拒绝的立法选择。

（三）好撒马利亚人的责任豁免权

英美法系的好撒马利亚人法的核心，是赋予好撒马利亚人以责任的豁免权，救助者在救助过程中即使存在一般过失，也不对此承担责任。在大陆法系，更侧重于救助义务不作为的损害赔偿责任，只是近年来才有好撒马利亚人法的豁免规则，例如法国法对于好撒马利亚人因过失让受害人的状况更恶化的，对好撒马利亚人予以豁免，但以达到通常人尽到的注意为限。

---

① 张民安：《侵权法上的作为义务》，法律出版社 2010 年版，第 175 页。

② 张民安：《侵权法上的作为义务》，法律出版社 2010 年版，第 187－188 页。

对于这个问题，我国立法和司法也存在抉择的问题。不过，对好撒马利亚人予以豁免权，似乎比对普通人赋予一般救助义务的抉择更为容易一些，因为对救助他人者予以宽容，以更好地呼吁人们积极救助陷入危难者，对于建设诚信社会，具有重要意义，且为全社会所认可。

三、加强我国诚信道德建设中的好撒马利亚人法的立法和司法

借鉴国外好撒马利亚人法的经验，我国在立法和司法中应当在以下几个方面确立好撒马利亚人法的基本原则，并予以实施，应对社会诚信建设的迫切要求。

（一）继续坚持鼓励见义勇为的积极好撒马利亚人

国外使用"好撒马利亚人"寓指善意施救的行善人，我国传统更偏向于使用"见义勇为"[①] 一词来指代那些不顾个人安危，勇敢地同违法犯罪行为作斗争的，保护他人的道德高尚者，即积极的好撒马利亚人。这与我国的传统有关。我国古代向来道德与法律不分、公法与私法不分，见义勇为之类的行为能够科加民众以配合政府司法的义务，历代法律均有规定，如《易经·蒙上九》："击蒙，不利为寇，利御寇。"[②]

我国关于"好撒马利亚人法"的立法集中在对见义勇为这一积极的好撒马利亚人的规定中。自1991年青岛首开先例制定了《青岛市表彰见义勇为公民的规定》之后，到2004年，全国共有35个省市制定了此类地方立法，名称基本为"见义勇为表彰条例"之类。[③] 立法强调的是对见义勇为者事后的行政表彰，并未涉及诸如美国各州好撒马利亚人法对善意施救者豁免权、侵权责任等民事立法层面。从这个意义上说，我国并没有真正意义上的好撒马利亚人法。

在全国性的立法和司法解释中，侧重于对见义勇为者自身造成损失的补偿。《民法通则》第93条、第109条，最高人民法院《关于贯彻执行〈中华人民共和

---

① 见义勇为在《现代汉语大词典》中的解释为"见到合乎正义的事便勇敢地去做"。

② 郑显文：《中国古代关于见义勇为的立法》，《中外法学》1999年第6期。这句话的含义是，凡攻击愚昧无知之人，是寇贼行为，会受到惩罚；对于抵御或制止这种寇贼行为的人，应受到支持或保护。

③ 徐国栋：《民法哲学》，中国法制出版社2009年版，第357页。

国民法通则〉若干问题的意见（试行）》（简称《民通意见》）第142条、《关于审理人身损害赔偿案件适用法律若干问题的解释》第15条，以及1991年全国人民代表大会常务委员会通过的《关于加强社会治安综合治理的决定》（下称《决定》）第6条，都有这样的规定。《民法通则》侧重于对见义勇为者的损失补偿，《决定》则确立对见义勇为者的行政表彰制度。

见义勇为者属于积极的好撒马利亚人，也是好撒马利亚人法的内容。对积极的好撒马利亚人予以鼓励和补偿，符合加强我国诚信道德建设的基本宗旨，应当继续坚持。

就目前情况观察，我国积极的好撒马利亚人法的基本状况是：第一，立法并非不完备，现有的《民法通则》《决定》、司法解释以及各地的地方立法，已经形成了保护积极的好撒马利亚人的立法体系，对此必须坚持，特别是奖励和救助基金的建立和使用，用以引导社会的诚信建设。第二，对于积极的好撒马利亚人自身损失的补偿，亦应继续坚持，使见义勇为者受到的损失能够得到救济，避免"好人吃亏"后果的出现。第三，对于见义勇为者过失造成被救助者的损害，应当建立责任豁免制度。对此，下文继续探讨。

（二）承认特殊救助义务不宜确定一般救助义务

在我国，刑法和民法均不承认行为人对他人承担一般救助义务，而是对一定范围内的特殊救助义务予以认可。这一立场也是我国法学界目前对此问题的主流观点。借鉴大陆法系和英美法系好撒马利亚人法的基本经验，我国的好撒马利亚人法关于行为人救助义务的立场，应当作以下抉择。

1.不宜承认行为人的一般救助义务

近几年来，由于见死不救而引发的悲剧不断上演，一些学者开始主张将行为人对身处险境的陌生人进行救助的道德义务上升为法定义务，在立法上承认一般救助义务；不作为侵权行为的扩张成为侵权法发展的一大趋势，且确认旁观者救助义务的刑事法律呈扩展态势，民法法系国家旁观者不作为侵权行为规定也有扩展之势。①

① 蔡唱：《不作为侵权行为发展趋势研究》，《法学评论》2008年第1期。

我们赞同目前的主流观点，即对一般救助义务不宜承认，其理由是：

第一，法律义务与道德义务应当严格界分。好撒马利亚人法的关键问题在于一般救助义务。对道德义务和法律义务的严格区分，不能使道德义务过度上升为法律义务的真正目的，在于维护公民的行为自由。若科加公民以一般救助义务，则违反了个人自由和意思自治的原则。个人是否愿意对他人提供救助和提供什么形式的救助完全由个人自由决定，法律不能强迫行为人违反自己的意思对他人提供救助。[①] 正如 Richman 指出的那样："虽然人们发现好撒马利亚人法是合理的，因为他们相信有良好道德的人应当会救助处于危险或者困境中的人，但是，为了尊重个人享有的权利和为了限制政府享有的权力，立法机关不应将良好道德准则制定为法律，否则，这样的法律会削弱行为人享有的自由。"[②] 王泽鉴先生也认为："对处于危险之中的陌生人予以救助的'好撒马利亚人'行为虽然将崇高的道德标准发挥到极点，但从法律的观点而言，我们仍应宽容祭司以及利未人的无情。法律强加行为人对他人的救助义务，是对行为自由的破坏。"[③]

第二，我国目前的社会现状缺乏一般救助义务的土壤。造成我国目前见危不救的冷漠现状，社会道德滑坡、诚信原则破坏所形成的"人人自私"的社会风气表现出的公民不愿主动向他人施以援手的社会现象，是主要原因。同时，善意施救者反被诬告并被确认承担责任的不当裁判，导致普通公民因害怕被被救者讹诈而吃官司，因而不敢出手相助。[④] 面对这种现状，法律应有的回应是如何对善意施救者予以充分保障，从而间接鼓励公民在他人处于危难时积极救助[⑤]；而非强加公民以一般救助义务，要求公民承担救助他人的法律义务，这样揠苗助长的手段，不仅不能达到促使公民在社会生活中积极救助他人的目的，反而会产生更加不利的社会影响，严重影响人们的行为自由。因此，更好的选择是制定一个鼓励公民善意救助伤病者，保护善意施救者不受恶意起诉的追究，形成诚信建设的正

---

① 张民安：《侵权法上的作为义务》，法律出版社 2010 年版，第 204 页。

② Sheldon Richman, "You Can't Legislate Goodwill", (1997) *Christian Science Monitor*, Oct. 2, 19.

③ 王泽鉴：《侵权行为法》，第 1 册，中国政法大学出版社 2001 年版，第 90－91 页。

④ 《谁造就了各地的"彭宇案"?》，《经济观察报》2011 年 9 月 5 日，第 15 版。

⑤ 《法律应为救助者解除"后顾之忧"》，《法制日报》2009 年 12 月 2 日，第 7 版。

确导向，这才能与我国目前的社会现状相适应。

第三，国外实践经验的支持和启示。在美国，少数州虽然已经制定了一般意义上的危难救助法，但是，这些法律所起到的实际效果并不理想。它们所能发挥的作用，与其说是促使行为人对他人危难予以积极救助的实际作用，不如说是确立社会道德标准的形式作用。例如，佛蒙特州虽然在 1967 年就确认了一般救助义务，但此种法律很少得到适用，司法机关目前为止仅在 State v. Joyce 一案①中予以适用；虽然明尼苏达州和威斯康星州都于 1983 年承认了一般救助义务，但这两州的司法机关从未在案件中适用过此类法律。② 在对好撒马利亚人法的借鉴上，现实效果的考量应是重要的参照标准。

2. 对特殊救助义务的承认

我国在对特殊救助义务的确认上，刑法和民法有所不同。刑法承认特殊救助义务，而仅对特殊救助义务的来源看法不同。

我国民法学界对于行为人特殊救助义务也是承认的，但对这种救助义务的来源研究不多。有的学者认为，行为人在五种状况下对他人承担特殊救助义务：(1) 行为人因为契约对他人承担的救助义务；(2) 行为人因为制定法的规定而对他人承担的救助义务；(3) 行为人因为与他人之间存在某种特殊关系而对他人承担的救助义务；(4) 行为人因为其自愿承担职责的行为而承担的救助义务；(5) 行为人因为其先前行为而承担的救助义务。③ 我们赞同这种意见。

（三）承认好撒马利亚人的豁免权

好撒马利亚人法不规定一般救助义务并不等于不支持、不保护善意施救者，相反，好撒马利亚人法设置善意施救者的豁免权对其予以保护。针对我国目前的社会诚信道德的现状，必须承认善意施救者即好撒马利亚人的豁免权。英美法系好撒马利亚人法的豁免权是指救助者在救助过程中即使存在一般过失，也不对施救造成的损害承担责任。好撒马利亚人法运用这种豁免权，鼓励公民救助处于危

---

① 433A. 2d 271 (Vt. 1981).

② 张民安：《侵权法上的作为义务》，法律出版社 2010 年第 3 版，第 206 页。

③ 张民安主编：《债法总论》，中山大学出版社 2005 年第 2 版，第 46 页。

险中的他人，防止见危不救情形的发生。概言之，为鼓励公民对不负救助义务的他人实施救助，赋予善意施救者在其一般过失范围内的豁免权，大大降低善意施救者所要承担的风险，保护好善意施救者。

我国立法和司法应当确认，善意施救者享有豁免权须具备以下要件。

1. 行为人为善意施救者

我国立法目前不承认一般救助义务。与此相应，构成好撒马利亚人的行为人，必须是那些对他人不承担一般救助义务，但对身处危难境地的他人主动实施救助行为的人，即善意施救者（国外好撒马利亚人法一般将其界定为 who in good faith renders emergency care at the scene of emergency）。换言之，承担特殊救助义务的义务人不构成享有豁免权的好撒马利亚人，这是因为，基于特殊救助义务实施的行为是行为人的“本分”，好撒马利亚人法的评判标准则要求行为人应是自觉的、非功利性地救助他人。

2. 行为人实施了救助行为

行为人实施了救助行为是其享有豁免权的前提条件。在他人处于危难或困境中时，行为人出于善意采取了紧急救助措施，实施了救助行为，是构成豁免权的要件。实施救助行为，不仅包括行为人自己采取救助措施对处于危难者进行救助，也包括行为人呼叫他人对处于危难者进行救助。① 前者主要适用于行为人具有能够实施救助的能力而主动实施救助，后者主要适用于行为人不具有能够实施救助的能力，或者危难情况的程度必须有专业人员的介入才能得以缓解或控制。

3. 行为人存在一般过失

一般过失相对于重大过失而言，通常分为抽象过失和具体过失。② 好撒马利亚人的豁免权仅存在于具体过失和抽象过失的范围内，前者是指违反应与处理自己事务为同一注意的义务，后者则指违反善良管理人的注意义务。好撒马利亚人的过失程度不应达到使被救助者所受损害严重扩大的程度，其界分的标准就是重大过失与一般过失。重大过失造成的被救助者的损害，救助者尽管为好意，但亦

---

① 即包括本文提及的“救助的好撒马利亚人”和“呼救的好撒马利亚人”。

② 杨立新：《侵权责任法》，法律出版社 2010 年版，第 87－88 页。

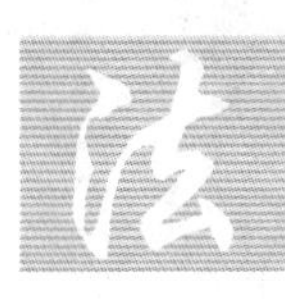

应承担适当责任。如果行为人不存在过失，就不存在侵权责任，当然也就无所谓豁免权的问题了。

具备以上三个要件，善意施救者享有豁免权。该豁免权究竟是诉讼豁免权抑或责任豁免权，不无争议。我们认为，将该豁免权界定为责任豁免权更为恰当，原因有二：第一，赋予善意施救者以豁免权的目的在于限缩其可能承担责任的范围，而不是将善意施救者严密地保护在可能发生的诉讼之外，界定为责任豁免权是对善意施救者豁免权本质的准确阐明；第二，善意施救者与被救助者之间可能因救助行为而产生有关施救者责任的争议，最有效的方法应是通过诉讼予以确定，较之于诉讼豁免权，责任豁免权更符合理性。

（四）不当进行救助的责任承担

由于善意施救者在具体过失和抽象过失的范围内享有豁免权，因而违反救助义务承担责任的情形，仅限于行为人具有故意或重大过失。然而，行为人一旦在救助过程中故意对受害人进行加害，则其行为构成侵权行为不言自明，其后续的侵权行为已与之前的救助行为相分离，在实践中一般只对行为人的侵权行为予以处理，而对其实施的救助行为则不再考虑。因此，行为人在救助过程中故意对受害人实施侵权行为，由于其性质明确且处理简单，故不作为论述重点。

善意施救者因重大过失可能涉及的侵权责任分为两种类型：一是行为人违反先行行为所产生救助义务的不作为侵权责任；二是行为人因救助不当违反救助义务所承担的侵权责任。

1.违反先行行为产生救助义务的侵权责任

先行行为也称为事前行为，是相对于危险状态出现后行为人的不作为行为而言的行为。[①] 虽然行为人并不负有法律上的一般救助义务，但行为人会因自己的先行行为导致自己负有后续的相应作为义务。若不履行此作为义务，则应当承担不作为的侵权责任。在善意施救中，行为人因先行行为所产生的救助义务主要包括以下两种。

① 蔡唱：《先行行为导致的不作为侵权行为研究》，《湖南大学学报（社会科学版）》2009年1月，第23卷第1期。

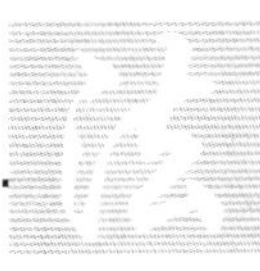

（1）主动承担救助义务的先行行为引发的后续作为义务，包括行为人以呼救、陪同、照料等多种形式介入救助过程，且其介入程度足以使他人相信行为人会提供救助而排除他人提供救助或照料，或足以剥夺受害人获得第三人救助的机会，由此负有继续履行合理救助的义务，此时若行为人放弃救助，对于造成的损害，应承担侵权责任。这就是“在他不再提供救助将会使之处于比在得到救助之前更为糟糕的境界之时，他就必须善始善终地将救助义务进行下去。境况更糟理论和机会剥夺理论为此提供了理论支持”[①]。

（2）行为人的先行行为开启或制造了某种可能加害于他人的危险，而行为人能够控制此种危险的产生和发展，就由此产生了避免此危险发生或在危险发生之后予以救助的作为义务。这时，行为人对危险的发展具有绝对的控制能力，绝对的控制能力是指主体对客观事物的发展方向具有主导作用，对事物发展的最终结果具有可控制性。[②] 最典型的情况是，行为人使处于危难中的受害人对其产生了超出他人的信赖，相信其能够救助自己，此时若行为人放手不管，对于造成的损害，应当承担侵权责任。

2.救助不当的侵权责任

因救助不当违反救助义务而承担的侵权责任，仅限于行为人因在救助过程中存在故意、重大过失而承担的侵权责任。行为人在这种情形中承担侵权责任，既与国外好撒马利亚人法的诸多立法规定相符，也符合好撒马利亚人法要求行为人为“善意施救者”的本质。因故意而承担侵权责任的情形比较简明，下文着重对因重大过失承担侵权责任的情形进行分析，主要包括以下两种类型。

（1）行为人在救助过程中违反救助常识所导致的过失侵权责任。由于救助常识应当是每个社会成员必备的知识，尤其处于今天的风险社会则更是如此，因而，违反救助常识，构成违反普通人的注意义务的重大过失。例如，对于骨折的受伤者，不能随意移动其身体位置，以免造成更严重的伤害，这已经成为社会常识。这种注意标准，是指在正常情况下，只用轻微的注意即可预见的情形。这种

① 张民安：《过错侵权责任制度研究》，中国政法大学出版社2002年版，第334－340页。

② 武挪强、温晓莉：《见危不救的法理思考》，《法治论丛》2006年7月，第21卷第4期。

注意义务，是按照一般人在通常情况下能够注意到作为标准。[①] 尽管救助者可能无法准确判断被救助者的确切伤势，但作为善意施救的前提，必然是对被救助者的危难状况有合理的认知，否则贸然施救，则应当对其行为所造成的损害后果承担相应的侵权责任。

（2）行为人采取的救助措施与受害人所处的危难程度严重不相适应所导致的过失侵权责任。好撒马利亚人法要求，在救助他人的过程中，必须以合乎情理和有效的救助措施对受害人实施救助，要求好撒马利亚人不仅是“善意施救者”，而且是“负责任的施救者”。行为人所采取的救助措施应当与受害人所处的危难状况和危险程度相符，即能够达到帮助受害人缓解或脱离困境的目的，而不是发生相反的效果。若行为人未达到此要求，则在其过失范围内承担侵权责任。但为了鼓励行为人积极实施救助行为，而不至于被过高的行为风险所羁绊，则应强调，只有当行为人采取的救助措施与受害人所处的危难程度严重不相适应的情形，即行为人的过错程度足以达到重大过失时，才承担责任。至于其承担侵权责任的限度，则以其导致被救助者所受损害的扩大或加剧的幅度为准。

善意施救者所承担的责任，可能涉及侵权责任与无因管理债务不履行责任的竞合，对此需予以明确界定和具体分析。在救助不当的侵权中，会发生侵权责任与无因管理债务不履行责任竞合的问题。善意施救行为无疑是符合无因管理的构成要件的，因而成立无因管理。在无因管理中，管理人负有适当管理义务，若管理人采取的方法不利于本人，使本人利益遭受损失，则属于违反适当管理义务，应承担无因管理不履行的责任。此种情况下，“若管理人因故意或过失侵害本人之权利者，侵权行为仍可成立，非谓成立无因管理后，即可排斥侵权行为之成立”[②]。在善意施救成立无因管理的前提下，上述违反救助义务的侵权责任，存在与无因管理债务不履行责任的竞合。其法律后果，是受害人可以根据自己的利益考虑选择请求权。

在违反先行行为产生救助义务的侵权责任中，由于行为人尚未真正对处于危

① 杨立新：《侵权责任法》，法律出版社 2010 年版，第 87 页。

② 王泽鉴：《债法原理》，北京大学出版社 2009 年版，第 269 页。

难中的他人实施救助行为，只是基于自己的先行行为导致自己对他人产生救助义务，此种情形，因行为人尚未“管理他人事务”，故不能成立无因管理。行为人违反救助义务所承担的责任，属于违反法定义务的责任，其性质为侵权责任，不存在责任竞合的可能。

在救助不当的侵权责任中，由于行为人已对处于危难中的他人实施了救助行为，只是救助时存在过错（故意和重大过失），此种情形，行为人的救助行为已完全符合无因管理的构成要件，故其因过错造成受害人损害的行为属于未履行无因管理的主给付义务即适当管理义务，成立无因管理不履行责任；同时，行为人的行为又符合一般侵权行为的构成要件，需承担侵权责任。于此，责任竞合得以发生。

（五）应对我国社会诚信危机的司法对策

在我国当前社会中，在好撒马利亚人法的适用方面影响诚信道德建设的问题，主要是对好撒马利亚人难辨真假而引起的法律适用问题。一方面，被救助者讹诈救助人，真的好撒马利亚人蒙冤，错误地判决其承担侵权责任，典型案件如刘秋海案；另一方面，行为人造成损害后冒充好撒马利亚人，混淆是非，造成社会影响。面对这样的复杂情形，法院在民事司法中应当采取的对策是：

1.坚持审理撒马利亚人法案件的基本立场

法院和法官在民事司法实践中，应当坚持好撒马利亚人法的基本原则，在端正社会风气、加强社会诚信道德建设中发挥导向作用。在涉及好撒马利亚人案件的法律适用中，法官无论是证据的采信、经验法则的运用、逻辑推理的演绎等诸多方面，都必须忠实履行居中裁判者的职责，而不是有意无意地站在受害人的立场上，想方设法使受害人的主张在诉讼中得到支持。应当特别避免的倾向是：在可能找不到真正的加害人的情形下，试图找到一个人为受害人的损害“买单”，而让好撒马利亚人成为替死鬼。在适用好撒马利亚人法时，把端正社会风气、振兴诚信道德作为法律适用的指导思想，支持什么、反对什么，必须旗帜鲜明，而不能是非不分，助长社会不正之风。诚然，《侵权责任法》的立法目的是把保护民事主体的合法权益放在首位，但这并不意味着受害人遭受的任何损害都必须得

到赔偿，应当承认损害无法得到赔偿的风险的存在。在好撒马利亚人案件中，法官不应当想尽办法让善意施救者承担责任，在无法查明或无法找到真正的侵权人时，受害人遭受的损害于法于理都不应由善意救助者承担。好撒马利亚人法的宗旨是鼓励善意施救行为，法官应秉持好撒马利亚人法的立法精神，保护善意施救者，从而鼓励社会公众积极救助他人，实现其立法目的。

2.正确应用证据规则、准确识别善意施救者

反思一些好撒马利亚人案件在审理上出现的错误，其重要原因是错误地适用举证责任规则。无论是诬陷好撒马利亚人，还是谎称好撒马利亚人，法官只要正确适用证据规则，都能够得到正确处理。

第一，原告起诉，必须按照“谁主张、谁举证”的举证责任规则，提出证据证明自己主张的事实成立，证据充分、确实的，支持原告的诉讼主张。如果原告的证据不能证明自己的主张成立，就须负担败诉结果。如果原告诬陷善意施救者，其证据不足，法官决不能凭借主观臆断，在证据不足的情况下，推理认定被告就是侵权人，责令其承担侵权责任。

第二，被告如果主张自己是善意施救者而主张免除责任，亦应完全靠证据说话。有证据证明自己是善意施救者的，完成了对于自己积极主张的证明责任，当然应当鲜明地支持被告，判决驳回原告的诉讼请求。但是，如果被告对自己是好撒马利亚人的主张没有证据支持，或者证明不足，而原告的证据充分，则可以认定被告不是善意施救者，应当承担侵权责任。

第三，在双方当事人都举出一定的证据，但证据都不足的情况下，法官应当运用优势证据规则，采信优势证据一方的主张，确认被告究竟是不是善意施救者。原告的证据处于优势的，认定被告不是善意施救者；被告的证据处于优势的，则认可被告的主张，判决驳回原告的诉讼请求。

第四，双方当事人都有证据但都证据不足，无法建立证据优势的，应当以原告不能完成举证责任，其诉讼主张无法成立为由，驳回原告的诉讼请求。

第五，如何对待经验法则，也是好撒马利亚人法适用的一个重要问题。经验法则是法官依照日常生活所形成的反映事物之间内在必然联系的事理，以此作为

认定待证事实的根据的有关法则。[①] 司法审判上的经验法则是社会日常经验法则的必要而特殊的组成部分，其特殊性表现在法官常常根据自身的学识、亲身生活体验或被公众所普遍认知与接受的那些公理经验作为法律逻辑的一种推理定式。[②] 经验法则在审理案件认定事实上的意义在于，经验法则可以将已知事实与未知事实联系起来，并能够以已知事实为基础，以经验法则为中介，最终得出未知事实。虽然说在诉讼中可以运用经验法则也必须应用经验法则，但关键在于在推定和事实认定时，是否正确地运用了经验法则，作为推定的中介是否属于经验法则，是否具有事实之间的高度盖然性。如果不具有高度盖然性，那么就不能作为推定中介的经验法则。[③] 适用经验法则不当，是造成错判、损害诚信道德建设的主要原因，对此，法官不能不引起重视。例如，根据"撒马利亚人不仅慈心照应受伤的犹太人，并且自己出钱把受伤的犹太人送进旅店"的事实，适用"行为人与受害人的距离最近，实施侵权行为的可能性更大"的所谓"经验法则"，推定善意撒马利亚人是加害人，则是对经验法则的错误应用。

3. 正确适用好撒马利亚人法的规则

我国法官对好撒马利亚人法并不熟悉，对好撒马利亚人法的基本规则掌握得也不够。在民事审判实践中，应当对法官普及好撒马利亚人法的宗旨和基本规则，特别要掌握好的是：第一，将善意施救者作为广义的见义勇为者，不论是对见义勇为者中的积极的好撒马利亚人和消极的好撒马利亚人的行为都要旗帜鲜明地予以鼓励，坚决反对把见义勇为者作为强制承担赔偿责任的对象，作为逃逸的侵权人的垫背者。第二，强调善意施救者的豁免权，善意施救者在实施救助行为中，即使由于过失造成被救助者损害，也不能责令其承担侵权责任。第三，不论是积极的见义勇为者还是消极的见义勇为者，如果在救助行为中因故意或重大过失造成被救助者损害的，应当承担侵权责任，但应减轻责任，并不是承担全部赔偿责任。故意造成被救助者损害的，应当以因果关系的范围确定赔偿责任。第

① 毕玉谦：《试论民事诉讼中的经验法则》，《中国法学》2000年第6期。

② 毕玉谦：《举证责任分配体系之构建》，《法学研究》1999年第2期。

③ 张卫平：《司法公正的法律技术与政策——对"彭宇案"的程序法思考》，《法学》2008年第8期。

四，不论是积极的见义勇为者还是消极的见义勇为者，凡因救助他人造成自己损害的，应当依据法律、司法解释的规定，对其予以救济。

4.排除适用法律的不正确干扰

在好撒马利亚人案件的法律适用中，必须排除各方面的干扰，正确适用法律，保护善意施救者的合法权益。尤其是不能借口“维稳”“和谐”“调解”的不正确理由，强制善意施救者承担侵权责任。毋庸置疑，维护社会稳定是正确的，也是民事诉讼“定纷止争”的应有之义。和谐建设是社会的普遍要求，也是《侵权责任法》的立法目的。调解是处理民事纠纷案件的基本方法之一，是增进人民团结的良策。但是，法官在司法裁判中片面强调维稳、和谐、调解，采取“对人民内部矛盾用人民币解决”的做法，就是错误的。明知善意施救者可能是被冤枉的，但为了“息事宁人”，使能闹、上访的当事人息诉，而牺牲善意施救者的利益，是破坏稳定、和谐以及败坏诚信秩序的毒剂。社会需要秩序，人民希望人与人之间在遵守秩序的前提下充满爱心和信任。在司法实践中，后者作为一种进取性社会利益也应该成为法官自由心证、自由裁量与利益衡量的重要依据。[①] 面对这些教训，法官更应正确理解维稳的要求，明确维稳和司法公正是一致的，不能因为维稳而破坏司法公正。法官的裁判不仅是针对个案的，对其他社会成员的行为也起着规范和引导作用，无论是法官的自由心证还是自由裁量都不应无视社会公众的日常生活经验和情理，更不应该无视案件裁判后可能导致的不良社会效果。相反，法官应该更多地尊重和理解公众的情感，更加谨慎地适用自由心证。[②] 法官在司法实践中，在严格适用法律的基础之上，即满足判决的法律效果的前提之下，更应在价值判断上考虑社会的基本道德和正常理性，以实现判决的社会效果。

---

① 陈秀萍：《和谐社会语境中进取性社会利益及司法保护——“彭宇案”引发的思考》，《北方法学》2010年第3期。

② 陈秀萍：《和谐社会语境中进取性社会利益及司法保护——“彭宇案”引发的思考》，《北方法学》2010年第3期。

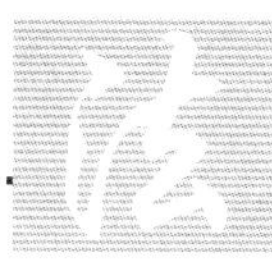

第二节　我国地方立法规定好撒马利亚人法的可行性

从南京“彭宇案”开始，善意救助他人俨然成为“高度危险作业”，救人者反被讹诈诬告的尴尬境地引发了舆论对社会道德的深刻反思和对诚信秩序的严峻挑战。因此，如何从法律制度上对善意救助者给予全面保障，从而鼓励善意救助行为，是弥合社会道德和诚信秩序社会创伤的良药。而国外在善意救助者保护方面的好撒马利亚人法，其有益经验值得我国借鉴。我国地方立法已率先规定好撒马利亚人法的相关内容，但其正当性和可行性仍需论证，且相关内容在法律后果的具体规则和侵权责任的实际承担方面，如何与我国民事法律体系中的现有制度协调统合，也需进行分析，从而在未来民法典中实现好撒马利亚人法的全面中国化。

一、地方性法规率先规定好撒马利亚人法的内容和不足

2015年7月24日，北京市法制办将《北京市院前医疗急救服务条例（草案）》提交北京市人大常委会审议，其中规定了善意救助者的责任豁免，无论其立法权限还是立法内容，都引发了社会各界的广泛关注和热烈讨论。且在此之前，已有地方性法规涉及此方面内容。而善意救助者保护法在国外统称为好撒马利亚人法，救助者责任豁免是其核心内容。但地方性法规能否规定好撒马利亚人法的相关内容，仍值斟酌。

（一）地方性法规关于善意救助者责任豁免的立法权限

地方性法规规定好撒马利亚人法的前提性问题是，地方性法规能否规定民事责任的免除。我国《立法法》第73条第1款规定：“地方性法规可以就下列事项作出规定：（一）为执行法律、行政法规的规定，需要根据本行政区域的实际情

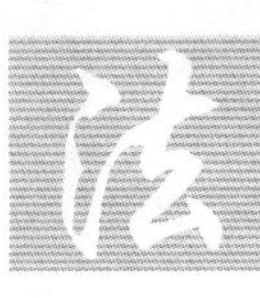

况作具体规定的事项；（二）属于地方性事务需要制定地方性法规的事项。”第 2 款规定：“除本法第八条规定的事项外，其他事项国家尚未制定法律或者行政法规的，省、自治区、直辖市和设区的市、自治州根据本地方的具体情况和实际需要，可以先制定地方性法规。”该条第 1 款第 1 项一般称为执行性立法或实施性立法，第 2 项可称为自主性立法；第 2 款则称为先行性立法。①

善意救助者的责任豁免问题，不仅处理当事人之间的权利义务关系，更实际牵涉社会诚信道德和诚信秩序的构建，受到社会各界的广泛关注和讨论。究其本质，是关于侵权责任及其免责事由的民法问题，理应由《侵权责任法》及其司法解释予以规定。然而目前，作为民事基本法律的《民法通则》《侵权责任法》以及相关的司法解释尚未对该问题作出规定，所以也不属于为落实和贯彻上位法而制定的执行性立法或实施性立法的范围。但是，善意救助者的责任豁免是现实生活中确实存在的问题，在上位法没有规定的情况下，可以由地方性法规根据具体情况和实际需要进行先行性立法，从而使现实生活中的具体问题能够依据相关规定得以妥当解决，而不至于陷入法律空白，这也符合《立法法》将制定先行性立法的权力授予地方人大的立法目的。况且善意救助者的责任豁免问题也不属于《立法法》第 8 条规定的国家专属立法权事项。因此，在地方性法规中对善意救助者的责任豁免进行规定，属于对法律或行政法规尚未规定的事项先行作出立法规范，不存在同上位法抵触的情形。而且，地方性法规规定善意救助者的责任豁免，是好撒马利亚人法中国化的率先途径，也为日后在民法典中完善相应的制度设计积累了宝贵的经验。

（二）目前地方性法规中相关规定的创新和不足

《杭州市院前医疗急救管理条例》是已经实施的关于善意救助者责任豁免的地方性法规。其第 30 条规定：“公民发现急、危、重伤病员时可以拨打 120 电话呼救。鼓励经过培训取得合格证书、具备急救专业技能的公民对急、危、重伤病员按照操作规范实施紧急现场救护，其紧急现场救护行为受法律保护，不承担法律责任。紧急现场救护中作出突出贡献的，卫生计生行政主管部门可以给予其表

① 河北省人大常委会研究室：《地方性法规与政府规章立法权限研究》，《人大研究》2007 年第 3 期。

彰奖励。”其中关于救助者责任豁免的规定存在以下问题：（1）对救助者和被救助者的范围规定过于狭窄。救助者仅限于“经过培训取得合格证书、具备急救专业技能的公民”，被救助者仅限于“急、危、重伤病员”。（2）对免责的要件未作出明确规定。救助者若要免除其在救助过程中造成被救助者损害的侵权责任，必须符合一定的要件。若不明确规定善意救助者责任豁免的具体要件，就可能造成规定过于笼统或模糊不清，在适用过程中难以解释。（3）对免责的程度规定过于宽松。善意救助者仅就其在救助过程中的一般过失免除责任，对于故意或重大过失所造成的损害则不能免责。但该条直接免除了救助者承担的全部责任，无疑扩大了免责的范围。而在提交审议的《北京市院前医疗急救服务条例（草案）》中，上述问题依旧存在。

此外，我国地方性法规中出现了被救助者恶意索赔承担责任的规定，是对传统好撒马利亚人法的突破。例如，《深圳经济特区救助人权益保护规定》第 6 条规定：“被救助人捏造事实、诬告陷害救助人，构成违反治安管理规定行为的，依法予以行政处罚；构成犯罪的，依法追究刑事责任。被救助人捏造事实、诬告陷害救助人的，救助人可以向人民法院提起民事诉讼，要求被救助人承担赔礼道歉、赔偿损失、消除影响、恢复名誉等民事责任。被救助人诬告陷害救助人的，处理机关应当在法律文书生效之日起十五个工作日内将处理结果通知公共征信机构，录入个人信用记录系统。”[①] 该条第 2 款针对当前社会出现的街头突发病症由于害怕担责而无人施救，以及好心人出手相救反遭诬陷的现象，首次明确规定了被救助者恶意索赔的民事责任。

二、好撒马利亚人法在我国民事法律体系中的定位和规范现状

我国民事法律体系中已存在善意救助者保护的规则，即无因管理制度。但《民法通则》等法律中无因管理的规定尚不足以构建起体系性的好撒马利亚人法，

① 《北京市院前医疗急救服务条例（草案）》中规定，患者及其家属不得捏造事实向提供帮助的人恶意索赔，因恶意索赔侵害帮助人合法权益的，应当承担相应的法律责任。

尤其是未规定善意救助者的责任豁免，且作为率先途径的地方性法规又存在不足，因此亟须借鉴比较法经验进行完善。

（一）我国民事法律体系中好撒马利亚人法的定位

我国使用“见义勇为”一词，指行为人无法定或约定义务，为保护国家利益、社会公共利益或他人人身、财产安全，在紧急情况下实施的防止、制止不法侵害或者抢险救灾的危难救助行为。[①] 由此可见，在行为人的救助义务上，我国民法通说认为，民事主体对处于危难情形的他人并不负有一般救助义务，仅承认特殊救助义务。[②] 且学理认为，特殊救助义务的来源包括：(1) 因契约承担的救助义务；(2) 因制定法的规定承担的救助义务；(3) 因与他人之间存在某种特殊关系承担的救助义务；(4) 因其自愿承担职责的行为承担的救助义务；(5) 因其先前行为承担的救助义务。[③] 据此，见义勇为属于无法定或约定义务，而为他人之利益管理事务的行为，构成无因管理。而且，鉴于其所处情势常有一定程度的危险性，属于高层次的无因管理行为，体现了更高程度的道德觉悟。[④] 正因如此，《日本民法典》和我国台湾地区“民法”将其界定为紧急无因管理。

（二）我国民事法律体系中好撒马利亚人法的规范现状

在民法层面，无因管理能够为“好撒马利亚人法”提供相对充分的概念支持，但我国民事立法能否为“好撒马利亚人法”提供足够的规范供给却不无疑问。《民法通则》第 93 条为无因管理一般条款，根据该条规定，赋予作为管理人的救助者向被救助者的必要费用返还请求权。《民通意见》第 132 条对“必要费用”作了文义上的扩张，包括救助者在救助过程中“受到的实际损失”。据此，救助者所遭受的损失由被救助者“完全补偿”。然而，《民法通则》第 93 条与第 109 条之间的关系始终颇具争议。从体系解释来看，《民法通则》第 109 条针对侵害制止型见义勇为，实际上将《民法通则》第 93 条及《民通意见》第 132 条的适用范围限缩在除侵害制止之外的见义勇为。由此，两者之间一般法和特别法

① 王雷：《见义勇为行为中的民法学问题研究》，《法学家》2012 年第 5 期。

② 张民安：《侵权法上的作为义务》，法律出版社 2010 年版，第 175、187－188 页。

③ 张民安主编：《债法总论》，中山大学出版社 2005 年版，第 46 页。

④ 徐武生、何秋莲：《见义勇为立法与无因管理制度》，《中国人民公安大学学报》1999 年第 4 期。

的关系趋于明朗，只要符合第 109 条的构成要件，原则上应适用该条，如不符合则回归第 93 条。[①] 同时，《民法通则》第 109 条和《民通意见》第 142 条又将被救助者的补偿从“完全补偿”限制为“适当补偿”。随着《人身损害赔偿司法解释》的出台，其第 15 条实际上将被救助者的“适当补偿”限制在“受益人的受益范围”内。

2010 年《侵权责任法》实施，其第 23 条与《人身损害赔偿司法解释》第 15 条的关系再次摆在我们面前。实际上，《侵权责任法》第 23 条的适用范围与《民法通则》第 109 条一致，仅针对侵害制止型见义勇为，适用情形相较《人身损害赔偿司法解释》第 15 条更窄。而且，该条文对于受益人的“适当补偿”并不限定在《人身损害赔偿司法解释》第 15 条规定的受益范围之内。由此，受益人实际受益范围并非其承担适当补偿责任的法定裁量情节，救助者的受损情况、救助者和被救者的经济状况等因素皆须全面考量，有利于在适当补偿范围上进行更加公正的利益衡量，避免在受益人所获利益较少、其经济能力较强而救助者遭受损害较大时补偿上的显失公平。[②] 此外，《人身损害赔偿司法解释》第 15 条存在救助者的损害类型只及于“人身损害”的缺陷，《侵权责任法》第 23 条对此未作限缩则更为妥当。笔者主张扩张解释《侵权责任法》第 23 条所规定的“制止侵害行为”，并不能单纯从字面来理解，这种行为不仅针对侵权行为，还针对危害公共利益和他人利益的自然灾害、意外事件和其他危险状况，以此对其适用范围作广义界定。[③]

由此可见，我国民事法律体系中关于见义勇为的规定，基本集中在无因管理对救助者的救济，即造成被救助者处于危难状况的侵权人所承担的侵权责任和作为无因管理受益人的被救助者所承担的法定补偿义务。作为好撒马利亚人法在民事法律体系中的中国化，目前我国民事法律体系中传统的无因管理制度，在好撒马利亚人的责任豁免，即救助者对被救助者损害赔偿责任的减轻方面，尚不能提

---

① 章程：《见义勇为的民事责任——日本法的状况及其对我国法的启示》，《华东政法大学学报》2014 年第 4 期。

② 王雷：《见义勇为行为中受益人补偿义务的体系效应》，《华东政法大学学报》2014 年第 4 期。

③ 杨立新：《侵权责任法》，法律出版社 2010 年版，第 157 页。

供相应的规范依据，这也正是地方性法规对相关问题进行先行性立法的背景。

三、好撒马利亚人法在我国民事法律体系中的完善与协调

我国民事法律体系欠缺对善意救助者责任豁免的规定，为弥补该法律漏洞，地方性法规已有所回应。然而，现阶段地方性法规的规定并不完善，这为未来民法典实现好撒马利亚人法的全面中国化提供了契机。而且，完善的好撒马利亚人法要求协调无因管理之债和侵权行为制度的关系，妥当平衡多方民事主体的利益。

（一）未来民法典中无因管理制度的完善

见义勇为是好撒马利亚人法的中国化，其性质应界定为紧急无因管理，但目前我国传统的无因管理制度并不足以解决见义勇为的全部法律后果，无法取代好撒马利亚人法的内容，集中体现在未规定责任豁免问题。原因在于传统无因管理制度适用范围的类型化不足，不区分紧急无因管理和一般无因管理，不存在针对紧急无因管理的特别规定。而见义勇为的性质是紧急无因管理，是对传统无因管理制度的发展。鉴于责任豁免问题是好撒马利亚人法中妥当的着力点，我国应借鉴两大法系的通行做法，将救助者的侵权责任限制在故意和重大过失。因此，在我国未来民法典中，应借鉴《德国民法典》第 680 条、《日本民法典》第 698 条、我国台湾地区“民法”第 175 条的规定，在无因管理中规定紧急无因管理，构建完整的好撒马利亚人法。

未来民法典在紧急无因管理中应当规定善意救助者责任豁免的基本规则，即除非救助者故意或重大过失，否则不承担侵权责任。构成要件包括：第一，行为人为善意救助者。我国立法不承认一般救助义务，与此相应，享有豁免权的行为人必须是对他人不承担一般救助义务，但对身处危难境地的他人实施救助行为的人，即善意救助者。[①] 换言之，承担特殊救助义务的义务人不享有豁免权。第

---

① 国外好撒马利亚人法一般将其界定为 who in good faith renders emergency care at the scene of emergency。

二，行为人实施了救助行为。实施救助行为，包括行为人自己采取救助措施对处于危难者进行救助，也包括行为人呼叫他人对处于危难者进行救助。[①] 前者主要适用于行为人具有救助能力且实施救助，后者主要适用于行为人不具有救助能力，或者危难情况的程度必须有专业人员的介入才能得以缓解或控制。第三，行为人仅存在一般过失。一般过失是相对于重大过失而言，通常分为抽象过失和具体过失。[②] 前者是指违反应与处理自己事务为同一注意的义务，后者则指违反善良管理人的注意义务。好撒马利亚人的过失程度不应达到使被救助者所受损害严重扩大的程度，其界分标准就是重大过失与一般过失。

（二）见义勇为导致被救助者损害的侵权责任承担

若规定了救助者在一般过失的范围内不承担侵权责任，则属于在《侵权责任法》第三章所规定的“不承担责任和减轻责任的情形”之外对侵权责任免责事由所作的特殊规定，应根据《侵权责任法》第5条的规定予以适用。据此，善意救助者承担侵权责任的情形，仅限于救助者具有故意或重大过失，此时救助者构成一般侵权行为，应适用《侵权责任法》第6条确定其侵权责任。由于被救助者在救助者实施救助行为前已经受有损害，所以救助者仅对因其故意或重大过失而加重的损害部分承担侵权责任，而非对全部损害承担责任。

其中，救助者因重大过失造成被救助者损害可能涉及的侵权责任分为两种类型：一是行为人违反先行行为所产生的救助义务的不作为侵权责任；二是行为人因救助不当违反救助义务所承担的侵权责任。[③] 对于前者，救助人因先行行为产生的救助义务包括两种。（1）主动承担救助义务的先行行为引发的后续作为义务，包括行为人以呼救、陪同、照料等多种形式介入救助过程，且其介入程度足以使他人相信行为人会提供救助而排除他人提供救助或照料，或足以剥夺受害人获得第三人救助的机会，由此负有继续履行合理救助的义务，此时若行为人放弃

---

① 即包括国外好撒马利亚人法中“救助的好撒马利亚人”和“呼救的好撒马利亚人”。

② 杨立新：《侵权责任法》，法律出版社2010年版，第87－88页。

③ 杨立新、王毅纯：《我国善意救助者法的立法与司法——以国外好撒马利亚人法为考察》，《求是学刊》2013年第3期。

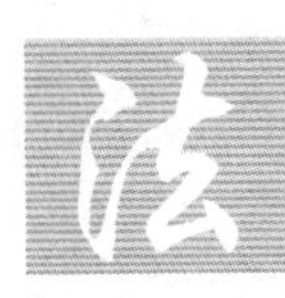

救助，对于造成的损害应承担侵权责任。[1]（2）行为人的先行行为开启或制造了某种可能加害于他人的危险，而行为人能够控制此种危险的产生和发展，由此产生了避免此危险发生或在危险发生之后予以救助的义务。此时，行为人对危险的发展具有绝对的控制能力，若行为人放手不管，对造成的损害应当承担侵权责任。对于后者，救助不当也仅限于行为人因在救助过程中存在故意、重大过失。其中，重大过失包括两种类型：（1）行为人在救助过程中违反救助常识；（2）行为人采取的救助措施与被救助者所处的危难程度严重不相适应。[2] 通过这些要求，使好撒马利亚人不仅仅停留在“善意救助者”的层面，更成为“负责任的救助者”。

（三）见义勇为导致侵害人或第三人损害的侵权责任承担

在制止侵害型见义勇为中，救助者在见义勇为过程中对侵害人造成损害，需要判断救助者是否存在防卫过当的情形，若存在，则过当的行为转化为侵权行为，救助者应根据《民法通则》第128条、《侵权责任法》第30条后段承担适当的损害赔偿责任。此处所谓“适当的”赔偿责任，并非全部赔偿，原因在于侵害人本身对见义勇为中救助者的过当行为也具有过错，属于《侵权责任法》第26条规定的“与有过失”，应当相应减轻救助者的责任，具体比例由法官在个案中根据当事人对造成损害的过错和原因力进行确定。

救助者在见义勇为过程中对侵害人和被救助者之外的第三人造成损害，属于《民法通则》第129条、《侵权责任法》第31条规定的紧急避险，应当根据损害发生的原因分别进行处理。第一，若险情是人为原因引的，则由引起险情发生的人对该第三人承担损害赔偿责任；第二，若危险是由自然原因引起的，则救助者作为紧急避险人不承担责任；第三，救助者在紧急避险过程中采取措施不当或者超过必要的限度，造成不应有的损害的，救助者应当承担相应的责任；第四，若没有第三人侵害，救助者本身也无过错，被救助人作为受益人应当根据《民通意

① 张民安：《过错侵权责任制度研究》，中国政法大学出版社2002年版，第334－340页。

② 杨立新、王毅纯：《我国善意救助者法的立法与司法——以国外好撒马利亚人法为考察》，《求是学刊》2013年第3期。

见》第156条给予适当的补偿。[①] 需要注意的是，在存在侵害人，且救助者也存在过错的情况下，两者构成分别侵权行为，应按照《侵权责任法》第12条承担按份责任。

（四）见义勇为导致救助者损害的侵权责任承担

当被救助者所处的危难状况是由侵权人造成，且侵权人具有赔偿能力时，救助者所遭受的损害由侵权人承担赔偿责任。当不存在侵权人、侵权人逃逸或者无力赔偿时，救助者的损害由作为受益人的被救助者承担适当的补偿责任。但是，尽管法律尚未规定，受益人在承担适当补偿责任之后，应当享有向侵权人追偿的权利[②]，以实现救助者、受益人和侵权人之间的利益平衡。无论是侵权人承担损害赔偿责任，还是受益人承担适当补偿责任，可救济的损害范围限于救助者在见义勇为中直接遭受的人身或财产损害，不包括救助者所遭受的纯粹经济损失。救助者在见义勇为中支付的必要费用，不属于《侵权责任法》所救济的损害范畴，仍应回归《民法通则》第93条规定的无因管理之债，由受益人向救助者偿付。

（五）被救助者恶意索赔导致救助者损害的侵权责任承担

作为中国化好撒马利亚人法的特色，我国地方性法规规定了被救助者恶意索赔导致救助者损害应当承担民事责任。被救助者捏造事实、诬告陷害救助人的情形，不属于救助者因无因管理行为本身遭受的损害，不适用无因管理的相关规定，而是属于被救助者对救助者的故意侵权，符合《侵权责任法》第6条第1款规定的一般侵权行为，救助者可以此作为请求权基础要求被救助者承担侵权责任。对于造成财产损失的，即救助者因被诬告陷害而在救助之外额外支出的费用，应由被救助者承担赔偿损失的侵权责任；对于造成人身损害的，即救助者因被诬告陷害而遭受的名誉损害，应由被救助者承担赔礼道歉、消除影响、恢复名誉的侵权责任。

---

① 王雷：《见义勇为行为中的民法学问题研究》，《法学家》2012年第5期。

② 在《侵权责任法》立法过程中，“有的地方和单位建议，规定受益人承担补偿义务后，可以向侵权人追偿。”全国人大常委会法制工作委员会民法室编：《侵权责任法立法背景与观点全集》，法律出版社2010年版，第53、295页。

第三节 《民法总则》之因见义勇为受害的特别请求权

《民法总则》第八章“民事责任”第183条规定了因见义勇为受害的特别请求权。这一规定的最早来源是《民法通则》第109条，后来最高人民法院《关于贯彻执行〈中华人民共和国民法通则〉若干问题的意见（试行）》第142条和最高人民法院《关于审理人身损害赔偿案件适用法律若干问题的解释》第15条也作过司法解释，《侵权责任法》第23条又作了规定。《民法总则》第183条的这一规定，在法律和司法解释规定的基础上，又有了新的发展和完善。《民法总则》第183条规定的因见义勇为受害的特别请求权与其他4条规范有哪些异同，变化的理由何在，其具体规则应该怎样适用，都值得深入研究。

一、《民法总则》第183条与以往立法及司法解释规定的异同

（一）《民法总则》和以往法律、司法解释对因见义勇为受害的特别请求权的规定

《民法总则》第183条规定：“因保护他人民事权益使自己受到损害的，由侵权人承担民事责任，受益人可以给予适当补偿。没有侵权人、侵权人逃逸或者无力承担民事责任，受害人请求补偿的，受益人应当给予适当补偿。”

《民法总则》的这一规定，源于1986年4月12日通过、1987年1月1日实施的《民法通则》第109条，即“因防止、制止国家的、集体的财产或者他人的财产、人身遭受侵害而使自己受到损害的，由侵害人承担赔偿责任，受益人也可以给予适当的补偿。”

1988年1月26日最高人民法院《关于贯彻执行〈中华人民共和国民法通则〉若干问题的意见（试行）》第142条规定：“为了维护国家、集体或者他人合法权益而使自己受到损害，在侵害人无力赔偿或者没有侵害人的情况下，如果受害

人提出请求的，人民法院可以根据受益人受益的多少及其经济情况，责令受益人给予适当补偿。”

2003年12月26日发布、2004年5月1日施行的最高人民法院《关于审理人身损害赔偿案件适用法律若干问题的解释》第15条又作了解释：“为维护国家、集体或者他人的合法权益而使自己受到人身损害，因没有侵权人、不能确定侵权人或者侵权人没有赔偿能力，赔偿权利人请求受益人在受益范围内予以适当补偿的，人民法院应予支持。”

2009年12月26日通过、2010年7月1日实施的《侵权责任法》第23条规定：“因防止、制止他人民事权益被侵害而使自己受到损害的，由侵权人承担责任。侵权人逃逸或者无力承担责任，被侵权人请求补偿的，受益人应当给予适当补偿。”

正是在上述4个规范的基础上，《民法总则》规定了因见义勇为受害的特别请求权这一条文。

（二）《民法总则》第183条与其他4个规范的相同之处

认真分析《民法总则》第183条的规定，并且与《民法通则》第109条、最高人民法院《关于贯彻执行〈中华人民共和国民法通则〉若干问题的意见（试行）》第142条、最高人民法院《关于审理人身损害赔偿案件适用法律若干问题的解释》第15条和《侵权责任法》第23条的规定相比较，可以看出一个明显的发展线索，就是这5个条文前后相继，所解决的是同一个问题，即见义勇为的行为人因实施见义勇为行为受到损害而享有的损害赔偿请求权。5条规范的相同之处是：

第一，规范适用的前提基本相同。《民法通则》第109条规定的这一请求权的适用条件，是“因防止、制止国家的、集体的财产和他人的财产、人身遭受损害而使自己受到损害”。最高人民法院《关于贯彻执行〈中华人民共和国民法通则〉若干问题的意见（试行）》第142条规定的适用条件，是“为了国家集体或者他人合法权益而使自己受到损害”。最高人民法院《关于审理人身损害赔偿案件适用法律若干问题的解释》第15条规定的适用条件，是“为维护国家、集体或者他人的合法权益而使自己受到人身损害”。《侵权责任法》第 23 条规定的是“为防止、制止他人民事权益被侵害使自己受到损害”。《民法总则》第 183 条规定的适用条件是“为保护他人民事权益而使自己受到损害”。上述 5 种表述都可以用一个表述来概括，就是因见义勇为而受损害。因此，上述 5 个规范都是规定见义勇为的行为人在实施见义勇为行为中造成自己损害，是产生损害赔偿及适当补偿请求权的事实根据，其请求权人是见义勇为的行为人。

第二，与请求权人相对应的责任人是一致的。《民法通则》第 109 条规定的责任人是侵害人和受益人，前者是承担“赔偿责任”，后者是“可以给予适当的补偿”。最高人民法院《民通意见》第 142 条主要解释的是《民法通则》第 109 条规定的受益人的适当补偿责任，即受益人在何种情况下怎样承担适当补偿责任，没有对侵害人承担赔偿责任作出解释。最高人民法院《关于审理人身损害赔偿案件适用法律若干问题的解释》第 15 条仍然解释的是受益人承担适当补偿责任的适用条件，解决的仍然是受益人的责任承担问题。《侵权责任法》第 23 条规定的是侵权人和受益人，侵权人承担的是“责任”，受益人是“适当补偿”。《民法总则》第 183 条的规定，责任人包括侵权人和受益人。相比较而言，三部法律规定的责任主体都是侵权人和受益人，而两部司法解释规定的责任主体都是在研究解决“受益人承担适当补偿责任”的规则。

第三，规定的责任内容基本相同。《民法总则》第 183 条规定的责任，侵权人承担的是“民事责任”，受益人承担的是“适当补偿责任”。《民法通则》第 109 条规定的责任，侵害人承担的是“赔偿责任”，受益人承担的是“适当的补偿”责任。《侵权责任法》第 23 条规定的是“责任”和“适当补偿”。两部司法解释都是针对《民法通则》第 109 条规定的受益人的适当补偿而作出的具体解释。

（三）《民法总则》第 183 条与其他 4 条规范内容的差别

尽管上述 5 条规范规定的基本内容是一致的，但是仍然存在较大的差别。

首先，对因见义勇为受害的特别请求权的成立条件的表述并不完全相同。《民法总则》第 183 条规定的是“为保护他人民事权益”，《民法通则》第 109 条

规定的是“因防止、制止国家的、集体的财产或者他人的财产、人身遭受侵害”。《民通意见》第142条规定的是“为了维护国家、集体或者他人合法权益”。《关于审理人身损害赔偿案件适用法律若干问题的解释》第15条规定的是“为维护国家、集体或者他人的合法权益”。《侵权责任法》第23条规定的是“为防止、制止他人民事权益被侵害”。应当看到，两部司法解释的表述与《民法通则》第109条的规定基本相同，涵盖的都是国家、集体或者他人的合法权益，尽管具体说法不同，但基本内容一致。《民法总则》第183条的规定与上述规定不同，但与《侵权责任法》第23条的规定比较接近，没有提到“国家的”和“集体的”合法权益，而是“为保护他人民事权益”。这种在表述上的区别，究竟应当怎样理解，特别是涉及对第183条规定的“他人”应作何解释，特别值得深入讨论。

其次，对侵权人或者侵害人承担的责任，《民法总则》第183条、《侵权责任法》第23条和《民法通则》第109条的规定有所区别，前两个规定是“侵权人”，承担的责任是“民事责任”或“责任”；后者规定的是“侵害人”，承担的是“赔偿责任”。尽管表述的用词有所区别，但基本内容没有原则的区别。尽管侵害人或者侵权人实施的违法行为造成的后果都是侵权责任，但是，《民法总则》和《民法通则》的表述都很谨慎，都没有使用侵权责任的用语，因为《民法总则》规定的是民事责任的一般规定，《民法通则》的这一条款也是在民事责任的一般规定中规定的。尽管如此，这种责任的性质是侵权责任则是没有疑问的。在这一点上，两部法律对侵权人的责任承担规则相同。

再次，对受益人的适当补偿责任表述都不相同。《民法通则》第109条规定的是“受益人可以给予适当的补偿”。《民通意见》第142条规定受益人的责任，不仅是适当补偿，而且规定的前提有“侵害人无力赔偿或者没有侵害人”，且须“受害人提出请求”的条件。《关于审理人身损害赔偿案件适用法律若干问题的解释》第15条规定更加细致，而且有所改变，受益人承担的适当补偿责任应当在“受益范围内”，并且其条件更加具体，为“没有侵权人、不能确定侵权人或者侵权人没有赔偿能力”。《侵权责任法》第23条规定的是“被侵权人逃逸或者无力承担责任，被侵权人请求补偿的，受益人应当给予适当补偿”。《民法总则》第

183 条规定的受益人的适当补偿责任与上述都不一样，包括两种情形：一是在侵权人承担了民事责任后，“受益人可以给予适当补偿”；二是“没有侵权人、侵权人逃逸或者无力承担赔偿责任，受害人请求补偿的，受益人应当给予适当补偿”。可以看到的是，对见义勇为的行为人因此受害对受益人的特别请求权，规范越来越细致，内容越来越具体，规则越来越清晰，具有可操作性；同时，还扩大了适用范围，即没有侵权人的危难情形的见义勇为，内容更加全面。显然，在《民法通则》第 109 条规定的基础上，最高人民法院的两次司法解释都是对“受益人也可以给予适当的补偿”的解释。《民法总则》第 183 条在总结了《侵权责任法》第 23 条以及司法解释经验的基础上，全面概括和提升这一规范的品质，对受益人的适当补偿责任规定了一个比较完美的责任规范。

（四）学者关于对因见义勇为受害的特别请求权的立法意见

对于民法典是否要规定因见义勇为受害的特别请求权，学者的意见比较统一。首先，在学者所有起草的民法总则建议稿中，都没有规定因见义勇为受害的特别请求权。梁慧星教授主持起草的《中国民法典草案建议稿》的“总则”根本就没有规定民事责任。[①]王利明教授主持起草的《中国民法典草案建议稿》的“总则”在“民事权利行使和保护”中，规定了民事责任的一般规则，没有规定因见义勇为受害的特别请求权。[②]中国民法学研究会编写的《中华人民共和国民法典·民法总则专家建议稿》第九章规定“民事权利的行使和保护”，虽然规定了民事责任的承担规则，但对此也没有规定。[③]我主持编写的《中华人民共和国民法总则编建议稿》规定了“民事责任”一章，也没有规定因见义勇为受害的特别请求权。[④]

对于因见义勇为受害的特别请求权，梁慧星教授主持的民法典草案建议稿

---

① 梁慧星主编：《中国民法典草案建议稿》，法律出版社 2003 年版，目录第 1 页。

② 王利明主编：《中国民法典草案建议稿及说明》，中国法制出版社 2004 年版，第 38 页。

③ 中国民法学研究会：《中华人民共和国民法典民法总则专家建议稿》，载何勤华主编：《民法典编纂论》第三卷，商务印书馆 2016 年版，第 383 页。

④ 杨立新等：《中华人民共和国民法总则草案建议稿》，《财经政法大学学报》2015 年第 2 期。

“侵权行为编”[①]、王利明教授主持的《中国民法典草案建议稿》“侵权行为编”[②]、我组织编写的《中华人民共和国侵权责任法草案建议稿》[③]都没有规定。徐国栋教授主编的《绿色民法典草案》没有总则，在其“侵权行为之债”的规定中也没有规定这一请求权。[④]

从上述情形可以看到，学者对在民法典中规定因见义勇为受害的特别请求权并不热心，没有给予特别关注，与立法机关和司法机关的态度形成鲜明对比。学者的这种态度似乎也印证了一种观点，就是见义勇为行为并不总是法律希望人们作出的行为，英美法系就对其采取了不鼓励的态度，突出体现在不鼓励人们做好撒马利亚人。[⑤]我国立法对此采纳相反的立场，其直接立足点，在于维护见义勇为者，以此弘扬见义勇为者为社会公共善之义举。[⑥]正因为如此，近些年来在学说上研究见义勇为行为的法律规制问题，还是一个比较热门的话题，特别是在《侵权责任法》规定了第23条之后。

（五）小结

经过以上比较分析，可以得出以下结论：

首先，尽管对于因见义勇为受害的特别请求权，学者在立法中并不热心，但是立法和司法解释对此却是特别重视的，都在重要位置作出具体规定。对此，学者侧重的是从技术上的考虑，立法机关则是在社会层面予以关注，特别是在社会诚信状况欠佳、社会道德下降的情形下，国家当然更加重视社会风气的提升和诚信秩序的重振。因此，《民法总则》第183条规定因见义勇为受害的特别请求权的规范，具有现实的意义。

其次，在具体规范的内容上，使实施不法侵害的侵权人承担民事责任的规则

① 梁慧星主编：《中国民法典草案建议稿》，法律出版社2003年版，第305页以下。

② 王利明主编：《中国民法典草案建议稿及说明》，中国法制出版社2004年版，第237页以下。

③ 杨立新主编：《中华人民共和国侵权责任法草案建议稿及说明》，法律出版社2007年版，第3页以下。

④ 徐国栋主编：《绿色民法典草案》，社会科学文献出版社2004年版，第705页以下。

⑤ 王福友：《论见义勇为的侵权法调整》，《北方法学》2015年第1期。

⑥ 王福友：《论见义勇为的侵权法调整》，《北方法学》2015年第1期。

变化不大，《民法总则》第 183 条的规定更为准确。

再次，对因见义勇为受害的特别请求权的规定，不断发展、完善的是对受益人适当补偿责任的规则。最早提出的仅仅是受益人应当给予适当补偿；继而提出侵害人无力赔偿或者没有侵害人的情况下，如果受害人提出请求的，人民法院可以根据受益人受益的多少及经济情况，责令受益人给予适当补偿；继而完善的是没有侵权人、不能确定侵权人或者侵权人没有赔偿能力，赔偿权利人请求受益人在受益范围内予以适当补偿的，人民法院应予支持。而《民法总则》183 条将受益人的适当补偿责任规定为两种：一种是受益人可以给予适当补偿，另一种是受益人应当给予适当补偿。显然，《民法总则》第 183 条规定是最完善的。

最后，《民法总则》第 183 条与第 184 条关于好撒马利亚人法的规定相配合，使对善意救助他人的见义勇为行为人造成受益人损害的适当豁免权与自己遭受损害的特别请求权结合成一体，共同发挥作用，无疑具有更重要的社会价值。

在这样分析比较的基础上，就能够对《民法总则》第 183 条的规定进行全面的分析研究，正确阐释其理论基础和具体规则。

二、因见义勇为受害的特别请求权的基本理论

（一）因见义勇为受害的特别请求权的概念和特征

因见义勇为受害的特别请求权，是指行为人为了保护他人的民事权益，在为保护他人民事权益的见义勇为行为中自身受到损害，所享有的赔偿和补偿自己损失的请求权。保护他人民事权益的见义勇为行为，是有利于国家、集体和他人的行为，是法律鼓励的行为，见义勇为的行为人因此受到损害，理应获得相应的赔偿和补偿。这就是《民法总则》第 183 条规定因见义勇为受害的特别请求权的理论基础。

因见义勇为受害的特别请求权的法律特征是：

第一，因见义勇为受害的特别请求权是因为保护他人民事权益、实施见义勇为行为而发生的请求权。这种请求权不同于一般的保护权利请求权，不是因违法

行为本身所产生的请求权，而是在制止侵害行为等保护他人民事权益的过程中，直接或者间接地造成了见义勇为行为人的损害，而产生的赔偿、补偿损失的请求权。这是因正义行为而发生的请求权，而不是单纯的受到损害发生的请求权，因而将其谓之“特别请求权”。

第二，因见义勇为受害的特别请求权的权利人是见义勇为行为人。行为人为保护他人民事权益而实施见义勇为行为，见义勇为行为人因此受到损害，所产生的赔偿、补偿损失请求权的权利人，就是见义勇为的行为人。其权利内容，是补偿见义勇为行为人因此造成的人身损害和财产损害。

第三，因见义勇为受害的特别请求权的责任人是不法侵害人，也包括见义勇为行为的受益人。请求权相对于责任，请求权人相对于责任人；因而通常的请求权对应的就是责任，请求权人对应的就是侵权人。不过，尽管因见义勇为受害的特别请求权的权利人是见义勇为人，但其相对的责任人却不只是侵权人一人，还包括见义勇为行为的受益人。这不是数人侵权行为引起的数人侵权责任，而是因见义勇为受害的特别请求权法律关系构成的特殊性所致。故因见义勇为受害的特别请求权法律关系通常有三个主体，一是权利人，二是侵权人，三是受益人，只有在“无侵权人”的情况下，才只有请求权人和受益人两个主体，因而这种特别请求权具有特殊性。

第四，因见义勇为受害的特别请求权所对应的责任性质是补充性的特别责任。补充责任，即在应当承担责任的数人中，有的顺位在先，有的顺位在后，形成后者补充前者的责任形态。[①]首先，侵权人的责任顺位在先，即“由侵权人承担民事责任”；其次，受益人的责任顺位在后，但分为两个层次：一是一般的补充，即在侵权人对见义勇为人承担民事责任的同时，受益人可以对损害承担适当补偿责任；二是特别的补充，即在没有侵权人、侵权人逃逸或者无力承担民事责任时，受益人应当承担适当的补偿责任。

第五，因见义勇为受害的特别请求权的内容包括对侵权人的请求赔偿和对受益人的请求补偿。针对上述责任形态，因见义勇为受害的人的请求权包含两个内

① 杨立新：《多数人侵权行为与责任理论的新发展》，《法学》2012年第7期。

容：一是对侵权人的侵权损害赔偿责任请求权；二是对受益人的适当补偿请求权，包括侵权人承担侵权责任的同时就可以行使的补偿请求权，以及无侵权人、侵权人逃逸或者无力承担民事责任时行使的请求权。其中对受益人的两个补偿请求权虽然都是“适当补偿”，但应当有所区别。这是与一般的侵权补充责任相比的特别之处。

（二）见义勇为行为的构成

对于见义勇为的概念有较多的定义。语义学的定义是“看到正义的事情奋勇地去做”[①]。学者认为，民法学视野下的见义勇为行为，是指自然人没有法定或者约定的义务，为保护国家利益、社会公共利益，或者他人人身、财产安全，在紧急情况下实施的防止、制止不法侵害或者抢险救灾的危难救助行为。[②]这样的定义是有道理的，但是不够准确，尤其是对照《民法总则》第 183 条规定，还须进一步完善。

见义勇为行为，也被称为制止侵害行为[③]，是指行为人为了保护他人民事权益，而实施的防止危害、制止侵害，以使他人的财产、人身免受或者少受损害的救助行为。这种行为是有利于国家和他人的行为，是法律鼓励的行为。

产生因见义勇为受害的特别请求权的关键，是制止侵害行为构成见义勇为行为。有人认为，见义勇为行为的构成要件，一是行为主体限于自然人，二是行为人须不负担法定或者约定的危难救助义务，三是行为人须为国家利益、社会公共利益或他人的利益而实施危难救助行为，四是须以发生紧急情况为前提并体现一定的危险性。符合前述四个构成要件的，构成见义勇为行为。[④]根据我的研究，结合《民法总则》第 183 条规定，见义勇为行为的构成要件是：

第一，须行为人为保护他人民事权益而实施。见义勇为是一种行为，其中所

---

① 中国社会科学院语言研究所词典编辑室编：《现代汉语词典》，商务印书馆 2005 年第 5 版，第 670 页。

② 王雷：《见义勇为行为中的民法学问题研究》，《法学家》2012 年第 5 期。

③ 杨立新主编：《人身损害赔偿以最高人民法院人身损害赔偿司法解释为中心》，人民法院出版社 2004 年版，第 347 页。在理论上检讨起来，制止侵害行为这一概念与见义勇为的概念还是不同的，因为在有些见义勇为行为中，所救助的并非由不法侵害所引起。

④ 王雷：《见义勇为行为中的民法学问题研究》，《法学家》2012 年第 5 期。

包含的行为人的意志是为保护他人的民事权益，这就是见义勇为的主观要件，也是其“义”和“勇”的要求。

第二，须行为人无法定或约定义务而实施。如果见义勇为的行为人在实施保护他人的民事权益行为时，负有法定的或者约定的义务，如警察制止持凶器砍人的犯罪分子，消防队员抢救火灾中被困的居民等，都属于履行法定义务，是职务行为；救生员抢救游泳馆的溺水者，履行的是约定义务，都不属于见义勇为行为。

第三，须针对侵害他人合法权益的侵害行为或者他人处于危难的危险事实而实施。见义勇为行为只能对侵害他人的财产、人身的行为进行制止，或者对处于危难中的人予以救助。如果不存在侵害他人财产、人身的行为或者危难，就没有见义勇为行为存在的基础。对他人财产、人身的侵害行为和危难事实必须是正在进行，如果尚未发生，或者已经结束，均无实施见义勇为行为的必要。

第四，须为在客观上使受益人少受或免受损害的行为。见义勇为制止侵权人的侵害行为以及救助危难的结果，是保护了受益人的民事权益，防止或减少受益人的财产、人身的损害，即民事权益少受或者免受损害的结果。如果行为在客观上没有产生防止或减少受益人受到损害的结果，没有实现见义勇为的目的，因而也就失去了见义勇为的价值。受益人少受损害或者免受损害均可，不能强求须免受损害。如果受害人因见义勇为行为未使受益人的损害减少，甚至增加了损害，不构成见义勇为，不产生因见义勇为受害的特别请求权。

至于是否一定要具备发生紧急情况并体现一定的危险性①，则不必多加考虑，因为这不是必须具备的要件。

（三）见义勇为行为与相关概念的联系与区别

1. 见义勇为与正当防卫、紧急避险

在现实生活中，见义勇为往往与正当防卫、紧急避险有关联。《民法总则》和《刑法》规定正当防卫、紧急避险，立法意旨在于使正当防卫人、紧急避险人的防卫行为、避险行为合法化，不负赔偿责任及刑事责任；以及确定防卫过当、

① 王福友：《论见义勇为的侵权法调整》，《北方法学》2015 年第 1 期。

避险过当所应承担的民事责任和刑事责任范围。在这些规定中，并没有关于正当防卫人和紧急避险人在实施防卫或避险行为中自己受到损害应怎样处理的规则。因此，法律关于正当防卫和紧急避险规定的出发点及着眼点，是放在防卫人或避险人的责任问题上，没有着重考虑侵权人或受益人的责任问题上。《民法总则》规定见义勇为，正是民事立法为解决这一问题及与其相关的问题而创制的法律规范，合理地解决侵权人和受益人的民事责任问题。在正当防卫和紧急避险中，除了为自己的合法权益而防卫、避险的情况外，防卫人或避险人为保护他人民事权益而使自己遭受损害，没有理由让他自己承担损失，应当依照《民法总则》的规定由侵权人和受益人承担赔偿责任或予以适当补偿责任。

2.见义勇为与无因管理行为

《民法总则》第121条规定："没有法定的或者约定的义务，为避免他人利益受损失而进行管理的人，有权请求受益人偿还由此支出的必要费用。"见义勇为与无因管理有以下共同点。第一，行为人都是既没有事先受委托，又没有相关法律义务的人。第二，行为人都是为维护他人的利益而不是自己的利益实施必要的行为。第三，行为人都为此而使自己的利益受到损失。这些共同性表明，见义勇为在性质上属于无因管理。故学者认为，民法视野中的见义勇为行为是紧急无因管理行为①，属于高层次的无因管理。②

尽管如此，见义勇为行为与一般的无因管理行为相比，仍具有以下特殊性。第一，见义勇为行为针对的是现实的、正在进行的侵害或者危难；而一般无因管理中的管理人在实施管理行为时，不以这种特定条件为必要要件。第二，见义勇为的法律关系多数具有三种主体，即因见义勇为受害的特别请求权人、侵权人和受益人；在没有侵权人的见义勇为行为中，有请求权人和受益人。在一般的无因管理中，只关注管理人和受益人两个主体，对侵权人这一主体不予过问。第三，在后果上，见义勇为行为人的损失，主要是指因为保护他人民事权益所引起的损害，而无因管理中的管理人的损失，主要是指付出管理的必要费用和在管理中遭

① 王雷：《见义勇为行为中的民法学问题研究》，《法学家》2012年第5期。

② 周辉：《见义勇为行为的民法思考》，《人民法院报》2000年5月27日。

受的人身和财产损失，管理人与本人之间产生无因管理之债。第四，见义勇为承担责任的主体主要是侵权人，受益人可以适当予以补偿；没有侵权人、侵权人逃逸或者无赔偿能力的，由受益人承担适当的补偿责任。在无因管理中，要求受益人必须承担管理人为管理和服务而支出的必要费用，以及在管理、服务中受到的财产和人身损害，是一种直接的和全部的责任。

（四）因见义勇为受害的特别请求权的构成

1.行为人实施了见义勇为行为

行为人实施了保护他人民事权益的见义勇为行为，是因见义勇为受害的特别请求权的客观要件。在他人的人身、财产权益遭受侵害或遭遇危难时，行为人为保护其民事权益，主动实施制止、防止、救助行为，表现形式为积极的作为。值得研究的是，《民法总则》第 183 条规定没有像以前法律和司法解释那样规定为“为维护国家、集体或者他人的合法权益”，而是仅规定“为保护他人民事权益”，前后两种表述包含的内容是否一样，是有意限缩，还是“他人”也包括国家和集体呢？依我所见，见义勇为保护的对方主要是他人即其他自然人、法人以及非法人组织，亦即“受益人”，因此应理解为有意限缩。但是，如果是为了维护国家或者集体的民事权益，集体因为基本上是法人或者非法人组织，因而可以概括在“他人”的范围内；如果是维护国家民事权益，则应当比照适用这一规定，亦构成因见义勇为受害的特别请求权的要件。全国人大常委会法工委官员解释《侵权责任法》第 23 条规定的“为防止、制止他人民事权益被侵害”时认为，就包括“为了防止、制止国家、集体的财产或者他人的人身、财产遭受不法侵害”[①]。依照这样的观点，这样理解也是正确的。

是否构成见义勇为行为，应依照前文所述的构成要件衡量。

2.见义勇为的行为人须因实施该行为而遭受人身和财产损害

见义勇为的行为人在实施保护他人民事权益的行为中，须造成自己人身、财产损害的客观后果，才能构成因见义勇为受害的特别请求权。见义勇为的行为人所受到的损害，主要是人身损害，但是也包括财产损害，如果见义勇为的行为人

① 王胜明主编：《中华人民共和国侵权责任法释义》，法律出版社 2012 年第 2 版，第 126－127 页。

因实施见义勇为行为没有实际造成损害的后果，而仅仅是使自己处于危险状况，尚不足以成立因见义勇为受害的特别请求权，甚至是造成了某种惊恐的损害，也不构成该种特别请求权。

3. 见义勇为行为人遭受的损害与实施见义勇为行为有因果关系

构成因见义勇为受害的特别请求权，须有行为与损害之间的因果关系。这种因果关系与一般要求不同，具体表现为：一是见义勇为行为人的损害与实施的见义勇为行为之间有因果关系，非因此不会造成该损害；二是见义勇为行为人的损害与侵权人的行为有因果关系，这种因果关系应符合因果关系要件的一般要求，即损害是因侵权人对受益人实施的非法侵害行为有引起与被引起的联系，或者是侵权人的行为直接造成了见义勇为人的损害，或者是见义勇为行为人的损害与侵权人的非法侵害行为有关联，或者是没有侵权人但与造成受益人民事权益损害的事实有关联；三是见义勇为行为人的损害与保护受益人的民事权益有因果关系，或者是与因受益人的免受或者少受损害的事实有因果关系，或者是与受益人自救的行为有因果关系，后者如受益人因自救而造成见义勇为行为人的损害。

具备上述三个要件，构成因见义勇为受害的特别请求权，请求权人有权行使该权利，侵权人和受益人应当承担相应的民事责任。

三、因见义勇为受害的特别请求权的民事责任承担

按照《民法总则》第 183 条规定，行使因见义勇为受害的特别请求权，其民事责任承担规则是“由侵权人承担民事责任，受益人可以给予适当补偿。没有侵权人、侵权人逃逸或者无力承担民事责任，受害人请求补偿的，受益人应当给予适当补偿”。这一规则仍然采取的是侵权人承担侵权责任为主，受益人承担补偿责任为辅的独立调整模式，与一般侵权行为、无因管理制度相分离的模式。[①]不过，《民法总则》第 183 条规定的规则有所变化，责任承担的具体规则是：

① 王福友：《论见义勇为的侵权法调整》，《北方法学》2015 年第 1 期。

（一）侵权人承担民事责任

符合上述因见义勇为受害的特别请求权构成要件的，侵权人应当承担民事责任。这种民事责任的性质属于侵权责任，应当按照《侵权责任法》第 16、19、22 条规定承担赔偿责任，且须全部赔偿。

这种赔偿责任是补充责任中的第一顺位责任，亦即直接责任，顺位在先，不受受益人是否承担补偿责任的影响。

（二）受益人承担适当补偿责任

受益人承担适当补偿责任的规则是：

1. 与侵权人承担赔偿责任的同时承担的适当补偿责任

因见义勇为受害的特别请求权人行使请求权，在侵权人承担侵权责任的同时，也有权请求受益人承担“适当补偿”责任。这里规定的是“受益人可以”表明的意思是：第一，“可以”而不是“应当”，因此这种适当补偿责任并非当然的硬性责任。第二，是受益人“可以给予”还是因见义勇为受害的人“可以请求”，效果并不相同：如果是受益人可以给予，则依受益人所愿，受益人主动，因而带有“酬谢”的含义；如果是权利人可以请求，则是请求权的本质体现，可以请求也可以不请求。在最高人民法院的两个司法解释中，受益人的适当补偿均须因见义勇为受害的人提出请求方可承担。依我所见，准确理解“受益人可以给予适当补偿”的含义，应当是受益人主动行为，即主动给予，而不是基于见义勇为行为人的主动请求，当然可以请求，但是并非刚性，取决于受益人的意愿。理由是，侵权人已经承担了侵权责任，见义勇为行为人的赔偿权利已经实现，损害已经得到救济，当然也就没有必要再主张受益人必须予以适当补偿，因而是否给予适当补偿全凭受益人的意愿。

2. 侵权人承担赔偿责任不足的适当补偿责任

如果侵权人没有全部赔偿见义勇为行为人的损害，见义勇为行为人有权请求受益人就没有得到实现的请求权部分承担补充责任，使见义勇为行为人的特别请求权得到全部实现。这种解释，尽管《民法总则》第 183 条前段和后段都没有明文规定，但是依据法理以及该条后段侵权人无力承担赔偿责任的受益人适当补偿责任的规定，当然可以得出这样的结论。

3.没有侵权人、侵权人逃逸或者无力承担赔偿责任的适当补偿责任

因见义勇为受害的人行使其请求权，但是没有侵权人、侵权人逃逸或者无力承担民事责任的，受害人有权请求受益人承担补偿责任，受益人应当给予适当补偿。

受益人承担这种形态的适当补偿责任的条件如下。第一，是没有侵权人，即虽然有侵害的存在，但没有侵权人，例如为抢救落水儿童而受损害。第二，侵权人逃逸而找不到侵权人，使因见义勇为受害的人无法从侵权人处获得损害赔偿。第三，有侵权人但其没有赔偿能力，而使因见义勇为受害的人的请求权无法实现。在上述三种情形下，受益人的适当补偿责任性质有所不同。第一种情形的受益人责任是直接责任，不属于补充责任。第二种和第三种情形的受益人责任才是补充责任，属于第二顺位的责任。

4.《民法总则》第183条前后两段规定的适当补充责任的内容

在《民法总则》第183条规定的民事责任内容中，关于侵权人的责任，当然是依照《侵权责任法》的规定承担全部责任。问题在于前后两段规定的受益人承担的适当补偿责任应当怎样理解。

首先，前后两段的适当补偿责任是不一样的。原因是，前段规定的适当补偿责任是受益人自愿所为，带有酬谢的性质，因此要凭受益人的主观意志，而非硬性规定“必为”的范围，带有不真正义务的性质。[①] 不过，这是在侵权人已经承担了侵权责任的情况下。如果侵权人不能全部承担赔偿责任，受益人的适当补偿责任则应有所强制，应当在被侵权人不能承担的赔偿范围内，根据受益人受益范围及自己的经济状况，承担适当补偿责任。后段规定的适当补偿责任，与前段侵权人已经承担全部赔偿责任的适当补偿责任完全不同，是补偿损失的性质，为真正义务，应当根据受益人的受益情形以及受益人的经济负担能力，确定其应当承担的补偿责任。

其次，根据以上关于受益人的适当补偿责任的不同含义，三种情况的计算方

① 王泽鉴：《债法原理》，第1册，中国政法大学出版社2001年版，第47页。

法是：第一，侵权人已经赔偿了因见义勇为受害的人的全部损失的，受益人的适当补偿由受益人确定，根据其意愿和经济负担能力，自己决定，不受请求权人的请求限制和法律的强制；第二，侵权人不能全部赔偿因见义勇为受害的人全部损失的，受益人的适当补偿责任应当根据未获得赔偿的范围、受益范围以及受益人的实际负担能力确定；第三，在没有侵权人、侵权人逃逸或者无力承担民事责任时，受益人的适当补偿责任应当根据其受益范围和受益人的实际负担能力，结合因见义勇为受害的人的实际损失确定。

最后，在前述第一种情况下，受益人的适当补偿，由受益人自己确定。在后两种情况下，受益人适当补偿责任的范围，应当在因见义勇为受害的人的实际损失的50%至90%之间确定，最低不能低于50%，而非由受益人酌定。

第三十章

违反安全保障义务和用人者损害责任

第一节　违反安全保障义务侵权行为及其责任

《侵权责任法》第 37 条规定了违反安全保障义务的侵权责任，即“宾馆、商场、银行、车站、娱乐场所等公共场所的管理人或者群众性活动的组织者，未尽到安全保障义务，造成他人损害的，应当承担侵权责任”。“因第三人的行为造成他人损害的，由第三人承担侵权责任；管理人或者组织者未尽到安全保障义务的，承担相应的补充责任。”《消费者权益保护法》第 48 条第 2 款规定：“经营者对消费者未尽到安全保障义务，造成消费者损害的，应当承担侵权责任。”

一、研究和规制违反安全保障义务侵权行为的必要性

在较早的我国侵权行为法的司法、立法和理论研究中，并没有很好地关注和研究违反安全保障义务的侵权行为及其责任问题。直到 1998 年发生、1999 年法

院审理的下面这个案件出现，才引起了关注和重视。

1998年8月23日，23岁的深圳市翰适医药有限公司总经理王某在银河宾馆[①]客房里遭抢劫遇害。当日下午四点四十分左右，王被罪犯全某宝杀害于客房内，被劫财物三万余元。罪犯于当日下午二点左右进入银河宾馆，四点五十二分离开。在此期间，宾馆未对全进行访客登记，亦未注意其行迹。警方事后从宾馆的安全监视系统记录资料中发现，凶手全某宝在入室作案前，曾尾随王某，并在不到两个小时的时间内，7次上下电梯。但对形迹可疑的全某宝，宾馆保安人员却无一人上前盘问。死者父母王某毅、张某霞认为银河宾馆严重失职，应当承担侵权责任，遂于1999年向法院起诉，向该宾馆索赔133万余元。2000年6月21日，上海市长宁区人民法院对此案作出一审判决，认定银河宾馆与死者之间建立的是合同关系。宾馆未能兑现其基于对宾馆的管理以及对入住客人的优质服务而作出的"24小时的保安巡视，确保您的人身安全"的承诺，应承担违约责任，考虑到死者之死及财物被劫毕竟是罪犯所为，故酌情判令被告赔偿原告人民币8万元。二审法院认为，宾馆作为特殊服务性行业，应向住客提供安全的住宿环境。王某入住银河宾馆，双方即形成合同关系。而且本案中，银河宾馆有书面的《质量承诺细则》，因此安全保障是宾馆的一项合同义务。宾馆能证明自己确实认真履行了保护旅客人身、财产不受非法侵害的合同义务后，可以不承担责任。而在本案中，罪犯7次上下宾馆电梯，宾馆却没有对这一异常举动给予密切注意。宾馆未履行对王某的安全保护义务，自应承担违约责任。王某之死是凶手所为。银河宾馆的不作为仅仅是为凶手作案提供了条件，这种条件与王某之死没有必然的因果关系，银河宾馆依法只对其在订立合同时应当预见到的因违反合同可能造成的损失承担赔偿责任，银河宾馆不负有侵权责任。据此维持原判，驳回上诉。

---

① 银河宾馆是一座四星级的宾馆。银河宾馆坐落于上海虹桥经济开发区延安高架路（机场高架）与内环线的交汇处，交通便捷，得天独厚。宾馆到机场、市中心和浦东新区均只需10分钟车程。宾馆主楼35层，总面积7万余平方米，有可容纳百余辆车同时停泊的大型车库，独有的二层大堂，使散客和团队客人各享其便捷的住店服务。宾馆拥有总统套房、特色套房、豪华套房和标准客房650套，均配置彩色闭路电视、卫星接收电视、自动程控电话、立体音响、烟感报警系统和自动喷淋设备。宾馆的餐饮休闲设施应有尽有，设有为盛大宴会酒会、国际会议、演出以及其他各类展览使用的多功能大厅，还有湖边咖啡厅、花园餐厅、汉江餐馆和潮港酒楼等各类风味餐厅。宾馆的服务娱乐设施无不给人以高雅的享受。

对于这个案件的法律适用，现在看起来也不是没有缺陷，但是它确实是我国司法机关审理的第一起违反安全保障义务的侵权行为案件。从这以后，这种类型的侵权行为才受到重视和研究。首先是在媒体上的讨论，形成了一个热点。其次是在理论研究中的深入探讨，研究这种侵权行为的概念和特征，研究对其的法律适用，学者提出了一系列的主张。

在起草《侵权责任法》过程中，专家和学者以及立法机关都对此予以极大的重视，认为这是侵权行为的一个重要的类型，是现代侵权行为法保护人的权利不受侵害，及时救济损害的一个重要措施。因此，在学者起草的各个专家建议稿中，都对这种侵权行为及其法律适用提出了法律建议。在 2002 年 12 月第九次全国人民代表大会第五次会议上审议的《中华人民共和国民法草案·侵权责任法编》中，第 65 条对此作了规定。不过这个规定比较谨慎，且存在较多的缺点，最主要的就是为什么只规定旅馆、银行和列车的经营者才承担这种责任，其他的经营场所就不承担呢?

最高人民法院 2003 年公布《关于审理人身损害赔偿案件适用法律若干问题的解释》，在第 6 条中规定了较为准确的处理这种侵权行为的规则："从事住宿、餐饮、娱乐等经营活动或者其他社会活动的自然人、法人、其他组织，未尽合理限度范围内的安全保障义务致使他人遭受人身损害，赔偿权利人请求其承担相应赔偿责任的，人民法院应予支持。""因第三人侵权导致损害结果发生的，由实施侵权行为的第三人承担赔偿责任。安全保障义务人有过错的，应当在其能够防止或者制止损害的范围内承担相应的补充赔偿责任。安全保障义务人承担责任后，可以向第三人追偿。赔偿权利人起诉安全保障义务人的，应当将第三人作为共同被告，但第三人不能确定的除外。"

最高人民法院的上述司法解释确定的基本规则是正确的，研究违反安全保障义务的侵权行为的立法对策，应当以此为根据，展开分析讨论。在此基础上，《侵权责任法》规定了第 37 条。在 2012 年修订《消费者权益保护法》中，对这一侵权责任类型的规则又作了修订。

二、违反安全保障义务侵权行为的比较法研究

（一）大陆法系国家（地区）规定的违反安全保障义务的侵权行为

1.关于违反安全保障义务侵权行为的一般规定

（1）德国法

德国法上有关安全保护义务的最初规定，是1869年的《北德联邦营业令》，它规定了营业经营者对劳动者的安全保护义务。在《德国民法典》中，涉及安全保护义务的第617条和第618条，规定了基于雇佣关系而产生的雇主对雇员的安全保护义务；同时，在侵权行为法部分，在第823条第2款规定了违反以保护他人为目的的法律者，负相同的侵权义务。[①] 德国侵权法上“基于侵权行为法旨在防范危险的原则，发生所谓的社会活动安全注意义务，而有从事一定作为的义务”。这种作为的义务主要情形有三种。一是因自己行为致发生一定结果的危险而负有防范义务；二是开启或维持某种交通或交往而负有的警告、防范义务；三是因从事一定营业或职业而承担防范危险的义务。[②] 这些义务不履行，造成了受害人的损害，构成违法性，应当承担侵权责任。

（2）法国法

法国法上安全义务是通过司法来创设，最早是为了对工伤事故中的受害人提供保护的，此后不断拓展其适用范围，并最终在所有契约中均确定了此种规则。到1911年，法国最高法院认为，承运人在承运旅客期间，负有“将旅客安全送至其目的地的”义务，它如果违反此种义务，即应对旅客遭受的损害承担契约责任。“安全义务作为契约一方当事人在履行契约所规定的主要义务的时候，对另一方所承担的确保其安全的附属性义务，在各种契约关系中普遍存在，它最初产生于运输法，现在则已被拓展到各种类型的契约关系中。安全义务首先要保护另

---

① 即不法侵害致人损害时的侵权损害赔偿义务。

② 王泽鉴：《侵权行为法》，第1册，中国政法大学出版社2001年版，第94页。

一契约方的生命和身体的完整性，但亦要保护其财产的安全。”[①] 继而，法学家认识到，对人的生命和身体完整性的保护，是所有文明社会共同的任务，这是人的自然权利，因此，仅仅认为这种保护义务是契约义务并不贴切，因此，安全义务也是侵权法上的首要义务，在侵权法领域也适用。法国法律明确规定产品的生产商所承担的安全义务，要求“产品或服务在其正常的使用情况下或在专业人员可以合理预见的其他情况下具有人们所合理期待的安全，并且不会危及人们健康”[②]。违反这种安全义务，构成侵权责任。

（3）日本法

日本法上的安全注意义务（即安全配虑义务）是由最高裁判所 1975 年 2 月 25 日判决首创，判决中所指的安全注意义务是“基于某种法律关系”处于特殊法律关系的当事人之间，作为该法律关系的附随义务而形成，是当事人各自对于相对人在诚实信用原则下所附的一般义务。其适用的领域包括在住宿以及各种设施的利用契约、旅客运送契约、旅游契约及主题活动主办者和参加者关系中等。此外，日本最高裁判所 1980 年 12 月 18 日和 1981 年 2 月 16 日的判决中，都认为违反安全注意义务的责任既可以作为债务不履行责任，也可以作为侵权行为责任处理。[③] 日本还制定了一系列服务方面保障安全的法律，《铁道事业法》《铁道营业法》《轨道法》《运输事业法》《道路运输法》《海上运送法》《航空法》等，对一般旅客运输的安全、客货运输安全都规定了安全保证措施。《旅游基本法》《旅行业法》对旅游者的安全规定了保障措施，此外还有《建筑标准法》规定了建筑物的安全标准，等等。

（4）我国台湾地区

我国台湾地区“民法”承继了《德国民法典》的传统，深受德国民法的影响，也借鉴《德国民法典》第 823 条的规定，在第 184 条第 2 款规定：违反保护他人之法律者，推定有过失。王泽鉴先生认为，这实际上是确立一种与故意或过

① 转引自张民安：《现代法国侵权责任制度研究》，法律出版社 2003 年版，第 34 页。

② 张民安：《现代法国侵权责任制度研究》，法律出版社 2003 年版，第 34 页。

③ 段匡：《日本民法百年中的债法总论和契约法》，《环球法律评论》2001 年秋季号，第 297、301 页。

失侵害他人权利、故意以悖于善良风俗的方式侵害他人的侵权行为相并列的独立的侵权行为，也可以说是对前两种侵权行为类型的补充，而使受害人能获得充分的补偿。受害人据此求偿应证明：1）加害人所违反的是保护他人之法律；2）被害人属于受保护之人的范围；3）被害人所请求的是该法律所要保护的利益。[①]符合这样的要求，受害人就可以请求违反安全保障义务的人承担侵权责任。其“消费者保护法”第7条规定“提供服务之企业经营者应确保其提供之服务，无安全或卫生上之危险。”“服务具有危害消费者生命、身体、健康、财产之可能者，应于明显处为警告标示及紧急处理危险之方法。企业经营者违反前二项规定，致生损害于消费者或第三人时，应负连带赔偿责任。但企业经营者能证明其无过失者，法院得减轻其赔偿责任”。

2.关于场所主人的责任的规定

在大陆法系，关于“场所主人之责任”对于违反安全保障义务类型的侵权行为也具有借鉴意义。

场所主人的责任，是指在某些特殊场所，提供特定服务的经营者对服务对象在接受服务过程中所携带物品承担的特定义务。这种责任制度可以溯源至罗马法。

在罗马法时代，就有关于场所主人看管顾客携带物品责任的规定，不过，这主要局限于供客人住宿的旅店主。后世大陆法系各国普遍规定了这种特殊的责任并加以扩充。如《德国民法典》第701条第1款规定，以供外人住宿为营业的旅店主应赔偿外人在该业务的经营中携入的物品因丢失、毁损或者损坏而造成的损害。而《法国民法典》第1952条至第1954条也规定相关内容，旅馆或旅店主人对于寄居其旅馆的旅客所携带的衣服、行李及各种物品，负受寄人的责任；此种物品的寄存，应视为必然的寄存。如此种物品被偷盗或者有损失，无论系由旅馆或饭店的佣人或职员所为，还是由出入旅馆或饭店的其他人所为，旅馆或饭店经营人均应对此承担责任。旅馆或旅店主人，对于因不可抗力而发生的被盗或损害，或因自然原因或物品的缺陷而造成的损失，不负责任，但应证明其所提出的

① 王泽鉴：《侵权行为法》，第1册，中国政法大学出版社2001年版，第300－306页。

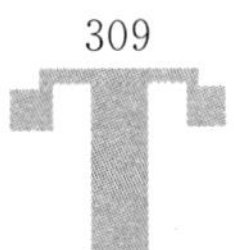

事实。

此外，《意大利民法典》第1783条至第1786条，《瑞士债法典》第487条至第490条，《日本商法典》第594条，《埃塞俄比亚民法典》第2658条至第2671条，我国台湾地区"民法"第606条等都作了类似规定。

3.违反安全保障义务侵权行为的发展概况

在大陆法系各国（地区）民法中，关于违反安全保障义务侵权行为的规定，基本上是按照大致相同的过程发展起来的。

先是将这种责任规定于寄托契约中，《埃塞俄比亚民法典》是将其规定于旅店合同中。就这种侵权行为的性质而言，"今日通说以此责任为法定责任"，是"民法基于特定事实，即基于物之携带及使客人住宿之事实，而直接使负此责任"①。此后，各国差不多把这种侵权责任归结为广泛的契约责任，例如规定了场所主人的责任，以及相应的免责事由，并对赔偿责任的最高额作了限制性规定。在适用范围上，各国有所不同，例如《瑞士债法典》将其扩充至"经营公共马房的人（第490条）"，《意大利民法典》规定"本分节的规定亦准用于私人诊所、公共演出场所、浴场、膳宿公寓、餐馆、客车卧铺车厢和类似的场所的企业主"（第1786条）。《埃塞俄比亚民法典》规定其"适用于医疗机构、疗养院、公共娱乐场所、洗浴企业、供膳寄宿处、餐馆、卧铺车、公共马厩及其他类似性质的企业的经营"（第2671条）。

然后，违反安全保障义务的责任从契约责任性质转向侵权责任，确认违反安全保障义务民事责任的性质是侵权责任，违反安全保障义务的行为是侵权行为。各国（地区）对安全保障义务都在一定程度上作出了规定，除了安全保障义务的一般性规则外，对运输业、住宿业经营者的安全保障义务基本上都有涉及，而且各国还通过一系列特别法的规定，对消费者的安全予以保障，不断完善发展相关规则。德国合同法关于违反源于雇佣关系之默示的保护性义务的责任主要是侵权性质的。法国法中旅客运输合同上的安全保证债务仅于乘客在火车上时有效，其他情形都归属侵权行为法调整。意大利法院只有在极罕见的情形才在《意大利民

① 史尚宽：《债法各论》，中国政法大学出版社2000年版，第539－542页。

法典》第1494条Ⅲ之外认定保护性义务为缔约上的过失，其他一律按侵权行为处理。葡萄牙法律“拒绝为了合同相对人的人身或财产利益关系中派生出一般的保护义务”“保护受害人之安全的合同义务是通过侵权责任来实现的”①。

但是，大陆法系各国对安全保障义务缺少系统、完整的规定。这主要是由于该领域的问题本身比较复杂、琐碎，所作的研究也不够；同时，在实践中关于安全保障义务的有影响力的案例出现的并不多，落后于产品侵权责任的发展。

（二）英美法系国家规定的同类制度

1.侵权行为法的一般规定

（1）美国法

在美国侵权行为法中，类似的规定是土地利益占有人的责任。土地利益占有人对在他占有的土地上的人负有的责任，依不同人的身份而有所不同，如果在土地上的人是侵权人，土地所有人只对“被发现的侵权人、可预见的侵权人、儿童”负有一定的责任；如果是“被许可人”（受到邀请非为了经济利益到土地上的人），土地所有人对其要承担较高的安全保障义务；至于“受邀请人”（受到邀请为了土地所有人的经济利益而到土地上的人）所享受的保护最高，土地利益占有人要“以合理的谨慎给对方制造一个安全的环境”“不仅要警告对方他所知道的危险，还有责任检查出那些隐藏的危险，并采取行动消除它们。”在一般情况下，土地利益占有人（包括任何商店、游乐场所、私人住家等）对被邀请人（如顾客、朋友等）负有保护安全、防止伤害的责任，如派警卫人员巡逻、防止小偷偷顾客东西、警告某个地方存在危险等。② 例如1941年Campbell v. Weathers案，原告在被告所经营的店中闲逛约20分钟，未购买任何东西，因使用被告店内的厕所，于黑暗的走廊中一脚踏入暗门而受伤，原告要求被告负担损害赔偿责任。一审法院驳回原告诉讼请求；上诉审法院则认为，被告经营商店，是以大众为对象，故社会大众皆为被告的受邀请者，不能因原告受伤前未向被告购买东西，即认为原告非属受邀请者。此外，原告系被告的老主顾，曾数度使用该厕

① ［德］冯·巴尔：《欧洲比较侵权行为法》上卷，张新宝译，法律出版社2001年版，第461页。

② 李亚虹：《美国侵权法》，法律出版社1999年版，第109-121页。

所，被告并未告知该厕所是不对外开放的，既然该厕所开放予大众使用，被告应对原告负责。因此改判被告承担损害赔偿责任。[①]

(2) 英国法

在原来的英国法中，对于有关在危险地带上发生意外的法律，一直抗拒现时的民事侵权法，土地占用者有权自由使用土地，不必理会公众利益[②]，只要求在使用土地的时候不得骚扰邻居。100年前，法律才开始松动，逐渐承认土地占用者对他人的保护义务，解决的办法是把到访者分类，每类有权得到不同的、指定标准的谨慎待遇。英国的1957年《占有者责任法令》规定了房屋的“占有者”在房屋方面要向他的“造访者”承担普通“关注”责任，违反该关注义务，造成造访者的损害，应当承担赔偿责任。对于“房屋”一词，要从广义上理解，既包括任何固定的结构，也包括可移动的结构，比如船、汽车或飞机。该法令第2条将“普通关注责任”定义为：在案件所有情况下，能合理地认定被占用人邀请或允许的造访者在使用房屋时是“合理安全的”。普通关注责任适用于所有的合法造访者，但其关注的标准因不同种类的造访者而有所不同。1984年新的《占有者责任法令》则将占有者置于对“不法侵害者”的责任之下，只要符合一定的条件，占用人在所有的条件下都要采取合理的关注，保证不法侵害者在房屋里不遭受侵害。[③]

2.安全保障义务的特别规定

英国1966年《消费者保护法案》为现行英国消费者保护的基本法，1974年制定了《公路旅客运送法》《旅馆业者法》。1982年《商品与服务供给法》规定任何提供服务之契约，服务提供人于其营业均默示地约定其将以“合理之注意与技术”提供服务。

美国除1987年《消费者保护法》外，联邦及各州都制定了一系列保护性法律、建筑法则、防火法则、卫生守则和健康法律等，如1990年《联邦饭店和汽

① 潘维大：《英美侵权行为法解析》中册，台北瑞星图书股份有限公司2002年版，第87-88页。

② [英] John G. Fleming：《民事侵权法概论》，何美欢译，香港中文大学出版社1992年版，第59页。

③ 徐爱国：《英美侵权行为法》，法律出版社1999年版，第131、142页。

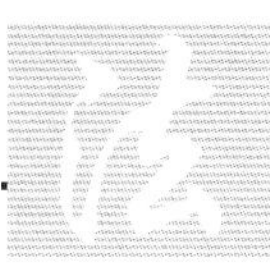

车旅馆消防安全法》、1991 年《职业安全与健康法》。就以美国住宿业为例，依据普通法规则，饭店对客人财物丢失负有严格责任——除非丢失是由于客人的过失、不可抗力或公共敌人的行为造成的。至于人身安全方面，许多州的规则是，饭店不是客人个人安全的保险人，但饭店业主必须实施合理的照料，避免客人受到损害，否则饭店就会被认为应对由于过失而引起的损害负有赔偿的责任。近几年，美国的一些判例进一步认为，饭店业主应对客人很好地关照和保护，而且必须采取合理的措施保护客人免受罪犯的攻击。①

此外，美国法通过《公路旅客运送法》及相关判例确定了承运人负有维持其火车和汽车上以及火车站和汽车站秩序的义务，对其乘客或旅客负有防止第三人不对他们实施过错行为的义务，负有确保旅客人身安全和财产安全的义务，对于从事水路运输的承运人而言，他负有救捞那些从其船边落水的乘客的义务，否则要承担过错侵权责任。②

三、违反安全保障义务的侵权行为概念和特征

（一）概念

违反安全保障义务的侵权行为，是指依照法律规定或者约定对他人负有安全保障义务的人违反该义务，因而直接或者间接地造成他人人身或者财产权益损害，应当承担损害赔偿责任的侵权行为。

（二）特征

1. 行为人是对受保护人负有安全保障义务的人

违反安全保障义务侵权责任的行为主体，是公共场所或者群众性活动的管理人或者组织者，受保护人是进入公共场所或者群众性活动领域之中的人。由于受保护人的进入，安全保障义务人对受保护人产生安全保障义务。因此，负有安全

① ［美］Jack P. Jefferies，Banks Brown：《饭店法通论》，刘敢生译，中国旅游出版社 2003 年版，第 125、183 页。

② 张民安：《过错侵权责任制度研究》，中国政法大学出版社 2002 年版，第 330 页。

保障义务的行为人，必须是对进入者也就是受保护人负有安全保障义务的公共场所的管理人或者群众性活动的组织者。

2.行为人对于受安全保障义务保护的相对人违反安全保障义务

构成违反安全保障义务侵权责任，负有安全保障义务的人必须“未尽到安全保障义务”，因此，未尽到安全保障义务是构成这种侵权行为的要件之一。也就是说，不仅负有安全保障义务的人负有该义务，而且其必须对这种义务没有尽到，或者违反了这种安全保障义务。因此，违反安全保障义务的侵权行为是负有安全保障义务的人由于没有履行安全保障义务而实施的侵权行为。

3.受安全保障义务人保护的相对人遭受了人身损害或财产损害

行为人的违反安全保障义务的侵权行为造成了被侵权人的人身损害或者财产损害，是这种侵权行为的特点之一。这种损害事实主要是指人身损害的事实，但是也包括财产损害的事实。这是因为违反安全保障义务侵权责任主要保护的是人身权利不受侵害，但是，如果违反安全保障义务侵权责任造成了受保护人的财产权利的损害，也构成违反安全保障义务侵权责任的损害赔偿责任，可以依据侵害财产权的赔偿方法进行赔偿。

4.违反安全保障义务的行为人应当承担侵权损害赔偿责任

既然违反安全保障义务的侵权行为造成了受保护人的人身损害或者财产损害，那么，其救济手段就是损害赔偿的方法，违反安全保障义务的侵权行为人所承担的损害赔偿，就是侵权损害赔偿责任。

四、违反安全保障义务侵权责任的主体及安全保障义务的来源

（一）安全保障义务的主体

1.义务主体的确定

按照最高人民法院《关于审理人身损害赔偿案件适用法律若干问题的解释》第6条规定，负有安全保障义务的义务主体应当是经营者和其他社会活动的组织者，包括自然人、法人和其他组织。可见，第一种主体是经营活动的经营者，第

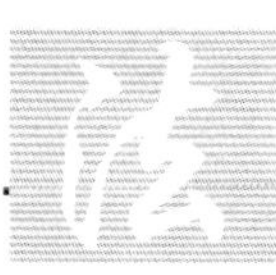

二种是其他社会活动的组织者。在司法解释中列举的“住宿、餐饮、娱乐等经营活动”并不是完全的列举，一个“等”字应该把它们都概括进去。

《侵权责任法》第37条改变了这样的规定，将违反安全保障义务侵权责任的义务主体范围界定为“宾馆、商场、银行、车站、娱乐场所等公共场所的管理人或者群众性活动的组织者”，即“公共场所的管理人或者群众性活动的组织者”。这个范围比原来司法解释规定的范围为窄，不利于保护应受保护的人的利益。

正是由于《侵权责任法》第37条规定安全保障义务主体范围存在狭窄的不足，因而《消费者权益保护法》第48条在修改时，增加了“经营者对消费者未尽到安全保障义务，造成消费者损害的，应当承担侵权责任”的内容，扩大了安全保障义务主体范围，包括所有的经营者，而不是仅仅包括公共场所的管理人或者群众性活动的组织者。

对此，应当借鉴英美法的土地利益占有人或者土地占有者的概念，更容易处理实际问题。不论是经营者，还是社会活动的组织者，他们都占有土地，在土地上进行活动。即使不是公共场所的管理人或者群众性活动的组织者的其他人，如果占有土地进行活动，对于进入土地范围的人也应当承担安全保障义务。例如，自己的房屋和庭院存在现实危险，造成他人损害，是不是也要承担侵权责任呢？不仅如此，还可以通过这种标准界定义务主体负有安全保障义务的范围。

2.权利主体的确定

受到安全保障义务保护的人，就是安全保障义务的权利主体。《侵权责任法》第37条规定为“他人”，没有规定具体范围。事实上，安全保障义务的权利主体，就是受安全保障义务保护的当事人。按照一般推论，既然义务主体是公共场所的管理人或者群众性活动的组织者，那么，权利主体就一定是进入公共场所和群众性活动的参与者。可是，如果仅仅这样理解，就会限制权利主体的范围。

同样，对此可以借鉴美国和英国侵权法中的做法。进入土地利益范围里的人分为四种。(1) 受邀请者。经营者开始经营，所有进入经营领域的人都是受邀请者，即“被告经营商店，是以大众为对象，故社会大众皆为被告的受邀请者，不能因原告受伤前未向被告购买东西，即认为原告非属受邀请者”。只要经营者打开门开始经营，就是向不特定的人发出了邀请。(2) 没有经过同意的访问者。访问者与受邀请者的区别是，访问者是经营者没有邀请，自己进来的，土地利益占有者对于访问者的安全注意义务要低于受邀请者。(3) 公共人。公共人是有权进入他人占有的土地利益范围的人，如邮差、税收官、政府的调查人员、收电费的职员等。这些人是有权进入他人的土地利益范围的，对于公共人的注意标准相当于受邀请者。(4) 未成年人，对未成年人，土地利益占有者负有最高的安全保障义务，只要土地利益中存在对儿童具有诱惑力的危险，占有者就必须确保儿童不受该危险的损害。

在司法实务中，可以根据实际情况，把“他人”分为受邀请者、公共人、访问者和未成年人，分别赋予公共场所的管理人或者群众性活动的组织者以不同的安全保障义务，就更容易操作和执行。

(二) 安全保障义务来源的确定

确定违反安全保障义务侵权责任的责任，最重要的就是确定行为人是不是负有安全保障义务、负有什么样的安全保障义务。因此，首先要确定公共场所的管理人或者群众性活动的组织者的安全保障义务来源。安全保障义务的来源主要有以下三个方面。

1. 法律直接规定

法律直接规定安全保护义务，是最直接的安全保障义务的来源。例如，《消费者权益保护法》第 7 条规定：“消费者在购买、使用商品和接受服务时享有人身、财产安全不受损害的权利。”“消费者有权要求经营者提供的商品和服务，符合保障人身、财产安全的要求。”第 18 条规定：“经营者应当保证其提供的商品或者服务符合保障人身、财产安全的要求。对可能危及人身、财产安全的商品和服务，应当向消费者作出真实的说明和明确的警示，并说明和标明正确使用商品或者接受服务的方法以及防止危害发生的方法。”“宾馆、商场、餐馆、银行、机场、车站、港口、影剧院等经营场所的经营者，应当对消费者尽到安全保障义务。”在其他法律中规定的保护义务，也都属于这种性质的安全保护义务。

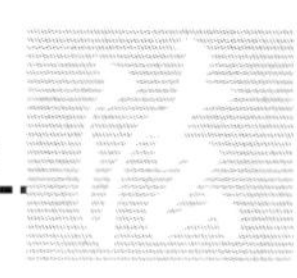

2.合同约定的主义务

如果在当事人约定的合同义务中规定，合同的一方当事人对另一方当事人负有安全保障义务的，合同当事人应当承担安全保障义务。例如，订立旅客运输合同，旅客的人身安全保障义务就是合同的主义务，当事人必须履行这种义务。[①]

3.法定的或者约定的合同附随义务

按照诚信原则，一方当事人应该对另一方当事人提供安全保障义务，该方当事人也应该负有安全保障义务。例如，餐饮业、旅馆业向顾客提供服务，按照诚信原则的解释，应当保障接受服务的客人人身安全，即负有保障义务。[②]

（三）安全保障义务性质的确定

按照上述分析，公共场所的管理人或者群众性活动的组织者承担的安全保护义务的基本性质有两种：一是法定义务，二是合同义务。事实上，这两种义务是竞合的。例如，经营者的安全保障义务既是法律规定的义务，也是合同约定的义务。那么，经营者违反这种安全保障义务，既可能构成侵权责任，也可能构成违约责任，因而会发生民事责任竞合，即违反安全保障义务的行为发生侵权责任和违约责任竞合，被侵权人产生两个损害赔偿的请求权。对此，应当按照《合同法》第122条规定，由赔偿权利人进行选择，选择一个最有利于自己的请求权行使，救济自己的权利损害。

五、违反安全保障义务侵权责任的归责原则和构成要件

（一）违反安全保障义务侵权责任的归责原则

1.不适用无过错责任原则

对于违反安全保障义务侵权责任是否适用无过错责任原则，学界的意见一致，均持否定态度。学者断言，至少在目前，我们还没有发现必须在此类案件中

---

① 崔建远主编：《合同法》，法律出版社2003年版，第414页。

② 其实，前文所述银河宾馆案，即使是宾馆没有承诺“24小时保障客人安全”，依照诚信原则，其亦应承担这种安全保障义务。

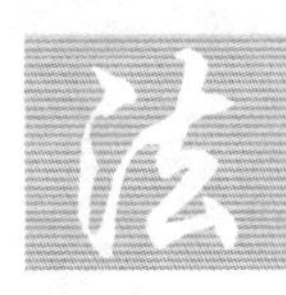

适用严格责任或危险责任的必要性有多么高，而且严格责任与危险责任有赖于制定法的明确规定，司法解释显然不具有这样的权力，规定适用严格责任或者危险责任。[①] 这种说法是正确的。[②] 因此，违反安全保障义务的侵权行为不适用无过错责任原则。

2.适用过错责任原则还是过错推定原则

确定违反安全保障义务侵权责任，行为人必须具有过错，这是一致的意见。但是，过错的证明究竟由谁承担举证责任，却有不同的意见。这就涉及是适用过错责任原则还是过错推定原则的问题。

多数人的意见认为，违反安全保障义务发生被侵权人人身、财产损害的，经营者仅在自己有过错的情况下承担侵权责任，没有过错则不承担责任。[③] 因此，违反安全保障义务侵权责任仍应由被侵权人一方来承担安全保障义务人具有过错的举证责任，除非法律、法规有明确规定，否则不能适用过错推定责任。[④]

对于违反安全保障义务侵权责任的过错认定，应当采用过错推定原则。推定的事实基础，就是被侵权人已经证明了被告的行为违反了安全保障义务。在此基础上，推定被告具有过错。如果否认自己的过错，则过错的举证责任由违反安全保障义务的行为人自己承担，由他证明自己没有过错的事实。如果他能够证明自己没有过错，则推翻过错推定，免除其侵权责任；如果不能证明其没有过错，或者证明不足，则过错推定成立，应当承担侵权责任。

违反安全保障义务的侵权行为适用过错推定原则的理由是：

第一，推定行为人有过错具有客观事实的依据。推定违反安全保障义务的行为人有过错的依据，是行为人违反安全保障义务的客观行为。既然行为人已经违反了安全保障义务，那么他在主观上应当有过错，推定其有过错是合理的。

---

① 黄松有主编：《人身损害赔偿司法解释的理解与适用》，人民法院出版社 2004 年版，第 105 页。

② 但是，这一结论中使用严格责任和危险责任的概念，显然有不正确的问题，就是将严格责任与危险责任混同于过错推定原则，这是一个明显的错误。我们使用无过错责任原则的概念，与严格责任和危险责任是相同的概念。

③ 张新宝：《侵权责任法原理》，中国人民大学出版社 2005 年版，第 281 页。

④ 黄松有主编：《人身损害赔偿司法解释的理解与适用》，人民法院出版社 2004 年版，第 105 页。

第二，违反安全保障义务侵权责任是特殊侵权责任，不是一般侵权行为。特殊侵权责任与一般侵权行为的基本区别，首先在于归责原则的不同，前者适用过错推定原则，后者适用过错责任原则。其次是举证责任不同，如上所说。最后是侵权责任形态不同，前者是替代责任，后者是为自己负责的自己责任。这些区别，在《法国民法典》第1382条与第1384条中就已经明确，无须再加以阐明。

第三，适用过错推定原则有利于保护被侵权人的合法权益。被侵权人遭受侵害，能够证明行为人违反安全保障义务已属不易，再令其举证证明行为人的过错，实在是强人所难，有可能使被侵权人的赔偿权利无法实现。适用过错推定原则，既不使行为人遭受过错责任原则举证责任的刁难，又能使被侵权人得到较好的保护，是一个很好的决策。

（二）违反安全保障义务侵权责任构成要件

1.行为人实施了违反安全保障义务的行为

（1）行为的基本方式为不作为

构成违反安全保障义务侵权责任，首先就须具有违反安全保障义务的行为。这是一个客观要件，是行为的要件。违法行为构成要件的基本要素之一就是行为，不作为是违反安全保障义务侵权责任构成的行为要素。违反安全保障义务的行为一般表现为消极行为，是不作为的行为方式。这就是应当履行作为的安全保障义务的人，由于未尽适当注意义务，应当作为而没有作为，没有尽到安全保障义务，因而造成受保护人的权利损害。

（2）行为人必须违反安全保障义务

构成违反安全保障义务侵权责任，行为人必须违反安全保障义务。违反安全保障义务在违法行为的要件中，就是违法性的要素，是客观要素，是行为法律评价标准的要素，而不是主观过错的判断要素。

（3）怎样判断义务人是否违反安全保障义务

在实践中怎样判断义务人是否违反安全保障义务，需要有一个客观的标准。但是，现实生活千差万别，无法找到一个统一的、划一的标准，应当具体问题具体分析。但是，客观上存在一些能够确定义务人是否尽到了安全保障义务的要

素，如在确定防范、制止违反安全保障义务的侵权行为中是不是尽到安全保障义务时，可以从安全保障义务的性质、侵权行为的性质和力度、安全保障义务人的保安能力以及发生侵权行为前后所采取的防范、制止侵权行为的措施等方面，综合判断，确定义务人是否已经尽到安全保障义务。

判断义务人是否履行了安全保障义务可以从四个方面加以把握。

第一，法定标准。如果法律对于安全保障的内容和安全保障义务人必须履行的行为有直接规定时，应当严格遵守法律、法规的明确规定判断。例如，公安部《高层建筑消防管理规则》规定："建筑物内的走道、楼梯、出口等部位，要经常保持畅通，严禁堆放物品。疏散标志和指示灯要完整好用。"这就是一种法定标准，是可用以衡量高层建筑所有者或管理者是否尽到对火灾的预防义务的一条法定判断标准。违反这个标准，造成了被保护人的人身损害或财产损害，构成违反安全保障义务。

第二，特别标准。对于未成年人的安全保障义务，应当采用特别标准。这样的标准是，如果在一个经营活动领域或者一个社会活动领域，存在对儿童具有诱惑力的危险时，公共场所的管理人或者群众性活动的组织者必须履行最高的安全保障义务。应当采取的保障义务包括：其一，消除这个危险，使之不能发生；其二，使未成年人与该危险隔绝，使其无法接触这个危险；其三，采取其他措施，保障不能对儿童造成损害。没有实施这些保障措施，即违反安全保障义务。

第三，善良管理人的标准。如果法律没有规定确定的标准，履行安全保障义务的判断标准要高于侵权法的一般人的注意标准。在美国侵权法中，对于受邀请而进入土地利益范围的人，土地所有人或者占有人应当承担的安全保障义务是很高的，标准是要保证受邀请人的合理性安全。这种安全注意义务可以扩展到保护受邀请者免受第三者的刑事性攻击。法国最高法院在判例中认为，在欠缺法定的作为义务的情况下，行为人是否对他人负有积极作为的义务，应根据善良家父的判断标准加以确立。如果被告在一个善良家父会积极作为时却没有作为，即表明被告有过错，在符合其他责任构成的条件下即应承担过错侵权责任。[①] 善良家

① 张民安：《过错侵权责任制度研究》，中国政法大学出版社 2002 年版，第 328 页。

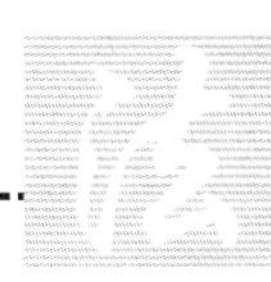

父、保障合理性安全的标准，就是善良管理人注意的标准。这种标准与罗马法上的“善良家父之注意”和德国法上的“交易上必要之注意”相当，都是要以交易上的一般观念，认为具有相当知识经验的人，对于一定事件的所用注意作为标准，客观地加以认定。行为人有无尽此注意的知识和经验，以及他向来对于事务所用的注意程度，均不过问，只有依其职业斟酌，所用的注意程度应比普通人的注意和处理自己事务为同一注意要求更高。这种注意的标准，是使用客观标准。[①]

第四，一般标准。这种标准分为两方面。一方面，公共场所的管理人或者群众性活动的组织者对于一般的被保护人，如主动进入经营场所或社会活动场所的人，或者非法进入者，所承担的义务就是对于隐蔽性危险负有告知义务。对这种告知义务没有履行，则构成违反安全保障义务。例如，对于进入商场不是意欲购买物品，只是要通过商场过道的人，经营者只对隐蔽危险负有告知义务，并非承担善良管理人的注意义务。另一方面，公共场所的管理人或者群众性活动的组织者对于非受邀请者进入经营领域或者社会活动领域的一般保护事项，如商场、列车、公共交通工具遭受窃贼侵害的危险，负有一般的告知义务和注意义务，如并非遭受窃贼损害，都是义务人违反安全保障义务。

（4）违反安全保障义务行为的具体形式

按照上述标准，以下四种行为是违反安全保障义务的行为。第一，怠于防止侵害行为。对于负有防范、制止侵权行为的安全保障义务的人，没有对发生的侵权行为进行有效的防范或制止。第二，怠于消除人为的危险情况。这就是对于管理服务等人为的危险状况没有进行消除。第三，怠于消除经营场所或者活动场所具有伤害性的自然情况。例如，设施、设备存在的不合理危险，没有采取合理措施予以消除。第四，怠于实施告知行为。对于经营场所或者社会活动场所中存在的潜在危险和危险因素，没有尽到告知义务，亦未尽适当注意义务。对于上述安全保障义务标准，如果超出了合理限度范围，则即使造成了进入经营或者活动领域的人的损害，也不应当承担损害赔偿责任。

---

① 杨立新：《侵权行为法专论》，高等教育出版社2005年版，第112页。

2. 负有安全保障义务的相对人受到损害

构成违反安全保障义务侵权责任应当具备损害事实要件，包括人身损害和财产损害。人身损害是受保护人的生命权、健康权、身体权受到损害的事实，不过仅仅是身体权受到损害的话，应当是轻微的损害，在违反安全保障义务的侵权行为中较为少见。因此，违反安全保障义务的人身损害赔偿责任所保护的是自然人的健康权和生命权。财产损害事实是由于违反安全保障义务行为造成了受保护人的财产或者财产利益受到损害的事实。这种财产损害事实，一般是指财产的直接损失，即违反安全保障义务的行为所直接造成的财产损失，而不是债权等其他财产权中的期待利益的损失。

侵害生命权、健康权的损害事实中，包括精神痛苦的损害事实，对此可以请求赔偿精神损害抚慰金。

3. 损害事实与违反安全保障义务行为之间具有因果关系

在违反安全保障义务侵权责任构成中，义务人的违反义务行为与受保护人的损害之间，应当具有引起与被引起的因果关系。

(1) 不同侵权行为类型的因果关系要求

在违反安全保障义务的侵权责任构成中，由于其侵权行为类型不同，对因果关系要件的要求也不同。

第一，在违反安全保障义务行为直接造成损害事实的情况下，对因果关系的要求应当是直接因果关系或者相当因果关系，违反安全保障义务行为是损害发生的原因。例如，在设施、设备违反安全保障义务的侵权行为、服务管理违反安全保障义务的侵权行为和对儿童违反安全保障义务侵权责任中，对于因果关系要件的要求，是具有确定的直接因果关系或者相当因果关系，违反安全保障义务的行为就是引起受保护人损害事实的原因。

第二，在防范、制止侵权行为违反安全保障义务的侵权行为中，对于因果关系的要求比前三种侵权行为的要求为低，其侵权责任构成的因果关系应当是间接因果关系，违反安全保障义务行为仅仅是损害发生的间接原因，不要求是直接原因。这是因为，侵权行为人对受保护人所实施的侵权行为，就是直接针对受保护

人的，并且直接造成了受保护人的损害。这种情形，该侵权行为是受保护人受到损害的全部原因。但是，安全保障义务人的违反安全保障义务行为也是造成受保护人的损害的全部原因，因为如果其尽到了保护义务，就会完全避免这种损害。事实上，安全保障义务人的行为是受保护人受到损害的一个必要条件，也具有因果关系，只是这种因果关系是间接因果关系而已。

（2）不同损害事实的因果关系要求

在违反安全保障义务的侵权责任构成中，对于不同损害事实的因果关系也有不同的要求。对于人身损害事实，应当适用相当因果关系作为判断标准，违反安全保障义务行为是损害事实发生的适当条件的，即构成因果关系要件，应当对该损害事实承担侵权责任；对于财产损害事实，则应当以直接因果关系作为判断标准，违反安全保障义务的行为是损害事实发生的原因时，才能构成侵权责任。

4.违反安全保障义务行为的行为人具有过错

构成违反安全保障义务侵权责任，行为人应当具有过错。

（1）过错性质

违反安全保障义务人的过错性质，是未尽注意义务的过失，不包括故意。如果违反安全保障义务人在造成损害中具有故意，包括直接故意和间接故意，则不属于这种侵权行为类型，而是故意侵权。这种过失的表现是应当注意而没有注意，是一种不注意的心理状态。这种心理状态实际地表现在其违反安全保障义务的行为中，应当通过对其行为的考察作出判断。具体说，违反安全保障义务的行为人有无过错的标准是，行为人是否达到了法律、法规、规章等所要求达到的注意义务；或者是否达到了同类公共场所管理人或者群众性活动组织者所应当达到的注意程度；或者是否达到了诚信、善良的公共场所管理人或者群众性活动组织者所应当达到的注意程度。①

（2）过错的证明责任

违反安全保障义务侵权责任适用过错推定原则，因此，过错的证明实行举证

---

① 张新宝：《侵权责任法原理》，中国人民大学出版社 2005 年版，第 281 页。

责任倒置。也就是说，只要被侵权人证明义务人未尽安全保障义务，并且已经造成了被侵权人的损害，就直接从损害事实和违反安全保障义务的行为中推定义务人有过错。如果义务人认为自己没有过错，应当自己举证，证明自己没有过错。证明自己没有过错的，推翻过错推定，义务人不承担侵权责任；反之，不能证明或者证明不足的，过错推定成立，构成侵权责任。

(3) 义务人如何证明自己没有过错

严格地说，义务人证明自己没有过错是较难的。因为推定过错的基础是行为人违反安全保障义务，被侵权人已经证明了行为人违反安全保障义务，那么，在违反安全保障义务的行为中实际上已经包含了过错。义务人如果要证明自己没有过错，应当做到：证明自己的注意标准是什么，自己的行为已经达到了这样的注意标准，因此没有过错；或者证明自己虽然没有达到要求的注意标准，但是另有抗辩的原因，或者由于不可抗力，或者由于自己意志以外的原因，或者是第三人的原因行为所致等。义务人能够证明这些内容，应当认定其不具有过错要件，不构成侵权责任。

六、违反安全保障义务侵权责任类型

违反安全保障义务侵权责任分为四种具体类型。

(一) 设施、设备违反安全保障义务

公共场所的管理人或者群众性活动的组织者在设施、设备方面的安全保障义务，主要是不违反相关的安全标准。经营场所或者社会活动场所设施、设备必须符合国家的强制标准要求，没有国家的强制标准的，应当符合行业标准或者达到进行此等经营活动所需要达到的安全标准。具体的要求，首先是建筑物的安全标准，应当符合《建筑法》和《建筑工程质量管理条例》等法律、法规的质量要求，应当经过建筑行政管理部门验收合格，不得存在安全隐患；其次是消防方面的标准，必须符合《消防法》《高层建筑消防管理规则》《营业性演出管理条例》等的规定，经营场所和活动场所必须配备必要的消防设备、报警设施、紧急疏散

标志和疏散图等，并保证一直处于良好状态；再次是电梯的安全标准，实行安全使用证制度、安全年检制度、日常维护保养制度，防止出现危险；最后是其他相关配套设施设备，必须经常地、勤勉地进行维护，使它们一直处于良好、安全的运行状态，符合安全标准。

公共场所管理人或者群众性活动组织者的设施、设备违反安全保障义务，就是在提供服务的场所，在上述四个方面所设置的硬件没有达到保障安全的要求，存在缺陷或者瑕疵，造成了他人的损害，应当对被侵权人承担损害赔偿责任。例如，某商场在通道上安装的玻璃门未设置警示标志，一般人很难发现是一扇门，顾客通过时撞在门上造成伤害。对此，商场应当承担违反安全保障义务的人身损害赔偿责任。

（二）服务管理违反安全保障义务

公共场所的管理人或者群众性活动的组织者在服务管理方面的安全保障义务，主要包括以下三个方面。

第一，加强管理，提供安全的消费、活动环境。公共场所的管理人或者群众性活动的组织者在提供服务的时候，应当保障服务的内容和服务的过程是安全的，不能存在不安全的因素和危险，这些要求集中体现在公共场所或者群众性活动的组织、管理和服务上。例如，在涉及消费者和活动参与者的人身安全和卫生安全的经营、活动中，应当保障人身安全和卫生，地面不得存在油渍和障碍，应当定期消毒，防止传染病的传播等。

第二，坚持服务标准，防止出现损害。在经营和活动中，应当按照确定的服务标准进行，不得违反服务标准。例如，饭店服务人员没有擦干净地板留有污渍，顾客踩在上面滑倒造成伤害，构成人身损害赔偿责任。对此，美国“麦当劳热饮伤害案”具有借鉴意义。美国新墨西哥州一家麦当劳餐厅，一位 79 岁的老太太 Stella Liebeck 买了一杯热咖啡，当打开杯盖饮用时，不慎将一些咖啡泼在了腿上，确诊为三度烫伤。据调查，咖啡的饮用标准温度应当是华氏 140 度左右，超过华氏 155 度就有烫伤的危险了。而当时麦当劳提供的咖啡温度在华氏 180 度至 190 度之间。老太太将麦当劳告上法庭，称麦当劳没有提示热咖啡的温度，造成自己的伤害。法院认为，承担服务职责的大公司应当善待每一个顾客，不能因为自己的过失使顾客受到损害，因此判决麦当劳公司承担 270 万美元（上诉审法院改判为 48 万美元）的惩罚性赔偿金。自此，麦当劳在公司的所有热饮杯上都加印了“小心烫口”的标志。①

第三，必要的提示、说明、劝告、协助义务。在经营或者社会活动中，如果存在不安全因素，如可能出现伤害或者意外情况，应当进行警示、说明。对于可能出现的危险应当对消费者或者参与者进行合理的说明，对于有违安全的消费者或者参与者进行劝告，必要时还要通知公安部门进行必要的强制。对于已经发生或者正在发生的危险，经营者或者组织者应当进行积极的救助，以避免损失的发生和扩大，如发生火灾，必须组织工作人员进行疏导和疏散，进行安全转移。同时，对于大型的、多人参加的活动，必须按照限定的数额售票，不得超员。

服务管理违反安全保障义务，就是经营者或者组织者的工作人员违反上述安全保障义务，存在瑕疵或者缺陷，因此造成他人损害，构成侵权责任。

（三）对儿童违反安全保障义务

儿童是祖国的未来，是民族的未来，因此，法律对儿童予以特别的关照和保护。对儿童的保护适用特别标准，公共场所的管理人或者群众性活动的组织者必须竭力做到保护儿童的各项措施，以保障儿童不受场地内具有诱惑力危险的侵害。公共场所的管理人或者群众性活动的组织者对儿童违反安全保障义务，造成儿童的损害，应当承担赔偿责任。

（四）防范、制止侵权行为违反安全保障义务

对于他人负有安全保障义务的公共场所的管理人或者群众性活动的组织者，在防范和制止他人侵害方面未尽义务，造成受保护人损害的，也构成违反安全保障义务的侵权责任，这是一种特定的类型。前述的银河宾馆案，就是这种侵权行为的典型案例。

---

① 李响：《美国侵权法原理及案例研究》，中国政法大学出版社 2004 年版，第 3 页。

七、违反安全保障义务侵权责任的责任形态

违反安全保障义务侵权责任的赔偿责任分为三种：自己责任、替代责任和补充责任。

（一）自己责任

自己责任，就是违法行为人对自己实施的行为所造成的他人人身损害和财产损害的后果由自己承担的侵权责任形态。对公共场所的管理人或者群众性活动的组织者的经营或者活动而言，违反安全保障义务造成受保护人的人身损害，自己承担责任，就是自己责任。在设施、设备违反安全保障义务的侵权行为、服务管理违反安全保障义务和对儿童违反安全保障义务的侵权行为中，违反安全保障义务的行为人如果是单一的自然人主体，那么他就要承担自己责任。

自己责任的特点是：第一，是违法行为人自己实施的行为；第二，是违法行为人自己实施的行为造成的损害；第三，是自己对自己实施的行为所造成的损害，由自己承担责任。这三个特点都突出了一个概念，就是“自己”，是为自己的行为负责的侵权责任形态。[①] 在一般侵权行为中，行为人和责任人是同一人，行为人对自己实施的行为承担后果责任，即自己造成的损害自己赔偿，不能由没有实施违法行为的人承担赔偿责任。前述三种侵权行为都是公共场所的管理人或者群众性活动的组织者自己实施的行为造成受保护人的人身损害，要自己承担责任，符合自己责任的特点。

（二）替代责任

如果公共场所的管理人或者群众性活动的组织者是用人单位，违反安全保障义务的具体行为人是公共场所的管理人或者群众性活动组织者的工作人员，而且符合用人单位责任的要求，那么，在设施、设备违反安全保障义务的侵权行为、

① 在中国社会科学院法学研究所起草的《中国民法典（草案）》中，就是将一般侵权行为表述为“自己的侵权行为”，如果说得准确的话，以“自己的侵权责任”命名会更好一些，且能够与下一章的“对他人侵权之责任”的表述相对应，参见梁慧星：《中国民法典草案建议稿》，法律出版社 2003 年版，第 310 页。

服务管理违反安全保障义务和对儿童违反安全保障义务的侵权行为中，这种侵权责任形态实际上是替代责任，而不是自己责任。对此，应当适用《侵权责任法》第34条或第35条规定确定侵权责任。因此，无论是公共场所的管理人或者群众性活动的组织者自己违反安全保障义务，还是其工作人员违反安全保障义务，都是要由作为公共场所的管理人或者群众性活动的组织者的用人单位承担责任的；不过，如果公共场所的管理人或者群众性活动的组织者的工作人员违反安全保障义务造成损害的，公共场所的管理人或者群众性活动的组织者在承担了赔偿责任之后，可以向有过错的工作人员追偿。

（三）补充责任

《侵权责任法》第37条第2款规定："因第三人的行为造成他人损害的，由第三人承担侵权责任；管理人或者组织者未尽到安全保障义务的，承担相应的补充责任。"这一规定与最高人民法院《关于审理人身损害赔偿适用法律若干问题的解释》第6条第2款关于"因第三人侵权导致损害结果发生的，由实施侵权行为的第三人承担赔偿责任。安全保障义务人有过错的，应当在其能够防止或者制止损害的范围内承担相应的补充赔偿责任。安全保障义务人承担责任后，可以向第三人追偿。赔偿权利人起诉安全保障义务人的，应当将第三人作为共同被告，但第三人不能确定的除外"的规定相比较，基本原则没有变化，改变的是取消了追偿权的规定。

在违反安全保障义务的侵权行为中，防范、制止侵权行为违反安全保障义务的一方当事人承担的损害赔偿责任，是补充责任。按照这一规定，防范、制止侵权行为违反安全保障义务的侵权损害赔偿责任，是指第三人侵权导致被侵权人损害的，安全保障义务人对此有过错，承担相应的补充赔偿责任。

侵权法上的补充责任，是指两个以上的行为人违反法定义务，对一个被侵权人实施加害行为，或者不同的行为人基于不同的行为而致使被侵权人的权利受到同一损害，各个行为人产生同一内容的侵权责任，被侵权人享有的数个请求权有顺序的区别，先行使顺序在先的请求权，该请求权不能实现或者不能完全实现时，再行使其他请求权的侵权责任形态。

侵权补充责任的基本规则是：

第一，在侵权补充责任形态中，即构成直接责任与补充责任的竞合时，被侵权人应当先向直接责任人即侵权行为人请求赔偿，直接责任人应当承担侵权责任。直接责任人承担了全部赔偿责任后，补充责任人即违反安全保障义务的人的赔偿责任终局消灭，被侵权人不得向其请求赔偿，直接责任人也不得向其追偿。

第二，被侵权人在直接责任人不能赔偿、赔偿不足或者下落不明无法行使第一顺序的赔偿请求权时，可以向补充责任人请求赔偿。补充责任人应当满足被侵权人的请求。补充责任人的赔偿责任范围，并不是直接责任人不能赔偿的部分，而是"相应"的部分。如何理解相应的补充责任，应当与违反安全保障义务人的过错程度和行为的原因力"相应"，并且仅此而已，并不承担超出相应部分之外的赔偿责任。

第三，相应的补充责任还意味着，其责任只是补充性的，如果直接侵权人有能力全部赔偿，则应当承担全部赔偿责任，违反安全保障义务的人不承担补充责任，因为已经不存在补充的必要了。所以相应的补充责任不是连带责任。现在在司法实践中很多法官将其理解为连带责任，是不正确的。故补充责任中"补充"的含义包括以下两个要点。一是补充责任的顺序是第二位的，直接责任人承担的赔偿责任是第一顺序的责任，补充责任人承担的赔偿责任是第二顺序的责任。因此，补充责任是补充直接责任的侵权责任形态。二是补充责任的赔偿范围是补充性的，其赔偿范围的大小取决于直接责任人承担的赔偿责任的大小。直接责任人赔偿不足，补充责任人承担的赔偿责任在其不足部分中，依照相应责任确定，不能超出补充的范围，也不能超出相应责任的范围。

第二节　定作人指示过失的侵权责任

一、定作人指示过失责任的概念和特征

定作人指示过失的侵权民事责任，是指承揽人在执行承揽合同过程中，因执

行定作人的有过失内容的定作或指示而不法侵害他人权利，应由定作人承担侵权损害赔偿的民事责任形式。

《民法通则》没有规定定作人指示过失的侵权行为及其责任。最高人民法院《关于审理人身损害赔偿案件适用法律若干问题的解释》第10条规定："承揽人在完成工作过程中对第三人造成损害或者造成自身损害的，定作人不承担赔偿责任。但定作人对定作、指示或者选任有过失的，应当承担相应的赔偿责任。"《侵权责任法》也没有规定这一侵权责任类型，这并不说明这种侵权行为类型不存在，而是立法对此未加注意。在司法实践中，应当依照上述司法解释确定这种类型的侵权责任承担。

定作人指示过失责任，原来是法官比较陌生的一种侵权行为类型。在最高人民法院《关于审理人身损害赔偿案件适用法律若干问题的解释》第10条作出规定之后，法院审理了一些这种类型的侵权案件，但对其中的很多规则仍然不够清楚。

二、定作人指示过失责任的概念和法律特征

（一）定作人指示过失责任的概念

在我国的侵权行为法体系中，立法并没有关于定作人指示过失侵权行为的规定。我们曾经对此进行过探讨，提出了应当建立这种侵权责任制度，但是并没有引起重视，法学界对此没有开展深入的研究。究其原因，主要是把定作人指示过失侵权责任混同于承揽合同责任，或者将其作为承揽人个人的侵权责任或承揽人、定作人的共同侵权责任。直至2003年12月，最高人民法院发布《人身损害赔偿司法解释》，在该司法解释的第10条规定了这种侵权行为的规范。这就是："承揽人在完成工作过程中对第三人造成损害或者造成自身损害的，定作人不承担赔偿责任。但定作人对定作、指示或者选任有过失的，应当承担相应的赔偿责任。"这是我国侵权行为法及其司法解释第一次规定了定作人指示过失侵权责任。

定作人指示过失侵权行为，是指承揽人在执行承揽合同过程中，因定作人的

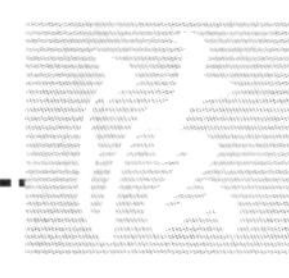

有过失内容的定作、指示或者选任，而对第三人造成损害或者造成自身损害的，由定作人承担损害赔偿责任的特殊侵权行为。

（二）定作人指示过失致害责任的法律特征

定作人指示过失侵权行为与其他类型的侵权行为相比较，具有下列法律特征。

第一，定作人与承揽人之间在侵权行为发生之前，具有特定的承揽合同关系。定作人指示过失侵权行为发生的前提，或者叫作基础法律关系，就是在定作人与承揽人之间存在特定的承揽合同关系。依照该合同，承揽人为定作人加工承揽事项，定作人是合同的权利人，承揽人是合同的义务人。没有这种承揽合同关系作为基础，不会发生定作人指示过失侵权行为。

第二，侵权行为是在执行承揽合同过程中发生的。承揽人执行承揽合同，也就是完成承揽事项。承揽人实施的造成他人损害或者自己损害的行为，应当是完成承揽事项的行为。超出执行承揽事项的范围，不存在定作人指示过失侵权行为。

第三，这种侵权行为侵害的权利，既包括承揽合同以外的第三人的民事权利，也包括承揽人自己的权利。一般来说，定作人指示过失侵权行为应当是承揽人承揽加工行为造成了第三人的权利损害，并不包括承揽人造成自己的损害。按照最高人民法院的司法解释，将承揽人造成自己的损害也归入定作人指示过失侵权行为之中，这种做法尽管不符合传统的定作人指示过失侵权行为的外延，但是在解决具体问题上具有优越性，因此，对于由于定作人的过失而由承揽人造成自己的损害，也应当认为属于定作人指示过失侵权行为。

第四，造成损害事实的直接行为人是承揽人而不是定作人。这种侵权行为是典型的替代责任，因此，造成损害的行为人与承担侵权责任的责任人相分离，是承揽人在执行承揽事项中，以自己的行为造成他人损害；而侵权责任的承担者是定作人，定作人为自己有过失的定作、指示或者选任所造成的后果承担损害赔偿责任。

（三）定作人指示过失侵权责任的历史发展

定作人指示过失的侵权责任，古罗马法没有具体规定。但是，古罗马法的

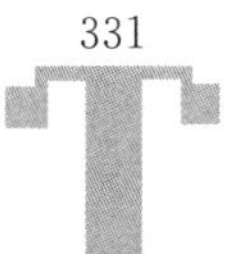

“依他人为之者，为自己为之”的法律格言，却包含着定作人责任的影子，是定作人责任的最早的历史渊源。在以后的《法国民法典》和《德国民法典》中，没有对定作人责任作出明文规定。

定作人指示过失侵权责任不是大陆法系的侵权行为责任制度，而是英美法的制度。在美国侵权行为法中，这种侵权行为称为独立契约人的雇佣人的责任。独立契约人（Independent Contractor）是指为他人工作，但其条件尚未充分为该他人之受雇者，独立契约人的提供劳务得为有偿或者无偿，其意义与大陆法系民法上的承揽人相类似。[①] 独立契约人为他人制造、重建或者修缮动产，于交付该动产时知悉或有理由知悉该动产因其工作而致其作为原期望目的的使用时而具有危险，该独立契约人应有如提供该动产而负责任。[②] 独立契约人为他人制造、重建或修缮动产有过失时，应有如动产制造人之过失行为而负责。[③] 因此，在一般情况下，独立契约人的雇佣人就独立契约人或其受雇人之作为或不作为，致他人受实体伤害，无须负责。[④] 但是，独立契约人之雇佣人，就独立契约人依据雇佣人之过失命令或指示所作之作为或不作为而致之实体伤害，应就独立契约人之作为或不作为视为雇佣人之行为，而负责任。[⑤] 应负责任的事项是：其一，承揽人承揽本身为不法之事项，定作人就其直接结果负责任。对于就其执行的承揽人的过失结果，亦负其责。其二，定作人依契约或法令负有特定事项之义务，为使代其事项而选定承揽人时，定作人就承揽履行之过失或不适当的履行，负其责任。不得因承揽人代为履行而免其义务。其三，承揽人因承揽事项的目的构成妨害，或其通常的执行，如果不是适当为深切之注意，易生损害者，对于承揽的不注意的过失，定作人亦应负责。其四，定作人对于承揽人的工事，为事实上之干涉。[⑥]

英国 1925 年《劳工赔偿法》第 6 条规定：“凡雇佣承揽人，承办其事时，若

① 刘兴善译：《美国法律整编·侵权行为法》，台北司法周刊杂志社 1986 年版，第 327 页注释。
② 刘兴善译：《美国法律整编·侵权行为法》，台北司法周刊杂志社 1986 年版，第 322 页。
③ 刘兴善译：《美国法律整编·侵权行为法》，台北司法周刊杂志社 1986 年版，第 322 页。
④ 刘兴善译：《美国法律整编·侵权行为法》，台北司法周刊杂志社 1986 年版，第 327 页。
⑤ 刘兴善译：《美国法律整编·侵权行为法》，台北司法周刊杂志社 1986 年版，第 329 页。
⑥ 耿云卿：《侵权行为之研究》，中华书局 1948 年版，第 187－188 页。

因承揽人之责任，致使其所雇佣之工人受到损害时，被害人得向定作人求偿，唯定作人于赔偿之后，仍可向承揽人索取赔偿。”[①]

依上述可知，英美侵权行为法认为，定作人对于承揽人之行为，因定作人的过失，或因其承揽事项之性质有为定作人的义务履行或者加重承揽人的责任的，定作人亦应负替代责任。[②]

在大陆法系，最早引进定作人指示过失侵权责任制度的，是《日本民法典》。该民法典吸收了英美侵权法的上述原理，作了概括性的发挥，在其第716条中规定："定作人对于承揽人就其工作加于他人的损害，不负赔偿责任。但是，定作人对定作或指示有过失时，不在此限。"这一规定完整地表述了定作人责任的全部内容，具有普遍的意义。

我国在1949年以前，确立定作人责任制度，经历了三个阶段。一是在清末立法中，拟订了《大清民律草案》，第953条规定："承揽人为承揽事项，加损害于第三人者，定作人不负赔偿之义务，但定作人于定作或指示有过失者，不在此限。"[③] 这一条文仿自《日本民法典》是显而易见的。二是，民国初年制定《民国民律草案》，亦采类似条文，在第254规定："承揽人就承揽事项，不法侵害他人之权利者，定作人不负损害赔偿责任，但定作人于定作或指示有过失者，不在此限。"三是，国民政府在30年代初制定民法典，在第189条明文规定了上述内容，确立了中国历史上最早的定作人指示过失侵权责任制度。

（四）规定定作人指示过失侵权责任的必要性

1986年制定《民法通则》，没有规定定作人指示过失侵权责任制度，急需在立法上进行补充。直至最高人民法院《人身损害赔偿司法解释》第10条，才规定了完整的定作人指示过失侵权责任。

目前规定这一侵权责任制度的必要性在于：

第一，从理论上看，在社会主义市场经济条件下，多种经济形式并存，价值

---

① 耿云卿：《侵权行为之研究》，中华书局1948年版，第92页。

② 史尚宽：《债法总论》，台北荣泰印书馆1978年版，第187－188页。

③ 原文无标点。

规律起着重要的调节作用。在这种社会经济活动中，承揽加工及其类似的经济活动形式普遍存在。在这些经济活动中，由于定作人的道德水准、业务水平等原因，在定作事项、定作指示中，不可能都没有过失，因而致使承揽人在执行承揽事项中造成第三人损害的情况也必然存在。英、美、日等国正是由于调整这种经济活动的需要，才制定出这种法律制度。我国目前的经济活动情况已经显示出了制定这种制度的必要性。

第二，从实践上看，在法院受理的民事案件中，这类情况也不断出现，而审判人员因不熟悉这种理论，法律又无规定，均感难以处理，既不能依一般侵权行为的过错原则处理，而作为特殊侵权责任处理又无明文规定。而定作人责任制度恰恰就是解决这类问题的。例如，向某要建两层楼住房，11 个建筑工人组成合伙承包，墙建起来之后，将房架也装在墙上，之后开始在房架上装檩条等，合伙的负责人问向某，房架是不是合格，是不是有危险。向某明知房架的质量不好，买的是不合格的木材制作的，但还是说没有问题。数名工人上到房架上工作，房架折断，将在下面施工的一名合伙人砸伤，抢救无效死亡。向某隐瞒房架质量不好的事实，致使承揽的合伙人造成死亡的后果，构成定作人指示过失责任。

因此，我国应当确立定作人指示过失的侵权责任制度。

三、定作人指示过失侵权责任与承揽责任的区别

(一)《人身损害赔偿司法解释》第 10 条规定的民事责任

在《人身损害赔偿司法解释》第 10 条中，实际上并不是规定单一的定作人指示过失责任，而是包括了多种民事责任。

第一，定作人指示过失责任。这实际上只是该条文的后段，即定作人定作、指示、选任过失，致使承揽人在执行承揽事项中致害第三人的侵权行为。这种侵权行为是典型的替代责任。

第二，定作人指示过失致使承揽人在执行承揽事项中造成自己损害的侵权责任。这种侵权行为，并不是典型的定作人指示过失责任，因为它不是定作人替代

承揽人承担侵权责任，而是定作人为自己的过失造成承揽人损害的侵权责任。这种侵权责任可以作为广义的定作人指示过失责任看待。

第三，承揽人由于自己的过错，在执行承揽活动中造成第三人权利损害的行为。这种行为属于承揽人自己的责任，如果承揽人是个人，则为个人的侵权行为；如为法人或者其他组织，则为法人或者其他组织工作人员侵权责任；如为雇主，则为雇主责任。均不是定作人指示过失责任。

（二）不同责任的区别

这些责任的形式不同，应当在实践中加以区别，不能予以混淆。

1.定作人指示过失侵权责任与承揽合同责任的区别

定作人指示过失责任与承揽行为的违约责任尽管都是产生于承揽合同中的民事责任，但是，二者具有原则的不同。

第一，定作人指示过失责任是侵权行为发生的民事责任，其发生根据是侵权行为，是基于定作人在执行承揽合同中的过失行为而使承揽人在承揽活动中造成第三人损害；而承揽行为的违约责任，是定作人与承揽人在执行承揽合同中一方违反合同约定，发生的违约责任。二者发生的根据，一个是侵权行为，一个是承揽合同不履行或不适当履行，二者的性质根本不同。

第二，定作人指示过失责任是由于执行承揽事项，造成合同以外的第三人损害所应承担的侵权责任，是定作人为承揽人的行为所造成的损害负责；而违反承揽合同责任是在履行合同中致合同当事人一方的损失，例如承揽人在执行承揽合同事项中，造成自己的伤害以及自己的受雇人的伤害，自己所要承担的责任。最高人民法院将这些责任规定在一个条文中，仅仅是为了方便，二者并不是同样的侵权行为。

第三，定作人指示过失责任的主要责任方式是赔偿损失；而违反承揽合同的责任方式是继续履行、修理重作、赔偿损失，主要责任方式呈多元化。

2.定作人指示过失责任与承揽人个人的侵权责任的区别

定作人指示过失责任与承揽人个人的侵权责任，虽然都是在执行承揽合同的承揽事项过程中发生的侵权责任，也都是侵害了第三人的财产权利和人身权利，

但其二者的区别在于，承揽人个人的侵权民事责任是由于自己在执行承揽事项中的过失致第三人损害，因而是个人的侵权责任或者法人或者其他组织工作人员的侵权责任以及雇主责任，责任由承揽人个人或者法人、雇主承担，定作人并不承担责任。而定作人指示过失责任则是定作人的过失定作、过失指示或者过失选任，导致承揽人在执行承揽事项中致人损害，定作人与损害后果具有因果联系，因而责任由定作人承担，是替代责任形式，因而是特定的侵权责任。

（三）定作人指示过失责任研究的范围

综上所述，定作人指示过失责任具有独特法律特征，不能用违约民事责任的合同法律来调整，也不能用侵权民事责任的一般侵权行为责任的法律规定来调整，应当适用符合它的特性的规则，创立适应其特征的法律制度，来调整这种人身损害赔偿法律关系。而承揽人自己的侵权责任，虽然司法解释将其规定在一个条文中，但是它们是不同的侵权行为，并不适用统一的规则。在研究定作人指示过失责任的时候，只是研究两种定作人指示过失责任，一种是狭义的定作人指示过失责任，另一种是广义的定作人指示过失责任。

四、定作人指示过失侵权责任的构成

定作人指示过失责任的构成，必须具备以下要件。

（一）定作人的定作、指示或者选任须有过失

定作人指示过失责任构成的首要要件，就是定作人的过失，包括定作过失、指示过失和选任过失。有过失则成立定作人指示过失责任，没有过失，则不成立该种侵权责任。

定作过失，是指定作加工本身就存在过失，即承揽事项本身即为不法，定作人在确定定作事项的时候，就存在过失，例如对危险物品的定作等，就是定作过失。美国侵权行为法中的“不可委代的责任”，属于定作过失，法律规定一些特定的人必须自行承担而不能通过进行承揽委代他人进行的责任，如果负担这种责任的人将其委代他人进行，接受委代者造成了事故，委代者为定作过失，应当承

担责任。“极度危险的工作”也属于定作过失，例如在车来车往繁忙的交通干道上画分道线，就属于极度危险的工作，定作人必须承担事先预防以避免危险的责任，如果承揽人怠于采取措施，或者怠于行使合理注意以其他方式防免危险，致使他人遭受实体伤害时，应当承担责任。[①]

指示过失，是指定作人的定作本身为正当，但定作人在对承揽人完成定作事项的指示中具有过失，依照定作人具有过失的定作指示执行定作事项，因而造成第三人或者承揽人的损害。

选任过失，是指定作人在选任承揽人时存在过失，未尽必要的注意义务。在日本和我国台湾地区民法制度中，均没有规定定作人的选任过失，仅仅规定定作过失和指示过失。美国侵权行为法中规定了选任过失。其界定选任过失的标准，是过失地挑选了不胜任的独立契约人：雇佣人（即定作人）怠于行使合理注意以雇佣有能力、谨慎之独立契约人，（a）以从事除非有技术、谨慎从事，将牵涉实体伤害之危险；或（b）以履行雇佣人对第三人应负之责任；其因而致第三人受实体伤害者，应负责任。[②] 对此，我们可以借鉴，以确定定作人的选任过失。

所谓“定作”系指工作自身的性质而言，所谓“指示”是指指示工作进行的方法而言，所谓“选任”是就选择工作的承揽人而言。当定作人对于承揽事项自身性质、指示工作进行的方法或选择承揽人具有过失时，即成立定作人指示过失责任的第一个要件。

应当注意的是，定作、指示及选任过失，可由积极的行为构成，亦可由消极的行为构成。前者如命令承揽人违章作业，后者如承揽事项明显有侵害他人权利的可能却不指示预防措施而任其进行。这些都是定作人的过失。

（二）须因执行定作人就定作、指示或者选任过失的承揽事项

构成定作人指示过失责任，必须是发生在承揽人执行定作人的承揽事项之中，否则不构成这种侵权责任。对于承揽事项，不应作狭义的理解，即不应仅仅

---

① 李响：《美国侵权法原理及案例研究》，中国政法大学出版社 2004 年版，第 493 页；《美国侵权行为法重述·第二次》第 413 条。

② 《美国侵权行为法重述·第二次》第 411 条。

局限于承揽合同，还应包括其他合同所约定的具有定作承揽内容的事项，按照史尚宽先生的意见，承揽事项泛指依合同约定，一方为另一方完成某种行为的情况。例如，一方租用另一方出租汽车，出租汽车提供的运送行为，亦为承揽事项。租用人令司机超速行驶，致伤他人，应适用定作人指示过失责任。[①] 承揽事项原则上依当事人的合同约定，定作人就定作、指示、选任全部具有过失的，就其全部损害负责；就其一部分定作人有过失者，唯就其该部分的承揽人，负其责任。

（三）须承揽人有不法侵害的行为

承揽人在执行定作指示时，该定作行为侵害他人的合法权益，是构成定作人指示过失责任的客观要件。因此，在这种侵权责任中，侵害行为是承揽人实施的行为，且该行为为违法。至于承揽人是否须有主观的责任要件，要因定作人独立负责或共同负责而有不同。定作人独立负责时，无须承揽人有过失。定作人的此种责任，不是为承揽人的侵权行为负其责任，承揽人的行为无须有主观的责任要件，只有客观的违法要件为已足。定作人与承揽人共同负责时，应以就承揽人为构成侵权行为必须的主观要件的有无为判断标准。即承揽人仅负故意责任时，应有故意；负过失责任的，应有过失；负无过错责任的，则无须有过失，定作人即与承揽人负连带责任。

（四）须承揽关系之外的第三人或承揽人自身有损害

在狭义的定作人指示过失责任中，损害的发生应是承揽关系之外的第三人受到损害；在广义的定作人指示过失责任中，损害的发生是承揽人自身的损害。确定行为与损害间的因果关系时，如果是定作人独立负责的，则须其损害与定作人于定作、指示或者选任上的过失行为，有相当因果关系；定作人与承揽人共同负责时，其损害一般须与承揽人的行为有相当因果关系，而与定作人于定作、指示或者选任之过失有条件的因果关系，即定作、指示或者选任过失为损害发生的条件即可。

---

① 史尚宽：《债法总论》，台北荣泰印书馆 1978 年版，第 188 页。

（五）须定作人不能为免责的证明

定作人独立负责时，其定作、指示或者选任的过失，应由受害人负举证责任；在共同负责时，解释上亦应由受害人负证明之责。但是，定作人原本不负雇主的责任，只是在自己有过失的特殊情况下，始负替代责任，为此，定作人证明自己无过失的，应当免除其赔偿责任。[①]

五、定作人指示过失责任的实行

（一）人身损害赔偿司法解释规定的基本规则

最高人民法院《人身损害赔偿司法解释》第10条规定的定作人指示过失责任的基本规则是：

1.承揽人在完成定作工作过程中，造成第三人损害的，由承揽人承担责任。

2.如果承揽人造成第三人的损害，是由于定作人定作、指示或选任过失造成的，则定作人承担侵权替代责任。

3.承揽人在执行定作工作中造成自己损害的，应当严格区分。首先，应当严格区分承揽合同和劳务合同的区别。其次，属于承揽合同的，承揽人的损害应当自己承担。再次，只有承揽人的损害是由于定作人的定作、指示或者选任有过失，并有因果关系的时候，才能够由定作人承担责任。最后，如果双方的合同关系属于劳务合同，则按照工伤事故的原则处理。

4.区分承揽合同和劳务合同的界限，在于前者即承揽合同的劳动者所交付的标的是劳动成果，后者劳务合同的劳动者交付的标的是劳动。这是二者最基本的区别。

（二）定作人指示过失责任的法律适用

定作人指示过失责任为特殊侵权责任，应依法律的特别规定实行。《民法通则》对此没有规定，《人身损害赔偿司法解释》第10条中也没有规定应当适用何种法律。我们认为，既然现行法律尚无明文规定，因而应适用关于过错责任原则

① 史尚宽：《债法总论》，台北荣泰印书馆1978年版，第188页。

的条文，即《民法通则》第106条第2款的规定。同时，依损害的民事权利的性质，即侵害财产权的，再适用第117条，侵害人身权的，再适用第119条。在定作人对定作、指示或者选任有过失导致承揽人在完成工作过程中对第三人造成损害或者造成自身损害时，应当以该司法解释的规定为标准处理。

（三）替代责任的实行

定作人指示过失责任属于特殊侵权责任，其性质是替代责任。它的特点是责任人与行为人相分离，行为人致人损害，而责任人承担赔偿责任。

但是，定作人指示过失责任与一般的替代责任有所不同。一般的替代责任是损害发生之后，受害人直接向责任人请求赔偿，而不是向行为人请求。责任人承担了赔偿责任之后，对有过错的行为人享有追偿权。例如雇主替代赔偿责任，雇员执行职务致人损害，受害人的请求权直接指向雇主，当雇员有过错时，雇主在赔偿了受害人的损失之后，再向雇员追偿。定作人责任则不是这样，受害人受到损害后，要证明定作人定作、指示或者选任具有过失时，才可向定作人请求赔偿；定作人承担了侵权责任之后，无权就赔偿所造成的损失向行为人即承揽人追偿。如果受害人证明不了定作人的过失，则只能向承揽人请求赔偿。

因此，定作人责任在司法实践中，形式有以下三种。

1.定作人承担替代责任

当损害是由定作人具有定作过失、指示过失或选任过失造成的，而承揽人毫无过失而发生时，是典型的替代责任形式，即责任人为定作人，由定作人承担全部赔偿责任；承揽人为行为人，不承担任何责任。定作人指示过失责任的举证责任由受害人承担，即定作人定作、指示或者选任过失，应由受害人证明。承揽人认为定作人有过失时，为免除自己的责任或减轻自己的责任，也可以举证证明定作人的过失。定作人指示过失责任的当事人资格，在定作人承担替代责任时，受害人为原告，定作人为被告，承揽人可列为第三人。

2.定作人与承揽人共同承担连带赔偿责任

承揽人执行承揽事项不法侵害他人权利，虽然由于定作人的定作、指示或者选任有过失，但承揽人亦有故意或过失者，则系定作人与承揽人共同侵权，应当

依《民法通则》第130条规定，使其承担连带赔偿责任。双方承担责任份额的大小，应依各自的过错轻重和原因力大小来确定。

3.由承揽人单独负赔偿责任

承揽人因执行承揽事项，不法侵害他人权利，如果定作人的定作、指示或者选任并无过失时，则由该承揽人单独负责，与定作人无关。如果定作人的定作、指示或者选任有过失，但承揽人不依定作人的定作、指示，而是别出心裁，按照自己的意志加害于第三人时，则损害的发生与定作人的过失没有因果关系，即有过失而不具原因力，定作人不负责任，由承揽人承担赔偿责任。

第三十一章

商业侵权损害责任

第一节 妨害经营侵权行为及其责任

妨害经营侵权行为，一般认为是商业侵权中的一种具体类型。在以往的侵权行为法研究中，不甚注意。近年来，由于市场化经济的发展，这类侵权行为有所发生。例如，2001年，周林和李坚（均为化名）先后在一条街上相邻开了快餐店，周林经营有方，生意红红火火。李坚则门庭冷落，生意无法经营下去，不久改开花圈店。李坚对周林生意红火有气，便将样品花圈放在与周林饭店相邻的一侧，但并没有逾界。周林发现后，为了不影响自己的生意，用一张薄席拦在自己方一侧，使来本店吃饭的客人不能直接看到摆放的花圈。但是李坚随即架高花圈，周林只得随之架高薄席。李坚最后将样品花圈吊在屋檐上，使周林无法继续遮挡。周林的生意日渐萧条。在该案例中，加害人虽然没有对经营者的财产权实施直接侵害，但其破坏营业环境的行为干扰了经营者正常的经营活动，使其经济利益遭受了损害。[①] 对

① 杨立新：《简明类型侵权法讲座》，高等教育出版社2003年版，第100页。

于这样的侵权行为在法理上究竟应当怎样认识，在司法实践中究竟应当怎样掌握适用法律的规则，是值得研究的。

一、妨害经营侵权行为的立法比较

将妨害经营的行为认定为侵权行为，差不多是各国（地区）立法和司法的惯例，但是对妨害经营的侵权行为究竟怎样认定，如何适用法律，各国（地区）都有不同的规定。综合起来，对妨害经营侵权行为的立法和司法对策，主要分为以下三种模式。

（一）德国法——扩大解释《德国法典》第 823 条，创设营业权

《德国民法典》第 823 条和第 826 条是关于侵权行为的一般性规定，根据这两条规定，侵权行为分为三类：第一，故意或过失不法侵害他人的生命、身体、健康、自由、所有权和其他权利的侵权行为；第二，违反以保护他人为目的法律的侵权行为；第三，以违背善良风俗的方法故意造成他人损害的侵权行为。据此，德国法实际上是采取对绝对权利进行列举保护的侵权行为法模式，在该种模式下如果不对妨害经营作出特别规定，经营权或者营业权受到侵害的受害人就难以得到救济。所以，德国判例就对第一种违法性类型中的"其他权利"进行扩大解释，"其他权利"应当包括营业权，该营业权主要保护经营者尚未上升为财产权的经营利益。在此之前，涉及妨害他人经营的侵权行为在适用法律上，则适用有关信用权的规定[①]，在德意志帝国最高法院确认营业权以后，妨害经营的侵权案件则适用侵害营业权予以保护。尽管从法律结构方面讲，通过判例专门确立一个"营业权"来调整部分不法行为是不太合理的，但是通过"营业权"来对由于特殊的侵权行为造成的损害进行救济是相当准确的[②]，保护力度也是相当大的，能够充分保护经营者的经营利益。

我国台湾地区民法学界也承认营业权的存在，学说也认为营业权属于"民

---

① 即《德国民法典》第 824 条。

② ［德］冯·巴尔：《欧洲比较侵权行为法》上卷，张新宝译，法律出版社 2002 年版，第 70 页。

法”第184条第1款规定的“因故意或过失，不法侵害他人之权利者，负损害赔偿责任”中的权利的一种，为一种无形财产权。“侵害营业权，要求侵害行为与企业的经营具有不可分离的内在联系，对企业的侵害具有直接性为要件……”[①] 如采用一定的方式，阻止顾客的出入，就属于直接妨碍企业经营。当妨害经营，或因有效的处分，事实上缩减或丧失其权利时，就构成对于营业权的侵害。[②]

（二）法国法——对妨害经营侵权行为适用侵权行为一般条款

《法国民法典》第1382条是侵权行为一般条款，该条规定：任何行为使他人受到损害时，因自己的过错行为而致行为发生之人，应对该他人负赔偿的责任。法国的侵权行为一般条款对于侵权责任的构成以损害或损失作为中心因素，如果过错行为与损害之间具有因果关系，就构成侵权责任，并不要求原告证明自己受到侵害的权利的类型和种类。对于损害的赔偿，法国法实行“黄金规则”，即“损害和赔偿相等”的原则，因此也没有必要区分侵权行为所侵害的权利类型的不同。[③]

所以，在采用侵权行为一般条款模式的法国侵权行为法体系中，即使不对妨害经营的侵权行为作出特别规定，法官也会依据侵权行为一般条款作出相应的判决，立法或判例没有必要再专门设立一个权利，来调整由于联合抵制、违法罢工、堵塞交通、对企业或经营造成损害等案件的评判。根据《法国民法典》的规定，上述侵害他人经营的行为只不过是过错行为的案例，可以直接援引第1382条的规定。法国判例关于该种侵权行为的类型主要包括四种：关于真实事实的声明；对他人进行贬低的评价；违法罢工；或声称知识产权不合法。[④]

---

① 见BGH Z29，第65页，转引自王泽鉴：《民法学说与判例研究》，第7册，中国政法大学出版社1997年版，第85页。

② 见BGH Z29，第65页，转引自王泽鉴：《民法学说与判例研究》，第7册，中国政法大学出版社1997年版，第85页。

③ 张民安：《因侵犯他人纯经济损失而承担的过失侵权责任》，载梁慧星主编：《民商法论丛》，第25卷，金桥文化出版有限公司2002年版，第9页。

④ ［德］冯·巴尔：《欧洲比较侵权行为法》上卷，张新宝译，法律出版社2002年版，第69页，注解269。

尽管《法国民法典》采用了一般条款的模式，但法国商事法也存在一个“营业权”制度[①]，只不过该营业权的含义不同于德国法中的营业权。该权利仅被理解为一种权利意义上的财产形式，包括一个企业的各种可移动资产，这种资产不是简单地指资产的集合体，而是超越于构成它的个别资产。营业资产可以由各种不同种类的财产构成，可以包括有形资产，如工场、设备等，也可以包括一系列无形资产，如企业名称、知识产权等。对于营业资产来说，还应当包括真实存在的、可以确定的，并且是合法的老顾客，对于潜在的，不可确定的、非法的顾客，如未经许可设立的赌场中的赌客就不包括在营业资产内。

（三）葡萄牙法——对妨害经营侵权行为分别适用特别规范

在葡萄牙的民法体系中，没有一般条款对侵权行为进行调整，也没有通过判例或立法确立一种可援引的权利对于妨害经营的侵权行为进行救济，此时葡萄牙的法律就区分妨害经营的侵权行为的具体类型，通过相关特别规范进行调整。例如，根据葡萄牙的法律，对于非法罢工造成的损失，可以通过罢工法领域的特别规范进行救济[②]；对于侵害他人或企业的信用的加害行为可以要求加害人承担更重的责任进行救济。对于其他涉及妨害经营的领域，可以通过适用《葡萄牙民法典》第 70 条关于保护尊严、自治和隐私的条款进行救济。

意大利关于妨害经营的法律适用与葡萄牙的法律适用相似。意大利的法律体系也没有单设营业权，在涉及此类案件时有的适用信用权的相关规定，有的适用“对自己财产的完整性”的权利的规定[③]，当涉及非法罢工的妨害经营的行为时，则适用罢工权的相关规定。根据意大利法的规定，罢工权存在一定的限制[④]：如对人的身体和安全的尊重；对已经设立的公司的完整性及其机能的保护；对企业组织的保护以及不能妨害私人经济经营的自由。由于对权利的这些限制之和就相

① 程合红：《商事人格权论——人格权的经济利益内涵及其实现与保护》，中国人民大学出版社 2002 年版，第 226－227 页。

② 转引自［德］冯·巴尔：《欧洲比较侵权行为法》上卷，张新宝译，法律出版社 2002 年版，第 70 页。

③ 转引自［德］冯·巴尔：《欧洲比较侵权行为法》上卷，张新宝译，法律出版社 2002 年版，第 71 页。

④ 参见意大利最高法院 1991 年 10 月 28 日第 11477 号判决，载 Foro. it. 1992，第 3058，3059－3060 页。

当于德国营业权的内容，因而在意大利属于非法罢工的情形，在德国就包含在侵害营业权的行为内。当涉及联合抵制的妨害经营的侵权行为时，一方面《意大利刑法典》对其提供保护，另一方面也受到《意大利民法典》第 2598 条的保护，该条款将联合抵制定义为一种非典型的不正当竞争行为。如果涉及联合抵制的行为人不是商主体，而是行业协会的成员，此时上述民法典第 2598 条就不适用，而应适用意大利宪法关于“妨害私人经济经营自由”的规定。[①]

二、妨害经营侵权行为的概念和特征

究竟何种违法行为是妨害经营的侵权行为，是值得研究的。我们认为，妨害经营侵权行为，就是在商业领域中，以故意或者过失的违法行为方式妨害他人正常经营活动，造成经营者经营利益损害的商业侵权行为。

妨害经营的侵权行为具有下列特征。

（一）妨害经营的侵权行为的受害主体必须是商主体

妨害经营的侵权行为是发生在商业领域的侵权行为。商业领域，是从事商品经营或营利性服务的领域。由于该种侵权行为发生在商业领域，这决定了该种侵权行为受害主体的特殊性，即该种侵权行为的受害主体只能是商主体，即商人。

在 19 世纪之前，商人是作为一种特殊的阶层出现的，此时对于商人的界定着重于其外部特征的描述；在 19 世纪之后，商人作为特殊阶层的身份色彩逐渐消失，此时对于商人的界定着重强调其实质性条件。界定商人概念的主观主义立法例不强调商行为的重要性，而是强调商行为的主体以及商行为的目的，如《德国商法典》第 1 条关于“为本法所设立目的而从事商事经营活动的人都是商人”的规定。客观主义立法例则强调商行为的重要性，只要从事商行为，不管是否经过登记，不管从事持续性交易还是偶然性交易，都属于商人[②]，如 1807 年《法国

---

① 参见意大利最高法院 1973 年 6 月 20 日第 1829 号判决，转引自［德］冯·巴尔：《欧洲比较侵权行为法》上卷，张新宝译，法律出版社 2002 年版，第 72 页。

② 参见《西班牙商法典》第 2 条。

商法典》第1条关于“商人者以商行为为业者”的规定。折中主义立法例则以现行《法国商法典》为代表，该立法例同时强调商主体和商行为的重要性，如现行《法国商法典》第1条规定：从事商行为，并以此为日常营业行为者，方属商人。折中主义立法例是现行通行立法例。[①]

我们可以将“商主体”界定为，以自己的名义从事商行为，独立享有商事权利并承担商事义务的主体。商主体须具备下述三个要件：第一，必须从事特定的营利性行为；第二，必须持续地从事该行为，并以此为业；第三，必须以此营业为职业。[②] 由此，妨害经营的侵权行为的受害主体只能是从事经营活动的企业或者其他经营者，包括独资企业、个体工商户、农村承包经营户、公司和合伙等。不从事经营活动的自然人、法人或其他组织不能够成为该种侵权行为的受害人。而该种侵权行为的行为人的主体身份，则不受此限制，行为人既可以从事商行为，也可以不从事商行为。

（二）妨害经营侵权行为所侵害的客体为商主体的经营利益

对于妨害经营侵权行为的客体应当怎样表述，有不同的观点：一种观点认为侵害的是经营者的经营权；另一种观点认为侵害的是经营者的营业权；还有一种观点认为侵害的是经营者的经营利益。

我们认为，确定妨害经营的侵权行为的侵害客体，对于确立妨害经营侵权责任制度，具有极为重要的意义，是必须予以准确界定的。

1. 依据现行法律确定妨害经营的侵权客体为经营权具有合理性

“经营”原见于《诗经》：“经营原野，杳冥冥兮”，该经营指广袤无垠的天地，与现在所指的经营意义不同。[③] 在传统民法中没有经营权这个概念，一般认为经营权的概念是在20世纪30年代末40年代初，由苏联学者维尼吉克托夫首次提出的。[④]

对于经营权，我国立法有明确规定。《民法通则》第82条规定：“全民所有

① 董安生等：《中国商法总论》，吉林人民出版社1994年版，第68页。

② ［日］户田修三、中村真澄：《商法总论·商行为法》，青林书院1993年版，第61页。

③ 转引自鲍荫民：《简论经营权之渊源》，《中央社会主义学报》1994年第4期。

④ 转引自覃天云主编：《经营权论》，四川人民出版社1992年版，第175页。

制企业对国家授权经营管理的财产依法享有经营权，受法律保护”。《工业企业法》第2条也规定：经营权是指企业对国家授予其经营管理的财产的占有、使用、收益和依法处分的权利。该概念在我国的兴起，主要是为了适应我国改革开放初期的国情，为了促使国有企业改革的两权分离的实际需要，因此经营权的产生具有一定的政治性。

《工业企业法》和《全民所有制工业企业转换经营机制条例》明确规定了“经营权”的14项内容：经营决策权；产品、劳务定价权；产品销售权；物资采购权；进出口权；投资决策权；留用资金支配权；资本转让权；联营、兼并权；劳动用工权；人事管理权；工资奖金分配权；企业内部机构设置权；拒绝摊派权。从中可以看出，“经营”是对经济活动的组织和策划，有使用、处置和控制之意，指自然人、法人或其他组织为取得或扩大财产效益而围绕市场展开的各项活动，着重强调国家或行政机构对企业经营活动的干涉和控制。[①] 从该角度讲，“经营权”与西方公司法的“所有权与控制权”分离理论中的“控制权”是同一概念。在市场经济条件下，企业参与市场竞争会受市场的调控和制约，同时，国家又必须对企业行为实行宏观上的调控和约束，国家对企业实行宏观调控的手段除了行政手段外，必须借助法律的形式规范企业经营行为。因此从上述法律规定的权利的内容来看，经营权是一种经营管理权。

综上，经营权是指企业在法律规定的范围内从事经营活动的权利，是商主体依法享有的一种行动权。该权利具体包括两方面的含义，一是权利的主体必须具有商主体的资格；二是该商主体实施商事法律行为的范围必须受到法律的限制，简而言之，经营权概括了商主体的权利能力和行为能力，若不同时具备该权利能力或行为能力，从事违法经营，就构成违法行为，情节严重的，还将受到刑法的追究。[②] 经营权的客体不是直接指向企业的财产，而是指向企业的社会经济功能、市场秩序和交易安全。它所产生的直接法律后果不是财产权利的拥有与否，而是经营行为的合法与否；它所产生的间接法律后果是通过对经营行为的合法性

① 转引自覃天云主编：《经营权论》，四川人民出版社1992年版，第176页。

② 《中华人民共和国刑法》第225条对此已作了明确的规定，可能构成非法经营罪。

审查判断财产权利取得是否合法。[①] 从该角度讲，经营权的含义相当狭窄，也较难界定，有时候妨害经营行为所侵害的是市场主体的经营权，但妨害经营的侵权行为在有些时候并不一定就是侵害经营权。

尽管如此，经营权毕竟是我国现行法律规定的民事主体的权利，确认妨害经营的侵权行为所侵害的客体为经营权，既有法律依据，又有实际操作的意义。至于将来法律对经营权规定的变化，则无法预料。因此，在现阶段，在法律没有发生改变之前，应当认定妨害经营的侵权行为所侵害的客体为经营权。

2.以营业权作为妨害经营侵权行为的客体与我国法律规定不合

营业权是德国帝国最高法院通过判例于19世纪末确立的一种权利[②]，该权利的创设被认为是"权利先于救济"的典范，因为在判例确立该权利时，《德国民法典》尚未颁布。德国最高法院判例认为："一个已经建立的营业或者企业构成一种权利，这一权利本身可能受到侵犯。"[③] "因为一个已经建立的独立企业并不意味着商人们可以随心所欲地实现其意思，但是其自由意思确实已经在实际上得以体现，所以可以安全地推定（商人）对企业的一种权利。"[④] 尽管如此，德国学说还是认为，营业权属于《德国民法典》第823条第1项所称的"故意或过失不法侵害他人的生命、身体、健康、自由、所有权和其他权利的侵权行为"中的"其他权利"的一种，具有绝对权的性质。[⑤] 根据司法判例，该权利只能用来防范"直接的"[⑥] 或"与企业相关的"[⑦] 侵害行为，并且该权利在效力方面低于一般条款所提供的保护，所以此种权利常被称为"框架权利"[⑧]。框架权利的效力

---

① 转引自覃天云主编：《经营权论》，四川人民出版社1992年版，第176页。

② 参见德意志帝国最高法院1888年10月29日的判决，载RGZ22，第93、96页。转引自［德］冯·巴尔：《欧洲比较侵权行为法》上卷，张新宝译，法律出版社2002年版，第66页。

③ 参见德意志帝国最高法院1904年2月27日的判决，载RGZ58，第24、29、30页。

④ 参见德意志帝国最高法院1904年2月27日的判决，载RGZ58，第24、29、30页。

⑤ Mertens：《慕尼黑德国民法典评注》，第823条，转引自［德］梅迪库斯：《德国民法总论》，邵建东译，法律出版社2001年版，第63页。

⑥ 《联邦最高法院民事裁判集》第8卷，第387页，第394页。

⑦ 《联邦最高法院民事裁判集》第29卷，第65页，第72页。

⑧ Mertens：《慕尼黑德国民法典评注》，第823条，转引自［德］梅迪库斯：《德国民法总论》，邵建东译，法律出版社2001年版，第64页。

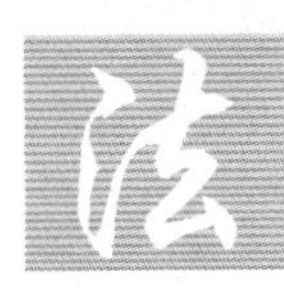

较弱，因为侵害行为本身并不能够表明该行为具有违法性，认定行为是否违法必须对权利和利益进行权衡，只有通过利益权衡，才能够确定是否存在侵害这些权利的行为。

即使在德国，营业权的适用范围也相当有限，仅适用于几个特殊的领域，如组织联合抵制、违法罢工、实际联合抵制或堵塞交通、对企业或经营造成损害的评判，包括商品检验，仅仅以侵害他人经营为目的发表真实事实的行为。因此，营业权的适用具有一定的局限性。

在我国，认定企业法人享有的是经营权，而不是营业权，因此，我国的商主体实际上并没有营业权，因为在经营权当中，已经完全可以包括营业权的内容。因此，在侵权行为法上，应当认为我国的经营权与德国法上的营业权具有相当的功能，完全可以保护从事经营的商主体的合法权益。

3.将妨害经营的客体认定为经营利益具有一定的合理性

传统学说认为，侵权行为侵害的对象即侵权法保护的对象仅限于财产权和人格权，将侵权法的保护对象限于绝对权，能够明确行为规则，保障行为自由。

但是，随着社会生活的发展，一些利益率先受到侵权法的保护，当司法判例对某种利益的保护达到一定的期间，使立法者觉得此种权益有上升为权利的必要时，该种权益就被法律所确认，逐渐上升为具体的民事权利，这一过程的实现需要侵权法保持一种开放的完整的体系。从该角度讲，侵权行为的侵害对象的范围正在逐渐扩大，受侵权行为法保护的对象除了财产权和人身权等绝对权利之外，还包括一些合法利益。因此“必须通过对侵权行为做扩张解释：侵害的‘权’不仅包括民事权利，而且包括受到法律保护的利益；‘行为’不仅包括加害人的行为，也包括‘准行为’”[①]。侵权行为法对合法利益保护的扩张，使得其作用的范围进一步扩大，同时侵权行为法的功能也在发生变化，在对合法利益进行保护的过程中，侵权法也产生了权利生成功能。这就是说，由于侵权法保护的对象不限于权利，所以受害人在遭受损害以后，只需要证明遭受了实际损害，并不需要证明其何种权利遭受了侵害，因此没有必要在未合适的时候创设一个权利。

① 张新宝：《侵权行为法的一般条款》，《法学研究》2001 年第 4 期。

王泽鉴先生也认为侵权行为法不宜将经济利益权利化，不宜单独创设“营业权”，而应通过限制妨害经营行为人的主观要件和扩展客体的范围至经济利益，对经营者进行保护。从该角度讲，确认妨害经营侵权行为的侵害客体为经营利益比较恰当，这样不仅能够涵盖妨害经营的侵权行为侵害经营权的场合，而且能够概括全部的妨害经营侵权行为的侵害客体，即经营活动所体现的经营利益。

上述学说所称甚当，确认妨害经营的侵权行为所侵害的客体是经营利益，既能够为侵权行为法理论和立法所包括，又能够合理解释妨害经营侵权行为的构成机理，是很恰当的。但是，我国先行立法既然已经规定了经营权，那么，也就没有必要另辟蹊径，认为只有经营利益才是妨害经营的侵权客体。

（三）妨害经营的侵权行为的行为具有特定性和限定性

妨害他人正常经营活动的行为相当有限。德国判例关于该种侵权行为的主要类型包括：组织联合抵制、违法罢工、实际联合抵制或堵塞交通、对企业或经营造成损害的评判包括商品检验，以及仅仅以侵害他人经营为目的发表真实事实的行为。[①] 荷兰判例对该种侵权行为的类型限定为：对购买者发出警告，伪称产品有知识产权问题；不当发表有关竞争对手的真实事实；不适当的商品检验；有损商品和服务的报道；非法罢工。[②] 我国也应借鉴德国和荷兰等国家的做法，确定妨害经营的侵权行为的具体行为类型。

妨害经营最常见的方式为物理上妨害企业经营，如堆放物料于商店门口，阻止顾客的出入，阻塞交通，破坏经营环境等。

三、妨害经营侵权行为的责任构成

侵权行为法不能对所有的利益给予保护，对于妨害经营产生的不利益必须在严格的侵权责任构成要求之下才能够责令行为人承担赔偿义务。

---

① 转引自［德］冯·巴尔：《欧洲比较侵权行为法》上卷，张新宝译，法律出版社 2002 年版，第 69 页。

② 转引自［德］冯·巴尔：《欧洲比较侵权行为法》上卷，张新宝译，法律出版社 2002 年版，第 70 页。

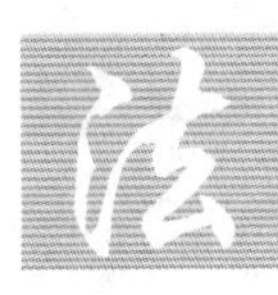

（一）妨害经营的行为须违反法定义务或者违背善良风俗

违法行为分为下列三种类型：第一种为违反法定义务的行为；第二种为违反保护他人的法律的行为；第三种为违背善良风俗的行为。前两种违法性为形式违法，后一种违法性为实质违法，即故意违背善良风俗加害于他人，其行为本为不当，而不是违法，但是行为人故意实施这种不当行为加害于他人，就构成违法。

妨害经营侵权行为的违法性，应当是违反法定义务。理由是，既然认定妨害经营侵权行为的侵害客体是经营权，那么任何其他第三人都是享有经营权的商主体的义务主体，都负有不得侵害的法定义务。行为人实施了这种侵权行为，造成了受害人的经营权的损害和经营利益的损失，违反了自己作为经营权义务主体的不可侵的法定义务，则构成形式违法。

这里所说的是一般情况。如果行为人故意违背善良风俗致商主体经营权的损害，则构成实质违法，也具备违法性。例如本节前述案例，被告实施的行为是在自己的经营场所范围内摆放样品花圈，这并没有违反法律。但是，经过法益的衡量，应当对行为人的行为作出限制，保护经营者的经营利益。因为行为人正是利用自己的权利，故意违背善良风俗，达到致他人以损害的目的。因此可以认定行为人的行为为违法行为。

在商业领域中，存在很多这样的情况，侵害行为本身并不能够表明该行为具有违法性，但该行为确实造成了他人的损害，此时认定行为是否违法必须对权利和利益进行权衡，只有通过利益权衡，才能够确定是否存在侵害这些权益的行为，在进行利益衡量时，必须考虑到行为人与这些权益相冲突的权利。以“违反善良风俗的联合抵制行为”为例①，言论自由权具有崇高的地位，如果言论表达侵害了他人值得保护的利益，就必须进行法益的衡量。在决定联合抵制的呼吁是否违反善良风俗时，应从两个方面进行判断：一方面，该表达的动机和目的是什么，是属于纯粹私人事务的争论还是企图制造舆论；另一方面，根据具体情况，若目的正当，那么采用该种方式对他人利益的影响是否超越了适当的范围。也就是说，对于具体的情况，表达的动机和目的没有违反善良风俗，表达的方式也没

① ［德］卡尔·拉伦茨：《法学方法论》，商务印书馆2003年版，第281－282页。

有超越一定的界限，此时该“联合抵制”的行为就没有违反善良风俗，是合法的行为。一般认为，法益衡量须遵守下列原则①：首先，应判断所涉及的该种法益与他种法益相比是否具有明显的优越性，如人身性的权利就比财产性的利益具有优越性。其次，如果涉及位阶相同的权利间的冲突，如涉及同是人格权的冲突时或同是财产权的冲突时，可以从下列两方面进行比较：一方面取决于应受保护的法益被影响的程度，另一方面取决于假使某种利益须让步时，其受害程度如何。最后，适用比例原则、最轻微原则或尽可能微小限制的原则，为保护某种较为优越的法价值必须侵害一种法益时，不得超过此目的所必要的程度。

（二）妨害经营造成经营者经营利益的损害

损害是指因一定行为或事件使某人受侵权法保护的权利和利益遭受某种不利益的影响。

对于财产权利，如果权利人不能正确行使，就会丧失因行使该权利可能得来的利益，就会产生财产损害。在商业侵权中，间接损害较为常见，例如债权受到侵害并不产生直接损害，而是使可得的债权财产利益丧失，产生的是间接损害。

妨害经营与一般的财产损害不同，妨害经营的侵权行为不是直接针对财产权或者财产，而是针对创造财产的经营活动。所以，妨害经营侵权行为的损害事实，是受害人的经营活动受到损害，而使其合法的经营利益受到侵害。确定妨害经营的损害事实，必须存在妨害经营行为实施前后的经营状况具有明显的不利益的客观事实，例如顾客的明显减少、营业利润的明显减少等。故妨害经营的侵权行为所造成的损害，一般是间接损失，是可得利益的损失。在我国台湾地区民法制度中，如果他人行为涉及对营业经济利益的损害造成经营者不能营业，对于该种损害学说上称为纯经济损失。由于经营者不能营业不能认为是财产权受到了侵害，因而不能适用侵害营业权的相关法律，只能适用“故意违背善良风俗”作为请求权的基础，要求行为人承担赔偿责任。

纯粹经济损失是一种特殊性质的损失，普通法系国家将它解释为“一种不是伴随着物质损害的经济损失”。对于纯粹经济上的损失，《瑞典赔偿法》第2条中

① ［德］卡尔·拉伦茨：《法学方法论》，商务印书馆2003年版，第285页。

有规定："根据本条的纯粹经济上的损失是一种在任何方面都与对人身伤害或财产侵害没有关联的损失"。我们可以认为纯经济损失是指受害人因他人的侵权行为遭受了经济上的损害，但该种损害不是由于受害人所遭受的有形的人身损害或有形的财产损害而产生的经济损失，即受害人直接遭受财产上的不利益，而非因人身或物被侵害而发生，例如餐厅、工厂等由于停电、罢工不能营业等。纯经济损失的特点在于不伴随物质损害，因此关于纯经济损失的赔偿，无论是普通法系国家，还是大陆法系国家，多数国家都不主张赔偿此类损失。之所以许多国家持否定态度，主要是以下两个原因：第一，对纯经济损失进行赔偿，会无限扩大赔偿的范围，产生连锁反应；第二，纯经济损失无法量化，只有能够量化的损失才可以进行赔偿，因此对于赔偿的范围较难计算。

事实上，由于妨害经营的侵权行为造成的损害主要是间接损害，这种间接损害的表现，差不多就是纯经济损失，因为妨害经营的侵权行为所造成的损害，并没有具体损害人身和具体的物，而是与其无关的经济利益。可以将妨害经营所造成的这种纯经损失就作为间接损害认定，按照间接损害的赔偿规则确定赔偿责任。

对于妨害经营造成的损害，还可能造成既得利益的损害即直接损害，例如，经营活动受到损害，为了挽回损害而采取补救措施所支出的费用。《反不正当竞争法》第 20 条规定："经营者违反本法规定，给被侵害的经营者造成损害的，应当承担损害赔偿责任""并应当承担被侵害的经营者因调查该经营者侵害其合法权益的不正当竞争行为所支付的合理费用"。其中"调查费用"的损失就属于直接损害。

（三）妨害经营行为与经营权和经营利益受到的损害之间具有因果关系

确定妨害经营行为与经营权和经营利益受到损害的后果之间是否具有因果关系，应当区别情况，分别遵循以下三个规则进行。[1]

规则一：如果妨害经营行为与经营活动和经营利益受到损害的后果之间具有直接因果关系，无须再适用其他因果关系理论判断，直接确认其具有因果关系。

[1] 杨立新：《侵权法论》，人民法院出版社 2004 年版，第 177 页。

最常见的直接因果关系，就是一因一果，一个原因行为出现，引起了一个损害结果的发生。如果妨害经营行为与经营利益的损害之间也有其他条件的介入，但是可以确定这些条件并不影响妨害经营行为作为直接原因的，应当认定二者间具有因果关系。

规则二：如果妨害经营行为与经营利益受损的结果之间有其他条件的介入，使因果关系判断较为困难，无法确定直接原因的，应当适用相当因果关系进行判断。适用相当因果关系学说，关键在于掌握违法行为是否为损害事实的适当条件。适当条件是发生该种损害结果的不可缺条件，它不仅是在特定情形下偶然地引起损害，而且是一般发生同种结果的有利条件。如何判断相当因果关系，要依行为时的一般社会经验和智识水平作为判断标准，认为该行为有引起该损害结果的可能性，而在实际上该行为又确实引起了该损害结果，则该行为与该结果之间为有因果关系。

规则三：在特别情况下，如果确认因果关系确有困难，可以适用英美侵权行为法中的“事实原因—法律原因”的规则。事实原因，就是跟随结果发生同时存在的各个事实；法律原因也叫作近因，是被告对原告承担责任的最近原因，是一种自然的和继续的、没有被介入因素打断的原因，没有这种原因，就不会发生利益损害的结果。在适用时，首先确定该妨害经营的行为是否构成经济利益损害的事实原因，即是否是构成该损害结果的多个前提事实中的一个；其次确定该行为是否为损害的法律原因，即一种自然的、未被介入因素打断的原因。若妨害经营的行为对于损害而言，既是事实原因，又是法律原因，即可确定该妨害经营的行为与损害之间具有因果关系。

总之，受害人在妨害经营行为实施前后的经营状况具有明显的不利益的客观事实必须与妨害经营行为具有因果关系，只有这样才能够责令侵权人承担侵权责任。

（四）妨害经营的侵权行为的主观心理状态是故意和重大过失

就侵权行为的一般构成要求而言，故意、过失均可构成，但是对于妨害经营的侵权责任构成，有不同的意见。

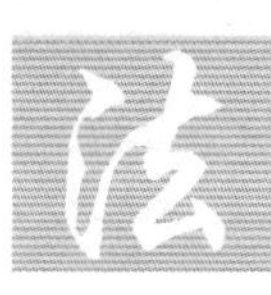

我国台湾地区学者认为，妨害经营的侵权责任构成，应当是故意的主观要件，理由是，因为妨害经营侵权责任制度保护的是合法利益，即经营利益，而不是权利，而法律保护利益与对权利的保护具有不同的要求。权利也是法律保护的利益，但其本身具有公示的功能，行为人在实施某种行为时，应当并且能够合理预见到自己的行为是否会损害他人的权利，所以即使基于过失造成对他人权利的损害，也仍然要承担责任。尽管合法利益也应受到法律的保护，但合法利益本身没有公示的功能，对行为人来讲缺乏一定的预见性。该不可预见性体现在：第一，不知道何种行为会导致对他人合法利益的侵害；第二，不知道实施该种行为会导致何种后果，需要承担何种责任。“私人间追究责任势须从‘期待可能性’着眼，只有对加害于人的结果有预见可能者要求其防免，而对未防免者课以责任，才有意义。”① 从该角度讲，应当严格限制行为人的主观过错要件，对由于过失造成他人利益的损失不承担责任。因此，以故意作为妨害经营的主观过错要件，可以协调好保护他人的合法利益和行为人行为自由的关系。在涉及侵害他人合法利益要求行为人承担侵权的民事责任的情况下，应当协调好保护他人的合法利益和行为人行为自由的关系。“不论侵权、背俗或违法，要让行为人对其行为负起民事上的责任，都须以该行为涉及某种对世规范的违反为前提，其目的就在建立此一制度最起码的期待可能性，以保留合理的行为空间。”②

据此，我国台湾地区民法制度将侵害他人经营的侵权行为的主观要件限定为故意。根据台湾地区“民法”第 184 条的规定，保护之客体应当包括权利及利益，因此经营者不能营业的经济上的损失，仍属于法律上所应保护的利益，但其主观要件应仅限于行为人故意的行为。这样通过放宽客体的范围和限制主观要件，调整侵权行为法对不同法益的保护程度。

上述论述不无道理。但是，我们认为，我国法律既然规定了经营权，妨害经营的侵权行为所侵害的客体界定为侵害经营权，那么，确定妨害经营的侵权责任构成的主观要件，就不能仅仅局限在故意的要件之上。应当认为，故意妨害经营

① 苏永钦：《走入新世纪的私法自治》，中国政法大学出版社 2002 年版，第 304 页。

② 苏永钦：《走入新世纪的私法自治》，中国政法大学出版社 2002 年版，第 306 页。

的，包括违反法定义务或者违反保护他人的法律以及故意违背善良风俗，都应当具有故意的要件。同样，基于“重大过失等同于故意”的一般理念，由于重大过失而妨害经营的，也能构成妨害经营的侵权责任。未尽交易上的必要注意，采取不正当的经营行为，给他人的经营活动造成重大损害的，也构成妨害经营的侵权责任。

构成妨害经营的侵权行为，就应当承担侵权责任。确定侵权责任的规则如下。第一，应当遵循侵权责任中的财产损害赔偿的规则进行。这是因为，经营活动是创造财富的行为，经营利益是财产利益，经营活动和经营利益受到损害，损失的都是财产利益。第二，与一般的财产损害赔偿所不同的是，妨害经营的侵权行为不是直接针对财产权或者财产，而是针对创造财产的活动。因此，妨害经营的侵权行为所造成的损害，一般是间接损失，是可得利益的损失，也就是所谓的“纯经济损失”，应当按照间接损失的赔偿规则确定赔偿责任。最基本的方法，是比较侵权行为实施前后的经营利益，确定适当的、合理的利益差，这个利益差就是赔偿的标的。第三，对于受到妨害经营行为侵害，造成财产上的直接损失的，应当对直接损失进行赔偿。例如，经营活动受到损害，为了挽回损害而采取补救措施所支出的费用，就是直接损失，应当予以全部赔偿。第四，如果妨害经营的行为仅仅造成了一般的经营妨害，受害人有权请求行为人停止侵害；对于承担了损失赔偿责任的加害人，也应当责令其停止侵害。

四、妨害经营侵权行为的主要形式

综合比较各国（地区）关于妨害经营侵权行为的形式，结合我国的具体实际，可以确定以下侵权行为是妨害经营的侵权行为。

（一）恶意妨害

恶意妨害，就是指故意以违法的行为或者违背善良风俗的行为，对他人的经营活动进行妨害，使其经营权和经营利益受到损害的侵权行为。在本节前述的案例中，被告摆放花圈、架高花圈的行为，就是故意以违背善良风俗的方式加损害

于原告，使其经营权和经营利益受到损害，为恶意妨害行为。

恶意妨害一般是作为的行为方式，有时候不作为的方式也可能构成恶意妨害。恶意妨害经营的行为必须具有违法性，即妨害经营的行为或者违反法定义务，或者违反保护他人的法律，或者故意违背善良风俗致他人以损害。在上述案件中，被告实施的行为是在自己的经营场所范围内摆放样品花圈，这并没有违反法律。但是，他正是用这种形式上不违反法律的行为，达到致他人以损害的目的，其行为故意违背善良风俗，为实质违法。因此，本案被告的行为具有违法性。就恶意妨害侵权人的主观状态而言，应当是故意所为，即构成恶意妨害的侵权责任应当具有故意的主观要件。例如前案，由于是违背善良风俗的违法，因而必须是故意才能构成侵权责任。判断恶意妨害的因果关系，首先，要确认是否符合侵权责任的构成要求，有因果关系则构成侵权，反之则不构成侵权；其次，要正确确定损害赔偿的责任，只有对那些与违法行为有因果关系的损害事实，才能够责令被告承担责任。恶意妨害的损害事实与其他妨害经营的侵权行为相同，都是经营权受到侵害，而使受害人的经营利益受到损失。

（二）恶意联合抵制

恶意联合抵制，是在商业活动中，两个或两个以上的经营主体联合起来，为了某种经济利益而恶意拒绝从事某种经营活动、购买某种商品或接受某种服务，造成被抵制经营主体经营权损害的侵权行为。

联合抵制并非都是侵权行为。为了公共利益进行的联合抵制为合法行为，为了正当的经济利益进行的联合抵制行为也不是违法行为。从追求经济利益的目的和经济后果来看，联合抵制会产生促进竞争和阻碍竞争两种后果。[①] 如果集体拒绝交易的行为是通过恶意地直接拒绝与供应商或客户进行交易或者是通过迫使供应商或是客户停止与其竞争对手进行交易的方法实现时，这种联合抵制行为将会使其竞争对手在市场竞争中处于不利的地位，这类联合抵制行为是有碍竞争，也是被反垄断法所禁止的，就构成恶意联合抵制。如果一些市场中的小型竞争者为争取较有利的竞争地位或对抗具有市场支配地位的竞争者而实行的联合抵制行

① 见 http：//www.law234.com/qiye6 _ anli13.htm。

为，因其可使这些小型经营者更有效地与规模经营者竞争而具有合理性，是被允许实行的。换言之，在规制联合抵制行为时，应该考察其目的和经济效果。对于那些可以促进竞争、提高效率或是维护社会道德的联合抵制行为，应予以肯定。只有那些具有恶意和违法性的联合抵制，才是非法联合抵制的妨害经营侵权行为。

从被抵制企业自身行为的角度考虑，可将联合抵制情形分为三种。第一种为，被抵制企业本身行为具有违法性，此时遭到抵制。第二种为，被抵制企业本身行为不具有违法性，行为人为了限制竞争实行联合抵制，此时可以认定该抵制行为为垄断，构成不正当竞争，比如企业间通过协议，联合限价、联合抵制、划分市场等实现经济性垄断，该种行为应当予以禁止。第三种为，被抵制企业本身行为不具有违法性，但行为人为了公共利益，实行联合抵制。

我们认为，构成妨害经营的恶意联合抵制限于第二种情形，即为了限制竞争而进行的恶意联合抵制。在第三种情形，被抵制企业本身行为不具有违法性，行为人为了公共利益实行联合抵制，是正当的。荷兰 Roermond 地方法院 1993 年 11 月 3 日审理的案件就涉及该种联合抵制行为的认定。[①] 该案件为绿色和平组织在短时间内中断了氯化工厂的铁路运输联系，给该氯化工厂的经营造成了妨害。法院经过审理认为，该短时间内的交通中断是为了公共利益，是合理的，因此驳回了氯化工厂的起诉。但是，这种为了公共利益的联合抵制超出必要限度造成不合理损失的，有可能构成侵权。假如该绿色和平组织中断的交通时间过长，对工厂的经营活动造成了不必要和不合理的妨害，此时尽管抵制起初是为了公共利益，也应当认为绿色和平组织的行为构成了妨害经营，应当对于氯化工厂的经营利益的损害进行赔偿。

恶意联合抵制的侵权人主要是指实行联合抵制的行为人，有时也可能会出现组织联合抵制人，不论怎样，恶意联合抵制总是多数人进行的行为，当恶意联合抵制侵权责任构成时，恶意联合抵制的行为人应当承担共同侵权的连带责任。

（三）非法罢工

罢工是集体劳动冲突的一种形式，是指在一个单位中一定数量的劳动者集体

---

① KG，1993 年第 411 号。

停止工作的行为。罢工权是法律赋予劳动者在特殊情况下享有为维护自身合法权益而对抗用人单位的一项基本权利。因此，依照法律行使罢工权进行罢工，是合法行为，不构成侵权。

我国宪法和法律没有明确规定罢工权，2001 年修改的《工会法》第 27 条仅规定了“企事业单位发生停工、怠工时，工会应当代表职工同有关方面协商，反映职工意见和要求并提出解决意见。对于职工的合理要求，企事业单位应当予以解决。工会协助企事业单位做好工作，尽快恢复生产、工作秩序”。但可以认为该条文中规定的“停工”和“怠工”包含了“罢工”的含义。某些停止工作的行为或类似行为，表面看起来像是罢工，实际上不属于罢工。如故意怠工的行为，法国司法判例认为，故意懈怠、放慢工作的行为不属于罢工，而是雇员不当履行劳动合同义务的行为，不能享受罢工的各项权利规定[①]；故意不当履行劳动合同的行为，如拒绝劳动的行为、有瑕疵地履行劳动合同的行为等都不是罢工，当事人不能享受罢工的各项权利规定。如某些雇员不同意继续在星期六上班，他们没有向雇主提出一个统一的主张，而是在星期六一致地都不来上班了，这就不能构成罢工行为，而是故意不当履行合同义务的行为。[②]

由于在罢工中可能会出现社会混乱，为维护社会稳定，各国立法均对一些非法罢工行为进行限制，对于危害公共安全和社会秩序，破坏损毁企业机器、设备和财产的[③]妨害经营行为等必须予以禁止。借鉴国际劳工标准和世界其他国家和地区的通行做法，非法罢工被界定为违反下列限制的行为，当出现下列这些行为时，工会及罢工人员要承担必要的侵权责任。

1. 对罢工主体的限制

为了保护社会公共秩序和人民利益，法律特别规定不能进行罢工的人员，一般认为公共福利部门，如交通、邮电通信、水、电、煤气供应、医疗、公共卫

① 法国最高法院社会庭 1953 年 3 月 5 日和 1962 年 10 月 10 日的判决。

② 法国最高法院社会庭 1978 年 11 月 23 日、1984 年 11 月 5 日、1989 年 5 月 16 日、1995 年 4 月 12 日的判决。

③ 张修林：《劳工标准、罢工权立法与劳动者权益保障》，见 http：//www.labournet.com.cn/lilun/fileview.asp? title=劳工标准、罢工权立法与劳动者权益保障&number=al019498.txt。

生、教育等部门或政府部门或决定国计民生方面的重大企业，不得进行罢工。如果企业中某些岗位是特殊的，如果采取罢工行为将妨碍甚至中断安全程序的维持和正常运行，这些岗位的雇员也不应该进行罢工。如某市 6 000 辆出租车“暂停载客”的行为已超出了个人“拒载”的范畴，是非法罢工行为。

2. 对罢工类型的限制

罢工可以分为经济性罢工和政治性罢工，经济性罢工是指为了提高工资、改善劳动条件、要求雇主履行义务、反对集体裁员等以提高经济利益为目的进行的罢工，该种罢工为合法罢工。若是反政府的政治性罢工，法律是不承认的，进行此种罢工就是非法罢工。罢工可以分为有工会组织的罢工和自发罢工两种。大多数的罢工都是在工会的组织下进行的，由工会组织罢工，能够保证罢工形式的一致性，避免出现混乱的情形。个别劳动者未经有关机关的批准，擅自组织罢工的行为，该种罢工行为被称为野罢工[①]，属于非法罢工，应当予以禁止。还有一类是同情罢工，同情罢工是指不为自身权益而为他人权益一致停止工作，纯粹的同情罢工是非法的。

3. 对罢工程序的限制

罢工必须得依照一定的程序。首先，罢工应当由工会组织，预告罢工的时间、地点、目的、参加人员等。工会于罢工时，不得妨害公共秩序的安宁，及加危害于他人的生命财产及身体自由。其次，罢工应当事先通知，未在罢工前的一定期间内履行通知义务，告知相关的企业或有关主管部门，该罢工就属于非法罢工。再次，在集体谈判期间或劳资纠纷的调解、仲裁、诉讼期间不得举行罢工，若在此时举行罢工，就属于非法罢工。

4. 对罢工行为程度的限制

罢工权的行使必须有适当的限度，一般认为下列情形已超越合理限度[②]：（1）占领工厂，堵塞厂门，阻止所有雇员进厂，该行为既妨碍了非罢工人员劳动权的行使，也侵害了雇主的财产权和从事生产经营的自由权；（2）阻止雇主雇佣

① 史探径：《劳动法》，经济科学出版社 1990 年版，第 361 页。

② 苏苗罕、姚宏敏、郑磊：《对罢工权的法律确认及规范》，见 http：//www.gongfa.com/0301.htm。

其他工人维持营业运转；(3) 用暴力、大规模纠察行动恫吓、阻碍或封锁企业的出入通道；(4) 阻止本企业所生产商品的自由流通；(5) 强迫或诱使和本企业有来往的外企业的雇主停止业务往来；(6) 劝使外企业雇员参与罢工，以对本企业雇主施加间接压力。上述这行罢工行为超出了合理、必要的限度，严重妨害了经营者的经营，法律应当追究相应的责任。

非法罢工造成经营者的经营损害，构成非法罢工的侵权责任。经营者就可以以非法罢工提起民事诉讼，要求民事赔偿，当然该赔偿主体或者为工会或者为非法罢工人员。

(四) 损害性评论

评论就是对某一事件的利弊、是非、对错、得失、善恶、荣辱所作出的结论，可以带有强烈的主观倾向，具有鲜明的价值取向。既然如此，不当的评论就会造成被评论人的损害。如果被评论人是经营者，就会造成经营权和经营利益的损害。可能构成的损害性评论有三种：传播有关经营者的虚假事实，对经营者发表不当评论，对经营者表达侮辱性言辞。

评论本属于舆论监督的内容，舆论监督属于自由言论。但是，民事主体在行使自由和权利的时候，不得损害国家的、社会的、集体的利益和其他公民的合法的自由和权利。[①]

判断损害性评论是否构成妨害经营侵权，应根据主、客观两方面的标准进行确定。

主观标准是指评论者主观上有无损害他人经营权或者经营利益的过错，有无损害他人经营权或者经营利益的动机或目的。如果评论者对自己所作的评论依据的事实未经查证核实，有意以损害他人经营权益为目的或者有损害他人经营权益的动机而作有损他人经营权益的评论，则应认定为有故意。

客观标准，是指所作出的评论客观上与事实是否相符或是否属于法律、法规、政策或道德规范禁止的内容。如果所传播的内容与客观事实基本相符，只是在某一具体情节上虚假，但不影响事实的性质的，则不构成与事实不符。具体

① 参见我国《宪法》第51条的规定。

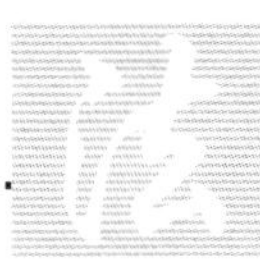

讲，若评论反映的问题基本真实，没有损害他人经营权益的内容，不应认定为侵害他人经营权益；评论反映的问题虽基本属实，但有故意侮辱诽谤经营者的名誉、信誉等内容，使其经营权益受到损害的，应认定为侵害他人权益；评论的基本内容失实，使他人经营权益受到损害的，应认定为侵害他人经营权。

典型的案件是百龙公司等诉韩某刚侵犯名誉权案。[①] 被告韩某刚于1993年10月至1994年9月间，先后在媒体上发表了《矿泉壶的"神力"有待商榷》等文章称，据有关专家及科技杂志研究结果，矿泉壶的矿化、磁化、灭菌装置有害，进而得出了矿泉壶有害的结论，同时提醒消费者"慎用""当心"。同时还以广告欺骗消费者为由，在文章中对百龙公司等生产厂家的广告点名批评。二审法院判决认为，韩某刚的评论不构成侵害法人名誉权。我们认为，韩某刚作为公民和消费者，享有对商品进行舆论监督的权利，撰文对矿泉壶进行探讨、质疑和评论，是公民行使舆论监督权的一种方式。韩某刚从维护消费者权益角度出发进行批评，其主观上并无侵害企业的故意，在客观上，评论的内容也非失实，因此，这种行为不属于损害性评论，不构成侵权。

第二节　商业诽谤行为及其民事法律制裁

一、商业诽谤行为的概念和法律特征

诽谤的本意是"言非其实"。一般所称诽谤，仅指一般诽谤行为，即针对自然人和一般法人的名誉进行诋毁的行为。而从广义上理解诽谤，则应当包括这种一般的诽谤行为和商业诽谤行为，后者则为本节所专门研究的对商事主体进行诽谤的行为。

对于商业诽谤行为究竟应当怎样界定，有不同的主张。一是认为，商业诽谤

① 见 http：//www. hongen. com/proedu/flss/aljx/jx032501. htm。

行为指经营者通过捏造、散布虚伪事实或虚假信息等不正当手段，对竞争对手的商业信誉和商品声誉进行恶意的诋毁和诽谤，以贬低其法律人格，削弱其市场竞争能力，从而为自己谋取竞争的优势地位及其他不正当利益的行为。[①] 二是认为，诽谤他人的不动产、动产、无形财产或者服务，造成他人经济损失的，就是商业诽谤行为。[②] 三是将商业诽谤行为分为两种，一种为经营者公开贬低他人产品或者服务的价值，影响他人的交易致人损害的，经营者应当承担民事责任的侵权行为；另一种为诽谤他人的动产、不动产或者无形财产，致使其受到财产利益损失的，应当承担民事责任的侵权行为。[③]

我们认为，上述对商业诽谤概念的三种界定，都有其合理性，但也都有不完善性之处。第一种主张将商业诽谤行为视为一种不正当竞争行为，仅将商业诽谤的行为主体限定为经营者，不够全面。第二种主张过于抽象，不容易指导实践操作。第三种主张仅仅对商业诽谤行为的种类进行了界定，对商业诽谤行为的本质和特征都没有作出论述。

我们认为，商业诽谤行为是指通过捏造、公开虚伪事实或虚假信息，对特定商事主体的商誉、商品或服务进行贬低和诋毁，造成其商业利益损失的侵权行为。

作为商业侵权行为之一的商业诽谤行为究竟应当具有哪些法律特征，有不同的说法。我们认为，商业诽谤行为主要具有下列法律特征。

第一，商业诽谤行为的主体为一般主体。有人认为，实施商业诽谤行为的主体一定是经营者，即商事主体，不从事经营的其他社会组织或个人，对经营者的商业信誉、服务信誉和商品声誉进行诋毁和指控的，即使构成了对经营者的诋毁，也不能依商业诽谤行为论处，只能构成一般的民事侵权行为或犯罪行为[④]，理由是经营者以外的组织或个人不具有商业竞争的特性。这种认识有失偏颇。事

---

① 刘怀松：《论商业诽谤行为及其法律责任》，《湖北师范学院学报（哲学社会科学版）》2000 年第 4 期。

② 中国民法典立法研究课题组：《中国民法典·侵权行为编草案建议稿》第 32 条。

③ 中国人民大学民商事法律科学研究中心：《〈中国民法典·侵权行为法编〉草案建议稿》第 167 条。

④ 持观点“商业诽谤行为的主体只以经营者为限”，如宋才发：《商业诽谤行为认定及惩处探讨》，《江汉石油学院学报（社科版）》2000 年第 2 期。

实上，实施商业诽谤的侵权行为人是一般主体，不仅仅限定于与被侵权人存在竞争关系的经营者，其他主体如社会组织、消费者以及媒体等，也都可以构成商业诽谤主体。其理由是：

第一，一般实施商业诽谤行为的行为人，应当具有商事主体的身份，但这只是认定诋毁商誉侵权行为的重要条件之一。① 非商事主体，如社会组织、个别的消费者或者媒体，诋毁商事主体的商誉，诋毁他人商品或者服务，尽管行为人与受害的商事主体之间不存在竞争关系，其最终结果也还是损害了商事主体的商誉、商品或者服务的信誉，同样也会构成商业诽谤。类似这种情况的案件，法院已经作出过生效的判决，比较典型的是恒升公司诉王某商誉侵权案，该案件被称为网上商业诽谤第一案。该案的行为人并非商事主体，而仅仅是一个个人。② 其次，在实务中经常会出现媒体、行会或消费者协会，为打击某商事主体，针对其商誉、商品或者服务而发布虚假的报道、虚假的产品排序，对其进行诋毁等。这些行为尽管不是由商事主体实施，但其行为损害了商事主体的商业利益，应当认定构成商业诽谤。瑞典、比利时和瑞士在界定商业诽谤行为时，均认为若主体之间不存在竞争关系，也可能构成商业诽谤，世界知识产权组织 1996 年《关于反不正当竞争法示范规定》也作了相同的规定。因此，将非商事主体纳入商业诽谤行为人的范畴，符合实践的需要，并与世界反不正当竞争立法的发展趋势相合，可以参照。

第二，商业诽谤行为所侵害的客体具有多重性。商业诽谤行为所侵害的客体，就是商业利益，具体分析，则表现为不同的利益。关于商业诽谤行为的客体，各国立法大都采取具体列举式，其代表立法例为《德国反对不正当竞争法》和《美国侵权行为法重述》。前者将商业诽谤的客体界定为：他人的营业、其营业者个人或经理、货物或劳务；后者为他人的财产（动产、不动产或无形财产）或财产（动产、不动产或无形财产）的品质。因此，商业诽谤行为的侵害客体尽

---

① 吴汉东：《论商誉权》，《中国法学》2001 年第 3 期。

② 张新宝：《网上商业诽谤第一案：恒升诉王洪等侵权案评析》，见 http：//www.civillaw.com.cn/weizhang/default.asp？id=9841，2010 年 3 月 4 日访问。

管是商业利益这种客体，但表现是多重的，既包括对于商誉、财产的诽谤，也包括对于商品和服务的诽谤。

将商业诽谤的具体客体进行区分，具有积极的意义。一是，侵害的客体不同，商业诽谤行为的类型就不同。如根据英美判例，如果行为人主张某公司的产品有缺陷、不合格或有害①，或者声明某公司已经歇业②，那么该种侵权行为就被称为致害诋毁（injurious falsehood）③；如果行为人只是对于产品进行诋毁，那么该种侵权行为可被称为商业诽谤（trade libel or commercial disparagement）④；如果行为人针对财产的所有权而非产品的质量进行诋毁，该种侵权行为可被称为财产所有权的诽谤（slander of title）。⑤ 当以客体作为标准对于商业诽谤行为作区分后，对于确定适用何种法律进行救济具有积极的意义。二是，侵害的客体不同，商业诽谤的行为及其责任的构成就不同。对商业诽谤的客体作出区分后，对认定不同的行为是否构成商业诽谤行为及其责任具有重要意义。对商誉进行商业诽谤，一般是与商誉主体形成竞争关系的经营者才可以作为行为主体，非经营者在一般情况下不能够作为侵害商誉的诽谤行为的主体，除非非经营者具有明确的故意；但对于商品和服务的诽谤，行为主体却没有限制，可以为经营者，也可以为非经营者。

第三，商业诽谤的受害人必须是商事主体。商业诽谤的受害人必须是商事主体，若受害人不是商事主体，就不可能构成商业诽谤。商事主体可以分为商自然人、商法人和商事合伙三种⑥，其中商自然人包括独资企业、个体工商户、农村承包经营户和自然人商人，商法人主要是指公司，而商事合伙则介于商自然人和

① National Ref. Co. v. Benzo Gas Motor Fuel Co., 20 F. 2d 763 (8th Cir. 1927).

② Ratcliffe v. Evans, (1892) 2 Q. B. 524 (C. A.).

③ A good summary of the tort's development, along with recommendations for its use, is found in Paul T. Hayden, "A Goodly Apple Rotten at the Heart: Commercial Disparagement in Comparative Advertising as Common-Law Tortuous Unfair Competition", 76 *Iowa L. Rev.* 67 (1990).

④ E. g., Auvil v. CBS "60 Minutes", 67 F. 3d 816 (9th Cir. 1995)。该判例认为商业诽谤只是致害诋毁的一种形式。

⑤ E. g., Rorvig v. Douglas, 123 Wash. 2d 854, 873 P. 2d 492 (1994).

⑥ 江平等：《合伙的多种形式和合伙立法》，《中国法学》1996 年第 3 期。

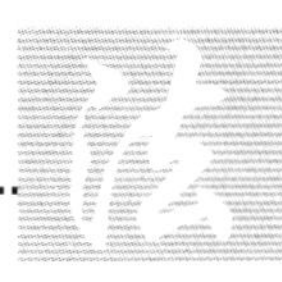

商法人之间。

根据诽谤受害人的不同，可以明确区分商业诽谤行为与一般诽谤行为。商业诽谤行为与一般诽谤行为主要有三点不同。一为受侵害对象不同。商业诽谤行为是商业侵权行为的一种，发生在商业领域，其侵害对象为商事主体，而一般诽谤行为主要是针对自然人或者一般法人进行的诽谤。二为受侵害的客体不同。商业诽谤行为侵害的客体是商业利益，而一般诽谤行为侵害的客体仅指名誉权。三为提起侵权的诉因不同。提起商业诽谤侵权的诉因在于该侵权行为造成了商事主体商业利益上的损害，如果不产生商业利益上的损害，该诉讼不能提起，而提起一般诽谤侵权的目的就是保护受害人的名誉。

第四，商业诽谤必须具有特定的指向，即受诽谤人应特定。受诽谤人特定是指，商业诽谤所涉及的对象能够被受诽谤人或公众辨识、指认，如果缺乏这种特定性就不构成商业诽谤。

受诽谤主体特定有两种方式：一种为直接特定，即行为人明确指出受诽谤主体的身份；另一种为间接特定，即行为人没有明确指明受诽谤人的身份，而是以含沙射影的方式，通过提及其荣誉称号、绰号或通过特定环境的描述，影射受诽谤主体，此时受诽谤主体必须证明自己是诽谤言辞中伤的对象。通常，对于商誉的诽谤不存在受诽谤人不特定的可能，而对于商品或服务的诋毁，则可能存在受诽谤人不明的情况。若经营者、公众或新闻媒体只是对于某类商品、服务或某技术进行贬损，其并没有暗示上述评论对象与某特定经营者有关，这种情况不构成商业诽谤，因为受诽谤人不特定。①

---

① 2000年4月下旬，农夫山泉召开记者发布会，宣布由于纯净水对人体健康无益，因此农夫山泉从此不再生产纯净水而只做天然水。与此同时，农夫山泉在中央电视台播出一则广告，以水仙花生长比较实验引导消费者饮用天然水而放弃纯净水。针对农夫山泉的上述广告对比行为，由69家纯净水生产企业推举的由娃哈哈、乐百氏等六家公司组成了申诉代表团，要求国家相关机关对农夫山泉进行制裁。关于农夫山泉的行为是否构成诽谤，我们持否定态度，因为农夫山泉不论是在记者发布会，还是在广告中，都没有涉及具体的厂商及厂家产品。只能认为农夫山泉进行广告对比是不当行为，纯净水的生产商只能要求农夫山泉停止上述广告。

二、商业诽谤行为的构成要件及免责事由

（一）商业诽谤行为的构成要件

1. 虚假事实

虚假事实是构成商业诽谤最主要的要件。没有这个要件，就不存在“言非其实”的基础。虚假事实有两个要素：一是，诽谤言辞必须是事实（fact），仅仅是评论不构成商业诽谤。事实就是告诉人们发生了什么；评论就是告诉人们自己对某事或某人的看法。言辞失实可以构成诽谤，但评论不公正只能够构成一般的侵权。[①] 在具体的案件中，如何判断某一言辞是事实还是评论，法官应当将自己处在一个普通人的地位，参考该言辞产生的环境，推测该言辞可能带来的损害后果来决定是事实还是评论。[②] 二是，诽谤言辞是虚假的（fault），并含有毁损性（derogatory）。言辞的虚假性是指言辞与事实的真实情况不相符；言辞的毁损性是指行为人所使用的言辞会使商事主体及其商品或者服务的社会评价降低，或令其他人对该商事主体敬而远之，导致客户不与其进行交易，消费者不购买其商品或服务等。

在商业诽谤的诉讼中，言辞的虚假性和毁损性必须得到证明。由原告证明言辞的毁损性是没有争议的，而对于言辞虚假性的证明，则存在不同的规定。大陆法系国家和美国都认为应当由原告证明言辞的虚假性，这意味着原告必须说明言辞的真实情况，而对于被告来讲，对于言辞真实性的证明只是抗辩的一种事由。《荷兰民法典》第195条规定：作为原告应当对有关包含于信息中的事实或者其所暗示的信息中的事实的准确性或完整性……的事实承担举证责任。《美国侵权行为法重述》第651条也规定，原告应当对于陈述的虚伪不实承担举证责任。而在诽谤法起源地的英国则认为，言辞的真实性应由被告证明，如果被告不能够证

---

① 直接针对商事主体的商誉等故意进行恶意评论，似乎应当认定为商业诽谤的行为，而一般的不公正评论，作为一般诽谤较为适宜。

② Hofmann Co. v. E. I. Du Pont De Nemours & Co. (1988) 202 Cal. App. 3d 390，397，248 Cal. Rptr. 384.

明，那么诽谤行为就构成。

被告承担举证责任或原告承担举证责任，何者比较合理呢？从原理上说，关于举证责任的分担，罗马法确立了两条规则：原告有举证的义务；主张的人有证明的义务，而否定的人没有举证的义务。[①] 对于商业诽谤的侵权行为，原告就是主张的人，因此应承担举证责任；被告是否定的人，因此不承担举证责任。但是，罗马法中“为主张的人”和“为否定的人”的位置并不确定，是随着对证明对象的观察角度不同而发生变换的，因此谁是举证责任的承担者是模棱两可的。[②] 因此，罗马法的举证责任原则有一定的不合理性。日本法学家石田穰则认为，举证责任的分担应根据“证据距离”确定，距离证据较“近”（取证较易）的一方就是举证责任的承担者。[③] 依据该学说，在商业诽谤诉讼中，距“虚假事实”这一要件较近的一方是原告，原告对自己的情况最为了解，因此，由其提出所涉言辞不真实的证据就相对容易。因此，我们认为，对于“虚假事实”的举证责任应由原告承担。我国现行的法律、法规等也规定“虚假事实”是诽谤行为的构成要件，依据“谁主张，谁举证”的原则，原告主张商业诽谤的存在，就必须证明“言辞的失实”。最高人民法院1993年《关于审理名誉权案件若干问题的解答》及北京市和上海市高级人民法院对此都有相关的规定。

2.虚假事实的公布

商业诽谤行为是一种通过捏造、公布虚假事实，对商事主体的商业信誉、商品或者服务进行诋毁的违法行为。但是，捏造虚假事实只是一个手段而已，并不是侵权行为的构成要件；只有公布虚假事实，才是商业诽谤的构成要件。

由于捏造虚假事实是构成商业诽谤的前提，因而也必须研究。捏造虚假事实，是指行为人故意编造对某经营者不利的，与其真实情况不相符合的事情，这里的捏造可以是全部捏造，可以是部分捏造，也可以是对事实真相的歪曲。

公布虚假事实，是指行为人以各种形式将诽谤性言辞传播给原告以外的其他

---

① 毕玉谦：《民事证据法及其程序功能》，法律出版社1997年版，第155页。

② 陈历幸：《新闻诽谤举证责任分担的“悖论”及其解决》，《政治与法律》2000年第3期。

③ ［日］谷口安平：《程序的正义与诉讼》，王亚新、刘荣军译，中国政法大学出版社1996年版，第239-240页；叶自强：《民事证据研究》，法律出版社1999年版，第151页。

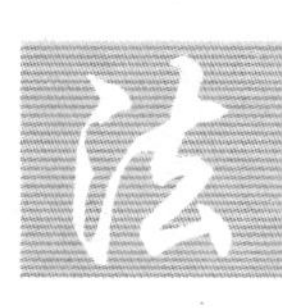

人，使他人知悉该虚假事实的行为。虚假事实只有公布，才有可能造成诽谤的后果，因此，虚假事实只有公布，才能够构成商业诽谤。

公布行为对于商业诽谤的构成十分重要，但是并不是所有的诽谤言辞一经产生，就构成公布。在美国，公布是个法律术语，意为不论采用何种形式，诽谤性传播已为被诽谤者之外的他人所领悟，即构成诽谤。由此可判定美国法院对于公布要件的认定相当宽松，只要第三者看到或听到诽谤的言论就视为已经公布。我国侵权行为法认定商业诽谤的公布要件，也应当采用这样的标准，至于受害人的商业利益的损害是不是严重，则是后果判断问题，不是公布要件的判断问题。

公布与否取决于很多因素：第一，行为人是由于故意或过失将诽谤言论传播给受诽谤人以外的第三人，没有过错不应当构成公布行为；第二，对于诽谤言论有消停义务的人，故意不作为或怠于作为，导致该诽谤言论的持续公布，此时该人的行为也构成公布①；第三，对于诽谤言论，第三人应当知道并了解，因此仅仅将诽谤性言论传递给不了解该言论的第三人是不构成公布行为的。尽管原告应当对于诽谤性言辞的公布承担举证责任，但是公布行为的构成一般并不需要原告证明诽谤性言辞已被他人知晓。一般情况下，只要能够合理地推断出将诽谤性言辞传递出去，并且确实被人知道就足够了，所以，诽谤言辞一经电视、广播、报纸等媒体传送就可以合理地推定公布行为的构成。②

公布行为分为单一公布行为和多重公布行为，单一公布行为为常见行为，如报纸杂志、广播、电视等传递信息的行为；诽谤言辞同时被二人或二人以上的人知晓等都属于单一公布行为。对于单一公布行为造成的损害要求救济，只能提起一个诉讼，并且就该赔偿诉讼的实体判决，不论是否有利于原告，同一当事人在同一辖区内的其他赔偿诉讼必须终止。③ 多重公布行为则不在此限。

3.商业利益的损害事实

商业诽谤的损害后果必须导致实际商业利益损害的发生，也就是说，在认定

---

① 参见《美国侵权行为法重述》第577条。

② 方红：《IT时代英美诽谤法的新发展》，《经济师》2003年第9期。

③ 参见《美国侵权行为法重述》第577A条。

商业诽谤行为时，原告必须举证证明自己因为遭受诽谤而导致商业利益方面的损失。如果仅仅有虚假事实的公布，而没有商业利益的实际损失，那么可能构成侵权，受到法律的一般谴责，但并不构成侵权损害赔偿责任。

对此，侵权行为法的要求是明确的。例如，《美国侵权行为法重述》第 561 条规定，如果法人、合伙及非法人组织体是以营利为目的，行为人所公开传播的虚假事项使其营业受到了侵害，阻碍了客户与其作交易；如果法人、合伙及非法人组织体不以营利为目的，而是依靠社会上财政的援助，行为人借公开传播的虚假事项使社会大众对其评估降低而干预了其活动，此时行为人应当承担责任。美国判例也规定，因消费者批评产品而引起的诽谤案，厂方必须要证明消费者的批评不实给自己造成了实际损失。

我国法律也有类似的规定。《关于贯彻执行〈中华人民共和国民法通则〉若干问题的意见（试行）》第 140 条就将对自然人进行诽谤和对经营者进行诽谤导致损害的认定方面作了区分，前者是"造成一定影响"，即诽谤言辞被公开就足以表明已经发生影响，而后者要求对经营者造成具体损害事实，该损害应当是可算的。[①] 因此，如果行为人实施捏造、散布虚假事实，尚未造成损害后果的，或者存在造成损害后果的可能性，都不能视为已构成商业诽谤行为，最起码不能认定构成商业诽谤的侵权损害赔偿责任。之所以认为构成商业诽谤的要求更加严格，是因为商事主体从事经营活动，与公众利益密切相关，公众有权利对商事主体进行监督和批评。另外，商事主体相对于个人来讲，有更强的自我保护能力，一般的诽谤语言不能够对其造成损害。

关于商事主体损失的范围，《美国侵权行为法重述》第 633 条作了规定，可以作为参照：实施商业诽谤行为人承担的金钱损失仅限于，因第三人的行为效力所导致直接的、立即发生的金钱损失；为消减诽谤言辞带来的消极影响而支出的必要费用，包括提起诉讼的费用。由此可见，商事主体的损失包括直接损失和间

---

① 第 140 条规定，对于自然人："捏造事实公然丑化他人人格，以及用侮辱、诽谤等方式损害他人名誉，造成一定影响的，应当认定为侵害公民名誉权的行为。"对于法人："以书面、口头等形式诋毁、诽谤法人名誉，给法人造成损害的，应当认定为侵害法人名誉权的行为。"

接损失。直接损失包括：因诽谤行为造成的实际经济损失，如退货、商品积压滞销损失；为消除影响和调查、制止侵权行为而支出的费用，如调查费、合理的律师费等。间接损失包括：因诽谤行为造成客户解除或者终止履行合同而丧失可得利益的损失；因诽谤行为造成停产滞销期间设备折旧费及贷款利息等。

4.行为主体存在过错

行为主体对商事主体的商誉、商品和服务进行侵害的主观要件可以为故意，亦可为过失。商业诽谤的故意，是指行为人明知自己的行为或不行为会造成商事主体商誉、产品或者服务的贬损，将危害其商业利益，而仍然加以实施或听任损害发生的心理状态。商业诽谤的过失，则表现为行为人对商事主体的诽谤后果采取了不注意的心理状态，使自己的行为造成了商事主体的商誉、产品或者服务的毁损。

在涉及商业诽谤行为主体的过错时，应视主体的不同采用不同的标准。

当行为人为经营者时，此时商业诽谤行为的实质属于不正当竞争行为的范畴。按照《德国反对不正当竞争法》的规定，如果从民事责任的角度探讨商业诽谤行为的要件时，受害人无须证明行为人是故意还是过失，只要有虚假陈述，造成损害，就构成商业诽谤；如果从刑事责任的角度探讨该要件时，必须证明行为人为恶意（故意）。[①] 我国台湾地区的“公平交易法”遵循德国学者的解释，采取相同的观点。[②]《意大利民法典》第2600条第2款规定，“凡认定是反不正当竞争行为的，就推定为有过错”，那么，由经营者实施的商业诽谤行为就属于民事侵权行为的特殊形式，适用过错推定原则，无须原告证明被告的过错[③]，而由行为人反证自己没有过错，否则应当承担损害赔偿责任。我们认为，经营者作为商业诽谤的行为人，都是明知商业规则和商业习惯的人，具有识别自己行为后果的能力，因此，在我国认定商业诽谤侵权责任，认定经营者的行为是否构成商业诽

---

① 转引自赖源河编审：《公平交易法新论》，中国政法大学出版社、元照出版公司2002年版，第388页。

② 转引自赖源河编审：《公平交易法新论》，中国政法大学出版社、元照出版公司2002年版，第388页。

③ 转引自赖源河编审：《公平交易法新论》，中国政法大学出版社、元照出版公司2002年版，第391页。

谤，过错要件采用推定过错责任，是有道理的。因此，如果行为人是经营者，则原告不必举证证明行为人的过错，否认过错的举证责任由行为人自己承担。这样的过错，实际上既可以是故意，也可以是过失，并不需要明确认定其过错的类型。

当行为人为非经营者时，则应当适用美国的“沙利文原则”，即经营者要想在诉讼中获胜，必须证明对方行为人存在实际恶意，该实际恶意是指行为人明明知道消息与事实不符，若公布会给对方带来损害，还是不顾一切地将消息公开。“沙利文原则”来源于1964年的沙利文案件，该案件对于新闻诽谤确立了新的原则：原告要想胜诉，不仅要证明普通法要求的有关内容已经发表，给自己造成了损害，而且要证明被告具有“实际上的恶意”，即需证明媒体在进行有关原告的报道时，清楚地知道自己使用的材料或信息是“虚假不实的”，或对其使用的材料和信息的真伪“毫不顾及”[①]。1983年，“沙利文原则”被推广到消费者批评产品质量而引起的“商业诽谤”诉讼中。英国的规定与美国的规定不同，从与英国的规定相仿的我国香港特别行政区附属法例第82号命令第3条可窥见一斑。该条例规定：凡在永久形式诽谤（书面诽谤）或短暂形式诽谤（口头诽谤）的诉讼中，原告人指控被告人是恶意地公开遭投诉的言辞或事件，则原告人不必在其申诉陈述书中提供他所依据以支持该恶意指控的事实的详情，但如果被告人以任何该等言辞或事件是就涉及公众利益而作出的公正评论，或以任何该等言辞是在享有特权的情况下发布作诉，而原告人又控诉被告人是由明显的恶意所驱动，则原告人必须送达答复书，提供可从中推论出有该恶意的事实的详情。从该规定可以看出，在英国及香港地区，原告在起诉时没有必要证明行为人是恶意，除非行为人以所陈述为公共利益或享有特许权作为免责抗辩，此时原告才应证明对方存在主观恶意。将美国的规定和我国香港地区的规定作一对比，可以看出美国法律认为商事主体证明消费者存在恶意是企业诉消费者商业诽谤的构成要件，而我国香港地区则将证明恶意的责任作为一种答辩。我们认为，在我国，认定商事主体起诉非经营者承担商业诽谤责任时，应对非经营者的主观要件作出严格的限制，即

① New York Times v. Sullivan, 376 U.S. 254-305 (1964).

必须证明行为人的故意。因此，美国的做法更为可取，不过，应将消费者扩大为非经营者。商业诽谤中的恶意就是行为人动机不良的故意，该不良动机就是为了损害经营者的利益。

（二）对于商业诽谤的抗辩事由

如果经营者提出商业诽谤的诉讼，则行为人可主张下列抗辩事由。

1.陈述真实

如果行为人能够证明其所陈述为真实，就可免责。行为人证明言辞的真实性具有不同的效力。按照英国判例，言辞的真实性应由行为人证明，如果行为人不能够证明，那么诽谤行为就构成，行为人就要承担不利的法律后果。而按照我国法律的规定，行为人证明言辞的真实性是一种抗辩事由，并不采纳英国法的做法。如果行为人能够证明自己的陈述是真实的，并非虚假，即可免责。

2.公正评论

如果行为人能够证明自己的言论属于公正的评论，亦可免责。可以参考香港特区《诽谤条例》的规定。该条例认为，“公正评论”应具备一定的条件，这些条件包括：评论的事项必须与社会公共利益有关；有可靠的事实来源（包括报章的报道）；立场应当公正（但不一定客观）；没有恶意。在具备上述条件下，即使该评论是片面的、偏激的、具有一定的诋毁性的，也不应追究行为人法律上的责任。我们认为，确立“公正评论”的原则是为了保护言论自由的宪法权利，即在评论与评论对象的人格权出现冲突时，应对评论予以优先的保护。因此，只要能够证明自己的评论是公正的，当然可以免责。

3.豁免权

如果行为人能够证明自己享有某种豁免权，也能够免责。同样可以参考香港特区《诽谤条例》的相关规定。豁免权有两种，一种为绝对豁免权，一种为相对豁免权。绝对豁免权是指为了特定的公共利益和个人利益的需要，散布具有诽谤性的言论可以不承担法律责任。绝对豁免权的情形包括：人大代表对在人大会议的发言享有绝对豁免权；诉讼参与人在司法程序或准司法程序中所做的陈述；政府等官方往来的文件等。相对豁免权的情形包括新闻媒体依照法律文件或公共集会所做

的报道，或执法人员对媒体或大众揭露公务活动的内容等。例如，最高人民法院《关于审理名誉权案件若干问题的解释》第6条规定：新闻单位根据国家机关依职权制作的公开的文书和实施的公开的职权行为所作的报道，其报道客观准确的，不应当认定为侵害他人名誉权；其报道失实，或者前述文书和职权行为已公开纠正而拒绝更正报道，致使他人名誉受到损害的，应当认定为侵害他人的名誉权。

4.自由陈述空间

所谓自由空间，是指在家庭内或少数极亲近的朋友之间，在这些范围内所为的诽谤陈述不构成诉因。[①] 如果行为人能够证明自己对于某商事主体的诋毁只是在亲人之间传播，也可以此作为抗辩。在德国法和《美国侵权行为法重述》中，都有这样的规定。在我国，也应采纳这样的规则，如果行为人能够证明对于第三人的诽谤仅在夫妻之间传播，可以此作为绝对的免责抗辩；如果行为人能够证明对于第三人的诽谤在亲朋好友间传播，可以此作为相对的免责抗辩。

5.及时更正和道歉

如果行为人能够证明在发布虚假消息后，及时进行了更正或答辩，消除或减少了虚假消息给受害人带来的损害，这也可作为抗辩的事由。当虚假事实传播后，受到虚假事实侵害的商事主体通常首先会与行为人联系，若后者主动更正，受害人一般情况下不会再提起诉讼。若受害人仍旧提起诉讼，那么行为人及时作出的更正和道歉仍具有一定的效力。我国香港特区《诽谤条例》第3条和第4条规定，在报刊诽谤诉讼中，及时的道歉既可以作为免责抗辩的理由，也可以作为要求减免赔偿的证据。我国的相关法律应当借鉴上述规定，在对更正方式、时限及效力作出规定的同时，还要规定行为人及时作出的更正和答辩可以使自己减轻或免除责任。

三、商业诽谤的行为方式

关于商业诽谤行为，有多种表现形式。一是从行为主体的角度讲，可以表现

① 见 http：//cc. shu. edu. tw/～distance/dist/classinfo/oldclass/8602nl/c8602t02cst07. htm。

为经营者实施商业诽谤行为和非经营者实施商业诽谤行为两种。多数情况下，实施商业诽谤的行为人为经营者自己，但有时经营者不亲自实施商业诽谤行为，而是唆使、收买和利用其他人向有关管理部门和媒体反映，或直接与相关管理部门和媒体恶意串通，对竞争对手作虚假投诉、报道和处罚。二是从表达方式的角度讲，商业诽谤行为可以表现为书面诽谤和口头诽谤两种方式。书面诽谤具有持久性，而口头诽谤多具有短暂性，口头诽谤的危害性一般要比书面诽谤轻。三是从表露程度的角度讲，商业诽谤表现为直接商业诽谤和间接商业诽谤。前者是指那些明确、直接的诽谤性传播，后者是指那些间接的，通过分析和联系才能确定受诽谤对象的诽谤性传播。四是从商业诽谤次数的角度讲，商业诽谤行为还表现为原始诽谤行为和重复诽谤行为。就一般情况而言，重复诽谤行为的损害程度较原始诽谤行为为重。

除上述表现形式外，最重要的就是从客体的角度对其表现形式进行分类。商业诽谤的客体具有多重性，但发生率较高的，就是对商誉、商品和服务进行的商业诽谤，我们在此逐一进行分析。

（一）商誉诽谤

商誉是经营者因其个体特色、技术水平、可信度、经营位置或附随经营的其他条件，从而吸引顾客或保有固定客户而获得的声望。[①] 商誉不具备独立的存在形态，只能依附于企业整体而存在，是企业拥有的一项不可辨认的无形资产。[②] 商誉与企业的经营具有紧密的联系，各国都通过法律对其进行保护。大陆法系国家和地区主要通过反不正当竞争法对商誉进行保护[③]，而英美法系国家主要通过仿冒诉讼对商誉进行救济。[④] 无论适用何种法律或诉因对商誉进行救济，不可否认，商誉只有商事主体才能享有；同时，绝大多数的商誉诽谤行为是经营者对于竞争对手的商誉进行诋毁。在我国法律中，《民法通则》虽然没有明文规定商誉，

① 《元照英美法词典》，法律出版社2003年版，第607页。

② 见《国际会计准则第38号——无形资产》的规定。

③ 见《日本防止不正当竞争法》第1条第1款第6项；《德国反对不正当竞争法》第14条第1款；《韩国不正当竞争法》第2条；及我国台湾地区1992年施行的“公平交易法”第22条的规定。

④ 田军：《英国商誉权保护的发展动向》，《经济与法》1994年第5期。

但是可以解释在法人的名誉权中包含了商誉；《反不正当竞争法》第 14 条则规定了经营者的“商业信誉”，可以认为商业信誉既包括了信用的含义，也包括了商誉的含义。因此，我国法律保护商事主体的商誉，因此应当制裁商誉诽谤行为。

经营者对于竞争对手的商誉进行诽谤的方式主要为下列几种：在交易过程中，经营者利用商业信息发布会、商品交易会等，有预谋地散布诽谤言辞；通过单独的商务洽谈、电话交谈方式来诽谤竞争对手；通过将捏造的虚假事实通过信函投寄至业务客户的方式进行诽谤；通过借助自印的产品说明书、传单和小册子向大众扩散虚假的信息。这些行为，都是商誉诽谤行为。

值得研究的是，对商事主体的法定代表人的诽谤，究竟是对个人的诽谤，还是对商事主体的诽谤。以下描述的是一个真实的案例。2004 年年初，某公司副总经理王某在工作期间借用职务之便，私自与他人重复签订工程承包合同，形成“一女二嫁”，给公司造成损失，公司将其免职。王某对此怀恨，将原来掌握的公司有关商业秘密的材料私自拿出，对这些材料进行变造和篡改，编造、歪曲事实，虚构了该公司董事长金某与政府有关部门及其领导相互勾结，欺骗公众，谋求公司上市的虚假事实，并使用恶毒的语言，声称该公司董事长金某是商业欺诈、造假骗人的元凶，进行恶意诽谤，损害金某及其公司在公众中的形象和声誉。金某主张自己的名誉权受到损害，请求法院判决王某承担侵害其个人名誉权的侵权责任。

毫无疑问，王某的行为肯定构成了侵权责任，但是究竟构成何种侵权责任，却值得研究。焦点在于，这种行为究竟是侵害董事长个人名誉权的诽谤行为，还是侵害商事主体商誉的商誉诽谤行为呢?

就一般情况而言，对个人的声誉、名声进行无中生有的攻击，侵害的肯定是个人的名誉权，应当构成对个人的诽谤，而不构成商业诽谤。可是，当受诽谤对象是商事主体的法定代表人的时候，如果行为所针对的对象明确地指向法定代表人，是故意地对法定代表人进行诽谤的时候，这个行为就是对商事主体的诽谤，构成商誉诽谤行为，而不是对个人名誉权侵害的普通诽谤行为。

对商事主体商誉的诽谤包括对商事主体本身的诽谤，例如对公司的诽谤，也包括对商事主体的代表者即法定代表人的诽谤。之所以将对商事主体的代表人即法定

代表人的诽谤认定为对商事主体的诽谤，就是因为商事主体的法定代表人即董事长等所代表的是公司，法定代表人的行为，就是法人的行为，而不是法定代表人本人的行为。对具有法定代表人身份的人进行诽谤，诽谤的内容是法定代表人代表公司所实施的行为，以及造成损害的对象是商事主体的商业利益，那么，对法定代表人的诽谤就是对商事主体的诽谤，而不是对个人的诽谤，就构成商业诽谤的侵权行为。

对法定代表人进行的诽谤构成商业诽谤，应当具备以下条件。

1. 从侵权行为的角度观察，行为所针对的是法定代表人代表法人实施的行为。只有这样，才能够使对自然人的诽谤转化成对商事主体的诽谤。因此，对法人的法定代表人的诽谤，必须直接针对法人的法定代表人的身份，否则，即使构成诽谤，也不是对商事主体的诽谤，而是对自然人的诽谤，即对法定代表人本人的诽谤。

2. 从侵权行为的具体内容观察，侵害法定代表人的不实言辞，涉及的是其所代表的商事主体，受到攻击的是法定代表人所代表的商事主体的行为。例如法定代表人代表的商事主体所实施的行为受到歪曲，对法定代表人代表商事主体所进行的行为的诋毁，编造事实对法定代表人所代表商事主体的信誉进行毁损，或者就是直接对法定代表人本身进行诽谤，都是对商事主体进行的诽谤。

3. 从侵权行为所造成的后果这个角度观察，所造成的损害后果是法定代表人所代表的商事主体的名誉、商誉的损害。在我国，自然人和法人分别都享有名誉权，其名誉权都受到法律的保护。虽然侵害名誉权的后果都造成受害人名誉权的损害，但是自然人的名誉权受到损害和法人包括商事主体的名誉权受到损害表现不同。商事主体的名誉权所保护的，主要是商誉和信誉，而自然人的名誉权所保护的，是对其的客观综合评价。如果侵权行为针对的是法定代表人的代表身份，那么造成损害的应当是其所代表的商事主体，而不是他本人，这样就构成对商事主体的诽谤，即商业诽谤；否则，就是对个人的诽谤。

（二）商品诽谤

在商业诽谤中，商品诽谤是一种独立的侵权行为类型。对商品进行诽谤，主要是对于商品声誉的诽谤。对商品的质量、效果、性能和价格等方面进行诋毁，都构成商品诽谤。如甲公司正在与一新客户洽谈一笔大生意，双方已基本达成一

致意见，正准备合同签字时，该客户突然收到来自乙公司的传真，声称甲公司的产品侵犯了其专利权。该客户立即要求甲公司作出书面解释，并暂缓签订供货协议。事实上，甲公司和乙公司是竞争对手，生产同一类产品，但甲公司使用的关键技术与乙公司完全不同。乙公司的这种行为就是典型的商品诽谤行为。

商品诽谤的侵害客体，就是商品声誉。《反不正当竞争法》第 14 条规定的“经营者不得捏造、散布虚伪事实，损害竞争对手的商业信誉、商品声誉”，就是制裁商品诽谤行为的法律根据。确认商品诽谤行为责任，所依据的就是这一规定。

在美国侵权行为法中就存在“商品诽谤诉讼”，该种诉讼不要求对他人的名誉造成损害，只要被告恶意地以书面或者口头方式有预谋地诋毁商事主体的商品，并产生了实际损害的后果，就构成商品诽谤的诉因。若公司主张自己的产品受到了消费者的诋毁，他必须证明该诋毁已经对于自己的营业造成了损害，但这一点相当难证明，因为影响公司营业的因素实在太多。[①] 美国侵权行为法的这一规定，是完全可以借鉴的。

在对商品进行商业诽谤的手段中，刊登比较性广告是常用的一种方式。比较性广告，是指“以直接或间接方式指称某个或某些竞争对手或某个或某些竞争对手经营的产品或服务的广告”[②]。德国著名竞争法学家科勒尔（Kohler）认为，根据良好的商业习俗，任何一个经营者都有权制止其他竞争对手对自己作出消极评价，因此批评性比较广告不应当认为是合法行为。但是，并不是所有的比较性广告都是不合法的，只要这类广告符合一定的条件[③]，应当得到许可。因

---

① 罗文辉：《美国诽谤法规：法制、判例及修法提案》，《新闻学研究》第 51 集。

② BGHZ 163，164，171ff，转引自邵建东：《德国竞争法如何评价比较广告》，见 http：//www.economiclaws.net/list.asp? id=826。

③ 根据《荷兰民法典》第 194 条第 2 款的规定：只要比较广告不是误导性的；对商品或服务进行比较符合同样的要求或试图为了同样的目的；客观地比较那些产品或服务的一个或多个实际的、相关的、可验证的和具有代表性的特征，可以包括价格；在市场上，不会导致广告者与竞争者之间的混淆以及它们的商标、企业名称、其他识别性标识、产品或服务之间的混淆；不会降低或诋毁竞争者的商誉或商标、企业名称、其他识别性标识、商品、服务以及竞争者的活动或机会；对于标记产地的产品，在每一件个案中都将产品与标记的相同产地相联系；没有从竞争者的商标名声、企业名称或其他识别特征中或竞争产品的产地标记中获取不正当利益；没有标明某种商品或服务是作为享有受到保护的商标或企业名称的商品或服务之仿制品或复制品，就应得到许可。

此，如果行为人对于将自己的商品或服务同其竞争对手的商品或服务进行比较具有充分的和合法的理由，即行为人进行比较是为了维护自己的合法利益，同时该比较性宣传是必要的、真实的和客观的，那么，这种比较广告应当认为是合法的。

经营者借助批评性比较广告可以针对某特定竞争对手的商品进行比较，也可以针对某类竞争对手经营的商品进行比较。我们认为，若经营者在广告中针对某特定竞争对手的商品作批评性对比，进行消极的评价或贬损，如果该对比内容虚假，就构成商品诽谤，如果该对比客观真实，则可能构成违反公序良俗，事实上也造成了商事主体商品声誉的损害，亦构成商品诽谤，不过，这样的认定需要充分的证据，否则不应认为构成侵权。如果经营者在广告中并不明确针对某种商品，而是一般地对某类商品进行对比，只要该比较广告内容真实，不片面突出自己商品的优点，不片面强调其他同类商品的缺点，那么该比较广告就应认定为合法。反之，如果比较广告片面强调其他同类商品的缺点，属于不当行为，但是尚不能够构成商业诽谤，因为受诽谤对象太抽象，不能确定，而受诽谤对象的确定为商业诽谤的构成要件之一。

（三）服务诽谤

既然商业诽谤是一种对商事主体的商品和服务的质量作虚假性陈述，其目的是给商事主体的经营带来实际损害的行为[①]，那么，除了对商事主体的商誉或者商品进行诽谤外，对商事主体的服务进行诋毁，当然也可构成侵权行为。与对商品进行诽谤一样，对服务进行诽谤，也主要是对于商事主体服务的质量、效果和价格等方面进行诋毁。

服务诽谤，在美国法称为对交易的诽谤[②]，但是与这里所称的服务诽谤并不完全一致。美国兰哈姆法第 43 条规定：对他人商品、服务或者商业活动进行虚假宣传的人，应当承担责任，其中就包括服务诽谤。在以提供商品制造或者销售的商事主体，对商品的诽谤可以构成商业诽谤行为，那么，在以提供服务为商业

① Comment, Development in the Law, Competitive Torts (1964) 77 *Harv. L. Rev.* 888. 893.

② 参见《美国侵权行为法重述》（第二次）第六编第二十八章“有侵害的虚伪不实”的规定。

宗旨的商事主体，对其服务进行诋毁，当然就构成服务诽谤。服务也是一种交易，因此，对交易的诽谤，实际上就是对服务的诽谤。

对服务的诽谤是否可以概括在商誉诽谤当中？从原则上说，服务的声誉也可以概括在商誉当中，对服务的诽谤也就是对商誉的诽谤。不过，相对于提供商品可以确认商品诽谤为独立的侵权行为，那么，对提供服务的商事主体提供的服务进行诽谤，当然也就可以作为单独的侵权行为认定。其界限为，商誉诽谤主要是对商事主体的整体商誉进行毁损，针对的是商事主体；而服务诽谤，则是针对商事主体的服务进行毁谤，针对的是其服务本身。

构成服务诽谤，应当存在对服务的质量、效果和价格等方面进行诋毁。明知商事主体的服务并不存在问题，而故意采用虚伪不实的言辞、文字等，进行诋毁，造成受害人的经营的损害，构成这种侵权行为。

四、对商业诽谤行为的民事法律制裁

（一）各国（地区）对商业诽谤予以制裁的立法比较

商业诽谤行为历来是各国法律严厉禁止和重点打击的行为。《保护工业产权巴黎公约》1967 年斯德哥尔摩文本第 10 条之二规定：在商业经营中，成员国有义务对于损害竞争对手的营业所、商品或工商业活动的行为予以禁止。由于商业诽谤行为损害的是特定商事主体的经济利益，因而民事救济首当其冲，只有对于情节特别严重的案件，才可以给予刑事制裁。

1. 德国

德国主要通过《德国民法典》和《德国反对不正当竞争法》对商业诽谤行为进行制裁。

《德国民法典》第 824 条规定：违背真相主张或传播适于妨害他人的信用或对他人的生计或前途造成其他不利益的事实的人，即使其虽不明知、但应知不真实，仍应向他人赔偿由此而发生的损害。该规定并没有直接对于商业诽谤行为进行制裁，而是通过对商誉或信用[①]的保护来间接制裁商业诽谤行为。除德国外，西班牙也采用上述方式，将《个人名誉保护法》扩展到对商业信用的保护，间接调整商业诽谤行为。而俄罗斯则是通过对商誉的保护来实现对于商业诽谤行为的制裁。1994 年《俄罗斯联邦民法典》第 8 章规定：法人的商业信誉不受侵害，受害人有权通过法院要求对损害其商业信誉的信息进行辟谣，并有权要求赔偿由于这种信息的传播而受到的损失。

《德国反对不正当竞争法》则对刑事责任作了规定。该法第 15 条规定：确实了解情况和了解关于他人的营业、其营业者个人或经理、关于他人货物或劳务，但制造或散布能伤害其营业或营业者信誉的非属真实消息的人，处以一年以下徒刑或罚金。第 1 项所指行为如系由某商店职员或受托人造谣或散布且营业主已知其行为时，其营业主将与该职员或受托人同时受处罚。我国台湾地区“公平交易法”也针对商业诽谤行为规定了刑事责任：事业不得为竞争之目的而陈述或散布足以损害他人营业信誉之不实情事。违反该规定者，处行为人 1 年以下有期徒刑、拘役或并科新台币 50 万元以下罚金。

2. 法国

在法国，商业诽谤行为包括两种情况：通过散布贬低的或者恶意的信息，损害竞争对手的商业信誉或者经济状况；贬低经营者的产品，只有在被诽谤的个人、公司或者产品能够容易的识别出来，才可以起诉该诋毁行为。除反不正当竞争法外，法国可以通过侵权行为法的一般条款对商业诽谤行为进行制裁。《法国民法典》第 1382 条和第 1383 条就是侵权行为的一般条款，前条规定：“任何行为使他人受损害时，因自己的过错而致使损害发生之人，对该他人负赔偿的责任。”后条规定：“任何人不仅对因其行为所引起的损失，而且对因其过失或疏忽所造成的损害，负赔偿责任。”但是该一般条款也只是对于商业诽谤行为进行间

① 对于信用和商誉之间的关系，学术界有不同的观点。一种观点认为商誉包含了信用，如果侵害了他人的信用就适用调整商誉的法律规定进行救济，英美国家的法律中一直认为商誉包含了信用。一种观点认为信用包含了商誉。如我国台湾地区现行“民法”原来只有名誉而无信用和商誉的规定，修订后将信用独立规定，商誉的一部分内容就在信用的范畴中予以保护。一种观点认为信用与商誉为同一种概念，二者的含义没有区别，可以将二者相提并论。

接调整。

3. 意大利

在民法典中对于商业诽谤行为进行直接制裁的是《意大利民法典》，该法典第五编第十章第2598条对此作了规定。依有关特殊标记和专利权保护规定的效力，无论何人都不得有下列不正当竞争行为：使用同他人合法使用的名称或特殊标记容易发生混淆的名称和特殊标记，或者模仿竞争者的产品，或以任何其他方式进行容易引起与竞争者产品或活动相混淆的行为；散布对竞争者的产品和活动的信息与评价，足以使之名誉扫地，或者诋毁竞争者产品或企业的优点；直接或者间接使用任何其他不符合职业道德原则并且容易损害他人企业的手段。第二种侵权行为，就是商业诽谤行为。

4. 日本

日本主要通过反不正当竞争法对商业诽谤行为作出制裁。《日本防止不正当竞争法》第1条第1款第6项规定：陈述虚假事实、妨害有竞争关系的他人在营业上的信用，或者散布这种虚假事实的行为为不正当竞争行为，被害人享有制止不正当竞争行为请求权。第1条之二是关于由于不正当竞争行为而产生的损害赔偿责任。该条规定，由于故意或过失而实施了前条各项行为的人，对于因此而在营业上的利益受到损害的人应当负损害赔偿的责任。对于实施侵害他人营业信用行为的人，法院可以依据被害人的请求，命令不赔偿损害或在赔偿损害的同时作出恢复营业上信用的必要措施。如果行为人的行为很严重，就可以处3年以下惩役或20万日元以下罚金。因此，该法不仅规定了民事责任，也规定了刑事责任，其中对于商业诽谤行为是通过对信用的保护间接予以制裁的。

5. 英国和我国香港特别行政区

英国主要通过制定单行法令专门对诽谤行为进行调整，其于1996年制定了《诽谤法令》，其目的就是保护公民个人名誉和公司商誉不受侵害。而与英国法律同一传统的我国香港特别行政区则专门制定了《诽谤条例》，针对诽谤行为进行调整，其中包括商业诽谤。对于商业诽谤的刑事责任，《诽谤条例》作了详尽的陈述：明知虚假而恶意刊布损害名誉的文字诽谤，最高可判罚入狱两年及另判处

罚金。如果控方无法证明被告明知虚假而刊布，但有证据显示有关刊布主要基于恶意中伤的动机，也可提出检控，最高可判罚一年监禁及另判处罚金。

6.美国和澳大利亚

美国兰哈姆法第43条对于商业诽谤行为予以了成文法救济，该条规定：对他人商品、服务或者商业活动进行虚假宣传的人，应当承担责任。除兰哈姆法外，美国的《有线电视和卫星广播法》也通过限制行为主体，来间接调整商业诽谤行为。澳大利亚则通过《贸易惯例法》对商业诽谤进行调整，该法第五部分就为经营者如何防止商业诽谤以及对自己的商誉造成损害的情况提供了强有力的法律武器。该法规定：经营者在从事贸易或商业时，不应进行那些具有误导性或欺骗性的行为，或是可能引起误导或欺骗的行为。

（二）我国现行立法制裁商业诽谤行为的局限性

我国主要是通过《刑法》和《反不正当竞争法》对商业诽谤行为进行制裁，但是通过这些法律对其进行制裁存在很大的局限性。

1.通过《刑法》制裁商业诽谤行为的局限性

《刑法》第221条规定：捏造并散布虚伪事实，损害他人的商业信誉、商品声誉，给他人造成重大损失或者有其他严重情节的，处二年以下有期徒刑或者拘役，并处或者单处罚金。《全国人民代表大会常务委员会关于维护互联网安全的决定》第3条规定，利用互联网损害他人商业信誉和商品声誉，构成犯罪的，依照刑法有关规定追究刑事责任。这些规定是正确的。但是，仅仅通过《刑法》对商业诽谤行为进行刑事法律的调整，具有局限性。

第一，《刑法》调整的范围过窄。根据《刑法》的规定，构成商业诽谤罪必须具备两个要件。一是，需以“捏造并散布虚伪事实”为前提，也就是说捏造和散布二行为必须同时具备，缺一不可。二是，商业诽谤行为只有达到“给他人造成重大损失或者有其他严重情节的”程度，才构成犯罪。“重大损失”和“其他严重情节”属于选择性要件，只要具备其中一个即构成商业诽谤罪。如果不同时具备上述两个要件，就不能适用《刑法》来调整商业诽谤行为。“情节严重”应当从实施商业诽谤的行为角度来讲，如诽谤的次数多，手段恶劣，传播的范围广

等；“重大损失”应从商业诽谤造成的后果的角度讲，如营业额大幅度下降、利润大为降低等。重大损失的认定不应以固定金额为限，因为经营者本身的资产相差很大，可以以正常利润为基数确定一个比率范围，如可将实际损失超过正常利润的 10%～15%视为重大损失。

第二，刑法对受害人的救济作用不强。商业诽谤是一种不法侵害企业商誉、商品和服务的行为，其损害后果主要是对受害人的财产造成损害，而刑事责任主要以剥夺自由和罚金为手段，对于受害人并不能起到直接的救济作用，因此对商业诽谤侵权以承担民事责任为主要救济手段符合世界发展的潮流。英美国家关于商业诽谤不区分刑事诽谤和民事诽谤，将刑事诽谤的和民事诽谤视为一体，但其仍具有一定的倾向性，诽谤案件几乎都遵循民事诉讼途径解决。尽管这些国家还有关于刑事诽谤的条例，这些刑事诽谤条文主要是针对极其严重的恶意的诽谤。在美国法律中，诽谤大致属于民事诉讼范围，除了群谤及可能破坏治安的少数特定情形外，很少采刑罚制裁。[①]

2.通过《反不正当竞争法》制裁商业诽谤行为的局限性

《反不正当竞争法》第 14 条规定：经营者不得捏造、散布虚伪事实，损害竞争对手的商业信誉、商品声誉。该法的适用也有局限性，只能对于商事主体的不正当竞争行为进行调整，对非商事主体的行为不适用，因此适用范围较窄。

（三）立足于《民法通则》，对商业诽谤的民事制裁制度予以完善

对商业诽谤行为加强民事法律制裁，是至关重要的，因为民事法律制裁是制裁性与补偿性的结合。即使依照刑法的规定对商业诽谤行为予以刑罚，也不能代替民事制裁的地位，需要附带地加以民事责任的制裁。因此，只有立足于《民法通则》的规定，对商业诽谤行为的民事法律制裁予以完善，才是正确的。并且只有最终在民法典中写进商业诽谤制度，才能够全面完善对商事主体的保护，维护正常的商业交易秩序。

一般认为，依据《民法通则》制裁商业诽谤行为的依据是：第 101 条规定，公民、法人享有名誉权，公民的人格尊严受法律保护，禁止用侮辱、诽谤等方式

① 罗文辉：《美国诽谤法规：法制、判例及修法提案》，《新闻学研究》第 51 集。

损害公民、法人的名誉，根据该规定，商业诽谤行为就是对于法人名誉权的侵害；第120条规定，行为人应当承担民事责任的方式：停止侵害、恢复名誉、消除影响、赔礼道歉和要求赔偿损失，这些是商业诽谤承担民事责任的方式的依据；对商业诽谤行为还可以按第134条的规定进行制裁，对行为人予以训诫、责令具结悔过、收缴进行非法活动的财物和非法所得等。但上述通过保护法人名誉权的方法间接对商业诽谤予以制裁的模式具有下列不足。

第一，间接地对商业诽谤予以制裁，对该种侵权行为的制裁力度不大。法律调整当事人间的法律关系有直接调整和间接调整两种方式，直接调整就是法律直接规定当事人权利与义务的实体规范，间接调整就是法律不直接规定当事人间的实体权利与义务，而是借用该规范指引的另一个法律规范来确定自己的权利义务。因此，间接调整方式打击商业诽谤行为的力度较弱，应当对于商业诽谤行为作出正面规定。

第二，“法人名誉权”这种说法本身就有争议。关于法人是否有名誉有三种学说：法人名誉否定说、法人名誉肯定说和法人名誉参照说。《大清民律草案》和我国台湾地区“民法”均采法人名誉否定说，认为名誉权仅归自然人所有。我国《民法通则》则坚持法人名誉肯定说，该说实质是混同了本质截然不同的自然人的名誉和法人的商誉，对法人保护不力。尽管《关于确定民事侵权精神损害赔偿责任若干问题的解释》第5条对此作了修改，即法人的名誉受到损害不得主张精神损害赔偿，但完全解决这一问题还有待民法典作出更加符合法律逻辑的规定。[①]

第三，民事责任方式规定的不足。上述五种民事责任方式并非对于商业诽谤行为人都适用。消除影响、恢复名誉和赔礼道歉主要是针对侵害他人人格权而应承担的民事责任方式，其本质上不以财产给付为内容，因此消除影响、恢复名誉和赔礼道歉对于以财产的损害为要件的商业诽谤行为适用的可能性不大；停止侵害和赔偿损失作为民事责任的方式则具有较广的适用性。除上述民事责任方式

① 张新宝：《网上商业诽谤第一案：恒升诉王洪等侵权案评析》，见 http：//www. civillaw. com. cn/weizhang/default. asp？ id＝9841。

外，还有一种相当有效的责任方式没有涉及。基于商业诽谤的特殊性，行为人应当对于虚假言辞作出更正和答辩，及时作出更正和答辩应也应是行为人承担的一种重要责任方式。

第四，《民法通则》只对商业诽谤提供了原则性规定，在确定应承担的责任，特别是确定赔偿数额时只能适用《民法通则》第120条和《反不正当竞争法》第20条的规定。当行为人为经营者时，同时适用上述两个法条没有什么问题，但当行为人为非经营者时，同时适用上述两条文就有点名不正言不顺。因此，应当对于商业诽谤的赔偿标准作出明确规定。

我们认为，应当立足于《民法通则》第106条第2款，着眼于民法典的制定，对商业诽谤行为民事制裁制度予以完善。

1.依据《民法通则》第106条第2款明确商业诽谤行为的概念

民法通则的这一条款，是侵权行为一般条款。凡是适用过错责任原则的一般侵权行为，都适用本条规定。商业诽谤行为也是适用过错责任原则的一般侵权行为[①]，以该条款作为立法依据，应当是完全正确的。

在侵权行为一般条款的基础上，确立商业诽谤行为的概念，参照《反不正当竞争法》第14条规定确定商业诽谤行为的类型，同时，依据《民法通则》第120条和第134条规定，进行适当补充，就可以完善对商业诽谤行为进行民法制裁的体系。

2.完善对商业诽谤行为民法制裁的方式

在坚持《民法通则》规定的侵权责任方式的基础上，完善民法对商业诽谤行为的民法制裁方式，应当遵循以下几点。

第一，发挥已有的停止侵害、排除妨害方式的作用。当行为人正在实施商业诽谤行为时，受诽谤人有权请求行为人停止侵害。停止诽谤的请求可以直接向行为人或人民法院提出，使其能够及时制止侵害行为，防止损害后果的扩大。停止侵害可以单独适用，也可以与其他民事责任方式共同适用。单独适用的时候，不一定要具备商业利益损失的要件。受诽谤人可以根据情况，请求行为人排除妨

① 杨立新：《简明类型侵权法讲座》，高等教育出版社2003年版，第202页。

害，以恢复自己的权利的行使。

第二，补充更正和答辩的制裁方式。这也是商业诽谤行为人应当承担的重要的民事责任。更正和答辩本是新闻媒体所承担的责任：更正，是指在新闻报道中，对于事项的交代出现失实，相关人有权要求传媒作出更正，传媒自身也有责任在发现差错时主动更正；答辩，是指被新闻报道提及的相关人，有权对报道内容的公正性或全面性进行答辩。[①] 关于更正与答辩的要求，我国仅在行政规章中作出明确规定[②]，没有在《民法通则》中规定。我们认为，应当将更正和答辩这种责任方式移植到民法中，将其作为民事责任的一种方式，对商业诽谤行为（包括其他一般诽谤行为）的一切主体都适用。在适用时应注意，消除因诽谤行为导致的不良影响的方式和范围至少应与诽谤行为时的方式和范围相同，例如，如果行为人通过电视广告的形式实施了商业诽谤行为，那么至少该行为人应通过电视进行公告等消除影响。

第三，强化赔偿损失的制裁。由于商业诽谤行为的构成要件之一就是诽谤行为对于商事主体的商业利益造成了损害，并且表现为财产利益的直接损失或者间接损失，因而赔偿损失成为商业诽谤行为人最主要的承担责任的方式。民法中赔偿的目的，是通过给付受害人一定数额的财产，使其尽可能地恢复到受害前的状况，因此实际赔偿是合理的，除非将来法律有明文规定，否则不实行惩罚性赔偿。

在赔偿损失中，最重要的是明确商业诽谤损害赔偿的范围。依照《反不正当竞争法》第20条规定，给经营者造成损害的，必须承担损害赔偿责任；凡被侵害的经营者的损失能够计算的，必须按实际损失承担赔偿责任（包括因调查侵权人的商业诽谤行为所支付的合理费用）；被侵害的经营者的损失难以计算的，赔

---

① 陈力丹：《更正与答辩——一个被忽视的国际公认的新闻职业规范》，见 http：//www.cctv.com/tvguide/tvcomment/tyzj/zjwz/8002.shtml。

② 1999年新闻出版署发布了规范性文件《报刊刊载虚假、失实报道处理办法》，其基本处理方式借鉴了各国现有新闻法规定的更正与答辩的程序。2001年国务院颁布的《出版管理条例》第28条规定：报纸、期刊发表的作品内容不真实或者不公正，致使公民、法人或其他组织的合法权益受到侵害的，当事人有权要求有关出版单位更正或者答辩，有关出版单位应当在其近期出版的报纸、期刊上予以发表；拒绝发表的，当事人可以向人民法院提起诉讼。

偿额为侵权人在侵权期间所获得的利润，并应赔偿因调查侵权人的商业诽谤行为所支付的合理费用。

第三节 违反竞业禁止的商业侵权行为

违反竞业禁止义务，构成侵权行为，是商业侵权行为中的一种具体类型。这种侵权行为和其他侵权行为相比较，有哪些特点，在实践中应当怎样把握，需要进行深入的研究和阐释。

一、违反竞业禁止侵权行为的概念和特征

（一）竞业禁止及其特征

竞业禁止（prohibition of business strife），从语义上观察，就是禁止竞业，即不得从事竞争性的营业。竞业禁止义务，则是根据法律的规定或当事人的约定，在一定的期间内，行为人不得从事与权利人相竞争的营业的义务。

根据竞业禁止义务产生的依据不同，竞业禁止分为法定竞业禁止和约定竞业禁止。法定竞业禁止就是法律明文规定一定的义务主体不得从事与其有一定关系的主体具有竞争关系业务的行为，即行为人承担竞业禁止的义务直接来源于法律的规定。约定竞业禁止则指一方当事人（行为人）同意在特定的时间和地域范围内不与他方当事人（商事主体）进行竞争，即义务主体承担的竞业禁止义务来源于合同条款的约定。约定竞业禁止通常通过雇佣合同作出规定，因此在本节，我们将约定竞业禁止限于雇佣合同的范围之内。

与其他的法定义务和约定义务相比较，竞业禁止具有下列特征。

第一，竞业禁止的权利人和义务人必定具有一定的关联性。由于权利人为商事主体，而义务人必定为该商事主体的雇员或合同的另方当事人，因而该关联性一般体现为劳动合同关系，也可体现为其他相类似的合同关系。

第二，竞业禁止具有法定性或者意定性。竞业禁止的法定性体现在法律明确规定特定主体必须履行的禁止竞业的义务；竞业禁止的意定性则体现在当事人可以通过约定来设定该种义务，但设定竞业禁止义务必须具备一定的条件。[①]

第三，竞业禁止具有明示性。也就是说，该义务必须在法律、合同或公司、企业的规章制度中明确，不存在默示的竞业禁止义务。没有法律规定或者合同约定，当事人不承担竞业禁止义务。

第四，竞业禁止具有相对性或者绝对性。竞业禁止的相对性，是指义务人的竞业禁止义务能够通过一定的程序而免除，如对于董事的竞业禁止义务，日本法就规定，董事为自己或第三人进行属于公司营业部类的交易时，如果该交易得到全体股东半数以上，持有全体股东表决权四分之三以上者同意时，即获得批准。而竞业禁止的绝对性则意味着义务人的竞业禁止义务不能够通过一定的程序而免除，如我国公司法关于董事竞业禁止义务的相关规定。竞业禁止究竟是绝对性还是相对性，在于本国的立法规定。

（二）违反竞业禁止侵权行为的概念和特征

违反竞业禁止侵权行为简称为违反竞业禁止，是指负有竞业禁止义务的主体违反法律规定或约定，在职或离职后自营或为他人经营与特定商事主体具有竞争关系的业务，侵害该商事主体合法权益的侵权行为。

认定违反竞业禁止义务的行为为侵权行为，最主要的理由，就是法律确认竞业禁止为特定的商业从业人员的义务。既然负有这样的义务，又违反了这种义务，造成了特定的商事主体的权利损害，当然就应当认定为侵权行为。不过，在违反约定的竞业禁止义务构成的侵权责任中，实际上是责任竞合，既具有侵权责任性质，也具有违约责任性质。如何确认该行为的性质，则依权利人的选择。

违反竞业禁止侵权行为具有以下法律特征。

第一，违反竞业禁止侵权行为发生在商业领域。违反竞业禁止侵权行为是商业侵权行为，因此，这种侵权行为必定发生在商业领域，而不会发生在其他领域。

---

① 这些条件在后文中将进行详细表述。

第二，违反竞业禁止侵权行为的主体须为负有竞业禁止义务的商业从业人员。违反竞业禁止的侵权行为人，首先应当是商业从业人员，包括公司的董事、经理、其他雇员，以及商业企业的转让人、商业企业的所有人、商业企业的承租人和出租人、商业企业的用益权人、商业许可合同和特许经营合同的当事人等。他们负有竞业禁止义务，违反该义务，造成对方的损害，就构成侵权责任。其中最常见的违反竞业禁止的侵权行为人，是公司董事、经理和其他雇员。

第三，违反竞业禁止侵权行为侵害的是特定商事主体所享有的经营权。违反竞业禁止侵权行为所侵害的主体，是特定的商事主体，该商事主体必须与该商业从业人员具有特定的关系，商业从业人员违反竞业禁止义务，造成了特定商事主体经营权的损害，损失了商业利益。

第四，违反竞业禁止侵权行为的法律后果是侵权损害赔偿责任。既然认定违反竞业禁止行为为侵权行为，那么它的法律后果就一定是侵权责任，其中最主要的就是侵权损害赔偿责任。行为人承担侵权损害赔偿责任，补偿受害人的财产利益损失，同时也就是对侵权行为人的制裁。

二、违反竞业禁止侵权行为的构成要件和责任抗辩

（一）构成违反竞业禁止侵权行为须具备的要件

1. 存在明确的竞业禁止法律规定或合法的竞业禁止契约

存在明确的竞业禁止法律规定或合法的竞业禁止契约，是判断是否构成违反竞业禁止侵权行为的前提条件，也是必要条件。如果没有明确的竞业禁止法律规定或合法的竞业禁止契约，那么要求行为人承担竞业禁止义务的依据就不成立。

竞业禁止的法律规定是相当明确的，在此不赘述。[①] 而对于竞业禁止契约的合法性，应当作出详细论述。合法的竞业禁止契约必须具备一定的形式要件和实质要件，只要具备这些形式要件和实质要件，竞业禁止契约就应当认为是合法有效的。

① 在下文中，还要对此作很详细的说明。

形式要件要求竞业禁止契约必须采用书面形式，这是各国立法的通例。《德国商法典》第74条规定：雇主与受雇人间雇佣关系终止后，于其产业活动中对受雇人之限制（竞业禁止）合意，必须以书面为之。《意大利民法典》和英国判例也都将书面形式作为竞业禁止契约有效的形式要件。我国《深圳经济特区企业技术秘密保护条例》也明确规定，竞业限制契约应当以书面形式单独签订。

实质要件体现在合法的竞业禁止契约必须具有具体的竞业范围条款、明确的地域范围条款、详细的期限条款及补偿性条款，并且“竞业禁止的事项范围、年限期间、区域等必须‘合理’，不得苛刻”[①]。对于合理的限度，我们认为：

第一，应当将竞业禁止的事项范围限定在与权利人同类的营业范围内。只要行为人从事了与权利人相同或相近的行业，就认定违反了竞业禁止义务，竞业禁止义务的违反应当不以构成实质竞争为要件。[②] 因为对于行为人实施的特定竞业行为的认定，应当只是事实判断问题。[③]

第二，是否应当对于竞业禁止的地域范围作出限定，存在争论。美国部分州的判例认为，如果约定在全国范围内禁止从事竞争业务，该类竞业禁止条款本身就是不合理的。[④] 而法国法院判例却认为，约定竞业禁止不存在区域的限制（例如约定竞业禁止的地区为全法国、全欧洲甚或世界），只要雇主证明其确有保护的利益存在（例如营业范围遍及全球），纵无区域的限制，仍属有效。[⑤] 我们认为，应当对地域范围作出限定，并且应当将地域范围限定在权利人的业务所涉区域，即权利人产品的主要销售或服务区域内，因为在这些区域内进行同业经营，可能会与权利人构成竞争，进而给权利人带来实质性的妨碍或侵害。

---

① Malvin F. Jager “Trade Secrets Law”, 913－6（1987）, published by Clark Boardman Company.

② 对于“竞争性营业”，我国的相关法规或规章规定的不一致。我国《公司法》将其限定为“同类的营业”，包括同业和近业，前者为性质完全相同的营业，后者为性质相似的营业。而《关于加强科技人员流动中技术秘密管理的若干意见》则将“竞业”表述为“生产同类的产品或者经营同类业务且具有竞争关系和其他利害关系的单位”。我们认为，竞业禁止的范围应局限于不将“有竞争关系和其他利害关系”作为“竞业”的必备要素。

③ 桂菊平：《竞业禁止若干法律问题研究》，《法商研究》2001年第1期。

④ Pracdising Law Institute：Protecting Trade Secrets 1985，p. 1985.

⑤ ELL—Suppl. 77（May1987）France 141－144.

第三，应当将竞业禁止的约定期限合理限定。对此，一般限定在三年以内，这也是世界上大多数国家（地区）的通例，我国也不例外[①]，除非存在特殊情况，才可以适当延长或缩短约定的期限。若义务人已接触到权利人核心的、具有重大利益的商业秘密，并且该秘密的泄露可能会给权利人造成重大的、不可估量的损失，此时权利人可与义务人签订无期限的竞业禁止契约[②]；若在高新技术领域，权利人则可与义务人签订短期的竞业禁止契约。[③]

第四，应当将应给付的补偿费的最低标准合理确定。一般定为义务人最后一年工资额的一半，《德国商法典》第 74 条就作了上述规定。我国《深圳经济特区企业技术秘密保护条例》第 15 条则规定，补偿费的数额及支付方式，按年计算不得少于该员工离开企业前最后一个年度从该企业获得的报酬总额的三分之二，若没有规定补偿费的，按照该款的最低标准计算。

2. 权利人享有可受保护的利益

设定竞业禁止义务的目的是保护权利人的利益，该合法利益应当能够保持权利人的竞争优势，为其带来经济收益，因此，权利人必须证明自己具有可受保护的利益。该要件既是违反竞业禁止侵权责任构成的前提要件，也是必要要件。

对于权利人可受保护的利益的范围，《瑞士商法典》第 340 条第 2 款规定，雇主可受保护的利益应当包括客户的来源、制造或者营业的秘密等。承认竞业禁止契约的美国部分州判例则认为，雇主可受保护的利益除商业秘密、权利人具有特色的服务外，还应包括雇主对雇员进行培训的费用。我们认为，权利人可受保

① 《德国商法典》规定约定竞业禁止的期限应以两年为限，《瑞士债法典》则规定除非存在特殊的情况，约定竞业禁止的期限才可以超过 3 年。我国国家科委《关于加强科技人员流动中技术秘密管理的若干意见》规定：竞业限制的期限最长不得超过 3 年。《深圳经济特区企业技术秘密保护规定》也规定：竞业限制的期限最长不得超过 3 年。竞业限制协议中没有约定期限的，竞业限制的期限为 3 年。

② 如肯德基或麦当劳公司可以与掌握炸鸡或其他快餐配方的雇员签订该类合同。

③ 美国第二巡回法院在 Earth Web, Inc. 诉 Mark Schlack 违反雇用合同和侵害商业秘密一案中，援引 1997 年的 Double Click, Inc. 诉 Henderson 一案认为，网络产业发展迅速，相关竞业禁止条款期间不宜超过 6 个月；美国联邦巡回法院认为面对发展变化迅速且无地域限制的网络产业，一年期间的约定过长。该法院最后以原告限制被告在工作间接触机密资料和雇用合同中竞业禁止条款不合理为由，判决驳回原告禁令主张。载《美国联邦法院判决网络业从业竞争要有规格》，见 http：//www.chinaiprlaw.com/wgfz/wgfz4.htm。

护的利益的范围，应当包括企业的商业秘密和培训费用，除此之外，还应包括客户资源，因此，行为人必须曾接触过营业秘密或机密信息，或接触过客户或客户的资料，或受到权利人的特殊训练，或行为人所提供的劳务是独一无二的，当存在这些事实时，可以认为权利人拥有可受保护的利益。[①]

权利人应当对其拥有需要保护的利益承担举证责任，如果权利人不能证明存在值得保护的利益的，则应认定不存在竞业禁止义务，因此就不会构成违反竞业禁止的侵权行为。

3.行为人违反竞业禁止义务的行为具有违法性

违反竞业禁止行为的违法性体现在：在违反法定竞业禁止义务的，为违反竞业禁止义务的法律规定；违反约定竞业禁止义务的，为违反竞业禁止义务的合同规定。具体表现为，行为人以自己的名义（为自己的利益）或以他人的名义（为他人的利益）为一定的营业活动，该营业活动违反了法律的规定，或者违反了公司的规章制度、当事人的约定或善良风俗，在法定或约定的期间和区域内，从事与权利人相竞争的营业，与权利人已经形成或有可能形成了不法竞争。

基于行为人承担法定或约定竞业禁止义务的事实，权利人应当举证证明行为人违反了法律规定或者合同约定（包括企业的章程或者规章），从事了与权利人相同的业务。

4.对权利人造成了经营损害

证明实际损害的存在是一般侵权行为的必备构成要件，但违反竞业禁止侵权行为的构成不应以产生实际经济损失为要件，只要行为人从事了竞争的行业，构成潜在的竞争为已足。权利人要证明因行为人的竞业行为导致自己经济利益的丧失或现有财产的减少是比较困难的。因为该损害不可能单纯地由违背不竞业义务而产生，往往是在违背不竞业义务的同时又侵害了雇主的其他合法权益如商业秘密的情况下才产生。

① 李旦：《受雇人离职后竞业禁止约款之争议》，见 http：//140.113.31.110/N _ publish. htm。

若侵权行为没有造成权利人的实质损失，权利人可以请求诉前禁令救济①，避免进一步侵害；若侵权行为造成了实质的经济损失，如产品的市场份额减少、客户减少、利润降低等，应当对该损失进行准确计算。在我国侵权行为法律制度中，对于受害人实行实际损失赔偿原则，因此首先参照受害人的损失金额进行计算。受害人的损失金额包括受害人因侵权行为导致的利润的减少、受害人因制止侵权行为所支出的费用、为诉讼而调查取证所支出的费用，以及因委托律师代理诉讼而支出的律师费等。如果受害人的损失金额难以计算，则可参照侵权人的非法获利金额计算。侵权人的非法获利金额应当为侵权人挤占的权利人的市场份额。为加强损害结果计算的准确性和客观性，可以由专门的拥有专业知识和测算经验的评估机构来评估权利人的损失或者行为人的得益。

5.行为人具有主观过错

认定违反竞业禁止侵权行为，须行为人在主观上具有过错。在一般情况下，如果权利人能够证明行为人违反了法定或约定的义务，就应当推定其具有过错。对行为人来讲，该过错主要为故意，亦可为过失。故意，表现为行为人明知自己的行为会对权利人的可保利益造成侵害，而仍然加以实施或听任损害发生的心理状态。过失，则表现为行为人对违反竞业禁止侵权行为造成的侵害后果采取了不注意的心理状态，使自己的行为造成了权利人合法利益的损害。如果此时行为人不能够举证证明其恪守法律规定或约定或反诉竞业约定违法，自己从事与权利人相同的业务有法律上的正当、合法、善意的根据，应当免除竞业禁止义务，就要承担败诉的风险。

（二）违反竞业禁止侵权责任的抗辩

违反竞业禁止侵权责任最好的抗辩事由，是免除竞业禁止的义务，该义务不存在了，就从根本上不构成侵权责任。一般认为，竞业禁止义务可以因一定事由的存在而免除。

第一，竞业禁止义务可以按双方当事人的意思以明示条款予以免除。如《澳

① 关于侵权责任的禁令，在起草民法典侵权责任编中，进行了深入的讨论，多数学者的意见应当规定这种侵权责任方式。

门商法典》第 108 条第 6 款规定：第一款规定的义务（竞业禁止义务）可以按照双方当事人的意思免除，只要免除该义务不会使商业企业难以移转。[①] 对这一规则，应当适用。

第二，竞业禁止义务可以经过权利人的单方同意而免除。该同意可以为明示同意，也可以为推定同意。如《澳门商法典》第 71 条规定：未经委托人的明示同意，经理人不得自行、透过第三人或为第三人经营与获委任经营的企业同类的商业企业。如上款所指的情况于委任时已经存在，且为委托人所知晓，则推定委任人同意。该法典第 137 条规定，若经企业所有人的同意，用益权人可于用益权存续期内从事与该受用益权拘束的企业相同的企业。如用益权人于用益权设定日已经营相同的商业企业且为企业所有人所知晓，则视为已存在上款所指的同意。

第三，若行为人（主要是指董事、经理或合伙人）履行了一定的法定程序，得到权利人（董事会、监事会、股东会或合伙人会议）的同意后，也可予以免除竞业义务。《日本商法典》《日本有限公司法》《德国股份公司法》和我国台湾地区“公司法”都作了上述规定。一般认为，经理经董事会或执行董事同意的，即可免除；董事经股东会过半数决议同意的，即可免除；合伙人经合伙人会议过半数同意的，即可免除。我国立法没有相关规定，我们认为，设定竞业禁止义务是为了保护权利人的合法权益，如果权利人经慎重考虑后认为行为人的竞业行为对自己的权益无害，则应该允许经适当的程序，免除义务人的竞业禁止义务。

第四，当权利人或商业企业倒闭、破产或进行了清算，此时行为人的竞业禁止义务应当自动终止。如《澳门商法典》第 108 条第 7 款规定：不竞业义务于企业倒闭及清算后自动终止。

三、违反竞业禁止侵权行为的基本类型

违反竞业禁止侵权行为主要有两种类型，一是违反法定竞业禁止的侵权行为，二是违反约定竞业禁止的侵权行为。

---

① 另见《澳门商法典》第 123 条和第 139 条。

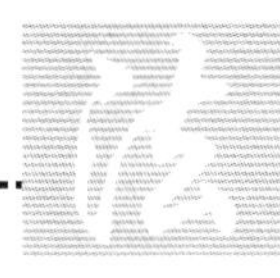

（一）违反法定竞业禁止的侵权行为

关于法定竞业禁止义务，各国立法大都在商法典中作出规定，这是认定违反法定竞业禁止侵权行为的法律依据。既然法律规定竞业禁止是一种法定义务，那么义务人违反该法定义务，造成他人损害，当然构成侵权行为。

确定违反法定竞业禁止侵权行为，最主要的就是确定法定竞业禁止义务的主体，确定了主体的范围，其他的根据违反竞业禁止侵权责任构成要件的要求，就能够确认这种侵权行为。

对于法定竞业禁止义务的行为主体，《日本商法典》规定了营业转让人、经理人、代理商、股东、董事和监察人等商业从业人员的法定竞业禁止义务；德国和法国则通过商法典和公司法规定了董事、经理和商业代理人的法定竞业禁止义务[①]；而我国《澳门商法典》对于法定竞业禁止的义务主体的规定相当完备，不仅公司的雇员，而且商业企业的转让人[②]、商业企业的所有人[③]、商业企业的承租人和出租人[④]、商业企业的用益权人[⑤]、商业许可合同和特许经营合同的当事人[⑥]都为法定竞业禁止的义务主体。

我国立法确认法定竞业禁止义务的主体范围，通过具体的法律规定确定。例如，《中外合资经营企业法实施条例》第 40 条首次对法定竞业禁止义务作出了规定：总经理或副总经理不得兼任其他经济组织的总经理或副总经理，不得参与其他经济组织对本企业的商业竞争。《公司法》第 61 条规定：董事、经理不得自营或为他人经营与其所任职公司同类的营业或者从事损害本公司利益的活动。从事上述营业或活动的，所得收入应当归公司所有。国家工商局 1998 年发布的《公司登记管理若干问题的规定》第 26 条规定：公司的董事、经理不得在与所任职

---

① 《德国商法典》第 60 条第 1 项和《德国股份公司法》第 88 条对于董事、经理的竞业禁止义务作了规定。《德国商法典》第 90 条和《法国商法典》第一编附二第 3 条则规定了代理商的竞业禁止义务。

② 参见《澳门商法典》第 108 条；《日本商法典》第 25 条。

③ 参见《澳门商法典》第 139 条；《日本商法典》第 74 条；我国台湾地区“公司法”的相关规定；《中华人民共和国合伙企业法》第 30 条第 1 款。

④ 参见《澳门商法典》第 120 条。

⑤ 参见《澳门商法典》第 137 条。

⑥ 参见《澳门商法典》第 665 条和第 702 条。

公司没有投资关系的其他公司兼任董事、经理职务。《个人独资企业法》第20条规定，投资人委托或者聘用的管理个人独资企业事务的人员不得有下列行为：未经投资人同意，从事与本企业相竞争的业务。《合伙企业法》第30条规定：合伙人不得自营或者同他人合作经营与本合伙企业相竞争的业务。《刑法》第165条规定：国有公司、企业的董事、经理利用职务便利，自己经营或者为他人经营与其所任职公司、企业同类的营业，获取非法利益，数额巨大的，处3年以下有期徒刑或拘役，并处或者单处罚金。

可以确定，依照我国目前的法律规定，法定竞业禁止的义务主体包括：（1）总经理和副总经理；（2）董事；（3）管理个人独资企业事务的人员；（4）合伙人；（5）其他相当于这些人员的人员。其中前四项人员为法律所明确规定，后一项则是弹性的，包括其他法律所规定的竞业禁止义务的主体。这些人员违反法定竞业禁止义务，构成违反竞业禁止的侵权责任。

（二）违反约定竞业禁止的侵权行为

符合上述关于违反约定竞业禁止侵权行为构成要件的，就是违反约定竞业禁止的侵权行为。违反约定竞业禁止的侵权行为，应当解决的主要问题是：

1.确认约定竞业禁止义务的有效性

认定违反约定竞业禁止侵权行为，最主要的就是确认约定竞业禁止义务的有效性。法律确认约定竞业禁止义务的有效性，就可以认定违反约定竞业禁止侵权行为，否则，就无法认定这种侵权行为。各国（地区）主要通过两种方式确认约定竞业禁止义务的有效性。

一是，通过立法对竞业禁止契约的有效性作出规定，如德国、瑞士和意大利。《德国商法典》第74条规定：雇主与受雇人间就雇佣关系终止后，于其产业活动中对受雇人的限制（竞业禁止）合意，必须以书面为之，且雇主应将其所签署合意条款的文件交付予受雇人。《瑞士债法典》第340条规定：有合法资格的雇员可以与雇主订立书面契约，约定在劳务关系终止以后不得从事与雇主竞争的行为，尤其不得从事为本人谋利益与雇主的营业竞争的营业，或参与该种营业，或者从该种营业中取得利益。《意大利民法典》第2125条针对约定竞业禁止的要

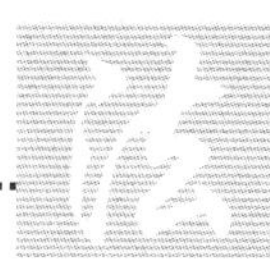

素作了明确规定：在约定未采用书面形式、未为提供劳务者的利益确定相应的对价、亦未确定禁止提供劳务者从事的业务范围、期限和地点的情况下，限制提供劳务者在劳动契约终止后从事与企业进行竞争的业务的约定无效。

二是，通过法院作出的判例发展约定竞业禁止规则，如日本、英国和美国。日本法律没有明文规定竞业禁止契约的合法性。但学理认为，雇员离职后，诚信原则仍然存在，因此，可在合理的范围内规定离职后的竞业禁止。[①] 法院判例也认为，如果竞业禁止契约是合理的，那么就有效。英国早期的判例法严格禁止签订竞业禁止契约，对于严重的禁止竞业的行为可能予以刑事处罚，这样造成的后果阻碍了社会的进步。因此，英国的判例法作出了让步，如果竞业禁止的条款是合理的并且不违反公共利益，则是有效的。美国是联邦制国家，关于离职后的竞业禁止属州法的调整范围，因此不存在统一的联邦法令。各州对于离职后的竞业禁止约定效力的规定是不同的，有些州彻底否认竞业禁止条款的效力，有些州则有条件地承认竞业禁止条款的效力。美国合同法也认为，允诺限制竞争，即允许设置一种附属于有效的交易或者关系的限制，但该限制必须符合一定的条件。

对于约定竞业禁止，我国法律没有明确认可其合法性，但在司法实践中，已有部门规章和地方法规开始涉及上述问题。1996 年劳动部在《关于企业职工流动若干问题的通知》中规定：用人单位可规定掌握商业秘密的职工在中止或解除劳动合同后的一定期限（不超过 3 年），不得在生产同类产品或经营同类业务且有竞争关系的单位就职，也不得自己生产与原单位有竞争关系的同类产品或经营同类业务，但用人单位应当给予该职工一定数额的经济补偿。国家科委《关于加强科技人员流动中技术秘密管理的若干意见》第 7 条也允许单位可以与对本单位技术权益和经济利益有重要影响的有关行政管理人员、科技人员和其他相关人员约定竞业限制条款。《深圳经济特区企业技术秘密保护条例》第 14 条也作了类似规定。

可见，我国法律和司法实践是承认约定竞业禁止义务的有效性的。据此，我们认为，认定违反约定竞业禁止的侵权行为，应当把握以下几点。第一，约定竞

① 李旦：《受雇人离职后竞业禁止约款之争议》，见 http：//140. 113. 31. 110/N _ publish. htm。

业禁止仅发生在雇主与可能接触企业商业秘密的雇员或劳动者之间；第二，约定竞业禁止条款仅针对雇员离职之后的行为而非在职期间的行为[①]；第三，约定竞业禁止条款与商业秘密的保护具有紧密的联系。因此，签订竞业禁止契约的目的是保护商事主体的商业秘密，防止竞争力的降低，从该目的出发，应当对约定竞业禁止的义务主体作出限制，将其限定于能够或应当能够接触到权利人商业秘密的员工。

2.违反约定竞业禁止责任竞合

如前所述，既然竞业禁止义务是约定义务，那么，违反竞业禁止，就构成责任竞合，既可以请求行为人承担侵权责任，又可以请求行为人承担违约责任。

民法的责任竞合就是请求权竞合。这就是，一个行为既符合侵权请求权的要求，又符合违约请求权的要求，两个请求权发生竞合。这时候请求权行使的原则，就是《合同法》第122条规定，由权利人进行选择。同样，违反约定竞业禁止义务，产生两个请求权，当然也由权利人进行选择。权利人可以根据自己的利益，选择对自己最有利的请求权行使。如果权利人选择侵权请求权行使，则按照违反约定竞业禁止的侵权行为规则处理；如果权利人选择违约请求权行使，则应当按照合同法关于违约责任的规定处理。

我们认为，对于违反竞业禁止义务从侵权的角度对权利人进行救济的力度要大于违约之诉，因为侵权之诉能够弥补违约之诉的不足。

首先，传统理论认为，合同的相对性原理具有一定的局限性，只限定在合同的当事人之间，对于第三人没有拘束力。因此，对于违反竞业禁止义务的侵权行为来讲，有时是第三人引诱违约，在此种情况下，应当追究第三人的责任，但从违约责任的角度，就无法追究。随着现代民事责任制度的演化，尤其是违约责任和侵权责任竞合现象的发展，侵权法在特殊情况下也保护合同债权。根据英美侵权法的规定，第三人故意引诱他人违约，属于经济侵权的一种，最早期的诱使违约案件主要涉及违反雇佣合同领域。我们在前文作出界定，约定竞业义务主要由雇佣合同作出规定，因此要求行为人承担侵权责任是合理的。

---

① 桂菊平：《竞业禁止若干法律问题研究》，《法商研究》2001年第1期。

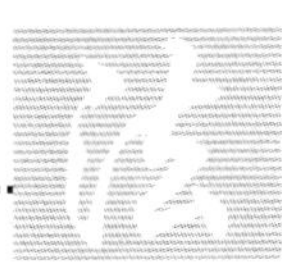

其次，若从违约之诉的角度进行救济，必须确认存在有效的合同，如果法院认定合同不成立，或由于不可抗力或情势变更等因素导致合同的目的不能达到，此时违约责任很难追究，而侵权之诉不会出现该问题。

最后，若行为人与权利人签订的竞业禁止契约中没有约定违约责任条款，此时只能以权利人受到的实际损失来确定赔偿标准，若权利人不能够提供其遭受损失的合理证明，法院就不会确定权利人损失的存在。此时若从违约责任的角度，行为人就不能够得到救济，但是若从侵权责任的角度，除损害赔偿外，还存在其他的承担侵权责任的方式，如停止侵害、赔礼道歉等应当可以适用。如上海索盛互联网信息服务有限公司诉周某、史某春竞业禁止纠纷一案，二被告与原告签订了竞业禁止契约，但没有约定违约责任条款。由于当事人提起违约之诉，所以法院认为，由于双方的合同未对违反竞业禁止的赔偿责任作出约定，因而，原告要求两被告根据合同中约定的违反商业秘密的赔偿标准进行赔偿，无事实和法律依据，本院不予采信。本案是合同之诉，而非侵权之诉，原告因两被告构成违约而要求其承担赔礼道歉的民事责任于法无据，难以支持。

四、违反竞业禁止侵权行为的民事法律后果

（一）我国对于违反竞业禁止侵权行为的立法不足

对于违反竞业禁止义务的侵权责任，我国通过《劳动法》《反不正当竞争法》《刑法》和《公司法》及部委规章作出了一些规定，但存在以下不足。

第一，从违反竞业禁止侵权行为的主体来看，现行法律将法定竞业禁止行为人仅限定于极特定的主体，如董事、经理、合伙人或代理人等，保护的范围过窄。而约定竞业禁止义务人的范围又相对过宽，可能包括企业所有的员工，但是并非所有的员工都有可能接触到企业的商业秘密或者能够给原企业的竞争造成妨碍。

第二，从规范该种侵权行为的法律的统一性来看，竞业禁止规定只散见于各种法律、法规和各部委的规章中。这些规定属于单行法，侧重点太强，只调整特

定主体，如《公司法》仅规定董事、经理的竞业禁止义务；《合伙企业法》仅规定合法人的竞业禁止义务；《律师法》和《商业银行法》等也都是针对特定主体作出竞业禁止的规定。这些规定都是"只扫自家门前雪"，相互间不仅没有一定的关联性，而且有的规定还相互矛盾。[①]

第三，从违反竞业禁止侵权行为的责任形式来看，我国《公司法》和《合伙企业法》的规定是不同的。[②]《公司法》规定了归入权，却未规定公司的损害赔偿请求权；《合伙企业法》规定了损害赔偿请求权，却未规定归入权。我们认为，以义务主体为标准对同一种侵权行为采用不同的处理方式，是不合理和不必要的，应当寻找公司归入权与损害赔偿请求权之间的联系和区别，采用一种统一的、适当的处理方式。

第四，从规范该种侵权行为的操作性来看，现行规定都比较原则和抽象，操作性不强。特别是对于赔偿责任和损失计算规定不明确，实际操作时较难执行。

因此有必要在侵权行为法中对于违反竞业禁止义务的侵权行为作出统一的、易于操作的明确的法律规定。我们认为，应当通过民法或侵权行为法对竞业禁止的侵权责任作出原则性规定，同时可以将法定竞业禁止的义务主体适当地作一扩展，而将约定竞业禁止义务主体作出适当限制。对于法定竞业禁止义务的主体，应当进一步扩大[③]，不仅包括公司的董事、经理和其他雇员，而且商业企业的转让人、所有人、承租人和出租人、用益权人、代办商、商业许可合同和特许经营

---

① 如前所述，对于"竞争性营业"，我国《公司法》将其限定为"同类的营业"，而《关于加强科技人员流动中技术秘密管理的若干意见》将"竞业"表述为"生产同类的产品或者经营同类业务且具有竞争关系和其他利害关系的单位"。

② 《公司法》第215条规定，董事、经理违反本法规定自营或者为他人经营与其所任职公司同类的营业的，除将其所得收入归公司所有外，并可由公司给予处分。《合伙企业法》第71条规定，合伙人违反本法第31条的规定，从事与本合伙企业相竞争的业务或者与本合伙企业进行交易，给本合伙企业或者其他合伙人造成损失的，依法应当承担赔偿责任。《中外合资经营企业法》第40条第3款规定，总经理或副总经理不得兼任其他经济组织总经理或副总经理，不得参与其他经济组织对本企业的商业竞争。

③ 关于法定竞业禁止义务的主体范围，我国有的学者认为，竞业禁止仅为董事的一项法定义务，即只有董事不得从事与其所任职公司同类的营业和从事损害公司利益的活动，参见徐开墅主编：《民商法辞典》，上海人民出版社1997年版，第619页；也有的学者认为，竞业禁止仅为企业部分雇员的法定义务，即在公司有特定地位或职责的人不得从事与其服务的公司营业具有竞争性质的行为，参见李昌麒主编：《民法、商法、经济法实用辞典》，中国经济出版社2002年版，第642页。

合同的当事人等都可能要承担竞业禁止的义务。对于约定竞业禁止的义务主体应限定在特定的范围内[①]：企业的高层管理人员或者高级研究开发人员，他们往往掌握着企业的核心机密；关键岗位的技术工人，他们因工作需要可能接触到企业的重要机密，如某种产品的关键工艺或技术参数等；市场策划及营销人员，他们往往掌握着企业的市场走向、货源情报、销售渠道等经营方面的秘密；财务会计人员；秘书人员和保安人员。

（二）违反竞业禁止侵权行为的法律后果

1. 赋予权利人可同时行使归入权和损害赔偿请求权

归入权是指商事主体依照法律的规定所享有的对其雇员违反法定义务的特定行为而获得的利益收归自己所有的权利。

归入权的行使具有下列四个特征：第一，归入权的行使主体只能是商事主体；第二，归入权产生于行为人违反法定竞业禁止义务的特定情况，一般认为，对于行为人违反约定竞业义务时，权利人不享有归入权，但我们认为它可以适用于约定竞业禁止义务之违反；第三，行为人因违反法定竞业禁止义务必须获得了收益，无收益权利人不享有归入权；第四，归入权必须依照法定程序行使。

按《公司法》的相关规定，公司行使归入权的关键条件为义务人因违反竞业禁止义务取得了收入，而不问义务人的行为是否给公司造成了损失。如果义务人没有取得收入，即使行为人的行为给公司造成了损失，行为人也不需赔偿。而按《合伙企业法》的规定，合伙人承担损害赔偿责任时，须具备的关键条件为，义务人违反竞业禁止义务的行为给合伙企业或其他合伙人造成了实际损失。因此，虽有违反竞业禁止义务的行为，并未给合伙与其他合伙人造成损失的，义务人无须承担法律责任。对于所得收入，由于合伙人并无归入权，当然仍归行为人所有。由此可见，对于同一种侵权行为，法律却规定权利人享有不同的权利，这是不合理的，应当寻找一种适当的处理方法，来解决上述问题。

从国外和有关地区的立法来看，由于公司归入权与损害赔偿请求权相互独立又相互渗透，出现了归入权与损害赔偿权竞合的法律现象。解决竞合问题，主要

---

① 陈金泉：《论离职后竞业禁止之契约》，见 http：//www. kcchen. com. tw。

有“择一”“重叠”“单一”三种模式。采用“择一”模式的典型代表是德国。在德国，法律将归入权与损害赔偿请求权同时赋予了公司，公司依据实际情况和自己的意愿，可以行使归入权，也可以行使损害赔偿请求权。[①] 损害赔偿请求权的行使意味着，董事必须赔偿因其行为而给公司造成的损害；归入权的行使意味着，董事必须将其为个人利益而从事的商事活动看作是为公司的利益而从事的商事活动，以及要求董事交出他在为他人利益而从事的商事活动中所获得的报酬或者放弃对该报酬的要求。采用“重叠”模式的典型国家是瑞士和日本。依照瑞士法律规定，当归入权与损害赔偿权竞合时，公司可以重叠行使上述两种权利，若公司行使归入权后，还有损害，此时可以行使损害赔偿请求权。[②] 日本也采取了相同的处理方式。[③] 我国台湾地区是采用“单一”模式的典型代表。当董事、经理违反竞业禁止义务，公司依法得将该行为之所得，视为公司之所得。当公司负责人违反竞业禁止义务时，公司应请求因其行为所得之利益，作为损害赔偿。[④] 在这里，由于法定之归入权代替了损害赔偿权，归入权与损害赔偿权并非并存关系，故公司除得以行使归入权外，再不得行使其他损害赔偿之请求权。[⑤]

我们认为，采用重叠模式应当是解决公司归入权与损害赔偿权竞合的一种好办法，能够最大限度地保护了权利人的合法权益。当公司归入权与损害赔偿权竞合时，权利人只有在行使归入权后，损害仍不能够弥补，公司才可行使损害赔偿权，赔偿的数额应不包含权利人行使归入权所取得的收入，只有这样，才符合公平正义的法制原则。

2. 增加违反竞业禁止行为的民事责任的形式

除赋予权利人归入权和损害赔偿请求权外，权利人还应享有不作为请求权。这是因为，当事人享有多种民事责任形式的选择权，会增强对权利人合法权利的保护力度。尽管在实践中，法院非常不愿意对个人的谋生能力加以干涉，所以法

① 欧阳经宇：《民法债编各论》，台北汉林出版社 1978 年版，第 159 页。

② 参见台湾地区“公司法”第 209 条第 3 款和台湾地区“民法”第 563 条第 1 款。

③ 参见《日本商法典》第 264 条和第 266 条。

④ 参见《瑞士债法典》第 464 条第 2 款。

⑤ 参见《德国股份公司法》第 88 条第 2 项。

院会判决禁止行为人从事与权利人竞争的营业的可能性较低，法院只有在认定行为人不对权利人的商业秘密知识进行利用就不能工作的情况下，才作出上述禁令。[①]

不作为请求权是各国（地区）广泛采用的侵权责任方式。《瑞士债法典》第340条B规定：雇员违反竞业禁止规定的，应当赔偿雇主因此所遭受的损害。如无相反的规定，在支付了合同约定的违约金之后，雇员不再受竞业禁止的约束，但其应当对将来的，超过前述违约金的损害承担责任。依书面的特别约定，如雇员的竞业行为可能损害或者威胁到雇主的重大利益，雇主在请求违约金与未来损害赔偿外，还有权要求雇员停止从事此种行为。《澳门商法典》也规定：如果转让人违反了不竞业义务，债权人除有权要求损害赔偿外，还有权要求行为人立即终止损害其权益的情况。

在我国，对于竞业禁止的不作为请求权的执行主体是行政机关而非民事权利主体，如工商行政管理部门有权命令义务人停止竞业行为，这不能不说是一个缺陷。

《民法通则》确认的10种民事责任方式中就有不作为（停止侵害）请求权，依据《民法通则》的地位及民事责任的性质相似性，应当赋予权利人的不作为（停止侵害）请求权。但是，权利人的不作为请求权的行使具有一定的限制，即当权利人知道或应当知道行为人从事了竞业禁止的行为时，状态发生了实质性的变化，此时如果允许行为人行使不作为请求权，将会产生不公平的后果。该实质性的变化为，行为人的行为是为了公共利益或当地的经济利益，此时如果要求行为人停止营业，会对公共利益或当地经济利益造成重大影响。在这种情况下，就应当限制权利人不作为请求权的行使。如《澳门商法典》第109条规定：对于商业企业的转让人来讲，如果转让人违反不设立新商业企业的义务，权利人应当有权要求立即关闭该商业企业，但该商业企业的关闭使本地区经济受损害者除外。此时对于权利人的补偿体现在，要求行为人支付合理的使用费，来弥补行为人的继续不法行为给权利人的经济利益所带来的侵害。

① 唐海滨主编：《美国是如何保护商业秘密的》，法律出版社1999年版，第27页。

第四节　多重买卖中的侵权行为及其民事责任

一、据以研究的审判案例

某年5月13日，黑河中大经济贸易公司给长春市宽城区对外经济贸易公司出具库房钢、工字钢1 200吨的供货证明，8月8日正式签订合同，履行期为1992年8月至12月，宽城外贸公司依此汇入黑河中大公司113.2万元。1992年8月7日，黑河中大公司与四平市物资局签订购销钢材意向书，由黑河中大公司供库房钢，每吨1 600元。8月3日，四平物资局与黑河坤阳公司签约，供给黑河坤阳公司型钢800吨，每吨1 800元，黑河码头交货。9月10日，黑河坤阳公司与辽阳市宏伟托盘厂签订供货合同，供托盘厂800吨型钢，每吨2 800元，东辽阳站专用线交货。9月25日，黑河坤阳公司向黑河中大公司交预付款100万元。

1992年10月16日，黑河中大公司从俄罗斯进口库房钢336.582吨，工字钢299.46吨，在黑河码头，将库房钢交付给宽城外贸公司，将工字钢交付给四平物资局，四平物资局转交给黑河坤阳公司。宽城外贸公司与黑河坤阳公司对工字钢货权产生争议，宽城外贸公司将两种钢材全部办理了入库手续；黑河坤阳公司则持商检通知单办了入库手续，并办完清关完税手续后，先后提走工字钢66.2吨。宽城外贸公司见工字钢陆续被提走，遂开具外运提货单，于11月17日另办提货手续，将库存的233.26吨工字钢全部提走销售。黑河坤阳公司向法院起诉。

一审法院认为，进口货物在海关监管期间所有权不发生转移，虽然在监管期过后货物所有权可以发生转移，但是，进口货物所有人将货物售给何人，仓储部门即与何人形成仓储合同关系。在黑河中大公司已将此工字钢售给四平物资局，该局又转卖给黑河坤阳公司的情况下，宽城外贸公司开假外运提货单将工字钢全

部提走，侵犯了所有人黑河坤阳公司的合法权益，构成侵权行为，给黑河坤阳公司造成了损失，应承担赔偿责任。黑河中大公司在此案中无过错，不承担任何责任，故判决宽城外贸公司赔偿黑河坤阳公司经济损失 629 802 元。

二审法院经审理认为，黑河坤阳公司分别与四平物资局和辽阳宏伟托盘厂签订的购销合同都是有效合同，应受法律保护。黑河坤阳公司以每吨 2 800 元价格销售工字钢，是双方自愿，并非牟取暴利。宽城外贸公司虽与黑河中大公司签有工字钢购销合同但没有履行，又采取不正当手段将他人所有的工字钢提走，系侵权行为。黑河坤阳公司依海关法规定在海关结束监管发出放行通知之日即取得工字钢的所有权，因此有权依法主张自己的权利，故判决驳回上诉，维持原判。

对于本案判决，有两种不同的意见。第一种意见认为，宽城外贸公司与黑河坤阳公司订有工字钢购销合同，且其订约在先，已交付货款，因而其提走工字钢的行为是合法的履约行为，不构成侵权行为，故一、二审判决错误。第二种意见认为，宽城外贸公司与黑河中大公司签订钢材购销合同包括库房钢和工字钢，但黑河中大公司将库房钢交付给宽城外贸公司，将工字钢交付给四平物资局，四平物资局又交付给黑河坤阳公司，黑河坤阳公司即时依交付而取得工字钢的所有权，宽城外贸公司亦即时依交付而取得库房钢的所有权。在此情况下，宽城外贸公司未经所有权人同意，擅自提走工字钢销售，侵害黑河坤阳公司的财产所有权，构成侵权行为，应当承担侵权民事责任。故一二审判决虽有部分失误，但基本正确。至于宽城外贸公司的权利应当如何保护问题，则应依据原合同，向黑河中大公司主张其承担违约责任。

二、多重买卖中侵权行为概述

究竟何种行为是多重买卖中的侵权行为，在理论上没有准确的界定。学者多通过描述具体的案情来确认其为多重买卖中的侵权行为。较为典型的如：

其一，在多重买卖中，如果后买受人故意以妨害前买受人取得所有权而从事买卖行为时，可以对前买受人的债权构成侵害，前买受人可以依侵权行为的规定

而要求后买受人赔偿损失、返还财产。[1]

其二，卖主就同一标的物为多重买卖，而后买约已经发生物权关系时，前之买主不得请求主张后买约无效，对于出卖人仅得请求损害赔偿，不得请求为转移该物所有权之行为。[2] 如前买主强行占有该物，剥夺后买主已经取得的所有权，构成侵权行为。

其三，出卖人为多重买卖，对第一买受人已为占有改定，后复将其物出卖与第二买受人，并为现实交付，此时，第一买受人因占有改定取得所有权，第二次出卖该物，为无权处分。如第一买受人嗣后其物被追夺，则得基于侵权行为之规定，对于出卖人请求赔偿或返还。[3]

其四，在多重买卖中，如果出卖人与后买受人恶意串通，故意以第二次买卖的方式加损害于前买受人，则构成共同侵权行为。[4]

综合以上所述，可以概括出多重买卖中的侵权行为具有以下法律特征。

第一，须以多重买卖为发生侵权行为的前提条件。多重买卖，就是指一物多卖，即出卖人将自己所有的某项财产出卖给两个或者多个买受人。在这种情况下，在当事人之间存在的买卖关系中，必须存在两个以上的买受人，且就同一标的物形成两个或者多个买卖关系，其出卖人只有一个，买卖关系相互重合；其标的物只有一项，重合于诸个买卖关系中。只有这样，才能产生多重买卖中的侵权行为。

第二，这种侵权行为以财产权为侵害客体，包括所有权和债权。买卖关系的标的物，是动产和不动产。在多重买卖中，任何一方侵害享有所有权一方当事人的动产或不动产，均构成对所有权的侵害。明知前买受人已与出卖人订立买卖合同，却故意订立与之平行的另一买卖合同，抢先履行致使前一买受人的债权无法实现，即为侵害债权。其他财产权，如典权、抵押权、知识产权等，因无买卖的余地，亦与买卖关系无关，不能成为多重买卖中侵权行为的侵害客体。人身权是

---

① 王利明主编：《民法·侵权行为法》，中国人民大学出版社 1993 年版，第 253 页。

② 曾隆兴：《现代损害赔偿法论》，台北 1988 年自版，第 350 页。

③ 史尚宽：《债法各论》，台北荣泰印书馆 1981 年版，第 50 页。

④ 王利明主编：《民法·侵权行为法》，中国人民大学出版社 1993 年版，第 253 页。

另一类侵权行为的侵害客体总类，是与财产权相平行的民事权利，由于人身权不能成为买卖关系的标的，因而人身权不能成为多重买卖中侵权行为的侵害客体。

第三，这种侵权行为是一种非典型的侵权行为。具体表现在：一是，它不是一种独立的侵权行为，不是侵害同一种侵害客体的侵权行为，而是实际上包含了两种侵权行为，即侵害所有权的侵权行为和侵害债权的侵权行为，具有侵害客体多样化的特点。二是，它的行为人并非固定，而是在多重买卖中的任何一个主体都可能构成侵权行为人，具有侵权行为主体复杂化的特点。三是，侵权行为的具体方式多样化，侵夺、抢先登记、另定买卖关系等，均可构成，具有行为方式不规范的特点。

据此可以认为，多重买卖中的侵权行为，是指在出卖人将同一标的物先后出卖给两个以上的买受人，其中一方依其中一项买卖关系的存在为依据，非法侵占该项财产，或者以侵害一方买受人的债权为目的，另定与该项债权相重合的买卖关系，而使作为一方买受人的所有权人或债权人的权利受到损害的行为。

三、多重买卖及其一般救济方法

多重买卖发生在买卖合同领域。出卖人就同一项财产的出卖订立两个或者两个以上的买卖合同，形成两个或两个以上的买卖债权债务关系，这两个或两个以上的债权债务关系相重合，即形成多重买卖关系。在本案中，黑河中大公司1992年5月13日与宽城外贸公司签订钢材购销合同。8月7日，该公司又与四平物资局签订钢材购销合同。这两份购销合同都是就俄罗斯进口钢材所形成的买卖债权债务关系。因出卖人在订立合同之时，预期从俄罗斯进口的钢材数量较大，在订约当时，尚没有形成多重买卖关系。10月16日，黑河中大公司所定俄罗斯钢材到货，但数量远远不足两个买受人所需，因而就同一项财产即工字钢的销售形成了两个相互重合的买卖关系，形成了多重买卖关系。在多重买卖关系中，其各个买卖合同皆为有效，并不因契约成立之先后而有优劣[①]，不能认为签

① 史尚宽：《债法总论》，台北荣泰印书馆1978年版，第138页。

订在先的买卖合同的效力优于签订在后的买卖合同的效力。对本案判决的第一种意见认为宽城外贸公司订约在先，因而具有履行在先的特权，是不正确的。债权平等，是债法通行的原则。在债法领域中，债权行为不适用物权法中取得在先即享有优先权的原则。例如，先设置的抵押权可以对抗后设置的抵押权，享有优先受偿权。债权行为则不得适用这一原则。构成多重买卖合同，出卖人如何履行重合的债务，依出卖人的意思表示为之。这是基于买卖的自由权决定的。出卖人作为债务人，可以先履行前一买卖关系债务，也可以先履行后一买卖关系债务，还可以就各个买卖关系均为部分履行（以履行标的物可以分割为前提）。就此，未受清偿的债权人可以向债务人主张其承担违约责任，但不得主张债务人的履行行为无效。[①] 在此，判断数个买卖关系为有效履行的标准，由物权公示原则所规定的物权转移公示形式所决定，即动产的公示方式为交付，不动产的公示方式为登记，并依此而发生所有权转移。所以，先受交付或者先为登记的债权人，取得该项买卖之财产的所有权，第二买受人于合同订立时，纵然知其给付之物已为其他买卖之标的，然而基于其买卖的自由权，仍不妨其先于第一买受人而受交付或为登记，并因其知有第一买受人之债权并欲侵害之为目的，依自己之受交付或为登记，以妨害第一买卖关系之履行，则可构成侵权行为。[②] 黑河中大公司在构成多重买卖关系之时，将库房钢交付给宽城外贸公司，将工字钢交付给四平物资局，四平物资局又将其交付给黑河坤阳公司，均符合物权转移的公示形式要求，宽城外贸公司、四平物资局和黑河坤阳公司均依其接受交付而取得所有权。宽城外贸公司虽然抢先办理了全部钢材的入库手续，但这一行为却改变不了工字钢已完成交付、所有权已经转移为黑河坤阳公司所有的事实。应当指出的是，一审法院认定进口货物在海关监管期过后所有权可以发生转移，二审法院认定黑河坤阳公司在海关结束监管发出放行通知之日起即取得工字钢的所有权，均有不妥。动产物权转移，只能依交付完成。该多重买卖合同中均约定为黑河码头交付，交付即发生所有权转移的后果。至于在海关监管期间，海关并不问所有权为谁所有，仅实

① 债务人与他债权人串通害及债权人的债权者除外，见后文论述。

② 史尚宽：《债法总论》，台北荣泰印书馆 1978 年版，第 138 页。

行进口货物监管行为，所有权问题并不依监管行为而转移。

在多重买卖关系中出卖人为一履行之后，必有一方买受人的债权不能实现，抑或在为各个部分履行后，各个债权人均有部分债权不能实现。在后一种情况，履行至为公平，故各个买受人均可向出卖人请求承担债务不完全履行的责任，大致不会出现严重的争执。部分买受人的债权受侵害的救济方法，主要是向出卖人请求违约损害赔偿，或者请求继续履行；当继续履行已无可能时，则只能请求损害赔偿。在出卖人一方，虽然享有买卖的自由权，然而其签订的合同均为有效合同，均负履行义务，出卖人选择一个买卖关系而为履行，对另一买卖关系拒绝履行，则当然应承担违约责任。本案宽城外贸公司所订工字钢购销合同未能接受履行。其责任完全在黑河中大公司违约，黑河中大公司自应承担违约责任。宽城外贸公司在其债权不能实现时，不是去向债务人请求承担违约责任，而是采取侵夺黑河坤阳公司已经取得所有权的工字钢的方法予以救济，显系不当。

在出卖人与第二买受人串通，以侵害第一买受人即买卖合同关系债权人的债权为目的，而为第二买卖关系且予交付或登记行为时，当构成债权人撤销权。依债权人撤销权，债务人的积极处分财产行为害及债权人债权时，债权人对债务人的无偿处分行为，或者对债务人与受让人具有恶意的有偿处分行为，皆可行使债权人撤销权，撤销债务人与他人的财产处分行为。买卖行为是有偿行为，债务人与第二买受人以侵害第一买受人的债权为目的，即具共同故意。在此情形下，第一买受人可依债权人撤销权予以救济。此种情况构成债权人撤销权与侵权损害赔偿请求权的竞合，应当任债权人依其意思选择具体的救济方法。

四、多重买卖中侵权行为的具体形式及其赔偿规则

多重买卖中侵权行为具体表现为两种形式，一是侵害所有权的侵权行为，二是侵害债权的侵权行为。

（一）多重买卖中侵害所有权的侵权行为

侵害所有权的侵权行为，是指在多重买卖关系中，一方当事人以其中一项买

卖关系的存在为依据，非法侵占他方享有合法所有权的买卖标的物，使该项财产所有人的所有权受到侵害的民事违法行为。

在多重买卖中侵害所有权的侵权行为，侵权行为人应当是多重买卖关系中的当事人。究竟谁为侵权行为人，有以下四种情况。

第一，在一般情况下，多重买卖中的侵权行为人多是第一买受人，因为往往是由于出卖人将买卖标的物又卖给第二买受人，第二买受人据此接受了出卖人的交付；而第一买受人由于自己订约在先，认为自己所订的前一买卖关系合法有效而否认后一买卖关系的效力，因而，敢于公然侵占第二买受人已经取得所有权的买卖标的物，侵害第二买受人的财产所有权。但是，第二买受人也有可能成为侵权行为人，假如出卖人将买卖标的物交付给第一买受人，第二买受人认为自己的买卖合同依法有效，因而侵占该买卖标的物，亦构成侵权。出卖人将买卖合同的标的物交付给一方买受人，而使另一方买受人的买卖合同债权不能实现，为使自己的买卖合同债权得以实现，所以才去侵占已经接受交付的财产，使自己的行为具有民事违法性，并且具备其他侵权行为的构成要件，构成侵权行为。

第二，如果出卖人部分履行买卖合同，将买卖标的物交付给各个买受人，各个买受人因为没有完全接受清偿，因而侵占其他已经接受部分履行的标的物，这一买受人也构成侵权行为人。

第三，在有些情况下，买受人中的任何一方，在出卖人还没有实际交付买卖合同标的物时，急于取得买卖合同标的物的所有权，而侵占所有权还属于出卖人的标的物，侵害了出卖人的财产所有权，构成侵权行为。

第四，最后一种情况，是在买受人已经接受了出卖人的交付后，取得了买卖合同标的物的所有权，出卖人因为反悔，而将已经交付的标的物予以侵占，就侵害了该买受人的财产所有权，亦构成侵权行为。

本案的侵权行为人，属于第一种情况，是典型的多重买卖中侵害所有权的侵权行为人。宽城外贸公司订约在先，且已经给付了部分货款，在黑河中大公司将工字钢交付给后签约的四平物资局，四平物资局又将该标的物转交给黑河坤阳公司的情况下，宽城外贸公司认为该标的物属于自己所有，故侵害了黑河坤阳公司

的财产所有权，构成侵权行为。

多重买卖中侵害所有权的侵权行为具备侵害财产所有权的侵权行为的一般特征。其构成，应当具备违法行为、损害事实、因果关系和主观过错这四个要件。这种违法行为的特征，是在履行买卖合同的过程中，因买卖合同关系的重合而发生。买受人一方或者出卖人因履行一个买卖合同没有履行另一个买卖合同而发生争议，侵害了一方当事人享有所有权的买卖合同标的物。这种行为的违法性，就在于非法侵占一方当事人所有的财产。损害事实是当事人一方享有所有权的财产遭受侵害，使其拥有的财产价值减少。这种损害事实的特征是，受到损害的财产只能是买卖合同的标的物，而不是其他财产。在因果关系方面，没有特别的要求。在主观过错中，行为人的心理状态较为复杂，在一般情况下，行为人往往是认为自己对买卖合同的标的物享有所有权，也有的是明知自己没有所有权，但是为了造成既成事实，抢先占有买卖合同的标的物。因此，这种侵权行为的主观过错既可以由过失构成，也可以由故意构成。

（二）多重买卖中侵害债权的侵权行为

多重买卖中侵害债权的侵权行为，是指在多重买卖关系中，一方买受人或者出卖人以侵害另一方买受人的债权为目的，故意以订立与该买卖合同关系相重合的另一买卖合同关系，使另一方买受人的债权无法实现，致使遭受财产利益损失的民事违法行为。

多重买卖中侵害债权的侵权行为人，有两种情况：第一种是由一方买受人为侵权行为人。他明知另一方买受人已经与出卖人订立了有效买卖合同，但是为了使另一方买受人的债权落空，采取与出卖人另订买卖合同的方法，使之与前一买卖合同相重合，并且使出卖人先履行后一买卖合同，以此侵害前一方买受人的合法债权。第二种是一方买受人与出卖人串通，以侵害另一方买受人的合法债权为目的，订立与前一买卖合同关系相重合的另一买卖合同关系，并抢先履行后一买卖合同，使另一方买受人的合法债权受到侵害。在后一种情况下，一方买受人与出卖人构成共同侵权行为人。也有在两个买卖合同关系相重合的情况下，前一买卖合同关系的买受人自己侵权，或者与出卖人串通共同侵权。在这两种情况下的行为人并没有原则的区别。

多重买卖中侵害债权的侵权行为的构成，与一般的侵害债权的构成没有原则区别。第一，被侵害的买受人的债权须是合法债权，即受侵害的买受人的买卖合同必须是合法的、有效的，如果一方买受人的买卖合同是无效的，或者是违法的，那就不存在侵害债权的前提条件。第二，侵害债权的行为人须是一个买卖合同关系之外的人。在一般的侵害债权侵权行为中，行为人必须是债的关系以外的第三人；在多重买卖侵害债权的侵权行为中，行为人是另一个相重合的买卖合同关系的买受人，如果出卖人与侵权的买受人相互串通恶意加害，则为共同加害人。第三，行为须具有违法性，这表现在违反保护合法合同债权的法律规定，使一方买受人的合法买卖合同的债权受到侵害，不能实现。第四，行为人必须出于侵害债权的故意，过失不能构成这种侵权行为。侵害债权的故意，是指第三人明知其行为会发生侵害他人的债权的后果而希望或放任这种结果的发生。这种明知，既要明知他人债权的存在，也要明知侵害结果发生的可能性。[①] 多重买卖中侵害债权的故意亦应如此，在要求上不能降低标准。第五，行为人的行为须造成一方买受人的损害事实。这种事实，一方面是对债权的侵害，使债权无法实现；另一方面是因此而使受害人的财产利益遭受损失，这种损害结果与行为人的违法行为有因果关系。

（三）多重买卖中侵权行为的赔偿规则

多重买卖中侵权行为的具体赔偿，应当根据侵权行为法的一般赔偿规则进行，并没有特别的规则。

多重买卖中侵害所有权的侵权行为的赔偿，应当依照《民法通则》第 117 条的规定进行。一是，侵占买卖合同标的物的，先应当返还原物，原物不存在的，应当折价赔偿，这在多重买卖侵权行为中，是使用较多的赔偿方法；二是，侵占买卖合同标的物并且将其损坏的，应当恢复原状或者折价赔偿，这种赔偿方法，在多重买卖中侵权行为的赔偿中也是经常使用的；三是，因侵占买卖合同标的物或者损坏买卖合同标的物造成受害人其他重大损失的，即造成间接损失的，对这

① 杨立新：《民法判解研究与适用》，第二集，中国检察出版社 1996 年版，第 283 页。

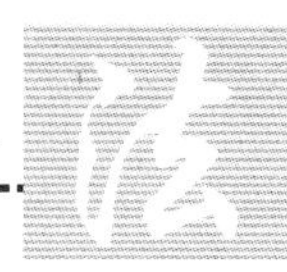

种间接损失也应当予以赔偿。

对多重买卖中侵害债权的侵权行为的索赔，主要是赔偿债权损害所造成的间接损失。这种间接损失是受害人债权受到损害所造成的可得利益损失，就是受害人在正常情况下实现债权所能得到的预期利益，由于加害人侵害债权而使这种利益丧失。赔偿这种间接损失，应当有充分的依据，不能主观臆断，凭空想象，避免造成不合理的赔偿或者赔偿不足的问题。造成财产直接损失的，也应当对这种直接损失予以全部赔偿。

五、结论

多重买卖中的侵权行为是发生在多重买卖关系中的一种较为特殊的侵权行为，包括侵害所有权的侵权行为和侵害债权的侵权行为。它们的构成，依据侵害所有权和侵害债权的侵权行为的构成一般原理来确定；具体的赔偿规则，亦与该种侵权行为的赔偿规则相同。本节所讨论的案例，黑河中大公司将同一笔钢材既出售给宽城外贸公司，又出售给四平物资局，形成了多重买卖关系。在履行合同中，黑河中大公司将工字钢交付给四平物资局，该局又将其交付给黑河坤阳公司，没有交付给宽城外贸公司。在这种情况下，宽城外贸公司认为自己订约在先，理应得到这笔工字钢，故擅自将这笔工字钢提走销售。这种行为侵害了黑河坤阳公司的财产所有权，构成多重买卖中的侵权行为，应当承担赔偿责任。宽城外贸公司的这种侵权行为的性质，是侵害所有权，而非侵害债权，具体赔偿，应当按照侵害财产所有权的赔偿规则进行。首先，侵占买卖合同的标的物，并将该物销售给他人，无法返还原物，只能折价赔偿，因此应当赔偿 233.26 吨工字钢的全部价款；其次，应当赔偿黑河坤阳公司受到的间接损失，即因其享有所有权的工字钢被侵占而丧失的可得利益，可以依据其售给下家合同的可得利益来计算，即差价减去应当支付的费用，所余即为被告所应赔偿的间接损失。

第十一编

侵权责任法司法解释解读

第三十二章

对最高人民法院有关侵权责任法司法解释的解读

第一节 《关于确定民事侵权精神损害赔偿责任若干问题的解释》释评

2001年3月8日，最高人民法院公布《关于确定民事侵权精神损害赔偿责任若干问题的解释》（以下简称《精神损害赔偿司法解释》），并决定从即日起实施。这是一个非常重要的司法解释，在中国侵权行为法和人身权法建设上和对自然人人格权和人格利益进行司法保护方面，具有重要的意义。笔者对这一司法解释的基本意义、主要突破、基本内容等主要问题进行初步的探讨，并对实践中可能出现的问题和解决办法进行深入研究和探讨，就其中若干问题提出意见。

一、精神损害赔偿司法解释出台的重大意义

最高人民法院最近作出的这个关于精神损害赔偿的司法解释，是近年来最有意义的一个关于民法方面的司法解释。这个司法解释最重要的意义就是对人格权

以及身份权方面的司法保护所作出的重大突破。可以说，这个精神损害赔偿司法解释在保护人身权利方面，确实具有一种里程碑性质的意义。

（一）人身权民法保护的第一个里程碑

中国关于人身权的保护，第一个里程碑就是《民法通则》的公布。在这个法律当中，规定了公民、法人享有人身权利，以及可以运用精神损害赔偿的方法进行法律保护。在这个问题上，立法之所以能够接受这样的主张，最主要的就是接受了“文化大革命”中对人权践踏、尤其是人身权被疯狂践踏的教训，立法者认识到了对人身权包括人格权和身份权进行民法保护的极端重要意义，所以才痛下决心，作出了这样的规定。这在中华人民共和国的民事立法史上，还是破天荒的第一次。

但是，《民法通则》关于人身权的规定还有很多不完善之处。一方面，是关于具体人格权规定不完全，没有规定隐私权、人身自由权、贞操权，特别重要的是没有规定一般人格权，而是将人格尊严这个一般人格权的核心问题规定在名誉权之中，对身份权则完全没有规定。另一方面，对于人格权的民法保护规定得不够具体，虽然规定了精神损害赔偿这种民事责任方式，但是对于应当怎样运用规定得不十分明确，而且很勉强，基本上是采取保守的姿态，尤其是对于精神损害赔偿问题，并不是持积极的态度。

经过十几年的司法实践，这些问题暴露得越来越充分，急需解决。

（二）人身权民法保护的第二个里程碑

人身权民法保护的第二个里程碑，就是最高人民法院运用司法解释的手段，阐发《民法通则》规定的原则以及其他单行法律，补充立法的不足，使司法领域当中对人格权的保护更加充分，对身份权的保护也有了依据。同时，还适当地扩展到了对一些具有人格因素的财产权的保护。在运用精神损害赔偿保护上述人身权方面，提出了较为成熟的意见。这样就使中国司法对人身权利的保护已经基本上趋于完备。

应当强调的是，运用司法解释对法律适用的问题进行司法解释，是一个惯常的做法，任何国家的法院，都有这个权力。在英美法系当然不必说，因为法官造

法是其立法的基本形式。就是在大陆法系的成文法国家，也同样如此。例如，在德国，国家的基本法规定了人格尊严的宪法原则，但是当时在民法典中缺乏具体的规定。德国联邦最高法院通过“读者投书案”“犯罪纪录片案”等具体案件，援引联邦基本法的规定，确定其判例效力，对一般人格权进行司法保护，确立了这一司法原则。[①] 尽管在现实生活中，人们对最高法院进行大量的司法解释的做法提出一些异议，指责有代行立法的嫌疑，但是在这个问题上的解释，是确有根据的，是对《民法通则》以及其他法律规定的基本精神的继续阐发，使中国对人身权的法律保护有了一次飞跃性的发展。这是值得充分肯定的。

我们期待着中国对人身权进行法律保护的第三次飞跃，那就是在制定中国民法典中，对人身权的法律保护作出新的规定。可以肯定的是，最高人民法院的这个司法解释，对我国人身权全面保护的第三次飞跃，已经奠定了一个很坚实的基础。

二、精神损害赔偿司法解释在理论和实践上的重大进展

最高人民法院精神损害赔偿司法解释对于人身权进行司法保护方面的重大进展，可以概括为“六个突破，一个核心”。

（一）精神损害赔偿司法解释的六大突破

对自然人的人身权进行司法保护，精神损害赔偿司法解释有六个重大突破。这表明了中国司法机关对于自然人人格权、人格利益和身份权法律保护的重大进步，使中国对自然人人身权司法保护实现了重大进展。

1.在保护生命权、健康权和身体权方面的重大突破

确定非法侵害生命权、健康权、身体权，造成精神痛苦损害的，可以请求精神损害抚慰金赔偿，这是第一个重大的突破。尤其是规定对身体权的非法侵害可以适用精神损害赔偿的民事责任方式进行救济，具有特别的意义。

在《民法通则》的规定上，关于生命健康权的赔偿，是第119条规定的。这

---

① 王泽鉴：《人格权、慰抚金与法院造法》，台湾《法令月刊》第44卷第12期。

一条规定，没有赔偿抚慰金的内容。这在实际上就否定了对物质性的人格权进行精神损害赔偿的适用。这个规定的片面性很快就在实践中暴露出来了。在以后的法律和行政法规中，陆续规定了赔偿死亡补偿费或死亡赔偿金、残疾赔偿金这些具有精神损害赔偿性质的赔偿项目，在实践中发挥了很好的作用。但是，一方面，这些规定的适用都有一定的限制，因为这些法律和行政法规都在适用的领域上有一定限制；另一方面，在侵害健康权没有造成死亡和残疾结果的，以及侵害身体权的，都没有规定可以请求精神损害赔偿。在精神损害赔偿司法解释中，最高司法机关总结了实践经验，依循这些法律和行政法规的立法精神，确定了这种精神损害抚慰金的赔偿，对于保护人的物质性人格权具有重要的意义。

在《民法通则》中，对于身体权的规定不够明确。因此在实践中和理论上，对于身体权是不是一项具体人格权，存在不同的看法，对其如何进行法律保护，也没有明确的规定。应当特别指出的是，对于身体权的法律保护，主要的方式就是精神损害赔偿。在法律中没有特别规定，就使对身体权的法律保护没有可操作性。① 精神损害赔偿司法解释规定对身体权的侵害可以请求抚慰金赔偿，不仅在对身体权是不是一项具体人格权的争论中，采纳了“肯定说”的主张，确认身体权概括在“生命健康权”的概念之中，而且可以适用精神损害赔偿的方法对身体权的损害进行救济，对侵权人的行为进行制裁。这种理论上和实践上的重要意义，是非常重要的，不能低估。

2.对人格尊严权和人身自由权法律保护方面的重大突破

精神损害赔偿司法解释在对于人格尊严权和人身自由权进行法律保护中，规定可以请求精神损害赔偿，也是一个重大的突破。

在《民法通则》中，在“民事权利”一章中，没有规定人身自由权；对于人格尊严的规定，是放在名誉权的规定当中规定的。这种做法，是有很大的问题的。这就是，人身自由权是一种具体人格权，没有作出规定，就是一个漏洞，在

① 杨立新：《公民身体权及其民法保护》，载《民法判解研究与适用》，第一集，中国检察出版社1994年版，第167页以下。

实践中对侵害人身自由权的行为，就没有办法进行民法制裁。[①]《民法通则》对于人格尊严的规定存在的问题，是没有确认其一般人格权的地位，而是规定在名誉权的条文之中，使人们认为人格尊严是名誉权的具体内容。这更是一个重大错误。[②]《民法通则》存在的这些问题，是和制定《民法通则》时刚刚开始改革开放，对一些重大的法律问题在理论上认识还不够清楚有关。在《国家赔偿法》中，规定了对人身自由权损害的赔偿，在《消费者权益保护法》中，规定了对人格尊严和人身自由权的保护，在实践中产生了很好的效果。可以说，这是一种很好的补救措施，但是都有局限性。[③]

精神损害赔偿司法解释将上述法律规定的立法精神扩展到了普遍适用的范围，具有重要的意义。凡是侵害人身自由权和人格尊严权的，进行司法保护，不必类推适用这些单行法的规定，而是直接按照司法解释的规定，作出判决。特别重要的是，对于人格尊严权，在理论上称之为一般人格权，是概括一般人格利益的一种基本的人格权，不仅对具体的人格权具有解释和创造的作用，而且具有补充法律对具体人格权保护立法不足的作用。任何不能被具体人格权保护的人格利益，如果有进行法律保护的必要，都可以适用对一般人格权保护的规定，进行法律保护。人格尊严是一般人格权的核心内容，对人格尊严权的保护，就是对一般人格权的保护。只要有了这一规定，对任何侵害人格利益的行为，如果说立法规定不足并且需要进行法律保护，都可以认定为是对人格尊严的侵害，进行法律保护。专家认为，在具体处理案件的时候，应当优先适用具体人格权的规定，而将一般人格权作为补充适用的条款。[④] 这是完全正确的。

3. 对隐私权的保护，司法解释规定适用直接保护方式进行

《民法通则》对隐私权没有规定为具体人格权。在最高人民法院关于贯彻《民法通则》所作出的司法解释和以后的单行司法解释中，曾经几次对隐私权保

---

① 杨立新：《侵害自由权及其民法救济》，载《民法判解研究与适用》，第一集，中国检察出版社1994年版，第234页以下。

② 杨立新：《民法判解研究与适用》，第三集，中国检察出版社1997年版，第255页。

③ 对于这一点，请参见杨立新：《人身权法论》，中国检察出版社1996年版，第692－693页。

④ 陈现杰：《人格权司法保护的重大进步和发展》，《人民法院报》2001年3月。

护的必要性做了提示，并且规定了一定的保护措施。但是，这些对隐私权进行保护的规定都具有局限性，在学理上被称为间接保护方式，即对侵害隐私权的行为需要比照侵害名誉权的法律规定处理，这就对隐私权的保护有不周到的问题。[①]精神损害赔偿司法解释对隐私权保护的规定，在保护方式上规定了按照直接保护方式进行保护，这不仅是对隐私权保护的一个重大变革，而且等于通过司法解释的方法确认隐私权是一项独立的人格权。这一点，在理论上和实践上都是有重要意义的。[②]

4. 对亲权和亲属权的司法保护作出明确规定

《精神损害赔偿司法解释》第 2 条规定，对非法使被监护人脱离监护，侵害亲权和亲属权的，可以请求精神损害赔偿。这是在以前的立法和司法解释中所没有规定过的。这对于保护亲属法上的身份权，具有重要的意义。[③] 一些专家都认为这种规定是对监护权的司法保护[④]，实际上这种行为侵害的不是监护权，而是亲权或者亲属权。对此，应当加以辨析。

5. 全面扩展保护死者人格利益的范围

《民法通则》对死者人格利益的保护没有进行规定，而死者的某些人格利益确有保护的必要。在《民法通则》的实施中遇到了这个问题。在“荷花女案件”的审理过程中，最高人民法院作出司法解释，规定对死者的名誉应当进行法律保护。[⑤] 最高人民法院司法解释确定的这个原则，在司法实践中得到了贯彻实施，取得了很好的效果。在实践中对保护死者人格利益起到了重要的作用。但是，对于死者其他的人格利益保护，在实践上和理论上都认为确有保护的必要，但是在操作上没有依据。因而，除了对死者的肖像利益和遗体有的法院作出过探索性的

---

① 对于这个问题，很多学者都进行了论述。

② 对此，有不同的看法。在司法解释的条文中，措辞也是很谨慎的，没有直接称之为隐私权，而是称之为“隐私”，回避是不是一项人格权的问题。

③ 在精神损害赔偿司法解释中，规定是对亲子关系或者近亲属间的亲属关系的侵害，这实际上就是指亲权和亲属权这两种身份权。

④ 陈现杰：《人格权司法保护的重大进步和发展》，《人民法院报》2001 年 3 月。

⑤ 对于这个问题，可以参见杨立新：《人身权法论》，中国检察出版社 1996 年版，第 556－557 页的说明。

判决以外，对于涉及对死者其他人格利益保护的案件，没有办法进行法律救济。

精神损害赔偿司法解释将对死者名誉利益进行司法保护的经验，扩展到死者的姓名、肖像、荣誉、隐私以及遗体和遗骨等人格利益方面的保护。这是一个非常重要的规定，填补了立法的缺陷，对于维护死者的人格利益，维护正常的人际关系和社会稳定，都有重要的意义。

6.将精神损害赔偿的适用扩展到具有人格因素的某些财产权损害的场合

精神损害赔偿司法解释规定，对于侵害具有特殊的人格象征意义的特定纪念物品可以请求精神损害赔偿，这就突破了精神损害赔偿限于人身权利遭受损害的界限，有条件地扩展到了侵害财产权的场合。这是一个很大的突破，目前只有少数国家实行这种精神损害赔偿方法。

这是对财产权的一种特殊保护。侵害特定纪念物品，不能认为是对人格权的保护，而是对财产权的保护。在各国的立法规定中，一般都将精神损害赔偿限制在侵害人格权和身份权的场合之中，不扩展到侵害财产权的场合。也就是说，侵害财产不适用精神损害赔偿的救济方法。但是，在日本等国，对于有特定纪念意义的物品进行侵害，造成精神损害的，也可以请求精神损害赔偿。这种做法受到各国理论上的肯定，认为这是一个很好的经验，但是在实践上采纳的并不是很多。在一些具有重要纪念意义的纪念物品上，体现了人格利益的内容，对这些物品的侵害，有可能损害财产所有人的精神利益，造成不可弥补的精神痛苦。精神损害赔偿司法解释果断地采纳这种司法经验，对这种侵害财产权的行为如果受害人“以侵权为由”起诉请求精神损害赔偿[①]，可以确定侵害人承担精神损害赔偿责任，对当事人的权利保护更加周到。

（二）对其他人格利益遭受侵害进行精神损害赔偿保护的规定是司法解释的核心内容

在精神损害赔偿司法解释中，有一个引人注目的条款，就是在第1条第2款关于“违反社会公共利益、社会公德侵害他人隐私或者其他人格利益，受害人以侵权为由向人民法院起诉请求赔偿精神损害的，人民法院应当依法予以受理”的

① 陈现杰：《人格权司法保护的重大进步和发展》，《人民法院报》2001年3月。

规定中，有关侵害“其他人格利益”起诉精神损害赔偿应予受理的规定。

这个“其他人格利益”的条款，是这个司法解释中最具伸展性、包容性的一个弹性条款，也是中国司法保护人格利益的核心问题。

从立法技术上讲，在任何法律、法规、司法解释的制定中，都要运用好弹性条款，使立法的条文扩展其包容性，使之不能有所遗漏。众所周知，法律总是从不同的角度规范社会生活现象。也正是由于社会生活现象太复杂、太丰富了，而人们对社会生活的认识和了解总是太有限了，因而任何法律要想做到穷尽生活现象，都是不可能的。因此，立法就要制定弹性条款，把尚未认识的、尚不了解的社会生活现象以及立法者还不愿意公开指出的某些内容，概括在弹性条款当中。这个“其他人格利益”的规定，就是运用这种立法技术，将应当依法予以保护的人格利益全部包容进去。

从立法内容上讲，这个弹性条款最基本的作用，就是概括对人格利益保护的任何未尽事宜。这就是说，任何人格利益，凡是没有明文规定的，只要需要依法保护，都可以概括在这个概念里头。例如，法律没有规定，这个司法解释也没有提到的贞操权，还有在当今经常说到的生活安宁权、知情权，等等，这些没有成为具体人格权的人格利益都可以概括在这里面来。因而可以说，这个司法解释中的这一弹性条款的规定，就使中国司法对人格利益的保护，扩展到了从来没有的新的范围，同时，也使这种对人格利益司法保护的范围几乎是非常全面的了。从这个意义上说，这一个弹性条款，确实是这一司法解释关于保护人格利益方面的核心内容。

从“其他人格利益”这一弹性条款的实体内容观察，可以概括为以下三个方面。

第一，有一些在立法上没有规定，但是在理论上认为已经具有具体人格权性质的人格权，可以概括在这一弹性条款里面。例如，贞操权在其他法律中已经规定为人格权并加以刑法和行政法的保护，对民法的保护，就可以引用这一规定确定精神损害赔偿。

第二，对于一些有可能上升为具体人格权的人格利益，例如生活安宁权、知

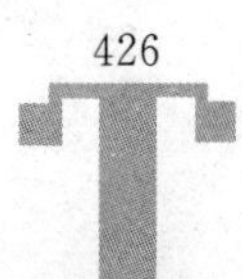

情权等，应当概括在这里。关于知情权，现在讨论的很多，很多人认为这是一个最有可能成为一个具体人格权的人格利益。还有电话骚扰、门缝广告等行为，都认为是侵害生活安宁权的侵权行为。有了这个“其他人格利益”弹性条款，就都可以将其概括进去，对这样的诉讼，法院应予受理，予以司法保护。[①]

第三，对于其他人格权和上述人格利益无法包括的人格利益，也可以概括在其他人格利益之中，依法予以司法保护。

有了这三个方面的内容，可以说，根据这个司法解释的“其他人格利益”的弹性条款，从理论上说，中国的司法对于人格利益的保护几乎是无所不包。这正是这个司法解释的重大贡献。将来在编制民法典的时候，一定会考虑把这个司法解释的精华进一步升华，使之成为法律条文。

在理论上有一点疑问，这就是，上述“其他人格利益”所概括的绝大多数内容，正是一般人格权的主要内容，而人格尊严恰恰是一般人格权的核心内容。在理论上正是把人格尊严作为一般人格权的代名词。[②] 司法解释把人格尊严和其他人格利益分开，在理论上似有不妥之处。

（三）值得研究和探讨的问题

在这个司法解释中，还有一些问题值得研究和探讨。

一是，关于法人或者其他组织以人格利益受到损害请求精神损害赔偿的，法院不予受理的规定，还值得斟酌。这一点，最高人民法院在关于名誉权案件的司法解释中，就是这样规定的。对此，如果仅仅是从法人和其他组织不得请求赔偿精神损害抚慰金的角度上来理解，是正确的。但是，在理论上对于人格利益损失的赔偿，一般也认为是精神损害赔偿。对这一点还是需要进一步明确，不然就与《民法通则》第 120 条的规定精神有所冲突。

二是，对于死者人格利益的保护，有一个期限的问题。现在的做法采用以前在死者名誉利益保护上的做法，就是采用近亲属有权提起诉讼的做法，限定保护的时间。这样做，在保护死者其他人格利益上都是可以的。但是在死者肖像利益

① 对此，后文还要详细论述。

② 杨立新、尹艳：《论一般人格权及其民法保护》，《河北法学》1995 年第 2 期。

的保护上，这样的保护期限过长。因为死者肖像中还包含一个肖像作者的著作权问题。保护的时间过长，对肖像作者的著作权是一个损害。国外的做法一般是明确规定对死者肖像利益予以保护，但是保护的时间很短，以使肖像作者的著作权不至于由于对死者的肖像利益的保护而成为虚设的权利，以更好地保护肖像作者的著作权。例如德国法的规定，就是保护 10 年。[①] 在这一点上，还需要在另外的司法解释中作出明确规定，否则，在实践中依照一般的保护期限进行，是有问题的。建议采用德国法的规定，保护 10 年为宜。

三是，对一些在法律上还没有规定的人格利益的损害，没有作出明文规定，是否概括在“其他人格利益”之中，还有待于明确解释。

三、精神损害赔偿司法解释规定对民事权利的保护范围

（一）精神损害赔偿司法解释所保护的基本范围

精神损害赔偿司法解释在规定侵权行为适用精神损害赔偿保护的民事权利范围，可以概括为以下三个方面。

1. 人格权和人格利益

精神损害赔偿司法解释规定可以适用精神损害赔偿方式进行保护的第一个方面，就是人格权和人格利益。按照司法解释的规定，可以分为三种。

第一种是人格权。这就是该司法解释第 1 条规定的内容，一共分为三个层次：生命权、健康权、身体权是一个层次；姓名权、肖像权、名誉权和荣誉权是第二个层次[②]；人格尊严权和人身自由权是第三个层次。这种区分，有立法的根据，就是第一层次是《民法通则》规定的物质性人格权，第二个层次是《民法通则》规定的精神性人格权，第三个层次是其他法律规定的人格权。

第二种是人格利益，司法解释规定的是隐私利益以及其他人格利益。对此，

---

① ［德］梅迪库斯：《德国民法总论》，邵建东译，法律出版社 2000 年版，第 801 页。

② 关于荣誉权的性质，通说认为属于身份权，例如，在王利明主编的《人格权法新论》中就采用这种观点。对此，可以参见杨立新：《论荣誉权及其侵害的损害赔偿责任》，载《民法判解研究与适用》，第三集，中国检察出版社 1997 年版，第 427 页以下。

上文已经作了较为详细的阐释。

第三种是对死者人格利益的延伸保护。在这个司法解释中，规定了三个层次：第一层次是对死者的姓名、肖像、名誉和荣誉利益的保护，规定侵害这些死者人格利益的行为，可以予以精神损害赔偿的制裁。第二个层次是对死者隐私利益的保护，侵害者，可以予以精神损害赔偿的制裁。第三个层次，是对死者遗体、遗骨非法利用、损害，或者违背公序良俗侵害遗体遗骨的，构成侵权，可以责令承担精神损害赔偿责任。

人格权是要由法律明确规定的，比较好理解。民法保护的是民事权益，包括权利和利益。理论认为，利益经过法律确认加以保护就是权利。民事利益需要保护，但是又不能构成权利，在理论上就称之为法益。人格利益就是人格法益。因此，法益可以通俗地说，是指法律保护的无法成为权利的民事主体的利益。现在，对人格权的保护都有法律规定了，对法律没有规定的一些人格利益进行保护，可以放在这个司法解释中所规定的其他人格利益当中去。受到法律保护的死者的人格利益，也是应当保护的利益，但是由于这种利益已经没有权利主体的支撑，又需要进行法律保护，所以称作法益。

2.身份权

这个司法解释还规定了对身份权的司法保护，这就是第2条规定的对亲权和亲属权的保护。在非法使被监护人脱离监护，侵害亲权和亲属权的，可以适用精神损害赔偿的方式，进行制裁，对受害人的精神损害进行救济。

3.具有人格因素的某些财产权

这就是《精神损害赔偿司法解释》第4条规定的，对特定纪念物品侵害的精神损害赔偿，这是对财产权的特殊保护。

（二）对侵害生命健康权适用精神损害赔偿

生命健康权是《民法通则》规定的一种概括的权利，包括生命权、健康权和身体权。

1.对生命健康权进行精神损害赔偿保护的发展

对生命权、健康权和身体权损害的精神损害赔偿的适用，大体经历了以下

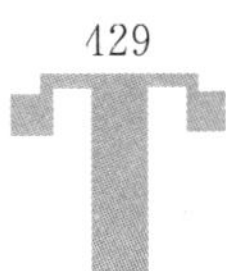

阶段。

首先，在《民法通则》的规定中，没有规定侵害生命权、健康权和身体权可以适用精神损害赔偿民事责任方式进行救济。在这一点上，《民法通则》是较为保守的。其中的原因，在前文中已经提及。同时还要说明的是，在中国的长期司法实践中，有一种偏向，就是片面地坚持大陆法系的补偿原则，认为在损害赔偿上，赔偿数额不能超出损失的范围，甚至千方百计地限制赔偿的范围，让受害人得到尽可能少的赔偿，实际上就是使加害人尽量地少赔偿。形成这种情况的原因之一，就是中国人在长期的生活中，收入偏低，支付能力不强。这一点可以从最高人民法院在《民法通则》实施以前的司法解释中看出来。

其次，在《民法通则》实施以后，这方面规定的局限性很快就暴露出来，就是对侵害生命健康权的赔偿范围过窄，对身体权的规定不明确。对于前者，立法机关和最高行政机关采取了一系列的办法进行补救。在制定《道路交通事故处理办法》中，对造成死亡的，规定赔偿死亡补偿费。在《国家赔偿法》中，规定赔偿残疾赔偿金和死亡赔偿金；在《消费者权益保护法》中，采纳了残疾赔偿金和死亡赔偿金的赔偿项目。这些规定对于在保护生命健康权中适用精神损害赔偿责任方式，迈出了第一步。

这次最高人民法院的司法解释，将精神损害赔偿责任方式适用于侵害生命权、健康权和身体权的全部范围，这就使适用精神损害赔偿的方式保护物质性人格权的制度，已经基本完备。现在面临的问题是怎样对这一制度妥善落实。

2.三种不同的精神损害抚慰金赔偿

应当注意的是，精神损害赔偿司法解释将侵害生命健康权适用精神损害赔偿的名称定为精神损害抚慰金，具体包括以下三种，这就是：侵害人身，造成残疾的，赔偿残疾赔偿金；造成死亡的，赔偿死亡赔偿金；造成其他损害情形的，赔偿精神抚慰金。其实，这三种损害赔偿，都属于精神损害赔偿中的抚慰金赔偿。现在的这三种叫法，就是“顺”已有的法律之“势”，将已经有法律规定的死亡赔偿金和残疾赔偿金仍然继续沿用，将法律没有规定的称为精神抚慰金。这样区分并称之为三种“精神损害抚慰金”，有一定的不便之处，在将来制定民法典的

时候，应当进行改进。

在侵害人身，适用三种不同的精神损害赔偿的条件是：

第一，对于造成死亡的，应当赔偿死亡赔偿金。这是对造成死亡，侵害生命权进行救济的精神损害赔偿。

第二，对于造成残疾的，应当赔偿残疾赔偿金。这是对侵害健康权，造成残疾进行的精神损害赔偿。

第三，对于侵害人身，没有造成死亡、残疾后果的，应当赔偿精神抚慰金。这是造成一般伤害，没有造成残疾后果，但是侵害健康权应当给予精神损害赔偿所给予的救济；以及侵害身体权，没有造成健康权的损害，只是造成身体权损害所给予的救济。

3.关于身体权遭受损害适用精神损害赔偿问题

在《民法通则》当中，立法条文直接规定的是生命健康权。完整的生命健康权包括生命权、健康权和身体权。身体权，是维护人的身体完整性的人格权，它和健康权的主要区别在于，健康权维护的是身体功能的完善性，身体权是维护身体组成部分的完整性。

对于身体权的保护，与其他的精神性人格权的保护有所区别。因为侵害身体权，主要的损害不是人体的损伤（因为造成人体损伤行为侵害的是健康权），而是精神痛苦。因此，救济的主要方法是精神损害赔偿，以及其他赔礼道歉等救济方法，主要的不是对造成的财产损失给予赔偿。因此，确定精神抚慰金赔偿，在保护身体权中，就显得非常必要。

（三）对侵害精神性人格权适用精神损害赔偿

1.本司法解释对于姓名权、肖像权、名誉权和荣誉权进行精神损害赔偿保护的意义

精神损害赔偿司法解释对于《民法通则》规定的这四种精神性人格权①遭受侵害，适用精神损害赔偿保护的条文中，没有超出《民法通则》和最高人民法院

---

① 我们始终认为，荣誉权属于身份权，不属于人格权。在这里为了方便，仍然按照《民法通则》的规定这样说。

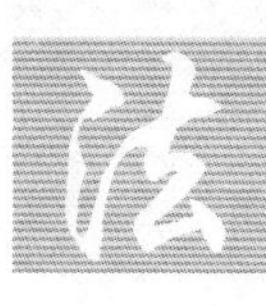

以前所作出的司法解释的范围，因此，仍然应当按照《民法通则》第120条规定和最高人民法院以前的司法解释办理。应当注意的是，对于侵害这些精神性人格权的赔偿金，也称为精神抚慰金。[①]

2.人格尊严权和人身自由权

在精神损害赔偿司法解释中，对于人格尊严权和人身自由权是并列在一起的。这种排列方法的意图，是将其区别于《民法通则》规定的四种精神性人格权。因为这两种人格权不是《民法通则》规定的权利，而是在以后的《国家赔偿法》和《消费者权益保护法》中规定的权利。司法解释将这两部法律规定的原则扩展为普遍适用，所以排列到现在的第三层次的位置。

这里所说的人格尊严权，实际上就是一般人格权。将一般人格权概括为人格尊严权，为的是顺应法律的规定。但是，这样概括将产生一系列的理论上和实践上的问题。

按照理论的界定，一般人格权是人的基本民事权利，是法律采用高度概括的方式而赋予公民和法人享有的具有权利集合性特点的人格权。[②] 它的基本内容，是人格尊严、人格独立、人格自由；这个基本权利具有解释功能、创造功能和补充功能三大功能。[③] 如果将其基本作用概括为一句话，就是支配和指导所有的具体人格权。而人格尊严是一般人格权的核心内容，在习惯上就是将人格尊严作为一般人格权的简称或者代称。现在的这种做法，将其与人身自由权并列在一起，并且与本条下一款的“其他人格利益”的规定相联系，在理论上是有一定的矛盾的，有降低一般人格权地位的嫌疑。

对侵害人格尊严权的，应当给予精神损害赔偿，这是没有问题的。现在的关键问题是要解决如何适用，就是怎样才能构成侵权，并适用精神损害赔偿责任。在实践中，有一些案件，法院对构成侵害人格尊严的要求过高，使人格尊严受到损害的没有得到应有的精神损害赔偿。[④] 对此，应当认真研究，总结实践经验，

---

① 即按照该司法解释第9条第3项的规定。

② 王利明主编：《人格权法新论》，吉林人民出版社1994年版，第156页。

③ 杨立新：《民法判解研究与适用》，第三集，中国检察出版社1997年版，第260－261页。

④ 杨立新：《人狗同餐案与做人的尊严》，《检察日报》2000年8月2日，第5版。

借以指导实践。

人身自由权是一个具体人格权。《民法通则》当时没有规定这个权利，在《国家赔偿法》和《消保法》中规定了这一权利。一般认为，人身自由权包括身体自由权（也称为行动自由权）和意志自由权，侵害这样的自由的，构成侵权。

对人身自由权的侵害，应当承担精神损害赔偿的责任。对此，也是明确的。

3.隐私权

在这个司法解释当中，关于隐私权的措辞与其他权利的措辞有所不同。这一点是非常明显的。按照司法解释起草者的意思，这种不同的措辞，是想区别隐私权还不是一个正式的人格权，因为在现行法律当中还没有规定隐私权是一种具体人格权，因而采用依照公序良俗原则作为一种人格利益的方法加以保护，不是作为对人格权的保护。[①] 这是一个较大的问题。事实上，《未成年人保护法》《妇女权益保障法》《残疾人保障法》和《消费者权益保护法》等都有对隐私权的规定，只是没有明确地加上一个“权”字而已。这种解释值得斟酌。

隐私权在《民法通则》当中没有规定，是一个事实，但是在其他法律当中，如《妇女权益保障法》《未成年人保护法》《残疾人保障法》等，都有关于隐私及其保护的规定。如果说这些法律中规定的只是保护“隐私”而没有明确提为“隐私权”，那也有疑问，就是法律在规定人格尊严的时候，也没有加上一个“权”字，怎么就叫作“人格尊严权”了呢？不能说规定隐私保护的这些法律就不是法律，这些法律规定的权利，就不是权利。隐私权是一个独立的人格权，这一点不可怀疑。对它的法律保护与名誉权等人格权的法律保护没有区别。

尽管如此，司法解释对于隐私权保护的规定，还是有很大的突破的。其最大的突破，就在于将对隐私权的间接保护方式改为直接保护方式，这是学者、专家呼吁了十几年的事情了。最高人民法院接受法学界的意见，改变在贯彻《民法通则》的司法解释中确定的间接保护方式的做法，这一点做得非常好。

直接保护方式，是美国的做法。隐私权是美国创立的人格权，后来被各国所借鉴，成为各国公民普遍的权利。美国对侵害隐私权的行为，直接认定为侵害隐

① 陈现杰：《人格权司法保护的重大进步和发展》，《人民法院报》2001 年 3 月。

私权的侵权行为，确定民事责任。在以后有些国家在借鉴隐私权保护做法的过程中，囿于原来的法律规定和法律传统，采用间接保护方法来保护隐私权。中国在《民法通则》实施以后，就是采用援引名誉权保护的方式，保护隐私权。这样的做法，不能保护隐私权的全部，因而对隐私权的保护是不完全的。采用直接保护方式进行保护，对隐私权的保护就是很全面的了。

对隐私权的保护，主要是精神损害赔偿方式。对此，司法解释已经明确作出了规定。

4. 其他人格利益

这个司法解释当中使用“其他人格利益”这个概念，规定的就是一个弹性条款，包容一切应当保护的人格利益。这一点，在前文中已经作了说明。

在当前，应当特别加以强调需要进行保护的就是贞操权。对于贞操权的保护，可以概括在该司法解释第 1 条第 2 款规定的“其他人格利益”里面。这从法律适用的逻辑上可以得出确切的结论。

对于贞操权，在理论上和实践上都认为是自然人最重要的人格权之一，立法也给予确认。贞操通常是指人的保持性的纯洁，以及在性生活和性品行等方面的良好品行，并非女子所特有。维护这种人格利益的权利，是一种独立的人格权，应当给予严格的法律保护。我国法律对贞操权的保护是采用公法的形式进行，如刑法对侵犯贞操权的行为规定予以刑罚制裁，行政法规定对侵害贞操权的行为给予行政处罚。但是对于这种民事权利恰恰没有规定民法的保护方法，没有规定给予精神损害赔偿。这是一个很大的漏洞。比如强奸行为以及其他性猥亵行为给自然人造成严重的精神损害，这种损害要比侵害名誉权、肖像权严重得多。但是侵害名誉权、肖像权可以请求精神损害赔偿，为什么造成精神损害更为严重的侵害贞操权的受害人不能请求精神损害赔偿呢？对此，有的法院已经作出了判决，解决了这个问题。[①]

当然，对这种贞操权的侵害，可以概括在该司法解释中的侵害“其他人格利

① 对此，已经有了实际的判决。深圳市罗湖区人民法院对强奸犯罪的受害人提起的民事诉讼，判决给予精神损害赔偿 8 万元，见 2001 年 4 月 4 日《新民周刊》，http：//www. sina. com. cn。

益”之中，但是，是不是所有的法官和受害人对此都能这样理解，也还是一个问题，因此急需明确解释，否则在适用中，就会因为规定不够明确而在执行中出现问题。

（四）对身份利益的保护

在精神损害赔偿司法解释中，第一次规定了对身份权侵害可以请求精神损害赔偿的内容。这是将精神损害扩展到身份权的范围的一个重要举措。加上即将在《婚姻法》中规定的侵害配偶权的损害赔偿制度，对亲属法上的身份权的精神损害赔偿保护制度就比较完备了。

最高人民法院作出这样的司法解释，首先，就是将精神损害赔偿从人格权的场合扩展到了身份权的场合。过去，对于身份权没有规定可以进行精神损害赔偿，甚至于对中国民法是否规定了身份权，都有争议。有的学者就主张身份权是已经消亡的权利，中国民法不承认身份权是人身权利。这个司法解释表明最高司法机关对身份权及其保护的确认。

其次，对身份权进行民法保护，最主要的保护方式还是精神损害赔偿。最高人民法院的这个司法解释顺应社会发展，采纳学理研究成果，确认对身份权的保护，使用精神损害赔偿的民事责任方式，作出了很好的规定，是值得充分肯定的。

（五）对具有人格利益因素的财产权的精神损害赔偿保护

《精神损害赔偿司法解释》第4条规定了对具有人格象征意义的特定纪念物品造成损害，受害人主张精神损害赔偿的，法院应当受理。这一规定，打破了精神损害赔偿只能适用于人身权受到损害的场合的限制，将其扩展到了有限制的财产权损害的场合。

这种做法，是日本的经验。日本在民法典中，对侵权范围的界定不采取列举式，而是采概括式，仅仅规定为“权利”，不具体规定什么权利。这样就给对财产损害的精神损害赔偿打下了一个基础。同时，《日本民法典》还在第710条明确规定：“不问是侵害他人身体、自由或名誉情形，还是侵害他人财产权情形，依前条规定应负赔偿责任者，对财产以外的损害，亦应赔偿。”在实践中，他们

就是采用这种对于侵害具有人格利益因素的财产的权利的，可以责令承担精神损害赔偿责任。

现在的问题是，在实践中应当怎样适用这样的解释，法官如何认定何物是具有人格象征意义的“特定纪念物品”；没有具体规定，如果让法官自由裁量的话，是否会出现偏差？应当承认，对于这些问题，在理论上研究得还不够，在实践上更没有经验。因此，需要认真地积累，同时也要很好地借鉴国外经验，特别是要借鉴日本的经验。专家要研究，法官也要研究，解决这个问题还需要大家的努力，尤其是法官的努力。有人提出，一是要侵害的客体应当是以精神利益为内容的纪念物品，其本身负载重大感情价值且具有人格象征意义；二是该纪念物品因侵权行为而永久性灭失或者毁损，其损失具有不可逆转性。例如，地震中失去双亲的孤儿，把父母生前留下的唯一的遗照交给照相馆翻拍，被丢失，使受害人遭受不可弥补的精神创伤。[①] 这种情况就是司法解释中所规定的情形。

从总的方面来说，这样的“物”，是要严格把握的，不能将什么物都认定为特定纪念物品。这就是说，这种特定纪念物一定要有人格利益的因素，对所有人具有“人格象征意义”。例如，订婚信物、祖传珍品等。总的来说，精神损害赔偿是对人格利益的精神损害进行赔偿，一般是不适用于财产损害范围的。补偿这种损害，主要的立意，也还是对人格损失进行赔偿，而不是单纯地为财产损失进行赔偿。这种赔偿，只是一种特例，不能扩大。

四、关于死者人格利益保护问题

（一）对死者人格利益保护的必要性

对死者人格利益进行法律保护，是各国立法和司法的一个惯例。早在康德的著作中，就提到了对死者名誉保护的必要性。[②]

对于死者人格利益的保护，是在《民法通则》实施以后不久提出来的问题。

---

① 陈现杰：《人格权司法保护的重大进步和发展》，《人民法院报》2001年3月。

② ［德］康德：《法的形而上学原理——权利的科学》，商务印书馆1991年版，第119－120页。

法院在实践中进行探索，学者在理论上进行深入的研究，创造了不同的学说。最高人民法院适时进行司法解释，确定了对死者的名誉利益进行保护的基本原则。随后，在实践中进一步反映了对死者其他人格利益保护的问题，提出对保护死者名誉利益的原则应当进一步扩大，例如对死者的肖像利益、隐私利益、姓名利益，以及尸体、遗骨等死者的身体利益，都需要进行延伸保护。这些人格利益不受到保护，都会影响社会的稳定，同时，也是对人格利益保护的不完全。

（二）保护的范围

第一，对死者人格利益保护的范围。对此，最高人民法院的司法解释中已经明确规定，所保护的死者的人格利益包括：（1）死者的姓名、肖像、名誉、荣誉；（2）死者的隐私；（3）死者的遗体、遗骨。

第二，关于“其他近亲属”问题。近亲属包括配偶、子女、父母、祖父母外祖父母、孙子女外孙子女、兄弟姐妹。在这个司法解释中，将近亲属分为两个层次，第一个层次是配偶、父母、子女，另一个层次是其他近亲属，应当包括祖父母外祖父母、孙子女外孙子女、兄弟姐妹。这样规定要体现的是顺序关系，就是有第一顺序的近亲属，第二顺序的近亲属不得起诉；没有第一顺序的近亲属，第二顺序的近亲属才可以起诉。

（三）死者人格利益保护的期限

有人提出，对死者人格利益的保护是否应该有个期限呢？如有人诽谤一位明朝的民族英雄，这位英雄的后人可以提起诉讼吗？我们认为，精神损害赔偿司法解释对死者人格利益的保护，看起来没有规定起诉的期限，实际上，是规定了起诉期限的。这就是采用限制有权起诉人的范围的方式，规定起诉期限。

任何国家的立法和司法对死者的人格利益进行保护，都要有一定的期限，按照一般的理解，大约应该保护 50 年左右。我们的司法解释采用以近亲属的范围界定保护期间，近亲属没有了，也就不再保护了。这样的时间大约是 50 年左右，最长可能到 70 年。要注意的是，对死者肖像利益的保护具有特殊性，时间不能过长。

在学理上认为，对超过保护期限的死者人格利益进行保护，如果确有必要，

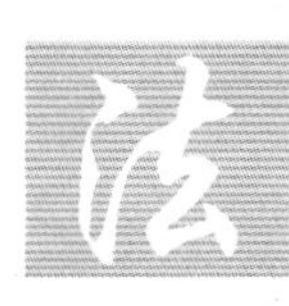

可以由检察机关代表国家利益或者公共利益，提出诉讼，请求法院进行保护。鲁迅的近亲属起诉侵害鲁迅肖像权问题，就面临这个问题。

五、关于精神损害赔偿标准和赔偿数额问题

（一）司法解释为什么没有规定具体赔偿数额

最高人民法院在精神损害赔偿司法解释中没有规定具体的赔偿数额问题，这是正确的。在这个司法解释的草案当中原来是有数额规定的，规定什么样的侵害最高赔偿标准是什么，最低标准是什么。这种意见后来被否定了，就是因为这种意见不科学，不符合对人身权进行民法保护的实际情况。

有人认为，在司法解释中最好有一个精神损害赔偿数额的规定，“明码实价”，既便于操作，也便于老百姓理解和监督。这样认识是不对的。精神利益损害和精神痛苦并没有财产的价值，确定精神损害制度只是借财产的形式，对人格关系中的纠纷进行调整。因为在商品经济社会中，采用经济方式解决民事争端，是一个较为有效的办法，但是这种办法是有一定的弊病的。正因为如此，一方面要限制盲目追求高额赔偿金的错误做法，另一方面，也要注意运用其他的民事责任方式解决这类纠纷。可能对于一个相同的侵权行为，由于加害人的经济负担能力不同，而判决承担不同的赔偿数额，这都是正常的，而不能将精神损害赔偿明码标价。如果是这样，就真是将人格当成了商品了。

关于精神损害赔偿的具体数额，没有办法统一规定。第一是侵权的具体情节不同，不能作统一规定；第二是我国的地域广阔，各地的经济状况均不相同，无法制定统一的标准。第三是加害人的经济负担能力不同。某省人大制订地方法规，在消费者权益保护领域，规定对人格权侵害的精神损害赔偿最低限是 5 万元人民币；某地高级人民法院规定精神损害赔偿的最高限额是 5 万元人民币。究竟哪个规定科学、哪个规定正确呢?

精神损害赔偿从来就不应当规定什么上下限！最高人民法院的司法解释从来就没有做过这样的规定。这是因为，精神损害不是一种财产损害，不能用财产的

价值进行衡量。之所以采用财产的形式对精神损害进行赔偿，就是因为在商品经济社会，财产赔偿对受害人有一定的抚慰作用，对加害人有一定的制裁作用，对社会也有一般的警示作用。而且财产赔偿也不是抚慰精神损害的唯一办法，还有赔礼道歉、恢复名誉、消除影响等一系列的法律责任形式。规定上限的做法是不行的。例如，规定精神损害赔偿的上限是 10 万元和 5 万元，北京卡式炉爆炸案受害人贾某宇的残疾赔偿金定为 10 万元，大家都认为是合适的；如果是对造成死亡的赔偿金也仅仅赔偿 10 万元或者 5 万元，显然就是不够的。另外，还要考虑国际交往中的问题。在东芝笔记本电脑、三菱汽车等案件中，我们的立法、司法、理论上的一些固执的、习惯的做法已经受到了实践的惩罚，任何与中国交易的人，都会用中国的法律来解决与中国公民和法人发生的纠纷。规定上限是 10 万元，他们国家没有规定，可以赔偿几百万元几千万元，侵害中国公民就可以按照中国的规定赔偿 10 万元。这也是“入世”使中国法律面临的一个考验。所以，不能对精神损害赔偿规定上下限，规定了也是无法操作的。

（二）确定精神损害赔偿数额的基本原则和考虑的因素

所以，对精神损害赔偿数额的确定，不能运用数学的计算方法，而是要用人文的方法。基本方法就是法官依职权酌定。

确定一个精神损害赔偿的数额，要遵循三条原则：第一是要考虑对受害人是否起到抚慰的作用，第二是要考虑对加害人是否起到制裁的作用，第三是能否对社会有一般的警示作用。这三个因素都考虑到了，就是一个非常好的赔偿数额。例如，在《民法通则》颁布实施的第二年，有两个法院判决某人的行为构成侵害名誉权，但是判令他承担的精神损害赔偿数额是 5 元人民币！这样的赔偿，不符合上述任何一个条件。前文提到的上海的案例，20 万元的赔偿金，对加害人的制裁显得过重；1 万元的赔偿又显得制裁不够。说到底，一个具体的案件应当赔偿多少，并不是一个特别重大的问题。等到这些案件积累多了，一个地区就可以进行平衡，判决的数额也就大体均衡了。

确定精神损害赔偿数额的办法，说到底，是要由法官对案件的感知决定，法官根据对受害人精神损害程度的感知，以及对侵权人的过错程度，侵害的手段、场合、行为方式等具体情节，侵权行为所造成的后果，侵权人的获利情况，侵权人承担责任的经济能力，受诉法院所在地平均生活水平等因素的感知，依照自由裁量权，确定具体的赔偿数额。在确定精神损害赔偿具体数额的时候，符合这三点要求的赔偿数额，就是合适的，而不在于究竟是多是少。当然，在一个地区，经过一段的实践，可以使赔偿数额大体实现均衡。但是，永远不能期望对精神损害赔偿有一个一刀切的标准。

这个司法解释基本上还是规定了确定赔偿数额的办法的。第 10 条规定："精神损害的赔偿数额根据以下因素确定：（一）侵权人的过错程度，法律另有规定的除外；（二）侵害的手段、场合、行为方式等具体情节；（三）侵权行为所造成的后果；（四）侵权人的获利情况；（五）侵权人承担责任的经济能力；（六）受诉法院所在地平均生活水平。"在考虑这些因素的基础上，可以确定具体的赔偿数额。

应当注意的是该条第 2 款规定的内容。这就是关于"法律、行政法规对残疾赔偿金、死亡赔偿金等有明确规定的，适用法律、行政法规的规定"。对此，《国家赔偿法》《消费者权益保护法》《产品质量法》以及《道路交通事故处理办法》中关于这些项目赔偿的规定，应当按照规定确定。在这些法律和法规中，《消保法》和《产品质量法》没有规定赔偿的计算方法，确定赔偿数额的时候，应当按照司法解释规定的办法确定。《道路交通事故处理办法》规定的计算方法，较为落后，赔偿的标准较低。如果完全适用这个规定，对受害人的权利保护不够。

当然，这些规定还较为抽象，不具体，具体的操作还需要在实践当中积累经验。这就是，在《民法通则》规定了人身权的民法保护内容以后，司法实践局限在这个范围里，没有积累更多的经验。这个司法解释更多的是集纳法理研究的精华，操作性不强。具体的操作还是要在按照这个司法解释适用的过程中，积累经验，发现问题，才能够有更多的可操作性的规定。在这一点上，法官应当发挥创造性，创造出更多的具有借鉴价值的案例，丰富实践经验，使人身权保护制度更完备、更圆满。

（三）如何避免滥诉问题

以往在请求精神损害赔偿的具体案件中，受害人动辄提出数百万元的精神损

害赔偿金，却往往得不到法院的支持，受害人自己对精神受损害的赔偿估计和法院认定的并不一样。现在司法解释将精神损害赔偿的适用范围这样扩大，可能会有更多的人提起这样的诉讼。对此，应如何避免滥诉行为，避免无谓增加诉讼负担，是一个重要的问题。

专家认为，当事人在精神损害赔偿的诉讼中，经常打一种心理战。当事人企图以高额赔偿来强化被告确实构成精神损害侵权的可能性，使得法官和大众形成一种思维定势，有利于胜诉。另外，高额赔偿请求是作为与被告谈判的筹码，迫使被告权衡万一败诉，高额赔偿不划算，不如调解降低数额。这种分析是正确的。构成精神损害还是不构成精神损害，要依照法律和司法解释的规定判断，这样，在当事人和法官之间，在认识上确实会有一定的差距。这里既有当事人对法律理解的问题，也有法官对法律理解的问题。过去，对精神损害赔偿只是局限在《民法通则》规定的“姓名权、肖像权、名誉权和荣誉权”上，现在扩展到了这样广大的范围，这不仅对当事人是一个需要掌握的问题，以避免滥诉；对法官也急需学习和研究，真正掌握这一司法解释的基本精神和适用的办法，避免适用法律的错误。助长高额赔偿的客观环境是，只要被告侵权，不管赔多赔少，反正诉讼费都是被告出。因此，要按实际赔多少精神损害额来分担诉讼费，这样可遏制一部分滥诉。这是一个有效的办法。

从某种意义上说，滥诉倒不是大的问题，因为滥诉的结果是自己承担败诉的后果。更重要的是法官的水平是不是能够掌握这一司法解释的基本精神，做到准确实施；同时，在适用这一司法解释的时候，也不要再多加额外的限制，使当事人的权利得不到应当得到的法律保护。

六、对若干具体问题的理解

在最近的讨论中，对如何适用精神损害赔偿司法解释，有些人提出了一些具体的问题。主要是：

（一）关于交通事故的补偿费问题。

交通事故中的补偿费，有一部分属于精神损害赔偿，主要是死亡补偿费。在

《道路交通事故处理办法》中，关于死亡补偿费的规定，在当时是一个重要的突破。但是，在今天看来，这个行政法规中关于精神损害赔偿问题规定的赔偿标准还是很低，对于造成重伤、一般伤害，都无法请求精神损害赔偿。现在的这个司法解释，在交通事故赔偿中怎样落实，有一段话，就是第 10 条第 2 款，这里规定的是“法律、行政法规对残疾赔偿金、死亡赔偿金等有明确规定的，适用法律、行政法规的规定”。我认为，这段话是规定在对精神损害赔偿数额确定的条文之中，解决的是赔偿数额问题，不是解决赔偿项目的。因此，不能认为这段话是对这个司法解释规定的精神损害赔偿适用范围的限制性规定。例如，在《道路交通事故处理办法》规定的赔偿范围中，只规定了死亡补偿费，没有规定其他精神损害赔偿的项目。而在这个司法解释中，规定有残疾赔偿金、死亡赔偿金和精神抚慰金。那么，对于在交通事故中造成残疾的、其他损害情形的，就有一个赔偿残疾赔偿金和精神抚慰金的问题，应当予以适用。对此，最高人民法院应当发布判例，确定适用的原则，指导审判实践。

（二）当法规竞合时精神损害赔偿如何解决

以人格权为侵害客体的犯罪行为（杀人、过失致人死亡、伤害、侮辱、诽谤、强奸、非法拘禁、寻衅滋事）等刑事案件的发案率一直较高。这些犯罪行为在民法上又属于损害人格权的侵权行为。按照现在的刑事附带民事诉讼制度，在这些提起了刑事程序的侵权案件中，因精神损害不能归入“物质损失”的范围内，“物质损失”又是刑事附带民事诉讼的法定必要条件，导致不少此类案件的被害人在刑事诉讼中向法院提出的民事赔偿要求得不到满足。法官只能对相关的物质损失进行审判，精神损害就无法处理了。这是目前立法存在的问题。在这个问题上，修改立法的时候，立法机关没有采纳学者的意见。

刑事附带民事诉讼可以附带精神损害赔偿。现在的矛盾是，司法解释的效力不应及于《刑法》和《刑事诉讼法》。当前可以考虑在刑事诉讼以后另行进行民事诉讼，请求精神损害赔偿。这确实涉及诉讼成本的问题，但是，目前还没有别的办法解决。最根本的办法，应当在立法上解决，通过《刑法》和《刑事诉讼法》的修正案，修改相关的条文。为应急需，最高人民法院也可以作出司法解

释，确定在刑事附带民事诉讼中可以提出精神损害赔偿请求。仅就目前的情况看，只能采取另行起诉的办法解决。

（三）关于法人的精神损害赔偿问题

精神损害赔偿司法解释规定，法人的人格权受到损害请求精神损害赔偿的，不予受理。对此，很多人提出疑问，为什么法人不适用精神损害赔偿？对于法人的精神损害适用何种救济方法，等等。

在这个问题上，最高人民法院在关于名誉权的司法解释当中，就是采用的这种立场。我们不同意这个意见。但是可以从另一个角度来看，这个司法解释就是针对自然人的人格权保护问题作出的规定，不包括法人问题。

总之，对于法人不适用精神损害赔偿的问题，需要斟酌。这不符合《民法通则》第120条规定的基本精神。

（四）关于《民法通则》与该解释之间的差别问题

有些人提出，我国的《民法通则》似乎并没有对侵犯人格尊严权、人身自由权等一般人格权作出相应的规定，而这次的这个解释将其列入可以请求精神损害的赔偿的范围。是否会出现一些侵害一般人格权的行为不能被认定为侵权行为，而使该解释的这项规定虚化。

我们认为，人格尊严和人身自由是《消费者权益保护法》和《国家赔偿法》规定的人格权，司法解释将其扩展到普遍适用的范围。这是非常对的，也是学术界强烈主张的。前文提到的这个问题不大可能会出现，因为最高人民法院的司法解释在适用上有普遍的效力，各级法院都要遵守。即使有些人主张立法没有规定，但是依照司法解释同样可以作出判决，何况这个司法解释的基本精神符合《民法通则》的立法原则。

（五）如何认定精神损害严重后果问题

有的人提出，在这个司法解释中多次提到，“因侵权致人精神损害，但未造成严重后果，受害人请求赔偿精神损害的，一般不予支持”。那么，如何认定严重后果呢？例如，偷看日记但是没有对外宣扬，能否据此就认定没有严重后果，或者讲没有后果!!

我们认为，这个问题是最具操作性的，也是这个司法解释还没有很好解决的问题。情节严重、严重后果怎样掌握，在侵害不同的权利当中，都不会是一样的。偷看日记，要看日记内容的具体情况，要看是否泄露。如果偷看的内容重要，尽管不泄露，也应当构成侵权。对于这些问题，一方面需要总结经验，另一方面要加强研究，提出好办法。

第二节　适用人身损害赔偿司法解释的疑难问题及对策

2004 年 4 月 28 日，中国人民大学民商事法律科学研究中心会同人民法院出版社和江苏省高级人民法院，在常熟市召开“人身损害赔偿案件疑难问题暨司法解释适用研讨会”。会议讨论的主题是，对于在适用最高人民法院《关于审理人身损害赔偿案件适用法律若干问题的解释》中的疑难问题，如何在理论上认识并在实践中提出具体解决办法。与会的学者和法官联系司法实际，畅所欲言，共同切磋，深入探讨，相互启发，提出了很多具有建设性、创新性和指导性的意见，对于在实践中对人身损害赔偿案件如何适用法律和司法解释，凸显人的价值和法律地位，保护人的生命权、健康权和身体权，具有重要的意义。此外，王利明、杨立新和张新宝三位教授还于 4 月 30 日在江苏省高级人民法院和南京师范大学法学院与部分法官和师生就同一个问题进行了深入的座谈和讨论。

这次会议参加的人员虽然很少，时间也不长，但是由于参加会议的学者、法官都是功底深厚、经验丰富的法学理论家和资深法官，他们既有深厚的理论修养，又有丰富的司法实践经验，因而讨论的问题特别集中，研究的问题非常全面、非常具体，对人身损害赔偿案件疑难问题提出的司法对策既有理论深度又有实践意义。与会人员一致认为，这是一个非常成功的、在理论上和实践上都具有重要价值的会议。现将这次会议及两次座谈所讨论的主要内容做如下纪要。

一、如何认识人身损害赔偿司法解释的法律意义

与会学者和法官一致认为，最高人民法院《关于审理人身损害赔偿案件适用法律若干问题的解释》（以下简称《人身损害赔偿司法解释》）是一个非常重要的司法文件，在我国民法尤其是在侵权行为法的建设中，在保护人的权利方面，具有极为重要的意义。这个司法解释在人身损害赔偿案件法律适用乃至于民法、侵权行为法的发展上的意义，可以概括为以下几点。

（一）凸显人的价值和权利本位观念、全面保护生命权健康权身体权

会议一致认为，人身损害赔偿司法解释的最重要意义，就在于确认和凸显人的价值、人的法律地位和权利本位思想。在现代社会，民法就是人法，就是人的权利法，确认人的价值，保护人的地位，就是要保护人的权利。生命、健康和身体，是自然人的人格赖以存在的物质载体，对于人的存在和发展，具有极为重要的意义，所以，人格权中的生命权、健康权和身体权，是人的最基本、最重要的权利。人的生命权、健康权和身体权受到侵害，是对人的最严重的侵害。突出人的价值、突出人的地位，就是要更好地保护这些权利，救济这些权利的损害，以保护人的价值、维护人的尊严和地位。人身损害赔偿司法解释立足于这一立场，凸显民事司法的人文主义立场，全面保护人的权利，救济人的生命权、健康权和身体权的损害，体现了民法的人文主义关怀，与最高人民法院关于精神损害赔偿的司法解释一道，成为中国人格权司法保护中的最重要的两个司法文件，具有极为重要的意义。

（二）统一对生命权、健康权和身体权损害救济的规则和方法

会议认为，1949 年以来，我国关于人格权的法律保护是比较薄弱的。“文化大革命”之后，经过拨乱反正，立法机关制定了《民法通则》，确立了对生命权、健康权和身体权保护的基本规则，但不够具体、不够完善。在以后陆续出台的一些法律和行政法规、司法解释中，规定了一些人身损害赔偿的具体规则和方法，但内容不统一，发生了法律与法律之间、法律与行政法规之间、行政法规与司法

解释之间的冲突。因此，在司法实践中急需统一规定人身损害赔偿的具体规则和方法，统一司法实践中的做法。人身损害赔偿司法解释应运而生，统一了人民法院审理人身损害赔偿案件、救济生命权、健康权和身体权损害的基本规则和操作方法，对于保护人的权利，制裁侵权行为，具有极为重要的意义。

（三）补充侵权行为法关于侵权行为类型的空白

1986年的《民法通则》规定了侵权行为法的基本规则，但是具体内容还存在缺陷，还不够完备，特别是对侵权行为的类型规定的不够具体，对很多应当规定的侵权行为类型没有作出规定。人身损害赔偿司法解释从司法实践需要出发，吸收研究成果，总结实践经验，对于违反安全保障义务的侵权责任、学生伤害事故责任、法人侵权责任、雇主责任、定作人指示过失责任等一系列侵权行为类型，都作出了具体规定，补充了立法的不足，推动了我国侵权行为法的发展。

（四）集纳司法实践经验和法学理论成果推动侵权行为法的发展

《民法通则》实施以来，人民法院在保护人的生命权、健康权和身体权方面积累了丰富的司法实践经验。在理论上，学者进行深入探讨，对一些重大理论和实践问题提出了重要的主张和意见。人身损害赔偿司法解释集纳司法实践经验和理论研究成果，也是对司法实践和理论研究的充分肯定，对于完善中国人格权司法保护的实践和侵权行为法理论的发展，具有重要的意义。特别值得说明的是，中国人民大学民商事法律科学研究中心专门召开研讨会，最高人民法院主管民事审判工作的副院长和民事审判庭的负责人、文件起草人等出席会议，就人身损害赔偿司法解释草案的修改工作，深入进行讨论，被学界誉为起草司法解释的“专家与学者的高层对话”，对修改这个司法解释提出了重要的意见，这些意见都被吸收到了正式的司法解释文件当中。

（五）为制定中国民法典提供积极的借鉴

目前，民法典的制定工作进入了立法日程，正在加紧进行。民法典的一个重要组成部分就是侵权行为法，人身损害赔偿是侵权行为法的重要组成部分。最高司法机关对此作出司法解释，规定了具体的操作意见和办法，在实践中执行还可以不断积累经验，都必将对侵权行为法建设的进一步发展起到重要的推动作用，

为民法典的起草制定提供有益的经验和重要的借鉴。

二、关于共同侵权行为及其责任的问题

会议讨论最多也是最深入的一个问题，就是人身损害赔偿司法解释关于共同侵权行为的规定。《人身损害赔偿司法解释》第 3 条至第 5 条规定了共同侵权行为，内容最为丰富，理论价值与实践意义也最为重要。也正是由于这些规定的内容和理论基础的重要性，因而在讨论中对它的争论也最大。

（一）充分肯定关于共同危险行为的规定

共同危险行为是准共同侵权行为，是《德国民法典》首创的制度，我国《民法通则》对此没有规定。在现实的司法实践中，这个制度对于解决侵权纠纷具有十分重要的作用。《人身损害赔偿司法解释》第 4 条规定："二人以上共同实施危及他人人身安全的行为并造成损害后果，不能确定实际侵害行为人的，应当依照民法通则第一百三十条规定承担连带责任。共同危险行为人能够证明损害后果不是由其行为造成的，不承担赔偿责任。"会议认为，司法解释规定了这个制度，补充了立法的不足，其制定的具体规则也都是合适的，为司法实践提供了司法解释依据，为实践中处理共同危险行为侵权纠纷提供了具体规则和办法。

（二）采用客观标准界定共同侵权行为争论较大

在认定共同侵权行为本质特征的时候，在理论上存在"意思联络说""共同过错说""共同行为说"和"共同结果说"等不同主张，通说采纳共同过错说作为标准。人身损害赔偿司法解释改变了理论上和实践中的通说立场，转而采用客观标准，引起理论界和实务界的激烈争论，会议也在这个问题上进行了尖锐、深入的争论。

绝大多数与会者反对扩大共同侵权行为的范围，主张坚持以共同过错作为共同侵权行为的本质特征；少数与会者赞成人身损害赔偿司法解释的规定，即以客观标准作为判断共同侵权行为的基础，认为这符合现代侵权行为法发展的方向。

双方主要争论的问题如下。

1.连带责任的范围究竟应当规定的宽一些还是窄一些

对共同侵权行为本质特征的认定，历来存在“意思联络说”“共同过错说”“共同行为说”和“共同结果说”等不同的主张，其根本问题，在于对数人侵权承担连带责任范围的界定。采用意思联络说，确定连带责任的范围最窄；采用共同过错说，确定连带责任的范围稍宽；而采用客观立场的共同行为说和共同结果说，则连带责任的范围最宽。传统侵权行为法理论认为，连带责任使不同的行为人承担一个共同的责任，责任最重，不应当轻易确定数人承担连带责任，因此，只有数人侵权的意思联络（即共同故意）才使数个行为人的行为结合为一个共同行为，才因此承担连带责任。50多年来，我国侵权行为法从救济受害人的立场出发，适当扩大连带责任范围，采用了共同过错说的立场，已经成为司法实践中确定共同侵权行为的基本规则。

与会多数人认为，我国侵权行为法通说采用共同过错说，已经适应了现实司法实践的需要，能够较好地保护受害人的利益，同时也坚持了主观归责的立场，是应当坚持的，不应当轻易否定。少数学者认为，现代侵权行为法朝着更为有利于保护受害人的方向发展，在共同侵权行为的认定上，应当采用客观归责的立场，适当扩大共同侵权行为的范围，扩大连带责任的范围。

2.认定共同侵权行为采用主观标准还是客观标准

认定共同侵权行为的标准采用主观标准还是客观标准，与连带责任的范围究竟是宽一些还是窄一些是紧密相连的，但是，更为重要的，则是对于现代社会的人的行为的态度问题。

反对采用客观标准认定共同侵权行为的意见的专家、学者和法官认为，毫无疑问，采用客观标准认定共同侵权行为对于保护受害人的利益是有利的；但是，连带责任是加重责任，必须建立在过错的基础上，才能够体现其合理性。连带责任不是几个人的行为结合在一起，而是加害人的过错把几个人的行为联系在一起，因而一个加害人才应当为另外的共同加害人承担共同的责任。将数个没有主观上联系的行为人的行为强制性地认定为一个共同侵权行为，责令其承担连带责任，就等于剥夺了人的行为自由。近现代的侵权行为法采用过错责任原则的基本

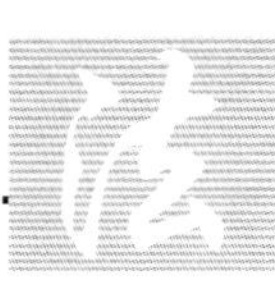

立场，其主旨就是反封建的，破除客观归责对人强加的人身桎梏，还给人以行为的自由。如果行为人行为时没有过错，那么即使其行为造成了他人的损害，他也不承担责任，因而人可以自由行为，而不受可能造成损害即应承担责任后果的思想羁绊。因此，在认定共同侵权行为的时候，既要考虑到对受害人的保护，又要考虑到行为人正当行为的范围。如果将共同侵权行为的认定标准改为客观标准，那么，就会把人的行为的风险过于扩大，人的行为的自由度就会受到严重的限制，不能保障人的行为的自由。在这种情况下，应当着重加以考虑的是，如何扩大社会保障救助机制的建立和完善，把损害的风险向社会转移，而不是违反侵权行为法的本质，破坏侵权行为法的内在的和谐与统一。

相反的意见认为，关于共同侵权行为的认定标准问题，在 20 世纪 80 年代就讨论过，不是一个新问题。从本质上说，这是一个侵权行为法的价值观问题。当然，在共同侵权行为中坚持主观标准确实具有反封建、强调自由的色彩，因而与株连责任相对应，给人的行为以更多的自由。这是一个根本性的观念，是完全没有问题的。但是，这种标准所关注的只是加害人一方的利益，没有很好地考虑受害人的利益。如果确定一个案件的行为人承担连带责任能够使受害人的损害得到全面的赔偿，不然就难以得到全面赔偿的话，那么，就应当进行全面的利益衡量，怎样才能更好地保护好双方当事人的利益。另外，刑事责任与民事责任有很大的不同，民事责任不是人身性质的责任，而是财产责任，这也为在利益平衡上更多地考虑受害人的利益保护提供了条件，连带责任的适用范围适当宽一些，是有好处的。这也是主张采用共同侵权行为客观标准的一个重要考虑。

3. 如何把握侵害行为的“直接结合”和“间接结合”

按照《人身损害赔偿司法解释》第 3 条规定，认定共同侵权行为“其侵害行为直接结合发生同一损害后果的，构成共同侵权”，应当承担连带责任。在实践中，怎样认定侵害行为的直接结合，存在重大的争议。

反对采用客观标准认定共同侵权行为的专家认为，人身损害赔偿司法解释这样规定，是该司法解释的一个“硬伤”，是不符合法理的，同时在实践中也不好操作。所谓的“侵害行为直接结合”，在理论上专家学者都说不清楚，在司法实

践上当然就更无法操作。按照有些人的解释，判断侵害行为的直接结合，就是数人的加害行为的"时空一致性"。但是时空的一致性实际上并不能判断加害行为的直接结合或者间接结合。例如，一个人买了一个有缺陷的热水器，恰好买的漏电保护器也有缺陷，烧水洗澡的时候触电死亡。这两个制造或者销售缺陷产品的行为在造成损害的问题上，在时空上具有一致性，是直接结合造成了一个共同的损害结果，但这个行为是共同侵权行为吗？即使是数人的行为具有时空的一致性，也完全不是共同侵权行为，而是一个无过错联系的共同致害，行为人不应当承担连带责任，而是要承担按份责任。而设计人员设计的建筑图纸有问题，施工人建筑时也有过错，造成了建筑物倒塌致害的后果，这两个行为没有时空的一致性，但是这种情况都认为是共同侵权行为，就是因为两个行为人具有共同过失，构成共同侵权责任。

坚持采用客观标准的学者并不这样认为。他们认为，确认共同侵权行为的客观标准，是采用以数人的侵害行为直接结合造成一个共同的损害后果作为判断的基础。行为直接结合和间接结合的说法，虽然在理论上比较复杂，但是它很好地说明了共同侵权行为的认定标准。数人的行为对于损害的发生不能分割，是损害发生的必要因素，各个行为均构成共同原因的，就可以解释为行为的直接结合。反之，行为对损害的发生具有独立的作用，原因力能够分割、能够比较的，是非必要的因素，不能认定为直接结合，而是间接结合。因此，确定行为的直接结合和间接结合的主要标准，就是行为是否独立对损害结果发生影响。例如，两个互不相识的人对受害人进行攻击，一个打伤了他的腿，一个打伤了他的手，这个原因力是可以分割的，是间接结合。但是受害人没有及时治疗失血过多造成死亡，不能分辨出各个伤口流血的量，这时候，如果认为这两个行为人的行为没有共同过错而不认定为共同侵权行为，不承担连带责任，是没有道理的，也不合理，因为这就是侵害行为的直接结合。为了进一步说明观点，学者进一步举例说明不存在共同过错也应当承担连带责任的理由。受害人院子里有一个五角的亭子，第一个小偷偷瓦；第二个小偷偷走一个柱子，第三个小偷也偷走一个柱子，亭子没有倒塌，因为还有三个柱子在支撑。第四个小偷也来偷柱子，截下柱子后，亭子倒

塌。受害人起诉四个小偷。第一个小偷不能承担连带责任，那么第二个、第三个、第四个小偷要不要承担连带责任呢？如果考虑到这三个小偷没有共同过错而不承担连带责任，而是单独承担按份责任，第四个小偷就要承担亭子倒塌的全部责任，而第四个小偷无力赔偿，那么受害人就要自己承担损失，这就不能很好地保护受害人的利益。这种侵害行为直接结合造成同一个损害后果的数人行为，应当认定为共同侵权行为，确定承担连带责任。

还有一种意见认为，直接结合或者间接结合的概念是框架式的概念，是在学说上无法说清楚的概念，只有在司法实践中才能够说清楚，并根据司法实践建立各种不同的类型，使之具体化。司法解释就是要解释这样的概念，而不应当使用这样的概念。这种框架式概念只有在立法上才可以使用。这就是大陆法系的基本规则，即法官不能创造法律，而只能创造性地适用法律。

与此相似的观点认为，确定一个请求权的基础应当是一致的。《人身损害赔偿司法解释》第 3 条第 1 款创立了两个请求权，这两个请求权的基础并不一样，前一个请求权的基础是过错，后一个请求权的基础是损害行为。这样的司法解释创造新的授权性请求权，对于司法活动会增加困难，还要有一个司法解释的解释，才能够解释这个请求权的基础，才能够执行。这不是一个好的做法。

4. 如何把握关于免除共同加害人责任的规定

《人身损害赔偿司法解释》第 5 条规定：“赔偿权利人起诉部分共同侵权人的，人民法院应当追加其他共同侵权人作为共同被告。赔偿权利人在诉讼中放弃对部分共同侵权人的诉讼请求的，其他共同侵权人对被放弃诉讼请求的被告应当承担的赔偿份额不承担连带责任。”与会人员认为，这一条规定存在的问题，在于赔偿权利人放弃部分共同侵权行为人的诉讼请求的后果，与连带责任的原理不相符合。其理由是：第一，对共同加害人之一（包括共同危险行为人之一）不起诉，并不意味着放弃追诉，按照连带责任原理，受害人是完全可以请求部分共同加害人承担全部责任的，而被追诉的部分共同加害人有责任承担全部的侵权责任。本条现在作这样的规定，与连带责任原理不符，是值得研究的。第二，现在规定赔偿权利人放弃对共同加害人诉讼请求的，是要原告明示，且法院有告知义务。假如既没有明示放弃，法院又没有告知，法院也没有追加，那么会怎样处理呢？这个问题显然是值得研究的。我们的意见是，应当按照连带责任的原理，不能认为是放弃。

有的专家认为，司法解释已经这样规定了，在实践中应当尽量避免存在的问题。第一，尽量追加当事人，按照“赔偿权利人起诉部分共同侵权人的，人民法院应当追加其他共同侵权人作为共同被告”的规定，受害人不起诉的，就直接追加共同加害人参加诉讼；第二，法院要履行告知义务，将放弃诉讼请求的法律后果告知赔偿权利人，避免受害人受到不应有的损失。

5.在实践中怎样适用人身损害赔偿司法解释关于共同侵权行为的规定

会议认为，司法解释已经作了上述这样的规定了，应当一方面在理论上很好地进行研究，总结经验教训，另一方面应当在实践中执行。因此，应当按照下面的要求确认共同侵权行为的类型。

第一，典型的共同侵权行为。应当掌握共同过错的标准确认，即二人以上共同故意或者共同过失致人损害的，为共同侵权行为，承担连带责任。

第二，共同危险行为。共同危险行为是准共同侵权行为，应当按照共同侵权行为的规则确定共同危险行为人的连带责任。

第三，视为共同侵权行为。对于既没有共同故意又没有共同过失，但其侵害行为直接结合发生同一损害后果的，视为共同侵权行为，按照共同侵权行为的连带责任规则处理。但是多数与会者认为，在制定民法典侵权行为法的时候，应当将这一规则改掉。

第四，无过错联系的共同致害。对于二人以上没有共同故意也没有共同过失，但其分别实施的行为间接结合发生同一损害结果的，实行按份责任。

三、关于违反安全保障义务的侵权行为及其责任的问题

近年来，法学理论界和实务界对违反安全保障义务的侵权行为的讨论是很深入的，讨论和实践的成果也写进了学者民法典侵权责任法编的草案。在司法实践

中，法院处理了很多这类案件，积累了较为丰富的审判经验。人身损害赔偿司法解释总结实践经验和理论研究成果，在第6条作出了很好的规定。与会学者和法官都对此给予充分的肯定。

（一）基本规则问题

会议认为，从类型上说，未尽安全保障义务的侵权行为有四种形式，这四种形式都包含在本条规定当中：一是设施、设备未尽安全保障义务的侵权行为；二是服务管理未尽安全保障义务的侵权行为；三是防范、制止侵权行为未尽安全保障义务的侵权行为；四是对儿童未尽安全保障义务的侵权行为。

从责任形态上说，未尽安全保障义务的侵权行为的责任有两种。一是直接责任，是由未尽安全保障义务人自己承担的责任，包括设施、设备未尽安全保障义务、服务管理未尽安全保障义务和对儿童未尽安全保障义务时的赔偿责任，这就是违反安全保障义务的人所承担的责任。二是补充责任，在防范、制止侵权行为未尽安全保障义务的侵权行为中，侵权行为人承担直接责任，未尽安全保障义务人承担补充责任。承担责任的顺序上有先后的区别，对此应当区分清楚。

违反安全保障义务侵权行为的请求权基础，在于违反保护他人的法律。在德国法系，确立侵权损害赔偿请求权的基础有三个，一是违反法定义务，二是违反保护他人的法律，三是故意违背善良风俗致人以损害。这种侵权行为的损害赔偿请求权基础，就是违反保护他人的法律。

（二）具体问题

1. 对于安全保障义务人的义务来源，究竟是合同义务还是法定义务，有人提出疑问，认为主要还是合同义务，包括合同的主义务和附随义务，如果没有违反合同义务或者合同的附随义务，就不应当承担这种侵权责任。例如，广州市天河公园发生凶杀案件，法官认为对于发生凶杀案件，公园不可预见，也无力防范、制止，因而对此不应当负责任；但是在凶杀发生后的十几个小时中，公园方也没有发现，致使受害人死亡，法官认为这是违反了救助义务，应当承担责任。另如，歹徒在小区将业主女孩强奸，受害人爬出二楼几十分钟，保安人员也没有发现，因此也认定其有过错，应当承担侵权责任。会议认为，违反安全保障义务中的义务，有三种来源。一是法定义务，例如《消保法》第 7 条规定的经营者对消费者承担的安全保障义务、《物业管理条例》第 36 条规定的物业单位对业主承担的人身和财产的安全保障义务；二是合同的主义务，例如客运合同中本身就包含承运人对旅客的安全保障义务；三是合同的附随义务。这些义务违反，如果是对法定的保护他人义务的违反，就构成侵权责任；如果是对约定的合同主义务或者附随义务的违反，构成违约责任，由于损害的是固有利益，也可以认为是侵权责任，因此构成责任竞合，适用《合同法》第 122 条规定的规则处理。对于防范、制止侵权行为未尽安全保障义务的侵权行为，则应当按照违反法定保护他人义务的要求处理，未尽该义务造成侵权行为人对受保护人的损害，应当承担补充的侵权责任，不应当按照违约责任处理。有人认为，确定安全保障义务，应当适用国外的“香蕉皮”理论，就是提供经营服务的经营者，负有经营服务职能，负有管理者的责任，他才能负有安全保障义务。

2.违反安全保障义务的侵权行为应当实行过错责任原则。其中有两个问题需要研究。一是过错是指没有尽到安全保障义务本身，还是除了没有尽到安全保障义务之外，还必须存在一个独立的过错。一种主张认为，这里的过错不是独立的过错，没有尽到安全保障义务本身就是过错，因为未尽注意义务就是过失，没有尽到安全保障义务，当然就是过失。另一种意见认为，没有提供安全保障只是一个行为，是一种不作为的行为，这种行为具有违法性，但不等于就存在过错，还必须在主观上达到一定的标准，才能够认定为有过错。会议倾向于前一种意见。二是违反安全保障义务的过错，究竟是推定过错，还是原告证明的过错。对此，有两种对立的意见。会议倾向采取过错推定的意见，即从未尽安全保障义务的行为中推定行为人具有过错，如果行为人认为自己没有过错，则须自己举证证明。

3.关于违反安全保障义务侵权行为责任中的补充责任，有两个问题。第一，承担直接责任的侵权行为人已经承担了全部赔偿责任，补充责任人是不是还要承担责任呢？如果不承担责任，那么对他岂不是没有进行制裁吗？会议认为，补充责任的设计，体现的是“最终”原则，即谁是损害后果的最终制造者，就由谁承

担最终的责任。这一点，与不真正连带责任的要求是一致的。既然侵权行为人已经“最终”地承担了侵权责任，补充责任当然就不用承担了。如果在这种情况下还要补充责任人承担责任，就违反了侵权行为法救济手段的补偿性原则了。况且在大多数场合，补充责任是需要承担责任的，并且承担了责任之后，由于直接侵权人无力赔偿，而要自己承担责任。因此，在整体制度的设计上，是合理的。第二，如果受害人同时起诉了两个行为人，即既起诉了直接侵权人，又起诉了未尽安全保障义务的行为人，应当怎样处理。对此，应当赋予未尽安全保障义务人以先诉抗辩权（即检索抗辩权），在直接侵权人不能承担侵权责任的时候，再由未尽安全保障义务的行为人承担补充责任。

4.违反安全保障义务的侵权行为的适用范围究竟应当有多大，会议讨论认为应当进一步明确。按照现在的司法解释规定，不仅包括经营者的经营活动，还包括其他社会活动。实际上这是侵权行为的另外一个类型，就是组织者的责任（在下文第八个问题中说明），不应当规定在这里。

四、关于雇主责任和工伤事故责任的问题

《人身损害赔偿司法解释》第9条和第11条规定了雇主责任和雇员受害的责任，后者实际上就是工伤事故的责任问题。对此，会议进行了讨论。

（一）关于雇主责任的问题

《人身损害赔偿司法解释》第9条规定，是我国实体法律和司法解释第一次阐明雇主责任的替代责任规则①，这就是，雇工在从事雇佣活动中造成他人损害，雇主承担责任。雇主承担责任之后，雇主可以向有过错的雇工追偿。对“从事雇佣活动”的界定，确定是指从事雇主授权或者指示范围内的生产经营活动或者其他劳务活动。对于是否超出授权范围的行为，确定确认的方法是“客观说”方法，即以执行职务的外在表现形态为标准，表现形式上是履行职务或者与履行

① 在此之前，最高人民法院在关于适用民事诉讼法的司法解释中，曾经在程序上规定了雇主责任的程序内容。见《关于适用〈中华人民共和国民事诉讼法〉若干问题的意见》（现已废止）第45条。

职务有内在联系，具有此外在特征，即可确定为从事雇佣活动。

解释规定，雇员因故意或者重大过失而致人损害的，与雇主承担连带责任。这样的规定，与传统的雇主责任有很大区别。为什么要确定雇主责任为替代责任，为什么确定雇主承担责任之后要由雇主对有过错的雇员追偿责任呢?就是为了保障受害人的赔偿权利的实现。在这种情况下再规定一个雇主和雇员的连带责任，道理并不充分，也使替代责任与连带责任纠缠在一起，使问题更为复杂。

（二）关于工伤事故责任问题

与会者提出，第三人造成的工伤事故，受害人请求享受了工伤保险待遇之后，对第三人是否有请求权问题，其工伤待遇是否可以损益相抵。有的认为，工伤保险待遇与赔偿责任救济的性质不同，救济的方法也不同，应当是可以同时请求的。会议认为，对于这个问题，立法曾经考虑过两个办法。一是，按照补充责任的规则处理，即在第三人侵害劳动者，属于工伤保险范围内的，可以进行选择，选择请求第三人赔偿如果失败，就可以请求工伤保险的补充责任，如果第三人承担的责任超过工伤保险的标准，就不管了。二是，按照不真正连带责任规则处理，即受害人可以选择请求工伤保险，工伤保险给予受害人保险待遇之后，取得对第三人的追偿权，享有代位权，如果工伤保险行使代位追偿权取得的利益超过工伤保险待遇的，应当将多余的部分交付受害人。受害人究竟是否既可以请求享受工伤保险待遇，又可以请求第三人承担人身损害赔偿责任，《人身损害赔偿司法解释》第25条已经有了明确的规定，即属于《工伤保险条例》调整的劳动关系和工伤保险范围的，不适用这一规定，问题已经明确。

与会法官提出一个典型案例，即雇工受雇粉刷墙壁，将一块木板放在两个台子上，雇工站在上面工作，在刷完一处之后，该工人没有下来，让另外两个工人连人带木板一起抬起来到另一处工作，结果木板折断，工人摔下来致死。会议认为，这样的案件，应当是工人违章工作造成的损害，雇主和工人都有过错，应当分担责任。

五、关于定作人指示过失责任问题

（一）基本规则

定作人指示过失责任原本是英美法系的侵权责任类型，在日本制定民法典时采纳了这一制度，清末变法制定《大清民律草案》时，规定了这一制度，民国民法正式作了规定。长时间以来，我国《民法通则》和司法实践没有规定和适用这一制度。人身损害赔偿司法解释结合司法实践需要，对此作了规定，是一个十分必要的制度，应当很好地执行。

适用这一规定的规则是：第一，承揽人在完成定作工作过程中，造成第三人损害的，原则上由承揽人承担责任。这是由承揽合同的特点决定的。第二，如果承揽人造成的损害，是由于定作人定作、指示或选任的过失所致，则由定作人承担侵权责任。这是侵权责任中的替代责任。第三，承揽人在执行定作加工中造成自己损害的，应当严格区分。一是应当严格区分承揽合同与劳务合同的区别。二是属于承揽合同的，承揽人的损害应当自己承担。三是只有承揽人的损害是由于定作人的指示有过错并有因果关系的时候，才能够由定作人承担责任。四是如果双方的合同关系属于劳务合同，则按照工伤事故的原则处理。第四，区分承揽合同和劳务合同的界限，在于前者即承揽合同的劳动者所交付的标的是劳动成果，后者劳务合同的劳动者交付的标的是劳动。这是二者最基本的区别。

（二）需要研究的问题

这一条规定有两点值得研究。第一，将承揽人致人损害与承揽人受到损害规定在一起，在立法例上是少见的。如果这样规定，也应当分为两款规定为好。在执行中，应当将两种情况严格区分开来。第二，定作人承担侵权责任的基础，就是定作和指示有过失。现在的解释将“选任”也规定其中，使定作人指示过失责任过于宽泛。对此，在实践中还应当认真总结经验，先不要下结论，在制定侵权行为法的时候再作最后决定。

六、关于道路交通事故责任和《道路交通安全法》的适用问题

会议讨论的另一个重要问题，是在人身损害赔偿司法解释中没有明文规定，但确实涉及的一个问题，这就是道路交通事故的人身损害赔偿问题。《道路交通安全法》于2004年5月1日生效，在实践中怎样适用，究竟是按照原来的《道路交通事故处理办法》，还是按照《道路交通安全法》规定处理，或者是按照人身损害赔偿司法解释的规定处理呢？主要的问题有以下几点。

（一）适用哪个法律

会议认为，《道路交通安全法》已经生效，当然就要执行这个法律，《道路交通事故处理办法》自然失去效力。在司法实践中，从2004年5月1日开始，审理交通事故案件就要适用《道路交通安全法》的规定。在《道路交通安全法》中，没有规定具体的赔偿标准，其含义就是要按照统一的人身损害赔偿标准处理，就要适用人身损害赔偿司法解释。这一点是非常明确的。

（二）交通事故损害赔偿的归责原则

1.一般原则

关于《道路交通安全法》确定道路交通事故责任的归责原则，在制定这个法律的时候，有非常激烈的争论，焦点就是要不要写进“撞了白撞”的沈阳经验。最终的意见是坚决反对“撞了白撞”的做法，所以对此规定得非常清楚。这就是对道路交通事故损害赔偿责任实行多重归责原则。第一，对于机动车撞死行人的事故，确定侵权责任实行无过错责任原则，只要是机动车撞死了人，就必须赔偿损失，不能根据过错程度而免责，只有在受害人对损害的发生有故意的情况下，才可以免除机动车一方的责任。第二，对于机动车之间发生的交通事故，实行严格的过错责任原则，有过错的一方承担责任，如果双方都有过错，则实行过错比较，按照过失相抵原则确定双方的责任。第三，一般的机动车交通事故，实行过错推定原则，对于过错的认定，举证责任倒置，机动车一方应当举证证明自己没有过错，能够证明的，免除责任，不能证明的，就要承担责任。

2.具体问题

有人提出，车撞车，可以适用过错责任原则，可是车撞车之后又撞了人，适用何种归责原则确定责任呢？会议认为，对此，对车与车，适用过错责任原则，确定分担责任的份额，之后按照无过错责任原则，依其责任比例承担无过错责任，似乎可行。

（三）交通事故因果关系认定

关于交通事故的责任认定，突出的问题是如何确定违章行为与损害事实之间的因果关系。现在的做法不妥，例如，汽车的尾灯不亮，也是违章行为，车主也要为肇事撞伤人的后果负责。这种违章行为与损害后果之间没有因果关系，不能认定侵权损害赔偿责任。

在实践中存在的问题是，往往交通管理部门的责任认定“一责代三责”，即交通管理部门的责任认定代替刑事责任、民事责任和行政责任的认定。实际上，这个责任认定只是对行政责任的认定，民事责任和刑事责任的认定，还应当由法院认定，或者法院组织专家认定。

（四）关于汽车买卖不过户的责任承担问题

这个问题有一个发展的过程，先是确定由登记的车主承担责任，由于结果并不公平，因而又改为由实际的车主承担责任。但是，现在对这个问题还是没有解决好：第一，这样确定实际车主为赔偿义务人，将会导致更多的车主在交易中不进行过户登记，不利于维护机动车交易秩序；第二，难以保护受害人的赔偿权利，机动车几次易手，如果实际车主没有赔偿能力，受害人的损害就无法得到赔偿。会议认为，对于这种情况，应当考虑新的规则。建议参考票据“背书转让”的规则，即在原则上由实际车主承担责任，但是名义车主以及其他从事过交易而未进行过户登记的车主应当承担连带责任或者补充责任，既能够保护受害人的赔偿权利，也能够维护机动车的交易秩序。同时应当加强强制责任保险，如果应当投保的人没有投保，就由该人承担赔偿责任。

（五）有关好意同乘

在交通事故的好意同乘中，如果损害的原因就是轮胎爆炸，完全是意外，车主要不要对同乘人承担责任，是不是在适用公平责任？会议认为，完全的好意同乘，即无偿的同乘人遭受交通事故损害，基本规则是车主应当适当补偿，而不是赔偿。出于意外而致害同乘人，也应当承担适当补偿责任，但是这个补偿责任就可以适当降低。

关于好意同乘，与会者提出了一个典型案例。一个人搭乘一辆摩托车，对在公路上的一块大石头没有躲过，造成同乘人死亡的后果。死者要求按照好意同乘的补偿规则承担责任。会议认为，对于同乘人而言，可以根据好意同乘的规则请求补偿责任。至于公路管理部门是不是要承担责任，则是车主与公路管理部门之间的法律关系，按照相关的规则处理，如果要赔偿的话，损失范围应当将对同乘人的补偿计算在内。

（六）关于交通事故赔偿的调解

在《道路交通事故处理办法》中，将交管部门对于交通事故的损害赔偿责任的调解规定为前置程序，减少了很多到法院的诉讼。现在将调解不作为前置程序，愿意做就做，不愿意做就不做，后果将使法院不堪重负。苏州市 2003 年发生的这类案件约 7 万件，如果只有 10％进入法院的诉讼程序中，就有 7 000 件，是一个极大的数字，就要有一个专门的法院处理。会议建议，法院面对当前的交通状况和交通事故增长情况，有必要设立专门的交通事故审判庭，专门审理交通事故案件。

（七）借车出事故出借人要不要承担责任问题

如果借车人为无证驾驶，又在事故中死亡，应当怎样处理呢？会议认为，借车出事故造成损害，出借人应当承担侵权责任。如果借车人无证驾驶，出借人明知而出借的，更要承担责任。借车人自己造成损害，属于自冒风险，是对自己安全的漠视，原则上应当自担风险，但是出借人明知借车人为无证驾驶而出借，也有过错，应当承担适当的责任。

七、关于医疗事故和学生伤害事故责任的问题

《人身损害赔偿司法解释》第 7 条规定了学生伤害事故的责任问题。这是一

个重要的新规定。此外，对于医疗事故责任问题，虽然人身损害赔偿司法解释没有作出新的规定，但是因为医疗事故责任涉及人身损害赔偿问题，会议也进行了深入的讨论。

（一）关于学生伤害事故责任问题

《人身损害赔偿司法解释》第 7 条规定了学生伤害事故的赔偿责任。这一规定在理论上和实践上都有新的规则。其中主要的问题有：

1. 明确规定，学校、幼儿园或者其他教育机构，对未成年人承担的义务是教育、管理、保护义务，而不是监护义务。对此，应当予以明确。过去在实践中有些法官认为学校对学生尤其是未成年学生承担的是监护责任，有的教科书也这样解释。[①] 教育部《学生伤害处理办法》依据《教育法》的规定，规定学校对学生承担的是教育、管理和保护的义务，司法解释采纳了这个意见，对此，法官在观念上应当予以改变。

2. 学校伤害事故责任是过错责任，学校只对在校期间未成年学生遭受的人身损害或者未成年学生造成他人人身损害，承担与其过错相应的赔偿责任。超出这个范围的人身损害，学校不承担责任。

3. 学生伤害事故包括在校期间未成年学生受到人身损害和未成年学生造成他人损害两种情形，这两种情形都适用过错责任原则。在教育部《学生伤害事故处理办法》中，只规定了学生受到伤害的责任问题，没有规定未成年学生伤害他人的责任问题。对此，应当按照本司法解释的规定处理。

4. 学生伤害事故中学校承担责任的形态有两种。第一种是替代责任，主要概括在本条第 1 款中，就是学校对于自己的行为以及教职工的行为造成的未成年学生的人身损害和未成年学生造成他人人身损害承担的责任。第二种是补充责任，规定在本条第 2 款中，是学校对未成年学生未尽安全保障义务致使第三人侵害未成年学生人身权利，造成人身损害所应当承担的侵权责任。其中第二种责任与未尽安全保障义务侵权行为的补充责任的原理和规则是一致的。

① 马原主编：《中国民法教程》，人民法院出版社 1989 年版，第 324－325 页。

(二)关于医疗事故责任问题

1.关于医疗事故鉴定问题

关于医疗事故责任，人身损害赔偿司法解释没有规定，但是由于涉及人身损害赔偿问题，会议也进行了讨论。有人提出，医疗事故中关于医疗事故责任鉴定问题，现在存在当事人谁也不愿意申请鉴定承担举证责任的问题，受害患者不申请，医院也不申请，法院应当怎样处理。会议认为，这涉及医疗事故诉讼举证责任倒置的规则问题。在最高人民法院关于民事诉讼证据规则的司法解释中，规定了医疗侵权纠纷的因果关系和过错实行举证责任倒置。其中实行因果关系举证责任倒置，必须遵守必要的规则。这里要采纳的，就是“盖然性因果关系”学说的规则。按照盖然性因果关系的要求，对因果关系要件推定，并不是原告什么举证责任也不承担，就由法官直接推定行为和损害事实之间的因果关系成立，而是原告应当承担证明盖然性因果关系的举证责任，即由原告证明被告的行为和损害之间最起码具有盖然性的因果关系存在，只有在这个基础上，法官才可以推定有因果关系。因此，盖然性因果关系的证明，是由原告举证的。在医疗事故责任中，受害患者还是要承担一定的因果关系的举证责任的。那就是证明医疗行为和损害事实之间存在因果关系的盖然性，只有达到盖然性的标准，才能够进行因果关系推定，否则也是违反规则。盖然性，就是较高的可能性，达到这个标准，才能够进行推定。只有这样，在因果关系证明上才会比较公平，而不是赋予医院过重的举证责任。

2.医院检查身体行为的性质

《医疗事故处理条例》规定医院的医疗行为是构成医疗事故责任的必要条件。与会者提出疑问：对人进行身体检查的行为，究竟是“医”的行为，还是“疗”的行为。既不是医的行为，又不是疗的行为，那就不是医疗行为，如果进行身体检查时造成损害，就不应当认定为医疗事故，那么应当认定为什么行为呢？例如，医院对妇女进行妇科检查，检查器具感染性病病毒，造成交叉感染，使被检查者感染性病。医院说这不是医疗事故，患者说这不是医疗事故是什么？会议有两种意见，都是可以采用的。一是医疗行为应当作广义理解，泛指医院进行的一

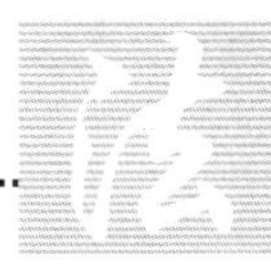

切职能行为。检查身体，不能说不是医疗活动，因此，应当认定这种行为是医疗事故。二是如果医疗事故鉴定机构不认定这种行为为医疗事故，法院可以认定为医疗侵权行为，同样可以认定医院的责任，保护受害人的权利。

3.医疗事故和医疗差错

在实践中，很多法院区分医疗事故责任和医疗差错责任。有的医疗事故，医疗事故鉴定机构进行责任鉴定经常认定不构成医疗事故，而法院审理认为医疗单位有过错，为医疗差错，应当承担责任。这样就形成了：医疗事故的责任，举证责任较轻、举证容易，赔偿数额较少；医疗差错举证责任较重、举证较难，赔偿数额较多。会议认为，在《医疗事故处理条例》实施以后，实际上已经不存在医疗差错了，因为条例规定的四级医疗事故中已经将医疗差错概括在里面了。所以这并不是一个很大的问题。应当注意的是，如果确定医院的行为不是医疗行为，又造成了患者或者到医院检查的人的人身损害，那就是医院侵权纠纷。对此，应当坚持民事侵权责任的认定标准，适用人身损害赔偿的规定。

八、关于国家赔偿责任与组织者的责任问题

国家赔偿责任和组织者责任这两种侵权行为，在人身损害赔偿司法解释中都没有涉及，但是这两种侵权行为都关系到人身损害赔偿司法解释的适用问题，因此，与会者也进行了深入的讨论，提出了一些疑难问题和解决的办法。

（一）国家赔偿责任与国家机关的民事责任

国家赔偿责任应当适用《国家赔偿法》规定，这是我国法律和司法的现状，因此，涉及国家机关承担责任的案件是由法院的行政审判庭受理，而一般的民事侵权赔偿案件是由民事审判庭受理。在确定侵权赔偿责任的时候，对于国家赔偿责任适用国家赔偿法，存在的问题，一是人身损害赔偿的数额受到限制，二是对于造成的精神损害不赔偿，这些都对受害人的权利保护不利。会议认为，如果是一个国家行为造成损害，应当区别这个行为究竟是经营行为，还是行政管理行为。如果是行政管理行为，应当认定为国家行政赔偿责任，按照《国家赔偿法》

确定责任和赔偿数额。如果国家行为是一个经营性的行为，则应当认定为普通的民事行为，由国家承担民事损害赔偿责任，即由国家承担的经营性的行为造成损害的赔偿责任应当适用人身损害赔偿司法解释的规定。

与会法官提出了一个案件：一辆装满瓷器的汽车停在路边，行政执法人员进行野蛮检查，结果将一车瓷器损坏，损失中既有直接损失，也有间接损失。那么，国家机关承担的责任究竟是国家行政赔偿责任还是民事赔偿责任。如果确定为行政赔偿责任就只赔偿直接损失，不赔偿间接损失，对受害人显然不利。如果按照民事赔偿责任确定，则既可以赔偿直接损失，也可以赔偿间接损失。会议认为，《国家赔偿法》是存在很多缺陷的法律，应当及早进行修改。在目前情况下，如果按照《国家赔偿法》起诉不能使受害人得到全面的保护的话，应当准许受害人提起民事诉讼，法院应当受理这个民事诉讼。

（二）关于组织者的责任问题

关于社会活动组织者的责任，就是《人身损害赔偿司法解释》第 6 条规定的违反安全保障义务侵权行为中规定的其他社会活动的组织者的责任。与会学者指出，关于组织者的责任问题，不应当规定在违反安全保障义务的侵权行为当中，而应当规定为单独的侵权行为类型，这个意见在制定人身损害赔偿司法解释的过程中就已经提出，在违反安全保障义务的侵权行为的条文中只规定经营者的责任就行了。但是司法解释的起草者坚持将这样两种侵权行为责任放在一起，就形成了现在的这个局面。

举行公共集会等社会活动，组织者应当保障参加活动的人的人身安全，如果组织者没有尽到保障安全义务，对于所造成的损害，组织者应当承担侵权责任。例如，2004 年春节期间，密云县的公园发生重大拥挤、踏踩事故，造成多人死亡、伤害后果的活动，就构成组织者的责任，组织者应当承担侵权责任。

九、关于人身损害赔偿的具体问题

《人身损害赔偿司法解释》从第 17 条至第 35 条规定的都是人身损害赔偿的

项目和计算方法。这些规定详细、具体、可操作性强，统一了实践中的具体做法，是特别值得称道的。当然，与会人员也担心，司法解释虽然可以统一司法实践的做法，但是仅凭一个司法解释文件就可以改变国家法律的规定，尤其是现行民法基本法的规定，其后果应当充分估计到。这里面存在一个两难的选择问题。坚持统一人身损害赔偿标准，就否定了《民法通则》《消费者权益保护法》《产品质量法》等法律的效力；如果不统一人身损害赔偿的标准，则形成法制不统一的混乱局面。这两种后果，都是人们所不愿意看到的，但却是事实。

在具体问题上，会议和座谈所讨论的问题还有以下内容。

（一）关于死亡赔偿金、残疾赔偿金和精神损害赔偿问题

会议对于人身损害赔偿司法解释将死亡赔偿金和残疾赔偿金的性质改变为人身损害的物质性损害赔偿，普遍认为是一个好的举措，符合保护人权、保护人格权的基本要求。但是，也有的人认为，在精神损害赔偿司法解释刚刚确认这两项赔偿金的性质为精神损害抚慰金之后不久，就又将其改为物质性损害赔偿金，变化太快，让基层法官很难接受。有的法官说，在经过几年的培训之后，好容易使法官统一了对残疾赔偿金和死亡赔偿金性质的认识，结果马上又改变了，还得进行新的培训。这给立法和司法都提出了一个问题，就是法律的稳定性问题。会议认为，人身损害赔偿司法解释作这样的规定，对于保护自然人的人身权利是有利的，应当在实践中贯彻执行，提出的问题，最高司法机关应当在今后予以借鉴。

关于确定残疾赔偿金的计算问题，人身损害赔偿司法解释确定计算残疾赔偿金的基本标准是受害人丧失劳动能力程度或者伤残等级。有的法官提出，在过去，长时间实行的是按照伤残等级确定，而不是用两个标准，现在一下子规定两个标准，法官很难适应。况且，劳动能力丧失程度鉴定和伤残等级鉴定分别由不同的两个部门进行，如果两个部门作出的鉴定不一致，将很难操作。会议认为，本条司法解释规定丧失劳动能力程度或者伤残等级，是两个可以选择的判断标准，并非两个标准同时适用。确定残疾赔偿金采用劳动能力丧失程度作为标准，是最为准确的，符合人身损害赔偿的本质要求。在实践中，如果能够确定劳动能力丧失程度的，最好选择这个标准计算残疾赔偿金；当然，选择伤残等级作为计

算标准也是可以的。如果出现了两个鉴定部门鉴定的结果不相一致，应当由原告选择适用的标准，或者选择对受害人有利的鉴定结果作为计算标准。另外，对于造成植物人后果的，究竟应当赔偿多少年为好？有的学者提出，按照医学的统计，植物人最长的寿命为 15 年左右，是不是也还是要执行 20 年的赔偿标准呢？也是值得研究的。

关于死亡赔偿金，北京市从 2000 年开始适用的是“余命计算法”，凡是造成死亡的，赔偿期间为北京市人口平均寿命，男为 73 岁，女为 76 岁。平均寿命减去死者的年龄之差，就是赔偿年限。人身损害赔偿司法解释一律规定为赔偿 20 年，并且规定在 5 月 1 日生效，在第一审案件中适用，而第二审案件却在适用原来的标准，这样的矛盾如何解决？会议认为，目前应当按照司法解释的规定执行，但是在理论上应当进一步研究，在制定民法典的时候，应当考虑采用“余命计算法”。

（二）关于一次性赔偿金的管理和变更问题

对于人身损害赔偿案件的高额赔偿，在现实中存在较大的风险。有一个小孩子受伤害，造成严重的残疾，判决赔偿 200 万元，全部被小孩子的父母掌控起来，并没有拿出多少钱用于小孩子的治疗，结果小孩子死了，其父母全部占有了这笔赔偿金。对此，有的法院介绍了经验，将高额的赔偿金托付银行监管，监督使用的性质，避免他人支配赔偿金。会议认为，这个做法是很好的，应当借鉴。

关于人身损害赔偿中的将来的多次性赔偿，现在规定了两种方式，一种是一次性赔偿，一种是定期金赔偿。在实践中，采用定期金赔偿的是极少的，一般都是采用一次性赔偿。存在的问题是，确定了一次性赔偿，需要增加的，司法解释已经作了规定，这就是“超过确定的护理期限、辅助器具费给付年限或者残疾赔偿金给付年限，赔偿权利人向人民法院起诉请求继续给付护理费、辅助器具费或者残疾赔偿金的，人民法院应予受理。赔偿权利人确需继续护理、配制辅助器具，或者没有劳动能力和生活来源的，人民法院应当判令赔偿义务人继续给付相关费用 5 至 10 年”。但是，在赔偿期限内受害人死亡的，要不要也予以变更，予以减少呢？某法院受理一起案件，判决赔偿 11 年，共 11 万元作为今后治疗的赔

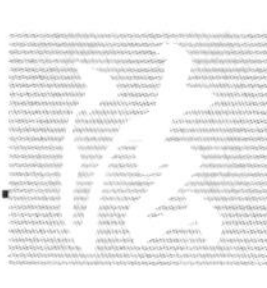

偿金。判决生效后没有几天，受害人就死了。对于这 11 万元，受害人的继承人要求继承，而侵权行为人要求退回这笔赔偿金。理由是这笔赔偿金是今后的治疗费用，现在不用治疗了，应当予以退回。会议对这种情况有两种意见，多数人意见认为不必退回，因为受害人死亡，还应当赔偿死亡赔偿金，这笔治疗赔偿金可以相当于死亡赔偿金。另一种意见认为，应当退回，如果需要确定死亡赔偿金，则应当另行判决。会议倾向前一种意见。

（三）关于被扶养人的范围问题

《人身损害赔偿司法解释》第 28 条第 2 款规定："被扶养人是指受害人依法应当承担扶养义务的未成年人或者丧失劳动能力又无其他生活来源的成年近亲属。"有的法官提出，对于不符合法定收养条件的事实被收养人，是否可以认定为被扶养人？会议认为，关于被扶养人的范围问题，司法解释规定的基本上是明确的，但是存在问题。这些问题是：

1.本条规定的最大问题是与残疾赔偿金的重合，会造成重复赔偿，增加侵权人的赔偿负担，造成不合理的赔偿。理由是，在《民法通则》和《民通意见》中规定被扶养人的生活补助费的赔偿，基础是对受害死者或者伤残者的赔偿不足，这就是对伤残受害人只赔偿生活补助费，而不是赔偿劳动能力丧失的损失，因此，在赔偿伤残受害人的生活补助费的基础上，应当赔偿被扶养人的生活补助费。但是，人身损害赔偿司法解释已经规定对受害的死者赔偿的是余命的赔偿，对伤残受害人的赔偿是劳动能力丧失的赔偿，那么实际上赔偿了残疾赔偿金，就已经包含了受害人伤残前负担对被扶养人的扶养费用了，再予以赔偿被扶养人的生活补助费，就是重复赔偿。这个问题现在并没有引起重视，这是应当深入研究和解决的。

2.事实收养，虽然法律并没有认可，但是如果形成了事实收养关系，受害人就是事实被收养人的扶养人，应当将其概括在被扶养人的范围之中。

3.对于受到损害的时候尚未出生的胎儿，在受害人伤残或者死亡时与其虽然还没有形成实际的抚养关系，但是胎儿的存在已经是一个事实，对此应当予以保护，应当将在判决时出生的孩子认定为被扶养人。

（四）关于被害人在诉讼中死亡的赔偿问题

与会法官提出，受害人伤残，在诉讼过程中死亡，要不要赔偿死亡赔偿金？如果赔偿死亡赔偿金，那么是不是还要赔偿残疾赔偿金。会议认为，残疾赔偿金和死亡赔偿金，所赔偿的标的基本上是一样的，应当赔偿一种。如果受害人的死亡与伤害行为具有相当因果关系，应当赔偿的就是死亡赔偿金。如果没有相当因果关系，就应当赔偿残疾赔偿金。

（五）关于与有过失的过失相抵问题

会议讨论的问题之一，就是法定代理人对儿童的监护不周，究竟是不是可以相抵的过错。在当前的司法实践中，确定对儿童受到侵权行为的损害的赔偿，并不是考虑对儿童应当加以特别的保护，予以更为全面的赔偿，而是强调儿童的法定代理人没有尽到监护义务，具有过错，因而构成与有过失，实行过失相抵，减轻加害人的责任。这样的做法是有问题的，在立法上是野蛮的。实行过失相抵，受害人一方应当有相抵的能力，要求受害人应当有疏于对自己注意的义务。儿童是无行为能力人，对自己的行为没有识别能力，因而造成自己的损害，不能把法定代理人的过失作为过失相抵的事由。其理由是：第一，这样做不利于保护未成年人。未成年人受到损害，不仅不能对未成年人进行特殊的保护，而且还得不到与成年人一样的保护。第二，国外的立法在早期也是如此，但是后来作了改变，对未成年人的监护人监护不周的过失，不实行过失相抵。第三，现在的做法的直接后果，并不能激发父母更好地尽到监护责任，而是使监护人成了受害的未成年人的共同加害人，因为是加害人和监护人两个人的过错造成了未成年人的损害，受害的未成年人实际上要承受两个人的过错的后果。

有的学者提出，确定过失相抵，《人身损害赔偿司法解释》第 2 条第 2 款规定适用《民法通则》第 106 条第 3 款规定确定赔偿义务人的赔偿责任时，受害人有重大过失的，可以减轻赔偿义务人的赔偿责任，这就是无过错责任原则适用的场合的过失相抵问题，这样规定是不合适的。原因是，无过错责任就是要无过错也要承担责任，不能因为受害人的过错而减轻其责任。也有人认为，在民法上，重大过失相当于故意，而在实行无过错责任原则时，故意是免除责任的条件，规

定重大过失可以减轻加害人的责任，如果视为故意的话，则是应当免除责任而不是减轻责任。多数人认为，这样规定是对的，受害人的重大过失，即使是在无过错责任的场合，也应当实行过失相抵，否则为不公平。这一规定是有道理的。尽管在一般情况下，重大过失相当于故意，但是既然司法解释已经规定了重大过失减轻责任而不是视为故意，那么就已经区别了故意和重大过失，这样规定也是有道理的。也有的人认为，既然无过错责任也要实行过失相抵，那么受害人具有一般过失也应当认为有过失，也要过失相抵，仅规定重大过失适用过失相抵不合适。

十、关于人身损害赔偿司法解释的适用范围和其他相关问题

（一）人身损害赔偿司法解释的适用范围问题

顾名思义，人身损害赔偿司法解释就是规定人身损害赔偿规则的解释，那么对于哪些案件应当适用，哪些案件不应当适用，是讨论中的一个重要问题。涉及的第一个问题，就是道理交通事故损害赔偿是否适用。会议认为，对于道路交通事故的人身损害赔偿，应当适用人身损害赔偿司法解释确定的赔偿项目和计算方法。对此已经没有疑问了。涉及的第二个问题，就是医疗事故是否适用。有人认为应当适用，有人主张不应当适用。有人提出，最高人民法院民一庭的意见是，对医疗事故赔偿责任继续适用《医疗事故处理条例》的规定，这样是不是有特殊化的问题呢？会议认为，医疗事故赔偿是有特殊性的，就在于医疗事故的赔偿资金来源实际上是患者出资。如果过于加大医院医疗事故的赔偿标准，将会增加全体患者的医疗费用负担。从平衡医患之间和一般患者与受害患者之间的利益关系出发，当前对于医疗事故的赔偿标准不一定要与一般的人身损害赔偿标准“拉齐”。至于将来是不是这样，应当在制定民法典的时候再认真考虑。

但是也有人认为，同样是人身损害赔偿，“人赔”是一个标准，“医赔”又是一个标准，无法向当事人解释。

（二）关于侵权行为法与其他社会保障机制的协调问题

会议在讨论人身损害赔偿司法解释的时候，在理论上更进一步讨论了侵权行

为法与其他社会保障机制的协调问题。

问题的提出是结合司法实际中的案例。一个案例是，体育比赛，参加者自己不慎摔伤，受害人要求举办人承担责任，法院判决不予赔偿。另一个案例是，未成年学生自发玩足球，其中一个学生射门，造成守门员眼部受伤，受害人要求射门的学生承担赔偿责任，法院也判决不承担责任。这些判决都是对的，但是如何体现司法的人文关怀呢？是不是应当考虑建立更为完善的人身保险制度，与侵权行为法相配合呢？如果是这样，那么在实践中怎样才能够体现这样的精神呢？会议认为，现代侵权行为法的发展方向，就是要与其他的社会保障机制相结合，完全靠侵权行为法救济损害，并不能全部解决问题，是有局限性的。因为侵权行为法认定侵权责任要讲究侵权责任构成要件，受害人还要承担举证责任，不能举证证明自己的主张，不能证明侵权责任构成要件，受害人就得不到赔偿。现代侵权行为法应当与社会保险制度相结合，以更好地保护人的权利。因此，有的学者提出了“侵权行为法死亡”的口号，实际上说的就是这个意思。我们不同意这个观点，因为纯粹的社会保险或者全部依靠社会福利，无法解决全部的损害赔偿问题，而且社会的导向也存在问题。例如，新西兰实行“新西兰计划”，对于交通事故的受害人完全依靠社会保障制度代替侵权行为法的作用，由国家承担交通事故的责任。可是实施“新西兰计划”的结果怎样呢？交通事故不是减少了，而是增多了，因为既然由国家承担交通事故责任，那么驾车人由于免除了自己的赔偿责任，从而放松了自己的责任意识，出现了更多的疏忽和事故，社会的不安全因素更多了。事实证明这个计划是不适当的，因此，现在新西兰已经放弃了这个计划。可见，国家承担全部赔偿责任是不现实的，个人的侵权责任转化为国家的责任的后果也是不堪设想的。因此，在现代社会，还不能忽视侵权行为法的职能作用。

在上述案例中，应当分析具体情况处理。第一，如果是自发地组织体育活动，应当按照风险自担的原则处理，不应当责令没有过错的行为人一方承担责任。第二，如果是有组织的体育活动，应当从促进组织者参加保险的立场出发，造成损害，有保险的按照保险赔偿，没有保险的由应当投保而没有投保的组织者

承担责任。这样才能有利于将风险转移到社会，使受害人得到有效的保护。

第三节　人身损害赔偿司法解释规定的新类型侵权行为的责任形态及其规则

最高人民法院《关于审理人身损害赔偿案件适用法律若干问题的解释》公布实施之后，一方面，对于审理人身损害赔偿案件，保护自然人的生命权、健康权和身体权，统一人身损害赔偿标准和计算方法，发挥了重大作用。另一方面，这个司法解释从第 6 条到第 16 条规定了 9 种新类型的侵权行为，丰富了中国侵权行为类型。这些新的侵权行为类型究竟是什么样的责任形态，当事人应当怎样承担侵权责任，司法解释对这些都作了原则的规定，再加上该司法解释的第 2 条至第 5 条规定的与有过失的过失相抵规则和共同侵权行为的连带责任，以及无过错联系的共同致害的按份责任，几乎涉及了侵权责任形态中的所有类型。对这些侵权行为类型在侵权责任形态方面的表现形式以及应当遵守哪些规则，需要在理论上进行研究，提出系统的意见。

一、人身损害赔偿司法解释所涉及的侵权责任形态

侵权责任形态这个概念，基本含义是指在侵权法律关系中，根据不同的侵权行为类型的要求，侵权责任在不同的当事人之间进行分配的表现形式。换言之，即侵权责任由侵权法律关系中的不同当事人按照侵权责任承担规则承担责任的基本形式。①

侵权责任形态说到底，就是侵权责任形式的类型化。将侵权责任类型化，将不同的侵权责任形态的方式和基本规则进行系统性的研究，揭示其各自的规律，以便于在实践中操作。我根据各种侵权行为类型的不同，将侵权责任形态分为三

① 杨立新：《侵权责任形态研究》，《河南政法管理干部学院学报》2004 年第 1 期。

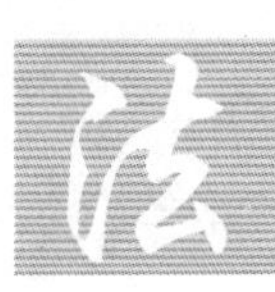

大类：第一类为直接责任（自己的责任）和替代责任，其中直接责任就是为自己的行为负责的侵权责任形态，替代责任分为对他人的行为负责即“对人的替代责任”和对自己管领下的物件的致害负责即“对物的替代责任”。第二类为单方责任和双方责任，单方责任包括原告责任、被告责任两种，双方责任也分为两种，分别是过失相抵责任和公平责任。第三类为单独责任和共同责任，单独责任就是被告是一个人的、需要被告自己承担的责任，共同责任则包括连带责任、按份责任、不真正连带责任和补充责任四种形态。这三种侵权责任形态是侵权责任分担的基本形态，概括了侵权行为责任的一切形态。按照这些责任形态规则的描述，可以准确地确定在侵权责任构成之后，当事人承担侵权责任的形式。①

侵权责任形态体系中的各种侵权责任形态，在人身损害赔偿司法解释中差不多都提到过。这些内容主要表现在以下十个方面。

（一）违反安全保障义务的侵权行为

司法解释第 6 条第 1 款规定的违反安全保障义务的侵权行为，是最新出现的侵权行为类型，负有安全保障义务的经营者或者其他社会活动的组织者，对消费者或者社会活动的参与者未尽安全保障义务造成损害，应当承担的侵权责任，是直接责任②；如果经营者或者其他社会活动的组织者是法人、其他组织或者雇主的，则经营者或者其他社会活动组织者承担的侵权责任则为替代责任。

该条第 2 款规定的是经营者或者其他社会活动组织者防范、制止侵权行为未尽安全保障义务的侵权行为，对于第三人造成消费者或者其他社会活动参与者人身损害的，第三人承担的责任是直接责任；如果经营者或者其他社会活动组织者未尽安全保护义务，其应当承担的责任形态是补充责任。③

（二）学生伤害事故责任

司法解释第 7 条第 1 款规定的未成年学生在学校受到伤害或者伤害他人的责

① 这些责任形态的类型划分，参见杨立新：《侵权法论》，人民法院出版社 2004 年第 2 版，第 465 页以下。

② 陈现杰：《最高人民法院人身损害赔偿司法解释精髓诠释》（下），载《判解研究》2004 年第 3 期，人民法院出版社 2004 年版，第 21 页。

③ 陈现杰：《最高人民法院人身损害赔偿司法解释精髓诠释》（下），载《判解研究》2004 年第 3 期，人民法院出版社 2004 年版，第 21 页。

任，学校未尽对未成年学生的教育、管理、保护义务，造成未成年学生在学校受到伤害或者伤害他人，学校应当承担过错责任，这种责任形态，是替代责任。

本条第2款规定的，是第三人侵权致未成年人在学校遭受人身损害的赔偿责任，是直接责任；如果学校、幼儿园等教育机构对于损害的发生有过错，应当承担责任的，是补充责任。

（三）法人侵权责任

司法解释第8条规定的是法人或者其他组织的法定代表人、负责人以及工作人员，在执行职务中致人损害的责任，这种责任的性质是替代责任；上述人员实施与职务无关的行为致人损害，行为人承担的赔偿责任是直接责任。

（四）雇主责任

司法解释第9条规定的是雇主责任，其中包括两种责任形态：第一种是雇员在从事雇佣活动中致人损害，雇主承担赔偿责任，是替代责任；第二种是雇员因故意或者重大过失致人损害的，雇主与雇员承担的责任，为连带责任。

（五）定作人指示过失责任

司法解释第10条规定的定作人指示过失责任，分为三种责任形态：第一种是承揽人在完成工作过程中对第三人造成损害或者造成自身损害，承揽人为个人的，就是直接责任；第二种是如果承揽人是法人、其他组织或者雇主的，前述责任则为替代责任；第三种是定作人对定作、指示或者选任有过失的，应当承担相应的赔偿责任，为替代责任。

（六）雇工工伤事故责任

司法解释第11条和第12条规定的是雇工的工伤事故责任。范围包括四种责任形态。第一种是直接责任，即雇员在从事雇佣活动中遭受人身损害，雇主应当承担的责任，这是雇主自己的责任。第二种是不真正连带责任，即雇佣关系以外的第三人实施侵权行为造成雇员人身损害的，赔偿权利人可以请求第三人承担赔偿责任，也可以请求雇主承担赔偿责任。雇主承担赔偿责任后，可以向第三人追偿。第三种是连带责任，即雇员在从事雇佣活动中因安全生产事故遭受人身损害，发包人、分包人知道或者应当知道接受发包或者分包业务的雇主没有相应资

质或者安全生产条件的，应当与雇主承担连带赔偿责任。第四种也是不真正连带责任，即参加工伤保险或者统筹的劳动者，因用人单位以外的第三人侵权造成劳动者人身损害，在享受了工伤保险待遇之后，赔偿权利人也可以请求第三人承担民事赔偿责任。这是一种混合式的立法模式，在用人单位责任范围内，以完全的工伤保险取代民事损害赔偿，但是如果劳动者遭受工伤是由于第三人侵权行为造成的，第三人不能免除民事责任，受害人有权请求赔偿。[①] 这种侵权责任形态，也算作一种不真正连带责任。

（七）帮工责任

司法解释第 13 条和第 14 条规定的是帮工责任，其责任形态分为六种。第一种为替代责任，即为他人无偿提供劳务的帮工人，在从事帮工活动中致人损害的，被帮工人应当承担赔偿责任，这种责任形式类似于雇主责任。第二种是单方责任，即被帮工人明确拒绝帮工的，不承担赔偿责任，由受害人自己承担损害。第三种为连带责任，即帮工人对造成他人损害存在故意或者重大过失的，帮工人和被帮工人承担连带责任。第四种为直接责任，即帮工人因帮工活动遭受人身损害的，被帮工人应当承担赔偿责任，这种责任类似于雇工工伤事故责任。第五种为单方责任，即被帮工人明确拒绝帮工的，不承担赔偿责任；但可以在受益范围内予以适当补偿。第六种是补充责任，即帮工人因第三人侵权遭受人身损害的，由第三人承担赔偿责任；第三人不能确定或者没有赔偿能力的，可以由被帮工人予以适当补偿。

（八）见义勇为受益人的责任

司法解释第 15 条规定的是见义勇为受益人的责任，这种责任是为维护国家、集体或者他人的合法权益而使自己受到人身损害，因没有侵权人、不能确定侵权人或者侵权人没有赔偿能力，受益人在受益范围内予以适当补偿的责任，是单方责任。

（九）物件致害责任

司法解释第 16 条规定的三种物件致害责任，即人工构筑物致害责任、堆放

① 陈现杰：《最高人民法院人身损害赔偿司法解释精髓诠释》（下），载《判解研究》2004 年第 3 期，人民法院出版社 2004 年版，第 35 页。

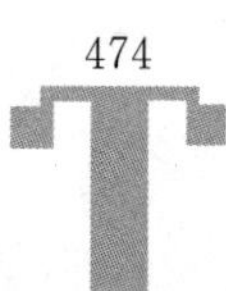

物致害责任和树木及其果实致害责任，都是对物的替代责任。其中关于人工构筑物责任中的因设计、施工缺陷造成损害的，由所有人、管理人与设计、施工者承担的责任，为连带责任。

（十）与有过失和共同侵权

人身损害赔偿司法解释除了规定的 9 种侵权行为类型之外，在第 2 条至第 5 条中，还规定了与有过失责任和共同侵权责任。这里包括了三种侵权责任形态：第一是与有过失的过失相抵双方责任，是第 2 条规定的侵权责任形态；第二是典型的共同侵权行为、共同危险行为和视为共同侵权行为的连带责任；第三种是无过错联系的共同致害的按份责任。

二、新的侵权行为类型中的直接责任和替代责任

直接责任和替代责任是侵权责任形态中最基本的形态，早在《法国民法典》中就作了规定，这就是一般侵权行为承担的为自己的行为负责的侵权行为和为他人的行为以及自己管领下的物件致害负责的侵权行为。[①] 这种责任形态的基本划分，形成大陆法系侵权行为法侵权责任形态的基本类型。在人身损害赔偿司法解释规定的侵权行为类型中，对这两种侵权责任形态都作了规定。

（一）直接责任

1. 直接责任的适用范围

直接责任，在侵权行为法中，就是为自己的行为负责的侵权责任形态，也叫作为自己责任或者自己的责任。人身损害赔偿司法解释规定的直接责任包括以下 8 种侵权行为类型。

（1）第 6 条规定的违反安全保障义务的侵权行为，如果经营者或者社会活动组织者是个人的；

（2）第 6 条第 2 款规定的第三人实施侵权行为造成消费者、社会活动参与者受到损害的，应当承担的责任；

---

① 参见《法国民法典》第 1382 条和第 1384 条规定。

（3）第 7 条规定的学生伤害事故责任，第三人侵害学生的权利造成损害的；

（4）第 8 条规定的法人侵权责任中，行为人不是执行职责造成的损害的；

（5）第 10 条规定的承揽人在执行承揽活动中造成他人损害和自己损害的；

（6）第 11 条规定的雇工工伤事故责任中雇主对雇工造成工伤事故，雇主应当承担责任的；

（7）第 13 条规定的帮工责任中帮工人造成他人损害，被帮工人明确拒绝其帮工的，被帮工人不承担责任，由帮工人承担责任。

（8）第 14 条规定的帮工人在帮工活动中受到损害，被帮工人应当承担责任的。

2. 直接责任的基本规则

按照侵权行为法的一般规则，承担侵权直接责任的，应当是一般侵权行为。一般认为，一般侵权行为是相对于特殊侵权行为而言的，它是指行为人因过错而实施的、适用过错责任原则和侵权责任的一般构成要件的侵权行为。[①] 除此之外，凡是自己对自己实施的侵权行为承担责任的，也叫作直接责任，或者自己的责任。在上述 8 种场合中，由于都是属于对自己的行为负责的侵权行为，因而也都是直接责任。

直接责任，就是违法行为人对自己实施的行为所造成的他人人身损害和财产损害的后果由自己承担侵权责任的侵权责任形态。直接责任的特点是：第一，是违法行为人自己实施的行为，第二，是违法行为人自己实施的行为造成的损害，第三，是自己对自己实施的行为所造成的损害，由自己承担责任。这三个特点，都突出了一个概念，就是“自己”，因此，直接责任就是“自己的责任”，是为自己的行为负责的侵权责任形态。[②] 在这样的侵权行为中，行为人和责任人是同一人，行为人对自己实施的行为承担后果责任，即自己造成的损害，自己赔偿，不能由没有实施违法行为人的人承担赔偿责任。这就是直接责任的基本规则。在人

① 王利明、杨立新：《侵权行为法》，法律出版社 1996 年版，第 132 页。

② 在中国社会科学院法学研究所起草的中国民法典草案中，就是将一般侵权行为表述为“自己的侵权行为”。如果说得准确的话，以“自己的侵权责任”命名会更好一些，且能够与下一章的“对他人侵权之责任”的表述相对应。梁慧星：《中国民法典草案建议稿》，法律出版社 2003 年版，第 310 页。

身损害赔偿司法解释规定的上述8种侵权行为中，都应当遵守这样的规则。

（二）替代责任

1.替代责任的适用范围

替代责任就是为他人的行为负责以及为自己管领下的物件致害负责的侵权责任形态。人身损害赔偿司法解释规定的侵权行为类型中，属于替代责任的包括两类，一类是对人的替代责任，包括以下六种。

（1）第6条规定的违反安全保障义务的侵权行为，如果经营者或者社会活动组织者是组织的，其承担的责任就是替代责任；

（2）第7条规定的学生伤害事故，学校由于过错造成未成年学生人身伤害或者未成年学生造成他人伤害，应当由学校承担的责任；

（3）第8条规定的法人侵权责任，法人或者其他组织的工作人员在执行职务中造成他人损害，法人或者其他组织应当承担的责任，为替代责任；

（4）第9条规定的雇主对雇工在执行职务中造成他人损害应当承担的责任，为替代责任；

（5）第10条规定的定作人指示过失责任，定作人因定作、指示、选任有过失，造成他人损害或者承揽人损害，承担的责任就是替代责任；

（6）第13条规定的帮工责任，帮工人造成他人损害，被帮工人应当承担的责任，就是替代责任。

另一类是对物的替代责任，包括以下三种。

（1）第16条第1款第1项规定的人工构筑物致害责任，人工构筑物的所有人或者管理人对管理维护瑕疵造成损害承担的责任，为替代责任；

（2）第16条第1款第2项规定的堆放物造成损害的责任，所有人或者管理人承担的责任，是替代责任；

（3）第16条第1款第3项规定的树木倾倒、折断或者果实坠落造成的损害，所有人或者管理人承担的责任，为替代责任。

2.替代责任的基本规则

替代责任，是指责任人为他人的行为和为人之行为以外的自己管领下的物件

所致损害负有的侵权赔偿责任。替代责任的基本特征，就是责任人与致害的行为人和致害物相分离，承担责任的责任人并不是造成损害的行为人，致害物造成损害也不是在责任人的意志支配之下。

在我国侵权行为法理论研究中，一般都认为对他人的行为负责是替代责任，而对自己管领下的物件造成的损害的责任不是替代责任。我认为，对他人的行为负责是典型的替代责任。在这类特殊侵权行为中，责任人并没有实施侵权行为，实施侵权行为的是行为人，造成损害的也是行为人，按照一般侵权行为的规则，应当由行为人承担责任。但是，由于责任人与行为人具有特定的关系，同时也由于责任人在主观上具有过失，因而由责任人承担赔偿责任，而不是由行为人承担责任。这当然是替代责任。但是，对责任人管领下的物件的损害承担赔偿责任也是替代责任。有的人认为，物件本来就是责任人的，责任人为自己的物件致害负责，不是替代责任。可是，我们所说的物件致害的替代责任，不是指责任人使用物件或者以自己的意志支配物件去致害他人（这种物件致害是行为人行为的延伸，仍然是行为人自己的行为造成的损害），而是物件本身在没有责任人对其加以意志的控制的情况下对受害人权利的侵害，责任人只是对物件的管理等具有一定的过失，才承担赔偿责任。例如，一只狗伤害他人，如果是因为狗没有管束好所致，那就是特殊侵权责任，是动物的占有人对狗损害他人的后果负责，是替代责任。如果责任人指使狗侵害他人，那就不是狗伤人，而是“人伤人”，因为狗只是行为人伤害他人的工具，因而是一般侵权行为，是对自己的行为负责。判断的标准，就是物件致害时是否有人的意志支配：有人的意志支配的物件致害，就是一般侵权行为，为直接责任；没有人的意志支配的，是物件独立致害，因而是责任人为管领下的物件致害负责，因此也是替代责任。

替代责任的主要法律特征有三点：一是责任人与致害行为人或致害物相分离；二是责任人为致害人或致害物承担责任须以他们之间的特定关系的存在为前提；三是责任人为赔偿义务主体承担赔偿责任。

构成侵权替代责任，应当具备以下三个条件。

第一，替代责任人与致害人或致害物之间须有特定关系。构成替代责任，在

责任人和致害人、致害物之间必须具有特定的关系。这种特定关系，在责任人与致害人之间，表现为隶属、雇佣、保护、代理等身份关系。例如，法人侵权、雇主责任中，都是雇用关系、隶属关系；违反安全保障义务的侵权行为、学生伤害事故责任中，存在保护的权利义务关系。在责任人与致害物之间，则必须具有管领或者支配的关系。从致害的角度看，这些关系并不与致害结果有直接的关系，而是因为存在这些关系，而使替代责任人与损害结果之间发生间接联系。没有这种特定关系的间接联系，不能产生替代责任这种责任形态。

第二，替代责任人应处于特定的地位。在承担替代责任的侵权行为类型中，责任人都必须处于特定的地位，即替代责任人在其与致害人或致害物的特定关系中所处的带有支配性质的地位。它决定了替代责任人为致害人和致害物的损害后果负责的义务的产生。考察为致害行为人的损害后果负责的责任人地位，主要是看：双方有无确定特定关系的事实或合同；致害人是否受有责任人的报酬或抚育；致害人的活动是否受责任人的指示、监督或监护等约束；致害人是否向责任人提供劳务或公务。如果责任人是组织，致害人是否为责任人事业或组织的组成部分，是确定责任人特定地位的一个简明的标准。当责任人处于这种特定地位时，责任人应当为致害人的损害后果负责。对于致害物而言，责任人应当处于所有人、占有人、管理人以及设计者或者制造者的地位。在这样的地位中，责任人对于致害物享有支配权，在事实上具有支配致害物的权利。

第三，致害人和致害物应处于特定状态。致害人处于特定状态，一是当致害人属于责任人事业或组织的成员的时候，致害人的特定状态是执行职务。确定执行职务，应以执行职务的外在表现形态为标准。如果行为在客观上表现为与依责任人指示办理事件的要求相一致，就应当认为属于执行职务的范围。二是当致害人完成定作人要求的加工时，致害人的特定状态是执行定作人的指示或者定作。致害物的特定状态，应当是致害物在责任人的支配、控制之下。如果虽然致害物是所有权人所有，但是其不在所有权人的支配之下，而是在使用人的支配之下，则所有权人不是致害行为的责任人，使用人才是致害行为的责任人。

替代责任的具体赔偿关系，分为以下两种类型。

（1）不可追偿的替代责任

这种替代责任是指责任人承担赔偿责任以后，并无追偿因赔偿损失而造成的损失的对象，即责任完全由责任人自己承担的替代责任。为致害物损害负责，责任人在承担了赔偿责任以后，并没有可以追偿的对象，只能由自己承担赔偿损失的后果。定作人为因自己定作或者指示过错造成的损害负责，法人及雇主所属人员等在执行职务致害他人中没有过错，造成受害人的损害，责任人在承担了赔偿责任后，不能向行为人进行追偿。这种赔偿责任，应完全由责任人自己承担赔偿后果。

（2）可以追偿的替代责任

替代责任由于具备一定的条件而使责任人产生追偿权。享有这样的追偿权，责任人就可以行使自己的追偿权，向致害人要求其承担因为替致害人赔偿损失而造成的损失。追偿权的产生，就是行为人在实施致害行为的时候，在主观上具有过错。只要致害人在实施致害行为时有过错，责任人就可以依法向致害人请求赔偿。

三、新的侵权行为类型中的单方责任和双方责任

（一）单方责任

单方责任，就是侵权行为当事人一方承担损害后果的侵权责任形态，分为被告责任和原告责任。

1. 被告单方责任

被告单方责任，在人身损害赔偿司法解释中没有特别规定。但是凡是被告自己承担侵权责任的，都是被告单方责任。

被告单方责任，是指侵权法律关系中的被告一方，一般是加害人一方承担责任的侵权责任形态。在这种侵权责任形态中，承担责任的只有被告或者加害人一方，受害人一方不承担责任。因此，被告或者加害人的单方责任与与有过失不同，是一种单独的侵权责任形态。在侵权行为中，被告或者加害人单方责任是最

常见的侵权责任形态。

2.原告单方责任

原告责任，是原告一方自己承担责任的侵权责任形态。在人身损害赔偿司法解释规定的新类型侵权行为中，第14条规定的帮工责任中帮工人造成自己损害，被帮工人明确拒绝的，受害人自己承担责任，是原告单方责任。

原告单方责任是指虽然是加害人的行为造成了受害人的损害，但却是由于受害人的过错引起的，应当由受害人承担全部赔偿责任的侵权责任形态。这种侵权行为通常称为受害人过错。受害人过错是指损害的发生，是由受害人的故意或过失所引起的，加害人根本没有过错的侵权行为形态。其法律后果，是受害人自己承担损失，加害人不承担任何责任。

应当注意的是，认定受害人过错一般采用"未采取合理注意说"，受害人未采取合理的措施保护自身的财产和人身安全，不仅使自己处于不安全的状态之中，而且使他人处于负责任的不安全状态之中，因而认定其有过错。受害人过错与加害人过错相比较，其内涵并不相同。加害人的过错意味着加害人违反了法定的不得侵害他人权利的义务，因而具有不法性。而受害人的过错只是对自身利益的不注意状态，不具有违法性，只是不当行为。因而，加害人的过错行为或者无过错责任原则下的侵害行为具有一定的社会危害性，应受法律制裁，受害人过错只是导致加害人不承担赔偿责任，损害责任由自己负担，不具有法律制裁的意义。

（二）双方责任

双方责任是指在侵权法律关系中，被告应当承担责任，原告也应当承担侵权责任的侵权责任形态。这种责任形态分为过失相抵责任和公平责任。

1.过失相抵责任

《人身损害赔偿司法解释》第2条规定的，就是与有过失的过失相抵责任。

过失相抵，是在损害赔偿之债中，由于与有过失的成立，而减轻加害人的赔偿责任。正如学者所说的那样：所谓过失相抵，不过为形容之语，其实为就义务者之过失与权利者之过失，两相较量，以定责任之有无及其范围，并非两者互相抵销。[①]

① 史尚宽：《债法总论》，台北荣泰印书馆1978年版，第292页。

与有过失这个概念，过去叫作混合过错。混合过错这个概念不够准确。苏联民法的混合过错、大陆法系的与有过失和英美法的共同过失，是一个概念，都是讲这个问题的。混合过错由于不能概括在无过错责任原则的场合的受害人对于损害的发生或者扩大也有过错的情况，因而不周延。因此，与有过失的概念最为准确。

过失相抵的构成，应从两个方面进行考虑。对于加害人的责任，应按照侵权损害赔偿责任构成要件的要求来确定。对于受害人应负的责任，其构成须具备三个要件：第一，受害人的行为系损害发生或扩大的共同原因；第二，受害人的行为须为不当；第三，受害人须有过错。

过失相抵的责任分担，就是在过失相抵具备其要件时，法院可以不待当事人的主张，而依职权减轻加害人的赔偿责任。

过失相抵的实行，包括两个步骤：一是比较过错，二是比较原因力。

比较过错亦称比较过失，是指在与有过失中，通过确定并比较加害人和受害人的过错程度，以决定责任的承担和责任的范围。具体方法是，将双方当事人的过错程度具体确定为一定的比例，从而确定出责任范围。对损害后果应负主要责任者，其过错比例为51％～95％；对损害后果应负同等责任者，其过错比例为50％；对损害后果应负次要责任者，其过错比例为5％～49％；过错比例不足5％的，可以免除其赔偿责任，不认其为与有过失。

比较原因力，也是确定过失相抵责任范围的重要一环。原因力是指在构成损害结果的共同原因中，每一个原因行为对于损害结果发生或扩大所发挥的作用力。与有过失中的损害结果，是由加害人和受害人双方的行为造成的，这两种行为对于同一个损害结果来说，是共同原因，每一个作为共同原因的行为都对损害事实的发生或扩大具有原因力。

原因力对于与有过失责任范围的影响具有相对性。这是因为，虽然因果关系在侵权责任的构成中是必要要件，具有绝对的意义，不具备则不构成侵权责任；但与有过失责任分担的主要标准是双方过错程度的轻重，因而，双方当事人行为的原因力大小，尽管也影响与有过失责任范围的大小，但其受双方过错程度的约

束或制约。

原因力对于与有过失责任范围的相对性决定作用，主要表现在以下方面。第一，当当事人双方的过错程度无法确定时，应以各自行为的原因力大小，确定各自责任的比例。第二，当当事人双方的过错程度相等时，各自行为的原因力大小对赔偿责任起“微调”作用。第三，当加害人依其过错应承担主要责任或次要责任时，双方当事人行为的原因力起“微调”作用：原因力相等的，依过错比例确定赔偿责任；原因力不等的，依原因力的大小相应调整主要责任或次要责任的责任比例，确定赔偿责任。第四，就是在适用无过错责任原则的情况下，对加害人不讲过错，无法进行过错比较，就要直接进行原因力比较，就看哪一方的行为对损害发生所起到的原因力重，他就要多承担责任，轻的就要少承担责任。第五，还有一种情况就是，产生损害的原因是几个原因，其中有的原因是自然原因的时候，这个时候也没有办法进行过错比较，也就直接进行原因力的比较。

该司法解释第 2 条还明确了一个问题，这就是原告的轻微过失可以不进行过失相抵。按道理，原告的轻微过失也是过失，也应当承担相应的责任。按照最高人民法院这个司法解释，此时加害人承担全部责任，不减轻加害人的责任，受害人不对自己的轻微过失承担责任。

2.公平责任

《人身损害赔偿司法解释》第 15 条规定的见义勇为受益人的适当补偿责任，是公平责任，这就是双方当事人分担责任的侵权责任形态。

公平责任，也叫作衡平责任[①]，是指加害人和受害人都没有过错，在损害事实已经发生的情况下，以公平考虑作为标准，根据实际情况和可能，由双方当事人公平分担损失的侵权责任形态。

公平责任的适用范围，应当限制在当事人双方均无过错，并且不属于过错责任原则、过错推定原则和无过错责任原则调整的那一部分侵权损害赔偿法律关系。超出这个范围的，不能适用《民法通则》第 132 条的规定。

适用公平责任所考虑的因素，包含以下两个主要内容：第一，是受害人的损

① 例如在《葡萄牙民法典》和我国《澳门民法典》中，公平责任就叫作衡平责任。

害程度；第二，是当事人的经济状况。这是确定公平责任所要考虑的基本的因素。当事人的经济状况，主要是指当事人双方的经济状况，即实际的经济负担能力。在考虑当事人双方的经济状况时，实际上不能不有所侧重。应当侧重考虑的是加害人的经济状况，即加害人的经济负担能力究竟达到什么程度。其他还需要考虑的因素还有社会的舆论和同情等，这些因素对分担损失也有一定的影响。适用公平责任，就是要根据这些实际情况，综合考虑，确定双方各自所应承担的民事责任。

适用公平责任的结果是对侵权责任实行分担，即根据损害程度和双方当事人的经济状况，以及其他相关的因素，综合判断：在损害程度达到了应当分担损失的情况下，双方当事人的经济状况相似或相近的，可以平均分担；一方情况好而另一方情况差的，可以一方负担大部分另一方负担小部分；如果双方的实际情况相差非常悬殊的，也可以由一方承担责任。在这样的基础上，再适当考虑社会舆论和同情等因素，作适当的小的调整，使责任的分担更为公平、合理。

见义勇为受益人的适当补偿责任，就是公平考虑的结果。见义勇为的人为了受益人的利益而受到损害，加害人不能予以赔偿，那么，受益人作为造成损害的利益享受者，承担适当的补偿责任就是公平的。应当注意的就是受益人应当在受益的范围内承担适当的补偿责任，不能超出这个受益范围。

四、侵权行为类型中的单独责任和共同责任

侵权责任的单独责任和共同责任，是从被告是单数还是复数的不同情况作出的侵权责任类型的划分。侵权责任的单独责任是指单独一个人作为加害人实施侵权行为，并对其承担损害赔偿等责任方式的责任形态。简言之，就是单独的侵权行为的加害人所承担的侵权责任形态。在人身损害赔偿司法解释中，对单独责任没有作出具体规定。

侵权责任的共同责任形态，是侵权行为的加害人是多数的时候，侵权责任在数个加害人之间如何进行分配的责任方式。共同责任形态分为连带责任、按份责

任、不真正连带责任和补充责任。在人身损害赔偿司法解释中，这四种侵权责任形态都有明确规定，需要认真研究。

（一）连带责任

1.适用范围

（1）第9条规定的雇主责任中，雇工执行职务造成他人损害有故意或者重大过失的，雇主和雇工承担连带责任；

（2）第11条规定的雇主工伤事故中，雇员在从事雇佣活动中因安全生产事故遭受人身损害，发包人、分包人知道或者应当知道接受发包或者分包业务的雇主没有相应资质或者安全生产条件的，发包人、分包人与雇主承担连带责任；

（3）第13条规定的帮工责任中，帮工人存在故意或者重大过失的，帮工人和被帮工人承担连带责任；

（4）第16条第2款规定的人工构筑致害物责任因设置缺陷造成损害的，所有人、管理人与设计人、施工人承担连带责任；

（5）第3条规定的典型的共同侵权行为，共同加害人承担连带责任；

（6）第3条规定的视为共同侵权行为，共同加害人承担连带责任；

（7）第4条规定的共同危险行为，共同危险行为人承担连带责任。

2.连带责任的基本规则

这种连带侵权责任，是指受害人有权向共同侵权人或共同危险行为人中的任何一个人或数个人请求赔偿全部损失，而任何一个共同侵权人或共同危险行为人都有义务向受害人负全部的赔偿责任；共同加害人中的一人或数人已全部赔偿了受害人的损失，则免除其他共同加害人向受害人应负的赔偿责任。因此，共同侵权的连带责任是对受害人的整体责任；受害人有权请求共同侵权行为人或共同危险行为人中的任何一个人承担连带责任；共同侵权连带责任的各行为人内部分有责任份额；已经承担了超出自己的份额的责任的加害人，有权向没有承担侵权责任的加害人追偿。

实行连带责任，首先是整体责任的确定。共同侵权行为或者共同危险行为发生以后，首先必须确定整体责任。无论受害人请求一人、数人或全体行为人承担

侵权责任，都必须确定整体责任。其次是对各行为人责任份额的确定，在共同侵权行为连带责任确定之后，应当在共同行为人内部确定各自的责任份额。共同危险行为人的内部责任份额，原则上平均分配。这是因为，共同危险行为人在实施共同危险行为中，致人损害的概率相等、过失相当，各人以相等份额对损害结果负责，是公正合理的。再次，对外连带负责。最后，共同行为人之间的追偿关系，这就是《民法通则》第 87 条规定："负有连带义务的每个债务人，都负有清偿全部债务的义务，履行了义务的人，有权要求其他负有连带义务的人偿付他应当承担的份额。"共同侵权连带责任的追偿关系，适用这一规定。

3. 对司法解释规定的连带责任的评价

第一，人身损害赔偿司法解释扩大了连带责任的适用范围。主要表现是，其一，视为共同侵权行为，离开了共同侵权行为的主观判断标准，采用客观标准，扩大了共同侵权行为的范围，也就扩大了连带责任的范围。其二，连带责任一般就是共同侵权行为适用这种责任形式，现在扩大到了其他四种场合，即：

（1）第 9 条规定的雇主责任中，雇工执行职务造成他人损害有故意或者重大过失的，雇主和雇工承担连带责任。雇主责任，历史上从来是用替代责任解决的，这已经保护了受害人的损害赔偿请求权了。即使是行为人具有故意或者重大过失，用替代责任也能够保护受害人的权利。相反，用连带责任来保护，更为重要的目的在于制裁行为人。但是，对行为人的制裁，本来就在替代责任的追偿权中已经解决了的，没有必要用连带责任的形式，来解决行为人的责任问题。

（2）第 11 条规定的雇主工伤事故中，雇员在从事雇佣活动中因安全生产事故遭受人身损害，发包人、分包人知道或者应当知道接受发包或者分包业务的雇主没有相应资质或者安全生产条件的，发包人、分包人与雇主承担连带责任。这种责任，最好的解决方法，就是不真正连带责任，由受害人选择究竟是让谁承担第一位的责任，即使是为了保护受害人的利益，也可以选择补充责任的形态解决，也没有必要采用连带责任的方式。

（3）第 13 条规定的帮工责任中，帮工人存在故意或者重大过失的，帮工人和被帮工人承担连带责任。这个责任形式与雇主责任是完全一样的，也没有必要

确定为连带责任。

(4) 第 16 条第 2 款规定的人工构筑致害物责任因设置缺陷造成损害的，所有人、管理人与设计人、施工人承担连带责任。这种责任的真实性质应当是不真正连带责任，采用《民法通则》第 122 条规定产品责任的不真正连带责任的方式解决，是最准确的。现在的连带责任的规定，是不准确的。

上述这四种责任，实际上都不是必须由连带责任解决的，但是都规定了适用连带责任。

第二，破坏了连带责任的整体责任。最高人民法院在司法解释中提出了一个新的观点，就是放弃对共同加害人之一的诉讼请求，受害人对放弃的部分就不能够请求赔偿，其他共同侵权加害人也不对放弃的份额再连带承担赔偿责任。连带责任是一个完整的责任，采用这样的方法，实行连带责任，就不是连带责任了。

在这个司法解释的草案中，对这个问题的规定是，只要原告不起诉共同加害人之一，就视为对这个共同加害人所承担的责任份额的放弃。这个做法就混淆了连带责任和按份责任之间的区别。经过反复修改，改成现在这种说法：赔偿权利人起诉部分共同侵权人的，人民法院应当追加其他共同侵权行为人作为共同被告，赔偿权利人在诉讼中放弃对部分共同侵权行为人诉讼请求的，其他共同侵权人对放弃诉讼请求的被告应承担的赔偿份额不承担连带责任。后面又提到，人民法院应当把放弃诉讼请求的法律后果告知赔偿权利人，并将放弃诉讼请求的情况在法律文书中叙明。

这种情况听起来是有道理的，但是它还是破坏了连带责任的规则，所以，在起草侵权责任法的时候，需要对这个问题重新解决。

（二）按份责任

《人身损害赔偿司法解释》第 3 条规定的是，数人无过错联系共同致害的，应当承担按份责任。这种侵权行为不是共同侵权行为，而是一种数人侵权，是二人以上没有共同故意也没有共同过失，但其分别实施的数个行为间接结合发生同一损害后果的，应当根据损害大小或者原因力比例各自承担相应的赔偿责任。

按份责任，是侵权责任中的一种形态，是相对于连带责任形态而言的一种责

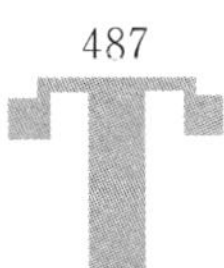

任，是指对一个共同的损害后果，由造成损害的数人各自按照自己的份额承担的侵权责任。对他人承担的份额，其他行为人没有代为承担的责任。

无过错联系的共同致害的法律后果，是按份责任。原因是，无过错联系的各行为人没有共同过错，不具备共同侵权行为的本质特征，因而也就不应当承担共同侵权行为的民事责任，而共同侵权行为的责任以连带责任为特点。如果令无过错联系的共同致害的行为人承担连带责任，则将其作为共同侵权行为处理了。反之，依照按份责任处理各行为人的具体责任承担，则既考虑了这种行为与共同侵权行为的区别，也体现了这种行为本身对其责任形式的要求。

因而，确定无过错联系的共同致害行为人的责任，应当依照以下规则处理。首先，各行为人对各自的行为所造成的后果承担责任。在损害结果可以单独确定的前提下，法官应当责令各行为人就其行为的损害承担赔偿责任。其次，各行为人在共同损害结果无法分割的情况下，按照各行为人所实施行为的原因力，按份额各自承担责任。再次，对于无法区分原因力的，应按照公平原则，区分各行为人的责任份额。最后，对无过错联系的共同致害行为人，不实行连带责任。无论在以上何种情况下，各行为人都只对自己应承担的份额承担责任，既不能使各行为人负连带责任，也不得令某个行为人负全部赔偿责任，同时，也不存在行为人内部的求偿关系。

连带责任和按份责任的区别在于：连带责任是一个完整的责任，是一个责任，尽管共同加害人在连带责任的内部可以分份额，但是对外它是一个完整的责任，每一个连带责任人也就是共同加害人都要对整个责任负责；按份责任它也是一个责任，但是这个责任不是一个独立的或者不可分的责任，而是分成不同的份额，每一个人仅仅对自己的份额承担责任，而不是每一个人都对整体承担责任。

（三）不真正连带责任

1. 不真正连带责任的适用范围

按照人身损害赔偿司法解释的规定，以下侵权行为类型适用不真正连带责任。

（1）第 11 条规定的雇佣关系以外的第三人造成雇员人身损害的；

(2) 第 12 条规定的因用人单位以外的第三人侵权造成劳动者人身损害。

不真正连带责任也称为不真正连带债务，是民法理论中的一种重要的债务形式或者责任形态。在侵权行为法领域，就叫作不真正连带责任。

不真正连带债务是指多数债务人就基于不同发生原因而偶然产生的同一内容的给付，各负全部履行之义务，并因债务人之一的履行而使全体债务人的债务均归于消灭的债务。[①] 从债法的意义上说，不真正连带债务不履行的后果，就是不真正连带责任。

侵权法上的不真正连带责任，是指多数行为人对一个受害人实施加害行为，或者不同的行为人的基于不同的行为而致使受害人的权利受到损害，各个行为人就产生的同一内容的侵权责任，各负全部赔偿责任，并因行为人之一的履行而使全体责任人的责任归于消灭的侵权责任形态。

2. 不真正连带责任的特征

第一，数个行为人基于不同的行为造成一个损害。例如雇佣关系以外的第三人造成雇员人身损害的，第三人的行为是造成受害人损害的原因，负有侵权责任，但是雇主由于与雇员之间的雇佣关系，雇主对雇员造成的损害也负有责任，雇员可以基于劳动关系请求工伤事故的损害赔偿。

第二，数个行为人的行为产生不同的侵权责任，数个责任就救济受害人损害而言，具有同一的目的。这就是，雇主的工伤事故赔偿和第三人的侵权赔偿，都是救济受害人损害的赔偿，都是一个目的，因此分别产生的不同的侵权责任，责任的目的都是救济该同一损害，而不是救济各个不同的损害。

第三，受害人享有的不同的损害赔偿请求权，可以“择一”行使，或者向雇主或者向第三人请求承担责任，或者向销售者或者向生产者请求承担责任，而不是分别行使各个请求权。受害人选择的一个请求权全部实现之后，其他请求权消灭。这就是不真正连带责任的“就近”规则，就是受害人可以选择距离自己最近的法律关系当事人作为被告起诉。

第四，损害赔偿责任最终归属于造成损害发生的直接责任人。如果受害人选

① 王利明主编：《中国民法案例与学理研究》(债权篇修订本)，法律出版社 2003 年版，第 3 页。

择的侵权责任人就是直接责任人，则该责任人就应当最终地承担侵权责任。如果选择的责任人并不是最终责任人，则承担了中间侵权责任的责任人可以向最终责任人请求赔偿，最终责任人应当向非最终责任人请求承担最终责任。《人身损害赔偿司法解释》第 11 条就有“雇主承担赔偿责任后，可以向第三人追偿”的规定。这就是不真正连带责任的“最终性”规则。

第 12 条规定的工伤保险之外的第三人的损害赔偿责任，也可以算作不真正连带责任，但是并不十分典型，与典型不真正连带责任有一点差别。

（四）补充责任

1. 侵权补充责任的适用范围

按照人身损害赔偿司法解释的规定，以下三种类型的侵权行为，承担补充责任。

（1）第 6 条第 2 款规定的经营者或者其他社会活动组织者防范、制止侵权行为未尽安全保障义务，造成消费者或者社会活动参与者损害的，应当承担补充责任；

（2）第 7 条第 2 款规定的学生伤害事故责任中，第三人造成未成年学生人身伤害，学校未尽安全保护义务，有过错的，应当承担补充责任；

（3）第 14 条规定的帮工人在帮工中受到第三人损害，被帮工人承担适当的补充补偿责任。

2. 补充责任的基本规则以及与其他相关责任形态的区别

（1）补充责任的概念

侵权补充责任，是指多数行为人就基于不同发生原因而产生的同一给付内容的数个责任，各个负担全部履行义务，造成损害的直接责任人按照第一顺序承担责任，承担补充责任的人只有在第一顺序的责任人无力赔偿、赔偿不足或者下落不明的情况下，才承担责任，并且可以向第一顺序的责任人请求追偿的侵权责任形态。

（2）补充责任与不真正连带责任的联系和区别

侵权补充责任实际上就是一种特殊的不真正连带责任。第一，补充责任和不

真正连带责任都是数人的行为引起一个共同的损害，各个为不同的原因。第二，各个不同的原因的行为人对受害人都负有侵权责任，都有责任对受害人的损害承担赔偿责任。每一个责任对受害人的损害救济而言，都是一样的。第三，其中一个行为人承担了全部责任之后，其他责任人对受害人而言，都归于消灭，不再存在。

侵权补充责任与不真正连带责任毕竟是两种责任形态，两种责任形态的区别在于：第一，不真正连带责任通行"最近"原则，就是受害人可以向"最近"的责任人请求赔偿，而不论其是否为"最终责任"人。补充责任不存在"最近"原则的适用，即数个侵权行为承担侵权责任，有顺序的区别，也就是直接加害人是第一顺序的责任人，补充责任人是第二顺序的责任人。第二，在不真正连带责任，赔偿权利人即受害人对于各个责任人享有选择权，可以任意"选择"不真正连带责任人承担责任，而不必遵循顺序的规则。但是补充责任必须遵循"顺序"规则，第一顺序的直接责任人应当先承担责任，受害人也应当先向直接责任人请求承担责任，而不能直接向第二顺序的补充责任人请求赔偿。第二顺序的补充责任人在第一顺序的直接责任人承担责任的时候，处于"备用"的状态，而并非其责任消灭。第三，在第一顺序的直接责任人无力赔偿、赔偿不足或者下落不明时，"备用"的第二顺序的补充责任人开始承担责任，就第一顺序的责任人承担不足或者不能承担的责任，由第二顺序的补充责任人承担责任。而不真正连带责任没有这个规则。

(3) 补充责任与连带责任的联系与区别

补充责任和连带责任都是侵权责任形态，两者有很多相似之处，如一是行为人均为多数；二是给付的内容相同；三是各行为人均负全部赔偿的责任；四是因一行为人的给付而使全体责任归于消灭。

补充责任与连带责任毕竟是两种不同的责任形态，两者有显著区别。

第一，产生的原因不同。一般而论，连带责任主要基于共同侵权行为而产生，其损害后果的发生是基于一个侵权行为，数个共同侵权行为人的行为是一个行为。而补充责任的产生必须具有损害后果的不同发生原因，即数个行为人与受害人造成损害的原因是不同的法律事实，并不是一个行为，而是几个行为，他们之间的责任关系必须基于不同的法律事实而产生。直接的侵权行为是造成损害的全部原因，负有安全保障义务的一方的疏于注意而未尽安全保障义务的行为，也是发生损害的全部原因，这两个原因事实不是相加在一起成为一个侵权行为，而是两个单独的侵权行为，因此不是共同侵权行为，而是承担直接责任和补充责任的两个侵权行为。

第二，行为人的主观状态不同。侵权连带责任的产生，共同行为人必须具有共同过错或者有共同行为，各行为人在主观上互相关联，或者有共同故意，或者有共同过失，或者他们每一个人的行为连接在一起，成为一个行为。这个行为是造成损害的原因。而侵权补充责任的数个行为人则没有共同过错，行为人各自具有单一的主观状态，没有任何意思上的联系，责任相同纯属于相关的法律关系发生巧合，使责任竞合在一起。直接侵权行为人具有一个过错，负有安全保障义务的人对受保护人疏于保护的行为也是一个过错，这两个过错都是独立的主观过错，不是共同过错，因此产生的责任也不是连带责任，而是补充责任。在实践中考察连带责任和补充责任的区别，最重要的就是考察不同的行为人之间是否具有共同过错，因为共同过错是区分侵权连带责任和侵权补充责任的主要标准之一。只有具有共同过错的行为人才能成为共同侵权行为人，承担连带责任。加害人具有主观上的联系，有共同过错的，不能成为补充责任的行为人。对于损害结果的发生，各行为人侵权行为相互之间并无关联，产生后尽管一人的履行可使全体责任消灭，但这只不过维护公平及不使受害人因其他人承担责任而额外获益才作出这样的规定，并非不同的行为人之间具有实质上的联系。

第三，行为人之间的关系不同。侵权连带责任的行为人尽管承担连带责任，但是共同加害人之间有当然的潜在的内部责任份额关系，依据这种关系，共同加害人之间存在内部求偿权。在一个或者数个共同加害人承担了全部责任之后，对其他没有承担侵权责任的共同加害人有权请求其赔偿为承担全部责任而损失的不属于自己份额的那些损失。补充责任的行为人之间不存在这种内部分担关系，负有补充责任的人承担了赔偿责任，有向其他加害人请求赔偿的求偿权，但是这种

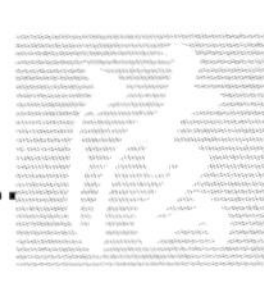

求偿也非基于分担关系，而是基于最终的责任承担。例如，直接侵权人能够承担责任，就应当承担全部的损害赔偿责任。它承担了全部责任，负有安全保障义务的人就不再承担责任。如果直接侵权行为人不能承担责任，或者不能承担全部责任，则负有安全保障义务的人就要承担补充责任，或者承担全部责任，或者承担剩余的那部分责任。

这样，承担补充责任的一方侵权行为人究竟要承担多少责任，没有份额的限制，而是根据承担直接责任的侵权行为人承担责任的状况决定。当然，承担补充责任的侵权人承担了责任之后，对致害人享有求偿权，但是它不是基于自己的“责任份额”求偿，而是就全部责任都有权向直接责任人求偿。因此，补充责任人与直接责任人之间不是责任份额的关系，也不是共同侵权人之间的内部求偿关系，而是地地道道的补充责任形态。

（4）补充责任的性质

补充责任也属于广义的请求权竞合的一种。狭义的请求权竞合是同一债权人与债务人之间对同一法律后果享有数个请求权。这就是侵权损害赔偿责任与违约损害赔偿责任的竞合，也叫作请求权的竞合。补充责任也是一种请求权的竞合、责任的竞合，但是与这种狭义竞合不同，是指行为人就同一给付对于数个行为人分别单独地发生请求权，因其中一个请求权的满足而使其余的请求权均归消灭的责任形式。例如，顾客住进宾馆遭受犯罪行为人杀害，犯罪行为人负有人身损害赔偿的侵权责任，宾馆负有违反安全保障义务的侵权责任。这两个责任发生竞合。犯罪行为人承担了责任，则宾馆责任消灭；宾馆在犯罪行为人无力赔偿或者赔偿不足或者逃逸下落不明无法赔偿时，应当承担补充责任，这时犯罪行为人消灭责任，产生对宾馆的赔偿义务。这正是民法草案侵权责任法编第65条规定的含义①，也是《人身损害赔偿司法解释》第6条规定的真实含义。

（5）补充责任的效力

补充责任的效力分为对外效力和对内效力两个方面。补充责任的对外效力是指对责任人之一发生的事项其效力是否及于其他行为人；对内效力是指履行了全

① 王利明主编：《民法典·侵权责任法研究》，人民法院出版社2003年版，第11页。

部债务的人可否以及怎样向终局责任人追偿。

首先是补充责任的对外效力。由于补充责任是各个独立的责任，各个责任基于不同的发生原因而分别存在，因而，对于行为人之一发生的事项原则上对于其他行为人不发生任何影响，即其效力不及于其他行为人。

补充责任的基本结构是：实施侵权行为的人对于所造成的损害是直接责任人，违反法定的或者约定的保护义务的人对于所造成的损害是补充责任人。他们之间对外的关系就是补充责任的对外效力。补充责任在下述情况下所发生的对外效力，是其基本的效力。

第一，按照不真正连带责任的原理，发生补充责任的侵权案件中的各个责任人对于受害人都发生全部承担满足其权利请求的效力。受害人即赔偿权利人对于各个责任人都享有请求权，都可以单独向其行使请求权。任何人对于受害人的请求权都有义务承担全部的赔偿责任。按照人身损害赔偿司法解释的规定，受害人要先向直接责任人请求赔偿，这一规定并不违反这一原理，相反有利于减少诉讼程序。

第二，每一个责任人承担了自己的责任之后，其他责任人的责任消灭。这是因为，补充责任的损害赔偿数额是一个竞合的数额，救济的是一个损害。当一个责任人承担了责任之后，受害人的损害就已经得到了完全的救济，不能够再行使另外的请求权，因此，另外的请求权因为损害已经得到救济而予以消灭。

第三，在一个承担责任的责任人承担责任不足的时候，另外的责任人负有补充责任，就受害人得不到赔偿的那一部分责任，承担赔偿责任。承担了补充的责任之后，该赔偿请求权全部消灭。

第四，同样，对于责任人无力承担责任或者无法承担责任的时候，另外的责任人应当承担全部的赔偿责任。另外的责任人承担了责任之后，这个损害赔偿请求权也全部消灭。

其次是补充责任的对内效力。补充责任的对内效力，是指在一个责任人承担了赔偿责任之后，对其他责任人的求偿关系，即是否有权向没有承担责任的终局责任人（即直接责任人）请求赔偿。

补充责任究竟是否可以求偿，依据不真正连带责任的学说不同而定。各国立法和学说对于不真正连带责任如何求偿见解不一。一种主张认为求偿关系基于让与请求权。让与请求权指履行了债务的债务人可以请求债权人让与其对终局责任人的请求权（债权）。另一种主张认为求偿关系基于赔偿代位。赔偿代位是指法律直接规定履行了债务的债务人当然地取得债权人对终局责任人的请求权，不需经当事人的意思表示。

我国《民法通则》对此没有规定。最高人民法院《人身损害赔偿司法解释》第6条第2款规定："安全保障义务人承担责任后，可以向第三人追偿。"这个司法解释采用的是赔偿代位说，为基于法律的规定而直接取得请求权。

确定承担补充责任应当具有以下要件：第一，赔偿代位人是对受害人履行了赔偿责任的补充责任人；第二，赔偿代位人所代位的主体是补充责任中的权利人，即受到损害的受害人；第三，赔偿代位请求权的客体为受害人对于发生补充责任的终局责任人的请求权。符合以上条件，补充责任人有权请求直接责任人承担追偿责任。

采用赔偿代位说简便、实用，便于实行。这样，补充责任的内部关系就是补充责任人和直接责任人之间的关系。发生竞合的，就是补充责任人的补充责任和直接责任人的直接责任。所谓的直接责任，就是直接造成损害的侵权行为责任，其行为人就是直接责任人，它是补充责任的终局责任人。所谓的补充责任，就是违反法定或者约定的安全保障义务的行为所造成损害的责任，其行为人就是补充责任人。既然各个责任人之间产生责任的原因互不相同，有的行为人应当承担直接责任，有的责任人应当承担补充责任，如果存在某个责任人应当终局负责的情况，即直接责任人，为维护公平，就应当允许其他责任人向该终局负责的责任人追偿。因此，补充责任中也存在内部追偿问题，只不过这种追偿关系建立于终局责任而非内部分担额之上而已。

终局责任人，就是指对于数个责任的发生应最终负责的人。尽管各责任人的责任是基于不同的法律事实而独立产生的，但却是由于最终可归责于一人的事由而引起一系列责任的发生，这种可最终归责的责任人就是直接责任人。

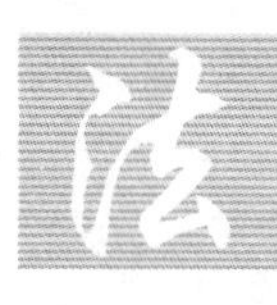

（6）侵权补充责任的基本规则

在具体确定侵权责任补充责任时，必须按照一定的规则进行。侵权责任补充责任的基本规则是：

第一，在存在侵权责任补充责任时，就是构成直接责任与补充责任的竞合时，受害人应当直接向直接责任人请求赔偿，而直接责任人承担了全部赔偿责任后，补充责任人的赔偿责任终局消灭，受害人不得向其请求赔偿，直接责任人也不得向其追偿。

第二，根据人身损害赔偿司法解释的规定，以及参考民法草案侵权责任法编第65条规定，受害人应当向直接责任人请求赔偿，在直接责任人不能全部赔偿、不能赔偿或者直接责任人下落不明或者无法确认的时候，才可以请求补充责任人承担侵权损害赔偿责任。

第三，在补充责任人承担了赔偿责任之后，补充责任人对于其已经承担的责任部分，有权请求直接责任人承担其承担赔偿责任的损失。直接责任人有义务赔偿补充责任人的全部损失。

第四，如果赔偿权利人直接起诉补充责任人的，法院应当将第三人即直接责任人作为共同被告，但第三人不能确定的除外。这时，法院应当判决直接责任人先承担责任，补充责任人确定为补充责任，在直接责任人（第三人）不能赔偿或者赔偿不足的时候，他再承担补充责任。第三人不能确定的，直接确定补充责任人的侵权责任。

第四节　废除触电损害赔偿司法解释遗留的真空及填补

2013年4月8日，最高人民法院宣布废除了一批与法律或者其他司法解释相抵触的司法解释，其中包括《关于审理触电人身损害赔偿案件若干问题的解释》（以下简称《触电损害赔偿司法解释》）。废除这部司法解释的理由是其“与《关于审理人身损害赔偿案件适用法律若干问题的解释》（以下简称《人身损害赔偿

司法解释》）相冲突”。而事实上，触电损害赔偿司法解释与人身损害赔偿司法解释相冲突的是其第4条以下关于人身损害赔偿的规定，其第1条至第3条规定的内容与后者并不发生冲突。由于《触电损害赔偿司法解释》第1条至第3条的规定与其他内容一起被废除，就留下了这三个条文规定的问题与《侵权责任法》相衔接的“真空”，使人民法院在司法实践中审理触电人身损害赔偿责任案件应当采取何种对策予以填补变得不甚明了。本节对此问题进行探讨。

一、废除触电损害赔偿司法解释后遗留的法律适用上的“真空”

随着电力行业的发展，电网覆盖范围不断扩大，高压线下抛竿钓鱼触电案件、放风筝触电案件、盗拆或破坏电力设施导致高压电致人损害案件、高空违规作业触碰高压电案件等触电人身损害事故时有发生。此类案件往往索赔数额大、损害后果严重，引发的社会关注度很高，同案不同判的现象也不断出现。

在这种情况下，最高人民法院依照《民法通则》第123条的规定，于2000年11月13日经审判委员会第1137次会议通过，公布了触电损害赔偿司法解释，于2001年1月21日起正式施行。该司法解释的主要内容为两部分：(1) 对有关触电损害赔偿的专业问题作出规定，主要是：第一，规定高压电的标准是包括1千伏（KV）及其以上电压等级的高压电，1千伏以下电压等级为非高压电。第二，确定触电损害赔偿的责任主体，即因高压电造成人身损害的案件，由电力设施产权人承担民事责任；第三，规定高压电造成人身损害的免责事由，一是不可抗力，二是受害人以触电方式自杀、自伤，三是受害人盗窃电能，盗窃、破坏电力设施或者因其他犯罪行为而引起触电事故，四是受害人在电力设施保护区从事法律、行政法规所禁止的行为。(2) 规定触电人身损害赔偿责任的赔偿范围及计算方法。

该司法解释施行以来，对于在司法实践中，正确适用《民法通则》第123条规定的高压电致人损害责任案件，划清过错责任和无过错责任的界限，正确调整受害人和电力企业的利益关系，发挥了重大作用。特别是前述第一部分内容，为

何种电压造成损害适用无过错责任原则、何种电压造成损害适用过错责任原则，正确划分何种主体承担触电损害赔偿责任，在何种情况下电力企业不承担侵权责任，确立了准确、明晰的界限，对避免适用法律上发生意见分歧，防止同案不同判的乱象发生，都发挥了重要作用。

该司法解释在司法实践中的另一个重要意义，就是不仅规定了上述内容，还特别规定了关于触电人身损害赔偿责任的赔偿范围，完善了《民法通则》第119条规定的人身损害赔偿计算方法，不仅对触电损害赔偿责任案件具有重要意义，而且对统一全国法院适用第119条提供了统一的标准和方法，发挥了更大的作用。不过，在2004年5月1日最高人民法院制定的人身损害赔偿司法解释施行以后，由于两个部分的内容有所冲突，因而，触电损害赔偿司法解释的这一部分内容实际上早已经不再适用，被新的人身损害赔偿司法解释所替代。

2013年4月7日，最高人民法院颁布了《关于废止1997年7月1日至2011年12月31日期间发布的部分司法解释和司法解释性质文件（第十批）的决定》，该决定经2013年2月18日该院审判委员会第1569次会议通过，自2013年4月8日起施行。该决定称："为适应形势发展变化，保证国家法律统一正确适用，根据有关法律规定和审判实际，最高人民法院会同有关部门，对1997年7月1日至2011年12月31日期间发布的司法解释和司法解释性质文件进行了集中清理。现决定废止1997年7月1日至2011年12月31日期间发布的81件司法解释和司法解释性质文件。"触电损害赔偿司法解释名列第32位，废除该司法解释的理由是："与《最高人民法院关于审理人身损害赔偿案件适用法律若干问题的解释》相冲突。"①

事实上，触电损害赔偿司法解释与人身损害赔偿司法解释相冲突的，只是有关人身损害赔偿范围和方法的部分，主要是第4条关于人身损害赔偿的规定，以及第5条关于一次性赔偿和定期金赔偿的规定。第1条至第3条规定的前述内容，则与人身损害赔偿司法解释完全没有冲突，而这一部分正是触电损害赔偿责

① 以上两段引文均见最高人民法院《关于废止1997年7月1日至2011年12月31日期间发布的部分司法解释和司法解释性质文件（第十批）的决定》。

任案件所特别需要的法律适用规则。

由于最高人民法院《关于废止1997年7月1日至2011年12月31日期间发布的部分司法解释和司法解释性质文件（第十批）的决定》在废止触电损害赔偿司法解释中的人身损害赔偿的规定时，一并废除了该司法解释的全部内容，而此时恰好是《侵权责任法》实施的关键时期，因而就出现了司法实践与《侵权责任法》第73条规定的高压损害责任相衔接的法律适用“真空”。

第一，废除了触电损害赔偿司法解释关于高压电界定标准的规定，在司法实践中究竟应当怎样界定高压电和非高压电的界限，就成为一个“悬案”。这是关系触电损害赔偿责任案件究竟适用《侵权责任法》第73条规定还是第6条第1款规定的关键问题。

第二，触电损害赔偿司法解释确立了触电损害赔偿责任主体为电力设施产权人，而《侵权责任法》第73条规定的责任主体为经营者，这个高度危险活动责任主体的一般性规定，并没有体现触电损害赔偿责任案件责任主体的特点，因而在司法实践中确定触电损害赔偿案件的责任主体出现法律适用上的困难。

第三，《侵权责任法》第73条规定高压电损害责任的免责事由只有受害人故意和不可抗力，触电损害赔偿司法解释规定的“受害人盗窃电能，盗窃、破坏电力设施或者因其他犯罪行为而引起触电事故”和“受害人在电力设施保护区从事法律、行政法规所禁止的行为”的免责事由究竟是否还应继续适用，法官、电力企业和受害人都有不同理解，却没有权威的解释和说明。

以上三个问题，在审理触电损害赔偿责任案件的法律适用中都是至关重要的问题。由于废除触电损害赔偿司法解释的不慎重，留下的这三个法律适用的“真空”，就给各地各级人民法院和法官造成了巨大的困惑。在实际生活中，为数众多的触电损害事故是由于受害人在电力设施保护区内从事法律、行政法规禁止的行为，盗拆或破坏电力设施、擅自攀爬塔杆、违规实施作业、建造违章建筑、在高压线下抛竿钓鱼、放风筝等行为造成的。在触电损害赔偿司法解释没有被废除之前，即使在《侵权责任法》实施之后，都可以依照触电损害赔偿司法解释的规定，统一裁判尺度。但触电损害赔偿司法解释被废除之后，统一的裁判尺度被废止，法官裁断各行其是，有的适用公平分担损失规则，判令电力企业承担一定赔偿责任，有的不分青红皂白地判令电力企业承担全部赔偿责任。这种在法律适用上的混乱，既是对违法行为的放任，又增大了电力企业规避风险的成本，并最终转嫁给全体电力用户，既不符合经济效益原则，也违反公平正义原则。

《侵权责任法》第九章规定高度危险物和高度危险行为承担无过错责任原则，将受害人的损失和风险尽量能够归责于从事高度危险物和高度危险行为的经营者，立法目的在于督促高度危险作业的经营者加强管理，勤于防范，保障安全。但是，任何责任的承担都是有范围、有标准的。即使适用无过错责任原则的侵权责任案件也不能没有是非，没有原则，将所有的损害都归咎于行为人，那样引起的恶果将是民事主体丧失行为自由。同时，《侵权责任法》第73条规定的是关于高度危险活动损害责任的一般规定，其中包括高空、高压、地下挖掘和高速轨道运输工具的损害责任，而高压电损害责任具有自己的特点，需要有专门的细化规则。这对于平衡触电受害人利益、电力企业利益和全体电力用户的利益，防止损害发生，维护法律公平，都是特别必要的。如果让电力企业经营者承担不应有的赔偿责任，不但会加大电力企业的运营成本，造成对全体电力用户利益的损害，而且会变相助长、纵容违法行为，不利于此类事故的防范，进而损害全体电力用户的利益。

高压电触电损害赔偿责任中的责任主体、归责原则、免责事由等问题关系到当事人的权益和社会秩序的稳定，对于最高人民法院废除触电损害赔偿司法解释后形成的法律适用的“真空”，必须采取必要措施进行填补，提出具体的法律适用方法，对于高压触电损害赔偿责任案件正确判断责任主体，适用正确的归责原则，公平划分各方责任，合理分担触电损害事故的赔偿风险，具有十分重要的现实意义和研究价值。

二、填补废除触电损害赔偿司法解释遗留真空应当遵循的规则

填补废除触电损害赔偿司法解释遗留的法律适用真空，实际上就是依照《侵

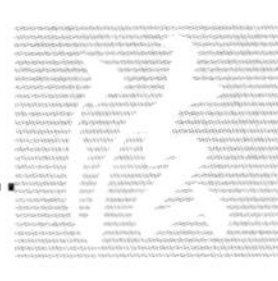

权责任法》规定的原则，解决法律适用上的具体问题。对此，应当遵循以下四个原则。

（一）遵循《侵权责任法》第69条规定的高度危险责任一般条款确立的规则

《侵权责任法》第69条规定的是高度危险责任一般条款。[①] 这一条款的基本作用在于让所有的高度危险责任统一适用无过错责任原则。高度危险责任，是指行为人实施危险活动或者管领危险物，造成他人的人身损害或者财产损害，应当承担损害赔偿责任的行为。[②] 高度危险活动和危险物通常是某一活动或物品对周围环境具有严重危险性，该活动或物品的危险性变为现实损害的几率很大，该种活动或物品只有在采取技术安全的特别方法时才能使用，但涉及该种活动或物品的高度危险作业是合法的、正当的，至少不是为法律所禁止的。在现代社会，一方面，人们为了提高社会生产力以发展经济和提高物质生活水平，追求高效、快捷，必然借助某些具有高度危险性的作业；另一方面，即便从事危险活动者对其行为予以谨慎的关注，也由于危险活动本身所具有的对人们的人身和财产的巨大潜在危险性，而不能完全避免侵害的发生。为了更好地发展生产，造福人民，让高度危险活动和高度危险物存在和发展，以享受现代科技文明所带来的巨大经济效益，在一定程度上容忍这些危险活动和危险物不时给人们的人身和财产造成侵害。人类一个多世纪的历史义无反顾地做了这样的选择。我国的现代化进程，从某种意义来说也是对此的一个选择过程。[③] 这就是《民法通则》第123条和《侵权责任法》第69条对高度危险责任采取无过错责任原则的正当性和合法性。

填补废除触电损害赔偿司法解释遗留的法律适用真空，必须遵守无过错责任原则，强调电力企业承担侵权责任的基础是无过错责任原则，以更好地保护触电受害人的赔偿权利，绝不能违反这一原则，刻意减轻电力企业的赔偿责任，侵害受害人的合法权益。

---

① 王胜明主编：《中华人民共和国侵权责任法释义》，法律出版社2010年版，第346页；杨立新：《侵权责任法》，法律出版社2012年第2版，第490页。

② 杨立新：《侵权责任法》，法律出版社2012年第2版，第490页。

③ 张新宝：《中国侵权行为法》，中国社会科学出版社1998年第2版，第511页。

（二）遵循《侵权责任法》第73条规定的高度危险行为损害责任的一般规则

《侵权责任法》第73条规定的是从事高空、高压、地下挖掘活动或者使用高速轨道运输工具致害责任的规定。[①] 这是对因高度危险活动、因高度危险活动的固有危险以及因合法的高度危险活动而导致损害的责任[②]确定作出的规定，是对高度危险活动致害责任这一类高度危险责任规定的法律规则。因此，有学者认为，高度危险责任不限于《侵权责任法》第73条中所列举的高度危险活动，还包括法律没有列举的各种高度危险活动以及随着社会发展而出现的高度危险活动类型。[③] 从这个意义上说，这一规定具有一般条款的性质，是对于高空、高压、地下挖掘活动和使用高速轨道运输工具以及其他高度危险活动的损害责任规定的一般性法律规则，并没有对每一种具体的高度危险活动损害责任的具体规则作出规定。但是，这并不表明每一种高度危险活动损害责任都是完全一样的，确定责任的法律适用规则都是相同的。这样的认识不符合客观事实，也不符合唯物辩证法的原理。应当承认每一种具体的高度危险活动的具体特点，适用法律规则有所不同。只有尊重这些区别，才能够正确适用法律，保护好各方当事人的利益以及全社会的利益。因此，在填补废除触电损害赔偿司法解释遗留真空的法律规则时，除了必须遵守第73条规定的一般性规则之外，还必须承认具体高度危险活动的个性，确定具体的高度危险活动损害责任法律适用的具体规则。

例如，2005年D公司在矿区内出资修建安装了电力线路和变压器等电力设施，申请用电，与X供电公司签订了《高压供用电合同》，明确了双方的产权分界点。2009年6月，D公司申请停用七号洞井旁专用变压器。2010年7月14日，因承载变压器的平台未拆除，跌落开关连接变压器的三根电线下垂，致使攀爬的未成年人徐某人身伤害，向法院起诉，请求X供电公司与D公司连带赔偿医疗费等88万元。一审法院认为D公司作为事发地点的电路产权人，申请停电后，事发地点的线路应未通电，D公司作为产权人对其线路的管理维护未尽责任，应承担

① 王胜明主编：《中华人民共和国侵权责任法释义》，法律出版社2010年版，第366页。

② 王利明：《侵权责任法研究》下卷，中国人民大学出版社2011年版，第594页。

③ 王利明：《侵权责任法研究》下卷，中国人民大学出版社2011年版，第594页。

10%的责任，X公司无责任。二审和再审判决均认定供电公司是《侵权责任法》第73条规定的经营者，应当承担无过错责任，故改判早已停止供电的X供电公司承担全部赔偿责任。这就是前述情形的典型案例。

对触电损害赔偿司法解释关于高压电与非高压电、电力设施产权人以及电力企业免责事由的归纳和总结，都是在司法实践中总结出来的审判实践经验，不是凭空而来的，是最高人民法院、地方各级人民法院的法官与诸多研究侵权责任法的专家共同归纳、总结出来的，是上级与下级结合（最高人民法院与地方各级人民法院）、内部与外部结合（法院、法官与电力企业管理部门）、理论与实践结合（法官与专家）的产物，是从实践中总结出来的指导审判实践的典型经验，不能简单地"一风吹"，以避免出现背离审判实践经验的后果。从2013年4月开始到目前，各级法院在审理触电损害赔偿责任案件中出现的同案不同判、法律适用标准不一致的问题，就是这种做法的后果。

三、触电损害赔偿司法解释废止后适用《侵权责任法》第73条的对策

触电损害赔偿司法解释废止后，在法律适用中遇到的最大麻烦，就是对《侵权责任法》第73条的具体适用问题。主要的问题是：

（一）对高压电的界定仍应采纳触电损害赔偿司法解释规定的标准

对高压电和非高压电的界定，关系到对触电人身损害赔偿责任适用何种归责原则的根本性问题，高压电造成的人身损害赔偿应当适用《侵权责任法》第73条，非高压电造成的人身损害赔偿应当适用《侵权责任法》第6条第1款，在司法实践中必须有明确的界分。

触电损害赔偿司法解释出台前，并没有对高压电和非高压电的统一标准，《民法通则》第123条规定高压高度危险作业，没有具体明确高压电的电压等级。

触电损害赔偿司法解释借鉴《电力设施保护条例》（国务院1987年发布、1998年修正）第10条关于1 000V至10 000V的电力线路必须设置5米的保护区的规定，认为1 000V电压对周围环境具有高度危险性，因而在第1条明确规定

《民法通则》第 123 条规定的高压电包括 1 000V 及其以上电压等级的高压电；1 000V 以下的电压等级为非高压电。确定这一标准主要是基于电流对人的危害程度不同，触电损害赔偿司法解释规定的高压电的具体标准，是以电能对人体的危害性作为判断的法律标准，并非电力行业的技术标准。[①] 通过这一标准，把触电损害案件划分为高压电触电与非高压电触电，明确高压电造成人身损害赔偿责任案件适用无过错责任原则，非高压电触电造成人身损害赔偿责任案件适用过错责任原则，为审理界定触电人身损害赔偿责任案件高度危险性质提供了法律依据。国家质量监督检验检疫总局和中国国家标准化委员会 2011 年 7 月 29 日发布的《电力安全工作规程（电力线路部分）》（GB26859—2011）借鉴了这个做法，规定低压电包括交流电力系统中 1 000V 及其以下的电压等级，高压通常是指超过低压的电压等级。[②]

《侵权责任法》第 73 条也只是笼统地规定了“高压”，没有具体规定高压电和非高压电的界限。触电损害赔偿司法解释废止前，司法实践仍然适用这一规定；废止后，此规定一并被废止，司法实践失去了对高压电的判断标准。对此，必须予以明确，否则对于触电人身损害赔偿责任案件究竟适用《侵权责任法》第 73 条还是第 6 条第 1 款，就会出现法律适用的分歧。

我认为，触电损害赔偿司法解释第 1 条关于高压电电压等级的规定，不仅是审判实践经验的总结，而且具有法律、法规和理论上的依据，司法实践不能因为触电损害赔偿司法解释被废止而一并废止这一标准，应当继续坚持 1 000V 为高压电，低于 1 000V 的电压为非高压电的标准，统一对触电人身损害赔偿责任案件的法律适用尺度，避免出现同案不同判的后果。立法机关专家在解释该问题时，支持这种意见，认为“目前在司法实践中，认定高压电的标准是 1 000V 以上电压”[③]。

---

① 汪治平：《电损赔偿有说法——对触电人身损害赔偿司法解释若干问题的理解》，《人民法院报》2001 年 2 月 8 日。

② 这个规定与触电损害赔偿司法解释的规定稍有矛盾，就是 1 000V 电压究竟属于高压电还是低压电，司法解释的意见是高压电，我赞成这个意见。

③ 王胜明主编：《中华人民共和国侵权责任法释义》，法律出版社 2013 年第 2 版，第 409 页。

（二）高压电的经营者与电力设施产权人的概念问题

我国现行法律、法规对高压电触电损害责任主体的规定不明确，《民法通则》第 123 条规定为从事高压的“作业”者，《侵权责任法》第 73 条规定高压的“经营者”，《电力法》第 60 条规定因电力运行事故给用户或者第三人造成损害的，电力企业应当依法承担赔偿责任，《电力供应与使用条例》第 43 条第 1 款采用的则是供电企业的概念。

鉴于无论是发电、供电还是用电，电能都在同一条电线上运行的实际情况，因而对责任主体的界定须有特别规则。《触电损害赔偿司法解释》第 2 条根据实际情况，规定电力设施产权人作为触电损害赔偿责任主体，就是考虑了发电、供电和用电的特殊情形，作出的实事求是的规定。这个规定符合《供电营业规则》第 51 条规定：“在供电设施上发生事故引起的法律责任，按供电设施产权归属确定。产权归属谁、谁就应承担其拥有的供电设施上发生事故引起的法律责任。但产权所有者不承担因受害者违反安全或其他规章制度，擅自进入供电设施非安全区域内而发生事故引起的法律责任，以及在委托、维护的供电设施上，因代理方维护不当所发生事故引起的法律责任。”同样，《合同法》第 178 条关于供电合同的规定中也使用了“产权”这一概念，规定“供用电合同的履行地点，按照当事人约定；当事人没有约定或者约定不明确的，供电设施的产权分界处为履行地点”。可见，供电设施的产权界限在供用电的经营中具有重要意义，能够划清不同的经营者。

对于《侵权责任法》第 73 条将经营者规定为高度危险活动损害的责任主体，有的法官认为，这是新法对责任主体作出的最新规定，因此不应再使用电力设施产权人的概念，有的法官认为应当继续适用触电损害赔偿司法解释规定的电力设施产权人的概念，故出现法律适用上的不同见解。触电损害赔偿司法解释废止后，以电力设施产权人界定高压电触电损害的责任主体为“经营者”的司法解释基础丧失了，因而法院几乎一致认为不能再以电力设施产权人来解释经营者的概念，因而出现了较为普遍的扩大供电企业承担赔偿责任的后果。

在对高压电触电损害案件适用法律时，必须看到电能及电能交易的特殊

性，电能的所有权和经营权在经过产权分界点的瞬间，就完成了交付，实现了权利的转让。此时的经营者就是特指持有电能进行经营的人，这种人就是电力设施产权人，而非仅指供电企业为经营者，也包括用电企业的经营者。还应当看到，供电系统是一个庞大、复杂的系统，电能的生产、运输、交易、利用等环节均在一瞬间同时完成，且各环节密不可分。在触电事故发生时，电力经营者包含了通过电网相连的多个主体，如火电厂、风电厂、核电站、蓄能电站、直供电网企业、趸售电网企业、电力用户等，如果不区分电力设施产权和维护管理责任，线上输电企业、电力用户等多个主体谁是经营者而应当承担责任就很难界定。这也证明触电损害赔偿司法解释第 2 条规定以电力设施产权人为责任主体的正确性。

将高压电的经营者解释为电力设施产权人，在理论上有充分的依据。学者认为，在供电设施上发生事故引起的法律责任，按供电设施产权归属确定，产权归属于谁，谁就承担其拥有的供电设施上发生事故引起的法律责任。在高压电致人损害的责任中，根据产权归属原则可以确定电力设施产权人，就是《侵权责任法》第 73 条规定的经营者。① 在其他学者的著述中，也都采取这样的立场。② 这样的意见是完全正确的。《侵权责任法》第 73 条规定的经营者是针对高空、高压、地下挖掘和高速运输工具四种高度危险活动的总体情形确定的，具有一定的弹性，高压电的电力设施产权人就是经营者。

立法机关专家的意见认为，应当区分高压电的发电、输电、配电、用电一般情况下分属不同主体，如果是在工厂内高压电力生产设备造成损害的，责任主体就是该工厂的经营者。③ 这种解释尽管没有采纳电力设备产权人的概念，但是区别发电、供电和用电的界限，已经基本接近于这个概念了。

正是基于上述理由，在触电损害赔偿司法解释废止后，尽管对规定电力设施产权人概念的条文也一并废止，但在司法实践中仍须继续坚持以电力设施产权人

---

① 王利明：《侵权责任法研究》下卷，中国人民大学出版社 2011 年版，第 604－605 页。

② 程啸：《侵权责任法》，法律出版社 2011 年版，第 493 页；全国人大法工委民法室编：《〈中华人民共和国侵权责任法〉条文说明、立法理由及相关规定》，北京大学出版社 2010 年版，第 300 页。

③ 王胜明主编：《中华人民共和国侵权责任法释义》，法律出版社 2013 年第 2 版，第 410 页。

界定高压电的经营者，并以其为触电损害赔偿责任主体的做法，以电力设施产权的分界点为标准，认定供用电双方对其供用电设施以及运行中的电流的所有权和经营权，确定供用电双方对供电设施维护管理和承担民事责任的范围。电力进入谁的产权范围之内，就应该由谁负责管理，并承担造成损害的侵权责任。这一认定标准有利于保障供用电双方的合法权益，合理地确定触电损害赔偿案件的责任主体以及不同的产权人对于触电造成损害责任承担的界限。在多数情况下，可以根据供用电双方所签订的供用电合同来确定造成事故的电力设施产权人，未明确约定产权人的，根据责任利益相一致的原则，推定管理使用电力设施的单位作为电能的权利人，确定侵权责任主体。

（三）应当将触电损害赔偿司法解释规定的免责事由纳入《侵权责任法》的体系

《触电损害赔偿司法解释》第 3 条规定了 4 种免责事由，其中关于受害人故意和不可抗力的规定与《侵权责任法》第 73 条规定相一致，没有必要进行讨论。

问题在于《触电损害赔偿司法解释》第 3 条第 3、4 项规定的免责事由是否还能继续适用，理论和实践都存在较大争议。有学者认为，《电力法》第 60 条关于“因用户自身的过错引起电力运行事故造成自己损害的，电力企业不承担责任”的规定，因与《侵权责任法》第 73 条规定相冲突而不能再适用。[①] 既然如此，最高人民法院触电损害赔偿司法解释规定的其他两个免责事由，也不在第 73 条规定之中，也不应适用，何况该司法解释已经被废止。

事实上，最高人民法院在废止触电损害赔偿司法解释的理由中，并不认为这一规定与《侵权责任法》的规定相冲突。应当看到，《侵权责任法》第 73 条关于免责和减责的规定，是针对这一类高度危险活动造成损害规定的一般性事由，对高压电损害责任并未作特别规定。《触电损害赔偿司法解释》第 3 条第 3、4 项规定，受害人盗窃电能，盗窃、破坏电力设施或者因其他犯罪行为而引起触电事故，或者受害人在电力设施保护区从事法律、行政法规所禁止的行为，因此造成的损害，电力设施产权人仍然不应承担侵权责任，具有高压电损害责任的独特

① 周友军：《侵权法学》，中国人民大学出版社 2011 年版，第 311 页。

性。尽管该司法解释已被废止，但其规定的基本精神符合《电力法》《侵权责任法》《电力设施保护条例》等法律、行政法规的规定，仍应作为电力企业高压触电损害赔偿责任的免责事由。理由是：

第一，保护电力设施，保障供电安全，是《电力法》规定的基本精神。最高人民法院上述司法解释的相关规定符合《电力法》的这一要求。

第二，电力设施保护区属于高度危险区域，行为人在该区域实施犯罪行为，或者在该区域内从事法律、法规禁止的行为而受到损害的，应当成为免责事由，触电损害赔偿司法解释规定的上述免责事由，符合《侵权责任法》第73条和第76条规定的，应当作为高压电损害责任的免责事由。

第三，《电力设施保护条例》第14条规定了任何单位或个人不得从事的危害电力线路设施的11项行为，诸多地方法规中也有类似规定。确定受害人在电力设施保护区从事犯罪行为或者法律、行政法规所禁止的行为为免责事由，与行政法规和地方法规的规定完全一致。

第四，最高人民法院废止触电损害赔偿司法解释的理由是“与《最高人民法院关于审理人身损害赔偿案件适用法律若干问题的解释》相冲突”，并没有说该司法解释第1条至第3条与人身损害赔偿司法解释的规定有冲突，更没有说与《侵权责任法》的规定相冲突。《触电损害赔偿司法解释》第3条规定电力设施产权人免责事由的基本精神仍然应当有效。

第五，上述两种免责事由符合自甘风险免除责任的规则。《侵权责任法》第76条规定确立的自甘风险规则，也适用于高度危险活动致人损害的责任。[①] 自甘风险在英美法系侵权法中被称为危险之自愿承担，或者自愿者非为不当规则，是指在原告提起的过失或者严格责任的侵权责任诉讼中，要求原告承担其自愿承担的所涉风险。[②] 其一般规则是，原告就被告之过失或者鲁莽弃之不顾行为而致伤害的危险自愿承担者，不得就该伤害请求赔偿。[③] 受害人盗窃电能，盗窃、破坏

① 王利明：《侵权责任法研究》下卷，中国人民大学出版社2011年版，第602－603页。

② 《最新不列颠法律袖珍读本·侵权行为法》，冯兴俊译，武汉大学出版社2003年版，第231页。

③ 《美国侵权行为法重述（第二次）》，第496A条。刘兴善译：《美国法律整编·侵权行为法》，台北司法周刊杂志社1986年版，第397页。

电力设施或者因其他犯罪行为而引起触电事故，或者受害人在电力设施保护区从事法律、行政法规所禁止的行为，因此造成的损害，符合自甘风险规则的要求，也与《侵权责任法》第76条规定的内容相吻合。

基于以上理由，《触电损害赔偿司法解释》第3条第3、4项将“受害人盗窃电能，盗窃、破坏电力设施或者因其他犯罪行为而引起触电事故”和“受害人在电力设施保护区从事法律、行政法规所禁止的行为，因此造成的损害”规定为免责事由，与《电力法》规定的基本原则以及《侵权责任法》第73条、第76条，《电力设施保护条例》《电力设施保护条例实施细则》及地方性法规的立法精神相一致，应当继续确定为触电损害赔偿责任案件的免责事由。例如寇某受雇于赵某，在为姜某粉刷新建房屋外墙中，不慎触及10 000V高压电线，被电击致重伤，起诉索赔246万元。经查，姜某属在电力设施保护区内违章建房，供电企业曾送达《电力设施隐患通知书》和《近点作业安全用电须知》，阻止未果。这属于“受害人在电力设施保护区从事法律、行政法规所禁止的行为”，对因此造成的损害如果不予免责，判令供电企业承担责任是不公平的。

对于因窃电、盗窃破坏电力设施等犯罪行为而触电的受害人，在理论上是否构成受害人故意，存有争议。我认为，受害人故意包括直接故意和间接故意，窃电和盗窃破坏电力设施等行为是故意行为，自无异议；对于实施窃电和盗窃破坏电力设施等行为的行为人，由于此类行为造成行为人人身损害的可能性极大，明知高压电具有高度危险性，却铤而走险，仍然肆意为之，具有放任自身损害的间接故意，可依照《侵权责任法》第73条、第76条和第27条规定，免除供电企业的赔偿责任。

四、触电损害赔偿司法解释废止后适用《侵权责任法》第76条的对策

触电损害赔偿司法解释废止后，对于电力企业在高度危险区域致人损害应当如何适用《侵权责任法》第76条规定，也有若干问题急需解决。

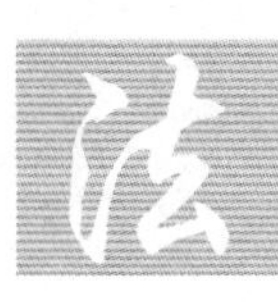

（一）《侵权责任法》第 76 条规定的“管理人”应当如何界定

《侵权责任法》第 76 条规定的危险区域损害责任，在责任主体上没有使用经营者的概念，而是使用了“管理人”的概念。

管理人的概念究竟应当如何理解，法律和法规并无特别的规定。在我的记忆中，在制定《侵权责任法》的研讨会上，也没有对此进行过具体讨论。在目前对《侵权责任法》的释义、专著中，也没有专门研究管理人概念具体界定的意见。

《侵权责任法》第四章至第十一章关于特殊侵权责任的规定中多次使用管理人的概念，但是含义有所不同，规定的方法有两种：一是单独规定管理人是责任主体，例如第 37 条违反安全保障义务责任中的管理人，第 91 条第 2 款规定的管理人；二是规定管理人与其他责任主体并列为责任主体，例如第 75 条规定的非法占有高度危险物损害责任的责任主体是所有人、管理人，第 78、79、82、83 条关于饲养动物损害责任规定的是动物饲养人（原动物饲养人）或者管理人，第 85 条关于建筑物、构筑物损害责任规定的是所有人、管理人或者使用人，第 90 条规定的是林木所有人或者管理人。该法第 76 条规定管理人的方式是前者。

将管理人与其他责任主体并列的方式，体现的是一个侵权行为中的数个责任主体，数个责任主体都可以承担侵权责任。

单独规定管理人为责任主体的，当然是管理人一人承担侵权责任。但是如何界定管理人的概念，则与并列主体中的管理人有所不同。与数个责任主体并列的管理人，是单纯的管理人，例如物业管理公司对区分所有建筑物的管理，除此另有所有人和使用人。单独规定的管理人并不是这样的意思，而是说不论是管理人、所有人还是使用人，只要是实际管理高度危险区域、管理公共场所或者管理窨井等地下设施的人，就是管理人，而不区分其为所有人、使用人或者单纯的管理人。

《触电损害赔偿司法解释》第 2 条第 1 款规定触电人身损害赔偿责任主体是电力设施产权人，在司法实践中特别容易确定高度危险区域的责任主体。该司法解释废止后，《侵权责任法》第 76 条规定的责任主体为管理人，与第 73 条规定的经营者存在同样的问题，《侵权责任法》实施以后，发生了触电人身损害事故，

即使电力设施产权不属于供电企业，受害人也大多认定供电经营、维护管理的供电企业是管理人，并要求其承担侵权责任。这种认定方式大大增加了供电企业的抗辩难度，在用电客户的资产上发生的供用电危险区域触电损害案件，供电企业无法再以触电损害赔偿司法解释为依据抗辩由电力设施产权人承担赔偿责任。同时，受害人和其他责任主体也依据《侵权责任法》的相关规定，以供电企业是电力管理者为由，要求供电企业承担赔偿责任。在实践中已发生多起各地法院依此判决供电企业承担责任的案例。

对此，还应当依照前文所述界定第73条规定的经营者的方法，仍然采用电力设施产权人的概念确定管理人。在电力高度危险区域发生触电人身损害事故引起的法律责任，亦应按照供电设施产权的归属来确定，产权归属于谁，谁就是高度危险区域的管理人，谁就应当承担其拥有和管理的高度危险区域中发生触电人身损害事故引起的法律责任。因此，在高压电的高度危险区域中造成触电人身损害的，高度危险区域的产权人就是管理人；当产权人与管理人相分离，或者产权人与使用人相分离的，实际管理人或者使用人不是电力设施产权人，但由于实际管理人或者使用人在实际占有并管理高度危险区域，其仍然是承担触电人身损害赔偿责任的侵权责任主体，而与产权人无关。

（二）对供电企业是否“采取安全措施并尽到警示义务”的认定

《侵权责任法》第76条关于“未经许可进入高度危险活动区域或者高度危险物存放区域受到损害，管理人已经采取安全措施并尽到警示义务的，可以减轻或者不承担责任”的规定，看似为供电企业减免责任提供了依据，但在司法实践中，供电企业如何才算“采取安全措施并尽到警示义务”尚无统一、明确标准。很多法院为了“维稳”的考虑，即便供电企业采取了必要的安全措施并尽到警示义务，也无足够的勇气判令供电企业不承担责任，免责条款的实际适用效果非常差。

对此，应当依照法律规定确定侵权责任。如果供电企业作为管理人，确实已经采取安全措施并尽到警示义务，应当依法免除供电企业的侵权责任。

认定供电企业已经采取安全措施并尽到警示义务，依照文义解释，显然是已

经采取了法律、法规、规章以及操作规范规定的安全措施，按照上述规范履行了警示义务。只要符合上述规范要求的安全措施和警示义务已经做到了的，就是已经采取安全措施并尽到警示义务。凡是没有做到或者没有完全做到的，就是未采取安全措施、并未尽到警示义务。例如，《电力设施保护条例》第10条特别规定了架空电力线路和电力电缆线路保护区的具体范围。《电力设施保护条例实施细则》第9条规定，电力管理部门应在下列地点设置安全标志：（1）架空电力线路穿越的人口密集地段；（2）架空电力线路穿越的人员活动频繁的地区；（3）车辆、机械频繁穿越架空电力线路的地段；（4）电力线路上的变压器平台。根据上述规定，并非电力设施保护区的任何地点都需要设立安全标志。设立安全标志只要符合法律、法规的基本要求和一般性行业标准，即应认为尽到了《侵权责任法》第76条规定的安全警示义务。要求电力企业不加区别地设立更多、更密集的安全标志，则于法无据。只要电力企业已经采取安全措施并尽到警示义务的，行为人因实施上述行为而造成损害的，就可以依照《侵权责任法》第76条规定减轻或者免除赔偿责任。

供电企业作为民事主体，依据《电力法》等相关法律法规的授权，在其电力设施受到威胁或妨害的时候，有权向妨害人发出通知或进行制止，对拒绝接收通知和不听劝阻的行为人，供电企业可以向行政机关举报或者基于物权请求权向人民法院提起民事诉讼要求消除危险、排除妨害。供电企业在自力救济无效，并申请公权力救济即向行政机关投诉或者向人民法院起诉的行为，应当视为其已经穷尽民事主体可为和能为的一切救济手段，已经尽到了采取安全措施和警示义务。此后，违法行为仍未得到制止的案件，供电企业应当保存好已经向有关部门进行举报或投诉的证据，法院审查确认的，应当作为已经采取安全措施和警示义务的证据认定事实。

（三）仍应参酌适用触电损害赔偿司法解释关于特别免责事由的规定

对于受害人未经许可进入电力高度危险区域，而供电企业已经采取安全措施并尽到警示义务，电力企业应当减轻或者免除责任。具体减轻还是免除供电企业责任，法官应当斟酌案情，予以决定。

如果在符合上述情形的时候，又存在《触电损害赔偿司法解释》第3条第3、4项规定的情形的，有以下两种法律适用方法。

第一，如果存在《触电损害赔偿司法解释》第3条第3、4项规定的受害人为了“盗窃电能，盗窃、破坏电力设施或者因其他犯罪行为而引起触电事故”或者“受害人在电力设施保护区从事法律、行政法规所禁止的行为”的，应当免除供电企业的侵权责任，而不是减轻责任。理由是供电企业在此种情况下，其管理行为与人身损害后果之间没有因果关系，不构成侵权责任。在此种情况下，仍然责令作为管理人的供电企业承担侵权责任，不符合侵权责任法的理念和责任构成规则。例如，随着我国社会经济的快速发展，城建范围不断扩大，在电力设施保护区违法搭建建筑物和构筑物或种植高秆植物的行为越来越多，违章作业人在从事这些违法行为时，对供电企业的通知和警示置之不理，造成触电损害事故后却起诉要求供电企业赔偿。当事人拒绝承认供电企业曾有提示和制止行为，且供电企业举证手段又有限，法院最终以供电企业未尽管理和警示义务为由，判决供电企业承担赔偿责任，是不正确的。供电企业承担不当赔偿责任的损失，实际都在电力供应的成本之中，最终还是要由全体用电者负担。这仍然是触电损害赔偿司法解释废止后的漏洞填补问题，必须引起高度重视，依照这样的解释确定侵权责任，该免责的，应当免除供电企业的责任。

第二，如果供电企业没有采取必要的安全措施亦未尽到警示义务，受害人未经许可进入高度危险区域，具有前述免责事由的，供电企业应当承担侵权责任，受害人亦应负担部分损害后果，构成与有过失，应当依照《侵权责任法》第26条规定，斟酌双方原因力大小和过错程度，由双方负担损害后果，减轻电力企业的赔偿责任。

第五节　《关于审理食品药品纠纷案件适用法律若干问题的规定》释评

最高人民法院《关于审理食品药品纠纷案件适用法律若干问题的规定》（以

下简称《食品药品司法解释》）2013 年 12 月 23 日正式对外公布，于 2014 年 3 月 15 日实施。这个司法解释就食品、药品安全领域总的民事责任问题规定了很多新的规则，突出“国以民为本，民以食为天”的主题，特别强调保护食品、药品消费者的生命健康安全。对此，应当进行深入的学理和规则研究，保证其在司法实践中正确适用。对此，我提出以下意见。

一、《食品药品司法解释》出台、实施的意义和规定内容的主要亮点

（一）《食品药品司法解释》出台和实施的意义

出台和实施《食品药品司法解释》，主要是针对我国食品、药品安全的法律保障而制定的。安全是人类生存的第一需要，是对一个人的人身、健康、财产、名誉等最低限度的物质生活的庇护与保障，其核心是防范潜在的危险。[①] 食品、药品安全，是国家保护消费者安全法律体系中的一个重要环节，国家予以特别的重视。《食品安全法》第 99 条规定，食品，指各种供人食用或者饮用的成品和原料以及按照传统既是食品又是药品的物品，但是不包括以治疗为目的的物品。《药品管理法》第 102 条规定，药品是指用于预防、治疗、诊断人的疾病，有目的地调节人的生理机能并规定有适应症或者功能主治、用法和用量的物质。随着科学技术的不断发展和社会生产力的不断提高，人类防范危险的能力越来越强，但与此同时，又不断产生新的食品、药品以及其他产品的社会危险因素，构成食品、药品的安全问题，给人类带来严重的危险。国以民为本，民以食为天。食品安全和药品安全直接关系国家和社会的稳定发展，关系人民的生命健康权利。近年来，我国的食品、药品安全问题严重，“大头娃娃”“问题奶粉”“苏丹红”“红心鸭蛋”以及假药、劣药等食品、药品安全事件不断出现。《食品安全法》《药品管理法》《侵权责任法》和《消费者权益保护法》都对此作出了相关的规定，以切实保障人民的生命健康安全，但仍然有较多问题需要制定具体的司法解释，来统一法律适用问题。《食品药品司法解释》就是针对这样的问题制定的。

① 曾祥华主编：《食品安全法导论》，法律出版社 2013 年版，第 4 页。

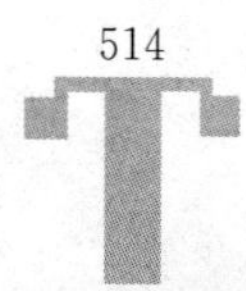

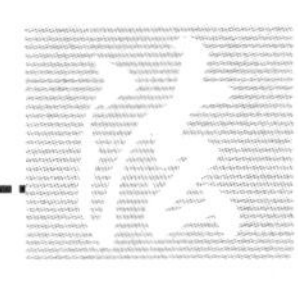

（二）《食品药品司法解释》规定中的主要亮点

《食品药品司法解释》涉及的主要问题，是侵权责任法中的产品责任问题，是在食品、药品安全领域中发生的产品责任问题，同时也涉及食品、药品安全领域中的违约责任，以及这类案件的诉讼程序的规定等。

《食品药品司法解释》在对《消费者权益保护法》《食品安全法》《药品管理法》以及《侵权责任法》等法律的适用规定的具体规则中有许多亮点，略举几例：（1）对于“知假买假”的问题，规定经营者不得以购买者明知食品药品存在质量问题而仍然购买为由进行抗辩，等于支持知假买假的消费者进行惩罚性赔偿的索赔（第3条）；（2）对于无偿提供给消费者的食品、药品的赠品存在质量缺陷造成消费者损害，消费者索赔的，生产者、销售者不得以消费者未对赠品支付对价为由进行免责抗辩（第4条）；（3）对于受到缺陷食品、药品损害的侵权诉讼证明实行举证责任缓和，减轻消费者的举证负担，以保障消费者的权利实现（第5条）；（4）在销售前取得检验合格证明的食品、药品，在保质期内经检验确认产品不合格的，生产者或者销售者不得以该食品、药品具有检验合格证明为由进行抗辩，仍然应当承担民事责任（第7条）；（5）食品的集中交易市场的开办者、展销会举办者和柜台出租者，对食品安全事故造成损害的消费者承担连带责任（第8条）；（6）对于未取得食品生产资质与销售资质的个人、企业或者其他组织，挂靠具有相应资质的生产者与销售者，生产、销售的食品造成消费者损害的，挂靠者和被挂靠者承担连带责任（第10条）；（7）对于食品药品的检验机构、认证机构，故意出具虚假检验报告和虚假认证，造成消费者损害的，承担连带责任，因过失出具不实检验报告或者不实认证，造成消费者损害的，承担相应责任（第12条和第13条）。该司法解释在其他方面也有一些值得研究的问题，下文分别具体阐释。

二、对《食品药品司法解释》有关产品责任和违约责任规定亮点的解读

《食品药品司法解释》对有关产品责任和违约责任的一些具体问题作出了新

的规定，是该司法解释的亮点，具有特别意义。

（一）确认知假买假的购买者为消费者

《消费者权益保护法》实施之后，在惩罚性赔偿责任的适用上，20 年来一直在纠缠知假买假的购买者究竟是不是消费者的问题，不仅在理论上存在较大分歧，而且在司法实践中，不同的法院和法官对此也存在较大的分歧。在学者之间对一个法律适用问题产生分歧，影响并不大，因为学术问题的讨论本来就应当是百花齐放、百家争鸣的。但是在司法实践中，法院和法官也对同一个法律适用问题来一个百花齐放、百家争鸣，问题就麻烦了。可是，现实就是这样，20 年来，法院对此一直存在不同意见，采取不同的做法，对知假买假的购买者索赔有的支持，有的不予支持，形成严重的同案不同判，影响了法律的统一实施。① 《食品药品司法解释》第 3 条对此作出明确规定，是一个重要的决策，对统一全国法院和法官的执法尺度，具有重要的理论价值和实践意义。

知假买假的购买者究竟是不是消费者，按照《消费者权益保护法》第 2 条规定的文义解释，并不符合要求。既然知假买假的购买者不属于消费者，当然不能适用《消费者权益保护法》的规定予以保护，这个结论似乎很有说服力。但问题在于，即使知假买假，但对实施商品欺诈特别是食品、药品欺诈行为的经营者予以惩罚性赔偿进行制裁，难道是不公平的吗？如果认可这样的法律价值判断，恐怕不是站在人民的立场上考虑问题，而是站在违法者的立场进行思考，原因在于，即使知假买假的购买者对商品欺诈行为的经营者主张惩罚性赔偿，尽管这些消费者会获得属于“具有正当理由”的“意外所得”②，但对于净化食品、药品安全环境，保障人民生命健康安全，都是有益而无害的。因为惩罚性赔偿金的授予，是因某人令人不可容忍的行为而对他进行惩罚，并预防他以及其他人在将来

① 最典型的是丘某东在北京市东城法院和西城法院分别起诉的两起同样的服务欺诈的民事诉讼案件，两个法院作出完全不同的判决。两个案件的情况，请参见杨立新：《〈消费者权益保护法〉规定惩罚性赔偿责任的成功与不足及完善措施》，《清华法学》2010 年第 3 期。

② ［奥］赫尔穆特·考茨欧、瓦内萨·威尔科克斯主编：《惩罚性赔偿金：普通法与大陆法的视角》，窦海洋译，中国法制出版社 2012 年版，第 374 页。

实施类似的行为。[①] 因此，“确认其（知假买假的购买者——作者注）具有消费者主体资格，对于打击无良商家，维护消费者权益具有积极意义，有利于净化食品、药品市场环境”[②]。

可见，这个条文确实是针对知假买假请求索赔确定予以支持的规定。从字面上看，该条司法解释说的是对于生产者、销售者以明知质量有问题仍然购买为由进行抗辩的不予支持，反过来是在说，即使原告明知食品、药品质量有问题仍然进行购买即知假买假进行索赔，也应当对其诉讼请求予以支持。在法学理论界和司法实务界意见分歧的情况下，这样的司法解释对于统一执法尺度具有重要意义。

应当看到的是，对制售关系消费者生命健康的食品，《食品安全法》第 96 条规定的是 10 倍价金的惩罚性赔偿；药品不属于食品范畴，不在《食品安全法》的保护范围之内，不适用 10 倍价金的惩罚性赔偿，而应当适用《消费者权益保护法》第 55 条规定的 3 倍价金的惩罚性赔偿；对于既是药品又是食品的产品，应当适用《食品安全法》的 10 倍价款赔偿的规定。在商品欺诈和服务欺诈惩罚性赔偿大幅度提高的情况下，对于职业打假人的打假会有更大的激励作用。加上本条司法解释确认知假买假的购买者为消费者，予以法律保护，今后这类案件将会更多。对此，法院和法官不必担心，因为加大对食品和药品的打假力度之后，经营者惧怕惩罚性赔偿的承担，会发生强大的约束作用，食品、药品的欺诈行为就会越来越少，食品、药品的安全状况就会越来越好。如果实现了无假可打，自然就不会再出现知假买假者，岂不是更好吗?

（二）食品药品经营者对无偿赠品造成消费者损害应当承担赔偿责任

对于经营者对消费者赠送食品和药品的赠品，因赠品发生质量安全问题，造成消费者及其他受害人损害的，《食品药品司法解释》第 4 条明确规定，经营者

---

① ［奥］赫尔穆特·考茨欧、瓦内萨·威尔科克斯主编：《惩罚性赔偿金：普通法与大陆法的视角》，窦海洋译，中国法制出版社 2012 年版，第 191 页。

② 张先明：《不给制售有毒有害食品和假冒伪劣药品的人以可乘之机——最高人民法院民一庭负责人答记者问》，《人民法院报》2014 年 1 月 10 日，第 4 版。

以消费者未对赠品支付对价进行免责抗辩的，法院不予支持。这样规定的理论基础，在于赠品的成本实际上已经分摊到付费商品中，同时，经营者派送赠品也是为了促销，自有自己的销售目的，因而经营者不能免责。应当注意的是，即使不是消费者，而是受到损害的其他受害人，也享有这样的权利。

与这一司法解释相关的法律规定是《合同法》第191条。该条规定的基本精神是，对于赠与财产的瑕疵，赠与人不承担责任；但赠与人故意不告知瑕疵或者保证无瑕疵，造成受赠人损失的，应当承担损害赔偿责任。本条司法解释的法律依据，应当理解为是该条法律规定。可以解释为，赠送食品或者药品因质量问题造成消费者损害，属于《合同法》第101条规定的赠品"保证无瑕疵"，因而，经营者如果以消费者未支付对价为由主张免责抗辩的，法院不予支持，经营者应当承担赔偿责任。对于消费者而言，这个责任既是加害给付责任，也是侵权责任的产品责任，形成竞合；对于其他受害人，因无合同基础，则只能依据产品责任起诉。

有疑问的是，这个条文中规定的是主张"免责抗辩"的法院不予支持，如果经营者不是主张免责抗辩而是减责抗辩，法院是否应当支持呢？司法实践的通常做法是，由于赠与财产是无偿取得，对方没有支付对价，在造成损害的赔偿上，通常是可以减轻责任的。该司法解释第4条明确规定的是不得进行免责抗辩，没有说不得进行减轻责任的抗辩，对于减责的抗辩究竟是予以支持还是不支持，不够明确。依我所见，凡是食品和药品的赠品造成损害的，一律不得免责，也不得减责。我的这种解释是否正确，需要进一步探讨，也需要最高人民法院予以明确。

（三）食品的集中交易市场开办者、展销会举办者和柜台出租者的连带责任

《食品药品司法解释》第8条关于"集中交易市场的开办者、柜台出租者、展销会举办者未履行食品安全法规定的审查、检查、管理等义务，发生食品安全事故，致使消费者遭受人身损害，消费者请求集中交易市场的开办者、柜台出租者、展销会举办者承担连带责任的，人民法院应予支持"的规定，在适用法律上具有特别的意义，法官应当特别注意。

与这一司法解释相关的法律规定是《消费者权益保护法》第43条，但是该条司法解释超出第43条的范围，有以下两个比较重要的问题。第一，第43条规定的主体只是柜台出租者和展销会举办者，并没有规定集中交易市场的开办者为责任主体。将食品集中交易市场的开办者作为承担这种责任的主体，对于保障食品安全具有重要意义。第二，该条司法解释规定的规则与《消费者权益保护法》第43条规定的内容并不相同。第43条规定的规则，一是受害消费者向销售者或者服务者要求赔偿，二是展销会结束或者租赁柜台租赁期满后才可以向举办者和出租者请求赔偿，三是举办者和出租者承担赔偿责任之后可以对销售者或者服务者追偿。而该条司法解释规定的内容是，集中交易市场开办者、柜台出租者和展销会举办者未履行义务，发生食品安全事故，致使消费者遭受人身损害的，应当与销售者或者服务者承担连带责任。这样的解释，是将集中交易市场开办者、柜台出租者和展销会举办者的过失行为认定为共同侵权行为，应当依照《侵权责任法》第8条规定，作为客观的共同侵权行为的行为人，承担连带责任。这样的解释是有道理的，也有法律根据。

有一个问题是，增加的责任主体即集中交易市场的开办者，是否可以适用《消费者权益保护法》第43条规定，承担该条文规定的不真正连带责任呢？依我所见，集中交易市场的开办者与展销会举办者以及柜台出租者的性质相同，如果在集中交易市场中销售的食品发生第43条规定的情形，应当准用第43条规定，集中交易市场关闭后，受到损害的消费者可以向集中交易市场的开办者请求赔偿，开办者赔偿后，可以向销售者进行追偿。

（四）挂靠经营的无照食品经营者与挂靠单位的连带责任

未取得食品生产资质与销售资质的个人、企业或者其他组织，就是无照食品经营者。无照食品经营者挂靠有照的食品经营者进行食品生产和销售，在他们之间形成的关系，类似于机动车挂靠经营的法律关系，甚至责任更重。对于后者，关于机动车交通事故的司法解释已经作出了承担连带责任的规定。[①] 同样，对于挂靠经营的无照食品经营者与挂靠单位的责任，采取连带责任的方式，保护受到

① 最高人民法院《关于审理道路交通事故损害赔偿案件适用法律若干问题的解释》第3条。

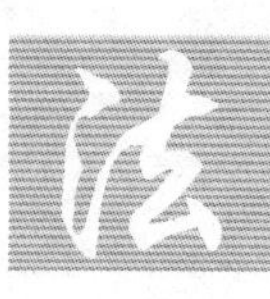

损害的消费者，当然没有问题。这样规定的法律基础，也是《侵权责任法》第8条关于共同侵权行为及承担连带责任的规定。

应当说明的是，该条司法解释第2款规定，人民法院可以根据需要追加诉讼当事人，对此应当慎重，原因在于，《侵权责任法》第13条明确规定，对于连带责任，被侵权人起诉部分或者全部连带责任人承担责任，是被侵权人的权利，原则上不应干预，除非特别必要，法院一般不应当追加没有被起诉的其他连带责任人作为共同被告。

（五）食品、药品检验、认证机构的连带责任和单向连带责任

我特别赞赏《食品药品司法解释》第12条和第13条关于食品、药品检验、认证机构承担责任的规定，其特点是逻辑清晰，责任分明，但也有问题需要研究。

食品和药品的检验机构和认证机构都属于事业单位，它们负有保障食品、药品安全的重要责任。在市场上，药品必须经过检验，但经过检验的药品也可能存在严重质量问题，发生致人损害后果的情形。食品虽然不必都进行检验，但在市场上经过认证的“有机食品”“绿色食品”“无公害食品”等越来越多，很多都是虚假认证或者不实认证。对此，检验机构和认证机构究竟是否应当承担责任，应当明确规定。

食品、药品虚假、不实检验、认证造成损害的侵权责任，性质属于转嫁责任。对于药品检验机构出具虚假检验报告的，《药品管理法》第87条规定了责任规范，检验机构出具的检验结果不实，造成损失的，应当承担相应的赔偿责任。对于出具虚假或者不实认证的民事责任，目前法律没有明文规定。《食品药品司法解释》第12条和第13条区别检验机构和认证机构的不同和故意和过失的不同，明确规定了不同的规则。

首先，故意出具虚假检验报告或者出具虚假认证，造成消费者损害的，将检验机构和认证机构认定为共同侵权行为人，承担连带责任。这样认定的法律根据是《侵权责任法》第8条，既然是故意所为，检验机构和认证机构应当与食品、药品的经营者具有共同的意思联络，构成主观的共同侵权行为，确定其承担连带

责任是完全没有问题的。

其次，检验机构和认证机构没有故意，而是过失造成出具的检验报告或者认证书内容不实，则不具有意思联络，不构成共同侵权的连带责任，因而应当承担与其过失程度相当的相应责任。问题是，这个“相应责任”究竟应当怎样理解，并不确定。在《侵权责任法》中使用“相应责任”的概念，有不同的含义。依我所见，这个相应责任应当与《侵权责任法》第 9 条第 2 款和第 49 条规定的相应责任的规则相同，即单向连带责任。[①] 原因在于，在这种情形下，与承担相应责任对应的，应当是取得不实检验报告或者不实认证的食品、药品经营者，造成消费者损害的是他们经营的食品或者药品，他们是真正的加害人，是直接加害人，是必须承担责任的。与检验机构和认证机构同时应当承担责任的食品、药品经营者应当承担全部责任，检验机构或认证机构应当承担相应责任。在一个共同责任中，一个责任主体承担全部责任，另一个主体承担相应责任，就构成了美国侵权法上所说的混合责任[②]，在日本侵权法，也叫作部分连带责任[③]，也就是我提出的单向连带责任。当受害消费者向食品、药品经营者请求承担全部赔偿责任的时候，当然可以准许；但受害消费者向检验机构或者认证机构请求其承担全部责任的时候，就不应当准许，因为他承担的不是连带责任，而是相应责任；食品、药品经营者承担了全部责任之后，可以向检验机构或者认证机构就其过失部分的相应责任要求追偿。这就是单向连带责任的规则。

（六）对食品、药品生产者、销售者承担惩罚性赔偿责任的扩大解释

《食品药品司法解释》第 15 条规定的是关于惩罚性赔偿法律规定适用的规则。对于这个解释，最高人民法院发言人强调，是着重解决“适用食品安全法第

---

① 杨立新：《中国侵权行为形态与侵权责任形态法律适用指引——中国侵权责任法重述之侵权行为形态与侵权责任形态》，《河南财经政法大学学报》2013 年第 5 期。

② 即在数人侵权中，有的人承担连带责任，有的人承担单独责任（按份责任）的责任形态。美国法律研究院：《侵权法重述——纲要》，许传玺、石宏等译，法律出版社 2006 年版，第 355 页。

③ 部分连带责任是鉴于加害人一方对造成损害的原因力大小不同，在各自原因力大小的共同限度内，承认提取最大公约数的部分连带责任，剩余的部分由原因力较大的加害人负个人赔偿义务。［日］川井健：『現代不法行為研究』，日本評論社 1978 年，228 頁。

96条关于惩罚性赔偿的规定应以消费者人身权益遭受损害为前提”的不正确认识。[①] 其实，这只是一个次要问题。这条司法解释解决的更为重要的问题，是改变了《侵权责任法》第47条和《食品安全法》第96条第2款规定的适用条件。这个问题更为重要。

无论是《侵权责任法》第47条还是《消费者权益保护法》第55条第2款，规定经营者承担惩罚性赔偿责任的前提，都是“明知产品存在缺陷仍然生产、销售”“明知商品或者服务存在缺陷，仍然向消费者提供”，这是造成消费者人身损害承担惩罚性赔偿（实际损失两倍以下）的条件。《食品安全法》第96条第2款对惩罚性赔偿条件的规定，与本条司法解释规定相同，即为“生产不符合安全标准的食品或者销售明知是不符合安全标准的食品”。《食品安全法》这个规定，是承担10倍价金的惩罚性赔偿的条件。

在侵权责任的情形下，生产者和销售者承担惩罚性赔偿责任的要件，都是明知产品存在缺陷仍然生产、销售，即承担侵权损害的惩罚性赔偿责任，无论生产者还是销售者都必须具备主观故意的要件，即明知。但承担10倍价金的惩罚性赔偿的，生产者的要件是生产不符合安全标准的食品，销售者的要件是销售明知是不符合安全标准的食品，前者是过失，后者是故意，主观要件完全不同。现在的这条司法解释的规定，用的是《食品安全法》规定的生产者过失、销售者故意的标准，但所针对的惩罚性赔偿，一个是10倍价金的惩罚性赔偿，另一个是“依照法律规定的其他赔偿标准要求赔偿”，显然指的是《侵权责任法》第47条和《消费者权益保护法》第55条第2款规定的侵权损害的惩罚性赔偿，即实际损失两倍以下的赔偿。这样的规定，后果比较严重，即该条司法解释等于将生产者承担实际损失两倍以下的侵权惩罚性赔偿的主观要件，由故意改为过失，大大降低了生产者承担实际损失两倍以下的侵权惩罚性赔偿责任的法定标准。这不符合《侵权责任法》第47条和《消费者权益保护法》第55条第2款的规定，也不符合《食品安全法》第96条第2款规定的要求。应当说，这个司法解释超出了

① 张先明：《不给制售有毒有害食品和假冒伪劣药品的人以可乘之机——最高人民法院民一庭负责人答记者问》，《人民法院报》2014年1月10日，第4版。

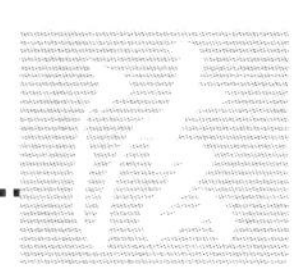

现行法律规定的范围，扩大了适用范围。这是不是一个有效的解释，需要由最高人民法院予以明确。

再说前一个的问题。《食品安全法》第96条第2款规定的10倍价金赔偿，究竟是针对人身权益损害，还是一般的合同利益损害，有不同看法。我确实说过这个应当是造成人身损害的侵权损害的惩罚性赔偿，因为条文的第1款明确规定的是造成人身、财产或者其他损害，推而论之，第2款规定的赔偿损失，应当依照前款规定进行解释。[①] 不过，对于这个问题，我们在修订《消费者权益保护法》的时候，已经经过深入讨论，达成共识，这个损失，当是既包括合同利益的损害，也包括人身利益的损害。由于有了《侵权责任法》第47条规定，将《食品安全法》第96条第2款规定的损失解释为合同利益的规定，似乎更妥当。因而才有了《消费者权益保护法》第55条第1款规定的“法律另有规定的，依照其规定”的内容。因此，对这个问题不必再进行讨论。可以确定的是，违约责任的惩罚性赔偿，在《食品安全法》中规定的就是10倍价金的赔偿，而侵权责任的惩罚性赔偿，则应当是《消费者权益保护法》第55条第2款规定的实际损失两倍以下的赔偿。

应当理解为，该条文中的“消费者除要求赔偿损失外”中的损失，既包括合同利益的损失，也包括固有利益的损失，合同利益的损失主要是价金的损失，适用10倍价金赔偿；固有利益的损失，是《消费者权益保护法》第49条（现第55条）和第51条规定的人身损害和精神损害，适用实际损失两倍以下的惩罚性赔偿。

三、《食品药品司法解释》对有关民事责任加以强调的几个问题

《食品药品司法解释》对《消费者权益保护法》和《食品安全法》等法律规定的有关民事责任的规则进一步加以强调。这些问题如下。

---

① 杨立新：《〈消费者权益保护法〉规定惩罚性赔偿责任的成功与不足及完善措施》，《清华法学》2010年第3期。

（一）不真正连带责任的被告追加问题

《食品药品司法解释》第 2 条规定的是，因食品、药品存在质量问题造成消费者损害，消费者可以分别起诉或者同时起诉销售者和生产者。消费者仅起诉销售者或者生产者的，必要时人民法院可以追加相关当事人参加诉讼。这个规定从表面上看起来是一个程序性的条文，实际上是对侵权责任的不真正连带责任规则如何具体适用的规定。食品、药品存在质量问题造成消费者损害，其性质属于产品责任，应当按照《侵权责任法》第 41 条至第 43 条规定确定赔偿责任，基本规则是，受害消费者可以起诉生产者，也可以起诉销售者，其中生产者或者销售者承担了中间责任的，可以向应当承担最终责任的责任人进行追偿。如果是最终责任人承担了中间责任，则不享有追偿权，中间责任人没有责任。①

对于这样的规则，本条规定的程序性规则是，消费者可以分别起诉或者同时起诉销售者或者生产者，如果消费者仅起诉销售者或者生产者的，法院在必要时可以追加相关当事人参加诉讼。这个程序性规则的规定有斟酌的必要，原因在于，不真正连带责任和连带责任不同：连带责任的最终责任是必须由所有的连带责任人按照其过错程度和原因力承担相应的责任份额；而不真正连带责任是形式上的连带，在实质上并不连带，最终责任必须由应当承担最终责任的责任人承担全部责任，中间责任人并不承担最终责任。② 既然如此，依照《侵权责任法》第 43 条和《消费者权益保护法》第 41 条规定，受害消费者以及其他受害人在起诉时，实际上起诉销售者或者生产者中的一个，是最容易处理的，可以直接确定其承担中间责任，尽快救济受害人的损害。如果将销售者和生产者一并起诉，反而不容易处理不真正连带责任的中间责任和最终责任的承担问题。因此，本条第 2 款规定必要时人民法院可以追加相关当事人参加诉讼，其实是没有必要的，法官在适用时应当慎重。

（二）食品、药品的网络交易平台提供者责任

关于食品、药品致人损害的网络交易平台提供者的责任问题，《食品药品司

① 杨立新：《中国侵权行为形态与侵权责任形态法律适用指引——中国侵权责任法重述之侵权行为形态与侵权责任形态》，《河南财经政法大学学报》2013 年第 5 期。

② 这一区别，请参见杨立新：《论不真正连带责任类型体系及规则》，《当代法学》2012 年第 3 期。

法解释》第9条规定："消费者通过网络交易平台购买食品、药品遭受损害，网络交易平台提供者不能提供食品、药品的生产者或销售者的真实名称、地址与有效联系方式，消费者请求网络交易平台提供者承担责任的，人民法院应予支持。""网络交易平台提供者承担赔偿责任后，向生产者或者销售者行使追偿权的，人民法院应予支持。""网络交易平台提供者知道或者应当知道食品、药品的生产者、销售者利用其平台侵害消费者合法权益，未采取必要措施，给消费者造成损害，消费者要求其与生产者、销售者承担连带责任的，人民法院应予支持。"这个规定并没有新的内容，与新修订的《消费者权益保护法》第44条关于网络交易平台提供者责任的规定没有大的差别，只是在《消费者权益保护法》第44条只规定"销售者"为最终责任主体上，增加了食品、药品的"生产者"，生产者和销售者都是这种附条件的不真正连带责任的最终责任主体。而网络交易平台提供者作为中间责任人，只有在不能提供食品、药品的生产者或者销售者的真实名称、地址和有效联系方式的时候，才可以直接起诉网络交易平台提供者承担中间责任，并且在其承担了中间责任之后，有权向生产者、销售者追偿。这样的规定，没有超出《消费者权益保护法》第44条规定的范围。这样规定的原因是，网络交易平台提供者在B2C、C2C的交易中，并没有获取直接的经济利益，在出售的食品、药品造成消费者损害时，不应当承担直接的责任，应由食品、药品的生产者、销售者承担赔偿责任；只有在不能提供生产者或者销售者的真实名称、地址和有效联系方式时，才承担民事责任。

如果网络交易平台提供者知道或者应当知道（《消费者权益保护法》第44条规定为"明知"，应当按照该条规定解释"知道"）食品、药品的生产者、销售者利用其平台侵害消费者合法权益，未采取必要措施，给消费者造成损害的，则认为构成共同侵权行为，应当承担连带责任。这样的解释也与《消费者权益保护法》第44条第2款规定内容一致。

（三）食品、药品虚假广告的连带责任

《食品药品司法解释》第11条规定是对食品、药品虚假广告责任的解释，内容是："消费者因虚假广告推荐的食品、药品存在质量问题遭受损害，依据消费

者权益保护法等法律相关规定请求广告经营者、广告发布者承担连带责任的，人民法院应予支持。”“社会团体或者其他组织、个人，在虚假广告中向消费者推荐食品、药品，使消费者遭受损害，消费者依据消费者权益保护法等法律相关规定请求其与食品、药品的生产者、销售者承担连带责任的，人民法院应予支持。”这个司法解释的规定也不新颖，与《消费者权益保护法》第 45 条规定的内容完全一致，实际上是对《消费者权益保护法》第 45 条第 2 款和第 3 款规定中的“关系消费者生命健康商品”中包括食品和药品的具体解释，规则没有不同。这个规定的目的是保护消费者的食品安全和药品安全，对虚假广告责任采取无过错责任原则，无论责任主体有无过错，只要参与了关系消费者生命健康安全的食品、药品虚假广告行为，对于造成的损害就须承担连带责任。这样的规定对于保护消费者有利，执行起来不会存在困难。

有一点应当注意的是，《消费者权益保护法》第 45 条在规定虚假广告责任的同时，对“其他虚假宣传方式”造成损害的，也规定承担这样的连带责任。对此，本条司法解释没有说明，是一个漏洞，应当依照《消费者权益保护法》第 45 条规定适用，既包括食品、药品的虚假广告，也包括食品、药品的其他虚假宣传方式造成的损害，都适用这一规则。

（四）食品、药品受害消费者请求权的优先权保障

《食品药品司法解释》第 14 条规定：“生产、销售的食品、药品存在质量问题，生产者与销售者需同时承担民事责任、行政责任和刑事责任，其财产不足以支付，当事人依照侵权责任法等有关法律规定，请求食品、药品的生产者、销售者首先承担民事责任的，人民法院应予支持。”这是对民事责任的请求权予以优先权保障，即民事责任优先于刑事责任和行政责任。这个规定与《侵权责任法》第 4 条规定的优先权保障相比有所扩大，但与《消费者权益保护法》第 58 条规定的规则基本一致，只不过《消费者权益保护法》第 58 条规定的是民事赔偿责任的优先权保障，包括侵权赔偿责任和违约赔偿责任（其中也包含惩罚性赔偿），本条司法解释规定的是民事责任，应当理解为，凡是财产性的民事责任的请求权都享有优先权的保障。这样理解，这个条文还是有一定意义的。

（五）食品药品经营者提供格式条款无效的条件

《食品药品司法解释》第16条规定："食品、药品的生产者与销售者以格式合同、通知、声明、告示等方式作出排除或者限制消费者权利，减轻或者免除经营者责任、加重消费者责任等对消费者不公平、不合理的规定，消费者依法请求认定该内容无效的，人民法院应予支持。"这个解释符合《消费者权益保护法》第26条第2款和第3款的规定，也没有特别的新意。有意义的是，有的人对最高人民法院《关于适用〈中华人民共和国合同法〉若干问题的解释（二）》第10条规定存在误解。该条司法解释规定的内容是："提供格式条款的一方当事人违法合同法第三十九条第一款的规定，并具有合同法第四十条规定的情形之一的，人民法院应当认定该格式条款无效。"这个规定的含义是，仅仅具有《合同法》第39条第1款规定情形的，并不发生合同无效的后果，只有同时具备第40条规定的内容的，才导致合同无效。这样理解并没有错误，但是，有的法官认为，既违反第40条规定，即提供格式条款一方免除其责任、加重对方责任、排除对方主要权利的，又具有第39条第1款规定的未采取合理方式提请注意，未履行说明义务的，才能认定格式条款无效。这样的理解是不正确的。这样的误解必须消除。《食品药品司法解释》第16条规定消除了这个歧义，完全符合《消费者权益保护法》第26条关于格式条款无效的规定。

四、《食品药品司法解释》有关适用范围、时间效力与证明责任等程序规定

（一）食品、药品经营者违约和侵权责任的证明标准

《食品药品司法解释》第5条是关于食品、药品违约责任和侵权责任证明标准的规定，第1款规定的是食品、药品质量违约的证明范围和标准，第2款规定的是食品、药品侵权责任的证明范围、标准以及举证责任缓和的规定。

消费者主张食品、药品质量违约，应当证明的是所购食品、药品的事实，证明所购食品、药品不符合合同有关质量的规定。这两个要件事实的证明，完全由消费者承担，达到证明标准认定属实的，举证责任即完成，质量违约责任的主张

即成立，人民法院对其请求应当予以支持。

消费者主张食品、药品侵权责任的，证明责任分为两个部分：第一，应当证明所购食品、药品的事实，但如果是其他受害人，只要证明造成损害的食品、药品是生产者、销售者所生产、销售即可；第二，证明使用食品或者药品受到损害的事实。第三，关于因果关系的证明采用举证责任缓和的规则，即适当降低原告对因果关系证明的标准，从高度盖然性标准降低到一般的盖然性标准，该条文中所称的“初步证明”，就是一般的盖然性标准的表述。当原告证明达到初步证明即盖然性标准要求的时候，其关于因果关系的举证责任即告完成，转由食品、药品生产者、销售者提供证据，证明损害不是因食品或者药品不符合质量标准造成的，如果证明成立，即可推翻原告的初步证明，推翻侵权责任构成；否则，初步证明成立，食品、药品的生产者或者销售者应当承担侵权责任。

举证责任倒置与举证责任缓和的区别是：第一，举证责任缓和并不是完全的举证责任倒置，而是有条件的举证责任倒置，原告一方必须先承担举证责任，证明因果关系的盖然性；而举证责任倒置是无条件的，符合条件就应当推定有因果关系，原告不承担举证责任。第二，在举证责任缓和，对因果关系的推定是不完全推定，受害人一方不能就因果关系存在的事实毫无证明，就直接由法官推定因果关系存在，而由被告承担没有因果关系的举证责任；而在举证责任倒置，对因果关系的推定是完全推定，原告完全无须证明即可推定。第三，举证责任缓和是由原告先举证证明一定的事实存在，之后才能进行推定；而举证责任倒置是被告先证明，即在推定之后，被告承担举证责任，免除原告的先证明的责任。[①] 这样理解举证责任缓和的概念和规则是准确的。

（二）食品生产者就食品质量标准的举证责任

《食品药品司法解释》第 6 条规定的是食品生产者与销售者对食品符合质量标准承担举证责任以及证明标准的规定。

食品生产者、销售者对于食品符合质量标准承担举证责任。如果其不能证明自己生产或者销售的食品符合质量标准的要求，将由自己承担败诉的结果。

① 杨立新：《医疗损害责任的因果关系证明及举证责任》，《法学》2009 年第 1 期。

在证明标准上，对于不同的标准确定的顺序是：认定食品质量是否合格，应当以国家标准为依据；如果没有国家标准，应当以地方标准为依据；如果既没有国家标准，也没有地方标准的，应当以企业标准为依据。在上述三个标准中，如果企业的标准高于国家标准和地方标准的，应当以企业标准为依据。上述三个标准都不存在，则以《食品安全法》的相关规定为依据，即《食品安全法》第 18 条和第 20 条规定的内容，在第 20 条规定的相关内容中，应当达到第 18 条规定的“以保障公众身体健康为宗旨，做到科学合理、安全可靠”的要求。

（三）保质期内的食品造成损害的缺陷认定

对于在食品、药品保质期内造成消费者损害的，其质量是否符合要求应当怎样证明，有不同意见。《食品药品司法解释》第 7 条规定：“食品、药品虽在销售前取得检验合格证明，且食用或者使用时尚在保质期内，但经检验确认产品不合格，生产者或者销售者以该食品、药品具有检验合格证明为由进行抗辩的，人民法院不予支持。”这个规定的含义是，食品、药品在销售前已经取得了检验合格证明，并且在食用或者使用尚在保质期内，对于其质量发生争议，或者造成损害就赔偿问题发生争议，涉及该药品是否存在缺陷的，不能以其在销售前已经取得检验合格证明作为依据，而应当以发生争议时进行检验的结果作为标准。如果发生争议后，经检验证明产品不合格，那就应当认定为在保质期内经过销售前检验合格的食品或者药品是不合格或者有缺陷的产品，应当就损害承担侵权责任。

（四）公益诉讼

关于公益诉讼的问题，《食品药品司法解释》第 17 条第 2 款规定了“消费者协会依法提起公益诉讼的，参照适用本规定”的内容。省级以上消费者协会按照《消费者权益保护法》第 47 条规定，对侵害众多消费者合法权益的行为，就食品、药品纠纷案件提起公益诉讼的，适用该司法解释的规定，确定民事责任以及相关的程序性规定。

（五）《食品药品司法解释》对其适用范围和时间效力的规定

《食品药品司法解释》对其适用范围并没有作出特别规定，但第 1 条和第 17 条可以理解为对适用范围的规定。

关于适用范围的规定，第 1 条规定的消费者因食品、药品纠纷提起民事诉讼，符合《民事诉讼法》规定受理条件的，应当受理。这说明，有关食品、药品的违约责任纠纷、侵权责任纠纷，都属于该司法解释的适用范围。此外，第 17 条规定的化妆品和保健品等产品，尽管不属于食品和药品，但其生产者、销售者、广告经营者、发布者、推荐者、检验机构等主体，如果与消费者发生违约责任纠纷和侵权责任纠纷，参照适用本规定，因而也在该司法解释的适用范围之内。

关于该司法解释时间效力范围的规定，是第 18 条，2014 年 3 月 15 日《消费者权益保护法》和该司法解释生效之后，正在审理的一审案件和二审案件适用该司法解释的规定；施行前已经终审，在施行后当事人申请再审或者按照审判监督程序决定再审的案件，不适用本司法解释的规定。

第六节 《关于审理医疗损害责任纠纷案件适用法律若干问题的解释》释评

最高人民法院《关于审理医疗损害责任纠纷案件适用法律若干问题的解释》(法释〔2017〕20 号，以下简称《司法解释》)，自《中华人民共和国侵权责任法》实施之后就开始起草，历经 7 年，经过反复打磨，终于在 2017 年 12 月 13 日公布，自 2017 年 12 月 14 日起施行。这是对《侵权责任法》第七章“医疗损害责任”作出的权威、全面的司法解释，既有程序法的内容，也有实体法的规范，具有重要的理论价值和实践意义。笔者曾经参与《司法解释》草案的起草工作，在本节中，对《司法解释》条文的含义和具体适用问题，提出个人的理解意见。

一、《司法解释》的适用范围和医疗损害责任纠纷案件的当事人

《司法解释》的第 1 条至第 3 条，规定的是《司法解释》的适用范围，以及

医疗损害责任纠纷案件当事人的法律适用问题。

（一）《司法解释》的适用范围

《司法解释》第1条规定："患者以在诊疗活动中受到人身或者财产损害为由请求医疗机构，医疗产品的生产者、销售者或者血液提供机构承担侵权责任的案件，适用本解释。""患者以在美容医疗机构或者开设医疗美容科室的医疗机构实施的医疗美容活动中受到人身或者财产损害为由提起的侵权纠纷案件，适用本解释。""当事人提起的医疗服务合同纠纷案件，不适用本解释。"这是对适用《司法解释》的医疗损害责任纠纷案件范围的规定。

1.《侵权责任法》第七章规定的医疗损害责任纠纷案件

《司法解释》第1条第1款规定的医疗损害责任纠纷案件，与《侵权责任法》第七章规定的医疗损害责任的范围一致，即法律明文规定的医疗损害责任纠纷案件。

对《侵权责任法》规定的医疗损害责任，我在立法过程以及在立法后的研究中，认为包括四种医疗损害责任，即医疗伦理损害责任、医疗技术损害责任、医疗产品损害责任和医疗管理损害责任。四种医疗损害责任的具体内容如下。

医疗伦理损害责任，是医疗机构和医务人员违背医疗良知和医疗伦理的要求，违背医疗机构和医务人员的告知或者保密义务，具有医疗伦理过失，造成患者人身损害或其他合法权益的损害，应当承担侵权损害赔偿的医疗损害责任。

医疗技术损害责任，是医疗损害责任的基本类型，是医疗机构和医务人员在医疗活动中，违反医疗技术的高度注意义务，具有违背当时的医疗水平的医疗技术过失，造成患者人身损害，应当承担侵权损害赔偿的医疗损害责任。

医疗产品损害责任，实际上就是在医疗过程中发生的产品责任，是医疗机构在医疗过程中，使用有缺陷的药品、消毒药剂、医疗器械以及不合格的血液等医疗产品及准医疗产品，造成患者人身损害，医疗机构和医疗产品生产者、销售者或者血液提供机构应当承担侵权损害赔偿的医疗损害责任。

医疗管理损害责任，在《侵权责任法》第七章中没有明确列出，包含在该法第54条之中，是医疗机构和医务人员违背医政管理规范和医政管理职责的要求，

具有医疗管理过失，造成患者人身损害、财产损害，应当承担侵权损害赔偿的医疗损害责任。[①]

《司法解释》第1条第1款在有关责任主体的规定中，分为两个层次：前一个层次是“医疗机构”，后一个层次是“医疗产品的生产者、销售者或者血液提供机构”。在以医疗机构作为单一责任人的医疗损害责任纠纷案件中，包括医疗伦理损害责任、医疗技术损害责任和医疗管理损害责任的纠纷案件。在以医疗产品的生产者、销售者或者血液提供机构作为责任人的医疗损害责任中，是医疗产品损害责任纠纷案件，在其责任人中也包含医疗机构。

2.在美容医疗机构和医疗机构的医疗美容科室受到损害的纠纷案件

对于在医疗美容实施过程中发生的损害责任，是否适用《侵权责任法》第七章医疗损害责任的规定，存在争论。主要争论的不是在医疗机构的医疗美容科室发生的人身损害纠纷，而是就美容发生的损害赔偿纠纷，包括在医疗美容机构以及一般的美容机构，是否适用医疗损害责任的规定。医疗美容损害责任纠纷案件发生在两种场合，一是专门的医疗美容机构，二是在医疗机构开设的医疗美容科室。不论在上述哪种场合，凡是发生医疗美容损害责任纠纷的，其前提都是通过医疗手段进行美容。医疗美容机构是须经医疗行政主管部门批准的，否则不能进行医疗美容。因此，医疗机构开设的医疗美容科室就是医疗机构的分支机构；而医疗美容机构则是经过批准的准医疗机构。在上述医疗美容活动中发生的医疗美容损害赔偿责任纠纷案件，当然是医疗损害责任纠纷案件，应当适用《侵权责任法》第七章关于医疗损害责任的规定。

在没有医疗机构资质的一般的美容机构进行美容而发生的损害责任纠纷案件，不是在医疗活动中发生的纠纷，不适用《侵权责任法》关于医疗损害责任的规定，因而不在《司法解释》的适用范围。本条第2款对此通过适用《司法解释》范围的规定，排除了一般美容机构进行美容造成损害适用《侵权责任法》关于医疗损害责任的规定，而应当适用《侵权责任法》第6条第1款规定的过错责

---

① 上述对医疗损害责任的四种分类，请参见杨立新：《侵权责任法》，法律出版社2015年修订版，第287-294页。

任规则确定侵权责任。

3.医疗服务合同纠纷案件不适用《司法解释》

在民事诉讼中，医疗损害责任纠纷案件和医疗服务合同纠纷案件是两种不同类型的民事纠纷案件。医疗损害责任纠纷案件是侵权责任纠纷案件，适用《侵权责任法》。而医疗服务合同纠纷案件是合同纠纷案件，应当适用《合同法》。尽管医疗损害责任纠纷案件是发生在医疗服务合同领域中的案件，但是由于医疗机构及其医务人员在医疗服务合同的履行中造成患者损害，损害的是患者的固有利益，构成侵权责任和违约责任竞合，符合《合同法》第122条规定，原本患者可以请求医疗机构承担违约责任或者侵权责任，但是，由于《侵权责任法》已经将这种民事责任明确规定为侵权责任，因而医疗损害责任是法定的侵权责任类型，一般都依照《侵权责任法》提起诉讼。尤其是《民法总则》已经将所有的民事法律关系的诉讼时效都规定为3年，违约责任和侵权责任在这一点上已经完全一样，选择医疗服务合同的违约责任解决患者固有利益的损害赔偿已经没有优势。如果仅仅是在医疗服务合同的履行过程中发生的违约责任，没有造成患者的固有利益损害，不是医疗损害责任纠纷案件，不在《司法解释》的适用范围之内。

（二）医疗损害责任纠纷案件的当事人

在医疗损害责任纠纷案件的当事人中，原告是受害患者；被告通常是医疗机构。尽管医疗损害责任的实际加害人多是医务人员，由于医疗损害责任是用人单位责任的特殊表现形式①，因而在通常情况下，医疗机构是被告，不包括医务人员。

1.同一伤病在多个医疗机构接受诊疗受到损害纠纷案件的被告

《司法解释》第2条和第3条规定的是医疗损害责任纠纷案件中的特殊当事人的两种情况。

《司法解释》第2条规定的当事人，即“患者因同一伤病在多个医疗机构接受诊疗受到损害，起诉部分或者全部就诊的医疗机构的，应予受理”。“患者起诉

---

① 用人单位责任，即《侵权责任法》第34条第1款规定的侵权责任类型。该法第54条规定的医疗损害责任也是用人单位责任，但其具有特殊性，因而单独规定了第七章“医疗损害责任”。

部分就诊的医疗机构后，当事人依法申请追加其他就诊的医疗机构为共同被告或者第三人的，应予准许。必要时，人民法院可以依法追加相关当事人参加诉讼。”

患者因同一伤病在多个医疗机构接受诊疗受到损害，患者可以起诉部分或者全部就诊的医疗机构。这一规定契合《侵权责任法》第 13 条和《民法总则》第 178 条的规定，究竟起诉部分还是全部医疗机构，是患者本人的权利。在患者起诉部分就诊的医疗机构后，如果当事人依法申请追加其他就诊的医疗机构作为共同被告或者第三人，符合《民事诉讼法》的规定的，当然可以，例如被诉的医疗机构认为责任人另有他人而申请追加当事人。如果人民法院认为有必要，当事人不申请追加，也可以自己依照职权追加相关当事人参加诉讼。

2.医疗产品损害责任纠纷案件的被告

医疗产品损害责任纠纷案件与普通的产品责任纠纷案件的不同之处，就在于医疗机构作为不真正连带责任的责任人之一，与医疗产品生产者、销售者或者血液提供机构共同参加了不真正连带责任法律关系，他们都是《侵权责任法》第 59 条规定的责任主体。

针对这种情况，《司法解释》第 3 条规定：第一，患者因缺陷医疗产品受到损害，起诉部分或者全部医疗产品的生产者、销售者和医疗机构的，应予受理。这符合《侵权责任法》第 59 条的规定。第二，患者仅起诉医疗产品的生产者、销售者以及医疗机构中的部分主体为被告，也符合《侵权责任法》第 59 条以及第 43 条规定的要求。如果当事人依法申请追加其他主体为共同被告或者第三人的，人民法院应予准许。同时，如果确有必要，人民法院还可以依照职权，依法追加相关当事人参加诉讼。不过，医疗产品损害责任的责任形态是不真正连带责任，以起诉其中一个当事人为被告承担责任为常态，因此，最好是不追加其他被告，不必把所有的当事人都起诉作为共同被告。第三，患者因输入不合格的血液受到损害提起侵权诉讼的，在司法实践和理论研究中有一定的意见分歧，主要是争论血液是不是产品的问题。血液当然不是产品，但是《侵权责任法》第 59 条将血液造成损害与医疗产品造成损害同列在一个条文之中，因此可以将血液认定为准产品，就是准用产品责任规定的非产品，不合格的血液就是准缺陷产品。因

此，应当参照适用本条司法解释的前两款规定，对不合格血液的提供者参照缺陷产品的生产者、销售者的规定，列为当事人或者追加为当事人。

二、医疗损害责任纠纷案件的举证责任分配及具体规则

在医疗损害责任纠纷案件中，由于医疗机构和患者掌握医疗资讯严重不对称，因而在举证责任分配上具有特殊性，具体表现在：第一，《侵权责任法》第54条明确规定医疗损害责任适用过错责任原则，但是患者确实存在证明的困难；第二，《侵权责任法（草案）》曾经规定了医疗损害责任的因果关系推定规则，即第二次审议稿的第59条："患者的损害可能是由医务人员的诊疗行为造成的，除医务人员提供相反证据外，推定该诊疗行为与患者损害之间存在因果关系。"①这一规则规定的就是举证责任缓和，是一个完全正确的规定。但是由于第二次审议稿在全国人大常委会审议中，一些委员提出批评意见，因此将该条文删除。正因为如此，《司法解释》对于医疗损害责任纠纷案件的举证责任如何进行分配，根据实际情况作了明确的规定。

（一）医疗损害责任纠纷案件举证责任的分配规则

对于医疗损害责任纠纷案件的举证责任分配，《司法解释》第4条第1款规定："患者依据侵权责任法第五十四条规定主张医疗机构承担赔偿责任的，应当提交到该医疗机构就诊、受到损害的证据。""患者无法提交医疗机构及其医务人员有过错、诊疗行为与损害之间具有因果关系的证据，依法提出医疗损害鉴定申请的，人民法院应予准许。""医疗机构主张不承担责任的，应当就侵权责任法第六十条第一款规定情形等抗辩事由承担举证证明责任。"这一规定确定的基本规则如下。

第一，患者负有证明"到该医疗机构就诊"和"受到损害"的举证责任。医疗损害责任的构成要件，一是医疗机构的诊疗活动，二是患者受到人身损害，三是医疗机构的诊疗活动与患者受到人身损害之间具有因果关系，四是医疗机构及

① 王胜明主编：《中华人民共和国侵权责任法释义》，法律出版社2013年第2版，第534页。

其医务人员在诊疗活动中有过失。在一般的侵权责任纠纷案件中，这四个侵权责任的构成要件都须由原告举证。《司法解释》第4条第1款明确规定，原告只就到该医疗机构就诊和受到损害两个要件承担举证责任，对于因果关系和过失的要件，并没有要求原告须承担举证责任。因此，受害患者作为原告，在诉讼中，须提供到该医疗机构就诊和受到损害两个要件的证据；如果不能举证或者举证不足，应当承担败诉的后果。

第二，对于医疗机构的过失和因果关系要件，不强制原告承担举证责任。如果患者无法提交医疗机构及其医务人员有过错、诊疗行为与损害之间具有因果关系的证据，受害患者作为原告也不必然承担败诉的后果，而是可以依法提出医疗损害的鉴定申请，通过医疗损害责任鉴定，确定医疗机构一方是否存在过失，是否具有因果关系。这样的规定，虽然没有明确对医疗损害责任的过失要件和因果关系要件的举证责任倒置或者举证责任缓和，但是，这样的规定基本符合举证责任缓和的要求，弥补了《侵权责任法》在医疗损害责任的因果关系要件规定中的不足，能够保护好受害患者的诉讼权利和实体权利。举证责任缓和的要求是，原告应当先证明被证明对象的可能性，然后实行举证责任转换，由被告举证证明否认原告提出的证明对象的可能性；能够否认原告证明的可能性的，被告胜诉；不能否认原告证明的可能性的，原告的可能性证明得到确认，原告胜诉。① 《司法解释》第4条第2款没有明确规定这些规则，只是确定原告依法提出医疗损害鉴定申请的，人民法院应予准许，即通过医疗损害责任鉴定，确定医疗机构的过失和因果关系的要件。尽管这一条文没有明确规定举证责任缓和规则，但是这样的规则基本上体现了这样的要求，能够保护受害患者的权益，也是好的。

第三，医疗机构主张不承担责任的，应当就《侵权责任法》第60条第1款规定情形等抗辩事由承担举证责任。这个规定不言自明，因为抗辩事由本身就是由被告一方负有举证责任。《侵权责任法》第60条第1款规定的免责事由，一是患者或者其近亲属不配合医疗机构进行符合诊疗规范的诊疗，二是医务人员在抢救生命垂危的患者等紧急情况下已经尽到合理诊疗义务，三是限于当时的医疗水

① 杨立新：《民法思维与司法对策》下卷，北京大学出版社2017年版，第1991、2019页。

平难以诊疗。对《司法解释》第 4 条第 3 款规定的"等"字怎样理解呢？应当理解为包括其他的抗辩事由，例如意外、不可抗力等。总而言之，凡是主张免责事由的被告，都要对自己的抗辩事由提供证据证明，不能证明或者证明不足的，都不能免除其侵权责任。

（二）对具体医疗损害责任类型的举证责任分配

1. 违反告知义务的医疗伦理损害责任的举证责任分配

《侵权责任法》第 55 条规定的是违反告知义务的医疗伦理损害责任。对于医疗伦理损害责任的举证责任，《司法解释》第 5 条第 1 款规定："患者依据侵权责任法第五十五条规定主张医疗机构承担赔偿责任的，应当按照前条第一款规定提交证据。"患者依据《侵权责任法》第 55 条规定主张医疗机构承担赔偿责任的，应当提交到该医疗机构就诊、受到损害的证据，即由原告举证证明这两个要件。

依照《侵权责任法》第 55 条规定，医疗机构的告知义务包括三种，简言之，一是一般病情一般告知，二是特殊病情特别告知，三是不宜告知患者的应当告知其近亲属。《司法解释》第 5 条第 2 款规定的是第二种情形，即特殊病情特别告知：实施手术、特殊检查、特殊治疗的，医务人员应当及时向患者说明医疗风险、替代医疗方案等情况，并且取得其书面同意。

首先，医疗机构应当承担说明义务，说明义务的内容是医疗风险和替代医疗方案等情况。

其次，应当取得患者或者患者近亲属的书面同意，只有属于《侵权责任法》第 56 条规定的情形，即因抢救生命垂危的患者等紧急情况，不能取得患者或者其近亲属同意，经医疗机构负责人或者授权的负责人批准的除外。

再次，医疗机构提交患者或者患者近亲属书面同意证据的，人民法院可以认定医疗机构尽到说明义务，但患者有相反证据足以反驳的除外。书面同意证据，主要是由患者或者患者近亲属签字的医疗风险告知书等，在医疗风险告知书等文书的下方，有患者或者患者近亲属签名同意的意思表示。医疗机构提供了患者或者患者近亲属的书面同意证据，就完成了举证责任，就证明了医疗机构保障了患者以及患者近亲属的知情同意权；不过，即使在这种情形，如果患者有相反证

据，足以反驳医疗机构出具的书面同意证据的，则认定医疗机构没有尽到告知义务，应当承担侵权责任。例如，医疗机构出具的患者或者患者近亲属书面同意的证据系伪造，就有这种法律效果。

2.对推定医疗机构有过错事由的解释

《侵权责任法》第58条规定的是在医疗技术损害责任中推定医疗机构有过错的事由，共有三项：一是违反法律、行政法规、规章以及其他有关诊疗规范的规定，二是隐匿或者拒绝提供与纠纷有关的病历资料，三是伪造、篡改或者销毁病历资料。在这三种推定过错的情形中，第一种没有理解上的困难（下文还要提到这一条款）；只有第二种和第三种情形，即在提供病历资料的不作为即隐匿或拒绝提供，对病历资料违法的积极作为即伪造、篡改或者销毁病历资料中，包括"病历资料"的概念。对病历资料应当怎样解释，存在争论，即病历资料究竟是指主观的病历资料还是客观的病历资料。

《司法解释》第6条规定："侵权责任法第五十八条规定的病历资料包括医疗机构保管的门诊病历、住院志、体温单、医嘱单、检验报告、医学影像检查资料、特殊检查（治疗）同意书、手术同意书、手术及麻醉记录、病理资料、护理记录、医疗费用、出院记录以及国务院卫生行政主管部门规定的其他病历资料。"这里解释的病历资料，既包括客观的病历资料，也包括主观的病历资料。在司法实践中，凡是列入本条第2款的病历资料，都是《侵权责任法》第58条第2项规定的病历资料；除此之外，国务院卫生行政主管部门规定的其他病历资料，也在其中。凡是对上述病历资料，医疗机构采取消极的不提供行为，或者是违法的积极作为行为，隐匿或者拒绝提供，伪造、篡改或者销毁的，都应当推定医疗机构有过失。

在司法实践中，对于病历资料存在谁享有所有权的争论。有的认为病历资料的所有权为医院，有的认为是患者享有病历资料的所有权。其实，这种争论是没有意义的。病历资料作为一种物，属于动产，当然谁占有谁就享有所有权，医疗机构占有病历资料，当然是其所有权人。从《侵权责任法》的角度研究病历资料，是因为其为书证，且又是由医疗机构保管的，那么，患者对于自己的病历资

料就享有必要的权利，这就是《侵权责任法》第 61 条第 2 款规定的患者要求查阅、复制前款规定的病历资料的，医疗机构应当提供。《司法解释》第 6 条第 2 款规定："患者依法向人民法院申请医疗机构提交由其保管的与纠纷有关的病历资料等，医疗机构未在人民法院指定期限内提交的，人民法院可以依照侵权责任法第五十八条第二项规定推定医疗机构有过错，但是因不可抗力等客观原因无法提交的除外。"这一规定意味着，患者向法院申请医疗机构提交病历资料，是行使自己的权利。在人民法院指定期限后，医疗机构应当在期限内提交；如果医疗机构未在法院指定期限内提交，就视为拒绝提交病历资料，则推定医疗机构有过错，如果医疗机构能够证明自己具有不可抗力等客观原因的，不作这样的过错推定，仍然采用鉴定的方法确定医疗机构是否有过错。

3. 医疗产品损害责任纠纷案件的证据规则

《侵权责任法》第 59 条规定的医疗产品损害责任，是无过错责任，在其责任构成中无须具备过错要件。这完全是产品责任规则在医疗领域中的适用。《司法解释》第 7 条规定的是医疗产品损害责任纠纷案件的证据规则，主要包括以下三项内容。

第一，患者依据《侵权责任法》第 59 条规定，依照医疗产品损害责任请求赔偿的，应当完成的举证责任：一是应当提交医疗机构在医疗活动中使用了医疗产品或者输入了血液的证据，对此，司法解释省略了医疗机构"在医疗活动中"的条件，这一点必须强调，因为如果不是医疗机构在医疗活动中使用医疗产品或者输入血液，就不存在医疗产品损害责任的问题，而是一般的产品责任。二是受到损害的证据，患者受到的损害应当是人身损害。患者主张医疗产品损害责任，对上述两个要件负有举证责任，不能举证或者举证不足，要承担败诉的后果。

第二，对于医疗机构在医疗活动中使用医疗产品或者为患者输入血液与患者受有人身损害之间具有因果关系的要件，如果患者能够提供证据证明，当然更好；但是，这个举证并不是强制的责任，因为在很多情况下，患者对此无法举证。因而司法解释规定，患者无法提交使用医疗产品或者输入血液与损害之间具有因果关系的证据，依法申请鉴定的，人民法院应予准许。这个规定意味着，在医疗产品损害责任纠纷案件中，因果关系的举证责任并非必须由患者承担，患者不能证明因果关系要件，也并不就面临着败诉后果，可以向法院申请因果关系的鉴定。对于患者提出的医疗产品损害责任因果关系鉴定的申请，法院必须准许，不得拒绝，因为法院如果拒绝患者提出的医疗产品损害责任因果关系要件的鉴定，将无法认定是否构成侵权责任。

第三，确认医疗产品损害责任除了上述三个要件以外，最重要的要件是缺陷。在输血造成患者损害的则是血液不合格，因而血液不合格在输血感染的准医疗产品损害责任中，相当于缺陷的地位。在上述三个要件具备的情况下，医疗机构，医疗产品的生产者、销售者或者血液提供机构主张不承担责任抗辩的，其承担的举证责任的证明目标是医疗产品不存在缺陷或者血液合格。这一举证责任规则，是司法解释对产品责任的缺陷要件在究竟由谁承担举证责任这一问题上，第一次作出的明确规定。有关产品责任缺陷的规定，《侵权责任法》第 41 条和第 42 条以及《产品质量法》都有相关规定，但都没有规定缺陷要件由哪一方当事人承担举证责任，司法解释也从来没有对此作出过明确规定。《司法解释》第 7 条第 3 款明确规定，医疗机构以及医疗产品的生产者、销售者或者血液提供机构，如果主张自己不承担责任，就应当对医疗产品不存在缺陷或者血液合格的抗辩事由负有举证证明责任。这样，就把产品责任的缺陷要件的证明责任，分配给了产品生产者、销售者以及医疗机构和血液提供机构。这样的规定，不仅对于医疗产品损害责任的举证责任分配具有重要意义，而且对于《侵权责任法》第五章规定的产品责任的举证责任分配也具有重要意义。当然，这一款规定中也有一个“等”字，这里包括的也是意外或者不可抗力等情形，如果能够证明成立，当然也应当作为免责事由。

三、医疗损害责任纠纷案件的鉴定意见与专家辅助证人

在医疗损害责任纠纷案件的证明中，最重要的证据就是鉴定意见。在《侵权责任法》的立法过程中没有能够解决这个问题。其中一个不规定的理由，是证明

责任为程序法规定的规则，实体法不必规定。但其真实的问题，是规定医疗损害责任鉴定是非常困难的，主要是谁有鉴定意见的鉴定资格，究竟是医学会的医疗鉴定专家，还是司法鉴定机构的法医，有资格出具医疗损害责任鉴定意见，不好确定。

面对医疗损害责任纠纷案件的鉴定难题，《司法解释》作出了 7 条规定，包括谁有权主张申请鉴定，鉴定人如何进行选择，鉴定材料由谁提供，委托鉴定书和鉴定内容，因果关系鉴定的要求，对当事人自行委托和共同委托的鉴定意见的采信，以及专家辅助证人，内容十分丰富，基本上解决了上述问题。

（一）医疗损害责任鉴定的申请人和鉴定人

在司法实践中，究竟谁在医疗损害责任纠纷案件中有权申请医疗损害责任鉴定，也不是一个特别明确的问题，因为这涉及举证责任由谁承担，一般认为谁负举证责任，就应当由谁申请鉴定。对此，《司法解释》采取模糊的处理方法，即在第 8 条规定：当事人依法申请对医疗损害责任纠纷中的专门性问题进行鉴定的，人民法院应予准许。这里的当事人，既包括原告即受害患者，也包括被告即医疗机构（其中也包括医疗产品损害责任中的医疗产品的生产者、销售者以及血液提供机构）。换言之，凡是医疗损害责任纠纷案件的当事人，都有权主张进行医疗损害责任鉴定。对此，受理案件的人民法院应当准许，并组织进行医疗损害责任鉴定。如果案件的当事人未申请鉴定，人民法院对前款规定的专门性问题认为需要进行鉴定的，应当依职权委托鉴定。

确定进行医疗损害责任鉴定后，如何选择鉴定人，也是一个历史遗留问题。《司法解释》第 9 条对此规定了明确的方法。

第一，当事人申请医疗损害鉴定的，由双方当事人协商确定鉴定人。这是选择鉴定人的民主方法，尊重双方当事人的一致意见。如果双方当事人协商确定了鉴定人，就按照双方确定的鉴定人进行医疗损害责任鉴定，使双方对鉴定人的选择方法都满意。

第二，如果当事人就选择鉴定人无法达成一致意见，不能用民主协商的方法确定鉴定人，人民法院应当提出确定鉴定人的方法，当事人对法院提出确定鉴定

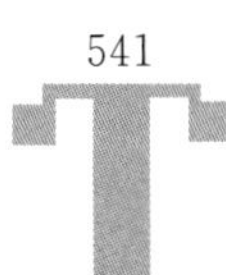

人的方法同意的，按照该方法确定鉴定人，也是民主的方法，也尊重了当事人的意见。但是，如果当事人不同意，那就由人民法院指定鉴定人。

第三，无论是民主选择鉴定人，还是人民法院指定鉴定人，鉴定人从哪里产生，仍然还是一个问题。在实践中争执的问题，就是谁有医疗损害责任的鉴定资格。司法解释回避了这个问题，确定的方法是，“应当从具备相应鉴定能力、符合鉴定要求的专家中确定”。这样的做法就能够保证做到，只要具备相应的鉴定能力，符合鉴定要求的专家，不管是在医学会的医疗鉴定专家库中，还是在司法鉴定机构的医疗鉴定专家（例如法医）内，都可以确定为医疗损害责任纠纷案件的鉴定人。

这样的做法有一个特别重要的价值，就是否定了医学会医疗事故鉴定的五人专家鉴定组集体鉴定的做法。在医疗损害责任鉴定中，以及在所有的司法鉴定中，鉴定人都是自己对法律负责，对案件事实负责，而不是集体负责。事实证明，集体负责就是谁也不负责的制度，因为没有办法找到具体的责任人，也无法追究有过失的鉴定人的责任。在本条司法解释中，确定对医疗损害责任纠纷案件的鉴定，是鉴定人的鉴定，而不是鉴定组鉴定。这一点非常重要。

（二）对医疗损害责任鉴定有关材料和程序的要求

1.鉴定材料的提交和质证

委托医疗损害责任鉴定，必须有鉴定材料，例如有关病历资料，等等。《司法解释》第10条规定，对于鉴定材料，当事人负有提交的责任，人民法院负有组织当事人对鉴定材料进行质证的职责。

首先，确定当事人申请医疗损害责任鉴定，委托医疗损害责任鉴定的，当事人负有提交鉴定材料的责任。当事人应当按照要求，提交真实、完整、充分的鉴定材料。如果提交的鉴定材料不符合要求，人民法院应当通知当事人更换或者补充相应材料。

其次，在委托鉴定人进行鉴定之前，人民法院应当组织当事人对鉴定材料进行质证，由提供鉴定材料的一方将鉴定资料出示给对方当事人，对方当事人应当提出对鉴定材料的证明效力的意见。经过质证以后，对于取得一致意见的鉴定材

料，提交给鉴定人进行鉴定。对于没有取得一致意见的鉴定材料，司法解释没有规定具体办法，由人民法院确定哪些鉴定材料应当提交给鉴定人。

2. 委托鉴定书、鉴定事项和鉴定要求

（1）委托鉴定书

委托进行医疗损害责任鉴定，先要有委托鉴定书。《司法解释》第 11 条对此作出了规定。委托鉴定书的必要内容是：有明确的鉴定事项，有明确的鉴定要求。

委托鉴定书的作用是，为鉴定人提出鉴定的事项及鉴定要求。鉴定人接受委托之后，应当按照委托鉴定书的要求，完成委托鉴定的事项，按照鉴定要求进行鉴定。

（2）鉴定事项

《司法解释》第 11 条第 2 款规定的是鉴定事项，包括如下内容。

一是实施诊疗行为有无过错。医疗损害责任中的过错原则上只有过失，没有故意，因而实施诊疗行为有无过错的鉴定事项，是鉴定医疗机构及其医务人员在诊疗活动中是否存在过失，即不注意的心理状态。如果医疗机构及其医务人员在诊疗活动中有故意，那将转化为故意犯罪的刑事问题，绝不仅仅是医疗损害赔偿问题。同时，如果能够按照《侵权责任法》第 58 条的规定推定过失的，就不必进行这种鉴定，直接以推定过失确认医疗机构的责任。

二是诊疗行为与损害后果之间是否存在因果关系，以及医疗机构对患者造成损害的原因力大小。医疗损害责任的因果关系要件，在医疗损害责任构成中具有极重要的作用，因为因果关系要件既涉及医疗损害责任的构成，又涉及医疗损害责任数额的大小。在一般情况下，医疗损害责任纠纷案件都可以进行这种鉴定，因为没有专业的素养，无法作出因果关系有无和大小的判断。在原因力的判断上，医疗机构以及医疗损害责任鉴定通常叫作“医疗损害参与度”鉴定。所谓的参与度，就是原因力，是原因力的大小。这是医疗损害责任鉴定的必要事项。

三是医疗机构是否尽到了说明义务、取得患者或者患者近亲属书面同意的义务。这一鉴定事项，是针对《侵权责任法》第 55 条规定的医疗伦理损害责任。

四是医疗产品是否有缺陷、该缺陷与损害后果之间是否存在因果关系，以及原因力的大小。这一鉴定事项是针对《侵权责任法》第59条的规定，鉴定的是医疗产品是否有缺陷，以及该缺陷与损害后果之间的因果关系。这里应当补充的是，造成输血感染的血液是否合格，也是准医疗产品损害责任的鉴定事项。

五是患者损伤残疾程度。这一鉴定事项，并非为医疗损害责任鉴定所专有，在所有的人身损害赔偿案件中都会存在这样的鉴定，对医疗损害责任中的患者损伤残疾程度的鉴定在司法鉴定中并无特殊性。

六是患者的护理期、休息期、营养期。这一鉴定事项，也是人身损害赔偿案件的一般鉴定事项，也没有特殊性。

七是其他专门性问题。这是一个弹性条款，在医疗损害责任纠纷案件中，存在其他的专门性问题需要进行鉴定的，也是委托鉴定事项。

(3) 鉴定要求

鉴定要求，是当事人以及人民法院委托进行医疗损害责任鉴定想要达到的鉴定目的，包括鉴定人的资质、鉴定人的组成、鉴定程序、鉴定意见、鉴定期限等。这些鉴定要求都应当在委托鉴定书中一一写明。其中鉴定人的资质和鉴定人的组成以及鉴定意见最为重要。对于鉴定人的资质，关系到鉴定人的专业与所鉴定事项的对应性，应当特别说明。鉴定人的组成，即由一个还是几个鉴定人进行鉴定，应当根据专业鉴定的具体要求确定，并提出具体要求。

(三) 因果关系的原因力鉴定

因果关系要件在医疗损害责任纠纷案件中，既包括因果关系的有无，也包括因果关系的大小即原因力的鉴定，后者决定责任人承担损害赔偿责任的大小。《司法解释》第12条是专门对因果关系中的原因力鉴定作出的规定。

通常做法是，对侵权行为的原因力大小采用百分比的方法进行，即过失医疗行为或者缺陷医疗产品、不合格血液，对于造成患者人身损害的原因力为百分之多少。本条规定的内容是："鉴定意见可以按照导致患者损害的全部原因、主要原因、同等原因、次要原因、轻微原因或者与患者损害无因果关系，表述诊疗行为或者医疗产品等造成患者损害的原因力大小。"在通常情况下，原因力大小是

采用全部原因、主要原因、同等原因、次要原因和无原因力的说法来表述。《司法解释》增加了一个“轻微原因”的层次，这是一个新的提法，将医疗机构承担责任的原因力，在次要原因和无原因力之间，又增加了一个新的档次。这样的要求包括两个要素，一是作为原因的过失医疗行为的等级，二是对损害发生的原因力大小，两者的对应关系是：

全部原因＝100％；

主要原因＝75％左右；

同等原因＝50％；

次要原因＝30％左右；

轻微原因＝10％左右；

无原因＝无责任。

鉴定人对医疗损害责任原因力的鉴定意见，应当符合上述要求。在司法实践中，有的鉴定人能够鉴定出精确的原因力比例，例如17％，也不是不可以，但是应当有确切的依据。

（四）对鉴定意见的质证

《司法解释》第13条对鉴定意见质证规定的规则如下。

第一，鉴定意见应当经当事人质证。这是基本原则。鉴定意见没有经过质证的，不应采信；如果采信没有经过质证的鉴定意见，应当属于采信证据错误，构成事实不清、证据不足。

第二，鉴定人出庭质证，途径有两个。一是当事人申请鉴定人出庭作证，经人民法院审查同意。这样的要求过于严格，应当是，凡是当事人申请鉴定人出庭作证的，法院都应当准许。二是人民法院认为鉴定人有必要出庭的，即使当事人没有申请，也应当通知鉴定人出庭作证。如果双方当事人同意鉴定人通过书面说明、视听传输技术或者视听资料等方式作证的，可以准许。这是变通的鉴定人的质证程序。在今天的网络时代，鉴定人通过视听传输技术方式出庭的，并非困难的事情，可以达到质证的目的和效果。但如果是以书面说明和视听资料等方式，则有可能达不到质证的效果，须有双方当事人同意方可。

第三，鉴定人因健康原因、自然灾害等不可抗力或者其他正当理由不能按期出庭的，可以选择两种方法处理：一是延期开庭，等待上述原因消灭后再开庭；二是经人民法院许可，也可以通过书面说明、视听传输技术或者视听资料等方式作证。

第四，无鉴定人的健康原因、自然灾害等不可抗力或者其他正当理由，鉴定人拒绝出庭作证，当事人对鉴定意见又不认可的，对该鉴定意见不予采信，不能作为认定事实的根据。

（五）专家辅助证人

《民事诉讼法》第79条规定："当事人可以申请人民法院通知有专门知识的人出庭，就鉴定人作出的鉴定意见或者专业问题提出意见。"这种有专门知识的人，通常称为专家辅助证人。医疗损害责任纠纷案件是专业性特别强的案件，也需要专家辅助证人参加诉讼。《司法解释》第14条规定："当事人申请通知一至二名具有医学专门知识的人出庭，对鉴定意见或者案件的其他专门性事实问题提出意见，人民法院准许的，应当通知具有医学专门知识的人出庭。""前款规定的具有医学专门知识的人提出的意见，视为当事人的陈述，经质证可以作为认定案件事实的根据。"这是对《民事诉讼法》关于专家辅助证人规定在医疗损害责任纠纷案件中的落实。其要点是：第一，在医疗损害责任纠纷案件中，当事人可以申请通知专家辅助证人出庭作证；第二，申请通知专家辅助证人的人数，是一至二人；第三，专家辅助证人是否出庭作证，应当经过人民法院准许，经过准许的，具有医学专门知识的专家辅助证人应当出庭作证；第四，具有医学专门知识的专家辅助证人出庭提出的意见，性质视为当事人陈述；第五，专家辅助证人出庭所作的陈述，经过质证，可以作为认定案件事实的根据。

（六）对当事人单独或者共同委托的医疗损害鉴定意见的采信

《司法解释》第15条规定的是对医疗损害鉴定意见的采信程序，包括当事人单独委托或共同委托的医疗损害鉴定意见。

对于当事人自行委托鉴定人作出的医疗损害鉴定意见，可以提供给法庭。法庭应当将该方当事人自行委托鉴定人作出的医疗损害鉴定意见，出示给对方当事

人审阅，如果对方当事人对该医疗损害鉴定意见认可的，法庭可予采信。反之，则不予采信。

对于当事人共同委托鉴定人作出的医疗损害鉴定意见，原则上各方当事人应当对该医疗损害鉴定意见予以认可。如果一方当事人对医疗损害鉴定意见不认可的，应当提出明确的异议内容和理由。法庭应当对当事人共同委托鉴定人作出的医疗损害鉴定意见的不认可一方当事人的异议内容和理由进行审查。如果有证据足以证明该异议成立的，法庭对该鉴定意见不予采信；如果异议不成立的，则法庭对该医疗损害鉴定意见应予采信。

四、医疗损害责任纠纷案件的侵权责任认定

《司法解释》从第16条开始到第22条，是对医疗损害责任纠纷案件的责任认定作出的具体解释，这一部分的内容比较丰富，是纯粹的医疗损害责任的实体法内容。

（一）对医疗机构及其医务人员过失的认定因素

《司法解释》第16条规定的是认定医疗技术过失的因素，即“对医疗机构及其医务人员的过错，应当依据法律、行政法规、规章以及其他有关诊疗规范进行认定，可以综合考虑患者病情的紧急程度、患者个体差异、当地的医疗水平、医疗机构与医务人员资质等因素”。这一规定的内容比较丰富，都非常重要。

1.认定医疗机构及其医务人员过失的客观标准

认定医疗机构及其医务人员过失的基本要求，是依据法律、行政法规、规章以及其他有关诊疗规范的规定，凡是违反上述规范的，就构成医疗技术过失。要特别说明一点，即《侵权责任法》第18条第1项规定，将“违反法律、行政法规、规章以及其他有关诊疗规范的规定”作为医疗技术过失的推定事由，是不正确的，因为这是确定医疗技术过失的基本判断方法，而不是过错推定的事由。在确定医疗技术过失时，并非一定要找出医疗机构及其医务人员在主观上存在不注意的心理状态，而是证明其在诊疗行为中采取的医疗行为，违反了法律、行政法

规、规章以及其他有关诊疗规范的规定。这是认定医疗技术过失的客观标准。司法解释的这一规定，恢复了认定医疗技术过失标准的本来面目，是特别重要的规定。

2.认定医疗技术过失的适当考虑因素

在适用上述认定医疗技术过失的客观标准的基础上，还要综合考虑患者病情的紧急程度、患者个体差异、当地的医疗水平、医疗机构与医务人员资质等因素。对此，在《侵权责任法》立法中也有一定的问题。《侵权责任法（草案）》第二次审议稿第57条规定得十分明确，即“医务人员在诊疗活动中应当尽到与当时的医疗水平相应的注意义务。医务人员未尽到该项义务，造成患者损害的，应当承担赔偿责任”。“判断医务人员注意义务时，应当适当考虑地区、医疗机构资质、医务人员资质等因素。”[①] 由于在立法审查中有反对意见，因而将后款的规定删除。本条司法解释采取实事求是的客观态度，恢复了这些认定医疗技术过失的适当考虑因素，特别值得赞赏。

（1）患者病情的紧急程度。这是认定医疗技术过失的适当考虑因素之一，因为在患者病情紧急的情况下，医务人员在抢救中，可能会舍弃一些次要的问题，而集中精力解决基本的、主要的问题。在抢救生命的危急情况下，出现一些没有考虑到或者不得不舍弃的问题，是可以理解的。例如在非典期间，知道使用某种抢救方法和药物会引起一些副作用，但是为了抢救生命而不得不放任这些不利后果，对此不能认为有过失，即使有一般过失，也不会认定为过失。这是利益衡量的结果。

（2）患者个体差异。患者的个体差异经常是非常大的，因患者的个体差异而出现无法预料的后果，在认定医疗技术过失时也有重要的作用。

（3）当地的医疗水平。各地的医疗机构的医疗水平肯定是参差不齐的，在边远山区缺医少药的情况下，其医疗水平显然不能与北京、上海等大城市的相比。因此，当地的医疗水平是高还是低，对于认定医疗技术过失也起到重要作用。

（4）医疗机构与医务人员资质。不仅地区与地区的医疗水平不同，即使在同

① 王胜明主编：《中华人民共和国侵权责任法释义》，法律出版社2013年第2版，第534页。

一地区，不同的医疗机构和医务人员的医疗水平也是不一样的。有些情形，在三甲医院可以认定为医务人员存在医疗技术过失，但是在乡镇卫生院的临床医生中，却可能不一定会认定为医疗技术过失，因为他没有这样的医疗水平。

在综合考虑认定技术过失的客观标准和上述诸要素的基础上，法庭综合认定医疗机构及其医务人员是否存在医疗技术过失。有人在网上提出，上述适当考虑因素，是在《侵权责任法》立法中被否定的规则，现在司法解释又把它翻出来，作为认定医疗技术过失的新规则，有违立法精神。我不这样认为，因为当时立法删除上述规定是基于某种压力，这样的规则是没有错误的，最高人民法院作出这样的解释也没有错误，而是为了解决审判工作需要，维护医患关系的利益平衡。

（二）关于知情同意权的问题

1. 医务人员单纯违反告知义务不宜认定构成侵权损害赔偿责任

《司法解释》第 17 条规定的是，医务人员违反《侵权责任法》第 55 条第 1 款规定，不应认定为侵权责任。条文的内容是："医务人员违反侵权责任法第五十五条第一款规定义务，但未造成患者人身损害，患者请求医疗机构承担损害赔偿责任的，不予支持。"对这一规定，存在应当怎样理解的问题。

如果说，这里规定的仅仅是针对《侵权责任法》第 55 条第 1 款规定的医疗机构告知义务及患者知情同意权，而不是针对该条文的第 2 款，这样规定是正确的。但问题是，《侵权责任法》第 55 条第 1 款根本就没有规定侵权责任，规定违反告知义务的医疗伦理损害责任是在该条第 2 款。同样，第 1 款也没有规定损害的要件，只有第 2 款才规定有"损害"的要件。接下来的问题是，这里讲的损害，只有在第 55 条第 2 款才有，那么，将这个"损害"解释为只包括人身损害，是正确的吗?

《侵权责任法》第 55 条第 2 款的损害，既包括造成患者的人身损害，也包括造成患者知情同意权的损害。如果认为违反告知义务必须造成人身损害才构成这种侵权责任的话，这样理解就是不正确的，因为侵害了患者的知情同意权也构成医疗伦理损害责任。因此，建议对《司法解释》第 17 条的理解，解释为仅适用于《侵权责任法》第 55 条第 1 款，而不适用于第 2 款。对这一点，在法律适用中必须特别注意。

2.抢救生命垂危患者紧急情况及应当承担的责任

《司法解释》第18条是对《侵权责任法》第56条关于抢救生命垂危患者紧急情况规定的解释。具体内容是：

(1)认定因抢救生命垂危的患者等紧急情况下医疗机构及其医务人员的义务，首先是应当取得患者的意见，只要被抢救的患者还有表达意志的能力，就应当取得患者的意见。在医疗领域的知情同意，是患者的权利，而不是患者近亲属的权利。因而，患者本人的意思表示的效力，高于患者近亲属的意思表示。在最近几年发生的类似案件中，都过于强调患者近亲属的意见，而不听取患者自己的意见，是不正确的。尽管在本条司法解释中没有作出这样明确的说明，但是从“因抢救生命垂危的患者等紧急情况下，且不能取得患者意见时”，才要取得患者近亲属的意见的表述中，可以推出这样的结论。

(2)如果不能取得患者的意见时，应当取得患者近亲属的意见。如果也不能取得患者近亲属的意见的，医务人员经过医疗机构负责人或者授权的负责人批准，可以立即实施相应的医疗措施。这是抢救生命的必要措施。

(3)究竟对何种情形能够认定为“不能取得患者近亲属意见”，《司法解释》第18条认为，下列情形可以认定为《侵权责任法》第56条规定的不能取得患者近亲属意见：“(一)近亲属不明的；(二)不能及时联系到近亲属的；(三)近亲属拒绝发表意见的；(四)近亲属达不成一致意见的；(五)法律、法规规定的其他情形。”存在这五种情形之一，就可以认定为不能取得患者近亲属的意见。

(4)由于医疗机构既不能取得患者的意见，也不能取得患者近亲属的意见，医务人员经医疗机构负责人或者授权的负责人批准立即实施相应医疗措施，而患者因此请求医疗机构承担赔偿责任的，不存在侵权的问题，不构成侵权责任，而是医疗机构善尽紧急抢救义务，是应当的、也是必须的合法行为。对这种要医疗机构对紧急抢救生命垂危患者的行为承担侵权责任的请求，法院不予支持。

(5)医疗机构及其医务人员怠于实施相应医疗措施造成患者损害，即医疗机构及其医务人员违反紧急抢救义务，该违反抢救义务的行为与患者损害之间存在

因果关系，且有过失的，构成侵权责任。如果患者请求医疗机构承担赔偿责任，人民法院应予支持。

（三）两个以上医疗机构及医务人员的共同侵权或者分别侵权

1.两个以上医疗机构的共同侵权或分别侵权

《司法解释》第19条规定："两个以上医疗机构的诊疗行为造成患者同一损害，患者请求医疗机构承担赔偿责任的，应当区分不同情况，依照侵权责任法第八条、第十一条或者第十二条的规定，确定各医疗机构承担的赔偿责任。"这里说的是，对两个以上医疗机构的诊疗行为造成患者同一损害发生的医疗损害赔偿责任纠纷案件，应当区分不同情况，分别按照共同侵权行为（《侵权责任法》第8条）、叠加分别侵权行为（《侵权责任法》第11条）和典型分别侵权行为（《侵权责任法》第12条）的规定处理，承担连带责任或者按份责任。

两个以上的医疗机构的诊疗行为造成患者同一损害，符合《侵权责任法》第8条规定，构成共同侵权行为的，应当承担连带责任。这种两个以上的医疗机构的诊疗行为构成的共同侵权行为，主要是客观的共同侵权行为，即两个以上的医疗机构并没有主观的意思联络（共同故意），而是客观上的诊疗行为结合在一起，造成了患者的同一损害，具有共同的原因力，且损害后果是不可分割的医疗损害责任。其中，包括共同过失，也包括致害的诊疗行为的客观结合，都是不存在共同故意的共同侵权行为，即客观的关联共同。对此，应当依照《侵权责任法》第13条和第14条的规定，承担连带责任。

《侵权责任法》第11条规定的是叠加分别侵权行为。① 在医疗损害中，叠加分别侵权行为是两个以上的医疗机构分别实施诊疗行为，造成了患者的同一损害，每个医疗机构的诊疗行为都足以造成全部损害的，应当承担连带责任的医疗损害分别侵权行为。这种分别侵权行为的关键之处，是每一个医疗机构的诊疗行为都足以造成患者的全部损害，在原因力上，是"100％＋100％＝100％"的形式，因此才由造成患者同一损害的数个医疗机构承担连带责任。

《侵权责任法》第12条规定的是典型分别侵权行为，即通常所说的无过错联

① 杨立新、陶盈：《论分别侵权行为》，《晋阳学刊》2014年第1期。

系的共同致害行为。[①] 这种分别侵权行为也是侵权人分别实施加害行为，但是数个行为人的行为没有主观上和客观上的共同联系，仅仅是行为的后果是一个，因而每一个行为人仅对自己的行为所造成的损害部分，承担按份责任。其原因力的形式是"50%+50%=100%"。两个以上的医疗机构的诊疗行为造成患者同一损害，符合上述要求的，就是数个医疗机构的典型分别侵权行为，各个医疗机构按照自己诊疗行为的原因力，按份承担责任，相互不连带负责。

在《侵权责任法》第11条和第12条之间，其实还存在一种情形，就是半叠加分别侵权行为[②]，其表现形式是，有的行为人的行为是造成损害的全部原因，有的行为人的行为不是造成损害的全部原因，而是部分原因，尽管也是分别侵权行为，但却既不同于典型分别侵权行为，也不同于叠加分别侵权行为，因而是半叠加分别侵权行为。在医疗损害责任中也同样存在这种情形，即有的医疗机构的诊疗行为是造成患者损害的全部原因，有的只是部分原因，这就是医疗损害责任中的半叠加分别侵权行为。这种分别侵权行为的责任形态是部分连带责任，即对原因力重合的部分，由数个医疗机构承担连带责任；对原因力不重合的部分，由相关的医疗机构承担单独责任。[③] 这种责任形态类似于美国侵权法中的混合责任。[④] 对此，最高人民法院《关于审理环境侵权责任纠纷案件适用法律若干问题的解释》第3条第3款作出的规定，是非常精准的。[⑤] 这一规则，《司法解释》虽然没有规定，但是，在医疗损害责任中对此规则应当予以借鉴。

---

① 杨立新、陶盈：《论分别侵权行为》，《晋阳学刊》2014年第1期。

② 杨立新、陶盈：《论分别侵权行为》，《晋阳学刊》2014年第1期。

③ ［日］川井健「共同不法行為の成立範囲の限定——全部連帯か一部連帯か」『現代不法行為研究』日本評論社、1978（初出は1968年），228頁。

④ 《美国侵权法重述（第三次）·责任分担编》第11条规定："当依据适用的法律，某人对受害人的不可分损害承担单独责任时，该受害人仅可以获得该负单独责任者在该受害人应得赔偿额中的比较责任份额。"

⑤ 该司法解释的条文是："两个以上污染者分别实施污染行为造成同一损害，部分污染者的污染行为足以造成全部损害，部分污染者的污染行为只造成部分损害，被侵权人根据侵权责任法第十一条规定请求足以造成全部损害的污染者与其他污染者就共同造成的损害部分承担连带责任，并对全部损害承担责任的，人民法院应予支持。"对于这一司法解释的分析，请参见杨立新：《环境侵权司法解释对分别侵权行为规则的创造性发挥》，《法律适用》2015年第10期。

2.受邀医务人员的过错造成患者损害的责任承担

《司法解释》第20条规定："医疗机构邀请本单位以外的医务人员对患者进行诊疗，因受邀医务人员的过错造成患者损害的，由邀请医疗机构承担赔偿责任。"为什么这样规定，应当进行探讨。

这里规定的责任形态是替代责任。医疗机构邀请本单位之外的医务人员对患者进行诊疗，仍然是本单位进行的诊疗行为，而不是个人行为。这就是，受邀医务人员并非执行职务，而是受邀为非本单位工作，是为邀请医疗机构进行工作，因此，即使受邀医务人员有过失，也不能由本人承担责任，而要由邀请医疗机构承担责任。这就是替代责任。

替代责任的基础，一般情形是行为人的行为是责任人履行职责行为的组成部分。在医疗机构邀请本单位以外的医务人员对患者进行诊疗的情形，即外单位的医务人员受邀为邀请医疗机构接诊的患者进行诊疗。中国的医疗活动是以医疗机构为基础的，而非具体医务人员进行医疗活动，因而外单位的医务人员受邀为邀请医疗机构提供诊疗行为，就是邀请医疗机构的行为的组成部分。这符合替代责任的要求。

在邀请医疗机构为受邀医务人员的过失承担了赔偿责任之后，邀请医疗机构是否对有过失的受邀医务人员享有追偿权，《司法解释》没有规定。按照替代责任的一般规则，邀请医疗机构是有追偿权的，其要件，就是受邀医务人员在执行受邀诊疗行为中是否有过失。只要受邀医务人员有过失，邀请医疗机构就可以向其追偿。

3.在医疗产品损害责任中的不真正连带责任

如前所述，医疗产品损害责任就是在医疗领域中发生的产品责任，应当适用产品责任规则。对此，《司法解释》第21条作出了明确规定。

因医疗产品的缺陷或者输入不合格血液受到损害，患者请求医疗机构，缺陷医疗产品的生产者、销售者或者血液提供机构承担赔偿责任的，应予支持。受害患者究竟起诉医疗机构，缺陷医疗产品的生产者、销售者或者血液提供机构中的哪一个作为被告，是原告的权利，他有权选择，因此条文中用了"或者"这一

概念。

受害患者将医疗机构作为被告，并且医疗机构承担了赔偿责任（即不真正连带责任的中间责任）后，有权向缺陷医疗产品的生产者、销售者或者血液提供机构进行追偿（即承担不真正连带责任的最终责任）。对此，不论是对受害患者的选择，还是医疗机构承担了中间责任后，对最终责任人即缺陷医疗产品的生产者、销售者或者血液提供机构提出追偿请求的，人民法院都应予支持。

如果在医疗产品损害责任中，对于受害患者受到的损害是因医疗机构的过错使医疗产品存在缺陷或者血液不合格，而受害患者主张损害赔偿责任的被告是医疗产品的生产者、销售者或者血液提供机构承担赔偿责任的，在其承担了赔偿责任之后，有权向有过错的医疗机构提出追偿请求权。对于这样的医疗产品损害责任，受害患者一方提出主张生产者、销售者或者血液提供机构承担责任的，人民法院应予支持，因为它们还有追偿权的保障。

4.医疗产品损害责任中的共同侵权责任

《司法解释》第 22 条规定的是缺陷产品生产者、销售者与医疗机构承担连带责任的规则，其中第 1 款规定的是医疗机构与缺陷医疗产品生产者、销售者承担连带责任的条件，第 2 款是承担连带责任之后的追偿权，第 3 款是不合格血液提供者与有过失的医疗机构共同承担连带责任的规则。

之所以认定有过失的医疗机构与缺陷医疗产品的生产者、销售者承担连带责任，是因为它们之间的行为构成客观的共同侵权行为。原本的医疗产品损害责任是无过错责任，责任形态是不真正连带责任，如果医疗机构在使用缺陷医疗产品于患者并造成损害时，自己没有过失，即使受害患者请求医疗机构承担了赔偿责任，医疗机构也能够通过向缺陷产品的生产者、销售者进行追偿，转嫁责任。但是，如果医疗机构在对患者使用缺陷医疗产品时有过失，则三者之间的关系就发生了变化，由竞合侵权行为转化为共同侵权行为，由不真正连带责任转化为连带责任。因此，《司法解释》第 22 条第 1 款规定："缺陷医疗产品与医疗机构的过错诊疗行为共同造成患者同一损害，患者请求医疗机构与医疗产品的生产者或者销售者承担连带责任的，应予支持。"既然医疗机构与医疗产品的生产者、销售

者之间的关系已经转化为共同侵权行为，那么，患者请求医疗机构与医疗产品的生产者或者销售者承担连带责任，就是完全正当的，人民法院当然应予支持。

医疗机构或者医疗产品的生产者、销售者承担的既然是连带责任，那么，在各方之间就存在责任份额的问题。按照连带责任的规则，如果连带责任人承担的责任份额超出了自己应当承担的份额，他就对没有承担或者没有足额承担责任份额的连带责任人享有追偿权，可以进行追偿，通过追偿权的行使实现最终责任的分担。所以，该条第2款规定："医疗机构或者医疗产品的生产者、销售者承担赔偿责任后，向其他责任主体追偿的，应当根据诊疗行为与缺陷医疗产品造成患者损害的原因力大小确定相应的数额。"不论是医疗机构承担了中间责任，还是医疗产品的生产者、销售者承担了中间责任，对于超过自己应当承担的责任份额的部分，都有权向他方追偿。

至于责任份额的确定，则应当根据诊疗行为与缺陷医疗产品造成患者损害的原因力大小，确定应当承担的相应数额。这样的规则，完全符合《侵权责任法》第13条和第14条的规定，也符合《民法总则》第178条关于连带责任的规定。

输入不合格血液与医疗机构的过错诊疗行为共同造成患者同一损害的，也构成共同侵权行为，也应当承担连带责任，因此，"参照适用前两款规定"确定承担连带责任。

五、医疗损害责任纠纷案件的损害赔偿责任确定

（一）缺陷医疗产品的生产者、销售者的惩罚性赔偿责任

对于产品责任，《侵权责任法》第47条规定了恶意生产、销售产品致人人身严重损害的惩罚性赔偿责任。顺理成章，医疗产品也是产品，当恶意生产者、销售者明知医疗产品存在缺陷仍然生产、销售，造成他人死亡或者健康严重损害的，当然也应当适用该条规定的惩罚性赔偿责任。故《司法解释》第23条规定："医疗产品的生产者、销售者明知医疗产品存在缺陷仍然生产、销售，造成患者死亡或者健康严重损害，被侵权人请求生产者、销售者赔偿损失及二倍以下惩罚

性赔偿的，人民法院应予支持。”

《侵权责任法》第 47 条规定惩罚性赔偿责任时，没有规定惩罚性赔偿的计算方法，后来在修订《消费者权益保护法》时，在该法第 55 条第 2 款规定了恶意产品侵权的惩罚性赔偿的方法，即在赔偿了实际损失之后，再赔偿实际损失的 2 倍以下作为惩罚性赔偿。本条司法解释规定的惩罚性赔偿计算方法，就是依照《消费者权益保护法》第 55 条第 2 款规定确定的。

掌握惩罚性赔偿的计算方法，要注意以下问题。第一，惩罚性赔偿适用的条件是明知医疗产品有缺陷仍然生产、销售，且造成了受害患者死亡或者健康严重损害。第二，惩罚性赔偿的承担，是在承担了实际损失的赔偿之后，即实际损失赔偿和惩罚性赔偿并行。第三，惩罚性赔偿的数额是在实际损失的 2 倍以下，可以是 2 倍，也可以是不足 2 倍，由法官斟酌具体案情确定具体赔偿数额。第四，上述实际损失是否包括精神损害赔偿呢？按照以往的经验是包括的，其依据是《消费者权益保护法》第 55 条第 2 款的规定。

（二）案件涉及不同地区的残疾赔偿金、死亡赔偿金的计算方法

在一个侵权责任纠纷案件中，应当承担责任的当事人不在本地，而是在外地，且不同地区的赔偿标准不同的，究竟应当怎样确定赔偿数额，是司法实践中的一个问题，需要解决。在医疗损害责任纠纷案件中，也同样存在这样的问题。例如，被侵权人即受害患者同时起诉两个以上医疗机构承担赔偿责任，人民法院经审理，受诉法院所在地的医疗机构依法不承担赔偿责任，而是由其他医疗机构承担赔偿责任的，如果其他医疗机构所在地的残疾赔偿金、死亡赔偿金的计算标准不同，就会发生这个问题。

确定的原则是，残疾赔偿金、死亡赔偿金的计算，按下列情形分别处理：一是，一个医疗机构承担责任的，按照该医疗机构所在地的赔偿标准执行；二是，两个以上医疗机构均承担责任的，可以按照其中赔偿标准较高的医疗机构所在地标准执行。

有人对这两个规则提出异议，认为这里没有考虑受害患者住所地的标准，是值得斟酌的。例如，北京的患者在山西受到伤害住进山西和北京的医疗机构治

疗，审理确定北京的医疗机构无责，山西的医疗机构应当承担责任，那么，适用山西的赔偿标准确定赔偿金，患者得到的就是较低的赔偿金。同样，即使由两个医疗机构承担责任，按照“就高不就低”的规则而采用较高的医疗机构的地区标准确定赔偿金，也不如受害患者住所地的赔偿标准高的，因而完全依照受诉法院的标准对保护患者的合法权益不利。对此，考虑根据受害患者的住所地较高的赔偿标准计算残疾赔偿金、死亡赔偿金是有道理的。当出现这样的情形时，法官可以考虑这种计算方法确定残疾赔偿金和死亡赔偿金。

（三）死者近亲属等请求赔偿适用《司法解释》及对医疗产品概念的界定

《司法解释》第25条第1款是对在医疗损害责任中适用《侵权责任法》第18条规定的解释，即“患者死亡后，其近亲属请求医疗损害赔偿的，适用本解释；支付患者医疗费、丧葬费等合理费用的人请求赔偿该费用的，适用本解释”。在医疗损害责任纠纷案件中，对于《侵权责任法》第18条第1、2款关于被侵权人死亡的，其近亲属有权请求侵权人承担侵权责任，以及支付被侵权人医疗费、丧葬费等合理费用的人有权请求侵权人赔偿费用的规定，应当予以适用。在医疗损害责任纠纷案件中，应当依照这一规定，确定死者近亲属和支付患者医疗费、丧葬费的人，享有侵权损害赔偿请求权，有权请求侵权人承担赔偿责任。受害死亡的患者的近亲属，其侵权损害赔偿请求权来自于其近亲属死亡，造成了财产利益和精神痛苦的损害，产生侵权损害赔偿请求权。支付被侵权人医疗费、丧葬费等合理费用的人，因此受有财产利益损失的，是基于被侵权的患者的死亡自己支出了财产而产生损害赔偿请求权。《司法解释》第25条第1款就是在医疗损害责任纠纷案件中具体适用《侵权责任法》第18条的具体解释，并没有其他超出该条规定的内容。

《司法解释》第25条第2款是对医疗产品概念的解释。《侵权责任法》第59条只规定了药品、消毒药剂和医疗器械，没有使用医疗产品的概念。在理论上，就把这里规定的药品、消毒药剂和医疗器械统称为医疗产品。在以往的司法解释中，没有使用过医疗产品的概念，而《司法解释》多次使用医疗产品的概念。为了使《司法解释》使用的医疗产品的概念与《侵权责任法》第59条规定的药品、消毒药剂和医疗器械概念建立起一致性联系，因此作出解释，即“本解释所称的‘医疗产品’包括药品、消毒药剂、医疗器械等”。应当注意的是，《侵权责任法》第59条只规定了药品、消毒药剂和医疗器械，没有包括“等”字。本条第2款增加了一个“等”字，包含的内容，一是还可能包含其他医疗产品，二是包含准医疗产品，即血液。

六、《司法解释》的溯及力

《司法解释》第26条是对其适用效力的规定。第一，最高人民法院以前发布的司法解释与本解释不一致的，以本解释为准。在以往的司法实践中，最高人民法院曾经作出过较多的有关医疗损害责任的司法解释，尽管在《侵权责任法》施行之后并没有多少，但是之前还是有很多解释的。因此，《司法解释》的规定是具有最高效力的“新法”，以前的司法解释凡是与本解释规定不一致的，一律以本解释规定为准。

第二，关于《司法解释》的溯及力问题，也是适用效力问题。《司法解释》第26条第2款规定，在审判实践中，适用《司法解释》的溯及力规则如下。一是，在本解释施行后尚未终审的案件，适用本解释。只要已经受理，在2017年12月14日之前没有终审终结的医疗损害责任纠纷案件，《司法解释》就具有溯及力，应当援引《司法解释》的规定作出终审判决。二是，在本解释施行前已经终审，当事人申请再审或者按照审判监督程序决定再审的案件，不适用本解释。因为案件已经终审结束，案件的判决已经发生了法律效力，就应当维护终审判决的严肃性。因此，医疗损害责任纠纷案件即使在终审结束之后又提起了再审程序，并且在再审判决中决定改判，也不能依照《司法解释》的规定进行改判，仍然应当依照《司法解释》之前的有关规定适用法律。

参考文献

一、中文著作

毕玉谦.民事证据法及其程序功能.北京：法律出版社，1997

毕玉谦.证据法要义.北京：法律出版社，2003

曹建明，陈治东主编.国际经济法专论.北京：法律出版社，2000

曹竞辉.国家赔偿立法与案例研究.台北：三民书局，1988

曹艳春.雇主替代责任研究.北京：法律出版社，2008

曾隆兴.现代损害赔偿法论.台北：泽华印刷公司，1988

曾世雄.损害赔偿法原理.台北：三民书局，1986

曾世雄.损害赔偿法原理.北京：中国政法大学出版社，2001

曾淑瑜.医疗过失与因果关系.台北：翰芦图书出版有限公司，2007

曾祥华主编.食品安全法导论.北京：法律出版社，2013

陈聪富.美国医疗过失举证责任之研究//朱柏松等.医疗过失举证责任之比较.台北：元照出版公司，2008

陈聪富.因果关系与损害赔偿.北京：北京大学出版社，2006

陈华彬.现代建筑物区分所有权制度研究.北京：法律出版社，1995

陈盛清主编.外国法制史.北京：北京大学出版社，1982

陈卫佐译注.德国民法典.2版.北京：法律出版社，2006

陈现杰主编.中华人民共和国侵权责任法条文精义与案例解析.北京：中国法制出版社，2010

陈志华.医疗损害责任深度释解与实务指南.北京：法律出版社，2010

陈忠五.法国法上医疗过错的举证责任//朱柏松等.医疗过失举证责任责任之比较.台北：元照出版公司，2008

程合红.商事人格权论——人格权的经济利益内涵及其实现与保护.北京：中国人民大学出版社，2002

程树德.九朝律考.北京：中华书局，2006

程啸.侵权责任法.北京：法律出版社，2011

《辞海》编辑委员会编.辞海（缩印本).上海：上海辞书出版社，1980

崔建远.合同法.北京：北京大学出版社，2012

崔建远.合同法.北京：法律出版社，2015

崔建远主编.合同法.北京：法律出版社，2003

崔健远主编.我国物权法立法难点问题研究.北京：清华大学出版社，2005

戴修瓒.民法债编总论.上海：上海法学编译社，1948

戴泽军.证据规则.北京：中国人民公安大学出版社，2007

德本镇.企业的不法行为责任之研究.东京：一粒社，1974

最高人民法院民事审判第一庭编.民事审判指导与参考.第27集.北京：法律出版社，2007

刁荣华主编.最高法院判例研究.上册.台北：汉林出版社，1983

定庆云，赵学良.医疗事故损害赔偿.北京：人民法院出版社，2000

董安生等.中国商法总论.长春：吉林人民出版社，1994

段匡，何湘渝.医生的告知义务和患者的承诺//梁慧星主编.民商法论丛.第12卷.北京：法律出版社，1999

段里仁主编.道路交通事故概论.北京：中国人民公安大学出版社，1997

费安玲主编.罗马私法学.北京：中国政法大学出版社，2009

高鸿钧.伊斯兰法：传统与现代化.北京：社会科学文献出版社，1996

高圣平主编.中华人民共和国侵权责任法立法争点、立法例及经典案例.北京：北京大学出版社，2010

高秀峰等主编.中国新闻侵权判例.北京：法律出版社，2000

高也陶等.中美医疗纠纷法律法规及专业规范比较研究.南京：南京大学出版社，2003

耿云卿.侵权行为之研究.台北："商务印书馆"，1972

耿云卿.侵权行为之研究.北京：中华书局，1948

龚赛红.医疗损害赔偿立法研究.北京：法律出版社，2001

顾理平.新闻侵权与法律责任.北京：中国广播电视出版社，2001

郭丽珍.产品瑕疵与制造人行为之研究——客观典型之产品瑕疵概念与产品安全注意义务.台北：神州图书出版有限公司，2001

郭丽珍.论制造人之产品召回与警告责任//民法七十年之回顾与展望纪念论文集（1）总则·债编.台北：元照出版公司，2000

郭卫华主编.新闻侵权热点问题研究.北京：人民法院出版社，2000

郭晓霞.论失火侵权责任与火灾保险制度//杨立新主编.侵权法热点问题理论探讨.北京：人民法院出版社，2000

郝振省主编.新闻侵权及其预防.北京：民主与建设出版社，2008

何勤华等编.新中国民法典草案总览（下卷）.北京：法律出版社，2003

何勤华主编.英国法律发达史.北京：法律出版社，1999

何孝元.损害赔偿之研究.台北："商务印书馆"，1982

侯国跃.中国侵权法立法建议稿及理由.北京：法律出版社，2009

胡雪梅.英国侵权法.北京：中国政法大学出版社，2008

胡长清.中国民法债编总论（上册）.上海：商务印书馆，1947

黄丁全.医疗法律与生命伦理.北京：法律出版社，2007

黄丁全. 医事法. 北京：中国政法大学出版社，2003

黄立. 民法债编总论. 北京：中国政法大学出版社，2002

黄立. 民法债编总论. 修正 3 版. 台北：元照出版有限公司，2006

黄茂荣. 法学方法与现代民法. 6 版. 台北：自版，2011

黄松友主编. 民事审判指导与参考（总第 27 期）. 北京：法律出版社，2006

黄松有主编. 人身损害赔偿司法解释的理解与适用. 北京：人民法院出版社，2004

纪康保. 对性骚扰说不. 北京：中国盲文出版社，2002

贾安坤. 新闻官司的举证责任//新闻法制全国学术研讨会论文集. 北京：中国民主法制出版社，1999

江平，米健. 罗马法基础（修订本）. 北京：中国政法大学出版社，1991

江平，张佩霖. 民法教程. 北京：中国政法大学出版社，1986

江平审定. 中国物权法释解与应用. 北京：人民法院出版社，2007

江平主编. 民法教程. 北京：中国政法大学出版社，1988

蒋柏生. 医疗事故法律责任研究. 南京：南京大学出版社，2005

焦兴铠. 性骚扰争议新论. 台北：元照出版公司，2003

康德. 法的形而上学原理——权利的科学. 北京：商务印书馆，1991

孔祥俊. 民商法新问题与判解研究. 北京：人民法院出版社，1999

赖源河编审. 公平交易法新论. 北京：中国政法大学出版社，台北：元照出版公司，2002

李薇. 日本机动车事故损害赔偿法律制度研究. 北京：法律出版社，1997

李昌麒，许明月. 消费者保护法. 北京：法律出版社，1997

李昌麒主编. 民法、商法、经济法实用辞典. 北京：中国经济出版社，2002

李浩培等译. 拿破仑民法典. 北京：商务印书馆，1983

李连成. 新闻官司防范与应对. 北京：新华出版社，2002

李仁玉. 比较侵权法. 北京：北京大学出版社，1996

李适时主编. 中华人民共和国消费者权益保护法释义. 北京：法律出版

社，2013

李显冬. 侵权责任法典型案例实务教程. 北京：中国人民公安大学出版社，2011

李显冬主编. 民法学·侵权责任法. 北京：中国政法大学出版社，2005

李响. 美国侵权法原理及案例研究. 北京：中国政法大学出版社，2004

李亚虹. 美国侵权法. 北京：法律出版社，1999

李银河. 李银河文集：同性恋亚文化. 北京：中国友谊出版公司，2002

李银河. 性的问题·福柯与性. 北京：文化艺术出版社，2003

李银河. 性文化研究报告. 南京：江苏人民出版社，2003

李志敏主编. 比较家庭法. 北京：北京大学出版社，1988

梁华仁. 医疗事故的认定与法律处理. 北京：法律出版社，1998

梁慧星. 法律解释学. 3版. 北京：法律出版社，2009

梁慧星. 民法解释学. 北京：法律出版社，2009

梁慧星. 民法学法判例与立法研究. 北京：中国政法大学出版社，1993

梁慧星. 民法总论. 3版. 北京：法律出版社，2008

梁慧星. 中国民法经济法诸问题. 北京：法律出版社，1989

梁慧星主编. 民商法论丛. 第4卷. 北京：法律出版社，1996

梁慧星主编. 民商法论丛. 第9卷. 北京：法律出版社，1998

梁慧星主编. 中国民法典草案建议稿. 北京：法律出版社，2003

梁慧星主编. 中国民法典草案建议稿附理由·侵权行为编. 北京：法律出版社，2004

梁慧星主编. 中国物权法草案建议稿：条文、说明、立法理由及参考立法例. 北京：社会科学文献出版社，2000

林诚二. 民法债编总论——体系化解说. 北京：中国政法大学出版社，2004

林益山. 消费者保护法. 台北：五南图书出版公司，1999

林增余. 中央广播电视大学教材 财产保险. 北京：中国金融出版社，1987

刘保玉. 物权体系论. 北京：人民法院出版社，2004

刘春堂.国家赔偿法.台北：三民书局，1984

刘得宽.民法诸问题与新展望.台北：三民书局，1979

刘清景主编.民法实务全览.上册.台北：学知出版事业公司，2000

刘士国.现代侵权损害赔偿研究.北京：法律出版社，1998

刘士国等.侵权责任法重大疑难问题研究.北京：中国法制出版社，2009

刘鑫，王岳，李大平.医事法学.北京：中国人民大学出版社，2009

刘鑫，张宝珠，陈特.侵权责任法医疗损害责任条文深度解读与案例剖析.北京：人民军医出版社，2010

刘信平.侵权法因果关系理论之研究.北京：法律出版社，2008

刘振声主编.医疗侵权纠纷的防范与处理.北京：人民卫生出版社，1988

龙显铭.私法上人格权之保护.上海：中华书局，1948

罗玉珍等主编.民事证明制度与理论.北京：法律出版社，2003

吕光.大众传播与法律.台北："商务印书馆"，1987

马军.医疗侵权案件认定与处理实务.北京：中国检察出版社，2006

马特、袁雪石.人格权法教程.北京：中国人民大学出版社，2007

马原主编.民事审判实务.北京：中国经济出版社，1993

马原主编.中国民法教程.北京：人民法院出版社，1989

美国法学会.侵权法重述第二版：条文部分.北京：法律出版社，2012

孟金梅.艾滋病与法律.北京：中国政法大学出版社，2006

孟强.医疗损害责任：争点与案例.北京：法律出版社，2010

宁红丽.大陆法系国家的医疗合同立法及对我国的借鉴意义//王文杰主编.月旦民商法研究 法学方法论.北京：清华大学出版社，2004

欧阳经宇.民法债编各论.台北：汉林出版社，1978

潘同龙，程开源主编.侵权行为法.天津：天津人民出版社，1995

潘维大.英美侵权行为法案例解析（上下册）.台北：瑞兴图书股份有限公司，2002

乔世明. 医疗过错认定与处理. 北京：清华大学出版社，2003

邱聪智. 从侵权行为归责原理之变动论危险责任之构成. 北京：中国人民大学出版社，2006

邱聪智. 民法研究（一）（增订版）. 北京：中国人民大学出版社，2002

邱聪智. 新订民法债编通则（下卷）. 北京：中国人民大学出版社，2004

全国人大常委会法制工作委员会民法室编. 中华人民共和国物权法条文说明、立法理由及相关规定. 北京：北京大学出版社，2007

全国人大常委会法制工作委员会民法室编. 侵权责任法立法背景与观点全集. 北京：法律出版社，2010

全国人大常委会法制工作委员会民法室编. 消费者权益保护法立法背景与观点全集. 北京：法律出版社，2013

全国人大常委会法制工作委员会民法室编. 中华人民共和国合同法及其重要草稿介绍. 北京：法律出版社，2000

全国人大法工委民法室编.《中华人民共和国侵权责任法》条文说明、立法理由及相关规定. 北京：北京大学出版社，2010

上海社会科学院法学研究所编译室. 世界各国宪政制度和民商法要览·非洲分册. 北京：法律出版社，1987

邵建东. 竞争法教程. 北京：知识产权出版社，2004

邵明. 民事诉讼法理研究. 北京：中国人民大学出版社，2004

申卫星. 物权立法应设立优先权制度//王利明主编. 物权法专题研究. 下册. 长春：吉林人民出版社，2001

沈达明. 法国·德国担保法. 北京：中国法制出版社，2000

沈德咏主编. 最高人民法院公报案例大全. 上卷. 北京：人民法院出版社，2009

沈冠伶. 民事证据法与武器平等原则. 台北：元照出版公司，2007

史尚宽. 亲属法论. 台北：荣泰印书馆，1980

史尚宽. 债法各论. 台北：荣泰印书馆，1981

史尚宽. 债法各论. 北京：中国政法大学出版社，2000

史尚宽. 债法总论. 台北：荣泰印书馆，1978

史探径. 劳动法. 北京：经济科学出版社，1990

苏永钦. 走入新世纪的私法自治. 北京：中国政法大学出版社，2002

孙军工. 解读《关于被盗机动车肇事后由谁承担损害赔偿责任问题的批复》//李国光主编. 解读最高人民法院司法解释·民事卷（1997—2002）. 北京：人民法院出版社，2003

孙森焱. 新版民法债编总论. 上册. 台北：三民书局，2004

孙宪忠. 论物权法（修订版）. 北京：法律出版社，2008

孙旭培主编. 新闻侵权与诉讼. 北京：人民日报出版社，1994

谈大正. 性文化与法. 上海：上海人民出版社，1998

覃天云主编. 经营权论. 成都：四川人民出版社，1992

覃有土，王亘. 债权法. 北京：光明日报出版社，1989

唐海滨主编. 美国是如何保护商业秘密的. 北京：法律出版社，1999

佟柔主编. 民法原理. 北京：法律出版社，1986

佟柔主编. 中国民法. 北京：法律出版社，1995

汪治平. 解读《关于购买人使用分期付款购买的车辆从事运输因交通事故造成他人财产承担责任的复函》//解读最高人民法院请示与答复. 北京：人民法院出版社，2004

王伯琦. 民法债编总论. 台北：正中书局，1985

王伯琦. 民法债编总论. 台北：三民书局，1956

王成. 侵权责任法. 北京：北京大学出版社，2011

王家福、谢怀栻等. 合同法. 北京：中国社会科学出版社，1986

王家福主编. 中国民法学·民法债权. 北京：法律出版社，1991

王敬义. 医疗过失责任研究//梁慧星主编. 民商法论丛. 第 9 卷. 北京：法律出版社，1998

王利明，公丕祥主编. 人身损害赔偿司法解释若干问题释评. 北京：人民法院

出版社，2005

王利明，杨立新. 侵权行为法. 北京：法律出版社，1996

王利明，杨立新等. 民法学. 北京：法律出版社，2008

王利明，杨立新主编. 人格权与新闻侵权. 北京：中国方正出版社，1995

王利明，周友军，高圣平. 中国侵权责任法教程. 北京：人民法院出版社，2010

王利明. 侵权责任法研究. 下卷. 北京：中国人民大学出版社，2011

王利明. 法学方法论. 北京：中国人民大学出版社，2011

王利明. 合同法研究. 第三卷. 北京：中国人民大学出版社，2012

王利明. 民法. 北京：中国人民大学出版社，2000

王利明. 民法典体系研究. 北京：中国人民大学出版社，2008

王利明. 民商法研究（修订本）. 第2辑. 北京：法律出版社，2001

王利明. 侵权行为法归责原则研究. 北京：中国政法大学出版社，2003

王利明. 侵权行为法研究（上卷），中国人民大学出版社，2004

王利明. 侵权责任法研究（上卷），中国人民大学出版社，2011

王利明. 侵权责任法研究（下卷），中国人民大学出版社，2011

王利明. 侵权责任法研究. 北京：人民法院出版社，2003

王利明. 人格权法研究. 北京：中国人民大学出版社，2005

王利明. 物权法论（修订本）. 北京：中国政法大学出版社，2004

王利明. 物权法研究. 2版. 北京：中国人民大学出版社，2007

王利明主编. 民法·侵权行为法. 北京：中国人民大学出版社，1993

王利明主编. 民法学. 上海：复旦大学出版社，2003

王利明主编. 侵权行为法. 北京：中国人民大学出版社，1993

王利明主编. 人格权法新论. 长春：吉林人民出版社，1994

王利明主编. 人格权与新闻侵权. 2版. 北京：中国方正出版社，2000

王利明主编. 新闻侵权法辞典. 长春：吉林人民出版社，1994

王利明主编. 中国民法案例与学理研究 债权篇. 2版. 北京：法律出版

社，2003

王利明主编.中国民法典草案建议稿及说明.北京：中国法制出版社，2004

王利明主编.中国民法典草案专家建议稿及说明.北京：中国法制出版社，2004

王利明主编.中国民法典基本理论问题研究.北京：人民法院出版社，2004

王利明主编.中国民法典学者建议稿及立法理由·物权编.北京：法律出版社，2005

王利明主编.中国民法典学者建议稿及立法理由·债法总则·合同法编.北京：法律出版社，2005

王利明主编.中国民法典学者建议稿及立法理由书·侵权行为法编.北京：法律出版社，2005

王利明主编.中华人民共和国侵权责任法释义.北京：中国法制出版社，2010

王迁等.知识产权间接侵权研究.北京：中国人民大学出版社，2009

王清主编.中华人民共和国广告法解读.北京：法律出版社，2015

王胜明.中华人民共和国侵权责任法解读.北京：中国法制出版社，2010

王胜明主编.中华人民共和国侵权责任法解读.北京：中国法制出版社，2010

王喜军，杨秀朝.医疗事故处理条例实例说.长沙：湖南人民出版社，2003

王渊智.侵权责任法学.北京：法律出版社，2008

王岳，邓虹.外国医事法研究.北京：法律出版社，2011

王泽鉴.民法学说与判例研究.第1—8册.北京：中国政法大学出版社，2005

王泽鉴.侵权行为.北京：北京大学出版社，2009

王泽鉴.侵权行为法.第1册.北京：中国政法大学出版社，2001

王泽鉴.侵权行为法·基本理论·一般侵权行为.北京：中国政法大学出版社，2001

王泽鉴.人格权法.台北：三民书局，2012

王泽鉴.商品制造人责任与消费者保护.台北：正中书局，1979

王泽鉴.债法原理.北京：北京大学出版社，2009

王忠等.民法概论.哈尔滨：黑龙江人民出版社，1984

王竹.侵权责任分担论——侵权损害赔偿责任数人分担的一般理论.北京：中国人民大学出版社，2009

魏永征，张鸿霞.考察“公众人物”概念在中国大众媒介诽谤案件中的应用//徐迅主编.新闻（媒体）侵权研究新论.北京：法律出版社，2009

魏永征.“新闻官司”中的一些特殊性法律问题//新闻法制全国学术研讨会论文集.北京：中国民主法制出版社，1999

魏永征.被告席上的记者.上海：上海人民出版社，1994

魏永征.新闻传播法教程.北京：中国人民大学出版社，2002

魏永征.新闻传播法教程.北京：中国人民大学出版社，2010

乌通元，徐文虎.人身保险合同.北京：中国财政经济出版社，2004

吴云贵.伊斯兰教法概略.北京：中国社会科学出版社，1993

奚晓明主编.《中华人民共和国侵权责任法》条文理解与适用.北京：人民法院出版社，2010

奚晓明主编.最高人民法院关于道路交通损害赔偿司法解释理解与适用.北京：人民法院出版社，2012

夏芸.不作为型医疗过误的期待权侵害理论//梁慧星主编.民商法论丛.第32卷.北京：法律出版社，2005

夏芸.医疗事故赔偿法——来自日本法的启示.北京：法律出版社，2007

谢怀栻.外国民商法精要.北京：法律出版社，2002

信春鹰主编.中华人民共和国食品安全法释义.北京：法律出版社，2009

信春鹰主编.中华人民共和国食品安全法释义.北京：法律出版社，2015

徐爱国.英美侵权行为法.北京：法律出版社，1999

徐国栋.民法哲学.北京：中国法制出版社，2009

徐国栋主编.魁北克民法典.北京：中国人民大学出版社，2005

徐国栋主编.绿色民法典.北京：社会科学文献出版社，2004

徐开墅主编.民商法辞典.上海：上海人民出版社，1997

徐迅. 新闻（媒体）侵权研究新论. 北京：法律出版社，2009

徐迅. 中国新闻侵权纠纷的第四次浪潮——一名记者眼中的新闻法治与道德. 北京：中国海关出版社，2002

许明月等. 财产权登记法律制度研究. 北京：中国社会科学出版社，2002

许思奇. 中日消费者保护制度比较研究. 沈阳：辽宁大学出版社，1992

薛波主编. 元照英美法词典. 北京：法律出版社，2003

杨佳元. 侵权行为损害赔偿责任研究——以过失责任为中心. 台北：元照出版有限公司，2007

杨立新. 从契约到身份的回归. 北京：法律出版社，2007

杨太兰主编. 医疗纠纷判例点评. 北京：人民法院出版社，2003

杨永清. 解读《关于连环购车未办理过户手续，原车主是否对机动车交通事故致人损害损失，保留车辆所有权的出卖方不应承担民事赔偿责任的批复》//李国光主编. 解读最高人民法院司法解释・民事卷（1997—2002）. 北京：人民法院出版社，2003

杨振山主编. 民商法实务研究・侵权行为卷. 太原：山西经济出版社，1993

姚宝华. 间接受害人研究. 北京：法律出版社，2011

姚辉. 人格权法论. 北京：中国人民大学出版社，2011

叶自强. 民事证据研究. 北京：法律出版社，1999

易菲. 职场梦魇・性骚扰法律制度与判例研究. 北京：中国法制出版社，2008

尹新天. 专利权的保护. 北京：专利文献出版社，1998

于敏. 日本侵权法. 北京：法律出版社，2005

于敏. 日本侵权行为法. 北京：法律出版社，1998

于海涌. 法国不动产担保物权研究. 北京：法律出版社，2004

于敏. 机动车损害赔偿责任与过失相抵——法律公平的本质及其实现过程. 北京：法律出版社，2006

元照英美法词典（缩印版）. 北京：北京大学出版社，2013

詹森林. 德国医疗过失举证责任之研究//朱柏松等. 医疗过失举证责任之研究.

台北：元照出版公司，2008

张国福.中华民国法制简史.北京：北京大学出版社，1986

张晋藩.清代民法综论.北京：中国政法大学出版社，1998

张俊浩主编.民法学原理.北京：中国政法大学出版社，2009

张俊浩主编.民法学原理.北京：中国政法大学出版社，1991

张民安.过错侵权责任制度研究.北京：中国政法大学出版社，2002

张民安.侵权法上的替代责任.北京：北京大学出版社，2010

张民安.侵权法上的作为义务.北京：法律出版社，2010

张民安.现代法国侵权责任制度研究.北京：法律出版社，2003

张民安.因侵犯他人纯经济损失而承担的过失侵权责任//梁慧星主编.民商法论丛.第25卷.香港：金桥文化出版有限公司，2002

张民安主编.债法总论.2版.广州：中山大学出版社，2005

张绍明.反击性骚扰.北京：中国检察出版社，2003

张树义.行政法与行政诉讼法学.北京：高等教育出版社，2007

张铁薇.共同侵权制度研究.北京：法律出版社，2007

张铁薇.共同侵权制度研究.北京：人民法院出版社，2013

张文显.法理学.3版.北京：高等教育出版社，2007

张西明，康长庆.新闻侵权：从传统媒介到网络——避免与化解纠纷的实践指南.北京：新华出版社，2000

张新宝，葛维宝主编.大规模侵权法律对策研究.北京：法律出版社，2011

张新宝.大陆医疗损害赔偿案件的过失认定//朱柏松等.医疗过失举证责任之比较.台北：元照出版公司，2008

张新宝.法路心语.北京：法律出版社，2003

张新宝.侵权责任法.2版.北京：中国人民大学出版社，2010

张新宝.侵权责任法.3版.北京：中国人民大学出版社，2013

张新宝.侵权责任法.北京：中国人民大学出版社，2006

张新宝.侵权责任法.北京：中国人民大学出版社，2010

张新宝. 侵权责任法立法研究. 北京：中国人民大学出版社，2009

张新宝. 侵权责任法原理. 北京：中国人民大学出版社，2005

张新宝. 侵权责任构成要件研究. 北京：法律出版社，2007

张新宝. 中国侵权行为法. 2 版. 北京：中国社会科学出版社，1998

张新宝. 中国侵权行为法. 北京：中国社会科学出版社，1995

张新宝主编. 侵权法评论. 第 1 辑. 北京：人民法院出版社，2003

张新平，陈连剑主编. 药事法学. 北京：科学出版社，2004

张严方. 消费者保护法研究. 北京：法律出版社，2003

张友渔主编. 中国大百科全书·法学卷. 北京：中国大百科全书出版社，1984

张志铭. 法律解释操作分析. 北京：中国政法大学出版社，1999

张中秋编. 中华法系国际学术研讨会文集. 北京：中国政法大学出版社，2007

赵泳主编. 消费者权益保护法法律适用依据与实战资料. 太原：山西教育出版社，2006

郑立，王作堂. 民法学. 2 版. 北京：北京大学出版社，1995

郑立等. 民法通则概论. 北京：红旗出版社，1986

郑玉波. 法谚（1）. 北京：法律出版社，2007

郑玉波. 法谚（2）. 北京：法律出版社，2007

郑玉波. 民法债编各论（下册）. 台北：三民书局，1981

郑玉波著. 陈荣隆修订. 民法债编总论. 修订 2 版. 北京：中国政法大学出版社，2004

中国高级法官培训中心，中国人民大学法学院编. 中国审判案例要览.（1993 年综合本）. 北京：中国人民公安大学出版社，1994

中国民法学研究会. 中华人民共和国民法典民法总则专家建议稿//何勤华主编. 民法典编纂论. 第三卷. 北京：商务印书馆，2016

中国人民大学民商事法律科学研究中心. 中国民法典·人格权法编和侵权行为法编，2002 年内部资料

中国人民大学民商事法律科学研究中心编. 各国侵权行为法资料汇编，2008

年内部立法参考资料版

中国社会科学院新闻研究所，北京新闻学会编. 各国新闻出版法选辑. 北京：人民日报出版社，1981

中国新闻侵权案例精选与评析课题组. 中国新闻（媒体）侵权案件精选与评析 50 例. 北京：法律出版社，2009

中国政法大学澳门研究中心，澳门政法法律翻译办公室编. 澳门民法典. 北京：中国人民大学出版社，2012

中国知识产权研究会专利委员会编. 专利的理论研究与实践探索. 北京：专利文献出版社，1996

中央政法干校民法教研室. 中华人民共和国民法基本问题. 北京：法律出版社，1958

周江洪. 服务合同研究. 北京：法律出版社，2010

周枏. 罗马法. 北京：群众出版社，1983

周枏. 罗马法原论（下册）. 北京：商务印书馆，2004

周友军. 侵权法学. 北京：中国人民大学出版社，2011

朱柏松. 论日本医疗过失之举证责任//朱柏松等. 医疗过失举证责任责任之比较. 台北：元照出版公司，2008

朱柏松. 消费者保护法论（增订版）. 台北：自版，2004

朱柏松等. 医疗过失举证责任之比较. 台北：元照出版公司，2008

朱岩. 侵权责任法通论 · 总论. 北京：法律出版社，2011

二、中文论文

安建须. 酒后机动车代驾致人损害的责任主体认定. 法律适用，2013（11）

鲍荫民. 简论经营权之渊源. 中央社会主义学报，1994（4）

北京市朝阳区人民法院. 新闻侵权诉讼研究报告//回顾与展望：媒体侵权责任法律适用研讨会论文集. 中国人民大学民商事法律科学研究中心，2011

毕玉谦. 举证责任分配体系之构建. 法学研究，1999（2）

毕玉谦. 试论民事诉讼中的经验法则. 中国法学，2000（6）

博威格，多考夫，杨森. 中国的新侵权责任法. 比较法研究，2012（2）

蔡唱. 不作为侵权行为发展趋势研究. 法学评论，2008（1）

蔡唱. 论旁观者的不作为侵权行为——以民事救助义务的确立为视角. 湖南师范大学社会科学学报，2007（2）

蔡唱. 先行行为导致的不作为侵权行为研究. 湖南大学学报（社会科学版），2009 年 1 月，第 23 卷第 1 期

蔡琳. 不确定法律概念的法律解释. 华东政法大学学报，2014（6）

蔡彦敏. “齐二药”假药案民事审判之反思. 法学评论，2010（4）

蔡颖文：论我国未成年监护人责任制度的完善. 法学家，2008（2）

曾祥生. 服务合同：概念、特征与适用范围. 湖南社会科学，2012（6）

陈帮锋. 论监护人责任——《侵权责任法》第 32 条的破解. 中外法学，2011（1）

陈帮锋. 民事责任能力：本原与异化. 中外法学，2012（2）

陈历幸. 新闻诽谤举证责任分担的“悖论”及其解决. 政治与法律，2000（3）

陈年冰. 大规模侵权与惩罚性赔偿——以风险社会为背景. 西北大学学报，2010（6）

陈清. 新闻侵权肯定说——兼与“新闻（媒体）侵权否认说”商榷. 武汉科技大学学报（社会科学版），2010（5）

陈爽. 浅论死者名誉与家庭名誉. 法学研究生，1991（9）

陈文姬. 从急诊内科抢救室患者医疗费用看“过度医疗”. 中国伦理学杂志，2008（3）

陈现杰. 最高人民法院人身损害赔偿司法解释精髓诠释（下）. 判解研究. 2004 年第 3 辑. 北京：人民法院出版社，2004

陈兴良. 犯罪构成理论与改革. 法学，2005（4）

陈秀萍. 和谐社会语境中进取性社会利益及司法保护——“彭宇案”引发的思考. 北方法学，2010（3）

陈则恒.从国际法角度审视中国同性恋立法.中国商界，2009（2）

陈铮.同性性取向可以通过医学手段进行治疗.首都医药，2006（21）

陈郑权.论不真正连带债务制度.人文学报，第35期

陈忠五.产前遗传诊断失误的损害赔偿责任.台大法学论丛.第34卷，2005（6）

陈子平.医疗上充分说明与同意之法理.东吴大学学报，2000（1）

程金洪.一个尚未解决的问题——不真正连带责任的存与废.广西政法管理干部学院学报，2011（4）

程啸.机动车损害赔偿责任主体研究.法学研究，2006（4）

程啸.我国《侵权责任法》中多数人侵权责任的规范目的与体系之建构//陈小君主编.私法研究，2011年第9卷

戴志杰.两岸《消保法》惩罚性赔偿金制度之比较研究.台湾大学法学论丛，第53期

邓大榜.共同侵权行为人的民事责任初探.法学季刊，1982（3）

邓思.从郑州首例同性性骚扰案引起的法律思考.广西政法管理干部学院学报，2003年总第18卷

丁春艳.香港法律中医疗事故过失判定问题研究.法律与医学杂志，2007年第14卷第2期

董炳和.论形象权.法律科学，1998（4）

董开军.担保物权的基本分类及我国的立法选择.法律科学，1992（1）

杜治政.过度医疗、适度医疗与诊疗最优化.医学与哲学，2005（7）

段匡.日本民法百年中的债法总论和契约法.环球法律评论，2001年秋季号

段仁元.欧美产品侵权责任比较及启示.云南法学，2000（4）

方红.IT时代英美诽谤法的新发展.经济师，2003（9）

方俊邦等.43例医疗纠纷医疗过失参与度探讨.中国法医学会法医临床学学术研讨会论文集，2003

房绍坤，王洪平.论医师违反产前诊断义务的赔偿责任.华东政法学院学报，2006（6）

高桂林、秦永志. 论医疗损害责任的归责原则. 法学杂志，2010（9）

高圣平. 产品责任中生产者和销售者之间的不真正连带责任——以《侵权责任法》第五章为分析对象. 法学论坛，2012（3）

耿仁文. “医闹”——社会不能承受之痛. 中国医院法治，2007（3）

顾远，闵长岭. 隐瞒小伤卖新车局部欺诈导致双倍赔偿. 中国审判，2008（4）

关淑芳. 论医疗过错的认定. 清华大学学报（哲学社会科学版），2002 年第 17 卷第 5 期

桂菊平. 竞业禁止若干法律问题研究. 法商研究，2001（1）

郭慧敏. 职业场所性骚扰及防范. 西北工业大学学报（社会科学版），2003（3）

郭雳. 美国证券集团诉讼的制度反思. 北大法律评论. 第十卷，2009 年第 2 辑

郭林等. 试论我国民法对死者名誉权的保护. 上海法学研究，1991（6）

郭璐璐. 大规模侵权行为及其归责原则初探. 科技情报开发与经济，2009（10）

郭卫华，常鹏翱. 论新闻侵权的抗辩事由. 法学，2002（5）

韩强. 妨碍通行物品侵权责任探析. 法学，2012（10）

韩松. 婚姻权及其侵权责任初探. 中南政法学院学报，1993（3）

河北省人大常委会研究室. 地方性法规与政府规章立法权限研究. 人大研究，2007（3）

侯英泠. 计划外生命与计划外生育之民事上赔偿责任之争议. 成大法学，2002（4）

胡开忠. “避风港规则”在视频分享网站版权侵权认定中的适用. 法学，2009（12）

黄芬. 产品代言人的侵权责任思考//中国法学会民法学研究会 09 年年会论文集（下册）. 中国法学会民法学研究会会议文集，2009

黄立. 论产品责任. 政大法学评论，1991 年第 43 期

黄文熙. 浅论自然人人格权及法人人格权的本质. 中国政法大学学报，2012（5）

贾邦俊. 见义勇为行为的民法透视. 河北法学，2003（1）

江平等. 合伙的多种形式和合伙立法. 中国法学，1996（3）

姜明安. 软法的兴起与软法之治. 中国法学，2006（2）

金福海.惩罚性赔偿不宜纳入我国民法典.烟台大学学报（哲学社会科学版），2003（2）

柯劲衡.惩罚性赔偿制度在大规模侵权中的适用分析.商业时代，2010（31）

兰仁迅.监护人诉讼地位法理分析.华侨大学学报（哲学社会科学版），2005（4）

蓝承烈.连带侵权责任及其内部求偿权.法学实践，1991（1）

黎燕燕，杨妮，柴进.论虚假广告对消费者权益的侵害.法学杂志，2003（11）

李本富.从550万天价住院费透视过度医疗.家庭医学，2006（1）

李传良.法视野下的过度医疗行为分析.法律与医学杂志，2006（2）

李昊.论英美法上的“好撒马利亚人”.华东政法大学学报，2014（4）

李金招.动物致人损害归责原则研究——兼评《侵权责任法（草案）》（第二稿）第80条.北京化工大学学报（社会科学版），2009（4）

李丽婷.网络服务商在商标侵权中的法律责任.中华商标，2010（2）

李木贵.共同危险行为之研究：以要件论为中心.法学丛刊，第173期

李胜利.论反不正当竞争法中的竞争关系和经营者.法治研究，2013（8）

李永军.论监护人对被监护人侵权行为的“替代责任”.当代法学，2013（3）

李云琴，唐罗生，贺达仁.白内障手术中的适宜技术与诊疗最优化.医学与哲学，2007（5）

李中原.不真正连带债务的反思与更新.法学研究，2011（5）

梁慧星.道路管理瑕疵的赔偿责任.法学研究，1991（5）

梁慧星.雇主承包厂房拆除工程违章施工致雇工受伤感染死亡案评释.法学研究，1989（4）

梁慧星.论《侵权责任法》中的医疗损害责任.法商研究，2010（6）

梁慧星.消费者法及其完善.工商行政管理，2000（21）

梁蕾.不动产登记中的损害赔偿责任研究.行政法学研究，2008（3）

林健，薛贵滨.错误生命之诉的法理分析——兼论父母的知情权.法律与适用，2006（10）

刘保玉.监护人责任若干争议问题探讨.法学论坛，2012（3）

刘怀松. 论商业诽谤行为及其法律责任. 湖北师范学院学报（哲学社会科学版），2000（4）

刘家瑞. 论版权间接侵权中帮助侵权. 知识产权，2008（6）

刘静，李爱国. 简论产品责任法. 中外法学，1998（5）

刘婉露. 论新广告法实施后明星虚假广告代言的法律责任. 西部广播电视，2015（22）

刘晓慧. 过度医疗——患者与家属难辞其咎. 首都医药，2010（1）

刘雪玲. 医疗侵权行为的民事责任与举证责任. 齐鲁医学杂志，2002（3）

刘益灯. 中国消费者保护的立法缺陷及其完善. 湖南大学学报（社会科学版），2002（6）

刘勇. 高速公路经营管理者的安全保障民事责任. 山东审判，2007（1）

刘志鹏. 两性工作平等法草案所定职场性骚扰之研究. 月旦法学杂志，2001（4）

陆萍. 新闻侵权的构成. 政治与法律，1991（6）

罗豪才，宋功德. 认真对待软法——公域软法的一般理论及其中国实践. 中国法学，2006（2）

罗文辉. 美国诽谤法规：法制、判例及修法提案. 新闻学研究，第 51 集

梅夏英，刘明. 网络服务提供者侵权中的提示规则. 法学杂志，2010（6）

穆超君. 试论新闻侵权. 新闻侵权，2010（9）

欧锦雄. 损害债权罪的立法研究. 中南政治学院学报，1993（1）

潘维大. 美国侵权行为法对因果关系之认定. 东吴大学法律学报，第 7 卷，1991 年第 2 期

钱矛锐. 论医疗侵权行为的法律内涵. 西北医学教育，2008（3）

钱玉文，刘永宝. 消费欺诈行为的法律规制. 法学研究，2014（8）

秦珂. “通知——反通知”机制下网络服务提供者版权责任的法律比较. 河南图书馆学刊，2005（3）

秦亚萍. 浅谈新闻工作者的自我保护. 新闻法制全国学术研讨会论文集. 北京：中国民主法制出版社，1999

邱永辉.印度宗教与统一民法问题.世界宗教研究，2005（3）

沈岿.软法概念之正当性新辨.法商研究，2014（1）

史学清，汪勇.避风港还是风暴角——解读《信息网络传播权保护条例》第23条.知识产权，2009（2）

司晓，范露琼.评我国《侵权责任法》互联网专条.知识产权，2011（1）

宋才发.商业诽谤行为认定及惩处探讨.江汉石油学院学报（社科版），2000（2）

宋晓婷.医疗过失行为论.法律与医学杂志，2001（4）

宋鱼水，李颖，吴晶晶.海淀区人民法院关于媒体侵权案件的调研报告.回顾与展望：媒体侵权责任法律适用研讨会论文集.中国人民大学民商事法律科学研究中心，2011

宋跃晋.药品缺陷的法律分析.河北法学，2010（11）

苏号朋，鞠晔.论消费欺诈的法律规制.法律适用，2012（1）

苏号朋，凌学东.法国消费欺诈行为的法律规制及借鉴.法学杂志，2013（4）

唐灿.性骚扰在中国的存在.妇女研究论丛，1995（2）

田军.英国商誉权保护的发展动向.经济与法，1994（5）

佟强.侵害债权制度法律性质考察.当代法学，2005（2）

王成.大规模侵权事故综合救济体系的构建.社会科学战线，2010（9）

王崇敏.我国不动产登记机关赔偿责任问题探讨.河南省政法管理干部学院学报，2007（5）

王福友.论见义勇为的侵权法调整.北方法学，2015（1）

王建源.论债权侵害制度.法律科学，1993（4）

王剑一.欧洲服务合同立法的考察.北航法律评论，2012年第1辑

王金增.劳动合同与劳务合同、雇佣合同辨析.中国劳动关系学院学报，第19卷，2005（3）

王晋敏.新闻侵权的责任分担.新闻记者，1991（7）

王军，王轩.英国法上的名誉权保护.法学杂志，2008（2）

王雷.见义勇为行为中的民法学问题研究.法学家，2012（5）

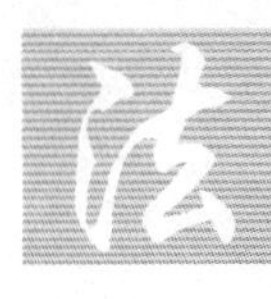

王雷. 见义勇为行为中受益人补偿义务的体系效应. 华东政法大学学报，2014（4）

王雷. 论情谊行为与民事法律行为的区分. 清华法学，2013（6）

王利明，姚辉. 人大民商法学：学说创建与立法贡献. 法学家，2010（4）

王利明. 民商合一体例下我国民法典总则的制定. 法商研究，2015（4）

王利明. 人格权法中的人格尊严价值及其实现. 清华法学，2013（5）

王迁. 论“信息定位服务”提供者“间接侵权”行为的认定. 知识产权，2006（1）

王迁. 商标间接侵权研究. 知识产权年刊，2006 年号

王生智. 论群体性媒体侵权案件的诉讼模式. 西华师范大学学报（哲学社会科学版），2009（2）

王旸. 侵权行为法上因果关系理论研究//梁慧星主编. 民商法论丛. 第 11 卷. 北京：法律出版社，1999

王轶. 民法价值判断问题的实体性论证规则. 中国社会科学，2004（6）

王友祥，秦旺，黄维. 无偿代驾发生交通事故，如何认定无偿驾驶人和车辆所有人的责任. 民事审判指导与参考，2014 年第 1 辑（总第 57 辑）

王泽鉴. 人格权、慰抚金与法院造法. 法令月刊. 第 44 卷，1993（12）

王竹，舒星旭. 从网络侵权案例看“提示规则”及其完善. 信息网络安全，2011（5）

王竹，张恒. 论我国侵权法上使用人替代责任的谱系化建构——兼论对“雇佣关系”概念的改造. 四川师范大学学报，2013（5）

王竹.《侵权责任法》第 86 条第 1 款的理解与适用. 月旦民商法，第 31 期

王竹. 论我国侵权法上的缺陷产品营销参与者责任——兼评最高人民法《食品药品纠纷司法解释》相关规定. 人大法律评论，2014（1）. 北京：法律出版社，2014

王竹. 试论市场份额责任在多因大规模网络侵权中的运用. 政治与法律，2008（4）

网购被骗 7.7 万元三小时获百度全额保障. 互联网政策参考，2013（1）

卫生部“医疗事故处理条例在实践中存在问题的研究”课题组. 医疗事故处理条例应上升为法律?. 中国医院法治，2007（3）

魏盛礼. 民事权利能力与民事责任承担的逻辑应对关系——兼评《侵权责任法》关于被监护人侵权责任的规定. 南昌大学学报（人文社会科学版），2010（3）

魏永征. 中国大陆新闻侵权法与台港诽谤法之比较. 新闻大学（上海），1999年冬季号

魏振瀛. 论构成民事责任条件的因果关系. 北京大学学报（哲学社会科学版），1987（3）

魏振瀛. 侵害名誉权的认定. 中外法学，1990（1）

魏振瀛. 侵权责任方式与归责事由、归责原则的关系. 中国法学，2011（2）

文永辉. 关于不正当竞争行为的界定——我国《反不正当竞争法》第二条的修改建议. 太原师范学院学报（社会科学版），2010（3）

沃中东. 对医疗事故处理中无过错责任适用的思考. 杭州商学院学报，2003（6）

吴贵仙. 网络交易平台的法律定位. 重庆邮电大学学报（社会科学版），2008（6）

吴汉东. 论商誉权. 中国法学，2001（3）

吴汉东. 论网络服务提供者的著作权侵权责任. 中国法学，2011（2）

吴金利. 试论我国民法的减实信用原则. 东岳论从，1987（4）

伍再阳. 意思联络是共同侵权行为人的必备要件. 法学季刊，1984（2）

武挪强，温晓莉. 见危不救的法理思考. 法治论丛，2006（4）

向金波. 自然人民事责任能力立法规制探究. 黑龙江省政法管理干部学院学报，2002（4）

肖国忠. 论医生的专家责任. 法律与医学杂志，2004（3）

肖俊. 意大利法中的私人救助研究——兼论见义勇为的债法基础建构. 华东政法大学学报，2014（4）

谢薇，韩文. 对《侵权责任法》上机动车交通事故责任主体的解读——以与《道路交通安全法》第76条责任主体的对接为中心. 法学评论，2010（6）

徐国栋. 见义勇为立法比较研究. 河北法学，2006（7）

徐武生，何秋莲. 见义勇为立法与无因管理制度. 中国人民公安大学学报，1999（4）

薛军.《侵权责任法》对监护人责任制度的发展.苏州大学学报，2011（6）

薛军.走出“监护人补充责任”的误区——论《侵权责任法》第三十二条的理解与适用.华东政法大学学报，2010（3）

荀红，梁奇烽.论规制网络侵权的另一种途径——间接网络实名制.新闻传播，2010（11）

杨丽珍.论过度医疗侵权责任.人文杂志，2011（1）

杨明.《侵权责任法》第36条释义及其展开.华东政法大学学报，2010（3）

杨善长.民事责任能力的基本理论及立法完善.天津法学，2011（4）

杨志寅等.论规范化诊疗行为模式的建立.中国行为医学科学，2004（6）

姚宝莹.统一的临床诊疗指南缺失 过度医疗在所难免.首都医药，2010（1）

姚博.高速公路，闯入一条狗.法律与生活，2008（1）

姚笛.英美法对医疗过失的判定原则及对我国的启示.法律与医学杂志，2007（1）

姚辉，王毓莹.论虚假广告的侵权责任承担.法律适用，2015（5）

叶名怡.法国法上的见义勇为.华东政法大学学报，2014（4）

尹飞.为他人行为侵权责任之归责基础.法学研究，2009（5）

尹钛.医治VS治医：一个世界性难题.中国社会导刊，2004（11）

于林洋，孙学华.关于“虚假广告”与“虚假宣传”关系的法律思考.山西高等学校社会科学学报，2004（6）

于林洋.虚假荐证广告民事责任两岸观.中国公证，2008（9）

余湛，冯伟.论医疗损害侵权责任中的因果关系.中南大学学报（社会科学版），2006（12）

喻磊，谢绍浬.网络服务提供者侵权归责原则新论.江西科技师范学院学报，2010（4）

袁伟.著作权人发出要求删除链接的通知时应提供明确的网络地址——从技术角度浅谈《信息网络传播权保护条例》第14条第1款第2项.电子知识产权，2009（7）

原永红. 论不动产登记机构错误登记责任. 山东社会科学，2009（7）

张海燕. 血液及血液制品的法律规制. 经济与法，2002（11）

张红. 大规模侵权救济问题研究. 大规模侵权法律对策国际研讨会会议资料，2011 年 4 月

张继红，吴海卫. 从最低赔偿制度谈小额商品消费者权益保护. 消费经济，2007（3）

张梦夏. 网络交易平台提供者的义务与责任——基于消费者保护的视角. 赤峰学院学报（汉文哲学社会科学版），2014（4）

张明楷. 犯罪构成理论的课题. 环球法律评论，2003 年秋季号

张铭晃. 连带保证制度于台湾法制之现状与发展//中国人民大学法学院、台湾财产法及经济法研究协会与中国人民大学民商事法律科学研究中心主办. 两岸私法自治与管制研讨会，论文汇编，2006

张卫平. 司法公正的法律技术与政策——对“彭宇案”的程序法思考. 法学，2008（8）

张晓茹. 监护人责任纠纷法律问题的解释. 法律方法，2012（0）

张新宝，解娜娜. “机动车一方”：道路交通事故赔偿义务人解析. 法学家，2008（6）

张新宝，明俊. 侵权法上的原因力研究. 中国法学，2005（2）

张新宝，唐青林. 共同侵权责任十论——以责任承担为中心重塑共同侵权理论//最高人民法院民一庭编. 民事审判指导与参考，2004（4）

张新宝. “新闻（媒体）侵权”否认说. 中国法学，2008（6）

张新宝. 侵权责任法的一般条款. 法学研究，2001（4）

张新宝. 侵权责任法立法的利益衡量. 中国法学，2009（4）

张新宝. 网上商业诽谤第一案：恒升诉王洪等侵权案评析. 私法，2002（1）

张永超. 中医正骨医疗事故鉴定的尴尬. 医院领导决策，2005（6）

章程. 见义勇为的民事责任——日本法的状况及其对我国法的启示. 华东政法大学学报，2014（4）

章正璋. 我国《侵权责任法》中没有规定不真正连带责任——与杨立新等诸先生商榷. 学术界，2011（4）

赵虎. 整治虚假广告是新《广告法》的重头戏. 青年记者，2015（16）

赵庆鸣，孟妍. 从三鹿奶粉事件看大规模侵权案之救济. 曲靖师范学院学报，2010（5）

赵西巨. 英美法系主要国家 CAM 产品立法模式探究. 南京中医药大学学报，2007（3）

赵西巨. 知情同意原则下医疗过失损害赔偿责任的几个问题——从一起患者知情同意纠纷案说起. 法律与医学杂志，2004（4）

赵勇山. 论干涉合同履行行为及其法律责任. 法学研究，1991（5）

郑力等. 论医疗侵权行为的归责原则与免责. 中国医院，2006（10）

郑思成，薛虹. 各国电子商务立法状况. 法学，2000（12）

郑显文. 中国古代关于见义勇为的立法. 中外法学，1999（6）

中国青少年研究中心课题组. 中日韩美四国高中生权益状况比较研究报告. 中国青年研究，2009（6）

中国人民大学民商事法律科学研究中心“侵权责任法司法解释研究”课题组. 中华人民共和国侵权责任法司法解释建议稿. 河北法学，2010（11）

周光权. 犯罪构成理论：关系混乱及其克服. 政法论坛，2003（6）

周建宣. 医疗卫生市场化取向下中医药服务的社会评价及思考. 中医药管理杂志，2006（8）

周江洪. 服务合同的类型化及服务瑕疵研究. 中外法学，2008（5）

周江洪. 服务合同在我国民法典中的定位及其制度构建. 法学，2008（1）

周强. 网络服务提供者的侵权责任. 北京政法职业学院学报，2011（1）

周士逵，曾勇. 过度医疗行为的法律研究. 北川医学院学报，2007（2）

朱广新. 被监护人致人损害的侵权责任配置——《侵权责任法》第 32 条的体系解释. 苏州大学学报（哲学与社会科学版），2011（6）

朱虎.规制性规范违反与过错判定.中外法学，2011（6）

朱岩.从大规模侵权看侵权责任法的体系变迁.中国人民大学学报，2009（3）

朱岩.大规模侵权的实体法问题初探.法律适用，2006（10）

朱岩.当代德国侵权法上因果关系理论和实务中的主要问题.法学家，2004（6）

朱岩.风险社会下的危险责任地位及其立法模式.法学杂志，2009（1）

朱岩.论企业组织责任——企业责任的一个核心类型.法学家，2008（3）

郗立军.一般人格权受侵害的认定方法探讨.四川师范大学学报（社会科学版），2011（6）

竺效.论无过错联系之数人环境侵权行为的类型——兼论致害人不明数人环境侵权责任承担的司法审理.中国法学，2011（5）

三、中文译著

［奥］赫尔穆特·考茨欧、瓦内萨·威尔科克斯主编.惩罚性赔偿金：普通法与大陆法的视角.窦海洋译.北京：中国法制出版社，2012

［奥］曼弗雷德·诺瓦克.民权公约评注.毕小青等译.北京：三联书店，2003

［德］冯·巴尔.欧洲比较侵权行为法.上卷.张新宝译.北京：法律出版社，2001

［德］U.玛格努斯主编.侵权法的统一·损害与损害赔偿.谢鸿飞译.北京：法律出版社，2009

［德］布吕格迈耶尔，朱岩.中国侵权责任法学者建议稿及其立法理由.北京：北京大学出版社，2009

［德］迪特尔·梅迪库斯.德国民法总论.邵建东译.北京：法律出版社，2000

［德］迪特尔·梅迪库斯.德国债法分论.北京：法律出版社，2007

［德］冯·萨维尼.论立法与法学的当代使命.北京：中国法制出版社，2001

［德］黑格尔.小逻辑.2版.贺麟译.北京：商务印书馆，1980

［德］卡尔·拉伦茨.德国民法通论.上册.王晓晔等译.北京：法律出版

社，2003

［德］卡尔·拉伦茨. 法学方法论. 北京：商务印书馆，2003

［德］康德. 法的形而上学原理（中译本）. 沈叔平译. 北京：商务印书馆，1997

［德］冯·巴尔. 欧洲比较侵权行为法. 下卷. 焦美华译. 张新宝审校. 北京：法律出版社，2001

［德］马克西米立安·福克斯. 侵权行为法. 齐晓琨译. 北京：法律出版社，2006

［荷］J. 施皮尔. 侵权法的统一：对他人造成的损害的责任. 梅夏英，高圣平译. 北京：法律出版社，2009

［古罗马］查士丁尼. 法学总论——法学阶梯. 张企泰译. 北京：商务印书馆，1989

［美］E. A. 霍贝尔. 初民的法律. 周勇译，罗致平校. 北京：中国社会科学出版社，1993

［美］H. L. A. 哈特，托尼·奥诺尔. 法律中的因果关系. 2 版. 张绍谦，孙战国译. 北京：中国政法大学出版社，2005

［美］Jack P. Jefferies，Banks Brown. 饭店法通论. 刘敢生译. 北京：中国旅游出版社，2003

［美］James A. Henderson，Jr. 美国侵权法——实体与程序（第 7 版）. 王竹等译. 北京：北京大学出版社，2014

［美］波斯纳. 性与理性. 苏力译. 北京：中国政法大学出版社，2002

［美］戴维·G. 欧文. 产品责任法. 董春华译. 北京：中国政法大学出版社，2012

［美］德沃金. 法律帝国. 李长青译. 北京：中国大百科全书出版社，1996

美国法律研究院. 侵权法重述——纲要. 许传玺，石宏等译. 许传玺审校. 北京：法律出版社，2006

［美］萨托利. 民主新论. 冯克利译. 北京：东方出版社，1993

［美］威廉·杰欧·唐奈等. 美国婚姻与婚姻法. 顾培东等译. 重庆：重庆出版社，1986

［美］文森特·R. 约翰逊. 美国侵权法. 赵秀文等译. 北京：中国人民大学出版社，2004

［美］约翰·豪亨伯格. 美国新闻界与法律//外国新闻出版法选辑. 北京：人民日报出版社，1981

［日］新版新法律学辞典. 北京：中国政法大学出版社，1991

［日］谷口安平. 程序的正义与诉讼. 王亚新，刘荣军译. 北京：中国政法大学出版社，1996

［日］河上正二. 商品的服务化与服务的缺陷、联夹（上）. 北京：商务印书馆，2005

［日］桥爪大三郎. 性爱论. 马黎明译. 天津：百花文艺出版社，2000

［日］我妻荣. 我妻荣民法讲义·新订债法总论. 王燚译. 北京：中国法制出版社，2008

［日］新美育文. 医师的过失. 夏芸译//张新宝主编. 侵权法评论. 第 2 辑. 北京：人民法院出版社，2003

［日］植木哲. 医疗法律学. 冷罗生，陶芸，江涛等译. 北京：法律出版社，2006

［苏］格里巴诺夫等主编. 苏联民法. 下册. 中国社会科学院法学研究所民法经济法研究室译. 北京：法律出版社，1986

［苏］坚金·布拉图斯. 苏维埃民法. 李光谟等译. 北京：法律出版社，1957

［苏］约菲. 损害赔偿的债. 北京：法律出版社，1956

［意］彼德罗·彭梵得. 罗马法教科书（修订版）. 黄风译. 北京：中国政法大学出版社，2005

［意］彼德罗·彭梵得. 罗马法教科书（中译本）. 黄风译. 北京：中国政法大学出版社，1992

［意］彼德罗·彭梵得. 罗马法教科书. 黄风译. 北京：中国政法大学出版

社，1993

［英］John G. Fleming. 民事侵权法概论. 何美欢译. 香港：香港中文大学出版社，1992

［英］S. F. C 密尔松. 普通法的历史基础. 李显冬等译. 北京：中国大百科全书出版社，1999

［英］巴里・尼古拉斯. 罗马法概论. 黄风译. 北京：法律出版社，2010

［英］克莱尔・奥维、罗宾・怀特. 欧洲人权法原则与判例（第 3 版）. 何志鹏，孙璐译. 北京：北京大学出版社，2006

［英］喏・库尔森. 伊斯兰教法律史. 吴云贵译. 北京：中国社会科学出版社，1986

［英］沃克. 牛津法律大辞典（中文版）. 北京社会与科技发展研究所译. 北京：光明日报出版社，1988

［美］肯尼斯・S. 亚伯拉罕、阿尔伯特・C. 泰特选编. 侵权法重述第二版：条文部分. 许传玺等译. 北京：法律出版社，2012

刘兴善译. 美国法律整编・侵权行为法. 台北：司法周刊杂志社，1986

美国法律研究院. 侵权法重述第 3 版：产品责任. 肖永平等译. 北京：法律出版社，2006

欧洲侵权法小组. 欧洲侵权法原则：文本与评注. 于敏，谢鸿飞译. 北京：法律出版社，2009

四、外文著作

A. M. Honoré. International Encyclopedia of Comparative Law. Vol. 6, Torts, chapter Causation and Remoteness of Damage, 1985

Aleksander W. Rudzinski. The Duty to Rescue: A Comparative Analysis, In James M. Ratcliffe (Edited by). The Good Samaritan and the Law, Doubleday & Company, INC., New York, 1966

ALI. Restatement of the of the Law of Torts. ALI, Restatement of the Law, Second, Torts, 1972

Black's Law Dictionary (10th ed.). available at Westlaw BLACKS, 2014

Bruce J. Winick. Therapeutic Jurisprudence Applied: Essays on Mental Health Law 3. 1997

Christian von Bar. Non-contractual Liability Arising out of Damage Caused to Another. Seiller. European law publishers, 2009

Comment B. Restatement of the law third. torts. American Law Institute Publishers, 1998

David B. Wexler & Bruce J. Winick. Introduction to Law In a Therapeutic Key: Developments In Therapeutic Jurisprudence, xvii (David B. Wexler & Bruce J. Winick eds), 1996

David G. Owen. Products Liability Law. Thomson West, 2008

Dobbs DB. The Law of Torts. St. Paul. West Group, 2000

Gersant G. Howells and Thomas Wilhelmsson. EC consumer law. Dartmouth Publishing c. s. 1997

Green. Rationale of Proximate Cause, 1927

Guido Dahmann. Gefälligkeitsbeziehungen. Dissertation Friedrich-Alexanders-Universität 1935

H. L. A. Hart and Tony Honoré. Causation in the Law. 2nd ed. Oxford University Press, 1985

Hanoch Dagan. The Law and Ethics of Restitution. Cambridge University Press, 2004

J. Spier. Unification of Tort Law: Causation, London, Kluwer Law International 2000

Keller. Consensual Amorous Relationships Between Faculty and Students. In Edmund Wall (Eds.), Prometheus Books. 2000

Jacque deLisle. A Common Law-like Civil Law and a Public Face for Private Law: China's Tort Law in Comparative Perspective, in Towards a Chinese Civil Code: Comparative and Historical Perspective, 353, Martinus Nijhoff 2012

Jean-Pierre Le Gall. International Encyclopedia of Comparative Law. Vol. 4, Torts, Chapter 3, Liability for persons under supervision, J. C. B. Mohr (Paul Siebeck, Tübingen), 1975

John Cooke. Law of Tort (5th Edition), Law Press, 2003

John G. Fleming. The Law of Torts (8th edition). The Law Book Company Limited, 1992

Kenneth S. Abraham. The Forms and Functions of Tort Law. 3rd. ed. , Foundation Press, 2007

Marc A. Franklin, Robert L. Rabin and Michael D. Green. Tort Law and Alternatives, Cases and Materials (8th Edition). Foundation Press, 2006

Markesinis & Deakin. Tort Law (4th Edition). Clarendon Press, Oxford, 1999

Mary Welek Atwel. Equal Protection of the Law. Peter Lang, 2001

Michael A. Jones. Torts (7th Edition). Blackstone Press Limited, 2000

Patrick Atiyah, Peter Cane, Atiyah's Accidents. Compensation and the Law. Weidenfeld and Nicholson, London, 1980

Prosser and Keeton on the Law of Torts (by W · Page Keeton). West Publishing Co. , 1984

R. Pound. An Introduction to the Philosophy of Law. Yale University Press. New Haven, 1955

Restatement of the law third. torts. American Law Institute Publishers, 1998

Sanda Schwartz Tangri, Stephanie M. Hayes. Theories of sexual harassment. In William O'Donohue (Eds.) Allyn and Bacon, 1997

Simon Deakin, Angus Johnston, and Basil Markesinis. Markesinis and

Deakin's Tort Law (5th Edition). Clarendon Press, 2003

Stein. Sexual Harassment in America. Greenwood Press, 1999

Stephen J. Schulhofer. Unwanted Sex. Harvard University Press, 1998

Tangri, Burt, Johnson. Sexual Harassment at Work: Three Explanatory Models. In Edmund Wall (Eds.) Prometheus Books, 2000

Townshend, Smith. Discrimination Law. Cavendish publishing limited, 2002

W. V. H. Rogers. Winfield and Jolowicz on Tort (16th Edition). Sweet & Maxwell. London, 2002

Walter Van Gerven. Jeremy Lever and Pierre Larouche. Tort Law. Oxford. Hart Publishing, 2000

William J. Curran, Mark A. Hall, David H. Kaye. Health Care Law. Forensic Science, and Public Policy. Little, Brown and Company, 1990

[韩] 김형배. 민법학강의 - 이론 • 판례 (제 11 판), 신조사 2012 년

[韩] 延正悦. 韩国法制史（韩文版），首尔学文社，1996

[韩] 장재현. 註釋民法. 정림사2010 년//张在贤. 注释民法. 正林社，2010

[日] 潮见佳男. 不法行为法Ⅱ. 东京：信山社出版株式会社，2011

[日] 川井健. 現代不法行為研究. 日本評論社，1978

[日] 淡路剛久. 共同不法行為. ジュリスト898号，1987

[日] 户田修三，中村真澄. 商法总论・商行为法. 东京：青林书院，1993

[日] 加藤一郎. 公害法的生成与发展. 东京：岩波书店，1968

[日] 於保不二雄. 日本债法总论. 庄胜荣校订. 台北：五南图书出版公司，1998

[日] 石井良助. 日本法制史概说. 日文2版. 东京：创文社，1967

[日] 我妻荣. 民法研究. 东京：有斐阁，1969

[日] 塩崎勤編. 判例にみる共同不法行為責任. 新日本法規出版，2007

五、外文期刊

Angela Hayden. Imposing Criminal and Civil Penalties for Failing to Help Another: Are "Good Samaritan" Laws Good Ideas?. 6 New Eng. Int'l & Comp. L. Ann. 27, 29, 2000

Christy Hetherington. Rhode Island Facing the Wrongful Birth/Life Debate: Pro-disabled Sentiment Given Life, 6 Roger Williams U. L. Review. 565, 569, 2001

Comment, Development in the law, Competitive Torts 77 Harvard. Law. Review. 1964

Daniel B. Weddle. Bullying in Schools: The Disconnect between Empirical Research and Constitutional, Statutory, and Tort Duties to Supervise. Temple Law Review. Vol. 77, 2004

Dean Stretton. The Birth Torts: Damages for Wrongful Birth and Wrongful Life. Deakin Law Review. Volume 10 No. 1 2005

F. J. M. Feldbrugge. Good and Bad Samaritans, a Comparative Survey of Criminal Provisions Concerning Failure to Rescue. In 14, 66 The American Journal of Comparative Law, 1965

House of Commons Education and Skills Committee (2007). Bullying. Third Report of Session 2006 - 07

Ivo Giesen and Marco Loos. Liability for Defective Products and Services: The Netherlands. vol 6. 4 Eletronic Journal of comparative, 2002 - 12

John F. Meadows. George J. Markulis: Apportioning Fault in Collision Cases. University of San Fransico Maritime Law Journal. Summer, 1989

John H. Wigmore. Responsibility for Tortious Acts: Its History. 7 Harvard Law Review 315, 1894

John Hillman. The right reforms. Best's Review. Oldwick, 2002-12

Malone. Ruminations on Cause-In-Fact. Stanford. Law. Review. vol. 9. 1956

Morgan. Some Observations Concerning Presumptions. 44 Harvard. Law. Review. 906, 1933

Robert Flannigan. Enterprise Control. University of Toronto Law Journal, Vo1. 37, 1987

Sheldon Nahmod. The Duty to Rescue and the Exodus Meta—Narrative of Jewish Law. In 16, Arizona Journal of International and Comparative Law, 1999

Srivastava and Scarlet Tsao. Remedies for Sexual Harassment. Asia Pacific Law Review, VI10

Winfield. The History of Negligence in the Law of Torts. Law Quarterly Review. vol. 42, 1926

［韩］An Bupyoung. 医疗与造物责任. 高丽法学，第 40 号，2003（6）

［韩］Gun Teasung. 电脑软件与制造物责任法. 信息产业，第 173 号，1996

［韩］Lee Sangjung. 制造物责任法制定的意义和未来课题. 制造物法的难题，2002

［日］山本敬三. 契约法の改正と典型契约の役割. 债権法改正の课题と方向，别冊 NBL NO. 51，1998

［日］松原哲. 二重轢過と共同不法行為責任（民法研究会-97-）. ジュリスト. 有斐閣 962 号，1990

［日］小野健太郎. 民法 718 条の立法過程と判例. 国際関係学部研究年報. 第 35 集，2014（2）

索　引

第一卷

G

R

S

T

第二卷

第三卷

第四卷

图书在版编目（CIP）数据

中国侵权责任法研究：四卷本/杨立新著. —北京：中国人民大学出版社，2018.9
（中国当代法学家文库. 杨立新法学研究系列）
ISBN 978-7-300-26075-4

Ⅰ.①中… Ⅱ.①杨… Ⅲ.①侵权行为-民法-研究-中国 Ⅳ.①D923.04

中国版本图书馆 CIP 数据核字（2018）第 187011 号

"十三五"国家重点出版物出版规划项目
中国当代法学家文库·杨立新法学研究系列
中国侵权责任法研究（四卷本）
杨立新 著
Zhongguo Qinquan Zerenfa Yanjiu

出版发行	中国人民大学出版社			
社　　址	北京中关村大街 31 号	**邮政编码**	100080	
电　　话	010－62511242（总编室）		010－62511770（质管部）	
	010－82501766（邮购部）		010－62514148（门市部）	
	010－62515195（发行公司）		010－62515275（盗版举报）	
网　　址	http://www.crup.com.cn			
	http://www.ttrnet.com(人大教研网)			
经　　销	新华书店			
印　　刷	北京东君印刷有限公司			
规　　格	170 mm×228 mm　16 开本	**版　　次**	2018 年 9 月第 1 版	
印　　张	141.75　插页 9	**印　　次**	2018 年 9 月第 1 次印刷	
字　　数	2 099 000	**定　　价**	580.00 元